Kühnen Handbuch der Patentverletzung
15. Auflage

Handbuch der Patentverletzung

von

Dr. Thomas Kühnen
Vorsitzender Richter am OLG Düsseldorf

15. Auflage

Carl Heymanns Verlag 2023

Zitiervorschlag: Kühnen, Hdb. Patentverletzung, 15. Aufl., Kap A Rdn 123

Bibliografische Information der Deutschen Nationalbibliothek

Die Deutsche Nationalbibliothek verzeichnet diese Publikation in der Deutschen Nationalbibliografie; detaillierte bibliografische Daten sind im Internet über http://dnb.d-nb.de abrufbar.

ISBN 978-3-452-30024-9

www.wolterskluwer.de
Alle Rechte vorbehalten.

© 2023 Wolters Kluwer Deutschland GmbH, Wolters-Kluwer-Straße 1, 50354 Hürth.

Das Werk einschließlich aller seiner Teile ist urheberrechtlich geschützt. Jede Verwertung außerhalb der engen Grenzen des Urheberrechtsgesetzes ist ohne Zustimmung des Verlages unzulässig und strafbar. Das gilt insbesondere für Vervielfältigungen, Übersetzungen, Mikroverfilmungen und die Einspeicherung und Verarbeitung in elektronischen Systemen.

Verlag und Autor übernehmen keine Haftung für inhaltliche oder drucktechnische Fehler.

Umschlagkonzeption: Martina Busch, Grafikdesign, Homburg-Kirrberg
Satz: mediaText Jena GmbH, Jena
Druck und Weiterverarbeitung: Wydawnictwo Diecezjalne i Drukarnia w Sandomierzu, Sandomierz, Polen

Gedruckt auf säurefreiem, alterungsbeständigem und chlorfreiem Papier.

Vorwort

Mit der vorliegenden Bearbeitung erscheint die 15. Auflage des Handbuchs. Sie bringt die Kommentierung wie gewohnt auf den aktuellen Stand von Gesetzgebung und Rechtsprechung, wobei Änderungen und Entscheidungen bis einschließlich September 2022 berücksichtigt sind. Thematisch wurde die Bearbeitung um einige Themenkreise erweitert, beispielsweise um Patentverletzungen im Vergabeverfahren, die Durchsetzung von Patentrechten im Schiedsverfahren und die Bedeutung des Standes der Technik für Patentauslegung und Schutzbereichsbestimmung. Andere Komplexe wurden ausgebaut, wie die Erteilung und Schutzbereichsbestimmung bei Sachansprüchen mit Verfahrensmerkmalen und das Verschuldenserfordernis bei der Klagenkonzentration.

Für Anregungen und Kritik, aber auch für die Übersendung nicht veröffentlichter Gerichtsentscheidungen ist der Autor weiterhin sehr dankbar. Sie werden unter der E-Mail-Adresse *thomas.kuehnen@olg-duesseldorf.nrw.de* oder per Post unter der Anschrift des *OLG Düsseldorf, Cecilienallee 3, 40474 Düsseldorf*, erbeten.

Krefeld, im Oktober 2022   Thomas Kühnen

Inhaltsübersicht

Vorwort V
Hinweise für die Onlinenutzung XXIX
Abkürzungen XXXI
Literatur XXXVII

A.	**Schutzbereichsbestimmung**	1
I.	Rechtsgrundlagen	1
II.	Einige Grundregeln der Patentauslegung	2
III.	Zulässiges Auslegungsmaterial	51
IV.	Verständnishorizont	86
V.	Arten der Patentbenutzung	88
B.	**Sachverhaltsermittlung**	315
I.	Merkmalsgliederung	315
II.	Besichtigungsanspruch und Vorlageverpflichtung zur Sachaufklärung und Beweissicherung	316
III.	Vorlageverpflichtung zur Durchsetzung des Schadenersatzanspruchs	373
IV.	Grenzbeschlagnahme	376
V.	Industriestandard	392
VI.	Testkauf	393
VII.	Formalia des Klageschutzrechtes	395
VIII.	Schutzfähigkeit des Klageschutzrechtes	399
IX.	Weitere Vorüberlegungen	402
C.	**Vorprozessuales**	445
I.	Abmahnung	445
II.	Berechtigungsanfrage	504
III.	Presseerklärung	506
IV.	»Torpedo«	507
D.	**Klageverfahren**	511
I.	Zuständigkeit	511
II.	Aktivlegitimation	581
III.	Passivlegitimation	614
IV.	Klageansprüche	652
V.	Klageanträge	780
VI.	Klagebegründung	784
VII.	Checkliste für Kläger	790
E.	**Verteidigungsmöglichkeiten des Beklagten**	795
I.	Fehlende Verteidigungsaussichten	795
II.	Formelle Verteidigung	798
III.	Materielle Verteidigung	834
IV.	Checkliste für Beklagte	1114
F.	**Rechtsmittelverfahren**	1117
I.	Tatbestandsberichtigung und Urteilsergänzung	1117
II.	Berufungsverfahren	1119
III.	Revisionsverfahren	1143
G.	**Sonstige Verfahren**	1159
I.	Negative Feststellungsklage	1159
II.	Einstweilige Verfügung	1167
III.	Vollstreckungsabwehrklage, Restitutionsklage	1258
IV.	Verzichtsurteil	1275
V.	Nebenintervention	1276
VI.	Gewährleistungshaftung wegen Patentverletzung	1287

H.	**Zwangsvollstreckungsverfahren**	1299
I.	Grundsätzliches	1299
II.	Ordnungsmittelverfahren	1331
III.	Zwangsmittelverfahren	1361
I.	**Schadenersatz**	1389
I.	Anspruchsberechtigter	1389
II.	Anspruchsgegner	1406
III.	Schadensberechnung	1409
IV.	Schadensliquidation im Strafverfahren	1445
V.	Adhäsionsverfahren	1445
VI.	Rückgewinnungshilfe	1446
J.	**Sonstiges**	1449
I.	Sachverständigenbeweis	1449
II.	Zeugenbeweis	1489
III.	Fotobeweis	1492
IV.	Beweislastentscheidung	1492
V.	Streitwert	1492
VI.	Prozesskostenhilfe	1516
Entscheidungsregister		1529
Sachregister		1593

Inhalt

Vorwort	V
Hinweise für die Onlinenutzung	XXIX
Abkürzungen	XXXI
Literatur	XXXVII

A. Schutzbereichsbestimmung ... 1
- I. Rechtsgrundlagen ... 1
- II. Einige Grundregeln der Patentauslegung ... 2
  - 1. Vorrang des Anspruchs vor der Beschreibung ... 2
  - 2. Einheit von Anspruch & Beschreibung ... 7
  - 3. Ausführbarkeit & Selbstverständlichkeit ... 27
  - 4. Offenbarungsfragen ... 27
  - 5. Gattungsbezeichnung, Zusammensetzung ... 28
  - 6. Technisch sinnlose Differenzierungen ... 28
  - 7. Unteransprüche und Ausführungsbeispiele ... 33
  - 8. Falsa demonstratio ... 41
  - 9. »insbesondere«-Merkmal ... 42
  - 10. Disclaimer wegen unzulässiger Erweiterung ... 46
  - 11. Kontraproduktive Maßnahmen ... 47
  - 12. Übereinstimmende Patentauslegung ... 51
- III. Zulässiges Auslegungsmaterial ... 51
  - 1. Patentbeschreibung und Patentzeichnungen ... 51
    - a) Angegriffene Ausführungsform beschrieben ... 52
    - b) Angegriffene Ausführungsform nicht beschrieben ... 52
      - aa) Legaldefinition ... 52
      - bb) Gebräuchlicher Fachbegriff ... 53
      - cc) Wortschöpfung ... 55
      - dd) Funktionsorientierte Auslegung ... 55
      - ee) Stand der Technik ... 65
      - ff) Verfahrensanspruch ... 68
      - gg) Wirkungsangaben ... 69
      - hh) Maßgeblichkeit des Verletzungszeitpunktes ... 74
      - ii) Wirkstoffkombination ... 79
  - 2. Erteilungsakte ... 80
    - a) Grundsatz ... 80
    - b) Ausnahme ... 81
  - 3. Einspruchs- oder Nichtigkeitsentscheidung ... 83
- IV. Verständnishorizont ... 86
  - 1. Durchschnittsfachmann ... 86
  - 2. Tatsachenfeststellung ... 86
  - 3. Anmelde- bzw Prioritätstag ... 87
- V. Arten der Patentbenutzung ... 88
  - 1. Wortsinngemäße Benutzung ... 88
    - a) Technischer Wortsinn ... 89
    - b) Product-by-process-Anspruch ... 102
  - 2. Äquivalente Benutzung ... 108
    - a) Grundlagen ... 108
      - aa) Gleichwirkung ... 108
      - bb) Naheliegen ... 109
      - cc) Orientierung am Patentanspruch ... 109
    - b) Verfahrensrechtliches ... 138
    - c) Patentierte Verletzungsform ... 139
    - d) Einzelfälle ... 149
      - aa) Fälle mangelnder Äquivalenz ... 150
        - (1) Fehlende Gleichwirkung ... 150
        - (2) Fehlende Orientierung am Anspruch ... 150

		bb)	Fälle möglicher Äquivalenz	163

			bb)	Fälle möglicher Äquivalenz	163
			cc)	Zahlen- oder Maßangaben	163
			dd)	Andere Begriffe	172
			ee)	Unbekanntes Ersatzmittel	172
		e)	Formstein-Einwand		174
			aa)	Voraussetzungen	174
			bb)	Grenzen	175
	3.	Unterkombination			175
	4.	Verbesserte bzw verschlechterte Ausführungsform			179
	5.	Parallelentscheidungen ausländischer Gerichte			180
	6.	Ergänzendes Schutzzertifikat			181
		a)	Schutzbereichsbestimmung		181
		b)	Sonderfall: Mehrere Zertifikate für denselben Wirkstoff		183
			aa)	Rechtsschutz gegenüber Dritten	184
				(1) Rechtskräftiges Urteil eines Zertifikatinhabers	184
				(2) Unterwerfungserklärung gegenüber einem Zertifikatinhaber	185
			bb)	Rechtsschutz gegenüber den anderen Zertifikatinhabern	186
		c)	Zweites Schutzzertifikat für die Wirkstoffkombination		187
			aa)	Art 3 lit a) VO (EG) Nr 469/2009	187
			bb)	Art 3 lit c) VO (EG) Nr 469/2009	188
	7.	Benutzungshandlungen			190
		a)	Beginn des Patentschutzes		191
		b)	Territorium		194
			aa)	Küstenmeer	194
			bb)	Lieferkette Ausland-Ausland-Inland	194
				(1) Haftungsvoraussetzungen	194
				(2) Haftungsfolgen	200
		c)	Erzeugnisse		203
			aa)	Herstellen	203
				(1) Zwischenprodukt	203
				(2) Prodrug	205
				(3) Sonstiges	207
			bb)	Anbieten	208
				(1) Allgemeine Anforderungen	208
				(2) Weiterverwendung bildlicher Darstellungen	212
				(3) Auslandsbezüge	214
				(a) Inlandsmesse	215
				(b) Auslandsmesse	215
				(4) Internetangebote	216
				(a) Beweisrecht	218
				(b) Hyperlink	218
			cc)	Inverkehrbringen	219
			dd)	Gebrauchen	221
			ee)	Einführen und Besitzen	222
		d)	Verfahren		223
			aa)	Anwenden	223
			bb)	Anbieten	229
		e)	Unmittelbares Verfahrenserzeugnis		230
			aa)	Körperlichkeit, Herstellungsverfahren, Neuheit	232
			bb)	Unmittelbarkeit	234
				(1) Der chronologische Ansatz	234
				(2) Notwendigkeit eines erweiterten Patentschutzes	235
				(3) Verfahrenserzeugnis als Repräsentant des Erfindungswertes	238
				(4) Normative Begrenzung des Sachschutzes	239
		f)	Verwendungspatente		242
			aa)	Sinnfälliges Herrichten	243
			bb)	Zweite medizinische Indikation	247
				(1) Anspruchstypologie	247
				(2) Unmittelbare Patentbenutzung	248
				(a) Herrichtungsbasierte Haftung	248

			(b)	Herrichtungsfreie Haftung	250
			(c)	Haftungsfolgen	253
		(3)		Mittelbare Patentbenutzung	261
		(4)		Spezial: Rabattverträge zur Kostendämpfung	261
		cc)		Verbotsumfang	263
	8.	Mittelbare Patentverletzung			265
		a) Typische Anwendungsfälle			265
		b) Voraussetzungen			267
		aa)		Anbieten und Liefern	268
		bb)		Mittel	268
		cc)		Wesentliches Element der Erfindung	272
		dd)		Doppelter Inlandsbezug	274
		ee)		Objektive Eignung zur unmittelbaren Patentbenutzung	276
		ff)		Mangelnde Berechtigung des Empfängers	277
		gg)		Verwendungsbestimmung des Abnehmers	278
		hh)		Vorsatz des mittelbaren Verletzers	284
		c) Rechtsfolgen			285
		aa)		Fehlen patentfreier Nutzungsmöglichkeit	285
		bb)		Bestehen einer patentfreien Verwendungsmöglichkeit	287
		(1)		Anbieten	287
		(2)		Liefern	288
		(3)		Sonderfälle	289
			(a)	Wirkungslosigkeit des Warnhinweises	289
			(b)	Technische Gestaltungsmöglichkeiten	289
		cc)		Verwendung im privaten Bereich	290
		dd)		Vorgaben nur in Bezug auf den Verletzungsgegenstand	292
		d) Haftungsvereinbarungen zwischen Lieferant und Abnehmer			301
	9.	Patentschutz für Ersatz- und Verbrauchsteile			301
		a) Patentschutz auf das Ersatzteil als solches			301
		aa)		Herstellungsverfahren für Ersatzteil	302
		bb)		Sachpatent auf Ersatzteilmaterial	302
		cc)		Sachpatent auf Geometrie/Abmessungen	302
		dd)		Sachpatent auf »erweiterte« oder »andersartige« Funktionalität	304
		b) Patentschutz auf eine größere Baueinheit			306
		c) Patentschutz auf Zubehörteile			308
	10.	Patentverletzung im Vergabeverfahren			308
		a) Vergaberechtliche Ausgangslage			308
		b) Bieterausschluss wegen Patentverletzung			308
		aa)		Prüfung des Verletzungstatbestandes	309
		bb)		Prüfung des Rechtsbestandes	310
		c) Durchsetzung von Patenten im Vergabeverfahren			311
		aa)		Bieter	311
		bb)		Auftraggeber	312
		d) Strategische Erwägungen			313
B.	Sachverhaltsermittlung				315
I.	Merkmalsgliederung				315
II.	Besichtigungsanspruch und Vorlageverpflichtung zur Sachaufklärung und Beweissicherung				316
	1.	Materielle Voraussetzungen			317
		a) Art 43 TRIPS			317
		b) §§ 809, 810 BGB			317
		c) § 140c PatG			318
		aa)		Antragspatent, Antragsteller, Antragsgegner	318
		bb)		Wahrscheinlichkeit der Patentverletzung	319
		cc)		Verfügungsgewalt	321
		dd)		Erforderlichkeit	322
		ee)		Geheimhaltungsinteressen	323
		ff)		Verhältnismäßigkeit	324
	2.	Rechtsfolgen			325

		a)	Besichtigen	325
		b)	Vorlegen einer Urkunde	327
		c)	Bank-, Finanz- und Handelsunterlagen	328
		d)	Zwangsvollstreckung	328
	3.	Verfahrensrechtliche Durchsetzung		330
		a)	Klage und vorläufiger Rechtsschutz	330
		b)	Selbständiges Beweisverfahren	331
			aa) Anordnung	334
			(1) Zuständigkeitsfragen	334
			(2) Besichtigungsumfang	339
			(3) Begleitende Duldungsverfügung	339
			(4) Muster	340
			(5) Nebenintervention	343
			(6) Präklusion	344
			bb) Durchsuchung	344
			cc) Gutachtenaushändigung und Anhörung	346
			(1) Aushändigung des Gutachtens	347
			(a) Besichtigungsschuldner	347
			(b) Anwälte des Besichtigungsgläubigers	347
			(c) Besichtigungsgläubiger persönlich	348
			(2) Gerichtliche Klärung von Inhalt und Reichweite der Schweigeanordnung	357
			(3) Anhörung des Sachverständigen	360
			dd) Anfechtbarkeit	361
			(1) Gutachtenaushändigung	361
			(2) Besichtigungsanordnung	362
			(3) Frist zur Hauptsacheklage	362
			(4) Duldungsverfügung	363
			ee) Kosten	364
		c)	Schadenersatzpflicht	367
		d)	§§ 142, 144 ZPO	367
		e)	EG-VO 1206/2001	369
		f)	Ausländische Sachaufklärung	369
		g)	Ermittlungsverfahren	372
III.	Vorlageverpflichtung zur Durchsetzung des Schadenersatzanspruchs			373
	1.	Voraussetzungen		373
	2.	Rechtsfolgen		375
	3.	Verfahrensrechtliche Durchsetzung		375
IV.	Grenzbeschlagnahme			376
	1.	Tätigwerden nach der VO (EU) Nr 608/2013		377
		a)	Anwendungsgebiet	377
		b)	Antragsteller	378
		c)	Antrag	378
		d)	Mitteilungspflichten	380
		e)	Tätigwerden	380
			aa) Aussetzung der Überlassung/Zurückhaltung	381
			bb) Vernichtung	382
			(1) Vereinfachtes Verfahren	382
			(a) Beiderseitige Zustimmung zur Vernichtung	382
			(b) Ausbleiben einer Zustimmungserklärung	383
			(2) Kleinmengen	384
			cc) Frühzeitige Überlassung	385
		f)	Rechtsmittel	386
		g)	Kostenerstattung	387
		h)	Schadenersatz	387
			aa) Zollbehörde	387
			bb) Antragsteller	389
			(1) § 142a Abs 5 PatG	389
			(2) § 823 BGB	390
	2.	Tätigwerden nach nationalen Vorschriften		391

			a)	Antrag	391
			b)	Tätigwerden	391
			c)	Verfahren und Rechtsmittel	392
V.	Industriestandard				392
VI.	Testkauf				393
	1.	Grundsatz: Unbedenklichkeit			393
	2.	Ausnahme: Rechtsmissbrauch			394
			a)	Hereinlegen	394
			b)	Verwerfliche Mittel	394
VII.	Formalia des Klageschutzrechtes				395
	1.	Status			395
	2.	Deutsche Übersetzung			395
			a)	Unvollständige und fehlerhafte Übersetzung	396
			b)	Entschädigungsanspruch	399
	3.	Eintragung als Inhaber			399
VIII.	Schutzfähigkeit des Klageschutzrechtes				399
IX.	Weitere Vorüberlegungen				402
	1.	Prozessgegner			402
	2.	Kostenfragen			402
		a)	Streitwert		403
		b)	Anwaltskosten		404
			aa)	Rechtsanwalt	404
			bb)	Ausländische Partei	412
			cc)	Patentanwalt	412
			dd)	Rechtsmittelverfahren	419
			ee)	Rechtsanwalt im Nichtigkeitsverfahren	421
			ff)	Kosten des Einspruchsverfahrens	423
			gg)	Kosten für den Entwurf eines Rechtsbestandsangriffs	423
			hh)	Discovery-Verfahren	424
			ii)	Festsetzung gegen die eigene Partei	424
		c)	Parteienmehrheit		424
			aa)	Beklagtenmehrheit	425
			bb)	Klägermehrheit	427
		d)	Reisekosten der Partei		427
		e)	Dolmetscherkosten		428
		f)	Privatgutachterkosten		429
		g)	Kosten der Sachaufklärung		432
		h)	Recherchekosten		436
		i)	Übersetzungskosten		437
		j)	Kosten für Sicherheitsleistung		442
		k)	Zinsen auf festgesetzte Kosten		443
	3.	Sonstiges			443
C.	Vorprozessuales				445
I.	Abmahnung				445
	1.	Inhalt			445
		a)	Aktivlegitimation		445
		b)	Bezeichnung des in Anspruch Genommenen		446
		c)	Beschreibung des Verletzungstatbestandes		446
		d)	Unterlassungsverlangen		447
		e)	Vertragsstrafe		449
		f)	Fristsetzung		450
		g)	Androhung gerichtlicher Schritte		450
		h)	Sonstige Ansprüche		451
	2.	Form			455
	3.	Zugang			455
	4.	Vollmacht & Zustellungsvollmacht			456
	5.	Kosten der Abmahnung			457
		a)	Haftungsgrund		458
		b)	Anspruchshöhe		465

	c)	Anrechnung der Geschäftsgebühr	468
	d)	Zinsen	471
	e)	Verjährung	471
	f)	Verfahrensrechtliches	472
6.	Vertragsstrafe		472
	a)	Haftungsgrund	472
	b)	Verstoß nach zustande gekommenem Vertragsschluss	475
	c)	Auslegung der Unterlassungserklärung	475
	d)	Mehrere Verstöße	478
	e)	Bemessungskriterien	479
	f)	Verfahrensrechtliches	480
	g)	Strategische Erwägungen	482
7.	Unberechtigte Abmahnung		483
	a)	Rechtswidrig	484
		aa) Formelle Mängel	485
		bb) Materielle Mängel	487
	b)	Rechtswidrig und schuldhaft	490
		aa) Fehlbeurteilung des Rechtsbestandes	490
		bb) Übrige Anspruchsvoraussetzungen	490
		cc) Haftung des Anwalts	491
		dd) Abnehmerverwarnung	492
		ee) Schaden	492
		ff) Zuständigkeit	494
8.	Entbehrlichkeit einer Abmahnung		494
	a)	»Sofort«	495
	b)	Veranlassung zur Klage	496
		aa) Anspruch auf Unterlassung, Rechnungslegung und Schadenersatz	496
		bb) Verwahrungsanspruch	498
		cc) Vindikationsanspruch	500
		dd) Besichtigungsanspruch	501
		ee) Einstweilige Verfügung und parallele Hauptsacheklage	502

II. Berechtigungsanfrage ... 504
III. Presseerklärung ... 506
IV. »Torpedo« ... 507

D. Klageverfahren ... 511
I. Zuständigkeit ... 511

1.	Internationale Zuständigkeit		511
	a)	Art 4 Abs 1 EuGVVO	512
	b)	Art 7 Nr 2 EuGVVO	515
	c)	Art 8 Nr 1 EuGVVO	518
	d)	Art 26 EuGVVO	522
	e)	Gerichtsstandsvereinbarung	523
2.	Örtliche Zuständigkeit		523
	a)	Deliktsgerichtsstand	524
		aa) Angebot und Mittelspersonen	524
		(1) Bote	524
		(2) Empfangsvertreter	525
		bb) Internetangebot	526
		cc) Erstbegehungsgefahr	526
		dd) Doppelrelevante Tatsachen	527
	b)	Niederlassung	527
	c)	Rügeloses Verhandeln	527
3.	Sachliche Zuständigkeit		527
4.	Inlandsvertreter		530
5.	Zustellungsfragen in Fällen mit Auslandsberührung		530
	a)	Förmliche Auslandszustellung	531
		aa) Haager Zustellungsübereinkommen	531
		bb) EG-VO 1393/2007	531
		cc) Zustellung in der VR China	536

		b)	Vereinfachte Postzustellung	536
		c)	Öffentliche Zustellung	537
	6.	Rechtsmittelzuständigkeit		539
	7.	Schiedsgutachterklausel		539
	8.	Mehrfachverfolgung		540
	9.	Ladungsfähige Anschrift		540
	10.	Geheimnisschutz im Gerichtsverfahren		541
		a) Vorbemerkung		541
		b) Anordnungsvoraussetzungen		542
			aa) Patentstreitsache	542
			(1) Vollstreckungsverfahren	543
			(2) Vorgerichtlicher Raum	544
			(3) Spezial: FRAND	545
			bb) Antrag	549
			cc) Geschäftsgeheimnis	550
		c) Vortrags- und Glaubhaftmachungslast		553
		d) Mögliche Schutzmaßnahmen		553
			aa) Einstufung als geheimhaltungsbedürftig	554
			bb) Limitierter Kreis von Wissensträgern	556
			(1) Beschränkung des Personenkreises	556
			(2) Sachlicher Beschränkungsumfang	558
			(3) Akteneinsicht	561
			(a) Partei	561
			(b) Dritte	562
			(c) Rechtsmittel	563
			(4) Urteilsschwärzung	563
			cc) Anordnungsermessen	563
			dd) Nachtrag: FRAND	569
		e) Anordnungsprozedere		571
			aa) Gerichtsseite	571
			bb) Antragstellerseite	574
		f) Zuwiderhandlung und deren Rechtsfolgen		575
			aa) Ordnungsmittel	575
			bb) Schadenersatzpflicht	578
		g) Anfechtbarkeit		578
		h) Streitwert		580
		i) Ausländische Geheimhaltungsorder		580
II.	Aktivlegitimation			581
	1.	Patentinhaber		581
		a) Übertragung des Klagepatents		582
			aa) Prozessführungsbefugnis und Aktivlegitimation	582
			bb) Abweichende BGH-Rechtsprechung	587
			(1) Kritik	587
			(2) Anwendung der BGH-Rechtsprechung	588
			cc) Exkurs: Patentübertragung & Umsatzsteuer	592
		b) Abtretung & Vortragslasten		594
		c) Inhabermehrheit		595
		d) Rechtskrafterstreckung		596
	2.	Ausschließlicher Lizenznehmer		597
	3.	Einfacher Lizenznehmer		602
		a) Unterlassungs-, Rückruf- und Vernichtungsanspruch		602
		b) Rechnungslegung, Entschädigung und Schadenersatz		604
	4.	Prozessführungsgesellschaft eines Patentverwerters		606
	5.	Sonderfälle		609
III.	Passivlegitimation			614
	1.	Deliktsrechtliche Haftung		614
	2.	Störerhaftung		618
		a) Betreiber einer Internet-Plattform		618
			aa) Eigenangebote	619
			bb) Dienstleister für Fremdangebote	619

		b)	File-Hosting-Dienst	622
		c)	Access-Provider	622
			aa) Rechtslage vor dem 13.10.2017	623
			(1) Gewerbliche Provider	623
			(2) Private Anschlussinhaber	624
			(3) Tatsächliche Vermutung	625
			bb) Rechtslage seit dem 13.10.2017	626
			(1) Haftungsausschluss	626
			(2) Anspruch auf Websperre	627
		d)	Vermieter/Verpächter einer Domain, Admin-C, Registrar	630
		e)	Spediteur, Frachtführer	631
	3.	Gesetzliche Vertreter		632
	4.	Haftung von Unternehmen und Gesellschaftern		637
	5.	Prozessrechtliches		638
		a)	Klagenhäufung	638
			aa) Kumulativ	638
			bb) Eventuell	639
			cc) Alternativ	640
			dd) Übergang	640
		b)	Teilurteil	640
			aa) Anspruchskonkurrenz	641
			bb) Streitgenossen	641
			cc) Mehrere angegriffene Ausführungsformen/mehrere Klageansprüche	643
			dd) Mehrere parallele Schutzrechte	643
		c)	Parteiberichtigung	644
		d)	Partei- und Prozessfähigkeit	646
			aa) Streitige Sachverhalte	646
			bb) Unstreitige Sachverhalte	647
		e)	Parteierweiterung	648
			aa) I. Instanz	648
			bb) II. Instanz	649
		f)	Insolvenz	650
		g)	Insichprozess	652
IV.	Klageansprüche			652
	1.	Unterlassungsanspruch		653
		a)	Wiederholungsgefahr	653
			aa) Entstehung	654
			bb) Beendigung	657
		b)	Erstbegehungsgefahr	660
			aa) Entstehung	661
			bb) Beendigung	662
		c)	Sonderkonstellationen	663
		d)	Mittelbare Patentverletzung	663
		e)	Antragsfassung	663
			aa) Handlungsalternativen	664
			bb) Verurteilungsgegenstand	664
			cc) Zeitraum	667
		f)	Durchsetzungsausschluss aus Gründen der Verhältnismäßigkeit	667
			aa) Vorbemerkung	668
			bb) Vortragslasten	668
			cc) Fallgruppen	670
			dd) Gesamtabwägung	673
			ee) Abwägungsfaktoren auf Verletzerseite	675
			ff) Abwägungsfaktoren auf Klägerseite	676
			gg) Rechtsfolgen	677
			(1) Anderweitige Verletzungsansprüche	677
			(2) Mögliche Beschränkungsmaßnahmen	677
			(3) Ausgleichsanspruch in Geld	678
			hh) Nachträglich veränderte Umstände	686
		g)	Wirkungsverlust während des Verletzungsprozesses	688

2.	Beseitigungsanspruch				689
3.	Urteilsveröffentlichung				691
	a)	Voraussetzungen			692
	b)	Rechtsfolgen			694
4.	Entschädigungsanspruch				695
	a)	Voraussetzungen			695
	b)	Verpflichteter			697
	c)	Umfang			697
	d)	Verfahren			697
5.	Schadenersatzanspruch				698
	a)	Verschulden			699
		aa)	Spediteur, Handelsunternehmen, Sortimenter		699
		bb)	Äquivalenz		702
		cc)	Rechtsbeständigkeit		702
			(1)	Patent	702
			(2)	Gebrauchsmuster	704
		dd)	Leichte Fahrlässigkeit		704
		ee)	Mangelndes Verschulden		705
	b)	Angebot als schadensauslösendes Ereignis			705
	c)	Schadenersatz bei mittelbarer Patentverletzung			705
	d)	Verwendungspatent			710
	e)	Gesamtvorrichtung, »Peripheriegeräte«, Verbrauchsmaterialien			710
6.	Bereicherungsanspruch				716
7.	Gemeinsame Verfahrensfragen				717
	a)	Stufenklage			717
	b)	Feststellungsantrag			718
8.	Auskunfts- und Rechnungslegungsanspruch				720
	a)	§ 140b PatG			720
		aa)	Materielles Recht		721
			(1)	Anspruchsberechtigung	721
			(2)	Anspruchsgegner	722
				(a) Störer	722
				(b) Dritte	722
				(aa) Sachliche Reichweite	722
				(aaa) Offensichtliche Rechtsverletzung	722
				(bbb) Klageerhebung	723
				(bb) Persönliche Reichweite	723
				(aaa) Früherer Besitzer	723
				(bbb) Inanspruchnahme von Dienstleistungen	724
				(ccc) Erbringer von Dienstleistungen	724
				(ddd) Denunzierter	725
			(3)	Unverhältnismäßigkeit	726
			(4)	Inhalt des Anspruchs	728
				(a) Herkunft	729
				(aa) Erzeugnisse	729
				(bb) Dienstleistungen	730
				(b) Vertriebsweg	730
				(aa) Abnehmer	730
				(bb) Menge	731
				(cc) Ein- und Verkaufspreise	731
				(c) Unverzüglich	732
				(d) Belegvorlage	732
				(e) Eidesstattliche Versicherung	733
		bb)	Verfahrensrechtliches		733
			(1)	Einstweilige Verfügung	733
			(2)	Aussetzung	733
		cc)	Sonderfall »Verkehrsdaten«		734
			(1)	Verkehrsdaten	734
			(2)	Gestattungsanordnung	735
			(3)	Zwischenanordnung	736

XVII

			(4)	Auskunftsanspruch	737
			(5)	Einzelheiten zum Prozedere	738
		dd)	Folgen der Auskunftserteilung		742
			(1)	Auskunftskosten	742
			(2)	Falsche oder unvollständige Auskunft	742
	b)	§§ 242, 259 BGB			743
		aa)	Persönlicher Umfang		745
		bb)	Sachlicher Umfang		745
		cc)	Gegenständlicher Umfang		747
		dd)	Zeitlicher Umfang		749
	c)	Wirtschaftsprüfervorbehalt und Einsichtsrecht			750
	d)	Erledigung			750
9.	Vernichtungsanspruch				751
	a)	Haftungstatbestand			752
		aa)	Besitz/Eigentum		756
		bb)	Verhältnismäßigkeit		759
		cc)	Schutzrechtsablauf		762
		dd)	Allgemeiner Beseitigungsanspruch		764
	b)	Rechtsfolge			764
10.	Rückrufanspruch				766
	a)	Zeitlicher Geltungsrahmen			767
	b)	Anspruchsvoraussetzungen			767
		aa)	Allgemeines		767
		bb)	Verhältnismäßigkeit		770
	c)	Anspruchsinhalt			773
		aa)	Rückruf		773
		bb)	Entfernung aus den Vertriebswegen		777
		cc)	Eingreifen des Vernichtungsanspruchs		779
		dd)	Verfahrensrechtliches		779

V. Klageanträge 780
VI. Klagebegründung 784
    1. Darstellung der Erfindung 784
    2. Die angegriffene Ausführungsform 787
    3. Der Verletzungstatbestand 789
    4. Rechtsausführungen 790
    5. Erforderlichkeit einer sachverständigen Begutachtung 790
VII. Checkliste für Kläger 790

E. Verteidigungsmöglichkeiten des Beklagten 795
I. Fehlende Verteidigungsaussichten 795
    1. Anerkenntnis 795
    2. Säumnis 796
II. Formelle Verteidigung 798
    1. Mangelnde Zuständigkeit 798
    2. Prozesskostensicherheit 798

		a)	Berechtigter Personenkreis	798
		b)	Befreiungstatbestände	800
		c)	Einrede	805
		d)	Höhe	806
		e)	Verfahrensrechtliches	807
	3.	§ 145 PatG		810
		a)	Allgemeine Anwendungsvoraussetzungen	811
		b)	Klageerweiterung in erster Instanz	818
		c)	Klageerweiterung im Berufungsrechtszug	819
			aa) Zustimmung/Sachdienlichkeit	819
			bb) Präklusionsrecht	820
		d)	Verfahrensrechtliches	822
	4.	Torpedo		823
		a)	Art 29 Abs 1 EuGVVO	823
			aa) Anwendungsvoraussetzungen	824

			(1)	Nationalität	824
			(2)	»dieselben Parteien«	824
			(3)	»derselbe Anspruch«	825
			(4)	Ausschließliche Zuständigkeit des Zweitgerichts	827
		bb)	Rechtsfolge		828
	b)	Art 30 EuGVVO			829
	c)	Art 33, 34 EuGVVO			831
	d)	Art 35 EuGVVO			831
	e)	Rechtsmittel			832
5.	Rechtskraft				832
III. Materielle Verteidigung					834
1.	Doppelschutzverbot				834
2.	Bestreiten der Passivlegitimation				835
3.	Bestreiten des Verletzungsvorwurfs				835
	a)	Ausgestaltung der angegriffenen Ausführungsform			835
		aa)	Substantiierungslast		835
		bb)	Bestreiten mit Nichtwissen		838
		cc)	Protective Order		841
		dd)	Verspätungsregeln		841
	b)	Subsumtion unter Schutzbereich			842
	c)	§ 139 Abs 3 PatG			842
4.	Benutzungsbefugnis				843
	a)	Mitinhaberschaft			843
	b)	Lizenzvertrag			850
		aa)	Vereinbarungen von/zwischen Mitinhabern		851
		bb)	Sonstiges		853
		cc)	Implizite Lizenz		855
	c)	Schlichte Benutzungserlaubnis			859
5.	Kartellrechtlicher Zwangslizenzeinwand				859
	a)	Fallgruppenübergreifende Vorfragen			860
		aa)	Zulässigkeit		860
		bb)	§ 24 PatG		863
		cc)	Patentverwerter		863
		dd)	Marktbeherrschung		863
			(1)	Bedarfsmarktkonzept	864
			(2)	Beherrschende Stellung	865
			(3)	Beweislast und Nachweis	867
		ee)	Gefahr eines gegnerischen Kartell-Torpedos?		868
		ff)	Anti-Suit-Injunction		869
	b)	Die einzelnen Fallgruppen			875
		aa)	Nichtlizenziertes Patent		876
		bb)	Auslizenziertes Patent		877
			(1)	Diskriminierung	877
				(a) Standardfreie Technik	878
				(b) Standardgebundene Technik	878
				(c) Beweislast	880
			(2)	Ausbeutungsmissbrauch	880
			(3)	Sonderfall: Patentpool	883
			(4)	Erforderlichkeit eines Lizenzangebotes	888
				(a) Ernsthaft, leistungsfähig, konkret	888
				(b) Vertragsbedingungen	890
				(c) Sonderfragen	890
			(5)	Angebotsgerechte Erfüllungshandlungen	894
				(a) Territoriale Reichweite	894
				(b) Rechnungslegung	895
				(c) Hinterlegung	895
			(6)	Rechtsfolgen eines Kartellverstoßes	897
				(a) Unterlassungsanspruch	897
				(b) Schadenersatzanspruch	897
				(c) Rechnungslegungsanspruch	898

				(d)	Vernichtungs- und Rückrufanspruch	898
		cc)	SEP mit FRAND-Erklärung			898
			(1)	Unwiderruflichkeit der FRAND-Erklärung		899
			(2)	Bindung an die FRAND-Erklärung bei Patentübertragung		899
			(3)	Bedeutung der Lizenzbereitschaftserklärung		904
				(a)	Verzicht auf Unterlassungsanspruch	904
				(b)	Deklaratorisch/konstitutiv	905
				(c)	Anwendbares Recht und Forderungsrecht des Lizenzsuchers	908
				(d)	Art 101 AEUV	909
			(4)	Diskriminierung und Ausbeutung		909
			(5)	Lizenzangebot		917
				(a)	Betroffene Ansprüche	917
				(b)	Verpflichteter	919
				(c)	Adressat	919
				(d)	Inhalt	920
				(e)	Prozedere	923
					(aa) Verletzungsanzeige	923
					(bb) Lizenzierungsbitte	926
					(cc) Zeitliche Reihenfolge	930
					(dd) Gegenangebot	931
					(ee) Umfang und Modalität der Verhandlungen	932
					(ff) Vertragsbeendigung	935
				(f)	Beweislast	936
				(g)	Verspätungsproblematik	936
					(aa) Versäumnisse des Patentinhabers	940
					(bb) Versäumnisse des Verletzers	943
			(6)	Sicherheitsleistung des Lizenzsuchers		945
			(7)	Auswirkungen der FRAND-Zusage auf den Schadenersatz-Auskunfts- und Rechnungslegungsanspruch		947
			(8)	Einstweilige Unterlassungsverfügung		950
	c)	Zuständigkeitsfragen				952
		aa)	Landgerichte			952
		bb)	Oberlandesgerichte			953
		cc)	Lizenzbereitschaftserklärung			954
		dd)	Isolierte Klage auf Lizenzabschluss			955
		ee)	Bestimmung der FRAND-Bedingungen			957
			(1)	Lizenzpflichtige Schutzrechte		957
				(a)	Lizenzierungswunsch des Beklagten	958
				(b)	Lizenzierungswiderstand des Beklagten	959
				(c)	Rechtsbestand	961
				(d)	Benutzung	962
			(2)	Lizenzgebiet		963
			(3)	Patentpool		964
			(4)	Höhe der Lizenzgebühr		965
				(a)	Kosten/Nutzen-Ansatz	965
				(b)	Vergleichsmarktkonzept	966
				(c)	Erklärungs- und Vorlagepflicht	967
				(d)	Vorlagenfreie Ermittlung der FRAND-Gebühr	971
					(aa) Darlegungslast des Anbietenden	972
					(bb) Erwiderungslast des Angebotsempfängers	975
					(cc) Entscheidungsfindung des Gerichts	975
	d)	Aussetzung wegen EU-Kartellverfahren				975
	e)	Exkurs: patent ambush				976
6.	Privates Vorbenutzungsrecht					977
	a)	Voraussetzungen				977
		aa)	Erfindungsbesitz			977
		bb)	Betätigung des Erfindungsbesitzes			979
		cc)	Prioritätszeitpunkt			983
	b)	Rechtsfolgen				983

7.	Positives Benutzungsrecht			990
8.	Einwand der widerrechtlichen Entnahme			995
	a)	Entnahmesachverhalt		996
	b)	Reichweite des Einwandes		996
	c)	Frist		996
	d)	Weiterbenutzungsrecht		998
	e)	Vindikationsklage		998
		aa)	Mitberechtigung	1005
		bb)	Ausschlussfrist	1006
		cc)	Aussetzung wegen Vindikationsprozess	1007
	f)	Sonstige Rechtsgründe		1011
9.	Einwand der unzulässigen Erweiterung			1011
10.	Weiterbenutzungsrechte			1011
11.	Lizenzbereitschaftserklärung			1012
12.	Erschöpfung			1013
	a)	Objektbezogenheit		1015
	b)	Willenslage		1017
	c)	EU & EWR		1017
		aa)	Allgemeines	1017
		bb)	Besonderer Mechanismus	1018
			(1) Sinn und Zweck	1018
			(2) Allgemeiner Inhalt	1018
			(3) Einzelfragen	1019
			(a) Arzneimittel	1019
			(b) Entsprechender Erzeugnisschutz	1019
			(c) Maßgeblicher Zeitpunkt	1022
			(d) Zertifikatverlängerung	1023
			(e) Anzeigepflicht	1023
			(f) Widerspruch des Schutzrechtsinhabers	1024
			(g) Beweis	1025
	d)	Vortrags- und Beweislast		1025
	e)	Inverkehrbringen		1026
	f)	Neuherstellung		1029
		aa)	Allgemeine Vorbemerkungen	1030
		bb)	Erste Variante	1032
		cc)	Zweite Variante	1036
		dd)	Feststellung der Verkehrsauffassung	1036
	g)	Verfahrenspatent		1038
	h)	Selbstverpflichtungsvereinbarung		1039
13.	Verjährung			1039
	a)	Relative Verjährung		1040
	b)	Absolute Verjährung		1042
	c)	Rechtsfolgen		1042
	d)	Hemmung		1044
	e)	Neubeginn		1051
	f)	Präklusionsrecht		1051
14.	Verwirkung			1051
15.	Aussetzung			1053
	a)	Vorgreiflichkeit		1057
	b)	Ermessen		1059
		aa)	I. Instanz	1062
			(1) Nicht-Aussetzungs-Fälle	1066
			(2) Aussetzungs-Fälle	1068
		bb)	II. Instanz	1073
			(1) Verurteilung durch LG	1073
			(2) Klageabweisung durch LG	1074
		cc)	III. Instanz	1074
		dd)	Rechtsbestandsentscheidung ohne Begründung	1075
		ee)	Spezial: Die Behandlung von Prioritätsfragen	1077
			(1) Eigene Priorität des Klageschutzrechts	1077

		(a)	Technische Fragestellungen		1078
		(b)	Rechtliche Fragestellungen		1078
			(aa)	Rechtsnachfolge vor der Erstanmeldung	1079
			(bb)	Personell erweiterte, regional differenzierte Nachanmeldung	1080
			(cc)	Prioritätsfrist	1082
			(dd)	Gerichtlicher Prüfungsumfang	1082
		(2)	Prioritätsprüfung bei fiktivem Stand der Technik		1084
	c)	(Hilfsweise) Anspruchskombination			1085
	d)	Tenor und Begründung			1088
	e)	Anfechtbarkeit			1089
	f)	Vorabentscheidungsersuchen			1092
	g)	Wirkungen der Aussetzung			1093
	h)	Vergleich			1093
16.	Schutzfähigkeit eines Gebrauchsmusters				1095
	a)	Rechtsverteidigung mit der Löschungsreife			1096
		aa)	Löschungsantrag		1096
		bb)	Löschungsreife als Nichtverletzungsargument		1097
		cc)	Zwischenfeststellungswiderklage		1097
		dd)	Isolierte Feststellungsklage auf Löschungsreife		1100
		ee)	Feststellungsanträge bei laufendem Löschungsverfahren		1102
	b)	Strategisches			1103
17.	Rechtsbestandsfragen im Schiedsverfahren				1104
	a)	Reichweite der Schiedsvereinbarung			1104
	b)	Objektive Schiedsfähigkeit der Rechtsbestandsfrage			1105
	c)	Ausschluss der staatlichen Gerichtsbarkeit			1106
18.	Versuchsprivileg				1107
19.	Roche-Bolar-Regel				1109
20.	Export-VO 2019/933				1111
21.	Erfindungsgebrauch auf Schiffen				1113

IV. Checkliste für Beklagte ... 1114

F. Rechtsmittelverfahren ... 1117
I. Tatbestandsberichtigung und Urteilsergänzung ... 1117
II. Berufungsverfahren ... 1119
1. Fristwahrung, Rechtsmittelgegner und Begründung ... 1119
2. Beschwer ... 1128
3. Verspätungsrecht ... 1129
4. Zurückverweisung ... 1135
5. Anschlussberufung ... 1136
6. Rücknahme der Berufung ... 1142

III. Revisionsverfahren ... 1143
1. Zulassung/Beschwerde gegen die Nichtzulassung ... 1143
2. Amtswegiger Prüfungskanon ... 1145
   a) Zulässigkeit der Berufung ... 1145
   b) Rechtskraft & sonstige Bindung ... 1146
   c) Hinausgehen über Klageantrag ... 1146
   d) Unzulässige Klageänderung ... 1146
3. Angriffe gegen die Patentauslegung ... 1147
4. Nachträgliche Einschränkung des Patentanspruchs ... 1149
5. Eingeschränkter Klageantrag ... 1151
   a) Nicht-Benutzung der beschränkten Fassung ... 1151
   b) Benutzung der beschränkten Fassung ... 1153
6. Zulassungsgründe ... 1153
7. Erledigungssachverhalte ... 1156
8. Restitutionsgründe und neuer Sachvortrag ... 1157

G. Sonstige Verfahren ... 1159
I. Negative Feststellungsklage ... 1159
1. Voraussetzungen ... 1159

			a) Zuständigkeit	1159
			b) Aktivlegitimation	1160
			c) Passivlegitimation	1160
			d) Feststellungsinteresse	1160
			e) Subsidiarität	1164
		2.	Antrag	1165
		3.	Begründung	1165
		4.	Beweislast	1166
		5.	Streitwert	1166
II.	Einstweilige Verfügung			1167
		1.	Allgemeines	1167
			a) Taugliche Ansprüche wegen Schutzrechtsverletzung	1167
			b) Glaubhaftmachung	1168
			c) Sondersituation im Patentrecht	1170
			d) Rechtsbestand des Verfügungspatents	1172
			e) Sicherheitsleistung	1194
			f) Messeauftritt	1194
		2.	Voraussetzungen	1195
		3.	Dringlichkeit	1198
			a) Allgemeine Regeln	1198
			b) Rechtsprechungsänderung	1207
			c) Laufender Hauptsacheprozess	1208
			d) Abwarten der Rechtsbestandsentscheidung	1208
			e) Vergleichsverhandlungen, Vollstreckungsverzicht, VU	1211
			f) Schutzrechtsbestand	1212
			g) Zweites eV-Gesuch	1214
			h) Berufungsverfahren	1215
			i) Strategische Erwägungen	1216
		4.	Verfahren	1217
			a) Zuständigkeit	1217
			b) Rechtliches Gehör	1218
			c) Widerspruch	1224
			d) Speziell: Kostenwiderspruch	1226
			e) Sonstiges	1227
		5.	Vollziehung	1229
			a) Unterlassungsgebot	1230
			aa) Altfälle	1231
			bb) Neufälle	1233
			b) Auskunfts- und Verwahrungsanspruch	1238
		6.	Schadenersatzpflicht	1238
		7.	Aufhebung wegen veränderter Umstände	1240
		8.	Einstellung der Zwangsvollstreckung	1250
		9.	Schutzschrift	1251
		10.	Abschlussschreiben	1254
			a) Fristgerechte Klage	1255
			b) Verfrühte Klage	1256
		11.	Abschlusserklärung	1257
III.	Vollstreckungsabwehrklage, Restitutionsklage			1258
		1.	Vollstreckungsabwehrklage	1259
		2.	Restitutionsklage	1261
			a) Fallgruppen	1262
			b) § 580 Nr 6 ZPO	1262
			c) Zuständigkeit	1264
			d) Subsidiarität	1264
			e) Klagefristen	1265
			aa) Monatsfrist	1265
			bb) Kenntnis	1267
			cc) Fünfjahresfrist	1270
			dd) Gerichtskostenvorschuss	1271
			ee) Streitwert	1271

			ff)	Anerkenntnis	1271
			gg)	Rechtsschutzbedürfnis	1271
		f)	Materieller Prüfungsumfang		1272
		g)	Tenor		1272
		h)	Vollstreckungseinstellung		1273
		i)	Rückforderungsansprüche trotz versäumter Wiederaufnahme		1273
			aa)	Ordnungs- und Zwangsgelder	1273
			bb)	Schadenersatzzahlungen	1274
			cc)	Haftungsfeststellung nur dem Grunde nach	1275
IV.	Verzichtsurteil				1275
V.	Nebenintervention				1276
	1.	Zulassungsgründe			1280
	2.	Verfahrensrecht			1281
	3.	Interventionswirkungen			1282
	4.	Kosten der Nebenintervention			1283
		a)	Gerichtliche Entscheidung		1283
		b)	Grundsatz der Kostenparallelität		1284
	5.	Rechtsmittel			1286
	6.	Beitrittersetzende Vereinbarungen			1286
VI.	Gewährleistungshaftung wegen Patentverletzung				1287
	1.	Einschlägige Rechtsordnung			1288
	2.	Deutsches Gewährleistungsrecht			1288
		a)	Feststellung des Rechtsmangels		1289
			aa)	Inländischer Verletzungsprozess	1290
			bb)	Ausländischer Verletzungsprozess	1291
			cc)	Außergerichtliche Beilegung des Verletzungsstreits	1294
		b)	Anspruchskanon		1294
		c)	Spezial: Schadenersatz		1294
			aa)	Haftungsvoraussetzungen	1294
			bb)	Schadenspositionen (positives Interesse)	1296
	3.	Verjährung			1297
	4.	Freistellungszusage			1298

H.	**Zwangsvollstreckungsverfahren**				1299
I.	Grundsätzliches				1299
	1.	Allgemeine Vollstreckungsvoraussetzungen			1299
		a)	Sicherheitsleistung		1300
		b)	Teilsicherheit		1302
		c)	Bankbürgschaft		1304
		d)	Rechtsbehelf		1309
		e)	Schadenersatzpflicht		1309
	2.	Vorläufige Einstellung der Zwangsvollstreckung			1310
		a)	Allgemeines		1310
		b)	Offenkundige Unrichtigkeit		1312
		c)	Außergewöhnliche Nachteile		1317
		d)	Verfahrensrecht		1320
	3.	Vollstreckungsschutz			1322
	4.	Abänderung der Sicherheitsleistung			1324
	5.	Rückgabe der Sicherheit			1328
II.	Ordnungsmittelverfahren				1331
	1.	Voraussetzungen und Verfahrensfragen			1331
		a)	Geschäftsführer		1332
		b)	Bestehende Vertragsstrafevereinbarung		1332
		c)	Allgemeine Vollstreckungsvoraussetzungen		1333
		d)	Zuwiderhandlung		1334
		e)	Mehrheit von Verstößen		1340
		f)	Verfahrensfragen		1341
	2.	Verschulden			1345
	3.	Abgewandelte Ausführungsform			1347
	4.	Verbot der Doppelahndung			1352

		5.	Verjährung	1353

         5. Verjährung 1353
            a) Verfolgungsverjährung 1353
            b) Vollstreckungsverjährung 1353
         6. Nachträgliche Unterlassungsverpflichtungserklärung 1354
         7. Wahl und Höhe des Ordnungsmittels 1358
         8. Insolvenz des Schuldners 1359
         9. Ausländischer Schuldner 1360
   III. Zwangsmittelverfahren 1361
         1. Allgemeines und Verfahrensfragen 1361
         2. Wiederholter Zwangsmittelantrag 1366
         3. Zwangshaft gegen juristische Personen 1366
         4. Erfüllung des Rechnungslegungsanspruchs 1367
            a) Maßgeblichkeit von Urteilstenor und -gründen 1368
            b) Auskunftszeitraum 1373
            c) Erfüllung 1373
            d) Unmöglichkeit 1373
            e) Gestehungskosten und Gewinn 1375
            f) Abwandlung 1379
            g) Teilleistung 1380
            h) Teilweise unberechtigte Beanstandungen 1381
            i) Erkundigungspflichten 1381
            j) Unrichtige Rechnungslegung 1383
            k) Eidesstattliche Versicherung 1384

I. **Schadenersatz** 1389
I. Anspruchsberechtigter 1389
         1. Schadenersatz wegen Patentverletzung 1389
         2. Schadenersatz bei unberechtigter Verletzungsklage 1392
         3. Schadenersatz wegen unberechtigter Vollstreckung 1392
            a) Garantiehaftung 1393
                aa) Haftungsvoraussetzungen 1393
                bb) Schadenspositionen 1395
                    (1) Urteilsbetrag 1395
                    (2) Gewinneinbuße 1396
                    (3) Vollstreckergewinn 1397
                    (4) Ausweichtechnik 1401
                    (5) Mitverschulden 1402
                    (6) Drittschäden 1403
                    (7) Verfahrensrechtliches 1404
                cc) Bereicherungsausgleich 1404
            b) Eingriff in den Gewerbebetrieb 1405
II. Anspruchsgegner 1406
         1. Entgangener Gewinn 1406
         2. Verletzergewinn 1406
         3. Lizenzanalogie 1408
III. Schadensberechnung 1409
         1. Grundlage der Schadensberechnung 1409
         2. Mitverschulden 1409
         3. Berechnungsarten und Wahlrecht 1410
         4. Lizenzanalogie 1411
            a) Bezugsgröße 1417
            b) Lizenzsatz 1419
            c) Zinsen 1421
            d) Umsatzsteuer 1424
         5. Verletzergewinn 1424
            a) Berücksichtigungsfähiger Umsatz 1425
            b) Abzugsfähige Kosten 1426
                aa) Allgemeines 1426
                bb) Einzelfälle 1429
            c) Kausalität 1431

		aa)	Methodisches Herangehen	1432
		bb)	Ursachenkonglomerat	1433
			(1) Patentkategorie	1434
			(2) Verfehlte Erfindungsvorteile	1435
			(3) Werbliche Herausstellung	1436
			(4) Realisierter Stand der Technik	1436
			(5) Vertriebsbemühungen des Verletzers	1436
			(6) Kompatibilität	1437
			(7) Preisunterbietung	1438
			(8) Mitbenutzte weitere Schutzrechte	1438
	d)	Vorprozessuale Zinsen		1439
	e)	Rückstellungen		1439
	f)	Umsatzsteuer		1440
	g)	Anwaltskosten für Zahlungsaufforderung		1440
6.	Entgangener Gewinn			1441
	a)	Mutmaßliche Umsatzgeschäfte		1441
	b)	Ertragssituation		1443
	c)	Zinsen		1443
	d)	Umsatzsteuer		1443
	e)	Selbständiges Beweisverfahren		1444
7.	Gesetzliche Verzugszinsen			1444
8.	Sonderschäden			1445

IV. Schadensliquidation im Strafverfahren 1445
V. Adhäsionsverfahren 1445
VI. Rückgewinnungshilfe 1446

J. Sonstiges 1449
I. Sachverständigenbeweis 1449
   1. Das Verletzungsmuster als Begutachtungsgrundlage 1449
   2. Aufgabe des Gutachters 1449
   3. Beweisbeschluss 1454
      a) Anordnung 1454
      b) Anfechtung 1458
   4. Verfahrensrechtliches 1459
      a) Sachverständigensuche und Gutachtenauftrag 1459
      b) Obergutachten 1462
      c) Erlaubnis Dritter 1463
      d) Anhörungstermin 1464
      e) Vorschusspflicht 1469
      f) Vergütungsanspruch des Sachverständigen 1470
      g) Besorgnis der Befangenheit 1474
   5. Weitere Muster 1482
      a) Höhe des Schadenersatzes nach begangener Patentverletzung 1482
         aa) Angemessene Lizenzgebühr 1482
         bb) Entgangener Gewinn 1483
         cc) Verletzergewinn 1484
      b) Beweisanordnung zur Feststellung einer Miterfinderquote 1486
II. Zeugenbeweis 1489
   1. Vier-Augen-Gespräch 1489
   2. Vorbereitung einer Zeugenvernehmung 1490
   3. Beeidigung 1490
   4. Besetzungswechsel 1491
   5. Schriftliche Zeugenerklärung 1491
III. Fotobeweis 1492
IV. Beweislastentscheidung 1492
V. Streitwert 1492
   1. Bedeutung 1492
   2. Festsetzung 1493
      a) Bemessungsregeln für den Verletzungsprozess 1493
         aa) Mehrere Streitgegenstände 1493

		bb)	Unterlassungsanspruch	1493
		cc)	Auskunftsanspruch	1495
		dd)	Schadenersatz	1498
		ee)	Gesamtwert	1498
		ff)	Besichtigungsanspruch	1499
		gg)	Ansprüche ohne Streitwertbedeutung	1499
		hh)	Rechtmittelverfahren	1500
		ii)	Stufenklage	1501
	b)	Kontroverse Streitwertauffassungen		1502
	c)	Bemessungsregeln für Sonderfälle		1506
		aa)	Einstweiliger Rechtsschutz	1506
		bb)	Negative Feststellungsklage	1506
		cc)	Lizenznehmer als Kläger	1506
		dd)	Streithelfer	1507
		ee)	Schutzrechtsablauf	1507
		ff)	Streit um Prozesskostensicherheit	1508
		gg)	Zahlungsantrag unter Berücksichtigung geleisteter Zahlungen	1508
		hh)	Zahlungsantrag und Insolvenz	1509
	d)	Streitwertbemessung im Nichtigkeitsverfahren		1509
	e)	Streitwertbemessung im Vollstreckungsverfahren		1510
3.	Anfechtbarkeit			1511
4.	Ermäßigung			1515

VI. Prozesskostenhilfe 1516
   1. Finanzielle Verhältnisse 1517
   2. Erfolgsaussicht 1519
   3. Verfahrensrechtliches 1520
   4. Rechtsfolgen der Bewilligung 1525
   5. Beiordnung 1526

Entscheidungsregister 1529
Sachregister 1593

Hinweise für die Onlinenutzung

Die Mustertexte und Checklisten für den Kläger und den Beklagten können mit einem Textverarbeitungsprogramm weiter bearbeitet werden. Rufen Sie dazu die Webseite shop.wolterskluwer-online.de/code auf und registrieren Sie sich mit folgendem Zugangscode:

WZKPLJY1M

Eine genaue Anleitung finden Sie auf der oben genannten Webseite.

Abkürzungen

aA	anderer Ansicht
aaO	am angegebenen Ort
ABl	Amtsblatt
Abs	Absatz
AEUV	Vertrag über die Arbeitsweise der Europäischen Union
aF	alte Fassung
AfP	Archiv für Presserecht
AG	Aktiengesellschaft
AGS	Anwaltsgebühren spezial
Alt	Alternative
Anh	Anhang
Anm	Anmerkung
AnwBl	Anwaltsblatt
AO	Abgabenordnung
AO zum EPÜ	Ausführungsordnung zum EPÜ
Art	Artikel
Aufl	Auflage
AVHintG	Ausführungsvorschriften zum Hinterlegungsgesetz
AZ	Aktenzeichen
BAG	Bundesarbeitsgericht
BauR	Baurecht
BayVerfGH	Bayerischer Verfassungsgerichtshof
BB	Betriebsberater
BeckRS	Beck Rechtsprechung
BFH	Bundesfinanzhof
BG	Berufungsgericht
BGB	Bürgerliches Gesetzbuch
BGBl	Bundesgesetzblatt
BGH	Bundesgerichtshof
BGHSt	Entscheidungen des BGH in Strafsachen (Band, Seite)
BGHZ	Entscheidungen des BGH in Zivilsachen (Band, Seite)
BlPMZ	Blatt für Patent-, Muster- u Zeichenwesen
BPatG	Bundespatentgericht
BPatGE	Entscheidungen des Bundespatentgerichts (Band, Seite)
BSG	Bundessozialgericht
Bsp	Beispiel
BRAGO	Bundesrechtsanwaltsgebührenordnung
BT-Drucks	Bundestags-Drucksache
BVerfG	Bundesverfassungsgericht
BVerwG	Bundesverwaltungsgericht
bzgl	bezüglich
bzw	beziehungsweise
ca	circa
CD	Compact disc
CISG	Übereinkommen der Vereinten Nationen über Verträge über den internationalen Warenverkauf
DB	Der Betrieb
DE	Deutschland
ders	derselbe
dh	das heißt
DPMA	Deutsches Patent- und Markenamt

Abkürzungen

DS-GVO	Verordnung (EU) 2016/679 des Europäischen Parlaments und des Rates vom 27. April 2016 zum Schutz natürlicher Personen bei der Verarbeitung personenbezogener Daten, zum freien Datenverkehr und zur Aufhebung der Richtlinie 95/46/EG (Datenschutz-Grundverordnung)
DurchsetzungsG	Gesetz zur Verbesserung der Durchsetzung von Rechten des geistigen Eigentums vom 7.7.2008
DVD	Digital Video Disc
EFTA	Europäische Freihandelszone
EG	Vertrag zur Gründung der Europäischen Gemeinschaft
EG-VO	Verordnung (EG) Nr 1348/2000 des Rates vom 29.5.2000 über die Zustellung gerichtlicher und außergerichtlicher Schriftstücke in Zivil- und Handelssachen in den Mitgliedstaaten
EGZPO	Einführungsgesetz zur Zivilprozessordnung
EGBGB	Einführungsgesetz zum Bürgerlichen Gesetzbuch
EGStGB	Einführungsgesetz zum Strafgesetzbuch
Einl	Einleitung
EIPR	European Intellectual Property Review (GB)
EMRK	Europäische Menschenrechtskonvention (Konvention zum Schutze der Menschenrechte und Grundfreiheiten vom 04.11.1950)
Enforcement-RL	Richtlinie 2004/48/EG des Europäischen Parlaments und des Rates vom 29.4.2004 zur Durchsetzung der Rechts des geistigen Eigentums
Entscheidungen	Entscheidungen der 4. Zivilkammer des Landgerichts Düsseldorf
EP	europäisches Patent
EPA	Europäisches Patentamt
EPÜ	Europäisches Patentübereinkommen
ERVV	Verordnung über die technischen Rahmenbedingungen des elektronischen Rechtsverkehrs und über das besondere elektronische Behördenpostfach (Elektronische-Rechtsverkehr-Verordnung)
etc	et cetera (und so weiter)
EU	Europäische Union
EuG	Europäisches Gericht erster Instanz
EuGH	Gerichtshof der Europäischen Gemeinschaften
EuGVÜ	Übereinkommen über die gerichtliche Zuständigkeit und die Vollstreckung gerichtlicher Entscheidungen in Zivil- und Handelssachen, unterzeichnet in Brüssel am 27.9.1968
EuVTVO	Verordnung der Europäischen Parlamentes und des Rates vom 21. April 2004 zur Einführung eines europäischen Vollstreckungstitels für unbestrittene Forderungen
EuGVVO	s VO 1215/2012
EuZW	Europäische Zeitschrift für Wirtschaftsrecht
eV	einstweilige Verfügung
EWG	Europäische Wirtschaftsgemeinschaft
EWR	Europäischer Wirtschaftsraum
evtl	eventuell
FamFG	Gesetz über das Verfahren in Familiensachen und in den Angelegenheiten der freiwilligen Gerichtsbarkeit
FamRZ	Zeitschrift für das gesamte Familienrecht
ff	folgende
FRAND	fair-reasonable and non-discriminatory
FS	Festschrift
GbR	Gesellschaft bürgerlichen Rechts
GebrMG	Gebrauchsmustergesetz
GemS	Gemeinsamer Senat der obersten Gerichtshöfe des Bundes
GF	Geschäftsführer
Ggf	Gegebenenfalls
GB	Große Beschwerdekammer (EPA)
GKG	Gerichtskostengesetz
GmbH	Gesellschaft mit beschränkter Haftung
GNotKG	Gerichts- und Notarkostengesetz
GoA	Geschäftsführung ohne Auftrag

GRUR	Gewerblicher Rechtsschutz und Urheberrecht
GRUR Int	GRUR Internationaler Teil
GRUR-Prax	GRUR Praxis im Immaterialgüter- und Wettbewerbsrecht
GRUR-RR	Gewerblicher Rechtsschutz und Urheberrecht, Rechtsprechungs-Report
GSZ	Großer Senat für Zivilsachen
GVG	Gerichtsverfassungsgesetz
GVBl	Gesetz- und Verordnungsblatt
GWB	Gesetz gegen Wettbewerbsbeschränkungen
HGB	Handelsgesetzbuch
HintG NRW	Hinterlegungsgesetz Nordrhein-Westfalen
HlSchG	Halbleiterschutzgesetz
idR	in der Regel
idS	in diesem Sinne
IIC	International Review of Industrial Property and Copyright Law
incl	inklusive, einschließlich
InstGE	Rechtsprechung der Instanzgerichte zum Recht des geistigen Eigentums (Band, Seite)
IntPatÜG	Gesetz über internationale Patentübereinkommen vom 21.6.1976
IPR	Internationales Privatrecht
IPRax	Praxis des Internationalen Privat- und Verfahrensrechts
iVm	in Verbindung mit
JB	Juristische Beschwerdekammer (EPA)
JMBl	Justizministerialblatt
JurBüro	Juristisches Büro
JVEG	Justizvergütungs- und -entschädigungsgesetz
JZ	Juristenzeitung
K&R	Kommunikation und Recht
Kap	Kapitel
KG	Kammergericht
KostO	Kostenordnung
KoRsp	Kosten-Rechtsprechung
KV	Kostenverzeichnis (zum GKG)
LAG	Landesarbeitsgericht
LG	Landgericht
lit	litera/Buchstabe
LS	Leitsatz
LugÜ	Übereinkommen über die gerichtliche Zuständigkeit und die Vollstreckung gerichtlicher Entscheidungen in Zivil- und Handelssachen, geschlossen in Lugano am 16.9.1988
MarkenG	Markengesetz
MarkenR	Markenrecht – Zeitschrift für deutsches, europäisches und internationales Kennzeichenrecht
MDR	Monatsschrift für Deutsches Recht
MIR	Medien Internet und Recht
Mitt	Mitteilungen der deutschen Patentanwälte
MK	Münchener Kommentar
mm	Millimeter
MMR	MultiMedia und Recht
MPG	Medizinproduktegesetz
mwN	mit weiteren Nachweisen
nF	neue Fassung
NJOZ	Neue Juristische Online Zeitschrift
NJW	Neue Juristische Wochenschrift
NJW-RR	Neue Juristische Wochenschrift, Rechtsprechungsreport
NJW-WettbR	Neue Juristische Wochenschrift – Entscheidungsdienst Wettbewerbsrecht

Nr	Nummer
NRW	Nordrhein-Westfalen
NVwZ	Neue Zeitschrift für Verwaltungsrecht
NZA	Neue Zeitschrift für Arbeits- und Sozialrecht
NZA-RR	Neue Zeitschrift für Arbeits- und Sozialrecht – Rechtsprechungsreport
NZB	Nichtzulassungsbeschwerde
NZBau	Neue Zeitschrift für Baurecht und Vergaberecht
NZG	Neue Zeitschrift für Gesellschaftsrecht
NZI	Neue Zeitschrift für Insolvenz- und Sanierungsrecht
NZKart	Neue Zeitschrift für Kartellrecht
NZM	Neue Zeitschrift für Miet- und Wohnungsrecht
NZV	Neue Zeitschrift für Verkehrsrecht
oHG	offene Handelsgesellschaft
OLG	Oberlandesgericht
OLG-Report	Schnelldienst zur Zivilrechtsprechung der Oberlandesgerichte
OVG	Oberverwaltungsgericht
PatG	Patentgesetz
PCT	Patent Cooperation Treaty (Patentzusammenarbeitsvertrag)
PharmR	Pharmarecht
PKH	Prozesskostenhilfe
PS	Patentschrift
r + s	Recht und Schaden
Rdn	Randnummer innerhalb des Werkes
RdTW	Recht der Transportwirtschaft
RIW	Recht der internationalen Wirtschaft
RL 2001/83/EG	Richtlinie 2001/83/EG des Europäischen Parlaments und des Rates vom 6. November 2001 zur Schaffung eines Gemeinschaftskodexes für Humanarzneimittel
RL 2004/27/EG	Richtlinie 2004/27/EG des Europäischen Parlaments und des Rates vom 31. März 2004 zur Änderung der Richtlinie 2001/83/EG zur Schaffung eines Gemeinschaftskodexes für Humanarzneimittel
RL 2016/943	Richtlinie (EU) des Europäischen Parlaments und des Rates vom 8. Juni 2016 über den Schutz vertraulichen Know-hows und vertraulicher Geschäftsinformationen (Geschäftsgeheimnisse) vor rechtswidrigem Erwerb sowie rechtswidriger Nutzung und Offenlegung
Rn	Randnummer in anderen Werken
ROM I	Verordnung (EG) Nr. 593/2008 des Europäischen Parlaments und des Rates über das auf vertragliche Schuldverhältnisse anzuwendende Recht vom 17. Juni 2008
ROM II	Verordnung (EG) Nr. 864/2007 des Europäischen Parlaments und des Rates über das auf außervertragliche Schuldverhältnisse anzuwendende Recht vom 11. Juli 2007
RPfl	Der Deutsche Rechtspfleger
RPflG	Rechtspflegergesetz
RVG	Rechtsanwaltsvergütungsgesetz
S	Seite
s	siehe
SchKG	Schweizerisches Bundesgesetz über Schuldbeitreibung und Konkurs
SchiedsVZ	Zeitschrift für Schiedsverfahren
SEP	standardessentielles Patent
Sic	sicut (gleich wie, nämlich)
SigG	Signaturgesetz
Slg	Sammlung der Rechtsprechung des EuGH
sog	so genannte
SortG	Sortenschutzgesetz
Sp	Spalte
StPO	Strafprozessordnung
str	streitig
stRspr	ständige Rechtsprechung

TB	Technische Beschwerdekammer (EPA)
TRIPS	Agreement on Trade-Related Aspects of Intellectual Property Rights (Übereinkommen über handelsbezogene Aspekte des Rechts des geistigen Eigentums) vom 15.4.1994
ua	unter anderem
ÜbersV	Übersetzungsverordnung
UrhG	Urheberrechtsgesetz
Urt	Urteil
USB	Universal Serial Bus
USt	Umsatzsteuer
uU	unter Umständen
UWG	Gesetz gegen den unlauteren Wettbewerb
UZG	Verordnung (EU) Nr 952/2013 des Europäischen Parlaments und des Rates vom 9. Oktober 2013 zur Festlegung des Zollkodex der Union
v	vom
VersR	Versicherungsrecht
vgl	vergleiche
VO 1206/2001	Verordnung (EG) Nr. 1206/2001 des Rates vom 28. Mai 2001 über die Zusammenarbeit zwischen den Gerichten der Mitgliedstaaten auf dem Gebiet der Beweisaufnahme in Zivil- oder Handelssachen
VO 44/2001	Verordnung (EG) Nr 44/2001 des Rates vom 22.12.2000 über die gerichtliche Zuständigkeit und die Anerkennung und Vollstreckung von Entscheidungen in Zivil- und Handelssachen; auch bezeichnet als VO 44/2001
VO 1/2003	Verordnung (EG) Nr 1/2003 des Rates vom 16. Dezember 2002 zur Durchführung der in den Artikeln 81 und 82 des Vertrages niedergelegten Wettbewerbsregeln
VO 726/2004	Verordnung (EG) Nr. 726/2004 des Europäischen Parlaments und des Rates vom 31. März 2004zur Festlegung von Gemeinschaftsverfahren für die Genehmigung und Überwachung von Human- und Tierarzneimitteln und zur Errichtung einer Europäischen Arzneimittel-Agentur
VO 1234/2008	Verordnung (EG) Nr. 1234/2008 der Kommission vom 24. November 2008 über die Prüfung von Änderungen der Zulassungen von Human- und Tierarzneimittel
VO 1215/2012	Verordnung (EU) Nr. 1215/2012 des Europäischen Parlaments und des Rates vom 12. Dezember 2012 über die gerichtliche Zuständigkeit und die Anerkennung und Vollstreckung von Entscheidungen in Zivil- und Handelssachen
VO (EU) 608/2013	Verordnung (EU) Nr 608/2013 des Europäischen Parlaments und des Rates vom 12. Juni 2013 zur Durchsetzung der Rechts des geistigen Eigentums durch die Zollbehörden und zur Aufhebung der Verordnung (EG) Nr 1383/2003 des Rates
VPP	Vereinigung von Fachleuten des Gewerblichen Rechtsschutzes
VU	Versäumnisurteil
VV	Vergütungsverzeichnis zum RGV
WM	Wertpapiermitteilungen
WRP	Wettbewerb in Recht und Praxis
WTO	World Trade Organization (Welthandelsorganisation)
WuM	Wohnungswirtschaft und Mietrecht
WuW	Wirtschaft und Wettbewerb
Z	Zeile
zB	zum Beispiel
ZfZ	Zeitschrift für Zölle und Verbrauchssteuern
ZGE	Zeitschrift für Geistiges Eigentum
ZGR	Zeitschrift für Unternehmens- und Gesellschaftsrecht
ZGR	Zentralstelle Gewerblicher Rechtsschutz
ZInsO	Zeitschrift für das gesamte Insolvenz- und Sanierungsrecht
ZK	Verordnung (EWG) Nr. 2913/92 des Rates vom 12. Oktober 1992 zur Festlegung des Zollkodex der Gemeinschaften

Abkürzungen

ZK II	Verordnung (EG) Nr 450/2008 des Europäischen Parlaments und des Rates vom 23. April 2008 zur Festlegung des Zollkodex der Gemeinschaft (Modernisierter Zollkodex)
ZPO	Zivilprozessordnung
ZS	Zivilsenat
zT	zum Teil
ZTR	Zeitschrift für Tarifrecht
ZUM	Zeitschrift für Urheber- und Medienrecht
zVb	zur Veröffentlichung bestimmt
zzgl	zuzüglich
ZZP	Zeitschrift für Zivilprozess

Literatur

Adam	Der sachliche Schutzbereich des Patents in Großbritannien und Deutschland, 2003
Adam	Die Harmonisierung von Patentverletzungs- und Patentnichtigkeitsverfahren, 2015
Adolphsen	Europäisches und internationales Zivilprozessrecht in Patentsachen, 3. Aufl, 2021
Albrecht/Hoffmann	Die Vergütung des Patentanwalts, 4. Aufl, 2020
Amschewitz	Die Durchsetzungsrichtlinie und ihre Umsetzung in deutsches Recht, 2008
Ann (vormals Kraßer/Ann)	Patentrecht, 8. Aufl, 2022
Ann/Hauck/Maute	Auskunftsanspruch und Geheimnisschutz im Verletzungsprozess, 2011
Asendorf	Die Aufteilung des Schadenersatzes auf mehrere Verletzer im gewerblichen Rechtsschutz und Urheberrecht, 2011
Bartenbach	Patentlizenz- und Know-how-Vertrag, 7. Aufl, 2013
Battenstein	Instrumente zur Informationsbeschaffung im Vorfeld von Patent- und Urheberrechtsverletzungsverfahren, 2006
Benkard	EPÜ, 3. Aufl, 2019
Benkard	Patentgesetz Gebrauchsmustergesetz, 11. Aufl, 2015
Berneke/Schüttpelz	Die einstweilige Verfügung in Wettbewerbssachen, 4. Aufl, 2018
Block	FRAND-Lizenzierung & Transaktionskosten, 2021
Brakhahn	Manipulation eines Standardisierungsverfahrens durch Patenthinterhalt und Lockvogeltaktik, 2014
Brückner	Ergänzende Schutzzertifikate, 3. Aufl, 2019
Burghartz	Technische Standards, Patente und Wettbewerb, 2011
Busse/Keukenschrijver	Patentgesetz, 9. Aufl, 2020
Cepl/Voß	Prozesskommentar zum Gewerblichen Rechtsschutz, 3. Aufl, 2022
Cimniak	Der derivative Erzeugnisschutz im deutschen Patentrecht, 2014
Dolder/Butler	Der Schutzbereich von Patenten, Band 2 – Chemie und Biotechnologie, 2008
Dolder/Faupel	Der Schutzbereich von Patenten, Band 1 – Mechanik und Verfahrenstechnik, 4. Aufl, 2019
Eigen	Zwangsvollstreckung in gewerbliche Schutzrechte, 2012
Engels	Patent-, Marken- und Urheberrecht, 11. Aufl, 2020
Festschrift	50 Jahre Bundespatentgericht, 2011
Festschrift	50 Jahre VPP, 2005
Festschrift	80 Jahre Patentgerichtsbarkeit in Düsseldorf, 2016
Festschrift	200 Jahre Carl Heymanns Verlag, 2015
Festschrift	für Kurt Bartenbach, 2005
Festschrift	für Uwe Blaurock, 2013
Festschrift	für Joachim Bornkamm, 2014
Festschrift	für Günther Eisenführ, 2003
Festschrift	für Otto-Friedrich Frhr von Gamm, 1990
Festschrift	für Horst Helm, 2002
Festschrift	für Günter Hirsch, 2008
Festschrift	für Gert Kolle und Dieter Stauder, 2005

Festschrift	für Reimar König, 2003
Festschrift	für Wolfgang von Meibom, 2010
Festschrift	für Peter Mes, 2009
Festschrift	für Jochen Pagenberg, 2006
Festschrift	für Guntram Rahn, 2011
Festschrift	für Thomas Reimann, 2009
Festschrift	für Franz Jürgen Säcker, 2006
Festschrift	für Tilman Schilling, 2007
Festschrift	für Gernot Schulze, 2017
Festschrift	für Winfried Tilmann, 2003
Festschrift	für Eike Ullmann, 2006
Fezer	Markenrecht, 4. Aufl, 2009
Fitzner/Lutz/Bodewig	Patentrechtskommentar, 4. Aufl, 2012
Flesche	Die Ermittlung unmittelbarer Verfahrenserzeugnisse gemäß § 6 Satz 2 Patentgesetz, 1965
Freund	Rechtsnachfolge in Unterlassungspflichten, 2008
Greiner-Wittner	Schutz von Informationen als unmittelbare Verfahrenserzeugnisse?, 2020
Groß	Der Lizenzvertrag, 12. Aufl, 2020
Groß/Strunk	Lizenzgebühren, 5. Aufl, 2021
Haedicke	Patentrecht, 6. Aufl, 2022
Haedicke/Timmann	Handbuch des Patentrechts, 2. Aufl, 2020
Hahn	Der Schutz von Erzeugnissen patentierter Verfahren, 1968
Heinze	Einstweiliger Rechtsschutz im europäischen Immaterialgüterrecht, 2007
Heitkamp	FRAND-Bedingungen bei SEP – Die Lizenzbereitschaftserklärung und das Problem der Bestimmung einer angemessenen Lizenzgebühr, 2020
Hellebrand/Rabe	Lizenzsätze für technische Erfindungen, 6. Aufl, 2020
Hofmann	Der Schutz von Verfahrenserfindungen im Vergleich zu Erzeugniserfindungen, 2000
Hölder	Grenzüberschreitende Durchsetzung europäischer Patente, 2004
Hopt (vormals Baumbach/Hopt)	Handelsgesetzbuch, 41. Aufl, 2022
Hötte	Die kartellrechtliche Zwangslizenz im Patentrecht, 2011
Ibbeken	Das TRIPs-Übereinkommen und die vorgerichtliche Beweishilfe im gewerblichen Rechtsschutz, 2004
Immenga/Mestmäcker	Wettbewerbsrecht, Band 2: GWB, 6. Aufl, 2020
Ingerl/Rohnke	Markengesetz, 3. Aufl, 2010
Jakobs	Standardsetzung im Lichte der europäischen Wettbewerbsregeln, 2012
Jelinek	Lizenzen in der Insolvenz – nach deutschem und US-amerikanischem Recht, 2013
Jestaedt	Patentrecht – ein fallbezogenes Lehrbuch, 2. Aufl, 2008
Kleindienst	Die Bestimmung angemessener Gebühren für FRAND-Lizenzen an standardessentiellen Patenten, 2016
Knobloch	Abwehransprüche für den Nehmer einer einfachen Patentlizenz?, 2005
Kobler	Instandhaltung und Umbau patentgeschützter Vorrichtungen, 2015
Koch	»Springboard« im Patentrecht – Das Schicksal patentrechtlicher Ansprüche nach Ablauf der Schutzfrist, 2016
Koikkara	Der Patentschutz und das Institut der Zwangslizenz in der Europäischen Union, 2010

Koller/Kindler/Roth/Drüen	Handelsgesetzbuch, 9. Aufl, 2019
Korp	Der Patenthinterhalt: Missbrauch essentieller Patente im Rahmen der Standardisierung, 2014
Kraft	Grenzüberschreitende Streitverkündung und Third Party Notice, 1997
Kropholler/von Hein	Europäisches Zivilprozeßrecht, 10. Aufl, 2022
Kübel	Zwangslizenzen im Immaterialgüter- und Wettbewerbsrecht, 2004
Kuta	Die Besichtigungsanordnung nach dem »Düsseldorfer Modell« – Zur Rechtmäßigkeit des Düsseldorfer Besichtigungsverfahrens de lege lata, 2017
Leible/Ohly/Zech	Wissen – Märkte – Geistiges Eigentum, 2010
Loewenheim/Meessen/Riesenkampff/Kersting/Meyer-Lindemann	Kartellrecht, 4. Aufl, 2020
Loth	Gebrauchsmustergesetz, 2. Aufl., 2017
Maaßen	Normung, Standardisierung und Immaterialgüterrechte, 2006
Maume	Der kartellrechtliche Zwangslizenzeinwand im Patentverletzungsprozess, 2010
Maute	Dreifache Schadens(ersatz)berechnung – Zur dogmatischen Einordnung der Berechnungsmethoden und ihrem Verhältnis zueinander, 2016
Mes	Patentgesetz Gebrauchsmustergesetz, 5. Aufl, 2020
Miosga	Die Ansprüche auf Rückruf und Entfernen im Recht des geistigen Eigentums, 2010
Müller-Stoy	Nachweis und Besichtigung des Verletzungsgegenstandes im deutschen Patentrecht, 2008
Münchener	Gemeinschaftskommentar zum EPÜ, Loseblattsammlung
Niioka	Klinische Versuche im Patentrecht, 2003
Osterrieth	Patentrecht, 6. Aufl, 2021
Pansch	Die einstweilige Verfügung zum Schutze des geistigen Eigentums im grenzüberschreitenden Verkehr, 2003
Paris von	Die Streitverkündung im europäischen Interventionsrecht, 2011
Pitz	Patentverletzungsverfahren, 2. Aufl, 2010
Rauh	Die mittelbare Patentverletzung, 2009
Reisner	Die Erschöpfung im Patentrecht – Wirkung, Voraussetzungen, Grenzen und Dogmatik, 2017
Rubusch	Die Berechtigungsanfrage, 2018
Sabellek	Patente auf nanotechnologische Erfindungen, 2014
Sack	Unbegründete Schutzrechtsverwarnungen, 2006
Schärli	Das ergänzende Schutzzertifikat für Arzneimittel, 2013
Schauwecker	Extraterritoriale Patentverletzungsjurisdiktion, 2009
Schellhorn	Der patentrechtliche Unterlassungsanspruch im Lichte des Verhältnismäßigkeitsgrundsatzes, 2020
Schramm	Der Patentverletzungsprozess, 7. Aufl, 2013
Schriebl	Die Rechtsfolgen unberechtigter Grenzbeschlagnahmen nach der Verordnung (EU) Nr. 608/2013, 2017
Schulte	Patentgesetz mit EPÜ, 11. Aufl, 2021
Schulze	Die Wirkung der Patentregistereintragung, 2020
Schuschke/Walker	Vollstreckung und Vorläufiger Rechtsschutz, 7. Aufl, 2020
Seiler	Die rechtliche Bedeutung der Patentregistereintragung unter besonderer Berücksichtigung des Patentverletzungsprozesses, 2013
Singer/Stauder/Luginbühl	EPÜ, 8. Aufl, 2019

Sommer	Beweisbeschaffung im einstweiligen Rechtsschutz – Die Vorbereitung von Verletzungsverfahren urheber- und patentrechtlich geschützter Software nach Umsetzung der Enforcement-Richtlinie, 2013
Sonnenberg	Die Einschränkung des patentrechtlichen Unterlassungsanspruchs im Einzelfall, 2013
Spernath	Die Schutzschrift in zivilrechtlichen Verfahren, 2009
Stein/Jonas/Schumann	Zivilprozessordnung, Band 4, 22. Aufl, 2008
Stephan	Die Streitwertbestimmung im Patentrecht, 2015
Stierle	Das nicht praktizierte Patent, 2017
Stjerna	Die Konzentrationsmaxime des § 145 PatG, 2008
Ströbele/Hacker/Thiering	Markengesetz, 13. Aufl, 2021
Teplitzky	Wettbewerbsrechtliche Ansprüche und Verfahren, 12. Aufl, 2019
Treichel	Die Sanktionen der Patentverletzung und ihre gerichtliche Durchsetzung im deutschen und französischen Recht, 2001
Wehlau/Kalbfus	Die Schutzschrift, 2. Aufl. 2015
Winkel	»FRAND«-standardessentielle Patente und ihre lizenzierte Nutzung im Lichte des Europäischen Kartellrechts, 2015
Wintermeier	Zur Effektivität strafrechtlichen Schutzes gegen Patentverletzungen, 2015
Wirtz	Verletzungsansprüche im Recht des geistigen Eigentums, 2011
Wollenschlaeger	Die kollisionsrechtliche Anknüpfung des Patentvindikationsanspruches, 2019
Wosgien	Verschuldenshaftung im Patentrecht, 2015
Würtenberger	Technischer Sachverstand im modernen Patentprozess, 2018
Zahn	Die Herausgabe des Verletzergewinns, 2005
Zöller	Zivilprozessordnung, 34. Aufl, 2022
Zorr	Der Schutzbereich von Patenten auf eine zweite medizinische Indikation im Falle eines cross-label-use, 2018

A. Schutzbereichsbestimmung

Ein Patentverletzungsverfahren entscheidet sich zwar in erster Linie vor Gericht, doch schon in der Vorbereitungsphase werden die ersten Weichen für das spätere Gelingen gestellt. Die vorprozessuale Arbeit, vor allem die Beurteilung der relevanten Schutzrechte, aber auch die Ermittlung und Aufarbeitung des Sachverhaltes sollten daher nicht unterschätzt werden. 1

Am Anfang aller Überlegungen dazu, ob und gegebenenfalls welche Rechte aus einem infrage kommenden Patent geltend gemacht werden können, muss die Bestimmung des Schutzbereichs stehen, der dem als Anspruchsgrundlage in Betracht gezogenen Patent zukommt. 2

Er nämlich entscheidet darüber, ob dasjenige Erzeugnis, welches der Konkurrent herstellt und/oder vertreibt, oder dasjenige Verfahren, welches der Konkurrent anwendet, von den Verbietungsrechten des Patents erfasst wird oder vom Schutzrechtsinhaber unter der Geltung des grundsätzlich freien Wettbewerbs hingenommen werden muss. 3

I. Rechtsgrundlagen

Zentrale Norm für die Schutzbereichsbestimmung ist bei einem deutschen Patent § 14 PatG, für ein europäisches Patent Art 69 EPÜ. Beide Vorschriften stimmen sachlich überein und besagen, dass der Schutzbereich eines Patents durch die Patentansprüche bestimmt wird, wobei zu deren Auslegung die Patentbeschreibung[1] und (soweit vorhanden) die Patentzeichnungen heranzuziehen sind. Bei europäischen Patenten ist die Fassung der Patentansprüche in der vom Anmelder gewählten Verfahrenssprache entscheidend.[2] Das gilt auch dann, wenn das Klagepatent in einem nationalen Verfahren **beschränkt** (aufrechterhalten) worden und – was zulässig ist[3] – der Patentanspruch zum Zwecke der Beschränkung in deutscher Sprache neu gefasst worden ist. Auch hier ist die deutsche Fassung nur insoweit von Belang, wie sie sich in den durch die Anspruchsfassung in der Verfahrenssprache gezogenen Grenzen hält. Zur Auslegung des (in deutscher Sprache) beschränkten Patentanspruchs ist der übrige Inhalt der Patentschrift in der maßgeblichen Verfahrenssprache heranzuziehen.[4] Verteidigt der Kläger sein Patent im Rechtsbestandsverfahren nur noch eingeschränkt, so ist ebenfalls diese (beschränkte) Fassung – und nicht mehr die erteilte Anspruchsfassung – der Auslegung zugrunde zu legen und für die Bestimmung von Gegenstand und Schutzbereich des Patents maßgeblich.[5] Der Umstand, dass sie durch Änderung der ursprünglich erteilten Fassung entstanden ist, mag unter dem Gesichtspunkt der Änderungshistorie bei der Auslegung des beschränkten Anspruchs zu berücksichtigen sein; dies führt aber nicht dazu, dass die erteilte Fassung weiterhin den Ausgangspunkt der Auslegung bildet.[6] 4

---

1 Einer Klage auf Unterlassung oder Beseitigung herabsetzender Äußerungen in einer Patentbeschreibung fehlt das Rechtsschutzbedürfnis (BGH, GRUR 2010, 253 – Fischdosendeckel).
2 Art 70 Abs 1, 3 EPÜ; vgl Rogge, GRUR 1993, 284.
3 BGH, GRUR 2004, 407, 410 – Fahrzeugleitsystem; BGH, GRUR 2010, 414 – Thermoplastische Zusammensetzung.
4 BGH, GRUR 2010, 904 – Maschinensatz.
5 BGH, GRUR 2021, 701 – Scheibenbremse.
6 BGH, GRUR 2021, 701 – Scheibenbremse.

5   Das Protokoll über die Auslegung von Art 69 EPÜ[7] ordnet darüber hinaus an:

Art 1

Artikel 69 ist nicht in der Weise auszulegen, dass unter dem Schutzbereich des europäischen Patents der Schutzbereich zu verstehen ist, der sich aus dem genauen Wortlaut der Patentansprüche ergibt, und dass die Beschreibung sowie die Zeichnungen nur zur Behebung etwaiger Unklarheiten in den Patentansprüchen anzuwenden sind. Ebenso wenig ist Artikel 69 dahingehend auszulegen, dass die Patentansprüche lediglich als Richtlinie dienen und der Schutzbereich sich auch auf das erstreckt, was sich dem Fachmann nach Prüfung der Beschreibung und der Zeichnungen als Schutzbegehren des Patentinhabers darstellt. Die Auslegung soll vielmehr zwischen diesen extremen Auffassungen liegen und einen angemessenen Schutz für den Patentinhaber mit ausreichender Rechtssicherheit für Dritte verbinden.

Art 2

Bei der Bestimmung des Schutzbereichs eines europäischen Patents ist solchen Elementen gebührend Rechnung zu tragen, die Äquivalente der in den Patentansprüchen genannten Elemente sind.

6   Nach der Rechtsprechung[8] sind die Anweisungen des Auslegungsprotokolls auch für deutsche Patente zu beachten.

II. Einige Grundregeln der Patentauslegung

1. Vorrang des Anspruchs vor der Beschreibung

7   Bereits aus dem Wortlaut der genannten Vorschriften ergibt sich eine erste Konsequenz mit aller Deutlichkeit: Da es für die Bestimmung des Schutzbereichs auf die Patentansprüche ankommt, lässt sich ein **Patentschutz nicht allein aus** der **Patentbeschreibung** oder den Patentzeichnungen herleiten. Eine technische Lehre, die ausschließlich dort beschrieben ist, die in den Patentansprüchen jedoch keinen Niederschlag gefunden hat, bleibt außerhalb des Patentschutzes und ist gemeinfrei.[9] Die Patentbeschreibung und die Zeichnungen sind eben nur ein Auslegungsmittel für den Inhalt der Patentansprüche, sie umreißen aber nicht selbständig den Schutzbereich des Patents.

8   **Umgekehrt** gilt dasselbe: Ein weitgefasster Patentanspruch kann nicht unter Berufung auf den Beschreibungstext unter seinen Wortlaut einschränkend interpretiert werden.[10] Das bedeutet freilich nicht, dass der Anspruchswortlaut als solcher einen bestimmten Schutzbereich hätte, der sich ohne Rückgriff auf die Beschreibung – aus sich heraus – ermitteln ließe und der deshalb auch gegenüber den Erläuterungen des Beschreibungstextes eine feste, nicht überschreitbare Grenze setzt. Eine Auslegung hat *immer* stattzufinden, dh nicht nur, wenn der Anspruchswortlaut Unklarheiten aufwirft, die zu beheben sind, sondern in jedem einzelnen Fall der Schutzbereichsbestimmung, um den mit den Worten des Patentanspruchs verbundenen technischen Sinn aufzudecken[11], mithin auch dann, wenn der Anspruchswortlaut scheinbar eindeutig ist.[12] Das ist schon deshalb zwingend, weil die Patentschrift ihr eigenes Lexikon für die in ihr gebrauchten Begrifflichkeiten darstellt und deswegen nur unter Heranziehung der Beschreibung Aufschluss darüber gewonnen werden kann, was der Anspruch mit einer bestimmten Formulierung

---

7 … das gemäß Art 164 Abs 1 EPÜ Bestandteil des Übereinkommens ist.
8 BGH, GRUR 1989, 903, 904 – Batteriekastenschnur; BGHZ 125, 303, 309 = BGH, GRUR 1994, 597, 599 – Zerlegvorrichtung für Baumstämme; BGH, Mitt 2002, 216, 218 – Schneidmesser II.
9 Vgl BGH, GRUR 1980, 219, 220 – Überströmventil; BGHZ 100, 249, 254 = BGH, GRUR 1987, 626, 627 f – Rundfunkübertragungssystem.
10 BGH, GRUR 2004, 1023 – Bodenseitige Vereinzelungseinrichtung; BGH, GRUR 2007, 778 – Ziehmaschinenzugeinheit.
11 BGH, GRUR 2015, 875 – Rotorelemente.
12 BGH, GRUR 2016, 361 – Fugenband.

meint und aussagen will.[13] Das Auslegungsgebot gilt deswegen auch für solche Begriffe, die von der Formulierung her scheinbar eindeutig sind.[14] Der Vorrang des Anspruchs vor der Beschreibung besteht demgemäß nicht für den bloß philologisch interpretierten Patentanspruch, sondern für denjenigen Anspruch, der in der gebotenen Weise anhand des Beschreibungstextes (funktionsorientiert und technisch sinnvoll) ausgelegt worden ist.

▶ **Beispiel:**[15]

Das Klagepatent (EP 1 731 552) schützt einen geschäumten Dämmwerkstoff aus expandierbaren Styrolpolymerisatpartikeln, die teils pigmentfrei und teils pigmententhaltend sind, wobei sich der Anspruchswortlaut zu der Menge pigmentfreier und pigmentierter Polystyrolkugeln nicht weiter verhält. Die pigmentierten Polystyrolkugeln sind nach der Patentbeschreibung dazu vorgesehen, die Wärmeleitfähigkeit des Dämmmaterials vorteilhaft herabzusetzen, die unpigmentierten Kugeln verhindern gleichzeitig, dass es bei länger andauernder Hitzeeinwirkung auf die Dämmplatte zu unerwünschten thermischen Verformungen der Dämmplatte kommt.

Den Gegenstand des Verletzungsangriffs bildet eine Dämmplatte, die aus dreierlei Arten von Polystyrolkugeln besteht, nämlich aus dunkelgrauen (6 Gew.-% Graphitanteil), hellgrauen (1,5 Gew.-% Graphitanteil) und weißen (unpigmentierten) Styrolpolymerisatpartikeln. Während die dunkelgrauen und die hellgrauen Polystyrolkugeln den allergrößten Teil der Dämmplatte ausmachen, bewegt sich der Anteil der weißen Polystyrolkugeln im Promillebereich (von ca. 4000 Styrolpolymerisatpartikeln eines betrachteten Plattenausschnitts sind lediglich 4 Partikel pigmentfrei).

Die Klägerin ist der Auffassung, dass, weil die für die Schutzbereichsbestimmung maßgeblichen Ansprüche des Klageschutzrechtes keinerlei mengenmäßige Festlegung hinsichtlich der Zahl pigmentfreier Polystyrolkugeln enthalten, zwangsläufiger Weise jede auch noch so geringe Zahl weißer Polystyrolkugeln geeignet ist, die technische Lehre der Klageschutzrechte zu verwirklichen, auch wenn mit ihrer Anwesenheit kein technischer Effekt im Sinne des Klagepatents verbunden sein kann. Dem ist zu widersprechen. Der technisch sinnvoll verstandene Patentanspruch lässt zwar auch geringe Mengen an pigmentfreien Polystyrolkugeln zu, er verlangt jedoch in jedem Fall, dass eine solche Anzahl vorhanden ist, dass sich der patentgemäß angestrebte Erfolg aus der Sicht des Fachmanns überhaupt in einem, wenn auch vielleicht geringen Ausmaß einstellen kann.

Auf der anderen Seite ist darauf zu achten, den Anspruchswortlaut vollständig zu erfassen und deshalb den notwendigen Verletzungsvortrag auch zu solchen impliziten Merkmalen zu halten, die sich nur mittelbar aus den sonstigen Anspruchsmerkmalen erschließen.

▶ **Beispiel:**[16]

I.

Seinen Ausgangspunkt nimmt das Klagepatent (EP 2 347 269) bei dem Umstand, dass akkubetriebene elektronische Geräte (wie zB Mobiltelefone), um den Akku zu schonen und die Betriebsdauer nach dessen Aufladung zu steigern, in den Ruhezustand versetzt werden, wenn das Gerät über eine gewisse Zeit hinweg nicht benutzt wird. Im Ruhezustand sind nur bestimmte (»Vital«-)Funktionen aktiv, andere hingegen nicht, woraus

---

13 BGH, GRUR 2016, 361 – Fugenband.
14 BGH, GRUR 2015, 875 – Rotorelemente.
15 OLG Düsseldorf, Urteil v 9.10.2014 – I-2 U 80/13.
16 OLG Düsseldorf, Urteil v 4.6.2020 – I-2 U 26/19.

sich ein verringerter Stromverbrauch, ein dementsprechend höherer Ladezustand des Akkus und eine vergleichsweise längere Benutzungsdauer bis zum nächsten Ladevorgang ergibt. Wenn das Gerät nach seiner Deaktivierung wieder in Benutzung genommen werden soll, soll die Geräteaktivierung (= Übergang vom Ruhemodus in den aktiven Modus, der dem Benutzer erneut sämtliche Gerätefunktionen bereitstellt) nicht von einer Eingabe des Benutzers abhängen, sondern sich (zur Vermeidung einer Wartezeit für den Benutzer) selbsttätig einstellen. Im Stand der Technik sind hierzu verschiedene technische Lösungen bekannt, die an eine – mithilfe geeigneter technischer Mittel erkannte – Bewegung des zuvor in Ruhe befindlichen Gerätes anknüpfen.

Ihnen gegenüber ist es Anliegen des Klagepatents, das Gerät nur dann zu aktivieren (= aus dem Ruhezustand zu erwecken), wenn eine Bewegung stattgefunden hat, die wirklich auf eine beabsichtigte Benutzung des Gerätes schließen lässt, während andere Gerätebewegungen, die z.B. bloß darauf beruhen, dass der Ablageort des Gerätes (= Tisch, Handtasche) erschüttert oder bewegt wird, keine (stromzehrende) Geräteaktivierung nach sich ziehen sollen.

Die Lösung des Klagepatents knüpft – wie bisher – daran an, dass die Aktivierung des Gerätes (= Erwecken aus seinem Ruhezustand) anhand einer festgestellten Gerätebewegung erfolgt. Im Rahmen des patentgeschützten Verfahrens ist deshalb ein Bewegungssensor vorgesehen, der eine Bewegung des Gerätes entlang von mehreren Achsen erfasst und dem Verfahren die resultierenden Bewegungsdaten bereitstellt. Soweit »mehrere« Achsen angesprochen werden, ist sich der Durchschnittsfachmann darüber im Klaren, dass typischerweise alle drei Raumachsen, in denen das elektronische Gerät bewegt werden kann, überwacht werden, sodass die Gerätebewegungen wie folgt erfasst werden:

- in horizontaler Ebene seitlich nach links und rechts (x-Achse),
- in horizontaler Ebene nach oben und unten (y- Achse),
- senkrecht zur horizontalen Ebene (z-Achse).

Die erhaltenen Bewegungsdaten betreffen sämtliche Bewegungen des Gerätes während des betrachteten Zeitraumes, dh solche, mit denen der Benutzer sein Gerät tatsächlich wieder in Betrieb nehmen will, genauso wie solche, die gänzlich andere Ursachen haben, wie eine Erschütterung (Tisch) oder Fortbewegung (Handtasche) des Ablageortes. Um nun – wie es das erklärte Ziel des Klagepatents ist – eine echte Gerätebewegung (die auf einen Benutzungswillen schließen lässt und deshalb eine Geräteaktivierung erforderlich macht) von einer unechten Gerätebewegung (auf die dies nicht zutrifft und die deshalb keine Aufhebung des Ruhezustandes veranlasst) zu unterscheiden, beschreitet das patentgemäße Verfahren einen ganz bestimmten Weg.

1.

Die **ersten Verfahrensschritte** setzen beim Ruhemodus an.

In eben diesem Ruhemodus des Gerätes wird als Erstes von den insgesamt drei Bewegungsachsen (x, y, z), für die der Sensor Bewegungsdaten liefert, diejenige (sog. erste dominante) Achse identifiziert, die (bei der aktuell gegebenen Ruhelage des Gerätes) – im Vergleich mit den beiden anderen Bewegungsachsen – am stärksten von der Gravitation betroffen ist.

Bei einem flach auf der Tischplatte liegenden Gerät ist dies die z-Achse. Und dabei verbleibt es solange wie das Gerät aus seiner flach-liegenden Ausgangsposition um maximal 45° gekippt wird. Bei einer stärkeren, über 45° hinausgehenden Rotation wirkt die größte Gravitationskraft nicht mehr in Richtung der z-Achse, sondern stattdessen in der x-Achse bzw. in der y-Achse.

Dass mit der »ersten dominanten Achse« nicht die am stärksten der Erdanziehung ausgesetzte Geräteachse, sondern die am stärksten der Erdanziehung ausgesetzte Messachse gemeint ist, erschließt sich für den Fachmann bereits hinreichend aus dem Anspruchswortlaut. Die »mehreren Achsen«, unter denen sich die dominante Achse durch die vergleichsweise stärkste Gravitationswirkung auszeichnet, sind nämlich diejenigen mehreren Bewegungsachsen, zu denen der Bewegungssensor Bewegungsdaten für das Gerät liefert. Jede andere Betrachtungsweise im Sinne eines Abstellens auf die Geräte- statt auf die Messachse hätte auch sachlich völlig unangemessene technische Konsequenzen. Sie würde nämlich dazu führen, dass die vom Klagepatent vorausgesetzte Aktivierungsbedingung, dass die dominante Achse im Ruhezustand und nach erfolgter Gerätebewegung nur dann – wie vom Patentanspruch gefordert – identisch bliebe, wenn das zB auf einer Tischplatte liegende Gerät ohne jegliches seitliches Verkippen exakt parallel von der Unterlage angehoben würde. Es ist offensichtlich, dass ein derartiges Aufnehmen des Gerätes durch einen Benutzer praktisch kaum möglich ist, sodass das Beibehalten der Geräteachse mit der stärksten Gravitationswirkung im Ruhezustand und danach, kein taugliches Kriterium für die Abgrenzung zwischen echter und unechter Gerätebewegung darstellt. Die allermeisten Aktivierungsfälle, bei denen der Benutzer sein Handy unter unvermeidlichem seitlichem Kippen von einem Ablageort aufnehmen wird, würden (mangels Identität der dominanten Geräteachse) nicht zu einem Erwecken des Gerätes aus seinem Ruhezustand führen können, was an den praktischen Notwendigkeiten vollkommen vorbei führen würde.

Für die – wie vorstehend geschildert – ermittelte dominante Messachse wird ein erster Ruhemesswert berechnet. Bei ihm handelt es sich um einen durchschnittlichen Beschleunigungswert entlang der ausgewählten dominanten ersten Achse, der sich aus den Beschleunigungswerten ergibt, die über einen längeren Zeitraum für die betreffende Messachse festgestellt worden sind.

2.

Der **zweite Verfahrensabschnitt** setzt ein, sobald die Sensoren eine (wie auch immer geartete) Bewegung des Gerätes (in welcher Raumrichtung auch immer) erfassen.

3.

Sobald dies der Fall ist, also eine Bewegung festgestellt ist, beginnt der **dritte Verfahrensabschnitt**:

Von den drei Messachsen (X, Y, Z), zu denen der Bewegungssensor Daten liefert, wird – wie im Ruhemodus – diejenige (sog. zweite dominante) Messachse bestimmt, die mit Rücksicht auf die gegebene räumliche Gerätelage nach der erfassten Bewegung – im Vergleich zu den beiden anderen Messachsen – am stärksten der Erdanziehung ausgesetzt ist.

Für die vorgenannte dominante Messachse wird wiederum ein Ruhemesswert (= Langzeitmittelwert der Beschleunigungen entlang der zweiten dominanten Achse über einen Messzeitraum hinweg) berechnet.

4.

Im **vierten** und letzten **Verfahrensabschnitt** wird unter Heranziehung der zuvor ermittelten Daten (zu der ersten und der zweiten dominanten Messachse sowie zu den jeweils zugehörigen Ruhemesswerten) entschieden, ob das Gerät aus seinem Ruhezustand erweckt (= aktiviert) wird oder nicht.

Zu einer Geräteaktivierung kann es (unter weiteren Bedingungen; dazu sogleich) überhaupt nur dann kommen, wenn – als »Grundbedingung« – die erste und die zweite dominante Messachse identisch sind. Die Gerätebewegung darf mithin nicht zur Folge gehabt haben, dass beispielsweise statt der z-Achse im Ruhemodus die x-Achse oder die y-Achse diejenige Messachse geworden ist, die am stärksten der Gravitation ausgesetzt ist. Derartiges könnte beispielsweise der Fall sein, wenn das Gerät versehentlich von seinem Ablageort (Tisch) auf den Boden gefallen und dabei von der Horizontalen um etwa 90° in die Vertikale verkippt ist. Eine derart massive Lageänderung spricht in der Tat nicht für eine gewollte Aufnahme des Gerätes von seinem Ablageort durch den Benutzer, die einen bevorstehenden Gebrauch des Gerätes signalisiert, sondern für ein unabsichtliches Herunterfallen des Gerätes, das keine Aktivierung des Gerätes rechtfertigt.

Ist die Basisbedingung der Messachsenidentität erfüllt, werden die für die erste dominante Achse und für die zweite dominante Achse ermittelten Ruhemesswerte miteinander verglichen und auf die Größe des Messwertunterschiedes überprüft. Überschreitet die Differenz zwischen den beiden Ruhemesswerten (= Langzeitmittelwerten) einen vorgegebenen Grenzwert, wird das Gerät aus seinem Ruhezustand erweckt.

Eindeutig ist hiernach, dass dann, wenn die Aktivierungsbedingungen des Klagepatents nicht vorliegen, [A] + [B] also nicht erfüllt sind, – dh bei ≠ ([A] + [B]) – das Gerät nicht aus seinem Ruhemodus erweckt werden darf. Denn bei von [A] + [B] abweichenden (sic: dazu gegensätzlichen) Verhältnissen ist nach der Philosophie des Klagepatents keine echte Gerätebewegung anzunehmen und hat deshalb eine Geräteaktivierung zum Schutz des Geräteakkus zu unterbleiben. Denkbar ist ein derartiges Szenario in folgenden Konstellationen:

- Die dominante Messachse nach festgestellter Bewegung des Gerätes ist eine andere als die dominante Messachse des Gerätes im vorausgegangenen Ruhemodus.

- Die dominanten Messachsen sind zwar identisch; der betragsmäßige Unterschied zwischen den zugehörigen Ruhemesswerten erreicht jedoch den vorgegebenen Grenzwert nicht.

II.

Die besagte Erkenntnis ist im Hinblick auf den Verletzungsnachweis von entscheidender Bedeutung. Für ihn reicht nämlich nicht bereits die Darlegung, dass es unter Bedingungen [A] + [B], wie sie den Vorgaben des Klagepatents entsprechen, zu einer Geräteaktivierung kommt. Erforderlich in Bezug auf den vermeintlichen Verletzungsgegenstand ist darüber hinaus der weitere Nachweis, dass eine Geräteaktivierung unterbleibt, wenn die patentgemäßen Erweckungsbedingungen [A] + [B] nicht gegeben sind (also ≠ ([A] + [B])), sei es, dass die erste und die zweite dominante Messachse nicht identisch sind, sei es, dass bei identischer Messachse der Ruhemesswertunterschied den Grenzwert nicht überschreitet.

Das Kernproblem des Rechtsstreits bildet demgemäß die Frage, ob die Klägerin eine Benutzung sämtlicher Anspruchsmerkmale durch die angegriffenen Ausführungsformen schlüssig dargelegt hat.

1.

Rechtlich ist zunächst eindeutig, dass die Darlegungslast für den Verletzungstatbestand nach allgemeinen Regeln bei der Klägerin als Anspruchstellerin liegt. Soweit sie das Vorbringen der Beklagten mit Nichtwissen bestreitet, mag dies im Hinblick auf § 138 Abs 4 ZPO – isoliert betrachtet – durchaus zulässig sein. Es hilft der Klägerin – eben wegen der bei ihr liegenden »positiven« Darlegungslast – nur nicht weiter. Wenn sie keine Kenntnis über die Funktionsweise der angegriffenen Gegenstände besitzt, hätte sie sich diese Kenntnis vor Klageerhebung z.B. durch eine Besichtigung (die auch eine Offenlegung des Quellcodes umfassen kann) verschaffen müssen. Nachdem dies unterblieben ist, kann die Klägerin jetzt nicht darauf beharren, ihre Darlegungslast auf die Beklagten abzuwälzen zu dürfen.

2.

Kenntnisse zur genauen Funktionsweise der angegriffenen Ausführungsformen besitzt die Klägerin nicht. Sie verlegt sich deshalb auf Schlussfolgerungen aus bestimmten Leistungsbeschreibungen der angegriffenen Mobiltelefone und der in ihnen verbauten Bewegungssensoren sowie von ihr selbst durchgeführte singuläre Handhabungsversuche mit den streitbefangenen Mobiltelefonen.

In der Rechtsprechung (OLG München, Beschluss vom 9.4.2019 – 6 U 4653/18) ist anerkannt, dass der Kläger zur Darlegung des Verletzungssachverhaltes damit argumentieren kann, dass die angegriffene Ausführungsform eine bestimmte technische Ausstattung haben muss, weil sich anderenfalls die auch bei ihr gegebenen patentgemäßen Wirkungen nicht einstellen könnten. Geschieht dies, liegt ein beachtliches Bestreiten bereits dann vor, wenn der Beklagte wenigstens eine technische Möglichkeit aufzeigt, wie die angegriffene Ausführungsform ohne die besagte Ausstattung erfolgreich funktionieren kann. Beweisen muss der Beklagte seine Behauptung nicht. Vielmehr obliegt es umgekehrt dem Kläger, seinen Sachvortrag zur technischen Notwendigkeit einer bestimmten Ausstattung angesichts der gegnerischen bestreitenden Einlassung weiter zu konkretisieren und unter Beweis zu stellen. Dem ist uneingeschränkt zuzustimmen und dies entspricht allgemeinen Regeln der Darlegungs- und Substantiierungslast.

3.

Einen derartigen Sachvortrag bleibt die Klägerin schon deshalb schuldig, weil auch im Berufungsverfahren völlig unbelegt bleibt, dass bei den angegriffenen Mobiltelefonen eine Geräteaktivierung unter Betriebsbedingungen ≠ ([A] + [B]) unterbleibt, was – wie ausgeführt – zu geschehen hat, und zwar nicht nur in einem einzelnen, singulären Anwendungsfall der Kategorie ≠ ([A] + [B]); vielmehr muss eine Geräteaktivierung immer dann unterbleiben, wenn die Betriebsbedingungen des elektronischen Gerätes ≠ ([A] + [B]) sind.

Dass es – womit sich die Klägerin exemplarisch befasst – unter den Bedingungen [A] + [B] zu einer Erweckung des Gerätes aus dem Ruhezustand kommt, bedeutet nur, dass zu den für die angegriffenen Ausführungsformen gültigen Erweckungssachverhalten auch diejenigen gehören, die das Klagepatent vorgibt. Eine sich überschneidende Teilmenge der Aktivierungssachverhalte wird es vermutlich aber auch in Bezug auf den vorbekannten Stand der Technik geben und wird sich auch mit anderen, vom Klagepatent gänzlich verschiedenen technischen Ansätzen vereinbaren lassen. Für das von der Klägerin darzulegende Gegenteil ist jedenfalls nichts Substantielles vorgetragen.

2. Einheit von Anspruch & Beschreibung[17]

Für die praktische Handhabung ist ganz in diesem Sinne zu beachten, dass die **Patentansprüche und** der sie erläuternde **Beschreibungstext** prinzipiell eine **zusammengehörige Einheit** bilden, die der Durchschnittsfachmann demgemäß auch als sinnvolles Ganzes so zu interpretieren sucht, dass sich Widersprüche nicht ergeben.[18] In der Patentbeschreibung erwähnte Ausführungsformen *müssen* deshalb Veranlassung geben, danach zu fragen, ob nicht eine Auslegung der Merkmale des Hauptanspruchs in Betracht kommt, bei der sämtliche als erfindungsgemäß beschriebenen Varianten auch vom Anspruchswort-

12

---

17 Rinken, FS 80 Jahre Patentgerichtsbarkeit Düsseldorf, 2016, S 429.
18 BGH, GRUR 2016, 361 – Fugenband; BGH, GRUR 2015, 875 – Rotorelemente; BGH, GRUR 2008, 887 – Momentanpol II; BGH, GRUR 2009, 653 – Straßenbaumaschine; OLG Düsseldorf, Mitt 1998, 179 – Mehrpoliger Steckverbinder.

laut erfasst werden. Nur wenn ein solches Verständnis angesichts der konkreten Anspruchsformulierung ausscheidet, ist Raum für die Annahme, dass der Beschreibungstext einen überschießenden Inhalt hat, der einen Patentschutz nicht zu vermitteln vermag.[19] Erfahrungsgemäß wird es sich hierbei um ganz seltene Ausnahmefälle handeln.

▶ **Beispiel:**

13 In dem nachfolgenden Fallbeispiel (LG Düsseldorf – 4b O 297/06) wäre letzteres etwa der Fall, wenn der Patentanspruch nicht – auslegungsfähig – auf »Klemmen an den entgegengesetzten Enden der Vorrichtung« gerichtet wäre, sondern in einer – nicht auslegungsfähigen – Formulierung »*zwei* Klemmen an den entgegengesetzten Enden der Vorrichtung« fordern würde.

▶ **Beispiel: (LG Düsseldorf, Urteil v 31.7.2007 – 4b O 297/06)[20]**

I.

14 Die Klägerin ist eingetragene Inhaberin des mit Wirkung ua für die Bundesrepublik Deutschland erteilten europäischen Patents 0 808 138, das intravaskuläre Vorrichtungen zum Behandeln bestimmter medizinischer Leiden betrifft. Als Anwendungsfälle nennt die Klagepatentschrift beispielhaft die Notwendigkeit, das Gefäß eines Patienten zu verschließen, um den Blutstrom an einen Tumor oder an eine andere Schädigung zu unterbinden. Allgemein – so heißt es – werde dies durch Einführen von vaskulären Verschlusspartikeln oder kurzen Abschnitten von Schraubenfedern vorgenommen, wobei sich die genannten Embolisationsagentia im Gefäß festsetzen sollen. Kritisch hierbei sei jedoch, dass die Verschlusspartikel häufig vom Ort ihrer Einführung mit dem Blutstrom abwärts fließen, bevor sie an der vorgesehenen Stelle das Gefäß verschließen. Mangels einer zuverlässig präzisen Positionierung seien die Embolisationsagentia daher praktisch von lediglich begrenztem Nutzen.

Als alternative Behandlungsmittel seien bereits lösbare Ballonkatheter vorgeschlagen worden, die in ihrem Inneren mit einem aushärtenden Harz versehen sind. Nach ihrer Verbringung zum Einsatzort wird der Ballon vom Ende des Katheters abgelöst und an der vorgesehenen Verschlussstelle zurückgelassen. Als nachteilig beurteilt die Klagepatentschrift hieran, dass Sicherheitsprobleme auftreten können, wenn der Ballon nicht ausreichend aufgefüllt sei, weil er in diesem Fall keinen festen Sitz im Gefäß finde und infolge dessen stromabwärts an eine nicht vorgesehene Stelle des Gefäßes treiben könne. Um diese Problemlage zu vermeiden, könne es vorkommen, dass der Arzt den Ballon übermäßig fülle, was wiederum die Gefahr mit sich bringe, dass der Ballon reiße und das Harz in den Blutstrom des Patienten entlassen werde.

Schließlich befasst sich die Klagepatentschrift mit mechanischen Embolisationsvorrichtungen, Filtern und Fallen, die jedoch als vergleichsweise kostspielig kritisiert werden.

Vor dem Hintergrund des geschilderten Standes der Technik formuliert die Klagepatentschrift die Aufgabe, »eine zuverlässig wirkende Embolisationsvorrichtung zu schaffen,

---

19 BGH, GRUR 2015, 972 – Kreuzgestänge.
20 Bestätigt durch OLG Düsseldorf, Urteil v 22.12.2008 – I-2 U 65/07. Mit der Entscheidung »Okklusionsvorrichtung« (GRUR 2011, 701) hat der BGH die Verurteilung zu Unrecht (vgl die Anmerkung in GRUR 2011, 705) aufgehoben und die Klage abgewiesen. Zu dem Ergebnis mangelnder Patentverletzung sind ebenfalls die Gerichte im Vereinigten Königreich (High Court of Justice vom 31.7.2009 – [2009] EWHC 2013 [Ch]; Court of Appeal vom 22.6.2010 – [2010] EWCA Civ 702); High Court – [2009] EWHC 2013 (Ch), case n° HC07C02 048; und in den Niederlanden (Rechtbank's Gravenhage vom 29.10.2008 – 299 267/HA ZA 07-3614; The Hague Appeal Court vom 19.10.2010 – 200.020.925/01; Hoge Raad vom 25.5.2012 – AZ 11/00 304, gekommen, allerdings unter maßgeblicher Heranziehung der Erteilungsakte.

die sowohl ohne Schwierigkeiten entfaltet als auch präzise in einem Gefäß eingesetzt werden kann«.

Zur Lösung sieht Patentanspruch 1 die Kombination folgender Merkmale vor:

1) Kollabierbare medizinische Vorrichtung (60), die ein Metallgewebe umfasst.
2) Das Metallgewebe ist aus geflochtenen Metalllitzen gebildet.
3) Die Vorrichtung (60) hat
   a) eine kollabierte Konfiguration zur Zuführung durch einen Kanal in einem Patienten;
   b) eine allgemeine hantelförmige entfaltete Konfiguration.
4) Die allgemeine hantelförmige (entfaltete) Konfiguration hat
   a) zwei Teile mit erweitertem Durchmesser (64),
   b) die durch einen Teil mit reduziertem Durchmesser (62) getrennt sind, der zwischen entgegengesetzten Enden der Vorrichtung gebildet ist.
5) Es sind Klemmen (15) zum Festklemmen der Litzen an den entgegengesetzten Enden der Vorrichtung (60) ausgeführt.

Die nachfolgenden Abbildungen der Klagepatentschrift verdeutlichen den Gegenstand der Erfindung anhand bevorzugter Ausführungsbeispiele, wobei die Figuren 1a und 1b Metallgewebe als mögliche Ausgangsstoffe für die Herstellung eines patentgemäßen Gegenstandes zeigen,

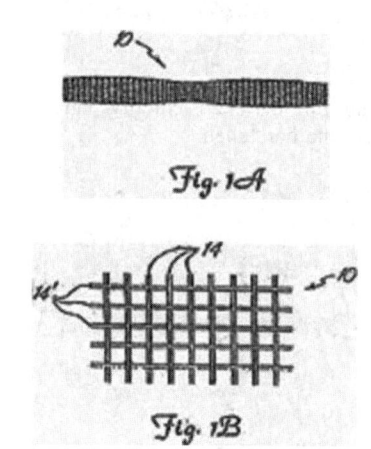

die Figuren 2a, 2b und 4 ein geeignetes Formelement wiedergeben,

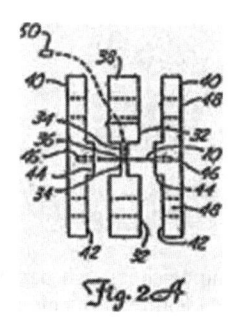

Fig. 2B

Fig. 4

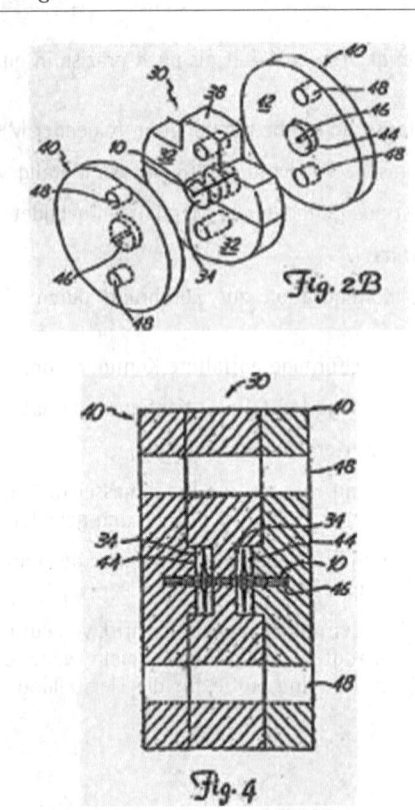

und die Figuren 5a und 5b eine Seitenansicht bzw eine Ansicht auf das Ende einer erfindungsgemäßen Vorrichtung darstellen.

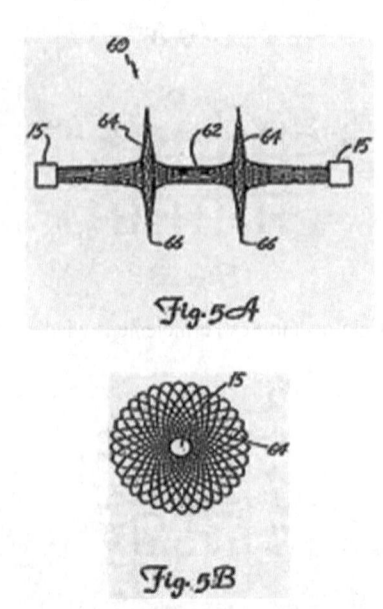

Fig. 5A

Fig. 5B

Die erfindungsgemäße Vorrichtung zeichnet sich dadurch aus, dass sie zunächst eine kollabierte (dh zusammengefaltete) Form besitzt, die es erlaubt, die Vorrichtung zB mit

Hilfe eines Katheters in das Gefäß eines Patienten einzuführen. Des Weiteren kann die Vorrichtung eine definiert entfaltete Form annehmen, wenn die kollabierte Vorrichtung aus dem distalen Ende des Katheters entlassen wird. Die entfaltete Form gewährleistet dabei, dass sich die Vorrichtung nicht unbeabsichtigt vom Ort ihres therapeutischen Einsatzes entfernen kann. Im Zusammenhang mit der beispielhaft erörterten Verwendung als vaskulärer Verschlussvorrichtung erläutert die Klagepatentschrift diesen letztgenannten Gesichtspunkt dahingehend, dass die Vorrichtung innerhalb des zu verschließenden Blutgefäßes so positioniert wird, dass ihre Achse generell mit der Achse des Blutgefäßes übereinstimmt. Die besondere Hantelform der entfalteten Konfiguration begrenze dabei die Möglichkeiten, dass sich die vaskuläre Verschlussvorrichtung gegenüber der Gefäßachse im Winkel verdrehe, sodass gewährleistet sei, dass die Vorrichtung im Wesentlichen in derjenigen Position verbleibe, in die der Arzt sie im Gefäß eingesetzt hat (Absatz 0058).

Die Beklagten bewerben ein kathederbasiertes Verschlussimplantat zur Behandlung von Septumdefekten (Perforationen der Herzscheidewand). Nachstehend sind Abbildungen wiedergegeben, die die konstruktiven Einzelheiten des Occluder verdeutlichen, wobei es sich – in der Reihenfolge der nachfolgenden Wiedergabe – um eine Seitenansicht, eine Ansicht auf das rechte sowie auf das linke Ende des Occluders handelt.

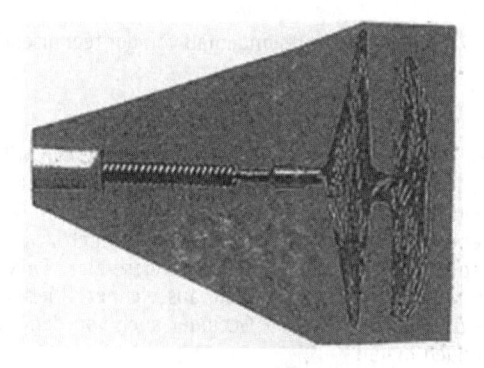

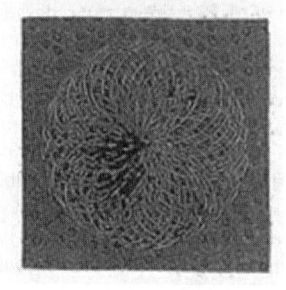

Anhand der Lichtbilder ist zu erkennen, dass die angegriffene Ausführungsform lediglich auf einer (nämlich der linken) Seite mit einer Klemme versehen ist.

Die Klägerin ist der Auffassung, dass die angegriffene Ausführungsform dennoch wortsinngemäß von der technischen Lehre des Patentanspruchs 1 Gebrauch macht und dass bei dessen Fertigung – ebenfalls wortsinngemäß – das Herstellungsverfahren nach Patentanspruch 16 des Klagepatents angewendet wird. Mit ihrer Klage nimmt sie die Beklagten deshalb auf Unterlassung, Rechnungslegung, Vernichtung und Schadenersatz in Anspruch, wobei sie gegenüber sämtlichen Beklagten sowohl den Vorrichtungs- als auch den Verfahrensanspruch geltend macht und Unterlassung, Rechnungslegung sowie Schadenersatz wegen aller in § 9 Nr 1 PatG genannten Benutzungshandlungen begehrt.

Die Beklagten bestreiten den Vorwurf der Patentverletzung und führen hierzu aus: Bei dem streitbefangenen Occluder handele es sich nicht um eine »medizinische Vorrichtung« im Sinne des Klagepatents. Auch würden keine »Metalllitzen« verwendet; ebenso wenig sei ein »Gewebe aus Metall« vorhanden. Vor allem aber fehle es an »Klemmen«, die »an entgegengesetzten Enden der Vorrichtung« ausgeführt seien. Stattdessen sei die angegriffene Ausführungsform mit lediglich einer Klemme an lediglich einem Ende der Vorrichtung versehen.

II.

Der Occluder der Beklagten macht wortsinngemäß von der technischen Lehre des Klagepatents Gebrauch.

1.

Die Beklagten ziehen – zu Recht – nicht in Zweifel, dass die angegriffene Ausführungsform eine kollabierte Konfiguration zur Zuführung durch einen Kanal in einem Patienten sowie eine allgemeine hantelförmige entfaltete Konfiguration besitzt (Merkmal 3), wobei sich die allgemeine hantelförmige Konfiguration durch zwei Teile mit erweitertem Durchmesser sowie einen zwischen entgegengesetzten Enden der Vorrichtung gebildeten Teil mit reduziertem Durchmesser auszeichnet (Merkmal 4). Zu Unrecht bestreiten die Beklagten jedoch, dass der Occluder auch von den weiteren Merkmalen (1), (2) und (5) Gebrauch macht.

a)

Die angegriffene Ausführungsform ist dafür vorgesehen, Perforationen der Herzscheidewand zu verschließen. Es handelt sich deswegen unbestreitbar um eine »medizinische Vorrichtung« im Sinne des Merkmals (1).

Der außerordentlich weit gefasste Anspruchswortlaut erfasst jedwede kollabierbare Vorrichtung, die für irgendwelche medizinischen Zwecke verwendet werden kann. Eine Einschränkung auf bestimmte Therapiefelder, insbesondere ein Ausschluss der Behandlung von Septumdefekten scheint im Patentanspruch nirgends auf. Der Beschreibungstext bietet gleichfalls keinerlei Grundlage für eine reduzierende Interpretation, wie sie von den Beklagten verfochten wird. Richtig ist zwar, dass bei der Aufgabenformulierung (Absatz 0007) ausschließlich von »Embolisationsvorrichtungen« die Rede ist, wobei unter einer therapeutischen Embolisation im Allgemeinen der künstliche Verschluss von Blutgefäßen (aus Anlass einer schwer stillbaren, lebensbedrohlichen Blutung, einer Gefäßfehlbildung oder einer Tumorbehandlung) verstanden wird. Abgesehen davon, dass der für die Schutzbereichsbestimmung maßgebliche Anspruchswortlaut den Begriff »Embolisation« nicht aufgreift, stellt die Patentbeschreibung einleitend klar, dass die Erfindung des Klagepatents »allgemein intravaskuläre Vorrichtungen zum Behandeln bestimmter medizinischer Leiden (betrifft)« (Absatz 0001), wobei nachfolgend als mögliches Leiden, welches den Einsatz eben solcher intravaskulärer Vorrichtungen erfordert, ausdrücklich » ... die Behandlung von Septumdefekten« erwähnt ist (Absatz 0002). Darüber hinaus enthält auch Absatz 0019 einen Hinweis auf die Verwendung außerhalb der Behandlung von Gefäßverschlüssen, indem es heißt, dass die Erfindung eine Vorrichtung schafft, »*die im Körper von Patienten in Kanälen wie vaskulären Kanälen, im Harntrakt, Gallenblasengängen und dergleichen verwendet werden (kann)*«. Vor dem Hintergrund des weit gefassten Anspruchswortlauts und der in der Patentbeschreibung gegebenen Erläuterungen besteht deshalb kein Anlass dafür, eine medizinische Vorrichtung mit Blick auf die angegriffene Ausführungsform deshalb zu verneinen, weil mit ihr nicht ein Blutgefäß, sondern die Perforation in einer Herzscheidewand verschlossen werden soll.

b)

Außerhalb jeden vernünftigen Zweifels ist gleichfalls, dass der Occluder ein Metallgewebe umfasst, das aus Metalllitzen geflochten ist.

Bereits nach dem allgemeinen Sprachverständnis begreift der Fachmann, dass die Litzen ein flächenförmiges Gebilde, nämlich ein Gewebe, hervorrufen sollen. Absatz 0027 des Beschreibungstextes erläutert in diesem Zusammenhang, dass die hierzu zu verwendenden Litzen ein Standarddraht (Monofilament) sein können. Mit Rücksicht darauf ist unbestreitbar, dass die Metalldrähte der angegriffenen Ausführungsform (für die im Übrigen die nach Absatz 0026 besonders bevorzugte Memory-Legierung »Nitinol« verwendet wird) »Metalllitzen« im Sinne des Klagepatents sind und dass das mit ihrer Hilfe hervorgerufene Drahtgeflecht ein »Gewebe« im Sinne eines flächenförmig sich erstreckenden Gebildes ist (Merkmal 2).

c)

Verwirklicht ist schließlich auch Merkmal (6), welches vorsieht, dass an den entgegengesetzten Enden der Vorrichtung Klemmen zum Festklemmen der Litzen ausgeführt sind.

Bei philologischer Betrachtung ist den Beklagten zwar Recht in ihrer Auffassung zu geben, dass die im Patentanspruch verwendete Formulierung »Klemmen« zum Ausdruck bringt, dass mindestens zwei Klemmen vorhanden sein sollen, wobei jeweils eine von ihnen an jedem der beiden Enden der kollabierbaren Vorrichtung anzubringen ist. Bei dieser rein sprachlichen Interpretation darf allerdings nicht stehen geblieben werden. Geboten ist vielmehr eine funktionsorientierte Auslegung, die danach fragt, welche technischen Wirkungen das betreffende Merkmal im Rahmen der Erfindung hervorbringen soll, um die dem Patent zugrunde liegende Aufgabe zu lösen. Anspruchsmerkmale sind deswegen so zu begreifen, wie es die ihnen aus der Sicht des angesprochenen Durchschnittsfachmanns zugedachte technische Funktion bei der Verwirklichung des geschützten Erfindungsgedankens verlangt.

Für den Streitfall erhebt sich daher die Frage, welcher auf technischem Gebiet liegende Erfolg mit den im Merkmal (5) angesprochenen »Klemmen« bezweckt ist.

aa)

Soweit die Beklagten einwenden, Sinn der Klemmen sei es, Stromanschlüsse aufzunehmen bzw die länglich kollabierte Vorrichtung manuell zu strecken, ist dem zu widersprechen. Beide vorgenannten Gesichtspunkte werden zwar im besonderen Beschreibungstext der Klagepatentschrift angesprochen, und zwar in den nachfolgend wiedergegebenen Absätzen 0055 und 0073:

»*[0055] Anstatt einzig Konvektionswärme und dergleichen zur Erwärmung des Nitinol in Betracht zu ziehen, ist es auf dem entsprechenden Fachgebiet auch bekannt, elektrischen Strom an das Nitinol zur Erwärmung anzulegen. Bei der vorliegenden Erfindung kann dies beispielsweise dadurch vorgenommen werden, dass an den Klemmen (15) Elektroden an jedem Ende des Metallgewebes angehakt werden, siehe Figur 5.*«

»[0073] ... Die in den Figuren 5 dargestellten Vorrichtungen können beispielsweise eine verhältnismäßig längliche kollabierte Konfiguration haben, bei der die Vorrichtungen entlang ihrer Achsen gestreckt sind. Diese kollabierte Konfiguration kann einfach dadurch erreicht werden, dass die Vorrichtung generell entlang ihrer Achse gestreckt wird, beispielsweise, indem die Klemmen (15) von Hand angefasst und auseinandergezogen werden; ...«

Beide Beschreibungsstellen knüpfen jedoch an ganz spezielle, für die Erfindung nach dem Hauptanspruch 1 keinesfalls zwingende Sachverhaltskonstellationen an. Es sind dies die Erwärmung mittels Bestromung bzw das Hervorrufen einer länglich kollabierten Form durch manuelle Streckung des Metallgewebes. Sie allein lassen deswegen keine Rückschlüsse darauf zu, was die Klemmen im Zusammenhang mit einer in Patentanspruch 1 beschriebenen Vorrichtung leisten soll, die diesen besonderen Anforderungen und Verfahrensweisen gerade nicht genügen muss. Abgesehen davon hat die Klägerin mit Recht darauf hingewiesen, dass das Merkmal (5) mit der Formulierung »zum Festklemmen der Litzen« selbst den Zweck angibt, der nach der Erfindung mit den Klemmen verfolgt wird.

bb)

Der Klägerin ist daher Recht in ihrer Auffassung zu geben, dass die Klemmen dazu dienen,

- ein Ausfasern der Litzenenden

- sowie gegebenenfalls ein Zurückkehren der Litzen in ihre ungeflochtene Konfiguration

zu verhindern. Das erstgenannte Problem des Ausfaserns besteht dabei stets, die zweitgenannte Problemlage stellt sich ein, wenn das Gewebe anfangs nicht wärmebehandelt wurde. Zu verweisen ist insoweit auf die nachstehend wiedergegebenen Beschreibungsstellen in den Absätzen 0028 bis 0030:

»[0028] Bei der Vorbereitung zum Herstellen einer medizinischen Vorrichtung ... wird ein Stück Metallgewebe geeigneter Größe aus dem größeren Gewebestück herausgeschnitten, das beispielsweise durch Flechten von Drahtlitzen zu einem langen Flechtschlauch gebildet wurde. ...

[0029] Beim Zuschneiden des Gewebes auf die gewünschten Abmessungen muss darauf geachtet werden, dass sich das Gewebe nicht auffasert. ... Wurde das Flechtgewebe wärmebehandelt, um die Litzen in der geflochtenen Konfiguration zu fixieren, dann werden sie generell in der geflochtenen Form bleiben und nur die Enden werden ausfasern. Es kann jedoch wirtschaftlich sinnvoller sein, das Flechtgewebe herzustellen, ohne es in dem Zustand einer Wärmebehandlung auszusetzen ...

[0030] Bei solchen unbehandelten NiTi-Geweben werden die Litzen die Tendenz haben, in ihre ungeflochtene Konfiguration zurückzukehren, und das Flechtgewebe kann sich ziemlich schnell auflösen, wenn nicht die Enden des zum Formen der Vorrichtung abgeschnittenen Stückes des Flechtgewebes im Verhältnis zueinander in Form gehalten werden. Um das Flechtgewebe daran zu hindern, sich aufzulösen, hat sich ein Verfahren als nützlich herausgestellt, bei dem das Flechtgewebe an zwei Stellen mit Klemmen zusammengeklemmt wird und das Flechtgewebe so abgeschnitten wird, dass eine Länge des Flechtgewebes mit Klemmen (15 in Figur 2) an jedem Ende übrig bleibt, wodurch ein leerer Raum innerhalb einer geschlossenen Gewebelänge wirksam definiert wird. Diese Klemmen (15) halten die Enden des abgeschnittenen Flechtgewebes zusammen und hindern es am Ausfasern.«

Bereits vor dem Hintergrund dieser technischen Erläuterungen versteht es sich für den Durchschnittsfachmann, dass eine Klemme nur dort notwendig und sinnvoll ist, wo überhaupt ein abgeschnittenes (freies) Drahtende vorliegt, welches ausfasern kann. Diese Erkenntnis ist von besonderer Bedeutung vor dem Hintergrund derjenigen Ausführungsform, die in den nachfolgenden Absätzen 0032 und 0033 ausdrücklich als mögliche Erfindungsvariante beschrieben ist. Am angegebenen Ort heißt es:

»[0032] Die gleichen Probleme tauchen bei der Verwendung eines flachen Gewebestücks auf, wie dem in Figur 1b dargestellten gewobenen Material. Wird ein solches Gewebe verwendet, dann kann es so umgeschlagen werden, dass es eine Vertiefung oder Aushöhlung bildet, und das Gewebe kann um diese Vertiefung so festgeklammert werden, dass es eine leere Tasche bildet (nicht dargestellt), bevor das Gewebe zugeschnitten wird. ...

[0033] Ist ein Stück Metallgewebe angemessener Größe vorhanden, wird das Gewebe so verformt, dass es allgemein mit einer Oberfläche eines Formelementes übereinstimmt. Wie mit der nachfolgenden Beschreibung im Zusammenhang mit den Figuren 2 bis 5 verdeutlicht, bewirkt dieses Verformen des Gewebes eine Neuorientierung der relativen Positionen der Litzen des Metallgewebes aus ihrer ursprünglichen Ordnung in eine zweite, neu orientierte Konfiguration.«

Wird in der zuvor beschriebenen Weise verfahren, ergibt sich eine Ausgestaltung, wie sie nachstehend in einer Bildfolge wiedergegeben ist:

Ausgangspunkt ist ein flaches Gewebestück, wie es in Figur 1b in einer Draufsicht und rechts daneben in einer Seitenansicht dargestellt.

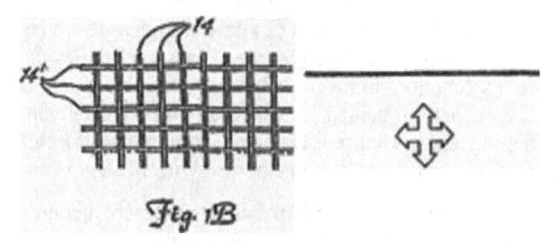

Nach dem Umschlagen aller vier Enden des Gewebestücks nach oben ergibt sich eine Anordnung, wie sie nachstehend eingeblendet ist.

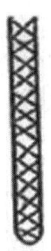

Das Festklammern der Gewebeenden schafft sodann eine leere Tasche, wie sie mit der folgenden Abbildung wiedergegeben ist.

Soweit die Beklagten behaupten, die Beschreibungsstelle im Absatz [0032] leite den Fachmann zu einer Anordnung an, wie sie nachstehend wiedergegeben ist,

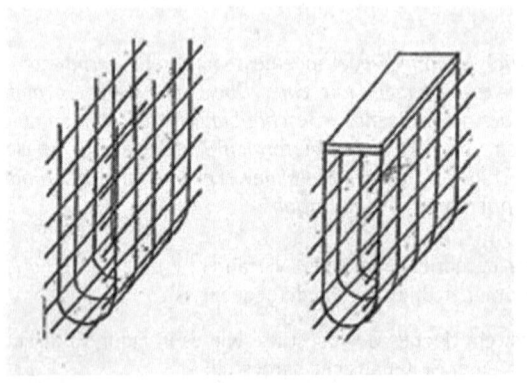

trifft dies ersichtlich nicht zu. Eine »leere Tasche«, wie sie erzielt werden soll, entsteht nur dann, wenn nicht lediglich zwei, sondern alle vier Enden des in Figur 1b dargestellten Gewebestücks nach oben geschlagen werden. Dass genau dies gemeint und gefordert ist, erkennt der Fachmann unschwer auch daran, dass bei einem von den Beklagten ins Feld geführten Vorgehen an beiden Längskanten eine Vielzahl von Litzenenden verbleiben würden, die ausfasern könnten, was eine erfolgreiche Durchführung der Erfindung – wie die Beklagten selbst geltend machen – schlechterdings ausschließen würde.

Ausgehend von einem an seinen (sic: allen) Enden umgeschlagenen und anschließend geklammerten Gewebestück ergibt sich unter Verwendung eines Formgebungselementes, wie es in den Figuren 2 bis 4 exemplarisch veranschaulicht ist, eine hantelförmige Konfiguration im Sinne des Merkmals (4):

Bei einer solchen, nach dem Beschreibungstext möglichen Ausführungsform der Erfindung liegen bloß auf einer Seite (nämlich oben) freie Drahtenden vor, die ausfransen können und deren Fixierung durch eine Klemme deshalb einer Auflösung des Metallgeflechtes entgegenwirken kann. Bei dieser Sachlage ist es nicht nur möglich, sondern es drängt sich geradezu auf, auf der anderen (unteren) Seite auf die Anbringung einer – dort gänzlich funktionslosen – Klemme (»zum Festklemmen der Litzen«) zu verzichten.

Die Beklagten können dem nicht mit Erfolg entgegenhalten, dass eine Handhabung des Metallgeflechtes, wie sie der vorstehenden Zeichnungsfolge entspricht, zwangsläufiger

II. 2. Einheit von Anspruch & Beschreibung

Weise dazu führt, dass die Litzen in dem der Klemme gegenüberliegenden Scheitelbereich plastisch verformt werden mit der Folge, dass der erwünschte Memory-Effekt (der für das ordnungsgemäße Entfalten der kollabierten Konfiguration verantwortlich ist) bereichsweise verloren geht. Für die Tauglichkeit und Wirkungsweise der medizinischen Vorrichtung macht es ersichtlich keinen Unterschied, ob sich am distalen Ende ein fest abstehender Bereich deshalb ergibt, weil sich die plastisch verformten Metalllitzen nicht mehr entfalten, oder ob ein ebensolcher Endabschnitt daraus resultiert, dass das untere Ende der Vorrichtung mit einer Klemme versehen ist.

Zieht der Fachmann zum Verständnis des Patentanspruchs 1 die im Beschreibungstext gegebenen Wirkungs- und Funktionszusammenhänge einschließlich der erwähnten Ausführungsbeispiele heran, so besagt deshalb der im Merkmal (5) verwendete Plural »Klemmen« lediglich, dass von Fall zu Fall so viele Klemmen – eine oder mehrere – verwendet werden sollen, wie nötig sind, um ein Ausfransen der Litzenenden zu verhindern. Es handelt sich um eine Gattungsbezeichnung, die dem Fachmann verdeutlicht, welche *Art* von Bauteil – eben »Klemmen« – zum Einsatz kommen sollen, um die beabsichtigten Wirkungen zu erzielen.

Zu einem anderen Auslegungsergebnis dahingehend, dass in jedem Fall mindestens zwei Klemmen vorhanden sein müssen, zwingt auch nicht der Umstand, dass Klemmen »an den entgegengesetzten Enden der Vorrichtung« ausgeführt sein sollen. Was die »entgegengesetzten Enden der Vorrichtung« sind, ist nicht aufgrund einer rein geometrischen Betrachtung der Vorrichtung – gleichsam »im Raum« – zu bestimmen. Da die Klemmen erfindungsgemäß die Litzen fixieren sollen, werden die – für die Anbringung der Klemmen – entgegengesetzten Enden der Vorrichtung vielmehr durch die freien Ende der das Metallgeflecht bildenden Drähte definiert. Anfang und Ende der Vorrichtung fallen dementsprechend mit den freien (in der Gefahr eines Ausfransens stehenden) Enden der Litzen zusammen. In Bezug auf die in den Absätzen 0032 und 0033 beschriebene Erfindungsvariante bedeutet dies, dass sich die mit Klemmen zu versehenden Enden der Vorrichtung – geometrisch »im Raum« – auf derselben Seite (zB oben) befinden. Das eine Ende der Vorrichtung liegt auf der linken und das andere Ende der Vorrichtung auf der rechten Seite der Mittellängsebene, so wie dies in den nachstehenden Abbildungen verdeutlicht ist.

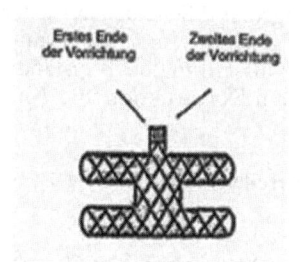

Die gerade erläuterte Sichtweise verbietet sich – anders als die Beklagten meinen – nicht deswegen, weil die »entgegengesetzten Enden der Vorrichtung« im Merkmal (4) abschließend dahingehend definiert sind, dass sich das eine Ende der Vorrichtung jenseits des einen und das entgegengesetzte Ende der Vorrichtung jenseits des anderen Teils der hantelförmigen Konfiguration mit erweitertem Durchmesser befindet. Bei zutreffender, die technischen Wirkungen berücksichtigender Auslegung bezeichnen die in den Merkmalen (4) und (5) gleichlautend gebrauchten Formulierungen »entgegengesetztes Ende der Vorrichtung« nämlich nicht dasselbe. Soweit es um die Anbringung von Klemmen zur Fixierung der Litzenenden geht, geben die freien Drahtenden des Metallgewebes die »Enden der Vorrichtung« vor. Soweit es hingegen um die Form der entfalteten Struktur geht, mit der eine zuverlässige Positionierung der medizinischen

Vorrichtung zB in einem Blutgefäß gewährleistet werden soll, ist demgegenüber eine geometrische Betrachtung »im Raum« entscheidend. Denn im Zusammenhang mit dem Merkmal (4) kommt es erkennbar darauf an, eine hantelförmige Konfiguration zu erhalten, bei der zwei an unterschiedlichen Enden der Vorrichtung liegende Bereiche mit erweitertem Durchmesser durch einen Verbindungsbereich mit reduziertem Durchmesser beabstandet sind. Denn die Hantelform ist nach der Lehre des Klagepatents dafür verantwortlich, dass die Vorrichtung in einem Gefäß verdrehsicher platziert werden kann oder (mit Blick auf die Behandlung eines Septumdefekts) jenseits der zu schließenden Perforation jeweils ein Bereich mit erweitertem Durchmesser vorhanden ist. Angesichts der gänzlich unterschiedlichen Zwecke, die einerseits mit dem Merkmal (4) und andererseits mit dem Merkmal (5) verfolgt werden, stellt es deshalb keinen Widerspruch dar, die »entgegengesetzten Enden der Vorrichtung« in dem einen Zusammenhang rein geometrisch (Merkmal 4) und im anderen Kontext in Abhängigkeit von den freien Enden der Drahtlitzen (Merkmal 5) zu begreifen.

15 Andererseits bilden auch die **Merkmale des Patentanspruchs eine Einheit**, was es verbietet, einzelne Merkmale unabhängig vom Gesamtzusammenhang der im Anspruch unter Schutz gestellten technischen Lehre zu interpretieren. Vielmehr ist stets danach zu fragen, welcher technische Sinn den einzelnen Merkmalen in ihrer Gesamtheit zukommt und welcher Beitrag zum beabsichtigten Leistungsergebnis den einzelnen Merkmalen des Patentanspruchs zugedacht ist.[21] Dabei kann sich ergeben, dass einem Merkmal ein anderer Inhalt beizumessen ist als dem entsprechenden Merkmal in einer zum Stand der Technik gehörenden, gewürdigten Druckschrift.[22] Kein Beurteilungskriterium bei der Auslegung ist die Frage, mit welchem Inhalt sich die technische Lehre des Klagepatents als **patentfähig** erweist oder mit welchem Inhalt keine **unzulässige Erweiterung** vorliegt.[23] Dieses Verbot gilt in beide Richtungen. Eine vom gegebenen Wortsinn her nicht gebotene einengende Interpretation ist also nicht deshalb zulässig, weil das Patent nur mit diesem beschränkten Inhalt rechtsbeständig sein kann; ebenso wenig ist es – umgekehrt – gerechtfertigt, eine begrifflich enge Formulierung nur deshalb weit zu verstehen, weil das Patent auch mit einem über den Wortlaut hinausreichenden Inhalt erteilungsfähig gewesen wäre.[24]

16 Sieht der Patentanspruch eine **Mindestausstattung** der geschützten Vorrichtung mit bestimmten Bauteilen (zB wenigstens 2 Scheiben auf jeder Bearbeitungswalze) vor, weswegen auch eine darüberhinausgehende Ausstattung (mit mehr als 2 Scheiben je Walze) möglich ist, so gibt die Mindestausstattung das Verständnis derjenigen Anspruchsmerkmale vor, die sich mit der näheren Konstruktion und Anordnung der fraglichen Bauteile (zB Walzenscheiben) befassen.[25]

▶ **Beispiel: (OLG Düsseldorf, Urteil v 10.10.2013 – I-2 U 80/12)**

I.

17 Das Klagepatent (DE 103 25 368.8) betrifft eine Vorrichtung zum Zusammendrücken leerer Weißblechdosen vor ihrem Recycling. Sie umfasst ua zwei Walzen (4.1, 4.2), deren Drehachsen parallel zueinander beabstandet sind. Jede Walze (4.1, 4.2) besitzt wenigstens zwei Scheiben, die mit axialem Abstand (Freiraum) zueinander angeordnet sind, und weist – in Längsrichtung ihrer Drehachse betrachtet – wenigstens zwei

---

21 BGH, GRUR 2004, 845 – Drehzahlermittlung; BGH, GRUR 2011, 129 – Fentanyl-TTS; BGH, GRUR 2012, 1124 – Polymerschaum.
22 BGH, GRUR 2012, 1124 – Polymerschaum.
23 BGH, GRUR 2012, 1124 – Polymerschaum.
24 OLG Düsseldorf, Urteil v 26.11.2015 – I-2 U 74/14.
25 OLG Düsseldorf, Urteil v 19.9.2013 – I-2 U 80/12.

Abschnitte (S 1, S 2) auf, deren Scheibe oder Scheiben im Durchmesser unterschiedlich sind. Die Scheiben besitzen nacheinander im Wechsel folgender Abschnitte (S 1, S 2) jeweils einen anderen Durchmesser (D1, D2). Im montierten Zustand der Walzen sind die den größeren Durchmesser (D2) aufweisenden Abschnitte (S 2) zueinander versetzt mit ihren Umfangsflächen teilweise kämmend nebeneinander angeordnet und bilden somit Schneidkanten zum Einschneiden des Behältermaterials bei dessen Durchgang durch die Walzen (vgl die nachfolgenden Figuren der Patentschrift).

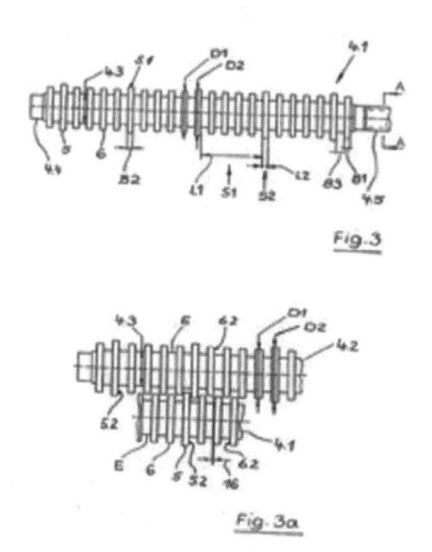

Fig. 3

Fig. 3a

Die angegriffene Ausführungsform – vgl die nachstehende Einblendung eines Walzenausschnitts – verfügt über zwei Walzen, die längs ihrer Drehachse eine Vielzahl ringartiger Erhebungen aufweisen. In der Mitte dieser Erhebungen sind radial über den Walzenumfang verteilt runde Stahlstifte angeordnet.

II.

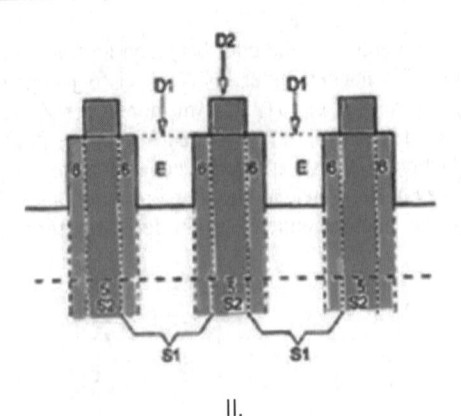

Eine Patentverletzung scheidet aus, weil die Walzen der angegriffenen Ausführungsform keine Scheiben aufweisen, die mit einem axialen Abstand (Freiraum) zueinander angeordnet sind.

1.

Insoweit kann nicht einfach darauf abgestellt werden, dass die Vorrichtung eine Vielzahl von Scheiben besitzt und dass bezogen auf diese Scheibenvielzahl jedenfalls zwei Scheiben auf der Drehachse der Walze mit seitlichem Abstand voneinander positioniert sind. Ein dahingehendes Verständnis übergeht den Umstand, dass sich das Klagepatent mit einer Mindestausstattung der Vorrichtung begnügt, bei der je Walze bloß zwei Scheiben vorhanden sind. Weil dem so ist, müssen auch auf eine solche minimale, von der Erfindung ausdrücklich zugelassene Walzenausstattung alle weiteren Anspruchsmerkmale des Klagepatents gelesen werden. Das bedeutet: Verfügt die Walze über lediglich zwei Scheiben, muss die Walze dennoch zwei Abschnitte bilden, die ihrerseits mit jeweils mindestens einer Scheibe bestückt sind. Die in den Abschnitten untergebrachten Scheiben haben sich dabei durch einen unterschiedlichen Durchmesser sowie wahlweise zusätzlich durch eine unterschiedliche Formgebung auszuzeichnen. Die vorhandenen zwei Scheiben je Walze müssen ferner zwischen sich einen axialen Abstand (Freiraum) aufweisen. Da es bei der erläuterten Minimalausrüstung der Walze überhaupt nur zwei Scheiben gibt, nämlich eine erste Scheibe größeren Durchmessers (Abschnitt S 1) und eine zweite Scheibe kleineren Durchmessers (Abschnitt S 2), kann sich der geforderte axiale Abstand zwischen den Scheiben einer Walze denknotwendig nur auf einen Freiraum zwischen der (einzigen) Scheibe größeren Durchmessers und der (einzigen) Scheibe kleineren Durchmessers beziehen.

Der technische Sinn dieser Anleitung ergibt sich für den Durchschnittsfachmann zunächst aus dem Umstand, dass der Anspruchswortlaut die Durchmesserdifferenz zwischen der radial größeren und der radial kleineren Scheibe einer Walze betragsmäßig nicht näher vorgibt, sodass er auch klein sein kann. Gleichzeitig wird jedoch verlangt, dass die Walzen so zueinander montiert werden sollen, dass die größere Scheibe der einen Walze mit der größeren Scheibe der anderen Walze in einer Weise kämmen kann, dass die beiden im Eingriff stehenden größeren Scheiben Schneidkanten bilden, die das Behältermaterial einschneiden (Merkmal 5). Dieser Schneideingriff setzt voraus, dass sich die Scheiben größeren Durchmessers in ihrem Randbereich senkrecht zur Drehachse der Walze um ein gewisses Maß überlappen, die größere Scheibe der einen Walze also ein gewisses Stück neben die größere Scheibe der anderen Walze eintaucht. Dies wiederum bedingt einen entsprechenden seitlichen Freiraum neben der Scheibe größeren Durchmessers, der – weil der Durchmesser der kleineren Scheibe auf der Walze anspruchsgemäß nur *minimal* geringer sein kann als der Durchmesser der größeren Scheibe auf derselben Walze – noch nicht notwendigerweise durch den Unterschied im

Durchmesser der beiden Scheiben einer Walze bereitgestellt wird. Er ergibt sich jedoch zuverlässig durch den vorgeschriebenen axialen Abstand zwischen der Scheibe größeren und der Scheibe kleineren Durchmessers einer Walze, weil der Walzenkern auch die Scheibe kleineren Durchmessers zu tragen hat und der Kern der Walze deshalb einen geringeren Durchmesser haben muss als die Scheibe kleineren Durchmessers. Mit dem geforderten axialen Freiraum zwischen den beiden Scheiben einer Walze wird deshalb (egal wie gering der Durchmesserunterschied der Scheiben einer Walze im Verhältnis zueinander auch ist) verlässlich der senkrecht zur Walzendrehachse benötigte Eintauchraum zur Verfügung gestellt, der für den Randbereich der größeren Scheibe der anderen Walze erforderlich ist, um einen wirksamen kämmenden Eingriff zu gestatten. Der Fachmann versteht insoweit, dass er den Freiraum längs der Drehachse nicht unter allen Umständen beliebig klein (schmal) wählen darf, sondern dass er den Freiraum zur Gewährleistung der dem Abstand zwischen den beiden Scheiben einer Walze zugewiesenen technischen Funktion darauf abzustimmen hat, dass er erforderlichenfalls den überlappenden Eingriff der Scheibe größeren Durchmessers der anderen Walze ermöglicht.

Der Inhalt der die Walzenscheiben hinsichtlich ihrer Dimensionierung und Anordnung betreffenden Anspruchsmerkmale (4a) bis (4c) wird nicht dadurch ein anderer, dass für die angegriffene Ausführungsform eine über die patentgemäße Mindestausstattung hinausgehende Zahl von Scheiben gewählt wird, indem auf jeder Walze mehr als eine einzige große und mehr als eine einzige kleine Scheibe vorgesehen wird. Bei einer derartigen fakultativen Mehr-Ausrüstung geht die Anweisung des Klagepatents dahin, auch zwischen den überzähligen Scheiben, jedenfalls soweit mit ihnen ein Schneideingriff erfolgen soll, einen axialen Abstand vorzusehen, der das kämmende Zusammenwirken mit der gegenüberliegenden Scheibe der anderen Walze gestattet. Dieser Freiraum kann, wenn mehrere große Scheiben auf der Walze nebeneinander liegen, zwischen ihnen geboten sein, ansonsten zwischen der großen Scheibe und der ihr benachbarten kleinen Scheibe einer Walze. Diese Sichtweise ist zwingende Folge des Umstandes, dass das Klagepatent mehrere nebeneinander angeordnete große Scheiben zulässt, die alle schneiden sollen. Dies kann nur durch einen seitlichen Freiraum neben jeder zum Schneideingriff vorgesehenen großen Scheibe bewerkstelligt werden kann. Denn im Falle eines Nebeneinanders von großer und kleiner Scheibe setzt die Erfindung zur Ermöglichung des Schneideingriffs nicht bei einem hinreichend kleinen Durchmesser der kleinen Scheibe an. Die vorgeschlagene Lösung besteht vielmehr in einem seitlichen Abstand zwischen der großen und der benachbarten kleinen Scheibe.

2.

Im Streitfall mag deshalb der Auffassung zu folgen sein, dass jeder Bereich radial umlaufender Stahlstifte als Scheibe größeren Durchmessers und die rechts und links daneben liegenden, gegenüber dem Walzenkern erhöhten Bereiche jeweils als Scheiben kleineren Durchmessers anzusehen sind. Selbst wenn dem so wäre, grenzen die seitlichen Scheiben kleineren Durchmessers sämtlich unmittelbar und ohne jeden Freiraum (Abstand) an die (mittige) Scheibe größeren Durchmessers an. Das widerspricht der technischen Lehre des Klagepatents, die gerade verlangt, dass zumindest *eine* größere Scheibe axial beabstandet zu einer ihr benachbarten kleineren Scheibe ist. Über wenigstens ein solches Scheiben-Paar verfügt die angegriffene Ausführungsform nicht. Eine äquivalente Benutzung scheidet mangels Orientierung der zur Abwandlung führenden Überlegungen am Patentanspruch aus, weil die angegriffene Vorrichtung mit dem Verzicht auf einen axialen Abstand das exakte Gegenteil von dem unternimmt, was das Klagepatent lehrt.

Ein vermeintlicher **Widerspruch zwischen Angaben im kennzeichnenden Teil und Merkmalen des Oberbegriffs** darf nicht dahin aufgelöst werden, dass den Merkmalen

18

des Oberbegriffs keine Bedeutung beigemessen wird, obwohl der Wortsinn des Patentanspruchs eine widerspruchsfreie Auslegung zulässt.[26]

19 Um die nachfolgend zu erörternde Problematik deutlich zu machen, soll zunächst ein Fallbeispiel vorangestellt werden:

▶ **Beispiel:**[27]

20 I.

Das Klagepatent (EP 1 335 764) betrifft eine Insulinpumpe, die den Patienten selbsttätig mit Insulin versorgt. Zu diesem Zweck ist in einem tragbaren, im Zweifel am Oberarm des Patienten mittels eines Pflasters anzubringenden Gehäuse – wie aus der nachstehenden Abbildung ersichtlich –

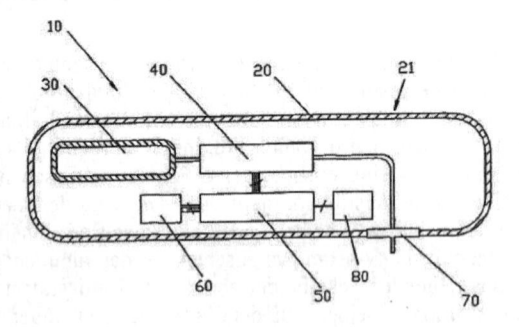

Fig. 1

ein Vorratsbehälter (30) mit Insulin, ein Verteiler (40) und eine Injektionsnadel (70), die in den Oberarm des Patienten eingestochen wird und dort für die Dauer der Benutzung der Insulinpumpe verbleibt, vorgesehen. In dem Gehäuse befinden sich außerdem ein Prozessor (50) sowie ein drahtloser Empfänger (60). Die Befehle für die Menge-Zeit-Steuerung der Insulinabgabe werden außerhalb der Insulinpumpe generiert und dem Prozessor (50), vermittelt über den drahtlosen Empfänger (60), über eine Fernsteuerung mitgeteilt, der die Flussanweisungen an die Insulinpumpe weitergibt. Im Gegensatz zum Stand der Technik benötigt das Gehäuse infolgedessen keine Bedienelemente mehr, mit denen der Patient Menge und Zeit der Insulinabgabe eingibt. Die Insulinpumpe kann dementsprechend günstig hergestellt und sogar als Einmalartikel konzipiert werden.

Angegriffen wird eine Insulinpumpe mit einem zweiteiligen Gehäuse, wie nachfolgend abgebildet. Das obere Gehäuseteil, welches mit dem unteren Gehäuseteil verrastet werden kann, beherbergt den Prozessor und den Empfänger, während das untere Gehäuseteil den Insulinbehälter, den Verteiler und die Injektionsnadel aufnimmt.

---

26 BGH, GRUR 2011, 129 – Fentanyl-TTS.
27 OLG Düsseldorf, GRUR-RR 2021, 258 – Infusionsvorrichtung.

II. 2. Einheit von Anspruch & Beschreibung

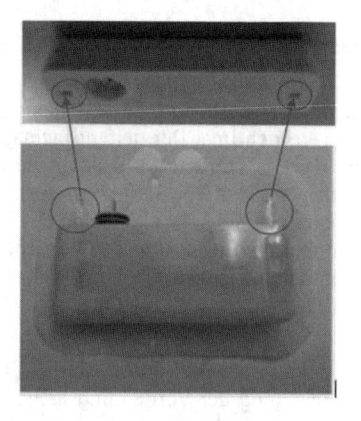

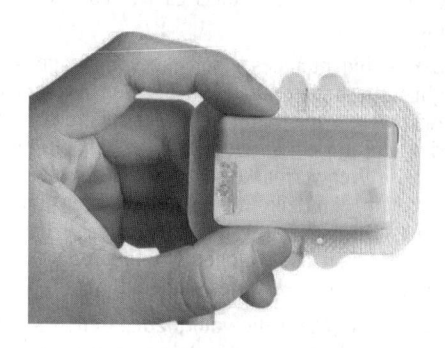

In der Klagepatentschrift wird – ausdrücklich als nach Art 54 Abs 3 EPÜ relevanter Stand der Technik – die EP 1 177 802 abgehandelt. Sie zeigt eine Insulinpumpe, die unstreitig sämtliche Merkmale des erteilten Anspruchs aufweist, wobei anstelle eines einteiligen Gehäuses eine zweiteilige Anordnung – wie folgt – gezeigt ist, deren oberer Teil den Prozessor, den Empfänger und die Pumpe und deren unteres Teil den Insulinbehälter und die Injektionsnadel aufnimmt.

II.1.

Wendet man die üblichen Regeln der Patentauslegung an, so besteht kein Anlass für die Annahme, dass das Gehäuse der Insulinpumpe unbedingt einteilig sein muss und nicht – wie bei der angegriffenen Ausführungsform – mehrteilig sein kann.

Dem Klagepatent kommt es entscheidend darauf an, dass auf Benutzereingabekomponenten zur Eingabe von Flussanweisungen für das zu verabreichende Insulin am Gehäuse verzichtet wird. Hierdurch sollen patentgemäß Größe, Kompliziertheit und Kosten der Vorrichtung vermindert werden, sodass die Vorrichtung selbst von wegwerfbarer Natur wird (Abs [0014] a.E. und Abs [0052]). Die im Klagepatent aufgezählten Vorteile beschreibt dieses erkennbar als Folge (nur) des Fehlens von Benutzereingabekomponenten zur Bereitstellung von Fluidanweisungen am Gehäuse. Dagegen sieht das Klagepatent nicht vor, diese Ziele durch eine einteilige Gestaltung des Gehäuses oder sonstige Maßnahmen zu erreichen. Zum Aufbau des Gehäuses macht der Anspruch keinerlei Vorgaben; er beschreibt nur, was das Gehäuse als schützende Ummantelung enthalten muss und dass es frei von bestimmten Benutzereingabekomponenten sein muss.

Dies – und nur dies – soll die vom Klagepatent angestrebten Vorteile bewirken. Dies gilt insbesondere auch für die Wegwerfbarkeit der Vorrichtung. Der geltend gemachte Anspruch 1 beinhaltet kein Merkmal, das fordert, dass es sich bei der Fluidabgabevorrichtung um ein Einweg-Produkt handeln muss oder es sonst wegwerfbar zu gestalten ist. Die Wegwerfbarkeit ist in der Lehre des Klagepatents vielmehr eine Folge des Fehlens von Benutzereingabekomponenten am Gehäuse, was die Kosten der Vorrichtung senkt. Ob eine patentgemäße Fluidabgabevorrichtung tatsächlich ein Einweg-Produkt ist oder aber aus welchen Gründen auch immer regelmäßig nicht entsorgt wird, steht außerhalb der Lehre des Klagepatents.

Ähnliches gilt für die vom Klagepatent als Vorteil angesprochene »relativ glatte« Oberfläche, welche nach der Patentbeschreibung die Reinigung der Vorrichtung erleichtert und vermeidet, dass Schmuck oder Bekleidungsstücke an der Vorrichtung angreifen können (Abs [0059]). Diesen Vorteil beschreibt das Klagepatent ebenfalls nicht als allgemeines Ziel, sondern als vorteilhafte Folge der Freiheit des Gehäuses von Benutzereingabekomponenten. Der Fachmann entnimmt der Beschreibung gerade nicht, dass das Klagepatent weitere Maßnahmen vorsieht, um eine relativ glatte Oberfläche zu erreichen. Insbesondere kann aus dem beschriebenen Vorteil des Fehlens von Benutzereingabekomponenten nicht verallgemeinernd gefolgert werden, bei der Gestaltung des Gehäuses müssten Nähte stets vermieden werden, was wiederum gegen mehrteilige Gehäuse sprechen könnte. Denn das Klagepatent beschreibt selbst Ausgestaltungen, bei denen Nähte entstehen – etwa, indem in einer bevorzugten Ausführungsform ein transparentes Fenster im Gehäuse vorgesehen ist (Unteranspruch 32; vgl. Abs [0086], Fig. 8a). Auch sieht das Klagepatent für eine Ausführungsform Entlüftungslöcher 38 im Gehäuse vor (Abs [0074], Fig. 4b), wodurch dessen Oberfläche ebenfalls nicht glatt ist. All dem entnimmt der Fachmann, dass es dem Klagepatent gerade nicht um eine glatte Oberfläche per se geht, sondern darum, dass Benutzereingabekomponenten nicht die Gestaltung des Gehäuses stören. Folgerichtig beschreibt das Klagepatent selbst Ausführungsbeispiele, die dem Fachmann die Zulässigkeit einer mehrteiligen Gestaltung des Gehäuses vor Augen führen. So offenbart das Klagepatent in Fig. 7 eine Vorrichtung mit einer Batterietür 82, die entfernt und nach dem Einsetzen einer Batterie wieder

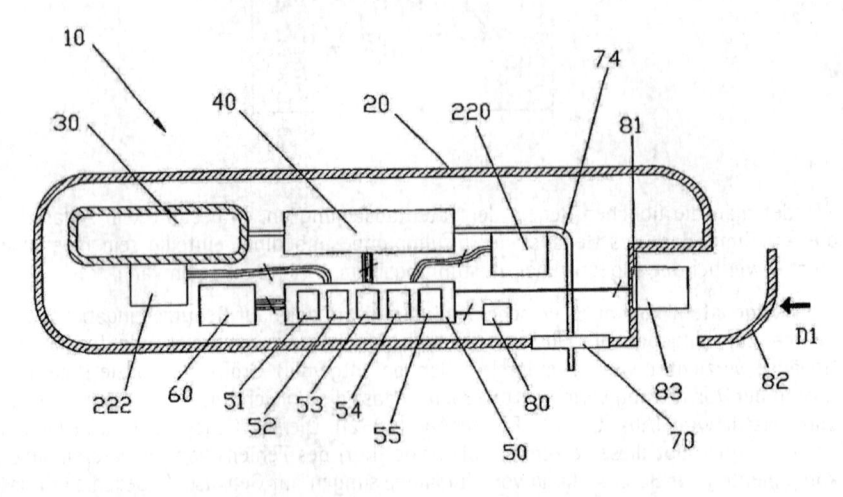

Fig. 7

am Gehäuse befestigt werden kann (Abs [0083]). Dabei zeigt die nachfolgend verkleinert eingeblendete Figur 7 ein Gehäuse, das zerstörungsfrei in mehrere Elemente – Batterietür 82 und übriges Gehäuse – aufgeteilt werden kann:

Das Klagepatent beschreibt aber nicht nur eine aus der Batterietür und dem übrigen Gehäuse bestehende mehrteilige Ausgestaltung der äußeren Umhüllung. Vielmehr erläutert das Klagepatent für ein Ausführungsbeispiel, den lokalen Prozessor und andere elektronische Vorrichtungen in einer modularen Subanordnung unterzubringen (Abs [0084]), für die ein eigenes elektronisches Modulgehäuse (301) vorgesehen ist. Dieses elektronische Modulgehäuse kann abgeschirmt oder wasserdicht gemacht werden, indem man es – im Gegensatz zum sonstigen Gehäuse – einkapselt (Abs [0085]).

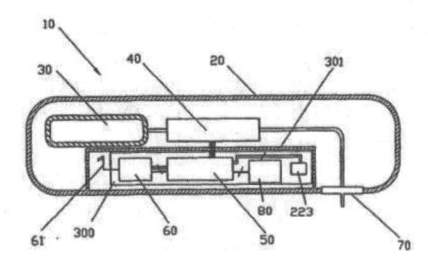

Dies zeigt dem Fachmann ebenfalls, dass das Gehäuse aus verschiedenen Untersegmenten zusammengesetzt werden kann, welche nicht alle in der gleichen Weise abgedichtet sein müssen.

2.

Mit den bisherigen Überlegungen kann die Patentauslegung und Schutzbereichsbestimmung allerdings noch nicht abgeschlossen werden. Vielmehr ist dem Umstand Rechnung zu tragen, dass die Klagepatentschrift die EP 1 177 802 als fiktiven Stand der Technik abhandelt, woraus der Fachmann ersehen kann, dass die Erteilungsbehörde zwischen *ihrem* Offenbarungsgehalt und dem erteilten Hauptanspruch einen die Neuheit begründenden Unterschied gesehen hat. Er kann – auch die Parteien tragen nichts anderes vor – nur in der variierenden Gehäuseausgestaltung liegen, die beim Gegenstand der EP 1 177 802 im Sinne von zwei miteinander verrastbaren Gehäuseteilen ausgeführt ist, die jeweils einen anderen Teil der im Gesamtgehäuse unterzubringenden Bauteile beherbergen, während das Klagepatent ausschließlich solche Gehäuse zeigt, bei denen alle Bauteile in ein- und demselben Gehäusekörper untergebracht sind. Die in der Klagepatentschrift vorgenommene Würdigung der EP 1 177 802, in deren Rahmen der Fachmann vom Klagepatent darauf hingewiesen wird, dass die dort offenbarte Vorrichtung zweiteilig ist, da sie aus einem wiederverwendbaren und einem verwerfbaren Abschmitt besteht, verträgt sich deshalb nur dann mit dem erteilten Hauptanspruch, wenn das vom Klagepatent geforderte Gehäuse als etwas anderes verstanden wird als es die EP 1 177 802 offenbart, nämlich als einheitlicher Gehäusekorpus, in dem alle Bauteile positioniert sind. Denn würde man den im Klagepatent gebrauchten Begriff des »Gehäuses« – wie es die Überlegungen unter II.1. nahelegen – weitherziger interpretieren und darunter auch mehrteilige Gehäusestrukturen verstehen, so wären letztere bereits in der EP 1 177 802 gezeigt und der – so verstandene – Hauptanspruch unzulässiger Weise auch auf Ausführungsformen gerichtet, die aus der eigenen Perspektive des Klagepatents vorbekannt waren. Es liegt jedoch auf der Hand, dass der Schutzbereich eines Patents – jenseits aller technisch-funktionalen Erwägungen – keinesfalls auf etwas erstreckt werden kann, was in dem von der Patentschrift gewürdigten Stand der Technik neuheitsschädlich offenbart war.

> Eine Patentauslegung, die eben solche Ausführungsvarianten eliminiert, verstößt nicht gegen den Grundsatz, dass ein Patent nicht danach interpretiert werden darf, mit welchem Inhalt es sich als rechtsbeständig (neu, erfinderisch, nicht unzulässig erweitert) erweisen würde. Vorliegend geht es nicht um eine Vorwegnahme von Rechtsbestandseinwänden im Rahmen der Patentauslegung, sondern einzig und allein darum, aus fachmännischer Sicht diejenige technische Lehre zu identifizieren, für die dem Inhaber das fragliche Patent (mit Bindungswirkung für das Verletzungsgericht) erteilt worden ist. Der Fachmann, der das Klagepatent auslegt, muss deshalb eine Antwort auf die Frage geben, wie sich die als nicht neuheitsschädlich gewürdigte EP 1 177 802 mit der erteilten Anspruchsfassung verträgt, in der das Patentamt einen die Neuheit begründenden Überschuss gesehen hat. Wer dies erwägt, muss zu dem Schluss kommen, dass das Klagepatent unter dem »Gehäuse« – auch wenn dies nirgends ausdrücklich thematisiert wird und auch wenn im Rahmen der Vorteilsangaben die *besondere* Art des patentgemäßen Gehäuses keinerlei Erwähnung findet – ganz offensichtlich einen von der EP 1 177 802 abweichenden, nämlich einheitlichen und alle Bauteile umschließenden Korpus versteht, weil der erteilten Anspruchsfassung anderenfalls die – bei der Patenterteilung gesehene – EP 1 177 802 entgegenstehen würde.
>
> Die erläuterte Beschränkung des Schutzbereichs steht nicht im Widerspruch zur übrigen Patentbeschreibung. Denn dort ist nirgends eine Anordnung mit zwei Teilbehältern, von denen jeder andere Bauteile der Insulinpumpe aufnimmt, als erfindungsgemäße Ausführungsvariante gezeigt.

21 Aus dem Schutzbereich haben deswegen – ungeachtet ihrer technisch-funktionalen Brauchbarkeit für die Zwecke der Erfindung – solche Ausführungsformen auszuscheiden, die sich nur dann unter den Wortsinn des Patentanspruchs subsumieren lassen, wenn ein Begriffsverständnis zugrunde gelegt wird, bei dem die erteilte Anspruchsfassung durch den in der Patentschrift gewürdigten Stand der Technik neuheitsschädlich getroffen wäre. Anders gewendet: Jenseits einer funktionsorientierten Auslegung dürfen Begriffe einer Patentschrift nicht so verstanden werden, dass **Ausführungsformen** erfasst werden, die **durch** den in der Patentschrift selbst **gewürdigten Stand der Technik neuheitsschädlich offenbart** sind.

22 Dies ist nicht dahin zu verstehen, dass bereits bei der Patentauslegung in eine Prüfung darüber einzutreten wäre, welcher Offenbarungsgehalt dem fraglichen Stand der Technik tatsächlich und richtigerweise zukommt, um ausgehend hiervon alle Ausführungsvarianten aus dem Schutzbereich auszuklammern, die sich bereits im gewürdigten Stand der Technik wiederfinden. Es gilt vielmehr der allgemeine Grundsatz, dass ein Patent *nicht* danach interpretiert werden darf, mit welchem Inhalt es sich als rechtsbeständig (neu, erfinderisch, nicht unzulässig erweitert) erweisen würde. Dementsprechend geht es nicht darum, Rechtsbestandseinwände im Rahmen der Patentauslegung vorwegzunehmen, sondern einzig und allein darum, aus fachmännischer Sicht diejenige technische Lehre zu identifizieren, für die dem Inhaber das fragliche Patent (mit Bindungswirkung für das Verletzungsgericht) erteilt worden ist. Im Rahmen der Patentauslegung ist deshalb darauf abzustellen, welchen Gegenstand das Patentamt dem Stand der Technik – ob zu Recht oder zu Unrecht – ausweislich der in der Patentbeschreibung vorgenommenen Würdigung subjektiv entnommen hat, so dass diejenigen Ausführungsvarianten auszuscheiden haben, die bereits im gewürdigten Stand der Technik, wie ihn das Patentamt aufgefasst hat, neuheitsschädlich offenbart wären. Denn für solche Varianten kann ein im Verletzungsprozess durchzusetzender Erteilungswille nicht gebildet worden sein.

23 Wird in der Patentbeschreibung ein bestimmter Stand der Technik als nachteilig bezeichnet und ein bestimmtes Anspruchsmerkmal des Patents als dasjenige Mittel hervorgehoben, mit dem sich der besagte Nachteil überwinden lässt, so darf diesem Merkmal kein

Inhalt beigemessen werden, demzufolge es sich in demjenigen Stand der Technik wiederfindet, von dem sich die Erfindung gerade unterscheiden soll.[28]

3. Ausführbarkeit & Selbstverständlichkeit

Für die Interpretation der Anspruchsmerkmale ist überdies Folgendes zu bedenken: Sinn und Zweck eines jeden Patentanspruchs ist es, dem Durchschnittsfachmann eine technische Lehre an die Hand zu geben, bei deren Nacharbeitung sich der beabsichtigte Erfindungserfolg einstellt. Wie spezifiziert der Patentanspruch den Fachmann über das belehrt, was zu tun ist, um zum erfindungsgemäßen Erfolg zu gelangen, ist von Fall zu Fall verschieden.

– Es ist rechtlich ohne weiteres zulässig, den Patentanspruch als eine detailgenaue Handlungsnorm abzufassen. Allein die Tatsache, dass ein Anspruchsmerkmal bei einem bestimmten Verständnis für den Fachmann bloß eine technische **Selbstverständlichkeit** zum Ausdruck bringen würde, schließt deshalb dieses Verständnis nicht aus.[29]

– Andererseits ist es nicht unbedingt notwendig, dass der Patentanspruch eine bis ins allerletzte detaillierte Handlungsanweisung gibt, dh eine Anleitung zum technischen Handeln formuliert, die auch Selbstverständlichkeiten aufgreift und erwähnt. Solche können und dürfen vielmehr als präsentes Wissen des Fachmanns in dem Sinne vorausgesetzt werden, dass sie von ihm auch ohne besondere Erwähnung im Patentanspruch eigenständig gesehen und – gleichsam zwischen den Zeilen des Patentanspruchs – ergänzt werden. Für technische Anweisungen, die grundsätzlicher Natur sind, weil ohne sie eine **funktionsfähige Vorrichtung** erst gar nicht erhalten wird, gilt dies jedoch nicht in gleicher Weise. Merkmale in einem Patentanspruch, die keine aus dem selbstverständlichen Wissen des Durchschnittsfachmanns zu schließenden Lücken hinterlassen, sind deswegen so zu interpretieren, dass sich aus der Gesamtheit der Anspruchsmerkmale ein für die Zwecke der Erfindung tauglicher und vor allem funktionsfähiger Gegenstand ergibt.[30]

4. Offenbarungsfragen

Schutzbereich und **Offenbarung** haben unmittelbar nichts miteinander zu tun.[31] Es fällt deshalb nicht nur *das* in den Schutzbereich, was dem Durchschnittsfachmann durch die Klagepatentschrift als neuheitsschädlich offenbart wird. Dies ist schon deshalb zwingend, weil es für die Patentierung einer allgemeinen technischen Lehre ausreicht, dass in der Anmeldung ein möglicher Weg beschrieben wird, auf dem die Lehre ausgeführt werden kann, und weil der Schutzbereich anerkanntermaßen auch Äquivalente umfasst, die in aller Regel außerhalb des Offenbarungsgehalts der Schrift liegen.[32] Funktional abgefasste Merkmale werden daher wortsinngemäß auch dann benutzt, wenn zur Bereitstellung

---

28 BGH, GRUR 2021, 945 – Schnellwechseldorn.
29 BGH, GRUR 2004, 1023 – Bodenseitige Vereinzelungseinrichtung; BGH, GRUR 2010, 602, 605 – Gelenkanordnung.
30 OLG Düsseldorf, InstGE 13, 129 – Synchronmotor; OLG Düsseldorf, Urteil v 20.6.2013 – I-2 U 78/12.
31 OLG Düsseldorf, GRUR-RR 2020, 137 – Bakterienkultivierung.
32 OLG Düsseldorf, Urteil v 30.11.2010 – I-2 U 90/09.

der fraglichen Funktion ein konstruktiver Weg beschritten wird, der gegenüber dem Klagepatent neu und erfinderisch ist.[33]

5. Gattungsbezeichnung, Zusammensetzung

28 Die oben[34] erörterte Entscheidung des LG Düsseldorf (4b O 297/06) darf nicht dahin missverstanden werden, dass es generell gerechtfertigt wäre, die Bezeichnung eines Bauteils im Plural (»Klemmen«, »Spulen«) als bloße **Gattungsbezeichnung** zu interpretieren, die es dem Belieben des Fachmanns überlässt, in welcher Anzahl das Bauteil in dem erfindungsgemäßen Gegenstand vorhanden ist. Hätte es das einen Occluder mit einer einzigen Klemme zeigende Ausführungsbeispiel nicht gegeben, wäre der Patentinhaber mit Sicherheit daran festgehalten worden, dass er mit seiner Forderung nach »Klemmen« mindestens zwei klemmenartig ausgebildete Bauteile zur Voraussetzung für eine Erfindungsbenutzung gemacht habe, womit eine wortsinngemäße Verletzung ebenso hätte ausscheiden müssen wie eine äquivalente. Allein dass eine Mehrzahl des Bauteils für die Umsetzung des erfindungsgemäßen Gedankens – objektiv betrachtet – nicht erforderlich ist und der Durchschnittsfachmann sich auch darüber im Klaren ist, dass die Erfindung genauso gut mit ihrer Einzahl verwirklicht werden kann, rechtfertigt es noch nicht, das fragliche Merkmal als Gattungsbezeichnung abzutun.[35] Jede andere Betrachtung liefe darauf hinaus, aus der Tatsache, dass die gewählte Anspruchsfassung »ungeschickt« ist, weil sie den technischen Erfindungsgedanken nicht restlos ausschöpft, auf einen Patentschutz jenseits des nun einmal gegebenen Anspruchswortlauts zu erkennen. Um in Fällen der fraglichen Art mit einer Gattungsbezeichnung argumentieren zu können, bedarf es also *positiver* Anhaltspunkte im Beschreibungstext dafür (wie ein dahingehendes Ausführungsbeispiel, das unter den Anspruchswortlaut subsumiert werden muss), dass auch ein Gegenstand mit einer Einzahl des Bauteils erfindungsgemäß sein soll.[36]

29 Feste Regeln existieren auch für Formulierungen, die sich zu den Bestandteilen/der Zusammensetzung eines patentgeschützten Gegenstandes verhalten. Während die Begriffe »**enthält**« und »**umfasst**« neben den ausdrücklich erwähnten Bestandteilen weitere Zutaten gestatten und insofern bloß besagen, dass der patentgeschützte Gegenstand auch die im Anspruch genannten Stoffe aufzuweisen hat, sind die Begriffe »**besteht aus**« und »**gebildet aus**« abschließend in dem Sinne zu verstehen, dass außer den anspruchsgemäßen Zutaten keine weiteren Bestandteile erlaubt sind.[37]

6. Technisch sinnlose Differenzierungen

30 Patentansprüche sind technisch sinnvoll zu interpretieren. Ein Begriffsverständnis, welches dazu führt, dass bestimmte konstruktive Varianten innerhalb des Schutzbereichs liegen und somit zur Patentverletzung führen, andere, gleich wirksame Ausführungsformen hingegen außerhalb desselben bleiben und zur Annahme einer Nichtverletzung zwingen, ist unangemessen, wenn es für die besagte Differenzierung zwischen den Ausführungsvarianten vor dem Hintergrund des dem Patent zugrunde liegenden Erfindungsgedankens keine sachliche Rechtfertigung gibt.

---

33 BGH, GRUR 2022, 893 – Aminosäureproduktion; OLG Düsseldorf, GRUR-RR 2020, 137 – Bakterienkultivierung.
34 Kap A Rdn 14.
35 OLG Düsseldorf, Urteil v 21.03.2013 – I-2 U 73/09.
36 OLG Düsseldorf, Urteil v 21.03.2013 – I-2 U 73/09.
37 BGH, GRUR 2011, 1109 – Reifenabdichtmittel; OLG Düsseldorf, Urteil v 18.9.2014 – I-2 U 2/14.

▶ **Beispiel: (OLG Düsseldorf, Urteil v 4.7.2019 – I-2 U 4/19)**

I.

Das Klagepatent (EP 1 434 512) betrifft einen Staubsauger, wie er in seinem grundsätzlichen Aufbau beispielhaft aus der nachstehend eingeblendeten Figur 1 der Patentschrift ersichtlich ist.

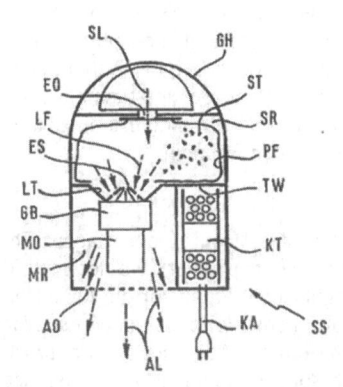

Es ist eine Sammelkammer (SR) vorgesehen, in welche die Schmutzpartikel aufgesaugt und zB in einem Filterbeutel (PF) gesammelt werden, sowie außerdem eine Aufnahmekammer (MR), welche die Saugmittel, zB ein motorgetriebenes Sauggebläse (MO), beherbergt. Sammelkammer (SR) und Aufnahmekammer (MR) sind durch eine Trennwand (TW) voneinander separiert. Damit das Sauggebläse (MO) dennoch einen innerhalb der Sammelkammer (SR) wirksamen Saugluftstrom (SL) bereitstellen kann, besitzt die Trennwand eine Saugöffnung. Sie ist von einem Luftleittrichter (LT) umgeben und soll »den wesentlichen Teil der Trennwandfläche ausmachen«. Beides – die eigentliche Saugöffnung und den peripheren Luftleittrichter – bezeichnet das Klagepatent insgesamt als Eintrittsfläche für den Saugluftstrom.

Die angegriffenen Ausführungsformen entsprechen im Aufbau der obigen Darstellung insoweit, als auch bei ihnen neben der Kammer für das Sauggebläse ein ihr gegenüber abgeschlossener, benachbarter Raum für die Kabeltrommel (KT) vorgesehen ist, die beide – nebeneinander – der Sammelkammer gegenüber liegen und von dieser durch die Trennwand separiert sind.

II.

Da die Eintrittsfläche für den Luftstrom »den wesentlichen Teil der Trennwandfläche« ausmachen soll, bedarf es eines wertenden Vergleichs zwischen einerseits der Eintrittsfläche für den Luftstrom (= Saugöffnung + Luftleittrichter) und andererseits der Gesamttrennwandfläche. Die Letztere hängt wiederum maßgeblich davon ab, welcher Teil der bei den angegriffenen Ausführungsformen die Sammelkammer in Richtung auf die Aufnahmekammer abgrenzenden Wand als patentgemäße »Trennwand« anzusehen ist. Denn je mehr Wandabschnitte quer zur Luftströmung in die »Trennwand« einzubeziehen sind, umso geringer ist der prozentuale Flächenanteil, der der Eintrittsfläche für den Luftstrom zuzuschreiben ist. Konkret geht es um die Frage, wie die »Trennwand« bei einer Konstruktion zu bestimmen ist, bei der der Sammelkammer nicht nur die Aufnahmekammer für das Sauggebläse gegenüberliegt, sondern ein weiterer Raum für die Kabeltrommel, der von der Aufnahmekammer durch eine entsprechende Seitenwand separiert ist. Zwei denkbare Lösungen kommen diesbezüglich in Betracht: Zum einen könnte als »Trennwand« nur derjenige Wandabschnitt anzusehen sein, der gleichzeitig Teil der Sammelkammer und Teil der Aufnahmekammer für das Sauggebläse ist. Zum anderen wäre es denkbar, in die »Trennwand« zusätzlich denjenigen Wandabschnitt einzubeziehen, der die Sammelkammer gegenüber dem benachbarten separaten Aufnahmeraum für die Kabeltrommel abschirmt.

1.

Zwar spricht die Formulierung des Patentanspruchs, dass »die Sammelkammer und die Aufnahmekammer durch eine Trennwand voneinander separiert sind«, auf erste Sicht dafür, lediglich die gemeinsame Wand zwischen diesen beiden Kammern als »Trennwand« zu qualifizieren, nicht hingegen denjenigen benachbarten Wandabschnitt, der die Sammelkammer von dem separat neben der Aufnahmekammer ausgebildeten Raum für die Kabeltrommel abgrenzt. Denn der letztgenannte Wandabschnitt befindet sich nicht zwischen Sammelkammer und Aufnahmekammer und bildet deshalb auch keine Trennwand zwischen diesen beiden Räumen.

2.

Andererseits ist zu beachten, dass Figur 1 der Klagepatentschrift das Bezugszeichen (TW) für die Trennwand gerade dort platziert, wo derjenige Wandabschnitt verläuft, der die Sammelkammer gegenüber dem Raum für die Kabeltrommel (KT) abschließt. Zieht man die bildliche Darstellung heran, wird also auch ein Wandabschnitt der Trennwand zugerechnet, der die Sammelkammer überhaupt nicht von der das Sauggebläse aufnehmenden Kammer abgrenzt, sondern vielmehr von einem separaten Aufnahmeraum für die Kabeltrommel. Dies allein würde eine »weitherzige« Patentauslegung zweifellos nicht allein rechtfertigen können.

Hinzu kommt jedoch, dass der Beschreibungstext im Abs 0020 ausdrücklich die in Figur 1 veranschaulichte Ausführungsform dahingehend diskutiert, dass der Aufnahmeraum »insbesondere« der Unterbringung und Lagerung von Saugmitteln dient (Sp 3 Z 38-40) und dass in ihm daneben weitere Komponenten des Staubsaugers wie zB dessen Kabeltrommel untergebracht sein können (Sp 3 Z 58 bis Sp 4 Z 4). Zwar ist an der besagten Textstelle nicht davon die Rede, dass der Raum für die Kabeltrommel von dem Aufnahmeraum für das Sauggebläse durch eine Seitenwand separiert ist. Die entsprechende Tatsache erschließt sich dem Durchschnittsfachmann jedoch augenblicklich und unmissverständlich aus der zeichnerischen Darstellung in Figur 1.

Wollte man die dort vorgenommene Kennzeichnung der Trennwand (im Bereich der Abgrenzungswand zwischen der Sammelkammer und dem Aufnahmeraum für die Kabeltrommel) als ungenau oder fehlerhaft abtun, so müsste für die patentrechtliche Betrachtung zwangsläufig zwischen den folgenden Sachverhaltskonstellationen unterschieden werden:

– Ist die Kabeltrommel in einem von der Aufnahmekammer für die Saugmittel abgeschlossenen Raum untergebracht, zählt als »Trennwand« nur derjenige Wandabschnitt, der sich jenseits der Trommelkammer im Bereich des Aufnahmeraums für das Sauggebläse befindet.

– Existiert zwischen der Aufnahmekammer für das Sauggebläse und demjenigen Bereich, der die Kabeltrommel aufnimmt, keine seitliche Begrenzungswand, sondern befindet sich die Kabeltrommel in der entsprechend geräumigen Aufnahmekammer für das Sauggebläse, ist als »Trennwand« der gesamte Wandabschnitt zu betrachten, der die Sammelkammer von der (zusätzlich die Kabeltrommel beherbergenden) Aufnahmekammer für das Sauggebläse trennt.

– Dieselbe Beurteilung müsste Platz greifen, wenn der Sammelkammer ein quer zur Strömungsrichtung gleich dimensionierter Aufnahmeraum für das Sauggebläse gegenüberliegt, der zwar geräumig genug ist, um seitlich eine Kabeltrommel aufzunehmen, in dem tatsächlich jedoch keine Kabeltrommel oder sonstige Staubsaugereinrichtung untergebracht ist.

Es leuchtet unmittelbar ein, dass eine in absoluten Werten gleich große Eintrittsfläche für den Luftstrom zwischen Sammelkammer und Sauggebläse einen jeweils signifikant unterschiedlichen Anteil der Trennwandfläche ausmacht, je nach dem, ob derjenige Wandabschnitt, der sich seitlich von dem Sauggebläse erstreckt und hinter dem sich eine Kabeltrommel befindet oder auch nicht, in die Betrachtung einbezogen wird oder nicht. Nachdem das Klagepatent verlangt, dass die Eintrittsfläche für den Luftstrom den wesentlichen Teil der Trennwandfläche (= Fläche der Trennwand) ausmacht, liegt es auf der Hand, dass die Einbeziehung des besagten Wandabschnitts in die Trennwand oder dessen Außerachtlassung maßgeblich darüber entscheiden kann, ob dieselbe Eintrittsfläche (in absoluten Werten) einen hinreichenden Teil der gesamten Trennwandfläche ausmacht oder nicht. Weil dem so ist, drängt sich die Frage auf, ob in Anbetracht dessen eine Differenzierung zwischen den oben erörterten Sachverhaltskonstellationen vor dem Hintergrund des dem Klagepatent zu Grunde liegenden Erfindungsgedankens gerechtfertigt sein kann (dann wäre sie geboten und vorzunehmen) oder letztlich willkürlich bliebe (dann hätte sie bei der Patentauslegung zu unterbleiben).

Gegenüber dem vorbekannten Stand der Technik liegt die Aufgabe des Klagepatents darin, einen kompakt gebauten Staubsauger bereitzustellen, der über eine zufriedenstellende Saugleistung verfügt (Abs 0009). Der zentrale Lösungsansatz, um dies zu erreichen, besteht darin, innerhalb der Trennwand, die zwischen der Sammelkammer für die Schmutzpartikel und dem Aufnahmeraum für das Sauggebläse sein muss, eine ausreichend groß dimensionierte Eintrittsöffnung für den Luftstrom von der Sammelkammer zum Sauggebläse vorzusehen. Außerdem soll die Eintrittsöffnung eine bestimmte, eine gezielte Luftströmung begünstigende Ausgestaltung haben, nämlich trichterförmig sein. Der Patentanspruch sieht in Bezug auf das erstgenannte Erfordernis ausdrücklich vor, dass die Eintrittsfläche für den Luftstrom den wesentlichen Teil der Trennwandfläche ausmacht. In der Patentbeschreibung wird dem Durchschnittsfachmann dies wie folgt erläutert:

»*Der Luftleittrichter LT ist nun vorteilhafterweise als Eintrittsöffnung in der Trennwand TW derart ausgebildet, dass seine Eintrittsfläche den wesentlichen Teil der Trennwandfläche bildet. ... Durch diese großflächige Eintrittsfläche wird ein Druckabfall des Luftstroms LF beim Ansaugen in die Saugmittel GB, MO im Aufnahmeraum MR hinein weitgehend vermieden.*« *(Abs 0023)*

»*Dadurch, dass die Trennwand als Eintrittsöffnung einen Luftleittrichter aufweist, dessen Eintrittsfläche den wesentlichen Teil der Trennwandfläche bildet, wird ein zu großer Druckverlust des Luftstroms vom Sammelraum bzw der Sammelkammer zu den Saugmitteln weitgehend vermieden. Weiterhin wird dadurch eine zu stark beeinträchtigende Geräuschentwicklung weitgehend vermieden. Denn je größer die Eintrittsfläche des Luftleittrichters gewählt ist, desto weniger Widerstand wird dem zu den Saugmitteln gerichteten Luftstrom entgegengesetzt. Dadurch sind weitaus weniger Luftverwirbelungen in Richtung des Sammelraums möglich. Insgesamt lässt sich verbessert ein gerichteter Luftstrom vom Sammelraum durch den Luftleittrichter zu den Saugmitteln bereitstellen.*« *(Abs 0011, 0012)*

Für die vom Klagepatent beabsichtigten Effekte spielt es ersichtlich keine Rolle, ob sich hinter der begrenzenden Wand – außer dem Gebläse – noch eine Kabeltrommel oder aber Nichts befindet. Und es hat ersichtlich auch keine Bedeutung, ob der Aufnahmeraum für die Kabeltrommel oder für das Nichts durch eine Seitenwand von der Aufnahmekammer für das Sauggebläse abgeteilt oder die Aufnahmekammer vollkommen offen gestaltet ist. In allen denkbaren Konstellationen hängt die günstige Luftströmung zwischen der Sammelkammer und dem Sauggebläse einzig und allein davon ab, dass die Eintrittsfläche für den Luftstrom groß genug (und trichterförmig gestaltet) ist. Um insoweit keine festen Abmessungen vorgeben zu müssen, die den Schutzbereich des Klagepatents möglicherweise unnötig beschränken würden, beschreitet der Patentanspruch den Weg, die Eintrittsfläche für den Luftstrom im Verhältnis zur flächenmäßigen Gesamtausdehnung der Trennwand zu betrachten, indem die Erstere den wesentlichen Teil der Letzteren ausmachen soll. Auch unter diesem Blickwinkel kann die Bestimmung des maßgeblichen Vergleichsmaßstabs (= Gesamtfläche der Trennwand) sinnvollerweise nicht davon abhängen, ob sich hinter einem bestimmten Wandabschnitt eine Kabeltrommel befindet oder nichts. Für die richtige Größe der Eintrittsfläche für den Luftstrom ist es ebenso bedeutungslos, ob die hinter dem Wandabschnitt untergebrachte Kabeltrommel oder das Nichts durch eine zusätzliche Seitenwand von dem Aufnahmeraum für das Sauggebläse separiert ist.

Technisch-funktional betrachtet ist der Aufnahmeraum für die Kabeltrommel (oder ein sonstiges Vorrichtungsteil) deswegen nicht als etwas von der Aufnahmekammer Verschiedenes, sondern als bloßer »Wandschrank« innerhalb des Aufnahmekammer anzusehen.

3.

Soweit das Klagepatent einen sich in Richtung auf das Sauggebläse hin verjüngenden, dh in der Trennwand nach innen (zum Gebläse hin) gewölbten Luftleittrichter verlangt, gibt bereits die gewählte Formulierung Aufschluss über den technischen Sinn und Zweck. Der »Trichter« dient dazu, den »Luftstrom zu leiten«. Dementsprechend wird auch im Beschreibungstext (Sp 5 Z 20-23) auf die Bündelwirkung bzw Fokussierung des Luftstroms durch den Luftleittrichter hingewiesen. Über das Maß der Wölbung verhält sich weder der Patentanspruch noch der Beschreibungstext beschränkend. Es hat deswegen allenfalls eine derart minimale Neigung in der Trennwand außer Betracht zu bleiben, die entweder technisch unvermeidlich oder vollkommen ungeeignet ist, den Luftstrom in der vom Klagepatent gewünschten Weise zu leiten. Beides trifft auf die – zugegebenermaßen geringe – Neigung im Außenbereich der trichterförmigen Innenwölbung, wie sie bei den angegriffenen Ausführungsformen (vgl nachstehende Abbildung) gegeben ist, nicht zu.

Aus den bisherigen Darlegungen folgt,

- dass als »Trennwand« die Gesamtwand anzusehen ist, die die Sammelkammer einerseits von der Aufnahmekammer für das Sauggebläse und andererseits von dem Aufnahmeraum für die Kabeltrommel separiert,

- und dass als »Eintrittsfläche« des Luftleittrichters der gesamte, auch nur gering geneigte Bereich innerhalb der Trennwand zu betrachten ist.

7. Unteransprüche und Ausführungsbeispiele

Unteransprüche und Ausführungsbeispiele liefern vielfach einen Anhaltspunkt dafür, wie Begriffe des Hauptanspruchs zu interpretieren sind. Dies folgt bereits aus der Tatsache, dass es sich beim Gegenstand eines Unteranspruchs und bei einem Ausführungsbeispiel um exemplarische Erläuterungen des Erfindungsgegenstandes handelt, weswegen dort gezeigte Konstruktionen prinzipiell das zugehörige Merkmal des allgemeinen Hauptanspruchs erfüllen müssen. Da Unteransprüche und Ausführungsbeispiele lediglich bevorzugte Erfindungsvarianten beschreiben und damit bloß eine mögliche *Teil*menge der vom Anspruchswortlaut des Hauptanspruchs erfassten Konstruktionen umreißen, lassen beide prinzipiell nur den Schluss zu, dass dasjenige, was im Unteranspruch/Ausführungsbeispiel beschrieben ist, unter den Hauptanspruch fällt. Ihnen kommt jedoch keine die technische Lehre des Hauptanspruchs einengende Bedeutung zu.[38]

▶ **Beispiel: (OLG Düsseldorf, Urteil v 4.7.2019 – I-2 U 4/19)**

I.

Die nachfolgenden Ausführungen knüpfen an Rdn 31 an und setzen die dortige Falllösung fort:

II.

...

Aus den bisherigen Darlegungen folgt,

dass als »Trennwand« die Gesamtwand anzusehen ist, die die Sammelkammer einerseits von der Aufnahmekammer für das Sauggebläse und andererseits von dem Aufnahmeraum für die Kabeltrommel separiert,

und dass als »Eintrittsfläche« des Luftleittrichters der gesamte, auch nur gering geneigte Bereich innerhalb der Trennwand zu betrachten ist.

Legt man beides zugrunde und zieht die im Verfahren befindlichen Zahlenwerte für die angegriffenen Ausführungsformen heran, so ergeben sich für sie folgende Anteile der Eintrittsfläche an der Gesamtfläche der Trennwand:

A: 37 %

B + C: 40 %

4.

Damit stellt sich die für das Verfahren streitentscheidende Frage, ob bei solchen Werten (deutlich unterhalb von 50 %) der Anweisung des Klagepatents genügt ist, welches besagt, dass die Eintrittsfläche des Luftleittrichters »den wesentlichen Teil der Trennwandfläche« bildet.

a)

Orientiert man sich zunächst allein am Anspruchswortlaut, so könnte die Verwendung des bestimmten Artikels »den« – statt »einen« – so verstanden werden, dass die Ein-

---

38 BGH, GRUR 2016, 1031 – Wärmetauscher.

trittsfläche den verhältnismäßig größten Teil der Trennwandfläche ausmachen muss, also mehr als die Hälfte dieser Gesamtfläche einzunehmen hat.

Einem solchen Verständnis steht allerdings Unteranspruch 9 entgegen, wonach es lediglich eine besonders bevorzugte Ausführungsform der Erfindung ist, dass die Eintrittsfläche des Luftleittrichters mindestens 50 % der Gesamtfläche der Trennwand einnimmt. Ein Anteilswert von mehr als 50 % oder auch nur ein solcher von 50 % kann deshalb mit der allgemeinen Formulierung im Hauptanspruch nicht gemeint sein.

b)

Um welches Maß der Wert von 50 % Flächenanteil unterschritten werden kann, erläutert die Patentbeschreibung nirgends näher. Aus Unteranspruch 9 erschließt sich klar, dass der Forderung, »den wesentlichen Teil« der Trennwandgesamtfläche als Eintrittsfläche für den Luftleittrichter auszubilden, mit einem Flächenanteil von weniger als 50 % genügt wird. Genauso selbstverständlich ist es auf der anderen Seite aber auch, dass – schon aus Gründen der Rechtssicherheit – nicht jeder beliebig kleine Flächenanteil unterhalb von 50 % für eine Patentbenutzung ausreichen kann.

Hilfreiche Erkenntnisse liefert Figur 2 der Klagepatentschrift, die nachstehend eingeblendet ist.

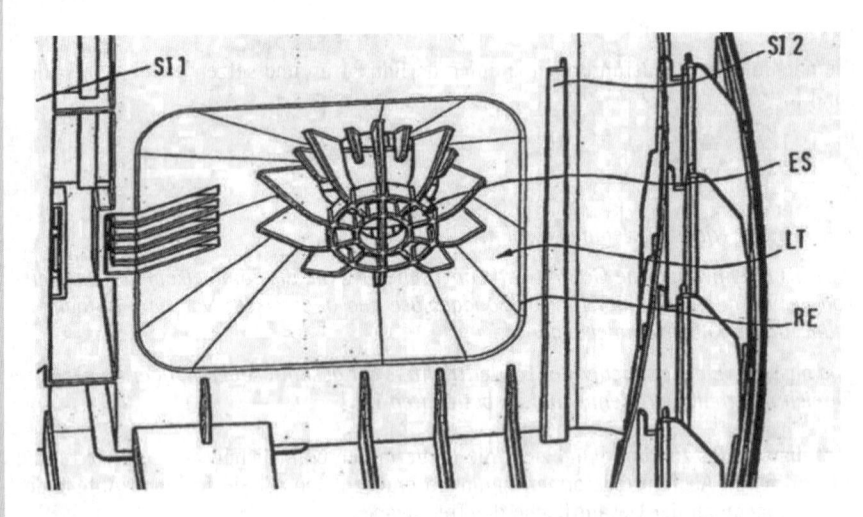

Zwar sind Zeichnungen in einer Patentschrift grundsätzlich nur Prinzipdarstellungen und keine maßstabgetreuen Abbildungen des Erfindungsgegenstandes. Vorliegend weist die Klagepatentschrift jedoch im Abs 0023 für die Erläuterung dessen, was mit der Forderung gemeint ist, die Eintrittsfläche habe den wesentlichen Teil der Trennwandfläche zu bilden, ausdrücklich auf Figur 2 hin.

Misst man die zeichnerische Darstellung exakt aus, so nimmt die Eintrittsfläche für den Luftstrom 25 % der Trennwandfläche ein. Dem Augenschein nach erschließt sich dies nicht. Für den Fachmann ist indessen mit der gebotenen Gewissheit jedenfalls ein Anteil von etwa 1/3 auszumachen, auf den die Eintrittsfläche reduziert ist. Da Patentzeichnungen nicht maßstabgetreu sind (es sei denn, die Patentschrift sagt ausdrücklich etwas anderes), ist es nicht zulässig, die Darstellung in Figur 2 auszumessen und jedes Flächenverhältnis, was dieser so vermessenen Darstellung entspricht oder was sich, wie gering auch immer, günstiger darstellt, als patentbenutzend zu beurteilen. Nachdem die Klagepatentschrift ansonsten keinerlei Anhaltspunkte liefert, ist es hingegen zulässig, aus der bildlichen Darstellung als solcher redlich ein Flächenverhältnis abzuschätzen. Denn nach dem ausdrücklichen Verweis in der Patentschrift ist Figur 2 eben *dieser* Informationsgehalt für den Fachmann zugewiesen. Anteilswerte, die dem entsprechen und erst recht solche, die – wie hier – mehr als unwesentlich darüber liegen, können deshalb als Patentverletzung identifiziert werden.

Dem steht nicht entgegen, dass Figur 2 prinzipiell ein Ausführungsbeispiel repräsentiert, das als solches keinen Mindeststandard definiert und deshalb unterschritten werden dürfte. Jedenfalls vorliegend verbietet sich eine solche Überlegung, weil Figur 2 ausweislich des Beschreibungstextes gerade dazu vorgesehen ist, jenseits der auf eine strengere Handhabung hinweisenden Formulierungen im Patentanspruch (»den wesentlichen Teil«) und im Unteranspruch 9 (»mindestens 50 %«) deutlich zu machen, wann immer noch von einem *wesentlichen* Flächenanteil ausgegangen werden kann. Die Figur markiert deshalb nach dem Gesamtzusammenhang keine beliebige Ausführungsvariante der Erfindung, sondern eine untere Grenze, von der nicht mehr, jedenfalls nicht mehr wesentlich abgewichen werden kann.

Umgekehrt kann allein aus der Nichterwähnung einer bestimmten Ausführungsvariante in der Patentschrift nicht gefolgert werden, dass die betreffende Variante außerhalb des Patents liegt. Gerade weil Unteransprüche und Ausführungsbeispiele bloß exemplarisch (und eben nicht abschließend!) aufzeigen, wie die technische Lehre des Hauptanspruchs umgesetzt werden *kann*, darf der Schutzbereich eines Patents grundsätzlich nicht auf diejenige konstruktive Gestaltung beschränkt werden, die in einem **Unteranspruch** beschrieben oder in einem Ausführungsbeispiel der Erfindung[39] offenbart ist.[40]

34

Wenn es auch der Regelfall ist, dass Unteransprüche und Ausführungsbeispiele dazu dienen, aus einem weit gefassten, allgemeinen Merkmal des Hauptanspruchs einen für die Erfindung besonders vorteilhaften Teilbereich herauszugreifen, was die beschriebenen Rückschlüsse auf den Inhalt des allgemeinen Anspruchsmerkmals erlaubt (nachfolgend: Variante 1), so muss dies nicht in jedem Fall so sein. Mit einem Unteranspruch oder Ausführungsbeispiel können der technischen Lehre des Hauptanspruchs im Einzelfall auch **additive Maßnahmen** hinzugefügt werden, die nicht Gegenstand eines Merkmals des Hauptanspruchs sind, sondern außerhalb von dessen technischer Anweisung liegen und die deshalb auch keinen Anhaltspunkt für das Verständnis eines dort verwendeten Begriffs liefern (nachfolgend: Variante 2).

35

▶ **Beispiel:**

Variante 1: Der Hauptanspruch verlangt, dass die Bauteile A und B aneinander fixiert sind. Unteranspruch 2 schlägt hierzu einen Reibschluss vor; Unteranspruch 3 einen Formschluss. Reib- und Formschluss erläutern die im Hauptanspruch allgemein beanspruchte Fixierung (= konkretisierender Unteranspruch).

36

Variante 2: Der Hauptanspruch sieht vor, dass das Bauteil A mit seiner gesamten Außenfläche an der Innenfläche des aufnehmenden Bauteils B anliegt. Unteranspruch 2 schlägt vor, die Verbindung der Bauteile formschlüssig auszugestalten. Gegenstand des Hauptanspruchs ist ein vollflächiger Reibschluss (= Anlage der Flächen aneinander); der Unteranspruch lehrt – additiv – die Wirkungen des Reibschlusses durch einen *hinzutretenden* Formschluss (im Sinne einer Presspassung) zu steigern (= additiver Unteranspruch). Aus dem Unteranspruch kann deswegen nicht geschlossen werden, dass mit einem Formschluss auch ohne mehr oder weniger vollflächigen Kontakt der Bauteile A und B der technischen Lehre des Hauptanspruchs genügt ist.

---

39 BGH, GRUR 2008, 779 – Mehrgangnabe.
40 BGH, Urteil v 29.7.2014 – X ZR 5/13.

A. Schutzbereichsbestimmung

37 Die Unterscheidung zwischen konkretisierenden und additiven Unteransprüchen hat ggf weitreichende Auswirkungen auf die Schutzbereichsbestimmung. Additive Unteransprüche suspendieren nämlich nicht von denjenigen Anforderungen, die der Hauptanspruch macht, auf den der Unteranspruch zurückbezogen ist.

▶ **Beispiel: (OLG Düsseldorf, Urteil v 3.5.2018 – I-2 U 45/17)**

I.

38 Das Klagepatent betrifft einen (Verschmutzungen entgegenwirkenden) Schutzmantel für die Antriebskette eines Fahrrades; die nachfolgenden Abbildungen der Patentschrift zeigen Ausführungsbeispiele.

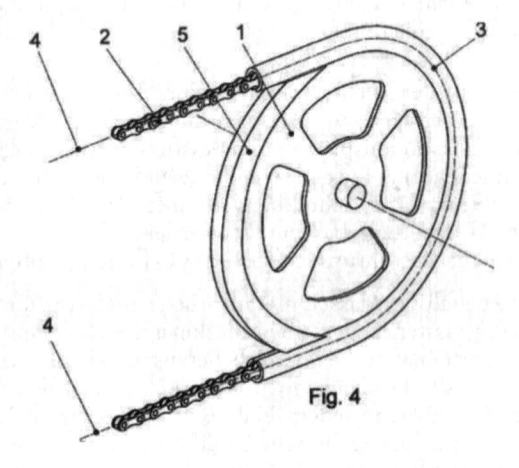

Fig. 4

Fig. 1

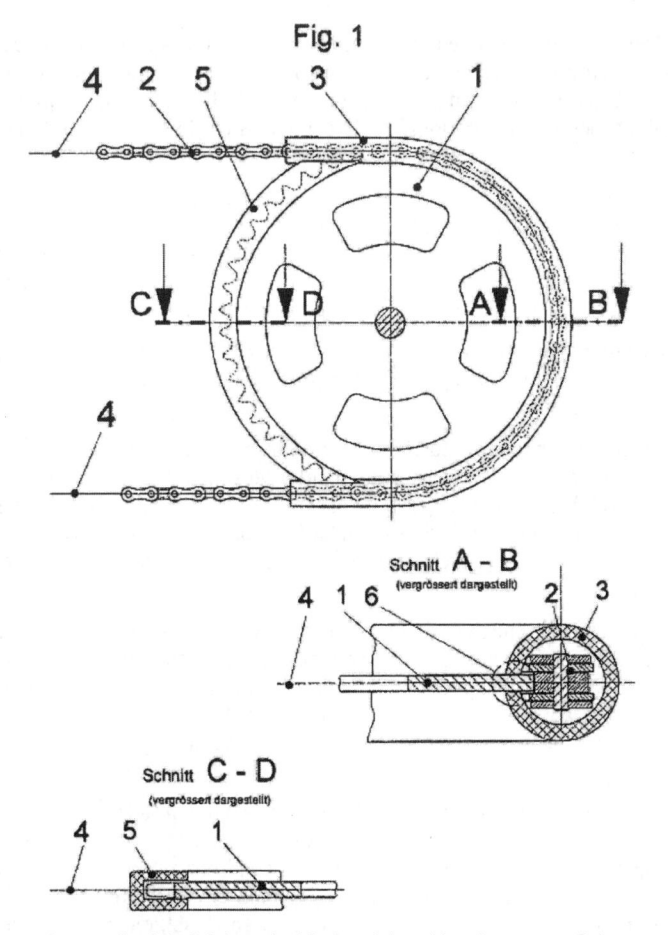

[Schnitt A - B (vergrössert dargestellt)]

[Schnitt C - D (vergrössert dargestellt)]

Patentanspruch 1 stellt dabei folgende Merkmalskombination unter Schutz:

1. Schutzmantel (3).

2. Der Schutzmantel (3) ist

    2.1. an einem Antriebsritzel (1) einer Antriebskette (2) anbringbar ausgestaltet und

    2.2. mittels einer Haltevorrichtung am Fahrradrahmen gesichert.

3. Entlang des Schutzmantels (3) ist eine Öffnung (6) so angelegt und dimensioniert, dass das Antriebsritzel (1) durch die Öffnung (6) in das Innere des Schutzmantels (3) hindurchpasst.

4. Der Schutzmantel (3) kann

    4.1. die Antriebskette (2) am Antriebsritzel (1) umschließen und so vor Verschmutzung schützen und

    4.2. sich aufgrund seiner Querschnittsform gleichzeitig an der Antriebskette (2) und am Antriebsritzel (1) halten und zentrieren.

II. 1.

Als vom Schutzmantel zu umschließendes Teil kommt nach der insoweit offenen Anspruchsfassung sowohl das Kettenblatt des vorderen Tretlagers als auch das hintere Antriebsritzel in Betracht. Zu beachten ist dabei, dass der Schutzmantel nicht das

Antriebsritzel selbst umschließen soll, sondern vielmehr die Antriebskette *am* Antriebsritzel. Für die Forderung nach einem Umschließen ist deshalb nur derjenige Teilbereich des Antriebsritzels relevant, auf dem die Antriebskette läuft. Der nicht interessierende, übrige Umfangsbereich des Antriebsritzels befindet sich dort, wo Figur 1 die separate Verkleidung mit dem Bezugszeichen (5) vorsieht.

Während sich Patentanspruch 1 mit einem Schutzmantel begnügt, der nur eines der beiden Antriebsritzel (das vordere oder das hintere) in dem beschriebenen Maße umschließt (und so vor Verschmutzung schützt), stellen die Unteransprüche bevorzugte Ausführungsformen unter Schutz, bei denen sich der Schutzmantel über den Bereich des betreffenden – einen – Antriebsritzels hinaus fortsetzt.

- Unteranspruch 2 befasst sich zunächst mit einer Variante, bei der sich der Schutzmantel über den Bereich des Antriebsritzels hinaus entlang der Kettenlinie (also horizontal) fortsetzt.

- Unteranspruch 3 hat eine Ausführungsform zum Gegenstand, bei der gleichzeitig beide Antriebsritzel mit einem Schutzmantel versehen sind (sog Kettenvollschutz; vgl Abs [0011]). Die jeweiligen Schutzmäntel können sich dabei auf den Bereich der Antriebsritzel beschränken (Rückbezug auf Anspruch 1), sie können sich jenseits des Antriebsritzels aber auch entlang der Kettenlinie fortsetzen (Rückbezug auf Anspruch 2).

- Unteranspruch 4 schließlich betrifft eine Ausstattungsvariante, bei der beide Antriebsritzel mit einem Schutzmantel ausgestattet sind (Kettenvollschutz) und darüber hinaus ein Schutzmantel auch entlang der Kettenlinie zwischen den Antriebsritzeln vorhanden ist. Der letztgenannte Schutzmantel ist dabei geschlossen ausgeführt, dh nicht mit einer seitlichen Öffnung versehen (vgl Abs [0010]).

2.

Nimmt man zunächst die Mindestausstattung des Schutzmantels in den Blick, wie sie Gegenstand von Patentanspruch 1 ist, so existiert ein Schutzmantel überhaupt nur entlang desjenigen Teils der Antriebskette, die auf dem (mit einem Schutzmantel ausgestatteten) Antriebsritzel läuft. Da es erfindungsgemäß die Querschnittsform des – nicht über das Antriebsritzel hinausreichenden – Schutzmantels ist, die den Schutzmantel an der Antriebskette und am Antriebsritzel hält und zentriert, stellt sich die Frage, welche konkreten konstruktiven Erfordernisse aus der Sicht des Durchschnittsfachmanns mit den besagten Funktionen des Haltens und Zentrierens verbunden sind.

Zweifellos ist mehr gefordert als eine bloß gehäuseartige Aufnahme von Ritzel und Kette im Inneren des Schutzmantels, die sich schon aus der anderweitigen Forderung von Patentanspruch 1 ergibt, dass der Schutzmantel die Antriebskette und das Antriebsritzel zu umschließen und auf diese Weise vor Verschmutzung zu schützen hat. Über den Verschmutzungsschutz hinaus muss der Schutzmantel am Antriebsritzel und an der Antriebskette halten, womit ersichtlich gemeint ist, dass er sich im Betrieb des Fahrrades nicht radial von Ritzel und Kette lösen (abheben) darf. Damit, dass sich der Schutzmantel darüber hinaus gegenüber dem Ritzel und der Kette zentriert, ist gemeint, dass er sich im Betrieb des Fahrrades radial (dh in Umfangsrichtung) und koaxial (dh parallel zur Welle des Antriebsritzels) zu den besagten Bauteilen ausrichtet. Soweit für den Schutzmantel eine (weitere) Haltevorrichtung am Fahrradrahmen vorgeschrieben ist, dient diese ausdrücklich dazu, den – schon dank seiner Querschnittsform gehaltenen – Schutzmantel (zusätzlich) »zu sichern«. Merkmal (2.2) bestätigt von daher, dass die eigentliche Haltefunktion von dem Schutzmantel selbst – und nicht von der bloß sichernden Haltevorrichtung – zu leisten ist. Dem Durchschnittsfachmann ist hierbei einsichtig, dass die Haltefunktion vordringlich über ein Zusammenwirken des Schutzmantels mit der seitlich über die Kontur des Antriebsritzels überstehenden Antriebskette zu bewerkstelligen ist, weil das Antriebsritzel als solches typischerweise keine Formgestaltung aufweist, die dem Schutzmantel einen irgendwie haltenden An- oder Eingriff erlaubt, der ein radiales Abheben des Schutzmantels unterbinden könnte.

Beides – das Gehaltensein und das Zentrieren des Schutzmantels – ist erfindungsgemäß dadurch zu bewerkstelligen, dass der Schutzmantel eine für die besagten Wirkungen geeignete Querschnittsform besitzt. Als Formgebungsmaßnahme kommt insoweit praktisch nur eine zu den besagten Zielen führende Gestaltung der seitlichen Öffnung des Schutzmantels infrage. Ein anderer konstruktiver Ansatzpunkt wird in der Klagepatentschrift nicht angesprochen. Die Öffnung im Schutzmantel muss dementsprechend zweierlei leisten: Sie muss zunächst die auf dem Antriebsritzel laufenden Kettenglieder hintergreifen, womit gewährleistet ist, dass sich der Schutzmantel nicht radial von der Antriebskette lösen kann, und sie (die Öffnung im Schutzmantel) muss des Weiteren in einer derartigen Beziehung zum Antriebsritzel stehen, dass sich der Schutzmantel im drehenden Betrieb des Ritzels selbst zentrieren kann. Ob das Hintergreifen einen permanenten Berührkontakt zwischen Schutzmantel und Antriebskette verlangt, wie er sich aus den Figuren der Klagepatentschrift ergibt, braucht nicht abschließend entschieden zu werden. In jedem Fall müssen die hintergreifenden Abschnitte des Schutzmantels so dicht bei der Antriebskette positioniert sein, dass sich der Schutzmantel nicht nennenswert von der Antriebskette abheben kann. Das gleiche gilt mit Blick auf die Zentrierfunktion. Ein etwaiger Abstand zwischen dem Öffnungsbereich im Schutzmantel und dem Ritzel/der Kette darf allenfalls so (gering) bemessen sein, dass es im Gebrauch des Fahrrades zu einer zentrierenden Berührung und dadurch bedingt zu einer radialen und koaxialen Ausrichtung des Schutzmantels kommen kann.

Der Beschreibungstext, der sich – mangels einer allgemeinen Patentbeschreibung – zwar formal lediglich mit Ausführungsbeispielen der Erfindung befasst, an den nachfolgend zitierten Textstellen jedoch allgemein die betrachteten Merkmale des Patentanspruchs 1 erläutert, bestätigt dieses Verständnis:

Abs [0009] aE bis [0010]:

Entlang des Schutzmantels (2) ... ist eine Öffnung (6), die so angelegt und dimensioniert ist, dass das Antriebsritzel (1) ... in sie in das Innere des Schutzmantels (3) durchpasst und so dort die Antriebskette (2) aufnehmen kann.

Der Schutzmantel (3) schützt so die Antriebskette (2) rundherum am Antriebsritzel (1), während er sich selbst an der Antriebskette (2) und am Antriebsritzel (1) mittels seiner umschließenden Querschnittsform hält und zentriert.

Abs [0014]:

Die Erfindung ermöglicht einen wirksamen Kettenschutz mit niedrigem Konstruktionsaufwand und minimalem Gewicht. Sie zentriert sich selbst am Antriebsritzel und ist einfach zu montieren.

Da es in der Grundausstattung des Patentanspruchs 1 anderswo überhaupt keinen Schutzmantel gibt, versteht es sich von selbst, dass die Halterung und Zentrierung mit Hilfe der Antriebskette in demjenigen Bereich des Schutzmantels stattfinden muss, der die auf dem Antriebsritzel laufende Antriebskette umgibt. Der Ort des Haltens und Zentrierens durch die Antriebskette ist mithin – notwendigerweise – das allein umschlossene Antriebsritzel.

3.

In einer bevorzugten Ausführungsform, wie sie Gegenstand der auf den Hauptanspruch zurückbezogenen Unteransprüche 2 und 3 ist, liegt ein Kettenvollschutz vor, bei dem sich der Schutzmantel über beide Antriebsritzel sowie außerdem über die dazwischenliegenden Kettenlinien erstreckt.

Für einen derartigen Kettenvollschutz sieht Unteranspruch 5 vor, dass »*sich der Schutzmantel (3) an der Antriebskette (2) und am Antriebsritzel (19) mittels seiner umschließenden Querschnittsform hält und zentriert.*«

Welche technische Lehre dem Durchschnittsfachmann hiermit gegeben wird, erschließt sich nicht ohne weiteres:

Zunächst wird das Verständnis schon dadurch erschwert, dass sich das Bezugszeichen (19) – außer im Unteranspruch 5 – nirgends in der Klagepatentschrift findet. Offenbar handelt es sich um ein Schreibversehen und es muss statt »(19)« richtig (1) heißen.

Nach Patentanspruch 1 ist eine Abdeckung der Antriebskette durch den Schutzmantel nur über einen Teilumfang eines einzigen Antriebsritzels gegeben. Im Gegensatz dazu ist die Abdeckung bei einem Kettenvollschutz deutlich größer, sodass außerhalb des einen Antriebsritzels weitere Bereiche des Schutzmantels zur Verfügung stehen, denen eine Halte- und Zentrierfunktion überlassen werden kann. Es sind dies die zum Teilumfangsbereich des zweiten Antriebsritzels sowie die zu den Kettenbereichen zwischen den Antriebsritzeln korrespondierenden Abschnitte des – komplett umlaufenden – Schutzmantels.

Auf der anderen Seite ist Unteranspruch 5 – vermittelt durch die Unteransprüche 3 und 2 – auf Patentanspruch 1 zurückbezogen, womit sich auch für den Kettenvollschutz die grundlegende Anforderung des Hauptanspruchs ergibt, dass sich der Schutzmantel aufgrund seiner Querschnittsform an der Antriebskette und am Antriebsritzel halten und zentrieren können muss. Damit dem Kennzeichen von Unteranspruch 5 bei dieser Sachlage überhaupt eine sinnvolle Bedeutung zukommt, muss die dortige Formulierung (dass »*sich der Schutzmantel (3) an der Antriebskette (2) und am Antriebsritzel (19) mittels seiner umschließenden Querschnittsform hält und zentriert*«) notwendigerweise mehr besagen als dasjenige, was sich bereits aus dem Rückbezug des Unteranspruchs 5 auf Patentanspruch 1 ergibt. Sie hält den Durchschnittsfachmann bei technisch sinnvollem Verständnis dazu an, den haltenden und zentrierenden Kontakt des Schutzmantels mit der Antriebskette und dem Antriebsritzel bei einem Kettenvollschutz auf das (vordere) Antriebsritzel und die beiden Kettenlinien bis zum zweiten (hinteren) Ritzel auszudehnen. Halte- und Zentrierkräfte ergeben sich infolgedessen nicht nur in dem von Patentanspruch 1 in den Blick genommenen Teilbereich, sondern über eine deutlich größere Erstreckung.

III.

Mit Blick auf die Verletzungsfrage bedeutet dies, dass die Unteransprüche nicht davon suspendieren, dass der Schutzmantel seine Halte- und Zentrierfunktion an der Antriebskette des vorderen oder des hinteren Antriebsritzel ausübt. Unter das Klagepatent kann deshalb, gestützt auf die Unteransprüche, keine Ausführungsform subsumiert werden, bei der im Bereich des Antriebsritzels auch nur eine der Funktionen nicht bereitgestellt wird, selbst wenn diese Funktion anderswo (zB im Bereich der Kettenlinien zwischen den Antriebsritzeln) gegeben ist.

Der Sachverhalt läge anders, wenn für den Kettenvollschutz keine Unteransprüche formuliert worden wären, sondern Nebenansprüche oder Ausführungsalternativen im Hauptanspruch.

39 Eine Auslegung des Patentanspruchs, die dazu führt, dass keines der Ausführungsbeispiele vom Patentanspruch erfasst wird, hat sogar auszuscheiden, es sei denn, eine andere Auslegungsmöglichkeit, die mindestens zu einer Einbeziehung eines Teils der Ausführungsbeispiele führt, hat zwingend auszuscheiden oder der Anspruchswortlaut gibt hinreichend deutliche Anhaltspunkte dafür, dass tatsächlich etwas beansprucht werden soll, was dermaßen weitgehend vom Beschreibungsinhalt mit seinen Ausführungsbeispielen abweicht.[41]

Werden in einer Patentschrift **Ausführungsformen** ausdrücklich **als nicht patentgemäß beschrieben**[42], unterfallen sie nicht dem Schutzbereich. Darüber hinaus berücksichtigt der Fachmann die ausgeschlossenen Beispiele insoweit, als er der Frage nachgeht, weshalb das Patent die betreffenden Ausgestaltungen als nicht patentgemäß erachtet und ob sich aus ihrem Ausschluss tragfähige Anhaltspunkte für ein bestimmtes Verständnis des Patentanspruchs ergeben.[43] Genauso wie die Auslegung des Hauptanspruchs so zu erfolgen hat, dass die in der Patentbeschreibung enthaltenen (positiven) Ausführungsbeispiele von ihm erfasst werden, genauso gilt umgekehrt, dass die Auslegung des Anspruchs in einer Weise zu geschehen hat, dass ausdrücklich nicht erfasste (negative) Ausführungsformen außerhalb des Wortsinns bleiben. 40

Auch **Bezugszeichen** im Patentanspruch schränken den Schutz nicht auf ein Ausführungsbeispiel ein.[44] 41

Ebenso wenig kann aus dem Fehlen eines Merkmals in einer Patentzeichnung geschlossen werden, dass es zur patentgemäßen Lehre gehört, dass das betreffende Merkmal nicht vorhanden ist.[45] Umgekehrt dienen **Patentzeichnungen** üblicherweise nur dazu, das Prinzip des beanspruchten Gegenstandes zu erläutern, weshalb es in der Regel nicht zulässig ist, aus ihnen (einschränkend) exakte Abmessungen zu entnehmen.[46] 42

Etwas anderes gilt allenfalls dann, wenn das Patent ausnahmsweise keine allgemeine Beschreibung besitzt, sondern lediglich ein bevorzugtes Ausführungsbeispiel erörtert. In einem solchen Fall kann unter Umständen die Annahme gerechtfertigt sein, dass ein gezeigtes Detail nicht – wie sonst üblich – eine Spezialität des Ausführungsbeispiels darstellt, sondern den eigentlichen Erfindungsgedanken des Patents wiedergibt.[47] 43

8. Falsa demonstratio

Da die Auslegung nicht nur Unklarheiten beseitigen soll, die der Anspruchswortlaut als solcher aufwirft, sondern generell angebracht ist, um die unter Schutz gestellte technische Lehre in ihrem Inhalt und ihrer Reichweite zu erfassen[48], ist eine offensichtliche **Falschbezeichnung** im Anspruch aus der Beschreibung heraus zu korrigieren.[49] 44

▶ Beispiel:
Das EP 0 705 064 schützt nach seinem Vorrichtungsanspruch ein Klettband mit einem Trägerband, welches Stiele und an den Enden der Stiele kreis- oder scheibenförmige 45

---

41 BGH, GRUR 2015, 159 – Zugriffsrechte.
42 Eine solche Situation kann sich einstellen, wenn das Patent nachträglich teilvernichtet wird. Hier ist es sinnvoll, Ausführungsbeispiele, die infolge der Teilvernichtung nicht mehr am Patentschutz teilhaben, nicht einfach zu streichen, sondern mit dem Vermerk, dass sie außerhalb des Patentschutzes stehen, in der Patentschrift zu belassen, um zu verhindern, dass das Patent später im Wege der Auslegung oder aufgrund von Äquivalenzüberlegungen auf genau diese – für das Verletzungsgericht bindend ausgeklammerten – Ausführungsformen erstreckt wird.
43 OLG Düsseldorf, GRUR-RR 2021, 345 – Endoskopievorrichtung.
44 BGH, GRUR 2006, 316 – Koksofentür; Regel 29 Abs 7 EPÜ-AO.
45 BGH, GRUR 2009, 390 – Lagerregal.
46 BGH, GRUR 2012, 1242 – Steckverbindung.
47 Vgl zu einem Beispielsfall die 2. Aufl, Rn 16; die dort abgedruckte Entscheidung wurde durch Urteil des OLG Düsseldorf vom 10.2.2005 – I-2 U 155/00 bestätigt.
48 BGH, GRUR 2015, 875 – Rotorelemente.
49 BGH, GRUR 2015, 875 – Rotorelemente.

> Köpfe vorsieht. Nach der Anspruchsformulierung weisen die Köpfe eine Höhe von 0,1 bis 1,27 mm auf, nach dem erläuternden Beschreibungstext bezieht sich der angegebene Höhenbereich auf die Stiele zzgl Köpfe.

46 Das gilt – von Ausnahmen abgesehen – nicht ebenfalls, wenn die irrtümlichen Ausführungen in der Patentschrift darin bestehen, dass ein referierter **Stand der Technik unzutreffend »stark« geschildert** wird, indem ihm bestimmte Maßnahmen oder Erkenntnisse zugeschrieben werden, die dort tatsächlich nicht offenbart waren. Wenn der Durchschnittsfachmann den besagten Irrtum aufgrund seines Fachwissens nicht ohne weiteres erkennt und richtigstellt, ist die in der Patentschrift vorgenommene Würdigung bei der Ermittlung von Inhalt und Schutzbereich des Klagepatents zu beachten.[50] Denn für die Auslegung eines Patents ist nun einmal dessen Beschreibung maßgeblich. Es geht deshalb nicht an, Begriffen der Patentschrift deshalb einen weitergehenden Inhalt beizumessen, weil im Stand der Technik der in der Patentschrift behauptete Erkenntnisstand tatsächlich noch nicht erreicht war, sondern erst durch das Klagepatent zur Verfügung gestellt worden ist.

9. »insbesondere«-Merkmal

47 Vielfach wird durch das Wort »insbesondere« ein bloß fakultatives Merkmal eingeleitet. Das gilt allerdings nur dann, wenn der dem Wort »insbesondere« nachgestellte Text eine beispielhafte Konkretisierung eines vorweggeschobenen allgemeinen Merkmals beinhaltet. Ist dies nicht der Fall, bestehen zwei Alternativen: Es könnte sein, dass das Wort »insbesondere« für »vorzugsweise« steht, mit der Folge, dass dem insbesondere-Kriterium nur bevorzugt, aber nicht zwingend Rechnung zu tragen ist. Nach dem üblichen Sprachgebrauch – und darin liegt die zweite mögliche Deutung – kann das Wort »insbesondere« in einer nicht konkretisierenden Wendung aber auch die Bedeutung von »vor allem«, »besonders«, »im Besonderen«, »hauptsächlich« oder »in erster Linie« haben und insoweit die besondere Wichtigkeit des mit »insbesondere« eingeleiteten Gesichtspunktes unterstreichen. Das gilt beispielweise dann, wenn mit dem Wort »insbesondere« eine Wirkungs- oder Funktionsangabe verbunden ist, indem ein bestimmter Einsatzzweck des patentgeschützten Gegenstandes hervorgehoben wird (»*Kommunikationsvorrichtung ... insbesondere zur Anordnung und Verwendung in einem Fahrzeug*«).[51] Wie allgemein bei solchen Angaben besagt das »insbesondere-Merkmal«, dass der Schutzgegenstand von einer räumlich-körperlichen Beschaffenheit ist, die dem besagten Einsatzzweck Rechnung trägt.[52] Welche der in Betracht kommenden Bedeutungen die richtige ist, ist durch Auslegung anhand des technischen Gehalts der Erfindung zu ermitteln.

> ▶ **Beispiel:**[53]
>
> I.

48 Das Klagepatent (EP 1 654 946) betrifft mit seinem Patentanspruch 1 ein Verfahren zur Herstellung einer Einlage für einen Schuh, die eine während der Benutzung zumindest mit der Fußsohle des Benutzers der Einlage in Kontakt stehende Unterseite aufweist, und die mit einer auf den Benutzer und insbesondere auch auf den Schuh abgestimmten Form versehen ist.

---

50 OLG Düsseldorf, Urteil v 26.10.2017 – I-15 U 95/16. Vgl hierzu auch unten Rdn 78 f.
51 BGH, Mitt 2020, 22 – Karusselltüranlage.
52 BGH, Mitt 2020, 22 – Karusselltüranlage.
53 OLG Düsseldorf, Urteil v 18.12.2014 – I-2 U 19/14.

Wie die Klagepatentschrift in ihrer Einleitung ausführt, sind aus dem Stand der Technik derartige Einlagen bekannt, die entweder zur Erzielung eines »orthopädisch« korrekten Fußbettes im Schuh dienen oder aber eine Fehlhaltung des Benutzers oder eine Fehlbildung des entsprechenden Fußbettes des Benutzers kompensieren sollen. Üblicherweise werden solche Einlagen aus mehreren dünnen Lagen unterschiedlicher Härte und/oder Zusammensetzung miteinander verklebt und in Form gepresst, wobei insbesondere für die Erhöhung im Mittelfuß noch ein relativ weiches Füllmaterial zwischen die verschiedenen Schichten eingebracht wird. Hieran kritisiert die Klagepatentschrift als nachteilig, dass es sich um eine sehr dünne und relativ harte Einlage handelt, die zudem konstruktionsbedingt keine insbesondere zur seitlichen Führung des mittleren Innenfußes oder der Ferse dienenden stark erhöhten Bereiche in stabiler Ausgestaltung aufweisen kann. Sofern nach der Herstellung der Einlage, zB aufgrund von Tragebeschwerden des Benutzers, eine Anpassung der Einlage erforderlich wird, ist dies außerdem hinsichtlich des topographischen Verlaufs prinzipiell nicht möglich, da allenfalls die Erhöhung im Mittelfuß durch Materialentnahme etwas reduziert werden kann. Hierfür ist jedoch eine Ablösung der oberen Schicht erforderlich, wodurch diese in der Regel in Mitleidenschaft gezogen wird, sodass häufig zumindest die Deckschicht komplett ersetzt werden muss oder aber die Anfertigung einer neuen Einlage erforderlich wird.

Vor diesem Hintergrund liegt dem Klagepatent das Problem zugrunde, eine Einlage für einen Schuh und ein Verfahren zu ihrer Herstellung anzugeben, mit der zum einen die Herstellung einer solchen Einlage schneller und einfacher erfolgen kann und zum anderen auch spätere Anpassungen problemlos möglich sind, ohne dass hierbei zumindest die Oberseite der Einlage in Mitleidenschaft gezogen wird.

Zur Lösung dieser Aufgabe schlägt Patentanspruch 1 ein Verfahren mit folgenden Merkmalen vor:

(1) Verfahren zur Herstellung einer Einlage (1) für einen Schuh.

(2) Die Einlage (1) weist auf:

(2.1) eine Oberseite (2), die während der Benutzung zumindest mit der Fußsohle des Benutzers in Kontakt steht,

(2.2) eine Unterseite (3), die während der Benutzung zumindest mit der unteren Innenfläche des Schuhs in Kontakt steht.

(3) Die Einlage (1) ist mit einer auf den Benutzer und insbesondere auch auf den Schuh abgestimmten Form versehen.

(4) Die Einlage (1) wird personalisiert und einstückig aus einem Vollmaterial durch Materialabtrag, wie zB Fräsen, hergestellt.

(5) Die Einlage (1) wird zumindest oberseitig mit einer Topographie versehen, die auf den konkreten Benutzer und insbesondere auch auf den Schuh abgestimmt ist.

(6) Das Vollmaterial weist einen dreischichtigen Aufbau auf, welcher beinhaltet:

(6.1) eine unterseitige Schicht mit höherer Härte,

(6.2) einen mittleren Bereich geringerer Härte und

(6.3) einen oberen Bereich mit wieder höherer Härte.

II.

Gemäß Merkmal (3) ist die Einlage zunächst mit einer auf den Benutzer und insbesondere auch auf den Schuh abgestimmten Form versehen. Für den Fachmann (einen beruflich erfahrenen Orthopädie-Schuhtechniker) sind damit die äußeren Umrisse von Fuß und Schuh in Bezug genommen. Das erschließt sich nicht zuletzt aus Abs [0032]. Zu einem Ausführungsbeispiel der Erfindung hält das Klagepatent dort fest, dass »die

Einlage ... eine äußere Form auf(weist), die auf den Benutzer und insbesondere auch auf den Schuh, in den sie eingesetzt werden soll, abgestimmt ist«, was »allein schon (deshalb) sinnvoll ist, damit die Einlage später in den Schuh passgenau eingesetzt werden kann«. Merkmal (5) erweitert die Anpassungsvorgabe um einen weiteren Aspekt, nämlich dahingehend, dass die Einlage zumindest oberseitig auch mit einer Topographie (= Oberflächenlandschaft) versehen wird, die auf den konkreten Benutzer und insbesondere auch auf den Schuh abgestimmt ist. Erforderlich ist also eine »doppelte« Abstimmung auf den Benutzer und insbesondere auch auf den Schuh, nämlich – Erstens – bezüglich der Einlagen*form* und – Zweitens – bezüglich der *Topographie* der Einlagen*oberseite*.

Bei der Angabe »und insbesondere auch auf den Schuh abgestimmten Form/Topographie« handelt es sich – entgegen der Ansicht der Klägerin – um kein fakultatives, sondern um ein obligatorisches (Teil-)Merkmal.

a)

Zwar wird durch das Wort »insbesondere« regelmäßig ein bloß fakultatives Merkmal eingeleitet. Das gilt allerdings nur dann, wenn der dem Wort »insbesondere« nachgestellte Text eine beispielhafte Konkretisierung eines vorweggeschobenen allgemeinen Merkmals beinhaltet. So verhält es sich vorliegend gerade nicht. Weder handelt es sich bei der Angabe »einer auf den Schuh abgestimmten Form« um eine Konkretisierung der vorausgehenden Angabe »mit einer auf den Benutzer abgestimmten Form« noch handelt es sich bei der Angabe »auf den Schuh abgestimmten Topographie« um eine Konkretisierung der davorstehenden Angabe »mit einer auf den konkreten Benutzer abgestimmten Topographie«. Beides – die auf den Benutzer abgestimmte Form/Topographie und die auf den Schuh abgestimmte Form/Topographie – repräsentiert vielmehr unterschiedliche technische Sachverhalte, die eigenständig nebeneinander stehen.

b)

Unter solchen Umständen bleibt allenfalls zu erwägen, ob das Wort »insbesondere« nicht für »vorzugsweise« steht, mit der Folge, dass die Einlage nur bevorzugt auch mit einer auf den Schuh abgestimmten Form und ebenfalls nur vorzugsweise mit einer auch auf den Schuh abgestimmten Topographie versehen wird. Eine Abstimmung in Bezug auf den Schuh wäre damit nicht zwingend. Für ein solches Verständnis könnte vordergründig sprechen, dass es andernfalls ausgereicht hätte, statt der Formulierung »und insbesondere auch« lediglich das Wort »und« oder die Formulierung »und auch« zu verwenden. Nach dem üblichen Sprachgebrauch kann das Wort »insbesondere« in einer Wendung wie der vorliegenden aber auch die Bedeutung von »vor allem«, »besonders«, »im Besonderen«, »hauptsächlich« oder »in erster Linie« haben und insoweit die besondere Wichtigkeit des mit »insbesondere« eingeleiteten Gesichtspunktes unterstreichen.

Welche der beiden in Betracht kommenden Bedeutungsgehalte die richtige ist, ist durch Auslegung zu ermitteln. Nach Art 69 Abs 1 EPÜ wird der Schutzbereich des Patents durch den Inhalt der Patentansprüche bestimmt, zu deren Auslegung die Beschreibung und die Zeichnungen heranzuziehen sind. Die Auslegung der Patentansprüche dient insoweit nicht nur der Behebung etwaiger Unklarheiten, sondern auch zur Erläuterung der darin verwendeten technischen Begriffe sowie zur Klärung der Bedeutung und der Tragweite der dort beschriebenen Erfindung (BGHZ 98, 12, 18 f = GRUR 1986, 803 – Formstein; BGHZ 105, 1, 10 = GRUR 1988, 896 – Ionenanalyse; BGHZ 125, 303, 309 = GRUR 1994, 597 – Zerlegvorrichtung für Baumstämme; BGH, GRUR 1992, 594, 596 – mechanische Betätigungsvorrichtung; GRUR 2002, 515, 516 f – Schneidmesser I; GRUR 2002, 519, 521 – Schneidmesser II; GRUR 2002, 527, 528 f – Custodiol II). Die danach gebotene Auslegung des Patentanspruchs führt hier zu folgendem Ergebnis: Mit den Formulierungen »und insbesondere auch auf den Schuh abgestimmten Form« sowie »und insbesondere auch auf den Schuh abgestimmten Topographie« wird nicht lediglich eine bevorzugte und damit im Belieben des Fachmanns stehende weitere Abstimmung der Einlagenform und der oberseitigen Einlagentopographie beschrieben. Vielmehr muss die Einlage – neben der Abstimmung auf den Benutzer – zwingend auch eine Abstimmung in Bezug auf den Schuh aufweisen.

Zum einen entnimmt der Fachmann der Klagepatentbeschreibung, dass das Klagepatent die Begriffe »vorzugsweise« (vgl Abs [0010], [0023]), »vorteilhafterweise« (vgl Abs [0012], [0014], [0025]) und »bevorzugte Variante« (vgl Abs [0013], [0026]) kennt, die es – entsprechend der üblichen Diktion – für lediglich bevorzugte, von den jeweiligen Hauptansprüchen nicht verlangte Maßnahmen bzw. Ausgestaltungen verwendet. Der Patentanspruch spricht jedoch im vorliegenden Zusammenhang von »und *insbesondere* auch« und nicht von »und *vorzugsweise* auch« oder dergleichen.

Zum anderen ergibt sich aus der Patentbeschreibung für den Fachmann kein Anhalt, dass es sich bei der »auf den Schuh abgestimmten Form« bzw. bei der »auf den Schuh abgestimmten Topographie« nur um eine fakultative Zusatzmaßnahme bzw Variante handelt. In der allgemeinen Patentbeschreibung wird in Übereinstimmung mit dem Anspruchswortlaut im Wesentlichen ebenfalls nur von einer Abstimmung auf den Benutzer »und insbesondere auch auf den Schuh« gesprochen (vgl Abs [0007], [0013], [0017], Abs [0020], [0026]). Dass es sich bei der Abstimmung der oberseitigen Topographie auf den Schuh nur um eine zusätzliche, fakultative Maßnahme handelt, lässt sich den betreffenden Beschreibungsstellen nicht entnehmen. Ganz im Gegenteil wird in der besonderen Patentbeschreibung (Abs [0033]) in Bezug auf das in den Figuren der Klagepatentschrift gezeigte Ausführungsbeispiel der Erfindung ausgeführt, dass die Einlage zumindest oberseitig eine »auf den Benutzer und insbesondere auch auf den Schuh abgestimmte Topographie« aufweist. Im anschließenden Satz wird dies dahingehend erläutert, dass »der Höhenverlauf ... zumindest der Oberseite der Einlage auf den Benutzer und den Schuh abgestimmt ist«. Mangels einer anderweitigen Definition des Merkmals (5) im Patentanspruch oder der allgemeinen Patentbeschreibung geht der Fachmann davon aus, dass sich letztere Erläuterung nicht nur auf eine Spezialität des Ausführungsbeispiels bezieht, sondern ihm allgemeinverbindlich den Inhalt der Erfindung erläutert. Er versteht die Merkmale (3) und (5) vor diesem Hintergrund dahin, dass das Klagepatent eine »doppelte Abstimmung« der Einlage verlangt, nämlich eine solche in Bezug auf den Benutzer und eine weitere in Bezug auf den Schuh, für den die Einlage bestimmt ist.

Eine Interpretation des Anspruchswortlauts dahin, dass die Einlage mit einer auf den Benutzer und »vor allem« (insbesondere) auch auf den Schuh abgestimmten Form versehen ist bzw dass sie zumindest oberseitig mit einer auf den Benutzer und »vor allem« (insbesondere) auch auf den Schuh abgestimmten Topographie versehen wird, mag für den Fachmann auf den ersten Blick überraschend sein. Denn sie vermittelt ihm den Eindruck, dass die Anpassung auf den Schuh im Vordergrund steht bzw besondere Wichtigkeit besitzt. Bei näherer Befassung mit dem Erfindungsgegenstand erschließt sich dem Fachmann jedoch, dass nicht nur dem Fuß des Einlagenträgers, sondern gleichermaßen auch dem Schuh, in dem die Einlage platziert werden soll, Bedeutung zukommt. Was die äußeren Umrisse (Form) der Einlage anbetrifft, bedarf dies keiner weiteren Begründung, weil vordringlich der Schuh die Abmessungen für eine passende Einlage vorgibt. Nichts anderes gilt aber für die oberseitige Topographie (= Oberflächenlandschaft) der Einlage. Genauso wie beim Stand der Technik ist es Anliegen der Erfindung, mittels der Einlage ein orthopädisch korrektes Fußbett im Schuh bereitzustellen sowie eine Fehlhaltung des Einlagenträgers zu kompensieren (Abs [0003]), wobei es in diesem Zusammenhang unter anderem einer Erhöhung im Mittelfußbereich, einer seitlichen Führung des mittleren Innenfußes oder einer Abstützung der Ferse bedürfen kann (Abs [0003], [0004]). Dass hierzu auf das Oberflächenprofil des Fußes mit seinen Höhen und Tiefen Rücksicht zu nehmen ist, stellt eine technische Selbstverständlichkeit dar, die kaum gesonderter Erwähnung im Patentanspruch bedurft hätte. Um bei einer topographisch bearbeiteten Einlagenoberseite ein funktionstaugliches Fußbett zu erhalten, muss aber auch auf das Oberflächenprofil des Innenschuhs, mit dem die Einlage verwendet werden soll, Bedacht genommen werden. Eine rein fußspezifisch korrekt herausgearbeitete Oberseitentopographie erbringt im Schuh nämlich nur dann einwandfreie »orthopädische« Resultate, wenn mit ihr gleichzeitig auch dem Schuhtyp Rechnung getragen wird. So mag eine oberseitig topographisch ausgearbeitete Einlage in einem Sportschuh mit völlig flacher (planer) Innensohle dem Fuß Halt und Stütze geben; dieselbe Einlage kann jedoch, in einen mit einem ausgebildeten Fußbett ausgerüsteten Schuh eingesetzt, ihre optimale Wirkung verfehlen, weil die darauf nicht abgestimmte Einlage keine korrekte, nämlich bei der Oberflächengestaltung vorausgesetzte Auflage im Schuh findet. Besonders plastisch wird dies im Vergleich zwischen dem (völlig ebenen) Fußbett eines Turnschuhs und dem Fußbett eines Damen-Absatzschuhs. Der Hinweis des Patentanspruchs, dass bei der Herstellung der oberseitigen Einlagentopographie auch (und insbesondere) der Schuh mit seinen variierenden Auflageverhältnissen (Innensohle mit oder ohne Fußbett) zu berücksichtigen ist, in dem die Einlage getragen werden soll, erfolgt deshalb völlig zu Recht. Dementsprechend hat auch die fachkundige Klägerin in erster Instanz selbst nicht geltend gemacht, dass es sich bei der Angabe »und insbesondere auch auf den Schuh abgestimmten Topographie« lediglich um ein fakultatives Merkmal handeln soll.

10. Disclaimer wegen unzulässiger Erweiterung[54]

49 Eine Sonderkonstellation kann sich einstellen, wenn der im Verletzungsverfahren befindliche Patentanspruch das Ergebnis einer unzulässigen Erweiterung der Ursprungsoffenbarung ist, mit der ein beschränkendes Merkmal in den Anspruch aufgenommen worden ist. Während die Beschwerdekammern der EPA für europäische Patente unter solchen Umständen zu einem Widerruf des Patents schreiten, weil das unzulässig erweiterte Merkmal nicht mehr aus dem Anspruch entfernt werden kann, da mit seiner Streichung eine seinerseits zum Patentwiderruf führende Schutzbereichserweiterung verbunden wäre (»unentrinnbare Falle«), handhabt der BGH die Situation für deutsche Patente großzügiger. Nach seiner Rechtsprechung[55] hat das unzulässig erweiterte Merkmal bei der Prüfung auf Schutzfähigkeit außer Betracht zu bleiben, während es – weil gemäß § 38 Abs 2 PatG aus einer unzulässigen Erweiterung keine Rechte hergeleitet werden dürfen – für die Schutzbereichsbestimmung und Verletzungsprüfung relevant bleibt. Die Begriffe des Patentanspruchs sind also grundsätzlich so zu deuten, wie sich dies aus der Gesamtheit aller Anspruchsmerkmale – einschließlich des unzulässig erweiterten – ergibt. Auch von dieser Regel sind freilich Ausnahmen zu beachten. Es ist unstatthaft, aus dem erweiterten Merkmal auf ein besonders weites Verständnis eines anderen Merkmals zu schließen, welches sich ohne die Existenz des erweiterten Merkmals nicht ergeben würde.[56] Gleichermaßen verboten ist eine äquivalente Benutzung des unzulässig erweiterten Merkmals oder eines anderen Merkmals, zu dem erst das erweiterte Merkmal den Fachmann veranlassen kann. Das alles gilt gleichermaßen für deutsche Patente wie für deutsche Teile europäischer Patente, für deren Schutzwirkungen das EPÜ auf das nationale Recht (und mithin auch § 38 PatG) verweist. Die Auslegungsrestriktionen als Folge einer unzulässigen Erweiterung sind vom Verletzungsgericht ohne Rücksicht auf ein lau-

---

54 Dazu umfassend: Walder-Hartmann, Mitt 2015, 149.
55 BGH, GRUR 2001, 140 – Zeittelegramm; BGH, GRUR 2011, 40 – Winkelmesseinrichtung; BGH, GRUR 2011, 1003 – Integrationselement; BGH, GRUR 2013, 1135 – Tintenstrahldrucker.
56 BGH, GRUR 2011, 40, 44 – Winkelmesseinrichtung.

fendes Rechtsbestandsverfahren in eigener Verantwortung zu prüfen. Denn eine unzulässige Erweiterung ist nur insoweit im Verletzungsrechtsstreit unbeachtlich, als mit ihr eine Klageabweisung mangels schutzfähigen Klagepatents angestrebt wird.

11. Kontraproduktive Maßnahmen

Prinzipiell genügt es für den Verletzungssachverhalt, dass die angegriffene Vorrichtung räumlich-körperlich und konstruktiv alle Anspruchsmerkmale verwirklicht, die der Patentanspruch vorschreibt. Eine Ausnahme gilt dann, wenn die patentgemäßen Maßnahmen zwar getroffen, aber gleichzeitig weitere konstruktive Anstalten unternommen sind, die den dadurch herbeigeführten technischen Effekt verlässlich wieder beseitigen. 50

▶ **Beispiel:**[57]

I.1. 51

Das Klagepatent betrifft einen Aufprallschutz für Schienenfahrzeuge mit folgenden Merkmalen:

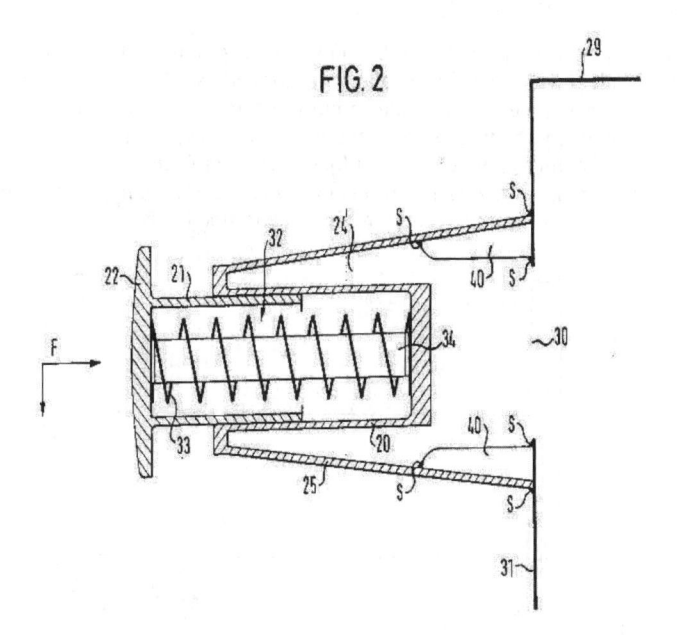

FIG. 2

1. Aufprallschutzvorrichtung für ein Schienenfahrzeug.
2. Die Schutzvorrichtung besitzt
    a) einen Puffer sowie
    b) ein Energieverzehrelement (25).
3. Der Puffer hat
    a) einen Pufferstößel (21) mit angeformtem Pufferteller (22),

---

57 Vgl LG Düsseldorf, Urteil v 9.5.2019 – 4b O 92/17.

b) eine Pufferhülse (20) und

c) ein elastisches Energieaufnahmeelement (32) – wie zB eine Feder oder eine Hydraulikkapsel – zwischen dem Pufferstößel (21) und der Pufferhülse (20), wobei

d) der Pufferstößel (21) in die Pufferhülse (20) eintauchbar angeordnet ist.

4. Das Energieverzehrelement (25)

a) ist am Hauptrahmen (29) des Schienenfahrzeugs befestigt,

b) kastenartig aufgebaut und

c) erweitert sich zum Hauptrahmen (29) hin stetig.

5. Die Pufferhülse (20) ist als Einstülpung des Energieverzehrelements (25) ausgebildet.

6. Am Hauptrahmen (29) ist eine Ausnehmung (30) zum Durchtritt der Pufferhülse (20) angeordnet.

Der besondere Vorteil der beschriebenen technischen Ausstattung – der Hauptrahmen des Schienenfahrzeuges gehört dabei nicht zum Patentgegenstand – ergibt sich aus den Anspruchsmerkmalen (5) und (6):

Kommt es zu einem Aufprall mit dem Schienenfahrzeug und ist die Aufprallenergie so groß, dass sie nicht von dem Puffer alleine absorbiert werden kann, indem sich der Pufferstößel beschädigungslos in die Pufferhülse hinein verschiebt und dabei die Feder (= elastisches Energieaufnahmeelement) zusammendrückt, so wird die weitere Aufprallenergie von dem Energieverzehrelement aufgenommen. Es faltet sich unter den wirkenden Aufprallkräften so weit zusammen, bis eine weitere Stauchung wegen der bereits aufeinander gefalteten Materialschichten nicht mehr möglich ist.

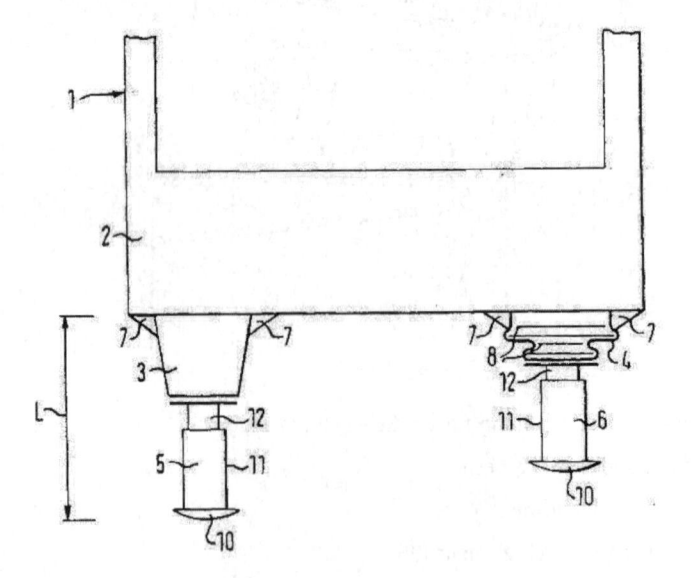

Wie sich aus der nebenstehenden Figur 1 der Klagepatentschrift ergibt, war es im Stand der Technik geläufig, das Energieverzehrelement (3) und den Puffer (5) sequenziell hintereinander anzuordnen. Da die Schutzvorrichtung insgesamt nicht beliebig lang ausgestaltet werden kann, hatte dies zur Folge, dass das Energieverzehrelement in der Praxis nur mit einer begrenzten Länge und damit einer dementsprechend limitierten

Energieverzehrkapazität ausgeführt werden konnte, damit im Anschluss an das Verzehrelement noch das Pufferelement positioniert werden konnte.

Die Erfindung des Klagepatents schafft hier Abhilfe, indem der Puffer – vom Hauptrahmen des Schienenfahrzeuges aus betrachtet – nicht erst am Ende des Energieverzehrelements angeschlossen wird, sondern in einer nach innen gerichteten Einstülpung des Energieverzehrelements untergebracht ist. In ihrer räumlichen Lage überdecken sich das Energieverzehrelement und der Puffer also streckenweise, indem sie ineinander verschachtelt sind, was zur Folge hat, dass das Energieverzehrelement bei gleicher Länge der Gesamtschutzvorrichtung deutlich länger ausgeführt werden kann als dies im Stand der Technik möglich war. Aus der größeren Länge resultiert ein größeres Deformationsvolumen und damit eine höhere Energieaufnahmekapazität des Verzehrelements.

Da der Puffer – wie geschildert – zum Teil in das Energieverzehrelement hinein verlagert ist, muss allerdings Vorsorge dafür getroffen werden, dass die Pufferhülse, die infolge der patentgemäßen Anordnung jetzt tendenziell näher bei dem Hauptrahmen liegt, im Falle eines Aufpralls nicht gegen den Hauptrahmen anschlägt. Sobald dies geschieht, kann das Energieverzehrelement nämlich keine weitere Aufprallenergie mehr abbauen, weswegen es eine solche Situation möglichst zu vermeiden gilt. Zu diesem Zweck sieht das Klagepatent mit dem Merkmal (6) vor, dass am Hauptrahmen eine Ausnehmung (= Materialaussparung) angeordnet ist, durch die die Pufferhülse im Falle eines Aufpralls hindurchtreten kann. Wegen des dargelegten Zwecks einer fortdauernden Wirksamkeit des Energieverzehrelements ist dabei als selbstverständlich vorausgesetzt, dass das Energieverzehrelement in der Stellung eines ohne die Ausnehmung stattfindenden Kontaktes zwischen Pufferhülse und Hauptrahmen noch nicht vollständig zusammengefaltet und damit in seiner Leistungsfähigkeit erschöpft ist, sondern im Falle einer Vorwärtsbewegung der Pufferhülse noch weitere Aufprallenergie abbauen kann.

2.

Die angegriffene Aufprallschutzvorrichtung weist ein kastenförmiges, sich trichterförmig erweiterndes Energieverzehrelement

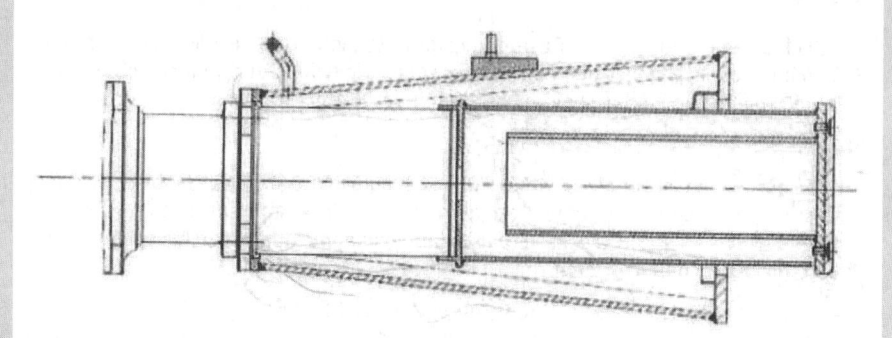

sowie einen Puffer auf. Der Puffer besteht aus einer Pufferhülse und einem darin aufgenommenen und verschiebbaren Pufferstößel. Die Pufferhülse ist als Einstülpung des kastenförmigen Energieverzehrelements ausgebildet. Das kastenförmige Energieverzehrelement ist zum Hauptrahmen des Schienenfahrzeuges mit einer Platte abgeschlossen, die eine zentrale Öffnung aufweist. Durch diese Öffnung hindurch verlaufen sich ein beträchtliches Stück jenseits der Platte fortsetzende konzentrische Verformungsrohre.

II.

Problematisch ist allein, ob die angegriffene Schutzvorrichtung von Merkmal (6) Gebrauch macht.

A. Schutzbereichsbestimmung

1.

Wenn das Klagepatent im Hauptrahmen eine Ausnehmung »zum Durchtritt der Pufferhülse« verlangt, so bedient es sich einer Zweck- und Wirkungsangabe. Sie belehrt den Fachmann darüber, dass im Hauptrahmen eine Anordnung getroffen sein muss, die der Pufferhülse im Falle eines Aufpralls, der die Pufferhülse hinreichend in Richtung auf den Hauptrahmen verlagert, einen beschädigungsfreien Durchtritt durch den Hauptrahmen erlaubt.

Gemeint ist damit zunächst eine mit Rücksicht auf die Pufferhülse taugliche Geometrie und Größe der Ausnehmung.

Nicht so einfach zu beantworten ist die Frage, ob sich der Durchtritt der Pufferhülse bei jeder oder nahezu jeder beliebigen Aufprallstärke einstellen können muss, die im praktischen Betrieb realistischer Weise zu erwarten ist. Auf den ersten Blick mag diese Erwägung naheliegen. Andererseits ist jedoch zu bedenken, dass das Klagepatent es nicht ausschließt, innerhalb der Schutzvorrichtung besondere Vorkehrungen zu treffen (wie zusätzlich wirksame Energieverzehrelemente), die dafür sorgen, dass sich die Pufferhülse nur unter besonders gravierenden Aufprallbedingungen so weit verlagert, dass sie sich prekär dem Hauptrahmen nähert. Unter solchen Umständen würde die Ausnehmung die ihr zugewiesene technische Funktion zwar nur übernehmen, wenn beim Aufprall der eingerichtete erste »Schutzwall« (in Form der zusätzlichen energieverzehrenden Verformungsrohre) überwunden wird. Ist die Anordnung jedoch so getroffen, dass für diesen Fall ein drohender schädlicher Kontakt der Pufferhülse mit dem Hauptrahmen durch eine in ihm vorgesehene passende Ausnehmung verhindert wird, so ist die Lehre des Klagepatents benutzt, wenn auch eben nur für ganz bestimmte Betriebsbedingungen. Da das Klagepatent sich hierzu nicht beschränkend verhält, genügt dieser Sachverhalt, um von einer Patentbenutzung auszugehen. Bedingung ist freilich, das – wie oben bereits ausgeführt – in dem Moment des Durchtritts (dh unter den dafür notwendigen speziellen Aufprallkonstellationen) das Energieverzehrelement noch nicht verbraucht (sic: komplett zusammengefaltet), sondern weiter aufnahmefähig ist, sodass die Ausnehmung im Hauptrahmen ihre nützliche Funktion und Wirkung noch entfalten kann.

2.a)

Mit Blick auf die angegriffene Ausführungsform ist als Pufferhülse lediglich dasjenige Bauteil anzusehen, welches den Pufferstößel führt. Die beiden Verformungsrohre leisten derartiges nicht und sind deshalb nicht als Teil des Puffers anzusehen.

b)

Hiervon ausgehend ist für die rechtliche Beurteilung bedeutsam, dass die beiden Verformungsrohre nach dem Vortrag der Beklagten im Falle eines Aufpralls derart zusammengefaltet werden, dass sie die Pufferhülse daran hindern, durch die Ausnehmung des Hauptrahmens hindurchzutreten.

Dementsprechend stellt sich die Frage, ob eine Vorrichtung, die prinzipiell nach Maßgabe der Anweisung des Klagepatents ausgestaltet ist, auch dann noch in den Schutzbereich des Patents fällt, wenn an der Vorrichtung zusätzliche Maßnahmen getroffen sind, die den dank der patentgemäßen Grundausstattung an sich möglichen erfindungsgemäßen Erfolg zunichtemachen. Hier liegt der Fall deshalb genau so, weil der Hauptrahmen eine mit Rücksicht auf die äußere Geometrie und Größe der Pufferhülse geeignete Ausnehmung besitzt, deren technische Funktion durch die in die Ausnehmung hindurchragenden Verformungsrohre, die im Aufprallfall eine Barriere für den Durchtritt der Pufferhülse bilden, rückgängig gemacht wird. Die aufgeworfene Frage ist zu verneinen. Deutlich wird dies an einem Vergleich: Sieht das Klagepatent vor, dass zwei Bauteile über ein Gelenk miteinander verbunden sind, so mag es eine Ausführungsform geben, bei der zwischen den besagten Bauteilen ein Gelenk ausgebildet ist. Wird dieses

Gelenk jedoch in seiner Funktion dadurch stillgelegt, dass das Gelenk übergreifende starre Verbindungsmittel unabänderlich angebracht werden, so wird man nicht mehr davon reden können, dass die Bauteile gelenkig miteinander verbunden sind. Ganz ähnlich verhält es sich vorliegend, weil die beiden Verformungsrohre die vorgesehene Durchtrittsöffnung im Hauptrahmen im Falle eines Aufpralls so weit verkleinern, dass die verbleibende Ausnehmung für einen Durchtritt der Pufferhülse, der sich notwendigerweise erst danach einstellt, nicht mehr ausreicht.

Gegenteilig wäre der Sachverhalt zu beurteilen, wenn die Pufferhülse bei besonders hohen (aber unverändert realistischen) Aufprallkräften durch die Materialansammlung, welche durch die zusammengefalteten Verformungsrohre angehäuft worden ist, durchschlagen würde, zB weil die Verformungsrohre aus deutlich weicherem Material gefertigt sind. Ungeachtet der durch das verformte Rohrmaterial gebildeten Barriere wäre funktionsorientiert von einer »Ausnehmung« im Hauptrahmen auszugehen, solange das angesammelte Material der Verformungsrohre im Falle eines Kontakts mit der Pufferhülse das weitere Zusammenfalten des Energieverzehrelements nicht in irgendwie vergleichbarer Weise unterbindet, wie dies bei einem Auftreffen der Pufferhülse auf den Hauptrahmen geschehen würde.

c)

Oben wurde bereits darauf hingewiesen, dass der Hauptrahmen selbst nicht zum patentgeschützten Gegenstand gehört, sondern im Patentanspruch lediglich als Bezugsobjekt zur näheren Erläuterung der Erfindung erwähnt wird. Das Klagepatent betrifft so gesehen eine Aufprallschutzeinrichtung für *bestimmte* Schienenfahrzeuge, nämlich solche, deren Hauptrahmen mit einer zur Pufferhülse passenden Ausnehmung versehen ist. Für die Verletzungsprüfung bedeutet dies, dass die Merkmalsverwirklichung nicht notwendigerweise an demjenigen Schienenfahrzeug durchzuführen ist, für welches der Aufprallschutz vom Verletzer vorgesehen ist, sondern dass es zulässig ist, auf einen beliebigen anderen Hauptrahmen abzustellen, der technisch und wirtschaftlich sinnvoll denkbar ist. Wie ein solcher mit der angegriffenen Schutzvorrichtung funktionstüchtiger Hauptrahmen aussehen könnte, hat der Kläger darzulegen.

12. Übereinstimmende Patentauslegung

Dass die Parteien das Patent oder einzelne Anspruchsmerkmale übereinstimmend in einem ganz bestimmten Sinne auslegen, bindet das Verletzungsgericht noch nicht. Denn die Auslegung eines Patents stellt einen Akt der Rechtsanwendung dar, bei dem es keine Bindung an das Parteivorbringen gibt. Ein übereinstimmend gleiches Verständnis der Parteien begründet jedoch ein erhebliches Indiz für seine Richtigkeit, weswegen es gewichtiger Gründe und ggf der Einholung sachverständigen Rates bedarf, um sich darüber hinwegzusetzen.[58]

52

III. Zulässiges Auslegungsmaterial

1. Patentbeschreibung und Patentzeichnungen

Bei der gegebenen Gesetzeslage ist ebenso eindeutig, dass die Patentbeschreibung und die Patentzeichnungen nicht nur ein rechtlich zulässiges, sondern das schlechthin entscheidende Auslegungsmaterial für die Ermittlung derjenigen technischen Lehre darstel-

53

---

58 BGH, GRUR 1991, 138 – Flacon.

len, die von den Patentansprüchen unter Schutz gestellt ist. Rückschlüsse sind darüber hinaus selbstverständlich – und erst recht – aufgrund des Zusammenhangs zu anderen Ansprüchen des Patents möglich.

54 Aus diesen noch weitgehend theoretischen Erkenntnissen lässt sich für die **praktische Handhabung** die folgende **Vorgehensweise** ableiten:

a) Angegriffene Ausführungsform beschrieben

55 Als Erstes ist die Patentschrift daraufhin durchzusehen, ob die bei der angegriffenen Ausführungsform gegebene Ausgestaltung in den Patentansprüchen oder im Beschreibungstext expressis verbis als erfindungsgemäß erwähnt ist.

56 Anhaltspunkte dafür, wie ein bestimmter Begriff im Hauptanspruch eines Patents zu verstehen ist, ergeben sich vordringlich aus (unselbständigen) **Unteransprüchen** des Patents. Sie nämlich betreffen, wenn es sich nicht um additive, sondern um konkretisierende Unteransprüche handelt, als zurückbezogene Ansprüche definitionsgemäß spezielle Ausführungsvarianten des im Hauptanspruch nach allgemeinen Merkmalen umschriebenen Erfindungsgegenstandes. Ein bestimmtes (allgemeines) Merkmal im Hauptanspruch des Patents ist deshalb so auszulegen, dass es auch die im Unteranspruch beschriebene spezielle, bevorzugte Ausgestaltung erfasst.

57 Weist das Patent mehrere **Nebenansprüche** auf, so zwingt der Inhalt eines Unteranspruchs nur demjenigen Nebenanspruch ein bestimmtes Verständnis auf, auf den der Unteranspruch zurückbezogen ist.[59] Wird der fragliche, für den *einen* Nebenanspruch anhand des Unteranspruchs zu interpretierende Begriff in einem anderen Nebenanspruch gleichlautend verwendet, so kann der (formal nicht auf ihn zurückbezogene Unteranspruch) auch für ihn indiziell ein gleiches Verständnis nahelegen.[60]

58 Als Zweites ist der **Beschreibungstext** zurate zu ziehen. Eine Ausführungsvariante, die hier – sei es im allgemeinen oder im besonderen Beschreibungsteil – als patentgemäß bezeichnet ist, wird in der Regel auch unter den betreffenden, im Hauptanspruch verwendeten allgemeinen Begriff zu subsumieren sein.

b) Angegriffene Ausführungsform nicht beschrieben

59 Ist die bei dem angegriffenen Gegenstand verwirklichte Konstruktion in der Patentschrift (Unteranspruch, allgemeiner und besonderer Beschreibungstext) nicht ausdrücklich erwähnt, so muss der Inhalt des im Hauptanspruch vorgesehenen Merkmals »abstrakt«[61] definiert werden, um eine Antwort auf die Frage zu erhalten, ob die gegebene (nicht ausdrücklich erwähnte) Ausgestaltung dem Merkmal, wie es das Patent gebraucht und versteht, entspricht oder nicht. Hier nun setzt die eigentliche Auslegungstätigkeit ein, die unter Beachtung der oben[62] herausgearbeiteten Regeln vorzunehmen ist.

aa) Legaldefinition[63]

60 Gelegentlich enthält die Patentschrift für einen bestimmten Begriff des Patentanspruchs selbst eine Legaldefinition. Ist dies der Fall, muss sich die angegriffene Ausführungsform daran messen lassen, ob sie dieser Definition genügt oder nicht.

61 Dasselbe gilt nicht ohne weiteres, wenn die Patentschrift für eine bestimmte, in den Anspruch aufgenommene Sacheigenschaft (zB eine *bestimmte Größe der inneren Ober-*

---

59 OLG Düsseldorf, Urteil v 21.11.2013 – I-2 U 36/12.
60 OLG Düsseldorf, Urteil v 21.11.2013 – I-2 U 36/12.
61 ... wenngleich natürlich immer mit Blick auf die angegriffene Ausführungsform.
62 Kap A Rdn 7 ff.
63 Baldus, Mitt 2018, 261.

fläche des Patentgegenstandes je Gramm oder das Vorliegen einer *reinen festen Lösung*) ein – einziges – geeignetes **Analyseverfahren** (zB den BET-Standard bzw die Röntgenstrahlbeugung) erwähnt.[64] Aus der Tatsache, dass die in der Patentbeschreibung zu dem fraglichen Anspruchsmerkmal erörterte Methode gerade keinen Eingang in den Anspruch gefunden hat[65], sondern dort (bewusst) nur die analytisch festzustellende Sacheigenschaft aufscheint, wird im Allgemeinen zu schließen sein, dass die im Text der Beschreibung genannte Untersuchungsmethode bloß beispielhaft erwähnt ist, um die Erfindung für den Fachmann nacharbeitbar zu machen. Unter solchen Umständen ist nicht der Schluss gerechtfertigt, dass jede Ausführungsform als patentverletzend anzusehen ist, die bei Anwendung des in der Patentbeschreibung in Bezug genommenen Verfahrens (oder bei mehreren im Beschreibungstext genannten Methoden nach *einer* von ihnen) Werte innerhalb der Anspruchsmerkmale liefert. Genauso wenig ist der umgekehrte Schluss erlaubt, dass jede Ausführungsform außerhalb des Schutzbereichs bleibt, die bei Anwendung der (oder einer) fraglichen Analysemethode negative Resultate liefert. Da es einzig und allein auf die Verwirklichung des anspruchsgemäßen Sachmerkmals ankommt, welches im Übrigen auch die Erfindungsvorteile verantwortet, ist vielmehr diejenige Methode maßgeblich, die aus der Sicht des Durchschnittsfachmanns tatsächlich verlässliche Ergebnisse erbringt. Allerdings besteht, weil der fachmännische Kenntnisstand am Prioritätstag für die Patentauslegung entscheidet, der selbstverständliche Vorbehalt, dass die einschlägige Analysetechnik für den durchschnittlichen Fachmann am Prioritätstag verfügbar gewesen ist.[66] Es kann daher sein, dass nach der Methode des Beschreibungstextes falsch-negative Ergebnisse im Sinne einer Patentverletzung zu korrigieren sind, genauso wie sich anfänglich falsch-positive Resultate durch Anwendung der zutreffenden Analysemethode im Nachhinein als schutzrechtsfrei herausstellen können. Das gilt auch, wenn sich bei Anwendung der richtigen (vom Beschreibungstext abweichenden) Analysemethode einzelne oder im Extremfall sogar alle Ausführungsbeispiele als nicht patentbenutzend erweisen sollten.

Nur wenn im Beschreibungstext – über die Abhandlung der *einen* Methode zur Analyse hinaus – andere, **konkurrierende Analyseverfahren** ausdrücklich und eindeutig als für die Zwecke der Erfindung ungeeignet abgelehnt werden, kann der Schutzbereich auf solche Erzeugnisse beschränkt sein, die nach dem allein zugelassenen Verfahren eine Verwirklichung der Anspruchsmerkmale ergeben haben. Ausgeschlossen sind freilich nur die konkreten in der Patentbeschreibung als unbrauchbar gewürdigten Methoden, aber keine sonstigen, mögen sie aus der Sicht des Fachmanns auch denselben oder ähnlichen Bedenken begegnen, die die Patentschrift an den von ihr abgelehnten Methoden ausgemacht hat. 62

Fehlt eine Legaldefinition, ist im Wege der Auslegung zu klären, welcher Sinngehalt dem betreffenden Merkmal nach der Erfindung beikommt. Anhand der Patentschrift ist gleichsam im Nachhinein eine Legaldefinition zu entwerfen. 63

bb) Gebräuchlicher Fachbegriff

Handelt es sich bei dem auslegungsbedürftigen Begriff um einen Ausdruck, der in dem betreffenden Fachgebiet gebräuchlich und mit einem bestimmten Inhalt versehen ist (gebräuchlicher Fachbegriff), so darf nicht unbesehen dieser nach dem allgemeinen Sprachgebrauch gegebene Inhalt zugrunde gelegt werden. Denn es ist die Möglichkeit in Rechnung zu stellen, dass das Patent den Ausdruck gerade nicht in diesem geläufigen, sondern in einem davon abweichenden (zB weitergehenden oder engeren) Sinne verwen- 64

---

64 Vgl LG Düsseldorf, Urteil v 18.07.2017 – 4b O 8/16.
65 Solches wäre etwa bei folgender Formulierung der Fall: *Innere Oberfläche von x qm/g, bestimmt nach dem Y-Standard.*
66 Vgl unten zu Rdn 138.

det. Die Merkmale eines Patentanspruchs dürfen deswegen nicht anhand der Definition in Fachbüchern, sondern sie müssen aus der Patentschrift selbst (die insoweit ihr eigenes Lexikon darstellt) ausgelegt werden.[67] Dieser methodische Ansatz kann sowohl zu einem weiteren Begriffsinhalt führen, als ihn eine dem allgemeinen Sprachgebrauch folgende Betrachtung ergeben würde. Er kann, weil der übliche Wortsinn nicht den Mindestinhalt eines Merkmals vorgibt, aber ebenso zu einem engeren Verständnis führen.[68]

65 Das Gesagte bedeutet nicht, dass bei der Auslegung eines Patents unter keinen Umständen auf den üblichen Sprachgebrauch und Begriffsinhalt zurückgegriffen werden dürfte. Vielfach wird dies – im Gegenteil – angezeigt sein, weil bei der Abfassung einer Patentschrift Begriffe in der Regel mit ihrem auf dem betroffenen Fachgebiet üblichen Inhalt gebraucht zu werden pflegen.[69] Stets ist aber zu prüfen, ob im Einzelfall Anhaltspunkte dafür bestehen, dass sich der Anmelder dieses üblichen Sprachgebrauchs – ausnahmsweise – nicht bedient hat und deshalb das Merkmal im Zusammenhang mit der Erfindung auch in einem anderen Sinne zu verstehen ist.[70] Ist dies der Fall, ist der sich aus der Beschreibung ergebende, vom allgemeinen technischen Sprachgebrauch abweichende Begriffsinhalt maßgeblich.[71] Ein abweichendes Begriffsverständnis kommt nicht nur dann in Betracht, wenn der Beschreibungstext (zB durch eine Legaldefinition oder durch bestimmte Ausführungsbeispiele) explizit deutlich macht, dass ein bestimmter Begriff des Patentanspruchs in einem ganz bestimmten, vom Üblichen abweichenden Sinne verstanden wird. Die Divergenz zum allgemeinen Sprachgebrauch kann sich für den mit der Patentschrift befassten Durchschnittsfachmann auch aus dem gebotenen funktionsorientierten Verständnis der Anspruchsmerkmale ergeben, wie sie grundsätzlich angebracht ist.[72] So ist es beispielsweise verfehlt, für die Deutung des Patentanspruchs an einem hergebrachten Begriffsverständnis zu haften, wenn dieses zu einer Differenzierung zwischen vom Anspruch erfassten und außerhalb des Patentanspruchs liegenden Ausführungsformen führt, die angesichts des technischen Inhalts der Erfindung erkennbar unsinnig ist.

▶ **Beispiel:**[73]

66 Das Klagepatent (EP 0 596 939) betrifft ein Luftkappensystem für eine Farbspritzpistole, bei der die Farbe durch Zufuhr von Luft versprüht wird. Neben einem zentralen Kanal für die versprühte Farbe weist die Sprühpistole zusätzliche Luftkanäle auf, die blockiert oder gedrosselt werden können, um die Form des Sprühstrahls zu beeinflussen. Am Stand der Technik bemängelt das Klagepatent insofern die Gefahr, dass es zu einer Überhitzung des Gebläsemotors kommen kann, wenn die Luftkanäle im Betrieb blockiert oder gedrosselt sind, weswegen es das Anliegen der Erfindung ist, ein Farbsprühsystem bereitzustellen, bei dem der Gebläsemotor für die Luft weniger belastet ist. Zur Lösung schlägt das Klagepatent eine Blockiervorrichtung vor, die ua dazu vorgesehen ist, die Luftströmung durch den Luftkanal freizugeben, wenn die Luftströmung durch den Entlüftungskanal »blockiert« ist. Bei der angegriffenen Ausführungsform kommt es im maßgeblichen Betriebsmodus zu einem geringen Luftaustritt durch die Entlüftungskanäle.

Eine wortsinngemäße Patentverletzung ist hier bejaht worden. Zwar lege der allgemeine Sprachgebrauch es nahe, dass mit dem Begriff »Blockieren« ein vollständiger Verschluss des Durchtrittsweges gemeint sei. Die von der Erfindung des Klagepatents zu beseiti-

---

67 BGH, GRUR 1999, 909 – Spannschraube; BGH, GRUR 2005, 754 – werkstoffeinstückig.
68 BGH, GRUR 1999, 909 – Spannschraube.
69 BGH, GRUR 2016, 169 – Luftkappensystem.
70 BGH, GRUR 2016, 169 – Luftkappensystem.
71 BGH, GRUR 2005, 754 – werkstoffeinstückig; BGH, GRUR 2007, 410 – Kettenradanordnung.
72 OLG Düsseldorf, Urteil v 27.10.2011 – I-2 U 3/11.
73 BGH, GRUR 2016, 169 – Luftkappensystem.

genden Nachteile des Standes der Technik träten jedoch sowohl bei einer Blockade als auch bei einer Drosselung des Luftkanals auf. Nachdem dies in der Patentschrift auch so beschrieben sei, müsse gefolgert werden, dass mit dem Wort »Blockieren« im Patentanspruch – abweichend von der üblichen Wortbedeutung – nicht nur eine komplette Absperrung des Entlüftungskanals gemeint sei, sondern gleichermaßen eine teilweise Blockade (Drosselung der Luftströmung).

cc) Wortschöpfung

Das Gebot der »Auslegung aus der Patentschrift heraus« gilt notwendigerweise und erst recht, wenn der Begriff nicht aus der einschlägigen Fachsprache entlehnt ist. Handelt es sich um eine eigenartige, neue Wortschöpfung, so kann von vornherein nur die Patentschrift selbst Aufschluss darüber geben, was mit diesem Begriff gemeint ist.

67

dd) Funktionsorientierte Auslegung

In jedem der zuvor erörterten Fälle ist grundsätzlich eine funktionsorientierte Auslegung angebracht. Merkmale und Begriffe des Patentanspruchs sind so zu deuten, wie dies angesichts der ihnen nach dem offenbarten Erfindungsgedanken zugedachten technischen Funktion angemessen ist.[74] Es kommt mithin nicht entscheidend darauf an, was in der Klagepatentschrift – subjektiv – als Aufgabe der Erfindung angegeben ist[75]; maßgeblich ist vielmehr die *objektive* Problemstellung, für deren Ermittlung zu klären ist, welche – nicht nur bevorzugten, sondern zwingenden – Vorteile mit dem Merkmal erzielt und welche Nachteile des vorbekannten Standes der Technik – nicht nur bevorzugt, sondern zwingend – mit dem Merkmal beseitigt werden sollen.[76] Beide – die Vorwie die Nachteile – sind dem (allgemeinen) Beschreibungstext der Patentschrift zu entnehmen.

68

Wegen des Vorrangs des Patentanspruchs gegenüber der (bloß erläuternden) Beschreibung soll die Aufgabe allerdings nach dem zu entwickeln sein, was die Erfindung angesichts der in den Anspruch aufgenommenen Merkmale tatsächlich leistet.[77] Ein bestimmtes Verständnis von einem Merkmal hat deswegen auszuscheiden, wenn es sich aus einer technischen Anforderung ergibt, die das einzige Ausführungsbeispiel der Erfindung nicht zu leisten vermag.[78] Allerdings muss das sich aus den Anspruchsmerkmalen ergebende tatsächliche Leistungsvermögen nicht in jedem Fall den Maßstab bilden; es ist nur bedingt von Interesse, wenn sich aus der Patentschrift deutlich ergibt, dass für die Zwecke der Erfindung ein Weniger an Leistungserfolg ausreicht.

69

▶ Beispiel:[79]

I.

Das Klagepatent (EP 1 009 922) betrifft ein Verfahren zum Betreiben eines Dieselmotors *mit geringem Partikelausstoß*. Zur Erreichung dieses Zwecks sieht Patentanspruch 1 zwei Maßnahmen vor. Die erste besteht in einer bestimmten Ausrüstung des im Fahrzeug verwendeten Abgaskatalysators, dessen Abgasauffangkanäle mit Platin katalysiert sein sollen; die zweite Maßnahme liegt in einer bestimmten Betriebsweise des Motors, nämlich dergestalt, dass ein Gemisch aus Dieselkraftstoff und einer kraftstofflöslichen

70

---

74 BGH, GRUR 2009, 655 – Trägerplatte.
75 BGH, GRUR 2010, 602, 605 – Gelenkanordnung.
76 OLG Düsseldorf, GRUR 2000, 599, 601 ff – Staubsaugerfilter; OLG Düsseldorf, Urteil v 8.7.2014 – I-15 U 29/14.
77 BGH, GRUR 2010, 602, 605 – Gelenkanordnung.
78 BGH, GRUR 2010, 602, 604 – Gelenkanordnung.
79 OLG Düsseldorf, Urteil v 7.7.2016 – I-2 U 5/14.

Ceriumzusammensetzung verbrannt werden soll. Das durch Verbrennen freigesetzte Ceriumdioxid gelangt in die platinkatalysierten Kanäle des Katalysators und senkt dort in vorteilhafter Weise die Abbrenntemperatur des Katalysators, was den Schadstoffausstoß verringert. Dass die Cerium-Zusammensetzung im Dieselkraftstoff *löslich* sein soll, findet seinen Grund darin, dass das Cerium (wie Zucker, der sich in heißem Kaffee auflöst) gleichmäßig im Kraftstoff verteilt *bleibt*, sodass auch nach einem Stillstand des Fahrzeuges gewährleistet ist, dass mit dem Dieselkraftstoff stets Cerium in die Verbrennung und – als Folge dessen – Ceriumdioxid zur Herabsetzung der Abbrenntemperatur in den Katalysator gelangt.

Als patentverletzend angegriffen ist ein Kraftstoffadditiv in Form von stabilisierten Ceriumdioxid-Nanopartikeln. Sie lösen sich im Dieselkraftstoff nicht vollständig (dh molekular-dispers) auf; sie bleiben jedoch aufgrund ihrer minimalen Größe (4 – 10 nm) über einen Zeitraum von wenigen Monaten im Kraftstoff homogen verteilt und sedimentieren erst danach im Tank.

II.

Dieses Leistungsergebnis genügt.

Dem Klagepatent geht es nicht darum, eine Sedimentation des Ceriums über beliebig lange Zeit – gleichsam für die Ewigkeit – zu verhindern. Vielmehr soll die Kraftstofflöslichkeit der Cerium-Verbindung sicherstellen, dass *beim Betrieb* des Kraftfahrzeugs (»Verfahren zum *Betreiben eines Dieselmotors* mit niedrigem Partikelausstoß«) die für eine dauerhafte Absenkung der steady-state Abbrenntemperatur erforderliche Menge aktiver Spezies von Cerium abgegeben wird. Es sind dementsprechend die üblichen Nutzungsbedingungen eines Dieselfahrzeuges, die den rechtlich relevanten Rahmen bilden.

Zu ihnen gehört eine vorübergehende Stillstandzeit des Fahrzeuges, wie sie sich als Folge einer – ggf auch mehrwöchigen – Urlaubsreise oder dergleichen ergeben kann, mehr jedoch nicht. Dass die im Klagepatent angesprochenen molekular-dispersen Lösungen aufgrund ihrer endgültig-dauerhaften Auflösung des Cerium im Kraftstoff darüber hinaus für alle Zeit jegliche Sedimentationserscheinung ausschließt, zwingt nicht zu der Annahme, dass es dem Klagepatent um eben dieses – »finale« – Anforderungsprofil geht. Zu berücksichtigen ist nämlich, dass nach den Verhältnissen im Prioritätszeitpunkt hinreichend kleine Nanopartikel technisch überhaupt noch nicht verfügbar waren. Es bestanden deswegen nur zwei Möglichkeiten. Entweder konnten Kraftstoff-Cerium-Suspensionen vorgeschlagen werden, was schon nach kürzester Stillstandzeit Ablagerungen des Ceriums im Tank hervorgerufen hätte und deswegen für die Zwecke der Erfindung offensichtlich untauglich gewesen wäre. Oder aber es waren Kraftstoff-Cerium-Lösungen zu verfolgen, was – im Sinne des anderen Extrems – eine Abwesenheit jeglicher Sedimentation und Ausflockung auf Dauer zur Folge gehabt hätte, obwohl es eines solchen maximalen Erfolges für die Zwecke der Erfindung überhaupt nicht bedarf. Dass der besagte Erfolg mit den beanspruchten Lösungen objektiv erreicht wird, bedeutet unter den gegebenen Umständen nicht, dass er von der Erfindung auch angestrebt ist. Dass dem *nicht* so ist, erschließt sich dem Fachmann vielmehr aus der Überlegung, dass mit dem Gegenstand des Klagepatents der gewöhnliche Betrieb eines Dieselfahrzeuges in Bezug auf den Abgasausstoß verbessert werden soll, dass in der Klagepatentschrift jedoch jeglicher Anhaltspunkt dafür fehlt, dass in diesem Kontext jeder noch so außergewöhnlichen Betriebssituation (in Gestalt besonders lang anhaltender Stillstandzeiten) Rechnung zu tragen ist.

71 Eine **Auslegung unterhalb des** technisch verstandenen **Wortsinns** ist unzulässig, und zwar auch dann, wenn sich die Beschreibung ausschließlich auf bestimmte Ausführungsbeispiele beschränkt, die lediglich einen Teil des weiter zu verstehenden Sinngehalts des

Patentanspruchs abdecken.[80] Das bedeutet auch, dass **rein funktional abgefasste Merkmale** nicht auf einzelne konstruktive Varianten beschränkt sind, sondern vom Anspruchswortlaut jedwede Bereitstellung der betreffenden technischen Funktion umfasst ist, auch eine solche, die am Prioritätstag des Klagepatents überhaupt noch nicht verfügbar war.[81] In diesem Zusammenhang kann auch die **Patentkategorie** eine entscheidende Rolle spielen.

▶ **Beispiel:**[82]

I.

Das Klagepatent schützt ein WC-Sitzgelenk, mit dem eine WC-Sitzgarnitur gedämpft schwenkbar an der WC-Keramik gehalten wird. Die Abstützung des Gelenks an der Keramik geschieht dadurch, dass das Gelenk eine **Sacklochbohrung** besitzt, mit der das Gelenk auf den vertikal aufragenden Scharnierdorn der WC-Keramik aufgesetzt werden kann (zum besseren Verständnis vgl die Abbildung unten Rdn 228).

II.

Wenn das Klagepatent im WC-Gelenk eine radiale »Sacklochbohrung« fordert, mit der das Gelenk auf einen Scharnierdorn aufgesetzt werden kann, der seinerseits an der Keramik befestigt ist, so legt sich das Klagepatent mit dem Wort »Sacklochbohrung« nicht auf einen bestimmten Herstellungsweg zum Erhalt eines Sacklochs für den Scharnierdorn, nämlich den eines Herausbohrens einer einseitig geschlossenen Öffnung aus dem Vollmaterial des Adapterstücks, fest. Dagegen spricht schon der Umstand, dass es sich bei Patentanspruch 1 um einen klassischen Sachanspruch handelt, für dessen Verwirklichung es prinzipiell auf das Vorhandensein der beanspruchten körperlichen und konstruktiven Merkmale ankommt, aber nicht darauf, wie diese vom Patent vorausgesetzten Erscheinungsformen verfahrenstechnisch hervorgebracht worden sind. Darüber hinaus spielt auch unter technischen Gesichtspunkten einzig und allein eine Rolle, *dass* im Gelenk eine bodenseitig geschlossene Öffnung vorhanden ist, in die der Scharnierdorn eintauchen und in der er aufsitzen kann. Wie die besagte Form erhalten wurde – ob durch einen Bohrvorgang oder durch ein Modellieren, bei dem der Hohlraum sogleich bereitgestellt wird, oder sonst wie – hat für die technische Funktion, die der Sacklochbohrung im Rahmen der Erfindung zugeschrieben wird, ersichtlich keinerlei Bedeutung. Es liefe deshalb auf eine völlig willkürliche und deshalb patentrechtlich unangemessene Differenzierung hinaus, wenn bloß solche Gelenke als patentgemäß angesehen würden, deren Hohlraum für den Scharnierdorn durch Bohren erhalten wurde, solche Gelenke, bei denen derselbe räumlich-körperliche Zustand auf andere Weise herbeigeführt wurde und die technisch für die Zwecke der Erfindung nicht weniger taugen, jedoch als nicht patentgemäß beurteilt würden. Wenn im Patentanspruch 1 von einer »Sacklochbohrung« die Rede ist, so versteht der Fachmann dies deshalb technisch sinnvoll als Umschreibung desjenigen räumlichen Zustandes (= bodenseitig geschlossener Aufsteckhohlraum im WC-Gelenk), die gegenständlich erhalten wird, wenn in ein Vollmaterial eine nicht durchgehende (= Sackloch-)Bohrung eingebracht wird. Nicht der Bohrvorgang ist wichtig, sondern das übliche Resultat eines solchen »unvollständigen« Bohrvorgangs.

Das Gebot einer die technische Funktion berücksichtigenden Auslegung gilt uneingeschränkt auch in Bezug auf solche **Begriffe**, die **im Patentanspruch an verschiedenen**

---

80 BGH, GRUR 2007, 309 – Schussfädentransport.
81 BGH, GRUR 2022, 893 – Aminosäureproduktion; OLG Düsseldorf, GRUR-RR 2020, 137 – Bakterienkultivierung.
82 OLG Düsseldorf, Urteil v 25.6.2020 – I-2 U 54/19.

Stellen gleichermaßen verwendet werden. Sie müssen nicht unbedingt überall dasselbe besagen, sondern können – entsprechend der in jedem einzelnen Zusammenhang gegebenen anderslautenden technischen Funktion – auch Unterschiedliches bedeuten.[83]

74 Die gebotene funktionale Betrachtung darf bei **räumlich-körperlich oder stofflich definierten Merkmalen** jedoch nicht dazu führen, dass ihr Inhalt auf die bloße Funktion reduziert und das Merkmal in einem Sinne interpretiert wird, der mit der räumlich-körperlichen/stofflichen Ausgestaltung, wie sie dem Merkmal eigen ist, nicht mehr in Übereinstimmung steht.[84] Anderenfalls würde die Grenze zwischen wortsinngemäßer und äquivalenter (dh gleich*wirkender*) Benutzung aufgelöst, die indessen schon wegen der Zulässigkeit des Formstein-Einwandes nur bei einer äquivalenten Benutzung[85] beachtlich ist. Verlangt also das Klagepatent die Verbindung zweier Bauteile mittels einer »Schraube«[86], so darf dieses Merkmal nicht ausschließlich von seiner Funktion her ausgelegt und im Sinne einer lösbaren Verbindung verstanden werden, selbst wenn es für die Zwecke der Erfindung nur auf die Lösbarkeit der Verbindung ankommt. Eine Klipsverbindung oder ein Bajonettverschluss fällt deswegen nicht mehr unter den Wortsinn des Begriffs »Schraube«, sondern stellt allenfalls ein gleichwirkendes (äquivalentes) Ersatzmittel dar.[87] Letzteres verlangt jedoch, dass sich das wortlautgemäße Lösungsmittel (»Schraube«) abstrahieren lässt (Mittel zur lösbaren Befestigung); wo dies nicht der Fall ist, scheidet auch eine Äquivalenz aus.[88] Eine entsprechend strikte Handhabung wird vielfach auch bei chemischen Erfindungen angebracht sein, wenn in den Patentanspruch konkrete Verbindungen aufgenommen werden (zB Pemetrexeddinatrium), die im Wortsinn grundsätzlich nicht auf andere chemische Verbindungen (zB Pemetrexeddikalium) erstreckt werden dürfen.[89]

> ▶ **Beispiel: (LG Düsseldorf, Urteil v 30.3.2004 – 4b O 129/03)**[90]
>
> I.
>
> 75 Das Klagepatent (EP 0 291 194) betrifft Assays[91], wie sie insbesondere für die Durchführung von Schwangerschaftstests gebraucht werden.
>
> Derartige Test-Kits, die sich auch für eine Anwendung im häuslichen Bereich eignen, sind aus dem Stand der Technik vielfach bekannt. Sie alle verlangen dem Benutzer eine Reihe von nacheinander vorzunehmenden Handlungen ab, bevor das Testergebnis ablesbar ist. Die Klagepatentschrift kritisiert hieran nicht nur den Zeitaufwand, sondern

---

83 Bsp: Okkluder-Fall (vgl Kap A Rdn 14): Die Worte »entgegengesetztes Ende der Vorrichtung« bedeuten in dem einen Zusammenhang, in dem es um die Beschreibung der Raumform des geschützten Okkluders geht, etwas anderes als im zweiten Zusammenhang, in dem es um die Wirkung der dort anzuordnenden Klemmen geht. Ebenso: OLG Düsseldorf, Urteil v 29.1.2015 – I-2 U 28/13; nur im Grundsatz gleicher Meinung ist der BGH, GRUR 2017, 152 – Zungenbett.
84 BGH, GRUR 2016, 921 – Pemetrexed.
85 BGH, GRUR 2016, 169 – Luftkappensystem.
86 Ähnlich eindeutige Vorgaben macht der Begriff »Sacklochbohrung« (vgl OLG Düsseldorf, GRUR-RR 2014, 185 – WC-Sitzgelenk).
87 Meier-Beck, GRUR 2003, 905, 907; OLG Düsseldorf, Urteil v 21.2.2013 – I-2 U 58/11.
88 OLG Düsseldorf, Urteil v 21.2.2013 – I-2 U 58/11.
89 BGH, GRUR 2016, 921 – Pemetrexed; OLG Düsseldorf, Urteil v 5.3.2015 – I-2 U 16/14.
90 Ebenso: OLG Düsseldorf, Urteil v 17.12.2015 – I-2 U 34/10.
91 Der Hauptanspruch des EP 0 560 411 – »Spezifisches Bindungsassay unter Verwendung eines Reagenz …« – ist als Verfahrensanspruch angesehen worden, weil »Assay« allgemein eine Untersuchung zum Nachweis bestimmter Substanzen bezeichnet, weswegen unter einem »Immunoassay« ein bioanalytisches Verfahren zu verstehen ist, das sich die spezifische Bindungsfähigkeit von Liganden und Liganden-Bindungspartnern (Antikörpern und Antigenen) zunutze macht, um das Vorhandensein von Analyten in flüssigen Proben festzustellen (OLG Düsseldorf, Urteil v 17.12.2015 – I-2 U 34/10).

außerdem die Tatsache, dass die Handhabungsschritte, sofern sie nicht korrekt durchgeführt werden, zu Messfehlern führen können.

Aufgabe der Erfindung soll es deshalb sein, eine Testvorrichtung zur Verfügung zu stellen, die ohne weiteres auch von einem Laien bedient werden kann, schnell und bequem in der Handhabung ist und dennoch zuverlässige Testergebnisse liefert.

Patentanspruch 1 des Klagepatents sieht hierzu die Kombination folgender Merkmale vor:

1) Analytisches Testgerät, welches umfasst:

   a) einen trockenen porösen Träger (10),

   b) ein unmarkiertes spezifisches Bindungsreagenz für einen Analyten (Nachweissubstanz),

   c) ein markiertes spezifisches Bindungsreagenz für dieselbe Nachweissubstanz und

   d) ein hohles Gehäuse (30).

2) Der Markierungsstoff ist ein teilchenförmiger Direktmarkierungsstoff.

3) Das unmarkierte Reagenz ist auf dem porösen Träger (10) in einer Nachweiszone (14) permanent immobilisiert und daher in feuchtem Zustand nicht beweglich.

4) Das markierte Bindungsreagenz

   a) ist in einer ersten Zone (12) des trockenen porösen Trägers (10) enthalten und

   b) befindet sich in trockenem Zustand in einer Zone (12) stromaufwärts von der Nachweiszone (14).

5) Die Nachweiszone (14) ist von der ersten Zone (12) räumlich getrennt.

6) Die beiden Zonen (12, 14) sind derart angeordnet, dass eine auf den porösen Träger (10) aufgebrachte Flüssigkeitsprobe über die erste Zone (12) in die Nachweiszone (14) dringen kann.

7) Das markierte spezifische Bindungsreagenz ist innerhalb des porösen Trägers (10) in feuchtem Zustand frei beweglich, sodass die Flüssigkeitsprobe, die dem Testgerät zugeführt wird, das markierte Reagenz aufnehmen und danach in die Nachweiszone (14) eindringen kann.

8) Der poröse Träger (10) und das markierte spezifische Bindungsreagenz sind innerhalb des hohlen Gehäuses (30) enthalten.

9) Das Gehäuse (30)

   a) ist aus feuchtigkeitsundurchlässigem festen Material aufgebaut und

   b) beinhaltet Mittel (32) zum Festhalten des Ausmaßes (sofern gegeben), bis zu dem das markierte Reagenz in der Nachweiszone (14) gebunden ist.

10) Der poröse Träger (10) steht direkt oder indirekt mit dem Äußeren des Gehäuses (30) derart in Verbindung, dass eine flüssige Testprobe auf den porösen Träger (10) aufgebracht werden kann.

Die nachfolgenden Figuren 1 bis 3 der Patentschrift zeigen ein bevorzugtes Ausführungsbeispiel der Erfindung.

A. Schutzbereichsbestimmung

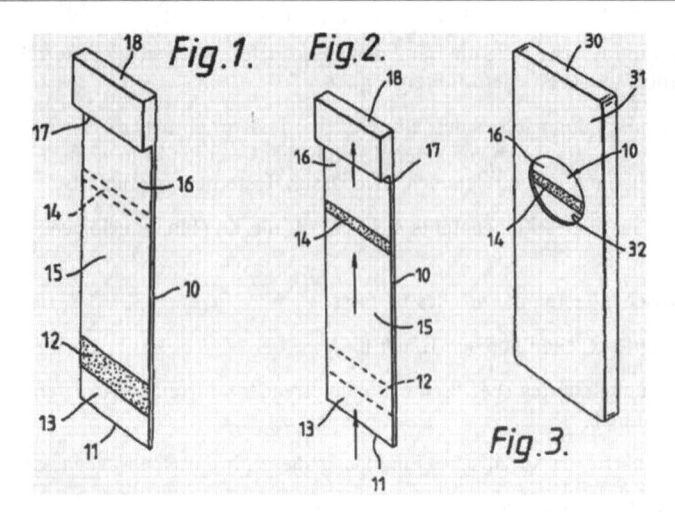

Die Beklagte bietet an und vertreibt einen Schwangerschaftsfrühtest, wie er aus der nachstehenden Explosionszeichnung ersichtlich ist.

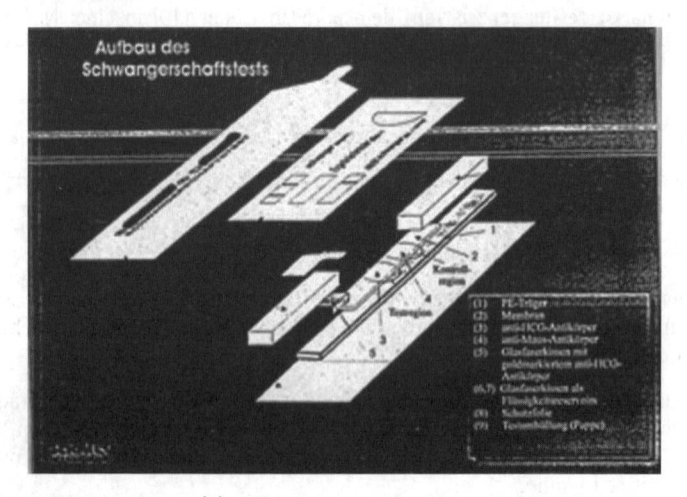

Der in dem Glasfaserkissen (5) befindliche goldmarkierte Anti-hCG-Antikörper bindet an das beta-Epitop des hCG-Schwangerschaftshormons und ist ausschließlich in der Lage, mit *diesem* Hormon (und mit keinem anderen in der Testprobe vorkommenden Stoff) eine Antigen-Antikörper-Reaktion einzugehen. Das Gleiche gilt für die Kontrollregion, die einen Anti-Maus-Antikörper (4) trägt. Demgegenüber ist der Antikörper (3) der Testregion nicht in demselben Maße spezifisch. Sein Paratop korrespondiert zu der alpha-Kette des hCG-Hormons und kann eine Bindung nicht nur mit diesem Hormon, sondern mit weiteren, im Test-Urin unabhängig von einer Schwangerschaft vorkommenden Hormonen eingehen, nämlich mit Lutropin (LH), Follitropin (FSH) und Thyrotropin (TSH).

Die Klägerin ist der Auffassung, dass der streitbefangene Schwangerschaftstest wortsinngemäß von der technischen Lehre des Klagepatents Gebrauch macht. Die Beklagten bestreiten den gegen sie erhobenen Verletzungsvorwurf. Wenn im Klagepatent davon die Rede sei, dass das markierte Reagenz und das unmarkierte Bindungsagens »spezifisch« für die Nachweissubstanz zu sein hätten, so besage dies für den Durchschnittsfachmann, dass das Reagenz und das Bindungsagens *nur* mit der Nachweissubstanz (und mit keinem anderen Stoff) eine Bindung eingehen könne. Bei der angegriffenen Ausführungsform liege eine derartige Spezifität nicht vor, weil der in der Detektionszone immobilisierte Antikörper nicht nur mit dem hCG-Hormon, sondern gleichermaßen mit LH, FSH und TSH reagieren könne. Die angegriffene Ausführungsform verfüge gleichermaßen nicht über ein hohles Gehäuse aus festem Material, sondern über eine Pappumhüllung. Das Testgerät sei damit auch nicht aus einem feuchtigkeitsundurchlässigen Material aufgebaut. Schließlich befinde sich das markierte Bindungsreagenz nicht auf dem porösen Träger (in einer ersten Zone), sondern in einem davon gesonderten Glasfaserkissen.

II. 1.

Kontrovers zwischen den Parteien ist, wie der Begriff »spezifisch« in den Merkmalen (1) und (8) aufzufassen ist.

Rechtlicher Ausgangspunkt für die Beantwortung dieser Frage hat zu sein, dass ein in der allgemeinen Fachsprache des betroffenen technischen Gebietes gebräuchlicher Begriff nicht zwangsläufig auch im Rahmen der Erfindung mit eben diesem geläufigen Inhalt verwendet werden muss. Da die Patentschrift von einem Fachmann abgefasst ist, wird es in der Regel zwar nahe liegen, dass ein bestimmter Fachbegriff mit demjenigen Bedeutungsinhalt verwendet wird, der seinem in der Fachwelt geläufigen Verständnis entspricht. Stets ist jedoch die Möglichkeit in Rechnung zu stellen, dass das Klagepatent den fraglichen Ausdruck gerade nicht in seinem üblichen, sondern in einem davon abweichenden (zB weitergehenden oder engeren) Sinn verwendet. Unter Heranziehung des Beschreibungstextes ist deshalb in jedem Fall eine funktionsorientierte Auslegung vorzunehmen. Merkmale und Begriffe eines Patentanspruchs sind so zu deuten, wie dies angesichts der ihnen nach dem offenbarten Erfindungsgedanken zugedachten technischen Funktion angemessen ist.

Dies vorausgeschickt, entnimmt der Durchschnittsfachmann dem Beschreibungstext, dass es eine bevorzugte Ausführungsvariante der Erfindung darstellt, als markierte Reagenz einen »hochspezifischen Anti-hCG-Antikörper« und als Bindungsagens einen »hochspezifischen unmarkierten Anti-hCG-Antikörper« zu verwenden. Auf Seite 7 f der Patentschrift heißt es in diesem Sinne:

»Eine wichtige Ausführungsform der Erfindung ist ein Schwangerschaftstestgerät, umfassend ... einen trockenen porösen Nitrocelluloseträger ..., der in einer ersten Zone einen hochspezifischen Anti-hCG-Antikörper ... und in einer zweiten Zone ... einen hochspezifischen unmarkierten Anti-hCG-Antikörper enthält ...«

Seiten 10/11 der Patentschrift ergänzt hierzu:

»Das immobilisierte spezifische Bindungsreagenz in der zweiten Zone ist vorzugsweise ein hochspezifischer Antikörper, insbesondere ein monoklonaler Antikörper. In der die Sandwich-Reaktion beinhaltenden Ausführungsform der Erfindung ist das markierte Reagenz auch vorzugsweise ein hochspezifischer Antikörper, und insbesondere ein monoklonaler Antikörper.«

Beim Verständnis der vorzitierten Textpassagen ist dem Fachmann gegenwärtig, dass die in der Reaktions- und der Detektionszone erfindungsgemäß stattfindenden Vorgänge (jedenfalls bevorzugt) nach dem Antigen-Antikörper-Prinzip ablaufen sollen. Eine solche Antigen-Antikörper-Reaktion erfolgt über die Antigen-Bindungsregion des Antikörpers (Paratop) an die entsprechende, räumlich komplementäre Antigen-Determinante (Epitop) des Antigens. Der Sache nach handelt es sich um eine Schlüssel-Schloss-Paarung, für die es – je nach der Spezifität des Schlosses – denkbar ist, dass ein bestimmter Schlüssel nur zu einem einzigen Schloss passt, für die aber – bei geringerer

Spezifität – ebenso vorstellbar ist, dass mehrere Schlüssel zu demselben Schloss kompatibel sind bzw – umgekehrt – mit einem bestimmten Schlüssel mehrere Schlösser betätigt werden können. In Anbetracht dieses allgemeinen Fachwissens zur Antigen-Antikörper-Reaktion erkennt der Fachmann, dass der in der Patentbeschreibung verwendete Begriff eines »hochspezifischen Antikörpers« eine ganz spezielle Ausführungsform der Erfindung betrifft. Der als Markierungsreagenz oder Fängersubstanz eingesetzte Antikörper hat nämlich eine besonders ausgeprägte Spezifität für die in Rede stehende Nachweissubstanz, indem der Antikörper einzig und allein an den nachzuweisenden Analyten, aber an kein anderes Antigen binden kann. Bereits anhand der der Klagepatentschrift eigenen Begrifflichkeit »hochspezifischer Antikörper« wird dem Fachmann deutlich, dass die von Patentanspruch 1 vorausgesetzte »Spezifität für den Analyten« ein Weniger beinhaltet und nicht – wie die Beklagten geltend machen – dahin verstanden werden kann, dass als »spezifisch« nur ein solcher Antikörper betrachtet werden kann, der ausschließlich an die eine, bestimmte Nachweissubstanz binden kann.

Auch aus technischer Sicht hat der Fachmann keine Veranlassung, das Wort »spezifisch« im Sinne von »hochspezifisch« zu begreifen. Der Fachmann versteht, dass es für die Erfindung wesentlich ist, zunächst in einer ersten Zone einen eingefärbten Antikörper vorzusehen, der eine Bindungsreaktion mit dem zu detektierenden Analyten (zB hCG) eingehen kann. Dem Fachmann ist klar, dass sich hierzu in besonderer Weise ein Epitop auf der beta-Kette des hCG-Hormons eignet und anbietet, weil die beta-Kette einzigartig ist und bei keinem anderen im Test-Urin vorkommenden Hormon (zB LH, FSH und TSH) vorhanden ist. Verwendet der Fachmann einen solchen (für ein beta-Ketten-Epitop) spezifischen Antikörper, kann er sicher sein, dass ausschließlich hCG-Hormone eingefärbt werden. Um diese in der Testanordnung sichtbar zu machen, sieht die Erfindung vor, in der stromabwärts gelegenen Detektionszone einen Antikörper als Fänger zu immobilisieren, der spezifisch für den betrachteten Analyten (zB das hCG-Hormon) ist. Sinn dieser Anweisung ist es ersichtlich, eine Antigen-Antikörper-Reaktion herbeizuführen, in der das (zuvor eingefärbte) hCG-Hormon sich an den in der Detektionszone immobilisierten Antikörper anlagert, infolgedessen in der Detektionszone fixiert wird und durch die dort eintretende Färbung das Vorhandensein des hCG-Hormons anzeigt. Vor dem Hintergrund des geschilderten erfindungsgemäßen Ablaufs ersieht der Fachmann, dass als Fänger (Antikörper) prinzipiell jedes Agens in Betracht kommt, welches das eingefärbte hCG-Hormon binden und damit fixieren kann. Die Möglichkeit zur Bindung und Fixierung besteht dabei gleichermaßen im Hinblick auf die hochspezifische beta-Kette wie auch im Hinblick auf die bei anderen Substanzen im Test-Urin identisch vorkommende alpha-Kette des hCG-Hormons. Entscheidet sich der Fachmann für einen Antikörper, der räumlich komplementär zur alpha-Kette ist, so besteht lediglich das Problem, dass die betreffenden Antikörper von anderen Hormonen im Test-Urin mit identischer alpha-Kette (LH, FSH, TSH) blockiert werden können. Der Fachmann wird hieraus jedoch nicht den Schluss ziehen, dass sich ein für die alpha-Kette des hCG-Hormons spezifischer Antikörper für die Zwecke der Erfindung nicht eignet. Er ist sich vielmehr darüber im Klaren, dass er zB durch einen hinreichenden Überschuss an Antikörpern in der Detektionszone dafür sorgen kann, dass trotz des Vorhandenseins von LH, FSH und TSH ausreichend Bindungspartner für das hCG-Hormon verbleiben. Umgekehrt gilt – für den Fachmann erkennbar – dasselbe. Setzt er in der Reaktionszone einen markierten Antikörper ein, der nicht nur an die fragliche Nachweissubstanz (zB hCG), sondern auch an LH, FSH und TSH binden kann, so ist zwar voraussehbar, dass nicht allein der nachzuweisende Analyt (hCG) eingefärbt wird, sondern gleichermaßen die mit derselben, räumlich komplementären alpha-Kette versehenen Hormone LH, FSH und TSH. Die gegebene Spezifität reicht jedoch für die Zwecke der Erfindung vollständig aus, wenn auf der Detektionszone ein für die Nachweissubstanz hochspezifischer Antikörper immobilisiert wird, der ausschließlich die Nachweissubstanz (zB hCG) einfangen kann, die übrigen, ebenfalls eingefärbten Substanzen (zB LH, FSH und TSH) hingegen passieren lässt. Auch unter solchen Umständen ist nämlich gewährleistet, dass es in der Detektionszone nur dann zu einem Farbsignal kommen kann, wenn in der Probe diejenige Substanz (zB hCG) vorhanden ist, deren Nachweis der Test dienen soll.

Der Inhalt des Begriffs »spezifisch« in den Merkmalen (1) und (8) lässt sich damit zwar nicht einheitlich bestimmen, sondern hängt maßgeblich davon ab, welchen Grad an Spezifität der Antikörper in der jeweils anderen Zone besitzt. Wird im Reaktionsbereich ein hochspezifischer markierter Antikörper verwendet, so verlangt die Spezifität des in der Detektionszone immobilisierten Antikörpers lediglich, dass er auch, wenn auch nicht ausschließlich, an die Nachweissubstanz binden kann. Umgekehrt gilt dasselbe. Wird die Detektionszone mit einem für die Nachweissubstanz hochspezifischen Antikörper versehen, so genügt für die Reaktionszone eine Spezifität in dem Sinne, dass der markierte Antikörper auch, wenn auch nicht ausschließlich, an die Nachweissubstanz binden kann. Eine derartige – wechselwirkende – Interpretation des Begriffs »spezifisch« ist rechtlich ohne weiteres möglich und vorliegend sogar geboten, um der durch das Klagepatent geschützten technischen Lehre gerecht zu werden.

2.

Soweit das Klagepatent ein »hohles Gehäuse aus festem Material« verlangt, genügt eine Anordnung, die zwei Bedingungen erfüllt. Sie muss einerseits einen Innenraum schaffen, in welchem erfindungsgemäß der poröse Träger aufgenommen werden kann. Und sie muss andererseits (aufgrund ihrer Festigkeit) Gewähr dafür bieten, dass das Gehäuse eine Schutzfunktion für die in seinem Inneren angeordneten Bauteile erfüllen kann und dem Testgerät eine Ausgestaltung gibt, die seine Handhabung durch den Benutzer erlaubt. Darüberhinausgehende Anforderungen stellt das Klagepatent an das Gehäuse nicht. Insbesondere ist es keine Notwendigkeit, dass der poröse Träger lose und auswechselbar im Gehäuse aufgenommen werden muss.

3.

Soweit das Klagepatent fordert, dass das Gehäuse aus einem flüssigkeitsundurchlässigen Material aufgebaut ist, liegt der technische Sinn dieser Anweisung für den Fachmann erkennbar darin zu verhindern, dass von dem den porösen Träger umgebenden Gehäuse selbst ein Saug- und Kapillareffekt ausgeht, der die erfindungsgemäßen, auf den Prinzipien des Chromatographieverfahrens beruhenden Vorgänge in dem porösen Träger stört oder beeinflusst. Vor dem Hintergrund dieser patentgemäßen Funktion ist es ersichtlich ohne Belang, ob das Gehäuse aus einem an sich flüssigkeitsundurchlässigen Material (zB Kunststoff) besteht. Für die Zwecke der Erfindung entscheidend ist allein, dass das Gehäuse die Eigenschaft besitzt, feuchtigkeitsundurchlässig zu sein, was beispielsweise auch bei einer Ausgestaltung der Fall ist, bei der das Gehäuse aus einem flüssigkeitsdurchlässigen Material (zB Pappe) gebildet wird, im feuchtigkeitsrelevanten Bereich allerdings durch eine Kunststoffbeschichtung oder dergleichen flüssigkeitsundurchlässig gemacht ist. Weil es darum geht, die Chromatographie-Vorgänge auf dem porösen Träger unbeeinflusst zu lassen, kommt es aus der maßgeblichen technischen Sicht des Durchschnittsfachmanns des Weiteren nur darauf an, dass derjenige Teil des Gehäuses, der bei der Handhabung des Testgerätes mit der flüssigen Probe in Kontakt geraten kann, flüssigkeitsundurchlässig ist.

III.

Das streitbefangene Schwangerschaftstestgerät der Beklagten macht von der technischen Lehre des Klagepatents wortsinngemäß Gebrauch. Hinsichtlich der Merkmale (1a), (1c), (2) bis (3), (4b), (5) bis (8), (9b) und (10) stellen die Beklagten dies selbst – mit Recht – nicht in Abrede.

A. Schutzbereichsbestimmung

Es ist ebenfalls unbestreitbar, dass das angegriffene Testgerät in Gestalt der kunststoffbeschichteten Pappumhüllung ein hohles Gehäuse aus festem Material besitzt (Merkmale 1b, 9a).

Da die erste Zone des porösen Trägers einen hochspezifischen, ausschließlich an die Nachweissubstanz (hCG) bindenden Antikörper aufweist, ist der Forderung des Klagepatents nach einer spezifischen Bindungsreagenz für den Analyten in der Detektionszone dadurch genügt, dass der in der Testregion immobilisierte Antikörper auch, wenn auch nicht ausschließlich, mit dem hCG-Hormon reagieren kann.

Das Klagepatent verhält sich nicht dazu, dass der poröse Träger einteilig zu sein hat. Für die erfindungsgemäßen Zwecke kommt es auf eine einstückige Ausbildung ersichtlich auch nicht an, weil die patentgemäßen Funktionsabläufe sich gleichermaßen dann einstellen, wenn der Träger aus mehreren Teilen besteht, solange die einzelnen Teile ihrerseits jeweils porös sind und so zueinander positioniert werden, dass die Flüssigkeitsprobe ihren Weg von der ersten Zone zu der Detektionszone nehmen kann. Gestützt wird dies nicht zuletzt durch die Tatsache, dass auch die Technische Beschwerdekammer des Europäischen Patentamtes in ihrer das Klagepatent betreffenden Beschwerdeentscheidung ausdrücklich festgestellt hat, dass die Lehre der Erfindung sich nicht auf einen einstückigen porösen Träger beschränkt, sondern gleichermaßen mehrteilige Ausführungsformen umfasst. Bei der angegriffenen Ausführungsform ist ein solcher mehrteiliger Träger gegeben, weil das die markierte Bindungsreagenz tragende Glasfaserkissen porös ist und unmittelbar an den die Testregion enthaltenden – zweiten – Teil des porösen Trägers anschließt.

Was schließlich die Flüssigkeitsundurchlässigkeit des Gehäuses betrifft, besteht auch hieran kein vernünftiger Zweifel. Das Testgerät ist auf seiner Außenseite vollständig mit einer flüssigkeitsabweisenden Kunststofflage beschichtet. Bezogen auf die Gebrauchslage bei Benutzung des Testgerätes ist derjenige Innenbereich der Pappumhüllung, der den porösen Träger umgibt, ebenfalls feuchtigkeitsundurchlässig gemacht. Zu diesem Zweck ist die den Träger bis zur Detektionszone aufnehmende Pappunterlage mit einer feuchtigkeitsabweisenden Kleberschicht versehen. Auf der gegenüberliegenden (rückwärtigen) Seite ist ein erster, der Testspitze zugewandter Teil des porösen Trägers durch einen gesonderten Kunststoffstreifen mit der Beschriftung »MAX« versiegelt. In dem sich daran stromabwärts anschließenden Trägerbereich befindet sich eine derartige Beschichtung zwar nicht. Die gegenüberliegende Innenwand der Pappumhüllung weist dort jedoch einen Ausschnitt für das Sichtfenster auf, der nach außen mit einer Kunststofffolie versehen ist. Aufgrund der Folienbeschichtung und der Dimensionierung des Fensterausschnitts ist auch hier ein Kontakt mit einem Teil der Pappumhüllung, welche nicht flüssigkeitsundurchlässig gemacht ist, ausgeschlossen. Etwas anderes gilt allein für zwei Gehäusebereiche. Zum einen für das stromabwärts der Detektionszone vorgesehene Glasfaserkissen, welches dazu dient, den Saugeffekt zu verstärken. Für die Lehre der Erfindung und deren Verwirklichung ist dieser Bereich von vornherein unerheblich, weil sich das Klagepatent mit einer derartigen zusätzlichen Einrichtung innerhalb des Gehäuses nicht befasst. Sie ist zwar möglich, um die Chromatographievorgänge auf dem porösen Träger zu beschleunigen, für sie gilt jedoch nicht die Forderung des Klagepatents nach einem flüssigkeitsundurchlässigen Gehäuse. Für den Fachmann ist dies schon deshalb offensichtlich, weil sich das Glasfaserkissen jenseits der erfindungsrelevanten ersten und zweiten Zone befindet und deshalb ein dort (das heißt stromabwärts der Detektionszone) eintretender Saugeffekt durch das Gehäuse diejenigen Abläufe, die stromaufwärts bis zur Detektionszone stattfinden, nicht nachteilig beeinflussen kann. Im Gegenteil würde ein zusätzlicher Kontakt des Glasfaserkissens mit der (ebenfalls saugenden) Pappumhüllung den Chromatographieeffekt auf dem porösen Träger bis zur Detektionszone allenfalls verstärken. Eine Kunststoffbeschichtung fehlt – zum Zweiten – an einer der beiden Stirnkanten des Testgerätes, zwischen denen die Testspitze hervorragt. Ausweislich der Packungsbeschreibung ist die Handhabung derart vorgesehen, dass lediglich die Testspitze in den Urinstrahl gehalten wird und sich das Testgerät dabei in einer Position befindet, bei der das Sichtfenster nach oben zeigt. Bei einer solchen Handhabung ist es ausgeschlossen, dass an diejenige, nicht kunststoffbeschichtete Stirnkante des Testgerätes Testflüssigkeit in einem nennenswerten Umfang gerät, der die Abläufe auf dem porösen Träger beeinträchtigen könnte.

ee) Stand der Technik

Anhaltspunkte für das Verständnis eines Merkmals können sich außer aus seiner Funktion – allerdings *nie* gegen sie! – aus dem Stand der Technik ergeben, den die Patentschrift erwähnt. Der Stand der Technik ist die natürliche Ausgangsbasis für jede patentierte Erfindung und daher von Hause aus ein zentrales Auslegungsmittel für das Verständnis dessen, was Inhalt der erfolgten Patenterteilung sein soll. Denn die unter Patentschutz gestellte Erfindung *muss* sich von demjenigen unterscheiden, was in der Patentschrift als vorbekannt mitgeteilt ist. Weil Patente nur für Neues und Erfinderisches gewährt werden, geht der Wille der Erteilungsbehörde dahin, mit dem Patent einen Gegenstand (Sache, Verfahren, Verwendung) unter Schutz zu stellen, der aus seiner bei der Patentprüfung gewonnenen Sicht gegenüber dem bereits Vorhandenen neu und erfinderisch ist. Selbstverständlich ist in diesem Zusammenhang nicht der rein subjektive Wille des Patentamtes zu verifizieren, sondern das Patent aus einem objektiven fachmännischen Empfängerhorizont heraus daraufhin zu untersuchen, welche technische Lehre mit der behördlichen Patenterteilung als neu und erfinderisch anerkannt worden ist. Die Antwort auf diese Frage ist relevant, weil der Erteilungsakt – konstitutiv – für denjenigen, der (berechtigt oder nicht berechtigt) als Anmelder aufgetreten ist und zu dessen Gunsten der Erteilungsbeschluss ergeht, einen Patentschutz hervorbringt, und zwar für dasjenige, was sich einem fachmännischen Dritten angesichts des Inhalts der Patentschrift als Gegenstand und Inhalt des Erteilungsbeschlusses erschließt. 76

Daraus folgt: **Stand der Technik**, der nicht **im Prüfungsverfahren** war, kann die Willensbildung bei der Patenterteilung nicht beeinflusst haben und hat daher für das Verständnis darüber, welche technische Lehre rechtsbegründend unter Patentschutz gestellt worden ist, auszuscheiden.[92] Ihn heranzuziehen ist nur dann zulässig, wenn ausnahmsweise der Nachweis geführt werden kann, dass dieser Stand der Technik zum **allgemeinen Fachwissen** auf dem betreffenden Gebiet gezählt hat.[93] Es ist ferner richtig, wenn der BGH das Argument, die patentierte Lehre erweise sich nur bei einem bestimmten (engen) Verständnis als gegenüber dem tatsächlichen (umfassenden) Stand der Technik schutzfähig und rechtsbeständig, für kein zulässiges Auslegungskriterium hält, weil ein nicht geprüfter Stand der Technik nicht für dasjenige erhellend sein kann, was in Unkenntnis eben dieses Standes der Technik patentiert worden ist. Auf der anderen Seite gilt in umgekehrter Richtung, dass prinzipiell alle diejenigen Dokumente aus dem Stand der Technik verständnis- und auslegungsrelevant sein müssen, die im Erteilungsverfahren berücksichtigt worden sind. Dazu gehören vordringlich diejenigen Schriften, die im Beschreibungstext sachlich gewürdigt sind, aber auch solche Dokumente, die sich nur auf dem Deckblatt finden. Sie alle *können* den Erteilungswillen des Patentamtes beeinflusst haben und sind daher – freilich im Zweifel in ganz unterschiedlichem Maße – potenziell aufschlussreich dafür, welche technische Lehre mit der Patenterteilung als neu und erfinderisch anerkannt und deswegen unter Patentschutz gestellt worden ist. 77

– Etwas, das **neuheitsschädlich** aus dem im Prüfungsverfahren berücksichtigten Stand der Technik bekannt war, kann nicht – identisch – als dasjenige angesehen werden, 78

---

92 BGH, GRUR 1991, 811, 813 f – Falzmaschine; BGH, Urteil v 29.7.2014 – X ZR 5/13.
93 BGH, GRUR 1978, 235, 236/237 – Stromwandler.

das Gegenstand des Erteilungsaktes und des dadurch vermittelten Patentschutzes ist. Die Merkmale des Patents dürfen daher nicht so interpretiert werden, dass seine – so verstandene – technische Lehre neuheitsschädlich schon im geprüften Stand der Technik verwirklicht ist. Das ist als Lehrsatz unbestritten! Denn anderenfalls wäre der bei der Erteilung in Erwägung gezogene Stand der Technik sehenden Auges abermals patentiert worden.

79 Das Problem liegt insoweit nicht im Rechtlichen (über das sich alle einig sind), sondern im Tatsächlichen, nämlich bei der Feststellung, was (dh welche Anspruchsmerkmale) aus der Sicht des Erteilungsverfahrens aus welcher Druckschrift vorbekannt war. Wenn es dazu ausdrückliche Bemerkungen in der Patentschrift gibt, sind sie entscheidungsrelevant. Das gilt grundsätzlich auch dann, wenn der Stand der Technik im Patent unzutreffend stark gewürdigt wird, indem ihm zB Merkmale zugeschrieben werden, die dort überhaupt nicht vorhanden sind. Denn wenn ausgehend von diesem Fehlverständnis ein – dementsprechend beschränkter – Erteilungswille gebildet wurde, muss er eben genau deswegen bei der Auslegung des Patents den Ausschlag geben. Ausnahme: Der Fachmann erkennt den Verständnisfehler auf Anhieb und korrigiert ihn gedanklich in der richtigen Weise.[94]

80 Diskutiert die Patentschrift den Stand der Technik nicht im Detail, sondern referiert sie ihn bloß wertungsneutral, so wird man – mangels Anhaltspunkten in der Patentschrift selbst – notgedrungen auf das Verständnis des Durchschnittsfachmanns abzustellen haben, das sich ihm bei der Lektüre des fraglichen Standes der Technik erschließt. Denn ihn macht sich das Klagepatent durch sein eigenes Schweigen in der Auseinandersetzung mit dem fraglichen Stand der Technik konkludent zu Eigen. Die zuletzt genannte Möglichkeit besteht von vornherein als einzige, wenn es sich um Druckschriften nur aus dem Deckblatt der Patentschrift handelt (wobei schon ihre Nichtbehandlung im Beschreibungstext indiziell darauf hindeutet, dass sie von untergeordneter Bedeutung bei der Willensbildung des Patentamtes waren).

81 Da es für die Neuheit auf dasjenige ankommt, was dem Fachmann *unmittelbar und eindeutig* offenbart ist, kann – jedenfalls auf erste Sicht – nur dasjenige, was unmittelbar und eindeutig offenbart ist, Anlass für eine beschränkende Patentauslegung geben. Denn es gilt – wie erläutert – zu vermeiden, dass Neuheitsschädliches in den Patentschutz einbezogen wird. Dementsprechend hat der BGH[95] entschieden, dass der Umstand, dass sich ein Patent durch ein bestimmtes Merkmal des Patentanspruchs von einer bestimmten in der Beschreibung diskutierten Entgegenhaltung abgrenzt, nur dann zu einer gegenüber der funktionsorientierten Interpretation einschränkenden Auslegung führen kann, wenn erkennbar ist, auf welche konkrete Ausgestaltung sich die Abgrenzung bezieht. Unklarheiten jenseits des unmittelbar und eindeutig Offenbarten sollen demzufolge zu Lasten des Wettbewerbers gehen und den funktionsorientiert bestimmten (weiten) Schutzbereich nicht einschränken können und unberührt lassen.

82 **Kritik**: Das erscheint nicht wirklich überzeugend.

83 Dem vom BGH entschiedenen Fall lag ein Verfahren zur Herstellung eines im Baubereich zu verwendenden Verbundelements zugrunde, das in vorteilhafter Weise einen geringen Gehalt an umweltschädlichen Flammschutzmitteln aufweist, aber trotzdem einen guten Flammschutz bietet, und das darüber hinaus günstige Haftqualitäten besitzt. Um dies zu erreichen, ist ua das Aufbringen eines reaktiven Haftvermittlers als flüssige Reaktionsmischung auf eine erste Deckschicht vorgesehen, an

---

94 OLG Düsseldorf, Urteil v 26.10.2017 – I-15 U 95/16.
95 BGH, GRUR 2022, 1129 – Verbundelement.

welchen Verfahrensschritt sich das Aufbringen einer Polyisocyanurat-Reaktionsmischung auf die *noch reaktionsfähige* Haftvermittlerschicht anschließt. »Reaktionsfähig« ist die Haftvermittlerschicht dabei, wenn die Reaktionsmischung, aus der der Haftvermittler gebildet ist, noch nicht vollständig ausgehärtet ist, so dass sie noch mit der auf ihr aufgetragenen Polyisocyanurat-Reaktionsmischung reagieren kann.

Nach den Darlegungen des Klagepatents wurde bei dem in einem ganz bestimmten, näher bezeichneten, gattungsbildenden Stand der Technik offenbarten Verfahren kurz vor dem Auftragen der Schaumstoffmischung der Haftvermittler ausgehärtet, woraus nach Auffassung des BGH zu entnehmen ist, dass sich das Klagepatent dadurch von dem besagten Stand der Technik abgrenzen will, dass die Haftvermittlerschicht beim Auftragen der Polyisocyanurat-Reaktionsmischung noch reaktionsfähig zu sein hat. Wie der BGH feststellt, enthält die Entgegenhaltung keine näheren Angaben dazu, was mit dem in ihr beschriebenen *Aushärten der Haftvermittlerschicht vor dem Auftragen der Schaumstoff-Reaktionsmischung* konkret gemeint ist, dh in welchem Umfang die Haftvermittlerschicht beim Aufbringen der Reaktionsmischung bereits ausgehärtet sein und in welchem Aggregatzustand sie sich genau befinden soll. Aus dieser Unklarheit im Offenbarungsgehalt des abgrenzungsrelevanten Standes der Technik schließt der BGH, dass der Stand der Technik keine gegenüber der funktionsorientierten Betrachtung einschränkende Patentauslegung erlaubt, sondern dem Patentinhaber der weite Schutzbereich erhalten bleibt. 84

Das führt zu unangemessenen Ergebnissen: Nachdem die Entgegenhaltung, auf die der Leser mangels eigener aussagekräftiger Würdigung in der Patentschrift verwiesen ist, offenlässt, in welchem Aushärtungszustand sich die Reaktionsmischung bei ihrem Auftrag auf den Haftvermittler befinden soll, bleibt auch eine noch nicht restlos abgeschlossene Aushärtung als vorbekannte Verfahrensmöglichkeit bestehen, von der sich das Klagepatent mit der von ihm gegebenen technischen Lehre einer Reaktionsfähigkeit des Haftvermittlers ebenfalls abgrenzen muss und – aus der Sicht des Rechtsverkehrs – vernünftigerweise auch abgegrenzt hat. Wenn dem aber so ist, gehört auch die zwar fortgeschritten, aber noch nicht vollständig ausgehärtete Haftvermittlerschicht zum Stand der Technik und repräsentiert deswegen keine Verfahrensführung, die mit dem Klagepatent gemeint und beansprucht sein kann. Die besagte Unklarheit über die Reichweite des Vorbekannten kann nicht zu Lasten des Rechtsverkehrs gehen, weil Verständniszweifel auch sonst dazu führen, den Patentschutz im Interesse der gebotenen Rechtssicherheit einschränkend auf dasjenige zu reduzieren, was sich deutlich als seine technische Lehre identifizieren lässt. Eine klarstellende Überlegung bestätigt das: Wenn die Patentschrift die Entgegenhaltung selbst dahin referiert hätte, dass bei ihr der Haftvermittler vollständig ausgehärtet ist, bevor die Polyisocyanurat-Reaktionsmischung aufgetragen wird, so wäre in funktionsorientierter Auslegung jede Konstellation als patentgemäß anzusehen, bei der der Aushärtungsprozess zwar vielleicht schon weit fortgeschritten, aber noch nicht zum Ende gekommen ist. Fehlt es hingegen an einer klaren Würdigung der Patentschrift und muss deshalb notgedrungen der unklare Offenbarungsgehalt der Entgegenhaltung selbst für das Verständnis vom Klagepatent herangezogen werden, um diejenige Lehre festzustellen, von der die Abgrenzung vorgenommen worden ist, so hat es der Anmelder versäumt, bei Abfassung der Patentschrift klare Verhältnisse zu schaffen, weswegen es nach dem Verursacherprinzip angebracht ist, ihn – und nicht Dritte – die Konsequenzen aus der von ihm verursachten Unklarheit zu tragen. 85

– Etwas, das nicht neuheitsschädlich, sondern allenfalls **erfindungsschädlich** aus dem im Prüfungsverfahren berücksichtigten Stand der Technik bekannt war, bietet vielfach keinen Ansatzpunkt für eine gegenüber dem funktionsorientiert Ermittelten einschränkende Patentauslegung. Wenn es keine positiven Aussagen der Patentschrift dazu gibt, wodurch sich die patentgemäße Lehre von solchem Stand der Technik 86

87 – Der Stand der Technik limitiert die Patentauslegung andererseits nicht nur, wenn es darum geht, dass eine bestimmte Schrift gattungsbildend ist, d.h. abgesehen von dem die Erfindung kennzeichnenden Unterschied alle Anspruchsmerkmale aufweist. Eine auslegungsrelevante Abgrenzung zu Bekanntem kann selbstverständlich auch isoliert in Bezug auf ein **einzelnes Anspruchsmerkmal** stattfinden, indem sich die Erfindung wegen bestimmter Nachteile prinzipiell von einem Lösungsmittel als solchem distanzieren will.

88 Die Verwertbarkeit des Standes der Technik bei der Auslegung bedeutet nicht, dass jede konstruktive Einzelheit in den Patentanspruch hineininterpretiert werden dürfte, die beim (vor allem gattungsbildenden) Stand der Technik verwirklicht ist. Von Belang sind von vornherein nur solche Gestaltungsdetails, die für die erfindungsgemäße Lehre Bedeutung haben und dementsprechend in einem Merkmal des Patentanspruchs aufscheinen. Innerhalb dieses – allein relevanten – Rahmens sind wiederum unterschiedliche Konstellationen denkbar. Es kann sein, dass das Patent von einer bestimmten vorbekannten Konstruktion ausgeht, diese als durchaus vorteilhaft ansieht und für die Erfindung beibehalten will. In einem solchen Fall wird im Zweifel die Annahme berechtigt sein, dass sich das Patent – in diesem Punkt – den Stand der Technik zu eigen macht, weshalb es zulässig und geboten ist, für das Verständnis dieses Merkmals auf den betreffenden Stand der Technik und eine hier etwa gegebene Legaldefinition oder dergleichen zurückzugreifen.[96] Da sich das Klagepatent mit seinen kennzeichnenden Merkmalen von eben diesem (durch den Oberbegriff umrissenen) Stand der Technik abgrenzen will, ist es ebenso ausgeschlossen, dem Kennzeichen ein Verständnis beizulegen, demzufolge seine technische Lehre bereits in demjenigen Stand der Technik enthalten wäre, von dem die Abgrenzung stattfinden soll.[97] Andererseits kann es ebenso gut sein, dass das Patent einen bestimmten Stand der Technik nur »formal« zum Ausgangspunkt für die Darstellung der Erfindung nimmt, ohne dass der Schluss gerechtfertigt wäre, dass sich das Patent damit auf eine spezielle, bei diesem Stand der Technik gegebene Ausgestaltung festlegen wollte. Von der zuletzt genannten Situation wird im Allgemeinen dann auszugehen sein, wenn die vorbekannte Konstruktion im Hinblick auf den Erfindungsgedanken des Patents beliebig und keineswegs zwingend ist und für die Verwirklichung der Erfindung ersichtlich auch andere Konstruktionen infrage kommen. In einem solchen Fall bestehen keine Bedenken dagegen, einem Merkmal, das formal zum Oberbegriff gehört, einen Bedeutungsinhalt beizumessen, der über die bloße Beschreibung des Standes der Technik hinaus einen Lösungsansatz für das von der Erfindung zu bewältigende Problem enthält.[98] Denn Inhalt und Bedeutung eines *jeden* Merkmals des Patentanspruchs (egal ob es im Erteilungsverfahren dem Oberbegriff oder dem Kennzeichen zugeordnet worden ist) sind unter Berücksichtigung der im Klagepatent geschützten Gesamterfindung zu bestimmen und deswegen so auszulegen, wie es die ihm im Rahmen der patentierten Erfindung (und nicht im Stand der Technik) zugedachte technische Funktion verlangt.

ff) Verfahrensanspruch

89 Werden sämtliche Verfahrensschritte ausgeführt, so liegt eine Benutzung des Verfahrensanspruchs nach § 9 Nr 2 PatG vor, selbst wenn **das Ergebnis der Verfahrensführung**

---

96 OLG Düsseldorf, Urteil v 30.10.2014 – I-15 U 30/14; OLG Düsseldorf, Urteil v 20.12.2017 – I-2 U 39/16.
97 BGH, GRUR 2019, 491 – Scheinwerferbelüftungssystem.
98 OLG Düsseldorf, GRUR 2000, 599, 602 f – Staubsaugerfilter.

durch anschließende **weitere Verfahrensakte wieder beseitigt** oder zunichte gemacht wird. In derartigen Fällen kann allenfalls ein Schutz des Verfahrenserzeugnisses nach § 9 Nr 3 PatG (mangels Unmittelbarkeit) zu verneinen sein.

Ist Gegenstand des Patentanspruchs ein Verfahren und sollen die erfindungsgemäßen Verfahrensschritte zu einem Erzeugnis mit bestimmten, im Patentanspruch definierten Eigenschaften führen, welche mit der Formulierung »sodass« an die Verfahrensmerkmale angeschlossen sind, so bedeutet dies, dass das Erzeugnis zumindest maßgeblich auch auf den erfindungsgemäßen Merkmalen beruhen muss. Verfahrenserzeugnisse, die ohne Anwendung der patentgemäßen Verfahrensführung (zB aufgrund anderer Maßnahmen) über die besagte(n) Eigenschaft(en) verfügen, fallen deswegen nicht in den Gegenstand des Patents.[99]

90

gg) Wirkungsangaben

Zweck-, Wirkungs- und Funktionsangaben in einem Sachanspruch belehren den Fachmann über den möglichen Einsatz- und Gebrauchszweck der patentierten Erfindung.[100] Sie definieren allerdings oftmals die durch das Patent geschützte Sache näher dahin, dass diese nicht nur die räumlich-körperlichen Merkmale erfüllen muss, die der Patentanspruch explizit formuliert, sondern dass die Sache darüber hinaus so ausgebildet sein muss, dass sie die im Patentanspruch erwähnte Wirkung oder Funktion herbeiführen kann.[101] Im Einzelfall kann sich ergeben, dass die in den Patentanspruch aufgenommenen Sachmerkmale bereits alle Bedingungen umschreiben, die aus technischer Sicht zur Erzielung der angegebenen Wirkung notwendig sind. Unter derartigen Umständen ist die Wirkungsangabe für die Verletzungsprüfung irrelevant.[102] In einem anderen Fall können die Sachmerkmale die technischen Voraussetzungen für den Wirkungseintritt unvollkommen beschreiben. Hier definiert die Wirkungsangabe – mittelbar – bestimmte weitere räumlich-körperliche oder funktionale Anforderungen an den geschützten Gegenstand, die sich aus den übrigen Sachmerkmalen des Patentanspruchs noch nicht ergeben, die aber eingehalten werden müssen, damit die geschützte Sache die für sie vorgesehene Wirkung zutage bringen kann.[103] Unter solchen Umständen sind Zweck- und Funktionsangaben – wie jedes andere Anspruchsmerkmal – schutzbereichsrelevant.[104] Sie weisen den Fachmann an, den beanspruchten Gegenstand über die expliziten Sachmerkmale hinaus so auszugestalten, dass die ihm zugedachte Wirkung/Funktion objektiv eintreten kann.[105] Soll nach der Formulierung des Patentanspruchs ein Bauteil einer geschützten Vorrichtung einen bestimmten Zweck erfüllen, genügt es nicht, wenn es hierzu erst durch das Aufspielen geeigneter Software oder sonstige Konfigurationsmaßnahmen in die Lage versetzt werden kann. Vielmehr muss das Bauteil bereits entsprechend konfiguriert sein, dh eine geeignete Software oder sonstige Mittel umfassen, die in entspre-

91

---

99 BGH, GRUR 2004, 268 – Blasenfreie Gummibahn II.
100 Sie müssen sich allerdings nicht zwingend auf den Gegenstand des Anspruchs oder dessen einzelne Merkmale beziehen, sondern können den Erfindungsgegenstand auch sprachlich zu solchen Gegenständen oder Verfahren in Beziehung setzen, die zur beanspruchten technischen Lehre nur in einem bestimmten Sachzusammenhang stehen. Ihre Erwähnung verfolgt unter solchen Umständen den Zweck, dem Fachmann bloß eine Orientierungshilfe bei der technisch-gegenständlichen Erfassung und Einordnung des Erfindungsgegenstandes zu geben. Bsp: Bezeichnung eines Verfahrens als »Verfahren bei der gezielten Navigation eines Katheters an einen pathologischen Ort in einem menschlichen oder tierischen Hohlraumorgan« (BGH, GRUR 2010, 1081 – Bildunterstützung bei Katheternavigation).
101 BGH, GRUR 2009, 837 – Bauschalungsstütze; BGH, GRUR 2021, 462 – Fensterflügel.
102 BGHZ 112, 140, 155 f – Befestigungsvorrichtung II.
103 BPatG, Mitt 2007, 18 – Neurodermitis-Behandlungs-Gerät (LS).
104 BGH, GRUR 2006, 923 – Luftabscheider für Milchsammelanlage.
105 BGH, GRUR 2008, 896 – Tintenpatrone I; BGH, GRUR 2021, 462 – Fensterflügel.

chenden Betriebssituationen die Verwirklichung dieser Funktionen ermöglichen.[106] Bezieht sich die Funktionsangabe auf den Herstellungsvorgang, kann es erforderlich sein, dass sich die besagte Funktion auch in dem fertigen Erzeugnis verwirklicht.[107]

92 Ob im konkreten Einzelfall das eine (Unbeachtlichkeit der Wirkungsangabe) oder das andere (Beachtlichkeit der Wirkungsangabe) Szenario zutrifft, ist durch Auslegung anhand der Patentbeschreibung zu ermitteln.[108]

93 Bei der Wirkungserzielung bedarf es einer **Verlässlichkeit**. Der Effekt darf sich also nicht nur vereinzelt, sondern muss sich regelmäßig einstellen können, sodass allenfalls singuläre »Ausreißer« hingenommen werden können, bei denen sich die beabsichtigte Wirkung nicht erzielen lässt. Nur wenn sich der patentgemäße Effekt zuverlässig einstellt, liegt eine Verletzung vor.

94 Welche Bedeutung eine Wirkungsangabe hat, kann im Einzelfall auch von der »**Anspruchskategorie**« des Patents abhängen, zB davon, ob sie Teil eines gewöhnlichen Sachanspruchs ist, der einen einheitlichen Gegenstand zum Inhalt hat, oder ob sich der Anspruch, der die Wirkungsangabe enthält, auf eine Vorrichtungskombination bezieht.

▶ **Beispiel:**

95 Das Patent (EP 0 879 703) schützt eine Tintenpatrone für einen Drucker. Es ist vorgesehen, dass die Patrone über einen Verrastungshebel verfügt, dessen Elastizität die Patrone vertikal anhebt, sobald die Verrastung gelöst wird. Bei der Verletzungsprüfung muss lediglich festgestellt werden, ob der an der mutmaßlich verletzenden Patrone vorhandene Rasthebel hinreichend elastisch ist, um im Zusammenwirken mit *irgendeiner denkbaren* Druckeraufnahme das Gewicht der Patrone bei gelöster Arretierung anzuheben. Da die Patrone als solche unter Schutz steht, kommt es nicht darauf an, ob es die Aufnahme, in der sich das Anheben vollzieht, am Markt tatsächlich gibt oder ob die Patrone für eine existierende Aufnahme überhaupt geeignet oder vorgesehen ist.[109]

Betrifft das Patent hingegen die Einheit aus Tintenpatrone und Druckeraufnahme, kann in der Lieferung der Patrone allenfalls eine mittelbare Verletzung liegen. Wegen der festzustellenden Verwendungsbestimmung kommt es hier sehr wohl darauf an, ob die Elastizität des Verrastungshebels der Patrone bei gelöster Arretierung zu einem vertikalen Anheben führt, wenn die Patrone in diejenige Druckeraufnahme eingebaut ist, für die sie bestimmungsgemäß gedacht ist (und in Bezug auf die allein eine Verwendungsbestimmung angenommen werden kann).

96 Ähnlich liegt der Sachverhalt, wenn im Patentanspruch ein Vorrichtungsteil aufscheint, mit dem der patentgeschützte Gegenstand zusammenwirken soll, ohne dass er selbst Teil des Patentgegenstandes ist (**scheinbares Kombinationspatent**).[110] Auch hier kommt es

---

106 BGH, GRUR 2022, 982 – SRS-Zuordnung.
107 BGH, GRUR 2021, 462 – Fensterflügel.
108 BGH, GRUR 2010, 1081 – Bildunterstützung bei Katheternavigation.
109 OLG Düsseldorf, Urteil v 18.10.2012 – I-2 U 41/08.
110 Es ist also abzugrenzen, ob ein **wirkliches oder** nur ein **scheinbares Kombinationspatent** vorliegt. Was von beidem der Fall ist, entscheidet, wenn der Verletzer nur das *eine* Teil der – tatsächlichen oder vermeintlichen – Kombination vertreibt, nicht nur darüber, ob eine unmittelbare oder nur eine mittelbare Verletzung in Betracht kommt, sondern bestimmt genauso darüber, welcher Verletzungsvortrag zu leisten ist, um einen Schutzbereichseingriff schlüssig darzulegen. Vertreibt der Verletzer die vollständige Kombination, besteht in besonderer Weise die Gefahr, die Problematik des Schutzgegenstandes zu übersehen, weil sich angesichts der umfassenden Benutzungslage die Frage nach einer bloß mittelbaren oder doch unmittelbaren Verletzung nicht stellt. Die Entscheidung über das Vorliegen einer wirklichen oder nur scheinbaren Kombinationserfindung behält dennoch ihre volle Brisanz für den Verletzungsvortrag, weshalb sie im Verletzungsprozess zutreffend behandelt werden sollte.

nicht darauf an, ob es ein solches vom Patentanspruch vorausgesetztes Vorrichtungsteil tatsächlich gibt, sondern nur, ob es konstruierbar wäre. Diejenigen Merkmale des Patentanspruchs, die sich mit einem außerhalb des Schutzgegenstandes liegenden Bauteil befassen, sind rechtlich nämlich nur insofern von Bedeutung, als ihre nach dem Klagepatent vorausgesetzte Beschaffenheit oder die aus ihrem erfindungsgemäßen Zusammenwirken mit dem geschützten Gegenstand resultierenden technischen Wirkungen Rückschlüsse auf die notwendige Ausgestaltung des Patentgegenstandes zulassen können, die ggf über die in Bezug auf ihn ausdrücklich formulierten Anspruchsmerkmale hinausgehen. Keinesfalls stellt es jedoch eine Bedingung für den Benutzungstatbestand dar, dass ein die technischen Erfindungsvorteile hervorbringendes Bezugsobjekt tatsächlich existiert oder dass die im Markt vorhandenen Bezugsbauteile, wenn sie zusammen mit den Verletzungsgegenstand verwendet werden, eine Gesamtvorrichtung ergeben, die den Zielvorgaben des Klagepatents genügt. Zu fordern ist lediglich, dass ein solches Bezugsobjekt technisch und wirtschaftlich sinnvoll konstruierbar ist, das mit dem Verletzungsgegenstand, so wie er ist, die Erfindungsvorteile verwirklichen kann. Die erfindungsgemäße Eignung ist deswegen nicht zwangsläufig mit Blick auf die real existierenden Bezugsobjekte zu beantworten, für die der Verletzungsgegenstand möglicherweise sogar ausdrücklich bestimmt ist, sondern kann rein hypothetisch danach beurteilt werden, ob sich ein Bezugsobjekt sinnvoll denken ließe, das, wenn es mit dem Verletzungsgegenstand montiert ist, zu dem patentgemäßen Erfolg führt.[111] Einer hypothetischen Betrachtung bedarf es selbstverständlich dann nicht, wenn schon die existierenden Bezugsobjekte eine Benutzung des Klagepatents ergeben.[112]

▶ **Beispiel:**[113]

I.

Um das Be- und Entladen von Gütern zu erleichtern, werden bei Lkw bewegliche Planen eingesetzt, die rasch beiseitegeschoben und wieder zugezogen werden können. Das EP 1 378 385 schützt zu diesem Zweck ein Anschlussstück *für* eine Vorrichtung zum Aufwickeln einer aufwickelbaren Fahrzeugplane, wobei das Anschlussstück (1) dazu bestimmt ist, die angetriebene Übertragungswelle (4) einer Aufwickelvorrichtung einerseits und die die LKW-Plane tragende Aufwickelwelle (2) andererseits miteinander zu verbinden, wie dies die nachfolgenden Abbildungen der Klagepatentschrift verdeutlichen.

97

---

111 OLG Düsseldorf, Urteil v 24.2.2022 – I-2 U 28/21.
112 OLG Düsseldorf, Urteil v 24.2.2022 – I-2 U 28/21.
113 OLG Düsseldorf, Urteil v 11.2.2016 – I-2 U 19/15.

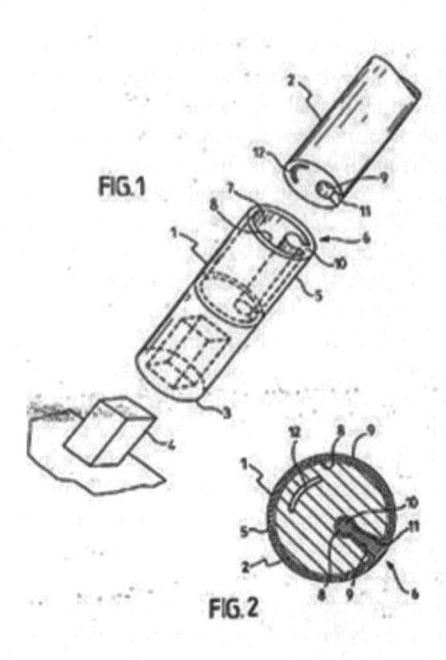

Erfindungsgemäß soll das Anschlussstück (= Kupplungsstück zwischen Übertragungswelle und Aufwickelwelle) am einen (unteren) Ende mit der Übertragungswelle des Antriebs verbindbar sein und am anderen (oberen) Ende auf das freie Ende der Aufwickelwelle geschoben werden können. Es soll ferner einen Mitnehmer (10) in der Form eines schlüssellochförmigen Profils aufweisen, der mit einer komplementären schlüssellochförmigen Ausnehmung (11) in der Aufwickelwelle zusammenwirkt, damit die durch die Übertragungswelle vermittelte Drehbewegung an die Aufwickelwelle vermittelt werden kann.

Angegriffen ist ein Anschlussstück (nachstehende Abbildung links), das für eine bestimmte Aufwickelwelle (nachstehende Abbildung rechts) vorgesehen ist.

II.

Das Klagepatent wird wortsinngemäß verletzt, ohne dass es darauf ankommt, ob in der unteren Öffnung der Aufwickelwelle (rechts) ein schlüssellochförmiges Profil zu erkennen ist oder nicht. Denn die Aufwickelwelle selbst liegt – ebenso wie die Aufwickelvorrichtung mit ihrer Übertragungswelle – gänzlich außerhalb des Erfindungsgegenstandes nach Anspruch 1 des Klagepatents. Beide Gegenstände – das Kupplungsteil der Aufwickelwelle und die Übertragungswelle – sind im Rahmen von Anspruch 1 des Klagepatents nur insofern rechtlich bedeutsam, als ihre im Patentanspruch 1 vorausgesetzte Beschaffenheit Rückschlüsse auf die notwendige Ausgestaltung des Anschlussstücks zulässt, das mit dem Kupplungsstück der Aufwickelwelle und mit der Übertragungswelle der Aufwickelvorrichtung zusammenwirken soll. Keinesfalls stellt es jedoch eine Bedingung für den Benutzungstatbestand dar, dass eine anspruchsgemäße Aufwickel- und Übertragungswelle tatsächlich existiert oder dass die im Markt existierenden oder sogar die zur Verwendung mit dem Anschlussstück vorgesehenen Wellen den Anforderungen des Patentanspruchs 1 genügen. Da das Anschlussstück als solches unter Patentschutz steht, kommt es allein darauf an, dass das Anschlussstück für sich betrachtet sämtliche auf den Erfindungsgegenstand bezogenen Anspruchsmerkmale verwirklicht und dass eine zu ihm passende Aufwickel- und Übertragungswelle denkbar ist, mit denen das so gestaltete Anschlussstück ordnungsgemäß zusammenarbeiten könnte.

Aus einem außerhalb des Schutzgegenstands liegenden Bezugsobjekt können sich im Einzelfall aber auch beschränkende Schlüsse für das Verständnis derjenigen Merkmale ergeben, die den Patentgegenstand ausmachen.

▶ **Beispiel:**[114]

I.

Das Klagepatent schützt eine Steckdose, mit der sich die elektrische Beleuchtung eines Fahrzeuganhängers an das den Anhänger ziehende Kraftfahrzeug und dessen Stromversorgung anschließen lässt. Zur Befestigung der Steckdose am Kraftfahrzeug dient eine Montageplatte, die selbst nicht zum geschützten Patentgegenstand gehört, sondern im Patentanspruch lediglich als Bezugsobjekt erwähnt ist, um die mit ihr zusammenwirkenden Bauteile der Steckdose hinsichtlich *ihrer* konstruktiven und/oder wirkungsmäßigen Ausgestaltung/Anordnung näher zu umschreiben. Abgesehen davon, dass die Montageplatte die Steckdose tragen soll, formuliert das Klagepatent keine besonderen Anforderungen an die Größe, Geometrie oder konstruktive Ausgestaltung der Montageplatte.

Die angegriffene Ausführungsform hat eine Ausgestaltung, die die erfindungsgemäßen Vorteile nur herbeiführen kann, wenn eine Montageplatte verwendet wird, die vollflächig-geschlossen ausgebildet ist, die hingegen versagt, wenn die Montageplatte – was für ihre tragende und haltende Funktion für die Steckdose ausreichend und unbedenklich wäre – aufgrund eines großen zentralen Innenlochs ringförmig ist.

II.

Der Patentanspruch beschreibt für den Fachmann eine Steckdose, die im Zusammenwirken mit einer technisch brauchbaren Montageplatte die im Klagepatent herausgestellten Vorteile herbeiführen kann. Nachdem sich der Patentanspruch – abgesehen von der erwähnten Grundfunktion des Haltens und Tragens der Steckdose – nicht weiter zur konstruktiven Ausgestaltung der Montageplatte und/oder zu deren Montage verhält, setzt das Klagepatent insoweit ganz offensichtlich nichts Besonderes voraus. Der Fachmann muss deswegen zu der Einsicht gelangen, dass ihm im Patentanspruch eine Steckdose beschrieben wird, die dank *ihrer* in den Anspruchsmerkmalen zum Ausdruck gebrachten Ausgestaltung in der Lage ist, mit jeder im Sinne der Grundvoraussetzung funktionstüchtigen und darüber hinaus nicht in besonderer Weise ausgestalteten und/oder ausgestatteten und/oder montierten Montageplatte zu funktionieren.

Für die im Patentanspruch erwähnten Steckdosenbauteile bedeutet dies, dass für sie nur ein solches Verständnis zugrunde gelegt und nur eine solche Auslegung vorgenom-

---

114 Vgl OLG Düsseldorf, Urteil v 14.3.2019 – I-2 U 114/09.

men werden kann, dass sich in ihrem Zusammenwirken mit jeder tauglichen Montagefläche (und nicht nur mit einer solchen, die darüber hinaus speziellen Vorgaben genügt) die mit der Lehre des Patentanspruchs verfolgten technischen Wirkungen einstellen können. Anders gewendet heißt dies: Die Merkmale des Patentanspruchs sind so aufzufassen, dass die vom Patentanspruch vorausgesetzten Steckdosenbauteile aufgrund *ihrer* Konstruktion, Anordnung und/oder Funktionalität die ihnen patentgemäß zugedachten Wirkungen im Zusammenspiel mit jeder Montagefläche erfüllen können, die den grundlegenden Brauchbarkeitskriterien genügt. Ein Steckdosenbestandteil, der solches nicht zu leisten vermag, ist dementsprechend auch nicht als Bauteil der fraglichen Gattung im erfindungsgemäßen Sinne anzusehen. Denn die Fähigkeit, dasjenige zu leisten, woran der Erfindung gelegen ist, muss sich aus den erfindungsgemäßen Bauteilen und *ihrer* Ausgestaltung ergeben, und nicht erst aus zwar möglichen, aber von der Erfindung überhaupt nicht vorausgesetzten Spezialitäten des Bezugsobjekts der Erfindung und/oder seiner Montage.

100 Dieselbe Beurteilung von Wirkungs- und Funktionsangaben ist bei einem **Verfahrensanspruch** angebracht.[115]

Praxistipp	Formulierungsbeispiel

101 Um eine Wirkungsangabe kann es sich auch bei einem auf den ersten Blick reinen Sachmerkmal handeln. Richtet sich der Schutz des Patents auf einen »Skistock«, kann dies im Sinne eines »Stocks *zum Skilaufen*« zu verstehen sein, womit auch Nordic-Walking-Stöcke erfasst werden.[116]

hh) Maßgeblichkeit des Verletzungszeitpunktes

102 Grundsätzlich muss der mutmaßlich verletzende Gegenstand im Moment der Angebots- oder Vertriebshandlung alle Anspruchsmerkmale verwirklichen, dh insbesondere auch eine vorausgesetzte Eignung für die Hervorbringung einer bestimmten Wirkung besitzen. Hiervon kann es jedoch Ausnahmen geben. Im Einzelfall kann es genügen, wenn die Sache zwar noch nicht in ihrer beim Angebot/Vertrieb vorliegenden Form den patentgemäßen Anforderungen entspricht, sich die Verhältnisse in Zukunft jedoch verlässlich und vorhersehbar ändern und sich infolge dessen demnächst mit Sicherheit eine Situation einstellt, bei der es zur Merkmalsverwirklichung kommt. Es bedarf insoweit einer unumkehrbaren Kausalkette, die zwangsläufig zu dem die Patentmerkmale verwirklichenden Zustand führt.[117] Unter solchen Umständen liegt bereits in dem Angebot/Vertrieb des ursprünglichen Gegenstandes eine Patentverletzung. Dabei spielt es keine Rolle, ob es der erfindungsgemäße Gegenstand selbst ist, der im Laufe der Zeit einer Veränderung unterliegt[118], oder ob sich statt seiner das Bezugsobjekt des patentgemäßen Gegenstandes verändert und es hierdurch zu einer (nachträglichen) Erfindungsbenutzung kommt[119]. Das gilt auch bei sog Prodrugs, auf die später[120] noch gesondert eingegangen wird.

---

115 BGH, GRUR 2010, 1081 – Bildunterstützung bei Katheternavigation.
116 OLG Düsseldorf, Urteil v 13.1.2011 – I-2 U 39/10.
117 OLG Düsseldorf, Urtel v 5.3.2020 – I-15 U 47/19.
118 OLG Düsseldorf, GRUR 1978, 425 – Umlenktöpfe; OLG Düsseldorf, Urteil v 10.11.2011 – I-2 U 41/11.
119 OLG Düsseldorf, InstGE 12, 213 – Traktionshilfe.
120 Zu Einzelheiten vgl unten Rdn 367.

▶ **Beispiel:**[121]

Das Klagepatent (EP 1 165 329) betrifft einen textilen Überzug für Fahrzeugreifen, der – gleichsam als Ersatz für eine Schneekette – die Reibung zwischen dem winterlichen Straßenbelag und einem Fahrzeugrad erhöhen soll. Um die Montage des Überzuges bei stehendem Fahrzeug zu erleichtern, sieht der Patentanspruch vor, dass der Überzug gegenüber dem äußeren Radumfang ein Übermaß von mindestens 4 % aufweist. Neue Fahrzeugräder haben üblicherweise ein Profil von 8 mm, welches zulässigerweise bis auf 1,6 mm heruntergefahren werden darf. Denkbar ist nun, dass der angegriffene Überzug das geforderte Übermaß von 4 % zwar noch nicht in Bezug auf einen Neureifen (mit einem vollständigen Profil von 8 mm) aufweist, dass sich ein anspruchsgemäßes Übermaß jedoch einstellt, sobald der Reifen teilweise (zB auf ein Restprofil von 6, 5 oder 4 mm) abgefahren ist. Ein entsprechender Gebrauchszustand des Rades ist ebenso sicher absehbar wie es nach der Lebenserfahrung gewiss ist, dass der Überzug (wenn er nicht von vornherein für einen schon abgenutzten Radsatz gekauft worden sein sollte) auch während des restlichen Lebenszyklus des Rades zum Einsatz gebracht werden wird. Es ist deswegen gerechtfertigt, für die Merkmalsverwirklichung die künftigen Anwendungsfälle, bei denen es voraussehbar zu dem erfindungsgemäßen Übermaß kommen wird, mit einzubeziehen.

103

Praxistipp	Formulierungsbeispiel

Die vorstehenden Fälle sind von zwei **anderen Sachverhaltskonstellationen** abzugrenzen, die jeweils anderen Regeln folgen:

104

- Eindeutige Fälle der Patentverletzung liegen vor, wenn der Liefergegenstand die patentgemäße Eignung von Beginn an besitzt *und* die patentgemäße Eignung im Auslieferungszustand (zB durch eine entsprechende Voreinstellung oder Konfiguration) auch aktiviert ist, sodass der Benutzer (etwa über eine grafische Benutzeroberfläche) zumindest wahlweise unmittelbar auf die betreffende Funktionalität zugreifen kann. Außer der richtigen Bedienung des Maschinenpults bedarf es keiner weiteren Handlungen mehr, um die patentgemäße Wirkung in Gang zu setzen.

- Andere Fälle zeichnen sich dadurch aus, dass der gelieferte Gegenstand die vom Patent vorausgesetzte Eignung zwar objektiv in sich trägt, diese Eignung für den Benutzer jedoch nicht verfügbar ist, weil es, um sie für den Gebrauch der Vorrichtung nutzbar zu machen, noch einer Aktivierungshandlung des Benutzers (wie einer richtigen Auswahl bei der Konfiguration der Vorrichtung bei ihrer Inbetriebnahme) bedarf. Der rechtlichen Behandlung solcher Sachverhalte wird weiter unten (Rdn 148 ff) ausführlich nachgegangen.

- Von beiden vorerörterten Konstellationen unterscheiden sich die unter Rdn 102 behandelten Fälle dadurch, dass der Liefergegenstand in seinem Auslieferzustand nicht einmal die objektive Eignung zur Erfindungsbenutzung in sich hat, sondern es einer gegenständlichen Veränderung der gelieferten Vorrichtung selbst oder ihres Bezugsobjektes bedarf, um die fragliche Eignung überhaupt zur Entstehung kommen zu lassen.

Umgekehrt gilt selbstverständlich nicht dasselbe. Dass der angebotene/vertriebene Gegenstand im Ausland eine patentbenutzende Konstitution gehabt hat, diese zur Zeit

105

---

121 OLG Düsseldorf, InstGE 12, 213 – Traktionshilfe; OLG Düsseldorf, Urteil v 20.11.2014 – I-2 U 137/09; die Nichtzulassungsbeschwerde wurde mit Beschluss des BGH vom 8.12.2015 (X ZR 117/14) zurückgewiesen.

seines inländischen Angebots/Vertriebs aber eingebüßt hatte (weil zB im Zuge der Verbringung des Produkts ins Inland) ein Anspruchsmerkmal infolge einer willkürlichen oder unwillkürlichen Veränderung des Gegenstandes nicht mehr gegeben war, lässt den Verletzungstatbestand entfallen.[122] In jedem Einzelfall ist freilich sorgfältig zu prüfen, ob diejenige Ausstattung oder Eigenschaft, die ursprünglich gegeben war und bis zum Inland verloren gegangen ist, wirklich anspruchsrelevant ist.

▶ **Beispiel:**[123]

I.

106 Das Klagepatent (EP 1 145 729 = DE 697 34 737) betrifft einen Blasenkatheter, der von querschnittsgelähmten Personen als Hilfsmittel verwendet wird, um ihre Blase zu entleeren. Damit der Katheter komplikationslos in die Harnröhre eingeführt werden kann, ist seine Oberfläche mit einer hydrophilen Beschichtung versehen, die vor der Selbstkatheterisierung mithilfe eines flüssigen Quellmittels (bevorzugt Wasser) gleitfähig gemacht wird. Da im Bedarfsfall nicht stets eine geeignete Wasserquelle (zB in einem öffentlichen Toilettenraum oder dergleichen) verfügbar ist, schlägt das Klagepatent ein gebrauchsfertiges Blasenkatheter-Set vor, welches neben dem eigentlichen, oberflächenbeschichteten Blasenkatheter zusätzlich ein Quellungsmedium (Wasser) enthält, das dem Verwender folglich gleichzeitig mit dem Katheter zur Verfügung gestellt wird. Konkret ist vorgesehen, dass sich der Katheter in einer aluminiumhaltigen, gasdichten Verpackung befindet, wobei der Aufnahmehohlraum für den Katheter ein flüssiges Quellmittel in einer Menge von 2 bis 30 ml aufnimmt, um ein gebrauchsfertiges Katheterset bereitzustellen. Das flüssige Quellungsmedium soll zu diesem Zweck nicht als solches (dh frei) im Hohlraum vorliegen, sondern in einem schwammartigen oder gelartigen Speicherkörper aufgenommen sein.

Die angegriffene Ausführungsform ist prinzipiell patentgemäß ausgestaltet. Der in den durch die Verpackung gebildeten Hohlraum eingesetzte Speicher (ein dünner Textilstreifen) ist allerdings so beschaffen, dass das als Quellungsmedium vorgesehene Wasser - temperaturabhängig - fortlaufend aus dem Speicher entweichen und sodann die Katheteroberfläche aktivieren (gleitfähig) machen kann, genauso wie das zunächst entwichene Wasser - ebenfalls temperaturabhängig - wieder in dem Speicher aufgenommen werden kann, bis es den Speicher - temperaturabhängig - abermals verlässt. Während der mehrwöchigen Lagerung im Ausland, der die Katheter-Sets bewusst unterzogen werden, kommt es infolgedessen sicher dazu, dass sich der Wasserspeicher mindestens ein Mal, ggf sogar mehrmals entleert und das so freigesetzte Wasser die Katheterbeschichtung zumindest einmal aktiviert.

II.1.

Legt man das Klagepatent dergestalt aus, dass ein *gebrauchsfertiges* Katheterset nur ein solches ist, bei dem sich das Quellungsmedium im Zeitpunkt der inländischen Benutzungshandlung (Angebot, Vertrieb) noch im Speicher befindet *und* die hydrophile Katheterbeschichtung noch nicht aktiviert (gleitfähig gemacht) worden ist, so erfordert der Nachweis einer Patentverletzung besondere tatrichterliche Feststellungen. Es muss mindestens *einen* Fall gegeben haben, in dem der Katheter mit einer noch unaktivierten Beschichtung in das Inland gelangt ist und im Moment des Angebots/Vertriebs diejenige Beschaffenheit (unaktivierte Beschichtung) besessen hat, die das Klagepatent voraus-

---

122 Zustimmend: OLG Düsseldorf, Urteil v 31.10.2019 – I-15 U 65/17; OLG Düsseldorf, Urteil v 9.6.2022 – I-15 U 67/17.
123 OLG Düsseldorf, Urteil v 31.10.2019 – I-15 U 65/17; OLG Düsseldorf, Urteil v 9.6.2022 – I-15 U 67/17.

setzt.[124] Lässt sich nicht ausschließen, dass die Katheter während ihrer Lagerung im Ausland mindestens ein Mal aktiviert worden sind, kommt daher eine Patentverletzung nicht infrage, weil die Katheter infolge ihrer ausländischen Erstaktivierung die patentgemäß vorausgesetzte Konstitution (einer »jungfräulichen« Oberflächenbeschichtung des Katheters) verloren haben.[125]

2.

Richtiger erscheint allerdings ein anderes Verständnis von der technischen Lehre des Klagepatents.

a)

Es drängt sich schon deshalb auf, weil es bei Zugrundelegung der vorstehend referierten Patentauslegung zu weitgehend willkürlichen Ergebnissen bei der Beurteilung der Verletzungsfrage kommt:

Da schon der inländische Besitz zum Zwecke des späteren Inverkehrbringens eine widerrechtliche Benutzungshandlung repräsentiert, wäre danach zu unterscheiden, ob das Wasser gerade vor dem Grenzübertritt aus dem Speicherkörper verdunstet ist und die Katheterbeschichtung aktiviert hat oder nicht. Wäre solches der Fall, käme eine inländische Benutzung des Klagepatents mangels einer im Inland vorliegenden »jungfräulichen« Katheterbeschichtung nicht mehr in Betracht. Würde sich das besagte Verdunstungs- und Aktivierungsszenario zum ersten Mal unmittelbar nach dem Passieren der deutschen Landesgrenze vollzogen haben, läge hingegen mit dem Grenzübertritt ein patentverletzender Besitz vor.

Wird der Besitz von einer Dauerwerbung (zB im Internet) begleitet, würde in der zuletzt betrachteten Konstellation überdies ein patentverletzendes Angebot zu bejahen sein. Ob diesem *widerrechtlichen* Angebot ein *patentverletzendes* Inverkehrbringen nachfolgt, hinge davon ab, ob es vor dem Beginn der Vertriebshandlung zufälligerweise zu einer erstmaligen Aktivierung der Katheterbeschichtung gekommen ist oder nicht. Hat es sie gegeben, läge im Zeitpunkt des Inverkehrbringens kein taugliches Verletzungsprodukt mehr vor, sodass ein Schutzrechtseingriff zu verneinen wäre; ist es hingegen bis zum Vertrieb zu keiner Erstaktivierung der Katheterbeschichtung gekommen, stellt sich der Vertrieb der zu diesem Augenblick noch »jungfräulichen« Katheterbeschichtung als Patentverletzung dar. Auch diese Differenzierung nach Gegebenheiten und Abläufen, die, sofern nicht ganz besondere Maßnahmen zur Temperaturregelung[126] getroffen werden, letztlich unbeherrschbar sind, überzeugt nicht.

Und es ergibt schließlich auch keinen rechten Sinn anzunehmen, dass zwar das dem Inverkehrbringen vorausgehende Internetangebot schutzrechtsverletzend gewesen ist (weil der Katheter bei Grenzübertritt noch unaktiviert war), die anschließende Auslieferung *desselben* rechtsverletzend angebotenen Produktes jedoch schutzrechtsfrei erfolgt ist (weil sich zwischenzeitlich, dh nach dem Angebot und vor Vertriebsbeginn, zufällig die Erstaktivierung der Katheterbeschichtung ereignet hat).

b)

In sich stimmige Resultate bei der Verletzungsprüfung stellen sich nur ein, wenn auch ein bereits erstaktivierter Katheter mit weitgehend leerem Speicherkörper als

---

124 In diesem Sinne: OLG Düsseldorf, Urteil v 31.10.2019 – I-15 U 65/17; OLG Düsseldorf, Urteil v 9.6.2022 – I-15 U 67/17.
125 OLG Düsseldorf, Urteil v 9.6.2022 – I-15 U 67/17.
126 Bsp: Bestrahlung mit Gammastrahlen, die zu einem augenblicklichen Temperaturanstieg in der Katheterverpackung auf ca 70° Celsius führt.

gebrauchsfertiges Katheter-Set mit *in einem Speicherkörper aufgenommenem* Quellungsmedium verstanden wird.

Der Anspruchswortlaut lässt eine dahingehende Interpretation zwangslos zu. Denn das aus Katheter und Aktivierungsflüssigkeit bestehende Set ist auch dann – und erst recht dann – für den Verwender *gebrauchsfertig*, wenn er die Aktivierung im Moment seines beabsichtigten Gebrauchs nicht mehr eigens in Gang setzen und abwarten muss, weil sich die Aktivierung zur rechten Zeit bereits selbsttätig vollzogen hat. *Gebrauchsfertig* ist das Set aus Katheter und Aktivierungsflüssigkeit unter solchen Umständen völlig unabhängig davon, ob der Selbstaktivierung rechtzeitig vor dem Kathetergebrauch bereits eine frühere Aktivierung der Katheterbeschichtung vorausgegangen ist oder nicht. Dass das *flüssige Quellungsmedium in einem Speicherkörper aufgenommen* sein soll, könnte zwar auf den allerersten Blick zu der Annahme verleiten, die Aktivierungsflüssigkeit müsse bis unmittelbar vor dem Gebrauch des Katheters in dem Speicher bevorratet sein und bleiben. Die nähere Spezifizierung des Speicherkörpers als »schwammartig« verdeutlicht dem Fachmann jedoch alsbald das Gegenteil. Denn das Wesen eines Schwamms liegt gerade darin, dass er Flüssigkeit nicht nur anfänglich speichern und auf äußeren Druck abgeben kann, sondern dass der Schwamm solchermaßen freigegebene Flüssigkeit auch wieder in sich aufsaugen kann. Eine wiederholte Abgabe und Aufnahme der Aktivierungsflüssigkeit bis zum Gebrauch des Katheters ist insofern von den Begrifflichkeiten des Klagepatents ohne weiteres gedeckt.

Ein nicht auf die erstmals unmittelbar vor dem Kathetergebrauch stattfindende Erstaktivierung abstellendes Verständnis verträgt sich ebenso mit dem vorbekannten Stand der Technik, soweit daraus bereits verpackte Katheter geläufig waren, in deren Aufnahmehohlraum Aktivierungsflüssigkeit bevorratet war. Denn anders als bei einer derartigen Konstruktion zeichnet sich das Klagepatent dadurch aus, dass das Quellungsmedium nicht frei verfügbar mit dem Katheter gemeinsam verpackt ist, sondern dass für die Aktivierungsflüssigkeit ein eigener Bevorratungsraum in Form eines Speicherkörpers vorgesehen ist.

Eine großzügige Interpretation des Patentanspruchs ist, was den Ausschlag gibt, auch technisch unbedingt geboten. Der mit dem Klagepatent angestrebte Vorteil liegt darin, den Verwender bei der Handhabung des Katheters von einer externen Wasserquelle unabhängig zu machen. Dieser Nutzen verwirklicht sich ganz offensichtlich nicht nur dann, wenn die hydrophile Beschichtung bis zuletzt »jungfräulich« bleibt und erstmals kurz vor dem beabsichtigten Gebrauch des Katheters gleitfähig gemacht wird, sondern er tritt in genau derselben Weise ein, wenn sich die Aktivierung bereits im Vorfeld der Verwendung, ggf sogar mehrfach hintereinander, vollzieht. Es erweist sich – wie geschildert – dabei als besonders benutzerfreundlich, wenn sich die Aktivierung im Moment der geplanten Selbstkatheterisierung von selbst und ohne initiale Mitwirkung des Verwenders (zu der dieser wegen seines körperlichen Handicaps ggf überhaupt nicht imstande ist) vollendet hat. In diesem Zusammenhang ist es ohne technische Bedeutung, ob es sich bei der selbstvollziehenden Aktivierung um die allererste handelt oder ob die Katheterbeschichtung davor – je nach Lagerdauer und Lagerbedingungen, zu denen sich das Klagepatent in keiner Weise verhält – bereits ein Mal, zwei Mal oder x-Mal aktiviert worden ist. Die (größere oder geringere) Zahl der Aktivierungen vor dem Gebrauch des Katheters hat auch keinen Einfluss auf die Gleitqualität der Katheterbeschichtung, weswegen es keinen vernünftigen Grund gibt, eine einfache oder mehrfache Aktivierung vor dem Gebrauch des Katheters darüber entscheiden zu lassen, ob das Klagepatent benutzt wird oder nicht. Das gilt umso mehr, als die Verwendung des Katheters typischerweise geraume Zeit nach dem Verkauf stattfinden wird, weswegen es umso weniger einleuchten, darauf zu beharren, dass die Beschichtung im Zeitpunkt des Vertriebs unaktiviert zu sein hat, wenn eine danach bis zum ungewissen Zeitpunkt des Gebrauchs stattfindende Aktivierung hingenommen wird.[127]

Schematisch[128] zusammengefasst gilt für die Auslegung das Folgende:

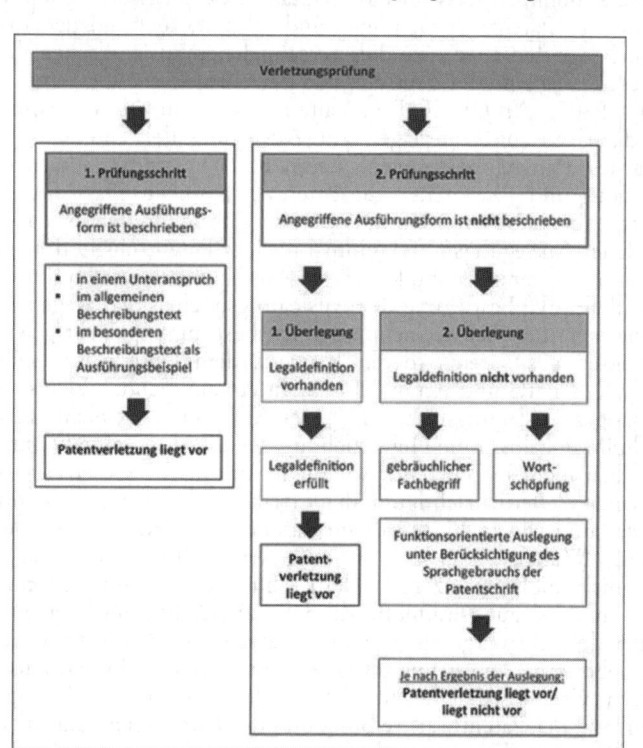

107

ii) Wirkstoffkombination

Betrifft ein Arzneimittelpatent die Verwendung eines bestimmten Wirkstoffs, fällt unter seinen Schutzbereich auch ein Präparat, das zu dem patentgeschützten einen weiteren Wirkstoff kombiniert.[129] Das gilt auch dann, wenn für die benutzte Wirkstoffkombination ebenfalls ein Patentschutz (ggf sogar desselben Inhabers) existiert.[130] Dementsprechend erstreckt sich auch ein Zertifikatschutz, der sich auf den fraglichen Wirkstoff bezieht, grundsätzlich ebenso auf die Benutzung einer Wirkstoffkombination, selbst wenn sie Gegenstand eines eigenen Zertifikatschutzes ist.[131]

108

---

127 Wenn es auf die »Jungfräulichkeit« der Katheterbeschichtung ankommen sollte, dann kann es aus technischer Sicht sinnvollerweise nur auf den Zeitpunkt des Kathetergebrauchs durch den individuellen Benutzer ankommen, weswegen es inkonsequent ist, für den Moment des Angebots/Vertriebs unbedingt eine noch nicht aktivierte Beschichtung zu fordern, eine erstmalige Aktivierung für den Zeitraum danach bis zur Katheterverwendung aber zuzulassen.
128 Für die Anfertigung der Grafik danke ich Herrn Rechtsanwalt Norbert Diel, Köln.
129 OLG Düsseldorf, Urteil v 6.8.2015 – I-2 U 21/15.
130 OLG Düsseldorf, Urteil v 6.8.2015 – I-2 U 21/15.
131 OLG Düsseldorf, Urteil v 6.8.2015 – I-2 U 21/15; EuGH, BeckRS 2012, 80847 – Novartis; EuGH, GRUR 2014, 157 – Actavis/Sanofi.

2. Erteilungsakte[132]

a) Grundsatz

109 Prinzipiell wäre es denkbar, dass für das Verständnis der Erfindung und die Interpretation dessen, was der Patentanspruch lehrt und schützt, auch auf den Inhalt der Erteilungsakte zurückgegriffen wird, wie dies verschiedenen ausländischen Jurisdiktionen[133] entspricht. Diesen Weg sind der deutsche und der europäische Gesetzgeber jedoch nicht gegangen. § 14 PatG, Art 69 EPÜ verhalten sich nicht bloß beispielhaft, sondern abschließend dazu, welche Unterlagen zur Auslegung der Patentansprüche (die den Schutzbereich des Patents bestimmen) heranzuziehen sind, nämlich – erstens – die Patentbeschreibung und – zweitens – die Patentzeichnungen. Dass die besagte Aufzählung als ultimativ verstanden werden muss, ergibt sich schon daraus, dass die Hinzuziehung verschiedener Auslegungsmittel (einmal nur der Patentschrift, das andere Mal auch der Erteilungsakte) im Einzelfall zu konträren Auslegungsresultaten führen kann, sodass sich ohne eine definitive Festlegung der Auslegungsquellen die (wegen Art 12, 14 GG) gebotene Rechtssicherheit bei der Schutzbereichsbestimmung nicht gewinnen lässt. Da die Erteilungsakten des Patents (deren Existenz dem Gesetzgeber selbstverständlich bewusst war) in § 14 PatG und Art 69 EPÜ nicht erwähnt sind, bilden sie kraft Gesetzes auch kein zulässiges Auslegungsmaterial.[134] Der Ausschluss gilt nicht nur im Grundsatz, sondern einschränkungslos. Eine Heranziehung der Erteilungsakte kommt deshalb auch in Ausnahmefällen nicht in Betracht. Angesichts der klaren Gesetzesfassung wäre eine streitentscheidende[135] Berücksichtigung der Erteilungsakte nicht nur contra legem, sondern sogar verfassungswidrig. Sie würde im Rahmen der Schutzbereichsbestimmung den gesetzgeberischen Willen, wie er in § 14 PatG, Art 69 EPÜ nun einmal zum Ausdruck gekommen ist, nicht bloß umsetzen, sondern – entgegen der eindeutigen Anweisung des Gesetzgebers – ein Auslegungsmittel für die Schutzbereichsermittlung einführen, das der Gesetzgeber gerade nicht vorgesehen und zugelassen hat.[136] Aus der Erkenntnis heraus, dass die gesetzgeberische Anweisung für einen bestimmten Sachverhalt als nicht befriedigend empfunden wird, würde eine Vollziehung des Gesetzes (Auslegung des Patentanspruchs nur anhand der Patentbeschreibung und der Patentzeichnungen) verweigert und stattdessen für den gesetzlich mutmaßlich unzureichend geregelten Sonderfall – legislativ – eine neue, eigene Handlungsnorm (Auslegung des Patentanspruchs auch und maßgeblich anhand der Erteilungsakte) kreiert. Das ist nicht Aufgabe der Rechtsprechung. Und es ist dies umso weniger, als eine Berücksichtigung der Erteilungsakte auch rein faktisch problematisch wäre. Im Zuge des Erteilungsverfahrens finden zwischen Anmelder (bzw dessen Patentanwalt) und Prüfer vielfach telefonische oder persönliche Kontakte statt, die in keiner Weise schriftlich dokumentiert sind. Ein zur Auslegung herangezogener Akteninhalt wird deshalb oftmals nicht vollständig, sondern nur fragmentarisch Auskunft darüber geben, welche Erwägungen tatsächlich zur Gewährung eines Patents mit bestimmtem Wortlaut geführt haben.

110 Aus dem Vorstehenden ergeben sich die nachstehenden **Folgerungen**:

111 – Ein bestimmtes Verständnis des Patentanspruchs, das sich aus dem Beschreibungstext (zB aus dort ausdrücklich erwähnten Ausführungsbeispielen der Erfindung) ergibt,

---

[132] Vgl (auch zur Rechtslage in Europa) Kühnen, GRUR 2012, 664.
[133] Für die USA vgl Bergen-Babinecz/Hinrichs/Jung/Kolb, GRUR Int 2003, 487.
[134] BGH, GRUR 2002, 511 – Kunststoffrohrteil; vgl dazu: Rogge, FS König, 2003, S 451; OLG Karlsruhe, Urteil v 9.7.2014 – 6 U 29/11.
[135] Dh eine Berücksichtigung der Erteilungsakte, die das sich aus der Patentbeschreibung und den Patentzeichnungen (als den gesetzlich vorgesehenen Auslegungshilfen) ergebende Verständnis des Patentanspruchs in sein Gegenteil verkehrt.
[136] BVerfG, Beschluss v 25.1.2011 – 1 BvR 918/10.

kann nicht unter Hinweis darauf außer Betracht bleiben, dass die betreffende Textstelle der Patentbeschreibung mit Rücksicht auf den Inhalt der Erteilungsakte gestrichen gehört.

– Hat sich der Anmelder im Rahmen des Prüfungsverfahrens zur Bedeutung eines Merkmals oder Begriffs geäußert, so kann diese Bemerkung allenfalls indizielle Bedeutung dafür haben, wie der Fachmann das betreffende Merkmal begreift.[137] Gleiches gilt für Äußerungen des Prüfers.[138] Eine derartige Berücksichtigung ist bedenkenlos, weil die Erteilungsakte hier bloß die Bedeutung eines Fachbuches oder dergleichen hat, das selbstverständlich zurate gezogen werden darf, um sich Gewissheit über den möglichen technischen Bedeutungsinhalt eines Anspruchsmerkmals zu verschaffen. 112

Vom BGH[139] bisher noch nicht entschieden ist die Frage, ob zur Auslegung des Patents öffentlich zugängliche Unterlagen wie die **Offenlegungsschrift** oder (im Falle einer Beschränkung des Patents im Einspruchs- oder Nichtigkeitsverfahren) die frühere Fassung des Klagepatents herangezogen werden dürfen, um den Patentanspruch der geltenden Anspruchsfassung zu deuten. Sie ist für die Offenlegungsschrift aus denselben Gründen, aus denen die Erteilungsakte keine Relevanz für die Schutzbereichsbestimmung hat, zu verneinen.[140] Anders verhält es sich bei der veröffentlichten Patentschrift, die von Gesetzes wegen zu dem zugelassenen Auslegungsmaterial gehört.[141] Es ist deswegen nach einem Teilwiderruf des Patents richtig, für die Frage, welche Bedeutung eine schon in der erteilten Patentfassung enthaltene Beschreibungsstelle für die Auslegung des im Verletzungsprozess geltend gemachten beschränkten Patents hat, die erteilte Anspruchsfassung mit in den Blick zu nehmen.[142] 113

b) Ausnahme

Weitreichendere Bedeutung haben Äußerungen im Einspruchs- oder Nichtigkeitsverfahren nur in einer Sonderkonstellation, nämlich dann, wenn der Patentinhaber (zB in Bezug auf eine bestimmte mögliche Ausführungsform der Erfindung) **schutzbereichsbeschränkende Erklärungen** abgegeben hat, die Beschränkung Grundlage für die Aufrechterhaltung des Patents war und der spätere Verletzungsbeklagte bereits am Einspruchs- oder Nichtigkeitsverfahren teilgenommen hat.[143] Unter derartigen Umständen erfolgt keine Reduzierung des Schutzbereichs; auf rein verfahrensrechtlicher Ebene ist die Erklärung des Patentinhabers aber von Belang, weil angenommen wird, dass die spätere Erhebung einer Verletzungsklage gegen denjenigen, der am Einspruchs- oder Nichtigkeitsverfahren beteiligt war, wegen einer von der schutzbereichsbeschränkenden Erklärung erfassten Ausführungsform ein treuwidriges Verhalten (§ 242 BGB) darstellt. Unerheblich ist, ob die schutzbereichsbeschränkende Erklärung in der Einspruchs- oder Nichtigkeitsentscheidung urkundlich dokumentiert ist oder, weil es daran fehlt, durch 114

---

137 BGH, NJW 1997, 3377, 3380 = BGH, Mitt 1997, 364 – Weichvorrichtung II.
138 BGH, GRUR 2016, 921 – Pemetrexed.
139 BGH, GRUR 2011, 701 – Okklusionsvorrichtung.
140 Kühnen, GRUR 2012, 664; OLG Düsseldorf, Urteil v 8.7.2014 – I-15 U 29/14.
141 OLG Düsseldorf, Urteil v 13.9.2013 – I-2 U 23/13; OLG Düsseldorf, Urteil v 8.7.2014 – I-15 U 29/14.
142 OLG Karlsruhe, Urteil v 9.7.2014 – 6 U 29/11.
143 BGH, GRUR 1993, 886 – Weichvorrichtung I; BGH, Mitt 1997, 364 – Weichvorrichtung II.

Zeugenbeweis[144] aufgeklärt werden muss.[145] In Bezug auf jeden anderen verfahrensunbeteiligten Dritten kann das Patent demgegenüber in seinem vollen Umfang (dh ohne Rücksicht auf die schutzbereichsbeschränkenden Erklärungen des Patentinhabers) durchgesetzt werden.[146]

115 Da sowohl der Einspruch als auch die Nichtigkeitsklage als Popularrechtsbehelf ausgestaltet sind, der jedermann offensteht, ohne dass irgendein eigenes Interesse an der Vernichtung des Klagepatents nachgewiesen werden muss, kann das Rechtsbestandsverfahren in zulässiger Weise grundsätzlich auch von einem **Strohmann** betrieben werden, der den Angriff auf das Klagepatent im eigenen Namen, aber im ausschließlichen Interesse eines Hintermannes führt. Für dessen Rechtsschutzbedürfnis genügt es, dass er (selbst nach Erlöschen des Patents) wegen Patentverletzung in Anspruch genommen werden kann, selbst wenn er aufgrund einer internen Freistellung die wirtschaftlichen Folgen einer Verurteilung letztlich nicht zu tragen haben sollte.[147] Es begründet im Hinblick auf die spätere zweite Nichtigkeitsklage auch nicht den Vorwurf des Rechtsmissbrauchs, wenn von mehreren gemeinsam wegen Schutzrechtsverletzung verklagten Personen zunächst nur einzelne eine erste Nichtigkeitsklage erheben und nach deren Erfolglosigkeit andere Verletzungsbeklagte danach einen zweiten Rechtsbestandsangriff unternehmen.[148]

116 Bleibt die Strohmanneigenschaft während des Rechtsbestandsverfahrens verdeckt, so kann sich der Hintermann nicht auf schutzbereichsbeschränkende Erklärungen berufen, die der Patentinhaber im Laufe des Einspruchs- oder Nichtigkeitsverfahrens gegenüber dem Strohmann abgegeben hat. Denn dem Schutzrechtsinhaber kann der Vorwurf eines treuwidrigen Verhaltens stets nur in Bezug auf diejenige (natürliche oder juristische) Person gemacht werden, die für ihn als Adressat seiner den Schutzbereich beschränkenden Erklärung zu erkennen war. Anders verhält es sich, wenn sich der Strohmann während des Rechtsbestandsverfahrens aktiv als solcher zu erkennen gibt, indem er seinen Hintermann benennt, oder wenn er passiv als Strohmann eines konkreten Hintermannes enttarnt wird und danach eine schutzbereichsbeschränkende Erklärung[149] des Patentinhabers erfolgt. Nach Offenlegung des Strohmannverhältnisses richtet sich die Beschränkungserklärung im Zweifel auch an denjenigen, den es aus der maßgeblichen Sicht des Patentinhabers angeht, weil er den Rechtsbestandsangriff steuert.

117 Greift der Einwand aus Treu und Glauben gegenüber einem Hersteller durch, so sind (obwohl selbst nicht am Einspruchs- oder Nichtigkeitsverfahren beteiligt) allerdings diejenigen **Abnehmer** geschützt, die die Produkte des Herstellers auf nachgeordneten Handelsstufen anbieten und/oder in Verkehr bringen. Die genannte Erweiterung ist dem Umstand geschuldet, dass ansonsten die den Hersteller begünstigende Privilegierung wirtschaftlich ohne Nutzen bliebe, wenn er seine Produkte zwar in den Verkehr bringen dürfte, jedem gewerblichen Abnehmer aber sofort die Verbietungsrechte aus dem Patent

---

144 Die beantragte Vernehmung eines Zeugen kann nicht deshalb unterbleiben, weil der Zeuge in einem anderen Verfahren (Strafverfahren, Einspruchsverfahren) bereits zu derselben Frage vernommen und seine dortige Aussage protokolliert worden ist (Grundsatz der Unmittelbarkeit der Beweiserhebung). Das hindert freilich nicht, das Vernehmungsprotokoll – auch gegen den Willen einer Partei – im Wege des Urkundenbeweises zu verwerten (BGH, MDR 2011, 808; BGH, MDR 2013, 1184). Unzulässig wird die Verwertung einer früheren Aussage im Urkundenbeweis erst dann, wenn eine Partei zum Zwecke des unmittelbaren Beweises die Vernehmung des Zeugen beantragt (BGH, MDR 2013, 1184).
145 BGH, GRUR 2006, 923 – Luftabscheider für Milchsammelanlage.
146 OLG Düsseldorf, Urteil v 20.12.2017 – I-2 U 39/16.
147 BGH, GRUR 2014, 758 – Proteintrennung.
148 BGH, GRUR 2014, 758 – Proteintrennung.
149 ... was auch anzunehmen ist, wenn der Patentinhaber eine frühere Erklärung wiederholt oder zumindest an ihr auch nach der Enttarnung festhält.

entgegengehalten werden könnten (mit der Folge, dass der Hersteller selbst keine Abnehmer für seine Ware mehr finden wird).

Wichtig ist, dass noch nicht jede Äußerung des Patentinhabers zum Stand der Technik, der dem Klagepatent entgegengesetzt wird, eine schutzbereichsbeschränkende Erklärung darstellt. Vielfach und in aller Regel wird es sich bloß um eine **Meinungsäußerung** handeln, die – auch wenn die Einspruchsabteilung oder das BPatG sie aufgreifen – keinen Einwand aus Treu und Glauben hervorbringen kann.[150] Erforderlich ist vielmehr eine Erklärung, die nach den gesamten Umständen für den Adressaten den hinreichenden Willen des Schutzrechtsinhabers erkennen lässt, die Reichweite seines Patents in Bezug auf eine bestimmte Ausführungsform – verzichtend – abzugrenzen.[151] Neben dem Wortlaut der Erklärung sind alle Begleitumstände sowie die Interessenlage zu berücksichtigen, unter der die Äußerung des Patentinhabers gemacht worden ist. 118

3. Einspruchs- oder Nichtigkeitsentscheidung

Auch die Ausführungen in einer Einspruchs- oder Nichtigkeitsentscheidung stellen (gewichtige) sachkundige Äußerungen dar, die vom Verletzungsgericht zur Kenntnis zu nehmen und bei seiner Auslegung zu würdigen sind.[152] Im Einzelfall kann sich hierbei die Notwendigkeit ergeben, sachverständige Hilfe hinzuzuziehen, wenn das Verletzungsgericht von den prima facie fachkundigen Darlegungen in der Einspruchs- oder Nichtigkeitsentscheidung abweichen will. 119

Eine darüberhinausgehende, das Verletzungsgericht rechtlich bindende Bedeutung kommt der Einspruchs- oder Nichtigkeitsentscheidung nur dann zu, wenn das Patent durch sie teilweise vernichtet (geändert) worden ist. Hier treten die die Abweichungen von der Anspruchsfassung der Patentschrift behandelnden Entscheidungsgründe an die Stelle der ursprünglichen Beschreibung und sind deshalb auch bei der Auslegung des Patents – wie jeder Beschreibungstext – zu berücksichtigen.[153] 120

Ein derartiger Fall liegt allerdings nicht vor, wenn und soweit die Teilvernichtung auf einer **Selbstbeschränkung** des Patentinhabers beruht, weil das Nichtigkeitsurteil unter solchen Umständen keine sachliche Begründung aufweist, die sich mit der mangelnden Schutzfähigkeit dieses Teils der Erfindung befasst.[154] 121

Die Erwägungsgründe einer Einspruchsentscheidung entfalten ferner dann keine Bindungskraft, wenn im Zuge der Teilvernichtung zugleich auch die **Beschreibung angepasst** und eine neue Patentschrift[155] veröffentlicht wird. Hier hat die Auslegung allein anhand der geänderten Patentschrift zu erfolgen. 122

Exkurs:
Besondere Beachtung bei der Verletzungsprüfung verdient der **erfolgreiche Teileinspruch**, wenn gegen Verletzer – allein oder auch – aus einem nicht angefochtenen Unteranspruch vorgegangen werden soll. Hier ist nämlich zu berücksichtigen, dass sich ein nicht mit dem Einspruch angegriffener Unteranspruch unverändert auf den *erteilten* 123

---

150 BGH, Mitt 1997, 364, 365 – Weichvorrichtung II.
151 OLG Düsseldorf, Urteil v 20.12.2017 – I-2 U 39/16.
152 BGH, GRUR 1998, 895 – Regenbecken.
153 BGH, GRUR 1979, 308, 309 – Auspuffkanal für Schaltgase; BGH, GRUR 1992, 839, 840 – Linsenschleifmaschine; OLG Düsseldorf, InstGE 5, 183 – Ziehmaschine (für den deutschen Teil eines EP).
154 BGH, GRUR 2007, 778 – Ziehmaschinenzugeinheit.
155 Anders als für das Einspruchsverfahren (§ 61 PatG) ist derartiges für das Nichtigkeitsverfahren nicht vorgesehen und geschieht dort auch nicht.

Hauptanspruch zurückbezieht, auch wenn dieser infolge des Teileinspruchs selbst bloß eingeschränkt aufrechterhalten worden ist.

124 Ganz überwiegend wird dem Patentinhaber im Falle eines **Teilwiderrufs** seines Schutzrechts eine **Anpassung der Patentbeschreibung** abverlangt.[156] Es gibt aber auch Stimmen – zB T 1989/18 vom 16.12.2021 –, die der Auffassung sind, dass das EPÜ (insbesondere Art 84) keine Grundlage dafür bietet, dass der Patentinhaber nach einem Teilwiderruf verpflichtet ist, die Patentbeschreibung an die geänderte Anspruchsfassung anzugleichen. Zur Begründung heißt es in der zitierten Entscheidung auszugsweise:

125 »*Artikel 84 EPÜ verlangt in erster Linie, dass die Ansprüche klar sind, dh dass sie den Gegenstand, für den Schutz beansprucht wird, in verständlicher und unzweideutiger Weise bestimmen und abgrenzen. Die Ansprüche müssen für sich genommen klar sein, wenn sie mit dem normalen Fachwissen einschließlich der Kenntnis des Standes der Technik gelesen werden, jedoch ohne Berücksichtigung der aus der Beschreibung der Patentanmeldung oder des geänderten Patents abgeleiteten Kenntnisse (siehe z. B. Entscheidung T 454/89, Gründe, Punkt 4.1 (vii)). In Artikel 84 EPÜ wird die Beschreibung nur im Zusammenhang mit dem zusätzlichen Erfordernis erwähnt, dass sie die Ansprüche stützen muss. ... Insbesondere, wenn die Ansprüche an sich klar sind und durch die Beschreibung gestützt werden, wird ihre Klarheit nicht beeinträchtigt, wenn die Beschreibung einen Gegenstand enthält, der nicht beansprucht wird. Bei der Beurteilung der Klarheit ist Artikel 69 EPÜ nicht relevant, da er sich nur mit dem Umfang des Schutzes befasst, ... Selbst wenn es für die Zwecke des Artikels 84 EPÜ möglich wäre, die Ansprüche im Lichte der Beschreibung und der Zeichnungen gemäß Artikel 69 EPÜ auszulegen, um festzustellen, ob die Voraussetzungen für die Klarheit erfüllt sind, kann die Kammer nicht erkennen, wie dieser Ansatz zu einer mangelnden Klarheit der Ansprüche (im Gegensatz zu einer mangelnden Klarheit der Beschreibung) führen könnte, wenn die klaren Begriffe der Ansprüche den in der Anmeldung oder dem Patent offenbarten Gegenstand nicht umfassen.*«

126 Im Prinzip ist der herrschenden Ansicht, die eine Beschreibungsanpassung verlangt, zuzustimmen. Im Erteilungsverfahren wird mit der Änderung der Ansprüche selbstverständlich auch die Patentbeschreibung angepasst; warum soll dasselbe dann nicht auch im Einspruchsverfahren geschehen, das als nachgeschaltetes Stadium des Erteilungsverfahrens versatzden wird? Der Beschreibungsanpassung bedarf es auch dringend! Für die Gewährung der Verbietungsrechte aus einem Patent sind gemäß Art 69 EPÜ die vor dem Hintergrund der Patentbeschreibung ausgelegten Patentansprüche maßgeblich. Angesichts dessen kann es schlechterdings nicht sein, dass für die Beurteilung des Patents im Rechtsbestandsverfahren auf ein Verständnis abgestellt wird, das sich isoliert aus den Patentansprüchen ergibt und die sie erläuternde Beschreibung vollständig ausblendet. Resultat dieser Divergenz ist nämlich, dass das Patent überhaupt nicht mit demjenigen Inhalt auf dem Prüfstand steht, den die Verletzungsgerichte dem Patent wegen Art 69 EPÜ beimessen *müssen*. Richtigerweise ist die »Klarheit« deshalb für denjenigen Patentanspruch zu fordern, der sich unter Heranziehung der – genau zum Zwecke der Erläuterung der Ansprüche vorgesehenen (!) – Patentbeschreibung ergibt. Werden die Patentansprüche beschränkt, so erfordert es der Gleichklang der Patentauslegung auf der Rechtsbestands- und der Verletzungsebene dementsprechend, die Patentbeschreibung (als das maßgebliche Auslegungsmittel für die Ansprüche) inhaltlich kongruent anzupassen, weil nur so ihre die (nach dem Teilwiderruf geltenden) Patentansprüche erläuternde Funktion erhalten bleibt.

---

156 Die parallele Problematik besteht im deutschen Einspruchsverfahren wegen § 61 PatG.

Die Frage kann desdhalb nicht sein, *ob* eine Beschreibungsanpassung vorzunehmen ist, wohl aber, *wie* dies zweckmäßigerweise zu geschehen hat. Denn mit der Anpassung darf keine unzulässige Erweiterung oder Schutzbereichserweiterung verbunden sein. Zwar schaffen sie einen neuen Grund für einen Rechtsbestandsangriff, allerdings verschiebt sich die Initiativpflicht auf den Benutzer, der sich zunächst mit einem im Schutzbereich unzulässig weiten Patent konfrontiert sieht, dagegen vorgehen muss und die hohen Aussetzungshürden zu überwinden hat. Beispielhaft sollen nachfolgend einige Sachverhaltskonstellationen betrachtet werden. 127

- Das **Streichen nicht mehr geschützter Ausführungsformen** ist regelmäßig keine gute Lösung. Denn ohne die gestrichenen Ausführungsbeispiele kann der Anspruch eine zu weite Auslegung befördern und ggf sogar Verzichtssachverhalte bei der Äquivalenzprüfung verdecken. Dasselbe gilt tendenziell für jede andere Streichung von Sätzen oder Satzteilen, weil damit möglicherweise der Kontext des übrigen Beschreibunstextes verändert wird, was Auswirkungen auf die Merkmalsauslegung haben kann. Die bessere Variante dürfte darin liegen, die als Folge des Teilwiderrufs nicht mehr dem Patentschutz unterfallende Ausführungsbeispiele in der Patentbeschreibung zu belassen und kommentierend zu vermerken, dass sie dem teilwiderrufenen Patent nicht (mehr) unterfallen. Allenfalls sollte der zu eliminierende Text durchgestrichen werden, weil er auch damit sichtbar und für die Patentauslegung verwertbar bleibt. 128

- Das **Umformulieren von Beschreibungspassagen** kann im Einzelfall schwierig sein und es – außer der erörterten Gefahr einer unzulässigen Erweiterung – mit sich bringen, dass der Schutzumfang des Patents über die Maßen verkürzt wird. Denn ohne Kenntnis einer bestimmten angegriffenen Ausführungsform, an der es im Stadium der Beschreibungsanpassung typischerweise fehlt, lässt sich der Schutzumfang eines im Beschreibungstext geänderten Patents – rein abstrakt – oft schwer ermitteln. Dem Patentinhaber darf hier nichts praktisch Unmögliches abverlangt werden. Die Lösung sollte deswegen auch hier in der bloßen Aufnahme eines Hinweises darauf bestehen, dass der Beschreibungstext der erteilten Fassung nicht mehr insgesamt für die Auslegung der eingeschränkten Patentansprüche herangezogen werden kann, verbunden mit einer erläuternden Bemerkung dazu, aus welchem Grund, namentlich wegen welcher Druckschrift die Ansprüche – wie geschehen – beschränkt worden sind. Mit diesen Informationen sind die Verletzungsgerichte in der Lage, eine angesichts des Teilwiderrufs sachgerechte Patentauslegung und Schutzbereichsbestimmung vorzunehmen. 129

Praxistipp:	Formulierungsbeispiel
Beschreibungsstellen niemals streichen, sondern nur durchstreichen!	

130

Soweit die Entscheidungsgründe nach dem zuvor Gesagten relevant sind, kann aus ihnen – ebenso wie aus der regulären Patentbeschreibung – *keine* einschränkende Interpretation hergeleitet werden, die im Widerspruch zum weiter gefassten Anspruchswortlaut steht.[157] 131

---

157 BGH, GRUR 2007, 778 – Ziehmaschinenzugeinheit.

IV. Verständnishorizont

132 Nachdem nunmehr herausgearbeitet ist, anhand welcher Unterlagen der Schutzbereich des Patents zu ermitteln ist, erhebt sich die Frage, welcher Wissens- und Erkenntnishorizont auf Seiten des Lesers der Patentschrift vorauszusetzen ist.

1. Durchschnittsfachmann

133 Insoweit gilt zunächst der Grundsatz, dass es auf die Sicht und das Verständnis des sog Durchschnittsfachmanns ankommt. Hierbei handelt es sich um eine gedachte (fiktive) Person mit einer beruflichen Ausbildung bzw Qualifikation (zB Facharbeiter, Meister, Ingenieur) und einer praktischen Erfahrung, wie sie üblicherweise diejenigen besitzen, die sich in der betrieblichen oder industriellen Praxis einschlägiger Unternehmen auf demjenigen Fachgebiet, zu dem die Lehre des Patents gehört, mit der Entwicklung von technischen Neuerungen befassen. Betrifft die Erfindung zB Schwungräder für Kraftfahrzeuge, so wird als Durchschnittsfachmann ein an einer Technischen Hochschule ausgebildeter Ingenieur der Fachrichtung Kraftfahrzeugtechnik anzusehen sein, der durch seine berufliche Tätigkeit mehrjährige Erfahrungen auf dem Gebiet der Konstruktion von Massenschwungrädern gesammelt hat. Befasst sich das Patent hingegen mit technisch einfachen Gegenständen, so wird als Qualifikation des Durchschnittsfachmanns nur eine Ausbildung als Techniker zu verlangen sein oder sogar eine langjährige praktische Erfahrung als Betriebsmeister genügen.

2. Tatsachenfeststellung

134 Aus der Sicht des Fachmanns sind (lediglich) diejenigen Tatsachen festzustellen, die in das – allein dem Gericht überantwortete – wertende Verständnis von einzelnen Begriffen und Merkmalen des Patentanspruchs einzufließen haben. Zu solchen Tatsachen gehören etwa ein bestimmtes Vorverständnis Sachkundiger auf dem betreffenden Fachgebiet, aber auch Kenntnisse, Fertigkeiten, Erfahrungen und methodische Herangehensweisen, die dem Fachmann eigen sind und mit denen er die Lektüre der Patentschrift vornimmt. Sie hat das Verletzungsgericht – ggf sachverständig beraten und in Auseinandersetzung mit den Ausführungen des Sachverständigen[158] – zu ermitteln und auf ihrer Grundlage alsdann – was eine Rechtsfrage darstellt[159] – den Inhalt des Patents eigenverantwortlich zu ermitteln.[160] Ob zu Recht von einer sachverständigen Beratung abgesehen worden ist, unterliegt der vollen Kontrolle durch das Revisionsgericht.[161] Unzulässig ist es, die Auslegung des Klagepatents als solche einem Sachverständigen zu überlassen oder dessen Darlegungen unkritisch zu übernehmen.[162] Mit Rücksicht auf den Charakter der Patentauslegung als Rechtsfrage unzulässig ist es ebenso, eine Patentverletzungsklage mit der Begründung abzuweisen, Angaben des Patentanspruchs seien unklar und ihr Sinngehalt selbst nach sachverständiger Beratung unaufklärbar.[163]

---

158 BGH, GRUR 2006, 962 – Restschadstoffentfernung.
159 BGH, GRUR 2009, 653 – Straßenbaumaschine; BVerfG, GRUR-RR 2009, 441 – Nichtberücksichtigung eines Beweisangebotes.
160 BGH, GRUR 2004, 1023 – Bodenseitige Vereinzelungseinrichtung; BGH, GRUR 2004, 411 – Diabehältnis; BGH, GRUR 2006, 131 – Seitenspiegel.
161 BGH, GRUR 2010, 314 – Kettenradanordnung II.
162 BGH, GRUR 2006, 962 – Restschadstoffentfernung; BGH, GRUR 2008, 779 – Mehrgangnabe.
163 BGH, GRUR 2009, 653 – Straßenbaumaschine.

Im **Revisionsverfahren** kann das Klagepatent vom BGH eigenverantwortlich interpretiert werden.[164] Eine Bindung besteht allerdings an diejenigen für die Auslegung relevanten tatsächlichen Feststellungen, die das Berufungsgericht nach Maßgabe des Vorstehenden ordnungsgemäß getroffen hat.[165] Hat das Berufungsgericht – pflichtwidrig – eine Auslegung des Patentanspruchs nicht vorgenommen, ist für eine Sachentscheidung des BGH aufgrund einer eigenen Auslegung des Anspruchs regelmäßig kein Raum.[166]   135

Hat der BGH das Berufungsurteil aufgehoben und die Sache **zurückverwiesen**, so ist gemäß § 563 Abs 2 ZPO das Berufungsgericht bei seiner erneuten Entscheidung an diejenige Rechtsauffassung des BGH gebunden, die der Urteilsaufhebung unmittelbar zugrunde liegt, dh diese kausal trägt.[167] Stellt das Berufungsgericht im neu eröffneten Berufungsverfahren andere Tatsachen fest als diejenigen, die Grundlage der Aufhebung waren, entfällt eine Bindung an die Rechtsauffassung des Revisionsgerichts.[168]   136

Beruht die Kassation darauf, dass der BGH die **Auslegung des Schutzrechts** nicht billigt, so ist zu unterscheiden: Legt sich der BGH für die Aufhebung des Berufungsurteils auf eine ganz bestimmte Auslegung fest, tritt Bindungswirkung ein.[169] Wie ein Schutzrecht auszulegen ist, ist nämlich eine Rechtsfrage, weshalb die Auslegung eines Patents oder Gebrauchsmusters vom Revisionsgericht in vollem Umfang nachprüfbar ist.[170] Eine abschließende Schutzrechtsauslegung, auf die sich das Revisionsgericht für seine Aufhebungsentscheidung stützt, stellt daher eine Rechtsansicht dar, die das Berufungsgericht im wiedereröffneten Instanzenzug bindet. Das gilt auch dann, wenn der Aufhebungsgrund nicht in einer infolge abweichender Patentauslegung unzutreffenden Beurteilung der Verletzungsfrage besteht, sondern darin, dass ausgehend von der vom BGH angeordneten Auslegung zu Einwendungen des Beklagten verfahrensfehlerhaft notwendige Sachaufklärungen unterblieben sind.[171] Keine Bindungswirkung tritt ein, wenn der BGH die Auslegung des Berufungsgerichts lediglich beanstandet (zB weil sie ohne sachverständige Beratung erfolgt ist), ohne jedoch selbst abschließend Position zu beziehen.   137

3. Anmelde- bzw Prioritätstag

Da sich das Wissen und Können solcher Fachleute im Laufe der Zeit verändert, fragt sich, ob auch in *dieser* Hinsicht eine Festlegung auf einen bestimmten Zeitpunkt vorzunehmen ist. Dies ist zu bejahen. Maßgeblich für das Verständnis des Durchschnittsfachmanns ist dessen Kenntnisstand am Anmelde- bzw (bei in Anspruch genommenem Zeitrang) Prioritätstag des Klagepatents.[172] Nur dasjenige, was zum damaligen Zeitpunkt zu seinem allgemeinen Fachwissen gehört hat, ist für das Verständnis der Erfindung heranzuziehen. Erkenntnisse, die erst später in die Fachwelt gedrungen sind, haben dagegen außer Betracht zu bleiben. Das bedeutet freilich nicht, dass ein *funktional* abgefasstes Merkmal nur durch am Prioritätstag geläufige und verfügbare Konstruktionen mit der   138

---

164 BGH, GRUR 2008, 779 – Mehrgangnabe.
165 BGH, GRUR 2006, 962 – Restschadstoffentfernung.
166 BGH, GRUR 2007, 1059 – Zerfallszeitmessgerät.
167 BGH, MDR 2017, 1386.
168 BGH, MDR 2017, 1386.
169 OLG Düsseldorf, Urteil v 4.12.2014 – I-2 U 6/01.
170 BGHZ 160, 204, 213 – Bodenseitige Vereinzelungseinrichtung.
171 OLG Düsseldorf, Urteil v 4.12.2014 – I-2 U 6/01.
172 Auf diese Frage kommt es freilich nur an, wenn sich das auslegungsrelevante Wissen des Fachmanns im Zeitintervall zwischen (früherer) Priorität und (späterer) Anmeldung vermehrt hat, sodass sich unterschiedliche Auslegungsergebnisse einstellen würden, je nach dem, welcher Kenntnisstand berücksichtigt wird.

besagten Funktion benutzt werden kann; vielmehr ist das Gegenteil richtig (vgl unten zu Rdn 144).

139 Für die Maßgeblichkeit des Prioritätstages (statt des späteren Anmeldetages) kommt es nicht darauf an, ob der Zeitrang der Voranmeldung *wirksam* in Anspruch genommen wurde; vielmehr reicht es aus, dass dem Schutzrecht die Priorität im Zuge der Erteilung zuerkannt wurde.[173] Alles Weitere ist eine Frage des Rechtsbestandes (genauso wie die Fragen der Neuheit und Erfindungshöhe), denen das Verletzungsgericht bei der Patentauslegung auch nicht nachgeht. Anderes gilt erst dann, wenn sich die Prioritätsverhältnisse als Folge einer Rechtsbestandsentscheidung ändern.

140 Dieser Grundsatz kann entscheidenden Einfluss bei der Schutzbereichsbestimmung haben.

▶ **Beispiel:**[174]

141 Sieht ein Sachpatent, welches absoluten Stoffschutz vermittelt, die Anwesenheit eines bestimmten, unerwünschten Stoffes (zB einer Verunreinigung) nur mit einem bestimmten, geringen Anteil von weniger als 25 % vor, so bestimmen im Zweifel die am Anmelde- bzw Prioritätstag verfügbaren Messmethoden, wo die Grenze zur Patentverletzung verläuft. Werden nachträglich exaktere Analysemethoden entwickelt, die erstmals weitere, bisher unerkannt gebliebene Verunreinigungen aufdecken, sodass solche bei dem angegriffenen Produkt mit einem Anteil von mehr als 25 % gegeben sind, so führen diese Analyseverfahren das Erzeugnis nicht aus dem Schutzbereich heraus. Maßgeblich bleibt vielmehr, dass sich nach *allen* dem Durchschnittsfachmann am maßgeblichen Stichtag der Anmeldung/Priorität zur Verfügung stehenden (weniger sensiblen) Messmethoden Verunreinigungen mit einem Anteil von weniger als 25 % ergeben.[175] Dem lässt sich nicht entgegenhalten, mit dem beanspruchten Zahlenwert werde eine bestimmte Sacheigenschaft vorausgesetzt, die vorhanden sein müsse, sodass spätere, genauere Analyseverfahren, die verlässlicheren Aufschluss über die fragliche Sacheigenschaft geben, Berücksichtigung finden müssten. Vielmehr verhält es sich genau umgekehrt. Der vom Patentanspruch geforderte Wert von 25 % basiert auf den und reflektiert die wenig sensiblen Messmethoden des Prioritätstages. Bei der Umschreibung derjenigen technischen Lehre, die die patentgemäß angestrebten Vorteile hervorbringt, sind *diejenigen* Verunreinigungen, die damals auch schon vorhanden, nur nicht detektierbar waren, sind bei der Festlegung der Obergrenze von 25 % praktisch schon »eingepreist«. Oder anders gewendet: Hätte es bereits am Prioritätstag exaktere Messverfahren gegeben, die weitere Verunreinigungen aufgedeckt hätten, wäre der Zahlenwert um das betreffende Maß nach oben korrigiert worden. Der Schutzbereich darf deshalb nicht einfach unter Hinnahme des auf alter Messtechnik beruhenden Zahlenwertes und gleichzeitiger Heranziehung moderner Messtechnik bei Analyse der angegriffenen Ausführungsform bestimmt werden.

V. Arten der Patentbenutzung[176]

1. Wortsinngemäße Benutzung

142 Nach den unter der Rubrik »Schutzbereichsbestimmung« dargelegten Kriterien ist vorrangig zu prüfen, ob eine wortsinngemäße Benutzung[177] des Klagepatents gegeben ist.

---

173 Hierzu tendierend auch LG Düsseldorf, Urteil v 12.7.2018 – 4a O 36/18.
174 LG Düsseldorf, Urteil v 12.7.2018 – 4a O 36/18; vgl hierzu ausführlich Schröler, Mitt 2019, 386.
175 LG Düsseldorf, Urteil v 12.7.2018 – 4a O 36/18.
176 Vgl Meier-Beck, GRUR 2003, 905.
177 Vgl Engel, GRUR 2001, 897.

Sie hat nicht zuletzt deshalb Priorität, weil bestimmte Verteidigungsargumente (zB der »Formstein-Einwand«) bei ihr nicht zugelassen sind.[178]

a) Technischer Wortsinn

Wie bereits der Begriff »*wortsinn*gemäße« Benutzung deutlich macht, kommt es nicht darauf an, ob die Merkmale in einem rein philologischen Sinne verwirklicht sind. Allein entscheidend ist vielmehr der *technische Sinngehalt*, der sich unter Berücksichtigung von Aufgabe und Lösung der Erfindung mit ihnen verbindet. Es geht mithin darum festzustellen, ob die einzelnen Merkmale in dem Sinne verwirklicht sind, wie sie der Durchschnittsfachmann ihrem technischen Sinngehalt nach versteht.[179] 143

Rein **funktional abgefasste Merkmale** werden auch durch eine Konstruktion verwirklicht, die dem Fachmann am Prioritätstag noch nicht zur Verfügung gestanden hat, sondern erst durch die spätere technische Entwicklung möglich geworden ist.[180] 144

Benennt der Patentanspruch demgegenüber konkrete Lösungsmittel zur Erzielung eines bestimmten patentgemäßen Erfolges, so kann von einer wortsinngemäßen Benutzung nur ausgegangen werden, wenn die bei der angegriffenen Ausführungsform vorhandenen übereinstimmenden Mittel nicht nur **irgendeinen untergeordneten Lösungsbeitrag beisteuern**. Sie müssen vielmehr in einem solchen Maße eine Befestigung herbeiführen, dass die patentgemäße Wirkung in einem vielleicht noch nicht optimalen, aber doch technisch brauchbaren Umfang eintritt. Wirken zusätzlich andere, dritte Befestigungsmittel, ist dies daher nur unschädlich, wenn sie entweder lediglich die bereits grundsätzlich gegebene Tauglichkeit bloß steigern oder aber für einen gänzlich außerhalb des patentgemäßen Erfolges liegenden Effekt verantwortlich sind.[181] 145

▶ **Beispiel:**[182]

In die Befestigungslöcher einrastende Befestigungszapfen sollen zwei Bauteile so miteinander kuppeln, dass die Vorrichtungsteile in keiner Richtung mehr relativ zueinander bewegt werden können. Die angegriffene Ausführungsform verfügt über Haken, die im gekuppelten Zustand Löcher so hintergreifen, dass zwar eine horizontale Beweglichkeit genauso unterbunden ist wie eine vertikale Beweglichkeit nach unten. Eine vertikale Beweglichkeit nach oben bleibt jedoch möglich. Eine wortsinngemäße Benutzung lässt sich hier nicht damit begründen, dass die angegriffene Ausführungsform über eine weitere Rastklinke verfügt, die im Patentanspruch nicht ausgeschlossen ist und die eine Verschiebung nach oben verhindert. 146

Unerheblich ist, ob die Lehre des Patentanspruchs planmäßig oder nur **zufällig** verwirklicht wird[183]; unbeachtlich ist gleichfalls, wenn der Vorrichtung eine Bedienungsanleitung oder dergleichen beigefügt ist, die einen anderen als den zur Merkmalsverwirklichung führenden Gebrauch empfiehlt.[184] Solange die angegriffene Ausführungsform 147

---

178 BGH, GRUR 1999, 914 – Kontaktfederblock.
179 BGH, NJW-RR 1999, 546 – Sammelförderer.
180 BGH, GRUR 2022, 893 – Aminosäureproduktion; LG Frankfurt/Main, InstGE 6, 1 – Kunstharzzusammensetzung; OLG Düsseldorf, GRUR-RR 2020, 137 – Bakterienkultivierung.
181 OLG Düsseldorf, Urteil v 21.2.2013 – I-2 U 68/11.
182 OLG Düsseldorf, Urteil v 21.2.2013 – I-2 U 68/11.
183 OLG Düsseldorf, Urteil v 26.4.2012 – I-2 U 30/09.
184 BGH, GRUR 2006, 399, 401 – Rangierkatze.

aufgrund ihrer Beschaffenheit und Verwendungstauglichkeit *objektiv* in der Lage ist, die Merkmale des Patentanspruchs zu erfüllen, liegt eine Patentbenutzung vor.[185]

148 Dasselbe gilt unter gewissen Voraussetzungen auch dann, wenn die angebotene/vertriebene Vorrichtung in ihrem Auslieferungszustand noch nicht geeignet ist, von sämtlichen Merkmalen des Patents Gebrauch zu machen, der Abnehmer aber eine Veränderung an der Vorrichtung vornehmen kann, die die objektive Eignung zur Verwirklichung sämtlicher Anspruchsmerkmale herbeiführt. Gemeint sind solche Fälle, bei denen die ausgelieferte Vorrichtung die objektive Eignung zur Erfindungsbenutzung bereits in sich trägt (weil die betreffende Funktion softwaremäßig implementiert ist), die Eignung aber zunächst noch einer **Aktivierung** bedarf, um sie für den Benutzer verfügbar zu machen, indem dieser beispielsweise unter mehreren vorgesehenen Funktionalitäten bei der Konfiguration diejenige auswählt, die die patentgemäße zum Einsatz bringt. Damit dem Lieferanten dieser letzte, für die Erfindungsbenutzung wesentliche Schritt zugerechnet werden kann, muss er ihn angeleitet[186] oder in dem Wissen, dass er von seinem Abnehmer vorgenommen werden wird, bewusst ausgenutzt haben.[187] Unter derartigen Bedingungen macht sich der Handelnde mit der Lieferung die Nacharbeit seines Abnehmers zu eigen, was es rechtfertigt, ihm diese Nacharbeit so zuzurechnen, als habe er die Vorrichtung bereits mit der die Erfindung benutzenden Konfiguration selbst in den Verkehr gebracht bzw. angeboten.[188] Dies vorweggeschickt, ist nach Lage des Falles zu differenzieren:

149 – Kein Zurechnungssachverhalt liegt vor, wenn es an der Vorrichtung besonderer Umgestaltungsmaßnahmen bedarf, um die Tauglichkeit herzustellen, und der Erwerber hierzu weder angeleitet wird noch sonst sicher absehbar ist, dass er die nötige Umgestaltung aus eigenem Antrieb vornehmen wird.[189] Zu denken ist beispielhaft an Sachverhalte, bei denen es zur Aktivierung der bloß implementierten, patentgemäßen Funktion einer **Umprogrammierung** des Liefergegenstandes bedarf, die von dem Abnehmer vernünftigerweise nicht erwartet werden kann oder zu der er technisch nicht einmal imstande ist.

150 – Genau anders herum verhält es sich, wenn der Liefergegenstand (ähnlich wie bei einem Mobiltelefon oder einer Fritzz-Box) zu seiner Inbetriebnahme einer vom Benutzer durchzuführenden **Konfiguration** bedarf, wenn eines der beiden nachfol-

---

185 Solches ist allerdings auch erforderlich und unverzichtbar. Soll ein Bauteil einer geschützten Vorrichtung einen bestimmten Zweck erfüllen, genügt es nicht, wenn es hierzu erst durch das Aufspielen geeigneter Software oder sonstige Konfigurationsmaßnahmen in die Lage versetzt werden kann. Vielmehr muss das Bauteil bereits entsprechend konfiguriert sein, dh eine geeignete Software oder sonstige Mittel umfassen, die in entsprechenden Betriebssituationen die Verwirklichung dieser Funktionen ermöglichen (BGH, GRUR 2022, 982 – SRS-Zuordnung). Mit Blick auf die gesamte patentgeschützte Vorrichtung gilt dasselbe!
186 Dies kann ausdrücklich, aber auch stillschweigend geschehen. Im letztgenannten Fall ist erforderlich, dass die Gesamtumstände für den Abnehmer so arrangiert werden, dass für ihn unter Berücksichtigung seines Empfängerhorizontes und seiner Motivationslage die eindeutige Botschaft vermittelt wird, in bestimmter Weise zu agieren.
187 OLG Düsseldorf, Urteil v 25.6.2020 – I-2 U 17/19.
188 OLG Düsseldorf, GRUR-RR 2016, 97 – Primäre Verschlüsselungslogik; die Nichtzulassungsbeschwerde hat der BGH mit Beschluss v 13.6.2017 – X ZR 24/15 zurückgewiesen.
189 OLG Düsseldorf, GRUR-RR 2016, 97 – Primäre Verschlüsselungslogik (Eingriff in die Software eines digitalen Satellitenempfängers, um eine bestimmte, patentgemäße Gerätefunktion [Entschlüsseln von Bezahlfernsehen] zu aktivieren; konkret bedurfte es des manuellen Aufrufs einer implementierten Funktion, die dem Nutzer des Empfängers weder mitgeteilt noch sonst bekannt war. Gleiches gilt erst recht, wenn es zur Herbeiführung der Eignung der Entwicklung eines eigenen Softwareprogramms bedarf). In gleichem Sinne für eine ganz ähnliche Konstellation: OLG München, Beschluss v 9.4.2019 – 6 U 4653/18.

genden Szenarien zutrifft: Erstens: Die patentgemäße Funktion ist zwingend auszuwählen, **um** die **Betriebsbereitschaft herzustellen**. Zweitens: Dem Benutzer begegnet die patentgerechte Funktion wenigstens als eine von mehreren überschaubaren Optionen, zwischen denen er für die Inbetriebnahme eine Auswahl treffen muss. Die zuletzt genannte Variante genügt dann, wenn nach der Lebenserfahrung davon ausgegangen werden kann, dass sich Benutzer bei ihrer Auswahl für die patentgemäße Funktionsalternative entscheiden werden/entschieden haben.

Liegt der Fall so, hat der Lieferant die fragliche Alternative grundsätzlich zu entfernen. Anderes mag ausnahmsweise dann gelten, wenn die schutzrechtsverletzende Auswahl unverzichtbar für die Bereitstellung einer anderweitigen, gemeinfreien Funktion oder Wirkung des Liefergegenstandes ist; hier kommt mindestens die Verpflichtung zu einem die Abnehmer belehrenden Warnhinweis in Betracht, wie sie von der mittelbaren Patentverletzung geläufig ist. Auskunfts- und rechnungslegungspflichtig sind unter solchen Umständen sämtliche Angebote und Verkaufsgeschäfte, auch solche, bei denen die patentgemäße Funktion tatsächlich nicht aktiviert worden ist[190], während einer Schadenersatzpflicht nur diejenigen Lieferungen unterliegen, bei denen die Funktion des Klagepatents vom Abnehmer nachweislich in Kraft gesetzt wurde. 151

– Problematischer sind Konstellationen, die zwischen den beiden vorbesprochenen Sachverhalten liegen. Sie zeichnen sich zunächst dadurch aus, dass die für eine Aktivierung der patentgerechten Funktion erforderliche Handlung dem Benutzer möglich ist, weil es hierzu keiner Programmiertätigkeit oder dergleichen bedarf, die seine technischen Fähigkeiten übersteigt. Andererseits wird dem Benutzer die erforderliche Aktivierungshandlung nicht unvermeidlich bei der Inbetriebnahme des Liefergegenstandes abverlangt. Denkbar ist etwa, dass die patentgemäße Funktionalität bloß als eine **Option** in der Vorrichtung »verborgen« ist, die vom Benutzer im Rahmen des Gerätegebrauchs **selbständig** »**aufgespürt**« werden muss. Hier scheidet eine Zurechnung kraft Anleitung aus und kommt eine Haftung des Lieferanten nur unter dem Gesichtspunkt des bewussten Ausnutzens in Betracht. Voraussetzung ist, dass der Lieferant nach den Gesamtumständen damit rechnen muss, dass der Benutzer die fragliche Aktivierungshandlung auch ohne besondere Anleitung von sich aus vornehmen wird. Hierfür kann sprechen, dass die besagte Funktion ohnehin jedermann geläufig oder besonders beworben ist und für den Benutzer Vorteile bietet, die ihn motivieren können. Unter derartigen Umständen ist die Feststellung gerechtfertigt, dass der Lieferant die eigenmächtige Aktivierung der patentgemäßen Funktion durch den Abnehmer nicht nur billigend in Kauf nimmt, sondern gezielt und bewusst für sich ausnutzt.[191] 152

Nach denselben Regeln kann dem Vertreiber ein erst **in die Patentverletzung hineinführender Umbau** der im Auslieferungszustand noch nicht patentgemäßen Vorrichtung **durch** den **Abnehmer** zugerechnet werden, nämlich dann, wenn der Lieferant den Umbau aktiv – sei es ausdrücklich oder konkludent[192] – anleitet[193] oder ihn in dem Bewusstsein, dass der Umbau zu einer patentgerechten Vorrichtung aus eigener Initiative 153

---

190 ... es sei denn, es gibt verlässliche Anhaltspunkte für den Lieferanten dafür, welcher Abnehmer die patentgemäße Auswahl getroffen hat, und welcher nicht.
191 OLG Düsseldorf, GRUR-RR 2020, 289 – Repeater (die Nichtzulassungsbeschwerde hat der BGH mit Beschluss vom 9.11.2021 – X R 48/20 zurückgewiesen); OLG Düsseldorf, Urteil v 25.6.2020 – I-2 U 17/19.
192 Vgl dazu oben Rdn 148.
193 Erforderlich ist, dass die Gesamtumstände für den Abnehmer derart arrangiert werden, dass für ihn unter Berücksichtigung seines Empfängerhorizontes und seiner Motivationslage die eindeutige Botschaft vermittelt wird, in bestimmter Weise zu agieren.

A. Schutzbereichsbestimmung

des Abnehmers stattfinden wird, bewusst für sich ausnutzt.[194] Weil schon eine einzige Verletzungshandlung die Gefahr einer Wiederholung unter gleichen Umständen begründet, kommt es nicht darauf an, dass aufgrund der gegebenen Anleitung sämtliche Abnehmer oder ein überwiegender Teil des Abnehmerkreises den fraglichen Umbau vornehmen; es reicht vielmehr aus, dass sich dies wenigstens für einige von ihnen, dann allerdings mit der für eine tatrichterliche Feststellung gebotenen Gewissheit, annehmen lässt.[195] Die entscheidende Frage in den zuletzt genannten Fällen wird sein, ob die Tatsachenlage hinreichend dicht für die tatrichterliche Feststellung ist, dass – erstens – der Umbau in einen patentverletzenden Zustand angeleitet stattfinden *wird* und dass – zweitens – der Lieferant dies sehenden Auges für sich ausnutzt (etwa dahingehend, dass er seine Produkte auch an solche Interessenten absetzt, die einen Bedarf nur an umgebauten Vorrichtungen, nicht aber an solchen im Originalzustand haben).

Praxistipp	Formulierungsbeispiel

154 Bei der tatrichterlichen Würdigung der Gesamtumstände ist auf die richtige Perspektive zu achten. Infolge der Befassung mit dem Klagepatent besteht leicht die Gefahr, dessen technische Aussagen unbesehen in den realen Markt und in die Sicht der Abnehmer zu projezieren. Diese kennen das Klagepatent aber möglicherweise überhaupt nicht und interessieren sich auch nicht im Geringsten für diejenige Problemlage, die das Klagepatent ausgemacht hat. Wesentlich für das Verständnis derjenigen Werbeaussagen, aus denen sich eine Anleitung zum Umbau ergeben soll, sind aber allein diejenigen Belange, die den Abnehmer bei seiner Kaufentscheidung tatsächlich umgetrieben haben.

▶ Beispiel:[196]

I.1.

155 Das Klagepatent (EP 2 103 771) betrifft ein Sektionaltor für Garagen oder Industriehallen.

Damit das Torblatt (10) von der vertikalen Schließstellung in die horizontale Überkopf-Öffnungsstellung verfahren werden kann, besteht das Torblatt (10) aus einzelnen Torblattsegmenten (12, 14), die um eine horizontale Achse gegeneinander verkippt (20) werden können. Das Torblatt (10) verfügt außerdem über eine integrierte Schlupftür (100), die ihrerseits ebenfalls aus horizontal gegeneinander verkippbaren Türblattsegmenten besteht (weil die Tür ansonsten nicht mit dem Torblatt zusammen in die Öffnungsstellung verfahren werden könnte) und die (wie jede gewöhnliche Tür) um eine senkrecht zu den Kippachsen (20) stehende (dh vertikal aufragende) Schwenkachse verschwenkt werden kann. Die nachstehende Figur 1 verdeutlicht diese Details.

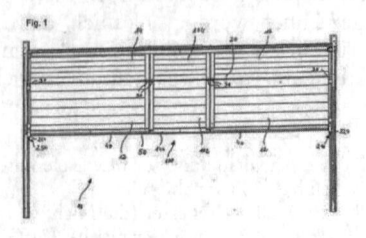

---

194 OLG Düsseldorf, GRUR-RR 2021, 429 – Garagentor.
195 OLG Düsseldorf, GRUR-RR 2021, 429 – Garagentor.
196 OLG Düsseldorf, GRUR-RR 2021, 429 – Garagentor.

V. 1. Wortsinngemäße Benutzung

Damit die Schlupftür (100) in der horizontalen Öffnungsstellung des Torblatts (10) nicht nach unten durchhängt, ist zur Stabilisierung ein Schwellenelement (50) und ein damit zusammenwirkendes Befestigungselement (40) vorgesehen. Es bildet in der Schließstellung des Torblatts (10) im Bereich des Türblatts den unteren Rand der Torblatt-Ausnehmung für die Tür. Das Befestigungselement (40) befestigt – wie sein Name schon sagt – das Schwellenelement (50) an den zuunterst gelegenen Torblattsegmenten.

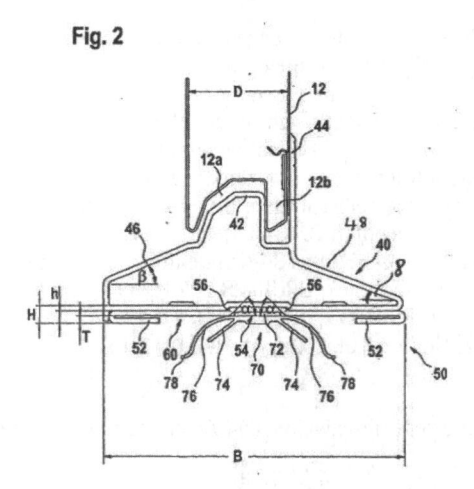

Fig. 2

Erfindungsgemäß soll das Schwellenelement niedriger als 20 mm sein, weil die Schlupftür nur dann als Fluchtweg genutzt werden kann. Um trotz dieser geringen Größe eine ausreichende Stabilität aufzubringen, ist vorgesehen, dass das Schwellenelement (50) besonders breit ausgestaltet ist.

2.

Angegriffen werden Garagentore mit Schlupftür, bei denen auf das eigentliche dachförmige Schwellenelement ein im Querschnitt rechteckiges Kappenelement (D) vormontiert ist, das die Höhe der Gesamtanordnung auf 23 mm erhöht (Abbildung links).

Konstruktion

Diese Schlupftür verfügt über ein OH1042P Bodenabschlussprofil mit einem stabilen breiten Aluminiumprofil. Dieses ist gerippt und minimiert somit die Rutschgefahr bei Regen und Schnee. (D = marktabhängig)

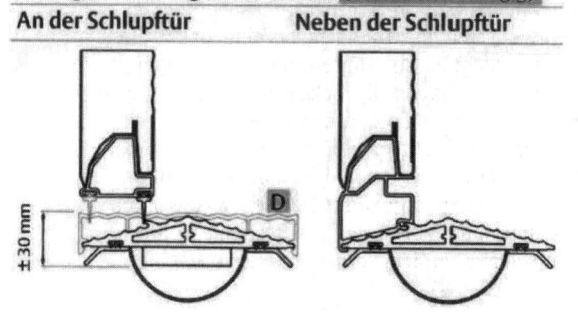

An der Schlupftür	Neben der Schlupftür

Ohne das Kappenelement beträgt die Höhe des Schwellenelements weniger als 20 mm (vgl die Abbildung rechts). Das Kappenelement lässt sich ohne Werkzeug mit wenigen einfachen Handgriffen lösen.

II.

Die vom Klagepatent geforderte Höhe des Schwellenelements ist nur eingehalten, wenn das Kappenelement außer Betracht gelassen wird, weil es von den Abnehmern der angegriffenen Sektionaltore nach der Montage wieder entfernt zu werden pflegt und dieser Umbau der Beklagten zurechenbar ist.

1.

An eine derartige Zurechnung ist zu denken, wenn die Beklagte die Umgestaltung in eine patentgemäße Konfiguration – gleichsam als letzten Herstellungsakt – entweder selbst aktiv angeleitet oder in dem Wissen, dass er geschehen wird, bewusst für sich ausgenutzt hat. Die Beklagte macht sich unter solchen Umständen mit ihrer Lieferung die zur Patentverletzung führende Nacharbeit ihrer Abnehmer bewusst zu eigen, was es rechtfertigt, ihr diese Nacharbeit so zuzurechnen und sie rechtlich so zu behandeln, als hätte sie die Vorrichtung selbst in dem die Erfindung benutzenden Zustand in den Verkehr gebracht bzw. angeboten (OLG Düsseldorf, Urt. v. 24.02.2011, Az.: I-2 U 122/09, BeckRS 2011, 8375 = InstGE 13, 78 – Lungenfunktionsmessgerät; GRUR-RR 2017, 97 – Primäre Verschlüsselungslogik; GRUR-RR 2020, 289 – Repeater; Urt. v. 27.04.2017, Az.: I-2 U 23/14, BeckRS 2017, 109820; Urt. v. 19.07.2018, Az.: I-15 U 43/15, BeckRS 2018, 22632; Urt. v. 25.06.2020, Az.: I-2 U 17/19).

2.

Die Voraussetzungen eines stillschweigenden Anleitens sind vorliegend nicht gegeben.

a)

Auch wenn die Klägerin mittels eines in der mündlichen Verhandlung vor dem Landgericht überreichten Videos veranschaulicht hat, dass sich das lediglich auf den darunterliegenden Bereich aufgeklickte Kappenelement der angegriffenen Ausführungsform selbst für Laien ohne den Einsatz von Werkzeug mit wenigen Handgriffen entfernen lässt, fehlt es vorliegend bereits an konkreten Anhaltspunkten dafür, dass (und warum) Abnehmer, die sich für ein Garagentor mit Kappenelement entschieden haben, einen solchen Umbau im Zuge des regulären Gebrauchs tatsächlich vornehmen. Bei der Untersuchung ihrer Motivationslage, solches zu tun, kann nicht einfach unterstellt werden, dass den Abnehmern das Klagepatent und die dort geschilderten technischen Zusammenhänge bekannt sind. Derartiges wäre nur zulässig, wenn entweder unstreitig oder tatrichterlich feststellbar wäre, dass der Inhalt des Klagepatents den Marktteilnehmern auf Nachfragerseite mindestens geläufig ist, wofür jedoch nichts vorgetragen und auch nichts ersichtlich ist.

aa)

Soweit die Klägerin erstmals in der Berufungsbegründung auf drei bei Kunden der Beklagten in der Bundesrepublik Deutschland eingebaute Garagentore verweist, ... verhält sich die Klägerin nicht zu den Hintergründen der bei diesen Toren vorgenommenen Veränderungen. Zu Recht haben die Beklagten darauf hingewiesen, dass die auf den durch die Klägerin vorgelegten Fotografien gezeigten Tore diverse Beschädigungen aufweisen und an mehreren Stellen notdürftig repariert wurden. Es wäre daher an der Klägerin gewesen, näher zu den Umständen der Umgestaltung vorzutragen. Dem ist sie jedoch nicht nachgekommen. Dass die betreffenden Tore durch die jeweiligen Abnehmer in freier Entscheidung (und nicht etwa zur Beseitigung etwaiger Schäden an den Kappenelementen) umgebaut wurden, vermag der Senat vor diesem Hintergrund nicht festzustellen.

bb)

Selbst wenn die zur Anbringung des Kappenelementes gewählte Klickverbindung, wie von der Klägerin behauptet, tatsächlich von den Beklagten darauf angelegt wäre, bei

Bedarf entfernt zu werden und das darunterliegende, ebenfalls als Schwelle ausgestaltete und für sich begehbare Bauteil freizulegen, erschließt sich nicht, welchen Anlass Abnehmer haben sollten, das Kappenelement abzunehmen und die an sie gelieferten Garagentore dadurch umzubauen.

(1)

Ein ausdrücklicher Hinweis auf die Möglichkeit eines solchen Umbaus findet sich – mangels gegenteiligen Parteivortrages – offenbar weder auf den Garagentoren selbst noch in den zugehörigen Produktdatenblättern. Die letzteren lassen auch nicht den Schluss zu, Abnehmer würden ohne eine explizite Erläuterung der Beseitigungsmöglichkeit eine solche erkennen und das Kappenelement bei Bedarf abnehmen. Die bloße Bewerbung der angegriffenen Ausführungsform als »Schlupftür mit niedriger Schwelle«, die ein bequemes Überqueren ermöglicht und die Stolpergefahr minimiert, ist dafür zu allgemein gehalten. Die Vorteilsangaben lesen sich nämlich zwanglos auch auf eine Ausführungsform mit Kappenelement, deren Schwelle nach dem Verständnis des allgemeinen Sprachgebrauchs ohne weiteres als »niedrig« bezeichnet werden kann und der der Verkehr ohne Zögern die Qualität zusprechen wird, bequem und stolperfrei überquert werden zu können.

(2)

Die in den Produktdatenblättern enthaltenen Vorteilshinweise beziehen sich im Übrigen auf das dort beschriebene Sektionaltor, welches marktabhängig über ein Kappenelement verfügen kann. Ist ein solches – aufgrund der vom Kunden vorgenommenen Bestellung – vorhanden, so kann der Hinweis darauf, dass das Tor ggf. auch ohne Kappenelement bestellbar und erhältlich gewesen wäre, noch keinen Anreiz geben, das (vom Hersteller ordergerecht montierte) Kappenelement eigenmächtig zu entfernen.

Zwar wird die in die Produktdatenblätter aufgenommene Konstruktionszeichnung nebst erläuterndem Hinweis auf die Marktabhängigkeit des Kappenelements den Beklagten mit diesem Urteil verboten; sie ist dennoch rechtlich relevant und prüfungsbedürftig, weil die im Geschäftsverkehr verwendeten Prospektangaben im Falle der Zurechnung einer Demontage des Kappenelements durch den Abnehmer eine weitergehende Verurteilung der Beklagten auch wegen des erfolgten (und nicht nur drohenden) Vertriebs von Toren ohne Kappenelement rechtfertigen würde.

(a)

Es stellt zwei grundsätzlich unterschiedliche Dinge dar, ob dem Kunden bei der Bestellung eines Erzeugnisses vom Hersteller die Wahl zwischen verschiedenen Ausstattungsvarianten eingeräumt wird, oder ob es darum geht, dass der Kunde den ihm gelieferten Gegenstand nachträglich durch einen eigenmächtigen Umbau in seiner Ausstattung verändert, mag dies auch in einer Weise geschehen, die in dieser Form für ihn zu bestellen gewesen wäre. Dass das Kappenelement in den Produktblättern lediglich dünn gezeichnet und mit dem Zusatz »D = marktabhängig« versehen ist, verdeutlicht dem Abnehmer insofern lediglich, dass das beworbene Tor in unterschiedlichen Ausstattungsvarianten (nämlich mit und ohne Kappenelement) erhältlich ist, was aber noch nicht bedeutet, dass sich der Abnehmer aufgerufen fühlen könnte, ein bewusst mit Kappenelement bestelltes und erhaltenes Tor von sich aus durch Entfernen des montierten Kappenelements umzubauen. Zum einen bedürfte es eines hinreichenden Anlasses, derartiges zu tun; darüber hinaus dürfte es keine (gegenläufigen) Gründe geben, die den Abnehmer von einem möglicherweise in Erwägung gezogenen Umbau abhalten würden.

(b)

Schon ein Umbauanlass ist nicht zu erkennen. Er liegt insbesondere nicht in den für Fluchtwege geltenden Grenzwerten für die Höhe einer zu überschreitenden Schwelle.

Die angegriffene Ausführungsform wird unstreitig nicht als Fluchttür vertrieben. Selbst wenn es sich bei der Schlupftür aufgrund der örtlichen Gegebenheiten um den einzigen Fluchtweg handeln würde, müsste hinzukommen, dass der Abnehmer über die geltenden Höhenanforderungen im Bilde ist, was bereits zweifelhaft erscheint. In jedem Fall aber kann er anhand der Produktangaben, die sich zu den genauen Abmessungen nicht verhalten, überhaupt nicht erkennen, dass das Kappenelement und seine Demontage der Schlüssel dazu sind, aus dem von ihm in einer ungeeigneten Ausstattung bestellten Tor ein solches zu machen, das sich gesetzlich als Fluchtweg eignet. Im Gegenteil legen die Konstruktionszeichnungen und die daraus ersichtlichen Größenverhältnisse dem Betrachter viel eher die Annahme nahe, dass mit dem Entfernen des Kappenelements kein irgendwie nennenswerter Verlust an Höhe im Bereich der Türschwelle verbunden ist. Ähnliches gilt für den Fall, dass der Abnehmer die Schwelle der Schlupftür mit Kappenelement aufgrund ihrer Höhe beim Überfahren mit z.B. einem Transportwagen oder dergleichen als unbequemes Hindernis empfinden würde. Derjenige, der sich ausgiebig mit den Produktdatenblättern befasst, mag zwar zu der Erkenntnis gelangen, dass das Schwellenelement ohne Kappe aufgrund seiner beiderseitigen Auflaufschrägen das Überfahren im Vergleich zu dem rechteckig aufragenden Kappenelement erleichtert. Die Klägerin selbst behauptet jedoch nicht, dass das Kappenelement nicht oder nicht praktikabel überfahren lässt; dafür ist auch nichts ersichtlich. Das muss auch dem Abnehmer angesichts der zeichnerischen Darstellung einleuchten, wonach das Kappenelement das darunter befindliche Schwellenelement nur geringfügig erhöht. Im Interesse eines mehr als überschaubaren Gewinns an Komfort wird ein vernünftiger Abnehmer jedoch keinen eigenmächtigen Umbau wagen.

(c)

Die angegriffene Ausführungsform ist unstreitig CE-zertifiziert. Schon die mit ihrem Umbau verbundene Gefahr eines Verlusts der CE-Zertifizierung und damit ggf. einhergehende Haftungsfragen sind ein beachtlicher Grund für jeden Abnehmer, das Garagentor nicht eigenständig durch die Abnahme des Kappenelements umzubauen. Darüber hinaus ist jedermann mindestens laienhaft geläufig, dass Eingriffe in die Substanz des Liefergegenstandes zu einem Verlust der Gewährleistungsrechte führen können. Hinzu kommt schließlich, dass sich in den die angegriffene Ausführungsform betreffenden Benutzerhandbüchern neben Sicherheits- und Warnhinweisen eine deutliche Warnung vor eigenmächtigen Veränderungen der Tore findet. Ohne eine ausdrückliche Gestattung der Abnahme des Kappenelementes können Abnehmer den Hinweis, die Demontage des Tores sowie einzelner Bauteile dürfe aufgrund ihrer Gefährlichkeit nur durch qualifiziertes Personal erfolgen, nur so verstehen, dass hiervon auch die eigenmächtige Beseitigung des Kappenelementes erfasst sein soll. Das gilt umso mehr, als sich an anderer Stelle die ausdrückliche Aufforderung findet, aufgrund der bei unautorisierten Modifikationen drohenden Verletzungsgefahr keinen (!) Teil des Sektionaltores zu demontieren.

(3)

Soweit die Klägerin schließlich darauf verweist, die Beklagten erklärten mit der CE-Kennzeichnung die Konformität mit der DIN EN 13241:2003, die nur ohne das Kappenelement gewährleistet sei, spielt dieser Aspekt für Abnehmer keine Rolle. Es mag sein, dass nach dieser DIN Tore keine Stolpergefahren verursachen dürfen, wobei lediglich Höhenunterschiede von bis zu 5 mm per se als ungefährlich angesehen werden. Adressat dieser DIN ist jedoch der Hersteller, nicht der Abnehmer des Garagentores. Eine eventuelle Nichteinhaltung der DIN motiviert Letzteren daher nicht zur Reduzierung der Höhe der Schwelle und damit zur Beseitigung des Kappenelementes. Dieser wird sich vielmehr an den im Benutzerhandbuch zu findenden Sicherheits- und Warnhinweisen orientieren und daher keine Veränderungen vornehmen. Das schließt eine Beseitigung des Kappenelementes ein.

b)

Jedenfalls ließe sich ein etwaiger Umbau – dessen Vorliegen unterstellt – den Beklagten nicht zurechnen. Ausgehend von den vorstehenden Ausführungen leiten die Beklagten ihre Abnehmer weder ausdrücklich noch stillschweigend zu einem solchen Umbau an. Dass sich insbesondere auch nicht die in den Produktdatenblättern zu findende Konstruktionszeichnung selbst mit dem Zusatz »marktabhängig« und der dünnen Zeichnung des Kappenelementes als eine solche stillschweigende Anleitung verstehen lässt, hat der Senat bereits im Einzelnen erläutert. Auf die diesbezüglichen Ausführungen wird zur Vermeidung von Wiederholungen Bezug genommen. Für ein bewusstes Ausnutzen eines eventuell selbstständig vorgenommenen Umbaus fehlt es bereits von vornherein an entsprechenden Anknüpfungstatsachen, so dass es insoweit keiner weiteren Ausführungen bedarf.

156 An der objektiven Eignung der Vorrichtung fehlt es nicht deshalb, weil im Schutzstaat **infrastrukturellen Rahmenbedingungen** herrschen, unter denen sich die objektive Eignung tatsächlich nicht entfalten kann. Gedacht sei beispielsweise an einen Bohrer, der in Deutschland deshalb nicht mit dem erfindungsgemäßen Erfolg und Nutzen zum Einsatz gebracht werden kann, weil geologische Verhältnisse herrschen, die die dem Bohrer immanente Eignung nicht zum Vorschein kommen lässt. Wird der patentgemäß ausgestattete Bohrer in Deutschland angeboten oder vertrieben, handelt es sich selbstverständlich dennoch um eine Patentverletzung. Denn für ein patentverletzendes Anbieten/Inverkehrbringen spielt der spätere Gebrauch per se keine Rolle, was sich schon daran zeigt, dass der Verkauf einer patentgemäßen Sache in Deutschland nicht dadurch patentrechtlich gegenstandslos wird, dass ihr praktischer Einsatz nicht ebenfalls im Inland, sondern ausschließlich im schutzrechtsfreien Ausland vorgesehen ist und stattfindet. Anders liegt der Fall bei einer Handy-Software, die alle Features für die Bereitstellung eines patentierten Bezahl-Systems enthält, wenn die fragliche Funktion im Inland deshalb nicht aufgerufen werden kann, weil sich eine dazu notwendige App in Deutschland nicht herunterladen lässt. Im Unterschied zum erstgenannten Fall steht dem Erwerber hier die objektive Eignung eben nicht zur Verfügung, sondern – im Gegenteil – unter dem sicheren Verschluss desjenigen, der die Software vertreibt, sodass die Lage letztlich keine andere ist als wenn die objektive Eignung konstruktionsbedingt nicht vorhanden wäre.

157 Ob die vorrichtungsmäßig gegebene Eignung zu einer einmaligen Verwirklichung des erfindungsgemäßen Erfolges ausreicht oder ob es einer wiederholten Herbeiführung des patentgemäßen Erfolges bedarf, entscheidet sich nach den Umständen des Einzelfalles. Gleiches gilt für die Frage, ob sich der erfindungsgemäße Erfolg über ein breites Spektrum von **Einsatzbedingungen** einstellen muss oder ob es genügt, dass der patentgemäße Erfolg nur unter ganz bestimmten, singulären Gebrauchsbedingungen eintritt.

▶ **Beispiel: (OLG Düsseldorf, Urteil v 26.4.2012 – I-2 U 30/09)**

I.1.

158 Das Klagepatent (EP 0 932 782) betrifft ein Aufblasventil für Airbags, die dazu vorgesehen sind, auf Containerschiffen zwischen transportierten Gütern oder Containern als Stoßdämpfer verwendet zu werden. Zu diesem Zweck sind die Airbags aus flexiblem Material (zB mehreren Papierlagen) gefertigt und mit Hilfe des Ventils, in das das Gaszuführrohr einer Luftpumpe eingesteckt werden kann, mittels Druckluft aufblasbar. Zur Gewährleistung eines konstruktiv einfachen Aufbaus sieht das Klagepatent vor, dass das Aufblasventil eine Ventilklappe besitzt, die das Ventil grundsätzlich geschlossen hält und die, sobald das Gaszuführrohr der Luftpumpe eingeführt wird, mechanisch geöffnet wird, um den Gaszuführkanal des Ventils zum Aufblasen des Airbags freizugeben. Patentanspruch 1 sieht demgemäß folgende Merkmale vor:

1. Aufblasventil (1) für Säcke, Taschen oder ähnliche Behälter mit unstarren Wänden, wobei diese Behälter unter Druck gesetzt werden sollen, vorzugsweise mit Luftdruck.

2. Das Aufblasventil (1) weist

    2.1. einen Flansch (2),

    2.2. eine Einfülldüse (6) und

    2.3. ein Gaszuführrohr (18) auf.

3. Der Flansch (2) ist gebildet aus

    3.1. einem röhrenförmigen Teil (3) mit einer kreisförmigen zylindrischen Öffnung (4) und

    3.2. einem plattenförmigen Teil (5), mit dem der Flansch (2) am Behälter befestigt wird.

4. Die Einfülldüse (6)

    4.1. ist so ausgebildet, dass sie mit Hilfe einer Schnappverbindung in Dichteingriff in der Öffnung (4) des röhrenförmigen Teils (3) des Flansches (2) angeordnet werden kann,

    4.2. ist in der Öffnung (4) des röhrenförmigen Teils (3) des Flansches (2) frei drehbar gelagert,

    4.3. bildet einen Teil eines Ventilkörpers (9) oder ist mit diesem verbunden.

5. Der Ventilkörper (9)

    5.1. erstreckt sich geringfügig über das äußere Ende des röhrenförmigen Teils (3) in Achsrichtung des Flansches (2),

    5.2. ist mit einem Gaszuführkanal (14) versehen, wobei

    5.3. der Gaszuführkanal (14)

    - sich senkrecht zur Achsrichtung des Flansches (2) erstreckt und

    - eine Öffnung (15) hat, die das Gaszuführrohr (18) in Passeingriff aufnimmt.

6. Das Gaszuführrohr (18)

    6.1. kann mit der Einfülldüse (6) verbunden werden und

    6.2. ist an einem Ende (19) so ausgebildet, dass es eine Ventilklappe (16) mechanisch öffnet, sobald das mit der Einfülldüse (6) zu verbindende Gaszuführrohr (18) eingeführt wird.

7. Die Ventilklappe (16)

    7.1. ist im Ventilkörper (9) angebracht und

    7.2. hält normalerweise den Gaszuführkanal (14) aufgrund des elastischen Materials oder der Anbringung der Ventilklappe (16) geschlossen.

Die nachstehenden Abbildungen zeigen ein bevorzugtes Ausführungsbeispiel der Erfindung, wobei Figur 7 die Situation bei eingeführtem Gaszuführrohr (18) verdeutlicht.

Fig. 2

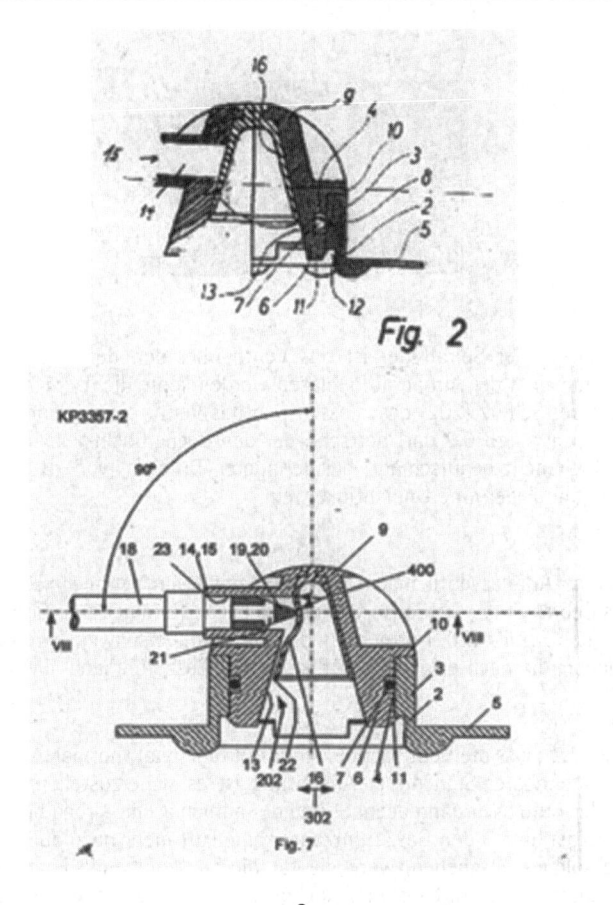

Fig. 7

2.
Das angegriffene Aufblasventil besitzt ein zylinderförmiges Ventilelement (204) aus elastischem Material, das am proximalen Ende becherförmig geschlossen ist und in der Nähe seines Bodens einen über einen Teil seines Umfangs verlaufenden Schlitz (202) besitzt. Gegen den Boden des becherförmigen Ventils liegt eine Spiralfeder (208) an. Beim Einführen des Gaszuführrohres (18) wird der becherförmige Boden nach hinten verschwenkt, wodurch sich der Schlitz (202) gegen die Kraft der Feder (208) öffnet, sodass Druckgas in den Airbag einströmen kann.

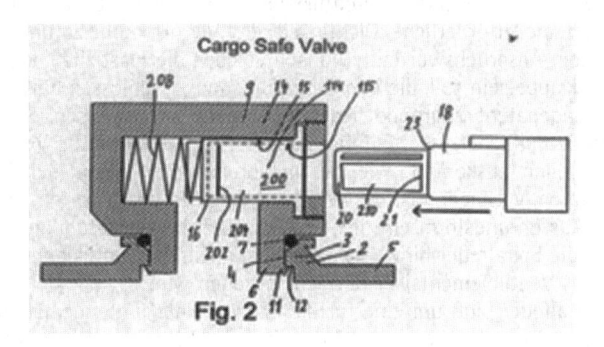

Cargo Safe Valve

Fig. 2

Fig. 3

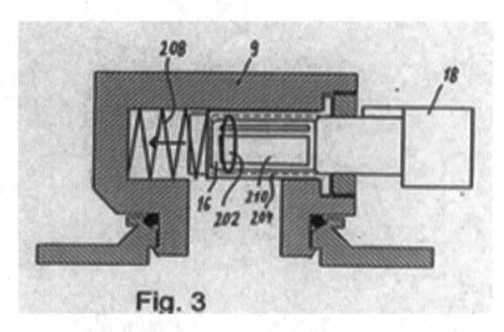

Unter der Wirkung der Spiralfeder ist das Ventil über den gesamten vorgesehenen Druckbereich, mit dem der Airbag aufgeblasen werden kann, dicht. Auch ohne die Spiralfeder bleibt der Schlitz (202) geschlossen und das Ventil dicht, wenn im Airbag ein hoher Überdruck (von zB 0,2 bar) herrscht, der den Becherboden in Richtung auf das restliche Ventilelement beaufschlagt; bei geringeren Drücken (von zB 0,06 bar) stellt sich dagegen ohne Feder eine Undichtigkeit ein.

II.1.

Das angegriffene Aufblasventil macht wortsinngemäß von der technischen Lehre des Klagepatents Gebrauch. Es verfügt in Gestalt des becherförmigen und mithilfe des Gaszuführrohres (den Schlitz [202] öffnend und schließend) verschwenkbaren Bodens über eine Ventilklappe, die nach erfolgtem Aufblasen den Gaszuführkanal dicht hält.

a)

Nach Merkmal 7.2 muss die Ventilklappe den Gaszuführkanal »normalerweise geschlossen halten«. Erkennbarer Sinn dieser Anweisung ist es sicherzustellen, dass aus dem Ventil, wenn der Aufblasvorgang beendet und der aufgeblasene Airbag bestimmungsgemäß im Einsatz ist, durch den Gaszuführkanal keine Luft mehr nach außen entweichen kann. Würde solches geschehen, wäre die für die zu schützende Fracht angestrebte Stoßdämpferfunktion des Airbags in Frage gestellt. Der Begriff »normalerweise« hat insofern den (»normalen« Gebrauchs-)Zustand des Ventils im Auge, bei dem kein Gaszuführrohr in den Gaszuführkanal eingeführt ist. *Wie* die für den normalen Gebrauchszustand vorgesehene Abdichtung zu erreichen ist, gibt Merkmal 7.2 dem Fachmann ebenfalls vor. Der dichte Abschluss des Gaszuführkanals soll nicht irgendwie, sondern auf ganz bestimmte Weise erreicht werden, nämlich durch die Elastizität des Ventilklappenmaterials oder durch die Anbringung der Ventilklappe im Ventilkörper (oder durch eine Kombination von beidem). Die im Merkmal 7.2 enthaltene Aufzählung versteht der Fachmann als abschließend in dem Sinne, dass – abgesehen von der Materialbeschaffenheit und der Anbringungsart der Ventilklappe – keine weiteren Bauteile notwendig sein dürfen, um die erforderliche Dichtigkeit des Ventils herbeizuführen. Dies folgt zunächst aus dem Anspruchswortlaut, wonach es eben die Elastizität oder die Anbringung der Ventilklappe sein soll, die den Gaszuführkanal geschlossen hält. Zusätzlich ist auf die dem Klagepatent zugrunde liegende Aufgabe zu verweisen. Sie geht dahin, einen konstruktiv einfachen Ventilaufbau zu schaffen, der ohne die Verwendung von mechanischen Teilen auskommt, wie sie im vorbekannten Stand der Technik noch gebräuchlich waren. Vorliegend ist deswegen die Frage zu beantworten, ob sich bei der angegriffenen Ausführungsform ein dichter Abschluss des Gaszuführkanals auch dann einstellt, wenn die Spiralfeder hinweggedacht und allein die Ventilklappe (= becherförmiger Boden des Ventilelements) in Betracht gezogen wird. Ist das der Fall, würde es sich bei der Spiralfeder bloß um eine für die Erzielung der patentgemäßen Wirkungen überflüssige Zutat handeln, die einer Merkmalsverwirklichung durch den becherförmigen Boden nicht entgegen stehen könnte.

b)

Festzustellen ist ein dichter Abschluss des Gaszuführkanals ohne die Spiralfeder nicht notwendigerweise für den gesamten Druckbereich, der für die angegriffenen Airbags der Beklagten denkbar oder vorgesehen ist. Patentanspruch 1 bezieht sich nicht auf ein Aufblasventil für Behälter, die unter einen *bestimmten* Druck gesetzt werden können; ebenso wenig sieht der Anspruchswortlaut einen Druck*bereich* für die mit dem Ventil zu versehenden Behälter vor. Im Merkmal 1. heißt es nur, dass die Behälter »unter Druck gesetzt werden sollen«, aber nicht, dass die Behälter »unter einen bestimmten Druck oder unter einen Druck von ... bar bis ... bar gesetzt werden können«. Nur in den beiden zuletzt genannten Alternativen wäre zu fordern, dass das Aufblasventil über den bestimmten, im Anspruch genannten Druck oder über den bestimmten, im Anspruch ausgewiesenen Druckbereich hinweg dicht bleiben muss. Mangels einer derartigen Einschränkung im Anspruchswortlaut reicht es vorliegend aus, dass die Ventilklappe den Gaszuführkanal überhaupt, nämlich für irgendeinen Druckwert dicht abschließt, wobei der betreffende Druckwert freilich in dem Sinne praktisch relevant sein muss, dass er nicht nur theoretisch denkbare, sondern tatsächlich realistische Einsatzbedingungen für den Airbag repräsentiert. Wie der gerichtliche Sachverständige ausgeführt hat, stellt der bei seinen Untersuchungen zugrunde gelegte Druckwert von 0,2 bar solche realen Aufblasbedingungen für den Airbag der Beklagten dar. Es handelt sich zwar um den nach den beigegebenen Verwendungshinweisen höchstzulässigen Druckwert, der jedoch ohne weiteres angezeigt ist, wenn die zu sichernde Ladung mit Rücksicht auf ihr Gewicht einen voll aufgeblasenen Airbag verlangt. Für den Wert von 0,2 bar hat der Sachverständige – was ausreicht – jedenfalls für eines der von ihm untersuchten Muster festgestellt, dass der becherförmige Boden den Gaszuführkanal auch ohne die Feder dicht hält.

c)

Keine Bedeutung hat, ob es bei wiederholtem Gebrauch des Airbags infolge nachlassender Rückstellkräfte im Bereich des becherförmigen Bodens ohne die Feder zu Undichtigkeiten kommen würde. Nach den Darlegungen des Sachverständigen handelt es sich bei den streitgegenständlichen Airbags um Einmalartikel, die nach ihrem erstmaligen Gebrauch weggeworfen zu werden pflegen. Wenn dem so ist, kommt es nur auf eine Dichtigkeit der Ventilklappe über die vorgesehene (einmalige) Gebrauchsdauer des mit dem Ventil versehenen Airbags an.

159 Ist die Vorrichtung in ihrer ausgelieferten Form nicht zur Merkmalsverwirklichung in der Lage (geeignet), wird die Vorrichtung jedoch **zwingend** mit einem **Hilfsmittel** betrieben, bei dessen in ganz verschiedener Weise möglichen Einsatz es zu einer dem Patentanspruch entsprechenden Ausgestaltung kommen *kann* (nicht: muss), so scheidet eine unmittelbare Patentverletzung aus. Ob eine mittelbare Patentbenutzung vorliegt, hängt von den für den Liefernden erkennbaren Verwendungsabsichten des Benutzers ab.

▶ **Beispiel:**[197]

160 Das Klagepatent schützt eine Druckvorrichtung, die ua ein Druckwerk sowie ein diesem nachgeordnetes Presswerk umfasst, wobei das Presswerk mit einem höheren Druck betrieben wird als das Druckwerk. Beide Werke bestehen aus gegenüberliegenden Walzen, die zwischen sich einen Walzenspalt bilden, durch den das Druckgut hindurchbewegt wird.

Die angegriffene Druckmaschine ist technisch so eingerichtet, dass der Walzenspalt im Druck- und im nachgelagerten Presswerk immer gleich eingestellt ist, sodass auch die

---

197 OLG Düsseldorf, Urteil v 13.2.2014 – I-2 U 93/12.

Druckbeaufschlagung in beiden Werken zwingend identisch ist. Die Walzen von Druckmaschinen der fraglichen Art werden allerdings stets mit Gummiauflagen bestückt, die beim Anwender vorhanden und dort in unterschiedlichen Dicken verfügbar sind. Werden die Hinweise und Empfehlungen der Bedienungsanleitung zur Bestückung mit Gummiauflagen befolgt, bleiben die Druckwerte in beiden Werken gleich. Für den Anwender möglich ist es aber auch, für das Presswerk dickere Gummiauflagen zu verwenden als für das Druckwerk, womit der Walzenspalt in beiden Werken unterschiedlich groß wird, sodass im Presswerk höhere Druckwerte wirken als im Druckwerk.

Anders (im Sinne einer Schutzrechtsverletzung wegen objektiver Eignung zur Patentbenutzung) läge der Sachverhalt, wenn über den Bedienstand der ausgelieferten Maschine eine unterschiedliche Druckbeaufschlagung in beiden Druckwerken eingestellt werden könnte. Sofern dies nicht der Fall ist, das vom Benutzer herangezogene Hilfsmittel jedoch zwingend und vorhersehbar ein solches ist, das zur Merkmalsverwirklichung führt, kommt eine unmittelbare Patentverletzung nach den Grundsätzen der Entscheidung »Lungenfunktionsmessgerät«[198] infrage.

b) Product-by-process-Anspruch[199]

161 Besondere Probleme wirft die Schutzbereichsbestimmung bei »product-by-process«-Ansprüchen auf, welche sich dadurch auszeichnen, dass der Patentschutz zwar auf eine Sache gerichtet, die patentgeschützte Sache jedoch – insgesamt oder teilweise[200] – durch das Verfahren zu seiner Herstellung oder nachträglichen Bearbeitung umschrieben ist.[201]

162 Bevor dem nachgegangen wird, soll zunächst ein Blick auf die **Voraussetzungen für die Erteilung** solcher Ansprüche geworden werden.

163 – Wichtig ist zunächst die Erkenntnis, dass es sich bei einem product-by-process-Anspruch um einen regulären Sachanspruch handelt, auf den uneingeschränkt § 9 Nr 1 PatG anzuwenden ist und der zu seiner Erteilung und seinem Rechtsbestand verlangt, dass sich die so – dh teils durch räumlich-körperliche und teils durch verfahrensmäßige Merkmale – bezeichnete Sache in einer die Neuheit und Erfindungshöhe begründenden Weise von dem vorbekannten Stand der Technik (dh den am Prioritätstag verfügbaren Sachen) abhebt.[202] Dem Verfahrensmerkmal kommt daher typischerweise die Aufgabe zu, die mit den sonstigen räumlich-körperlichen Merkmalen noch nicht unterscheidungskräftig umschriebene Sache weiter zu spezifizieren, indem das in den Anspruch aufgenommene Verfahrensmerkmal zu einer bestimmten zusätzlichen Ausgestaltung der Sache führt, welche die Sache von dem Bekannten abgrenzt und unterscheidet.[203] Solche lediglich mittelbar die Sache umschreibenden Merkmale sind als solche nichts Ungewöhnliches, wie ein Blick auf die vielfach gebräuchlichen und nach deutscher Rechtsprechung[204] uneingeschränkt zulässigen Wirkungs- und Funktionsangaben beweist.

---

198 OLG Düsseldorf, InstGE 13, 78 – Lungenfunktionsmessgerät; vgl unten Kap A Rdn 578.
199 Cepl, Mitt 2013, 62; Giebe, FS 80 Jahre Patentgerichtsbarkeit Düsseldorf, 2016, S 125.
200 BGH, GRUR 2005, 749 – Aufzeichnungsträger; BGH, GRUR 2015, 361 – Kochgefäß.
201 Vgl Schrell/Heide, GRUR 2006, 383.
202 BGH, GRUR 2001, 1129 – zipfelfreies Stahlband.
203 BGH, GRUR 2005, 749 – Aufzeichnungsträger; BGH, GRUR 2001, 1129 – zipfelfreies Stahlband.
204 Anders die Beschwerdekammerpraxis des EPA, die funktionelle Merkmale nur als zulässig ansieht, wenn diese Merkmale ohne Einschränkung der erfinderischen Lehre anders nicht objektiv präziser umschrieben werden können und die funktionellen Merkmale dem Fachmann eine ausreichend klare technische Lehre offenbaren, die er mit zumutbarem Denkaufwand einschließlich üblicher Versuche ausführen kann, wobei das Streben nach funktioneller Definition eines Merkmals dort seine Grenze findet, wo die Deutlichkeit des Patentanspruchs im Sinne von Art 84 EPÜ nicht mehr gewährleistet ist (EPA-TB, ABl 1987, 228).

– Dennoch sind nach der Leitentscheidung des BGH »**Tetraploide Kamille**«[205] Verfahrensmerkmale in einem Sachanspruch nicht ohne Weiteres, sondern nur dann zulässig, wenn eine Kennzeichnung der beanspruchten Sache sowohl durch räumlich-körperliche Merkmale als auch durch (hilfsweise zulässige) Parameter seiner Eigenschaften (= äußerlich wahrnehmbare Funktionen oder Wirkungen) entweder »*unmöglich oder gänzlich unpraktikabel*« ist.[206] Diese Formel ist in der Rechtsprechung nicht weiter konkretisiert worden[207] und sie wird in der Praxis – wie die unzähligen Sachpatente mit Verfahrensmerkmalen beweisen – auch weitaus weniger streng gehandhabt, als es die in der Folgezeit nie aufgegebene Entscheidung erwarten lassen würde.

164

In der Tat gibt es keinen Grundsatz, der es einem Anmelder – abgesehen von der Notwendigkeit einer ausführbaren Offenbarung seiner Erfindung – verbieten würde, sich zur Beschreibung des Patentgegenstandes einer verfahrensmäßigen Kennzeichnung zu bedienen. Weder wird die Patentkategorie hierdurch unklar (weil product-by-process-Ansprüche eindeutig Sachansprüche sind) noch wird sie verdunkelt (weil die Sachbezogenheit des Patents trotz der Anwesenheit von Verfahrensmerkmalen unmissverständlich herausgestellt werden kann und dies in der Praxis auch problemlos geschieht). Gleichzeitig hat der Anmelder einen rechtlichen Anspruch darauf, sein Patentbegehren in einer Weise zu formulieren, dass seine Erfindung möglichst exakt (dh mit einem maximal großen Schutzbereich für ihn) vom Stand der Technik abgegrenzt wird. Räumlich-körperliche Umschreibungen anstelle einer Aufnahme des korrespondierenden Verfahrensmerkmals erzeugen vielfach Unschärfen, die sich zu Lasten des Patentinhabers auswirken können. Wenn beispielsweise die Oberfläche des geschützten Gegenstandes mit einem bestimmten Ätzverfahren gewonnen wurde, so lassen sich dessen Verfahrensparameter genauestens beschreiben; deutlich schwieriger kann es demgegenüber fallen, abschließend diejenige Oberflächenbeschaffenheit durch Sachparameter zu umschreiben, die aus der Anwendung des fraglichen Ätzverfahrens gewonnen wird.

165

– Sofern das Gegenteil nicht zutage liegt, sollte dem Anmelder deshalb gestattet werden, sich eines Verfahrensmerkmals zur näheren Umschreibung der zum Patent angemeldeten Sache zu bedienen. Zwar werden die Probleme hierdurch in das Verletzungsverfahren verlagert, wenn – wie oft – nicht der Beweis erbracht werden kann, dass der Verletzer das in den Anspruch aufgenommene Herstellungsverfahren tatsächlich benutzt (vgl. sogleich unter Rdn 169 f). Unter solchen Umständen kann der Verletzungsnachweis nämlich auch dadurch geführt werden, dass an dem angegriffenen Gegenstand zur Überzeugung des Gerichts diejenige Eigenschaft dargetan wird, die das anspruchsgemäße Verfahren dem Patentgegenstand verleiht. Wenn deren Benennung schon im Erteilungsverfahren Probleme bereitet hat, die den Anmelder

166

---

205 BGH, GRUR 1993, 651 – Tetraploide Kamille.
206 Dem entspricht auch der rechtliche Ansatz in der EPA-Rechtspraxis (EPA-TB, Entscheidung v 7.2.1984 – T 150/82 – Anspruchskategorien/IFF), wonach aus Gründen der Rechtssicherheit Anspruchsformulierungen mit einem Verfahrensmerkmal auf ein Mindestmaß zu beschränken sind und solchen Fällen vorbehalten bleiben müssen, in denen das Erzeugnis durch seine Zusammensetzung, seine Struktur oder sonstige nachprüfbare Parameter nicht hinreichend definiert werden kann. Dahinter steht die Sorge insbesondere um eine fehlende Klarheit derartiger Anspruchsformulierungen, die sich daraus nährt, dass ein Erzeugnis nicht nur Ausfluss der Sachkategorie nach § 9 Nr 1 sein kann, sondern auch durch den Verfahrensanspruch als unmittelbares Verfahrenserzeugnis nach § 9 Nr 3 geschützt wird, beide Patentkategorien aber gänzlich andere Erfindungsgegenstände mit abweichenden Schutzgegenständen und Patentvoraussetzungen bilden.
207 Verlangt die »Unmöglichkeit« eine objektive oder genügt auch eine subjektive? Geht es bei der mangelnden Praktikabilität um den Ermittlungsaufwand für die Sacheigenschaft oder spielt – auch – eine Rolle, wie zuverlässig eine anderweitige Beschreibung im Hinblick auf die Abgrenzung zum Stand der Technik und/oder die präzise Erfassung des Erfindungsgegenstandes wäre?

veranlasst haben, auf eine product-by-process-Formulierung auszuweichen, dann bestehen dieselben Schwierigkeiten im Verletzungsprozess im Zweifel fort. Sie können sich aber als weniger brisant erweisen, weil es zwei grundverschiedene Dinge darstellt, ob es um die abschließende Anspruchsformulierung in Abgrenzung zum Stand der Technik oder (bloß) darum geht, ob eine bestimmte angegriffene Ausführungsform dank der ihr eigenen äußeren Beschaffenheit den Schluss rechtfertigt, dass sie diejenigen Eigenschaften besitzt, die das patentgemäße Herstellungsverfahren mit sich bringt. Der letztgenannte Einzelfall kann deutlich einfacher liegen. Im Übrigen geht die geforderte Großzügigkeit bei der Anspruchsformulierung zu Lasten des Patentinhabers, der von ihr profitiert, weil es in einem Verletzungsprozess seine Aufgabe ist, die durch das Verfahrensmerkmal verschlüsselte Sacheigenschaft überzeugend zu benennen und ihr Vorhandensein an der angegriffenen Ausführungsform nachzuweisen. Da der Kläger die volle Darlegungs- und Beweislast für den Verletzungstatbestand trägt, geht jede Unklarheit, die verbleibt (§ 286 Abs 1 ZPO), und jede rechtsstreitgesteuerte Unwahrheit, die aufgedeckt wird, zu seinem Nachteil. Es besteht deswegen kein Grund für eine übermäßige Beschränkung des Patentinhabers bei der Anspruchsformulierung.

167 Das gilt ungeachtet der Tatsache, dass die großzügige Zulassung von Verfahrensmerkmalen in Sachansprüchen ihre Auswirkungen auch in einem Rechtsbestandsverfahren hat, in dem die Darlegungslasten genau anders herum verteilt sind, weil es nur dann zu einer Vernichtung des Patents kommt, wenn sich ein Widerrufs- oder Nichtigkeitsgrund zur Überzeugung des Gerichts feststellen lässt. Diesbezüglich mag es die Arbeit des Angreifers in gewisser Weise erschweren, der im Stand der Technik einen neuheitsschädlichen oder nahelegenden Stand der Technik sinnvoll nur suchen kann, wenn Klarheit über diejenige Sacheigenschaft herrscht, die dem Verfahrensmerkmal zu entnehmen ist. Üblicherweise handelt es sich bei den Verfahrensmerkmalen jedoch um entweder wohlbekannte oder in der Patentschrift näher beschriebene Vorgehensweisen, die dem Fachmann zugänglich oder für ihn ohne großen Aufwand ermittelbar sind, so dass sich die Erfindung leicht nacharbeiten lässt. Jede einzelne Beschaffenheit der mit dem anspruchsgemäßen Verfahren hervorgebrachten Sache, die sich bei dieser Nacharbeit ergibt und die als solche im Stand der Technik nachgewiesen werden kann, trifft den Erfindungsgegenstand neuheitsschädlich mit der Folge, dass der erteilte Anspruch in dieser Form nicht bestehen bleiben kann und der Patentinhaber gezwungen, sein Patent weiter (zB durch ergänzende, konkretisierende Verfahrensmerkmale) zu beschränken, die dem Angreifer wiederum die Möglichkeit der Nacharbeit und der gezielten Recherche nach entgegenstehendem Stand der Technik erlauben. Insgesamt erfordert es die Rechtsposition des Einsprechenden/Nichtigkeitsklägers daher ebenfalls nicht, zu seinem Schutz die Aufnahme von Verfahrensmerkmalen in einem Sachanspruch restriktiv zu handhaben.

168 Wendet man dennoch – entgegen der hier vertretenen Ansicht – die zitierte strenge BGH-Rechtsprechung an, so wird es im Erteilungsverfahren Sache des Anmelders sein, das Patentamt davon zu überzeugen, dass es *unmöglich* ist, den beanspruchten Gegenstand abschließend und unterscheidungskräftig durch äußerlich wahrnehmbare Charakteristika (Parameter) zu beschreiben, oder dass dies jedenfalls *vollkommen unpraktikabel* wäre. Da es sich bei der Unmöglichkeit oder Unpraktikabilität der Benennung von räumlich-körperlichen oder funktionalen Merkmalen um eine negative Tatsache (eben der *Abwesenheit* von Möglichkeit und Praktikabilität) handelt, kapriziert sich die Rechtfertigungslast des Anmelders schlussendlich darauf, diejenigen Formulierungsmöglichkeiten, die das Patentamt konkret einwendet, zu widerlegen. In einem zweiseitigen Rechtsbestandsverfahren fiele die Aufgabe des Patentamtes dem Angreifer auf das Patent zu.

Die **Schutzbereichsbestimmung** von product-by-process-Ansprüchen stellt sich – 169
jedenfalls in der Theorie – bedeutend einfacher dar:

– Für eine Anspruchsfassung, die darauf abstellt, dass das patentierte Erzeugnis durch 170
das im Anspruch bezeichnete Verfahren »**erhältlich ist**«, entspricht es – angesichts
der deutlichen Anspruchsformulierung verständlicherweise – gefestigter Auffassung,
dass das in den Anspruch aufgenommene Herstellungsverfahren lediglich beispielhaften Charakter hat. Unter den Schutz des Patents fallen deshalb auch solche Gegenstände, die aus einem anderen – am Prioritätstag ggf noch nicht verfügbaren und
nur durch erfinderische Bemühungen auffindbaren – Verfahren hervorgegangen sind,
sofern sie nur diejenigen Produkteigenschaften besitzen, die das anspruchsgemäße
Herstellungs- oder Bearbeitungsverfahren dem Erzeugnis verleiht.

– Streitig ist, ob dasselbe auch gilt, wenn der Patentanspruch offener abgefasst ist, 171
indem er vorsieht, dass die geschützte Sache durch das bestimmte Verfahren »**erhalten wird**« oder »**hergestellt wird**«. Während dies früher[208] verneint und der Patentschutz allein auf solche Gegenstände erstreckt wurde, die nach dem im Anspruch
genannten Verfahren hervorgebracht worden sind[209], erachtet der BGH in seiner Entscheidung »Tetraploide Kamille«[210] die Formulierung »erhalten durch« im konkreten
Fall der Formulierung »erhältlich durch« völlig gleichwertig und legt damit die Formulierung als eine nur beispielhafte Angabe eines möglichen Herstellungswegs aus.[211]
Der BGH betont im Zusammenhang mit dem Verfahrensmerkmal die Notwendigkeit
einer Patentauslegung, die zu beantworten hat, ob nach dem Gesamtinhalt der Patentschrift Grund zu der Annahme besteht, dass der Sachschutz strikt auf den zu seiner
Kennzeichnung herangezogenen Herstellungsweg beschränkt sein soll.[212] Im Allgemeinen fällt diese Auslegung dahin aus, dass das Herstellungsverfahren bloß beispielhaft zu verstehen ist, was nicht nur dem grundsätzlichen Anliegen des Anmelders,
einen möglichst weiten Schutz zu erhalten, entspricht, sondern überdies der Tatsache
Rechnung trägt, dass das Herstellungsverfahren nicht um seiner selbst willen erwähnt
wird, sondern lediglich dazu dient, eine weitere Eigenschaft der schutzbeanspruchten
Sache zu kennzeichnen. Kann diese Eigenschaft auch auf andere Weise als durch
den in den Sachanspruch aufgenommenen Herstellungs- oder Bearbeitungsvorgang
herbeigeführt werden, so ist es konsequent, für die Verletzungsprüfung nicht den im
Patentanspruch benannten Herstellungsweg zum Maß der Dinge zu nehmen, sondern
die durch ihn verschlüsselte Sacheigenschaft den Ausschlag geben zu lassen. Nichts
anderes hat auch dort zu gelten, wo für den Anmelder ein erkennbarer Anlass bestanden hat, sein Schutzrecht auf ein einziges, abschließend zu verstehendes Herstellungsverfahren zu beschränken, weil es – möglicherweise zwar nicht objektiv, aber jedenfalls aus seiner subjektiven Sicht – einer zusätzlichen Abgrenzung zum Stand der
Technik bedurft hat, die sich nur mit Hilfe des *einen*, in den Anspruch aufgenommenen Verfahrens herstellen ließ, weil mit ihm eine spezifische, unterscheidungskräftige
Sacheigenschaft verbunden ist, die sich mit anderen am Prioritätstag verfügbaren Verfahren (die bei einem beispielhaften Verständnis des Verfahrensmerkmals ebenfalls in
Betracht kämen) nicht erzielen lässt. Auch unter solchen Umständen bleibt maßgeblich, dass das Herstellungsverfahren nur die schutzbeanspruchte Sache umschreiben
soll, weswegen kein Grund besteht, solche Produkte vom Schutz auszunehmen, die

---

208 BGH, GRUR 1972, 80, 88 – Trioxan.
209 So auch House of Lords, GRUR Int 2005, 343 – Kirin-Amgen.
210 BGH, GRUR 1993, 651, 655 – Tetraploide Kamille; bestätigt durch BGH, GRUR 2015, 361 – Kochgefäß.
211 Vgl zum Problemkreis ausführlich: Meier-Beck, FS König, 2003, S 323; Rogge, Mitt 2005, 145.
212 BGH, GRUR 2015, 361 – Kochgefäß.

zwar von identischer Beschaffenheit sind, aber durch ein zweites Verfahren verfügbar geworden sind, das erst nach dem Prioritätstag aufgekommen ist.

172 – Auch für einen rückbezogenen Anspruch in einem Anspruchsatz, der **vollständig auf** ein **Herstellungsverfahren zurückbezogen** ist, indem er beispielweise auf einen »Aufzeichnungsträger mit einer gemäß dem Verfahren nach einem der Ansprüche 1 bis 8 erzeugten Informationsstruktur« gerichtet ist, kommt es (nur) darauf an, durch Auslegung der Patentschrift zu ermitteln, ob und ggf welche besonderen Eigenschaften dem beanspruchten Informationsträger durch das in Bezug genommene Verfahren verliehen werden, die ihn als erfindungsgemäß qualifizieren.[213] Lassen sich diese Eigenschaften auch auf anderem Wege als durch das durch Rückbezug aufgenommene Herstellungsverfahren erzielen, ist das Herstellungsverfahren als bloß beispielhaft zu verstehen und die Anwesenheit der verschlüsselten Sacheigenschaft das für den Schutzbereichseingriff entscheidende Kriterium.

173 – Ist das in einen product-by-process-Anspruch aufgenommene **Herstellungs- oder Bearbeitungsverfahren ausnahmsweise** nicht als beispielhaft, sondern als tatsächlich **abschließend** zu verstehen, so scheidet ein Patentschutz für Gegenstände, die auf andere Weise hervorgebracht worden sind, aus.[214]

174 Bei allem ist den einzelnen Verfahrensmerkmalen hinreichend Beachtung zu schenken, dh es ist für jedes einzelne Verfahrensmerkmal die Frage zu beantworten, welche (am angegriffenen Produkt festzustellende) Sacheigenschaft mit ihm erfindungsgemäß verbunden ist.[215] Auskunft darüber gibt vordringlich die Klagepatentschrift mit ihrer Würdigung des Standes der Technik und den demgegenüber herausgestellten zwingenden Vorteilen des Erfindungsgegenstandes.[216] Gleichwohl wird gerade diese Aufklärung vielfach Probleme bereiten, wenn sich die Klagepatentschrift zu dem mit dem Verfahrensmerkmal verschlüsselten Sachmerkmal nicht verhält, so dass der Patentinhaber die Möglichkeit hat, seinen Sachvortrag zu diesem Punkt an der konkret angegriffenen Ausführungsform auszurichten.

175 Da Schutzgegenstand des Patents die Sache mit bestimmten Eigenschaften ist, liefert die Einhaltung des patentgemäßen Herstellungs- oder Bearbeitungsverfahrens zwar ein wichtiges und im Zweifel auch stichhaltiges, aber keinesfalls unverrückbares **Indiz** für die besagte Beschaffenheit. Ein Produkt, das zwar aus dem patentgemäßen Prozedere hervorgegangen ist, aber dennoch von anderer als der erfindungsgemäßen Qualität ist, bleibt deshalb außerhalb des der patentierten Sache zukommenden Schutzbereichs. Ein Verletzer, der sich auf eine abweichende Sachbeschaffenheit trotz Anwendung des patentgemäßen Verfahrens berufen will, hat nicht nur substantiiert das von ihm angewandte Verfahren darzutun, sondern ebenso spezifiziert die daraus angeblich resultierende Sachparameter zu bezeichnen.

176 Das zuvor Gesagte gilt in gleicher Weise auch dann, wenn das Verfahrensmerkmal zur negativen Abgrenzung des Schutzbereichs nach Art eines **Disclaimers** dient, indem zB solche Gegenstände vom Patentschutz *ausgenommen* werden, die aus einem bestimmten (zu unerwünschten Sacheigenschaften führenden) Herstellungsprozedere resultieren.

---

213 BGH, GRUR 2005, 749 – Aufzeichnungsträger.
214 BGH, GRUR 1972, 80, 88 – Trioxan.
215 BGH, Mitt 2017, 267 – mikromechanisches Uhrwerkbauteil (LS).
216 OLG Düsseldorf, Urteil v 15.3.2018 – I-2 U 24/17.

Praxistipp	Formulierungsbeispiel

Einen tauglichen Anhaltspunkt liefern im Zweifel auch diejenigen **Erklärungen**, die der Anmelder **im europäischen Erteilungsverfahren** (ggf einschließlich eines sich daran anschließenden Einspruchsverfahrens) machen muss, wenn er sein Begehren in Form eines product-by-process-Anspruchs abfassen will. Es entspricht der gefestigten Beschwerdekammer-Rechtsprechung[217], dass es, wenn ein (zB chemisches) Erzeugnis nicht durch stoffliche Merkmale (Stoffparameter), sondern nur durch seine Herstellungsweise (Verfahrensparameter) definiert ist, zur Neuheitsabgrenzung des Nachweises bedarf, dass die Abwandlung der Verfahrensparameter zu anderen Erzeugnissen führt. Hierzu reicht es aus, dass deutliche Unterschiede in den Eigenschaften der Erzeugnisse dargelegt werden, wobei allerdings solche Eigenschaften auszuscheiden haben, die nicht auf Stoffparameter des Erzeugnisses zurückgehen können (zB Fehlen monomerer Verunreinigungen mit unerwünschtem Geruch). Im Verletzungsprozess kann der Patentinhaber zur Vorlage seiner Erklärungen im Erteilungsverfahren aufgefordert werden.

177

Schützt der Sachanspruch ein Fertigprodukt, in welches ein in bestimmter Weise bearbeitetes **Halbzeug** eingegangen ist, so erfasst der Sachanspruch regelmäßig nur einen solchen Gegenstand, bei dem das Halbzeug entsprechend weiterverarbeitet worden ist.[218]

178

▶ **Beispiel:**

Geschützt ist ein Schuh, dessen Lederoberteil oder Ledersohle wasserdicht gemacht worden ist, und zwar nach einem bestimmten, im Patentanspruch in Bezug genommenen Verfahren, bei dem auf die *inwändige* Oberfläche des Leders eine semipermeable Membran aufgepresst ist.

179

Während im Zusammenhang mit dem zum **Halbzeug** (weiterverarbeitungsfähiges Leder) führenden Verfahren die inwändige Oberfläche nicht festlegt, so dass eine Patentbenutzung schon dann vorliegt, wenn die mit der Membran ausgestattete Oberflächenseite die Innenseite eines Schuhs bilden *könnte*, unterfällt dem auf das **Fertigprodukt** gerichteten Sachanspruch nur ein solcher Schuh, bei dem die Schuh-Innenseite tatsächlich durch ein membranbeschichtetes Lederteil gebildet wird.[219]

Da die Verfahrensmerkmale bloß stellvertretend für die mit ihnen verschlüsselte Sacheigenschaft stehen, hängt der Schutzbereichseingriff nicht von der Verwirklichung der anspruchsgemäßen Verfahrensmerkmale ab, sondern davon, dass die Sacheigenschaft vorhanden ist. Daraus folgt zunächst, dass der **Verletzungsnachweis** auch anders als durch den Nachweis einer Ausübung der Verfahrensschritte bei Herstellung des Verletzungsproduktes geführt werden kann, nämlich durch den Vortrag, dass die Verfahrensmerkmale für den Fachmann ganz bestimmte (konkret zu behauptende) Eigenschaften der geschützten Sache verschlüsseln, und diese Eigenschaften an dem Verletzungsprodukt feststellbar sind. Umgekehrt gilt, dass der Nachweis, dass bei der Fertigung der angegriffenen Ausführungsform die anspruchsgemäßen Herstellungsschritte durchgeführt werden, dort nicht ausreicht, wo mit ihnen *nachweislich* nicht die damit bezweckten Sacheigenschaften verbunden sind. Dies für die angegriffene Ausführungsform darzulegen, ist Sache des Verletzers.

180

---

217 EPA-TB v 25.6.1986 – T 205/83.
218 BGH, GRUR 2018, 395 – Wasserdichter Lederschuh.
219 BGH, GRUR 2018, 395 – Wasserdichter Lederschuh.

2. Äquivalente Benutzung

a) Grundlagen

181 Vorrichtungen oder Verfahren, die von der Lehre eines Schutzrechtes nicht wortsinngemäß Gebrauch machen, können unter dem Gesichtspunkt der Äquivalenz dennoch unter dessen Schutzbereich zu subsumieren sein. Eine Benutzung einer Erfindung liegt nämlich auch dann vor, »*wenn der Fachmann aufgrund von Überlegungen, die am Sinngehalt der Ansprüche, dh an der darin beschriebenen Erfindung anknüpfen, die bei der angegriffenen Ausführungsform eingesetzten abgewandelten Mittel mithilfe seiner Fachkenntnisse zur Lösung des der Erfindung zugrunde liegenden Problems als gleichwirkend auffinden konnte.*«[220] Bei der Frage, ob ein für eine angegriffene Ausführungsform gewähltes Mittel zu einem in dem Patentanspruch enthaltenen Merkmal äquivalent ist, müssen mithin **drei Voraussetzungen** überprüft werden:[221]

aa) Gleichwirkung

182 Das von der Verletzungsform verwirklichte, abgewandelte Mittel muss – erstens – objektiv gleichwirkend zu dem in dem Patentanspruch genannten Mittel sein, dh die gleiche von dem Schutzrecht erstrebte Wirkung zur Lösung des zugrunde liegenden Problems entfalten (Gleichwirkung). Diese Wirkübereinstimmung bezieht sich nicht ausschließlich auf ein bestimmtes oder einige bestimmte Merkmale. Es ist gleichzeitig die geschützte Vorrichtung als Ganzes zu berücksichtigen.[222] Entscheidend für die übereinstimmende Wirkung ist nicht, welche Effekte das fragliche Merkmal für sich isoliert betrachtet hervorbringen soll; vielmehr ist maßgeblich, welche Wirkungen das betreffende Merkmal im Gesamtzusammenhang der Erfindung erzielen soll. Es kommt deswegen darauf an, dass sich – **Erstens** – trotz der gegebenen Abwandlung vom Wortsinn des Patentanspruchs (zumindest im Wesentlichen) diejenigen Wirkungen einstellen, die mit der patentgemäßen Lehre in ihrer Gesamtheit angestrebt werden, und dass – **Zweitens** – darüber hinaus auch speziell diejenigen Vorteile realisiert werden, die von der Erfindung dem ausgetauschten wortsinngemäßen Mittel zugedacht sind.[223] Die patentgemäßen Wirkungen müssen in ihrer vollständigen Gesamtheit erzielt werden, was bedeutet, dass *alle* diejenigen Wirkungen, die von der Erfindung als obligatorische Vorteile angestrebt werden, vorhanden sein müssen; für jede einzelne Wirkung reicht es allerdings aus, dass sie »im Wesentlichen«, nämlich in einem praktisch noch erheblichen Umfang erreicht wird.[224]

183 Die von dem Schutzrecht im Zusammenhang mit dem fraglichen Merkmal intendierte Wirkung zur Lösung des zugrunde gelegten Problems ist im Wege der **Auslegung** zu ermitteln. Außer Betracht zu bleiben haben solche Effekte, die zwar mit der Verwendung des im Wortsinn des Patentanspruchs liegenden Mittel objektiv verbunden sein mögen, denen das Patent jedoch keine Beachtung schenkt, weil ihnen im Kontext der erfindungsgemäßen Lehre keine Bedeutung zukommt.[225]

184 Ist Gegenstand des Patents ein **Verfahren**, so genügt eine bloße Übereinstimmung im Verfahrensergebnis noch nicht. Gleichwirkend ist ein Ersatzmittel vielmehr nur dann,

---

220 So seit BGH, GRUR 1987, 279 – Formstein, vgl zB BGH, GRUR 1988, 896 – Ionenanalyse; BGH, GRUR 1989, 903 – Batteriekastenschnur; BGH, GRUR 2002, 511 – Kunststoffrohrteil; BGH, GRUR 2021, 574 – Kranarm.
221 BGH, GRUR 2007, 959 – Pumpeneinrichtung; BGH, GRUR 2011, 313 – Crimpwerkzeug IV.
222 BGH, GRUR 1983, 497 – Absetzvorrichtung; BGH, GRUR 2000, 1005, 1006 – Bratgeschirr.
223 BGH, GRUR 2012, 1122 – Palettenbehälter III; BGH, GRUR 2015, 361 – Kochgefäß; BGH, GRUR 2021, 574 – Kranarm.
224 BGH, GRUR 2015, 361 – Kochgefäß.
225 BGH, GRUR 2012, 45 – Diglycidverbindung.

wenn bei dem angegriffenen Verfahren darüber hinaus auch von dem für die unter Schutz gestellte Lehre maßgebenden technischen Gedanken Gebrauch gemacht wird. Eine Gleichwirkung ist deshalb zu verneinen, wenn der mit dem angegriffenen Verfahren beschrittene Lösungsweg von dem im Patent unter Schutz gestellten Lösungsweg so weit entfernt ist, dass er nicht mehr als dessen Verwirklichung anzusehen ist.

bb) Naheliegen[226]

Das abgewandelte Mittel musste für den Fachmann – zweitens – im Prioritätszeitpunkt des Schutzrechtes ohne besondere (sic: erfinderische) Überlegungen aufgrund seines Fachwissens auffindbar sein. Abzugrenzen ist in diesem Punkt, ob das Austauschmittel für den Fachmann nahe liegend war oder dessen Auffinden selbst einen erfinderischen Schritt darstellte.[227] Es gelten dieselben Maßstäbe und Regeln wie bei der Beurteilung der erfinderischen Tätigkeit im Erteilungs- und Rechtsbestandsverfahren.[228] Wesentlich ist, dass bei der Beurteilung des Naheliegens auf einen Fachmann zum Prioritätszeitpunkt abgestellt, also das Fachwissen zu *diesem* Zeitpunkt zugrunde gelegt wird. Eine unzulässige »ex post«-Beurteilung ist zu vermeiden. Anders als bei der Auslegung des Schutzrechtes kann für die Frage einer äquivalenten Verwirklichung nicht nur der in der Schrift selbst gewürdigte Stand der Technik berücksichtigt werden, sondern der gesamte zum Prioritätszeitpunkt bekannte.

185

cc) Orientierung am Patentanspruch

Diejenigen Überlegungen, die der Fachmann anzustellen hat, um zu der gleichwirkenden Abwandlung zu gelangen, müssen – drittens – derart am Sinngehalt der im Patentanspruch unter Schutz gestellten Lehre orientiert sein, dass der Fachmann die abweichende Ausführung mit ihren abgewandelten Mitteln als der gegenständlichen Lehre gleichwertige Lösung in Betracht zieht (Anspruchsorientierung). Es ist mithin nicht ausreichend, dass der Fachmann aufgrund seines Fachwissens eine Lehre als technisch sinnvoll und gleichwirkend zu der in den Patentansprüchen formulierten Lehre erkennt. Vielmehr müssen sich seine Überlegungen an der Patentschrift (und hier genauer an den Ansprüchen) orientieren, wobei sich aus einer objektiven Betrachtung des Patents eine engere Anspruchsfassung ergeben kann, als dies nach dem technischen Gehalt der Erfindung und gegenüber dem Stand der Technik geboten wäre. Der Patentanmelder ist an die technische Lehre gebunden, die er unter Schutz hat stellen lassen.[229] Es reicht auch nicht aus, die Orientierung isoliert für das abgewandelte Mittel festzustellen; vielmehr muss die angegriffene Ausführungsform in ihrer für die Merkmalverwirklichung relevanten Gesamtheit eine auffindbar gleichwertige Lösung darstellen.[230] Die vom Patent gelehrte technische Lehre muss dabei als sinnhaft hingenommen und darf bei der Suche nach einem Austauschmittel in ihrer sachlichen Berechtigung nicht infrage gestellt werden.[231] Das bedeutet allerdings nicht, dass die Beschreibung des Klagepatents Ausführungen enthalten müsste, die den Fachmann zu der Abwandlung hinführen; solche Darlegungen können zwar die Annahme der Anspruchsorientierung stützen (sofern sie keine »Verzichtsargumentation« zur Folge haben), sie sind hierfür aber keine notwendige Bedingung.[232]

186

---

226 Brandi-Dohrn, FS Schilling, 2007, 543.
227 BGH, GRUR 1994, 597 – Zerlegvorrichtung für Baumstämme.
228 Wuttke, Mitt 2015, 489.
229 BGH, GRUR 2002, 511 – Kunststoffrohrteil.
230 BGH, GRUR 2007, 959 – Pumpeneinrichtung.
231 OLG Düsseldorf, Urteil v 13.9.2013 – I-2 U 23/13.
232 BGH, GRUR 2014, 852 – Begrenzungsanschlag.

187 Aus der Benennung eines konkreten Lösungsmittels und der Nichterwähnung des ausgetauschten Mittels in der Klagepatentschrift darf nicht kategorisch geschlossen werden, dass sich das Klageschutzrecht auf die im Patent- oder Schutzanspruch aufgegriffene Konstruktion habe festlegen wollen und deshalb jede andere Ausführung mit der technischen Lehre des Schutzrechts unvereinbar sei.[233] Maßgeblich dafür, ob ein solcher Schluss gerechtfertigt ist, sind die Umstände des Einzelfalles. Handelt es sich darum, dass der Patent- oder Schutzanspruch ein Merkmal enthält, welches überhaupt nur in der beanspruchten Weise verwirklicht werden kann oder aber gar nicht, sodass derjenige, der vom Anspruchswortsinn abweicht, das genaue Gegenteil von dem unternimmt, wozu ihn der Anspruch anhält, so scheidet eine Äquivalenz aus. Verlangt der Anspruch beispielsweise eine *symmetrische* Anordnung, so setzt sich eine asymmetrische Bauweise, mag sie auch gleichwirkend und naheliegend sein, in Widerspruch zu der Lehre des Schutzrechts und kann deshalb nicht als eine (äquivalente) Maßnahme betrachtet werden, mit der der Benutzer dasjenige tut, was ihn der Patent- oder Schutzanspruch lehrt, eben nur auf andere (vom Wortsinn abweichende) Weise. Vielmehr ignoriert derjenige, der asymmetrisch statt – wie gefordert – symmetrisch baut, die Anweisungen des Schutzrechts, weswegen die zu einer asymmetrischen Anordnung führenden Überlegungen nicht an der technischen Lehre des Patent- oder Schutzanspruchs orientiert, sondern gegen sie entwickelt worden sind. Anders liegt der Fall, wenn die in den Anspruch aufgenommene Konstruktion aus der Sicht des Fachmanns *stellvertretend* für ein bestimmtes Wirkprinzip steht, das auch auf andere Weise als diejenige, die konkret Gegenstand des Patent- oder Schutzanspruchs geworden ist, verwirklicht werden kann. Eine Schraubverbindung kann beispielsweise deshalb beansprucht sein, um zwei Vorrichtungsteile lösbar miteinander zu verbinden. Eine schutzrechtsgemäß taugliche lösbare Verbindung lässt sich auch auf andere konstruktive Weise, etwa mittels eines Bajonettverschlusses, umsetzen, ohne dass der Benutzer hierbei die technischen Anweisungen des Klagepatents (sic.: Vorsehen einer Schraubverbindung als lösbare Bauteilverbindung) verlassen muss. Im Geiste der beanspruchten Lehre hat er lediglich eine andere Ausführungsvariante gewählt. An einer Orientierung am Patentanspruch würde es hingegen fehlen, wenn statt der Schraubverbindung einstückig gefertigte Bauteile zum Einsatz kämen.[234]

Praxistipp	Formulierungsbeispiel

188 Für die dritte Äquivalenzfrage (Orientierung der fachmännischen Überlegungen am Patentanspruch) ist daher zwischen solchen Merkmalen zu unterscheiden, die aus der Sicht des Fachmanns »stellvertretend« für ein bestimmtes technisches Wirkprinzip stehen, und solchen, die sich überhaupt nur auf die dem Wortsinn entsprechende Weise umsetzen lassen, weil jede Abweichung sich in diametralen Widerspruch zu der technischen Lehre des Klagepatents setzt. Im erstgenannten Fall ist Äquivalenz möglich, im zweitgenannten Fall nicht.[235]

▶ **Beispiel: (OLG Düsseldorf, Urteil v 18.3.2021 – I-2 U 18/19)**

I.1.

189 Das Klagepatent (der deutsche Teil des EP 1 621 055) betrifft ein Stellglied, wie sie bei verstellbaren Möbeln zum Einsatz. Bei einem linearen Stellglied treibt der Motor über ein Getriebe eine Spindel mit einer drehfesten Mutter an, sodass sich die Mutter auf der Spindel je nach Drehrichtung derselben hin und her bewegen kann. Auf der Mutter

---

233 OLG Düsseldorf, GRUR-RS 2021, 9045 – Roller.
234 OLG Düsseldorf, GRUR-RS 2021, 9045 – Roller.
235 OLG Düsseldorf, Urteil v 8.4.2021 – I-2 U 42/20; OLG Düsseldorf, GRUR-RS 2021, 9045 – Roller.

ist ein hohles Rohr angeordnet, dessen freies Ende mit einer Befestigung zum Sichern in der Struktur versehen ist. Typischerweise besteht das Getriebe aus einem Schneckenantrieb, wobei die Schnecke in Verlängerung der Motorwelle vorgesehen und das Schneckenrad direkt auf der Spindel gesichert ist. Die nachfolgenden Abbildungen verdeutlichen diesen Sachverhalt.

Beim Verstellen des Möbelstücks treten mechanische Geräusche, wie etwa Getriebegeräusche, Geräusche in

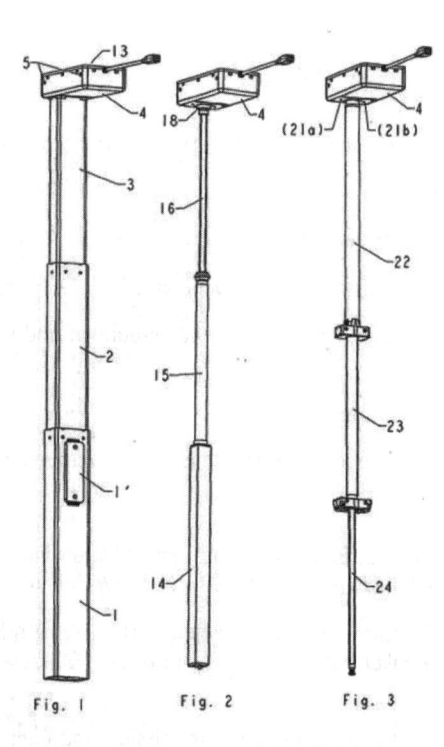

Fig. 1 Fig. 2 Fig. 3

der Lagerung des verstellbaren Elements oder aufgrund von Vibrationen auf, die sich in der Struktur ausbreiten. Bei Möbeln ist es wichtig, den Geräuschpegel möglichst niedrig zu halten. Obwohl bei der Möbelstruktur und der Antriebseinheit verschiedene, allgemein geräuschreduzierende Maßnahmen, etwa die Verwendung von Gummi- bzw. Kunststoffaufhängungen oder Schmiermitteln, getroffen werden, bedarf es einer weiteren Reduzierung des Geräuschpegels. Mit der in der Möbelindustrie bestehenden Nachfrage nach preisgünstigeren Stellgliedern ist es allerdings schwieriger geworden, den Geräuschpegel möglichst niedrig zu halten.

Eine Geräuschquelle ist der Motor, wobei die Geräusche teilweise durch die Rotorstruktur mit achsenparallelen Luftspalten zwischen den Eisenflanschen verursacht werden, auf welche die Spulen aufgewickelt sind. Das ergibt geringe, jedoch wahrnehmbare Unregelmäßigkeiten im Magnetfeld, die Vibrationen verursachen, die sich in der Struktur ausbreiten und akustische Geräusche hervorrufen. Ein weiterer Anteil der Motorgeräusche wird durch eine Axialbewegung des Rotors verursacht, die ebenso zu Vibrationen und dadurch akustischen Geräuschen führt. Zudem trägt auch das Getriebegeräusch zur Geräuschentwicklung bei, welches teilweise vom Eingriff zwischen den Zahnrädern bzw. insbesondere dem unterschiedlichen Grad des Eingreifens herrührt. Die im Stand der Technik bekannten Lösungen zur Reduzierung derartiger Geräusche sind teuer und kompliziert oder nicht ohne Weiteres bei der vorliegenden Erfindung (Stellglieder) einzusetzen.

Vor dem geschilderten Hintergrund liegt dem Klagepatent die Aufgabe zugrunde, den Geräuschpegel linearer Stellglieder zu reduzieren, ohne dass die Kosten merklich steigen.

Zur Lösung dieser Problemstellung sieht Patentanspruch 1 ein Stellglied mit folgenden Merkmalen vor:

1. Stellglied, umfassend

    1.1. ein Gehäuse (4);

    1.2. einen in dem Gehäuse (4) angeordneten Elektromotor (10);

    1.3. eine Transmission (18);

    1.4. ein Aktivierungselement (1,2,3).

2. Der Elektromotor (10) weist eine Motorwelle auf.

3. Die Transmission (18) ist mit der Motorwelle verbunden und weist eine Ausgangsseite auf.

4. Das Aktivierungselement (1, 2, 3)

    4.1 ist mit der Ausgangsseite der Transmission (3) verbunden

    und

    4.2. eingerichtet, um die Bewegung eines einstellbaren Elements in der Struktur, in die das Stellglied einzubeziehen ist, zu verursachen.

5. Wenigstens der Elektromotor (10) ist in einem satt passenden Rezess (12) in einem Block (11) aus Schaumkunststoff montiert, der in dem Gehäuse (4) angeordnet und befestigt ist.

6. In der Transmission oder zwischen der Transmission und dem Aktivierungselement (2, 3; 15, 16; 23) des Stellglieds ist eine Klauenkupplung (9a, 9b) angeordnet.

    6.1. Zwischen den einzelnen Klauen der Klauenkupplung ist eine Dichtung (19) vorgesehen.

7. Das Stellglied umfasst einen Spindelteil.

    7.1. Ein Ende der Klauenkupplung ist an dem Ende der Spindel befestigt.

    7.2. Das Spindelteil ist mittels eines Plattenelements an dem Gehäuse befestigt.

    7.2.1. Das Plattenteil ist fest mit dem Boden des Gehäuses verschraubt.

Die nachfolgende Abbildung veranschaulicht die Gehäuseausstattung.

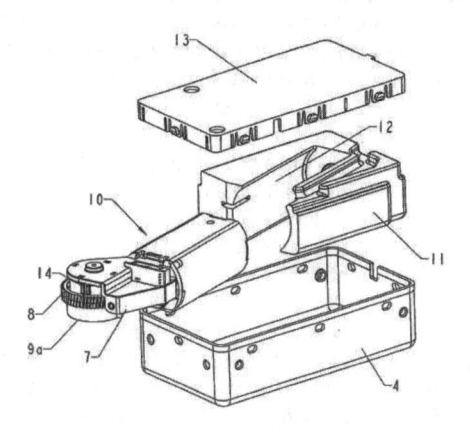

Fig. 4

2.

Die Beklagte bietet eine Hubsäule an, deren Elektromotor sich in dem nachfolgend eingeblendeten Gehäuse befindet.

Nachfolgend ist der Motor mit abgenommenen Schaumstoffteilen zu sehen:

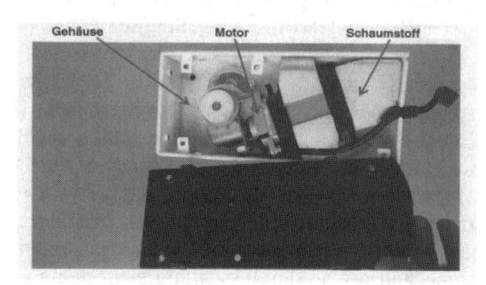

Nachfolgend ist der Motor mit abgenommenen Schaumstoffteilen zu sehen:

II.

Die angegriffene Ausführungsform macht teils wortsinngemäß und im Übrigen äquivalent von der technischen Lehre des Klagepatents Gebrauch.

Im Hinblick auf die Verwirklichung der Merkmalsgruppen 1. bis 4. besteht zwischen den Parteien berechtigterweise kein Streit, sodass es hierzu keiner weiteren Ausführungen bedarf. Gleiches gilt für die aufgrund der zwischenzeitlichen Beschränkung des Klagepatents im Nichtigkeitsverfahren nunmehr hinzugekommenen Merkmale 6. bis 7.1. Soweit die Beklagten die Verwirklichung der ebenfalls ergänzten Merkmale 7.2. und 7.2.1. bestreiten, vermag der Senat dem nicht beizutreten. Von Merkmal 5. macht die angegriffene Ausführungsform jedoch nicht wortsinngemäß Gebrauch. Zwar weist sie drei, an die Außenkontur des Motors angepasste Teile aus Schaumkunststoff auf. Hierbei handelt es sich jedoch nicht um einen Block aus Schaumkunststoff im Sinne des Klagepatents, weshalb der Elektromotor auch nicht in einen »satt passenden Rezess« eines solchen eingefügt sein kann.

1.

Um die mit der Erfindung angestrebte Reduzierung des Geräuschpegels (Abs [0009]) zu erreichen, belässt es Patentanspruch 1 nicht bei dem Verlangen nach einer irgendwie gearteten Schaumstoffdämmung, sondern macht konkrete Vorgaben zu deren konstruktiver Ausgestaltung: Es soll sich (1) um einen Block aus Schaumstoffkunststoff handeln und (2) wenigstens der Elektromotor soll in einem satt passenden Rezess eines solchen Blocks angeordnet sein.

a)

Was Letzteres betrifft, ist zunächst klar, dass es sich um eine unzutreffende Übersetzung der für die Reichweite des Schutzbereichs allein maßgeblichen englischen Anspruchsfassung (vgl. Art 70 Abs 1 und 3 EPÜ) handeln muss. Ein Rezess ist nach dem allgemeinen Sprachgebrauch ein veralteter Begriff für eine Auseinandersetzung, einen Vergleich bzw. ein schriftlich fixiertes Verhandlungsergebnis (vgl.: www.duden.de, Stand: 11.05.2020). Soweit Patentanspruch 1 in der englischen Sprachfassung von einem »tightly fitting recess« spricht, meint dies unter Berücksichtigung der für den Begriff »recess« angebotenen Übersetzungsmöglichkeiten (vgl. www.leo.org, Stand: 11.05.2020) eine Nische, eine Aushöhlung bzw. eine Mulde. Richtig übersetzt ist der Elektromotor somit in einer »fest passenden Aushöhlung« des Schaumkunststoffblocks angeordnet. Anders formuliert weist der Schaumkunststoffblock einen Hohlraum auf, in welchem der Elektromotor festsitzend angeordnet ist. Das bedeutet allerdings nicht, dass der Elektromotor zwingend allein durch den Schaumkunststoffblock gesichert sein muss, indem er entsprechend fest in die Aussparung eingeklemmt ist. Der Motor kann vielmehr auch mit herkömmlichen Mitteln im Gehäuse befestigt sein (vgl. Abs [0010]). Bei der Sicherung des Elektromotors allein über den Schaumkunststoffblock handelt es sich um eine bevorzugte Ausgestaltung der Erfindung, auf die der Schutzbereich in Ermangelung entsprechender Vorgaben im Patentanspruch nicht reduziert werden darf. Insbesondere lässt sich die Notwendigkeit einer Befestigung des Elektromotors am Schaumkunststoffblock entgegen der Auffassung der Beklagten nicht allein aus der Notwendigkeit der Montage in einem »satt passenden Rezess« folgern. Nur durch ein solch enges Anliegen kann der Schaumkunststoff die ihm zugedachte Funktion als Vibrations- und Geräuschdämpfer erfüllen (vgl. Abs [0010]). Die Montage kann – wie ausgeführt – auch anderweitig im Gehäuse erfolgen. Einer notwendigen (alleinigen) Halterung des Elektromotors durch den Block aus Schaumkunststoff bedarf es nicht.

b)

In jedem Fall notwendig ist jedoch die Anordnung des Elektromotors in einem Block aus Schaumkunststoff (»a block of foam plastics«).

Allein aus der damit aufgestellten Forderung nach einem »Block« geht unmissverständlich hervor, dass der Schaumkunststoff erfindungsgemäß nicht in irgendeiner Form um den Elektromotor herum im Gehäuse angeordnet sein darf. Mit der Forderung nach einem »Block aus Schaumkunststoff« gibt Patentanspruch 1 vielmehr unmissverständlich zu verstehen, dass der Schaumkunststoff erfindungsgemäß als kompaktes Bauteil ausgestaltet sein muss. Dass dem so ist, verdeutlicht bereits der Patentanspruch selbst: Die Forderung nach der Anordnung des Elektromotors in einem angepassten Hohlraum des Blocks aus Schaumkunststoff macht nur dann Sinn, wenn der Schaumkunststoff als kompaktes Bauteil ausgebildet ist, in welchem sich eine solche Aussparung befinden kann.

Hinweise darauf, dass dem Klagepatent ein hiervon abweichendes Verständnis des Begriffs »Block aus Schaumkunststoff« zugrunde liegt, sucht der Fachmann in der Klagepatentbeschreibung vergebens. Soweit die Klägerin in diesem Zusammenhang auf Figur 4 nebst der zugehörigen Beschreibung (Abs [0016]) verweist, ist der Schaumkunststoff dort zwar auf zwei separate Bauteile aufgeteilt und umschließt den Motor auch nicht vollumfänglich. Wie bereits die nachfolgend koloriert eingeblendete Figur verdeutlicht, sind jedoch beide Teile aus Schaumkunststoff derart aufeinander abgestimmt, dass sie nach ihrem Zusammenfügen ebenfalls ein kompaktes Bauteil, den Block aus Schaumkunststoff, bilden. Dieser muss den Motor nicht an jeder Stelle umgeben und kann einstückig (vgl. Unteranspruch 5) oder mehrteilig (vgl. Figur 4 sowie Unteranspruch 4) ausgebildet sein. Unabhängig davon, für welche dieser Gestaltungen sich der Fachmann letztlich entscheidet, muss es sich gleichwohl immer um einen »Block aus Schaumkunststoff« und damit um ein kompaktes Bauteil handeln.

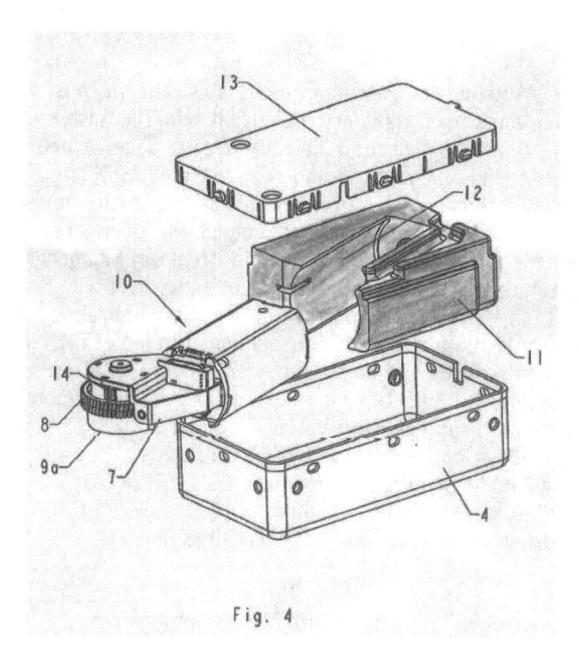

Fig. 4

Damit korrespondierend kann der Block aus Schaumstoffkunststoff nach Unteranspruch 4 aus zwei Teilen mit einer Fläche zum Zusammenfügen in der längs gerichteten Ebene des Motors zusammengesetzt sein. Werden die angesprochenen Einzelteile zusammengefügt, steht am Ende ebenso ein »Block aus Schaumkunststoff« in Gestalt eines kompakten Bauteils, welches auch vor dem Hintergrund der angestrebten Geräuschdämmung einer Ausgestaltung in Form eines einteilig ausgestalteten Blocks nicht bzw. kaum nachsteht.

c)

Nachdem sich Patentanspruch 1 somit für eine bestimmte, räumlich-körperliche Anordnung des Schaumkunststoffs, den Block, entschieden hat, verbietet es sich, dieses Erfordernis allein unter Verweis auf die auch bei einer anderweitigen Anordnung des Schaumkunststoffs erzielbare Geräuschdämmung wegzudiskutieren. Andernfalls würde die Grenze zwischen wortsinngemäßer und äquivalenter Benutzung aufgelöst, die indessen schon wegen der Zulässigkeit des Formstein-Einwandes nur bei einer äquivalenten Benutzung beachtlich ist (vgl. BGH, GRUR 2016, 169 – Luftkappensystem; GRUR 2016, 921 – Pemetrexed; Kühnen, Handbuch der Patentverletzung, 13. Aufl., A, Rn 118).

2.

Ausgehend von einem solchen Verständnis hat das Landgericht eine wortsinngemäße Verwirklichung der durch Patentanspruch 1 unter Schutz gestellten technischen Lehre zutreffend verneint. Es fehlt bei der angegriffenen Ausführungsform an einem »Block aus Schaumkunststoff« im Sinne des Klagepatents. Der Schaumkunststoff ist dort auf drei diskrete, beabstandete Bauteile aufgeteilt, die über einen »schwarzen Montagekäfig« miteinander verbunden sind. Sie bilden somit kein einheitliches, kompaktes Bauteil aus Schaumkunststoff und damit auch keinen erfindungsgemäßen Block.

3.

Die angegriffene Ausführungsform verwirklicht jedoch Merkmal 5. mit äquivalenten Mitteln.

a)

Damit eine vom Wortsinn des Patentanspruchs abweichende Ausführung in dessen Schutzbereich fällt, muss regelmäßig dreierlei erfüllt sein. Die Ausführung muss erstens das der Erfindung zugrunde liegende Problem mit zwar abgewandelten, aber objektiv gleichwirkenden Mitteln lösen. Zweitens müssen seine im Prioritätszeitpunkt gegebenen Fachkenntnisse den Fachmann befähigt haben, die abgewandelte Ausführung mit ihren abweichenden Mitteln als gleichwirkend aufzufinden. Die Überlegungen, die der Fachmann hierzu anstellen muss, müssen schließlich drittens am Sinngehalt der im Patentanspruch unter Schutz gestellten technischen Lehre orientiert sein. Sind diese Voraussetzungen erfüllt, ist die abweichende Ausführung mit ihren abgewandelten Mitteln aus fachmännischer Sicht als der wortsinngemäßen Lösung gleichwertige (äquivalente) Lösung in Betracht zu ziehen und damit nach dem Gebot des Artikels 2 des Protokolls über die Auslegung des Art 69 EPÜ bei der Bestimmung des Schutzbereichs des Patents zu berücksichtigen (st. Rspr. des BGH; vgl. BGH, GRUR 2002, 515 – Schneidmesser I; BGH, GRUR 2007, 959 – Pumpeinrichtung; BGH, GRUR 2011, 313 – Crimpwerkzeug IV; BGH, GRUR 2014, 852 – Begrenzungsanschlag; BGH, GRUR 2015, 361 – Kochgefäß; BGH, GRUR-RS 2020, 40735, Rz. 40 – Kranarm; OLG Düsseldorf, GRUR-RR 2014, 185 – WC-Sitzgelenk; Urt. v. 21.12.2017 – I-15 U 91/16, BeckRS 2017, 147917).

b)

Diesen Anforderungen genügt die angegriffene Ausführungsform.

aa)

Die dort gewählte Kombination von drei eng am Motor anliegenden, über einen Montagekäfig verbundenen Bauteilen ist gleichwirkend zu einem Block aus Schaumkunststoff im Sinne des Klagepatents.

(1)

Für die Frage der Gleichwirkung ist entscheidend, welche einzelnen Wirkungen die patentgemäßen Merkmale – für sich und insgesamt – zur Lösung der dem Patentanspruch zugrundeliegenden Aufgabe bereitstellen und ob diese Wirkungen bei der angegriffenen Ausführungsform durch andere Mittel erzielt werden. Danach ist es erforderlich, den Patentanspruch darauf zu untersuchen, welche der Wirkungen, die mit seinen Merkmalen erzielt werden können, zur Lösung der zugrundeliegenden Aufgabe patentgemäß zusammenkommen müssen. Diese Gesamtheit repräsentiert die patentierte Lösung und stellt deshalb die für den anzustellenden Vergleich maßgebliche Wirkung dar (BGH, GRUR 2000, 1005 – Bratgeschirr; BGH, GRUR 2012, 1122 – Palettenbehälter III; BGH, GRUR 2015, 361 – Kochgefäß; BGH, GRUR-RS 2020, 40735, Rz. 43 – Kranarm). Nur so ist gewährleistet, dass trotz Abwandlung bei einem oder mehreren Merkmalen lediglich solche Ausgestaltungen vom Schutzbereich des Patentanspruchs umfasst werden, bei denen der mit der geschützten Erfindung verfolgte Sinn beibehalten ist. Als gleichwirkend kann eine Ausführungsform dann angesehen werden, wenn sie nicht nur im Wesentlichen die Gesamtwirkung der Erfindung erreicht, sondern gerade auch diejenige Wirkung erzielt, die das nicht wortsinngemäß verwirklichte Merkmal erzielen soll. Im Wesentlichen wird eine Wirkung erzielt, wenn sie in einem praktisch noch erheblichen Umfang erreicht wird (BGH, GRUR 2011, 313 – Crimpwerkzeug IV; BGH, GRUR 2012, 1122 – Palettenbehälter III; BGH, GRUR 2015, 361 – Kochgefäß; BGH, GRUR-RS 2020, 40735, Rz. 43 – Kranarm).

(2)

Nach Maßgabe dieser Grundsätze stellen die Beklagten die Gleichwirkung ohne Erfolg in Abrede.

(aa)

Die Klägerin hat einen Untersuchungsbericht vorgelegt, welchem sich die nachfolgend eingeblendeten Untersuchungsergebnisse entnehmen lassen:

			LINAK columns				
		DL19-1 NF	DL19-2 NF	DL19-1 STD	DL19-2 STD	DL19-1 KF	DL19-2 KF
No load	Up	47,4	44,4	41,9	42,6	42,1	41,1
		47,9	44,8	41,9	41,1	42,0	40,6
		48,2	45,3	41,7	40,2	42,0	40,5
	Avg	47,8	44,8	41,8	41,3	42,0	40,7
		46,3		41,6		41,4	
	Diff	Reference		-4,8		-5,0	
	Down	48,2	47,6	40,3	41,1	41,5	44,1
		46,8	48,7	39,7	41,8	41,5	44,9
		46,9	49,0	40,0	42,4	41,7	46,9
	Avg	47,3	48,4	40,0	41,8	41,6	45,3
		47,9		40,9		43,4	
	Diff	Reference		-7,0		-4,4	
40kg load	Up	51,3	48,9	44,8	45,9	45,9	45,9
		51,6	48,8	44,7	46,0	46,0	45,5
		51,6	48,7	44,6	46,6	46,2	45,1
	Avg	51,5	48,8	44,7	46,2	46,0	45,5
		50,2		45,4		45,8	
	Diff	Reference		-4,7		-4,4	
	Down	44,0	48,0	39,8	44,0	40,5	45,0
		44,0	48,3	40,0	44,1	40,2	46,2
		45,0	48,2	40,0	44,7	40,8	45,4
	Avg	44,3	48,2	39,9	44,3	40,5	45,5
		46,3		42,1		43,0	
	Diff	Reference		-4,2		-3,2	

Aus der vorstehend eingeblendeten Tabelle ist die Geräuschentwicklung bei zwei Hubsäulen ohne Schaumstoffblock (NF), mit einem einteiligen Schaumstoffblock (STD) sowie einer dreiteiligen Schaumstoffanordnung, die zumindest hinsichtlich der räumlichen Anordnung der Schaumstoffteile mit der angegriffenen Ausführungsform vergleichbar ist (KF), ersichtlich. Danach bestehen bei der Aufwärtsbewegung der Hubsäule weder im unbeladenen Zustand noch bei einer Beladung mit einem Gewicht von 40 kg nennenswerte Unterschiede zwischen der Gestaltung mit einem Schaumstoffblock (STD) und der dreiteiligen Anordnung des Schaumstoffs (KF). Zwar gilt dies nicht uneingeschränkt für die Abwärtsbewegung. Dort führt der Einsatz eines Schaumstoffblocks im unbeladenen Zustand dazu, dass sich die Geräuschentwicklung um etwa 15 % reduziert, während sich mit der dreiteiligen Anordnung lediglich eine Geräuschreduzierung um etwa 10 % erzielen lässt. Nichtsdestotrotz ist die Geräuschdämmung bei der dreiteiligen Anordnung damit nur um etwa 5 % schlechter als beim Einsatz eines Schaumstoffblocks. Hinzu kommt, dass die betreffenden Hubsäulen in der Praxis kaum im unbelasteten Zustand zum Einsatz kommen dürften, sodass den mit einer Gewichtsbeladung von 40 kg erzielten Ergebnissen deutlich größere Bedeutung zukommt. In diesem Zustand lassen sich die Geräusche mithilfe eines Schaumstoffblocks um etwa 10 % reduzieren, mittels einer dreiteiligen Anordnung immerhin um etwa 8 %. Der Einsatz einer dreiteiligen Anordnung führt dementsprechend lediglich zu einer um etwa 2 % schlechteren Geräuschdämmung. Mithilfe der vorgelegten Testergebnisse hat die Klägerin somit dargelegt, dass sich mit einer dreiteiligen Schaumstoffanordnung, wie sie sich – zumindest im Hinblick auf die räumlich-körperliche Anordnung der Schaumstoffteile – auch bei der angegriffenen Ausführungsform findet, in Bezug auf die angestrebte Geräuschreduzierung im Wesentlichen die gleichen, jedenfalls nur unerheblich schlechtere Ergebnisse erzielen lassen.

Dass sich mit einer dreiteiligen Anordnung aus Schaumkunststoff nicht zu 100 % dieselbe Dämmwirkung erzielen lässt wie mit einem patentgemäßen Block, steht der Gleichwirkung nicht entgegen. Eine Ausführungsform, die anstelle eines im Patentanspruch vorgesehenen Merkmals eine abweichende Gestaltung aufweist, fällt nicht nur dann in den Schutzbereich eines Patents, wenn sie die erfindungsgemäßen Wirkungen ohne jede Einschränkung erreicht. Für eine Gleichwirkung kann es vielmehr genügen, dass eine nach dem Patentanspruch erforderliche Wirkung durch abgewandelte Mittel nur in eingeschränktem Umfang erzielt wird. Unter dem Gesichtspunkt angemessener Belohnung des Erfinders kann die Einbeziehung in den Schutzbereich eines Patents bereits dann sachgerecht sein, wenn die erfindungsgemäßen Wirkungen im Wesentlichen, also in einem praktisch noch erheblichen Maße, erzielt werden. Hierfür kommt es auf die patentgemäße Wirkung und eine sich hieran orientierende Gewichtung der bei den angegriffenen Ausführungsformen festgestellten Defizite an (BGH, GRUR 1999, 909, 914 – Spannschraube; BGH, GRUR 2005, 1005, 1006 – Bratgeschirr; BGH, GRUR 2012, 1122 Rn. 27 – Palettenbehälter III; GRUR 2015, 361 Rz. 25 – Kochgefäß; BGH, GRUR-RS 2020, 40735, Rz. 47 – Kranarm). Dem Klagepatent geht es nicht um die Ausreizung sämtlicher Möglichkeiten zur Vermeidung von Geräuschentwicklungen, sondern lediglich um eine möglichst kostengünstige Reduzierung des Geräuschpegels. Dafür, dass es zur Lösung dieser Aufgabe auf die Erzielung möglichst exakter Werte ankäme, fehlt es in der Klagepatentschrift an Anhaltspunkten.

Soweit die Beklagten die Gleichwirkung unter Verweis auf eine vermeintlich schlechtere Montage und Handhabung sowie die vermeintlich fehlende Fähigkeit zur Montage des Motors in einem satt passenden Rezess infrage stellen wollen, kann dies bereits deshalb nicht zum Erfolg führen, weil es sich dabei um keine zwingenden erfindungsgemäßen Vorteile handelt. Wie der Senat bereits im Einzelnen bei der Erläuterung des Schutzbereichs dargestellt hat, stellt die Möglichkeit der Befestigung allein mithilfe des Blocks aus Schaumkunststoff lediglich eine bevorzugte Ausgestaltung dar. Erfindungsgemäß kann der Motor auch mit herkömmlichen Mitteln im Gehäuse befestigt werden (Abs [0010]; Unteranspruch 5). Dass sich diese bevorzugten Ausgestaltungen möglicherweise bei einer dreiteiligen Gestaltung nicht realisieren lassen, ist daher für die Frage der Gleichwirkung ohne Belang. Hier ist allein entscheidend, ob sich mit der angegriffenen

Ausführungsform eine mit der beanspruchten Lösung vergleichbare Reduzierung des Geräuschpegels erzielen lässt.

Entgegen der Auffassung der Beklagten fehlt den durch die Klägerin vorgelegten Testergebnissen schließlich auch nicht allein deshalb die Aussagekraft, weil bei der drei Schaumstoffteile aufweisenden Testanordnung (KF) auf einen Montagekäfig verzichtet wurde. Die Beklagten räumen ein, dass einem solchen eine eigene geräuschdämmende Wirkung zukommt (...). Mit dem Einsatz eines derartigen Montagekäfigs würden sich die für die Testanordnungen STD und KF angegebenen Werte somit allenfalls noch weiter annähern, was die Gleichwirkung sogar noch verstärkt.

(3)

Dieses Vorbringen haben die Beklagten nicht erheblich bestritten. Der Vortrag der Klägerin ist somit unstreitig, § 138 Abs 3 ZPO.

(a)

Will der Beklagte in einem Patentverletzungsprozess geltend machen, die angegriffene Ausführungsform sei in ihren konstruktiven Einzelheiten oder ihrer Zusammensetzung unzutreffend beschrieben, darf er sich nicht darauf beschränken, den Sachvortrag des Klägers zur Ausgestaltung des vermeintlichen Verletzungsgegenstandes lediglich pauschal zu bestreiten. Er ist vielmehr gehalten, zu den einzelnen relevanten Behauptungen in der Klageschrift Stellung zu nehmen und sich über die diesbezüglichen tatsächlichen Umstände vollständig und der Wahrheit gemäß zu erklären (§ 138 Abs 1 ZPO). Dies bedeutet zwar nicht, dass der Beklagte von sich aus das Gericht und den Kläger über den wirklichen Verletzungstatbestand zu unterrichten hätte. Der Beklagte kann sich im Gegenteil auf das Bestreiten bestimmter vom Kläger behaupteter technischer Merkmale beschränken. Allerdings darf dieses Bestreiten nicht pauschal bleiben, sondern muss konkret und substantiiert sein. Kein erhebliches Bestreiten stellt es dar, wenn sich der Beklagte darauf beschränkt, am Sachvortrag des Klägers lediglich zu bemängeln, dessen Ausführungen zum Verletzungstatbestand seien unsubstantiiert (OLG Düsseldorf, Beschl. v. 20.1.2017 – I-2 U 42/12, BeckRS 2017, 10202).

(b)

Nichts anderes gilt für die Frage der Gleichwirkung. Zwar können die Beklagten auf eine lediglich pauschal gehaltene Behauptung der Gegenseite, das eingesetzte Mittel sei gleichwirkend, mit einem einfachen Bestreiten reagieren, ohne weiteren Sachvortrag liefern zu müssen. Das gilt allerdings dann nicht mehr, wenn die Klägerin ihren Vortrag – wie hier – weiter konkretisiert und sogar durch eigene Untersuchungen ergänzt hat. Für ein erhebliches Bestreiten reicht es in einem solchen Fall nicht aus, den gegnerischen Vortrag und insbesondere den vorgelegten Testreport lediglich hinsichtlich der eingesetzten Testmethoden sowie des Untersuchungsgegenstandes zu kritisieren. Vielmehr wäre es nunmehr an den Beklagten, sich konkret und der Wahrheit gemäß (§ 138 Abs 1 ZPO) dazu zu erklären, inwiefern sich die mit der angegriffenen Ausführungsform in Bezug auf die angestrebte Geräuschreduzierung erzielbaren Ergebnisse von den durch die Klägerin behaupteten Werten unterscheiden. Nur, wenn sich die Beklagte dazu hinreichend konkret erklärt und ihren Vortrag, soweit notwendig, durch einen entsprechenden, auf die angegriffene Ausführungsform bezogenen Testbericht untermauert, ist der betreffende Sachvortrag streitig.

Von der Notwendigkeit eines konkretisierenden Vortrages sind die Beklagten insbesondere auch nicht deshalb entbunden, weil sich der durch die Klägerin vorgelegte Untersuchungsbericht nicht auf die angegriffene Ausführungsform bezieht, sondern auf einer Untersuchung der Produkte der Klägerin beruht. Die Klägerin hat die Gründe ihres Vorgehens ebenso nachvollziehbar dargelegt wie ihren Versuch, die angegriffene Ausführungsform in Bezug auf die Anordnung der Teile aus Schaumkunststoff so weit wie möglich nachzubilden. Damit verbunden ist die Behauptung, mit der angegriffenen Ausführungsform ließen sich mit den Untersuchungsergebnissen vergleichbare Werte erzielen. Um dem erheblich entgegenzutreten, müssen sich die Beklagten, die dazu auch ohne Weiteres in der Lage sind, zu den Verhältnissen bei der angegriffenen Ausführungsform erklären und konkret aufzeigen, inwiefern sich die dort erzielbaren Wert vom Vortrag der Klägerin unterscheiden. Kommen sie dem nicht nach, ist der klägerische Vortrag unstreitig (§ 138 Abs 3 ZPO).

(c)

Diesen Anforderungen sind die Beklagten auch unter der Berücksichtigung des nunmehr zur Akte gereichten Untersuchungsberichts nicht hinreichend nachgekommen.

(aa)

Die vorgelegten Testergebnisse sind schon deshalb untauglich, weil die Beklagten den Einwand der Klägerin, bei der Lärmpegelmessung seien entgegen Abschnitt 7.3 der ISO 3743-1 nicht drei, sondern lediglich zwei Mikrofone eingesetzt worden, nicht entkräften konnten. Dieser Einwand lässt sich nicht mit der Bemerkung beiseiteschieben, ein komplexerer Testaufbau sei in der Kürze der Zeit nicht möglich gewesen. Ebenso wenig können sich die Beklagten mit Erfolg darauf berufen, die Klägerin habe nicht angegeben, weshalb das Fehlen eines dritten Mikrofons die Testergebnisse verfälscht haben könnte. Nach dem vorgelegten Testbericht erfolgten die Messungen im Rahmen einer »Geräuschprüfung nach ISO 3743-1:2010«. Weicht der Versuchsaufbau gleichwohl von der genannten ISO-Norm ab, ist es an den Beklagten, konkret darzutun, weshalb diese Abweichung die Messergebnisse nicht entscheidend beeinflusst haben soll. Dem sind die Beklagten jedoch nicht nachgekommen, sondern haben sich lediglich auf die hypothetische Bemerkung zurückgezogen, die Anordnung des zweiten Mikrofons trage bei den Tests der Beklagten dem Umstand Rechnung, dass die Schallabgabe in senkrechter Ebene durchaus anders sein könne, was die vorgelegten Tests auch belegt hätten. Mit einem solchen, eine bestimmte Anordnung des zweiten Mikrofons in den Blick nehmenden Vorbringen lässt sich jedoch nicht begründen, weshalb die Beklagten auf den Einsatz des nach der ISO-Norm geforderten dritten Mikrofons verzichtet haben. Dass demgegenüber die den Messungen der Klägerin zugrundeliegende Anordnung der drei Mikrofone nicht ISO-konform wäre, behaupten die Beklagten nicht.

(bb)

Abgesehen davon sind die durch die Beklagten vorgelegten Messergebnisse auch inhaltlich nicht geeignet, das Vorbringen der Klägerin zur Gleichwirkung erheblich in Frage zu stellen. Ein Teil der Messreihen bestätigt im Gegenteil den Vortrag der Klägerin zur dämmenden Wirkung des aus mehreren Teilen zusammengesetzten Schaumstoffteils. Andere Messreihen beruhen demgegenüber erkennbar auf Messfehlern und können daher den Vortrag der Beklagten von vornherein nicht stützen.

Im Einzelnen:

Dass sich mithilfe einer dreiteiligen Schaumstoffanordnung ein erheblicher Dämpfungseffekt erzielen lässt, der regelmäßig geringfügig unterhalb desjenigen eines Schaumstoffblocks entsprechend Figur 4 des Klagepatents liegt, geht aus den nachfolgend eingeblendeten, durch die Klägerin aufbereiteten Auszügen aus den Messergebnissen der Beklagten hervor. Die Referenz bildet dabei eine Anordnung ohne Schaumstoff und ohne Käfig.

		B	D	C
0 kg aufwärts	Absolut	45,2	40,4	41,6
Dezibelmessg. 1	Relativ	Referenz	-4,8	-3,6
0 kg abwärts	Absolut	46,2	39,9	41,3
Dezibelmessg. 1	Relativ	Referenz	-6,3	-4,9
40 kg abwärts	Absolut	42,9	40,5	41,0
Dezibelmessg. 1	Relativ	Referenz	-2,4	-1,9

		B	D	C
40 kg aufwärts	Absolut	45,9	42,8	42,7
Dezibelmessg. 2	Relativ	Referenz	-3,1	-3,2

Spalte B betrifft eine Anordnung ohne Dämpfungsmittel, Spalte D eine mit Figur 4 des Klagepatents vergleichbare Ausgestaltung sowie Spalte C eine Ausführungsform wie in Spalte D, jedoch mit Dämpfungselementen wie bei der angegriffenen Ausführungsform.

Dass sich die Messergebnisse – schon vor dem Hintergrund der unterschiedlichen Testanordnung nachvollziehbar – absolut von denjenigen der Klägerin unterscheiden, mindert ihre Aussagekraft in Bezug auf die Dämmwirkung einer dreiteiligen Gestaltung des Schaumstoffs im Vergleich zu einer Schaumstoffblockanordnung nicht. Die Hälfte der Testreihen der Beklagten lässt somit (ebenso wie die Untersuchungsergebnisse der Klägerin) den Schluss zu, dass sich die Dämmwirkung einer dreiteiligen Schaumstoffanordnung (Spalte C) nur unwesentlich von derjenigen eines Schaumstoffblocks (Spalte D) unterscheidet.

Soweit die Beklagten demgegenüber als Referenz eine Anordnung mit Käfig, aber ohne Schaumstoff ansehen wollen, folgt daraus nichts anderes. Auch gegenüber einer solchen Gestaltung weist sowohl eine dreiteilige Schaumstoffanordnung als auch ein Schaumstoffblock in den vorstehend aufgeführten Fällen eine erhebliche Dämmwirkung auf. Eine Ausnahme bildet lediglich die Messreihe »40 kg aufwärts Dezibelmessgerät 2«:

ZT006	ZT006	ZT006	ZT006
A	B	C	D
41.4	45.9	42.7	42.8

Weshalb die Beklagten dort für eine Gestaltung mit Käfig, aber ohne Schaumstoff 41,4 db, für die Gestaltungen mit Schaumstoff jedoch 42,7 db bzw. 42,8 db gemessen haben wollen, erschließt sich nicht und läuft auch sämtlichen Naturgesetzen zuwider. In diesem Fall hätte der in Spalte C den Käfig ergänzende Schaumstoff nicht nur keinerlei Dämmwirkung. Sein Einsatz würde sogar zu einer höheren Geräuschentwicklung führen.

Auch die nachfolgend eingeblendeten Messreihen bestätigen die erhebliche Dämmwirkung einer dreiteiligen Schaumstoffanordnung:

		B	D	C
40 kg aufwärts	Absolut	45,0	45,5	40,8
Dezibelmessg. 1	Relativ	Referenz	+0,5	-4,2
0 kg aufwärts	Absolut	46,5	48,0	42,9
Dezibelmessg. 2	Relativ	Referenz	+1,5	-3,6

Weshalb allerdings ein Schaumstoffblock (Spalte D) im Vergleich zu einer Gestaltung ohne jede Dämmvorrichtung (Spalte B) keinerlei Dämmwirkung erzielen und der Motor ohne Dämmvorrichtung sogar leiser sein soll, vermag der Senat auch in diesem Fall nicht nachzuvollziehen. Zu diesem durch die Klägerin angesprochenen Punkt sind die Beklagten eine plausible Erklärung schuldig geblieben.

Damit verbleiben lediglich zwei bisher nicht diskutierte Messreihen, deren Ergebnisse nachfolgend eingeblendet sind:

ZT006	ZT006	ZT006	ZT006
A	B	C	D
44.3	43.1	42.6	47.8
40.28	43.9	44.3	39.9

Beide Messreihen entstammen der Dezibelmessung 2 in der Abwärtsvariante, einmal ohne Beladung (erste Messreihe) und einmal mit einer solchen (zweite Messreihe). Sie sind bereits aus sich heraus unplausibel. Während der Geräuschpegel in der ersten Testreihe mit einem Schaumstoffblock (Spalte D) höher als ohne jede Dämmvorrichtung liegt (Spalte B), übersteigt in der zweiten Testreihe der Messwert mit einer dreiteiligen Schaumstoffanordnung (Spalte C) denjenigen ohne Dämmvorrichtung (Spalte B). Auch hier verfügt der Schaumstoff in jeweils einem Fall offenbar über keinerlei Dämmeigenschaften, im jeweils anderen Fall derselben Messreihe jedoch schon. Noch weniger vermag der Senat nachzuvollziehen, weshalb eine Anordnung ohne jede Dämmvorrichtung leiser als eine Gestaltung mit einer Solchen sein soll. Hinzu kommt, dass die Geräuschentwicklung in der ersten Messreihe mit Kunststoffteil (Spalte A) höher als ohne ein Solches (Spalte B) sein soll, während in der zweiten Messreihe dem Kunststoffteil (Spalte A) offenbar erhebliche Dämmeigenschaften zukommen, die dazu führen, dass die Dämmwirkung ohne Schaumstoff (Spalte A) sogar höher als mit (Spalte C) sein soll.

Zusammengefasst bestätigt ein Teil der Messergebnisse der Beklagten den durch eigene Messungen untermauerten Vortrag der Klägerin: Sowohl eine Gestaltung mit einem Schaumstoffblock als auch eine dreiteilige Schaumstoffanordnung, wie sie sich bei der angegriffenen Ausführungsform findet, führen im Vergleich zu einer Gestaltung ohne Dämmung zu einer wesentlichen Geräuschminderung, wobei die mit der angegriffenen Ausführungsform erzielte Reduzierung des Lärmpegels im Schnitt etwas geringer ist als bei einer Gestaltung mit einem Schaumstoffblock entsprechend dem Ausführungsbeispiel des Klagepatents. Soweit sich die Messreihen der Beklagten nicht mit den Messergebnissen der Klägerin in Einklang bringen lassen, sind sie bereits in sich widersprüchlich, ohne dass die Beklagten diese Widersprüche plausibel erläutern konnten. Vor diesem Hintergrund ist das Vorbringen der Beklagten bereits im Ansatz nicht geeignet, den auf plausiblen Messungen beruhenden Vortrag der Klägerin in Zweifel zu ziehen. Dieser gilt daher gemäß § 138 Abs 3 ZPO als unstreitig.

(cc)

Mit ihrem ergänzenden Vorbringen zur Gleichwirkung ist die Klägerin davon ausgehend nicht im Berufungsverfahren ausgeschlossen. Auch wenn der nunmehr vorgelegte Untersuchungsbericht neues tatsächliches Vorbringen darstellt (§ 529 Abs 1 Nr 2 ZPO), fehlt es – wie ausgeführt – an einem erheblichen Bestreiten. Es handelt sich damit um neues unstreitiges tatsächliches Vorbringen im Berufungsverfahren, welches stets zu berücksichtigen ist (BGHZ 177, 212 = NJW 2008, 3434; BGH, NJW 2009, 685, 687; Musielak/Ball, ZPO, 17. Aufl., § 531 Rn. 16).

bb)

Dass der Einsatz einer dreiteiligen Schaumstoffanordnung für den Fachmann auch ohne erfinderische Leistung als Alternative zu dem beanspruchten Block aus Schaumkunststoff auffindbar war, haben die Beklagten zu Recht nicht in Abrede gestellt. Nachdem in der Möbelindustrie neben dem Geräuschpegel der Preis der Stellglieder eines der wesentlichen Kriterien für den Absatzerfolg bildet (vgl. Abs [0002] und [0009]), liegt es nahe, die Menge des einzusetzenden Schaumkunststoffs auf das für die Geräuschdämmung unbedingt notwendige Maß zu begrenzen und das Material nur dort einzusetzen, wo es zwingend erforderlich ist. Davon ausgehend bedarf es keiner erfinderischen Überlegungen, den Block aus Schaumkunststoff in Einzelblöcke aufzuspalten und diese an den für die angestrebte Geräuschdämmung maßgeblichen Stellen anzubringen. Hierbei handelt es sich um ein aus Gründen der Materialersparnis übliches Vorgehen, mit dem der Fachmann seit eh und je vertraut ist. Ein spürbar größerer Montageaufwand ist mit der Abwandlung ebenfalls nicht verbunden.

cc)

Auch das dritte Kriterium patentrechtlicher Äquivalenz ist gegeben.

(1)

Orientierung am Patentanspruch setzt voraus, dass die Überlegungen, die der Fachmann anzustellen hat, um zu der gleichwirkenden Abwandlung zu gelangen, derart am Sinngehalt der im Patentanspruch unter Schutz gestellten Lehre orientiert sind, dass er die abweichende Ausführung mit ihren abgewandelten Mitteln als der patentgemäßen Lehre gleichwertige Lösung in Betracht zieht. Dabei reicht es nicht aus, dass er aufgrund seines Fachwissens eine Lehre als technisch sinnvoll und gleichwirkend zu der in den Patentansprüchen formulierten Lehre erkennt. Vielmehr muss er sich am Patentanspruch orientieren, der mit allen seinen Merkmalen nicht nur den Ausgangspunkt, sondern die maßgebliche Grundlage für seine Überlegungen bildet (BGH, GRUR 1989, 903 – Batteriekastenschnur; BGH, GRUR 2002, 515 – Schneidmesser I; BGH, GRUR 2011, 701 – Okklusionsvorrichtung; BGH, GRUR 2016, 921 – Pemetrexed; BGH, GRUR 2016, 1254 – V-förmige Führungsanordnung). Dabei ist der Patentinhaber an die technische Lehre gebunden, die er unter Schutz hat stellen lassen. Sie muss von ihm als sinnhaft hingenommen werden und darf bei der Suche nach einem gleichwirkenden Austauschmittel in ihrer sachlichen Berechtigung nicht (wieder) infrage gestellt werden (BGH, GRUR 2002, 511 – Kunststoffrohrteil; OLG Düsseldorf, Urteil vom 13.09.2013 – I-2 U 23/13, BeckRS 2013, 18749). Die Überlegungen dürfen sich nicht vom Sinngehalt des Patentanspruchs lösen, sondern müssen diesem so nahekommen, dass die Wertung geboten ist, die angegriffene Ausführungsform beruhe trotz der Abweichung auf dem Patentanspruch und stelle in einem weiteren Sinne noch eine patentgemäße Lösung dar (Meier-Beck, GRUR 2003, 905; Benkard/Scharen, Patentgesetz, 11. Aufl., § 14 PatG Rn 114).

(2)

Nach Maßgabe dieser Grundsätze wird der Fachmann die angegriffene Ausführungsform mit dem von der Klägerin geltend gemachten Austauschmittel (siehe oben) als »gleichwertig« in Betracht ziehen.

Mit der im Patentanspruch 1 beschriebenen Montage des Elektromotors in einem satt passenden »Rezess« in einem Block aus Schaumkunststoff soll der Geräuschpegel linearer Stellglieder möglichst ohne bzw. mit geringen Zusatzkosten reduziert werden. Erfindungsgemäß ist es somit der eng am Motor anliegende Schaumkunststoff, der Vibrationen und Geräusche dämpft und somit zur Senkung des Geräuschpegels beiträgt (Abs [0010]). An diesem Prinzip hält die angegriffene Ausführungsform fest und ergänzt diese lediglich um eine, möglicherweise für den Preis vorteilhafte Materialersparnis an einzelnen Stellen.

190 Wichtig ist, dass der Fachmann *auf der Grundlage der Klagepatentschrift* und der im Anspruch beschriebenen Erfindung die Abwandlung als gleichwirkendes Lösungsmittel auffinden können muss. Daran fehlt es, wenn zwar Anlass zu der Annahme besteht, dass der Fachmann mithilfe seines allgemeinen Wissens erkennt, dass die erfindungsgemäße Aufgabe auch durch die fragliche Abwandlung gelöst wird, der Inhalt der Patentschrift jedoch zu dem Schluss führt, dass diese Abwandlung vom Patent nicht erfasst werden sollte. Die Abwandlung darf sich also nicht in Widerspruch zu derjenigen **technischen Lehre** setzen, **die der** anhand der Patentbeschreibung **ausgelegte Patentanspruch** dem Fachmann nun einmal (egal, ob technisch sinnvoll oder nicht) **gibt**.

▶ **Beispiel: (LG Düsseldorf, Urteil v 31.5.2005 – 4b O 210/04)**

I.1.

191 Klagepatent ist der deutsche Teil des europäischen Patents 0 733 148, welches eine Halterung für die biegemomentfreie Lagerung von Glasplatten in beliebiger Lage betrifft.

Um Glasplatten in Fassaden-, Dachkonstruktionen und Ähnlichem verwenden zu können, ist es notwendig, das gegen Biegekräfte empfindliche (spröde) Material biegemomentfrei zu lagern. Eine Halterung, die dies leistet, ist aus der DE-PS 39 27 653 vorbekannt. Nachfolgend ist eine bevorzugte Variante dieser Halterung abgebildet.

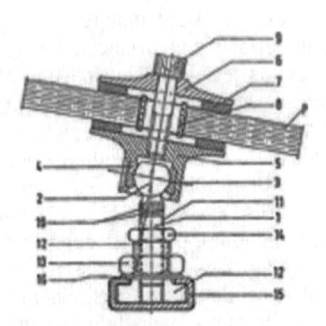

Den Darlegungen der Klagepatentschrift zufolge bringt diese Halterung zwar schon wesentliche Verbesserungen gegenüber dem Stand der Technik mit sich, jedoch ist die Handhabung bei der Montage auf Baustellen – vor allem bei der Über-Kopf-Montage – umständlich und zeitraubend.

Die Klagepatentschrift formuliert vor diesem Hintergrund die Aufgabe, die bekannte Konstruktion derart weiterzuentwickeln, dass die Montage – vor allem die Über-Kopf-Montage – wesentlich vereinfacht und sicherer wird. Außerdem soll sich bei der Lagerhaltung der Einzelteile eine Materialersparnis erzielen lassen.

Zur Lösung dieser Aufgabe sieht Patentanspruch 1 die nachfolgende Merkmalskombination vor:

1) Halterung für die biegemomentfreie Lagerung von Glasplatten mit

    a) einem Montagebolzen (4),

    b) einem unteren Auflageteller (2) für die Glasplatte (7) und

    c) einem oberen Auflageteller (3) für die Glasplatte (7).

2) Der Montagebolzen (4)

    a) ist an seinem einen Ende mit einem Kugelkopf (5) versehen und

    b) in einem Kugelgelenklager (6) nach allen Seiten begrenzt schwenkbar gelagert.

3) Der untere Auflageteller (2) weist

    a) eine entsprechend große Bohrung (8) auf, in die der den Kugelkopf (5) tragende Montagebolzen (4) einschiebbar ist, sowie

    b) einen das Kugelgelenklager (6) umschließenden Teil.

4) Die Bohrung (8)

    a) ist mit einem Innengewinde versehen, in das

    b) eine mit Außengewinde und Innengewinde versehene Sicherungshülse (13) bis zur Berührung mit dem Kugelkopf (5) einschraubbar ist.

5) Ein Einspannbolzen (15)

    a) ist an seinem unteren Ende mit einem Außengewinde versehen, das in das Innengewinde der Sicherungshülse (13) einschraubbar ist, und

    b) weist an seinem oberen Ende eine Bohrung (16) mit Innengewinde auf, in die eine Befestigungs- und Spannschraube (17) einschraubbar ist.

6) Die Befestigungs- und Spannschraube (17) durchsetzt eine Bohrung des oberen Auflagetellers (3).

7) Das Kugelgelenklager (6)

    a) ist außerhalb des Bereichs der zu befestigenden Glasplatte (7) angeordnet und

    b) gebildet aus einer hohlkugelkalottenförmigen Aushöhlung (19) am unteren Ende der Sicherungshülse (13), die zusammenwirkt mit einer ebenfalls hohlkugelkalottenförmigen Ausgestaltung der Bohrung (8a) des unteren Auflagetellers (2).

8) Die sich an das Kugelgelenklager (6) anschließende Bohrung (8b) gestattet lediglich den Durchtritt des Schaftes des Montagebolzens (4).

Die nachfolgende Abbildung veranschaulicht den Erfindungsgegenstand anhand eines bevorzugten Ausführungsbeispiels.

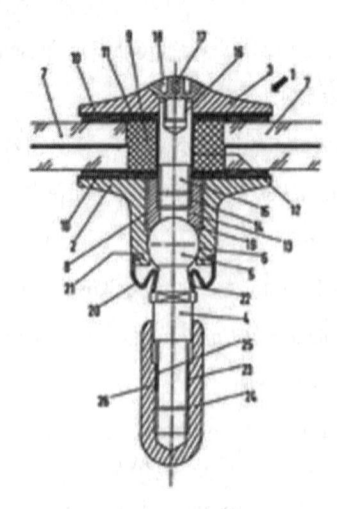

Die Klagepatentschrift hebt hervor, infolge der Trennung des kopflosen Einspannbolzens von der Befestigungs- und Spannschraube werde der Zusammenbau wesentlich vereinfacht. Für unterschiedliche Glasstärken könne ein Vorrat von Einspannbolzen unterschiedlicher Längen bereitgehalten werden, während alle anderen Teile gleich ausgestaltet sein können. Dies vereinfache die Lagerhaltung und die Anpassung der erfindungsgemäßen Halterung an ungewöhnliche Glasstärken.

2.

Die Beklagten bieten an und vertreiben eine Halterung, deren Ausgestaltung sich aus den nachstehend eingeblendeten Lichtbildern ergibt.

Die Klägerin sieht durch die vorbezeichnete Halterung ihre Rechte aus dem Klagepatent teils wortsinngemäß und teils mit äquivalenten Mitteln verletzt. Es stelle eine patentrechtlich äquivalente Maßnahme dar, wenn der Einspannbolzen nicht in die Sicherungshülse geschraubt werde, sondern – wie bei der angegriffenen Ausführungsform der Fall – einstückig mit ihr verbunden sei.

II.

Die angegriffene Halterung macht von der technischen Lehre des Klagepatents keinen Gebrauch. Die zwischen den Parteien allein streitigen Merkmale (4b) und (5a) sind weder wortsinngemäß noch mit äquivalenten Mitteln verwirklicht.

Die vorbezeichneten Merkmale betreffen im vorliegend interessierenden Zusammenhang die Ausgestaltung von zwei zusammenwirkenden Bauteilen der Halterung, nämlich der Sicherungshülse (13) und des Einspannbolzens (15). Die Sicherungshülse ist neben dem Außengewinde auch mit einem Innengewinde versehen (Merkmal 4b), in welches der seinerseits mit einem Außengewinde versehene Einspannbolzen eingeschraubt werden kann (Merkmal 5a). Eine wortsinngemäße Verwirklichung dieser Merkmale ist vorliegend nicht gegeben und wird von der Klägerin auch nicht geltend gemacht, da bei der angegriffenen Ausführungsform die Sicherungshülse einstückig mit einem (nach oben gerichteten) Fortsatz bzw Stutzen ausgebildet ist, in dessen Innengewinde eine – ebenfalls einstückige – Befestigungsschraube eingeschraubt wird. Nicht gefolgt werden kann der Klägerin in ihrer Ansicht, dass insoweit eine patentrechtlich äquivalente Maßnahme vorliege, weil der Fortsatz als Einspannbolzen (15) zu begreifen sei, der in Abwandlung zur Lehre von Patentanspruch 1 nicht in das Innengewinde des Sicherungshülse eingeschraubt werde, sondern mit dieser einstückig verbunden sei.

Ob eine einstückige Ausgestaltung von Sicherungshülse und Einspannbolzen dieselben erfindungswesentlichen Wirkungen hervorbringt, wie sie eine wortsinngemäße lösbare Schraubverbindung von zwei Einzelteilen mit sich bringt, und der Fachmann solches (allein) auf Grundlage seines Fachwissens erkennt, erscheint schon nicht unzweifelhaft, kann aber auf sich beruhen. Denn es ist nicht ersichtlich, wie der Durchschnittsfachmann anhand der in Patentanspruch 1 offenbarten und durch die Klagepatentschrift erläuterten technischen Lehre zu der Erkenntnis gelangen kann, dass eine solche Abwandlung im Sinne der Erfindung gleichwirkend ist (sog Orientierung am Patentanspruch).

Gemäß § 14 Satz 1 PatG und Art 69 Abs 1 EPÜ wird der Schutzbereich eines Patents durch den Inhalt des Patentanspruchs bestimmt. Das gleichwertig neben dem Gesichtspunkt eines angemessenen Schutzes der erfinderischen Leistung stehende Gebot der Rechtssicherheit erfordert, dass der durch Auslegung zu ermittelnde Sinngehalt des Patentanspruchs nicht nur den allgemeinen Ausgangspunkt, sondern die maßgebliche Grundlage für die Bestimmung des Schutzbereichs bildet; diese hat sich am *Patentanspruch* auszurichten. Jedes Merkmal des Patentanspruchs ist danach allein schon wegen seiner Aufnahme in den Anspruch wesentlich und begrenzt für jeden erkennbar den Schutzbereich. Für die Zugehörigkeit einer vom Wortsinn des Patentanspruchs abweichenden Ausführungsform zum Schutzbereich genügt demgemäß nicht, dass sie das der Erfindung zugrunde liegende Problem mit zwar abgewandelten, aber objektiv gleichwirkenden Mitteln löst und seine Fachkenntnisse den Fachmann befähigen, die abgewandelten Mittel als gleichwirkend aufzufinden. Ebenso wie die Gleichwirkung nicht ohne Orientierung am Patentanspruch festgestellt werden kann, müssen darüber hinaus die Überlegungen, die der Fachmann anstellen muss, derart am Sinngehalt der *im Patentanspruch* unter Schutz gestellten Lehre orientiert sein, dass der Fachmann die abweichende Ausführung mit ihren abweichenden Mitteln als der gegenständlichen Lösung gleichwertige Lösung in Betracht zieht (vgl BGH, WRP 2002, 558, 559 – Schneidmesser I, mwN). Hieran fehlt es im Entscheidungsfall.

Patentanspruch 1 und die Klagepatentschrift gehen davon aus, dass der erfindungsgemäße Halter aus diversen Einzelteilen besteht, die gesondert gelagert werden und im Einsatzfall zu einer Halterung für Glasplatten (ggf verschiedener Stärke) zusammengesetzt werden. Zu diesen unterschiedlichen Einzelteilen zählen auch die Sicherungshülse und der Einspannbolzen. Die Merkmale (4b) und (5a) geben dem Fachmann insoweit vor, aufgrund welcher Ausgestaltung die Einzelteile im Anwendungsfall verbunden werden können, nämlich durch korrespondierende Innen- und Außengewinde, die es erlauben, eine Schraubverbindung herzustellen. Charakteristisch für eine Schraubverbindung ist, dass sie eine *lösbare* Verbindung der über die Gewinde zusammenschraubbaren Einzelteile erlaubt. Darin stimmt sie mit anderen lösbaren Verbindungsarten überein (zB Steck- oder Klipsverbindungen), die der Fachmann vorliegend möglicherweise als Austauschmittel in Betracht ziehen wird. In völligem Gegensatz zu solch einer Art der lösbaren Verbindung von Einzelteilen steht eine einstückige Ausgestaltung, bei der ein Einzelteil von vornherein so ausgebildet ist, dass es mehrere Funktionen wahrnehmen kann. In diesem Fall kann sinnvollerweise nicht davon gesprochen werden, zwei Einzelteile (Sicherungshülse und Einspannbolzen) seien entsprechend wie bei einer Schraubverbindung lösbar miteinander verbunden.

Es mag sein, dass der Fachmann dank seines Fachwissens und gestützt auf den Stand der Technik grundsätzlich in der Lage war, die einstückige Ausgestaltung von Sicherungshülse und Einspannbolzen aufzufinden. Hierfür findet er jedoch – was Voraussetzung für die erforderliche Orientierung der zur Abwandlung führenden Überlegungen am Patentanspruch wäre – keinen Anhalt im vorliegend interessierenden *Patentanspruch*. Dieser lehrt den Fachmann nicht nur, dass für einen funktionsfähigen Halter überhaupt Sicherungshülse und Einspannbolzen vorhanden und – in der Anwendung – verbindbar sein müssen. Vielmehr gibt Patentanspruch 1 die Verbindungsart (Schraubverbindung) konkret vor. Mit diesem in den Patentanspruch aufgenommenen Merkmal verbindet der Fachmann zwangsläufig einen technischen Sinn. Denn allein die Aufnahme in den Patentanspruch zeigt, dass es für die technische Nacharbeitbarkeit der Lehre von wesentlicher Bedeutung ist. Allein darauf abzustellen, dass überhaupt ein Bauteil vorhanden ist, welches die Funktion der Sicherungshülse und des Einspannbolzens wahrnimmt, sei es einstückig ausgebildet oder aus Einzelteilen zusammengesetzt, wird dem nicht gerecht. Die vom Klagepatent gelehrte *Art* der Verbindung wäre in diesem Fall ohne technische Bedeutung. Schon aus Gründen der Rechtssicherheit ist eine solche Bedeutung einem in den Patentanspruch aufgenommenen Merkmal aber auch dann zuzuweisen, wenn der Fachmann der Patentbeschreibung einen konkreten Vorteil in Bezug auf dieses Merkmal nicht entnehmen kann. In einem derartigen Fall wird er sich mangels abweichender Erkenntnisse im Zweifel eng an die Vorgabe des Patentanspruchs halten. Dies bedeutet für die vorliegende Fallgestaltung jedoch, dass der Fachmann seine Äquivalenzüberlegungen nur an der nach dem Wortlaut von Patentanspruch 1 gelehrten Art der Verbindung ausrichten wird. Charakteristisch für diese ist, dass Sicherungshülse und Einspannbolzen getrennt gelagerte Bauteile der erfindungsgemäßen Halterung sind, die aufgrund der Ausbildung von Innen- und Außengewinde die Eignung aufweisen, im Bedarfsfalle lösbar miteinander verbunden zu werden. Beide Einzelteile in einem einstückigen Bauteil zusammenzufassen, kann von diesem Horizont ausgehend nicht aufgefunden werden. Dass die Schraubverbindung für die Verwirklichung der in der Klagepatentschrift ausdrücklich angesprochenen Vorteile (Vereinfachung der Montage und Lagerhaltung) keine (wesentliche) Relevanz besitzt, ist vor diesem Hintergrund entgegen der Ansicht der Klägerin unerheblich.

Etwas anderes lässt sich nicht daraus herleiten, dass in der vom Klagepatent gewürdigten DE-PS 39 27 653 Ausführungsformen offenbart sind, bei denen die Halteschraube (9) alternativ in die Bohrung des Auflagetellers eingeschraubt werden kann oder aber auch fest mit diesem verbunden ist. Im Gegenteil: Trotz der vorbekannten festen Verbindung der Halteschraube mit dem unteren Auflageteller wird in Patentanspruch 1 des Klagepatents für die Verbindung von Sicherungshülse und Einspannbolzen ausdrücklich eine Schraubverbindung und damit die Verbindung von zwei – gesondert lagerbaren – Einzelteilen gelehrt. Dies zeigt dem Fachmann, dass sich das Klagepatent, welches vom selben Anmelder und Erfinder wie die vorbezeichnete DE-PS stammt, von einer festen und damit einstückigen Verbindung bewusst abgrenzt.

Wirken bei der Erzielung des mit dem wortsinngemäßen Mittel verbundenen Effekts **mehrere konstruktive Maßnahmen additiv** und einander wirkungssteigernd **zusammen**, ist für die Äquivalenzprüfung auf diejenigen Maßnahmen abzustellen, mit denen die erfindungsgemäßen Vorteile gerade schon[236] erzielt werden. Die bei der angegriffenen Ausführungsform zusätzlich getroffenen, die Wirkung weiter erhöhenden Maßnahmen haben dagegen außer Betracht zu bleiben. 192

▶ **Beispiel: (OLG Düsseldorf, Urteil v 23.2.2012 – I-2 U 134/10)**

Zur Verbindung zweier Segmente, die jeweils über einen Verbindungsflansch (25, 26) verfügen, sieht die Erfindung (EP 1 539 508) spezielle Klemmmittel vor. Sie bestehen aus zwei die Flansche (25, 26) durchsetzenden Klemmbolzen (23a, 23b) sowie einer Halteplatte (36), an der zwei Käfigmuttern (35) angebracht sind. 193

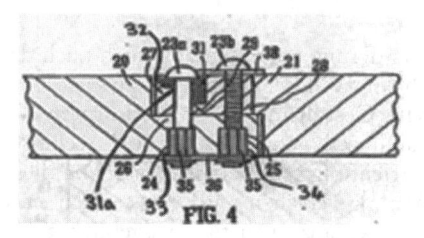

Mit der besagten Konstruktion wird eine besonders wirksame U-förmige Bolzenverbindung erhalten, weil die Halteplatte die Klemmbolzen mittels der Halteplatte indirekt verbindet.

Die angegriffene Ausführungsform verwendet zwei getrennte Halteplatten, von denen jede eine der beiden Käfigmuttern trägt. Beide Halteplatten besitzen einen Überlappungsbereich, in dem jeweils eine fluchtende Durchgangsbohrung angebracht ist. Die Halteplatten sind – einander überlappend – in das Kunststoffmaterial der Segmentflansche eingegossen. Im Bereich der Durchgangsbohrung entsteht infolgedessen ein beide Halteteile verbindende Kunststoffniet.

---

236   ... im Sinn einer wenigstens verschlechterten Ausführungsform.

Für die Äquivalenzprüfung (insbesondere das Naheliegen und die Orientierung der zur Abwandlung führenden Überlegungen am Patentanspruch) macht es ersichtlich einen Unterschied, wie vorgetragen werden kann:

- Alternative 1: Die Wirkungen einer U-förmigen Bolzenverbindung werden in hinreichendem Maße bereits dadurch erreicht, dass je Käfigmutter zwar eine separate Halteplatte verwendet wird, dass die beiden Halteplatten aber einen Überlappungsbereich aufweisen, der ihre gegenseitige Abstützung erlaubt. Die beiden einander überlappenden Halteplatten sind alsdann in das Material der Segmentflansche eingegossen.

- Alternative 2: Eine hinreichende Verbindung der Klemmbolzen wird erst dadurch erhalten, dass im Überlappungsbereich der Halteplatten zusätzlich eine fluchtende Durchgangsbohrung vorgesehen ist, die infolge des Eingießprozesses einen die Platten verbindenden Kunststoffniet entstehen lässt.

194 Umgekehrt gilt, dass Orientierung am Patentanspruch auch dann zu bejahen sein kann, wenn der Patentanspruch für **zwei** nebeneinander zu erzielende technische **Wirkungen die spezielle geometrische Gestaltung eines bestimmten Vorrichtungsteils** vorsieht und der Austausch dadurch geschieht, dass für jede technische Funktion ein anderer Bereich des fraglichen Vorrichtungsteils herangezogen *und* dieser Bereich mit einer funktionsgerechten Formgestaltung versehen wird. Wesentlich ist also, dass die technischen Funktionen in dem vom Patentanspruch für maßgeblich gehaltenen Bauteil verbleiben und dass auch die technischen Maßnahmen ihrer Art dieselben bleiben und nicht gewechselt werden.[237]

▶ **Beispiel:**[238]

I.

195 Das Klagepatent (EP 1 922 191) betrifft eine Abstreifeinheit für einen Stempelhalter.

1.

Solche Stempelhalterungen dienen u.a. dazu, Löcher in ein flaches Blech zu stanzen, während das Blech zwischen einem auf- und abwärts bewegbaren Stempel (der die Größe des gewünschten Lochs im Blech hat) und einer Matrize (in die das Material gepresst wird und die größer als das Stanzwerkzeug sein muss) gehalten wird. Die nachfolgenden Figuren der Klagepatentschrift zeigen Ausführungsbeispiele der Erfindung.

---

237 OLG Düsseldorf, Urteil v 8.4.2021 – I-2 U 42/20.
238 OLG Düsseldorf, Urteil v 8.4.2021 – I-2 U 42/20.

V. 2. Äquivalente Benutzung

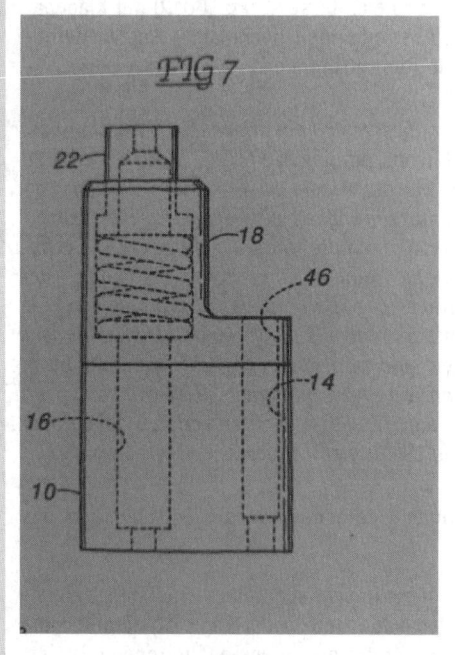

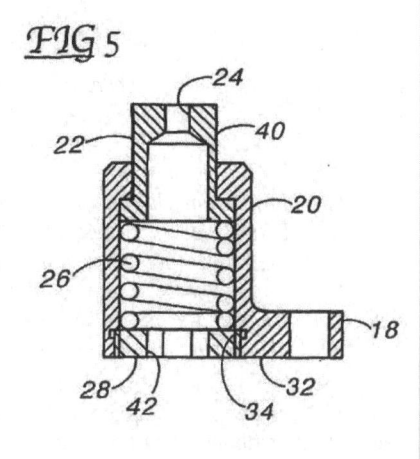

Der Stanzhub erfolgt bei auf der Oberseite der Abstreifeinheit (18) aufliegendem Blech von unten [durch die Stempelhalterung (10) und die Abstreifeinheit (18) hindurch] aufwärts gerichtet. Aufgabe der Abstreifeinheit ist es hierbei, beim Rückhub des Stempels ein Anhaften des gestanzten Werkstücks zu verhindern.

Patentanspruch 1 stellt eine Abstreifvorrichtung mit den folgenden Merkmalen unter Schutz:

1. Abgeschlossene Abstreifeinheit (18) zur Anbringung an einer Stempelhalterung (10).

2. Die Stempelhalterung (10) hat eine Stempel-Rückhalteöffnung (16) mit einem darin aufgenommenen Stempel.

3. Die Abstreifeinheit (18) weist Folgendes auf:

    a) einen Hohlkörper (20) mit einer Gewindebohrung (30) in dessen unterem Ende und einem oberen Bohrloch (36) in dem oberen Ende des Hohlkörpers (20),

    b) einen beweglichen Abstreifer (22), der in den Hohlkörper (20) eingesetzt ist und in dem oberen Bohrloch (36) beweglich ist,

    c) eine Matrizenfeder (26), die mit dem Abstreifer (22) in dem Hohlkörper (20) in Eingriff steht,

    d) und einen mit einem Gewinde versehenen Präzisionsverschluss (28), der in der Gewindebohrung (30) in dem unteren Ende des Hohlkörpers (20) aufgenommen ist und mit der Matrizenfeder (26) in Eingriff steht.

4. Der mit einem Gewinde versehene Präzisionsverschluss (28) hat eine hexagonale Öffnung (42), die durch den Präzisionsverschluss hindurch gebildet ist.

5. Die hexagonale Öffnung (42) des Präzisionsverschlusses (28) ist derart dimensioniert, dass sie den Stempel passgenau kontaktiert, wodurch, wenn die Abstreifeinheit (18) in der Stempelhalterung (10) aufgenommen wird, die Abstreifeinheit (18) automatisch an der Stempelhalterung (10) ausgerichtet wird.

Im Rahmen der Erörterung von Ausführungsbeispielen fasst Absatz [0012] der Klagepatentschrift die Vorzüge der patentgemäßen Abstreifeinheit nochmals – teils wiederholend zu Absatz [0004], teils erweiternd – wie folgt zusammen:

»*Die obige Konstruktion bietet eine Reihe verbesserter Funktionen. Der Präzisionsverschluss 28 lokalisiert die Abstreifeinheit 18, während gleichzeitig die Matrizenfeder 26 vorgespannt wird, um die Lebensdauer der Matritzenfeder zu verbessern. Da der Verschluss 28 eine präzisionsgefertigte Sechskantbohrung 42 aufweist, wird die Abstreifeinheit 18 genau positioniert und auf ihrer Gegenhalterung 10 gehalten. Die Sechskantbohrung 42 erlaubt die Verwendung eines Innensechskants über der Präzisionsbohrung, um eine einfache Montage und Demontage zu ermöglichen. Die neue Konstruktion sieht vor, dass alle Matrizenfeder- 26 und Abstreifkräfte im sehr robusten Abstreifkörper 20 vollständig isoliert sind, ohne dass eine Kraft auf ein äußeres Bauteil übertragen wird. Die vollständig montierte Abstreifeinheit 18 ist vollständig* »*in sich geschlossen*« *und eliminiert das Risiko, dass die Komponenten verloren gehen oder ... irgendwelche Komponenten der Einheit in die Stanzform geworfen werden.*«

Aus allem gewinnt der Durchschnittsfachmann folgende für die Entscheidung des Rechtsstreits maßgeblichen Erkenntnisse:

Die patentgemäße Abstreifvorrichtung (18) ist als in sich abgeschlossene Einheit konzipiert, wodurch sie stabil ausgestaltet werden kann und in der Lage ist, sämtlich die beim Stanz- und Abstreifvorgang auftretenden Kräfte aufzunehmen. Im Inneren besitzt die Abstreifeinheit einen Hohlraum (20), der nach oben hin durch ein Bohrloch (36), welches nach Größe und Form den gewünschten Stanzloch entspricht, und nach unten hin durch eine Gewindebohrung (30) abgeschlossen wird. Die Bohrung (30) gestattet es, in die Abstreifeinheit (18) einen Präzisionsverschluss (28) einzuschrauben und dadurch die Abstreifeinheit zu ihrer Unterseite hin zu verschließen. Im Hohlraum (20) der Abstreifeinheit aufgenommen sind ein beweglicher Abstreifer (22) und eine Matrizenfeder (26), die miteinander im Eingriff stehen. Auf der Gegenseite (d.h. unten) steht die Matrizenfeder (26) mit dem eingeschraubten Präzisionsverschluss (28) im Kontakt, sodass der Verschluss (28) die Matrizenfeder (26) in vorteilhafter Weise vorspannt. Figur 4 der Klagepatentschrift verdeutlicht den beschriebenen Aufbau.

V. 2. Äquivalente Benutzung

FIG 4

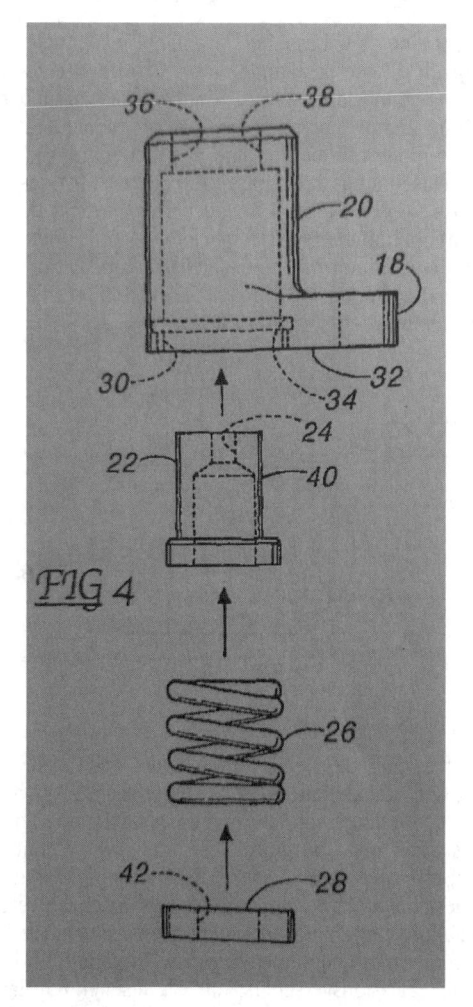

Weil sich der Stempel des Stanzwerkzeuges beim Stanzen durch die Stempelhalterung (10) hindurch bewegt und die Abstreifeinheit das gestanzte Blech nach dem Bearbeitungsvorgang ordnungsgemäß festhalten und abstreifen soll, muss die Öffnung (42) im Präzisionsverschluss (28) nicht nur hinsichtlich ihrer Größe mit dem Stempel übereinstimmen, sondern sie muss darüber hinaus exakt zum Stempel und dessen Bewegungsweg ausgerichtet sein. Das Klagepatent sieht dementsprechend vor, dass die Öffnung im Präzisionsverschluss durch den Verschluss hindurchgeht (d.h. über die Dicke des Verschlusses hinweg in Größe und Form gleich bleibt und sich nicht verändert) und dass die Öffnung (42) im Verschluss (28) außerdem so dimensioniert ist, dass sie den beim Stanzen durch sie hindurchtretenden Stempel passgenau (umfangsmäßig) kontaktiert. Durch die Anpassung der Verschlussöffnung an die Gegebenheiten des Stempels ist gewährleistet, dass die Abstreifeinheit selbsttätig an der Stempelhalterung ausgerichtet wird, wenn die Abstreifeinheit mit ihrem unteren Präzisionsverschluss voran auf die Stempelhalterung mit ihrem nach oben vorstehenden Stempel aufgesetzt wird. Die wechselseitige Ausrichtung von Stempel und Abstreifeinheit, die für einen ordnungsgemäßen Stanz- und Abstreifbetrieb unerlässlich ist, folgt mithin aus dem Umstand, dass die Öffnung im Präzisionsverschluss der Abstreifeinheit der Größe und Form des Stempels in einer Weise folgt, dass beide im passgenauen Kontakt zueinander stehen.

Soweit das Klagepatent eine ganz besondere, nämlich hexagonale Form der Verschlussöffnung fordert, trägt dies – wie das Landgericht zutreffend erkannt hat – nichts Entscheidendes zu einem reibungslosen Stanz- und Abstreifvorgang bei, wie sich schon daraus ergibt, dass Stanzstempel nach den unwidersprochenen Feststellungen des Landgerichts typischerweise rund geformt sind und das Klagepatent im Absatz [0010] unter Verweis auf Figur 6 selbst herausstellt, dass die Flächen (44) des Sechskantlochs (42) so bemessen sind, dass sie den Stempel genau berühren, dass das Sechskantloch (42) im Verschluss aber optional auch etwas kleiner dimensioniert werden kann, wenn jede Fläche (44) der Sechskantöffnung mit einer leichten Konkavität geformt wird, die der Krümmung der Stanzhalteöffnung (16) in der Stempelhalterung (und somit der Form des darin geführten Stempels) entspricht.

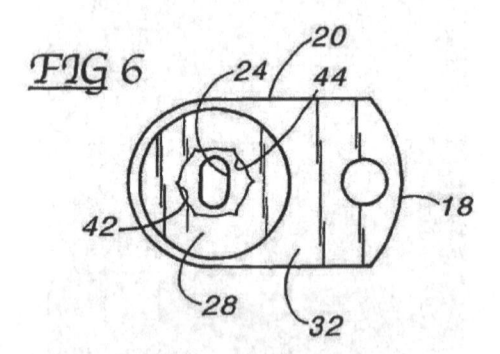

Der Fachmann ersieht daraus, dass eine hinreichende Positionsübereinstimmung zwischen Abstreifeinheit und Stempelhalterung bei einer sechseckigen Öffnung im Präzisionsverschluss schon dadurch gewonnen ist, dass flächenmäßig ausreichend große Abschnitte der Sechskantöffnung aufgrund ihres konkaven Verlaufs in der Ebene der Stanzhalteöffnung liegen und damit einen Umfangskontakt mit dem Stanzstempel sichern. Unter dem Gesichtspunkt der gegenseitigen Ausrichtung stellt die konkav variierte Form eines Hexagons bei einem gebräuchlichen runden Stempel einen gewissen (verschlechterten) Kompromiss gegenüber einer die Stempelform exakt nachzeichnenden runden Öffnung im Präzisionsverschluss dar. So gesehen hat das Landgericht Recht in seiner Annahme, dass die patentgemäße Wirkung der hexagonalen Öffnung im Verschluss ihre Berechtigung nicht einem verbesserten Stanz- und Abstreifbetrieb verdankt, sondern sich daraus erklärt, dass sich ein so ausgestalteter Verschluss mit einem Sechskantschlüssel einfach und schnell montieren und im Bedarfsfall wieder demontieren lässt und gleichwohl (trotzdem) eine genügende Ausrichtung von Abstreifeinheit und Stempelhalterung sicherstellt. Die durchgehende Sechskantform der Öffnung weist dem Präzisionsverschluss daher zwei vorteilhafte technische Funktionen zu.

Die erste besteht darin, dass sich der Verschluss mit einem Sechskantschlüssel betätigen lässt. Aus der verständigen Sicht des einschlägigen Fachmanns ist damit sinngemäß der Vorteil angesprochen, dass der Verschluss mit einem handelsüblichen und somit dem Nutzer leicht verfügbaren Schraubwerkzeug (wie eben dem im Klagepatent genannten Sechskantschlüssel) bedient werden kann. Dass es dem Klagepatent nicht kategorisch auf den Innensechskant als solches ankommt, wird unmissverständlich an Absatz [0012] deutlich, der ausdrücklich herausstellt, dass mit Hilfe des Innensechskants eine einfache Montage und Demontage des Präzisionsverschlusses möglich ist. Der Fachmann versteht infolgedessen, dass der Sechskantschlüssel nicht um seiner selbst willen genannt, sondern deshalb erwähnt ist, weil er eine einfache Betätigung des Schraubverschlusses gestattet. Er steht insofern stellvertretend für ein gebräuchliches Schraubwerkzeug, welches der Benutzer problemlos zur Hand hat und folglich einfach zum Einsatz bringen kann.

Die zweite technische Funktion der Verschlussöffnung liegt darin, dass es ihre hexagonale Geometrie, obgleich sie von der gebräuchlichen runden Stempelform abweicht, dennoch erlaubt, einen für den Stanz- und Abstreifbetrieb geeigneten passgenauen Kontakt mit einem runden Stanzstempel herzustellen.

Aus der Sicht des Präzisionsverschlusses gewendet bedeutet dies: Der Verschluss besitzt dank seiner hexagonalen Ausgestaltung zwei Vorteile: Er ist (mittels eines Innensechskants) einfach zu montieren und er stellt dennoch eine korrekte räumliche Ausrichtung der Abstreifeinheit, in die er verbaut ist, gegenüber dem Stanzstempel, auch soweit dieser rund ist, sicher.

2.

Die Beklagte stellt her, bietet an und vertreibt in der Bundesrepublik Deutschland eine Abstreifeinheit (angegriffene Ausführungsform), welche die Klägerin für patentverletzend hält. Abgesehen von der hexagonalen Öffnung des Präzisionsverschlusses steht die (wortsinngemäße) Benutzung der Anspruchsmerkmale zwischen den Parteien außer Streit. Die Klägerin ist der Auffassung, dass die angegriffene Ausführungsform die vom Klagepatent mit der hexagonalen Öffnung vorgesehenen Vorteile dadurch äquivalent verwirkliche, dass der Schraubverschluss – wie aus der nachstehenden, als solche unstreitigen Abbildung ersichtlich – neben einer runden Öffnung zwei Löcher aufweise, die das Ein- und Ausschrauben des Präzisionsverschlusses in das Gewinde durch eine handelsübliche Spitzzange, einen Stirnlochschlüssel oder Ähnliches ermöglichen.

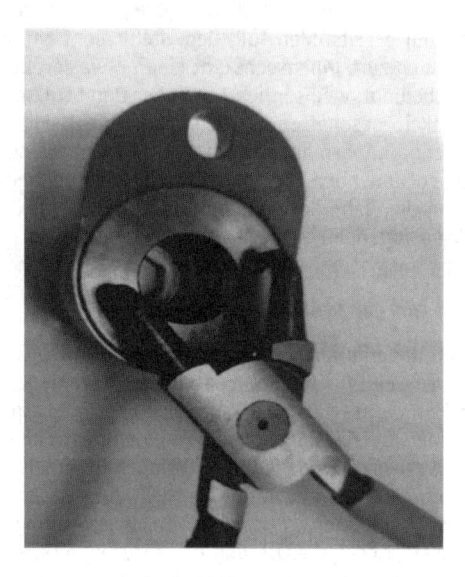

II.

Zu Recht und mit zutreffender Begründung ist das Landgericht zu der Auffassung gelangt, dass die angegriffene Ausführungsform das Merkmal der hexagonalen Öffnung im Präzisionsverschluss äquivalent dadurch benutzt, dass der Verschluss in Kombination eine durchgehende runde Öffnung für den Stempeldurchtritt sowie zwei seitlich benachbarte Sacklochbohrungen besitzt, die den Eingriff eines gebräuchlichen Schraubwerkzeuges erlauben.

A. Schutzbereichsbestimmung

a)

Bei seinen Überlegungen ist das Landgericht von der ständigen Rechtsprechung des BGH zu den Erfordernissen der Gleichwirkung, des Naheliegens und der Orientierung am Patentanspruch ausgegangen. Diese Erwägungen lassen keinen Rechtsfehler erkennen und werden auch von der Beklagten nicht in Zweifel gezogen, weswegen auf sie verwiesen werden kann.

b)

Ebenso folgt der Senat dem Landgericht, soweit es die besagten Kriterien auf den Entscheidungsfall angewendet hat und dabei zu dem Ergebnis gelangt ist, dass die vorbeschriebene Abwandlung von einer hexagonalen Verschlussöffnung technisch gleichwirkend ist und für einen Durchschnittsfachmann bei Orientierung an der technischen Lehre des Patentanspruchs 1 naheliegend aufzufinden war. Im Hinblick auf die Berufungsangriffe sind insoweit lediglich folgende weitere Bemerkungen veranlasst:

aa)

Ohne Rechtsfehler hat das Landgericht festgestellt, dass Stirnlochschlüssel, mit denen sich der Präzisionsverschluss der angegriffenen Ausführungsform betätigen lässt, zu den handelsüblichen Schraubwerkzeugen gehören, die für den Nutzer ähnlich verfügbar sind wie Innensechskantschlüssel. Die Beklagten führen hiergegen auch keinen Berufungsangriff. Ist dem aber so, dann leistet die Kombination aus runder Verschlussöffnung (welche die Ausrichtung gegenüber der Stanzhalteöffnung der Stempelhalterung und den passgenauen Kontakt mit dem runden Stempel bewerkstelligt) und den seitlichen Sacklochbohrungen (welche die einfache Betätigung des Schraubverschlusses mit einem gebräuchlichen Werkzeug erlauben) objektiv dasjenige, was erfindungsgemäß die hexagonale Verschlussöffnung bereitstellen soll. Dem steht nicht entgegen, dass die Zweiloch-Variante im Vergleich zum Innensechskant einen etwas größeren Durchmesser des Präzisionsverschlusses bedingt, weil seitlich neben der Durchtrittsöffnung für den Stempel noch die Möglichkeit geschaffen werden muss, die beiden Sacklochbohrungen unterzubringen. Größenordnungsmäßig handelt es sich um keinen aus der Sicht des Klagepatents ins Gewicht fallenden Umstand, insbesondere um keine Erscheinung, welche die Abwandlung in die Nähe desjenigen Standes der Technik mit seitlich über die Stempelhalterung hinausragenden Abstreifvorrichtungen bringen könnte, den das Klagepatent als nachteilig ansieht und ablehnt.

bb)

Hat sich der Fachmann die erläuterten Zwecke der hexagonalen Öffnung im Präzisionsverschluss im Zuge der Lektüre der Klagepatentschrift vergegenwärtigt, so liegt es unmittelbar auf der Hand, dass eine der Stempelgeometrie entsprechende runde Verschlussöffnung für eine zuverlässige Ausrichtung der Abstreifeinheit gegenüber der Stempelhalterung bei Verwendung des üblichen runden Stempels eine nicht nur einfache, sondern sogar optimal wirksame Option darstellt. Ihm ist auch ohne weiteres einsichtig, dass er mit der Wahl einer kreisrunden Verschlussöffnung die Möglichkeit einbüßt, die – jetzt runde statt eckige – Öffnung im Präzisionsverschluss als Angriffsfläche für ein handelsübliches Schraubwerkzeug heranzuziehen, und deshalb anderswo am Verschluss eine Fläche für das Ansetzen eines Schraubwerkzeuges bereitstellen muss. Geht er mit dieser Erkenntnis gedanklich die geläufigen Werkzeuge zum Schrauben durch, derer er sich prinzipiell bedienen kann, so wird er unschwer auf einen Stirnlochschlüssel stoßen. Dessen vorgegebene Handhabung belehrt ihn unmittelbar darüber, wie und wo am Verschluss er Angriffsflächen für eine Betätigung des Schraubgewindes vorzusehen hat.

cc)

Die unter bb) ausgebreiteten Erwägungen zum Auffinden der gleichwirkenden Abwandlung orientieren sich schließlich auch an der technischen Lehre von Patentanspruch 1 des Klagepatents.

Völlig zu Recht ist das Landgericht davon ausgegangen, dass aus der Benennung eines konkreten Lösungsmittels (hier: hexagonale Verschlussöffnung) und der Nichterwähnung des ausgetauschten Mittels (runde Verschlussöffnung, gepaart mit zwei benachbarten Sacklochbohrungen für den Eingriff eines Stirnlochschlüssels) in der Klagepatentschrift nicht kategorisch geschlossen werden darf, dass sich das Klagepatent auf die im Patentanspruch aufgegriffene Konstruktion habe festlegen wollen und deshalb jede andere Ausführung mit der technischen Lehre des Patents unvereinbar sei. Maßgeblich dafür, ob ein solcher Schluss gerechtfertigt ist, sind die Umstände des Einzelfalles. Handelt es sich darum, dass der Patentanspruch ein Merkmal enthält, welches überhaupt nur in der beanspruchten Weise verwirklicht werden kann oder aber gar nicht, sodass derjenige, der vom Anspruchswortsinn abweicht, das genaue Gegenteil von dem unternimmt, wozu ihn der Patentanspruch anhält, so scheidet eine Äquivalenz aus. Verlangt der Patentanspruch beispielsweise eine symmetrische Anordnung, so setzt sich eine asymmetrische Bauweise, mag sie auch gleichwirkend und naheliegend sein, in Widerspruch zu der Lehre des Patents und kann deshalb nicht als eine (äquivalente) Maßnahme betrachtet werden, mit der der Benutzer dasjenige tut, was ihn der Patentanspruch lehrt, eben nur auf andere (vom Wortsinn abweichende) Weise. Vielmehr ignoriert derjenige, der asymmetrisch statt – wie gefordert – symmetrisch baut, die Anweisungen des Klagepatents, weswegen die zu einer asymmetrischen Anordnung führenden Überlegungen nicht an der technischen Lehre des Patentanspruchs orientiert, sondern gegen sie entwickelt worden sind. Unter anderen Umständen kann der Sachverhalt so liegen, dass die in den Patentanspruch aufgenommene Konstruktion aus der Sicht des Fachmanns *stellvertretend* für ein bestimmtes Wirkprinzip steht, das auch auf andere Weise als diejenige, die konkret Gegenstand des Patentanspruchs geworden ist, verwirklicht werden kann. Eine Schraubverbindung, wie sie im Streitfall in Rede steht, kann beispielsweise deshalb beansprucht sein, um zwei Vorrichtungsteile lösbar miteinander zu verbinden. Eine taugliche lösbare Verbindung lässt sich auch auf andere konstruktive Weise, etwa mittels eines Bajonettverschlusses umsetzen, ohne dass der Benutzer hierbei die technischen Anweisungen des Klagepatents (sic: Vorsehen einer Schraubverbindung als lösbare Bauteilverbindung) verlassen muss. Im Geiste der beanspruchten Lehre hat er lediglich eine andere Ausführungsvariante aufzufinden. An einer Orientierung am Patentanspruch würde es hingegen fehlen, wenn statt der Schraubverbindung einstückig gefertigte Bauteile zum Einsatz kämen.

Vorliegend erkennt der Fachmann als technische Lehre des Patentanspruchs die Anweisung, den Präzisionsverschluss so herzurichten, dass er eine ordnungsgemäße Ausrichtung der Abstreifeinheit mit der Stempelhalterung herbeiführt und gleichzeitig für Montagezwecke den Gebrauch eines handelsüblichen Schraubwerkzeuges (für welches der Innensechskant stellvertretend steht) erlaubt. Der Verschluss hat insoweit eine technische Doppelfunktion, die auch bei einer Konstruktion wie der angegriffenen Ausführungsform vollständig erhalten geblieben ist. Denn auch bei ihr ist es die besondere Herrichtung und Gestaltung des Präzisionsverschlusses – und kein anderweitiges, drittes Vorrichtungsteil und auch keine andere technische Maßnahme als die Formgebung –, welche die beiden vorgenannten Aufgaben der Ausrichtung und der Verschlussmontage übernimmt.

Richtig ist zwar, dass beides nicht mehr – wie nach dem Patentanspruch – einheitlich durch die Verschlussöffnung und deren Formgestaltung geleistet wird, sondern für die verschiedenen Aufgabenstellungen jeweils andere Bereiche des Präzisionsverschlusses herangezogen werden, indem die durchgehende kreisrunde Öffnung im Präzisionsverschluss für den Ausrichteffekt mit der Stempelhalterung sorgt, während die beiden unterseitigen Sacklochbohrungen den Werkzeugangriff ermöglichen. Dem kann allerdings keine entscheidende Bedeutung für die Äquivalenzbetrachtung beigemessen werden. Denn die Klagepatentschrift bietet nirgends einen Anhalt für die Annahme, dass es der Erfindung gerade darauf ankommt, dass beide Funktionen gemeinsam durch die Verschlussöffnung bereitgestellt werden. Im Unterschied zum vorbekannten Stand der Technik liegt der zur Verfügung gestellte Fortschritt vielmehr darin, den Präzisionsverschluss überhaupt erstmals als herausschraubbares Teil vorzusehen und hierbei eine Gestaltung des Verschlusses vorzuschlagen, die zum einen die Abstreifeinheit korrekt gegenüber dem Stempel ausrichtet und die zum anderen ihrerseits leicht mittels eines gebräuchlichen Schraubwerkzeuges gehandhabt werden kann. Der Fokus des Patentanspruchs liegt insofern auf dem Präzisionsverschluss als Ganzes und nicht gezielt auf der Verschlussöffnung. Der Fachmann hat deshalb keinen Grund zu der Überlegung, es könnte mit der technischen Lehre des Klagepatents unverträglich sein, Ausricht- und Montagefunktion in jeweils anderen Bereichen des Präzisionsverschlusses durch deren jeweils funktionsgerechte Ausgestaltung zu verwirklichen. Derartiges wäre etwa der Fall, wenn es der Erfindung – angesichts des entgegenstehenden Standes der Technik oder mit Rücksicht auf bestimmte angestrebte Fertigungsvorteile für den Verschluss – gerade darum gehen würde, abgesehen von der hexagonalen Verschlussöffnung jedweden weiteren Eingriff in die Kontur des Präzisionsverschlusses zu vermeiden. Derartiges ist jedoch nicht ersichtlich.

b) Verfahrensrechtliches

196 Liegt eine wortsinngemäße Benutzung nicht vor, kann das Gericht eine Verurteilung wegen äquivalenter Verletzung grundsätzlich nur aussprechen, wenn eine solche im Prozess vom Kläger – zumindest hilfsweise – geltend gemacht ist.[239] Die besagte Einschränkung ist geboten, weil dem Beklagten bei einer äquivalenten Benutzung eine spezielle Einrede (sog Formstein-Einwand) zusteht, zu deren Voraussetzungen vorzutragen er so lange keine Veranlassung hat, wie lediglich eine wortsinngemäße Verletzung im Raume steht. Würde das Gericht sein Urteil (**von Amts wegen**) auf den bislang nicht ins Feld geführten und diskutierten Gesichtspunkt der Äquivalenz stützen, so würde dem Beklagten ein mögliches Verteidigungsmittel genommen, was den Grundsätzen eines fairen Verfahrens und dem Gebot des rechtlichen Gehörs widersprechen würde.

197 Verneint das Gericht eine wortsinngemäße Benutzung *und* hält es stattdessen eine äquivalente Benutzung für ernsthaft möglich oder sogar für gegeben[240], hat es im Interesse einer materiell vollständigen Verletzungsdiskussion der Parteien spätestens im Haupttermin darauf hinzuweisen, dass es eine wortsinngemäße Benutzung des Klagepatents verneinen will (§ 139 ZPO). Dieselbe **Hinweispflicht** besteht erst recht für das Berufungsgericht, wenn es von der *gegenteiligen* Beurteilung der Vorinstanz (die eine wortsinngemäße Verletzung bejaht hat) abweichen will.[241] Aus Gründen der Neutralität unangebracht ist jedes darüberhinausgehende aktive Einwirken des Gerichts dahingehend, dass der Kläger seine Ansprüche tunlichst auf eine äquivalente Verletzung des Klagepatents stützen und seinen Sachvortrag entsprechend ergänzen möge. Die Grenze zu unangemessener Parteinahme ist hierbei schon dort überschritten, wo im Anschluss an den gerichtlichen Hinweis auf das Nichtvorliegen einer wortsinngemäßen Patentver-

---

239 Vgl BGH, GRUR 2014, 852 – Begrenzungsanschlag.
240 Typischerweise wird sich die Überzeugung des Gerichts aus einem Sachvortrag des Klägers, ggf aber auch des Beklagten ergeben, der sich, ohne die entsprechende Verletzungskategorie ausdrücklich zu benennen, bereits in der Sache zu den Äquivalenzvoraussetzungen verhält.
241 BGH, GRUR 2011, 313 – Crimpwerkzeug IV.

letzung lediglich die Frage aufgeworfen wird, ob nicht ggf eine äquivalente Benutzung vorliegen könnte.

Zur **Klarstellung**: Drängt sich dem Verletzungsgericht das Vorliegen einer äquivalenten Patentverletzung *nicht* auf (was seinen Grund auch in der besonderen Komplexität der technischen Materie haben kann), so besteht selbstverständlich keine Hinweispflicht, die neuen Sachvortrag des Klägers ermöglicht. 198

Hat der Beklagte – typischerweise schon mit seiner Klageerwiderung – eine wortsinngemäße Verletzung in Abrede gestellt, mag es einer zielführenden Rechtsverfolgung des Klägers entsprechen, sich in der Replik wenigstens hilfsweise auf einen Äquivalenzschutz zu berufen und hierzu vorzutragen. Dennoch wird demjenigen, der die gebotene Vorsicht nicht walten, sondern es auf den nach den vorstehenden Regeln angebrachten gerichtlichen Hinweis im Haupttermin ankommen lässt, durch eine **Vertagung** Gelegenheit zu geben sein, sein Vorbringen im Hinblick auf eine äquivalente Benutzung des Klagepatents zu vervollständigen. Eine bevorzugte Terminierung wird er dabei freilich umso weniger erwarten können, je offensichtlicher die Bedenken gegen die von ihm geltend gemachte wortsinngemäße Patentverletzung erscheinen. Sinngemäß das Gleiche gilt für den Beklagten. Macht er nach einem gerichtlichen Hinweis und nach der Berufung des Klägers auf die Grundsätze der Äquivalenz geltend, dass er zur Recherche etwaigen Standes der Technik, welcher den Formstein-Einwand rechtfertigen kann, Zeit benötigt, wird eine Vertagung der Verhandlung unumgänglich sein, wenn das Gericht einen Schutzbereichseingriff unter Äquivalenzgesichtspunkten für gegeben hält. 199

In Bezug auf ein- und dieselbe Ausführungsform bilden die wortsinngemäße und die äquivalente Verletzung lediglich verschiedene Begründungen für die geltend gemachten Klageansprüche. Es handelt sich um einen einheitlichen (und nicht um unterschiedliche) Streitgegenstände[242]; die Verneinung einer wortsinngemäßen Benutzung führt bei bejahter Äquivalenz deshalb nicht zu einer **Teilabweisung** der Klage und dementsprechend auch nicht zu einer Kostenquotelung. Dass der Kläger die äquivalente Benutzung zum Gegenstand eines »Hilfsantrages« gemacht hat, ändert an dieser verfahrensrechtlichen Behandlung nichts.[243] Umgekehrt gilt dasselbe, weswegen der nach Äquivalenzgrundsätzen obsiegende Kläger gegen das stattgebende Urteil keine Berufung einlegen muss (und auch nicht kann), um dem Berufungsgericht die Möglichkeit zu geben, anstelle einer bloß äquivalenten eine wortsinngemäße Verletzung anzunehmen und dementsprechend das Rechtsmittel des Beklagten zurückzuweisen.[244] Einer Änderung des Urteilsausspruchs bedarf es in diesen Fällen nicht, weil die auf die äquivalente Benutzung zugeschnittene Antragsfassung die Verletzungsform selbstverständlich auch in ihrer wortsinngemäßen Übereinstimmung mit dem Klagepatent erfasst.[245] 200

c) Patentierte Verletzungsform

Besonders sorgfältiger Prüfung bedarf das Naheliegen oder Nichtnaheliegen der Abwandlung, wenn auf die angegriffene Ausführungsform selbst ein Patent erteilt und dabei das Klagepatent als Stand der Technik berücksichtigt worden ist.[246] Prima facie scheint die Patenterteilung unvereinbar mit der Annahme zu sein, dass die angegriffene Ausführungsform auf der Grundlage des Klagepatents *ohne* erfinderisches Bemühen aufzufinden war. Bei genauerer Betrachtung ergibt sich jedoch, dass dies keineswegs der Fall sein muss. 201

---

242 BGH, GRUR 2016, 1031 – Wärmetauscher.
243 OLG Düsseldorf, GRUR-RS 2021, 9045 – Roller.
244 OLG Düsseldorf, Urteil v 20.12.2012 – I-2 U 89/07.
245 OLG Düsseldorf, Urteil v 20.12.2012 – I-2 U 89/07.
246 Vgl Kühnen, GRUR 1996, 729; Gramm, GRUR 2001, 926; Meier-Beck, GRUR 2003, 905, 910; Allekotte, GRUR 2002, 472; König, GRUR 2002, 1009; Körner, GRUR 2009, 97.

202 Die Verletzungsform kann sich so, wie sie Gegenstand ihrer Patentierung ist, durch **zusätzliche Merkmale** auszeichnen, mit denen neben der dem Klagepatent zugrunde liegenden Aufgabe ein weiteres, auf anderem Gebiet liegendes Problem gelöst wird. In einer solchen Konstellation kann die Patenterteilung gerade auf diesen zusätzlichen Merkmalen beruhen, die im Rahmen der Äquivalenzprüfung außer Betracht zu bleiben haben. Die angegriffene Ausführungsform kann deswegen sehr wohl, soweit es um die Merkmale des Klagepatents und *ihre* Abwandlung geht, nahe liegend und mit ihrer gesamten, auch die Zusatzmerkmale einschließenden technischen Lehre zugleich erfinderisch gewesen sein.

203 Ähnliches gilt, wenn bei der angegriffenen Ausführungsform ein **Merkmal** des Klagepatents **in besonderer Weise konkretisiert** oder ausgestaltet ist. Für eine Einbeziehung in den Schutzbereich unter Äquivalenzgesichtspunkten genügt es, wenn sich der Verletzungsgegenstand im Wege der Abstraktion auf eine allgemeine technische Lehre zurückführen lässt, die der Fachmann als zur Erfindung gleich wirkende Abwandlung auffinden konnte. Ob darüber hinaus auch die spezielle Ausgestaltung dieses Prinzips, wie sie bei der angegriffenen Ausführungsform verwirklicht ist, nahe gelegen hat, ist demgegenüber ohne Belang.[247] Gerade sie kann Gegenstand der Prüfung im Erteilungsverfahren und entscheidend dafür gewesen sein, dass der Verletzungsform Erfindungshöhe zuerkannt worden ist. Auch hier ist es daher möglich, dass die angegriffene Ausführungsform gegenüber dem Klagepatent (mit ihrer allgemeinen technischen Lehre) äquivalent und (in der konkreten Ausgestaltung dieser Lehre) gleichzeitig erfinderisch ist.

▶ **Beispiel: (OLG Düsseldorf, GRUR 1999, 702 – Schließfolgeregler)**

I.1.

204 Das Klagepatent (EP 0 141 902) betrifft einen mechanischen Schließfolgeregler für zweiflügelige, aus einem sog Standflügel und einem sog Gangflügel bestehende Türen, die an ihren Berührungskanten miteinander überlappenden Anschlagfalzen versehen sind. Zum ordnungsgemäßen Schließen einer derartigen Tür ist es notwendig, dass die Flügel in einer bestimmten Reihenfolge in ihre Schließstellung einlaufen. Da der Anschlagfalz des Gangflügels in die Anschlagfalz des Standflügels eingreift, muss zunächst der Standflügel seine Schließlage einnehmen, bevor der Gangflügel in seine geschlossene Stellung verschwenkt werden kann. Um die richtige Schließfolge (Standflügel vor Gangflügel) sicherzustellen, werden Schließfolgeregler verwendet. Patentanspruch 1 des Klagepatents stellt insoweit die Kombination folgender Merkmale unter Schutz:

1) Vorrichtung zur Regelung der Schließfolge von zweiflügeligen Türen mit

2) zumindest einem dem Gangflügel (12) zugeordneten Türschließer (2) und

3) einer Steueranordnung, die

   a) über den Standflügel (11) betätigbar ist,

   b) mit dem Türschließer (2) des Gangflügels (12) zusammenwirkt und

   c) aus einem Stellglied (14) und

   d) einem Verbindungsorgan (5) besteht.

4) Das Stellglied (14) ist

   a) im schwenkachsenseitigen Bereich des Standflügels (11) angeordnet,

---

247 OLG Düsseldorf, GRUR 1999, 702 – Schließfolgeregler.

b) durch den Standflügel (11) zwischen einer ersten und einer zweiten Schaltstellung bewegbar,

und

c) mit dem Verbindungsorgan (5) verbunden.

5) Das Verbindungsorgan (5)

   a) überträgt die Stellgliedbewegung mechanisch zum Gangflügel (12),

   b) wirkt mit dem Steuerglied (8) zusammen und

   c) greift an dem Steuerglied (8) des Türschließers (2) oder dessen Gestängearm (9, 15) an.

6) Das gangflügelseitige Ende des Verbindungsorgans (5) greift in einer der beiden Schaltstellungen des Stellgliedes (14) an dem Steuerglied (8) des Türschließers (2) oder des Gestängearmes (9, 15) an.

7) Das Steuerglied (8) blockiert den Türschließer (2) oder dessen Gestängearm (9, 15) während der Schließbewegung des Standflügels (11).

Die nachfolgenden Abbildungen (Figuren 1–3 der Klagepatentschrift) verdeutlichen die Erfindung anhand bevorzugter Ausführungsbeispiele.

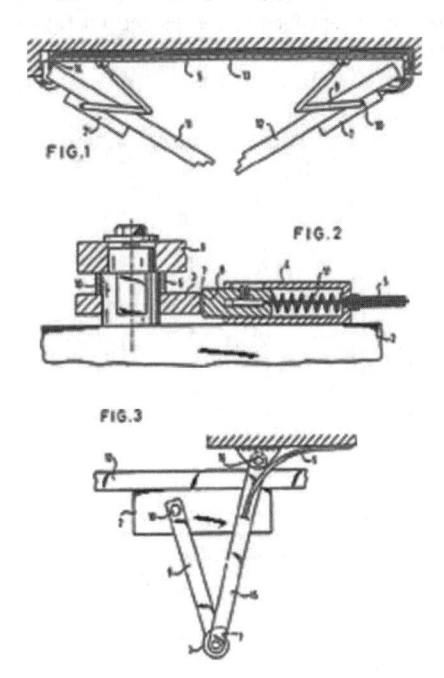

Beim Ausführungsbeispiel nach den Figuren 1–3 der Klagepatentschrift ist als Verbindungsorgan (5) eine Bowdenzuganordnung vorgesehen, die einerseits mit dem im Schwenkbereich der Stirnfläche des Standflügels (11) angeordneten Stellglied (14) und andererseits mit einem Steuerglied (8) des gangflügelseitigen Türschließers (2) verbunden ist. Das Steuerglied (8) ist als Rastschieber ausgebildet, der unter der Vorspannung einer Druckfeder (17) steht und mit einer Kurvenscheibe (3) zusammenwirkt, die entweder auf die Achse (10) des Türschließers (2) – wie aus Figur 2 ersichtlich – oder auf die Achse des Gestängearms (9, 15) – wie aus Figur 3 ersichtlich – aufgesetzt ist. Der Rastschieber blockiert die Drehbewegung der Achse in Abhängigkeit von der Position des Stellgliedes (14) und damit in Abhängigkeit von der Stellung des Standflügels (11). Bei geöffnetem Standflügel ist der Bowdenzug (5) entlastet und der Rastschieber (8) greift unter der Wirkung der Feder (17) an der Kurvenscheibe (3) an; bei geschlossenem Standflügel ist der Bowdenzug (5) infolge der Bewegung des Stellgliedes (14) gezogen und der Rastschieber (8) entgegen der Vorspannkraft der Feder (7) aus dem Radius der Kurvenscheibe (3) zurückgezogen, welche dadurch freigegeben wird.

Im Betrieb arbeitet der Schließfolgeregler wie folgt: Bei geöffneter Tür schließen sich sowohl der Standflügel als auch der Gangflügel zunächst ungehindert. Erst bei einem durch die Kurvenscheibe (3) bzw den Kurvenscheibenanschlag (7) definierten Winkel, der beispielsweise der aus Figur 1 ersichtlichen Stellung von Stand- und Gangflügel entspricht, wird der Gangflügel gesperrt, weil der Rastschieber (8) am Anschlag (7) der Kurvenscheibe (3) zur Anlage kommt, wodurch die weitere Schließbewegung des Gangflügels blockiert wird. Bewegt sich der Standflügel nunmehr in seine endgültige Schließlage, gelangt das Stellglied (14) aus seiner ersten in eine zweite Schaltstellung. Der Bowdenzug (5) wird gezogen, der Rastschieber (8) und die Kurvenscheibe (3) werden entkoppelt und der Gangflügel wird in Richtung seiner Schließstellung freigegeben.

2.

Die angegriffene Ausführungsform betrifft einen Schließfolgeregler für Gleitarm-Türschließer, wie er in den nachstehenden wiedergegebenen Figuren 1-5 und 7 der DE-PS 40 12 358 dargestellt ist.

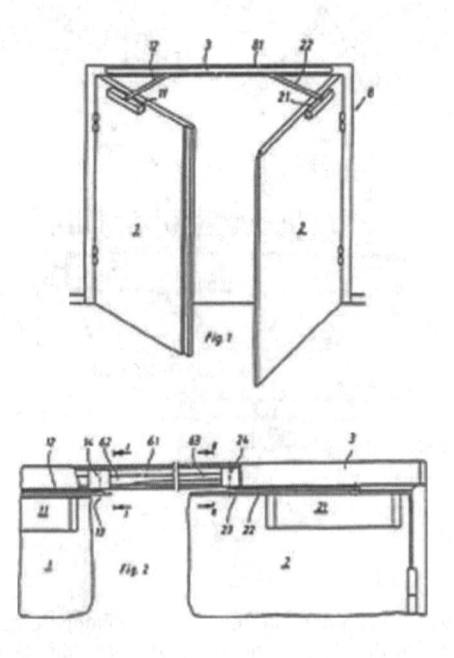

V. 2. Äquivalente Benutzung

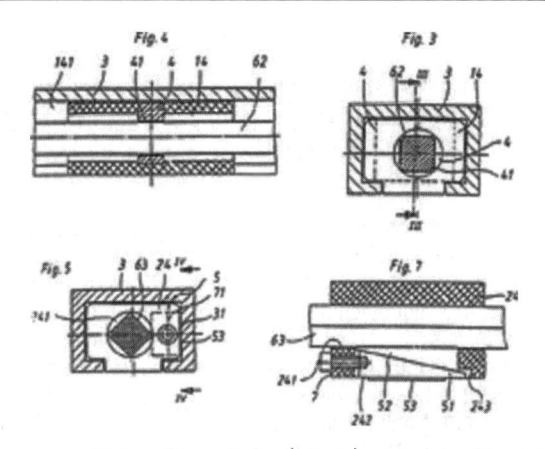

Er besteht aus dem eigentlichen Türschließer (11, 21), einem am Türschließer an gelenkten Schwenkarm (12, 22) und einer im Querschnitt C-förmigen, an der oberen Türrahmenzarge angebrachten Führungsschiene (3), in der die freien Enden der Schwenkarme (12, 22) mithilfe von Gleitstücken (14, 24) verschieblich geführt sind. Zur Schließfolgeregelung sind die beiden Gleitstücke (14, 24) über eine um ihre Längsachse verdrehbare Vierkantstange (6) miteinander verbunden. Die Stange (6) weist einen stand- und einen gangflügelseitigen Endbereich (62, 63) sowie einen um ca 45° verdrillten mittleren Übergangsbereich (61) auf. Während das Ende (62) – wie aus den Figuren 3 und 4 ersichtlich ist – mittels eines Führungsstücks (4) drehmomentenschlüssig im standflügelseitigen Gleitstück (14) aufgenommen ist, durchdringt das andere Ende (63) der Vierkantstange (6) das Gleitstück (24) des Gangflügels. Anhand der Figuren 5 und 7 ist zu erkennen, dass das gangflügelseitige Ende (63) der Stange (6) eine Sperrvorrichtung (5) betätigt, die im Gleitstück (24) angeordnet ist und aus zwei Keilstücken (51, 52) besteht. Das äußere Keilstück (51) ist auf seiner zur Führungsschiene (3) gerichteten Seite mit einem Reibbelag (53) versehen. Bei geöffnetem Standflügel nimmt das Ende (63) der Vierkantstange (6) die in Figur 5 dargestellte Position ein, in der es das Keilstück (51) mit seinem Reibbelag (53) nach außen in Richtung auf die Seitenwand der Führungsschiene drückt. Das Gleitstück (24) wird hierdurch blockiert, sodass der Gangflügel nicht in seine Schließlage verschwenkt werden kann. Wird der Standflügel geschlossen, schiebt sich das Gleitstück (14) mit dem darin aufgenommenen Führungsstück (4) über das verdrillte Übergangsstück (61) der Vierkantstange (6) und verdreht diese um 45°. Der Endbereich (63) der Stange liegt infolgedessen nicht mehr mit seiner Kante (vgl Figur 5), sondern mit einer Flachseite an den Keilstücken (51, 52) an. Der Reibbelag (53) wird dadurch nicht weiter gegen die Seitenwand der Führungsschiene (3) gedrückt. Das Gleitstück (24) ist in der Führungsschiene (3) frei beweglich und der Gangflügel kann in seine endgültige Schließlage verschwenken.

II.

Der angegriffene Schließfolgeregler macht von der technischen Lehre des Klagepatents Gebrauch.

1.

Zwischen den Parteien besteht – mit Recht – kein Streit darüber, dass es sich um eine Vorrichtung zur Regelung der Schließfolge von zweiflügeligen Türen mit einem dem Gangflügel zugeordneten Türschließer und einer Steueranordnung handelt, die über den Standflügel betätigbar ist, mit dem Türschließer des Gangflügels zusammenwirkt und aus einem Stellglied sowie einem Verbindungsorgan besteht (Merkmale 1–3d).

A. Schutzbereichsbestimmung

2.

Abweichend vom Merkmal (4a) ist das Stellglied, welches bei der angegriffenen Ausführungsform durch das Gleitstück (14) gebildet wird, allerdings nicht im »schwenkachsenseitigen Bereich« des Standflügels angeordnet.

a)

Wie sich Merkmal (5a) entnehmen lässt, soll das Stellglied eine (Stellglied-)Bewegung ausführen; es soll – wie Merkmal (4b) angibt – zwischen einer ersten und einer zweiten Schaltstellung bewegbar sein. Jede der beiden Schaltstellungen repräsentiert dabei eine bestimmte, für die Schließfolgeregelung wesentliche Position des Standflügels. Die eine Schaltstellung zeigt an, dass der Standflügel – ganz oder teilweise – geöffnet ist (sodass die Schließbewegung des Gangflügels blockiert werden muss), die zweite Schaltstellung signalisiert, dass der Standflügel seine Schließlage erreicht hat (sodass der Gangflügel freigegeben werden kann). Nach Aufgabe und Funktion hat das Stellglied mithin zweierlei zu leisten. Es muss die Position des Standflügels detektieren und in eine für die Schließfolgeregelung verwertbare erste und (räumlich davon getrennte) zweite Schaltstellung umsetzen.

Gemessen an diesen Anforderungen ist bei der angegriffenen Ausführungsform als Stellglied das standflügelseitige Gleitstück (14) anzusehen. Es ist – wie vom Klagepatent gefordert – beweglich und nimmt in Abhängigkeit von der Position des Standflügels eine erste und eine zweite Schaltstellung ein. Die erste Schaltstellung, die anzeigt, dass der Standflügel geöffnet ist (und dementsprechend bewirkt, dass der Gangflügel durch die Sperrvorrichtung [5] blockiert wird), entspricht dem Verlauf des Endbereichs (62) der Vierkantstange (6). Seine zweite Schaltstellung nimmt das Gleitstück (14) ein, sobald es den verdrillten Übergangsbereich (61) der Vierkantstange (6) überfährt. In dieser Position des Gleitstücks ist der Standflügel geschlossen, sodass die Sperrvorrichtung (durch das Verdrehen der Vierkantstange um 45°) gelöst und der Gangflügel damit freigegeben werden kann.

Endbereich (62) und Übergangsstück (61) der Vierkantstange (6) sind – anders als die Klägerin meint – nicht Teil des Stellgliedes. Das gilt bereits mit Rücksicht auf die Funktion, die dem Endbereich (62) und dem Übergangsstück im Rahmen der angegriffenen Gesamtvorrichtung zukommt. Beide sind notwendig, um die Bewegung des Gleitstücks (14) von seiner ersten in seine zweite Schaltposition mechanisch zum Gangflügel zu übertragen. Endbereich (62) und Übergangsstück (61) der Vierkantstange bilden dementsprechend nicht das Stellglied, sondern – zusammen mit dem gangflügelseitigen Endbereich (63) – das Verbindungsorgan.

Zum Stellglied gehört ebenso wenig der Schwenkarm (12) des standflügelseitigen Türschließers (11). Durch ihn wird, nicht anders als durch den Standflügel selbst, lediglich das Stellglied betätigt, nämlich innerhalb der Führungsschiene (3) in eine erste und eine zweite Schaltstellung verschoben.

b)

Soweit Patentanspruch 1 verlangt, dass das Stellglied »im schwenkachsenseitigen Bereich« des Standflügels »angeordnet« ist, ist damit eine eindeutige räumliche Zuordnung angesprochen. Das Stellglied soll sich in örtlicher Nähe zur Schwenkachse des Standflügels befinden. Bereits der Anspruchswortlaut lässt an diesem Verständnis keinen vernünftigen Zweifel. Der maßgebliche Durchschnittsfachmann – ein Fachhochschulingenieur der Fachrichtung Maschinenbau mit beruflichen Erfahrungen auf dem Gebiet der Baubeschläge – erkennt darüber hinaus, dass das Klagepatent mit Blick auf eine ganz bestimmte Art von Türschließern, nämlich sog Scherenarm-Türschließer, formuliert ist, deren Gestängearm ortsfest an der Türzarge angreift. Ausnahmslos solche Türschließer sind in der DE-PS 31 47 239, von der das Klagepatent als gattungsbildendem Stand der Technik ausgeht, gezeigt; nur sie finden auch in der Beschreibung und den Zeichnungen des Klagepatents Erwähnung. Bei einem Türschließer mit an der Türzarge festliegendem Gestänge hat die Anordnung des Stellgliedes im Bereich der Schwenkachse des Standflügels den erkennbaren Sinn, die jeweilige Stellung des Standflügels auf konstruktiv einfache Weise, zB dadurch zu detektieren, dass die Stirnseite des Standflügels das Stellglied direkt betätigt. Würde das Stellglied schwenkachsenfern angeordnet, bedürfte es einer zusätzlichen Gestängekonstruktion oder dergleichen, die dem Stellglied die Position und Bewegung des Standflügels mitteilt. Die im Klagepatent vorgesehene Anbringung des Stellgliedes nahe der Schwenkachse des Standflügels trägt ferner ästhetischen Gesichtspunkten Rechnung, indem sie es erlaubt, das Stellglied an einem für den Betrachter unauffälligen Einbauort zu platzieren.

Bei der angegriffenen Ausführungsform befindet sich das Gleitstück (14) lediglich während einer bestimmten Phase des Schließvorganges, nämlich bei geöffnetem oder nahezu geöffnetem Standflügel, in der Nähe der Schwenkachse des Standflügels. Es ist indessen nicht – worauf der Wortlaut des Klagepatents entscheidend abstellt – (auf Dauer) im Bereich der Schwenkachse des Standflügels »angeordnet«. Eine wortsinngemäße Benutzung des Klagepatents ist deshalb zu verneinen.

c)

Der angegriffene Schließfolgeregler fällt jedoch unter Äquivalenzgesichtspunkten in den Schutzbereich des Klagepatents. Er stellt – was auch die Beklagten nicht in Zweifel ziehen – eine technisch gleich wirkende Lösung dar, die – wie die Klägerin zu Recht geltend macht – einem Durchschnittsfachmann keine Überlegungen von erfinderischem Rang abverlangt hat.

aa)

Im Rahmen der Äquivalenzbetrachtung kommt es nach der Rechtsprechung des Bundesgerichtshofes nicht darauf an, ob der Fachmann anhand des Klagepatents zu der konkreten Ausgestaltung der angegriffenen Ausführungsform gelangen konnte. Allein der Umstand, dass für die angegriffene Ausführungsform – wie hier – ein Patent erteilt worden ist, schließt deshalb Äquivalenzüberlegungen keineswegs aus. Für die Einbeziehung in den Schutzbereich des Klagepatents reicht es vielmehr aus, dass sich der Verletzungsgegenstand im Wege der Abstraktion auf eine allgemeine technische Lehre zurückführen lässt, die als zur Erfindung gleich wirkende Abwandlung auffindbar war. In seiner Entscheidung »Befestigungsvorrichtung II« (GRUR 1991, 436, 440) hat der BGH die insoweit maßgeblichen Grundsätze wie folgt zusammengefasst:

»Zur Klärung der Frage, ob eine konkrete Ausführungsform als Fortentwicklung einer noch unter den Schutzbereich eines Patents fallenden äquivalenten Ausführung anzusehen ist oder nicht mehr unter den Schutzbereich des Patents fällt, sind bei der angegriffenen Ausführungsform alle Elemente außer Betracht zu lassen, die aus der Sicht der älteren Erfindung entbehrlich sind; bei abgewandelten Merkmalen ist gegebenenfalls weiter zu prüfen, ob die konkrete Form mit einem allgemeineren Begriffsmerkmal umschrieben werden kann, das seinerseits gegenüber einer wortlautgemäßen Ausbildung als äquivalent und nahe liegend anzusehen ist. Wenn sich auf diese Weise die Benutzung einer patentierten älteren Erfindung feststellen lässt, so kann gleichwohl in der Konkretisierung einzelner oder in der Hinzufügung zusätzlicher Merkmale eine weitere – abhängige – Erfindung liegen.

Der erkennende Senat hat in dem ... Urteil »Etikettiergerät« (GRUR 1975, 484, 486) ... insoweit die Formulierung gewählt, die Äquivalenzprüfung müsse sich nicht auf die besondere Ausgestaltung der bei der beanstandeten Ausführungsform verwendeten Mittel erstrecken; es genüge, wenn der Fachmann habe erkennen können, dass er die patentgemäßen Wirkungen durch den Einsatz von Mitteln erzielen könne, die »ihrer Art nach den Mitteln des Klagepatents gleich wirkend sind«. Mit dieser Formulierung sollte zum Ausdruck gebracht werden, dass auch das als äquivalent unter das Patent fällt, was in einem oder mehreren Merkmalen als konkrete Ausgestaltung einer allgemeineren Aussage zu verstehen ist, die der Fachmann der im Patentanspruch umschriebenen Ausbildung entnehmen kann; unter diesen Voraussetzungen kommt es auf die konkrete Ausgestaltung der angegriffenen Ausführungsform nicht an. Diese Erwägungen gelten wie für das alte Recht in gleicher Weise für die Bestimmung des Schutzbereichs nach ... § 14 PatG 1981.«

bb)

Im vorliegenden Fall ist hiernach nicht zu prüfen, ob die angegriffene Ausführungsform in den Einzelheiten ihrer konstruktiven Ausgestaltung ohne erfinderisches Bemühen aufzufinden war. Es stellt sich vielmehr (lediglich) die Frage, ob es für einen Durchschnittsfachmann in Kenntnis der Lehre des Klagepatents nahe gelegen hat, das Stellglied, statt es im schwenkachsenseitigen Bereich des Standflügels anzuordnen, als in einer am Türrahmen des Standflügels horizontal angebrachten Führung verschiebbares Gleitstück auszubilden. Dies ist zu bejahen.

Die Merkmale des Patentanspruchs (»Stellglied«, »Verbindungsorgan«, »Steuerglied«) sind weitgehend funktional gefasst. Sie offenbaren dem Fachmann eine prinzipielle Lehre, welche darin besteht,

– dass der Standflügel ein Stellglied bewegt,

– das Stellglied seinerseits mit einem Verbindungsorgan gekoppelt ist,

– das Verbindungsorgan wiederum mit einem Steuerglied des gangflügelseitigen Türschließers verbunden ist

– und die gesamte Anordnung aus Stellglied, Verbindungsorgan und Steuerglied derart getroffen ist, dass der Standflügel seine Bewegung auf das Stellglied, das Stellglied seine Bewegung auf das Verbindungsorgan und das Verbindungsorgan seine Bewegung auf das Steuerglied überträgt, sodass das Steuerglied den Türschließer des Gangflügels je nach der Schaltstellung des Stellgliedes (und damit in Abhängigkeit von der Position des Standflügels) entweder freigibt oder blockiert.

Ist der Standflügel mit einem Scherenarm-Türschließer ausgerüstet, dessen Gestängearm ortsfest am Türrahmen angelenkt ist, oder verfügt der Standflügel über keinerlei Türschließer, ist es, um die Position bzw Bewegung des Standflügels zu detektieren und mittels des Verbindungsorgans auf den Türschließer des Gangflügels zu übertragen, erforderlich, ein besonderes Stellglied vorzusehen. Aus den oben dargelegten Gründen sieht das Klagepatent vor, das Stellglied im Bereich der Schwenkachse des Standflügels anzuordnen, wo die Stellung des Standflügels unmittelbar erfasst und in eine Bewegung des Stellgliedes umgesetzt werden kann.

Grundlegend anders liegen die Verhältnisse bei sog Gleitarm-Türschließern, die nach dem übereinstimmenden Sachvortrag beider Parteien im Prioritätszeitpunkt als grundsätzliche Alternative zu Scherenarm-Türschließern in der Fachwelt allgemein bekannt waren. Bei ihnen ist ein separates Stellglied von vornherein entbehrlich, weil bereits das Gleitstück des Türschließers eine der Bewegung des Stellgliedes vergleichbare translatorische Bewegung vollzieht. Ist der Standflügel mit dieser Art von Türschließer ausgestattet, liegt es deshalb für den Fachmann unmittelbar nahe, kein zusätzliches, schwenkachsenseitiges Stellglied vorzusehen, sondern stattdessen das ohnehin vorhandene Gleitstück des Türschließers als Stellglied herzurichten. Erforderlich hierfür ist nur, dem Gleitstück eine erste und eine zweite Schaltstellung (die einer ersten und einer zweiten Position des Standflügels entspricht) zuzuordnen. Dies zu realisieren, stellt den Fachmann, insbesondere einen solchen der hier in Rede stehenden Qualifikation, vor keine besonderen Schwierigkeiten. Sogar der im Ausführungsbeispiel des Klagepatents vorgesehene Bowdenzug lässt sich (gegebenenfalls unter Hinzufügung eines geeigneten Übersetzungsgetriebes) beibehalten.

Zu Unrecht meinen die Beklagten, bereits der Gedanke, die Schließfolgeregelung des Klagepatents überhaupt auf Gleitarm-Türschließer zu übertragen, beinhalte eine erfinderische Leistung. Es ist richtig, dass das Klagepatent Scherenarm-Türschließer mit ihrer festen Anlenkung am Türrahmen nicht als nachteilig ansieht. Daraus lässt sich indessen nicht – wie die Beklagten dies tun – folgern, nach dem Offenbarungsgehalt der Klagepatentschrift habe der Fachmann keinerlei Veranlassung gehabt, sich Gleitarm-Türschließern zuzuwenden. Türschließer mit einem in einer Schiene geführten Schwenkarm waren am Prioritätstag seit langem bekannt. Auch bei ihnen besteht, sofern es sich um zweiflügelige Türen handelt, die Notwendigkeit einer Schließfolgeregelung. Allein dies drängt dem Fachmann bereits die Überlegung auf, ob die Schließfolgeregelung des Klagepatents auch für Gleitarm-Türschließer nutzbar gemacht werden kann. Dass diese Erwägung für einen Durchschnittsfachmann ebenso nahe liegend gewesen ist wie die Erkenntnis, zur Schließfolgeregelung das standflügelseitige Gleitstück (als Stellglied) heranzuziehen, wird durch den zeitlichen Ablauf nicht widerlegt. Zwischen der Offenlegung des Klagepatents am 22. Mai 1985 und der Anmeldung des deutschen Patents 40 12 358 am 18. April 1990 liegen knapp fünf Jahre. Es mag dahinstehen, ob ein derartiger (vergleichsweise kurzer) Zeitraum überhaupt als stichhaltiges Indiz für das Vorliegen einer erfinderischen Tätigkeit gewertet werden kann. Selbst wenn dies anzunehmen sein sollte, rechtfertigt er jedoch allenfalls die Annahme, dass die Fachwelt einige Zeit benötigt hat, um zu der angegriffenen Ausführungsform in ihrer konkreten Ausgestaltung, dh mit der Gesamtheit aller konstruktiven Gestaltungsmerkmale, wie sie verwirklicht und Gegenstand des der Beklagten zu 1) erteilten Patents sind, zu gelangen. Der von den Beklagten ins Feld geführte Zeitablauf lässt indessen keinesfalls eine Aussage dahin gehend zu, dass ein Durchschnittsfachmann auch für die – vorliegend allein interessierende – Erkenntnis, dass bei einem Gleitarm-Türschließer das standflügelseitige Gleitstück als Stellglied ausgebildet werden kann, mehr als nur handwerkliches Können hat aufwenden müssen.

3.

Die Merkmale (4b) bis (7) sind – mit einer einzigen Ausnahme – bei der angegriffenen Ausführungsform wiederum dem Wortsinn nach verwirklicht.

a)

Das Gleitstück (14) ist durch den Standflügel zwischen einer ersten und einer zweiten Schaltstellung bewegbar. Die erste Schaltstellung erstreckt sich über das standflügelseitige Ende (62) der Vierkantstange (6) und entspricht der Öffnungsstellung des Standflügels; die zweite Schaltstellung nimmt das Gleitstück im verdrillten Übergangsbereich (61) der Vierkantstange ein, er repräsentiert die Schließstellung des Standflügels. Dass die Bewegung des Standflügels dem Gleitstück über den Schwenkarm (12) vermittelt wird, ist ohne Belang. Weder der (allgemein gehaltene) Anspruchswortlaut (»... durch den Standflügel ...«) noch der Beschreibungstext geben einen Anhalt dafür, dass das Stellglied von dem Standflügel selbst und unmittelbar betätigt werden muss.

b)

In Gestalt der Vierkantstange (6) verfügt die angegriffene Ausführungsform über ein Verbindungsorgan, das mit dem Stellglied verbunden ist und dessen Bewegung mechanisch zum Gangflügel übermittelt. Entgegen der Auffassung der Beklagten fordert das Klagepatent keine besondere Form der Verbindung. Der ihr zugewiesenen Funktion entsprechend muss die Verbindung zwischen Stellglied und Verbindungsorgan lediglich dergestalt sein, dass die Bewegung des Stellgliedes zum Gangflügel übertragen wird.

Dies ist bei der angegriffenen Ausführungsform unbestreitbar der Fall, weil das Gleitstück (14) mit einem Führungseinsatz (4) versehen ist, der bewirkt, dass die Vierkantstange, sobald das Gleitstück dessen verdrillten Übergangsbereich (61) überfährt, um 45° verdreht wird.

c)

Die Vierkantstange wirkt – im Sinne des Merkmals (5b) – mit einem Steuerglied zusammen, das während der Schließbewegung des Standflügels den Gangflügel blockiert. Das Steuerglied besteht aus den Keilstücken (51, 52) und dem Reibbelag (53), die zusammen die Sperrvorrichtung (5) bilden. Bei geöffnetem Standflügel werden die Keilstücke (51, 52) von dem gangflügelseitigen Ende der Vierkantstange gegen die Seitenwand der Führungsschiene (3) gedrückt. Ein Schließen des Gangflügels wird dadurch verhindert. Bei geschlossenem Standflügel gibt dagegen die um 45° verdrehte Vierkantstange die Keilstücke (51, 52) frei, sodass das Gleitstück (24) in der Führungsschiene frei beweglich ist und der Gangflügel in seine Schließlage verschwenken kann.

d)

Die Keilstücke (51, 52), an denen die Vierkantstange angreift, sind allerdings nicht – wie in den Merkmalen (5c) bis (7) vorgesehen – Teil des gangflügelseitigen Türschließers oder dessen Gestängearms. Nach der Begriffsbildung des Klagepatents ist als »Türschließer« nur das am Gangflügel montierte Bauteil – und folglich nicht das in der türseitigen Führungsschiene (3) angeordnete Gleitstück (24) – zu verstehen, in welchem die Sperrvorrichtung (5) untergebracht ist. Die angegriffene Ausführungsform stellt jedoch auch insoweit eine äquivalente Abwandlung dar. Das Klagepatent belehrt den Fachmann in seinem Patentanspruch 1 ausdrücklich darüber, dass das Steuerglied, welches den Türschließer des Gangflügels zu einem bestimmten Zeitpunkt blockieren soll, entweder am Türschließer selbst oder am Gestängearm des Türschließers angeordnet werden kann. Beides sind bewegliche Teile und von daher für einen die Schwenkbewegung des Gangflügels sperrenden Eingriff durch das Steuerglied geeignet. Bei einem Gleitarm-Türschließer entspricht dem Gestängearm (von der Funktion) das in der Führungsschiene verschiebbare Gleitstück (24). Für einen Fachmann liegt es in Anbetracht dessen auf der Hand, das Steuerglied – wie dies bei der angegriffenen Ausführungsform mit Blick auf die Sperrvorrichtung (5) der Fall ist – am gangflügelseitigen Gleitstück angreifen zu lassen.

e)

Mit der sich aus der vorstehenden Abwandlung ergebenden Maßgabe sind die Merkmale (5c) bis (7) ansonsten wortsinngemäß verwirklicht. Das gangflügelseitige Ende (63) der Vierkantstange (6) greift in einer der beiden Schaltstellungen des Gleitstücks (24), nämlich in derjenigen Schaltstellung, die dem Verlauf des standflügelseitigen Endes (62) der Stange (6) entspricht, an den Keilstücken (51, 52) an. Die Keilstücke blockieren (dadurch) den Türschließer während der Schließbewegung des Standflügels.

205 Festzuhalten bleibt mithin, dass allein die Tatsache, **dass** für die angegriffene Ausführungsform ein Patent erteilt worden ist, noch nichts gegen ein Naheliegen besagt, sondern dass es stets darauf ankommt, **weshalb** die Abwandlung patentiert worden ist. Nur wenn im Rahmen des Erteilungsaktes dieselben und keine weitergehenden Erwägungen angestellt worden sein können, wie sie im Rahmen der Äquivalenzprüfung zu klären sind, spricht der (sachkundige) Erteilungsakt dagegen, dass die Verletzungsform ohne Überlegungen von erfinderischem Rang aufzufinden war. Dies bedeutet zwar noch nicht, dass im Verletzungsprozess die Annahme einer Äquivalenz auszuscheiden hätte. Das

Verletzungsgericht ist zwar an die Erteilung des Klagepatents[248], nicht aber an den die angegriffene Ausführungsform betreffenden Erteilungsakt gebunden. Wegen des bereits vorliegenden sachkundigen Votums wird sich jedoch in der Regel die Notwendigkeit ergeben, zuvor ein **Sachverständigengutachten** dazu einzuholen, ob die Abwandlung für einen Durchschnittsfachmann naheliegend war oder nicht.[249] Alternativ dazu ist es, wenn das Patent auf die angegriffene Ausführungsform in seinem Rechtsbestand angegriffen und der Rechtsbestandsangriff maßgeblich auf das Klagepatent gestützt ist, denkbar, den **Verletzungsprozess auszusetzen**, um abzuwarten, ob es bei der Erteilung eines Patents auf die Abwandlung bleibt. Ob im Einzelfall das eine oder das andere unternommen wird, hängt zunächst vom aktuellen Stand und der voraussichtlichen Dauer des Rechtsbestandsverfahrens sowie weiterhin davon ab, mit welchem Maß von Wahrscheinlichkeit im parallelen Rechtsbestandsverfahren eine Entscheidung darüber zu erwarten ist, ob die Abwandlung der angegriffenen Ausführungsform ausgehend von der technischen Lehre des Klagepatents naheliegend war.

Vor dem Hintergrund des Gesagten schließt auch der Umstand, dass die angegriffene Ausführungsform Gegenstand einer PCT-Anmeldung und das Klagepatent im **Recherchenbericht** als den Anmeldungsgegenstand nicht nahelegender Stand der Technik eingestuft ist, nicht die Annahme aus, dass es sich bei der angegriffenen Ausführungsform um eine äquivalente (dh nahe liegende) Abwandlung des Klagepatents handelt. Die Kategorisierung im Recherchenbericht (die nicht mit einem Erteilungsbeschluss gleichgesetzt werden kann) zwingt im Allgemeinen ebenso wenig dazu, vor einer verurteilenden Entscheidung im Verletzungsprozess ein Sachverständigengutachten zur Äquivalenzfrage einzuholen.

Praxistipp	Formulierungsbeispiel
Der **Test** dafür, ob der Erteilungsakt für die angegriffene Ausführungsform sich sachlich mit dem Gegenstand der Äquivalenzprüfung deckt, ist in der Praxis leicht dadurch anzustellen, dass für die angegriffene Ausführungsform ein Klageantrag formuliert wird. Dies geschieht dadurch, dass diejenigen Anspruchsmerkmale, die dem Wortsinn nach verwirklicht sind, dem Wortlaut des Klagepatents folgend übernommen werden, und für dasjenige Merkmal, welches lediglich äquivalent gegeben ist, das gleichwirkende Austauschmittel benannt wird. Die so erhaltene Merkmalskombination ist sodann mit derjenigen Merkmalskombination zu vergleichen, die sich aus dem Hauptanspruch des für die angegriffene Ausführungsform erteilten Patents ergibt. Enthält die zuletzt genannte Kombination einen Überschuss über die zuerst genannte Kombination, steht die Patenterteilung auf die Verletzungsform der Bejahung einer Äquivalenz nicht notwendig entgegen.	

d) Einzelfälle

Die Frage nach dem Vorliegen einer äquivalenten Benutzung hängt wesentlich vom Einzelfall ab. Es haben sich in den Jahren jedoch Grenzen herausgebildet, die bei Äquivalenzüberlegungen zu beachten sind. Sie sind in jüngster Vergangenheit durch die BGH-Rechtsprechung deutlich verschärft worden, sodass eine erfolgreiche Äquivalenzargumentation – anders als früher – mittlerweile die seltene Ausnahme geworden ist.

---

248 BGH, GRUR 2003, 550 – Richterausschluss; BGH, GRUR 2004, 710, 711 – Druckmaschinen-Temperierungssystem I.
249 Vgl Kühnen, GRUR 1996, 729, 734 f.

aa) Fälle mangelnder Äquivalenz

(1) Fehlende Gleichwirkung

209 Eine Äquivalenz **scheidet wegen mangelnder Gleichwirkung aus**, wenn

210 – für ein Mittel des geltend gemachten Anspruchs bei der angegriffenen Ausführungsform kein Austauschmittel vorgesehen ist, das **Merkmal** und seine Wirkung mithin überhaupt nicht verwirklicht ist, sondern **ersatzlos fehlt**. In einem solchen Fall liegt eine sogenannte Unter- oder Teilkombination vor, die keinen Eingriff in das Schutzrecht darstellt.

211 Um eine derartige (schutzrechtsfreie) Konstellation handelt es sich auch dann, wenn das Ersatzmittel gleicher Wirkung außerhalb des vom Patent unter Schutz gestellten Gegenstandes verwirklicht wird.

▶ **Beispiel:**

212 Das Klagepatent schützt eine Kassette für Heftklammern, die an ihrer Unterseite Führungsflächen zur seitlichen Führung der aus der Kassette abgezogenen Heftklammern aufweisen soll. Bei der angegriffenen Ausführungsform fehlen solche Führungsflächen an der Kassette; lediglich der Heftapparat, in den die Kassette bestimmungsgemäß eingesetzt wird, weist Führungselemente auf, die die seitliche Führung der aus der Kassette austretenden Klammern gewährleisten.[250] Anders läge der Fall, wenn der Patentanspruch auf die Gesamtheit aus Heftapparat und Klammerkassette gerichtet wäre.

213 Nicht erforderlich ist, dass die angegriffene Ausführungsform die gleiche Zahl Merkmale aufweist wie der Patentanspruch. Vielmehr kann sich die Entsprechung zu einem Merkmal auch aus dem Zusammenwirken mehrerer Austauschmittel ergeben[251] bzw kann ein Austauschmittel mehreren Merkmalen gerecht werden;

214 – die angegriffene Ausführungsform die **Nachteile** oder einen der Nachteile verwirklicht, **die** durch die geschützte Lehre **vermieden werden sollen**[252];

215 – der Patentanspruch mit seinen Lösungsmerkmalen auf einen **optimalen Wirkungsgrad** abzielt (zB die Vormontage der *kompletten* Baugruppe), die angegriffene Ausführungsform demgegenüber nur einen verminderten Wirkungsgrad erreicht (zB weil die Baugruppe lediglich in zwei (im Nachhinein miteinander zu montierenden) Teilen vorgefertigt wird.[253] Das gilt auch dann, wenn der Stand der Technik eine Vormontage überhaupt nicht vorgesehen hat, sodass an sich schon die Bereitstellung von zwei vorgefertigten Teilbaugruppen beachtliche Montageerleichterungen herbeiführt.

(2) Fehlende Orientierung am Anspruch

216 Eine Äquivalenz scheidet wegen mangelnder Anspruchsorientierung aus, wenn

217 – es sich bei dem Austauschmittel der angegriffenen Ausführungsform um ein **technisches Mittel** handelt, **auf das** die Erfindung gerade **verzichten will**[254];

---

250 OLG Düsseldorf, Urteil v 5.5.2011 – I-2 U 9/10.
251 BGH, GRUR 1998, 133, 135 – Kunststoffaufbereitung.
252 BGH, GRUR 1993, 886, 889 – Weichvorrichtung I.
253 OLG Düsseldorf, Urteil v 8.3.2012 – I-2 U 136/10.
254 BGH, GRUR 1991, 443, 447 – Autowaschvorrichtung; BGH, GRUR 1991, 744 – Trockenlegungsverfahren.

- das **Austauschmittel** ein solches ist, welches das Klagepatent für denselben techni- 218
schen Effekt **nur in anderem Zusammenhang** der Erfindung **vorsieht**;

▶ **Beispiel:**[255]

Das Klagepatent schützt auf eine Tragschiene nebeneinander aufrastbare Module 219
für einen Datenbus. Die Leistungsstromversorgung der angeschlossenen Busteilnehmer soll über »Messer-Gabel-Kontakte« an den Seitenflächen der benachbarten Module bewerkstelligt werden, während für die Verbindung der durch die Module hindurchgeschleiften Datenbus- und Stromversorgungsleitungen seitlich an den Modulen angebrachte »Druckkontakte« vorgesehen sind. Die angegriffene Ausführungsform bedient sich insgesamt nur »Messer-Gabel-Kontakten«;

- der **Gesamtzusammenhang des Anspruchs** ergibt, dass mit der Anspruchsformulie- 220
rung eine **bewusste Beschränkung** auf ein bestimmtes Lösungsmittel vorgenommen werden sollte;

▶ **Beispiel:**[256]

Das Klagepatent betrifft die Herstellung eines Wirkstoffs in drei nacheinander 221
durchzuführenden Verfahrensschritte, von denen der erste das Hydrieren, der zweite das Oxidieren des Hydrierungsproduktes und der dritte das Abspalten von Wasser aus dem Oxidationsprodukt ist. Während das Hydrierungsmittel und das Mittel zum Wasserabspalten nicht näher konkretisiert sind, sondern insoweit nur die jeweilige Funktion (Hydrieren, Abspalten von Wasser) in den Anspruch aufgenommen ist, schreibt der Patentanspruch das für die Oxidation einzusetzende Mittel (Rutheniumsalz) konkret vor.

- es sich bei dem Ersatzmittel um ein solches handelt, das der Beschreibungstext als 222
Alternative zu dem im Patentanspruch genannten Lösungsmittel bezeichnet[257]; derartiges ist freilich noch nicht allein deshalb der Fall, weil der Beschreibungstext die Vokabel »alternativ« oder ein Synonym verwendet; maßgeblich ist, ob nach dem Gesamtinhalt des Beschreibungstextes für den Fachmann mit dem fraglichen Mittel wirklich ein erfindungsfremdes aliud gemeint ist (dann keine Äquivalenz) oder in der Sache nicht tatsächlich ein Mittel, das den Anspruchswortlaut erläutert; abzugrenzen ist also zwischen einer alternativen Ausführungsform *der* Erfindung und einer Alternative *zum* Gegenstand der patentierten Erfindung[258];

---

255 OLG Düsseldorf, Urteil v 7.7.2011 – I-2 U 48/10; Nichtzulassungsbeschwerde zurückgewiesen durch Beschluss des BGH v 19.12.2012 – X ZR 91/11.
256 OLG Düsseldorf, Urteil v 13.9.2013 – I-2 U 26/13.
257 BGH, GRUR 2011, 701 – Okklusionsvorrichtung. *Sofern* das Klagepatent (was unzutreffend ist; vgl oben Kap A Rdn 14) dahin ausgelegt wird, dass es mindestens zweier Klemmen bedarf, ist die Verneinung der Äquivalenz durch den BGH im Ergebnis zutreffend. Die Rechtfertigung liegt allerdings nicht in der Erwähnung eines Ausführungsbeispiels mit *einer* Klemme in der Patentbeschreibung, sondern darin, dass die Verwendung einer einzigen Klemme der technischen Lehre des Patentanspruchs (der eben zwei Klemmen verlangt) widerspricht.
258 OLG Düsseldorf, Urteil v 21.11.2013 – I-2 U 36/12.

223 – die **Beschreibung** des Patents **mehrere Möglichkeiten** offenbart[259], wie eine bestimmte technische Wirkung der Erfindung erzielt werden kann, jedoch **nur eine dieser Möglichkeiten** Eingang **in** den **Patentanspruch** gefunden hat.

224 Hier soll regelmäßig der Schluss berechtigt sein, dass die anderen bloß im Beschreibungstext mitgeteilten Möglichkeiten im Rahmen einer Auswahlentscheidung – aus welchen Gründen auch immer – nicht unter Patentschutz gestellt werden sollten (Verzichtsgedanke).[260] Erforderlich ist freilich, dass das Austauschmittel im Patent nicht bloß in irgendeinem beliebigen Zusammenhang erwähnt wird, sondern dort als ein *zur Lösung des patentgemäßen Problems geeignetes* Mittel ausgewiesen ist.[261]

225 **Kritik**: In seiner Entscheidung »Begrenzungsanschlag«[262] hat der BGH selbst ausgeführt, dass die Beschreibung des Klagepatents, um ein Naheliegen des gleichwirkenden Ersatzmittels annehmen zu können, keine positiven Darlegungen enthalten muss, die den Fachmann zu der Abwandlung hinführen. Allerdings: »*Solche Ausführungen können ... die Einbeziehung einer vom Wortsinn des Patentanspruchs abweichenden Ausgestaltung in den Schutzbereich des Patents stützen, sie sind hierfür jedoch keine notwendige Bedingung.*« Die »höchste« Form der Hinleitung zum Austauschmittel ist seine direkte Erwähnung in der Patentschrift. Nach den Gesetzen der Logik müsste dies zu der Annahme einer Äquivalenz führen. Denn der Fachmann muss, um das Ersatzmittel aufzufinden, nicht einmal nachdenken, sondern die Patentschrift bloß zu Ende lesen! Dennoch soll die konkrete Erwähnung des Austauschmittels in der Patentbeschreibung kein Balsam für die Äquivalenz sein, sondern tödliches Gift. Das leuchtet schon im gedanklichen Ansatz nicht ein. Erst recht aber ist die vom BGH vorgenommene Unterscheidung danach, ob das Ersatzmittel im Beschreibungstext konkret genannt ist (dann keine Äquivalenz möglich) oder dem Fachmann durch – noch so eindeutige – Hinweise auf die Brauchbarkeit anderer als der im Anspruchswortlaut liegender Ausführungsformen nahegelegt wird (dann Äquivalenz möglich), nicht sachgerecht und angemessen. Der Äquivalenzschutz beruht auf der generellen Unzulänglichkeit jeder Patentanmeldungstätigkeit. Von daher gibt es keinen Grund für eine Differenzierung danach, warum und inwiefern der Anspruchswortlaut die Erfindung nicht ausschöpft. Die Unterscheidung nach dem Maß der Offenbarung des Austauschmittels führt dementsprechend zu materieller Ungerechtigkeit. Denn sie benachteiligt denjenigen, der das Auffinden des Ersatzmittels in besonderer Weise gefördert hat, indem er das Ersatzmittel unmittelbar im Beschreibungstext erwähnt hat. Sie knüpft überdies eine ganz gravierende Rechtsfolge (sic: das Vorliegen oder Nichtvorliegen eines Schutzbereichseingriffs und damit den Erfolg oder Misserfolg einer Verletzungsklage) an reine Zufälligkeiten des Inhalts einer

---

259 Soweit der BGH ursprünglich (BGH, GRUR 2012, 45 – Diglycidverbindung) auch hat ausreichen lassen, dass das Austauschmittel für den Fachmann durch den Beschreibungstext bloß »nahegelegt« wird, ist diese Variante später (BGH, GRUR 2016, 921 – Pemetrexed; BGH, GRUR 2016, 1254 – V-förmige Führungsanordnung) – zwar ohne dies ausdrücklich klarzustellen, aber dennoch unmissverständlich – fallengelassen worden. Außerdem vertritt der BGH seither einen engherzigen Begriff der »Offenbarung«. Verlangt wird eine explizite Erwähnung des vom Verletzer gewählten konkreten Austauschmittels; eine implizite Offenbarung (»... oder auf andere Weise«) reicht nicht, selbst wenn sie für den Fachmann noch so deutlich und ggf sogar allein das betreffende Austauschmittel verschlüsselt. Das ist inkonsistent. In seiner Rechtsprechung räumt der BGH ein, dass es das Auffinden des Austauschmittels erleichtert (und damit die Bejahung von Äquivalenz nahelegt), wenn der Beschreibungstext selbst Hinweise in die fragliche Richtung enthält. Warum soll dieser Gedanke nicht mehr tragen, sondern das genaue Gegenteil (sic: ein Ausschluss aus dem Schutzbereich) gelten, wenn die Patentbeschreibung die stärkste Form der Hinleitung enthält, indem es das vom Verletzer gewählte Ersatzmittel nicht nur andeutet, sondern ausdrücklich benennt?
260 BGH, GRUR 2012, 45 – Diglycidverbindung.
261 OLG Düsseldorf, GRUR-RR 2014, 185 – WC-Sitzgelenk.
262 BGH, GRUR 2014, 852 – Begrenzungsanschlag.

Patentschrift. Wie der Anmelder seine Patentbeschreibung abfasst, hängt vielfach vom Zufall ab und ist keinen besonderen Überlegungen geschuldet. Im Beispiel »V-förmige Führungsanordnung«[263] kann er erwähnen, dass statt der im Anspruch vorgesehenen V-Form der Führungsanordnung auch »andere Querschnittsformen« lösungstauglich sind. Dem Fachmann ist dabei klar, dass von den restlichen 25 Buchstaben des lateinischen Alphabets nur die U-Form gemeint sein kann. Ebensogut kann er die »U-Form« aber auch sogleich benennen. Für welche Form der Information sich der Anmelder entscheidet, darf deshalb nicht über das Bestehen oder Nichtbestehen eines Patentschutzes entscheiden.

Folgt man der Linie des BGH kann eine den Äquivalenzschutz begrenzende Auswahlentscheidung – entgegen der Auffassung des BGH[264] – auch in der Weise geschehen, dass zwar nicht das bei der angegriffenen Ausführungsform konkret verwirklichte Austauschmittel (zB Pemetrexed*dikalium*) als Lösungsalternative abgehandelt wird, wohl aber die übergeordnete **Produktkategorie** (Pemetrexed), der dieses Austauschmittel angehört.[265] In einem solchen Fall sind alle diejenigen Lösungskonstruktionen der erwähnten Produktkategorie als lösungstauglich offenbart und damit vom »Verzicht« auf einen Patentschutz erfasst, die dem Durchschnittsfachmann am Prioritätstag als Teil der Produktkategorie geläufig waren.[266] Das soll allerdings nur dann gelten, wenn aus der Sicht des Fachmanns die Fokussierung des Patentanspruchs auf ein bestimmtes Lösungsmittel (zB Pemetrexed*dinatrium*) seinen Grund in bestimmten vorteilhaften Eigenschaften hat, die für den Erfindungsgegenstand bedeutsam sind und die den anderen Erscheinungsformen der betreffenden Gattung (Pemetrexed) nicht zukommen.[267]

226

Unzureichend für einen Verzicht ist in jedem Fall, wenn das Ersatzmittel lediglich im Zusammenhang mit einem **anderen Bauteil des Erfindungsgegenstandes** erörtert wird, mag dieses andere Bauteil für den Fachmann auch vergleichbar zu demjenigen Bauteil sein, an dem die gleichwirkende Abwandlung vorgenommen worden ist.

227

▶ Beispiel:[268]

Das Klagepatent betrifft eine Dämpfungseinrichtung für einen WC-Sitz. Wie die nachfolgend eingeblendete Abbildung verdeutlicht, ist die Dämpfungseinrichtung (11) in einer Aufnahmebohrung (46) aufgenommen, die in einer Befestigungslasche (40) der WC-Sitzgarnitur (1) ausgebildet ist. Mit der Dämpfungseinrichtung (11) drehfest verbunden ist ein zylinderförmiges Adapterstück (20). Es verfügt über eine radiale Sacklochbohrung (24), die dazu dient, das Adapterstück (20) auf einen Scharnierdorn (26) der WC-Keramik aufzusetzen.

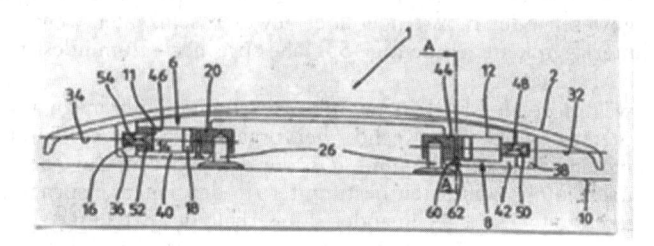

228

---

263 BGH, GRUR 2016, 1254 – V-förmige Führungsanordnung.
264 BGH, GRUR 2016, 921 – Pemetrexed; vgl dazu Meier-Beck, GRUR 2018, 241 und Kellenter, GRUR 2018, 247; BGH, GRUR 2016, 1254 – V-förmige Führungsanordnung.
265 OLG Düsseldorf, Urteil v 5.3.2015 – I-2 U 16/14.
266 OLG Düsseldorf, Urteil v 5.3.2015 – I-2 U 16/14.
267 BGH, GRUR 2016, 921 – Pemetrexed.
268 OLG Düsseldorf, GRUR-RR 2014, 185 – WC-Sitzgelenk.

> Die angegriffene Ausführungsform hat ein Adapterstück, das statt einer (endseitig geschlossenen) Sacklochbohrung eine durch das Adaptermaterial hindurchtretende Bohrung besitzt, die allerdings im oberen Bereich einen in das Bohrlochinnere vorstehenden Ringbund besitzt, an dem sich der Scharnierdorn der WC-Keramik (ähnlich wie bei einer Sacklochbohrung) abstützen kann. Eine solche gestufte Bohrung ist in der Patentschrift nicht als Alternative für die Sacklochbohrung erörtert, wohl aber als Möglichkeit für die Ausbildung der Aufnahmebohrung abgehandelt, die für die Dämpfungsvorrichtung in der WC-Sitzgarnitur vorgesehen ist. Letzteres reicht für einen Ausschluss aus dem Äquivalenzbereich unter Verzichtsgesichtspunkten nicht aus.

229 Eine »Verzichtsargumentation« ist selbst dann angebracht, wenn lediglich der erteilte Beschreibungstext alternative Lösungsmittel erwähnt hat, der fragliche Hinweis in der geltenden, im Rechtsbestandsverfahren **geänderten Patentschrift** jedoch entfallen ist.[269] Das gilt jedenfalls dann, wenn es anderenfalls zu einer Schutzbereichserweiterung käme.

230 Sind **Vorgänge im Erteilungsverfahren** dafür verantwortlich, dass der Patentschutz von einem zunächst weitergehenden Umfang (zB einer ganzen Stoffklasse) auf eine einzige oder mehrere einzelne Ausführungsformen (zB eine oder einzelne Stoffverbindung(en) der ursprünglich beanspruchten Gattung) zurückgeführt worden ist, so ist dieser Sachverhalt schutzbereichsrelevant. Denn das Verletzungsgericht ist an den Erteilungsakt gebunden und darf deshalb unter Äquivalenzgeschichtspunkten keinen Schutz für etwas gewähren, für das dem Anmelder im Erteilungsverfahren ein Schutz versagt worden ist. Nach Ansicht des BGH[270] ist hierbei allerdings zu differenzieren:

231 – Ist die Beschränkung des Patentbegehrens vom Anmelder in der Absicht vorgenommen worden[271], gegenüber dem Stand der Technik die **Patentfähigkeit herzustellen** (Neuheit, Erfindungshöhe), soll regelmäßig ein Verzicht auf einen über den Anspruchswortlaut hinausgehenden Patentschutz nicht ausgeschlossen sein, womit wohl gemeint ist, dass von ihm auszugehen ist. Das gilt, weil es auf die Gründe für eine vom Anmelder vorgenommene Begrenzung seines Erteilungsverlangens nicht ankommt, auch dann, wenn die erfolgte Beschränkung objektiv gesehen überhaupt nicht notwendig war, um sich hinreichend vom Stand der Technik abzugrenzen. Aufschluss über die Beschränkungsgründe wird im Zweifel weniger die Patentschrift, sondern vielmehr die Erteilungsakte liefern.[272]

232 – Eine Versagung von Patentschutz soll demgegenüber nicht in Betracht kommen, wenn die erfolgte Beschränkung des Erteilungsverlangens ihre Ursache in **formellen Erteilungshindernissen** (Klarheit, unzulässige Erweiterung) hat, mögen sie objektiv vorhanden gewesen oder bloß eingebildet gewesen sein, oder wenn dies – weil die Erteilungsunterlagen keine eindeutige Sprache sprechen – zumindest möglich ist.[273]

233 **Kritik:** Die Erwägungen des BGH sind inkonsistent und führen zu unangemessenen Ergebnissen. Einerseits wird – zu Recht – hervorgehoben, dass es für den Ausschluss vom Patentschutz einzig darauf ankommt, *dass* der Anmelder im Zuge des Erteilungsverfahrens eine Entscheidung zugunsten bestimmter (in den Patentanspruch aufgenommener und damit geschützter) und gegen andere (außerhalb des Erteilungsverlangens gebliebene und somit ungeschützte) Ausführungsformen *getroffen hat*. Hierbei spielt es keine

---

269 OLG Düsseldorf, Urteil v 8.7.2014 – I-15 U 29/14; offengelassen von BGH, GRUR 2016, 1254 – V-förmige Führungsanordnung.
270 BGH, GRUR 2016, 921 – Pemetrexed.
271 Dies muss hinreichend deutlich hervortreten.
272 BGH, GRUR 2016, 921 – Pemetrexed.
273 BGH, GRUR 2016, 921 – Pemetrexed.

Rolle, ob hinter der – nun einmal getroffenen – Entscheidung eine sachlich gerechtfertigte Motivationslage gestanden hat oder nicht. Andererseits soll – trotz vollzogener Einschränkung des Patentbegehrens – wesentlich sein, welches (ggf auch nur eingebildete) Erteilungshindernis (ein materielles oder ein formelles) den Anmelder zu seiner Entscheidung veranlasst hat, sein Erteilungsverlangen zurückzuführen. Die vom BGH vorgenommene Differenzierung zwischen den beiden Arten von Erteilungshindernissen wird schon nicht stichhaltig begründet. Es leuchtet auch nicht ein, welchen für die Schutzbereichserstreckung relevanten Unterschied es bei einer vom Anmelder *getroffenen* Entscheidung, bestimmte Ausführungsformen von seinem Patentbegehren auszunehmen, machen sollte, ob der erklärte Ausschluss aus (ggf nur eingebildeten) Gründen mangelnder Neuheit oder aus (ggf sogar tatsächlich bestehenden) Gründen unzulässiger Erweiterung erfolgt ist. Sobald aus der Sicht des Durchschnittsfachmanns eine bestimmte Varianten vom Patentschutz ausnehmende Entscheidung des Anmelders getroffen ist, müssen die betreffenden Erfindungsvarianten außerhalb des Patentschutzes verbleiben, egal, was der Anlass für die Beschränkung des Patentschutzes war, und egal, welche Gründe sich der Anmelder ggf auch nur eingebildet haben mag. Das verlangt schon das Gebot der Rechtssicherheit, aus dem auch sonst strikt gefolgert wird, dass der Anmelder für den Inhalt und die Reichweite seiner Patentansprüche verantwortlich ist und sich deshalb auch dann an ihnen festhalten lassen muss, wenn sie den Gegenstand der Erfindung nur unvollständig ausschöpfen. Jede andere Handhabung führt zu sachlich unangemessenen und letztlich willkürlichen Ergebnissen. Sie bewirkt nämlich, dass eine bestimmte Abwandlung (zB Pemetrexeddikalium), die bewusst außerhalb des formulierten Patentanspruchs (Pemetrexeddinatrium) geblieben ist, in den Äquivalenzschutz einzubeziehen ist, wenn die Beschränkung von Pemetrexed auf Pemetrexeddinatrium objektiv notwendig war, um den Einwand unzulässiger Erweiterung auszuräumen. Dieselbe Variante (Pemetrexeddikalium) bleibt hingegen außerhalb des Patentschutzes, wenn die vorgenommene Beschränkung auf Pemetrexeddinatrium erfolgt ist, weil der Anmelder irrig der Meinung gewesen ist, anderenfalls keine Erfindungshöhe herstellen zu können. Wo soll hier der tiefere Sinn liegen? In dem einen wie in dem anderen Fall ist die Botschaft an den Rechtsverkehr (Durchschnittsfachmann) dieselbe: Alles andere als Pemetrexeddinatrium ist vom Anmelder im Zuge des Erteilungsverfahrens *bewusst* fallengelassen worden. Das muss zur Folge haben, dass er für alles andere als Pemetrexeddinatrium auch keinen Patentschutz mehr einfordern kann. Ebenso irritierend ist der Umstand, dass in den Wortsinn des Patentanspruchs (der an sich den Schutzbereich des Patents zu umreißen hat) eine einzige chemische Verbindung fällt (nämlich Pemetrexeddinatrium), dass jedoch in den Äquivalenzbereich (mit dem der Schutz des formulierten Patentanspruchs aus Gründen materieller Gerechtigkeit lediglich um ein gewisses Maß erstreckt werden soll) eine ganze Vielzahl chemischer Verbindungen fallen können. Das stellt die »Schutzbereichslogik« regelrecht auf den Kopf.

Dass lösungstaugliche Ersatzmittel vom Anmelder gesehen und bewusst nicht beansprucht worden sind, ist auch dann anzunehmen, wenn sie sich aus einem Stand der Technik ergeben, der in der Patentschrift prominent gewürdigt worden ist, sodass davon ausgegangen werden muss, dass der betreffende Inhalt dem Anmelder gegenwärtig war. Solches ist bejaht worden, wenn der gattungsbildende Stand der Technik zur Lösung eines technischen Problems zwei verschiedene konstruktive Varianten offenbart (die Gegenstand nebengeordneter Patentansprüche und eigener Patentzeichnungen sind), der Hauptanspruch des Klagepatents mit seinen Merkmalen nur die eine dieser Varianten aufgreift und die angegriffene Ausführungsform sich der anderen Lösungsalternative bedient.[274]

234

---

274 OLG Düsseldorf, Urteil v 3.1.2013 – I-2 U 22/10. Für einen ähnlichen Fall ebenso LG Mannheim, Mitt 2015, 234 – Tragstruktur-Element-Anordnung.

235 Sofern ein Verzichtssachverhalt vorliegt, ist bzgl der Rechtsfolgen zu **differenzieren**:

236 – Das in der Patentbeschreibung erwähnte Ersatzmittel bleibt außerhalb des Schutzbereichs;

237 – in Bezug auf »dritte« (in der Beschreibung nicht genannte) Austauschmittel geht der BGH in seiner Entscheidung »Diglycidverbindung«[275] davon aus, dass eine äquivalente Benutzung infrage kommen kann, allerdings nur unter zwei Voraussetzungen: Erstens muss sich die abgewandelte Lösung in ihren spezifischen Wirkungen mit der im Patent unter Schutz gestellten Lösung decken (»Gleichheit im Positiven«). Und Zweitens muss sie sich in ähnlicher Weise wie die wortsinngemäße Lösung von der nur in der Beschreibung, nicht aber im Patentanspruch aufgezeigten Lösungsvariante unterscheiden (»Gleichheit im Negativen«).[276] Das dritte Lösungsmittel muss also, um äquivalent zu sein, näher bei dem wortsinngemäßen Lösungsmittel des Patentanspruchs als bei dem Ersatzmittel des Beschreibungstextes stehen. Zwar hat der BGH seine diesbezügliche Rechtsprechung nicht ausdrücklich aufgegeben, sie dürfte jedoch ihre Gültigkeit verloren haben, nachdem es neuerdings für die Bejahung einer den Äquivalenzschutz ausschließenden Auswahlentscheidung darauf ankommt, dass das mit dem Wortlaut nicht beanspruchte Ersatzmittel in der Patentbeschreibung *konkret* erwähnt wird.[277] Die bloße Nähe des verwendeten Austauschmittels zu einem im Beschreibungstext genannten Ersatzmittel kann angesichts dessen nicht mehr genügen;

238 – mit der fraglichen Maßnahme das **Gegenteil** von dem unternommen wird, was der Wortsinn des Patentanspruchs den Fachmann lehrt; denn Äquivalenz verlangt, dass dasselbe getan wird, was das Patent lehrt, nur auf andere Weise!

▶ **Beispiel:**

239 Das Patent fordert eine »symmetrische« Anordnung, die angegriffene Ausführungsform weist eine asymmetrische Anordnung auf.

Zur Herbeiführung einer bestimmten im Patentanspruch angesprochenen chemischen Reaktion wird die Zugabe einer »Säure« verlangt, das angegriffene Verfahren bedient sich stattdessen einer Base.[278]

Als **Ersatzmittel** wird eine Konstruktion gewählt, die **Gegenstand eines Unteranspruchs** und nach dem Gesamtinhalt der Patentschrift lediglich dazu vorgesehen ist, die Wirkungs- und Funktionsweise des geschützten Gegenstandes im synergetischen Zusammenwirken mit dem ersetzten Mittel des Hauptanspruchs weiter zu steigern (vgl das folgende Fallbeispiel).

---

275 BGH, GRUR 2012, 45 – Diglycidverbindung.
276 BGH, GRUR 2012, 45 – Diglycidverbindung. Der BGH-Entscheidung ist zu widersprechen: *Wenn* es der Erfindung darum geht, die Festphase mit einer doppelten Glycid-Verbindung zu versehen, um die Möglichkeit zu schaffen, dass die Carbonsäure nicht direkt an die freie Glycidgruppe angeschlossen wird, stellt die in der Patentbeschreibung offenbarte Möglichkeit zur Bereitstellung einer doppelten Glycidgruppe durch Copolymerisation bloß eine andere Ausführungsform *derselben* Erfindung dar, aber *keine* Alternative *zur* Erfindung. Äquivalenz ist deswegen zu bejahen.
277 BGH, GRUR 2016, 921 – Pemetrexed; BGH, GRUR 2016, 1254 – V-förmige Führungsanordnung.
278 OLG Düsseldorf, Urteil v 13.9.2013 – I-2 U 23/13.

▶ **Beispiel: (OLG Karlsruhe, Urteil v 27.6.2007 – 6 U 102/06[279])**

I.

Die Klägerin nimmt die Beklagte wegen Verletzung des Gebrauchsmusters DE 201 19 267 U 1 auf Unterlassung, Auskunft und Rechnungslegung und Schadensersatz in Anspruch, dessen Schutzansprüche 1 und 3 folgenden Wortlaut haben:

1. Federspanner (41), bestehend aus einem in eine zu spannende Schraubenfeder (5) axial einführbaren Spanngerät (9) und einer ersten, mit einem Durchbruch (10) versehenen, tellerartigen Druckplatte (1), welche über ihren Durchbruch (10) mit einem ersten Ende des Spanngerätes (9) lösbar verbindbar ist sowie einer zweiten, mit einem Durchbruch (26) versehenen, tellerartigen Druckplatte (18), welche über ihren Durchbruch (26) mit einem relativ zum ersten Ende des Spanngerätes (9) verstellbaren Stellglied (19) des Spanngerätes (9) lösbar verbindbar ist, wobei das Spanngerät (9) zum Verstellen des Stellgliedes (19) an seinem zweiten Ende einen Antrieb, insbesondere in Form eines mit einem von außen zugänglichen Schlüsselprofil (21) versehen Spindeltriebes aufweist, und wobei jede der Druckplatten (1, 18) zur Aufnahme jeweils einer Federwindung (4) der zu spannenden Schraubenfeder (5) eine umlaufende, radial nach innen und außen begrenzte, durch eine Aussparung (3, 25) unterbrochene Spannfläche (2, 24) aufweist, dadurch gekennzeichnet, dass zur Einstellung der Lage des Antriebs (21) des Spanngerätes (9) des an der Schraubenfeder (5) angesetzten Federspanners (41) relativ zur Schraubenfeder (5) der Durchbruch (10, 26) wenigstens einer der Druckplatten (1, 18) exzentrisch versetzt in der Druckplatte (1, 18) angeordnet ist.

3. Federspanner (41) nach Anspruch 1 oder 2, dadurch gekennzeichnet, dass die innere Begrenzungskante (48) der Auflagefläche (24) der zweiten Druckplatte (18) zumindest in ihrem der Aussparung (25) gegenüberliegenden Umfangsbereich exzentrisch versetzt zur Druckplatte (18) verläuft.

Die nachstehenden Figuren 1 bis 6 der Klagegebrauchsmusterschrift zeigen ein Ausführungsbeispiel der Erfindung.

---

279 Die Nichtzulassungsbeschwerde wurde vom BGH (Beschluss v 9.7.2009 – X ZR 108/07) zurückgewiesen. Angesichts der Entscheidung BGH, GRUR 2016, 1031 – Wärmetauscher muss bezweifelt werden, ob der Sachverhalt heute abermals so entschieden werden würde.

A. Schutzbereichsbestimmung

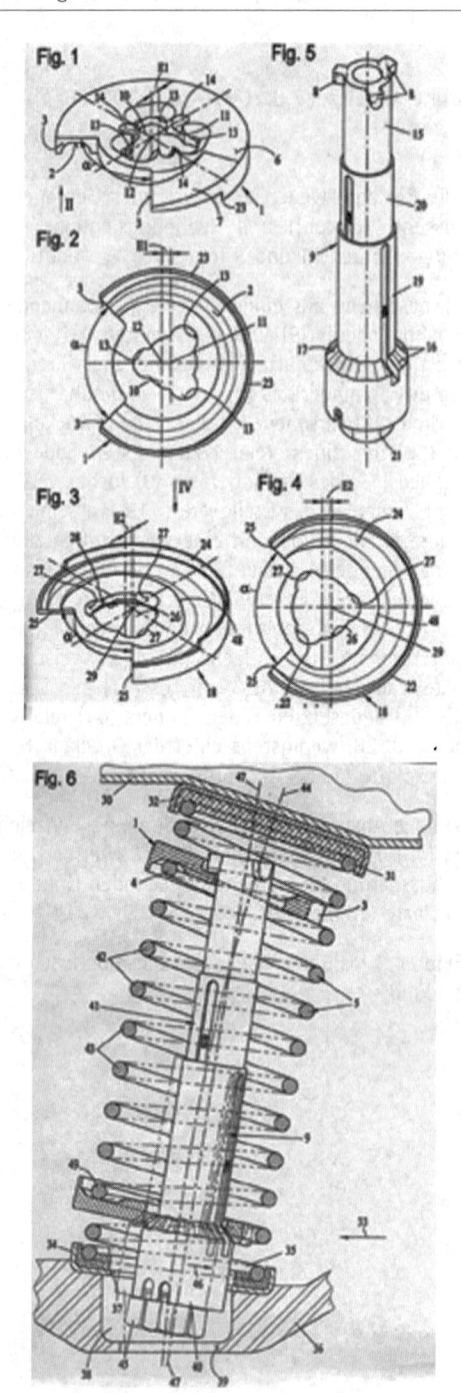

Die Parteien sind Wettbewerber auf dem Gebiet der Herstellung von Federspannern. Sie werden in der Automobilindustrie und in Kfz-Werkstätten eingesetzt, um Achsschraubenfedern zusammenzupressen, etwa beim Ein- und Ausbau solcher Federn. Die Beklagte vertreibt Federspanner, wegen deren Ausgestaltung auf die nachfolgende Abbildung Bezug genommen wird.

II.

Die Klage bleibt ohne Erfolg.

1.

Das Klagegebrauchsmuster betrifft einen Federspanner mit Druckplatten.

Entsprechende Werkzeuge werden insbesondere in der Automobilindustrie und in Kfz-Werkstätten benötigt. Bei Kraftfahrzeugen finden sich Schraubenfedern zwischen Federtellern angeordnet, wobei der eine Federteller an der Fahrzeugkarosserie, der andere am Achskörper angebracht ist. Die Federn stehen in eingebautem Zustand unter Spannung, die sich daraus ergibt, dass die Länge der Schraubenfeder in unbelastetem Zustand größer ist als der maximale Abstand zwischen den Federtellern. Muss die Schraubenfeder ein- oder ausgebaut werden, bedient man sich eines Federspanners. Solche Geräte, die im Stand der Technik an sich bereits bekannt waren, bestehen aus einem Spanngerät und zwei tellerartigen Druckplatten. Die Druckplatten können in die Windung der Schraubenfeder eingeführt und mit dem Spanngerät verbunden werden. Sie – die Druckplatten – weisen flächige Aussparungen auf, durch die die ansteigende Federwindung geführt werden kann. Sie weisen ferner Durchbrüche auf, durch die das Spanngerät geschoben wird. Wenn Spanngerät und Druckplatten fest verbunden werden, kann ein Antrieb betätigt werden, der den Abstand zwischen den Druckplatten verringert, wodurch die Feder gespannt wird. Der Antrieb befindet sich an einem Ende des Spanngerätes. Für die Bedienung des Spanngerätes ist es wichtig, dass der Antrieb gut zugänglich ist. Im Stand der Technik, von dem das Klagegebrauchsmuster ausgeht, waren die Druckplatten jeweils mit einem zentralen Durchbruch versehen.

Das Klagegebrauchsmuster schildert, dass die Durchbrüche im Stand der Technik konzentrisch in den etwa kreisrund ausgebildeten, tellerartigen Druckplatten angeordnet sind. Um das Spanngerät in die Feder einbringen zu können, weist mindestens einer der Federteller – und entsprechend der Achskörper oder die Karosserie – eine Durchgangsöffnung auf, durch die das Spanngerät gesteckt werden kann. Durch diese Öffnung ist der Antrieb des Spanngerätes zugänglich. Die Klagegebrauchsmusterschrift führt aus, dass mit Federspannern, wie sie im Stand der Technik bekannt waren, Probleme auftreten können, wenn die Schraubenfeder im eingebauten Zustand leicht gebogen vorgespannt ist, also einen geneigten Verlauf aufweist. Ein solch geneigter Verlauf der Schraubenfeder kann dazu führen, dass der Zugang zum Antrieb des Spanngerätes erheblich erschwert oder gar unmöglich wird. Außerdem kann es beim Spannen von gebogen vorgespannten Schraubenfedern zum Verklemmen oder Verkanten des Spanngeräts kommen.

Der Erfindung liegt daher die Aufgabe zugrunde, diesen Nachteil zu beseitigen.

Zur Lösung dieser Aufgabe schlägt das Klagegebrauchsmuster vor, den Durchbruch wenigstens einer der Druckplatten exzentrisch versetzt in der Druckplatte anzuordnen.

Das dient dazu, die Lage des Antriebs des Spanngerätes relativ zur Schraubenfeder einstellen zu können, um auf diese Weise eine gute Zugänglichkeit des Antriebs des Federspanners auch bei gebogen verlaufender Feder zu erreichen und ein Verklemmen oder Verkanten zu vermeiden. Die Merkmale des vorgeschlagenen Federspanners mit Druckplatten lassen sich wie folgt gliedern:

1) Federspanner, bestehend aus einem in eine zu spannende Schraubenfeder axial einführbaren Spanngerät

2) mit einer ersten, mit einem Durchbruch versehen, tellerartigen Druckplatte, welche über ihren Durchbruch mit einem ersten Ende des Spanngerätes lösbar verbindbar ist,

3) sowie mit einer zweiten, mit einem Durchbruch versehen, tellerartigen Druckplatte, welche über ihren Durchbruch mit einem relativ zu ersten Ende des Spanngerätes verstellbaren Stellglied des Spanngerätes lösbar verbindbar ist;

4) das Spanngerät weist zum Verstellen des Stellglieds an seinem zweiten Ende einen Antrieb, insbesondere in Form eines mit einem von außen zugänglichen Schlüsselprofil versehenen Spindeltriebs, auf;

5) jede der Druckplatten weist zur Aufnahme jeweils einer Federwindung der zu spannenden Schraubenfeder eine umlaufende, radial nach innen und außen begrenzte, durch eine Aussparung unterbrochene Spannfläche auf;

6) zur Einstellung der Lage des Antriebs des Spanngerätes des an der Schraubenfeder angesetzten Federspanners relativ zur Schraubenfeder ist der Durchbruch wenigstens einer der Druckplatten exzentrisch versetzt in der Druckplatte angeordnet.

Die Worte »relativ zur Schraubenfeder« in Anspruch 1 beziehen sich auf »zur Einstellung der Lage des Antriebs des Spanngerätes des ... Federspanners« und nicht, wie die Klägerin ausweislich ihrer Merkmalsgliederung es verstanden wissen möchte, auf den exzentrischen Versatz des Durchbruchs. Das ergibt sich insbesondere aus der Gegenüberstellung von einerseits S. 8 Z. 17 f der Klagegebrauchsmusterschrift, wo es heißt, dass durch die erfindungsgemäße Ausgestaltung »die Lage des Antriebs relativ zur Schraubenfeder derart einstellbar« ist, dass dieser gut zugänglich ist, und andererseits S. 8 Z. 24/25 bis S. 9 Z. 2. Dort ist angegeben, dass der Durchbruch wenigstens einer der Druckplatten exzentrisch versetzt in der Druckplatte angeordnet ist, ohne dass – wie es bei Zugrundelegung des Verständnisses der Klägerin zu erwarten wäre – die Relation zur Schraubenfeder erwähnt wird. Gestützt wird dies durch S. 9 Z. 7–13, wo es heißt: »Wird dieser exzentrische Versatz des Durchbruches für die zweite (...) Druckplatte gewählt, so wird sowohl ein radialer Versatz des Antriebes relativ zur zu spannenden Schraubenfeder wie auch eine Veränderung der axialen Winkellage des Spanngerätes innerhalb der Schraubenfeder bewirkt.« Auch hieraus ergibt sich, dass sich die Worte »relativ zur Schraubenfeder« auf die Einstellung der Lage des Antriebs des Spanngerätes beziehen, nicht aber auf den exzentrischen Versatz des Durchbruchs. Die Ansicht der Beklagten, die Nennung der Druckplatte am Ende von Merkmal 6 sei nur als Ortsangabe dahin zu verstehen, dass der Durchbruch in der Druckplatte angeordnet sei, ist nicht überzeugend, weil bei dieser Deutung nur etwas wiederholt würde, was in den Merkmalen 2 und 3 bereits gesagt ist. Dem Hinweis der Beklagten, die Gebrauchsmusterschrift unterscheide zwischen »in der Druckplatte« und »zur Druckplatte« und bringe mit der einen Wendung nur eine Ortsangabe, mit der anderen dagegen eine Relation zum Ausdruck, steht insbesondere S. 10 Z. 17 ff entgegen. Dort ist zunächst vom »exzentrischen Versatz des Durchbruches in der Druckplatte« die Rede, dann aber davon, dass die »innere Begrenzungskante der Spannfläche (...) ebenfalls exzentrisch versetzt zur Druckplatte verlaufen« könne (Hervorhebung durch den Senat). Zudem ist S. 12 Z. 21 von dem exzentrischen »Versatz des Durchbruches zur Druckplatte« die Rede.

Der exzentrische Versatz des Durchbruchs wenigstens einer der Druckplatten führt zu einer Verschiebung der Lage des Antriebs am Ende des Spanngerätes. Diese Verschiebung kann dazu genutzt werden, die Lage des Antriebs so einzustellen, dass er auch bei gebogenem Verlauf der Feder besser zugänglich ist. Da die Lage des Spanngerätes innerhalb der Schraubenfeder verändert werden kann, ist es zudem möglich, die Gefahr des Verkantens oder Verklemmens des Spanngerätes beim Einschieben in die bereits in die Feder eingesetzten Druckplatten zu verringern.

2.

Die angegriffene Ausführungsform benutzt Merkmal 6 weder wörtlich noch äquivalent.

Merkmal 6 lehrt, den Durchbruch exzentrisch versetzt in der Druckplatte anzuordnen. Das Merkmal ist dahin zu verstehen, dass die Exzentrizität bezogen ist auf die Druckplatte, nicht auf den äußeren Rand der inneren Begrenzung der Spannfläche. Es ist bei der angegriffenen Ausführungsform nicht verwirklicht, weil bei ihr der Durchbruch konzentrisch zum äußeren Umfang der Druckplatte angeordnet ist.

a)

Bei der Bestimmung des zutreffenden Verständnisses des kennzeichnenden Merkmals 6 wird der Fachmann vom Stand der Technik ausgehen, auf den in der Klagegebrauchsmusterschrift ausdrücklich Bezug genommen wird. In Anlage B 4 wird in Anspruch 1 ein Federspanner mit zwei losen, tellerartigen Druckplatten beschrieben, die jeweils eine zentrale Durchsteckoffnung aufweisen. In der Beschreibung ist an mehreren Stellen von zentralen Bohrungen usw. die Rede. Auch in den Anlagen B 9 und B 10 ist jeweils von einer zentralen Durchsteckoffnung die Rede. Die Druckplatten sind in den Figuren dieser Druckschriften jeweils im Wesentlichen kreisrund und tellerartig dargestellt und in Anlage B 4 (Sp. 8 Z. 56 ff) auch so beschrieben. Aus der Sicht des Fachmanns spricht schon dieser technische Hintergrund, von dem sich die Erfindung absetzen will, dafür, die Exzentrizität in Bezug zur Druckplatte zu setzen. In diese Richtung weist auch die Beschreibung in der Klagegebrauchsmusterschrift. Insbesondere ist dort auf S. 12 Z. 21 ausdrücklich von dem exzentrischen Versatz des Durchbruches zur Druckplatte die Rede. Für diese Auslegung sprechen auch die Figuren 1 und 2, in denen die Exzentrizität des Durchbruches um den Betrag E 1 auf die Druckplatte bezogen ist – und nicht etwa auf die innere Begrenzung der Spannfläche. Entsprechend werden diese Figuren in der Beschreibung (S. 16 Z. 2–4) erläutert. Auch die Figuren 3 und 4 zeigen Druckplatten, in denen die Exzentrizität des Durchbruchs um den Betrag E 2 auf die Druckplatte bezogen ist, wie in der Beschreibung (S. 19 Z. 12 ff) erläutert wird. Aus der Sicht des Fachmanns ist dieses Verständnis des Merkmals auch technisch sinnvoll und nachvollziehbar. Insofern ist zwar der Hinweis der Klägerin zutreffend, dass es für den angestrebten radialen Versatz des Antriebs auf das Verhältnis zur Schraubenfeder ankommt, doch steht dies dem dargestellten Verständnis des Merkmals 6 nicht entgegen. Das technische Problem, dessen Lösung sich das Klagegebrauchsmuster zur Aufgabe gemacht hat, ergibt sich daraus, dass insbesondere bei Spannfedern, die im eingebauten Zustand einen gebogenen Verlauf aufweisen, die Zugänglichkeit des Antriebs erschwert sein kann. Denn anders als bei gerade eingebauten Spannfedern ist hier nicht ohne weiteres gewährleistet, dass die Öffnung in der Achskonstruktion oder in der Karosserie, durch die zunächst das Spanngerät eingeführt und später der Antrieb des Spanngeräts erreicht werden soll, in der Flucht des Verlaufs des Spanngerätes liegt. Die sich daraus ergebenden Probleme können behoben oder mindestens verringert werden, wenn die Lage des Spanngeräts und damit die Lage des an dessen Ende befindlichen Antriebs gegenüber der Schraubenfeder versetzt wird. Verdeutlicht wird das etwa durch Figur 6 des Klagegebrauchsmusters, wo der Antrieb im Verhältnis zur Schraubenfeder in Richtung des Pfeils 46 verschoben ist, was die Zugänglichkeit des Antriebssechskants durch die Durchgangsöffnung 39 verbessert. Aus der Sicht des Fachmanns gibt es jedoch mehrere Möglichkeiten, die

Lage des Antriebs gegenüber der Schraubenfeder einzustellen. *Eine* Möglichkeit besteht darin, den Durchbruch exzentrisch zur Druckplatte zu versetzen. Bei unveränderter – konzentrischer (vgl S. 15 Z. 6 ff) – Anordnung der Federwindung auf der Spannfläche der Druckplatte hat dieser Versatz des Durchbruchs zur Folge, dass sich die Lage des Spanngeräts, das durch den Durchbruch geführt wird, zur Schraubenfeder ändert – und damit auch die Lage des Antriebs, der am Ende des Spanngeräts angebracht ist. Eine andere Möglichkeit besteht darin, die innere Begrenzung der Spannfläche im Verhältnis zum Außenumfang der Druckplatte exzentrisch zu verschieben. Bleibt der Durchbruch im Verhältnis zur Druckplatte dabei konzentrisch angeordnet, hat das ebenfalls eine Veränderung der Lage von Schraubenfeder und Durchbruch zueinander zur Folge.

Der Fachmann wird bei der Lektüre des Klagegebrauchsmusters zur Kenntnis nehmen, dass sich dieses in Unteranspruch 3 explizit mit der Möglichkeit befasst, die Anordnung der Lage des Antriebs durch exzentrischen Versatz der inneren Begrenzung der Spannfläche zu beeinflussen. Unteranspruch 3 beschreibt einen Federspanner nach Anspruch 1 oder 2, der dadurch gekennzeichnet ist, dass die innere Begrenzungskante der Auflagefläche der zweiten Druckplatte zumindest in ihrem der Aussparung gegenüberliegenden Umfangsbereich exzentrisch versetzt zur Druckplatte verläuft. In der Beschreibung wird dazu ausgeführt (S. 10, Z. 16 ff), »zusätzlich zu dem exzentrischen Versatz des Durchbruches in der Druckplatte« könne »auch die innere Begrenzungskante der Spannfläche zumindest in ihrem der Aussparung gegenüberliegenden Umfangsbereich ebenfalls exzentrisch versetzt zur Druckplatte verlaufen«. Durch diesen exzentrisch versetzten Verlauf der inneren Begrenzungskante der Spannfläche sei »die Druckplatte selbst relativ zur aufgenommenen Federwindung und somit insgesamt zur Schraubenfeder zumindest in gewissen Grenzen ausrichtbar, sodass auch dies zu einer entsprechenden Ausrichtung des mit dieser Druckplatte in Eingriff stehenden Spanngerätes« führe. Auf diese Weise könne »die Zugänglichkeit des Antriebs des Spanngerätes weiter verbessert werden, da dies eine zusätzliche Einstellung der Lage des Antriebs« ermögliche.

Das Klagegebrauchsmuster beschreibt somit zwei Möglichkeiten, die Lage des Antriebs im Verhältnis zur Schraubenfeder einzustellen: *Einerseits* durch exzentrische Verlagerung des Durchbruchs, die Gegenstand des kennzeichnenden Merkmals des Anspruchs 1 ist, *andererseits* durch exzentrische Verlagerung der inneren Begrenzungskante der Spannfläche, die Gegenstand des Unteranspruchs 3 ist. Die zweite Möglichkeit ist dabei nur als eine zusätzliche vorgesehen, die zu einer weiteren Verbesserung der Zugänglichkeit des Antriebs führen könne. Unter diesen Umständen liegt es aus der Sicht des Fachmanns gänzlich fern, den Anspruch 1 dahin zu verstehen, dass sich der exzentrische Versatz des Durchbruchs auf den Verlauf der inneren Begrenzungskante der Spannfläche bezieht. Denn dann wäre nicht ersichtlich, inwiefern Unteranspruch 3 ein zusätzliches Merkmal aufwiese. Gerade die im Klagegebrauchsmuster beschriebenen Möglichkeiten der Einstellung der Lage des Antriebs gegenüber der Schraubenfeder sowohl durch Versatz des Durchbruchs als auch durch Versatz der inneren Begrenzungskante der Spannfläche führen den Fachmann dazu, den Anspruch 1 so zu verstehen, dass sich die Exzentrizität des Durchbruchs auf die Druckplatte bezieht.

Bei der angegriffenen Ausführungsform ist der Durchbruch in Bezug auf den maßgeblichen Kreisumfang der Druckplatte konzentrisch – und damit nicht exzentrisch versetzt in der Druckplatte – angeordnet. Damit ist Merkmal 6 nicht verwirklicht.

b)

Das Merkmal 6 wird aber auch nicht äquivalent verwirklicht.

Bei einer vom Sinngehalt der Schutzansprüche abweichenden Ausführung kann eine Benutzung dann vorliegen, wenn der Fachmann auf Grund von Überlegungen, die an den Sinngehalt der in den Ansprüchen unter Schutz gestellten Erfindung anknüpfen, die bei der angegriffenen Ausführungsform eingesetzten abgewandelten Mittel mit

Hilfe seiner Fachkenntnisse als für die Lösung des der Erfindung zu Grunde liegenden Problems gleichwirkend auffinden konnte (vgl BGH GRUR 2002, 515, 516 f – Schneidmesser I zu § 14 PatG und Art 69 Abs 1 EPÜ, GRUR 2007, 410, 416 – Kettenradanordnung).

Im Streitfall kann das nicht angenommen werden. Wenn das Klagegebrauchsmuster den exzentrischen Versatz der inneren Begrenzungskante der Auflagefläche zur Druckplatte nur in einem Unteranspruch angibt und in der Beschreibung ausgeführt wird, bei dieser Gestaltung handele es sich um eine Maßnahme, mit der die Zugänglichkeit des Antriebs des Spanngeräts weiter verbessert werden könne, weil dies eine zusätzliche Einstellung der Lage des Antriebs ermögliche (S. 10 Z. 16 bis S. 11 Z. 5), bedeutet dies, dass der Fachmann eine Ausführungsform, die auf einen exzentrischen Versatz des Durchbruchs relativ zur Druckplatte verzichtet, nicht als eine Lösung in Betracht ziehen wird, die der in Anspruch 1 unter Schutz gestellten Lösung gleichwertig ist. Die Argumentation der Klägerin läuft darauf hinaus, als Gegenstand des Schutzes des Klagegebrauchsmusters verallgemeinernd die Idee anzusehen, die Lage des Spanngeräts – und damit des an diesem angebrachten Antriebs – relativ zur Feder zu verändern. Eine solche Verallgemeinerung ist jedoch gebrauchsmusterrechtlich nicht zulässig (vgl zum Patentrecht BGH GRUR 1999, 977, 981 – Räumschild). Anspruch 1 des Klagegebrauchsmuster stellt eine konkrete Möglichkeit der Veränderung der Lage des Antriebs relativ zur Feder unter Schutz – diese ist dadurch gekennzeichnet, dass der Durchbruch wenigstens einer der Druckplatten exzentrisch versetzt in der Druckplatte angeordnet ist. Die Auffassung der Klägerin, auch eine Ausführungsform, bei der hierauf gänzlich verzichtet wird und nur von einer in einem Unteranspruch unter Schutz gestellten weiteren Möglichkeit der Veränderung der Lage des Antriebs Gebrauch gemacht wird, könne in den Schutzbereich des Hauptanspruchs fallen, trifft nicht zu.

bb) Fälle möglicher Äquivalenz

Denkbar ist eine Äquivalenz, sofern sich aus der Patentbeschreibung nicht ein »Verzichtssachverhalt« ergibt, vor allem in zwei Konstellationen: 241

– Zum einen bei einer **kinematischen Umkehr,** 242

– zum anderen, wenn der Patentanspruch ein ganz bestimmtes Lösungsmittel benennt (zB »Schraube«), das aus der maßgeblichen Sicht des Fachmanns **stellvertretend für** die mit ihm verbundene **technische Funktion** (zB lösbare Befestigung) steht; hier kommt ein anderes konstruktives Mittel (zB Bajonettverschluss) derselben Funktion als gleichwirkendes und gleichwertiges Austauschmittel in Betracht. 243

– Dass ein alternatives **Lösungsmittel trivial** ist und sich dem Fachmann evident aufdrängt, führt als solches noch nicht zu einer Beschränkung des Äquivalenzschutzes unter Verzichtsgesichtspunkten.[280] 244

cc) Zahlen- oder Maßangaben[281]

Enthält der Patentanspruch Zahlen- oder Maßangaben, mit denen eine bestimmte Quote oder ein bestimmter Bereich als patentgeschützt beansprucht wird, so verbietet es sich aus Gründen der Rechtssicherheit, eine Ausführungsform in den Schutzbereich einzubeziehen, die den besagten Bereich nennenswert unter- oder überschreitet. Das gilt selbst dann, wenn trotz des außerhalb des beanspruchten Bereiches liegenden Zahlen- oder 245

---

280 Kühnen, GRUR 2013, 1086; OLG Düsseldorf, GRUR-RR 2014, 185 – WC-Sitzgelenk.
281 Vgl Reimann/Köhler, GRUR 2002, 931; Meier-Beck, GRUR 2003, 905, 907; Köster, Mitt 2003, 5, 10; Bopp/Jeep, Mitt 2003, 293; Rinken, FS 80 Jahre Patentgerichtsbarkeit Düsseldorf, 2016, S 429.

Maßwertes die erfindungsgemäßen Vorteile in gleicher Weise erzielt werden und dies für den Fachmann des Prioritätstages auch offensichtlich war.[282] Denn der Schutzbereich ist nach dem zu ermitteln, was dem Anmelder auf sein Patentbegehren hin erteilt worden ist (selbst wenn damit der sachliche Gehalt der Erfindung nicht vollständig ausgeschöpft sein sollte), und nicht danach, was objektiv erteilungsfähig gewesen wäre und die Erfindung an Schutz verdient gehabt hätte.

246 Ob und in welchem Umfang Abweichungen von den angegebenen Zahlen- und Maßangaben noch von der Lehre des Patentes (dh seinem Wortsinn) erfasst werden, ist durch Auslegung zu ermitteln, wobei neben den allgemeinen Auslegungsregeln auch eine Rolle spielt, in welchem Umfang sich bei Abweichungen gerade der durch die Zahlenangabe eingegrenzte erfindungsgemäße Erfolg erreichen lässt. Dies führt dazu, dass eine eindeutige Zahlenangabe den geschützten Gegenstand häufig abschließend bestimmt und begrenzt; ihre Über- oder Unterschreitung ist daher in aller Regel nicht mehr zum Gegenstand des Patentanspruchs zu rechnen.[283] Denn Zahlen- und Maßangaben sind von Hause aus präzise. Dessen ist sich auch der Anmelder bewusst. Bedient er sich zur Definition eines Gegenstandes, für den er Schutz begehrt, gleichwohl einer Zahlen- oder Maßangabe, so ist im Allgemeinen die Annahme berechtigt, dass der Anmelder sorgfältig denjenigen Zahlen- oder Maßbereich abgeklärt hat, innerhalb dessen sich die patentgemäßen Wirkungen – schon und noch – einstellen. Der Fachmann wird daher regelmäßig keinen Anlass sehen, sich auch außerhalb des beanspruchten Bereichs für Lösungsmittel zu interessieren und sie für potenziell tauglich zu halten.[284]

247 Das gilt – aus der **Anspruchssystematik** heraus – in besonderem Maße, wenn der fragliche Hauptanspruch, Unteransprüche oder der Beschreibungstext für den Leser belegen, dass sich der Anmelder bei Abfassung der Klagepatentschrift der Möglichkeit einer breiteren Anspruchsfassung bewusst war, was zB daran deutlich wird, dass andere Inhaltsstoffe in den Anspruchssätzen statt mit einem einzelnen konkreten Wert mit einem Wertebereich oder unter Zusatz des Wortes »ca«, »etwa« oder »ungefähr« beansprucht sind.

248 Bei dem Verständnis von Zahlenangaben ist zu berücksichtigen, welche **Dezimalstelle** das Klagepatent in seinem Patentanspruch aufgreift. Enthält der Anspruch ganze Zahlen (Bsp: 10 Gew-%) ohne Nachkommastelle, so führt im Allgemeinen nicht schon jede Verfehlung in irgendeiner Nachkommastelle (Bsp: 10,00001 Gew-% oder 9,99999 Gew-%) zur Nichtverletzung. Würde es auf eine derartige Genauigkeit ankommen, darf der Rechtsverkehr erwarten, dass in den Patentanspruch die betreffende Nachkommastelle aufgenommen worden wäre. Vom Patent wird vielmehr im Zweifel jeder Wert erfasst, der sich nach allgemeinen mathematischen Regeln auf die betreffende volle Zahl des Patentanspruchs **auf- oder abrunden** lässt (Bsp: 10 Gew-% = größer gleich 9,5 Gew-% bis kleiner 10,5 Gew-%). Das gilt als Zweifels-Regel so lange, wie keine stichhaltigen technischen Erwägungen aus der Patentschrift heraus erkennbar sind, die eine abweichende (dh großzügigere oder strengere) Handhabung gebieten. Dieselbe Herangehensweise ist auch bei Zahlen*bereichen* angebracht, die nach oben und unten durch ganze Zahlen begrenzt werden. Aus dem gewählten Abstraktionsgrad der Bereichsgrenzen lässt sich – nicht anders als bei Einzelwerten – schließen, mit welchem Grad von Genauigkeit die Obergrenze bzw. Untergrenze des beanspruchten Bereichs erfindungsgemäß eingehalten werden soll.

249 Kein Kriterium für das Verständnis von Zahlenangaben ist regelmäßig die in einem erfassten Zahlenbereich oder in mehreren Zahlenangaben des Patentanspruchs zum Aus-

---

282 LG Düsseldorf, InstGE 1, 186 – Kaminrohr; von Rospatt, GRUR 2001, 991.
283 BGH, GRUR 2002, 519 – Schneidmesser II; BGH, GRUR 2002, 515 – Schneidmesser I; BGH, GRUR 2002, 527 – Custodiol II; BGH, GRUR 2002, 511 – Kunststoffrohrteil.
284 BGH, Mitt 2005, 281, 283 – Staubsaugerrohr.

druck kommende **Skalierung**, dh das mathematische Raster, das den Zahlenwerten und Bereichsspannen zugrunde liegt (Bsp: 10 Gew-%, 15 Gew-%, 55–70 Gew-% ergibt eine Skalierung von 5 Gew-%-Schritten):

– Der Rückgriff auf die Skalierung eines **Zahlenbereichs** würde den durch die gewählte Zahlenangabe (ganze Zahlen) vorgegebenen Genauigkeitsmaßstab für die Grenzwerte auf ganz andere Zahlenbeträge verschieben können, beispielsweise dann, wenn der kleinste gemeinsame Teiler des Bereichs – wie oben dargelegt – 5 beträgt (55–70 Gew-% stünde alsdann für 52,5–72,5 Gew-%). Hätte der Anmelder einen derart weit gespannten Bereich unter Schutz stellen wollen, wäre es an ihm gewesen, die Ober- und Untergrenze des Bereichs entsprechend festzulegen. Anders als beim Fehlen oder Vorhandensein einer Nachkommastelle besagt der kleinste Teiler eines beanspruchten Zahlenbereichs auch nichts Relevantes über den Genauigkeitsgrad der gewählten Zahlenangabe. 250

– Ebenso verfehlt ist es, im Rahmen der Auslegung einer **Zahlenangabe** – unabhängig von Hinweisen in der Patentschrift – stets danach zu fragen, welche Skalierung den mehreren Zahlenwerten desselben Patentanspruchs zugrunde liegt und gemeinsam ist. Ein derartiger Auslegungsgrundsatz (der im obigen Bsp dazu führen würde, dass die Angabe von 10 Gew-% wie 7,5–12,5 Gew-% zu lesen ist) existiert nicht. Wie der Durchschnittsfachmann eine Zahlenangabe zu verstehen hat, hängt allein von demjenigen technischen Beitrag ab, den die betreffende zahlenmäßig erfasste Komponente des Patentgegenstandes nach der Lehre der Erfindung zum Gesamtergebnis beisteuern soll. Insofern ist jede einzelne Zahlenangabe grundsätzlich isoliert für sich zu betrachten und auf *ihren* Leistungsbeitrag zum Erfindungserfolg zu untersuchen. Allenfalls dann, wenn für den Durchschnittsfachmann ein Zusammenhang zwischen den mehreren Zahlenwerten für die multiplen Erfindungsbestandteile erkennbar ist, können eine Gesamtbetrachtung aller Zahlenwerte und die aus ihnen ersichtliche Skalierung auslegungsrelevant sein. Derartiges verlangt jedoch, dass der hinter den Zahlenwerten des Patentanspruchs stehenden Skalierung aus der Sicht des Durchschnittsfachmanns eine technische Bedeutung für die erfolgreiche Durchführung des Erfindungsgedankens zukommt. Eine mathematisch übergreifende Skalierungsbetrachtung beim Verständnis der Zahlenangaben setzt also einen gleichgelagerten technischen Funktionszusammenhang zwischen den Einzelzahlenwerten des Patentanspruchs voraus. Die Einhaltung des, sämtliche Zahlenwerte verbindenden, mathematischen Rasters muss – mit anderen Worten – für die Herbeiführung der erfindungsgemäßen Vorteile bedeutsam sein. 251

Das Gesagte gilt auch dann, wenn die Zahlen- oder Maßangabe im Patentanspruch nicht numerisch dargestellt, sondern **verbal umschrieben** ist (zB rechtwinklig statt 90°).[285] Vorab ist freilich durch Auslegung anhand des technischen Sinngehalts zu ermitteln, ob die Verbalisierung (zB eine im Patent geforderte »horizontale« oder »vertikale« Lage eines bestimmten Bauteils) vom Fachmann tatsächlich als in Worten gefasste Zahlenangabe verstanden wird oder ob sie im Zusammenhang mit der Erfindung nicht weniger streng aufzufassen ist (indem die »horizontale« und »vertikale« Lage lediglich verschiedene räumliche Positionen umschreiben, die das betreffende Bauteil in Greifnähe einer Person bzw. außerhalb der Greifnähe einer Person bewegen).[286] 252

Für die **praktische Handhabung** lassen sich die folgenden Regeln aufstellen: 253

---

285 BGH, GRUR 2002, 523, 525 – Schneidmesser II.
286 OLG Düsseldorf, Urteil v 19.12.2019 – I-15 U 97/16.

A. Schutzbereichsbestimmung

254 – Eine **wortsinngemäße** Benutzung wird idR nur angenommen werden können, wenn der vom wortsinngemäß Beanspruchten[287] abweichende Zahlenwert oder -bereich der angegriffenen Ausführungsform sich innerhalb des technisch bedingten Toleranzbereichs hält, wenn es sich also zB um einen Wert handelt, der auch dann erzielt wird, wenn der Fachmann die beanspruchte Ober- oder Untergrenze exakt einhalten will.

255 – Außerhalb des Wortsinns mit seinem technisch unvermeidlichen Toleranzbereich kommt allenfalls eine **äquivalente** Benutzung in Frage. Insoweit ist zu unterscheiden:

256 • Vermittelt die Patentschrift dem Fachmann den Eindruck, dass es sich bei der Zahlenangabe des Patentanspruchs um einen kritischen Wert handelt, so ist ein davon abweichender Wert für den Fachmann nicht anhand der Patentschrift als gleichwertig auffindbar. Das gilt selbst dann, wenn er aufgrund seines Fachwissens an sich erkennt, dass die Wirkungen der Erfindung sich auch mit diesem abweichenden Wert erzielen lassen.

257 • Ähnliches gilt, wenn der Fachmann von der Patentschrift im Unklaren über den genauen Sinn des in den Anspruch aufgenommenen Zahlenwertes gelassen wird. Mangels gegenteiliger Anhaltspunkte muss der Fachmann zu der Einsicht gelangen, dass die patentgemäßen Wirkungen nur bei genauer Einhaltung des Zahlenwertes erreicht werden können. Jedenfalls ein nennenswert abweichender Wert ist deshalb bei Orientierung an der beanspruchten Erfindung nicht als gleichwertig auffindbar.[288]

258 • Zu bejahen sein kann eine Äquivalenz dagegen am ehesten, wenn der Fachmann in der Beschreibung erläuternde Angaben zum Sinn und Zweck der Maß- oder Bereichsangabe findet, die ihn darüber belehren, dass die Wirkungen der Erfindung auch außerhalb des beanspruchten Bereiches erreicht werden. Auch hier darf der Schutzbereich allerdings nicht beliebig, nämlich auf deutlich außerhalb des im Anspruch definierten Wertes liegende Bereiche, erstreckt werden. In jedem Fall muss das Maß der Über- oder Unterschreitung in einem vernünftigen Verhältnis zu dem beanspruchten Zahlenbereich liegen. Umfasst dieser also beispielsweise eine Spanne von 10 Gew-% (10–20 Gew-%[289]), so wird ein Wert, der den beanspruchten Bereich um mehr als 1/3 verfehlt (Bsp: 5,5 Gew-%; 25 Gew-%) im Allgemeinen nicht mehr als Äquivalent anzusehen sein können.

259 • Beschränkend ist freilich die oben[290] erörterte »**Verzichtsrechtsprechung**« des BGH zu beachten. Außerhalb des Patentanspruchs liegende Zahlenwerte, die in der Patentbeschreibung mit der vom BGH geforderten Konkretheit[291] als lösungstauglich hingestellt werden, können unter dem Gesichtspunkt einer vom Anmelder im Sinne der engeren Anspruchsfassung getroffenen Auswahlentscheidung nicht in den Äquivalenzbereich einbezogen werden.

▶ **Beispiel: (LG Düsseldorf, Urteil v 2.12.2004 – 4b O 508/03)**

I.1.

260 Das Klagepatent (EP 0 722 379) betrifft eine Klingeneinheit für Sicherheitsrasierer mit einer Gruppe von drei Klingen.

---

287 Was das ist, bestimmt sich notfalls anhand mathematischer Rundungsregeln; vgl Rdn 248.
288 BGH, GRUR 2002, 519, 522 – Schneidmesser II; BGH, GRUR 2002, 523, 525 f – Custodiol I; BGH, GRUR 2007, 1059 – Zerfallszeitmessgerät.
289 Bei Anwendung mathematischer Rundungsregeln 11 Gew-% (9,5 Gew-% bis kleiner als 20,5 Gew-%).
290 Rdn 223.
291 Sie wird wohl die Benennung von Zahlenwerten verlangen, sodass die bloße Relativierung durch Formulierungen wie »ca« oder »etwa« nicht schädlich ist.

V. 2. Äquivalente Benutzung

Der Klagepatentschrift zufolge sind Klingeneinheiten mit einer Gruppe von drei Klingen zwar vorbekannt gewesen (etwa aus der US-A 4 200 976). Auf dem einschlägigen Markt für Sicherheitsrasierer hatten in der Vergangenheit jedoch vor allem Sicherheitsrasierer mit Klingeneinheiten mit zwei Klingen Erfolg. Diese liefern bereits – insbesondere was die Glätte betrifft – ein besseres Rasurergebnis als Rasierer mit Einzelklingen.

Auch wenn eine Klingeneinheit mit vielen Klingen grundsätzlich eine glattere Rasur als eine vergleichbare Klingeneinheit mit weniger Klingen bewirken kann, ist die Erhöhung der Klingenanzahl im Hinblick auf die *Gesamt*rasurleistung problematisch, da sie sich deutlich nachteilig auf andere maßgebliche Rasurparameter auswirken kann, und zwar in erster Linie auf die beim Rasieren spürbaren Zugkräfte, die nicht als unangenehm empfunden werden sollen. Trotz glatterer Rasur kann die Gesamtleistung einer Klingeneinheit mit vielen Klingen daher im Ergebnis unbrauchbar sein. Hierauf führt die Klagepatentschrift zurück, dass Rasierer mit Klingeneinheiten, die mehr als zwei Klingen aufweisen, sich auf dem Markt gegenüber Klingeneinheiten mit nur zwei Klingen nicht durchsetzen konnten.

Ausgehend von dieser Problemstellung stellt die Klagepatentschrift als Verdienst und Leistung der Erfindung nach dem Klagepatent heraus, eine Lösung gefunden zu haben, bei der die friktionalen Zugkräfte bei der Verwendung einer Klingeneinheit mit drei Klingen auf einem brauchbaren Niveau gehalten werden, während gleichzeitig eine verbesserte Rasureffizienz erreicht wird, was durch eine bestimmte geometrische Exposition der drei Klingen zueinander und zur Schutzeinrichtung und Kappe bewirkt wird. Patentanspruch 1 enthält diesbezüglich die nachfolgenden Lösungsmerkmale:

Klingeneinheit für einen Sicherheitsrasierer, wobei die Einheit folgendes umfasst:

1) Eine Schutzeinrichtung (2),

2) eine Kappe (3) und

3) eine Gruppe von drei Klingen (11, 12, 13) mit parallelen scharfen Kanten, die zwischen der Schutzeinrichtung (2) und der Kappe angeordnet sind.

4) Die erste Klinge (11), die die der Schutzeinrichtung (2) am nächsten angeordnete Kante definiert, weist eine Exposition von nicht mehr als Null auf.

5) Die dritte Klinge (13), die die der Kappe (3) am nächsten angeordnete Kante definiert, weist eine Exposition mit einem positiven Wert auf.

6) Die zweite Klinge (12) weist eine Exposition auf, die nicht kleiner ist als die Exposition der ersten Klinge (11) und nicht größer als die Exposition der dritten Klinge (13).

Der nebengeordnete Patentanspruch 13 grenzt die in den Merkmalen 4 und 5 gemachten Vorgaben dahingehend ein, dass

– die erste Klinge (11) eine Exposition mit einem negativen Wert von nicht weniger als – 0,2 mm aufweist und

– die dritte Klinge (13) eine Exposition mit einem positiven Wert von nicht mehr als + 0,2 mm aufweist.

Die nachfolgende Abbildung (Figur 2 der Klagepatentschrift) veranschaulicht den Gegenstand der Erfindung.

A. Schutzbereichsbestimmung

Fig.2

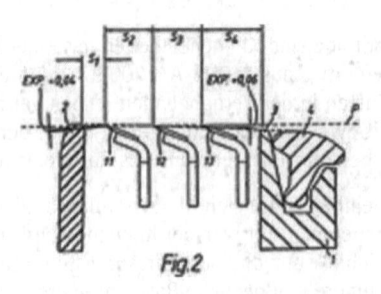

Die Klingenexposition definiert die Klagepatentschrift als den senkrechten Abstand bzw die Höhe der Klingenkante, gemessen im Verhältnis zu einer tangentialen Ebene zu den Hautberührungsoberflächen der Elemente der Klingeneinheit, die als nächste vor und hinter der Kante angeordnet sind. Danach wird bei der erfindungsgemäßen Klingeneinheit mit drei Klingen die Exposition der ersten bzw primären Klinge in Bezug auf eine Ebene gemessen, die tangential zu der Schutzeinrichtung und der Kante der zweiten Klinge verläuft, und wird die Exposition der dritten bzw tertiären Klinge in Bezug auf eine Ebene gemessen, die tangential zur Kante der zweiten Klinge und der Kappe verläuft.

Den weiteren Darlegungen der Klagepatentschrift zufolge neigt die erfindungsgemäße Anordnung dazu, die durch die einzelnen Klingen ausgeführten Arbeiten abzugleichen, da die führende Klinge in einem Rasierer mit einer Mehrzahl von Klingen in der Regel bei der Rasur am meisten beansprucht wird. Die stetig ansteigende Klingenexposition hat sich insoweit als besonders vorteilhaft erwiesen.

2.

Die Beklagte stellt her und vertreibt in der Bundesrepublik Deutschland unter der Bezeichnung »W. Sword Quattro« Klingeneinheiten für Nassrasierer. Die Klingeneinheit verfügt über vier Klingen, die zwischen einer Schutzeinrichtung und einer mit einem Gleitstreifen versehenen Kappe angeordnet sind.

II.

Die angegriffene Klingeneinheit macht von der technischen Lehre der Patentsprüche 1 und 13 des Klagepatents keinen Gebrauch. Das bei beiden Patentansprüchen identische Merkmal 3 ist weder wortsinngemäß (nachfolgend unter 1.) noch mit äquivalenten Mitteln (nachfolgend unter 2.) verwirklicht.

1.

Gemäß Merkmal 3 umfasst die erfindungsgemäße, zwischen Schutzeinrichtung und Kappen angeordnete Klingeneinheit eine *Gruppe von drei Klingen*. Die angegriffene Ausführungsform verfügt zwischen Schutzeinrichtung und Kappe über vier Klingen. Eine wortsinngemäße Verletzung der Patentansprüche 1 und 13 käme daher nur in Betracht, wenn nach der technischen Lehre des Klagepatents dem Vorliegen einer erfindungsgemäßen Dreier-Gruppe nicht entgegen steht, in die Gruppe eine weitere Klinge zu integrieren.

a)

Bereits der Anspruchswortlaut steht einer solchen Betrachtung entgegen. Er legt für den Fachmann unmissverständlich fest, dass die Gruppe drei Klingen aufweisen soll. Die Anordnung von vier Klingen zwischen Schutzeinrichtung und Kappe bildet dementsprechend keine Dreier-Gruppe, wie sie das Klagepatent fordert, sondern eine Vierer-Gruppe von Klingen. Eine vierte, fünfte etc Klinge könnte für die rechtliche Beurteilung allenfalls dann außer Betracht bleiben, wenn es sich um eine bei der Rasur nicht wirksame Klinge, praktisch ein Placebo, handeln würde. Derartiges macht die Klägerin mit

Blick auf die angegriffene Ausführungsform indessen selbst nicht geltend. Unstritig leisten alle vier Klingen der angegriffenen Klingeneinheit einen Beitrag zur Rasur und lassen alle vier Klingen bei der Rasur Zugkräfte entstehen.

Dass die Angabe »drei Klingen« nicht als Mindestangabe verstanden werden kann, belegen auch die weiteren Merkmale der Patentansprüche. Die der Schutzeinrichtung am Nächsten angeordnete Klinge wird als *erste* Klinge, die der Kappe am nächsten angeordnete Klinge als *dritte* und die dazwischen liegende Klinge als *zweite* Klinge bezeichnet (Merkmale 4 bis 5). Diese mit dem konkreten Standort der Klingen verbundene Zählweise macht bei der Verwendung von mehr als drei Klingen technisch keinen Sinn. Da nach dem Verständnis des Klagepatents die der Kappe am nächsten angeordnete Klinge diejenige mit der höchsten Ordnungszahl (sic: drei) ist, müsste die betreffende Klinge bei Verwendung einer Vierer-Gruppe von Klingen als die vierte – und eben nicht als die dritte – Klinge bezeichnet werden.

Dagegen lässt sich nicht einwenden, dass nach dem Anspruchswortlaut die Klingeneinheit eine Gruppe von drei Klingen »umfasst«. Diese Formulierung macht dem Fachmann zwar deutlich, dass die Patentansprüche 1 und 13 keine abschließende Aufzählung enthalten. Ausgesagt ist jedoch lediglich, dass der Sicherheitsrasierer neben der in den Ansprüchen erwähnten Schutzeinrichtung, der Kappe und der dazwischen angeordneten Klingengruppe noch weitere Elemente enthalten kann, zB Sicherheitsdrähte, Gleitstreifen und dergleichen. Dies ändert aber nichts daran, dass gemäß Merkmal 3 als zwingende, konstitutive Voraussetzung eine Gruppe von drei Klingen vorhanden sein muss.

b)

Auch im Rahmen einer funktionalen Betrachtung bietet die Klagepatentschrift – abgesehen von rein sprachlichen Erwägungen – keine Grundlage dafür, dass es vor dem Hintergrund von Aufgabe und Lösung der Erfindung nicht darauf ankommt, dass genau drei – und nicht mehr – Klingen verwendet werden, und die Angabe »drei« für den Fachmann nur eine Mindestanforderung in dem Sinne darstellt, dass die der Kappe am nächsten liegende Klinge zahlenmäßig nicht die dritte Klinge sein muss, sondern dass es ausreicht, wenn es sich um die letzte Klinge einer Gruppe von zumindest drei Klingen handelt.

In sämtlichen Ansprüchen und der gesamten Patentbeschreibung ist ausnahmslos von drei Klingen die Rede. Dabei stellen, anders als die Klägerin offenbar meint, die Bezeichnungen *primäre, sekundäre und tertiäre* Klinge nur Synonyme für die Begriffe erste, zweite und dritte Klinge dar. Nicht einmal andeutungsweise enthält die Patentbeschreibung einen Hinweis darauf, dass in Abgrenzung zum Stand der Technik lediglich *zumindest* drei Klingen als (Basis-)Gruppe zwischen Schutzeinrichtung und Kappe angeordnet werden sollen. In der Klagepatentschrift (S. 1, zweiter Absatz übergreifend auf S. 2) ist in Bezug auf Klingeneinheiten mit »vielen« Klingen ganz im Gegenteil das Folgende ausgeführt:

In den vergangenen Jahren wurden Sicherheitsrasierer mit Klingeneinheiten mit zwei Klingen in sehr großen Stückzahlen verkauft ... Ferner wurden über die Jahre hinweg zahlreiche schriftliche Vorschläge für Sicherheitsrasierer mit mehreren Klingen unterbreitet. Eine Klingeneinheit mit vielen Klingen kann eine glattere Rasur liefern als eine vergleichbare Klingeneinheit mit nur einer oder zwei Klingen. Die Glätte der erreichten Rasur ist allerdings nur ein Parameter, die Anwender zur Beurteilung der Leistung eines Rasierers verwenden. Das Hinzufügen weiterer Klingen kann sich deutlich nachteilig auf die Merkmale und Eigenschaften der Klingeneinheit auswirken, speziell auf die Zugkräfte, die man spürt, wenn die Klingeneinheit über die Haut geführt wird, was zur Folge hat, dass die Gesamtleistung der Klingeneinheit deutlich schlechter ausfällt, obwohl eine glattere Rasur erreicht werden kann.

Angesichts dieses Offenbarungsgehaltes der Patentschrift sieht der Fachmann das Hinzufügen weiterer Klingen zu einer Klingeneinheit als problematisch an, da jede weitere Klinge sich zusätzlich – insbesondere negativ auf die bei der Rasur spürbaren Zugkräfte – auswirken kann. Grundsätzlich wird er also mangels genauer Voraussicht und Abschätzbarkeit der konkreten Auswirkungen auf die Rasurparameter von einer Erhöhung der Klingenzahl in der Klingengruppe Abstand nehmen.

Endgültig bestärkt wird der Fachmann in dieser Einschätzung durch die sich an den obigen Problemhinweis anschließende Bemerkung der Klagepatentschrift (S. 2, zweiter Absatz), wonach es erst dank der erfindungsgemäß in bestimmter Weise vorgegebenen geometrischen Anordnung bzw Exposition der drei Klingen gelungen ist, die friktionalen Zugkräfte bei einer Klingeneinheit mit drei Klingen weiter auf einem brauchbaren Niveau zu halten, während gleichzeitig eine verbesserte Rasureffizienz ermöglicht wird. Diese auf eine bestimmte Geometrie von drei Klingen bezogene Aussage lässt sich aus der dem Fachmann durch die Patentschrift vermittelten Sicht nicht auf Klingeneinheiten mit vier oder mehr Klingen erweitern. Zusätzliche Klingen haben – wie die Klagepatentschrift selbst ausführt – zwangsläufig Einfluss auf die Rasurparameter, insbesondere die anfallenden Zugkräfte. Dass infolge der erfindungsgemäßen Exposition von drei Klingen die friktionalen Zugkräfte bei gleichzeitig verbesserter Rasurleistung auf einem »brauchbaren« Maß auch dann verbleiben, wenn statt der vorgesehenen drei zum Beispiel vier Klingen verwendet werden, lässt sich dem Klagepatent nicht entnehmen. Ganz im Gegenteil: Patentanspruch 1 lehrt in bestimmter Weise die Anordnung und Exposition von *drei* Klingen, von denen naturgemäß jede einzelne Einfluss auf die Rasurparameter (Zugkräfte, Rasurglätte) hat. Jede weitere Klinge nimmt ebenfalls Einfluss auf die Rasurparameter der Klingeneinheit, ohne dass dem Klagepatent eine Lehre entnommen werden könnte, wie weitere Klingen im Hinblick auf Anordnung und Exposition ausgerichtet sein müssen, um die erfindungsgemäßen Wirkungen zu erzielen. Liegen zwischen erster und letzter Klinge mehr als eine (zweite) Klinge, so ist unklar, welche die erfindungsgemäße zweite Klinge sein soll, zu der die Patentansprüche Angaben zur Exposition machen. Ließe man ausreichen, dass eine von zwei mittleren Klingen eine erfindungsgemäße Exposition zwischen den beiden äußeren Klingen aufweist, so würde eine Anleitung dazu fehlen, wie die weitere Klinge in der Einheit anzuordnen ist, um den erfindungsgemäßen Erfolg herbeizuführen bzw ihn nicht zu gefährden. Aus Sicht des Fachmanns verbietet es sich von vornherein, einzelne Klingen bei der Beurteilung der Rasurparameter einer Klingeneinheit mit einer Gruppe von Klingen auszublenden. Er wird die Angabe, dass zwischen Schutzeinrichtung und Kappe eine Gruppe von drei Klingen angeordnet ist, vor diesem Hintergrund als Zahlenangabe verstehen, deren Überschreitung nicht unkritisch ist, da der erfindungsgemäße Erfolg ohne Einhaltung dieses Wertes nicht mehr ohne weiteres zu erzielen ist.

Etwas anderes lässt sich entgegen der Ansicht der Kläger nicht daraus ableiten, dass die Klagepatentschrift (S. 2, letzter Absatz) eine allgemeine Definition zur Bestimmung der Klingenexposition enthält, die prinzipiell auch auf Klingeneinheiten mit mehr als drei Klingen angewandt werden könnte. Die entsprechende Beschreibungsstelle enthält lediglich eine abstrakte Aussage dazu, wie die Klingenexposition geometrisch-mathematisch gemessen werden kann. Mit diesem Inhalt hat der Text keinen schutzbereichserweiternden Gehalt. Überdies wird im folgenden Satz der Patentbeschreibung die zunächst abstrakt gelehrte Messmethode auf die erfindungsgemäße Klingeneinheit »mit drei Klingen« übertragen und im Einzelnen ausgeführt, welche Bezugspunkte mit Blick auf die vorgesehenen drei Klingen zur Bestimmung der Klingenexposition maßgeblich sind. Auch ändert die abstrakte Umschreibung der Messung der Klingenexposition nichts daran, dass – wie bereits dargelegt – das Einfügen von weiteren Klingen die Rasurparameter (insbesondere im Hinblick auf die wirkenden Zugkräfte negativ) beeinflusst.

2.

Zwischen Schutzeinrichtung und Kappe statt einer erfindungsgemäßen Gruppe von drei Klingen eine Gruppe von vier Klingen anzuordnen, von denen eine mittlere oder beide mittleren Klingen eine Exposition aufweisen, die nicht kleiner als die Exposition der ersten und nicht größer als die Exposition der letzten Klinge ist, stellt auch keine patentrechtlich äquivalente Maßnahme dar. Äquivalent sind solche Ausführungsformen, die vom Wortsinn abweichen, aber objektiv gleichwirkend sind, wenn der Fachmann die abgewandelten Mittel in naheliegender Weise auffinden kann, wobei die Überlegungen, die der Fachmann anstellen muss, derart am Sinngehalt der im Patentanspruch unter Schutz gestellten technischen Lehre orientiert sein müssen, dass der Fachmann die abweichende Ausführung mit ihren abgewandelten Mitteln als eine der gegenständlichen Lösung gleichwertige Lösung in Betracht zieht (vgl BGH, WRP 2002, 558, 559 – Schneidmesser I).

Vorliegend fehlt es danach zumindest an der erforderlichen Orientierung der zum Ersatzmittel führenden Überlegungen am Patentanspruchs. Die Patentansprüche 1 und 13 enthalten mit der Vorgabe, eine Gruppe von drei Klingen zu bilden, eine den Schutzbereich beschränkende *Zahlen*angabe. Steht eine solche Zahlenangabe im Raum, kann Äquivalenz zu bejahen sein, wenn der Fachmann in der Patentbeschreibung erläuternde Angaben zum Sinn und Zweck der Zahlen- oder Maßangabe findet, die ihn darüber belehren, dass die Wirkungen der Erfindung auch außerhalb des beanspruchten Bereichs erreicht werden. Lässt die Patentschrift den Fachmann im Unklaren über den genauen Sinn des in den Anspruch aufgenommenen Zahlenwertes, so muss er mangels gegenteiliger Anhaltspunkte im Zweifel davon ausgehen, dass die patentgemäßen Wirkungen nur bei genauer Einhaltung des Zahlenwertes mit hinreichender Sicherheit erreicht werden können. Bei einer solchen Fallgestaltung ist deshalb ein abweichender Wert bei Orientierung an der beanspruchten Erfindung als nicht gleichwertig auffindbar (vgl BGH, Mitt 2002, 216, 219 – Schneidmesser II). Dasselbe gilt erst recht, wenn die Patentschrift dem Fachmann den Eindruck vermittelt, dass es sich bei der Zahlenangabe des Patentanspruchs um einen kritischen Wert handelt, dessen Überschreitung im Hinblick auf die Erzielung der erfindungsgemäßen Wirkungen problematisch ist.

So liegen die Verhältnisse auch im Entscheidungsfall. Die Klagepatentschrift enthält nicht nur keinen Hinweis darauf, dass die Einhaltung des Zahlenwertes von drei Klingen zur Erreichung des angestrebten Ziels (glattere Rasur ohne problematische Zugkräfte) nicht von wesentlicher Bedeutung ist. Vielmehr ergibt sich aus der Beschreibung (vgl oben unter I.1), dass mit jeder Erhöhung der Zahl der Klingen in einer Klingeneinheit nachteilige Folgen für die Verwendbarkeit der gesamten Klingeneinheit, speziell im Hinblick auf die wirkenden Zugkräfte, verbunden sein können. Insofern sieht es die Klagepatentschrift in Abgrenzung zum Stand der Technik als problematisch an, von vorbekannten Rasierern mit zwei Klingen zu Rasierern mit drei Klingen zu wechseln, und schreibt es sich die Erfindung als ausdrückliches Verdienst zu, es erreicht zu haben, die Klingenzahl auf drei zu erhöhen, ohne dass die damit einhergehenden, größeren Zugkräfte als unangenehm empfunden werden. Bei dieser Ausgangslage besteht für den Fachmann kein Anlass zu der Annahme, von der erfindungsgemäßen Klingeneinheit mit drei Klingen könne problemlos zu einer Klingeneinheit mit vier Klingen übergegangen werden. Denn mit der vierten Klinge werden selbstverständlich weiter gesteigerte Zugkräfte wirksam, die beherrscht werden müssen.

Etwas anderes lässt sich auch nicht aus den Angaben der Klagepatentschrift (S. 4, zweiter Absatz u. S. 5, dritter Absatz) zu den Vorteilen der erfindungsgemäßen »stetig ansteigenden Klingenexposition« herleiten. Auch diese Angaben stehen stets im Zusammenhang mit der Funktion einer Klingeneinheit aus *drei* Klingen. Dass aufgrund der stetig ansteigenden Exposition statt nur drei Klingen vier oder sonst beliebig mehr Klingen in der Klingeneinheit untergebracht werden können, lässt sich dem Klagepatent nicht entnehmen und würde auch in Widerspruch zur explizit in der Patentbeschreibung angesprochenen Problematik stehen, dass jede in eine Klingeneinheit zusätzlich aufgenommene Klinge negativen Einfluss auf die Gesamteigenschaften der Einheit haben kann.

Nur diese Sichtweite lässt sich überdies mit den fachkundigen Ausführungen der Einspruchsabteilung des Europäischen Patentamts in ihrer das Klagepatent aufrechterhaltenden Entscheidung vom 23.4.2004 vereinbaren. In der besagten Entscheidung liegt die Einspruchsabteilung (überzeugend) dar, dass aus dem Stand der Technik – insbesondere der US-PS 3 660 893 – die Lehre einer stetig ansteigenden Klingenexposition für Klingeneinheiten mit zwei Klingen entnommen werden kann, dass es aber auch angesichts des Umstandes, dass die betreffenden Entgegenhaltungen nicht auf Klingeneinheiten mit zwei Klingen beschränkt sind, für den Fachmann nicht naheliegend war, zu der erfindungsgemäßen Klingenexposition für drei Klingen zu gelangen, da dem Fachmann keine Lehre an die Hand gegeben und nahe gelegt wird, wie und mit welcher Exposition er die dritte Klinge anordnen soll. Eine sogenannte Einbahnstraßensituation, die zur erfindungsgemäßen Lehre führt, liegt der Einspruchsabteilung zufolge gerade nicht vor. Konnte der Fachmann von einer steigenden Exposition der Klingen für eine Klingeneinheit mit zwei Klingen nicht naheliegend zu einer stetig ansteigenden Exposition für eine Klingeneinheit mit drei Klingen gelangen, besteht kein Grund zu der Annahme, der Fachmann leite allein aufgrund der Angaben in der Klagepatentschrift zur Exposition der drei Klingen ab, es sei – auch in Ansehung der Zahlangabe in den Patentansprüchen und entgegen der kritischen Beurteilung des Klagepatents zur Erhöhung der Klingenanzahl in einer Klingeneinheit – eine gleichwertige Maßnahme, statt eine Gruppe von drei Klingen eine Gruppe von vier Klingen vorzusehen, sofern eine oder beide mittleren Klingen eine Exposition aufweisen, die in Bezug auf die beiden äußeren Klingen im für die zweite Klinge patentbeanspruchten Bereich liegt.

dd) Andere Begriffe

261 Auf andere Begriffe in Patentansprüchen lässt sich die Rechtsprechung zu Zahlen- und Maßangaben nicht ohne weiteres übertragen.[292] Legt sich das Klagepatent beispielsweise für ein Bauteil auf eine bestimmte Werkstoffgruppe (wie Polyamid) fest, so bedeutet dies noch nicht, dass eine Ausführungsform, die einen anderen Werkstoff (wie Polyäthylen) verwendet, außerhalb des Schutzbereichs liegt. Derartiges kann nur angenommen werden, wenn aus der Sicht des die Klagepatentschrift studierenden Fachmanns die Schlussfolgerung berechtigt ist, dass der Anmelder mit der in den Anspruch aufgenommenen Werkstoffgruppe eine ebenso eindeutige Festlegung hat vornehmen wollen, wie sie Zahlen- und Maßangaben schon als solche eigen ist.[293]

ee) Unbekanntes Ersatzmittel[294]

262 War das Ersatzmittel als solches am Prioritätstag noch unbekannt, weil es erst durch den weiteren Fortgang der technischen Entwicklung bereitgestellt worden ist[295], so ließe sich folgern, dass in seiner Wahl keine äquivalente Benutzung liegen kann, weil das Austauschmittel für einen Durchschnittsfachmann mit dem Wissen des Prioritätstages naheliegend gewesen sein muss. Diese Konsequenz wäre jedoch unhaltbar, wenn es in Kenntnis des Patents keiner über die Routine des Fachmanns hinausgehender Erwägungen bedurfte, um zu erkennen, dass die patentierte Erfindung objektiv gleichwirkend auch

---

292 BGH, Mitt 2005, 281, 283 – Staubsaugerrohr.
293 BGH, GRUR 2016, 921 – Pemetrexed.
294 Von Falck, GRUR 2001, 905.
295 Vgl Grabinski, FS von Meibom, S 105.

mit dem erstmals nachträglich zur Verfügung stehenden Mittel ausgeführt werden kann. Hier beruht die Abwandlung vom Anspruchswortlaut gerade nicht auf besonderen schöpferischen Überlegungen des Fachmanns, sondern darauf, dass dem Verletzer – zufällig – der allgemeine technische Fortschritt »in den Schoß gefallen« ist. Unter solchen Umständen muss es für die Einbeziehung in den Schutzbereich ausreichen, dass die Äquivalenzvoraussetzungen des Naheliegens bei Orientierung an der technischen Lehre des Patentanspruchs erfüllt sind, wenn unterstellt wird, dass dem Fachmann das (tatsächlich erst später verfügbar gewordene) Ersatzmittel bereits im Prioritätszeitpunkt bekannt gewesen ist.[296]

▶ Beispiel:[297]

Das Klagepatent (EP 1 009 922, DE 698 39 272) betrifft eine Methode zur Verringerung des Schadstoffausstoßes von Dieselmotoren, die sich ua dadurch auszeichnet, dass beim Betrieb des Motors ein Gemisch aus Dieselkraftstoff und einer *kraftstofflöslichen* Cer-Verbindung verbrannt wird. Sinn dieser Maßnahme ist es, dass die Cer-Verbindung stets fein und gleichmäßig verteilt im zu verbrennenden Kraftstoff vorliegt und keine sedimentartigen Ablagerungen bildet, sodass aktive Cer-Spezies in platinkatalysierte Kanäle der Abgasauffangvorrichtung gelangen.

Das als mittelbar patentverletzend angegriffene Produkt ist ein Kraftstoffadditiv zur Beimengung in Dieselkraftstoff. Es weist als aktive Komponente ein Ceroxid *in Form von Nanopartikeln* auf. Nanopartikel waren am Prioritätstag noch nicht verfügbar. Sie haben, obwohl sie sich – anders als die in der Patentschrift als Ausführungsbeispiele abgehandelten molekular-dispersen Lösungen – nicht im Kraftstoff auflösen, ebenfalls zur Folge, dass das Cer gleichmäßig verteilt im Dieselkraftstoff vorhanden ist, sodass es bei der Verbrennung in das Abgas abgegeben wird. Wären Nanopartikel am Prioritätstag bereits geläufig gewesen, hätte für den Fachmann kein Zweifel bestanden, dass sie sich genauso wie molekular-disperse Lösungen für die Zwecke der Erfindung eignen, weil sich wegen der minimalen Partikelgröße über hinreichend lange Zeit keine Ablagerungen bilden können.

263

Bevor das Austauschmittel aufgrund der allgemeinen technischen Entwicklung für jedermann verfügbar geworden ist, liegt in dessen Verwendung freilich eine erfinderische und daher nicht äquivalente Benutzung. Durch Zeitablauf kann also aus dem anfänglich noch nicht naheliegenden Ersatzmittel ein naheliegendes werden. Derjenige, der ursprünglich erfinderisch abgewandelt und damit Schutz rechtsfrei erlaubt benutzt hat, gerät dadurch nachträglich in den Schutzbereich des Patents. Den Verbietungsrechten des Patentinhabers unterliegt er dennoch nicht, weil die patentfrei begonnene Benutzung analog § 12 PatG ein **Weiterbenutzungsrecht** entstehen lässt, das den Besitzstand auch für die Zeit nach dem allgemeinen Verfügbarwerden des technischen Fortschritts sichert. Unmittelbar liegen die Voraussetzungen des § 12 PatG zwar nicht vor, weil (und wenn) die Benutzungshandlungen erst nach dem Prioritätstag des Klagepatents entfaltet worden sind. Da für den Schutzbereich Eingriff zu Lasten des Benutzers die Verhältnisse nach dem Prioritätstag berücksichtigt werden (indem bei der Äquivalenzbetrachtung auf den späteren Fortgang der technischen Entwicklung Rücksicht genommen wird), ist es allerdings konsequent und richtig, gleiches auch auf der Rechtfertigungsebene zu Gunsten des Benutzers zu tun, und zwar in der Weise, dass bei Beurteilung der Vorbenutzung anstelle des Prioritätstages derjenige Zeitpunkt den Ausschlag gibt, zu dem das Austauschmittel erstmals für den Durchschnittsfachmann verfügbar geworden ist.

264

---

296 OLG Düsseldorf, InstGE 10, 198 – zeitversetztes Fernsehen.
297 OLG Düsseldorf, Urteil v 7.7.2016 – I-2 U 5/14.

e) Formstein-Einwand

265 Wurde festgestellt, dass eine angegriffene Ausführungsform die Merkmale des geltend gemachten Schutzrechtes zumindest zum Teil äquivalent verwirklicht, steht dem Beklagten als besonderes materielles Verteidigungsargument der sog *Formstein-Einwand*[298] offen.

aa) Voraussetzungen

266 Er besagt, dass eine angegriffene Ausführungsform dann nicht in den Schutzbereich eines Patents oder Gebrauchsmusters fällt, wenn sie mit der Gesamtheit[299] ihrer teils wortsinngemäß, teils äquivalent verwirklichten Merkmale in demjenigen **Stand der Technik** vorweggenommen ist oder sich aus demjenigen Stand der Technik naheliegend ergibt, der für das Klagepatent maßgeblich ist.[300] Hintergrund für den Formstein-Einwand ist die Überlegung, dass das Klagepatent im Wege der Äquivalenzbetrachtung nicht auf einen Gegenstand erstreckt werden soll, der sich im vorbekannten Stand der Technik bewegt und für den der Inhaber des Klagepatents deshalb im Zuge des Erteilungsverfahrens keinen Patentschutz hätte erhalten können. Das nicht Erteilungsfähige im Verletzungsprozess aus dem Patentschutz auszugrenzen, ist deshalb erforderlich, weil dem Beklagten ein Rechtsbestandsangriff gegen das Klagepatent nichts nützen würde. Angreifbar ist nur der erteilte und nicht der äquivalent abgewandelte Anspruchswortlaut. Ist ersterer über seine gesamte Breite schutzfähig und bloß die äquivalente Abwandlung durch den Stand der Technik vorbekannt oder nahegelegt, muss die Nichtigkeitsklage ohne Erfolg bleiben.

267 Zu beachten ist, dass der Formstein-Einwand sich nicht auf einzelne, beispielsweise nur die äquivalent verwirklichten Merkmale bezieht, sondern dass sich die angegriffene Ausführungsform **als Ganzes** aus dem Stand der Technik im Prioritätstag des Klagepatents ergeben muss. Die angegriffene Ausführungsform ist bei dieser Beurteilung nicht unabhängig von dem Klageschutzrecht zu betrachten. Vielmehr ist von der angegriffenen Ausführungsform als äquivalenter Benutzungsform des Klageschutzrechtes auszugehen, dh es ist der Patentanspruch zugrunde zu legen, wobei die äquivalent verwirklichten Merkmale in Abweichung vom Wortlaut zu formulieren sind.[301] Die sich hierbei ergebende Merkmalskombination ist auf (mangelnde) Neuheit und Erfindungshöhe zu überprüfen.

268 Sind für die Begründung des Formstein-Einwandes **mehrere** Schriften und Unterlagen heranzuziehen, müssen sich nicht nur aus diesen **Entgegenhaltungen** sämtliche Merkmale der angegriffenen Ausführungsform ohne weitere Überlegungen ergeben, sondern es muss auch die Kombination der jeweiligen Schriften und Unterlagen, durch die die angegriffene Ausführungsform erhalten wird, für den Fachmann nahe liegend gewesen sein. Letzteres kann umso schwerer begründet werden, je mehr Unterlagen für den Formstein-Einwand herangezogen werden müssen.

Praxistipp	Formulierungsbeispiel
269 Die Praxis lehrt, dass der Formstein-Einwand nur äußerst selten Erfolg hat. Er sollte deshalb mit Bedacht erhoben werden, weil oftmals diejenigen Erwägungen, mit denen das Naheliegen der angegriffenen Ausführungsform begründet wird, dem Kläger gleichzeitig Argumente dafür	

---

298 Nach der gleichnamigen Entscheidung des BGH, GRUR 1986, 803 – Formstein.
299 BGH, GRUR 2016, 1031 – Wärmetauscher.
300 Umfassend zum Formstein-Einwand: Nieder, FS König, 2003, S 379.
301 BGH, GRUR 1999, 914 – Kontaktfederblock.

> liefern, weshalb die in Rede stehende Abwandlung ausgehend von der Klagepatentschrift und dem Stand der Technik naheliegend und somit äquivalent ist.

bb) Grenzen

Der Formstein-Einwand erfährt eine wichtige sachliche Einschränkung dadurch, dass aufgrund der geltenden **Kompetenzverteilung** zwischen Erteilungsinstanzen einerseits und Verletzungsgerichten andererseits die Prüfung der Schutzfähigkeit eines Patents ausschließlich dem Patentamt vorbehalten ist, das Verletzungsgericht die Patenterteilung als gegeben hinzunehmen hat und an die im Erteilungs- oder Nichtigkeitsverfahren getroffene Entscheidung ohne eigene Prüfungsmöglichkeit gebunden ist. Die Erörterung, ob die angegriffene Ausführung mit Rücksicht auf den Stand der Technik keine patentfähige Erfindung darstellt (Formstein-Einwand), darf sich hierzu nicht in Widerspruch setzen. Dies bedingt, dass die Zugehörigkeit der als äquivalent angegriffenen Ausführungsform zum Schutzbereich nicht allein mit solchen Erwägungen verneint werden kann, die – in gleicher Weise auf den Gegenstand des Klagepatents angewendet – zu der Feststellung führen müssten, das Schutzrecht enthalte keine patentfähige Lehre zum technischen Handeln.[302] Der Formstein-Einwand kann deswegen nur dann zum Ziel führen, wenn der entgegengehaltene Stand der Technik überhaupt die äquivalente Abwandlung und nicht ausschließlich solche Merkmale des Patentanspruchs betrifft, die bei der angegriffenen Ausführungsform wortsinngemäß verwirklicht sind.[303] Anderenfalls würde im Verletzungsprozess nicht nur die Frage untersucht, ob die konkrete Verletzungsform, die wegen ihrer äquivalenten Abwandlung vom Anspruchswortlaut als solche noch nicht Gegenstand einer Prüfung im Erteilungsverfahren gewesen ist, eine schutzfähige Erfindung darstellt, sondern es würde in unzulässiger Weise die mit der Patenterteilung für das Verletzungsgericht bindend getroffene Feststellung über die Schutzfähigkeit des Klagepatents infrage gestellt.

270

3. Unterkombination

Eine besondere Konstellation stellt die oben bereits erwähnte Fallgruppe der Unter- oder Teilkombination dar. Sie zeichnet sich dadurch aus, dass ein oder mehrere Merkmale des Patentanspruchs weder wortsinngemäß noch äquivalent verwirklicht sind, sondern – einschließlich ihrer Wirkungen – *ersatzlos* fehlen.[304]

271

Unter solchen Umständen kommt eine Einbeziehung in den Schutzbereich des Patents nicht in Betracht, selbst dann nicht, wenn das fehlende Merkmal – für den Fachmann erkennbar – für die Verwirklichung der erfindungsgemäßen Lehre überflüssig ist.[305]

272

▶ **Beispiel: (LG Düsseldorf, Urteil v 31.1.2006 – 4b O 107/05)**

I.1.

Das Klagepatent (DE 42 35 038) betrifft eine Anlage zum Erwärmen von Brauchwasser und zum Abtöten von Legionellen (Bakterien, die eine als Legionärskrankheit bekannte Lungenentzündung verursachen können) in diesem Brauchwasser. Aufbereitungsanlagen dieser Art werden für Krankenhäuser, Hotels, Pflegeheime und dergleichen benötigt.

273

---

302 BGH, GRUR 1997, 454 – Kabeldurchführung.
303 LG Düsseldorf, GRUR 1994, 509 – Rollstuhlfahrrad.
304 Umfassend: Jestaedt, FS König, 2003, S 239.
305 BGH, GRUR 2007, 1059 – Zerfallszeitmessgerät; OLG Düsseldorf, Mitt 2001, 28, 32 f – Abflußrohre.

Wie die Klagepatentschrift erläutert, ist aus der deutschen Patentschrift 38 40 516 – wie deren nachstehend eingeblendete Figur 2 verdeutlicht –

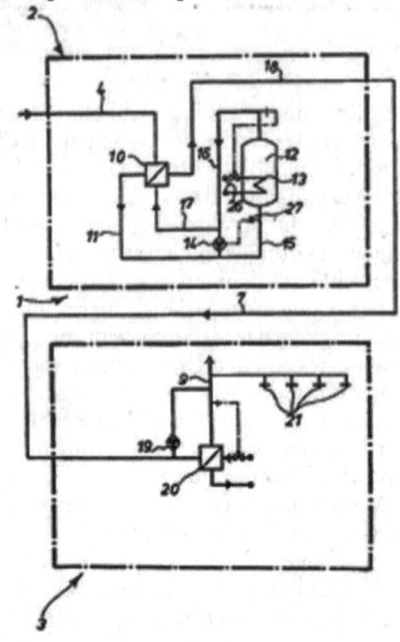

bereits eine Aufbereitungsanlage bekannt, bei der zwischen der Kaltwasserzuleitung (4) und den Zapfstellen (21) ein Desinfektionswasser-Kreislauf (2) angeordnet ist, in dem das Brauchwasser vor seiner Ausgabe an den Zapfstellen (21) auf eine Temperatur erhitzt wird, die zum Absterben etwaiger Legionellen führt.

Die Klagepatentschrift kritisiert den Wirkungsgrad der vorbekannten Aufbereitungsanlage. Untersuchungen – so heißt es – hätten ergeben, dass bei der Erstbefüllung der Anlage mit Kaltwasser Legionellen in den Zirkulationswasser-Kreislauf (bestehend im Wesentlichen aus der Brauchwasser-Verteilungsleitung zu den Zapfstellen, einer Zirkulationspumpe und einer Brauchwasser-Sammelleitung) eingeschleust werden, aus dem sie mit den üblichen Mitteln thermischer Desinfektion nicht wieder zu beseitigen seien. Letzteres liege daran, dass sich die in der deutschen Patentschrift 38 40 516 beschriebene Desinfektion durch eine stufenweise Einstellung der Temperatur in der Brauchwasser-Verteilungsleitung auf 70° in der Praxis bei großen Anlagen nach deren Erstbefüllung oder bei einem Betriebsausfall nicht ausreichend sicher erreichen lasse.

Aufgabe der Erfindung soll es demgemäß sein, eine Anlage zur Verfügung zu stellen, mit der bei energiewirtschaftlichem Betrieb auch die in den Zirkulationswasser-Kreislauf gelangten Legionellen erheblich reduziert oder abgetötet werden.

Zur Lösung dieser Problemstellung sieht Patentanspruch 1 des Klagepatents die Kombination folgender Merkmale vor:

1) Anlage zum Erwärmen von Brauchwasser und zum Abtöten von Legionellen in diesem Brauchwasser.

2) Die Anlage besitzt eine Kaltwasserzuleitung (18) zu einem ersten Wärmeüberträger (10).

3) Der erste Wärmeüberträger (10) dient dazu,

    a) das zugeführte Kaltwasser zu erwärmen und

b) das Brauchwasser abzukühlen.

4) Das Brauchwasser wird zu den Zapfstellen (12)

   a) aus einem auf Desinfektionstemperatur erhitzten Desinfektionswasser- Kreislauf (1)

   b) über eine Brauchwasser-Abgangsleitung (9)

   c) und über eine Brauchwasser-Verteilungsleitung (11) herangeführt.

5) Der Desinfektionswasser-Kreislauf (1) besteht aus

   a) einem Wassererwärmer (3),

   b) einer Ladepumpe (4),

   c) einem Brauchwasser-Speicher (7) und

   d) einem Puffer (6).

6) Der Puffer (6) ist in Förderrichtung des Brauchwassers über die Brauchwasser-Abgangsleitung (9) mit dem ersten Wärmeüberträger (10) verbunden.

7) Die Brauchwasser-Verteilungsleitung (11) zu den Zapfstellen (12) ist mit der Ladepumpe (4) zu einem Gesamtkreislauf (1, 2) verbunden.

8) Die Verbindung geschieht

   a) von der Brauchwasser-Verteilungsleitung (11) über

      aa) eine Zirkulationsleitung (13),

      bb) eine Zirkulationspumpe (14),

      cc) eine Brauchwasser-Sammelleitung (15),

      dd) einen Rückflussverhinderer (16),

      ee) einen Wassermengenbegrenzer (32, 17),

      ff) die Kaltwasserzuleitung (18) und

      gg) eine Zugangsleitung (23);

   b) mit der Ladepumpe (4) über

      aa) den Wassererwärmer (3) und

      bb) den Puffer (6).

Die nachfolgende Abbildung zeigt ein Ausführungsbeispiel der Erfindung.

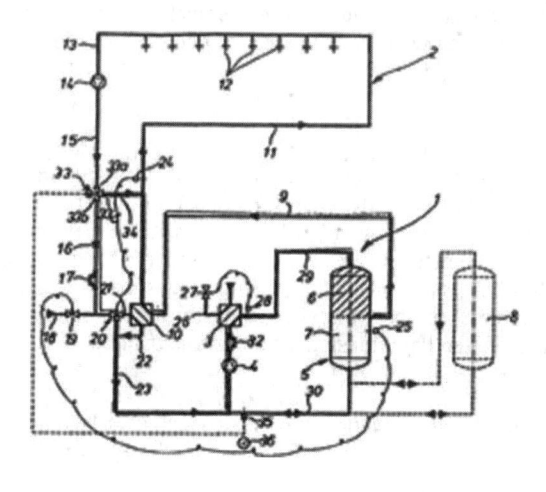

Wesentlich für den Erfindungsgedanken ist Zweierlei: Zum einen, dass der Zirkulationswasser-Kreislauf an den Desinfektionswasser-Kreislauf angebunden wird, sodass das im Zirkulationswasser-Kreislauf befindliche Brauchwasser, welches möglicherweise mit Legionellen belastet ist, bei Zapfruhe ein- oder mehrmals durch den Desinfektionswasser-Kreislauf geschleust werden kann, wodurch eine vollständige Abtötung der Legionellen im Brauchwasser erzielt wird. Der zweite Erfindungsaspekt steht mit dem Wassermengenbegrenzer im Zusammenhang. Durch ihn wird erreicht, dass aus der Brauchwasser-Sammelleitung nur eine so große Zirkulations-Wassermenge zum Desinfektionswasser-Kreislauf zurückgeführt wird, dass stets eine sichere und konstante Desinfektionstemperatur durch die Ladepumpe und den Wassererwärmer gewährleistet bleibt.

2.

Die Beklagte bietet Anlagen zur Legionellen-Prophylaxe an, wie sie aus der nachstehend eingeblendeten Prinzipskizze ersichtlich sind.

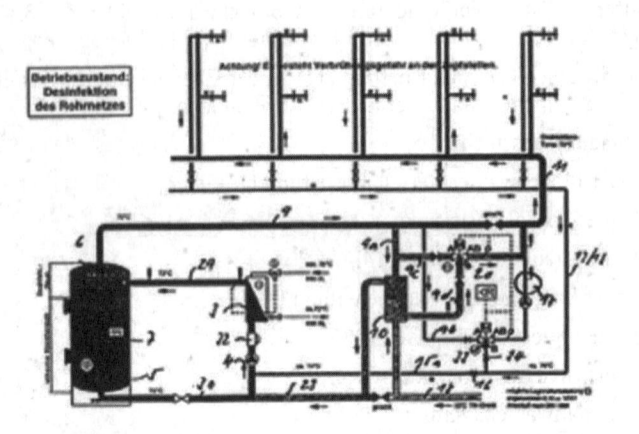

II.

Ansprüche des Klägers aus dem Klagepatent scheitern daran, dass die angegriffene Ausführungsform von der technischen Lehre des geltend gemachten Patentanspruchs 1 keinen Gebrauch machten.

Sie zeichnet sich dadurch aus, dass das Zirkulationswasser nicht über die Kaltwasser-Zuleitung in den Desinfektionswasser-Kreislauf zurückgeführt wird, sondern – unter Umgehung der Kaltwasser-Zuleitung – von der Brauchwasser-Sammelleitung direkt in die Zugangsleitung – und von dort weiter in den Desinfektionswasser-Kreislauf – gelangt.

1.

Bei dieser Sachlage liegt eine wortsinngemäße Benutzung des Klagepatents ersichtlich nicht vor, weil Patentanspruch 1 ausdrücklich verlangt, »dass die Brauchwasser-Verteilungsleitung (11) ... über die Kaltwasser-Zuleitung (18) ... mit der Ladepumpe ... zu einem Gesamtkreislauf (1, 2) verbunden ist.« Der Hinweis des Klägers auf die Figuren 10 bis 16 der Klagepatentschrift ist in diesem Zusammenhang unbehilflich, weil die besagten Ausführungsbeispiele nicht die (erste) Lösungsvariante nach dem allein geltend gemachten Patentanspruch 1 betreffen, sondern sich auf die (zweite) Lösungsvariante des nebengeordneten Patentanspruchs 2 beziehen (vgl Sp. 6 Z. 60 bis Sp. 7 Z. 29).

2.

Die tatbestandlichen Voraussetzungen einer äquivalenten Benutzung liegen gleichfalls nicht vor.

Zwar wird dem Fachmann in der Klagepatentschrift selbst im Zusammenhang mit der Lösung nach Nebenanspruch 2 ein Anschluss der Brauchwasser-Sammelleitung an die Zugangsleitung gelehrt. Auch trifft es zu, dass die Anbindung der Brauchwasser-Sammelleitung an die Zugangsleitung hinter dem Wärmeüberträger aus dem Stand der Technik als Alternative zu einer Rückführung in die Kaltwasser-Zuleitung vor dem Wärmeüberträger geläufig war. Zutreffend führt der Kläger in diesem Zusammenhang aus, dass in beiden Fällen die Energie des erwärmten Brauchwassers genutzt und in den Desinfektionswasser-Kreislauf zurückgeführt wird. Die direkte Anbindung der Brauchwasser-Sammelleitung an die Zugangsleitung zum Desinfektionswasser-Kreislauf ist dabei sogar vorteilhaft, weil der Wärmeüberträger relativ klein ausgelegt werden kann. Dies deshalb, weil das zum Herunterkühlen des aus dem Desinfektionswasser-Kreislauf kommenden Brauchwassers verwendete Kaltwasser in seiner unveränderten Temperatur zur Verfügung steht und nicht durch das erwärmte Zirkulationswasser aufgeheizt wird. Trotz dieser Sachlage und obwohl die Klagepatentschrift im Hinblick auf Nebenanspruch 2 sowie die zugehörigen Figuren 10 bis 16 explizit die Möglichkeit erwähnt, das Zirkulationswasser – unter Umgehung der Kaltwasser-Zuleitung – in den Desinfektionswasser-Kreislauf zurückzuführen, hält Patentanspruch 1 den Fachmann ausdrücklich dazu an, den Rückfluss des Zirkulationswassers über die Kaltwasser-Zuleitung zu organisieren. Der Fachmann muss diese Anweisung allein deshalb ernst nehmen, weil sie Gegenstand des Patentanspruchs 1 ist und grundsätzlich jedes Anspruchsmerkmal allein deshalb wesentlich ist, weil es vom Anmelder in den Anspruch aufgenommen wurde. Es ist vor diesem Hintergrund nicht zu erkennen, wie der Fachmann bei Orientierung an Patentanspruch 1 des Klagepatents naheliegend zu der Überzeugung gelangen konnte, dass er die technische Lehre des Klagepatents in *gleichwertiger* Weise ausführen kann, wenn die Brauchwasser-Verteilungsleitung und die Ladepumpe nicht auch über die Kaltwasser-Zuleitung verbunden sind.

Bei zutreffender Betrachtung handelt es sich bei der angegriffenen Ausführungsform auch nicht um eine Abwandlung (die gleichwirkend, naheliegend und gleichwertig sein könnte), sondern um eine Vorrichtung, bei der ein Anspruchsmerkmal ersatzlos fehlt, dh eine Unterkombination. Der Kläger kann auch kein Ersatzmittel benennen, mit dem das Teilmerkmal einer Verbindung der Brauchwasser-Verteilungsleitung mit der Ladepumpe »über die Kaltwasser-Zuleitung« gleichwirkend realisiert wird. Seine Erwägungen laufen vielmehr darauf hinaus, die Worte »die Kaltwasser-Zuleitung (18)« vollständig aus Patentanspruch 1 zu streichen und den kennzeichnenden Teil auf die Formulierung zu verkürzen »dadurch gekennzeichnet, dass die Brauchwasser-Verteilungsleitung (11) zu den Zapfstellen (12) über eine Zirkulationsleitung (13), eine Zirkulationspumpe (14), eine Brauchwasser-Sammelleitung (15), über einen Rückflussverhinderer (16), einen Wassermengenbegrenzer (17) sowie über eine Zugangsleitung (23) mit der Ladepumpe (4) über den Wassererwärmer (3) und den Puffer (6) zu einem Gesamtkreislauf (1, 2) verbunden ist.« Der Schutz einer Unterkombination, bei der ein Anspruchsmerkmal – hier die Rückführung des Zirkulationswassers über die Kaltwasser-Zuleitung – gänzlich fehlt, ist nach der Rechtsprechung ausgeschlossen.

4. Verbesserte bzw verschlechterte Ausführungsform

Solange sämtliche Merkmale des Patentanspruchs – wortsinngemäß oder äquivalent – verwirklicht sind, ist es ohne Belang, wenn mit dem angegriffenen Gegenstand die patentgemäßen Vorteile in einem besonders hohen, den Erfindungsgegenstand übertreffenden Maße erreicht werden (**»verbesserte Ausführungsform«**) oder wenn mit der

274

angegriffenen Ausführungsform zusätzliche Vorteile verbunden sind.[306] Solches kann zB der Fall sein, wenn ein allgemeines Merkmal des Patents in vorteilhafter (möglicherweise sogar erfinderischer) Weise weitergebildet wird, sodass sich außerordentlich günstige, vom Patent selbst nicht erzielte Wirkungen einstellen.

275 Hinsichtlich der umgekehrten Sachverhaltsgestaltung, bei der die Vorteile des Patents in einer nur unvollkommenen Weise vorliegen (»**verschlechterte Ausführungsform**«), ist zu unterscheiden:

276 – Entspricht der angegriffene Gegenstand in sämtlichen Merkmalen dem **Wortsinn** des Patentanspruchs, so ist es unerheblich, ob mit ihm die erfindungsgemäßen Wirkungen überhaupt oder vollständig erzielt werden.[307] Aufgrund der wortsinngemäßen Übereinstimmung mit dem Patentanspruch handelt es sich immer um eine Patentverletzung. Es ist deswegen auch unerheblich, wenn der Gegenstand regelmäßig in einer Weise benutzt wird, dass die (objektiv möglichen) Vorteile und Wirkungen des Patents tatsächlich nicht erreicht werden. Dies gilt selbst dann, wenn der Hersteller oder Lieferant seine Abnehmer ausdrücklich zu einer solchen die erfindungsgemäßen Effekte vermeidenden Verwendung anhält.[308]

277 – Sind einzelne Merkmale dagegen nicht dem Wortsinn nach verwirklicht, so kann eine Patentverletzung unter **Äquivalenz**gesichtspunkten nur angenommen werden, wenn die patentgemäß angestrebten Vorteile zwar möglicherweise nicht vollkommen, aber doch in einem praktisch noch erheblichen Umfang realisiert werden.[309] Lässt sich solches nicht feststellen (zB weil der erfindungsgemäße Vorteil überhaupt nicht oder jedenfalls nicht nennenswert, dh in einem für die praktischen Zwecke brauchbaren Umfang, verwirklicht ist), wird das Patent nicht verletzt.[310] Über die Annahme einer »verschlechterten Ausführungsform« oder einer »Nichtverletzung« entscheiden letztlich graduelle Unterschiede.

278 Verfolgt die Erfindung **mehrere obligatorische Vorteile**, so muss *jeder* dieser zwingenden Vorteile, wenn auch nicht vollständig, so aber doch in nennenswertem Maße, erreicht werden. Eine verschlechterte Ausführung liegt deswegen nicht vor, wenn von mehreren obligatorischen Vorteilen einer überhaupt nicht oder nicht in einem vom Patent angestrebten Mindestmaß erzielt wird, die anderen dagegen komplett. Unter solchen Umständen fehlt es an einer Gleichwirkung und ist eine äquivalente Verletzung zu verneinen.[311]

5. Parallelentscheidungen ausländischer Gerichte

279 Bei europäischen Patenten kann sich die Situation einstellen, dass in mehreren Vertragsstaaten des EPÜ aus demselben EP gegen dieselbe angegriffene Ausführungsform Verletzungsprozesse geführt werden. Da sowohl die maßgebliche Fassung der Patentansprüche (in der Verfahrenssprache des Klagepatents) als auch die rechtlichen Grundlagen der Schutzbereichsbestimmung (Art 69 EPÜ iVm dem Auslegungsprotokoll) überall dieselben sind, sollte die Verletzungsprüfung in den einzelnen Vertragsstaaten an sich zu übereinstimmenden Resultaten führen. Die Praxis sieht bekanntermaßen gelegentlich anders aus, weil die Rechtsvereinheitlichung in Europa de facto noch nicht abgeschlossen ist.

---

306 BGH, GRUR 2006, 399 – Rangierkatze.
307 BGH, GRUR 2006, 131 – Seitenspiegel; BGH, GRUR 1991, 436, 441 f – Befestigungsvorrichtung II.
308 BGH, GRUR 2006, 399 – Rangierkatze.
309 BGH, GRUR 2021, 574 – Kranarm.
310 Instruktiv: OLG Düsseldorf, GRUR 2000, 599, 601 – Staubsaugerfilter.
311 BGH, GRUR 2012, 1122 – Palettenbehälter III; BGH, GRUR 2015, 361 – Kochgefäß.

Im Vereinigten Königreich beispielsweise lassen die Gerichte eine Ausdehnung des Schutzbereichs unter Äquivalenzgesichtspunkten nicht zu. Dennoch ist es richtig, dass der BGH[312] den deutschen Verletzungsgerichten (und damit auch sich selbst!) eine Berücksichtigung von und argumentative Auseinandersetzung mit Entscheidungen abverlangt, die von Gerichten anderer Vertragsstaaten des EPÜ zu vergleichbaren Fragestellungen mit abweichendem Ergebnis getroffen worden sind. Das besagt selbstverständlich nicht, dass sich die deutschen Verletzungsgerichte den Erkenntnissen ausländischer Gerichte zu beugen hätten, bedeutet aber, dass diejenigen Argumente abgehandelt werden, mit denen das ausländische Gericht zu seinem abweichenden Ergebnis gekommen ist. Solches kann auch in der Weise geschehen, dass das Gericht bei der Begründung seiner Entscheidung (bloß inhaltlich) auf diejenigen Erwägungen eingeht, auf denen die abweichende Beurteilung des anderen Entscheidungsträgers beruht.[313]

6. Ergänzendes Schutzzertifikat[314]

Für zulassungspflichtige Arznei- und Pflanzenschutzmittel besteht die Möglichkeit, die durch das dem Vertrieb vorgeschaltete behördliche Zulassungsverfahren verkürzte Patentlaufzeit durch ein ergänzendes Schutzzertifikat zu verlängern. Die maßgeblichen Rechtsgrundlagen hierfür finden sich in § 16a PatG, Art 63 EPÜ, der Verordnung (EG) Nr 469/2009 (vormals: Nr 1768/92 über die Schaffung eines ergänzenden Schutzzertifikats für Arzneimittel) und der Verordnung (EG) Nr 1610/96 über die Schaffung eines ergänzenden Schutzzertifikats für Pflanzenschutzmittel. Rechtstechnisch ist das Zertifikat zwar als eigenständiges Schutzrecht ausgestaltet; der Sache nach soll mit ihm jedoch bloß die reguläre Laufzeit des seiner Erteilung zugrunde liegenden (Grund-)Patents verlängert werden.[315] Art 4 VO (EG) Nr 469/2009 bringt diese Intention dadurch zum Ausdruck, dass der durch das Zertifikat gewährte Schutz durch die Grenzen des Schutzes limitiert wird, den das Grundpatent vermittelt.

280

a) Schutzbereichsbestimmung[316]

Für die Schutzbereichsbestimmung[317] erklärt § 16a Abs 2 PatG die Vorschrift des § 14 PatG für entsprechend anwendbar. Art 5 VO (EG) Nr 469/2009 bestimmt überdies vorrangig, dass das Zertifikat grundsätzlich dieselben Rechte wie das Grundpatent gewährt. Mit Blick auf die praktische Handhabung bedeutet dies (zunächst noch ohne Berücksichtigung der sich aus Art 4 VO [EG] Nr 469/2009 ergebenden Vorbehalte und Beschränkungen):

281

Das Schutzzertifikat selbst enthält keine Ansprüche und keinen Beschreibungstext. Die Schutzbereichsbestimmung hat deshalb unter Rückgriff auf das Grundpatent und dessen Beschreibung, allerdings beschränkt auf dasjenige Erzeugnis (Wirkstoff) zu erfolgen, für welches das Zertifikat erteilt worden ist. Wird das Zertifikat für den identischen Gegenstand des Hauptanspruchs erteilt, ergeben sich keine Besonderheiten. Der Schutzbereich des Zertifikats stimmt mit dem des Grundpatents überein.[318] Reichen die Ansprüche des Grundpatents weiter, so ist anstelle des im Grundpatent verwendeten allgemeinen Begriffs das Erzeugnis des Schutzzertifikats zu setzen; anhand einer so modifizierten

282

---

312 BGH, GRUR 2010, 950 – Walzenformgebungsmaschine.
313 BGH, GRUR 2015, 199 – Sitzplatznummerierungseinrichtung.
314 Schärli, Ergänzendes Schutzzertifikat, 2013.
315 EuGH, GRUR 2015, 245 – Forsgren/Österreichisches Patentamt.
316 Meier-Beck, GRUR 2018, 657.
317 Feldges/Kramer, FS von Meibom, 2010, S 57; Bopp, FS 80 Jahre Patentgerichtsbarkeit Düsseldorf, 2016, S 63.
318 Vgl BGH, GRUR 2000, 683 – Idarubicin II.

Patentschrift hat alsdann die Auslegung und Schutzbereichsbestimmung gemäß § 14 PatG, Art 69 EPÜ nach allgemeinen Grundsätzen stattzufinden.[319]

283 Ist das Zertifikat für eine im Zulassungsbescheid genannte Wirkstoffvariante erteilt worden, die außerhalb des Wortsinns des Grundpatents liegt, ist eine **doppelte Schutzbereichsprüfung** erforderlich. Zunächst ist der Schutzumfang des Zertifikats – wie vorstehend erläutert – zu ermitteln. Um einen Schutz für Äquivalente von Äquivalenten zu vermeiden, ist danach in einem zweiten Schritt zu klären, ob das angegriffene Erzeugnis auch unter den Schutzbereich des Grundpatents fällt. Nur wenn beides zu bejahen ist, liegt ein Eingriff in das Schutzzertifikat vor.

284 Zu beachten ist, dass die **Anspruchskategorie** des Grundpatents zugleich die Reichweite des dem Zertifikat zukommenden Schutzes festlegt. Ist das Grundpatent ein Verfahrenspatent, so erstreckt sich der Schutz des Zertifikats nur auf Erzeugnisse, die nach dem patentierten Verfahren produziert worden sind; handelt es sich um ein Verwendungspatent, schützt auch das Zertifikat nur die Verwendung des Erzeugnisses (einschließlich der sinnfälligen Herrichtung für die patentierte Verwendung).

285 **Klageantrag** und Urteilsformel können deswegen im Falle eines zu einem Verfahrens- oder Verwendungspatent erteilten Schutzzertifikats nicht einfach auf den im Zertifikat ausgewiesenen Wirkstoff gerichtet werden, sondern haben diejenigen Formulierungsusancen zu beachten, die für Verfahrens- und Verwendungspatente gelten.

286 Ist ein ergänzendes Schutzzertifikat für einen bestimmten Mono-Wirkstoff erteilt, auf den sich auch die arzneimittelrechtliche Genehmigung bezieht, so fällt in den Schutzbereich des Zertifikats auch ein Arzneimittel, welches zu dem beanspruchten Wirkstoff einen weiteren Wirkstoff kombiniert.[320] Das gilt jedenfalls dann, wenn mit der **Wirkstoffkombination** kein qualitativ anderes Wirkungsprofil als mit dem Monopräparat verbunden ist.[321]

287 **Limitierend** ist in den vorgenannten Fällen jeweils zu beachten, dass **Art 4 VO (EG) Nr 469/2009** den – nach den vorstehenden Regeln des Art 5 VO (EG) Nr 469/2009 ermittelten – Zertifikatschutz zusätzlich in zweierlei Hinsicht begrenzt, nämlich

288 – zum einen dahin, dass er sich (wenn das Grundpatent mehr als *ein* Erzeugnis schützt) nur auf dasjenige Erzeugnis des Grundpatents erstreckt, das von der Arzneimittelzulassung erfasst wird,

289 – zum anderen dahin, dass unter den Zertifikatschutz nur die Verwendung des geschützten Erzeugnisses *als Arzneimittel* fällt, und zwar diejenige Verwendung, die während der Zertifikatlaufzeit[322] arzneimittelrechtlich genehmigt worden ist (**zweckgebundener Stoffschutz**).[323]

290 Beide Beschränkungen sind logische Folge dessen, dass sich das behördliche Zulassungsverfahren nur im pharmazeutischen Verwendungsbereich des patentierten Gegenstandes verkürzend auf die Monopolrechte auswirkt, weshalb auch nur in diesem Umfang Anlass für eine Laufzeitverlängerung durch ein ergänzendes Schutzzertifikat besteht.

291 Vom Zertifikatschutz werden hiernach, selbst wenn das zugrunde liegende Grundpatent seinem Inhaber absoluten Stoffschutz vermittelt, keine Handlungen erfasst, die die Verwendung des Erzeugnisses nicht als arzneilicher Wirkstoff, sondern außerhalb der Phar-

---

319 OLG Düsseldorf, Urteil v 6.8.2015 – I-2 U 21/15.
320 Vgl Rdn 108.
321 LG Düsseldorf, InstGE 13, 103 – Valsartan.
322 ... zugunsten des Inhabers oder eines Dritten.
323 OLG Düsseldorf, Urteil v 6.8.2015 – I-2 U 21/15.

mazeutik (zB als Haushaltsreiniger) betreffen. Vielfach wird bereits die äußere Konstitution des Erzeugnisses (beispielsweise der Grad seiner Reinheit) verlässlich darüber Auskunft geben, ob es sich bei dem fraglichen Erzeugnis um einen Arzneimittelwirkstoff handelt oder er für andere, nicht pharmazeutische Zwecke vorgesehen ist. Die Zweckbindung des Stoffschutzes an den pharmazeutischen Bereich ist dabei nicht so zu verstehen, dass ein Zertifikatschutz nur eingreift, wenn eine Arzneimittelverwendung des geschützten Erzeugnisses gerade im Inland beabsichtigt ist, sodass die inländische Herstellung des Wirkstoffs zum Zwecke seines Exports ins Ausland, wo allein ein pharmazeutischer Gebrauch beabsichtigt ist, schutzrechtsfrei bliebe. Schützt das Grundpatent einen (vielfältig verwendbaren) Stoff (zB Buttersäure), reduziert Art 4 VO (EG) Nr 469/2009 den Schutz des Zertifikats auf Buttersäure als Arzneimittelwirkstoff. Aus dem Stoffpatent wird darüber hinaus aber nicht etwa ein Verwendungspatent und sein Schutzgegenstand bleibt auch weiterhin der Wirkstoff als solcher, ohne Rücksicht auf seine Formulierung in einer pharmazeutischen Zubereitung. Konsequenz dessen ist, dass es für die Dauer der Laufzeit des Zertifikats jedem Dritten untersagt ist, Buttersäure als arzneilichen Wirkstoff im Inland gewerblich herzustellen, anzubieten und in den Verkehr zu bringen (§ 9 Nr 1 PatG). Ersteres geschieht aber, wenn der Buttersäure-Wirkstoff im Inland produziert wird, selbst wenn der anschließende Arzneimittelvertrieb nach Maßgabe der behördlich zugelassenen Indikation ausschließlich im zertifikatfreien Ausland stattfinden soll. Des Weiteren stellt die vom Inland aus vorgenommene Lieferung ins Ausland zur dortigen Formulierung des Arzneimittels ein widerrechtliches Inverkehrbringen des geschützten Wirkstoffs im Inland dar.

Eher theoretischer Natur dürfte die Konstellation sein, dass der im Inland hergestellte Stoff durch seine Konstitution nicht eindeutig als arzneilicher Wirkstoff ausgewiesen ist oder aber zwar als Arzneiwirkstoff identifiziert werden kann, allerdings gleichermaßen für eine zugelassene wie für eine nicht zugelassene Indikation im Ausland verwendbar ist. Unter solchen Umständen ist es Sache des Klägers, belastbare Anhaltspunkte für den nach Art 4 VO (EG) Nr 469/2009 erforderlichen arzneilichen und zulassungsrechtlichen Bezug der inländischen Produktion aufzuzeigen. Sie können sich im Zweifel aus Deklarationen in den Lieferdokumenten des inländischen Herstellers oder aus der tatsächlichen Verwendung des ambivalenten Erzeugnisses im Ausland ergeben. Aufschluss können insoweit die dort vertriebenen Endprodukte und ihre Gebrauchsanweisung (Arzneimittel gegen … oder Reinigungsmittel?), ggf aber auch bereits die bloße Ausrichtung des Geschäftsbetriebes geben, den der Lieferempfänger unterhält (Handel mit Pharmazeutika oder Reinigungsmitteln?). 292

b) Sonderfall: Mehrere Zertifikate für denselben Wirkstoff

Letzteres hat praktische Bedeutung insofern, als es möglich ist, dass für ein- und denselben Wirkstoff oder für ein- und dieselbe Wirkstoffzusammensetzung (das »Erzeugnis«) mehrere Schutzzertifikate erteilt werden.[324] Erforderlich ist nämlich nur, dass der Wirkstoff durch ein Grundpatent geschützt ist, wobei der erforderliche Schutz durch ein Sachpatent, durch ein Verfahrenspatent oder durch ein Verwendungspatent vermittelt werden kann (Art 1c). Solche Patente können ohne weiteres nebeneinander existieren, weil zB das Herstellungsverfahren für den als solches bereits bekannten und patentierten Wirkstoffs neu und erfinderisch sein kann, genauso wie – bei bekanntem Wirkstoff und bekannter Herstellung – die Verwendung für ein neues Therapiefeld als neu und erfinderisch anzuerkennen sein kann. 293

---

324 Vgl dazu Kühnen, FS 50 Jahre BPatG, 2011, S 361 ff.

aa) Rechtsschutz gegenüber Dritten

294 Bei der Verfolgung von Zertifikatsverletzungen bei Erteilung mehrerer Schutzzertifikate für denselben Wirkstoff an unterschiedliche Inhaber (von Grundpatenten) gilt, dass im Grundsatz jeder Zertifikatinhaber einen dritten Verletzer aus dem zu *seinem* Grundpatent erteilten Zertifikat in Anspruch nehmen kann. Die sich aus den einzelnen Zertifikaten ergebenden materiell rechtlichen Verbietungsansprüche stehen selbständig nebeneinander und vermitteln jedem Inhaber einen eigenen Schutz. Konsequenz hiervon ist, dass, wenn der Verletzer nur von einem der Zertifikatinhaber eine Lizenz erhalten hat, dadurch die Verbietungsrechte der anderen Zertifikatinhaber nicht zum Erliegen kommen. Die Vertriebshandlungen des Lizenznehmers bleiben in Bezug auf die anderen Zertifikate rechtswidrig und sie führen infolgedessen auch nicht zu einem **Erschöpfungstatbestand**. Zur Vermeidung eigener Rechtsverletzungen, aber auch zum Schutz seiner gewerblichen Abnehmer vor einer möglichen Inanspruchnahme ist der Lizenznehmer deshalb gehalten, sich bei allen Zertifikatinhabern, deren Erfindung er in Gebrauch nimmt, um eine Benutzungserlaubnis zu bemühen.

295 Das Nebeneinander der aus jedem verletzten Zertifikat folgenden Ansprüche gilt einschränkungslos für alle **kompensatorischen Ansprüche** auf Entschädigung, Schadenersatz und Bereicherungsausgleich (nebst korrespondierender Rechnungslegung), ebenso für die **zukunftsorientierten Ansprüche** auf Auskunft, Rückruf, Vernichtung und Urteilsbekanntmachung.[325] Hinsichtlich des Vernichtungsanspruchs ist lediglich zu beachten, dass, sobald die zugunsten eines Zertifikatinhabers angeordnete Vernichtung tatsächlich erfolgt ist, in demselben Umfang eine Zuerkennung entsprechender Ansprüche zugunsten der Inhaber anderer, paralleler Zertifikate an der Tatsache scheitern muss, dass der Verletzer zu einer dahingehenden Handlung nicht mehr in der Lage ist und deswegen auch nicht zu ihr verurteilt werden darf.[326] Im Hinblick auf den Rückrufanspruch ist von einer – gleichfalls anspruchsvernichtenden – Erfüllung[327] auszugehen, soweit der Verletzer in Befolgung eines von einem anderen Zertifikatinhaber gegen ihn erstrittenen Urteils bereits Ware aus den Vertriebswegen zurückgerufen hat.

(1) Rechtskräftiges Urteil eines Zertifikatinhabers

296 Die besagten Ansprüche – einschließlich des Unterlassungsanspruchs – jedes einzelnen Zertifikatinhabers bleiben auch dann unangetastet, wenn einer von ihnen gegen den Verletzer bereits ein rechtskräftiges Urteil erstritten hat.[328] Nur als Inhaber eines sie selbst berechtigenden Vollstreckungstitels können die verletzten Zertifikatinhaber aufgrund eigener Handlungsmöglichkeiten sicher sein, dass die fraglichen Ansprüche vom Verletzer tatsächlich erfüllt werden. Speziell für den Auskunfts- und den Bekanntmachungsanspruch kommt hinzu, dass in der Person jedes einzelnen Zertifikatinhabers ein berechtigtes Interesse an einer Leistung an *sich* besteht, welches durch eine Leistungserbringung gegenüber einem anderen Zertifikatinhaber nicht befriedigt werden kann. Allein das eigene Wissen um die Herkunft und den Absatzweg der Verletzungsgegenstände erlaubt die gebotene Prüfung und ggf Verfolgung etwaiger weiterer Ansprüche gegen Zulieferer und/oder Abnehmer des Verletzers. In ähnlicher Weise kann die im Markt aufgetretene Verwirrung jedes einzelne Schutzzertifikat unabhängig von den anderen betreffen, weswegen auch der Anspruch auf korrigierende Bekanntmachung jedem einzelnen von der Desinformation betroffenen Zertifikatinhaber im Hinblick auf sein verletztes Schutzzertifikat zustehen muss.

---

325 Kühnen, FS 50 Jahre BPatG, 2011, S 361 ff.
326 BGH, GRUR 2009, 794 – Auskunft über Tintenpatronen.
327 BGH, VersR 2007, 1081.
328 Kühnen, FS 50 Jahre BPatG, 2011, S 361 ff.

(2) Unterwerfungserklärung gegenüber einem Zertifikatinhaber[329]

Speziell für den **Unterlassungsanspruch** fragt sich, ob nach freiwilliger Unterwerfung des Verletzers gegenüber *einem* Zertifikatinhaber die Wiederholungsgefahr gegenüber anderen ebenfalls verletzten Zertifikatinhabern entfällt, sodass gleichlautende Ansprüche der weiteren Zertifikatinhaber nicht mehr in Betracht kommen. Prozessrechtlich hätte diese Sichtweise zur Konsequenz, dass, wenn der Unterwerfungssachverhalt bereits bei Klageerhebung vorliegt und bekannt ist, die Klage abzuweisen wäre, anderenfalls (dh wenn sich der Unterwerfungssachverhalt erst während des laufenden Klageverfahrens einstellt) der Rechtsstreit für in der Hauptsache erledigt erklärt werden müsste.

297

Ernsthaft zu erwägen ist ein Fortfall der Wiederholungsgefahr von vornherein nur für den Fall, dass sich die Unterwerfung auf dasjenige Schutzzertifikat bezieht, welches für das Wirkstoff-Sachpatent erteilt worden ist. In Anbetracht der Absolutheit jeden Stoffschutzes ist mit dem durch die Unterwerfungserklärung wirksamen Unterlassungsversprechen Gewähr dafür gegeben, dass der geschützte Wirkstoff schlechthin – und damit ungeachtet der Art seiner Herstellung und ungeachtet der für ihn vorgesehenen Verwendung und Herrichtung – nicht mehr angeboten und vertrieben wird. Das »Verbot« aus dem Sachpatent-Zertifikat lässt mithin keinen Raum mehr für die Befürchtung, dass es in Zukunft noch zu irgendwelchen Verletzungshandlungen kommen könnte, die das Verfahrens- und/oder Verwendungspatent-Zertifikat beeinträchtigen könnten. Umgekehrt hat der Gedanke selbstverständlich keine Gültigkeit. Verspricht der Verletzer, eine künftige Benutzung des Verfahrens- und/oder Verwendungspatent-Zertifikats zu unterlassen, verbleiben dem Verletzer vielfältige Möglichkeiten, das Sachpatent-Zertifikat ohne Verstoß gegen die freiwillige Unterlassungspflicht zu benutzen. Ein verbotsfreier, aber dennoch rechtswidriger Gebrauch stellt sich immer dann ein, wenn der angebotene oder in Verkehr gebrachte Zertifikatwirkstoff nicht durch das besondere, patentierte Herstellungsverfahren, sondern auf andere, patentfreie Weise hervorgebracht ist und/oder nicht zu der speziellen, patentgeschützten Verwendung, sondern zu einem anderen, patentfreien Gebrauch hergerichtet ist. Existieren überhaupt nur ein Verfahrens- und ein Verwendungspatent-, aber kein Sachpatent-Zertifikat, ist eine in Bezug auf die eine Zertifikatkategorie (zB das Verfahrenspatent-Zertifikat) abgegebene Unterwerfungserklärung ohne jede Bedeutung für den aus dem Zertifikat der jeweils anderen Kategorie (zB dem Verwendungspatent-Zertifikat) folgenden Unterlassungsanspruch. Die Zusage, durch ein bestimmtes Verfahren unmittelbar hergestellte Wirkstoffe nicht weiter zu benutzen, besagt nichts darüber, dass es in Zukunft nicht mehr zu Angebots- oder Vertriebshandlungen mit dem fraglichen Wirkstoff kommt, der für eine bestimmte (patentierte) Verwendung hergerichtet ist. Solches zu tun, bleibt dem Verletzer vielmehr im Hinblick auf alle diejenigen Wirkstoffe unbenommen, die ihre Entstehung einem anderen als dem patentierten Verfahren verdanken. Für die umgekehrte Konstellation, dass sich die Unterwerfungserklärung auf das Verwendungspatent-Zertifikat bezieht, gilt sinngemäß das Gleiche.

298

Für die rechtliche Beurteilung ausschlaggebend ist des Weiteren, dass die mehrere Schutzzertifikate unterschiedliche Laufzeiten haben können (und im Regelfall auch haben werden). Nach Art 13 VO (EG) Nr 469/2009 ist die sich an den Ablauf des Grundpatents übergangslos anschließende Dauer des Zertifikatschutzes nach der Formel – Differenz zwischen dem Anmeldetag des Grundpatents und der ersten arzneimittelrechtlichen Zulassung in einem Mitgliedstaat der EU abzüglich 5 Jahre – zu ermitteln. Wegen der rechnerischen Anknüpfung einerseits an die typischerweise für jedes Grundpatent verschiedenen Anmeldedaten und andererseits an das vielfach gleiche Genehmigungsdatum der ersten arzneimittelrechtlichen EU-Zulassung ergeben sich im Regelfall

299

---

329 Kühnen, FS 50 Jahre BPatG, 2011, S 361 ff.

für jedes Schutzzertifikat abweichende Laufzeiten, die (mit Rücksicht auf die differierenden Anmelde- und damit auch Erlöschensdaten der Grundpatente) zu unterschiedlichen Zeitpunkten wirksam werden. Kalendermäßig wird der mehrfache Zertifikatschutz für denselben Arzneimittelwirkstoff deswegen an verschiedenen Tagen beginnen, eine unterschiedliche Dauer haben und zu anderen Zeitpunkten sein Ende finden. Der – allein für einen Wegfall der Wiederholungsgefahr in Betracht kommende – Sachpatent-Zertifikatschutz kann von daher ggf die gesamte Schutzdauer der übrigen parallelen Zertifikate abdecken; im Einzelfall kann sich aber ebenso gut eine bloß streckenweise zeitliche Übereinstimmung ergeben, bei der der Sachpatent-Zertifikatschutz später einsetzt und/oder früher endet als der Schutz aus einem oder allen verletzten parallelen Zertifikat(en). Es versteht sich von selbst, dass die Rechte aus einem Schutzzertifikat wegen der gegenüber einem anderen Inhaber abgegebenen Unterwerfungserklärung nur abgeschnitten werden dürfen, wenn sich dadurch keine schutzfreien Zeiträume ergeben, während der sich die anderen (blockierten) Zertifikate noch in Kraft befinden, aber gleichwohl nicht mehr gegen Dritte durchgesetzt werden können. Sobald daher die Zertifikatlaufzeiten der Verfahrens- und/oder Verwendungspatent-Zertifikate in irgendeiner Hinsicht über die kalendarische Laufzeit des Sachpatent-Zertifikates hinausreichen, ist ein Wegfall der Wiederholungsgefahr nicht zu rechtfertigen. Gleich gelagert liegt der Fall, wenn sich die ursprüngliche Prognose eines die Schutzdauer der anderen Zertifikate vollständig überspannenden Sachpatent-Zertifikatschutzes nachträglich als unzutreffend erweist, weil das Sachpatent-Zertifikat vorzeitig erlischt, sei es durch Verzicht[330], Nichtzahlung der Jahresgebühren[331] oder Nichtigerklärung.[332] Stellt sich der betreffende Sachverhalt erst ein, nachdem das Klageverfahren aus dem parallelen Zertifikat bereits (durch Klageabweisung oder Feststellung der Erledigung) abgeschlossen ist, liegt wegen der nachträglich veränderten Umstände ein anderer Streitgegenstand vor, der eine erneute Unterlassungsklage des bislang erfolglosen Zertifikatinhabers zulässig macht.

bb) Rechtsschutz gegenüber den anderen Zertifikatinhabern

300 Der gesetzliche Schutz aus dem Zertifikat nach Art 4, 5 VO (EG) Nr 469/2009 wirkt gegenüber jedermann und folglich in demselben Umfang wie im Verhältnis zu Dritten auch gegenüber einem anderen Zertifikatinhaber für denselben Wirkstoff. Das gilt ohne jede Einschränkung für denjenigen Inhaber, dessen Zertifikat auf einem prioritätsjüngeren Grundpatent beruht. *Er* ist in jedem Fall den Verbietungsansprüchen ausgesetzt, die sich aus einem zu einem prioritätsälteren Grundpatent erteilten Schutzzertifikat ergeben. Inhaber eines Zertifikats, dessen Grundpatent prioritätsälter ist, dürfen demgegenüber – trotz nachfolgender weiterer Schutzrechtserteilungen – zwar die technische Lehre ihrer eigenen Erfindung weiterbenutzen. Verboten bleibt auch ihnen hingegen, von zusätzlichen Merkmalen eines späteren, prioritätsjüngeren (zB Verfahrens- oder Verwendungspatent-)Zertifikats Gebrauch zu machen, selbst wenn dessen Grundpatent von ihrer (zB den Wirkstoff erstmals zur Verfügung stellenden Sachpatent-)Erfindung abhängig ist.[333] Daraus folgt: Greift nicht ausnahmsweise ein Weiterbenutzungsrecht aus einem prioritätsälteren Grundpatent durch, folgt der Rechtsschutz gegen Zertifikatverletzungen durch Inhaber denselben Wirkstoff betreffender anderer Schutzzertifikate den (oben dargelegten) Regeln, die im Verhältnis zu Dritten einschlägig sind.

---

330 Art 14 b) VO (EG) Nr 469/2009.
331 Art 14 c) VO (EG) Nr 469/2009.
332 Art 15 VO (EG) Nr 469/2009.
333 BGH, GRUR 2009, 655 – Trägerplatte.

c) Zweites Schutzzertifikat für die Wirkstoffkombination

Wegen ihrer besonderen praktischen Bedeutung soll an dieser Stelle *einer* Rechtsbestandsfrage nachgegangen werden, nämlich dem Problem, ob und unter welchen Voraussetzungen die Erteilung eines Schutzzertifikats für eine Wirkstoffkombination in Betracht kommen kann, wenn auf den erfinderischen Monowirkstoff bereits ein erstes Zertifikat erteilt worden ist. Ein Beispiel mag die diesbezügliche Ausgangssituation verdeutlichen:

▶ **Beispiel[334]:**

Das Grundpatent (EP 0 720 599) betrifft die Behandlung und Prävention von Arteriosklerose durch Herabsetzung eines zu hohen Cholesterinspiegels im Blut.

Anspruch 1 stellt hierzu einen neuartigen Wirkstoff unter Schutz, nämlich hydroxysubstituierte Azetidinone, bevorzugt Ezetimib (Unteranspruch 8). Die besagten Azetidinone hemmen die Aufnahme von Nahrungscholesterin im Darm, was wiederum dazu führt, dass in der Leber weniger Cholesterin zur Verfügung steht, welches dort zu hepatitischem Lipoprotein verarbeitet wird, das (nach Metabolisierung zu Lipoproteinen niedriger Dichte) eine verstärkte Arteriosklerose bewirken kann.

Anspruch 9 schützt nebengeordnet eine pharmazeutische Zusammensetzung, die hydroxysubstituiertes Azeti-dinon (Anspruch 1), insbesondere Ezetimib (Unteranspruch 8), allein oder in Kombination mit einem – als solchem zur Cholesterinsenkung bekannten und gebräuchlichen – Cholesterin-Biosyntheseinhibitor, bevorzugt Simvastatin (Unteranspruch 17), in einem pharmazeutisch annehmbaren Träger umfasst. Innerhalb der Wirkstoffkombination reduziert Ezetimib die Aufnahme von Nahrungscholesterin im Darm (vgl Anspruch 1), während die kombiniert eingesetzten Cholesterin-Biosyntheseinhibitoren dahingehend wirken, dass – zusätzlich – die körpereigene Produktion von Cholesterin in der Leber gehemmt wird.

Für den Monowirkstoff Ezetimib ist bereits ein erstes Schutzzertifikat (DE 102 99 001.1) erteilt worden. Kann daneben für die Wirkstoffkombination Ezetimib + Simvastatin ein weiteres Zertifikat gewährt werden?

Zwei Fragen stellen sich in diesem Zusammenhang:

aa) Art 3 lit a) VO (EG) Nr 469/2009

Die erste Erteilungsvoraussetzung ergibt sich aus Art 3 lit a) VO (EG) Nr 469/2009, der verlangt, dass der zum Zertifikat angemeldete Arzneimittelwirkstoff (hier also die Wirkstoffkombination, zB Ezetimib + Simvastatin) durch ein in Kraft befindliches Grundpatent geschützt ist. Der Inhalt dieser Bedingung ist durch die EuGH-Vorabentscheidung in Sachen **TEVA./. Gilead**[335] weitestgehend – wie folgt – geklärt:

Dass die Wirkstoffkombination (zB Ezetimib + Simvastatin) in den Schutzbereich des Grundpatents fällt, genügt nicht. Sie muss vielmehr den engeren Schutzgegenstand des Grundpatents repräsentieren.

– Dies ist der Fall, wenn die mit der Zertifikatanmeldung beanspruchte Wirkstoffzusammensetzung in der der Zertifikatanmeldung entsprechenden Konkretheit (dh als solche) ausdrücklich in den Patentansprüchen des Grundpatents als taugliches Lösungsmittel der Erfindung genannt wird.[336] Im obigen Beispiel ist dem so, weil die

---
334 OLG Düsseldorf, GRUR 2020, 272 – Hydroxysubstituierte Azetidinone.
335 EuGH (Große Kammer), Urteil v 25.7.2018 – C-121/17 – Teva./. Gilead.
336 EuGH (Große Kammer), Urteil v 25.7.2018 – C-121/17 – Teva./. Gilead, Rn 37, 53.

zum Zertifikatschutz vorgesehenen Wirkstoffkombination Ezetimib + Simvastatin in den Patentansprüchen 9, 8, 17 des Grundpatents als solche genannt ist.

307 – Findet das zum Zertifikat angemeldete Erzeugnis keine konkrete Erwähnung in den Ansprüchen des Grundpatents, weil der Patentanspruch beispielsweise bloß ein funktionales Merkmal oder eine übergeordnete Wirkstoffklasse enthält, unter das/die der Wirkstoff/die Wirkstoffkombination subsumiert werden kann, so ist erforderlich, dass sich die Patentansprüche des Grundpatents (zB mit ihrer funktionalen Angabe oder Wirkstoffklasse) notwendigerweise und in spezifischer Weise auf den zum Zertifikat angemeldeten Wirkstoff/die Wirkstoffzusammensetzung beziehen.[337] Das bedeutet:

308 • *Jeder* der zu kombinierenden Wirkstoffe muss im Lichte aller durch das Patent offengelegten Angaben spezifisch zu identifizieren sein, was verlangt, dass die Wirkstoffe entweder nach ihrer Struktur oder nach ihrer Funktion näher bestimmt sind.[338] Ob das allgemeine (zB funktionale) Merkmal in diesem Sinne unausgesprochen auf den bestimmten Wirkstoff/die bestimmte Wirkstoffkombination fokussiert, beurteilt sich aus der Sicht des Fachmanns mit dem Wissen des Prioritätstages, der den Stand der Technik ebenso heranzieht wie die Patentbeschreibung und (soweit vorhanden) die Patentzeichnungen.[339] Der Fachmann muss das allgemeine (strukturelle oder funktionale) Merkmal nicht notwendiger Weise auf eine einzige Verbindung beziehen; je nach Lage des Falles kann die funktionale Angabe oder eine Wirkstoffklasse auch stellvertretend für mehrere – allerdings wenige – Verbindungen stehen, mit denen der Fachmann das allgemeine Merkmal in ähnlicher Weise assoziiert wie mit deren ausdrücklicher Erwähnung im Patentanspruch. Ein Grundpatentschutz besteht allerdings dann nicht, wenn es einer erfinderischen Tätigkeit im Anschluss an den Anmeldetag des Grundpatents bedurfte, um das unter die funktionelle Definition fallende Erzeugnis zu entwickeln.[340]

309 • Neben den Einzelwirkstoffen muss darüber hinaus auch die Wirkstoff*kombination* spezifisch vom Grundpatent erfasst sein. Daran fehlt es regelmäßig, wenn der *eine* Kombinationswirkstoff in den Patentansprüchen des Grundpatents bloß als optionaler Bestandteil vorgesehen ist.[341] Denn ein Anspruch, der ein Merkmal ausdrücklich als optional bezeichnet, bringt damit in der Regel (dh solange keine besonderen Anhaltspunkte vorliegen, die ausnahmsweise eine abweichende Beurteilung rechtfertigen) zum Ausdruck, dass diesem Merkmal für die Erfindung gerade keine Bedeutung zukommt.

bb) Art 3 lit c) VO (EG) Nr 469/2009

310 Als weitere Erteilungsvoraussetzung sieht Art 3 lit c) VO (EG) Nr 469/2009 vor, dass für den zum Zertifikat angemeldeten Arzneimittelwirkstoff (hier die Wirkstoffkombination) nicht bereits ein Zertifikat erteilt worden ist. Auch zu dieser Bedingung liegen zwei –

---

337 EuGH (Große Kammer), Urteil v 25.7.2018 – C-121/17 – Teva./. Gilead, Rn 37, 53.
338 BGH, GRUR 2021, 42 – Truvada.
339 EuGH (Große Kammer), Urteil v 25.7.2018 – C-121/17 – Teva./. Gilead, Rn 48–49, 51–53.
340 EuGH, Mitt 2020, 349 – Royalty Pharma./. DPMA.
341 BGH, GRUR 2021, 42 – Truvada.

von allen Behörden und Gerichten der Mitgliedstaaten zu beachtende[342] – EuGH-Vorabentscheidungen[343] vor.

Sie besagen, dass für jedes durch ein Patent geschützte Erzeugnis, dessen Vertrieb arzneimittelrechtlich genehmigt ist, nur *ein* ergänzendes Schutzzertifikat erteilt werden kann. Schützt ein Grundpatent mehrere sich voneinander unterscheidende Erzeugnisse, so können deshalb auf der Grundlage des *einen* Patents mehrere Zertifikate erteilt werden, nämlich ein Zertifikat für jedes der durch das Grundpatent geschützten, unterschiedlichen Erzeugnisse. Allerdings verlangt der Sinn und Zweck des Zertifikatschutzes nicht, dass die arzneimittelspezifischen Verwertungsrückstände in vollem Umfang, dh in Bezug auf alle möglichen Erscheinungsformen der Erfindung, ausgeglichen werden müssen. Insbesondere muss eine Schutzzeitverlängerung nicht in Bezug auf sämtliche verschiedenen pharmazeutischen Zusammensetzungen stattfinden, die mit dem patentgeschützten Wirkstoff möglich oder zweckmäßig sind. Sie hat deshalb auszuscheiden, wenn in der – zusätzlich zu dem erfinderischen Monowirkstoff vorgeschlagenen – Wirkstoffkombination nichts zum Vorschein kommt, was aus der Sicht des Fachmanns über eine naheliegende Abwandlung des erfinderischen Monowirkstoffs hinausgehen würde. Die Frage, ob auf der Grundlage desselben Grundpatents ein oder zwei Schutzzertifikat(e) erteilt werden können, entscheidet sich mithin daran, ob das Grundpatent **eine Erfindung** (= Bereitstellung des Monowirkstoffs) **oder deren zwei** (Bereitstellung des Monowirkstoffs + Bereitstellung der gegenüber dem Monowirkstoff selbständig erfinderischen Wirkstoffkombination) enthält.[344] Verdient nur der Monowirkstoff das Prädikat einer Erfindung, weil es sich bei der ihn enthaltenden Wirkstoffkombination um eine für den Fachmann geläufige Abwandlung handelt, kommt bloß die Erteilung eines einzigen Zertifikats – eben für den allein erfinderischen Monowirkstoff – in Betracht. Stellt hingegen die Wirkstoffkombination neben dem erfinderischen Monowirkstoff selbst eine weitere Erfindung dar, weil sie für den Fachmann nur mit selbständig schöpferischen Überlegungen aufzufinden war, so umfasst das Grundpatent zwei Erfindungen, weswegen auch zwei Zertifikate, eines für jede der beiden Erfindungen, möglich sind. Letzteres ist etwa der Fall, wenn die Kombination nicht bloß absehbar additive, sondern unerwartet synergistische therapeutische Wirkungen entfaltet oder wenn sich die Kombination durch ein überraschend günstiges Nebenwirkungsprofil auszeichnet.

Für die Frage des Vorliegens einer oder mehrerer Erfindungen kommt es im Prinzip auf den **Inhalt der Grundpatentschrift** an und sind spätere Erkenntnisse, die eine überra-

---

342 In diesem Sinne hat der EuGH (ZIP 2011, 2153) unmissverständlich festgestellt, dass es mit dem Unionsrecht nicht vereinbar ist, dass ein nationales Gericht nach einer nationalen Verfahrensvorschrift an die rechtliche Beurteilung eines übergeordneten nationalen Gerichts gebunden ist, wenn diese Beurteilung des übergeordneten Gerichts nicht dem Unionsrecht in seiner Auslegung durch den Gerichtshof entspricht. Erstens kann nämlich das Vorliegen einer nationalen Verfahrensvorschrift, nach der die nicht in letzter Instanz entscheidenden Gerichte an die rechtliche Beurteilung des übergeordneten Gerichts gebunden sind, nicht die Befugnis der nicht in letzter Instanz entscheidenden nationalen Gerichte in Frage stellen, dem Gerichtshof ein Vorabentscheidungsersuchen vorzulegen, wenn sie Zweifel an der Auslegung des Unionsrechts haben. Zweitens bindet ein Urteil des Gerichtshofs im Vorabentscheidungsverfahren das nationale Gericht bei der Entscheidung des Ausgangsverfahrens hinsichtlich der Auslegung oder der Gültigkeit der fraglichen Rechtsakte der Unionsorgane. Überdies ist das nationale Gericht, das im Rahmen seiner Zuständigkeit die unionsrechtlichen Bestimmungen anzuwenden hat, gehalten, für die volle Wirksamkeit dieser Normen Sorge zu tragen, indem es erforderlichenfalls jede entgegenstehende nationale Bestimmung aus eigener Entscheidungsbefugnis unangewandt lässt, ohne dass es die vorherige Beseitigung dieser nationalen Bestimmung auf gesetzgeberischem Wege oder durch irgendein anderes verfassungsrechtliches Verfahren beantragen oder abwarten müsste.
343 EuGH, GRUR 2014, 157 – Actavis./. Sanofi; EuGH, Mitt 2015, 318 – Actavis./. Boehringer, vgl dazu umfassend OLG Düsseldorf, Urteil v 15.3.2019.
344 OLG Düsseldorf, GRUR 2020, 272 – Hydroxysubstituierte Azetidinone; BPatG, Mitt 2020, 64 – Fungizide Wirkstoffzusammensetzung.

schende Wirksamkeit oder Nützlichkeit der Wirkstoffkombination ergeben, nicht zu berücksichtigen.[345] Es findet also keine nachträgliche (Neu-)Bewertung der einzelnen Patentansprüche vor dem Hintergrund des vorbekannten Standes der Technik am Prioritätstag statt, sondern es ist darauf abzustellen, was der Fachmann in Anbetracht des die Patentansprüche erläuternden Beschreibungstextes und ggf der Patentzeichnungen unter Heranziehung seines Fachwissens am Prioritätstag als diejenige – eine oder zwei – Erfindung(en) identifiziert, für die das Grundpatent gewährt worden ist.[346]

313 – Stellt das Grundpatent die nebengeordnet unter Schutz gestellte Wirkstoffkombination bloß als eine mögliche Ausführungsform der Erfindung des Monowirkstoffs dar, so ist es belanglos, dass in ihrer Bereitstellung tatsächlich eine selbständige Erfindung liegt. Eine dahingehende Prüfung findet nicht statt und es hat bei der Erteilung eines einzigen Schutzzertifikats für den allein erfinderischen Monowirkstoff des Grundpatents sein Bewenden.[347] Dies ist auch sachgerecht, weil es der Patentinhaber in der Hand gehabt hätte, das Grundpatent technisch zutreffend (sic: im Sinne des Vorliegens zweier Erfindungen) abzufassen oder aber innerhalb derjenigen Zeitspanne, die ihm eine eigenständige Nachanmeldung ermöglicht, davon abzusehen, sie im Grundpatent zu erwähnen.[348]

314 – Die umgekehrte Konstellation zeichnet sich dadurch aus, dass das Grundpatent für sich zu Unrecht zwei selbständige Erfindungen in Anspruch nimmt, obwohl eine solche mit Blick auf die Wirkstoffkombination überhaupt nicht vorliegt. Hier wären nach dem Gesagten an sich zwei Zertifikate zu erteilen, wobei dies selbst nach einem Rechtsbestandsangriff auf das Grundpatent zu gelten hätte, der deshalb keinen Erfolg haben könnte, weil der erteilte Nebenanspruch auf die Wirkstoffkombination auch unabhängig von einer eigenen Erfindungshöhe Bestand haben müsste, da er von der erfinderischen Leistung mitgetragen wird, die die Bereitstellung des Monowirkstoffs erfordert hat. Ein – wenigstens im Beschreibungstext – geändertes Grundpatent ist deshalb nicht zu erstreiten. Im Ergebnis kann jedoch kein ernsthafter Zweifel darüber bestehen, dass sich der Patentinhaber durch eine objektiv unzutreffende, möglicherweise sogar bewusst unrichtige Darstellung des technischen Umfeldes kein zusätzliches, ihm nach der objektiven Sachlage nicht zustehendes Zweit-Zertifikat erschleichen können darf. Für die betrachtete Sachverhaltsgestaltung muss deshalb eine **Ausnahme** von dem Grundsatz zugelassen werden, dass für die Zertifikaterteilung nur der tatsächliche Inhalt des Grundpatents von Interesse ist. Soweit es um den Vorwurf geht, dass das Grundpatent für sich unberechtigt zwei selbständige Erfindungen reklamiert, ist (weil dem im Rechtsbestandsverfahren gegen das Grundpatent keine Beachtung geschenkt wird) im Rahmen der Erteilung eines zweiten Zertifikats auf die Wirkstoffkombination der (an dieser Stelle an sich bedeutungslosen) Frage nachzugehen, ob wirklich zwei voneinander unabhängige Erfindungen gegeben sind.[349]

7. Benutzungshandlungen

315 Steht fest, dass der angegriffene Gegenstand von der technischen Lehre des fraglichen Schutzrechts Gebrauch macht, ist weiter zu prüfen, ob der potenzielle Verletzer eine der

---

345 OLG Düsseldorf, GRUR 2020, 272 – Hydroxysubstituierte Azetidinone; BPatG, Mitt 2020, 64 – Fungizide Wirkstoffzusammensetzung.
346 OLG Düsseldorf, GRUR 2020, 272 – Hydroxysubstituierte Azetidinone.
347 BPatG, Urteil v 9.10.2020 – 3 Ni 4/19.
348 OLG Düsseldorf, GRUR 2020, 272 – Hydroxysubstituierte Azetidinone.
349 OLG Düsseldorf, GRUR 2020, 272 – Hydroxysubstituierte Azetidinone.

in § 9 Satz 2 PatG abschließend aufgezählten Benutzungshandlungen vornimmt. Unterschieden wird dabei zwischen Erzeugnissen (§ 9 Satz 2 Nr 1 PatG), patentierten Verfahren (§ 9 Satz 2 Nr 2) und Erzeugnissen, die unmittelbar durch ein patentiertes Verfahren hergestellt wurden (§ 9 Satz 2 Nr 3 PatG).

Jede einzelne Benutzungsart repräsentiert dabei einen eigenen **Streitgegenstand**, selbst wenn aus jeder von ihnen dieselben, vollständigen Rechtsfolgen hergeleitet und zugesprochen werden können.[350]

316

▶ **Beispiel:**

Der Kläger begründet seine Klage damit, dass der Beklagte schutzrechtsbenutzende Erzeugnisse sowohl angeboten als auch in den Verkehr gebracht hat. Im Prozess bestätigt sich lediglich das Angebot, nicht aber der Vertrieb. Ungeachtet dessen, dass bereits aufgrund der festgestellten Angebotshandlung sämtliche Benutzungsarten außer der des Herstellens zu verurteilen sind, unterliegt der Kläger insoweit, als er sein Klagebegehren (im Wege kumulativer Klagenhäufung) auch auf den Vertrieb gestützt hat.

317

Im Verletzungsprozess bedeutet dies, dass es in Fällen, in denen sich nur *einer* von mehreren zur Klagebegründung bemühten Benutzungsarten als gegeben erweist, zu einem Teilunterliegen mit entsprechender Kostenquote zu Lasten des Klägers kommt. Nach vollständiger Klageabweisung bedarf es mit Blick auf ein Rechtsmittelverfahren zur Zulässigkeit einer Berufung, die sich gegen das landgerichtliche Urteil insgesamt richtet, einer Auseinandersetzung mit sämtlichen Klagegründen (= verneinten Benutzungsarten).[351]

318

a) Beginn des Patentschutzes

Gemäß § 58 Abs 1 Satz 3 PatG und Artt 97 Abs 3, 64 Abs 1- EPÜ wird die Patenterteilung nicht schon mit dem Erteilungsbeschluss wirksam; vielmehr treten die gesetzlichen Ausschließlichkeitswirkungen erst in dem Augenblick ein, in dem der Hinweis auf die Patenterteilung im Patentblatt veröffentlicht worden ist. Gleichzeitig mit dem Erteilungshinweis wird auch die Patentschrift veröffentlicht (§ 58 Abs 1 Satz 2 PatG, Art 98 EPÜ), so dass für jedermann, der dem Monopolrecht unterworfen ist und es zu beachten hat, dessen Inhalt und Reichweite erkennen und sein eigenes Verhalten darauf einrichten kann. Die Bekanntmachung des Hinweises auf die Patenterteilung in einer bestimmten, öffentlich zugänglichen Quelle, von der jedem Gewerbetreibenden bewusst sein muss, dass er sich dort – und nur dort! – verlässlich informieren und vergewissern kann und muss, gewährleistet insoweit, dass derjenige, dem gegenüber der Patentinhaber seine Monopolrechte geltend macht, auf zumutbare Weise die Chance hatte, dem Patentschutz auszuweichen.

319

Hat die Prüfungsabteilung die Anmeldung zurückgewiesen, so steht dem Anmelder dagegen die Beschwerde an das BPatG (§ 73 Abs 1 PatG) bzw an die TB des EPA (Art 106 Abs 1 Satz 1 EPÜ) zu, die in der Sache zu entscheiden haben, sofern die Prüfungsabteilung der Beschwerde nicht selbst abhilft (§ 73 Abs 3 PatG, Art 109 EPÜ). Das Beschwerdegericht kann dabei selbst durchentscheiden, es kann die Sache – unter jeweils unterschiedlichen Voraussetzungen – aber auch an die Prüfungsabteilung zurückgeben mit der Anweisung, die Patentanmeldung neu zu bescheiden (§ 79 Abs 3 PatG, Art 111 EPÜ). Ist das abermalige Prüfungsergebnis im Zeitpunkt der Beschwerdeentscheidung noch offen (zB weil bisher lediglich die Neuheit geprüft wurde, welche das Beschwerdegericht abweichend von der Prüfungsabteilung für gegeben hält, und sich die Prüfungs-

320

---

350 OLG Düsseldorf, Urteil v 23.3.2017 – I-2 U 58/16.
351 OLG Düsseldorf, Urteil v 23.3.2017 – I-2 U 58/16.

abteilung deshalb nunmehr erstmals mit der Frage der erfinderischen Tätigkeit befassen muss), so hat der Patentinhaber die dadurch bedingte zeitliche Verzögerung bei der Gewährung seines Patentschutzes als notwendige Folge des gesetzlichen Instanzenzuges hinzunehmen.

321 Denkbar ist aber auch der Fall, dass das Beschwerdegericht einen ganz bestimmten, konkreten Anspruchssatz für gewährbar erklärt und die Sache – wie dies die Übung bei den TB-EPA ist – trotzdem mit der Anweisung an die Prüfungsabteilung zurückgibt, alles Weitere (Anpassung der Patentbeschreibung an die gewährbaren Patentansprüche sowie sonstige Formalitäten bis zur Veröffentlichung des Erteilungshinweises) zu veranlassen. Unter solchen Umständen steht ein gewisser Patentschutz aufgrund der bindend zu gewährenden Patentansprüche bereits fest und kann es gleichwohl noch mehrere Monate dauern, bis die Patenterteilung veröffentlicht und der Patentschutz dadurch förmlich in Kraft gesetzt ist. Das wirft die Frage auf, ob dem Patentinhaber nicht schon vorher – über den Entschädigungsanspruch hinaus – ein Patentschutz zugebilligt werden kann, der insbesondere einen Unterlassungsanspruch jedenfalls gegen angesichts der Anspruchsfassung eindeutig patentgemäße Benutzungshandlungen umfasst.

Praxistipp	Formulierungsbeispiel

322 Bevor dem im Detail nachgegangen wird, ist zunächst festzuhalten, dass eine gewisse Chance, dem Dilemma zu entgehen, darin besteht, unter Hinweis darauf, dass Patentbenutzungen stattfinden, gegen die vorgegangen werden soll, um eine Ausübung des Ermessens dahingehend zu bitten, dass das Beschwerdegericht die bereits jetzt vorgelegte angepasste Beschreibung selbst prüft, anstatt zurückzuverweisen.

Ein weiteres strategisches Instrument besteht darin, die Erfindung nicht nur europäisch, sondern parallel **auch national anzumelden**, womit die Chancen steigen, dass zumindest *eine* der angerufenen Prüfungsabteilungen auf Anhieb die Erfindungsqualität erkennt und es infolgedessen zügig zu einer Patenterteilung für Deutschland kommt.

Nun lässt sich die wirtschaftliche Bedeutung einer Erfindung zweifellos nicht immer innerhalb des Prioritätsjahres erkennen und überblicken. Wo eine nationale Parallelanmeldung versäumt wurde, bleibt in jedem Fall die Möglichkeit einer **Gebrauchsmusterabzweigung**. Mit ihr – und dem darauf gestützten Verletzungsprozess – sollte nicht zugewartet werden, bis die Beschwerdeentscheidung vorliegt. Um Zeit zu gewinnen, ist es vielmehr ratsam, schon vorher gegen den Verletzer vorzugehen, weil die Klageanträge im Gebrauchsmusterverletzungsprozess zu gegebener Zeit (spätestens in der Schlussverhandlung des Verletzungsprozesses) immer noch auf die mit der Beschwerdeentscheidung als gewährbar anerkannte Anspruchsfassung zurückgeführt werden können. Kein Verletzungsgericht würde gegenüber einer solchen Anspruchsfassung Schutzfähigkeitsbedenken anmelden, so dass der Prozesserfolg gewiss wäre. In geeigneten Fällen mag sogar ein Verfügungsantrag erfolgversprechend sein, dem ein in dieser Weise gesichertes Gebrauchsmuster zugrunde liegt.

323 Nachdem die im **PatG** kodifizierten Ansprüche auf Unterlassung und Schadenersatz an die Benutzung einer »patentierten Erfindung« anknüpfen und damit nach der Begriffslogik des PatG unzweideutig ein Schutzrecht gemeint ist, das mit den gesetzlichen Wirkungen eines Patents (§ 58 Abs 1 Satz 3 PatG) ausgestattet ist, kommen Anspruchsgrundlagen nach dem PatG von vornherein nicht in Betracht. Denn zu einem *erteilten* Patent wird eine Anmeldung erst dadurch, dass das Patentamt ihre Erteilung beschließt *und* der Hinweis auf die Patenterteilung im Patentblatt veröffentlicht ist. An diesem doppelten Erfordernis scheitert auch jede erweiternde Auslegung des § 58 Abs 1 Satz 3 PatG. Zwar mag man erwägen, ob dem Erteilungsbeschluss nicht eine dem Patentanmelder günstige

Beschwerdeentscheidung qualitativ gleich zu erachten ist, die mit Bindungswirkung sowohl für das Beschwerdegericht als auch für die Prüfungsabteilung und somit unverrückbar feststellt, dass auf die Anmeldung ein Patent mit einem bestimmten Anspruchssatz zu erteilen ist. Die weitere, zweite Wirksamkeitsbedingung für die Entstehung des Patentschutzes – die Veröffentlichung des Hinweises auf die Patenterteilung im Patentblatt – wird jedoch ganz sicher nicht in äquivalenter Form durch die Beschwerdeentscheidung über die nachgesuchte Patenterteilung verwirklicht. Das gilt selbst dann, wenn die Entscheidung im Datenbestand des Patentamtes recherchierbar sein sollte. Denn während der potenzielle Benutzer sich nach § 58 Abs 1 Satz 3 PatG auf die Überwachung einer ganz bestimmten Veröffentlichungsquelle (sic: das Patentblatt) in Bezug auf ganz bestimmte Inhalte (sic: Patenterteilungen) beschränken kann, verursacht die Überwachung der Rechtsprechung der Beschwerdesenate zu dem Zweck, solche vereinzelten Erkenntnisse zu ermitteln, mit denen ein bestimmter Anspruchssatz zur Patenterteilung zurückgewiesen wird, einen ungleich höheren Aufwand und birgt ungleich höhere Risiken, Maßgebliches zu übersehen. Dieses Resultat steht im Einklang mit der Tatsache, dass sowohl § 33 Abs 1 Satz 1 Halbsatz 2 PatG als auch Art II § 1 Abs 1 Satz 3 IntPatÜG neben dem Entschädigungsanspruch weitergehende Ansprüche (namentlich solche auf Unterlassung und Schadenersatz[352]) ausdrücklich ausschließen. Dieser letzte Gesichtspunkt verbietet es selbst in solchen Fällen, in denen der Erfindungsbenutzer – warum und wie auch immer (zB aufgrund einer gezielten Mitteilung des Anmelders) – positive Kenntnis von der Beschwerdeentscheidung haben sollte, die gesetzlichen Wirkungen der Patenterteilung eintreten zu lassen.

Theoretisch denkbar wären allenfalls Ansprüche nach dem **UWG** (§§ 3, 8 UWG: unlautere geschäftliche Handlung) oder dem **BGB** (§ 823 BGB: Eingriff in den eingerichteten und ausgeübten Gewerbebetrieb). Auch sie haben jedoch – völlig unabhängig davon, ob in der weiteren Erfindungsbenutzung trotz beschlossener Patenterteilung überhaupt tatbestandsmäßig eine »unlautere geschäftliche Handlung« oder ein potenziell deliktischer »Eingriff in den Geschäftsbetrieb« des Patentinhabers gesehen werden kann – jedenfalls aus Konkurrenzgründen auszuscheiden.[353] Sowohl bei § 3 UWG als auch bei § 823 BGB handelt es sich um eine haftungsrechtliche Generalklausel, die aufgrund ihrer Rechtsnatur keinen Anspruch unter Umständen hergeben kann, unter denen vorhandene Spezialnormen einen Anspruch versagen. Von welchem Zeitpunkt an der Anmelder gegen die Benutzung seiner Erfindung mit einem Unterlassungs- und Schadenersatzanspruch gegen Dritte vorgehen kann, ist spezialgesetzlich im PatG geregelt. Diese Regelungen können nicht kurzerhand dadurch umgangen werden, dass für das Anspruchsbegehren auf die Generalklausel eines anderen, sachlich entfernteren Gesetzes (UWG, BGB) gewechselt wird, indem dessen weit (= generalklauselartig) formulierte Tatbestandsvoraussetzungen auf den spezialgesetzlich genau andersherum geregelten Sachverhalt angewandt werden mit der Folge, dass dem Anmelder diejenige Rechtsfolge gewährt wird, die ihm das Spezialgesetz verwehrt.

324

Eine möglicherweise taugliche Anknüpfung bietet demgegenüber der für die Offenlegungszeit, dh bis zur Veröffentlichung des Hinweises auf die Patenterteilung und darüber hinaus bis zum Beginn des Schadenersatzzeitraumes geschuldete **Entschädigungsanspruch**. Er ist nach der Rechtsprechung zwar grundsätzlich auf eine Liquidation nach den Regeln der Lizenzanalogie beschränkt[354], geht nach der Gesetzesfassung aber auf eine »den Umständen nach angemessene Entschädigung« (§ 33 Abs 1 PatG, Art II § 1 Abs 1 Satz 1 IntPatÜG), was es erlauben würde, als für die Bemessung der *billigen* Entschädigung für die Zeit zwischen der Beschwerdeentscheidung und dem Ende des Ent-

325

---

352 BGH, GRUR 1989, 411 – Offenend-Spinnmaschine.
353 LG Düsseldorf, Urteil v 1.9.2022 – 4a O 27/22.
354 Vgl unten Kap D Rdn 705.

schädigungszeitraumes den Umstand heranzuziehen, dass in der betrachteten Fallkonstellation nicht nur Gebrauch von einer bloß angemeldeten Erfindung mit ungewissem Schicksal gemacht, sondern eine technische Lehre benutzt wurde, deren Patentfähigkeit in der Sache durch die Beschwerdeentscheidung endgültig geklärt war. Dieser besonderen Tatsache ließe sich dadurch Rechnung tragen, dass die Benutzungsentschädigung ausnahmsweise höher ausfallen kann als die übliche vertragliche Lizenz. Wegen des gesetzlichen Ausschlusses anderer, weiter-gehender Ansprüche ergibt sich in Bezug auf ein Mehr als die übliche Lizenzanalogie eine Grenze allerdings daraus, dass es über den Entschädigungsanspruch nicht zu einem vollen Schadensausgleich kommen darf, wie er nach § 139 Abs 2 PatG vorgesehen ist. Zu denken wäre an einen maßvoll höheren Lizenzsatz, der seine innere Rechtsfertigung auch darin finden könnte, dass gedachte redliche Lizenzvertragsparteien für ihre Vergütungsvereinbarung die Erteilungsaussichten berücksichtigen würden, die durch eine Beschwerdeentscheidung auf Erteilung eines bestimmten Anspruchsatzes manifest werden würden. Andererseits ist zu berücksichtigen, dass ein erhöhter Lizenzsatz gewöhnlich nur für wenige Monate infrage kommen würde und deswegen die Frage ist, ob Lizenzvertragsparteien dem durch besondere Regelungen zur Lizenzvergütung wirklich Rechnung tragen würden. Dies erscheint jedenfalls für den »normalen« Entschädigungsfall in Bezug auf denjenigen Zeitraum ausgeschlossen, während dessen eine Schadenersatzhaftung wegen des dem Benutzer zuzubilligenden Karenzmonats ausscheidet, weil eine vertragliche Sonderregelung für eine derart kurze Zeitspanne von nur einem Monat unter »Kosten-Nutzen«-Gesichtspunkten nicht sinnvoll ist.

b) Territorium[355]

aa) Küstenmeer

326 Die Benutzung muss im Geltungsbereich des Klageschutzrechts stattgefunden haben, wozu nur das Hoheitsgebiet des Erteilungsstaates zählt. Zu ihm gehört auch das **Küstenmeer** bis zur 12 Seemeilen-Zone (Art 2 UN-Seerechtsübereinkommen v 10.12.1982). Seegebiete (einschließlich dort vorhandener Bohrinseln, Windparks oder dergleichen) außerhalb der genannten Zone zählen zwar zur ausschließlichen Wirtschaftszone des betreffenden Staates[356], sie sind aber kein Staatsgebiet und deshalb auch kein Inland, in dem das PatG gilt.[357]

bb) Lieferkette Ausland-Ausland-Inland[358]

(1) Haftungsvoraussetzungen

327 Da sich die Benutzungshandlung im Inland abspielen muss, kann die Lieferung[359] eines patentgemäßen Gegenstandes vom patentfreien Ausland ins patentfreie Ausland grundsätzlich keine Schutzrechtsverletzung darstellen. Anderes kann nur dann gelten, wenn der gelieferte Gegenstand anschließend ins Schutzterritorium des Klagepatents weiterge-

---

355 Zum Patentschutz im Weltraum vgl Schlimme, Mitt 2014, 363; Mitt 2020, 113 und 298.
356 Eine ausschließliche Wirtschaftszone hat Deutschland für die Nordsee und die Ostsee proklamiert; vgl ausführlich Schlimme, Mitt 2021, 314.
357 LG Mannheim, Urteil v 5.7.2016 – 2 O 96/15; LG Hamburg, GRUR-RS 2018, 8035 – Windturbinenschaufel.
358 Kritisch: Nieder, GRUR 2020, 823.
359 Abgesehen von der Bereitstellung des Patentgegenstandes als ganzes kommen auch weitere Unterstützungshandlungen in Betracht wie die Lieferung von Rohstoffen oder Vorprodukten, die Lieferung von Produktionswerkzeugen für den Patentgegenstand oder die Bereitstellung von Werbemitteln.

liefert wird³⁶⁰, sofern diese das Schutzrecht verletzende Aktion dem ursprünglichen, selbst nur im Ausland agierenden Lieferanten zugerechnet werden kann,³⁶¹ so dass auch mit Blick auf den im Ausland Liefernden – kraft Zurechnung fremden Verhaltens – eine inländische Benutzungshandlung angenommen werden kann. Um die Haftung des Auslandslieferanten nicht ausufern zu lassen, genügt die bloß objektive Kausalität seines Verhaltens für die spätere Inlandslieferung, die typischerweise gegeben sein wird, noch nicht aus; vielmehr bedarf es für die Zurechnung eines feststellbaren Verschuldensmoments auf Seiten des Auslandslieferanten. Ohne Verschulden keine Zurechnung und keine Haftung, auch nicht auf Unterlassung!

Ein Verschulden ist in den Fällen der (vorsätzlichen) **Mittäterschaft** und der (vorsätzlichen) Anstiftung und Beihilfe zwischen dem Auslandslieferanten und seinem ins Inland liefernden ausländischen Abnehmer³⁶² unzweifelhaft gegeben, weil das kollusive Zusammenwirken nach allgemeinen Haftungsregeln eine wechselseitige Zurechnung aller geleisteten Tatbeiträge rechtfertigt, womit der Auslandslieferant rechtlich so zu behandeln ist, als hätte er den Verletzungsgegenstand selbst ins Inland geliefert. 328

Jenseits einer vorsätzlichen Tatunterstützung reicht die bloß fahrlässige Mitverursachung des späteren inländischen Weiterverkaufs durch eine vorausgehende Auslandslieferung nur unter qualifizierenden Umständen aus, nämlich dann, wenn der Auslandsakteur *bei seiner Lieferung* **konkrete Anhaltspunkte** hatte, die es bei *objektiver Betrachtung* als *naheliegend* erscheinen lassen mussten, dass sein Abnehmer den Verletzungsgegenstand (direkt oder indirekt über weitere Auslandshändler) ins Inland verbringen oder dort anbieten wird.³⁶³ Bloß spekulierende und vermutende Überlegungen genügen ebenso wenig wie inhaltsleere, nicht näher ausgeführte Worthülsen, etwa der Verweis auf »die wirtschaftlichen Verhältnisse« oder »die geografischen Gegebenheiten«. Eine allgemeine (von konkreten Verdachtsgründen losgelöste) Prüfungspflicht hinsichtlich der weiteren Verwendung eines im Ausland bereitgestellten Gegenstandes besteht nicht.³⁶⁴ Ob die gegebenen, konkret benannten Umstände – für sich allein betrachtet oder zumindest in ihrer kombinatorischen Gesamtschau – für den notwendigen Verdacht einer bevorstehenden Inlandslieferung ausreichen, ist eine Frage der tatrichterlichen Würdigung im Einzelfall. »**Naheliegend**« ist die Möglichkeit einer Inlandslieferung nicht nur dann, wenn sie mit einer größeren Wahrscheinlichkeit als ihre schutzrechtsfreie Verwendung zu erwarten steht, sondern schon dann, wenn für sie derart aussagekräftige Anhaltspunkte bestehen, dass mit einer Inlandslieferung ernstlich gerechnet werden muss. 329

Jeder generalisierenden Bewertung einzelner Tatsachen ist mit äußerster Vorsicht zu begegnen. Denn ein gewisser Tatumstand kann in dem *einen* Kontext als Indiz gegen eine Inlandslieferung zu deuten sein, während derselbe Umstand in anderem Zusammenhang das genaue Gegenteil bezeugen kann. Das Nachfolgende ist vor dem Hintergrund dieses Vorbehaltes zu begreifen: 330

---

360 Ohne Vorliegen einer Patentverletzung mindestens in Form der Erstbegehungsgefahr scheidet eine Haftung des Lieferanten wegen unmittelbarer Patentverletzung aus; möglich bleibt unter den Voraussetzungen des § 10 PatG nur eine mittelbare Verletzung (BGH, GRUR 2017, 785 – Abdichtsystem).
361 BGH, GRUR 2017, 785 – Abdichtsystem.
362 *Mittäterschaft* und *Beihilfe* differenzieren sich nach dem – gegebenen oder fehlenden – Grad der Tatherrschaft (= objektive Bedeutung des Tatbeitrages für das Verletzungsgeschehen). In Fällen der Mittäterschaft besteht für den ausländischen Mittäter inländische Tatherrschaft, in Fällen der Beihilfe nicht.
363 BGH, GRUR 2017, 785 – Abdichtsystem.
364 BGH, GRUR 2017, 785 – Abdichtsystem.

331 Grundsätzlich genügt für die Gefahr einer Inlandslieferung weder eine einschlägige Tätigkeit des Abnehmers auf dem inländischen Markt noch der Umstand, dass der ausländische Abnehmer ähnliche Erzeugnisse in der Vergangenheit bereits ins Inland geliefert hat.[365] Bloßes Fürmöglichhalten einer Inlandslieferung (= dolus eventualis) ist deswegen unbeachtlich.[366] Nach Lage des Falles können freilich auch ganz andere Schlussfolgerungen gerechtfertigt sein. Aus dem Vorhandensein deutschsprachiger Benutzungshinweise lässt sich ebenfalls nicht *unbedingt* auf eine inländische Vertriebsabsicht schließen.[367] Abgesehen davon, dass außer Deutschland auch andere schutzrechtsfreie deutschsprachige Territorien (Österreich, Schweiz, Südtirol) in Betracht kommen, können die abgedruckten Sprachen öffentlich-rechtlichen Vorgaben geschuldet sein, was ihnen eine verbindliche Aussagekraft zu dem ins Auge gefassten Vertriebsgebiet nehmen kann.[368] Im Einzelfall kann der Sachverhalt allerdings auch abweichend gelagert sein, zB wenn die sonstigen deutschsprachigen Absatzgebiete aus anderen Gründen als Absatzmarkt für die verletzende Ware ausscheiden. Anlass für einen Verdacht und entsprechende Rückfragen zur geplanten Verwendung der Ware besteht in jedem Fall aber dann, wenn die im Ausland abgenommene Liefermenge so groß ist, dass sie vom Empfänger bei Berücksichtigung von dessen Vertriebsnetz erkennbar nicht allein auf schutzrechtsfreien Märkten abgesetzt werden kann, oder wenn das Abnahmeverhalten des Belieferten auffällig mit dessen schutzrechtsverletzender Tätigkeit im Geltungsbereich des Klagepatents korreliert.[369] Eine Berechtigungsanfrage, die die inländische Patentbenutzung thematisiert, wird im Allgemeinen gleichfalls Anlass für dahingehende Verdachtserwägungen geben.[370]

332 Da es sich bei den Anhaltspunkten für eine nachfolgende Inlandslieferung um anspruchsbegründende Umstände handelt, gelten die Regeln des Strengbeweises und liegt die Darlegungs- und **Beweislast** beim Kläger. Relevant sind daher nur diejenigen tatsächlichen Begleitumstände der Auslandslieferung, die unstreitig oder bewiesen (§ 286 ZPO) sind. Nur sie sind – ggf innerhalb eines feststehenden rechtlichen Rahmens – daraufhin zu untersuchen, ob sie bei objektiver (vernünftiger) Würdigung den Schluss tragen, dass es im Anschluss an die Auslandslieferung überwiegend wahrscheinlich zu einer inländischen Patentverletzung kommen wird.

333 Speziell für den **Kfz-Bereich** *kann* die Heranziehung von Erfahrungen des täglichen Lebens zur Rechtfertigung einer voraussichtlich zu befürchtenden Inlandslieferung in Betracht kommen. So wird sich vielfach bereits aufgrund der Lebenserfahrung feststellen lassen, dass ein weltweit operierender Fahrzeugbauer seine Pkw kontinuierlich zu entsprechenden Teilen in den einzelnen zu seinem Vertriebsgebiet gehörenden Ländern absetzt, sodass angenommen werden kann, dass von einer ausländischen, patentgemäße Erzeugnisse hervorbringenden Produktion ein gewisser Teil auch nach Deutschland als wichtigem Absatzmarkt gelangt. Maßgeblich dafür, ob mit einem derartigen Erfahrungssatz operiert werden kann, sind aber stets die Umstände des Einzelfalles, die nach allgemeinen Regeln vom Kläger darzulegen sind und die dergestalt sein müssen, dass sie für einen solchen Lieferstrom etwas Konkretes hergeben. Denn es ist nicht von vornherein ausgeschlossen, dass der Autobauer mehrere ausländische Produktionsstandorte unterhält und – aus den unterschiedlichsten Gründen (zB Transportkosten, Ausfuhrbestimmungen, spezielle technische Ausstattung des Kfz für ganz bestimmte Märkte) – nicht von jedem von ihnen jedes potenzielle Vertriebsgebiet beliefert. Wesentlich ist des Weite-

---

365 BGH, GRUR 2017, 785 – Abdichtsystem.
366 BGH, GRUR 2017, 785 – Abdichtsystem.
367 BGH, GRUR 2017, 785 – Abdichtsystem.
368 OLG Karlsruhe, GRUR 2016, 482 – Abdichtsystem.
369 BGH, GRUR 2017, 785 – Abdichtsystem.
370 BGH, GRUR 2021, 1167 – Ultraschallwandler.

ren, dass der Erfahrungssatz vor allem dann zum Tragen kommt, wenn es die kompletten Fahrzeuge sind, um deren Lieferung ins Inland es geht und die patentrechtlich deshalb von Belang ist, weil mit dem Gesamtfahrzeug selbstverständlich auch alle seine Teile nach Deutschland geliefert werden, so dass mit dem Fahrzeug zugleich alle Zulieferteile und mit ihnen wiederum deren Bestandteile in Verkehr gebracht werden.

▶ **Beispiel:**

Unter Patentschutz steht ein Bauteil, das Bestandteil eines handelsüblichen Kfz ist, zB ein Ultraschallwandler für eine Einparkhilfe. 334

Eine patentverletzende Inlandslieferung kommt in folgenden drei Spielarten in Betracht:
- Weiterlieferung des patentverletzenden Ultraschallwandlers nach Deutschland;
- Weiterlieferung der im Ausland gefertigten Einparkhilfe mit dem patentverletzenden Ultraschallwandler nach Deutschland;
- Weiterlieferung eines im Ausland hergestellten und mit einer vorbezeichneten Einparkhilfe ausgestatteten Kraftfahrzeugs nach Deutschland.

Erfahrungssätze des täglichen Lebens kommen dem Kläger vor allem in der letztgenannten Konstellation zugute, weil Deutschland bekanntlich ein wichtiger Absatzmarkt für Kraftfahrzeuge ist, so dass im Zweifel auch ohne besondere Anhaltspunkte die Annahme berechtigt ist, dass ein Teil der ausländischen Fahrzeugproduktion mit dem patentverletzenden Ultraschallwandler nach Deutschland gelangt.

Deutlich problematischer sind vergleichbare Überlegungen für die beiden erstgenannten Kategorien, weil die Möglichkeit einer Inlandslieferung patentverletzender Ultraschallwandler und Einparkhilfen mit zunehmender Verlagerung der Autoproduktion ins Ausland schwindet.

Geht es um die **Auslandslieferung von Rohstoffen für** die **Zulieferindustrie**, lassen sich die bisherigen Gedanken nicht einfach übertragen. 335

Vorab sind vielmehr einige grundsätzlichen patentrechtliche **Vorüberlegungen** anzustellen, die exemplarisch an dem Beispiel verdeutlicht werden sollen, dass ein Rohstoff unter Patentschutz steht, der bei der Fertigung eines Kfz-Bauteils gebraucht wird, etwa eine chemische Zusammensetzung, aus der Kraftstoffleitungen hergestellt werden. 336

- Eine patentrechtlich relevante Inlandslieferung kommt hier überhaupt nur in der Form in Betracht, dass die (Rohstoff-)Zusammensetzung als solche nach Deutschland weitergeliefert wird. Denn die zu einer Kraftstoffleitung verarbeitete Zusammensetzung hat eine andere Konsistenz und erfüllt allein deswegen die patentgemäßen Anspruchsmerkmale nicht mehr. Der Fall liegt insofern grundlegend anders als bei dem gerade erörterten Ultraschallwandler, der auch in seiner zu einer Einparkhilfe (in einem Kfz) verbauten Ausgestaltung derselbe bleibt. 337
- Wenn das Klagepatent außer der Zusammensetzung nebengeordnet die daraus gefertigte Kraftstoffleitung schützt, fragt sich, ob die Weiterlieferung der Zusammensetzung durch den Auslandsabnehmer nach Deutschland eine Verletzung des Kraftstoffleitungsanspruchs darstellen kann. Das hängt von den näheren Umständen ab. Die bloß fahrlässige Lieferung der Zusammensetzung vom Ausland ins Ausland kann keine – allein in Betracht kommende – mittelbare Verletzung des Kraftstoffleitungsanspruchs sein, weil es am doppelten Inlandsbezug fehlt; die Lieferung des Mittels erfolgt vollständig im Ausland. Etwas anderes gilt dann, wenn der Auslandslieferant Mittäter, Anstifter oder Gehilfe des den Rohstoff ins Inland weiterliefernden Auslandsabnehmers ist, weil dem Auslandslieferanten unter solchen Bedingungen das 338

Tun seines ausländischen Abnehmers zugerechnet wird, so dass auch mit Blick auf ihn eine Inlandslieferung des Mittels (= der chemischen Zusammensetzung) vorliegt, die unter § 10 PatG relevant sein kann. Ist darüber hinaus auch der inländische Produzent der Kraftstoffleitungen in das Tatgeschehen eingeweiht, so dass alle Akteure von der ersten Rohstofflieferung bis zum schlussendlichen Verkauf der Kraftstoffleitungen einvernehmlich agieren, so wird den Rohstofflieferanten das von ihrem Vorsatz umfasste patentverletzende Tun des die Kraftstoffleitungen bereitstellenden Fahrzeugzulieferers zugerechnet, womit alle arbeitsteilig Handelnden wegen unmittelbarer Verletzung des Kraftstoffleitungsanspruchs haften.

339 Ohne eine – wie geschildert – mittäterschaftliche oder teilnehmende Mitwirkung des Auslandslieferanten an der inländischen Weiterlieferung der Zusammensetzung an den inländischen Kfz-Zulieferer kommt eine Haftung des Auslandslieferanten der chemischen Zusammensetzung allein wegen Verletzung des die Zusammensetzung betreffenden Patentanspruchs nach den Regeln der BGH-Entscheidung »Abdichtsystem« infrage. Es bedarf also konkreter Anhaltspunkte für die ernstzunehmende Befürchtung, dass die patentgeschützte Zusammensetzung nach Deutschland gelangt. Das kann schon deshalb fraglich sein und besondere Feststellungen erfordern, wenn und weil der Rohstoff auch außerhalb der Produktion von Kraftstoffleitungen verwendet werden kann[371] und solche Abnehmer zB überhaupt nicht im Inland oder jedenfalls auch im Ausland ansässig sind. Soweit es für die Bestimmung des mutmaßlichen Ziellandes um die Kfz-Zulieferindustrie und deren Bedarf bei der Herstellung von Kraftstoffleitungen geht, gilt Folgendes:

340 – Davon ist auszugehen, wenn es im Ausland keine Kraftstoffleitungs-Produktion gibt, wohl aber im Inland.

341 – Existieren neben dem inländischen auch ausländische Produktionsstandorte (im Lieferland oder anderswo), so kommt es darauf an, ob Umstände dafür bestehen, dass mindestens ein Teil der ausländischen Liefermenge ins Inland gelangt. Ergeben könnte sich dies etwa aus etablierten Handelsbeziehungen des Auslandsempfängers zum inländischen Produzenten, von denen anzunehmen ist, dass sie weiterhin bedient werden sollen, oder aus der geografischen Nähe des Lieferlandes zu einem inländischen – oder umgekehrt ausländischen – Produktionsstandort für Kraftstoffleitungen und der daraus resultierenden – gegebenen oder fehlenden – Sinnhaftigkeit bestimmter Transportwege.

342 Besteht im ausländischen Lieferland oder anderswo im Ausland zwar eine Produktion für Kraftstoffleitungen, deren Fertigungskapazität jedoch zu gering ist, als dass die Liefermenge dort in angemessener Zeit verarbeitet werden könnte, während zur gleichen Zeit im Inland nicht ausgelastete Fertigungskapazitäten bereitstehen und brachliegen würden, so spricht dies für die Wahrscheinlichkeit einer Inlandslieferung der im Ausland bereitgestellten Rohstoffe.

343 Gleiches gilt, wenn anderweitige Rohstofflieferungen ins Inland zwar existieren, mengenmäßig aber zu gering sind, um die erforderliche Inlandsproduktion zu gewährleisten, so dass aus diesem Grund damit zu rechnen gewesen ist, dass ein belieferter ausländischer Standort die ihm im Ausland zur Verfügung gestellte Rohstoffmenge – ganz oder teilweise – nach Deutschland an dort verfügbare und noch nicht ausgelastete Fertigungskapazitäten weiterreichen wird.

---

371 Anderes mag sich im Einzelfall aus einer – über die Anspruchsmerkmale hinausgehenden oder die allgemein formulierten Anspruchsmerkmale in spezieller Weise benutzenden – Ausstattung des Rohstoffs (zB der Beimengung von Zusatzstoffen) ergeben, die ihn speziell für den einen oder anderen Einsatzzweck prädestinieren und für eine abweichende Verwendung keinen Sinn ergeben.

- Ist der ausländische Abnehmer der Zusammensetzung selbst Kraftstoffleitungs-Produzent und unterhält er sowohl im Land der Auslandslieferung als auch im Inland Fertigungsstätten für Kraftstoffleitungen, so ist die Frage zu beantworten, warum sich ein inländischer Zulieferer die Rohstoffe an einen ausländischen Standort liefern lassen sollte mit der Folge, dass nunmehr er selbst den Weitertransport nach Deutschland (dem vorgesehenen Produktionsstandort seiner Zulieferteile) organisieren und bezahlen muss. Denkbar könnte derartiges nur unter besonderen, vom Kläger darzulegenden Gegebenheiten sein, beispielsweise dann, wenn die Produktionskapazität des belieferten ausländischen Standortes ersichtlich zu gering ist, um die gesamte Liefermenge selbst in angemessener Zeit verarbeiten zu können, oder wenn die Rohstofflieferungen ins Inland mengenmäßig zu gering gewesen sind, um die erforderliche Inlandsproduktion zu gewährleisten. 344

- Vergleichbare Überlegungen gelten für die Konstellation, dass mit den ins Ausland gelieferten Rohstoffen dort von Dritten hergestellte (nebengeordnet patentgeschützte) Zulieferteile – trotz hier vorhandener inländischer Produktionsstandorte – nach Deutschland verbracht werden könnten. Ein Anlass, solches zu tun, kann etwa dann bestanden haben, wenn im Inland ein derart hoher Bedarf an den fraglichen Zulieferteilen existiert hat, dass er durch die inländische Produktion nicht angemessen befriedigt werden konnte. Können keine konkreten Lieferfälle beachtlichen Ausmaßes vorgetragen werden, ist deswegen zum Produktionsumfeld und zur Nachfrage vorzutragen (Wettbewerber auf dem deutschen, europäischen und internationalen Markt für die fraglichen Zulieferteile, deren Marktstellung, konkreter geografischer Bedarf an den Zulieferteilen, Fertigungskapazitäten an den einzelnen Produktionsstandorten). 345

In der praktischen Umsetzung dieser Vortragslast ist denkbar und festzuhalten: 346

- Vom Kläger können zunächst solche Inlandslieferungen konkret in einem Ausmaß oder unter sonstigen Umständen nachgewiesen werden, dass dem Rohstofflieferanten der inländische Zielort nicht entgangen sein kann (Stichwort: »**Seidenstraße**«).³⁷² 347

- Gelingt dies – vor allem mangels dementsprechender Kenntnisse und Einblicke des Patentinhabers – nicht, bleibt die Möglichkeit, wenigstens die **Erstbegehungsgefahr** für solche inländischen Verwendungen (= Bedarfe) aufzuzeigen. 348

Finden **mehrere ausländische Liefervorgänge** nacheinander statt, bevor die Ware patentverletzend ins Inland verbracht wird, so sind die haftungsbegründenden Verdachtsgründe für jeden Auslandslieferanten separat zu prüfen. Tendenziell können die Einsichtsmöglichkeiten in die schlussendlich rechtsverletzende Verwendung der Ware mit der Entfernung des jeweiligen Lieferanten vom Inlandstäter schwinden und deshalb einer Haftung der entfernt stehenden Akteure entgegenstehen; zwingend ist dies selbstverständlich nicht. 349

Bestehen Verdachtsgründe, hat der Lieferant seinen Abnehmer auf die Möglichkeit einer Patentverletzung bei Angebot und Lieferung ins Inland **hinzuweisen und** ihn nach der geplanten Verwendung zu **befragen**.³⁷³ Hält er trotz bestehenden Verdachts keine Nachfrage oder erhält er auf seine Anfrage hin keine plausible Antwort und setzt er die Belieferung des Empfängers ungeachtet dessen fort, so haftet er *fortan* wegen Förderung frem- 350

---

372 Existiert ein solcher ins Inland gerichteter Warenstrom nachweislich, so entsteht dieser im Allgemeinen nicht zufällig und willkürlich, sondern deshalb, weil dafür vernünftige wirtschaftliche Gründe bestehen. Sie sind daher vom Kläger »lediglich« aufzudecken und zu benennen, was freilich einfacher klingt als es getan ist.
373 BGH, GRUR 2021, 1167 – Ultraschallwandler.

der Patentverletzung, selbst wenn er subjektiv von einem rechtskonformen Verhalten des Abnehmers ausgehen sollte.[374] Zeitlich setzt die Zurechnung und folglich die damit einhergehende Haftung des Auslandslieferanten also erst von dem Augenblick ein, zu dem er trotz relevanter Verdachtsgründe für eine nachfolgende Inlandslieferung keine Nachfrage bei seinem Abnehmer hält und gleichwohl liefert bzw. auf seine Nachfrage keine oder keine objektiv zufriedenstellende Antwort des Auslandsabnehmers erhält und diesen trotzdem beliefert. Erst *diese* Lieferhandlungen sind haftungsbegründend, nicht die vorhergehenden.

(2) Haftungsfolgen

351 Lieferungen vom Ausland ins Ausland mit der dadurch hervorgerufenen Gefahr einer verletzenden Weiterlieferung ins Inland erfordern auch im Hinblick auf die **Rechtsfolgenseite** eine spezielle Behandlung.

352 – Was zunächst den **Unterlassungsanspruch** betrifft, lässt der BGH nicht »ohne weiteres« einen uneingeschränkten Verbotsausspruch zu und macht es von einer tatrichterlichen Einzelfallabwägung abhängig, welche Maßnahmen dem Verpflichteten zuzumuten sind, um Patentverletzungen durch seine ausländischen Abnehmer (oder deren weitere Abnehmer) zu vermeiden.[375] Bedeutsam kann dabei sein, in welchem Umfang es bereits zu inländischen Patentverletzungen durch die Abnehmer gekommen ist, welchen Kenntnisstand die Abnehmer in Bezug auf die Schutzrechtslage haben, wie hoch die Wahrscheinlichkeit ist, dass sie sich bewusst der Gefahr einer Patentverletzung durch Weiterlieferung der Gegenstände ins Inland aussetzen, und welche anderen rechtlichen Möglichkeiten der Verletzte hat, um – gemeint ist offenbar direkt und mit praktischer Aussicht auf Erfolg – gegen die Verletzungshandlungen des Abnehmers vorzugehen.[376] Ein weiteres Kriterium kann das Maß des Entdeckungsrisikos für den Abnehmer bei künftigen Inlandslieferungen sein; je geringer es ist, umso spürbarer müssen die den Abnehmer treffenden Folgen im Falle einer (zufälligen) Tataufdeckung sein. Auslandslieferungen können deswegen ggf nur unter Vereinbarung einer vertragsstrafebewehrten Pflicht des Abnehmers zu gestatten sein, die im Ausland bereitgestellten Gegenstände nicht ins Inland zu liefern.

353 Für die Abfassung eines **Klageantrages** auf Unterlassung folgt daraus:

354 • Dort, wo die Inlandslieferung mit **positiver Kenntnis** des Verpflichteten geschieht (Mittäterschaft, Beihilfe) und wo deswegen eine volle Zurechnung der inländischen Verletzungshandlungen des/der Dritten zu Lasten des Auslandslieferanten stattfindet, ergeht ein uneingeschränktes Unterlassungsgebot. Dasselbe gilt, wenn aufgrund der besonderen Umstände des Falles feststehen sollte, dass jede Auslandslieferung des Verpflichteten auch künftig – direkt oder indirekt – zu einer verletzenden Inlandslieferung führt.

Praxistipp	Formulierungsbeispiel

355 Da dem nur im Ausland Liefernden die mit seinem Wissen und Wollen von seinem Abnehmer vollzogenen Inlandslieferungen wie eigene zugerechnet werden, kann der Klageantrag in der für gewöhnliche (inländische) Verletzungssachverhalte üblichen Weise (dh ohne Erwähnung irgendeines Auslandssachverhaltes) abgefasst werden.

---

374 BGH, GRUR 2017, 785 – Abdichtsystem.
375 BGH, GRUR 2017, 785 – Abdichtsystem.
376 BGH, GRUR 2017, 785 – Abdichtsystem.

> Eine solche Formulierung ist unbedingt anzuraten, weil sie den Verbotstenor auf eine in Zukunft ggf geänderte Sachlage erstreckt, die sich dadurch ergibt, dass der Beklagte dazu übergeht, unmittelbar selbst ins Inland zu liefern. Eine – die Verletzungssituation authentisch abbildende – Antragsfassung dahingehend, dass dem Beklagten verboten wird, Verletzungsgegenstände im Ausland an einen dort ansässigen Abnehmer zu liefern, von dem er weiß und will, dass dieser den Gegenstand nach Deutschland weiterliefern wird, bietet sich nur an, wenn der Kläger, gestützt auf vom Beklagten eigenhändig unternommene Inlandslieferungen, bereits einen gewöhnlichen Unterlassungstitel erstritten hat und es nunmehr darum geht, zusätzlich die vom Beklagten angesichts des gegen ihn geltenden Verbots umorganisierten Auslandslieferwege zu erfassen.

- Dort, wo letzteres nicht feststellbar ist und wo bloß eine **ansonsten vorwerfbare Unterstützung** der fremden Inlandslieferung gegeben ist, sind zunächst Besonderheiten bei der Antragsfassung insoweit zu beachten, als die angegriffenen Handlungen im Ausland nur dann patentverletzend sind, wenn besondere Anhaltspunkte erkennbar sind, aus denen sich eine Überprüfungs- oder Überwachungspflicht des Beklagten ergibt. In ihnen liegt – abgesehen von der technischen Ausstattung des Erzeugnisses – das **Charakteristische der Verletzungshandlung**, das im Klageantrag zum Ausdruck zu kommen hat. Die charakteristischen Umstände dürfen hierbei nicht allein abstrakt dahin umschrieben werden, dass besondere Anhaltspunkte für Lieferungen oder Angebote in Deutschland erkennbar waren, sondern müssen einzelfallbezogen konkret bezeichnet werden.[377] Ansonsten würde der Streit darüber, ob bestimmte Angebote oder Lieferungen von einem Unterlassungstitel, einer Verurteilung zur Auskunft und Rechnungslegung oder der Feststellung einer Pflicht zum Schadenersatz umfasst sind, in das Vollstreckungsverfahren bzw einen nachfolgenden Rechtsstreit über die Höhe des Schadenersatzes verlagert, was nicht angeht. Vielmehr muss aus dem Klageantrag, zumindest aber aus dem Klagevorbringen und aus den Gründen einer der Klage stattgebenden Entscheidung hervorgehen, welche charakteristischen Elemente des Lebenssachverhalts eine Überprüfungs- oder Überwachungspflicht begründen und deshalb den Kern des verbotenen bzw zum Schadenersatz verpflichtenden Handelns darstellen.[378] Ansprüche auf Unterlassung, Auskunftserteilung und Schadensersatz in Bezug auf **andere Abnehmer** bestehen dementsprechend nur insoweit, als in Bezug auf sie dieselben charakteristischen Umstände vorliegen, die die Rechtswidrigkeit der Lieferung an den einen (in der Klagebegründung abgehandelten) Abnehmer begründen.[379]

356

Darüber hinaus kommt eine Unterlassungsverurteilung nur vorbehaltlich derjenigen Maßnahmen in Betracht, die im Zusammenhang mit der mittelbaren Patentverletzung geläufig sind. Die Auslandslieferung wird also verboten, wenn der Abnehmer nicht mit einem **Warnhinweis** auf das inländische Patent hingewiesen bzw vertraglich, ggf sogar strafbewehrt, dazu angehalten wird, eine Weiterlieferung ins Inland zu unterlassen. Die besagten Maßnahmen stehen dabei in dem sich aus der Reihenfolge ihrer Aufzählung ergebenden Rangverhältnis dergestalt, dass der Warnhinweis die mildeste und die strafbewehrte Unterlassungsvereinbarung die – näher zu rechtfertigende – schärfste Maßnahme repräsentiert. Bzgl desjenigen, der die Inlandslieferung seines Abnehmers nur leicht fahrlässig ermöglicht hat und von dem ein grundsätzlich rechtstreues Verhalten erwartet werden

357

---

377 BGH, GRUR 2021, 1167 – Ultraschallwandler.
378 BGH, GRUR 2021, 1167 – Ultraschallwandler.
379 BGH, GRUR 2021, 1167 – Ultraschallwandler.

kann, wird regelmäßig ein Warnhinweis auf die inländische Schutzrechtslage genügen, weil sie nach der Lebenserfahrung hinreichend sicher gewährleistet, dass künftige weitere Inlandslieferungen unterbleiben; bzgl. desjenigen Abnehmers, der bei seinem Weitervertrieb deutliche Anzeichen für eine Schutzrechtsverletzung ausgeblendet und/oder sonst wie ein gesteigertes Interesse an einer Fortsetzung seiner rechtsverletzenden Inlandslieferungen hat, werden demgegenüber drastischere Maßnahmen (Unterlassungsvertrag, ggf mit angemessener Vertragsstrafe zugunsten des Patentinhabers) nötig und deshalb auch angebracht sein.

Praxistipp	Formulierungsbeispiel
358	... es zu unterlassen, ... (patentverletzende Gegenstände) im Ausland anzubieten, ... (§ 9 Nr 1 PatG), wenn deren anschließende Verbringung nach Deutschland deshalb erkennbar ist, weil ... (Bezeichnung der konkreten Umstände, aus denen sich die Gefahr der Inlands(weiter)lieferung ergibt), ohne den ausländischen Abnehmer beim Angebot bzw bei der Lieferung schriftlich darauf hinzuweisen, ... (Warnhinweis auf das Klagepatent).

359   Im Falle einer **mehrstufigen Auslandslieferkette** kommt es auf den Anreiz für Inlandslieferungen in der Person desjenigen an, der am Ende der ausländischen Lieferkette steht und demzufolge Inlandsimporteur ist. Erfordern die bei ihm gegebenen Verhältnisse (Angewiesensein auf Inlandsgeschäft, geringes Entdeckungsrisiko) verschärfte Maßnahmen, so sind diese allerdings nicht jedem Glied in der ausländischen Lieferkette aufzuerlegen, sondern nur demjenigen letzten Lieferanten, der den das Inlandsgeschäft betreibenden Auslandsabnehmer bedient. Im Hinblick auf dessen Vorlieferanten besteht auch kein Anspruch darauf, dass diese den jeweils nächsten in der Kette ihrerseits zu bestimmten Vertriebsmaßnahmen (Warnhinweis, Unterlassungsvertrag) verpflichten. Vielmehr ist es Sache des Verletzten, innerhalb der Kette denjenigen in Anspruch zu nehmen, für den ausreichende Verdachtsgründe ausgemacht werden und hinsichtlich dessen ein Einschreiten zur Unterbindung weiterer Inlandslieferungen sachgerecht erscheint.

360   – Bezüglich des Anspruchs auf **Rechnungslegung** besteht die Besonderheit, dass bezüglich desjenigen ausländischen Abnehmers, dem mindestens *eine* schadenersatzpflichtige Inlandslieferung nachgewiesen werden kann, umfassende Auskünfte über alle Auslandslieferungen an *diesen* Abnehmer geschuldet werden, auch über solche, die von ihm in der Folge nicht zu einem schutzrechtsverletzenden Inlandsvertrieb, sondern zu einer Lieferung ins patentfreie Ausland geführt haben.[380] Inhaltlich ist der Rechnungslegungsanspruch – wie sonst auch – auf dasjenige beschränkt, was im Wissen des Auslandslieferanten liegt und ihm deshalb bei gehöriger Anstrengung objektiv möglich ist. Offenbarungspflichtig sind deshalb zwar die eigenen Bezugsquellen und die eigenen ausländischen Lieferhandlungen nebst Kosten und Gewinnen, typischerweise aber keine Details zu den schlussendlichen inländischen Benutzungen und ihren Erträgnissen (Umsätze, Gewinne) für den ausländischen Abnehmer. Mangels Vertragsbeziehung zum Inlandstäter hat der Auslandslieferant im Allgemeinen auch keine Gelegenheit, sich die betreffende Kenntnis auf zumutbare Weise von dritter Seite zu beschaffen.

---

[380] BGH, GRUR 2017, 785 – Abdichtsystem.

c) Erzeugnisse

Sachpatente schützen grundsätzlich umfassend, sieht man von den Beschränkungen des § 11 PatG ab. **Vorbereitungshandlungen**, gerichtet auf eine Benutzung in der Zukunft, werden von § 9 PatG nicht erfasst. Ausnahmen gelten im Hinblick auf Verwendungspatente. Zudem können Vorbereitungshandlungen eine Erstbegehungsgefahr begründen. Die einzelnen Benutzungshandlungen sind in § 9 Satz 2 Nr 1 PatG abschließend aufgelistet.

361

aa) Herstellen[381]

Die Benutzungshandlung des Herstellens umfasst den gesamten Schaffensprozess des Erzeugnisses von Beginn an und wird nicht auf den letzten, die Vollendung herbeiführenden Schritt beschränkt.[382] Der **Hersteller von Einzelteilen**, die technisch und wirtschaftlich sinnvoll nur zu der erfindungsgemäßen Gesamtvorrichtung zusammengesetzt werden können, stellt die Gesamtvorrichtung auch dann her, wenn er die Einzelteile nicht selbst zusammensetzt, sondern an einen Dritten liefert, der sie (vorhersehbar) zu der geschützten Gesamtvorrichtung zusammensetzt.[383] Wegen des **Territorialitätsgrundsatzes** ist freilich erforderlich, dass das patentverletzende Produkt (dh ein grundsätzlich sämtliche Anspruchsmerkmale aufweisender Gegenstand) im Inland vorliegt. Das ist auch dann der Fall, wenn ein Vorprodukt oder Komponenten im Ausland gefertigt und nach ihrer Verbringung ins Inland dort zu dem patentbenutzenden Gegenstand vervollständigt werden, nicht hingegen in der umgekehrten Konstellation, dass der Herstellungsprozess lediglich im Inland begonnen, aber im Ausland zum Abschluss gebracht wird.[384] Letzteres gilt auch dann, wenn Auslands- und Inlandsakteur mittäterschaftlich zusammenarbeiten, weil zwar eine Zurechnung der beiderseitigen Tatbeiträge stattfindet, dies aber nichts daran ändert, dass der Herstellungserfolg im Ausland und nicht im allein schutzrechtsrelevanten Inland eintritt.[385] Weil jede in § 9 Nr 1 PatG genannte Benutzungshandlung selbständig ist, kommt es nicht darauf an, ob das Erzeugnis später tatsächlich in patentverletzender Weise benutzt (zB angeboten oder vertrieben) wird.[386]

362

(1) Zwischenprodukt

Es führt infolgedessen nicht aus dem Benutzungstatbestand heraus, dass das patentgemäße Erzeugnis als bloßes Zwischenprodukt auf dem Weg zu einem nicht patentgemäßen Endprodukt, dessen Vertrieb allein beabsichtigt ist, anfällt. Das gilt selbst dann, wenn für das Zwischenprodukt die patentgemäße Ausgestaltung technisch unvermeidlich ist. Da das Zwischenprodukt ein notwendiges Durchgangsstadium auf dem Weg zum gewerblichen Endprodukt ist, kann auch nicht damit argumentiert werden, dass es für das patentverletzende Zwischenprodukt an einer kommerziellen Zielrichtung fehlt, sodass *insoweit* ein privilegiertes Handeln im privaten Bereich (§ 11 Nr 1 PatG) vorliegt, das keine Verbietungsrechte auslöst. Der gesamte Herstellungsakt ist von gewerblichen Interessen getragen, weswegen für das Zwischenprodukt keine bloß privaten Belange angenommen werden können. Voraussetzung ist freilich, dass das patentverletzende Zwischenprodukt im Zuge des Herstellungsprozesses tatsächlich als verfügbarer Gegenstand anfällt. Daran fehlt es, wenn das Zwischenprodukt lediglich ein flüchtiges Durchgangsstadium darstellt, das (zB weil der chemische Umsetzungsprozess nicht aufgehalten werden kann) der Fachmann nicht in die Hand bekommen kann.

363

---

381 Zum 3D-Druck vgl Abegg-Vaterlaus, Patentverletzung durch additive Fertigung, 2018.
382 BGH, GRUR 1951, 452 – Mülltonne.
383 BGH, GRUR 2019, 1171 – Schutzverkleidung.
384 OLG Düsseldorf, Beschluss v 14.8.2017 – I-2 W 13/17.
385 OLG Düsseldorf, Beschluss v 14.8.2017 – I-2 W 13/17.
386 BGH, GRUR 1979, 149 – Schießbolzen.

▶ **Beispiel:**[387]

I.

364 Zum Sachverhalt wird auf Rdn 155 verwiesen. Bei der angegriffenen Ausführungsform war das Schwellenelement der Schlupftür zweiteilig ausgestaltet und bestand aus einem unteren, für sich begehbaren Teil mit einer patentgemäßen Höhe von weniger als 20 mm sowie einem aufgeklickten Kappenelement, mit dem sich die Höhe auf deutlich über 20 mm gesteigert hat (vgl die nachstehende Abbildung).

Konstruktion
Diese Schlupftür verfügt über ein OH1042P Bodenabschlussprofil mit einem stabilen breiten Aluminiumprofil. Dieses ist gerippt und minimiert somit die Rutschgefahr bei Regen und Schnee. (D = marktabhängig)

An der Schlupftür **Neben der Schlupftür**

II.

Die Benutzungshandlung des Herstellens ergibt sich hier daraus, dass die Beklagten im Zuge des Fertigungsprozesses Tore anfertigen, die mit einem Schwellenelement versehen, aber noch ohne Kappenelement ausgestattet und in dieser (Vor-)Form patentverletzend sind. Dass der besagte Montagezustand nicht den von den Beklagten letztendlich angestrebten Herrichtungsstand repräsentiert, hat wegen des umfassend gewährten Sachschutzes keine Bedeutung. Weder kommt es darauf an, dass die patentgemäße Konstitution subjektiv angestrebt ist, noch entlastet den Verletzer, dass die patentgerechte Ausstattung für seine Zwecke ggf sogar unerwünscht ist; maßgeblich sind allein die objektiven Verhältnisse, die vorliegend dadurch gekennzeichnet sind, dass, bevor die Kappenelemente aufgeklickt werden, Tore mit allen Merkmalen des Patentanspruchs hervorgebracht werden, die in dieser Form voll funktionsfähig und uneingeschränkt marktgängig sind. Da sich die Kappenelemente genauso leicht wie sie aufgesteckt wurden, auch wieder entfernen lassen, kann auch keine Rede davon sein, dass die patentgemäße Konstitution im Zuge der weiteren Fertigung endgültig verloren gegangen ist.

365 Das Resultat eines patentverletzenden Herstellens wäre in dem vorerörterten Beispiel kein anderes, wenn das aus dem Schutzbereich hinausführende Kappenelement nicht bloß reversibel aufgeklickt, sondern mit dem Schwellenelement vernietet oder sonst endgültig mit ihm verbunden würde.

366 **Exkurs:** Für die Benutzungsformen des **Anbietens und Vertreibens** kommt es ebenfalls nur auf dasjenige Erzeugnis und *seine* Beschaffenheit an, das im Schutzgebiet des Patents in Verkehr gelangt. Fehlt dem Endprodukt die vom Patent vorausgesetzte Beschaffenheit oder Wirkung, so liegt aus diesem Grund nicht etwa deshalb ein Schutzrechtseingriff vor, weil es (zB bei der im schutzrechtsfreien Ausland durchgeführten Herstellung) durch

---

[387] OLG Düsseldorf, GRUR-RR 2021, 429 – Garagentor.

ein Zwischenprodukt gewonnen worden ist, das die patentgemäße Beschaffenheit aufgewiesen hat, wenn diese auf dem weiteren Weg zu dem im Patentgebiet auf den Markt gebrachten Endprodukt wieder verloren gegangen ist.[388] Umgekehrt gilt dasselbe. Bleibt die patentgemäße Ausgestaltung im Endprodukt erhalten, so liegt eine Patentbenutzung vor, selbst wenn die zur Patentbenutzung führenden Bestandteile des Endproduktes objektiv funktionslos, subjektiv unerwünscht und als Verunreinigung des Syntheseprozesses ggf technisch oder wirtschaftlich sogar unvermeidlich sind.[389] Dass dem so ist, ergibt sich als notwendige Folge aus der Tatsache, dass jeder auf eine Sache bezogene Patentschutz allumfassend ist, indem er weder auf subjektive Absichten des Vertreibers noch auf subjektive Absichten des Abnehmers Rücksicht nimmt, sondern allein die objektive Sachlage zum Maßstab hat. Wenn es beim Vertrieb des Endproduktes unweigerlich zu einer Patentbenutzung kommt und diese Benutzung ungewollt ist, hat der Vertrieb eben zu unterbleiben, weil auch sonst nicht danach gefragt wird, ob dem Verletzer der von ihm objektiv verursachte Verletzungserfolg recht oder unlieb ist.[390]

(2) Prodrug

Von den Zwischenprodukten sind sog Prodrugs[391] zu unterscheiden. Bei ihnen handelt 367
es sich um verkehrsfähige Produkte, die als solche die patentgemäßen Merkmale des Sachpatents noch nicht aufweisen (zB den geschützten Wirkstoff nicht enthalten), die in diese Merkmale jedoch, bedingt durch Stoffwechselprozesse im menschlichen oder tierischen Organismus, hineinwachsen, nachdem sie insbesondere zu therapeutischen Zwecken eingenommen worden sind. Zwei Spielarten sind insofern denkbar. Zunächst kann in das verkaufsfertige Produkt ein zusätzlicher (aus der Patentverletzung herausführender) Strukturbestandteil eingebaut sein, welcher nach der Einnahme im Körper zügig abgespalten wird, sodass der patentgeschützte, aktive Wirkstoff freigesetzt wird; des Weiteren kann der umgekehrte Weg beschritten werden, indem durch Stoffwechselprozesse eine funktionelle chemische Gruppe hinzugefügt und dadurch der patentgeschützte Wirkstoff erhalten wird.[392]

– Vollziehen sich die – in der einen oder anderen Richtung – zur patentgemäßen Umge- 368
staltung des in Verkehr gebrachten Prodrug führenden Stoffwechselprozesse **unwillkürlich** (dh ohne weiteres Zutun), **vorhersehbar und unabwendbar**, so ist nach den oben[393] bereits in anderem Zusammenhang herausgearbeiteten Zurechnungsregeln eine unmittelbare wortsinngemäße Patentverletzung anzunehmen. Sie ist nicht nur in der Handlungsalternative des Herstellens gegeben[394], sondern gleichermaßen in der Benutzungsform des Anbietens und Inverkehrbringens. Denn der Lieferant des zunächst noch nicht patentgemäßen Gegenstandes macht sich den von ihm mit dem Prodrug angestoßenen und im Folgenden unweigerlich ablaufenden Geschehensprozess (stoffwechselbedingter Umbau des bereitgestellten Prodrug in ein dem Patent entsprechendes Erzeugnis) bewusst zunutze, was eine Zurechnung der sich absehbar einstellenden chemischen Veränderungen seines Liefergegenstandes rechtfertigt. Dies gilt auch mit Blick auf den Vertrieb, denn dem Verletzer kommt es darauf an, dass derjenige (patentgemäße) Gegenstand als Objekt seiner Bereitstellungshandlungen

---

388 Zustimmend: OLG Düsseldorf, Urteil v 31.10.2019 – I-15 U 65/17.
389 AA: LG Düsseldorf, GRUR 1987, 896 – Grasherbizid.
390 Zu Einzelheiten vgl Kühnen/Grunwald, GRUR 2015, 35.
391 Vgl Tauchner/Rauh, FS v Meibom, 2010, S 439; Giebe, FS Schilling, 2007, S 143; Ackermann, GRUR 2018, 772.
392 Ackermann, GRUR 2018, 772.
393 Vgl oben Rdn 102.
394 Die Verfügbarkeit des Produktes (vgl oben Rdn 363) ist mit Blick auf das Prodrug zu bejahen, welches lediglich seine chemische Konstitution in zurechenbarer Weise ändert.

verfügbar wird, der sich als Folge der körpereigenen Verstoffwechselungsvorgänge ergibt.

369 – Rechtlich komplizierter liegen die Verhältnisse, wenn sich die zur Patentverletzung führenden Stoffwechselprozesse nicht bedingungslos einstellen, sondern es ganz **besonderer**, willkürlich herbeizuführender **Umstände** bedarf, um sie, dann aber genauso unweigerlich, ablaufen zu lassen. Solche Umstände können zB in einer bestimmten Dosierung des Prodrug, in einer speziellen Verabreichungsform (zB als Retardtablette) oder in der Einnahme ausgesuchter begleitender Substanzen liegen[395], zu denen der Lieferant des Prodrug Hinweise oder sonstige zielführende Hilfestellungen geben kann oder auch nicht.

370 – Unproblematisch sind diejenigen Fälle, bei denen bereits die vom Prodrug-Lieferanten **empfohlene Dosierung und/oder** die von ihm dem Prodrug verliehene **Darreichungsform** den patentgemäßen Umbau herbeiführen. Da in einem solchen Fall der Prodrug-Lieferant die uneingeschränkte Tatherrschaft über sämtliche die Stoffwechselvorgänge veranlassenden Bedingungen hat (indem er eine bestimmte Dosierung vorschreibt oder empfiehlt und/oder indem er sein Präparat in einer bestimmten Darreichungsform (und keiner anderen) auf den Markt bringt), ist eine Zurechnung der sich infolgedessen zwangsläufig vollziehenden chemischen Veränderungen geboten; das Prodrug stellt eine unmittelbare wortsinngemäße Verletzung dar (wobei in den Urteilstenor diejenige Dosierung und/oder diejenige Darreichungsform aufzunehmen ist/sind, die die zur patentgemäßen Konstitution des Prodrug führende Verstoffwechselung verantworten). Veranlasst die Dosierung die fraglichen Stoffwechselvorgänge, ist in dem gleichen Sinne zu entscheiden, wenn dem Prodrug zwar keine dahingehende Dosierungsanleitung beigegeben wird, es dessen aber auch nicht bedarf, weil die zum patentgemäßen Umbau des Prodrug führende Dosierung ohnehin in einem Maße gebräuchlich ist, dass von ihr auch ohne gesonderte Anleitung ausgegangen werden kann.

371 – Bedarf es für die zur patentgemäßen Konstitution führende Verstoffwechselung des Prodrug einer Gabe **begleitender Substanzen**, die als solche auch anderweitig gebräuchlich, ggf sogar vielfältig verwendbar sind, so ist zu unterscheiden:

372 • Bietet der Prodrug-Lieferant die Begleitsubstanz ebenfalls, und zwar zur gemeinsamen Einnahme mit dem Prodrug an, so liegt eine unmittelbare wortsinngemäße Patentverletzung vor. Denn der in seiner Gesamtheit zu betrachtende Handlungsbeitrag (Bereitstellung des Produg + Bereitstellung der die Stoffwechselvorgänge auslösenden Begleitsubstanz) macht den patentgemäßen Gegenstand in der vorbeschriebenen Weise verfügbar, was als Haftungsgrundlage ausreicht.

373 • Gleiches gilt, wenn die für die Verstoffwechselung maßgebliche Begleitsubstanz ausschließlich über Dritte zugänglich ist, der Prodrug-Lieferant für sein Produkt jedoch die ergänzende Einnahme der – anderweitig zu beschaffenden – Begleitsubstanz vorschreibt oder empfiehlt. Unter solchen Umständen wird das patentgemäße Erzeugnis mittäterschaftlich verfügbar gemacht, so, wie dies bei einem Angebot beider Substanzen aus derselben Hand des Prodrug-Lieferanten der Fall wäre. Dem ist auch dann so, wenn die im eigenen oder dritten Sortiment enthaltene Begleitsubstanz zwar ohne ausdrücklichen Zusammenhang mit dem Prodrug angeboten und/oder vertrieben wird, sich die Empfehlung zur kombinierten Einnahme von Prodrug und Begleitsubstanz jedoch stillschweigend ergibt, zB deshalb, weil irgendein therapeutischer Nutzen, der mit einer isolierten Einnahme des Prodrug verbunden wäre, ersichtlich nicht existiert.

---

395 Ackermann, GRUR 2018, 772.

- Besteht keine auch nur konkludente Empfehlung zu einer begleitenden Einnahme 374 der für die Verstoffwechselung verantwortlichen Substanz, so kann die Lieferung des Prodrug (weil mit ihr zurechenbar lediglich *eine* Bedingung von mehreren für die Verfügbarkeit des patentgemäßen Erzeugnisses erfüllt ist) allenfalls eine mittelbare Patentverletzung darstellen. Sie wird im Ergebnis zu verneinen sein, weil es unter den geschilderten Umständen an dem Wissen des Produg-Lieferanten darüber fehlt, dass sein Prodrug unter begleitender Einnahme einer Substanz verwendet werden soll, die zu einem Umbau des Prodrug in einen patentgemäßen Gegenstand führt. In den rechtlichen Kategorien des § 10 PatG fehlt die Kenntnis bzw ist es nach den gesamten Umständen für den Prodrug-Lieferanten nicht offensichtlich, dass sein Abnehmer die Bestimmung getroffen hat, das Prodrug in einer Weise zu verwenden, die (dank der Begleitsubstanz) ein patentgemäßes Erzeugnis verfügbar macht.

(3) Sonstiges

Die zu den bisherigen Erörterungen umgekehrte Konstellation von **Umbauten** eines 375 geschützten Erzeugnisses oder dessen substanzielle Ausbesserungen können ggf ebenfalls als Neuherstellung und damit als eine ausschließlich dem Patentinhaber vorbehaltene Handlung gewertet werden.[396]

Die das patentgemäße Erzeugnis hervorbringenden Handlungen müssen nicht notwendi- 376 gerweise eigenhändig vorgenommen werden. Hersteller ist auch derjenige, der nach eigenen Angaben eine patentgemäße Vorrichtung durch einen **Dritten** bauen lässt, indem er zB dessen Tätigkeit überwacht und die fertige Vorrichtung überprüft.[397]

Keine Herstellungshandlungen sind allerdings die Anfertigung einer **Werkstattzeich-** 377 **nung** oder die bloß ingenieurmäßige Planung einer patentverletzenden Vorrichtung[398], weil sie bei natürlicher Betrachtung noch nicht als Beginn einer gegenständlichen Herstellung gelten können, auch wenn es sich bei den besagten Handlungen um Vorbereitungsmaßnahmen handelt, die für eine spätere Herstellung unumgänglich sind.[399] Allerdings kann die *zweckgerichtete* Überlassung von Werkstattzeichnungen eine Mitwirkung an der von dritter Seite vorgenommenen Herstellung sein.[400]

Handelt es sich um ein produzierendes Unternehmen, das verletzende Gegenstände 378 außerhalb des Patentgebietes herstellen lässt und diese innerhalb des Patentgebietes vertreibt, so begründet dies nach Auffassung des BGH[401] eine **Erstbegehungsgefahr** für inländische Herstellungshandlungen, weil die Frage des Produktionsstandortes oder einer Eigen- bzw Auftragsfertigung bei einem produzierenden Unternehmen in erster Linie eine Kostenfrage ist, die sich fortlaufend ändern kann.

Kritik: Ob dem in dieser Allgemeinheit zuzustimmen ist, erscheint äußerst fraglich. 379 Sicher gibt es Industriezweige, für die die Wahl und/oder Verlagerung eines Produktionsstandortes weitgehend beliebig ist. Genauso existieren aber auch Geschäftsfelder, die zB personalintensiv sind, aber ohne hochqualifizierte Mitarbeiter auskommen, bei denen ein deutscher (bisweilen sogar ein europäischer) Standort aus Wettbewerbs- und Kostengründen auf absehbare Zeit schlechterdings nicht in Betracht kommt. Hier ist es nicht angebracht, ohne konkrete Anhaltspunkte von einer Begehungsgefahr für inländische

---

396 Zu Einzelheiten vgl Kap E Rdn 826.
397 OLG Düsseldorf, InstGE 7, 258 – Loom-Möbel; OLG Düsseldorf, Urteil v 13.8.2020 – I-2 U 10/19.
398 LG Düsseldorf, InstGE 6, 130 – Diffusor.
399 OLG Düsseldorf, InstGE 7, 258 – Loom-Möbel.
400 OLG Düsseldorf, InstGE 7, 258 – Loom-Möbel.
401 BGH, GRUR 2012, 512 – Kinderwagen.

Herstellungshandlungen auszugehen.⁴⁰² Stets entscheiden – wie sonst auch bei der Erstbegehungsgefahr – die Gesamtumstände des Einzelfalles, die aus objektiver Sicht *in naher Zukunft greifbar* inländische Herstellungshandlungen befürchten lassen müssen.

bb) Anbieten

380 Beim Anbieten handelt es sich um eine eigenständige Benutzungshandlung. Verstanden wird unter Anbieten jede im Inland begangene Handlung, die nach ihrem objektiven Erklärungswert das Erzeugnis der Nachfrage wahrnehmbar zum Erwerb der Verfügungsgewalt bereitstellt.⁴⁰³

(1) Allgemeine Anforderungen

381 Es ist nicht erforderlich, dass das angebotene Erzeugnis bereits fertiggestellt ist oder sich im räumlichen Geltungsbereich des verletzten Schutzrechtes befindet.⁴⁰⁴ Ein Angebot kann sich dementsprechend auch aus dem Ausstellen von Leerverpackungen zB auf einer Messe ergeben.⁴⁰⁵ Auf eine Herstellungs- oder Lieferbereitschaft kommt es ebenso wenig an.⁴⁰⁶ Unschädlich ist gleichfalls, ob die Lieferung erst für die Zeit nach Auslaufen des Patentschutzes versprochen wird, sofern nur die Angebotshandlung als solche unter der zeitlichen Geltung des Patentschutzes erfolgt ist.⁴⁰⁷ Die Teilnahme an einem Vergabeverfahren als Bieter⁴⁰⁸ stellt deswegen auch dann ein Angebot dar, wenn der Zuschlag erst für eine Zeit nach dem Auslaufen des Patentschutzes vorgesehen ist.⁴⁰⁹ Ebenso unerheblich ist, ob der Anbietende den Gegenstand selbst herstellt oder ob er ihn von dritter Seite bezieht.⁴¹⁰ Ist das Angebot vor Veröffentlichung der Patenterteilung unterbreitet worden und werden die daraufhin aufgenommenen Vertragsverhandlungen in der Folge fortgesetzt, ohne dass der schutzrechtsverletzende Inhalt sachlich geändert wird, so wirkt das Angebot in die Zeit nach Eintreten des Patentschutzes fort und begründet deshalb Unterlassungsansprüche.⁴¹¹

382 Das »Angebot« muss keine gemäß **§ 145 BGB** rechtswirksame Vertragsofferte enthalten, weswegen es unbeachtlich ist, wenn die Auftragsvergabe erst nach Durchführung eines förmlichen Ausschreibungsverfahrens erfolgt. Es muss auch nicht zwingend ein *eigenes* Verkaufsgeschäft des Anbietenden vorbereiten. Bezweckt das »Angebot« den Geschäftsabschluss über den schutzrechtsverletzenden Gegenstand mit einem **Dritten**, so muss der Anbietende von dem Dritten nicht beauftragt oder bevollmächtigt sein.⁴¹² Im Interesse eines wirksamen Rechtsschutzes für den Patentinhaber kommt es allein darauf an, dass die Angebotshandlung tatsächlich die schädliche Nachfrage nach einem Verletzungsgegenstand weckt, mag diese Nachfrage anschließend auch nicht von dem Anbietenden in eigener Person oder durch von ihm Beauftragte, sondern von fremder dritter Seite gedeckt werden, und mag der »begünstigte« Dritte um die ihm vorteilhaften Aktivi-

---

402 OLG Düsseldorf, Urteil v 1.3.2018 – I-2 U 22/17.
403 BGH, GRUR 2006, 927 – Kunststoffbügel; BGH, GRUR 1970, 358 – Heißläuferdetektor.
404 BGH, GRUR 1969, 35 – Europareise; BGH, GRUR 1960, 423 – Kreuzbodenventilsäcke.
405 LG Düsseldorf, Urteil v 3.3.2020 – 4a O 98/18.
406 OLG Karlsruhe, GRUR 2014, 59 – MP2-Geräte.
407 BGH, GRUR 2007, 221 – Simvastatin; OLG Düsseldorf, InstGE 3, 179 – Simvastatin.
408 Handlungen im Vorfeld einer Bieterstellung (zB das Stellen von Bieterfragen) begründen kein Angebot, weil sie nur der Klärung dienen, ob eine Teilnahme am Bieterverfahren stattfinden soll.
409 Es bleibt deshalb nur die Möglichkeit, das während des Patentschutzes stattfindende Vergabeverfahren und den dortigen Zuschlag an den Patentinhaber nach den Regeln des Vergaberechts (zB durch Bieterfragen) zu verzögern oder zu Fall zu bringen, sodass eine Beteiligung an dem verzögerten oder neu eröffneten Vergabeverfahren ohne Verstoß gegen das Patent möglich wird.
410 BGH, GRUR 2006, 927 – Kunststoffbügel.
411 OLG Düsseldorf, Beschluss v 22.6.2020 – I-2 W 10/20.
412 BGH, GRUR 2006, 927 – Kunststoffbügel.

täten des Anbietenden wissen, mit ihnen einverstanden sein oder nicht.[413] Derjenige, der (zB aus Gründen der regionalen Wirtschaftsförderung) Dritten die Möglichkeit zum Auftritt auf einer Messe bietet, indem er den Messestand bucht und diesen an verschiedene Aussteller überlässt, um ihre Produkte auszustellen, haftet im Zweifel als Nebentäter für die von einem Aussteller begangene Patentverletzung.[414]

Handelt es sich um ein **Sachpatent**, muss das patentgeschützte Erzeugnis den Nachfragern wahrnehmbar zum Erwerb der Verfügungsgewalt bereitgestellt werden. Solches geschieht auch dann, wenn zusätzlich zu einer Hardware ein Zugang zum Herunterladen einer Software bereitgestellt wird und die Anspruchsmerkmale sich erst nach erfolgtem **Update** einstellen. 383

An einem Angebot fehlt es hingegen, wenn in Bezug auf den Erfindungsgegenstand lediglich eine **Machbarkeitsstudie** durchgeführt und ein Technologietransfervertrag abgeschlossen wird, Konstruktions- und Berechnungsunterlagen zur Verfügung gestellt werden und Personal geschult wird, damit der Kunde den Gegenstand im patentfreien Ausland selbst fertigen kann.[415] Mangels hinreichenden Bezuges zum Handelsverkehr liegt ferner kein Angebot vor, wenn im Vorfeld des späteren Vertriebs Korrespondenz mit einer **Behörde** (zB Netzagentur) oder Krankenkasse geführt wird, die dazu dient, für die angegriffene Ausführungsform einen zulässigen oder erstattungsfähigen Preis festzulegen. Kein Angebot stellt ferner ein erst mit dem Liefergegenstand überlassenes **Benutzerhandbuch** dar, weil es keine Nachfrage generiert, sondern erst gemeinsam mit der befriedigten Nachfrage ins Spiel kommt. Entschließt sich der Erwerber zu einem Folgekauf, so ist auch für *diese* Nachfrage im Zweifel nicht das Benutzerhandbuch, sondern allein die Zufriedenheit mit dem Liefergegenstand verantwortlich. Sollte ein Benutzerhandbuch bereits *vor* dem Kauf verfügbar sein, so ist dessen Inhalt nur unter weiteren Bedingungen angebotsrelevant, nämlich dann, wenn das Handbuch einen derart geringen Umfang hat, dass sich der Interessent – wie bei einer sonstigen Werbung – einen raschen Überblick über die in ihm enthaltenen Informationen verschaffen kann, oder wenn (bei erheblichem Umfang) die für das Klagepatent maßgeblichen technischen Details eine Funktion betreffen, die von dem Lieferanten hervorgehoben beworben werden oder die jedenfalls für den konkreten Interessenten aufgrund seiner individuellen Bedarfslage von einer solchen Bedeutung sind, dass erwartt werden kann, dass die betreffenden Passagen innerhalb des umfangreichen Werkes zur Kenntnis genommen werden. 384

Bei einem **Kombinationspatent** (das zB eine Modulanordnung schützt, die sich aus mehreren in einer Reihe angeordneten Einzelmodulen zusammensetzt) kann ein unmittelbar patentverletzendes Anbieten auch dann vorliegen, wenn in einem Produktkatalog oder dergleichen nicht die vollständige Kombination (dh die komplett montierte Modulanordnung als solche), sondern bloß die Bestandteile der Kombination (dh die für eine Modulreihe notwendigen Einzelmodule) – gleichsam »als Bausatz« – gezeigt und beworben werden. Denn für das Angebot spielt es keine Rolle, ob die Vorrichtung in einer einzigen oder in mehreren gestaffelten Lieferungen bereitgestellt werden soll, sofern sich die Einzellieferungen vom Abnehmer nur unschwer zu der patentgeschützten Kombination vereinigen lassen. Maßgeblich dafür, ob das auf die Summe aller Einzelkomponenten bezogene Angebot auch als unmittelbare Patentbenutzung angesehen werden kann, ist daher, ob der Katalog oder dergleichen nach den gesamten Umständen dahingehend verstanden werden kann, dass dem Kunden nur einzelne Ersatzteile (zB zur Komplettierung einer bei ihm schon vorhandenen Modulreihe) angeboten werden[416], oder ob die 385

---

413 OLG Düsseldorf, Urteil v 13.2.2014 – I-2 U 42/13.
414 OLG Düsseldorf, BeckRS 2014, 16067 – Sterilcontainer.
415 LG Düsseldorf, Urteil v 1.3.2012 – 4b O 141/10.
416 ... in diesem Fall käme lediglich eine mittelbare Patentverletzung infrage.

Umstände ergeben, dass die beworbenen Einzelteile in einer Bestellung auch so ausgewählt und zusammengestellt werden können (und sollen), dass sie die gesamte Kombination (zB eine komplette, aus mehreren Einzelmodulen bestehende Modulreihe) ergeben, aus der der Erwerber sodann die geschützte Vorrichtung durch einfaches Zusammenfügen der Einzelteile herrichtet.[417]

386 Aus dem Angebot, also etwa einem **Werbeprospekt** oder einem Internetauftritt mit einer Darstellung des Gegenstandes, müssen sich nicht einmal sämtliche Merkmale der geschützten Lehre ergeben, sofern deren Vorliegen aus sonstigen, *objektiven* Gesichtspunkten zuverlässig geschlossen werden kann.[418] Dies wird meist nur zu bejahen sein, wenn der fragliche Gegenstand bereits existiert und den von dem Angebot angesprochenen Verkehrskreisen bekannt oder für sie (zB anhand der Typenbezeichnung oder dergleichen) ermittelbar ist. Maßgeblich ist die Existenz des Liefergegenstandes, die objektive Feststellungen ermöglicht, aber nicht dessen freie Zugänglichkeit für jedermann[419], weswegen auch solche Lieferungen relevant sind, die an einen einzelnen Abnehmer für dessen abgeschlossenen, für Dritte nicht zugänglichen Geschäftsbetrieb erfolgt sind. Da es auf das Verständnis der inländischen Verkehrskreise ankommt, sind grundsätzlich nur solche Produkte maßgeblich, die dem Verkehr im Inland begegnen/verfügbar sind. Insoweit ist nicht notwendig, dass die betreffenden Lieferungen nach Veröffentlichung der Patenterteilung stattgefunden haben; vielmehr können für den Verkehr auch vorher (= rechtmäßig) vorgenommene Lieferungen eine Orientierung bieten, so lange bei dem späteren patentverletzungsrelevanten Angebot kein Hinweis erfolgt, dass gegenüber der zurückliegenden Lieferung vor Patenterteilung eine technische Änderung stattgefunden hat. Ein solcher Hinweis muss keine Änderung gerade der merkmalsgeprägten Konstruktion ankündigen, um den Liefergegenstand und dessen Ausstattung als taugliche Grundlage für das Verständnis des nachfolgenden Angebotes ausscheiden zu lassen.

387 Haben im Inland durchgeführte **Testkäufe** bloß eine nicht patentgemäße Konstitution ergeben, lässt sich aus dem Umstand, dass irgendwo **im Ausland** ein gleich gelabeltes Produkt desselben Herstellers mit patentverletzender Konstitution aufgefunden wurde, noch nicht schließen, dass dem inländischen Verkehr jedwede Ausführungsform des fraglichen Produktes und deshalb auch eine solche angeboten werde, wie sie im Ausland aufgespürt wurde.[420] Dahingehende Feststellungen sind allenfalls dann erlaubt, wenn feststeht, dass der Hersteller das nämliche Produkt überall mit derselben Rezeptur ausstattet, dass es hierbei produktionsbedingt zu gewissen Schwankungen kommt, die Konstitutionen innerhalb und außerhalb des Patentanspruchs hervorbringen, und dass sich patentverletzende Ausführungsformen in einer solchen Anzahl einstellen, dass nach der Lebenserfahrung angenommen werden muss, dass es mit Rücksicht auf die bisherigen (und die sich daraus ergebenden künftigen) Vertriebszahlen im Inland auch hier zu patentverletzenden Lieferungen kommen wird.[421] Der Auslandstestkauf muss also geeignet sein, einen gesicherten *tatrichterlichen* Anhalt dafür zu bieten, wie das für den Kunden im Inland verfügbare Produkt – ungeachtet der im Inland durchgeführten, zufällig ergebnislosen Testkäufe – beschaffen (gewesen) ist, nämlich mit einer Konstitution, die neben einer patentfreien auch patentgemäße Konstruktionen umfasst, weswegen der Interessent das ihm unterbreitete Angebot auch auf letztgenannte Erzeugnisse liest.

---

417 OLG Düsseldorf, Beschluss v 2.4.2012 – I-2 W 3/12; OLG Düsseldorf, Beschluss v 17.12.2012 – I-2 W 28/12.
418 BGH, GRUR 2003, 1031 – Kupplung für optische Geräte; BGH, GRUR 2005, 665 – Radschützer; OLG Düsseldorf, GRUR 2004, 417 – Cholesterinspiegelsenker.
419 OLG Düsseldorf, GRUR-RR 2021, 421 – Montagegrube.
420 OLG Düsseldorf, Urteil v 23.3.2017 – I-2 U 58/16.
421 OLG Düsseldorf, Urteil v 23.3.2017 – I-2 U 58/16.

Ergibt erst die **Zusammenschau mehrerer Unterlagen** die notwendige Gesamtheit aller Anspruchsmerkmale, kommt es darauf an, ob die kombiniert herangezogenen Dokumente untereinander in einem solchen für den Adressaten erkennbaren Zusammenhang stehen, dass ihre gemeinsame Betrachtung geboten ist. Solches ist beispielsweise der Fall, wenn Unterlagen ausdrücklich aufeinander Bezug nehmen, aber auch dann, wenn ansonsten ein inhaltlich übergreifender Kontext besteht, der dem Leser eindeutig vermittelt, dass das eine Dokument nach dem Willen des Verfassers die Aussage des anderen Dokuments ergänzt/erläutert.

388

Prinzipiell sind **zwei Konstellationen** auseinanderzuhalten:

389

– Beschreibt die Werbung sämtliche Merkmale des Patentanspruchs als vorhanden, so liegt ein verletzendes Angebot unabhängig davon vor, ob das beworbene Produkt überhaupt erhältlich ist; gleichermaßen belanglos ist, ob das beworbene Produkt mit der Werbebeschreibung übereinstimmt oder nicht, dh ob es den erfindungsgemäßen Merkmalen tatsächlich entspricht oder davon abweicht. Im zuletzt genannten Fall wird sich allerdings eine Begehungsgefahr für patentverletzende *Vertriebs*handlungen vielfach nicht begründen lassen, sodass es bei einem Verbot weiterer *Angebots*handlungen sein Bewenden hat. Das »Hervorgehen der Patentmerkmale« aus der das Angebot darstellenden Werbung kann zunächst auf ganz konkrete Weise dadurch geschehen, dass der beworbene Gegenstand, sei es visuell oder verbal, in seiner technischen Konstruktion und/oder Funktionsweise derart spezifiziert dargestellt wird, dass sich dem Betrachter die einzelnen Anspruchsmerkmal in ihrer bei dem beworbenen Produkt gegebenen Realisierung erschließen. Das Maß der hierfür erforderlichen Substantiierung hängt von der Fassung des Patentanspruchs ab, namentlich davon, ob er rein funktional oder mehr gegenständlich-konstruktiv formuliert ist. Am anderen Ende der Skala von Möglichkeiten bewegt sich die Konstellation, dass die Werbung keinerlei technische Details über den beworbenen Gegenstand preisgibt, sondern nur pauschal die (wertende) Behauptung aufstellt, der Werbegegenstand entspreche der Lehre des Klagepatents. Auch darin liegt ein schutzrechtsverletzendes Angebot, sofern sich nicht aus dem Angebot im Übrigen oder aus sonstigen dem Adressaten ersichtlichen Umständen deutlich ergibt, dass die Berühmung unzutreffend ist, weil der beworbene Gegenstand bei richtigem Verständnis der technischen Lehre des Klagepatents nicht schutzrechtsbenutzend ist. Für Fallgestaltungen zwischen den beiden Extremen gilt sinngemäß dasselbe.

390

– Zeigt die Werbung *nicht* alle, sondern kein oder nur einzelne Merkmale des Patentanspruchs, sodass sich in ihr selbst kein patentverletzendes Angebot sehen lässt, so kann nur das mit der Werbung in Bezug genommene Produkt und dessen tatsächliche Ausgestaltung die Übereinstimmung mit der technischen Lehre des Patentanspruchs ergeben. Bestreitet der Beklagte die sachliche Richtigkeit seiner einzelnen Anspruchsmerkmale zeigenden Werbeaussage, so muss tatrichterlich (zB durch Zeugenvernehmung oder ein Sachverständigengutachten) aufgeklärt werden, wie der beworbene Gegenstand beschaffen ist, um an ihm die Identität des beworbenen Produktes mit den Anspruchsmerkmalen des Klagepatents festzustellen. Dahingehende Beweismaßnahmen sind auch insoweit nicht entbehrlich, wie sich der Werbung einzelne Anspruchsmerkmale positiv entnehmen lassen, denn die dortige Darstellung kann fehlerhaft sein. Ein Anspruchsmerkmal, das sich aus der Werbung als vorhanden ergibt, dem Produkt tatsächlich jedoch fehlt, führt zur Nichtverletzung.

391

392 Das Ausstellen eines Verletzungsgegenstandes auf einer **Verkaufsmesse** stellt problemlos ein Anbieten (an die unbestimmte Vielzahl der Messebesucher) dar.[422] Das gilt unabhängig davon, ob begleitend druckschriftliches Werbematerial vorgehalten und konkrete Verkaufsgespräche über das ausgestellte Produkt geführt werden.[423] Sofern sich das Angebot in dem schlichten Präsentieren des Verletzungsgegenstandes erschöpft, besteht eine Verantwortlichkeit grundsätzlich nur für den Betreiber des Messestandes, aber nicht für Mitarbeiter eines anderen (konzernverbundenen) Unternehmens, das am Messestand aushilft.[424] Ob die Präsentation eines schutzrechtsverletzenden Gegenstandes auf einer reinen **Leistungsschau** ein »Angebot« darstellt, entscheidet sich auf der Grundlage einer umfassenden Würdigung aller Umstände des konkreten Einzelfalles.[425] Zu verneinen ist dies bei einer reinen Produktstudie, wie sie zB in der Automobilindustrie üblich ist. Für sie fehlt es wegen der jedermann ersichtlichen Unverkäuflichkeit an einem Angebot auch dann, wenn die Studie auf einer ansonsten kommerziellen Veranstaltung ausgestellt wird. Ihre Präsentation begründet im Allgemeinen auch keine Erstbegehungsgefahr.[426] Dass ein an sich verkaufsfähiger Gegenstand unter deutlichem Hinweis darauf präsentiert wird, dass es sich um einen Prototypen handelt und sich im Zuge des Weiteren Entwicklungsprozesses noch geänderte Produktspezifikationen ergeben können, steht einem Angebot allerdings noch nicht entgegen.[427] Mögliche (nicht einmal sichere) Detailänderungen räumen nämlich nicht die Tatsache aus, dass die Ausstellungshandlung den Besucher davon abhalten kann, sich für seine Nachfrage mit dem Konkurrenzprodukt des Schutzrechtsinhabers zu befassen.

393 Hat der Anbietende neben schutzrechtsverletzender Ware auch solche Gegenstände gleicher Art und Ausgestaltung in seinem Besitz, an denen die Patentrechte **erschöpft** sind, und hat er innerbetrieblich keine Vorkehrungen dafür getroffen, dass es im Falle einer Bestellung nur zur Auslieferung der »erschöpften Gegenstände« kommen kann, so bezieht sich das Angebot auch auf den verletzenden Warenbestand und stellt dementsprechend eine das Patent beeinträchtigende Handlung dar.[428]

(2) Weiterverwendung bildlicher Darstellungen

394 Besondere Probleme stellen sich, wenn die schutzrechtsverletzende Ausführungsform in einer Weise abgeändert wird, dass sie dem Patent nicht mehr unterfällt, die für das ursprünglich patentverletzende Produkt verwendete Artikelnummer oder Typenbezeichnung[429] sowie **bildliche Darstellungen** des Verletzungsgegenstandes jedoch in der Werbung **identisch weiterbenutzt** werden, ohne dass auf die erfolgte technische Änderung hingewiesen wird. In einem solchen Fall[430] entscheidet sich die Frage, ob in der Verteilung eines derartigen Werbeprospektes ein patentverletzendes Anbieten liegt, danach,

---

422 OLG Düsseldorf, BeckRS 2014, 16067 – Sterilcontainer; anders: LG Mannheim, InstGE 13, 11 – Sauggreifer im Anschluss an BGH, GRUR 2010, 1103 – Pralinenform II (für das Markenrecht); BGH, GRUR 2017, 793 – Mart-Stam-Stuhl (für das Urheberrecht).
423 OLG Düsseldorf, Urteil v 6.10.2016 – I-2 U 19/16.
424 OLG Düsseldorf, Urteil v 6.10.2016 – I-2 U 19/16. Eine Passivlegitimation von deren Geschäftsherrn wird erst dann begründet, wenn die fremden Mitarbeiter durch Übergabe von Prospektmaterial an Interessenten oder mündliche Erläuterungen des Verletzungsgegenstandes tätig werden.
425 BGH, GRUR 2006, 927 – Kunststoffbügel.
426 BGH, GRUR 2015, 603 – Keksstangen.
427 AA: BGH, GRUR 2017, 793 – Mart-Stam-Stuhl (für das Urheberrecht).
428 LG Düsseldorf, InstGE 8, 4 – Dekorplatten.
429 Vgl dazu: OLG Karlsruhe, InstGE 12, 299 – Messmaschine.
430 ... der *nicht* vorliegt, wenn zwar bestimmte werbende Hinweise gleich bleiben, aber die Artikelnummer verändert und andere bildliche Darstellungen gebraucht werden, selbst wenn die abweichenden Bilder zwar nicht alle Verletzungsmerkmale erkennen lassen, aber in dem, was sie zeigen, auch mit dem Verletzungsprodukt des Erkenntnisverfahrens in Einklang stehen (OLG Düsseldorf, Beschluss v 7.6.2018 – I-2 W 13/18).

ob die als Adressaten angesprochenen Kreise das beworbene Erzeugnis bei objektiver Betrachtung aller tatsächlichen Umstände des Einzelfalles als schutzrechtsverletzend ansehen.[431]

Zwei grundsätzliche **Sachverhaltskonstellationen** sind hier zu unterscheiden: 395

- Zeigt die weiterverwendete Abbildung eindeutig den schutzrechtsverletzenden Gegenstand, weil die Darstellung (auch ohne dass ihr jedes einzelne Anspruchsmerkmal entnommen werden könnte) nur mit der ursprünglichen, schutzrechtsverletzenden Ausführungsform in Einklang steht, die geänderte Ausführungsform jedoch nicht wiedergibt, weil diese in aus der Abbildung ersichtlichen Details abweicht, liegt in der Regel ein patentverletzendes Anbieten vor. Denn der angesprochene Verkehr muss angesichts der in der Werbung enthaltenen bildlichen Wiedergabe zu der Überzeugung gelangen, dass mit dem Prospekt der frühere, patentverletzende Gegenstand – und nicht die (von der Werbeabbildung abweichende) neue Ausführungsform – beworben wird.[432] 396

- Lässt sich die Abbildung gleichermaßen mit der früheren patentverletzenden wie mit der abgewandelten, nicht mehr schutzrechtsverletzenden Ausführungsform in Übereinstimmung bringen, wird der Verkehr, namentlich derjenige Abnehmer, dem die ursprüngliche, schutzrechtsverletzende Ausführungsform bekannt ist, angesichts der identischen Artikelnummer und/oder der ihm für das patentverletzende Erzeugnis geläufigen Abbildungen zu der Annahme verleitet, dass mit der Werbung – weiterhin – das frühere, schutzrechtsverletzende Produkt angeboten wird. Zwingend ist diese Vorstellung indessen nicht. Mit in die Beurteilung einzustellen sind alle objektiven Tatumstände, zu denen beispielsweise eine bei den beteiligten Kreisen allgemein bekannte Umstellung der Ausführungsform im Zeitpunkt der Werbung gehört.[433] Ist den angesprochenen Abnehmern geläufig, dass der Werbende die Konstruktion geändert hat und deswegen hinsichtlich der ursprünglichen Ausführungsform nicht mehr lieferfähig und lieferbereit ist, verbietet sich die Annahme, der Werbende erbiete sich mit dem Prospekt gleichwohl zur Lieferung eines eben solchen Gegenstandes. 397

Insofern reicht grundsätzlich ein Hinweis darauf bzw eine Kenntnis davon, dass die seinerzeit verletzende Ausführung *überhaupt* geändert worden ist; es muss darüber hinaus nicht ersichtlich sein, dass die Änderung gerade in Bezug auf die Merkmale des Klagepatents vorgenommen worden ist. Die Belehrung über die geänderte Technik muss allerdings in einer Weise erfolgen, dass sie bei der Kenntnisnahme des Angebotes nicht übersehen werden kann, und sie muss unmissverständlich sein, weswegen zweideutige Hinweise unzureichend sind. Beispiele dafür sind die Verwendung von Abkürzungen, die sich dem angesprochenen Publikum nicht sicher erschließen[434], oder Bemerkungen, die eine veränderte Technik nicht zweifelsfrei ergeben.[435] Erfolgt zwar ein Hinweis auf eine geänderte Ausführungsform, ergibt sich jedoch für den angesprochenen Verkehr aus den übrigen Werbeaussagen oder sonstigen Umständen (zB dem Verweis auf eine die patentverletzende Konstruktion im Einzelnen beschreibende Anleitung zur ursprünglichen, patentverletzenden Geräteversion), dass die Ausstattung ausschließlich in nicht erfindungsrelevanten Details variiert worden ist, liegt – trotz Hinweises – ein verletzendes Angebot vor.[436] 398

---

431 BGH, GRUR 2005, 665 – Radschützer.
432 BGH, GRUR 2003, 1031 – Kupplung für optische Geräte; BGH, GRUR 2005, 665 – Radschützer.
433 BGH, GRUR 2005, 665 – Radschützer.
434 OLG Düsseldorf, InstGE 10, 138 – Schlachtroboter.
435 OLG Düsseldorf, InstGE 10, 138 – Schlachtroboter.
436 OLG Düsseldorf, InstGE 10, 138 – Schlachtroboter.

(3) Auslandsbezüge

399 Wegen des Territorialitätsprinzips ist grundsätzlich nur eine inländische Angebotshandlung von Relevanz. Dazu genügt es, dass entweder der **Absende-** oder der **Empfangsort** des Angebots im Inland belegen ist.[437] Wenn das Angebot als solches im Inland geschieht, kommt es prinzipiell nicht darauf an, ob die spätere Lieferung, zu der sich der Anbietende erbietet, im Inland oder im schutzrechtsfreien Ausland erfolgen soll.[438] Das hat Relevanz insbesondere für Angebotshandlungen auf einer inländischen Messe, die selbst dann ein inländisches Anbieten repräsentieren, wenn der Aussteller ausschließlich im Ausland residiert und auch nur dort angebotsgerechte Lieferungen vornehmen will.[439] Voraussetzung ist freilich, dass sein Angebot sich aus Empfängersicht – zumindest auch – auf das Inland beziehen kann. Davon wird immer auszugehen sein, wenn dem Angebotsempfänger (wie bei einer gewöhnlichen Messepräsentation) nichts anderes ausdrücklich mitgeteilt wird.[440] Für die Zulässigkeit solcher inländischer Messeangebote kann nicht geltend gemacht werden, es handele sich um die einzige wichtige internationale Messe in dem fraglichen Fachbereich und das Unterbinden eines Messeauftritts behindere das Bemühen um einen zulässigen Vertrieb im schutzrechtsfreien Ausland unbillig.[441] Macht der Aussteller oder der anderweitig Anbietende hingegen unmissverständlich deutlich, dass sein Angebot nur als Erbieten zur Bereitstellung erfindungsgemäßer Gegenstände im Ausland zu verstehen ist, fehlt es an einem Bezug zum inländischen Territorium, weshalb ein inländisches Angebot zu verneinen ist.

400 Folgt dem Angebot eine Lieferung/Errichtung der angebotenen Anlage, ggf auch im patentfreien Ausland[442], nach, die die technischen Merkmale des Klagepatents verwirklicht, so rechtfertigt dies im Allgemeinen den Schluss, dass sich das vorausgegangene (inländische) Angebot auf eine ebensolche patentgemäße Sache bezogen hat, sodass das vom Inland aus versandte Angebot zur Lieferung/Errichtung als patentverletzend zu beurteilen ist.[443] Das gilt auch dann, wenn dem Adressaten die erfindungsgemäße technische Ausstattung des angebotenen Gegenstandes überhaupt nicht geläufig ist (zB deshalb, weil die betreffenden technischen Details für ihn nicht von Interesse sind).[444] An dem inländischen Angebotsort (= Absendeort) ändert nichts der Umstand, dass die vom inländischen Geschäftssitz des Anbietenden aus unterbreitete initiative Offerte noch nicht sämtliche konstruktiven Details enthalten hat, die zur Patentbenutzung führen, und dahingehende Konkretisierungen, die den patentgemäßen Liefergegenstand ergeben, erst später bei im Ausland geführten Besprechungen erfolgt sind.[445] Das gilt so lange, wie die ausländischen Handlungen sich im Rahmen des ursprünglichen inländischen Angebotsgegenstandes halten, diesen also bloß näher ausgestalten und nicht abändern.[446]

---

437 OLG Düsseldorf, Urteil v 23.2.2012 – I-2 U 134/10.
438 LG München I, InstGE 5, 13 – Messeangebot ins Ausland I; OLG München, InstGE 5, 15 – Messeangebot ins Ausland II; OLG Karlsruhe, InstGE 12, 299 – Messmaschine.
439 OLG Düsseldorf, BeckRS 2014, 16067 – Sterilcontainer.
440 OLG Düsseldorf, BeckRS 2014, 16067 – Sterilcontainer.
441 OLG Karlsruhe, InstGE 12, 299 – Messmaschine.
442 Erfolgt die Lieferung des Gesamtgegenstandes oder der im Ausland zusammengefügten Einzelteile vom Inland aus, so liegt außerdem ein inländisches Inverkehrbringen vor, sonst (bei Bereitstellung des Liefergegenstandes/seiner Einzelteile vom Ausland aus) nicht.
443 OLG Düsseldorf, Urteil v 6.4.2017 – I-2 U 51/16.
444 OLG Düsseldorf, Urteil v 6.4.2017 – I-2 U 51/16.
445 OLG Düsseldorf, Urteil v 6.4.2017 – I-2 U 51/16. Denkbar ist derartiges beispielsweise im Sonderanlagenbau.
446 OLG Düsseldorf, Urteil v 6.4.2017 – I-2 U 51/16.

▶ **Beispiel:**

Sämtliche Beschaffungsentscheidungen eines weltweit agierenden Automobilherstellers werden in der deutschen Konzernzentrale getroffen, wo dementsprechend auch die patentfreie ausländische Märkte betreffenden Angebote der Zulieferindustrie eingehen und bearbeitet werden.

401

Prinzipiell anders gestaltet sich die Rechtslage bei der mittelbaren Patentverletzung, bei der sowohl das Anbieten des Mittels als auch dessen vom Angebotsempfänger vorgesehener Gebrauch im Rahmen einer unmittelbaren Benutzung im Inland stattfinden bzw beabsichtigt sein müssen. Ein auf das Inland bezogenes Angebot reicht deshalb für eine Haftung nach § 10 PatG noch nicht aus.

Ergibt sich das Angebot aus einem **Messeauftritt**, ist zu differenzieren: 402

(a) Inlandsmesse

Findet die **Messe im Inland** statt, liegt zumindest der Absendeort, regelmäßig auch der Empfangsort, im Inland. 403

(b) Auslandsmesse

Bei Beteiligung an einer **ausländischen Messe** verhält es sich genau umgekehrt (Absende- und Empfangsort befinden sich am ausländischen Messeort). Dortige Ausstellungshandlungen stellen daher grundsätzlich kein Angebot dar und begründen auch keine Erstbegehungsgefahr hierfür.[447] 404

Allerdings ist speziell bei internationalen Messen in Rechnung zu stellen, dass diese ggf auch von **inländischen Unternehmensvertretern** besucht werden, die ihre Kenntnis vom Angebot im Anschluss an den Messebesuch an die zuständigen Entscheidungsträger ihres Heimatunternehmens in Deutschland vermitteln. Wegen der Territorialität jeden Patentschutzes kann dies nur in Ausnahmefällen zu einer Patentverletzung außerhalb des Messeortes führen. Zivilrechtlich ist eine Einschaltung Dritter in die Übermittlung eines (Messe-)Angebotes in zweierlei Weise möglich. 405

– Entweder dergestalt, dass der Messebesucher als Erklärungs**bote** des ausländischen Ausstellers[448] oder als Empfangs**bote** seines deutschen Geschäftsherrn[449] agiert, oder in der Form, dass der Messebesucher die Stellung eines Empfangsvertreters des inländischen Adressaten hat. Im Falle einer Botenstellung des (deutschen) Messebesuchers liegt der Empfangsort am inländischen Sitz des Heimatunternehmens, an welches das Messeangebot bestimmungsgemäß gelangen soll.[450] 406

– Kann der Messebesucher als **Empfangsvertreter** des deutschen Heimatunternehmens angesehen werden, ist als Ort des Angebotes zunächst der (ausländische) Messeort anzusehen, an dem sich der Stellvertreter, in dessen Person sich der rechtsgeschäftliche Zugang des Angebotes vollzieht, im Augenblick des Zugangs aufhält.[451] Darüber hinaus kann sich nach den Umständen des Falles ein weiterer Empfangsort am inländischen Sitz des Geschäftsherrn befinden. Trifft der Stellvertreter die unternehmeri- 407

---

447 LG Hamburg, GRUR-RR 2014, 137 – Koronarstent.
448 Dies wird mangels Weisungsrechts des Ausstellers in aller Regel nicht in Betracht kommen.
449 Auch dies wird allenfalls unter ganz besonders gelagerten Umständen denkbar sein, weil die Botenstellung verlangt, dass die betreffende Person für die Entgegennahme von Erklärungen entweder bestellt ist oder nach der Verkehrsauffassung als bestellt anzusehen ist.
450 OLG Düsseldorf, Urteil v 23.2.2012 – I-2 U 134/10.
451 OLG Düsseldorf, Urteil v 23.2.2012 – I-2 U 134/10.

sche Entscheidung über das Angebot nicht allein, sondern nach Rücksprache mit einem an einem anderen Ort ansässigen Geschäftsherrn oder ist der Empfangsvertreter an der vom Angebot initiierten Beschaffungsentscheidung überhaupt nicht beteiligt, so kann sich am Sitz des Entscheidungsträgers, auf dessen wirtschaftliche Entschließung mit dem Angebot eingewirkt werden soll, ein weiterer, zweiter Empfangsort befinden.[452] Voraussetzung ist freilich, dass die Beteiligung auswärtiger Entscheidungsträger für den Anbietenden zumindest als in seinen Vorsatz aufzunehmende Möglichkeit erkenn- und vorhersehbar ist[453] und der Messeauftritt auch nach den objektiven Gegebenheiten eindeutig in das Inland gerichtet ist, weil die Angebotspräsentation unter Umständen vorgenommen wird, die diese Zielrichtung klar erkennen lassen.

408 Den jeweiligen Sachvortrag, der die Annahme einer Boten- oder Stellvertreterstellung sowie die Annahme eines inländischen Empfangsortes rechtfertigt, hat der **darlegungspflichtige** Kläger zu leisten.

409 Die ausländischen Messehandlungen können rein tatsächlich zur Folge haben, dass einem inländischen Hersteller weitere **ausländische Kunden** zugeführt werden, sodass im Inland eine gesteigerte Nachfrage nach den angegriffenen Ausführungsformen geschaffen wird, womit wiederum die **inländischen Herstellungshandlungen** angeregt werden. Das könnte zu der Überlegung führen, dass der ausländische Aussteller faktisch die inländischen Verletzungshandlungen eines Anderen unterstützt und deswegen – neben diesem – haftbar ist.

410 Dem ist allerdings nicht so. Zwar kann die Haftung grundsätzlich an jede vorwerfbare (Mit-)Verursachung der Rechtsverletzung einschließlich der ungenügenden Vorsorge gegen solche Verstöße angeknüpft werden. Damit die Verantwortlichkeit nicht über die Maßen ausgedehnt wird, muss zu dem objektiven Verursachungsbeitrag allerdings hinzukommen, dass eine Rechtspflicht verletzt wird, die zumindest auch dem Schutz des verletzten Rechts dient und bei deren Beachtung der Mitverursachungsbeitrag entfallen wäre.[454] Bei der Annahme von haftungsbegründenden Schutzpflichten dürfen deswegen übergeordnete Prinzipien des Patentrechts nicht unberücksichtigt bleiben. So stellt es einen festen Grundsatz dar, dass der Patentschutz territorial auf das Hoheitsgebiet des Erteilungsstaates beschränkt ist und dass der Patentschutz erst mit der Veröffentlichung des Erteilungsbeschlusses einsetzt. Das bedingt, dass auch eine Schutzpflicht Dritter nicht früher als mit dem Eintritt der Patentwirkungen entstehen kann (weshalb Handlungen vor diesem Zeitpunkt weder im Sinne von § 830 BGB noch im Sinne einer Mitverursachung haftungsrelevant sein können), und dass eine Schutzpflicht Dritter auch nicht jenseits des territorialen Geltungsbereichs des verletzten Patents angenommen werden kann. Handlungen, die aus der Sicht des Patentgesetzes im gemeinfreien Ausland stattfinden und auch nur dorthin zielen, sind daher unbeachtlich, selbst wenn sie reflexartige Inlandswirkungen haben, indem sie zB Benutzungshandlungen Anderer im Inland fördern.[455]

(4) Internetangebote

411 Internetangebote[456] können sich auch aus einem **YouTube-Video** ergeben, in dem die Handhabung einer Vorrichtung erläutert wird.[457] Denn die dort präsentierten Eigen-

---

452 OLG Düsseldorf, Urteil v 23.2.2012 – I-2 U 134/10.
453 OLG Düsseldorf, Urteil v 23.2.2012 – I-2 U 134/10.
454 BGH, GRUR 2009, 1142, 1145 – MP3-Player-Import.
455 OLG Düsseldorf, Urteil v 23.2.2012 – I-2 U 134/10.
456 Vgl zum Internetangebot einer ausländischen Konzerngesellschaft: OLG Düsseldorf, InstGE 7, 139 – Thermocycler.
457 OLG Düsseldorf, Beschluss v 23.8.2021 – I-2 W 7/21.

schaften können für den Betrachter einen Kaufanreiz bilden, der einen anschließenden Vertrieb befördert. Online verfügbare Inhalte sind nicht schon deshalb schutzrechtsverletzend, weil sie vom Inland abgerufen werden können[458]; erforderlich ist vielmehr ein – sich aufgrund einer Gesamtabwägung aller Umstände ergebender – wirtschaftlich relevanter Bezug zum Inland[459], der sich zB daraus ergeben kann, dass das Internetangebot auch in deutscher Sprache abgefasst ist oder dass im Inland bekanntermaßen potenzielle Abnehmer der beworbenen Vorrichtung ansässig sind, sodass offenkundig ist, dass mit dem Angebot auch diese Kreise angesprochen werden sollen. Ein ausreichender Inlandsbezug kann auch dann gegeben sein, wenn das Angebot in einer fremden Sprache (zB Englisch) abgefasst ist, sofern diese Sprache von den in Betracht kommenden inländischen Interessenten verstanden wird (zB deshalb, weil die betreffende Sprache auf dem fraglichen Fachgebiet gebräuchlich ist)[460] oder eine Direktbestellmöglichkeit nach Deutschland (unter Preisangabe in inländischer Währung) eröffnet wird. Allein die Abrufbarkeit des Internetangebots in Deutschland und der Umstand, dass der potenzielle Interessentenkreis zumindest in Teilen die verwendete englische Sprache versteht, genügen regelmäßig allerdings noch nicht für die Annahme eines Inlandsbezuges, insbesondere dann nicht, wenn der Werbende international tätig ist und auf verschiedenen Märkten unterschiedlich ausgestattete Vorrichtungen vertreibt. Einem solchen Unternehmen muss es möglich sein, in englischer Sprache (zB durch ein YouTube-Video) auf seine Produktpalette aufmerksam zu machen, ohne einzelne Vertriebsgebiete (zB Deutschland), für die ansonsten kein spezieller Bezug erkennbar ist, eigens mit einem Disclaimer ausnehmen zu müssen.[461] Es wird deshalb eines Umstandes bedürfen, der das Video in seiner Zielrichtung mindestens auch mit Deutschland verbindet, zB deshalb, weil hier der hauptsächliche Interessentenkreis residiert oder weil die Geschäftsaktivitäten des Unternehmens bekanntermaßen hauptsächlich oder nennenswert auf Deutschland ausgerichtet sind. Der Bezug zum Inland kann schließlich dadurch hergestellt werden, dass in dem betreffenden Internetauftritt auf eine deutsche Vertriebstochter hingewiesen wird, während die Angabe einer fremden Währung (zB US-Dollar) auf einen Auslandsbezug hindeuten kann. Durch einen **Disclaimer** lässt sich der Zielort eines Angebotes grundsätzlich einschränken. Voraussetzung ist allerdings, dass der Disclaimer klar und eindeutig gestaltet und aufgrund seiner Aufmachung als ernst gemeint aufzufassen ist, und dass der so Werbende sich an seinen Disclaimer auch tatsächlich hält.[462] Daran fehlt es, wenn die geografische Einschränkung des Angebotes für den Interessenten erst nach dem Anklicken weiterer optionaler Felder erkennbar wird (zB der Option »Verfügbarkeit prüfen«).

Wird für eine primär auf das Ausland ausgerichtete Internetseite in zulässiger Weise ein **Metatag** gesetzt, der eine bessere Erreichbarkeit der Internetseite auch im Inland begründet, so kann sich hieraus ein zur Schutzrechtsverletzung führender relevanter Inlandsbezug nur ergeben, wenn es sich bei der Einrichtung des Metatag um einen Umstand handelt, der von dem Betreiber der Internetseite zumutbar beeinflusst werden konnte.[463] 412

Auf eine tatsächliche **Lieferbereitschaft** des ausländischen Anbieters ins Inland kommt es nicht an; entscheidend ist allein, ob sein Internetauftritt aus der Sicht des angesproche- 413

---

458 ... schon daran fehlt es, wenn ein Aufruf der Seite von Deutschland aus softwaremäßig geblockt wird oder Anfragen aus Deutschland kategorisch zurückgewiesen werden (vgl LG Düsseldorf, Urteil v 3.11.2020 – 4a O 31/19).
459 Vgl BGH, GRUR 2005, 431 – Hotel Maritime (zum Kennzeichenrecht); BGH, GRUR 2014, 601 – englischsprachige Pressemitteilung; OLG Düsseldorf, OLG-Report 2008, 672.
460 LG Düsseldorf, InstGE 10, 193 – Geogitter.
461 OLG Düsseldorf, Beschluss v 23.8.2021 – I-2 W 7/21.
462 BGH, GRUR 2006, 513 – Arzneimittelwerbung im Internet.
463 BGH, GRUR 2018, 417 – Resistograph.

nen inländischen Verkehrs nach den gesamten Umständen auf eine solche Bereitschaft schließen lässt.[464]

(a) Beweisrecht

414 Sollen Internetausdrucke als Beweismittel dienen, empfiehlt es sich, diese notariell beglaubigen zu lassen. Die Beurkundung schafft nämlich eine öffentliche Urkunde, die gemäß § 415 Abs 1 ZPO vollen Beweis für die beurkundete Tatsache (Identität des ausgedruckten Angebots und dessen Verfügbarkeit an dem betreffenden Tag) erbringt. Ansonsten handelt es sich bei einem **Screenshot** um keine – auch keine elektronische – (§ 371 Abs 1 Satz 2 ZPO) – Urkunde, sondern um ein bloßes Augenscheinssurrogat, das in seinem Beweiswert frei nach § 286 Abs 1 ZPO zu würdigen ist.[465]

Wird hiervon abgesehen, kann der Nachweis, dass zu einem bestimmten Zeitpunkt ein bestimmtes Angebot unter einer nämlichen IP-Adresse öffentlich zugänglich gemacht worden ist, dadurch geführt werden, dass ein durch Screenshots dokumentierter Ermittlungsvorgang präsentiert und der regelmäßige Ablauf des Ermittlungsvorgangs durch Zeugenbeweis erläutert wird.[466] Der anschließende weitere Beweis, dass die fragliche IP-Adresse zum Tatzeitpunkt einem konkreten Internetanschluss zugeordnet war, lässt sich regelmäßig durch die vom Provider zB im Rahmen staatsanwaltschaftlicher Ermittlungen durchgeführte Adressen-Zuordnung führen. Ohne konkrete Anhaltspunkte für eine Fehlzuordnung ist es nicht erforderlich, dass der Nachweis einer stets absolut fehlerfreien Zuordnung durch den Internet-Provider erbracht wird.[467]

(b) Hyperlink

415 Welche Haftungsfolgen an das Setzen eines Links geknüpft sind, mit dem der fremde Webinhalte in den eigenen Internetauftritt eingebunden werden, hängt von der Art und Weise der Bezug- und Übernahme ab, wie sie sich dem Durchschnittsadressaten präsentiert:

416 – Wird der verlinkte Inhalt nicht zu werblichen Zwecken übernommen, sondern allein im Interesse einer Information und Meinungsbildung auf Seiten des Adressaten, begründet dies grundsätzlich keine Haftung.[468]

417 – Genau gegenteilig verhält es sich, wenn die Verlinkung zu geschäftlichen Zwecken derart erfolgt, dass der Eindruck entsteht, die fremden Inhalte würden sich zu Eigen gemacht. Ob dies der Fall ist, entscheidet sich aus der objektiven Sicht eines verständigen Durchschnittsnutzers der betreffenden Internetseite auf der Grundlage einer Gesamtbetrachtung aller Umstände.[469] Darauf, ob die Rechtswidrigkeit der verlinkten Inhalte erkennbar war, kommt es nicht an.

▶ **Beispiel:**

418 Beispiel **für Zueigenmachen**: Deeplink direkt zu den schutzrechtsverletzenden Einzelseiten des fremden Webauftritts; Link ist wesentlicher Bestandteil des Geschäftsmodells des Verlinkenden; verlinkter Inhalt wirbt offen oder versteckt für die Pro-

---

464 OLG Karlsruhe, InstGE 11, 15 – SMD-Widerstand.
465 OLG Jena, GRUR-RR 2019, 238 – Screenshot.
466 BGH, GRUR 2016, 176 – Tauschbörse I; zu den Anforderungen an die Darlegung von Verdachtsmomenten gegen die Richtigkeit eines Screenshots vgl OLG Jena, BeckRS 2018, 35992.
467 BGH, GRUR 2016, 176 – Tauschbörse I.
468 BGH, GRUR 2016, 209 – Haftung für Hyperlink.
469 BGH, GRUR 2016, 209 – Haftung für Hyperlink.

> dukte des den Link setzenden Unternehmens; verlinkter Inhalt ist zum Verständnis des eigenen Produktangebots des Verlinkenden notwendig;
>
> Beispiel **gegen Zueigenmachen**: Link nur auf die als solche unbedenkliche Startseite eines Dritten, von der die verletzungsrelevanten Inhalte nicht ohne weiteres aufzufinden sind; Link entspricht sachlich einem bloß weiterführenden Literaturnachweis, über den der Leser bei Interesse eigenständig weitere Informationsquellen für sich erschließen kann.

– Findet ein »Zueigenmachen« nicht statt, kommt eine Haftung des den Link setzenden Unternehmers für die verlinkten Inhalte als Störer in Betracht, und zwar dann, wenn zumutbare Prüfungspflichten verletzt wurden.[470] Solche können bereits vor dem Setzen des Links außer Acht gelassen werden, wenn der schutzrechtsverletzende Inhalt der verlinkten Information für den den Hyperlink Setzenden deutlich erkennbar ist.[471] Anderenfalls kann die Störerhaftung an das Aufrechterhalten des Links anknüpfen, nachdem der den Link Setzende von der Rechtswidrigkeit des verlinkten Inhalts – auf eigene Initiative hin oder aufgrund eines Hinweises von dritter Seite – Kenntnis erlangt hat. Klar muss die Rechtsverletzung – anders als bei Internet-Marktplätzen und File-Hosting-Diensten[472] – nicht zu Tage liegen.[473] Auf eine Abmahnung oder einen sonstigen ernstzunehmenden Verletzungshinweis muss der Verlinkende also selbst eine (fachkundige) Verletzungsprüfung durchführen und den Link alsdann ggf unverzüglich beseitigen.

419

Die Verwendung der »**Teilen**«-**Funktion** in sozialen Netzwerken führt nicht zu einem Zueigenmachen fremder Inhalte mit der Folge einer eigenen Verantwortlichkeit des Teilenden.[474]

420

cc) Inverkehrbringen

Das In-Verkehr-Bringen setzt das Verschaffen der Verfügungsgewalt über das Erzeugnis voraus. Es kommt nicht auf den tatsächlichen Rechts- oder Eigentumsübergang an, sondern auf die tatsächliche Verfügungsgewalt im Sinne einer Veräußerungs- oder Gebrauchsmöglichkeit, die der Verletzer aufgibt und der Dritte erwirbt. An ihr fehlt es nicht deshalb, weil der Erwerber infolge des Eigentumsübergangs bloß mittelbarer Besitzer des Verletzungsgegenstandes wird, weil er sich den unmittelbaren Besitz dank seines Herausgabeanspruchs gegen den mittelbaren (ohnehin für ihn den Besitz ausübenden) Besitzer jederzeit verschaffen kann. Gleiches gilt – erst recht – für den Besitzdiener des Erwerbers, dessen unmittelbarer Besitz dem Geschäftsherrn zuzurechnen ist.

421

Erforderlich ist darüber hinaus ein Bezug zum Handelsverkehr, welcher dergestalt sein muss, dass mit dem Gegenstand, an dem die tatsächliche Verfügungsgewalt verschafft wird, ein Umsatz- oder Veräußerungsgeschäft intendiert oder zumindest möglich ist. Daran fehlt es, wenn die Rückgabe an den Lieferanten des Verletzungsgegenstandes erfolgt und mit ihr einem Rückruf (zu dem der Lieferant ggf sogar verurteilt ist) oder einem Wandelungsbegehren Folge geleistet wird. Hier wird der Verletzungsgegenstand nicht *in* Verkehr gebracht, sondern *außer* Verkehr gebracht. Anders verhält es sich, wenn mit dem Rückerwerb ein neuer patentverletzender Verkauf an einen anderen Abnehmer vorbereitet werden soll, jedenfalls dann, wenn der Ersterwerber bei der Rückveräuße-

422

---

470 BGH, GRUR 2016, 209 – Haftung für Hyperlink.
471 BGH, GRUR 2016, 209 – Haftung für Hyperlink.
472 BGHZ 194, 339 – Alone in the Dark; BGH, GRUR 2015, 485 – Kinderhochstühle im Internet III.
473 BGH, GRUR 2016, 209 – Haftung für Hyperlink.
474 OLG Frankfurt/Main, GRUR-RR 2016, 307 – Hofdamen.

A. Schutzbereichsbestimmung

rung um die abermalige Verkaufsabsicht des Erwerbers weiß. An einem Inverkehrbringen fehlt es auch dann, wenn der in Rede stehende Gegenstand als solcher überhaupt nicht verkehrsfähig ist und seine Aushändigung nur dazu dient, die Leistungsfähigkeit des Unternehmens in Bezug auf ein anderes Produkt unter Beweis zu stellen. Wird eine Präsentationsmappe mit einem Muster des Verletzungsgegenstandes ausgehändigt, so kommt es darauf an, ob das Muster als solches technisch einsatz- und damit auch verkehrsfähig ist oder ohne diese Eignung bloß der Anschauung dient. Kein Inverkehrbringen liegt ferner bei reinen Warenbewegungen im Unternehmen oder Konzern vor. Eine Verbringung der Verletzungsprodukte an ein inländisches oder ausländisches Lager oder eine inländische oder ausländische Tochtergesellschaft, ist deswegen kein schutzrechtsverletzender Akt.[475] Zum Umfang der Auskunftspflicht in einem solchen Fall vgl unten Kap D Rdn 840.

▶ **Beispiel:**

I.

423 Gegenstand des Klagepatents ist eine Öse für Lkw-Planen, die dazu vorgesehen ist, das Befestigungsseil, mit dem die Plane am Lkw-Aufbau befestigt wird, aufnimmt. Der Patentanspruch sieht eine bestimmte körperliche Ausgestaltung der Öse vor, nachdem die Öse in die Plane eingebracht ist. Die Beklagte befasst sich mit dem Vertrieb von Ösenrohlingen sowie mit dem Verkauf von Ösensetzmaschinen. Während einer Fachmesse hat sie Rohlinge mit ihrer Setzmaschine so in kleine Teststreifen einer Plane eingebracht, dass sich eine dem Klagepatent entsprechende (Fertig-)Öse ergeben hat. Die betreffenden Muster hat die Beklagte an das Messepublikum verteilt.

II.

Die Beklagte hat dadurch, dass sie auf der Fachmesse Ösen an Teststreifen von Trägermaterial angebracht hat, geschützte Gegenstände – unmittelbar patentverletzend (§ 9 Satz 2 Nr 1 PatG) – hergestellt. Andere Benutzungshandlungen fallen der Beklagten demgegenüber nicht zur Last, für sie besteht auch keine Erstbegehungsgefahr. Die Beklagte befasst sich nicht mit der Herstellung oder dem Vertrieb von (zB in eine Trägerbahn eingebrachten) Fertigösen. Ihr Geschäftsfeld ist vielmehr ausschließlich die Produktion von und der Handel mit Rohlingen sowie Setzmaschinen. Die Teststreifen sind mit Rücksicht darauf als Anschauungsobjekte zu dem alleinigen und erkennbaren Zweck gefertigt und verteilt worden, die Arbeitsweise und Leistungsfähigkeit des Produktsortiments der Beklagten (sic: ihrer Rohlinge und Setzmaschinen) für die Messebesucher zu demonstrieren. Darin mag (und wird) eine Angebotshandlung im Hinblick auf die Rohlinge und die zu ihrer patentverletzenden Bearbeitung geeigneten Setzmaschinen liegen. Fertigösen hat die Beklagte jedenfalls weder angeboten noch in Verkehr gebracht. Für die genannten Handlungsformen reicht es noch nicht aus, dass der betreffende Gegenstand (Fertigöse) – was vorliegend zweifellos geschehen ist – in die tatsächliche Verfügungsgewalt eines anderen gebracht wird oder der mutmaßliche Täter sich hierzu erbietet. Maßgeblich ist vielmehr ein Bezug zum Handelsverkehr dergestalt, dass mit dem Gegenstand ein Umsatz- oder Veräußerungsgeschäft beabsichtigt, zumindest aber möglich ist. Daran fehlt es. Unter den gegebenen Umständen kann aus der patentverletzenden Herstellung von Ösen auch nicht auf die Gefahr ihres künftigen Vertriebes geschlossen werden.

424 Setzt der patentgemäße Gegenstand (zB eine aus Aluminiumprofilen gebildete Möbel-Einfassung) eine **bestimmte Eignung** (zB zur Aufnahme eines Loom-Geflechts in einer Nut des Aluminiumprofils) voraus, so liegt in der Bewerbung und dem Verkauf eines

---

475 Vgl BGH, GRUR 2004, 421, 424 – Tonträgerpiraterie durch CD-Export.

Gegenstandes (zB von fertigen Flechtmöbeln), bei dem die besagte Eignung **verloren gegangen** ist (zB weil das Loom-Material *unlösbar* in der Nut der Aluminium-Einfassung verklebt ist), kein Angebot oder Inverkehrbringen des patentgeschützten Gegenstandes.

Bei einem **Kombinationspatent** muss grundsätzlich die Gesamtkombination geliefert werden. Werden nur ihre Einzelkomponenten in Verkehr gebracht (zB als Ersatz- oder Austauschteile), liegt allenfalls eine mittelbare Patentverletzung vor. Eine Gesamtlieferung kann freilich auch gestaffelt »in mehreren Paketsendungen« erfolgen, ohne dass dadurch die Qualität als unmittelbare Verletzungshandlung verloren ginge, sofern das Zusammenfügen der Einzelkomponenten zu der geschützten Gesamtvorrichtung beim Abnehmer sicher vorhersehbar und einfach[476] zu bewerkstelligen ist. Für die Abgrenzung zwischen Einzel- und gestaffelter Komplettlieferung ist entscheidend, ob aus der Sicht des Lieferanten trotz der gestaffelten Bestellung ein sachlicher Zusammenhang dergestalt existiert, dass letztlich alle Bauteile der Gesamtkombination zu dem Zweck geordert werden, sie beim Abnehmer zu der patentgemäßen Kombination zusammenzufügen.[477] 425

Umgekehrt wird ein Verletzungsgegenstand auch dann in Verkehr gebracht, wenn er nicht als solcher, dh in »vereinzelter« Form, sondern eingebaut in einer **größeren Verkaufseinheit** vertrieben wird. 426

▶ **Beispiel:**[478]

Das Klagepatent schützt einen Kfz-Scheinwerfer, dessen Reflektor mit einem besonderen Befestigungszwischenstück gehalten wird (Anspruch 1); nebengeordnet ist außerdem das neuartige Befestigungszwischenstück als solches geschützt (Anspruch 16). Die Beklagte vertreibt keine isolierten Befestigungszwischenstücke, sondern nur komplette Scheinwerfer, die mit patentbenutzenden Befestigungszwischenstücken ausgerüstet sind.

Es stellt sich daher die Frage, ob in der Lieferung des Gesamtgegenstandes zugleich ein Inverkehrbringen des Befestigungszwischenstücks liegt. Dies ist zu bejahen, und zwar selbst dann, wenn die Befestigungszwischenstücke nachträglich nicht mehr ohne eigene Beschädigung aus den gelieferten Scheinwerfern ausgebaut werden können, und auch dann, wenn sich der Nebenanspruch mit einer Wirkungs- oder Funktionsangabe ausdrücklich zu der Verwendung des Befestigungszwischenstücks mit einem Scheinwerfer verhält. Denn das, mit der Gesamtvorrichtung gelieferte, Befestigungszwischenstück ist nicht nur patentgemäß verwendbar, sondern bereits tatsächlich patentgerecht verwendet. 427

dd) Gebrauchen

Unter einem Gebrauchen versteht man die bestimmungsgemäße Verwendung, wobei zu berücksichtigen ist, dass grundsätzlich das Erzeugnispatent alle möglichen Verwendungen schützt. Funktionstests innerhalb eines Vergabeverfahrens stellen einen Gebrauch dar.[479] Auch der Verbrauch und die Weiterverarbeitung stellen ein Gebrauchen dar, wenn der verfolgte Verwendungszweck zu den bestimmungsgemäßen Möglichkeiten gehört.[480] Auf die Bekanntheit einer Verwendungsmöglichkeit kommt es nicht an.[481] Das 428

---

476 Die Herstellung der Gesamtvorrichtung darf sich also nicht erst beim Abnehmer vollziehen.
477 OLG Düsseldorf, Beschluss v 17.12.2012 – I-2 W 28/12.
478 OLG Düsseldorf, Urteil v 19.12.2019 – I-2 U 62/16.
479 OLG Düsseldorf, GRUR 2022, 710 – Waffenverschlusssystem.
480 OLG Düsseldorf, InstGE 7, 258 – Loom-Möbel.
481 BGH, GRUR 1990, 997 – Ethofumesat; BGH, GRUR 1959, 125 – Textilgarn.

Gebrauchen setzt – denknotwendig – das körperliche Vorhandensein des Gegenstandes (im Inland) voraus.

ee) Einführen und Besitzen

429 Die Benutzungsalternativen des Einführens und Besitzens schließlich sind nur patentverletzend, wenn sie zu dem Zweck erfolgen, eine der anderen Benutzungshandlungen zu ermöglichen. Mit Blick auf einen Spediteur, Lagerhalter oder Frachtführer liegt diese Zweckrichtung in aller Regel nicht vor.[482] Genauso verhält es sich bei der Einfuhr einzelner Exemplare des zum späteren Vertrieb vorgesehenen Erzeugnisses, das der zum Erhalt einer notwendigen Vertriebserlaubnis erforderlichen Qualitätskontrolle dient, wie dies bei Generika üblich ist. Die gesetzlich geforderte Zweckbindung ist nämlich gegenstandsbezogen und nicht bloß gattungsbezogen zu verstehen, weswegen es darauf ankommt, ob das konkret eingeführte Erzeugnis zum nachfolgenden Angebot und Vertrieb bestimmt ist, und dementsprechend nicht ausreicht, dass Angebot und Vertrieb nur für gattungsgleiche Gegenstände vorgesehen sind. Demgegenüber liegt ein Besitz zum Zwecke des Gebrauchs vor, wenn ein Auftraggeber innerhalb eines Vergabeverfahrens von einem Bieter eingereichte patentverletzende Musterstücke einem Funktionstest unterzieht.[483] Sofern es dem Auftraggeber nicht gelingt, dem Schutzrechtsinhaber eine »Lizenz zum Testen« abzuverlangen, läuft er deshalb Gefahr, selbst wegen Patentverletzung zu haften. Hat derjenige Bieter, dessen schutzrechtsverletzendes Muster getestet wurde, rechtsverbindlich erklärt, dass der Gegenstand seines Angebotes keine Rechte Dritter verletzt, so haftet er dem Auftragsgeber im Falle seines Unterliegens im Verletzungsprozess aus dem Gesichtspunkt des Schadenersatzes (§ 280 BGB) auf Kostenerstattung.

430 Nach der Gesetzesformulierung stellt die **Durchfuhr**[484] patentverletzender Ware in einem durchgehenden Zollverschlussverfahren (ungebrochener Transit[485]) keine Benutzungshandlung dar.[486] Das gilt unabhängig davon, ob die durchgeführte Ware für einen Mitgliedstaat der EU oder einen Drittstaat bestimmt ist und ob im Bestimmungsland Patentschutz besteht oder nicht.[487] Genauso ist belanglos, wie die Durchfuhr zollrechtlich abgewickelt wird – ob im externen Versandverfahren (T1-Verfahren) oder im T2L-Verfahren.[488]

431 Ansprüche ergeben sich unter solchen Bedingungen auch nicht in analoger Anwendung der **§§ 1004, 823 BGB**, selbst wenn sich mit Blick auf das Bestimmungsland der Durchfuhr die Gefahr einer rechtswidrigen Verletzung des dortigen Auslandspatents feststellen lässt, zu der die Durchfuhr den ersten Teilakt bildet.[489] Der unions- und völkerrechtlich anerkannte Territorialitätsgrundsatz für nationale Immaterialgüterrechte verbietet es, ausländische Patente den nationalen Vorschriften (§§ 823, 1004 BGB) zu unterstellen.[490] Für dasselbe Ergebnis lässt sich eine weitere Erwägung anführen: Zwar wird **§ 1004 BGB**

---

482 BGH, GRUR 2009, 1142 – MP3-Player-Import.
483 OLG Düsseldorf, GRUR 2022, 710 – Waffenverschlusssystem.
484 Umfassend: Cordes, GRUR 2012, 141.
485 Umfassend: Worm/Maucher, Mitt 2009, 445.
486 BGHZ 23, 100, 106 – Taeschner/Pertussin I; BGH, GRUR 1957, 352, 353 – Taeschner/Pertussin II; BGH, GRUR 1958, 189, 197 – Zeiss; BGH, GRUR 2014, 1189 – Transitwaren; jüngst auch: EuGH, GRUR Int 2007, 241 – Montex Holdings/Diesel (zum Markenrecht); LG Hamburg, InstGE 11, 65 – Datenträger.
487 BGH, GRUR 2012, 1263 – Clinique happy.
488 BGH, Beschluss v 25.6.2014 – X ZR 72/13.
489 BGH, GRUR 2012, 1263 – Clinique happy (unter Aufgabe der früheren Rechtsprechung in GRUR 1957, 352 – Taeschner/Pertussin II, der verschiedene Instanzgerichte (LG Hamburg, InstGE 11, 65 – Datenträger; KG, GRUR-RR 2011, 263 – Clinique gefolgt waren).
490 BGH, GRUR 2012, 1263 – Clinique happy.

über den Schutz des bürgerlich-rechtlichen Eigentums hinaus mittlerweile auf alle sonstigen dinglichen Rechte an Sachen sowie auf Rechtsgüter und rechtlich geschützte Interessen ausgedehnt und gewährt damit einen umfassenden quasinegatorischen Anspruch zum Schutz des gesamten Eigentums nach Art 14 GG. Der Vorschrift unterfallen deshalb ua gewerbliche Schutzrechte, das allgemeine Persönlichkeitsrecht sowie der eingerichtete und ausgeübte Gewerbebetrieb, die sämtlich grundrechtlichen Eigentumsschutz genießen. Aus der Konkordanz zwischen Art 14 GG und § 1004 BGB ergeben sich umgekehrt aber auch die natürlichen Grenzen für eine Anwendung des § 1004 BGB; die Vorschrift hat dort keinen Platz, wo auch Art 14 GG nicht einschlägig ist, nämlich bei rein ausländischen Rechtspositionen (wie einem ausländischen gewerblichen Schutzrecht). Zwar entspricht es der Rechtsprechung des BVerfG[491], dass unter den Schutz der Eigentumsgarantie des Art 14 GG im Bereich des Privatrechts alle vermögenswerten Rechte fallen, die dem Berechtigten von der Rechtsordnung in der Weise zugeordnet sind, dass er die damit verbundenen Befugnisse nach eigenverantwortlicher Entscheidung zu seinem privaten Nutzen ausüben darf, wobei Art 14 GG selbst solches Eigentum schützt, das aufgrund einer fremden Rechtsordnung besteht, sofern diese Rechtsordnung nicht dem deutschen ordre public widerspricht. Das BVerfG hat hieraus jedoch selbst lediglich die Konsequenz gezogen, dass Eigentumsrechte, die unter der Rechtsordnung der ehemaligen DDR begründet worden sind, *seit dem Beitritt* zur Bundesrepublik Deutschland unter dem Schutz des Art 14 GG stehen. Einen grundrechtlichen Schutz ausländischer Rechtspositionen zieht das BVerfG demgegenüber selbst nicht in Betracht; er ist auch nicht gerechtfertigt.

Denkbar ist allein ein Anspruchsbegehren, das unmittelbar auf das **im Bestimmungsland geltende Patent** gestützt ist. Es ist zB gegeben, wenn das Recht des Bestimmungsstaates einen vorbeugenden Unterlassungsanspruch auf Untersagung der Einfuhr schutzrechtsverletzender Ware vorsieht, der nach der maßgeblichen ausländischen Rechtslage durch einen Spediteur ausgelöst wird, welcher mit der Durch- und Weiterfuhr Anstalten zur rechtsverletzenden Einfuhr macht.[492]   432

d) Verfahren

Verfahrenspatente behalten dem Patentinhaber die Benutzungsarten der Anwendung sowie des Anbietens zur Anwendung vor (§ 9 Satz 2 Nr 2 PatG). Dabei ist der Verfahrensschutz nicht auf einen ggf in dem Schutzrecht angegebenen Zweck beschränkt, soweit es sich um eine reine Zweckangabe handelt.   433

aa) Anwenden

Ein Verfahren wird angewendet, wenn die im Patentanspruch vorgesehenen Maßnahmen durchgeführt werden, also die wesentlichen Verfahrensschritte verwirklicht sind oder die zur Ausübung des Verfahrens erforderlichen Mittel benutzt werden.[493] In der sinnfälligen Herrichtung einer Vorrichtung zur Ausübung des patentgeschützten Verfahrens liegt noch keine Anwendung des Verfahrens.[494] Die Lieferung eines Gegenstandes, der ein patentgeschütztes Verfahren durchführen kann, stellt keine unmittelbare Patentverletzung im Sinne von § 9 Satz 2 Nr 2 PatG, sondern allenfalls eine mittelbare Verletzungshandlung im Sinne von § 10 PatG dar.[495]   434

Grundsätzlich verletzt nur derjenige das Verfahrenspatent unmittelbar, der sämtliche Verfahrensschritte eigenhändig anwendet. Verfahrensbeiträge eines Mittäters gelten aller-   435

---

491 BVerfGE 101, 239, 258 f.
492 BGH, GRUR 2012, 1263 – Clinique happy.
493 BGH, GRUR 1990, 997 – Ethofumesat; BGH, GRUR 1970, 361 – Schädlingsbekämpfungsmittel.
494 BGH, GRUR 2005, 845 – Abgasreinigungsvorrichtung.
495 LG Mannheim, InstGE 12, 70 – Handover; OLG Düsseldorf, Urteil v 15.5.2014 – I-2 U 74/13.

dings kraft Zurechnung als eigene Handlungen. Eine Ausnahme ist ähnlich wie beim Kombinationspatent für den Fall zu machen, dass der allerletzte Teilakt des Verfahrens von dritter Seite beigesteuert wird, sofern der Dritte das Verfahren vorhersehbar, zwangsläufig und unabhängig von jedem Wissen um die erfindungsgemäße Lehre zum Abschluss bringt.[496] Handlungen, die zeitlich vor den Benutzungshandlungen liegen, sind keine Anwendung des Verfahrens, so zB das Anbieten oder die Lieferung einer zur Ausführung des Verfahrens bestimmten Vorrichtung[497] oder der für die Ausführung des Verfahrens notwendigen Hilfsmittel[498], das Anfertigen von Bauzeichnungen für eine Vorrichtung für das Verfahren, aus denen das Verfahren erkennbar ist[499] oder das Herrichten von Gegenständen für die Benutzung eines patentierten Verfahrens.[500]

436 Mit Rücksicht auf die Territorialität jedes Patents muss das Verfahren prinzipiell mit allen seinen Schritten im **Inland** durchgeführt werden. Benutzungshandlungen, die ausschließlich im Ausland stattfinden, sind rechtlich unbeachtlich. Geschieht die Anwendung des Verfahrens teils im Inland und teils im Ausland, liegt eine insgesamt inländische Schutzrechtsverletzung vor, wenn die im Ausland vorgenommenen Verfahrensschritte demjenigen zugerechnet werden können, der die übrigen Verfahrensschritte im Inland verwirklicht.[501] Herstellungs- und Arbeitsverfahren sind hierbei gleichermaßen in den Blick zu nehmen, wobei es keinen Unterschied macht, ob der im Ausland Agierende derselbe ist wie der im Inland Handelnde oder ein Dritter, und ebenso wenig von Relevanz ist, ob der Dritte eigenverantwortlich oder auf Veranlassung des Inländers aktiv geworden ist.

437 – Bezieht sich der Patentschutz auf ein **Herstellungsverfahren**, ist eine Zurechnung geboten, wenn die ausländischen Verfahrensschritte ein Vor- oder Zwischenprodukt hervorbringen, welches nach Deutschland geliefert und dort unter Anwendung der restlichen Verfahrensschritte zu dem endgültigen Verfahrensprodukt veredelt wird.[502] Hier muss sich der im Inland Handelnde die geleistete Vorarbeit, die in dem in den Geltungsbereich des PatG verbrachten Vorprodukt repräsentiert ist und auf die für die Herbeiführung des endgültigen Erfindungserfolges aufgebaut wird, zurechnen lassen, weshalb die Sachlage keine andere ist als wenn das Vorprodukt, statt im Ausland, eigenhändig im Inland geschaffen worden wäre.

438 Anders verhält es sich bei der umgekehrten Konstellation, dass im Inland bloß die zu einem Vorprodukt führenden ersten Verfahrensschritte durchgeführt werden und das Vorprodukt danach ins Ausland verbracht wird, wo – ggf sogar vorhersehbar und möglicherweise auf Veranlassung des Inländers – die das Verfahren beendenden Teilakte unternommen werden. Die Patentbenutzung geschieht hier – anders als im eingangs erörterten Fall – zu wesentlichen und für den letztlichen Erfindungserfolg verantwortlichen Teilen außerhalb des Inlands. Allenfalls die inländischen Verfahrensschritte können dementsprechend dem die Verfahrensführung fortschreibenden Ausländer zugerechnet werden (mit der Folge, dass das dortige nationale Patent verletzt wird), nicht aber umgekehrt.

439 – Bei **Arbeitsverfahren** gelten ähnliche Regeln. Ein Zurechnungssachverhalt liegt bei einem Verfahren zum Verarbeiten von im Voraus bezahlten Telefonanrufen vor, wenn die mit einer Identifikation versehene **Prepaid-Telefonkarte** im Inland verkauft

---

496 LG Düsseldorf, InstGE 1, 26 – Cam-Carpet.
497 RGZ 101, 135, 139; RGZ 146, 26, 28; RGZ 149, 102, 104.
498 RGZ 101, 135, 139; RGZ 135, 145, 148.
499 RGZ 122, 243, 246.
500 BGH, GRUR 1992, 305 – Heliumeinspeisung.
501 OLG Düsseldorf, InstGE 11, 203 – Prepaid-Telefonkarte.
502 OLG Düsseldorf, InstGE 11, 203 – Prepaid-Telefonkarte.

wird, der das Guthaben verwaltende und die Telefonverbindung zulassende Rechner zwar im Ausland stationiert ist, die vom Rechner generierten Befehle (Identitätsprüfung, Guthabenprüfung, Ermöglichung der Telefonverbindung, Abbruch der Telefonverbindung nach Verbrauch des Guthabens), auf die es für den erfindungsgemäßen Erfolg ankommt, jedoch im Inland bei der Durchführung des Verfahrens (Ermöglichen von Prepaid-Telefonanrufen) herangezogen werden.[503]

Ob eine inländische Verwertung (Zueigenmachen) ausländischer Verfahrensschritte geschieht, beurteilt sich hierbei stets anhand des Patentanspruchs mit seinen technischen Merkmalen und nicht anhand dessen, wie das Verfahrensresultat kommerziell verwertet wird.[504] Maßgeblich ist also der technische Erfindungserfolg und nicht ein davon verschiedener wirtschaftlicher Ertrag. Richtet sich das geschützte Verfahren auf die Untersuchung einer bereitgestellten maternalen Blutprobe (1. Verfahrensschritt) mit dem Ziel, das Risiko einer Genanomalie zu diagnostizieren (= letzter Verfahrensschritt) und erfolgt lediglich die Probenentnahme im Inland, während die nachfolgende DNA-Analyse[505] einschließlich der Risikobewertung (Stellen einer Diagnose auf der Basis des Vorhandenseins und/oder der Menge der Sequenz der fötalen Nukleinsäure) durch ein ausländisches (Partner-)Labor unternommen wird, welches die erhobenen Befunde anschließend dem inländischen Probenentnehmer überlässt, damit dieser den betreffenden Patienten bzw dessen Arzt informiert, so liegt keine inländische Verfahrensanwendung vor. Ungeachtet dessen, dass die kommerzielle Verwertung der Verfahrensresultate (Diagnoseergebnisse) im Inland erfolgt, weil die Diagnoseleistung hier abgerechnet und vergütet wird, ist für die patentrechtliche Beurteilung ausschlaggebend, dass es bei der vorbezeichneten Anspruchsfassung des Klagepatents bereits im Ausland zum vollständigen Abschluss des patentierten Verfahrens (Stellen einer Diagnose bzgl einer **Genanomalie**) und infolgedessen zum restlosen Eintritt des angestrebten technischen Erfindungserfolges kommt.[506] Eine abweichende Handhabung, die maßgeblich darauf abstellen würde, dass der ausländische Benutzungserfolg (Diagnose zum Risiko einer Genanomalie) wirtschaftlich zielgerichtet in Deutschland verwertet wird, weil die erhobenen Befunde *hier* »veräußert« werden, stünde auch im Widerspruch dazu, dass für Ergebnisse eines Diagnoseverfahrens kein derivativer Sachschutz (§ 9 Nr 3 PatG) möglich ist, der es dem Verletzer verbieten würde, die unmittelbaren Erzeugnisse seines Verfahrens anzubieten und zu vertreiben.[507] Genau ein solcher »Sachschutz« würde dem Schutzrechtsinhaber jedoch zugebilligt, wenn dem Handelnden mittels eines Anwendungsverbots die kommerzielle Verwertung seines im Ausland erzielten Verfahrenserfolges unter Berufung auf das inländische Patent untersagt würde.

Anders (im Sinne einer zur Patentverletzung führenden Zurechnung) läge der Sachverhalt, wenn der Patentanspruch außer der Diagnose auch deren anschließende

440

441

---

503 OLG Düsseldorf, InstGE 11, 203 – Prepaid-Telefonkarte.
504 OLG Düsseldorf, Urteil v 23.3.2017 – I-2 U 5/17; ablehnend: Ojea, GRUR 2018, 1096.
505 Auftrennen der Probe in eine zelluläre und eine nicht-zelluläre Fraktion; Detektieren des Vorhandenseins einer Nukleinsäure von fötalem Ursprung in der nicht-zellulären Fraktion unter Anwendung eines Detektionsverfahren, vorgenommen an einer maternalen Serum- oder Plasmaprobe einer schwangeren Frau, wobei das Verfahren das Nachweisen des Vorhandenseins einer Nukleinsäure von fötalem Ursprung in der Probe umfasst und die Nukleinsäure eine väterlicherseits vererbte Sequenz ist, welche die Frau nicht besitzt.
506 OLG Düsseldorf, Urteil v 23.3.2017 – I-2 U 5/17.
507 BGH, GRUR 2017, 261 – Rezeptortyrosinkinase II; ablehnend: Ojea, GRUR 2018, 1096.

Bekanntgabe⁵⁰⁸ an den Patienten umfassen würde. Unter derartigen Rahmenbedingungen würden der erste und der letzte Verfahrensschritt im Inland vollzogen, wobei die in das Ausland verlagerten Zwischenakte sowohl auf der inländischen Vorarbeit (Probenentnahme) aufbauen als auch deren Erträge durch den letzten inländischen Verfahrensakt (Mitteilung der gestellten Diagnose) für die Erzielung des Erfindungserfolges genutzt würden, was es rechtfertigt, sie dem Inländer so zuzurechnen, als hätte er die Zwischenschritte selbst im Inland durchgeführt. Voraussetzung ist freilich (wie bereits erwähnt), dass die inländischen Verfahrensakte (Probenentnahme, Bekanntgabe der Diagnose) nicht technisch belanglos sind, indem sie beispielsweise bloß administrativen Charakter haben, sodass mit ihnen kein irgendwie beachtlicher Beitrag zum *technischen* Inhalt der Erfindung geleistet wird.⁵⁰⁹

442 Darüber hinaus ist in der Instanzrechtsprechung ein Zurechnungssachverhalt auch dann bejaht worden, wenn sich die technischen Vorteile eines patentgemäßen Verfahrens (= Erfindungserfolg) bereits vollständig aufgrund von im Inland ausgeführten und hier wirksamen Verfahrensschritten einstellen, ungeachtet dessen, dass das Verfahren durch weitere, sich anschließende *technische* Schritte fortgesetzt wird, mit denen es erst im Ausland seinen Abschluss findet.⁵¹⁰ Solches ist angenommen worden, wenn es dem auf einen **online durchzuführenden Sehtest** gerichteten Verfahrenspatent darum geht, diejenige (sperrige & teure) Ausrüstung einzusparen, die im Rahmen eines herkömmlichen Sehtests beim Augenarzt oder Optiker vonnöten ist. Wird der erfindungsgemäß einzusparende apparative Aufwand bereits durch die Verwirklichung der ersten drei Anspruchsmerkmale herabgesetzt, denen zufolge der Sehtest am heimischen PC des Patienten durchgeführt wird, so schadet es nach der besagten Rechtsprechung nicht, wenn die beiden weiteren, den Sehtest abschließenden Verfahrensschritte, die auf die Berechnung eines Sehfehlers beim Patienten anhand der beim Online-Sehtest gewonnen Daten und die Berechnung einer therapeutischen Korrekturlinsenverordnung auf Grundlage der erhobenen Diagnosedaten zum Sehfehler gerichtet sind, im Ausland vorgenommen werden.⁵¹¹ Das soll jedenfalls dann gelten, wenn sich die Diagnose- und Therapieberechnungen als solche nicht vom vorbekannten Stand der Technik unterscheiden. Unter den dargelegten Umständen sei es unter wirtschaftlich-normativen Gesichtspunkten geboten, die ausländischen Verfahrensakte dem Inland zuzurechnen. Denn es würden sowohl die Ausgangsdaten für die Berechnung des Sehfehlers und, daran anschließend, des verfahrensabschließenden Brillenpasses im Inland erfasst als auch der im Ausland berechnete Brillenpass zielgerichtet im Inland vermarktet.⁵¹²

443 **Kritik**: Das Bemühen ist vollkommen verständlich, für Erfindungen auf Arbeitsverfahren, deren Verfahrensschritte – ganz oder zum Teil – rechnergestützt ablaufen, einen wirksamen Patentschutz auch dann zur Verfügung zu stellen, wenn sich einzelne Verfahrensschritte, gerade weil sie rechnergestützt sind, im Ausland vollziehen. Denn ein geeigneter Rechner kann prinzipiell überall auf der Welt positioniert wer-

---

508 Anmerkung: Die *Bekanntgabe* ist an dieser Stelle bloß deshalb als Beispiel gewählt, um die maßgeblichen methodischen Zusammenhänge anschaulich zu erläutern und um insbesondere deutlich zu machen, dass ausländische Verfahrensakte selbst dann, wenn mit ihnen der Kern der Erfindung verwirklicht wird, dem Inland zugerechnet werden, wenn ihnen ein (letzter) inländischer Verfahrensschritt nachfolgt, der eine Zurechnung des auswärtigen Vorgeschehens erlaubt. Repräsentiert die Bekanntgabe – wie vielfach – nicht mehr als einen rein administrativen Akt ohne weitere technische Bedeutung, so kann auf sie – worauf bereits an dieser Stelle hinzuweisen ist – selbstverständlich kein Zurechnungstatbestand gestützt werden (dazu sogleich).
509 Noch strenger: LG Mannheim, Urteil v 11.12.2018 – 2 O 163/17.
510 LG Düsseldorf, GRUR 2020, 1078 – Online-Sehtest.
511 LG Düsseldorf, GRUR 2020, 1078 – Online-Sehtest.
512 LG Düsseldorf, GRUR 2020, 1078 – Online-Sehtest.

den, wo der Patentinhaber unmöglich überall einen Patentschutz unterhalten kann, und die Ergebnisse der – beliebig in das schutzrechtsfreie Ausland verlagerbaren – Rechenoperationen, auf die es für die Zwecke der Erfindung maßgeblich ankommt, stehen, obgleich auswärts generiert, problemlos in jedem territorialen Winkel der Welt zur Verfügung.

Andererseits bleibt es jedoch eine unumstößliche Tatsache, dass es für die Zubilligung eines Patentschutzes im Benutzungsfall auf die Gesamtheit aller Anspruchsmerkmale des Patentanspruchs ankommt, und nicht nur auf einige von ihnen. Bevor nicht der letzte (technisch bedeutsame) Verfahrensschritt absolviert ist, kommt daher ein Patentschutz aus grundsätzlichen Erwägungen nicht in Betracht, weswegen es auch der letzte, die patentgeschützte Erfindung vollendende Verfahrensschritt ist, der im Geltungsbereich des Patents stattfinden muss. Hierbei spielt es – wie stets bei der Beurteilung einer Patentverletzung – keine Rolle, ob der fragliche Verfahrensschritt, isoliert betrachtet, über den vorbekannten Stand der Technik hinausgeht oder nicht. Nur unter der besagten Voraussetzung kann auch ein Zurechnungsgrund gegeben sein, der auf der Überlegung beruht, dass sich derjenige, der auf einen von dritter Seite oder anderenorts erreichten Verfahrensstand zurückgreift, um das geschützte Verfahren im Inland zu vollenden, gerade deshalb, weil er sich die anderweitige Vorarbeit zunutze macht, so behandeln lassen muss, als hätte er denjenigen (fremden oder ausländischen) Verfahrensstand, von dem aus er mit seinem eigenen Tun startet, selbst herbeigeführt. Der Gesichtspunkt des Zunutzemachens fremder oder auswärtiger Vorarbeit verfängt indessen schon im Ansatz nicht, wenn die inländischen Benutzungshandlungen mitten im patentgeschützten Verfahrensablauf »stecken bleiben«. Die Zubilligung eines Patentschutzes unter solchen Umständen liefe auf den unzulässigen Schutz für eine Teilkombination hinaus. **444**

Die Lösung des Problems muss an einem anderen Punkt ansetzen, nämlich bei der Auslegung derjenigen Merkmale des Patentanspruchs, die rechnergestützt (und damit territorial beliebig manipulierbar) vorgenommen werden sollen oder können. Im Entscheidungsfall waren dies die *Berechnung* eines Sehfehlers (= Diagnose) anhand der beim Online-Sehtest gewonnen Daten über die vom Patienten richtig, falsch oder überhaupt nicht erkannten Buchstaben und Zahlen sowie die *Berechnung* der Korrekturwerte für eine Behebung des beim Patienten im vorhergehenden Berechnungsschritt festgestellten Sehfehlers (= Therapievorschlag). Um den geschilderten Erfindungserfolg zu erreichen, kommt es nicht auf die bei der Datenverarbeitung durchzuführenden Rechneroperationen als solche an (zu deren Einzelheiten sich das Klagepatent folgerichtig auch in keiner Weise verhält), sondern auf die mithilfe der *Berechnungen* erhaltenen Rechenergebnisse. *Sie* werden als Ausgangspunkt für das weitere Prozedere (nämlich als Erkenntnisquelle für die Erarbeitung eines geeigneten Therapievorschlages) und für einen schlussendlich erfolgreichen Abschluss des Verfahrens (= Bereitstellung von Korrekturwerten zur Behebung des diagnostizierten Sehfehlers) benötigt. Die zugrundeliegenden Rechenoperationen sind – so betrachtet – bloß Mittel zum Zweck; erfindungswesentlich sind nicht sie, sondern ausschließlich die Resultate der patentgemäßen Rechenmaßnahmen. Dementsprechend wird der Fachmann den Begriff der *Berechnung* nicht – vordergründig naheliegend – als rein verfahrensmäßigen Akt des Rechnens auffassen, sondern – technisch sinnvoll – als die Verfügbarmachung derjenigen Rechenergebnisse begreifen, die eine Diagnose des bestehenden Sehfehlers und dessen anschließende Korrektur erlauben. Territorial sind die maßgeblichen Rechenresultate zwar grundsätzlich beliebig und potenziell weltweit verfügbar; wiederum technisch sinnvoll sind sie jedoch nur einem einzigen Sehtest (und damit einem einzigen Schutzterritorium) zuzuordnen, nämlich demjenigen Sehtest, der mittels der Diagnose- und Therapieberechnungen zum Abschluss gebracht wird. Mit den Korrekturwerten für die Brille werden dabei (gleichsam als notwendig inkorporierte »Zwischenresultate«) zugleich die dem Therapievorschlag **445** zugrundeliegenden Sehfehlerdiagnosewerte des ersten Berechnungsschrittes bereitgestellt, sodass letztlich beide Rechenergebnisse am Ort des Sehtests verfügbar sind.

446 Konkret geschieht die Bereitstellung dadurch, dass die Korrekturwerte vom ausländischen Ort ihrer rechnerischen Verarbeitung an den inländischen Ort des Sehtests übermittelt werden. Zwar gehört die Bekanntgabe der Rechenergebnisse an den Patienten nicht zum notwendigen Inhalt des geschützten Verfahrens, welches grundsätzlich bereits mit der Berechnung der Korrekturwerte endet. Dies schließt es jedoch nicht aus, in einer anschließenden, an sich außerhalb des Patentanspruchs liegenden Maßnahme (wie der Fixierung und Übermittlung der Korrekturwerte) ebenfalls eine schutzbereichsrelevante Bereitstellung der Korrekturwerte zu sehen. Dagegen lässt sich nicht einwenden, das patentgemäße Verfahren habe schon vorher mit der datenmäßigen Verfügbarkeit der Korrekturwerte im Ausland seinen Abschluss gefunden und könne daher nicht durch ein dem nachfolgendes Tun abermals beendet werden. Finden der Sehtest und die Berechnungen allesamt in *einem* Territorium statt, so wird das Verfahren bereits mit dem Generieren der Korrekturwerte am identischen Ort des Sehtestes abgeschlossen; finden der Sehtest und die Berechnungen hingegen in divergierenden Territorien statt, so bedarf es – eben wegen der technisch bedingten Zugehörigkeit der Rechenergebnisse zum anderweitigen Ort des Sehtestes – darüber hinaus noch einer räumlichen Verbringung der Korrekturwerte, weswegen das Verfahren unter solchen Umständen erst dann seinen Abschluss findet, wenn die Rechenergebnisse am Ort des Sehtestes verfügbar sind.

447 Die vorstehenden Überlegungen zum Online-Sehtest stehen nicht im Widerspruch zur Behandlung des Verfahrens zur Risikobewertung auf das Vorliegen einer Genanomalie, welches oben unter Rdn 440 diskutiert worden ist. Den Kern der Erfindung bildete dort das spezielle Detektionsverfahren, bei welchem – anders als im Rahmen der herkömmlichen nicht-invasiven Diagnostik – keine Fötuszellen im maternalen Blut mehr eingesetzt werden. Vielmehr liegt der Erfindung die überraschende Erkenntnis zu Grunde, dass fötale DNA auch in maternalen Serum- oder Blutplasmaproben und damit in demjenigen Material nachweisbar ist, welches bislang (dh bei der üblichen Pränataldiagnostik unter Verwendung von Fötuszellen im maternalen Blut) routinemäßig verworfen worden ist.[513] Das im Mittelpunkt der Erfindung stehende Detektionsverfahren an einer maternalen Serum- oder Plasmaprobe der Schwangeren war von den Beklagten vollständig im Ausland durchgeführt worden, während sich die inländischen Verfahrensschritte auf die bloße Entnahme der zu untersuchenden Blutprobe beschränkt haben. Die Sachlage liegt mithin genau anders herum als beim Online-Sehtest. Nicht anders als bei den das Verfahren abschließenden diagnostischen und therapeutischen *Berechnungen* des Online-Sehtestes nimmt das *Bereitstellen der Probe* – technisch sinnvoll verstanden – nicht auf den rein verfahrensmäßigen Akt der Blutentnahme Bezug, sondern meint das Entnahmeergebnis und bezeichnet folglich das Verfügbarmachen einer Untersuchungsprobe für die anschließende Diagnose. Und so, wie die Sehfehler- und Korrekturwerte ungeachtet der auswärtigen Rechenoperationen am inländischen Ort des Sehtestes verfügbar gemacht werden, genauso wird – umgekehrt – die zu untersuchende Blutprobe am ausländischen Ort des mit ihr zu unternehmenden Detektionsverfahrens bereitgestellt. Die Prozessergebnisse beider Rechtsstreitigkeiten erweisen sich damit als ohne weiteres kompatibel.

---

[513] OLG Düsseldorf, Urteil v 23.3.2017 – I-2 U 5/17.

Eine Patentverletzung fehlt jedenfalls dann, wenn die Verfahrensschritte sämtlich im 448
Ausland vorgenommen werden und im Inland lediglich **Vorbereitungs- und Bereitstellungshandlungen** außerhalb der Anspruchsmerkmale stattfinden.[514]

bb) Anbieten

Das Anbieten im Sinne des § 9 Satz 2 Nr 2 PatG erfasst nur das Anbieten zur Anwendung 449
des Verfahrens selbst, wobei die Anwendung im Geltungsbereich des PatG erfolgen
muss.[515] Der Begriffsinhalt des Wortes »Anbieten« im Rahmen von § 9 Satz 2 Nr 2 PatG
ist **streitig**.

Einigkeit besteht zunächst noch dahingehend, dass die bloße Beschreibung der Verfah- 450
rensführung keine Angebotshandlung darstellt. Während es darüber hinaus *eine* Meinung[516] für wesentlich hält, dass der Anbietende dem Angebotsempfänger in Aussicht
stellt, die Anwendung des Verfahrens werde durch ihn (den Anbietenden) selbst oder
zumindest auf seine (des Anbietenden) Veranlassung hin erfolgen, sehen *andere*[517] als
maßgeblich an, ob sich der Anbietende bei seiner Offerte als Inhaber eines Verbietungsrechtes geriert, welches ihn in den Stand versetzt, eine Benutzungsgestattung zu erteilen
oder aber zu verweigern. Neben dem Erbieten, die patentierte Verfahrensvorschrift entgeltlich zu veräußern, wird deshalb als Angebot nur ein Verhalten angesehen, welches
die Bereitschaft des Anbietenden erkennen lässt, an dem patentierten Verfahren eine
Benutzungserlaubnis zu erteilen. Eine *dritte Meinung*[518] schließlich lässt als »Angebotshandlungen« die Sachverhalte beider vorgenannter Kategorien genügen.

In Bezug auf die beiden letztgenannten Auffassungen ist Folgendes zu beachten: Dem 451
vertretenen Angebotsbegriff liegt die Überlegung zugrunde, dass sich derjenige, der
einem anderen die Erteilung einer Benutzungserlaubnis an dem patentierten Verfahren in
Aussicht stellt, dadurch die dem Patentinhaber vorbehaltene Verwertung des geschützten
Verfahrens anmaßt und auf diese Weise unmittelbar dessen wirtschaftliche Verwertung
betreibt. Bereits die Anmaßung der dem Patentinhaber vorbehaltenen Befugnis, die
Benutzung zu gestatten (oder zu verbieten), gefährdet das Patentrecht und ist deshalb
verboten. Eine derartige Anmaßung ist unproblematisch möglich, wenn ein Dritter die
Einräumung einer Benutzungserlaubnis *nach* erfolgter Erteilung des Klagepatents anbietet. In einem solchen Fall ist die Anwendung des Verfahrens ohne die Zustimmung des
Patentinhabers prinzipiell verboten, sodass der Dritte durch das Erbieten der Benutzungserlaubnis in das dem Patentinhaber zugewiesene Verwertungsrecht eingreift.
Grundlegend anders verhält es sich aber bei dem Fall, dass das vermeintliche Angebot
des Verfahrens *vor* der Veröffentlichung der Patenterteilung erfolgt. Denn dann ist die
Benutzung der Erfindung auch ohne die Zustimmung des Patentinhabers rechtmäßig.
Zwar steht dem Inhaber einer offen gelegten Patentanmeldung ein Entschädigungsanspruch zu (§ 33 Abs 1 Satz 1 PatG, Art II § 1 IntPatÜG). Gleichwohl kann eine Benutzung durch Dritte bis zur bekanntgemachten Erteilung des Klagepatents nicht als rechtswidrig unterbunden werden. Einer Gestattung der Benutzung durch den Patentinhaber
bedarf es in dieser Situation nicht, weswegen auch die Anmaßung, eine Benutzung der
Erfindung gestatten zu können, ausscheidet.[519]

Das schlichte **Anbieten einer Vorrichtung**, mit der ein patentgeschütztes Verfahren – 452
ausschließlich oder jedenfalls auch – ausgeführt werden kann, fällt nach jeder der vertre-

---

514 LG München I, GRUR-RR 2015, 93 – FLT3-Gentest.
515 LG München I, GRUR-RR 2015, 93 – FLT3-Gentest.
516 Ann, § 33 Rn 150.
517 Benkard, PatG, § 9 PatG Rn 52; Busse/Keukenschrijver, § 9 PatG Rn 74; OLG Düsseldorf, Urteil v 14.1.2010 – I-2 U 10/08.
518 OLG Düsseldorf, Urteil v 15.5.2014 – I-2 U 74/13; Schulte, § 9 PatG Rn 87.
519 OLG Düsseldorf, Urteil v 30.10.2014 – I-2 U 3/14.

tenen Auffassungen regelmäßig nur unter § 10 PatG und stellt kein Anbieten des Verfahrens dar.[520]

453 Haftungsbegründend ist das Anbieten eines Verfahrens nur dann, wenn der Anbietende **weiß oder** wenn es aufgrund der Umstände **offensichtlich** ist, dass die Verfahrensanwendung ohne Zustimmung des Patentinhabers verboten ist. Der Dritte muss daher nicht nur das Klagepatent kennen (zB aufgrund einer Berechtigungsanfrage oder Abmahnung des Berechtigten), sondern es muss darüber hinaus mindestens auf der Hand liegen, dass das angebotene Verfahren in dessen Schutzbereich eingreift und deswegen den Verbietungsrechten des Schutzrechtsinhabers unterliegt.[521] Letzteres wird durch eine die Patentverletzung im Einzelnen darlegende Verwarnung oder Klageschrift noch nicht zwingend ausgeschlossen, selbst wenn der Argumentation des Abmahnenden/Klägers in der Sache beizupflichten ist. Weil nur Offensichtliches schadet, bleibt der gute Glaube an die Nichtverletzung auch im Anschluss an eine berechtigte Verwarnung oder Klageerhebung so lange beachtlich, wie die Nichtverletzungsargumente mit vernünftigen Erwägungen vertretbar sind.[522] Sie können sich genauso auf die Patentauslegung beziehen wie auf Rechtfertigungsgründe, etwa eine Lizenzberechtigung oder ein vermeintlich bestehendes Vorbenutzungsrecht, von dem der Dritte (zB aufgrund anwaltlicher Beratung) mit guten Gründen der Meinung sein darf, dessen tatbestandliche Voraussetzungen schlüssig darlegen und nachweisen zu können.[523] Gleiches gilt für die übrigen Privilegierungstatbestände des § 11 PatG, wenn sie auf denjenigen zutreffen, der das Verfahren anwenden soll.[524] Untauglich sind demgegenüber Einwände, die sich gegen den Rechtsbestand des Klagepatents richtet, welches so lange zu beachten ist, wie kein bestandskräftiger Widerruf/keine bestandskräftige Nichtigerklärung erfolgt ist.

e) Unmittelbares Verfahrenserzeugnis[525]

454 Wie viele ausländische Rechtsordnungen kennt auch das deutsche Patentgesetz zwei Kategorien von Patenten, die sich hinsichtlich des Schutzes, welchen sie ihrem Inhaber vermitteln, grundlegend voneinander unterscheiden.[526] Während Sachpatente es jedem Dritten innerhalb des territorialen Geltungsbereichs des Patents versagen, das geschützte[527] Erzeugnis ohne Zustimmung des Patentinhabers gewerbsmäßig herzustellen, anzubieten, in Verkehr zu bringen, zu gebrauchen oder zu den genannten Zwecken einzuführen oder zu besitzen (§ 9 Satz 2 Nr 1 PatG), gewähren Verfahrenspatente einen gesetzlichen Schutz prinzipiell nur gegen das unbefugte Anbieten oder Anwenden des Verfahrens (§ 9 Satz 2 Nr 2 PatG).

455 Der so umrissene Verfahrensschutz stößt in der Praxis schnell an seine Grenzen. Er versagt bei einem Herstellungsverfahren, wenn die allein anspruchsbegründende Verfahrensführung in das patentfreie Ausland verlagert ist[528], die wirtschaftlich im Vordergrund

---

520 OLG Düsseldorf, Urteil v 15.5.2014 – I-2 U 74/13.
521 OLG Düsseldorf, Urteil v 09.05.2019 – I-2 U 66/18.
522 OLG Düsseldorf, Urteil v 09.05.2019 – I-2 U 66/18.
523 OLG Düsseldorf, Urteil v 09.05.2019 – I-2 U 66/18.
524 Demgegenüber ist es belanglos, wenn es sich bei dem Kunden des Verfahrensanwenders um einen Privaten handelt.
525 Greiner-Wittner, Schutz von Informationen, 2020; Cimniak, derivativer Erzeugnisschutz, 2014; Mes, GRUR 2009, 305; speziell zu digitalen Signalfolgen: Verhauwen, FS 80 Jahre Patentgerichtsbarkeit Düsseldorf, 2016, S 15; Arnold, FS 80 Jahre Patentgerichtsbarkeit Düsseldorf, 2016, S 543; Ballestrem/Reisner, Mitt 2017, 525.
526 Umfassend dazu: Hofmann, Verfahrenserfindungen, 2000.
527 Dh wortsinngemäß oder äquivalent den Patentanspruch benutzende ....
528 Zu einem Fall, in dem die Verfahrensschritte teils im Inland und teils im schutzrechtsfreien Ausland vorgenommen und dennoch eine in Deutschland begangene Benutzung des Verfahrenspatents angenommen wurde, vgl OLG Düsseldorf, InstGE 11, 203 – Prepaid-Telefonkarte.

stehenden Verfahrenserzeugnisse jedoch im Inland vertrieben werden, und er greift selbst bei gegebener inländischer Verfahrensführung nur gegenüber demjenigen ein, der die Verfahrensschritte des Patents eigenhändig oder durch Dritte ausführt, gibt indessen regelmäßig keine Handhabe gegenüber demjenigen, der ohne eigene Verfahrenshandlungen lediglich die Verfahrensprodukte im Patentterritorium anbietet oder in Verkehr bringt. Dessen Haftung für die fremden inländischen Verfahrenshandlungen kommt allenfalls unter dem rechtlichen Gesichtspunkt einer Teilnahme in Betracht, wenn die Bereitschaft zu den inländischen Vertriebshandlungen nach den Umständen des Einzelfalles als psychische Beihilfe zu der vorangegangenen patentverletzenden Verfahrensführung gewertet werden kann. Im Tatsächlichen setzt dies eine – nur selten feststellbare – vorsätzlich begangene Haupttat und eine – ebenfalls nur in Ausnahmefällen tatrichterlich feststellbare – vorsätzliche Unterstützungshandlung voraus.[529]

Um die bestehende Schutzrechtslücke zu schließen, erstrecken diverse Rechtsordnungen[530], auch die deutsche (§ 9 Satz 2 Nr 3 PatG), den Patentschutz auf solche Erzeugnisse, die durch das patentierte Verfahren unmittelbar hergestellt sind.[531] Jenseits des eigentlichen Verfahrensschutzes vor einem im Inland stattfindenden Anbieten und Anwenden des Verfahrens existiert damit ein eigenständiger Sachschutz dergestalt, dass sich der Patentinhaber – wie bei einem Sachpatent – gegen das Anbieten, Inverkehrbringen, Gebrauchen, Einführen oder Besitzen der unmittelbaren Verfahrenserzeugnisse als jeweils rechtlich selbständiger Verletzungshandlung zur Wehr setzen kann. Die Verfahrensführung kann im Inland oder im – auch patentfreien – Ausland stattgefunden haben und es ist belanglos, ob sich die Verfahrenserzeugnisse noch in der Hand desjenigen befinden, der das Verfahren durchgeführt hat. Da es sich um einen derivativen (dh vom Verfahrensschutz abgeleiteten und eben nicht absoluten) Sachschutz handelt, greift § 9 Satz 2 Nr 3 PatG allerdings nur ein, wenn unstreitig oder tatrichterlich festgestellt ist, dass das patentgeschützte Verfahren wortsinngemäß oder äquivalent angewendet wird, wobei die Rechtslage im Inland auch dann den Ausschlag gibt, wenn das Verfahren im Ausland durchgeführt wird. Bloß gleiche Verfahrenserzeugnisse, die aus einem anderen als dem patentierten Herstellungsverfahren hervorgegangen sind, genießen deswegen *keinen* erweiterten Sachschutz.

456

Derjenige, der die **Herstellungsmaschine ins Ausland liefert**, haftet zwar nicht im Hinblick auf die dortige Verfahrensführung als mittelbarer Verletzer, weil es sich *insoweit* um einen reinen Auslandssachverhalt handelt, sodass der doppelte Inlandsbezug[532] fehlt. Er gefährdet das Inlandspatent in rechtlich relevanter Weise jedoch im Hinblick auf diejenigen unmittelbaren Verfahrenserzeugnisse, die entgegen § 9 Nr 3 PatG in Deutschland angeboten und vertrieben werden. Kommt es deshalb zu solchen den derivativen Sachschutz verletzenden Handlungen, sind dem Lieferanten Angebot und Lieferung der Herstellungsmaschine ins Ausland zu untersagen, es sei denn, er weist den Angebotsempfänger/Abnehmer darauf hin, dass ihm ein Angebot/eine Lieferung der unmittelbaren Verfahrenserzeugnisse nach Deutschland ohne Einverständnis des Patentinhabers untersagt ist. Der **Warnhinweis** genügt auch dann, wenn die Maschine ausschließlich patentgemäß – und nicht anders – eingesetzt werden kann, denn eine patentfreie Benutzungsalternative besteht in jedem Fall insoweit, als die Verfahrenserzeugnisse außerhalb Deutschlands vertrieben werden.

457

---

529 BGH, GRUR 2009, 1142 – MP3-Player-Import.
530 Zur Rechtslage in Europa vgl Beier/Ohly, GRUR Int 1996, 973.
531 Neben der Bewältigung der vorgenannten Benutzungssachverhalte liegt ein weiterer nicht zu vernachlässigender Effekt des ergänzenden Sachschutzes darin, dass der Schutzrechtsinhaber seine eigenen Verfahrenserzeugnisse unter Hinweis auf ihre Patentierung bewerben kann.
532 Vgl unten zu Rdn 592.

aa) Körperlichkeit, Herstellungsverfahren, Neuheit

458 Die Reichweite des komplementären Verfahrenserzeugnisschutzes hängt zunächst von der – streitigen – Frage ab, ob die Verfahrenserzeugnisse, um ergänzenden Sachschutz zu genießen, **körperlicher Natur** sein müssen.[533] Das ist richtigerweise zu verneinen. Auch der BGH[534] lässt einen derivativen Sachschutz unkörperlicher **Signalfolgen** jedenfalls dann zu, wenn sie durch geeignete Lesegeräte wahrnehmbar gemacht und auf diese Weise wie körperliche Gegenstände beliebig oft bestimmungsgemäß genutzt werden können. Wie es sich mit solchen unkörperlichen Erscheinungen (wie Licht, Schall, Wärme) handelt, die unmittelbar mit ihrer Erzeugung ge- oder verbraucht werden, ist offengelassen worden.[535]

Praxistipp	Formulierungsbeispiel

459 Enthält das **Klagepatent ausschließlich** einen auf das **Codierverfahren** gerichteten Patentanspruch, aber keinen Anspruch, der sich mit der Decodierung befasst, so setzt das Vorgehen gegen die Anbieter von Handys oder Tablets, mit deren Hilfe sich die patentgemäß codierten Signale decodieren lassen, eine ganz besondere rechtliche Begründung voraus. Denn eine bei Schutz auch des Decodierverfahrens mögliche mittelbare Verletzung scheidet aus, weil das von dem Handy/Tabletvertreiber bereitgestellte Mittel nichts zur Codierung beiträgt und ein Decodierverfahren, welches von dem Handy technisch unterstützt wird, nicht unter Patentschutz steht.

Die Lösung liegt in der folgenden rechtlichen Konstruktion[536]: Die durch das patentgemäße Codierverfahren erhaltenen Signale stellen unmittelbare Erzeugnisse des geschützten Codierverfahrens dar (§ 9 Nr 3 PatG). Sie genießen daher derivativen Sachschutz, sodass die codierten Signale weder angeboten noch vertrieben noch – was im vorliegenden Zusammenhang von besonderem Interesse ist – *gebraucht* werden dürfen (§ 9 Nr 1 PatG). Exakt ein solch bestimmungsgemäßer Gebrauch der codierten Signale findet jedoch bei ihrer Decodierung statt. Mit der technischen Ausstattung der Handys oder Tablets ermöglicht und fördert der Gerätevertreiber den vom Gerätebenutzer vollzogenen schutzrechtsverletzenden Gebrauch der codierten Signale, weswegen er – zumindest – als Störer haftet. Welche Konsequenzen sich daraus für den Gerätevertreiber im Hinblick auf den Anspruch auf Schadenersatz und vorbereitende Rechnungslegung ergeben, hängt davon ab, ob für den Störer eine deliktische Haftung anzuerkennen ist oder nicht.[537]

460 Die § 9 Satz 2 Nr 3 PatG, Art 64 Abs 2 EPÜ sehen einen (das Anbieten, Inverkehrbringen, Gebrauchen, Einführen, Besitzen) umfassenden Sachschutz allerdings nicht uferlos, sondern (nur) für diejenigen *Erzeugnisse* vor, die *durch das patentierte Verfahren* unmittelbar *hergestellt* sind. Bereits die Gesetzesformulierung macht insofern deutlich, dass der derivative Erzeugnisschutz nicht auf jedwedes Verfahren anwendbar ist, sondern nur für solche Verfahren gilt, die ein Erzeugnis hervorbringen. Es entspricht von daher zu Recht gefestigter Auffassung, dass § 9 Satz 2 Nr 3 PatG allein bei Vorliegen eines **Herstellungsverfahrens**[538] einschlägig ist, welches sich dadurch auszeichnet, dass mit ihm ein Erzeugnis hervorgebracht oder ein Erzeugnis äußerlich oder hinsichtlich seiner inne-

---

- 533 Vgl dazu Mes, GRUR 2009, 305, mwN; LG München I, GRUR-RR 2015, 93 – FLT3-Gentest.
- 534 BGH, GRUR 2012, 1230 – MPEG-2-Videosignalcodierung.
- 535 BGH, GRUR 2012, 1230 – MPEG-2-Videosignalcodierung.
- 536 LG Düsseldorf, Urteil v 8.1.2019 – 4c O 12/17. Umfassend: Verhauwen, GRUR 2021, 388.
- 537 Zum Streitstand in der BGH-Rechtsprechung vgl unten Kap D Rdn 378 sowie BGH, GRUR 2009, 1142 – MP3-Player-Import.
- 538 Zum Begriff vgl OLG Düsseldorf, Urteil v 8.11.2012 – I-2 U 108/10.

ren Beschaffenheit irgendwie verändert wird. Demgegenüber bleiben reine Arbeitsverfahren[539], bei denen kein Erzeugnis geschaffen oder in seiner Konstitution variiert, sondern – im Gegenteil – veränderungsfrei auf eine Sache eingewirkt (diese zB bloß untersucht, gemessen oder befördert) wird, außerhalb des Anwendungsbereichs von § 9 Satz 2 Nr 3 PatG.[540] Zur Differenzierung zwingt zudem die weitere Überlegung, dass § 9 Satz 2 Nr 3 PatG, Art 64 Abs 2 EPÜ einen Sachschutz fingieren, der – abgesehen von der Handlungsalternative des Herstellens, die im Rahmen des aus einem Verfahrenspatent abgeleiteten Erzeugnisschutzes naturgemäß keinen Platz hat – mit demjenigen Schutz übereinstimmt, der bestehen würde, wenn das Verfahrenserzeugnis selbst durch ein Sachpatent geschützt wäre. Daraus folgt umgekehrt, dass dasjenige, für das ein ergänzender Verfahrenserzeugnisschutz reklamiert wird, prinzipiell taugliches Objekt eines Sachpatents sein können muss. Im Ergebnis kommt damit ein ergänzender Verfahrenserzeugnisschutz nur in Betracht für (nicht notwendigerweise körperliche) Erzeugnisse eines Herstellungsverfahrens, auf die sich ein Sachanspruch richten ließe.[541] In Betracht kommen insoweit auch mikrobiologische Verfahren.[542]

▶ **Beispiel:**

Außerhalb des § 9 Satz 2 Nr 3 PatG liegen zB Diagnoseverfahren zur Feststellung eines Gendefektes.[543] Ein Untersuchungsbefund, der nach Abschluss des patentgemäßen Verfahrens erhalten wird und der beispielsweise eine Aussage darüber liefert, ob die untersuchte DNA-Probe einen bestimmten Gendefekt aufweist oder nicht, genügt den Anforderungen für einen derivativen Erzeugnisschutz nicht. Erstens: Am Ende des Verfahrens steht kein Erzeugnis, auf das ein Sachpatent gerichtet werden könnte, sondern lediglich ein bestimmtes Wissen um die DNA-Struktur der untersuchten Testprobe. Dieses Wissen mag therapeutisch und kommerziell bedeutsam sein; rechtlich entscheidend ist indessen allein, dass für den Untersuchungsbefund als bloß intellektuelle Erkenntnis ein Sachanspruch nicht gewährbar wäre. Zweitens: Der Befund beruht auf einem für § 9 Satz 2 Nr 3 PatG, Art 64 Abs 2 EPÜ unzureichenden Arbeitsverfahren.[544] Zwar mag die DNA-Probe im Zuge der Verfahrensführung in ihrer Substanz verändert werden. Die patentierte Erfindung bezweckt jedoch ersichtlich nicht diesen Substanzeingriff, wie schon daran deutlich wird, dass es nicht darum geht, die Testprobe nach der Verfahrensführung wieder – verändert – zur Verfügung zu haben; Anliegen ist vielmehr allein das Erlangen einer bestimmten Kenntnis um die innere Struktur der untersuchte Sache, nämlich die Aufdeckung der interessierenden DNA-Sequenz und ihres etwaigen Defekts. Kein Erfordernis des derivativen Sachschutzes ist, dass das Erzeugnis des Herstellungsverfahrens »neu« ist, indem es sich durch irgendeine Sacheigenschaft von anderweitigen Erzeugnissen unterscheidet.[545] Einer Neuheit in diesem Sinne bedarf es nur, wenn die

461

---

539 Zum Begriff vgl OLG Düsseldorf, Urteil v 8.11.2012 – I-2 U 108/10; BGH, GRUR 2006, 135 – Arzneimittelgebrauchsmuster.
540 BGH, GRUR 2017, 261 – Rezeptortyrosinkinase II; Benkard, PatG, § 9 PatG Rn 53 f; Busse/Keukenschrijver, § 9 PatG Rn 77; von Meibom/vom Feld, FS Bartenbach, 2005, S 385, 390 f; Ann, § 33 Rn 166.
541 OLG Düsseldorf, InstGE 12, 258 – Blut/Gehirnschranke; US-Federal Circuit, GRUR Int 2003, 1040 – Bayer/Housey.
542 OLG Düsseldorf, Urteil v 28.4.2011 – I-2 U 148/09; OLG Düsseldorf, Urteil v 18.7.2013 – I-2 U 99/11; BGH, GRUR 2017, 261 – Rezeptortyrosinkinase II.
543 OLG Düsseldorf, InstGE 12, 258 – Blut/Gehirnschranke; vgl dazu Petri/Böck, Mitt 2012, 103; LG München I, GRUR-RR 2015, 93 – FLT3-Gentest; BGH, GRUR 2017, 261 – Rezeptortyrosinkinase II.
544 AA: LG München I, GRUR-RR 2015, 93 – FLT3-Gentest, das von einem Herstellungsverfahren ausgeht.
545 OLG Düsseldorf, Urteil v 28.4.2011 – I-2 U 148/09; OLG Düsseldorf, Urteil v 18.7.2013 – I-2 U 99/11.

Beweislastvermutung des § 139 Abs 3 PatG in Anspruch genommen werden soll. Ansonsten genügt eine Neuheit dergestalt, dass das fragliche Produkt, das Ergebnis des patentierten Verfahrens ist, vorher noch nicht vorhanden war, es also durch das Verfahren des Klagepatents hervorgebracht worden ist.[546]

bb) Unmittelbarkeit

462 Entscheidend für den gesetzlichen Schutz ist darüber hinaus – und vor allem –, ob (und wann) davon gesprochen werden kann, dass das mit der Klage angegriffene Erzeugnis, so wie es ist, »**unmittelbar**« – oder bloß »mittelbar« – durch das patentierte Verfahren hervorgebracht ist. Im zuerst genannten Fall besteht nach der Gesetzesfassung ein Sachschutz, im zuletzt genannten Fall nicht.

(1) Der chronologische Ansatz

463 Die von § 9 Satz 2 Nr 3 PatG geforderte »Unmittelbarkeit« ist zunächst problemlos zu bejahen und sie wird – soweit ersichtlich – auch einhellig befürwortet, wenn das Erzeugnis direkt durch das patentierte Verfahren erhalten worden ist[547], dem patentgemäßen Verfahren also keine weiteren Bearbeitungs- oder Behandlungsmaßnahmen nachgefolgt sind, um zu dem mit der Verletzungsklage angegriffenen Gegenstand zu gelangen.[548] Welches Erzeugnis dasjenige ist, das am Ende des patentgeschützten Verfahrens erhalten wird, bestimmt der Patentanspruch.[549]

464 Ein derartiger Sachverhalt liegt auch dann vor, wenn das **Verfahrenserzeugnis** nicht selbst (als Einzelteil) Gegenstand des Handelsverkehrs ist, sondern nur als – ggf sogar **integraler** – **Bestandteil einer größeren Einrichtung** vertrieben wird.

▶ **Beispiel:**

465 Zu denken ist beispielsweise an ein patentgeschütztes Verfahren zur Herstellung einer Flüssigkristallanzeige, wenn nicht die aus dem Herstellungsverfahren gewonnenen Anzeigen als solche, sondern lediglich LCD-Fernseher verkauft werden, die mit erfindungsgemäßen Flüssigkristallanzeigen ausgestattet sind.[550] Es ist offensichtlich, dass unter den geschilderten Bedingungen das unmittelbare Verfahrenserzeugnis des Patents (Flüssigkristallanzeige) in Verkehr gebracht wird. Dass dies nicht separat geschieht, sondern ausschließlich im Verbund mit anderen Vorrichtungsteilen, ist – wie allgemein bei einem Sachpatent – ohne rechtliche Bedeutung. Auch bei einem – gedanklich unterstellten – Sachanspruch auf die patentgemäß erhältliche Flüssigkristallanzeige würde der Vertrieb einer die patentgeschützte Einheit umfassenden Vorrichtung (LCD-Fernseher) ohne weiteres eine auf die mit verkaufte Flüssigkristallanzeige bezogene Unterlassungsverurteilung rechtfertigen, wobei der diesbezügliche Verbotstenor selbstverständlich auch diejenigen Anzeigen umfassen würde, die nicht isoliert, sondern als Bestandteil eines Fernsehers angeboten oder in Verkehr gebracht worden sind.

---

546 OLG Düsseldorf, Urteil v 28.4.2011 – I-2 U 148/09; OLG Düsseldorf, Urteil v 18.7.2013 – I-2 U 99/11.
547 Eingeschlossen sind dabei auch solche Verfahrensschritte, die im Patentanspruch zwar selbst keine spezifizierte Erwähnung gefunden haben, die für den Fachmann aber selbstverständlich sind, um das vom Patentanspruch als Verfahrensziel bezeichnete Erzeugnis zu erhalten.
548 OLG Düsseldorf, Urteil v 28.4.2011 – I-2 U 148/09; OLG Düsseldorf, Urteil v 18.7.2013 – I-2 U 99/11; OLG Düsseldorf, NJOZ 2010, 1781 – interframe dropping; OLG Karlsruhe, InstGE 11, 15 – SMD-Widerstand.
549 OLG Düsseldorf, Urteil v 18.7.2013 – I-2 U 99/11.
550 Anders liegt der Fall, wenn das Verfahrenserzeugnis in der verkauften Einheit ununterscheidbar untergegangen ist, zB deshalb, weil es mit anderen Komponenten unter Aufgabe seiner eigenständigen Existenz vermischt wurde.

Praxistipp	Formulierungsbeispiel
Ein Urteilsausspruch ginge dementsprechend etwa dahin, dass es der Beklagte künftig zu unterlassen hat, näher bezeichnete Flüssigkristallanzeigen anzubieten oder in Verkehr zu bringen, wobei – nicht notwendigerweise, aber aus Gründen der Klarstellung zweckmäßigerweise – hinzugefügt werden sollte, dass dies auch für den Fall gilt, dass die Anzeige in einen LCD-Fernseher eingebaut ist. Weil dem so ist, stellt sich jedenfalls für den Unterlassungsanspruch nicht die Frage, ob die tatsächlich allein verkaufte Gesamteinheit (LCD-Fernseher mit Flüssigkristallanzeige) ebenfalls als »unmittelbares Verfahrenserzeugnis« betrachtet werden kann. Von Relevanz ist die besagte Fragestellung allerdings im Hinblick auf eine etwaige Kompensationshaftung des Beklagten. Für die Schadensberechnung, egal nach welcher Methode (Lizenzanalogie, Herausgabe des Verletzergewinns, Ersatz des eigenen entgangenen Gewinns des Verletzten) sie stattfindet, macht es einen durchaus beachtlichen Unterschied, ob als Verletzungsgegenstand, an den für die Schadensliquidation angeknüpft werden kann, bloß das im Verfahrenspatent genannte Bauteil (Flüssigkristallanzeige) oder die im Markt gehandelte Gesamtvorrichtung (LCD-Fernseher) betrachtet werden kann.	466

(2) Notwendigkeit eines erweiterten Patentschutzes

Ungeachtet der Tatsache, dass bislang noch keine höchstrichterliche Entscheidung des BGH zum Unmittelbarkeitserfordernis nach § 9 Satz 2 Nr 3 PatG vorliegt, hat sich in der aktuellen Diskussion weitgehend[551] die Einsicht durchgesetzt, dass bei der vorstehend besprochenen rein chronologischen Betrachtung nicht stehen geblieben werden darf. Sie schränkt den ergänzenden Sachschutz unangemessen ein und sie macht ihn in sachlich nicht zu rechtfertigender Weise von Zufälligkeiten der konkreten Anspruchsformulierung abhängig. 467

▶ **Beispiel: (OLG Düsseldorf, Urteil v 14.1.2010 – I-2 U 124/08)**

I.

Das Klagepatent betrifft ein Verfahren zum Komprimieren von Videosignalen. Es gestattet, eine große Datenmenge, wie sie für Videofilme erforderlich ist, auf vergleichsweise geringem Speicherplatz (zB einer DVD) bereitzustellen. Im Einzelnen umfasst das Verfahren folgende Schritte: 468

a) Verfahren zum Übertragen einer Reihe von Bildern einer Vollbewegungs-Videoszene.

b) Jedes Bild wird mittels eines Codierungsalgorithmus in einen Bilddatenblock umgewandelt, der so viel digitale Information aufweist, dass jedes Bildelement des Bildes rekonstruiert werden kann.

c) Die Bilder der Reihe werden einer hierarchischen Codierung ausgesetzt,

 a) wobei die ursprüngliche Reihe von Bildern als eine Anzahl verschachtelter Teilreihen mit einer in der Größe zunehmenden Rangordnung betrachtet wird.

 b) und wobei zum Codieren eines Bildes einer Teilreihe Bilder aus Teilreihen niedrigerer Rangordnung berücksichtigt werden.

---

551 AA im jüngeren Schrifttum noch Jestaedt, Patentrecht, Rn 558; Singer/Stauder, EPÜ, Art 64 Rn 12 (unter Hinweis auf britische Rechtsprechung).

d) Jedem Bilddatenblock wird ein Paketanfangsblock zugefügt, der die Rangordnung der Unterreihen angibt, denen das entsprechende Bild zugeordnet ist.

II.

Nach Abschluss der im Patentanspruch aufgeführten Verfahrensschritte (a) bis (d) liegen Informations- und Aufzeichnungsstrukturen vor, die in bestimmter, vorteilhafter Weise codiert sind. Soll eine die besagten Dateninhalte umfassende (verkaufsfähige) Video-DVD angefertigt werden, bedarf es im Anschluss an die Handlungsvorgaben des Klagepatents verschiedener nachgeordneter Arbeitsschritte, denen allen gemeinsam ist, dass mit ihnen die patentgemäß erhaltene Informations- und Aufzeichnungsstruktur – nacheinander und auf unterschiedliche Weise – materialisiert wird. Zunächst erfolgt eine Fixierung der Daten im Arbeitsspeicher einer Encodersteckkarte sowie daran anschließend auf der Festplatte des mit der Steckkarte ausgerüsteten Rechners. Von dort werden die Videodaten auf weitere externe Aufzeichnungsträger, nämlich DLT-Tapes, DVD-Rs bzw Master, übertragen, um schließlich mit ihrer Hilfe einen Stamper herzustellen. Er beinhaltet eine Negativabbildung der codierten Daten und dient als Pressvorlage, um Video-DVD's mit den patentgemäß codierten, komprimierten Daten beliebig zu vervielfältigen.

Durch die vorbeschriebenen Maßnahmen geht die durch das erfindungsgemäße Codieren und Komprimieren gewonnene Aufzeichnungsstruktur nicht verloren. Es erfolgt nur eine erstmalige Materialisierung und im Anschluss daran eine wiederholte Übertragung und Speicherung der Daten auf verschiedene Aufzeichnungsmedien, bei der die codierten Bilddaten inhaltlich weder verändert noch bearbeitet werden. Der Sache nach vollzieht sich ein schlichter Wechsel des Speichermediums, der der mittels des Klagepatents gewonnenen, für die patentgemäßen Wirkungen verantwortlichen Aufzeichnungsstruktur lediglich eine (andere) ihre Handhabung ermöglichende/erleichternde »Verpackung« verleiht.

469 Da die im Beispielsfall erörterten Speichermaßnahmen nicht Gegenstand des Klagepatents sind, führt eine chronologische Betrachtung zu dem Ergebnis, dass die mit den patentgemäß codierten Daten versehenen DVD's keine »unmittelbaren« Verfahrenserzeugnisse darstellen und deswegen auch nicht am ergänzenden Verfahrenserzeugnisschutz nach § 9 Satz 2 Nr 3 PatG teilhaben. Das erscheint unbillig, weil der eigentliche Wert und Nutzen des aus dem Klagepatent hervorgegangenen Verfahrensprodukts in der komprimierten Datenstruktur als solcher liegt, die nicht deshalb eine andere (sondern genau dieselbe) ist, weil die Daten auf einem Trägermedium materialisiert sind. Unbehagen löst das gefundene Resultat umso mehr aus, als genau anders herum (nämlich im Sinne eines bestehenden Sachschutzes) zu entscheiden wäre, wenn der Patentanspruch sich zur Datenspeicherung als letztem Verfahrensschritt verhalten würde. Das Eingreifen oder Nichteingreifen komplementären Sachschutzes würde bei chronologischer Betrachtung mithin davon abhängen, ob die jedem Fachmann geläufige und selbstverständliche Maßnahme der Datenspeicherung auf einem geeigneten Träger zufälligerweise Eingang in den Patentanspruch gefunden hat oder nicht. Eine solche – mit weitreichenden Rechtsfolgen verknüpfte – Differenzierung kann schwerlich überzeugen. Bedenken ergeben sich schließlich auch daraus, dass mit einer Anwendung des chronologischen Ansatzes dem Verletzer die Möglichkeit eingeräumt wird, einen ergänzenden Sachschutz dadurch ins Leere laufen zu lassen, dass er das Verfahrensprodukt des Klagepatents nach Abschluss der patentgemäß vorgesehenen Schritte irgendeiner weiteren, ggf nur äußerst geringfügigen und nutzlosen, in jedem Fall aber mit Blick auf die vorteilhaften Effekte des patentgeschützten Verfahrens unschädlichen Nachbehandlung unterzieht, die, obwohl aus technischer Sicht belanglos, am Ende darüber entscheidet, ob ein Verfahrenserzeugnisschutz eingreift oder nicht.

Eine Beschränkung des Patentschutzes, wie sie vorstehend exemplarisch aufgezeigt worden ist, lag nachweislich auch nicht in der Absicht des Gesetzgebers. Zwar sind die Gesetzgebungsmaterialien für die Motivationslage nicht sonderlich ergiebig. Feststellen lässt sich aber immerhin das Folgende: Ursprünglich war dem Patengesetz ein ergänzender Verfahrenserzeugnisschutz fremd. Er ist erstmals im Jahr 1890 – im Anschluss an reichsgerichtliche Rechtsprechung[552] – in einen Entwurf zur Änderung des PatG 1877 aufgenommen worden, allerdings zunächst noch ohne eine Fokussierung auf »unmittelbare« Verfahrenserzeugnisse. Der Vorlagentext sah vielmehr die allgemein gehaltene Formulierung vor: »Ist das Patent für ein Verfahren erteilt, so erstreckt sich die Wirkung auch auf die mittels des Verfahrens hergestellten Erzeugnisse.«[553] Nachdem die Vorlage im Zuge des Gesetzgebungsverfahrens zur weiteren Beratung an die XI. Kommission verwiesen worden war, vermerkt der dortige Bericht[554]: »Um aber den Schutz nicht zu weit auszudehnen, insbesondere um zu verhüten, dass etwa Gegenstände, die mit Stoffen zusammen verarbeitet sind, welche nach einen patentierten Verfahren hergestellt werden, auch von dem Patente erfasst werden, wurde beantragt, in dem Satze: »Ist das Patent für ein Verfahren erteilt, so erstreckt sich die Wirkung auch auf die mittels des Verfahrens hergestellten Erzeugnisse« zwischen die Worte »Verfahren« und »hergestellten« das Wort »unmittelbar« einzufügen.« In dieser Form wurde der Entwurfstext in zweiter und dritter Lesung ohne Diskussion gebilligt und in das Patentgesetz vom 7.4.1891 aufgenommen[555], von wo die Regelung jeweils unverändert in die späteren Gesetzesfassungen (1936, 1981) Eingang gefunden hat. Zieht man – wie es geboten ist – die Erwägungen des historischen Gesetzgebers heran, so wird klar, dass die Forderung nach einer »Unmittelbarkeit« des Verfahrenserzeugnisses einen ansonsten uferlosen Sachschutz aus dem Verfahrenspatent vermeiden sollte, der sich unweigerlich eingestellt hätte, wenn jeder (auch nur mittelbar) kausale Beitrag des patentgeschützten Verfahrens zu dem angegriffenen Erzeugnis für eine Erstreckung des Patentschutzes ausgereicht hätte. Der prinzipiell gewollten Ausdehnung des für unzulänglich befundenen Verfahrenspatentschutzes sollten mithin nur gewisse äußere Grenzen gesetzt werden; es ging aber nicht darum, den Erstreckungstatbestand von vornherein auf singuläre, eng definierte Einzelfälle zu limitieren.

470

Als Zwischenergebnis bleibt somit festzuhalten, dass das patentierte Verfahren nicht in jedem Fall den allerletzten Schritt in der zum angegriffenen Produkt führenden Herstellungskette sein muss, sondern dass ein Verfahrenserzeugnisschutz auch dann in Betracht kommen kann, wenn sich an die patentgemäßen Verfahrensschritte weitere Maßnahmen anschließen, die das Produkt erst in derjenigen Weise entstehen lassen, in der es Gegenstand des Verletzungsangriffs ist. Die neuere instanzgerichtliche Rechtsprechung hat – ausgehend hiervon – für die Unmittelbarkeit des Verfahrensprodukts verlangt, dass das im Verletzungsprozess angegriffene Erzeugnis durch das patentgeschützte Verfahren seine charakteristischen Eigenschaften erhalten hat, welche auch durch die späteren Produktionsschritte nicht verloren gegangen sind[556] und dass es auch seine Selbständigkeit nicht eingebüßt hat.[557]

471

---

552 RGZ 22, 8, 17 – Methylenblau.
553 Vgl die Stenographischen Berichte über die Verhandlungen des Reichstages, VIII. Legislaturperiode 1. Session 1890/91, 2. Anlagenband, Drucksache Nr 152, S 958, 964.
554 Bericht der XI. Kommission vom 26.2.1891, Stenographische Berichte über die Verhandlungen des Reichstages, 3. Anlagenband, Drucksache Nr 322 (1891), S 1233.
555 RGBl 1891, 79 ff.
556 LG Düsseldorf, InstGE 7, 70 – Videosignal-Codierung I; OLG Düsseldorf, Urteil v 14.1.2010 – I-2 U 124/08.
557 OLG Karlsruhe, InstGE 11, 15 – SMD-Widerstand; OLG Düsseldorf, Urteil v 14.1.2010 – I-2 U 124/08.

(3) Verfahrenserzeugnis als Repräsentant des Erfindungswertes

472 Ausgangspunkt für die Beurteilung der Reichweite des komplementären Sachschutzes müssen der Sinn und Zweck des mit § 9 Satz 2 Nr 3 PatG etablierten Verfahrenserzeugnisschutzes sein. Wie dargelegt, zielt die Vorschrift darauf ab, die Stellung des Inhabers von Verfahrenspatenten dadurch zu verbessern, dass ihnen für die aus dem patentgemäßen Verfahren resultierenden Erzeugnisse ein eigenständiger Sachpatentschutz gewährt wird, sodass neben dem Anwender des geschützten Verfahrens auch derjenige wegen Patentverletzung angegriffen werden kann, der die aus der Verfahrensführung resultierenden (ansonsten schutzlosen) Verfahrensprodukte anbietet und vertreibt. Die beschriebene Schutzerstreckung findet ihre innere Rechtfertigung darin, dass sich der Wert einer Verfahrenserfindung ganz maßgeblich in dem aus dem patentierten Verfahren hervorgegangenen Produkt verkörpert. Dies wird augenblicklich einsichtig, wenn man sich vergegenwärtigt, dass Herstellungsverfahren (um die es im Rahmen von § 9 Satz 2 Nr 3 PatG geht[558]) im Unterschied zu Arbeitsverfahren ein Erzeugnis zum Ergebnis haben, das dank des patentierten Verfahrens äußerlich oder stofflich verändert oder gänzlich neu hervorgebracht ist.[559] Die für § 9 Satz 2 Nr 3 PatG relevante Verfahrensführung ist damit kein ergebnisloser Selbstzweck, sondern zielgerichtet darauf angelegt, ein Erzeugnis bestimmter (nämlich mit der Verfahrensführung verbundener) Beschaffenheit, Wirkungs- oder Funktionsweise zu erhalten. So betrachtet verdient das Verfahrensprodukt, eben weil es die vorteilhaften Wirkungen des patentierten Verfahrens repräsentiert, prinzipiell denselben gesetzlichen Schutz[560] wie das im Patentanspruch beschriebene Verfahren.[561]

473 Bereits aus dieser Erkenntnis lassen sich vorläufig zwei grundsätzliche Schlussfolgerungen ziehen. Erstens: Erzeugnisse, die die patentgemäßen Wirkungen infolge der den Verfahrensschritten des Klagepatents nachfolgenden weiteren Behandlungsmaßnahmen wieder eingebüßt haben[562], stellen keine unmittelbaren Verfahrenserzeugnisse dar. Denn sie bilden den Erfindungswert des patentgeschützten Verfahrens gerade nicht (mehr) ab. Das Gleiche gilt, wenn die patentgemäßen Effekte zwar nicht restlos, aber doch in einem solchem Maße verloren gegangen sind, dass nicht mehr davon gesprochen werden kann, dass sie noch in einem – aus der Sicht der Erfindung des Klagepatents – für die praktischen Zwecke relevanten Umfang vorhanden sind. Für die graduelle Abgrenzung zwischen einer noch hinreichenden und einer nicht mehr genügenden Repräsentation des mit dem patentierten Verfahren verbundenen Erfindungswertes im Einzelfall bietet sich ein Rückgriff auf diejenigen Regeln an, die im Zusammenhang mit der Rechtsfigur der verschlechterten Ausführungsform geläufig sind. Zweitens: So lange die mit der patentgemäßen Verfahrensführung verknüpften Vorteile, Wirkungen oder Funktionen – sei es vollständig, sei es zumindest in einem praktisch erheblichen Maße – erhalten bleiben, unterliegt – umgekehrt – das Verfahrenserzeugnis trotz seiner Weiterbearbeitung im Grundsatz dem ergänzenden Sachschutz nach § 9 Satz 2 Nr 3 PatG.

474 Hierbei ist es prinzipiell belanglos, wie viele erfindungsfremde Behandlungsmaßnahmen zwischen der Beendigung der Verfahrensschritte des Klagepatents und der Schaffung des im Verletzungsprozess angegriffenen Gegenstandes stattgefunden haben. Für die bisheri-

---

558 Hofmann, Verfahrenserfindungen, 2000, S 216.
559 Schulte, § 1 PatG Rn 252f.
560 Da Schutzgegenstand ein Erzeugnis ist, sind die Regeln des Sachschutzes einschlägig.
561 Hahn, Schutz von Erzeugnissen patentierter Verfahren, 1968, S 70; Flesche, Ermittlung unmittelbarer Verfahrenserzeugnisse, 1965, S 107.
562 Denkbar ist zB ein Verfahren, das dem herzustellenden Halbfabrikat eine bestimmte Eigenschaft verleiht, die für das Handling im weiteren Fertigungsprozess benötigt wird, die jedoch im Enderzeugnis unerwünscht ist und deshalb später – bis zum Fertigerzeugnis – wieder rückgängig gemacht wird.

gen Überlegungen macht es gleichermaßen keinen Unterschied, ob die mit der Verfahrenserfindung hervorgerufenen (und auf ihr Vorliegen beim mutmaßlichen Verletzungsgegenstand zu überprüfenden) Eigenschaften ihren Niederschlag in einer neuartigen Ausgestaltung oder in einer verbesserten Funktionsweise des Verfahrensproduktes gefunden haben oder (bloß) darin liegen, dass ein strukturell sowie in Bezug auf sein Wirkungsprofil bereits bekanntes Erzeugnis im Vergleich zum Stand der Technik (lediglich) preiswerter gefertigt werden kann.[563] Es ist eine allgemein bekannte Tatsache, dass Patente auf Herstellungsverfahren, mit denen sich Produktionskosten einsparen lassen, wertvoller sein können als Schutzrechte auf Verfahren, mit denen dem erhaltenen Erzeugnis gegenüber dem Bekannten eine neue (innere oder äußere) Konstitution und/oder eine verbesserte, ggf sogar zusätzliche Funktionalität verliehen wird. Sie dennoch kategorisch vom ergänzenden Sachschutz auszunehmen, ist weder aus betriebs- noch aus volkswirtschaftlicher Sicht vernünftig und auch im Hinblick auf den Zweck gewerblicher Schutzrechte nicht angebracht. Der mit einer Patentgewährung verfolgte Belohnungsgedanke, der zugleich den Anreiz dafür schafft, Neuerungen nicht geheim zu halten, sondern der Öffentlichkeit preiszugeben, verlangt im Gegenteil, dass jeder Erfindung ein Monopolschutz zuteilwird, der dem Wert entspricht, um den der Stand der Technik durch sie bereichert worden ist. Kostensenkende Herstellungsverfahren unterscheiden sich insoweit nicht in entscheidungserheblicher Weise von solchen Verfahren, die ein strukturell verändertes Produkt hervorbringen, weswegen beide Kategorien von Herstellungsverfahren auch im Hinblick auf den ihnen zugebilligten Erzeugnisschutz gleich behandelt werden sollten. Aus gutem Grund stellt deshalb auch der Gesetzeswortlaut von § 9 Satz 2 Nr 3 PatG einzig und allein darauf ab, dass mit dem Verfahren, in Bezug auf das ein ergänzender Sachschutz in Rede steht, ein Erzeugnis hergestellt wird, und ist darüber hinaus in § 9 Satz 2 Nr 3 PatG nicht zur – weiteren – Bedingung gemacht, dass das mittels des Verfahrens hergestellte Erzeugnis neu sein muss. Die einzige Rechtsfolge, die das Gesetz an die Neuheit des Verfahrenserzeugnisses knüpft, ist die in § 139 Abs 3 PatG vorgesehene Darlegungs- und Beweiserleichterung, der zufolge bei einem Verfahrenspatent zur Herstellung eines »neuen« Erzeugnisses bis zum Nachweis des Gegenteils das von einem anderen hergestellte gleiche Erzeugnis[564] als nach dem patentierten Verfahren hergestellt gilt.

(4) Normative Begrenzung des Sachschutzes

Bei den bisherigen, bewusst als bloß vorläufig bezeichneten Schlussfolgerungen kann es freilich nicht sein Bewenden haben. Käme es nur auf die Feststellung eines Fortbestehens der mit der Verfahrensführung einhergehenden Produkteigenschaften und -wirkungen an, wäre die Unmittelbarkeit in außerordentlich weitem Umfang zu bejahen. Sie würde beispielsweise auch dann gegeben sein, wenn das Verfahrenserzeugnis infolge seiner Weiterbearbeitung im angegriffenen (End-)Produkt überhaupt nicht mehr auszumachen ist (weil es mit anderen Teilen ununterscheidbar zu einem neuen Ganzen verschmolzen ist), und die Unmittelbarkeit würde selbst dadurch nicht infrage gestellt, dass die technische Brauchbarkeit und Nützlichkeit durch die patentgemäßen Vorteile nur noch in einem völlig untergeordneten und praktisch zu vernachlässigenden Maße bestimmt wird (weil andere, auf dritte Erfindungen zurückgehende Effekte eindeutig im Vordergrund stehen).

475

---

563 OLG Düsseldorf, Urteil v 28.4.2011 – I-2 U 148/09; OLG Düsseldorf, Urteil v 18.7.2013 – I-2 U 99/11; Hahn, Schutz von Erzeugnissen patentierter Verfahren, 1968, S 90; Flesche, Ermittlung unmittelbarer Verfahrenserzeugnisse, 1965, S 111 f, 115 f; aA: LG Mannheim, Urteil v 8.5.2009 – 7 O 202/08.
564 Gemeint ist ein Erzeugnis mit mindestens einer gleichen Eigenschaft, die das Verfahrensprodukt von den am Prioritätstag bekannten Produkten erkennbar unterscheidet (LG Düsseldorf, InstGE 3, 91 – Steroidbeladene Körner).

Dass derartiges gewollt sein könnte und einem sachlich angemessenen Ergebnis entspricht, wird – zu Recht – ganz überwiegend verneint.

476 – Eine erste Schranke für den Verfahrenserzeugnisschutz ergibt sich bereits aus der Überlegung, dass § 9 Satz 2 Nr 3 PatG dem Schutzrechtsinhaber mit Blick auf die unmittelbaren Verfahrenserzeugnisse einen ergänzenden Patentschutz vermitteln will, der dem eines Sachpatents gemäß § 9 Satz 2 Nr 1 PatG entspricht. Daraus folgt: Weiter als der Schutz eines fiktiven, auf das Verfahrenserzeugnis erteilten Sachanspruchs kann der aus § 9 Satz 2 Nr 3 PatG hergeleitete Schutz keinesfalls reichen. Als unmittelbares Verfahrenserzeugnis kann deswegen nur dasjenige betrachtet werden, was auch zum Gegenstand eines (fiktiven) Sachanspruchs gemacht werden könnte. Erzeugnisse, die als Folge einer sich an die patentgemäßen Verfahrensschritte anschließenden Weiterbearbeitung ihre gegenständliche Existenz verloren haben, sind keine tauglichen Objekte eines Sachpatents und sie genießen deshalb auch keinen komplementären Sachschutz aus § 9 Satz 2 Nr 3 PatG.

477 – Eine zweite, für die Praxis ungleich bedeutsamere Schranke des Erzeugnisschutzes ist dem Umstand geschuldet, dass zur näheren Charakterisierung des hergestellten Verfahrensproduktes, welches komplementär geschützt sein soll, bewusst das Adverb »unmittelbar« in den Gesetzestext aufgenommen wurde. Für den ergänzenden Sachschutz reicht demnach nicht schon jeder irgendwie geartete, beliebig entfernte Zusammenhang zwischen angegriffenem Produkt und patentiertem Herstellungsverfahren aus. Damit § 9 Satz 2 Nr 3 PatG zum Tragen kommt, bedarf es vielmehr einer gewissen – eben »unmittelbaren« – Nähe zwischen Herstellungsverfahren und Verfahrenserzeugnis.

478 Diese Nähe kann nicht rein statistisch anhand der Zahl derjenigen Verfahrensschritte errechnet werden, die dem letzten vom patentgeschützten Verfahren vorausgesetzten Handlungsakt nachfolgen. Eine dahingehende Betrachtung hätte zwar vordergründig[565] ein hohes Maß an Vorhersehbarkeit und infolgedessen eine gesteigerte Rechtssicherheit für sich; sie wäre in ihrem Ergebnis jedoch völlig willkürlich. Ein singulärer Verfahrensschritt kann auf das mit der letzten Handlung des patentierten Verfahrens vorliegende Erzeugnis ganz dramatische Auswirkungen haben, die in anderem technischen Kontext nicht einmal von drei, vier oder fünf aufeinander folgenden Verfahrensschritten zusammen genommen ausgehen würden.

479 Ein geeignetes Abgrenzungskriterium lässt sich ebenso wenig daraus gewinnen, dass gefragt wird, ob das patentierte Verfahren (dh die mit ihm verknüpften Effekte) aus der Sicht des angesprochenen Verkehrs auch für das weiterbearbeitete (End-)Produkt wesentlich[566] oder prägend[567] sind. Die zum Maßstab erhobene Verkehrsauffassung wird typischerweise durch ein Konglomerat von Faktoren gebildet und beeinflusst, welches im Einzelfall kaum zu durchschauen ist. Verlässliche Feststellungen, wie sie in einem Verletzungsrechtsstreit vonnöten sind, stoßen damit schon in tatsächlicher Hinsicht an ihre Grenzen. Noch wesentlicher als dieses Bedenken wiegt jedoch ein anderer Umstand. Ob ein technischer Effekt im Verkehr als für das (End-)Produkt »wesentlich« oder »prägend« erkannt wird, hängt zu einem guten Teil – und bisweilen sogar entscheidend – von der werblichen Präsentation ab, die der betreffende Aspekt gefunden hat oder die ihm (aus welchen Gründen auch immer) versagt geblieben ist. Denkbar ist zB, dass der aktuelle Zeitgeist das Eingehen auf eine bestimmte

---

565 Unschärfen sind auch hier dadurch bedingt, dass im Einzelfall die Abgrenzung schwierig sein kann, ob ein bestimmter Akt als eigenständiger Verfahrensschritt oder als bloß unselbständiger Verfahrensunterschritt anzusehen ist.
566 So: OLG Düsseldorf, Urteil v 10.4.2005 – U (Kart) 44/01.
567 So: LG Düsseldorf, Urteil v 2.8.2002 – 4 O 63/00.

technische Ausstattung verbietet oder zumindest untunlich erscheinen lässt. Darüber hinaus gilt, dass je komplexer ein technischer Gegenstand ist, umso weniger die Möglichkeit besteht, in der Außendarstellung des Produktes auf jeden technischen Effekt einzugehen. Das Eingreifen und die Reichweite des ergänzenden Sachschutzes nach § 9 Satz 2 Nr 3 PatG sollten jedoch – und darüber dürfte an sich kein Disput möglich sein – nicht von den Beliebig- und ggf Zufälligkeiten einer Marketingstrategie abhängig sein. Zu bedenken ist des Weiteren, dass die Anschauung des Verkehrs über die Wichtigkeit einer technischen Produkteigenschaft über die Laufzeit des Verfahrenspatents betrachtet einem Wandel unterworfen sein kann. Ein komplementärer Erzeugnisschutz, der zu einem bestimmten Zeitpunkt wegen der in diesem Moment vorherrschenden Verkehrsauffassung zu bejahen ist, kann deshalb für einen späteren Zeitpunkt wegen der bis dahin gewandelten Anschauungen zu verneinen sein. Es ergibt sich damit ein Patentschutz nach Zeitabschnitten, was der Systematik des Patentwesens, Schutz einheitlich für die Laufzeit des Patents zu gewähren, fremd ist.

Die mit Rücksicht auf das Unmittelbarkeitskriterium zu fordernde Nähe zwischen Herstellungsverfahren und Verfahrenserzeugnis muss richtigerweise patentrechtlich interpretiert, nämlich aus der Sicht derjenigen Verfahrenserfindung beurteilt werden, um deren Schutz-Umfang es bei der Bestimmung des »unmittelbaren Verfahrenserzeugnisses« geht.[568] Maßgeblich sollte der Gedanke sein, ob das mit der Verletzungsklage angegriffene Produkt bei natürlicher Betrachtung (trotz seiner weiteren Bearbeitung) immer noch als derselbe Gegenstand, nur in anderer Form, erscheint wie dasjenige Erzeugnis, das nach Abschluss des patentierten Herstellungsverfahrens erhalten wird. Solches ist etwa der Fall, wenn das eigentliche Verfahrenserzeugnis im Zuge seiner Weiterbehandlung lediglich portioniert oder auf dem Fachmann geläufige Weise so aufbereitet wird, dass es sich der ihm ohnehin immanenten Verwendung zuführen lässt. Werden dem Verfahrenserzeugnis Zutaten (im weitesten Sinne) hinzugefügt, bleibt auch dieser Akt unschädlich, selbst wenn es sich um für den technischen Gebrauch unverzichtbare Ergänzungen handelt, solange die Zutaten bloß notwendiges Beiwerk für das weiterhin im Mittelpunkt stehende Erzeugnis des Herstellungsverfahrens sind. Bringt das patentgeschützte Verfahren zB einen neuartigen Wirkstoff hervor, so ist die fertig formulierte Tablette, obgleich sie zusätzlich diverse gebräuchliche Hilfsstoffe umfasst, ohne die eine verabreichungsfähige Tablette nun einmal nicht erhalten werden kann, schlussendlich nichts anderes als eine abweichende Erscheinungsform des patentgemäß hergestellten Wirkstoffs, womit sie – wie dieser – ergänzenden Sachschutz nach § 9 Satz 2 Nr 3 PatG genießt. Anders herum liegen die Verhältnisse, wenn das Herstellungsverfahren dafür verantwortlich ist, dass ein formulierter Wirkstoff in besonders vorteilhafter Weise verzögert abgegeben wird. Hier lässt sich schlechterdings nicht sagen, dass die Tablette – ungeachtet des Vorhandenseins eines erfindungsfremden Wirkstoffs – nur eine andere Form der für die Retard-Wirkung verantwortlichen Komponente ist.

▶ **Beispiel:**

Nimmt man als weiteres Anschauungsmaterial noch die oben erörterten Fallbeispiele in den Focus, so ist wie folgt zu differenzieren:
- Die auf eine DVD materialisierte Struktur komprimierter Videodaten stellt ein unmittelbares Verfahrenserzeugnis dar, weil die Speicherung auf einem geeigneten Träger der patentgemäßen Datenstruktur bei natürlicher Betrachtung nur ein anderes

---

568 Für diesen Ansatz plädiert zu Recht schon Krieger in MK zum EPÜ, 23. Lieferung: Februar 1998, Art 64 Rn 69.

> äußeres Erscheinungsbild verleiht, aber kein gegenständlich anderes Produkt hervorbringt.
>
> – Die genau gegenteilige Beurteilung ist für die Flüssigkristallanzeige angebracht. Auch wenn sie die Gattung des damit ausgerüsteten LCD-Fernsehers bestimmt und damit von herausragender Bedeutung für dessen Funktion ist, lässt sich angesichts der vielen anderen technischen Ausstattungsdetails eines Fernsehgerätes dennoch nicht behaupten, dass der LCD-Fernseher letztlich nur eine Flüssigkristallanzeige in anderer Erscheinungsform ist. Es handelt sich vielmehr um einen anderen Gegenstand, zu dem die Flüssigkristallanzeige nur einen (wenn auch bedeutenden) Beitrag geleistet hat. Die sich daraus ergebenden rechtlichen Konsequenzen sind keineswegs unbillig, sondern gerecht. Dem Inhaber des Verfahrenspatents verbleibt nämlich ein auf die Flüssigkristallanzeige bezogener ergänzender Sachschutz; verweigert wird ihm nur die Erstreckung des Sachschutzes auf die Gesamtvorrichtung LCD-Fernseher, für die es in Anbetracht der Tatsache, dass die Flüssigkristallanzeige eben nur eine von mehreren Bestandteilen eines Fernsehers ist, auch keinen Anlass gibt.

482 Als **Resultat** der vorstehenden Überlegungen lassen sich drei Qualifikationsmerkmale benennen, die ein »unmittelbares« Verfahrenserzeugnis auszeichnen, das im Anschluss an den letzten im Patent vorausgesetzten Verfahrensschritt weiteren Behandlungsmaßnahmen unterzogen worden ist:

483 – **Erstens**: Es ist von einer gegenständlichen Präsens, so dass die Formulierung eines (fiktiven) Sachanspruchs möglich wäre.

484 – **Zweitens**: Es weist – mindestens im Sinne einer verschlechterten Ausführungsform – diejenigen Qualitäten auf, die das patentgeschützte Herstellungsverfahren verleiht.

485 – **Drittens**: Es hält trotz der Weiterbearbeitung eine solche Nähe zum patentierten Herstellungsverfahren, dass es bei natürlicher Betrachtung bloß als eine andere Erscheinungsform des mit Abschluss des geschützten Verfahrens vorliegenden Erzeugnisses daherkommt.

f) Verwendungspatente

486 Bei Patenten, bei denen die Verwendung eines (vorbekannten) Stoffs oder einer (vorbekannten) Sache für einen neuen, erfinderischen Zweck unter Schutz gestellt ist, wird die Wirkung des Patents vorverlagert. Sie erstreckt sich nicht nur auf die geschützte Verwendung als solche, sondern erfasst bereits im Vorfeld liegende Handlungen, mit denen der Stoff oder die Sache zu der geschützten Verwendung *sinnfällig* hergerichtet wird, wobei die Verwendung für einen anderen als den angegebenen Zweck außerhalb der Schutzwirkung des Patents liegt.[569] Dahinter steht die Erwägung, dass im Interesse eines effektiven Patentschutzes schon gegen die typischerweise im gewerblichen Raum stattfindende Herrichtung der Sache vorgegangen werden soll und nicht erst die (ggf sogar im privaten, patentfreien Raum stattfindende) Verwendung abgewartet werden muss[570], wenn mit der Herrichtung die Entscheidung darüber gefallen ist, dass es mit der Sache – dank ihrer Herrichtung – zu der patentierten Verwendung kommen wird, wenn also die **sinnfällige**

---

569 BGH, GRUR 1992, 305 – Heliumeinspeisung; BGH, GRUR 1990, 505 – Geschlitzte Abdeckfolie; BGH, GRUR 2016, 257 – Glasfasern II; LG Düsseldorf, Mitt 1999, 155 – Verwendungsschutz; auf Verfahrensansprüche ist die Rechtsprechung zur sinnfälligen Herrichtung nicht übertragbar (BGH, GRUR 2005, 845 – Abgasreinigungsvorrichtung), obwohl Verfahrensverwendungsansprüche denkbar sind (BGH, GRUR 2013, 1121 – Halbleiterdotierung).

570 Weitere Fälle sind diejenigen, bei denen das Aufspüren der Verwender und die Rechtsdurchsetzung ihnen gegenüber mit besonderen Schwierigkeiten und/oder Beweisproblemen verbunden ist, was sich schon aus der großen Zahl der Verwender ergeben kann.

Herrichtung den späteren **Gebrauch konditioniert.** Es haftet der »Täter hinter dem Verwender«. Ist die Lieferkette bis zum schlussendlichen Verwender mehrstufig aufgebaut (Hersteller – Zwischenhändler – Großhändler – Einzelhändler), so kommt es für die Haftung jedes Beteiligten der Lieferkette darauf an, welche Verwendung am Ende der Vertriebskette zu erwarten steht. Die Herrichtung muss den patentgemäßen Gebrauch nicht als alleinigen und ausschließlichen Verwendungszweck vorgeben; vielmehr kommt es nur darauf an, dass der erfindungsgemäße Gebrauch – ggf neben anderen – überhaupt zu derjenigen Verwendung gehört, zu der die Herrichtung anleitet und zu der es in der Praxis tatsächlich kommt. Relevant ist daher sowohl die Konstellation, dass die Gebrauchsanleitung selbst mehrere Verwendungsmöglichkeiten erwähnt, zu denen der patentgeschützte Gebrauch zählt, als auch der Fall, dass sich die Gebrauchsanleitung nur zu der geschützten Verwendung verhält, jedoch zB aufgrund der Gestaltung des Produktes offensichtlich ist, dass es daneben andere, konkurrierende Einsatzgebiete gibt.

Die Rechtsprechung zum sinnfälligen Herrichtung ist zwar zu einer Gesetzeslage entwickelt worden, als die mittelbare Verletzung gesetzlich noch nicht (in § 10 PatG) kodifiziert war. Gleichwohl hat sie auch für die geltende Rechtslage Bedeutung, wie sich u.a. aus der BGH-Entscheidung »Abgasreinigungsvorrichtung«[571] ergibt, in der die mangelnde Anwendbarkeit der Rechtsprechung zur Herrichtung auf Verfahrenspatente in Bezug auf ein europäisches Patent nicht damit begründet worden ist, dass die besagten Grundsätze angesichts der durch § 10 PatG geschaffenen neuen (veränderten) Rechtslage prinzipiell keine Bedeutung mehr haben, sondern mit der besonderen Kategorie eines Verfahrenspatents im Gegensatz zum Verwendungspatent gerechtfertigt worden ist. In seiner Entscheidung »Trigonellin«[572] hat der BGH seine Rechtsprechung zur sinnfälligen Herrichtung auch für »Neufälle« für selbstverständlich einschlägig gehalten.

487

aa) Sinnfälliges Herrichten

Ein sinnfälliges Herrichten kann schon in der besonderen **Gestaltung des Erzeugnisses** (Zusammensetzung, Formgebung, Wirkungsweise) liegen, die es für den patentgeschützten Gebrauch prädestiniert.[573] Zu denken ist vordringlich an den Fall, dass sich die Sache – technisch und/oder wirtschaftlich sinnvoll – überhaupt nur für den patentgemäßen Zweck (und für keinen anderen) eignet.[574] Unabdingbar ist dies aber nicht. Die »Sinnfälligkeit« der Herrichtung meint – wie dargelegt – keine *Ausschließlichkeit*, sondern lediglich ein solches Maß an *Klarheit und Deutlichkeit*, dass es nach der Lebenserfahrung ausreichend sicher zu der unter Patentschutz stehenden Verwendung kommt. Bestehen für die Sache nebeneinander mehrere gleichermaßen realistische Gebrauchsmöglichkeiten, von denen die patentgemäße zwar bloß, aber eben doch *eine* ist, so stellt die Sachbeschaffenheit deshalb eine Herrichtungsmaßnahme für den patentgemäßen Zweck dar, wenn nach der Lebenserfahrung davon auszugehen ist, dass es mit der Sache bereits zu der patentgemäßen Verwendung gekommen ist oder es zumindest zeitnah hierzu kommen wird.[575] Diese Erwartung ist im Allgemeinen nur gerechtfertigt, wenn der (auch) patentgemäße Verwendungszweck für die interessierten Abnehmerkreise anhand der Sache und ihrer Beschaffenheit ersichtlich ist.[576] Ist der patentgerechte Gebrauch der Sache hingegen allenfalls unter ganz besonderen, seltenen Rahmenbedin-

488

---

571 BGH, GRUR 2005, 845, 847.
572 BGH, GRUR 2001, 730 f – Trigonellin.
573 OLG Karlsruhe, GRUR 2014, 764 – Verwendungspatent.
574 Zustimmend: LG Mannheim, BeckRS 2019, 27104, wenn auch unter sachlich nicht zutreffendem Hinweis auf die Rechtsprechung des OLG Düsseldorf zu medizinischen Verwendungsansprüchen.
575 Zu den Folgen für die einzelnen Ansprüche wegen Patentverletzung vgl weiter unten zu Rdn 492 ff.
576 ... woran es bei einem zu mehreren therapeutischen Zwecken verwendbaren Medikament fehlt, weswegen hier für die sinnfällige Herrichtung zurecht auf die Therapieempfehlung auf der Umverpackung oder im Beipackzettel abgestellt wird.

gungen zu erwarten, derentwegen im Streitfall weder eine Wiederholungs- noch eine Erstbegehungsgefahr für die patentgeschützte Verwendung angenommen werden kann, bedarf es zusätzlicher anderweitiger Herrichtungsmaßnahmen, die sich beispielsweise aus der **Umverpackung** oder der Beigabe einer **Gebrauchsanleitung** beim Vertrieb ergeben können, die den Erwerber – allein oder auch – zu der patentgeschützten Verwendung anhalten.[577] Angesichts dessen, dass die sinnfällige Herrichtung deshalb anspruchsbegründend ist, weil sie Gewähr für die ihr nachfolgende, herrichtungsgemäße Verwendung im Sinne des Klagepatents bietet, kommen als Herrichtungsmaßnahmen stets nur solche Akte in Betracht, die einen derart engen Bezug zu der zu verwendenden Sache haben, dass sie nach den Erfahrungen des täglichen Lebens deren (patentgemäßen) Gebrauch bestimmen und infolgedessen auch erwarten lassen.

▶ **Beispiel:**[578]

489 Das Klagepatent betrifft die Verwendung einer Zusammensetzung aus Glasfasern bestimmter Größe und bestimmten Materials als Glasfasern, die kein kanzerogenes Potential zeigen. Angegriffen sind Glasfaserprodukte in Plattenform, die als Dämmmaterial für den Hochbau angeboten werden.

Die sinnfällige Herrichtung der Dämmstoffplatten für den vorgesehenen Verwendungszweck ergibt sich daraus, dass bindende gesetzliche Vorschriften bestehen, die wegen der Gefahr von Krebserkrankungen den Gebrauch von Glasfasern zur Wärme- und Schalldämmung im Hochbau entweder generell untersagen oder nur mit einem besonderen Warnhinweis erlauben. Aus der besagten Gesetzeslage folgt, dass derjenige, der den Vorschriften unterfallende Glasfasermaterialien vertreibt, damit deren gesundheitliche Unbedenklichkeit, nämlich kanzerogene Ungefährlichkeit zum Ausdruck bringt, womit der patentgeschützte Verwendungszweck deklariert ist.

490 Ob die **Gebrauchsanleitung** zusammen mit der Sache (gleichsam in einer Postsendung) verschickt wird oder separat, ist belanglos, so lange der Bezug zu der Sache für den Empfänger und Verwender in einer Weise erhalten bleibt, dass aufgrund der beigegebenen Anleitung der patentgeschützte Gebrauch mit hinreichender Sicherheit zu erwarten ist. In diesem Sinne kann die Gebrauchsanleitung der Versendung der Sache im Einzelfall auch vorausgehen oder ihr nachfolgen. Notwendig ist freilich immer, dass die in Verkehr gebrachte Sache als solche auf die patentgeschützte Verwendung ausgerichtet wird.

491 **Allgemeine Werbeankündigungen**, die sich losgelöst vom Vertrieb der konkreten Sache mit der patentierten Verwendung befassen, sind in aller Regel unzureichend, weil – anders als bei einer sinnfälligen Herrichtung der Sache selbst – im Ungewissen bleibt, ob der Empfänger der Sache überhaupt von ihnen Notiz nimmt, und deswegen auch ungewiss bleibt, ob es tatsächlich zu der patentgeschützten Verwendung der Sache kommt.[579] Zu denken ist etwa an Werbemaßnahmen im Internet, im Radio oder im TV, auf Plakaten oder in gedruckten Medien, von denen nicht verlässlich absehbar ist, dass sie von demjenigen, der die in Verkehr gebrachte Sache schlussendlich verwendet, überhaupt zur Kenntnis genommen und/oder im maßgeblichen Zeitpunkt des Gebrauchs noch erinnert werden. Aus demselben Grund reichen auch solche Gebrauchshinweise nicht aus, die

---

577 BGH, GRUR 2001, 730 – Trigonellin; BGH, GRUR 2016, 257 – Glasfasern II; OLG Düsseldorf, Urteil v 7.8.2014 – I-2 U 8/14. Nach LG Mannheim, BeckRS 2019, 27104, soll eine sinnfällige Herrichtung jedenfalls dann anzunehmen sein, wenn dem Anbieter bekannt ist, dass das Erzeugnis in der ganz überwiegenden Zahl der Lieferungen patentgemäß verwendet werden wird und seine technische Gestaltung vom Anbieter gerade auch dafür gewählt worden ist.
578 BGH, GRUR 2016, 257 – Glasfasern II.
579 OLG Düsseldorf, Urteil v 31.1.2013 – I-2 U 54/11; OLG Düsseldorf, Urteil v 7.8.2014 – I-2 U 8/14 (für den Internetauftritt und dortige Angaben).

dem Besteller im Zusammenhang mit einer (Internet-)Bestellung unübersehbar aufgezwungen werden, denn auch für sie ist schon unklar, ob derjenige, der die Bestellung tätigt, der spätere Verwender ist und mit welchem zeitlichen Abstand zur Bestellung es zu der Verwendung der bestellten Ware kommt. Von der Sache entfernte Werbemaßnahmen können allenfalls die Grundlage für eine mittelbare Verletzung des Verwendungspatents sein.

Ist die Sache nicht nur für eine einzige (nämlich die patentgemäße) Verwendung brauchbar und sinnfällig hergerichtet, sondern existieren **weitere, andere Brauchbarkeiten**, auf die in der Bedienungsanleitung oder dergleichen ggf sogar ebenfalls hingewiesen wird, so sind die rechtlichen Folgen unterschiedlich, je nach dem, um welchen aus der Patentverletzung resultierenden Anspruch es sich handelt: 492

– Für den **Unterlassungsanspruch** ergeben sich keine prinzipiellen Besonderheiten. So lange es zB infolge Erwähnung des patentgemäßen Einsatzzweckes in der Gebrauchsanleitung bereits zu der patentgeschützten Verwendung des fraglichen Erzeugnisses gekommen ist (Wiederholungsgefahr) oder solches mindestens für die Zukunft greifbar zu erwarten steht (Erstbegehungsgefahr[580]), ist dem Lieferanten zu untersagen, Gegenstände der betreffenden Art bei ihrem Angebot und Vertrieb dadurch sinnfällig für die patentgemäße Verwendung herzurichten, dass der dem Patent entsprechende Einsatzzweck in der Bedienungsanleitung erwähnt wird. Die Gebrauchsanweisung ist mithin in einer Weise umzuformulieren, dass die patentgemäße Gebrauchsmöglichkeit entfällt, während die anderen konkurrierenden Einsatzzwecke aufgelistet bleiben dürfen, ggf sogar erwähnt bleiben müssen, wenn nur so effektiv einem drohenden patentgemäßen Gebrauch vorgebeugt werden kann. Eröffnet bereits die objektive Brauchbarkeit der Sache allein (dh ohne eine begleitend herrichtende Bedienungsanleitung oder dergleichen) die Erwartung ihrer geschützten Verwendung, so geht der Unterlassungsanspruch dahin, entweder die Sache so umzugestalten, dass der patentgemäße Gebrauch entfällt, die anderen Einsatzzwecke aber erhalten bleiben, oder in einer für den Abnehmer der Sache unübersehbaren Weise darauf hinzuweisen, dass sich die Sache nicht für die patentgeschützte Verwendung eignet, oder mit ihm eine – ggf vertragstrafebewehrte – Vereinbarung dahingehend zu treffen, dass er die patentgemäße Verwendung unterlässt. Es gelten ähnliche Regeln, wie sie die Rechtsprechung[581] für Auslandslieferungen entwickelt hat, die absehbar zu einem schutzrechtsverletzenden inländischen Weitervertrieb führen.[582] Welche Maßnahme zu ergreifen ist, hängt von den jeweiligen Umständen des Einzelfalles ab, wobei insbesondere maßgeblich ist, wie groß oder gering die Wahrscheinlichkeit einer patentverletzenden Verwendung ist, welcher Aufwand mit der fraglichen Maßnahme für den Lieferanten verbunden ist, in welchem Umfang durch sie die Verkäuflichkeit des Produktes insgesamt beeinträchtigt wird, welche Gewähr die jeweilige Maßnahme dafür bietet, dass die patentgerechte Verwendung künftig unterbleibt und welches Entdeckungsrisiko bei einer patentverletzenden Verwendung existiert, womit einhergeht, welche faktische Rechtsverfolgungsaussicht hiergegen für den Verletzten besteht. 493

– Für sämtliche sinnfällig hergerichteten Gegenstände bestehen problemlos auch der **Auskunftsanspruch** nach § 140b PatG sowie der **Rückrufanspruch**[583], wobei vom Rückruf diejenigen (vom Verletzer im Einzelnen nachzuweisenden) Empfänger aus- 494

---

580 ... Sie wird sich im Zweifel schon aus der Erwähnung des patentgemäßen Gebrauchs in der der Sache beigegebenen Bedienungsanleitung ergeben.
581 BGH, GRUR 2017, 785 – Abdichtsystem.
582 Vgl dazu oben Rdn 327 ff.
583 Zustimmend: LG Mannheim, BeckRS 2019, 27104.

genommen werden dürfen, für die (zB wegen der speziellen Ausrichtung ihres Geschäftsbetriebes) von einer patentfreien Verwendung der gelieferten Sache auszugehen ist. Ein **Vernichtungsanspruch** hinsichtlich der sinnfällig hergerichteten Sache kommt nicht in Betracht, weil bei einem Verwendungspatent kein »patentiertes Erzeugnis« im Sinne von § 140a Abs 1 PatG vorliegt.[584] Die Versagung des Vernichtgunsanspruchs steht auch damit im Einklang, dass der Vertrieb einer für die patentgeschützte Verwendung (durch einen anderen) hergerichtete Sache den Tatbeständen der mittelbaren Verletzung ähnlich ist, für die von der Rechtsprechung ebenfalls ein Vernichtungsanspruch verneint wird.

495 Komplizierter verhält es sich mit dem **Schadenersatzanspruch**. Da der eigentliche Schutzbereichseingriff bei der tatsächlichen patentgerechten Verwendung der Sache stattfindet, müssen diejenigen Lieferfälle schadenersatzfrei bleiben, die beim Abnehmer nicht zu der patentgemäßen, sondern zu einer patentfreien Verwendung geführt haben. Schadenersatz wegen Schutzrechtsverletzung schuldet derjenige, der sinnfällig hergerichtete Erzeugnisse in Verkehr gebracht hat, deshalb nur für diejenigen Lieferungen, deren Gegenstand beim Abnehmer patentgemäß – und nicht patentfrei – verwendet worden ist. Sofern wenigstens *ein* solcher Gebrauchsfall wahrscheinlich ist, kann die Schadenersatzpflicht des Lieferanten – wie sonst auch – (dem Grunde nach) gerichtlich festgestellt werden. Im Höheprozess obliegt es dem Verletzten darzulegen, dass es in jedem für die Schadensberechnung berücksichtigten Lieferfall zu einer patentgerechten Verwendung gekommen ist. Anhand der bei der Auskunft und Rechnungslegung erhaltenen Informationen über den Vertriebsweg hat der Verletzte notfalls im Vorfeld entsprechende Erkundigungen einzuziehen.

496 – Die Geltendmachung von **beziffertem Schadenersatz** verlangt demgegenüber konkrete Kenntnisse darüber und substanziellen Prozessvortrag des beweispflichtigen Verletzten dazu, wie die einzelnen Abnehmer der sinnfällig hergerichteten Sachen den Liefergegenstand in ihrem Unternehmen gebraucht haben. Um sich – abgesehen von eigenen Recherchen – die nötigen Informationen zu beschaffen, besteht der **Rechnungslegungsanspruch** (§§ 242, 259 BGB) im Hinblick auf *alle* Abnehmer des Lieferanten, weil der Verletzte nur mit diesem Wissen[585] in der Lage ist auszumachen, wo es im Nachgang zu der Lieferung zu einer schadenersatzbegründenden patentgeschützten Verwendung gekommen sein kann.[586] Inhaltlich ist der Anspruch des Weiteren dahin erweitert, dass der Verletzer Angaben dazu machen muss, für welchen Einsatzzweck jeder einzelne Abnehmer den ihm gelieferten Gegenstand vorgesehen/bestellt hat. Die Pflicht zur Auskunft besteht selbstverständlich nur im Rahmen des beim Lieferanten vorhandenen Wissens, das dieser allerdings, soweit es reicht, nach Treu und Glauben mit dem Verletzten zu teilen hat.

---

584 AA: LG Mannheim, BeckRS 2019, 27104, das einen Vernichtungsanspruch jedenfalls dann gewährt, wenn sich die sinnfällige Herrichtung für die geschützte Verwendung aus der technischen Gestaltung des Erzeugnisses ergibt.
585 ZB kann die allgemeine Ausrichtung des Geschäftsbetriebes beim Abnehmer Rückschlüsse auf die Art und Weise der dortigen Verwendung des Liefergegenstandes geben.
586 Vgl BGH, GRUR 2017, 785 – Abdichtsystem (zu der hinsichtlich des Schaffens einer Gefährdungslage für den späteren Schutzrechtseingriff vergleichbaren Sachlage, die bei einer Auslandslieferung mit nachfolgendem Weitervertrieb ins Inland gegeben ist).

bb) Zweite medizinische Indikation[587]

(1) Anspruchstypologie

Besteht die Verwendung der Sache in einem therapeutischen[588] Einsatz[589] (zweite oder weitere medizinische Indikation eines Arzneimittels[590]), gelten ganz besondere Regeln. Sie stehen ua damit im Zusammenhang, dass die Praxis des EPA zeitweise keinen Patentschutz zuließ, der die Verwendung des Stoffes zu einem bestimmten medizinischen Zweck zum Inhalt hat.[591] Getragen wurde die besagte Restriktion von der Überlegung, dass ein so formulierter Verwendungsanspruch eine therapeutische Maßnahme beinhalten würde, die kraft Gesetzes (Art 52 Abs 4 EPÜ 1973) vom Patentschutz ausgeschlossen ist. Gebilligt wurde nur eine Anspruchsfassung, wonach die Verwendung des Stoffes der *Herstellung* einer Zusammensetzung für den bestimmten therapeutischen Zweck dient. Diese Rechtslage hat sich mit dem 13.12.2007 grundlegend geändert, weil seither die Gewährung eines zweckgebundenen Stoffschutzes erlaubt ist (§ 3 Abs 4 PatG, Art 54 Abs 5 EPÜ[592]). Existent und durchsetzbar sind daher – je nach Erteilungszeitpunkt – **dreierlei Arten** von Ansprüchen, nämlich Herstellungsverwendungsansprüche nach Schweizer Vorbild (*Verwendung des Wirkstoffs X zur Herstellung eines Arzneimittels zur Behandlung der Krankheit Y*), Verwendungsansprüche (*Verwendung des Wirkstoffs X zur Behandlung der Krankheit Y*) sowie zweckgebundene Stoffansprüche (*Wirkstoff X zur Behandlung der Krankheit Y*).

497

Völlig unabhängig von der konkreten Anspruchsformulierung, die für den auf die weitere medizinische Indikation gerichteten Patentschutz gewählt worden ist oder wegen der zur Zeit der Patenterteilung geltenden Rechtslage gewählt werden musste, geht die Rechtsprechung des BGH[593] davon aus, dass sich der Patentschutz auf die Eignung des bekannten Wirkstoffs für den bestimmten medizinischen Einsatzzweck und damit letztlich auf eine dem Wirkstoff innewohnende Eigenschaft bezieht. Die vom BGH verordnete Behandlung von Verwendungspatenten alter Prägung als zweckgebundene Stoffschutzpatente neuen Rechts hat zwangsläufiger Weise Folgen für den Schutzbereich. Da sämtliche Schutzrechte auf eine weitere medizinische Indikation[594] als (lediglich indikationsbeschränkte) *Sach*patente angesehen werden, gilt für sie gleichermaßen die Vorschrift des § 9 Nr 1 PatG.[595] Zweckgebundene Stoffpatente erlegen jedem Dritten daher das Verbot auf, den geschützten Wirkstoff für den patentgeschützten Zweck (sic: die weitere medizinische Indikation) anzubieten und/oder zu vertreiben. Bei dieser Klassifizierung findet die eigentliche Benutzungshandlung nicht mehr bei der schlussendlichen Verwendung der Sache (als verfahrensähnlichem Akt) statt, sondern bei dessen Übermittlung in den Geschäftsverkehr durch Angebot und Vertrieb, die eben nur *für* den patentgeschützten Therapiezweck zu geschehen haben.[596] Woraufhin die praktizierte Zweckbindung letzt-

498

---

587 Vgl umfassend: Zorr, Zweite medizinische Indikation, 2018.
588 Erfasst sind Maßnahmen sowohl am menschlichen wie am tierischen Körper, § 2a Abs 1 Nr 2 PatG.
589 Ist der Patentanspruch dahin gefasst, dass der bestimmte Wirkstoff »zur Herstellung eines Arzneimittels« zur Behandlung einer bestimmten Krankheit verwendet werden soll, beschränkt sich der Schutz im Zweifel nicht auf »Arzneimittel« im zulassungsrechtlichen Sinne (OLG Düsseldorf, Urteil v 7.8.2014 – I-2 U 8/14).
590 ... sei es zulassungspflichtig, rezeptpflichtig oder rezeptfrei.
591 EPA-GK, GRUR Int 1985, 193 – Zweite medizinische Indikation.
592 EPA-GK, ABl 2010, 456 – Dosierungsanleitung/ABBOTT RESPIRATORY.
593 BGH, GRUR 2016, 921 – Pemetrexed; BGH, GRUR 2014, 461 – Kollagenese I; BGH, GRUR 2001, 730 – Trigonellin.
594 Dh auch Verwendungspatente und Herstellungsverwendungspatente.
595 OLG Düsseldorf, GRUR 2017, 1107 – Östrogenblocker; vgl dazu Kühne, GRUR 2018, 456 sowie Schäffner, GRUR 2018, 449.
596 OLG Düsseldorf, GRUR 2017, 1107 – Östrogenblocker.

lich beruht, ist nicht von Belang, so lange nur gewährleistet ist, dass die Sache dem patentgerechten Zweck entsprechend verwendet wird.

(2) Unmittelbare Patentbenutzung

499 Wegen des durch die Zweckbindung beschränkten Stoffschutzes liegt eine unmittelbare Benutzung des Verwendungspatents allein vor, wenn der angebotenen oder vertriebenen Sache die erforderliche therapeutische Zweckrichtung, auf die der Patentschutz beschränkt ist, eigen ist.

(a) Herrichtungsbasierte Haftung

500 Dies kann zunächst dadurch bewerkstelligt werden, dass die Zusammensetzung vor ihrem Vertrieb eigens **sinnfällig** für den patentgemäßen Einsatzzweck **hergerichtet**, nämlich so aufbereitet wird, dass es mit ihr voraussehbar zu dem geschützten therapeutischen Gebrauch kommt.[597] Solches kann durch eine auf den speziellen Verwendungszweck abgestellte Formulierung, Konfektionierung oder Dosierung geschehen, sofern sich aus ihnen – was nur ausnahmsweise in Betracht kommen wird – für den maßgeblichen Empfängerhorizont die patentgemäße Verwendungstauglichkeit hinreichend sicher ergibt. Bei verschreibungspflichtigen Arzneimitteln entscheidet allein die Sicht des Arztes, der die zur therapeutischen Verwendung beim Patienten führende Verordnung vornimmt, bei rezeptfrei erhältlichen Präparaten im Zweifel die Sicht des (ggf durch einen Apotheker beratenen) Patienten.[598] Denkbar sind des Weiteren eine Umverpackung oder eine der Sache beigegebene Packungsbeilage und/oder Fachinformation für den Arzt, die sich mit dem patentgerechten Gebrauch empfehlend befassen, während allgemeine Werbeankündigungen gleichen Inhalts losgelöst von der Zusammensetzung dafür regelmäßig nicht genügen.[599]

501 Ob aufgrund der dem Produkt beigegebenen Anleitung (Packungsbeilage, Fachinformation) voraussichtlich eine zweckentsprechende, patentgemäße Verwendung verwirklicht werden wird, richtet sich danach, wie der von dem fraglichen Produkt angesprochene Verkehr den beigegebenen Verwendungshinweis versteht. In Abhängigkeit von den jeweiligen **Vertriebsusancen** kann zB für ein nicht rezeptpflichtiges Präparat auf den **Verständnishorizont** eines Patienten als medizinischen Laien abzustellen sein, der das Mittel in einer Apotheke – nach Lage des Falles mit oder ohne weitere fachliche Beratung – erwirbt.[600] Begründet die Packungsbeilage eine sinnfällige Herrichtung, so kann aus (gegenteiligen) Zulassungsunterlagen, an denen sich der Patient für den Gebrauch des Präparates überhaupt nicht orientiert, nichts anderes hergeleitet werden. Handelt es sich hingegen um ein verschreibungspflichtiges Medikament, dessen Einnahme nur nach Maßgabe der ärztlichen Verordnung zu Anwendungsgebieten und Dosierung zu erwarten steht, entscheidet diejenige Verschreibungspraxis, die nach dem Inhalt der dem Arzt für seine Verordnung zur Verfügung stehenden Mittel in Rechnung zu stellen ist. Zentrale Bedeutung hat insoweit die **Fachinformation**, die integraler Bestandteil der Arzneimittelgenehmigung ist und abschließend die Merkmale von dessen für den Vertrieb genehmigter Version definiert. Weil die genehmigte mit der auf den Markt gebrachten Version des Arzneimittels übereinstimmen *muss*, spricht die Lebenserfahrung dafür, dass der Arzt die einzelnen Medikamente nach Maßgabe ihrer jeweiligen konkreten Fachinformation (Genehmigung) verordnen wird, sodass ein Generikum, das – anders als das Präparat des Originators – aus patentrechtlichen Gründen eine bestimmte (patentge-

---

597 OLG Düsseldorf, GRUR 2017, 1107 – Östrogenblocker.
598 Vgl unten zu Rdn 501.
599 OLG Düsseldorf, Urteil v 31.1.2013 – I-2 U 54/11; OLG Düsseldorf, Urteil v 7.8.2014 – I-2 U 8/14.
600 OLG Düsseldorf, Urteil v 7.8.2014 – I-2 U 8/14 (für den Einsatz eines Migränemittels nicht zur Bekämpfung von dessen Ursachen, sondern zur Linderung der Migräneschmerzen).

schützte) Indikation/Dosierung nicht aufweist, einem Patienten dafür auch nicht verschrieben werden wird, weswegen das generische Medikament – in der weiteren Folge – auch nicht therapeutisch in diesem Sinne zum Einsatz kommen wird. Der besagte Erfahrungssatz bedeutet selbstverständlich nicht, dass es eine von der Fachinformation abweichende Verschreibungspraxis nicht tatsächlich geben kann. Im Rahmen seiner Therapiefreiheit ist der verordnende Arzt – nach Aufklärung des Patienten – vielmehr ohne weiteres dazu berechtigt, Medikamente außerhalb ihrer Zulassung einzusetzen, weswegen Sachverhalte vorstellbar sind, bei denen sich eine Verordnungspraxis jenseits der behördlichen Genehmigung entwickelt hat und tatrichterlich feststellen lässt.

Nach denselben Regeln beurteilt sich, ob ein Verwendungshinweis **innerhalb des Textes einer Fachinformation oder Packungsbeilage** nur an einem bestimmten Ort (zB im Abschnitt über die Indikation) den patentgemäßen Gebrauch konditionieren kann oder ob dasselbe auch für eine anderweitige Positionierung (zB im Abschnitt über die pharmakodynamischen Eigenschaften, die der Hersteller frei gestalten darf) gilt. Entscheidend für die Beantwortung dieser Tatfrage ist, ob nach der Lebenserfahrung davon auszugehen ist, dass sich der maßgebliche Adressat für die patentgemäße Verwendung (Einnahme oder Verschreibung) trotz unverfänglicher (zB pauschaler) Indikationsangaben an demjenigen orientiert, was er anderenorts als Hinweis auf eine bestimmte Eigenschaft oder ein bestimmtes Wirkungsprofil des Präparates und damit seiner therapeutischen Brauchbarkeit vorfindet. Grundvoraussetzung für derartige Überlegungen ist ein hinreichender (medizinischer) Wissensstand, der es dem Adressaten überhaupt erst erlaubt, von den Angaben über zB gewisse pharmakodynamische Wirkungen auf eine bestimmte Indikation zu schließen. Ein solcher Hintergrund wird im Zweifel nur bei einem Arzt gegeben sein, sodass sich die Frage nach einer sinnfälligen Herrichtung durch Angaben am »unpassenden« Ort regelmäßig nur bei verschreibungspflichtigen Arzneimitteln stellen wird. Ist die erste Bedingung erfüllt, kommt es weiter – rein rechtstatsächlich – darauf an, ob sich der Arzt bei seiner Verordnung erfahrungsgemäß auch und maßgeblich an den anderweitigen Inhalten der Fachinformation/Packungsbeilage orientiert. Das mag möglich sein, wenn die Zusatzinhalte eine offen formulierte Indikation sinnvoll ergänzen und schlüssig konkretisieren, aber nicht, wenn und soweit die ergänzenden Inhalte der Indikationsangabe widersprechen. 502

Es ist eine zwar grundsätzliche, aber nicht unter allen Umständen unabdingbare Voraussetzung, dass die hergerichtete Sache für sich alle Merkmale erfüllt, die der zur Verwendung vorgesehene Gegenstand ausweislich des Patentanspruchs aufzuweisen hat. Sollen zB erfindungsgemäß zwei Ausgangsstoffe zur Hervorbringung einer pharmazeutischen Zubereitung und/oder Wirkung verwendet werden, so kann ein Fall der sinnfälligen Herrichtung vorliegen, obwohl der Beklagte nur den einen der beiden Stoffe (Arzneimittel A), diesen jedoch mit der Anleitung vertreibt, unter dessen Verwendung und Hinzunahme des zweiten (anderweitig zu beschaffenden) Stoffes (Arzneimittel B) eine pharmazeutische **Wirkstoffkombination** zur Einnahme bereitzustellen. 503

– Eine Haftung besteht in jedem Fall dann, wenn die nicht mitgelieferte Zweitkomponente, die patentgemäß kombiniert zu der Erstkomponente einzunehmen ist, für den Adressaten und Verwender problemlos zu besorgen ist, weil es sich – aus seiner Warte – um eine **pharmazeutische Allerwelts-Zutat** handelt (zB ein gängiges Vitamin oder sonstiges Nahrungsergänzungspräparat, das ggf sogar im Drogeriemarkt erhältlich ist, Aspirin, Kochsalzlösung oder dergleichen). Insoweit sind zweckgebundene Sachansprüche nicht grundsätzlich anders zu behandeln als absolute Sachansprüche, für die es in der Instanzrechtsprechung anerkannt ist, dass von einer unmittelbaren Patentverletzung auszugehen ist, wenn der Liefergegenstand nur eine im Patentanspruch vorgesehene Allerwelts-Zutat nicht umfasst. Unter den geschilderten Umständen schafft die Art und Weise des Vertriebs die Gefahr einer sich anschließen- 504

A. Schutzbereichsbestimmung

den patentverletzenden Verwendung in einer nicht anderen Qualität, als wenn die Zweitkomponente gleichzeitig mit der Erstkomponente vertrieben worden wäre.

505 – Gleich zu behandeln (wenn auch aus anderen rechtlichen Gründen) ist der Fall, dass die personenverschiedenen Lieferanten der kombiniert einzunehmenden Wirkstoffe **mittäterschaftlich** agieren[601], so dass eine wechselseitige Zurechnung ihrer Einzeltatbeiträge stattzufinden hat und sich der Sachverhalt infolgedessen rechtlich so darstellt, als wenn die kombinierten Wirkstoffe aus einer einzigen Hand bereitgestellt worden wären.

506 – Problematischer liegt der Fall, wenn es sich bei dem kombiniert einzunehmenden Zweitwirkstoff um keine Allerwelts-Zutat handelt und der Zweitlieferant auch nicht (mindestens im Sinne eines Eventualvorsatzes) um die Erstlieferung und ihre näheren Umstände (Kombinationsanleitung) weiß, der belieferte Verwender aber in der Lage ist, der Anweisung zu folgen und sich den Zweitwirkstoff für die Zwecke der empfohlenen patentgemäßen Kombinationstherapie (zB mithilfe einer ärztlichen Verordnung) zu beschaffen. Unter Geltung des zweckgebundenen Stoffschutzes kommt hier eine **mittelbare Patentverletzung** in Betracht. Mit ihm ist der Schutzrechtseingriff zwar von der eigentlichen therapeutischen Verwendung durch Einnahme des Medikaments zu dessen Angebot und Lieferung für den patentgerechten Einsatzzweck verlagert worden. Die Lieferung des Erstwirkstoffes an den Patienten kann dennoch als Bereitstellung eines erfindungswesentlichen Mittels (eben *eines* der notwendigen Wirkstoffe) aufgefasst werden, das objektiv geeignet und – angesichts der beigegebenen Kombinationsanleitung – auch subjektiv dazu bestimmt ist, therapeutisch für den geschützten Zweck mit dem (anderweitig zu besorgenden) Zweitwirkstoff kombiniert zu werden. Dass die Bereitstellung der Wirkstoffkombination erst in der Hand des Privaten geschieht, der kein unmittelbarer Patentverletzer sein kann (§ 11 Nr 1 PatG), hat wegen § 10 Abs 3 PatG keine Bedeutung. Denn abgesehen von der Privilegierung ist eine unmittelbare Benutzungshandlung im Sinne von § 9 Nr 1 PatG mindestens in der Handlungsform des Herstellens und Gebrauchens der geschützten Wirkstoffkombination möglich. Folge dieser Betrachtung ist, dass der Lieferant des Erstwirkstoffs beim Angebot und Verkauf einen Warnhinweis zu geben hat, was einschließt, dass er jede Kombinationsempfehlung unterlässt und, sollte sich die Kombinationstherapie bereits im Bewusstsein der Akteure festgesetzt haben, davon abhaltende Hinweise gibt. Damit ist die behandelte Fallgruppe auch vom Ergebnis her sachlich angemessen gelöst (vgl die Ausführungen bei Rdn 508).

(b) Herrichtungsfreie Haftung[602]

507 Da nach Auffassung des BGH[603] im Zentrum des durch ein Verwendungspatent vermittelten Schutzes die objektive Eignung des betreffenden Arzneimittels für die patentgemäße Verwendung steht[604] und für den zweckgebundenen Stoffschutz nur wichtig ist, *dass* die in Verkehr gebrachte Sache dem patentgerechten Zweck zugeführt wird, aber nicht wesentlich ist, aufgrund welcher Einzelumstände dies geschieht, ist eine Haftung des Präparatvertreibers – anders als früher – auch **ohne** eigene **sinnfällige Herrichtungsmaßnahmen** denkbar. Mit Rücksicht auf den nicht allumfassenden, sondern eingeschränkten, nämlich zweckgebundenen Stoffschutz müssen freilich Bedingungen erfüllt sein: Erstens muss das Produkt für den patentgemäßen Zweck tauglich sein und Zweitens

---

601 Bsp: Jeder vertreibt einen der kombiniert einzunehmenden Wirkstoff mit einem wechselseitigen Hinweis auf die jeweils andere Komponente.
602 Kritisch: Giebe, GRUR 2021, 191.
603 BGH, GRUR 2016, 921 – Pemetrexed.
604 …womit keine abschließende Bemerkung beabsichtigt sein kann, weil bei Maßgeblichkeit nur der objektiven Verwendungseignung ein *absoluter* Stoffschutz gewährt würde.

muss sich der Vertreiber Umstände zunutze machen, die in ähnlicher Weise wie eine sinnfällige Herrichtung dafür sorgen, dass es mit dem Präparat zu dem zweckgebundenen therapeutischen Gebrauch kommt. Letzteres verlangt einen hinreichenden, nicht bloß vereinzelten Verwendungsumfang nach Maßgabe des Klagepatents sowie ein dahingehendes Wissen oder zumindest ein treuwidriges Verschließen des Lieferanten vor der diesbezüglichen Kenntnisnahme.[605] Wo die äußeren Rahmenbedingungen für das Angebot und den Vertrieb eines Erzeugnisses bereits auf dessen patentgeschützten Therapieeinsatz hinauslaufen, erübrigt sich eine gesonderte Herrichtung durch den Lieferanten, weshalb in ihr auch nicht der entscheidende Haftungsgesichtspunkt gesehen werden kann.[606]

508 Ein weiterer Gesichtspunkt lässt sich zur Rechtfertigung der herrichtungsfreien Haftung anführen: Im Zusammenhang mit der **mittelbaren Patentverletzung** ist es gefestigte Auffassung, dass unter die Verbietungsrechte des § 10 PatG auch solche für sich betrachtet aus dem Stand der Technik vorbekannten Vorrichtungsteile fallen, die später Eingang in eine patentgeschützte, mittelbar verletzte Kombination gefunden haben.[607] Derjenige, der beispielsweise seit Jahren einen bestimmten gemeinfreien Bohrer vertrieben hat, welcher sich als Funktionsteil einer im Nachhinein unter Patentschutz gestellten Vorrichtungskombination aus Bohrer und Antrieb eignet, darf ab Veröffentlichung der Erteilung des Kombinationspatents den Vertrieb seines Bohrers nicht einfach fortsetzen, sondern haftet unter den Voraussetzungen des § 10 PatG als mittelbarer Verletzer und ist deswegen verpflichtet, dem nunmehr möglichen patentgeschützten Gebrauch seines Bohrers innerhalb der Kombination durch einen entsprechenden Warnhinweis vorzubeugen. Bei einem Verwendungspatent, mit dem für den bekannten Wirkstoff ein neues Therapiefeld eröffnet worden ist, liegen die Verhältnisse unmittelbar vergleichbar, sodass auch hier allein aufgrund der veränderten therapeutischen Rahmenbedingungen eine patentrechtliche Haftung möglich sein muss, die Abwendungspflichten desjenigen begründet, der den nunmehr (auch) in anderer Verwendung gebräuchlichen Wirkstoff in Verkehr bringt.

509 In der Praxis können die besagten Anforderungen vor allem beim sog **off-label-use** und **cross-label-use**[608] gegeben sein, der sich dadurch auszeichnet, dass ein Arzneimittel zwar erklärtermaßen für die/eine patentfreie Indikation vertrieben wird[609], der Gebrauch in nennenswertem Umfang tatsächlich jedoch in der patentgeschützten Indikation erfolgt.[610] Bei verschreibungspflichtigen Medikamenten wird dies typischerweise aufgrund entsprechender ärztlicher Verordnung geschehen[611], wobei sich die Verordnungspraxis wiederum nach der Fachinformation für das verordnete Präparat richten wird. Für eine Verwendungsübung können darüber hinaus – worauf Bayerl[612] mit Recht hinweist – aber auch **Rabattverträge** nach § 129 SBG V bedeutsam sein, die den Apotheker anhalten, im Falle einer bloßen Wirkstoffverordnung sowie dann, wenn eine Ersetzung des konkret verschriebenen Präparates durch ein wirkstoffgleiches preisgünstigeres Arznei-

---

605 OLG Düsseldorf, GRUR 2017, 1107 – Östrogenblocker; zur abweichenden Rechtsprechung im Vereinigten Königreich vgl Stief/Zorr, GRUR 2019, 260.
606 OLG Düsseldorf, GRUR 2017, 1107 – Östrogenblocker; OLG Düsseldorf, GRUR 2019, 279 – Fulvestrant.
607 Vgl dazu unten Rdn 589.
608 Ausführlich zur Haftung des Generikaunternehmens bzw des verordnenden Arztes in Fällen eines »Cross-Label-Use«: Hufnagel, GRUR 2014, 123; Schäffner, GRUR 2018, 449. Mit Fragen einer Haftung der gesetzlichen Krankenkasse und ihres Spitzenverbandes, der IFA, der Datenbankbetreiber und der Softwareanbieter befasst sich Schäffner, GRUR 2018, 449.
609 ... für die der Lieferant ggf auch allein eine Vertriebserlaubnis besitzt.
610 OLG Düsseldorf, GRUR 2017, 1107 – Östrogenblocker.
611 ... die der Inhaber des Patents auf die zweite medizinische Indikation durch entsprechende Werbemaßnahmen ggf selbst initiiert hat.
612 GRUR 2019, 368, 369 f.

mittel (aut-idem) durch den Arzt nicht ausgeschlossen worden ist, das kostengünstigere Medikament abzugeben. Da hierfür die Übereinstimmung der Zulassung von Originalpräparat und Generikum in einem Anwendungsgebiet, welches das patentfreie sein kann, ausreicht, ist es denkbar, dass ein Generikum auch jenseits der Fachinformation zu dem patentgerechten Therapiezweck zum Einsatz kommt. In welchem Umfang dies geschieht, bedarf freilich belastbarer Nachweise, die der Patentinhaber beizubringen hat.

510 Insbesondere wenn die off-label- oder cross-label-use-Indikation/Dosierung von der Zulassung und Fachinformation des Generikums gedeckt ist, dieser also nicht widerspricht[613] und dem Generikaunternehmen die ihm günstige Verschreibungspraxis geläufig ist oder jedenfalls hätte bekannt sein müssen und es diese Praxis durch Belieferung seiner Großhändler dennoch für sich ausnutzt, ist es angemessen, den Generikahersteller dafür in die patentrechtliche Pflicht zu nehmen. Da auch die sinnfällige Herrichtung nicht zu einem **ausschließlichen** patentgeschützten Gebrauch erfolgen muss[614], sondern nur wesentlich ist, dass – ggf neben anderen, konkurrierenden Verwendungszwecken – zum patentgeschützten Gebrauch angeleitet wird, ist nicht nur ein solcher Gebrauch haftungsrelevant, der ausschließlich oder nahezu ausschließlich die patentgemäße Verwendung betrifft. Entscheidend ist vielmehr das sichere Wissen (dem das treuwidrige Verschließen vor der Erkenntnis gleich steht) darum, *dass* es mit dem vertriebenen Arzneimittel zu der patentgerechten Verordnung und Verwendung kommen wird. Denn derjenige, der in dem besagten Wissen agiert, muss sich hinsichtlich der Konsequenzen so behandeln lassen, als hätte er den für sich geschäftlich ausgenutzten herrichtungsfreien Zustand selbst durch eine entsprechende Herrichtungsmaßnahme herbeigeführt. Tatrichterlich muss also – erstens – festgestellt werden, dass es in hinreichendem Umfang zu einer patentgerechten Verwendung gekommen ist, und dass dem Generikaunternehmen dieser Sachverhalt – zweitens – nicht verborgen geblieben sein kann.[615] Mit der Zahl der nachweisbar vorgefallenen patentgemäßen Verwendungsfälle steigt naturgemäß die Aussicht auf eine dahingehende tatrichterliche Feststellung, weswegen bloß vereinzelt gebliebene Gebrauchsfälle im Allgemeinen keine herrichtungsfreie Haftung begründen können. Ein weiteres Haftungsszenario kann sich aus besonderen, überragenden Vorteilen gerade der patentgemäßen Verwendung ergeben, die dazu herausfordern, das Präparat patentgerecht – und nicht anders – einzusetzen.

511 Bevor im Weiteren ein Blick auf die Rechtsfolgen geworfen wird, sollen anhand eines **Fallbeispiels** zunächst diejenigen Sachverhaltskonstellationen gegeneinander abgegrenzt werden, die bzgl der Haftungsfolgen zu bedenken sind. Ausgangspunkt ist ein Patent, das die Verwendung des Wirkstoffs X zur Behandlung von Brustkrebs betrifft, wobei die Verwendung bei solchen Patienten stattzufinden hat, die bereits doppelt erfolglos vorbehandelt worden sind, nämlich sowohl mit dem Wirkstoff A als auch mit dem Wirkstoff B. Folgende Alternativen sind denkbar:

512 – Das Generikum ist **sinnfällig hergerichtet**, wenn seine Fachinformation nicht nur die Indikation »Brustkrebs« erwähnt, sondern unter »Anwendungsgebiet« die vom Patent vorausgesetzte doppelt erfolglose Vorbehandlung zur Bedingung macht.

513 – Wird neben dem Krankheitsbild »Brustkrebs« nur eine einzige erfolglose Vorbehandlung erwähnt, zB mit dem Wirkstoff A, so fehlt es an einer sinnfälligen Herrichtung für den patentgemäßen Verwendungszweck, weil dieser eben eine doppelt fehlgeschlagene Vorbehandlung verlangt.[616] Andererseits umfasst die weit formulierte Pati-

---

613 Anderenfalls wäre nicht mit einer Verordnung zu rechnen, weil der Arzt die Fachinformationen und die sich daraus ergebenden Limitierungen beachtet; vgl oben Rdn 501.
614 Vgl oben Rdn 486.
615 OLG Düsseldorf, GRUR 2019, 279 – Fulvestrant.
616 OLG Düsseldorf, GRUR 2019, 279 – Fulvestrant.

entenpopulation der Fachinformation (fehlgeschlagene Vorbehandlung mit dem Wirkstoff A) die engere Patientenpopulation des Klagepatents (fehlgeschlagene Vorbehandlung mit dem Wirkstoff A und dem Wirkstoff B), sodass sich der patentgerechte Einsatz innerhalb der Fachinformation bewegt. Es liegt ein (hier genannter) **in-label-use** vor.

– Lässt die Fachinformation die Indikation »Brustkrebs« unerwähnt (indem zB ausschließlich andere Therapiezwecke benannt werden), bleibt der Einsatz als Mittel zur Brustkrebsbehandlung außerhalb der Fachinformation. Ist der patentgerechte Einsatz zur Brustkrebsbehandlung materiell-rechtlich von der behördlichen Zulassung gedeckt, sodass die Fachinformation bloß textlich hinter dem Zulassungsumfang zurückbleibt, handelt es sich um einen (hier genannten) **cross-label-use**. 514

– Überschreitet die patentgemäße Verwendung nicht nur die Fachinformation, sondern darüber hinaus auch den Umfang der Zulassung, ist ein (hier genannter) **off-label-use** gegeben. 515

(c) Haftungsfolgen

Für die **Unterlassungshaftung** macht es einen ganz wesentlichen Unterschied, ob sinnfällig hergerichtet wurde (erste Sachverhaltskonstellation gemäß Rdn 512) oder nicht (Sachverhaltskonstellationen gemäß Rdn 513 bis 515). 516

– Beruht die Haftung des Generikaunternehmens (oder sonstigen Vertreibers) auf einer sinnfälligen Herrichtung des Präparates für die patentgeschützte Verwendung, so begründet nach allgemeinen Regeln jeder singuläre Verletzungsfall (= sinnfällige Herrichtung mit nachfolgendem Angebot/Vertrieb), auch der allererste und einzige, die **Gefahr künftiger Wiederholung** (des Vertriebs sinnfällig hergerichteter Präparate und deren aufgrund dessen herrichtungsgemäßer Verwendung), was ohne weiteres zur Unterlassungsverurteilung führt, sofern der Verletzer nicht vorgerichtlich eine ausreichend strafbewährte Unterwerfungserklärung abgibt.[617] Denn die – erfahrungsgemäß zu befürchtende – abermalige Verletzungshandlung führt direkt zu einem Schutzrechtseingriff, ohne dass es insoweit noch irgendwelcher weiterer Bedingungen oder Umstände bedarf. 517

– Völlig anders verhält es sich bei einem Vertreiber, der keine Herrichtungsmaßnahme unternommen hat und dessen Haftung allein auf einer tatsächlichen, der geschützten Verwendungsweise entsprechenden **Verschreibungspraxis** beruhen soll. Selbst wenn in der Vergangenheit ein hinreichender in/cross/off-label-use praktiziert worden ist (was für die betreffende Zeit zur Schadenersatz- und Auskunftspflicht des Vertreibers führt), kommt eine Unterlassungsverurteilung nur in Betracht, wenn sich auch aktuell, dh für den **Zeitpunkt der mündlichen Verhandlung**, noch eine haftungsrelevante Verschreibungsübung feststellen lässt. Ist dies nicht der Fall, weil das Präparat zwar in früheren Zeiten in/off/cross-label eingesetzt wurde, sich die Verschreibungspraxis zwischenzeitlich jedoch (zB wegen neuer Wirkstoffe, die das fragliche Arzneimittel als Therapeutikum zunehmend abgelöst haben) geändert hat, scheidet eine Verurteilung zur Unterlassung aus.[618] Denn sie knüpft eben nicht an ein bestimmtes, abschließend kausalitätsbegründendes Verhalten des Verletzers an, dessen Wiederholung nach der Lebenserfahrung zu erwarten ist, sondern sie fußt maßgeblich auf bestimmten äußeren Rahmenbedingungen (sic: einer tatsächlichen Verschreibungs- oder Einnahmehandhabung), die erst zur Rechtsverletzung führen und die, wenn sie 518

---

617 OLG Düsseldorf, GRUR 2019, 279 – Fulvestrant.
618 OLG Düsseldorf, GRUR 2019, 279 – Fulvestrant.

aufgrund des Wandels der Zeit nicht mehr gegeben sind, auch keine Grundlage für eine Unterlassungspflicht des Vertreibers mehr bilden können.

519 Für den **Schadenersatz- und Rechnungslegungsanspruch** bedeutet dies, dass beide immer nur für denjenigen Zeitraum zuerkannt werden können, für den eine verwendungsregelnde Verschreibungspraxis positiv festgestellt ist. Die Klageanträge können also nicht – wie gewöhnlich – an das Ende des Karenzmonats anknüpfen, der sich an die Veröffentlichung der Patenterteilung anschließt, und sie können auch nur dann ohne zeitliche Begrenzung in die Zukunft formuliert sein, wenn für den Schluss der letzten mündlichen Verhandlung eine verwendungsspezifische Verschreibungspraxis behauptet und festgestellt ist. Sollten sich später die Verhältnisse ändern (zB weil für den patentgemäßen Verwendungszweck ein neuer, überlegener Wirkstoff verfügbar ist), so kann der Wegfall der Haftungsvoraussetzungen ohne eine sinnfällige Herrichtung mit der Vollstreckungsabwehrklage geltend gemacht werden.

520 In beiden vorstehend erörterten Haftungskonstellationen versteht es sich angesichts des nur auf eine ganz spezielle Verwendung gerichteten Patentschutzes von selbst, dass das **gerichtliche Verbot** gegen den Lieferanten des patentgemäß verwendeten Präparates nicht »schlechthin« erfolgen kann, sondern diejenigen Tatsachen einzubeziehen hat, die für den dem Patent entsprechenden therapeutischen Einsatz des angegriffenen Erzeugnisses verantwortlich sind.

521 – In den **Herrichtungsfällen** hat der Urteilsausspruch diejenigen Maßnahmen zu bezeichnen, die die sinnfällige Aufbereitung des Präparates für den patentgemäßen Therapiezweck ergeben. Sie sind fortan zu unterlassen, wobei es – wie grundsätzlich bei einem Unterlassungsausspruch – dem Schuldner überlassen bleibt, durch welche konkreten Maßnahmen er den geschuldeten Erfolg herbeiführt. Das gerichtliche Verbot würde daher beispielsweise dahin gehen, Angebot und Vertrieb des Generikums zu unterlassen, wenn dieses durch die fragliche Indikationsangabe in der Fachinformation und/oder der Packungsbeilage sinnfällig für den patentgeschützten Gebrauch hergerichtet ist. Welche Schritte für eine geänderte Fachinformation/Packungsbeilage nach dem geltenden Zulassungsrecht zu unternehmen sind[619], ist Sache des verurteilten Beklagten und im Erkenntnisverfahren nicht weiter aufzuklären.[620] Zu bescheiden ist allein ein Unmöglichkeitseinwand des Schuldners, der jedoch schon deshalb nicht ernsthaft in Betracht kommt, weil das Zulassungsrecht – wie weiter unten[621] noch näher erläutert wird – wegen der Einheit der Rechtsordnung so zu handhaben ist, dass dem patentrechtlich begründeten Verbot Geltung verschafft wird.

522 Eine Konkretisierung der Unterlassungspflicht kommt allenfalls insoweit in Betracht, als es um den einsehbaren Inhalt von **Datenbanken** (AMIS, Rote Liste) geht, der kausal für eine patentgemäße Verwendung bleiben kann. Da Patienten solche Datenbanken (deren Existenz ihnen im Zweifel überhaupt nicht bekannt sein wird) nicht zu konsultieren pflegen, kommt insoweit allein der Fall eines rezeptpflichtigen Präparates in Betracht, das von einem Arzt zu verordnen ist. Besteht die ernstzunehmende Gefahr, dass sich der Arzt für seine Verschreibung am – nach Beschränkung der Fachinformation überholten – Inhalt der Datenbank orientiert und erfolgt nach einer Beschränkung der Fachinformation keine automatische Aktualisierung der Datenbankinhalte, ist die Verpflichtung des Beklagten zu erwägen, den Betreiber der Datenbank zur Löschung der inkriminierten Indikation/Dosierung aufzufordern. Besteht die hinreichend sichere Erwartung, dass es auch nach Eliminierung der in

---

619 Vgl dazu unten Rdn 524 ff.
620 Zu Einzelheiten vgl unten Rdn 533 ff.
621 Rdn 530 f.

der Vergangenheit erfolgten Herrichtung zu patentgemäßen Verschreibungen und Verwendungen kommen wird, können darüber hinaus weitere, dem entgegenwirkende, Auflagen (wie explizite, aufmerksam machende Hinweise auf die vorgenommenen Änderungen) angebracht sein, wie sie nachfolgend besprochen werden. Beide Maßnahmen setzen jedoch entsprechend substantiierten, nicht bloß spekulativen Vortrag des Verletzungsklägers voraus.

– Findet die patentgemäße Verwendung des Arzneimittels (wie beim **in/cross/off-label-use**) unabhängig von bzw gegen für den patentfreien Therapieeinsatz getroffene Herrichtungsmaßnahmen statt, können dem Präparatvertreiber Handlungen aufgegeben werden, die einer Verwendung im Sinne der patentgeschützten Indikation entgegenwirken. 523

Wer der richtige **Adressat** ist, hängt maßgeblich davon ab, ob es sich bei dem Verletzungsprodukt um ein verschreibungspflichtiges oder ein in Apotheken frei verkäufliches Medikament handelt. Im erstgenannten Fall beruht die schutzrechtsverletzende Verwendung ganz maßgeblich auf der ärztlichen Verordnung, weil die im Kausalverlauf nachgeordnete Apotheke bei einer bestimmten, zur Patentverletzung führenden ärztlichen Verordnung selbst keine Entscheidungsbefugnis über die Abgabe des Präparates mehr hat. Die Gegenmaßnahmen müssen deshalb – jedenfalls initial – beim Arzt ansetzen. Ganz anders verhält es sich bei nicht verschreibungspflichtigen Produkten; hier mag – von Fall zu Fall – der Arzt eine Rolle spielen, daneben (oder ggf ausschließlich) aber auch die Apotheken, die den Kunden beim Erwerb eines bestimmten Präparates fachlich beraten. 524

Die inhaltlich zu Gebote stehenden Möglichkeiten für Gegenmaßnahmen sind insoweit begrenzt, als das Generikaunternehmen dem Arzt weder selbst noch über seinen Großhändler Anweisungen für seine künftige Verschreibungspraxis erteilen kann. Andererseits bestehen zB über die im Außendienst tätigen Pharmareferenten und zunehmend durch digitale Beratungstools, welche die Pharmaunternehmen unterhalten, jedoch faktische Zugriffsmöglichkeiten, die weiteren Patentverletzungen entgegenwirkende Informationen an die verordnenden Ärzte erlauben. In Betracht kommen (über die bloße Nichterwähnung der patentgemäßen Indikation hinausgehende) aktiv abwehrende Maßnahmen wie ein **Hinweis** darauf, dass das Präparat nicht zu der im Patent vorgesehenen Therapie eingesetzt werden darf (»nicht anwenden bei ...«), wobei der Hinweis in einer Weise (zB schriftlich) zu geben ist, dass er von den Adressaten ernstgenommen und beachtet wird. Sinngemäß das gleiche gilt im nicht verschreibungspflichtigen Sektor für die Information der Apotheker. 525

Als **Ort einer** solchen **Belehrung** bietet sich, wenn die patentgerechte Verordnung/Verwendung in einem im Vorhinein nicht überschaubaren Kreis stattfindet und deshalb flächendeckend zu sein hat, ganz vordringlich die **Fachinformation** (= Gebrauchsinformation für Fachkreise) an, die jedem Arzneimittel beigefügt sein muss und die die Basis für die ärztliche Verordnung sowie die darauthin erfolgende therapeutische Verwendung des Arzneimittels beim Patienten bildet.[622] Im Bereich nicht verschreibungspflichtiger Medikamente käme als Belehrungsort die Gebrauchsinformation (= Packungsbeilage) in Betracht. Das gerichtliche Verbot würde dahin lauten, das Generikum anzubieten und zu liefern, wenn nicht in die Fachinformation und/oder die Packungsbeilage ein »Gefahrenhinweis« auf die patentverletzende Indikation/Dosierung aufgenommen wird. 526

---

622 Da die Packungsbeilage der Fachinformation entsprechen muss (§ 11 Abs 1 AMG), ergibt sich zwangsläufig ein entsprechender Text der Beilage.

A. Schutzbereichsbestimmung

527 Räumt dies die Gefahr einer ärztlichen Verordnung für die patentgemäße Indikation nicht hinreichend zeitnah und/oder zuverlässig aus[623], kommt zusätzlich die Pflicht in Betracht, die Betreiber konkret benannter **Datenbanken** aufzufordern, die besagte Änderung der Anwendungsgebiete/Dosierung in ihrem einsehbaren Datenbestand nachzuvollziehen. Das genaue Prozedere hat wiederum für das Erkenntnisverfahren keine Bedeutung, weil es in der ausschließlichen Verantwortung des Verletzers liegt; vielmehr interessiert – wie dargelegt – allein, dass kein Fall der Unmöglichkeit vorliegt, der den Beklagten im Verletzungsprozess entlasten könnte.

528 Ob es darüber hinaus aus *patentrechtlichen* Erwägungen der »Gefahrenabwehr« noch einer *zusätzlichen* **Einzelbelehrung der Ärzte** mit der einschlägigen Fachrichtung/ **Apotheker** (zB durch die Pharmareferenten) bedarf, ist eine Frage des Einzelfalles und bedarf besonderer Rechtfertigung.[624] Sie kann sich im Bereich rezeptpflichtiger Arzneimittel aus **Rabattverträgen** ergeben, die die Apotheke im Falle einer bloßen Wirkstoffverordnung oder eines fehlenden Ausschlusses der Ersetzung des verordneten Originalpräparates durch ein preisgünstigeres Generikum[625] berechtigen oder sogar verpflichten, an den Patienten das Generikum selbst außerhalb seines eigenen zugelassenen Anwendungsbereichs abzugeben.

529 Findet die patentgemäße **Verschreibung** allerdings **nur singulär** durch zB einige wenige vom Schutzrechtsinhaber identifizierte Ärzte statt, ohne dass sich belastbar feststellen lässt, dass deren Verschreibungsverhalten repräsentativ für eine größere Ärztegruppe ist, so schießt ein Eingriff in die Fachinformation und Packungsbeilage über das zum Patentschutz (jedenfalls zu diesem Zeitpunkt) Erforderliche hinaus. Die angemessene Reaktion besteht vielmehr in einem belehrenden Einzelhinweis nur gegenüber denjenigen Ärzten, die die patentgemäße Verschreibung praktizieren.

530 In diesem – und nur in diesem – Sinne ist ein Blick auf das Zulassungsrecht zu werfen:

531 Relevant im vorliegendem Zusammenhang sind zwei **Grundsätze des Zulassungsrechts**, nämlich *einerseits* der 10-jährige Unterlagenschutz (der es einem Generikaunternehmen erst nach Ablauf von 10 Jahren gestattet, ohne eigene vorklinische und klinische Versuche und statt dessen gestützt auf die betreffenden Unterlagen des Originators, eine arzneimittelrechtliche Genehmigung zu erwirken) und *andererseits* die Einheitlichkeit von Referenzarzneimittel und Generikum (nicht nur bzgl der Arzneimittelzusammensetzung, sondern ebenso bzgl der Anwendungsgebiete und Dosierung).[626]

532 Ist eine zweite oder weitere Indikation patentgeschützt, so kann sich die Situation ergeben, dass *eine* der infrage kommenden Indikationen des Referenzarzneimittels zwar (wie dieses) medizinisch wirksam ist, aber patentverletzend wäre und deshalb für das Generikaunternehmen aus Rechtsgründen nicht zum Vertrieb zugelassen sein darf. Um in einer derartigen Situation den Marktzutritt des Generikums nicht insgesamt bis nach dem Ablauf des Patentschutzes aufschieben zu müssen (womit der mit Generika verbundene finanzielle Entlastungseffekt und der weitere Vorteil einer Vermeidung überflüssiger Versuche an Tieren und Menschen[627] verloren ginge), aber gleichwohl den berechtigten Belangen des Patentinhabers zum Schutz seiner Erfindung Rechnung zu tragen, sieht das Zulassungsrecht die Möglichkeit eines sog **carve-out** vor. Damit ist gemeint, dass die Arzneimittelgenehmigung für das Generikum –

---

623 Vgl oben zu Rdn 522.
624 Vgl unten zu Rdn 538 ff.
625 Vgl dazu oben Rdn 509.
626 EuGH, GRUR 2019, 428 – Staat der Niederlanden/Warner-Lambert Company.
627 ... der sich aus der Möglichkeit einer Bezugnahme des Generikaunternehmens auf die vorklinischen und klinischen Versuche des Originators ergibt.

von Beginn an oder im Wege der nachträglichen Genehmigungsbeschränkung – um diejenige Anwendung und/oder diejenige Dosierung gekürzt wird, die – und so lange sie – unter Patentschutz steht. Sowohl § 11a Abs 1e AMG[628] als auch Art 11 RL 2001/83/EG idF der RL 2004/27/EG[629] und Art 3 Abs 3b VO 726/2004[630] sehen in diesem Sinne vor, dass solche Angaben in der Fachinformation[631] zu Anwendungsgebieten (= Indikationen) und Dosierungen *entfallen* können bzw *nicht enthalten* sein müssen, die zu demjenigen Zeitpunkt, zu dem das Generikum in Verkehr gebracht werden soll, unter Patentschutz stehen. Eine geänderte Packungsbeilage darf erst verwendet werden, wenn die Änderung von der zuständigen Genehmigungsbehörde gebilligt worden ist.[632]

- Mit dem Begriff »entfallen« ist nach Sinn und Zweck nicht nur die Konstellation angesprochen, dass die Fachinformation für das Generikum (im Sinne einer sinnfälligen Herrichtung) die patentgeschützte Indikation/Dosierung konkret positiv erwähnt und deshalb gestrichen werden soll, um einem patentverletzenden Gebrauch zu begegnen, sondern ebenso der Fall einer herrichtungsfreien Verwendungspraxis erfasst, dem durch eine sprachlich geänderte Fachinformation entgegengewirkt werden muss. Die zuletzt genannte Konstellation ist ohne jeden Zweifel beim **in-label-use** gegeben, der sich gerade dadurch auszeichnet, dass die bisherige Fachinformation (zB wegen eines weit gefassten Wortlauts) die patentgeschützte Verwendung als Teilmenge mit umfasst. »Entfallen« ist dementsprechend nicht rein mechanisch (im Sinne eines Streichens vorhandener Textstellen in der Fachinformation), sondern sachlich-inhaltlich zu verstehen und umfasst zwanglos auch eine durch sprachliche Umformulierungen herbeigeführte Herausnahme des praktizierten Indikations- oder Dosierungsbereichs, der infolgedessen nicht weiter durch die Fachinformation abgedeckt ist. 533

- Problematischer stellt sich die Situation beim **cross-label-use** und **off-label-use** dar, bei denen die patentgeschützte Indikation überhaupt nicht vom Text der Fachinformation erfasst wird und deswegen streng genommen auch nicht aus ihr »entfallen« kann. Die Frage ist jedoch, ob bei dieser weitgehend formalen Erkenntnis stehen geblieben werden darf. Sowohl das geistige Eigentum (Art 17 Abs 2) als auch seine gerichtliche Durchsetzung (Art 47) genießen den besonderen Schutz der EU-Charta und des Grundgesetzes (Artt 14 Abs 1, 103 Abs 1 GG), wobei die Ansprüche wegen widerrechtlicher Patentbenutzung wesentliche Mittel 534

---

628 Regelung zum nationalen Genehmigungsverfahren: »*Für Zulassungen von Arzneimitteln nach § 24b können Angaben nach Absatz 1 entfallen, die sich auf Anwendungsgebiete, Dosierungen oder andere Gegenstände eines Patents beziehen, die zum Zeitpunkt des Inverkehrbringens noch unter das Patentrecht fallen.*«
629 Europäischer Rechtsrahmen für Genehmigungen durch die nationalen Behörden: »*Für Genehmigungen nach Artikel 10 müssen die Teile der Zusammenfassung der Merkmale des Referenzarzneimittels, die sich auf die Indikationen oder Dosierungen beziehen und die zum Zeitpunkt des Inverkehrbringens eines Generikums noch unter das Patentrecht fielen, nicht enthalten sein.*«
630 Zentralisiertes Genehmigungsverfahren der Kommission auf europäischer Ebene: »*Ein Generikum eines von der Gemeinschaft genehmigten Referenzarzneimittels kann von den zuständigen Behörden der Mitgliedstaaten unter folgenden Bedingungen gemäß der Richtlinie 2001/83/EG und der Richtlinie 2001/82/EG genehmigt werden:…die Zusammenfassung der Produktmerkmale entspricht in allen ein-schlägigen Punkten der des von der Gemeinschaft genehmigten Arzneimittels, außer bei jenen Teilen der Zusammenfassung der Produktmerkmale, die sich auf Indikationen oder Dosierungen beziehen, die zum Zeitpunkt des Inverkehrbringens des Generikums noch unter das Patentrecht fielen, …..*«
631 … die integraler Bestandteil der Arzneimittelgenehmigung ist und die Merkmale (einschließlich Indikationen und Dosierungen) der zum Vertrieb zugelassenen Version des Arzneimittels vorgibt.
632 EuGH, GRUR 2019, 428 – Staat der Niederlanden/Warner-Lambert Company.

darstellen, um das Grundrecht des geistigen Eigentums zur Geltung zu bringen.[633] Ganz besonders gilt dies für den gesetzlichen Unterlassungsanspruch. Wird eine Patentverletzung festgestellt, so kann deshalb der geschehene und künftig weiter drohende Eingriff in die Eigentumsposition des Berechtigten nicht allein deswegen sanktionslos bleiben, weil das Arzneimittelrecht keine geeignete regulatorische Handhabe bereitstellt. Das Patentrecht kann und darf nicht vor dem Zulassungsrecht kapitulieren. Es gilt vielmehr der Grundsatz der Einheit der Rechtsordnung, weswegen das Arzneimittelzulassungsrecht einschließlich seiner Auslegung und Anwendung einer zum verfassungsrechtlich verankerten Patentschutz gebotenen Verhaltenspflicht des Generikaunternehmens angemessen Rechnung zu tragen hat. Durch eine sachgerechte Interpretation der oben[634] zitierten Öffnungsklauseln ist solches auch ohne weiteres möglich: Wenn zum Zwecke des Patentschutzes *Angaben* in der Fachinformation *entfallen können* bzw *nicht in ihr enthalten sein müssen*, so umschreibt dies keinen formalen, rein verfahrensmäßigen Akt[635], sondern definiert nach Art einer Zielvorgabe denjenigen sachlichen Inhalt und Umfang des Anwendungsgebietes, der sich in Fällen eines Patentschutzes aus der Fachinformation für das Generikum zu ergeben hat. Wichtig ist hierbei die Erkenntnis, dass die Fachinformation in ihrer Eigenschaft angesprochen ist, eine Grundlage und Erkenntnisquelle für die ärztliche Verordnung bereitzustellen. *Entfallen* und *nicht enthalten sein* meint vor diesem Hintergrund, dass die patentgeschützte Indikation außerhalb der Fachinformation als derjenigen Informationsquelle bleibt, an der sich die ärztliche Verordnung orientiert. Was dafür erforderlich ist, beurteilt sich nach Lage des Falles. Verhält sich die Fachinformation positiv zu der patentgeschützten Indikation und ist die betreffende Angabe der Schlüssel dafür, dass das Generikum patentgerecht verordnet (und verwendet) wird, so ist die Fachinformation dadurch auf den patentrechtlich erlaubten Anwendungsbereich zurückzuführen, dass die unter Patentschutz stehende Indikation aus dem Informationstext durch Streichen oder Umformulieren eliminiert wird (wodurch sie aus ihr *entfällt* und *nicht* mehr in ihr *enthalten* ist). Schweigt die Fachinformation zu der patentverletzenden Anwendung und bedarf es für eine patentgemäße Verschreibung auch keines dahingehenden Hinweises, weil die dem Patent entsprechende Verordnung des Generikums sich als Folge einer tatsächlichen Verschreibungsübung einstellt, die sich (zB aufgrund des Originalproduktes) eingebürgert hat, so bleibt die patentgerechte Anwendung dadurch außerhalb der durch die Fachinformation gegebenen Anleitung für die ärztliche Verordnung, dass in sie ein gegenläufiges Gebrauchsverbot aufgenommen wird, das den Arzt von der bei einer schweigenden Fachinformation ansonsten drohenden patentgemäßen Verordnung abhält (womit die verbotene Anwendung aus der Verschreibungsanleitung für den Arzt *entfällt* und *nicht* mehr in ihr *enthalten* ist).[636]

535 Das aufgezeigte Verständnis begegnet auch vor dem Hintergrund derjenigen Ziele keinen Bedenken, die mit der gesetzlichen Regulierung des Arzneimittelzulassungsrechts verbunden sind. Weder die **Anwendungssicherheit** verwendungsfertiger Arzneimittel noch die Volksgesundheit nehmen einen Schaden dadurch, dass vor dem

---

633 Vgl Schlussanträge des Generalanwalts Wathelet vom 20.11.2014 in der Rechtssache C-170/13.
634 Rdn 533 ff.
635 Ein solches Verständnis hätte völlig willkürliche Ergebnisse zur Folge, weil in Fällen der Herrichtung und des in-label-use gegen eine Patentverletzung vorgegangen werden könnte, während der Berechtigte in Fällen des cross-label-use und des off-label-use, die ihn nicht weniger beeinträchtigen, schutzlos bliebe. Das kann nicht sein.
636 Letztlich wird die richtige Auslegung des Zulassungsrechts im Rahmen eines Vorabentscheidungsersuchens dem EuGH zu überlassen sein.

Gebrauch eines patentverletzenden Generikums innerhalb eines bestimmten, patentgeschützten Anwendungsgebiets »gewarnt« wird, für das das Generikum objektiv betrachtet brauchbar und nützlich ist. In aller Regel stehen nämlich äquivalente Präparate des Originators zur Verfügung, auf die ausgewichen werden kann; überdies ist es dem Arzt im Einzelfall unbenommen, sich im Rahmen seiner Therapiefreiheit über den in der Fachinformation ausgewiesenen Anwendungsbereich hinwegzusetzen.

Nähere Vorgaben über das Verfahren, das für die **Änderung einer Genehmigung**[637] (Bsp: Herausnahme bestimmter, patentverletzender Indikationen/Dosierungen aus der Fachinformation) einzuhalten ist, macht die VO 1234/2008, zu deren Anwendung die Kommission Leitlinien[638] verfasst hat. Die VO selbst kennt ein vereinfachtes *Mitteilungsverfahren* (Art 9), das für geringfügige Änderungen vorgesehen ist und das dem Generikaunternehmen insofern einen raschen Erfolg beschert, als seine Änderungsmitteilung als akzeptiert gilt, wenn innerhalb von 30 Tagen kein anderslautender Bescheid ergeht, sowie ein aufwändigeres *Vorabgenehmigungsverfahren* (Art 10), das bei allen größeren Änderungen einschlägig ist. Welche Korrektur welchem Änderungstyp zuzuordnen – und damit welchem Änderungsprozedere zu unterwerfen – ist, listen die Kommissionsleitlinien im Einzelnen auf. In ihrem Anhang C.I.6.b) ist beispielsweise die Streichung einer Indikation (die aus patentrechtlichen Gründen angebracht sein kann) der Gruppe der geringfügigen Änderungen des Typs IB zugewiesen, womit für sie das Mitteilungsverfahren anwendbar ist.[639]

536

Sofern keine besonderen Umstände vorliegen, ist es im Allgemeinen nicht gerechtfertigt, dem Generikaunternehmen eine **Aufbrauchsfrist** bis zum Vorliegen der geänderten Fachinformation einzuräumen. Gerade wegen der Einheitlichkeit von Referenzarzneimittel und Generikum liegt die Patentbenutzung regelmäßig offen zutage und kann mit Blick auf die Benutzungslage schlechterdings nicht zweifelhaft sein. Selbst wenn – was praktisch als einziges Nichtverletzungsargument infrage kommt – der Rechtsbestand des Verwendungspatents angegriffen ist, stellt auch dies regelmäßig keinen rechtfertigenden Grund für das Generikaunternehmen dar, sich über die mit dem fortbestehenden Erteilungsakt nun einmal verbundenen Verbietungsrechte hinwegzusetzen. Angesichts dessen, dass alle Rechtsmittel gegen die Patenterteilung als Popularrechtsbehelfe ausgestaltet sind, kann das Arzneimittelpatent (wenn es ihm denn tatsächlich an der Rechtsbeständigkeit fehlen sollte) durch einen rechtzeitigen Angriff vernichtet werden, *bevor* der Vertrieb des Generikums aufgenommen wird. Von daher ist es zwar keine Pflicht im Zulassungsverfahren, aber eine rechtliche Obliegenheit, die das Generikaunternehmen zur Vermeidung einer Schutzrechtsverletzung im eigenen Interesse zu beachten hat, die patentverletzende Indikation/Dosierung im Arzneimittelzulassungsverfahren von vornherein auszunehmen, wenn und so lange ein Patentschutz noch besteht, dh das Verwendungspatent nicht rechtskräftig vernichtet ist. Etwas anderes mag in Fällen klarer Schutzunfähigkeit (zB wegen neuheitsschädlicher Vorwegnahme) gelten, wo der widerrufende/ für nichtig erklärende Akt praktisch eine bloße Formsache ist. Hier besteht objektiv kein Anlass für einen beschränkten Zulassungsantrag, der deshalb auch nicht verlangt werden kann, aber auch keine Gefahr eines gerichtlichen Verbotes. Letztlich hat aber das Generikaunternehmen das Risiko zu tragen, ob in seinem Einzelfall ein derartiger Sachverhalt vom Gericht angenommen wird oder nicht, was auch interessengerecht erscheint. Dasselbe gilt in Fällen herrichtungsfreier Haftung von dem Zeitpunkt an, zu dem die tatsächliche patentgerechte Verwendung abzusehen wird. Ein Generikaunternehmen, das in den besagten Situationen untätig bleibt, kommt seinen Obliegenheiten nicht in hinreichen-

537

---

637 ... sei sie national oder durch die Kommission erteilt.
638 ABl 2013, C 223, S 1 ff.
639 EuGH, GRUR 2019, 428 – Staat der Niederlanden/Warner-Lambert Company.

A. Schutzbereichsbestimmung

dem Maße nach und darf aus einer Versäumung seiner »Pflichten« im Verfahren auf Zulassung des Generikums keine rechtlichen Vorteile (= Aufbrauchsfrist für patentverletzenden Indikationen/Dosierungen) ziehen.

538 Im Falle einer **therapierelevant geänderten Fachinformation** sieht § 11a Abs 2 AMG eine Pflicht des pharmazeutischen Unternehmers vor, den Fachkreisen die geänderten Indikationen/Dosierungen in geeigneter Form zugänglich zu machen, wobei die Zulassungsbehörde *erforderlichenfalls* Vorgaben zu Inhalt und Adressatenkreis machen *kann*. Neben dieser (anderweitig durchzusetzenden) ordnungsbehördlichen Auflage kann eine prinzipiell gleichgerichtete **Hinweispflicht** auch patentrechtlich anzunehmen sein (vgl oben Rdn 524), wobei aus Gründen der Verhältnismäßigkeit eine Unterrichtung der betreffenden Verbände und Interessengemeinschaften als Multiplikatoren anstelle einer Einzelinformation sämtlicher involvierten Kliniken und niedergelassenen Ärzte nur dann ausreichend sein kann, wenn der Organisationgrad der Ärzte, die es zu erreichen gilt, hinreichend hoch ist und die ins Auge gefassten Verbände freiwillig zur Informationsvermittlung bereits sind. Beides darzulegen ist, wenn der Patentinhaber eine Direktinformation aller Adressaten begehrt, Sache des Verletzers, der sich durch eine dahingehende Anordnung übermäßig belastet sieht.

539 Damit der **Hinweis** nicht noch die patentverletzende Verschreibungspraxis befördert, ist er gänzlich **neutral** zu halten; er darf insbesondere keinen Hinweis darauf enthalten, dass die Limitierung der Anwendungsgebiete/Dosierung rein patentrechtlich und nicht medizinisch motiviert ist.

540 Ihre **rechtliche Grundlage** findet die Informationspflicht dann, wenn die patentverletzende Verwendung auf einer sinnfälligen Herrichtungsmaßnahme des Generikaunternehmers beruht, problemlos in einem Beseitigungsanspruch analog § 1004 BGB, der zum Tragen kommt, wenn eine Störungsquelle – wie hier die durch die gegebene Gebrauchsinformation initiierte und in der Folge durch die angesprochenen Adressaten eingeübte Verschreibungspraxis – fortwirkt und durch das bloße Unterlassen eines dahingehenden Gebrauchshinweises nicht hinreichend (vor allem nicht zeitnah) ausgeräumt werden kann. Handelt es sich um einen Haftungsfall (zB in/cross/off-label) ohne sinnfällige Herrichtung, so existiert forensisch derselbe Störungszustand und Handlungsbedarf, weil angesichts der tatsächlichen Verschreibungspraxis nicht zu erwarten ist, dass die der patentgeschützten Verwendung entsprechende Verordnungsgewohnheit zeitnah allein deshalb ihr Ende finden wird, weil fortan – von vielen Ärzten erfahrungsgemäß für eine gewisse Zeit unbemerkt – eine gegenläufige Fachinformation eingesetzt wird. Zur effektiven Rechtsdurchsetzung bedarf es vielmehr auch hier oftmals eines gesonderten Hinweises, der die Ärzte auf die Tatsache einer abweichenden Gebrauchsinformation überhaupt aufmerksam macht. Rechtlich herleiten lässt sich die Informationspflicht daraus, dass sich der Generikaunternehmer die zur Patentverletzung führende Verschreibungspraxis zunutze macht (vgl oben Rdn 507) und damit so zu behandeln ist, als hätte er die Störungsquelle (= rechtsverletzende Verordnungspraxis) selbst herbeigeführt, was es wiederum zum Teil seiner Unterlassungspflicht macht, die fortwirkende Störungsursache (mithilfe eines Änderungshinweises) zu beseitigen.

541 Der zu informierende **Adressatenkreis** bestimmt sich anhand desjenigen Verhaltens, das den zu unterbindenden Patenteingriff maßgeblich herbeigeführt hat. Beruht er auf einer bestimmten ärztlichen Verordnung des rezeptpflichtigen Arzneimittels (zB zur patentgeschützten Zweit- oder Drittlinienbehandlung einer bestimmten Krankheit), so kann eine Informationspflicht weder in Bezug auf Apotheker (anderes kann im Falle von Rabattverträgen gelten) noch in Bezug auf Krankenkassen bestehen, die an der zur Patentverletzung führenden ärztlichen Verordnung nicht beteiligt sind. Andererseits sind im nicht verschreibungspflichtigen Sektor die Apotheken wegen ihrer den Absatz fördernden Beratungsdienstleistung der entscheidende Kausalfaktor und deshalb auch der richtige Adressat.

Nach den oben unter Rdn 527 dargelegten Regeln kommt – bei entsprechendem Kläger- 542
vortrag – ergänzend eine Verpflichtung in Betracht, die Betreiber einschlägiger **Datenbanken** zu einer Bereinigung/Aktualisierung ihrer Inhalte nach Maßgabe der geänderten Fachinformation aufzufordern.

In der **Werbung** (einschließlich Internetauftritt) muss ein Hinweis auf den Ausschluss 543
der patentverletzenden Indikation/Dosierung nur dann aufgenommen werden, wenn eine Wahrscheinlichkeit dafür besteht, dass der Werbeinhalt – ungeachtet der den patentgerechten Gebrauch bereits ausschließenden Fachinformation und Packungsbeilage – zu einer Verordnung/Verwendung nach Maßgabe des Klagepatents führen kann. Das erscheint im Zusammenhang mit nicht verschreibungspflichtigen Medikamenten denkbar, bedarf in jedem Fall aber näherer Darlegung.

(3) Mittelbare Patentbenutzung

Aus den bisherigen Ausführungen erschließt sich sogleich, in welchen Fällen von einer 544
mittelbaren Benutzung des zweckgebundenen Stoffschutzpatents auszugehen sein kann. Denn was (noch) als unmittelbare Patentbenutzung anzusehen ist, kann keine bloß mittelbare Patentbenutzung sein, die sich definitionsgemäß gerade im Vorfeld der unmittelbaren Benutzung und diese vorbereitend abspielt.

Entsprechend der obigen Zweiteilung in Fälle unmittelbarer Patentverletzung *durch* 545
eigene sinnfällige Herrichtung der Sache und *ohne* diese, ergeben sich für die mittelbare Verletzung folgende mögliche Haftungstatbestände:

– Haupttat – Angebot/Vertrieb einer sinnfällig hergerichteten Sache: Anbieten/Liefern 546
einer neutralen Sache, die hergerichtet und anschließend weitervertrieben werden soll; Angebot/Vertrieb von Komponenten, aus denen der patentgeschützte Wirkstoff hergestellt und dieser anschließend patentgemäß eingesetzt werden soll[640].

– Haupttat – Angebot/Vertrieb einer nicht sinnfällig hergerichteten Sache: Anbieten/ 547
Liefern einer neutralen Wirkstoffkomponente, aus der das patentierte Erzeugnis gefertigt werden soll, wenn dessen indikationsgerechte therapeutische Verwendung zu erwarten ist.

Keine Haftung wegen mittelbarer Verletzung besteht beim Angebot/bei der Lieferung 548
einer neutralen Sache an einen Abnehmer, der einen patentfreien Einsatzzweck (zB erste medizinische Indikation) verfolgt.

(4) Spezial: Rabattverträge zur Kostendämpfung

Ganz spezielle Fragen stellen sich bei der Lieferung von Generika aufgrund eines 549
Rabattvertrages nach § 130a Abs 8 SGB V, der zum Zwecke der Kostendämpfung im Gesundheitswesen zwischen den Krankenkassen und den Arzneimittelherstellern geschlossen ist und den Apotheker verpflichtet, unter bestimmten Voraussetzungen statt des Originalpräparates das rabattierte Generikum abzugeben.[641]

▶ Beispiel: (LG Hamburg, BeckRS 2015, 08240)

I.

Der dem Klagepatent zugrunde liegende Wirkstoff X ist für die Behandlung von Epilepsie 550
und Angstzuständen gebräuchlich. Das Klagepatent – ein Verwendungspatent – schützt

---

640 BGH, GRUR 2016, 921 – Pemetrexed.
641 Schumacher/Wehler, FS 80 Jahre Patentgerichtsbarkeit Düsseldorf, 2016, S 513; von Falck/Gundt, FS 80 Jahre Patentgerichtsbarkeit Düsseldorf, 2016, S 113.

seinen Gebrauch (zweite medizinische Indikation) zur Therapie von neuropathischen Schmerzen.

Die Beklagte vertreibt ein Arzneimittel mit dem besagten Wirkstoff, allerdings beschränkt auf die – auch allein von ihrer behördlichen Vertriebserlaubnis gedeckten – Indikationen Epilepsie und Angststörungen. Sie ist, ohne hierauf hinzuweisen, einem Rabattvertrag (§ 130a Abs 8 SGB V) zu dem Wirkstoff X beigetreten, der keine Indikationsbeschränkung auf Epilepsie und Angstzuständen enthält. Derartige Rabattverträge werden zur Kostendämpfung zwischen den Krankenkassen und den Arzneimittelherstellern abgeschlossen. Sie verpflichten den Apotheker dann, wenn der Arzt ein Arzneimittel nur unter seiner Wirkstoffbezeichnung verordnet oder die Ersetzung des Arzneimittels durch ein wirkstoffgleiches Präparat nicht ausgeschlossen hat, das rabattierte (= preisgünstigste) Arzneimittel (bei dem es sich typischerweise um ein Generikum handelt) abzugeben (§ 129 Abs 1 SGB V). Das gilt auch für eine nicht zugelassene Indikation (hier: Behandlung neuropathischer Schmerzen), weil die Übereinstimmung zum verordneten Präparat in *einer* der Zulassungsindikationen (hier: Epilepsie, Angststörungen) ausreicht. Da für den Apotheker der Grund der ärztlichen Verordnung und damit die bei dem betreffenden Patienten in Rede stehende Indikation nicht ersichtlich ist, kommt es zwangsläufig dazu, dass das rabattierte Generikum der Beklagten anstelle des Originalpräparates des Patentinhabers in Fällen der Wirkstoffverordnung und der »aut idem«-Verordnung auch an solche Patienten abgegeben wird, die unter neuropathischen Schmerzen leiden.

II.

Das LG Hamburg sieht in dem Beitritt der Beklagten zum Rabattvertrag für den Wirkstoff X eine mittelbare Verletzung des auf die Verwendung des Wirkstoffs zur Behandlung neuropathischer Schmerzen gerichteten Klagepatents. Für die sinnfällige Herrichtung des Wirkstoffs genüge die bloße Existenz des Arzneimittels, welches ohne weitere Maßnahmen für die geschützte Indikation gebrauchsfähig sei. Der Beitritt zur Rabattvereinbarung stelle das Angebot eines wesentlichen Erfindungsmittels dar, nämlich desjenigen Erzeugnisses, mit dem sich die patentierte Verwendung durchführen lasse. Letzteres begründe zugleich die objektive Eignung zur unmittelbaren Patentbenutzung durch den – auch subjektiv vorhersehbaren – Gebrauch des Präparates zur Schmerztherapie.

551 **Kritik:** Dem Ergebnis ist zuzustimmen, der Begründung nicht.

552 1. Würde es zutreffen, dass die Herstellung des Präparates, weil sich dieses ohne weitere Maßnahmen auch für die geschützte Verwendung (Behandlung neuropathischer Schmerzen) eignet, bereits zu einer sinnfälligen Herrichtung für den patentierten Gebrauch führt, so läge als Folge der mit der Rabattabrede verbundenen Lieferzusage für eben solche Erzeugnisse eine *unmittelbare* Patentverletzung (Angebot sinnfällig hergerichteter Gegenstände) vor. Tatsächlich führt die bloße Existenz einer Sache, die sich aufgrund ihrer Konstitution gleichermaßen für ganz verschiedene Indikationen eignet und verwenden lässt, aber noch keine sinnfällige Herrichtung herbei.[642]

553 2. Das patentrechtlich relevante Geschehen besteht darin, dass die Beklagte ein nicht sinnfällig hergerichtetes Arzneimittel dadurch der patentgeschützten Verwendung (Schmerzbehandlung) durch den Patienten zuführt, dass sie durch ihre Teilnahme am Rabattvertrag – in Fällen der Wirkstoffverordnung oder der »aut idem«-Verordnung – eine Apothekenabgabe ihres rabattierten Präparates anstelle des hochpreisigen Originalarzneimittels bewirkt oder ermöglicht und damit in Bezug auf solche Patien-

---

642 Vgl oben Kap A Rdn 488.

ten, die zufällig unter neuropathischen Schmerzen leiden, entschieden ist, dass es in ihrer Person zu der patentgemäßen Verwendung kommt.

Zutreffend bewertet, erfüllt dieser Sachverhalt die Voraussetzungen einer unmittelbaren Patentverletzung, wobei zwei Begründungslinien denkbar sind. 554

Zunächst ließe sich argumentieren, dass das Generikaunternehmen ein sinnfällig auf die geschützte Verwendung hergerichtetes Arzneimittels in mittelbarer Täterschaft anbietet. Den ersten Teilakt (Bereitstellen des Wirkstoffpräparates) erledigt die Beklagte selbst; die sich aufgrund der Rabattabsprache vollziehende Abgabe an einen Schmerzpatienten durch den Apotheker, der dadurch – ähnlich einer Gebrauchsanleitung – die sinnfällige Herrichtung des Präparates für die geschützte Verwendung übernimmt, lässt sie aufgrund überlegenen Wissens in mittelbarer Täterschaft ausführen. 555

Anknüpfend an den Charakter des Verwendungspatents als zweckgebundenes Sachpatent kommt alternativ in Betracht, dass das unter Geltung des Rabattvertrages stattfindende Arzneimittelangebot der Beklagten die Voraussetzungen einer unmittelbaren Patentverletzung schon deshalb erfüllt, weil nach den gegebenen äußeren Umständen (sic: der gesetzlichen Abgabepflicht des Apothekers bei einer bloßen Wirkstoff- oder aut-idem-Verordnung), die sich die Beklagte zunutze macht, hinreichend sicher feststeht, dass es zumindest in einzelnen Fällen zu einem patentgemäßen Einsatz des Generikums zur Schmerztherapie kommt. 556

cc) Verbotsumfang

Gestützt auf ein Verwendungspatent kann **dagegen vorgegangen werden**, dass ein Dritter 557

– die Sache im Inland gewerblich sinnfällig zu der geschützten Verwendung herrichtet, 558
– einen derart – im In- oder Ausland – hergerichteten Gegenstand im Inland anbietet, in Verkehr bringt, gebraucht oder zu den genannten Zwecken einführt oder besitzt[643], im Klageantrag/Tenor ist die sinnfällig hergerichtete Sache zu bezeichnen, was – wenn die Herrichtung erst hierdurch geschieht – die Erwähnung einer Gebrauchsanleitung oder dergleichen verlangt; 559
– die patentgeschützte Verwendung im Inland unternimmt. 560

Nicht vom Verwendungsschutz **umfasst** ist demgegenüber 561

– die bloße Herstellung des Gegenstandes ohne dessen sinnfällige Herrichtung[644] sowie 562

---

643 Speziell zu arzneimittelrechtlichen Verwendungspatenten und deren Verletzung vgl Bopp, FS Reimann, 2009, S 13.
644 Ungeachtet der BGH-Rechtsprechung (BGHZ 88, 209, 217 – Hydropyridin) ist nicht einzusehen, wieso ein vorverlagerter Schutz bereits für das sinnfällige Herrichten als solches anzuerkennen sein sollte. Da das Anbieten/Inverkehrbringen für die patentgemäße Verwendung hergerichteter Produkte im Vorfeld der eigentlichen Verwendung liegt, die streng genommen allein unter Patentschutz steht, gibt es für eine noch weitere Erstreckung des Patentschutzes auf die Herstellungsebene keinen triftigen Grund. Gerade weil die Haftung an die sinnfällige Herrichtung der Sache anknüpft, gewährleistet sie, dass der Verwender von der sinnfälligen Herrichtung Kenntnis nimmt und sie bei der Benutzung der hergerichteten Sache beachtet, was den Herrichtenden zum Täter hinter dem Verwender macht. Die bloße Herstellung einer sinnfällig hergerichteten Sache besitzt ein solches Anleitungs- und Gefährdungspotenzial nicht. Es entsteht erst mit der Weggabe der sinnfällig hergerichteten Sache in den Geschäftsverkehr und damit an den potenziellen Verwender, für den die Herrichtung einen Anreiz für die patentgerechte Verwendung setzt.

563 – die sinnfällige Herrichtung für eine nach den gesamten objektiven Umständen im Ausland geplante Verwendung.[645]

564 – Das ist eindeutig, wenn im Ausland kein Verwendungspatentschutz besteht, gilt aber genauso, wenn ein paralleles Patent existiert. Die inländische sinnfällige Herrichtung für eine anschließende patentgeschützte Verwendung im Ausland stellt aus folgenden Erwägungen heraus keine inländische Schutzrechtsverletzung dar. Die Rechtsprechung zur sinnfälligen Herrichtung schafft für Verwendungspatente einen Vorfeldschutz, der aus zwei Gründen für sachgerecht gehalten wird. Zum einen, weil die Verwendung oft im bloß privaten Bereich und damit vollständig außerhalb des Patentrechts stattfindet; zum anderen, weil selbst da, wo gewerbliches Handeln vorliegt, ein erst verhältnismäßig später Eingriff des Patentinhabers – eben gegen die schlussendliche Verwendung – möglich ist. Um die Position des Patentinhabers zu verbessern, soll er schon vor der patentierten Verwendung seine Monopolrechte ausüben können, nämlich gegen solche Handlungen, die der Verwendung zwar vorgelagert, die aber dergestalt sind, dass sie eine patentgeschützte Verwendung »auf den Weg bringen« und »initiieren«, indem sie die zu verwendende Sache für eben den patentgeschützten Gebrauch sinnfällig herrichten (»Täter hinter dem Verwender«). Mit Rücksicht auf den inneren Zusammenhang zwischen Herrichtung einerseits und Verwendung andererseits kann die sinnfällige Herrichtung einer Sache nur dort schutzrechtsrelevant sein, wo ihr eine das Schutzrecht verletzende Verwendung nachfolgt bzw nach dem gewöhnlichen Lauf der Dinge zumindest nachfolgen kann. Wegen der Territorialität der Schutzrechte ist es nicht erlaubt, über die Schutzrechte hinweg zu argumentieren und ausreichen zu lassen, dass die sinnfällige Herrichtung letztlich auch zu einer patentgeschützten Verwendung führt, bloß zu der eines anderen, nämlich inhaltsgleichen ausländischen Schutzrechts.

565 – Das gilt auch für Verwendungsansprüche im **Arzneimittelbereich**, die nach der BGH-Rechtsprechung – unabhängig von ihrer Anspruchsformulierung – einheitlich als zweckgebundene Stoffansprüche verstanden werden. Zwar gilt für sie wegen der genannten Charakterisierung im Ausgangspunkt § 9 Nr 1 PatG, der auch ein Herstellungsverbot beinhaltet, und sind die einzelnen Benutzungsarten rechtlich selbständig und unabhängig voneinander zu betrachten. Auch für die Alternative des Herstellens muss aber die patentbegründende Zweckbindung gegeben sein, weil der eben nur zweckgerichtet gewährte Stoffschutz ansonsten wie ein absoluter Sachschutz behandelt würde, der er nun einmal nicht ist. Diese Zweckbindung hat ganz eindeutig auch eine geographische Komponente, die im therapeutischen Einsatz des Wirkstoffs in Deutschland als dem Schutzstaat des zweckgebundenen Patents besteht. Wo er nicht gegeben ist, kann es deswegen auch keinen Herstellungsschutz geben. Denn dass die Produktion des Wirkstoffs oder Arzneimittels im Inland stattfindet (wo auch eine auf die geschützte Verwendung gerichtete Packungsbeilage beigefügt wird), erfüllt zwar den Herstellungstatbestand, aber nicht die geforderte Zweckbindung, die den Herstellungsakt begleiten muss.[646] Da die Sache aber nicht absolut, sondern eben nur im Zusammenhang mit einer bestimmten therapeutischen Verwendung geschützt ist (welche deswegen auch ausdrücklich Gegenstand des Patentanspruchs ist), ist auch für sie (die Zweckbindung) der Territorialitätsgrundsatz zu beachten. Die Herstellung des bloß zweckgebunden geschützten Arzneimittels, selbst wenn sie unter Beifügung einer auf den geschützten Zweck gerichteten Packungsbeilage geschieht, stellt deswegen ebenso wenig wie deren Export vom Inland ins Ausland eine Patentverletzung dar, wenn der therapeutische Einsatz des Arzneimittels ausschließlich im Ausland stattfinden soll.

---

645 AA: Benkard, PatG, § 9 Rn 50; Busse/Keukenschrijver, § 9 Rn 115.
646 AA: Benkard, PatG § 9 Rn 50.

Ist der Verwendungsanspruch **aus** einem ursprünglich erteilten **Sachanspruch hervorge- 566 gangen**, so darf der Patentschutz durch den Wechsel der Anspruchskategorie (zB beim sinnfälligen Herrichten oder bei der mittelbaren Verletzung) nicht auf Handlungsformen ausgedehnt werden, gegen die mit dem Sachanspruch nicht hätte vorgegangen werden können. Notfalls ist deshalb der Schutz im Verletzungsprozess entsprechend zurückzuführen.⁶⁴⁷

Wird im Anschluss an ein absolutes Wirkstoff-Grundpatent ein **ergänzendes Schutzzer- 567 tifikat** erteilt, ist dessen Schutz zwar reduziert, nämlich auf diejenige Erfindungsvariante beschränkt, die Gegenstand der arzneimittelrechtlichen Zulassung ist. Dieses Faktum macht den Zertifikatsschutz allerdings noch nicht zu einem bloß zweckgebundenen Stoffschutz mit den gerade erörterten Konsequenzen. Vielmehr bewirkt das Schutzzertifikat eine – freilich bloß ausschnittsweise – zeitliche Verlängerung des Grundpatentschutzes, was bedingt, dass die dem Grundpatent eigene Kategorie des absoluten Stoffschutzes auch beim ergänzenden Schutzzertifikat erhalten bleibt.

8. Mittelbare Patentverletzung⁶⁴⁸

Durch § 10 PatG wird die mittelbare Patentverletzung neben die Benutzungsarten des 568 § 9 PatG gestellt. Sie soll dem Schutzrechtsinhaber von zB Verfahrens-, Verwendungs- und Kombinationspatenten die Durchsetzung seiner Rechte durch die Möglichkeit erleichtern, bereits im Vorfeld einer drohenden unmittelbaren Verletzung aktiv werden, zB gegen einen Lieferanten vorgehen zu können, statt eine Vielzahl von nachgeschalteten Unternehmen als unmittelbare Verletzer angreifen zu müssen. Der Tatbestand der mittelbaren Patentverletzung ist bewusst nicht als Teilnahmedelikt angelegt, sondern als reiner Gefährdungstatbestand konzipiert, was zur Folge hat, dass die Haftung wegen mittelbarer Verletzung nicht voraussetzt, dass es bereits zu einer unmittelbaren Patentbenutzung gekommen ist, sondern vielmehr ausreicht, dass derartiges nach den gesamten Umständen objektiv möglich und subjektiv zu erwarten ist.

Die gesetzliche Differenzierung zwischen mittelbarer und unmittelbarer Patentverlet- 569 zung, die sich auch in den unterschiedlichen Haftungsfolgen⁶⁴⁹ beider Benutzungskategorien niederschlägt, darf nicht dadurch eingeebnet werden, dass die Lieferung eines Mittels iSv § 10 PatG dann, wenn es unter seiner Verwendung zu einer unmittelbaren Patentverletzung kommt, als **fahrlässige Nebentäterschaft** in Bezug auf die unmittelbare Verletzung beurteilt wird. Umgekehrt gilt, dass eine Benutzungshandlung, die sich unter die Kategorie der unmittelbaren Schutzrechtsverletzung fassen lässt, nicht mehr als mittelbare Verletzung sanktioniert werden kann. Selbst wenn – theoretisch betrachtet – eine Anspruchskonkurrenz in Betracht kommen sollte, gehen die mit einer (als Täter oder Teilnehmer) begangenen unmittelbaren Patentverletzung verbundenen Rechtsfolgen in jeder Hinsicht weiter als die mit einer mittelbaren Verletzung verknüpfte Haftung reicht, weswegen die zusätzliche Bejahung einer mittelbaren Verletzung von bloß akademischem Wert wäre.

a) Typische Anwendungsfälle

Klassische Beispiele für Tatbestände einer mittelbaren Patentverletzung sind die 570 Folgenden:

---

647 BGH, Mitt 2012, 119 – Notablaufvorrichtung.
648 Umfassend: Rauh, Die mittelbare Patentverletzung, 2009 (rechtsvergleichende Betrachtung Dt, USA, Japan); Nieder, GRUR 2006, 977; Giebe, FS Schilling, 2007, S 143; Scharen, GRUR 2008, 944; zur Rechtslage im Ausland: Langfinger, VPP-Rundbrief 2009, 104.
649 Der mittelbare Verletzer haftet zB nicht auf Entschädigung und Vernichtung.

571 – Angebot und Lieferung einer Vorrichtung, mit der ein patentgeschütztes Verfahren ausgeübt werden kann[650];

572 – Angebot und Lieferung eines Vorrichtungsteils, welches mit weiteren Vorrichtungsteilen zu der patentgeschützten Gesamtkombination zusammengefügt werden kann;

573 – Angebot und Lieferung einer Maschine, mit der ein patentgeschützter Gegenstand hergestellt werden kann.

574 Die beiden ersten Fallgruppen bedürfen vorab näherer Betrachtung im Hinblick darauf, ob nicht möglicherweise eine sogar **unmittelbare** Patentbenutzung vorliegt. Sie ist deshalb von Interesse, weil bestimmte Ansprüche (zB auf Vernichtung, Rückruf, Entschädigung) überhaupt nur in Fällen unmittelbarer Patentverletzung zum Zuge kommen und andere Ansprüche (zB auf Schadenersatz) bei Vorliegen einer nur mittelbaren Patentverletzung Restriktionen unterliegen. Darüber hinaus ist der Umfang der anspruchsbegründenden Handlungsalternativen deutlich unterschiedlich. Letzteres ist der Grund dafür, weshalb in dem Wechsel von der einen zur anderen Verletzungskategorie (dh im Übergang von der unmittelbaren zur mittelbaren Patentverletzung, und umgekehrt) eine **Klageänderung** zu sehen ist.[651]

575 – Wird die zur patentgemäßen Verfahrensführung geeignete Vorrichtung vom Anbietenden in Betrieb genommen, zB zur **Funktionsprüfung** vor der Auslieferung an den Kunden oder um sie während einer Messe vorzuführen oder nach der Lieferung zur **Schulung** des dortigen Personals, kommt zusätzlich zur mittelbaren auch eine unmittelbare Patentverletzung durch eigenhändiges Anwenden des Verfahrens in Betracht. Zu beachten ist insoweit lediglich, ob auch für die Verfahrensanwendung ein Gerichtsstand am Ort des angerufenen Gerichts gegeben ist. Das muss nicht so sein. Wird die Vorrichtung im Internet angeboten, ist bzgl. der mittelbaren Verletzung des Sachanspruchs ein bundesweiter Gerichtsstand eröffnet, während sich der Gerichtsstand der Verfahrensanwendung, die lediglich am Geschäftssitz der Herstellungsstätte zur Qualitätskontrolle stattfindet, auf den Ort der Fertigung und Inbetriebnahme beschränkt.

576 – In seiner Rechtsprechung zum PatG 1968 hat der BGH[652] bei einem **Kombinationspatent** eine unmittelbare – statt einer nur mittelbaren – Patentverletzung für möglich gehalten, wenn das angebotene oder gelieferte Teil bereits alle wesentlichen Merkmale des geschützten Erfindungsgedankens aufweist und es zu seiner Vollendung allenfalls noch der Hinzufügung selbstverständlicher, für den Erfindungsgedanken nebensächlicher Zutaten bedarf. Wesentlich ist, dass die besagte Rechtsprechung nur für solche fehlenden Zutaten anwendbar war, die für die im Patent unter Schutz gestellte technische Lehre (!) unbedeutend waren, weil sich in ihnen die eigentliche Erfindung nicht verkörpert hat.

577 Ob diese Sichtweise für das neue Recht beibehalten werden kann, ist noch weitgehend ungeklärt. Zu bedenken ist zunächst, dass das Patentgesetz 1981 ausdrücklich zwischen der (in § 9 PatG geregelten) unmittelbaren und der (in § 10 PatG normier-

---

650 BGH, GRUR 2007, 773 – Rohrschweißverfahren; BGH, GRUR 2015, 467 – Audiosignalcodierung. Die erforderliche Eignung, mit einem wesentlichen Element der Erfindung zusammenzuwirken, besitzt die Vorrichtung nur dann, wenn sie zu dem Ergebnis des patentgeschützten Verfahrens einen funktionell relevanten Beitrag leistet, woran es fehlt, wenn die Vorrichtung bloß passives Objekt der Verfahrensführung ist (LG Mannheim, InstGE 12, 70 – Handover).
651 Wird mit Blick auf einen bestimmten Verletzungssachverhalt in erster Linie eine unmittelbare und hilfsweise eine mittelbare Verletzung geltend gemacht, handelt es sich um eine objektive Klagenhäufung, auf die die Vorschriften zur Klageänderung entsprechend anzuwenden sind (BGHZ 158, 295).
652 BGHZ 82, 254, 256 = BGH, GRUR 1971, 78 – Dia-Rähmchen V.

ten) mittelbaren Patentverletzung unterscheidet, wobei § 14 PatG und Art 69 EPÜ den Schutzbereich strikt an die Patentansprüche (mit der *Gesamtheit* seiner Merkmale) knüpfen. Wer nicht alle Anspruchsmerkmale verwirklicht, kann grundsätzlich nur wegen mittelbarer Patentverletzung – unter den hierfür aufgestellten besonderen Tatbestandsvoraussetzungen des § 10 PatG – haftbar sein. Hinzu kommt, dass der BGH[653] den Schutz einer Unterkombination ablehnt und in seiner Rechtsprechung zur mittelbaren Verletzung[654] betont, dass alles das, was Aufnahme in den Patentanspruch gefunden hat, regelmäßig schon deshalb ein wesentliches Erfindungselement darstellt. Diese Konsequenz darf nicht dadurch unterlaufen werden, dass trotz Fehlens eines Anspruchsmerkmals auf eine unmittelbare Patentverletzung erkannt wird.

Andererseits läge ein klarer Fall unmittelbarer Verletzung vor, wenn dem Abnehmer die fehlende Zutat – vorher, gleichzeitig oder hinterher – von einem Dritten geliefert worden wäre. Unter solchen Umständen läge eine arbeitsteilige (je nach der Willenslage) mit- oder nebentäterschaftliche Verwirklichung aller Anspruchsmerkmale vor, was zur Feststellung einer durch beide Akteure gemeinsam begangenen unmittelbaren Patentverletzung führen würde. Ist der Belieferte bereits im Besitz der fehlenden Zutat oder wird er sich diese im Anschluss an die fragliche Lieferung mit Sicherheit besorgen, um sie mit dem gelieferten Gegenstand zur patentgeschützten Gesamtvorrichtung zu kombinieren, liegt ein wertungsmäßig vergleichbarer Zurechnungssachverhalt vor. Der Handelnde baut bei seiner Lieferung gezielt darauf, dass die fehlende (»Allerwelts«-)Zutat beim Empfänger entweder bereits vorhanden ist (sodass ihre abermalige Bereitstellung sinnlos ist) oder aber vom Belieferten problemlos selbst besorgt werden kann und auch tatsächlich beschafft werden wird, um den gelieferten Gegenstand seiner bestimmungsgemäßen Verwendung zuzuführen. Der Handelnde macht sich bei einer solchen Sachlage mit seiner Lieferung die Vor- oder Nacharbeit seines Abnehmers bewusst zu eigen, was es rechtfertigt, ihm diese Vor- oder Nacharbeit so zuzurechnen, als hätte er die Zutat selbst mitgeliefert.[655] Das gleiche gilt erst recht, wenn ein letzter Herstellungsakt zwar vom Abnehmer vollzogen, er dabei aber als »Werkzeug« von dem Liefernden gesteuert wird, indem dieser ihm zB entsprechende Handlungsanweisungen und Hilfsmittel an die Hand gibt, die ohne die nachfolgende Zutat sinnlos wären.[656] Die skizzierte Argumentation versagt, wenn die gelieferten Teile auch in nicht patentverletzender Weise verwendet werden können und für einen solchen nicht zur Anspruchsverwirklichung führenden Gebrauch eine nicht nur rein theoretische, sondern praktisch realistische Wahrscheinlichkeit besteht.

b) Voraussetzungen

Nach § 10 PatG ist es Dritten verboten, ohne Zustimmung des Patentinhabers in der Bundesrepublik Deutschland anderen als zur Benutzung der patentierten Erfindung berechtigten Personen Mittel, die sich auf ein wesentliches Element der Erfindung beziehen, zur Benutzung der Erfindung in der Bundesrepublik Deutschland anzubieten oder zu liefern, wenn der Dritte weiß oder wenn es aufgrund der Umstände offensichtlich ist, dass diese Mittel dazu geeignet und bestimmt sind, für die Benutzung der Erfindung verwendet zu werden.

Die Tatbestandsvoraussetzungen sind teils objektiver und teils subjektiver Natur, wobei subjektive Anforderungen sowohl in Bezug auf den Angebotsempfänger bzw Abnehmer

---

653 BGH, GRUR 1999, 977, 981 – Räumschild.
654 BGH, GRUR 2004, 758 – Flügelradzähler.
655 OLG Düsseldorf, InstGE 13, 78 – Lungenfunktionsmessgerät; ebenso: OLG Düsseldorf, GRUR-RR 2016, 97 – Primäre Verschlüsselungslogik.
656 OLG Düsseldorf, Urteil v 24.2.2011 – I-2 U 102/09; OLG Düsseldorf, GRUR-RR 2016, 97 – Primäre Verschlüsselungslogik.

als auch mit Blick auf den Anbietenden bzw Lieferanten bestehen. Schematisch dargestellt ergibt sich folgendes Bild:

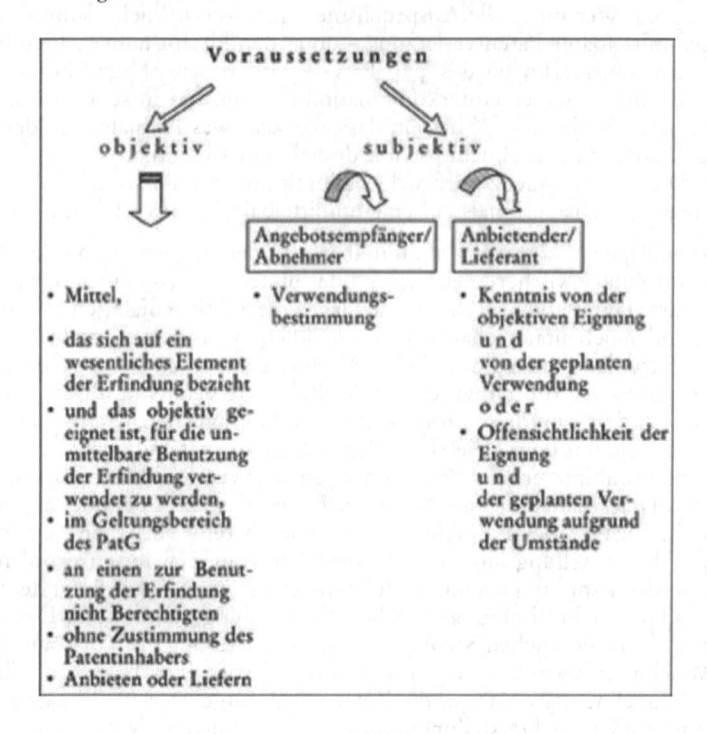

Voraussetzungen		
objektiv	**subjektiv**	
	Angebotsempfänger/ Abnehmer	Anbietender/ Lieferant
• Mittel, • das sich auf ein wesentliches Element der Erfindung bezieht • und das objektiv geeignet ist, für die unmittelbare Benutzung der Erfindung verwendet zu werden, im Geltungsbereich des PatG • an einen zur Benutzung der Erfindung nicht Berechtigten • ohne Zustimmung des Patentinhabers • Anbieten oder Liefern	• Verwendungs- bestimmung	• Kenntnis von der objektiven Eignung **und** von der geplanten Verwendung **oder** • Offensichtlichkeit der Eignung **und** der geplanten Verwendung aufgrund der Umstände

aa) Anbieten und Liefern

581 Untersagt sind jedem Dritten das Anbieten und Liefern bestimmter Mittel. Das Anbieten ist entsprechend dem Benutzungstatbestand in § 9 PatG auszulegen.[657] Liefern setzt die körperliche Übergabe des Mittels voraus, wobei die Person, an die das Mittel übergeben wird, nicht mit derjenigen identisch sein muss, die das Mittel zur Benutzung der Erfindung verwendet.[658] Es reicht, wenn der Angebotsempfänger/Abnehmer das Mittel bestimmungsgemäß an einen Dritten (zB Endabnehmer) weiterliefert, der die Erfindung benutzen soll.[659] Der Angebotsempfänger/Abnehmer muss gegenüber dem mittelbaren Verletzer über eigene Rechtspersönlichkeit verfügen, wobei gesellschaftsrechtliche Verflechtungen belanglos sind. Nur dann handelt es sich um einen »anderen« im Sinne von § 10 PatG. **Patentfrei** sind das Herstellen und der Besitz von Mitteln iSv § 10 PatG.[660] Täterschaft und **Teilnahme** sind nach den allgemeinen Regeln[661] möglich und begründen eine (Mit-)Haftung für die gemeinsam oder von einem Dritten begangenen tatbestandsrelevanten Angebots- und Lieferhandlungen.

bb) Mittel

582 Angeboten oder geliefert werden müssen Mittel, also Gegenstände, mit denen eine unmittelbare Benutzungshandlung im Sinne des § 9 PatG verwirklicht werden kann.

---

[657] OLG Karlsruhe, GRUR 2014, 59 – MP2-Geräte; vgl auch Benkard, PatG, § 10 PatG Rn 12.
[658] Vgl Benkard, PatG § 10 PatG Rn 13, mwN.
[659] OLG Karlsruhe, GRUR 2014, 59 – MP2-Geräte.
[660] BGH, GRUR 2006, 570 – extracoronales Geschiebe.
[661] Vgl unten Kap D Rdn 369.

Nach teilweiser Meinung ist notwendig, dass es sich um körperliche Gegenstände handelt[662], wozu auch flüssige oder gasförmige Produkte zählen. Diese Einschränkung ist nicht zu rechtfertigen. Dem Begriff »Mittel« also solchem ist eine Körperlichkeit nicht eigen. Es gibt vielfältige Erfindungen, bei denen einzelne Anspruchsmerkmale mit Hilfe zB einer Software realisiert werden. In solchen Fällen sind es notwendigerweise nicht körperliche Gegenstände, die den Erfindungsgedanken verwirklichen. Aber auch darüber hinaus ist nicht einzusehen, wieso ein nicht körperlicher Gegenstand, wenn er im Zusammenwirken mit anderen Mitteln die Erfindung unmittelbar ausführen kann, nur deshalb nicht als Grundlage für eine mittelbare Benutzungshandlung in Betracht kommen soll, weil er keine Körperlichkeit besitzt. Dementsprechend hat inzwischen auch der BGH[663] anerkannt, dass eine CAM-Software, mit der ein patentgeschütztes Verfahren durchgeführt werden kann, als Mittel iSv § 10 PatG anzusehen ist.

Das Mittel muss die Eignung zur unmittelbaren Patentbenutzung grundsätzlich im **Zeitpunkt des Angebots/der Lieferung** besitzen, was in Fällen des Kombinationspatents eine patentgerechte Ausgestaltung des *einen* (mittelbar verletzenden) Teils der Kombination zu exakt diesem Zeitpunkt verlangt. Genau so wie in Fällen der unmittelbaren Verletzung[664] reicht es jedoch aus, dass sich die patentgemäße Konstitution erst infolge einer der Lieferung nachfolgenden Handlung des Abnehmers ergibt, sofern das Tätigwerden des Abnehmers unter Umständen geschieht, die es erlauben, dessen Handeln dem Lieferanten zuzurechnen. Solches ist der Fall, wenn der Lieferant die zur Patentbenutzung führende Umgestaltung des Mittels durch den Abnehmer entweder anleitet oder (in der verlässlichen Kenntnis, dass er sie von sich aus vornehmen wird) bewusst ausnutzt.[665]

583

▶ **Beispiel:**[666]

I.

Das Klagepatent betrifft eine wärmegedämmte Außenwand (4) mit einer Tür- oder Fensterlaibung sowie einer neben der Laibung angeordneten Zu- und Abluftöffnung (4.1). Um die Luftöffnung optisch einwandfrei zu verdecken, ist ein *quader*förmiges Fassadenelement (2) vorgesehen, das dieselbe Dicke wie die auf der Außenseite des Mauerwerks (4) aufgebrachte Wärmedämmung (3) hat. Infolgedessen ist es möglich, die Wärmedämmung (3) im Bereich der Zu- und Abluftöffnung auszusparen und dort passgenau das Fassadenelement (2) einzusetzen, welches die Dämmschicht aufgrund ihrer gleichen Dicke vervollständigt, wie dies aus der nachstehenden Abbildung (Figur 7 der Klagepatentschrift) ersichtlich ist.

584

---

662 BGH, GRUR 2001, 228 – Luftheizgerät.
663 BGH, GRUR 2013, 713 – Fräsverfahren.
664 Vgl Rdn 102 ff.
665 OLG Düsseldorf, Urteil v 9.7.2020 – I-2 U 22/19.
666 OLG Düsseldorf, Urteil v 9.7.2020 – I-2 U 22/19.

A. Schutzbereichsbestimmung

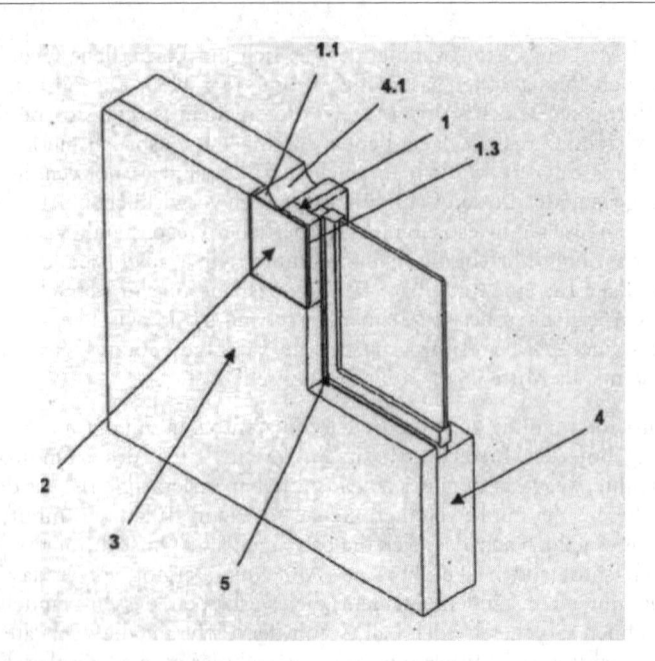

Das Fassadenelement hat im Bereich der Tür- oder Fensterlaibung Austrittsöffnungen (nicht dargestellt), sodass die von außen eintretende Luftströmung innerhalb des Fassadenelements um 90 ° in Richtung auf die seitlichen Öffnungen im Laibungsbereich der Tür/des Fensters umgelenkt wird.

Das angegriffene Fassadenelement ist wie folgt ausgestaltet und zu verarbeiten:

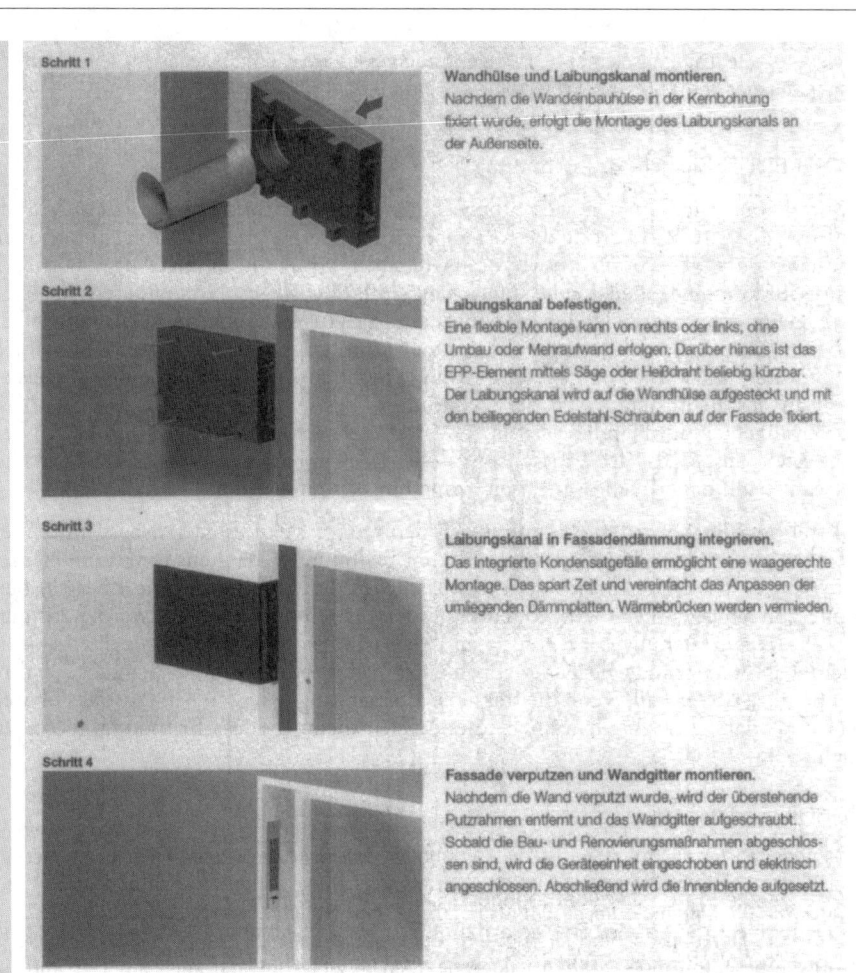

Schritt 1 — Wandhülse und Laibungskanal montieren.
Nachdem die Wandeinbauhülse in der Kernbohrung fixiert wurde, erfolgt die Montage des Laibungskanals an der Außenseite.

Schritt 2 — Laibungskanal befestigen.
Eine flexible Montage kann von rechts oder links, ohne Umbau oder Mehraufwand erfolgen. Darüber hinaus ist das EPP-Element mittels Säge oder Heißdraht beliebig kürzbar. Der Laibungskanal wird auf die Wandhülse aufgesteckt und mit den beiliegenden Edelstahl-Schrauben auf der Fassade fixiert.

Schritt 3 — Laibungskanal in Fassadendämmung integrieren.
Das integrierte Kondensatgefälle ermöglicht eine waagerechte Montage. Das spart Zeit und vereinfacht das Anpassen der umliegenden Dämmplatten. Wärmebrücken werden vermieden.

Schritt 4 — Fassade verputzen und Wandgitter montieren.
Nachdem die Wand verputzt wurde, wird der überstehende Putzrahmen entfernt und das Wandgitter aufgeschraubt. Sobald die Bau- und Renovierungsmaßnahmen abgeschlossen sind, wird die Geräteeinheit eingeschoben und elektrisch angeschlossen. Abschließend wird die Innenblende aufgesetzt.

Der geschlossene Block hat eine Dicke von 100 mm, was der gesetzlichen Mindestdämmdicke im Hochbau entspricht. Die insgesamt sechs auf der Rückseite angeordneten Stützfüsse sind 40 mm hoch, womit Dämmdicken von bis zu 140 mm bewältigt werden können. Die Füße können vor dem Einbau des Fassadenelements ganz oder teilweise abgeschnitten werden, um das Fassadenelement an die Dicke der konkreten Wärmedämmung anzupassen, worauf die Beklagte in ihrer Betriebsanleitung eigens hinweist.

II.

Mit Blick auf das angegriffene Laibungselement liegt eine Quaderform, wie sie der Patentanspruch verlangt, nur vor, wenn die sechs Stützfüsse außer Betracht gelassen werden, dh vollständig abgeschnitten sind. In *dieser* Ausgestaltung werden die Fassadenelemente zwar nicht von der Beklagten angeboten und ausgeliefert, sondern eben nur mit den angeformten Stützfüssen. Dennoch muss sich die Beklagte so behandeln lassen, als hätte sie die Laibungselemente mit abgeschnittenen Stützfüssen (und folglich in der patentgemäß vorausgesetzten Ausgestaltung) in Verkehr gebracht. Denn sie weist ihre Abnehmer ausdrücklich dazu an, die Stützfüsse abzuschneiden, wenn das Laibungselement in einer 100 mm-Wärmedämmung verbaut werden soll. Die Abnehmer handeln insoweit als von der Beklagten gesteuerte Werkzeuge, was es rechtfertigt, deren Tun der Beklagten zuzurechnen und letztere so zu behandeln, als hätte sie (die

Beklagte) die Laibungselemente für die fraglichen Verwendungsszenarien selbst auf einen Quader von 100 mm Dicke gekürzt.

cc) Wesentliches Element der Erfindung[667]

585 Das Mittel muss sich auf ein wesentliches Element der Erfindung beziehen. Vor der Einführung des § 10 PatG setzte die Rechtsprechung hierfür eine erfindungsfunktionelle Individualisierung des Mittels derart voraus, dass die Mittel durch ihre Ausgestaltung so an den Erfindungsgedanken angepasst worden sind, dass sie sich von anderen vergleichbaren Erzeugnissen unterscheiden und infolge ihrer Ausgestaltung in eine unmittelbare Beziehung zu dem Erfindungsgedanken treten können.[668] § 10 PatG sieht eine solche Einschränkung nicht vor. Die Vorschrift knüpft nicht an eine Anpassung des Mittels an, sondern an dessen Beziehung zu der Erfindung. Dies ergibt sich auch aus § 10 Abs 2 PatG, der allgemein im Handel erhältliche Mittel nicht schlechterdings aus dem Anwendungsbereich des § 10 PatG ausschließt. Die Rechtsprechung zum alten deutschen Patentrecht kann daher nicht ohne weiteres herangezogen werden.[669]

586 Ein Mittel bezieht sich auf ein **Element** der Erfindung, wenn es geeignet ist, mit einem solchen bei der Verwirklichung des geschützten Erfindungsgedankens funktional zusammenzuwirken.[670] Ausgeschlossen sind damit solche Mittel, die zwar (wie Energie) bei - im Sinne von »gelegentlich« - der Benutzung der Erfindung verwendet werden können, jedoch zur Verwirklichung der technischen Lehre (dh zu der erfindungsgemäßen Lösung des dem Patent zugrunde liegenden Problems) nichts oder praktisch nichts[671] beitragen.[672] Solches ist der Fall, wenn die fragliche Vorrichtung lediglich den (austauschbaren) Gegenstand darstellt, an dem sich die Verwirklichung des Erfindungsgedankens vollzieht.[673]

▶ **Beispiel:**

587 In Erwägung gezogen worden ist dies anfänglich bei einer Erfindung, die sich mit der Fortbildung einer bestimmten Funktion einer als solchen bekannten Vorrichtung befasst, und zwar für Merkmale im Patentanspruch, die eine andere, von der Erfindung nicht betroffene Funktion der Vorrichtung zum Gegenstand haben.[674] In der Folge hat der BGH die besagte Argumentation jedoch deutlich ausgeweitet und auch auf DVD mit kodierten Videodaten angewendet, die in Bezug auf ein patentgeschütztes Dekodierungsverfahren deshalb kein »Mittel, das sich auf ein wesentliches Element der Erfindung bezieht«, sein soll, weil die DVD selbst keinen Beitrag zur geschützten Datendekodierung leiste, sondern allein das Objekt repräsentiere, an dem sich die Dekodierung vollzieht.[675] In der logischen Konsequenz dieser Sichtweise müsste eine Anwendung des § 10 PatG auch dort versagt werden, wo das fragliche Mittel (zB ein Handy) bloß

---

667 Schmid-Dreyer/Waitzhofer, Mitt 2015, 101.
668 BGH, GRUR 1982, 165 – Rigg.
669 BGH, GRUR 2004, 758 – Flügelradzähler.
670 BGH, GRUR 2004, 758 – Flügelradzähler; BGH, GRUR 2005, 848 – Antriebsscheibenaufzug; BGH, GRUR 2006, 570 – extracoronales Geschiebe.
671 BGH, GRUR 2007, 769 – Pipettensystem.
672 BGH, GRUR 2007, 769 – Pipettensystem.
673 BGH, GRUR 2012, 1230 – MPEG-2-Videosignalcodierung.
674 BGH, GRUR 2007, 769 – Pipettensystem.
675 BGH, GRUR 2012, 1230 – MPEG-2-Videosignalcodierung. Das verkennt, dass die Daten nicht beliebig kodiert sein können, sondern in ganz spezieller Form vorliegen müssen, damit das Dekodierungsverfahren überhaupt in Gang gesetzt werden und ablaufen kann. Die DVD mit den kodierten Daten ist daher gleichsam der Schlüssel, ohne den sich das Schloss der Datendekodierung nicht öffnen lässt.

den Zugang (zB zu einem Internetdienst) verschafft, mit dessen Hilfe das patentgeschützte (zB Datenübertragungs-)Verfahren ohne Beteiligung des Mittels ausgeführt wird.

Unzureichend ist ferner, wenn das Mittel lediglich für die Ausführung von Schritten notwendig ist, die den patentgemäßen Verfahrensschritten vorgelagert sind. Das gilt selbst dann, wenn die besagte Vorarbeit unverzichtbar für die Durchführung des patentgeschützten Verfahrens ist und das Mittel aufgrund seiner konkreten Ausgestaltung nicht anders als für die besagte Vorarbeit zum geschützten Verfahren gebraucht werden kann.[676] 588

Wesentlich ist ein Element der Erfindung regelmäßig bereits dann, wenn es Bestandteil des Patentanspruchs ist.[677] Hierbei kommt es nicht darauf an, ob das fragliche Mittel (lediglich) im Oberbegriff des Patentanspruchs aufscheint oder ob es im kennzeichnenden Teil des Patentanspruchs erwähnt ist und somit den Erfindungsgegenstand vom Stand der Technik unterscheidet.[678] Ebenso genügt es, wenn das im Hauptanspruch bloß allgemein erwähnte Mittel in einem rückbezogenen Unteranspruch näher konstruktiv umschrieben wird.[679] Es kann deswegen die Situation eintreten, dass Angebot und Vertrieb eines als solches seit langem gebräuchlichen und gemeinfreien Gegenstandes nachträglich unter die Verbietungsrechte des § 10 PatG fallen, weil der betreffende Gegenstand in ein Kombinationspatent aufgenommen wird. Der bisher uneingeschränkt mögliche Vertrieb kann als Folge dessen nur noch unter Beifügung eines der patentgemäßen Kombinationsverwendung entgegenwirkenden es fortgesetzt werden.[680] Dem Anbietenden/Lieferanten einen solchen Hinweis abzuverlangen, ist auch sachgerecht, weil mit der Kombinationserfindung die Verwendungsmöglichkeiten (und damit die Absatzchancen) seines Mittels gesteigert werden und es angesichts dessen ihm als Nutznießer zumutbar ist, durch entsprechende Hinweise Vorsorge dafür zu treffen, dass der Gebrauch seines vorbekannten Mittels auf den (bisher bedienten) gemeinfreien Bereich beschränkt bleibt. Ähnliche Erwägungen gelten, wenn das in Verkehr gebrachte Mittel (zB ein Handy) im Zeitpunkt seines Vertriebs noch keinen Bezug zum Erfindungsgegenstand hat, ihm infolge seiner Inbetriebnahme jedoch von außen (zB durch die Voreinstellung oder einen bestimmten gewählten Betriebsmodus des Handy-Kommunikationsnetzwerks) eine Funktionalität zugewiesen wird, der zufolge das Mittel einen Erfindungsbeitrag leistet.[681] Trotz Erwähnung des Gegenstandes im Anspruch ist die Wesentlichkeit ausnahmsweise zu verneinen, wenn das fragliche Mittel zum erfindungsgemäßen Leistungsergebnis nichts beiträgt.[682] 589

---

676 BGH, GRUR 2015, 467 – Audiosignalcodierung.
677 BGH, GRUR 2007, 773 – Rohrschweißverfahren; BGH, GRUR 2015, 467 – Audiosignalcodierung.
678 BGH, GRUR 2004, 758 – Flügelradzähler; BGH, GRUR 2007, 769 – Pipettensystem; BGH, GRUR 2015, 467 – Audiosignalcodierung. Die Rechtsprechung in Europa ist in diesem Punkt nicht einheitlich, anders zB Hoge Raad de Nederlanden v 31.10.2003 in Bijblad Industriele Eigendommen 2004/47 – (Pilvormige) koffiebuiltjes voor de Senseo Crema.
679 OLG Karlsruhe, Urteil v 23.7.2014 – 6 U 89/13.
680 Zum Bestehen eines positiven Benutzungsrechts aus einem prioritätsälteren Patent für den Gegenstand als solchen vgl unten Kap E Rdn 676 f.
681 Eine weitere Frage ist, ob der fragliche Geschehensablauf für den Anbieter des Mittels hinreichend vorhersehbar ist, um die subjektiven Voraussetzungen einer mittelbaren Patentverletzung zu erfüllen.
682 BGH, GRUR 2007, 773 – Rohrschweißverfahren.

| Praxistipp | Formulierungsbeispiel |

590 Für die praktische Rechtsanwendung folgt daraus: Ist das angebotene oder gelieferte Mittel, das mittelbar patentverletzend sein soll, als solches im Patentanspruch genannt, so handelt es sich in der Regel allein wegen der Aufnahme in den Anspruch des Patents um ein »wesentliches Element der Erfindung«. Mit dieser – einfachen – Überlegung lassen sich in der Praxis die allermeisten Fälle bewältigen. Ein »Mittel, das sich auf ein wesentliches Element der Erfindung bezieht«, muss ein Anspruchsmerkmal des Klagepatents allerdings nicht notwendigerweise selbst verwirklichen. Maßgeblich ist nur, dass es dank seiner Ausgestaltung oder vermöge seiner Eigenschaften in der Lage ist, im Zusammenwirken mit anderen Mitteln die Erfindung unmittelbar auszuführen. Insofern reicht es aus, wenn der Einsatz des »Mittels« (zB einer DVD, die mit in bestimmter Weise codierten Videosignalen versehen ist) dazu führt, dass die patentgeschützte Vorrichtung (zB die Empfangseinrichtung eines DVD-Players zum Decodieren der Videosignale) in Gebrauch genommen wird.[683]

591 Die mittelbare Patentverletzung spielt auch im Bereich der **Verwendungspatente** eine Rolle. Der *unmittelbare* Schutz durch das Patent erstreckt sich hier nicht nur auf die eigentliche Verwendung der Sache, sondern erfasst vorverlagert schon das Anbieten oder Liefern einer (beispielsweise durch Gebrauchsanleitungen) sinnfällig hergerichteten, also gerade für die geschützte Verwendung vorbereiteten Vorrichtung.[684] Aus der *zweifachen* Möglichkeit der unmittelbaren Benutzung eines Verwendungspatents folgt eine ebenfalls zweifache Möglichkeit zur mittelbaren Verletzung. Sie kann zunächst im Anbieten oder Liefern der *nicht hergerichteten* Sache zur patentgemäßen Verwendung liegen (anderenfalls lägen die Voraussetzungen einer unmittelbaren Patentbenutzungshandlung vor). Die betreffende Handlung liegt im Vorfeld der Verwendung im eigentlichen Sinne und schafft eine Gefahr, dass es (ohne Herrichtung) zur geschützten Verwendung kommt. Entsprechend dem erweiterten Tatbestand einer unmittelbaren Patentbenutzung durch Anbieten/Liefern einer sinnfällig hergerichteten Sache kann die mittelbare Verletzung (zur Vorbereitung *dieser* unmittelbaren Benutzungsalternative) des Weiteren darin bestehen, dass die Sache zum Zwecke ihrer gebrauchsfertigen Herrichtung angeboten oder geliefert wird.[685] Zur mittelbaren Benutzung von (Herstellungsverwendungs-)Ansprüchen für eine zweite medizinische Indikation vgl oben zu Kap A Rdn 497.

dd) Doppelter Inlandsbezug[686]

592 Sowohl das Anbieten[687] und Liefern[688] des Mittels als auch die vom Angebotsempfänger bzw Abnehmer vorgesehene Benutzung des Mittels[689] müssen im Inland erfolgen, weil ansonsten kein Gefährdungstatbestand für eine dem PatG unterfallende unmittelbare Patentverletzung gegeben ist.[690] Die Absicht einer inländischen Benutzung ist auch in Fällen des geplanten Reimportes zu bejahen.[691] Erfasst werden darüber hinaus Fälle, bei denen der Anbietende/Lieferant im **Ausland** geschäftsansässig ist, sofern er von dort

---

683 LG Düsseldorf, InstGE 7, 122 – Videosignal-Codierung II.
684 BGH, GRUR 1990, 505 – Geschlitzte Abdeckfolie.
685 LG Düsseldorf, InstGE 4, 97 – Ribavirin; zum Streitstand vgl Benkard, PatG, § 10 PatG Rn 11.
686 Vgl Goddar, FS Reimann, 2009, S 153.
687 Dh der Absende- oder der Empfangsort des Angebotes müssen im Inland liegen.
688 Dh der Liefervorgang muss sich mindestens zum Teil im Inland abspielen.
689 BGH, GRUR 2005, 845 – Abgasreinigungsvorrichtung.
690 LG Düsseldorf, InstGE 2, 82 – Lasthebemagnet I; LG Mannheim, InstGE 5, 179 – Luftdruck-Kontrollvorrichtung.
691 BGH, GRUR 2007, 313 – Funkuhr II.

aus ins Inland anbietet/liefert[692], und zwar zur dortigen (inländischen) unmittelbaren Benutzung des Mittels.[693] Es genügt sogar, wenn der Ausländer selbst ausschließlich im Ausland agiert, ihm aber geläufig ist, dass der Bestimmungsort seines Mittels letztlich im Inland belegen ist, wo auch der unmittelbar benutzende Gebrauch stattfinden soll.[694] Unter solchen Umständen ist der Auslandsakteur Mittäter der späteren Inlandslieferung des Mittels durch seinen Abnehmer, weswegen ihm dessen Verhalten wie eigenes Tun zugerechnet wird. Darauf, an welchem Ort Eigentum, Besitz und die schuldrechtliche Gefahrtragung übergehen, kommt es nicht an.[695]

An einem doppelten Inlandsbezug **fehlt es**, wenn das Mittel vom Ausland ins Ausland angeboten und geliefert wird, wo auch die Verwendung des Mittels im Sinne einer unmittelbaren Patentverletzung (zB durch Herstellung des patentgeschützten Gegenstandes) geschieht, und zwar selbst dann, wenn das unmittelbar verletzende Erzeugnis anschließend bestimmungsgemäß ins Inland gelangt. Unter solchen Umständen finden sowohl das Anbieten und Liefern des Mittels als auch die nachfolgende Verwendung des Mittels im Ausland statt, sodass es zu keiner Zeit eine Gefährdungslage dahingehend gab, dass mit dem Mittel im Inland eine unmittelbare Patentverletzung begangen wird. Eine ganz andere Frage ist, ob unter den geschilderten Umständen nicht derjenige, der das Mittel in dem Bewusstsein ins Ausland liefert, dass dort ein unmittelbar verletzendes Produkt gefertigt wird, welches anschließend nach Deutschland gelangt, Mittäter der durch den letzten Akt begangenen unmittelbaren Patentverletzung ist. Maßgeblich ist insoweit die subjektive Wissens- und Willenslage des Mittellieferanten; rechtfertigt sie eine Zurechnung der fremden unmittelbaren Verletzungshandlungen (zB unter dem Gesichtspunkt der Mittäterschaft), so ist seine Haftung anzunehmen.[696] Prozessrechtlich bedeutet dies, dass der Kläger nicht nur den erforderlichen Tatsachenvortrag zu leisten, sondern darüber hinaus auch sachlich zutreffende (sic: eine unmittelbare – und nicht eine mittelbare – Verletzung berücksichtigende) Klageanträge zu formulieren hat. Im Berufungsverfahren ist ggf die Anschlussberufungsfrist zu beachten, weil die Ansprüche wegen unmittelbarer Patentverletzung einen anderen **Streitgegenstand** als die Ansprüche wegen mittelbarer Patentverletzung repräsentieren.[697]

▶ **Beispiel:**

Das Klagepatent schützt einen Cokatalysator zur Abgasreinigung, der ein Zirkonium-Cerium-Verbundoxid bestimmter Zusammensetzung enthält.

Die Beklagte bietet an und liefert von ihrem ausländischen Geschäftssitz aus ein erfindungsgemäßes Verbundoxid an im Ausland residierende Hersteller von Katalysatoren. Unter Verwendung des Verbundoxids fertigen diese im Ausland patentgemäße Cokatalysatoren, die wiederum Eingang in von den ausländischen Lieferempfängern im Weiteren hergestellte Kfz-Katalysatoren finden. Die (patentgemäße Cokatalysatoren enthaltenden)

---

692 ... weil der Zugangsort des Angebotes/die Lieferadresse im Inland liegt (BGH, GRUR 2015, 467 – Audiosignalcodierung).
693 OLG Karlsruhe, GRUR 2014, 59 – MP2-Geräte.
694 BGH, GRUR 2015, 467 – Audiosignalcodierung; OLG Karlsruhe, GRUR 2014, 59 – MP2-Geräte; anders noch LG Mannheim, InstGE 5, 179 – Luftdruck-Kontrollvorrichtung.
695 BGH, GRUR 2015, 467 – Audiosignalcodierung.
696 Wertungsmäßig begegnet dieses Resultat keinen Bedenken, weil der ausländische Mittellieferant letztlich genauso behandelt wird wie derjenige, der (mit oder ohne ausländische Lieferkette) den Rohstoff für ein verletzendes Produkt in dem Wissen beisteuert, dass damit patentverletzende Erzeugnisse hergestellt und vertrieben werden und der wegen dieses Beitrags ebenfalls als Mittäter einer unmittelbaren Patentverletzung haftet.
697 OLG Düsseldorf, Beschluss v 14.2.2013 – I-2 U 101/11; OLG Düsseldorf, Urteil v 21.7.2022 – I-2 U 12/20.

> Katalysatoren) werden anschließend vom ausländischen Produktionsstandort aus an deutsche Autobauer geliefert.
>
> Wenn dem Verbundoxidlieferanten die weitere Verwertungskette bewusst ist (zB weil das fragliche Verbundoxid typischerweise für die Katalysatorproduktion verwendet wird, weil die Lieferempfänger sich mit diesem Geschäftsfeld befassen und weil in Deutschland bekanntlich namhafte Autobauer residieren, die Fahrzeugkatalysatoren benötigen), begründet die Bereitstellung des Verbundoxids zwar keine mittelbare Patentverletzung (weil Angebot und Lieferung des Mittels im Ausland geschehen und dort auch das Oxid zur unmittelbaren Patentverletzung durch Herstellung patentgeschützter Cokatalysatoren verwendet wird), wohl aber eine mittäterschaftlich mit dem Katalysatorproduzenten begangene unmittelbare inländische Schutzrechtsverletzung.

595 In Fällen eines **Herstellungsverfahrens** fehlt der erforderliche Inlandsbezug zwar mit Blick auf die eigentliche Verfahrensführung, wenn die Herstellungsmaschine im Ausland eingesetzt wird; sofern die unmittelbaren Verfahrenserzeugnisse – unter Verstoß gegen § 9 Nr 3 PatG – ins Inland gelangen, realisiert sich jedoch der Tatbestand einer mittelbaren Patentverletzung, die den Maschinenlieferanten zu einem Warnhinweis dahingehend verpflichtet, dass die im Ausland gewonnenen Verfahrenserzeugnisse in Deutschland nur mit dem Einverständnis des Patentinhabers angeboten und geliefert werden dürfen. Der Hinweis reicht auch dann aus, wenn die Maschine überhaupt nur das patentgeschützte Verfahren ausführen kann, weil eine patentfreie Verwendungsalternative für die Verfahrenserzeugnisse mit Blick auf den Markt außerhalb Deutschlands besteht.

ee) Objektive Eignung zur unmittelbaren Patentbenutzung

596 Die Mittel müssen objektiv geeignet sein, für die Benutzung der Erfindung verwendet zu werden. Bei ihrem Einsatz zusammen mit anderen Mitteln oder zur Anwendung eines Verfahrens muss mithin eine unmittelbare (wortsinngemäße oder äquivalente) Patentverletzung *möglich* sein.[698] Um dies festzustellen, hat im Rahmen des § 10 PatG – inzident – eine Prüfung auf das Vorliegen (oder Nichtvorliegen) einer unmittelbaren Patentverletzung stattzufinden, die eine wortsinngemäße oder äquivalente sein kann. Das bedeutet konkret: Betrifft das Patent ein Verfahren oder eine (nicht kombinierte) Sache, muss es beim Gebrauch der mutmaßlich mittelbar verletzenden Vorrichtung zur Anwendung des patentgemäßen Verfahrens bzw zur Herstellung des geschützten Gegenstands kommen können. Beides muss nicht restlos vorhersehbar und steuerbar erfolgen; es reicht vielmehr auch aus, wenn sich der erfindungsgemäße Erfolg (Verfahrensanwendung, Produktherstellung) bloß zufällig oder lediglich vereinzelt während einer längeren Betriebsdauer einstellen kann.[699] Ist das Patent ein Kombinationspatent und soll die mittelbare Verletzung in der Bereitstellung eines Teils der geschützten Kombination liegen, so muss sich bei seinem Zusammenfügen mit dem Rest die unter Patentschutz stehende Gesamtkombination ergeben. Für die Eignung ist allein die objektive Beschaffenheit des Mittels wichtig, und nicht auf Handhabungsanweisungen oder dergleichen Rücksicht zu nehmen, die dem Mittel beigegeben werden.[700] Auch wenn letztere in eine andere von einer Patentbenutzung wegführende Richtung weisen, ändert dies dennoch nichts an der Feststellung, dass das Mittel aufgrund seiner tatsächlichen Konstitution, Wirkung und Verwendbarkeit eine unmittelbare Patentverletzung zur Folge haben *kann* (womit der Gefährdungstatbestand verwirklicht ist, den § 10 PatG im Blick hat).

---

698 BGH, GRUR 2005, 848 – Antriebsscheibenaufzug.
699 Eine andere – und ernsthaft problematische – Frage ist alsdann die, ob unter derartigen Bedingungen von einer Verwendungsbestimmung des Abnehmers und einer Offensichtlichkeit dessen für den Lieferanten ausgegangen werden kann; vgl dazu unten Rdn 603.
700 BGH, GRUR 2007, 679 – Haubenstretchautomat.

Ein Mittel ist auch dann geeignet, für die Benutzung eines patentierten Verfahrens verwendet zu werden, wenn sich mit seiner Hilfe nicht *sämtliche* Verfahrensmerkmale verwirklichen lassen. Die Ermöglichung einer unmittelbaren Patentbenutzung (mit sämtlichen Merkmalen des Patentanspruchs) kann nämlich auch in Mit- oder Nebentäterschaft geschehen, nämlich dergestalt, dass erst die Beiträge mehrerer Beteiligter zusammengenommen dem Abnehmer eine unmittelbare Patentbenutzung ermöglichen. Der weitere Beteiligte kann entweder ebenfalls ein mittelbarer Verletzer, aber auch der Patentinhaber oder einer seiner Lizenznehmer sein[701]; die mehreren können (als Mittäter) bewusst und gewollt (vorsätzlich) agieren, ihre Tatbeiträge können sich (im Sinne bloßer Nebentäterschaft) aber auch fahrlässig addieren.[702] Kann mit dem Mittel nur ein Teil der Verfahrensmerkmale realisiert werden, so genügt es deshalb, wenn der Abnehmer bei der Verwendung des Mittels auf die von dritter Seite (zweiter Verletzer, Patentinhaber, Lizenznehmer) bereits zuvor realisierten übrigen Merkmale des Verfahrensanspruchs zurückgreift.[703] Es ist unschädlich, wenn die Mittel sowohl patentgemäß als auch patentfrei verwendet werden können. Dies hat lediglich Einfluss auf den Umfang der geltend zu machenden Ansprüche, und zwar darauf, ob von dem mittelbaren Verletzer die Unterlassung der beanstandeten Handlung verlangt werden kann oder lediglich Maßnahmen zur Verhinderung von unmittelbaren Verletzungen durch Dritte. Zur Darlegung der objektiven Eignung können auch gesetzliche Beweisvermutungen (wie § 139 Abs 3 PatG) herangezogen werden.

597

ff) Mangelnde Berechtigung des Empfängers

Untersagt wird im Rahmen der mittelbaren Patentverletzung nur das Anbieten oder Liefern an Personen, die zur Benutzung der patentierten Erfindung im Sinne von § 9 Satz 2 Nr 1–3 PatG[704] nicht berechtigt sind. Die »Berechtigung« muss – zumindest – in der Person desjenigen vorliegen, der das Mittel (unmittelbar patentbenutzend) verwendet. Wird ein im Zwischenhandel tätiger Lieferant angegriffen, ist deshalb nicht erforderlich, dass sein direkter Abnehmer (der gleichfalls gewerblicher Zwischenhändler ist) zur Erfindungsbenutzung berechtigt ist; vielmehr genügt es, wenn der letzte Abnehmer am Ende der Lieferkette, in dessen Person allein eine (unmittelbar patentbenutzende) Gebrauchsabsicht in Betracht kommt, über eine Berechtigung zur Erfindungsbenutzung verfügt, zB deshalb, weil der Letztabnehmer im Besitz eines kraft Erschöpfung gemeinfrei gewordenen Gegenstandes ist, der bei Verwendung des gelieferten Mittels gebraucht (aber nicht neu hergestellt) wird.[705]

598

Die Berechtigung kann sich beispielsweise aus einem Vorbenutzungsrecht oder aus einer **Lizenz** ergeben. Letztere kann auch stillschweigend erteilt werden, was insbesondere bei Verfahrenspatenten von Interesse ist. Hier geht die Rechtsprechung des BGH[706] dahin, dass derjenige, der vom Inhaber eines Verfahrenspatents eine zur Ausübung des geschützten Verfahrens erforderliche Vorrichtung erworben hat, diese bestimmungsgemäß benutzen darf, sofern sich nicht entgegenstehende Abreden feststellen lassen. Erteilt der Patentinhaber einem Dritten die Lizenz, solche Vorrichtungen in den Verkehr zu

599

---

701 In den beiden letztgenannten Alternativen stellt sich freilich auf der Rechtswidrigkeitsebene die Frage der Erschöpfung; vgl dazu BGH, GRUR 2007, 773 – Rohrschweißverfahren.
702 BGH, GRUR 2015, 467 – Audiosignalcodierung.
703 OLG Düsseldorf, InstGE 4, 252 – Rohrschweißverfahren; BGH, GRUR 2007, 773 – Rohrschweißverfahren; BGH, GRUR 2015, 467 – Audiosignalcodierung sowie OLG Karlsruhe, GRUR 2014, 59 – MP2-Geräte (für den Fall, dass das gelieferte Mittel (TV) lediglich die Dekodierung der zuvor anderweitig (durch die Fernsehsender) kodierten Daten ermöglicht).
704 BGH, GRUR 2007, 773 – Rohrschweißverfahren.
705 AA: LG Düsseldorf, InstGE 7, 122 – Videosignal-Codierung II; OLG Düsseldorf, Urteil v 14.1.2010 – I-2 U 128/08.
706 BGH, GRUR 1980, 38 – Fullplastverfahren; BGH, GRUR 2007, 773 – Rohrschweißverfahren.

bringen, hat der Dritte mangels abweichender Vereinbarungen die Befugnis, seinen Abnehmern die Ausübung des patentgeschützten Verfahrens (mithilfe der erworbenen Vorrichtung) zu erlauben.[707]

600 In der Praxis von besonderer Bedeutung ist die Frage, ob bzw in welchem Umfang sich eine Berechtigung aus der **Erschöpfung** des Patentrechtes ergibt. Dieses Problem stellt sich insbesondere dann, wenn für geschützte Vorrichtungen Ersatzteile geliefert werden, um Defekte auszubessern bzw nicht mehr funktionstaugliche Vorrichtungen wieder herzurichten. Auch das Anbieten und Liefern von üblichen Verschleiß- oder Verbrauchsteilen kann vor diesem Hintergrund eine mittelbare Patentverletzung darstellen.

601 Die Darlegungs- und **Beweislast** für eine behauptete Berechtigung zur Patentbenutzung trägt derjenige, der sich darauf beruft, mithin der Beklagte.[708]

602 Keine Berechtigung vermitteln nach der ausdrücklichen Regelung in § 10 **Abs 3 PatG** die Privilegierungstatbestände des § 11 Nr 1–3 PatG. Dass der Abnehmer des Mittels im privaten Bereich oder zu Versuchszwecken agiert und somit selbst keinen Verbietungsansprüchen aus dem Patent unterliegt, hindert deshalb nicht die Haftung des Lieferanten als mittelbarer Verletzer.[709]

gg) Verwendungsbestimmung des Abnehmers[710]

603 Weiter muss das Mittel zur Benutzung der Erfindung subjektiv bestimmt werden. Diese Bestimmung spiegelt den erkennbaren Handlungswillen des Belieferten wider, der die ihm gelieferte Vorrichtung so zusammenfügen und herrichten oder in Benutzung nehmen wollen muss, dass sie patentverletzend verwendet werden kann bzw arbeitet.[711] Auf die tatsächliche Verwendung kommt es nicht an, wenngleich diese selbstverständlich einen stichhaltigen Beleg für den zu erwartenden Gebrauch der Sache liefert. Der Handlungswille des Angebotsempfängers oder Lieferempfängers muss im Zeitpunkt der Vornahme der mittelbaren Patentverletzung (dh beim Angebot oder bei der Lieferung des Mittels) hinreichend sicher absehbar sein.[712] Das bedeutet: Es ist nicht erforderlich, dass der Abnehmer die Verwendungsbestimmung bei Zugang des Angebotes bzw der Lieferung bereits getroffen hat und der Lieferande dies weiß; vielmehr genügt, dass bei objektiver Betrachtung aus der Sicht des Lieferanden die hinreichend sichere Erwartung besteht, dass der Abnehmer die angebotenen/gelieferten Mittel zum patentverletzenden Gebrauch bestimmen wird.[713] Davon wird man – ohne besondere Benutzungsempfehlungen des Lieferanten, die es im Zweifel nicht geben wird – nicht ausgehen können, wenn die patentgemäße Verfahrensführung beim Betrieb der Vorrichtung überhaupt nicht beherrschbar einstellbar ist, sondern sich allenfalls zufällig, vereinzelt und unabsichtlich ergeben kann. Allein der Umstand, dass dem Empfänger die objektive Eignung des Mittels, unmittelbar patentverletzend verwendet zu werden, bekannt ist, rechtfertigt es allerdings noch nicht, auf dessen Absicht zu einem eben solchen Gebrauch zu schließen.[714] Ist vom Angebots- oder Lieferempfänger selbst keine unmittelbare Patentbenutzung zu erwarten (zB weil ein Verfahren geschützt ist und der Empfänger selbst die zur Verfahrensführung geeignete Vorrichtung nur weiterhandelt), reicht es aus, wenn in Bezug auf den letztendlichen Abnehmer mit der gebotenen Gewissheit anzunehmen ist,

---

707 BGH, GRUR 2007, 773 – Rohrschweißverfahren; BGH, GRUR 2015, 467 – Audiosignalcodierung.
708 BGH, GRUR 2015, 467 – Audiosignalcodierung.
709 OLG Düsseldorf, Urteil v 17.12.2015 – I-2 U 34/10.
710 Vgl Höhfeld, FS Schilling, 2007, S 263; Rigamonti, Mitt 2009, 57.
711 BGH, GRUR 2001, 228 – Luftheizgerät; BGH, GRUR 2005, 848 – Antriebsscheibenaufzug.
712 BGH, GRUR 2006, 839 – Deckenheizung; BGH, GRUR 2007, 679 – Haubenstretchautomat.
713 BGH, GRUR 2006, 839 – Deckenheizung.
714 BGH, GRUR 2005, 848 – Antriebsscheibenaufzug.

dass er die patentgeschützte Lehre unmittelbar anwendet.⁷¹⁵ Setzt die unmittelbar patentbenutzende Verfahrensführung eine Mehrheit von Vorrichtungen voraus, so besteht Grund für die Annahme einer Verwendungsbestimmung frühestens von dem Zeitpunkt an, zu dem für den Abnehmer die notwendige **Gesamtausrüstung** am Markt erhältlich ist, nicht vorher.

Darlegungs- und **beweispflichtig** für die »subjektive Bestimmung« ist in jedem Fall der Kläger.⁷¹⁶ Ihm kann zB ein technischer Standard zu Hilfe kommen, der die fragliche Verwendung zwingend oder optional vorsieht. 604

In Fällen des **Testkaufs** wird – rein objektiv betrachtet – nicht die Besorgnis einer unmittelbar patentverletzenden Benutzung des Mittels bestehen. Denn der Testkauf dient nur dazu, die Rechtstreue des anderen zu überprüfen. Zu diesem Zweck muss der Testkäufer wie ein normaler Kunde auftreten, was es rechtfertigt, bei der Prüfung, ob die hinreichend sichere Erwartung für eine patentverletzende Verwendung der gelieferten Mittel besteht, auf eine vernünftige Sicht abzustellen, die nur diejenigen Tatumstände berücksichtigt, die schon zum Zeitpunkt des Angebots oder der Lieferung erkennbar waren. Da der Testkaufcharakter der Bestellung des Mittels verborgen bleibt, muss sich der Lieferant so behandeln lassen, als wenn er die Mittel an einen gewöhnlichen Abnehmer geliefert hätte. Sprechen – ausgehend von dieser Prämisse – die Umstände für einen unmittelbar patentverletzenden Gebrauch, ist die notwendige Verwendungsbestimmung zu bejahen.⁷¹⁷ 605

Die subjektive Bestimmung des Abnehmers zur unmittelbar patentverletzenden Verwendung eines angebotenen oder gelieferten Mittels ist regelmäßig aufgrund der Umstände **offensichtlich**, wenn das Mittel ausschließlich patentverletzend verwendet werden kann und folgerichtig auch tatsächlich beim Abnehmer ausschließlich patentverletzend verwendet wird.⁷¹⁸ Zwingend ist dies freilich nicht. Maßgeblich ist immer, ob die Verwendungseignung und -bestimmung für den Anbietenden/Lieferanten in seiner konkreten Angebots-/Liefersituation erkennbar war. An der Offensichtlichkeit kann es deswegen fehlen, wenn die gelieferte Vorrichtung, mit der das patentgeschützte Verfahren ausgeübt werden kann, ein Zukaufteil ist, das nie im Besitz des Anbietenden gewesen, sondern von dem Zulieferanten direkt an den Abnehmer ausgehändigt worden ist.⁷¹⁹ 606

Ist das Mittel **sowohl patentgemäß als auch patentfrei einsetzbar** und weist der Anbietende in seinen Prospekten und dgl nur auf die patentgemäße Verwendungsmöglichkeit hin, so kann regelmäßig von einem offensichtlichen Handlungswillen des Abnehmers im Sinne des patentgemäßen Gebrauchs ausgegangen werden.⁷²⁰ Gleiches gilt, wenn in der Gebrauchsanleitung oder dergleichen auf beide Benutzungsmöglichkeiten – die patentgemäße und die patentfreie – gleichermaßen, ggf sogar empfehlend, hingewiesen wird⁷²¹ oder wenn – ohne nähere Erläuterungen in einer Bedienungsanleitung oder dergleichen – der patentgeschützte Gegenstand tatsächlich das Ergebnis eines Fertigungsprozesses ist, welcher mit Rücksicht auf Konstruktion und Steuerung der Herstellungsvorrichtung neben anderen, nicht zur Patentbenutzung führenden Betriebsweisen möglich ist.⁷²² Befasst sich die Anleitung hingegen allein mit der patentfreien Verwendungsmöglichkeit, kann Offensichtlichkeit nur angenommen werden, wenn konkrete tatsächliche Anhalts- 607

---

715 OLG Karlsruhe, GRUR 2014, 59 – MP2-Geräte.
716 BGH, GRUR 2005, 848 – Antriebsscheibenaufzug.
717 OLG Düsseldorf, Urteil v 14.1.2010 – I-2 U 128/08.
718 BGH, GRUR 2005, 848 – Antriebsscheibenaufzug; BGH, GRUR 2007, 679 – Haubenstretchautomat.
719 LG Düsseldorf, InstGE 5, 1 – Unterstretch.
720 BGH, GRUR 2007, 679 – Haubenstretchautomat.
721 BGH, GRUR 2007, 679 – Haubenstretchautomat.
722 OLG Düsseldorf, InstGE 9, 66 – Trägerbahnöse.

punkte dafür feststellbar sind, dass die von dem Prospekt angesprochenen Angebotsempfänger die beschriebene patentfreie Verwendung von vornherein außer Betracht lassen und stattdessen oder mindestens auch die patentverletzende Verwendung des Mittels vorsehen.[723]

▶ **Beispiel:**[724]

I.1.

Das Klagepatent (DE 10 2008 029 035) schützt ein Verfahren zum Trocknen von Fliesenböden. Es weist drei hintereinander durchzuführende Verfahrensschritte auf, nämlich

- das Anfertigen mindestens einer Bohrung mit einem vorbestimmten Durchmesser in dem Fliesenbelag (Schritt a),

- das Trocknen des Bodens mit Hilfe eines über die Bohrung durch den Boden geleiteten Gasstroms (Schritt b)

- und das Verschließen der Bohrung mit einem runden Einleger (Schritt c).

Die Bohrung wird »an den Ecken von vier aneinander angrenzenden rechteckigen Fliesen derart vorgenommen, dass der Mittelpunkt der Bohrung im Wesentlichen mit dem Schnittpunkt zusammenfällt, welcher durch die verlängerten Diagonalen der rechteckigen Fliesen gebildet wird«, also im sogenannten Fugenkreuz.

Ein solcher Schnittpunkt der verlängerten Diagonalen von vier Fliesen bildet sich, wenn die Fliesen im sogenannten Kreuzverband verlegt sind, nämlich so, dass die aneinander angrenzenden rechteckigen Fliesen jeweils durchgehende Längs- und Querfugen bilden. Keine Fugenkreuze bilden sich dagegen bei der Wahl anderer Verlegemuster, und auch bei im Kreuzverband verlegten Böden kann es insbesondere in den Randbereichen an Fugenkreuzen fehlen.

2.

Die Beklagte bietet an und verkauft Testpakete, die aus einem CT-Kernlochadapter, runden Flex- Bohrkronen, runden Verschlusskorken und runden CT-Edelstahlplatten bestehen (vgl die nachfolgenden Werbeabbildungen).

---

[723] BGH, GRUR 2005, 848 – Antriebsscheibenaufzug; BGH, GRUR 2007, 679 – Haubenstretchautomat.
[724] OLG Düsseldorf, Urteil v 23.6.2022 – I-2 U 34/21.

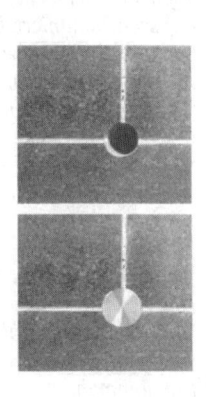

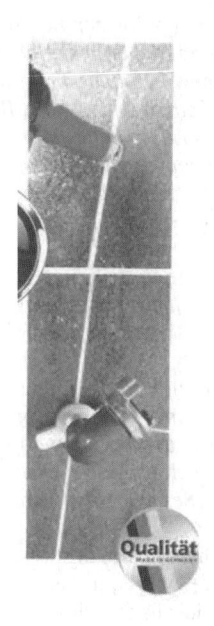

II.1.

Betrachtet man ausschließlich den Wortlaut des Patentanspruchs, erscheint auf den ersten Blick eine Deutung möglich, wonach die Bohrung stets an den Ecken von aneinander angrenzenden Fliesen angefertigt wird und (nur) dann, wenn es sich dabei um die Ecken von *vier* aneinander angrenzenden rechteckigen Fliesen handelt, die weitere Vorgabe zu beachten ist (die Bohrung »derart vorgenommen« wird), dass im Fugenkreuz gebohrt wird. Eine Bohrung im Fugenkreuz wäre mit anderen Worten zwingend, wenn ein solches vorhanden ist; das Vorhandensein eines Fugenkreuzes aber selbst keine Voraussetzung für die Durchführung eines anspruchsgemäßen Verfahrens.

Eine derartige Deutung verwirft der Fachmann jedoch bei näherer Betrachtung. Denn dem Anspruch lassen sich keine Hinweise darauf entnehmen, wo die Bohrung außerhalb eines Fugenkreuze bildenden Bereichs zu lokalisieren ist, so dass es dann bei der Vorgabe verbliebe, die Bohrung an den Ecken von aneinander angrenzenden Fliesen anzubringen, und die weitere Forderung ersatzlos entfiele, die Bohrung an den Ecken von vier aneinander angrenzenden rechteckigen Fliesen derart vorzunehmen, dass der Mittelpunkt der Bohrung im Wesentlichen mit dem Schnittpunkt zusammenfällt, welcher durch die verlängerten Diagonalen der rechteckigen Fliesen gebildet wird. Ohnehin bleibt der Fachmann bei der Auslegung von Patentansprüchen nicht bei einer rein sprachlich-philologischen Betrachtung stehen, sondern ermittelt den technischen Sinngehalt der verwendeten Begriffe unter Berücksichtigung von Aufgabe und Lösung, wie sie sich objektiv aus dem Patent ergeben. Nimmt der Fachmann die technische Funktion des Merkmals in den Blick, erkennt er, dass es auf die tatsächliche Lokalisation im Fugenkreuz entscheidend ankommt. Eben diese Platzierung der Bohrung ermöglicht eine individuelle optische Gestaltungsmöglichkeit und ein gegebenenfalls sogar designerisch gewollt erscheinendes Oberflächenbild (Abs [0028]). Sie minimiert darüber hinaus die Gefahr von Abrissen an den Fliesen – trotz deren bewusst in Kauf genommener Beschädigung (vgl Abs [0027] aE) –, weil im Fugenkreuz viel Fugenmaterial zwischen Belag und Estrich vorhanden ist und die beschädigten Ecken daher besonders stabil sind. Im Abs [0029] heißt es dazu:

»*Ein weiterer Vorteil der Bohrungslokalisation an den Fliesenkreuzen ergibt sich aus dem an diesen Stellen meist besonders haftungsfähigen Verbund aus Belag und Untergrund. Bei der Verfugung fließt hier verstärkt volumendeckend Fugenmaterial zwischen Belag und Estrich. Über diese Rückseitenbenetzung werden die vier Ecken zusätzlich stabilisiert, so dass beim Bohrvorgang die Gefahr von Abrissen minimiert ist. Obwohl daher bei dem erfindungsgemäßen Verfahren vier Fliesen pro Bohrung »beschädigt« werden, kann dennoch erreicht werden, dass keine Fliese ersetzt werden muss, womit ein grundlegendes Problem der Verfahren des Stands der Technik gelöst wird.*«

Der dargestellte Vorteil lässt sich nur dann erzielen, wenn tatsächlich in einem Fugenkreuz vier aneinander angrenzender Fliesen gebohrt wird. Auch der Beschreibungstext im Abs [0027] bestätigt diese Sichtweise. Dort heißt es:

»*... Erfindungsgemäß erfolgen die Bohrungen nicht an beliebigen Stellen durch die Fliesen, sondern an den gemeinsamen Berührungspunkten von vier Fliesen (Fugenkreuz, s. Fig. 2), ... Bei dem erfindungsgemäßen Verfahren der Anfertigung von Bohrungen im Fugenkreuz wird im Gegensatz zu den derzeit verwendeten Trocknungsverfahren bewusst die Beschädigung von mehreren Fliesen in Kauf genommen.*«

Die Verwirklichung des anspruchsgemäßen Verfahrens setzt damit voraus, dass die mindestens eine Bohrung in dem Fugenkreuz von vier aneinander angrenzenden rechteckigen Fliesen lokalisiert wird. Ist ein solches Fugenkreuz nicht vorhanden – etwa in den Randbereichen von im Kreuzverband verlegten Fliesenböden oder bei anderen Verlegemustern – kann das anspruchsgemäße Verfahren nicht verwirklicht werden. Dagegen schließt es der Anspruch nicht aus, bei Vorhandensein mindestens einer anspruchsgemäßen Bohrung weitere Bohrungen in anderen Bereichen des Fliesenbelages zu lokalisieren, bei einem im Kreuzverband verlegten Fliesenboden beispielsweise auch in den Randbereichen an den Fugenschnittstellen von nur zwei oder drei aneinander angrenzenden Fliesen.

2.

Auch wenn die Werbung der Verfügungsbeklagten nur eine Bohrung an der Schnittstelle dreier Fliesen – und damit eine nach obiger Auslegung patentfreie Verwendungsmöglichkeit – zeigt, lassen sich konkrete tatsächliche Anhaltspunkte dafür feststellen, dass die Abnehmer das Testpaket zu einer anspruchsgemäßen Verwendung bestimmen werden. Anhand der Werbeunterlagen wird ein Abnehmer, gemessen an den Erfahrungen des täglichen Lebens, zunächst erkennen, dass es auf die Positionierung an der Fugenschnittstelle ankommt, weshalb er die Möglichkeit einer Bohrung etwa mittig auf den Fliesen oder in den Fugen außerhalb von deren Eckbereichen nicht in Betracht ziehen wird. Von dieser Erkenntnis ausgehend wird er, wenn er einen im Kreuzverband verlegten Fliesenboden vorfindet, die Bohrung im Fugenkreuz vornehmen:

a)

Dass die Positionierung der Bohrung nicht etwa unbeachtlich, sondern hierfür die Fugenschnittstelle aneinander angrenzender Fliesen zu wählen ist, wird dem Abnehmer an verschiedenen Stellen der Werbung der Verfügungsbeklagten verdeutlicht. So zeigen alle Abbildungen in der Broschüre, die ein Bohrloch zeigen, dessen Lokalisation in der Fugenschnittstelle dreier Fliesen. Nur in einer der Abbildungen scheint die Bohrkrone über einer anderen Stelle einer Fuge angesetzt zu sein, während der bereits eingesetzte Adapter auf derselben Abbildung erneut an der Schnittstelle dreier Fliesen positioniert ist. Dass mit der Bohrung auf der Fugenschnittstelle optische Vorteile erzielbar sind, wird mit der Abbildung auf Seite 3 hervorgehoben, die neben dem Bohrloch auf der Schnittstelle dreier Fliesen auch die eingesetzte Edelstahlplatte zeigt. In der Textspalte neben den Abbildungen heißt es:

»Soweit mit dem Kunden zuvor abgestimmt, entsteht mit den hochwertigen CT-Edelstahlplatten eine exzellente Optik.«

Der Abnehmer wird diese Textstelle, wenn er die daneben angeordnete Abbildung berücksichtigt, so verstehen, dass der optische Eindruck nicht nur durch die Wahl der Platte, sondern auch durch ihre Positionierung gerade auf der Fugenschnittstelle geprägt wird. Auch eine Textstelle auf Seite 2 verdeutlicht die Bedeutung der Positionierung der Bohrung. Dort heißt es:

»Es erscheint generell sinnvoll, Prozessöffnungen schon gleich bei der Herstellung so zu positionieren, dass eine einfache Instandsetzung erfolgen kann. Dazu die Bohrkrone genau positionieren, was bei dieser geringen Größe eher kein Problem für den Profi sein sollte.«

Der Abnehmer liest auch diesen Hinweis vor dem Hintergrund der Abbildungen und gewinnt den Eindruck, dass es die genaue Positionierung gerade auf der Fugenschnittstelle ist, die eine einfache Instandsetzung ermöglicht.

b)

Die Erkenntnis über die Relevanz der Bohrung auf der Fugenschnittstelle wird der Abnehmer dahingehend anwenden, dass er, wenn er einen Kreuzverband verlegten Fliesenboden vorfindet, die Bohrung im Fugenkreuz der vier aneinander angrenzenden Fliesen vornehmen wird. Denn in einem solchen Fall lassen sich Fugenschnittstellen von drei aneinander angrenzenden Fliesen nur in Randbereichen vorfinden, wobei es sich dabei nicht um die für eine Trocknungsbohrung geeigneten oder allein ausreichenden Stellen handeln muss. Ausgehend von dem ihm durch die Werbung der Verfügungsbeklagten vermittelten Verständnis wird der Abnehmer erkennen, dass er die darin betonten optischen Vorteile und die einfache Instandsetzung ebenso (oder sogar besser) erreichen kann, wenn er in das Fugenkreuz bohrt.

Dass die Frage, ob es zu einer unmittelbaren Patentverletzung kommt, von dem Verlegemuster des zu trocknenden Fliesenbodens abhängt, steht der Annahme einer nach den Umständen offensichtlichen Verwendungsbestimmung nicht entgegen. Auch insoweit kann auf die Erfahrungen des täglichen Lebens zurückgegriffen und zugrunde gelegt werden, dass jedenfalls ein Teil der Abnehmer einen im Kreuzverband verlegten Fliesenboden vorfinden und an diesem Trocknungsbohrungen außerhalb seiner äußersten Randbereiche vornehmen wird.

Von einer Verwendungsbestimmung kann demgegenüber keine Rede sein, wenn die patentgemäße Verwendung (zB einer Prüfbank für Akkuschrauber) nur im Zusammenhang mit einem Gegenstand (sic: einer ganz speziellen Schraubergattung) in Betracht kommt, die am Markt keinerlei Bedeutung haben, sondern bloß »papierener« Stand der Technik sind. Umgekehrt steht es dem Beklagten frei, trotz eines Hinweises in der Bedienungsanleitung nur auf den patentverletzenden Gebrauch objektive Umstände darzutun, die ergeben, dass in Bezug auf seine Abnehmer (zB wegen deren Produktionsausrichtung, Geräteausstattung oder dergleichen) ein schutzrechtsgemäßer Gebrauch des Mittels nicht zu erwarten war und ist. 609

Im Rahmen der im Einzelfall vorzunehmenden Abschätzung der Verwendungsabsichten des Belieferten können bedeutsam sein: 610

– Das Maß der Eignung des Mittels für den patentgemäßen und für andere (patentfreie) Zwecke, 611

– die Üblichkeit der patentgemäßen oder patentfreien Verwendung, 612

613 – die konkrete Ausrichtung des belieferten Unternehmens (die eine patentgemäße oder eine patentfreie Verwendung nahe legen kann),

614 – ausdrückliche oder stillschweigende Anwendungshinweise des Lieferanten.

615 Befindet sich die Anweisung zur patentverletzenden Verwendung des gelieferten Mittels nur in **älteren Prospekten**, während im aktuellen Werbematerial ausschließlich ein patentfreier Einsatz empfohlen wird, so kann die Annahme einer mittelbaren Patentverletzung geboten sein, wenn damit zu rechnen ist, dass die älteren Prospekte vom Empfänger aufbewahrt worden sind und auch noch nach längerer Zeit herangezogen werden, um eine Beschaffungsentscheidung zu treffen.[725]

616 Eine Verwendungsbestimmung kann nicht aus einem Angebot oder einer Lieferung hergeleitet werden, das gegenüber einem Adressaten vorgenommen worden ist, der sich in Bezug auf das Klagepatent strafbewehrt zur Unterlassung verpflichtet hat.[726] Das gilt jedenfalls so lange, wie er sich an die **Unterlassungsverpflichtungserklärung** hält.

hh) Vorsatz des mittelbaren Verletzers[727]

617 § 10 PatG enthält mehrere subjektive Komponenten. Der Lieferant muss – wiederum im Zeitpunkt des Angebotes oder der Lieferung[728] – um die Eignung des Mittels und um die Verwendungsbestimmung seines Abnehmers wissen (Vorsatz) bzw Eignung und Verwendungsbestimmung müssen nach den gesamten Umständen offensichtlich sein.[729] Das Zusammenwirken von Lieferant und Abnehmer und die sich hieraus ergebende besondere Gefährdung eines Schutzrechtes rechtfertigen den Tatbestand einer mittelbaren Patentverletzung.

618 Die **Eignung** zur patentgemäßen Nutzung eines Gegenstandes wird dem mittelbaren Patentverletzer zumeist bewusst sein, sei es aufgrund seiner Fachkenntnisse oder aus seiner Position als Wettbewerber auf dem relevanten Markt. Dies ändert jedoch nichts daran, dass insoweit ein substantiierter Sachvortrag genauso erfolgen muss, wie zu der Frage der Kenntnis des Verletzers von der Bestimmung durch den Abnehmer. Dabei sind an die Beweisführung vor allem dann keine zu geringen Anforderungen zu stellen, wenn die streitige Vorrichtung auch, ggf sogar vordringlich, patentfrei verwendet werden kann.[730]

619 Hinsichtlich der **Verwendungsbestimmung** kann zunächst der Nachweis erbracht werden, dass dem Anbietenden/Lieferanten die Gebrauchsabsichten des Abnehmers positiv bekannt waren. Da der subjektive Wille des Abnehmers in der Regel nur schwer nachzuweisen ist, hat die in § 10 PatG vorgesehene Beweiserleichterung auch hier ihre Bedeutung. Es ist ausreichend, wenn aufgrund der Umstände eine Bestimmung des Abnehmers zur patentgemäßen Verwendung des Mittels offensichtlich ist, zB weil sie sich aufdrängt.[731] Insoweit kann auf Erfahrungen aus dem täglichen Leben zurückgegriffen werden.[732] Die Offensichtlichkeit kann danach gegeben sein, wenn der Lieferant eine besondere Verwendung seiner Vorrichtung empfiehlt oder das Gerät infolge seiner technischen Eigenart und Zweckbestimmung auf eine patentgemäße Benutzung zugeschnitten ist und

---

725 OLG Düsseldorf, Mitt 2003, 264, 267 – Antriebsscheibenaufzug.
726 BGH, GRUR 2007, 679 – Haubenstretchautomat.
727 Rigamonti, Mitt 2009, 57.
728 BGH, GRUR 2007, 679 – Haubenstretchautomat.
729 BGH, GRUR 2001, 228 – Luftheizgerät.
730 Vgl auch OLG Düsseldorf, Mitt 2003, 252 – Haubenstretchautomat; LG Düsseldorf, InstGE 2, 23 – Längsführungssystem.
731 BGH, GRUR 2006, 839 – Deckenheizung.
732 BGH, GRUR 1958, 179, 182 – Resin.

zu dem entsprechenden Gebrauch angeboten wird.⁷³³ Die Offensichtlichkeit der Eignung und Bestimmung erfordert aber auch in derartigen Fällen ein hohes Maß an Vorhersehbarkeit⁷³⁴, die von dem Kläger darzulegen ist.⁷³⁵

c) Rechtsfolgen

aa) Fehlen patentfreier Nutzungsmöglichkeit

Zu beachten ist, dass eine mittelbare Patentverletzung nicht in jedem Fall eine unbedingte Unterlassungsverurteilung (Schlechthinverbot) zur Rechtsfolge hat. Diese kann grundsätzlich nur durchgesetzt werden, wenn das angebotene oder gelieferte Mittel – technisch und wirtschaftlich sinnvoll⁷³⁶ – ausschließlich in patentverletzender Weise – und nicht anders – verwendet werden kann. Immer muss es sich bei der alternativen Verwendungsmöglichkeit um eine real existierende oder zumindest greifbar absehbare handeln; die bloß theoretische Aussicht, dass es künftig vielleicht eine patentfreie Gebrauchsmöglichkeit geben könnte, ist rechtlich unbeachtlich.⁷³⁷ 620

Eine außerhalb des Klagepatents liegende Verwendungsmöglichkeit hat außer Betracht zu bleiben, wenn der Kläger geltend machen kann, dass mit ihr widerrechtlich von einem weiteren Patent zB des Schutzrechtsinhabers Gebrauch gemacht wird. Da als Alternative nur **rechtmäßige Verwendungen** relevant sein können, genügt deswegen nicht der Hinweis auf einen Gebrauch, der zwar als solcher nicht ebenfalls mittelbar patentverletzend ist, gegen den der Kläger aber deshalb einschreiten kann, weil mit ihm ein anderer Patentanspruch des Klagepatents oder ein sonstiges Schutzrecht verletzt wird.⁷³⁸ So lange keine rechtskräftige Entscheidung zB aus einem Vorprozess vorliegt, ist der anderweitige Schutzrechtseingriff vom Verletzungsgericht eigenständig zu prüfen, wobei die Darlegungslast für die Rechtswidrigkeit der behaupteten Handlungsalternative beim Kläger liegt. 621

Ist der **Kläger Inhaber** auch des dritten Patents, können sich rechtliche Probleme im Zusammenhang mit § 145 PatG dergestalt ergeben, dass dem Kläger eine Berufung auf die anderweitige Schutzrechtsverletzung deshalb verwehrt sein könnte, weil das weitere Schutzrecht nach den Regeln der Klagenkonzentration in die erhobene Verletzungsklage einzubeziehen gewesen wäre. Voraussetzung hierfür ist – neben dem Vorliegen einer gleichen oder gleichartigen Verletzungshandlung, die in der Rechtsprechung ausgesprochen zurückhaltend angenommen wird –, dass die anderweitige Verwendung des Mittels kein bloßes theoretisches Gedankenspiel ist, sondern dass es während des Prozesses um die mittelbare Patentverletzung schon zu entsprechenden Benutzungshandlungen (oder zumindest einer Erstbegehungsgefahr) gekommen ist, die dem Kläger eine diesbezügliche Klagemöglichkeit überhaupt eröffnet hätten. Liegt der Sachverhalt ausnahmsweise so, 622

---

733 BGH, GRUR 2001, 228 – Luftheizgerät; BGH, GRUR 2005, 848 – Antriebsscheibenaufzug.
734 BGH, GRUR 2005, 848 – Antriebsscheibenaufzug.
735 König, Mitt 2000, 10, 21.
736 OLG Düsseldorf, Mitt 2003, 264, 268 – Antriebsscheibenaufzug; OLG Karlsruhe, Urteil v 25.2.2010 – 6 U 182/06; OLG Karlsruhe, Urteil v 23.7.2014 – 6 U 89/13; LG Düsseldorf, InstGE 5, 173 – Wandverkleidung.
737 OLG Düsseldorf, Beschluss v 24.1.2022 – I-15 U 65/21.
738 OLG Düsseldorf, Urteil v 30.9.2021 – I-2 U 52/20. Bsp: Das Klagepatent betrifft ein DNA-Sequenzierungsverfahren, das mittels bestimmter Reagenzien durchgeführt wird. Der Beklagte benennt als Verwendungsalternative eine Reagenz, die zwar nicht unter den Verfahrensanspruch fällt, wohl aber unter einen nebengeordneten Sachanspruch des Klagepatents.

wird man von der Rechtswidrigkeit[739] der betreffenden Verwendung auszugehen haben, so lange die Prozesseinrede aus § 145 PatG (die bei nicht rechtzeitiger Anbringung verloren gehen kann, § 296 Abs 3 ZPO) noch nicht ordnungsgemäß erhoben ist.

623 Steht das zur Rechtswidrigkeit der Gebrauchsalternative führende **Schutzrecht** einem **Dritten** zu, wird zusätzlich zu fordern sein, dass konkrete Anhaltspunkte dafür bestehen, dass sein Inhaber seine Patentrechte auch tatsächlich einfordern und durchsetzen wird. Dass das Schutzrecht oder der anderweitige Patentanspruch möglicherweise nicht rechtsbeständig sind, so dass aus dem derzeit noch widerrechtlichen Gebrauch demnächst (rückwirkend) ein rechtmäßiger werden kann, hat keine Bedeutung, so lange nicht entweder dahingehende unverrückbare Tatsachen geschaffen sind (indem der Anspruch oder das Schutzrecht rechtskräftig vernichtet sind) oder eine zweifelsfreie Vernichtungslage nachgewiesen und ein laufender oder bevorstehender Rechtsbestandsangriff absehbar ist.[740] Die Beweislast hierfür trägt der Verletzer.

624 Erweist sich das im Falle einer Mittelverwendung anderweitig verletzte Schutzrecht als **nicht rechtsbeständig**, eröffnet dies für den schlechthin verurteilten Beklagten, wenn das Erkenntnisverfahren um die mittelbare Patentverletzung bereits abgeschlossen ist, die Vollstreckungsabwehrklage (§ 767 ZPO) und die Restitutionsklage (§ 580 Nr 6 ZPO analog). Den Fall der rechtskräftigen Vernichtung des anderweitig verletzten Schutzrechts von vornherein beschränkend (im Sinn einer auflösenden Bedingung) in den Tenor aufzunehmen, dürfte nicht gangbar sein. Das gilt schon deshalb, weil der Wegfall des Schutzrechts nur das Schlechthinverbot zu Fall bringen, aber nicht zur vollständigen Klageabweisung führen kann, da dem Beklagten als Folge seiner mittelbaren Patentverletzung mindestens ein Warnhinweis aufzugeben ist. Abgesehen kann sich das Umfeld der Mittelverwendung bis zum Wegfall des dritten Patents im Tatsächlichen grundlegend ändern, so dass es auch von daher möglich ist, dass aus ganz anderen, mittlerweile eingetretenen Gründen an dem Schlechthinverbot festzuhalten ist. Es ohne gerichtliche Prüfung kurzerhand zu beseitigen, erscheint daher nicht angebracht.

625 Darlegungs- und beweispflichtig für das Fehlen einer patentfreien Benutzungsmöglichkeit ist der klagende Schutzrechtsinhaber, der ein Schlechthinverbot begehrt.[741] Allerdings ist zu beachten, dass es sich bei dem Fehlen einer patentfreien Verwendungsmöglichkeit um eine **negative Tatsache** handelt. Für sie gilt der prozessrechtliche Grundsatz, dass der Beweispflichtige seiner Darlegungslast zunächst dadurch nachkommt, dass er die negative Tatsache (vorliegend also das Nichtbestehen einer Benutzungsmöglichkeit außerhalb des Patents) pauschal behauptet. Es ist sodann Sache des Gegners, konkret eine patentfreie Verwendungsmöglichkeit zu benennen.[742] Erst wenn dies geschehen ist, kann – und muss – der Kläger diese Benutzungsmöglichkeit ausräumen, indem er zB dartut, dass die eingewandte Verwendung ebenfalls in den Schutzbereich des Patents fällt oder aber technisch bzw wirtschaftlich sinnlos ist und deswegen keine praktisch relevante Handlungsalternative darstellt.[743] In diesem Zusammenhang können den Beklagten sekundäre Darlegungslasten treffen, wenn und weil er – anders als der Kläger – in besonderer Weise mit dem abzuändernden Gegenstand vertraut ist.[744]

---

739 Zwar bleibt auch unter Geltung des § 145 PatG die Benutzung des Patents formal weiterhin rechtswidrig; die Ansprüche wegen Patentverletzung sind nur nicht mehr durchsetzbar. Sie repräsentieren infolgedessen einen im Geschäftsverkehr legitimen Gebrauch und haben deswegen im Rahmen der mittelbaren Verletzung als technisch mögliche und rechtlich zulässige (weil nicht verbotsfähige) Gebrauchsmöglichkeit zu gelten.
740 OLG Düsseldorf, Urteil v 30.9.2021 – I-2 U 52/20.
741 BGH, GRUR 2013, 713 – Fräsverfahren.
742 OLG Karlsruhe, Urteil v 23.7.2014 – 6 U 89/13; OLG Düsseldorf, Beschluss v 24.1.2022 – I-15 U 65/21.
743 OLG Düsseldorf, Beschluss v 24.1.2022 – I-15 U 65/21.
744 BGH, GRUR 2013, 713 – Fräsverfahren.

Trotz fehlender patentfreien Benutzungsalternative ist **ausnahmsweise** von einem 626
Schlechthinverbot abzusehen, wenn übergeordnete rechtliche Gründe dies erfordern.
Solches ist der Fall, wenn die mittelbare Benutzungshandlung einem Dritten Versuche
oder Studien ermöglicht, die nach § 11 Nr 2, 2b PatG privilegiert sind. Da unter die
besagten – sachlichen, nicht persönlichen – Privilegierungstatbestände auch ein kommerzieller Zulieferer fällt, sofern dieser hinreichende Vorkehrungen gegen eine missbräuchliche Verwendung seines bereitgestellten Studien- oder Versuchsmittels trifft, darf die
Bereitstellung nicht generell unterbunden, sondern kann nur unter den Vorbehalt geeigneter Missbrauchsvorkehrungen gestellt werden.[745]

bb) Bestehen einer patentfreien Verwendungsmöglichkeit

Kommt eine patentfreie Nutzungsmöglichkeit in Betracht, sind nur eingeschränkte Ver- 627
bote gerechtfertigt, die sicherstellen, dass einerseits der wirtschaftliche Verkehr mit dem
angegriffenen Gegenstand außerhalb des Schutzrechtes unbeeinträchtigt bleibt und andererseits der unmittelbar patentverletzende Gebrauch durch den Abnehmer mit hinreichender Sicherheit ausgeschlossen wird.[746] Als geeignete Maßnahmen kommen grundsätzlich **Warnhinweise** an die Abnehmer in Betracht, nicht ohne Zustimmung des
Schutzrechtsinhabers im Sinne der patentgemäßen Lehre zu handeln, sowie eine vertragliche **Unterlassungsverpflichtungsvereinbarung** mit dem Abnehmer, die ggf mit der
Zahlung einer Vertragsstrafe an den Schutzrechtsinhaber für den Fall der Zuwiderhandlung gegen die Unterlassungsvereinbarung verbunden ist.[747] Welche Maßnahme im Einzelfall geboten und angemessen ist, hängt von den jeweiligen Umständen ab, wobei insbesondere von Bedeutung ist, wie groß die Wahrscheinlichkeit einer patentgemäßen
Benutzung ist[748], welche Vorteile mit ihr verbunden sind und wie die Beweismöglichkeiten für den Schutzrechtsinhaber einzuschätzen sind.

(1) Anbieten

In Bezug auf das Anbieten wird dem mittelbaren Verletzer in der Praxis ein schriftlicher 628
Warnhinweis auf das Klagepatent abverlangt. Er ist auf dem Angebot als solchem[749]
anzubringen und nicht nur in einer Bedienungsanleitung.[750] Den bisher üblichen Zusatz
»ausdrücklich und unübersehbar« sieht der BGH – zu Unrecht[751] – als (mangels
Bestimmtheit) unzulässig an.[752] Um zu verhindern, dass der Warnhinweis in einer Weise
angebracht wird, dass er seine Funktion nicht ordnungsgemäß erfüllen kann, sind deshalb
konkrete Vorgaben in den Klageantrag/Urteilstenor aufzunehmen[753], zB dessen Anbringung auf der ersten Seite, in einer bestimmten Schriftgröße, blickfangmäßig herausge-

---

745 OLG Düsseldorf, GRUR-RR 2014, 100 – Marktzulassungsprivileg.
746 BGH, GRUR 2004, 758 – Flügelradzähler; BGH, GRUR 2006, 839 – Deckenheizung; BGH, GRUR 2007, 679 – Haubenstretchautomat.
747 BGH, GRUR 2007, 679 – Haubenstretchautomat; Scharen, GRUR 2001, 995.
748 BGH, GRUR 2007, 679 – Haubenstretchautomat.
749 Dh: In Katalogen und auf der Homepage nahe bei der betreffenden Ware, in schriftlichen Einzelangeboten.
750 BGH, GRUR 2007, 679 – Haubenstretchautomat.
751 Kühnen, GRUR 2008, 218.
752 BGH, GRUR 2007, 679 – Haubenstretchautomat; großzügiger der I. ZS des BGH (GRUR 2018, 1246 – Kraftfahrzeugfelgen II), der einen klaren, gut sichtbaren Hinweis auf dem Erzeugnis, dessen Verpackung, in den Katalogen und in den Verkaufsunterlagen gebilligt hat.
753 AA. Meier-Beck, GRUR 2008, 1033, 1038 FN 58, der derartige Attribute für überflüssig hält.

stellt[754], etc. Bei Auslandsangeboten, in Bezug auf die die Voraussetzungen des § 10 PatG erfüllt sind, ist diejenige Sprache zu verwenden, die in dem jeweiligen Angebotsland allgemein verständlich ist.[755]

(2) Liefern

629 Welche Maßnahme in Bezug auf Lieferungen geboten ist, hängt von den Umständen des Einzelfalles und hier vor allem davon ab, wie vorteilhaft die erfindungsgemäße Verwendung ist und wie groß dementsprechend auch der Anreiz für den Abnehmer ist, das gelieferte Mittel im Sinne der Erfindung einzusetzen.

630 So kann für Lieferungen die Verpflichtung zu einem **Warnhinweis** reichen, insbesondere in einem Wirtschaftszweig, in dem die Schutzrechtslage erfahrungsgemäß zur Kenntnis genommen und, um Patentverletzungen zu vermeiden, beachtet wird.[756] Der Hinweis ist deutlich sichtbar in den Lieferpapieren sowie auf der Verpackung, nicht nur in einer beiliegenden Anleitung[757], anzubringen. Ob darüber hinaus ein Aufdruck (ggf in Form eines Piktogramms) auf der Ware selbst notwendig ist, hängt von den Umständen des Einzelfalles ab, wobei Gesichtspunkte der Verhältnismäßigkeit eine wichtige Rolle spielen (welches *zusätzliche* Maß an Gewähr für ein Unterbleiben patentgemäßer Verwendung ist mit einem solchen Produkthinweis verbunden? Welcher Aufwand ist damit für den Verletzer verbunden?).

▶ **Beispiel:**

631 Der angegriffene Dübel zur Befestigung von Styropor-Dämmstoffplatten darf nicht mit seinem Kopf im Dämmstoffmaterial versenkt montiert werden (wie dies der Lehre des patentgeschützten Verfahrens entspricht), sondern nur in der Weise, dass die obere Druckplatte auf der Dämmstoffplatte bündig aufliegt. Ist ein entsprechender Montagehinweis auch auf dem Dübel selbst anzubringen? Pro: Die eigentliche Verwendung geschieht durch den Arbeiter auf der Baustelle, der weder die Lieferunterlagen noch die Umverpackung zu Gesicht bekommt; contra: Geringe Größe der Dübeloberfläche, die schon andere Verwendungshinweise etc tragen muss; die Entscheidung über die versenkte oder bündige Montage fällt im Rahmen der Bestellung der Dübel, weswegen es vordringlich darauf ankommt, dem diesbezüglichen Entscheider (Einkäufer) einen Warnhinweis zu erteilen.

632 Es kann aber auch notwendig sein, dem Verletzer für den Fall einer Lieferung – allein oder zusätzlich zum Warnhinweis – zur Auflage zu machen, mit seinem Abnehmer eine ggf sogar **vertragsstrafegesicherte Vereinbarung** dahin gehend zu treffen, dass dieser das gelieferte Mittel nicht patentverletzend verwendet, wenn auf andere Weise die Gefahr weiterer Verletzungen nicht ausgeschlossen werden kann und eine solche Auflage die Interessen des Verletzers nicht unangemessen beeinträchtigt.[758] Denkbar mag es im Ein-

---

754 OLG Karlsruhe, Urteil v 25.2.2010 – 6 U 182/06, wonach mit dem Begriff »blickfangmäßig« gemeint ist, dass der Warnhinweis drucktechnisch hervorgehoben, vom übrigen Text abgesetzt und in Fettdruck gehalten sein muss, wobei die Schriftgröße bei einem Angebot größer sein muss als die maximale Schriftgröße des Angebots und bei dem Hinweis auf der Verpackung die Schriftgröße größer sein muss als der sonstige aufgedruckte Text mit Ausnahme der Produkt- oder Firmenbezeichnung und eines eventuellen Logos.
755 BGH, GRUR 2018, 1246 – Kraftfahrzeugfelgen II.
756 BGH, GRUR 2007, 679 – Haubenstretchautomat.
757 OLG Karlsruhe, Urteil v 25.2.2010 – 6 U 182/06.
758 BGH, GRUR 2007, 679 – Haubenstretchautomat; BGH, GRUR 1961, 627 – Metallspritzverfahren; BGH, GRUR 1964, 496 – Formsand II; OLG Düsseldorf, InstGE 2, 115 – Haubenstretchautomat; OLG Düsseldorf, Mitt 2003, 264, 267 f – Antriebsscheibenaufzug.

zelfall ferner sein, einen *bestimmten*, unzuverlässigen Abnehmer von der Belieferung auszunehmen.

Stellt sich im Nachhinein heraus, dass die angeordnete Maßnahme einer unmittelbaren Patentverletzung nicht wirksam begegnet, kann dies Veranlassung sein, im noch offenen Erkenntnisverfahren (zB auf ein Anschlussrechtsmittel des Klägers) zu einer einschneidenderen Auflage zu schreiten. Nach Rechtskraft des Verletzungsurteils ist eine derartige Korrektur freilich ausgeschlossen. 633

(3) Sonderfälle

Trotz prinzipiell patentfreier Verwendungsmöglichkeit kann gegen den Lieferanten **ausnahmsweise** ein **Schlechthinverbot** ergehen. 634

(a) Wirkungslosigkeit des Warnhinweises

Das gilt zunächst dann, wenn weder ein Warnhinweis noch eine Vertragsstrafenvereinbarung Gewähr dafür bieten können, dass es unter Verwendung des Mittels nicht zu einer Patentverletzung kommt, eine etwaige Patentverletzung für den Schutzrechtsinhaber praktisch nicht feststellbar wäre *und* dem Lieferanten ohne weiteres zumutbar ist, das Mittel so umzugestalten, dass es nicht mehr patentgemäß verwendet werden kann.[759] 635

(b) Technische Gestaltungsmöglichkeiten

Ein Schlechthinverbot wird ferner generell dann in Betracht zu ziehen sein, wenn die patentfreie Benutzung auf eine dem Klagepatent entsprechende Ausgestaltung des Mittels überhaupt nicht angewiesen ist, weil das Mittel ohne weiteres derart abgeändert werden kann, dass es den Vorgaben des Patents nicht mehr entspricht, seine Eignung zur patentfreien Verwendung aber dennoch nicht einbüßt.[760] In solchen Fällen bedarf es der patentgemäßen Ausbildung des Mittels zur Gewährleistung eines gemeinfreien Gebrauchs außerhalb des Patents nicht; an ihr kann deswegen auch kein schützenswertes Interesse desjenigen bestehen, der das Mittel anbietet oder vertreibt. 636

Es steht dabei zur **Darlegungslast** des Patentinhabers, die Umstände vorzutragen, aus denen sich ergibt, dass das Mittel patentfrei umgestaltet werden und deshalb ein Schlechthinverbot gerechtfertigt sein kann.[761] Besondere Umstände, die es ausnahmsweise unzumutbar machen, die besagte technische Änderung vorzunehmen, sind demgegenüber vom Verletzer substantiiert darzulegen.[762] 637

Werden hindernde Umstände nachgewiesen, ist es eine Frage der **objektiven Interessenabwägung** im Einzelfall, ob dem Verlangen des Schutzrechtsinhabers nach einem Schlechthinverbot ein solches Gewicht beigemessen werden kann, dass ihm im wertenden Vergleich mit dem für den Verletzer mit einer technischen Änderung des Mittels verbundenen Aufwand der Vorrang eingeräumt werden muss. **Zwei Fragen** sind in diesem Zusammenhang zu beantworten: 638

– Zunächst ist zu klären, welches »Mehr« an Sicherheit vor einer patentgemäßen Verwendung des Mittels für den Schutzrechtsinhaber damit verbunden ist, dass anstelle einer Pflicht zum Warnhinweis ein Schlechthinverbot angeordnet wird. 639

---

759 OLG Düsseldorf, InstGE 4, 252 – Rohrschweißverfahren.
760 LG Düsseldorf, InstGE 5, 173 – Wandverkleidung; OLG Düsseldorf, Urteil v 29.3.2012 – I-2 U 137/10; OLG Düsseldorf, Urteil v 9.7.2020 – I-2 U 22/19.
761 OLG Düsseldorf, Urteil v 29.3.2012 – I-2 U 137/10.
762 OLG Düsseldorf, Urteil v 29.3.2012 – I-2 U 137/10.

640 – In einem nachfolgenden Schritt sind dem diejenigen Anstrengungen technischer, organisatorischer und/oder finanzieller Art gegenüberzustellen, die auf Seiten des Verletzers notwendig sind, um das Mittel (zur »Umgehung« des Schlechthinverbotes) technisch so zu variieren, dass es zwar noch den patentfreien, aber nicht mehr den patentgemäßen Gebrauch zulässt.⁷⁶³

641 Zu denken ist beispielsweise an geleistete Investitionen für die Herstellung des Mittels, die mit der erforderlichen Änderung nutzlos werden würden, an neue Investitionen, die zur Umsetzung der Abwandlung geleistet werden müssten, sich aber wegen des ausgesprochenen Nischencharakters des Mittels nicht lohnen, oder im Falle von Medizinprodukten daran, dass für die Abwandlung eine neue Zulassung eingeholt werden muss mit der Folge, dass der Beklagte bei einem Schlechthinverbot vorübergehend vollständig seinen Marktauftritt einstellen muss. Untauglich ist demgegenüber der Einwand, das Mittel könne im patentfreien Ausland unverändert in Verkehr gelangen, weswegen ein Schlechthinverbot den überregional tätigen Beklagten dazu zwinge, in seinem Geschäftsbetrieb zwei verschiedene Varianten vorrätig und logistisch für den Vertrieb bereitzuhalten, nämlich die unveränderte Version des Mittels für das patentfreie Ausland und eine veränderte Version für das Inland. Wegen der strikten Territorialität des Patentschutzes kommt es rechtlich nicht auf unternehmerische Aktivitäten des Beklagten im Ausland an. Abgesehen davon geht es überhaupt nicht um Aufwendungen, die dafür anfallen, dass mit dem Mittel die technische Lehre des Klagepatents verlassen wird, sondern um denjenigen Aufwand, der dafür zu leisten ist, dass ein Auslandsvertrieb aufrechterhalten werden soll.⁷⁶⁴ Kann die patentgemäße Gebrauchstauglichkeit ohne Beeinträchtigung der Möglichkeit zur patentfreien Verwendung dadurch beseitigt werden, dass bei der Vorrichtung auf eine ohnehin nur als Option angebotene **Sonderausstattung** verzichtet wird, so überwiegen ohne weiteres die Interessen des Patentinhabers am Schutz seines geistigen Eigentums.

642 Anders kann es sich bei einem reinen **Vertriebsunternehmen** verhalten, das – sei es aus tatsächlichen, sei es aus rechtlichen Gründen⁷⁶⁵ – selbst keinen Einfluss auf die Änderung der technischen Ausstattung des zur mittelbaren Patentverletzung führenden Gegenstandes hat.

643 Ggf kann in Betracht kommen, eine gewisse **Umstellungsfrist** einzuräumen, während der zu Lasten des Beklagten lediglich ein Warnhinweis verordnet wird und an die sich erst das Schlechthinverbot anschließt.

644 Ein Schlechthinverbot scheidet nicht per se deshalb aus, weil das Klagepatent zu einem **technischen Standard** gehört, es sich bei ihm ggf sogar um ein SEP mit FRAND-Erklärung handelt. Selbst wenn durch die im Hinblick auf das Klagepatent erforderliche technische Variation die Interoperabilität der angegriffenen Ausführungsform innerhalb des Gesamtstandards gefährdet oder definitiv nicht mehr gegeben ist, bleibt dieser Gesichtspunkt für die rechtliche Beurteilung so lange bedeutungslos, wie der Benutzer diejenigen Pflichten nicht erfüllt hat, die von ihm für eine Lizenzierung des Standards zu erwarten sind.⁷⁶⁶

cc) Verwendung im privaten Bereich

645 Problematisch sind diejenigen Fälle, in denen der streitige, sowohl patentgemäß also auch patentfrei zu nutzende Gegenstand von dem Dritten beispielsweise dem Endverbraucher

---

763 OLG Düsseldorf, Urteil v 29.3.2012 – I-2 U 137/10.
764 OLG Düsseldorf, Urteil v 29.3.2012 – I-2 U 137/10.
765 Zu denken ist beispielsweise an eine Änderung der herstellerseitigen Softwaresteuerung, die dessen Urheberrechte verletzen würde.
766 LG Düsseldorf, Urteil v 9.11.2018 – 4a O 15/17; LG Düsseldorf, Urteil v 21.12.2018 – 4c O 3/17.

zur Nutzung im privaten Bereich zu nicht gewerblichen Zwecken angeboten oder geliefert wird, wobei erst der Endverbraucher die patentgemäße Benutzung, also die Bestimmung, vornimmt. Gemäß § 10 Abs 3 PatG gelten Personen, die die in § 11 Nr 1 bis 3 PatG genannten Handlungen vornehmen, im Sinne des § 10 Abs 1 PatG nicht als Personen, die zur Benutzung der Erfindung berechtigt sind. Das bedeutet: § 10 Abs 1 PatG greift selbst dann ein, wenn feststeht, dass eine unmittelbare Patentverletzung nicht stattfindet, weil das gelieferte Mittel im nicht gewerblichen Bereich zum Einsatz kommt (§ 11 Nr 1 PatG[767]), weil es Versuchszwecken dient (§ 11 Nr 2 PatG) oder weil das Mittel im Rahmen der Einzelzubereitung eines Arzneimittels Verwendung findet (§ 11 Nr 3 PatG). Das Gesetz gibt dem Patentinhaber folglich bewusst Verbietungsrechte gegen den mittelbaren Patentverletzer, auch wenn der unmittelbare Benutzer der Erfindung (zB weil er im privaten Bereich zu nicht gewerblichen Zwecken handelt) seinerseits nicht auf Unterlassung haftet. Auf der Rechtsfolgenseite hat diese Gesetzeslage unterschiedliche Konsequenzen, je nachdem, ob das angebotene oder gelieferte Mittel ausschließlich patentgemäß oder auch patentfrei verwendet werden kann:

— Lässt sich das Mittel **nur patentgemäß einsetzen**, ergeht gegen den mittelbaren Verletzer – wie sonst auch – ein Schlechthin-Verbot. 646

— Ist das Mittel technisch und wirtschaftlich sinnvoll **ebenso patentfrei zu verwenden**, scheidet eine eingeschränkte Verurteilung des Inhalts, dass der mittelbare Verletzer mit seinem Abnehmer eine strafbewehrte Unterlassungsverpflichtungsvereinbarung zu treffen hat, aus. Da der private Endverbraucher das Mittel wegen § 11 PatG patentgemäß gebrauchen darf, ist es ausgeschlossen, ihn für den Fall einer solchen Verwendung die Zahlung einer Vertragsstrafe an den Patentinhaber versprechen zu lassen. Andere Maßnahmen, die einer patentgemäßen Verwendung des Mittels entgegenwirken können und die mit Blick auf private Abnehmer rechtlich zulässig sind, kommen demgegenüber in Betracht. So kann zB ein Warnhinweis im Einzelfall durchaus seine Funktion erfüllen.[768] Er ist zwar in seiner gebräuchlichen Formulierung (»eine erfindungsgemäße Benutzung des Mittels sei nur mit Erlaubnis des Patentinhabers statthaft«) sinnlos, weil der private Abnehmer ohne Zustimmung des Patentinhabers zu einer der Lehre des Patents entsprechenden Verwendung berechtigt ist. Der Warnhinweis kann jedoch allgemein gehalten werden, beispielsweise in der Form, »dass das Mittel nicht für die bestimmte Verwendung geeignet ist«. Bei Gegenständen, die (wie Staubsaugerbeutel) üblicherweise einen Kompatibilitätshinweis enthalten (»geeignet für Staubsauger der Typen ...«), kann der Patentbenutzung dadurch entgegen gewirkt werden, dass ein Hinweis auf die patentgeschützte Verwendung unterbleibt.[769] Wird die objektive Eignung des Mittels erst durch eine vom Abnehmer vorgenommene Veränderung an dem Liefergegenstand herbeigeführt, zu der der Lieferant rät, kann es geboten sein, ihm den Hinweis abzuverlangen, dass diese die Verwendungseignung begründende Maßnahme keinesfalls vorgenommen werden darf.[770] Ggf kann das Verbot auch dahingehend formuliert werden, dass bestimmte Größenabmessungen oder -verhältnisse einzuhalten oder zu meiden sind, wenn dadurch die patentfreie Benutzung ermöglicht, einer patentgemäßen Benutzung indessen entgegengewirkt wird. 647

---

767 Eine selbständige Tätigkeit, die auf die Erzielung von Einnahmen gerichtet ist, stellt im Sinne des Patentrechts eine gewerbliche Betätigung dar.
768 AA: LG Düsseldorf, Mitt 2000, 108 – WC-Körbchen II.
769 OLG Düsseldorf, GRUR-RR 2006, 39 – Kaffee-Filterpads; OLG Düsseldorf, Urteil v 7.7.2016 – I-2 U 5/14.
770 Vgl OLG Düsseldorf, Urteil v 9.7.2020 – I-2 U 22/19, wo ein solcher Ausspruch möglich gewesen wäre.

dd) Vorgaben nur in Bezug auf den Verletzungsgegenstand

648 Egal, welche konkrete Maßnahme zur Durchsetzung des Unterlassungsanspruchs in Erwägung gezogen wird, ist in jedem Fall zu beachten, dass dem Verletzer mit ihnen Verhaltensmaßregeln nur in Bezug auf den Verletzungsgegenstand gemacht werden können. Ihm kann demgegenüber kein bestimmtes Verhalten in Bezug auf seine sonstige Geschäftstätigkeit abverlangt werden, selbst wenn damit wirksam weiteren unmittelbaren Benutzungshandlungen vorgebeugt werden kann.

▶ **Beispiel:**

649 Das Klagepatent schützt ein Verfahren zur Übertragung großer Datenmengen. Bestimmte Handys der Beklagten unterstützen das patentgemäße Übertragungsverfahren.

Die Handys sind aufgrund dessen patentverletzende »Mittel« iSv § 10 PatG, weswegen sie erfolgreich mit einer Unterlassungsklage, gerichtet auf Einstellung des Weiteren Vertriebs der Handys, angegriffen werden können.

In Bezug auf solche Handys, die bei Vollstreckbarkeit des Verbotsurteils bereits an Private ausgeliefert waren, lässt sich hierdurch eine weitere Benutzung des patentierten Übertragungsverfahrens freilich nicht mehr unterbinden. Findet sie vor allem bei Benutzung eines von der Beklagten angebotenen Internetdienstes statt, der praktisch den Anreiz für eine Übertragung großer Datenmengen setzt, ließe sich erwägen, ob die Beklagte es dem Patentinhaber im Rahmen ihrer Unterlassungspflicht aus § 10 PatG nicht schuldet, den Internetdienst für die von ihr in Verkehr gebrachten Handys einzustellen, sodass die bereits ausgelieferten, mittelbar patentverletzenden Handys nicht mehr schutzrechtsbenutzend gebraucht werden können. Eine derartige Pflicht wäre zweifellos zielführend. Sie ist gleichwohl zu verneinen, weil der mittelbare Verletzer nur dazu verpflichtet ist, Angebot und Lieferung *der* »Mittel« zu unterlassen, die das Klagepatent nach Maßgabe des § 10 PatG verletzen, er aber außerhalb dessen keine Vorkehrungen dagegen schuldet, dass es unter Verwendung der mittelbar verletzenden Gegenstände künftig noch zu Benutzungshandlungen kommt. Finden sie im privaten Bereich statt, sind sie kraft Gesetzes (§ 11 Nr 1 PatG) vom Patentschutz freigestellt, sodass sich der Kläger nicht gegen sie zur Wehr setzen kann, weswegen auch der Beklagte sie nicht – auch nicht im Wege eines Folgenbeseitigungsanspruchs (§ 1004 BGB analog) – zu unterbinden hat. Befinden sich die Handys in der Hand von Gewerbetreibenden, kann (und muss) der Patentinhaber seine Verbietungsrechte wegen unmittelbarer Patentverletzung auf direktem Wege ihnen gegenüber durchsetzen. Freilich wird bei der Bemessung des Schadenersatzes für die an Private mittelbar patentverletzend ausgelieferten Handys zu berücksichtigen sein, dass es mit ihnen fortlaufend zu weiteren Verfahrensbenutzungen kommen kann.

▶ **Beispiel: (LG Düsseldorf, Urteil v 26.2.2004 – 4b O 108/03)[771]**

I.1.

650 Das Klagepatent (EP 0 904 717) betrifft eine Baueinheit zum Einsatz in einem Kaffee-Brühgerät.

---

[771] Beachte: In den Niederlanden hat ua der Hoge Raad in einem parallelen Verfahren die geltend gemachten Ansprüche abgewiesen mit der Begründung, Pads für die Zubereitung von Getränken (insbesondere Kaffee) seien aus dem Stand der Technik bereits bekannt. Das Vorliegen eines Mittels, das sich auf ein wesentliches Element der Erfindung bezieht, wurde verneint: Hoge Raad de Nederlanden v 31.10.2003 in Bijblad Industriele Eigendommen 2004/47 – (Pilvormige) koffiebuiltjes voor de Senseo Crema.

Die Baueinheit besteht aus einem becherförmigen Behälter (als Träger) und einem darin zu platzierenden Filtereinsatz (mit vorportioniertem Kaffeepulver). Der mit dem Filtereinsatz bestückte Behälter wird in das Kaffee-Brühgerät so eingesetzt, dass heißes Wasser unter Druck durch den Filtereinsatz gepresst wird, dabei das in dem Filtereinsatz enthaltene Kaffeemehl extrahiert wird und schließlich als Kaffeeextrakt aus mindestens einer im Behälterboden angeordneten Auslassöffnung herausfließt.

Nach den Erläuterungen der Klagepatentschrift ist eine derartige – aus Behälter (= Träger) und Filtereinsatz bestehende – Baueinheit bereits aus der US-Patentschrift 3 620 155 bekannt. Wie die nachstehenden Abbildungen verdeutlichen,

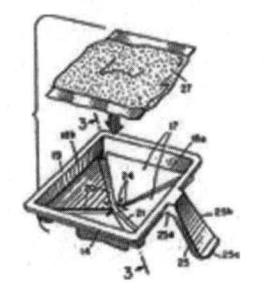

ist der Behälterboden rechteckig ausgestaltet und mit Nuten versehen, die von jedem Eckpunkt zu der zentralen Auslassöffnung verlaufen. Der Filtereinsatz hat ebenfalls eine rechteckige Form und besitzt Abmessungen, die mit denen des Behälterinnenraumes übereinstimmen.

Wie die Klagepatentschrift erläutert, stellt sich bei dieser Konstruktion ein nachteiliger Umlenkeffekt ein. Er resultiert daraus, dass ein Teil des heißen Brühwassers, welches auf die Oberseite des Filtereinsatzes gegeben wird, nicht durch den Filtereinsatz und das darin enthaltene Kaffeepulver hindurchfließt, sondern statt dessen auf der Oberseite des Filtereinsatzes bis in den Randbereich strömt, dort seitlich nach unten in den Bodenbereich fließt, von den sich bis in den Eckbereich des Bodens erstreckenden Nuten aufgenommen wird und auf diese Weise direkt zu der zentralen Auslassöffnung gelangt. Der aus dem Brühgerät erhaltene Kaffeeextrakt wird so durch heißes Wasser verdünnt, was vor allem deshalb unerwünscht ist, weil im Voraus nicht abgeschätzt werden kann, welche Menge an Brühwasser um den Filterbeutel herum über die Nuten unmittelbar zu der Auslassöffnung abfließt.

Ziel der Erfindung des Klagepatents ist es deshalb, diesem Nachteil abzuhelfen.

Patentanspruch 1 des Klagepatents sieht hierzu die Kombination folgender Merkmale vor:

1) Baueinheit (1) zum Einsatz in einem Kaffeebrühgerät.

2) Die Baueinheit (1) enthält

   a) einen *Behälter* (2) mit einem becherförmigen Innenraum (6),

      aa) der von einem Boden (8) umrundet wird,

      bb) der mindestens eine Auslassöffnung (12) aufweist

      cc) und der eine vertikale Seitenwand (10) besitzt, die in dem becherförmigen Innenraum (6) des Behälters (2) angeordnet ist;

   b) einen becherförmigen *Filtereinsatz* (4),

      aa) der aus einem Filterpapier hergestellt ist

      bb) und mit gemahlenem Kaffee befüllt wird.

3) Der Filtereinsatz (4) liegt auf dem Boden (8) des Behälters (2) auf und erstreckt sich über diesen Boden (8) in eine Position an der Seitenwand (10) des Behälters (2).

4) In dem Boden (8) des Behälters (2) ist eine Anzahl von rillenförmigen Nuten (14) vorgesehen, die in radialer Richtung in dem becherförmigen Innenraum (6) zu mindestens einer der Auslassöffnungen (12) verlaufen.

5) Die einzelnen Nuten (14) erstrecken sich von einer Position, die im Abstand von der Seitenwand (10) liegt, in eine Richtung, die sich von der Seitenwand (10) entfernt.

6) Im Gebrauch wird mit Hilfe der Kaffeebrühmaschine heißes Wasser unter Druck an der Oberseite des Behälters (2) so eingefüllt,

   a) dass das Wasser von der Oberseite des Filtereinsatzes (4) durch diesen Filtereinsatz (4) gepresst wird,

   b) um das in dem Filtereinsatz (4) enthaltene Kaffeemehl zu extrahieren,

   c) sodass der hergestellte Kaffeeextrakt aus dem Boden des Filtereinsatzes (4) und dem Behälter (2) über mindestens eine der Auslassöffnung (12) herausfließen kann.

Die nachfolgenden Abbildungen verdeutlichen den Gegenstand der Erfindung anhand bevorzugter Ausführungsbeispiele, wobei die Figuren 1 und 2 den Behälter (2) der Baueinheit in Draufsicht und im Querschnitt zeigen,

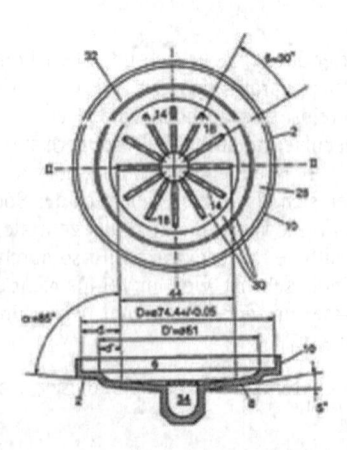

Figur 4 den Filtereinsatz (4) darstellt,

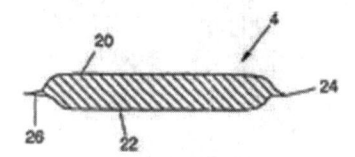

Figur 6 die Baueinheit (1), bestehend aus dem Behälter (2) und dem darin angeordneten Filtereinsatz (4), wiedergibt,

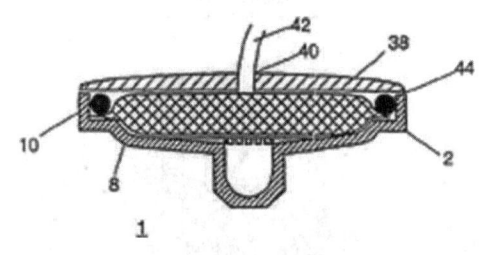

und die Figuren 7 und 9 eine dem Unteranspruch 5 entsprechende Ausführungsform des Behälters (2) zeigen.

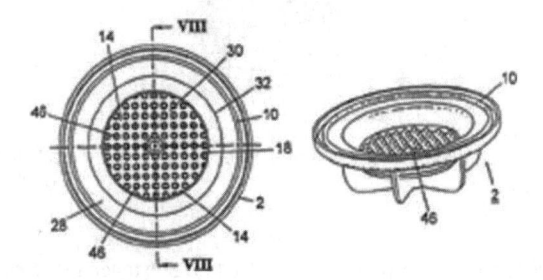

Die Erfindung beruht entscheidend darauf,

- dass sich der Filtereinsatz bis zur Seitenwand des Behälters (dh über die gesamte Bodenfläche hinweg) erstreckt und auf dem Boden aufliegt,
- während die zur Auslassöffnung führenden Bodennuten erst in einem gewissen Abstand von der Seitenwand des Behälters beginnen.

Durch diese Anordnung und gegenseitige Abstimmung von Behälter (dh genauer Behälterboden) und Filtereinsatz ist gewährleistet, dass Brühwasser, welches auf der Oberseite des Filtereinsatzes und seitlich an diesem entlang strömt, nicht von den bodenseitigen Nuten aufgenommen und zur Auslassöffnung abgeführt werden kann, weil die seitenwandnahen Abschnitte des Filtereinsatzes auf den in diesem Bereich ungenuteten Behälterboden aufliegen und dadurch den Strömungsweg zu den bodenseitigen Nuten versperren.

2.

Seit Oktober 2002 vermarktet die Klägerin gemeinsam mit der Firma Ph. die Erfindung in Form des sogenannten Senseo-Kaffeebrühsystems. Es umfasst einen Kaffee-Brühautomaten – wie nachstehend abgebildet –

in welchen – wie nachfolgend darstellt –

Träger eingesetzt werden, welche vorher mit einem Kaffee-Pad (dh Filtereinsatz) bestückt werden.

3.

Der Beklagte bietet an und vertreibt »Coffee-Pads«. Nachstehend ist eine Umverpackung auszugsweise wiedergegeben.

II.

Angebot und Vertrieb der streitbefangenen Coffee-Pads verletzen das Klagepatent mittelbar.

Gemäß Art 64 EPÜ, § 10 Abs 1 PatG hat das Patent die Wirkung, dass es jedem Dritten verboten ist, ohne Zustimmung des Patentinhabers anderen als zur Benutzung der patentierten Erfindung berechtigten Personen Mittel, welche sich auf ein wesentliches Element der Erfindung beziehen, zur Benutzung der Erfindung anzubieten oder zu liefern, wenn der Dritte weiß oder es aufgrund der Umstände offensichtlich ist, dass diese Mittel dazu geeignet und bestimmt sind, für die Benutzung der Erfindung verwendet zu werden. Die genannten Tatbestandsvoraussetzungen sind im Streitfall – entgegen der Auffassung des Beklagten – erfüllt:

1.

Dass es sich bei den streitigen Coffee-Pads um Mittel handelt, die sich auf ein wesentliches Element der Erfindung beziehen, kann nicht ernstlich zweifelhaft sein. Im Rahmen der erfindungsgemäßen technischen Lehre, wie sie Gegenstand von Patentanspruch 1 ist, kommt den Filtereinsätzen nicht nur eine untergeordnete Bedeutung zu; in ihnen verkörpert sich vielmehr – genauso wie in dem den Filtereinsatz aufnehmenden Behälter – der eigentliche Erfindungsgedanke. Der angestrebte Effekt – das Verhindern einer Umlenkung des Brühwassers – beruht nämlich nicht allein auf dem becherförmigen Behälter und seiner erfindungsgemäßen Ausgestaltung; er stellt sich vielmehr nur ein, wenn auch der Filtereinsatz in geeigneter, dh den Erfindungsmerkmalen entsprechender Weise, dimensioniert und ausgestaltet ist. Deutlich wird dies bereits anhand der Anspruchsfassung, die für den Filtereinsatz ganz konkrete, auf den ihn aufnehmenden Behälter bezogene Anforderungen stellt. Merkmal (3) besagt insoweit, dass der Filtereinsatz auf dem Behälterboden aufliegt (dh keinen Abstand von diesem hält) und sich über dem Boden bis zur Seitenwand des Behälters erstreckt. Der technische Sinn dieser Anweisungen erschließt sich dem Durchschnittsfachmann unmissverständlich durch den Beschreibungstext auf Seite 4, Zeilen 1 bis 7, 17 bis 23; S. 12 Zeilen 6 bis 21. Namentlich der zuletzt genannten Textstelle kann der Fachmann entnehmen, dass sich der unerwünschte Umlenkeffekt immer dann einstellen kann, wenn zwischen der Unterseite des Filtereinsatzes und dem Boden des Behälters ein Abstand besteht, der es dem Brühwasser, welches über die Oberseite des Filtereinsatzes in dessen Randbereich strömt, ermöglicht, an der Unterseite des Filtereinsatzes bis zur Auslassöffnung weiter zu fließen. Derartiges ist ersichtlich möglich, wenn der Filtereinsatz überhaupt nicht mit dem Behälterboden in Kontakt steht, sondern von diesem beabstandet ist. Eine Umlenkung kann sich jedoch auch dann einstellen, wenn die zur Auslauföffnung führenden Bodenrillen sich bis in den Randbereich des Filtereinsatzes erstrecken, wie dies beim vorbekannten Stand der Technik nach der US-Patentschrift 3 620 155 der Fall ist. Unter derartigen Verhältnissen nämlich nehmen die Bodenrillen, die zwischen dem Behälter und dem Filtereinsatz partiell einen Abstand schaffen, das zum Rand des Filtereinsatzes geströmte Brühwasser auf und leiten es direkt zur Auslassöffnung ab. Vergleichbares geschieht nicht, wenn die Bodenrillen versetzt zum Rand des auf dem Behälterboden aufliegenden Filtereinsatzes beginnen, weil in diesem Fall im seitenwandnahen Randbereich zwischen Boden und Filtereinsatz ein vollflächiger Kontakt besteht, der das über die Oberseite des Filtereinsatzes zur Seitenwand geströmte Brühwasser daran hindert, seinen Weg unterhalb des Filtereinsatzes fortzusetzen. Die erfindungsgemäße Lehre beruht damit – für den Fachmann erkennbar – auf der gegenseitigen Abstimmung von Behälterboden (speziell seiner Ablauffrillen) und Filtereinsatz. Sie soll und muss zur Erzielung der erfindungsgemäßen Vorteile so getroffen sein, dass der Filtereinsatz sich über denjenigen Bereich des Bodens hinaus erstreckt, in dem die von der Seitenwand beabstandeten Bodennuten beginnen.

2.

Es ist gleichermaßen unbestreitbar, dass die angegriffenen Coffee-Pads objektiv dazu geeignet sind, mit den erfindungsgemäßen Behältern des Typs »Senseo« in patentgemäßer Weise zusammenzuwirken. Belegt wird dies durch die von dem Beklagten selbst vorgelegten Muster. Sie beweisen, dass der mit Nuten versehene Bodenbereich des Behälters einen Durchmesser von 41 mm hat, dass sich radial jenseits dieses genuteten

Bereichs ein weiterer, durch die Seitenwand begrenzter Bodenbereich ohne Nuten ringförmig anschließt, dessen Breite etwa 10 mm beträgt, und dass der mit Kaffeepulver bestückte Teil der Pads einen Durchmesser von ca 60 mm besitzt. Die vorliegenden Muster bestätigen insofern, dass der Filtereinsatz auf dem Boden des Behälters aufliegt und sich bis zur Seitenwand des Behälters erstreckt. Da der Durchmesser der Coffee-Pads um ca 20 mm größer ist, als der Durchmesser des genuteten Behälterbodens, ergibt sich in Einbaulage eine Baueinheit dergestalt, dass die bodenseitigen Ablaufrillen in einem Bereich beginnen, der von dem mit Kaffeepulver bestückten Filtereinsatz überdeckt wird. Dass die erfindungsgemäßen Vorteile bei Verwendung eines angegriffenen Coffee-Pads in vollem Umfang erreicht werden, steht bei dieser Sachlage außer Frage.

Der Beklagte selbst hat im Übrigen die fraglichen Pads ursprünglich unter ausdrücklichem Hinweis auf das Senseo-Brühgerät angeboten. Nachdem der Beklagte selbst nicht geltend macht, die Pads seither in ihren Abmessungen verändert zu haben, ist auch vor diesem Hintergrund offensichtlich, dass die Coffee-Pads für eine Verwendung mit den erfindungsgemäßen Behältern, wie sie bei dem Senseo-Brühsystem gebräuchlich sind, taugen, und dem Beklagten dies auch bewusst ist.

Sein Hinweis, die Behälter des Senseo-Systems seien deswegen nicht erfindungsgemäß, weil statt rillenförmiger Nuten senkrechte Vorsprünge vorhanden seien, liegt neben der Sache. Dass die von Patentanspruch 1 vorausgesetzten »rillenförmigen Nuten« auch dadurch gebildet werden können, dass der Behälterboden mit einer Reihe von senkrechten Vorsprüngen in gleichmäßigem Abstand versehen wird, ergibt sich zweifelsfrei aus Unteranspruch 5 des Klagepatents, aus der Patentbeschreibung (Seite 5 Zeile 26 bis Seite 6 Zeile 2; Seite 14 Zeilen 11–23) sowie den Figuren 7 und 9.

3.

Zu Unrecht stellt der Beklagte in Abrede, dass die von ihm angebotenen Coffee-Pads von den Abnehmern subjektiv dazu bestimmt werden, in Senseo-Brühautomaten verwendet zu werden.

Unwidersprochen ist das Senseo-System im Oktober 2002 mit einem erheblichen Werbeaufwand im deutschen Markt eingeführt worden. Wie die Klägerin unwidersprochen vorgetragen hat, sind zwischenzeitlich 800.000 Geräte im Inland verkauft worden. Nach dem unwiderlegten Vorbringen der Klägerin handelt es sich überdies um das erste und bisher einzige Kaffee-Brühsystem für den privaten Haushalt, welches mit vorportionierten Kaffeepulvereinheiten bestückt wird. Dass Vergleichbares bereits vorher existiert hat oder als Konkurrenzprodukt zum Senseo-System auf dem Markt ist, hat der Beklagte nicht dargetan. Die von ihm präsentierten Verwendungsbeispiele beziehen sich nicht auf Kaffeebrühgeräte für den Privathaushalt, sondern auf Espressomaschinen, überwiegend aus dem Gastronomiebereich. Bei der gegebenen Sachlage ist davon auszugehen, dass das Senseo-Brühsystem in der Bundesrepublik Deutschland einzigartig ist, in jedem Fall aber eine Spitzenstellung einnimmt.

Derjenige Kunde, der eine entsprechende Brühmaschine besitzt und neue Kaffee-Pads benötigt, muss angesichts der Verpackungsaufmachung, wie sie von dem Beklagten gewählt worden ist, zwangsläufig zu der Überzeugung gelangen, dass sich auch die Coffee-Pads des Beklagten für seinen Bedarf eignen. Abgesehen davon, dass die Coffee-Pads ausweislich der bildlichen Darstellung auf der Umverpackung ein dem Original der Klägerin sehr ähnliches Aussehen haben und praktisch dieselbe Bezeichnung (»Coffee-Pads« statt »Kaffee-Pads«) tragen, was dem Verbraucher an sich schon eine Austauschbarkeit mit dem Produkt der Klägerin nahelegt, weist der Beklagte auf den Verpackungen – deutlich sichtbar und farbig unterlegt – darauf hin, dass seine Filtereinsätze »für alle Coffee-Pad-Systeme« geeignet sind. Der Kunde versteht dies zwanglos dahin, dass das ihm angebotene Produkt fraglos auch für das am Markt dominierende Senseo-Pad-

System brauchbar ist, und wird die Filtereinsätze des Beklagten dementsprechend für sein Senseo-Kaffeebrühgerät kaufen und verwenden.

Dem steht nicht entgegen, dass auf der Packungsrückseite im Rahmen der Verwendungsanweisung davon die Rede ist, die Pads »in den Siebträger der jeweiligen Espresso-Maschine« einzusetzen. Der Hinweis auf Espressomaschinen befindet sich in einem relativ klein gedruckten Fließtext auf der Rückseite der Verpackung. Dort, vor allem aber auf der Verpackungsvorderseite, ist demgegenüber das angebotene Produkt mehrfach – und drucktechnisch auffällig – als »Coffee-Pad« bezeichnet (»die neue Coffee-Idee«, »18 Coffee-Pads«, »für alle Coffee-Pad-Systeme«, »THE UNIVERSAL COFFEE«). Insgesamt kann hiernach für den angesprochenen Verkehr kein vernünftiger Zweifel daran aufkommen, dass es sich um Filtereinsätze handelt, die in mit einem erfindungsgemäßen Behälter ausgestattete Kaffee-Brühgeräte eingesetzt werden sollen. Angesichts der ausdrücklichen und wiederholten Bezeichnung als »Coffee-Pads« kann den Beklagten auch nicht entlasten, dass die Pads – wie er behauptet, für die Kunden jedoch nicht ersichtlich ist – tatsächlich nicht mit Kaffeepulver, sondern einem Espresso-Pulver gefüllt sind.

4.

Dass die Abnehmer der streitigen Pads eine patentgemäße Verwendungsbestimmung treffen, ist dem Beklagten nicht nur bewusst, sondern wird von ihm auch angestrebt. Angesichts der Tatsache, dass die Coffee-Pads ausdrücklich für »alle Coffee-Pad-Systeme« angeboten werden und das Senseo-Kaffeebrühsystem das einzige, in jedem Fall aber das ganz dominierende Pad-System für Kaffeebrühautomaten ist, liegt auf der Hand, dass eine Nachfrage nach Kaffee-Pads vor allem (wenn nicht ausschließlich) bei denjenigen besteht, die im Besitz eines Senseo-Brühautomaten der erfindungsgemäßen Art sind. Es ist insofern offensichtlich, dass der Beklagte mit seinen Produkten auch und gerade diese Nachfrage bedient und bedienen will.

5.

Allein durch den Erwerb und Besitz eines Senseo-Kaffeebrühautomaten sind die betreffenden Abnehmer der streitbefangenen Coffee-Pads nicht als zur Benutzung der Erfindung berechtigte Personen ausgewiesen. In dem mit Billigung der Klägerin erfolgten Verkauf eines (den erfindungsgemäßen Behälter [Träger] umfassenden) Senseo-Brühgerätes liegt zunächst nur das Einverständnis, den Automaten mit Pads der Klägerin zu bestücken und zu betreiben. Auch unter Erschöpfungsgesichtspunkten ergibt sich nichts anderes. Dem Erwerber eines patentgeschützten Gegenstandes ist lediglich der Gebrauch des Erzeugnisses gestattet, wozu übliche Maßnahmen zur Inbetriebnahme, Pflege und Ausbesserung gehören, nicht jedoch die Vornahme von Instandsetzungshandlungen, welche auf eine erneute Herstellung eines funktionsunfähig gewordenen Produktes hinauslaufen. Um einen Fall der letztgenannten Art handelt es sich vorliegend. Anspruch 1 des Klagepatents schützt eine Baueinheit, bestehend aus a) einem Behälter und b) einem Filtereinsatz. Nach Benutzung eines Coffee-Pads ist die patentgeschützte Baueinheit aufgebraucht und als solche nicht mehr funktionstauglich. Das Einlegen eines neuen Filtereinsatzes stellt deshalb die verloren gegangene Brauchbarkeit des patentierten Gegenstandes wieder her, womit es sich um einen Akt der Neuherstellung handelt, welcher dem Schutzrechtsinhaber vorbehalten ist.

Gemäß § 10 Abs 3 PatG steht der Annahme einer mittelbaren Patentverletzung auch nicht entgegen, dass die patentgeschützte Baueinheit erst beim Endverbraucher, dh im privaten Bereich entsteht, welcher gemäß § 11 Nr 1 PatG von den Wirkungen des Patentschutzes ausgenommen ist.

6.
Offensichtlich unbegründet ist der Einwand des Beklagten, bei den streitigen Coffee-Pads handele es sich um allgemein im Handel erhältliche Teile im Sinne von § 10 Abs 2 PatG.

III.1.
Da der Beklagte das Klagepatent nach allem widerrechtlich mittelbar verletzt hat, ist er der Klägerin zur Unterlassung verpflichtet (Art 64 EPÜ, § 139 Abs 1 PatG). Zu Gunsten der Klägerin ist dabei ein Schlechthinverbot auszusprechen, weil die streitigen Coffee-Pads des Beklagten sinnvoll nur in Kaffeebrühautomaten verwendet werden können, die mit einem patentgemäßen Behälter ausgerüstet sind. Die von dem Beklagten entgegengehaltenen alternativen Verwendungsmöglichkeiten stellen keinen in der Praxis ernsthaft in Betracht kommenden Gebrauch der Coffee-Pads dar.

Dies gilt zunächst für die Behauptung, die Pads könnten lose in den Filterkorb einer herkömmlichen Kaffeemaschine eingelegt werden. Wie die Kammer anhand eines praktischen Experimentes mit einer handelsüblichen Kaffeemaschine festgestellt hat, gelingt es auf die von dem Beklagten geltend gemachte Weise nicht, ein Getränk zu erhalten, welches es auch nur annähernd verdient, als Kaffee bezeichnet zu werden. Grund hierfür ist, dass das Brühwasser augenblicklich durch die Auslassöffnung des Filterkorbes austritt, ohne zuvor über eine hinreichende Zeit Gelegenheit gehabt zu haben, das in dem Filtereinsatz enthaltene Kaffeepulver zu extrahieren. Verstärkt wird dieser Effekt weiter dadurch, dass sich die Coffee-Pads in dem Filterkorb im Wesentlichen aufrecht stehend orientieren, was zur Folge hat, dass das Brühwasser den Pad nur teilweise überströmt. Aufgrund beider Faktoren kommt es letztlich dazu, dass eine irgendwie nennenswerte Extraktion des im Filtereinsatz bevorrateten Kaffeemehls nicht stattfindet.

Gleichermaßen unberechtigt ist die Ansicht des Beklagten, die streitigen Coffee-Pads könnten in Espresso-Maschinen verwendet werden. Zu Geräten nach dem sogenannten ESE-Standard, die bestimmungsgemäß mit Espresso-Pads bestückt werden, hat die Klägerin unwidersprochen vorgetragen, dass deren Pad-Träger einen derart geringen Durchmesser haben, dass die angegriffenen (deutlich größer dimensionierten) Pads nicht verwendet werden können. Der Beklagte selbst hat deshalb auch lediglich darauf abgestellt, dass die streitbefangenen Coffee-Pads in becherförmige Siebträger verschiedener handelsüblicher Espressomaschinen eingelegt werden könnten. Auch diese Art der Benutzung steht – anders als der Beklagte meint – nicht ernsthaft zu erwarten. Becherförmige Siebträger werden üblicherweise mit losem Espressopulver gefüllt. Bereits von daher erscheint es fraglich, ob für sie eine Bestückung mit Coffee-Pads vom Abnehmer erwogen wird. Selbst wenn dies zumindest vereinzelt der Fall sein sollte, ist jedoch von Bedeutung, dass es sich ausweislich der eigenen Produktbeschreibung des Beklagten nicht um Espresso-Pads, sondern um Kaffee-Pads handelt. Es stellt sich deshalb die – auch im Verhandlungstermin erörterte – Frage, ob ein Abnehmer, der im Besitz einer Espressomaschine mit becherförmigem Siebträger ist, auf das Produkt des Beklagten zurückgreifen würde. Nach Auffassung der Kammer ist dies zu verneinen. Wer eine Espressomaschine besitzt und einen Espresso aufbrühen will, wird Espresso-Mehl erwerben und verwenden, aber kein Kaffeemehl, und demzufolge auch keine Coffee-Pads.

2.
Der Beklagte hat die Ausschließlichkeitsrechte der Klägerin zumindest fahrlässig verletzt. Er haftet deshalb gemäß Art 64 EPÜ, § 139 Abs 2 PatG auf Schadenersatz. In diesem Zusammenhang ist es ohne Belang, dass der mittelbaren Patentverletzung wegen § 11 Nr 1 PatG keine unmittelbare Patentverletzung nachfolgt (OLG Düsseldorf,

> Mitt 2003, 264, 268 f – Antriebsscheibenaufzug). Da die genaue Schadenshöhe derzeit noch nicht feststeht, ist ein berechtigtes Interesse der Klägerin darin anzuerkennen, die Schadenersatzhaftung des Beklagten zunächst dem Grunde nach feststellen zu lassen (§ 256 ZPO).
>
> Damit die Klägerin in die Lage versetzt wird, den ihr zustehenden Schadenersatzanspruch zu beziffern, hat der Beklagte im zuerkannten Umfang Rechnung über seine Verletzungshandlungen zu legen (§ 140b PatG, §§ 242, 259 BGB). Hinsichtlich der Angebotsempfänger ist ihm allerdings – worüber von Amts wegen zu befinden war – ein Wirtschaftsprüfervorbehalt einzuräumen (OLG Düsseldorf, Urt v 9.1.2003 – 2 U 94/01).

d) Haftungsvereinbarungen zwischen Lieferant und Abnehmer

651 Vertragliche Absprachen zwischen dem mittelbar verletzenden Lieferanten und dem Abnehmer des Mittels sind niemals zulasten Dritter wirksam. Beide können deshalb nicht durch Vereinbarung das Recht des Verletzten (Patentinhaber, ausschließlicher Lizenznehmer) beschränken, statt des Abnehmers – allein oder auch – den mittelbar verletzenden Lieferanten gemäß § 10 PatG in Anspruch zu nehmen. Mittelbarer und unmittelbarer Verletzer haften dem Verletzten vielmehr nach *seiner* freien Wahl (und zwar bei Begründetheit des Anspruchs gegen beide als Gesamtschuldner).

652 Haftungsabsprachen zwischen Lieferant und Abnehmer können immer nur Bedeutung für das **Innenverhältnis** haben. Sie sehen typischerweise vor, dass allein der Abnehmer für die Folgen einer mit dem Mittel begangenen Patentverletzung einstehen soll (indem er den Lieferanten von dessen Haftung freizustellen hat). Dahingehende Regelungen machen Sinn, wenn das gelieferte Mittel – technisch und wirtschaftlich vernünftig – auch patentfrei gebraucht werden kann, der Abnehmer es jedoch abredewidrig patentverletzend einsetzt. Ein ersatzfähiger Schaden entsteht dem Lieferanten mindestens durch die erfolgreiche Inanspruchnahme wegen mittelbarer Patentverletzung (Prozesskosten, ggf gesamtschuldnerische Schadenersatzhaftung), was voraussetzt, dass die mit dem Abnehmer über die Mittelverwendung getroffene Unterlassungsvereinbarung unzureichend ist, weil entweder eine Vertragsstrafenvereinbarung oder sogar ein Schlechthinverbot erforderlich gewesen wäre. Im Rechtsstreit über die mittelbare Verletzung kann es sich für den Lieferanten anbieten, dem (freistellungspflichtigen) Abnehmer den Streit zu verkünden, damit den gegen ihn getroffenen Feststellungen zu § 10 PatG Bindungswirkung für den anschließenden Freistellungsrechtsstreit verliehen wird.

9. Patentschutz für Ersatz- und Verbrauchsteile

653 Von besonderer wirtschaftlicher Bedeutung ist das Ersatzteilgeschäft. Durch das Erstgeschäft besteht bereits eine Kundenbindung, die weitere Verkäufe erleichtert; bei Ersatzteilen ist die Preisgestaltung weitgehend frei, was eine Gewinnmaximierung ermöglicht; so lange auf dem Markt für das Hauptprodukt ein funktionierender Wettbewerb besteht, begegnet die Patentierung von Ersatzteilen keinen grundsätzlichen Kartellbedenken. Andererseits ruft die attraktive Preis-/Kostenrelation unweigerlich Wettbewerber auf den Plan, die es vom Markt fernzuhalten gilt. Dazu bedarf es – neben einem etwaigen Design-, Marken- und Lauterkeitsschutz (§ 4 Nr 9 UWG) – tunlichst auch patentrechtlicher Verbietungsansprüche.

a) Patentschutz auf das Ersatzteil als solches

654 Den größtmöglichen Schutz bietet ein Patent, welches auf das Ersatz- oder Verschleißteil als solches erteilt ist. Der Grund liegt zunächst darin, dass gegen Wettbewerber, die das patentgeschützte Ersatz- oder Verschleißteil anbieten, wegen unmittelbarer – und nicht nur wegen mittelbarer – Patentverletzung vorgegangen werden kann. Unter den gegenüber § 10 PatG erleichterten Voraussetzungen des § 9 PatG reichen die Rechtsfolgen deutlich weiter. Sie umfassen nicht nur zusätzliche Handlungsformen (Herstellen, Besitzen, Gebrauchen, Anwenden), sondern sie vermitteln dem Patentinhaber auch Ansprüche (zB auf Vernichtung und Entschädigung), die ihm im Falle einer bloß mittelbaren Patentbenutzung nicht zustünden. Hinzu kommt, dass sich Fragen der patentrechtlichen Erschöpfung von vornherein nicht stellen, wenn der unter Patentschutz stehende Gegenstand als Ganzes aus fremder Quelle ersetzt wird.

655 Eine **Patenterteilung** auf das Ersatzteil muss deshalb die erste Priorität sein. Sie unterliegt keinem generellen Patentierungsverbot und kommt – je nach dem technischen Anwendungsgebiet – prinzipiell in verschiedener Hinsicht in Betracht:

aa) Herstellungsverfahren für Ersatzteil

656 Ein Patent auf ein neues Verfahren zur Herstellung des Ersatzteils macht im Hinblick auf den in § 9 Nr 3 PatG vorgesehenen derivativen Sachschutz für das unmittelbare Verfahrenserzeugnis Sinn. Im Einzelfall ist jedoch abzuwägen, ob es anstelle einer der Öffentlichkeit zugänglichen Patentanmeldung nicht angebrachter ist, das innovative Fertigungsverfahren als geheimes Betriebs-Know-how zu halten. Abwägungskriterien in diesem Zusammenhang werden vordringlich die Möglichkeit eines Verletzungsnachweises sowie die Notwendigkeit einer Verfahrensbenutzung für den Wettbewerber auf dem Ersatzteilmarkt sein.

bb) Sachpatent auf Ersatzteilmaterial

657 Ähnliche Erwägungen sind für Erfindungen anzustellen, die einen neuen Werkstoff oder Schichtaufbau für das Ersatzteil betreffen. Auch hier stellt sich vor einer Patentanmeldung die Frage nach der Benutzungsnotwendigkeit dahingehend, ob und in welchem Umfang Ersatzteile abweichenden Materials oder Aufbaus trotz niedrigerer Preise im Markt nachgefragt werden. Je geringer der Zwang zur Benutzung des das Material oder den Materialaufbau betreffenden Schutzrechts ist, umso weniger wird sich ein derartiges Patent dazu eignen, Wettbewerber nachhaltig vom Markt fernzuhalten.

cc) Sachpatent auf Geometrie/Abmessungen

658 Als wesentlich effektiver erweist sich in dieser Hinsicht naturgemäß ein Sachpatent, das die konkrete Anschlussstelle (Geometrie, Abmessungen) zwischen dem Ersatzteil (zB einem Kotflügel) und dem Hauptgegenstand (zB dem zugehörigen Fahrzeug) unter Schutz stellt. Allerdings ist die Rechtsprechung äußerst zurückhaltend darin, einem derartigen Patentgegenstand, und zeichne er sich auch durch noch so viele und detaillierte Abmessungs- und Lagedetails aus, die notwendige Erfindungshöhe zuzusprechen.[772]

▶ **Beispiel:**[773]

659 Das Klagegebrauchsmuster betrifft ein Federelement für ein Kfz-Federbein mit folgenden Merkmalen:

1. Federelement basierend auf einem Dämpfungselement (i) auf der Basis von Polyisocyanat-Polyadditionsprodukten.
2. Das Dämpfungselement (i)
   a) ist hohl,

---

772 BGH, Urteil v 15.5.1997 – X ZR 77/94.
773 OLG Düsseldorf, Urteil v 16.6.2011 – I-2 U 97/06.

b) zylindrisch,

c) hat eine Höhe (ii) von 68 bis 72 mm und

d) einen äußeren Durchmesser (iii) von 59 bis 63 mm.

3. Das Ende des Dämpfungselements (i) ist in Form einer umlaufenden Lippe (iv) ausgestaltet.

4. Der Hohlraum des Dämpfungselements (i) weist einen Durchmesser (v) von 20 bis 24 mm auf.

5. Der Durchmesser (v) des Hohlraums liegt an dem der umlaufenden Lippe (iv) gegenüberliegenden Ende des Dämpfungselements (i).

6. Der Hohlraum des Dämpfungselements erweitert sich

   a) in einer Höhe von 14 mm

   b) auf einen Durchmesser von 30,5 mm.

7. Auf der äußeren Oberfläche des Dämpfungselements (i) befinden sich zwei umlaufende Einschnürungen.

8. Die beiden umlaufenden Einschnürungen befinden sich

   a) in einer Höhe von 25 bis 40 mm und

   b) in einer Höhe von 45 bis 55 mm.

9. Die äußeren Durchmesser in den beiden Einschnürungen betragen zwischen 35 mm und 40 mm und zwischen 38 und 44 mm.

10. Das Dämpfungselement (i) weist Ausstülpungen (viii) auf.

11. Der Abstand (ix) zwischen den Ausstülpungen (viii) beträgt 5 bis 15 mm.

Die nachstehende Abbildung zeigt ein bevorzugtes Ausführungsbeispiel.

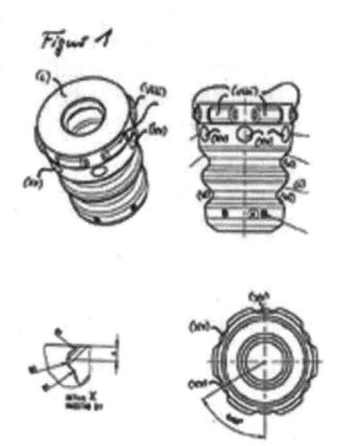

Trotz der Vielzahl von Einzelmerkmalen, die im vorbekannten Stand der Technik weitestgehend nicht identisch offenbart waren, ist eine Erfindung verneint worden. Auf das Wesentliche zusammengefasst wurde wie folgt argumentiert: Bei der Entwicklung des neuen Federelements konnte und musste der Fachmann von den Vorgaben ausgehen, die der Automobilhersteller in Bezug auf die erforderliche Federkennlinie und den verfügbaren Einbauraum (Kolbenstange, Stütztopf) macht. Aus seinem allgemeinen Erfahrungswissen weiß der Fachmann um die Vorzüge einer umlaufenden Lippe am Ende des

Federelements sowie darum, dass äußere Einschnürungen ein vorteilhaftes und dementsprechend sinnvollerweise beizubehaltendes Ausstattungsdetail darstellen. Ausgehend hiervon konnte er sich an bekannten Federelementen gleichen Aussehens orientieren, wobei deren konstruktive Variation zur Erzielung der geforderten Federkennlinie als ein rein handwerkliches Vorgehen ohne schöpferischen Rang einzustufen ist.

dd) Sachpatent auf »erweiterte« oder »andersartige« Funktionalität

660 Erfolgversprechender im Hinblick auf eine mögliche Patenterteilung stellt sich ein Sachverhalt dar, bei dem dem Ersatzteil eine neue Funktionalität verliehen wird. Diese Funktion muss nicht notwendigerweise die Gebrauchsvorteile erhöhen und damit bei objektiver Betrachtung von spürbarem Nutzen für den Anwender sein. Seinen Zweck, das Ersatz- oder Verbrauchsteil zu monopolisieren, erfüllt ein Sachpatent vielmehr auch dann, wenn statt einer wirklich innovativen lediglich eine andersartige Funktionalität beansprucht wird, sofern erst sie die Kompatibilität des Ersatzteils mit dem (ggf bewusst veränderten Hauptgegenstand) gewährleistet oder eine erfolgreiche Inbetriebnahme der Gesamtvorrichtung erlaubt.

▶ **Beispiel:**[774]

661 Das Klagepatent betrifft einen Tintenstrahldrucker. Für solche Geräte ist es aus dem Stand der Technik bekannt, sie derart auszustatten, dass der Typ einer eingesetzten Tintenpatrone bestimmt werden kann. Konkret geschieht dies in der Weise, dass der Drucker (zB mithilfe einer Lichtschranke) das Vorhandensein/die Abwesenheit eines signalblockierenden Abschnitts der Tintenpatrone detektiert. Als Problem wird in der Klagepatentschrift angegeben, dass keine genaue Informationserfassung möglich sei, wenn die Patrone zu schnell oder nur teilweise eingesetzt, danach wieder partiell herausgehoben und schließlich vollends eingeführt wird.

Aber: Wer macht so etwas? Wie groß ist *objektiv* der technische Bedarf, die besagten »Handhabungsexzesse« zu beherrschen, und wie groß ist der *objektive* Nutzen für den technischen Fortschritt, das (scheinbare) Problem gelöst zu haben? Letztlich geht es nur darum, dasselbe nur auf andere technische Weise zu machen als vorher, um künstlich Kompatibilitätshindernisse für das Ersatzteil zu schaffen, indem die Einhaltung der patentierten Lehre die Voraussetzung dafür schafft, dass die Tintenpatrone in dem vom Patentinhaber stammenden Drucker in Betrieb gehen kann.

Die Lösung des Klagepatents besteht in einer mit 3 Signalblockierabschnitten ausgestatteten Tintenpatrone, wie sie nachfolgend beschrieben ist.

1. Tintenpatrone (10, 10') mit

    (1.1) einer Vorderwand (161),

    (1.2) einem ersten Signalblockierabschnitt (191),

    (1.3) einem zweiten Signalblockierabschnitt (189, 199) und

    (1.4) einem dritten Signalblockierabschnitt (72).

2. Der erste Signalblockierabschnitt (191)

    (2.1) steht von der Vorderwand (161) weg vor und

    (2.2) ist aufgebaut entweder zum Verhindern eines ersten Signals von dem Aufzeichnungsgerät (250), da durch zu gehen, oder zum Ändern eines Pfads des

---

[774] OLG Düsseldorf, Urteil v 20.1.2011 – I-2 U 92/10.

ersten Signals, wenn der erste Signalblockierabschnitt (191) das erste Signal empfängt.

3. Der zweite Signalblockierabschnitt (189, 199)

   (3.1) steht von der Vorderwand (161) in einer Einführungsrichtung (30) der Tintenpatrone (10) in ein Aufzeichnungsgerät (250) vor und

   (3.2) ist aufgebaut entweder zum Verhindern eines zweiten Signals von dem Aufzeichnungsgerät (250), da durch zu gehen, oder zum Ändern eines Pfads des zweiten Signals, wenn der zweite Signalblockierabschnitt (189, 199) das zweite Signal empfängt.

4. Der dritte Signalblockierabschnitt (72) ist aufgebaut entweder zum Verhindern des zweiten Signals, da durch zu gehen, oder zum Ändern eines Pfads des zweiten Signals, wenn der dritte Signalblockierabschnitt (72) das Signal empfängt.

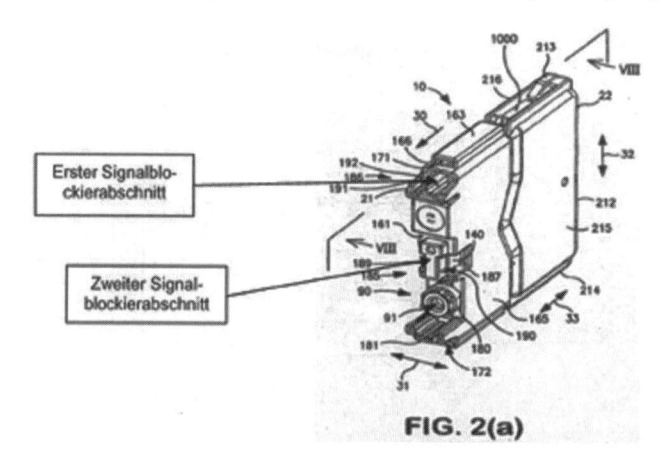

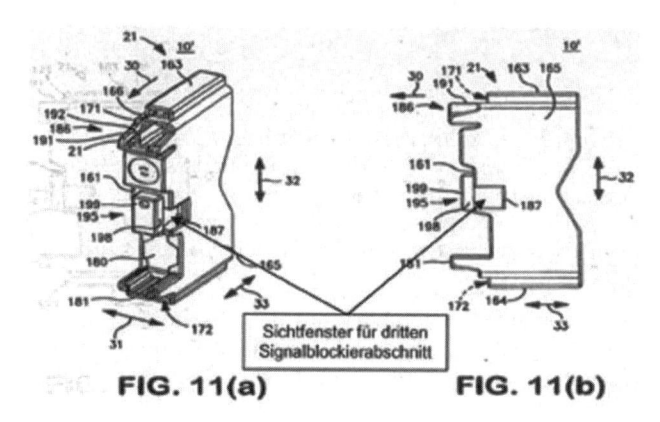

FIG. 2(a)

FIG. 11(a)   FIG. 11(b)

A. Schutzbereichsbestimmung

FIG. 6

Dritter Signalblockierabschnitt

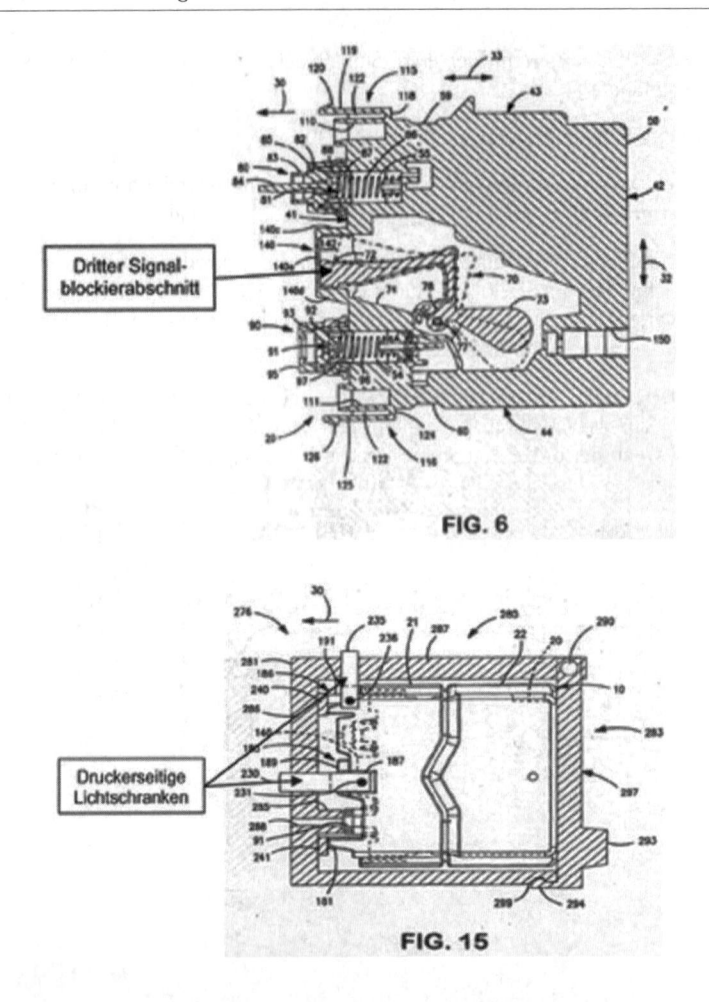

FIG. 15

Druckerseitige Lichtschranken

b) Patentschutz auf eine größere Baueinheit

662 Die zweite (nur nachrangig vorteilhafte) Priorität liegt darin, einen Patentschutz wenigstens auf die größere, das Ersatz- oder Verbrauchsteil umfassende Baueinheit zu erhalten. Ein solches Kombinationspatent erlaubt einen Angriff gegen das von dritter Seite angebotene Ersatzteil (welches lediglich *einen* Teil der geschützten Gesamtkombination repräsentiert) allein nach den Regeln und unter den Voraussetzungen der mittelbaren Patentverletzung (§ 10 PatG).

663 Bedeutung hat dies vor allem im Hinblick auf den **Erschöpfungseinwand**, der immer dann Relevanz gewinnt, wenn das Ersatzteil von dem Wettbewerber für einen anderen Teil der patentgeschützten Kombination angeboten und geliefert wird, den der Patentinhaber oder sein Lizenznehmer auf den Markt gebracht hat. Bekanntlich – und wie weiter unten[775] noch näher ausgeführt werden wird – führt die Bereitstellung eines Ersatzteils dann zu einer Neuherstellung (und mithin zu einem Versagen des Erschöpfungseinwandes), wenn die überwiegende Mehrzahl der Abnehmer patentgemäßer Gegenstände der Auffassung ist, dass mit dem Verbrauch des auszutauschenden Ersatz- oder Verbrauch-

---

[775] Vgl Kap E Rdn 825 ff.

steils auch der verbleibende Rest der Kombination wirtschaftlich wertlos geworden ist. Sofern die Einschätzung eine andere ist, liegt eine Neuherstellung dann vor, wenn sich die Erfindung gerade in dem Ersatz- oder Verbrauchsteil konzentriert, sei es, dass das Ersatzteil mit seiner konstruktiven Ausgestaltung oder dank der mit ihm bereitgestellten Funktion einen kardinalen Lösungsbeitrag zu der Erfindung leistet, sei es, dass sich die Erfindungsvorteile speziell in dem Ersatzteil niederschlagen, dessen Funktion oder Lebensdauer beispielsweise verbessert wird. Da es für die Einschätzung der Verkehrskreise auf die unter Patentschutz stehende Baueinheit ankommt, unabhängig davon, ob sie auf dem Markt überhaupt selbstständig gehandelt wird, und auch für die Beurteilung der Frage, wo sich hauptsächlich die Erfindung verwirklicht, der (vom Horizont eines Durchschnittsfachmanns verstandene) Inhalt der Patentschrift maßgeblich ist, kann durch eine geschickte Anspruchsformulierung etwaigen Erschöpfungsproblemen aus dem Weg gegangen werden. Je kleiner die patentierte Baueinheit gewählt wird und je weniger sie konstruktiv über das eigentliche Ersatz- oder Verbrauchsteil hinausgeht, umso größer ist tendenziell die Wahrscheinlichkeit, dass sich mit der Funktionsuntauglichkeit des Ersatz- oder Verbrauchseils der gesamte Patentgegenstand erledigt hat, was unmittelbar zur Nicht-Erschöpfung führt. Allerdings handelt es sich insoweit bloß um eine Faustformel, weil sich mit der »Größe« der Baueinheit auch der Abnehmerkreis verändern kann, der zur Beurteilung der Verkehrsauffassung über den Restgegenstand heranzuziehen ist.

▶ **Beispiel:**

Patentanspruch 1 betrifft eine Tonerkartusche mit einer elektrofotografischen Trommel und einer Verarbeitungseinheit zum Betätigen der Trommel im Druckbetrieb, wie sie nachstehend bildlich wiedergegeben ist.

664

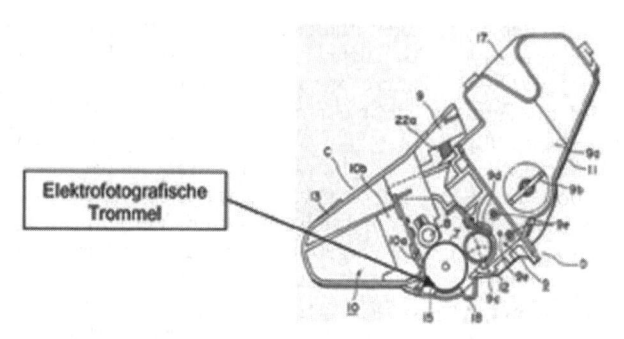

Patentanspruch 2 schützt den gesamten Laserdrucker mit einer Tonerkartusche nach Anspruch 1.

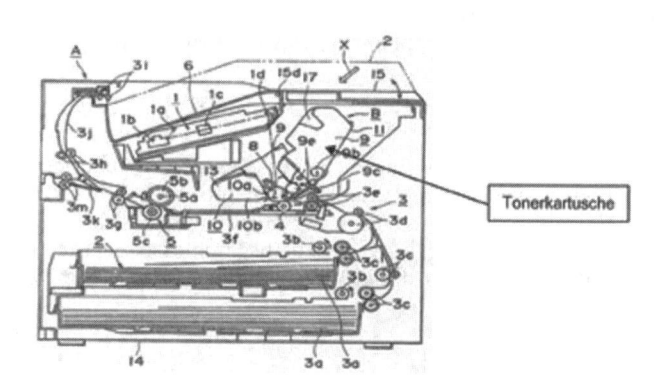

> »Abnehmer« (deren Wertvorstellungen entscheiden) sind in Bezug auf eine Baueinheit nach Anspruch 1 die Besitzer patentgemäßer Laserdrucker mit Nachrüstbedarf sowie die professionellen Aufbereiter leerer Tonerkassetten. Haben sie unterschiedliche Werteinschätzungen, kommt es darauf an, welche Abnehmergruppe die zahlenmäßig größere ist. »Abnehmer« hinsichtlich der Baueinheit nach Anspruch 2 sind ausschließlich die Interessenten für Laserdrucker.

c) Patentschutz auf Zubehörteile

665 Alles zuvor Gesagte gilt prinzipiell auch für Zubehörteile, worunter hier solche Ausstattungsbauteile verstanden werden, durch die dem Patentgegenstand eine variierende Funktionalität verliehen wird. Ein mögliches Beispiel bildet der weiter unten[776] noch abgehandelte Fall eines Oszillationsantriebs, der mit verschiedenen Werkzeugaufsätzen (Säge, Spachtel, Meißel) betrieben werden kann. Kommt eine isolierte Patentierung des Werkzeuges nicht in Betracht, was die allererste Priorität sein sollte, und ist lediglich die Kombination aus Antrieb und (nicht näher konkretisiertem) Werkzeug zur Patenterteilung gelangt, ergeben sich Besonderheiten bei der Behandlung des Erschöpfungseinwandes. Er kann nämlich werkzeugspezifisch zu beurteilen sein und kommt alsdann erst in Betracht, wenn der Inhaber des Antriebs aus der Quelle des Patentinhabers nicht nur irgendein taugliches Werkzeug bezogen hat, sondern ein solches, das im Anwendungsbereich mit dem des Drittanbieters übereinstimmt.

10. *Patentverletzung im Vergabeverfahren*

a) Vergaberechtliche Ausgangslage

666 Beschaffungsvorhaben der öffentlichen Hand (sowie in bestimmten Fällen privater Dritter), die von einem gewissen wirtschaftlichen Umfang sind (Schwellenwerte), müssen ausgeschrieben werden. Das Vergaberecht schafft hierzu gesetzliche Regeln, die neben haushaltsrechtlichen Erwägungen der Sparsamkeit und Wirtschaftlichkeit zB ökologische Gesichtspunkte berücksichtigen. In § 97 GWB sind die allgemeinen **Grundsätze des Vergaberechts** niedergelegt, ua der Wettbewerbsgrundsatz (= Vergabe im Wettbewerb), das Transparenzgebot, das Diskriminierungsverbot, das Gebot der Förderung mittelständischer Interessen sowie der Wirtschaftlichkeits- und Verhältnismäßigkeitsgrundsatz (= Zuschlag auf das wirtschaftlichste Angebot). Der Auftraggeber, der unter Beachtung dieser Kriterien ausschreiben und zuschlagen muss, besitzt sowohl bei der Gewichtung der Einzelkriterien im Rahmen seiner Ausschreibung als auch bei der Auswahl eines Bieters beim Zuschlag einen **Beurteilungs- und Ermessensspielraum**. Die Überprüfung durch die Kontrollinstanzen (Vergabekammern des Bundes/der Länder, Vergabesenate der OLG's) ist dementsprechend sachlich beschränkt. Um dem Auftraggeber eine zügige Durchführung des Beschaffungsvorhabens zu ermöglichen, sind die Rechtsbehelfsverfahren außerdem zeitlich maximal beschleunigt, was die Prüfungstiefe zwangsläufig weiter limitiert.

b) Bieterausschluss wegen Patentverletzung

667 Beteiligt sich ein Bieter mit einem schutzrechtsverletzenden Angebot am Vergabeverfahren, so kann dies einen fakultativen **Ausschlussgrund** nach **§ 124 Abs 1 Nr 3 GWB** begründen. Die Vorschrift bestimmt, dass der Bieter unter Wahrung des Gebots der Verhältnismäßigkeit von dem Vergabeverfahren ausgeschlossen werden *kann*, wenn sein Unternehmen »im Rahmen der beruflichen Tätigkeit nachweislich eine schwere Verfeh-

---

[776] Kap E Rdn 831.

lung begangen hat, durch die die Integrität des Unternehmens infrage gestellt wird«. Darüber hinaus stellt sich die Frage, ob ein derartiger Bieter wegen der gegen ihn bestehenden patentrechtlichen Unterlassungsansprüche des Schutzrechtsinhabers (dazu sogleich) überhaupt als leistungsfähig angesehen werden kann oder nicht nach dem Gleichbehandlungsgrundsatz aus dem Vergabeverfahren eliminiert werden muss. Im Zusammenhang mit dem Gesichtspunkt der **Leistungsfähigkeit** sind territorial alle diejenigen geistigen Schutzrechte bedeutsam, die dem im Vergabeverfahren erfolgreichen Bieter eine ordnungsgemäße (dh insbesondere rechtmäßige) Erfüllung des ihm zugeschlagenen Auftrages verwehren würden. Geht es um Lieferungen, sind deshalb deutsche Patente und Gebrauchsmuster einschließlich deutscher Teile europäischer Patente als Leistungs- und Erbringungsort am Sitz des Auftraggebers relevant, bei einem ausländischen Absendeort der Lieferung außerdem dortige parallele nationale Patente. Darüber hinaus kann sich ein weitergehender territorialer Bezug aus der geplanten Verwendung der im Vergabeverfahren zu beschaffenden Erzeugnisse ergeben. Mit Rücksicht darauf steht es dem Auftraggeber frei (und ist es im Zweifel geboten), eine Schutzrechtsfreiheit in allen denjenigen Territorien zu fordern und zu verifizieren, in denen die Erzeugnisse bestimmungsgemäß zum Einsatz kommen sollen und in denen ihr Gebrauch mit den Mitteln des dortigen Patentrechts unterbunden werden kann.

Vor dem geschilderten Hintergrund wird sich der Auftraggeber – wie dies der gängigen Praxis entspricht – von jedem Bieter zusichern lassen, dass sein Angebot keine Rechte Dritter verletzt[777], wobei für die **Zusicherung** (einer Freiheit von Rechten Dritter) vielfach – unzutreffend – auf den **Zuschlagszeitpunkt** abgestellt wird. Aus rein vergaberechtlicher Sicht hat dies insofern eine gewisse Logik, als bei einem zu diesem Zeitpunkt ausgelaufenen Patentschutz aus Auftraggebersicht vordergründig eine Leistungsfähigkeit des Bieters zur Erfüllung des ihm zugeschlagenen Auftrages gegeben ist. In Wahrheit können sich jedoch gravierende Probleme daraus ergeben, dass ein patentverletzendes Angebot einen Folgenbeseitigungsanspruch (§ 1004 BGB) auslösen kann, der die Erfüllung des zugeschlagenen Auftrages verbietet.[778]

668

aa) Prüfung des Verletzungstatbestandes

Eine Prüfung daraufhin, ob die Bieterangebote mit Schutzrechten Dritter kollidieren, findet im Vergabeverfahren nicht von Amts wegen statt. Wohl trifft den Auftraggeber eine Aufklärungspflicht. Hat er ernstzunehmende Anhaltspunkte für das mögliche Vorliegen eines patentverletzenden Bieterangebotes, hat er dem (ungeachtet einer gegenteiligen Versicherung des Bieters) nachzugehen. In der Praxis wird dem Auftraggeber freilich typischerweise die erforderliche rechtliche und technische Sachkunde fehlen.[779] Gerichtliche Erkenntnisse aus einem gegen den angebotenen Gegenstand parallel geführten Verletzungsprozess werden im Zweifel gleichfalls (noch) nicht vorliegen.[780] Die Aufklärung des Auftraggebers wird sich somit in der Einholung eines Privatgutachtens erschöpfen, das naturgemäß nur so gut ist wie sein Verfasser wirkliche Expertise besitzt. Das Ergebnis der Begutachtung muss daher keinesfalls der wirklichen Rechtslage entsprechen. Es kann das Bieterangebot freizeichnen, obwohl tatsächlich eine Patentverletzung gegeben ist. Dem Auftraggeber ist deshalb abzuverlangen, dass er den eingeschalteten Privatgutachter sorgfältig nach fachlichen Gesichtspunkten auswählt, wobei nicht nur dessen tech-

669

---

777 Dies gestattet dem Auftraggeber, sollte er wegen eines verletzenden Bieterangebotes selbst in die »patentrechtliche Schusslinie« geraten (dazu später), wegen der Kosten und eines etwaigen sonstigen Schadens Regress beim Bieter zu nehmen.
778 Vgl Kap D Rdn 660.
779 Seine Einsichtsmöglichkeiten sind auch mit denen eines Patentverletzungsgerichts nicht vergleichbar, worauf bei den an den Auftraggeber zu stellenden Anforderungen bei der Rechtsbestandsprüfung Rücksicht zu nehmen ist.
780 Gibt es sie, wird sich der Auftraggeber der dortigen Beurteilung anzuschließen haben.

nische Expertise auf dem fraglichen Gebiet bedeutsam ist, sondern gleichermaßen eine hinreichende Erfahrung in der Beurteilung von Verletzungssachverhalten erforderlich ist. Im Allgemeinen wird sich die Einschaltung eines erfahrenen Patentanwaltes anbieten. Hat der Auftraggeber seine diesbezüglichen Sorgfaltspflichten bei der Auswahl erfüllt, wird er dem Votum seines Gutachters folgen können. Eine inhaltliche Überprüfungspflicht obliegt dem Auftraggeber nicht; er hat sich lediglich dahingehend zu vergewissern, dass das Gutachten sämtliche vorgebrachten Argumente in angemessener *Form* abhandelt. Damit ist gemeint, dass zu jedem Argument nicht bloß formelhaft, sondern inhaltlich argumentierend Stellung bezogen wird.

670 Im **Nachprüfungsverfahren** liegt die Sache nicht wesentlich anders. Auch hier ist der Verletzungstatbestand kein amtswegiges Beurteilungskriterium, sondern verlangt die substanzielle Rüge eines am Vergabeverfahren Beteiligten, der geltend machen kann, dass er bei einem Ausschluss des patentverletzenden Bieterangebots konkrete Aussichten auf den Zuschlag gehabt hätte. Einem Schutzrechtsinhaber, der sich nicht am Vergabeverfahren beteiligt hat, fehlt die notwendige Beschwer. Der Nachprüfungsantrag und die Rüge müssen überdies fristgerecht erhoben werden; anderenfalls findet eine Nachprüfung selbst bei eindeutiger materieller Berechtigung des Verletzungsvorwurfs nicht statt.

bb) Prüfung des Rechtsbestandes

671 Da es ohne rechtsbeständiges Patent keine Patentverletzung geben kann, setzt der Bieterausschluss – neben der Patentbenutzung – notwendigerweise voraus, dass der Bestand des mutmaßlich verletzten Schutzrechts ausreichend gesichert ist. Genauso wie im Patentverletzungsprozess bedeutet dies nicht, dass sich der Auftraggeber vor einem Bieterausschluss die positive Überzeugung von der Rechtsbeständigkeit des verletzten Patents verschaffen muss. Erst recht besteht keine amtwegige Pflicht zur anlasslosen Überprüfung des Erteilungsbeschlusses. Dem Auftraggeber müssen vielmehr Zweifel zur Kenntnis gebracht werden, die vernünftigerweise nicht übergangen werden dürfen. Auch wenn dies geschieht, ist – eben wegen des sachkundigen, auf materieller Prüfung beruhenden Erteilungsbeschlusses – allerdings im Grundsatz von der Berechtigung der erfolgten Patenterteilung auszugehen.

672 – Dabei bleibt es aus Rechtsgründen – wie sonst auch – zwingend und abschließend, wenn ein **Rechtsbestandsangriff** (von wem auch immer er geführt wird) **fehlt** und lediglich im Vergabeverfahren gegen den Rechtsbestand des verletzten Patents argumentiert wird. Denn ohne einen förmlichen Angriff, der zur rückwirkenden Beseitigung des Schutzrechts führen kann, ist jedes Verletzungsgericht an den fortgeltenden Erteilungsakt und das damit verbundene Monopolrecht seines Inhabers gebunden und hat dieses deshalb ohne Wenn und Aber gegen den widerrechtlichen Patentbenutzer durchzusetzen. Dasselbe hat für den Auftraggeber zu gelten, der aus Anlass einer festgestellten Patentverletzung über den Ausschluss des das unangefochtene Patent benutzenden Bieters zu entscheiden hat.

673 – Liegt ein **Angriff auf das verletzte Patent** hingegen vor, so kommt es auf dessen Erfolgsaussichten an. Eindeutig ist insoweit, dass der endgültige Ausgang des Einspruchs- oder Nichtigkeitsverfahrens schon aus Zeitgründen nicht abgewartet werden kann, sondern dass es nur auf eine hinreichend fundierte Prognose über den voraussichtlichen Verfahrensausgang ankommen kann. Sie allein ist unter Geltung des das Vergaberecht beherrschenden Beschleunigungsgrundsatzes möglich. Vernünftigerweise werden dabei die für den Verletzungsprozess *erster* Instanz geltenden strengen Aussetzungsmaßstäbe heranzuziehen sein. Denn wenn der Bestand eines Patents in einem Maße gesichert ist, dass es von einem Verletzungsgericht gegen Dritte durchgesetzt werden kann (die infolgedessen aus dem Wettbewerb auszuscheiden haben), dann muss der öffentliche Auftraggeber unter denselben Bedingungen auch in der

Lage sein, aus der widerrechtlichen Benutzung der technischen Lehre des Patents Konsequenzen für die Fortführung seines Vergabeverfahrens (als einer bloß anderen Form des Wettbewerbs) zu ziehen.

Die erforderliche **hohe**[781] **Vernichtungswahrscheinlichkeit** (bei der trotz Patentbenutzung kein Bieterausschluss gerechtfertigt ist) kann sich vordringlich aus einer erstinstanzlichen Vernichtungsentscheidung ergeben, aus der der Auftraggeber im Allgemeinen die Folgerung zu ziehen hat, dass es an einer schweren Verfehlung des Bieters fehlt. Gleiches gilt für einen begründeten qualifizierten Hinweis des Europäischen Patentamtes oder des Bundespatentgerichts, der sich – ausgehend von dem Sach- und Streitstand im Zeitpunkt der Hinweiserteilung – in der Beurteilung dahingehend festlegt, dass ein Patentwiderruf/eine Vernichtungsentscheidung gerechtfertigt ist. Liegen aussagekräftige Äußerungen der für den Rechtsbestand des verletzten Patents zuständigen Stellen (noch) nicht vor, kann auch ein Verletzungsurteil bzw ein (insbesondere streitiger) Aussetzungsbeschluss eines Patentverletzungsspruchkörpers zu dem fraglichen Patent eine wichtige und im Zweifel entscheidende Orientierung geben. Auch ihnen wird der Auftraggeber folgen und anhand der Prognoseentscheidung des Verletzungsgerichts seine eigene Entscheidung über den Bieterausschluss treffen müssen (sic: im Falle eines Verletzungsurteils: Bieterausschluss; im Falle eines Aussetzungsbeschlusses: kein Bieterausschluss). Liegen (noch) keinerlei sachkundige Äußerungen der besagten Art vor, so ist der Auftraggeber darauf angewiesen, sich selbst ein Bild von den Erfolgsaussichten des unternommenen Rechtsbestandsangriffs zu machen, wobei mangels eigener technischer und rechtlicher Sachkunde wiederum bloß eine sachverständige Begutachtung in Betracht kommen kann. Für sie gelten sinngemäß diejenigen Anforderungen, die oben (Rdn 669) im Zusammenhang mit der Verletzungsfrage dargelegt worden sind. Aus der Tatsache, dass der Patentinhaber sein Schutzrecht im Rechtsbestandsverfahren selbst nur noch eingeschränkt verteidigt, ist zu schließen, dass für die erteilte Fassung keine Erfolgsaussicht besteht, womit ein Bieterausschluss nur noch in Betracht kommen kann, wenn das betreffende Bieterangebot die eingeschränkte und allein verteidigte Fassung des Hauptanspruchs benutzt (sofern in Bezug auf sie aus anderen Gründen als der Selbstbeschränkung nicht ebenfalls eine hohe Vernichtungsaussicht besteht). 674

Als **Zwischenfazit** bleibt damit festzuhalten, dass die Patentrechte im Vergabeverfahren aus mehrerlei Gründen zu kurz kommen können. Das wirft die Frage auf, ob der Patentinhaber seine Schutzrechte ungeschmälert auch in einer Vergabesituation durchsetzen kann. 675

c) Durchsetzung von Patenten im Vergabeverfahren

Die Frage nach patentrechtlichen Verbietungsansprüchen stellt sich getrennt für den Bieter und den Auftraggeber, wenngleich das Ergebnis in Bezug auf beide Personengruppen einheitlich dahin lautet, dass Patente auch im Vergabeverfahren uneingeschränkt durchgesetzt werden können. 676

aa) Bieter

Das Vergabeverfahren regelt die geordnete Beschaffung im Interesse der Wirtschaftlichkeit, Sparsamkeit und Gerechtigkeit. Sie schafft aber keinen schutzrechtsfreien Raum. Das gilt schon wegen des verfassungsrechtlich garantierten (GG, EU-Charta der Men- 677

---

[781] OLG Düsseldorf, Urteil v 22.6.2022 – VII Verg 36/21, nimmt statt dessen die »überwiegende« Wahrscheinlichkeit einer Patentvernichtung zum Maßstab, wobei nicht erläutert wird und sich auch aus dem Zusammenhang nicht klar erschließt, welches Maß an Eindeutigkeit damit genau gemeint ist – eine nur proportional größere oder eine deutlich, ggf sogar weit überwiegende.

schenrechte) Rangs des geistigen Eigentums und seiner – ebenfalls mit Verfassungsrang ausgestatteten – Gewähr ihrer gerichtlichen Durchsetzung, die durch die Vorschriften des Vergaberechts nicht suspentiert werden können. Besonders evident ist dies für den Bieter. Warum sollte er den Verbietungsrechten des Patentinhabers nur deshalb entkommen können, weil er kein freihändiges Angebot abgibt und bei der späteren Auftragserteilung erfüllt, sondern ein solches, das in einem geordneten Vergabeverfahren abgegeben und berücksichtigt wurde? Hierfür gibt es nicht den geringsten rechtfertigenden Grund!

678 Patentrechtlich ist die Angelegenheit deswegen klar. Während der Schutzdauer eines Patents darf außer dem Patentinhaber und seinen Lizenznehmern kein Anderer das patentgeschützte Erzeugnis anbieten (§ 9 Nr 1 PatG). Unter »Anbieten« wird dabei rein wirtschaftlich und ohne dass die Voraussetzungen eines zivilrechtlichen Vertragsangebotes (§ 145 BGB) vorliegen müssten, jede im Inland begangene Handlung verstanden, die nach ihrem objektiven Erklärungswert das Erzeugnis der Nachfrage wahrnehmbar zum Erwerb der Verfügungsgewalt bereitstellt.[782] Verboten sind auch solche Angebote, deren Erfüllung durch Lieferung erst für eine Zeit vorgesehen ist, zu der die Schutzdauer des Patents abgelaufen ist[783], sofern nur die Angebotshandlung als solche unter der zeitlichen Geltung des Patentschutzes erfolgt ist.[784] Die Teilnahme an einem Vergabeverfahren als Bieter stellt deswegen auch dann ein schutzrechtsverletzendes Angebot dar, wenn der Zuschlag und/oder die Durchführung des ausgeschriebenen Vorhabens erst für eine Zeit nach dem Auslaufen des Patentschutzes vorgesehen sind. Der Bieter läuft deswegen Gefahr, wegen seines Gebots im Wege des einstweiligen Patentrechtsschutzes auf Unterlassung in Anspruch genommen zu werden, wobei ihm – aus dem Gesichtspunkt der **Folgenbeseitigung** (§ 1004 BGB) – zusätzlich eine gerichtliche Anordnung dahingehend droht, dass er sein im Vergabeverfahren abgegebenes Angebot zurückzuziehen hat bzw, sofern es den Zuschlag erhalten hat, nicht erfüllen darf.[785] Anderes gilt nur dann, wenn der Patentschutz noch vor Ende der vom Auftraggeber gesetzten Angebotsfrist abläuft, so dass das zunächst rechtswidrige Bieterangebot in die Rechtmäßigkeit hineinwächst und nicht zurückgenommen werden muss.

679 Sollte der Patentschutz bei Vertragserfüllung noch in Kraft stehen, begeht der erfolgreiche Bieter mit seiner Lieferung weitere Verletzungshandlungen in Gestalt des Inverkehrbringens der von ihm angebotenen und mit dem Zuschlag bedachten Verletzungsgegenstände. Auch dagegen kann selbstverständlich patentrechtlich (Unterlassung, Schadenersatz, Vernichtung) vorgegangen werden.

bb) Auftraggeber

680 Wendet man sich dem Auftraggeber mit der Frage zu, ob das Vergaberecht wenigstens für ihn einen schutzrechtsfreien Raum generiert, so kann solches – wenn überhaupt! – allenfalls dort denkbar sein, wo der Auftraggeber im Rahmen des Vergabeverfahrens zu einem Zuschlag auf das verletzende Bieterangebot keinerlei Handlungsoptionen besitzt (Einheit der Rechtsordnung). Wo ihm hingegen ein Beurteilungs- und/oder Ermessensspielraum zusteht oder wo er gar gegen das Vergaberecht verstößt, gibt es keinen Grund, ihn von den Vorschriften zum Schutz des geistigen Eigentums freizustellen. Letzteres ist mit Blick auf patentverletzende Bieterangebote und deren Berücksichtigung beim Zuschlag offensichtlich der Fall. Der Bieter kann und muss im Zweifel ausgeschlossen werden, weil das Patentrecht zwingendes (Delikts-)Recht schafft, das auch der Auftraggeber zu beachten hat.

---

782 BGH, GRUR 2006, 927 – Kunststoffbügel; BGH, GRUR 1970, 358 – Heißläuferdetektor.
783 Die Schutzdauer des Patents beträgt 20 Jahre, wobei die Frist mit dem Tag beginnt, der auf die Anmeldung der Erfindung beim Patentamt folgt (§ 16 PatG).
784 BGH, GRUR 2007, 221 – Simvastatin.
785 Vgl Kap D Rdn 660.

Es ist deshalb zu klären, welche **Benutzungshandlungen** (§§ 9, 10 PatG) für den Auftraggeber infrage kommen können, gegen die von Seiten des Patentinhabers vorgegangen werden könnte. Die Ausschreibung als solche kommt regelmäßig nicht in Betracht, selbst wenn sie ursächlich zu einem verletzenden Bieterangebot führt. Die Annahme einer Anstiftung wird sich im Allgemeinen wegen des fehlenden Auftraggebervorsatzes verbieten. Die Entgegennahme und Prüfung der Bieterangebote stellt ebenfalls keine Verletzungshandlung dar. Gleiches gilt für den Zuschlag. In ihm liegt insbesondere keine Beteiligung des Auftraggebers an der späteren patentverletzenden Lieferung der Auftragsprodukte durch den erfolgreichen Bieter. Für den Regelfall denkbar ist allein ein **Gebrauchen** und ein **Besitz** zum Zwecke des Gebrauchs. Sie kommen in Betracht, wenn der Auftraggeber im Rahmen des Vergabeverfahrens Funktionstests mit dem von dem betreffenden Bieter überreichten Muster durchführt oder der Auftraggeber nach Zuschlagserteilung selbst beliefert wird und die Liefergegenstände bei sich in reguläre Benutzung nimmt. 681

In beiden Fallgestaltungen – sowohl bei der Lieferung nach Zuschlag als auch bei einem den Zuschlag vorbereitenden Funktionstest – kann der Patentinhaber ein Unterlassen des Gebrauchs und Besitzes zum Gebrauch verlangen. Das gilt selbst dann, wenn es zur Beurteilung der vertraglichen Brauchbarkeit eines praktischen Funktionstests zwingend bedürfen sollte. Ein solcher Sachverhalt könnte den Auftraggeber keinesfalls entlasten, weil das Vergaberecht nirgendwo vorschreibt, dass der Auftraggeber einen Funktionstest persönlich durchführen muss. Denkbar ist genauso, dass den Bietern der Nachweis über die erfolgreiche Durchführung konkret vorgegebener Funktionsprüfungen aufgegeben wird. Nimmt der Auftraggeber sie selbst vor, folgt er daher keinem zwingenden Vergaberecht. 682

Wegen § 156 Abs 2 GWB sind die Unterlassungsansprüche vor den mit dem Vergabeverfahren befassten Gerichtsinstanzen geltend zu machen (vergaberechtliche **Spezialzuständigkeit**).[786] 683

d) Strategische Erwägungen

Für die sachgerechte Entscheidung darüber, ob im laufenden Vergabeverfahren mit den Mitteln des Patentrechts operiert werden soll, ist Folgendes festzuhalten: Die Rechte aus einem Patent bleiben auch in einem Vergabeverfahren in vollem Umfang erhalten, sowohl gegenüber dem Bieter als auch (im Rahmen seiner Verantwortlichkeit nach §§ 9, 10 PatG) gegenüber dem Auftraggeber. Ihre Durchsetzung ist umso wichtiger, je weniger verlässlich die patentrechtliche Prüfung durch den Auftraggeber ist, ggf auch aus Gründen der Schadensminderung. Welche konkreten Maßnahmen ergriffen werden, ist eine strategische Entscheidung. Im Zweifel bietet sich eine möglichst frühzeitige Intervention im Vergabeverfahren an, weil eine Unterlassungsklage gegen den erfolgreichen Bieter den Auftraggeber in Bedrängnis bringen kann, was mit Rücksicht auf künftige Ausschreibungen derselben Beschaffungsstelle, an der der Patentinhaber teilzunehmen beabsichtigt, unerwünscht sein kann. In *einem* Fall kann es vorteilhafter sein, den verletzenden Bieter gewähren zu lassen und Schadenersatz nach Lieferung zu fordern, in einem *anderen* Fall kann es zweckmäßig sein, den Bieter patentrechtlich um seine Zuschlagschancen zu bringen. Letzteres wird in der Regel freilich nur im vorläufigen Rechtsschutz gelingen, der bekanntlich besondere Anforderungen stellt. Unter Umständen kann aber auch die Einreichung einer Hauptsacheklage und deren Bekanntgabe an den Auftraggeber nützlich sein, wobei es eine vergaberechtliche Frage ist, ob solche Informationen beachtlich sind, wenn der Kläger sich nicht am Vergabeverfahren beteiligt hat (Dritteingaben). 684

---

786 Vgl Kap B Rdn 106.

B. Sachverhaltsermittlung

Ist der Schutzbereich derjenigen Schutzrechte bestimmt, auf die ein potenzielles Verletzungsverfahren gestützt werden kann, gilt es in einem zweiten Schritt, den Verletzungstatbestand zu ermitteln und festzulegen.

I. Merkmalsgliederung

Um diese Arbeit zu erleichtern und vor allem zu verhindern, dass wesentliche Gesichtspunkte bei der Beurteilung übersehen oder nicht ausreichend berücksichtigt werden, sollte zunächst eine Merkmalsgliederung des bzw der in Kombination geltend zu machenden Ansprüche des fraglichen Klagepatentes angefertigt werden. Auf der einen Seite ist es dabei vorteilhaft, wenn sich die Merkmalsgliederung weitestgehend an dem Aufbau und den Formulierungen der Ansprüche orientiert. Hierdurch können im späteren Verfahrensverlauf Diskussionen über die Merkmalsgliederung vermieden werden. Auf der anderen Seite dient die Merkmalsgliederung jedoch auch dazu, dem Leser und vor allem später einem Gericht den Patentanspruch so darzulegen, dass die technische Lehre verständlich wird.

Drei Dinge sind dabei zu beachten:

– Der Wortlaut des Anspruchs darf nicht verändert werden. Es ist aber unbedingt ratsam, unschöne Relativverschachtelungen, die das Verständnis erschweren, aufzulösen, und zwar jede!

– Die einzelnen Merkmale des Patentanspruches sind – ungeachtet ihrer Zugehörigkeit zum Oberbegriff oder zum Kennzeichen – in derjenigen Reihenfolge (neu) zu ordnen, in der sie nach technischen Gesichtspunkten zusammengehören.[1] Durch die Aufteilung in Merkmale und Untermerkmale können Zusammenhänge hergestellt und Gewichtungen der technischen Komponenten einer Lehre vorgenommen werden, die nicht nur das Verständnis erleichtern, sondern schon die Argumentation im Hinblick auf die patentgemäße Lehre oder den Verletzungstatbestand vorbereiten.

– Nicht vergessen werden sollte sowohl für das eigene Verständnis als auch dasjenige Dritter, die Bezugsziffern aus dem Anspruch und den Figuren des Patents in die Merkmalsgliederung zu übernehmen und – was typischerweise die Merkmale des Oberbegriffs betrifft – fehlende Bezugsziffern zu ergänzen.

Bei europäischen Patenten, die in englischer oder französischer Verfahrenssprache eingereicht wurden, kann es sich anbieten, vor Erstellung der Merkmalsgliederung die Ansprüche in der Verfahrenssprache zurate zu ziehen, um **Übersetzungsfehler** aufzufinden und frühzeitig zu berücksichtigen. Denn nach Art 70 Abs 1 EPÜ stellt in jedem Vertragsstaat der Wortlaut des europäischen Patents in der vom Anmelder gewählten Verfahrenssprache die verbindliche Fassung dar.[2]

---

1 Vgl umfassend Meier-Beck, GRUR 2001, 967.
2 Ausdrücklich hervorgehoben auch von BGH, GRUR 1999, 909, 912 – Spannschraube; Vertrauensschutz nach Art II § 3 Abs 5 IntPatÜG aF beachten, der für vor dem 1.5.2008 veröffentlichte Patente weiterhin gilt (Art XI § 4 IntPatÜG)!

8 Anhand einer entsprechend vorbereiteten Merkmalsgliederung kann der Verletzungsgegenstand oder ein schutzrechtsverletzendes Verfahren einfach und systematisch auf seine Übereinstimmungen mit sämtlichen Merkmalen des potenziellen Klageschutzrechtes überprüft werden. Jedes Merkmal ist dabei gesondert zu beurteilen und nachzuvollziehen. Ergeben sich auch nur bei einem Merkmal Zweifel im Hinblick auf die tatsächliche Ausgestaltung des Verletzungsgegenstandes, sollte dieser aufs Neue eingehend untersucht werden.

9 Schon in diesem Stadium ist auch darauf zu achten, dass die Verwirklichung eines jeden Merkmals im Falle des Bestreitens seitens des Beklagten nachgewiesen werden muss. Vor allem wenn der Verletzungsgegenstand sich nicht in den Händen des Klägers befindet, muss frühzeitig ausreichendes Material wie Prospekte, Analysen und Beschreibungen sowie am besten Fotografien der angegriffenen Ausführungsform beschafft werden, wobei sich aus den Unterlagen die Verwirklichung sämtlicher Merkmale der potenziellen Klageschutzrechte durch die angegriffene Ausführungsform ergeben sollte. Ggf ist auch an ein der Verletzungsklage vorgeschaltetes Besichtigungsverfahren zu denken.

II. Besichtigungsanspruch und Vorlageverpflichtung zur Sachaufklärung und Beweissicherung[3]

10 Eine Klage wegen Patentverletzung hat nur Aussicht auf Erfolg, wenn der Verletzungstatbestand substantiiert vorgetragen und im Falle des Bestreitens durch den Beklagten bewiesen werden kann. Der Vortrag lässt sich dabei am vorteilhaftesten unter Rückgriff auf die angegriffene Ausführungsform selbst führen. Kann der Kläger die Verletzungsform mit Mustern aus einem Testkauf[4] oder gegebenenfalls mithilfe von Zeichnungen, Untersuchungs- oder Besichtigungsberichten etc belegen, kann der Beklagte dem nur noch mit einem substantiierten Vortrag entgegentreten (§ 138 ZPO). Ein einfaches Bestreiten ist ihm verwehrt. Er muss erläutern, wie die angegriffene Ausführungsform bezüglich des streitigen Merkmals tatsächlich ausgestaltet ist. Darüber hinaus kann nach den Grundsätzen von Treu und Glauben eine Verpflichtung der nicht beweisbelasteten Partei bestehen, dem Gegner Informationen zur Erleichterung seiner Beweisführung zu bieten. Dies gilt jedoch nur in seltenen Ausnahmefällen und erspart dem Kläger nicht einen substantiierten Vortrag zu dem Verletzungstatbestand in der ersten Instanz.[5] Dies gilt insbesondere im Hinblick auf § 531 ZPO, durch den die Möglichkeiten, neuen Sachverhalt in der Berufungsinstanz vorzutragen, erheblich eingeschränkt sind. Ein vor Klageerhebung nicht umfassend aufgeklärter Sachverhalt birgt dementsprechend erhebliche Risiken für das spätere Verfahren.

11 Probleme ergeben sich bei der Vorbereitung eines Schutzrechtsverletzungsverfahrens, wenn die tatsächliche Ausgestaltung der angegriffenen Ausführungsform nicht bzw nicht vollständig bekannt ist, und am Markt trotz entsprechender Bemühungen kein Muster erlangt oder besichtigt werden kann.

---

3 Battenstein, Informationsbeschaffung, 2006; Müller-Stoy, Nachweis und Besichtigung des Verletzungsgegenstandes, 2008; Sommer, Beweisbeschaffung, 2013; Kühnen, GRUR 2005, 185; Kühnen, Mitt 2009, 211; Eck/Dombrowski, FS 50 Jahre BPatG, 2011, S 169 ff.
4 Zur Rechtsmissbräuchlichkeit eines Testkaufs vgl LG Düsseldorf, InstGE 10, 193 – Geogitter; OLG Düsseldorf, Urteil v 14.1.2010 – I-2 U 124/08.
5 BGH, GRUR 2004, 268 – Blasenfreie Gummibahn II; BGH, GRUR 1995, 693 – Indizienkette.

1. Materielle Voraussetzungen

a) Art 43 TRIPS

Ein direkter Rückgriff auf Art 43 Abs 1 TRIPS, der die Vorlage eines bei der gegnerischen Partei befindlichen Gegenstandes auf Anordnung des Gerichts als Beweismittel vorsieht, ist nicht möglich. Ein entsprechendes Vorgehen würde – mangels eindeutiger Umsetzung des TRIPS-Abkommens in nationales Recht – die unmittelbare Anwendbarkeit von Teil III des TRIPS-Abkommens voraussetzen.[6] Sie wird zwar hinsichtlich einzelner Vorschriften, beispielsweise Art 50 TRIPS, diskutiert[7], vom EuGH aber grundsätzlich entsprechend seiner bisherigen Rechtsprechung auch zu den WTO-Übereinkommen abgelehnt. Die Gerichte sind jedoch verpflichtet, den Inhalt von TRIPS so weit wie möglich bei der Anwendung nationalen Rechts zu berücksichtigen.[8]

b) §§ 809, 810 BGB

Als solche innerstaatlichen Vorschriften sind die §§ 809, 810 BGB anzusehen. Sie stellen einem Anspruchsteller zum Zwecke der Sachverhaltsaufklärung einen allgemein zivilrechtlichen Besichtigungsanspruch zur Verfügung, wenn er gegen den (unmittelbaren oder mittelbaren[9]) Besitzer einer Sache einen Anspruch in Ansehung der Sache geltend macht oder sich über einen derartigen Anspruch Gewissheit verschaffen will (§ 809 BGB) bzw gewähren – unter vergleichsweise engen Voraussetzungen – einen Anspruch auf Einsicht in eine im fremden Besitz befindliche Urkunde (§ 810 BGB). Der Besichtigungsanspruch setzt nicht das Vorliegen von dinglichen Ansprüchen in Ansehung der Sache voraus, sondern kann auch bei Schutzrechtsverletzungen herangezogen werden.[10]

Waren bisher durch die BGH-Entscheidung »Druckbalken«[11] dem Besichtigungsanspruch enge Grenzen gesetzt, hat der BGH mit der Entscheidung »Faxkarte«[12] sowohl die Anforderungen als auch die Möglichkeiten, die der Besichtigungsanspruch bietet, ausgeweitet. So musste sich früher aus dem Vortrag des Gläubigers eine erhebliche Wahrscheinlichkeit einer Patentverletzung ergeben. Nun trägt die Rechtsprechung der Tatsache Rechnung, dass die Besichtigung gerade auch demjenigen offen steht, der sich erst Gewissheit über das Vorliegen eines Anspruchs verschaffen möchte, und hat die Anforderungen gelockert. Der Anspruch kann jedoch auch weiterhin nicht beliebig gegen Dritte geltend gemacht und zur Nachforschung eingesetzt werden.[13] Vielmehr muss er sich auf eine *konkrete* Sache oder Sachgesamtheit beziehen[14] und setzt zumindest einen gewissen Grad an Wahrscheinlichkeit für das Bestehen des Anspruchs voraus. Insbesondere müssen die nicht von der Besichtigung betroffenen Voraussetzungen des Anspruchs, der mithilfe der Besichtigung geklärt werden soll, bereits geklärt sein und dürfen die

---

6 Zur unmittelbaren Anwendbarkeit von Vorschriften des Teils II vgl beispielsweise BGH, GRUR 1999, 707, 713 – Kopienversanddienst.
7 Vgl CA Tesauro, EuGH, Slg 1998, I-3606, Rn 22 ff.
8 EuGH, GRUR 2001, 235, 237 – TRIPS-Abkommen; EuGH, GRUR Int 1998, 697, 699 – Hermès.
9 LG Nürnberg/Fürth, InstGE 5, 153 – Betriebsspionage. Befindet sich die zu besichtigende Vorrichtung in einer gemieteten Räumlichkeit auf dem Betriebsgelände eines Dritten, so ist letzterer kein (mittelbarer) Besitzer der Vorrichtung, weswegen ihm gegenüber ein Anspruch nach § 809 BGB, das Betreten des Betriebsgeländes zum Zwecke der Besichtigung zu dulden, nicht in Betracht kommt (LG Düsseldorf, InstGE 8, 103 – Etikettiermaschine).
10 BGH, GRUR 2002, 1046 – Faxkarte; BGH, GRUR 1985, 512 – Druckbalken; OLG Düsseldorf, GRUR 1983, 745 – Geheimhaltungsinteresse und Besichtigungsanspruch II; KG, GRUR-RR 2001, 118 – Besichtigungsanspruch.
11 BGH, GRUR 1985, 512 – Druckbalken; KG, GRUR-RR 2001, 118 – Besichtigungsanspruch.
12 BGH, GRUR 2002, 1046 – Faxkarte.
13 BGH, GRUR 2018, 1280 – My Lai.
14 BGH, GRUR 2004, 420 – Kontrollbesuch.

besichtigungsabhängigen Anspruchsbedingungen nicht nur vermutet, sondern belegt durch konkrete tatsächliche Anhaltspunkte wahrscheinlich sein.[15] Ob und in welchem Umfang der Besichtigungsanspruch in einem konkreten Einzelfall bejaht werden kann, hängt von einer umfassenden **Interessenabwägung** ab, bei der ua folgende Gesichtspunkte wechselwirkend zu berücksichtigen sind:[16]

15 – der Grad der Wahrscheinlichkeit einer Schutzrechtsverletzung;

16 – der Grad, in dem der Gläubiger auf die Besichtigung angewiesen ist bzw inwieweit ihm andere zumutbare[17] Möglichkeiten zur Verfügung stehen, die Rechtsverletzung zu beweisen;

17 – berechtigte Geheimhaltungsinteressen des Schuldners;

18 – der Grad, in dem die Beeinträchtigung der berechtigten Geheimhaltungsinteressen des Schuldners etwa durch die Einschaltung eines zur Verschwiegenheit verpflichteten Dritten oder dadurch ausgeräumt werden kann, dass der Gläubiger von der Besichtigung sowie den Besichtigungsergebnissen zumindest so lange ausgeschlossen wird, bis ein Verletzungstatbestand festgestellt werden kann.

c) § 140c PatG[18]

19 Im Anschluss an die EU-Enforcement-Richtlinie 2004/48 vom 29.4.2004 hat das Besichtigungsrecht seit dem 1.9.2008 eine spezialgesetzliche Regelung in § 140c PatG gefunden. Sie betrifft Sachen genauso wie Urkunden[19], lässt die allgemeinen Vorschriften der §§ 809, 810 BGB unberührt[20] und besagt, dass derjenige, der mit hinreichender Wahrscheinlichkeit entgegen den §§ 9 bis 13 PatG eine patentierte Erfindung benutzt, vom Rechtsinhaber oder einem anderen am Patent Berechtigten auf Vorlage einer Urkunde oder auf Besichtigung einer Sache, die sich in seiner Verfügungsgewalt befindet, in Anspruch genommen werden kann, sofern dies zur Begründung von dessen Ansprüchen wegen Patentverletzung erforderlich und die Inanspruchnahme im Einzelfall nicht unverhältnismäßig ist. Der Besichtigungs- und der Vorlageanspruch werden unter denselben Voraussetzungen gewährt, was insbesondere über den bisherigen Rechtsschutz, wie er durch § 810 BGB gewährt wurde, hinausgeht.

20 Mangels besonderer **Überleitungsbestimmungen** gilt § 140c PatG nur für solche Entstehungstatbestände, die nach Inkrafttreten der Bestimmung verwirklicht worden sind.[21]

aa) Antragspatent, Antragsteller, Antragsgegner

21 Geeignete Grundlage für ein Besichtigungs- oder Vorlageverlangen ist jedes Sach-, Verfahrens- oder Verwendungspatent mit Wirkung für die Bundesrepublik Deutschland, also auch deutsche Teile von europäischen Patenten und Schutzzertifikate. An die **Rechtsbeständigkeit** des dem Besichtigungsverlangen zugrunde gelegten Patents sind

---

15 BGH, GRUR 2018, 1280 – My Lai.
16 Vgl BGH, GRUR 2002, 1046 – Faxkarte, mwN; Melullis, FS Tilmann, 2003, S 843.
17 Unzumutbar kann zB der kostspielige Erwerb eines Musters der mutmaßlichen Verletzungsform sein.
18 Vgl Müller-Stoy, Nachweis und Besichtigung des Verletzungsgegenstandes, 2008; Müller-Stoy, Mitt 2009, 361; Dörre/Maaßen, GRUR-RR 2008, 220; Kather/Fitzner, Mitt 2010, 325.
19 Samer, FS 80 Jahre Patentgerichtsbarkeit Düsseldorf, 2016, S 469.
20 Sie sind etwa von Relevanz, wenn es um die Aufklärung von Entschädigungsansprüchen wegen rechtmäßiger Patentbenutzung geht, die – weil es an der Voraussetzung »entgegen den §§ 9 bis 13« fehlt – nicht unter § 140c PatG fallen. Einen weiteren Anwendungsfall stellen Lizenzvergütungsansprüche dar.
21 BGH, GRUR 2009, 515 – Motorradreiniger.

auch dann keine gesteigerten Anforderungen zu stellen, wenn der Besichtigungsanspruch im Wege eines einstweiligen Verfügungsverfahrens geltend gemacht wird. Insbesondere sind nicht die strengen Maßstäbe anzulegen, die bei einem im Verfahren des vorläufigen Rechtsschutzes verfolgten Unterlassungsbegehren zu beachten sind und die dahin gehen, dass der Rechtsbestand des Verfügungspatents aus der Sicht des Verletzungsgerichts gesichert sein muss. Eine Heranziehung der zur Unterlassungsverfügung entwickelten Grundsätze verbietet sich schon deshalb, weil mit der Besichtigung ein deutlich weniger schwerwiegender Eingriff in Rede steht. Er wird einem Patentinhaber im Zweifel nur dann versagt werden können, wenn das angeführte Patent angegriffen und mit überwiegender Wahrscheinlichkeit nicht schutzfähig ist. Welches Maß an Rechtsbeständigkeit im Einzelfall als genügend anzusehen ist, entscheidet sich im Rahmen der anzustellenden Interessenabwägung und hängt von den übrigen Umständen, namentlich davon ab, welche Geheimhaltungsbedürfnisse auf Seiten des Besichtigungsschuldners bestehen. Von vornherein hat eine Besichtigung (auch unter Schutzanordnungen) nur dort auszuscheiden haben, wo es sich bei dem Patent um ein klares Scheinrecht handelt, weil seine technische Lehre eindeutig neuheitsschädlich getroffen ist oder sonstige Widerrufs-/Nichtigkeitsgründe eindeutig zu Tage liegen.

Für ein Besichtigungsverlangen, das ausschließlich auf ein ungeprüftes **Gebrauchsmuster** gestützt ist, bedeutet dies, dass der Antragsteller sich nicht mit einem Hinweis auf die Gebrauchsmustereintragung begnügen kann, sondern darzulegen hat, dass die geltend gemachte Merkmalskombination schutzfähig sein kann. Als Mittel zum Nachweis kommen amtliche oder patentanwaltliche Recherchenberichte in Betracht. 22

Anspruchsberechtigt ist, wer (aufklärungs- oder beweissicherungsbedürftige) Ansprüche aus dem Patent geltend machen kann. Dies sind die im Hinblick auf § 139 PatG Aktivlegitimierten, nämlich der eingetragene Rechtsinhaber, der (auch nicht eingetragene) Gesamtrechtsnachfolger des Patentinhabers, der ausschließliche Lizenznehmer, der einfache Lizenznehmer, der Nießbraucher, der Pfandgläubiger; daneben aber auch Personen, die kraft Rechtsnachfolge (zB Abtretung) Inhaber eines Anspruchs (zB auf Schadenersatz) wegen Patentverletzung geworden sind. 23

Möglicher **Anspruchsgegner** ist der mutmaßliche Patentbenutzer. Wie sich aus der im Absatz 5 enthaltenen Bezugnahme auf eine nur drohende Verletzung ergibt, muss eine Benutzungshandlung nicht bereits stattgefunden haben. Es genügt eine Erstbegehungsgefahr, sofern sie einen vorbeugenden Unterlassungsanspruch begründen kann. Der Vorlage- und Besichtigungsanspruch richtet sich gegen jeden, der als Schuldner eines Anspruchs wegen Patentverletzung in Betracht kommt. Neben den deliktisch Verantwortlichen (Alleintäter, mittelbarer Täter, Mittäter, Nebentäter[22], Anstifter, Gehilfe) gehört dazu auch der Störer. 24

bb) Wahrscheinlichkeit der Patentverletzung

Indem § 140c PatG auf eine Benutzung »**entgegen den §§ 9–13 PatG**« abstellt, ist zunächst klargestellt, dass es sich um eine **inländische** Patentbenutzung handeln muss[23], wobei unmittelbare Benutzungshandlungen nach § 9 PatG genauso anspruchsbegründend sind wie Fälle der mittelbaren Patentverletzung nach § 10 PatG. Andererseits bedarf es einer **Rechtswidrigkeit** des mutmaßlichen Gebrauchs. Die (rechtmäßige) Benutzung einer offengelegten Patentanmeldung und der sich daraus mutmaßlich ergebende Entschädigungsanspruch[24] reichen deshalb ebenso wenig aus wie Handlungen, die ansonsten 25

---

22 Vgl dazu: BGH, GRUR 2009, 1142 – MP3-Player-Import.
23 … die wegen § 9 Nr 3 PatG auch dann vorliegt, wenn es um den Vertrieb unmittelbarer Verfahrenserzeugnisse geht, die aus einem ausländischen Herstellungsverfahren stammen.
24 Für ihn kommt nur eine Besichtigung gemäß § 809 BGBG infrage.

gerechtfertigt sind, zB deshalb, weil sie durch eine Lizenz, ein Vorbenutzungsrecht oder dergleichen gedeckt sind. Sollen Entschädigungs- oder vertragliche Lizenzansprüche aufgedeckt werden, bilden daher die §§ 809, 810 BGB eine mögliche Anspruchsgrundlage.

26 Die **Wahrscheinlichkeit** einer Schutzrechtsverletzung stellt eine Eingangsvoraussetzung für den Besichtigungsanspruch nach § 140c PatG dar. Sie bedeutet, dass zwar letztlich ungewiss sein darf, ob eine **Rechtsverletzung** vorliegt, dass die Besichtigung allerdings nicht wahllos, dh ins Blaue hinein erfolgen kann. Erforderlich sind vielmehr *konkrete* Anhaltspunkte, die die Möglichkeit einer Rechtsverletzung mit einer gewissen Wahrscheinlichkeit nahelegen. Dabei ist zwischen solchen Anspruchsvoraussetzungen zu unterscheiden, die durch die begehrte Besichtigung geklärt werden sollen, und solchen, die von der Besichtigung und ihrem Ergebnis völlig unabhängig sind. Während es für die erstgenannten Anspruchsbedingungen genügt, dass sie mit einer gewissen Wahrscheinlichkeit vorliegen, müssen die von der Besichtigung unabhängigen Voraussetzungen des Anspruchs (zB die Aktivlegitimation des Anspruchstellers[25]) bewiesen bzw glaubhaft gemacht sein.[26]

27 **Anknüpfungstatsachen,** die eine gewisse[27] Wahrscheinlichkeit begründen, können sich zB ergeben

28 – aus der Beschaffenheit von im Ausland vertriebenen Parallelprodukten des Besichtigungsschuldners,

29 – aus dem Bestehen eines Industriestandards, von dem angenommen werden kann, dass er allgemein eingehalten wird,

30 – aus der Vermutungswirkung des § 139 Abs 3 PatG oder

31 – daraus, dass in Bezug auf den Besichtigungsgegenstand einzelne Ausstattungsmerkmale (anhand der Werbung oder dergleichen) bekannt sind und die dem Produkt zugeschriebenen Vorzüge dafür sprechen, dass auch die weiteren erfindungsgemäßen Merkmale verwirklicht werden.

32 Allein der Umstand, dass der technische **Sachverhalt komplex** ist und das angerufene Gericht keine eigene Expertise auf dem fraglichen Gebiet (zB der Chemie) besitzt, kann regelmäßig noch nicht dazu führen, dass die hinreichende Wahrscheinlichkeit für eine ohne vorherige Anhörung des Schuldners durchzuführende Besichtigung in dessen Geschäftsräumen verneint wird.[28] Wenn das Gericht aufgrund des – selbstverständlich ausreichend zu spezifizierenden – Vortrages des Antragstellers zu der Einschätzung gelangt, dass eine Patentverletzung in Betracht kommen *kann,* wird im Allgemeinen eine Besichtigungsanordnung auch ohne Gewährung rechtlichen Gehörs angebracht sein, wenn bei vorheriger Anhörung des Antragsgegners die Gefahr einer Beweisvereitelung nicht auszuschließen ist. Der gegebenen Unsicherheit in der technischen Beurteilung kann dadurch Rechnung getragen werden, dass die Besichtigung nur durch den Sachverständigen allein (dh ohne Beteiligung von Anwälten des Antragstellers) stattfindet, der im Zweifel von einem Mitglied des Gerichts (als »notarielle Aufsichtsperson«) zu begleiten ist.

---

25 BGH, GRUR 2013, 509 – UniBasic-IDOS.
26 OLG Hamburg, InstGE 5, 294 – Fußbodenpaneele II; OLG Frankfurt/Main, Urteil v 10.6.2010 – 15 U 192/09.
27 Nach OLG Frankfurt/Main (Beschluss v 14.10.2019 – 6 W 100/19) verlangt der Begriff der »hinreichenden Wahrscheinlichkeit« wegen des mit einer Besichtigung verbundenen massiven Eingriffs in die Rechte des Besichtigungsschuldners einen Wahrscheinlichkeitsgrad von mehr als 50 %.
28 AA: OLG Frankfurt/Main, InstGE 13, 254 – Komplexes Herstellungsverfahren.

Unwägbarkeiten hinsichtlich des Vorliegens einer Patentverletzung können sich aber nicht nur im Tatsächlichen (zB hinsichtlich der konstruktiven Ausgestaltung oder der Funktions- und Wirkungsweise des Besichtigungsgegenstandes) ergeben; sie können ihre Ursache genauso im Rechtlichen haben,[29] wenn es zB darum geht, ob ein bestimmtes Verhalten, das der Antragsteller beim Antragsgegner vermutet – seine Richtigkeit zugunsten des Antragstellers unterstellt – überhaupt einen wortsinngemäßen oder äquivalenten Eingriff in den Schutzbereich des Antragspatents darstellt. Bedarf es zur endgültigen Klärung dieser Rechtsfrage der Einholung eines Sachverständigengutachtens, ohne das zB die Gleichwirkung, das Naheliegen oder die Orientierung am Patentanspruch der angegriffenen Ausführungsform mit der Erfindung nicht definitiv beurteilt werden können, so ist die Wahrscheinlichkeit einer Schutzrechtsverletzung gegeben. Gleiches gilt, wenn über die Frage, ob ein angenommenes tatsächliches Verhalten Ansprüche wegen Patentverletzung begründet, eine Rechtfrage entscheidet, die nicht eindeutig negativ zu beurteilen ist. Würde hier die Wahrscheinlichkeit verneint, würde letztlich das erstinstanzliche Gericht die endgültige Entscheidung über die Rechtsfrage treffen, indem es den Besichtigungseingriff ablehnt und dem Schutzrechtsinhaber damit die Gelegenheit nimmt, diejenigen Feststellungen tatsächlicher Natur zu treffen, die erforderlich sind, um sein Verletzungsbegehren zu begründen und so zur Entscheidung in einem Instanzenzug zu stellen. Zu erwägen ist unter Umständen wie den geschilderten allenfalls, ob über das Übliche hinaus besondere Schutzmaßnahmen (zB Besichtigung ausnahmsweise nur durch den Sachverständigen allein) geboten sind, um der in doppelter Hinsicht gegebenen Ungewissheit im Hinblick auf mögliche Betriebsgeheimnisse des Besichtigungsschuldners Rechnung zu tragen.[30] Ohne Erfolg bleibt ein Besichtigungsverlangen nur dann, aber auch schon immer dann, wenn bereits ohne weitere sachverständige Aufklärung feststeht, dass die mit dem Besichtigungsantrag verfolgten Ansprüche nicht bestehen, weil der Besichtigungsgegenstand in seiner vom Antragsteller vermuteten (und durch die beantragte Besichtigung zu klärenden) Ausgestaltung zweifelsfrei keinen Eingriff in den Schutzbereich des Antragsschutzrechts begründet.[31] 33

Dass dem Besichtigungsschuldner ggf ein Recht zur Benutzung des Antragspatents zusteht (zB wegen § 12 PatG, Erschöpfung), beseitigt die Verletzungswahrscheinlichkeit nicht, solange der betreffende Tatbestand nicht unumstößlich feststeht. Im Besichtigungsverfahren findet jedenfalls keine Aufklärung in Richtung auf solche **Rechtfertigungstatbestände** statt.[32] 34

cc) Verfügungsgewalt

Die zu besichtigende Sache oder vorzulegende Urkunde muss sich in der Verfügungsgewalt des Anspruchsgegners befinden, und zwar im Zeitpunkt der Entscheidung über das Besichtigungsverlangen, spätestens jedoch in sicher absehbarer Weise bis zur Durchführung der Besichtigung. Es bedarf einer tatsächlichen Sachherrschaft, die eine Vorlage bzw Überlassung zur Besichtigung ermöglicht. Unmittelbarer Allein- oder Mitbesitz genügt, ebenso mittelbarer Besitz, wenn gegen den unmittelbaren Besitzer ein Herausgabeanspruch besteht.[33] Auf die Rechtmäßigkeit der Besitzposition kommt es nicht an. 35

So lange eine inländische Patentverletzung aufgeklärt werden soll, hat es ebenfalls keine Bedeutung, ob der Gegenstand, dessen Besichtigung die Sachaufklärung erbringen soll, 36

---

29 OLG Karlsruhe, Beschluss v 16.10.2012 – 6 W 72/12 (Eine hinreichende Wahrscheinlichkeit ist zu bejahen, wenn eine Bestimmung des Schutzbereichs ernsthaft in Betracht kommt, bei der der Antragsteller auf das Besichtigungsergebnis angewiesen ist).
30 OLG Düsseldorf, InstGE 11, 298 – Weißmacher.
31 OLG Düsseldorf, InstGE 11, 298 – Weißmacher.
32 OLG Düsseldorf, Beschluss v 29.1.2016 – I-2 W 26/15.
33 LG Nürnberg/Fürth, InstGE 5, 153 – Betriebsspionage.

im Inland oder im **Ausland**[34] belegen ist.[35] Ein auswärtiges Besichtigungsobjekt ist besichtigungsrelevant, wenn aufgrund von Rechtshilfeübereinkommen (zB VO 1206/2001) sichergestellt ist, dass eine im Inland angeordnete Besichtigung im Ausland (sei es ohne Zwang unmittelbar durch den inländischen Gutachter oder – weil der Besichtigungsschuldner widerspricht – unter Mitwirkung eines ausländischen Gerichts) tatsächlich durchgeführt werden kann.

37 Ist die Benutzung eines patentierten **Verfahrens** wahrscheinlich, kann dessen Besichtigung verlangt werden. Die Regelung suspendiert von dem Erfordernis der »Verfügungsgewalt über den Besichtigungsgegenstand« und ist deshalb überall dort bedeutsam, wo die mutmaßlich patentgemäße Verfahrensführung nicht durch Besichtigung einer Sache oder Urkunde geklärt werden kann, die sich in der Verfügungsgewalt des mutmaßlich wegen Patentverletzung haftenden Anspruchsgegners befindet.

dd) Erforderlichkeit

38 Die Besichtigung/Vorlage muss erforderlich sein, um einen Anspruch wegen Patentverletzung – dem Grunde oder der Höhe nach – aufzuklären oder Beweise für seine Begehung bzw die Anspruchshöhe zu sichern. Daran fehlt es, wenn dem Anspruchsteller

39 – zur selben Zeit

40 – andere einfachere Möglichkeiten zur Sachaufklärung/Beweissicherung zur Verfügung stehen,

41 – die objektiv gleichermaßen geeignet (dh aussagekräftig und verlässlich) sind und

42 – dem Besichtigungsgläubiger nach seinen persönlichen Verhältnissen zugemutet werden können.

43 Der Antragsteller hat sich hierüber zu erklären; er hat insbesondere seine vergeblichen **Bemühungen darzulegen** (wie Nachforschungen im Internet[36], Durchsicht von Werbematerial des Besichtigungsschuldners, Erwerb eines Musters der angegriffenen Ausführungsform [bei hohem Preis kann Zumutbarkeit zu verneinen sein!], Ermittlungen bei Abnehmern des mutmaßlich patentbenutzenden Gegenstandes einschließlich einer dort möglichen freiwilligen Besichtigung). Handelt es sich um einen product-by-process-Anspruch, steht der Besichtigung des Herstellungsverfahrens nicht entgegen, dass sich ein Verletzungsnachweis auch über die durch das patentgemäße Prozedere herbeigeführten Eigenschaften der für den Besichtigungsgläubiger verfügbaren Sache führen ließe. Denn welche genauen Sacheigenschaften mit dem patentgemäßen Herstellungsverfahren verknüpft sind, kann schwierig zu beantworten sein und deshalb den Verletzten in Beweisnot bringen.[37]

44 Eine **Rechtsverfolgung gegen** den **Besichtigungsschuldner** muss nicht beabsichtigt sein; Ziel der Besichtigung kann auch die Anspruchsdurchsetzung gegen einen Dritten

---

34 Bsp: In Deutschland ist ein Herstellungsverfahren geschützt, das von dem Wettbewerber mutmaßlich im Ausland durchgeführt wird. Die Verfahrenserzeugnisse liefert er nach Deutschland. Zur Aufklärung möglicher Ansprüche aus § 9 Nr 3 PatG bedarf es der Aufklärung, ob im Ausland das patentgeschützte Verfahren angewendet wird.
35 AA wohl OLG Düsseldorf, Beschluss v 4.9.2012 – I-2 W 19/12.
36 Zur Frage, ob und wann Inhalte des Internet »offenkundig« iSv § 291 ZPO sind und damit keines Beweises bedürfen, vgl Dötsch, MDR 2011, 1017. Möchte ein Gericht von ihm dem Internet entnommene Tatsachen als offenkundig im Sinne des § 291 ZPO seinem Urteil zugrunde legen, muss es den Parteien durch einen Hinweis die Möglichkeit zur Stellungnahme geben. Ein Hinweis kann nur dann unterbleiben, wenn es sich um Umstände handelt, die den Parteien ohne Weiteres gegenwärtig sind und von deren Entscheidungserheblichkeit sie wissen (BGH, WM 2022, 484).
37 OLG Karlsruhe, BeckRS 2013, 19312 – Product-by-process-Merkmale im Besichtigungsverfahren.

(zB den Hersteller) sein, solange nur in der Person des Besichtigungsschuldners ebenfalls ein Anspruch wegen Patentverletzung wahrscheinlich ist.

ee) Geheimhaltungsinteressen

Auf Geheimhaltungsinteressen des Besichtigungsschuldners (die durch Art 12 Abs 1 GG verfassungsrechtlich geschützt sind) ist Rücksicht zu nehmen. Das gilt jedenfalls für solche Geheimnisse, die Gegenstand des Straftatbestandes nach § 203 StGB sind.[38] Unter die genannte Vorschrift fällt alles betriebsbezogene technische oder kaufmännische Wissen im weitesten Sinne, das allenfalls einem eng begrenzten Personenkreis bekannt ist und von dem sich ein größerer Personenkreis nur unter Schwierigkeiten Kenntnis verschaffen kann, an dessen Geheimhaltung der Unternehmer ein berechtigtes (wirtschaftliches) Interesse hat und in Bezug auf das sein Geheimhaltungswille bekundet worden oder erkennbar ist.[39] Es ist unerheblich, ob eine Geheimhaltung auf Dauer beabsichtigt oder demnächst eine Patentanmeldung vorgesehen ist. Wesentlich ist nur, dass der Besichtigungsgegenstand im Zeitpunkt der gerichtlichen Entscheidung noch nicht offenkundig, sondern geheim ist. Daran fehlt es, wenn der Gegenstand frei erhältlich ist, selbst wenn seine patentgemäße Ausgestaltung erst durch eine nähere Untersuchung offenbar wird, so lange nur die Untersuchung vom Verkehr zu erwarten ist. Letzteres ist nicht der Fall, wenn mit der Untersuchung eine erheblicher (technischer und/oder finanzieller) Aufwand (zB Reverse-Engineering) verbunden ist, der sinnvollerweise nicht auf sich genommen wird. 45

Auf Geheimhaltungsinteressen **Dritter** kann sich der Besichtigungsschuldner berufen, wenn er ihm gegenüber zur Geheimhaltung verpflichtet ist, zB daraus, dass sich der Besichtigungsgegenstand zum Zwecke der technischen Erprobung beim Besichtigungsschuldner befunden hat oder weil es sich um eine gemeinsame technische Entwicklung gehandelt hat, die in der gegenseitigen Erwartung ihrer Geheimhaltung gegenüber Dritten beim Besichtigungsschuldner in Betrieb genommen und dort besichtigt worden ist, hat keine Bedeutung.[40] 46

Eines Geheimnisschutzes bedarf es insbesondere in Bezug auf die Person des **Antragstellers**. Er ist typischerweise Wettbewerber des Besichtigungsschuldners und würde daher von Einblicken in den gegnerischen Geschäftsbetrieb unmittelbar und unwiderruflich profitieren, was umso weniger hinnehmbar ist, als sich der Verletzungsverdacht im Nachhinein als unbegründet erweisen kann. Seine persönliche Anwesenheit bei der Besichtigung wird sich deswegen im Allgemeinen genauso verbieten wie die Einschaltung eines Privatsachverständigen; soweit die **Anwälte** des Antragstellers an der Besichtigung teilnehmen, sind sie zur Verschwiegenheit auch gegenüber dem Antragsteller zu verpflichten.[41] 47

Art 9 Abs 2 der **EU-Richtlinie über** den Schutz von **Geschäftsgeheimnissen**[42] steht einer solchen Anordnung (Ausschluss der Partei, Schweigeverpflichtung für die Anwälte) nicht entgegen. Die Vorschrift betrifft allein Gerichtsverfahren betreffend den rechtswidrigen Erwerb oder die rechtswidrige Nutzung oder Offenlegung eines Geschäftsgeheimnisses; darum geht es in Besichtigungsverfahren wegen des Verdachts einer Patentverletzung nicht, dessen Gegenstand gerade die mutmaßlich widerrechtliche Nutzung von technischen Informationen ist, die infolge der Patentbekanntmachung öffentlich zugänglich sind. Dennoch ist die RL nicht bedeutungslos. Seit ihrer Umsetzung in nationales 48

---

38 BGH, GRUR 2010, 318 – Lichtbogenschnürung.
39 BGH, GRUR 2010, 318 – Lichtbogenschnürung.
40 OLG Düsseldorf, Beschluss v 20.8.2012 – I-2 W 13/12.
41 Zu Einzelheiten vgl unten Kap B Rdn 118.
42 ABl EU Nr L 157/1. Die Umsetzungsfrist endet am 5.7.2018.

Recht durch das GeschGehG ist nämlich jeder wegen der Offenlegung eines Geschäftsgeheimnisses ua auf Schadenersatz haftbar, der gegen eine Vertraulichkeitsvereinbarung oder eine sonstige Verpflichtung zur Geheimhaltung verstößt (Artt 2 Nr 3, 3 Abs 3 lit b) RL, § 10 GeschGehG). Die Haftung besteht mithin auch für den Antragsteller eines Besichtigungsverfahrens (und dessen Anwalt), die sich nicht an eine Geheimhaltungsanordnung des Gerichts halten, die zum Schutz der Vertraulichkeit eines bei der Besichtigung möglicherweise zu Tage tretenden Geschäftsgeheimnisses ergangen ist (vgl Erwägungsgrund 25). In Anbetracht dieser Haftungslage kann es zumindest in Einzelfällen, wo die besondere Sachkunde der Partei für den Besichtigungserfolg wesentlich ist, angezeigt sein, eine Teilnahme der vom Gericht zur Verschwiegenheit verpflichteten Partei zuzulassen. Ob die gerichtliche Verschwiegenheitsanordnung ihre Grundlage in Art 9 Abs 2 RL finden kann, mag zweifelhaft sein. Aus der besagten Regelung, die es dem Gericht im Anwendungsbereich der RL erlaubt, spezifische Maßnahmen zu treffen, um die Vertraulichkeit eines (angeblichen) Geschäftsgeheimnisses zu wahren, das im Laufe eines Gerichtsverfahrens genutzt oder auf welches Bezug genommen wird, folgt jedenfalls, dass es kein Verbot gibt, derartige Schutzmaßnahmen zu ergreifen. Eine Geheimhaltungsanordnung, die etwaige Betriebsgeheimnisse des Besichtigungsschuldners schützt, ist deswegen mit Einwilligung des zur Besichtigung zugelassenen Antragstellers (und seines Anwaltes) möglich, und ohne eine solche Zustimmung des Besichtigungsgläubigers (und seines anwaltlichen Vertreters) wird sich eine Besichtigungsmaßnahme, die ohne vorherige Gewährung rechtlichen Gehörs für den Besichtigungsschuldner ergeht, nicht rechtfertigen lassen.

ff) Verhältnismäßigkeit

49 Aus Gründen der Verhältnismäßigkeit kann das Vorlage- und Besichtigungsverlangen ganz oder hinsichtlich einzelner Aufklärungs- oder Beweissicherungsmaßnahmen ausgeschlossen sein.

50 Auf Seiten des **Besichtigungsgläubigers** sind zB zu berücksichtigen:

51 – Geringe Benutzungsintensität, insbesondere wenn keine Unterlassungsansprüche im Raum stehen;

52 – erhebliche (ggf schon durch erstinstanzliche Vernichtung dokumentierte) Zweifel am Rechtsbestand des Antragsschutzrechts,

53 – geringe Wahrscheinlichkeit einer Patentverletzung,

54 – Nützlichkeit der Vorlage- oder Besichtigungsmaßnahme für die Rechtsdurchsetzung.

55 Auf Seiten des **Besichtigungsschuldners** sind zB von Bedeutung:

56 – Erheblicher Umfang des vorzulegenden Materials,

57 – Schwere des Besichtigungseingriffs (Substanzzerstörung oder länger andauernde Betriebsunterbrechung mit beträchtlichem Schaden für den Besichtigungsschuldner),

58 – wertvolle Betriebsgeheimnisse, die nicht durch geeignete Schutzanordnungen (Einschaltung eines zur Verschwiegenheit verpflichteten Sachverständigen, der ggf durch ein Mitglied des erkennenden Spruchkörpers begleitet wird; Ausschluss des Antragstellers und seiner Anwälte von der Besichtigung) gesichert werden können,

59 – Grad des Verschuldens (Vorsatz?).

60 Bei der Bejahung einer Unverhältnismäßigkeit nach Abwägung der beiderseitigen Interessen ist tendenziell zurückhaltend zu verfahren, und zwar schon deshalb, weil sich die Belange des verletzten Rechtsinhabers gegenüber den widerstreitenden Interessen eines

rechtswidrig handelnden und regelmäßig deliktsrechtlich haftenden Verletzers grundsätzlich durchsetzen müssen. Nur wenn bei der Gegenüberstellung die – durch Modalitäten der Vorlage oder Besichtigung nicht abwendbaren – Nachteile des Besichtigungsschuldners das Rechtsverfolgungsinteresse des Antragstellers derart überwiegen, dass ein Beharren auf der Vorlage/Besichtigung im Einzelfall missbräuchlich erscheint, kann die Anspruchsdurchsetzung unverhältnismäßig sein.

2. Rechtsfolgen

Auch bezüglich des Umfangs der aufgrund von § 140c PatG zu gewährenden Besichtigungsbefugnisse ist die Rechtsstellung des Patentinhabers deutlich verbessert. 61

a) Besichtigen

Wenn das Gesetz dem Gläubiger einen Anspruch auf Besichtigung gewährt, bedeutet dies – wie sich nicht zuletzt auch aus § 140c Abs 3 Satz 1 ergibt – aus der Sicht des Schuldners, dass er die betreffende **Besichtigungsmaßnahme** des Gläubigers **zu dulden** hat. Er muss sie nur über sich ergehen lassen und ist deswegen grundsätzlich nicht verpflichtet, im Rahmen der Besichtigung irgendwie aktiv tätig zu werden. Erst recht kann nicht verlangt werden, dass der Schuldner zur Besichtigung vorgesehene Gegenstände beschafft oder in einen zur Besichtigung geeigneten Zustand bringt. 62

Waren wegen der Geheimhaltungsinteressen des Schuldners dem Besichtigenden nach der älteren Rechtsprechung zu § 809 BGB Substanzeingriffe, die schon im Ausbau von Teilen oder dem In- oder Außer-Betrieb-Setzen einer Vorrichtung gesehen wurden, untersagt, so besteht auch in diesem Punkt die Notwendigkeit einer Interessenabwägung. Bereits die neuere BGH-Rechtsprechung hatte darauf hingewiesen, dass der Schuldner eine Beschädigung der Sache nicht ohne weiteres hinnehmen müsse, dass die tatsächliche Gefahr einer Beschädigung jedoch in vielen Fällen nicht bestehe. Zudem sei zu berücksichtigen, dass der Gläubiger für Schäden Ersatz leisten muss und die Besichtigung insoweit von Anfang an von einer Sicherheitsleistung abhängig gemacht werden kann (§ 811 BGB).[43] Noch deutlicher sind die Ausführungen des BGH in seiner (zu § 142 ZPO ergangenen) Entscheidung »Restschadstoffentfernung«[44], wo es heißt: 63

> »Allerdings sind die fraglichen Bestimmungen des deutschen Rechts in einer Weise auszulegen, dass mit ihrer Hilfe den Anforderungen des TRIPs-Übereinkommens Genüge getan wird. Die Bestimmung des § 142 ZPO ist wie ... § 809 BGB ein Mittel, einem Beweisnotstand des Klägers zu begegnen, wie er sich gerade im Bereich der besonders verletzlichen technischen Schutzrechte in besonderem Maße ergeben kann. Im Bereich des gewerblichen Rechtsschutzes kommt einer Bestimmung wie der des § 142 ZPO nunmehr auch die Funktion zu, die Maßnahmen zu verwirklichen, die nach Art 6 der ... Durchsetzungsrichtlinie zur Vorlage von Beweismitteln vorgesehen sind und die etwa das französische Recht in Form der »saisie contrefacon« oder das Recht des Vereinigten Königreichs in Form der »search order« ... kennen. Gerade die Regelungen im TRIPs-Übereinkommen und in der Durchsetzungsrichtlinie zeigen zudem, dass eine differenzierte Betrachtung und Anwendung von generell formulierten Bestimmungen wie des § 809 BGB ... in verschiedenen Rechtsgebieten, wie etwa im gewerblichen Rechtsschutz insgesamt und insbesondere bei den technischen Schutzrechten ... geboten ist.«

Ausgehend hiervon und vor dem Hintergrund von Art 6, 7 der Enforcement-Richtlinie (204/48/EG vom 29.4.2004) ist als »**Besichtigung**« im Sinne des § 140c PatG (und des 64

---

43 Vgl zu diesem Problemkreis auch Mes, GRUR 2000, 934; Leppin, GRUR 1984, 552.
44 BGH, GRUR 2006, 962 – Restschadstoffentfernung.

§ 809 BGB) nicht nur die Einnahme eines Augenscheins zu verstehen, sondern grundsätzlich jede Maßnahme, die

65 – in Abhängigkeit von der Eigenart der zu »besichtigenden« Sache und

66 – in Abhängigkeit von denjenigen aufklärungsbedürftigen Tatsachen, die für die Beurteilung des Vorliegens eines (vermuteten) Anspruchs wegen Patentverletzung notwendig sind,

67 – diejenige Gewissheit schaffen kann, die Anliegen des Anspruchs aus § 140c PatG (bzw § 809 BGB) ist.

68 Solches kann im einen Fall durch bloßes Hinschauen gewährleistet sein, im anderen Fall aber auch weitergehende Untersuchungen[45] und die Mitnahme von Mustern oder die Vorlage des Quellcodes eines Softwareprogramms[46] erfordern. Deshalb sollte im Falle einer gerichtlichen Durchsetzung des Besichtigungsanspruchs bereits bei der Antragsformulierung berücksichtigt werden, dass eine bloße Inaugenscheinnahme für die Feststellung einer Patentverletzung häufig nicht ausreichend ist, sondern hierfür eine genaue Untersuchung erforderlich ist, die Tests oder ein Auseinandernehmen des fraglichen Gegenstandes erforderlich machen kann. Bei schwerwiegenden Eingriffen kann die Anordnung einer Sicherheitsleistung durch den Besichtigungsgläubiger gerechtfertigt sein.[47]

Praxistipp	Formulierungsbeispiel

69 Die einzelnen Mittel zur Beweissicherung sind, um die Durchführung der Besichtigung nicht zu erschweren, in den **Antrag** aufzunehmen (zB die Anfertigung von Foto-/Filmaufnahmen, der Betrieb und die Stilllegung von Maschinen, Screenshots der Maschinensteuerung etc). Was nicht zum Gegenstand des Antrages gemacht worden ist, wird später möglicherweise den Besichtigungserfolg vereiteln! Es ist also eine dezidierte Planung nötig, in die nicht genug Sorgfalt und Phantasie investiert werden kann. Selbstverständlich ist das Besichtigungsverfahren kein »Wunschkonzert«, weshalb jede einzelne Maßnahme, die das Gericht dem Schuldner zu dulden aufgibt (sofern sich ihre Notwendigkeit oder Sinnhaftigkeit nicht von selbst ergibt) im Antrag näher zu erläutern und sachlich zu begründen ist.

70 Speziell zum Nachweis von Patentverletzungen im **Chemiebereich** können substanzzerstörende Analysen von Zwischen- oder Endprodukten erforderlich werden. Der hierdurch entstehende materielle Schaden ist zumeist vernachlässigbar, sodass ein berechtigtes Integritätsinteresse von Seiten des Besichtigungsgegners in der Regel nicht geltend gemacht werden kann. Der auf eine Besichtigung gerichtete Anspruch kann in solchen Fällen daher auch in Form einer zur Zerstörung der Sache führenden Untersuchung durchgesetzt werden. Dabei ist zu beachten, dass häufig gerade chemische Analysen nur schwer oder gar nicht am Ort der Besichtigung vorgenommen werden können. Für diesen Fall muss die Probenentnahme und deren Entfernung vom Besichtigungsort zum Zwecke der Analyse in den Antrag auf Besichtigung aufgenommen werden.

71 Allerdings ist darauf zu achten, dass sich aus § 140c PatG kein Nachforschungs- oder **Durchsuchungsanspruch** ableiten lässt, sondern Ansprüche nur in Ansehung einer kon-

---

45 BGH, GRUR 2013, 316 – Rohrmuffe.
46 BGHZ 150, 377, 382 – Faxkarte; BGH, GRUR 2013, 509 – UniBasic-IDOS.
47 OLG Karlsruhe, BeckRS 2013, 19312 – Product-by-process-Merkmale im Besichtigungsverfahren.

kreten Sache bzw Sachgesamtheit bestehen können[48], die dementsprechend hinreichend konkret zu bezeichnen sind[49].

Zu erwägen ist demgegenüber, ob der Besichtigungsanspruch – als Minus – nicht auch die Verpflichtung umfasst, einen **Standort zu benennen**, an dem der mutmaßlich patentverletzende Gegenstand besichtigt werden kann.[50] 72

b) Vorlegen einer Urkunde[51]

Die **Vorlage** von Urkunden oder Geschäftspapieren bedeutet, sie in einer Weise vorzuzeigen, dass von ihrem Inhalt Kenntnis genommen werden kann. Dass zur Wahrnehmung des Urkundeninhalts technische Hilfsmittel erforderlich sind, ist unschädlich. Häufig wird mit der bloßen Vorlage einer Urkunde der Zweck einer *beweissichernden* Sachaufklärung nicht erreichbar sein. Ihre Aushändigung zum endgültigen Verbleib beim Gläubiger wäre insofern zwar zielführend, sie scheidet jedoch regelmäßig aus, weil der Schuldner ein berechtigtes Interesse am Besitz seiner Unterlagen hat, insbesondere dann, wenn es sich um Originalurkunden handelt oder Handelsbücher in Rede stehen, zu deren Aufbewahrung er gesetzlich verpflichtet ist. Im Zweifel hat die Vorlage deshalb durch *vorübergehende* Aushändigung an den Gläubiger oder einen neutralen Dritten zu geschehen, damit dieser – was gerichtlich besonders zu gestatten ist – auf Kosten des Gläubigers Kopien anfertigen kann. 73

Als »**Urkunde**« ist jede durch Niederschrift verkörperte Gedankenerklärung aufzufassen, die geeignet ist, dank ihres Inhalts eine Patentverletzung in tatsächlicher Hinsicht aufzuklären oder zu beweisen.[52] Die erforderliche Eignung ist nicht nur zu bejahen, wenn die Urkunde selbst Erkenntnisse in Bezug auf die konstruktive Ausgestaltung eines wahrscheinlich patentbenutzenden Gegenstandes liefern kann, sondern gleichermaßen dann, wenn – bei Kenntnis von der Konstruktion des Gegenstandes – mit Hilfe der Urkunde Aufschluss darüber möglich ist, ob eine Benutzungshandlung iSv §§ 9, 9a, 10 PatG begangen wurde oder droht. Beispiele für Urkunden sind Bedienungsanleitungen, Angebotsunterlagen, Schriftwechsel. In jedem Fall müssen hinreichend bestimmte Anhaltspunkte vorliegen, die auf einen Zusammenhang zwischen dem Inhalt der zur Einsichtnahme begehrten Urkunde und dem Benutzungstatbestand hindeuten, zu dessen Klarstellung die Einsicht verlangt wird.[53] Keine Urkunden, sondern Sachen sind Konstruktionszeichnungen[54]; ihre Besichtigung kann aber in der Weise zugelassen werden, dass die Anfertigung einer Kopie und deren Mitnahme gestattet wird. 74

Im (**Klage-**)**Antrag** müssen die vorzulegenden Urkunden hinreichend bestimmt benannt werden.[55] Da der Anspruchsteller vielfach nicht über das genaue Ablagesystem des Gegners im Bilde sein wird, sodass ihm eine ganz konkrete Bezeichnung der fraglichen Unterlagen nicht möglich ist, reicht es aus, wenn die von dem Vorlageanspruch betroffenen Urkunden nach abstrakten Kriterien in einer Weise definiert werden, dass sie für den Schuldner und ggf den eingeschalteten neutralen Dritten zweifelsfrei identifizierbar sind. Die notwendige Konkretisierung fehlt, wenn komplette Akten, andere Urkundensammlungen oder sämtliche, einen bestimmten Vertrag betreffende Korrespondenz 75

---

48 Vgl BGH, GRUR 2004, 420 – Kontrollbesuch.
49 OLG Hamm, GRUR-RR 2013, 306 – Vorbereitender Besichtigungsanspruch.
50 Vgl BGH, GRUR 2021, 730 – Davidoff Hot Water IV; OLG Düsseldorf, GRUR-RR 2003, 327 – Raumkühlgerät.
51 Samer, FS 80 Jahre Patentgerichtsbarkeit Düsseldorf, 2016, S 469.
52 Vgl BGH, MDR 2014, 947.
53 Vgl BGH, MDR 2014, 947.
54 OLG Düsseldorf, GRUR 2022, 710 – Waffenverschlusssystem.
55 OLG Hamm, GRUR-RR 2013, 306 – Vorbereitender Besichtigungsanspruch.

herausverlangt wird.⁵⁶ Letzteres gilt auch für den Fall, dass der Vorlageanspruch auf § 142 ZPO gestützt wird.⁵⁷

c) Bank-, Finanz- und Handelsunterlagen

76 Besteht die Wahrscheinlichkeit für ein gewerbliches Ausmaß der Patentverletzung, erstreckt § 140c PatG den – sachverhaltsaufklärenden oder beweissichernden – Vorlageanspruch auf Bank-, Finanz- und Handelsunterlagen.

77 Der Begriff »**gewerbliches Ausmaß**« ist aus Art 6 Abs 2 der EU-Enforcement-Richtlinie übernommen, weshalb zum Verständnis Erwägungsgrund (14) der RL heranzuziehen ist. Kennzeichen des »gewerblichen Ausmaßes« ist hiernach, dass die Benutzungshandlung »zwecks Erlangung eines unmittelbaren oder mittelbaren wirtschaftlichen oder kommerziellen Vorteils vorgenommen (wird)«. In der Regel ist solches bereits dann zu bejahen, wenn der privilegierte Bereich des § 11 Nr 1 PatG (Handlungen im privaten Bereich zu nichtgewerblichen Zwecken) verlassen ist.

78 Da nur die Rechtsfolgen erweitert werden, haben die tatbestandlichen Voraussetzungen des gewöhnlichen Vorlageanspruchs vorzuliegen, dh (a) die herausverlangten Unterlagen müssen sich in der Verfügungsgewalt des Gegners befinden (was bedingt, dass es sich um körperliche Gegenstände handelt, an denen ein Besitz möglich ist) und (b) sie müssen zur Begründung eines Anspruchs des Gläubigers wegen Patentverletzung erforderlich sein.

79 **Bank-, Finanz- und Handelsunterlagen** können zB sein: Kontoauszug, Buchführungsunterlage, Buchungsbeleg, Bilanz, Jahres- und Einzelabschluss, Inventar, Handelsbrief, Kreditvertrag, Kosten- und Gewinnkalkulation. Auf ihre äußere Form kommt es nicht an, weswegen sie in Papierform oder elektronisch gespeichert vorliegen können. Im zuletzt genannten Fall geht der Vorlageanspruch dahin, die Daten auf einen Träger zu speichern und diesen auszuhändigen. Bank-, Finanz- und Handelsunterlagen werden in der Regel zur Benutzung der Merkmale eines Patents keinen Aufschluss liefern können und sind deshalb vorlagepflichtig, wenn und soweit sie das Ob einer Benutzungshandlung oder die Höhe eines Anspruchs wegen Patentverletzung aufklären oder beweismäßig sichern können. So lange der Verletzungstatbestand ungewiss ist, muss auf die Geheimhaltungsinteressen des Schuldners besonders Rücksicht genommen werden, weshalb die Fragen der Erforderlichkeit und der Verhältnismäßigkeit besonders sorgfältig zu prüfen sind. Soll mit den Unterlagen nur die Höhe eines etwaigen Anspruchs geklärt werden, wird eine Vorlage vielfach unverhältnismäßig sein, solange der Anspruchsgrund noch ungewiss ist (weil nur die Wahrscheinlichkeit einer Patentverletzung dargelegt ist). Darüber hinaus wird eine Vorlage an den Gläubiger regelmäßig nicht in Betracht kommen und lediglich die Anordnung gerechtfertigt sein, dass die Geschäftsunterlagen von einem neutralen Dritten (zB Gerichtsvollzieher) in Verwahrung zu nehmen sind. Seine praktische Bedeutung wird der Vorlageanspruch zur Klärung der Anspruchshöhe vornehmlich bei der Kontrolle einer vom Verletzer gelegten Rechnung haben.

d) Zwangsvollstreckung

80 Der **Vorlageanspruch** wird nach den Regeln der Herausgabevollstreckung (§ 883 ZPO) behandelt.⁵⁸ Er umfasst nicht nur diejenigen Unterlagen, die einen direkten Bezug zur Schutzrechtsverletzung haben, sondern erstreckt sich darüber hinaus auf alle Geschäftsunterlagen, die dem Gläubiger eine Überprüfung auf Richtigkeit und Verlässlichkeit

---

56 Vgl BGH, MDR 2014, 947.
57 Vgl BGH, MDR 2014, 947.
58 AA: OLG Jena, GRUR-RR 2015, 463 – Babybilder, das § 888 ZPO anwendet.

ermöglichen (selbstverständlich unter Beachtung des Gebots der Notwendigkeit und Verhältnismäßigkeit).[59] Herauszugebende digitale Daten müssen auf einem geeigneten Datenträger verkörpert sein.[60]

Dieselbe Rechtsgrundlage (§ 883 ZPO) gilt für den Anspruch auf **Besichtigung** jedenfalls dann, wenn sich der Besichtigungsgegenstand im unmittelbaren Besitz des Schuldners befindet. Zwar stellt die Besichtigung keine Sachherausgabe im eigentlichen Sinne dar. Die Situation ist jedoch insofern mit einer Herausgabeverurteilung vergleichbar, als es auch bei der Besichtigung darum geht, eine Sache (allerdings nur vorübergehend) der Einwirkung des Schuldners zu entziehen und dem Einfluss des Gläubigers (sic: zur Aufklärung bestimmter technischer Gegebenheiten, die der Sache eigen sind) zu überantworten. Die Besichtigung stellt insofern eine »kleine« Wegnahme der Sache dar. Die – damit eröffnete – Anwendbarkeit des § 883 ZPO ist insofern von praktischer Bedeutung, als der Gläubiger, wenn die zu besichtigende Sache nicht vorgefunden werden sollte, gemäß **§ 883 Abs 2 ZPO** vom Schuldner die eidesstattliche Versicherung verlangen kann, dass er die Sache nicht besitze und auch ihren Aufenthaltsort nicht kenne.[61] Voraussetzung ist freilich, dass mit der Besichtigungsanordnung tatsächlich ein materiell-rechtlicher Besichtigungsanspruch (§ 809 BGB, § 140c PatG) tenoriert worden ist. Fehlt es daran, weil die Besichtigungsmaßnahme als solche auf rein verfahrensrechtlicher Grundlage nach §§ 485 ff ZPO ergangen ist, ist § 883 ZPO nicht einschlägig.[62] Die einen Beweissicherungsbeschluss begleitende einstweilige Duldungsanordnung unterliegt der Zwangsvollstreckung nach § 890 ZPO. 81

Praxistipp	Formulierungsbeispiel

Nachdem der BGH[63] den gebotenen Schutz von Betriebsgeheimnissen des Besichtigungsschuldners auch dadurch gewährleistet sieht, dass für den Antragsteller ein *öffentlich bestellter und vereidigter* Parteisachverständiger mitwirkt, der vom Gericht zur Verschwiegenheit auch gegenüber der eigenen Partei verpflichtet worden ist, sollte in jedem Einzelfall erwogen werden, ob es sinnvoll ist, den Besichtigungsanspruch ausnahmsweise nicht auf rein verfahrensrechtlicher Grundlage (§§ 485 ff ZPO) durchzusetzen[64], sondern – wie die Duldungsverfügung – auf materiell-rechtlicher Basis (§ 140c PatG) im Wege des vorläufigen Rechtsschutzes. Hierzu ist wegen § 883 Abs 2 ZPO zu raten, wenn ernsthaft zweifelhaft ist, ob der Besichtigungsgegenstand angetroffen wird, sodass weiterführende Angaben zu dessen anderweitigem Standort hilfreich sein können. 82

Ist der Gerichtsvollzieher nicht in der Lage, die vom Schuldner herauszugebenden und ihm notfalls wegzunehmenden Gegenstände sicher zu identifizieren, weil hierzu spezielle (zB technische) Kenntnisse notwendig sind, über die das Vollstreckungsorgan nicht verfügt, so hat der Gerichtsvollzieher (nicht der Gläubiger!) einen geeigneten **Sachverständigen** zu seiner **Unterstützung** hinzuzuziehen, wenn sich die Parteien innerhalb angemessener Zeit nicht über den Herausgabeumfang einigen können und anderenfalls (dh ohne sachverständige Unterstützung) die Vollstreckung unmöglich oder unzumutbar erschwert wäre.[65] Die durch die Einschaltung eines Sachverständigen verursachten Kos- 83

---

59 OLG Jena, GRUR-RR 2015, 463 – Babybilder.
60 BGH, GRUR 2018, 222 – Projektunterlagen.
61 OLG Düsseldorf, Beschluss v 17.1.2014 – I-2 W 43/13.
62 OLG Düsseldorf, Beschluss v 17.1.2014 – I-2 W 43/13.
63 BGH, GRUR 2014, 578 – Umweltengel für Tragetasche.
64 Siehe dazu unten Kap B Rdn 118.
65 BGH, GRUR 2018, 222 – Projektunterlagen.

ten sind solche der Zwangsvollstreckung und demzufolge vom Schuldner zu tragen.[66] Diesem steht sowohl gegen die Beauftragung des Sachverständigen als auch gegen die mit dessen Hilfe erfolgte Bestimmung der Vollstreckungsgegenstände die Erinnerung (§ 766 ZPO) zu.[67]

3. Verfahrensrechtliche Durchsetzung[68]

a) Klage und vorläufiger Rechtsschutz

84 Durchgesetzt werden kann der Besichtigungsanspruch zunächst in einem **Hauptsacheverfahren**. Das kann in der Weise geschehen, dass in einem ersten Schritt von dem Beklagten die Duldung der Besichtigung durch einen gerichtlichen Sachverständigen und – im Anschluss daran – die Aushändigung des Sachverständigengutachtens verlangt wird. Geschieht dies und erweist sich der Besichtigungsanspruch als begründet, so ist durch Teil- und Grundurteil anzuordnen, dass der Beklagte die Besichtigung zu dulden hat. Hat daraufhin die Besichtigung stattgefunden, ist durch Schlussurteil darüber zu befinden, ob dem Kläger – unter Berücksichtigung des Besichtigungsergebnisses sowie etwaiger Geheimhaltungsinteressen des Beklagten – das Gutachten ausgehändigt wird.[69] Parallel mit dem Besichtigungsanspruch können auch Ansprüche wegen Patentverletzung (nämlich auf Unterlassung, Schadenersatz etc) geltend gemacht werden. Möglich ist dies nur im Wege der objektiven Klagenhäufung, aber weder durch Stufenklage (§ 254 ZPO) noch dergestalt, dass in erster Linie eine Besichtigung verlangt und die Ansprüche auf Unterlassung etc bloß hilfsweise verfolgt werden.[70]

85 – Eine **Stufenklage** scheidet aus. Sie ist nicht deshalb gesetzlich zugelassen, damit mehrere Ansprüche in *einer* Klage verbunden werden können; ihre Besonderheit liegt vielmehr in der Zulassung eines unbestimmten Antrages entgegen § 253 Abs 2 Nr 2 ZPO. Die im Rahmen der Stufenklage verfolgte Auskunft ist insofern lediglich ein Hilfsmittel, um die (noch) fehlende Bestimmtheit des Leistungsanspruchs herbeizuführen. Die der Stufenklage eigentümliche Verknüpfung von unbestimmtem Leistungsanspruch und vorbereitendem Auskunftsanspruch steht deswegen nicht zur Verfügung, wenn die Auskunft überhaupt nicht dem Zweck einer Bestimmbarkeit des Leistungsanspruchs dienen, sondern dem Kläger sonstige Informationen über seine Rechtsverfolgung verschaffen soll.[71] So verhält es sich in Fällen der Besichtigung, mit deren Ergebnissen gerade nicht die bestimmte Formulierung des Klageantrages gelingen soll, sondern materielle Zweifel des Klägers im Hinblick auf den Anspruchsgrund (Ausgestaltung des Besichtigungsgegenstandes? Bestehen von Ansprüchen wegen Patentverletzung?) ausgeräumt werden sollen.[72] Dass eine Stufung der Klageanträge auf Besichtigung und Unterlassung etc im Sinne von § 254 ZPO nicht in Betracht kommt, hat allerdings nicht notwendig zur Folge, dass die Klage insgesamt oder teilweise als unzulässig abgewiesen werden müsste. Vielmehr kommt im Zweifel

---

66 BGH, GRUR 2018, 222 – Projektunterlagen.
67 BGH, GRUR 2018, 222 – Projektunterlagen.
68 Müller-Stoy, Mitt 2010, 267; Kather/Fitzner, Mitt 2010, 325.
69 LG Düsseldorf, InstGE 8, 103 – Etikettiermaschine.
70 OLG Düsseldorf, Urteil v 8.11.2012 – I-2 U 108/10.
71 BGH, NJW 2000, 1645, 1646; BGH, NJW 2002, 2952, 2953. Es ist allerdings nicht erforderlich, dass durch die Auskünfte der ersten Stufe sämtliche Informationen erhalten werden, die zur Bezifferung des Leistungsantrages vonnöten sind. Die Stufenklage steht erst dann nicht mehr zur Verfügung, wenn die Auskünfte in keiner Weise diesem Zweck dienen (BGH, WuM 2016, 369).
72 OLG Düsseldorf, Urteil v 8.11.2012 – I-2 U 108/10.

eine Umdeutung der unzulässigen Stufenklage in eine zulässige Klagenhäufung (§ 260 ZPO) in Betracht.⁷³

– Die Klageanträge auf Besichtigung einerseits und Unterlassung etc andererseits können auch nicht **eventualiter** in dem Sinne geltend gemacht werden, dass die Anträge wegen Patentverletzung nur hilfsweise zur Entscheidung gestellt werden.⁷⁴ Hilfsanträge sind nur möglich, wenn sie unter einer innerprozessualen Bedingung stehen, dh wenn die Entscheidung über den Hilfsantrag vom Prozessablauf selbst abhängt. Als Bedingung kommt insofern sinnvollerweise nicht bereits der Umstand in Betracht, dass der reklamierte Besichtigungsanspruch vom Gericht zugesprochen wird. Damit wäre dem Kläger nicht gedient, weil mit der Besichtigung aufgeklärt werden soll, ob weitergehende Ansprüche aus dem Patent bestehen, weswegen über die Ansprüche wegen Patentverletzung erst dann entschieden werden soll, wenn auch das (positive) Besichtigungsergebnis feststeht. Dieses stellt jedoch keine zulässige innerprozessuale Bedingung dar.⁷⁵ 86

Der Nachteil eines Hauptsacheverfahrens ist freilich der erhebliche Zeitaufwand, der Verlust jeglichen Überraschungseffektes sowie der Umstand, dass vielfach die Besichtigung erst die ausreichende Grundlage für ein Verletzungsverfahren liefern soll, was es in aller Regel nicht ratsam erscheinen lässt, eine Klage auf Besichtigung, verbunden mit Anträgen auf Unterlassung etc zu erheben. 87

Einem **einstweiligen Verfügungsverfahren** auf Besichtigung ist daher zumeist der Vorzug zu geben, obwohl auch mit ihm gewisse Probleme verbunden sind. Sie liegen zwar nicht darin, dass – dem allgemeinen Charakter eines vorläufigen Rechtsschutzes folgend – bloße Sicherungsmaßnahmen zulässig wären, aber keine endgültige Befriedigung des Gläubigers. Denn § 140c Abs 3 PatG lässt ausdrücklich eine Vorwegnahme der Hauptsache zu. Allerdings würde es sich bei dem vom Antragsteller veranlassten Besichtigungsgutachten um ein reines Privatgutachten handeln, dem als solchem ein nur eingeschränkter Beweiswert zukommt. 88

b) Selbständiges Beweisverfahren⁷⁶

Einen weiteren, außerordentlich zweckmäßigen Weg zur Sachverhaltsermittlung und/oder Beweissicherung eröffnet das selbständige Beweisverfahren gemäß §§ 485 ff ZPO.⁷⁷ Mit ihm wird nicht der materielle Besichtigungsanspruch nach § 140c PatG, § 809 BGB durchgesetzt, sondern auf eigenständiger verfahrensrechtlicher Grundlage unter den Voraussetzungen, welche die §§ 485 ff ZPO hierfür vorsehen, eine Besichtigung angeordnet, die mit einem vollwertigen Gerichtsgutachten endet. 89

Da § 485 ZPO die im selbständigen Beweisverfahren zugelassenen Beweismittel abschließend bezeichnet (Augenschein, Zeugenvernehmung, sachverständige Begutachtung), ist es ausgeschlossen, im Rahmen des Verfahrens nach § 485 ZPO – wie dies bisweilen geschieht⁷⁸ – anzuordnen, dass der Sachverständige im Zuge seiner Begutachtung **benutzungsrelevante Unterlagen** des Besichtigungsschuldners (wie Produktspezifikationen, Benutzungsanleitungen, Prüfprotokolle und dergleichen) heranziehen soll. Der Sache nach handelt es sich bei den besagten Dokumenten um Urkunden und bei deren »Heranziehung« um die Aufforderung an den Besichtigungsschuldner, diese dem Gutachter vorzulegen. Ein Vorlageanspruch ist jedoch nicht im selbständigen Beweisverfahren durch- 90

---

73 BGH, NJW 2000, 1645, 1646; BGH, NJW 2002, 2952, 2953.
74 OLG Düsseldorf, Urteil v 8.11.2012 – I-2 U 108/10.
75 OLG Düsseldorf, Urteil v 8.11.2012 – I-2 U 108/10.
76 Kuta, Düsseldorfer Modell, 2017.
77 Umfassend hierzu: Kühnen, GRUR 2005, 185.
78 LG Düsseldorf, Beschluss v 26.8.2015 – 4c O 47/15.

setzbar, sondern nur im Wege der einstweiligen Verfügung auf der Grundlage des § 140c PatG. Beide Maßnahmen können selbstverständlich, sofern ihre jeweiligen Voraussetzungen vorliegen, zeitgleich angeordnet und gegen den Schuldner vollstreckt werden. Genauso zweifelsfrei ist, dass die im Vorlagewege erhaltenen Dokumente vom Sachverständigen bei seiner Begutachtung mitberücksichtigt werden können und das Gericht deren Verwertung auch anordnen kann.

Praxistipp	Formulierungsbeispiel
91 Auch wenn der Benutzungssachverhalt dem Antragsteller in vollem Umfang bekannt ist, kann sich ein selbständiges Beweisverfahren anbieten, um in einem nachfolgenden Verletzungsprozess nicht auf einen Zeugenbeweis (zB seiner Mitarbeiter) angewiesen zu sein, der ggf deshalb nicht als geführt angesehen wird, weil der Verletzer seinerseits Gegenzeugen präsentiert und für das Gericht ungeklärt bleibt, welche der gegensätzlichen Darstellungen zutrifft.	

92 Eine Anordnung nach § 485 ff ZPO kommt unabhängig davon in Betracht, ob sich der zu besichtigende Gegenstand in der Öffentlichkeit befindet oder nicht.[79] Besteht im Falle einer Beweiserhebung im Hauptsacheverfahren (die mit dem selbständigen Beweisverfahren vorweggenommen wird) die Möglichkeit einer Beweisermittlung im **Ausland** (zB wegen bestehenden Rechtshilfeübereinkommen wie der VO 1206/2001), so hat ebenfalls keine Bedeutung, dass der Besichtigungsgegenstand im Ausland gelegen ist.

93 Das selbständige Beweisverfahren ist ua deswegen so vorteilhaft, weil es unter minimalen Tatbestandsvoraussetzungen durchgeführt werden kann, nämlich dann,

94 – wenn der Verlust des zu besichtigenden Beweismittels droht (zB weil die fragliche Maschine demnächst umgebaut oder ins Ausland verbracht wird oder weil sich der Zustand der Sache durch seine Lagerung in einer Weise zu verändern droht, dass später eine Feststellung der Patentmerkmale auf Schwierigkeiten stößt), **§ 485 Abs 1 ZPO** (als Maßnahmen sind die Zeugenvernehmung, die Einnahme eines Augenscheins und die Begutachtung zugelassen, und zwar innerhalb wie außerhalb eines Rechtsstreits),

oder

95 – wenn enumerativ[80] aufgezählte Gegenstände begutachtet werden sollen (zB Zustand oder Wert einer Sache, Ursache eines Sachmangels, Beseitigungsaufwand; nicht: Höhe eines dem Antragsteller durch ein bestimmtes Verhalten entgangenen Gewinns[81], Inhalt und Auslegung des Patentanspruchs[82]) und der Antragsteller ein rechtliches Interesse an der Beweissicherung hat, wobei das Gesetz als Regelbeispiel den Fall nennt, dass mithilfe des Beweisverfahrens möglicherweise ein Rechtsstreit vermieden werden kann, **§ 485 Abs 2 ZPO** (zugelassen ist ausschließlich die Einholung eines Sachverständigengutachtens[83]). Letzteres wird stets anzunehmen sein. Denn wenn die Besichtigung den Verletzungstatbestand ausräumt, wird voraussichtlich der Antragsteller davon absehen, eine Verletzungsklage zu erheben. Bestätigt – umgekehrt – das

---

79 Kühnen, GRUR 2005, 185; Kühnen, Mitt 2009, 211.
80 BGH, MDR 2014, 176.
81 BGH, MDR 2014, 176.
82 OLG Karlsruhe, Beschluss v 12.8.2013 – 6 W 56/13.
83 Ausgeschlossen ist damit eine Anordnung, die auf die Vorlage einer Urkunde hinausläuft, mag sie äußerlich auch in das Gewand einer sachverständigen Begutachtung gekleidet sein (OLG Düsseldorf, Beschluss v 21.7.2011 – I-2 W 23/11).

Gutachten den Verletzungsverdacht, wird sich voraussichtlich der Antragsgegner freiwillig unterwerfen und es nicht auf einen Rechtsstreit ankommen lassen. So oder so wirkt die Besichtigung potenziell streitschlichtend. Eine Anordnung nach § 485 Abs 2 ZPO hat allerdings (mangels faktischer Durchführbarkeit) zu unterbleiben, wenn das zu begutachtende Beweismittel unerreichbar ist.[84] Das ist noch nicht allein deshalb der Fall, weil der Besichtigungsgegenstand im Ausland belegen ist, sofern mithilfe von Rechtshilfeübereinkommen gesichert ist, dass die Beweiserhebung im Ausland tatsächlich durchgeführt werden kann.

Wesentlich ist, dass eine Anordnung nach § 485 Abs 2 ZPO – eben wegen der beabsichtigten außergerichtlichen Streitschlichtung – nur so lange ergehen kann, wie noch **kein Hauptsacheverfahren anhängig** ist (mit dem sich die Aussicht auf die Vermeidung eines Rechtsstreits erledigt hat). Maßgeblich sind allerdings nur die Verhältnisse im Zeitpunkt der gerichtlichen Beweisanordnung. Wird danach eine Hauptsacheklage erhoben, macht dies den Antrag nach § 485 Abs 2 ZPO nicht nachträglich unzulässig. Vielmehr stellt sich allein die Frage, welches Gericht das selbständige Beweisverfahren weiter betreut – das mit dem Beweissicherungsantrag angerufene (potenzielle) Gericht der Hauptsache oder das davon verschiedene tatsächliche Hauptsachegericht. Nach Auffassung des BGH[85] geht die Zuständigkeit in dem Moment auf das mit der Hauptsache befasste Gericht über, in dem es eine Beweisnotwendigkeit zum Gegenstand des selbständigen Beweisverfahrens feststellt. 96

Eine **Schlüssigkeitsprüfung** dahingehend, ob, wenn sich die vermutete Ausgestaltung des Besichtigungsgegenstandes bewahrheitet, tatsächlich ein anspruchsbegründender Eingriff in den Schutzbereich des Patents vorliegt, findet nicht statt.[86] Das Interesse an einer Besichtigung kann deshalb nicht mit der Erwägung verneint werden, Ansprüche wegen Patentbenutzung kämen selbst dann nicht infrage, wenn das vermutete Besichtigungsergebnis zugunsten des Besichtigungsgläubigers unterstellt werde. Nur ganz ausnahmsweise, wenn klar und zweifelsfrei auf der Hand liegt, dass der Anspruch (wegen Patentbenutzung), dessen sich der Antragsteller berühmt, nicht bestehen kann, ist das Besichtigungsverlangen zurückzuweisen. In einem solchen Fall stünde von vornherein fest, dass das Ergebnis des Beweisverfahrens in einem nachfolgenden Prozess keinerlei Bedeutung hätte und mithin die Beweiserhebung unnütz wäre.[87] 97

Die Beweiserhebung ist – wegen der gebotenen Beschleunigung – auch dann fortzusetzen, wenn während ihrer Durchführung über das Vermögen einer der Parteien das **Insolvenzverfahren** eröffnet wird.[88] Das gilt freilich nur für diejenigen Maßnahmen, die vor der Beendigung der Beweisaufnahme liegen und notwendig sind, um die Beweiserhebung abzuschließen. Der Ausschluss der Verfahrensunterbrechung gilt deswegen zB nicht für 98

---

84 Solches ist zB der Fall, wenn im Wege der isolierten einstweiligen Verfügung zunächst bloß die Herausgabe des Besichtigungsgegenstandes an einen Gerichtsvollzieher oder an das Gericht zur Verwahrung bis zur Freigabe durch den Besichtigungsschuldner oder bis zu einer künftigen streitigen gerichtlichen Freigabeentscheidung angeordnet wird und der Schuldner der Freigabe widerspricht (OLG Karlsruhe, Beschluss v 12.8.2013 – 6 W 56/13). Hier kommt eine sachverständige Begutachtung der sichergestellten Gegenstände im selbständigen Beweisverfahren nicht in Betracht, weil diese nur unter Rückgriff auf den Besichtigungsgegenstand erfolgen kann und dieser derzeit wegen der fortdauernden Verwahrung nicht verfügbar ist. Seine Freigabe an den Sachverständigen kann weder nach § 485 ZPO angeordnet werden noch nach §§ 142, 144 ZPO, die im selbständigen Beweisverfahren nicht anwendbar sind (OLG Karlsruhe, Beschluss v 12.8.2013 – 6 W 56/13, mwN zum Streitstand; aA bzgl der Anwendbarkeit von § 142 ZPO: OLG Düsseldorf, MDR 2014, 926).
85 BGH, MDR 2005, 45.
86 BGH, NJW 2000, 960; BGH, MDR 2017, 357.
87 OLG Nürnberg, MDR 2011, 750.
88 BGH, MDR 2011, 749.

eine Kostenentscheidung, die nach § 494a Abs 2 ZPO getroffen wird.[89] Nach erfolgter Abtretung kann der Forderungsempfänger zu denselben Tatsachen, zu denen bereits der Zedent vor der Zession ein selbständiges Beweisverfahren durchgeführt hat, nicht erneut eine Beweissicherung betreiben.[90]

99   Liegt bereits ein Besichtigungsgutachten vor, dessen Herausgabe dem Patentinhaber verweigert worden ist, weil das zu Grunde liegende Patent im Zeitpunkt der Entscheidung über die Gutachtenfreigabe rechtskräftig widerrufen oder vernichtet war, und ist der Schutzrechtsinhaber im Besitz eines weiteren Schutzrechts, für dessen Benutzung die im Gutachten dokumentierten Erkenntnisse des Besichtigungsverfahrens von Interesse sein können, so stellt sich die Frage, ob und auf welche verfahrensrechtliche Weise der Schutzrechtsinhaber an das bereits existierende Besichtigungsgutachten gelangen kann. Gegenüber einer **einstweiligen Verfügung auf Urkundenvorlage** (§ 140c PatG)[91] ist einem **erneuten selbständigen Beweisverfahren** unbedingt der Vorzug zu geben. Sofern eine hinreichende Benutzungswahrscheinlichkeit für das bestehende Patent gegeben ist, kommt aus Gründen der Verhältnismäßigkeit zwar keine erneute Besichtigung in Betracht, wenn die mit dem bereits eingeholten Besichtigungsgutachten vorliegenden Informationen eine Gewissheit auch im Hinblick auf das weitere Patent vermitteln. Dieser Umstand schließt ein selbständiges Beweisverfahren jedoch nicht aus, sondern modifiziert es lediglich insoweit, als auf dessen ersten Teil (die sachverständige Besichtigung mit Gutachtenerstellung) verzichtet und sogleich in den zweiten Teil des Procedere (die Entscheidung über die Freigabe des im Falle einer abermaligen Besichtigung absehbar inhaltsgleichen Besichtigungsgutachtens) übergegangen werden kann.[92] Die Durchführung eines zweiten selbständigen Beweisverfahrens entspricht auch der *beiderseitigen* Interessenlage. Für den Schutzrechtsinhaber liegen die Vorteile eines Vorgehens nach §§ 485 ff ZPO auf der Hand; für den Besichtigungsschuldner folgen sie aus der Tatsache, dass eine einstweilige Verfügung auf Vorlage des Besichtigungsgutachtens etwaigen Geheimhaltungsinteressen in Bezug auf den Gutachteninhalt weit weniger Rechnung tragen könnte. Da sich das Gutachten bereits in einer Gerichtsakte befindet, sodass dessen Verlust nicht zu besorgen ist, und weil eine einstweilige Vorlageverfügung gegen Sicherheitsleistung vorläufig vollstreckbar wäre, könnten vor einer abschließenden Entscheidung über den Vorlageanspruch im weiteren Rechtsmittelverfahren vollendete Tatsachen dadurch geschaffen werden, dass die Verfahrensbevollmächtigten des Antragstellers ihm das aus dem ersten Besichtigungsverfahren bereits in ihrem Besitz befindliche Besichtigungsgutachten zur Kenntnis geben. Der Vorteil eines zweiten Beweisverfahrens liegt demgegenüber darin, dass eine Freigabe des Besichtigungsgutachtens durch das Landgericht stets unter die Bedingung der Rechtskraft dieser Entscheidung gestellt wird, womit sichergestellt ist, dass geheimhaltungsbedürftige Informationen aus dem Besichtigungsgutachten erst zu einem Zeitpunkt offengelegt werden, zu dem über die Gutachtenfreigabe endgültig entschieden ist. In Anbetracht dessen kann ein Antrag auf Erlass einer Vorlageverfügung gegen seinen formalen Wortlaut ggf sogar als Antrag auf Durchführung eines (weiteren) selbständigen Beweisverfahrens auszulegen sein.

aa) Anordnung

(1) Zuständigkeitsfragen

100   Zuständig für die **Beweisanordnung** ist das Gericht der Hauptsache, bei dem ein Rechtsstreit gegen den Besichtigungsschuldner bereits anhängig ist oder anhängig zu machen wäre, wobei in den für das Patentrecht wichtigen Fällen des Abs 2 ein Hauptsachepro-

---

89   BGH, MDR 2011, 749.
90   BGH, MDR 2012, 48.
91   Vgl hierzu LG Düsseldorf, Urteil v 12.5.2016 – 4b O 145/15.
92   OLG Düsseldorf, Beschluss v 24.10.2016 – I-2 U 50/16.

zess noch nicht anhängig sein darf (§ 486 Abs 1, 2 ZPO). Maßgeblich ist der Zeitpunkt der gerichtlichen Beweisanordnung, weswegen es nicht schadet, wenn danach eine Hauptsacheklage erhoben wird. Unter derartigen Umständen vollzieht sich lediglich ein Zuständigkeitswechsel von dem mit dem selbständigen Beweisverfahren befassten Gericht auf das tatsächliche Hauptsachegericht in dem Moment, in dem letzteres eine Beweisanordnung über den Gegenstand des selbständigen Beweisverfahrens trifft.[93]

Eine übereinstimmende Zuständigkeitsregelung (Gericht der Hauptsache) besteht für eine begleitende **Duldungsverfügung** (§ 937 Abs 1 ZPO). Zuständigkeitsbegründend ist nach zutreffender Ansicht[94] nicht die negative Feststellungsklage umgekehrten Rubrums, weil ansonsten der Vorrang der stets möglichen Leistungsklage umgangen würde. 101

»Hauptsache« meint jeweils nicht den Anspruch auf Besichtigung, sondern denjenigen Anspruch wegen (mutmaßlicher) Patentbenutzung, der mit der vorgezogenen Beweismaßnahme geklärt werden soll. Ein Gerichtsstand für den Besichtigungsantrag ist mithin überall dort – aber auch nur da – gegeben, wo eine Patentverletzungsklage gegen den Besichtgungsschuldner erhoben werden könnte. Auf dessen Person kommt es auch dann an, wenn mit der Besichtigung eine Rechtsverfolgung gegen einen Dritten vorbereitet werden soll.[95] Sein Sitz, Handlungs- oder Erfolgsort begründet keinen zusätzlichen (anderweitigen) Gerichtsstand.[96] Neben dem allgemeinen Gerichtsstand des Sitzes kommt daher der praktisch wichtige Wahlgerichtsstand der unerlaubten Handlung in Betracht: 102

– Ist Gegenstand des Patentschutzes eine **Sache**, kann überall dort ein Besichtigungsantrag angebracht werden, wo irgendeine der in § 9 Nr 1 PatG genannten Handlungen (Herstellen, Anbieten etc) stattgefunden hat oder droht stattzufinden. 103

– Bezieht sich der Patentschutz auf ein **Verfahren**, kann zunächst an den Ort angeknüpft werden, an dem das Verfahren durchgeführt (»angewendet«) oder angeboten wird (§ 9 Nr 2 PatG). Handelt es sich speziell um ein Herstellungsverfahren, erstreckt § 9 Nr 3 PatG die Schutzwirkungen des Patents zusätzlich auf die durch das geschützte Verfahren unmittelbar hergestellten Erzeugnisse, die anzubieten und zu vertreiben ebenfalls dem Monopolrecht des Patentinhabers vorbehalten ist. Der (neben dem Handlungsort der Verfahrensausübung) zuständigkeitsbegründende »Erfolgsort« liegt deswegen überall dort, wo unmittelbare Verfahrenserzeugnisse angeboten, in Verkehr gebracht, gebraucht, eingeführt oder besessen werden oder wo solches zumindest bevorsteht.[97] Zielt die Besichtigung darauf ab festzustellen, ob unmittelbare Verfahrenserzeugnisse hergestellt (und anschließend in Verkehr gebracht) werden, ist eine Besichtigungszuständigkeit deshalb überall da gegeben, wo die mutmaßlich verletzenden Erzeugnisse angeboten oder vertrieben werden.[98] 104

Verändern sich nach Zustellung des Beweissicherungsbeschlusses die zuständigkeitsbegründenden Tatsachen, so hat dies – in analoger Anwendung des **§ 261 Abs 3 Nr 2 ZPO** – auf die einmal begründete Zuständigkeit des angerufenen Gerichts keinen Einfluss.[99] 105

Soll die Besichtigung bei einem Auftraggeber stattfinden, der ein **Vergabeverfahren** durchführt, ändert sich an der üblichen Zuständigkeit durch § 156 Abs 2 GWB im Allge- 106

---

93 Vgl oben unter Rdn 96.
94 OLG Köln, WRP 2012, 984.
95 LG Düsseldorf, Beschluss v 18.8.2022 – 4b O 57/22.
96 LG Düsseldorf, Beschluss v 18.8.2022 – 4b O 57/22.
97 OLG Düsseldorf, Beschluss v 20.8.2012 – I-2 W 13/12.
98 OLG Düsseldorf, Beschluss v 20.8.2012 – I-2 W 13/12.
99 BGH, NJW-RR 2010, 891.

meinen nichts.[100] Zwar bestimmt die Vorschrift, dass Rechte aus § 97 Absatz 6 GWB *sowie sonstige Ansprüche gegen Auftraggeber, die auf die Vornahme oder das Unterlassen einer Handlung in einem Vergabeverfahren gerichtet sind,* nur vor den Vergabekammern und dem Beschwerdegericht geltend gemacht werden können. Auch muss sich, da die erstgenannte Alternative die Einhaltung der vergaberechtlichen Vorschriften betrifft, die mit »sowie« angebundene zweite Alternative auf anderweitige (außervergaberechtliche) Anspruchsgrundlagen und Rechtsvorschriften beziehen. Der Rechtsprechung durch die Vergabespruchkörper vorbehalten ist deren Prüfung aber nur dann, wenn es um ein Tun oder Unterlassen des Auftraggebers (nicht: des Bieters!) in einem laufenden Vergabeverfahren geht, mit der Rechtsverfolgung also unmittelbarer Einfluss auf den (Fort-)Gang des Vergabeverfahrens genommen werden soll. Solches wäre der Fall, wenn dem Auftraggeber die Durchführung von Funktionstests untersagt werden soll, aber nicht, wenn die Besichtigung lediglich bezweckt, dass dem Antragsteller dasjenige Produktmuster zur Kenntnis gelangt, das sein Mitbewerber eingereicht hat, damit zB verifiziert (und anschließend im Vergabeverfahren substantiiert dazu vorgetragen) werden kann, ob der angebotene Gegenstand patentverletzend ist und deshalb nicht den Zuschlag erhalten darf. Unter den zuletzt genannten Bedingungen wird kein unmittelbarer Einfluss auf den durch das Vergaberecht geregelten Gang des Vergabeverfahrens genommen, sondern die Besichtigung zur Aufklärung eines möglichen Verletzungssachverhaltes – wie sonst auch – bloß bei demjenigen durchgeführt, der zur fraglichen Zeit nun einmal unmittelbarer Besitzer des Besichtigungsgegenstandes ist. Die Feststellung der Nichtbeeinträchtigung des Vergabeverfahrens gilt auch insoweit, wie dem Auftraggeber vorübergehend eine Veränderung oder ein Beiseiteschaffen des zu besichtigenden Musters untersagt wird. Wegen der zeitlich limitierten Wirkung des Verbots wird nicht regulierend in den Ablauf des Vergabeverfahrens eingegriffen. Allenfalls können sich aus dem Gegenstand des Vergabeverfahrens ganz besondere Geheimhaltungsbelange des Auftraggebers oder des betroffenen Bieters ergeben, denen im Rahmen der Besichtigung und/oder bei der späteren Gutachtenaushändigung über das Übliche hinaus Rechnung zu tragen ist. Dass der Auftraggeber auf diese Weise in gerichtliche Auseinandersetzungen um das Vorliegen einer Patentverletzung durch das Angebot eines Bieters hineingezogen wird, ist vor dem Hintergrund dessen hinzunehmen, dass der Auftraggeber die Möglichkeit hat (und davon regelmäßig auch Gebrauch macht), jeden Bieter verbindlich zusichern zu lassen, dass sein Angebot keine Schutzrechte Dritter verletzt.[101] Auf diese Weise steht dem Auftraggeber zumindest ein Schadenersatzanspruch gegen den falsch versichernden Bieter dahingehend zu, dass er ihn von den Kosten des Besichtigungsverfahrens freistellt.

107 Grundlegend anders wäre die Zuständigkeit zu beurteilen, wenn der Auftraggeber mit dem Argument an einem Zuschlag zugunsten des patentverletzenden Bieters gehindert werden soll, dass der Zuschlag die Gefahr eines nachfolgenden mittäterschaftlichen Inverkehrbringens von Verletzungsprodukten mit sich bringen würde. Hier wäre eindeutig die Spezialzuständigkeit der Vergabeinstanzen gegeben, weil um Primärrechtsschutz in einem laufenden Vergabeverfahren nachgesucht wird.

108 Wurde ein unzuständiges Gericht angerufen, kann die Sache an das zuständige Gericht verwiesen werden. Derartige **Verweisungsbeschlüsse** haben – in entsprechender Anwen-

---

100 OLG Düsseldorf, GRUR 2022, 710 – Waffenverschlusssystem.
101 Soweit in der Zusicherung auf den Zuschlagzeitpunkt abgestellt wird, greift der Auftraggeber allerdings zu kurz, weil damit etwaige Folgenbeseitigungsansprüche wegen eines patentverletzenden Angebotes unberücksichtigt bleiben. Richtigerweise markiert der Ablauf der Angebotsfrist den zutreffenden Stichtag für die Garantieerklärung, dass das Bieterangebot nicht in das geistige Eigentum Dritter eingreift.

dung des § 281 Abs 2 Satz 4 ZPO – Bindungswirkung, es sei denn, die Verweisung ist willkürlich erfolgt.[102]

Ein Besichtigungsverfahren scheidet nach zutreffender Ansicht nicht deshalb aus, weil die Beteiligten für die Hauptsache eine wirksame **Schiedsabrede** getroffen haben, mit der die Jurisdiktion eines Schiedsgerichts vereinbart worden ist.Zwar haben die Parteien die Möglichkeit, die Zuständigkeit des Schiedsgerichts prinzipiell umfassend vorzusehen[103], so dass das Schiedsgericht nicht nur für die eigentliche Hauptsacheentscheidung Vorrang hat, sondern ebenso vorläufige und sichernde Maßnahmen treffen kann, die nicht selbst die Hauptsache darstellen, sondern allein der Sicherung ihrer Durchsetzung dienen. Zum Kreis solcher Maßnahmen gehören neben dem Arrest und einstweiligen Verfügungen auch selbständige Beweisverfahren.[104] Für sie ergibt sich demnach eine durch § 1033 ZPO begründete originäre Zuständigkeit der staatlichen Gerichte (für welche die Vorschriften der Zivilprozessordnung maßgebend sind) sowie eine durch § 1041 ZPO kraft Parteivereinbarung begründete originäre Zuständigkeit der Schiedsgerichte zur Anordnung derartiger Maßnahmen, was letztlich zu einer konkurrierenden Zuständigkeit staatlicher Gerichte und des vorgesehenen Schiedsgerichts führt.[105] Der Grund für die vom Gesetz geschaffene Möglichkeit eines Nebeneinanders liegt darin begründet, dass im Einzelfall das Verfahren vor dem staatlichen Gericht schneller zum Ziel führen kann als der Weg über das Schiedsgericht, was umso mehr gilt, weil einstweilige Maßnahmen eines Schiedsgerichts einer Vollziehbarerklärung durch das staatliche Gericht bedürfen, während einstweilige Maßnahmen des staatlichen Gerichts aus sich heraus vollziehbar sind.[106] Der Sinn und Zweck des § 1033 ZPO, in Eilfällen die Anrufung des staatlichen Gerichts anstelle des Schiedsgerichts zuzulassen, spricht hierbei dafür, die Vorschrift nur in Fällen des einstweiligen Rechtsschutzes im prozessualen Sinne anzuwenden.[107] Eine derartige Beschränkung auf alle (aber auch nur auf die) nach den Prozessordnungen (ZPO, FamFG) zulässigen Eilmaßnahmen dient der klaren Abgrenzung der Zuständigkeit zwischen den staatlichen Gerichten und dem Schiedsgericht. Andernfalls müsste nämlich jeweils geklärt werden, ob die in Rede stehenden, mit einer Hauptsacheklage verfolgten Ansprüche vorläufigen oder sichernden Charakter haben. Die konkurrierende Zuständigkeit besteht unstreitig *vor* der Konstituierung des Schiedsgerichts, für die Zeit danach wird sie hingegen zum Teil mit teleologischen Überlegungen abgelehnt und in eine bloß noch subsidiäre Beweiserhebungszuständigkeit der staatlichen Gerichte umgedeutet. Die teleologischen Erwägungen gehen dahin, dass jegliche Sachaufklärung und Beweisermittlung mit der Konstituierung des Schiedsgerichts allein auf dieses übergeht, in dessen Entscheidungsgewalt es demnach liege, ob es staatliche Stellen – und dies auch dann lediglich unterstützend – hinzuziehen will (§ 1050 Satz 1 ZPO). Diese Argumentation erscheint bedenklich, weil § 1033 ZPO für die dort geregelten *vorläufigen* und *sichernden* Maßnahmen eine spezialgesetzliche Regelung getroffen hat, die in ihrem Anwendungsbereich (eben für vorläufige bzw sichernde Anordnungen) der allgemeinen Verfahrensvorschrift des § 1050 ZPO, aber auch § 485 Abs 2 ZPO (kein selbständiges Beweisverfahren, sobald die Hauptsache anhängig ist) vorgeht.

Alles Vorstehende gilt in prinzipiell gleicher Weise auch dann, wenn kein deutsches, sondern ein **ausländisches Schiedsgericht** und darüber hinaus ggf sogar die Geltung

---

102 BGH, NJW-RR 2010, 891.
103 Dafür reicht eine allgemein gehaltene Schiedsklausel aus, weil § 1041 Abs 1 Satz 1 ZPO bestimmt, dass das Gericht auf Antrag vorläufige oder sichernde Maßnahmen in Bezug auf den Streitgegenstand (die Hauptsache) treffen kann, wenn die Parteien nichts anderes – ausdrücklich oder den Umständen nach, aber jedenfalls eindeutig – vereinbart haben.
104 BGH, MDR 2020, 187.
105 BGH, MDR 2020, 187.
106 BGH, MDR 2020, 187.
107 BGH, MDR 2020, 187.

ausländischen Rechts vereinbart ist.[108] § 1025 Abs 2 ZPO bestimmt ausdrücklich, dass § 1033 ZPO auch dann gilt, wenn der Ort des schiedsrichterlichen Verfahrens im Ausland liegt oder noch nicht bestimmt ist. Dass sich unter solchen Umständen an das Besichtigungsverfahren kein deutsches Hauptsacheverfahren mehr anschließen kann, für welches die mit dem selbständigen Beweisverfahren vorweggenommene gerichtliche Beweisermittlung an sich vorgesehen ist, hat schon deshalb keine Bedeutung, weil sich eine damit vergleichbare Situation auch sonst einstellen kann, etwa dadurch, dass die Besichtigung den Verletzungsverdacht nicht bestätigt oder sogar widerlegt hat, oder deswegen, weil der Antragsgegner in der Hauptsache freiwillig einlenkt, so dass es keiner gerichtlichen Rechtsverfolgung mehr bedarf. Zwar ließe sich argumentieren, dass jedenfalls die Möglichkeit eines Hauptsacherechtsstreits bestanden hat; auch dann ergibt sich jedoch kein taugliches Abgrenzungskriterium, weil auch trotz einer Schiedsabrede oder Schiedsklausel die Zuständigkeit eines deutschen Hauptsachegerichts sehr wohl begründet sein kann, nämlich dadurch, dass es der Beklagte versäumt, sich rechtzeitig auf die Schiedsabrede zu berufen (§ 1032 Abs 1 ZPO). Jedenfalls für eine dem Schiedsverfahren vorausgehende Besichtigung kann deren Zulässigkeit aber nicht davon abhängig gemacht werden, ob sich der Antragsgegner im Nachhinein – bewusst oder versehentlich – auf das staatliche Klageverfahren einlässt. Abgesehen davon können die Ergebnisse der Besichtigung auch in einem schiedsgerichtlichen, nicht den Vorschriften der ZPO folgenden Streitverfahren hilfreich sein. Sie mögen dort zwar kein vollwertiges Gerichtsgutachten repräsentieren, können aber mindestens im Wege des Urkundenbeweises unverrückbare Tatsachen dokumentieren, an denen weder der Prozessgegner noch das Schiedsgericht vorbeikommen. Das nationale Besichtigungsverfahren stellt damit ein sinnvolles und strategisch wichtiges Aufklärungs- und Beweisbeschaffungsinstrument dar, mit dem sich nicht zuletzt auch die Erfolgsaussichten der Rechtsverfolgung oder Rechtsverteidigung in einem späteren Schiedsverfahren zuverlässiger abschätzen lassen und an dem sich deswegen ein Rechtsschutzinteresse grundsätzlich nicht verneinen lässt. Voraussetzung für ein staatliches Besichtigungsverfahren ist freilich, dass das mit dem Besichtigungsantrag angerufene Gericht – insbesondere international – zuständig ist, was sich nach den üblichen Regeln aus dem Zuständigkeitsregime für die Hauptsacheklage[109] oder nach Lage des Falles aus der Belegenheit der zu besichtigenden Sache ergeben kann.

111 Hat ein unzuständiges Gericht eine Beweisanordnung getroffen und ist daraufhin ein **Besichtigungsgutachten** erstattet worden, kann dieses gegen den Widerstand des Antragsgegners nicht an den von der Besichtigung ausgeschlossenen Antragsteller herausgegeben werden. Da das selbständige Beweisverfahren erst mit der Entscheidung über die Aushändigung des Gutachtens beendet ist und dem Gericht die nach § 486 Abs 2 ZPO zu bestimmende örtliche Zuständigkeit fehlt, verbietet sich eine – in eben dem selbständigen Beweisverfahren zu treffende – Anordnung über die Freigabe des Gutachtens schon aus Zuständigkeitsgründen. Ist das Gericht aber an einer Freigabeentscheidung gehindert, folgt allein daraus, dass das Gutachten unter Verschluss zu bleiben hat und der Antragstellerin nicht auszuhändigen ist. Gleiches gilt, wenn das Besichtigungsverfahren unter Verstoß gegen Bestimmungen zur internationalen Zuständigkeit durchgeführt wurde.[110]

---

108 AA: OLG Düsseldorf, InstGE 9, 41 – Schaumstoffherstellung.
109 »Gericht der Hauptsache« ist dasjenige, das – fiktiv – für die mit der Besichtigung vorzubereitende Verletzungsklage (für die ja eine Schiedsabrede bzw -klausel besteht) im staatlichen Rechtszug zuständig *wäre*.
110 OLG Düsseldorf, InstGE 9, 41 – Schaumstoffherstellung.

(2) Besichtigungsumfang

Die gerichtliche Beweisanordnung bestimmt und begrenzt den Besichtigungsumfang in jeder Hinsicht, dh nicht nur in Bezug auf die zulässigen Aufklärungsmaßnahmen (äußerer Augenschein, Inbetriebnahme etc), sondern gleichermaßen im Hinblick auf diejenigen technischen Merkmale, die Gegenstand der sachverständigen Aufklärungsmaßnahme sein sollen (§ 308 ZPO).[111] Hat das Gericht (dem Antrag des Besichtigungsgläubigers folgend) lediglich den Hauptanspruch des Antragspatents in seine Beweisanordnung aufgenommen, ist es dem Sachverständigen deswegen nicht gestattet, von sich aus Unter- oder gar Nebenansprüche in die Begutachtung einzubeziehen.[112]

112

Ist solches dennoch geschehen, kann der Antragsteller den Mangel dadurch heilen, dass er die **Antragsüberschreitung** nachträglich genehmigt, indem er sich die Feststellungen des Sachverständigen zu den Unter- oder Nebenansprüchen zumindest hilfsweise zu Eigen macht.[113] Dies geschieht zB dadurch, dass der Antragsteller die Herausgabe des vollständigen Gutachtens (welches sich auch zu den nicht beauftragten Unter- oder Nebenansprüchen verhält) begehrt. In einer derartigen Genehmigung liegt typischerweise zugleich eine Antragserweiterung im Hinblick auf die zunächst auftragslos begutachteten Ansprüche, der das Gericht in der Regel aus denselben Gründen wird entsprechen müssen, aus denen es die ursprüngliche Beweisanordnung erlassen hat. Es widerspricht jedoch jeglichen praktischen Bedürfnissen, die sachverständig bereits getroffenen Feststellungen zu den Unter- oder Nebenansprüchen des Antragspatents allein deshalb zu verwerfen, weil sie auftragslos erfolgt sind, und gleichzeitig eine der Antragserweiterung stattgebende Nachbesichtigung anzuordnen, um genau diejenige Aufklärung herbeizuführen, die der Sachverständige ohne gerichtlichen Auftrag bereits geleistet hat. Die einzig sinnvolle Lösung liegt darin, den gesamten Gutachteninhalt hinzunehmen und derjenigen Prüfung zu unterwerfen, die bei der Aushändigung der Besichtigungsergebnisse an den Besichtigungsgläubiger stattzufinden hat. Es kommt deshalb – wie weiter unten noch im Detail erörtert wird[114] – darauf an, ob in Bezug auf die Unter- oder Nebenansprüche Betriebsgeheimnisse des Besichtigungsschuldners bestehen und ob eine Benutzung der Unter- oder Nebenansprüche durch den Besichtigungsgegenstand festgestellt werden kann.[115]

113

(3) Begleitende Duldungsverfügung

In Konstellationen, in denen der zu besichtigende Gegenstand nicht öffentlich (wie etwa auf Messen) zugänglich ist, muss seinem Besitzer die Duldung der Besichtigung auferlegt werden. Denn das selbständige Beweisverfahren kennt keinen Zwang und würde deshalb unweigerlich an dem im Zweifel zu erwartenden Widerspruch des Besichtigungsschuldners scheitern.

114

Die **materiell rechtliche** Grundlage des Duldungsanspruchs bilden § 140c Abs 1 PatG und (in geeigneten Fällen) § 809 BGB.

115

Liegen deren Voraussetzungen vor, ergibt sich aus § 140c Abs 3 PatG, dass der Anspruch auf Duldung der Besichtigung **verfahrenstechnisch** im Wege des vorläufigen Rechtsschutzes durchgesetzt werden kann, was eine Kombination mit dem Beschluss über eine selbständige Beweisanordnung erlaubt. Dringlichkeitsprobleme stellen sich insoweit nicht, wobei dahinstehen kann, ob § 140c Abs 3 PatG eine ansonsten näher festzustel-

116

---

111 OLG Frankfurt/Main, NJW-RR 1990, 1024.
112 LG Düsseldorf, Beschluss v 3.2.2011 – 4b O 27/09.
113 Vgl BGH, MDR 1999, 314.
114 Kap B Rdn 141 ff.
115 AA: LG Düsseldorf, Beschluss v 3.2.2011 – 4b O 27/09, das die fraglichen Passagen allein deshalb schwärzen will, weil für sie eine gerichtliche Beweisanordnung fehlt.

lende **Dringlichkeit fingiert**.[116] Selbst wenn dies verneint wird, scheitert eine Verfolgung des Duldungsanspruchs nicht daran, dass der Besichtigungsgläubiger längere Zeit Kenntnis von der wahrscheinlichen Patentbenutzung gehabt hat und untätig geblieben ist.[117] Eine Übertragung des richterrechtlich herausgebildeten Dringlichkeitserfordernisses auf die Besichtigungssituation hätte zur Konsequenz, dass der Besichtigungsanspruch (und damit die von ihm abhängigen Ansprüche wegen Patentverletzung) endgültig nicht mehr durchgesetzt werden könnten, was einer Rechtsverweigerung gleichkäme. In dieser Beziehung liegt der Sachverhalt grundlegend anders als in Fällen der gewöhnlichen Unterlassungsverfügung; wird sie wegen eines zu langen Zögerns des Berechtigten verweigert, bleiben dem Verletzten wenigstens Schadenersatzansprüche als Kompensationukunft.

(4) Muster

117 Nachstehend ist das Muster einer selbständigen Beweisanordnung, kombiniert mit einer auf § 140c PatG bzw § 809 BGB gestützten einstweiligen Duldungsverfügung[118], wiedergegeben:

Praxistipp	Formulierungsbeispiel
118	**I.** Auf Antrag der Antragstellerin vom ... wird, da ein Rechtsstreit noch nicht anhängig ist und die Antragstellerin ein rechtliches Interesse daran hat, dass der Zustand einer Sache festgestellt wird, die Durchführung des selbständigen Beweisverfahrens gemäß §§ 485 ff ZPO angeordnet. **II.** 1. Es soll durch Einholung eines schriftlichen Sachverständigengutachtens Beweis darüber erhoben werden, ob die in der Betriebsstätte der Antragsgegnerin (...) befindlichen ... des Typs »...« dazu geeignet sind, das Verfahren nach Anspruch 1[119] des europäischen Patents ... auszuführen, welches durch die Kombination folgender Merkmale gekennzeichnet ist: ... 2. Zum Sachverständigen wird ... bestellt[120]. 3. Dem Sachverständigen wird – im Interesse der Wahrung etwaiger Betriebsgeheimnisse der Antragsgegnerin, die bei der Begutachtung zutage treten könnten – aufgegeben, jeden

---

116 Vgl Kühnen, GRUR 2005, 185, 194; Tilmann, GRUR 2005, 737; aA: OLG Köln, OLG-Report 2009, 258; OLG Karlsruhe, BeckRS 2013, 19312 – Product-by-process-Merkmale im Besichtigungsverfahren; OLG Nürnberg, GRUR-RR 2016, 108 – Besichtigungsanspruch.
117 OLG Düsseldorf, InstGE 12, 105 – Zuwarten mit Besichtigungsantrag; OLG Düsseldorf, InstGE 13, 126 – Dringlichkeit bei Besichtigung; OLG Frankfurt/Main, Urteil v 10.6.2010 – 15 U 192/09; Stjerna, Mitt 2011, 271; aA: OLG Braunschweig, GRUR-RS 2019, 27016; OLG Köln, OLG-Report 2009, 258; OLG Karlsruhe, Beschluss v 18.5.2010 – 6 W 28/10; OLG Karlsruhe, Beschluss v 10.5.2013 – 6 W 30/11 (bei der Annahme eines dringlichkeitsschädlichen Verhaltens soll allerdings größere Zurückhaltung geboten sein als in sonstigen Verfügungssachen).
118 Ihrer bedarf es, wenn sich die Merkmalsverwirklichung ganz oder teilweise nicht in der Öffentlichkeit abspielt.
119 Ggf sind zusätzlich Unteransprüche aufzunehmen, auf die es in der Zukunft (zB bei beschränkter Aufrechterhaltung des Patents im Rechtsbestandsverfahren) ankommen kann.
120 Oftmals kann es sich anbieten, dem Sachverständigen die Hinzuziehung eines Mitarbeiters oder Gehilfen zu gestatten, insbesondere, wenn besondere technische Feststellungen zu treffen sind, hinsichtlich derer der Sachverständige (zB ein Patentanwalt) selbst nicht die nötige Sachkompetenz hat.

unmittelbaren Kontakt mit der Antragstellerin zu vermeiden und notwendige Korrespondenz entweder über das Gericht oder mit den nachfolgend unter III.1. bezeichneten anwaltlichen Vertretern der Antragstellerin zu führen. Der Sachverständige hat darüber hinaus auch gegenüber Dritten Verschwiegenheit zu wahren.

4. Auf Verlangen der Antragsgegnerin hat der Sachverständige die Begutachtung für die Dauer von maximal zwei Stunden[121] zurückzustellen, um der Antragsgegnerin Gelegenheit zu geben, ihrerseits einen anwaltlichen Berater hinzuzuziehen. Der Sachverständige hat die Antragsgegnerin vor Beginn der Begutachtung auf dieses Antragsrecht hinzuweisen.[122] Die Frist beginnt auch dann mit der Zustellung dieses Beschlusses zu laufen, wenn der Antragsgegner den Zutritt verweigert und es deswegen vor Beginn der Besichtigung einer Durchsuchungsanordnung bedarf.

Ungeachtet der Wartepflicht hat die Antragsgegnerin dem Sachverständigen unverzüglich Zugang zu dem Besichtigungsgegenstand zu gewähren.[123]

5. Die Begutachtung soll – wegen der besonderen Eilbedürftigkeit – ohne vorherige Ladung und Anhörung der Antragsgegnerin erfolgen.[124]

III.[125]

Im Wege der einstweiligen Verfügung werden darüber hinaus folgende weitere Anordnungen getroffen:

1. Neben dem Sachverständigen hat die Antragsgegnerin folgenden anwaltlichen Vertretern der Antragstellerin[126] sowie ihrem *öffentlich bestellten und vereidigten* Privatsachverständigen ...[127] die Anwesenheit während der Begutachtung zu gestatten[128]:

   – Patentanwalt ...,

---

121 Die Frist beginnt, sobald der Sachverständige beim Antragsgegner erscheint und sein Besichtigungsbegehren offenbart. Muss der Antragsteller zunächst noch einen Durchsuchungsbeschluss beschaffen, so läuft die Uhr weiter.
122 Werden die Anwälte des Besichtigungsgläubigers zur Besichtigung zugelassen, ist es zur Gewährleistung einer Waffengleichheit regelmäßig geboten, auf Verlangen auch dem Besichtigungsschuldner Gelegenheit zu geben, seinerseits einen Rechts- und/oder Patentanwalt hinzuzuziehen.
123 Auf diese Weise wird sichergestellt, dass der Sachverständige und die Anwälte nicht in einen Nebenraum »abgeschoben« werden, um während der Wartefrist den Besichtigungsgegenstand beiseite zu schaffen oder zu manipulieren. Lediglich die sachverständigen Untersuchungsmaßnahmen und die Hinzuziehung der Anwälte müssen also warten.
124 Entscheidend dafür, ob rechtliches Gehör gewährt wird, ist, ob aus der objektivierten Sicht des Antragstellers im Zeitpunkt der Antragstellung die Befürchtung berechtigt ist, im Falle einer Anhörung werde der Besichtigungsgegenstand beseitigt oder verändert und dadurch der Besichtigungserfolg gefährdet werden. Sofern derartige Maßnahmen tatsächlich möglich sind, wird eine Vereitelungsgefahr vielfach zu bejahen sein; letztlich handelt es sich aber um eine Frage des Einzelfalls.
125 Duldungsanordnungen sind dem selbständigen Beweisverfahren als solchem nicht immanent. Sie müssen deshalb im Wege der einstweiligen Verfügung (zB gestützt auf § 140c PatG, § 809 BGB) erlassen werden. Das Gleiche gilt für das in Ziffer III.3. enthaltene Unterlassungsgebot. Eine ergänzende einstweilige Verfügung ist mithin überall dort notwendig, wo die Begutachtung nicht durch bloße Augenscheinseinnahme an einem der Allgemeinheit ohnehin zugänglichen Ort (zB einer Messe) stattfinden kann, sondern zB in den Betriebsräumen des Antragsgegners, zu denen der Antragsgegner dem Sachverständigen und den weiteren Beteiligten den Zutritt verweigern könnte.
126 Deren Anwesenheit zu gestatten kann sich verbieten, wenn die Besichtigung auf einer Messe durchgeführt werden soll, wo es im berechtigten Interesse des Besichtigungsschuldners liegt, die Begutachtung möglichst unauffällig durchzuführen. Andererseits kann es nach Umsetzung der EU-Richtlinie zum Schutz von Geschäftsgeheimnissen im Einzelfall angebracht sein, auch dem gerichtlich zur Verschwiegenheit verpflichteten Antragsteller persönlich die Teilnahme an der Besichtigung zu gestatten.
127 Vgl BGH, GRUR 2014, 578 – Umweltengel für Tragetasche.
128 Der Sache nach handelt es sich um eine Duldungsverpflichtung, die deswegen der Zwangsvollstreckung nach § 890 ZPO unterliegt (BGH, GRUR 2020, 1346 – Besichtigungsanspruch eines IT-Systems; Grabinski, FS Mes, 2009, S 129).

– Rechtsanwalt ...,

– ggf: Prof. Dr. ... als Privatsachverständiger der Antragstellerin.

2. Patentanwalt ..., Rechtsanwalt ... und (ggf) Prof. Dr. ... werden verpflichtet, Tatsachen, die im Zuge des selbständigen Beweisverfahrens zu ihrer Kenntnis gelangen und den Geschäftsbetrieb der Antragsgegnerin betreffen, geheim zu halten, und zwar auch gegenüber der Antragstellerin und deren Mitarbeitern.[129]

3. Der Antragsgegnerin wird – mit sofortiger Wirkung und für die Dauer der Begutachtung – untersagt, eigenmächtig Veränderungen an den zu begutachtenden ... vorzunehmen, insbesondere ...[130]

4. Für jeden Fall der Zuwiderhandlung gegen das unter 3. bezeichnete Verbot werden der Antragsgegnerin ein Ordnungsgeld bis zu 250.000 € – ersatzweise Ordnungshaft – oder eine Ordnungshaft bis zu 6 Monaten angedroht, wobei die Ordnungshaft an dem Geschäftsführer der Antragsgegnerin zu vollstrecken ist.[131]

5. Die Antragsgegnerin hat es zu dulden, dass der Sachverständige die zu begutachtenden Vorrichtungen in Augenschein nimmt und, sofern der Sachverständige dies für geboten hält, im laufenden Betrieb untersucht. Die Antragsgegnerin hat es ferner zu dulden, dass der Sachverständige zu Dokumentationszwecken Foto- oder Filmaufnahmen anfertigt und für seine Notizen ein Diktiergerät verwendet.[132]

6. Der Antragsgegnerin wird aufgegeben, dem Sachverständigen folgende den Besichtigungsgegenstand betreffenden Dokumente in Kopie auszuhändigen: ...

---

129 Vgl §§ 172 Nr 2, 174 Abs 3 Satz 1 GVG; BGH, GRUR 2010, 318 – Lichtbogenschnürung (entgegen OLG München, GRUR-RR 2009, 191 – Laser-Hybrid-Schweißverfahren), Müller-Stoy, GRUR-RR 2009, 161. Dass der Schutz von Betriebsgeheimnissen durch eine Verschwiegenheitsverpflichtung der Prozessbevollmächtigten des Verfahrensgegners gewährleistet werden kann, ist auch in der sonstigen BGH-Rechtsprechung (zB im Zusammenhang mit der Billigkeitskontrolle nach § 315 BGB) anerkannt: BGH, WM 2009, 1957; BGHZ 178, 362; BGH, WM 2007, 220.

130 Sofern der das selbständige Beweisverfahren anordnende Beschluss dem Antragsgegner von Amts wegen zugestellt wird und diese Zustellung erfolgt, bevor der Sachverständige seine Begutachtung aufnimmt, wird auf diese Weise sichergestellt, dass der Sachverständige die zu begutachtende Vorrichtung noch in ihrem ursprünglichen Zustand vorfindet. Allerdings ist eine amtswegige Zustellung der Beschlussausfertigung an die Antragsgegnerin nicht zwingend erforderlich. Mangels Ladung genügt vielmehr eine formlose Mitteilung, welche durch die von der Antragstellerin zu veranlassende Zustellung der einstweiligen Verfügung geschieht. In diesem Fall besteht die Gefahr von Veränderungen am Besichtigungsgegenstand nicht.

131 Zur Ahndung bedarf es des *Vollbeweises*, dass nach Beginn der Besichtigung schuldhaft verbotene Veränderungsmaßnahmen durchgeführt worden sind.

132 Kommt es bei der Besichtigung auf den Inhalt eines Computerprogramms (zB zur Maschinensteuerung) an, ist daran zu denken, dem Sachverständigen zu gestatten, Screenshots anzufertigen oder Daten herunterzuladen. Sind einzelne Teile des Programms durch ein Passwort geschützt, kann dem Antragsgegner außerdem aufzugeben sein, auf Anforderung des Sachverständigen das Passwort einzugeben. Nach BGH, WuM 2007, 209, beinhaltet eine Duldungsverpflichtung die Obliegenheit des Schuldners zu einem positiven Tun, wenn nur bei ihrer Vornahme dem Unterlassungsgebot Genüge getan werden kann. Ein umfangreiches positives Tätigwerden des Besichtigungsschuldners (zB eine Bedienung der Maschinensteuerung) wird allerdings nicht verlangt werden können. Die Inbetriebnahme des Besichtigungsgegenstandes ist Sache des Gutachters, der ggf Hilfskräfte zur Bedienung hinzuziehen kann. Denkbar ist allenfalls, dass dem Besichtigungsschuldner gestattet wird, die Fremdbedienung seiner Maschine dadurch abzuwenden, dass er – freiwillig – eigenes Fachpersonal bereitstellt. Ansonsten könnte die Anordnung getroffen werden, dass der Schuldner zB die Mitnahme der gesamten Maschine zu dulden hat, wobei er diese Maßnahme dadurch abwenden kann, dass er die Maschine nach den Anweisungen des Sachverständigen in Betrieb setzt. Zu weitgehend ist ebenfalls die Auflage, dem Sachverständigen und den anwaltlichen Beratern des Antragstellers erforderliche Schutzkleidung zu überlassen; für sie hat der Besichtigungsgläubiger regelmäßig selbst zu sorgen (aA: LG Düsseldorf, Beschluss v 26.8.2015 – 4c O 47/15).

> Im Rahmen seiner Begutachtung soll der Sachverständige die vorbezeichneten Unterlagen berücksichtigen und zur Beantwortung der Beweisfragen auswerten.
>
> **IV.**
>
> Nach Vorlage des schriftlichen Gutachtens wird die Antragsgegnerin Gelegenheit erhalten, zu etwaigen Geheimhaltungsinteressen, die auf ihrer Seite bestehen, Stellung zu nehmen. Die Kammer wird erst danach darüber entscheiden, ob der Antragstellerin das Gutachten zur Kenntnis gebracht und die Verschwiegenheitsanordnung aufgehoben wird.[133]
>
> **V.**
>
> Die Durchführung des selbständigen Beweisverfahrens ist davon abhängig, dass die Antragstellerin vorab einen Auslagenvorschuss von 10.000 € bei der Justizkasse in Düsseldorf einzahlt.[134]
>
> **VI.**
>
> Der Wert des Streitgegenstandes für das selbständige Beweisverfahren wird auf 250.000 € festgesetzt[135], derjenige für das einstweilige Verfügungsverfahren auf 25.000 €.
>
> **VII.**
>
> Die Kosten des einstweiligen Verfügungsverfahrens trägt die Antragsgegnerin.

(5) Nebenintervention

Im selbständigen Beweisverfahren sind die Vorschriften zur Streitverkündung und Nebenintervention entsprechend heranzuziehen.[136] Soweit § 66 Abs 1 ZPO vorsieht, dass derjenige einem fremden Rechtsstreit zur Unterstützung beitreten kann, der ein **rechtliches Interesse** daran hat, dass die *eine* Prozesspartei (der beigetreten werden soll) im Rechtsstreit obsiegt, ist diese Vorschrift nur im übertragenen Sinne anwendbar, weil es in einem der bloßen Sachaufklärung und Beweissicherung dienenden Verfahren noch kein endgültiges »**Obsiegen**« gibt. Bei der Prüfung des rechtlichen Interesses ist auch nicht hypothetisch auf einen im Anschluss an das Beweisverfahren ggf möglichen Hauptsacheprozess abzustellen, von dem nicht absehbar ist, ob und mit welchen Anträgen er künftig durchgeführt werden wird.[137] In einem selbständigen Beweisverfahren »obsiegt« die antragstellende Partei vielmehr dann, wenn die von ihr behauptete schutzrechtsverletzende Ausstattung oder Verfahrensweise festgestellt wird.[138] 119

Mit Blick auf den Nebenintervenienten und sein rechtliches Interesse an einem Obsiegen eines Beteiligten am Besichtigungsverfahren kommt es deswegen darauf an, ob der Nebenintervenient zu der unterstützten Besichtigungspartei oder zu dem Gegenstand des Beweisverfahrens *in diesem Sinne* in einem Rechtsverhältnis steht, auf das das Ergeb- 120

---

133 Vgl hierzu Kühnen, GRUR 2005, 185.
134 Die Anforderung eines Auslagenvorschusses ist nicht anfechtbar (BGH, WuM 2009, 317). Wird der angeforderte Kostenvorschuss trotz Erinnerung nicht eingezahlt und unterbleibt deswegen eine Beweissicherung, hat der Antragsteller analog § 269 Abs 3 Satz 2 ZPO die (gerichtlichen) Kosten des selbständigen Beweisverfahrens zu tragen; dieser Ausspruch ergeht entweder in einem anhängigen Hauptsacheverfahren, sonst auf Antrag im selbständigen Beweisverfahren (BGH, Mitt 2017, 143 – Hemmung der Verjährung bei Verhandlung).
135 Der Streitwert des selbständigen Beweisverfahrens ist mit dem Hauptsachewert bzw mit dem Teil des Hauptsachewertes anzusetzen, auf den sich die Beweiserhebung bezieht (BGH, NJW 2004, 3488, 3489 f).
136 BGH, MDR 2016, 230.
137 BGH, MDR 2016, 230.
138 BGH, MDR 2016, 230.

nis der stattfindenden Besichtigung unmittelbar oder mittelbar *rechtlich* einwirkt.[139] Solches ist der Fall, wenn der Nebenintervenient zB als gewerblicher Abnehmer des Besichtigungsgegenstandes selbst eine Inanspruchnahme wegen Schutzrechtsverletzung befürchten muss und sich hierfür beim Besichtigungsgläubiger als seinem Lieferanten schadlos zu halten können glaubt. Geht es demgegenüber bloß um eigene Gewährleistungsansprüche des Nebenintervenienten, die dieser daraus herleitet, dass er vom Besichtigungsschuldner einen zum Besichtigungsobjekt baugleichen Gegenstand erworben hat, ist ein rechtliches Interesse zu verneinen.[140] Ein Beitritt auf Seiten des Besichtigungsschuldners scheidet aus, weil er nicht dessen Unterstützung dienen würde, sondern vielmehr darauf gerichtet wäre, zu dessen Lasten eine Schutzrechtsverletzung festzustellen; dazu sind die Interventionsvorschriften jedoch nicht vorgesehen. Ein Beitritt auf Seiten des Besichtigungsgläubigers scheitert daran, dass weder zu ihm noch zum konkreten Besichtigungsobjekt eine Rechtsbeziehung besteht. Der bloße Umstand, dass sich in einem etwaigen Rechtsstreit zwischen dem Nebenintervenienten und dem Besichtigungsschuldner wegen des baugleichen Erwerbs dieselben Fragen stellen, die Gegenstand der Beweissicherung sind, begründet ein bloß tatsächliches, aber kein rechtliches Interesse.[141] Gleiches gilt im Hinblick auf die Gefahr, dass das Besichtigungsgutachten gemäß § 411a ZPO in einer streitigen Auseinandersetzung zwischen dem Nebenintervenienten und dem Besichtigungsschuldner verwertet werden könnte.[142]

(6) Präklusion

121 Höchst umstritten ist, ob zwischen der selbständigen Beweiserhebung und dem nachfolgenden Hauptsacheprozess eine Zäsur eintritt, derentwegen die Parteien mit Einwendungen gegen das im Verfahren nach §§ 485 ff ZPO eingeholte Sachverständigengutachten, die sie bereits im selbständigen Beweisverfahren hätten vorbringen können, dort jedoch nicht angebracht haben, im anschließenden Hauptsacheprozess präkludiert sind.[143] Der BGH hat diese Frage bislang konsequent offengelassen.[144]

bb) Durchsuchung

122 Widersetzt sich der Schuldner der angeordneten Besichtigung, indem er zB dem Sachverständigen und/oder den teilnahmeberechtigten Anwälten des Antragstellers den Zutritt zu seinen Geschäftsräumen verweigert, so bedarf es einer zusätzlichen richterlichen Durchsuchungsanordnung.[145] § 758a ZPO[146], der auch für Arbeits-, Betriebs- und Geschäftsräume gilt, ist immer dann zu beachten, wenn die Besichtigung – was regelmäßig der Fall sein wird – auf eine »Durchsuchung« gerichtet ist, dh ein Betreten zur ziel- und zweckgerichteten Suche nach Personen oder Sachen oder zur Ermittlung eines nicht bereits offenkundigen Sachverhalts, den der Wohnungsinhaber von sich aus nicht offen legen will.[147]

123 Die Durchsuchungsanordnung kann nicht vorsorglich für den Fall erlassen werden, dass der Schuldner den Zutritt zu seinen Räumlichkeiten verweigern sollte. Im Allgemeinen besteht ein **Rechtsschutzbedürfnis** vielmehr nur, nachdem dem Gerichtsvollzieher der

---

139 BGH, MDR 2016, 230.
140 BGH, MDR 2016, 230.
141 BGH, NJW-RR 2011, 907.
142 BGH, MDR 2016, 230.
143 Zum Streitstand vgl Seibel, MDR 2017, 1397.
144 BGH, NJW 2017, 3661.
145 Grabinski, FS Mes, 2009, S 129.
146 Ringer/Wiedemann (GRUR 2014, 229) halten die Vorschrift in Besichtigungsfällen nicht für einschlägig.
147 BVerfGE 75, 318; BGH, WuM 2006, 632.

Zugang tatsächlich verweigert worden ist oder *konkrete* und *stichhaltige* Anhaltspunkte dafür vorliegen, dass der Schuldner den Zutritt verweigern wird.[148]

Von einer vorherigen **Anhörung** des Besichtigungsschuldners wird regelmäßig abgesehen werden können, wenn die Gefahr der Vereitelung nicht von der Hand zu weisen ist.[149]

124

Für die Durchsuchungsanordnung besteht eine – von den Patentstreitgerichten abweichende – ausschließliche **Zuständigkeit** desjenigen Amtsgerichts, in dessen Bezirk die Durchsuchung stattfinden soll (§§ 758a Abs 1, 802 ZPO). Dies mag als misslich empfunden werden; für eine richterrechtliche Durchberechnung der gesetzlichen Zuständigkeitsregelung ist jedoch kein Raum.[150]

125

Nachstehend ist ein **Muster** für eine (durch Beschluss zu erlassende) Durchsuchungsanordnung wiedergegeben:

126

Praxistipp	Formulierungsbeispiel
Der ... (= Gläubigerin, Antragstellerin) wird die Durchsuchung der unter der Adresse ... gelegenen Geschäftsräume der ... (= Schuldnerin, Antragsgegnerin) durch Patentanwalt ... als gerichtlicher Sachverständiger sowie Rechtsanwalt ... und Patentanwalt ... als anwaltliche Vertreter der Antragstellerin gestattet, um gemäß dem Beschluss des Landgerichts ... vom ... (AZ ...) festzustellen, ob die Maschine ... (= Besichtigungsgegenstand) von der technischen Lehre des ... (= Antragsschutzrechts) Gebrauch macht. Die Durchsuchungsanordnung verliert nach Ablauf von 4 Wochen ihre Gültigkeit.	

127

Praxistipp	Formulierungsbeispiel
Bei Beginn der Besichtigung sollte ein entsprechender Durchsuchungsantrag vorbereitet und die Erreichbarkeit des zuständigen Amtsrichters am vorgesehenen Tag der Besichtigung geklärt sein, um keine unnötige Zeit zu verlieren, die dem Antragsgegner Möglichkeiten eröffnet, die Besichtigung zu sabotieren.	

128

Die Durchsuchungsanordnung kann nach Wahl des Gläubigers sowohl nach § 890 ZPO (Antrag auf Verhängung von Ordnungsmitteln) als auch gemäß § 892 ZPO zwangsweise mit Hilfe eines vom Gläubiger zu beauftragenden Gerichtsvollziehers durchgesetzt werden, der erforderlichenfalls seinerseits die Polizei hinzuziehen kann.[151] Bei Vereitelung der Besichtigung[152] kommt ferner eine Anwendung der Grundsätze zur **Beweisvereitelung**[153] (§ 371 Abs 3 ZPO) in Betracht. Sie liegt (nur dann) vor, wenn dem Beweispflichtigen von seinem Gegner das Führen des Beweises *schuldhaft* unmöglich gemacht oder erschwert wird, indem er vorhandene Beweismittel vernichtet, vorenthält oder ihren beweismäßigen Gebrauch erschwert. Es bedarf eines missbilligenswerten Verhaltens der-

129

---

148 Zöller, § 758a ZPO Rn 19, mwN.
149 Vgl BVerfGE 57, 346.
150 OLG Hamm, MDR 2015, 485; LG Hamburg, GRUR-RR 2014, 47 – Ausschließliche Zuständigkeit; OLG Hamburg, Beschluss v 5.2.2013 – 3 W 10/13 (unter Aufgabe der gegenteiligen Ansicht in NJWE-WettbR 2000, 19, 21 – Berodual); aA: OLG Koblenz, BeckRS 2009, 11398.
151 BGH, NJW-RR 2021, 1146.
152 Bsp: Beiseiteschaffen des Besichtigungsgegenstandes während der Wartezeit, vgl OLG Düsseldorf, Urteil v 25.4.2019 – I-2 U 50/17.
153 Vgl dazu: Laumen, MDR 2009, 177.

gestalt, dass dem Gegner in doppelter Hinsicht ein Vorwurf gemacht werden kann, nämlich erstens in Bezug auf die Zerstörung oder Entziehung des Beweisobjekts und zweitens in Bezug auf die Zerstörung oder Entziehung seiner Beweisfunktion, sodass das gegnerische Verhalten darauf gerichtet sein muss, die Beweislage seines Kontrahenten in einem gegenwärtigen oder künftigen Prozess nachteilig zu beeinflussen.[154] Ein Vereitelungstatbestand ist dementsprechend nicht gegeben, wenn der beweispflichtigen Partei ungeachtet des gegnerischen Verhaltens eine Beweissicherung möglich gewesen wäre.[155] Kommen die Grundsätze der Beweisvereitelung zur Anwendung, kann der Vortrag der betroffenen Partei nicht ohne jede Beweiserhebung als bewiesen zugrunde gelegt werden. Vielmehr sind von der beweisbelasteten Partei angebotene Beweise zu erheben. Erst wenn im Anschluss daran der Beweis nicht geführt ist oder wenn der Partei keinerlei Beweise zur Verfügung stehen, ist eine Beweislastumkehr in Betracht zu ziehen mit der Folge, dass den Gegenbeweisangeboten des vereitelnden Gegners nachzugehen ist.[156]

130 Geschieht die Beweisvereitelung in einem nur gegen das Unternehmen gerichteten Besichtigungsverfahren, so treffen die Beweisnachteile aus den Vereitelungshandlungen auch nur das Unternehmen sowie denjenigen **Geschäftsführer**, der für das Unternehmen die vereitelnden Maßnahmen entweder angeordnet hat oder mit dessen Wissen solche Maßnahmen vorgenommen worden sind. Gegenüber einem selbst nicht aktiven, unwissenden Mitgeschäftsführer sind demgegenüber keine Beweisnachteile gerechtfertigt, weswegen eine ansonsten (dh im Verhältnis zum Unternehmen und ihrem vereitelnden Geschäftsführer) erfolgreiche Verletzungsklage ihm gegenüber erfolglos bleiben kann.[157]

Praxistipp	Formulierungsbeispiel

131 Um seine Rechte in einem möglichen Besichtigungsverfahren zu wahren, kann es sich für potenzielle Antragsgegner empfehlen, den »Ernstfall« unter anwaltlicher Unterstützung zu proben und entsprechende Verhaltensregeln für das Personal auszuarbeiten.

cc) Gutachtenaushändigung und Anhörung

132 Das selbständige Beweisverfahren endet grundsätzlich mit der Übersendung des Sachverständigengutachtens an die Parteien (dazu sogleich) und einer sich auf Antrag einer der Beteiligten ggf hieran anschließenden mündlichen Anhörung des Sachverständigen.[158]

133 Zwischen den *Beteiligten* des selbständigen Beweisverfahrens wirkt die in diesem Rahmen vorgenommene sachverständige Begutachtung wie eine unmittelbar im anschließenden Hauptsacheverfahren selbst durchgeführte Beweisaufnahme. Sie wird deshalb dort verwertet, als sei sie vor dem Prozessgericht erfolgt, weswegen die Einholung eines neuen Sachverständigengutachtens im Hauptsacheprozess nur unter den engen Voraussetzungen des § 412 ZPO in Betracht kommt, die für die Anforderung eines **Obergutachtens** gelten.[159] Andererseits fallen aber auch die im selbständigen Beweisverfahren unerledigt gebliebenen Beweisanträge (wie ein noch nicht abgehaltener Anhörungstermin) im Verfahren vor dem Prozessgericht an und sind vom Hauptsachegericht im vorgefundenen

---

154 BGH, GRUR 2016, 88 – Deltamethrin.
155 BGH, GRUR 2016, 88 – Deltamethrin.
156 BGH, GRUR 2016, 88 – Deltamethrin.
157 OLG Düsseldorf, Urteil v 25.4.2019 – I-2 U 50/17.
158 BGH, Mitt 2006, 90 (LS); OLG Frankfurt/Main, Urteil v 10.6.2010 – 15 U 192/09; OLG Düsseldorf, Mitt 2013, 98.
159 BGH, MDR 2018, 358.

Stand zu bearbeiten.[160] Dessen bedarf es ausnahmsweise nur dann nicht, wenn die betreffende Partei auf deren Weiterbehandlung verzichtet hat, was ein in diesem Sinne *unzweideutiges* Verhalten verlangt.[161]

Im Prozess gegen eine *Partei*, die *am selbständigen Beweisverfahren nicht beteiligt* war, kommt eine Verwertung des Beweisgutachtens nur nach Maßgabe des **§ 411a Abs 1 ZPO** in Betracht.[162] Es bedarf mithin einer gerichtlichen Verwertungsanordnung, zu deren Erlass oder Ausführung den Parteien rechtliches Gehör zu gewähren ist.[163] Stattdessen kann das Gutachten – mit tendenziell geringerer Beweiskraft – lediglich im Urkundenbeweis verwertet werden. 134

(1) Aushändigung des Gutachtens

Ist die Besichtigung mithilfe einer einstweiligen Duldungsverfügung erzwungen worden und stehen deshalb möglicherweise Betriebsgeheimnisse des Besichtigungsschuldners im Raum, die mit einer vorbehaltlosen Aushändigung des Gutachtens offengelegt werden könnten, ist Zurückhaltung geboten. 135

(a) Besichtigungsschuldner

Bezüglich des Besichtigungsschuldners ergeben sich im Zusammenhang mit der Überlassung des Gutachtens keine Probleme, weil es *seine* etwaigen Betriebsgeheimnisse sind, die im Besichtigungsgutachten festgehalten sind. 136

(b) Anwälte des Besichtigungsgläubigers

Gleiches gilt hinsichtlich der Anwälte des Besichtigungsgläubigers[164], deren in der Duldungsverfügung angeordnete Verschwiegenheitspflicht sich selbstverständlich auch auf den Inhalt des die Ergebnisse der Besichtigung festhaltenden Besichtigungsgutachtens erstreckt. Deutlich wird dies spätestens daran, dass Ziffer IV. des Musterbeschlusses vorsieht, dass das Gericht nach Vorlage des Sachverständigengutachtens darüber entscheiden wird, ob das Gutachten der von der Besichtigung ausgeschlossenen Antragstellerin persönlich überlassen wird, was bedingt, dass eine Aushändigung an ihre Anwälte wegen deren ohnehin bestehender Verschwiegenheitsverpflichtung ohne weiteres erfolgen soll. Sieht man dies – wie der BGH[165] – anders, ist die Schweigepflicht bei Aushändigung des Gutachtens nochmals auszusprechen: 137

Praxistipp	Formulierungsbeispiel
	1. Die Herausgabe des unter dem Datum vom ... erstellten Beweissicherungsgutachtens des Sachverständigen ... – ggf: abgesehen von den Ziffern ... des Gutachtens – an die anwaltlichen Vertreter der Antragstellerin, nämlich Rechtsanwalt ... und Patentanwalt ..., wird angeordnet.
	2. Rechtsanwalt ... und Patentanwalt ... werden verpflichtet, über die ihnen aufgrund dieses Beschlusses bekannt gewordenen Inhalte des Beweissicherungsgutachtens auch gegenüber der eigenen Partei Verschwiegenheit zu bewahren.

138

---

160 BGH, MDR 2018, 358.
161 BGH, MDR 2018, 358.
162 BGH, MDR 2018, 358.
163 BGH, MDR 2018, 358.
164 Dasselbe gilt für einen Antragsteller, der ausnahmsweise (vgl oben Kap B Rdn 48) zur Besichtigungsteilnahme zugelassen worden ist.
165 BGH, GRUR 2010, 318 – Lichtbogenschnürung.

139 Eindeutig ist jedenfalls, dass die Überlassung des Besichtigungsgutachtens an die mit einer Schweigepflicht versehenen Anwälte des Antragstellers keiner besonderen Abwägung mit möglichen Geheimhaltungsinteressen des Besichtigungsschuldners bedarf, sondern ohne weiteres erfolgen kann.[166]

140 Soweit der BGH[167] in Betracht zieht, dass der Antragsteller sogleich eine Aushändigung des Gutachtens an sich – ohne vorherige Überlassung an seine Anwälte – wählen kann, dürfte es sich dabei kaum um eine praktisch ernst zu nehmende Variante handeln. Wie sogleich ausgeführt wird, hängt die Bekanntgabe der Besichtigungsergebnisse an den Antragsteller maßgeblich davon ab, ob der Antragsgegner in Bezug auf den Gutachteninhalt beachtenswerte Betriebsgeheimnisse für sich reklamieren kann. Auf seinen diesbezüglichen Vortrag wird der Antragsteller überhaupt nicht sachgerecht erwidern können, wenn nicht wenigstens seine Anwälte vorher Kenntnis vom Inhalt des Besichtigungsgutachtens erhalten haben.

(c) Besichtigungsgläubiger persönlich

141 Ob das Gutachten dem Antragsteller persönlich überlassen wird, entscheidet sich deshalb in aller Regel auf einer »zweiten«, der Unterrichtung seiner Anwälte nachfolgenden Stufe und hängt entscheidend davon ab, ob es dem insoweit darlegungs- und beweisbelasteten[168] Besichtigungsschuldner gelingt, Geheimhaltungsinteressen geltend zu machen, die ein solches Gewicht haben, dass sie in einer einzelfallbezogenen, alle beiderseitigen möglicherweise beeinträchtigten Interessen berücksichtigenden Würdigung nicht gegenüber den eine Offenlegung verlangenden Belangen des Antragstellers zurückzutreten haben.[169] Sache des Schuldners ist es mithin nicht nur, überhaupt beachtenswerte Betriebsgeheimnisse konkret darzulegen; er hat darüber hinaus auch aufzuzeigen, welcher Stellenwert diesen Belangen im Wettbewerb zukommt und welche konkreten Nachteile ihm aus einer Offenlegung erwachsen könnten (weil nur so eine *gewichtende* Abwägung mit den gegenläufigen Interessen des Antragstellers möglich ist).[170] Dass auf Seiten des Antragsgegners Geschäftsgeheimnisse berührt sind, bedeutet daher nicht, dass ihnen obligatorisch der Vorrang gebührt und das Interesse des Schutzrechtsinhabers an einer Offenlegung der Besichtigungsergebnisse stets zurückzutreten haben. Bestimmten technischen oder geschäftlichen Informationen mag zwar objektiv der Status von Privatgeheimnissen zuerkannt werden, dem Unternehmen des vermeintlichen Verletzers kann jedoch hinsichtlich seiner wettbewerblichen Position aus ihrer Offenlegung unter Umständen nur ein unerheblicher Nachteile drohen, genauso wie – umgekehrt – der prozessuale Nutzen, den der Patentinhaber aus der Offenlegung eines auf Antragsgegnerseite bestehenden Geheimnisses zusätzlich gewinnen kann, im Einzelfall so gering einzuschätzen sein kann, dass das Offenlegungsinteresse hinter dem Geheimhaltungsinteresse zurückzustehen hat.[171] Für den Besichtigungsschuldner, der die Offenlegung eines Sachverständigengutachtens verhindern will, folgt daraus die Notwendigkeit, nicht nur darzulegen, *dass* schützenswerte Geheiminteressen berührt sind, sondern auch aufzuzeigen, welcher Stellenwert diesen Interessen im Wettbewerb zukommt, welche Nachteile ihm aus der Offenbarung erwachsen könnten und welcher Nutzen auf Seiten des Antragstellers dem gegenüber stehen.[172] Das Gesagte gilt auch für solche Feststellungen (zB zu Unteransprüchen), die nicht Gegenstand der gerichtlichen Beweisanordnung waren, zu

---

166 BGH, GRUR 2010, 318 – Lichtbogenschnürung.
167 BGH, GRUR 2010, 318 – Lichtbogenschnürung.
168 BGH, GRUR 2010, 318 – Lichtbogenschnürung.
169 BGH, GRUR 2010, 318 – Lichtbogenschnürung.
170 BGH, GRUR 2010, 318 – Lichtbogenschnürung; im gleichen Sinne bereits zu § 315 BGB: BGHZ 178, 362.
171 OLG Düsseldorf, Beschluss v 22.6.2020 – I-2 W 10/20.
172 OLG Düsseldorf, Beschluss v 22.6.2020 – I-2 W 10/20.

denen der Sachverständige aber von sich aus (»auftragslos«) Feststellungen getroffen hat, die sich der Antragsteller nachträglich mindestens hilfsweise zu Eigen gemacht hat.[173]

An diesem Abwägungserfordernis hat sich durch § 145a PatG – entgegen anderslautender Auffassung[174] – nichts geändert.[175] Das gilt schon deshalb, weil die §§ 16–20 GeschGehG nach der ausdrücklichen Regelung in § 145a PatG im Besichtigungsverfahren *nicht* gelten sollen. Die vom Gesetzgeber klargestellte Beschränkung des Geltungsbereichs ist sachlich völlig angemessen. Nach § 19 GeschGehG kann der Zugang zu Geschäftsgeheimnissen des Schuldners auf bestimmte Personen begrenzt werden, wobei jedoch jeweils mindestens einer natürlichen Person jeder Partei Zugang zu den Geschäftsgeheimnissen zu gewähren ist. Übertragen auf das Besichtigungsverfahren und konkret auf im Besichtigungsgutachten enthaltene Geschäftsgeheimnisse des Besichtigungsschuldners, würde dies bedeuten, dass dem Antragsteller (oder einer von ihm benannten natürlichen Person) *in jedem Fall* und *ohne weiteres* das Gutachten über die Besichtigung zur Kenntnis zu geben ist, lediglich verbunden mit der Pflicht zur Geheimhaltung (§ 16 GeschGehG). Eine solche automatische Unterrichtung widerspricht den Grundzügen des Besichtigungsverfahrens. Indem sich der Besichtigungsgläubiger durch seine Antragstellung bewusst für eine Kombination aus selbständigem Beweisverfahren und einstweiliger Duldungsverfügung entschieden hat, um in den Genuss der mit diesem speziellen Verfahren verbundenen strategischen Vorteile zu gelangen, hat er sich auch mit der Kehrseite dieses Verfahrens, nämlich damit einverstanden erklärt, dass ihm bei Bestehen von Geschäftsgeheimnissen des Schuldners nur dann Einblick in das Besichtigungsgutachten gewährt wird, wenn hierfür zureichende Gründe (zu denen insbesondere das Vorliegen einer Schutzrechtsverletzung gehört) existieren. An diesen Verzicht auf seine prozessualen Rechte (§ 19 Abs 1 Satz 3 GeschGehG) muss sich der Gläubiger festhalten lassen. Allein dieses Ergebnis ist auch mit Rücksicht darauf gerecht, dass das Gericht ohne das besagte Einverständnis des Gläubigers keine Besichtigungsanordnung ohne vorherige Anhörung des Schuldners angeordnet hätte, die letzterem die Möglichkeit verschafft hätte, geeignete Vorkehrungen zu seinem Geheimnisschutz zu treffen. Insoweit stellen die beschränkten eigenen Einsichtsmöglichkeiten in das Gutachten bei Fehlen einer Schutzrechtsverletzung richtigerweise den vom Gläubiger zu zahlenden Preis für die ihm günstige »Blitzbesichtigung« beim Schuldner dar. **142**

Durch § 145a PatG ändern sich andererseits auch diejenigen (hohen) Anforderungen nicht, die an die Darlegung eines im Besichtigungsverfahren beachtlichen Geschäftsgeheimnisses zu stellen sind. Zwar ist der dem GeschGehG zugrunde liegende Begriff des **Geschäftsgeheimnisses** wesentlich weiter angelegt[176]; im Rahmen eines Besichtigungsverfahrens kann er jedoch nicht zugrunde gelegt werden.[177] Abgesehen von formalen Erwägungen, die sich daraus ergeben, dass die Gesetzesbegründung zu § 145a PatG das Besichtigungsverfahren ausdrücklich ausnimmt und die Vorschrift selbst nur auf die §§ 16–20 GeschGehG verweist, ist dafür vor allem folgende Überlegung maßgeblich: Im Anwendungsbereich des § 145a PatG ist dem Vortragspflichtigen (sei es der Kläger für anspruchsbegründende Tatsachen oder der Beklagte für Verteidigungseinwände) das Geschäftsgeheimnis bekannt, sodass er es für die von ihm beabsichtigte Rechtsverfolgung oder Rechtsverteidigung zur Verfügung hat und im Prozess anbringen kann. Sein Anliegen beschränkt sich demgemäß darauf sicherzustellen, dass die offengelegten internen **143**

---

173 Zu Einzelheiten vgl oben Kap B Rdn 113.
174 Zhu/Popp, GRUR 2020, 338, 344.
175 Kühnen, GRUR 2020, 576. Druschel/Jauch (BB 2018, 1794, 1796) plädieren dafür, den Besichtigungsgläubiger, statt ihn vollkommen von den Besichtigungsergebnissen abzuschneiden, unter eine Geheimhaltungsanordnung nach § 16 Abs 1 GeschGehG zu stellen.
176 Vgl unten Kap D Rdn 140.
177 OLG Düsseldorf, GRUR 2022, 75 – Gutachtenherausgabe.

B. Sachverhaltsermittlung

Angelegenheiten im Zuge des Rechtsstreits nicht öffentlich werden, weswegen sein Interesse dahin geht, diejenigen Beteiligten, denen sein Geheimnis prozessbedingt zur Kenntnis gelangt, zur Verschwiegenheit zu verpflichten und ggf darüber hinaus den Kreis der (insbesondere gegnerischen) Wissensträger zu begrenzen. Ganz anders stellt sich die Ausgangssituation im Besichtigungsverfahren dar. Ein großzügig gehandhabter Geheimnisschutz hätte hier zur Folge, dass der unwissende oder beweislose (und gerade deshalb auf die Besichtigung angewiesene und die Besichtigung betreibende) Anspruchsteller erst gar nicht in den Besitz derjenigen Kenntnisse und/oder Beweismittel gelangen würde, die ihm eine aussichtsreiche Rechtsverfolgung gegen den mutmaßlichen Patentverletzer ermöglichen. Es liegt auf der Hand und versteht sich von selbst, dass dem Adressaten unter deutlich geringeren Geheimnisvoraussetzungen eine vertrauliche Behandlung des ihm überlassenen gegnerischen Wissens abverlangt werden kann als es vertretbar ist, den Adressaten unter denselben geringen Geheimnisvoraussetzungen von derjenigen Erkenntnisquelle abzuschneiden, die ihm eine gerichtliche Verfolgung seiner Ansprüche überhaupt erst möglich macht und ohne die er letztlich rechtlos gestellt wäre.

144 Kann der Besichtigungsschuldner **keine Betriebs- oder Geschäftsgeheimnisse** geltend machen, ist die Freigabe des Gutachtens nicht allein deshalb zu verweigern, weil die Besichtigungsanordnung mangels hinreichender **Verletzungswahrscheinlichkeit** hätte unterbleiben müssen oder sonst zu Unrecht ergangen ist.[178] Dies folgt aus der Tatsache, dass das Gesetz für den Normalfall des selbständigen Beweisverfahrens, das ohne Zwangsmaßnahmen durchgeführt wird, eine Anfechtung der Beweisanordnung ausschließt, obwohl dem Antragsteller das Besichtigungsgutachten selbstverständlich ausgehändigt wird. Diejenigen Fälle, in denen mit Rücksicht auf *möglicherweise* bestehende Geschäftsgeheimnisse des Besichtigungsschuldners im Vorfeld Schutzmaßnahmen ergriffen werden, die sich hinterher als überflüssig erweisen, weil tatsächlich keine zu schützenden Geheimnisse existieren, liegen – objektiv betrachtet – qualitativ nicht anders und verdienen deshalb keine abweichende rechtliche Behandlung.[179]

145 Der Grundsatz, dass das Beweisgutachten *bei Fehlen von Geheimhaltungsbelangen* freizugeben ist, kennt eine einzige **Ausnahme:** Von der Freigabe sind solche Gutachtenteile und Unterlagen auszunehmen, die außerhalb der Beweisanordnung (auch einer nachträglich genehmigten) liegen, weil sie sich zu technischen Details verhalten, die für das Antragspatent und dessen technische Lehre keinerlei Bedeutung haben.[180] Eine darüberhinausgehende Prüfung dahingehend, ob der Antragsteller zu seiner Rechtsverfolgung aller sich im Antragsumfang (§ 308 ZPO) haltenden Informationen des Besichtigungsgutachtens bedarf, findet demgegenüber nicht statt.[181] Der Einwand, ein bestimmtes technisches Detail ergebe sich bereits aus einer bestimmten Anlage des Gutachtens, weshalb der Antragsteller nicht die weiteren Unterlagen, Darstellungen oder Beschreibungen des Gutachters mit gleichem Informationsgehalt benötige, ist deshalb belanglos. Dasselbe gilt für das Ansinnen, der Antragsteller habe zur Rechtfertigung seines Herausgabebegehrens für jeden Inhalt des Gutachtens nebst Anlagen darzutun, dass und weshalb er auf die (sic: jede einzelne) fragliche Information zum Nachweis der angeblichen Patentverletzung angewiesen sei.[182]

---

178 OLG Düsseldorf, Beschluss v 2.7.2015 – I-2 W 13/15; OLG Düsseldorf, Beschluss v 31.1.2019 – I-2 W 1/19; kritisch: OLG Düsseldorf, GRUR-RR 2016, 224 – Besichtigungsanordnung, das bei Fehlen von Geheimhaltungsinteressen allerdings ebenfalls eine Herausgabe des Gutachtens anordnet, wenn der Besichtigungsschuldner unnötig lange mit der Widerspruchseinlegung gegen die Duldungsverfügung zuwartet.
179 OLG Düsseldorf, Beschluss v 31.1.2019 – I-2 W 1/19.
180 OLG München, Beschluss v 29.8.2019 – 6 W 508/19.
181 OLG Düsseldorf, Beschluss v 22.6.2020 – I-2 W 10/20.
182 OLG Düsseldorf, Beschluss v 22.6.2020 – I-2 W 10/20.

Anders verhält es sich, wenn *Geheimhaltungsbelange bestehen* und von einer Patentverletzung auszugehen ist. Hier ist eine Erforderlichkeitsprüfung angebracht, weil die als berechtigt erkannten Betriebsgeheimnisse des Besichtigungsschuldners billigerweise nur in dem Umfang zurückzutreten haben, wie dies erforderlich ist, um dem Besichtigungsgläubiger eine Verfolgung der begangenen Schutzrechtsverletzung zu ermöglichen (zu Details vgl unten Rdn 156).[183]

146

Praxistipp	Formulierungsbeispiel
Zweckmäßigerweise sollte der Besichtigungsschuldner dazu angehalten werden, ein Gutachtenexemplar so zu schwärzen, dass aus ihm keine Betriebsgeheimnisse mehr hervorgehen. Solches bietet sich namentlich dann an, wenn mehrere oder komplexe Geheimhaltungsaspekte geltend gemacht werden, sodass nicht offensichtlich ist, an welchen Passagen des Gutachtens genau dem Rechnung zu tragen ist. Das vom Besichtigungsschuldner redigierte Gutachten wird – unabhängig vom Vorliegen einer Patentverletzung – in jedem Fall für den Antragsteller freizugeben sein, weil insoweit nach der eigenen Einlassung des Antragsgegners keine Geheimhaltungsinteressen existieren, die einen Verschluss erfordern.[184] Typischerweise wird das von allen (berechtigt oder unberechtigt) reklamierten Betriebsgeheimnissen befreite Gutachtenexemplar dem Antragsteller freilich nichts nützen, weil aus ihm die entscheidenden Details der technischen Konstruktion und/oder Wirkung des Besichtigungsgegenstandes nicht hervorgehen werden, auf die es im Verletzungsprozess maßgeblich ankommen wird. Es wird deshalb in aller Regel streitig darüber zu befinden sein, wie weit tatsächlich Geheimhaltungsinteressen anzuerkennen sind und ob es gerechtfertigt ist, sich über sie hinwegzusetzen, weil der Besichtigungsgegenstand eine Patentverletzung darstellt.	

147

Ob hinreichende Geheimhaltungsinteressen bestehen, beurteilt sich nach *dem* **Zeitpunkt**, in dem über die Freigabe des Gutachtens zu entscheiden ist. Ursprünglich einmal bestehende Betriebsgeheimnisse, die später in Fortfall geraten (zB weil der besichtigte Gegenstand zwischenzeitlich frei erhältlich ist), sind unbeachtlich.[185] In diesem Zusammenhang kommt es nicht darauf an, ob sich die erfindungsrelevanten Details bereits durch eine bloße Betrachtung des verfügbaren Besichtigungsgegenstandes erschließen oder ob es hierzu einer näheren – ggf substanzzerstörenden – Untersuchung bedarf. Ebenso ist belanglos, ob der Durchschnittsfachmann irgendeinen Anlass zu dieser die Gegebenheiten zutage fördernden Untersuchung hatte (sodass die betreffenden technischen Einzelheiten sogar vorbekannter Stand der Technik geworden sind). Ein der Gutachtenaushändigung widerstreitender Geheimnisschutz ist immer schon dann nicht mehr angebracht, wenn es jedenfalls dem Antragsteller möglich wäre, sich die im Gutachten dokumentierten Kenntnisse über die Konstruktion, Beschaffenheit und/oder Wirkungsweise des Besichtigungsgegenstandes auf andere legale Weise (zB durch die Untersuchung der mutmaßlich schutzrechtsverletzenden Vorrichtung, die durch einen zumutbaren Testkauf erworben wurde) zu verschaffen.[186]

148

– Stehen **keine Geheimhaltungsbedürfnisse** im Raum (weil der Besichtigungsschuldner mit einer Information des Besichtigungsgläubigers einverstanden ist oder weil die angeblichen Betriebsgeheimnisse nur pauschal vorgetragen werden oder bei näherer Sicht nicht stichhaltig sind oder ihnen durch eine Schwärzung von Gutachtenteilen

149

---

183 OLG Düsseldorf, Beschluss v 22.6.2020 – I-2 W 10/20.
184 OLG Düsseldorf, Beschluss v 20.8.2012 – I-2 W 13/12.
185 OLG Düsseldorf, InstGE 11, 296 – Kaffeemaschine.
186 OLG Düsseldorf, InstGE 11, 296 – Kaffeemaschine.

Rechnung getragen werden kann, ohne dass der Aussagegehalt des Gutachtens bezüglich der Benutzung des Antragspatents leidet), werden das Gutachten ohne weiteres (dh ohne Rücksicht auf das Vorliegen oder Nichtvorliegen einer Schutzrechtsverletzung) freigegeben und die Anwälte des Antragstellers sowie deren Privatsachverständiger von der Verschwiegenheitspflicht entbunden.[187] Das gilt auch dann, wenn das der Besichtigung zugrunde liegende Schutzrecht **offensichtlich schutzunfähig** ist und sich deshalb demnächst im laufenden Einspruchs-, Nichtigkeits- oder Löschungsverfahren absehbar als nicht rechtsbeständig erweisen wird, sodass sich – nach Rechtskraft – der mit dem Besichtigungsantrag erhobene Verletzungsverdacht mangels Schutzrechts als haltlos herausstellen wird. Selbst wenn die Gefahr besteht, dass der Besichtigungsgläubiger das Gutachten im Wettbewerb präsentieren wird, bietet dies als solches noch keinen Grund, ihm das Besichtigungsgutachten vorzuenthalten.[188] Da sich die Begutachtung ausdrücklich nicht zur Frage des Rechtsbestandes verhält, obliegt es – erkennbar – jedem Adressaten, dem das Besichtigungsgutachten vorgelegt wird, selbst, sich Gedanken darüber zu machen, ob das Besichtigungsschutzrecht, dessen Benutzung gutachterlich festgestellt ist, rechtsbeständig ist. Es ist deswegen auch keineswegs in jedem Fall die Pflicht des Besichtigungsgläubigers, bei der Vorlage des Gutachtens auf einen laufenden Rechtsbestandsangriff und dessen mutmaßlichen Erfolg hinzuweisen. Wo ein derartiger Hinweis mit Rücksicht auf die besonderen Umstände des Falles aus Gründen lauteren Wettbewerbs tatsächlich erforderlich ist, mag der Besichtigungsschuldner diesen Anspruch, gestützt auf die einschlägigen wettbewerbsrechtlichen Normen, durchsetzen. Der mangelnde Rechtsbestand ist auch nicht deshalb relevant, weil er nach Lage des Falles einer Besichtigungsanordnung entgegenstehen kann. Während vor Beginn einer Besichtigungsmaßnahme nämlich auf möglicherweise bestehende Geheimhaltungsbelange des Besichtigungsschuldners Rücksicht zu nehmen ist, steht bei der Entscheidung über eine Aushändigung des den Benutzungsvorwurf bestätigenden Besichtigungsgutachtens an den Antragsteller aufgrund erfolgter Anhörung des Schuldners bereits fest, dass es solche schutzwürdigen Belange des Antragsgegners nicht gibt.

150 – Erst wenn positiv festgestellt ist, dass zugunsten des Antragsgegners beachtliche Geheimhaltungsbelange bestehen, die durch Schwärzungsmaßnahmen nicht berücksichtigt werden können, bedarf es einer wirklich streitigen gerichtlichen Entscheidung darüber, ob und ggf in welcher Form auch dem Besichtigungsgläubiger persönlich das Gutachten zur Kenntnis gebracht wird.[189] Das Bestehen von Betriebsgeheimnissen ist mithin prinzipiell **vorrangig** gegenüber der ggf schwierig zu beurteilenden Schutzrechtslage.

151 Generell gilt: Damit keine vollendeten Tatsachen geschaffen werden, darf das Gutachten erst herausgegeben werden, wenn über das verfahrensrechtliche Gesuch des Besichtigungsschuldners **rechtskräftig** entschieden ist.

152 Ein **Muster** für einen solchen Ausspruch lautet zB:

Praxistipp	Formulierungsbeispiel
153	1. Das schriftliche Gutachten des Sachverständigen ... vom ... wird der Antragstellerin (ggf: ohne die Anlagen .../in der aus der Anlage zu diesem Beschluss ersichtlichen teilweise geschwärzten Form) zur Kenntnis gegeben.

---

187 OLG München, InstGE 13, 298 – ausgelagerter Server.
188 OLG Düsseldorf, Beschluss v 20.10.2014 – I-2 W 20/14.
189 Vgl Kühnen, GRUR 2005, 185.

> 2. Rechtsanwalt ..., Patentanwalt ... und Prof. Dr. ... werden (ggf: in dem aus Ziffer 1. ersichtlichen Umfang[190]) von ihrer Verschwiegenheitsverpflichtung entbunden.[191]
>
> 3. Die vorgenannten Maßnahmen werden wirksam, sobald dieser Beschluss rechtskräftig ist.

Für die Frage, ob und in welchem Umfang die Antragstellerin bei bestehenden Betriebsgeheimnissen über die Besichtigungsergebnisse unterrichtet wird, gelten folgende **Regeln**: 154

– Bestehen hinsichtlich des Gutachteninhalts selbst keine Geheimhaltungsinteressen, sind den Teilnehmern der Besichtigung jedoch im Übrigen Betriebsinterna zur Kenntnis gelangt, deren Geheimhaltung im berechtigten Interesse des Besichtigungsschuldners liegt, so ist das Sachverständigengutachten dem Besichtigungsgläubiger zuzustellen und ggf in einem Anhörungstermin zu erörtern. Im Umfang des dokumentierten Besichtigungsergebnisses kann gleichfalls die Pflicht zur Verschwiegenheit entfallen[192]; für die über das Gutachten hinausgehenden (geheimhaltungsbedürftigen) Tatsachen hat die angeordnete Verschwiegenheitsverpflichtung demgegenüber fortzubestehen. 155

– Legt das Gutachten selbst Tatbestände offen, an deren Geheimhaltung der Besichtigungsschuldner ein beachtliches Interesse glaubhaft machen kann, so ist zu unterscheiden: Lässt sich der geheimnisgeschützte Sachverhalt ohne Sinnentstellung dadurch eliminieren, dass die betreffende Passage des Gutachtens geschwärzt wird[193], ist dem Schutzrechtsinhaber ein entsprechend redigiertes Exemplar zu übersenden, womit das selbständige Beweisverfahren beendet ist. Das gleiche gilt in Bezug auf Feststellungen des Sachverständigen, die durch den Anordnungsbeschluss und die darin zugelassenen Besichtigungsmaßnahmen nicht gedeckt sind.[194] 156

Kommt eine teilweise Schwärzung ohne Beeinträchtigung des Aussageinhalts zur Benutzungsfrage nicht in Betracht, zB weil der besichtigte Gegenstand eine abhängige Erfindung darstellt oder es um ein geheimes Herstellungs- oder Arbeitsverfahren geht, so hängt die Aushändigung des Gutachtens an den Besichtigungsgläubiger davon ab, ob bei vorläufiger Beurteilung eine Patentverletzung zu bejahen ist oder nicht: Ergibt die Besichtigung eine (zB abhängig erfinderische) Patentverletzung, so hat der Geheimnisschutz des Verletzers hinter den Belangen des Schutzrechtsinha- 157

---

190 Soweit die Schweigepflicht fortbesteht, ist es im Allgemeinen nicht gerechtfertigt, dem Anwalt aufzugeben, die von ihm weiterhin geheim zu haltenden Unterlagen zu vernichten oder an den Antragsgegner zurückzugeben. Wie der Verpflichtete seiner Schweigepflicht nachkommt, ist grundsätzlich seine Sache. So lange keine greifbaren Anhaltspunkte für seine Unzuverlässigkeit bestehen, erübrigen sich deshalb besondere Sicherungsmaßnahmen (OLG Düselodorf, Beschluss v 22.6.2020 – I-2 W 10/20).
191 Eines ausdrücklichen Ausspruchs über die Aufhebung der Schweigepflicht bedarf es neben der – vollständigen oder teilweisen – Freigabe des Gutachtens in jedem Fall. Das rechtliche Interesse hieran ergibt sich aus den schwerwiegenden strafrechtlichen Folgen, die eine Verletzung der Vertraulichkeit für den Anwalt hätte, und dem berechtigten Verlangen des Anwalts, restlose Klarheit über den Umfang seiner Schweigepflicht zu haben (OLG Düsseldorf, Beschluss v 7.2.2011 – I-20 W 153/10).
192 Wegen der Anfechtungsmöglichkeit (vgl sogleich) ist darauf zu achten, dass die Verschwiegenheitspflicht erst mit Wirkung ab Rechtskraft des anordnenden Beschlusses aufgehoben wird.
193 Formulierungsänderungen dergestalt, dass Begriffe des Gutachtens seitens des Gerichts durch andere ersetzt und dem Gutachten beigegebene Zeichnungen variiert werden, verbieten sich wegen der alleinigen Verantwortlichkeit des Sachverständigen für sein Gutachten (LG Düsseldorf, InstGE 6, 189 – Walzen-Formgebungsmaschine I). Das schließt es selbstverständlich nicht aus, dass der Sachverständige auf Bitten des Gerichts sein Gutachten selbst entsprechend überarbeitet.
194 OLG München, InstGE 13, 298 – ausgelagerter Server.

bers, seine gesetzlich verbrieften Ausschließlichkeitsrechte auch gegenüber einer zwar erfinderisch abgewandelten, aber dennoch wortsinngemäß oder äquivalent patentverletzenden Benutzungsform zur Geltung zu bringen, zurückzutreten. Umgekehrt gilt entsprechendes: Stellt der mit Hilfe des Sachverständigen ermittelte Besichtigungsgegenstand keine Patentverletzung dar, gebieten es die nunmehr vorrangigen Geheimhaltungsbelange des Schuldners, dass dem Patentinhaber weder das Gutachten mit einen geheimnisrelevanten Inhalt ausgehändigt noch seine Anwälte von ihrer Schweigepflicht entbunden werden.[195] Je eindeutiger die Nichtverletzung im Aushändigungsverfahren festzustellen ist, umso weiträumiger ist der Geheimnisschutz zu ziehen, sodass bei klarer Nichtverletzungslage auch solche Passagen unkenntlich zu machen sind, die nur möglicherweise Rückschlüsse auf geheimhaltungsbedürftige Einzelheiten (zB der Konstruktion oder Verfahrensweise) zulassen können.[196]

158 Dass ein **Anspruchsmerkmal abstrakt** formuliert ist (zB dahin, dass Bauteil A am Bauteil B *befestigt* ist), bedeutet nicht, dass in Bezug auf den Besichtigungsgegenstand die Betriebsgeheimnisse darstellende Details der dortigen (Befestigungs-)Anordnung geschwärzt werden dürften. Der Verletzungskläger hat in seiner Klage die angegriffene Ausführungsform in ihrer technischen Ausgestaltung konkret zu umschreiben, damit das Verletzungsgericht prüfen kann, ob der besagte Sachverhalt die Anspruchsmerkmale des Klageschutzrechts erfüllt. Ohne dahingehenden Sachvortrag ließen sich auch die Reichweite des Tenors und der Umfang der Rechtskraft kaum sinnvoll bestimmen. Die konstruktive Art und Weise, in der ein Merkmal des Patentanspruchs verwirklicht ist, mag deshalb betriebsgeheimes Know how darstellen; liegt voraussichtlich eine Patentverletzung vor, ist die konkrete Umsetzungsmaßnahme niemals von einer Offenlegung auszunehmen.[197]

159 Eine wechselwirkende Großzügigkeit ist auch bei der Bewertung angebracht, ob ein bestimmter Gutachteninhalt als geheim einzustufen ist, obwohl er mit gewissem Aufwand auch ohne Besichtigung hätte aufgedeckt werden können. Bei Nichtverletzung wird man einen Geheimnisschutz nur dort versagen können, wo schon einfache Aufklärungsmaßnahmen zum Erfolg geführt hätten.

160 Ist von einer Patentbenutzung auszugehen, hindern etwaige **Rechtfertigungsgründe** (§ 12 PatG, Erschöpfung) eine Gutachtenaushändigung grundsätzlich nicht; sie sind im Aushändigungsverfahren auch nicht aufzuklären.[198] Anderes gilt allenfalls dann, wenn ihre Berechtigung unstreitig ist oder sonst klar zutage liegt.

161 Fehlen dem Verletzungsgericht ausreichende eigene Kenntnisse zum technischen Hintergrund der Erfindung, kann und wird es in aller Regel geboten sein, den gerichtlichen **Sachverständigen** schriftlich oder mündlich ergänzend **anzuhören**, bevor eine von seinem fachkundigen Votum abweichende Entscheidung darüber getroffen wird, ob die Besichtigungsfeststellungen eine Patentverletzung ergeben oder nicht.[199]

162 Zu beachten ist des Weiteren, dass ein Zurückstehen der Geheimhaltungsinteressen des Besichtigungsschuldners nicht erst dann geboten ist, wenn sich die Verletzungsargumentation des Antragstellers auf eine schon bestehende höchstrichterliche Rechtsprechung stützen kann (woran es im Einzelfall fehlen mag), sondern dass die Betriebsgeheimnisse des Schuldners im Allgemeinen schon dann zurückzutreten haben, wenn ernstzuneh-

---

195 LG Düsseldorf, InstGE 6, 189 – Walzen-Formgebungsmaschine I; OLG Düsseldorf, InstGE 10, 198 – zeitversetztes Fernsehen.
196 OLG Düsseldorf, Beschluss v 17.2.2015 – I-2 W 1/15.
197 OLG Düsseldorf, Beschluss v 22.6.2020 – I-2 W 10/20.
198 OLG Düsseldorf, Beschluss v 29.1.2016 – I-2 W 26/15.
199 OLG Düsseldorf, InstGE 10, 198 – zeitversetztes Fernsehen.

mende **Kommentarstimmen** eine dem Antragsteller günstige Verletzungsentscheidung hinreichend wahrscheinlich machen. Sollte es an Erörterungen zu der betreffenden Rechtsfrage vollständig fehlen, genügen gewichtige Sachargumente, die die Position des Antragstellers stützen.[200] Die im Rahmen der Gutachtenaushändigung zu treffende Entscheidung über das Vorliegen oder Nichtvorliegen einer Patentverletzung präjudiziert selbstverständlich nicht die spätere Entscheidung in einem Verletzungsprozess.

– Ggf kann ein Ausgleich zwischen den widerstreitenden Interessen auch auf andere, rein **pragmatische Weise** hergestellt werden. Derartiges kommt zB in Betracht, wenn ein Geheimnisschutz daraus abgeleitet wird, dass der Besichtigungsgegenstand zwar zum Patent angemeldet, die Anmeldeschrift derzeit aber noch nicht offengelegt ist. Hier kann es sinnvoll sein, die Entscheidung über die Aushändigung des Gutachtens bis zur demnächst bevorstehenden Offenlegung aufzuschieben. Ferner kann es im Einzelfall angemessen sein, die Aushändigung trotz unklarer Verletzungslage anzuordnen, wenn sich der Antragsteller strafbewehrt zur Geheimhaltung der Besichtigungsergebnisse gegenüber Dritten verpflichtet. 163

– Von der Verschwiegenheitspflicht ist in der Regel nicht eine Mitteilung umfasst, die sich auf die bloße **Bekanntgabe des** vom Sachverständigen gefundenen **Verletzungsergebnisses** beschränkt. Denn die Schweigepflicht bezieht sich ausschließlich auf betriebsinterne *Tatsachen*, während es sich bei der Bekanntgabe davon, ob der gerichtliche Sachverständige im Ergebnis eine Patentverletzung bejaht oder verneint hat, um eine bloße Wertung handelt, die die Geheimnissphäre der Antragsgegnerin noch nicht berühren kann.[201] Etwas anderes gilt ausnahmsweise dann, wenn bereits die Mitteilung des Besichtigungsergebnisses aufgrund der besonderen Umstände Rückschlüsse auf eine bestimmte konstruktive Ausgestaltung des Besichtigungsgegenstandes zulässt.[202] 164

– Wird das **Antragspatent erstinstanzlich widerrufen** oder für nichtig erklärt, kommt eine Herausgabe des Gutachtens, wenn mit ihr schützenswerte Betriebsgeheimnisse des Antragsgegners aufgedeckt werden, regelmäßig so lange nicht in Betracht, so lange nicht endgültig anderweitig über den Rechtsbestand entschieden ist. Dies folgt schon daraus, dass, nachdem die Beweise gesichert und in einem Gutachten festgehalten sind, grundsätzlich keine Eile mehr besteht und der Antragsteller ohnehin an einer Rechtsdurchsetzung gehindert ist, weil der Antragsgegner, der eine ihm günstige Vernichtungsentscheidung erwirkt hat, zu einem außergerichtlichen Einlenken nicht bereit sein wird und auch eine gerichtliche Anspruchsdurchsetzung ausscheidet, weil jedes Verletzungsgericht ein etwaiges Hauptsacheverfahren wegen Patentverletzung bis zum abschließenden Erkenntnis im Einspruchs- oder Nichtigkeitsverfahren gemäß § 148 ZPO aussetzen wird. Gleiches gilt im Übrigen auch für die Rechtsverfolgung gegen Dritte, weil der Antragsteller die Tatsache der erstinstanzlichen Vernichtung des Klagepatents angesichts seiner Pflicht zu vollständigem und wahrheitsgemäßem Vortrag nicht verschweigen darf. 165

– Ist der **Rechtsbestand** des Besichtigungspatents nur **angegriffen**, steht eine Entscheidung aber noch aus, wird eine Aushändigung des Gutachtens nur ausnahmsweise zu unterbleiben haben. Dass erhebliche Zweifel am Rechtsbestand bestehen, reicht dazu nicht aus[203], so lange die Bedenken nicht ein solches Ausmaß haben, dass ein vom Besichtigungsgläubiger eingeleiteter Verletzungsprozess erstinstanzlich auszusetzen wäre. Erst dann hat die Gutachtenüberlassung zurückzustehen, weil eine aussichtsrei- 166

---

200 OLG Düsseldorf, InstGE 10, 198 – zeitversetztes Fernsehen.
201 OLG Düsseldorf, InstGE 10, 198 – zeitversetztes Fernsehen.
202 OLG Düsseldorf, InstGE 10, 198 – zeitversetztes Fernsehen.
203 So aber OLG München, InstGE 13, 286 – Lesevorrichtung für Reliefmarkierungen II.

che Rechtsverfolgung für den Gläubiger nicht möglich ist. Die Aussetzung des Verletzungsprozesses wegen hinreichender Erfolgsaussicht des Rechtsbestandsangriffs führt daher zwangsläufig zur Zurückweisung des Aushändigungsbegehrens, wobei im Beschwerdeverfahren um die Gutachtenfreigabe die Tatsache einer *unangefochtenen* Aussetzung für sich allein und ohne dass sich das Beschwerdegericht noch näher mit der Vernichtungsprognose des Landgerichts befassen müsste, zum Unterliegen des Besichtigungsgläubigers führt. Denn so lange der Verletzungsprozess tatsächlich ausgesetzt ist und mangels Beschwerdeangriffs des Gläubigers auch blockiert bleibt, so lange kommt eine Rechtsdurchsetzung nicht in Betracht, derentwegen ein überwiegendes Freigabeinteresse anzuerkennen sein könnte, demgegenüber die Geheimhaltungsbelange des Antragsgegners zurückzustehen hätten.[204] Dasselbe gilt bei angefochtener Aussetzungsentscheidung nach Zurückweisung der gegen die Aussetzungsanordnung gerichteten sofortigen Beschwerde.[205] Erst wenn sich die Prozesslage *im Rechtsbestandsverfahren* zugunsten des Besichtigungsgläubigers durch ein ihm günstiges Erkenntnis, ggf auch schon durch einen hinreichend eindeutigen qualifizierten Hinweis oder Zwischenbescheid, der die Aufrechterhaltung des Streitpatents ankündigt, verbessert, kann der Freigabeantrag von neuem gestellt werden und wird nach Maßgabe der veränderten Umstände regelmäßig Erfolg haben müssen.[206] Die Ungewissheit über den Ausgang des Rechtsbestandsverfahrens rechtfertigt es demgegenüber nicht, das selbständige Beweisverfahren, dh genauer dessen letzten Akt in Form der Aushändigung des Sachverständigengutachtens, vorübergehend auszusetzen.[207] Eine solche Maßnahme wäre mit dem Eilcharakter des Verfahrens nach § 485 ZPO unvereinbar.

167 Zurückhaltung bei der Freigabe des Besichtigungsgutachtens ist ganz besonders dann angebracht, wenn der **Gläubiger** auf dessen Inhalt überhaupt **nicht (mehr) angewiesen** ist, um seine Ansprüche gerichtlich zu verfolgen, was sich zB daraus ergeben kann, dass er zwischenzeitlich über andere Erkenntnisquellen und Beweismittel für den Verletzungsvorwurf verfügt, und was darin seinen Ausdruck finden kann, dass er inzwischen Hauptsacheklage erhoben hat. Unter solchen Umständen hat sich der Gläubiger näher darüber zu erklären, woraus sich sein die Geheimnisschutzinteressen des Schuldners überwiegendes Interesse an einer jetzigen Freigabe des Besichtigungsgutachtens ergeben soll. Zur Klarstellung: Bestehen keine Geheimhaltungsinteressen des Schuldners mehr (zB weil der Besichtigungsgegenstand mittlerweile frei verkäuflich ist und sich ihm die Anspruchsmerkmale des Patents entnehmen lassen), so ist selbstverständlich ein Freigabeanspruch gegeben. Er folgt schlicht daraus, dass der Freigabe keine Belange des Schuldners entgegenstehen und das freizugebende Besichtigungsgutachten vom Gläubiger redlich erstritten ist. Darauf, ob und in welchem Maße sein Inhalt für die weitere Rechtsverfolgung des Gläubigers noch relevant werden kann, kommt es in diesem Zusammenhang nicht an.

168 In den beiden zuvor erörterten Konstellationen kann verfahrensrechtlich in **zweierlei Weise** vorgegangen werden: Wenn die maßgebliche Rechtsbestandsentscheidung zeitnah (dh innerhalb weniger Monate) zu erwarten ist, kann die Freigabeentscheidung bis dahin schlicht aufgeschoben werden. Steht das relevante Erkenntnis erst in einer solchen zeitlichen Entfernung an, dass ein Abwarten mit dem Eilcharakter des Besichtigungsverfahrens nicht mehr vereinbar ist, so kann der Herausgabeantrag als *derzeit* unbegründet zurückgewiesen werden, was für den Besichtigungsgläubiger mit

---

204 OLG Düsseldorf, Beschluss v 19.9.2017 – I-2 W 10/17.
205 OLG Düsseldorf, Beschluss v 19.9.2017 – I-2 W 10/17.
206 OLG Düsseldorf, Beschluss v 19.9.2017 – I-2 W 10/17.
207 OLG Düsseldorf, Beschluss v 19.9.2017 – I-2 W 10/17.

der Möglichkeit verbunden ist, erneut auf eine Freigabe anzutragen, wenn sich die Verhältnisse zu seinen Gunsten verändert haben.

– In seinen Besichtigungsantrag kann der Antragsteller neben dem Hauptanspruch konkretisierende **Unteransprüche** oder sonstige Details aus der Patentbeschreibung aufnehmen. Solches zu tun kann sich sogar empfehlen, wenn eine spätere Nachbesichtigung ggf keine Erkenntnisse mehr erbringen kann (weil der Besichtigungsgegenstand zwischenzeitlich verändert oder beiseite geschafft worden ist), zur gleichen Zeit aber eine Merkmalskombination notwendig werden kann, sei es aus Gründen des Rechtsbestandes, sei es wegen eines Vorbenutzungsrechts oder Formstein-Einwandes, die der Beklagte erheben könnte. Die – insofern sinnhafte – Erstreckung der Besichtigungsmaßnahme auf technische Einzelheiten außerhalb des Hauptanspruchs bedeutet aber nicht automatisch, dass auch die Freigabeentscheidung des Gerichts alle diese zusätzlichen Details zu berücksichtigen hätte. Werden gerade im Hinblick auf diejenigen technischen Anweisungen, die Gegenstand der geltend gemachten Unteransprüche sind, berechtigte Geheimhaltungsinteressen reklamiert, so kann die Entscheidung über eine Freigabe der sie betreffenden Gutachtenpassagen aufgeschoben werden, bis der Antragsteller tatsächlich in der Notwendigkeit steht, sein Patent oder sein Verletzungsbegehren entsprechend einzuschränken. Es wäre deshalb denkbar, zunächst nur den für die Benutzung des Hauptanspruchs relevanten Gutachteninhalt freizugeben und den weitergehenden Antrag als derzeit unbegründet zurückzuweisen mit der Option, um dessen Freigabe später nochmals nachzusuchen, wenn ein vernünftiger Anlass hierzu besteht.

169

Verrät der an der Besichtigung teilnehmende Anwalt entgegen seiner fortdauernden Schweigepflicht die geheimhaltungsbedürftigen Besichtigungerkenntnisse an den Antragsteller und erhebt dieser daraufhin, gestützt auf eben dieses Wissen, eine Verletzungsklage, so stellt sich die Frage nach einem **Verwertungsverbot** in Bezug auf dasjenige, was der Antragsteller (= Verletzungskläger) von Gesetzes wegen (nämlich nach den Regeln des Besichtigungsverfahrens) überhaupt nicht hätte erfahren dürfen. Wichtig ist die Erkenntnis, dass nicht jeder Verfahrensverstoß ein Verwertungsverbot zur Folge hat, sondern die Entscheidung für oder gegen ein solches Verbot aufgrund einer umfassenden Abwägung zu treffen ist, bei der das Gewicht des Verfahrensverstoßes sowie seine Bedeutung für die rechtlich geschützte Sphäre des Betroffenen ebenso ins Gewicht fallen wie die Erwägung, dass der Wahrheit nicht um jeden Preis zum Erfolg verholfen werden muss. Nach diesen Grundsätzen wird man regelmäßig ein Verbot der Verwertung der Besichtigungerkenntnisse anzunehmen haben, ganz besonders dann, wenn der Kläger Einfluss auf den Verrat der gegnerischen Betriebsgeheimnisse genommen hat.

170

(2) Gerichtliche Klärung von Inhalt und Reichweite der Schweigeanordnung

Hat das Gericht das Besichtigungsgutachten bloß teilgeschwärzt oder überhaupt nicht freigegeben und die den Anwälten des Antragstellers mit der Besichtigungsanordnung auferlegte Verschwiegenheitspflicht dementsprechend nicht oder nur partiell aufgehoben, kann sich im Nachhinein die Frage stellen, ob bestimmte Details (die zB erstmals oder konkretisierend im Rahmen der Freigabediskussion ausgetauscht worden sind und die als solche noch nicht Gegenstand der Herausgabeentscheidung des Gerichts waren) ebenfalls von der bestehen gebliebenen anwaltlichen Schweigepflicht umfasst sind oder nicht, sodass sie von den Anwälten des Besichtigungsgläubigers (insbesondere ihrem Mandanten gegenüber) preisgegeben werden dürfen. Denkbar ist etwa, dass sich der Antragsgegner im Besichtigungsverfahren zur Rechtfertigung seines Geheimhaltungsinteresses zu einer von ihm im parallelen Rechtsbestandsverfahren eingewandten *offenkundigen* Vorbenutzung des Besichtigungsgegenstandes dahingehend eingelassen hat, dass die betreffenden Vorgänge unter Geheimhaltungsvorkehrungen unternommen worden sind, während er im Rahmen des Angriffs auf das Besichtigungsschutzrecht – genau

171

gegenteilig – deren öffentliche Zugänglichkeit (Offenkundigkeit) behauptet. Unter solchen Umständen besteht ein naheliegendes Interesse der Anwälte des Besichtigungsgläubigers daran, die Einlassung des Besichtigungsschuldners im Herausgabeverfahren an den Antragsteller weitergeben zu dürfen, damit dieser den besagt widersprüchlichen Sachvortrag zur Geheimhaltung der Vorbenutzungshandlungen im Rechtsbestandsverfahren vortragen und aufzeigen kann. Eine ganz vergleichbare Interessenlage besteht, wenn die Vorbenutzungen nicht den Besichtigungsgegenstand, sondern im Detail anders konstruierte Gegenstände betreffen, der Besichtigungsschuldner aber zu ihnen argumentiert, um seine allgemeinen – und deshalb auch für den Besichtigungsgegenstand gültigen – Geheimhaltungsstandards darzutun. Drei Fragen sind in diesem Zusammenhang zu klären:

172 – Nicht ernstlich zweifelhaft kann zunächst sein, dass es dann, wenn *ernsthafter* Streit über die Reichweite der von Gerichts wegen angeordneten Vertraulichkeitspflicht besteht, eine gerichtliche Instanz geben muss, die die Streitfrage klärt. Sinnvollerweise kann dies nur derjenige **Spruchkörper** sein, **von dem die** im Zuge der Herausgabeentscheidung getroffene **Verschwiegenheitsanordnung herrührt**. Er ist aufgrund seiner Vorbefassung mit der Angelegenheit nicht nur über den technischen und rechtlichen Sachverhalt im Bilde, sondern als Urheber der auslegungsbedürftigen Anordnung auch am besten in der Lage, sich darüber zu äußern, wie weit die von ihm verfügte Schweigepflicht greifen soll. Auch formal betrachtet begegnet es keinen Bedenken, eine gerichtliche Entscheidung über die Frage, ob bestimmte während des Besichtigungsverfahrens ausgetauschte Informationen unter die verfügte anwaltliche Vertraulichkeitspflicht fallen oder nicht, dem Gericht des Besichtigungsverfahrens anzuvertrauen. Da die anfängliche, mit dem Besichtigungsbeschluss erlassene Schweigeverpflichtung genauso dem Besichtigungsverfahren zuzurechnen ist wie die im weiteren Verfahrensverlauf getroffene Entscheidung über deren Aufhebung oder Aufrechterhaltung, welche im Zuge des Erkenntnisses über die Herausgabe des Besichtigungsgutachtens ergeht, spricht im Gegenteil alles dafür, auch die sich daran anschließende Kontroverse der Parteien über den Inhalt und die Reichweite eben dieser endgültigen gerichtlichen Herausgabe- und Schweigepflichtentscheidung dem Besichtigungsverfahren zuzuordnen. Der Auslegungsstreit über die Reichweite der Vertraulichkeitsorder bildet so gesehen einen natürlichen Annex zu derjenigen (im Rahmen des Beweisverfahrens gefallenen) Entscheidung, mit der über die Pflicht der Anwälte zur Verschwiegenheit[208] befunden worden ist. So lange deshalb mit ernstzunehmenden Argumenten[208] über den genauen Inhalt der getroffenen Verschiegenheitsanordnung gestritten wird, hat ein gerichtlicher Ausspruch dazu im Besichtigungsverfahren zu erfolgen.[209]

173 – Oben (Rdn 118) wurde empfohlen, die mit dem Besichtigungsbeschluss ergehende Anordnung der Schweigepflicht für die Anwälte des Besichtigungsgläubigers auf solche *Tatsachen* zu erstrecken, *die im Zuge des selbständigen Beweisverfahrens zu ihrer Kenntnis gelangen und den Geschäftsbetrieb der Antragsgegnerin betreffen.* Da das Herausgabeverfahren, in dem der Besichtigungsschuldner zu seinen Geheimhaltungsbelangen vortragen kann, zum selbständigen Beweisverfahren gehört (welches eben erst mit der Gutachtenaushändigung oder ihrer Verweigerung endet), ist eindeutig, dass auch solche Informationen der gerichtlich verfügten Vertraulichkeitspflicht unterfallen können, die vom Besichtigungsschuldner im nachgelagerten Herausgabestreit offenbart werden und *infolgedessen* zur Kenntnis der schweigepflichtigen

---

208 Fehlt es an ernstzunehmenden Argumenten, wird es am Rechtsschutzinteresse für den Antrag auf gerichtliche Entscheidung fehlen.
209 OLG Düsseldorf, GRUR-RR 2021, 97 – Servicemodul.

Anwälte gelangen.[210] Ein **Antrag** dahingehend festzustellen, dass bestimmte Bemerkungen des Besichtigungsschuldners aus der Freigabediskussion nicht der verordneten anwaltlichen Schweigepflicht unterfallen, ist deshalb verfehlt; richtigerweise ist das Begehren dahin zu formulieren, die fraglichen Äußerungen von der Schweigeverpflichtugn auszunehmen.[211]

– Ob die fraglichen Umstände (zB zur angeblichen Geheimhaltung bestimmter Vorbenutzungshandlungen) unter die Schweigepflicht fallen, beurteilt sich – grundsätzlich nicht anders als für den Inhalt des Besichtigungsgutachtens – im ersten Zugriff danach, ob der Besichtigungsschuldner *in Bezug auf sie* ein **schützenswertes Geheimhaltungsinteresse** geltend machen kann. Ist dies der Fall und hat sich keine Schutzrechtsverletzung ergeben (derentwegen die Geheimhaltungsbelange des Besichtigungsschuldners zurückzustehen haben), ist es möglich, die Schweigepflicht auf die besagten Informationen zu erstrecken, ansonsten, dh bei Fehlen eines berechtigten Geheimhaltungsinteresses, sind die Informationen – vorbehaltlich dessen, was unten noch auszuführen ist – freizugeben.[212] Dass dem so sein muss, wird nicht zuletzt an der denkbaren Konstellation deutlich, dass der Besichtigungsschuldner die umstrittenen Äußerungen (zB zur Geheimhaltung bestimmter Vorbenutzungen des Besichtigungsgegenstandes) zufällig bereits während der sachverständigen Besichtigung getätigt und der gerichtliche Gutachter die Bemerkungen – zufällig – zum Gegenstand seines schriftlichen Besichtigungsgutachtens gemacht hat. Hier hätte das Gericht eine endgültige Geheimhaltungspflicht für die Anwälte des Besichtigungsgläubigers im Hinblick auf die Einlassungen zu den Vorbenutzungshandlungen und deren Offenkundigkeit nur in Betracht gezogen, wenn es den Äußerungen des Besichtigungsschuldners die Qualität eines schutzwürdigen Betriebs- oder Geschäftsgeheimnisses zuerkannt hätte. Für die nachgelagert separate Beurteilung desselben Sachverhaltes kann insofern keine andere Handhabung gelten.

– Abschließend – und darin liegt der letztlich entscheidende Punkt – bleibt zu erörtern, welche Konsequenzen es hat, dass – und wenn – die strittige Bemerkung (zB zur Geheimhaltung bestimmter Vorbenutzungen) keinen unmittelbar erkennbaren, direkten **Bezug zum Streitgegenstand des Besichtigungsverfahrens**, nämlich zu der durch das selbständige Beweisverfahren zu klärenden Frage einer Patentbenutzung hat (weil sie aus Rechtsgründen allein für den Bestand des Besichtigungsschutzrechts von Relevanz sein kann).

Oben (Rdn 145 f) wurde in anderem Zusammenhang bereits dargelegt, dass Gutachteninhalte, die außerhalb der Beweisanordnung liegen, nicht offenzulegen sind, während solche Inhalte, die sich im Rahmen der Besichtigungsanordnung halten, dem Besichtigungsgläubiger bekannt zu geben sind, und zwar ohne weiteres, wenn an ihnen kein anerkennenswertes Geheimhaltungsinteresse des Besichtigungsschuldners geltend gemacht werden kann, ansonsten nur dann, wenn der Besichtigungsgläubiger ihrer bedarf, um seine Rechte wegen Patentverletzung mit Aussicht auf Erfolg durchzusetzen.

- Übertragen auf die betrachtete Konstellation von Bemerkungen des Besichtigungsschuldners, die im Zuge der Herausgabediskussion gefallen sind und die für ein paralleles Rechtsbestandsverfahren gegen das Besichtigungspatent relevant sein können, ist als erstes der Fall in den Blick zu nehmen, dass die behauptete **Vorbenutzung mit dem Besichtigungsgegenstand** stattgefunden haben soll. Hier ist ein ausreichender und darüber hinaus sogar inniger Bezug zum Besichti-

---

210 OLG Düsseldorf, GRUR-RR 2021, 97 – Servicemodul.
211 OLG Düsseldorf, GRUR-RR 2021, 97 – Servicemodul.
212 OLG Düsseldorf, GRUR-RR 2021, 97 – Servicemodul.

gungsverfahren und seinem Streitgegenstand schon deshalb augenfällig gegeben, weil mit der fraglichen Einlassung (zur angeblichen Geheimhaltung der Vorbenutzung des Besichtigungsobjekts) die Unterrichtung des Besichtigungsgläubigers über die technische Ausstattung desjenigen (und keines anderen) Gegenstandes verhindert werden soll, der besichtigt worden ist. Weil dem so ist, spielt es keine entscheidende Rolle, zu welchem *weiteren* legitimen Zweck der Besichtigungsgläubiger die Kenntnis über die besagte Einlassung des Besichtigungsschuldners sonst noch verwenden will, wenngleich auch dieser Gesichtspunkt einen inneren Zusammenhang zum Besichtigungsverfahren offenbart, weil er dasjenige Schutzrecht betrifft, auf das sich die Besichtigungsanordnung stützt.[213]

178 • Denkbar ist aber auch, dass die unter angeblichem Geheimhaltungsvorbehalt unternommenen Vorbenutzungen **anders konzipierte Gegenstände** betreffen und der Besichtigungsschuldner mit ihnen lediglich deshalb argumentiert, um seine allgemeine (und deswegen auch für den Besichtigungsgegenstand aussagekräftige) betriebliche Vertraulichkeitsstrategie aufzuzeigen. Für derartige Fälle gilt keine andere Betrachtung. Der Geheimhaltungsvortrag des Besichtigungsschuldners liegt hier ebenfalls innerhalb des Gegenstands des Besichtigungsverfahrens, und zwar deshalb, weil der Besichtigungsschuldner selbst einen sachlichen Zusammenhang zwischen dem Besichtigungsobjekt und seinen anderweitigen Vorbenutzungshandlungen dadurch herstellt, dass er an *ihnen* seine Vertraulichkeitsvorkehrungen exemplifiziert, die er in gleicher Weise auf den Besichtigungsgegenstand angewendet wissen will.[214] Stellt der Sachvortrag nach den üblichen Regeln ein Betriebsgeheimnis dar, so ist er dennoch zugunsten des Besichtigungsgläubigers freizugeben, wenn die Besichtigung nach Auffassung des Besichtigungsgerichts eine Schutzrechtsverletzung ergeben hat. Zwar bedarf der Besichtigungsgläubiger der fraglichen Informationen nicht, um eine Benutzung seines Schutzrechts durch den Besichtigungsgegenstand aufzuklären und nachzuweisen, weil die Schutzrechtsbenutzung völlig unabhängig davon ist, ob sie offen oder im Verborgenen stattfindet. Die Information erhält aber wegen der Rechtsbestandsargumentation des Besichtigungsschuldners – und nur wegen ihr! – eine entscheidende Bedeutung für die richtige Entscheidung im Rechtsbestandsverfahren gegen das Besichtigungsschutzrecht. Weil dem so ist, kann kein schützenswertes Interesse des Besichtigungsschuldners daran anerkannt werden, seinen widersprüchlichen Vortrag fortsetzen zu können. Eine Grenze besteht allenfalls dort, wo es bestimmter geheimer Detailinformationen nicht bedarf, um die Argumentationsstrategie im Rechtsbestandsverfahren ausreichend substantiiert anbringen zu können.

(3) Anhörung des Sachverständigen

179 Einem Anhörungsantrag des Besichtigungsschuldners ist grundsätzlich nur dann zu entsprechen, wenn es um die Ausgestaltung und/oder Funktionsweise der besichtigten Sache (als dem eigentlichen Gegenstand des Beweisverfahrens) geht. Einwände gegen das Verständnis des Sachverständigen von den Merkmalen der Erfindung sind nur insofern relevant, als sie einen Aufklärungsbedarf in Bezug auf eine bestimmte Ausgestaltung und/oder Funktionsweise des besichtigten Gegenstandes erklären können. Reine Auslegungsfragen können demgemäß zurückgewiesen werden. Dies schließt es selbstverständlich nicht aus, dass das Gericht oder die Parteien im Rahmen der Entscheidung über die Aushändigung des Besichtigungsgutachtens Auslegungsfragen an den Sachverständigen richten können, weil die Freigabe des Gutachtens bei bestehenden Geheimhaltungsinte-

---

213 OLG Düsseldorf, GRUR-RR 2021, 97 – Servicemodul.
214 OLG Düsseldorf, GRUR-RR 2021, 97 – Servicemodul.

ressen des Schuldners maßgeblich vom Vorliegen oder Nichtvorliegen einer Patentverletzung abhängt. Dort, wo dies nicht der Fall ist, weil der Besichtigungsschuldner für sich keine berechtigten Geheimhaltungsbelange reklamieren kann, kommt eine Stattgabe des reine Auslegungsfragen betreffenden Anhörungsantrages nur ausnahmsweise in Betracht, zB wenn der Besichtigungsschuldner, der bis dahin einem weitestgehend einseitigen Verfahren ausgesetzt war, Gefahr läuft, dass der Antragsteller das ihm günstige, bisher nur durch seine Sichtweise beeinflusste Gutachten im Wettbewerb zum Nachteil des Besichtigungsschuldners verwendet und dies im Einzelfall nicht hinnehmbar ist.

dd) Anfechtbarkeit[215]

(1) Gutachtenaushändigung

Entscheidet das Gericht dahin, dass dem Patentinhaber das **Sachverständigengutachten** nicht oder nicht in der von ihm beanspruchten (zB ungeschwärzten) Form zur Verfügung gestellt wird, so ist diese Entscheidung gemäß § 567 Abs 1 Nr 2 ZPO mit der **sofortigen Beschwerde** angreifbar. Dieselben Rechtsschutzmöglichkeiten hat der Besichtigungsschuldner, dessen Antrag, das Gutachten unter Verschluss zu halten (oder nur nach Schwärzung einzelner Passagen herauszugeben), abschlägig beschieden worden ist.[216]

180

Der **Wert eines Beschwerdeverfahrens** um die Aushändigung eines Besichtigungsgutachtens an den Antragsteller selbst ist mit einem Viertel des Wertes des selbständigen Beweisverfahrens zu bemessen, wenn ohne das Gutachten eine Rechtsverfolgung für den Antragssteller voraussichtlich nicht möglich sein wird.[217] Gleiches gilt für die Beschwerde gegen einen Beschluss, mit dem der Antrag des Besichtigungsgläubigers zurückgewiesen wird, dem Besichtigungsschuldner die Vorlage bestimmter Unterlagen aufzugeben, um die im bereits freigegebenen Beweissicherungsgutachten noch offen gebliebene Verletzungsfrage abschließend beurteilen zu können. Ansonsten ist der **Beschwerdewert** entsprechend seinem geringeren Gewicht für die Rechtsdurchsetzung zu reduzieren und im Zweifel mit nicht mehr als 10 % des Hauptsachestreitwertes anzusetzen.

181

---

215 Eck/Dombrowski, GRUR 2008, 387.
216 Die Zulässigkeit einer sofortigen Beschwerde hat das OLG Düsseldorf (InstGE 7, 191 – Brustbein-Öffner; OLG Düsseldorf, InstGE 7, 256 – Klinkerriemchen) ursprünglich verneint. Sein Einwand ging dahin, dass im Falle einer selbständigen Beweisanordnung des Inhalts, dass dem Antragsteller die Anwesenheit während der Besichtigung gestattet wird, die betreffende Anordnung gemäß § 490 ZPO unanfechtbar sei, weshalb gleiches zu gelten habe, wenn es darum gehe, dem Antragsteller die betreffenden, ohne seine Anwesenheit gewonnenen Besichtigungsergebnisse nachträglich zur Kenntnis zu bringen. Die Argumentation übersieht indessen, dass der Antragsteller ein etwaiges Anwesenheitsrecht bei der Besichtigung nicht einer Anordnung im Rahmen des selbständigen Beweisverfahrens verdanken würde, sondern einer Duldungsauflage im Wege der einstweiligen Verfügung, für die § 490 ZPO nicht gelten würde. Dementsprechend hat das OLG Düsseldorf seine Rechtsprechung in der Folge aufgegeben und die Zulässigkeit der sofortigen Beschwerde anerkannt (OLG Düsseldorf, InstGE 8, 186 – Klinkerriemchen II; ebenso: OLG Düsseldorf, InstGE 9, 41 [20. ZS] – Schaumstoffherstellung; OLG München, InstGE 12, 192 – Lesevorrichtung für Reliefmarkierungen).
217 OLG Düsseldorf, InstGE 10, 198 – zeitversetztes Fernsehen. Das OLG München (Beschluss v 15.4.2010 – 6 W 1566/09, insoweit in OLG München, InstGE 12, 192 – Lesevorrichtung für Reliefmarkierungen, nicht abgedruckt) hält für die Herausgabe nur an die zur Verschwiegenheit verpflichteten Anwälte des Antragstellers einen Gegenstandswert in Höhe von 50 % des Wertes des selbständigen Beweisverfahrens für angemessen.

(2) Besichtigungsanordnung

182 Die auf §§ 485 ff ZPO gestützte Besichtigungsanordnung als solche ist unanfechtbar (§ 490 Abs 2 ZPO).[218] Ist sie ohne Anhörung des Antragsgegners erlassen worden, steht dem Antragsgegner auch keine Anhörungsrüge nach § 321a ZPO[219] zu.[220] Dem anordnenden Gericht verbleibt allerdings die Möglichkeit, die Besichtigungsanordnung von Amts wegen (zB auf Gegenvorstellung hin) jederzeit aufzuheben oder abzuändern.[221] Ausgeschlossen ist gleichfalls eine einseitige Erledigungserklärung in Bezug auf das Beweisverfahren, und zwar selbst dann, wenn im Zeitpunkt ihrer Abgabe das Beweissicherungsinteresse entfallen ist.[222] Eine dennoch abgegebene Erledigungserklärung ist in eine Antragsrücknahme mit der Kostenfolge aus § 269 Abs 3 Satz 2 ZPO umzudeuten.[223] Erlässt erst das Beschwerdegericht die zunächst verweigerte Beweisanordnung, ist dagegen kein Rechtsmittel gegeben; eine Rechtsbeschwerde ist, selbst wenn sie ausdrücklich zugelassen wurde, unzulässig.[224]

183 Kein Beschwerderecht besteht gleichermaßen gegen die Weigerung, eine erneute Besichtigung durch einen anderen Sachverständigen durchzuführen[225], ebenso gegen die Anforderung eines Auslagenvorschusses[226], wohl aber gegen die Zurückweisung eines Antrages auf Ladung des Sachverständigen zur mündlichen Erläuterung seines Gutachtens.[227] Greift das Gericht eine Anregung, sich gemäß § 142 Abs 1 ZPO vom Gegner oder einem Dritten Urkunden vorlegen zu lassen (die für die Besichtigung nützlich sein können) nicht auf, so ist auch dagegen kein Rechtsmittel statthaft.[228] Gleiches gilt für die Ablehnung, den Sachverständigen eine bestimmte (Besichtigungs-)Maßnahme vornehmen zu lassen.[229]

(3) Frist zur Hauptsacheklage

184 Der Antragsgegner hat lediglich die Möglichkeit zu beantragen, dass dem Antragsteller gemäß § 494a Abs 1 ZPO eine Frist zur Klageerhebung gesetzt wird. Ein entsprechender Beschluss ist unanfechtbar.[230] Dieselbe Möglichkeit besteht im Hinblick auf die Duldungsverfügung gemäß §§ 936, 926 ZPO. Gemeint ist jeweils die Hauptsacheklage, welche auf die Durchsetzung desjenigen Anspruchs abzielt, dessen Klärung die selbständige Beweisanordnung dient. Innerhalb der Frist des § 494a Abs 1 ZPO ist daher Klage auf

---

218 Der den Antrag zurückweisende Beschluss ist demgegenüber mit der sofortigen Beschwerde angreifbar (§ 567 Abs 1 Nr 2 ZPO). Die damit unterschiedlichen Rechtsschutzmöglichkeiten sind verfassungsrechtlich unbedenklich (BGH, MDR 2011, 1313).
219 Zum Überprüfungsumfang eines Vorgehens nach § 321a ZPO in der Rechtsmittelinstanz vgl BGH, MDR 2016, 787, BGH, GRUR-RR 2017, 416 – RESCUE-Produkte. Im Verfahren nach § 321a ZPO ergeht eine Kostenentscheidung nach Maßgabe der §§ 91 ff ZPO (BGH, Beschluss v 17.5.2018 – I ZR 53/15).
220 LG Düsseldorf, InstGE 5, 236 – Anhörungsrüge. Nach der Änderung des § 321a ZPO zum 1.5.2005 ergibt sich dies allerdings nicht mehr aus der Entscheidungsform eines Beschlusses, aber daraus, dass es sich um eine Beweisanordnung handelt, die gemäß § 321a Abs 1 S 2 ZPO als Zwischenentscheidung dem Abhilfeverfahren entzogen ist.
221 BVerfG, Beschluss v 9.9.2008 – 1 BvR 2160/08.
222 BGH, WuM 2011, 46.
223 BGH, WuM 2011, 46.
224 BGH, MDR 2011, 1313.
225 BGH, MDR 2010, 767; OLG Düsseldorf, OLG-Report 2009, 515, mwN; OLG Schleswig, MDR 2009, 1304; OLG Hamm, OLG-Report 2009, 844. Möglich ist nur ein Rechtsmittel gegen das auf der durchgeführten Beweissicherung beruhende Urteil.
226 BGH, NJW-RR 2009, 1433, 1434.
227 BGHZ 164, 94, 95.
228 BGH, MDR 2017, 357.
229 BGH, DS 2020, 63.
230 BGH, MDR 2010, 1144.

Unterlassung etc wegen Schutzrechtsverletzung zu erheben. Das verlangt nicht nur die Einreichung einer Klageschrift, sondern auch die Zahlung des Kostenvorschusses, sodass eine Zustellung der Klage veranlasst werden kann.[231] Unterbleibt die Klageerhebung, sind die dem Antragsgegner im selbständigen Beweisverfahren entstandenen Kosten dem Antragsteller aufzuerlegen (§ 494a Abs 2 ZPO) bzw die einstweilige Verfügung aufzuheben (§ 926 Abs 2 ZPO). Die Vorschrift schafft damit – wegen des grundsätzlich nur in einem Hauptsacheverfahren möglichen Kostenausgleichs – auch für den Antragsgegner die Handhabe, eine ihm günstige Kostenentscheidung herbeizuführen, wenn es nicht zu einer Hauptsacheklage kommt. Eine Kostenentscheidung nach § 494a Abs 2 ZPO ist trotz Fristversäumnis nicht möglich, wenn die Hauptsacheklage, bevor eine Entscheidung ergeht, erhoben wird.[232] Eine Klageerhebung erst nach Erlass der erstinstanzlichen Kostenentscheidung ist demgegenüber unbeachtlich.[233]

Für die **Fristsetzung** ist zu beachten, dass dem Besichtigungsgläubiger eine Klageerhebung erst zumutbar ist, wenn die Entscheidung über die Aushändigung des Gutachtens an ihn getroffen ist. Es empfiehlt sich daher, die Frist zur Hauptsacheklage auf eine bestimmte Zeit (zB drei Wochen) nach Rechtskraft der Entscheidung über die Aushändigung des Besichtigungsgutachtens an den Antragsteller festzusetzen. Der Fristsetzungsantrag ist wegen Rechtsmissbrauchs gänzlich unbeachtlich, wenn mit ihm – über eine angemessene Überlegungsfrist hinaus – so lange zugewartet wird, bis etwaige Ansprüche des Besichtigungsschuldners inzwischen verjährt sind und die Hauptsacheklage deshalb keine Aussicht auf Erfolg mehr hat.[234]

185

(4) Duldungsverfügung

Anfechtbar ist ausschließlich die begleitende Duldungsverfügung (einschließlich Kostenentscheidung). Gegen sie ist der allgemeine Rechtsbehelf des Widerspruchs gegeben.[235] In aller Regel wird die Besichtigung dabei bereits erzwungen sein, wenn Widerspruch eingelegt wird. Ist dies der Fall und steht auch keine ergänzende Nachbesichtigung des Sachverständigen als ernsthaft in Betracht zu ziehende Möglichkeit mehr im Raum[236], ist der Verfügungsantrag vom Gläubiger für in der Hauptsache erledigt zu erklären.[237] Zwar stellen Erfüllungshandlungen des Schuldners zur Abwendung einer Zwangsvollstreckung grundsätzlich keine Erledigungsereignisse dar.[238] Vorliegend ist jedoch entscheidend, dass die mit den Mitteln des einstweiligen Rechtsschutzes erzwungene Besichtigung faktisch überholt ist und nicht wieder rückgängig gemacht werden kann. Eine Aufrechterhaltung der Verfügung des Inhalts, dem Sachverständigen den Zutritt zu gewähren und keine Veränderungen am Besichtigungsgegenstand vorzunehmen, würde nach endgültigem Abschluss der Besichtigung auch keinen Sinn machen. Das gilt ungeachtet dessen, dass mit der Duldungsanordnung zugleich die Verschwiegenheitspflicht in Bezug auf die teilnehmenden Anwälte des Antragstellers verfügt worden ist, die natürlich

186

---

231 OLG Koblenz, MDR 2015, 482.
232 BGH, NJW 2007, 3357.
233 OLG Karlsruhe, MDR 2008, 526.
234 BGH, MDR 2010, 459.
235 Nach 2 Jahren ist ein Kostenwiderspruch im Allgemeinen noch nicht verwirkt (LG Düsseldorf, InstGE 11, 35 – Abmahnung bei Besichtigungsanspruch).
236 Vgl dazu: Eck/Domrowski, FS 50 Jahre BPatG, 2011, S 169.
237 OLG Frankfurt/Main, Urteil v 10.6.2010 – 15 U 192/09; LG Kassel, Urteil v 10.9.2009 – 1 O 527/09; LG Düsseldorf, InstGE 11, 35 – Abmahnung bei Besichtigungsanspruch. Die den Anwälten des Antragstellers auferlegte Verschwiegenheitspflicht ist nicht Teil der einstweiligen Verfügung, weil sie sich nicht gegen den Antragsgegner richtet. Die Erledigungserklärung hindert deswegen auch dann keine späteren Entscheidungen über die Herausgabe des Besichtigungsgutachtens und/oder die Aufhebung der Verschwiegenheitspflicht, wenn sich die Erledigungserklärung auf »das einstweilige Verfügungsverfahren« (Anm: als Ganzes) bezieht.
238 BGHZ 94, 268, 274 – Schmiergeldzahlung.

weiterhin Bestand haben soll, bis sie ggf förmlich aufgehoben wird. Die Schweigepflicht schränkt die Duldungsobliegenheit des Besichtigungsschuldners bloß modifizierend ein, richtet sich nicht gegen den Antragsgegner und ändert nichts an der grundlegenden Tatsache, dass die Duldungspflicht, sobald die Besichtigung durchgeführt worden ist, faktisch obsolet ist und deswegen für erledigt erklärt werden muss. Zu den Voraussetzungen einer Kostenhaftung des Antragsgegners und zur Entbehrlichkeit einer Abmahnung vgl unten Kap C Rdn 195 f.

ee) Kosten

187 Von § 494a Abs 2 ZPO abgesehen ergeht im selbständigen Beweisverfahren keine konstitutive Kostenentscheidung.[239] Das gilt auch dann, wenn die Parteien ein gerichtlich angeordnetes, aber nicht mehr zu Ende geführtes Beweisverfahren übereinstimmend für erledigt erklären und es danach nicht zu einem Hauptsacheverfahren kommt.[240] Eine unzulässige einseitige Erledigungserklärung ist in eine Antragsrücknahme mit der Kostenfolge des § 269 Abs 3 Satz 2 ZPO umzudeuten.[241] Ist zwischen denselben Parteien über denselben Gegenstand ein Hauptsacheverfahren anhängig, ist die im Falle einer Antragsrücknahme nach § 269 Abs 3 Satz 2 ZPO zu treffende Kostenentscheidung dem Hauptsacheverfahren vorbehalten[242] (zu Einzelheiten vgl unten zu Rdn 193).

188 Bei den Kosten des selbständigen Beweisverfahrens[243] handelt es sich um gerichtliche Kosten des nachfolgenden **Hauptsacheprozesses**, weshalb sich die Kostentragungspflicht nach der *dort* getroffenen Kostengrundentscheidung richtet.[244] Voraussetzung ist freilich, dass zumindest ein Teil der Streitgegenstände von Besichtigungs- und Hauptsacheverfahren sowie die Parteien identisch sind.[245] Letzteres ist auch dann der Fall, wenn nicht der Antragsteller des Beweisverfahrens den Hauptsacheprozess betreibt, sondern dessen (Einzel- oder Gesamt-)Rechtsnachfolger.[246] Notfalls kann die Hauptsacheklage mit der Klage auf Feststellung geführt werden, dass dem Antragsteller bestimmte Ansprüche zustehen, deren Grundlagen durch die Besichtigung geklärt worden sind.[247] Nimmt die erstattungsberechtigte Partei zwischen dem selbständigen Beweisverfahren und dem Hauptsacheprozess einen Anwaltswechsel vor, so gilt § 91 Abs 2 Satz 2 ZPO[248], sodass dann, wenn es für den Anwaltswechsel keinen zwingenden Grund gegeben hat, die Kosten so festzusetzen sind, als wäre für beide Verfahren nur ein einziger Anwalt mandatiert gewesen. Statt im Festsetzungsverfahren nach § 104 ZPO können die Besichtigungskosten auch auf materiell-rechtlicher Grundlage beziffert eingeklagt werden, wobei diese Möglichkeit jedenfalls so lange besteht, wie noch keine Hauptsacheklage (die zu einem vereinfachten prozessualen Kostenerstattungsanspruch führen kann) anhängig und auch kein Antrag nach § 494a ZPO auf Erzwingung der Hauptsacheklage gestellt ist.[249]

189 Der Ausgang eines **einstweiligen Verfügungsverfahrens** (in dem keine endgültige Sachentscheidung ergeht) bildet demgegenüber keinen geeigneten Kostentitel[250], egal, ob außer dem einstweiligen Verfügungsverfahren überhaupt kein Hauptsacheverfahren anhängig gemacht worden ist oder Hauptsacheklage und Verfügungsverfahren parallel

---

239 BGH, MDR 2018, 59.
240 BGH, BauR 2007, 1446.
241 BGH, MDR 2011, 317.
242 BGH, MDR 2015, 974.
243 Zu Kostenentscheidungen im selbständigen Beweisverfahren vgl Fellner, MDR 2014, 1301.
244 BGH, BauR 2004, 1487; BGH, MDR 2018, 59.
245 BGH, NJW 2014, 3518.
246 OLG Düsseldorf, Urteil v 25.4.2019 – I-2 U 50/17.
247 BGH, MDR 2018, 59.
248 BGH, MDR 2018, 116.
249 BGH, MDR 2018, 59.
250 OLG Düsseldorf, Urteil v 25.4.2019 – I-2 U 50/17.

nebeneinander geführt worden sind. Im erstgenannten Fall sind die Besichtigungskosten auf materellrechtlicher Basis einzufordern, im letztgenannten Fall ist das Ergebnis des Verfahrens zur Hauptsache abzuwarten. Die Einbeziehung der Kosten des selbständigen Beweisverfahrens in den Hauptsacheprozess beruht darauf, dass gemäß § 493 Abs 1 ZPO die selbständige Beweiserhebung einer Beweisaufnahme vor dem Prozessgericht gleichsteht, wenn sich eine Partei im Prozess auf Tatsachen beruft, über die selbständig Beweis erhoben worden ist.[251] Eine Beweisaufnahme durch Sachverständigenbeweis, wie sie im Besichtigungsverfahren typischerweise stattfindet, scheidet im Verfahren des einstweiligen Rechtsschutzes wegen § 294 Abs 2 ZPO, der ausschließlich die Verwertung *präsenter* Beweismittel erlaubt, aus Rechtsgründen aus. Folgerichtig können die Parteikosten einer sachverständigen Besichtigung auch kostenrechtlich nicht einem einstweiligen Verfügungsverfahren zugeordnet werden. Speziell in Patentsachen tritt hinzu, dass für den Erfolg eines Verfügungsantrages in Bezug auf den Verletzungstatbestand (der mit den beschränkten Glaubhaftmachungsmitteln zweifelsfrei feststellbar sein muss) und den Rechtsbestand des Verfügungspatents (der gesichert zu sein hat) angeht, ganz besondere Hürden zu nehmen sind. Das Unterliegen des Patentinhabers im einstweiligen Rechtsschutz besagt deshalb vielfach nichts über den mutmaßlichen Ausgang eines (parallelen oder späteren) Hauptsacheverfahrens. Auch von daher ist es nicht angemessen, die Besichtigungskosten nach der im einstweiligen Verfügungsverfahren ergehenden Kostenentscheidung zu verteilen.[252] Die Maßgeblichkeit der im Hauptsacheverfahren zu treffenden Kostenentscheidung bleibt auch dann bestehen, wenn die Klage zur Hauptsache zurückgenommen wird. In einer solchen Konstellation unterfallen die Kosten des selbständigen Beweisverfahrens (einschließlich der notwendigen Auslagen des Antragsgegners) der Kostenentscheidung nach § 269 Abs 3 Satz 2 ZPO.[253] Voraussetzung dafür ist freilich, dass die Parteien und der Streitgegenstand des Hauptsacheverfahrens mit denen des selbständigen Beweisverfahrens identisch sind.[254]

Eine hinreichende **Identität der Streitgegenstände** besteht bereits dann, wenn nur Teile des Streitgegenstandes eines selbständigen Beweisverfahrens zum Gegenstand der anschließenden Klage gemacht werden.[255] Bleibt die Hauptsacheklage hinter dem Verfahrensgegenstand des selbständigen Beweisverfahrens zurück, können dem Antragsteller analog § 96 ZPO die dem Antragsgegner durch den überschießenden Teil des selbständigen Beweisverfahrens entstandenen Kosten auferlegt werden.[256] 190

▶ **Beispiel:**

Von mehreren besichtigten Vorrichtungen unterschiedlicher Bauart erweisen sich nur einzelne als schutzrechtsverletzend; die Besichtigung ergibt nicht die vermutete Verletzung mehrerer, sondern nur eines einzelnen Patents. 191

An der erforderlichen **Parteiidentität** fehlt es, wenn der spätere Hautsacheprozess nicht mit dem Antragsgegner des Beweisverfahrens, sondern mit dessen Streithelfer geführt wird.[257] Das gilt auch dann, wenn das Ergebnis der Beweisaufnahme im Sicherungsverfahren in dem Prozess mit dem Streithelfer verwertet wird.[258] Schließt sich an das Beweisverfahren kein Hauptprozess an, bleibt dem Besichtigungsgläubiger nur die Mög- 192

---

251 BGH, MDR 2007, 554.
252 OLG Düsseldorf, Beschluss v 22.9.2016 – I-2 W 23/16.
253 BGH, NJW 2007, 1279; BGH, NJW 2007, 1282.
254 BGH, BauR 2004, 1809; BGH, MDR 2013, 1495.
255 BGH, BauR 2005, 429.
256 BGH, BauR 2006, 865.
257 BGH, MDR 2013, 1433.
258 BGH, MDR 2013, 1433.

lichkeit, die Kosten aufgrund eines ggf bestehenden materiell rechtlichen Erstattungsanspruchs (§ 139 Abs 2 PatG) einzuklagen. Mit diesem Anspruch kann er auch dann die Aufrechnung erklären, wenn die Möglichkeit besteht, dass in einem späteren Hauptsacheverfahren über die Prozesskosten (einschließlich der Kosten des Beweisverfahrens) entschieden wird.[259]

193 Wird der Antrag auf Durchführung des Beweisverfahrens **zurückgenommen**, kann analog § 269 Abs 3 **Satz 2** ZPO eine Kostenentscheidung ergehen. Sie ermöglicht es dem Antragsgegner, diejenigen Anwaltskosten festsetzen zu lassen, die ihm dadurch entstanden sind, dass er nach Zustellung des Besichtigungsbeschlusses einen Anwalt mit seiner Interessenwahrnehmung beauftragt hat.[260] Für eine auf § 269 ZPO gestützte Kostenentscheidung ist kein Raum, wenn im Zeitpunkt der Antragsrücknahme die Hauptsacheklage bereits anhängig war (hier ist über die Kosten des selbständigen Beweisverfahrens im Rahmen der im Hauptsacheverfahren zu treffenden Kostenentscheidung mit zu befinden[261]) oder die Parteien eine Kostenregelung getroffen haben. Die gleiche Handhabung gilt, wenn der Beweisverfahrensantrag als unzulässig zurückgewiesen wird[262] oder es deshalb nicht zu einer Verfahrensdurchführung kommt, weil der Antragsteller den angeforderten Auslagenvorschuss, von dessen Einzahlung das Gericht die Beweiserhebung abhängig gemacht hat, trotz Erinnerung nicht einzahlt[263]. § 269 Abs 3 **Satz 3** ZPO ist demgegenüber nicht anwendbar.[264]

194 Im **Verfahren der Kostenfestsetzung**[265] nach erfolgter Besichtigung ist zwischen den Kosten des einstweiligen Verfügungsverfahrens (die aufgrund der bereits im Besichtigungsverfahren insoweit ergangenen Kostengrundentscheidung festsetzungsfähig sind) und den Kosten des selbständigen Beweisverfahrens (die mangels Kostengrundentscheidung [noch] nicht festsetzungsfähig sind) zu unterscheiden. *Kosten des eV-Verfahrens* sind die Anwaltsgebühren für die Betreuung des betreffenden Verfahrensteils einschließlich etwaiger Reisekosten und dergleichen für die Wahrnehmung des Widerspruchstermins sowie die Kosten der Hinzuziehung eines Gerichtsvollziehers zur Besichtigung (§ 788 Abs 1 ZPO)[266]; *Kosten des Beweisverfahrens* sind neben den Anwaltsgebühren für die Betreuung des betreffenden Verfahrensteils alle Aufwendungen (Sachverständigenvergütung[267], Reisekosten, Termingebühr) für die Durchführung der Besichtigung.[268]

195 Wird die erstattungsberechtigte Partei im Beweissicherungs- und Hauptsacheverfahren von **unterschiedlichen Anwälten** vertreten, findet also zwischen beiden Verfahren ein Anwaltswechsel statt, so ist zwar die Anrechnungsregel der Vorbemerkung 3 Abs 5 VV RVG nicht einschlägig[269]; anwendbar ist jedoch § 91 Abs 2 Satz 2 ZPO[270]. Die Vorschrift bestimmt, dass die Kosten mehrerer Rechtsanwälte nur insoweit zu erstatten sind, als sie die Kosten der Inanspruchnahme ein- und desselben Anwaltes (unter Anwendung der Anrechnungsregel) nicht übersteigen; anderes gilt nur dann, wenn in der Person des Anwaltes ein Wechsel eintreten musste, was objektiv nachvollziehbare, unverschuldete Gründe verlangt.

---

259 BGH, MDR 2010, 796.
260 OLG Düsseldorf, Beschluss v 29.8.2016 – I-15 W 30/16.
261 OLG Köln, Mitt 2010, 320 (LS).
262 BGH, MDR 2011, 503; BGH, MDR 2017, 598.
263 BGH, MDR 2017, 598.
264 BGH, MDR 2021, 126.
265 Jedes Kostenfestsetzungsverfahren setzt eine gerichtliche Kostengrundentscheidung voraus, aus der sich ergibt, wer die angemeldeten Kosten zu tragen hat (BGH, MDR 2018, 366).
266 BGH, MDR 2020, 1276.
267 OLG Düsseldorf, Beschluss v 22.11.2019 – I-2 W 20/19.
268 BGH, MDR 2020, 1276; OLG Düsseldorf, Beschluss v 24.4.2014 – I-2 W 9/14.
269 BGH, MDR 2018, 116.
270 BGH, MDR 2018, 116.

c) Schadenersatzpflicht

Gemäß § 140c Abs 5 PatG haftet der Besichtigungsgläubiger dem Besichtigungsschuldner verschuldensunabhängig auf Schadenersatz, wenn sich herausstellt, dass eine Patentverletzung[271] nicht vorlag oder nicht drohte. Die mangelnde Berechtigung des Verletzungsvorwurfs im Zeitpunkt der Besichtigung steht zur Beweislast des Besichtigungsschuldners. Sie muss – zB aufgrund eines rechtskräftigen Verletzungsurteils[272] – feststehen. Ansonsten ist die Nichtberechtigung des Verletzungsvorwurfs im Schadenersatzprozess zu klären, und zwar unter Einbeziehung der Erkenntnisse des eingeholten Sachverständigengutachtens sowie aller anderen zur Verfügung stehenden Quellen. Bleiben Zweifel, besteht keine Haftung. Worauf die Nichtverletzung des Patents beruht, ist unerheblich. Sie kann sich daraus ergeben, 196

– dass das Patent rückwirkend widerrufen oder für nichtig erklärt wird, 197
– dass das Patent in einer Weise eingeschränkt wird, dass der Besichtigungsgegenstand nicht mehr in dessen Schutzbereich fällt, 198
– dass die Erfindungsmerkmale entgegen einer anfänglichen Vermutung tatsächlich nicht benutzt werden, 199
– dass keine Handlung iSv §§ 9, 10 PatG vorgelegen hat oder drohte, 200
– dass dem Antragsteller die Aktivlegitimation fehlte[273], 201
– dass die Benutzungshandlungen des Besichtigungsschuldners gerechtfertigt waren (Lizenz, § 12 PatG, etc). 202

Gründe, die die Rechtswidrigkeit der Patentbenutzung nur für die Zeit nach der Besichtigung beseitigen, bleiben haftungsrelevant.

Zu ersetzen ist derjenige Schaden, der dem Schuldner durch das unberechtigte Vorlage- bzw Besichtigungsverlangen – nicht erst durch die Besichtigung als solche – entstanden ist. Zwischen dem Besichtigungsbegehren und dem Schaden muss ein adäquater **Kausalzusammenhang** bestehen. Zu ersetzen sind beispielsweise die Rechtsverteidigungskosten im Besichtigungsverfahren[274], entgangene Gewinne durch Behinderung der Produktion während der Besichtigungsmaßnahme, Ersatz für zerstörte Besichtigungsgegenstände, besichtigungsbedingte Offenlegung von Betriebsgeheimnissen (zB dadurch, dass sich ein Geheimnisträger nicht an seine Verschwiegenheitsverpflichtung hält). *Keine* Ersatzpflicht besteht demgegenüber für Schäden, die daraus resultieren, dass der Schuldner im Anschluss und aus Anlass der Besichtigung Herstellung und Vertrieb des Besichtigungsgegenstandes eingestellt hat. 203

d) §§ 142, 144 ZPO

Eine weitere Möglichkeit zur Berücksichtigung des Art 43 Abs 1 TRIPS ergibt sich im Zusammenhang mit den §§ 142[275], 144 ZPO, die es dem Gericht im Rahmen eines laufenden Rechtsstreits erlauben, die Einnahme des Augenscheins oder die Begutachtung durch einen Sachverständigen anzuordnen und zu diesem Zweck die Vorlage von Gegenständen bzw Urkunden zu verlangen (vgl § 144 Abs 1 Satz 2 ZPO). Auch für eine Vorlage- 204

---

271 ... dh widerrechtliche Patentbenutzung.
272 Obsiegende negative Feststellungsklage; erfolgreiche Zwischenfeststellungswiderklage bei abgewiesener Verletzungsklage.
273 Auf sie kommt es – trotz des insoweit nicht ganz eindeutigen Wortlauts – an, weil § 140c Abs 5 PatG dem § 945 ZPO nachgebildet ist.
274 Der Anspruch tritt neben die verfahrensrechtliche Möglichkeit aus § 494a Abs 2 ZPO.
275 Vgl Becker, MDR 2008, 1309.

anordnung ist zwar kein voller Beweis einer Patentverletzung erforderlich. Zumindest aber muss sich aus dem Vortrag des Klägers ein über die Schwelle des ersten Anscheins einer Verletzung hinausreichender Sachverhalt ergeben. Notwendig ist eine gewisse Wahrscheinlichkeit für eine Rechtsverletzung, wie sie im Rahmen der § 140c PatG, § 809 BGB anspruchsbegründend ist.[276] Jenseits der Anspruchsvoraussetzungen des § 140c PatG gibt es weder nach § 142 ZPO für die nicht beweisbelastete Partei eine Pflicht zur Urkundenvorlage noch nach § 144 ZPO eine Grundlage für eine Begutachtungsanordnung in Bezug auf einen Gegenstand, der sich in der Verfügungsgewalt der nicht beweisbelasteten Partei oder eines Dritten befindet.[277] Eine gerichtliche Aufklärungspflicht lässt sich außerhalb des § 140c PatG auch nicht aus der allgemeinen Vorschrift des § 286 ZPO herleiten.[278] Die Vorlageanordnung muss zur Sachaufklärung geeignet und erforderlich und dem Verpflichteten zumutbar sein.[279] Hat sich der Beklagte – ggf sogar überobligationsmäßig – zur Funktionsweise eines angegriffenen Gegenstands geäußert, so setzt die Schlüssigkeit eines Besichtigungsbegehrens (zB gerichtet auf Bekanntgabe des Quellcodes) voraus, dass deutlich gemacht wird, welcher von der Einlassung des Beklagten abweichende Tatsachenvortrag durch die Besichtigung zutage gefördert werden soll. Denn einer Besichtigung bedarf es offensichtlich nicht, um nur das aufzudecken, was der Beklagte im Prozess ohnehin einräumt.[280] Die Zumutbarkeit der Vorlage setzt eine Abwägung der rechtlich geschützten Interessen des zur Vorlage Verpflichteten mit den kollidierenden Belangen des Schutzrechtsinhabers voraus, wobei jeweils die Intensität des Eingriffs (einmal durch die mutmaßlichen Verletzungshandlungen, zum anderen durch die Pflicht zur Vorlage) zu berücksichtigen ist. Erforderlichenfalls kann dem Vorlegungsschuldner gestattet werden, geheimhaltungsbedürftige Details zu schwärzen.[281]

205 **Vorlagepflichtig** ist zunächst jede am Rechtsstreit beteiligte Partei, unabhängig davon, ob ihr die Darlegungs- und Beweislast obliegt oder nicht. § 142 ZPO ist daher auch einschlägig, wenn sich der beweispflichtige Prozessgegner auf eine Urkunde bezieht, die sich im Besitz der nicht beweisbelasteten Partei befindet.[282] Eine Vorlageanordnung kann darüber hinaus auch gegen einen nicht beteiligten Dritten ergehen, soweit ihm die Präsentation der Urkunde oder Unterlage zumutbar ist und er sich nicht berechtigt auf ein Zeugnisverweigerungsrecht berufen kann (§§ 142 Abs 2, 383–385 ZPO).[283] Kommt das Gericht dem Vorlageverlangen der Partei nicht nach, ist die ablehnende Entscheidung nicht selbständig anfechtbar, sondern nur mit dem Rechtsmittel gegen die Endentscheidung überprüfbar.[284]

206 Eines förmlichen **Antrages** bedarf es nicht[285]; vielmehr genügt, dass sich eine Partei auf das im Besitz des Gegners oder eines Dritten befindliche Dokument »bezieht«. Die Befugnis, ein Sachverständigengutachten gemäß § 144 ZPO von Amts wegen einzuholen, befreit die Partei jedoch nicht von ihrer Darlegungs- und Beweislast. Daher ist es regelmäßig nicht ermessensfehlerhaft, wenn der Tatrichter, nachdem er zuvor auf die Erforderlichkeit eines entsprechenden Beweisantrages hingewiesen hat, wegen des offen ausgesprochenen entgegenstehenden Willens der beweisbelasteten Partei von der Einholung

---

276 BGH, GRUR 2013, 316 – Rohrmuffe; BGH, GRUR 2006, 962 – Restschadstoffentfernung.
277 BGH, GRUR 2013, 316 – Rohrmuffe.
278 BGH, GRUR 2013, 316 – Rohrmuffe.
279 BGH, GRUR 2006, 962 – Restschadstoffentfernung.
280 OLG Düsseldorf, Urteil v 4.6.2020 – I-2 U 26/19.
281 BGH, GRUR 2006, 962 – Restschadstoffentfernung.
282 BGH, NJW 2007, 2989.
283 Ist eine juristische Person Prozesspartei, so hat der (auch geschiedene) Ehegatte des Geschäftsführers ein Zeugnisverweigerungsrecht nach § 383 Abs 1 Nr 2 ZPO: BGH, ZIP 2015, 2296.
284 BGH, MDR 2017, 357.
285 BGH, MDR 2019, 563.

eines Sachverständigengutachtens von Amts wegen absieht.[286] Bei Vorliegen der tatbestandlichen Voraussetzungen des § 142 ZPO hat das Gericht Ermessen, welches es pflichtgemäß auszuüben hat.

Zieht es eine Vorlageanordnung nicht in Betracht, handelt es ermessensfehlerhaft[287]; gleiches gilt, wenn die widerstreitenden Interessen in unvertretbarer Weise gewichtet werden. 207

e) EG-VO 1206/2001[288]

Darüber hinaus schafft die seit dem 1.1.2004 in allen EU-Mitgliedstaaten geltende Verordnung (EG) 1206/2001 des Rates vom 28.5.2001 über die Zusammenarbeit zwischen den Gerichten der Mitgliedstaaten auf dem Gebiet der Beweisaufnahme in Zivil- und Handelssachen[289] Vereinfachungen. So kann in Fällen, in denen keine Zwangsmaßnahmen erforderlich sind, weil der Besitzer der Sache die Besichtigung freiwillig gestattet, bei dem Mitgliedstaat, auf dessen Territorium sich die Sache befindet, darum nachgesucht werden, dass die Begutachtung durch das ersuchende, also etwa das deutsche Gericht (unter Einschaltung eines von ihm beauftragten und angewiesenen Sachverständigen) unmittelbar durchgeführt werden kann (Art 17). Sind voraussichtlich Zwangsmaßnahmen anzuwenden, besteht nur die Möglichkeit, dass das ersuchte, also das ausländische Gericht die Beweisaufnahme in seiner Verantwortung durchführt (Art 10 bis 13), dh nach seinem Prozessrecht durch einen von ihm beauftragten Sachverständigen. Allerdings kann das ersuchende (deutsche) Gericht beantragen, dass das Beweisersuchen in derjenigen Form erledigt wird, die das deutsche Recht vorsieht (Art 10 Abs 3); außerdem haben die Parteien sowie das ersuchende Gericht bzw ein von ihm Beauftragter (zB ein deutscher Sachverständiger) ein Anwesenheitsrecht bei der ausländischen Beweiserhebung (Artt 11 Abs 1, 12 Abs 1). Das Ersuchen, das auch die Einvernahme von Zeugen zum Gegenstand haben kann, muss innerhalb von 90 Tagen erledigt werden. 208

Unter dem Link *http://www.datenbanken.justiz.nrw.de/ir_htm/mustervordrucke_in_zivilsachen-3.htm* sind **Vordrucke** für die Durchführung des Rechtshilfeersuchens abrufbar. 209

f) Ausländische Sachaufklärung

Befinden sich angegriffene Ausführungsformen im Ausland, können auch die Möglichkeiten des jeweils ausländischen nationalen Rechts zur Sachverhaltsermittlung in Betracht gezogen werden, die zwar zumeist mit hohen Kosten verbunden sind, zum Teil jedoch weitreichende Besichtigungsrechte eröffnen.[290] Ein wichtiges Aufklärungsinstrument bietet **28 USC § 1782**.[291] Die Vorschrift schafft die Möglichkeit der discovery speziell im Hinblick auf außerhalb der USA vorgesehene oder bereits laufende Schutzrechtsprozesse, wobei der Antrag nicht nur gegen die Prozesspartei des deutschen Verfahrens gerichtet werden kann, sondern auch gegen einen Dritten, zB dessen Zulieferer. Nicht unbedeutende Restriktionen ergeben sich allerdings aus einer Rechtsprechung des US Supreme Court[292], der zufolge nach Vorliegen der gesetzlichen Voraussetzungen des 210

---

286 BGH, MDR 2019, 563.
287 BGH, NJW 2007, 2989.
288 Zu Einzelheiten vgl Grabinski, FS Schilling, 2007, S 191; Ubertazzi, GRUR Int 2008, 807.
289 ABl EG Nr L v 27.6.2001.
290 Beispielsweise die Saisie-Contrefaçon in Frankreich oder die search-order in Großbritannien.
291 Diese Möglichkeit besteht in den USA auch zu dem alleinigen Zweck, einen Rechtsstreit in einem auswärtigen Staat (zB Deutschland) zu ermöglichen (vgl dazu: Jäkel, FS 80 Jahre Patentgerichtsbarkeit Düsseldorf, 2016, S 205; Schönknecht, GRUR Int 2011, 1000).
292 US Supreme Court, Mitt 2004, 465 – Intel/AMD.

B. Sachverhaltsermittlung

§ 1782 vier Ermessensfaktoren darüber entscheiden, ob ein Discovery-Antrag erfolgreich sein kann:

211 – Können die fraglichen Dokumente auch ohne die Hilfe eines § 1782-Antrages von dem ausländischen Gericht angefordert werden (zB nach seinem nationalen Verfahrensrecht)?

212 – Darf das ausländische Gericht die aus den USA erlangten Dokumente als Beweismittel in seinem Verfahren zulassen und wird es dies tun?

213 – Sollen durch die Discovery im nationalen Recht des Verwertungsstaates geltende Beweiserhebungsbeschränkungen umgangen werden?

214 – Enthält der Discovery-Antrag unbillig belastende Anfragen?

215 Nach einer kürzlichen Entscheidung des US Court of Appeals[293] ist eine US-Discovery – im Sinne des 1. Ermessensfaktors – nicht zwingend erforderlich, wenn Antragsteller und Antragsgegner des Discovery-Verfahrens dieselben Parteien sind wie in dem ausländischen Verfahren umgekehrten Rubrums. Denn dann könne das ausländische Gericht im Rahmen seines nationalen Prozessrechts Verfügungen zur Beweiserhebung/Beweisbeibringung (§§ 142, 422 ZPO) erlassen, weswegen es der Discovery nicht bedürfe. Nur wenn ein Dritter in den USA Dokumente besitzt, die für das ausländische Verfahren relevant sind, bestehe Anlass für eine Discovery. Als sachnäheres Gericht könne das deutsche Verletzungsgericht überdies besser abwägen, ob durch die von der Discovery betroffenen Dokumente schützenswerte Betriebsgeheimnisse tangiert seien. Deshalb könne ein Discovery-Antrag, der das sachnähere (nationale) Gericht umgeht, im Einzelfall unbillig belastend sein (4. Ermessensfaktor).

216 Werden im Ausland Erkenntnisse oder Beweismittel gewonnen, für die das dortige Gericht eine Geheimhaltungsanordnung (**protective order**) erlassen hat, stellt sich die Frage ihrer Verwertbarkeit in einem nationalen Verletzungsverfahren. Zwei Dinge gilt es hier zu bedenken. Zum einen kann die Vorlage bei einem deutschen Gericht Sanktionen des ausländischen Richters zur Folge haben, der die Schutzanordnung erlassen hat. Zum anderen – und diese Konsequenzen sollen im Folgenden beleuchtet werden – ist zu klären, ob und ggf welche Auswirkungen die Schutzanordnung für das nationale Verletzungsverfahren hat.[294] Ist der fragliche Sachvortrag oder Beweis, wenn er trotzdem gehalten wird, unbeachtlich, weil er gegen die protective order verstößt? Falls nein: Zieht die protective order wenigstens zwingend Schutzmaßnahmen des deutschen Gerichts nach sich, die sicherstellen, dass der Geheimnisschutz auch im nationalen Verfahren gewahrt bleibt?

217 – Die Geheimhaltungsanordnung des ausländischen Gerichts ist ausschließlich an die dortigen Parteien adressiert; ein deutsches Gericht wird durch sie in keiner Weise rechtlich gebunden. Solange die Erkenntnisse oder Beweismittel nicht unter Umständen gewonnen worden sind, die nach deutschem Recht eine Verwertung insbesondere aus Verfassungsgründen verbieten, ist deren Einführung in den nationalen Rechtsstreit deshalb prozessual beachtlich. Der betreffende Sachvortrag ist gehalten und das betreffende Beweismittel ist Gegenstand des Verfahrens, als solches vom Gericht zur Kenntnis zu nehmen und in seinem Beweiswert zu würdigen.

218 – Eine Bindung besteht für das deutsche Gericht auch nicht dahingehend, dass es allein deshalb einen Geheimnisschutz in seinem Verfahren herzustellen hat, weil das auslän-

---

293 US Court of Appeals, Mitt 2017, 46 – Andover Healthcare, Inc/3M Company.
294 Vgl Schönknecht, GRUR Int 2011, 1000, 1007 f.

dische Gericht eine Schutzanordnung erlassen hat. Ob und in welcher Weise Maßnahmen zur Geheimhaltung getroffen werden, richtet sich vielmehr ausschließlich nach nationalem Zivilprozessrecht. Dabei ist zwischen dem Prozessgegner und außenstehenden Dritten zu unterscheiden:

- Alles, was in den Prozess eingeführt wird, muss schon aus Gründen des rechtlichen Gehörs der gegnerischen Partei (einschließlich etwaiger Nebenintervenienten) zur Kenntnis gebracht werden.[295] Sofern der Gegner nicht ausnahmsweise damit einverstanden ist, dass ausschließlich seine durch das Gericht besonders zur Verschwiegenheit verpflichteten Anwälte unterrichtet werden und er selbst von einem entsprechenden Wissenstransfer abgeschnitten bleibt, ist der Prozessgegner über den auch gegen die ausländische Schutzanordnung eingeführten Streitstoff zu informieren. Im Rahmen des § 145a PatG können unter bestimmten Voraussetzungen Schutzanordnungen getroffen werden, indem die Parteien das offengelegte Betriebs- oder Geschäftsgeheimnis nicht für verfahrensfremde Zwecke verwenden dürfen und der Zugang zu den betreffenden Informationen auf einen eng begrenzten Personenkreis beschränkt wird.[296]

219

Jenseits aller rechtsdogmatischen Erwägungen ist für die praktische Handhabung zu beachten, dass protective order nicht stereotyp erlassen werden, sondern individuell einen ganz unterschiedlichen Inhalt haben können. Um zu klären, ob ein bestimmter Sachvortrag oder Beweisantritt tatsächlich gegen die ausländische Geheimhaltungsanordnung verstößt, ist deshalb der genaue Text der Anordnung in Betracht zu ziehen und nach dem ausländischen Prozessrecht auszulegen. Nicht selten enthalten protective order überdies eine sogenannte **carve out-Klausel**, mit der die Pflicht zur Geheimhaltung von vornherein für den Fall und in demjenigen Umfang außer Kraft gesetzt wird, dass und in dem ein anderes (deutsches) Gericht den betreffenden Sachvortrag oder Beweisantritt für die Zwecke des bei ihm geführten Prozesses einfordert. Wichtig ist dabei, dass eine solche Klausel stets nur die Offenlegung gegenüber der Prozesspartei erlaubt, aber keine Erörterung gegenüber der Öffentlichkeit. Sollte ein von der Prozesspartei geschuldeter Vortrag oder Beweis in Konflikt mit einer protective order geraten, ist der Partei in jedem Fall die Möglichkeit einzuräumen, bei dem ausländischen Gericht um eine nachträgliche carve out-Regelung oder deren Anpassung/Ausdehnung nachzusuchen, bevor im deutschen Prozess endgültige Tatsachen geschaffen werden. Denn zu einem rechtsstaatlichen Verfahren gehört es auch, dass der Partei nichts abverlangt wird, was sie (angesichts der ihr im Ausland drohenden Sanktionen) schlechterdings nicht leisten kann.

220

- Geheimhaltungsanordnungen kann das deutsche Gericht auf anderer gesetzlicher Grundlage und nach anderen Regeln ferner im Hinblick auf verfahrensfremde Dritte treffen, und zwar in mehrfacher Weise. Zum Schutz überwiegender, wichtiger Betriebs- oder Geschäftsgeheimnisse[297] kann die Öffentlichkeit von der

221

---

295 OLG Düsseldorf, Beschluss v 25.04.2018 – I-2 W 8/18.
296 Zu Einzelheiten vgl Kap D Rdn 115 ff.
297 Als Betriebs- und Geschäftsgeheimnisse werden alle auf ein Unternehmen bezogenen Tatsachen, Umstände und Vorgänge verstanden, die nicht offenkundig, sondern nur einem begrenzten Personenkreis zugänglich sind und an deren Nichtverbreitung der Rechtsträger ein berechtigtes Interesse hat. **Betriebsgeheimnisse** umfassen im Wesentlichen technisches Wissen im weitesten Sinne, **Geschäftsgeheimnisse** betreffen vornehmlich kaufmännisches Wissen wie etwa Umsätze, Ertragslagen, Geschäftsbücher, Kundenlisten, Bezugsquellen, Konditionen, Marktstrategien, Unterlagen zur Kreditwürdigkeit, Kalkulationsunterlagen, Patentanmeldungen und sonstige Entwicklungs- und Forschungsprojekte, durch welche die wirtschaftlichen Verhältnisse eines Betriebes maßgeblich bestimmt werden können (BVerfGE 115, 205, 230 f, BGHZ 183, 153 Rn 17; BGH, MDR 2016, 228).

mündlichen Verhandlung (§ 172 Nr 2 GVG) und von der Urteilsverkündung (§ 173 Abs 2 GVG) ausgeschlossen werden. Anwesende Parteivertreter und Anwälte können in demselben Umfang zur Verschwiegenheit verpflichtet werden (§ 174 Abs 3 GVG).[298] Die Anordnung nach § 174 Abs 3 Satz 1 GVG muss nicht zwingend gegenüber *allen* in der Sitzung verbleibenden Personen ausgesprochen werden; jedenfalls in den Fällen des § 172 Nr 2, 3 GVG besteht ein gerichtliches Auswahlermessen, demzufolge die Geheimhaltungsverpflichtung nur gegenüber einzelnen in der Sitzung verbleibenden Personen (zB den Prozessgegner und seine Anwälte) ausgesprochen wird.[299] Für die Rechtmäßigkeit einer solchen Anordnung ist nicht entscheidend, ob geheimhaltungsbedürftige Details in der Verhandlung tatsächlich erörtert werden, sondern ob im Zeitpunkt der gerichtlichen Beschlussfassung mit derartigem zu rechnen ist.[300] Allerdings ist allen Beteiligten – mindestens konkludent – vorher rechtliches Gehör zu gewähren.[301] Gegen einen die Anordnung der Geheimhaltung ablehnenden Beschluss ist kein Rechtsmittel statthaft.[302] Der Urteilsabdruck kann zur Wahrung von Betriebsgeheimnissen teilgeschwärzt werden. Dritte erhalten Einsicht in die Gerichtsakten nur nach vorheriger Bewilligung durch den Gerichtspräsidenten, was den Nachweis eines rechtlichen Interesses[303] an der Akteneinsicht voraussetzt (§ 299 Abs 2 ZPO).[304] In diesem Zusammenhang sind auch gegenläufige Interessen der Prozessparteien an einer Geheimhaltung des Akteninhalts abzuwägen. Welches Gewicht ihnen beikommt, entscheidet das nationale Gericht zwar prinzipiell frei; die von einem ausländischen Gericht getroffene Schutzanordnung spricht jedoch mindestens indiziell für deren sachliche Berechtigung und führt praktisch dazu, dass von nationalen Geheimhaltungsmaßnahmen nur mit wirklich guten Gründen abgesehen werden kann. Ohne Rücksicht auf die einschränkenden Voraussetzungen für eine Akteneinsicht hat der jeweilige Gerichtspräsident grundsätzlich jedem Dritten auf dessen Verlangen hin eine anonymisierte Abschrift der gerichtlichen Entscheidung (Beschlüsse, Urteile) zu überlassen.[305]

g) Ermittlungsverfahren

222 Schließlich kann versucht werden, in der Bundesrepublik Deutschland ein strafrechtliches Ermittlungsverfahren in die Wege zu leiten, in dessen Rahmen die Staatsanwaltschaft quasi auf Staatskosten die Sachverhaltsermittlung übernimmt. In der Praxis stellt sich freilich das Problem, dass entsprechende Ermittlungsverfahren von den Behörden nur selten forciert, sondern vielmehr ohne Ergebnis eingestellt werden. Eine Strafanzeige bietet sich dennoch an, wenn kurzfristig eine Durchsuchung und Beschlagnahme von Gegenständen beantragt werden soll, wie beispielsweise auf Messen, um so Dokumentationen von möglichen Verletzungsprodukten zu erhalten. Diese können notfalls über

---

298 Eine unrichtige Anwendung der besagten Vorschriften schafft den absoluten Revisionsgrund des § 547 Nr 5 ZPO (Verletzung der Vorschriften über die Öffentlichkeit des Verfahrens).
299 BGH, MDR 2020, 1459.
300 BGH, MDR 2016, 228.
301 BGH, MDR 2016, 228.
302 BGH, MDR 2021, 52.
303 Es kann sich schon daraus ergeben, dass der Antragsteller in einen US-amerikanischen Patentverletzungsrechtsstreit verwickelt ist, in dem der Kläger sich darauf beruft, dass die Verteidigungsargumente des Antragstellers in einem gegen einen Dritten (in dessen Akten Einsicht begehrt wird) in Deutschland aufgrund eines dortigen Parallelschutzrechts geführten Patentprozess vom Gericht als untauglich zurückgewiesen worden sind (OLG Düsseldorf, Beschluss v 13.12.2019 – I-3 VA 3/19).
304 Dasselbe gilt für Verfahrensbeteiligte, wenn das Verfahren rechtskräftig abgeschlossen ist (BGH, MDR 2015, 973).
305 BGH, WM 2017, 948.

eine vorbereitende Anordnung nach § 273 Abs 2 Nr 2 ZPO zum Gegenstand eines Verletzungsverfahrens gemacht werden.

III. Vorlageverpflichtung zur Durchsetzung des Schadenersatzanspruchs[306]

Im Gegensatz zu § 140c PatG, der darauf abzielt, einen mutmaßlichen Verletzungssachverhalt, dessen Umfang sowie die daraus resultierenden Ansprüche erst aufzuklären und entsprechende Beweise für Anspruchsgrund und -höhe zu sichern, verfolgt der in § 140d PatG vorgesehene materiell rechtliche Vorlageanspruch den Zweck, die zwangsweise Erfüllung eines bestehenden Schadenersatzanspruchs wegen Patentverletzung im Inland zu ermöglichen. Der Verletzte kann den Verletzer zu diesem Zweck bei einer in gewerblichem Ausmaß (dh außerhalb der Privilegierung des § 11 Nr 1 PatG) begangenen Rechtsverletzung auf Vorlage von Bank-, Finanz- oder Handelsunterlagen oder auf einen geeigneten Zugang zu den entsprechenden Unterlagen in Anspruch nehmen, wenn sich die Unterlagen in der Verfügungsgewalt des Verletzers befinden, wenn die Unterlagen für die Durchsetzung des Schadenersatzanspruchs erforderlich sind und dessen Erfüllung ohne die Vorlage fraglich wäre.

223

Mangels besonderer **Überleitungsbestimmungen** gilt § 140d PatG nur für solche Entstehungstatbestände, die nach Inkrafttreten der Bestimmung am 1.9.2008 verwirklicht worden sind.[307] Für Sachverhalte aus der Zeit davor stellt sich allenfalls die Frage einer unmittelbaren Geltung der Enforcement-Richtlinie bzw einer richtlinienkonformen Auslegung allgemein-zivilrechtlicher Bestimmungen. Sie hat stattzufinden, weswegen für die Zeit seit Ablauf der Umsetzungsfrist (29.4.2006) – nicht davor – ein entsprechender Anspruch aus § 1004 BGB herzuleiten ist.

224

1. Voraussetzungen

Ein Schadenersatzanspruch gemäß § 139 Abs 2 PatG muss positiv festgestellt werden. Bloße Wahrscheinlichkeiten genügen nicht; auf der anderen Seite bedarf es keines Vollstreckungstitels auf Schadenersatz. Vorlageberechtigt ist der Gläubiger des Schadenersatzanspruchs, vorlageverpflichtet der Schuldner des Schadenersatzanspruchs. Als Bank-, Finanz- und Handelsunterlagen kommen dieselben Dokumente in Betracht, die oben im Zusammenhang mit § 140c PatG erörtert worden sind.[308] Sie müssen sich in der Verfügungsgewalt des Anspruchsgegners (nicht: eines unbeteiligten Dritten) befinden. Verlangt ist eine Rechtsposition, kraft derer herausgabepflichtige Unterlagen zur Einsicht vorgelegt werden können (was Besitz im Sinne der Erläuterungen zu § 140c PatG voraussetzt) bzw dem Berechtigten – ohne Vorlage – auf andere geeignete Weise Zugang zu den betreffenden Unterlagen (dh ihrem Inhalt) gewährt werden kann.

225

Ohne Vorlage der Bank-, Finanz- und Handelsunterlagen bzw Zugang zu ihrem Inhalt muss die **Realisierung** des Schadenersatzanspruchs gegen den Schuldner – ganz oder teilweise – **fraglich** sein. Davon kann nur gesprochen werden, wenn

226

a) der Gläubiger den Schuldner ernsthaft zur Erfüllung aufgefordert hat;

227

---

306 Vgl Dörre/Maaßen, GRUR-RR 2008, 217, 221.
307 BGH, GRUR 2009, 515 – Motorradreiniger.
308 Ob hierzu auch Unterlagen gehören, die etwaiges Immobilienvermögen betreffen, ist fraglich und angesichts des eindeutigen Gesetzeswortlauts zu bezweifeln (so auch OLG Frankfurt/Main, GRUR-RR 2012, 197 – Vorlage von Bankunterlagen).

(dies muss nicht notwendig beziffert oder gerichtlich, zB mit Mahnbescheid oder Höheklage, geschehen; die Anspruchshöhe muss aber wenigstens so weit feststehen, dass hinsichtlich eines Mindestschadens die weiteren, nachfolgend zu erörternden Voraussetzungen beurteilt werden können)

228 b) der Schuldner die Schadenersatzleistung mindestens teilweise zurückgewiesen hat,

(dies kann ausdrücklich oder konkludent durch Nichtzahlung, unberechtigtes Bestreiten des Verletzungsvorwurfs, hinhaltende Erklärungen oder dergleichen geschehen)

229 c) der (verbleibende) Schadenersatzanspruch nach den finanziellen Verhältnissen des Schuldners im Zeitpunkt der der Entscheidung zugrunde liegenden Verhandlung mindestens in einem gewissen Umfang realisierbar erscheint;

(daran fehlt es, wenn – zB aufgrund ratenfreier PKH-Bewilligung – feststeht, dass der Schuldner vermögenslos ist)

230 d) der Gläubiger keine ausreichenden Kenntnisse über das der *inländischen* Zwangsvollstreckung unterliegende Vermögen des Schuldners besitzt, um seine Schadenersatzforderung durchsetzen zu können;

(dies ist auch dann der Fall, wenn dem Gläubiger zwar Vollstreckungsobjekte des Schuldners bekannt sind, diese sich jedoch im Ausland befinden oder nicht werthaltig sind oder nicht ausreichen, um den Schadenersatzanspruch in voller Höhe zu befriedigen)

231 e) aufgrund dessen die Prognose gerechtfertigt ist (nicht: die Gewissheit besteht), dass der Gläubiger seine Schadenersatzforderung zumindest teilweise im Inland nicht wird realisieren können;

(hieran fehlt es, wenn dem Gläubiger hinreichende und mit vertretbarem Aufwand verwertbare Zugriffobjekte bekannt sind, die in absehbarer Zeit – zB anlässlich eines bevorstehenden Messeauftritts des Schuldners – ins Inland verbracht werden)

232 Darlegungs- und **beweispflichtig** für die Bedingungen zu (a), (b), (d), (e) ist der Gläubiger, für einen Sachverhalt nach (c) der Schuldner.

233 Die Unterlagen müssen **erforderlich** sein, um den bestehenden Schadenersatzanspruch durchzusetzen, insbesondere dem Gläubiger bislang unbekannte Vermögenswerte aufzudecken. Das verlangt zweierlei: Die Unterlagen müssen zunächst aufgrund ihres Inhalts objektiv geeignet sein, die Realisierung des Schadenersatzanspruchs zu fördern, was auch dann zu bejahen ist, wenn mit ihrer Hilfe Anhaltspunkte (nur) für ausländische Zugriffsobjekte gegeben werden. Die Unterlagen müssen darüber hinaus zur Erleichterung der Rechtsverfolgung notwendig sein. An letzterem fehlt es, wenn dem Gläubiger zur selben Zeit andere Erkenntnisquellen zur Verfügung stehen, die gleichermaßen ergiebig sind und deren vorrangige Ausschöpfung ihm zugemutet werden kann. Solches ist zB zu bejahen, wenn der anderweitige Erkenntnisgewinn die einfachere Maßnahme darstellt, die geringere Kosten verursacht. Die Notwendigkeit kann ferner zu verneinen sein, wenn nebeneinander mehrere Unterlagenarten mit demselben Aussagegehalt verlangt werden. Sie fehlt schließlich insoweit, wie der offene Schadneersatzbetrag mithilfe anderer Unterlagen bereits abgedeckt ist (»betragsmäßige« Notwendigkeit).

234 **Vertrauliche Informationen** sind im Interesse des Schuldners zu schützen, aber nur, soweit dadurch das berechtigte Informationsverlangen des Gläubigers nicht vereitelt und ihm das zur Durchsetzung des Schadenersatzanspruchs notwendige Wissen nicht vorenthalten wird. Vielfach wird ein Geheimnisschutz deshalb nur in dem Sinne infrage kommen, dass einzelne Informationen der Unterlagen, welche für die Schadensliquidation nicht erforderlich sind, von der Vorlage ausgenommen, zB unkenntlich gemacht werden.

Die **Unverhältnismäßigkeit** der Inanspruchnahme kann den Anspruch insgesamt zu 235
Fall bringen oder den Anspruch auf bestimmte Arten oder einen bestimmten Umfang
der Vorlage beschränken. Mögliche Gründe für eine Unverhältnismäßigkeit sind:

- Auf Seiten des Gläubigers zB: Geringer Schadenersatzbetrag, dessen Erfüllung zu 236
  sichern ist, erhebliche (ggf schon durch erstinstanzliche Vernichtung dokumentierte)
  Zweifel am Rechtsbestand des Schutzrechts, Nützlichkeit und Grad des Angewiesen-
  seins auf die Vorlagemaßnahme für die Rechtsdurchsetzung.

- Auf Seiten des Vorlageschuldners zB: Erheblicher Umfang des vorzulegenden Mate- 237
  rials, Schwere des Eingriffs (wertvolle Betriebsgeheimnisse, die nicht durch geeignete
  Schutzanordnungen gesichert werden können), geringer Verschuldensgrad.

2. Rechtsfolgen

Geschuldet wird eine **Vorlage** der Unterlagen, soweit diese in herausgabefähiger (zB 238
schriftlicher oder auf Datenträger – USB-Stick, CD, Diskette – gespeicherter) Form vorliegen. Da eine bloße Einsichtnahme wegen ihrer Flüchtigkeit die erforderliche Erleichterung bei der Anspruchsdurchsetzung nicht bietet, kann im Rahmen der Vorlage regelmäßig die vorübergehende Überlassung zur Anfertigung von im Besitz des Gläubigers
verbleibenden Kopien verlangt werden.

Wo eine Vorlage nicht in Betracht kommt, sei es, weil die Bank-, Finanz- oder Handels- 239
unterlagen nicht in vorzeigefähiger Form vorliegen, sei es, weil eine Vorlage wegen des
damit verbundenen Aufwands im Einzelfall nicht zumutbar ist (zB umfangreicher Satz
elektronischer Geschäftsdaten) ist **Zugang** zu dem Unterlageninhalt zu gewähren.
»Zugang« bezeichnet dabei jede Maßnahme, die geeignet ist, dem Gläubiger den Unterlageninhalt zugänglich zu machen, zB durch Gewähren der Einsicht in eine betriebsinterne Datenbank.

3. Verfahrensrechtliche Durchsetzung

Der Anspruch auf Vorlage/Zugang kann isoliert in einem Hauptsacheverfahren verfolgt 240
werden. Vielfach wird jedoch ein Patentverletzungsrechtsstreit vorausgegangen sein, in
welchem die Schadenersatzpflicht des Schuldners festgestellt worden ist. Sollten die tatbestandlichen Voraussetzungen des § 140d PatG ausnahmsweise bereits zu diesem Zeitpunkt erfüllt sein, kann der Vorlageanspruch sogleich neben den sonstigen Ansprüchen
wegen Schutzrechtsverletzung geltend gemacht werden.

Eine Rechtsverfolgung im einstweiligen Verfügungsverfahren lässt § 140d Abs 3 Satz 1 241
PatG nur zu, wenn die Schadenersatzhaftung des Schuldners »**offensichtlich**« ist. Dies
verlangt, dass die Anspruchsvoraussetzungen des § 139 Abs 2 PatG im Rechtlichen und
im Tatsächlichen in einem solchen Maße gesichert sind, dass vernünftige Zweifel nicht
verbleiben und eine andere Entscheidung in einem späteren Hauptsacheprozess praktisch
nicht möglich ist.[309] Allein mit dem Vorliegen eines erstinstanzlichen, nicht rechtskräftigen Schadensersatztitels ist diese Voraussetzung noch nicht erfüllt, wenn die Beurteilung
des Erstgerichts im Tatsächlichen oder im Rechtlichen angreifbar ist.[310] Ist die Sach- und
Rechtslage eindeutig, fingiert § 140d Abs 3 Satz 1 PatG die erforderliche Dringlichkeit
und lässt eine Vorwegnahme der Hauptsache zu. Das gilt – ungeachtet des insoweit nicht

---

309 OLG Frankfurt/Main, GRUR-RR 2012, 197 – Vorlage von Bankunterlagen; vgl auch OLG Hamburg, InstGE 8, 11 – Transglutaminase.
310 OLG Frankfurt/Main, GRUR-RR 2012, 197 – Vorlage von Bankunterlagen.

ganz klaren Wortlauts von Satz 1 – nicht nur für den Vorlageanspruch, sondern auch für den Anspruch auf Zugang zu den Unterlagen. Abgesehen von der Dringlichkeit müssen alle übrigen Voraussetzungen für den Erlass einer einstweiligen Verfügung, insbesondere das Vorliegen eines Verfügungsanspruchs nach § 140d Abs 1 PatG, vom Antragsteller dargelegt und glaubhaft gemacht werden. Von einer vorherigen Anhörung des Schuldners kann – und wird zur Vermeidung von Manipulationen – im Zweifel abzusehen sein.

242 Im **Klageantrag** sind diejenigen Unterlagen, deren Vorlage verlangt wird, konkret zu bezeichnen. Fehlen dem Kläger Kenntnisse über die notwendigen Einzelheiten zB zu den Bankverbindungen des Beklagten, kann der Vorlageanspruch – als Minus – zunächst auch in der Weise geltend gemacht werden, dass der Beklagte zunächst **Auskunft** über seine Bankverbindungen (IBAN etc) zu erteilen hat, woraufhin der Antrag entsprechend bestimmt abgefasst werden kann.

IV. Grenzbeschlagnahme[311]

243 Eine weitere Möglichkeit, gegen Verletzungsprodukte einzuschreiten, ist die sogenannte »Grenzbeschlagnahme« durch die Zollbehörden. Zu unterscheiden sind das – prioritäre – gemeinschaftsrechtliche Vorgehen auf der Grundlage der VO (EU) Nr 608/2013 vom 12.6.2013[312], die ergänzt wird durch § 142b PatG, und das nationale Beschlagnahmeverfahren (zB nach § 142a PatG). Bewilligungsbehörde für Anträge in Deutschland ist in beiden Fällen die Generalzolldirektion mit Sitz in München (vormals: Oberfinanzdirektion Nürnberg).[313]

244 Für eine Beschlagnahme (dh eine vorübergehende zollamtliche Sicherstellung der Ware) müssen grundsätzlich **drei Voraussetzungen** zusammen kommen:

245 – Der Rechtsinhaber (oder ein anderweitig Berechtigter) muss einen **Grenzbeschlagnahmeantrag** gestellt haben.[314]

246 – Es müssen Anhaltspunkte für eine **Schutzrechtsverletzung** bestehen. Insoweit trifft die Zollbehörde eine eigene Prüfungs- und Feststellungspflicht.[315] Der Sache nach handelt es sich nicht um eine vollständige Beurteilung des Verletzungssachverhaltes ähnlich derjenigen, wie sie in einem Verletzungsprozess stattfindet. Dafür fehlen dem Zoll schon die personellen Voraussetzungen. Vielmehr wird das Vorliegen bestimmter Identifikationskriterien untersucht, die der Schutzrechtsinhaber als Indikator für eine Schutzrechtsverletzung benannt hat. Darüber hinaus muss sich die Zollbehörde im Rahmen ihrer Möglichkeiten selbstverständlich dahin gehend vergewissern, ob die ihr benannten Kriterien wirklich für eine Schutzrechtsverletzung stichhaltig und schlüssig sind.

247 – Die zu beschlagnahmende Ware muss sich in einer **Beschlagnahmesituation** befinden, womit gemeint ist, dass (und so lange) sie sich unter zollamtlicher Überwachung

---

311 Vgl Rinnert/Witte, GRUR 2009, 29; Worm/Gärtner, Mitt 2007, 497; Hoffmeister/Böhm, FS Eisenführ, 2003, 161; Cordes, GRUR 2007, 483; Hermsen, Mitt 2006, 261; Weber, WRP 2005, 961; Nägele/Nitsche, WRP 2007, 1047; Dörre/Maaßen, GRUR-RR 2008, 269; Kather, FS Mes, 2009, S 185.
312 ABl EU Nr L 181/5 v 29.6.2013. Sie hat mit Wirkung ab 1.1.2014 die VO (EG) Nr 1383/2003 iVm der Durchführungsverordnung der EG-Kommission Nr 1891/2004 vom 21.10.2004, geändert durch die Verordnung (EG) Nr 1172/2007, abgelöst.
313 Generalzolldirektion, Direktion VI, Zentralstelle Gewerblicher Rechtsschutz (ZGR), Sophienstraße 6, 80333 München; erforderliche Antragsformulare sowie umfängliche Dokumentationen und Erläuterungen zur Grenzbeschlagnahme sind auf der Internetseite der ZGR zu finden: www.zoll-d.de.
314 Ausnahme: Art 18 VO (EU) 608/2013.
315 LG Düsseldorf, InstGE 9, 130 – Druckbogenstabilisierer II.

(Art 37 ZK) befindet, die einen behördlichen Zugriff gestattet.[316] Sie wird typischerweise durch die Ein- oder Ausfuhr begründet, kann sich jedoch in Messefällen auch auf das Reisegepäck beziehen, nämlich dann, wenn dort mitgeführte Gegenstände auf einer Messe ausgestellt (und damit gewerblich benutzt) werden.[317] Hier kann das zollbehördliche Verfahren auch noch während der Messe durchgeführt werden und zur Beschlagnahme führen.

1. Tätigwerden nach der VO (EU) Nr 608/2013[318]

a) Anwendungsgebiet

Ein Verfahren nach der VO (EU) 608/2013 ist nur in den in Art 1 Abs 1 aufgelisteten Situationen möglich, die zu einer zollamtlichen Kontroll- und Überwachungslage führen, also primär, aber nicht ausschließlich bei der Einfuhr bzw Durchfuhr[319] von Waren in das Gemeinschaftsgebiet bzw aus dem Gemeinschaftsgebiet heraus. Dass die VO (EU) 608/2013 diesbezüglich auf die Verordnung (EWG) Nr 2913/92 des Rates vom 12. Oktober 1992 zur Festlegung des Zollkodex der Gemeinschaften (ZK)[320] und nicht auf den modernisierten Zollkodex (VO [EWG] Nr 450/2008 zur Festlegung des Zollkodex der Gemeinschaft vom 23. April 2008, ZK II)[321] Bezug nimmt, hat seinen Grund darin, dass der modernisierte Kodex mangels Durchführungsverordnung nicht angewandt, sondern mit Wirkung ab 1. Mai 2016 durch die Verordnung (EU) Nr 952/2013 des Europäischen Parlaments und des Rates vom 9. Oktober 2013 zur Festlegung des Zollkodex der Union (UZG)[322] abgelöst worden ist. 248

Praktisch bedeutsam sind folgende **Beschlagnahmesituationen**: 249

– Anmeldung von Waren zur Überführung in den zollrechtlich freien Verkehr (Art 79 ff ZK) oder zur Ausfuhr oder Wiederausfuhr, 250

– Verbringen von Waren in das Zollgebiet[323] oder aus dem Zollgebiet der EU; 251

– Überführung von Waren in ein Nichterhebungsverfahren, zu denen nach Art 84 Abs 1 lit a) ZK gehören: Versandverfahren (Art 91 ff ZK)[324], Zolllagerverfahren (Art 98 ff ZK), aktive Veredelung (Art 114 ff ZK), Umwandlung unter zollamtlicher Überwachung (Art 130 ff ZK), vorübergehende Verwendung[325] (Art 137 ff ZK); 252

– Verbringen von Ware in eine Freizone oder ein Freilager (vgl Art 166 ZK). 253

Keine Anwendung findet die VO auf den Warenverkehr zwischen den Mitgliedstaaten. Durch Art 1 Abs 5 VO (EU) 608/2013 sind ferner solche Waren ausgeschlossen, die 254

---

316 ZB ein Zollverfahren iSv Art 4 Nr 16 ZK. Jenseits der genannten Zollverfahren kommt auch das bloße Verbringen der Ware als Beschlagnahmesituation in Betracht, dh der Zeitraum zwischen dem Grenzübertritt und dem Erreichen des ersten Zollamtes, in dem erstmals ein Zollverfahren gewählt werden kann.
317 Art 1 Abs 4 VO (EU) 608/2013.
318 Rinnert, GRUR 2014, 241.
319 EuGH, GRUR Int 2000, 748, 750 – Polo/Lauren/Dwidua; EuGH, GRUR 2004, 501 – Straffreie Rolex-Plagiate.
320 ABl EU Nr L 302 v 19.10.1992.
321 ABl EU Nr L 145/1 v 4.6.2008.
322 ABl EU Nr L 269/1 v 10.10.2013.
323 Zum Begriff vgl Art 3 ZK.
324 Es betrifft Waren, die nicht in das Gebiet der EU eingeführt, sondern lediglich unter Zollverschluss durch das Gemeinschaftsgebiet befördert werden sollen.
325 Betroffen ist zB Ware, die zur Ausstellung auf Messen bestimmt ist. Vgl dazu Rinnert/Witte, GRUR 2009, 29, 35.

mit Zustimmung des Rechtsinhabers hergestellt worden sind, auch wenn sie sich ohne Zustimmung des Rechtsinhabers in einer der in Art 1 VO (EU) 608/2013 aufgeführten Situationen befinden. Das gilt selbst dann, wenn die Herstellung unter Überschreitung einer Mengenbegrenzungsvereinbarung geschieht oder die Herstellung absprachegemäß nur für Drittländer außerhalb der Union gestattet ist (sog Paralleleinfuhren).

255 Grundlage von Maßnahmen nach der VO (EU) 608/2013 können nur die in Art 2 abschließend aufgelisteten **Schutzrechte** wie ua Patente, ergänzende Schutzzertifikate sowie Sortenschutzrechte sein (vgl Art 2 Nr 1 lit e) bis i)). Es muss sich nicht notwendig um EU-weite Gemeinschaftsrechte handeln (Unionsantrag[326]); ein Beschlagnahmebegehren nach der VO (EU) 608/2013 kann gleichermaßen auf nationale Schutzrechte gestützt werden (nationaler Antrag[327]). Im zuletzt genannten Fall rechtfertigt er zollbehördliche Maßnahmen freilich nicht im Gebiet der EU, sondern lediglich in Bezug auf dasjenige Inland, für welches das Schutzrecht seine territoriale Geltung entfaltet. Ein laufendes Rechtsbestandsverfahren und auch dessen erstinstanzlicher Erfolg stehen einer Grenzbeschlagnahme nicht entgegen. Anders als früher genügt neuerdings auch ein Gebrauchsmuster als verletztes Schutzrecht (Art 2 Nr 1 lit k)). Da es sich um ein reines Registerrecht handelt, dessen Schutzwirkungen nur eintreten, wenn kein Löschungsgrund besteht, und weil es im Beschlagnahmeverfahren um den Verdacht einer Schutzrechts*verletzung* geht, hat sich der Zoll hinsichtlich der Neuheit und Erfindungshöhe des Gebrauchsmustergegenstandes zu vergewissern, zB indem er sich eine positive Löschungs- oder Gebrauchsmusterverletzungsentscheidung oder einen amtlichen bzw patentanwaltlichen Recherchebericht vorlegen lässt.

256 In Bezug auf den **Handel zwischen** den **Mitgliedstaaten** und für Fälle der **Paralleleinfuhren** kommt lediglich das nationale Beschlagnahmerecht in Betracht (§ 142a PatG, § 25a GebrMG).

b) Antragsteller

257 Antragsberechtigt für einen nationalen[328] wie für einen Unionsantrag[329] ist nach Art 3 Nr 1 lit a) VO 608/2013 der **Schutzrechtsinhaber** iSv Art 2 Nr 8 VO (EU) 608/2013.

258 Im Übrigen ist zu differenzieren: Einen nationalen Antrag kann sowohl der einfache als auch der ausschließliche **Lizenznehmer** stellen, beide allerdings nur, wenn sie vom Rechtsinhaber mit einer förmlichen (schriftlichen) Ermächtigung zum Führen eines Schutzrechtsverletzungsprozesses ausgestattet sind (Art 3 Nr 2 lit a) VO (EU) 608/2013). Unter derselben Bedingung kann ein Unionsantrag allein von einem ausschließlichen Lizenznehmer iSv Art 2 Nr 21 VO (EU) 608/2013[330] gestellt werden, wobei die Lizenz zumindest im *gesamten* Gebiet von zwei Mitgliedstaaten gelten und für diese Staaten auch die Prozessführungsermächtigung erteilt sein muss (Art 3 Nr 3 VO [EU] 608/2013). Ihre Wirksamkeit richtet sich nach dem nationalen Recht des betroffenen Mitgliedstaates, zu dessen Rechtslage der Zoll bei Zweifeln ergänzende Darlegungen des Antragstellers verlangen kann.

c) Antrag

259 Unter besonderen Voraussetzungen können (nicht: müssen!) die Zollbehörden nach Art 18 Abs 1, Art 23 Abs 1 VO (EU) 608/2013 vor einem Antrag oder vor der Zulassung

---

326 Art 2 Nr 11, Art 4 VO [EU] 608/2013. Sie gibt es auf dem Gebiet des Patentrechts momentan ohnehin nicht.
327 Art 2 Nr 10 VO [EU] 608/2013.
328 Zum Begriff vgl Art 2 Nr 10 VO (EU) 608/2013.
329 Zum Begriff vgl Art 2 Nr 11 VO (EU) 608/2013.
330 ... eine Alleinlizenz genügt insoweit nicht.

eines Antrages tätig werden. Damit solches geschehen kann, darf es sich nicht um verderbliche Ware handeln und muss der Zoll von sich aus (zB aufgrund einer Vorbefassung mit früheren Anträgen) den Verdacht einer Schutzrechtsverletzung haben. Anders als zB bei berühmten Marken oder für geläufige Urheberrechte ist für den Bereich der technischen Schutzrechte Zurückhaltung geboten; zum einen, weil eine zwischenzeitliche Vernichtung des Patents für die Zollbehörde praktisch kaum absehbar ist, zum anderen, weil dieselbe Warenbezeichnung und -verpackung und dasselbe Design eine völlig andere, nunmehr schutzrechtsfreie Technik verbergen können.

Grundsätzlich ist jedoch ein schriftlich bei der zuständigen Zolldienststelle des Mitgliedstaates (ZGR) einzureichender Antrag nach Art 5, 6 VO (EU) 608/2013 erforderlich. Das Antragsverfahren ist weitgehend formalisiert. Es ist das vorgeschriebene Formblatt zu verwenden und es müssen zu allen dort benannten Einzeltatsachen Angaben gemacht werden (Art 5, 6 VO [EU] 608/2013). 260

Ua ist die **Berechtigung zur Antragstellung** durch schriftliche Unterlagen nachzuweisen, namentlich durch ggf beglaubigte Abschriften der Schutzrechte bzw Rollenauszüge sowie im Falle eines Nutzungsberechtigten durch Vorlage von Lizenzverträgen und Ermächtigungen (Art 6 Abs 3 lit c) VO (EU) 608/2003). Für das Beschlagnahmeverfahren irrelevante Details dürfen geschwärzt werden. Ausreichend sind auch schriftliche Bestätigungserklärungen der Beteiligten, nicht jedoch schriftliche Zeugenaussagen über bloß mündlich getroffene Vereinbarungen. 261

Der Antrag hat ferner darzustellen, dass der **Verdacht** (nicht die Gewissheit oder gar die Offensichtlichkeit) **einer Schutzrechtsverletzung** gegeben ist. Dieses Erfordernis hat zwei Aspekte. Zunächst muss ohne die Beschlagnahmemaßnahme eine nach dem einschlägigen materiellen Patentrecht des betreffenden Mitgliedstaates sanktionierte Patentbenutzung zu erwarten sein. Dafür reicht es aus, dass die schutzrechtsverletzende Ware (zB über Internet) im Inland angeboten wurde und dieses Angebot mit der beschlagnahmten Ware ausgeführt werden soll.[331] Es bedarf des Weiteren »*hinreichender Anhaltspunkte dafür*«, dass die zu beschlagnahmende Ware »*dem Anschein nach*« unmittelbar oder mittelbar (Art 2 Nr 7 VO [EU] 608/2013) patentverletzend ist. Die Anforderungen sind dementsprechend gering. Zwar wird das formelle Bestehen eines Patents verifiziert, eine ins Einzelne gehende materielle Schutzbereichsprüfung findet jedoch nicht statt. Die Zollbehörden beurteilen den Verdacht einer Patentverletzung in der Praxis vielmehr nach den Angaben des Rechtsinhabers. Damit dies geschehen kann, muss der Antrag besondere Merkmale und technische Daten benennen, die das geschützte Erzeugnis ausmachen und (ähnlich wie im Besichtigungsverfahren) die Wahrscheinlichkeit einer Schutzrechtsverletzung ergeben; weiterhin muss der Antrag Informationen enthalten, die es der Zollbehörde erlauben, die mutmaßliche schutzrechtsverletzende Ware unter den praktischen Bedingungen einer zollbehördlichen Kontrolle leicht zu erkennen (Art 6 Abs 3 lit g) bis i) VO (EU) 608/2013). Wenn erschöpfte Ware auf dem Markt ist, haben sich die Identifizierungsangaben auch hierüber zu verhalten. Zu denken ist an: 262

– äußerliche Erkennungszeichen an der Ware, Verpackung oder dergleichen, die das Originalprodukt (oder umgekehrt das Plagiat) kennzeichnen; 263

– typische Einfuhrwege, die sich von den Einfuhrwegen der Originalware unterscheiden; 264

– typischerweise für das Plagiat bzw die Originalware verwendete Transportmittel. 265

---

331 Vgl EuGH, Mitt 2014, 200 – Rolex (LS).

266 Der Zoll darf die geltend gemachten Indizien für eine Schutzrechtsverletzung nicht ungeprüft übernehmen; vielmehr obliegt es ihm, die angeführten Verdachtsmomente wenigstens auf ihre sachliche Schlüssigkeit (Plausibilität) zu verifizieren. Die technischen Behauptungen des Antragstellers darf die ZGR grundsätzlich als zutreffend zugrunde legen. **Schutzschriften** sind zu berücksichtigen.

267 Schließlich muss der Antrag verschiedene **Verpflichtungserklärungen** enthalten, ua eine solche, nach der der Antragsteller für alle Kosten der Tätigkeit der Zollbehörden[332] (einschließlich der Vernichtung[333]) einsteht (Art 6 Abs 3 lit o), Art 29 VO (EU) 608/2013) und unter bestimmten Voraussetzungen die Haftung für Schäden des Betroffenen einer Grenzbeschlagnahme übernimmt (Art 6 Abs 3 lit n), Art 28 VO (EU) 608/2013). Eine Bonitätsprüfung findet in diesem Zusammenhang nicht statt. Der Hinterlegung einer Sicherheit bedarf es ebenfalls nicht.

268 Für jeden Mitgliedstaat kann grundsätzlich nur ein einziger nationaler und ein einziger Unionsantrag für dasselbe dort geschützte Recht gestellt werden; ein weiterer Unionsantrag ist nur zulässig, wenn er von einem ausschließlichen Lizenznehmer gestellt wird (Art 5 Abs 4 VO [EU] 608/2013).

269 Der Antrag kann entweder einzelfallbezogen (Art 11 Abs 2 VO [EU] 608/2013) oder höchstens für **ein Jahr** gestellt werden (Art 11 Abs 1 Satz 2 VO [EU] 608/2013), ist aber – wiederum gebührenfrei (Art 12 Abs 6 VO [EU] 608/2013) und wiederum für maximal ein Jahr (Art 12 Abs 4 VO [EU] 608/2013) – verlängerbar (Art 12 VO [EU] 608/2013).

d) Mitteilungspflichten

270 Damit die Zollbehörden ihre Tätigkeit einstellen können, sobald der Beschlagnahmeanlass entfallen ist (zB weil das zugrunde liegende Schutzrecht vernichtet ist, der Antragsteller seine Berechtigung verloren hat [Art 11 Abs 3, Art 12 Abs 5 VO [EU] 608/2013] oder Erkenntnisse zur Nichtverletzung der verdächtigten Ware existieren), treffen den begünstigten Antragsteller Mitteilungspflichten. Er hat der bewilligenden Zollbehörde unverzüglich den Wegfall des Schutzrechts und/oder seiner Antragsberechtigung sowie eine veränderte Erkenntnislage zum Verletzungstatbestand anzuzeigen (Art 15 VO [EU] 608/2013). Rechtserheblich (und somit deklarationspflichtig) ist allein der endgültige (= rechtskräftige) Fortfall des Antragsschutzrechts, nicht dessen nur erstinstanzliche Vernichtung. Fällt das Schutzrecht bloß für die Zukunft weg (zB wegen Verzichts oder Doppelschutzverbotes), kann der Beschlagnahmeanlass weiterhin bejaht werden, wenn in Bezug auf die zu beschlagnahmende Ware Ansprüche wegen Schutzrechtsverletzung denkbar sind, die eine behördliche Einwirkung auf die Sache im Sinne ihrer Entziehung und/oder Zerstörung rechtfertigen. Das trifft beispielsweise auf den Anspruch auf Rückruf und Vernichtung nach § 140a PatG zu.

e) Tätigwerden

271 War der an die ZGR gestellte Beschlagnahmeantrag erfolgreich, haben die mit der Zollkontrolle befassten Dienststellen in jeder eine Beschlagnahme ermöglichenden Kontrollsituation (zB an den Landesgrenzen, an Flughäfen etc) darüber zu entscheiden, ob auf eine bestimmte Ware zugegriffen wird oder nicht.

---

332 Eine Bearbeitungsgebühr für den Grenzbeschlagnahmeantrag wird nicht erhoben (Art 8 VO [EU] 608/2013).
333 Handelt es sich um schadstoffbelastete Ware, die zu vernichten ist, können ganz erhebliche Entsorgungskosten anfallen.

aa) Aussetzung der Überlassung/Zurückhaltung

Ein Tätigwerden der Zollbehörde kommt zunächst dahingehend in Betracht, dass die im Zollverfahren befindliche und als möglicherweise schutzrechtsverletzend identifizierte Ware vorübergehend zurückgehalten bzw ihre Überlassung ausgesetzt wird (Art 17 Abs 1 VO [EU] 608/2013). Der Sache nach handelt es sich um eine amtliche Beschlagnahme.

Ob ein Verdacht der Schutzrechtsverletzung besteht und ob das Risiko einer Fehleinschätzung so gering ist, dass eine zollbehördliche Maßnahme angebracht ist, hat die Zolldienststelle in jedem Einzelfall zu prüfen. Sie hat dabei einen **Beurteilungsspielraum**, bei dessen Ausübung auch das legitime Interesse des Anmelders/Besitzers von Amts wegen zu berücksichtigen ist, nicht mit einem objektiv unberechtigten Verletzungsvorwurf und darauf gestützten behördlichen Beschlagnahmemaßnahmen belastet zu werden. Für den Antragsteller bedeutet dies, dass es in seinem eigenen Interesse ist, die Kriterien einer Verletzung seines Schutzrechts (ggf mithilfe von Sachverständigengutachten) so aufzubereiten, dass die Zollbehörde die Gefahr einer Falschbeurteilung des Verletzungstatbestandes bei Anwendung der vom Antragsteller benannten Verletzungsindizien minimal einschätzen wird.

Besonderheiten sind zu beachten, wenn die Ware zu einem **Nichterhebungsverfahren** (zB Zolllagerverfahren, externer Versand) angemeldet und hierbei aufgespürt wird. Innerhalb der besagten Verfahren kann es nicht zu einer Schutzrechtsverletzung kommen, weil es wegen des bestehenden zollamtlichen Verschlusses an einem Inverkehrbringen fehlt. Ist als Empfangsland ein Drittstaat vorgesehen, kann deshalb ein Verletzungsvorwurf nur dann vorstellbar und damit ein zollbehördliches Tätigwerden möglich sein, wenn Anhaltspunkte dafür existieren, dass die Waren – entgegen ihrer deklarierten Bestimmung – in die Union umgeleitet werden. Diese Anhaltspunkte müssen in jedem Fall *konkret* sein und ergeben sich noch nicht aus dem Umstand, dass die schutzrechtsverletzende Ware aus einem Drittstaat stammt und in einem Nichterhebungsverfahren in das Zollgebiet der Union verbracht wurde.[334] Andererseits bedarf es für ein zollbehördliches Tätigwerden nicht des Nachweises einer Begehungsgefahr für ein Inverkehrbringen, wie er in einem Schutzrechtsverletzungsprozess für eine Unterlassungsverurteilung notwendig wäre. Erforderlich, aber auch ausreichend sind vielmehr Anhaltspunkte, die den *Verdacht* begründen können, dass die rechtsverletzende Ware in die Union gelangen wird. Solche Anhaltspunkte können insbesondere liegen in der Nichtangabe der Bestimmung der Waren, obwohl das beantragte Nichterhebungsverfahren eine entsprechende Erklärung verlangt, dem Fehlen genauer oder verlässlicher Informationen über die Identität oder die Anschrift des Herstellers oder des Versenders der Waren, einer mangelnden Zusammenarbeit mit den Zollbehörden oder auch dem Auffinden von Unterlagen oder Schriftverkehr, die die fraglichen Waren betreffen und vermuten lassen, dass eine Umleitung dieser Waren zu den Verbrauchern in der Union eintreten kann.[335]

Wird positiv über den Antrag auf Tätigwerden entschieden, werden über die Aussetzung der Überlassung/Zurückhaltung **von Amts wegen** sowohl der Anmelder bzw Besitzer[336] der zur Diskussion stehenden Waren binnen eines Arbeitstages (Art 17 Abs 3 Satz 1 VO [EU] 608/2013) als auch – möglichst zeitgleich – der Antragsteller (Art 17 Abs 3 Satz 3 VO [EU] 608/2013) unterrichtet, wobei Informationen über Menge und Art der Waren mitgeteilt werden *müssen*, während Abbildungen der angehaltenen Ware überlassen werden den *können* (Art 17 Abs 4 Satz 1 VO [EU] 608/2013).

---

334 EuGH, GRUR 2012, 828 – Philips und Nokia.
335 EuGH, GRUR 2012, 828 – Philips und Nokia.
336 Zum Begriff vgl Art 2 Nr 14 VO (EU) 608/2013.

276 Weitere Informationen zur Person des Empfängers, zum Versender, zu Herkunft und Bestimmung der Ware erhält der Antragsteller nur **auf Antrag** und nur, sofern die Zollbehörde über die fraglichen Kenntnisse liquide verfügt (Art 17 Abs 4 Satz 2 VO [EU] 608/2013). Der Antragsteller erhält die Möglichkeit, die Waren zu inspizieren (Art 19 Abs 1 VO [EU] 608/2013). Er kann aber nicht verlangen, dass die Zollbehörde repräsentative Proben oder Muster entnimmt und ihm zur Analyse überlässt, weil Art 19 Abs 2 VO (EU) 608/2013 diese Möglichkeit nur für »*nachgeahmte Waren*« sowie »*unerlaubt hergestellte Waren*« vorsieht, die nach der Legaldefinition in Art 2 Nr 5, 6 VO (EU) 608/2013 keine Gegenstände umfassen, für die ein technisches Schutzrecht besteht. Der Antragsteller erhält durch die Möglichkeit zur eigenen Prüfung die Chance, verlässliche Feststellungen zur Verletzungsfrage zu treffen, die ihm nicht nur das weitere Agieren im Beschlagnahmeverfahren erleichtern, sondern ihm genauso gut in einem Verletzungsprozess zugutekommen. Der Antrag ist ausdrücklich zu stellen, wobei dies sowohl bezogen auf eine einzelne Maßnahme als auch generell zusammen mit dem Antrag auf Tätigwerden nach Art 5 VO 1383/2003 geschehen kann. Verwenden darf der Antragsteller die besagten Informationen nur zu ganz bestimmten Zwecken[337], nämlich zur (zivil- oder strafrechtlichen) Rechtsverfolgung (Art 21 lit a) bis d) VO (EU) 608/2013), zur Herbeiführung einer einverständlichen Vernichtung der angehaltenen Ware nach Art 23 VO (EU) 608/2013 (Art 21 lit e) VO (EU) 608/2013) und zur einvernehmlichen Bestimmung einer Sicherheitsleistung nach Art 24 Abs 2 lit a) VO (EU) 608/2013, gegen die die beschlagnahmte Ware freiwillig überlassen werden kann (Art 21 lit f) VO (EU) 608/2013).

bb) Vernichtung

277 Das weitere Tätigwerden der Zollbehörde besteht in einer Vernichtung der beschlagnahmten Ware. Sie kommt in zwei Konstellationen in Betracht, nämlich – Erstens – im sog vereinfachten Verfahren nach Art 23 Abs 1 VO (EU) 608/2013 und – Zweitens – für Waren in Kleinsendungen nach Art 26 VO (EU) 608/2013.

(1) Vereinfachtes Verfahren

278 Ohne dass die Zollbehörde sich – über die für die Aussetzung der Überlassung notwendigen Verdachtsmomente hinaus – selbst vom Vorliegen einer Schutzrechtsverletzung überzeugen muss und ohne dass ihr auch nur die Einleitung eines nationalen Schutzrechtsverletzungsverfahrens nachgewiesen wird, erfolgt die Vernichtung der beschlagnahmten Ware in einem vereinfachten Verfahren[338] (Art 23 Abs 1 VO [EU] 608/2013), welches durch § 142b PatG im nationalen Recht installiert worden ist.

(a) Beiderseitige Zustimmung zur Vernichtung

279 Es ist, wenn die nachfolgenden beiden Bedingungen erfüllt sind, zwingend anzuwenden.[339]

280 – Innerhalb einer Frist von 10 Arbeitstagen bzw 3 Arbeitstagen bei leicht verderblichen Waren, die mit der Mitteilung (= Zugang) über die Aussetzung der Überlassung zu laufen beginnt, bestätigt der **Antragsteller** schriftlich, dass seines Erachtens eine Schutzrechtsverletzung durch die beschlagnahmte Ware gegeben ist (was sich ggf anhand der durchgeführten Inspektion verlässlich beurteilen lässt) und er der Vernichtung der Ware zustimmt (Art 23 Abs 1 lit a), b) VO (EU) 608/2013). Ob die

---

337 Vor der Vernichtung entnommene Proben oder Muster können demgegenüber zu Bildungszwecken verwendet werden (Art 23 Abs 2 Satz 2, 3 VO [EU] 608/2013).
338 Vgl dazu Eichelberger, Mitt 2010, 281.
339 Erwägungsgrund (16) der VO (EU) 608/2013.

Frist gewahrt ist, beurteilt sich nach dem Eingang der Bestätigungserklärung bei der Zollbehörde.

- Der **Anmelder/Besitzer** der Ware willigt ebenfalls binnen 10 Arbeitstagen bzw 3 Arbeitstagen bei leicht verderblichen Waren, die mit der Mitteilung (= Zugang) über die Aussetzung der Überlassung an ihn zu laufen beginnt, schriftlich in die Vernichtung ein (Art 23 Abs 1 lit c) VO (EU) 608/2013). Die Bestätigung ist nicht an die ZGR, sondern an diejenige Zolldienststelle zu richten, welche die Ware angehalten hat. Die erforderliche Zustimmung zur Vernichtung seitens des Anmelders, Besitzers oder Eigentümers kann (nicht: muss!) von der Zollbehörde angenommen werden, wenn fristgerecht weder eingewilligt noch abgelehnt, sondern zB geschwiegen wird.[340] Um sicher zu gehen, dass das Schweigen des Anmelders/Besitzers nicht darauf beruht, dass ihn die Mitteilung über die Aussetzung der Überlassung unverschuldet überhaupt nicht erreicht hat (zB weil sie auf dem Postweg verloren gegangen ist), bedarf es eines Nachweises des Zugangs bei ihm. 281

- »**Vernichtung**« meint die Einziehung und anschließende substanzielle Zerstörung oder funktionelle Unbrauchbarmachung der zurückgehaltenen Ware (Art 2 Nr 16 VO [EU] 608/2013). Sie geschieht unter zollamtlicher Überwachung durch den Rechtsinhaber selbst (bzw durch von ihm Beauftragte), dem/denen die Ware zu diesem Zweck übergeben wird. Übernimmt die Zollbehörde die organisatorische Abwicklung der Vernichtung, ist der Rechtsinhaber kostenpflichtig (Art 29 Abs 1 VO [EU] 608/2013). 282

(b) Ausbleiben einer Zustimmungserklärung

Sofern die Bestätigungserklärungen nicht abgegeben werden, hat dies folgende Konsequenzen: 283

- Geht innerhalb der Fristen des Art 23 Abs 1 lit a), b) VO (EU) 608/2013 auch nur eine der beiden vom **Antragsteller** benötigten Bestätigungen (Behauptung einer Schutzrechtsverletzung, Zustimmung zur Vernichtung) nicht ein und ist die Zollbehörde auch nicht über die Einleitung eines Verfahrens zur Feststellung einer Schutzrechtsverletzung unterrichtet, wird die Überlassung der beschlagnahmten Waren bewilligt bzw die Zurückhaltung aufgehoben (Art 23 Abs 1 VO [EU] 608/2013). Der Antragsteller haftet für Schäden des Anmelders, Besitzers bzw Eigentümers der Waren. Wird jedoch festgestellt, dass Waren ein Schutzrecht verletzen, dürfen diese gemäß Art 25 VO (EU) 608/2013 nicht in das Zollgebiet der Gemeinschaft eingeführt, aus diesem ausgeführt etc werden. 284

- Stimmt der **Anmelder/Besitzer** einer Vernichtung der beschlagnahmten Ware nicht schriftlich zu und kann seine Einwilligung auch nicht mangels ausdrücklichen Widerspruchs unterstellt werden, teilt die Zollbehörde dem Antragsteller dies unverzüglich mit. Hat er (im Vorgriff auf ein mögliches Scheitern des vereinfachten Vernichtungsverfahrens) binnen 10 Arbeitstagen bzw 3 Arbeitstagen bei leicht verderblichen Waren seit der Mitteilung der Aussetzung an ihn ein »Verfahren zur Feststellung der Schutzrechtsverletzung« eingeleitet oder hat er dies zumindest innerhalb einer ihm um maximal weitere 10 Arbeitstage verlängerten Frist getan, verhindert er damit die ansonsten erfolgende Überlassung der Ware an den Anmelder/Besitzer (Art 23 Abs 3 bis 5 VO [EU] 608/2013). Die Überlassung wird weiter ausgesetzt, bis das Schutzrechtsverletzungsverfahren abgeschlossen ist, welches endgültig über das weitere Schicksal der Ware entscheidet. 285

---

340 Art 23 Abs 1 Buchst c) Satz 2 VO (EU) 608/2013.

286 Das einzuleitende Verfahren muss darauf abzielen festzustellen, ob mit Blick auf die beschlagnahmte Ware eine Schutzrechtsverletzung vorliegt. Auf die **Verfahrensart** kommt es nicht an, weswegen ein einstweiliges Verfügungsverfahren genauso tauglich ist wie eine Hauptsacheklage wegen Patentverletzung. Gleichermaßen ist die Parteirolle unerheblich, weshalb als »Verfahren« auch die negative Feststellungsklage des potentiellen Verletzers in Betracht kommt. Nicht ausreichend ist nach der – allerdings bedenklichen – Praxis der Zollbehörden[341] ein Strafverfahren. Ob auch ein Beschlagnahmeverfahren nach nationalen Regeln genügt, ist streitig.[342] Die vom Zoll angehaltene Ware muss ihrer Art nach Gegenstand des Verfahrens um die Schutzrechtsverletzung sein. Das verlangt nicht notwendig, dass sie ganz konkret Streitgegenstand ist; vielmehr genügt, wenn die ihr eigene Konstruktion und/oder Wirkungsweise sich derart in der angegriffenen Ausführungsform des Verletzungsprozesses wiederfindet, dass mit dessen Entscheidung zwangsläufig auch das Urteil über den Beschlagnahmegegenstand gefallen ist. Um die Sache für die Zollbehörden nachvollziehbar zu machen, sollte der Beschlagnahmegegenstand als solcher tunlichst in den Verletzungsprozess einbezogen werden.

287 Die Verfahrenseinleitung ist den Zollbehörden in geeigneter Weise, zB durch Übermittlung einer möglichst mit Eingangsstempel des Gerichts versehenen Klage- bzw Antragsschrift, zu belegen. Die Zulässigkeit der Klage ist keine Bedingung der Aussetzungsfortdauer und mithin durch die Zollbehörde nicht zu prüfen.

288 Ob das Verfahren auf Feststellung der Schutzrechtsverletzung **vom Antragsteller selbst betrieben** werden muss, macht der Verordnungstext nicht eindeutig klar. Während die Formulierung in Art 23 Abs 3 VO (EU) 608/2013 hierauf hindeutet, stellen andere Vorschriften (Art 23 Abs 1 aE, Art 23 Abs 5, Art 24 Abs 1, Art 26 Abs 9 VO [EU] 608/2013) nur darauf ab, dass in Bezug auf die fragliche Ware überhaupt ein Schutzrechtsverletzungsverfahren anhängig ist. Die Frage hat Bedeutung, wenn der Patentinhaber den Beschlagnahmeantrag stellt und sein Lizenznehmer das Verfahren wegen Schutzrechtsverletzung führt oder wenn – umgekehrt – ein Lizenznehmer das Beschlagnahmeverfahren betreibt und der Schutzrechtsinhaber den Verletzungsprozess führt. Zwar ist ein Lizenznehmer nur dann zur Stellung eines Beschlagnahmeantrages berechtigt, wenn er im Besitz einer Prozessführungsermächtigung des Schutzrechtsinhabers ist; letzterer verliert dadurch jedoch nicht die Befugnis, die fraglichen Ansprüche im eigenen Namen zu verfolgen, weil jede Prozessführungsermächtigung einseitig widerrufen werden kann, so lange der Prozessstandschafter die Ansprüche noch nicht in seinem Namen anhängig gemacht hat.[343] Da mit der Forderung nach einem Verfahren zur Feststellung der Schutzrechtsverletzung gewährleistet sein soll, dass die von den Zollbehörden nicht selbst abschließend zu beurteilende Verletzungsfrage einer Klärung zugeführt wird, sollte auch allein die Anhängigkeit eines Verfahrens mit diesem Streitstoff den Ausschlag geben und nicht, wer formell der Antragsteller oder Kläger in diesem Verfahren ist.

(2) Kleinmengen

289 Die zweite aus Praktikabilitätsgründen eingeführte Alternative zur Vernichtung betrifft nicht verderbliche Waren, die in »Kleinsendungen« transportiert werden (Art 26 VO [EU] 608/2013), womit Post- oder Eilkuriersendungen gemeint sind, die höchstens drei

---

341 Rundschreiben der Bundesfinanzdirektion Südost v 20.8.2008.
342 Vgl zur Rechtslage unter Geltung von Art 10 VO 1383/2003: Ablehnend OLG München, ZfZ 1997, 204; ebenso Ahrens, BB 1997, 902, 904; aA: Kampf, ZfZ 2003, 110, 114; Beußel, ZfZ 1997, 207.
343 BGH, NJW-RR 1986, 158; vgl Leyendecker, ZZP 122, 465.

Einheiten[344] umfassen oder ein Bruttogewicht von weniger als zwei kg haben (Art 2 Nr 19 VO [EU] 608/2013).

Innerhalb eines Arbeitstages nach der Aussetzung der Überlassung wird der Anmelder/ Besitzer von der Zollbehörde über deren Absicht unterrichtet, die angehaltene Ware zu vernichten, und über sein Widerspruchsrecht belehrt. Die Vernichtung erfolgt, wenn der Anmelder der Vernichtung binnen 10 Arbeitstagen nach Bekanntgabe (= Zugang) der Aussetzungsentscheidung an ihn **zustimmt** (Art 26 Abs 5 VO [EU] 608/2013). Erteilt er fristgerecht keine Einwilligung und erklärt er auch keinen, können die Zollbehörden von seinem Einverständnis ausgehen (Art 26 Abs 6 VO [EU] 608/2013) und die Vernichtung unter zollamtlicher Aufsicht (Art 26 Abs 7 VO [EU] 608/2013) auf Kosten des Antragstellers (Art 29 Abs 1 VO [EU] 608/2013) vornehmen. Der Antragsteller selbst wird im Zusammenhang mit der behördlichen Aussetzung der Überlassung nicht eigens involviert. Gestützt auf den generellen Antrag auf Durchführung des Kleinmengen-Vernichtungsverfahrens, den der Antragsteller bei seinem allgemeinen Grenzbeschlagnahmeantrag gestellt hat, geschieht die Vernichtung mithin auf alleinige Initiative der Zolldienststelle hin. Dem Antragsteller ist damit – anders als gewöhnlich – die Möglichkeit genommen, sich Muster und Proben der beschlagnahmten Ware aushändigen zu lassen (Art 26 Abs 2, Art 19 Abs 2 VO [EU] 608/2013), diese (auch für eine anderweitige Rechtsverfolgung in einem Verletzungsprozess) eingehend auf das Vorliegen einer Schutzrechtsverletzung zu prüfen und, gestützt auf die hierbei gewonnenen Erkenntnisse, erforderlichenfalls eine unberechtigte und zum Schadenersatz verpflichtende Vernichtung der tatsächlich schutzrechtsfreien Ware abzuwenden. Im Falle der Vernichtung erhält der Antragsteller nachträglich Informationen zu Art und Menge der Ware (Art 26 Abs 7 VO [EU] 608/2013). 290

Hat der Anmelder/Besitzer der Vernichtung **nicht zugestimmt** und kann von seinem Einverständnis auch nicht nach Art 26 Abs 6 VO (EU) 608/2013 ausgegangen werden, erhält der Antragsteller Informationen über die Ware, den Empfänger, Versender, die Herkunft und Bestimmung. Leitet er binnen 10 Arbeitstagen nach dieser Mitteilung ein Verfahren auf Feststellung der Schutzrechtsverletzung ein, wird die Fortdauer der Aussetzung angeordnet, ansonsten wird die Ware an den Anmelder/Besitzer überlassen (Art 26 Abs 9 VO [EU] 608/2013). 291

cc) Frühzeitige Überlassung

Ist ein Schutzrechtsverletzungsverfahren anhängig, sodass die Aussetzung der Überlassung grundsätzlich andauert, hat der Anmelder/Besitzer seinerseits die Möglichkeit, auf eine frühzeitige Herausgabe der angehaltenen Ware an ihn vor Beendigung des laufenden Verletzungsverfahrens anzutragen (Art 24 VO [EU] 608/2013). Neben der Erfüllung aller Zollförmlichkeiten (Art 24 Abs 2 lit c) VO (EU) 608/2013) bestehen zwei wichtige Voraussetzungen. 292

– Erstens muss der Anmelder eine **Sicherheit** geleistet haben, deren Höhe ausreicht, um den Antragsteller angemessen zu schützen (Art 24 Abs 2 lit a) VO (EU) 608/2013). Maßgeblich ist derjenige Schaden, der dem Antragsteller mutmaßlich dadurch entsteht, dass sich die beschlagnahmte Ware tatsächlich als schutzrechtsverletzend erweist und deswegen durch die verfügte Überlassung an den Anmelder/Besitzer und dessen weitere Verwendung zu Unrecht in den Geschäftsverkehr gelangt. Es bedarf einer vernünftigen Folgenabschätzung. Da der Zollbehörde der notwendige Einblick aus eigenem Wissen fehlt, sind sowohl der Antragsteller als auch der Anmelder/Besitzer zu hören. Der durch den patentverletzenden Vertrieb der Ware ausgelöste Scha- 293

---

344 Vgl Art 2 Nr 19 Satz 2 VO (EU) 608/2013.

denersatzanspruch wegen Patentverletzung (§ 139 Abs 2 PatG) zzgl der mit dem zollbehördlichen Verfahren verbundenen Kosten (Art 29 Abs 1 VO [EU] 608/2013) sowie der zur Rechtsverfolgung aufgewandten notwendigen Anwaltsgebühren des Antragstellers wird im Allgemeinen den Mindestbetrag der Sicherheitsleistung markieren. Aus Sicherheitsgründen können in geeigneten Fällen zur Abgeltung unvorhersehbarer weiterer Schäden moderate Zuschläge gerechtfertigt sein.

294 – Zweitens darf die zuständige Stelle, bei der das Schutzrechtsverletzungsverfahren geführt wird, **keine Sicherungsmaßnahme** zugelassen haben (Art 24 Abs 2 lit b) VO (EU) 608/2013). Damit sind die angehaltene Ware betreffende Anordnungen gemeint, die ihrer Freigabe zu Lasten des Antragstellers entgegenstehen, zB eine Verwahrungsanordnung, die zur Sicherung des Vernichtungsanspruchs gemäß § 140a PatG im einstweiligen Verfügungsverfahren ergangen ist.

295 Die frühzeitige Überlassung stellt einen wichtigen Rechtsbehelf des von der Beschlagnahme Betroffenen dar, weil die bloße Einleitung eines Schutzrechtsverletzungsverfahrens (dessen Ausgang ungewiss sein kann) die auf Verdachtsgründe gestützte Beschlagnahme ansonsten bis zum Verfahrensabschluss perpetuiert. Sie ist deswegen stets ernsthaft in Betracht zu ziehen und von ihr sollte Gebrauch gemacht werden, wenn es die beiderseitige Interessenlage gestattet, zB weil das Schutzrecht erstinstanzlich vernichtet ist oder begründete Zweifel am Verletzungstatbestand bestehen und der Anmelder/Besitzer ein schutzwürdiges Interesse daran nachweisen kann, dass die Sache kurzfristig an ihn freigegeben wird (zB um dringende Lieferverpflichtungen erfüllen zu können).

f) Rechtsmittel

296 Gegen die Aussetzung der Überlassung bzw Zurückhaltung der Waren steht dem Betroffenen der **Einspruch** nach Art 245 Zollkodex, §§ 347 ff AO zur Verfügung. Die Frist beträgt einen Monat nach Bekanntgabe der Mitteilung. Überprüft werden alle Voraussetzungen der in Rede stehenden zollbehördlichen Maßnahme.

297 Zur Wehr setzen kann sich der Antragsgegner schließlich auch mit den Mitteln des Zivilverfahrensrechts.

298 – Ist im Grenzbeschlagnahmeverfahren Ware zurückgehalten bzw die Überlassung der Ware ausgesetzt worden und macht der Antragsgegner geltend, dass dadurch rechtswidrig in seinen **eingerichteten und ausgeübten Gewerbebetrieb** eingegriffen wird, weil die Ware nicht schutzrechtsverletzend sei und der Antragsteller das Beschlagnahmeverfahren mit seinen in dieser Hinsicht eingeschränkten Prüfungsmöglichkeiten für sich ausgenutzt habe, so steht dem Antragsgegner hierfür der Rechtsweg zu den ordentlichen Gerichten zur Verfügung.[345] Das Rechtsschutzinteresse für ein Vorgehen auf zivilrechtlichem Wege entfällt nicht wegen derjenigen Rechtsschutzmöglichkeiten, die das Grenzbeschlagnahmeverfahren für den Antragsgegner vorsieht.[346] Die Inanspruchnahme des Grenzbeschlagnahmeverfahrens als eines staatlich eingerichteten und geregelten Verfahrens begründet allerdings in der Regel keinen rechtswidrigen Eingriff in den Gewerbebetrieb des Antragsgegners. Es trifft zwar zu, dass die VO (EU) 608/2013 dem Schutzrechtsinhaber eine deutlich stärkere Rechtsposition einräumt, der die gegenläufigen Belange des mutmaßlichen Verletzers (Gewährung rechtlichen Gehörs, Möglichkeit, Grenzbeschlagnahmemaßnahmen anzufechten oder außer Kraft zu setzen), untergeordnet werden, obwohl ggf bloß ein Verletzungs-

---

345 LG Düsseldorf, InstGE 9, 130 – Druckbogenstabilisierer II.
346 LG Düsseldorf, InstGE 9, 130 – Druckbogenstabilisierer II; LG Düsseldorf, Urteil v 9.11.2017 – 14d O 13/17.

verdacht gegeben ist. So lange der Schutzrechtsinhaber sich des besagten Verfahrens in redlicher Weise bedient, ist es allerdings weder möglich noch sachlich gerechtfertigt, den gesetzgeberischen Willen zur Bekämpfung von Produktpiraterie dadurch zu unterlaufen, dass in das Prozedere der VO (EU) 608/2013 – gestützt auf allgemeindeliktsrechtliche Normen (§ 823 BGB) – eingegriffen wird. Das gilt uneingeschränkt auch für Messesachverhalte, weil auch sie eine Beschlagnahmesituation auslösen können. Ein unlauteres Ausnutzen des Beschlagnahmeverfahrens wird noch nicht dadurch begründet, dass die zurückgehaltene Ware tatsächlich nicht schutzrechtsverletzend ist und der Antragsteller dies fahrlässig verkannt hat.[347]

- An einer redlichen Ausnutzung des Grenzbeschlagnahmeverfahrens fehlt es aber, wenn der antragstellende Schutzrechtsinhaber bei objektiver Betrachtung zum Zeitpunkt der Entscheidung über das Verfügungsbegehren (Datum der Beschlussverfügung/mündliche Verhandlung, auf deren Grundlage eine Urteilsverfügung ergehen soll) ohne Zweifel daran gehindert ist, sein Schutzrecht durchzusetzen, weil seinen Verbietungsrechten ein rechtshindernder Einwand entgegensteht.[348] Solches ist zB der Fall, wenn sich der Beschlagnahmeantrag auf ein **SEP mit FRAND-Erklärung** stützt, das seinem Inhaber eine marktbeherrschende Stellung vermittelt (weil es zu der im Standard liegenden technischen Lehre des Klagepatents keine brauchbare Alternative gibt), sofern der Schutzrechtsinhaber demjenigen, dessen Ware beschlagnahmt werden soll, pflichtwidrig kein FRAND-Lizenzangebot unterbreitet hat, sodass seinem Unterlassungsanspruch wegen Patentverletzung ein dilatorisches Durchsetzungshindernis entgegensteht.[349] In einer solchen, rechtlich eindeutigen Situation kann der Gegner des Beschlagnahmeverfahrens nach erfolgter Beschlagnahmeanordnung durch die ZGR und anschließender Aussetzung der Überlassung durch die Zollbehörde, gestützt auf § 33 Abs 1 GWB iVm Art 102 AEUV, verlangen, dass der Antragsteller *gegenüber der ZGR* erklärt, dass der Beschlagnahmeantrag in Bezug auf die fragliche Ware nicht aufrechterhalten wird, und dass er *gegenüber der beschlagnahmenden Zollbehörde* die amtlich verwahrte Ware freigibt.[350]

299

g) Kostenerstattung

Kommt es zu einem Tätigwerden der Zollbehörden, haftet der Antragsteller auf Erstattung aller Kosten, die der Behörde seit (und einschließlich) der Aussetzung der Überlassung/Zurückhaltung entstanden sind (Art 29 Abs 1 VO [EU] 608/2013). Umfasst sind insbesondere die Kosten der Lagerung, Probenentnahme und Vernichtung. Liegt tatsächlich eine Schutzrechtsverletzung vor, kann der Antragsteller die ihm belasteten Kosten seinerseits an den Verletzer weiterreichen (zB § 139 Abs 2 PatG). Ob dies auch für die Lagerkosten gilt, ist streitig[351], richtigerweise aber zu bejahen.

300

h) Schadenersatz[352]

aa) Zollbehörde

Die VO (EU) 608/2013 selbst enthält keine Norm, die die Haftung des Zolls positiv (dh anspruchsbegründend) regelt. Aufgenommen sind lediglich ein Verweis auf das nationale Recht der Mitgliedstaaten sowie ein Haftungsausschluss für *eine* ganz bestimmte Sachverhaltskonstellation:

301

---

347 LG Düsseldorf, InstGE 9, 130 – Druckbogenstabilisierer II.
348 LG Düsseldorf, Urteil v 9.11.2017 – 14d O 13/17.
349 LG Düsseldorf, Urteil v 9.11.2017 – 14d O 13/17.
350 LG Düsseldorf, Urteil v 9.11.2017 – 14d O 13/17.
351 Ablehnend: OLG Köln, GRUR-RR 2005, 342 – Lagerkosten nach Grenzbeschlagnahme; Hermsen, Mitt 2006, 261, 265; bejahend: Weber, WRP 2005, 961, 966.
352 Kühnen, GRUR 2014, 811–826, 921–924; Schriebl, unberechtigte Grenzbeschlagnahme, 2017.

B. Sachverhaltsermittlung

302 Bekanntlich entspricht es gefestigter, aus verschiedenen Regelungen des EGV hergeleiteter Rechtsprechung des EuGH[353], dass die Mitgliedstaaten auf Ersatz derjenigen Schäden haften, die dem Einzelnen durch Verstöße innerstaatlicher Stellen gegen Gemeinschaftsrecht entstehen. Voraussetzung für einen **gemeinschaftsrechtlichen Staatshaftungsanspruch** ist, dass die verletzte Gemeinschaftsrechtsnorm bezweckt, dem Schadenersatz Fordernden subjektive Rechte zu verleihen, der vorgefallene Verstoß gegen das Gemeinschaftsrecht hinreichend qualifiziert ist[354] und zwischen dem Verstoß und dem dem Anspruchsteller entstandenen Schaden ein unmittelbarer Kausalzusammenhang besteht.[355] Art 27 VO (EU) 608/2013 schließt diese Haftung unter dem Gesichtspunkt des Augenblicksversagens aus, wenn es die Zolldienststelle trotz bewilligtem Beschlagnahmeantrag bei der massenhaft zu leistenden Zollkontrolle unterlässt, auf objektiv schutzrechtsverletzende Ware zuzugreifen, sei es, dass sie die Verletzungsprodukte nicht als solche erkennt, sei es, dass sie die Ware zwar als schutzrechtsverletzend registriert, diese aber gleichwohl nicht beschlagnahmt. Durch die besagte Regelung wird der haftungsbegründende Schutzzweck der VO (EU) 608/2013 auf Situationen beschränkt, bei denen der Rechtsanwendungsfehler entweder in der Zurückweisung eines objektiv berechtigten Beschlagnahmeantrages liegt[356] oder sich darin äußert, dass nach erfolgter Antragsbewilligung zollbehördlich auf tatsächlich nicht schutzrechtsverletzende Ware zugegriffen wird.

303 Von der VO ohne jede Einschränkung zugelassen[357] ist eine Einstandspflicht der Zollbehörden nach **nationalem Amtshaftungsrecht** (Art 34 GG, § 839 BGB).[358] Sie kommt folglich bei jedwedem Rechtsfehler (egal, ob er bei der Bewilligung des Beschlagnahmeantrages oder später bei der Durchführung einer antragsgemäß bewilligten Beschlagnahme geschehen ist) in Betracht und damit sowohl zugunsten des Schutzrechtsinhabers, dessen Beschlagnahmebegehren zu Unrecht erfolglos geblieben ist, als auch zugunsten des von einer Beschlagnahme Betroffenen, dessen Ware objektiv zu Unrecht zurückgehalten und/oder vernichtet worden ist. In der Praxis wird die Haftung des Staates[359] freilich regelmäßig ins Leere gehen, weil sie – so lange keine vorsätzliche Amtspflichtverletzung vorliegt – streng subsidiär ist und deswegen nicht infrage kommt, so lange erfolgversprechende Schadenersatzansprüche gegen irgendeine andere Person (namentlich den Antragsteller der Beschlagnahme) in Betracht kommen und dem Geschädigten deren Inanspruchnahme zumutbar ist.[360]

304 Zu ersetzen ist das **negative Interesse**, weswegen ein Vergleich anzustellen ist zwischen derjenigen Vermögenslage des Anspruchstellers, wie sie infolge der Amtspflichtverletzung tatsächlich besteht, und derjenigen Vermögenslage, wie sie bei pflichtgemäßem Behördenhandeln hypothetisch gegeben wäre.

---

353 EuGH, NJW 2003, 3539 – Köbler; BGH, NJW 2005, 742; BGH, NJW 2005, 747.
354 ... weil die Grenzen, die das verletzte Gemeinschaftsrecht dem Ermessen der handelnden Behörde setzt, offenkundig und erheblich überschritten sind (EuGH, NJW 1996, 3141; BGHZ 181, 199).
355 BGH, NJW 2006, 690.
356 Die unberechtigte Stattgabe eines Grenzbeschlagnahmeantrages wird in aller Regel noch keinen unmittelbaren Schaden herbeiführen können; dazu bedarf es vielmehr des nachfolgenden zollbehördlichen Zugriffs auf die Ware in einer Beschlagnahmesituation. Da er rein administrativ stattfindet, bedeutet allerdings schon die Bewilligung des Beschlagnahmeantrages einen Eingriff in die Rechtsstellung des (späteren) Verfügungsberechtigten.
357 Art 27 VO 608/2013: »Unbeschadet der nationalen Rechtsvorschriften ...«.
358 BGHZ 146, 153; vgl auch Erwägungsgrund (23) der VO (EU) 608/2013.
359 Die Klage ist zu richten gegen die Bundesrepublik Deutschland (Bundesfinanzverwaltung), vertreten durch die Generalzolldirektion (bei Fehlern der ZGR) bzw durch das zuständige Hauptzollamt (bei Fehlern im Zusammenhang mit dem Beschlagnahmezugriff/Vernichtung).
360 BGH, NJW 1997, 2109.

bb) Antragsteller

(1) § 142a Abs 5 PatG

Zum Kreis der Schadenersatzpflichtigen gehört vordringlich der Antragsteller, und zwar der erfolgreiche. Dies ergibt sich hinreichend aus der amtlichen Überschrift von Art 28 VO (EU) 608/2013 – »Haftung des **Inhabers der Entscheidung**« –, die unmissverständlich deutlich macht, dass die bloße Stellung eines Beschlagnahmeantrages noch keine Haftung begründet, sondern erst ein Verhalten, das (in Gestalt einer konkreten Beschlagnahmemaßnahme) der Antragsstattgabe nachfolgt. Das ist auch sachlich gerechtfertigt, weil eine – selbst unberechtigte – Bewilligung des Beschlagnahmeantrages für sich noch keinen Schaden verursachen kann.

Art 28 VO (EU) 608/2013 sieht die Garantiehaftung des Entscheidungsinhabers ua vor, wenn sich im Nachhinein herausstellt, dass die Beschlagnahme von Anfang an unberechtigt war, insbesondere weil die beschlagnahmte Ware tatsächlich nicht schutzrechtsverletzend war. Die Gründe dafür können mannigfaltig sein, sei es, dass das Schutzrecht rechtskräftig vernichtet oder so weit eingeschränkt wird, dass die beschlagnahmte Ware nicht mehr in den Schutzbereich des Patents fällt, sei es, dass von vornherein kein Schutzbereichseingriff vorlag, sei es, dass eine Benutzungshandlung iSv §§ 9, 10 PatG nicht feststellbar oder irgendein Rechtfertigungsgrund (zB Erschöpfung) gegeben war. Wichtig ist, dass die mangelnde Berechtigung sowohl bei Anordnung der Beschlagnahme durch die ZGR als auch im Zeitpunkt des Beschlagnahmezugriffs gegeben ist. Gründe, die den Schutzrechtseingriff lediglich ex nunc für eine Zeit nach der Beschlagnahme entfallen lassen (Wirkungsverlust, spätere Lizenzerteilung) sind unbeachtlich, sofern sie Ansprüche wegen Patentverletzung für die Vergangenheit bestehen lassen.

Anspruchsnorm ist – da Art 28 VO (EU) 608/2013 auf die geltenden anwendbaren Rechtsvorschriften verweist – § 142b iVm **§ 142a Abs 5 PatG**. Der Entscheidungsinhaber haftet deswegen dem über die beschlagnahmte Sache Verfügungsberechtigten (zB Eigentümer) verschuldensunabhängig, allerdings nur, wenn der Entscheidungsinhaber, nachdem der Beschlagnahme widersprochen wurde, entweder seinen Beschlagnahmeantrag aufrechterhält oder sich nicht unverzüglich zur Freigabe der Ware erklärt und diese deshalb vorübergehend weiter in amtlicher Verwahrung bleibt. In beiden Fällen sieht der Gesetzgeber eine zur Vollziehung einer einstweiligen Verfügung vergleichbare Situation gegeben, die dementsprechend auch eine der Vorschrift des § 945 ZPO nachgebildete Haftung nach sich ziehen soll.[361] Nach dem Inkrafttreten der VO (EU) 608/2013, mit der das Beschlagnahmeprozedere zum Teil deutlich umgestaltet worden ist, wird man die für die Haftung maßgeblichen Verfahrenshandlungen wie folgt identifizieren können:

– Mitteilung an den Verfügungsberechtigten über die erfolgte Beschlagnahme: Art 23 Abs 1 lit c) Satz 1, Art 26 Abs 3 VO (EU) 608/2013;

– Widerspruch des Verfügungsberechtigten gegen die Beschlagnahme: Art 23 Abs 1 lit c), Art 26 Abs 6, 8 Satz 1 VO (EU) 608/2013 (er kann ausdrücklich erfolgen oder durch Schweigen, *sofern* die Zollbehörde dieses nach ihrem Ermessen als Widerspruch wertet, Art 23 Abs 3, Art 26 Abs 6 VO [EU] 608/2013);

– Unterrichtung des Antragstellers über den – ausdrücklich erklärten oder aufgrund Schweigens angenommenen – Widerspruch des Verfügungsberechtigten gegen die Beschlagnahme: Art 23 Abs 3 Satz 1, Art 26 Abs 8 Satz 1 VO (EU) 608/2013;

– Aufrechterhaltung des Beschlagnahmeantrages durch Einleitung eines Verfahrens zur Feststellung der Schutzrechtsverletzung: Art 23 Abs 3, 5, Art 26 Abs 9 VO (EU) 608/2013.

---

361 BT-Drucks. 11/4792 v 15.6.1989, S 36 = BlPMZ 1990, 173, 187.

312 Ist oder wird die Frage einer Schutzrechtsverletzung durch Waren der beschlagnahmten Art Gegenstand eines **Hauptsacheprozesses**, so bindet eine dort ergangene Entscheidung zur Verletzungsfrage, soweit sie der materiellen Rechtskraft fähig ist, das mit dem Schadenersatzbegehren befasste Gericht.[362] Solches ist noch nicht bei einem gewöhnlichen Verletzungsprozess der Fall, bei dem der Verletzungstatbestand ebenfalls lediglich eine Vorfrage für die Rechtsfolgen (Unterlassung etc) ist, sondern erst dann, wenn die Schutzrechtsverletzung Gegenstand einer Zwischenfeststellungsklage (§ 256 Abs 2 ZPO) ist. Dasselbe gilt wegen der ihr eigenen Tatbestandswirkung genauso für – bestätigende oder vernichtende – rechtskräftige Entscheidungen, die in einem Einspruchs- oder Nichtigkeitsverfahren über das Antragsschutzrecht ergangen sind.

313 Ersatzfähig ist jeder **Schaden**, der adäquat kausal durch die mit der Beschlagnahme verbundene vorübergehende Vorenthaltung der Sache verursacht worden ist. Relevant sind aber immer nur solche Schadenspositionen, die entstanden sind, nachdem der Beschlagnahme widersprochen war und der Antragsteller entweder an seinem Begehren festgehalten oder seine Erklärungspflicht verletzt hat.

▶ **Beispiel:**

314 Rechtsverteidigungskosten im Grenzbeschlagnahmeverfahren, entgangener Gewinn durch beschlagnahmebedingt nicht getätigte Geschäftsabschlüsse, infolge der Beschlagnahme nutzlos gewordene Aufwendungen (zB für eine Messe, die mit der beschlagnahmten Maschine ausgestattet werden sollte), im Rahmen des Vernünftigen getätigte Aufwendungen zur Schadensminderung oder Schadensabwendung[363] (zB Ersatzbeschaffung für beschlagnahmte Ware).

(2) § 823 BGB

315 Außerhalb der Tatbestandsvoraussetzungen des § 142a Abs 5 PatG bleibt eine Verantwortlichkeit nach den allgemeinen zivilrechtlichen Bestimmungen (**§§ 823, 826 BGB**) möglich. Sie hat vor allem dort ihren Platz, wo eine spezialgesetzliche Haftung entfällt, weil der Antragsteller seinen Beschlagnahmeantrag nach erfolgtem Widerspruch rechtzeitig zurückgezogen hat, vorher aber bereits Schäden eingetreten sind. Das notwendige Verschulden wird nur dann angenommen werden können, wenn sich der Antragsteller in unredlicher Weise des Beschlagnahmeverfahrens bedient hat. Von einer »redlichen« Inanspruchnahme des Grenzbeschlagnahmeverfahrens kann nicht gesprochen werden, wenn der Antragsteller mit unwahren Angaben operiert, von denen er annehmen muss, dass sie für die Willensbildung und Entschließung des Zolls von Belang sind. Soweit der Antragsteller vollständige und wahrheitsgetreue Angaben macht, wird seine Redlichkeit im Beschlagnahmeverfahren noch nicht dadurch infrage gestellt, dass sich die zurückgehaltene und/oder vernichtete Ware tatsächlich als nicht schutzrechtsverletzend erweist und der Antragsteller dies fahrlässig verkannt hat.[364] Soweit er dem Zoll einschlägige rechtliche Gesichtspunkte (zB eine bestimmte, feste Rechtsprechung, die einschlägig ist und zur Verneinung eines Schutzrechtseingriffs führt oder führen kann), ist dieses Unterlassen nur relevant, wenn der besagte Umstand nicht nur unter besonderen Umständen, die im Einzelfall vorliegen können, aber nicht müssen, sondern generell zur Verneinung einer Rechtsverletzung führt und der versäumte rechtliche Hinweis überhaupt einen Gegenstand betrifft, den der Zoll im Rahmen des Grenzbeschlagnahmeverfahrens zu

---

362 Zur parallelen Rechtslage bei § 945 ZPO vgl BGH, GRUR 1992, 203, 205 – Roter mit Genever; BGH, GRUR 1993, 998, 999 – Verfügungskosten.
363 Vgl BGH, GRUR 1993, 998 – Verfügungskosten.
364 LG Düsseldorf, InstGE 9, 130 – Druckbogenstabilisierer II.

prüfen hat.³⁶⁵ Von einer Unredlichkeit ist aber auszugehen, wenn sich der Antragsteller während des Grenzbeschlagnahmeverfahrens der Erkenntnis einer mangelnden Rechtsbeständigkeit seines Antragsschutzrechts und/oder einer fehlenden Berechtigung seines Verletzungsvorwurfs verschließt. Weil sowohl der Schutzrechtsauslegung und Schutzbereichsbestimmung als auch der Rechtsbestandsbeurteilung ein wertendes Element eigen ist, genügt dafür noch nicht, dass die dem Zoll zum Schutzrechtsverletzungsverdacht vorgetragene Argumentation und der zum Rechtsbestand des Antragsschutzrechts eingenommene Standpunkt nicht völlig unangreifbar sind. Andererseits muss für die Bejahung einer Haftung aber auch die gegenteilige Position mangelnder Verletzung oder mangelnden Rechtsbestandes nicht außerhalb jeder Diskussion stehen. Die Redlichkeitsschwelle ist vielmehr dort überschritten, wo sich für einen mit dem Kenntnisstand des Antragstellers zur Zeit des Grenzbeschlagnahmeverfahrens ausgestatteten Kundigen bei objektiver Betrachtung aufdrängt, dass das Antragsschutzrecht nicht rechtsbeständig ist und/oder im Hinblick auf die von dem Beschlagnahmezugriff betroffene Ware des Verfügungsberechtigten keine Schutzrechtsverletzung vorliegt. Zu dieser Einsicht können bereits zum Nachteil des Schutzrechtsinhabers ergangene erstinstanzliche Rechtsbestandsentscheidungen oder Verletzungsurteile zwingen, wenn sich ihrer Argumentation nichts Stichhaltiges entgegensetzen lässt. Mitunter mag sogar die unbefangene Betrachtung der objektiven Sachlage genügen, um hinreichend deutlich zutage treten zu lassen, dass kein Recht auf eine Grenzbeschlagnahme besteht.

2. Tätigwerden nach nationalen Vorschriften

Außerhalb des Anwendungsgebiets der VO (EU) 608/2013, dh vor allem in Fällen von innergemeinschaftlichem Warenverkehr, Parallel- bzw Grauimporten sowie Halbleiterschutzverletzungen, ist auf nationale Vorschriften zurückzugreifen.³⁶⁶ **316**

a) Antrag

Zwingende Voraussetzung für das Tätigwerden der Zollbehörden nach nationalen Vorschriften ist ein Antrag durch den Rechtsinhaber. Darüber hinaus hat er eine Sicherheit, auch in Form einer Bankbürgschaft, zu hinterlegen, deren Summe auf der einen Seite das Schadensrisiko des Einführers der Ware für bestimmte Fälle abdecken muss. Auf der anderen Seite sind die Kosten der Zollbehörden, wie Lagerkosten, Beförderungskosten etc abzusichern. Eine Bearbeitungsgebühr wird nach Maßgabe von § 178 AO erhoben.³⁶⁷ Im Übrigen stimmen die Antragsvoraussetzungen im Wesentlichen mit denjenigen der VO (EU) 608/2013 überein.³⁶⁸ **317**

b) Tätigwerden

Nach Bewilligung des Antrages können die Zollstellen eine Beschlagnahme anordnen, anders als im Verfahren nach der VO (EU) 608/2013 jedoch nur, wenn die Schutzrechtsverletzung offensichtlich ist. Da grundsätzlich weitere Erkundigungen oder Anfragen Seitens der Zollbehörden ausgeschlossen sind, ist es im nationalen Verfahren besonders wichtig, den Zollbehörden bei der Antragstellung ausreichende Informationen und Erkennungshinweise zu möglichen Schutzrechtsverletzungen zur Verfügung zu stellen. **318**

---

365 OLG München, GRUR-RR 2020, 158 – Grenzbeschlagnahmte Modellautos.
366 Vgl ua § 142a PatG, § 25a GebrMG, § 40a SortG, § 9 Abs 2 HlSchG, VO (EWG) Nr 469/2009 v 6.5.2009 über die Schaffung eines ergänzenden Schutzzertifikats für Arzneimittel, Verordnung (EG) Nr 1610/96 v 23.7.1996 über die Schaffung eines ergänzenden Schutzzertifikats für Pflanzenschutzmittel, VO Nr 2100/94 v 27.7.1994 über den gemeinschaftlichen Sortenschutz.
367 § 142a Abs 6 Satz 2 PatG.
368 Zu den Antragsformularen sowie weiteren Hinweisen vgl www.zoll-d.de.

c) Verfahren und Rechtsmittel

319 Der Beschlagnahme kann innerhalb einer Frist von 2 Wochen nach Zustellung der Beschlagnahmemitteilung widersprochen werden. Von dem Widerspruch wird der Antragsteller unterrichtet, der unverzüglich den Zollbehörden gegenüber erklären muss, ob er den Antrag auf Beschlagnahme weiter aufrechterhält. Dabei hat er den Zollbehörden eine vollziehbare gerichtliche Entscheidung über die weitere Verwahrung der beschlagnahmten Ware bzw über Verfügungsbeschränkungen vorzulegen. Die Frist beträgt 2 Wochen bzw maximal 1 Monat.[369] Wird der Antrag vom Antragsteller nicht aufrechterhalten oder keine entsprechende Entscheidung eines Gerichtes vorgelegt, werden die Waren unverzüglich freigegeben. Wird demgegenüber der Beschlagnahme nicht innerhalb der Frist widersprochen oder endet ein Rechtsbehelfsverfahren zu Lasten des angeblichen Schutzrechtsverletzers, werden die Waren eingezogen.

320 Sowohl gegen die Beschlagnahme als auch gegen die Einziehung stehen dem Einführer der Waren neben dem Widerspruch die Rechtsmittel des Bußgeldverfahrens nach dem Gesetz über Ordnungswidrigkeiten zur Verfügung.[370] Danach ist gegen die Beschlagnahme innerhalb einer Frist von 2 Wochen ein Antrag auf gerichtliche Entscheidung beim zuständigen Amtsgericht zu stellen, §§ 42, 48 OWiG. Gegen die Einziehung ist nach §§ 87, 67 OWiG Einspruch einzulegen.

V. Industriestandard

321 Eine besondere Situation besteht, wenn das Klagepatent zu einem Industriestandard gehört, der bei der Herstellung eines Erzeugnisses oder bei der Durchführung eines Verfahrens einzuhalten ist. Zwar folgt nicht unbedingt aus der Zugehörigkeit eines Patents zu einem Standard oder aus dessen Standardessentialität eine Verwirklichung der Anspruchsmerkmale. Dies ist schon deshalb so, weil sich der Standard vor seiner endgültigen Festlegung technisch noch weiterentwickelt, während die zugehörigen Patentanmeldungen im Zweifel zeitig eingereicht werden, sodass die im Rahmen der ursprünglichen Offenbarungen erteilten Ansprüche nicht immer deckungsgleich mit demjenigen technischen Inhalt sind, die letztlich den Standard ausmachen. Darüber hinaus gibt es vielfach diverse Features, die zwar (gleichsam auf Vorrat, um im Bedarfsfall eine vereinheitlichte Lösung verfügbar zu haben) in den Standard aufgenommen worden sind, die jedoch nicht oder nicht von Anfang an tatsächlich in der Infrastruktur des Standards implementiert sind. Schließlich existieren im Standard obligatorische und fakultative Vorgaben.

322 Soweit der Standard ein bestimmtes, dem Klagepatent entsprechendes Vorgehen **obligatorisch** vorschreibt, kann der Benutzungstatbestand unter substantiiertem (dh jedes einzelne Anspruchsmerkmal im Regelwerk nachweisendem) Verweis auf den Standard dargetan werden, sofern sich belegen lässt, dass der Beklagte den fraglichen Standard beachtet.[371]

323 Vielfach sind die Vorgaben eines Standards jedoch nicht in dem Sinne zwingend, dass sie lediglich eine einzige Vorgehensweise – unter Ausschluss aller anderen – tolerieren. Im Gegenteil enthält der Standard oftmals **Optionen**, von denen im Einzelfall Gebrauch gemacht werden kann oder nicht bzw Handlungsalternativen, die nur unter speziellen Anwendungsbedingungen bedeutsam sind, unter anderen hingegen nicht. Trotzdem

---

369 Vgl etwa § 142a Abs 4 PatG; § 25a Abs 4 GebrMG; § 9 HlSchG iVm § 25a GebrMG.
370 Vgl etwa § 142a Abs 7 PatG; § 25a Abs 7 GebrMG.
371 BGH, GRUR 2009, 1142 – MP3-Player-Import; OLG Düsseldorf, GRUR 2017, 1219 – Mobiles Kommunikationssystem.

ergeben sich auch hier Darlegungserleichterungen für den Patentinhaber. Regelmäßig werden die dem Anwender im Standard zur Verfügung gestellten Verhaltensoptionen – dh einzelne von ihnen – nicht nur rein theoretischer Natur sein, sondern der gesamte Standard (einschließlich seiner Optionen) in der Praxis Anwendung finden. Wenn dem so ist, ist grundsätzlich auch der Standard mit seinem gesamten Inhalt (einschließlich der Optionen) geeignet, eine Aussage darüber zu treffen, in welcher technischen Weise bei Einhaltung des Standards verfahren wird. Steht deshalb fest, dass der Beklagte den Standard beachtet, und ist des Weiteren gesichert, dass eine mögliche dem Standard entsprechende Vorgehensweise zur (wortsinngemäßen oder äquivalenten) Benutzung des Klagepatents führt, so ist deswegen von einer Patentverletzung auszugehen, wenn der Umfang der Geschäftstätigkeit des Beklagten (oder sonstige vom Kläger darzulegende Umstände) den Schluss zulassen, dass die Vorgaben des Standards bei Ausübung der Geschäftstätigkeit in ihrer gesamten Breite ausgeschöpft werden. Dem Beklagten obliegt unter solchen Umständen der konkrete Vortrag dazu, dass und weshalb er bei der Befolgung des Standards die zur Merkmalsverwirklichung führende Option keinesfalls angewandt hat.[372]

VI. Testkauf[373]

1. Grundsatz: Unbedenklichkeit

Für das Wettbewerbsrecht ist anerkannt, dass Testkäufe grundsätzlich zulässig sind. Es ist rechtlich unbedenklich, wenn Testkäufe nicht von dem Wettbewerber selbst, sondern von seinem anwaltlichen Vertreter einem durchgeführt werden.[374] Nichts anderes gilt, wenn der Berechtigte oder sein Anwalt einen Dritten mit der Durchführung des Testkaufs beauftragt. Lediglich bei Vorliegen besonderer Umstände sind Testkäufe als sittenwidrig anzusehen. 324

Im Patentrecht gelten keine grundlegend anderen Maßstäbe.[375] Testkäufe sind auch hier ein weithin unentbehrliches Mittel zur Überprüfung, ob die Wettbewerber bestehende Patente beachten. Im Bereich der technischen Schutzrechte lassen sich oftmals nur anhand von Testkäufen gerichtsverwertbare Feststellungen zu Schutzrechtsverletzungen treffen. Dabei geht es nicht nur um die Beweisbarkeit eines bereits anderweitig ermittelten Verstoßes, sondern nicht selten gerade darum, dass überhaupt erst mit Hilfe des Testkaufes verlässliche Erkenntnisse darüber gewonnen werden können, ob der ins Auge gefasste Wettbewerber zu patentverletzenden Handlungen bereit ist und/oder solche wahrscheinlich und vom Schutzrechtsinhaber bisher unbemerkt bereits begangen hat. Zu denken ist zB an technische Erfindungen, deren Benutzung typischerweise in einem dem Schutzrechtsinhaber nicht zugänglichen Raum stattfindet. Neben Verfahrenserfindungen gehören hierzu Klagepatente, deren Gegenstand (wie patentgemäß codierte DVDs) außerordentlich flüchtig ist, weil sich der Ware (DVD) deren betriebliche Herkunft nicht mehr ansehen lässt und weil der Patentinhaber praktisch auch keinen Einblick in die Auftragsvergabe hat. Überwachungsmaßnahmen des Patentinhabers durch Testkäufe sind vor diesem Hintergrund auch und speziell im Bereich des Patentrechts absolut notwendig, deswegen grundsätzlich nicht zu beanstanden und nur bei Vorliegen besonderer Umstände als rechtsmissbräuchlich anzusehen. In der Bedienung des Testkaufs liegt 325

---

372 LG Düsseldorf, InstGE 7, 70 – Videosignal-Codierung I; OLG Düsseldorf, GRUR 2017, 1219 – Mobiles Kommunikationssystem.
373 Umfassend: Mes, GRUR 2013, 767.
374 BGH, GRUR 1999, 1017, 1018 – Kontrollnummernbeseitigung.
375 OLG Düsseldorf, Urteil v 28.1.2010 – I-2 U 124/08.

keine stillschweigende Benutzungsgestattung in Bezug auf den (testweise) verkauften Gegenstand und erst recht nicht in Bezug auf Gegenstände dieser Gattung.[376]

2. Ausnahme: Rechtsmissbrauch

a) Hereinlegen

326 Solches kann insbesondere der Fall sein, wenn mit ihnen lediglich die Absicht verfolgt wird, den Mitbewerber »hereinzulegen«[377], weil hinreichende Anhaltspunkte für eine bereits begangene oder bevorstehende Rechtsverletzung fehlen.[378] Soweit ersichtlich, ist eine derartige Fallgestaltung bisher noch nicht als gegeben angesehen worden. Richtigerweise ist der Ausnahmetatbestand nur unter strengen Voraussetzungen zu bejahen. Für den Testkauf kann namentlich nicht verlangt werden, dass – im Sinne einer Erstbegehungsgefahr – konkrete Tatsachen vorgelegen haben, die die greifbare und unmittelbar bevorstehende Besorgnis von Verletzungshandlungen gerechtfertigt haben. Vielmehr genügt, dass die Gefahr einer Patentverletzung bestand (zB weil der Testverkäufer trotz seines Geschäftssitzes im Ausland exportorientiert ist und insofern auch Lieferungen in das patentgeschützte Gebiet möglich sind[379]). Die Gefahr patentverletzender Aktionen darf nur nicht völlig fern gelegen haben, also praktisch »aus der Luft gegriffen« sein.[380]

b) Verwerfliche Mittel

327 Ein Fall des rechtsmissbräuchlichen Testkaufs liegt weiterhin dann vor, wenn verwerfliche Mittel angewandt werden, um ein unzulässiges Geschäft herbeizuführen.[381] Hierunter fallen insbesondere die in den Bereich der Strafbarkeit reichenden oder anderweitig verwerflichen Mittel, ua die Anwendung besonderer Verführungskunst.

▶ **Beispiel:**

328 Vorkehrungen des Wettbewerbers gegen eine Schutzrechtsverletzung werden gezielt umgangen[382]; dem Testverkäufer werden bewusst Informationen vorenthalten, die ihn mutmaßlich von der Patentverletzung abgehalten hätten; durch die Zurverfügungstellung bestimmter die Schutzrechtsverletzung erleichternder und ansonsten unüblicher Vorarbeiten wird ihm der Rechtsverstoß besonders leicht gemacht.

329 Verwerfliche Mittel sind auch rechtswidrige Handlungen des testenden Mitbewerbers, und zwar nicht nur Straftaten, sondern auch sonstige von der Rechtsordnung verbotene Handlungen, weil grundsätzlich Rechtsverletzungen nicht deshalb hingenommen werden können, damit konkurrierende Unternehmen ihre wettbewerblichen Interessen besser verfolgen können.[383]

---

376 OLG Düsseldorf, Urteil v 18.6.2020 – I-15 U 79/19.
377 BGH, GRUR 1965, 612, 614 – Warnschild; BGH, GRUR 1989, 113, 114 – Mietwagen-Testfahrt; BGH, GRUR 1992, 612, 614 – Nicola; BGH, GRUR 1999, 1017, 1018 – Kontrollnummernbeseitigung.
378 BGH, GRUR 1965, 612, 614 – Warnschild; BGH, GRUR 1999, 1017, 1018 – Kontrollnummernbeseitigung.
379 OLG Düsseldorf, Urteil v 28.1.2010 – I-2 U 124/08.
380 OLG Düsseldorf, Urteil v 28.1.2010 – I-2 U 124/08.
381 BGH, GRUR 1965, 607, 609, 607 – Funkmietwagen; BGH, GRUR 1989, 113, 114 – Mietwagen-Testfahrt; BGH, GRUR 1992, 612, 614 – Nicola.
382 BGH, GRUR 2017, 1140 – Testkauf im Internet.
383 BGH, GRUR 1989, 113, 114 – Mietwagen-Testfahrt; BGH, GRUR 1992, 612, 614 – Nicola; vgl auch BGH, GRUR 1965, 612 – Warnschild; BGH, GRUR 1965, 607, 609 – Funkmietwagen; BGH, GRUR 1985, 447, 450 – Provisionsweitergabe.

Aus einem unzulässigen Testkauf kann weder ein Vertragsstrafenanspruch hergeleitet noch auf eine Erstbegehungsgefahr für ein rechtswidriges Verhalten des Gegners (mit der Folge eines wiederauflebenden Unterlassungsanspruchs trotz bestehender Unterwerfungserklärung) geschlossen werden.[384]   330

VII. Formalia des Klageschutzrechtes

Kann aufgrund der vorstehenden Überlegungen ein Verletzungstatbestand begründet und belegt werden, sollten einige Formalia im Hinblick auf die Klageschutzrechte überprüft werden, die von Interesse für den Umfang derjenigen Ansprüche sind, die gegen den potenziellen Verletzer geltend gemacht werden können, bzw Schwierigkeiten in dem gerichtlichen Verfahren bereiten können.   331

1. Status

Neben der Frage, ob das Klageschutzrecht überhaupt in Kraft steht oder ob es zwischenzeitlich evtl auch nur vorübergehend erloschen ist, muss geklärt werden, ob und wann ein Hinweis auf die Patenterteilung (§ 58 Abs 1 PatG) erfolgt oder zumindest die Anmeldung veröffentlicht worden ist. Von dem jeweiligen **Status des Schutzrechtes** hängt nicht nur ab, ob von der gegnerischen Partei das Unterlassen der angegriffenen Handlungen bzw ob und seit wann Schadenersatz oder nur Entschädigung gefordert werden kann. Auch für die Wahl des Gerichtsstandes ist von Interesse, ob dem Gegner bereits ein rechtswidriges Verhalten vorzuwerfen ist, sodass der Gerichtsstand der unerlaubten Handlung (§ 32 ZPO) in Betracht kommt. Andernfalls ist der Beklagte an seinem Wohnort bzw Sitz zu verklagen (§§ 12, 13, 17 ZPO).   332

2. Deutsche Übersetzung

Wichtig für die Frage, ob aus einem europäischen Patent, dessen Beschreibung in **fremder Verfahrenssprache** veröffentlicht worden ist, Ansprüche geltend gemacht werden können, ist im Hinblick auf Art II § 3 IntPatÜG[385], ob und wann eine deutsche Übersetzung beim Deutschen Patent- und Markenamt eingereicht worden ist. Die genannte Vorschrift (Abs 2) sieht nämlich vor, dass die Wirkungen des deutschen Teils des europäischen Patents als von Anfang an nicht eingetreten gelten, wenn nicht innerhalb von 3 Monaten[386] nach Veröffentlichung des Hinweises auf die Patenterteilung eine deutsche Übersetzung beim DPMA eingereicht wird. Gleiches gilt, wenn das Patent in einem Einspruchsverfahren geändert wird, wobei die Frist für die Einreichung einer deutschen Übersetzung der geänderten Patentschrift mit der Veröffentlichung des Hinweises auf die Einspruchsentscheidung zu laufen beginnt.   333

Anwendbar ist Art II § 3 IntPatÜG auf alle Patente, deren Erteilungshinweis nach dem 1.6.1992 und vor dem 1.5.2008[387] im Europäischen Patentblatt veröffentlicht worden ist.[388] Das Übersetzungserfordernis bleibt auch in Bezug auf ein nach dem 30.4.2008 beschränktes oder teilwiderrufenes Patent bestehen, dessen Veröffentlichungshinweis vor   334

---

384 BGH, GRUR 2017, 1140 – Testkauf im Internet.
385 Vgl Voß, GRUR 2008, 654.
386 Wiedereinsetzung in den vorigen Stand nach § 123 PatG ist möglich.
387 Art XI § 4 IntPatÜG.
388 BGH, GRUR 2010, 708 – Nabenschaltung II; BGH, GRUR 2015, 361 – Kochgefäß.

dem 1.5.2008 erfolgt ist.[389] Für alle nach dem 30.4.2008 veröffentlichten Patente ist das Übersetzungserfordernis obsolet, weil Art II § 3 IntPatÜG durch das Gesetz zur Verbesserung der Durchsetzung von Rechten des geistigen Eigentums aufgehoben worden ist.

a) Unvollständige und fehlerhafte Übersetzung

335 In der instanzgerichtlichen Rechtsprechung wurde angenommen, dass die Patentschrift, um wirksam zu sein, grundsätzlich vollständig übersetzt werden muss, weshalb es schaden soll, wenn

336 – eine Seite der Beschreibung in der vom Anmelder eingereichten Übersetzung versehentlich fehlt[390],

337 – die in fremder Verfahrenssprache abgefasste europäische Patentschrift in ihrem Beschreibungstext Überschriften – wie »Technical Field«, »Background Art«, »Brief Description of the Invention«, »Brief Description of the Drawings« und »Best Mode for Carrying out the Invention« enthält und diese nicht mit übersetzt sind[391],

338 – in der Übersetzung eines von mehreren Ausführungsbeispielen ausgelassen ist.[392]

339 Dem ist – mit dem BGH[393] – zu widersprechen.[394] Es ist strikt zu unterscheiden zwischen dem, was eine ordnungsgemäße deutsche Übersetzung der Patentschrift an sich leisten soll, und denjenigen Rechtsfolgen, die das Gesetz an bestimmte Übersetzungsmängel knüpft:

340 Ausweislich des Gesetzentwurfs der Bundesregierung zum 2. GPatG[395] ist die Übersetzung fremdsprachiger europäischer Patente dazu vorgesehen, im Interesse der Innovations- und Wettbewerbsfähigkeit der deutschen Wirtschaft die Nutzbarmachung und Verbreitung der Patentinformation in deutscher Sprache zu fördern und zugleich Wettbewerbsnachteile der deutschen Unternehmen gegenüber ihrer ausländischen Konkurrenz zu beseitigen. Erläuternd heißt es hierzu, die vorher geltende Regelung habe die deutsche Industrie benachteiligt, die mit fremdsprachigen Schutzrechten konfrontiert werde, obwohl sie ihrerseits in den übrigen Vertragsstaaten des EPÜ zur Vorlage von Übersetzungen gezwungen sei. Fortan sollten die deutschen Marktteilnehmer ebenfalls ohne Sprachschwierigkeiten den Inhalt europäischer Schutzrechte zur Kenntnis nehmen können, insbesondere um diese beachten zu können. Zentraler Sinn und Zweck des in Art II § 3 Abs 1 IntPatÜG geregelten Übersetzungszwanges ist es demgemäß zu gewährleisten, dass die in fremder Verfahrenssprache abgefasste, in Deutschland gültige und deswegen von den inländischen Verkehrskreisen zu beachtende Patentschrift in einer solchen Weise ins Deutsche übertragen wird, dass Inländer von ihrem Inhalt und Offenbarungsgehalt verlässlich Kenntnis nehmen und aufgrund dessen den Schutzbereich für ihr eigenes wirtschaftliches Handeln zutreffend ermitteln können. Um solches leisten zu können, muss die deutsche Übersetzung den Inhalt der Patentschrift vollständig transportieren, sodass es für die Schutzbereichserwägungen an sich keinen Unterschied macht,

---

389 BGH, GRUR 2011, 1053 – Ethylengerüst.
390 LG Düsseldorf, InstGE 7, 136 – Tamsulosin; vgl dazu ausführlich: Voß, GRUR 2008, 654.
391 LG Düsseldorf, InstGE 11, 1 – Aufblasventil. Der Übersetzungsmangel wird nicht dadurch geheilt, dass die unvollständige deutsche Übersetzung vom DPMA veröffentlicht wird und die deklaratorische Feststellung zum Nichteintritt der Wirkungen des europäischen Patents in der Bundesrepublik Deutschland entgegen § 5 ÜbersV unterbleibt.
392 OLG München, Urteil v 28.5.2009 – 6 U 3322/06.
393 BGH, GRUR 2010, 708 – Nabenschaltung II; BGH, GRUR 2015, 361 – Kochgefäß.
394 Kühnen, Mitt 2009, 345.
395 BlPMZ 1992, 45, 47.

ob auf das fremdsprachige Originaldokument oder stattdessen auf die deutsche Übersetzung zurückgegriffen wird.

Aus diesem gesetzgeberischen Anliegen einer – vollständigen und inhaltlich fehlerfreien – Übersetzung lässt sich indessen noch nicht ableiten, welche Konsequenzen damit verbunden sind, dass die Übersetzung mangelbehaftet ist. Eine Antwort auf diese Frage gibt Art II § 3 IntPatÜG, der in seinen Absätzen 2 und 5 zwischen zwei unterschiedlichen Rechtsfolgen differenziert – dem **Wirkungsverlust** einerseits (Abs 2) und dem Weiterbenutzungsrecht für den Verletzer andererseits (Abs 5), die auf jeweils verschiedenartige Sachverhaltskonstellationen Bezug nehmen: 341

Ein endgültiger Verlust der Wirkungen des europäischen Patents für Deutschland ist – in einer abschließenden und nicht erweiterungsfähigen Aufzählung – nur für drei Fälle vorgesehen, die allesamt rein formale Grundvoraussetzungen betreffen, nämlich 342

– für die nicht fristgerechte Einreichung der Übersetzung, 343
– für die Einreichung der Übersetzung in einer Form, die eine ordnungsgemäße Veröffentlichung nicht gestattet[396], 344
– für die nicht fristgerechte Zahlung der Veröffentlichungsgebühr. 345

Die Unvollständigkeit der Übersetzung gehört nach der eindeutigen Gesetzesfassung *nicht* zu denjenigen Tatbeständen, die einen Wirkungsverlust nach sich ziehen. Auf das Maß der Unvollständigkeit kommt es dabei nicht an.[397] Erforderlich ist allerdings, dass nicht ausschließlich die Patentansprüche, sondern (ggf rudimentär) auch die Beschreibung übersetzt ist. Diese Ausnahme rechtfertigt sich daraus, dass bei einer Übertragung nur der Patentansprüche schon der äußeren Form nach keine Rede davon sein kann, dass eine Übersetzung *der Patentschrift* vorliegt (und fristgerecht eingereicht wurde).[398] 346

Ein bloßes **Weiterbenutzungsrecht** für den Verletzer ist vorgesehen, wenn eine Übersetzung der Patentschrift zwar form- und fristgerecht unter Gebührenzahlung eingereicht wurde, diese jedoch in irgendeiner Weise fehlerhaft ist und der Verletzer die Benutzung der Erfindung im Inland im Vertrauen auf die Richtigkeit der Übersetzung aufgenommen hat, deren Schutzbereich die angegriffene Ausführungsform – anders als die nach Art 70 EPÜ maßgebliche Fassung in der Verfahrenssprache – nicht erfasst. 347

Unter den Begriff »Fehlerhaftigkeit der Übersetzung« lassen sich problemlos nicht nur sachliche Übersetzungsfehler subsumieren, sondern gleichermaßen Unrichtigkeiten, die Folge von Unvollständigkeiten der Übersetzung sind. Abs 5 betrifft demgemäß 348

– inhaltliche Übersetzungsmängel 349

▶ **Beispiel:**
Verwendung einer falschen Vokabel, Übersetzung eines Begriffs statt mit seinem technischen Inhalt rein philologisch. 350

– Unvollständigkeiten im Beschreibungstext[399] 351

---

396 Bsp: Handschriftlicher Text, gesungene und auf CD gepresste Patentschrift.
397 BGH, GRUR 2010, 708 – Nabenschaltung II.
398 BGH, GRUR 2010, 708 – Nabenschaltung II.
399 BGH, GRUR 2010, 708 – Nabenschaltung II.

B. Sachverhaltsermittlung

▶ **Beispiel:**

352   Fehlende Überschriften, ausgelassene Textstellen, fremdsprachig gebliebene Sätze im Beschreibungstext.

353   Ob die Fehler schutzbereichsrelevant und damit beachtlich im Sinne von Abs 5 sind, hängt von den Umständen des Einzelfalles ab: Im Allgemeinen wird es unschädlich sein, wenn in der deutschen Übersetzung die den Patentansprüchen vorangestellte Überschrift »Patentansprüche« fehlt, wenn diese auch sonst unmissverständlich als solche zu erkennen sind. Anders kann es sich hingegen verhalten, wenn die Überschrift »Allgemeine Erläuterung der Erfindung« oder »Erläuterung bevorzugter Beispiele« nicht mit übertragen ist und sich der diesbezügliche Inhalt des betreffenden Beschreibungstextes auch nicht aus einem mit der fehlenden Überschrift inhaltsgleichen Einleitungssatz oder dergleichen erschließt. Denn für die Schutzbereichsbestimmung kann es einen Unterschied machen, ob bestimmte Bemerkungen als prinzipielle Erläuterung des Erfindungsgedankens oder als bloße Hinweise auf Spezialitäten eines Ausführungsbeispiels aufzufassen und in die Patentauslegung einzustellen sind. Bedeutsam kann es ebenso sein, wenn ein Ausführungsbeispiel nicht übersetzt ist, sofern erst seine Existenz eine Argumentation eröffnet, die die angegriffene Ausführungsform in den Schutzbereich des Klagepatents einbezieht.

354   Bei der praktischen Handhabung des vielfach entscheidenden Kriteriums »**guter Glaube an die Übersetzung**« muss freilich berücksichtigt werden, dass der inländische Verkehr nach dem Willen des Gesetzgebers grundsätzlich auf die Richtigkeit der deutschen Übersetzung vertrauen soll und dass der Patentinhaber aus von ihm zu verantwortenden Unzulänglichkeiten seiner Übersetzung nicht dadurch unberechtigt Kapital schlagen darf, dass vorschnell eine den guten Glauben ausschließende Obliegenheit des Verletzers angenommen wird, sich wegen der Auslegung und Schutzbereichsbestimmung am Originaltext in der Verfahrenssprache des Patents zu orientieren. Anlass hierfür besteht regelmäßig dann nicht, wenn der Übersetzung als solcher die Auslassung überhaupt nicht anzusehen ist, zB deshalb, weil Überschriften fehlen oder vollständige Absätze ausgelassen sind. Einen guten Glauben verdient die Übersetzung demgegenüber dann nicht, wenn sie für sich allein genommen Unstimmigkeiten enthält, die für einen unbefangenen Betrachter berechtigte Zweifel an der inhaltlichen Richtigkeit hervorrufen müssen.

▶ **Beispiel:**

355   Der übersetzte Text ist erkennbar »verstümmelt«; der Patentanspruch enthält einen Begriff, der auch als (zulässige) Wortschöpfung keinen Sinn ergibt; die Übersetzung hat insgesamt einen Inhalt, der technisch unsinnig ist; der übersetzte Text ist in sich widersprüchlich, zB weil diverse im Beschreibungstext abgehandelte Ausführungsbeispiele[400] nicht mehr unter den übersetzten Hauptanspruch fallen oder dieser nicht mit der allgemeinen Patentbeschreibung und dem dort erläuterten Erfindungsgedanken in Einklang steht. In allen diesen Fällen besteht Anlass, den Originaltext zurate zu ziehen, womit der Übersetzungsfehler offenbar wird und keinen guten Glauben mehr gestattet.

356   Darüber hinaus kann auch schon die Übersetzung als Ganzes eine Klärung herbeiführen. Muss dem Fachmann der übersetzte Patentanspruch unklar erscheinen, hat er zu dessen Verständnis den erläuternden Beschreibungstext hinzuzunehmen. Ergibt sich hierbei, dass der übersetzte Anspruch in einem bestimmten (zum Schutzbereichseingriff führenden) Sinne zu verstehen ist, scheidet ein Weiterbenutzungsrecht aus.[401]

---

400 ... oder das zentrale Ausführungsbeispiel der Erfindung.
401 OLG Düsseldorf, Urteil v 17.12.2015 – I-2 U 34/10.

b) Entschädigungsanspruch

Speziell für Entschädigungsansprüche ist außerdem Art II § 1 Abs 2 IntPatÜG zu beachten, der besagt, dass Ansprüche auf Entschädigung aufgrund einer veröffentlichten fremdsprachigen Patentanmeldung erst ab Einreichung einer deutschen Übersetzung der Patentansprüche beim Deutschen Patent- und Markenamt oder ab Übermittlung einer solchen Übersetzung an den Benutzer der patentgemäßen Lehre geltend gemacht werden können. Die Vorschrift gilt auch für solche Patentanmeldungen, für die das Übersetzungserfordernis als Validitätsbedingung abgeschafft worden ist. Für Art II § 1 Abs 2 IntPatÜG kommt es nicht darauf an, ob der konkrete Entschädigungsschuldner tatsächlich von der Übersetzung profitieren kann oder nicht. Ein Entschädigungsanspruch ohne deutsche Übersetzung der offengelegten Ansprüche hat deswegen auch dann auszuscheiden, wenn der Schuldner ausschließlich die fremde Verfahrenssprache des Patents, aber nicht die deutsche Sprache oder aber weder die Sprache des Patents noch Deutsch versteht.[402]

357

3. Eintragung als Inhaber

Stets sollte überprüft werden, wer materieller Eigentümer des geltend zu machenden Schutzrechtes ist und ob dieser auch formell als **Inhaber** in der Patentrolle **eingetragen** ist. Diesbezügliche Fehler und Unsicherheiten lassen sich vor Einleitung eines Verletzungsverfahrens zumeist noch in Ruhe klären. Im Rahmen des gerichtlichen Verfahrens kann es anderenfalls zu einem späteren Zeitpunkt zu Problemen im Hinblick auf die Aktivlegitimation kommen, die sich gelegentlich wegen der Bearbeitungszeiten beim Deutschen Patent- und Markenamt bis zu einer ausführlichen mündlichen Verhandlung nur schwer beseitigen lassen.

358

VIII. Schutzfähigkeit des Klageschutzrechtes

Im Vorfeld eines Verletzungsverfahrens können berechtigte Zweifel an der Bestandskraft eines Klageschutzrechtes bestehen, sei es, dass es momentan in einem Einspruchs- oder Nichtigkeitsverfahren überprüft wird, sei es, dass im Verlauf des Verletzungsverfahrens mit der Einleitung entsprechender Verfahren zu rechnen ist oder dass bisher nicht berücksichtigter, aber einschlägiger Stand der Technik aufgefunden worden ist.

359

Praxistipp	Formulierungsbeispiel

In jedem Fall sollte, da die Gefahr der Einschränkung eines Schutzrechtes nach Erhebung der Verletzungsklage nicht ausgeschlossen werden kann, die angegriffene Ausführungsform daraufhin untersucht werden, welche Unteransprüche von ihr ebenfalls verwirklicht werden. Die einschlägigen Unteransprüche können – *und sollten* – alsdann in Form der sog »insbesondere-wenn«-Anträge in den Klageantrag aufgenommen werden. So sind sie von Anfang an in das Verfahren eingeführt und lassen sich, sollte dies erforderlich werden, jederzeit in den Hauptantrag aufnehmen. Ob damit die Gefahr einer Vertagung ausgeschlossen ist, hängt vom Einzelfall ab, wobei grundsätzlich zwischen der **Verletzungs- und** der **Rechtsbestandsfrage zu unterscheiden** ist. Soweit es darum geht, ob die angegriffene Ausführungsform die zusätzlichen Merkmale der insbesondere-wenn-Anträge benutzt, wird dem Verletzer hierzu im Zweifel von Anfang an eine Erklärung abzuverlangen sein, wobei ausnahmsweise dann etwas

360

---

402 OLG Düsseldorf, Urteil v 5.9.2013 – I-2 U 108/11.

> anderes gelten mag, wenn Merkmale besonders aufwändige oder kostspielige Ermittlungen erfordern, weil der Beklagte (zB als bloßer Händler) zu ihnen kein eigenes aktuelles Wissen hat und sich solches auch nicht ohne weiteres (zB durch eine Nachfrage beim Hersteller) verschaffen kann. Grundlegend anders verhält es sich mit Blick auf die Rechtsbestands- und Aussetzungsfrage. So lange die insbesondere-wenn-Anträge im Verletzungsprozess nicht tatsächlich zur Entscheidung angefallen sind, wird man dem Beklagten nicht abverlangen können, auch diese mit derselben Sorgfalt zu recherchieren wie solche Anspruchsfassungen, die ohnehin Gegenstand seines Rechtsbestandsangriffs sind. Die damit verbundenen Kosten und Mühen können beträchtlich sein und können dem Verletzer nicht auf die vage Möglichkeit hin angesonnen werden, dass es auf sie vielleicht irgendwann einmal ankommen wird. Zieht sich der Patentinhaber deshalb im Verlauf des Prozesses auf einen bisherigen Hilfsantrag zurück, den zu recherchieren der Verletzer bislang noch keinen unmittelbaren Anlass hatte, so wird man ihm hierzu durch eine Vertagung Gelegenheit geben müssen.
>
> Da es sich bei den »insbesondere-wenn«-Anträgen prozessrechtlich um »unechte« Hilfsanträge handelt, die keinen eigenständigen Streitgegenstand betreffen[403], sollte darauf geachtet werden, dass sie **hinreichend bestimmt** sind, was namentlich verlangt, dass durch die Antragsformulierung klar ist, in welcher **Reihenfolge** mehrere Hilfsanträge zur gerichtlichen Entscheidung gestellt werden. Die Rangfolge ist regelmäßig nicht erkennbar, wenn mehrere Unteransprüche jeweils mit der Formulierung »und/oder« an den Hauptantrag angeschlossen werden.

361 Mit »insbesondere-wenn«-Anträgen erfolgt eine weitere Konkretisierung der angegriffenen Ausführungsform.[404] Sie richten sich auf denselben Streitgegenstand wie der Hauptantrag, sodass deren Aufnahme in den allgemeinen Teil des Klageantrages in der Regel nicht als Klageänderung bzw Teilklagerücknahme zu werten ist und deswegen auch zumeist keine oder allenfalls geringe Kostenfolgen zu Lasten des Klägers haben. Anders sieht dies aus, wenn durch den eingeschränkten Antrag nicht mehr alle angegriffenen Ausführungen erfasst werden. Hier wird nach dem wirtschaftlichen Verhältnis der ursprünglich angegriffenen und der infolge der Beschränkung auf den Hilfsantrag nicht mehr erfassten Ausführungsformen zu quoteln sein.

Praxistipp	Formulierungsbeispiel

362 Von Interesse sind die »insbesondere-wenn«-Anträge vor allem in den Fällen, in denen der Beklagte ein privates Vorbenutzungsrecht (§ 12 PatG) geltend macht, dieses aber gerade nicht den oder nicht alle geltend gemachten Unteransprüche abdeckt. Gleiches gilt für den Fall der Erhebung eines Formstein-Einwandes, dem mit der Aufnahme eines Unteranspruchs ausgewichen werden kann.

363 Namentlich im Hinblick auf die Begrenzung der Möglichkeiten im **Berufungsverfahren**, neuen Sachverhalt vorzutragen, ist es anzuraten, im erstinstanzlichen Verfahren den Sachverhalt von vornherein so weit vorzutragen, dass die Verwirklichung sämtlicher Merkmale der geltend gemachten Unteransprüche oder des Hauptanspruchs in der wahrscheinlich eingeschränkten Form dargelegt wird und belegt werden kann. Eine dezidierte Subsumtion ist demgegenüber nicht erforderlich, denn sie stellt lediglich eine rechtliche

---

403 BGH, GRUR 2012, 945 – Tribenuronmethyl.
404 Der insbesondere-Teil darf daher nicht im Widerspruch zu dem vorangestellten abstrakten Verbot stehen, anderenfalls der gesamte Antrag mangels hinreichender Bestimmtheit unzulässig ist (BGH, GRUR 2016, 705 – ConText).

Wertung dar, kann also noch im Berufungsverfahren vorgenommen werden. Müssen jedoch bei Unteransprüchen Äquivalenzüberlegungen angestellt werden, sollten auch die hierfür erforderlichen Grundlagen, wie entsprechender Stand der Technik, zur Akte gereicht werden.

In Ausnahmefällen kann der Berechtigte auch daran denken, das Patent selbst gemäß § 64 PatG zu beschränken. Ein derartiges Vorgehen bietet sich jedoch in den seltensten Fällen an. 364

Bei einem **Gebrauchsmuster**[405] stellt sich die Frage nach dessen Schutzfähigkeit in deutlich größerem Maße. Denn Gebrauchsmuster werden bei der Anmeldung möglichst weit gefasst und sind in der Regel nicht geprüft. Bevor aus ihnen gegen einen Verletzer gerichtlich vorgegangen wird, ist daher ein besonderes Augenmerk auf die Überprüfung der Schutzfähigkeit zu richten. 365

Hierbei ist zu beachten, dass das Gebrauchsmuster in einem Verletzungsverfahren – allerdings nur in diesem – in einem auf das Verfahren und auf die angegriffene Ausführungsform zugeschnittenen Umfang geltend gemacht und verteidigt werden kann.[406] Die vom Kläger im Verletzungsprozess verfolgte Anspruchsfassung kann deshalb von derjenigen Anspruchsfassung abweichen, die in einem parallelen Löschungsverfahren ggf hilfsweise verteidigt wird. Hintergrund dafür ist die Befugnis der Verletzungsgerichte, innerhalb eines ausschließlich zweiseitigen Verletzungsprozesses selbst über die Schutzfähigkeit eines Gebrauchsmusters zu befinden. Es bestehe, so der BGH, daher kein Anlass und keine Notwendigkeit, die Prüfung der Rechtsbeständigkeit des Gebrauchsmusters über das für die konkrete Sachentscheidung Erforderliche auszudehnen.[407] Bei der Anpassung des Gebrauchsmusters im Verletzungsverfahren ist freilich darauf zu achten, dass die geltend gemachte Fassung von dem Offenbarungsgehalt der Gebrauchsmusterschrift umfasst wird. Auch sollten mögliche Umgehungslösungen zur Vermeidung weiterer Auseinandersetzungen mit dem Gegner im Auge behalten werden. 366

Selbstverständlich besteht auch bei Gebrauchsmustern die Möglichkeit einer gegenüber der Allgemeinheit gültigen Einschränkung. Das Gesetz sieht ähnlich wie bei Patenten zum einen die Möglichkeit der Änderung bis zur Verfügung über die Eintragung der Anmeldung vor, soweit dadurch der Gegenstand der Anmeldung nicht erweitert wird. Zum anderen kann nach § 23 Abs 7 GebrMG der Verzicht, jedoch nur auf das Gebrauchsmuster als Ganzes oder auf vollständige Schutzansprüche, für die Zukunft erklärt werden. Nach bisher einhelliger Auffassung besteht für den Gebrauchsmusterinhaber darüber hinaus die Möglichkeit, **geänderte Schutzansprüche zur Gebrauchsmusterakte** zu reichen, soweit diese lediglich zu einer Beschränkung oder Klarstellung der Ansprüche führen. Es handelt sich hierbei um eine schuldrechtlich bindende Erklärung des Gebrauchsmusterinhabers an die Allgemeinheit des Inhalts, Schutz in der Zukunft gegenüber jedermann nur noch im Umfang der neuen Fassung der Ansprüche geltend zu machen.[408] Diese Vorgehensweise wird häufig genutzt, weil der Gebrauchsmusterinhaber keine Möglichkeit hat, von sich aus einen Löschungsantrag gegen sein Recht zu stellen oder etwa parallel zu § 64 PatG eine Beschränkung des Gebrauchsmusters zu erreichen. Von ihr ist gleichwohl im Hinblick auf die sich im Verletzungsverfahren unmittelbar ergebenden Möglichkeiten zur Anpassung abzuraten. Denn die schuldrechtliche Bindung an die einmal zu den Akten gereichten Ansprüche bleibt erhalten, selbst wenn das Gebrauchsmuster aufgrund eines Löschungsverfahrens gar nicht oder in einer anderen 367

---

405 Verfahren sind einem Gebrauchsmusterschutz generell nicht zugänglich, was mit Art 3, 14 GG im Einklang steht (BGH, GRUR 2018, 605 – Feldmausbekämpfung).
406 BGH, GRUR 2003, 867 – Momentanpol I.
407 BGH, GRUR 2003, 867, 868 – Momentanpol I.
408 BPatGE 11, 96, 100; BPatGE 29, 8.

Weise eingeschränkt wird. In darauf folgenden Verletzungsauseinandersetzungen müssen dann die schuldrechtlich bindende Fassung sowie die registerrechtlich bindende Fassung des Gebrauchsmusters berücksichtigt werden. Für die Frage der Kostenverteilung in einem zukünftigen Löschungsverfahren behält die Möglichkeit, neue Schutzansprüche zur Akte zu reichen, jedoch ihre Bedeutung.

IX. Weitere Vorüberlegungen

368 Ob letztendlich gegen einen Verletzer vorgegangen wird, hängt auch von weiteren, zunächst nur als nebensächlich eingestuften bzw häufig nicht ausreichend überprüften Punkten ab, die jedoch vor Einleitung von gerichtlichen Schritten bedacht und abgeklärt werden sollten.

1. Prozessgegner

369 Es ist genau zu überprüfen, gegen wen vorgegangen werden soll, wer also bezüglich der geltend gemachten Ansprüche passivlegitimiert ist. Dabei ist zwischen dem Unterlassungsanspruch und weiteren Ansprüchen wie etwa auf Schadenersatz oder Rechnungslegung zu unterscheiden. Fragen der Passivlegitimation werden gerade dann unterschätzt, wenn auf der Verletzerseite ein größerer Konzern tätig ist. Häufig ist nicht klar, welche Teile eines Konzerns die Verletzungsformen herstellen bzw vertreiben und welche mit ihr nichts zu tun haben. Es sollte vor einem Vorgehen genau abgeklärt werden, welche Unternehmen oder Personen tatsächlich mit der jeweils anzugreifenden Verletzungsform in Verbindung gebracht werden können und ob es sich um Täter bzw Teilnehmer einer Schutzrechtsverletzung oder nur um Störer handelt, gegen die ausschließlich Unterlassungsansprüche (aber keine verschuldensabhängigen Entschädigungs- und Schadenersatzansprüche) geltend gemacht werden können.

2. Kostenfragen[409]

370 Die Frage nach dem Kostenrisiko drängt sich auf. Es realisiert sich im Falle eines Unterliegens vor allem durch diejenigen Kosten, die zugunsten des obsiegenden Prozessgegners (und ggf seines Streithelfers) im Verfahren nach §§ 104 ff ZPO als erstattungsfähig festgesetzt werden. Bevor auf Einzelheiten hinsichtlich der erstattungspflichtigen Kostenpositionen eingegangen wird, ist festzuhalten, dass nur ein solcher **Antrag auf** Erlass eines **Kostenfestsetzungsbeschlusses** beachtlich ist, der den Gegenstand der geltend gemachten Kostenpositionen in hinreichend bestimmter Form bezeichnet.[410] Erforderlich sind eine genaue Bezeichnung des zugrunde liegenden Rechtsstreits oder Vollstreckungstitels sowie die nachvollziehbare Angabe von Grund und Höhe der einzelnen Positionen.[411] Wird die Festsetzung von Rechtsanwaltskosten begehrt, so muss die nach § 10 Abs 2 RVG vorzunehmende Kostenberechnung aus sich heraus verständlich sein; die Bezugnahme auf Vollstreckungsunterlagen genügt hierfür nicht.[412]

---

409 Eingehend: Albrecht/Hoffmann, Vergütung des Patentanwalts; Vierkötter/Schneider/Thierbach, Mitt 2012, 149; Rojahn/Rektorschek, Mitt 2014, 1 (speziell im Hinblick auf die Vereinbarkeit der nationalen Rechtsprechung mit der Enforcement-RL).
410 BGH, WM 2018, 2372.
411 BGH, WM 2018, 2372.
412 BGH, WM 2018, 2372.

Dass die **Kostenposition**, deren Festsetzung begehrt wird, **verjährt** ist oder sonst einem dauerhaften Leistungsverweigerungsrecht des Erstattungsberechtigten unterliegt, hindert ihre Berücksichtigung im Kostenfestsetzungsverfahren nicht. Das gilt schon deshalb, weil es sich regelmäßig um eine materiell-rechtliche Einwendung handeln wird, die im formalisierten Kostenfestsetzungsverfahren keinen Platz hat, sondern – nach Festsetzung – allenfalls eine Vollstreckungsabwehrklage rechtfertigen kann.[413] Darüber hinaus ist in der Rechtsprechung anerkannt, dass eine Verjährungslage (oder eine sonstige zur Leistungsverweigerung berechtigende Situation) als solche noch nicht beachtlich ist, so lange die Einrede nicht tatsächlich erhoben ist.[414] Auch wenn jede Partei prinzipiell gehalten ist, ihre Kosten möglichst gering zu halten, bedeutet dies nicht, dass sich der Erstattungsberechtigte auf eine Einrede berufen muss, um im Interesse des Erstattungspflichtigen die betreffende Kostenposition in Wegfall zu bringen. Sofern billigenswerte Gründe dafür bestehen, die Einrede nicht zu erheben, kann sie unterbleiben. Beachtlich ist zB das Interesse des Erstattungsberechtigten, seinen guten Ruf durch die Verweigerung der Vergütung für eine ordnungsgemäß erbrachte Leistung allein wegen des Zeitablaufs nicht zu gefährden, oder die zukünftige Zusammenarbeit mit dem Vergütungsberechtigten nicht durch eine Leistungsverweigerung aus »formalen« Gründen in Gefahr zu bringen.[415]

371

Wird die dem Festsetzungsbeschluss zugrunde liegende **Kostengrundentscheidung geändert**, verliert der Kostenfestsetzungsbeschluss von selbst seine Wirkung, womit sich nicht nur das Kostenfestsetzungsverfahren, sondern infolge prozessualer Überholung auch das zugehörige Beschwerdeverfahren über die Kostenfestsetzungsentscheidung erledigt und gegenstandslos wird.[416] Eine Aussetzung des Beschwerdeverfahrens bis zur Entscheidung über das Rechtsmittel gegen die geänderte Kostengrundentscheidung fehlt damit von vornherein die Grundlage.[417] Selbst wenn die ursprüngliche Kostengrundentscheidung im Berufungsverfahren im Wege der Abänderung des erstinstanzlichen Urteils inhaltlich wiederhergestellt werden würde, lebt der ursprüngliche und zwischenzeitlich wirkungslos gewordene Kostenfestsetzungsbeschluss nicht wieder auf.[418] Neben dem bereits ergangenen Kostenfestsetzungsbeschluss ist durch die Änderung der Kostengrundentscheidung auch der gemäß § 103 Abs 2 Satz 1 ZPO erforderliche (vormals gestellte) Kostenfestsetzungsantrag hinfällig geworden und muss neu gestellt werden.[419] Werden der Kostenfestsetzungsbeschluss wirkungs- und daraus resultierend das Beschwerdeverfahren gegenstandslos, sind die Kosten des Verfahrens durch den Antragsteller des Kostenfestsetzungsverfahrens zu tragen.[420]

372

Wird das Klagepatent nach Vorliegen eines Titels übertragen, kann der **Kostentitel** nicht allein deswegen auf den Patenterwerber **umgeschrieben** werden; möglich ist dies nur dann, wenn über die Einzelrechtsnachfolge am Patent hinaus eine (erbrechtliche oder gesellschaftsrechtliche) Gesamtrechtsnachfolge auf Klägerseite stattgefunden hat.[421]

373

a) Streitwert[422]

Maßgeblich ist hier der Streitwert, der von dem Kläger bei Einreichung der Klage vorläufig geschätzt angegeben und im Regelfall später auch in der entsprechenden Höhe festge-

374

---

413 OLG Düsseldorf, Beschluss v 19.4.2022 – I-2 W 7/22.
414 OLG Düsseldorf, Beschluss v 19.4.2022 – I-2 W 7/22.
415 OLG Düsseldorf, Beschluss v 19.4.2022 – I-2 W 7/22.
416 BGH, NJW-RR 2007, 784.
417 OLG Düsseldorf, Beschluss v 29.11.2021 – I-2 W 25/21.
418 OLG Düsseldorf, Beschluss v 29.11.2021 – I-2 W 25/21.
419 OLG Düsseldorf, Beschluss v 29.11.2021 – I-2 W 25/21.
420 OLG Düsseldorf, Beschluss v 29.11.2021 – I-2 W 25/21.
421 OLG Düsseldorf, Beschluss v 30.10.2019 – I-2 W 13/19.
422 Zu den Einzelheiten der Streitwertbemessung vgl unten Kap J Rdn 161 ff.

setzt wird. Er richtet sich sowohl nach der Bedeutung des Klageschutzrechtes sowie dessen verbleibender Laufzeit als auch nach dem Umfang der Verletzungshandlungen. Seine Angabe in dem Klageschriftsatz dient nicht nur der vorläufigen Bestimmung unter anderem der Gerichtsgebühren, sondern gibt auch dem Gegner ein Signal, welche Bedeutung einer Angelegenheit beigemessen wird. Zu beachten ist bei der Angabe des Streitwertes neben dem daraus resultierenden Kostenrisiko, dass die Streitwertangabe von den Gerichten zumeist als Sicherheitsleistung übernommen wird, von der die vorläufige Vollstreckbarkeit des erstinstanzlichen Urteils abhängt.

375 Werden in einem Verfahren mehrere nicht identische Schutzrechte geltend gemacht oder divergierende Ausführungsformen angegriffen, trennen die angerufenen Landgerichte in der Regel die Verfahren (**§ 145 ZPO**[423]). Dies führt dazu, dass auch der Streitwert der ursprünglichen Klage aufgeteilt wird. Damit einher geht eine Erhöhung der gesamten Kosten der Verfahren. Dies hängt damit zusammen, dass die in der Gebührenordnung festgesetzten Gebühren bei steigendem Streitwert sich nicht linear erhöhen, sondern die Gebühren weniger ansteigen, je höher der Streitwert wird. Ein Verfahren mit einem hohen Streitwert verursacht daher geringere Kosten als zwei Verfahren, deren Streitwerte addiert dem höheren Betrag entsprechen.

b) Anwaltskosten

aa) Rechtsanwalt

376 Was zunächst die Kosten des prozessbevollmächtigten Rechtsanwaltes angeht, so ist die Partei nicht gehalten, sich eines am Gerichtssitz residierenden Anwaltes zu bedienen.[424] Vielmehr stellt die Einschaltung eines am Wohn- oder Geschäftssitz der klagenden/verklagten Partei ansässigen, in Bezug auf den Gerichtsort **auswärtigen Anwaltes** schon deshalb eine Maßnahme zweckentsprechender Rechtsverfolgung dar, weil üblicherweise ein persönliches Mandantengespräch erforderlich ist.[425]

377 Erstattungsfähig sind zunächst die gesetzlichen Gebühren nach RVG.

378 Das gilt auch dann, wenn eine (wirksame) **Honorarvereinbarung** der erstattungsberechtigten Partei mit ihrem Anwalt zur Folge hat, dass das verdiente Anwaltshonorar *oberhalb* der Regelsätze des RVG liegt. Hier beschränkt sich die Erstattungspflicht auf die gesetzlichen Gebühren; Mehrkosten aufgrund eines vereinbarten Honorars hat der Erstattungsberechtigte selbst zu tragen.[426] Nicht der Erstattungspflicht unterliegt genauso die vom Anwalt im Einzelfall gezahlte Vermögenshaftpflichtversicherungsprämie, soweit die Prämie auf Haftungsbeträge bis 30 Mio € entfällt.[427]

379 Führt die (wirksame) Honorarvereinbarung dazu, dass das vom Erstattungsberechtigten seinem Anwalt geschuldete Honorar tatsächlich *geringer* ausfällt als die RVG-Gebühren, sind selbstverständlich nur die tatsächlichen Honorarkosten erstattungsfähig, aber keine weitergehenden, bloß fiktiven Honorare.[428] Fiktive Kosten – in Höhe der Differenz zwischen verdientem Stundenhonorar und höheren gesetzlichen Gebühren – liegen freilich dann nicht vor, wenn die Honorarvereinbarung vorsieht, dass *mindestens* die RVG-Gebühren geschuldet werden, sofern dem Mandanten auf der Grundlage dieser Abspra-

---

423 Zur rechtlichen Zulässigkeit einer solchen [die von § 145 PatG bezweckte Klagenkonzentration rückgängig machenden] Trennung vgl Nieder, GRUR 2010, 402; Stjerna, GRUR 2010, 964.
424 Residiert der Anwalt im Gerichtsbezirk, sind dessen Reisekosten ohne Notwendigkeitsprüfung in voller Höhe erstattungsfähig (OLG Köln, MDR 2016, 184).
425 BGH, MDR 2011, 1321.
426 BGH, MDR 2018, 557.
427 BGH, MDR 2018, 557.
428 Vgl OLG Düsseldorf, Beschluss v 30.5.2018 – I-2 W 6/18.

che die gesetzlichen Gebühren auch tatsächlich in Rechnung gestellt werden.[429] Einer solchen Absprache bedarf es, wenn es um die rechtsanwaltliche Vertretung in einem gerichtlichen Verfahren geht, weil die §§ 2, 4 RVG hier keine Unterschreitung der gesetzlichen RVG-Vergütung durch eine Honorarvereinbarung zulassen.

Im Allgemeinen führen die RVG-Sätze zu einer – gemessen am Dienstleistungsaufwand – angemessenen Anwaltsvergütung, so dass ihrer Kostenfestsetzung im Regelfall nichts entgegensteht. Die Sachlage kann aber auch anders liegen, zB wenn bei hohem Streitwert namhafte Gebührenbeträge (zB aus der Verfahrensgebühr) bereits verdient werden, ohne dass hierfür eine nennenswerte Anwaltstätigkeit entfaltet werden musste (vgl unten Rdn 402). Da im Gerichtsverfahren die gesetzlichen Rechtsanwaltsgebühren nicht unterschritten werden dürfen (§§ 2, 4 RVG), fragt sich, ob dennoch die **EuGH-Rechtsprechung**[430] **zur Enforcement-RL** anzuwenden ist, wonach nur diejenigen (Patent-)Anwaltskosten erstattungsfähig sind, die sich im Einzelfall als »angemessen und zumutbar« erweisen. Folge hiervon wäre, dass das (intern rechtmäßig und angesichts des RVG-Vereinbarungsverbotes sogar zwingend verdiente) Honorar nur in demjenigen Umfang bei der Kostenfestsetzung gegen den Gegner zu berücksichtigen wäre, in dem es sich als angesichts der erbrachten anwaltlichen Dienstleistung objektiv angemessen und für den Erstattungspflichtigen subjektiv zumutbar erweist (zur parallelen Problematik bei Patentanwaltskosten vgl unten Rdn 402). In den besagten Sonderfällen wäre der Erstattungsbetrag daher gegenüber den RVG-Gebühren – ggf sogar drastisch – herabzusetzen. Da der EuGH zur nationalen Handhabung der §§ 91, 104 ZPO (Festsetzung der RVG-Anwaltsgebühren in voller Höhe ohne weitere Angemessenheits- und Zumutbarkeitsprüfung) bisher noch nicht entschieden hat, bedarf es zu gegebener Zeit eines dahingehenden Vorabentscheidungsersuchens. Es sollte dahingehend auf den Weg gebracht werden, dass die Festsetzung gesetzlich vorgeschriebener Mindest-Vergütungsbeträge ohne Rücksicht auf den dahinter stehenden Dienstleistungsaufwand des Rechtsanwaltes als »angemessen und zumutbar« zu akzeptieren ist. Würde man dies anders sehen, würde der Schutzrechtsinhaber Gefahr laufen, auf einem nicht unbeträchtlichen Teil des an seinen Rechtsanwalt zu zahlenden Honorars trotz Prozesserfolges sitzen zu bleiben, was ihn – nicht anders als das Risiko, im Falle seines Unterliegens zur Erstattung beträchtlicher Kosten der obsiegenden Gegenseite herangezogen zu werden – davon abhalten könnte, seine geistigen Eigentumsrechte durchzusetzen. **380**

Muss der Erstattungsberechtigte die Existenz einer Honorarvereinbarung einräumen[431], so hat er sich zu deren genauen Inhalt *substantiiert* zu erklären, was im Allgemeinen deren ungeschwärzte Vorlage genauso wie eine Präsentation der dem Mandanten gestellten (ebenfalls ungeschwärzten) Rechnung verlangt. Eine bloß anwaltliche Versicherung reicht jedenfalls dann nicht zur **Glaubhaftmachung** aus, wenn aufgrund konkreter Anhaltspunkte Zweifel an deren Zuverlässigkeit bestehen, die es ausschließen, den geschilderten Sachverhalt mit überwiegender Wahrscheinlichkeit als zutreffend zu erachten.[432] Davon kann bereits dann auszugehen sein, wenn mit dem Kostenerstattungsantrag, der die gesetzlichen Gebühren berücksichtigt, nicht auf die der Kostenrechnung tatsächlich zugrunde liegende günstigere Honorarvereinbarung hingewiesen wird. In einem solchen Fall hat das Gericht darauf hinzuweisen, dass es der anwaltlichen Versicherung keinen Glauben schenkt, sodass Gelegenheit besteht, andere Mittel zur Glaub- **381**

---

429   OLG Düsseldorf, Beschluss v 30.10.2018 – I-2 W 15/18.
430   EuGH, GRUR 2022, 853 – NovaText/Universität Heidelberg.
431   Zu ihr wird eine Erklärung im Kostenfestsetzungsantrag schon aus eigenem Antrieb vonnöten sein, weil der auf zum Teil bloß fiktive Kosten (Differenz zwischen den höheren RVG-Gebühren und dem geringeren tatsächlich angefallenen vereinbarten Honorar) gerichtete Festsetzungsantrag den Straftatbestand eines (mindestens) versuchten Betruges erfüllt.
432   BGH, MDR 2020, 433.

haftmachung zu präsentieren.[433] Welche Form der Glaubhaftmachung (für die sämtliche Mittel des Streng- und des Freibeweises infrage kommen) geboten ist, hängt vom Einzelfall ab, insbesondere davon, wie wenig wahrscheinlich es nach dem gesamten Geschehensablauf im Zusammenhang mit der Kostenfestsetzung einschließlich des »Prozessverhaltens« der erstattungsberechtigten Partei erscheint, dass die zur Festsetzung angemeldeten Kosten tatsächlich in dieser Höhe angefallen sind. Bleiben nach der präsentierten Honorarvereinbarung und Anwaltsrechnung Bedenken, sind auch die angeblichen Zahlungen nachzuweisen, ggf sind sogar Ausdrucke aus dem anwaltlichen Zeiterfassungssystem zu präsentieren.[434]

382 **Reisekosten** des Anwaltes zum Gerichtstermin sind daher erstattungsfähig, ohne Rücksicht darauf, ob zwischen der konkreten Partei und dem Sitz-Anwalt tatsächlich ein besonderes Vertrauensverhältnis besteht oder ob ein persönliches Gespräch tatsächlich stattgefunden hat; maßgeblich ist allein eine typisierende Betrachtungsweise.[435] Wirkt zusätzlich ein Patentanwalt mit, sind die Kosten einer getrennten Anreise auch dann erstattungsfähig, wenn beide derselben Sozietät angehören.[436] Reist der Anwalt mit dem Flugzeug an, sind in keinem Fall die Kosten eines »business-class«-Fluges zu erstatten, sondern allenfalls die Aufwendungen für einen »economy-class«-Flug[437]. Werden für Economy-Flüge Varianten mit und ohne Umbuchungsmöglichkeit angeboten, darf wegen der stets möglichen kurzfristigen Verlegung eines Gerichtstermins ein auch kostspieligerer Flugtarif gewählt werden, der die Möglichkeit zu einer kurzfristigen Umbuchung gewährleistet.[438] Ob allerdings Flugkosten im Einzelfall überhaupt erstattungsfähig sind, hängt von einer Abwägung ab, die – wechselwirkend – neben den Mehrkosten einer Flugreise im Vergleich zu den Kosten eines Bahntickets (1. Klasse) und der Bedeutung des Rechtsstreits auch die mit einer Flugreise verbundene Zeitersparnis für den Bevollmächtigten in den Blick zu nehmen hat.[439] Letztere ist nicht nur anhand der reinen Fahr/Flugzeit zu bestimmen, sondern hat die jeweiligen Zeiten für Transfers (vom und zum Bahnhof/Flughafen) sowie (bei einer Flugreise) Zeiten für notwendige Sicherheitskontrollen und das Boarding mit einzubeziehen, wobei die Vortragslast beim jeweiligen Kostengläubiger liegt.[440] Je nach Lage des Falles können außerdem Übernachtungskosten in einem gehobenen Mittelklassehotel sowie anfallende Abwesenheitsgelder in Betracht zu ziehen sein, wenn dem Bevollmächtigten bei Benutzung der Bahn eine Rückkehr am Tag der Gerichtsverhandlung nicht zugemutet werden kann.[441] In Anlehnung an § 758a ZPO ist eine Anreise als unzumutbar anzusehen, wenn sie während der Nachtzeit (dh zwischen 21.00 h und 6.00 h) angetreten werden müsste.[442] Sind bei Buchung eines nicht erstattungsfähigen first-class-Fluges die fiktiven Kosten eines economy-class-Fluges niedriger als die fiktiven Kosten eines 1. Klasse-Bahntickets, sind die fiktiven Bahnkosten zu erstatten.[443]

383 Sind Verletzungsgegenstände zur Sicherung eines Vernichtungsanspruchs vom Gerichtsvollzieher in **Verwahrung** zu nehmen (zB im Rahmen eines einstweiligen Verfügungs-

---

433 BGH, MDR 2020, 433.
434 OLG Düsseldorf, Beschluss v 27.8.2018 – I-2 W 20/18.
435 BGH, MDR 2011, 1321.
436 OLG Frankfurt/Main, WRP 2019, 354.
437 BGH, GRUR 2015, 509 – Flugkosten; OLG Düsseldorf, OLG-Report 2009, 305; OLG Stuttgart, MDR 2010, 898; OLG Brandenburg, MDR 2014, 118.
438 BGH, GRUR 2015, 509 – Flugkosten; anders für Reisekosten eines Zeugen: OLG Düsseldorf, Beschluss v 31.1.2014 – I-2 W 42/13.
439 BGH, GRUR 2015, 509 – Flugkosten.
440 BGH, GRUR 2015, 509 – Flugkosten.
441 OLG Köln, MDR 2010, 1287; OLG Brandenburg, MDR 2014, 118.
442 OLG Naumburg, MDR 2016, 1475.
443 OLG Brandenburg, MDR 2014, 118.

verfahrens), so sind die Kosten einer anwaltlichen Begleitung des Gerichtsvollziehers (0,3-Verfahrensgebühr gemäß Nr 3309 VV-RVG, Abwesenheitsgeld gemäß Nr 7005 VV-RVG, Reisekosten) erstattungsfähig, wenn äußere Erkennungsmerkmale, die vom Gerichtsvollzieher verlässlich zu identifizieren sind, entweder überhaupt nicht vorliegen oder aber nicht ausreichen, um rechtsverletzende (und folglich in Verwahrung zu nehmende) Gegenstände von solchen zu unterscheiden, die schutzrechtsfrei sind.[444]

Ist die Einschaltung eines am Geschäftssitz der Partei residierenden Anwaltes **ausnahmsweise nicht notwendig**, weil bereits bei der Mandatierung verlässlich absehbar ist, dass es eines Mandantengespräches nicht bedürfen wird, so verlieren die entstandenen Anwaltskosten nicht komplett ihre Erstattungsfähigkeit; Folge ist vielmehr allein, dass diejenigen Mehrkosten von einer Kostenerstattung ausgeschlossen bleiben, die gegenüber der Beauftragung von im Gerichtsbezirk ansässigen Anwälten zusätzlich entstanden sind.[445] Tatsächlich angefallene Reisekosten des auswärtigen Rechtsanwalts sind deshalb insoweit erstattungsfähig, als sie auch dann entstanden wären, wenn die obsiegende Partei einen Rechtsanwalt mit Niederlassung am weitest entfernt gelegenen Ort innerhalb des Gerichtsbezirks beauftragt hätte.[446] 384

Nimmt der am Sitz der Partei ansässige Prozessbevollmächtigte den auswärtigen Gerichtstermin nicht selbst wahr, sondern bedient er sich dazu eines **Unterbevollmächtigten** am Gerichtsort, so sind dessen Kosten nur erstattungsfähig, wenn und soweit durch die Tätigkeit des Unterbevollmächtigten ansonsten erstattungspflichtige Reisekosten des Hauptbevollmächtigten (von seinem Kanzleisitz zum Gerichtsort) erspart worden sind.[447] Bzgl der zum Vergleich heranzuziehenden Reisekosten (per Flugzeug oder Bahn) gelten die vorstehenden Ausführungen sinngemäß. Hat es der Beauftragung eines Unterbevollmächtigten nicht bedurft, weil eine Anreise des Hauptbevollmächtigten zumutbar und verhältnismäßig gewesen wäre, so sind die Kosten des Unterbevollmächtigten bis zur Höhe von 110 % der anzuerkennenden fiktiven Reisekosten des Hauptbevollmächtigten zu erstatten.[448] 385

Ist der mandatierte Anwalt weder im Gerichtsbezirk noch am Sitz der Partei niedergelassen (sog »**Rechtsanwalt am dritten Ort**«), sind die Reisekosten regelmäßig nur in dem Maße zu erstatten, in dem sie – fiktiv – auch einem am Sitz der Partei ansässigen Anwalt entstanden wären.[449] Anderes gilt bei der Beauftragung eines spezialisierten auswärtigen Anwaltes, wenn ein vergleichbar qualifizierter ortsansässiger Rechtsanwalt nicht beauftragt werden kann.[450] Das ist nicht nur dann der Fall, wenn es einen in geeigneter Weise qualifizierten Anwalt dort überhaupt nicht gibt, sondern gleichermaßen dann, wenn es in der Person der beauftragenden Partei besondere Umstände gibt, die es bei objektiver Sicht geboten erscheinen lassen, statt des qualifizierten ortsansässigen den am dritten Ort residierenden Anwalt zu beauftragen.[451] Für diese Annahme reicht das Bestehen einer ständigen vertrauensvollen Zusammenarbeit mit dem beauftragten Rechtsanwalt zwar noch nicht aus.[452] Hingegen kann die Mandatierung eines spezialisierten auswärtigen Rechtsanwalts gerechtfertigt sein, wenn dieser bereits in tatsächlicher und rechtlicher 386

---

444 OLG Düsseldorf, Beschluss v 14.11.2019 – I-15 W 30/19.
445 BGH, GRUR 2018, 969 – Auswärtiger Rechtsanwalt IX.
446 BGH, GRUR 2018, 969 – Auswärtiger Rechtsanwalt IX.
447 BGH, NJW-RR 2014, 763.
448 BGH, GRUR 2015, 509 – Flugkosten.
449 BGH, MDR 2011, 1321; BGH, NJW-RR 2012, 695. Es sind die tatsächlichen Reisekosten anzuerkennen, die bei der höchstmöglichen Entfernung innerhalb des Gerichtsbezirks angefallen wären (OLG Köln, MDR 2016, 184; streitig, zum Meinungsstand in der Rechtsprechung vgl OLG Karlsruhe, MDR 2017, 730).
450 BGH, MDR 2012, 312.
451 OLG Düsseldorf, Beschluss v 26.7.2013 – I-2 W 26/13.
452 BGH, NJW 2003, 901; BGH, NJW-RR 2012, 381.

Hinsicht in eine komplexe Materie eingearbeitet ist und von einem ortsansässigen Anwalt nicht erwartet werden kann, sich in vergleichbarer Weise einzuarbeiten.[453] Gleiches gilt, wenn am Sitz der Partei zwar andere auf das betreffende *Rechts*gebiet spezialisierte Anwälte zur Verfügung stehen, es für die Mandatsbetreuung jedoch einer besonderen *technischen* Sachkunde bedarf, die der beauftragte Anwalt am dritten Ort aufgrund seiner bisherigen Mandatsbeziehung bereits erworben hat und die einem anderen Anwalt nicht kurzfristig zugänglich ist.[454]

387 Wird wegen der Beauftragung eines auswärtigen Prozessbevollmächtigten ein am Gerichtsort ansässiger Unterbevollmächtigter eingeschaltet, so sind dessen (zusätzliche) Kosten nur insoweit erstattungsfähig, als sie die durch die Tätigkeit des Unterbevollmächtigten ersparten (ansonsten erstattungsfähigen) Reisekosten des Hauptbevollmächtigten zum Gerichtsort nicht wesentlich übersteigen.[455] Maßgeblich ist eine Sicht ex ante, weswegen danach zu fragen ist, ob eine verständige und wirtschaftlich vernünftige Partei die Bestellung eines Unterbevollmächtigten in dem Augenblick, in dem sie darüber zu entscheiden hatten, als sachdienlich ansehen durfte.[456] Die berücksichtigungsfähigen Reisekosten berechnen sich dabei, wenn der Prozessbevollmächtigte weder am Gerichtsort noch am Unternehmenssitz noch am Ort der unternehmensinternen Bearbeitung der Angelegenheit residiert, regelmäßig nur nach den fiktiven Reisekosten, die vom Unternehmenssitz zum Gerichtsort angefallen wären.[457]

388 Einer Erstattung von Reisekosten des Rechts- oder Patentanwalts kann im Allgemeinen nicht entgegengehalten werden, sie seien deshalb – ganz oder teilweise – nicht notwendig, weil der Kläger (zB aufgrund der §§ 32, 35 ZPO) in der Lage gewesen sei, statt an dem von ihm gewählten fernen Standort zu klagen, das Gericht am Sitz seines Prozessbevollmächtigten anzurufen. Gemäß § 35 ZPO hat der Kläger die Wahl unter mehreren zuständigen Patentstreitgerichten, ohne dass das Gesetz das Wahlrecht an weitere Voraussetzungen knüpft. Die Wahlfreiheit besteht deshalb bis zur Grenze des Rechtsmissbrauchs im Einzelfall unabhängig davon, welcher Gerichtsstand die geringsten Kosten für den Gegner verursachen würde.[458] Um einen Wertungswiderspruch zu § 35 ZPO zu vermeiden, kommt eine Versagung der Kostenerstattung erst dann in Betracht, wenn sich die Gerichtsstandswahl des Klägers im Einzelfall als rechtsmissbräuchlich darstellt.[459] So kann es zu den berechtigten Interessen des Patentverletzungsklägers gehören, bei der ihm gesetzlich eingeräumten Wahl des Gerichtsstands zu berücksichtigen, ob ein Patentstreitgericht nach Einschätzung seines Prozessbevollmächtigten über besondere Erfahrungen im Umgang mit Patentstreitsachen verfügt, etwa aufgrund seiner langjährigen Befassung mit – schwierigen und komplexen – Patentverletzungsfällen aus allen technischen Bereichen.[460] Ebenso ist es grundsätzlich nicht rechtsmissbräuchlich, sondern entspricht seinem berechtigten Interesse an einer erfolgreichen Rechtsdurchsetzung, wenn der Kläger aus prozesstaktischen Erwägungen einen Gerichtsstand wählt, an dem nach Einschätzung seines Prozessbevollmächtigten für sein konkretes Begehren voraussichtlich die besten Erfolgsaussichten bestehen.[461] Darüber hinaus besteht bei der gebotenen

---

453 KG, BeckRS 2010, 21082; OLG Frankfurt/Main, NJOZ 2019, 302; OLG Düsseldorf, Beschluss v 4.11.2021 – I-2 W 20/21.
454 OLG Düsseldorf, Beschluss v 4.11.2021 – I-2 W 20/21.
455 BGH, MDR 2012, 191 – Rechtsanwalt an einem dritten Ort; BGH, MDR 2014, 499.
456 BGH, MDR 2012, 1128; BGH, MDR 2014, 499.
457 BGH, MDR 2012, 191 – Rechtsanwalt an einem dritten Ort.
458 BGH, GRUR 2014, 607 – Klageerhebung an einem dritten Ort; OLG Düsseldorf, Beschluss v 20.2.2018 – I-2 W 2/18; OLG Hamburg, MDR 1999, 638; OLG Köln, BeckRS 2009, 10721.
459 BGH, GRUR 2014, 607 – Klageerhebung an einem dritten Ort.
460 OLG Düsseldorf, Beschluss v 20.2.2018 – I-.2 W 2/18.
461 BGH, GRUR 2014, 607 – Klageerhebung an einem dritten Ort.

typisierenden Betrachtungsweise eine Vermutung dafür, dass die klagende Partei ihre Gerichtswahl (§ 35 ZPO) an ihren berechtigten Interessen ausrichtet. Die ausnahmsweise Annahme eines rechtsmissbräuchlichen Vorgehens bedarf daher der Feststellung von sachfremden Erwägungen, die nach allgemeinen Grundsätzen vom Prozessgegner konkret dargelegt werden müssen.[462]

Neben den gesetzlichen Gebühren unterfallen der Erstattungspflicht auch Aufwendungen des Anwaltes (Reisekosten, Übernachtungskosten, Tage- und Abwesenheitsgelder), die er von seinem Mandanten ersetzt verlangen kann. Wenn und soweit der Anwalt zum **Vorsteuerabzug** berechtigt ist, dürfen allerdings nur die Nettobeträge berechnet werden, weswegen auch nur sie bei der Kostenerstattung berücksichtigungsfähig sind.[463] Über die gesetzlichen Gebühren und Auslagen hinaus besteht auch dann keine Erstattungspflicht, wenn im Innenverhältnis zwischen der erstattungsberechtigten Partei und ihrem Anwalt aufgrund einer wirksamen Honorarvereinbarung ein weitergehender Vergütungsanspruch besteht.[464] 389

Wird der **Verletzungsrechtsstreit** wegen eines parallelen Rechtsbestandsangriffs vorübergehend **ausgesetzt**, verdient der Anwalt, selbst wenn das Verfahren mehr als zwei Jahre geruht hat, keine zweite Verfahrensgebühr, denn durch die Aussetzung hat sich der ursprüngliche Anwaltsauftrag nicht iSv § 15 Abs 5 Satz 2 RVG erledigt.[465] 390

Eine **Terminsgebühr** entsteht gemäß Teil 3, Vorbemerkung 3 Abs 3 Satz 3 Nr 2 VV-RVG nicht nur für die Wahrnehmung von gerichtlichen oder durch einen gerichtlichen Sachverständigen anberaumten Terminen (was grundsätzlich eine persönliche Teilnahme des Anwalts an dem Termin verlangt[466]), sondern bereits für die Mitwirkung an Besprechungen, die auf die *Vermeidung oder Erledigung* eines gerichtlichen Verfahrens gerichtet sind, soweit es sich dabei nicht lediglich um Besprechungen mit dem Auftraggeber handelt. Schon aus der Formulierung der Vorschrift geht klar hervor, dass es sich bei der Terminsgebühr um keine Erfolgsgebühr handelt. Die Besprechung muss nur auf die Vermeidung oder Erledigung eines Gerichtsverfahrens gerichtet sein, also mit dem Ziel einer vergleichsweisen Beendigung der Auseinandersetzung geführt werden. Ob dieses Ziel tatsächlich erreicht wird, ist für die Entstehung der Terminsgebühr unerheblich.[467] Aus der Erstreckung der Terminsgebühr auf den vorgerichtlichen Bereich folgt allerdings nicht, dass die Terminsgebühr bereits durch jedes allgemeine Gespräch über die grundsätzliche Bereitschaft oder die abstrakte Möglichkeit einer außergerichtlichen Erledigung ausgelöst wird. Eine allererste Sondierung reicht mithin nicht aus.[468] Vielmehr muss es sich um eine auf die Erledigung des Verfahrens gerichtete Besprechung handeln, bei der Inhalte erörtert werden.[469] Daran fehlt es nach Auffassung des BGH – unabhängig vom konkreten Inhalt der Kommunikation des Anwaltes mit dem Gegner – aus **formalen Gründen**, wenn die Korrespondenz ausschließlich schriftlich oder per E-Mail erfolgt, denn eine Besprechung zur Vermeidung oder Erledigung des Verfahrens soll eine mündliche oder fernmündliche Äußerung von Worten in Rede und Gegenrede voraussetzen; außerdem werde der Schriftverkehr des Prozess- oder Verfahrensbevollmächtigten bereits durch die Verfahrensgebühr abgegolten.[470] Unzureichend sind des Weiteren 391

---

462 BGH, GRUR 2014, 607 – Klageerhebung an einem dritten Ort.
463 BGH, MDR 2012, 810.
464 BGH, MDR 2018, 557; OLG Düsseldorf, Beschluss v 30.5.2018 – I-2 W 6/18.
465 OLG Düsseldorf, Beschluss v 25.11.2019 – I-2 W 21/19.
466 OLG Düsseldorf, Beschluss v 16.5.2018 – I-2 W 10/18 (Fernmündliche Erörterungen mit dem Sachverständigen oder der Gegenseite reichen dementsprechend nicht aus).
467 BGH, NJW-RR 2007, 1578, 159.
468 OLG Düsseldorf, Beschluss v 6.3.2018 – I-2 W 3/18.
469 BGH, NJW-RR 2007, 1578, 1579; BGH, NJW 2007, 2858, 2859.
470 BGH, r+s 2010, 252.

Besprechungen, die nur auf die Regelung einzelner Verfahrensmodalitäten, aber nicht auf die Beilegung des Streits insgesamt gerichtet sind.[471] Sofern letzteres gewährleistet ist, wird die Terminsgebühr vom **Patentanwalt** auch dann verdient, wenn er nicht selbst das Wort ergriffen hat, den zwischen den Rechtsanwälten geführten Vergleichsgesprächen jedoch jederzeit eingriffsbereit gefolgt ist.[472]

392 Grundsätzlich entsteht die Terminsgebühr nach Nr 3104 VV-RVG, wenn tatsächlich **mündlich verhandelt** wurde. Diesen Grundsatz erweitert Nr 3104 Abs 1 VV-RVG dahingehend, dass der Prozessbevollmächtigte die volle Terminsgebühr auch dann erhält, wenn in einem Verfahren, für das mündliche Verhandlung vorgeschrieben ist, entweder im Einverständnis mit den Parteien oder Beteiligten oder gemäß § 307 ZPO oder § 495a ZPO ohne mündliche Verhandlung entschieden wird (Varianten 1 und 2). Ebenso erhält der Anwalt nach Nr 3104 Abs 1 Variante 3 VV-RVG eine Terminsgebühr, wenn in einem solchen Verfahren ein **schriftlicher Vergleich** geschlossen wird. Für die diesbezügliche Terminsgebühr genügt der Abschluss eines außergerichtlichen schriftlichen Vergleichs, ohne dass es darauf ankommt, ob der Vergleich protokolliert oder sein Zustandekommen gemäß § 278 Abs 6 ZPO seitens des Gerichts festgestellt wird.[473] Die Terminsgebühr nach Nr 3104 Abs 1 Nr 1 Variante 3 VV-RVG entsteht hierbei auch dann, wenn der schriftliche Vergleich in einem einstweiligen Verfügungsverfahren nach §§ 935 ff ZPO geschlossen wird, weil die mündliche Verhandlung hier – anders als beim Arrest – der Regelfall ist, von dem nur unter ganz besonderen Umständen abgewichen werden darf.[474]

393 Das Verfahren über den Einspruch gegen ein **Versäumnisurteil** und das vorangegangene (zum VU führende) Verfahren stellen in gebührenrechtlicher Hinsicht dieselbe Angelegenheit dar.[475] Es entsteht deswegen nur *eine* Verfahrensgebühr und die ursprünglich aufgrund des ersten, zum VU führenden Termins angefallene 0,5-Terminsgebühr (Nr 3105 VV-RVG) geht in der 1,2-Terminsgebühr für die Einspruchsverhandlung (Nr 3104 VV-RVG) auf.[476] Etwas anderes gilt in analoger Anwendung des § 15 Abs 5 Satz 2 RVG dann, wenn Einspruch gegen das VU erst mehr als zwei Jahre nach dessen Zustellung eingelegt wird und der Anwalt nach Einspruchseinlegung erneut tätig wird.[477]

394 Schließen die Parteien im Verhandlungstermin einen **Vergleich**, der bisher nicht rechtshängige Ansprüche einbezieht und der vorsieht, dass die Kosten des Rechtsstreits von *einer* Partei getragen werden, während die Vergleichskosten gegeneinander aufgehoben werden, so gehört derjenige Teil der Terminsgebühr, der auf die ursprünglich rechtshängigen Ansprüche entfällt, zu den »Kosten des Rechtsstreits«, während die Terminsgebühr, soweit sie die erst für den Zweck des Vergleichsschlusses einbezogenen Ansprüche betrifft, zu den »Kosten des Vergleichs« zählt.[478]

395 Kosten, die dem Beklagten nach (wirksamer) **Klagerücknahme** entstanden sind, können dennoch erstattungsfähig sein. Sie sind es, wenn sich der Beklagte bei der kostenauslösenden Maßnahme (zB Mandatierung zur Einreichung einer Anwaltsbestellung bei Gericht) in nicht vorwerfbarer Unkenntnis von der Klagerücknahme befunden hat.[479]

396 Nach Maßgabe von Nr 7000 Nr 1 b) RVG-VV fällt eine **Dokumentenpauschale** für die Anfertigung und Überlassung von Dokumenten für den Prozessgegner an. Der Notwen-

---

471 OLG Düsseldorf, Beschluss v 16.5.2018 – I-2 W 10/18.
472 OLG Düsseldorf, Beschluss v 25.5.2018 – I-2 W 12/18.
473 BGH, MDR 2020, 954.
474 BGH, MDR 2020, 954.
475 BGH, MDR 2018, 629.
476 BGH, MDR 2018, 629.
477 BGH, MDR 2018, 629.
478 BGH, MDR 2017, 1330.
479 BGH, MDR 2019, 1091.

digkeitsvorbehalt gilt allerdings auch hier, weswegen eine Erstattungspflicht nicht besteht, wenn es sich bei den Kopien um veröffentlichte und allgemein zugängliche Gerichtsentscheidungen oder solche Anlagen handelt, die dem Gegner zB aus einem Parallelverfahren bereits bekannt sind.[480]

Neben den Kosten des inländischen Prozessbevollmächtigten sind Kosten für die Einschaltung eines **weiteren ausländischen Rechtsanwaltes** grundsätzlich nicht erstattungsfähig. Ihre Notwendigkeit wird noch nicht dadurch ausgelöst, dass er über Spezialkenntnisse verfügt, weil jedem deutschen Rechtsanwalt zugemutet wird, sich selbst in entlegene Rechtsgebiete einzuarbeiten. Das gilt erst recht, wenn die Prozessbevollmächtigten ihrerseits auf das Gebiet des Patentrechts spezialisiert sind.[481] In solchen Fällen ist es belanglos, dass die ausländischen Rechtsanwälte als Hausanwälte der erstattungsberechtigten Partei europaweit in alle Patentauseinandersetzungen eingeschaltet werden, im inländischen Gerichtsverfahren auch Entscheidungen von Gerichten aus dem Heimatland der ausländischen Anwälte zu erörtern sind und die Partei von der Hinzuziehung eines Patentanwaltes abgesehen hat.[482] 397

Unter dem Gesichtspunkt der **Verkehrsanwaltskosten** besteht gleichfalls regelmäßig keine Erstattungspflicht.[483] So ist der ausländische Verkehrsanwalt jedenfalls dann nicht erforderlich, wenn der deutsche Verfahrensbevollmächtigte bereits über alle nötigen Informationen verfügt.[484] Außerdem ist die Mitwirkung eines ausländischen Verkehrsanwalts nicht erforderlich, wenn es für die ausländische Partei möglich, zumutbar und kostengünstiger ist, den inländischen Prozessbevollmächtigten unmittelbar zu informieren.[485] Das kommt vor allem in Betracht, wenn die ausländische Partei auf Grund langjähriger Geschäftstätigkeit in Deutschland, etwa mit einer eigenen Vertriebsorganisation, und Kenntnissen der deutschen Sprache zweifelsfrei in der Lage ist, direkt mit ihrem deutschen Prozessbevollmächtigten zu verkehren und für den Rechtsstreit Kenntnisse des Heimatrechts der ausländischen Partei unerheblich sind.[486] Für die besagten Sprachkenntnisse kommt es auf den für das Führen von Rechtsstreitigkeiten unternehmensintern Zuständigen an, weshalb bei einem mehrköpfigen Vertretungsorgan mit gegeneinander abgegrenzten Befugnissen derjenige Vorstand oder Geschäftsführer entscheidet, in dessen Kompetenz der Patentverletzungsprozess fällt.[487] Umgekehrt gilt dasselbe, sofern der deutsche Rechtsanwalt über hinreichende Fremdsprachenkenntnisse verfügt, die ihm eine unmittelbare Korrespondenz mit dem ausländischen Mandanten erlauben. Davon ist im Zweifel[488] auszugehen, wenn der Rechtsanwalt auf seiner Homepage für sich mit entsprechenden *Arbeits*sprachen wirbt.[489] Kosten eines nicht erforderlichen Verkehrsanwaltes werden auch nicht zwangsläufig dadurch erstattungsfähig, dass an seiner Stelle der Geschäftsführer der ausländischen Partei zum Gerichtstermin hätte reisen dürfen und dessen Kosten zu ersetzen gewesen wären. Denn insoweit handelt es sich um eine rein fiktive Kostenposition, die nur dann erstattungsfähig sein kann, wenn sie durch den Anfall der nicht erstattungsfähigen Kosten erspart worden ist.[490] Es kommt also darauf 398

---

480 OLG Hamburg, MDR 2017, 1170.
481 OLG Düsseldorf, Beschluss v 15.3.2013 – I-2 W 10/13.
482 OLG Düsseldorf, Beschluss v 15.3.2013 – I-2 W 10/13.
483 BGH, GRUR 2012, 319 – Ausländischer Verkehrsanwalt.
484 BGH, GRUR 2012, 319 – Ausländischer Verkehrsanwalt.
485 BGH, GRUR 2012, 319 – Ausländischer Verkehrsanwalt.
486 BGH, GRUR 2012, 319 – Ausländischer Verkehrsanwalt.
487 OLG Düsseldorf, Beschluss v 22.8.2016 – I-2 W 16/16.
488 Denkbar ist hier die Notwendigkeit eines Korrespondenzanwaltes zB, wenn der technische Gegenstand derart speziell oder komplex ist, dass gewöhnliche Fremdsprachenkenntnisse nicht ausreichen.
489 OLG Düsseldorf, Beschluss v 4.9.2013 – I-2 W 23/13.
490 OLG Düsseldorf, Beschluss v 4.9.2013 – I-2 W 23/13; OLG Düsseldorf, Beschluss v 21.6.2021 – I-2 W 8/21.

an, ob der ausländische Patentanwalt – jenseits seiner Sprachkenntnisse – über ein Wissen oder über Fertigkeiten verfügt, derentwegen ein Erscheinen des Geschäftsführers vor Gericht hinzunehmen gewesen wäre.[491] Für einen **Patentanwalt** gelten dieselben Regeln.[492] Der Verkehrsanwalt muss zudem diejenigen Tätigkeiten tatsächlich übernommen haben, die ansonsten Inhalt der fiktiven Informationsreise der Partei an den Sitz ihres Prozessbevollmächtigten gewesen wäre, indem er etwa (anstelle der Partei und als deren Vertrauensperson) an dem Verhandlungstermin vor dem Prozessgericht teilgenommen hat. Wo dies nicht der Fall war, ist für eine fiktive Kostenerstattung kein Raum.[493]

bb) Ausländische Partei

399   Einer im Ausland ansässigen Partei, die im Inland einen Verletzungsprozess führt, steht es frei, **inländische Anwälte** hinzuzuziehen, auch wenn diese nicht am Gerichtsort ansässig sind, sodass die vollen Reisekosten der Anwälte von ihrem Kanzleisitz zum Gerichtsort[494] erstattungsfähig sind.[495] Das gilt nicht nur, aber ganz besonders dann, wenn es eine sachliche Rechtfertigung für die Mandatierung der betreffenden auswärtigen Anwälte gibt, zB weil es sich um die Hausanwälte der Partei handelt[496] oder weil diese bereits mit dem Klageschutzrecht befasst waren[497] (das von ihnen angemeldet wurde oder aus dem von ihnen abgemahnt wurde). Die prinzipiell freie Anwaltswahl besteht im Zweifel auch dann, wenn die Partei eine eigene Rechtsabteilung unterhält.[498]

cc) Patentanwalt

400   Bei der Berechnung des Kostenrisikos sollte von vornherein nicht nur das erstinstanzliche Verfahren kalkuliert werden, sondern zumindest auch das Berufungsverfahren sowie die Kosten für ein mögliches Einspruchs-, Nichtigkeits[499]- oder Löschungsverfahren. Dabei ist zu berücksichtigen, dass die Kosten der im Patentverletzungsverfahren mitwirkenden Patentanwälte mittlerweile gemäß § 143 Abs 3 PatG[500] vollumfänglich – und nicht nur in Höhe einer 1,0-Gebühr nach § 13 RVG[501] – erstattungsfähig sind. Die Höhe der Patentanwaltsgebühren bemisst sich – wie die des den Verletzungsprozess führenden

---

491   OLG Düsseldorf, Beschluss v 4.9.2013 – I-2 W 23/13.
492   OLG Düsseldorf, Beschluss v 4.9.2013 – I-2 W 23/13.
493   OLG Düsseldorf, Beschluss v 21.6.2021 – I-2 W 8/21.
494   ... und nicht nur die Reisekosten bis zur Grenze der durch die Einschaltung eines am Gerichtsort ansässigen Unterbevollmächtigten entstehenden Kosten (BGH, MDR 2017, 1087).
495   BGH, NJW-RR 2014, 886; BGH, MDR 2017, 1087.
496   OLG Düsseldorf, JurBüro 2003, 427.
497   OLG Düsseldorf, InstGE 11, 177 – Reisekostenfestsetzung.
498   BGH, MDR 2017, 1087.
499   Der Streitwert eines Nichtigkeitsverfahrens bemisst sich nach dem Betrag der bis zur Klageerhebung bzw Berufungseinlegung entstandenen Schadensersatzforderungen wegen Patentverletzung sowie dem gemeinen Wert des Patents (BGH, GRUR 2009, 1100 – Druckmaschinen-Temperierungssystem III). Ist ein paralleler Verletzungsprozess anhängig, so ist der Wert des Nichtigkeitsverfahrens mindestens mit dem Streitwert des Verletzungsverfahrens (insbesondere einer dort bereits bezifferten Schadensersatzforderung) anzusetzen (BGH, GRUR 2009, 1100 – Druckmaschinen-Temperierungssystem III).
500   Problematisch ist, ob § 143 Abs 3 PatG Anwendung findet, wenn der Patentanwalt in eigener Sache tätig wird, also selbst Partei desjenigen Rechtsstreits ist, in dem er mitwirkt (zum Streitstand vgl Gruber, Mitt 2018, 264). Eine solche Konstellation kann sich insbesondere bei Honorarklagen des Patentanwaltes einstellen. Wird für sie das Vorliegen einer Patentstreitsache bejaht (vgl dazu KG, GRUR-RR 2012, 410 – Patentanwaltshonorarklage, mwN zum Streitstand), liegt eine Parteiidentität nicht vor, wenn Kläger der Honorarklage lediglich die Partnerschaftsgesellschaft ist, der der Patentanwalt als Gesellschafter angehört (OLG Dresden, Mitt 2008, 42; vgl dazu auch Hoffmann/Gruneberg, Mitt 2008, 15).
501   BGH, GRUR 2006, 702 – Erstattung von Patentanwaltskosten; OLG Frankfurt/Main, InstGE 5, 159 – Mitwirkungsgebühr für Patentanwalt.

Rechtsanwaltes, an dessen Handlungen er mitgewirkt hat – nach dem RVG und dem VV.[502] Das gilt auch dann, wenn zwischen der erstattungsberechtigten Partei und ihrem Anwalt höhere Stundenhonorare vereinbart und verdient sind.

Zu § 140 Abs 3 MarkenG hat der **EuGH**[503] auf ein Vorabentscheidungsersuchen des BGH entschieden, dass die dort vorgesehene Kostenfestsetzung *ohne* Notwendigkeitsprüfung mit den Vorgaben der Enforcement-RL (Art 3 Abs 1, Art 14) unvereinbar ist. Für § 143 Abs 3 PatG kann insoweit nichts anderes gelten, so dass es auch mit Blick auf § 143 Abs 3 PatG einer europarechtskonformen Auslegung und Handhabung dergestalt bedarf, dass das Gericht in jedem Einzelfall zu prüfen hat, ob es angesichts der Gesamtumstände »angemessen und zumutbar« ist, dass die erstattungspflichtige Partei mit bestimmten Kosten (des Patentanwalts) in bestimmter Höhe belastet wird.[504] Die Zumutbarkeit der entstandenen Kosten beurteilt sich dabei anhand der zu § 91 ZPO entwickelten Grundsätze, weswegen maßgeblich ist, ob eine verständige und wirtschaftlich vernünftig denkende Partei die Kosten auslösende Maßnahme im damaligen Zeitpunkt (ex ante) als sachdienlich ansehen durfte. Dabei ist einerseits zu berücksichtigen, dass Verfahren nicht unnötig kostspielig sein dürfen (Art 3 Abs 1), und andererseits von Bedeutung, dass die Kostenbelastung nicht so sein darf, dass sie den Rechtsinhaber davon abhalten kann, seine Rechte des geistigen Eigentums klageweise durchzusetzen. Richtigerweise ist dieser Gedanke jedoch unter zwei Aspekten zu betrachten, nämlich zum einen unter dem vom EuGH diskutierten Gesichtspunkt, dass der Schutzrechtsinhaber im Falle seines Unterliegens nicht mit unangemessen hohen gegnerischen Anwaltskosten belastet werden soll. Genauso wichtig erscheint aber auch die (vom EuGH nicht erwogene) Überlegung, dass er im Falle seines Obsiegens nicht auf den notwendigen Kosten seiner berechtigten Rechtsverfolgung sitzen bleiben darf. In patentrechtlichen Verletzungssachverhalten[505], in denen die Hinzuziehung technischer Expertise für eine erfolgversprechende Rechtsverfolgung/Rechtsverteidigung in aller Regel notwendig ist[506], wird

401

---

502 OLG Frankfurt/Main, GRUR-RR 2005, 104 – Textilhandel.
503 EuGH, GRUR 2022, 853 – NovaText/Universität Heidelberg.
504 OLG Düsseldorf, GRUR-RR 2022, 356 – Patentanwaltskosten.
505 Anders kann die Sache bei solchen Streitigkeiten liegen, die zwar formal eine »Patentstreitsache« sind, deren Bearbeitung aber keine externe technische Expertise erfordert, zB weil es sich im Wesentlichen um eine wettbewerbsrechtliche Auseinandersetzung handelt, für die ein Patent bloß den äußeren Anlass bildet.
506 Eine eigene technische Expertise des anwaltlich vertretenen Unternehmens steht dem im Allgemeinen nicht entgegen. Das gilt zunächst für reine Vertriebsunternehmen, die sowohl auf Aktivseite (als Lizenznehmer am Klagepatent) wie auch auf Passivseite (als mutmaßliche Verletzer) denkbar sind und vielfach kein für das Führen eines Patentverletzungsprozesses ausreichendes Wissen um die Technik haben. Aber selbst wenn dieses angesichts des einfach gelagerten Erfindungsgegenstandes oder des Umstandes, dass es sich beim Kläger oder Beklagten um einen Herstellungsbetrieb handelt, einmal anders sein sollte, ist zu berücksichtigen, dass es mit dem Verstehen der technischen Zusammenhänge noch nicht getan ist.
Betrachtet man zunächst die **Klägerseite**, so wird der Verletzungsprozess typischerweise von einem Rechtsbestandsverfahren begleitet, was es immer erfordern *kann*, Beschränkungen vorzunehmen, die einerseits den Rechtsbestand des Patents gewährleisten, ohne mit Blick auf den Schutzbereich unnötig Boden preiszugeben, und die andererseits garantieren, dass die angegriffene Ausführungsform des Verletzungsprozesses oder mögliche Abwandlungen hiervon weiterhin erfasst bleiben. Derartiges kann weder ein (auch patentrechtlich erfahrener) Rechtsanwalt leisten noch das Unternehmen mit seinen eigenen technischen Mitarbeitern. Selbst wenn das Unternehmen eine eigene Patentabteilung unterhalten sollte, fehlt dieser im Zweifel die forensische Erfahrung im Führen von Rechtsbestandsverfahren, so dass auch sie den Patentanwalt – allemal in wirtschaftlich bedeutsamen Auseinandersetzungen – nicht ersetzen kann. Das gilt sogar dann, wenn – was kaum denkbar erscheint – ausnahmsweise die Notwendigkeit zu einer beschränkten Patentverteidigung als Möglichkeit ausgeschlossen werden können sollte. Denn in jedem Fall gilt es, den Vortrag zur Patentauslegung in beiden Verfahren – dem Verletzungsprozess und dem parallelen Rechtsbestandsverfahren – so abzustimmen, dass beide erfolgreich abgeschlossen werden können. Das verlangt eine spezielle technische *und* patentrechtliche Sachkunde, die nur der Patentanwalt mitbringt.

eine Kostenerstattung kaum jemals scheitern, weil es eben auch ein zentrales Anliegen der Enforcement-RL ist, die effektive Durchsetzung der Rechte des geistigen Eigentums zu gewährleisten. Wenn dazu die Ausstattung des Klägers mit externer technischer Sachkunde erforderlich ist, dann ist es konsequenterweise auch objektiv angemessen und subjektiv zumutbar, dass deren Kosten als erstattungsfähig anerkannt werden. Und wenn der Kläger zu seiner Rechtsverfolgung einen Patentanwalt hinzuziehen darf, dann ist es ein Gebot des fairen gerichtlichen Verfahrens, dass für den Beklagten (der denselben Streitstoff zu bewältigen hat) und seine Rechtsverteidigung nichts anderes gelten kann.

402 Dass die unter Geltung des § 143 Abs 3 PatG festgesetzten Kosten »angemessen und zumutbar« sind, gilt prinzipiell auch bezüglich der **Höhe** der Patentanwaltsgebühren. Zwar hat der EuGH[507] entschieden, dass die Erstattung übermäßig hoher Anwaltskosten nicht »zumutbar« ist, wenn diese darauf beruhen, dass die erstattungsberechtigte Partei mit ihrem Anwalt ungewöhnlich hohe Honorare vereinbart hat oder der Anwalt nicht erforderliche kostenintensive Dienstleistungen erbracht hat. Das deutsche Kostenrecht trägt dem jedoch hinreichend dadurch Rechnung, dass auch bei vereinbarten Stundenhonoraren nicht die daraus resultierenden hohen Honorare erstattungsfähig sind, sondern stets nur die am Streitwert (und damit an dem wirtschaftlichen Wert der Streitigkeit) orientierten gesetzlichen RVG-Gebühren. Keine Probleme bereitet in diesem Zusammenhang der Umstand, dass die gesetzlichen Rechtsanwaltsgebühren für Tätigkeiten in einem gerichtlichen Verfahren gemäß §§ 2, 4 RVG nicht durch eine Vergütungsvereinbarung unterschritten werden dürfen. Denn die besagten Vorschriften sind auf Patentanwälte weder direkt noch analog anwendbar. Vereinbart die Partei freilich mit ihrem Patentanwalt eine Honorierung nach den gesetzlichen RVG-Gebühren, und sei es auch nur als Mindestgebühren neben vorrangig zu zahlenden Stundenhonoraren, so kann der Fall eintreten, dass gerade die gesetzlichen (Mindest-)Gebühren zu einem, gemessen am Leistungsaufwand des Anwaltes übermäßig hohen Honorar führen. Zu denken ist etwa daran, dass ein Rechtsmittel entweder aus freien Stücken oder auf gerichtlichen Hinweis hin zurückgenommen wird, bevor es zu einer nennenswerten Tätigkeit des Patentanwaltes des erstattungsberechtigten Prozessgegners gekommen ist, der ungeachtet dessen eine Verfahrensgebühr nach einem hohen Streitwert verdient hat. Hier mag das (angesichts der überschaubaren Dienstleistung) übermäßig hohe Honorar gegenüber dem Mandanten intern verdient sein; für den Erstattungspflichtigen ist seine volle Erstattung jedoch unzumutbar, weswegen der Erstattungsbetrag auf ein geringeres, mit Rücksicht auf die tatsächliche Anwaltsleistung angemessenes Maß herabzusetzen ist. Dies ist – im Unterschied zu den rechtsanwaltlichen Gebühren (vgl oben Rdn 380) – deshalb gerechtfertigt, weil die Belastung mit den unangemessen hohen RVG-Gebühren auf einer freien Gebührenvereinbarung des Erstattungsberechtigen beruht, weswegen die (vermeidbare) Kostenlast auch bei ihm als dem Urheber zu verbleiben hat. Im Grunde genommen ist der Fall nicht anders gelagert als in den vom EuGH bereits entschiedenen Fällen, bei denen der Erstattungsberechtigte die Folgen einer unangemessenen Honorarvereinbarung auf Stundenbasis zu tragen hat.

Auf der **Beklagtenseite** liegen die Verhältnisse nicht grundlegend anders. Denn auch hier sind beide Verfahren so zu synchronisieren, dass nicht nur das Klagepatent ganz oder teilweise vernichtet wird, sondern dass damit auch die angegriffene Ausführungsform (ggf einschließlich etwaiger zweckmäßiger Abwandlungen) außerhalb des Schutzbereichs gerät. Dazu bedarf es regelmäßig patentrechtlicher Expertise.

Ob es der Hinzuziehung patentanwaltlicher Expertise bedarf, ist nach den Verhältnissen in demjenigen **Zeitpunkt** zu beurteilen, zu dem die Partei über ihre anwaltliche Vertretung zu entscheiden hat. Dass sich danach die Umstände in einer Weise ändern, dass eine patentanwaltliche Unterstützung verzichtbar ist, ist lediglich insofern von Bedeutung, als die Partei fortan davon abzusehen hat, den Patentanwalt mit kostenauslösenden Maßnahmen zu betrauen, derer es nicht bedarf, weil sie auch von ihrem Rechtsanwalt sachgerecht erledigt werden können.

507 EuGH, GRUR Int 2016, 963 – United Video Properties.

Voraussetzung für die Kostenfestsetzung von Patentanwaltskosten ist in jedem Fall, dass 403
es sich nicht nur um **fiktive Kosten** handelt, ein Patentanwalt also tatsächlich hinzugezogen worden ist und dieser einen Vergütungsanspruch in Höhe des Erstattungsbetrages erworben hat. Wurde davon abgesehen, einen Patentanwalt zu mandatieren, sind zusätzliche Patentanwaltskosten nicht unter Hinweis darauf erstattungsfähig, dass der eingeschaltete Rechtsanwalt Fachanwalt für gewerblichen Rechtsschutz ist und dieser einem Patentanwalt gleichstehe.[508] Ähnliches gilt, wenn zwar ein Patentanwalt eingeschaltet wurde und mitgewirkt hat, mit ihm jedoch rechtswirksam eine **Honorarvereinbarung** getroffen wurde, nach der die verdiente Vergütung hinter den erstattungsfähigen gesetzlichen Gebühren zurückbleibt.[509] Hier besteht ein Erstattungsanspruch maximal in der Höhe, in der die erstattungsberechtigte Partei tatsächlich mit Patentanwaltsgebühren belastet worden ist. Zur Erklärungs- und Glaubhaftmachungslast der erstattungsberechtigten Partei gilt das oben zum Rechtsanwaltshonorar Gesagte entsprechend.[510] Besteht die Absprache, dass *mindestens* die gesetzlichen RVG-Gebühren geschuldet sind, und stellt der Patentanwalt entsprechende Rechnung, so beschränkt das Stundenhonorar – nach Maßgabe der vorstehenden Rdn 402 – selbstverständlich nicht die Erstattungsfähigkeit der Kosten.[511]

Eine wichtige Besonderheit gilt es dabei zu beachten. An der für die nur beim BGH 404
zugelassenen Rechtsanwälte vorgesehenen **Gebührensatzerhöhung** für die Verfahrensgebühr von 1,6 auf 2,3 (Nr 3208, 3508 RVG-VV) nimmt der im Nichtzulassungsbeschwerdeverfahren[512] oder Revisionsverfahren[513] mitwirkende Patentanwalt nicht teil.

Die **Neufassung** des § 143 Abs 3 PatG ist auch auf Streitverfahren anzuwenden, die vor 405
dem 1.1.2002 anhängig geworden und am 1.1.2002 noch nicht abgeschlossen sind, sofern die Mitwirkungshandlung des Patentanwaltes nach dem 1.1.2002 stattgefunden hat.[514]

§ 143 Abs 3 PatG gilt auch für **Kostenerstattungsklage** nach einer **Abmahnung** wegen 406
Patentverletzung[515] Kostenerstattungsklagen zur **Abwehr einer solchen unberechtigten Abmahnung**[516] sowie für **Ordnungsmittel- und Zwangsmittelverfahren**, wenn das vorausgegangene Erkenntnisverfahren eine Patentstreitsache war.[517] Zu letzteren gehören

---

508 OLG Köln, MDR 2012, 1500 = OLG Köln, GRUR-RR 2013, 39 – Fiktive Patentanwaltskosten.
509 OLG Düsseldorf, Beschluss v 30.5.2018 – I-2 W 6/18.
510 Vgl oben Rdn 381.
511 OLG Düsseldorf, Beschluss v 30.10.2018 – I-2 W 15/18.
512 OLG Düsseldorf, Beschluss v 30.9.2013 – I-2 W 29/13.
513 OLG Düsseldorf, Beschluss v 15.5.2012 – I-2 W 12/12; vgl auch BGH, GRUR 2004, 1062 – Mitwirkender Patentanwalt (zu § 11 Abs 1 Satz 5 RVG).
514 BGH, GRUR 2006, 702 – Erstattung von Patentanwaltskosten.
515 OLG Düsseldorf, Beschluss v 4.1.2017 – I-2 W 29/16.
516 OLG Düsseldorf, Beschluss v 31.8.2017 – I-2 W 14/17. Hat der Patentanwalt bei der vorgerichtlichen Abmahnung/deren Abwehr mitgewirkt und im späteren Kostenerstattungsprozess, so können seine Kosten, was ihre Erstattungsfähigkeit angeht, ein unterschiedliches Schicksal nehmen. Während nämlich für die Gerichtsverfahren § 143 Abs 3 PatG gilt, verhält es sich für den vorgerichtlichen Bereich, für den § 143 Abs 3 PatG nicht gilt und deshalb eine Notwendigkeitsprüfung durchzuführen ist, anders. Die ungleiche Behandlung bei der Erstattungsfähigkeit der Patentanwaltskosten ist zwingende Folge des auf den prozessualen Bereich beschränkten Anwendungsbereichs von § 143 Abs 3 PatG und deshalb hinzunehmen.
517 OLG München, Mitt 2006, 187 – Mitwirkung eines Patentanwalts im Ordnungsmittelverfahren; streitig für die Vollstreckung von Auskunfts- und Rechnungslegungsansprüchen: Während das OLG Stuttgart (GRUR-RR 2005, 334 – Patentanwaltskosten in der Zwangsvollstreckung) generell eine Erstattungspflicht bejaht, stellt das OLG Köln (GRUR-RR 2012, 492 – Patentanwaltskosten im Zwangsgeldverfahren) darauf ab, ob im Einzelfall tatsächlich die besondere Sachkunde eines Patentanwaltes erforderlich war, was für die Auskunftsvollstreckung regelmäßig zu verneinen sei. Eine Patentstreitsache ist jedoch zu bejahen für die Vollstreckung des Rückrufanspruchs (OLG Düsseldorf, Beschluss v 18.11.2015 – I-2 W 22/15) und für die Vollstreckung des Herausgabeanspruchs zur Sicherung eines Vernichtungsanspruchs (OLG Düsseldorf, Beschluss v 20.1.2010 – I-2 W 69/09; OLG Düsseldorf, Beschluss v 18.11.2015 – I-2 W 22/15).

auch **einstweilige Verfügungsverfahren**[518], und zwar selbst dann, wenn der erstattungsberechtigte Antragsgegner sich lediglich mit einem Kostenwiderspruch verteidigt[519].

407 Eine Prüfung dahingehend, ob die Mitwirkung des Patentanwaltes sachlich »**notwendig**« im Sinne von § 91 ZPO war, hat früher, soweit es um die eigentlichen Gebühren geht, nicht stattgefunden[520], wohl aber, soweit neben den Gebühren Auslagen (Reisekosten, Übernachtungskosten, Abwesenheitsgelder) beansprucht werden[521]. Das hat sich durch die Enforcement-RL und die hierzu ergangene EuGH-Rechtsprechung grundlegend geändert, weil es nunmehr in jedem Einzelfall einer Prüfung auf Angemessenheit und Zumutbarkeit bedarf.[522] Die Erstattungspflicht hinsichtlich der Patentanwaltskosten besteht auch dann, wenn die obsiegende Partei von einem Bevollmächtigten vertreten worden ist, der **sowohl** als **Rechtsanwalt als auch** als **Patentanwalt** zugelassen ist und der in beiden Funktionen mandatiert war.[523] Gleiches gilt, wenn der Patentanwalt mit dem Prozessbevollmächtigten der Partei in einer Sozietät verbunden ist.[524] Erstattungsfähig sind die Kosten schließlich auch dann, wenn es sich um einen EU-ausländischen Patentanwalt handelt, sofern er nach seiner Ausbildung und Qualifikation sowie nach seinem im Heimatstaat gesetzlich zugewiesenen Aufgabengebiet einem deutschen Patentanwalt im Wesentlichen vergleichbar ist.[525] Gleiches gilt für den nach Art 134 EPÜ zugelassenen Vertreter beim Europäischen Patentamt, egal, ob er Inländer oder Ausländer ist.[526] In Fällen der Doppelqualifikation steht es der Partei selbstverständlich frei, den doppelt qualifizierten Anwalt nur in *einer* Funktion heranzuziehen (zB als Rechtsanwalt) und daneben einen dritten Anwalt als Patentanwalt zu beauftragen. Hier sind die Kosten beider Anwälte erstattungsfähig.

408 Auf einen **Patentassessor** ist § 143 Abs 3 PatG weder unmittelbar[527] noch analog[528] anwendbar. Gleiches gilt für einen ausländischen Rechtsanwalt, selbst wenn dieser ein naturwissenschaftliches Studium abgeschlossen hat.[529] Erstattungsfähig sind die Kosten eines Patentassessors nur, wenn ihre Mitwirkung »notwendig« war, was verlangt, dass eine verständige und wirtschaftlich vernünftige Partei die Hinzuziehung eines Patentassessors als sachdienlich ansehen durfte, wobei die Partei ihr berechtigtes Interesse verfolgen und die zur vollen Wahrnehmung ihrer Belange erforderlichen Schritte ergreifen darf und sie lediglich gehalten ist, unter mehreren *gleichartigen* Maßnahmen die kostengünstigere auszuwählen.[530] Als solche kommt, wenn der Patentassessor nicht nur technischen

---

518 BGH, GRUR 2012, 756 – Kosten des Patentanwalts III.
519 OLG Düsseldorf, Mitt 2014, 345 – Kosten des Patentanwalts beim Kostenwiderspruch.
520 BGH, WRP 2003, 755 – Kosten des Patentanwalts. Wird neben dem patentrechtlichen Anspruch im Wege der objektiven Klagenhäufung auch ein nichtpatentrechtlicher Anspruch geltend gemacht, so ist § 143 Abs 3 PatG (in der Auslegung nach Maßgabe der EuGH-Rechtsprechung; Rdn 401) nur auf die abtrennbaren patentrechtlichen Ansprüche anzuwenden, während sich die Erstattungsfähigkeit der Patentanwaltskosten wegen der übrigen Klage nach § 91 ZPO richtet und somit von einer Notwendigkeitsprüfung abhängt.
521 OLG Düsseldorf, InstGE 13, 280 – Terminskosten für Patentanwalt; OLG Düsseldorf, Beschluss v 14.8.2009 – I-2 W 30/09.
522 Vgl oben Rdn 401.
523 BGH, WRP 2003, 755 – Kosten des Patentanwalts.
524 OLG Düsseldorf, InstGE 2, 298 – Patentanwaltsgebührenerstattung bei Sozietät mit Rechtsanwalt.
525 BGH, GRUR 2007, 999 – Consulente in marchi; OLG Frankfurt/Main, GRUR-RR 2006, 422, mwN.
526 BGH, GRUR 2020, 781 – EPA-Vertreter; OLG Karlsruhe, GRUR 2004, 888; OLG Karlsruhe, Beschluss v 9.2.2018 – 6 W 79/16.
527 Vgl BGH, GRUR 2007, 999 – Consulente in marchi.
528 OLG Düsseldorf, Beschluss v 23.12.2011 – I-2 W 40/11.
529 OLG Düsseldorf, Beschluss v 15.3.2013 – I-2 W 10/13.
530 BGH, GRUR 2007, 999 – Consulente in marchi; OLG Düsseldorf, Beschluss v 23.12.2001 – I-2 W 40/11.

Sachverstand, sondern – wie meist – auch Kenntnisse und Erfahrungen im Rechtsbestandsverfahren einbringen soll, nur die Einschaltung eines Patentanwaltes in Betracht. Genau wie für diesen kann deshalb auch für den mitwirkenden Patentassessor im Kostenfestsetzungsverfahren nach RVG-Gebühren abgerechnet werden.[531]

Die **Erstattungsfähigkeit** der Patentanwaltskosten gemäß § 143 Abs 3 PatG setzt dem Grunde nach voraus, dass 409

– der Patentanwalt an Handlungen des Rechtsanwaltes mitgewirkt (dh irgendeine streitbezogene, die Rechtsverfolgung oder Rechtsverteidigung fördernde oder zumindest zu fördern geeignete Tätigkeit entfaltet[532]) hat und 410

– die Handlungen des Rechtsanwaltes im Innenverhältnis zum Mandanten einen Gebührentatbestand des RVG verwirklichen.[533] 411

Für den Patentanwalt kann deshalb eine **Terminsgebühr** erstattungsfähig sein, ungeachtet der Tatsache, dass er selbst vor dem Verletzungsgericht nicht postulationsfähig ist.[534] Mit Rücksicht auf die oben (Rdn 401 f) geschilderte EuGH-Rechtsprechung kommt es allerdings darauf an, dass im Termin selbst irgendeine sinnvolle Mitwirkung des Patentanwaltes stattgefunden hat oder zu erwarten ist, die seine Hinzuziehung auch in diesem Verfahrensstadium erfordert hat, weshalb die Terminsgebühr[535] zB dann nicht verdient wird, wenn im Verhandlungstermin – sicher absehbar oder ggf sogar vorher ausdrücklich angekündigt – lediglich ein Versäumnis- oder Verzichtsurteil ansteht, zu dem der Patentanwalt neben dem Rechtsanwalt in aller Regel nichts Nützliches wird beitragen können. Dass der Patentanwalt an dem die Terminsgebühr des Rechtsanwaltes auslösenden Gebührentatbestand mitgewirkt hat (zB im Vorfeld der Verzichtserklärung oder durch Teilnahme an der Verhandlung[536]), löst daher – anders als früher – keine Erstattungspflicht mehr aus.[537] In welcher Weise der Patentanwalt mitwirkend tätig geworden ist, braucht nicht im Einzelnen substantiiert zu werden; vielmehr genügt es regelmäßig, dass seine Mitwirkung zu Beginn des Verfahrens angezeigt und eine auf das Verfahren bezogene Kostenrechnung des Patentanwaltes vorgelegt wird.[538] Die Mitwirkungsanzeige ist dabei freilich – nicht umgekehrt – ein unverzichtbares Erfordernis, weswegen die erstattungsrelevante Mitwirkung im Einzelfall auch noch nachträglich im Kostenfestsetzungsverfahren glaubhaft gemacht werden kann.[539] 412

Nach § 143 Abs 3 PatG sind nur die Kosten eines einzigen (und nicht mehrerer) im Patentverletzungsprozess mitwirkender Patentanwälte erstattungsfähig.[540] Wird neben dem deutschen ein **weiterer ausländischer Patentanwalt** hinzugezogen, so sind dessen 413

---

531 OLG Düsseldorf, Beschluss v 23.12.2011 – I-2 W 40/11; OLG Frankfurt/Main, Mitt 2014, 97 – Erstattungsfähigkeit der Kosten eines Patentassessors.
532 OLG Düsseldorf, InstGE 13, 280 – Terminskosten für Patentanwalt.
533 OLG Hamm, Mitt 2009, 425.
534 OLG Düsseldorf, InstGE 3, 76 – Erstattung von Patentanwaltskosten; OLG Köln, Mitt 2006, 286 – Terminsgebühr bei Säumnis; OLG Hamm, Mitt 2009, 425.
535 Anders verhält es sich mit Auslagen (wie Übernachtungs- und Reisekosten), für die schon immer eine Notwendigkeitsprüfung stattzufinden hatte (OLG Düsseldorf, InstGE 13, 280 – Terminskosten für Patentanwalt = OLG Düsseldorf, GRUR-RR 2012, 308 – Fahrbare Betonpumpen).
536 Nicht ausreichend ist, wenn sich der Patentanwalt im Termin durch einen Rechtsanwalt vertreten lässt (OLG Braunschweig, GRUR-RR 2012, 133 – Doppelvertretung).
537 Überholt: OLG Düsseldorf, InstGE 13, 280 – Terminskosten für Patentanwalt = OLG Düsseldorf, GRUR-RR 2012, 308 – Fahrbare Betonpumpen.
538 OLG Frankfurt/Main, GRUR-RR 2006, 422.
539 OLG Düsseldorf, InstGE 13, 280 – Terminskosten für Patentanwalt = OLG Düsseldorf, GRUR-RR 2012, 308 – Fahrbare Betonpumpen.
540 OLG Düsseldorf, InstGE 12, 63 – zusätzlicher ausländischer Patentanwalt.

Kosten nur nach Maßgabe der §§ 91 Abs 1 Satz 1, Abs 2 Satz 2 ZPO berücksichtigungsfähig. Wie bei der Beauftragung mehrerer Rechtsanwälte gilt der Grundsatz, dass die Kosten mehrerer Patentanwälte in der Regel nur bis zur Höhe der Kosten eines Patentanwaltes zu erstatten sind.[541] Die Notwendigkeit der Hinzuziehung eines zweiten, ausländischen (hier: französischen) Patentanwaltes ergibt sich noch nicht daraus,

414 – dass das Klagepatent ein in fremder Verfahrenssprache (hier: Französisch) abgefasstes europäisches Patent ist, das mit einem Einspruch angegriffen ist,

415 – dass der den Einspruch betreibende Verletzungsbeklagte eine ausländische (hier: in Frankreich ansässige) Partei ist

416 – und dass der ausländische Patentanwalt das in der fremden Verfahrenssprache geführte Einspruchsverfahren betreut.[542]

417 Unter den genannten Bedingungen sind die Kosten des ausländischen Patentanwaltes ebenfalls nicht als **Verkehrsanwaltskosten** erstattungsfähig. Für eine positive Notwendigkeitsprüfung (die auch insoweit stattzufinden hat) genügt nicht schon die Ausländereigenschaft als solche. Es müssen vielmehr darüber hinaus konkrete Gründe (wie prozessrelevante sprachliche Barrieren, kulturelle Unterschiede, mangelnde Vertrautheit mit dem deutschen Rechtssystem) hinzutreten, die im Einzelfall die Einschaltung eines ausländischen Verkehrsanwaltes als geboten erscheinen lassen.[543] Die Notwendigkeit ist dementsprechend zu verneinen, wenn der inländische Prozessbevollmächtigte bereits über alle für den Rechtsstreit nötigen Informationen verfügt oder die ausländische Partei aufgrund eigener inländischer Geschäftstätigkeit zweifelsfrei in der Lage ist, ihren Prozessbevollmächtigten selbst zu informieren und Kenntnisse des Rechts der ausländischen Partei für die Entscheidung der Sache unerheblich sind.[544] Bei einer an einem inländischen Verletzungsverfahren beteiligten ausländischen Partei besteht für die Einschaltung eines ausländischen Korrespondenzanwaltes nur ausnahmsweise ein rechtfertigender Grund, namentlich dann, wenn es der Partei aufgrund der Umstände unmöglich oder unzumutbar ist, ihren Prozessbevollmächtigten am entfernten Gerichtsort persönlich, schriftlich oder telefonisch zu informieren.[545] Ist der ausländische Patentanwalt der deutschen Sprache hinreichend mächtig (sodass er als Korrespondenzanwalt fungieren kann), so steht einer zusätzlichen Berücksichtigung seiner Kosten entgegen, dass die ausländische Partei statt ihres deutschen Patentanwaltes sogleich und allein den ausländischen Patentanwalt zur Mitwirkung im Verletzungsprozess hätte bestimmen können.[546]

418 Betrifft die Klage *einen* Streitgegenstand, der eine Patentstreitsache ist und einen zweiten Streitgegenstand, auf den dies nicht zutrifft und für den sich auch die Notwendigkeit einer Hinzuziehung patentanwaltlichen Sachverstandes nicht aufgrund der Umstände des Falles bejahen lässt, so sind die angefallenen **Patentanwaltskosten** nur **zum Teil erstattungsfähig**, nämlich insoweit, wie sie dem ersten Streitgegenstand zuzurechnen sind. Die Quotelung hat in der Weise zu geschehen, dass die nach dem Gesamtstreitwert der Klage entstandenen Patentanwaltsgebühren entsprechend dem Verhältnis der Werte beider Streitgegenstände zueinander aufzuteilen sind.

---

541 OLG Düsseldorf, InstGE 12, 63 – zusätzlicher ausländischer Patentanwalt.
542 OLG Düsseldorf, InstGE 12, 63 – zusätzlicher ausländischer Patentanwalt.
543 BGH, GRUR 2012, 319 – Ausländischer Verkehrsanwalt.
544 BGH, GRUR 2012, 319 – Ausländischer Verkehrsanwalt.
545 OLG Düsseldorf, InstGE 12, 63 – zusätzlicher ausländischer Patentanwalt.
546 OLG Düsseldorf, InstGE 12, 63 – zusätzlicher ausländischer Patentanwalt.

> **Beispiel:**
> Der Wert der Klage beträgt 500.000 €, wobei auf den als Patentstreitsache zu behandelnden Teil 100.000 € und auf den restlichen Streitstoff, der keine Patentstreitsache ist, 400.000 € entfallen. Das Honorar für die Mitwirkung des Patentanwalts im Klageverfahren beträgt 10.000 €. Erstattungsfähig ist ein Bruchteil von 1/5 (100.000 €: 500.000 €) des Gesamthonorars, dh 2.000 €.

419

Werden Ansprüche aus einer **Patentstreitsache** nur **hilfsweise** geltend gemacht und in der Hauptsache Ansprüche verfolgt, auf die § 143 Abs 3 PatG nicht anzuwenden ist und für die die Hinzuziehung eines Patentanwaltes auch nicht notwendig war, so sind die Patentanwaltskosten nur erstattungsfähig, wenn über die patentrechtlichen Hilfsansprüche eine gerichtliche Entscheidung mit einer entsprechenden Kostengrundentscheidung zugunsten des die Kostenerstattung begehrenden Auftraggebers ergeht.[547]

420

dd) Rechtsmittelverfahren

Zurückhaltung ist im Rechtsmittelverfahren für den Rechtsmittelbeklagten geboten. Er kann, sobald das Rechtsmittel eingelegt ist, zwar seinerseits einen Anwalt beauftragen[548], für den deshalb auch die Verfahrensgebühr[549] erstattungsfähig ist.[550] Das gilt auch, wenn das (vorwiegend zur Fristwahrung eingelegte) Rechtsmittel später zurückgenommen wird[551], wobei in einem solchen Fall die ermäßigte Verfahrensgebühr nach Nr 3201 RVG-VV anfällt, sofern der Anwalt eine gebührenauslösende Tätigkeit entfaltet hat. Eine solche liegt zwar noch nicht in der Entgegennahme der gegnerischen Rechtsmittelschrift und deren Weiterleitung an den Mandanten, weil beide Tätigkeiten gebührenrechtlich noch zum ersten Rechtszug gehören.[552] Andererseits ist nicht erforderlich, dass der Anwalt des Rechtsmittelgegners nach außen in Erscheinung tritt, indem er sich bei Gericht bestellt oder einen Schriftsatz einreicht; genügend ist vielmehr, dass er für den Rechtsmittelzug Informationen entgegennimmt, das angefochtene Urteil durcharbeitet oder mit dem Mandanten erörtert, ob bereits vor einer Rechtsmittelbegründung auf das eingelegte Rechtsmittel reagiert werden soll.[553] Abgesehen davon trifft den Rechtsmittelgegner jedoch die grundsätzliche Pflicht zur kostenschonenden Prozessführung, was verlangt, dass mit der weitere Kosten auslösenden **Stellung eigener Sachanträge** (und erst recht mit inhaltlichen Ausführungen) gewartet wird bis eine Rechtsmittelbegründung vorliegt und damit feststeht, dass das Rechtsmittelverfahren tatsächlich durchgeführt wird.[554] Sobald das gegnerische Rechtsmittel begründet ist, ist allerdings ein Zurückweisungsantrag zur zweckentsprechenden Rechtsverteidigung notwendig und führt zur Kostenerstattung nach § 91 ZPO, auch dann, wenn das Rechtsmittelgericht noch keine Erwiderungsfrist gesetzt hat, zB weil es sich vorbehalten hat, zunächst ein Vorgehen

421

---

547 BGH, GRUR 2019, 983 – Kosten des Patentanwalts V.
548 Anderes soll ausnahmsweise dann gelten, wenn das Rechtsmittelgericht im Zeitpunkt der Anwaltsbeauftragung bereits die Verwerfung des eingelegten Rechtsmittels angekündigt hatte (OLG Karlsruhe, MDR 2018, 830).
549 Zur Anrechnung der Verfahrensgebühr nach Zurückverweisung des Rechtsstreits an das Berufungsgericht vgl BGH, BB 2016, 1922 (LS).
550 BGH, MDR 2003, 530; OLG Naumburg, MDR 2012, 553.
551 Da es auf die ex ante-Sicht ankommt, sind die gegnerischen Anwaltskosten auch dann erstattungsfähig, wenn die eine Verfahrensgebühr auslösende Anwaltstätigkeit entfaltet wird, nachdem die Berufung bereits zurückgenommen war, jedoch bevor dies dem Berufungsgegner (sei es durch eine Mitteilung des Gerichts oder durch eine Vorabinformation des Berufungsführers) bekannt geworden ist (BGH, MDR 2018, 1407).
552 OLG Karlsruhe, MDR 2018, 830.
553 OLG Karlsruhe, MDR 2018, 830.
554 BGH, NJW 2003, 756; BGH, NJW 2003, 1324.

nach § 522 Abs 2 ZPO zu prüfen.[555] Trotz verfrühten (weil vor Rechtsmittelbegründung erfolgten) Zurückweisungsantrages besteht eine Erstattungspflicht ausnahmsweise auch dann, wenn das Rechtsmittel in der Folge tatsächlich begründet wird.[556] Ob das Rechtsmittelgericht in der Folge entscheidet, ist unerheblich. Bei der Erstattungspflicht verbleibt es auch dann, wenn das Rechtsmittel nach seiner Begründung zurückgenommen oder das Rechtsmittelverfahren auf sonstige Weise beendet wird.[557] Ist dem Berufungsbeklagten mit dem Hinweisbeschluss nach § 522 Abs 2 ZPO eine Berufungserwiderungsfrist gesetzt worden und reicht der Berufungsbeklagte nach Berufungsrücknahme eine Berufungserwiderung ein, sind die hierdurch entstandenen Kosten erstattungsfähig, wenn der Berufungsbeklagte bei Einreichung seiner Berufungserwiderung keine Kenntnis von der zwischenzeitlichen Berufungsrücknahme hatte und ihm diese Unkenntnis auch nicht vorwerfbar ist.[558]

422 Dieselben Regeln gelten für die **Hinzuziehung eines Patentanwaltes** neben dem Prozessanwalt.[559] Eine Pflicht zur Zurückhaltung über das für Rechtsanwälte geltende Maß hinaus besteht allerdings nicht. Ist die Berufung nicht fristgerecht eingelegt und hat der Rechtsmittelführer Wiedereinsetzung in den vorigen Stand beantragt, so kann deswegen ein Patentanwalt mandatiert werden, sobald die materielle Berufungsbegründung eingereicht wird, auch wenn zu diesem Zeitpunkt über das Wiedereinsetzungsgesuch und die Verwerfung der Berufung noch nicht entschieden ist. Der Berufungsbeklagte darf für das Rechtsmittelverfahren einen Rechtsanwalt beauftragen, sobald das gegnerische Rechtsmittel eingelegt oder eine solche Einlegung in ernst zu nehmender Weise angedroht ist.[560]

423 Sieht der **Streithelfer** davon ab, für die betreffende Instanz einen eigenen postulationsfähigen Prozessbevollmächtigten zu bestellen, kann er seiner bisherigen (rechts- und/oder patent-)anwaltlichen Vertretung stattdessen einen Auftrag für Einzeltätigkeiten erteilen, womit eine 0,8-Verfahrensgebühr nach Nr 3403 VV-RVG anfällt. Ein solches kann zB angezeigt sein, wenn die unterstützte Hauptpartei das Rechtsmittelverfahren führt, der Streithelfer jedoch im Hintergrund über dessen Fortgang und Inhalt unterrichtet bleiben will, um in internen Abstimmungen beteiligt zu bleiben und notfalls Einfluss auf den Prozessvortrag der von ihm unterstützten Hauptpartei nehmen zu können. So lange nicht parallel ein Prozessbevollmächtigter beauftragt wird, wird ein Einzeltätigkeitsauftrag in aller Regel »notwendig« iSv § 91 ZPO sein und bei Obsiegen der unterstützten Partei zu einem entsprechenden Kostenerstattungsanspruch des Streithelfers führen. Voraussetzung ist freilich, dass sich das Mandat nicht auf Tätigkeiten beschränkt, die als bloßer Nachhall zur abgeschlossenen Instanz verstanden und dementsprechend durch die dort bereits verdienten Anwaltsgebühren abgegolten sind (Überwachung der Rechtsmittelfrist, allgemeine Belehrung über die zulässigen Rechtsmittel), sondern inhaltliche Tätigkeiten zum Gegenstand hat, die wegen ihres Aufwandes über die Nachbetreuung hinausgehen (Beurteilung der Erfolgsaussichten einer gegnerischen Nichtzulassungsbeschwerde, Abstimmung mit der Hauptpartei bei deren Schriftsätzen).[561]

---

555 BGH, MDR 2010, 1287.
556 BGH, NJW 2009, 2220; BGH, MDR 2010, 1287.
557 BGH, MDR 2014, 57.
558 BGH, MDR 2018, 618.
559 OLG Stuttgart, GRUR-RR 2004, 279 – Patentanwaltskosten bei Rechtsmittelrücknahme; OLG Düsseldorf, Mitt 2015, 419 – Fahrradcomputer; aA: noch Beschluss v 20.8.2007 – I-2 W 11/07 (Anlass zur Mandatierung eines Patentanwaltes besteht, sobald die Mitteilung über die gegnerische Berufungseinlegung eingegangen ist).
560 OLG Düsseldorf, OLG-Report 2009, 451.
561 OLG Düsseldorf, Beschluss v 13.3.2017 – I-2 W 30/16; bestätigt von BGH, GRUR 2019, 870 – Kommunikationssystem.

Verkehrsanwaltskosten sind sowohl im Berufungsverfahren[562] als auch in der Revisionsinstanz[563] grundsätzlich nicht erstattungsfähig. Der Grund hierfür liegt in dem beschränkten Pflichtenkreis des Korrespondenzanwalts (vgl VV RVG Nr 3400), der sich darauf reduziert, den Verkehr der Partei mit dem Prozessbevollmächtigten der Rechtsmittelinstanz zu führen, während die Prozessführung als solche und die damit verbundene Beratung des Mandanten von dem Instanz-Prozessbevollmächtigten in eigener Verantwortung wahrzunehmen ist. 424

Die anwaltliche Vertretung in einem Verfahren, das **wechselseitige Nichtzulassungsbeschwerden** gegen dasselbe Berufungsurteil zum Gegenstand hat, die beim BGH unter demselben Aktenzeichen geführt werden, stellt in der Regel *eine* (»dieselbe«) Angelegenheit dar.[564] 425

ee) Rechtsanwalt im Nichtigkeitsverfahren

Im Hinblick auf ein Nichtigkeitsverfahren, welches der beklagte Verletzer anstrengt, steht die Rechtsprechung[565] neuerdings ebenfalls mehrheitlich auf dem Standpunkt, dass zwar § 143 Abs 3 PatG nicht gilt[566], dass jedoch die Hinzuziehung eines Rechtsanwaltes zur zweckentsprechenden Rechtsverfolgung geboten sein kann (§ 91 ZPO), sodass auch hier **doppelte Anwaltskosten** zu kalkulieren sind.[567] Zwischen den Senaten des BPatG war lange Zeit umstritten, ob es stets einer Einzelfallprüfung bedarf, weswegen die zusätzliche Beauftragung eines Rechtsanwaltes neben einem Patentanwalt dann nicht zur Rechtsverteidigung notwendig sein sollte, wenn bereits die patentanwaltliche Prüfung ergibt, 426

– dass die Verteidigung aussichtslos und das Vernichtungsbegehren anzuerkennen ist oder 427

– der Fall über die rein technisch-patentrechtliche Problematik hinaus keine besonderen Rechtsfragen aufwirft, die die Hinzuziehung juristischen Sachverstandes erforderlich machen[568]. 428

– Mittlerweile ist durch den BGH[569] entschieden, dass – wie allgemein im Kostenfestsetzungsverfahren – eine typisierende Betrachtung angebracht ist, sodass eine Doppelvertretung wegen des erforderlichen Abstimmungsbedarfs notwendig ist, wenn zeitgleich mit dem Nichtigkeitsverfahren ein das Streitpatent betreffendes Verletzungsverfahren anhängig ist.[570] Eine zeitlich nur kurzfristige Überschneidung genügt 429

---

562 BGH, NJW-RR 2006, 1563.
563 BGH, MDR 2015, 184.
564 BGH, MDR 2018, 1406.
565 Zum Streitstand vgl Engels/Morawek, GRUR 2011, 561, 585 ff; Schickedanz, Mitt 2012, 60.
566 BGH, GRUR 2013, 427 – Doppelvertretung im Nichtigkeitsverfahren; BPatG, GRUR-RR 2010, 401 – Doppelvertretungskosten.
567 BGH, GRUR 2013, 427 – Doppelvertretung im Nichtigkeitsverfahren; BPatG, GRUR 2008, 735 – Doppelvertretung im Patentnichtigkeitsverfahren.
568 BPatG, GRUR 2008, 735 – Doppelvertretung im Patentnichtigkeitsverfahren; Mitt 2008, 570.
569 BGH, GRUR 2013, 427 – Doppelvertretung im Nichtigkeitsverfahren.
570 BGH, GRUR 2013, 427 – Doppelvertretung im Nichtigkeitsverfahren; BPatG, GRUR 2009, 706 – Doppelvertretungskosten im Nichtigkeitsverfahren I; BPatG, GRUR 2009, 707 – Doppelvertretungskosten im Nichtigkeitsverfahren II; BPatG, GRUR-RR 2012, 130 – Doppelvertretungskosten im Nichtigkeitsverfahren III; BPatG, BeckRS 2009, 11250; BPatG, BeckRS 2010, 13905; BPatG, Mitt 2011, 258 – Doppelvertretungskosten im Nichtigkeitsverfahren IV; BPatG, Mitt 2011, 308 – Doppelvertretungskosten im Nichtigkeitsverfahren V; aA: BPatG, Mitt 2012, 424 – Mitwirkender Rechtsanwalt III; BPatG Mitt 2009, 196, wo verlangt wird, dass Rechtsfragen auftauchen, für die der Patentanwalt nicht zuständig ist und dieser eine zuverlässige Antwort auch nicht auf einem gegenüber der Gebühr des Rechtsanwaltes günstigeren Weg erhalten kann.

nicht, selbst wenn die Parteien im Vorfeld der Nichtigkeitsklage bereits (Nicht-)Verletzungsargumente ausgetauscht haben sollten.[571]

430 Dabei kommt es nicht darauf an, ob der Nichtigkeitsbeklagte (der notwendigerweise der eingetragene Patentinhaber ist) auch Kläger im Verletzungsprozess ist. Statt einer formalen Parteiidentität ist entscheidend, ob Grundlage der Verletzungsklage dasjenige Patent ist, das mit der Nichtigkeitsklage angegriffen ist, und ob die erstattungsfordernde Partei oder ein mit ihr wirtschaftlich verbundener Dritter am Rechtsbestandsverfahren beteiligt ist.[572] Kosten der Doppelvertretung sind deswegen auch dann erstattungsfähig, wenn Verletzungskläger ein (ausschließlicher oder einfacher) Lizenznehmer des im Nichtigkeitsverfahren beklagten Patentinhabers ist.[573] Das gilt auch dann, wenn beide – Patentinhaber und Lizenznehmer – dieselbe anwaltliche Vertretung haben.[574] Notwendig ist aber, dass dasselbe Patent, das Gegenstand des Nichtigkeitsverfahrens ist, auch den Klagegrund für die parallele Verletzungsklage liefert, weswegen ein anderes Klagepatent selbst dann unbeachtlich ist, wenn es ein technisch eng verwandtes technisches Gebiet betrifft, auf dem zwischen den Parteien im In- und/oder Ausland ebenfalls Verletzungs- und Rechtsbestandsprozesse anhängig sind.[575] Unter solchen Umständen ändert an der mangelnden Erstattungsfähigkeit der Rechtsanwaltskosten weder etwas, dass der Erstattungsschuldner im Nichtigkeitsverfahren selbst doppelt anwaltlich vertreten war, noch dass er der Kostenfestsetzung zugunsten des Gegners nicht widerspricht.[576] Unabhängig von einem parallelen Verletzungsverfahren wird eine doppelte Vertretung im letztinstanzlichen Nichtigkeitsberufungsverfahren vor dem BGH akzeptiert.[577]

431 Die für den Patentprozess geltenden Regeln sind auf **Gebrauchsmusterlöschungsverfahren** in gleicher Weise anzuwenden.[578]

432 Was die **gerichtlichen Kosten** des Nichtigkeitsverfahren selbst betrifft, so fallen die vollen Gerichtsgebühren für jedes einzelne von mehreren gegen das Klagepatent geführte **Nichtigkeitsverfahren** auch dann an, wenn die Klageanträge und die Nichtigkeitsgründe identisch sind. Daran ändert sich rückwirkend nichts, wenn die mehreren Klagen später verbunden werden; erst ab dem Verbindungsbeschluss fallen danach begründete Gerichtsgebühren nur noch einfach an.[579] Dieselbe Gebührenbehandlung (= Anfallen nur einer Gerichtsgebühr) ist nur dadurch möglich, dass mehrere Kläger eine gemeinsame Klage mit demselben Klageantrag und denselben Nichtigkeitsgründen erheben.[580] Nichts anderes gilt, wenn und sobald eine anhängige Nichtigkeitsklage – mit Zustimmung des bisherigen, alleinigen Klägers – im Wege der subjektiven Klageerweiterung nachträglich um einen weiteren Nichtigkeitskläger erweitert wird.

---

571 BPatG, GRUR-RS 2017, 134903 – Doppelvertretung.
572 BGH, GRUR 2013, 427 – Doppelvertretung im Nichtigkeitsverfahren.
573 BGH, GRUR 2013, 427 – Doppelvertretung im Nichtigkeitsverfahren; BPatG, GRUR-RR 2012, 129 – Doppelvertretungskosten im Nichtigkeitsverfahren VI.
574 BGH, GRUR 2013, 427 – Doppelvertretung im Nichtigkeitsverfahren.
575 BPatG, Mitt 2017, 92 – Mitwirkender Vertreter II.
576 BPatG, Mitt 2017, 92 – Mitwirkender Vertreter II.
577 BPatG, GRUR-RR 2010, 401 – Doppelvertretungskosten; BPatG, Mitt 2011, 100 – Mitwirkender Rechtsanwalt II.
578 BPatG, GRUR 2017, 1169 – Doppelvertretungskosten im Gebrauchsmusterlöschungsverfahren, vgl dazu Paul, Mitt 2017, 531 und 568; aA: BPatG, GRUR 2008, 735 – Doppelvertretung im Patentnichtigkeitsverfahren; BPatG, Mitt 2009, 568 – Medizinisches Instrument.
579 BPatGE 53, 147; BPatG, Mitt 2017, 517 (LS) – Klagegebühr bei Verbindung von Nichtigkeitsklagen.
580 BGH, GRUR 2021, 45 – Signalumsetzung; BPatG, Mitt 2016, 150.

ff) Kosten des Einspruchsverfahrens

Während im Nichtigkeitsverfahren eine die dort angefallenen Gerichts- und Anwaltskosten verteilende Entscheidung ergeht (§ 84 PatG), kennt das Einspruchsverfahren einen derartigen Kostenausspruch nicht. Unabhängig vom Verfahrensausgang trägt hier grundsätzlich der Einsprechende die Amtsgebühren, während die außergerichtlichen Kosten von der jeweiligen Partei zu übernehmen sind, bei der sie anfallen (Art 104 Abs 1 EPÜ, § 62 Abs 1 Satz 1 PatG). Weil irgendeine Kostenerstattung selbst im Falle eines Verfahrenserfolges nicht vorgesehen ist, muss der Einsprechende Kosten auch dann tragen, wenn sein Rechtsbestandsangriff zu Recht erfolgt ist, zum Widerruf des Patents und dementsprechend zur Abweisung der Verletzungsklage, derentwegen der Einspruch erhoben wurde, geführt hat. Dieses Kostenergebnis kann nicht dadurch rückgängig gemacht werden, dass die Einspruchskosten[581] als Kosten des Verletzungsrechtsstreits begriffen und damit der dortigen, dem Einsprechenden (= Verletzungsbeklagten) günstigen Kostenentscheidung unterstellt werden.[582] § 91 ZPO erfasst nach seinem Wortlaut nur die Kosten »des Rechtsstreits«, womit der eigentliche Verletzungsprozess gemeint ist, zu dem das eigenständige Einspruchsverfahren nicht gehört. Aufgrund der für das Einspruchsverfahren gesetzlich vorgesehenen Kostenhaftung verbietet es sich auch, die Einspruchskosten auf materiell-rechtlicher Grundlage (zB wegen Eingriffs in den Gewerbebetrieb durch eine auf das angefochtene Patent gestützte Abmahnung) als erstattungsfähig zu behandeln.[583] Dass Kosten für die Recherche nach Stand der Technik erstattungsfähig sind[584], wenn mit ihnen angesichts eines laufenden Verletzungsprozesses abgeklärt werden soll, ob ein Angriff auf den Rechtsbestand des Klagepatents als taugliches Verteidigungsmittel infrage kommt, bedeutet keinen Wertungswiderspruch. Denn die besagten Aufwendungen beruhen initial auf dem Verletzungsprozess und stehen ungeachtet dessen vordringlich mit ihm im Zusammenhang, dass der nachfolgend unternommene Rechtsbestandsangriff selbstverständlich auf die gewonnenen Rechercheergebnisse zurückgreift und es seiner aus formalen Gründen bedarf, um den Angriff auf das Klagepatent in einer für das Verletzungsverfahren beachtlichen Form aufzubereiten.

Erst recht kommt nicht in Betracht, eine Kostenerstattung in Betracht zu ziehen, wenn die Partei des Verletzungsprozesses überhaupt nicht am Einspruchsverfahren beteiligt war, sondern dieses nur von einem Konzernunternehmen betrieben worden ist.[585] Denn es gilt der Grundsatz, dass von dritter Seite unternommene Aufwendungen nur ausnahmsweise berücksichtigungsfähig sind, nämlich dann, wenn die erstattungsberechtigte Prozesspartei sie ansonsten selbst hätte erbringen müssen und der in Vorlage getretene Dritte die Kosten von ihr zurückverlangt.[586] Beides ist substantiiert darzulegen und glaubhaft zu machen.

gg) Kosten für den Entwurf eines Rechtsbestandsangriffs

Aus ganz ähnlichen Erwägungen ist es nicht angängig, die (Rechtsanwalts- und Patentanwalts-)Kosten für den Entwurf einer später tatsächlich nicht eingereichten Nichtigkeitsklage oder eines Einspruchsschriftsatzes als im Verletzungsprozess erstattungsfähige Kosten zu akzeptieren.[587] Das gleiche gilt für Privatgutachtenkosten (zB zur angeblich

---

581 Damit sind sämtliche Kosten gemeint, also Rechtsanwaltskosten, Patentanwaltskosten, Gutachterkosten etc. (OLG Düsseldorf, Beschluss v 30.5.2018 – I-2 W 6/18).
582 OLG Düsseldorf, Beschluss v 26.2.2015 – I-2 W 5/15; OLG Düsseldorf, Beschluss v 30.5.2018 – I-2 W 6/18; aA: Schrader/Kuchler, Mitt 2012, 162.
583 AA: Rojahn/Rektorschek, Mitt 2014, 1, 12.
584 Vgl unten zu Rdn 476.
585 OLG Düsseldorf, Beschluss v 26.2.2015 – I-2 W 5/15; OLG Düsseldorf, Beschluss v 5.8.2015 – I-2 W 14/15.
586 OLG Düsseldorf, Beschluss v 5.8.2015 – I-2 W 14/15.
587 OLG Düsseldorf, Beschluss v 30.5.2018 – I-2 W 6/18.

mangelnden Patentfähigkeit), die zur Stützung des Nichtigkeitsklagentwurfs angefallen sind.[588] Der gegenteiligen Ansicht des LG München I[589], welches für die Kostenfestsetzung genügen lässt, dass es sich bei dem beabsichtigten Rechtsbestandsangriff um ein typisches Verteidigungsmittel gegenüber dem Vorwurf einer Patentverletzung handelt, und darüber hinaus lediglich die Glaubhaftmachung der Auftragserteilung für den Klageentwurf verlangt, aber offenbar aus Gründen der Geheimhaltung keine Vorlage des auftragsgemäß erstellten Klageentwurfs für erforderlich hält, ist zu widersprechen. Sie führt zu dem unhaltbaren Ergebnis, dass die Anwaltskosten des Verletzungsbeklagten, hätte er den geplanten Nichtigkeitsangriff durchgeführt, nach der im Nichtigkeitsverfahren zu treffenden Kostengrundentscheidung nur erstattungsfähig gewesen wären, wenn die Nichtigkeitsklage Erfolg gehabt hätte, dass dieselben Kosten, sieht der Nichtigkeitskläger von einer Klageerhebung ab, hingegen ohne Rücksicht auf die Erfolgsaussichten seines Rechtsbestandsangriffs zu ersetzen wären. Richtig ist auch hier die Betrachtung, dass die Kosten der Nichtigkeitsklage keine Kosten des Verletzungsrechtsstreits sind, egal, ob Klage erhoben wird (womit die Aussicht auf eine günstige Kostengrundentscheidung nach § 84 PatG begründet wird) oder nicht erhoben wird (womit die Kosten des Klageentwurfs mangels einer Anwendbarkeit des § 84 PatG endgültig beim verhinderten Nichtigkeitskläger verbleiben).

hh) Discovery-Verfahren

436 Dieselbe Wertung und Beurteilung ist für die Kosten eines US-Discovery-Verfahrens bzw der Rechtsverteidigung in einem solchen Verfahren angebracht. Es handelt sich um ein eigenständiges Streitverfahren mit einer ihm eigenen Kostenregelung (nach der jede Partei ihre Kosten selbst trägt), die zu beachten ist.[590]

ii) Festsetzung gegen die eigene Partei

437 Das Verfahren nach § **11 RVG**, welches eine Kostenfestsetzung des Anwaltes gegen seine eigene Partei ermöglicht, ist auf Patentanwälte und deren Honoraranspruch wegen Mitwirkung in einer Patentstreitsache nicht – auch nicht entsprechend – anwendbar.[591]

c) Parteienmehrheit

438 Klagen mehrere Parteien oder werden mehrere Parteien verklagt, so kann grundsätzlich **jeder Streitgenosse** einen **eigenen Anwalt** beauftragen, dessen Kosten mithin auch erstattungsfähig sind. Eine Grenze findet die Erstattungspflicht lediglich in Fällen des Rechtsmissbrauchs, von dem nur dann gesprochen werden kann, wenn feststeht, dass für die Beauftragung eines eigenen Prozessbevollmächtigten kein sachlicher Grund besteht.[592] Maßgeblich sind die Verhältnisse und Erkenntnismöglichkeiten des Beklagten im Zeitpunkt der Anwaltsbeauftragung.[593] Da das Kostenfestsetzungsverfahren als Massenverfahren auf eine zügige und unkomplizierte Erledigung angelegt ist, kann solches nur in besonderen, atypischen Konstellationen angenommen werden.[594] Dass die mehreren Streitgenossen demselben Konzern angehören, reicht für die Annahme eines Rechtsmissbrauchs noch nicht aus, so lange zwischen ihnen widerstreitende Interessen denkbar

---

588 OLG Düsseldorf, Beschluss v 30.5.2018 – I-2 W 6/18.
589 LG München I, Mitt 2014, 292 – Kosten der Vorbereitung einer Nichtigkeitsklage.
590 OLG Düsseldorf, Beschluss v 5.8.2015 – I-2 W 14/15.
591 BGH, GRUR 2015, 1253 – Festsetzung der Patentanwaltsvergütung ((Beschluss v 25.8.2015 – X ZB 5/14, im Anschluss an OLG Düsseldorf, InstGE 10, 57 – Festsetzung gegen die eigene Partei; aA: Kurtz, Mitt 2009, 507, mwN.
592 BGH, ZMR 2009, 442, 443; BGH, MDR 2011, 1506; BGH, MDR 2018, 117.
593 OLG Düsseldorf, Beschluss v 7.1.2013 – I-2 W 27/12.
594 BGH, NJW 2017, 3788.

sind.⁵⁹⁵ Dagegen, dass solche bestehen, kann sprechen, wenn tatsächlich keine getrennte und unabhängige Bearbeitung der Angelegenheit durch die verschiedenen Prozessbevollmächtigten erfolgt und daraus zu ersehen ist, dass die mehreren Parteien offenbar selbst keinen Interessenwiderstreit bei ihrer rechtlichen Vertretung gesehen haben.⁵⁹⁶

Bzgl der Erstattungshöhe werfen zwei Konstellationen besondere Probleme auf, nämlich einerseits der Fall, dass mehrere Parteien (Streitgenossen) von sich aus nur *einen* **gemeinsamen Anwalt** mandatiert haben, und andererseits der Fall, dass von ihnen zwar mehrere Anwälte beauftragt wurden, dies jedoch rechtsmissbräuchlich erfolgt ist, sodass sich die Parteien kostenrechtlich so behandeln lassen müssen, als hätten sie tatsächlich nur *einen* einzigen, gemeinsamen Anwalt mandatiert. Haben sich obsiegende Streitgenossen im Prozess durch einen gemeinsamen Rechtsanwalt vertreten lassen, erhält der Rechtsanwalt die Gebühren nur einmal (§ 7 Abs 1 RVG), kann aber jeden Auftraggeber auf die Gebühren und Auslagen in Anspruch nehmen, die dieser schulden würde, wenn der Rechtsanwalt nur in seinem Auftrag tätig geworden wäre (§ 7 Abs 2 RVG). Der Erstattungsanspruch des einzelnen Streitgenossen gegenüber dem Prozessgegner beschränkt sich nach § 91 Abs 1 Satz 1 ZPO grundsätzlich auf den Betrag, der sich für seine jeweilige Prozessführung als notwendig erwiesen hat. Die Streitgenossen sind somit hinsichtlich der auf ihrer Seite insgesamt angefallenen Anwaltskosten Anteilsgläubiger gemäß § 420 BGB. Wie hoch der jeweils vom Gegner zu beanspruchende Kostenanteil ist, bestimmt sich nach dem Innenverhältnis der Streitgenossen, wobei nach § 426 Abs 1 BGB im Zweifel davon auszugehen ist, dass jeder Streitgenosse bei gleicher Beteiligung am Rechtsstreit im Zweifel den auf ihn entfallenden Bruchteil der gemeinsamen Prozesskosten aufzuwenden hat. Einen höheren Betrag als seinen Bruchteil kann der Streitgenosse nur fordern, wenn er glaubhaft macht, dass er ihn aufgewendet hat oder aufwenden muss.⁵⁹⁷ Das kann der Fall sein, wenn er wegen der Zahlungsunfähigkeit des anderen Streitgenossen im Innenverhältnis keinen Ausgleich zu erlangen vermag, dem Rechtsanwalt im Außenverhältnis aber gemäß § 7 Abs 2 RVG auf die vollen Gebühren und Auslagen haftet. Die letztgenannte Ausnahme greift allerdings nicht, wenn mehrere Anwälte rechtsmissbräuchlich mandatiert wurden.⁵⁹⁸ | **439**

Das Kostenrisiko erhöht sich mithin, wenn die Klage gegen mehrere Personen (zB das Unternehmen und seine Geschäftsführer) erhoben wird, weil die Kosten für verschiedene anwaltliche Vertreter im Falle eines Obsiegens der Beklagten im Zweifel voll erstattungsfähig sind. | **440**

Beauftragen die **mehreren Parteien denselben Anwalt**, stellt sich die Frage, ob von diesem wegen Vertretung mehrerer Parteien eine Erhöhungsgebühr (Nr 1008 VV-RVG) verlangt werden kann (und deshalb vom kostentragungspflichtigen Gegner zu erstatten ist). Dies ist der Fall, wenn der Gegenstand der anwaltlichen Tätigkeit, obwohl sie für mehrere Parteien erbracht wurde, »derselbe« ist. Diesbezüglich ist zwischen Aktiv- und Passivseite im Prozess zu unterscheiden. | **441**

aa) Beklagtenmehrheit

Werden mehrere Beklagte oder wird ein Beklagter und sein Streithelfer⁵⁹⁹ durch einen (**gemeinsamen**) **Prozessbevollmächtigten** vertreten, hängt die Gleichheit oder Verschiedenheit der Angelegenheit von den geltend gemachten Ansprüchen ab: | **442**

---

595 OLG Düsseldorf, Beschluss v 7.1.2013 – I-2 W 27/12.
596 BGH, NJW 2017, 3788.
597 BGH, NJW-RR 2003, 1217; BGH, NJW 2017, 3788.
598 BGH, NJW 2017, 3788.
599 OLG Celle, MDR 2014, 117.

443 — Werden die Beklagten (seien es mehrere juristische Personen, die zB in einer Vertriebskette stehen, oder das Unternehmen und sein Vertretungsorgan) gesamtschuldnerisch auf Schadenersatz verklagt, liegt nur *eine* gebührenrechtliche Angelegenheit vor und fällt aus dem auf den Schadenersatzanspruch entfallenden Streitwertbetrag für jeden weiteren Beklagten sowohl bei dem gegnerischen Rechtsanwalt als auch bei dem gegnerischen Patentanwalt ein erhöhter Gebührensatz von 0,3 an (Nr 1008 des VV) an.[600] Dasselbe gilt für den Anspruch auf Vernichtung patentverletzender Gegenstände, der faktisch nur einmal erfüllt werden kann und sich danach für alle Verpflichteten aus tatsächlichen Gründen erledigt hat.[601] Dabei ist es belanglos, ob der Klageantrag auf eine Vernichtung durch den Beklagten selbst oder auf eine Herausgabe der Verletzungsgegenstände an einen Dritten (= Gerichtsvollzieher) zum Zwecke der Vernichtung durch ihn oder unter seiner Aufsicht gerichtet ist.[602]

444 — *Zwei* Angelegenheiten liegen demgegenüber vor, wenn Gegenstand der Klage nicht eine einzige, identische Verletzungsform ist, sondern wenn jeder Beklagte seine eigene, von der anderen verschiedene Verletzungsform vertreibt und deswegen – jeder nur in Bezug auf seine Ausführungsform – in Anspruch genommen wird.[603] Hier stellt jeder Schadenersatz- und Vernichtungsanspruch gegen jeden Beklagten eine eigene Angelegenheit dar.[604]

445 — Genauso verhält es sich hinsichtlich des Unterlassungs- und Rechnungslegungsanspruchs, und zwar – anders als oben – auch dann, wenn es um *eine* (identische) Verletzungsform geht, die in der Vertriebskette veräußert wird. Zwar hat das OLG Düsseldorf (2. ZS)[605] ursprünglich die Auffassung vertreten, dass die mehreren Beklagten streng genommen nicht als Gesamtschuldner, aber gesamtschuldähnlich haften, und zwar nicht nur im Verhältnis der Gesellschaft zu ihrem gesetzlichen Vertreter, sondern auch im Verhältnis zu mehreren mittäterschaftlich agierenden Unternehmen auf verschiedenen Vertriebsstufen.[606] Diese Rechtsprechung ist jedoch durch den BGH[607] überholt, der festgestellt hat, dass in Bezug auf jeden Beklagten, egal ob es sich um nebeneinander haftende juristische Personen oder um das Unternehmen und sein Vertretungsorgan handelt, gebührenrechtlich jeweils verschiedene Angelegenheiten vorliegen, weswegen sich die Anwaltsgebühren nach dem zusammengerechneten Wert der mehreren Gegenstände richten und eine Erhöhungsgebühr nicht anfällt. Gleich zu behandeln sind der Rückruf- und der Urteilsveröffentlichungsanspruch.[608]

446 Die Erhöhungsgebühr steigt mit der Zahl der vertretenen Parteien nicht ins Uferlose; sie ist vielmehr auf einen Erhöhungsgebührensatz von 2,0 **gedeckelt** (Nr 1008 Abs 3 VV). Die Erhöhungsgebühr darf das Doppelte der Ausgangsgebühr übersteigen.[609]

447 Dieser Kostenfaktor ist gegen das **Risiko einer Insolvenz** des verklagten Unternehmens abzuwägen. Denn gesetzliche Vertreter der Unternehmen, sind sie zusammen mit ihrem Unternehmen verklagt, haften bei Unterliegen in gleichem Umfang für die Kosten, und zwar als natürliche Personen mit ihrem gesamten Privatvermögen, sodass das Risiko des Ausfalls eines solventen Gegners reduziert wird. Auch sollten Geschäftsführer und

---

600 BGH, GRUR-RR 2008, 460.
601 OLG Düsseldorf, Beschluss v 4.3.2013 – I- 2 W 7/13; OLG Düsseldorf, Beschluss v 13.12.2018 – I-2 W 27/18.
602 OLG Düsseldorf, Beschluss v 13.12.2018 – I-2 W 27/18.
603 OLG Düsseldorf, Beschluss v 13.12.2018 – I-2 W 27/18.
604 OLG Düsseldorf, Beschluss v 13.12.2018 – I-2 W 27/18.
605 OLG Düsseldorf, InstGE 7, 192 – Erhöhungsgebühr bei Unterlassungsanspruch.
606 OLG Düsseldorf, InstGE 7, 192 – Erhöhungsgebühr bei Unterlassungsanspruch.
607 BGH, GRUR-RR 2008, 460.
608 OLG Düsseldorf, Beschluss v 4.3.2013 – I-2 W 7/13.
609 BGH, MDR 2019, 1091.

dergleichen mit verklagt werden, wenn damit zu rechnen ist, dass sie in der Zukunft etwa mit einem anderen Unternehmen die angegriffenen Handlungen fortsetzen werden.

bb) Klägermehrheit

Eine Parteienmehrheit auf Klägerseite kommt typischerweise in Betracht, wenn Patentinhaber und ausschließlicher Lizenznehmer gemeinsam klagen. In solchen Fällen handelt es sich in Bezug auf jeden denkbaren Anspruch wegen Patentverletzung (auch den Schadenersatzanspruch) um verschiedene Angelegenheiten, womit für den die Kläger vertretenden Anwalt keine Erhöhungsgebühr anfällt.[610]

448

d) Reisekosten der Partei

Erstattungsfähig sind die Reisekosten eines mit dem Klagepatent und der dort abgehandelten Technik vertrauten Mitarbeiters der Partei (auch wenn er kein gesetzlicher Vertreter ist[611]), sofern dessen Anwesenheit aus der ex-ante-Sicht einer vernünftigen Partei sinnvoll ist, um ggf in der mündlichen Verhandlung aufkommende technische Fragen beantworten oder zu neuem Vorbringen des Gegners Stellung nehmen zu können. Dies wird regelmäßig zu bejahen sein.[612] Wie immer im Kostenfestsetzungsverfahren kommt es dabei auf eine generalisierende Betrachtung an.[613] Dass eine Anreise vom Ausland her stattfinden muss, steht der Notwendigkeit nicht entgegen, es sei denn, der Partei wäre es möglich gewesen, auf einen gleich informierten Mitarbeiter zurückzugreifen, der von einem näher zum Gerichtsort gelegenen Standort anreisen kann.[614] Erstattungsfähig sind immer nur die Kosten für *eine* Person, nicht für mehrere, selbst wenn aufgrund der internen Organisation der berechtigten Partei mit dem Streitgegenstand mehrere Personen übergreifend befasst sind.[615] Etwas anderes gilt dann, wenn derjenige, der an sich die Parteiinteressen wahrnehmen soll, zugleich als Zeuge geladen ist; in diesem Fall ist die Anreise eines zweiten Mitarbeiters notwendig, damit die Partei ihre Rechte über die gesamte Verfahrensdauer hinweg ausüben kann.[616]

449

Erstattungsfähig sind – für Partei und Anwälte – grundsätzlich nur die **Kosten eines Fluges** in der economy-class[617], vorausgesetzt, aufgrund der Obliegenheit zur Auswahl der kostengünstigeren Maßnahme unter mehreren gleich gearteten ist nicht ohnehin bloß eine Zugfahrt erstattungsfähig. *Allein* der Gesichtspunkt der Zeitersparnis rechtfertigt noch keine Flugreise zu dem Ort des Prozessgerichts, was bereits aus der Verweisung des § 91 Abs 1 Satz 2 Halbsatz 2 ZPO auf § 5 Abs 1 und 3 JVEG folgt, der eine Fahrtkostenerstattung über die Bahnkosten hinaus nur unter besonderen Umständen vorsieht.[618] Erforderlich ist vielmehr, dass die geltend gemachten Flugkosten in einem angemessenen Verhältnis zur Bedeutung der Sache stehen und eine Vergleichsrechnung zwischen den tatsächlich entstandenen Gesamtkosten und den Gesamtkosten, die bei Benutzung der 1. Wagenklasse der Bahn entstanden wären, ergibt, dass die Flugreise relativ wie auch im absoluten Betrag nicht viel teurer als eine Bahnreise ist.[619] Im Rahmen dieser Gesamtabwägung ist neben dem Streitwert für die Auseinandersetzung und den konkret anfallenden Kosten für den Flug/die Bahnfahrt, jeweils inclusive Transfer vom Flughafen/Bahn-

450

---

610 OLG Düsseldorf, Beschluss v 18.4.2013 – I-2 U 8/09.
611 OLG Düsseldorf, Beschluss v 7.12.2017 – I-2 U 44/17.
612 OLG Düsseldorf, Beschluss v 10.1.2008 – I-10 W 21/07; OLG Düsseldorf, Beschluss v 7.12.2017 – I-2 U 44/17.
613 OLG Düsseldorf, Beschluss v 7.12.2017 – I-2 U 44/17.
614 OLG Düsseldorf, Beschluss v 10.1.2008 – I-10 W 21/07.
615 OLG Düsseldorf, Beschluss v 7.12.2017 – I-2 U 44/17.
616 OLG Düsseldorf, Beschluss v 7.12.2017 – I-2 U 44/17.
617 OLG Düsseldorf, Beschluss v 10.1.2008 – I-10 W 21/07.
618 BGH, NJW-RR 2008, 654.
619 OLG Düsseldorf, Beschluss v 7.12.2017 – I-2 U 44/17.

hof, diejenige Zeitersparnis bedeutsam, die durch die Wahl eines bestimmten Transportmittels gegenüber dem anderen zu gewinnen ist, wobei Transferzeiten genauso zu Buche schlagen wie Zeiten für Sicherheitskontrollen und Boarding.[620] Wird für die Reisebuchung ein Dienstleister in Anspruch genommen, sind dessen Kosten (**Servicegebühr**) zu erstatten, wenn wegen einer Vielzahl wechselnder Tarife oder aus vergleichbaren Gründen die Hinzuziehung eines Fachkundigen sinnvoll ist, um der Obliegenheit zur Auswahl einer kostengünstigen Verbindung nachzukommen.[621]

451 Wird die erstattungspflichtige Reise nicht isoliert durchgeführt, sondern als Teil einer umfangreicheren Geschäftsreise, die weitere Zielorte einschließt (»**Rundreise**«), so sind die erstattungsfähigen Reisekosten in Anwendung der in der Vorbemerkung 7 Abs 3 VV-RVG niedergelegten Regeln zu ermitteln. Die entstandenen Auslagen sind gemäß den Nr 7003 bis 7006 nach dem Verhältnis der Kosten zu verteilen, die bei gesonderter Ausführung der einzelnen Geschäfte entstanden wären, und zwar nach folgender Formel:

Betrag der fiktiven Einzelreise x tatsächliche Gesamtkosten/Betrag der fiktiven Gesamtkosten.[622]

e) Dolmetscherkosten

452 Ist der teilnehmende Mitarbeiter (oder der teilnehmende gesetzliche Vertreter) einer Partei der deutschen Sprache, in der die Verhandlung geführt wird, nicht mächtig, so sind Kosten für die Hinzuziehung eines **Simultandolmetschers** regelmäßig dennoch nicht erstattungsfähig, wenn der Mitarbeiter und seine Anwälte sich in einer ihnen gemeinsam geläufigen Fremdsprache (zB Englisch) unterhalten können.[623] Unter derartigen Bedingungen reicht es aus, dass der Mitarbeiter/gesetzliche Vertreter von seinen Anwälten nur sinngemäß über den Verlauf und Inhalt der Verhandlung unterrichtet wird. Damit dies geschehen kann, ist das Gericht erforderlichenfalls gehalten, seine Verhandlung zu unterbrechen.[624] Dolmetscherkosten unterfallen demgegenüber der Erstattungspflicht, wenn auf Seiten des Mitarbeiters keine Fremdsprachenkenntnisse vorhanden sind, die eine mündliche Verständigung mit seinen Anwälten erlauben, oder wenn ausnahmsweise die ohne Simultandolmetschung eintretenden Erschwernisse bei Durchführung der mündlichen Verhandlung derart gravierend sind, dass angesichts der in Rede stehenden Kosten sinnvollerweise von der Möglichkeit zu einer Dolmetschung Gebrauch zu machen ist. Relevante Umstände sind zB die technische Komplexität der Materie und die Unverzichtbarkeit des jederzeit verfügbaren Sachverstandes desjenigen, für den simultan gedolmetscht wird.[625] Beides darf nicht nur pauschal behauptet, sondern muss substantiiert begründet werden.[626] Die vorstehenden Einschränkungen gelten noch mehr für den Fall, das bereits zu einer internen Vorbesprechung der Partei für die mündliche Verhandlung ein Dolmetscher hinzugezogen wird.[627]

453 Für die Teilnahme eines Technikers, der nicht bei der Partei, sondern bloß bei einem konzernverbundenen Unternehmen beschäftigt ist, besteht grundsätzlich keine Erstattungspflicht. Anderes gilt ausnahmsweise nur dann, wenn die Partei für eine angemessene Rechtsverfolgung oder -verteidigung auf die Anwesenheit des ausländischen Wissensträgers angewiesen ist, was verlangt, dass die vorherige schriftliche Instruktion ihrer Rechts-

---

620 BGH, GRUR 2015, 509 – Flugkosten; OLG Düsseldorf, Beschluss v 4.11.2021 – I-2 W 20/21.
621 OLG Düsseldorf, Beschluss v 4.11.2021 – I-2 W 20/21.
622 OLG Düsseldorf, Beschluss v 4.11.2021 – I-2 W 20/21.
623 OLG Düsseldorf, Beschluss v 29.1.2013 – I-2 W 32/12; OLG Düsseldorf, Beschluss v 10.1.2008 – I-10 W 21/07; OLG Düsseldorf, Beschluss v 1.7.2021 – I-2 W 13/21.
624 OLG Düsseldorf, Beschluss v 29.1.2013 – I-2 W 32/12.
625 OLG Düsseldorf, Beschluss v 1.7.2021 – I-2 W 13/21.
626 OLG Düsseldorf, Beschluss v 1.7.2021 – I-2 W 13/21.
627 OLG Düsseldorf, Beschluss v 29.1.2013 – I-2 W 32/12.

und Patentanwälte entweder nicht möglich oder angesichts der Umstände des Falles nicht ausreichend ist.[628] Solches wird im Allgemeinen nur bei technisch wirklich komplexen Sachverhalten angenommen werden können.

f) Privatgutachterkosten

Mit in Betracht zu ziehen sind schließlich etwaige Gutachterkosten, die für einen vorgerichtlich oder während des Rechtsstreits[629] eingeschalteten, insbesondere technischen Privatsachverständigen anfallen können. Ihre Erstattungsfähigkeit setzt voraus, dass die Beauftragung des Gutachters zur zweckentsprechenden Rechtsverfolgung oder Rechtsverteidigung notwendig im Sinne des § 91 Abs 1 Satz 1 ZPO war. Dazu genügt noch nicht, dass einem privaten Gutachten im Rechtsstreit ein höheres Gewicht zukäme als sonstigem Parteivortrag.[630] Deshalb sind Sachverständigenkosten nicht erstattungsfähig, wenn das Gutachten allein dazu dienen soll, dem eigenen Sachvortrag mehr Gewicht zu verleihen.[631] Für diese Motivation kann der Umstand sprechen, dass zu dem gleichen Thema mehrere Gutachten verschiedener Sachverständiger vorgelegt werden, und zwar besonders dann, wenn die Gutachten gleichartig aufgebaut sind und sich zu weitgehend gleichen Fragestellungen äußern.[632] Die Notwendigkeit ist aber zu bejahen, wenn eine verständige und wirtschaftlich vernünftig denkende Partei die Einholung eines Gutachtens ex ante als sachdienlich ansehen durfte[633], wovon auszugehen ist, wenn der Partei die notwendige Sachkunde fehlt, um ihren Anspruch schlüssig zu begründen, sich gegen die geltend gemachten Ansprüche sachgemäß zu verteidigen, Beweisangriffe abwehren oder Beweisen des Gegners entgegentreten zu können.[634] Unter solchen Bedingungen besteht die Berechtigung zur Einholung eines Gutachtens selbst dann, wenn diejenige Partei, die das Gutachten einholt, nicht die **Darlegungs- und Beweislast** für die begutachteten Tatsachen trägt; das gilt jedenfalls dann, wenn sie ohne sachverständige Hilfe die Grundlagen der gegen sie gerichteten Klage nicht verstehen und nicht beurteilen kann, welche Tatsachen für ein substantiiertes Bestreiten wesentlich sind.[635] Ist die Partei kraft eigener Sachkunde imstande, die Darlegungen in einem gegnerischen Privatgutachten zu kontern, führt auch der Grundsatz der Waffengleichheit nicht dazu, dass für sie ebenfalls ein Privatgutachten als notwendig anzuerkennen ist.[636] Der Anlass für ein Privatgutachten kann problematisch sein, wenn es parallel zu einer bereits laufenden gerichtlichen Begutachtung eingeholt wird.[637]

454

In Patentverletzungssachverhalten kann ein Begutachtungsanlass zu bejahen sein, wenn es um komplexe technische Sachverhalte geht, zu denen sachgerecht vorzutragen die Partei mangels eigener Sachkunde außerstande ist[638] oder wenn ein der Partei ungünstiges Gerichts- oder gegnerisches Privatgutachten zu schwierigen technischen Fragen zu widerlegen ist.[639] Handelt es sich um technische Fragen, ist allerdings zu berücksichtigen,

455

---

628 OLG Düsseldorf, Beschluss v 27.5.2015 – I-2 W 10/15.
629 Keine Erstattungspflicht besteht für Privatgutachterkosten zur angeblich mangelnden Patentfähigkeit des Klageschutzrechts, die im parallelen Einspruchs- oder Nichtigkeitsverfahren angefallen sind, auch wenn damit der Aussetzungsantrag gestützt werden soll. Die betreffenden Aufwendungen folgen allein der Kostenregelung, die für das Rechtsbestandsverfahren gilt (OLG Düsseldorf, Beschluss v 30.5.2018 – I-2 W 6/18).
630 BGH, MDR 2017, 487.
631 BPatG, GRUR-RS 2017, 134903 – Doppelvertretung.
632 BPatG, GRUR-RS 2017, 134903 – Doppelvertretung.
633 BGH, MDR 2012, 464.
634 BGH, NJW 2006, 2415.
635 BGH, MDR 2018, 1406.
636 BGH, MDR 2017, 487.
637 OLG Naumburg, MDR 2013, 1065.
638 OLG Düsseldorf, OLG-Report 2009, 602.
639 BPatG, Mitt 2009, 77; OLG Düsseldorf, Beschluss v 19.7.2010 – I-2 W 32/10.

dass die Partei (zB als herstellendes Unternehmen) ggf selbst über eine gewisse Sachkunde verfügt, in jedem Fall aber, dass der hinzugezogene Patentanwalt (dessen Kosten gemäß § 143 Abs 3 PatG erstattungsfähig sind) eine technische und patentrechtliche Sachkunde mitbringt, die vorrangig ausgeschöpft werden muss.[640]

456 Speziell in **Äquivalenzfällen** kann die Partei, sofern ihre eigene Sachkunde und diejenige ihres Patentanwaltes nicht ausreichen[641], Anspruch darauf haben, sich zu *allen* Voraussetzungen (Gleichwirkung, Naheliegen, Orientierung am Patentanspruch) zu erklären und sich erforderlichenfalls zu ihrer Unterstützung sachverständiger Hilfe zu bedienen. Auch wenn daher am Ende die Klage mangels Orientierung der zur Abwandlung führenden Überlegungen am Patentanspruch scheitert und diese ohne sachverständige Hilfe zu beurteilen ist, kann die Notwendigkeit eines Privatgutachtens dennoch im Hinblick auf die Gleichwirkung oder das Naheliegen gegeben sein.[642] Etwas anderes gilt dort, wo es *eindeutig* an der Orientierung am Patentanspruch fehlt, sodass es auch aus der vernünftigen Sicht der betreffenden Partei auf die übrigen, eine sachverständige Beratung rechtfertigenden Äquivalenzvoraussetzungen nicht ankommen wird.[643] Unter solchen Umständen ist die Einholung eines Privatgutachtens auch für einen Beklagten nicht notwendig, der einem zuvor präsentierten Privatgutachten des Klägers zur Gleichwirkung und/oder zum Naheliegen entgegentreten will.[644]

457 Ist es Ziel der privaten Begutachtung, eine für die Partei fremde **offenkundige Vorbenutzung** einzuwenden, sind kostenintensive Maßnahmen für die technische Aufbereitung des betreffenden Sachverhaltes – sofern die Partei hierzu nicht ohnehin selbst in der Lage ist – nur dann akzeptabel, wenn zuvor die Offenkundigkeit und deren (rechtlich relevanter) Zeitpunkt in einem solchen Maße geklärt und für ihre Glaubhaftmachung Sorge getragen ist, dass der beabsichtigte Rechtsbestandseinwand nicht schon hieran scheitert.[645] Sind die technische und die offenbarungsrechtliche Seite der Vorbenutzung gleichermaßen mit einem Kostenaufwand verbunden, ist die eine Maßnahme nicht ohne die andere sinnvoll und kommt deshalb auch eine Kostenerstattung nur infrage, wenn beide Maßnahmen in Angriff genommen werden. Darüber hinaus sind immer nur die zur gerichtsverwertbaren Darlegung *erforderlichen* Maßnahmen erstattungspflichtig. Aufwendungen für ein Video zur Visualisierung des Vorbenutzungsgegenstandes haben deshalb außer Betracht zu bleiben, wenn der ohnehin erworbene Gegenstand dem Gericht vorgeführt werden kann, um die rechtlich bedeutsamen Umstände zu verdeutlichen.[646]

458 Das Privatgutachten muss, damit seine Kosten erstattungsfähig sind, stets **objektiv geeignet** sein, die Rechtsstellung einer Partei tatsächlich zu unterstützen.[647]

459 Es muss überdies in unmittelbarer Beziehung zu dem **konkreten Rechtsstreit** stehen, der sich bei Beauftragung des Gutachters, spätestens aber bei Erstellung des Gutachtens[648], mindestens greifbar abgezeichnet haben muss (zB deshalb, weil Klage [durch eine Abmahnung] angedroht war).[649] Im Zweifel bedarf es eines engen zeitlichen Zusammenhangs zwischen der kostenauslösenden Maßnahme und dem (drohenden) Rechtsstreit.[650]

---

640 OLG Düsseldorf, Beschluss v 17.2.2011 – I-2 W 51/10.
641 OLG Düsseldorf, Beschluss v 22.8.2018 – I-2 W 17/18.
642 OLG Düsseldorf, Beschluss v 7.7.2014 – I-2 W 10/14.
643 OLG Düsseldorf, Beschluss v 7.7.2014 – I-2 W 10/14.
644 OLG Düsseldorf, Beschluss v 15.8.2022 – I-2 W 17/22.
645 OLG Düsseldorf, Beschluss v 22.8.2016 – I-2 W 16/16.
646 OLG Düsseldorf, Beschluss v 22.8.2016 – I-2 W 16/16.
647 OLG München, NJW-RR 2001, 1723.
648 BGH, NJW 2006, 2415, 2416; OLG Düsseldorf, Beschluss v 19.7.2010 – I-2 W 32/10.
649 OLG Düsseldorf, Beschluss v 19.7.2010 – I-2 W 32/10; OLG Koblenz, MDR 2009, 471.
650 OLG Bremen, MDR 2015, 1200.

Damit soll verhindert werden, dass eine Partei ihre allgemeinen oder prozessfremden Kosten auf den Gegner abzuwälzen versucht. Solches geschieht auch dann, wenn die private Begutachtung dazu dient, sich erst Klarheit darüber zu verschaffen, ob ein Rechtsstreit geführt werden soll.[651] Ist das Gutachten verfahrensbegleitend während eines **vorausgegangenen einstweiligen Verfügungsverfahrens** eingeholt und/oder erstellt worden, fehlt es an einem konkreten Bezug zum Hauptsacheverfahren, wenn sich ein solches zum damaligen Zeitpunkt noch nicht abgezeichnet hat, weswegen die Gutachterkosten nicht unter der Kostenentscheidung des Hauptsacheprozesses erstattungsfähig sein können (sondern allenfalls als Kosten des Verfügungsverfahrens).[652] War – unter den besagten Rahmenbedingungen – ein nachfolgender Hauptsacheprozess bei Gutachtenbeauftragung bzw -erstellung konkret absehbar, sind die Kosten anteilig sowohl dem Verfügungsverfahren als auch dem Hauptsacheverfahren zuzuordnen[653], wobei im Zweifel eine hälftige Quotelung angebracht sein wird.

Schließlich muss das Gutachten durch **Vorlage in den Prozess** eingeführt werden; dass sein Inhalt nur in den schriftsätzlichen Vortrag der Partei eingegangen ist, reicht demgegenüber nicht aus.[654] Keine Voraussetzung für die Erstattungsfähigkeit ist demgegenüber, dass das Privatgutachten im Rahmen einer ex post-Betrachtung tatsächlich die gerichtliche Entscheidung beeinflusst hat.[655] Die Erstattungsfähigkeit hängt deswegen nicht davon ab, dass das Privatgutachten im Rechtsstreit tatsächlich vorgelegt worden ist.[656] Auch im Kostenfestsetzungsverfahren bedarf es einer solchen Vorlage regelmäßig nicht, wenn der Anspruchsteller die Entstehung der Gutachterkosten auf andere Weise (Vorlage der Liquidation und anwaltliche Versicherung) nachweisen kann.[657] 460

Ist die **Notwendigkeit nur für** einen **Teil** des Gutachteninhalts zu bejahen (zB insoweit, als die angegriffene Ausführungsform analysiert wird), im Übrigen aber zu verneinen (zB insoweit, als es sich zur Auslegung des Klagepatents verhält, welches vom mitwirkenden Patentanwalt hätte erläutert werden können), ist der erstattungsfähige Vergütungsteil durch Quotelung zu ermitteln.[658] 461

Speziell für **Rechtsgutachten** ist im Rahmen der gebotenen Notwendigkeitsprüfung zu beachten, dass die Verfahrensordnung für bürgerliche Rechtsstreitigkeiten eine qualifizierte rechtliche Bewertung und auch Erörterung des Streitstoffs dadurch sichert, dass für das Verfahren vor dem Landgericht Rechtsanwälte als Organe der Rechtspflege zwingend eingeschaltet sind (§ 78 Abs 1 Satz 1 ZPO) und deshalb davon auszugehen ist, dass grundsätzlich die rechtliche Beurteilung des Tatsachenstoffs durch den Prozessbevollmächtigten einer Partei vorgenommen werden kann und die (zusätzliche) Heranziehung eines Gutachters nicht notwendig ist. Es gehört zu den mit der Prozessgebühr abgegoltenen Aufgaben eines Rechtsanwalts, die in einem Rechtsstreit erforderlichen rechtlichen Prüfungen anzustellen.[659] Dabei kann einem Rechtsanwalt in gleicher Weise wie einem Richter zugemutet werden, auch in entlegenere und weniger geläufige Rechtsmaterien 462

---

651 OLG Düsseldorf, Beschluss v 24.3.2017 – I-2 W 1/17 (für einen Fall, in dem die Parteien eines Besichtigungsverfahrens die Begutachtung bestimmter Erzeugnisse bei hälftiger Kostentragung vereinbart haben, um Aufschluss darüber zu gewinnen, welche Probe ggf welches von mehreren in Betracht kommenden Patenten des Besichtigungsgläubigers verletzt).
652 OLG Düsseldorf, Beschluss v 19.8.2019 – I-2 W 8/19.
653 OLG Düsseldorf, Beschluss v 19.8.2019 – I-2 W 8/19.
654 OLG Köln, OLG-Report 2009, 527: Hält es noch nicht einmal die betreffende Partei für notwendig, das Privatgutachten in Gänze in das Verfahren einzuführen, so kann von einer Notwendigkeit iSv § 91 Abs 1 ZPO nicht ausgegangen werden.
655 BGH, MDR 2012, 464.
656 BGH, MDR 2013, 559.
657 BGH, MDR 2013, 559.
658 OLG Düsseldorf, Beschluss v 19.7.2010 – I-2 W 32/10.
659 OLG München, Mitt 2006, 284, 285.

einzudringen.⁶⁶⁰ Daher sind die Kosten für Rechtsgutachten, die eine Partei im Verfahren einholt, grundsätzlich nicht erstattungsfähig.⁶⁶¹ Etwas anderes kann zwar dann gelten, wenn es um die Kosten für ein Privatgutachten zu bestimmten Fragen ausländischen Rechts geht; solche Kosten können ausnahmsweise erstattungsfähig sein.⁶⁶² Das bedeutet aber nicht, dass die Kosten eines Privatgutachtens zu ausländischen Rechtsfragen stets und ohne weiteres erstattungsfähig sind. Auch solche Kosten können nur ersetzt werden, wenn sie zur zweckentsprechenden Rechtsverfolgung oder Rechtsverteidigung notwendig waren und das Privatgutachten objektiv geeignet ist, die Rechtsstellung einer Partei tatsächlich zu unterstützen.⁶⁶³ Daran wird es in der Regel fehlen, wenn das Gericht für seine Entscheidung auf das Rechtsgutachten nicht zurückgreift.

463 Die Höhe der Gutachterkosten (insbesondere der **Stundensatz**) steht mit unter Notwendigkeitsvorbehalt. Höhere als die im JVEG ausgewiesenen Stundensätze sind deshalb nur erstattungsfähig, wenn nachgewiesen werden kann, dass es in der konkreten Prozesssituation (zB unter dem zeitlichen Druck eines einstweiligen Verfügungsverfahrens) nicht möglich war, den beauftragten oder einen anderen ihm fachlich gleichwertigen Gutachter zu den JVEG-Sätzen zu einer Begutachtung zu bewegen.⁶⁶⁴

g) Kosten der Sachaufklärung

464 **Detektivische Nachforschungen** nicht nur zur Ermittlung des mutmaßlichen Verletzungssachverhaltes, sondern ebenso zur Klärung von Verantwortlichkeiten auf Beklagtenseite oder im Hinblick auf die Glaubwürdigkeit zu vernehmender Zeugen können durchaus hilfreich und sinnvoll sein. Hierdurch veranlasste Kosten sind erstattungsfähig, wenn eine vernünftige Prozesspartei anstelle des Klägers/Beklagten berechtigte Gründe hatte, eine Detektei zu beauftragen, die Kosten prozessbezogen veranlasst wurden⁶⁶⁵ und sich, gemessen an den wirtschaftlichen Verhältnissen der Parteien und der Bedeutung des Streitgegenstandes, in wirtschaftlich vernünftigen Grenzen halten, die erstrebten Feststellungen wirklich notwendig waren und die Ermittlungen nicht einfacher und/oder billiger erfolgen konnten.⁶⁶⁶ Voraussetzung ist darüber hinaus, dass die Nachforschungen ein Beweismittel zutage gebracht haben, das im Rechtsstreit verwendet werden darf, woran es fehlt, wenn ihm (wegen der Rechtswidrigkeit seiner Gewinnung) ein Beweisverwertungsverbot entgegen steht.⁶⁶⁷

465 **Testkaufkosten** sind im Falle eines Obsiegens des Klägers im Kostenfestsetzungsverfahren berücksichtigungsfähig, wenn der Mustererwerb zur Rechtsverfolgung notwendig war. Das ist zu bejahen, wenn für die betreffende Partei keine anderen gleichermaßen verlässlichen, aber kostengünstigeren Aufklärungs- und Beweismittel verfügbar waren.⁶⁶⁸ Grundsätzlich besteht, sofern die Produkte einzeln zu erhalten sind, kein Anlass, von der (jeder) angegriffenen Ausführungsform mehrere Exemplare zu erwerben⁶⁶⁹, außer zu

---

660 OLG München, NJW-RR 2001, 1723; OLG München, Mitt 2006, 284, 285.
661 BVerfG, NJW 1993, 2793; BayVerfGH, NJW 1993, 2794; OLG München, NJW-RR 2001, 1723; OLG München, Mitt 2006, 284, 285; OLG Karlsruhe, OLG-Report 2005, 776.
662 OLG München, NJW-RR 2001, 1723 (bzgl spanischem Urheberrecht); OLG München, Mitt 2006, 284 (bzgl schweizerischem Patentrecht); OLG Frankfurt, GRUR 1993, 161 – Französischer Rechtsanwalt; Mankowski, MDR 2001, 194, 195.
663 OLG Düsseldorf, Beschluss v 7.3.2006 – I-2 W 1/06; OLG München, NJW-RR 2001, 1723.
664 OLG Düsseldorf, Beschluss v 7.7.2014 – I-2 W 10/14.
665 Wie bei Privatgutachterkosten bedarf es eines deutlichen (insbesondere zeitlichen) Zusammenhangs zum Rechtsstreit; OLG Bremen, MDR 2015, 1200.
666 BGH, MDR 2013, 1006; OLG Düsseldorf, MDR 2009, 1015.
667 BGH, MDR 2013, 1006.
668 Im Einzelfall kann als Alternative zum Kauf auch die Anmietung des mutmaßlichen Verletzungsgegenstandes in Betracht kommen.
669 OLG Düsseldorf, GRUR-RS 2021, 9045 – Roller (für den Fall, dass ein zweiter Testkauf durchgeführt wurde, um das Ausmaß der Verletzungsaktivitäten zu klären).

dem Zweck, im Falle einer späteren Beweisaufnahme Muster als Überstücke für eine Begutachtung durch den gerichtlichen Sachverständigen verfügbar zu haben. Solches kommt freilich nur in Betracht, wenn das von der Partei vermessene (oder sonst analysierte) Produkt danach verbraucht ist und für eine weitere Begutachtung nicht mehr taugt.[670] Die grundsätzliche Beschränkung auf den Erwerb eines einzigen Musters gilt auch dann, wenn der Patentanspruch Zahlen- oder Maßangaben enthält, die von dem mutmaßlichen Verletzungsgegenstand einzuhalten sind. Zwar mag es denkbar sein, dass sich bei der Herstellung des Erzeugnisses aufgrund von Toleranzen eine gewisse Streubreite einstellt, weswegen mit der Feststellung, dass das eine, vermessene Musterstück außerhalb des beanspruchten Bereiches bleibt, noch nicht unbedingt gesagt ist, dass dasselbe auch für alle anderen Verkaufsgegenstände des betreffenden Typs der Fall ist. Die Möglichkeit einer zur Patentverletzung führenden Streuung setzt aber voraus, dass das Messresultat des vermessenen Musters dermaßen in der Nähe des vom Patent beanspruchten Zahlenbereiches liegt, dass bei verständiger Würdigung die realistische Erwartung besteht, dass andere Exemplare aufgrund technischer Toleranzen bei der Herstellung in den patentgeschützten Bereich geraten sein können. Da sich dies naturgemäß erst absehen lässt, wenn das eine Muster analysiert ist, dürfen weitere Überstücke für die Messung erst dann beschafft werden, wenn geeignete Messergebnisse des ersten, vermessenen Musters vorliegen.[671] Anderes gilt ausnahmsweise dann, wenn eine konsekutive Anschaffung mehrerer Produkte besonders hohe Kosten verursacht, die außer Verhältnis zu den Mehrkosten für einen anfänglichen Erwerb von Überstücken stehen, der sich möglicherweise im Nachhinein als nutzlos erweist.[672] Gleiches wird dann in Betracht kommen, wenn zu befürchten ist, dass zu einem späteren Zeitpunkt weitere Musterstücke nicht mehr oder nur unter außerverhältnismäßigem Aufwand zu beschaffen sind.[673] Wird das Produkt variiert, kann auch ein wiederholter Mustererwerb (sic: zunächst des ursprünglichen und später des geänderten Gegenstandes) erforderlich sein, wenn Anlass zu der Annahme besteht, dass die vorgenommene Variation Einfluss auf die Verwirklichung der Anspruchsmerkmale haben kann, sodass die Übereinstimmung der geänderten Ausführungsform mit dem Patent einer verlässlich nur am Muster durchzuführenden Überprüfung bedarf.[674] In zeitlicher Hinsicht genügt es, wenn der Erwerb im Vorfeld und zur Vorbereitung eines konkreten, nachfolgend eingeleiteten Rechtsstreits stattgefunden hat.[675]

Ob die Kostenfestsetzung nur **Zug um Zug** gegen Aushändigung des Musters erfolgt, ist streitig[676] und jedenfalls dann zu bejahen, wenn der Erstattungsberechtigte damit einverstanden ist und der Erstattungspflichtige in vollem Umfang zur Kostentragung verpflichtet ist[677]. **466**

Dasselbe gilt für sonstige Aufwendungen des Klägers für seine Rechtsverfolgung, die er von seinem Prozessgegner erstattet verlangt. Hat der Kläger zur Verdeutlichung des Verletzungsvorwurfs beispielsweise einen in seinem Besitz befindlichen angegriffenen Gegenstand von einem Drittinstitut vermessen und in **CAD-Zeichnungen** visualisieren lassen (zB um dem Gericht mit dem bloßen Augenschein nicht ersichtliche Details zu veranschaulichen), so hat er dem erstattungspflichtigen Gegner alles dasjenige herauszugeben, was mit dem Erstattungsbetrag vergütet worden ist. Gehören dazu auch die den CAD-Zeichnungen zugrunde liegenden Rohdaten von der angegriffenen Ausführungs- **467**

---

670 OLG Düsseldorf, Beschluss v 27.9.2016 – I-2 W 24/16.
671 OLG Düsseldorf, Beschluss v 27.9.2016 – I-2 W 24/16.
672 OLG Düsseldorf, Beschluss v 27.9.2016 – I-2 W 24/16.
673 OLG Düsseldorf, Beschluss v 27.9.2016 – I-2 W 24/16.
674 OLG Düsseldorf, Beschluss v 17.4.2014 – I-15 W 3/14.
675 OLG Düsseldorf, Beschluss v 17.4.2014 – I-15 W 3/14.
676 Zum Meinungsstand vgl OLG Düsseldorf, OLG-Report 2008, 815.
677 OLG Düsseldorf, GRUR-RR 2020, 479 – Trailer-Rückkauf.

form, so besteht auch insoweit ein Zurückbehaltungsrecht des Erstattungsschuldners. Dass sich die Rohdaten aktuell bei dem Drittinstitut befinden, ändert daran nichts, weil dem Erstattungsberechtigten aus der Vertragsbeziehung zu dem eingeschalteten Drittinstitut ein Herausgabeanspruch zusteht, mit Hilfe dessen er sich in den Besitz der Rohdaten bringen kann.[678] An dem Zurückbehaltungsrecht ändert auch nichts der Umstand, dass der Erstattungspflichtige nur einen Teil derjenigen vergütungspflichtigen Leistung herausverlangt, die er dem Berechtigten erstatten soll, zB nur die Rohdaten.[679] Zwar lässt sich die auf die Generierung der Rohdaten gerichtete Teilvergütung im Zweifel nicht ohne weiteres feststellen; entscheidend für die rechtliche Beurteilung muss jedoch sein, dass der Erstattungspflichtige sein Zurückbehaltungsrecht nicht dadurch einbüßen kann, dass er ein solches gegenüber dem *vollen* Erstattungsbetrag (den aufzuwenden er bereit ist) nur in Bezug auf einen Teil desjenigen geltend macht, was er im Wege der Kostenerstattung entlohnen soll.

468 Keine Erstattungspflicht besteht freilich für den **Erwerb eigener Produkte** der Partei durch ihren Prozessbevollmächtigten.[680] Ungeachtet der Möglichkeit, die Testkaufkosten im Festsetzungsverfahren nach § 103 ZPO geltend zu machen, handelt es sich um Schadenspositionen, die § 139 Abs 2 PatG unterfallen und die deshalb auch im Klagewege auf materiell rechtlicher Basis eingefordert werden können.[681] Ihre Erforderlichkeit ergibt sich spätestens daraus, dass mithilfe des Musters statt einer Erstbegehungsgefahr eine Wiederholungsgefahr dargetan werden kann.[682]

469 Was aus der Sicht des Klägers für die Testkaufkosten gilt, das hat in umgekehrter Richtung auch für den Beklagten Gültigkeit, der zu seiner Rechtsverteidigung **Anschaffungskosten** aufwendet, zB **für** einen **vorbenutzten Gegenstand**, den er für Beweiszwecke im Prozess vom aktuellen Eigentümer und Besitzer zurückerwirbt.[683] Das gilt sowohl für die grundsätzliche Frage der Kostenerstattung als auch für die Frage einer Zug-um-Zug-Verurteilung. Die Rückkaufkosten sind zu akzeptieren, wenn sie nicht außer Verhältnis zur Bedeutung der Sache stehen und wenn auch ein selbständiges Beweisverfahren keine signifikant geringeren Kosten ausgelöst hätte. Der Erstattungspflicht im Verletzungsprozess steht nicht entgegen, dass auf den Vorbenutzungssachverhalt zugleich eine offenkundige Vorbenutzung gestützt wird.[684]

470 Wird zur Verdeutlichung der patentgeschützten Erfindung oder der als Patentverletzung angegriffenen Ausführungsform ein **Modell** angefertigt, so sind die hierdurch verursachten Kosten im Festsetzungsverfahren nach § 103 ZPO ebenfalls nur erstattungsfähig, wenn die Anfertigung rechtsstreitbezogen erfolgt ist und die Präsentation des Modells zur zweckentsprechenden Rechtsverfolgung oder Rechtsverteidigung im Sinne von § 91 Abs 1 Satz 1 ZPO notwendig war. Letzteres ist zu bejahen,

471 – wenn das Modell im Rechtsstreit förmlich als Beweismittel verwertet wurde

oder

472 – wenn das Modell aus der Sicht einer vernünftigen, auf Kostenersparnis bedachten Partei als Anschauungsmaterial für das Gericht unverzichtbar war, um komplizierte

---

678 OLG Düsseldorf, Beschluss v 18.1.2021 – I-2 W 25/20. Weil es nicht die Aufgabe des Erstattungsschuldners ist, sich wegen der Rohdaten (ggf sogar gerichtlich) mit der Drittfirma auseinanderzusetzen, ist die Zug um Zug-Leistung auf die Herausgabe der Rohdaten durch den Erstattungsgläubiger und nicht auf eine Abtretung seines Herausgabeanspruchs zu richten.
679 OLG Düsseldorf, Beschluss v 18.1.2021 – I-2 W 25/20.
680 OLG Frankfurt/Main, GRUR-RR 2013, 184 – Patentanwaltskosten im Geschmacksmusterstreit.
681 BGH, GRUR 2017, 1160 – BretarisGenuair.
682 BGH, GRUR 2017, 1160 – BretarisGenuair.
683 OLG Düsseldorf, Beschluss v 10.8.2020 – I-2 W 12/20.
684 OLG Düsseldorf, Beschluss v 10.8.2020 – I-2 W 12/20.

technische Sachverhalte zu verdeutlichen, deren Visualisierung auf einfachere und kostengünstigere Weise (zB mittels farbiger Abbildungen oder dergleichen) nicht in geeigneter Weise möglich ist.[685]

Kosten, die einer Partei durch die Beauftragung von **Handwerkern** zwecks Vor- und Nachbereitung von **Ortsterminen mit dem gerichtlichen Sachverständigen** entstanden sind, sind außergerichtliche Kosten der Partei. Sie sind daher, sofern nichts anderes klar vereinbart wird, bei einer durch **Prozessvergleich** vereinbarten Kostenaufhebung im Kostenfestsetzungsverfahren nicht zu erstatten.[686] 473

Schaltet der beklagte Generalimporteur zu seiner Unterstützung im Patentverletzungsprozess den **ausländischen Lieferanten des** angeblichen **Verletzungsproduktes** ein, in dessen Person Reise- und Übersetzungskosten anfallen, sind diese nur dann im Rahmen der Kostenausgleichung erstattungsfähig, wenn die Mithilfe des Lieferanten notwendig war, um dem Verletzungsvorwurf sachgerecht begegnen zu können.[687] Dazu genügt nicht schon, dass der Lieferant dem Verletzungsbeklagten im Falle eines Unterliegens zur Freistellung verpflichtet ist. Vielmehr muss der Beklagte auf die technische Unterstützung des Lieferanten angewiesen sein, ohne den er sich ansonsten nicht angemessen verteidigen könnte. Vorrangig ist allerdings der mitwirkende Patentanwalt aufgerufen, sich mit der fraglichen Technik vertraut zu machen; ggf sind ergänzende Informationen des Lieferanten auf schriftlichem/telefonischem Wege einzuholen. Nur wo dies nicht möglich oder nicht ausreichend ist (was im Einzelnen darzulegen ist), bleibt Raum für eine im Rahmen der Kostenerstattung anzuerkennende weitergehende persönliche Unterrichtung des Beklagten. Ist der Verletzungsbeklagte selbst nicht in der Lage, sich hinreichend zu verteidigen, zB weil die angegriffene Ausführungsform bei der ausländischen Gesellschaft entwickelt worden ist, sind allenfalls die Reisekosten erstattungsfähig, die dadurch veranlasst sind, dass Mitarbeiter des Verletzungsbeklagten eine Informationsreise zu der ausländischen Gesellschaft unternommen haben, sofern der technische Sachverhalt derart komplex ist, dass er von der Beklagten und ihrem Patentanwalt nicht angemessen bewältigt werden kann.[688] 474

Dieselben Grundsätze gelten für die Einschaltung der **ausländischen Muttergesellschaft** auf Kläger- oder Beklagtenseite.[689] Es trifft zwar zu, dass es ausländischen Konzernen freisteht, aus organisatorischen, logistischen oder rechtlichen Gründen die für sie wirtschaftlichste Aufteilung in weltweite Einzelgesellschaften, darunter auch eigenständige kleine Vertriebsgesellschaften, zu wählen. Das bedeutet indessen nicht, dass allein durch den Prozess verursachte Kosten nicht zum Nachteil der in Deutschland ansässigen Tochtergesellschaften gehen dürften, die selbst nicht den Prozessablauf bestimmen könnten. Eine solche Sichtweise verkennt, dass die Notwendigkeit von Übersetzungen, Verdolmetschung und Reisekosten noch weniger zu Lasten des Prozessgegners gehen darf, der auf die konzernmäßige Organisation der Klägerseite keinen Einfluss hat, während die inländischen Vertriebsgesellschaften in der Regel als Lizenznehmer von der entsprechenden Organisationsstruktur profitieren. Soweit im Einzelfall infolge der Konzernstruktur nicht erstattungsfähige Prozesskosten entstehen, stellt dies die zumutbare Kehrseite des vorerwähnten Vorteils dar. Kosten für die Einschaltung der Konzernmutter sind demnach nur erstattungsfähig, wenn es ihrer bedurfte, um den technischen Sachverhalt ange- 475

---

685 OLG Düsseldorf, InstGE 11, 121 – Maisgebiss-Modell; BPatG, GRUR 2009, 1196 – Demonstrationshilfen.
686 BGH, MDR 2021, 647.
687 OLG Düsseldorf, InstGE 12, 252 – Kosten der Recherche.
688 OLG Düsseldorf, Beschluss v 27.4.2011 – I-2 W 2/11.
689 OLG Düsseldorf, Beschluss v 27.4.2011 – I-2 W 2/11; OLG Düsseldorf, Beschluss v 4.3.2013 – I-2 W 9/13; OLG Düsseldorf, Beschluss v 13.9.2013 – I-2 W 30/13.

messen aufarbeiten zu können, und nicht nur, um konzerninternen Befehlsstrukturen nachkommen zu können.⁶⁹⁰ Eine Ausgleichspflicht ist mithin allenfalls dann anzuerkennen, wenn die Übersetzung notwendig war, um von der Muttergesellschaft rechtsstreitrelevante (insbesondere technische) Informationen einzuholen, ohne die eine angemessene Rechtsverfolgung oder Rechtsverteidigung nicht möglich und die Prozesspartei ansonsten gezwungen gewesen wäre, externen Sachverstand (zB eines Privatgutachters) heranzuziehen.⁶⁹¹ Allerdings gilt auch hier der Vorbehalt, dass es in erster Linie Sache der Partei und ihrer anwaltlichen Vertretung, in technischen Belangen ihres Patentanwaltes ist, den streiterheblichen Sachverhalt aufzuarbeiten. Nur wo dabei – was substantiiert darzulegen ist – noch Lücken verbleiben, sind Übersetzungen zu rechtfertigen.⁶⁹² Erforderlich ist hierzu ein dezidierter Vortrag dazu, in welcher Hinsicht genau die eigenen Erkenntnismöglichkeiten des Verletzungsbeklagten unzureichend sind.⁶⁹³ Dasselbe gilt für einen geplanten Nichtigkeitsangriff gegen das Klagepatent. Wenn es um eine offenkundige Vorbenutzung durch die involvierte Muttergesellschaft geht, mag nach Lage des Falles ein Informationsgefälle anzuerkennen sein, das eine Einschaltung der Konzernmutter hätte notwendig machen können. Die gewöhnliche Recherche nach druckschriftlichem Stand der Technik und dessen Aufbereitung für einen Rechtsbestandsangriff wird hingegen im Zweifel von dem Verletzungsbeklagten, auch soweit er lediglich mit dem Vertrieb von Produkten der betreffenden Art befasst ist, und dem von ihm hinzugezogenen Patentanwalt zu leisten sein.⁶⁹⁴ Gleiches gilt für die Widerrufs/Nichtigkeitsgründe der mangelnden Offenbarung und der unzulässigen Erweiterung.⁶⁹⁵

h) Recherchekosten

476 Kosten einer Recherche nach **Stand der Technik**, der dem Klagepatent entgegen gehalten werden kann, sind erstattungsfähig, weil mit ihnen ein Aussetzungsantrag im Verletzungsprozess begründet⁶⁹⁶ bzw in einem einstweiligen Verfügungsverfahren der grundsätzlich erforderliche Rechtsbestand des Verfügungsschutzrechts in Zweifel gezogen werden kann⁶⁹⁷. Dass die Rechercheergebnisse auch im Rechtsbestandsverfahren verwertet werden und dort (wie im europäischen Einspruchsverfahren) eine Kostenerstattung nicht erfolgt, steht dem nicht entgegen.⁶⁹⁸ Unter Umständen sind sogar Zusatzkosten für eine **Express**-Recherche (zB beim Österreichischen Patentamt) erstattungsfähig, wenn eine Normalrecherche innerhalb des gerichtlichen Verfahrensablaufs unzureichend sein kann. Daran ist insbesondere im einstweiligen Verfügungsverfahren zu denken, sofern die Recherche eingeholt wird, bevor ein Verhandlungstermin bestimmt ist, oder dieser zwar bereits feststeht, jedoch so nah bevorsteht, dass die verbleibende Zeit bei in Rechnung zu stellendem ungünstigen Verlauf möglicherweise zu knapp ist, um die Rechercheergebnisse selbst verarbeiten, schriftsätzlich aufbereiten und so zeitig in das gerichtliche Verfahren einführen zu können, dass sowohl dem Gegner eine angemessene Erwiderungsmöglichkeit als auch – im Anschluss daran – dem Gericht eine ausreichende Vorbereitungszeit verbleibt.⁶⁹⁹

---

690 OLG Düsseldorf, Beschluss v 4.3.2013 – I-2 W 9/13; OLG Düsseldorf, Beschluss v 13.9.2013 – I-2 W 30/13.
691 OLG Düsseldorf, Beschluss v 30.7.2020 – I-2 W 14/20.
692 OLG Düsseldorf, Beschluss v 30.7.2020 – I-2 W 14/20.
693 OLG Düsseldorf, Beschluss v 30.7.2020 – I-2 W 14/20.
694 OLG Düsseldorf, Beschluss v 30.7.2020 – I-2 W 14/20.
695 OLG Düsseldorf, Beschluss v 30.7.2020 – I-2 W 14/20.
696 OLG Frankfurt/Main, GRUR 1996, 967 – Recherche-Kosten; OLG Düsseldorf, InstGE 12, 252 – Kosten der Recherche.
697 OLG Düsseldorf, Beschluss v 6.9.2018 – I-2 W 19/18.
698 Vgl oben zu Rdn 433.
699 OLG Düsseldorf, Beschluss v 22.8.2016 – I-2 W 16/16.

Die Recherche ist nicht durch die **Verfahrensgebühr** des mitwirkenden Patentanwaltes abgegolten[700], sodass der Aufwand auch dann zusätzlich zu erstatten ist, wenn es sich um eine Eigenrecherche des am Verfahren beteiligten Patentanwaltes handelt.[701] Zu berücksichtigen ist dabei ein an die Vergütungssätze des JVEG angelehnter Stundensatz[702], wobei regelmäßig die höchste Leistungsgruppe aus Anlage 1 zu § 9 Abs 1 JVEG (= 155 € netto; vorher: Honorargruppe 13 = 125 € netto)[703] einschlägig ist.[704] Neben dem Aufwand für die eigentliche Recherche (= Ermittlung der Druckschriften) ist kein Aufschlag für die gedankliche Auswertung und schriftsätzliche Aufarbeitung der Rechercheergebnisse angebracht, weder in Fällen der Fremdrecherche[705] noch in Fällen der Eigenrecherche. Führt die Prozesspartei persönlich die Recherche durch, handelt es sich bei dem geleisteten Aufwand an Zeit und Mühe allerdings nicht um (erstattungsfähige) Kosten, sondern um allgemeinen Prozessaufwand, der prinzipiell nicht erstattet wird.[706]

477

Anders verhält es sich mit Recherchekosten für **Sachverhalte, die zur vollen Darlegungslast des Prozessgegners stehen** und in Bezug auf die sich der Kostengläubiger deshalb auf ein Bestreiten mit Nichtwissen zurückziehen kann. Ein Beispiel sind kostenträchtige Ermittlungen des Beklagten, die dadurch veranlasst sind, dass der Kläger einen vom Inhalt des Patentregisters abweichenden Namen trägt und insoweit entweder eine identitätswahrende Umfirmierung oder eine Patentübertragung behauptet. Da die fraglichen Vorgänge nicht im Wissens- und Erkenntnisbereich des Beklagten liegen, bedarf es keiner eigenen Recherchen zu den Unternehmensverhältnissen auf Klägerseite. Vielmehr hat der Kläger den vollständigen Nachweis seiner Aktivlegitimation zu erbringen und kann der Beklagte, so lange dies nicht geschehen ist, diese – rechtlich erheblich – pauschal, nämlich mit Nichtwissen in Abrede stellen.[707]

478

Ähnliche Überlegungen gelten, wenn der Kläger vor Einreichung einer **Gebrauchsmusterverletzungsklage** eine Recherche nach möglichen Entgegenhaltungen durchführt, die den Rechtsbestand seines Schutzrechts gefährden könnten. Da anhand der Rechercheergebnisse im Allgemeinen erst über das Ob einer Klageerhebung entschieden werden soll, fehlt es schon an der erforderlichen Rechtsstreitbezogenheit der Recherchekosten.[708] Sie sind in jedem Fall nicht »notwendig«, weil die Beweislast für die mangelnde Schutzfähigkeit des Gebrauchsmusters beim Beklagten liegt, so dass sich der Kläger darauf beschränken kann, zu denjenigen Entgegenhaltungen Stellung zu nehmen, die der Beklagte einwendet.[709] Anlass, die Schutzfähigkeit aus eigener Initiative und nach allen Richtungen vor Klageerhebung abzusichern, besteht deswegen nicht. In einem einstweiligen Verfügungsverfahren sieht die Sachlage anders aus, wenn zu dem Verfügungsgebrauchsmuster noch keine kontradiktorische Löschungsentscheidung vorliegt, weil es Sache des Antragstellers ist, das Gericht von einem hinreichend gesicherten Rechtsbestand des Verfügungsschutzrechts zu überzeugen.

479

i) Übersetzungskosten

Eine betragsmäßig ggf nicht unerhebliche Kostenposition können Übersetzungskosten ausmachen.

480

---

700 OLG Frankfurt/Main, GRUR 1996, 967 – Recherche-Kosten.
701 OLG Düsseldorf, Beschluss v 5.12.2013 – I-2 W 39/13.
702 OLG Frankfurt/Main, GRUR 1996, 967 – Recherche-Kosten.
703 Vor Inkrafttreten des 2. KostRModG war dies die Honorargruppe 10 (= 95 € netto).
704 OLG Düsseldorf, InstGE 12, 252 – Kosten der Recherche.
705 OLG Düsseldorf, Beschluss v 16.5.2012 – I-20 W 127/11.
706 BPatG, Mitt 2015, 417 – selbst (eigenhändig) durchgeführte Recherche.
707 OLG Düsseldorf, Beschluss v 5.12.2013 – I-2 W 39/13.
708 OLG Düsseldorf, Beschluss v 19.11.2021 – I-2 U 24/21.
709 OLG Düsseldorf, Beschluss v 19.11.2021 – I-2 U 24/21.

B. Sachverhaltsermittlung

481 Ein erster Anlass für eine Übersetzung kann sich bereits ergeben, wenn die Zustellung an den Beklagten im EU-Ausland stattzufinden hat. Wegen des in **Art 8 Abs 1 EuZVO** vorgesehenen Annahmeverweigerungsrechts läuft der Kläger hier Gefahr, dass die Zustellung scheitert, weil der Empfänger geltend macht, der deutschen Sprache nicht mächtig zu sein. Maßgeblich sind insoweit die Kenntnisse des Empfängers persönlich, bei juristischen Personen des Geschäftsführers, nicht irgendwelcher Mitarbeiter, mögen sie auch in den Vertrieb der mit der Klage angegriffenen Verletzungsgegenstände nach Deutschland eingebunden sein.[710] Es stellt ein legitimes Interesse des Klägers dar, eine zügige Zustellung sicherzustellen. Immer dann, wenn er nicht sicher sein kann, dass es nicht zu einer (berechtigten oder unberechtigten) Annahmeverweigerung kommt, ist deshalb eine Übersetzung der Klageschrift in die Landessprache des Empfangsstaates hinzunehmen und die hiermit verbundenen Kosten erstattungsfähig.

482 Im Übrigen kann eine **ausländische Partei**, die der deutschen Sprache nicht mächtig ist, die Kosten einer Übersetzung der von ihrem eigenen Prozessbevollmächtigten in einem Patentverletzungsprozess angefertigten Schriftsätze nebst Anlagen als notwendige Rechtsverfolgungskosten erstattet verlangen. Gleiches gilt für die gegnerischen Schriftsätze (nebst Anlagen), zu denen zu erwidern ist, sowie für Verfügungen und Entscheidungen des Gerichts. Dabei spielt es keine Rolle, ob die Übersetzung von einem auswärtigen Dienst oder von dem eigenen Prozessbevollmächtigten angefertigt worden ist[711] und dieser einer internationalen Kanzlei angehört, deren Mitglieder für die allgemeine Korrespondenz die betreffende Sprache beherrschen[712], oder die Arbeiten von beim Prozessbevollmächtigten angestellten Übersetzern erledigt worden sind.[713] Die Erstattungsfähigkeit gilt auch für eine ausländische Partei, die eine **inländische Zweigniederlassung** unterhält, jedenfalls dann, wenn dort keine eigene Rechts- und Patentabteilung unterhalten wird, die zu einer eigenverantwortlichen Bearbeitung des Rechtsstreits imstande ist.[714]

483 Für einen dem Rechtsstreit wirksam beigetretenen **Streithelfer** gelten prinzipiell dieselben Grundsätze.[715] Ist er Ausländer, hat er Anspruch auf eine Übersetzung aller im Rechtsstreit gewechselter Schriftsätze, egal von welcher Partei sie stammen, auch von solchen anderer Streithelfer[716], und zwar ohne Rücksicht darauf, ob dem Beitritt eine Streitverkündung vorausgegangen ist oder der Nebenintervenient aus eigenem Antrieb beigetreten ist. Die Kosten müssen allerdings grundsätzlich nach dem Beitritt veranlasst sein, sodass Übersetzungen, die angefertigt wurden, um darüber zu entscheiden, ob dem Rechtsstreit beigetreten werden soll, nicht erstattungsfähig sind.[717]

484 Übersetzungskosten sind grundsätzlich auch insoweit erstattungsfähig, als sie im Hinblick auf **Unterlagen** angefertigt worden sind, die **im Rechtsbestandsverfahren** gewechselt wurden, sofern darauf im Verletzungsprozess ein Aussetzungsantrag gestützt ist[718] oder in einem einstweiligen Verfügungsverfahren Einwände gegen den hinreichenden Rechtsbestand des Verfügungsschutzrechts begründet werden[719]. Es kommt nicht darauf an, ob die Übersetzung (zB einer entgegen gehaltenen **Druckschrift**) vom Gericht angefordert oder zumindest in den Rechtsstreit eingeführt worden ist oder lediglich als

---

710 AA: OLG Düsseldorf, Beschluss v 29.3.2016 – I-20 W 45/15.
711 OLG Düsseldorf, Beschluss v 21.6.2021 – I-2 W 8/21.
712 OLG Düsseldorf, InstGE 12, 177 – Übersetzung eigener Schriftsätze.
713 OLG Düsseldorf, Beschluss v 23.4.2010 – I-2 W 6/10.
714 OLG Düsseldorf, Beschluss v 13.9.2013 – I-2 W 30/13.
715 OLG Düsseldorf, Beschluss v 13.9.2013 – I-2 W 30/13.
716 OLG Düsseldorf, Beschluss v 13.9.2013 – I-2 W 30/13.
717 OLG Düsseldorf, Beschluss v 13.9.2013 – I-2 W 30/13.
718 OLG Düsseldorf, Beschluss v 13.9.2013 – I-2 W 30/13.
719 OLG Düsseldorf, Beschluss v 6.9.2018 – I-2 W 19/18.

interne Unterlage für die Anwälte der Partei gedient hat.[720] Letzteres reicht aus, weil es der sinnvollen Arbeitserleichterung dient, sich der Übertragung des technischen Textes ins Deutsche nur ein Mal mit der gebotenen Sorgfalt zu widmen und danach bei der im Zuge des Rechtsstreits erforderlichen wiederholten Befassung mit dem Offenbarungsgehalt der Schrift auf die dem Bearbeiter vorliegende deutsche Übersetzung zu stützen.[721] Das gilt auch dann, wenn die Anwälte der Sprache, aus welcher der Text übersetzt worden ist, mächtig sind und die Übersetzung von ihnen selbst angefertigt worden ist.[722] Eine Erstattungspflicht ist allerdings zu verneinen wenn die Übersetzung zur »Unzeit« veranlasst wurde, zB zu einem Zeitpunkt, als der Rechtsstreit (wegen erstinstanzlicher Vernichtung des Klageschutzrechts) bereits ausgesetzt war.[723] Gleiches gilt für Übersetzungskosten, die unter Verstoß gegen das Gebot veranlasst worden sind, die Aufwendungen so gering zu halten, wie dies mit der Wahrung der berechtigten eigenen Belange der erstattungsberechtigten Partei zu vereinbaren ist. Da Regel 3 der AO zum Übereinkommen über die Erteilung europäischer Patente bestimmt, dass sich im schriftlichen Verfahren vor dem Europäischen Patentamt jeder Beteiligte jeder Amtssprache des EPA und damit gemäß Art 14 Abs 1 EPÜ auch der deutschen Sprache in einem ansonsten in englischer Sprache geführten Einspruchsverfahren bedienen kann, besteht keine Notwendigkeit, einen Beitrittsschriftsatz im Einspruchsverfahren in englischer Verfahrenssprache einzureichen und den Text anschließend für den Verletzungsprozess wieder ins Deutsche zurück zu übersetzen.[724]

485 Übersetzungskosten, die dadurch veranlasst sind, dass die verklagte deutsche Vertriebsgesellschaft ihre am Rechtsstreit selbst nicht beteiligte **ausländische Muttergesellschaft** informiert, sind grundsätzlich nicht erstattungsfähig.[725] Selbst wenn konzerninterne Vorgaben eine Einschaltung und Unterrichtung der Konzernmutter vorschreiben sollten, kann dies nicht zu Lasten des erstattungspflichtigen Prozessgegners gehen. Gleiches gilt für eine Einschaltung der Muttergesellschaft zu dem Zweck, auf Beklagtenseite Möglichkeiten für eine etwaige vergleichsweise Beilegung des Rechtsstreits abzuklären, zB in Form einer Kreuzlizenzierung, die nicht ohne das Einverständnis der Konzernmutter machbar ist. Eine Ausgleichspflicht ist allenfalls dann anzuerkennen, wenn die Übersetzung notwendig war, um von der Mutter rechtsstreitrelevante (insbesondere technische) Informationen einzuholen, ohne die der Beklagten eine angemessene Rechtsverfolgung oder Rechtsverteidigung nicht möglich und diese ansonsten gezwungen gewesen wäre, externen Sachverstand (zB eines Privatgutachters) heranzuziehen. Freilich gilt auch hier der Vorbehalt, dass es in erster Linie Sache der Partei und ihres Patentanwaltes ist, den technischen Sachverhalt aufzuarbeiten. Nur wo dabei – was substantiiert darzulegen ist (gibt es eine eigene technische Abteilung? Welches technische know how ergibt sich schon aus der notwendigen Pflege von Kundenkontakten?) – noch Lücken bleiben, sind Übersetzungen zu rechtfertigen.[726] Sie scheiden deswegen in aller Regel aus, soweit rein prozessuale Fragen (wie etwa eine Prozesskostensicherheit) diskutiert werden oder es um einen Nichtigkeitsangriff geht, der auf druckschriftlichen Stand der Technik gestützt ist.[727] Je nach Lage des Falles kann es sich anders verhalten, wenn um einen FRAND-

---

720 OLG Düsseldorf, Beschluss v 31.5.2010 – I-2 W 24/10.
721 OLG Düsseldorf, Beschluss v 21.6.2021 – I-2 W 8/21.
722 OLG Düsseldorf, Beschluss v 31.5.2010 – I-2 W 24/10.
723 OLG Düsseldorf, Beschluss v 13.9.2013 – I-2 W 30/13.
724 OLG Düsseldorf, Beschluss v 6.9.2018 – I-2 W 19/18.
725 OLG Düsseldorf, Beschluss v 6.1.2011 – I-2 W 63/10; OLG Düsseldorf, Beschluss v 27.4.2011 – I-2 W 2/11; OLG Düsseldorf, Beschluss v 13.9.2013 – I-2 W 30/13.
726 OLG Düsseldorf, Beschluss v 6.1.2011 – I-2 W 63/10; OLG Düsseldorf, Beschluss v 13.9.2013 – I-2 W 30/13.
727 OLG Düsseldorf, Beschluss v 30.7.2020 – I-2 W 14/20.

Einwand gestritten hat, zu dem nur die Muttergesellschaft als Partner der Verhandlungen Einblicke hat.[728]

486 Im Rahmen der Kostenfestsetzung ist im Übrigen dreierlei zu beachten:

487 – Erstens werden **keine fiktiven Kosten** erstattet, weswegen die der Partei in Rechnung gestellten Beträge im Bestreitensfall konkret nachzuweisen sind[729], zB durch Vorlage der betreffenden Rechnungen (des externen Übersetzers[730] oder des Anwalts) an den Mandanten.[731] Eine anwaltliche Versicherung dazu, dass die Übersetzungen angefertigt und der Partei (mindestens) in Höhe des zur Ausgleichung angemeldeten Betrages in Rechnung gestellt worden sind, reicht allein nicht aus, selbst wenn insoweit Geheimhaltungsbelange reklamiert werden.[732] Sie genügt allerdings dann, wenn begleitend mindestens interne bills aus dem anwaltlichen Zeit- und Kostenerfassungsprogramm präsentiert werden, die belegen, dass Übersetzungstätigkeit geleistet und der Partei mit einem bestimmten Vergütungsbetrag belastet worden ist, selbst wenn die anschließende Anwaltsrechnung pauschal nur noch den Gesamtbetrag der Vergütung für einen bestimmten Zeitabschnitt ausweist.[733]

488 – Die berechneten Beträge sind – zweitens – »**gedeckelt**«, nämlich nur insoweit erstattungsfähig, als die Kosten nicht den Betrag übersteigen, der angefallen wäre, wenn das Gericht einen Übersetzer eingeschaltet hätte.[734] Daraus folgt, dass der Anspruchsteller mit seinem Festsetzungsantrag hinreichend nachzuweisen hat, dass mit dem Rechnungsbetrag die gesetzlichen Übersetzungskosten nicht überschritten werden.[735] Maßgeblich sind insoweit die Vorschriften des JVEG:

489 Für die Honorierung unterscheidet das Gesetz grundlegend zwischen solchen (zu übersetzenden) Vorlagetexten, die in editierbarer elektronischer Form vorliegen (dh ohne weitere Zwischenschritte zu ändern, zu löschen und textlich zu überarbeiten sind) und nicht editierbaren Vorlagen (dh Papiervorlagen, PDF's, Scans). Das Grundhonorar für editierbare elektronische Texte beträgt seit dem 1.1.2021 1,80 € (vorher: 1,55 €) und für nicht editierbare Vorlagen seit dem 1.1.2021 1,95 € (vorher: 1,75 €).[736] Bei der Übersetzung von Texten in einem Patentverletzungsrechtsstreit ist mit Rücksicht auf die häufige Verwendung von (technischen) Fachausdrücken regelmäßig ein erhöhtes Honorar von 1,95 € (für editierbare Vorlagen; vorher: 1,85 €) bzw 2,10 € (für nicht editierbare Vorlagen; vorher: 2,05 €) anzusetzen (§ 11 Abs 1 JVEG).[737] Die genannten Beträge fallen für jeden Zeilensatz an, dh für jeweils angefangene 55 Anschläge im Text der Zielsprache (§ 11 Abs 2 JVEG).[738] Ein geringerer Satz ist angebracht, wenn der übersetzte Text keinen speziell technischen und/oder patentrechtlichen Inhalt hat, sondern sich mit allgemeinrechtlichen Inhalten befasst, wie sie in

---

728 OLG Düsseldorf, Beschluss v 30.7.2020 – I-2 W 14/20.
729 OLG Düsseldorf, Beschluss v 23.4.2010 – I-2 W 6/10.
730 Erfolgt die Rechnungstellung an das Anwaltsbüro, bedarf es zusätzlich eines Nachweises über die Weiterbelastung an den Mandanten [OLG Düsseldorf, Beschluss v 15.1.2015 – I-2 W 32/14].
731 OLG Düsseldorf, Beschluss vom 26.7.2012 – I-2 W 10/12.
732 OLG Düsseldorf, Beschluss v 20.6.2013 – I-2 W 15/13.
733 OLG Düsseldorf, Beschluss v 25.11.2013 – I-2 W 34/13.
734 OLG Düsseldorf, Beschluss v 23.4.2010 – I-2 W 6/10; OLG Düsseldorf, Beschluss v 21.6.2021 – I-2 W 8/21.
735 OLG Düsseldorf, Beschluss vom 26.7.2012 – I-2 W 10/12.
736 Nach § 24 JVEG richtet sich die Vergütung nach bisherigem Recht, wenn der Auftrag an den Übersetzer vor dem 1.1.2021 erteilt oder der Berechtigte vor diesem Zeitpunkt herangezogen worden ist. Die neuen Sätze gelten also für alle Beauftragungen seit dem 1.1.2021.
737 OLG Düsseldorf, InstGE 12, 177 – Übersetzung eigener Schriftsätze; OLG Düsseldorf, Beschluss v 31.5.2010 – I-2 W 24/10; OLG Düsseldorf, Beschluss v 21.6.2021 – I-2 W 8/21.
738 … je 55 angefangene Anschläge im Text der Zielsprache (§ 11 Abs 1 JVEG).

jedem Zivilrechtsstreit auftreten können. Ein Aufschlag ist nicht deswegen gerechtfertigt, weil der Prozessbevollmächtigte den übersetzten Text auf Richtigkeit überprüft und ggf korrigiert hat.[739] Andererseits ist kein Abzug deswegen geboten, weil eine Maschinenübersetzung oder eine Hybridübersetzung[740] geringere Kosten verursacht *hätten*.[741] Übersetzt der Anwalt den Schriftsatz nur mündlich (zB am Telefon) für den Mandanten, handelt es sich nicht um eine Übersetzung, sondern um eine Dolmetschertätigkeit, für die je Stunde ein Betrag von 85 € (vor dem 1.1.2021: 70 €[742]) abgerechnet werden kann (§ 9 Abs 3 Satz 1 JVEG).[743]

490 Wäre eine **Zählung** der Anschläge mit unverhältnismäßigem Aufwand verbunden, so wird deren Anzahl unter Berücksichtigung der durchschnittlichen Anzahl der Anschläge je Zeile nach der Anzahl der Zeilen bestimmt (§ 11 Abs 2 Satz 3 JVEG). Weist der Antragsteller die vergütungsrelevanten Anschläge des übersetzten Textes nicht nach und bestehen Bedenken, dass die angesetzten Honorare bei Beachtung des gesetzlichen Abrechnungsmodus in vollem Umfang gerechtfertigt sind, ist ein Sicherheitsabschlag vorzunehmen, der so hoch anzusetzen ist, dass in jedem Fall gewährleistet bleibt, dass dem Kostenerstattungsberechtigten nichts zugesprochen wird, was ihm nicht zusteht.[744]

491 – Drittens: Die Kosten für eine wortgetreue Übersetzung sind **ausnahmsweise nicht erstattungsfähig**, wenn – (a) – es ihrer im konkreten Einzelfall nicht bedarf, weil das fragliche Dokument[745] für das prozessuale Vorgehen der Partei ohne besondere Bedeutung ist, sodass es ausreicht, wenn es ihr vom eigenen Prozessbevollmächtigten nur dem Inhalt nach mitgeteilt und ggf erläutert wird, *und* wenn – (b) – die Kosten für eine Übersetzung außer Verhältnis zur Höhe der zu verfolgenden oder abzuwehrenden Klageforderung stehen.[746] Ersteres trifft weder auf die Schriftsätze der Parteien nebst für den Rechtsstreit maßgeblicher Anlagen noch auf die ergangenen gerichtlichen Entscheidungen (Hinweise, Auflagen, Beweisanordnungen, Urteile) zu.[747] In Bezug auf die die Instanz beendende Gerichtsentscheidung ist ein Übersetzungsbedarf in aller Regel selbst dann gegeben, wenn die ausländische Partei in vollem Umfang obsiegt und der Gegner kein Rechtsmittel eingelegt hat.[748] Ein fortbestehendes Rechtsverfolgungs- oder verteidigungsinteresse ergibt sich in solchen Fällen zumindest aus §§ 319 – 321 ZPO. Sind mehrere Urteile aus verschiedenen parallel geführten Streitigkeiten zu übersetzen, die sich weitgehend decken, so dass in einem Verfahren die hauptsächliche Übersetzungsarbeit angefallen ist, während in dem anderen Verfahren nur noch einige Anpassungen wegen abweichend gefasster Textpassagen vorzunehmen waren, so darf nicht der – zufällige – Umstand, welches Urteil der Übersetzer als erstes übertragen hat, über die Kostenerstattung entscheiden. Vielmehr ist es aus Gründen materieller Gerechtigkeit geboten, die für die Übersetzung

---

739 OLG Düsseldorf, Beschluss v 15.1.2015 – I-2 W 32/14.
740 = Maschinenübersetzung mit anschließender Kontrolle durch einen Übersetzer.
741 OLG Düsseldorf, Beschluss v 21.6.2021 – I-2 W 8/21.
742 Vor dem 2. KostRModG lag der Betrag bei 55 €.
743 OLG Düsseldorf, InstGE 13, 252 – Pumpeinrichtung.
744 OLG Düsseldorf, GRUR-RR 2012, 493 – Sicherheitsabschlag (20 %-iger Abschlag).
745 Bsp: Verhandlungsprotokoll, aus dem sich lediglich die Erschienenen und die Verlesung der angekündigten Anträge ergibt; Vorsitzendenverfügung, die sich nur über die Schriftsatzfristverlängerung verhält (OLG Düsseldorf, Beschluss v 8.12.2004 – I-2 W 43/04; OLG Düsseldorf, GRUR-RR 2012, 493 – Sicherheitsabschlag).
746 OLG Düsseldorf, Beschluss v 25.4.2003 – 2 W 9/03; OLG Düsseldorf, GRUR-RR 2012, 493 – Sicherheitsabschlag; OLG Düsseldorf, Beschluss v 21.6.2021 – I-2 W 8/21.
747 OLG Düsseldorf, Beschluss v 21.6.2021 – I-2 W 8/21.
748 OLG Düsseldorf, GRUR-RR 2012, 493 – Sicherheitsabschlag (unter Aufgabe der gegenteiligen Rechtsprechung gemäß Beschluss v 25.4.2003 – 2 W 9/03); OLG Düsseldorf, Beschluss v 11.4.2022 – I-2 W 4/22.

aller Urteile angefallenen Gesamtkosten zu ermitteln und auf die erstattungspflichtigen Einzelverfahren in dem Verhältnis zu verteilen, wie dies angesichts der wirtschaftlichen Bedeutung der Streitverfahren im Verhältnis zueinander geboten ist, wobei die Bedeutung der Verfahren ihren Ausdruck regelmäßig in dem gerichtlich festgesetzten Streitwert findet.[749] Umgekehrt besteht ein Übersetzungsbedarf naturgemäß an allem, was wegen § 184 GVG (allemal bei einer hierauf bezogenen ausdrücklichen Aufforderung des Gerichts zur Vorlage von deutschen Übersetzungen) von einer fremden Sprache, in der die betreffende Unterlage im Original abgefasst ist, in die deutsche Gerichtssprache übersetzt werden muss.[750]

492 Wegen § 145 PatG ist der Kläger häufig gezwungen, mehrere durch die angegriffene Ausführungsform verletzte Patente in einer einzigen Klage geltend zu machen, obwohl das Verletzungsgericht das Verfahren bei erster Gelegenheit zur besseren Handhabung **in** der Zahl der Klageschutzrechte entsprechende **Einzelverfahren auftrennt**. Da sowohl das Ausgangsverfahren als auch das abgetrennte Verfahren jeweils einen unterschiedlichen Verlauf nehmen und dementsprechend mit einer unterschiedlichen Kostengrundentscheidung enden können, hinge es bei einem vollständigen Verbleib der Auslagen für die Übersetzung der einheitlichen Klageschrift im Ausgangsverfahren vom Zufall ab, welche Partei letztlich die für beide Verfahren relevanten Auslagen zu tragen hat. Für die Kostenerstattung käme es nämlich maßgeblich auf die durch die Parteien nicht zu beeinflussende Frage an, welchen Verfahrensteil das Gericht als Ausgangsverfahren betrachtet und welcher Verfahrensteil abgetrennt wird. Dass ein solch zufälliges Ergebnis nicht sachgerecht sein kann, liegt auf der Hand. Deshalb gebietet es der Grundsatz der Billigkeit, die bereits vor der Trennung der Verfahren entstandenen Übersetzungskosten anteilig auf beide Verfahren umzulegen. Ist die Übersetzung der Klageschrift nebst Anlagen für beide Verfahren gleichermaßen nützlich und erforderlich und lassen sich die entsprechenden Übersetzungskosten auch nicht eindeutig jeweils einem der beiden Verfahren zuordnen, ist es sachgerecht, die Kosten entsprechend der wirtschaftlichen Bedeutung der beiden Verfahren zu verteilen, wobei mangels anderweitiger Anhaltspunkte der jeweilige Verfahrensstreitwert ein gewichtiges Indiz darstellt.[751]

j) Kosten für Sicherheitsleistung

493 Aufwendungen, die (vom Kläger) zur Erbringung einer Vollstreckungssicherheit oder (vom Beklagten) zur Beibringung einer Abwendungssicherheit geleistet werden, sind prinzipiell im Kostenfestsetzungsverfahren berücksichtigungsfähig und müssen deshalb nicht in jedem Fall auf materiell-rechtlicher Grundlage (zB § 717 ZPO) in einem eigenen Erkenntnisverfahren durchgesetzt werden.[752] Denkbar sind Provisionen für eine Bankbürgschaft, Zinsverluste, die als Folge der Hinterlegung eigenen Kapitals entstanden sind[753], oder Kreditzinsen für die Aufnahme eines Darlehns zur Finanzierung der Hinterlegungssumme. Voraussetzung für einen Ansatz im Kostenfestsetzungsverfahren ist freilich, dass die angemeldeten Kosten liquide sind, sodass sie ohne Beweisermittlung zweifelsfrei beurteilt werden können.[754] Das wird bei Avalgebühren regelmäßig so sein, aber ausscheiden, wenn die Hinterlegungssumme im Rahmen eines laufenden, umfassenderen Kredits (ggf sogar innerhalb des Konzernverbundes) finanziert worden ist.[755]

---

749 OLG Düsseldorf, Beschluss v 11.4.2022 – I-2 W 4/22.
750 OLG Düsseldorf, Beschluss v 21.6.2021 – I-2 W 8/21.
751 OLG Düsseldorf, Beschluss v 10.1.2017 – I-2 W 31/16.
752 BGH, NJW-RR 2006, 1001.
753 Bei verzögerter Freigabe eines hinterlegten Betrages erkennt der BGH analog § 288 Abs 1 Satz 1 BGB einen Anspruch auf gesetzliche Verzugszinsen an (BGH, MDR 2018, 51).
754 OLG Düsseldorf, Beschluss v 27.5.2013 – I-2 W 16/13.
755 OLG Düsseldorf, Beschluss v 27.5.2013 – I-2 W 16/13, mwN.

k) Zinsen auf festgesetzte Kosten

In einem Kostenfestsetzungsbeschluss festgesetzte Kosten sind seit dem Eingang des Kostenfestsetzungsantrages zu verzinsen (§ 104 Abs 1 Satz 2 ZPO). Dabei bleibt es, so lange eine den Festsetzungsausspruch tragende vollstreckbare Kostengrundentscheidung existiert. Daraus folgt: Wird eine Kostengrundentscheidung zunächst aufgehoben oder zum Nachteil des Gläubigers abgeändert und zu einem späteren Zeitpunkt wieder hergestellt, so tritt eine Verzinsungspflicht frühestens mit dem Wirksamwerden der restituierenden Kostengrundentscheidung ein.[756] Anders verhält es sich, wenn eine dem Beklagten (wegen Klageabweisung oder wegen § 93 ZPO) günstige Kostengrundentscheidung zwar dadurch obsolet wird, dass der Kläger seine Klage zurücknimmt, die daraufhin nach § 269 Abs 3 ZPO ergehende Kostenentscheidung aber inhaltlich der ursprünglichen Kostenentscheidung entspricht; hier bleibt es bei der Zinspflicht ab Eingang des auf die erste, streitige Kostengrundentscheidung gestützten Festsetzungsantrages.[757] Gleiches gilt bei einer Änderung der Kostenquote im Rechtsmittelverfahren hinsichtlich desjenigen Betrages der erstinstanzlichen Kosten, der sowohl nach der erstinstanzlichen wie nach der zweitinstanzlichen Kostengrundentscheidung zu erstatten ist; hier sind Zinsen seit dem Eingang des ursprünglichen Festsetzungsantrages geschuldet.[758] Im Falle eines Vergleichsabschlusses in der Rechtsmittelinstanz ist im Zweifel (sofern nichts anderes deutlich feststellbar ist) davon auszugehen, dass eine dortige Kostenregelung originär wirken soll, sodass Zinsen erst für die Zeit ab Eingangsdatum des auf den Vergleich gestützten Festsetzungsantrages zu zahlen sind.[759]

494

3. Sonstiges

Vor der Geltendmachung konkreter Ansprüche sollte schließlich überlegt werden, in welchem Umfang Rechte geltend gemacht werden können. Interessant ist dies unter anderem bei **zusammengesetzten Vorrichtungen**, bei denen nur ein Teil geschützt ist, oder bei Vorrichtungen, die in der Regel nur zusammen mit nicht geschützten Bestandteilen veräußert werden. Es sollte stets erwogen werden, ob wegen der Bedeutung der geschützten Lehre oder aus sonstigen Gründen die Benutzung der Gesamtvorrichtung oder auch eines Zubehörs untersagt oder zumindest für die Benutzung der Gesamtvorrichtung oder eines Zubehörs Schadenersatz verlangt werden kann. Können diese Fragen bejaht werden, sind die Anträge entsprechend zu formulieren, um Diskussionen über die Reichweite eines Tenors erst im Rahmen der Rechnungslegung oder im Höheprozess zu vermeiden. Ähnliche Überlegungen sollten bei der mittelbaren Patentverletzung dann angestellt werden, wenn eine unbedingte Verurteilung nicht in Betracht kommt.

495

Hinzu kommt, dass die geltend zu machenden Ansprüche häufig erst noch an den Kläger abgetreten werden müssen. Dies gilt ua für die Schadenersatz- und Entschädigungsansprüche etwa in Fällen, in denen der potenzielle Kläger das Schutzrecht erst später erworben hat oder in denen anstelle des Schutzrechtinhabers der einfache Lizenznehmer klagen soll. Auch wenn es ausreichend ist, die **Aktivlegitimation** erst in der letzten mündlichen Verhandlung nachzuweisen, sollten entsprechende Erklärungen frühzeitig vorbereitet werden. Dies gilt insbesondere bei Klagen von Ausländern, da deutsche Gerichte die Wirksamkeit und Gültigkeit von Vereinbarungen oder das Vorliegen einer Vertretungsmacht aufgrund der Anwendbarkeit ausländischen Rechts nicht bzw nur beschränkt aus

496

---

756 BGH, MDR 2016, 57 – Verzinsung des Kostenerstattungsanspruchs.
757 BGH, MDR 2016, 57 – Verzinsung des Kostenerstattungsanspruchs; OLG Düsseldorf, Beschluss v 20.11.2017 – I-2 W 43/17.
758 BGH, NJW 2006, 1140.
759 BGH, MDR 2021, 196; OLG Düsseldorf, Beschluss v 20.11.2017 – I-2 W 43/17.

eigener Anschauung beurteilen können. Unabhängig davon, ob deutsche oder ausländische Parteien beteiligt sind, ist darauf zu achten, dass diejenigen Personen, die die relevanten Erklärungen abgeben, über die hierfür erforderliche Berechtigung bzw Vertretungsmacht verfügen und diese auch nachgewiesen werden kann.

497 Über den Kostenfestsetzungsantrag entscheidet der Rechtspfleger des Prozessgerichts der jeweiligen Instanz (§ 104 Abs 1 Satz 1 ZPO, § 21 Nr 1 RPflG). Sofern der Beschwerdewert von 200 € erreicht ist (§§ 104 Abs 3 Satz 1, 567 Abs 1 Nr 2, Abs 2 ZPO, § 11 Abs 1 RPflG) und der Rechtspfleger der Beschwerde nicht selbst abhilft (§ 572 Abs 1 Satz 1 ZPO), legt sie **Beschwerde** dem Oberlandesgericht als Beschwerdegericht zur Entscheidung vor, wobei dort ein originärer Einzelrichter zuständig ist (§ 568 Abs 1 Satz 1 ZPO). Er *hat* die Beschwerde auf den gesamten Spruchkörper zu übertragen, wenn die Sache besondere Schwierigkeiten rechtlicher oder tatsächlicher Art aufweist oder die Rechtssache grundsätzliche Bedeutung hat (§ 568 Abs 1 Satz 2 ZPO). Das Beschwerdegericht seinerseits kann die **Rechtsbeschwerde** an den BGH unter denselben Voraussetzungen zulassen, unter denen es die Revision gegen ein Urteil zulassen könnte, dh bei grundsätzlicher Bedeutung, zur Fortbildung des Rechts oder zur Sicherung einer einheitlichen Rechtsprechung (§ 574 Abs 2 ZPO). Obwohl ein Rechtsmittel gegen die Beschwerdeentscheidung an sich nicht darauf gestützt werden kann, dass das Verfahren an den Spruchkörper hätte übertragen werden müssen (§ 568 Satz 3 ZPO), ist dennoch eine Konstellation denkbar, bei der die unterbliebene Übertragung einen Rechtsfehler begründet, der zur Aufhebung der Beschwerdeentscheidung führt. Bejaht der Einzelrichter im Beschwerdeverfahren mit seiner Entscheidung, die Rechtsbeschwerde zuzulassen, die grundsätzliche Bedeutung der Rechtssache, unterlässt er es aber, das Verfahren dem Kollegium zu übertragen, so ist seine Entscheidung objektiv willkürlich und verstößt gegen das verfassungsrechtliche Gebot des gesetzlichen Richters.[760] Das – aufgrund Zulassung mit der Sache befasste – Rechtsbeschwerdegericht hat diesen Mangel von Amts wegen aufzugreifen, mit der Konsequenz, dass die Beschwerdeentscheidung ohne weitere Sachprüfung aufzuheben und an das Beschwerdegericht zurückzuverweisen ist.[761]

---

760 BGH, MDR 2019, 47.
761 BGH, MDR 2019, 47.

C. Vorprozessuales

Vor der Einleitung gerichtlicher Schritte gegen einen möglichen Verletzer ist stets zu erwägen, ob und in welcher Form mit diesem in Kontakt getreten werden soll. Eine Kontaktaufnahme (in Gestalt einer Berechtigungsanfrage oder einer Abmahnung) kann aus verschiedenen Motiven geboten sein. 1

Der Verletzungstatbestand konnte noch nicht abschließend belegt werden oder es bestehen zumindest Unsicherheiten. In einem solchen Fall bietet sich vorprozessualer Kontakt mit dem Gegner an, in der Hoffnung, dass dieser in seiner Antwort Informationen liefert, über die nur der Verletzer verfügt. 2

Nach einer außergerichtlichen Information über das Schutzrecht und den möglichen Verletzungsvorwurf kann sich der Verwarnte nicht mehr auf die fehlende Kenntnis des Schutzrechtes und mithin mangelndes Verschulden berufen. Spätestens ab diesem Zeitpunkt können daher aus einem erteilten Schutzrecht Schadenersatzansprüche geltend gemacht werden. 3

Über einen vorprozessualen Kontakt lassen sich verschiedene Verletzungsfälle außergerichtlich im Wege von Vergleichen beilegen. 4

Eine vorprozessuale Abmahnung dient darüber hinaus dem Zweck, das Prozesskostenrisiko, welches sich für den Verletzten im Falle eines sofortigen Anerkenntnisses des Verletzers aus § 93 ZPO ergibt, zu vermeiden.[1] 5

I. Abmahnung

Die Abmahnung ist ein durch Richterrecht geformtes Rechtsinstitut und dient primär dazu, dem Kostenrisiko aus § 93 ZPO zu entgehen. Ihre Rechtsnatur ist umstritten.[2] Für die Praxis hat dies jedoch kaum Auswirkungen. 6

1. Inhalt[3]

Bei der Abmahnung ist zwischen dem notwendigen und dem nicht notwendigen Inhalt zu unterscheiden. Ihre Wirkung kann die Abmahnung nur entfalten, wenn sie folgenden Inhalt aufweist: 7

a) Aktivlegitimation

Die Angaben zur Aktivlegitimation[4] können sich in aller Regel bei Benennung oder Übersendung des relevanten Patentes an den Verletzer auf einen Hinweis auf den dort vermerkten eingetragenen Inhaber beschränken, soweit Personenidentität besteht. Geht 8

---

1 OLG Düsseldorf, WRP 1988, 107.
2 OLG Nürnberg, GRUR 1991, 387 – Vollmachtsurkunde; OLG Celle, GRUR 1990, 481 – Vertragsstrafeversprechen.
3 Zu der Frage, ob sich eine Abmahnung ggf nur auf ein (vorzubereitendes) einstweiliges Verfügungsverfahren oder nur auf ein (vorzubereitendes) Hauptsacheverfahren bezieht, und den sich hierbei ergebenden Rechtsfragen vgl Klein, GRUR 2012, 882.
4 OLG Düsseldorf, Beschluss v 14.11.2011 – I-20 W 132/11.

beispielsweise ein Lizenznehmer gegen den Verletzer vor oder hat eine Übertragung des Patentes stattgefunden, ist dies in einer Abmahnung zu erwähnen, muss aber nicht belegt werden. Unzutreffende Angaben zur Anspruchsberechtigung nehmen der Abmahnung ihre Wirksamkeit.[5]

b) Bezeichnung des in Anspruch Genommenen

9 Die Abmahnung ist an denjenigen zu richten, der in einem späteren Prozess passivlegitimiert ist. Entsprechende Nachforschungen sollten daher möglichst vor der Absendung einer Abmahnung abgeschlossen sein. Stellt sich im Rahmen der Abmahnkorrespondenz heraus, dass nicht der eigentliche Verletzer, sondern beispielsweise nur ein konzernverbundenes Unternehmen abgemahnt worden ist, muss grundsätzlich neu abgemahnt werden[6], es sei denn, der tatsächliche Verletzer schaltet sich in die Korrespondenz ein.

10 Bei **mehreren Geschäftsführern** kann sich im Nachhinein ergeben, dass einzelne von ihnen nach der internen Geschäftsverteilung im Unternehmen keine Zuständigkeit für die Verletzungshandlungen haben, weswegen ihre Passivlegitimation zu verneinen sein kann. In solchen Fällen sollten alle Geschäftsführer durch einen Schutzrechtshinweis bösgläubig gemacht werden. Jeden von ihnen, auch den an sich nicht zuständigen, trifft aufgrund dessen die Pflicht, die Verletzungshandlungen abzustellen. Werden sie fortgesetzt, haftet daher jeder Geschäftsführer wegen seiner Untätigkeit.

c) Beschreibung des Verletzungstatbestandes

11 Die Abmahnung muss dem Verletzer die Möglichkeit geben, die Berechtigung der Abmahnung zu überprüfen und durch entsprechendes Verhalten eine Klage zu vermeiden. Er muss durch die Abmahnung also in die Lage versetzt werden, den behaupteten Verletzungstatbestand zu verifizieren.[7] Als vorprozessuale Handlung unterliegt die Abmahnung darüber hinaus nicht dem strengen Bestimmtheitsgrundsatz des § 253 Abs 2 Nr 2 ZPO.[8]

12 Dies ist ihm nur möglich, wenn er zum einen das **Schutzrecht** kennt, aus dem er in Anspruch genommen wird. Die Veröffentlichungsnummer des Patentes (oder ein sonstiges unzweideutiges Identifizierungsmerkmal) muss daher genannt werden. Handelt es sich um ein europäisches Patent mit mehreren Schutzstaaten, ist (mindestens durch die Erwähnung des DE-Aktenzeichens) klarzustellen, dass mit der Abmahnung nur der deutsche Schutzrechtsteil geltend gemacht wird; ansonsten kommt – je nach der geschäftlichen Tätigkeit des Abgemahnten – in Betracht, dass die Verwarnung sich auf alle nationalen Teile des EP bezieht. Eine Kopie der Patentschrift kann einer Abmahnung beigefügt werden. Dies vereinfacht die Diskussion und vermeidet Verzögerungen von Seiten des Verletzers. Auch über den Status des Schutzrechts, anhängige Nichtigkeitsverfahren bzw Einsprüche oder Löschungsverfahren ist aufzuklären.

13 Zum anderen muss der Verletzer konkret darüber in Kenntnis gesetzt werden, welche **Handlungen** bzw **Vorrichtungen** als patentverletzend angesehen werden. Eine rein allgemeine Beschreibung des Verletzungsgegenstandes ist hierfür in der Regel nicht ausreichend. Vielmehr sollte versucht werden, diesen über Typenbezeichnungen oder andere Charakteristika genau zu bestimmen. Hilfreich kann es sein, einer Abmahnung bereits Zeichnungen oder Fotografien der angegriffenen Ausführungsform beizufügen. Eine nur »insbesondere«-Bezeichnung des Abmahnungsgegenstandes hat zur Folge, dass nur die

---

[5] OLG Düsseldorf, Beschluss v 21.10.2010 – I-2 W 52/10; OLG Düsseldorf, Beschluss v 14.11.2011 – I-20 W 132/11; OLG Düsseldorf, GRUR-RS 2015, 18679 – Verbindungsstück.
[6] OLG Düsseldorf, InstGE 8, 183 – Falscher Abmahnungsadressat.
[7] OLG Düsseldorf, Beschluss v 14.11.2011 – I-20 W 132/11.
[8] BGH, GRUR 2021, 752 – Berechtigte Gegenabmahnung.

konkret bezeichneten Erzeugnisse abgemahnt sind, weswegen im Hinblick auf andere Erzeugnisse mangels Abmahnung § 93 ZPO anwendbar bleibt. Da es auf das Verständnis der Abmahnung aus dem Empfängerhorizont ankommt, führt die Erwähnung mehrerer Produktreihen nicht unbedingt und unausweichlich dazu, dass alle in der Abmahnung verbal angesprochenen Produktfamilien als abgemahnt anzusehen sind. Wird der Verletzungsvorwurf beispielsweise an der Konstruktion und/oder Wirkungsweise eines Erzeugnisses der *einen* Produktlinie dargelegt und unterscheiden sich die Erzeugnisse der *anderen*, ebenfalls erwähnten Produktlinien hiervon signifikant in einer Weise, die für die Merkmalsverwirklichung relevant ist, so wird die Annahme naheliegen, dass der Abmahnende offensichtlich der Annahme ist, dass alle Produktlinien hinsichtlich der patentrelevanten Ausstattung gleich sind. Unter solchen Umständen wird die Abmahnung, sinnvoll verstanden, dahin zu begreifen sein, dass tatsächlich nur die Erzeugnisse der *einen* Produktlinie als schutzrechtsverletzend beanstandet werden und dass sich die Abmahnung darüber hinaus nicht auch auf die anderen Produktlinien bezieht, auf die die Verletzungsdiskussion der Abmahnung ersichtlich nicht zutrifft und zu deren Merkmalsverwirklichung auch ansonsten keinerlei gesonderter Sachvortrag geleistet wird. Anders verhält es sich, wenn sich die Abmahnung – was möglich und zulässig ist (vgl Rdn 14) – überhaupt nicht näher zu der Art und Weise äußert, in der der Patentanspruch beim Abmahnungsgegenstand konstruktiv und/oder wirkungsmäßig umgesetzt wird. Hier wird man – mangels anderweitiger Anhaltspunkte – annehmen müssen, dass tatsächlich alle Produktlinien abgemahnt werden sollen, die in der Abmahnung namentlich genannt sind.

Als Drittes sollte (nicht muss!) dem Verletzer der Verletzungstatbestand als solcher, also die Verwirklichung sämtlicher Merkmale des gegen ihn vorgebrachten Schutzrechtes durch die angegriffene Ausführungsform, erläutert werden. Nimmt der Abmahnende auf ein bereits vorliegendes Verletzungsurteil Bezug und ist dieses mit einem Rechtsmittel angefochten, hat er auf die mangelnde Rechtskraft hinzuweisen. Anderes gilt ausnahmsweise dann, wenn das Urteil wie ein reines Rechtsprechungszitat aufgeführt ist.[9] **14**

d) Unterlassungsverlangen

Die Abmahnung hat grundsätzlich die eindeutige und ernsthafte Aufforderung an den Verletzer zu enthalten, das beanstandete Verhalten für die Zukunft zu unterlassen.[10] Ob dann, wenn es bereits zu Verletzungshandlungen gekommen ist, eine strafbewehrte Unterlassungsverpflichtungserklärung gefordert werden muss, ist vom BGH noch nicht entschieden worden.[11] Dessen bedarf es jedenfalls nicht, wenn in der Person des Abgemahnten überhaupt noch nicht die Voraussetzungen eines Unterlassungsanspruchs gegeben sind, weil weder eine Wiederholungs- noch eine Erstbegehungsgefahr begründet sind.[12] Hier genügt es für die Annahme einer Verwarnung, dass das fragliche Verhalten als Schutzrechtsverletzung bewertet und dem Adressaten für den Fall seiner Vornahme die Inanspruchnahme gerichtlicher Hilfe angekündigt wird.[13] **15**

Das Verlangen muss jedenfalls nicht ausdrücklich erklärt werden, sondern kann sich auch aus den **Begleitumstände**n ergeben.[14] Solches ist beispielsweise der Fall, wenn noch keine Verletzungshandlungen vorgefallen, diese aber angekündigt sind, der Abmahnende die drohenden Handlungen als Schutzrechtsverletzung bezeichnet und ankündigt, im **16**

---

9   KG, GRUR-RR 2004, 258 – Rechtsprechungszitat.
10 BGH, GRUR 2011, 995 – Besonderer Mechanismus.
11 BGH, GRUR 2011, 995 – Besonderer Mechanismus.
12 BGH, GRUR 2011, 995 – Besonderer Mechanismus.
13 BGH, GRUR 2011, 995 – Besonderer Mechanismus.
14 Vgl BGH, GRUR 1979, 332 – Brombeerleuchte.

Falle ihrer Begehung gerichtlichen Rechtsschutz in Anspruch nehmen zu wollen.[15] Unzureichend ist, wenn im Anschluss an den Hinweis auf die Patentverletzung lediglich zur Stellungnahme aufgefordert und für den Fall, dass die Patentbenutzung nicht mit Argumenten gerechtfertigt werden könne, mit der Einschaltung von Patentanwälten gedroht wird.[16] Unter solchen Umständen (bei denen unklar bleibt, was die Konsequenz aus der Einschaltung der Anwälte sein wird) liegt eine bloße Berechtigungsanfrage vor, die im Hinblick auf § 93 ZPO unbeachtlich ist. Anders verhält es sich, wenn zwar eingangs bloß zum Meinungsaustausch über die Verletzungsfrage aufgefordert wird, im Anschluss daran jedoch für den Fall, dass die Schutzrechtsbenutzung rechtfertigende Gründe nicht vorliegen, die Abgabe einer beigefügten Unterlassungserklärung anheimgestellt wird, wobei für den Fall, dass eine Unterwerfung abgelehnt oder die Unterlassungserklärung nicht fristgemäß abgegeben werden sollte, eine sofortige gerichtliche Rechtsverfolgung angekündigt wird.[17] Gleiches gilt, wenn für den Fall eines fruchtlosen Ablaufs der Äußerungsfrist ein Grenzbeschlagnahmeantrag angekündigt wird.[18] Zur Vermeidung von Auslegungsschwierigkeiten sollte stets eindeutig formuliert werden. Die mit der Berechtigungsanfrage ausgesprochene Einladung zu Lizenzgesprächen ist demgegenüber in aller Regel unschädlich.

17 Bei dem **Umfang des Unterlassungsverlangens** ist darauf zu achten, dass dieses nach Inhalt und Reichweite dem zugrunde liegenden Unterlassungsanspruch entspricht und darüber hinaus mit einem späteren Antrag in einem gerichtlichen Verfahren übereinstimmt. Es kann als Unterlassungserklärung nicht mehr verlangt werden als das, was der Gläubiger durch eine Titulierung erreichen könnte.[19] Abweichungen des Unterlassungsbegehrens in einer Abmahnung von einem Antrag in einem Verletzungsverfahren, vor allem wenn die Abmahnung einen enger gefassten Verletzungstatbestand umschreibt, können Zweifel an einer ordnungsgemäßen Abmahnung begründen. Gleichermaßen sollten mitbenutzte Unteransprüche aufgenommen werden, damit im Falle einer späteren Vernichtung des Hauptanspruchs nicht geltend gemacht werden kann, aus der allein rechtsbeständigen Anspruchskombination sei nicht abgemahnt worden. Es bietet sich in diesem Zusammenhang an, namentlich, um spätere Diskussionen mit dem Verletzer über den Umfang der von ihm abzugebenden Erklärung zu vermeiden, dem Abmahnschreiben bereits eine vorformulierte Unterlassungserklärung beizufügen. Diese ist jedoch für den Verletzer nicht bindend und kann abgeändert werden. Ob die von dem Verletzer vorgenommenen Änderungen dazu führen, dass die Unterlassungserklärung nicht mehr als ernsthaft angesehen werden kann, ist eine Frage des Einzelfalls.

18 Bei **Beteiligung einer GbR** ist darauf zu achten, dass nicht nur die Gesellschaft, sondern darüber hinaus auch alle ihre Gesellschafter persönlich eine Unterlassungserklärung abgeben. Anderenfalls haften letztere nämlich aus einer von der GbR abgegebenen Verpflichtungserklärung nicht persönlich auf Unterlassung, sondern bloß auf das Interesse.[20] Es stellt auch keinen Verstoß gegen Treu und Glauben dar, wenn sich die Gesellschafter nach vorheriger Abmahnung allein der Gesellschaft darauf berufen, dass durch die von ihr abgegebene Erklärung keine persönliche Unterlassungspflicht begründet worden ist.[21] Anders als bei gesetzlichen Unterlassungspflichten bindet eine vertragliche Unterlassungserklärung auch den **Gesamtrechtsnachfolger** des Erklärenden.[22] In seiner Per-

---

15 BGH, GRUR 2011, 995 – Besonderer Mechanismus.
16 BGH, GRUR 2011, 995 – Besonderer Mechanismus; LG Mannheim, NJOZ 2007, 2707 – Wasserinjektionsanlage.
17 OLG Düsseldorf, GRUR-RR 2014, 315 – Bestattungsbehältnis.
18 OLG Düsseldorf, Beschluss v 4.1.2017 – I-2 W 29/16.
19 OLG Düsseldorf, Beschluss v 14.11.2012 – I-20 W 132/11.
20 BGH, GRUR 2013, 1268 – Markenheftchen II.
21 BGH, GRUR 2013, 1268 – Markenheftchen II.
22 OLG Karlsruhe, GRUR-RR 2014, 362 – Unternehmensübergang, mwN zum Streitstand.

son erstreckt sich die übergegangene Unterlassungspflicht nicht nur auf den vormaligen Geschäftsbetrieb des Veräußerers, sondern genauso auf sein eigenes vor der Übernahme bestehendes Unternehmen.[23]

e) Vertragsstrafe

In einer Abmahnung sollte darüber hinaus eine angemessene Vertragsstrafe vorgeschlagen werden. Ein solcher Vorschlag ist für den Verletzer jedoch nicht bindend. 19

In der Praxis haben sich **zwei Arten des Vertragsstrafeversprechens** durchgesetzt: 20

– Es besteht die Möglichkeit der Angabe einer **festen Vertragsstrafe**. Diese braucht und sollte sich nicht an dem Zuständigkeitsstreitwert für die Landgerichte (5.000 €) orientieren, da Patent- und Gebrauchsmusterstreitigkeiten auch bei niedrigeren Streitwerten gemäß § 143 Abs 1, 2 PatG, §§ 27 Abs 1, 2 GebrMG den Landgerichten zugewiesen sind. Es sollten vielmehr der Wert des Schutzrechtes und der Verletzungstatbestand Berücksichtigung finden, wobei vor allem das Motiv der Vertragsstrafe, den Verletzer in der Zukunft von weiteren Verletzungshandlungen abzuhalten, im Auge behalten werden muss. Eine Zuwiderhandlung gegen die Unterlassungserklärung muss für den Verletzer aufgrund der von ihm zu leistenden Vertragsstrafe wirtschaftlich unrentabel werden. Dieser Gesichtspunkt hat vor allem dann Bedeutung, wenn mehrere Verhaltensweisen deshalb einen beträchtlichen Schaden verursachen können, weil sie aufgrund ihres räumlich-zeitlichen Zusammenhangs so eng miteinander verbunden sind, dass sie eine natürliche Handlungseinheit (und damit eine einzige Tat) bilden. 21

Praxistipp	Formulierungsbeispiel
Bei Produkten, die häufig in größeren Chargen veräußert werden, ist deswegen von vornherein eine höhere Vertragsstrafe vorzusehen bzw es sind zusätzlich Mindestvertragsstrafen für jeden einzelnen verkauften Gegenstand anzusetzen: … es bei Meidung einer für jeden Fall der Zuwiderhandlung fälligen Vertragsstrafe von … €, mindestens jedoch … € je … (sic: verkauftem Gegenstand, verteiltem Katalog etc)[24], zu unterlassen …	

22

Keine Bedeutung hat der Einwand des Fortsetzungszusammenhangs. Er ist nicht nur im Strafrecht belanglos[25], sondern wird vom BGH auch im Recht der Vertragsstrafe nicht mehr zugelassen.[26] 23

– Anstelle einer festen Vertragsstrafe ist es möglich, nach dem modifizierten »**Hamburger Brauch**« die Festsetzung der Höhe der Vertragsstrafe dem Gläubiger zu überlassen, wobei die Überprüfung ihrer Angemessenheit im Streitfall einem Gericht vorbehalten bleibt.[27] Mit dem Leistungsbestimmungsrecht trägt der Gläubiger mit Blick 24

---

23 OLG Karlsruhe, GRUR-RR 2014, 362 – Unternehmensübergang.
24 Bei Kaufleuten empfiehlt es sich aus der Sicht des Abgemahnten, § 348 HGB abzubedingen, um den Schutz des § 343 BGB wieder herzustellen (vgl Rieble, GRUR 2009, 824, 828):
» … es bei Meidung einer Vertragsstrafe von … €, die der gerichtlichen Kontrolle nach § 343 BGB unterliegt, zu unterlassen, …«.
25 BGHSt-GemS, MDR 1994, 700.
26 BGH, GRUR 2001, 758 – Trainingsvertrag; BGH, GRUR 2009, 427 – Mehrfachverstoß gegen Unterlassungstitel.
27 Vgl auch BGH, GRUR 1985, 155, 157 – Vertragsstrafe bis zu … I; BGH, GRUR 1985, 937 – Vertragsstrafe bis zu … II; BGH, GRUR 1990, 1051, 1052 – Vertragsstrafe ohne Obergrenze; BGH, GRUR 2010, 355 – Testfundstelle.

auf den von ihm angenommenen Betrag auch die Darlegungs- und Beweislast für die tatsächlichen Voraussetzungen seiner Billigkeit.[28] Die gerichtliche Nachprüfung beinhaltet kein Nachbesserungsrecht dahingehend, die Ermessensentscheidung des primär bestimmungsberechtigten Gläubigers durch eine eigene, für besser und billiger gehaltene zu ersetzen; vielmehr ist es lediglich die Aufgabe des Gerichts, eine unanständig überhöhte Vertragsstrafe außer Kraft zu setzen. Davon ist im Zweifel auszugehen, wenn die festgesetzte Vertragsstrafe das Doppelte von dem Betrag ausmacht, den das Gericht im Überprüfungsverfahren für angemessen hält.[29] Das Gericht sollte schon bei Vereinbarung der Vertragsstrafe durch eine zwischen Kaufleuten zulässige Gerichtsstandsvereinbarung festgelegt werden:

Praxistipp	Formulierungsbeispiel
25	... es bei Meidung einer angemessenen, vom Gläubiger zu bestimmenden, notfalls vom LG ... zu überprüfenden Vertragsstrafe zu unterlassen ...

f) Fristsetzung

26 In der Abmahnung ist eine Frist zu setzen, innerhalb derer die Unterwerfungserklärung bei dem Verletzten einzugehen hat. Diese Frist muss angemessen sein, dh sie muss es dem Verwarnten ermöglichen, den Vorwurf zu überprüfen sowie unter Umständen die beanstandete Handlung einzustellen und geeignete Gegenmaßnahmen zu ergreifen. Abhängig ist die Frist auch von Art, Dauer und Gefährlichkeit der Verletzungshandlungen. Wegen der in Patentverletzungsangelegenheiten meist komplizierten Sachverhalte wird idR eine Frist von drei bis vier Wochen als angemessen angesehen. Diese Frist kann sich jedoch vor allem bei eilbedürftigen Angelegenheiten verkürzen. Ein solcher Sachverhalt liegt insbesondere vor, wenn der patentverletzende Gegenstand auf einer Messe präsentiert wird. Hier ist, obgleich der Abgemahnte ein ausländisches Unternehmen war, eine Frist von Freitagnachmittag bis zum darauf folgenden Montag 12.00 h als ausreichend angesehen worden.[30] Wird die Frist von dem Gläubiger zu kurz gesetzt, hat dies nicht die Unwirksamkeit der Abmahnung zur Folge. Vielmehr wird eine angemessene Frist in Gang gesetzt.[31]

g) Androhung gerichtlicher Schritte

27 Keine Bedingung der Abmahnung – jedenfalls soweit auf ihrer Grundlage Unterlassungs- und Schadenersatzansprüche wegen rechtswidriger Verwarnung geltend gemacht werden sollen – ist es, dass für den Fall ihrer Missachtung gerichtliche Maßnahmen angedroht werden.[32] Dessen bedarf es nur, wenn unter Hinweis auf die vorgerichtliche Verwarnung eine Anwendung des § 93 ZPO ausgeschlossen werden soll.[33] Denn eine vorgerichtliche Verwarnung gibt dem Verwarnenden selbstverständlich nur dann Veranlassung zur Klageerhebung, wenn der Abgemahnte anhand der Verwarnung erkennen konnte, dass es bei einer Missachtung der Abmahnung zu einem Gerichtsverfahren kommen wird, was

---

28 BGH, WM 2012, 622 – Stornierungsentgelt.
29 OLG Celle, MDR 2015, 326.
30 OLG Düsseldorf, InstGE 4, 159 – INTERPACK.
31 BGH, GRUR 1990, 381, 382 – Antwortpflicht des Abgemahnten; OLG Köln, WRP 1996, 1214, 1215.
32 OLG Düsseldorf, InstGE 9, 122 – MPEG-2.
33 OLG Frankfurt/Main, BeckRS 2015, 01669 – Hinweispflicht über den Umfang des abgemahnten Unterlassungsanspruchs.

wiederum voraussetzt, dass dem Verwarnten die Einleitung gerichtlicher Schritte in der Verwarnung angedroht wird.[34] Das kann allerdings konkludent erfolgen.[35]

h) Sonstige Ansprüche

In der Abmahnung können gleichzeitig auch die weiteren Ansprüche des Verletzten gegen den Verletzer geltend gemacht werden, wie Rechnungslegungs- und Schadenersatzansprüche, aber auch der Anspruch auf Kostenerstattung. Der Verletzer sollte zur Anerkennung dieser Ansprüche aufgefordert werden. Er kann jedoch derartige Ansprüche zurückweisen, ohne dass eine von ihm abgegebene Unterlassungsverpflichtung ihre Wirkung verliert. Die Wiederholungsgefahr, die für die Erhebung einer Verletzungsklage gegeben sein muss, wird allein durch die Unterlassungserklärung, ist diese ernsthaft und unbedingt, ausgeräumt. Die weiteren Ansprüche müssen dann unabhängig von dem Unterlassungsanspruch durchgesetzt werden. Die bloße Abgabe einer Unterlassungsverpflichtungserklärung – selbst wenn sie ohne den (rein klarstellenden) Vorbehalt »ohne Anerkennung einer Rechtspflicht« geschieht – stellt kein Anerkenntnis des zugrunde liegenden gesetzlichen Unterlassungsanspruchs dar, das selbständig die Pflicht zur Kostentragung begründen könnte.[36] Anderes gilt erst dann, wenn der Zahlungsanspruch entweder förmlich anerkannt wird oder der Abgemahnte sonst ausdrücklich zu erkennen gibt, dass der Vorwurf der Abmahnung zu Recht erfolgt ist.[37]

28

Praxistipp	Formulierungsbeispiel

Um der Abmahnung genügend Gewicht zu verleihen und zudem im Rahmen eines späteren Verfahrens Diskussionen über eine ausreichende Erläuterung des Klagepatentes und des Verletzungstatbestandes aus dem Wege zu gehen, bietet es sich an, der Abmahnung sogleich einen **Klageentwurf** beizufügen.

Um der Gefahr zu entgehen, dass das Verwarnungsschutzrecht später rückwirkend eingeschränkt und die Abmahnung (weil sie nur auf den erteilten, nicht rechtsbeständigen Hauptanspruch gestützt war) aus diesem Grund ggf als unberechtigt beurteilt wird, sollten mit einem »insbesondere«-Antrag alle diejenigen **Unteransprüche** mit aufgenommen werden, die von der Verletzungsform verwirklicht werden.

29

Praxistipp	**Formulierungsbeispiel**

A. Muster einer Abmahnung

Vorab per Telefax

EINSCHREIBEN/RÜCKSCHEIN

Firma

...

– Betreff –

Sehr geehrte Damen und Herren,

30

---

34 OLG Düsseldorf, InstGE 9, 122 – MPEG-2.
35 OLG Frankfurt/Main, BeckRS 2015, 01669 – Hinweispflicht über den Umfang des abgemahnten Unterlassungsanspruchs.
36 BGH, GRUR 2013, 1252 – Medizinische Fußpflege.
37 BGH, GRUR 2013, 1252 – Medizinische Fußpflege.

in der vorbezeichneten Angelegenheit zeigen wir an, dass wir zusammen mit den Patentanwälten ... die Interessen der Firma ... wahrnehmen. Eine auf uns ausgestellte Vollmacht ist beigefügt. Namens und im Auftrag unserer Mandantin teilen wir Folgendes mit:

1. Unsere Mandantin ist eingetragene Inhaberin des europäischen Patents ..., dessen deutscher Teil in Kraft steht. Zu Ihrer Information fügen wir eine Kopie der Patentschrift als Anlage 1 sowie einen aktuellen Rollenauszug als Anlage 2 bei.

   Das Patent schützt ....

2. Unsere Mandantin hat festgestellt, dass Sie dem Patent entsprechende Vorrichtungen herstellen und unter der Produktbezeichnung »...« vertreiben. Wir überreichen hierzu als Anlage 3 einen Auszug aus Ihrem Katalog 2009, in dem auf Seite ... die Vorrichtung »...« abgebildet ist. Mit der Herstellung und dem Vertrieb dieser Vorrichtung verletzen Sie das Patent unserer Mandantin.

3. Unsere Mandantin ist nicht gewillt, diese Verletzungshandlungen weiter zu dulden. Wir sind deshalb von ihr mandatiert worden. Einen mit unserer Mandantin bereits abgestimmten Klageentwurf fügen wir zu Ihrer Information als Anlage 4 bei. Wegen weiterer Ausführungen zu dem Patent unserer Mandantin sowie Ihrer Verletzungshandlungen verweisen wir im Übrigen auf diesen Klageentwurf.

4. Unsere Mandantin hat uns ermächtigt, Ihnen Gelegenheit zur außergerichtlichen Beilegung des Streitverhältnisses zu geben. Dies kann dadurch geschehen, dass Sie eine der Anlage 5 entsprechende strafbewehrte Unterlassungs- und Verpflichtungserklärung sowie zusätzlich eine Erklärung zur Übernahme der Kosten in Höhe von zwei 2,0 Gebühren für unsere Inanspruchnahme sowie die Tätigkeit der mitwirkenden Patentanwälte zuzüglich erstattungsfähiger Auslagen und Mehrwertsteuer, berechnet nach einem Geschäftswert in Höhe von € ..., abgeben.

Dem Eingang einer entsprechenden Erklärung sehen wir bis zum

(vier Wochen)

entgegen. Bei fruchtlosem Ablauf dieser Frist müssen wir unserer Mandantin raten, umgehend gerichtliche Hilfe in Anspruch zu nehmen.

Mit freundlichen Grüßen

Praxistipp	Formulierungsbeispiel

B. Muster einer Unterlassungs- und Verpflichtungserklärung

31 Die Firma ... (A)

und ihr Geschäftsführer Herr ... (B)

verpflichten sich hiermit – jeweils für sich und gemeinsam – gegenüber

der Firma ... (C)

1. es bei Meidung einer für jeden Fall der Zuwiderhandlung fälligen Vertragsstrafe in Höhe von € 25 000 (EURO: fünfundzwanzigtausend), mindestens jedoch € 1.000 für jeden einzelnen angebotenen und/oder vertriebenen Gegenstand, zu unterlassen,

   (erfindungsgemäße Gegenstände)

   in der Bundesrepublik Deutschland herzustellen, anzubieten, in Verkehr zu bringen, zu gebrauchen oder zu den genannten Zwecken einzuführen oder zu besitzen,

(Präzisierung nach sämtlichen benutzten Schutzrechtsansprüchen und Ausgestaltung der angegriffenen Ausführungsform);

2. darüber Auskunft zu erteilen, in welchem Umfang sie (A & B) die zu Ziffer 1 bezeichneten Handlungen seit dem ... (Veröffentlichung der Patenterteilung) begangen haben, und zwar unter Angabe

   a) der Namen und Anschriften der Hersteller, Lieferanten und anderer Vorbesitzer,

   b) der Namen und Anschriften der gewerblichen Abnehmer sowie der Verkaufsstellen, für die die Erzeugnisse bestimmt waren,

   c) der Menge der hergestellten, ausgelieferten, erhaltenen oder bestellten Erzeugnisse sowie der Preise, die für die betreffenden Erzeugnisse bezahlt wurden;

   (gegebenenfalls:) wobei

   o sich die Verpflichtung zur Auskunftserteilung und Rechnungslegung für die vor dem 1.5.1992 begangenen Handlungen auf Handlungen in dem Gebiet der Bundesrepublik Deutschland in den bis zum 2.10.1990 bestehenden Grenzen beschränkt;

   o die Verkaufsstellen, Einkaufspreise und Verkaufspreise nur für die Zeit seit dem 30.4.2006[38] anzugeben sind;

   o zum Nachweis der Angaben die entsprechenden Kaufbelege (nämlich Rechnungen, hilfsweise Lieferscheine) in Kopie vorzulegen sind, wobei geheimhaltungsbedürftige Details außerhalb der auskunftspflichtigen Daten geschwärzt werden dürfen;

3. darüber Rechnung zu legen, in welchem Umfang sie (A & B) die zu Ziffer 1 bezeichneten Handlungen seit dem ... (1 Monat nach Offenlegung der Patentanmeldung, wenn Entschädigungsansprüche geltend gemacht werden[39], bzw 1 Monat nach Veröffentlichung des Hinweises auf die Patenterteilung, wenn Schadenersatzansprüche geltend gemacht werden) begangen haben, und zwar unter Angabe:

   a) der Herstellungsmengen und -zeiten[40],

   b) der einzelnen Lieferungen, aufgeschlüsselt nach Liefermengen, -zeiten, -preisen und Typenbezeichnungen sowie den Namen und Anschriften der gewerblichen Abnehmer,

   c) der einzelnen Angebote, aufgeschlüsselt nach Angebotsmengen, -zeiten, -preisen und Typenbezeichnungen sowie den Namen und Anschriften der gewerblichen Angebotsempfänger,

   d) der betriebenen Werbung, aufgeschlüsselt nach Werbeträgern, deren Auflagenhöhe, Verbreitungszeitraum und Verbreitungsgebiet,

   e) der nach den einzelnen Kostenfaktoren aufgeschlüsselten Gestehungskosten und des erzielten Gewinns,

   (gegebenfalls:) wobei

   o sich die Verpflichtung zur Rechnungslegung für die vor dem 1.5.1992 begangenen Handlungen auf Handlungen in dem Gebiet der Bundesrepublik Deutschland in den bis zum 2.10.1990 bestehenden Grenzen beschränkt;

   o Herr ... (B) sämtliche Angaben und die Firma ... (A) die Angaben zu e) nur für Benutzungshandlungen in der Zeit seit dem ... (1 Monat nach Veröffentlichung der Patenterteilung) zu machen haben;

---

38 Ablauf der Umsetzungsfrist für die Enforcement-Richtlinie.
39 In diesem Fall können nur die Angaben zu a) bis d) verlangt werden.
40 ... nur, sofern die Abgemahnten selbst herstellen.

C. Vorprozessuales

4. nur die Firma ... (A): die unter 1. bezeichneten, seit dem 30.4.2006 in Verkehr gebrachten Erzeugnisse gegenüber den gewerblichen Abnehmern schriftlich unter Hinweis auf den patentverletzenden Zustand der Sache und mit der verbindlichen Zusage zurückzurufen, etwaige Entgelte zu erstatten sowie notwendige Verpackungs- und Transportkosten zu übernehmen[41], wobei ein Muster der Rückrufschreiben sowie eine Liste der Adressaten mit Namen und postalischer Anschrift oder – nach Wahl der Verpflichteten – eine Kopie sämtlicher Rückrufschreiben zu überlassen sind;

5. nur die Firma ... (A): die (auch infolge Rückrufs) in ihrem unmittelbaren oder mittelbaren Besitz oder Eigentum befindlichen, unter 1. bezeichneten Erzeugnisse[42]

   an einen von unserer Mandantin zu benennenden Gerichtsvollzieher zum Zwecke der Vernichtung auf ihre – der Firma ... – Kosten herauszugeben

   bzw

   zu vernichten und innerhalb von zwei Wochen – für zurückgerufene Ware innerhalb von zwei Monaten – nach Unterzeichnung dieser Vereinbarung einen Vernichtungsnachweis zur Verfügung zu stellen;

6. nur die Firma ... (A): der Firma ... (C) für die zu Ziffer 1 bezeichneten, in der Zeit vom ... (1 Monat nach Offenlegung der Anmeldung) bis zum ... (1 Monat nach Veröffentlichung des Hinweises auf die Erteilung) begangenen Handlungen eine angemessene Entschädigung zu zahlen,

   (gegebenfalls:) wobei

   – sich die Verpflichtung zur Rechnungslegung für die vor dem 1.5.1992 begangenen Handlungen auf Handlungen in dem Gebiet der Bundesrepublik Deutschland in den bis zum 2.10.1990 bestehenden Grenzen beschränkt;

7. der Firma ... (C) allen Schaden zu ersetzen, der ihr durch die zu Ziffer 1 bezeichneten, seit dem ... (1 Monat nach Veröffentlichung des Hinweises auf die Patenterteilung) begangenen Handlungen entstanden ist und noch entstehen wird

   (gegebenfalls:) wobei

   – sich die Verpflichtung zur Rechnungslegung für die vor dem 1.5.1992 begangenen Handlungen auf Handlungen in dem Gebiet der Bundesrepublik Deutschland in den bis zum 2.10.1990 bestehend Grenzen beschränkt;

8. der Firma ... (C) die durch diese Rechtsverfolgung entstandenen Kosten in Höhe von zwei 2,0 Gebühren (für Rechtsanwalt und Patentanwalt) nach einem Geschäftswert von € ... zuzüglich Auslagen zu erstatten.

..., den ...

....

Firma Geschäftsführer

---

[41] In der Verpflichtungserklärung kann der Text des Rückrufschreibens auch im Einzelnen spezifiziert werden.
[42] Sofern eine Vernichtung der Gesamtvorrichtung unverhältnismäßig ist, ist die stattdessen zu vernichtende Teilvorrichtung zu bezeichnen.

2. Form

Die Abmahnung ist grundsätzlich formlos. Sie kann daher sowohl per Brief, Telefax als auch per E-Mail erfolgen.[43] In Ausnahmefällen kann eine mündliche, gegebenenfalls auch eine telefonische Abmahnung als ausreichend angesehen werden. Mündliche Abmahnungen führen jedoch für den Verletzten zu Beweisschwierigkeiten und sollten daher vermieden werden. In jedem Fall ist es ratsam, bei einer mündlichen Abmahnung nicht nur Zeugen hinzuzuziehen, die über die Abmahnung als solche und deren Inhalt Zeugnis ablegen können. Der mündlichen Abmahnung sollte auch eine schriftliche Abmahnung folgen.

32

3. Zugang

In der Rechtsprechung ist umstritten, ob der Zugang der Abmahnung bei dem Verwarnten von dem Verletzten darzulegen ist oder der Nachweis ausreicht, dass die Abmahnung abgesandt wurde.[44]

33

Soweit sich die Frage im Rahmen des § 93 ZPO stellt, hat der BGH[45] jüngst klargestellt, dass der Verletzer, der eine Anwendung der ihm günstigen Kostenregelung begehrt, darzulegen und zu beweisen hat, dass er dem Verletzten keine Veranlassung zur Klageerhebung gegeben hat, was den Nachweis einschließt, dass ihn eine vorgerichtliche Abmahnung nicht erreicht hat. Da es sich hierbei um eine negative Tatsache handelt, treffen den Verletzten allerdings sekundäre Darlegungslasten dahingehend, dass er die genauen Umstände der Absendung des Abmahnschreibens (insbesondere korrekte Adressierung, Datum und Art der Versendung, kein Rücklauf des Schreibens) vorzutragen und ggf unter Beweis zu stellen hat. Ist dies geschehen, hat der Verletzer (zB durch das zuständige Büropersonal) zu beweisen, dass ihm das Abmahnschreiben nicht zugegangen ist. In diesem Zusammenhang weist der BGH ausdrücklich darauf hin, dass an diesen Nachweis keine übertriebenen Anforderungen gestellt werden dürfen.

34

Es ist deswegen – trotz der beim Gegner liegenden Beweislast – für den Verletzten ratsam, seinerseits für eine Nachweisbarkeit des Zugangs Sorge zu tragen. Hierfür wird häufig der Weg des Einschreibens mit Rückschein gewählt, welches dem Absender bei Annahme des Einschreibens durch den Verletzer einen eindeutigen Beleg liefert. Problematisch ist diese Vorgehensweise jedoch, wenn der Verwarnte die Annahme des Einschreibens verweigert oder sonst dessen **Zugang verhindert**.[46] Zum Teil wird von den Gerichten argumentiert, es handle sich um die Pflicht eines Gewerbetreibenden, Einschreiben anzunehmen bzw abzuholen, sodass er bei Verhinderung des Zugangs mit dem Einwand des Nichtzugangs nicht gehört werden könne, sondern sich so behandeln lassen müsse, als sei ihm die Abmahnung zugegangen.[47] Denn wer eine rechtswidrige Handlung

35

---

43 OLG Düsseldorf, GRUR 1990, 310, 311 – Telex-Abmahnung; OLG Düsseldorf, WRP 1979, 793, 794; Ernst/Wittmann, MarkenR 2010, 273.
44 Für Absendung ua: OLG Jena, GRUR-RR 2007, 96 – Bestreiten der Abmahnung; OLG Braunschweig, Mitt 2005, 181 – Sortimentsumstellung; OLG Karlsruhe, WRP 1997, 477; OLG Stuttgart, WRP 1996, 477, 478; OLG Hamburg, GRUR 1976, 444; OLG Frankfurt/Main, WRP 1985, 87, 88. Für Zugang ua: OLG Düsseldorf, GRUR-RR 2001, 199 (in Abänderung der bisherigen Rechtsprechung); OLG Dresden, WRP 1997, 1201, 1203; OLG Nürnberg, GRUR1991, 387; Ulrich, WRP 1998, 124.
45 BGH, GRUR 2007, 629 – Zugang des Abmahnschreibens.
46 Keine (zur Anwendung des § 93 ZPO führende) Zugangsverweigerung liegt vor, wenn sowohl das Einschreiben als auch die Benachrichtigung über dessen erfolglosen Zustellungsversuch einen unrichtigen Vornamen des Adressaten ausweisen (OLG Köln, OLG-Report 2008, 572).
47 Vgl ua KG, GRUR 1989, 618 – Annahmeverweigerung; KG, MDR 2015, 855; OLG Dresden, WRP 1997, 1201, 1203.

begehe, müsse mit dem Zugang auch mehrerer Abmahnungen rechnen. Zum Teil wird aber auch dem Verletzten die Pflicht auferlegt, die Abmahnung zu wiederholen, da er durch den Rückgang des Einschreibens Kenntnis von dem Nichtzugang erhalten habe.[48] Die Post bietet übrigens auch für einfaches Einschreiben die Möglichkeit, sich die Zustellung bestätigen zu lassen (diese Dienstleistung ist kostenpflichtig und zT zeitaufwändig). Wird ein Abmahnschreiben per **Email** versandt, liefert das Sendeprotokoll eine geeignete Nachweismöglichkeit, sofern die Nachricht im Posteingangsfach und nicht im Spamordner eingegangen ist. Ist die Abmahnung allerdings lediglich als Dateianhang übermittelt worden, soll sie regelmäßig nur dann zugegangen sein, wenn der Email-Empfänger den Dateianhang tatsächlich geöffnet hat (was sodann entsprechenden Nachweises bedarf).[49] Da wegen des Virenrisikos allgemein davor gewarnt wird, Anhänge von Emails unbekannter Absender zu öffnen, kann von dem Empfänger in einem solchen Fall nicht verlangt werden, den Dateianhang zu öffnen.[50]

Praxistipp	Formulierungsbeispiel
36 Für die Praxis ist zu empfehlen, die Abmahnung an den Verletzer schriftlich vorab per Telefax zu senden, da ein Sendeprotokoll, das keine Übertragungsfehler aufweist, von einigen Gerichten als ausreichender Nachweis für den Zugang des Telefaxes angesehen wird.[51] Eine Kopie sollte per Einschreiben mit Rückschein als Bestätigung ebenfalls an den Verletzer gesandt werden. Bei Zweifeln über den Zugang einer Abmahnung ist es zudem ratsam, erneut abzumahnen. Abzuraten ist von einer Abmahnung per E-Mail[52], weil der Adressat, selbst wenn er im geschäftlichen Verkehr mit einer E-Mail-Adresse auftritt, den Zugang einer E-Mail zulässigerweise mit Nichtwissen bestreiten kann.[53] Weitere Probleme stellen sich, wenn die E-Mail im Spam-Filter des Empfängers hängen geblieben ist: Liegt unter solchen Umständen ein Zugang vor? Wer trägt die Beweislast für den betreffenden Sachverhalt?[54]	

4. Vollmacht & Zustellungsvollmacht

37 Der durch einen Rechtsanwalt ausgesprochenen Abmahnung muss eine Vollmacht nicht beigefügt werden, wenn die Abmahnung mit einem Angebot[55] zum Abschluss eines Unterwerfungsvertrages – zB in Form einer vorbereiteten Unterlassungsverpflichtungserklärung – verbunden ist.[56] §§ 174, 121 BGB sind in einem solchen Fall nicht anwendbar, weil die Abmahnung auf den Abschluss eines zweiseitigen Vertrages gerichtet ist und damit kein einseitiges Rechtsgeschäft vorliegt, für das die genannten Vorschriften die Möglichkeit eröffnen, die Erklärung mangels Vollmachtnachweises zurückzuweisen. Ein vergleichbarer Sachverhalt liegt noch nicht deswegen vor, weil der Abmahnende

---

48 Vgl OLG Frankfurt/Main, WRP 1980, 84; OLG Köln, WRP 1989, 47.
49 OLG Hamm, GRUR-RR 2022, 331 – Dateianhang.
50 OLG Hamm, GRUR-RR 2022, 331 – Dateianhang.
51 Vgl KG, WRP 1994, 39, 40; OLG Hamburg, MDR 1994, 468; Schmittmann, WRP 1994, 225 ff; aA: OLG Schleswig, GRUR-RR 2008, 138 – Sendeprotokoll; OLG Brandenburg, MDR 2018, 762; BGH, MDR 2016, 846 (wonach der »OK-Vermerk« des Sendeberichts nur das Zustandekommen einer Verbindung, aber nicht die erfolgreiche Übermittlung der Signale an das Empfangsgerät belegt).
52 Umfassend zu E-Mails in der anwaltlichen Praxis: Reus, MDR 2012, 882.
53 OLG Düsseldorf, MDR 2009, 974.
54 Umfassend zu beidem: Ernst/Wittmann, MarkenR 2010, 273.
55 Wesentlich dafür sind ein Rechtsbindungswille und eine hinreichende Bestimmtheit des Vertragsinhalts.
56 BGH, GRUR 2010, 1120 – Vollmachtsnachweis.

seine Abmahnung ohne Unterlassungsverpflichtungsentwurf mit einem Vergleichsvorschlag verbindet, wonach wechselseitige Verstöße künftig informell beigelegt werden sollen.[57]

Fehlt es an einer Verbindung zu einem Vertragsangebot, ist die Abmahnung analog §§ 174, 121 BGB als unwirksam anzusehen, wenn sie unverzüglich zurückgewiesen wird.[58] Allerdings liegt eine »unverzügliche« Zurückweisung nicht mehr vor, wenn sie erst nach zuvor erfolgter Bitte um Fristverlängerung geschieht.[59] Denn für die Rüge des Fehlens einer Originalvollmacht bedarf es keinerlei Prüfung zur Berechtigung der Abmahnung, sondern bloß der – in aller Regel ganz kurzfristig feststellbaren – Erkenntnis des rein formalen Umstandes, dass der Abmahnung das Original der Vollmacht nicht beilag.[60] Bei entsprechender Rüge kann die Vollmacht freilich nachgereicht und der Mangel dadurch behoben werden. Für eine wirksam zurückgewiesene Abmahnung kann keine Kostenerstattung verlangt werden. Ungeachtet dessen wird sich das Kostenrisiko aus § 93 ZPO in der Regel vermeiden lassen, weil eine Zurückweisung der Abmahnung nur selten allein auf die mangelnde Vollmacht gestützt wird, sondern das Antwortschreiben des Verwarnten aus anderen Gründen einen Anlass zur Klageerhebung bietet. 38

Bestellt sich für den Abgemahnten ein postulationsfähiger Rechtsanwalt, so ist dieser nicht allein wegen seiner außergerichtlichen Tätigkeit für das nachfolgende Klageverfahren wegen des abgemahnten Verletzungssachverhaltes **zustellungsbevollmächtigt**. An einer Bestellung für den Rechtszug im Sinne von § 172 ZPO fehlt es schon deshalb, weil die Mandatierung für die Entgegnung auf die Abmahnung keine (umfassende) Beauftragung beinhaltet, die zu allen Handlungen für die Partei im Rechtsstreit berechtigt. Darüber hinaus fehlt es auch an der Verlautbarung einer solchen Prozessvollmacht, wenn sich der Anwalt lediglich als jemand ausgibt, der mit der Interessenvertretung des Abgemahnten (der zu diesem Zeitpunkt noch kein Beklagter eines Rechtsstreits ist und für den auch noch völlig ungewiss ist, ob er überhaupt jemals in die Rolle eines Verletzungsbeklagten geraten wird) betraut ist. 39

Praxistipp	Formulierungsbeispiel
Dennoch kann es sich, wenn der Beklagte im Ausland residiert, anbieten, die Klage an dessen inländische anwaltliche Vertretung aus dem Abmahnverfahren zustellen zu lassen. Nimmt der Anwalt die Klageschrift – bewusst oder versehentlich – entgegen und unterzeichnet das Empfangsbekenntnis, liegt darin die Erklärung, die betreffenden Unterlagen für den Beklagten als zugestellt entgegen zu nehmen, womit ein etwaiger Zustellungsmangel (Zustellung an den Anwalt statt die Partei) gemäß § 189 ZPO geheilt wäre.	

40

5. Kosten der Abmahnung

Abmahnkosten, vor allem die durch eine anwaltliche Verwarnung entstehenden Kosten, sind nach herrschender Rechtsprechung nicht als Kosten des anschließenden gerichtlichen Verfahrens anzusehen. Sie können deswegen nicht im Kostenfestsetzungsverfahren (§§ 103, 104 ZPO, § 11 Abs 1 Satz 1 RVG), sondern müssen gesondert auf materiell- 41

---

57 BGH, GRUR 2021, 752 – Berechtigte Gegenabmahnung.
58 Vgl OLG Düsseldorf, GRUR-RR 2001, 286 – T-Company L.P.; OLG Düsseldorf, BeckRS 2009, 28958; OLG Düsseldorf, GRUR-RR 2010, 87 – linkwerk; OLG Nürnberg, WRP 1991, 522, 523.
59 OLG Düsseldorf, GRUR-RR 2010, 87 – linkwerk.
60 OLG Düsseldorf, GRUR-RR 2010, 87 – linkwerk.

rechtlicher Grundlage – typischerweise beziffert im Patentverletzungsrechtsstreit[61] – geltend gemacht werden.[62] Gleiches gilt für die Kosten eines vorgerichtlichen **Abwehrschreiben**s auf eine unberechtigte Abmahnung. Auch die hierfür angefallene Geschäftsgebühr ist im Kostenfestsetzungsverfahren nicht berücksichtigungsfähig.[63] Mit Blick auf die materielle Rechtslage entscheiden die Verhältnisse, namentlich die Gesetzeslage im Zeitpunkt des Abwehrschreibens.[64]

a) Haftungsgrund

42 Hat der Abgemahnte die Kostentragungspflicht förmlich anerkannt oder hat er im Zusammenhang mit der Abgabe seiner Unterwerfungserklärung sonst ausdrücklich zu erkennen gegeben, dass der Vorwurf der Abmahnung zu Recht erfolgt ist, ist die »**Anerkenntniserklärung**« für sich selbständig schuldbegründend.[65] Eine dahingehende Wirkung hat die bloße Abgabe einer Unterlassungsverpflichtungserklärung allerdings noch nicht, und zwar selbst dann nicht, wenn sie nicht unter den Vorbehalt »ohne Anerkennung einer Rechtspflicht« gestellt ist.[66]

43 Als Anspruchsgrundlage kommen alsdann bei schuldhaftem Verhalten des Verwarnten **§ 139 Abs 2 PatG**, **§ 823 Abs 1 BGB** (unter dem Gesichtspunkt des Eingriffs in den eingerichteten und ausgeübten Gewerbebetrieb) bzw **§ 826 BGB** in Betracht.[67] Zwar beruhen die Abmahnkosten auf einer freien Willensentschließung des Abmahnenden; auch im Bereich des gewerblichen Rechtsschutzes gilt jedoch der Grundsatz, dass ein Verletzter denjenigen Schaden, der ihm durch eine Handlung entstanden ist, die auf einer von ihm selbst getroffenen Willensentscheidung beruht, dann ersetzt verlangen kann, wenn die Handlung durch ein rechtswidriges Verhalten eines anderen herausgefordert worden ist und eine nicht ungewöhnliche Reaktion auf dieses Verhalten darstellt. Speziell bei Aufwendungen kommt eine Ersatzpflicht in Betracht, wenn ein wirtschaftlich denkender Mensch sie für notwendig erachten durfte, um einen konkret drohenden Schadenseintritt zu verhüten.[68] Mit Blick auf eine vorgerichtliche Abmahnung wegen Patentverletzung ist dies ohne weiteres zu bejahen, und zwar nicht zuletzt wegen § 93 ZPO. An der Erstattungspflicht ändert nichts der Umstand, dass der Abmahnende, wenn der Abgemahnte eine Unterwerfungserklärung verweigert, seinen Unterlassungsanspruch ohne nachvollziehbaren Grund nicht gerichtlich weiterverfolgt.[69] Allerdings sind Kosten, die durch die (vorgerichtliche und/oder gerichtliche) Inanspruchnahme einer falschen Person, die nicht der **Verletzer** ist[70], entstanden sind, von diesem auch dann nicht erstattungsfähig, wenn der Verletzer durch sein Verhalten die Gefahr der falschen Inanspruchnahme geschaffen hat.[71] In solchen Fällen besteht auch für den zu Unrecht Abgemahnten keine Antwortpflicht.[72] Eine Erstattungspflicht wird gleichfalls verneint, wenn die

---

61 Die Geschäftsgebühr kann in voller Höhe oder gekürzt um den auf die Verfahrensgebühr anrechenbaren Teil eingeklagt werden. Zu Einzelheiten vgl unten Kap C Rdn 70 ff.
62 BGH, GRUR 2006, 439 – Nicht anrechenbare Geschäftsgebühr.
63 BGH, GRUR 2008, 639 – Kosten eines Abwehrschreibens; OLG Düsseldorf, InstGE 9, 39 – Abwehrschreiben; OLG Stuttgart, Magazindienst 2007, 399; OLG Nürnberg, MDR 2008, 294; aA: OLG Hamburg, AGS 2007, 104.
64 BGH, GRUR 2018, 72 – Bettgestell.
65 BGH, GRUR 2013, 1252 – Medizinische Fußpflege.
66 BGH, GRUR 2013, 1252 – Medizinische Fußpflege.
67 BGH, GRUR 2011, 754 – Kosten des Patentanwalts II; OLG München, GRUR 1988, 843 – Anwaltskosten bei zeitlich früherer Abmahnung; OLG Hamburg, WRP 1982, 629.
68 BGH, GRUR 2007, 631 – Abmahnaktion.
69 AA: AG Hamburg, BeckRS 2014, 02176; LG Bielefeld, GRUR-RR 2015, 429 – Filesharing.
70 BGH, GRUR 2018, 914 – Riptide.
71 BGH, GRUR 2007, 631 – Abmahnaktion; LG Mannheim, GRUR-RR 2014, 370 – Haarspange.
72 BGH, WRP 1995, 300 – Kosten bei unbegründeter Abmahnung; OLG Hamburg, GRUR-RR 2009, 159 – Antwortpflicht.

Abmahnung den vermeintlichen Verstoß für den Adressaten nicht erkennen lässt, was auch dann der Fall sein kann, wenn zwar die angegriffene Ausführungsform bezeichnet, jedoch nicht dargelegt wird, worin der Rechtsverstoß liegen soll.[73] Eine andere Frage ist, ob die Kosten für die Abmahnung eines Nichtverletzers nicht Teil desjenigen Schadens sein können, die der wirkliche Rechtsverletzer zu ersetzen hat. Dies ist zu bejahen, wenn die Erstabmahnung an einen Access-Provider gerichtet ist, dessen Auskünfte den Verletzten erst auf die Spur des den WLAN-Anschluss nutzenden Verletzers geführt haben.[74]

Verschuldensunabhängig kann ein entsprechender Anspruch nach herrschender Ansicht auch auf die Grundsätze einer **Geschäftsführung ohne Auftrag** (§§ 683 Satz 1, 677, 670 BGB) gestützt werden, wenn die Beauftragung eines Rechtsanwaltes erforderlich war, woran es kaum jemals fehlen wird.[75] Diese zweite Anspruchsgrundlage ist insofern von Bedeutung, als sie das Abmahngeschäft des Verletzten zu einer **umsatzsteuerpflichtigen »Leistung«** und den vom Abgemahnten erhaltenen Aufwendungsersatz zu einem umsatzsteuerpflichtigen »Entgelt« macht.[76] Auf die Abmahnkosten ist also die gesetzliche USt zu berechnen. Daran ändert sich nicht dadurch etwas, dass der Erstattungsanspruch auch aus dem Gesichtspunkt des Schadenersatzes beansprucht werden könnte oder tatsächlich beansprucht worden ist, denn für die Frage, ob ein Leistungsaustausch im umsatzsteuerrechtlichen Sinne vorliegt, spielt es keine Rolle, auf welche zivilrechtliche Grundlage der Kostenerstattungsanspruch gestützt wird.[77] Neben den eigentlichen (zB Anwalts-)Kosten der Abmahnung unterliegen der Umsatzsteuerpflicht auch alle weiteren im Zusammenhang mit der Abmahnung erhaltenen Zahlungen des Abmahnenden, etwa Ermittlungskosten zur Identifizierung des Rechtsverletzers (Gerichtskosten des Gestattungsverfahrens, Kosten für die Beauskunftung durch den Internetprovider).[78] Wird das Abmahnungsschutzrecht von einer **Bruchteilsgemeinschaft** gehalten und die Abmahnung durch diese[79] ausgesprochen, sind die einzelnen Gemeinschafter, aber nicht die Gemeinschaft als solche »leistender Unternehmer« hinsichtlich der mit dem gemeinschaftlichen Patent (durch Abmahnung) erbrachten Leistung.[80] Umsatzsteuerrechtlich liegen daher durch die Gemeinschafter als jeweilige Unternehmer anteilig erbrachte Leistungen vor[81], woraus zu schließen ist, dass auf jeden Gemeinschafter ein im Zweifel seinem Bruchteil an der Gemeinschaft entsprechender Umsatzsteuerteilbetrag entfällt.

44

Berechnet der Abmahnende auf die erstatte verlangten Anwaltskosten Umsatzsteuer, so hat der erstattungspflichtige Verletzer einen Anspruch auf eine den Anforderungen des § 14 UStG entsprechende **Rechnung** mit gesondertem Umsatzsteuerausweis, die ihn zum Vorsteuerabzug berechtigt.[82] Wegen dieses Anspruchs kann er den Erstattungsbetrag zurückhalten (§ 273 Abs 1 BGB), was im Streitfall gemäß § 274 Abs 1 BGB zu einer Zahlungsverurteilung **Zug um Zug** gegen Rechnungserteilung führt.[83] Der Gegenanspruch besteht nicht, wenn der Abmahnende seine Anwaltskosten ohne die angefallene

45

---

73 LG Freiburg, GRUR-RR 2016, 360 – Schlampige Abmahnung.
74 BGH, GRUR 2018, 914 – Riptide.
75 BGH, GRUR 2011, 754 – Kosten des Patentanwalts II; BGH, GRUR 1994, 311, 312 – Finanzkaufpreis ohne Mehrkosten; BGH, GRUR 1992, 176 – Abmahnkostenverjährung; OLG Düsseldorf, WRP 1993, 213; OLG Frankfurt/Main, WRP 1992, 328, 330.
76 BFH, GRUR 2017, 826 – umsatzsteuerbare Leistung.
77 BFH, GRUR 2019, 825 – Tonaufnahmen im Internet.
78 BFH, GRUR 2019, 825 – Tonaufnahmen im Internet.
79 ... und nicht nur durch einen einzelnen von ihnen.
80 BFH, Mitt 2019, 420 – endoskopische Gewebecharakterisierung.
81 BFH, Mitt 2019, 420 – endoskopische Gewebecharakterisierung.
82 OLG Düsseldorf, GRUR-RS 2020, 2640 – Scheibenbremse II; BGH, GRUR 2012, 711 – Barmen Live.
83 OLG Düsseldorf, GRUR-RS 2020, 2640 – Scheibenbremse II; BGH, GRUR 2012, 711 – Barmen Live.

Umsatzsteuer erstattet verlangt; in diesem Fall wird der Verletzer nicht mit der gesetzlichen Umsatzsteuer belastet, weswegen eine etwaige Rechnung ohne Umsatzsteuerausweis bliebe, sodass ein Vorsteuerabzug nicht in Betracht kommt, für den der Verletzer eine Rechnung billigerweise beanspruchen könnte.[84]

46 Die unter beiden rechtlichen Gesichtspunkten zu verlangende »Erforderlichkeit« der Abmahnung fehlt, wenn es sich um eine **zweite Abmahnung** handelt, welche dieselbe oder eine kerngleiche Verletzungshandlung betrifft und für die nach der Erfolglosigkeit der ersten Abmahnung nicht zu erwarten ist, dass sie zum Erfolg führt.[85] Das gilt auch dann, wenn die erste Abmahnung durch die Partei selbst und die zweite durch einen von ihr beauftragten Rechtsanwalt ausgesprochen wurde.[86] Die letztere kann allenfalls dann einen Kostenerstattungsanspruch begründen, wenn sie vertiefte tatsächliche oder rechtliche Ausführungen enthält, sodass die berechtigte Erwartung besteht, der Abgemahnte werde sich ihr beugen.[87]

47 Für den auf materiell rechtlicher Grundlage zu beurteilenden Anspruch auf Erstattung der Abmahnkosten kommt es auf die **Rechtslage zum Zeitpunkt der Abmahnung** (genauer: ihres Zugangs) an.[88] Entscheidend ist mithin, ob dem Abmahnenden im Augenblick der Abmahnung gegen den Abgemahnten der geltend gemachte Unterlassungsanspruch etc zustand[89], was auch eine hinreichende Aktivlegitimation des Abmahnenden verlangt[90]. Anders als dies bei einer Zuerkennung des Unterlassungsanspruchs selbst der Fall wäre, kommt es für den Erstattungsanspruch nicht darauf an, dass Unterlassung auch noch im Zeitpunkt der (zB gerichtlichen) Geltendmachung des Freistellungs- oder Zahlungsanspruchs geltend gemacht werden könnte.[91] Ist der Unterlassungsanspruch rechtskräftig zu- oder aberkannt, hat dies keine Bindungswirkung für die Frage, ob die Abmahnung begründet war und deshalb deren Kosten zu erstatten sind.[92] Gleiches gilt erst recht für die vorbehaltlose Abgabe einer Unterlassungsverpflichtungserklärung; auch sie bedeutet kein Anerkenntnis für die Berechtigung der Abmahnung und entbindet daher im Kostenerstattungsprozess nicht von einer umfassenden rechtlichen Prüfung.[93] Spezielle Probleme hinsichtlich der Anspruchsberechtigung ergeben sich namentlich dann, wenn nur mit dem Hauptanspruch abgemahnt wurde, das **Abmahnungsschutzrecht später** jedoch **teilvernichtet** wird und die abgemahnte Ausführungsform auch von der aufrechterhaltenen (eingeschränkten) Anspruchsfassung widerrechtlich Gebrauch macht (vgl dazu unter Kap C Rdn 150).

48 Demgegenüber kommt eine **analoge** Anwendung des § 143 Abs 3 PatG nach zutreffender Meinung schon mangels Regelungslücke nicht in Betracht.[94] Die Vorschrift betrifft Kosten »des Rechtsstreits«, wozu die (außergerichtliche) Abmahnung nicht gehört. Werden die Abmahnkosten (auf materiell-rechtlicher Grundlage) eingeklagt, handelt es sich

---

84 OLG Düsseldorf, GRUR-RS 2020, 2640 – Scheibenbremse II; OLG Stuttgart, GRUR-RS 2019, 16939 – Ersatz von Abmahnkosten.
85 BGH, GRUR 2013, 307 – Unbedenkliche Mehrfachabmahnung.
86 OLG Frankfurt/Main, GRUR-RR 2018, 72 – Zweitabmahnung.
87 OLG Frankfurt/Main, GRUR-RR 2018, 72 – Zweitabmahnung.
88 BGH, GRUR 2018, 72 – Bettgestell; BGH, GRUR 2011, 532 – Millionen-Chance II; BGH, BeckRS 2011, 25516 – Erstattung von Abmahnkosten; BGH, Beschluss v 25.3.2021 – I ZR 49/19.
89 BGH, GRUR 2011, 532 – Millionen-Chance II; BGH, GRUR 2010, 1120 – Vollmachtsnachweis.
90 OLG Düsseldorf, GRUR-RS 2015, 18679 – Verbindungsstück.
91 BGH, GRUR 2021, 752 – Berechtigte Gegenabmahnung.
92 BGH, GRUR 2012, 949 – Missbräuchliche Vertragsstrafe.
93 OLG Celle, GRUR-RR 2013, 177 – Medizinische Fußpflege.
94 BGH, GRUR 2011, 754 – Kosten des Patentanwalts II; Günther, MarkenR 2010, 293, jeweils mwN zum Streitstand.

bei dem Zahlungsprozess allerdings um eine Patentstreitsache, für den § 143 Abs 3 PatG gilt.⁹⁵

Die Erstattungspflicht gilt sowohl für die Kosten des Rechtsanwaltes wie auch des selbständig tätig werdenden bzw **mitwirkenden Patentanwaltes**, sofern dessen Einschaltung im Einzelfall notwendig war, was regelmäßig zu bejahen ist, in jedem Fall aber der gerichtlichen Feststellung bedarf. Die Fiktion des § 143 Abs 3 PatG gilt für den materiellrechtlichen Erstattungsanspruch nach zutreffender Ansicht nicht.⁹⁶ Zur Bejahung der Erstattungsfähigkeit – aus dem Gesichtspunkt des Schadenersatzes (§ 139 Abs 2 PatG) oder dem der GoA – bedarf es der Feststellung, dass die – alleinige oder mitwirkende – Einschaltung des Patentanwaltes nach den gesamten Umständen des Falles erforderlich war. Agiert der Patentanwalt nicht allein, sondern wirkt er neben einem Rechtsanwalt mit, ist die Notwendigkeit regelmäßig nur dann zu bejahen, wenn der Patentanwalt im Rahmen der Abmahnung Aufgaben übernommen hat, die zum typischen Arbeitsgebiet eines Patentanwaltes gehören und zu denen der Rechtsanwalt nicht in der Lage ist.⁹⁷ Darlegungs- und beweispflichtig ist insoweit der Anspruchsteller.⁹⁸ Es genügen Recherchen zum Registerstand, zur Schutzfähigkeit oder zur Benutzungslage.⁹⁹ Ob die Einschaltung des Rechtsanwaltes die zusätzliche Mitwirkung eines Patentanwaltes¹⁰⁰ (und umgekehrt) entbehrlich macht, ist stets mit Blick auf die konkrete Person und Sachkunde des mandatierten Rechtsanwaltes/Patentanwaltes (dh dessen technische und rechtliche Sachkunde) zu beurteilen.¹⁰¹ Jede typisierende Betrachtung verbietet sich, sodass nicht ohne Rücksicht auf die Umstände des Einzelfalles die Notwendigkeit generell für wirtschaftlich bedeutsame und/oder komplexe Angelegenheiten bejaht werden kann.¹⁰² An der Notwendigkeit patentanwaltlichen Rates wird es mit Rücksicht auf die Schwierigkeit patentrechtlicher Sachverhalte in aller Regel nicht deswegen fehlen, weil die Partei eine eigene Rechtsabteilung unterhält¹⁰³, deren Aufgabe es ist¹⁰⁴, die erforderlichen rechtlichen und technischen Erwägungen in Bezug auf das schutzrechtsverletzende Handeln der Wettbewerber eigenverantwortlich anzustellen.¹⁰⁵

Eine **Abmahnung** ist anspruchsbegründend, wenn der mit ihr geltend gemachte Unterlassungsanspruch besteht (sodass die Abmahnung berechtigt war) und wenn sie darüber hinaus nicht **rechtsmissbräuchlich** erfolgte. Letzteres beurteilt sich im Recht gewerblicher Schutzrechte nach dem allgemeinen Verbot unzulässiger Rechtsausübung (§ 242

---

95 OLG Frankfurt/Main, GRUR-RR 2012, 307 – Markenrechtliche Abmahnung.
96 BGH, GRUR 2011, 754 – Kosten des Patentanwalts II; OLG Düsseldorf, InstGE 9, 35 – Patentanwaltskosten für Abschlussschreiben; OLG Frankfurt/Main, GRUR-RR 2010, 127 – Vorgerichtliche Patentanwaltskosten; aA: OLG Hamburg, GRUR-RR 2008, 370 – Pizza Flitzer, OLG Stuttgart, GRUR-RR 2007, 399 – PCB-Pool.
97 BGH, GRUR 2011, 754 – Kosten des Patentanwalts II.
98 BGH, GRUR 2011, 754 – Kosten des Patentanwalts II.
99 BGH, GRUR 2011, 754 – Kosten des Patentanwalts II.
100 Dass die Hinzuziehung eines Rechtsanwaltes »notwendig« war, besagt deshalb noch nicht, dass gleiches auch für den Patentanwalt zu gelten hat (BGH, GRUR 2011, 754 – Kosten des Patentanwalts II).
101 BGH, GRUR 2011, 754 – Kosten des Patentanwalts II; BGH, GRUR 2012, 759 – Kosten des Patentanwalts IV.
102 BGH, GRUR 2012, 756 – Kosten des Patentanwalts III.
103 Unerheblich ist, dass die Einrichtung einer Rechtsabteilung (die tatsächlich nicht vorhanden ist) zweckmäßig gewesen wäre oder bei der Größe des fraglichen Unternehmens der Üblichkeit entspricht, BGH, MDR 2010, 1087.
104 Ebenso belanglos ist, dass die vorhandene Rechtsabteilung objektiv in der Lage wäre, das Abschlussschreiben selbst zu verfassen, wenn nach der getroffenen Aufgabenzuweisung tatsächlich keine Zuständigkeit dafür existiert, die rechtliche Zulässigkeit des Verhaltens der Wettbewerber zu prüfen, BGH, MDR 2010, 1087.
105 Zum Wettbewerbsrecht vgl BGH, GRUR 2007, 726 – Auswärtiger Rechtsanwalt IV; BGH, GRUR 2008, 928 – Abmahnkostenersatz; BGH, MDR 2010, 1087.

BGB).[106] Lediglich im Wettbewerbsrecht findet der besagte Grundsatz seine besondere Ausprägung in § 8 Abs 4 Satz 1 UWG, wonach die Geltendmachung von Ansprüchen auf Beseitigung und Unterlassung unzulässig ist, wenn sie unter Berücksichtigung der gesamten Umstände missbräuchlich ist, insbesondere, wenn sie vorwiegend dazu dient, gegen den Zuwiderhandelnden einen Anspruch auf Ersatz von Aufwendungen oder Kosten der Rechtsverfolgung entstehen zu lassen. Eine vergleichbare Norm findet sich im PatG nicht und es scheidet auch eine analoge Anwendung von § 8 Abs 4 UWG im Patentrecht aus, weil keine planwidrige Regelungslücke besteht.[107] Allerdings kann für die Interpretation des allgemeinen Verbots unzulässiger Rechtsausübung auf dem Gebiet der Abmahnung auf § 8 Abs 4 Satz 1 UWG zurückgegriffen werden, freilich unter Berücksichtigung der zwischen den beiden Rechtsgebieten – dem Lauterkeitsrecht und dem Patentrecht – bestehenden Unterschiede.[108] Von einem Missbrauch ist auszugehen, wenn das beherrschende Motiv des Gläubigers bei der Geltendmachung des Unterlassungsanspruchs sachfremde, für sich genommen nicht schutzwürdige Interessen und Ziele sind. Diese müssen allerdings nicht das alleinige Motiv des Gläubigers sein; vielmehr reicht es aus, dass die sachfremden Ziele überwiegen. Die Annahme eines derartigen Missbrauchs erfordert eine sorgfältige Prüfung und Abwägung der maßgeblichen Einzelumstände.

51 – Ein **Anhaltspunkt für** eine **missbräuchliche Rechtsverfolgung** kann sich daraus ergeben, dass die Abmahntätigkeit in keinem vernünftigen wirtschaftlichen Verhältnis zur gewerblichen Tätigkeit des Abmahnenden steht, der Anspruchsberechtigte die Belastung des Gegners mit möglichst hohen Prozesskosten bezweckt oder der Abmahnende systematisch überhöhte Abmahngebühren oder Vertragsstrafen verlangt. Ebenso stellt es ein Indiz für ein missbräuchliches Vorgehen dar, wenn der Abmahnende an der Verfolgung des beanstandeten Wettbewerbsverstoßes kein nennenswertes wirtschaftliches Interesse haben kann, sondern seine Rechtsverfolgung aus der Sicht eines wirtschaftlich denkenden Gewerbetreibenden allein dem sachfremden Interesse dient, die Mitbewerber mit möglichst hohen Kosten zu belasten. Das ist etwa der Fall, wenn der Prozessbevollmächtigte des Klägers das Abmahngeschäft »in eigener Regie« betreibt, allein um Gebühreneinnahmen durch die Verfolgung von Wettbewerbsverstößen zu erzielen.[109] Zu den Indizien, die in der Gesamtschau in der Regel einen Rechtsmissbrauch begründen, gehören weiterhin die Abtretung der Abmahnkostenersatzansprüche an den Rechtsanwalt sowie eine größere Anzahl von Abmahnungen am gleichen Tag und ein vergleichbares Vorgehen in Parallelfällen. In Kombination mit der Tatsache, dass der Rechtsanwalt die Verstöße auch selbst ermittelt hat und die Rechtsverfolgung auf das Inland beschränkt ist, lässt dies vielfach den Schluss zu, die Abmahnung diene vorwiegend dazu, gegen den Zuwiderhandelnden einen Anspruch auf Ersatz von Aufwendungen oder Kosten der Rechtsverfolgung entstehen zu lassen.[110]

52 – **Umgekehrt** spricht **gegen** einen **Rechtsmissbrauch** der Abmahnung, wenn der abgemahnte Unterlassungsanspruch nachfolgend tatsächlich eingeklagt wird.[111] Gleiches gilt, wenn mit der Abmahnung ein konstruktiver Vorschlag zur Konfiktlösung bei künftigen Auseinandersetzungen verbunden wird.[112]

---

106 BGH, GRUR 2020, 1087 – Al Di Meola (für das Urheberrecht).
107 BGH, GRUR 2020, 1087 – Al Di Meola (für das Urheberrecht).
108 BGH, GRUR 2020, 1087 – Al Di Meola (für das Urheberrecht).
109 BGH, GRUR 2020, 1087 – Al Di Meola.
110 BGH, GRUR 2020, 1087 – Al Di Meola (für das Urheberrecht).
111 BGH, GRUR 2021, 752 – Berechtigte Gegenabmahnung.
112 BGH, GRUR 2021, 752 – Berechtigte Gegenabmahnung.

– **Neutral** zu werten ist der Umstand, dass die fragliche Abmahnung die Reaktion auf eine vorausgegangene Abmahnung des Abgemahnten wegen eines vergleichbaren Verstoßes durch den Abmahnenden ist.[113]

53

Dass die gerichtliche Durchsetzung des Unterlassungsanspruchs – zB aus dem Gesichtspunkt der rechtsmissbräuchlichen **Mehrfachverfolgung** – unzulässig ist, hat nicht zur Folge, dass die Berechtigung der Abmahnung entfällt und kein Ersatz der Abmahnkosten mehr beansprucht werden kann. Der Kostenerstattungsanspruch ist zwar insofern unselbständig, als er nicht besteht, wenn *im Zeitpunkt des Zugangs der Abmahnung* kein Unterlassungsanspruch (mehr) besteht und sich die Abmahnung deswegen als unberechtigt erweist. Darüber hinaus ist der Erstattungsanspruch aber kein Abhängsel des Unterlassungsanspruchs in dem Sinne, dass er dessen Schicksal zu teilen hätte, indem er automatisch mit seiner mangelnden Durchsetzbarkeit wegfällt. Hat der mit der Abmahnung geltend gemachte Unterlassungsanspruch bei Zugang der Abmahnung bestanden, so entsteht der Anspruch auf Abmahnkostenerstattung und führt fortan eine eigenständige, vom Unterlassungsanspruch unabhängige Existenz. Er besteht deshalb ungeachtet dessen fort, welches Schicksal der abgemahnte Unterlassungsanspruch nimmt, dh ob auch er fortbesteht oder durch die Abgabe einer Unterlassungserklärung erlischt oder seiner gerichtlichen Durchsetzung die Rechtsmissbräuchlichkeit der Klage entgegensteht.[114]

54

Folgt wegen einer bestimmten (identischen) Verletzungshandlung einer ergebnislosen vorgerichtlichen **Abmahnung** eine einstweilige Verfügung, dieser wiederum ein **Abschlussschreiben** und darauf ggf ein Hauptsacheverfahren, so stellen das einstweilige Verfügungsverfahren einerseits und das Hauptsacheverfahren andererseits gebührenrechtlich verschiedene (und nicht dieselbe) Angelegenheit(en) dar.[115] Die Abmahnung gehört dabei zum Verfahren des vorläufigen Rechtsschutzes, während das Abschlussschreiben dem Hauptsacheverfahren zuzuordnen ist.[116] Es fallen demgemäß – für die Abmahnung und das spätere Abschlussschreiben (welches der Sache nach eine der Hauptsacheklage vorgeschaltete Abmahnung ist) zwei selbständige Geschäftsgebühren (nebst Auslagenpauschale und USt) an, die zu erstatten sind.[117] Voraussetzung ist freilich, dass dem für die Abmahnung etc eingeschalteten Anwalt ein über die Vertretung im einstweiligen Verfügungsverfahren hinausgehender Mandatsauftrag zur endgültigen Rechtsdurchsetzung erteilt war,[118] was nicht verlangt, dass ein Auftrag zur Hauptsacheklage vergeben war.[119] Fehlt es daran, gehört das Abschlussschreiben ausnahmsweise zum einstweiligen Rechtsschutzverfahren und kann (weil es dieselbe Angelegenheit betrifft) keine zweite Geschäftsgebühr auslösen.

55

So lange der Abmahnende die Kostenrechnung der von ihm mit der Abmahnung beauftragten Anwälte noch nicht beglichen hat, besteht gegen den Abgemahnten nur ein Anspruch auf Befreiung (**Freistellung**) von der Honorarverbindlichkeit.[120] Er hängt nicht davon ab, dass dem Abmahnenden bereits eine die Fälligkeit des anwaltlichen Honoraranspruchs begründende Rechnung vorliegt, die den besonderen Anforderungen

56

---

113 BGH, GRUR 2021, 752 – Berechtigte Gegenabmahnung.
114 BGH, GRUR 2022, 658 – Selbstständiger Erstattungsanspruch.
115 BGH, NJW 2008, 1744.
116 BGH, NJW 2008, 1744; BGH, NJW 2011, 2509.
117 BGH, NJW 2008, 1744.
118 BGH, NJW 2008, 1744.
119 BGH, NJW 2011, 2509.
120 OLG Köln, OLG-Report 2008, 430, 431, mwN.

des § 10 RVG[121], § 14 UStG genügt.[122] Erst recht kann der Verletzer eine Freistellung/Erstattung nicht verweigern bis ihm Zug um Zug die erstattet verlangte Anwaltsrechnung übergeben ist.[123] Der Freistellungsanspruch wird mit Eingehung der Verbindlichkeit, von der freizustellen ist, sofort fällig[124], unabhängig davon, ob die freizustellende Verbindlichkeit ihrerseits ebenfalls fällig ist.[125] Die Entstehung und Fälligkeit des Freistellungsanspruchs ist – wiederum ungeachtet der Entstehung und Fälligkeit derjenigen Drittforderung, von der freizustellen ist – ebenso maßgeblich für den Beginn der Verjährungsfrist für den Freistellungsanspruch.[126] Sobald der Abgemahnte seine Einstandspflicht ernsthaft und endgültig verweigert hat, wandelt sich der Freistellungsanspruch von selbst in einen Kostenerstattungsanspruch um.[127] Erst von da an ist der (umgewandelte) Zahlungsanspruch auch wegen Verzuges zu verzinsen.[128] Gleichermaßen kommen Rechtshängigkeitszinsen nicht schon (wie gewöhnlich) mit Klagezustellung in Betracht, sondern erst von dem (späteren) Zeitpunkt an, zu dem der Beklagte Klageabweisung beantragt und damit die Anspruchserfüllung ernsthaft und endgültig verweigert.[129]

57 Erstattet der Beklagte während des Rechtsstreits die dem Kläger *vorläufig vollstreckbar* zuerkannten Abmahnkosten, so ist damit üblicherweise keine materiellrechtliche **Erfüllung** und auch keine prozessuale **Erledigung** verbunden, weil die Zahlung unter dem Vorbehalt des Rechtskrafteintritts steht; anderes gilt erst dann, wenn der Schuldner entweder ausdrücklich erklärt, zum Zwecke der Erfüllung seiner Schuld zu leisten, oder sich dies für den Kläger aus den Gesamtumständen hinreichend deutlich erschließt.[130] Letzteres wird im Zweifel nicht anzunehmen sein, wenn der Schuldner den Zahlungstitel weiter bekämpft, weil dann der Schluss naheliegt, dass mit der Zahlung lediglich der drohenden Zwangsvollstreckung entgangen und das Auflaufen weiterer Zinsen verhindert werden soll.[131]

58 Zweifel an der Erstattungsfähigkeit der Kosten eines Rechtsanwaltes oder Patentanwaltes ergeben sich bei **Serienabmahnung**en. In diesen Fällen kann die Notwendigkeit der Einschaltung eines Dritten durch den Verletzten infrage gestellt werden, wenn der Verletzte selbst mehrere gleich lautende Abmahnungen beispielsweise nach einem vorher erstellten Muster hätte absenden können.[132] Die Erstattungsfähigkeit ist außerdem in Fällen der sog »**Schubladenverfügung**«[133] zu verneinen, bei denen zunächst eine gerichtliche Beschlussverfügung erwirkt, diese aber zunächst nicht an den Antragsgegner

---

121 Nach § 10 Abs 2 RVG sind in der Berechnung die Beträge der einzelnen Gebühren und Auslagen, Vorschüsse, eine kurze Bezeichnung des jeweiligen Gebührentatbestands, die Bezeichnung der Auslagen sowie die angewandten Nummern des Vergütungsverzeichnisses und bei Gebühren, die nach dem Gegenstandswert berechnet sind, auch dieser anzugeben; bei Entgelten für Post- und Telekommunikationsdienstleistungen genügt die Angabe des Gesamtbetrags. Die Bestimmung ist dispositiv, so dass der Rechtsanwalt mit seinem Mandanten vereinbaren kann, dass er sein Honorar einfordern und durchsetzen kann, ohne dem Mandanten eine Berechnung mit näheren Angaben mitteilen zu müssen (BGH, DB 2022, 786).
122 BGH, NJW 2011, 2509.
123 OLG Düsseldorf, GRUR-RS 2020, 2640 – Scheibenbremse II.
124 OLG Hamm, GRUR-RR 2014, 133 – Zahlung statt Freistellung.
125 BGH, NJW-RR 2010, 333.
126 BGH, WM 2017, 2234.
127 OLG Stuttgart, GRUR-RR 2012, 412 – Toleranzgrenze; KG, GRUR-RR 2010, 403 – Vorprozessuale Patentanwaltskosten; OLG Köln, OLG-Report 2008, 430, 431, mwN; OLG Hamm, Mitt 2013, 294 – Zahlungsanspruch statt Freistellungsanspruch.
128 BGH, GRUR 2015, 1021 – Kopfhörer-Kennzeichnung.
129 BGH, GRUR 2019, 82 – Jogginghosen.
130 BGH, GRUR 2022, 658 – Selbstständiger Erstattungsanspruch.
131 BGH, GRUR 2022, 658 – Selbstständiger Erstattungsanspruch.
132 OLG Düsseldorf, Mitt 2001, 305 – Rechtsanwaltsabmahnung in Routinesache.
133 Vgl Weisert, WRP 2007, 504.

zugestellt, sondern dieser vielmehr im Nachhinein abgemahnt wird.[134] Da das gerichtliche Verfahren vor der Abmahnung bereits beschritten war, kann die Abmahnung ihren Zweck, ein eben solches Verfahren und die mit ihm für den Antragsgegner verbundenen Kosten zu vermeiden, nicht mehr erfüllen. Demgegenüber beseitigt der Umstand, dass der Verletzer wegen der fraglichen Handlung bereits zuvor von dritter Seite abgemahnt worden ist und eine Unterwerfungserklärung abgegeben hat, die Notwendigkeit der Abmahnung nur dann, wenn der Abmahnende davon Kenntnis hatte.[135]

Der **Gegenstandswert** einer Abmahnung wegen Patentverletzung bestimmt sich prinzipiell nach denselben Regeln, nach denen der Streitwert einer Verletzungsklage zu bemessen ist (§ 23 Abs 3 Satz 2 RVG). Die Wertangabe des Abmahnenden ist vom Tatrichter nach pflichtgemäßem Ermessen zu überprüfen. Ein wichtiger Unterschied ist allerdings zu beachten. Wird die Abmahnung (dh das konkret mit ihr verbundene, *einheitliche* Unterlassungsverlangen) auf mehrere Schutzrechte gestützt, so setzt sich der Gegenstandswert – anders als beim Klageverfahren (§ 45 Abs 1 Satz 2 GKG)[136] – nicht aus der Summe aller Einzelstreitwerte der verfolgten Klagegründe zusammen; vielmehr entspricht der Gegenstandswert der Abmahnung dem einfachen Unterlassungsinteresse des Abmahnenden. Die für die Abmahnung angefallenen Kosten sind daher bereits dann in voller Höhe erstattungsfähig, wenn sich der abgemahnte Anspruch als nach nur einem der zu seiner Rechtfertigung angeführten Schutzrechte begründet erweist.[137] Anders verhält es sich, wenn der Abmahnende gegenüber einer angegriffenen Ausführungsform mehrere gesonderte Unterlassungsansprüche geltend macht (zB nebeneinander aus einem Patent und einen dazu parallelen Gebrauchsmuster *oder* aus mehreren, jeweils andere oder gleiche[138] technische Gegebenheiten der Verletzungsform aufgreifenden Patenten); hier sind die Einzelstreitwerte zu addieren[139] und kommt eine Kostenerstattung nur insoweit in Betracht wie sich die Abmahnung als berechtigt erweist. Konkret ist das Verhältnis der auf die Einzelverstöße entfallenden Gegenstandswerte zueinander zu ermitteln und sind entsprechend diesem Verhältnis die nach dem Gesamtstreitwert berechneten Abmahnkosten zu quoteln.[140] Ob ein Gesamtangriff oder ein Einzelangriff gegen die angegriffene Ausführungsform vorliegt, ist durch Auslegung der Abmahnung zu ermitteln, wobei eine beigefügte Unterlassungserklärung mit zu berücksichtigen ist.[141] Keinen Einfluss auf den Gegenstandswert haben schlechte wirtschaftliche Verhältnisse des Abgemahnten; § 12 Abs 4 UWG ist nicht entsprechend anwendbar.[142]

b) Anspruchshöhe

Ein Erstattungsanspruch steht dem Abmahnenden immer nur dann und nur in dem Umfang zu, in dem er selbst seinem Anwalt gegenüber im **Innenverhältnis** zur Zahlung verpflichtet ist.[143] Im Kostenerstattungsprozess sind deshalb konkrete Feststellungen zum Inhalt des anwaltlichen Auftrages zu treffen, weil erst sie Aufschluss darüber geben, welche einzelnen Gebühren infolge der Abmahnung verdient worden sind, deshalb vom

---

134 BGH, GRUR 2010, 257 – Schubladenverfügung; OLG München, GRUR-RR 2006, 176 – Schubladenverfügung; OLG Köln, OLG-Report 2008, 193; OLG Frankfurt/Main, Mitt 2012, 574 – nachträgliche Abmahnung.
135 OLG Oldenburg, GRUR-RR 2012, 415 – weitere Abmahnung.
136 Das Unterliegen mit einem der mehreren Klagegründe führt dementsprechend zu einer Kostenquote gemäß § 92 Abs 1 ZPO (BGH, GRUR 2016, 1301 – Kinderstube).
137 BGH, GRUR 2016, 1301 – Kinderstube.
138 OLG Düsseldorf, Urteil v 28.10.2021 – I-15 U 37/21.
139 OLG Düsseldorf, GRUR-RS 2021, 22982 – Streitwertfestsetzung.
140 BGH, GRUR 2010, 744 – Sondernewsletter; BGH, GRUR 2019, 82 – Jogginghosen.
141 BGH, GRUR 2019, 82 – Jogginghosen.
142 BGH, GRUR 2016, 1275 – Tannöd.
143 BGH, GRUR 2019, 763 – Ermittlungen gegen Schauspielerin.

Abmahnenden geschuldet werden und dementsprechend von ihm ersetzt verlangt werden können.[144] Der Vortrag hat sich beispielsweise dazu zu verhalten, ob die gesetzlichen Gebühren vereinbart wurden oder eine hiervon abweichende Vergütungsregelung getroffen worden ist.[145] Wird die Anwaltsrechnung als Anlage im Erstattungsprozess vorgelegt, beinhaltet dies im Zweifel die Behauptung, dass das abgerechnete Honorar der getroffenen Vergütungsvereinbarung entspricht.

61 Werden wegen desselben Verletzungssachverhaltes **mehrere Schädiger** (zB zusammenwirkende Konzernunternehmen, das Unternehmen und ihr Geschäftsführer) abgemahnt, so stellt sich die Frage nach dem Vorliegen einer oder mehrerer gebührenrechtlicher Angelegenheiten, was unmittelbaren Einfluss auf die Anwaltsvergütung hat, weswegen der Klagevortrag auch zu den insoweit relevanten Umständen – dazu sogleich – Ausführungen enthalten muss.[146]

62 Weisungsgemäß erbrachte anwaltliche Leistungen betreffen in der Regel **dieselbe Angelegenheit**, wenn zwischen ihnen – erstens – ein *innerer Zusammenhang* besteht und sie – zweitens – sowohl *inhaltlich als auch in der Zielsetzung so weitgehend übereinstimmen*, dass von einem einheitlichen Rahmen der anwaltlichen Tätigkeit gesprochen werden kann.[147] Er kann auch dann noch vorliegen, wenn der Anwalt zur Wahrnehmung der Rechte des Geschädigten verschiedene, in ihren Voraussetzungen voneinander abweichende Anspruchsgrundlagen zu prüfen bzw. mehrere getrennte Prüfungsaufgaben zu erfüllen hat, so lange die verschiedenen Gegenstände in dem Sinn einheitlich vom Anwalt bearbeitet werden können, dass sie verfahrensrechtlich zusammengefasst bzw in einem einheitlichen Vorgehen (etwa in einem einheitlichen Abmahnschreiben) geltend gemacht werden können.[148] Ein innerer Zusammenhang zwischen den anwaltlichen Leistungen ist zu bejahen, wenn die verschiedenen Gegenstände bei objektiver Betrachtung und unter Berücksichtigung des mit der anwaltlichen Tätigkeit nach dem Inhalt des Auftrags erstrebten Erfolgs zusammen gehören.[149] Dies wird bei einem außergerichtlichen Vorgehen gegen verschiedene Schädiger nicht schon dadurch infrage gestellt, dass an jeden Schädiger ein eigenes Abmahnschreiben zu richten ist.[150] Bei der Geltendmachung von Unterlassungsansprüchen bleibt die Zusammengehörigkeit namentlich dann erhalten, wenn den Schädigern eine gleichgerichtete Verletzungshandlung vorzuwerfen ist und demgemäß die erforderlichen Abmahnungen einen identischen oder zumindest weitgehend identischen Inhalt haben.[151] Dabei kommt es nicht darauf an, dass jede Abmahnung wegen der verschiedenen Rechtspersönlichkeiten gegenüber jedem Schädiger ein eigenes rechtliches Schicksal nehmen kann. Sofern die Reaktionen der verschiedenen Schädiger auf gleichgerichtete Abmahnungen nicht einheitlich ausfallen und deshalb eine differenzierte Bearbeitung durch den Rechtsanwalt erfordern, können aus der ursprünglich einheitlichen Angelegenheit mehrere Angelegenheiten entstehen.[152] Das Vorliegen *einer* Angelegenheit kann sich auch daraus ergeben, dass dem Rechtsanwalt von Vornherein ein einziger Auftrag zum Vorgehen gegen die mehreren Schädiger erteilt oder ein zunächst begrenzt erteilter Auftrag (zB zur Ermittlung möglicher Schädiger) vor dessen

---

144 BGH, GRUR 2019, 763 – Ermittlungen gegen Schauspielerin.
145 BGH, GRUR 2019, 763 – Ermittlungen gegen Schauspielerin.
146 BGH, GRUR 2019, 763 – Ermittlungen gegen Schauspielerin.
147 BGH, GRUR 2019, 763 – Ermittlungen gegen Schauspielerin.
148 BGH, GRUR 2019, 763 – Ermittlungen gegen Schauspielerin.
149 BGH, GRUR 2019, 763 – Ermittlungen gegen Schauspielerin.
150 BGH, GRUR 2019, 763 – Ermittlungen gegen Schauspielerin.
151 BGH, GRUR 2019, 763 – Ermittlungen gegen Schauspielerin.
152 BGH, GRUR 2019, 763 – Ermittlungen gegen Schauspielerin.

Beendigung erweitert worden ist.[153] Ob das eine oder das andere zutrifft, ist nach Lage des Falles zu beurteilen.[154]

Liegt nur eine Angelegenheit vor und ist Gegenstand der Abmahnung ein **Schadenersatzanspruch**, entsteht (wenn auch aus einem höheren Streitwert) nur *eine* Geschäftsgebühr (Nr 2300 VV-RVG) und nur *eine* Kostenpauschale (Nr 7002 VV-RVG), für welche die Schädiger im Umfang des auf sie selbst entfallenden Streitwertes als Gesamtschuldner haften.[155] 63

Die **Höhe** der Anwalts- und Patentanwaltsgebühren bestimmt sich nach VV-Nr 2300[156], sofern noch kein Klageauftrag erteilt worden ist. Dem sollte, um Diskussionen bezüglich der Erstattungsfähigkeit zu vermeiden, bereits bei der Formulierung der Abmahnung Rechnung getragen werden. 64

Was den **Gegenstandswert** anbetrifft, so ist im Verhältnis zum Verletzer derjenige Betrag zugrunde zu legen, der dem berechtigten Anspruchsbegehren entspricht. Soweit die Abmahnung einen Schadenersatzanspruch umfasst, ist auf diejenige Schadenshöhe abzustellen, die letztlich gerichtlich festgestellt oder zwischen den Parteien unstreitig ist, während eine höhere Summe, die der Verletzte bei Beauftragung des Rechtsanwaltes noch für berechtigt halten durfte, keine Bedeutung hat.[157] 65

Welche Gebühr der Anwalt für seine Tätigkeit im Einzelfall verdient, ist gemäß § 14 RVG unter Berücksichtigung aller Umstände nach billigem Ermessen zu bestimmen, wobei ein **Toleranzbereich** zu berücksichtigen ist.[158] Die Festsetzung des Gebührensatzes durch den Anwalt ist hinzunehmen, so lange und soweit sie einen Toleranzbereich von 20 % des an sich angemessenen Satzes nicht überschreitet.[159] Voraussetzung für die Anwendung der Toleranzrechtsprechung ist allerdings, dass die Tätigkeit des Anwaltes umfangreich oder schwierig und damit überdurchschnittlich war, weil erst unter dieser Voraussetzung ein oberhalb des 1,3-fachen Satzes liegender Gebührenrahmen eröffnet ist.[160] In Patent- und Gebrauchsmusterverletzungssachen liegt die angemessene Gebühr regelmäßig oberhalb der 1,3 Gebühr nach Ziffer 2300 VV[161], da es sich bei Streitigkeiten über technische Schutzrechte typischerweise um schwierige Sachverhalte handelt. Hieran ändert auch die gleichzeitige Tätigkeit von Rechtsanwälten und Patentanwälten nichts.[162] Die Ermessensausübung verlangt allerdings vom Anwalt mehr als bloße Allgemeinplätze, nämlich auf die konkrete Angelegenheit bezogene Erwägungen[163], von denen nur dann abgesehen werden kann, wenn der besondere Umfang oder die besondere Schwierigkeit offen zutage liegen, weil sie sich bereits aus der Natur der Sache ergeben.[164] Allein das Vorliegen einer Patent- oder Gebrauchsmusterverletzungssache rechtfertigt diese Annahme jedoch nicht; sie verbietet sich vielmehr, wenn weder die Schutzfähigkeit zu beurteilen ist noch die Verletzungsprüfung komplexe Überlegungen verlangt.[165] Allein 66

---

153 BGH, GRUR 2019, 1044 – Der Novembermann.
154 BGH, GRUR 2019, 1044 – Der Novembermann.
155 BGH, GRUR 2019, 763 – Ermittlungen gegen Schauspielerin.
156 Vor dem 1. Juli 2006: Nr 2400 VV.
157 BGH, MDR 2018, 207.
158 AG Brühl, NZV 2004, 416, mwN; LG Düsseldorf, InstGE 6, 37 – Abmahnkostenerstattung bei Patentverletzung.
159 BGH, MDR 2012, 810; LG Düsseldorf, InstGE 6, 37 – Abmahnkostenerstattung bei Patentverletzung.
160 BGH, MDR 2012, 1127 = BGH, GRUR-RR 2012, 491 – Toleranzbereich.
161 Selbst für eine durchschnittliche wettbewerbsrechtliche Angelegenheit hält der BGH eine 1,3-fache Gebühr für angebracht (BGH, GRUR 2010, 1120 – Vollmachtsnachweis).
162 LG Düsseldorf, InstGE 6, 37 – Abmahnkostenerstattung bei Patentverletzung.
163 OLG Stuttgart, GRUR-RR 2012, 412 – Toleranzgrenze.
164 OLG Düsseldorf, Urteil v 3.5.2018 – I-2 U 47/17.
165 BGH, GRUR 2014, 206 – Einkaufskühltasche.

die zeitliche Dauer des Mandates ist gleichfalls keine Rechtfertigung für einen erhöhten Honorarsatz.[166]

67 Eine **Doppelvertretung** kann auch in einfach gelagerten Fällen nicht als rechtsmissbräuchlich oder nicht notwendig eingestuft werden. Schließlich entspricht die Doppelvertretung dem Willen des Gesetzgebers und wird den sich aus technischen Schutzrechten und entsprechenden Verletzungstatbeständen ergebenden Problemen gerecht.[167] Grundsätzlich sind die Gebühren für Rechtsanwälte und Patentanwälte in gleicher Höhe erstattungsfähig. Vom Revisionsgericht ist die Angemessenheit der Abmahnkosten nur eingeschränkt daraufhin überprüfbar, ob der Tatrichter sein Ermessen rechtsfehlerfrei ausgeübt hat.[168]

68 Beauftragen mehrere **Mitinhaber** eines Patents den Anwalt mit der Abmahnung aus dem gemeinsamen Patent, liegt kostenrechtlich ein- und dieselbe Angelegenheit vor, sodass eine Erhöhungsgebühr nach Nr 1008 VV RVG verdient wird.[169]

69 Ist die Abmahnung wegen *eines* Anspruchs berechtigt, wegen eines anderen, gleichzeitig verfolgten Anspruchs (zB einer weiteren Ausführungsform) unberechtigt, ist innerhalb der BGH-Rechtsprechung streitig, wie zu verfahren ist. Nach Auffassung des VIII. Zivilsenats[170] sind diejenigen Anwaltskosten erstattungsfähig, die sich nach RVG unter Zugrundelegung des Streitwertes ergeben, der für den zu Recht abgemahnten Anspruch angemessen ist. Es findet keine streitwertanteilige **Quotelung** der Anwaltskosten in dem Sinne statt, dass zunächst der Gegenstandswert für die Gesamtabmahnung ermittelt, der sich danach ergebende Honoraranspruch berechnet und anschließend der Erstattungsanspruch um denjenigen Anteil gekürzt wird, der dem Verhältnis des unberechtigten Anspruchs zum Gesamtstreitwert entspricht. Genau für eine solche anteilige Kürzung der Abmahnkosten nach dem Verhältnis des Gegenstandswertes des berechtigten Teils der Abmahnung zum Gegenstandswert der gesamten Abmahnung spricht sich demgegenüber – zu Recht[171] – der I. Zivilsenat[172] aus, allerdings ohne die gegenteilige Praxis des VIII. Zivilsenats zu erwähnen oder sich mit ihr inhaltlich auseinander zu setzen.

c) Anrechnung der Geschäftsgebühr

70 Anders als früher wird die Geschäftsgebühr für die außergerichtliche Tätigkeit nicht mehr vollständig, sondern nur noch zur Hälfte, maximal mit einem Gebührensatz von 0,75, **auf die Verfahrensgebühr für das gerichtliche Verfahren angerechnet**.[173] Die Anrechnung setzt nicht voraus, dass die Geschäfts- und die Verfahrensgebühr für »dieselbe Angelegenheit« *im kostenrechtlichen Sinne* entstanden sind. Entscheidend für die Anrechnung ist vielmehr, dass wegen des nach wirtschaftlichen Gesichtspunkten zu bestimmenden Gegenstandes bereits eine Geschäftsgebühr angefallen ist.[174] Regelmäßig findet die Anrechnung der Geschäftsgebühr auf die erstinstanzliche Verfahrensgebühr statt. Zwingend ist dies freilich nicht. Soweit eine Anrechnung nicht schon in erster Instanz stattgefunden hat, ist die Geschäftsgebühr auf die zweitinstanzlich verdiente Verfahrensgebühr anzurechnen.[175]

---

166 OLG Düsseldorf, Urteil v 25.4.2019 – I-2 U 50/17.
167 LG Düsseldorf, InstGE 6, 37 – Abmahnkostenerstattung bei Patentverletzung.
168 BGH, GRUR 2009, 660 – Resellervertrag.
169 LG Mannheim, GRUR-RR 2014, 370 – Haarspange = Mitt 2014, 294 – falscher Abgemahnter.
170 BGH, MDR 2008, 351.
171 OLG Düsseldorf, InstGE 13, 199 – Schräg-Raffstore.
172 BGH, GRUR 2012, 949 – Missbräuchliche Vertragsstrafe; BGH, GRUR 2010, 744 – Sondernewsletter; BGH, GRUR 2010, 939 – Telefonwerbung nach Unternehmenswechsel.
173 Teil 3, Vorbemerkung 3 Abs 4 des VV. Eingehend: Fölsch, MDR 2009, 1137; Henke, AnwBl 2009, 709.
174 BGH, WRP 2009, 75; BGH, NJW-RR 2012, 313.
175 BGH, NJW-RR 2012, 313.

Davon zu unterscheiden ist der Fall, dass ein **einheitliches Klagebegehren auf mehrere** 71
Klagegründe (zB ein Patent und ein paralleles Gebrauchsmuster) gestützt wird. Dringt der Berechtigte nur mit einem, ggf sogar dem von ihm nachrangig geltend gemachten Klagegrund durch, sind die Abmahnkosten dennoch in voller Höhe (und nicht nur anteilig) erstattungsfähig.[176] Allerdings ist für den Gegenstandswert der Abmahnung der einfache Wert des erfolgreichen Anspruchsbegehrens maßgeblich; eine Werterhöhung nach dem Vorbild des § 45 Abs 1 Satz 2 GKG findet nicht statt.[177] Hat das im Wege objektiver Klagehäufung verfolgte Begehren insgesamt Erfolg und sind vorgerichtlich für jeden Klagegrund separat verfasste Abmahnschreiben vorausgegangen, so entsteht die Verfahrensgebühr des gerichtlichen Verfahrens nur einmal aus dem kumulierten Streitwert aller Klagegründe, während die Geschäftsgebühr des abmahnenden Rechtsanwaltes mehrfach nach den Einzelwerten der Abmahnungen entsteht. In einem solchen Fall sind alle entstandenen Geschäftsgebühren in der tatsächlichen Höhe anteilig auf die Verfahrensgebühr anzurechnen.[178]

Welche **Konsequenzen** mit der Anrechnung verbunden sind, ergibt sich aus § 15a RVG. 72
Die Vorschrift ist am 5.8.2009 in Kraft getreten.[179] Sie gilt, weil sie bloß klarstellenden Charakter hat, nach herrschender (allerdings ursprünglich auch innerhalb des BGH nicht ganz unbestrittener[180]) Meinung rückwirkend[181] und unterscheidet sachlich zwischen dem Innenverhältnis des (außergerichtlich und gerichtlich) tätig gewordenen Rechtsanwaltes zu seinem Mandanten (Abs 1) und dem Außenverhältnis zu Dritten, die zB Erstattungsschuldner (auf materiell rechtlicher oder prozessualer Basis) sind (Abs 2).

Von seinem Mandanten kann der Rechtsanwalt die außergerichtliche Geschäftsgebühr 73
und die gerichtliche Verfahrensgebühr in jeweils voller Höhe verlangen, insgesamt steht ihm jedoch nicht mehr als der um den Anrechnungsbetrag verminderte Gesamtbetrag der beiden Gebühren zu. Konkret hat die Berechnung wie folgt stattzufinden[182]:

(1) Ermittlung des Gesamtbetrages der Einzelgebühren: Volle Geschäftsgebühr + volle 74
Verfahrensgebühr = (1);

(2) Ermittlung des Anrechnungsbetrages: $\frac{1}{2}$, maximal 0,75 der Geschäftsgebühr = (2); 75

(3) Summe aus (1) abzgl Anrechnungsbetrag aus (2). 76

Im Verhältnis zu Dritten, insbesondere im Kostenfestsetzungsverfahren, wirkt sich die 77
Anrechnung prinzipiell nicht aus. Trotz der in Bezug auf die vorgerichtliche Geschäftsgebühr bestehenden Anrechnungsvorschrift ist die Verfahrensgebühr deshalb im Grundsatz in voller Höhe festzusetzen.[183]

Drei Ausnahmen von dieser Regel sind allerdings zu beachten (§ 15a Abs 2 RVG). Sie 78
gewährleisten, dass der Erstattungspflichtige dem Erstattungsberechtigten – unter

---

176 BGH, GRUR 2016, 1301 – Kinderstube.
177 BGH, GRUR 2016, 1301 – Kinderstube.
178 BGH, MDR 2017, 670.
179 BGBl 2009, 2449.
180 AA: BGH, NJW 2010, 76.
181 BGH, NJW 2010, 471; BGH, MDR 2010, 1426, jeweils mit umfangreichen Nachweisen zum Streitstand. Die Rechtskraft einer Entscheidung im Kostenfestsetzungsverfahren über einen Antrag, mit dem (entsprechend der früheren Rechtslage) eine Verfahrensgebühr unter hälftiger Anrechnung der Geschäftsgebühr geltend gemacht worden ist, steht einer Nachfestsetzung der restlichen Verfahrensgebühr (entsprechend der neuen Rechtslage) nicht entgegen (BGH, MDR 2011, 136).
182 Zur Durchführung der Anrechnung in Fällen, in denen der Anwalt außergerichtlich, im Mahnverfahren und im anschließenden streitigen Verfahren tätig geworden ist, vgl OLG Köln, OLG-Report 2009, 853.
183 BGH, MDR 2009, 1311.

bestimmten abschließend aufgezählten[184] Umständen – nicht einen höheren Gebührenbetrag zu erstatten hat als der Berechtigte selbst seinem Rechtsanwalt zu vergüten hat:

79 – Hat der Beklagte die vorgerichtliche **Geschäftsgebühr bereits beglichen**, so kann er sich im Kostenfestsetzungsverfahren auf die Anrechnung berufen, wenn der Kläger Erstattung der vollen Verfahrensgebühr verlangt. Mit Rücksicht auf die aus allgemeinen Grundsätzen folgende nur begrenzte Prüfungsbefugnis materiell rechtlicher Einwendungen im Kostenfestsetzungsverfahren ist erforderlich, dass die Erfüllung entweder unstreitig oder ohne weiteres feststellbar sein muss.[185]

80 – Ist die **volle Geschäftsgebühr** im Urteil für den Kläger **tituliert**, kann im Festsetzungsverfahren nur noch die um die anzurechnende Geschäftsgebühr verminderte Verfahrensgebühr zuerkannt werden. Voraussetzung ist, dass die Geschäftsgebühr als betragsmäßig bezifferter Anspruch zugesprochen ist.[186] Dabei spielt es keine Rolle, dass die Geschäftsgebühr vor Abtretung in der Person des Zedenten entstanden ist und die gerichtliche Verfahrensgebühr nach erfolgter Abtretung in der Person des Zessionars angefallen ist.[187] Wurde lediglich die gekürzte Geschäftsgebühr beansprucht und ausgeurteilt, kann im Kostenfestsetzungsverfahren die komplette Verfahrensgebühr zugesprochen werden.[188] Haben die Parteien einen Vergleich geschlossen, liegt ein Fall des § 15a Abs 2 RVG nur vor, wenn sich aus dem Vergleichstext unmissverständlich ergibt, dass mit ihm auch die vorgerichtliche Geschäftsgebühr in einer bestimmten Höhe abgegolten ist.[189]

81 – Werden **beide Gebühren in »demselben Verfahren«** geltend gemacht[190], kann insgesamt nur der sich nach erfolgter Anrechnung ergebende Betrag verlangt werden. Für die Verfahrensidentität kommt es nicht darauf an, ob kostenrechtliche ein- und dieselbe Angelegenheit vorliegt; maßgeblich ist vielmehr, ob sich die anwaltliche Tätigkeit bei wertender Betrachtungsweise auf wirtschaftlich dasselbe Recht oder Rechtsverhältnis bezieht.[191] Eine solche Konstellation liegt noch nicht vor, wenn die Geschäftsgebühr beziffert im Patentverletzungsrechtsstreit und die Verfahrensgebühr anschließend im zugehörigen Kostenfestsetzungsverfahren verfolgt wird.[192]

82 Ein Anrechnungstatbestand ist nur gegeben, wenn für die vorgerichtliche Tätigkeit (zB Abmahnung) demselben, auch im Rechtsstreit mit der Sache befassten Anwalt eine Geschäftsgebühr geschuldet wird. Eine Anrechnung findet daher nicht statt, wenn der Erstattungsberechtigte vorprozessual von einem anderen Anwalt vertreten war als im Prozess.[193] In einem solchen Fall findet auch keine Kürzung der Verfahrensgebühr über § 91 Abs 2 Satz 3 ZPO statt.[194] Eine Anrechnung ist gleichfalls nicht veranlasst, wenn für die vorgerichtliche Tätigkeit ein vereinbartes Zeit- oder Pauschalhonorar (die keine »Geschäftsgebühr« darstellen) geschuldet wird.[195]

---

184 OLG Oldenburg, MDR 2011, 394.
185 BGH, NJW 2007, 1213; BGH, MDR 2011, 135; OLG Oldenburg, MDR 2015, 1385.
186 BGH, MDR 2012, 313.
187 BGH, MDR 2012, 313.
188 Dem Kläger steht es frei, ob er beziffert die volle oder die gekürzte Geschäftsgebühr einklagen will.
189 BGH, MDR 2011, 135.
190 Zu möglichen Anwendungsfällen vgl Fölsch, MDR 2009, 1137, 1139 f.
191 BGH, MDR 2012, 313.
192 BGH, NJW 2010, 76; OLG Oldenburg, MDR 2011, 394.
193 BGH, MDR 2010, 293; OLG Koblenz, MDR 2009, 533.
194 OLG Koblenz, MDR 2009, 533.
195 BGH, NJW 2009, 3364; OLG München, AnwBl 2009, 725.

Alles Vorstehende gilt selbstverständlich auch für die **Kosten des** mitwirkenden **Patent-** 83
anwalts. Auch insoweit findet eine Anrechnung im Kostenfestsetzungsverfahren nur nach Maßgabe des § 15a Abs 2 RVG statt.[196]

Wird im gerichtlichen Verfahren eine **Prozesstrennung** angeordnet, fallen in den aus 84
der Trennung resultierenden Einzelverfahren die vor der Prozesstrennung verdienten Gebühren bei Vorliegen ihrer tatbestandlichen Voraussetzungen aus den jeweiligen Einzelstreitwerten erneut an.[197] Grundlage der Gebührenanrechnung ist in einem solchen Fall die tatsächlich entstandene Gesamtgeschäftsgebühr für den ursprünglich einheitlichen Streitgegenstand und nicht eine fiktive Geschäftsgebühr nach dem Streitwert des jeweiligen Einzelverfahrens.[198] Allerdings wird der anrechenbare Teil der Gesamtgeschäftsgebühr nicht in jedem der Einzelverfahren in voller Höhe in Ansatz gebracht; vielmehr ist der anrechenbare Teil der Gesamtgeschäftsgebühr auf jede der in den gesonderten Einzelverfahren entstandenen Verfahrensgebühren quotal anzurechnen, und zwar entsprechend dem Verhältnis des jeweiligen Einzelstreitwertes zu dem Streitwert des ursprünglichen Gesamtverfahrens.[199]

d) Zinsen

Die Haftung auf Zinsen von den erstattungsfähigen Abmahnkosten richtet sich nach den 85
allgemeinen zivilrechtlichen Vorschriften, dh § 247 BGB (5 Prozentpunkte über dem Basiszinssatz[200]). § 288 Abs 2 BGB, der einen erhöhten Zinssatz von 8[201] bzw 9[202] Prozentpunkten vorsieht, ist nicht anwendbar, weil es sich bei dem Abmahnkostenerstattungsanspruch nicht um eine »Entgeltforderung« handelt, die nur vorliegt, wenn die in Rede stehende Geldforderung die Gegenleistung für eine vom Gläubiger erbrachte oder zu erbringende Leistung ist.[203] Diese Gegenleistungsbeziehung ist für den Anspruch auf Ersatz von Abmahnkosten zu verneinen.[204] Die Rechtsprechung des BFH[205], wonach die Kosten einer Abmahnung *umsatzsteuerrechtlich* als Entgelt im Rahmen eines umsatzsteuerbaren Leistungsaustauschs zwischen Abmahnendem und Abgemahntem zu behandeln sind, hat daran nichts geändert, weil aus der steuerrechtlichen Behandlung nicht der Schluss gezogen worden, dass es sich bei dem Anspruch auf Ersatz der Abmahnkosten auch *zivilrechtlich* (sic: iSv § 288 Abs 2 BGB) um eine »Entgeltforderung« handelt.[206]

e) Verjährung

Der Anspruch auf Kostenerstattung beginnt nicht bereits mit der Zuwiderhandlung, 86
derentwegen abgemahnt wurde, sondern erst mit der Entstehung der erstattet verlangten Kosten.[207] Diese wiederum ist frühestens mit der Versendung der Abmahnung zu verorten.[208]

---

196 Vgl OLG Düsseldorf, Beschluss v 17.8.2009 – I-2 W 48/09.
197 BGH, MDR 2014, 1414.
198 BGH, MDR 2014, 1414.
199 BGH, MDR 2014, 1414.
200 Lautet der Urteilsausspruch dahin, dass »5 % Zinsen über dem Basiszinssatz« zu zahlen sind, so ist dies regelmäßig dahingehend auszulegen, dass Zinsen in Höhe von 5 Prozentpunkten über dem Basiszinssatz tituliert sind (BGH, MDR 2013, 549).
201 § 288 Abs 2 BGB aF (gültig bis 28.7.2014).
202 § 288 Abs 2 BGB nF (gültig ab 29.7.2014).
203 BGH, GRUR 2013, 307 – Unbedenkliche Mehrfachabmahnung; BGH, MDR 2010, 914; BGH, MDR 2010, 939; OLG Düsseldorf, Urteil v 28.10.2021 – I-15 U 37/21.
204 OLG Celle, NJW-RR 2007, 393.
205 BFH, GRUR 2017, 826 – umsatzsteuerbare Leistung.
206 OLG Frankfurt/Main, WRP 2018, 1110 – Pfefferspray; aA: LG Braunschweig, GRUR-RR 2018, 371 – Umsatzsteuer auf Abmahnkosten.
207 LG Frankfurt/Main, GRUR-RR 2015, 431 – Animationsfilm.
208 BGH, GRUR 2016, 1280 – Everytime we touch.

f) Verfahrensrechtliches

87 Bei der Klage auf Erstattung von Abmahnkosten handelt es sich um eine **Patentstreitsache** iSv § 143 PatG, wenn der Gegenstand der Abmahnung eine Patentstreitsache ist.[209]

88 Der Kostenerstattungsanspruch erhöht (als Nebenforderung) den **Streitwert** der Verletzungsklage nicht[210]; anderes gilt erst dann, wenn die (sic: sämtliche) Ansprüche wegen Patentverletzung übereinstimmend für erledigt erklärt worden sind.[211]

6. *Vertragsstrafe*[212]

a) Haftungsgrund

89 Durch eine ausreichend strafbewehrte Unterlassungserklärung wird die Begehungsgefahr (als Voraussetzung für den Unterlassungsanspruch) zwar auch dann ausgeräumt, wenn die Verpflichtungserklärung des Schuldners einseitig bleibt.[213] Anspruch auf die versprochene Vertragsstrafe hat der Patentinhaber aber nur dann, wenn er die Unterwerfungserklärung in einer Weise angenommen hat, dass mit dem Schuldner nach den allgemeinen Regeln des BGB (**§§ 145 ff BGB**) ein Unterlassungsvertrag zustande gekommen ist.[214] Anwendbar ist ua § 151 BGB. Zu beachten sind insoweit jedoch zwei Gesichtspunkte: Die Vorschrift suspendiert nicht von einer (ausdrücklichen oder konkludenten, jedenfalls nach außen dokumentierten) Annahmeerklärung des Adressaten, sondern nur vom Zugang der (ausdrücklich oder konkludent geäußerten) Annahmeerklärung, die folglich in jedem Fall festzustellen ist.[215] Die Übermittlung der vorbereiteten Unterlassungserklärung kann nur dann als stillschweigender Verzicht auf den Zugang der Annahmeerklärung des Abgemahnten gewertet werden, wenn die abgegebene Unterwerfungserklärung nicht bzw nicht in einem wesentlichen Punkt von dem abweicht, was der Gläubiger verlangt hat.[216] Entscheidend ist nicht die Übereinstimmung der Unterlassungserklärung mit dem materiell rechtlichen Anspruch des Gläubigers, sondern ob sich die Unterwerfungserklärung mit dem Verlangen des Gläubigers deckt. Ein Zugangsverzicht kommt deswegen nicht in Betracht, wenn der Unterlassungserklärung hinter der Forderung des Gläubigers zurückbleibt, mag sie dessen sachlichen Anspruch (trotz ihres eingeschränkten Inhalts) auch vollständig erfüllen.[217]

90 Eine verspätete oder eine modifizierte Annahme gilt als Ablehnung verbunden mit einem neuen Angebot, das der andere Teil annehmen kann (**§ 150 BGB**).[218] Hat der Gläubiger (zB mit der Abmahnung) eine objektiv zu kurze Annahmefrist bestimmt, wird eine angemessen verlängerte Frist in Gang gesetzt, während der der Abgemahnte den Unterlassungsvertrag zustande bringen kann.[219] Geht das Vertragsangebot von ihm aus (zB weil seine Annahmeerklärung inhaltlich von der vorbereiteten Unterwerfungserklärung des Abmahnenden abweicht und deswegen als neues Angebot gilt), so ist in der Regel davon auszugehen, dass der Schuldner sein Angebot unbefristet abgegeben hat mit der Folge,

---

209 OLG Karlsruhe, GRUR-RR 2006, 302 – Erstattungsfähigkeit von Patentanwaltskosten; OLG Frankfurt/Main, MDR 2012, 727.
210 BGH, NJW 2007, 3289.
211 BGH, NJW 2008, 999.
212 Grundlegend: Rieble, GRUR 2009, 824; Böse, MDR 2014, 809; Metzger, GRUR 2019, 1015.
213 BGH, GRUR 2010, 355 – Testfundstelle.
214 BGH, GRUR 2006, 878 – Vertragsstrafevereinbarung; BGH, GRUR 2010, 355 – Testfundstelle.
215 BGH, GRUR 2006, 878 – Vertragsstrafevereinbarung.
216 BGH, GRUR 2002, 824 – Teilunterwerfung.
217 OLG Köln, GRUR-RR 2010, 339 – Matratzen im Härtetest.
218 BGH, GRUR 2010, 355 – Testfundstelle.
219 BGH, GRUR 2010, 355 – Testfundstelle.

dass es vom Gläubiger – abweichend von § 147 Abs 2 BGB – jederzeit angenommen werden kann[220], auch dann noch, wenn er zuvor dem anbietenden Schuldner eine wegen desselben Verstoßes erwirkte einstweilige Verfügung hat zustellen lassen.[221] Die Zustellung der Verfügung bedeutet weder eine konkludente Ablehnung des mit der Unterwerfungserklärung des Schuldners unterbreiteten Angebotes auf Abschluss eines Unterlassungsvertrages noch rechtfertigt sie eine Kündigung der Unterlassungsvereinbarung wegen Fehlens der Geschäftsgrundlage nach § 313 Abs 2 BGB oder eine Kondizierbarkeit des Unterlassungsversprechens (§§ 812 Abs 1 Satz 2, 821 BGB).[222]

Keine (zur Angebotsablehnung führende) **modifizierte Annahme** wird durch die Aufnahme des Zusatzes »ohne Anerkennung einer Rechtspflicht, aber rechtsverbindlich« begründet, weil sie bloß deklaratorischen Charakter hat.[223]   91

Beschränkt der Abgemahnte seine Unterwerfungserklärung auf einzelne abgemahnte Verletzungshandlungen oder einen separierbaren Teil der Abmahnung, so liegt auch darin keine modifizierte Gesamtannahme; vielmehr kommt ein Unterlassungsvertrag in dem Umfang zustande, in dem sich die Abmahnung und die Unterwerfung decken.[224]   92

Wird eine durch einen **vollmachtlosen Vertreter des Gläubigers** angenommene strafbewehrte Unterlassungserklärung später durch den Gläubiger genehmigt, so führt die in § 184 Abs 1 BGB vorgesehene Rückwirkung der Genehmigung nicht dazu, dass eine Vertragsstrafe für solche Verstöße gegen den Unterlassungsvertrag verwirkt ist, die während der Zeit schwebender Unwirksamkeit des Vertrages stattgefunden haben.[225]   93

Eine Haftungsgrundlage bildet die Unterlassungserklärung überdies nur dann, wenn sie wirksam ist. Das ist insofern bedeutsam, als eine vom Unterlassungsgläubiger vorformulierte Verpflichtungserklärung den Regelungen des Rechts der **Allgemeinen Geschäftsbedingungen** unterfällt[226] und deswegen insbesondere der Inhaltskontrolle nach § 307 BGB unterliegt.[227] Für sie entspricht es der BGH-Rechtsprechung[228], dass ein als Allgemeine Geschäftsbedingung gestelltes Vertragsstrafeversprechen wegen seiner Höhe nur dann unwirksam ist (§ 307 BGB), wenn der Betrag der Vertragsstrafe bereits *auf den ersten Blick* außer Verhältnis – erstens – zu dem sanktionierten Verstoß und – zweitens – zu den mit der Vertragsstrafe zu begegnenden Gefahren künftiger weiterer Verstöße steht. Ist ein bestimmter (**fester**) **Betrag** als pauschale Sanktion vorgesehen, ohne dass nach Art, Gewicht, Dauer der Vertragsverstöße differenziert wird, kann die Unangemessenheit schon daraus folgen, dass sich die Vertragsstrafe angesichts des typischerweise *geringsten* Vertragsverstoßes als unangemessen hoch erweist.[229] Das gilt auch im unternehmerischen Rechts- und Geschäftsverkehr und hängt *zum einen* von der Bedeutung der gesicherten Pflicht und der von einer Pflichtverletzung ausgehenden Schadensgefahr für den Gläubiger sowie *zum anderen* von dem Grad des Verschuldens an dem Vertragsverstoß und den wirtschaftlichen (ggf sogar existenzgefährdenden) Auswirkungen der gestellten Vertragsstrafe für den Schuldner ab.[230] Da eine geltungserhaltende Reduktion nicht stattfindet, entfällt mit einer Anwendung des § 307 BGB das Vertragsstrafeverspre-   94

---

220 BGH, GRUR 2010, 355 – Testfundstelle.
221 BGH, GRUR 2010, 355 – Testfundstelle.
222 BGH, GRUR 2010, 355 – Testfundstelle.
223 BGH, GRUR 2013, 1252 – Medizinische Fußpflege.
224 OLG Düsseldorf, Urteil v 10.9.2015 – I-15 U 129/14; offengelassen von BGH, GRUR 2017, 823 – Luftentfeuchter.
225 BGH, GRUR 2015, 187 – Zuwiderhandlung während Schwebezeit.
226 BGH, NJW 1993, 721, 722.
227 OLG Düsseldorf, Beschluss v 14.11.2011 – I-20 W 132/11.
228 BGH, GRUR 2014, 595 – Vertragsstrafenklausel.
229 BGH, NJW 2016, 1230.
230 BGH, Urteil v 31.8.2017 – VII ZR 308/16.

chen insgesamt, sodass keinerlei Haftungsgrundlage mehr für den Gläubiger besteht.[231] Es gilt insoweit ein strengerer Maßstab als bei individuell ausgehandelten Vertragsstrafen, bei denen auch im kaufmännischen Verkehr eine Herabsetzung nach § 242 BGB möglich ist. Eine Unwirksamkeit unter dem Gesichtspunkt der Inhaltskontrolle ist gleichfalls für den uneingeschränkten Verzicht auf die Einrede des **Fortsetzungszusammenhangs** angenommen worden, weil er dazu führe, dass – entgegen der gesetzlichen Lage – miteinander in einem Fortsetzungszusammenhang stehende Verletzungshandlungen nicht zu einer Handlung im Rechtssinne zusammengefasst werden.[232] Anderes soll gelten können, wenn besondere Umstände oder ein spezielles Gläubigerinteresse eine Abweichung von der Behandlung einer fortgesetzten Tat als rechtliche Handlungseinheit verlangen.[233] Diese Rechtsprechung missachtet, dass der BGH die fortgesetzte Handlung für das Vollstreckungsrecht aufgegeben hat, was entsprechende Konsequenzen auch für die mit der Vertragsstrafe verbundene andere Art der Sanktion einer Zuwiderhandlung haben muss.

95 Rechtlich relevant kann weiterhin eine **Kündigung** des Unterlassungsvertrages sein, die diesen für die Zukunft (grundsätzlich nicht rückwirkend!) als Anspruchsgrundlage entfallen lässt. Infrage kommen sowohl eine – fristgerechte (§ 314 Abs 3 BGB!)[234] – Kündigung aus wichtigem Grund gemäß § 314 BGB (welcher stets dann gegeben ist, wenn der der vertraglichen Unterlassungsvereinbarung zugrunde liegende gesetzliche Unterlassungsanspruch – zB wegen einer geänderten Gesetzeslage oder einer neuen höchstrichterlichen Rechtsprechung – nicht mehr besteht, sodass gegen einen gerichtlichen Unterlassungstitel mit der Vollstreckungsabwehrklage vorgegangen werden könnte) oder eine Kündigung wegen Wegfalls der Geschäftsgrundlage gemäß § 313 BGB (die im Vergleich zu § 314 BGB strengeren Voraussetzungen unterliegt).[235] Zunächst in der Instanzrechtsprechung[236] und mittlerweile auch vom BGH[237] ist als Grund für eine außerordentliche Kündigung außerdem der Fall anerkannt, dass dem Zustandekommen des Unterlassungsvertrages ein missbräuchliches Verhalten des Unterlassungsgläubigers (zB bei der Abmahnung) vorausgegangen ist, welches dazu führt, dass dem Abgemahnten ein Festhalten an der Unterwerfungserklärung nach Treu und Glauben nicht mehr zugemutet werden kann. Solches kann anzunehmen sein, wenn das – nicht notwendiger Weise alleinige, aber doch beherrschende – Motiv für die Abmahnung sachfremde, für sich genommen nicht schutzwürdige Motive sind wie die Absicht, den Gegner durch möglichst hohe Kosten zu belasten oder sonst generell zu schädigen.[238] Indizien dafür können systematisch überhöhte Abmahngebühren oder Vertragsstrafen sowie der Umstand sein, dass der Abmahnende an der Verfolgung des abgemahnten Verhaltens kein nennenswertes wirtschaftliches Interesse hat.[239] Unter solchen Umständen kann der Treuwidrigkeitseinwand dem Vertragsstrafenanspruch auch für solche Verstöße entgegen gehalten werden, die zeitlich *vor* der Kündigung erfolgt sind.[240]

96 Entfällt die Rechtswidrigkeit der Handlung nach Abschluss des Unterlassungsvertrags, so dass ein gesetzlicher Unterlassungsanspruch nicht mehr besteht, so bedarf es einer – zuvor erörterten – Kündigung des Vertrags aber nicht einmal. Vielmehr verlangen es der Verhältnismäßigkeitsgrundsatz und das Verbot **unzulässiger Rechtsausübung** (§ 242

---

231 BGH, Urteil v 31.8.2017 – VII ZR 308/16.
232 OLG Frankfurt/Main, GRUR-RR 2020, 556 – VENOM.
233 OLG Frankfurt/Main, GRUR-RR 2020, 556 – VENOM.
234 BGH, GRUR 2019, 638 – Kündigung der Unterlassungsvereinbarung.
235 BGH, GRUR 2014, 797 – fishtailparka.
236 KG, GRUR-RR 2017, 114 – vorgeschobene Marktbereinigung II (wobei dem Vertragsstrafeverlangen schon vor der Kündigung der Einwand aus § 242 BGB entgegengehalten werden kann).
237 BGH, GRUR 2019, 638 – Kündigung der Unterlassungsvereinbarung.
238 BGH, GRUR 2019, 638 – Kündigung der Unterlassungsvereinbarung.
239 BGH, GRUR 2019, 638 – Kündigung der Unterlassungsvereinbarung.
240 BGH, GRUR 2019, 638 – Kündigung der Unterlassungsvereinbarung.

BGB), dass der Gläubiger die strafbewährt zugesagte Unterlassung, die zu erklären er heute keinen Anlass mehr hätte, vom Schuldner nicht mehr verlangen darf. Dh: Es besteht zwar ein Kündigungsrecht wegen nachträglichen Wegfalls der Geschäftsgrundlage (§ 313 Abs 3 BGB) oder wegen eines wichtigen Grundes (§ 314 Abs 1 BGB); aber selbst wenn der Schuldner es nicht ausübt, darf die vertragliche Unterlassungsverpflichtung ihm gegenüber nicht mehr durchgesetzt werden.[241] Die Einwendung richtet sich auf eine Veränderung der Verhältnisse, unter denen die Parteien die Unterlassungsvereinbarung geschlossen haben. Die Einwendung ermöglicht es deswegen nicht, erst jetzt geltend zu machen, der Schuldner habe die Unterlassungsverpflichtung damals nicht eingehen müssen oder eingehen wollen. Ihm wird allein der Einwand zugestanden, er hätte heute keinen Anlass zum Vertragsschluss, wenn er gleiche Entscheidungskriterien und gleiche Beurteilungsmaßstäbe wie damals verwenden würde.[242] Anders gewendet: Die Einwendung muss eine wesentliche Veränderung der Verhältnisse darlegen, nicht eine geänderte Beurteilung wesentlich gleicher Verhältnisse.

b) Verstoß nach zustande gekommenem Vertragsschluss

Anspruchsbegründend sind nur Verstöße, die ab dem Zeitpunkt des Vertragsschlusses – und nicht schon vorher – begangen worden sind.[243] Die Vertragsstrafe fällt dabei – wenn nichts anderes vereinbart ist – nur bei schuldhaften Verstößen an[244], wobei das Verschulden allerdings vermutet wird.[245] Der Gläubiger hat folglich nur den Verstoß darzutun, während die Last der Exkulpation beim Schuldner liegt.[246] Die ausnahmsweise Annahme einer rückwirkenden Verpflichtung zur Zahlung der Vertragsstrafe für vor Abschluss des Unterlassungsvertrages vorgefallene Verstöße bedarf einer hinreichend deutlichen Vereinbarung.[247]

97

Wenn eine vertragsstrafebewehrte Unterlassungserklärung ohne Hinweis auf einen bestimmten Zeitpunkt abgegeben wird, so ist die Leistung gemäß § 271 Abs 1 BGB **sofort** zu erfüllen.[248] Das bedeutet, dass der Schuldner so schnell leisten muss, wie ihm dies nach *objektiven* Maßstäben – unter Berücksichtigung etwa notwendiger Vorbereitungsmaßnahmen – möglich ist.[249] Eine Überlegungsfrist kann der Schuldner demgegenüber nicht in Anspruch nehmen, weil es sich dabei um einen subjektiven Umstand handelt, der im Zusammenhang mit § 271 BGB – anders als bei § 121 Abs 1 BGB (»ohne schuldhaftes Zögern«) – keine Bedeutung hat.[250]

98

c) Auslegung der Unterlassungserklärung

Ob ein bestimmtes Verhalten eine Vertragsstrafe auslöst, kann unter Umständen erst nach **Auslegung** der Unterwerfungserklärung beantwortet werden. Unterlassungsverträge sind nach den auch sonst für die Vertragsauslegung geltenden Grundsätzen zu interpretieren. Maßgeblich ist folglich der wirkliche Wille der Vertragsparteien (**§§ 133, 157 BGB**), bei dessen Ermittlung neben dem Erklärungswortlaut die beiderseits bekann-

99

---

241 OLG Brandenburg, GRUR-RR 2022, 269 – Schlüsselchip.
242 OLG Brandenburg, GRUR-RR 2022, 269 – Schlüsselchip.
243 BGH, GRUR 2006, 878 – Vertragsstrafevereinbarung; BGH, GRUR 2010, 355 – Testfundstelle; BGH, GRUR 2015, 190.
244 BGH, GRUR 1998, 963, 964 – Verlagsverschulden II.
245 BGH, GRUR 2017, 823 – Luftentfeuchter.
246 BGH, GRUR 1998, 471, 472 – Modenschau im Salvatorkeller; BGH, GRUR 2003, 899 – Olympiasiegerin; BGH, GRUR 2009, 181 – Kinderwärmekissen; BGH, GRUR 2010, 167, 168 – Unrichtige Aufsichtsbehörde.
247 BGH, GRUR 2015, 190.
248 OLG München, GRUR-RR 2022, 283 – postwendende Vertragsstrafenforderung.
249 OLG München, GRUR-RR 2022, 283 – postwendende Vertragsstrafenforderung.
250 OLG München, GRUR-RR 2022, 283 – postwendende Vertragsstrafenforderung.

ten Umstände wie insbesondere die Art und Weise des Zustandekommens der Vereinbarung, die Wettbewerbsbeziehung zwischen den Vertragsparteien sowie deren Interessenlage heranzuziehen sind.[251] Von Belang ist ferner der Zweck des Unterlassungsvertrages, der darin besteht, nach einer Verletzungshandlung die Vermutung der Wiederholungsgefahr auszuräumen und die Durchführung eines gerichtlichen Verfahrens entbehrlich zu machen, was es nahelegt, dass sich die übernommene Unterlassungspflicht auf alle Benutzungsalternativen erstreckt, die dem Schutzrechtsinhaber vorbehalten sind.[252] Verwendet der Unterlassungsvertrag Begriffe, die unter Fachleuten einen besonderen Inhalt und Sinn haben, ist im Zweifel jene Bedeutung zugrunde zu legen, wenn die Umstände erkennen lassen, dass sich die am Vertrag Beteiligten als Angehörige der entsprechenden Sondergruppe erklärt und verstanden haben.[253]

100 Die **Beweislast** für die auslegungsrelevanten Umstände verteilt sich wie folgt: Diejenige Partei, die Tatsachen geltend macht, die zu einem bestimmten Auslegungsergebnis führen sollen, hat eben diese Tatsachen darzulegen und zu beweisen. Das gilt insbesondere für diejenige Partei, die eine vom Wortlaut abweichende Bedeutung der Erklärung behauptet.[254] Wegen der für die Vollständigkeit und Richtigkeit der über ein Rechtsgeschäft aufgenommenen Urkunde bestehenden Vermutung hat diejenige Partei, die ein ihr günstiges Auslegungsergebnis auf Umstände außerhalb der Urkunde stützt, diese zu beweisen.[255]

101 Regelmäßig wird nur ein Verhalten anspruchsbegründend sein, das tatsächlich eine **Schutzrechtsverletzung** darstellt, dh in den Schutzbereich des Patents eingreift und nicht durch besondere Gründe gerechtfertigt ist. Diejenige Ausführungsform, derentwegen abgemahnt und der Unterlassungsvertrag abgeschlossen wurde, löst jedoch in jedem Fall die Vertragsstrafe aus, selbst wenn mit ihr objektiv keine Schutzrechtsverletzung verbunden ist.

102 Besteht im Hinblick auf eine ähnliche Verletzungshandlung Ungewissheit und Streit darüber, ob sie der Unterlassungserklärung unterfällt, besteht grundsätzlich ein **Rechtsschutzbedürfnis** für eine gerichtliche Klärung, wenn ungewiss ist, ob die Zuwiderhandlung erfolgreich im Vollstreckungsverfahren geahndet werden kann und dem Gläubiger, würde man ihn auf diesen Weg verweisen, eine Anspruchsverjährung droht.[256] Anders verhält es sich, wenn der Schuldner eine vom Gläubiger vorformulierte Unterlassungserklärung abgegeben hat, die objektiv unvollständig ist (zB weil sie nur verletzende Angebote, aber nicht die ebenfalls vorgekommenen Vertriebshandlungen berücksichtigt); bevor der Gläubiger hier den Rechtsweg beschreiten kann, hat er – als Nebenpflicht aus dem durch die Abmahnung begründeten Schuldverhältnis – beim Schuldner nachzufragen, ob er nicht bereit ist, sich auch wegen des Vertriebs zu unterwerfen.[257] Einem stattdessen eingereichten Eilantrag fehlt das Rechtsschutzbedürfnis.[258]

103 Bezieht sich das Vertragsstrafeversprechen auf die Unterlassung schutzrechtsverletzender Handlungen, durch die eine **fortdauernde Störungsquelle** geschaffen worden ist, so ist die Unterlassungserklärung *im Zweifel* dahin auszulegen, dass sie nicht nur das Unterlas-

---

251 BGH, GRUR 1997, 931, 932 – Sekundenschnell; BGH, GRUR 2006, 878 – Vertragsstrafevereinbarung; BGH, GRUR 2010, 167 – Unrichtige Aufsichtsbehörde; BGH, GRUR 2015, 190; BGH, GRUR 2015, 258 – CT-Paradies.
252 BGH, GRUR 2015, 258 – CT-Paradies.
253 BGH, WM 2014, 2280.
254 BGHZ 20, 109, 111.
255 BGH, NJW 1999, 1702, 1703.
256 BGH, GRUR 2011, 742 – Leistungspakete im Preisvergleich.
257 OLG Frankfurt/Main, GRUR-RR 2022, 329 – Wärme-Zielpads.
258 OLG Frankfurt/Main, GRUR-RR 2022, 329 – Wärme-Zielpads. Zudem läge ein Fall des § 93 ZPO vor.

sen solcher Handlungen zum Inhalt hat, die eine Störungsquelle begründen, sondern darüber hinaus dahin geht, die bereits bestehende und fortwirkende Störungsquelle, die Anlass für die Unterwerfung war, zu beseitigen.[259] Denn im Falle eines (mit dem Unterlassungsvertrag zu vermeidenden) Rechtsstreits stünde dem Verletzten neben dem Anspruch auf Unterlassung auch ein eben solcher Beseitigungsanspruch zu.[260] Als nach Abgabe der Unterwerfungserklärung geschuldete Beseitigungsmaßnahmen kommen die Erkundigung bei Abnehmern über dort noch vorhandene rechtsverletzende Ware oder Werbung, die Aufforderung an die Abnehmer zur Einstellung weiterer Werbe- und Vertriebshandlungen sowie der Rückruf von Werbung und Ware[261] in Betracht.[262] Die im Rahmen des Möglichen und Zumutbaren gegebene Rückrufpflicht besteht unabhängig davon, ob der Verpflichtete gegen seine Abnehmer rechtlich durchsetzbare Ansprüche auf Unterlassung der Weiterveräußerung oder auf Rückgabe der rechtsverletzenden Produkte hat.[263] Da der Beseitigungsanspruch die Abwehr einer bereits eingetretenen, aber fortwirkenden Beeinträchtigung zum Gegenstand hat, führt der Wegfall des Störungszustandes (zB deshalb, weil der Verpflichtete von sich aus hinreichende Beseitigungsmaßnahmen ergreift) zum Erlöschen des Anspruchs.[264] Die Auslegung des Unterlassungsvertrages kann aber auch zum gegenteiligen Ergebnis führen. Wird dem Verletzer in der Vereinbarung eine Aufbrauchsfrist eingeräumt, so spricht dies dafür, dass er zu einem Rückruf aus den Vertriebswegen nicht verpflichtet sein soll, und zwar weder im Hinblick auf solche Ware, die innerhalb der Aufbrauchsfrist in Verkehr gelangt ist, noch im Hinblick auf solche Gegenstände, die schon vorher vertrieben wurden.[265]

Die Vertragsstrafe ist im Zweifel auch dann verwirkt, wenn der Versprechende sich zur Schutzrechtsverletzung **Dritter** bedient und er, obwohl ihm dies möglich und zumutbar ist, nicht alles Erforderliche und Zumutbare unternommen hat, um den Verstoß zu verhindern.[266] Solches kommt namentlich in Betracht, wenn der abgemahnte Schutzrechtseingriff in einer von einem Dritten herausgegebenen Werbung und der Verstoß in dem nicht hinreichenden Bemühen des Abgemahnten um Entfernung aus der Werbung bestehen.[267] Denn der Verpflichtete haftet nicht nur für eigenes Verschulden, sondern nach § 278 BGB gleichermaßen für die Versäumnisse von Erfüllungsgehilfen, nämlich solchen Personen, die mit seinem Willen bei der Erfüllung der Unterlassungsverpflichtung als Hilfsperson tätig werden. In der gerade beschriebenen Konstellation sind dies beispielsweise die Werbeagentur und die Anzeigenabteilung des Verlagshauses, denen sich der Verletzer für seine rechtsverletzende Werbung bedient.[268] Keine Rolle spielt, ob der Dritte die Unterlassungspflicht kennt, ob er sich an die Weisungen seines Geschäftsherrn hält oder ob es sich bei ihm um eine gegenüber dem Geschäftsherrn unternehmerisch vollkommen eigen- und selbständige Rechtspersönlichkeit handelt.[269] Sortimenter (zB Baumärkte), denen Ware unter verlängertem Eigentumsvorbehalt geliefert worden ist, sind keine Erfüllungsgehilfen des Lieferanten, weil der Eigentumsvorbehalt allein der Kreditsicherung dient, aber nichts dazu besagt, dass das betreffende Unternehmen tatsächlich in den Aufgaben- und Pflichtenkreis des Vorbehaltsverkäufers aus der Unterlassungsvereinbarung mit dem Verletzten einbezogen ist.[270] Die Haftung für Erfüllungsge-

104

---

259 BGH, GRUR 2015, 258 – CT-Paradies.
260 BGH, GRUR 2015, 258 – CT-Paradies.
261 BGH, GRUR 2017, 823 – Luftentfeuchter.
262 OLG Düsseldorf, Urteil v 10.9.2015 – I-15 U 129/14.
263 BGH, GRUR 2017, 823 – Luftentfeuchter.
264 BGH, GRUR 2018, 423 – Klauselersetzung.
265 OLG Köln, GRUR 2019, 176 – Herr Antje.
266 BGH, GRUR 2015, 258 – CT-Paradies.
267 Vgl OLG Düsseldorf, GRUR-RR 2014, 155 – Buchhaltung.
268 BGH, GRUR 2017, 823 – Luftentfeuchter.
269 OLG Düsseldorf, Urteil v 10.9.2015 – I-15 U 129/14.
270 BGH, GRUR 2017, 823 – Luftentfeuchter.

hilfen besteht dann *nicht*, wenn sie eindeutig ausgeschlossen worden ist, wofür die Beschränkung der Vertragsstrafe auf »schuldhafte Zuwiderhandlungen« nicht ausreicht.[271]

105 Der Fall kann aber auch anders liegen: Ist lediglich versprochen, eine bestimmte Verletzungshandlung nicht »erneut« zu begehen, so bedeutet dies im Zweifel nicht, dass außer dem Unterbleiben eigener gleichgelagerter Benutzungshandlungen auch eine Einwirkung auf Dritte geschuldet wird, die aufgrund des dem Unterlassungsvertrag zugrunde liegenden Verstoßes eigenständig in der Lage sind, das Schutzrecht verletzende Handlungen zu begehen.[272]

106 Keine Vertragsstrafe auslösen kann ein unredlich ausgeführter **Testkauf**.[273]

107 Haben sich Mehrere vertraglich zur Unterlassung verpflichtet, schulden sie die Vertragsstrafe grundsätzlich nebeneinander und nicht als **Gesamtschuldner**. Anders verhält es sich, wenn Vereinbarungen getroffen worden sind, die auf eine Gesamtschuldnerschaft schließen lassen.

▶ **Beispiel:**

108 Einheitliche Verpflichtung mehrerer Konzernunternehmen, die im Vertrag als eine Partei bezeichnet werden.[274] Gemeinsame Unterlassungsverpflichtung von juristischer Person und ihrem Geschäftsführer in Bezug auf Zuwiderhandlungen im geschäftlichen Umfeld des Unternehmens.[275]

d) Mehrere Verstöße

109 Wie oft die vereinbarte Vertragsstrafe verwirkt ist, hängt von der **Zahl der** anspruchsbegründenden **Zuwiderhandlungen** ab. Jede von ihnen stellt im Regelfall einen unterschiedlichen Streitgegenstand dar.[276]

110 Mehrere Verstöße (zB der Verkauf mehrerer schutzrechtsverletzender Gegenstände) können eine einzige **natürliche Handlung** darstellen (zB weil der Verkauf auf *einem* Handlungsakt oder zwar auf mehreren, zeitlich nicht zu weit auseinander liegenden Einzelmaßnahmen, aber *einem* fahrlässigen Versehen des Schuldners beruht).[277] Kennzeichnend sind der enge Zusammenhang der Einzelakte sowie deren auch für Dritte äußerlich erkennbare Zugehörigkeit zu einer Einheit.[278] Welche Umstände für die Begründung einer Tateinheit herangezogen werden können, beurteilt sich jedoch entscheidend anhand einer Auslegung der Vertragsstrafevereinbarung.[279] Haben die Parteien eine Vertragsstrafe für jedes angebotene, verkaufte oder verbreitete Produkt vorgesehen, verbietet es diese ausdrückliche Abrede, mehrere oder alle Verstöße nach den Grundsätzen der natürlichen Handlungseinheit zu einer einzigen Handlung zusammenzufassen.[280]

111 Liegt keine natürliche Handlungseinheit vor und geht das Versprechen dahin, eine Vertragsstrafe »**für jeden Fall der Zuwiderhandlung**« zu zahlen, ist durch Auslegung zu ermitteln, ob mehrere gleichartige, zeitlich nicht zu weit auseinanderliegende Einzelver-

---

271 OLG Düsseldorf, Urteil v 10.9.2015 – I-15 U 129/14.
272 BGH, GRUR 2015, 190.
273 BGH, GRUR 2017, 1140 – Testkauf im Internet.
274 BGH, GRUR 2009, 181 – Kinderwärmekissen; kritisch: Rieble, GRUR 2009, 824.
275 BGH, GRUR 2014, 797 – fishtailparka; OLG Köln, MDR 2012, 1455.
276 BGH, GRUR 2015, 258 – CT-Paradies; BGH, GRUR 2010, 167 – Unrichtige Aufsichtsbehörde.
277 BGH, GRUR 2017, 823 – Luftentfeuchter.
278 OLG Düsseldorf, Urteil v 10.9.2015 – I-15 U 129/14, mwN.
279 BGH, GRUR 2003, 545 – Hotelinfo.
280 BGH, GRUR 2009, 181 – Kinderwärmekissen.

stöße, die auf fahrlässigem Verhalten beruhen und unter Außerachtlassung derselben Pflichtenlage begangen worden sind, als eine einzige Zuwiderhandlung im Sinne des Vertragsstrafeversprechens (»**rechtliche Handlungseinheit**«) anzusehen sind.[281] Von Belang sind in diesem Zusammenhang vor allem der Wert des Verletzungsgegenstandes und der dementsprechend aus einem Einzelverstoß resultierende Schaden des Verletzten sowie die Höhe der vereinbarten Vertragsstrafe. Sind der Wert und die Schadensträchtigkeit äußerst gering und die Vertragsstrafe demgegenüber hoch, kann dies dafür sprechen, nur eine Zuwiderhandlung anzunehmen, weil ansonsten eine angesichts des geringen Gewichts der Verstöße übermäßige Sanktionierung stattfinden würde.[282] Gleiches gilt, wenn sich der zum Rückruf verpflichtete Schuldner aufgrund einer einheitlichen, rechtlich unzutreffenden Überlegung (aus bestimmten Rechtsgründen nicht zu einem Tätigwerden gehalten zu sein) entschließt, von dem geschuldeten Rückruf abzusehen; *eine* Handlung liegt bei wertender Betrachtung selbst dann vor, wenn der Rückruf gegenüber mehreren selbständig organisierten Abnehmern unterblieben ist.[283] Mehrere sanktionsfähige Handlungen liegen demgegenüber vor, wenn der Schuldner vor dem weiteren Einzelverstoß erneut abgemahnt worden ist.[284]

Praxistipp	Formulierungsbeispiel

Setzt der Gläubiger dem Schuldner wegen der durch eine erste Zuwiderhandlung verwirkten Vertragsstrafe eine **Zahlungsfrist**, so soll in Betracht kommen, dass eine zweite Vertragsstrafe nicht durch eine Zuwiderhandlung verwirkt werden kann, die nach Zugang der Zahlungsaufforderung und vor Ablauf der Zahlungsfrist begangen worden ist.[285] Dem ist zu widersprechen. Es widerstreitet offensichtlich der gegebenen Interessenlage, an die Zahlungsaufforderung des Gläubigers einen Freibrief für weitere Zuwiderhandlungen des Schuldners zu knüpfen. Dennoch sollte vorsichtshalber davon abgesehen werden, eine Zahlungsfrist zu setzen oder, wenn sie (im Interesse der Herbeiführung des Schuldnerverzuges) gesetzt wird, unmissverständlich klargestellt werden, dass mit ihr kein Verzicht auf die Sanktionierung von Zuwiderhandlungen während der Zahlungsfrist verbunden ist.

112

Die Rechtsfigur des **Fortsetzungszusammenhang**s hat demgegenüber keine Bedeutung mehr, weshalb es verfehlt ist, mehrere bei natürlicher Betrachtung selbständige Handlungen für die Vertragsstrafe zu einer fortgesetzten Tat zusammenzufassen.[286]

113

e) Bemessungskriterien

Bei der Bemessung der Vertragsstrafe kommt es in erster Linie auf ihren Sanktionscharakter und die Funktion der Vertragsstrafe an, weitere Zuwiderhandlungen zu verhüten. Maßgeblich sind daher Schwere und Ausmaß der Zuwiderhandlung, ihre Gefährlichkeit für den Gläubiger sowie das Verschulden des Verletzers. Eine ausreichend abschreckende Wirkung hat die Vertragsstrafe nur dann, wenn sie deutlich über diejenigen Vorteile hinausgeht, die der Verletzer aus seinem vertragswidrigen Tun erzielen kann.[287] Nachrangig ist die Funktion der Vertragsstrafe als pauschalierter Schadenersatz zu berücksich-

114

---

281 OLG Düsseldorf, Urteil v 10.9.2015 – I-15 U 129/14, mwN.
282 BGH, GRUR 2015, 1021 – Kopfhörer-Kennzeichnung.
283 BGH, GRUR 2017, 823 – Luftentfeuchter.
284 BGH, GRUR 2015, 1021 – Kopfhörer-Kennzeichnung.
285 BGH, GRUR 2010, 167, 169 – Unrichtige Aufsichtsbehörde.
286 BGH, GRUR 2001, 758 – Trainingsvertrag; BGH, GRUR 2009, 427 – Mehrfachverstoß gegen Unterlassungstitel.
287 OLG Oldenburg, GRUR-RR 2010, 252 – Pkw-Laufleistung.

tigen.²⁸⁸ Der Schuldner trägt hierbei die Darlegungs- und **Beweislast** für die Unverhältnismäßigkeit der Vertragsstrafe.²⁸⁹

115 Ergibt sich aufgrund der Vertragsstrafevereinbarung (die kein Leistungsbestimmungsrecht des Gläubigers vorsieht²⁹⁰, sondern einen festen Betrag ausweist) ein unangemessen hoher Betrag, kann gemäß § 343 BGB eine gerichtliche **Herabsetzung** auf eine angemessene Höhe begehrt werden. Diese Möglichkeit steht einem Kaufmann, der das Versprechen im Betrieb seines Handelsgewerbes abgegeben hat, nicht zu (§ 348 HGB). Er kann weder die Geringfügigkeit des Verstoßes noch einen geringen Verschuldensgrad noch ein Mitverschulden des Gläubigers einwenden. Auch hier lässt die Rechtsprechung jedoch eine Reduzierung der Vertragsstrafe über § 242 BGB zu, wenn deren Höhe in einem geradezu unerträglichen Missverhältnis zur Bedeutung der geahndeten Zuwiderhandlung steht.²⁹¹ Die Herabsetzung erfolgt aber nicht auf das objektiv angemessene Maß, sondern auf einen Betrag, der nach Treu und Glauben eben noch hingenommen werden kann.²⁹² Anhaltspunkt für die Bestimmung dieses Betrages kann das Doppelte der nach § 343 BGB angemessenen Vertragsstrafe sein.²⁹³

116 Die eingeforderte Vertragsstrafe ist auf einen gleichzeitig gegebenen **Schadenersatzanspruch** des Gläubigers anzurechnen, damit es infolge der Vertragsstrafe nicht zu einer ungerechtfertigten doppelten Entschädigung des Berechtigten kommt. Die **Anrechnung** gilt freilich nur insoweit, als Interessenidentität besteht. Daran fehlt es, wenn neben der Vertragsstrafe die Anwaltskosten ersetzt verlangt werden, die durch das Geltendmachen der Vertragsstrafe angefallen sind.²⁹⁴ Eine Anrechnung hat ferner zu unterbleiben auf einen Schadensersatzanspruch, der zum Zeitpunkt des Vertragsstrafeversprechens bereits entstanden war.²⁹⁵ Anzurechnen auf die Vertragsstrafe ist auch ein wegen desselben Verstoßes verhängtes **Ordnungsgeld**.²⁹⁶

117 Nach den allgemeinen Regelungen des BGB ist der Vertragsstrafenanspruch zu **verzinsen**. § 288 Abs 2 BGB gilt allerdings nicht, weil die Vertragsstrafe keine »Entgeltforderung« ist, die die Gegenleistung für eine vom Gläubiger geschuldete Leistung darstellt.²⁹⁷

118 Die Entgegennahme der Vertragsstrafe stellt keinen **umsatzsteuerpflichtig**en Vorgang dar.²⁹⁸

f) Verfahrensrechtliches

119 Eine **örtliche Zuständigkeit** für die Klage auf Zahlung einer Vertragsstrafe lässt sich auch dann nicht aus § 32 ZPO herleiten, wenn Anlass für die Abgabe des Vertragsstrafeversprechens der Vorwurf einer Schutzrechtsverletzung gewesen ist. Denn die Forderung einer Vertragsstrafe stellt die Geltendmachung eines vertraglichen Anspruchs und nicht die Erhebung von Ansprüchen wegen unerlaubter Handlung dar.²⁹⁹ Neben dem allge-

---

288 BGH, GRUR 1994, 146 – Vertragsstrafebemessung; BGH, GRUR 2009, 181 – Kinderwärmekissen.
289 BGH, GRUR 1994, 146 – Vertragsstrafebemessung; OLG Frankfurt/Main, GRUR-RR 2019, 460 – Kartografie-Kachel.
290 In diesem Fall findet eine gerichtliche Leistungsbestimmungskontrolle der Vertragsstrafenhöhe bereits nach § 315 Abs 3 BGB statt, und zwar auch bei Vereinbarung unter Kaufleuten, BGH, GRUR 2010, 355 – Testfundstelle.
291 BGH, GRUR 2009, 181 – Kinderwärmekissen.
292 BGH, GRUR 2009, 181 – Kinderwärmekissen.
293 BGH, GRUR 2009, 181 – Kinderwärmekissen.
294 BGH, GRUR 2009, 929 – Vertragsstrafeneinforderung.
295 BGH, GRUR 2009, 660 – Resellervertrag.
296 BGH, GRUR 2010, 355 – Testfundstelle.
297 BGH, GRUR 2015, 187 – Zuwiderhandlung während Schwebezeit; BGH, MDR 2010, 914; OLG Hamburg, OLG-Report 2004, 432.
298 OLG Koblenz, GRUR-RR 2008, 413 – Disposition.
299 LG Mannheim, InstGE 12, 240 – Vertragsstrafenklage; OLG München, Mitt 2012, 46 (LS).

meinen Gerichtsstand kommt daher nur der besondere Gerichtsstand des Erfüllungsortes in Betracht. Wegen der Akzessorietät von Vertragsstrafe und gesicherter Hauptpflicht liegt der Erfüllungsort dort, wo die strafbewehrte Hauptverpflichtung zu erfüllen ist.[300] Wenn eine strafbewehrte Unterlassungspflicht sich auf ein größeres Gebiet erstreckt, begründet § 29 ZPO nicht an jedem Ort, für den die Unterlassungspflicht besteht, die örtliche Zuständigkeit für die auf Zahlung einer Vertragsstrafe gerichtete Klage. Der Erfüllungsort der Unterlassungsverpflichtung und der Vertragsstrafe liegt grundsätzlich am Wohnsitz bzw am Ort der Niederlassung des Schuldners.[301] Dasselbe Zuständigkeitsregime gilt für den Anspruch auf Erstattung von Anwaltskosten für die außergerichtliche Aufforderung zur Zahlung der Vertragsstrafe.[302]

120 Ungeachtet dessen handelt es sich auch bei dem Anspruch auf eine Vertragsstrafe wegen Patentverletzung um eine **Patentsache** im Sinne des s PatG, sodass die Konzentration auf die Patentstreitkammern zu beachten ist.[303]

121 Wird eine Vertragsstrafe eingeklagt, muss die wegen der vorgefallenen Verstöße beanspruchte Summe konkret bezeichnet werden. Mangels hinreichender **Bestimmtheit** unzulässig ist deswegen ein Antrag, der darauf gerichtet ist, den Beklagten zu verurteilen, »für jeden patentverletzenden Gegenstand, der seit dem ... angeboten, in Verkehr gebracht, gebraucht oder zu den genannten Zwecken eingeführt oder besessen wurde, eine Vertragsstrafe in Höhe von ... EUR zu zahlen«.[304] Ein derartiger Leistungsantrag kann im Allgemeinen auch nicht in einen Feststellungsantrag umgedeutet werden. Denn es verbietet sich, die Höhe der Vertragsstrafe, die eigenen Bemessungskriterien unterliegt, pauschal und einheitlich für alle Verletzungsfälle festzulegen, ohne die Umstände des Einzelfalls zu kennen und in Betracht zu ziehen.[305] Wird für **mehrere Verstöße** nicht der gesamte nach Ansicht des Klägers verwirkte Vertragsstrafenbetrag eingeklagt, sondern nur ein Teil davon, muss klargestellt werden, wie sich der Klagebetrag auf die einzelnen Vertragsstrafenansprüche (die jeweils separate Streitgegenstände repräsentieren) verteilen soll und in welcher Reihenfolge sie zur gerichtlichen Entscheidung gestellt werden.[306] Die Annahme, aus jeder Vertragsstrafe solle ein gleichmäßiger Teilbetrag geltend gemacht werden, verbietet sich jedenfalls dann, wenn sich die Klagesumme nicht gleichmäßig (dh ohne Rest) auf die streitgegenständlichen Zahlungsansprüche verteilen lässt.[307]

122 Mit der Abmahnung ist regelmäßig eine Anspruchsberühmung verbunden. Sie hat zur Folge, dass denjenigen, der wegen angeblicher Schutzrechtsverletzung abmahnt, die **Darlegungs- und Beweislast** dafür trifft, dass ihm der Anspruch, dessen er sich mit der Abmahnung berühmt, tatsächlich zusteht.

---

300 OLG München, Mitt 2012, 46 (LS).
301 LG Mannheim, InstGE 12, 240 – Vertragsstrafenklage.
302 LG Mannheim, InstGE 12, 240 – Vertragsstrafenklage.
303 LG Mannheim, GRUR-RR 2015, 454 – Zuständigkeit bei Vertragsstrafe, mwN; aA: OLG Rostock, GRUR 2014, 304 – Vertragsstrafe (für UWG-Anspruch).
304 OLG Düsseldorf, Urteil v 3.1.2013 – I-2 U 22/10.
305 OLG Düsseldorf, Urteil v 3.1.2013 – I-2 U 22/10.
306 BGH, GRUR 2015, 258 – CT-Paradies.
307 BGH, GRUR 2015, 258 – CT-Paradies.

g) Strategische Erwägungen

| Praxistipp | Formulierungsbeispiel |

123 Aus der Sicht des Abgemahnten sollte vor Abgabe einer strafbewehrten Unterlassungserklärung bedacht werden, dass im Falle einer Zuwiderhandlung die (meist nicht unbeträchtliche) Vertragsstrafe dem ggf konkurrierenden Patentinhaber zufällt, der auf diese Weise über finanzielle Mittel verfügt, die er mit dem Vertrieb patentgemäßer Gegenstände vermutlich niemals erzielen könnte. Noch wesentlicher ist, dass wegen § 278 BGB (sofern dessen Anwendung nicht ausdrücklich ausgeschlossen wird) keine **Exkulpationsmöglichkeit** besteht, dh die Vertragsstrafe auch dann anfällt, wenn es trotz entsprechender Betriebsorganisation und Überwachung zu Verstößen durch subalterne Mitarbeiter kommt. Im Einzelfall kann es deshalb günstiger sein, ein Anerkenntnis- oder Versäumnisurteil gegen sich ergehen zu lassen. Kommt es hier zu Zuwiderhandlungen, fällt ein etwaiges Ordnungsgeld der Landeskasse zu; im Übrigen hat der Beklagte nur für das Verschulden seiner Organe einzustehen.

124 Eine weitere Alternative zur strafbewehrten Unterlassungsverpflichtungserklärung ist die nicht strafbewehrte, aber **notarielle Unterwerfungserklärung**[308], die einen Vollstreckungstitel nach § 794 Abs 1 Nr 5 ZPO darstellt[309] und für die § 172 ZPO nicht gilt[310]. Getrennt zu beleuchten sind hierbei die Frage, ob eine solche freiwillige Erklärung einer Hauptsacheklage auf Unterlassung das Rechtsschutzbedürfnis nimmt und ob durch die notarielle Erklärung die Wiederholungsgefahr als Voraussetzung des materiell-rechtlichen Unterlassungsanspruchs beseitigt wird, ggf zu welchem Zeitpunkt.

125 – Was zunächst das **Rechtsschutzbedürfnis** für die Inanspruchnahme gerichtlicher Hilfe nach Zugang einer notariellen Unterwerfungserklärung beim Gläubiger betrifft, so wird dieses noch nicht dadurch begründet, dass der Gläubiger mit der Hauptsacheklage einer Anordnung nach § 926 Abs 1 nachkommt.[311] Das Rechtsschutzbedürfnis bleibt vielmehr nur dann bestehen, wenn (und so lange) der Gläubiger einen verständigen Grund für die gerichtliche Verfolgung seines Unterlassungsanspruchs reklamieren kann.[312] Ein solcher rechtfertigender Grund ergibt sich regelmäßig aus den Unsicherheiten, die mit der Durchsetzung einer notariellen Unterwerfungserklärung verbunden sind, und diese Unwägbarkeiten äußern sich bereits im Zusammenhang mit dem für die Ordnungsmittelandrohung und die nachfolgende Durchführung des Ordnungsmittelverfahrens zuständigen Gericht.[313] Während zum Teil das Amtsgericht am Ort des beurkundenden Notars für zuständig gehalten wird, sehen andere[314] die Zuständigkeit des Hauptsachegerichts für gegeben.[315] Mit Rücksicht darauf steht es dem Gläubiger völlig frei, ob er sich auf die notarielle Unterwerfungserklärung des Schuldners einlassen will oder nicht.[316] Tut er es, indem er bei Gericht um eine Ordnungsmittelandrohung gemäß § 890 Abs 2 ZPO nachsucht, kommt das Rechtsschutzinteresse für eine Unterlassungsklage in dem Moment in Fortfall, in dem dem

---

308 ... mit der sich der Schuldner der sofortigen Zwangsvollstreckung aus der Urkunde unterwirft. Zum Ganzen: Kessen, GRUR 2017, 141.
309 Zu Einzelheiten vgl Köhler, GRUR 2010, 6.
310 OLG Nürnberg, MDR 2018, 175.
311 BGH, GRUR 2016, 1316 – Notarielle Unterlassungserklärung.
312 BGH, GRUR 2016, 1316 – Notarielle Unterlassungserklärung.
313 BGH, GRUR 2016, 1316 – Notarielle Unterlassungserklärung.
314 Zum Streitstand vgl unten Kap H Rdn 160.
315 BGH, GRUR 2016, 1316 – Notarielle Unterlassungserklärung.
316 BGH, GRUR 2016, 1316 – Notarielle Unterlassungserklärung.

Schuldner der Androhungsbeschluss zugestellt wird. Stellt der Gläubiger keinen Antrag nach § 890 Abs 2 ZPO und weist er damit die notarielle Unterlassungserklärung zurück, so bleibt ihm die Klagemöglichkeit ungeschmälert erhalten.[317] Dieses Wahlrecht kann der Schuldner nicht dadurch untergraben, dass er selbst einen Antrag nach § 890 Abs 2 ZPO stellt; die Antragsbefugnis steht einzig und allein dem Gläubiger zu.[318]

– Die **Wiederholungsgefahr** wird durch eine notarielle Unterlassungserklärung allenfalls dann beseitigt, wenn sie einen den gesetzlichen Unterlassungsanspruch in vollem Umfang erfassenden, vollstreckungsfähigen Inhalt hat, konkret und inhaltlich bestimmt abgefasst sowie von einem ernsthaften Erklärungswillen getragen ist und außerdem eine Unterwerfung unter die sofortige Zwangsvollstreckung enthält.[319] Sind diese Anforderungen erfüllt, tritt ein Fortfall der Wiederholungsgefahr ein, sobald seit der Zustellung der Unterwerfungserklärung an den Schuldner 2 Wochen verstrichen sind (§ 798 ZPO) und der Beschluss über die Androhung von Ordnungsmitteln dem Schuldner zugestellt ist.[320]

126

7. Unberechtigte Abmahnung[321]

Bei Abmahnungen aus einem Patent[322] ist Vorsicht geboten, weil eine unberechtigte Abmahnung Kostenfolgen, Unterlassungsansprüche[323] und sogar Schadenersatzverpflichtungen des Verwarners gegenüber dem Abgemahnten nach sich ziehen kann.[324] Zu unterscheiden ist, ob die Abmahnung nur rechtswidrig oder auch schuldhaft unberechtigt war. Die Erhebung einer **Klage** gegen den Abgemahnten kann freilich nie durch einen Unterlassungsanspruch unterbunden werden; die Klageerhebung stellt gegenüber dem Prozessgegner auch keinen rechtswidrigen Eingriff dar.[325] Gleiches gilt – umgekehrt – für das unaufgeforderte Versenden einer **vorbeugenden Unterwerfungserklärung**, die der Absender unternimmt, weil er bereits von dritter Seite abgemahnt worden ist.[326]

127

Im Übrigen kann der **Kreis der Anspruchsberechtigten** weiter sein als der Adressat des Abmahnungsschreibens. Das gilt insbesondere bei Vorliegen einer Lieferkette: Richtet sich die Verwarnung gegen einen Vertreiber des angeblich patentverletzenden Produkts, so liegt in ihr eine (potenziell anspruchsbegründende) Verwarnung auch des Herstellers[327] sowie all derjenigen Händler, die dem Produzenten nachfolgen und die Lieferkette bis zum abgemahnten Vertreiber fortsetzen (zB Importeur, Großhändler). Eine Abmah-

128

---

317 BGH, GRUR 2016, 1316 – Notarielle Unterlassungserklärung.
318 BGH, GRUR 2018, 973 – Ordnungsmittelandrohung durch Schuldner.
319 BGH, GRUR 2016, 1316 – Notarielle Unterlassungserklärung.
320 BGH, GRUR 2016, 1316 – Notarielle Unterlassungserklärung.
321 Umfassend: Sack, Unbegründete Schutzrechtsverwarnungen, 2006.
322 Auf eine Abmahnung, die bloß auf wettbewerbsrechtliche Positionen und nicht auf ein gewerbliches Schutzrecht gestützt ist, sind die Regeln zur Schutzrechtsverwarnung nicht übertragbar (BGH, GRUR 2011, 152 – Kinderhochstühle im Internet).
323 Das soll nur für Abnehmerverwarnungen gelten, nicht jedoch für Abmahnungen des Herstellers: KG, GRUR-RR 2017, 85 – Berseker.
324 BGH-GSZ, GRUR 2005, 882 – Unberechtigte Schutzrechtsverwarnung; aA noch Ullmann, GRUR 2001, 1027.
325 BGH-GSZ, GRUR 2005, 882 – Unberechtigte Schutzrechtsverwarnung; BGH, GRUR 2006, 433 – Unbegründete Abnehmerverwarnung.
326 BGH, GRUR 2013, 917 – Vorbeugende Unterwerfungserklärung.
327 … vorausgesetzt, auch der Hersteller erscheint nach der der Abnehmerverwarnung zugrunde gelegten Rechtsauffassung als Patentverletzer (OLG München, GRUR-RR 2020, 263 – Schutzrechtsverwarnung bei Internetangeboten).

nung liegt allerdings nicht vor im Hinblick auf diejenigen Unternehmen, die dem Hersteller *vorgeschaltet* sind (zB Zulieferer für einzelne im Zuge der mutmaßlich patentverletzenden Produktion verwendete Bauteile), und zwar selbst dann nicht, wenn der Zulieferer als mittelbarer Verletzer des Verwarnungsschutzrechts in Betracht kommen kann.[328]

129 Ist die Abnehmerverwarnung auf ein ausländisches Schutzrecht gegen ein **ausländisches Vertriebsunternehmen** wegen dessen im Ausland begangener das Verwarnungsschutzrecht verletzender Handlungen gerichtet, ist deutsches materielles Recht anwendbar, wenn durch die Verwarnung der **inländische Hersteller** der mutmaßlichen Verletzungsware in Mitleidenschaft gezogen wird. Denn der Handlungserfolg ist am inländischen Geschäftssitz des Herstellers zu verorten (Art 4 Abs 1 ROM II, Art 40 Abs 1 EGBGB aF).

130 Der Streit um die Berechtigung einer patentrechtlichen Verwarnung stellt eine **Patentstreitsache** iSv § 143 PatG dar.[329] Für sie gilt – anders als für reguläre Verletzungsansprüche wegen Schutzrechtsverletzung – die wettbewerbliche **Dringlichkeitsvermutung** nach § 12 Abs 2 UWG, und zwar auch dann, wenn die Verwarnung als unerlaubter Eingriff in den eingerichteten und ausgeübten Gewerbebetrieb (§ 823 BGB) beanstandet wird.[330]

a) Rechtswidrig

131 Eine nur rechtswidrige unberechtigte Abmahnung kann bereits Unterlassungsansprüche (wegen rechtswidrigen Eingriffs in den eingerichteten und ausgeübten Gewerbebetrieb analog § 1004 BGB) auslösen.[331] Sie kommen freilich nur in Betracht, wenn mit der Abmahnung – ausdrücklich oder konkludent[332] – ein Unterlassungsverlangen ausgesprochen worden ist[333], nicht hingegen, wenn zB lediglich Auskunftsansprüche für die Vergangenheit geltend gemacht werden und mit ihnen auch nicht stillschweigend eine Aufforderung zum Unterlassen verbunden ist.[334] Unter derartigen Umständen scheiden grundsätzlich auch wettbewerbsrechtliche Ansprüche aus.[335] Demgegenüber ist eine Abmahnung auch dann anspruchsbegründend, wenn über das Unterlassungsbegehren hinaus keine gerichtlichen Schritte für den Fall angedroht werden, dass der Aufforderung nicht freiwillig nachgekommen wird.[336] Relativ problemlos ist ein Eingriff in den eingerichteten und ausgeübten Gewerbebetrieb zu bejahen, wenn sich die Abmahnung gegen einen Abnehmer richtet, der typischerweise mindere Erkenntnisse in Bezug auf die Schutzrechtslage hat und jedenfalls bei vorhandenen Produktalternativen auf dem Markt, auf die er ausweichen kann, eher dazu neigt, der Verwarnung nachzukommen. Kritischer kann dies bei der Abmahnung eines Herstellers sein; hier soll regelmäßig ein Eingriff zu verneinen sein, weil sich Abmahnender und Abgemahnter als gleichwertige Partner mit grundsätzlich gleichem Erkenntnishorizont gegenüberstehen.[337]

132 Die Abmahnung kann von dem Verwarnten dazu genutzt werden, seinerseits eine Abmahnung an den Verwarner zu senden, um mit dieser das Unterlassen der Verlet-

---

328 BGH, GRUR 2007, 313 – Funkuhr II.
329 LG Frankfurt/Main, Mitt 2014, 30 – ausländische Abnehmerverwarnung.
330 LG Frankfurt/Main, Mitt 2014, 30 – ausländische Abnehmerverwarnung.
331 Vgl Busse/Keukenschrijver, § 139 PatG Rn 300.
332 OLG Düsseldorf, InstGE 12, 247 – Sonnenkollektor; OLG Düsseldorf, InstGE 12, 255 – Laminatboden-Paneele.
333 BGH, GRUR 1997, 896 – Mecki-Igel III; OLG Düsseldorf, InstGE 9, 122 – MPEG-2; OLG Düsseldorf, InstGE 12, 247 – Sonnenkollektor.
334 OLG Düsseldorf, InstGE 12, 247 – Sonnenkollektor.
335 OLG Düsseldorf, InstGE 12, 247 – Sonnenkollektor.
336 OLG Düsseldorf, InstGE 9, 122 – MPEG-2.
337 OLG Frankfurt/Main, MDR 2015, 1025.

zungsbehauptung zu verlangen sowie eine negative Feststellungsklage anzudrohen.[338] Notwendig ist eine solche **Gegenabmahnung** jedoch in der Regel – auch zur Vermeidung der Kostenfolgen aus §§ 93, 269 Abs 3 Satz 3 ZPO[339] – vor einer negativen Feststellungsklage nicht. Sie kann veranlasst sein, wenn die unberechtigte Abmahnung in tatsächlicher und/oder rechtlicher Hinsicht auf offensichtlich unzutreffenden Annahmen beruhte, bei deren Richtigstellung mit einer Änderung der Auffassung des vermeintlich Verletzten gerechnet werden kann. Gleiches gilt, wenn seit der Abmahnung ein längerer Zeitraum verstrichen ist und der Abmahnende entgegen seiner Androhung keine gerichtlichen Schritte eingeleitet hat.[340] Allein in diesen Fällen wird die Gegenabmahnung als dem mutmaßlichen Willen und dem Interesse des Abmahnenden entsprechend angesehen, sodass sich auch nur in diesen Fällen ein Anspruch auf Kostenerstattung für die Gegenabmahnung ergibt.[341] Im Übrigen steht dem zu Unrecht Abgemahnten bei einer ausschließlich rechtswidrigen Abmahnung kein Erstattungsanspruch gegen den Abmahnenden wegen der durch die Verteidigung entstandenen Kosten zu.[342] Um einen den vorstehenden restriktiven Regeln unterliegenden Fall der Gegenabmahnung handelt es sich nicht, wenn eine **Abnehmerverwarnung** vorliegt und der (nicht abgemahnte) Zulieferer des Abmahnungsadressaten die vorgerichtlichen Kosten einer anwaltlichen Aufforderung verlangt, die unberechtigte Abnehmerverwarnung einzustellen. Die Kosten einer solchen Verwarnungsabwehr sind uneingeschränkt erstattungsfähig.[343]

Rechtswidrig ist eine Verwarnung, wenn sie wegen ihrer Form *oder* wegen ihres Inhalts **Mängel** aufweist. Kommen mehrere – nachfolgend näher zu erörternde – Gründe zusammen, kann der zu Unrecht Abgemahnte jeden von ihnen kumulativ, aber auch nach Wahl des Gerichts alternativ verfolgen.[344] Im erstgenannten Fall hat er *jeden* Aspekt zum Gegenstand eines separaten Klageantrages zu machen; scheitert *einer* dieser Anträge, weil der geltend gemachte Grund für die Rechtswidrigkeit der Abmahnung nicht durchgreift, hat der Kläger einen Teil der Kosten zu tragen, selbst wenn die Abmahnung als solche aus einem anderen der vorgebrachten Gründe als widerrechtlich angesehen wird.[345] Im zweitgenannten Fall gilt dies nicht (dh keine Kostenquote zu Lasten des Klägers), so lange die nur als solche angegriffene Abmahnung sich aus irgendeinem der angeführten Gründe als rechtswidrig erweist. Das Gericht seinerseits ist hingegen gehindert, seine Entscheidung auf einen Aspekt zu stützen, den der Kläger selbst nicht zur Klagebegründung herangezogen hat, wobei das Verbot selbst dann gilt, wenn sich der fragliche Unzulässigkeitsaspekt unmittelbar aus der zum Gegenstand der Klage gemachten Abmahnung ergibt.[346] 133

aa) Formelle Mängel

Bereits formell ist die Abmahnung zu beanstanden und – völlig unabhängig von der sachlichen Berechtigung des erhobenen Verletzungsvorwurfs – anspruchsbegründend für den von der Abmahnung Betroffenen, wenn 134

---

338 Vgl LG Wiesbaden, GRUR 1987, 658 – Kosten des Abgemahnten II; Benkard, PatG, vor §§ 9–14 PatG Rn 19.
339 BGH, GRUR 2006, 168 – Unberechtigte Abmahnung.
340 BGH, GRUR 2004, 790 – Gegenabmahnung.
341 BGH, GRUR 2004, 790 – Gegenabmahnung, mwN.
342 Anders OLG München, GRUR 2008, 461 – Gegenabmahnungskosten: Ersatz der Gegenabmahnungskosten kann nach § 678 BGB verlangt werden, dh immer dann, wenn die Abmahnung unberechtigt war und den Abmahnenden ein Übernahmeverschulden trifft, weil er die mangelnde Berechtigung seiner Abmahnung klar hätte erkennen können.
343 OLG Düsseldorf, GRUR-RR 2014, 315 – Bestattungsbehältnis.
344 BGH, GRUR 2013, 401 – Biomineralwasser.
345 BGH, GRUR 2013, 401 – Biomineralwasser.
346 OLG Frankfurt/Main, GRUR-RR 2013, 302 – Zählrate.

135 – das **Schutzrecht**, aus dem abgemahnt wird, **nicht unmissverständlich bezeichnet** ist[347];

136 – die **als patentverletzend angesehene Handlung nicht zweifelsfrei identifiziert** wird (zB unter Bezugnahme auf die Artikelnummer des fraglichen Produktes oder dergleichen), sodass die Abmahnung aufgrund ihrer Pauschalität geeignet ist, den Verwarnten in Bezug auf das Objekt der Abmahnung zu verunsichern[348] und diese ggf auch auf Ausführungsformen zu lesen, die patentfrei sind[349]; für die Reichweite der Abmahnung kardinale Umstände gehören in die Abmahnung und dürfen nicht in beigefügten (umfangreichen) Anlagen versteckt werden[350]; über sie muss überdies unmissverständlich aufgeklärt werden, weswegen es schadet, wenn es zu ihrer Erkenntnis rechtlicher Schlussfolgerungen bedarf, die anhand beigefügter Anlagen für den Kundigen möglich sein mögen, die jedoch vom Wissensstand des Adressaten aus nicht erwartet werden können[351];

137 – anhängige **Angriffe gegen** das **Verwarnungsschutzrecht verschwiegen** werden[352]; frühere, durch Rücknahme des Einspruchs/der Nichtigkeitsklage/des Löschungsantrages erledigte Rechtsbestandsverfahren unterliegen auch dann keiner Aufklärungspflicht, wenn damit zu rechnen ist, dass der Antrag im Falle eines erneuten Angriffs aus dem Schutzrecht abermals anhängig gemacht wird;

138 – mit der Abmahnung Ansprüche (zB wegen einer bestimmten Ausführungsform) reklamiert werden, ohne den Adressaten darüber zu informieren, dass diesbezüglich bereits eine dem Anspruchsteller **nachteilige Gerichtsentscheidung** vorliegt[353]; dass das Abmahnschreiben diesen Anforderungen nicht gerecht wird, bleibt allerdings unschädlich, wenn die erforderliche Belehrung dem Adressaten spätestens mit dem Zugang des Verwarnungsschreibens von dritter Seite erteilt wird[354]; erfolgt die Drittbelehrung auf rein freiwilliger Basis, kann jedoch ein Unterlassungsanspruch gegen die Abnehmerverwarnung aus dem Gesichtspunkt der Begehungsgefahr begründet sein[355];

139 – die Abmahnung – umgekehrt – auf eine bereits ergangene, dem Schutzrechtsinhaber positive Entscheidung gestützt wird, ohne ein laufendes **Rechtsmittelverfahren** oder die mangelnde Rechtskraft des Erkenntnisses zu erwähnen.

140 *Keinen* zur Rechtswidrigkeit führenden Mangel stellt es dar, wenn der (als solcher beanstandungsfreien) Abmahnung eine **zu weit gefasste Unterlassungserklärung** beigefügt ist.[356] Denn es ist Sache des Schuldners, aufgrund der Abmahnung die zur Beseitigung der Wiederholungsgefahr erforderliche Erklärung abzugeben.

---

347 LG Düsseldorf, InstGE 3, 86 – Hochdruckreiniger. Nach Auffassung des BGH (MDR 2017, 1141) trifft den Abmahnenden im Schadenersatzprozess – konsequenterweise – eine sekundäre Darlegungslast dahingehend, dass dasjenige Schutzrecht zu benennen ist, auf das die Abmahnung gestützt gewesen sein soll.
348 LG Düsseldorf, InstGE 3, 86 – Hochdruckreiniger.
349 BGH, GRUR 2009, 878, 880 – Fräsautomat.
350 Vgl OLG Düsseldorf, InstGE 12, 255 – Laminatboden-Paneele.
351 OLG Düsseldorf, InstGE 12, 255 – Laminatboden-Paneele.
352 BGH, GRUR 1995, 424 – Abnehmerverwarnung; OLG Düsseldorf, GRUR 2003, 814 – Unberechtigte Abnehmerverwarnung; Ullmann, GRUR 2001, 1027.
353 OLG Düsseldorf, InstGE 9, 123 – Multifeed.
354 OLG Düsseldorf, InstGE 9, 123 – Multifeed.
355 OLG Düsseldorf, InstGE 9, 123 – Multifeed.
356 BGH, GRUR 2019, 82 – Jogginghosen.

bb) Materielle Mängel

141 Eine Abmahnung ist aus sachlichen Gründen rechtswidrig, wenn die geltend gemachten Ansprüche materiell rechtlich nicht bestehen[357], weil

142 – das **Verwarnungsschutzrecht nicht besteht** (dh ein Phantom ist) oder – ggf auch erst nach der Abmahnung – rechtskräftig für nichtig erklärt wird; dem gleich zu erachten ist eine Vernichtbarkeit des in seinem Rechtsbestand angegriffenen (und ggf sogar erstinstanzlich vernichteten) Patents nur dann, wenn dessen mangelnde Patentfähigkeit klar und eindeutig zu Tage liegt, sodass die Abmahnung letztlich die Geltendmachung einer rein formalen Rechtsposition darstellt; letzteres gilt auch für die Fälle der Abnehmerverwarnung[358];

143 – der Gegenstand der Abmahnung **nicht in den Schutzbereich** des Verwarnungsschutzrechts fällt, wobei spätere Beschränkungen des Patents ebenso zu beachten sind[359] wie ein erfolgreicher Formstein-Einwand;

144 – die Abmahnung wegen **unmittelbarer Patentverletzung** erfolgt[360], tatsächlich jedoch nur eine mittelbare Verletzung vorliegt[361];[362] allerdings kann es an einem Eingriff in den *Gewerbebetrieb des* abgemahnten *Vertreibers* fehlen, wenn das zu Unrecht beanstandete Verhalten (zB die **Herstellung** angeblich unmittelbar patentverletzender Gegenstände) von ihm nach den gesamten Umständen (Ausrichtung seines Geschäftsbetriebes allein auf den Handel) ohnedies nicht zu erwarten ist.[363] Unter solchen Bedingungen fehlt es zugleich an einem Eingriff in den *Gewerbebetrieb des* (selbst nicht abgemahnten) *Herstellers* (= Lieferant der Abgemahnten).[364] Dasselbe gilt, wenn den Abgemahnten zu Unrecht abverlangt wird, die angeblich verletzenden Produkte nicht mehr **einzuführen**, sofern der Hersteller (= Lieferant der Verwarnten) seine Produkte im Inland fertigt.[365] Denn in Anbetracht der Inlandsherstellung werden die abgemahnten Händler durch die Aufforderung, künftig keine Einfuhren mehr zu tätigen, nicht davon abgehalten, weiterhin bei dem Hersteller (sic: aus dem Inland) zu beziehen. Tangiert sein kann allenfalls der Absatz von im Ausland residierenden Herstellern. Anders verhält sich die Situation mit Blick auf die abgemahnten Händler; besteht vernünftigerweise die Erwartung, dass die abgemahnten Händler – und sei es auch auf Kundenwunsch – zu einem Bezug von Abmahnungsgegenständen aus dem Ausland (= Einfuhr) bereit sein könnten[366], liegt ein Eingriff in deren

---

357 LG Essen, Mitt 1987, 32; LG Mannheim, GRUR 1980, 935 – Kabelendhülsen; aA: OLG Düsseldorf, GRUR 2003, 814 – Unberechtigte Abnehmerverwarnung; Ullmann, GRUR 2001, 1027.
358 AA: LG Frankfurt/Main, Mitt 2014, 30 – ausländische Abnehmerverwarnung, das eine Rechtswidrigkeit der Abmahnung bereits bejaht, wenn der Einspruch eine nicht unerhebliche Erfolgsaussicht hat.
359 BGH-GSZ, GRUR 2005, 882 – Unberechtigte Schutzrechtsverwarnung; BGH, GRUR 2006, 219 – Detektionseinrichtung II; aA: Ullmann, GRUR 2001, 1027.
360 ... indem ein Unterlassungsanspruch nach Maßgabe von § 9 Nr 1 PatG geltend gemacht wird, obwohl tatsächlich nur das Angebot und Liefern des mittelbar verletzenden Mittels zu unterlassen sind.
361 BGH, GRUR 2016, 630 – Unberechtigte Schutzrechtsverwarnung II.
362 Gleich zu behandeln ist der Fall, dass der Verwarnende zwar die richtige Verletzungskategorie benennt (mittelbare Patentverletzung), daraus jedoch im Umfang tatsächlich nicht bestehende Unterlassungspflichten herleitet (indem er sein Begehren nach Maßgabe von § 9 PatG statt § 10 PatG formuliert).
363 BGH, GRUR 2020, 1116 – Unberechtigte Schutzrechtsverwarnung III.
364 BGH, GRUR 2020, 1116 – Unberechtigte Schutzrechtsverwarnung III.
365 BGH, GRUR 2020, 1116 – Unberechtigte Schutzrechtsverwarnung III.
366 ... was weder verlangt, dass es in der Vergangenheit zu Einfuhren gekommen ist oder solche konkret bevorstanden.

Geschäftsbetrieb vor, der zum Schadenersatz verpflichten kann.[367] Dazu gehören etwa Anwaltskosten, die der Verwarnte zur Abwehr der (in ihrem Umfang) unberechtigten Verwarnung aufgewandt hat, wobei am Schadenseintritt nichts der Umstand ändert, dass sich der Hersteller intern zur Kostenübernahme bereiterklärt hat.[368]

145 – (und soweit) zugleich wegen eines **ausländischen Schutzrechts** abgemahnt wird, für das Ansprüche (mangels Benutzungshandlung bzw Begehungsgefahr) nicht ersichtlich sind;

146 – ein patentverletzendes Verhalten des Verwarnten gar nicht vorlag, sei es, dass ihm überhaupt **keine Benutzungshandlung** im Sinne von §§ 9, 10 PatG zur Last fällt, sei es, dass der Verwarnte zu seinem Verhalten beispielsweise aufgrund eines Vorbenutzungsrechtes oder einer Lizenz berechtigt war;

147 – dem Abmahnenden die **Aktivlegitimation fehlt**.

148 Umfasst das Abmahnungsschutzrecht mehrere Ansprüche und ergibt sich weder aus dem Text der Abmahnung noch aus den Begleitumständen etwas anderes, ist **im Zweifel** davon auszugehen, dass wegen Benutzung des **Hauptanspruchs** verwarnt wird.[369] Dessen technische Lehre ist daher auf Benutzung, aber auch auf einen ausreichenden Rechtsbestand zu prüfen.

149 Zu beachten ist, dass die Rechtswidrigkeit der Abmahnung nicht bereits dadurch entfällt, dass die Verwarnung auf eine **andere Rechtsgrundlage**, also etwa Wettbewerbsrecht, *hätte* gestützt werden *können*.[370] Das gilt jedenfalls dann, wenn die andere Rechtsgrundlage abweichende tatsächliche Voraussetzungen hat, die vorgelegen haben mögen, mit denen sich die Abmahnung aber nicht auseinandersetzt.[371]

150 Fraglich ist, ob ein solcher Sachverhalt bereits dann vorliegt, wenn aus einem Schutzrecht mit dessen Hauptanspruch abgemahnt wird, der sich später (in einem Einspruchs-, Nichtigkeits- oder Löschungsverfahren) als nicht rechtsbeständig erweist, und der Verwarnende seine Abmahnung nunmehr damit rechtfertigt, dass die angegriffene Ausführungsform auch von der **eingeschränkt**en, als schutzfähig erkannten **Anspruchskombination** Gebrauch macht, derentwegen seinerzeit *hätte* abgemahnt werden *können*. Bei der rechtlichen Behandlung einer solchen Konstellation könnte einerseits darauf abgestellt werden, dass sich die Abmahnung auf ein bestimmtes Schutzrecht stützt und gegen eine bestimmte Ausführungsform richtet und dass sich auch unter Berücksichtigung der ergangenen Rechtsbestandsentscheidung erweist, dass der angegriffene Gegenstand auf der Grundlage des Verwarnungsschutzrechts zu Recht (wenn auch mit modifiziertem Inhalt) beanstandet worden ist. Überdies ließe sich darauf verweisen, dass es insbesondere im Bereich des Wettbewerbsrechts gefestigter Auffassung entspricht, dass ein zu weit gefasstes Unterlassungsbegehren in einer Abmahnung nicht schadet, weil es Sache des Abgemahnten ist, sich mit demjenigen Inhalt zu unterwerfen, der sich in konkreter Anpassung an die Verletzungsform als berechtigt erweist.[372] Andererseits könnte argumentiert werden, dass die mit der Abmahnung nach Maßgabe des Hauptanspruchs geforderte Unterwerfung objektiv nicht verlangt werden konnte und deshalb vom Verwarnten mit Recht zurückgewiesen worden ist, wenn sich der Hauptanspruch rückwirkend als nicht rechtsbeständig erweist. Eine eindeutige Rechtsprechung zu dem angesprochenen

---

367 BGH, GRUR 2020, 1116 – Unberechtigte Schutzrechtsverwarnung III.
368 BGH, GRUR 2020, 1116 – Unberechtigte Schutzrechtsverwarnung III.
369 OLG Düsseldorf, GRUR-RR 2014, 315 – Bestattungsbehältnis.
370 LG München I, Mitt 1995, 53, 54 f – Schutzrechtsverwechslung.
371 OLG Düsseldorf, Urteil v 7.11.2006 – I-20 U 85/06.
372 LG Düsseldorf, Urteil v 27.10.2016 – 4b O 82/16.

Problemkreis existiert – soweit ersichtlich – noch nicht. Sicher sagen lässt sich das Folgende:

Für ein ungeprüftes **Gebrauchsmuster** wird man in jedem Fall verlangen müssen, dass der Abmahnende eine eigene Prüfung auf Schutzfähigkeit durchführt, bevor er abmahnt. Diese Verantwortlichkeit kann er nicht auf den Abgemahnten abwälzen. Bei der Verwarnung mit einem nicht rechtsbeständigen Schutzanspruch wird es deshalb bei der Rechtswidrigkeit der Abmahnung verbleiben müssen.[373] 151

Bei einem **Patent** liegt der Sachverhalt insofern etwas anders, als es sich bei ihm um ein sachlich geprüftes Schutzrecht handelt (dem ein bereits in einem Löschungsverfahren aufrechterhaltenes Gebrauchsmuster gleichzustellen wäre). Hier ließe sich zugunsten des Abmahnenden großzügiger verfahren, weil er grundsätzlich auf die behördlich bereits bestätigte Schutzfähigkeit der patentierten Erfindung vertrauen kann. Dennoch erscheint es auch hier richtiger, den Ausschlag geben zu lassen, dass die abgemahnte Anspruchsfassung nicht rechtsbeständig und deshalb die auf sie gestützte Abmahnung zu Unrecht erfolgt ist. Hierfür spricht nicht zuletzt der Umstand, dass der Abmahnende mindestens hilfsweise beschränkte Anspruchsfassungen ins Spiel bringen kann, die sein Risiko eines Fehlgehens seiner Abmahnung wegen fehlenden Rechtsbestandes herabsetzen (vgl dazu die nachfolgende Rdn 153). 152

Praxistipp	Formulierungsbeispiel

Angesichts der ungeklärten Rechtslage ist für die Praxis unbedingt zu empfehlen, die Abmahnung mit einer »insbesondere«-Formulierung auf alle mitverwirklichten Unteransprüche zu stützen, die möglicherweise später den Rechtsbestand des Verwarnungsschutzrechts tragen. Mit Rücksicht darauf, dass es möglicherweise auch zu einer Teilvernichtung durch Beschränkung aus der Patentbeschreibung heraus kommt, ist es darüber hinaus ratsam, Ausführungsbeispiele, die von dem Abmahnungsgegenstand verwirklicht werden, gleichfalls hilfsweise mit abzumahnen. Akribie zahlt sich hier aus! Ganz besonders ist eine hilfsweise maximal spezifizierte Abmahnung bei einem noch ungeprüften Gebrauchsmuster anzuraten. Bei einer so abgefassten Abmahnung ist die letztlich rechtsbeständige Anspruchsfassung – in Form eines Hilfsantrages – Gegenstand der Abmahnung, sodass die ausgesprochene Verwarnung als solche, nämlich mit ihrem hilfsweise (»insbesondere«) geltend gemachten Begehren, zu Recht erfolgt und dementsprechend in jedem Fall Kostenerstattungsansprüche auslösen kann. Zwar werden die Abmahnkosten, wenn sich die Abmahnung nur wegen einer hilfsweise verfolgten Anspruchsfassung als berechtigt erweist, nach denselben Regeln zu quoteln sein, wie dies geboten ist, wenn die Verletzungsklage nur wegen einer beschränkten Anspruchsfassung durchdringt.[374] Die Vorteile einer berechtigten Abmahnung, die sich für ein anschließendes Klageverfahren aus § 93 ZPO ergeben, bleiben dem Abmahnenden jedoch ungeschmälert erhalten. 153

Berechtigt bleibt in jedem Fall eine Abmahnung, die einen einheitlichen Unterlassungsanspruch betrifft, der auf **mehrere Schutzrechte** gestützt wird, auch wenn nur einzelne von diesen die volle Verwarnung tragen.[375] 154

---

373 OLG Düsseldorf, Urteil v 14.4.2011 – I-2 U 21/10.
374 Vgl Kap E Rdn 998.
375 BGH, GRUR 1974, 290 – Maschenfester Strumpf.

b) Rechtswidrig und schuldhaft

155 Eine sachlich – und nicht nur wegen unterbliebener Informationen[376] – unberechtigte Verwarnung löst zusätzlich Schadenersatzansprüche nach § 823 Abs 1 BGB (wegen Eingriffs in den eingerichteten und ausgeübten Gewerbebetrieb) aus, wenn sie schuldhaft versandt worden ist.[377] Gleiches gilt für Schadenersatzansprüche gestützt auf §§ 9, 3 UWG.

aa) Fehlbeurteilung des Rechtsbestandes

156 Ein **Verschulden** ist in der Vergangenheit verneint worden, wenn der Verwarner sich durch eine gewissenhafte Prüfung und aufgrund vernünftiger und billiger Überlegungen die Überzeugung verschafft hat, sein Schutzrecht sei rechtsbeständig.[378] Zweifel an der Rechtslage begründen danach noch kein Verschulden.[379] Es ist jedoch gegeben, wenn der Anmelder weitergehende Kenntnisse als die Erteilungsbehörden über den Stand der Technik hat, diese Kenntnisse aber entgegen seiner Wahrheitspflicht (§ 34 Nr 7 PatG) zurückhält.[380] Gleiches gilt, wenn ihm nachträglich weitere Entgegenhaltungen bekannt geworden sind und er wusste, dass sie der Schutzfähigkeit der patentierten Erfindung entgegenstehen, oder er sich dieser Erkenntnis in vorwerfbarer Weise verschlossen hat.[381]

bb) Übrige Anspruchsvoraussetzungen

157 Soweit es um den Verletzungsvorwurf, also die Benutzungsfrage als solche geht oder die übrigen Anspruchsvoraussetzungen (zB Aktivlegitimation, Passivlegitimation) in Rede stehen, ist der Haftungsmaßstab ein strengerer. Mangels eines Vertrauenssachverhaltes wie er durch den behördlichen Erteilungsakt gegeben ist, führt hier prinzipiell jede fahrlässige Fehleinschätzung der Rechtslage zu einer Haftung. Da der Verletzte andererseits von der Möglichkeit einer potenziell streiterledigenden Abmahnung – auch zur Entlastung der Justiz – Gebrauch machen *soll*, dürfen freilich keine übertriebenen Anforderungen des Inhalts gestellt werden, dass praktisch jede Fehlbeurteilung der Rechtslage einen Schuldvorwurf nach sich zieht. Es ist deshalb richtig, ein Verschulden zu verneinen, wenn der Abmahnende sachkundig[382] anwaltlich beraten war und eine Verletzung seines Schutzrechts aus vernünftigen Überlegungen für so naheliegend halten durfte, dass die Abmahnung auch zur Klärung etwa verbliebener Ungewissheiten gerechtfertigt erscheinen durfte.[383] Zu beachten ist weiterhin, dass ganz besondere – gesteigerte – Sorgfaltspflichten für den Abmahnenden dann bestehen, wenn er **nicht** den **Hersteller** des mutmaßlich verletzenden Produkts abmahnt, **sondern** den bloßen **Vertreiber**, der erfahrungsgemäß eher geneigt ist, sich der Abmahnung ohne nähere Berechtigungsprü-

---

376 Ist die Verwarnung materiell zu Recht erfolgt, weil das beanstandete Verhalten sich endgültig als Verletzung eines bestandskräftigen Schutzrechts herausstellt, kann eine nur unterbliebene Information über anhängige (schlussendlich erfolglos betriebene) Rechtsbestandsverfahren oder (während des Instanzenzuges ergangene abweisende und später korrigierte) Verletzungsprozesse keinen ersatzfähigen Schaden auf Seiten des Verwarnten verursacht haben.
377 BGH-GSZ, GRUR 2005, 882 – Unberechtigte Schutzrechtsverwarnung; BGH, GRUR 1997, 741, 742 – Chinaherde; BGH, GRUR 1976, 715 – Spritzgießmaschine; BGH, GRUR 1974, 290 – Maschenfester Strumpf; aA: Ullmann, GRUR 2001, 1027.
378 Grundsätzlich kann sich der Verwarnende auf die Erteilungsentscheidung des Patentamtes verlassen (BGH, GRUR 2006, 432 – Verwarnung aus Kennzeichenrecht II).
379 BGH, GRUR 2018, 832 – Ballerinaschuh; BGH, GRUR 1951, 452, 455 – Mülltonne; OLG Frankfurt/Main, GRUR 1967, 114 – Brotröster.
380 BGH, GRUR 2006, 219 – Detektionseinrichtung II.
381 BGH, GRUR 2006, 219 – Detektionseinrichtung II.
382 ... was eine hinreichende Erfahrung in der Beurteilung von Sachverhalten des betreffenden Fachgebiets voraussetzt.
383 OLG Hamburg, GRUR-RR 2020, 364 – siebenmedia.

fung zu beugen.³⁸⁴ Ihn abzumahnen ist deswegen nur dann gerechtfertigt, wenn die Herstellerverwarnung erfolglos geblieben ist oder ausnahmsweise unangebracht erscheint und die sorgfältige Prüfung der Rechtslage bei objektiver Betrachtung den Abmahnenden davon überzeugen konnte, seine Ansprüche seien berechtigt (Einzelheiten weiter unten bei Rdn 161).³⁸⁵

cc) Haftung des Anwalts

Sie trifft nach Auffassung des BGH³⁸⁶ neben dem Verwarnenden auch seinen (Rechts- bzw Patent-)Anwalt, der im Rahmen der Schutzrechtsverwarnung eingeschaltet ist. Ihn soll gegenüber dem später Verwarnten eine Garantenpflicht dahin treffen, den Schutzrechtsinhaber nicht in einer die Rechtslage unzutreffend einschätzenden Weise über die Berechtigung der Schutzrechtsverwarnung zu beraten. Geht die unberechtigte Schutzrechtsverwarnung auf eine mindestens fahrlässig unzutreffende Rechtsberatung des Schutzrechtsinhabers durch einen Rechtsanwalt zurück, so hat der Rechts- oder Patentanwalt neben dem Schutzrechtsinhaber unter dem Gesichtspunkt eines rechtswidrigen und schuldhaften Eingriffs in den eingerichteten und ausgeübten Gewerbebetrieb Schadenersatz zu leisten.³⁸⁷ Das gilt nur dann nicht, wenn der Anwalt den Schutzrechtsinhaber bei unklarer Rechtslage auf alle wesentlichen Gesichtspunkte hingewiesen hat, die für oder gegen eine Verletzung des Schutzrechts sprechen, und wenn sich der Schutzrechtsinhaber trotz der aufgezeigten Bedenken dazu entscheidet, die Verwarnung auszusprechen.³⁸⁸

158

Da der Verwarnte in die Einzelheiten des der Verwarnung vorausgegangenen Beratungsgespräches naturgemäß keinen Einblick hat und nach der Lebenserfahrung davon auszugehen ist, dass sich der Mandant beratungsgerecht verhält, wird man annehmen können, dass die erfolgte Verwarnung die logische Konsequenz der durchgeführten rechtlichen Beratung durch den Anwalt gewesen ist. Was aufgrund allgemeiner Lebenserfahrung im Haftungsprozess zwischen Anwalt und Mandant als Vermutung gilt,³⁸⁹ kann im Außenverhältnis zum Abgemahnten nicht anders behandelt werden. Der Verwarnte darf daher auch ohne exakte Kenntnis vom tatsächlichen Beratungshintergrund im Prozess gegen den Anwalt von dessen Haftung ausgehen und deren Anspruchsvoraussetzungen behaupten. Es ist sodann Sache des in Anspruch genommenen Anwaltes aufzuzeigen, dass er im für eine Entlastung erforderlichen Umfang auf Bedenken gegen die Berechtigung der Abmahnung hingewiesen und der Mandant sich dennoch beratungsresistent zur Abmahnung entschlossen hat. Der Geheimnisschutz im Mandatsverhältnis wird in diesem Umfang zurückzutreten haben, weil ansonsten der Haftungsanspruch leerlaufen würde.³⁹⁰ Sollte sich der konkrete Ablauf und Inhalt der anwaltlichen Beratung tatrich-

159

---

384 BGH, GRUR 2018, 832 – Ballerinaschuh.
385 BGH, GRUR 2018, 832 – Ballerinaschuh.
386 BGH, GRUR 2016, 630 – Unberechtigte Schutzrechtsverwarnung II.
387 In der Instanzrechtsprechung (OLG Frankfurt, GRUR-RR 2017, 461 – Unberechtigte Schutzrechtsverwarnung II) ist danach differenziert worden, ob mit der Abmahnung ein Herstellungs- und Vertriebsverbot eingefordert worden ist (dann Haftung) oder lediglich ein Einfuhrverbot (dann keine Haftung).
388 BGH, GRUR 2016, 630 – Unberechtigte Schutzrechtsverwarnung II.
389 BGH, NJW 1996, 3009.
390 Soweit Meier-Beck (GRUR 2016, 865, Fn 64) eine sekundäre Darlegungslast des schadensersatzpflichtigen Rechtsanwaltes nur dann für gegeben hält, wenn er mit einer Darlegung des Beratungsinhalts weder Berufspflichten noch seine Schweigepflicht gegenüber dem Abmahnenden verletzt, hat dies zur Folge, dass der Schadenersatzanspruch des Abgemahnten gegenüber dem abmahnenden Anwalt in der Praxis letztlich »unvortragbar« wird und damit leerläuft. Welchen Sinn hat es dann aber, einen derartigen materiell-rechtlichen Anspruch überhaupt zu geben. Nach der an der BGH-Entscheidung geäußerten heftigen Kritik zielt die Verteilung der Darlegungslast möglicherweise genau hierauf ab, um eine nachträglich als zu weitgehend erkannte Anwaltshaftung auf verfahrensrechtlichem Wege rückgängig zu machen.

terlich nicht mehr aufklären lassen (was nicht selten der Fall sein wird, wenn eine schriftliche Dokumentation fehlt und für das Gericht ausschließlich der anwaltlich beratene Verwarner sowie der ihn beratende Anwalt als Auskunftspersonen zur Verfügung stehen), hat den daraus resultierenden Beweisnachteil der Anwalt zu tragen, dem unter solchen Umständen der zum Haftungsausschluss erforderliche Entlastungsbeweis nicht gelingt.

160 **Kritik:** Der BGH begründet die Garantenpflicht des Anwaltes mit einer Parallele zur Geschäftsführerhaftung. Das überzeugt nicht, weil es die ganz unterschiedlichen Verantwortlichkeiten für das Handeln des die Abmahnung aussprechenden Unternehmens verkennt.[391] Abgesehen von den Fällen des § 826 BGB kommt eine Anwaltshaftung nicht in Betracht.

dd) Abnehmerverwarnung

161 Besondere Vorsicht ist bei der Abmahnung von Dritten, insbesondere von **Abnehmer**n, geboten.[392] In derartigen Fällen kommt nicht nur als zusätzliche Anspruchsgrundlage § 4 Nr 8 UWG in Betracht, wenn falsche Tatsachen einem Dritten gegenüber behauptet werden. An die Sorgfaltspflichten des Verwarners werden außerdem aufgrund der Schärfe eines derartigen Vorgehens besondere Anforderungen gestellt.[393] In jedem Fall ist der verwarnte Abnehmer zutreffend über sämtliche Umstände des Falles aufzuklären. Dies bezieht sich sowohl auf die Frage der Rechtskraft von Urteilen, die gegen Dritte ergangen sind, als auch den Status der geltend gemachten Schutzrechte.[394] Welche Anforderungen im Einzelnen an die jeweiligen Erläuterungen zu stellen sind, ist auch abhängig vom Empfänger der Verwarnung. Einem größeren, einschlägig tätigen Unternehmen ist eine eigene Überprüfung von Vorwürfen oder die Beschaffung von Unterlagen eher zuzumuten als kleineren Händlern.[395]

ee) Schaden

162 Der Schaden des Verwarnten liegt zumindest in den (Anwalts-)**Kosten zur Abwehr der Abmahnung**.[396] Darüber, ob die erfolgte Hinzuziehung eines Rechtsanwaltes sowie ggf zusätzlich eines Patentanwaltes im konkreten Einzelfall erforderlich war, entscheiden dieselben Grundsätze, die gelten, wenn es um die Erstattung der (Anwalts-)Kosten für eine Abmahnung geht.[397] Ferner ist die Anrechnung der Geschäfts- auf die Verfahrensgebühr zu beachten.[398] Kosten einer aus Anlass der unberechtigten Abmahnung hinterlegten Schutzschrift sind nur erstattungsfähig, wenn bei dem fraglichen Gericht tatsächlich ein Verfügungsantrag eingereicht wird.[399] War die Abmahnung teils berechtigt und teils unberechtigt, sind die Anwaltskosten nur in dem Umfang ersatzfähig, in dem die Verwarnung rechtwidrig war, wobei der entsprechende Anteil zu schätzen ist.[400]

163 Der Schaden kann aber auch aus **Gewinneinbußen** bei Einstellung von Herstellung und/oder Vertrieb[401], entgangenen Aufträgen oder Schadenersatzansprüchen Dritter wie etwa

---

391 Ablehnend auch Keller, GRUR 2016, 634 (Urteilsanmerkung).
392 BGH-GSZ, GRUR 2005, 882 – Unberechtigte Schutzrechtsverwarnung.
393 Zu Einzelheiten vgl oben Rdn 157.
394 BGH, GRUR 1995, 424 – Abnehmerverwarnung.
395 OLG Düsseldorf, Urteil v 24.1.2002 – 2 U 115/01.
396 OLG Düsseldorf, Urteil v 31.1.2013 – I-2 U 54/11; aA Ahrends, Wettbewerbsprozess, Kapitel 3 Rn 19; umfassend dazu: Chudziak, GRUR 2012, 133.
397 BGH, GRUR 2012, 756 – Kosten des Patentanwalts III.
398 OLG Düsseldorf, Urteil v 31.1.2013 – I-2 U 54/11.
399 OLG Düsseldorf, Urteil v 31.1.2013 – I-2 U 54/11.
400 BGH, GRUR 2020, 1116 – Unberechtigte Schutzrechtsverwarnung III.
401 BGH, GRUR 2018, 832 – Ballerinaschuh.

Lieferanten herrühren. Zeitlich sind nicht nur solche Schadensfolgen bedeutsam, die bis zu der vom Abmahnenden erhobenen Hauptsacheklage wegen Schutzrechtsverletzung entstanden sind; vielmehr sind auch danach aufgetretene Gewinneinbußen, die aus einer *fortdauernden* Vertriebseinstellung resultieren, prinzipiell ersatzfähig.[402]

Soweit es um einen Erwerbsschaden des zu Unrecht Abgemahnten geht, sind **bloß formelle Mängel** der Verwarnung nicht anspruchsbegründend. Wie bei § 945 ZPO auch kommt eine Haftung für die Folgen einer Vertriebseinstellung nämlich dann nicht in Betracht, wenn der Verwarnte **aus anderen rechtlichen Gründen** (zB UWG) ohnehin gehalten war, den tatsächlich aus Anlass der unberechtigten Verwarnung eingestellten Vertrieb der abgemahnten Ware zu unterlassen.[403] **164**

Weil dem so ist, ist der **Prozess um die Patentverletzung** und die dort zu entscheidende Frage einer (Schadenersatz-)Haftung des Abgemahnten vorgreiflich für den mit umgekehrten Parteirollen geführten Prozess um die Haftung des Verletzungsklägers auf Schadenersatz (Erwerbsschaden) wegen rechtswidrigen Eingriffs in den eingerichteten und ausgeübten Gewerbebetrieb des Abgemahnten.[404] Der Abmahnprozess kann deswegen im Hinblick auf den parallelen Verletzungsprozess gemäß **§ 148 ZPO** ausgesetzt werden.[405] **165**

Die Haftung des Verwarners kann durch ein **Mitverschulden** des Verwarnten gemindert oder sogar ausgeschlossen werden.[406] Vor allem ein voreiliges Verhalten des Verwarnten, wie beispielsweise eine kurzfristige Produktionsstilllegung, ein Vertriebsstopp oder ein Rückruf der vermeintlichen Verletzungsware ohne ausreichende Überprüfung des Sachverhaltes, ist nicht dem Verwarner anzulasten.[407] Das entsprechende Ausfallrisiko trägt der Verwarnte selbst. Ihm ist es als Mitverschulden anzulasten, wenn er der Abmahnung Folge leistet, obwohl er die fehlende Berechtigung der Verwarnung erkannt hat oder hätte erkennen können.[408] Ein vollständiger Anspruchsausschluss ist zwar die Ausnahme; er kommt jedoch in Betracht, wenn der Verwarnte nach den Gesamtumständen von der mangelnden Rechtmäßigkeit der Abmahnung überzeugt gewesen ist und ihr trotzdem – folglich wider besseren Wissens – gefolgt ist.[409] **166**

Prozessuale Probleme tauchen auf, wenn der zu Unrecht Verwarnte einen Titel erstritten hat, der die Schadenersatzhaftung des Verwarnenden gerichtlich feststellt und es anschließend im **Höheprozess**, in dem der Verwarnte seinen Schaden beziffert geltend macht, darum geht, ob ihm ein Mitverschulden entgegengehalten werden kann, möglicherweise sogar ein derart überwiegendes Mitverschulden, dass die Höheklage – trotz der **vorausgegangenen Haftungsfeststellung** – vollständig abgewiesen werden kann.[410] Es gelten folgende Regeln[411]: **167**

– Auf Mitverschulden gestützte Einwendungen, die die **haftungsbegründende Kausalität** und damit den Grund des geltend gemachten Anspruchs betreffen, müssen bereits im Feststellungsverfahren vorgebracht und geprüft werden. Denn die Rechtskraft des Feststellungsurteils erstreckt sich insoweit auf sie, als die zugrundeliegenden Tatsachen schon zum Zeitpunkt der letzten mündlichen Verhandlung vorgelegen **168**

---

402 BGH, GRUR 2018, 832 – Ballerinaschuh.
403 BGH, GRUR 2018, 832 – Ballerinaschuh; OLG Karlsruhe, Beschluss v 3.5.2019 – 6 W 26/19.
404 OLG Karlsruhe, Beschluss v 3.5.2019 – 6 W 26/19.
405 OLG Karlsruhe, Beschluss v 3.5.2019 – 6 W 26/19.
406 BGH-GSZ, GRUR 2005, 882 – Unberechtigte Schutzrechtsverwarnung.
407 BGH, GRUR 2020, 322 – Chickenwings.
408 BGH, GRUR 2020, 322 – Chickenwings.
409 BGH, GRUR 2020, 322 – Chickenwings.
410 BGH, GRUR 2020, 322 – Chickenwings.
411 BGH, GRUR 2020, 322 – Chickenwings.

haben. Dabei kommt es nicht darauf an, wie eingehend die der rechtskräftigen Feststellung vorausgegangene rechtliche Prüfung erfolgt und ob diese Entscheidung ergangen ist, ohne dass die das Mitverschulden betreffende Rechtsfrage umfassend erörtert worden ist. Die materielle Rechtskraft des Feststellungsurteils tritt vielmehr unabhängig davon ein, ob das Gericht alle einschlägigen Aspekte gesehen und zutreffend gewürdigt hat.

169 – Betrifft der Einwand des Mitverschuldens nicht den Grund des Anspruchs, sondern dessen Höhe und damit die **haftungsausfüllende Kausalität**, steht die Rechtskraft des Feststellungsurteils dem Mitverschuldenseinwand grundsätzlich nicht entgegen, sodass die Frage, ob und in welcher Höhe ein Schaden eingetreten ist, von der Rechtskraft eines vorausgegangenen Feststellungsurteils nicht erfasst wird.

170 Etwas anderes gilt allerdings dann, wenn bereits im Feststellungsverfahren einzelne Schadenspositionen in den Antrag aufgenommen oder jedenfalls zur Sprache gebracht worden sind. War dies der Fall, erstreckt sich die Rechtskraft des Feststellungsurteils hinsichtlich dieser Schadenspositionen auch auf die haftungsausfüllende Kausalität, sodass der Schädiger mit einem darauf bezogenen Mitverschuldenseinwand im Betragsverfahren ausgeschlossen ist. Aus diesem Grund hat das Gericht über einen bereits im Feststellungsverfahren erhobenen Mitverschuldenseinwand auch dann zu entscheiden, wenn er nur die haftungsausfüllende Kausalität betrifft.

171 Hat der Geschädigte im Feststellungsverfahren demgegenüber keine konkreten Schadenspositionen mitgeteilt, ist der Schädiger im Betragsverfahren hinsichtlich dann erstmals geltend gemachter Schadenspositionen nicht mit dem Mitverschuldenseinwand ausgeschlossen.

172 **Beispiele** für ein Mitverschulden, das die haftungsausfüllende Kausalität betrifft, sind solche Schäden (wie entgangene Gewinne durch freiwillige Vertriebsstopps oder Rückrufkosten), die durch ein voreiliges Nachgeben des Verwarnten verursacht sind.[412]

ff) Zuständigkeit

173 Die **Zuständigkeit** für die gerichtliche Geltendmachung des materiellen **Kostenerstattungsanspruchs** (§§ 677, 683 Satz 1, 670, 823 BGB)[413] richtet sich entweder nach dem Wohnsitz des Beklagten (§ 13 ZPO) oder nach dem Ort der unerlaubten Handlung (§ 32 ZPO), wobei als Ort der unerlaubten Handlung idR nur der Absende- und der Empfangsort der streitigen Abmahnung in Betracht kommen.

8. Entbehrlichkeit einer Abmahnung

174 Die Frage, ob im Einzelfall von einer vorgerichtlichen Abmahnung des Verletzers abgesehen werden kann, stellt sich rechtlich vor allem im Hinblick auf die Kostenregelung des § 93 ZPO. Die Vorschrift sieht vor, dass der Kläger die Kosten eines Rechtsstreits (trotz eigenen Obsiegens) zu tragen hat, wenn der Beklagte – erstens – den Klageanspruch sofort anerkennt und der Beklagte – zweitens – dem Kläger durch sein Verhalten keine Veranlassung zur Klageerhebung gegeben hat.

---

412 BGH, GRUR 2020, 322 – Chickenwings.
413 BGH, GRUR 2012, 756 – Kosten des Patentanwalts III.

a) »Sofort«

»Sofort« meint, dass das Anerkenntnis[414] bei der in der fraglichen Verfahrensart ersten prozessual dafür in Betracht kommenden Gelegenheit geschieht.[415] Im Falle der Anordnung eines frühen ersten Termins zur mündlichen Verhandlung ist dies der frühe erste Verhandlungstermin, und zwar vor Verlesung der Sachanträge; im Falle eines schriftlichen Vorverfahrens muss das Anerkenntnis, um die Kostenfolge des § 93 ZPO auslösen zu können, grundsätzlich innerhalb der Erklärungsfrist des § 276 Abs 1 Satz 1 ZPO (Anzeige der Verteidigungsbereitschaft) erfolgen. Hat der Beklagte innerhalb dieser Frist keinen auf Abweisung der Klage gerichteten Sachantrag angekündigt und ist er dem Klageanspruch auch nicht auf sonstige Weise entgegengetreten, genügt es allerdings, wenn das Anerkenntnis innerhalb der anschließenden (auch verlängerten) Frist zur Klageerwiderung (§ 276 Abs 1 Satz 2 ZPO) erfolgt.[416] Hat er einen solchen Antrag jedoch angekündigt oder das Klagevorbringen bestritten (was noch nicht durch die Anzeige der Verteidigungsbereitschaft und die Ankündigung, zur Klage Stellung nehmen zu wollen, geschieht), so ist sein späteres Anerkenntnis nicht mehr »sofort«, selbst wenn der Beklagte die Klageansprüche zu diesem Zeitpunkt noch nicht abschließend geprüft haben sollte.[417] Anderes gilt nur dann, wenn der Beklagte seinen angekündigten Abweisungsantrag dahingehend einschränkt, dass er noch prüfen müsse, ob der Klageanspruch berechtigt sei.[418]

175

Im Rahmen der Kostenentscheidung hat das Gericht die **Schlüssigkeit** und Begründetheit der Klage im Zeitpunkt des Anerkenntnisses grundsätzlich nicht zu prüfen.[419] Das Anerkenntnis enthält das Zugeständnis der Richtigkeit der tatsächlichen Klagebehauptungen und zugleich die Anerkennung des Beklagten, dass sich aus diesen Tatsachen die vom Kläger behaupteten Rechtsfolgen ableiten lassen. Weil sich der Anerkennende dem Klageanspruch als einem zu Recht bestehenden Anspruch unterwirft, ist das Gericht, welches den Beklagten allein aufgrund seines Anerkenntnisses zu verurteilen hat, der Prüfung des Streitstoffes enthoben. Das gilt nicht nur für die Entscheidung in der Hauptsache, sondern prinzipiell genauso für die Kostenentscheidung.

176

Eine **Ausnahme** ist – unter bestimmten Voraussetzungen – für den Fall zu machen, dass die Klage zunächst unschlüssig erhoben war. Da der Beklagte einen unschlüssigen Anspruch nicht auf bloßen Verdacht hin anerkennen muss, ihm zugleich aber die Möglichkeit einer prozessualen Unterwerfung erhalten bleiben muss, wenn der Kläger den Schlüssigkeitsmangel im Laufe des Rechtsstreits noch ausräumt, erkennt der BGH[420] die Möglichkeit zu einem sofortigen Anerkenntnis auch nach Ablauf der Klageerwiderungsfrist und nach Ankündigung eines Klageabweisungsantrages an, wenn zu *dieser* Zeit die Klage noch unschlüssig war, der Kläger danach die Schlüssigkeit durch ergänzten Sachvortrag herstellt und der Beklagte daraufhin anerkennt. § 93 ZPO kommt dem Beklagten folgerichtig dann nicht zugute, wenn der Kläger seinen Vortrag nicht nachbessert und der Beklagte verspätet bei unverändert unschlüssigem Klagevorbringen ein Anerkenntnis erklärt.[421] Nach Ausräumung des anfänglichen Schlüssigkeitsdefizits muss das Anerkenntnis innerhalb eines Zeitraumes erklärt werden, in dem unter Beachtung der Pro-

177

---

414 Einer Erfüllung des anerkannten Anspruchs bedarf es nicht: OLG Koblenz, MDR 2016, 728.
415 KG, NJW-RR 2007, 647; OLG Düsseldorf, MDR 1991, 257.
416 BGH, MDR 2019, 701; BGH, NJW 2006, 2490; OLG Düsseldorf, Beschluss v 18.1.2018 – I-2 W 45/17.
417 BGH, MDR 2019, 701; BGH, NJW 2016, 572.
418 OLG Frankfurt/Main, OLGR 2008, 813; vgl hierzu auch BGH, MDR 2019, 701; OLG Düsseldorf, Beschluss v 19.1.2018 – I-2 W 45/17.
419 BGH, MDR 2020, 504.
420 BGH, MDR 2020, 504.
421 BGH, MDR 2020, 504.

zessförderungspflicht des Beklagten mit einer Reaktion auf die veränderte Sachlage zu rechnen ist.⁴²² Wie lange diese Zeitspanne zu bemessen ist, hängt vom Einzelfall ab, wobei der bisherige Verfahrensgang, Art und Umfang des Schlüssigkeitsmangels sowie Aufwand und Schwierigkeit der von dem Beklagten nach Beseitigung der Defizite vorzunehmenden Prüfung maßgeblich sind.⁴²³ Das Zeitfenster kann – zufällig – mit der nächsten gegenüber dem Gericht vorzunehmenden Handlung (zB einem anstehenden Verhandlungstermin) zusammenfallen; umgekehrt gilt allerdings nicht, dass sich der Beklagte in jedem Fall bis zu diesem Zeitpunkt mit seinem Anerkenntnis Zeit lassen kann.⁴²⁴

178 Nach Erlass einer **Beschlussverfügung** stellt ein Kostenwiderspruch ein »sofortiges« Anerkenntnis dar.⁴²⁵

179 Das Anerkenntnis muss stets **vorbehaltlos** sein. Als unzulässige Bedingung gilt es allerdings nicht, wenn das Anerkenntnis »unter Protest gegen die Kostenlast« erfolgt.

b) Veranlassung zur Klage

180 Veranlassung zur Klageerhebung gibt der Beklagte regelmäßig nur dann, wenn er dem Begehren des Klägers auf dessen vorgerichtliche Abmahnung hin keine Folge leistet, namentlich keine ausreichende Unterwerfungserklärung abgibt. Um der Kostenfolge des § 93 ZPO zu entgehen, obliegt es mithin dem Kläger, vor Einleitung eines Rechtsstreits (oder eines einstweiligen Verfügungsverfahrens) den Beklagten – wie oben beschrieben – abzumahnen. Es bedarf dabei grundsätzlich einer insgesamt ordnungsgemäßen, fehlerfreien Abmahnung, die zB dann nicht vorliegt, wenn die Angaben zur Aktivlegitimation nicht zutreffen.⁴²⁶ Derjenige, der eine ohne den erforderlichen Vollmachtsnachweis ausgesprochene Abmahnung nicht in der Sache zurückweist, sondern wegen Bedenken bzgl der Vertretungsmacht, und der zu erkennen gibt, dass er nach Ausräumung dieser Bedenken die eingeforderte Unterlassungserklärung abgeben wird, gibt deswegen keinen Anlass zur Klageerhebung, so lange das Nachweisproblem nicht beseitigt ist.⁴²⁷ Zur Anwendung des § 93 ZPO führt nur die Abmahnung des späteren Beklagten, und nicht die eines mit diesem bloß konzernmäßig verbundenen Unternehmens⁴²⁸ oder lediglich des Unternehmens, wenn (und soweit) später gerichtlich auch dessen Geschäftsführer in Anspruch genommen werden. Eine bloße Berechtigungsfrage ist ebenfalls unzureichend, selbst wenn der Adressat im Rahmen der nachfolgenden Korrespondenz eine gegenteilige, etwaige Ansprüche verneinende Rechtsauffassung vertritt.⁴²⁹ Entbehrlich ist eine Abmahnung nur ausnahmsweise, nämlich dann, wenn eine vorherige Abmahnung aus der Sicht des Klägers (oder Antragstellers) zu der Zeit, zu der er entscheiden muss, ob er abmahnt oder nicht, bei Anlegung eines objektiven Maßstabes unzumutbar ist.⁴³⁰ Hierbei sind unterschiedliche Sachverhalte auseinander zu halten:

aa) Anspruch auf Unterlassung, Rechnungslegung und Schadenersatz

181 Was zunächst den Unterlassungs-, Rechnungslegungs- und Schadenersatzanspruch betrifft, so genügt der Umstand, dass der Beklagte das Patent aus der Sicht des Klägers

---

422 OLG Saarbrücken, GRUR-RR 2018, 171 – verzögertes Anerkenntnis.
423 OLG Saarbrücken, GRUR-RR 2018, 171 – verzögertes Anerkenntnis.
424 OLG Saarbrücken, GRUR-RR 2018, 171 – verzögertes Anerkenntnis.
425 OLG Karlsruhe, GRUR-RR 2013, 182 – Spielsteuerung; LG Hamburg, NJOZ 2009, 4786.
426 OLG Düsseldorf, Beschluss v 21.10.2010 – I-2 W 52/10.
427 KG, GRUR-RR 2021, 459 – fehlender Vollmachtsnachweis.
428 OLG Düsseldorf, InstGE 8, 183 – Falscher Abmahnungsadressat.
429 OLG Hamburg, GRUR 2006, 616.
430 OLG Düsseldorf, InstGE 2, 237 – Turbolader II, str.

vorsätzlich verletzt, noch nicht, um eine Abmahnung für entbehrlich zu halten.[431] Eine **Unzumutbarkeit** wird vielmehr nur bejaht, wenn

– die mit einer vorherigen Abmahnung notwendig verbundene Verzögerung unter Berücksichtigung der gerade im konkreten Fall gegebenen **außergewöhnlichen Eilbedürftigkeit** schlechthin nicht mehr hinnehmbar ist, etwa um besonderen Schaden vom Kläger abzuwenden (a), oder   182

– sich dem Kläger bei objektiver Sicht der Eindruck geradezu aufdrängen musste, der **Verletzer baue auf die grundsätzliche Abmahnpflicht** und wolle sich diese zunutze machen, um mindestens eine Zeit lang die Verletzungshandlungen begehen zu können und sich ggf nach damit erzieltem wirtschaftlichen Erfolg unter Übernahme vergleichsweise niedriger Abmahnkosten zu unterwerfen (b).[432]   183

Mit Bezug auf die Fallvariante zu (a) geht die Rechtsprechung dabei in weitem Umfang von der Möglichkeit (und Verpflichtung) aus, den Anspruchsgegner zumindest mittels E-Mail, Fax oder mündlich unter Setzen einer kurzen (ggf nur nach Stunden bemessenen Frist) abzumahnen. Wo solches in Betracht kommt, ist eine Abmahnung nicht entbehrlich. Sie erübrigt sich deshalb insbesondere nicht schon deshalb, weil das rechtsverletzende Handeln auf einer (nur wenige Tage dauernden) Messe stattfindet und mit der Klage oder dem Verfügungsantrag gegen den Messeauftritt vorgegangen werden soll. Das gilt auch, wenn Aussteller ein im Ausland ansässiges Unternehmen ist und die Klage – zur Vermeidung einer ansonsten notwendigen Auslandszustellung – auf der Messe zugestellt werden soll.[433] Aus den gleichen Gründen soll eine Abmahnung nicht deswegen entbehrlich sein, weil die sichere Erwartung gerechtfertigt ist, der Verletzer werde die Abmahnung zum Anlass nehmen, die klageweise Durchsetzung der Verbietungsansprüche mittels einer im Ausland erhobenen negativen Feststellungsklage zu torpedieren.[434] Der Gefahr eines »Torpedos« könne der Schutzrechtsinhaber dadurch entgehen, dass er den Verletzer mit einer außerordentlich kurzen Frist abmahne, innerhalb derer der Letztere keinesfalls eine negative Feststellungsklage erheben könne. Nach Fristablauf könne der Schutzrechtsinhaber sodann die von ihm bereits zuvor entworfene Klage kurzfristig beim Verletzungsgericht einreichen. Andererseits genügt ein tauglicher, wenn auch fehlgeschlagener Zustellungsversuch, der zB gegeben ist, wenn die Abmahnung unter der zutreffenden Anschrift des Adressaten niedergelegt und von diesem bloß nicht fristgerecht abgeholt worden ist; hier bedarf es keiner zweiten Zustellung.[435]   184

Über die erwähnten Fallgruppen zu (a) und (b) hinaus ist eine Abmahnung   185

– aus dem Gesichtspunkt der **Förmelei** ferner dann überflüssig, wenn sie aus der Sicht des Klägers von vornherein zwecklos erscheint.[436]   186

Voraussetzung dafür ist, dass nach den gesamten Umständen des Einzelfalles nicht nur mit (ggf sogar hoher) Wahrscheinlichkeit zu erwarten steht, dass die vorgerichtliche Abmahnung den Antragsgegner nicht zum Einlenken bewegen wird, sondern dass derartiges mit definitiver Gewissheit feststeht.[437] Solches ist denkbar, wenn es einer Unterneh-   187

---

431 OLG Düsseldorf, InstGE 2, 237 – Turbolader II; OLG Frankfurt/Main, GRUR-RS 2018, 9083 – Generalvorsatz.
432 OLG Düsseldorf, InstGE 2, 237 – Turbolader II.
433 OLG Düsseldorf, InstGE 4, 159 – INTERPACK; LG Düsseldorf, InstGE 3, 221 – Rahmengestell.
434 OLG Düsseldorf, InstGE 2, 237 – Turbolader II.
435 OLG Frankfurt/Main, MDR 2014, 742.
436 OLG Düsseldorf, InstGE 2, 237 – Turbolader II; OLG Frankfurt/Main, GRUR-RS 2018, 9083 – Generalvorsatz.
437 OLG Düsseldorf, InstGE 13, 238 – Laminatboden-Paneele II.

mensstrategie des Abgemahnten entspricht, sich in rechtlichen Auseinandersetzungen (mit dem Abmahnenden) nicht freiwillig in die Rolle des Unterlegenen zu begeben, sondern unabhängig von den Chancen einer Rechtsverteidigung aus prinzipiellen Erwägungen heraus eine gerichtliche Klärung zu erzwingen.[438] Unzureichend ist demgegenüber, dass zwischen den Parteien diverse Auseinandersetzungen geführt wurden und werden, von denen bisher keine einzige außergerichtlich beigelegt werden konnte, wenn Gegenstand der Rechtsstreitigkeiten jeweils Patent- und Gebrauchsmusterverletzungen waren und der Abmahnende in den wenigen geführten wettbewerbsrechtlichen Streitigkeiten jeweils Anspruchsteller und nicht Anspruchsgegner war.[439]

188 Entscheidender Anknüpfungspunkt für die Frage, ob Klageveranlassung bestanden hat, ist stets das Verhalten des Beklagten **vor Prozessbeginn**.[440] Die Veranlassung *zur* Klageerhebung können nur solche Umstände geben, die objektiv schon vor Klageerhebung gegeben und dem Anspruchsinhaber subjektiv auch bekannt waren. Dies schließt es zwar nicht aus, dass Umstände aus der Zeit nach Klageerhebung indiziell herangezogen werden können, um die Sachlage im maßgeblichen vorprozessualen Zeitpunkt zu deuten.[441] Die Anforderungen des § 93 ZPO, der auf die Situation ex ante abstellt, werden jedoch in unzulässiger Weise umgangen, wenn die Veranlassung zur Klageerhebung ausschließlich mit solchen Vorgängen begründet werden könnte, die aus der Zeit nach der Klageerhebung stammen.[442] Aus der Tatsache allein, dass der Beklagte die zB in dem gegen ihn ergangenen Anerkenntnisurteil eingegangenen Verpflichtungen später nicht erfüllt, kann deswegen nicht auf einen Anlass für eine sofortige Klageerhebung geschlossen werden.[443]

bb) Verwahrungsanspruch

189 Wird eine Verwahrung zur Sicherung des Anspruchs auf Vernichtung rechtsverletzender Ware begründet geltend gemacht, so ist eine Abmahnung unzumutbar, *wenn* sie die Durchsetzung der berechtigten Ansprüche des Klägers (oder Antragstellers) vereiteln würde oder dies aus der Sicht des Anspruchstellers zumindest ernsthaft zu befürchten steht. Von einem derartigen Sachverhalt wird ausgegangen, wenn die in Verwahrung zu nehmende Sache aufgrund ihrer Mobilität ohne weiteres beiseite geschafft und dadurch dem Zugriff des Gläubigers entzogen werden kann.[444] Zu denken ist zum einen an Gegenstände, die als solche klein sind (wie zB Schmuckstücke); in Betracht kommen zum anderen aber auch Gegenstände, die zwar als solche nicht von derart geringer Größe sind, sofern jedoch der Anspruchsgegner nach dem Zuschnitt seines Geschäftsbetriebes nur eine begrenzte Stückzahl von ihnen vorrätig hält, sodass ihm letztendlich das Verbringen seines Lagerbestandes ebenfalls kurzfristig möglich sein wird (Bsp: Damenhandtaschen einer bestimmten Marke, wenn der in Anspruch genommene Inhaber eines Einzelhandelsgeschäftes lediglich wenige Exemplare im Besitz hat). Die »Flüchtigkeit« der Ware kann sich darüber hinaus aus den aus der Sicht des Antragstellers zu erwartenden Lager- und Transportmöglichkeiten ergeben, weswegen zB auch Palettenware als »flüchtig« anzusehen ist, wenn sie unter Bedingungen gelagert wird, die (zB aufgrund der permanenten Verfügbarkeit von Gabelstaplern und Lkw oder der Möglichkeit ihrer

---

438 OLG Düsseldorf, InstGE 13, 238 – Laminatboden-Paneele II.
439 OLG Düsseldorf, InstGE 13, 238 – Laminatboden-Paneele II.
440 BGH, NJW 1979, 2040; BGH, NJW-RR 2005, 1005; OLG München, NJW 1988, 270.
441 AA: OLG Frankfurt/Main, GRUR-RS 2018, 9083 – Generalvorsatz.
442 OLG Frankfurt/Main, MDR 2012, 986.
443 OLG Düsseldorf, Beschluss v 10.9.2012 – I-2 W 22/12.
444 OLG Düsseldorf, WRP 1997, 471, 472 – Ohrstecker; LG Düsseldorf, InstGE 12, 234 – Fieberthermometer; einschränkend: OLG Braunschweig, GRUR-RR 2005, 103 – Flüchtige Ware, das konkrete, objektiv erkennbare Anhaltspunkte dafür verlangt, dass die Abmahnung die Sequestrationsmöglichkeiten nachhaltig erschweren oder vereiteln würde.

kurzfristigen Anmietung) einen jederzeitigen schnellen Abtransport erlauben.[445] Maßgeblich ist insoweit diejenige Zeitspanne, die dem Antragsgegner im Falle einer vorgerichtlichen Abmahnung bis zur Zustellung der einstweiligen Verfügung an ihn verbleiben würde. Die Zeitspanne setzt sich aus der hinreichend kurz gesetzten Abmahnfrist und derjenigen Zeit zusammen, die nach Fristablauf notwendig ist, um eine Beschlussverfügung zu erwirken und zuzustellen.[446] Wenn innerhalb dieses Zeitraumes bei aus der Sicht des auf Vereitelung bedachten Antragsgegners günstigem Lauf der Dinge damit zu rechnen ist, dass die Verletzungsware ganz oder mindestens teilweise beiseitegeschafft wird, ist die Abmahnung entbehrlich.[447]

Ist die schutzrechtsverletzende Ware vom **Zoll beschlagnahmt** worden, so ist damit zwar zunächst die Gefahr eines Beiseiteschaffens durch den Verletzer ausgeräumt; dennoch wird eine Abmahnung für grundsätzlich entbehrlich gehalten.[448] Maßgeblich dafür ist die Überlegung, dass dem Verletzten nur eine kurz bemessene Zeitspanne von 10 Arbeitstagen seit der behördlichen Unterrichtung über die Aussetzung der Überlassung zur Verfügung steht, um bei einem Vernichtungswiderspruch des Verletzers ein gerichtliches Verfahren zur Feststellung der Patentverletzung einzuleiten und der Zollbehörde nachzuweisen, womit eine Freigabe der beschlagnahmten Ware zugunsten des Verletzers verhindert wird. In dieser Situation würde eine zusätzliche, vorgeschaltete Abmahnung die Rechtsdurchsetzung für den Verletzten unangemessen gefährden. Dem mag im Tatsächlichen so sein, wenn der Widerspruch gegen die Vernichtung erst spät geäußert wird, sodass sich die Gelegenheit zur gerichtlichen Rechtsverfolgung für den Verletzten auf einen oder ganz wenige Tage reduziert. Wo dies wegen eines verhältnismäßig frühzeitigen Vernichtungswiderspruchs anders ist, bleibt die Abmahnung gleichwohl verzichtbar, und zwar deshalb, weil ein Verletzer, der durch seinen Widerspruch gegen die Vernichtung eine gerichtliche Anspruchsdurchsetzung durch den Berechtigten bewusst herausfordert, keines Hinweises auf ein ihm drohendes Gerichtsverfahren bedarf, dessen direkte Ursache er mit seinem Vernichtungswiderspruch gerade selbst gesetzt hat. Umgekehrt steht die Tatsache, dass der Antragsgegner vor Einleitung des einstweiligen Verfügungsverfahrens einer Vernichtung der vom Zoll beschlagnahmten schutzrechtsverletzenden Ware zugestimmt hat, der Annahme eines Vereitelungssachverhaltes noch nicht entgegen.[449]

190

Handelt allerdings der Antragsteller dem behaupteten Sicherungsbedürfnis gegen ein etwaiges Beiseiteschaffen der Verletzungsgegenstände selbst zuwider, indem er zB überhaupt keine Verwahrungsverfügung beantragt, sondern mit ihrer Möglichkeit bloß im Rahmen der Kostendebatte argumentiert, oder zwar eine **Verwahrungsverfügung** erwirkt, diese jedoch zunächst **nicht zustellen lässt** und auch keine Verwahrung betreibt, sondern statt dessen den Antragsgegner abmahnt und ihm dadurch Gelegenheit gibt, die Gegenstände dem Zugriff des Antragstellers zu entziehen, so kann eine Abmahnung nicht mehr als entbehrlich betrachtet werden.[450] Gleiches gilt, wenn der Verwahrungsanspruch nur vorgeschoben ist, um sich der Abmahnpflicht zu entziehen. Das ist namentlich der Fall, wenn ein zu sichernder Vernichtungsanspruch ersichtlich nicht besteht. Unterbleibt die zwangsweise Durchsetzung des Verwahrungsanspruchs aus Gründen, die der Antragsteller nicht zu vertreten hat (etwa deshalb, weil der beauftragte Gerichts-

191

---

445 OLG Düsseldorf, Beschluss v 19.12.2013 – I-2 W 40/13.
446 OLG Düsseldorf, Beschluss v 19.12.2013 – I-2 W 40/13.
447 OLG Düsseldorf, Beschluss v 19.12.2013 – I-2 W 40/13.
448 OLG Dresden, GRUR-RR 2016, 527 – Angehaltene Mobiltelefone.
449 OLG Karlsruhe, GRUR-RR 2013, 182 – Spielsteuerung.
450 LG Düsseldorf, InstGE 12, 234 – Fieberthermometer.

vollzieher den Schuldner nicht antrifft und deshalb von Maßnahmen zur Inbesitznahme absieht), so ändert dies an der Entbehrlichkeit einer Abmahnung nichts.[451]

192 Wird mit dem Sequestrationsanspruch **zugleich** ein **Unterlassungsanspruch** geltend gemacht, so entfällt die Notwendigkeit einer Abmahnung nicht nur teilweise (sic: für den Sequestrationsanspruch), sondern insgesamt (sic: auch für den gleichzeitig eingeklagten Unterlassungsanspruch).[452] Das gilt auch dann, wenn vor Einleitung des zivilgerichtlichen Verfahrens (ohne vorausgegangene Abmahnung) eine staatsanwaltschaftliche Durchsuchung der Räumlichkeiten des Schuldners stattgefunden hat.[453]

193 Hat das Landgericht den **Antragsgegner** dennoch vor der Entscheidung über das Verfügungsbegehren **angehört** und erkennt der Antragsgegner sofort an, so hängt die Anwendung des § 93 ZPO zu seinen Gunsten davon ab, ob das Landgericht richtigerweise von einer vorherigen Anhörung des Antragsgegners hätte absehen müssen, was wiederum der Fall ist, wenn nach den Gesamtumständen eine Vereitelung des Verwahrungsanspruchs durch den Antragsgegner zu befürchten war.[454] Ist dem so, fallen die Kosten des Verfügungsverfahrens dem Antragsgegner zur Last, anderenfalls dem Antragsteller.[455]

cc) Vindikationsanspruch[456]

194 Entbehrlich ist eine vorgerichtliche Abmahnung schließlich dann, wenn mit einem einstweiligen Verfügungsverbot ein Vindikationsanspruch (§ 8 PatG, Art II § 5 IntPatÜG[457]) wegen widerrechtlicher Entnahme gesichert werden soll[458] und der Antragsteller geltend machen kann, der Antragsgegner habe die Patentanmeldung in dem vollen Bewusstsein getätigt, dass es sich um eine fremde, ihm nicht gehörende Erfindung handelt.[459]

---

451 OLG Frankfurt/Main, GRUR-RR 2020, 184 – abgebrochener Sequestrationsversuch.
452 OLG Düsseldorf, NJWE-WettR 1998, 234 f; OLG Frankfurt/Main, InstGE 6, 51 – Sequestrationsanspruch; OLG Hamburg, GRUR-RR 2007, 29 – Cerebro Card; OLG Karlsruhe, GRUR-RR 2013, 182 – Spielsteuerung.
453 OLG Hamburg, GRUR-RR 2007, 29 – Cerebro Card.
454 OLG Frankfurt/Main, GRUR-RR 2021, 404 – Original-Ersatzteil.
455 OLG Frankfurt/Main, GRUR-RR 2021, 404 – Original-Ersatzteil.
456 Klageantrag: Zu klagen ist – erstens – auf die vollständige Übertragung der Anmeldung oder des erteilten Patents bzw auf Einräumung einer Mitberechtigung und – zweitens – auf Bewilligung der Umschreibung in der Patentrolle. In Fällen der Miterfinderschaft kann außerdem die gerichtliche Feststellung der beiderseitigen ideellen Anteile an der Patentanmeldung beantragt werden, nicht hingegen, dem Beklagten zum Zwecke der Aufhebung der Erfindergemeinschaft die Duldung der Zwangsvollstreckung aufzugeben (OLG Düsseldorf, Urteil v 22.12.2011 – I-2 U 15/04; NZB zurückgewiesen mit Beschluss des BGH v 4.7.2017 – X ZR 3/16).
457 Bei fehlender Bösgläubigkeit ist die Ausschlussfrist nur gewahrt, wenn der Kläger vor Fristablauf selbst Erfindungsinhaber oder dessen Rechtsnachfolger geworden ist. Gehen die Erfinderrechte erst nach Fristablauf über, nützt die fristgerechte Klageerhebung nur, wenn der Kläger vom damals noch Berechtigten materiellrechtlich wirksam zur Durchsetzung seines Vindikationsanspruchs ermächtigt war (OLG Düsseldorf, Urteil v 7.12.2015 – I-2 U 88/11).
458 Möglich ist dies a) durch Anordnung eines Verfügungsverbotes (»Dem Antragsgegner wird bei Meidung der [näher zu bezeichnenden] Ordnungsmittel untersagt, über das deutsche Patent ... mit der Bezeichnung ... zu verfügen, insbesondere dieses zu veräußern, mit Lizenzen zu belasten oder auf das Patent ... zu verzichten.«), b) durch Pfändung und Überweisung an einen Sequester (»Das deutsche Patent ... mit der Bezeichnung ... wird gepfändet und an Rechtsanwalt/Patentanwalt ... als Sequester zur Wahrnehmung der Rechte an dem Patent ... überwiesen.«) oder c) durch eine Kombination von beidem. Der Sequester vertritt den Patentinhaber auch ohne besondere Anordnung des Gerichts. Er ist daher befugt, zB Einspruchsbeschwerde gegen die Widerrufsentscheidung zu erheben, die in Bezug auf das sequestrierte Patent ergangen ist (BGH, Mitt 2007, 408 – Patentinhaberwechsel im Einspruchsverfahren).
459 LG Düsseldorf, InstGE 3, 224 – Abmahnung bei Vindikationsklage; bestätigt durch OLG Düsseldorf, Beschluss v 5.1.2004 – I-2 W 37/03.

dd) Besichtigungsanspruch

In Fällen der Besichtigungsanordnung, zu deren Durchsetzung ohne vorherige Anhörung des Besichtigungsschuldners eine begleitende einstweilige Verfügung ergeht, stellt sich im Falle eines Widerspruchs ebenfalls die Frage, ob der Antragsgegner sich mit Erfolg gegen die ihm nachteilige Kostenentscheidung wenden kann. Der Besichtigungsschuldner hat hierzu **drei Möglichkeiten:** 195

– Er kann in geeigneten Fällen zunächst geltend machen, dass die Besichtigung den **Verletzungsverdacht widerlegt** habe. Dieser Einwand ist tauglich, weil die Wahrscheinlichkeit einer Rechtsverletzung nach dem maßgeblichen Sachstand im Zeitpunkt der mündlichen Verhandlung über den Widerspruch zu verneinen ist, wenn die sachverständige Begutachtung ergeben hat, dass eine Benutzung des Verfügungsschutzrechts nicht vorliegt. Das gilt auch dann, wenn der Antragsteller das Verfügungsverfahren für erledigt erklärt.[460] Bleibt die Erledigungserklärung einseitig, hat das Gericht im streitigen Verfahren festzustellen, ob das Besichtigungsverlangen im Zeitpunkt der Erledigung (welche erst mit dem Ende der Besichtigung eintritt) zulässig und begründet war. Solches ist zu verneinen, wenn die Besichtigung ergibt, dass ein Verletzungsverdacht nicht begründet war. Keine andere Beurteilung ergibt sich, wenn sich der Antragsgegner der Erledigungserklärung anschließt. Zwar ist gemäß § 91a ZPO die Kostenentscheidung unter Berücksichtigung des *bisherigen Sach- und Streitstandes* zu treffen, womit es grundsätzlich auf die Rechtslage *vor* Eintritt der Erledigung (= Besichtigung) ankommt.[461] Ausnahmen sind jedoch zulässig, insbesondere können liquide Beweismittel (wie vorliegend das im selbständigen Beweisverfahren erstattete Gutachten) berücksichtigt werden. 196

– Hat das Gutachten **keine Klarheit** gebracht, ist in gleicher Weise zu verfahren. Hier ist zwar weiterhin von der Wahrscheinlichkeit einer Patentverletzung auszugehen; der Antragsgegner ist gleichwohl nicht zur Kostentragung verpflichtet, wenn der zu besichtigende Gegenstand sich nicht positiv als schutzrechtsverletzend erwiesen hat. Grund: Die Duldungsverfügung begleitet lediglich die im Rahmen des selbständigen Beweisverfahrens getroffene Besichtigungsanordnung. Die Kosten des Beweisverfahrens indessen kann der Antragsteller nur ersetzt verlangen, wenn er in einem anschließenden Patentverletzungsprozess obsiegt (weil die Kosten der Beweissicherung Kosten des nachfolgenden Rechtsstreits sind und damit der dort getroffenen Kostenentscheidung folgen) oder wenn – ohne nachfolgenden Hauptsacheprozess – dem Antragsteller ein materiell rechtlicher Ersatzanspruch zusteht, welcher nur bei Vorliegen einer rechtswidrigen und schuldhaften Patentverletzung existiert. Die besagten Kostenerstattungsgrundsätze müssen auch bei der Verteilung der Kosten im Zusammenhang mit der Duldungsverfügung beachtet werden. Sie führen dazu, dass eine Kostentragungspflicht des Antragsgegners nur unter der Voraussetzung in Betracht kommen kann, dass die Besichtigung eine Schutzrechtsverletzung ergibt.[462] 197

– Hat die Besichtigung eine **Patentverletzung bestätigt**, sollte der Widerspruch auf die Kosten beschränkt werden[463], weil damit eine Anwendung des § 93 ZPO möglich 198

---

460 OLG München, InstGE 12, 186 – Presseur.
461 BGH, WRP 2004, 350 – Pyrex.
462 OLG München, InstGE 13, 190 – Kein Verletzungsnachweis nach Besichtigung; OLG München, InstGE 13, 293 – erfolglose Besichtigung, aA: OLG Zweibrücken, GRUR 2021, 995 – Lagerführungssystem (das eine Kostenpflicht des Antragsgegners bereits annimmt, wenn bei Antragstellung eine hinreichende Verletzungswahrscheinlichkeit bestanden hat); jeweils mwN zum Streitstand.
463 Er ist im Zweifel auch dann nicht verwirkt, wenn bei seiner Einlegung seit der Zustellung der einstweiligen Verfügung 2 Jahre vergangen sind und der Antragsgegner die festgesetzten Verfahrenskosten des Antragstellers erstattet hat (LG Düsseldorf, InstGE 11, 35 – Abmahnung bei Besichtigungsanspruch).

ist.[464] Zu dessen Rechtfertigung kann geltend gemacht werden, der Antragsgegner sei vor Einleitung des Besichtigungsverfahrens nicht abgemahnt worden und er habe auch keine Veranlassung für ein gerichtliches Vorgehen gegeben, weswegen die Kosten des einstweiligen Verfügungsverfahrens vom Antragsteller zu tragen seien.[465] In Analogie zu den »Sequestrationsfällen«[466] ist eine vorherige Abmahnung des Besichtigungsschuldners entbehrlich, wenn bei Einleitung des gerichtlichen Verfahrens (a) entweder konkrete Anhaltspunkte dafür bestehen, dass der Antragsgegner die Abmahnung dazu nutzen wird, den Besichtigungsgegenstand in einer Weise zu verändern, dass der Besichtigungserfolg vereitelt wird, oder wenn (b) – ohne greifbare Anhaltspunkte für Manipulationsabsichten des Schuldners – der zu besichtigende Gegenstand tatsächlich innerhalb der bei einer Abmahnung zur Verfügung stehenden Zeit in einen nicht mehr patentverletzenden Zustand versetzt oder insgesamt dem Besichtigungszugriff entzogen werden kann, sodass eine Abmahnung den Besichtigungsgläubiger zwangsläufig der naheliegenden Möglichkeit einer Vereitelung des Besichtigungserfolges aussetzt.[467] Unter den genannten Bedingungen ist es dem Gläubiger nicht zumutbar, seinen Gegner um den Preis abzumahnen, dadurch die Durchsetzung seines eigenen (Besichtigungs-)Anspruchs in Gefahr zu bringen. Die Möglichkeit für derartige Vereitelungsmaßnahmen ist dabei – rein zeitlich betrachtet – nicht nur mit Blick auf die Abmahnfrist selbst in Erwägung zu ziehen. Vielmehr ist zu bedenken, dass auch bei einer sofortigen Anbringung des Besichtigungsantrages bei Gericht nach Ablauf der Abmahnfrist zwangsläufig noch eine gewisse Zeit (von einigen Tagen) vergehen wird, bis der gerichtliche Sachverständige beauftragt und dieser – nach Befassung mit dem Antragsschutzrecht – in der Lage ist, die Besichtigung durchzuführen.

ee) Einstweilige Verfügung und parallele Hauptsacheklage

199 Probleme im Zusammenhang mit der Anwendung des § 93 ZPO stellen sich schließlich, wenn Klage zur Hauptsache wegen eines (zB Unterlassungs-)Anspruchs erhoben wird, der – zeitgleich oder vorab – Gegenstand eines einstweiligen Verfügungsverfahrens ist. Auch hier sind verschiedene Konstellationen denkbar:

200 – Der Klageanlass wird verneint, wenn die Hauptsacheklage **zeitgleich** mit dem Eilantrag bei Gericht eingereicht wird.[468]

201 – Ist eine **Beschlussverfügung ergangen** und soll danach die Klage zur Hauptsache anhängig gemacht werden, genügt die dem Verfügungsantrag vorausgegangene Abmahnung nicht mehr, um im Hinblick auf die Hauptsacheklage einen Klageanlass zu begründen. Wegen der durch die gerichtliche Entscheidung veränderten Sachlage bedarf es vielmehr einer erneuten Kontaktaufnahme mit dem Antragsgegner in Form eines sog Abschlussschreibens, mit dem der Antragsgegner unter Fristsetzung und Klageandrohung aufgefordert wird, die einstweilige Verfügung als endgültige Regelung anzuerkennen.[469] Ein Abschlussschreiben ist ausnahmsweise entbehrlich, wenn

---

464 Der Kostenwiderspruch präkludiert nicht hinsichtlich der Verletzungsfrage in einem späteren Hauptsacheprozess.
465 LG Düsseldorf, InstGE 11, 35 – Abmahnung bei Besichtigungsanspruch.
466 Vgl oben Kap C Rdn 189 f.
467 LG Düsseldorf, InstGE 6, 294 – Walzen-Formgebungsmaschine II; LG Düsseldorf, InstGE 11, 35 – Abmahnung bei Besichtigungsanspruch.
468 OLG Karlsruhe, WRP 1996, 922 – CD-ROM »Erotic 5«; teilweise wird der Hauptsacheklage auch das Rechtsschutzbedürfnis abgesprochen; vgl dazu Berneke/Schüttpelz, Einstweilige Verfügung, Rn 606 ff.
469 OLG Frankfurt/Main, WRP 2007, 556 – Fehlende Klageveranlassung; bleibt die Abschlusserklärung aus, ist die Erhebung der Hauptsacheklage auch unter Kostengesichtspunkten nicht rechtsmissbräuchlich (OLG Köln, MDR 2009, 1125).

der Antragsgegner durch einen Widerspruch gegen die Beschlussverfügung zu erkennen gibt, dass er sich dem Rechtsschutzbegehren des Antragstellers nicht beugen will. Gleich zu behandeln ist der Fall, dass der Antragsgegner dem Antragsteller gemäß §§ 936, 926 ZPO eine Frist zur Erhebung der Hauptsacheklage setzen lässt.

– Wird die **Beschlussverfügung durch Urteil bestätigt**, muss vor Erhebung der Hauptsacheklage abermals zur Abgabe einer Abschlusserklärung aufgefordert werden, um einen Klageanlass zu begründen.[470] Denn die erstmals im Widerspruchsverfahren erfolgte Zurückweisung der Einwendungen des Antragsgegners schafft wiederum eine veränderte Sachlage, die es nicht von vornherein ausgeschlossen erscheinen lässt, dass der Antragsgegner – entgegen seiner bisherigen Rechtsverteidigung – einlenkt. Entsprechendes gilt für den Fall, dass die Berufung des Antragsgegners gegen ein Verfügungsurteil (mit dem die einstweilige Verfügung aufrechterhalten oder erlassen worden ist) zurückgewiesen wird.[471] Eines Abschlussschreibens nach Erlass des Verfügungsurteils bedarf es nicht, wenn der Antragsgegner Berufung einlegt oder eine Anordnung zur Erhebung der Hauptsacheklage (§§ 936, 926 ZPO) erwirkt. 202

Grundsätzlich kann der Antragsteller sogleich nach einer Beschluss- oder Urteilsverfügung ein Abschlussschreiben an den Antragsgegner richten, dessen Nichtbeachtung Veranlassung für eine Hauptsacheklage schafft. Allerdings sind auch hier Ausnahmen zu beachten. **Verzögert der Antragsteller das Abschlussschreiben** bis unmittelbar vor eine Widerspruchs- oder Berufungsentscheidung im einstweiligen Verfügungsverfahren, so ist es ihm regelmäßig zumutbar, die Hauptsacheklage um wenige Tage zurückzustellen, bis im Verfügungsverfahren entschieden ist und der Antragsgegner sich in Kenntnis dieser Entscheidung darüber klar werden kann, ob er den Verfügungsanspruch nunmehr anerkennen will.[472] 203

Sobald der **Antragsteller** über einen **Hauptsachetitel verfügt**, besteht grundsätzlich kein Anlass mehr für eine Aufrechterhaltung einer inhaltsgleichen[473] einstweiligen Verfügung; letztere braucht deshalb bei laufender Frist nicht mehr vollzogen zu werden, sondern ist vielmehr für erledigt zu erklären, anderenfalls der Verfügungsantrag mangels Verfügungsgrundes zurückzuweisen ist.[474] Dies ist unstreitig, wenn das Hauptsacheerkenntnis rechtskräftig ist, trifft nach herrschender Meinung aber auch zu, wenn der Hauptsachetitel nur vorläufig vollstreckbar ist.[475] Eine Ausnahme gilt dort, wo der Antragsteller zu derjenigen Sicherheitsleistung, von der die Vollstreckbarkeit des noch nicht rechtskräftigen Hauptsachetitels abhängt, nicht imstande ist.[476] Bleibt die Erledigungserklärung des Antragstellers einseitig, kommt es nicht darauf an, ob die Erklärung sogleich nach Eintritt des erledigenden Ereignisses (dh Vorliegen des Hauptsachetitels) abgegeben wird oder verspätet. Denn die Kostenentscheidung richtet sich nach §§ 91, 92 204

---

470 OLG Frankfurt/Main, WRP 2007, 556 – Fehlende Klageveranlassung.
471 OLG Frankfurt/Main, WRP 2007, 556 – Fehlende Klageveranlassung.
472 OLG Frankfurt/Main, WRP 2007, 556 – Fehlende Klageveranlassung.
473 »Inhaltsgleich« sind auch die Verwahrungsanordnung zur Sicherung des Vernichtungsanspruchs, selbst wenn sie bis zur rechtskräftigen Entscheidung über den Vernichtungsanspruch andauern soll, und der mit dem Hauptsachetitel zuerkannte Vernichtungsanspruch, denn die aufgrund des vorläufig vollstreckbaren Titels mögliche (endgültige) Vernichtung der Verletzungsgegenstände schafft faktisch und rechtlich vollendete Tatsachen, die selbst über eine bis zur Rechtskraft andauernde Verwahrungsanordnung hinausgehen. Die Erledigungserklärung hat deshalb auch im Hinblick auf die Verwahrungsanordnung zu erfolgen.
474 OLG Düsseldorf, InstGE 10, 124 – Inhalator.
475 OLG Düsseldorf, InstGE 10, 124 – Inhalator; OLG Düsseldorf, OLG-Report 2006, 480; KG, NJW-WettbR 1999, 293; OLG Karlsruhe, WRP 1996, 590; aA: OLG Hamm, NJW-RR 1990, 1536.
476 OLG Düsseldorf, OLG-Report 2006, 480; KG, NJW-WettbR 1999, 293; OLG Karlsruhe, WRP 1996, 590; aA: OLG Hamm, NJW-RR 1990, 1536.

ZPO, was jegliche Billigkeitserwägungen dahingehend, dass der Antragsteller durch die verzögerte Erledigungserklärung zusätzliche Kosten verursacht hat, ausschließt.[477] Schließt sich der Antragsgegner der Erledigungserklärung allerdings an, können Überlegungen dieses Inhalts im Rahmen der Kostenentscheidung nach § 91a ZPO angestellt werden. Sie sind in der Weise angebracht, dass die Erledigungserklärung bei notweniger mündlicher Verhandlung in derjenigen ersten Verhandlung zu erklären ist, die auf das erledigende Ereignis folgt, und sie gehen dahin, dass der Antragsteller diejenigen Mehrkosten zu übernehmen hat, die durch die verspätete Erledigungserklärung veranlasst worden sind.[478]

205 Kein Anlass zur Erledigungserklärung besteht, wenn der Beklagte einen Hauptsachetitel vermeidet, indem er vor einem Urteilsspruch eine den Streit erledigende **Unterlassungserklärung** abgibt, die den Kläger zwingt, den Rechtsstreit für erledigt zu erklären.

II. Berechtigungsanfrage[479]

206 Die Berechtigungsanfrage bzw der Hinweis auf ein Schutzrecht sind von der Abmahnung zu unterscheiden. Mit der Berechtigungsanfrage kann und soll lediglich ein Meinungsaustausch sowohl über die Tatsachen als auch die Rechtslage begonnen werden. Zu diesem Zweck wird der Verletzer zum einen auf das Schutzrecht hingewiesen und zum anderen wird ihm der vermeintliche Benutzungstatbestand erläutert. Hieran schließt sich die Aufforderung an ihn an, sich zu der Angelegenheit zu äußern bzw konkret zu erläutern, worin seine Berechtigung zur Vornahme der angegriffenen Handlungen liegt.

Praxistipp	Formulierungsbeispiel[480]
207	Firma ...
	Betr.: Deutscher Teil des Europäisches Patents ...
	Titel: ...
	Patentinhaber: ...
	Sehr geehrte Damen und Herren,
	hiermit zeigen wir die Vertretung der obigen Patentinhaberin an. Neben dem Unterzeichner wirkt auch Patentanwalt ... mit.
	Gemäß beigefügtem Auszug aus dem deutschen Patentregister steht das obige Patent ... für das Gebiet der Bundesrepublik Deutschland in Kraft. Es schützt – wie der in Kopie beigefügten Patentschrift entnommen werden kann – eine Vorrichtung, die sich gemäß dem für den Schutzbereich maßgeblichen Patentanspruch 1 durch folgende Merkmale auszeichnet:
	(es folgt eine Merkmalsgliederung).
	Wegen weiterer Einzelheiten dürfen wir auf die beigefügte Patentschrift verweisen, die aus sich heraus verständlich ist.
	Unsere Mandantin musste nun feststellen, dass Ihr Unternehmen unter der Bezeichnung »...« Vorrichtungen anbietet, bei denen nach vorläufiger Einschätzung unserer Mandantin sämtli-

---

477 OLG Düsseldorf, OLG-Report 2009, 821; OLG Düsseldorf, NJW-RR 1997, 1566; OLG Stuttgart, OLG-Report 2003, 151.
478 OLG Düsseldorf, InstGE 10, 124 – Inhalator.
479 Umfassend: Rubusch, Berechtigungsanfrage.
480 Für die Überlassung danke ich Herrn Rechtsanwalt Axel Verhauwen, Düsseldorf.

> che Merkmale des vorstehend gegliederten Patentanspruchs 1 verwirklicht werden. Zur Konkretisierung dieser Vorrichtung verweisen auf den beigefügten Prospekt Ihres Unternehmens. Aufgrund dieses Eindrucks unserer Mandantin bitten wir daher um Ihre Stellungnahme, aus welchen Gründen Sie sich dazu berechtigt sehen, eine derartige Vorrichtung ohne Zustimmung unserer Mandantin zu benutzen. Damit sich unsere Mandantin ein vollständiges Bild von Ihrer etwaigen Benutzungsberechtigung machen kann, bitten wir Sie darum, diese Stellungnahme auf sämtliche Berechtigungsaspekte zu erstrecken, zu denen ua die Benutzung des Patentanspruchs, die Rechtsbeständigkeit des Patentes sowie ein etwaiges Vorbenutzungsrecht gehören können. Für den Eingang Ihrer erschöpfenden Stellungnahme erlauben wir uns, eine Wiedervorlage in zwei Wochen bis zum zu notieren. Wenn wir bis dahin ohne Ihre Antwort verbleiben sollten, müssen wir annehmen, dass Ihnen Rechtfertigungsgründe gleich welcher Art für die Patentbenutzung nicht zur Seite stehen.
>
> Mit freundlichen Grüßen

Beschränkt sich die Berechtigungsanfrage auf diese Punkte, löst sie in der Regel keine weiter reichenden Rechtsfolgen aus. So wird sie grundsätzlich **nicht als Eingriff in den eingerichteten und ausgeübten Gewerbebetrieb** angesehen, sodass selbst bei einem unberechtigten Hinweis zumindest dann nicht mit Schadensersatzansprüchen des Gegners zu rechnen ist, wenn nicht die äußeren Umstände die Berechtigungsanfrage als sittenwidrig im Wettbewerb erscheinen lassen. Dies gilt auch, wenn die Berechtigungsanfrage mit einer nachdrücklichen Aufforderung zur Stellungnahme verbunden wird.[481] Wesentlich ist jedoch, dass in der Berechtigungsanfrage weder ausdrücklich noch konkludent ein ernsthaftes Unterlassungsbegehren ausgesprochen wird noch gerichtliche Schritte angedroht werden, denn in diesem Fall kann ein als Berechtigungsanfrage formuliertes und gemeintes Schreiben als Verwarnung auszulegen sein und mithin einen Eingriff in den eingerichteten und ausgeübten Gewerbebetrieb darstellen. Anders als bei der Abmahnung kann durch eine Berechtigungsanfrage aber auch das Kostenrisiko im Falle eines sofortigen Anerkenntnisses § 93 ZPO nicht auf den Verletzer abgewälzt werden. § 93 ZPO ist nämlich nicht einschlägig, weil das Schweigen auf oder die Ablehnung der Beantwortung einer Berechtigungsanfrage keinen Klageanlass schafft.

208

Das gilt grundsätzlich auch dann, wenn **Adressat der Berechtigungsanfrage** ein **Abnehmer** ist und vor dessen Ansprache keine Kontaktaufnahme mit dem Lieferanten stattfindet, in dessen Vertriebsbeziehungen eingegriffen wird.[482] Die Belange des Herstellers/Lieferanten sind in einem solchen Fall allerdings im Rahmen einer Interessenabwägung zu berücksichtigen. Dahinter steht die Überlegung, dass mit einer Ansprache von Abnehmern in besonderem Maße die Kundenbeziehungen des betreffenden Mitbewerbers zu seinen Abnehmern gefährdet sind, weil Abnehmer typischerweise ein geringeres Interesse an einer sachlichen Auseinandersetzung mit dem Schutzrechtsinhaber haben, weswegen die Geltendmachung von Ausschließlichkeitsrechten gegenüber den Abnehmern – unabhängig davon, ob sie berechtigt ist oder nicht – zu einem möglicherweise existenzgefährdenden Eingriff in die Kundenbeziehungen des mit dem Inhaber des Schutzrechts konkurrierenden Herstellers oder Lieferanten führen kann.[483] Als unlauter können sich vor diesem Hintergrund namentlich solche Berechtigungsanfragen erweisen, die bezüglich des Schutzrechts und/oder der mutmaßlichen Verletzungsform völlig allgemein und vage gehalten sind.[484] Nicht zu beanstanden ist demgegenüber eine Anfrage, die sich auf nachvollziehbare Verdachtsgründe stützen kann und die beanstandete Ausführungsform

209

---

481 Vgl BGH, GRUR 1997, 896, 897 – Mecki-Igel III.
482 OLG Düsseldorf, Urteil v 7.8.2014 – I-2 U 9/14.
483 BGHZ 164, 1, 4 = BGH-GSZ, GRUR 2005, 882 – Unberechtigte Schutzrechtsverwarnung; BGH, GRUR 2009, 878, 880 – Fräsautomat.
484 BGH, GRUR 2009, 878, 880 – Fräsautomat.

genauso wie das möglicherweise verletzte Patent konkret bezeichnet. Das gilt selbst dann, wenn die Anfrage mit der Aufforderung verbunden wird, Gespräche über eine gemeinsame Vermarktung des Schutzrechts (und damit über einen Wechsel des Lieferanten) zu führen.[485]

210 Die Berechtigungsanfrage unterliegt grundsätzlich **keinen Formerfordernissen**. Es ist auch nicht erforderlich, dem Gegner beispielsweise das Schutzrecht zur Verfügung zu stellen oder nähere Unterlagen zu dem Verletzungsgegenstand beizufügen. Beides bietet sich jedoch an, da so von dem Gegner schneller eine Antwort erwartet und auch verlangt werden kann. Es muss ihm nicht noch Zeit zugebilligt werden, sich die Unterlagen selbst zu beschaffen. Nach OLG Karlsruhe[486] soll es allerdings eine irreführende Werbung darstellen, *wenn* in der Berechtigungsanfrage die Erteilungsdaten des Patents umfangreich referiert und darauf hingewiesen wird, das Patent stehe in Kraft, ein anhängiges Einspruchsverfahren jedoch verschwiegen wird.[487] Entgegenhaltungen, die dem Anfragenden bekannt sind und den Rechtsbestand des Schutzrechts gefährden, verbieten weder eine Berechtigungsanfrage als solche noch zwingen sie den Anfragenden dazu, sie in der Anfrage offen zu legen. Das gilt jedenfalls so lange wie das Schutzrecht nicht mit einem Rechtsbehelf angegriffen ist.[488]

211 Die Berechtigungsanfrage bietet sich an, wenn über den Verletzungstatbestand Unsicherheit besteht. Denn durch eine Berechtigungsanfrage werden nicht nur die Rechtsfolgen einer unberechtigten Abmahnung vermieden, sondern der Gegner unter Umständen auch dazu veranlasst, sich zu rechtfertigen. Zum Teil werden im Rahmen einer derartigen Rechtfertigung diejenigen Informationen preisgegeben, die dem Verletzten zur Substantiierung seines Vorbringens gefehlt haben.

212 Zu beachten ist jedoch, dass eine Berechtigungsanfrage zwar nach deutschem Rechtsverständnis keine Anspruchsberühmung darstellt, sodass sie dem Adressaten keinen Anlass für eine negative Feststellungsklage gibt. Im Ausland (zB USA, Italien) kann dies aber anders sein. Es sollte deshalb unbedingt darauf geachtet werden, dass die Berechtigungsanfrage ausdrücklich nur für den deutschen Teil eines EP erfolgt, sodass aus ihr nicht auf ein Rechtsschutzinteresse für eine **ausländische negative Feststellungsklage** geschlossen werden kann.

213 Ein einfacher Hinweis auf die Schutzrechtslage kann von dem Schutzrechtsanmelder auch dann ausgesprochen werden, wenn nur die Voraussetzungen für den Entschädigungsanspruch nach § 33 PatG vorliegen. Der Anmelder ist berechtigt, den mutmaßlichen Nutzer der erfinderischen Lehre in sachlicher Form von der Anmeldung zu benachrichtigen. Dies gilt auch vor dem Hintergrund, dass das Entstehen des Anspruchs nach § 33 PatG von einem Kennen bzw Kennenmüssen des Nutzers abhängt.[489] Ein solcher Hinweis wird grundsätzlich nicht als Verwarnung anzusehen sein, weil ein Unterlassungsanspruch ausgeschlossen ist. Auch ein Hinweis vor Offenlegung ist als zulässig betrachtet worden.[490]

III. Presseerklärung

214 Wird in einer firmeneigenen Presseerklärung der Vorwurf einer Patentverletzung erhoben oder über den bereits erstinstanzlichen Erfolg einer erhobenen Patentverletzungs-

---

485 OLG Düsseldorf, Urteil v 7.8.2014 – I-2 U 9/14.
486 OLG Karlsruhe, GRUR-RR 2008, 197.
487 Offengelassen von OLG Düsseldorf, Urteil v 29.3.2012 – I-2 U 1/12.
488 OLG Düsseldorf, Urteil v 29.3.2012 – I-2 U 1/12.
489 BGH, GRUR 1975, 315 – Metacolor.
490 Zur früheren Rechtslage: BGH, GRUR 1951, 314 – Motorblock.

klage berichtet, stellen die an eine Schutzrechtsverwarnung zu stellenden Anforderungen den Mindeststandard dar, dem die Erklärung genügen muss, wenn sie wettbewerbsrechtlich zulässig sein soll. Denn die zB auf der Homepage des Verletzungsklägers bereit gehaltene Erklärung stellt der Sache nach eine an beliebige Adressaten und damit auch an potenzielle Abnehmer der mutmaßlich schutzrechtsverletzenden Ware gerichtete Verwarnung dar, die folgerichtig – zumindest – denjenigen Maßstäben genügen muss, die gelten würden, wenn der Verletzungskläger anstelle einer öffentlichen Presseerklärung separate Abmahnungsschreiben an alle in Betracht kommenden Abnehmer versandt hätte. Genauso wie bei einer Schutzrechtsverwarnung ist daher die bloß pauschale (zB das Verwarnungsschutzrecht oder die angegriffene Ausführungsform nicht eindeutig identifizierende) Verunglimpfung eines Wettbewerbers in einer Presseerklärung gemäß § 4 Nr 7 UWG wettbewerbswidrig. Das gilt nicht nur dann, wenn der Adressatenkreis der Presseerklärung sehr klein ist, weil es sich um einen überschaubaren Markt mit wenigen Interessenten handelt, sondern in gleicher Weise, wenn der Adressatenkreis größer bemessen ist. Auch hier erlaubt die Presseerklärung keine undifferenzierte Herabsetzung durch einen nicht näher ausgeführten, deshalb für den Adressaten nicht nachprüfbaren und für den betroffenen Wettbewerber nicht ausräumbaren Vorwurf einer Schutzrechtsverletzung.[491] Wird die Presseerklärung unter Umständen bereit gehalten und verbreitet, die erwarten lassen, dass mit ihrem Inhalt praktisch *nur* potenzielle Abnehmer der als patentverletzend beurteilten Erzeugnisse in Berührung kommen, so hat es für die Beurteilung der rechtlichen Zulässigkeit der Presseerklärung bei denjenigen Maßstäben sein Bewenden, die für Abnehmerverwarnungen gelten.[492] Werden die dort maßgeblichen Anforderungen eingehalten, ist die Presseerklärung zulässig.

Gleiches gilt für **Kundenrundschreiben.** Informiert ein Patentinhaber seine Kunden zum Schutz vor Produktkopien wahrheitsgetreu und vollständig über einen von ihm gegen einer Dritten (erfolgreich) geführten Patentverletzungsprozess, dann liegt darin grundsätzlich weder eine wettbewerbswidrige Irreführung noch eine unzulässige Herabsetzung Dritter, wenn die Patentverletzung zuvor in einem Hauptsacheverfahren gerichtlich festgestellt worden ist.[493] Weist der Patentinhaber in seinem Informationsschreiben darauf hin, dass das erstrittene Unterlassungsurteil vorläufig vollstreckbar sei, so ist damit nicht schon deshalb eine Irreführung verbunden, weil das Urteil zum maßgeblichen Zeitpunkt noch nicht vollstreckt worden ist und die erforderliche Vollstreckungssicherheit auch noch nicht geleistet ist.[494]

Darüber hinausreichende strengere Anforderungen sind an eine Presseerklärung allenfalls dann zu richten, wenn sie nach der Form ihrer Verbreitung die Gefahr begründet, dass über die potenziellen Abnehmerkreise für das angeblich patentverletzende Produkt hinaus auch solche Adressaten in praktisch relevantem Umfang angesprochen und in Kenntnis gesetzt werden, die auf dem fraglichen Markt nicht selbst tätig sind, aus dem Vorwurf der Patentverletzung jedoch möglicherweise nachteilige Schlussfolgerungen für ihre geschäftlichen Kontakte mit dem von der Presseerklärung Betroffenen auf anderem Gebiet ziehen.

IV. »Torpedo«[495]

Ein Risiko sollte bei der Abmahnung oder der Versendung einer Berechtigungsanfrage an den Verletzer bei Verfahren mit internationalem Bezug stets im Auge behalten wer-

---

491 OLG Düsseldorf, InstGE 10, 98 – Lithographische Druckplatten.
492 OLG Düsseldorf, InstGE 11, 267 – Produkt-Scanner.
493 OLG Hamburg, GRUR-RR 2020, 210 – Glastürbeschläge.
494 OLG Hamburg, GRUR-RR 2020, 210 – Glastürbeschläge.
495 Rojahn, FS Mes, 2009, S 301.

den. Es besteht derzeit die Praxis, bei Sachverhalten im Anwendungsbereich der seit dem 10.1.2015 geltenden VO 1215/2012[496] (EuGVVO, vormals VO 44/2001[497]) negative Feststellungsklagen mit den identischen Parteien und dem gleichen Streitgegenstand in einem Vertragsstaat der EU anhängig zu machen, in dem mit einer sehr langen Verfahrensdauer gerechnet werden kann. Dieser sog »Torpedo« (bekannt auch als »italienischer Torpedo« oder »belgischer Torpedo«) kann ein Verletzungsverfahren in der Bundesrepublik Deutschland vor allem wegen Art 29 Abs 1 EuGVVO blockieren. Denn nach dieser Vorschrift ist in einem solchen Fall von dem später angerufenen Gericht das Verfahren von Amts wegen auszusetzen, bis die Zuständigkeit oder Unzuständigkeit des zuerst angerufenen Gerichts rechtskräftig feststeht. Dies gilt entgegen deutschem Recht auch, wenn die zuerst anhängig gemachte Klage eine negative Feststellungsklage ist, da diese international nicht als subsidiär zur Leistungsklage eingestuft wird.[498] Das später rechtshängig gewordene Verfahren ist grundsätzlich auch dann auszusetzen, wenn die negative Feststellungsklage wegen grundsätzlicher Unzuständigkeit des zuerst angerufenen Gerichts unzulässig ist. Erklärt sich das zuerst angerufene Gericht schließlich für zuständig, ist die später rechtshängig gewordene Klage als von Anfang an unzulässig abzuweisen.[499]

218 Ursprüngliche Probleme, die sich daraus ergaben, dass der Begriff der **Anhängigkeit** in Art 21 EuGVÜ entsprechend dem in internationalen Verträgen üblichen Sprachgebrauch im Sinne von Rechtshängigkeit zu verstehen war, sind durch die EuGVVO gelöst worden. Wann ein Verfahren als rechtshängig anzusehen ist, richtet sich zwar grundsätzlich nach dem jeweiligen nationalen Recht[500], und in vielen Staaten setzt die Rechtshängigkeit keine Zustellung an den Beklagten voraus. Bereits mit der VO 44/2001 war jedoch klargestellt worden, dass in allen Staaten im Anwendungsbereich der Verordnung für die Anhängigkeit das Datum der Einreichung der Klage bei Gericht (1. Variante) bzw – bei Zustellung vorab im Parteibetrieb[501] – der Zeitpunkt des Eingangs der Unterlagen bei der für die Zustellung zuständigen Stelle (2. Variante) entscheidet (Art 30 EuGVVO).[502] Mit den genannten Maßnahmen wird auch ein Hilfsantrag »anhängig«.[503] Die geltende Gesetzeslage hat zur Folge, dass beide Parteien gleiche Chancen bei dem »Wettlauf« um die Anhängigkeit im Sinne von Art 29 EuGVVO zum einen der negativen Feststellungsklage und zum anderen der positiven Leistungsklage haben.[504]

---

496 ABl L 351/1 v 20.12.2012.
497 Für Klagen ab dem 1.3.2002 an die Stelle des EuGVÜ getreten, vgl Art 66 VO 44/2001.
498 EuGH, JZ 1995, 616 – Tatry/Maciej Rataj; EuGH, NJW 1989, 665, 666 – Gubisch Maschinenfabrik/Palumbo; BGH, NJW 1995, 1758.
499 BGH, MDR 2018, 691.
500 EuGH, NJW 1989, 665, 666 – Gubisch Maschinenfabrik/Palumbo; EuGH, NJW 1984, 2759 – Zelger/Salinitri.
501 Diese Variante, bei der die Zustellung an den Beklagten vor Einreichung des Schriftstücks bei Gericht zu bewirken ist, entspricht den romanischen Rechtsordnungen.
502 Probleme aus der unterschiedlichen Definition der »Rechtshängigkeit« bestanden weiterhin im Anwendungsbereich des LugÜ: OLG Frankfurt/Main, Mitt 2006, 286 – Rechtshängigkeit in der Schweiz. Sie sind mit der Revision des LugÜ zum 1.1.2010 erledigt, weil Art 30 nunmehr ebenfalls die Rechtshängigkeit im Sinne von Anhängigkeit definiert.
503 OLG Köln, GRUR-RR 2005, 36 – Fußballwetten.
504 Vor der EuGVVO (bzw der VO 44/2001) konnte die Chancengleichheit durch Erhebung einer Verletzungsklage vor beispielsweise den Verwaltungsgerichten hergestellt werden. Für die »Altfälle« vgl Musmann, Mitt 2001, 99; BVerwG, Mitt 2001, 136 – unzulässige Verletzungsklage. Die Problematik einer sich ausschließlich nach dem jeweiligen nationalen Prozessrecht richtenden Rechtshängigkeit besteht heute noch im Geltungsbereich des LugÜ (dh im Verhältnis zur Schweiz, zu Island und zu Norwegen): OLG Frankfurt/Main, Mitt 2006, 286, und dort, wo die EuGVVO nicht in Kraft getreten ist und deswegen das EuGVÜ fort gilt (zB bis 30.6.2007 im Verhältnis zu Dänemark), weil beide Regelungswerke (LugÜ und EuGVÜ) eine dem Art 32 EuGVVO (= Art 30 VO 44/2001) vergleichbare Vorschrift nicht kennen und eine analoge Anwendung nicht in Betracht kommt (OLG Frankfurt/Main, Mitt 2006, 286).

Nach Art 32 Nr 1 EuGVVO ist der Zeitrang der Klageeinreichung allerdings nur **219** gewahrt, wenn der **Kläger** ihm obliegende **Maßnahmen für die Zustellung** der Klage an den Gegner bzw das Gericht **nicht versäumt**. Nach dem lex fori richtet sich nicht nur, ob die 1. oder die 2. Variante von Art 30 EuGVVO einschlägig ist, sondern gleichermaßen, welche Maßnahmen im Einzelnen erforderlich sind, um die erforderliche Zustellung/den Eingang bei der Zustellungsstelle zu bewirken.[505] Ist ihnen genügt, hat es keine Bedeutung mehr, ob es in der Folge wirklich zu einer Zustellung an den Beklagten bzw einem Eingang bei Gericht kommt.[506] Sind – umgekehrt – keine hinreichenden Vorkehrungen getroffen, bestimmt sich der Zeitrang der betreffenden Klage nach dem Zeitpunkt ihrer endgültigen Rechtshängigkeit.[507]

Die erforderlichen Vorkehrungen sind zu verneinen, wenn dem Kläger Nachlässigkeiten **220** zur Last fallen. Sie sind bei Anwendung deutschen Rechts namentlich dann gegeben, wenn der Gerichtskostenvorschuss vorwerfbar nicht rechtzeitig eingezahlt wird oder wenn dem Gericht keine (richtige und vollständige) zustellungsfähige Anschrift des Beklagten mitgeteilt wird (der es auch bei einer Auslandszustellung bedarf).[508] Sowohl bei Inlands- als auch bei Auslandszustellungen ist regelmäßig die Angabe einer Postleitzahl notwendig, selbst wenn die Postverwaltung im Einzelfall das Schriftstück trotz unzureichender Adressierung hätte zustellen und den Mangel der Adressierung damit hätte heilen können.[509] Um der notwendigen Beklagtenadresse habhaft zu werden, muss der Kläger zwar keinen Handelsregisterauszug einholen und auch keine sonstige öffentliche Urkunde anfordern; wohl aber muss er sich aus einer *zuverlässigen* Quelle über die zustellungsfähige Anschrift des Beklagten informieren.[510]

Soll die Zustellung statt an den Beklagten an seinen **Empfangsvertreter** (zB dessen vor- **221** gerichtlich tätig gewordenen Anwalt) erfolgen, scheidet der Nachlässigkeitsvorwurf nur aus, wenn der Zustellungsempfänger tatsächlich eine entsprechende Empfangsvollmacht des Beklagten hat oder der Kläger wenigstens berechtigt darauf vertrauen darf, dass eine solche (die konkrete Zustellung abdeckende Vollmacht zum Empfang von Schriftstücken) besteht; vorgelegt werden muss sie nicht.[511] Das Vertrauen auf eine tatsächlich nicht gegebene Empfangsvollmacht ist nur dann schutzwürdig, wenn dem Kläger entweder von der beklagten Partei selbst oder von deren Bevollmächtigten Kenntnis vom Bestehen einer Empfangsvollmacht gegeben worden ist, bevor der Kläger den Empfangsvertreter gegenüber dem Gericht als Adressat benannt hat.[512] Ob eine Zustellung an einen rechtsgeschäftlichen Vertreter statt an die Prozesspartei zulässig ist, beurteilt sich nach dem nationalen Recht der lex fori.[513] Für das Bestehen, den Umfang und die Auslegung einer rechtsgeschäftlichen Vollmacht kommt es demgegenüber auf das Recht desjenigen Staates an, in dem die Vollmacht ihre Wirkung entfalten bzw von ihr Gebrauch gemacht werden soll.[514]

Diese Chancengleichheit bei dem Wettlauf um die Anhängigkeit eines Verfahrens gemäß **222** Art 29 EuGVVO hilft jedoch nicht in dem Fall, in dem der Gegner vor der Klageerhebung einer Verletzungsklage zur Vermeidung des Kostenrisikos gemäß § 93 ZPO abgemahnt werden soll, denn in der dem Gegner zur Beantwortung der Abmahnung zu

---

505 BGH, NJW 2017, 564.
506 BGH, NJW 2017, 564.
507 BGH, NJW 2017, 564.
508 BGH, NJW 2017, 564.
509 BGH, NJW 2017, 564.
510 BGH, NJW 2017, 564.
511 BGH, NJW 2017, 564.
512 BGH, NJW 2017, 564.
513 BGH, NJW 2017, 564.
514 BGH, NJW 2017, 564.

setzenden Frist hat dieser in der Regel genügend Zeit, einen Torpedo zu starten und mithin einer Verletzungsklage zuvorzukommen. Denn trotz des möglichen Risikos eines Torpedos wird die Abmahnung zumeist nicht als entbehrlich oder eine Abmahnfrist von wenigen Stunden als angemessen angesehen. Das Kostenrisiko und das Risiko eines Torpedos müssen daher zumindest noch vor Absendung einer Abmahnung oder einer Berechtigungsanfrage, die den Gegner über das relevante Schutzrecht, die möglichen Parteien und den Verletzungsvorwurf informiert, gegeneinander abgewogen werden.

D. Klageverfahren[1]

I. Zuständigkeit

Hat die vorgerichtliche Abmahnung des Verletzers nicht zum Erfolg geführt und sollen die Rechte aus dem Patent nunmehr klageweise durchgesetzt werden, stellt sich als Erstes die Frage nach dem zuständigen Gericht. 1

1. Internationale Zuständigkeit[2]

Soll eine Patentverletzungsklage gegen eine ausländische Partei (zB ein nach ausländischem Recht organisiertes Unternehmen [Inc, Ltd, SpA] oder eine natürliche Person fremder Nationalität) erhoben werden, so muss – neben der sachlichen und der örtlichen Zuständigkeit – auch die internationale Zuständigkeit des angerufenen Gerichts gegeben sein. Ob sie besteht, hat das Gericht von Amts wegen festzustellen. Es handelt sich um eine Prozessvoraussetzung, deren Vorliegen auch noch in der Revisionsinstanz nachgeprüft werden kann.[3] Einschlägig sind insoweit – bezogen auf den europäischen Raum[4] – vor allem die seit 10.1.2015 geltende EuGVVO (= VO 1215/2012), die im Wesentlichen wortgleich an die Stelle der VO 44/2001 getreten ist, die wiederum dem EuGVÜ nachgefolgt ist, weswegen Rechtsprechung und weitere Diskussionen zur VO 44/2001 und zum EuGVÜ, soweit die Regelungen gleichwertig sind, weiterhin bedeutsam und anzuwenden sind.[5] Zu beachten ist außerdem das parallele *Lugano-Übereinkommen* (LugÜ)[6], für dessen Auslegung im Wesentlichen dieselben Grundsätze gelten wie für die EuGVVO[7]. 2

Exkurs: Außerhalb des Anwendungsbereichs besonderer Rechtsverordnungen (zB in Bezug auf eine US-amerikanische oder japanische Partei) gilt der Grundsatz, dass die internationale der **örtlichen Zuständigkeit** folgt.[8] Wird sie – zB aufgrund des § 32 ZPO – bejaht, ist damit zugleich auch die internationale Zuständigkeit *deutscher* Gerichte gegeben.[9] Eine unerlaubte Handlung ist im Sinne von § 32 ZPO sowohl am Handlungsort als auch am Erfolgsort begangen, so dass eine Zuständigkeit wahlweise dort gegeben ist, wo die Verletzungshandlung begangen oder in das Rechtsgut eingegriffen worden ist. Der Erfolgsort einer unerlaubten Handlung ist bei einer behaupteten Verletzung eines gewerblichen Schutzrechts mittels einer Internetseite im Inland belegen, 3

---

1 Zu Fragen des elektronischen Rechtsverkehrs vgl Bacher, MDR 2019, 1.
2 Vgl Adolphsen, Europäisches und internationales Zivilprozessrecht.
3 BGH, Mitt 2002, 559, 560 – Notwendige Konnexität; BGH, GRUR 2016, 1048 – An Evening with Marlene Dietrich.
4 … seit dem 1.7.2007 einschließlich Dänemarks (vgl ABl EU Nr L 299 v 16.11.2005, S 62, ABl EU Nr L 94 v 4.4.2007, S 70), wo vorher das EuGVÜ weiterhin galt.
5 EuGH, GRUR 2021, 116 – Wikingerhof/Booking.com.
6 Das LugÜ ist relevant im Verhältnis zu den EFTA-Staaten (Schweiz, Island, Norwegen). Eine revidierte Fassung vom 30.10.2007 (ABl EU 2009 Nr L 147 S 5) ist im Verhältnis der EU zu Norwegen am 1.1.2009, im Verhältnis zur Schweiz am 1.1.2011 und im Verhältnis zu Island am 1.5.2011 in Kraft getreten, vgl dazu Kubis, Mitt 2010, 151. Zur Beachtlichkeit des EuGVÜ und der hierzu ergangenen EuGH-Rechtsprechung für die Auslegung von Parallelvorschriften des LugÜ vgl BGH, NJW-RR 2002, 1149; BGH, NJW-RR 2010, 644.
7 BGH, MDR 2017, 540.
8 BGH, GRUR 2022, 1308 – YouTube II.
9 BGH, GRUR 2015, 467 – Audiosignalcodierung.

wenn die geltend gemachten Rechte im Inland geschützt sind und die Internetseite (auch) im Inland öffentlich zugänglich ist.[10] Im Berufungs- und Revisionsverfahren, in dem nicht mehr die von der ersten Instanz bejahte örtliche Zuständigkeit[11], wohl aber die internationale Zuständigkeit überprüft werden kann (und muss)[12], bedeutet dies, dass es bei dem deutschen Gericht bleibt, das seine örtliche Zuständigkeit (zB über § 32 ZPO) bejaht hat, sofern der Ort der unerlaubten Handlung nur in Deutschland belegen ist, wenn auch nicht im Gerichtsbezirk desjenigen Gerichts, das sich für zuständig gehalten hat.[13]

4   Dass die örtliche und die internationale Zuständigkeit – wie erläutert – in ihren Voraussetzungen miteinander verknüpft sein können, ändert nichts daran, dass bei der Prüfung der internationalen Zuständigkeit andere Regeln gelten als bei der Prüfung der örtlichen Zuständigkeit. Dementsprechend bindet die Feststellung in einem **Verweisungsbeschluss**, deutsche Gerichte seien für die Entscheidung des Rechtsstreits international zuständig, dasjenige (nach Ansicht des verweisenden Gerichts international und örtlich zuständige) Gericht, an welches der Rechtsstreit verwiesen wird, in Bezug auf die internationale Zuständigkeit nicht. Diese ist vielmehr von Amts wegen eigenständig und ohne Bindung an den Verweisungsbeschluss zu prüfen.[14]

a) Art 4 Abs 1 EuGVVO

5   Sowohl die EuGVVO als auch das LugÜ kennen in Art 4 (bzw Art 2) Abs 1 den allgemeinen Gerichtsstand des Beklagtensitzes. Er besagt, dass Personen, die ihren **Wohnsitz** (nicht gewöhnlichen Aufenthalt) im Hoheitsgebiet eines Mitgliedstaates der EuGVVO haben, ohne Rücksicht auf ihre Staatsangehörigkeit (welche dieselbe oder eine andere sein kann) vor den Gerichten *dieses* Mitgliedstaates zu verklagen sind. Gesellschaften und **juristische Personen** haben ihren Wohnsitz dort, wo sich ihr satzungsmäßiger Sitz, ihre Hauptverwaltung oder ihre Hauptniederlassung befindet (Art 63 Abs 1 EuGVVO (Art 60 Abs 1 EuGVVO aF). Fallen die besagten Anknüpfungspunkte geografisch nicht zusammen, sondern eröffnen sie unterschiedliche Gerichtsstände, so besteht zwischen ihnen ein Wahlrecht des Klägers.[15]

6   – Für den **satzungsmäßigen Sitz** kommt es allein auf die Regelung im Gesellschaftsvertrag, aber nicht darauf an, ob an dem fraglichen Ort irgendeine Verwaltungs- oder Geschäftstätigkeit entfaltet wird.[16] Auch ein Ort, an dem nicht mehr als ein Briefkasten unterhalten wird, ist deshalb zuständigkeitsbegründend, wenn *er* in der Satzung als Sitz der Gesellschaft bestimmt ist. Allerdings wird zu fordern sein, dass die getroffene Sitzbestimmung nach dem nationalen Gesellschaftsrecht zulässig ist.

7   – Der Ort der **Hauptverwaltung** befindet sich dort, wo die Willensbildung und unternehmerische Leitung des Unternehmens stattfindet.[17] Er wird durch den regelmäßigen/überwiegenden Tätigkeitsort der Geschäftsleitung bestimmt.[18]

8   – Die **Hauptniederlassung** ist der Ort, von wo aus die Gesellschaft mit dem Markt in Kontakt tritt, also der tatsächliche Sitz der Gesellschaft. Der Schwerpunkt des

---

10 BGH, GRUR 2022, 1308 – YouTube II.
11 §§ 513 Abs 2, 545 Abs 2 ZPO.
12 BGH, GRUR 2018, 84 – Parfummarken.
13 BGH, MDR 2022, 190; BGH, NJW-RR 1987, 3081; OLG Düsseldorf, Urteil v 6.10.2016 – I-2 U 19/16.
14 BGH, WM 2019, 1107.
15 BAG, NJW 2008, 2797; BGH, NJW-RR 2018, 290.
16 BGH, NJW-RR 2018, 290.
17 BAG, NJW 2008, 2797.
18 BAG, MDR 2010, 641.

unternehmensexternen Geschäftsverkehrs muss bei dieser Niederlassung liegen, was eine Konzentration bedeutsamer Personal- und Sachmittel voraussetzt.[19]

Im allgemeinen Sitzgerichtsstand kann nicht nur die Verletzung eines deutschen Patents, sondern es können gleichermaßen Ansprüche wegen Verletzung eines **ausländischen Patents** (oder des ausländischen Teils eines europäischen Patents) geltend gemacht werden. Gleiches gilt für eine **Vindikationsklage**, für die der Auslandsbezug auch dann besteht, wenn Vindikationskläger und Vindikationsbeklagter in demselben Mitgliedstaat ansässig sind und sich nur das Schutzgebiet des herausverlangten Patents außerhalb dessen in einem Drittstaat befindet.[20]

Ist Streitgegenstand ein ausländisches Patent, hat das Gericht die **Verletzungsfrage und** die sich daraus ergebenden **Rechtsfolgen nach** dem **ausländischen materiellen Recht** zu beurteilen, dem das Klagepatent unterliegt.[21] Während die Gesetzes- und Rechtsprechungslage für das Vereinigte Königreich[22], Frankreich[23] und die Niederlande hinreichend in Fachzeitschriften dokumentiert ist, wird es für andere fremde Rechte vielfach erforderlich sein, ein Sachverständigengutachten (Rechtsgutachten) einzuholen.

Ein Sonderproblem[24] bezüglich der Zuständigkeit ergibt sich bei *ausländischen* Patenten, wenn im Gerichtsstand des Art 4 EuGVVO geklagt wird und das anzuwendende ausländische Recht im Verletzungsprozess den **Einwand der Nichtigkeit** des Klagepatents zulässt. Bei einer derartigen Konstellation fragt sich, ob die nach Art 4 Abs 1 EuGVVO begründete Zuständigkeit vor dem Gericht desjenigen Vertragsstaates, in dem der Beklagte seinen Wohn- oder Geschäftssitz hat, im Nachhinein deswegen entfällt, weil Art 24 Nr 4 EuGVVO (vormals Art 16 Nr 4 EuGVÜ) für die Nichtigkeitsentscheidung eine ausschließliche Zuständigkeit der Gerichte des Erteilungsstaates vorsieht.[25] Die Frage ist zu bejahen, weil die in Art 24 Nr 4 EuGVVO geregelte ausschließliche Zuständigkeit der Gerichte des Erteilungsstaates – wie nunmehr ausdrücklich klargestellt ist und schon vorher der Rechtsprechung des EuGH[26] entsprochen hat – unabhängig davon gilt, in welcher verfahrensrechtlichen Form (ob im Wege einer Nichtigkeitsklage oder als Einrede im Verletzungsprozess) und zu welchem Zeitpunkt (ob bei Klageerhebung oder später im [Verletzungs-]Verfahren) die Gültigkeit des Patents angezweifelt wird.[27] Da es sich bei Art 24 Nr 4 EuGVVO um eine von Amts wegen und deshalb in jedem Stadium des Verfahrens zu beachtende Zuständigkeitsnorm handelt, kann dem Angriff auf den Rechtsbestand des Klagepatents nicht mit Verspätungsvorschriften begegnet werden. Weil das inländische Gericht das ausländische materielle Recht des Erteilungsstaates anzuwenden hat und dieses materielle Recht eine Verteidigung mit dem Nichtigkeitseinwand vorsieht, ist das angerufene Sitzgericht, sobald der Nichtigkeitseinwand erhoben

---

19 BAG, MDR 2010, 641.
20 OLG Düsseldorf, GRUR-RR 2022, 213 – Schienentransportsystem.
21 BGH, GRUR 2008, 254 – THE HOME STORE; OLG Frankfurt/Main, GRUR-RR 2012, 473 – Joop!
22 Adam, Der sachliche Schutzbereich des Patents in Großbritannien und Deutschland, 2003.
23 Vgl dazu: LG Düsseldorf, InstGE 1, 261 – Schwungrad; Véron, Mitt 2002, 386; Treichel, Die Sanktionen der Patentverletzung und ihre gerichtliche Durchsetzung im deutschen und französischen Recht, 2001.
24 Vgl dazu: Schauwecker, Extraterritoriale Patentverletzungsjurisdiktion, 2009; Bukow, FS Schilling, 2007, S 59; Reichardt, GRUR Int 2008, 574.
25 Da Art 22 Nr 4 EuGVVO nur die »Eintragung oder Gültigkeit« betrifft, ist sein Anwendungsbereich nicht tangiert, wenn es ausschließlich darum geht, wer der rechtmäßige Inhaber des fraglichen Schutzrechts ist (EuGH, GRUR 2017, 1167 – Hanssen/Prast-Knipping).
26 EuGH, GRUR 2007, 49 – GAT (zu Art 16 Nr 4 EuGVÜ).
27 So jetzt ausdrücklich in § 22 Nr 4 LugÜ geregelt.

wird, nicht mehr über den gesamten Streitstoff entscheidungsbefugt.[28] Eine Verweisung an ein Gericht des Erteilungsstaates kommt mangels entsprechender Verweisungsvorschriften selbst dann nicht in Betracht, wenn dieses (zB nach Art 7 Nr 2 EuGVVO) auch für die Verletzungsklage zuständig wäre.[29] Die Verletzungsklage muss deswegen als unzulässig abgewiesen werden, sobald der Nichtigkeitseinwand in einer Weise (dh substantiiert) erhoben wird, dass eine – den Gerichten des Erteilungsstaates vorbehaltene – sachliche Auseinandersetzung mit dem Nichtigkeitsvorbringen geboten ist.[30] Wird – ohne den Nichtigkeitseinwand zu erheben – das ausländische Klagepatent im Erteilungsstaat gesondert mit einer Nichtigkeitsklage angegriffen, kann der Rechtsstreit gemäß § 148 ZPO ausgesetzt werden, bis über die Nichtigkeitsklage rechtskräftig entschieden ist.

12 Der Zuständigkeitsverlust gilt nicht im **einstweiligen Verfügungsverfahren**, in dem eine abschließende Sachentscheidung über die Bestandsfrage nicht getroffen wird, sondern die Nichtigkeitseinwände lediglich im Rahmen einer umfassenden Interessenabwägung Berücksichtigung finden.[31]

Praxistipp	Formulierungsbeispiel

13 Für die anwaltliche Praxis ist zu raten, von einer Klage aus einem ausländischen Patent am inländischen Sitzgericht des Beklagten abzusehen, wenn das ausländische materielle Patentrecht den Nichtigkeitseinwand kennt. Jeder halbwegs gut beratene Beklagte wird die Verletzungsklage durch die Erhebung des Nichtigkeitseinwandes zu Fall zu bringen wissen, und er wird dies zweckmäßigerweise in einem möglichst späten Stadium des Verletzungsprozesses tun, sodass der Patentinhaber, bevor er seine Verletzungsklage im Erteilungsstaat erheben kann, viel unnütze Zeit mit seiner – letzten Endes unzulässigen – inländischen Klage verloren hat.

14 In jedem Fall ist das Sitzgericht rein formal nach der **Parteistellung im** betreffenden **Prozess** zu bestimmen. Bei einer **negativen Feststellungsklage**, die von einem deutschen Kläger gegen einen ausländischen Patentinhaber erhoben wird, ist als Sitzgericht deshalb das (ausländische) Gericht desjenigen Mitgliedstaates anzusehen, in dem der beklagte Schutzrechtsinhaber ansässig ist.[32] Sitzgericht ist nicht das Heimatgericht des Klägers.[33] Gegenteiliges lässt sich nicht mit der Erwägung begründen, aufgrund der vom Patentinhaber ausgesprochenen Berühmung sei es der Kläger, der schutzbedürftig sei und der deshalb auch den allgemeinen Gerichtsstand vorgebe.

---

28 Hat der Patentinhaber den Beklagten in einem ausländischen Mitgliedstaat der EuGVVO (auch) wegen Verletzung des deutschen Teils eines europäischen Patents durch eine bestimmte angegriffene Ausführungsform in Anspruch genommen und wird in diesem Verfahren rechtskräftig festgestellt, dass der Patentinhaber (zB wegen der GAT/LUK-Rechtsprechung des EuGH) auf die Verfolgung seiner Ansprüche wegen Benutzung des deutschen Teils des EP prozessual verzichtet hat, so steht einer in Deutschland erhobenen Verletzungsklage aus dem deutschen Teil des europäischen Patents wegen derselben angegriffenen Ausführungsform gemäß Art 36 EuGVVO (= Art 33 VO 44/2001) der Einwand der Rechtskraft entgegen mit der Folge, dass die deutsche Klage als unzulässig abzuweisen ist (LG Düsseldorf, InstGE 11, 44 – Eingriffskatheter).
29 OLG Köln, NJW 1988, 2182; OLG Koblenz, NJW-RR 2001, 490.
30 So auch Kubis, Mitt 2007, 220.
31 EuGH, GRUR 2012, 1169 – Solvay; Gericht erster Instanz in Den Haag, Mitt 2007, 285 – Bettacare v H3; vgl dazu auch Bisschop, Mitt 2007, 247.
32 OLG München, InstGE 2, 61 – Leit- und Informationssystem II; LG Düsseldorf, InstGE 3, 153 – WC-Erfrischer.
33 Schweizerisches Bundesgericht, GRUR Int 2007, 534.

Wie im nationalen Recht auch, reicht es für die Bejahung der Zuständigkeit aus, dass 15
diese, wenn sie nicht schon von Anfang an gegeben war, im Verlaufe des Rechtsstreits
eintritt.[34] Andererseits bleibt eine einmal begründete Zuständigkeit erhalten, auch wenn
die sie begründenden Umstände im Laufe des Rechtsstreits nachträglich weggefallen sind
(**perpetuatio fori**, vgl § 261 Abs 3 Nr 2 ZPO).[35]

b) Art 7 Nr 2 EuGVVO[36]

Art 7 Nr 2 EuGVVO regelt ferner einen Gerichtsstand der unerlaubten Handlung. Er 16
gestattet es, den Angehörigen eines Vertragsstaates[37] vor den Gerichten eines anderen
Vertragsstaates in Anspruch zu nehmen, wenn dieser dort eine unerlaubte Handlung[38]
begangen hat.[39] Erfasst werden alle Ansprüche aus Anlass der Schutzrechtsverletzung,
dh solche auf Unterlassung, Beseitigung, Auskunft und Geldersatz.[40] Zuständigkeitsbegründend ist der »*Ort, an dem das schädigende Ereignis eingetreten ist oder einzutreten
droht*«, womit sowohl der Erfolgsort (an dem sich der Schadenserfolg verwirklicht) wie
auch der Handlungsort (an dem sich das für den Schaden ursächliche Geschehen ereignet
hat) gemeint sind.[41] Fallen beide auseinander, hat der Kläger das Wahlrecht.[42] Agieren
mehrere bei der Herbeiführung des Verletzungserfolges (als Täter oder Teilnehmer)
zusammen, ist der Gerichtsstand der unerlaubten Handlung allerdings gegenüber einem
einzelnen von ihnen, der allein verklagt ist, nur dort gegeben, wo er selbst (und nicht
nur ein anderer Beteiligter) gehandelt hat.[43]

Nach der Rechtsprechung des EuGH zur Vorgängervorschrift des Art 5 Nr 3 VO 44/ 17
2001[44], die für Art 7 Nr 2 EuGVVO entsprechend heranzuziehen ist[45], bezieht sich die
Wendung »unerlaubte Handlung oder ... Handlung, die einer unerlaubten Handlung
gleichgestellt ist, oder ... Ansprüche aus einer solchen Handlung« auf jede Klage, mit
der eine Schadenshaftung des Beklagten geltend gemacht werden soll und die nicht an
einen »Vertrag oder Ansprüche aus einem Vertrag« im Sinne von Art 7 Nr 1a EuGVVO
anknüpft. Dementsprechend ist für den Anwendungsbereich von Art 7 Nr 2 EuGVVO
als erstes zu klären, ob der Klage ein Vertrag oder ein Vertragsanspruch zugrunde liegt,
was voraussetzt, dass eine von einer Person gegenüber einer anderen freiwillig eingegangene rechtliche Verpflichtung bestimmt werden kann, die der Klage ihre Grundlage verleiht.[46] Als zweites bedarf es der Feststellung, dass mit der Klage eine Schadenshaftung
des Beklagten geltend gemacht wird, was bedingt, dass dem Beklagten ein schädigendes
Ereignis (unerlaubte Handlung) zugerechnet werden kann, die den notwendigen ursächlichen Zusammenhang zwischen Schaden und Schadensereignis vermittelt.[47]

---

34 BGH, MDR 2011, 686 = Mitt 2011, 310 (LS).
35 BGH, MDR 2011, 686 = Mitt 2011, 310 (LS).
36 Kindler, GRUR 2018, 1107; umfassend zu Patentverletzungen durch Handlungen im patentfreien Ausland vgl Keller, FS Ullmann, 2006, S 449.
37 Bei Gesellschaften entscheidet deren satzungsgemäßer Sitz (BGH, GRUR 2016, 946 – Freunde finden).
38 Vorausgesetzt ist eine rechtswidrige Patentverletzung, sodass ein Entschädigungsanspruch nicht ausreicht: Kühnen, GRUR 1997, 19; aA: LG Mannheim, InstGE 13, 65 – UMTS-fähiges Mobiltelefon II.
39 Hierzu umfassend Grabinski, GRUR Int 2001, 200.
40 BGH, GRUR 2015, 689 – Parfumflakon III.
41 EuGH, GRUR 2012, 654 – Wintersteiger/Products 4U.
42 EuGH, GRUR 2014, 806 – Coty Germany GmbH./. First Note Perfumes NV.
43 EuGH, GRUR 2014, 806 – Coty Germany GmbH./. First Note Perfumes NV.
44 EuGH, GRUR 2016, 927 – Austro Mechana/Amazon.
45 EuGH, GRUR 2018, 108 – Bolagsupplysningen ua./. Svensk Handel.
46 EuGH, GRUR 2016, 927 – Austro Mechana/Amazon.
47 EuGH, GRUR 2016, 927 – Austro Mechana/Amazon.

18   In Bezug auf den **Erfolgsort** genügt es nicht, dass irgendein, sei es auch nur mittelbarer Schaden eingetreten ist. Als Erfolgsort kann vielmehr nur der Ort der Belegenheit des verletzten Rechtsgutes angesehen werden, an dem sich ein unmittelbarer Schaden ereignet hat. Der Erfolgsort ist mithin stets identisch mit dem Schutzstaat des verletzten Patents.[48] Das gilt auch in Fällen eines Internetangebotes, das einen hinreichenden Bezug zum Schutzstaat schon dann aufweist, wenn das Angebot dort zugänglich ist, selbst wenn das Angebot subjektiv nicht für dort ansässige Interessenten bestimmt ist.[49] Soweit der Schadenersatzanspruch betroffen ist, besteht eine Gerichtszuständigkeit des Schutzstaates allerdings nur für solche Schäden, die infolge der Schutzrechtsverletzung in eben diesem Schutzstaat verursacht worden sind.[50]

19   Für den **Handlungsort** gilt nicht per se eine gleichgelagerte Einschränkung. Vielmehr ist derjenige vorhersehbare und feststellbare Ort zuständigkeitsbegründend, an dem sich das den Verletzungserfolg auslösende Verhalten abgespielt hat.[51] Regelmäßig wird dieser Ort gleichfalls im Schutzstaat anzusiedeln sein, in dem die Verletzungsprodukte angeboten oder in Verkehr gebracht werden. Speziell in Fällen der Internetwerbung[52] kann aus Gründen der Rechtsklarheit aber auch auf den Sitz des Werbenden abzustellen sein, der die rechtsverletzenden Handlungen initiiert hat.[53] Damit ist es nicht mehr ausgeschlossen, im Gerichtsstand der unerlaubten Handlung Ansprüche wegen Verletzung eines **ausländischen Patent**s oder des **ausländischen Teils eines europäischen Patents**[54] geltend zu machen. Andererseits scheidet trotz behaupteter Verletzung eines in Deutschland geltenden Schutzrechts eine Zuständigkeit hiesiger Gerichte aus, wenn lediglich ein Internetangebot in Rede steht und der die Website Betreibende außerhalb Deutschlands residiert.[55]

20   Für **Teilnehmer** gilt nicht automatisch der *Handlungs*ort der Haupttat; für Anstifter und Gehilfen wird eine Zuständigkeit deswegen nur dort begründet, wo sie selbst gehandelt haben.[56] Anders kann es sich in Bezug auf den – ebenfalls präsumtiv zuständigkeitsbegründenden – *Erfolg*sort verhalten. Wer durch seine Unterstützungshandlung die Verletzung eines deutschen Schutzrechts fördert, kann, auch wenn er selbst nicht in Deutschland gehandelt hat, vor deutschen Gerichten zur Verantwortung gezogen werden.[57]

21   Umgekehrt lässt sich eine deutsche Zuständigkeit für einen beklagten **Geschäftsherrn**, der selbst nicht in Deutschland schadensursächlich tätig geworden ist, nicht deswegen bejahen, weil sein Helfer (»verlängerter Arm«) im Inland gehandelt hat.[58]

22   Unter dem Gesichtspunkt der **Erstbegehungsgefahr** steht der Gerichtsstand des Art 7 Nr 2 EuGVVO auch für eine vorbeugende Unterlassungsklage zur Verfügung.[59]

23   Das Vorstehende trifft in gleicher Weise auf eine **negative Feststellungsklage** zu. Auch sie kann (wenn die Klage nicht am Sitz des Feststellungsbeklagten erhoben wird) zulässi-

---

48   EuGH, GRUR 2012, 654 – Wintersteiger/Products 4U; EuGH, GRUR-RR 2017, 206 – Concurrence/Samsung Elektronics France; BGH, GRUR 2018, 84 – Parfummarken.
49   EuGH, GRUR 2015, 296 – Hejduk/EnergieAgentur.
50   EuGH, GRUR 2015, 296 – Hejduk/EnergieAgentur; EuGH, GRUR-RR 2017, 206 – Concurrence/Samsung Elektronics France.
51   EuGH, GRUR 2012, 654 – Wintersteiger/Products 4U.
52   … zB wenn unklar ist, wo sich der Server befindet, auf dem die rechtsverletzende Werbung erscheint.
53   EuGH, GRUR 2012, 654 – Wintersteiger/Products 4U.
54   Anders noch LG Düsseldorf, GRUR Int 1999, 455 – Schussfadengreifer; bestätigt durch OLG Düsseldorf, Urteil v 22.7.1999 – 2 U 127/98.
55   EuGH, GRUR 2015, 296 – Hejduk/EnergieAgentur.
56   EuGH, GRUR 2014, 806 – Coty Germany GmbH./. First Note Perfumes NV.
57   EuGH, GRUR 2014, 806 – Coty Germany GmbH./. First Note Perfumes NV.
58   BGH, MDR 2017, 540.
59   LG Düsseldorf, GRUR Int 1999, 775, 777 ff – Impfstoff II; so jetzt ausdrücklich in Art 7 Nr 2 EuGVVO (zuvor schon in Art 5 Nr 3 VO 44/2001).

gerweise in dem betreffenden Mitgliedstaat regelmäßig nur für den jeweils nationalen Teil des europäischen Patents anhängig gemacht werden.[60] Ein Gerichtsstand des Erfolgsortes wird darüber hinaus nicht auch durch den (von der Belegenheit des Schutzrechtes verschiedenen) Sitz des Herstellungs- oder Vertriebsunternehmens als solchen begründet.[61] Die Argumentation, auch hier befinde sich ein Ort des Schadenseintritts, weil durch die Berührung patentrechtlicher Verbietungsrechte in den eingerichteten und ausgeübten Gewerbebetrieb des Herstellers bzw Vertreibers eingegriffen werde, ist abzulehnen: Die Rechtsprechung des EuGH[62] schränkt den Gerichtsstand des Art 7 Nr 2 EuGVVO zu Recht dadurch ein, dass nur der Ort eines *unmittelbaren* Schadenseintritts zuständigkeitsbegründend wirkt, wohingegen der Ort, an dem ein nur mittelbarer Schaden am sonstigen Vermögen des Verletzten eintritt, einen Gerichtsstand nicht zu begründen vermag. Dieser Rechtsprechung liefe es zuwider, wenn der eingerichtete und ausgeübte Geschäftsbetrieb und dessen Beeinträchtigung als solche Anknüpfungspunkte für eine Zuständigkeit nach Art 7 Nr 2 EuGVVO bieten könnten.[63]

Nach einer Entscheidung des OLG München[64] soll dem Feststellungskläger der Gerichtsstand der unerlaubten Handlung überhaupt nicht zur Verfügung stehen, weil mit der negativen Feststellungsklage gerade geltend gemacht werde, dass *keine* unerlaubte Handlung vorliege.[65] Diese weitgehend formale Argumentation begegnet Bedenken[66] und ist seit einer gegenteiligen Entscheidung des EuGH[67] überholt. Der Grund dafür, neben dem allgemeinen Gerichtsstand des Beklagtensitzes den Wahlgerichtsstand der unerlaubten Handlung vorzusehen, liegt in der größeren Sachnähe, die dasjenige Gericht besitzt, das am Ort der zu beurteilenden unerlaubten Handlung ansässig ist. Mit Rücksicht auf diese ratio ist es ohne Belang, welches konkrete prozessuale Begehren aus der umstrittenen Patentverletzung hergeleitet wird und welche Parteirolle der mutmaßliche Verletzer bzw der vermeintlich Verletzte im Rechtsstreit einnehmen. Der Gesichtspunkt der Sachnähe hat seine genau gleiche Berechtigung bei einer positiven Leistungsklage, mit der Ansprüche wegen behaupteter Patentverletzung verfolgt werden, wie bei einer negativen Feststellungsklage umgekehrten Rubrums, mit der eben solche Ansprüche abgewehrt werden sollen. Abgesehen davon kann sich auch bei einer Leistungsklage wegen Patentverletzung herausstellen, dass ein widerrechtlicher Schutzrechtseingriff (und damit eine unerlaubte Handlung) *nicht* gegeben sind. Wenn das Deliktsgericht auch in solchen Fällen zuständig ist (worüber kein Streit besteht), ist nicht einzusehen, wieso etwas anderes allein deshalb gelten soll, weil – bei demselben Prozessstoff und demselben Prozessresultat – lediglich mit vertauschten Parteirollen gefochten wird. 24

Nicht anders als bei der örtlichen Zuständigkeit genügt es auch für die Bejahung der internationalen Zuständigkeit, dass eine zuständigkeitsbegründende Verletzungshandlung, sofern sie streitig ist, vom Kläger **behauptet** wird. Sie ist vom Gericht für die Zwecke der Zulässigkeit in tatsächlicher Hinsicht nicht aufzuklären, sondern zu unterstellen und, soweit von ihr auch die Begründetheit des Begehrens abhängt, erst in diesem 25

---

60 OLG Düsseldorf, Urteil v 12.5.2005 – I-2 U 67/03.
61 LG Düsseldorf, InstGE 3, 153 – WC-Erfrischer.
62 EuGH, Slg 1995, I-2719 – Marinari; EuGH, NJW 2004, 2441 – Kronhofer.
63 LG Düsseldorf, InstGE 3, 153 – WC-Erfrischer.
64 OLG München, InstGE 2, 61 – Leit- und Informationssystem II; ebenso: LG München I, InstGE 10, 178 – Klebstoffadditiv, mwN zum Streitstand; OLG Stuttgart, Urteil v 16.6.2010 – 9 U 189/09.
65 Ebenso: Corte di Cassazione, Vereinigte Zivilsenate, GRUR Int 2005, 264 – Verpackungsmaschine II; Högsta Domstolen, GRUR Int 2001, 178; OLG Dresden, Urteil v 28.7.2009 – 14 U 1008/08; LG Leipzig, InstGE 9, 167 – optischer Datenträger; Franzosi, Mitt 2005, 370 (Anm); offengelassen von OLG Düsseldorf, Urteil v 12.5.2005 – I-2 U 67/03.
66 Grabinski, GRUR Int 2001, 199, 203, mwN.
67 EuGH, GRUR 2013, 98 – Folien Fischer ua.

Zusammenhang zu verifizieren.[68] Ebenso wenig kommt es darauf an, ob das dem Beklagten nach dem Klägervortrag vorgeworfene Tun schlüssig eine Schutzrechtsverletzung ergibt. Zu versagen ist die internationale Zuständigkeit nur dann, wenn von vornherein ausgeschlossen werden kann, dass das behauptete Verhalten des Beklagten einen Schutzrechtseingriff darstellt[69] oder wenn der vorgetragene Sachverhalt aus Rechtsgründen Ansprüche nicht begründen kann. Letzteres ist zB denkbar, wenn die Patentverletzungsklage auf die Behauptung gestützt wird, die im Ausland (zB Frankreich) ansässige Beklagte liefere ein Mittel im Sinne des § 10 PatG an einen ebenfalls im Ausland (zB Frankreich) ansässigen Abnehmer, welcher seinerseits das Mittel zu einer Patentverletzung im Inland benutze.[70] Unter solchen Umständen erfolgt das Angebot des Mittels nämlich nicht – wie von § 10 PatG vorausgesetzt – im Inland, sondern im Ausland. Zu erwägen bleibt in solchen Fällen freilich, ob die Lieferung des Mittels nicht die tatbestandlichen Voraussetzungen einer Teilnahme (Beihilfe) an der vom Endabnehmer im Inland begangenen unmittelbaren Patentverletzung erfüllt, was einen entsprechenden Gehilfenvorsatz des Liefernden verlangt. Ist er gegeben, kann die Beteiligung an der im Inland begangenen unmittelbaren Patentverletzung ggf auch für den Gehilfen den inländischen Gerichtsstand der unerlaubten Handlung begründen.[71]

26 **Exkurs:** Folgt – außerhalb des Anwendungsbereichs der Zuständigkeitsverordnungen – die internationale Zuständigkeit der örtlichen[72], gelten für **§ 32 ZPO** weitgehend dieselben Regeln. Schutzrechtverletzungen stellen unerlaubte Handlungen dar.[73] Begehungsort ist sowohl der Handlungsort (wo die Verletzungshandlung begangen worden ist) als auch der Erfolgsort (wo in das geschützte Rechtsgut eingegriffen worden ist).[74] In Fällen der **Internetwerbung** genügt für die letztgenannte Variante (Erfolgsort), dass die geschützten Rechte im Inland belegen sind (diese also hier territorial gelten) und die Internetseite im Inland zugänglich ist; ob die Seite bestimmungsgemäß auch für den Abruf im Inland vorgesehen ist, hat keine Bedeutung.[75]

c) Art 8 Nr 1 EuGVVO

27 Als weitere wichtige Zuständigkeitsnorm regelt Art 8 Nr 1 EuGVVO[76] den Gerichtsstand der Streitgenossenschaft. Er bietet einer klagenden Partei die Möglichkeit, mehrere Personen, die ihren Sitz in verschiedenen Vertragsstaaten haben, gemeinsam vor einem Gericht zu verklagen, in dessen Bezirk nur einer der Beklagten seinen Sitz hat. Die Vorschrift gilt auch in Fällen nachträglicher Klageerweiterung[77] und sie greift auch dann ein, wenn sich die Haftung der verschiedenen Schuldner nach unterschiedlichen Rechtsordnungen richtet.[78] Voraussetzung dafür ist allerdings, dass zwischen den verschiedenen Klagen ein Zusammenhang besteht, der eine gemeinsame Entscheidung als geboten erscheinen lässt.[79] Das wird noch nicht dadurch ausgeschlossen, dass die gegen mehrere

---

68 BGH, GRUR 2012, 1230 – MPEG-2-Videosignalcodierung; BGH, MDR 2010, 943.
69 BGH, GRUR 2005, 431 – Hotel Maritime; BGH, GRUR 2006, 513, 515 – Arzneimittelwerbung im Internet; BGH, GRUR 2018, 84 – Parfummarken.
70 LG Mannheim, InstGE 5, 179 – Luftdruck-Kontrollvorrichtung.
71 LG Mannheim, InstGE 6, 9 – Kondensator für Klimaanlage.
72 Vgl oben Kap D Rdn 3.
73 BGH, GRUR 2016, 1048 – An Evening with Marlene Dietrich.
74 BGH, GRUR 2016, 1048 – An Evening with Marlene Dietrich.
75 BGH, GRUR 2016, 1048 – An Evening with Marlene Dietrich; OLG Düsseldorf, GRUR-RS 2019, 6087 – Improving Handovers.
76 Umfassend: Hölder, Grenzüberschreitende Durchsetzung europäischer Patente, 2004.
77 BGH, NJW-RR 2010, 644; OLG Köln, OLG-Report 2009, 597.
78 OLG Köln, OLG-Report 2009, 597.
79 Nun ausdrücklich in Art 8 Nr 1 EuGVVO (= Art 6 Nr 1 VO 44/2001) geregelt (vormals aus Art 22 Abs 3 EuGVÜ abgeleitet, EuGH, Slg 1988, 5565 – Kalfelis).

Beklagte erhobene Klagen auf unterschiedliche Rechtsgrundlagen, zB einerseits auf Delikt, andererseits auf Vertrag, gestützt wird.[80]

Ein solcher Konnex kann sich daraus ergeben, dass die mehreren Beklagten das Klagepatent im **mittäterschaftlichen Zusammenwirken** verletzt haben[81] oder eine Haftung als Täter und Gehilfe in Rede steht.[82] Der Gerichtsstand der Streitgenossenschaft besteht allerdings immer nur im Hinblick auf diejenigen Benutzungshandlungen, hinsichtlich derer ein Zusammenwirken stattgefunden hat oder zumindest vom Kläger behauptet werden kann. Hat der verklagte Hersteller patentverletzender Erzeugnisse seinen Sitz in Italien und dessen mitverklagte Vertriebsgesellschaft ihren Sitz in der Bundesrepublik Deutschland, so kann eine Verletzung des deutschen Teils eines europäischen Patents am Sitz der deutschen Vertriebsfirma gegen beide Beklagte verfolgt werden. Für Verletzungshandlungen in Ansehung des italienischen Teils des europäischen Patents steht der (deutsche) Gerichtsstand der Streitgenossenschaft demgegenüber nicht zur Verfügung, weil die Beklagten *insoweit* (mangels einer Mitwirkungshandlung des deutschen Vertriebsunternehmens) keine Streitgenossen sind. 28

Für den erforderlichen Zusammenhang genügt es nicht schon, dass die gegen mehrere Patentverletzer erhobenen Klagen auf **verschiedene Schutzrechtsteile desselben europäischen Patents** gestützt werden und sämtliche Klagen dieselbe angegriffene Ausführungsform zum Gegenstand haben.[83] Das gilt selbst dann, wenn die mehreren Beklagten demselben Konzern angehören und die in den verschiedenen Vertragsstaaten begangenen Verletzungshandlungen auf einer gemeinsamen, von einer Konzerngesellschaft ausgearbeiteten Geschäftspolitik beruhen.[84] Wenn jedem Streitgenossen die Verletzung eines anderen nationalen Teils desselben europäischen Patents durch jeweils eigene Handlungen vorgeworfen wird, beurteilt jedes Gericht einen unterschiedlichen Sachverhalt (nämlich die jeweils eigenständigen Verletzungshandlungen der Streitgenossen im jeweiligen Schutzstaat) und eine unterschiedliche Rechtslage (nämlich die Verletzung verschiedener nationaler Schutzrechte). Anders verhält es sich, wenn den Streitgenossen eine Verletzung desselben Patents durch dieselbe (zB im Schutzstaat gemeinschaftlich begangene) Handlung vorgeworfen wird.[85] 29

Der Gerichtsstand der Streitgenossenschaft für einen Beklagten wird nicht schon dadurch vor dem angerufenen Gericht eines Vertragsstaates begründet, dass einer der anderen Beklagten irgendwo in diesem Vertragsstaat seinen (Wohn-)Sitz hat. Art 8 Nr 1 EuGVVO setzt vielmehr voraus, dass einer der Beklagten auch im Bezirk des angerufenen Gerichts wohnt bzw dort seinen Sitz hat, weil Art 8 Nr 1 EuGVVO zu den Normen der EuGVVO gehört, die die internationale *und* zugleich die örtliche Zuständigkeit regeln. Daraus folgt zB: Ein in Hessen ansässiges Vertriebsunternehmen und ein in Italien ansässiger Hersteller können im Gerichtsstand der Streitgenossenschaft nicht gemeinsam vor dem Landgericht Düsseldorf verklagt werden, selbst dann nicht, wenn das hessische Unternehmen bundesweit tätig ist. Andererseits kann ein Gerichtsstand für die anderen Streitgenossen immer nur durch den allgemeinen Sitz-Gerichtsstand des »Ankerbeklagten« begründet werden, aber nicht durch einen für ihn geltenden besonderen Gerichtsstand.[86] 30

---

80 EuGH, NJW 2007, 3702 – Freeport plc; BGH, NJW-RR 2010, 644.
81 LG Düsseldorf, Entscheidungen 1996, 1 – Reinigungsmittel für Kunststoffverarbeitungsmaschinen.
82 BGH, NJW-RR 2010, 644.
83 EuGH, GRUR 2007, 47 – Geschäftspolitik; so auch schon LG Düsseldorf, InstGE 1, 146 – Proteinderivat.
84 EuGH, GRUR 2007, 47 – Geschäftspolitik.
85 EuGH, GRUR 2012, 1169 – Solvay (mit Anm von Schacht, GRUR 2012, 1110).
86 BGH, NJW 2015, 2429; EuGH, Slg 1998, I-06511 – Réunion Européenne.

D. Klageverfahren

▶ **Beispiel: (LG Düsseldorf, Urteil v 28.3.2002 – 4 O 137/00)**

31 I.

Die Klägerin ist eingetragene Inhaberin des europäischen Patents 0 509 211, das ua für die Bundesrepublik Deutschland und Italien erteilt ist und einen thermoplastischen Mehrschichtverbund, bestehend aus

- mindestens einer Schicht aus einer Formmasse auf Basis von Polyamid,
- mindestens einer Schicht aus einer Formmasse auf Basis von Polyester,
- dazwischen einem Haftvermittler aus einer Formmasse, die eine Mischung aus Polyamid und Polyester enthält, wobei zumindest ein Teil des Polyamidanteils und des Polyesteranteils als Polyamid-Polyester-Block-Copolymer vorliegt und darüber hinaus der Haftvermittler als Schicht aufgebracht wird, dergestalt, dass eine gute Anbindung der einzelnen Schichten vorliegt, betrifft.

Die Beklagte zu 4) ist ein Chemieunternehmen mit Sitz in der Schweiz. Sie liefert an die in Italien ansässige Beklagte zu 3) Kunststoffe, nämlich Polyamid PA 12, Polybutylenterephthalat und Polyamid-Polyester-Block-Copolymer, zur Fertigung von Mehrschichtverbundrohren. Die Beklagte zu 3) stellt aus den Kunststoffen in Italien Kraftstoffleitungen her, welche sie an die – ebenfalls in Italien ansässige – Beklagte zu 2) liefert. Diese baut die Kraftstoffleitungen in von ihr (in Italien) produzierte Kraftfahrzeuge ein und bringt diese (sowie separate Kraftstoffleitungen als Ersatzteile) in Italien und in der Bundesrepublik Deutschland auf den Markt. Der Beklagte zu 1) hat seinen Sitz in Nordrhein-Westfalen; er ist Vertragshändler der Beklagten zu 2). Da die Beklagten in der geschilderten Weise zusammenwirken, nimmt die Klägerin sie wegen Verletzung des deutschen und des italienischen Teils des Klagepatents auf Unterlassung, Rechnungslegung und Schadenersatz in Anspruch.

Die Beklagten zu 2) bis 4) bestreiten die internationale und örtliche Zuständigkeit des Landgerichts Düsseldorf, soweit Ansprüche wegen Verletzung des italienischen Teils des Klagepatents geltend gemacht werden.

II.

Für die Zuständigkeitsfrage ist zu differenzieren:

1.

Für den Beklagten zu 1) ergibt sich die Zuständigkeit des angerufenen Gerichts mit Rücksicht auf dessen Wohnsitz aus Art 2 EuGVÜ (VO 44/2001). Im allgemeinen Gerichtsstand des Sitzes können sowohl Ansprüche wegen Verletzung des deutschen wie des italienischen Teils des Klagepatents geltend gemacht werden.

2.

Hinsichtlich der Beklagten zu 2) bis 4) ist zu unterscheiden:

a)

Soweit eine Verletzung des *deutschen Teils* des Klagepatents geltend gemacht ist, folgt die Zuständigkeit des LG Düsseldorf aus Art 5 Nr 3 EuGVÜ (VO 44/2001). Nach dem für die Zuständigkeitsfrage allein maßgeblichen Vorbringen der Klägerin handeln die Beklagten gemeinschaftlich mit dem Ziel zusammen, Kraftstoffleitungen entweder als Ersatzteil oder eingebaut in von der Beklagten zu 2) gefertigte Kraftfahrzeuge, in der Bundesrepublik Deutschland in den Verkehr zu bringen. Der Handlungs- und Erfolgsort des beanstandeten Verhaltens der Beklagten liegt mit Rücksicht darauf in der Bundesrepublik Deutschland, in dem der als verletzt geltend gemachte Schutzrechtsteil belegen ist.

b)

Soweit die Klägerin die Beklagten zu 2) bis 4) wegen Verletzung *des italienischen Teils* des Klagepatents auf Unterlassung, Rechnungslegung und Schadenersatz in Anspruch nimmt, ist die Klage unzulässig, weil das angerufene Landgericht Düsseldorf für die geltend gemachten Ansprüche international nicht zuständig ist.

Da die Beklagten zu 2) bis 4) ihren Geschäftssitz sämtlich außerhalb des Gebietes der Bundesrepublik Deutschland (nämlich in der Schweiz bzw Italien) haben, kann sich die internationale Zuständigkeit des Landgerichts Düsseldorf allein aus Art 5 Nr 3 bzw Art 6 Nr 1 EuGVÜ (VO 44/2001) ergeben. Weder der Gerichtsstand der unerlaubten Handlung noch der Gerichtsstand der Streitgenossenschaft sind vorliegend gegeben:

aa)

Art 5 Nr 3 EuGVÜ (VO 44/2001) gestattet es, eine Person, die ihren Wohnsitz in dem Hoheitsgebiet eines Vertragsstaates des Brüsseler Übereinkommens hat, in einem anderen Vertragsstaat zu verklagen, wenn Ansprüche aus unerlaubter Handlung den Gegenstand des Verfahrens bilden. Neben dem Wohnsitzgericht (Art 2 EuGVÜ bzw VO 44/2001) ist nach Wahl des Geschädigten auch das Gericht desjenigen Ortes zuständig, an dem das schädigende Ereignis eingetreten ist. Hierunter fällt sowohl der Erfolgsort des Schadenseintritts als auch der Handlungsort des den Schaden verursachenden Geschehens, wobei allerdings allein der Eintritt eines unmittelbaren Schadens am Ort der Belegenheit des verletzten Rechtsgutes zuständigkeitsbegründend ist. Im Hinblick auf die vorliegend zur Entscheidung stehenden Klageansprüche ist insoweit von Bedeutung, dass das Klagepatent kein für alle Benennungsstaaten einheitliches Schutzrecht darstellt, sondern ein Bündel separater, jeweils territorial begrenzt geltender Patente ist, die lediglich ihre Entstehung einem einzigen Erteilungsakt in einem einheitlichen Erteilungsverfahren verdanken. Die territoriale Begrenzung der einzelnen Schutzrechtsteile hat zur Folge, dass sich sowohl der Handlungsort als auch der Erfolgsort im Falle der Patentverletzung dort befinden, wo der betreffende Schutzrechtsteil belegen ist (OLG Düsseldorf, Urteil vom 22.7.1999 – 2 U 127/98, Umdruck Seite 9 ff). Soweit die Klägerin deshalb Ansprüche aus dem italienischen Teil des Klagepatents herleitet, ist das verletzte Rechtsgut (Schutzrecht) ausschließlich in Italien belegen. Nur dort kann der italienische Teil verletzt werden; nur dort kann der Patentinhaberin ein unmittelbarer Schaden entstehen. Daran ändert nichts die Tatsache, dass die im Zusammenwirken der Beklagten zu 2) bis 4) hergestellten und in Kraftfahrzeuge eingebauten Kraftstoffleitungen von Italien aus in das Bundesgebiet eingeführt werden. Denn die Ausfuhr patentverletzender Erzeugnisse aus Italien und hierauf bezogene etwaige Angebotshandlungen berühren allein den italienischen Teil und nicht den deutschen Teil des Klagepatents.

bb)

Art 6 Nr 1 EuGVÜ (VO 44/2001) gibt einer klagenden Partei die Möglichkeit, mehrere Personen, die ihren Wohn- bzw Geschäftssitz in unterschiedlichen Vertragsstaaten des Brüsseler Übereinkommens haben, gemeinsam vor einem Gericht zu verklagen, in dessen Bezirk nur einer der Beklagten seinen Sitz hat. Voraussetzung ist insoweit, dass zwischen den verschiedenen Klagen ein Zusammenhang besteht, der eine gemeinsame Entscheidung als geboten erscheinen lässt. Daran fehlt es im Streitfall.

Die notwendige Konnexität kann nicht daraus hergeleitet werden, dass das angerufene Gericht über die geltend gemachten Ansprüche wegen Verletzung des deutschen Teils des Klagepatents zu entscheiden hat und, soweit eine Verletzung des italienischen Teils des Klagepatents in Rede steht, zwischen den Parteien über dieselbe angegriffene Ausführungsform gestritten wird. Aus Art 2 Abs 2 und Art 64 Abs 1 EPÜ folgt, dass das europäische Patent in jedem Vertragsstaat, für den es erteilt worden ist, dieselbe Wirkung hat, denselben Vorschriften unterliegt und seinem Inhaber in jedem Benennungsstaat dieselben Rechte gewährt wie ein in dem betreffenden Land erteiltes nationales Patent. Hinsichtlich jedes Teils eines europäischen Patents bleibt deshalb das jeweilige nationale Recht anwendbar, welches im Einzelfall – von Benennungsstaat zu Benennungsstaat unterschiedlich – über den Erfolg oder Misserfolg der Patentverletzungsklage entscheiden kann. Die Maßgeblichkeit nationalen Rechts gilt nicht nur im Hinblick auf ein etwaiges Vorbenutzungsrecht, sondern beispielsweise auch hinsichtlich der Rechtsfolgen, die sich aus einer Patentverletzung ergeben. Mit Rücksicht darauf ist das Interesse der Beklagten zu 2) bis 4) anzuerkennen, dass über die gegen sie gerichteten Ansprüche ein nationales Gericht entscheidet, welches mit dem anzuwendenden Heimatrecht vertraut ist. Dass dieses Interesse auch im Rahmen des Brüsseler Übereinkommens Gewicht hat, belegt die Gerichtsstandsbestimmung des Art 2 EuGVÜ (VO 44/2001), die in aller Regel auf den Sitz der beklagten Partei abstellt und nur ausnahmsweise eine davon abweichende Zuständigkeit eines fremden Vertragsstaates zulässt (Kammer, Urteil vom 22.3.2001 – 4 O 67/00, Umdruck Seite 14 ff mwN).

Der Gerichtsstand der Streitgenossenschaft kann für die Beklagten zu 2) bis 4) auch nicht aus der Tatsache hergeleitet werden, dass die Klägerin den Beklagten zu 1), für den der deutsche Gerichtsstand des Art 2 EuGVÜ (VO 44/2001) unzweifelhaft gegeben ist, gleichfalls wegen Verletzung des italienischen Teils des Klagepatents in Anspruch nimmt. Der von Art 6 Nr 1 EuGVÜ (VO 44/2001) geforderte Zusammenhang muss nämlich dergestalt sein, dass es geboten erscheint, dass über die Ansprüche gegen die übrigen, an sich nicht dem deutschen Gerichtswesen unterliegenden Beklagten gleichfalls durch ein *deutsches* Gericht entschieden wird. Ein solcher Zusammenhang ist vorliegend nicht zu erkennen. Die in Italien begangenen, als Verletzung des italienischen Teils des Klagepatents beanstandeten Handlungen sind entscheidend von den Beklagten zu 2) bis 4) initiiert. Soweit den Bestellungen des Beklagten zu 1) und den sich daran anschließenden Lieferungen überhaupt ein nennenswertes Gewicht beigemessen werden kann, ist dessen Beitrag für die in Italien begangenen Herstellungs- und Vertriebshandlungen jedenfalls von völlig untergeordneter Bedeutung. Unter solchen Umständen kann keine Rede davon sein, dass die Klägerin ein anerkennenswertes Interesse daran hat, sämtliche Beklagten wegen Verletzung des italienischen Teils des Klagepatents vor einem deutschen Gericht in Anspruch zu nehmen.

32 Ist die internationale Zuständigkeit – selbst für den Ankerbeklagten – unter dem Gesichtspunkt des Art 7 Nr 2 EuGVVO rechtskräftig verneint worden, so steht dies nicht der Annahme entgegen, dass die internationale Zuständigkeit nach Art 8 Nr 1 EuGVVO gegeben ist.[87]

d) Art 26 EuGVVO

33 Nach Art 26 EuGVVO kann – sofern keine ausschließliche Zuständigkeit (zB nach Art 24 Nr 4 EuGVVO) besteht – auch die internationale Zuständigkeit durch rügeloses Verhandeln des Beklagten begründet werden. Der Gerichtsstand wird auch dann begründet, wenn ansonsten keine (Sitz- oder Wahl-)Zuständigkeit gegeben wäre, weil das fragliche Gericht unter Verstoß gegen die Zuständigkeitsregelungen der EuGVVO angerufen worden ist.[88] In der rügelosen Einlassung liegt eine stillschweigende Gerichtsstandsvereinbarung[89], und zwar unabhängig davon, ob der Beklagte seinen Sitz in einem Mitgliedstaat der EuGVVO hat oder nicht[90]. Zur Sache wird auch dann verhandelt, wenn der

---

[87] BGH, MDR 2019, 368.
[88] EuGH, GRUR 2017, 1129 – BMW/Acacia.
[89] EuGH, Slg 2010, I-4545 – CPP/Bilas; BGH, GRUR 2018, 832 – Ballerinaschuh.
[90] EuGH, NJW 2000, 3121 – Group Josi; BGH, GRUR 2018, 832 – Ballerinaschuh.

anberaumte frühe erste Verhandlungstermin lediglich dazu dient, die Anträge zu verlesen, Fristen für die Klageerwiderung und die weiteren Schriftsätze der Parteien zu bestimmen und einen Haupttermin festzulegen.[91] Andererseits genügt – anders als bei § 39 ZPO[92] – die rügelose Einlassung in einer Klageerwiderung, die vor der mündlichen Verhandlung abgegeben wird, und zwar auch dann, wenn bis zur Verhandlung in einem weiteren Schriftsatz die Zuständigkeit in Abrede gestellt wird.[93] Beanstandet der Beklagte die mangelnde örtliche Zuständigkeit des angerufenen Gerichts, liegt darin allerdings im Zweifel auch die Rüge der internationalen Zuständigkeit.[94] Eine nur hilfsweise vorgebrachte Einlassung zur Sache wirkt nicht zuständigkeitsbegründend[95], wohl aber eine Einlassung zur Sache in der Berufungsinstanz, wenn der Beklagte eine in I. Instanz erhobene Zuständigkeitsrüge im Berufungsverfahren nicht wiederholt.[96] Es genügt, wenn die Rüge mangelnder Zuständigkeit nur hilfsweise nach anderen prozessualen und/oder sachlich-rechtlichen Einwendungen erhoben wird.[97]

Außerhalb des Anwendungsbereichs der EuGVVO (sowie der VO 44/2001, des EuGVÜ und des LugÜ) ergibt sich dasselbe Ergebnis aus einer entsprechenden Anwendung des § 39 ZPO.[98] **34**

Die **Rüge** mangelnder **örtlicher Zuständigkeit** bedeutet im Zweifel zugleich die Rüge mangelnder internationaler Zuständigkeit.[99] **35**

e) Gerichtsstandsvereinbarung

Vereinbaren die Parteien für einen Streitkomplex mit Auslandsbezug wirksam einen inländischen Gerichtsstand, kann daraus die Pflicht des Klägers resultieren, Klagen nur an diesem Gerichtsstand zu erheben.[100] Verletzt eine Vertragspartei schuldhaft diese Pflicht, indem sie Klage vor einem **US-Gericht** erhebt, welches die Klage wegen fehlender Zuständigkeit abweist, ohne eine Kostenerstattung anzuordnen, so ist die betreffende Partei nach § 280 Abs 1 BGB verpflichtet, dem beklagten Prozessgegner die Kosten seiner Rechtsverteidigung vor dem US-Gericht zu erstatten.[101] **36**

2. Örtliche Zuständigkeit

Welches der – bundesweit eingerichteten Patentstreitgerichte – im konkreten Einzelfall örtlich zuständig ist, richtet sich nach den allgemeinen Bestimmungen der ZPO (§§ 12 ff), die verschiedene Gerichtsstände kennt, unter denen der Kläger, wenn mehrere von ihnen nebeneinander in Betracht kommen, die Wahl hat (§ 35 ZPO).[102] Eine unrichtige Rechts- **37**

---

91 LG Düsseldorf, InstGE 9, 18 – Belaghalter für Scheibenbremse.
92 BGHZ 134, 127.
93 BGH, NJW 2015, 2667; BGH, GRUR 2019, 110 – Schneckenköder.
94 BGH, NJW-RR 2005, 1518.
95 EuGH, GRUR 2017, 1129 – BMW/Acacia; BGH, NJW-RR 2005, 1518.
96 BGH, MDR 2008, 162; anders wird die Rechtslage beurteilt, wenn – außerhalb des Anwendungsbereichs von EuGVVO, VO 44/2001, EuGVÜ und LugÜ – für die internationale Zuständigkeit auf § 39 ZPO analog zurückgegriffen wird (BGH, NJW 1987, 3081).
97 EuGH, GRUR 2017, 1129 – BMW/Acacia.
98 BGHZ 101, 301; BGHZ 120, 337.
99 BGH, MDR 2006, 46.
100 BGH, Mitt 2020, 46 (LS).
101 BGH, Mitt 2020, 46 (LS).
102 Ein der späteren Kostenerstattung entgegenstehender Rechtsmissbrauch liegt nicht darin, dass der ausländische Kläger sich bei seiner Wahl für einen Gerichtsstand entscheidet, an dem weder sein Prozessbevollmächtigter residiert noch der Beklagte seinen Sitz hat (BGH, GRUR 2014, 607).

anwendung bei Bejahung der örtlichen Zuständigkeit[103] ist weder mit der Berufung (§ 513 Abs 2 ZPO) noch mit der Revision (§ 545 Abs 2 ZPO) anfechtbar. Hat der Kläger ein unzuständiges Gericht angerufen und erklärt er nach Erfüllung die Hauptsache einseitig für erledigt, kommt eine gerichtliche Erledigungsfeststellung nur in Betracht, wenn zum Zeitpunkt des Erledigungseintritts bereits ein Antrag auf Verweisung des Rechtsstreits an das zuständige Gericht gestellt war.[104]

a) Deliktsgerichtsstand[105]

38 Neben dem Sitz des Beklagten (§§ 13, 17 ZPO)[106], der stets zuständigkeitsbegründend ist, hat in Patentverletzungssachen vor allem der Gerichtsstand der unerlaubten Handlung (§ 32 ZPO) praktische Bedeutung. Er kommt in Bezug auf jeden Anspruch in Betracht, der an eine rechtswidrige Patentverletzung anknüpft (dh für den Unterlassungs-, Auskunfts-, Rückruf-, Vernichtungs-, Schadenersatz-, Urteilsbekanntmachungs- sowie Eingriffskondiktionsanspruch, nicht für den Entschädigungsanspruch[107]) und ist an jedem Ort gegeben, an dem eine Patentverletzung begangen, dh das als patentverletzend angegriffene Erzeugnis hergestellt, angeboten, in Verkehr gebracht oder besessen worden ist. Gegenüber einem Lieferanten, der patentverletzende Waren an einen Abnehmer liefert, von dem er weiß, dass dieser die Waren bundesweit vertreibt, ist infolge des gemeinschaftlichen Zusammenwirkens der Beteiligten der Gerichtsstand der unerlaubten Handlung für jeden von ihnen überall dort begründet, wo die patentverletzenden Erzeugnisse von dem Abnehmer angeboten und/oder in den Verkehr gebracht werden.[108] Werden mit der Klage mehrere verschiedene Ausführungsformen angegriffen, muss für jede von ihnen im Bezirk des angerufenen Gerichts ein Tatort dargetan werden.

aa) Angebot und Mittelspersonen

39 In den Fällen des Angebotes befindet sich der Begehungsort sowohl am Absendeort als auch am Empfangsort.[109]

40 In Bezug auf den Empfangsort können sich Besonderheiten aus dem Tätigwerden von Mittelspersonen ergeben.

(1) Bote

41 Bei Einschaltung eines Boten liegt der Empfangsort am bestimmungsgemäßen Aufenthaltsort desjenigen, an den der Bote das Angebot weiterleiten soll.[110]

---

103 Für die funktionelle Zuständigkeit gilt (bis zur Grenze objektiver Willkür) dasselbe: OLG Frankfurt/Main, GRUR-RR 2019, 70 – Exzenterzähne II.
104 BGH, MDR 2020, 238.
105 Umfassend zu Patentverletzungen durch Handlungen im patentfreien Ausland vgl Keller, FS Ullmann, 2006, S 449.
106 Im allgemeinen Gerichtsstand des Sitzes kann auch die Verletzung eines ausländischen Patents oder die Verletzung eines ausländischen Teils eines europäischen Patents geltend gemacht werden; vgl LG Düsseldorf, Entscheidungen 1998, 1 – Kettenbandförderer III. In einem solchen Fall hat das deutsche Gericht die Frage der Patentverletzung nach dem materiellen Recht des ausländischen Staates zu beurteilen, dem das Klagepatent unterliegt.
107 Kühnen, GRUR 1997, 19; aA: LG Mannheim, InstGE 13, 65 – UMTS-fähiges Mobiltelefon II.
108 LG Düsseldorf, InstGE 1, 154 – Rohrverzweigung.
109 OLG Düsseldorf, Urteil v 23.2.2012 – I-2 U 134/10.
110 OLG Düsseldorf, Urteil v 23.2.2012 – I-2 U 134/10.

(2) Empfangsvertreter

Wird ein Empfangsvertreter tätig, ist als Ort des Angebotes auf Adressatenseite zunächst derjenige Ort anzusehen, an dem der Stellvertreter (in dessen Person sich der rechtsgeschäftliche Zugang des Angebotes vollzieht) residiert.[111]

42

Darüber hinaus kann sich ein – **weiterer** – **Empfangsort** am Sitz des Geschäftsherrn befinden, auf dessen wirtschaftliche Entschließung mit dem Angebot eingewirkt werden soll. Trifft der Stellvertreter die unternehmerischen Entscheidungen nicht allein, sondern nach Rücksprache mit dem anderswo ansässigen Geschäftsherrn, existiert an dessen Sitz ein abweichender zweiter Empfangsort. Voraussetzung ist freilich, dass die Beteiligung weiterer Entscheidungsträger für den Anbietenden zumindest als in seinen Vorsatz aufzunehmende Möglichkeit erkenn- und vorhersehbar ist und auch auf ihre Ansprache abgezielt wird.[112]

43

▶ Beispiel[113]:

Auf einer im Ausland stattfindenden, aber international besuchten Messe wird die angegriffene Ausführungsform von einem deutschen Unternehmen mit Prospektmaterial beworben. In der Aushändigung der Prospekte liegt eine (erste) Angebotshandlung am ausländischen Veranstaltungsort der Messe. Gehören zu den Messebesuchern deutsche Firmenvertreter, die das Prospektmaterial an den Sitz ihres Unternehmens mitnehmen sollen, um es dort mit Entscheidungsträgern zu erörtern, realisiert sich ein (zweites) Angebot am inländischen Sitz des den Messebesucher entsendenden Unternehmens.

44

Damit im Prozess ein weiterer (inländischer) Angebotsort angenommen werden kann, bedarf es freilich hinreichender tatsächlicher **Anhaltspunkte**, die nach allgemeinen Regeln vom Kläger vorzutragen sind.[114] Es muss wenigstens *ein* deutscher Messebesucher benannt werden, der das Prospektmaterial an sich genommen und nach seiner Rückkehr für weitere Besprechungen mit Kollegen/Vorgesetzten verwendet hat. Jenseits eines solchermaßen konkreten Sachvortrages genügt der bloße Hinweis auf die Lebenserfahrung nicht. Es ist deshalb – jedenfalls grundsätzlich – unzureichend, lediglich darauf Bezug zu nehmen, dass die Ausstellungshandlung auf einer internationalen Messe stattgefunden hat, die erfahrungsgemäß auch von deutschen Kunden besucht wird. Selbst unter derartigen Umständen kann (und wird vielfach) offen bleiben, ob tatsächlich *ein* deutscher Kunde den betreffenden Ausstellerstand besucht, bei dieser Gelegenheit das fragliche Prospektmaterial an sich genommen, es aufbewahrt und nach seiner Rückkehr weiteren Personen im heimischen Unternehmen zugänglich gemacht hat. Der Vielschichtigkeit möglicher Gestaltungen wird man nur dann entgehen können, wenn ganz besondere zusätzliche Momente aufgezeigt werden können, die einen bestimmten Geschehensablauf mit der gebotenen (tatrichterliche Feststellungen erlaubenden) Gewissheit nahelegen. Im Einzelfall lassen sich hierfür auch statistische Überlegungen bemühen. Je größer die Zahl deutscher Messebesucher ist, umso höher ist die sich irgendwann zur Gewissheit verdichtende Wahrscheinlichkeit, dass unter ihnen mindestens *eine* Person gewesen ist, auf die die vorstehenden Annahmen zutreffen.

45

---

111 OLG Düsseldorf, Urteil v 23.2.2012 – I-2 U 134/10.
112 OLG Düsseldorf, Urteil v 23.2.2012 – I-2 U 134/10.
113 OLG Düsseldorf, Urteil v 23.2.2012 – I-2 U 134/10.
114 OLG Düsseldorf, Urteil v 23.2.2012 – I-2 U 134/10.

D. Klageverfahren

Praxistipp	Formulierungsbeispiel
46	Einem Aussteller ist anzuraten, einer Inlandswirkung seiner ausländischen Angebotshandlung dadurch entgegenzuwirken, dass er durch entsprechende Hinweise auf dem Messestand, beim Beratungsgespräch oder im Prospektmaterial deutlich macht, dass sich seine geschäftliche Aktivität nicht auf Deutschland bezieht.

bb) Internetangebot

47 Die Maßgeblichkeit des vorgesehenen Adressaten gilt nach der bisherigen Rechtsprechung im Grundsatz auch für Angebote, die in das Internet eingestellt werden. Es ist nicht entscheidend, von wo aus das Angebot objektiv betrachtet abgerufen werden *könnte*; maßgeblich ist, von wo es nach Lage der Dinge abgerufen werden *soll*. Dabei ist es gleichgültig, ob das Angebot mit einer Bestellmöglichkeit versehen ist oder nicht. Kann das Internetangebot von Interessenten im Inland abgerufen werden, so kommt es prinzipiell ebenso wenig darauf an, ob das Angebot in deutscher Sprache abgefasst ist[115], so lange das Angebot sonst einen wirtschaftlich relevanten **Inlandsbezug** zum Gerichtsort des angerufenen Spruchkörpers hat.[116] Zumindest für englischsprachige Angebote wird in diesem Sinne vielfach die Annahme gerechtfertigt sein, dass auch sie sich an inländische Verkehrskreise wenden und von ihnen zur Kenntnis genommen werden sollen. In Fällen einer flächendeckenden Internetwerbung hat der Kläger daher – ebenso wie wenn der Vertrieb bundesweit stattfindet – die freie Auswahl zwischen sämtlichen Patentstreitkammern im Bundesgebiet.[117] Das gilt auch dann, wenn das aktuelle Absatz- und Vertriebsgebiet des mutmaßlichen Verletzers regional enger begrenzt ist.[118]

48 Ob an der Notwendigkeit eines Inlandsbezuges weiterhin festzuhalten ist, nachdem ein solcher für die internationale Zuständigkeit nicht mehr eingefordert wird[119], ist mehr als fraglich und zu verneinen. Da bei einem von Deutschland aus abrufbaren Internetangebot der Rechtsweg zu deutschen Gerichten unabhängig davon eröffnet ist, ob das Angebot dort eine Nachfrage generieren soll, ist es ausgeschlossen, das gegenteilige Ergebnis dadurch herbeizuführen, dass auf der nächsten Stufe, nämlich bei der Frage, welches der in Deutschland ansässigen Gerichte sich mit der Streitsache zu befassen hat, die (örtliche) Zuständigkeit zu verneinen. Wenn es einen regional begrenzten Inlandsbezug gibt, wird man ihn für die örtliche Zuständigkeit den Ausschlag geben lassen müssen; gibt es ihn nicht, hat der Kläger die Wahl zwischen allen deutschen Patentstreitgerichten.

49 Ist das schutzrechtsverletzende Angebot in einer **Zeitschrift** enthalten, kommt es darauf an, ob sie bestimmungsgemäß auch im Inland verbreitet wird und nicht nur zufällig und unabhängig von der Vertriebsorganisation des Verlegers oder Herausgebers nach Deutschland gelangt ist.[120]

cc) Erstbegehungsgefahr

50 Aber auch dann, wenn es noch nicht zu Benutzungshandlungen gekommen ist, kann auf den Gerichtsstand der unerlaubten Handlung zurückgegriffen werden. Er ist – für die **vorbeugende Unterlassungsklage** – überall dort begründet, wo die ernsthafte Gefahr

---

115 LG Düsseldorf, InstGE 3, 54 – Sportschuhsohle; vgl auch KG Berlin, NJW 1997, 3321; LG München, RIW 2000, 466 (beide zum Markenrecht).
116 BGH, GRUR 2005, 431 – Hotel Maritime (zum Kennzeichenrecht).
117 Zur Problematik von Disclaimern vgl KG Berlin, GRUR Int 2002, 448 – Knoblauch-Kapseln.
118 Vgl OLG München, GRUR-RR 2013, 388 – Kleine Partysonne (zum Kennzeichenrecht).
119 Vgl oben unter Rdn 26.
120 OLG Düsseldorf, OLG-Report 2009, 516.

einer drohenden Verletzungshandlung besteht. Ansprüche, die mindestens eine (im Bezirk des angerufenen Gerichts) bereits begangene Benutzungshandlung voraussetzen (zB Auskunft, Schadenersatz), können – entgegen der Ansicht des OLG Hamburg[121] – nicht im Gerichtsstand der vorbeugenden Unterlassungsklage geltend gemacht werden, weder zusammen mit dem Unterlassungsanspruch noch isoliert.

dd) Doppelrelevante Tatsachen

Bestreitet der Beklagte, das Patent überhaupt benutzt zu haben, so genügt es für die Bejahung der Zuständigkeit, dass der Kläger schlüssig behauptet, im Bezirk des angerufenen Gerichts sei eine patentverletzende Handlung begangen worden. Ist die Verantwortlichkeit des in Anspruch genommenen Beklagten nicht evident (weil die betreffende Handlung von ihm selbst begangen worden ist), sondern erläuterungsbedürftig (weil es einer Zurechnung unter dem Gesichtspunkt der Mitwirkung oder des pflichtwidrigen Unterlassens bedarf), so müssen die Bedingungen einer haftungsrechtlichen Zurechnung ebenfalls schlüssig vorgetragen werden. Eine Beweisaufnahme zur Klärung der örtlichen Zuständigkeit findet in einem solchen Fall in keiner der beiden Richtungen statt, weil von dem Vorliegen oder Nichtvorliegen einer dem Beklagten zurechenbaren Verletzungshandlung auch die sachliche Begründetheit der Klage abhängt.[122] Anders verhält es sich, wenn das Vorliegen einer patentverletzenden Handlung als solche unstreitig und nur deren Begehungsort im Bezirk des angerufenen Gerichts streitig ist. Hier ist zur Klärung der Zuständigkeit mit den Mitteln des Beweisrechts zu ermitteln, ob eine Patentverletzungshandlung im Gerichtsbezirk vorgekommen ist.[123] 51

b) Niederlassung

Zu erwähnen ist schließlich noch der Gerichtsstand der **Niederlassung** (§ 21 ZPO). Er ist namentlich dann in Betracht zu ziehen, wenn die Klage gegen ein ausländisches Unternehmen gerichtet werden soll, das in der Bundesrepublik Deutschland eine Niederlassung unterhält, von der aus die patentverletzenden Handlungen begangen werden. Erforderlich ist das Vorhandensein eines Verkaufslokals; ein bloßes Warenlager genügt nicht. In diesem Fall kann der Kläger sich die zeitraubende Auslandszustellung der Klage dadurch ersparen, dass er die Klageschrift der inländischen Niederlassung zustellen lässt. 52

c) Rügeloses Verhandeln

Sofern der Kläger ein örtlich unzuständiges Gericht anruft, hat dies für ihn nur dann nachteilige Konsequenzen, wenn der Beklagte die mangelnde örtliche Zuständigkeit in der ersten mündlichen Verhandlung zur Hauptsache rügt. Hierzu genügt es, wenn der Beklagte in der mündlichen Verhandlung auf einen Schriftsatz Bezug nimmt, in dem die Rüge erhoben wird. Einer gesonderten Protokollierung dahingehend, dass die Zuständigkeit des angerufenen Gerichts beanstandet wurde, bedarf es nicht.[124] Unterbleibt die Rüge, wird das an sich unzuständige Gericht allein aufgrund des rügelosen Verhandelns der Parteien zuständig (§ 39 Satz 1 ZPO). 53

3. Sachliche Zuständigkeit

Unproblematisch ist insoweit die sachliche Zuständigkeit. Sie ergibt sich aus § 143 Abs 1 PatG, der für alle Patentstreitsachen bestimmt, dass sie ohne Rücksicht auf den Streitwert 54

---

121 OLG Hamburg, GRUR-RR 2005, 31 – Firmenporträt.
122 BGH, GRUR 2012, 1230 – MPEG-2-Videosignalcodierung; BGH, GRUR 2011, 758 – Rückzahlung der Lizenzgebühr; BGH, MDR 2010, 228; BGH, MDR 2010, 943.
123 LG Düsseldorf, InstGE 11, 41 – 2-Achsen-Drehkopf.
124 LG Düsseldorf, InstGE 11, 41 – 2-Achsen-Drehkopf.

in die ausschließliche sachliche Zuständigkeit der Landgerichte fallen. Funktionell sind insoweit die Zivilkammern zur Entscheidung berufen. § 143 Abs 2 PatG ermächtigt die Landesregierungen dazu, durch Rechtsverordnung die Patentstreitsachen für die Bezirke mehrerer Landgerichte einem von ihnen zuzuweisen. Hiervon ist in weitem Umfang Gebrauch gemacht worden. So sind beispielsweise für Baden-Württemberg das Landgericht Mannheim und für Nordrhein-Westfalen das Landgericht Düsseldorf[125] als alleinige Patentverletzungsgerichte bestimmt worden.[126]

55 An letzterem hat sich durch die **Verordnung** über die gerichtliche Zuständigkeit für Streitigkeiten aus den Bereichen der Unternehmenstransaktionen, der **Informationstechnologie und Medientechnik** sowie der Erneuerbaren Energien vom 22.11.2021[127] nichts geändert. Die Verordnung bestimmt in ihrem § 2 zwar, dass dem LG Köln für die Bezirke aller Landgerichte in NRW Streitigkeiten zugewiesen werden, deren wesentlicher Gegenstand den Bereich der Kommunikations- und Informationstechnologie im Sinne von § 348 Abs 1 Nr 2 lit j) ZPO betrifft und deren Streitwert den Betrag von 100.000 € übersteigt, wobei als Anwendungsfälle beispielhaft *Streitigkeiten aus der ... Herstellung und Veräußerung von Hardware und Software, auch soweit es sich um Teile von Maschinen und Anlagen handelt,* genannt werden. Isoliert betrachtet ließe sich die besagte Zuweisung auf Patentverletzungsklagen lesen, mit denen gegen die Herstellung und den Vertrieb eines Hard- oder Softwareproduktes vorgegangen wird, welches zB eine bestimmte, verletzende Funktionseinheit einer Maschine repräsentiert. Dies gilt umso mehr, als für § 348 ZPO anerkannt ist, dass der von der VO v 22.11.2021 in Bezug genommenen Alternative in Abs. 1 Nr. 2 lit j) (»Streitigkeiten aus den Bereichen der Kommunikations- und Informationstechnologie«) nicht nur vertragliche, sondern ebensogut deliktische Ansprüche unterfallen. Richtigerweise ist durch die VO v 22.11.2021 jedoch an der – alleinigen – Zuständigkeit des LG Düsseldorf für patentrechtliche Streitigkeiten aller Art nichts geändert worden. Dies ergibt sich schon aus der Tatsache, dass § 2 Abs 2 der VO v 22.11.2021 die Zuweisung von Streitigkeiten aus dem Bereich der Informationstechnologie und Medientechnik an das LG Köln ausdrücklich auch für den Fall anordnet, dass die Klageansprüche auf das Urheberrecht gestützt werden, während das Patentrecht in diesem Zusammenhang keinerlei Erwähnung findet. Dem kommt umso mehr Bedeutung zu, als auch für urheberrechtliche Streitigkeiten eine Zuständigkeitskonzentration durch die Verordnung über die Zusammenfassung von Geschmacksmusterstreitsachen, Kennzeichenstreitsachen und Urheberstreitsachen sowie Streitigkeiten nach dem Olympiamarkenschutzgesetz vom 30.8.2011[128] an die Landgerichte Düsseldorf, Bielefeld, Bochum und Köln besteht. Die besagte Verordnung v 30.8.2011 trägt nicht nur dasselbe Datum wie die Zuständigkeitsverordnung für Patentstreitsachen, sondern hat auch dieselbe Fundstelle im GV NRW, weswegen dem Verordnungsgeber bei der Abfassung der VO v 22.11.2021 die Spezialzuständigkeit des LG Düsseldorf für patentrechtliche Streitigkeiten nicht entgangen sein kann. Aus ihrer Nichterwähnung in § 2 Abs 2 der VO v 22.11.2021 lässt sich deshalb nur der Schluss ziehen, dass die Zuständigkeitskonzentration für Patentstreitsachen von der VO v 22.11.2021 nicht angetastet werden sollte. Das leuchtet auch ein, weil das für Informationstechnologie und Medientechnik zuständig gemachte LG Köln – neben anderen Landgerichten – schon vorher für urheberrechtliche Streitigkeiten zuständig war, während eine Anwendung der VO v 22.11.2021 auf Patentstreitsachen zur Folge hätte, dass die Zuständigkeit auf ein mit Patentverletzungen überhaupt noch nicht befasst gewesenes und dementsprechend unerfahrenes Gericht verlagert werden würde. Dafür, dass derartiges beabsichtigt gewesen

---

125 Verordnung über die Zuweisung von ... Patentstreitsachen ... vom 30.8.2011.
126 Eine Übersicht sämtlicher Gerichte findet sich in BlPMZ 2007, 92 sowie unter www.grur.de.
127 GV NRW 2021 Nr 83 v 9.12.2021, S 1337–1344.
128 GV NRW S 468/SGV NRW 301.

sein könnte, gibt es keinen Anhalt. Im Gegenteil hält der Verordnungsgeber auf seiner offiziellen Website eine tabellarische Übersicht über die Zuständigkeitskonzentrationen bei den Gerichten des Landes Nordrhein-Westfalen (Stand 01.01.2022) bereit, die unter Ziffer 7 für Patentstreitsachen mit Verweis auf die VO v 30.8.2011 die Zuständigkeit des LG Düsseldorf und unter Ziffer 18 für Angelegenheiten der Informationstechnologie und Medientechnik mit Verweis auf die VO v 22.11.2021 die Zuständigkeit des LG Köln ausweist. Auch dies belegt, dass mit der VO v 22.11.2021 die Zuweisung von Patentstreitsachen nach Düsseldorf nicht angetastet werden sollte.

Als **Patentstreitsachen** sind solche Klagen[129] anzusehen, mit denen (bei der für die Zuständigkeitsbestimmung gebotenen generalisierenden Betrachtung) 56

– ein Anspruch *auf* eine Erfindung oder 57

– ein Anspruch *aus* einer Erfindung geltend gemacht wird oder 58

– die sonst wie mit einer Erfindung derart eng verknüpft sind, dass es für die Bewältigung des Streitstoffes bei summarischer Beurteilung voraussichtlich besonderen technischen Sachverstandes bedarf.[130] 59

Wird mit der Klage ein Anspruch geltend gemacht, der *keine* Patentstreitsache ist, ändert sich an der Zuständigkeit des angerufenen Nicht-Patentstreitgerichts nicht dadurch etwas, dass später eine **Widerklage** erhoben wird, die eine Patentstreitsache zum Gegenstand hat.[131] Ist das mit der Klage angerufene Gericht kein Patentstreitgericht, ist deshalb die Widerklage abzutrennen und (nur sie!) an das ausschließlich zuständige Patentstreitgericht zu verweisen; sofern kein Verweisungsantrag gestellt wird, ist die am Nicht-Patentgerichtsstandort erhobene Widerklage als unzulässig abzuweisen.[132] 60

Hat das Gericht seine sachliche Zuständigkeit zu Unrecht angenommen, begründet dies weder einen Berufungs- noch einen Revisionsgrund (§§ 513 Abs 2, 545 Abs 2 ZPO). 61

---

129 Ob eine Patentanwaltshonorarklage per se eine Patentstreitsache darstellt, ist streitig: Vgl KG, GRUR-RR 2012, 410 – Patentanwaltshonorarklage. Richtigerweise ist die Frage jedenfalls dann zu verneinen, wenn der konkrete Streitstoff nicht tatsächlich diejenige besondere Sachkunde aufwirft, über den die Verletzungsgerichte verfügen (BGH, GRUR 2013, 756 – Patentstreitsache II). Auch darüber hinaus wird in der Rechtsprechung des BGH tendenziell eine Patentstreitsache verneint, zB dann, wenn es für die Angemessenheit der Vergütung auf das Verständnis der Erfindung ankommt (BGH, GRUR 2013, 757 – Urheberrechtliche Honorarklage). Gleiches hat zu gelten, wenn patentrechtlicher Sachverstand erforderlich ist, um Einwendungen des Beklagten (Schlechtberatung) zu bescheiden.

130 BGH, GRUR 2011, 662 – Patentstreitsache. **Bsp:** Anspruch aus § 146 PatG; Anspruch wegen unberechtigter Patentberühmung (OLG Düsseldorf, InstGE 13, 240 – Garagentorantrieb = GRUR-RR 2012, 305 – Unberechtigte Patentberühmung); Anspruch wegen Schutzrechtsverwarnung aus einem Patent; Anspruch auf Schadenersatz wegen unberechtigter Benutzung eines durch Verrat erhaltenen Betriebsgeheimnisses, das einen patenttauglichen Gegenstand betrifft, auch wenn der Anspruch aufgrund des tatsächlichen Geschehensablaufs formal auf §§ 17, 18 UWG gestützt ist (OLG Düsseldorf, Beschluss v 31.3.2016 – I-2 W 5/16).

131 OLG Düsseldorf, Beschluss v 20.6.2013 – I-2 W 24/13; OLG Köln, GRUR-RR 2018, 317 – POC – Mitt 2018, 363 – Verweisungsantrag in der Berufungsinstanz; aA: OLG Stuttgart, GRUR-RR 2009, 79. Die dort vertretene Ansicht, die Widerklage habe zur Folge, dass auch die Klage im Gerichtsstandort der Patentstreitsache zu behandeln sei, hat unangemessene Konsequenzen. Sie führt dazu, dass der Beklagte dem Kläger durch eine (ggf sogar offensichtlich unberechtigte und betragsmäßig minimale) Widerklage den Gerichtsstand willkürlich entziehen und dessen mit Bedacht getroffene Gerichtswahl (§ 35 ZPO) nachträglich zu Fall bringen kann.

132 OLG Düsseldorf, Beschluss v 20.6.2013 – I-2 W 24/13.

D. Klageverfahren

4. Inlandsvertreter

62 Nach § 25 Abs 1 PatG kann ein Auswärtiger (der auch ein Deutscher sein kann!), der im deutschen Inland weder einen Wohnsitz noch einen Sitz noch eine Niederlassung hat, die Rechte aus einem Patent nur geltend machen, wenn er einen Rechtsanwalt oder Patentanwalt als Vertreter bestellt hat, der zur Vertretung im Verfahren vor dem Patentamt und dem Patentgericht und zur Vertretung in bürgerlichen Rechtsstreitigkeiten, die das Patent betreffen, sowie zur Stellung von Strafanträgen befugt und bevollmächtigt ist. § 25 Abs 1 PatG umreißt insofern den Mindestumfang der Vollmacht, weswegen eine allgemeine Prozessvollmacht, die nicht im bezeichneten Sinne allumfassend ist, sondern lediglich zur Vertretung vor dem Verletzungsgericht ermächtigt, unzureichend ist.[133]

63 Die Bevollmächtigung ist zwar nicht formgebunden; allerdings ist für das DPMA eine schriftliche Vorlage erforderlich. Eine den Anforderungen des § 25 Abs 1 PatG entsprechende Inlandsvertreter-Vollmacht ist im **Original** auch dann vorzulegen, wenn ein Rechts- oder Patentanwalt im Verfahren auftritt. Im Verfahren vor dem BPatG reicht es in aller Regel aus, dass der anwaltliche Vertreter nur die Urkunde, die ihn unmittelbar gegenüber dem Bundespatentgericht legitimiert, im Original vorlegt. Dies gilt auch in solchen Fällen, in denen die Gegenseite den Mangel der Bevollmächtigung zwar rügt, dies aber nur »ins Blaue hinein« und offensichtlich nur zu dem Zweck erfolgt, den Rechtsstreit zu verschleppen und die Entscheidung in der Sache zu behindern.[134]

64 Die notwendige Bestellung eines Inlandsvertreters ist eine – in jeder Lage des Verfahrens **von Amts wegen** zu prüfende – zwingende Verfahrensvoraussetzung für den sachlichen Fortgang des anhängigen Verfahrens.[135]

65 Die ohne Vertreterbestellung vorgenommenen Handlungen sind nicht unwirksam, sondern mit einem **behebbaren Mangel** behaftet, sodass die Bestellung im Verletzungsprozess spätestens bis zum Schluss der letzten mündlichen Verhandlung nachgeholt werden kann, aber auch muss.[136] Eine Klage ist deshalb als unzulässig abzuweisen, wenn die wirksame Bestellung eines Inlandsvertreters nicht nachgewiesen wird oder die nachgewiesene Vollmacht den sich aus § 25 Abs 1 PatG ergebenden Mindestumfang unterschreitet. Umgekehrt gilt aber auch, dass eine spätere Mandatsniederlegung des Inlandsvertreters die Zulässigkeit einer zuvor von ihm für den Patentinhaber erhobenen Klage nicht beeinträchtigt.

Praxistipp	Formulierungsbeispiel
66 Der Inlandsvertreter ist nicht nur für die aktive Rechtsverfolgung durch den bestellungspflichtigen Patentinhaber bedeutsam, sondern auch für den Anspruchsgegner von Interesse. Beabsichtigt er nämlich, gegen den ausländischen Patentinhaber eine **negative Feststellungsklage** zu erheben, so kann er diese, statt an die im Ausland residierende und ggf schwer erreichbare Partei, an deren Inlandsvertreter zustellen lassen.	

5. Zustellungsfragen in Fällen mit Auslandsberührung

67 Speziell im Zusammenhang mit ausländischen Beklagten ist zu bedenken, dass die notwendige Zustellung der Klageschrift nebst Anlagen eine erhebliche zeitliche Verzögerung

---

133 BPatG, Beschluss v 11.11.2019 – 20 W (pat) 26/17.
134 BPatG, GRUR-RS 2021, 42369 – Stahlblech.
135 BPatG, Beschluss v 18.1.2016 – 20 W (pat) 52/13.
136 OLG Düsseldorf, Urteil v 13.8.2015 – I-15 U 3/14.

mit sich bringen kann, die zum einen auf der (im Übrigen besonders zu bevorschussenden) Übersetzung der Klageschrift und zum anderen auf der Zustellungsprozedur als solcher beruht.

Praxistipp	Formulierungsbeispiel
Der Kläger sollte deshalb vor einer Klageerhebung stets in Erfahrung bringen, ob der Beklagte nicht in absehbarer Zeit an einer in Deutschland stattfindenden Messe teilnimmt, auf der ihm die Klageschrift zugestellt werden kann, was üblicherweise durch besonderen Wachmeister geschieht. Die Vorteile eines solchen Vorgehens liegen auf der Hand: Es bedarf keiner kostspieligen Übersetzung in die Landessprache des Beklagten; es ergeben sich keine zeitlichen Verzögerungen bei der Zustellung selbst.[137]	

68

Scheidet eine »Inlandszustellung« im Einzelfall aus[138], so bestehen für die alsdann notwendigerweise im Ausland vorzunehmende Zustellung verschiedene Alternativen: 69

a) Förmliche Auslandszustellung

Stets möglich – und im Zweifel zu bevorzugen – ist eine **förmliche Auslandszustellung** durch die Behörden des fremden Staates im Wege des internationalen Rechtshilfeersuchens oder der konsularischen Zustellung (§ 183 Abs 1, 2 ZPO). Sie nimmt allerdings – schon wegen der notwendigen Übersetzung der Klageschrift nebst Anlagen – die längste Zeit in Anspruch und schwankt überdies von Zustellungsstaat zu Zustellungsstaat beträchtlich (sic: von einigen Wochen bis zu mehr als einem Jahr). 70

aa) Haager Zustellungsübereinkommen

Zustellungen an Adressaten in den **USA** sind nach den Bestimmungen des Haager Zustellungsübereinkommens vom 15.11.1965 vorzunehmen. Werden Formvorschriften des Verfahrensrechts des Zustellungsstaates (US-Bundesstaat) missachtet, führt der tatsächliche Zugang des zuzustellenden Schriftstücks beim Empfänger jedenfalls dann zu einer Heilung des Formmangels, wenn die Anforderungen des Haager Abkommens gewahrt sind.[139] 71

bb) EG-VO 1393/2007

Innerhalb der **Europäischen Union** sind die Bestimmungen der Verordnung (EG) Nr 1393/2007 des Europäischen Parlaments und Rates vom 13.11.2007 über die Zustellung gerichtlicher und außergerichtlicher Schriftstücke in Zivil- oder Handelssachen in den Mitgliedstaaten und zur Aufhebung der Verordnung 1348/2000 des Rates[140] zu beachten.[141] 72

Relevant ist vor allem Art 8 Abs 1, wonach dem Empfänger ein **Annahmeverweigerungsrecht** zusteht, wenn das zuzustellende Schriftstück nicht in einer Sprache – welche anders als früher nicht die Amtssprache des Empfangsmitgliedstaates und auch nicht die Sprache des Übermittlungsmitgliedstaates sein muss – abgefasst ist, welche der Empfän- 73

---

137 Eine Anordnung nach § 184 ZPO kommt allerdings nicht in Betracht.
138 Weigert sich das angerufene Gericht, die Klageschrift einem (namentlich benannten) inländischen Zustellungsbevollmächtigten (zB Admin-C) der ausländischen Prozesspartei zuzustellen, so ist hiergegen kein Rechtsmittel gegeben (BGH, GRUR 2014, 705 – Inländischer Admin-C).
139 BGH, MDR 2011, 1374.
140 ABl EU Nr L 324 vom 10.12.2007, S 79.
141 Vgl dazu: Sujecki, NJW 2008, 1628.

ger versteht.¹⁴² Ob dies der Fall ist, steht nicht im subjektiven Belieben des Zustellungsempfängers, sondern verlangt von dem die Wirksamkeit der Zustellung prüfenden Gericht, dass anhand *objektiver* Kriterien festgestellt wird, ob der Beklagte über Sprachkenntnisse verfügt, die ihn in die Lage versetzen, den Inhalt des zuzustellenden Schriftstücks zu verstehen und so das ihm gewährte rechtliche Gehör tatsächlich auszuüben.¹⁴³ Als objektiver Anhaltspunkt kann insbesondere ein zur Akte gereichtes Schriftstück dienen, das vom Beklagten stammt und dessen Verständnis derjenigen Sprache dokumentiert, in der das zuzustellende Schriftstück abgefasst ist.¹⁴⁴ Macht der Empfänger von seinem Annahmeverweigerungsrecht zu Recht Gebrauch, führt dies grundsätzlich zur Unwirksamkeit der Zustellung.¹⁴⁵

74 Allerdings besteht für den Kläger die Möglichkeit, den **Mangel** durch Übersendung des Schriftstücks mitsamt der erforderlichen Übersetzung zu **heilen** (Art 8 Abs 3). Geschieht dies, ist das Datum der Zustellung des Schriftstücks dasjenige Datum, an dem die Zustellung des Dokuments zusammen mit der Übersetzung nach dem Recht des Empfangsmitgliedstaates bewirkt wird. **Ausnahme**: Ist das Schriftstück nach dem Recht eines Mitgliedstaates innerhalb einer bestimmten Frist zuzustellen, gilt für die Frage des gültigen Zustellungszeitpunktes das **System des doppelten Datums**:

75 – Der Antragsteller kann sich auf das Datum der ersten Zustellung berufen (Art 8 Abs 3 Satz 3), wobei in Anlehnung an die EuGH-Rechtsprechung zur VO 1348/2000 in Sachen Götz Leffler/Berlin Chemie AG¹⁴⁶ zu verlangen ist, dass er das Erforderliche für die Heilung so schnell wie möglich veranlasst hat.

76 – Demgegenüber ist zu Gunsten des Empfängers auf die Zustellung der Übersetzung abzustellen.

77 Besondere Probleme ergeben sich, wenn in der zuzustellenden Klageschrift auf **Anlagen** Bezug genommen wird.

78 – Sind die Anlagen überhaupt nicht beigefügt, ist kontroverse, ob die Zustellung deswegen unwirksam ist. Während der VII. ZS des BGH¹⁴⁷ dies (im Zusammenhang mit einen der EuGZVO unterliegenden Fall) angenommen und etwas anderes ausnahmsweise nur dann erwogen hat, wenn die Anlagen der beklagten Partei nahezu zeitgleich mit der Klageerhebung gesondert übermittelt worden¹⁴⁸ oder dem Beklagten alle Anlagen bereits vor Klageerhebung bekannt gewesen sind¹⁴⁹, vertritt der VIII. ZS des BGH¹⁵⁰ (im Zusammenhang mit einem dem HZÜ unterliegenden Fall) die gegenteilige Auffassung, dass das Fehlen von Anlagen keine Konsequenzen für die Wirksamkeit der Klagezustellung hat.

79 – Ist die Klageschrift als solche ordnungsgemäß übersetzt (sodass dem Zustellungsadressaten *insoweit* kein Annahmeverweigerungsrecht zusteht) und fehlt es nur hinsichtlich der Anlagen an einer Übersetzung, so kommt es darauf an, ob durch einen derartigen Sachverhalt ein Annahmeverweigerungsrecht ausgelöst wird. Die Frage ist mittlerweile auf ein Vorabentscheidungsersuchen des BGH¹⁵¹ hin vom EuGH ent-

---

142 BGH, NJW 2007, 775.
143 LG Düsseldorf, InstGE 11, 291 – Tampon.
144 LG Düsseldorf, InstGE 11, 291 – Tampon.
145 BGH, NJW 2007, 775.
146 EuGH (Große Kammer), NJW 2006, 491.
147 BGH, NJW 2007, 775.
148 BGH, NJW 2001, 445, 447.
149 Vgl BGH, NJW 2007, 775.
150 BGH, MDR 2013, 297.
151 BGH, NJW 2007, 775.

schieden: Zu übersetzen ist das »zuzustellende Schriftstück«. Zu ihm gehören Anlagen, auf die in einem verfahrenseinleitenden Schriftstück (wie einer Klage) Bezug genommen wird, wenn und soweit es sich bei ihnen nicht nur um reine Beweisurkunden handelt, die für das Verständnis des Beklagten von Gegenstand und Grund des Antrags verzichtbar sind, weil die Klageschrift aus sich heraus in vollem Umfang verständlich ist, sondern wenn und soweit in den Anlagen Informationen enthalten sind, deren zusätzliche Kenntnis den Beklagten erst in die Lage versetzt, seine Rechte in dem vorgesehenen gerichtlichen Verfahren geltend zu machen.[152] Hat der ausländische Beklagte sich in einem Vertrag (zB Lizenzvertrag) verpflichtet, den Schriftverkehr in der für ihn fremden Sprache des Übermittlungsstaates zu führen, so begründet dieser Sachverhalt keine Vermutung für dahingehende Sprachkenntnisse, sondern liefert lediglich einen Anhaltspunkt dafür, dass er den nicht übersetzten Anlagentext im Sinne von Art 8 Abs 1 versteht.[153]

Hinsichtlich der **Erstattung von Übersetzungskosten**[154] gilt Folgendes: Art 5 Abs 2 EG-VO 1393/2007 regelt lediglich eine Vorschusspflicht des Antragstellers für Übersetzungskosten, die bei der Zustellung an einen im Ausland ansässigen Antragsgegner anfallen. Die Vorschrift hindert deswegen nicht einen (nach den nationalen Verfahrensvorschriften erlassenen) Kostenfestsetzungsbeschluss, mit dem die Übersetzungskosten gegen den im Verfahren unterlegenen Antragsgegner festgesetzt werden.[155] Erstattungsfähig sind die Übersetzungskosten – wie grundsätzlich alle Verfahrenskosten – allerdings nur in dem Umfang, in dem sie nach den Umständen des Einzelfalles zur Rechtsverfolgung tatsächlich notwendig waren. Die dem Antragsteller obliegende Pflicht zur Kostenminderung verlangt jedenfalls in einem Verfahren des einstweiligen Rechtsschutzes nicht, dass er zur Vermeidung – auch ggf beträchtlicher Übersetzungskosten – zunächst eine Zustellung ohne Übersetzungen durch Einschreiben mit Rückschein versucht, wenn dadurch dem Antragsgegner die Möglichkeit zu einer Annahmeverweigerung (Art 8 Abs 1 EG-VO 1393/2007) eröffnet wird, weil die nicht übersetzten Schriftstücke weder in einer Amtssprache des Empfangsmitgliedstaates oder des Zustellungsortes noch in einer Sprache des Übermittlungsmitgliedstaates verfasst sind, die der Empfänger versteht.[156] Abzustellen ist dabei auf den Kenntnishorizont des Antragstellers in dem Zeitpunkt, zu dem er entscheiden muss, in welcher Form er die Zustellung veranlasst.[157] Zu einer Kostenkürzung führt es nicht, dass die zuzustellenden Unterlagen nicht unmittelbar in die Sprache des Empfangsmitgliedstaates übersetzt werden, sondern zunächst ins Deutsche und alsdann vom Deutschen in die Sprache des Empfangsmitgliedstaates, wenn für das angerufene Gericht kein ermächtigter Übersetzer erreichbar ist, der unmittelbar in die Sprache des Empfangsmitgliedstaates übersetzt.[158] Eine Übersetzung darf allerdings nur für solche Schriftstücke veranlasst werden, die für die Herleitung der geltend gemachten Ansprüche unumgänglich sind. Übersetzungskosten, die in Bezug auf für die

80

---

152 EuGH, NJW 2008, 1721.
153 EuGH, NJW 2008, 1721.
154 Ob Übersetzungen angefertigt werden sollen oder stattdessen das Risiko einer Annahmeverweigerung eingegangen werden soll, liegt in der alleinigen Entscheidung des Klägers. Das Gericht darf deshalb nicht kurzerhand von sich aus eine Übersetzung anordnen, sondern hat beim Kläger, in dessen Interesse die Zustellung erfolgen soll, nachzufragen (§ 31 f Abs 2 ZRHO). Geschieht dies nicht, liegt eine unrichtige Sachbehandlung vor, die zur Niederschlagung der Übersetzungskosten führt (OLG Koblenz, MDR 2010, 101).
155 OLG Düsseldorf, InstGE 10, 294 – Übersetzungskostenerstattung.
156 OLG Düsseldorf, InstGE 10, 294 – Übersetzungskostenerstattung.
157 OLG Düsseldorf, InstGE 10, 294 – Übersetzungskostenerstattung.
158 OLG Düsseldorf, InstGE 10, 294 – Übersetzungskostenerstattung.

Anspruchsbegründung verzichtbare Unterlagen angefallen sind, unterliegen nicht der Kostenfestsetzung.[159]

81 Übersetzungskosten, die im Zusammenhang mit einer auf mehrere Patente gestützten Klage anfallen, sind, wenn das ursprünglich einheitliche Klageverfahren in der Folge wegen § 145 PatG **in mehrere selbständige Streitverfahren aufgeteilt** wird, demjenigen Rechtsstreit und der dort getroffenen Kostengrundentscheidung zuzuordnen, dem sie sachlich zugehören.[160] Betrifft die Übersetzung keine Unterlagen, die sich eindeutig einem der mehrerer Rechtsstreitigkeiten zuordnen lassen (weil es sich zB um die Übersetzung der gemeinsamen Klageschrift handelt), so sind die Kosten auf die mehreren Verfahren im Verhältnis ihrer Einzelstreitwerte zueinander zu verteilen.[161]

82 Eine gewisse Erleichterung schafft für den Bereich **außerhalb der EU** lediglich § 184 Abs 1 ZPO. Die Vorschrift – die verfassungsgemäß und völkerrechtskonform ist[162] – lässt es zu, dass dem Beklagten[163] aufgegeben wird, einen in Deutschland ansässigen Zustellungsbevollmächtigten zu benennen. Der entsprechende Beschluss[164] ist bereits vor Absendung des Rechtshilfeersuchens zu fassen, damit er dem Beklagten gleichzeitig mit der Klage förmlich zugestellt werden kann (»Das Gericht kann *bei der Zustellung* ... anordnen«).[165] Geschieht dies (unzweckmäßigerweise) nicht, kann eine im nachhinein getroffene Anordnung selbständig zugestellt werden, entfaltet in diesem Fall naturgemäß aber auch erst mit ihrem Zugang beim Empfänger zustellungsrechtliche Konsequenzen.[166] Da § 184 Abs 1 ZPO die Anordnung zur Benennung eines Zustellungsbevollmächtigten auf die Fälle der Auslandszustellungen gemäß § 183 ZPO beschränkt, kommt sie nicht in Betracht, wenn das verfahrenseinleitende Schriftstück dem ausländischen Beklagten im Inland[167] (zB während einer hier stattfindenden Messe, § 177 ZPO) zugestellt wird.[168] Die Anordnung sollte von dem zur Entscheidung berufenen Spruchkörper getroffen werden; erfolgt sie lediglich durch dessen Vorsitzenden, bleibt die Zustellung dennoch wirksam.[169]

83 Benennt der Beklagte – trotz einer (wirksamen) Anordnung nach § 184 ZPO und trotz wirksamer Klagezustellung[170] – keinen Zustellungsbevollmächtigten und bestellt sich für ihn auch kein Prozessbevollmächtigter, so können alle weiteren Zustellungen im Verfahren (zB die eines etwaigen Versäumnisurteils oder einer notwendigen Umladung, aber auch ein Klageerweiterungsschriftsatz[171]) durch Aufgabe des Schriftstücks zur Post wirksam vorgenommen werden. Im Falle einer förmlichen Auslandszustellung sollte der Kläger deswegen tunlichst darauf antragen, dass von der Möglichkeit des § 184 ZPO Gebrauch gemacht wird (wenngleich ein entsprechender Beschluss auch von Amts wegen ergehen kann).

---

159 OLG Düsseldorf, InstGE 10, 294 – Übersetzungskostenerstattung.
160 OLG Düsseldorf, Mitt 2017, 236 – Übersetzungskosten bei Prozesstrennung.
161 OLG Düsseldorf, Mitt 2017, 236 – Übersetzungskosten bei Prozesstrennung.
162 BGH, WM 2012, 1499.
163 Ein Prozessrechtsverhältnis muss bereits begründet sein, weswegen für das verfahrenseinleitende Schriftstück eine Anwendung des § 184 ZPO nicht infrage kommt. Die Vorschrift gilt auch nicht in Bezug auf Dritte. Zu ihnen gehört nicht der beigetretene Streitgehilfe, wohl aber derjenige, dem die Streitverkündungsschrift erst zugestellt werden soll.
164 Nach OLG Köln, MDR 2011, 1068 kann die Anordnung auch durch eine Verfügung des Vorsitzenden erfolgen.
165 Zöller, § 184 ZPO Rn 4.
166 Zöller, § 184 ZPO Rn 4.
167 Für die Zulässigkeit einer solchen Zustellung: LG Hamburg, RdTW 2013, 288.
168 BGH, GRUR 2008, 1030 – Zustellungsbevollmächtigter.
169 BGH, WM 2012, 1499 = MDR 2012, 1243.
170 BGH, MDR 2013, 297.
171 BGH, WM 2012, 1499 = MDR 2012, 1243.

Der **Tenor** eines Beschlusses nach § 184 ZPO lautet etwa wie folgt: 84

Praxistipp	Formulierungsbeispiel

1. Die Beklagte hat – wenn sie keinen Prozessbevollmächtigten bestellt – innerhalb einer Frist von drei Wochen einen Zustellungsbevollmächtigten zu benennen, der in der Bundesrepublik Deutschland einen Wohnsitz hat oder dort einen Geschäftsraum unterhält, der eine Zustellung von Schriftstücken erlaubt. Die Benennungsfrist beginnt mit der Zustellung dieses Beschlusses zu laufen. An den Zustellungsbevollmächtigten können mit Wirkung für und gegen die Beklagte alle Zustellungen von Schriftstücken vorgenommen werden, die im Rechtsstreit zu erfolgen haben.
2. Wird ein Zustellungsbevollmächtigter von der Beklagten nicht benannt, so können Zustellungen nach Ablauf der Benennungsfrist dadurch bewirkt werden, dass die betreffenden Schriftstücke unter der Anschrift der Beklagten zur Post gegeben werden. Das Schriftstück gilt in einem solchen Fall zwei Wochen nach Aufgabe zur Post als zugestellt.

85

Praxistipp	Formulierungsbeispiel

Der Beschluss nach § 184 ZPO ermöglicht es, im Interesse einer Minimierung der Übersetzungskosten so vorzugehen, dass zunächst eine »schlanke« Klageschrift angefertigt wird, mit der der geltend gemachte Anspruch zwar schlüssig dargelegt, jedoch so weit als möglich darauf verzichtet wird, auf Anlagen (die ansonsten im Zweifel mit übersetzt werden müssten) Bezug zu nehmen. Die Anlagen können, wenn erforderlich, alsdann nachträglich – ohne Übersetzung – durch Aufgabe zur Post zugestellt werden.

86

Ist die Zustellung nach den Regeln der **EuZVO** zu bewirken, weil der Beklagte seinen (Wohn-)Sitz im EU-Ausland hat, scheidet eine Anordnung nach § 184 ZPO aus, weil sie den zwingenden Vorgaben der EuZVO widerspricht.[172] Zulässig bleibt lediglich die Äußerung einer Bitte ohne Androhung rechtlicher Konsequenzen, zB wie folgt: 87

Praxistipp	Formulierungsbeispiel

Da sie ihren Wohnort/Geschäftssitz in einem anderen Mitgliedstaat der Europäischen Union als dem Gerichtsstaat Deutschland haben, sind Zustellungen von Schriftstücken an Sie grundsätzlich nach der Verordnung (EG) Nr 1393/2007 über die Zustellung gerichtlicher und außergerichtlicher Schriftstücke in Zivil- oder Handelssachen in den Mitgliedstaaten zu bewirken. Das bedeutet, dass in diesem Verfahren alle Zustellungen an Sie in dem Staat zu erfolgen haben, in dem sie Ihren Wohnort/Geschäftssitz haben, sofern sie nicht einen Prozess/Verfahrensbevollmächtigten in Deutschland benennen.

Allerdings könnte die Zustellung weiterer gerichtlicher Schriftstücke in diesem Verfahren – wenn sie keinen Prozess/Verfahrensbevollmächtigten beauftragen möchten – auch an einen von Ihnen zu benennenden Zustellungsbevollmächtigten in Deutschland erfolgen. Sollten sie hierzu bereit sein, bittet das Gericht Sie, eine solche Bevollmächtigung vorzunehmen und den Namen und die Anschrift dieser Person bis zum ... mitzuteilen. In diesem Fall wird das Gericht

88

---

172 EuGH, NJW 2013, 443 – Alder/Orlowski; vgl auch BGH, NJW 2011, 2218.

D. Klageverfahren

> Zustellungen ausschließlich an die von Ihnen bevollmächtigte Person veranlassen, bis Sie angezeigt haben, dass die Bevollmächtigung aufgehoben ist.

cc) Zustellung in der VR China

89 Angesichts der bekannten Schwierigkeiten bei der Auslandszustellung in China, die speziell in patentrechtlichen Streitigkeiten innerhalb angemessener Zeit erfahrungsgemäß zu keinem Erfolg führen, schlägt das Auswärtige Amt für Zustellungen in patent- und markenrechtlichen Streitigkeiten – in Anlehnung an das Zustellungsprozedere gegenüber Staaten, mit denen keine Rechtshilfeabkommen bestehen (sog vertragsloser Rechtshilfeverkehr) – das *Schweigefristverfahren* vor. Es ist Gegenstand eines entsprechenden Erlasses des Justizministeriums NRW vom 12.8.2020 (9341-II.247)[173] und umfasst folgende Schritte:

90 – Zustellungsersuchen über das Bundesamt für Justiz und das Auswärtige Amt an die deutsche Botschaft in der VR China, welche das Ersuchen an das chinesische Justizministerium weiterleitet;

91 – zweimalige Erledigungserinnerung nach 6 und 12 Monaten mittels einer Verbalnote und Unterrichtung des ersuchenden Gerichts darüber durch das Auswärtige Amt;

92 – nach weiteren 2 Monaten letztmalige Erinnerung mittels einer – vierten – Verbalnote mit dem Hinweis darauf, dass das Zustellungsersuchen nach Ablauf von weiteren 2 Monaten als gescheitert angesehen und an das ersuchende Gericht zurückgereicht werden wird sowie mit dem Hinweis, dass das deutsche Prozessrecht die Möglichkeit vorsieht, das Schriftstück öffentlich durch Aushang im Gerichtsgebäude zuzustellen und das Verfahren danach weiter zu betreiben, auch wenn sich der Beklagte, der von dem Aushang nichts erfährt, am Verfahren nicht beteiligt;

93 – bleibt eine Reaktion der Behörden des Empfangsstaates auch nach den weiteren 4 Monaten (Verschweigefrist) aus, reicht die deutsche Botschaft das Zustellungsersuchen mit dem Bemerken seines Scheiterns an das ersuchende Gericht zurück.

b) Vereinfachte Postzustellung

94 Anstelle der förmlichen Auslandszustellung kommt eine vereinfachte Zustellung durch **Einschreiben mit Rückschein** in Betracht, sofern völkerrechtliche Vereinbarungen dieses zulassen (§ 183 Abs 1 Satz 1, 2 ZPO).

95 Solches ist geschehen (§ 183 Abs 5 ZPO) mit den Bestimmungen der EG-VO Nr 1393/2007, die in ihrem Anwendungsbereich allen bisherigen bilateralen und multilateralen Übereinkünften zum Rechtshilfeverkehr in Zustellungssachen vorgeht (Art 20 Abs 1). Sie erlaubt innerhalb der EU-Mitgliedstaaten eine vereinfachte Zustellung, und zwar prinzipiell in zweierlei Form:

96 Zugelassen ist zunächst eine durch das angerufene Gericht veranlasste Zustellung durch die Post (Art 14), wobei die einzelnen Mitgliedstaaten die näheren Bedingungen festlegen können, unter denen sie eine solche Postzustellung in ihrem Territorium zulassen. In Deutschland ist davon in der Weise Gebrauch gemacht worden, dass eine Zustellung mit Einschreiben und Rückschein oder gleichwertigen Beleg ausreicht, und zwar sowohl für von Deutschland ausgehende Zustellungen als auch für in Deutschland vorzunehmende Zustellungen (§ 1068 ZPO). In der Regel ist die Beifügung einer Übersetzung der Klage-

---

[173] Abrufbar in der Datenbank *Internationale Rechtshilfe Online (IR-Online)* unter *Internationaler Rechtsverkehr in Zivilsachen/ZRHO/Länderteil/China*, Volksrepublik/Ausführungsbestimmungen und Bekanntmachungen des JM NRW in Rechtshilfeangelegenheiten VR China.

schrift in die Landessprache nicht Zustellungsvoraussetzung. Ihr Fehlen führt allerdings dazu, dass dem Zustellungsadressaten das Recht eingeräumt wird, die Annahme zu verweigern, wenn er der deutschen Sprache nicht mächtig ist (Art 8 Abs 1). Um ein Scheitern der Zustellung zu vermeiden, liegt es deshalb im eigenen Interesse des Klägers, sich rechtzeitig hinsichtlich der Sprachkenntnisse des Beklagten zu vergewissern und – zur Vermeidung dahingehender Rückfragen der Zustellungsbehörde – bereits in der Klageschrift anzugeben, ob im Falle einer Zustellung durch Einschreiben mit Rückschein eine Übersetzung der Klageschrift erfolgen soll. Eine Frist, innerhalb derer die **Annahmeverweigerung** erklärt werden muss, sieht die EG-VO Nr 1393/2007 nicht vor. Es könnte sich deshalb die Situation ergeben, dass das Gericht in der Annahme einer wirksamen Zustellung ein Versäumnisurteil erlässt und der Beklagte erst danach die Annahme der Klage verweigert.

Art 15 schließt es nicht aus, dass ein Verfahrensbeteiligter – und darin liegt die zweite Form der **vereinfachten Zustellung** – gerichtliche Schriftstücke unmittelbar (dh ohne Einschaltung des Gerichts) durch zuständige Personen des Empfangsmitgliedstaates zustellen lässt. In Deutschland steht dieser Zustellungsweg nicht zur Verfügung, weil § 1068 Abs 2 ZPO allein eine Zustellung mit Einschreiben und Rückschein erlaubt. 97

In der Praxis bietet die vereinfachte Zustellung vielfach keine wirklichen Vorteile. Teilweise (zB von Italien) werden ebenfalls Übersetzungen der zuzustellenden Schriftstücke verlangt, in jedem Fall besteht das Risiko der Annahmeverweigerung, wenn Übersetzungen nicht beigefügt sind. Darüber hinaus werden die Rückscheine erfahrungsgemäß oft (zB aus Südeuropa, dem Vereinigten Königreich) nicht zurückgesandt, sodass es an einem Zustellungsnachweis fehlt. Sicherheitshalber sollte deshalb der förmlichen Auslandszustellung im Zweifel der Vorzug gegeben werden. 98

c) Öffentliche Zustellung[174]

Eine besondere Konstellation liegt vor, wenn gegen eine im Ausland ansässige Partei eine **einstweilige Verfügung** beantragt werden soll und eine Auslandszustellung nur mit erheblicher zeitlicher Verzögerung (von zB sechs Monaten und mehr) zu erwarten ist. Unter solchen Umständen wird die Zustellung – mit Rücksicht auf die jedem einstweiligen Rechtsschutzverfahren immanente Dringlichkeit – als »nicht möglich« angesehen mit der Folge, dass zB der Verfügungsantrag und die Terminladung (sowie der Beschluss über die Bewilligung der öffentlichen Zustellung) öffentlich zugestellt werden können.[175] Sofern eine E-Mail-Adresse oder eine Fax-Verbindung bekannt oder für den Antragsteller ermittelbar ist, sollten die Unterlagen, deren öffentliche Zustellung bewilligt ist, allerdings nachrichtlich auch auf diesem Wege zur Kenntnis des Antragsgegners gebracht werden, damit er die Möglichkeit zur Rechtverteidigung hat.[176] 99

Handelt es sich um eine **Hauptsacheklage** in einer gewöhnlichen vermögensrechtlichen Streitigkeit, reicht eine Zustellungsdauer von 1 Jahr demgegenüber regelmäßig nicht für die Bejahung einer unzumutbaren Verzögerung aus.[177] Letztlich handelt es sich um eine Einzelfallentscheidung, die anhand der Umstände des konkreten Falles die Interessen des Klägers an einer alsbaldigen Durchsetzung seines Begehrens gegen die Belange des Beklagten an einer Gewährung rechtlichen Gehörs abzuwägen hat.[178] 100

---

174 Zur öffentlichen Zustellung an eine (auch inländische) juristische Person vgl KG, MDR 2011, 125.
175 OLG Düsseldorf, InstGE 3, 238 – LCD-Monitor.
176 Offengelassen von BGH, GRUR 2019, 322 – Öffentliche Zustellung; eine weitergehende Rechtspflicht nimmt das OLG Hamburg (Mitt 2019, 375 – Zustellung an Chinesen) an.
177 BGH, MDR 2009, 462, OLG Köln, MDR 2008, 1061.
178 BGH, FamRZ 2009, 684.

101 Für die tatbestandlichen Voraussetzungen einer öffentlichen Zustellung (insbesondere den Umfang der **Nachforschungspflicht**) unterscheidet § 185 ZPO nach dem Zustellungsort (Inland oder Ausland) sowie dem Zustellungsadressaten:

102 – Muss die **Zustellung** des Schriftstücks **im Ausland** erfolgen, ist eine öffentliche Zustellung zulässig, wenn die Auslandszustellung entweder nicht möglich ist (zB weil mit dem betreffenden Staat kein Rechtshilfeabkommen besteht) oder keinen Erfolg verspricht (zB weil die völkervertraglich zugesagte Rechtshilfe tatsächlich nicht geleistet wird oder erfahrungsgemäß mit derartiger Verzögerung vorgenommen wird, dass die Zustellung der Sache nach verweigert wird; vgl oben Rdn 99 f.).[179]

103 – Handelt es sich bei dem Zustellungsempfänger um eine **juristische Person**, die zur Anmeldung einer inländischen Geschäftsanschrift zum Handelsregister verpflichtet ist[180], so kann eine öffentliche Zustellung erfolgen, wenn folgende Zustellungsversuche *unternommen* und *erfolglos geblieben* sind: (1) Zustellung an die im Handelsregister eingetragene Geschäftsanschrift der juristischen Person; (2) Zustellung an neben dem Vertretungsorgan weitere Empfangspersonen unter der Geschäftsanschrift oder einer sonstigen im Handelsregister verzeichneten Anschrift; (3) Zustellung an das Vertretungsorgan oder eine weitere Empfangsperson an deren nicht aus dem Handelsregister ersichtliche inländische Anschrift (zB Privatadresse), sofern die Anschrift dem Antragsteller ohne Ermittlungen bekannt ist.[181] Von den besagten Zustellversuchen darf nur dann und nur insoweit abgesehen werden, wenn sie von vornherein *sicher zwecklos* sind. Solches ist noch nicht allein deshalb der Fall, weil mehrere (zB 7) Monate vorher eine versuchte Zustellung gescheitert ist, zB für die Klageschrift, wenn die öffentliche Zustellung des nachfolgenden Versäumnisurteils in Rede steht.[182]

104 – Bei allen **anderen inländischen Zustellungsempfängern** setzt die öffentliche Zustellung voraus, dass der Aufenthaltsort des Zustellungsadressaten – allgemein, und nicht nur dem Kläger oder dem Gericht – unbekannt ist und dass auch die Zustellung an einen Vertreter oder Zustellungsbevollmächtigten des Adressaten nicht möglich ist.[183]

105 Von einem **unbekannten Aufenthalt** des Beklagten kann nur ausgegangen werden, wenn der Kläger alle der Sache nach geeigneten und ihm zumutbaren Nachforschungen angestellt hat, um den Aufenthalt des Beklagten zu ermitteln, und seine ergebnislosen Bemühungen dem Gericht gegenüber darlegt.[184] Regelmäßig genügt es nicht, wenn lediglich eine Anfrage beim Einwohnermeldeamt und beim Zustellungspostamt des letzten Wohnsitzes im Sande verlaufen ist. Darüber hinaus kann es erforderlich sein, persönlich beim ehemaligen Arbeitgeber, beim letzten Vermieter oder bei Hausgenossen oder Verwandten des Zustellungsempfängers nachzuforschen. Speziell im gewerblichen Rechtsschutz ist die Möglichkeit abzuklären, die Klage/das Urteil dem Beklagten auf einer inländischen Messe zuzustellen, an der er demnächst teilnimmt; diesbezüglich hat sich vor einer Zustellungsbewilligung auch das Gericht beim Kläger zu erkundigen.[185] Selbst bei allgemein unbekanntem Aufenthalt des Beklagten kommt eine öffentliche Zustellung nicht in Betracht, wenn sich für ihn ein Rechtsanwalt bestellt hat, an den wirksam zugestellt werden kann.[186]

---

179 § 185 Nr 3 ZPO.
180 **Bsp**: GmbH (§§ 7 Abs 1, 8 Abs 4 Nr 1 GmbHG); AG (§§ 37 Abs 3, 39 Abs 1 AktG).
181 § 185 Nr 2 ZPO.
182 BGH, GRUR 2019, 322 – Öffentliche Zustellung.
183 § 185 Nr 1 ZPO.
184 BGH, MDR 2012, 1308; BGH, MDR 2016, 900.
185 OLG Düsseldorf, Urteil v 19.1.2017 – I-2 U 59/16.
186 BGH, MDR 2017, 226.

Ist die öffentliche Zustellung unter **Verstoß gegen § 185 ZPO** vorgenommen worden, greift die Zustellungsfiktion des § 188 ZPO nicht ein und es werden keine Fristen in Gang gesetzt. Das Verfahren kommt nicht zum Abschluss, sondern ist bei Aufdeckung des Rechtsfehlers, ohne dass es hierzu einer Wiedereinsetzung in den vorigen Stand bedürfte, fortzusetzen.[187]

106

6. Rechtsmittelzuständigkeit

Im weiteren Instanzenzug sind ebenfalls Zuständigkeiten zu beachten, weil bei einem unzuständigen Gericht eingelegte Rechtsmittel die vielfach (bei der Berufung, Nichtzulassungsbeschwerde, Revision, sofortigen Beschwerde) zu beachtenden Rechtsmittelfristen nicht wahren können. Fristversäumnisse, die auf einer falschen Adressierung der Rechtsmittelschrift beruhen, rechtfertigen regelmäßig auch keine Wiedereinsetzung in den vorigen Stand, weil sie jedenfalls im Anwaltsprozess nicht unverschuldet ist.[188] Eine gewisse Erleichterung schafft lediglich die Pflicht jedes Gerichts, eine bei ihm eingegangene Rechtsmittelschrift, wenn die Unzuständigkeit ohne weiteres erkennbar ist, im ordentlichen Geschäftsgang an das zuständige Gericht weiterzuleiten, wobei es für eine erfolgreiche Wiedereinsetzung ausreicht, dass die Schrift so rechtzeitig eingegangen ist, dass ihre **Weiterleitung** innerhalb der Rechtsmittelfrist im regulären Geschäftsgang problemlos erwartet werden konnte.[189] Dies darzulegen und glaubhaft zu machen, ist Sache des Rechtsmittelführers.[190] Eine besonders beschleunigte Behandlung (Weiterleitung oder Information des Rechtsmittelführers per Fax, Telefon, E-Mail) ist nicht geschuldet.[191] Besteht zwischen den Gerichten (dem angerufenen unzuständigen und dem tatsächlich zuständigen) eine behördeninterne Hauspost, wird eine kurzfristige Übermittlung in aller Regel möglich und zumutbar sein.[192] Hat das Gericht seine Pflicht zur Weiterleitung versäumt, ist Wiedereinsetzung ohne Rücksicht darauf zu gewähren, auf welchen Gründen die fehlerhafte Einreichung beruht.[193] Ähnliches gilt, wenn ein Gericht, und sei es auch nur durch ständige praktische Handhabung, die Möglichkeit der Weiterleitung von Schriftstücken an das zuständige Gericht eröffnet. Hier genügt der Anwalt seinen (zB im Wiedereinsetzungsverfahren zu fordernden) Sorgfaltspflichten bereits dann, wenn er einen fristgebundenen Schriftsatz so rechtzeitig abgibt, dass er einen fristgemäßen Eingang beim zuständigen Gericht mit Sicherheit erwarten darf.[194]

107

Das zuvor Gesagte gilt sinngemäß auch dann, wenn es um die Rechtzeitigkeit einer **Anschlussberufung** geht.[195]

108

7. Schiedsgutachterklausel

Haben die Parteien hinsichtlich eines Anspruchs oder einzelner Anspruchsvoraussetzungen eine Schiedsgutachtenvereinbarung getroffen, ist regelmäßig anzunehmen, dass die Einholung des Schiedsgutachtens in den im Vertrag bestimmten Fällen Anspruchsvoraussetzung ist.[196] Eine vor Einholung des Schiedsgutachtens erhobene Klage, die auf den

109

---

187 BGH, GRUR 2019, 322 – Öffentliche Zustellung.
188 BGH, MDR 2013, 994.
189 BGH, GRUR 2015, 472 – Stabilisierung der Wasserqualität; BGH, MDR 2013, 994.
190 BGH, MDR 2013, 994.
191 BGH, MDR 2013, 994; BGH, MDR 2016, 1164; BGH, MDR 2018, 173.
192 BGH, GRUR 2015, 472 – Stabilisierung der Wasserqualität.
193 BGH, MDR 2018, 173.
194 BGH, ZInsO 2018, 1641.
195 OLG Düsseldorf, Beschluss v 18.1.2019 – I-2 U 57/18.
196 BGH, MDR 2021, 764.

Anspruch gestützt wird, dessen Inhalt oder dessen Voraussetzungen durch ein Schiedsgutachten festgestellt werden sollen, ist daher nicht als endgültig, sondern allenfalls als »zur Zeit unbegründet« abzuweisen.[197] In einem solchen Fall liegt es im Ermessen des Tatrichters, von einer sofortigen Klageabweisung »als derzeit unbegründet« abzusehen und zunächst entsprechend §§ 356, 431 ZPO eine Frist zur Beibringung des Schiedsgutachtens zu setzen.[198]

8. Mehrfachverfolgung

110 Verletzen die Handlungen des Beklagten gleichzeitig mehrere Patente (desselben Inhabers oder unterschiedlicher Inhaber), so liegt in der Mehrfachverfolgung der begangenen Rechtsverletzungen nichts Missbräuchliches. Das – auch untereinander abgestimmte und koordinierte – Vorgehen mehrerer Kläger gegen denselben Beklagten wegen Benutzung verschiedener Schutzrechte macht die Klagen deswegen nicht unzulässig.[199] Das gilt auch dann, wenn sich alle Kläger durch dieselben Anwälte vertreten lassen. Eine Grenze wird ausnahmsweise erst dort zu ziehen sein, wo der Beklagte mit derart vielen Einzelklagen überzogen wird, dass die Klageerhebung offensichtlich nicht mehr von dem Ziel getragen ist, die Verletzungshandlungen des Beklagten zu unterbinden, um den Markt entsprechend zu bereinigen, sondern es vielmehr darum geht, um jeden Preis derart hohe Prozesskosten entstehen zu lassen, dass der Beklagte finanziell ruiniert oder zumindest nachhaltig wirtschaftlich geschädigt wird.[200] Solches ist zB denkbar, wenn die wirtschaftliche Betätigung des Beklagten bereits mit der Klage aus einzelnen Schutzrechten verlässlich und endgültig lahmgelegt ist und weitere Klagen daneben nur noch zusätzliche, unnütze Kosten produzieren können.

9. Ladungsfähige Anschrift

111 Aus den §§ 253 Abs 2 Nr 1, Abs 4, 130 Nr 1 Halbsatz 1 ZPO folgt, dass eine ordnungsgemäße Klageerhebung grundsätzlich die Angabe der ladungsfähigen Anschrift des **Klägers** voraussetzt. Wird diese Angabe schlechthin oder ohne zureichenden Grund verweigert, ist die Klage unzulässig.[201] Das gilt auch dann, wenn der Kläger durch einen Prozessbevollmächtigten vertreten ist. Durch die Angabe seiner ladungsfähigen Anschrift dokumentiert der Kläger seine Bereitschaft, sich möglichen nachteiligen Folgen des Prozesses, insbesondere einer Kostenpflicht, zu stellen, und ermöglicht dem Gericht die Anordnung seines persönlichen Erscheinens. Führt ein Kläger einen Prozess aus dem Verborgenen, um sich dadurch einer möglichen Kostenpflicht zu entziehen, handelt er rechtsmissbräuchlich. Die Angabe der ladungsfähigen Anschrift des Klägers ist daher jedenfalls dann zwingendes Erfordernis einer ordnungsgemäßen Klageerhebung, wenn sie ohne weiteres möglich ist.[202] Unter dem Gesichtspunkt der Gewährung wirkungsvollen Rechtsschutzes für den Kläger kann allerdings nicht mehr verlangt werden als notwendig ist, um den Zweck der ladungsfähigen Anschrift zu erfüllen, so dass dem Erfordernis Genüge getan ist, wenn im Einzelfall anhand der mitgeteilten Anschrift die betreffende Partei eindeutig identifiziert werden kann und an sie wirksam Zustellungen vorgenommen werden können.[203] Dem kann auch durch eine c/o-Anschrift jedenfalls

---

197 BGH, MDR 2021, 764.
198 BGH, MDR 2021, 764.
199 BGH, GRUR 2012, 1230 – MPEG-2-Videosignalcodierung.
200 Offengelassen von BGH, GRUR 2012, 1230 – MPEG-2-Videosignalcodierung.
201 BGHZ 102, 332, 335 f.
202 BGHZ 102, 332, 336.
203 BGH, NJW-RR 2022, 714.

dann Rechnung getragen werden, wenn unter der c/o-Adresse eine vertretungsberechtigte Person des Klägers residiert, an die für die Partei zugestellt werden kann.[204] Darüber hinaus ist es ein Gebot des Verfassungsrechts, dass die Angabe der ladungsfähigen Anschrift des Klägers nicht ausnahmslos Zulässigkeitsvoraussetzung der Klage ist, sondern dass darauf im Einzelfall verzichtet werden kann.[205] Für eine solche Ausnahme bedarf es triftiger Gründe, etwa schwer zu beseitigender Schwierigkeiten oder schutzwürdiger Geheimhaltungsinteressen.[206]

Darüber hinaus hat der Kläger in der Klageschrift auch eine ladungsfähige Anschrift des **Beklagten** anzugeben, bei der die ernsthafte Möglichkeit besteht, dass dort eine ordnungsgemäße Zustellung vorgenommen werden kann. Diese Angabe muss daher darauf gerichtet sein, eine Übergabe der Klageschrift an den Zustellungsempfänger selbst zu ermöglichen. Dafür kommt nicht nur dessen Wohnanschrift, sondern in geeigneten Fällen auch die Angabe der Arbeitsstelle in Betracht.[207] 112

Für **juristische Personen** folgt daraus nicht, dass die Klage nur zulässig ist, wenn für sie als ladungsfähige Anschrift der tatsächliche Geschäftssitz im Sinne eines Geschäftslokals angegeben wird, in dem der Leiter oder gesetzliche Vertreter regelmäßig angetroffen werden kann. Dem Wohnsitz einer natürlichen Person entspricht bei juristischen Personen der Sitz, was bedeutet, dass bei juristischen Personen, jedenfalls wenn es um die **Klägeranschrift** geht, deren Sitz als ladungsfähige Anschrift angegeben werden kann. Der Zweck der Angabe einer ladungsfähigen Anschrift des Klägers ist bei juristischen Personen erfüllt, wenn die juristische Person durch die angegebene Anschrift eindeutig identifiziert wird und unter dieser Anschrift wirksam Zustellungen an die juristische Person vorgenommen werden können. Dementsprechend genügt bei juristischen Personen des Privatrechts als ladungsfähige Anschrift die Angabe der im Handelsregister eingetragenen Geschäftsanschrift, sofern dort gemäß § 170 Abs 2 ZPO Zustellungen an den Leiter, also bei juristischen Personen an deren Organ als gesetzlichen Vertreter, oder den rechtsgeschäftlich bestellten Vertreter im Sinne von § 171 ZPO bewirkt werden können.[208] 113

Gibt der Kläger im Rubrum seiner Klageschrift einen **Prozessbevollmächtigten des Beklagten** an, *muss* das Gericht an diesen zustellen, unabhängig davon, ob eine Prozessvollmacht tatsächlich besteht oder nicht (§ 172 Abs 1 Satz 1 ZPO), was folglich auch nicht zu verifizieren ist.[209] Zustellungen an die Partei selbst sind unwirksam.[210] Ob, wenn sie stattfinden, eine Heilungsmöglichkeit nach § 189 ZPO besteht, ist höchstrichterlich noch nicht geklärt. 114

10. Geheimnisschutz im Gerichtsverfahren

a) Vorbemerkung

Im Prozess kann sich auf vielfältige Weise die Notwendigkeit ergeben, zum Zwecke der eigenen Rechtsverfolgung oder zur Rechtsverteidigung gegen fremde Ansprüche betriebliche Interna technischer oder kaufmännischer Art preiszugeben, die ansonsten geheim gehalten werden. *Beispielhaft* ist an folgende Konstellationen zu denken: 115

---

204 BGH, NJW-RR 2022, 714.
205 BVerfG, NJW 1996, 1272, 1273.
206 BGHZ 102, 332, 336; BGH, NJW-RR 2004, 1503.
207 BGHZ 145, 358, 364.
208 BGH, GRUR 2018, 1181 – Anschrift des Klägers.
209 BGH, MDR 2019, 1521.
210 BGH, MDR 2019, 1521.

D. Klageverfahren

116 – Widerlegung der Vermutung des § 139 Abs 3 Satz 2 PatG durch Bekanntgabe des eigenen geheimen Herstellungsverfahrens;

117 – Schadensberechnung nach den Regeln des entgangenen Gewinns;

118 – Rechtfertigung eines kartellrechtlich bedingten (zB FRAND-)Lizenzangebotes als diskriminierungsfrei.[211]

119 Wann immer in einem Patentstreitverfahren Geschäfts- oder Betriebsgeheimnisse offenzulegen sind, erlaubt § 145a PatG gegenüber dem Prozessgegner und den sonstigen Verfahrensbeteiligten die Anordnung von Schutzmaßnahmen. Sie verfolgen den Zweck, das Geheimnis außerhalb des gerichtlichen Streitverfahrens möglichst zu wahren. Zwar ist das Geheimnis (zur Vermeidung eines in Deutschland unzulässigen in-camera-Verfahrens) dem Prozessgegner zu offenbaren, dem auch nur so rechtliches Gehör (Art 103 Abs 1 GG) in dem gebotenen Umfang gewährt werden kann. Der Kreis der Wissensträger auf der Gegenseite kann jedoch limitiert werden und denjenigen, die über das Geschäftsgeheimnis ins Bild gesetzt werden, ist überdies eine Verwertung der im Prozess erworbenen Kenntnisse für Zwecke außerhalb eines Gerichtsverfahrens (das nicht notwendigerweise das nämliche sein muss, in dem die Schutzanordnung ergangen ist) gesetzlich untersagt (§ 145a PatG iVm §§ 16–20 GeschGehG). Daneben sind – allein oder ergänzend – unter den dortigen Voraussetzungen Schutzanordnungen nach dem GVG möglich.

b) Anordnungsvoraussetzungen

aa) Patentstreitsache

120 Schutzmaßnahmen sind prinzipiell in jeder »Patentstreitsache« denkbar und zulässig, dh in einstweiligen Verfügungs- und Arrestverfahren genauso wie in Prozesskostenhilfe- und Hauptsacheverfahren wegen Patentverletzung oder Vindikation. Bedingung ist nur, dass die Streitsache anhängig, also der verfahrenseröffnende Schriftsatz bei Gericht eingereicht worden ist (§ 20 Abs 1 GeschGehG). Auf eine Rechtshängigkeit (= Zustellung des Schriftsatzes beim Gegner) kommt es nicht an, was mit Rücksicht darauf verständlich ist, dass schon die Klage- oder Antragsschrift geheimes Wissen enthalten kann, das des Schutzes bedarf. Des Schutzes fähig sind nicht nur Geheimnisse des Anspruchstellers, sondern gleichermaßen solche des Anspruchsgegners (§ 145a Satz 2 PatG). Letzteres gilt prinzipiell uneingeschränkt, dh auch außerhalb des § 139 Abs 3 Satz 2 PatG, zB im Rahmen der Geltendmachung eines privaten Vorbenutzungsrechts oder irgendeines Privilegierungstatbestandes.

---

211 Zhu/Popp (GRUR 2020, 338, 345) meinen, dass es sich bei einer Verletzungsklage, in deren Zusammenhang eine kartellrechtliche Zwangslizenz zu erörtern sei, nicht um eine »Patentstreitsache« handele (welche den Anwendungsbereich des § 145a PatG eröffnet), sondern wegen des in §§ 87 Satz 2, 88 GWB vorgesehenen Konkurrenzvorrangs um eine Kartellsache, für die die §§ 16–20 GeschGehG nicht anwendbar seien. Dem ist zu widersprechen (Kühnen, GRUR 2020, 576). § 145a PatG knüpft an den sachlichen Inhalt eines Rechtsstreits an und nicht an die Zuständigkeit eines bestimmten Spruchkörpers. Ein Rechtsstreit um die Patentverletzung bleibt deshalb eine Patentstreitsache auch dann, wenn über ihn wegen einer entscheidungserheblichen kartellrechtlichen Vorfrage, die zusätzlich zu behandeln ist, das Kartellgericht zu entscheiden hat. Im Übrigen geht die Zuständigkeit auf das Kartellgericht erst in dem Moment (rückwirkend) über, in dem sich ergibt, dass die Entscheidung des Rechtsstreits von der Beantwortung der kartellrechtlichen Frage abhängt. Aktiv- und Passivlegitimation, Verletzungsfrage und sonstige Einwendungen (§ 12 PatG, Erschöpfung) müssen daher zugunsten des Patentinhabers abschließend vorgeklärt sein, bevor sich ein Zuständigkeitswechsel vollziehen kann (J. Kühnen, NZKart 2020, 49 mwN). Geheimhaltungsanordnungen werden zu diesem Zeitpunkt (zu dem selbst nach Auffassung der Autoren zweifellos noch eine »Patentstreitsache« vorliegt) längst getroffen sein und sie bleiben auch nach einem Wechsel in der Zuständigkeit selbstverständlich wirksam.

(1) Vollstreckungsverfahren

Obgleich grundsätzlich auch der Beklagte einen Geheimnisschutz für sich reklamieren kann, stellt sich dennoch die Frage, ob § 145a PatG auch in Vollstreckungsverfahren[212] gilt, die sich an eine der vorbezeichneten Patentstreitsachen anschließen. Entscheidend ist die Fallkonstellation: 121

– Sind im vorausgegangenen Erkenntnisverfahren – egal zu wessen Gunsten – Schutzanordnungen ergangen und können die als berechtigt erkannten Geschäftsgeheimnisse auch im nachfolgenden Vollstreckungsverfahren zur Sprache kommen, so sind für das Verfahren der Zwangsvollstreckung selbstverständlich dieselben Schutzanordnungen zulässig (und geboten) wie im Erkenntnisverfahren (§ 19 Abs 3 GeschGehG). Der Schutz des Erkenntnisverfahrens kann also durch gerichtliche Anordnung (derer es allerdings auch bedarf!²¹³) in das Vollstreckungsverfahren hinein verlängert werden, was insofern Bedeutung hat, als im Vollstreckungsverfahren erstmals Personen, die nicht am Erkenntnisverfahren beteiligt waren, mit den geheimhaltungsbedürftigen Informationen in Berührung kommen können und die ohne eine erneute Schutzanordnung keiner Vertraulichkeitspflicht unterliegen würden. 122

Verfahrenstechnisch ergeben sich gewisse Hindernisse daraus, dass der Schuldner die Auskünfte nicht dem Gericht, sondern dem Gläubiger (oder dessen Rechtsnachfolger) gegenüber zu erteilen hat, weswegen eine gerichtliche Instanz, die Anordnungen zum Geheimnisschutz treffen könnte, überhaupt (noch) nicht involviert ist. Eine auf § 145a PatG gestützte Schutzanordnung wird erst dadurch möglich, dass der Schuldner gegenüber dem Gläubiger außergerichtlich eine (inhaltlich mit § 145a PatG kongruente) Vertraulichkeitsvereinbarung einfordert. Wird sie grundlos verweigert, kann der Gläubiger ein Zwangsmittelverfahren einleiten, welches es sodann dem Vollstreckungsgericht (= Erkenntnisgericht) erlaubt, Schutzanordnungen zu treffen, unter deren Geltung der Schuldner die titulierten Auskünfte erteilen kann. Geschieht dies, stellt sich prozessual ein Erledigungssachverhalt ein, der – wegen der anfänglich berechtigten Zurückhaltung der Auskünfte mangels des gebotenen Geheimnisschutzes – regelmäßig zum Unterliegen (einseitige Erledigungserklärung) bzw zur Kostentragungslast (übereinstimmende Erledigungserklärung) des Gläubigers führt. 123

– Eine ganz andere Frage ist, ob der wegen Patentverletzung oder im Vindikationsprozess Verurteilte seinerseits einen Geheimnisschutz an *seinen* Betriebs- und Geschäftsdaten reklamieren kann, die er, um dem Urteilstenor nachzukommen, offenzulegen hat.[214] 124

  • Eindeutig ist insoweit zunächst, dass sich der Verletzer eines Patents den materiellen Rechtsfolgen seiner Schutzrechtsverletzung nicht unter Berufung auf einen Geheimnisschutz entziehen kann, indem er beispielsweise auskunftspflichtige Angaben zu seinen Abnehmern, Kosten oder Gewinnen mit dem Argument verweigert, es handele sich bei ihnen um geheime Geschäftsdaten. Im Interesse eines wirksamen Patentschutzes schuldet der Verletzer ohne Wenn und Aber die in § 140b PatG, §§ 242, 259 BGB vorgesehenen Einzeldaten. 125

  • Allenfalls lässt sich die Frage aufwerfen, ob eine die vollstreckten Auskünfte begleitende Schutzanordnung dergestalt in Betracht kommt, dass derjenige Personenkreis begrenzt wird, der auf Gläubigerseite Kenntnis von den im Wege der 126

---

212 Dasselbe gilt für begleitende Prozesskostenhilfeverfahren.
213 Vgl unten Rdn 181. Geht man demgegenüber von der Fortwirkung einer im Erkenntnisverfahren getroffenen Schutzanordnung aus, so stellen sich diese Probleme nicht, es sei denn, es bedarf einer sachlichen oder personellen Ausweitung der Schutzmaßnahmen.
214 Bejahend: Haedicke, GRUR 2020, 785.

Zwangsvollstreckung erzwungenen Geheimdaten erhält, und/oder den Wissensträgern eine Verwendung der übermittelten Geheimdaten für gerichts- fremde Zwecke untersagt wird. Solchen Überlegungen wird man eine Absage erteilen müssen.[215] Im originären Anwendungsbereich der §§ 16–20 GeschGehG dienen die gerichtlichen Maßnahmen dem Schutz desjenigen Geheimnisträgers, der in seinen Rechten verletzt ist, indem sein Geschäftsgeheimnis unbefugt von einem Nichtberechtigten erlangt, genutzt oder offengelegt worden ist. Die prozessualen Schutzanordnungen dienen insofern dem Opfer- und nicht dem Täterschutz. Das gilt auch dann, wenn das Geschäftsgeheimnis (zB im Rahmen einer Vertragsbeziehung) rechtmäßig erlangt wurde und die Verletzungshandlung darin besteht, dass das Geheimnis entgegen einer (zB vereinbarten) Vertraulichkeitsverpflichtung »widerrechtlich« offengelegt oder genutzt wurde (§ 4 Abs 2 GeschGehG). Im Patentverletzungs- oder Vindikationsprozess liegt die damit vergleichbare Situation nur vor, wenn es um geheime Geschäftsdaten des Verletzten geht, die dieser offenlegen muss, um seine Rechte zu verfolgen, oder um Geschäftsgeheimnisse eines nur mutmaßlichen Verletzers, die dieser preisgeben muss, um sich gegen eine unberechtigte Inanspruchnahme zur Wehr zu setzen. Exakt solche – und *nur* solche – Fallkonstellationen werden auch in der Gesetzesbegründung zu § 145a PatG angesprochen. Als Anwendungsbereich für prozessuale Schutzmaßnahmen werden dort die Berechnung des Schadenersatzes wegen Patentverletzung nach den Regeln des entgangenen Gewinns, die sachliche Rechtfertigung eines FRAND-Lizenzangebotes durch den Patentinhaber und die Darlegung eines geheimen Herstellungsverfahrens zur Widerlegung der gesetzlichen Verletzungsvermutung aus § 139 Abs 3 Satz 2 PatG erwähnt. Allen diesen Sachverhalten ist gemeinsam, dass die Geheimnisse aus der Sphäre des *Verletzten*, in jedem Fall aber nicht aus der Sphäre des Patentverletzers stammen. In den beiden erstgenannten Konstellationen (Schadensersatzhöheprozess, SEP-Klage) ist die Geheimnisquelle der Patentinhaber, der im Prozess seine Absatzmärkte sowie die mit dem Vertrieb patentgemäßer Produkte verbundenen Kosten und Gewinne darzulegen bzw seine Lizenzierungspraxis am Klagepatent oder einem dieses umfassenden Portfolios auszubreiten hat. Die Vermutung gemäß § 139 Abs 3 Satz 2 PatG ist zwar formal von dem Verletzungsbeklagten zu widerlegen, was auf den ersten Blick zu der Annahme führen könnte, dass hier Geheimnisse eines *Verletzers* betroffen sind, die es zu schützen gilt. Bei genauerem Hinsehen verhält es sich jedoch auch hier anders herum, weil die Darlegungen zu einem vom Patent abweichenden Herstellungsprozedere belegen, dass der Beklagte nur mutmaßlich ein Patentverletzer zu sein scheint, dies in Wahrheit jedoch nicht ist. Sind die prozessualen Schutzmaßnahmen somit – wie dargetan – dem Verletzten vorbehalten, können sie einem Verletzer nicht zugutekommen. § 145a PatG hat deswegen keinen Platz im Vollstreckungsverfahren nach einer Verurteilung wegen Patentverletzung oder widerrechtlicher Entnahme.

(2) Vorgerichtlicher Raum

127 Nicht erfasst von § 145a PatG ist ebenso der vorgerichtliche Raum, für den der Geheimnisträger – insbesondere über die Vereinbarung einer (strafbewährten) Vertraulichkeitsvereinbarung – mithin selbst für einen Schutz seiner Geschäfts- oder Betriebsgeheimnisse sorgen muss. Zwei Erkenntnisse verdienen es, an dieser Stelle festgehalten zu werden:

---

215 Auch in der Gesetzesbegründung zu § 145a PatG finden lediglich geheime Informationen Erwähnung, die der Beklagte zu seiner Rechtsverteidigung in das Verfahren einführt, aber keine auskunftspflichtigen Daten, die der Verletzer als Folge seiner Rechtsverletzung schuldet. AA: LG Mannheim, GRUR-RR 2022, 301 – Geheimnisschutzanordnung.

Erstens wird der Geheimnisträger eine Vertraulichkeitszusage im Zweifel immer dann einfordern können, wenn für den Fall einer gerichtlichen Auseinandersetzung vergleichbare Schutzanordnungen nach § 145a PatG angebracht wären. Kommt der Gegner einem solchermaßen berechtigten Verlangen nach Geheimnisschutz nicht nach, so gibt er – zweitens – regelmäßig Veranlassung zur Klageerhebung iSv § 93 ZPO, weil er den Anspruchsteller zum Schutz seiner Geheimnissphäre zu einer gerichtlichen Rechtsverfolgung (in deren Rahmen die erforderlichen Schutzmaßnahmen angeordnet werden) zwingt. Das gilt auch dann, wenn dem Kläger wegen der verweigerten Vertraulichkeitszusage im Prozess Vortragserleichterungen (zB im Zusammenhang mit der Rechtfertigung seines FRAND-Lizenzangebotes[216]) zugutekommen. Denn für den Patentinhaber verbindet sich mit einer ohne Vertraulichkeitsschutz anhängig gemachten Klage das Risiko, dass das Verletzungsgericht seinen bloß andeutenden, die Geschäftsgeheimnisse aussparenden Sachvortrag ggf für unzureichend hält (zB deshalb, weil eine noch weitgehendere Substantiierung möglich gewesen wäre), was für den Patentinhaber prozessuale Schwierigkeiten mit sich bringen kann, auf die er sich nicht deswegen einlassen muss, um seinem Gegner eine außergerichtliche Vertraulichkeitszusage zu ersparen.

(3) Spezial: FRAND[217]

Geht es im Vortrag des Patentinhabers um **Lizenzverträge**, die **auf** der **Grundlage** einer abgegebenen **FRAND-Erklärung** abgeschlossen worden sind und die deshalb auch den Maßstab für die Lizenzerteilung an den bisher widerrechtlichen Patentbenutzer bilden sollen, so haben alle Überlegungen zum Geheimnisschutz von der Feststellung auszugehen, dass es im außergerichtlichen Raum einer festen **Übung** der Lizenzvertragsparteien entspricht, bzgl des Lizenzinhalts umfassende **Geheimhaltungsvereinbarungen** zu treffen und **einzuhalten**. Dem kommt für etwaige prozessuale – und damit auch für die nach denselben Regeln im vorgerichtlichen Raum zu treffenden – Schutzmaßnahmen entscheidendes Gewicht bei:

128

Der aufgezeigte Befund bedeutet zwar rein methodisch-dogmatisch nicht, dass für den Vertragsinhalt im Gerichtsverfahren notwendiger Weise dieselben Vertraulichkeitsbedingungen herrschen müssten. Ein dahingehender Schluss ginge schon im Ansatz fehl, weil es im rechtlichen Raum freiwilliger Absprachen und Vereinbarungen in der alleinigen, prinzipiell uneingeschränkten Autonomie der Beteiligten steht, *ihre* Rechtsverhältnisse so zu regeln, wie sie dies für richtig und angemessen halten. Das gerichtliche Verfahren wird demgegenüber von Grundsätzen beherrscht, die auf verfassungsrechtlichen Geboten fußen, welche ihren Ausdruck wiederum in den geltenden prozessrechtlichen Vorschriften finden, die eingehalten werden müssen. Zu ihnen gehört insbesondere der Grundsatz der Öffentlichkeit, der – im Interesse einer umfassenden Rechtsverteidigung – nicht nur verlangt, dass gegen den Beklagten kein Geheimverfahren stattfindet, sondern der darüber hinaus – aus Gründen der öffentlichen Kontrolle der Justiz – einen Zugang zur gerichtlichen Verhandlung im Grundsatz für jeden interessierten Dritten notwendig macht. Allein wegen der völlig anderen Ausgangslage besagen Usancen zur Geheimhaltung von Lizenzvertragsinhalten, die außergerichtlich gepflegt werden, nichts dazu, wie mit ihnen umzugehen ist, wenn die Vertragsinhalte Gegenstand eines Gerichtsverfahrens sind, in dem Parteien der staatlichen Gewalt unterworfen sind. Hier bestimmen ausschließlich die Regeln des Zivilprozessrechts, ob, in welchem Umfang und auf welche Weise unter dem Regime des Öffentlichkeitsgebotes ein Geheimnisschutz in Betracht kommen kann. Das gilt umso mehr, als sich die gerichtliche Rechtsverfolgung typischerweise nicht gegen die Vertraulichkeit zusagenden Lizenzvertragspartner richtet, sondern gegen einen Dritten (sic: den Verletzer und Lizenzsucher), der an der Geheimhaltungsab-

129

---

216 Vgl unten Rdn 804.
217 Haedicke, Mitt 2018, 249.

sprache überhaupt nicht beteiligt ist, sie deshalb auch nicht gegen sich gelten lassen muss und mit allem Recht darauf bestehen kann, dass ihm gegenüber die Regeln eines öffentlichen Verfahrens eingehalten werden. Jede andere Handhabung hätte zur Folge, dass Privatpersonen (sic: die Lizenzvertragspartner) über die Art und Weise entscheiden würden, wie der staatliche Rechtsschutz im Verhältnis zu einem beklagten Dritten praktiziert wird, was ersichtlich unhaltbar ist.

130 Dies vorausgeschickt, gilt: Nur unter den Voraussetzungen des Prozessrechts kommen Anordnungen zum Schutz von Betriebs- oder Geschäftsgeheimnissen gegenüber den am Verfahren Beteiligten in Betracht. Einschlägig ist insoweit **§ 145a PatG iVm §§ 16–20 GeschGehG**[218], der – wie dargelegt – auch für die Pflicht zur Gewährleistung eines vorgerichtlichen Geheimnisschutzes bedeutsam ist. Im Gegensatz zu der strengen Rechtslage vor dem Inkrafttreten des § 145a PatG sind die Möglichkeiten eines Geheimnisschutzes durch die gesetzliche Neuregelung entscheidend erweitert worden, weswegen die Gerichtsentscheidungen aus der Zeit davor[219] nur noch sehr eingeschränkt herangezogen werden können. *De facto* führt die allgemein geübte Vertraulichkeit gegenüber dem Inhalt von Lizenzvereinbarungen dazu, dass für den Gerichtsprozess – und damit auch für die vorgerichtliche Anspruchsdurchsetzung – Anordnungen zum Geheimnisschutz zu treffen *sind*. Für sie genügt heutzutage nämlich die *Glaubhaftmachung* von Tatsachen, die für das Vorliegen eines Geschäftsgeheimnisses sprechen *können*, wobei ein Geschäftsgeheimnis bereits dann anzunehmen ist, wenn (1) die fragliche Information einen Handelswert hat, (2) nicht allgemein bekannt oder ohne weiteres zugänglich ist, (3) in der Vergangenheit durch angemessene Geheimhaltungsmaßnahmen des Geheimnisträgers geschützt worden ist und (4) für die auch künftig ein berechtigtes Geheimhaltungsinteresse besteht (§ 2 Nr 1 GeschGehG). Diese Anforderungen sind mit Blick auf bestimmte Inhalte von FRAND-Lizenzverträgen, für die eine Geheimhaltung vereinbart und praktiziert ist, im Allgemeinen erfüllt (dazu sogleich unter Rdn 147), sodass schon in der vorgerichtlichen Auseinandersetzung um eine FRAND-Lizenz Anspruch auf eine Vertraulichkeitsvereinbarung besteht.

131 Unter den Bedingungen des § 145a PatG ist ein Geheimnisschutz effektiv dadurch möglich, dass der Lizenzsucher eine mit einem ausreichenden[220] **Vertragsstrafeversprechen** gesicherte Geheimhaltungszusage abgibt, die ihn verpflichtet, die gegnerischen vertraulichen Informationen zu seiner Lizenzierungspraxis ausschließlich zu Prozesszwecken – und nicht außerhalb dessen – zu verwenden.[221] Sie ist ihm abzuverlangen, weil auch der Verletzer gehalten ist, die FRAND-Vertragsverhandlungen nach Kräften zu fördern, was einschließt, dass auf berechtigte Geheimhaltungsbelange des Schutzrechtsinhabers eingegangen wird.[222] Umgekehrt wird sich aber auch der Geheimnisträger im Allgemeinen mit dem besagten Kanon geheimnissichernder Maßnahmen zufrieden geben müssen. Er hat allerdings Anspruch auf eine eindeutige Verschwiegenheitsvereinbarung, die im Falle der späteren Sanktionierung eines Verstoßes keine Auslegungszweifel über Inhalt und Reichweite der übernommenen Zusage aufkommen lässt. Was die Höhe einer Vertragsstrafe angeht, kann das in § 17 GeschGehG vorgesehene Ordnungsgeld eine gewisse Orientierung geben, wobei allerdings zu berücksichtigen ist, dass den Vertragsparteien die Sanktion mit einer Ordnungshaft nicht zur Verfügung steht, weswegen der gesetzli-

---

218 Daneben sind selbstverständlich die Vorschriften des GVG anwendbar, die allerdings keinen Geheimnisschutz im Hinblick auf die Verfahrensbeteiligten erlauben.
219 Vgl hierzu OLG Düsseldorf, Beschluss v 25.4.2018 – I-2 W 8/18.
220 Wegen der Beweisschwierigkeiten im Hinblick auf einen Verstoß wird die Vertragsstrafe empfindlich sein müssen.
221 OLG Düsseldorf, Beschluss v 14.12.2016 – I-2 U 31/16.
222 Vgl BGH, GRUR 2014, 578 – Umweltengel für Tragetasche.

che Maximalbetrag des Ordnungsgeldes von 100.000 € nicht die Obergrenze für eine Vertragsstrafe markiert.

Praxistipp	Formulierungsbeispiel[223]

1.

132

Die ... (= Lizenzsucher) verpflichtet sich gegenüber der ... (Lizenzgeber), die als STRENG VERTRAULICH gekennzeichneten Unterlagen gemäß den Anlagen ... sowie diejenigen Teile des Entwurfs einer Klagebegründung vom ..., die sich mit dem Inhalt der vorbezeichneten Unterlagen beschäftigen und in der Kopfzeile als STRENG VERTRAULICH ausgewiesen sind (nachfolgend: »vertrauliche Informationen«), ausschließlich zu Prozesszwecken zu verwenden und ansonsten gegenüber jedermann Stillschweigen über den Inhalt zu bewahren. Innerhalb ihres Unternehmens wird die ... (Lizenzsucher) die vertraulichen Informationen nur an maximal 4 Mitarbeiter weitergeben, und zwar an .... Darüber hinaus darf die ... (Lizenzsucher) die vertraulichen Informationen solchen mit Namen und Anschrift zu benennenden externen Sachverständigen zugänglich machen, die sie im Streit um die Lizenzbedingungen unterstützen sollen.

Nach Abschluss eines Lizenzvertrages wird die Beklagte die die vertraulichen Informationen enthaltenden Schriftstücke einschließlich etwa davon gefertigter elektronischer Dateien unverzüglich vernichten und dies der ... (Lizenzgeber) durch entsprechende eidesstattliche Erklärung nachweisen.

2.

Die ... (Lizenzsucher) stellt in geeigneter Weise sicher, dass diejenigen Mitarbeiter und diejenigen Sachverständigen, denen sie vertrauliche Informationen weitergegeben hat, ihrerseits Stillschweigen bewahren. Das gilt in Bezug auf Mitarbeiter der Beklagten auch für die Zeit nach deren Ausscheiden aus ihren Diensten.

3.

Für jeden Verstoß eines von ihr eingeweihten Mitarbeiters oder Sachverständigen gegen die vorbezeichnete Vertraulichkeitspflicht haftet die ... (Lizenzsucher) gemäß der nachfolgenden Ziffer 4. wie für eigene Zuwiderhandlungen.

4.

Die ... (Lizenzsucher) verpflichtet sich, für jeden Verstoß gegen die unter Ziffern 1. bis 3. niedergelegte Geheimhaltungspflicht an die ... (Lizenzgeber) eine Vertragsstrafe von 250.000 € zu zahlen.

5.

Von der Vertraulichkeitspflicht ausgenommen sind solche Informationen, die

a)

der ... (Lizenzsucher) bereits vor der Mitteilung durch die ... (Lizenzgeber) bekannt gewesen sind,

b)

der ... (Lizenzsucher) nachträglich ohne eigenen Rechtsverstoß von dritter Seite zugänglich gemacht worden sind,

---

[223] Vgl OLG Düsseldorf, Beschluss v 17.1.2017 – I-2 U 31/16. Generell zu möglichen Geheimhaltungsvereinbarungen (incl Mustertexten) vgl Mayer, MDR 2018, 245.

> c)
>
> für die ... (Lizenzsucher) nachträglich aus öffentlich zugänglichen Quellen verfügbar geworden sind.
>
> In den Fällen zu b) und c) entfällt die Pflicht zur Vertraulichkeit in dem Moment, in dem die betreffende Information der ... (Lizenzsucher) von dritter Seite zugetragen bzw. für die ... (Lizenzsucher) zugänglich geworden ist.
>
> Für die Kenntnis kommt es auf die gesetzlichen Vertreter der ... (Lizenzsucher) sowie deren Wissensvertreter in der den Streitstoff bildenden Angelegenheit an.
>
> 6.
>
> Der Einwand anderweitiger Kenntnis steht zur Beweislast der ... (Lizenzsucher).
>
> Mit ihm kann die ... (Lizenzsucher) nur gehört werden, wenn sie
>
> a)
>
> in den Fällen zu 5.a) binnen einer Frist von 3 Wochen, die mit der Zustellung der ... beginnt, gegenüber der ... (Lizenzgeber) unter Angabe ihrer Informationsquelle diejenigen Informationen konkret benennt, für die eine Vorkenntnis geltend gemacht werden soll, und
>
> b)
>
> in den Fällen zu 5.b) und 5.c) innerhalb einer Frist von 3 Wochen, die mit der nachträglichen Kenntniserlangung durch die ... (Lizenzsucher) beginnt, gegenüber der ... (Lizenzgeber) unter Angabe ihrer Informationsquelle und des Zeitpunktes der Kenntniserlangung diejenigen vertraulichen Informationen konkret benennt, die ihr nachträglich bekannt geworden sind.
>
> Die Anzeige hat auch dann zu erfolgen, wenn ein Lizenzvertrag zum fraglichen Zeitpunkt bereits abgeschlossen ist.

133 **Verweigert der Verletzungsbeklagte** eine von ihm *geschuldete* **Vertraulichkeitszusage**, so ist der Patentinhaber deswegen nicht von seiner Lizenzangebotspflicht entlastet; bei dessen Erläuterung ist es ihm lediglich gestattet, diejenigen Umstände in einer solchen Detailliertheit auszulassen, dass sein Geschäftsgeheimnis in Gefahr ist. Man wird also sein Lizenzangebot trotz dessen (infolge zum Geheimnisschutz zurecht vorgenommener Schwärzungen) ggf bloß rudimentärer Erläuterungen als FRAND anzusehen und den Verletzungsbeklagten, der das besagte Angebot nicht aufgreift, als lizenzunwillig zu behandeln haben, sodass der Verletzungsklage stattzugeben ist[224] – es sei denn, die lückenhaften Darlegungen des Patentinhabers sind für die eingeforderten Lizenzkonditionen unschlüssig oder es gelingt dem Beklagten auch ohne genaue Kenntnis von der Argumentation des Patentinhabers, dessen Lizenzangebot aufgrund ihm anderweitig zugänglicher Informationen als UN-FRAND zu enttarnen.[225] Allerdings ist der Schluss auf die FRAND-Gemäßheit eines in seiner Begründung teils lückenhaften Lizenzangebotes nur dann gerechtfertigt, wenn der Patentinhaber seine Auslassungen auf das zum Geheimnisschutz absolut Notwendige beschränkt, er also zur »Art und Weise der Lizenzberechnung« alles dasjenige vorträgt, was er ohne Gefährdung seiner berechtigten Geheimhaltungsbelange zu offenbaren imstande ist.[226] Soweit möglich sind geheimhaltungsbedürftige Gesichtspunkte wenigstens pauschal anzudeuten.[227]

---

224 LG Düsseldorf, Urteil v 13.7.2017 – 4a O 154/15.
225 OLG Düsseldorf, Beschluss v 18.7.2017 – I-2 U 23/17.
226 LG Düsseldorf, Urteil v 13.7.2017 – 4a O 154/15; OLG Düsseldorf, Beschluss v 18.7.2017 – I-2 U 23/17.
227 OLG Düsseldorf, Beschluss v 18.7.2017 – I-2 U 23/17.

Verstößt der Lizenzsucher vorwerfbar **gegen** eine von ihm übernommene **Schweigeverpflichtung** oder sagt er sich ernsthaft von ihr los, so muss der Schutzrechtsinhaber ihm ebenfalls keine *weiteren* Betriebs- oder Geschäftsgeheimnisse offenbaren. Unabhängig von einer möglichen Sanktionierung eines vorgefallenen Verstoßes reduziert sich unter den besagten Umständen vielmehr fortan (dh für **weitere**, bisher noch nicht offengelegte **Geheimnisse**) die Vortragslast des Patentinhabers auf das, was er ohne Beeinträchtigung seiner berechtigten Geheimhaltungsinteressen preisgeben kann.[228] In Anbetracht der durch Verhalten dokumentierten Unzuverlässigkeit des Anderen ist der Patentinhaber also nicht darauf verwiesen, sehenden Auges Geheimnisse preiszugeben und den absehbaren Verrat des Gegners lediglich im Nachhinein zu sanktionieren. Da der Patentinhaber nach Abschluss einer Vertraulichkeitsvereinbarung keinen Anspruch darauf hat, dass der Gegner ein regelmäßiges, wiederholendes Bekenntnis zu seiner Verpflichtung ablegt, kann von einem »Lossagen« nur dann die Rede sein, wenn – verbal oder durch tatsächliches Handeln – eine mit einem bereits vorgenommenen Verstoß ungefähr vergleichbare Gefährdungslage für das Betriebs- oder Geschäftsgeheimnis geschaffen wird, das Verhalten des Geheimhaltungsverpflichteten also praktisch die Erstbegehungsgefahr für einen Geheimnisbruch schafft.[229] Insoweit handelt es sich um eine reine **Tatfrage**, für die in einer Gesamtabwägung alle Umstände des Einzelfalles zu würdigen sind. Selbst wenn daher von Seiten des Geheimhaltungspflichtigen rechtliche Argumente (anfängliche Nichtigkeitsgründe für die Vertraulichkeitsabsprache oder deren spätere Kündigung) eingewandt werden, kann das Betriebsgeheimnis auch dann – faktisch – in Gefahr sein, wenn die Gründe nur vorgeschoben oder unschlüssig sind; denn maßgeblich ist die *tatsächliche* Gefährdungslage, die bei stichhaltigen Unwirksamkeitsgründen zwar eher gegeben sein, aber auch ansonsten (bei rechtlich unzutreffender oder haltloser Argumentation) bestehen kann.[230]

134

Ist von der FRAND-Gemäßheit des Lizenzangebotes auszugehen, nützt es dem Beklagten nichts, seinerseits ein Gegenangebot zu unterbreiten. Das gilt jedenfalls dann, wenn dessen Bedingungen inhaltlich deutlich von denen der Lizenzofferte des Schutzrechtsinhabers abweichen. Denn ohne eine Einbeziehung des das Lizenzangebot rechtfertigenden, geheimen Vorbringens wird sich im Zweifel nicht sagen lassen, dass das Gegenangebot des Verletzers – was allein seiner Verurteilung entgegenstehen könnte – ebenfalls FRAND ist.

135

bb) Antrag

Maßnahmen zum Geheimnisschutz sind nur auf **Parteiantrag** möglich, nicht von Amts wegen. Im Anwaltsprozess, um den es sich bei jedem Verletzungs- und Vindikationsprozess handelt, herrscht für ihn Anwaltszwang. Der **Streithelfer** ist, weil er nicht Partei, sondern bloß deren Gehilfe ist, nicht eigenständig antragsbefugt. Sind es *seine* Geschäftsgeheimnisse (zB als Hersteller der angegriffenen Vorrichtung), die zur Sprache kommen können und deswegen eines Schutzes bedürfen, kann der Antrag auf eine Schutzanordnung allerdings von der unterstützten Hauptpartei gestellt werden, wenn diese (zB aus der Lieferbeziehung) gegenüber dem Streithelfer vertraglich zur Vertraulichkeit verpflichtet ist. Denn neben eigenen Geschäftsgeheimnissen der Partei sind auch für sie fremde Geheimnisse antragsrelevant, wenn und soweit die Partei ein (zB haftungs-)rechtliches Interesse an deren Vertraulichkeit hat.

136

Ein Schutzantrag nicht nur mit Blick auf Inhalte eigener Schriftsätze und Anlagen gestellt werden, sondern auch in Bezug auf Inhalte des gegnerischen Parteivortrages, sofern er

137

---

228 OLG Düsseldorf, Beschluss v 25.4.2018 – I-2 W 8/18.
229 OLG Düsseldorf, Beschluss v 25.4.2018 – I-2 W 8/18.
230 OLG Düsseldorf, Beschluss v 25.4.2018 – I-2 W 8/18.

Geschäftsgeheimnisse des Antragstellers enthält. So ist beispielsweise denkbar, dass für die vortragende Partei überhaupt nicht erkennbar ist, dass sich ihr Vorbringen zu Geschäftsgeheimnissen des Prozessgegners verhält; hier muss derjenige, dessen Geheimnisse betroffen und bedroht sind und den es deshalb angeht, in der Lage sein, bei Gericht um geeignete Schutzmaßnahmen nachzusuchen.

138 Dies bedeutet allerdings nicht, dass ein Schutzantrag beliebig auf **fremde Geschäftsgeheimnisse** gerichtet werden könnte, etwa in dem Fall, dass eine Partei durch ein **ausländisches Besichtigungsverfahren** in den Besitz von Geschäftsgeheimnissen des Gegners gelangt ist. Unter solchen Umständen ist für einen Schutzantrag des Besichtigungsgläubigers, der die gewonnenen Erkenntnisse in einem inländischen Gerichtsverfahren vortragen will, kein Raum. Ganz offensichtlich gibt es keinen Grund, dem *Geheimnisträger* bei der Mitteilung des gegnerischen Schriftsatzes irgendwelche Beschränkungen zum Schutz *seiner* Geschäftsgeheimnisse aufzuerlegen.[231] Der Geheimnisträger hat vielmehr frei darin zu bleiben, wie er mit seinen Geheimhaltungsinteressen umgehen will. Ebenso wenig ist es geboten, Schutzanordnungen zu Lasten des die fremden Geschäftsgeheimnisse vortragenden *Besichtigungsgläubigers* zu treffen. Er ist längst im Besitz der geheimen Daten und es kann zugewartet werden, bis der Geheimnisträger, den es angeht, nach Zustellung des gegnerischen Schriftsatzes einen Antrag zum Schutz seiner Geschäftsgeheimnisse stellt.[232]

Praxistipp	Formulierungsbeispiel

139 Deswegen empfiehlt es sich für den Hersteller/Lieferanten, seinen Abnehmer im Zusammenhang mit der Lieferung vertraglich zu verpflichten, im Falle eines Rechtsstreits, in dem Geschäftsgeheimnisse des Herstellers/Lieferanten zur Sprache kommen können, zu deren Schutz um Anordnungen nach den §§ 16, 19 GeschGehG nachzusuchen.

cc) Geschäftsgeheimnis

140 Schutzfähig sind nur solche Informationen, die im Sinne der gesetzlichen Legaldefinition (§ 2 Nr 1 GeschGehG) ein Geschäftsgeheimnis darstellen. Hierfür sind drei Kriterien kennzeichnend, die – bezogen auf den Zeitpunkt der gerichtlichen Schutzanordnung – *kumulativ* vorliegen müssen:

141 – Die Information muss von realem oder potenziellem wirtschaftlichen Wert sein, dh einen **Handelswert** besitzen. Solches ist der Fall, wenn ihre unbefugte Erlangung, Nutzung oder Offenlegung die Interessen des Geheimnisträgers voraussichtlich schädigt, sei es, dass dessen strategische Position oder Wettbewerbsfähigkeit beeinträchtigt wird, sei es, dass sein wissenschaftliches oder technisches Potenzial oder seine geschäftlichen oder finanziellen Interessen negativ berührt werden. Erfasst sind technisches oder kaufmännisches Know-how genauso wie Geschäftsinformationen und technologisches Wissen jeder Art. Beispielhaft ist an Herstellungsverfahren, Kunden- und Lieferantenlisten, Kosteninformationen, Geschäftsstrategien, Unternehmensdaten, Marktanalysen, Prototypen, Formeln und Rezepte zu denken. Informationen rein privater Natur haben ebenso wenig Bedeutung wie belanglose Informationen oder Erfahrungen und Wissen, das Beschäftigte im Zuge der Ausübung ihrer gewöhnlichen Tätigkeiten erwerben.

---

231 OLG Düsseldorf, Beschluss v 13.7.2022 – I-2 U 3/21.
232 OLG Düsseldorf, Beschluss v 13.7.2022 – I-2 U 3/21.

- Die – kommerziell werthaltige – Information darf in denjenigen Kreisen, die übli- 142
cherweise mit derlei Informationen umgehen, **nicht** *allgemein* **bekannt** und auch
nicht *ohne weiteres* zugänglich sein, und zwar weder insgesamt noch in der genauen
Anordnung und Zusammensetzung ihrer Bestandteile.
- Der Geheimnisträger muss in der Vergangenheit mit Blick auf die fragliche Informa- 143
tion **angemessene Geheimhaltungsmaßnahmen** getroffen haben. Es genügt also
nicht der bloß subjektive Geheimhaltungswille, sondern es bedarf darüber hinaus
objektiv feststellbarer und prinzipiell tauglicher Vorkehrungen für einen Geheimnisschutz wie physischer Zugangsbeschränkungen oder vertraglicher Sicherungsmechanismen (wie Vertraulichkeitsabreden, arbeitsvertraglicher Verschwiegenheitspflich-
ten, allgemeiner Weisungen zur Geheimhaltung). Letztere müssen – was sich von
selbst versteht – nicht nur ernst gemeint sein, sondern dem Verpflichteten auch als
ernstzunehmende Verhaltensmaßregeln vermittelt werden. Der Geheimhaltungspflichtige muss mindestens potenziell mit einer Überprüfung und Sanktionierung seines nicht regelgerechten Verhaltens durch den Geheimnisträger rechnen müssen.

  Ob die ergriffenen Geheimhaltungsmaßnahmen den Umständen nach *angemessen* 144
sind, beurteilt sich nach Lage des Einzelfalles. In die Abwägung sind insbesondere
folgende Gesichtspunkte einzustellen: Wirtschaftlicher Wert des Geschäftsgeheimnisses, Bedeutung des Geheimnisses für das Unternehmen, für das Geheimnis aufge-
wandte Entwicklungs- oder sonstige Erwerbskosten, Höhe und Grad der Wahrscheinlichkeit eines drohenden Schadens, falls die geheime Information bekannt wird,
Sicherungsmöglichkeiten, die mit Rücksicht auf die Art und Natur des Geheimnisses
in Betracht kommen, deren Aufwand, Kosten und Zumutbarkeit sowohl für den
Geheimnisträger als auch für die von der jeweiligen Geheimhaltungsmaßnahme
Betroffenen (zB Arbeitnehmer, Geschäftspartner).
- Zu guter Letzt muss ein berechtigtes **Interesse** daran bestehen, die Information **wei-** 145
terhin geheim zu halten. Sind die beiden zuerst genannten Bedingungen erfüllt, wird
eine dahingehende legitime Erwartung in der Regel indiziert und deshalb nicht zu
verneinen sein. Ausgeschieden werden an dieser Stelle diejenigen Fallgestaltungen,
bei denen der Geheimnisträger selbst die Vertraulichkeit für die Zukunft aufgegeben
hat oder bei denen die anfänglich geheime Information ansonsten öffentlich zugänglich geworden ist. Darauf, ob dies rechtmäßig oder rechtswidrig geschehen ist, kommt
es nicht an, weil die Tatsache der öffentlichen Zugänglichkeit als solche jedwede
Maßnahme zur Geheimhaltung sinnlos und damit überflüssig macht. Mit der gerichtlichen Freigabe eines **Besichtigungsgutachtens** zugunsten des Antragstellers ist ein
solches Szenario nicht unbedingt verbunden.
- In welcher **Form** das Geschäftsgeheimnis verkörpert ist, hat keine Bedeutung. 146
Schutzfähig sind gleichermaßen schriftliche oder elektronische Dokumente mit oder
ohne Textinhalt, Muster, Modelle oder Sonstiges. Eine Beschränkung ergibt sich auch
nicht aus der in § 16 Abs 1 GeschGehG enthaltenen Wendung, dass Schutzmaßnahmen in Bezug auf »**streitgegenständliche**« Informationen möglich sind. Da jede Partei antragsbefugt ist, wird man daraus keine Begrenzung auf Geschäftsgeheimnisse
des Klägers herleiten können. Vielmehr ist bloß gemeint, dass diejenigen Informationen, die als geheimhaltungsbedürftig eingestuft werden sollen, einen inhaltlichen
Bezug zum Streitgegenstand des Gerichtsverfahrens haben[233], was problemlos auch
auf solche Geschäftsgeheimnisse zutrifft, die der Beklagte zu seiner Rechtsverteidigung vorbringt.

---

233 Kalbfus, WRP 2019, 692, 694; aA: McGuire in Büscher, Gesetz gegen den unlauteren Wettbewerb, 2019, § 16 GeschGehG Rn 13.

147 – Der Inhalt von **FRAND-Lizenzverträgen** wird den erwähnten Anforderungen typischerweise gerecht. Das Regelungsgeflecht, unter dem einem bestimmten Marktteilnehmer für die Teilhabe am nachgelagerten Produktmarkt eine Patentbenutzung gestattet wird, stellt keine belanglose Information dar, sondern ist insofern von wirtschaftlichem Wert, als es Zeugnis von der Lizenzierungsstärke des Schutzrechtsinhabers und seinen strategischen Möglichkeiten ablegt, im Lizenzvergabemarkt bestimmte Konditionen durchzusetzen (oder auch nicht). Gleiches gilt (voraussichtlich sogar noch mehr) für den Lizenznehmer, für den die ausgehandelten Benutzungsbedingungen wichtige Rahmenbedingungen für seinen Auftritt auf dem Produktmarkt und seine dortige Wettbewerbsfähigkeit darstellen. Zwar handelt es sich insoweit um für den vortragspflichtigen Lizenzgeber fremde Geheimhaltungsbelange, auf die sich zu berufen er dennoch befugt ist, weil die im Lizenzvertrag wechselseitig gegebene Vertraulichkeitszusage für den Fall eines ungeschützten Sachvortrages im Prozess Sanktionen nach sich ziehen kann. Selbst wenn vertragseigene Sanktionen (wie eine Vertragsstrafe oder Schadenersatzpflicht) nicht festgelegt sein sollten, besteht gegen denjenigen, der ein (durch Vertragsabschluss) rechtmäßig erworbenes Geschäftsgeheimnis unbefugt (sic: entgegen einer vertraglichen Geheimhaltungspflicht) offenlegt, jedenfalls ein gesetzlicher Schadenersatzanspruch nach §§ 10, 4 Abs 2 GeschGehG. Aus den bisherigen, strikten Geheimhaltungsbemühungen, wie sie für Lizenzabmachungen praktiziert werden, ergibt sich ein ebenso berechtigtes Interesse an fortdauernder Vertraulichkeit.

148 Das Vorstehende bedeutet freilich nicht, dass der *gesamte* **Vertragsinhalt** per se als geheimhaltungsbedürftig einzustufen wäre. Mag im Einzelfall auch die Geheimhaltungsklausel (zB aus Vereinfachungsgründen) undifferenziert so weit gehen, bleibt es dennoch eine unumstößliche Tatsache, dass es in jedem Lizenzvertrag eine ganze Reihe vollkommen üblicher Regelungen zur Vertragsabwicklung gibt, die keinen Geheimnischarakter haben können. Das beginnt vielfach schon bei der Existenz des Lizenzvertrages und dem lizenznehmenden Vertragspartner, zu deren Meldung der Börsenaufsicht unterliegende Unternehmen ohnehin gesetzlich verpflichtet sind, womit die betreffende Information ohne weiteres öffentlich zugänglich ist. Die vertragliche Geheimhaltungsabsprache der Parteien und deren vereinbarte Reichweite allein indizieren ein beachtliches Geschäftsgeheimnis noch nicht; dessen Vorliegen beurteilt sich vielmehr ausschließlich nach der Legaldefinition in § 2 GeschGehG. Sollten sich die Lizenzvertragsparteien darüber hinaus auf eine Geheimhaltung auch von nicht Geheimhaftungsbedürftigem verständigt haben, so würde in diesem Umfang keine gesetzliche Schadenersatzhaftung bestehen. Die Vertragsparteien mögen im Rahmen ihrer Vertragsfreiheit eine umfassende und daher auch für die Offenlegung von Belanglosem einschlägige vertragliche Schadenersatzhaftung oder sonstige Sanktionierung vorgesehen haben; sie allein erlaubt (eben wegen des Fehlens eines materiellen Geschäftsgeheimnisses) noch keine prozessuale Schutzanordnung. Denn die Parteien haben es nicht in der Hand, durch willkürliche privatautonome Absprachen in den vor staatlichen Gerichten geführten Zivilprozess hineinzuregieren.

149 Als Geschäftsgeheimnis werden im Zweifel diejenigen Regelungen anzusehen sein, die sich mit den **gegenseitigen Hauptleistungspflichten** und ihrem synallagmatischen Verhältnis zueinander befassen (welche Schutzrechte sind in welcher Weise lizenziert? Welche Gegenleistung in Geld oder in Form von Kreuzlizenzen ist dafür vom Lizenznehmer zu entrichten? Welche Vertragslaufzeit ist vereinbart?). Nicht geheimhaltungsbedürftig werden demgegenüber tendenziell die gewöhnlichen **Klauseln zur Vertragsabwicklung** sein (Fälligkeits- und Kündigungsregelungen, Rechtswahlklauseln). Das gilt selbst dann, wenn bestimmte Abwicklungsvereinbarungen (zB die getroffene Rechtswahl) Einfluss auf die Lizenzvergütung gehabt haben, weil das Wissen um sie ohne gleichzeitige Kenntnis der Vergütungsklausel (welche vertraulich zu behandeln ist) keinen besonderen Erkenntniswert liefert.

c) Vortrags- und Glaubhaftmachungslast

Für eine Schutzanordnung muss die Geheimnisqualität der fraglichen Information nicht nach den Maßstäben des § 286 ZPO zur sicheren Überzeugung des Gerichts feststehen; vielmehr genügt es, wenn die schutzbeanspruchte Information ein Geschäftsgeheimnis *sein kann* (§ 16 Abs 1 GeschGehG). Zugleich ordnet § 20 Abs 3 GeschGehG an, dass derjenige, der für sein Geheimnis um eine Schutzmaßnahme nachsucht, *glaubhaft machen* (und folglich nicht voll beweisen) muss, dass es sich bei der streitgegenständlichen Information um ein Geschäftsgeheimnis handelt. Die letztgenannte (einseitige) Verteilung der Darlegungslasten trägt dem Umstand Rechnung, dass sich die Pflichten zum Sachvortrag (und Beweis) allgemein danach verteilen, aus wessen Erkenntnisbereich die vortragspflichtigen Tatsachen stammen. Für Geschäftsgeheimnisse versteht es sich insoweit von selbst, dass zu ihnen in weiten Teilen naturgemäß nur der Geheimnisträger und kein anderer vortragen kann. Eine Ausnahme mag im Einzelfall für eine öffentliche Zugänglichkeit des behaupteten Geheimnisses gelten, zu der ggf auch der Prozessgegner Kenntnisse besitzt und beisteuern kann; gleiches mag für die Frage gelten, ob die Information inhaltlich belanglos und ohne Handelswert ist. Auch soweit für den Gegner Vortragsmöglichkeiten existieren, gilt jedoch ein weiterer allgemeiner Grundsatz, demzufolge derjenige, der eine ihm günstige Rechtsfolge anstrebt, dafür die tatbestandlichen Voraussetzungen darzutun und zu beweisen hat. Auch dieser Regel ist § 20 Abs 3 GeschGehG – zu Recht – verpflichtet, sodass die Glaubhaftmachungslast letzten Endes insgesamt beim Antragsteller verbleibt.

150

Im Kontext beider vorerwähnten Vorschriften – § 16 Abs 1 GeschGehG und § 20 Abs 3 GeschGehG – wird man zu folgern haben, dass diejenigen tatsächlichen Umstände, die die Geheimnisqualität der Information ergeben sollen, iSv § 294 ZPO der Glaubhaftmachung[234] bedürfen, und dass diejenigen Tatumstände, die dementsprechend glaubhaft gemacht sind, in der rechtlichen Subsumtion nicht unbedingt mit allerletzter Sicherheit, aber überwiegend wahrscheinlich die Annahme eines Geschäftsgeheimnisses rechtfertigen müssen. Das aufgezeigte Beweismaß gilt nicht nur für Schutzmaßnahmen, die zunächst auf der Grundlage des einseitigen Sachvortrages des Antragstellers ergehen, sondern es gilt in gleicher Weise für die nach Anhörung des Gegners vom Gericht zu treffende Entscheidung darüber, ob eine angeordnete Schutzmaßnahme angesichts gegnerischen Vorbringens aufgehoben oder abgeändert wird (§ 20 Abs 2 GeschGehG). Die Erwiderung des Antragsgegners ist daher nur in dem Sinne rechtlich relevant, als unter ihrer Berücksichtigung einzelne, die Schutzanordnung tragende Tatsachen nicht mehr als glaubhaft gemacht angesehen werden können oder (möglicherweise gerade deshalb, möglicherweise aber auch aufgrund einer andersartigen rechtlichen Bewertung der bisherigen Tatsachen) die anfängliche Annahme, dass es sich um ein Geschäftsgeheimnis handeln *kann*, nicht mehr tragfähig ist.

151

Wie immer genügen auch im Zusammenhang mit der Darlegung eines Geschäftsgeheimnisses keine Allgemeinplätze, sondern sind substantiierte, erwiderungsfähige Behauptungen gefragt. Ganz besonders gilt dies für solche Umstände, die dem Einblick des Gegners und des Gerichts entzogen sind, wie etwa die Wertigkeit der schutzbeanspruchten Information für den Geheimnisträger und sein Unternehmen oder die bisherigen Vorkehrungen, die zur Wahrung der Vertraulichkeit getroffen worden sind.

152

d) Mögliche Schutzmaßnahmen

Welche Maßnahmen das Gericht zum Geheimnisschutz anordnen kann, steht nicht in seinem Belieben, sondern ist in den §§ 16 Abs 1, 19 Abs 1 GeschGehG *abschließend* festgelegt.

153

---

234 Vgl dazu Kap G Rdn 39.

aa) Einstufung als geheimhaltungsbedürftig

154 Als regelmäßige und grundlegende Schutzmaßnahme ist das Gericht befugt, bestimmte Informationen (zB Schriftsätze der Parteien oder ihrer Streithelfer oder Teile davon, als Anlagen überreichte Dokumente, Analysenberichte oder Untersuchungsbefunde oder Teile davon, präsentierte Lizenzverträge oder Auszüge davon, Muster, Modelle, etc) als »geheimhaltungsbedürftige Informationen« einzustufen. Die fraglichen Unterlagen und die darin in Bezug genommenen Textstellen sind ebenso wie sonstige Anlagen so konkret zu bezeichnen, dass bei den Betroffenen (dazu sogleich), die ihr Verhalten darauf einzurichten haben und denen bei einer schuldhaften Missachtung der Vertraulichkeitsorder empfindliche Ordnungsmittel drohen (§ 17 GeschGehG), kein vernünftiger Zweifel über die Reichweite der Anordnung aufkommen kann.

155 Ohne dass dies noch einer weiteren gerichtlichen Anordnung bedürfte, hat die Einstufung einer Information als geheimhaltungsbedürftig die unmittelbare **gesetzliche Folge** (§ 16 Abs 2 GeschGehG), dass sie von allen Beteiligten der Patentstreitsache, die durch das gerichtliche Verfahren Kenntnis von ihr erlangt haben, vertraulich zu behandeln ist. Dies bedeutet, dass die als geheimhaltungsbedürftig eingestufte Information nicht *offengelegt* werden darf, was geschieht, wenn die Information einem Anderen (nicht notwendig einer ganzen Öffentlichkeit) mit ihrem Inhalt zugänglich gemacht wird. Das Verbot gilt gegenüber allen Personen, die der gerichtlichen Geheimhaltungsanordnung nicht unterfallen, mögen sie auch allgemein zB berufs- oder beamtenrechtlich einer Schweigepflicht unterliegen. Ebenso wenig hat Bedeutung, ob die Offenlegung des Geschäftsgeheimnisses zu geschäftlichen oder privaten Zwecken geschieht; beides ist untersagt. Die vertrauliche Information darf von dem Verpflichteten des Weiteren nicht *genutzt* werden, womit jede Verwendung (jenseits einer Offenlegung) gemeint ist, egal, ob zum eigenen oder fremden Vorteil oder »gemeinnützig«.

156 **Ausgenommen** vom Verbotstatbestand ist eine Offenlegung oder Nutzung der vertraulichen Information, die in »einem« (= irgendeinem) Gerichtsverfahren geschieht. Es muss sich nicht um das der Schutzanordnung zugrundeliegende oder ein damit im Zusammenhang stehendes Verfahren, aber jedenfalls um ein Verfahren der staatlichen Gerichtsbarkeit handeln, sodass schiedsgerichtliche Verfahren jeder Art (auch solche vor Sportgerichten und dergleichen) ausscheiden. Auf den Gerichtszweig (Zivil-, Straf- Verwaltungs- oder Verfassungsgerichtsbarkeit) kommt es nicht an. Auch muss es sich nicht zwingend um ein inländisches Gerichtsverfahren handeln; es genügt jedenfalls ein gerichtliches Verfahren, das innerhalb der EU geführt wird.

157 Zu dem verpflichteten **Personenkreis** gehören an erster Stelle die Parteien der Patentstreitsache einschließlich ihrer Streithelfer, unabhängig davon, zu welchem Zeitpunkt sie in den Rechtsstreit eintreten. Zur Vertraulichkeit sind weiterhin die Prozessvertreter der Parteien und Streithelfer (Rechts- und Patentanwälte) sowie von den Parteien eingeschaltete Zeugen und Privatsachverständige verpflichtet. Schließlich erstreckt sich die Vertraulichkeitspflicht auch auf diejenigen, die auf Seiten des Gerichts mit der Streitsache befasst sind, nämlich Gerichtsgutachter (einschließlich deren Gehilfen), die erkennenden Richter, Rechtspfleger, Service- und Kanzleikräfte, und zwar unabhängig davon, dass alle sie schon berufsrechtlich zur Verschwiegenheit angehalten sind.

158 Die Pflicht zur Vertraulichkeit endet nicht mit dem **Abschluss des Verfahrens**, in dem sie angeordnet worden ist, sondern dauert darüber hinaus auf grundsätzlich unbestimmte Zeit fort (§ 18 Satz 1 GeschGehG). Gleiches gilt (auch wenn § 16 Abs 3 GeschGehG in § 18 Satz 1 GeschGehG nicht ausdrücklich erwähnt wird) für die Beschränkung der Akteneinsicht durch Dritte. Lediglich drei Beendigungsgründe sind grundsätzlich möglich, wobei zwei von ihnen generell wirken (§ 18 Satz 2 GeschGehG) und ein dritter personalisiert ist (§ 16 Abs 2 GeschGehG), allen jedoch gemeinsam ist, dass die Pflicht zur Vertraulichkeit von selbst und ohne förmliche Aufhebungsentscheidung aufhört:

- Die Vertraulichkeitspflicht endet für alle Verpflichteten in dem Moment, in dem das Gericht das Vorliegen eines Geschäftsgeheimnisses[235] durch **rechtskräftiges Urteil** verneint.[236] Die Vorschrift berücksichtigt die Situation, dass eine bestimmte Information zunächst als Geschäftsgeheimnis eingestuft worden ist und nachfolgend rechtskräftig eine gegenteilige Entscheidung fällt. Sie kann nur durch Urteil ergehen, weil Schutzmaßnahmen, die nach § 16 Abs 1 GeschGehG angeordnet sind, ausschließlich gemeinsam mit dem Rechtsmittel in der Hauptsache angefochten werden können (§ 20 Abs 5 Satz 4 GeschGehG). Wendet sich der Antragsgegner in einem solchen Rechtsmittelverfahren gegen die Geheimnisqualität der fraglichen Information und damit gegen die getroffene Schutzanordnung dem Grunde nach, so hat hierüber ein selbständiger Ausspruch des Rechtsmittelgerichts zu erfolgen, der Klarheit schafft. Sollte er unterblieben sein, kann stattdessen – wie sonst auch – auf die Entscheidungsgründe zurückgegriffen werden. Denn die Verneinung des Geschäftsgeheimnisses muss nicht unbedingt an der Rechtskraft des Urteils teilhaben.[237] 159

- Die Pflicht zur Vertraulichkeit endet ferner, sobald die geheimhaltungsbedürftige Information in denjenigen Kreisen, die üblicherweise mit ihr umgehen, **bekannt oder** für sie ohne weiteres **zugänglich wird**. 160

- Ein **höchstpersönlicher Beendigungsgrund** ergibt sich schließlich daraus, dass dem Verpflichteten »in Person« die geheimhaltungsbedürftige Information außerhalb des Gerichtsverfahrens in erlaubter Weise zur Kenntnis gelangt. Von da an ist er (und *nur* er) frei in der Verbreitung der Information, wie er dies auch gewesen wäre, wenn er das fragliche Wissen von Beginn an, dh rechtsstreitunabhängig, gehabt hätte. Um ein rechtsstreitunabhängiges Wissen handelt es sich auch dann, wenn die Kenntnis von dem Geschäftsgeheimnis in einem ausländischen Gerichtsverfahren erhalten wurde. Unter solchen Umständen richtet sich die Pflicht zur Vertraulichkeit deswegen nur nach der ggf ergangenen ausländischen Geheimhaltungsorder. 161

Die **Beweislast** für ein (nachträgliches) – allgemeines oder »privates« – Bekanntsein/ Bekanntwerden der geheimhaltungsbedürftigen Information liegt beim Verpflichteten, der sich über die (ursprünglich gerechtfertigte) Geheimhaltungsanordnung hinwegsetzt. 162

Über die vorerwähnten Beendigungsgründe hinaus steht es dem Geheimnisträger selbstverständlich jederzeit frei, für seine Informationen auf eine Vertraulichkeit zu verzichten, beispielsweise durch **Vergleich**. 163

Praxistipp	Formulierungsbeispiel
I. Auf Antrag der ... (Klägerin/Beklagten) werden folgende Informationen als geheimhaltungsbedürftig eingestuft: - Schriftsatz der ... (Klägerin/Beklagten/Streithelferin) vom ..., Rz ... bis ...; - Untersuchungsbericht des Labors ... vom ..., Anlage ..., S ... bis ...; - Lizenzvertrag zwischen der ... und der ... vom ..., Anlage ..., S ... bis ...;	

164

---

235 Unbeachtlich ist, wenn es bei der Einstufung der Information als geheimhaltungsbedürftig verbleibt und vom Rechtsmittelgericht nur die daraufhin getroffenen Schutzmaßnahmen gelockert werden.
236 Eine nicht rechtskräftige Entscheidung ist genauso belanglos wie jedes andere verfahrensabschließende Ereignis, etwa ein Prozessvergleich, es sei denn, er enthält entsprechende Verzichtserklärungen des Geheimnisträgers.
237 Kalbfus, WRP 2019, 692, 696.

> – Muster/Modell gemäß Anlage ...;
>
> – elektronisches Dokument ..., Anlage ....
>
> II.
>
> Die vorbezeichneten Informationen sind von jedermann, der von ihnen aufgrund seiner Beteiligung an dem vorliegenden Rechtsstreit (als Partei, Streithelfer, Anwalt, Zeuge, Sachverständiger, Justizbediensteter oder sonst wie) Kenntnis erhält, streng vertraulich zu behandeln. Sie dürfen außerhalb eines gerichtlichen Verfahrens nicht benutzt und nicht offengelegt werden.
>
> Etwas anderes gilt nur und erst dann, wenn und soweit der Verpflichtete nachweislich außerhalb des vorliegenden Rechtsstreits (zB aus einem ausländischen Parallelverfahren) von den geheimhaltungsbedürftigen Informationen Kenntnis erlangt hat. Einer Geheimhaltung bedarf es ferner generell dann nicht mehr, wenn und sobald künftig rechtskräftig entschieden werden sollte, dass die als geheimhaltungsbedürftig eingestuften Informationen (vgl Ziffer I.) kein Geschäftsgeheimnis sind oder wenn und sobald die als geheimhaltungsbedürftig eingestuften Informationen in den einschlägigen Kreisen bekannt oder für diese ohne weiteres zugänglich werden.
>
> Wird der Vertraulichkeitspflicht schuldhaft zuwidergehandelt, kann das Gericht gegen den Verpflichteten für jeden Verstoß ein Ordnungsgeld bis zu 100.000 € oder eine Ordnungshaft bis zu sechs Monaten verhängen und sofort vollstrecken.[238]

bb) Limitierter Kreis von Wissensträgern

165 Zusätzlich[239] zu der Qualifizierung einzelner Informationen als geheimhaltungsbedürftig besteht die Möglichkeit, für *alle* als geheimhaltungsbedürftig eingestuften Informationen oder für einen (konkret zu bezeichnenden) *Teil davon* den Kreis der Wissensträger auf eine bestimmte Anzahl von zuverlässigen Personen zu beschränken. Die Maßnahme hat einen **sachlichen** Aspekt (welche der als geheimhaltungsbedürftig eingestuften Informationen unterfallen der Zugangsbeschränkung?) und einen personellen Bezug (welche Verfahrensbeteiligten werden von einem Zugang zu den besagten Geheiminformationen ausgeschlossen?). Der Nutzen der erläuterten Zugangsbeschränkung liegt ersichtlich darin, dass ein Geschäftsgeheimnis naturgemäß umso besser geschützt ist, je weniger Personen (seien sie auch mit einer gerichtlichen Vertraulichkeitsorder versehen, § 16 GeschGehG) in Kenntnis gesetzt werden.

(1) Beschränkung des Personenkreises

166 In seinem Beschränkungsantrag hat der Geheimnisträger diejenigen **Personen** namentlich zu bezeichnen, denen allein Kenntnis vermittelt bzw die umgekehrt – was ggf als sinnvollere Variante in Betracht kommen kann – von einer Kenntnisnahme ausgeschlossen werden sollen. Drei Kriterien entscheiden über die Zulassung oder Nichtzulassung zu der geheimhaltungsbedürftigen Information:

167 – Vollen Zugang zu den geheimhaltungsbedürftigen Informationen haben stets und ohne weiteres die Parteien selbst sowie deren **Prozessvertreter** (Rechts- und Patent-

---

238 Die Pflichten unter Ziffer II. ergeben sich zwar bereits aus dem Gesetz; dennoch ist über sie zu belehren, § 20 Abs 5 Satz 2 GeschGehG. Dies ist auch sachgerecht, nicht zuletzt deshalb, um keine Diskussion über das Verschulden bei einem Vertraulichkeitsbruch aufkommen zu lassen.
239 § 19 GeschGehG setzt daher zwingend eine gerichtliche Schutzanordnung nach § 16 Abs 1 GeschGehG voraus!

anwälte)²⁴⁰, wobei dies für jeden Streitgenossen (die ggf unterschiedlich anwaltlich vertreten sind) gesondert gilt, nicht hingegen für Streithelfer²⁴¹. Eine Zuverlässigkeitsprüfung findet insoweit nicht statt. Das bedingungslose Zugangsrecht der Parteien und ihrer gewählten Prozessvertretung ist direkte Folge des Anspruchs jeder Prozesspartei auf Gewährung rechtlichen Gehörs zum gesamten Streitstoff. Dementsprechend beschränkt es sich auf diejenigen Personen, die tatsächlich anwaltlich im Mandat tätig sind, während im Rahmen einer Großkanzlei bloß »formal« mitmandatierte Sozien kein bedingungsloses Zugangsrecht haben, sondern als Wissensträger ausgeschlossen werden können. Subalterne Mitarbeiter der Prozessvertreter dürfen involviert werden, allerdings haftet der Geheimnisträger für deren Fehlverhalten wie ein Geschäftsführer für das seiner Mitarbeiter, weswegen kanzleiinterne Zugriffsbeschränkungen und sonstige Sicherheitsvorkehrungen ratsam sind.

Ist die Partei als juristische Person organisiert, ist für sie deren **gesetzlicher Vertreter** zugangsberechtigt. Bei mehreren Vertretern wird man der vertretenen Partei die Auswahl überlassen müssen, welcher ihrer Vertreter Zugang zu den Geheiminformationen erhalten soll. Nach Lage des Falles kann es, wenn dafür stichhaltige Gründe bestehen, gerechtfertigt sein, mehrere Vertreter gleichzeitig zuzulassen. 168

– Zugang zu gewähren ist weiterhin mindestens **einer natürlichen Person** der Partei, wobei dies wiederum für jeden einzelnen Streitgenossen gesondert gilt, nicht hingegen für Nebenintervenienten. Die betreffende Person, die sinnvollerweise von der jeweiligen Partei vorzuschlagen ist, muss nicht unbedingt in deren Diensten stehen, sodass es sich auch um einen externen Privatsachverständigen handeln kann, von dem sich die Partei einen besonderen Nutzen bei ihrer Rechtsverfolgung oder -verteidigung verspricht. Umgekehrt muss es sich bei der natürlichen Person nicht zwingend um ein fachfremdes Individuum handeln, das der Partei im Zweifel kaum nützlich sein wird. Typischerweise wird eine Partei Anspruch darauf haben, dass mehr als einer einzigen Person Zugang zu den geheimhaltungsbedürftigen Informationen gewährt wird, nämlich ihrem gesetzlichen Vertreter sowie daneben sachkundigen Mitarbeitern aus ihrem Unternehmen (zB der dortigen **Entwicklungs- und Patentabteilung**) oder von der Konzernmutter. Zwar bergen solche Kundigen in besonderer Weise die latente Gefahr, dass sie das ihnen anvertraute Wissen im Rahmen ihrer betrieblichen Zuständigkeit (ggf bloß unbewusst) verwenden. Auf der anderen Seite ist deren Involvierung aber zur Gewährung des notwendigen rechtlichen Gehörs oft unumgänglich, wobei im Konfliktfall das rechtliche Gehör schon deshalb den Vorzug s verdient, weil das Geheimnis bei den Kundigen eben nicht schutzlos ist, weil auch sie der gesetzlichen Vertraulichkeitspflicht unterliegen. Im Gegensatz zu den Prozessvertretern, die kraft ihres »Amtes« zuzulassen sind, findet bei den »Dritten« zudem eine persönliche Zuverlässigkeitsprüfung statt, sodass die Partei, wenn die Prüfung in Bezug auf einzelne von ihr in Betracht gezogene Personen negativ ausfällt, ersatzweise andere Personen zu benennen hat. 169

An der **Zuverlässigkeit** fehlt es, wenn konkrete, über bloße Unterstellungen hinausgehende Anhaltspunkte dafür bestehen, dass die Person die Vertraulichkeit (§ 16 Abs 2 GeschGehG) möglicherweise nicht einhalten wird. Je wichtiger die Person für die Partei und ihre Interessenwahrnehmung im Rechtsstreit ist, umso deutlicherer Anzeichen für eine Unzuverlässigkeit wird es bedürfen, um sie auszuschließen, und umgekehrt. Für einen Unzuverlässigkeitssachverhalt ist der Geheimnisträger darlegungspflichtig, wobei den Gegner sekundäre Darlegungslasten treffen können. 170

---

240 Auf einen Anwaltszwang kommt es an dieser Stelle nicht an, sodass ein anwaltliches Zugangsrecht auch dann besteht, wenn das Verfahren auch ohne anwaltliche Unterstützung von der Partei alleine geführt werden könnte. Bsp: Antrag auf Erlass einer einstweiligen Verfügung.
241 Zur Gewährung rechtlichen Gehörs für den Nebenintervenienten vgl unten Rdn 171.

171 – **Nebenintervenienten** sind nicht Partei des Rechtsstreits, sondern unterstützen eine solche nur als Gehilfe. Ihnen und ihrer Prozessvertretung ist deswegen nicht – wie einer Partei – notwendigerweise und bedingungslos Zugang zu den Geschäftsgeheimnissen zu gewähren. Dies bedeutet jedoch nicht, dass ihnen ein Zugang verweigert werden müsste. Als Beteiligtem des Rechtsstreits, der mit prozessualen Rechten und einem entsprechenden Anspruch auf Gewährung rechtlichen Gehörs ausgestattet ist, ist einem Streithelfer vielmehr der Zugang zu den geheimen Informationen des Rechtsstreits zu gewähren, so lange die betreffenden Personen zuverlässig erscheinen. Ob neben dem gesetzlichen Vertreter des Streithelfers sonstige weitere Personen aus seiner Sphäre zugangsberechtigt sind, hängt im Einzelfall davon ab, welches legitime Interesse der Streithelfer an einem Zugang dieser Personen hat. Dies kann zB zu bejahen sein, wenn das technische Wissen um den Streitstoff vordringlich beim Streithelfer (als Hersteller des mutmaßlichen Verletzungsgegenstandes) und weniger bei der unterstützten Partei liegt (die bloß mit dem Vertrieb befasst ist). Unter anderen Umständen kann aber auch den Ausschlag geben, dass dem Streithelfer nur eine untergeordnete, weil unterstützende Funktion im Rechtsstreit zukommt, was dagegen spricht, sie an den geheimhaltungsbedürftigen Informationen in demselben personellen Umfang zu beteiligen wie die Hauptpartei. Schließlich spielt eine Rolle, welches objektive wirtschaftliche Interesse für den Streithelfer mit der Patentstreitsache verbunden ist. Je größer es ist, umso weitreichendere Zugangsrechte werden ihm – immer unter dem Vorbehalt der Zuverlässigkeit – einzuräumen sein.

172 – Personen, für die **keine Zugangslegitimation** erkennbar ist, können, selbst wenn sie zuverlässig sind, von einem Zugang zu den Geschäftsgeheimnissen ausgeschlossen werden. Zu dieser Gruppe gehören nicht nur Personen, die zugunsten der Prozesspartei überhaupt keinen nennenswerten Beitrag im und für den Rechtsstreit leisten können, sondern genauso Personen, die zwar nützlich sein können, deren Qualifikation und Erfahrungsschatz jedoch bereits durch andere, zugelassene Mitarbeiter ausreichend vertreten ist.

(2) Sachlicher Beschränkungsumfang

173 Die von der Beschränkungsmaßnahme betroffenen Personen können sachlich von folgenden Informationsquellen ausgeschlossen werden:

174 – **Dokumenten** mit geheimhaltungsbedürftigem Inhalt[242], die von den Parteien oder einem Dritten[243] schriftsätzlich eingereicht oder bei einer Verhandlung vorgelegt worden sind[244] (§ 19 Abs 1 Nr 1 GeschGehG). Erfasst von der Regelung werden die gesamten **Verfahrensakten** mit sämtlichen Schriftsätzen sowie schriftlichen oder elektronischen Anlagen. Da die Schutzanordnung dokumentenbezogen ist, kann sich im Verlaufe des Rechtsstreits die Notwendigkeit einer wiederholten bzw. ergänzenden Schutzanordnung ergeben, wenn nachträglich Dokumente (Schriftsätze, Dokumente als Anlagen) mit geheimhaltungsbedürftigem Inhalt hinzukommen, für die der Zugang ebenfalls zu beschränken ist;

175 – der Teilnahme an einer **mündlichen Verhandlung**, bei der (und solange dort) Geschäftsgeheimnisse zur Sprache kommen könnten;

---

242 Dies können alle schriftlichen oder elektronischen Unterlagen sein, deren Inhalt in Textform, in graphischer Darstellung oder sonst wie festgehalten ist. Bsp: Schriftsätze, Vertragsurkunden, Analyseberichte, Angebotsschreiben, Kostenkalkulationen. Keine Dokumente sind Muster oder Modelle.
243 Dazu zählt auch ein Streithelfer.
244 Dazu gehören nicht die – gesondert in Nr 2 geregelten – gerichtlichen Protokolle, selbst wenn sie von einer Partei vorgelegt werden.

- **Aufzeichnungen** (zB auf Tonbandträger) und **Protokollen** über mündliche Verhandlungen, bei denen geheimhaltungsbedürftige Daten erörtert worden sind (§ 19 Abs 1 Nr 2 GeschGehG).

176

Ob und in welchem – sowohl sachlichen als auch persönlichen – Umfang eine Beschränkung des Zugangs zu den geheimhaltungsbedürftigen Informationen infrage kommt, entscheidet sich in einer **Gesamtabwägung** aller Umstände des Einzelfalles (§ 19 Abs 1 Satz 2 GeschGehG). Es sind einerseits das berechtigte Geheimhaltungsinteresse des Antragstellers und andererseits das gegenläufige Interesse der von der Zugangsbeschränkung betroffenen Gegenpartei an einer möglichst umfassenden Gewährung rechtlichen Gehörs, an effektivem Rechtsschutz und an einem fairen Gerichtsverfahren zu gewichten und gegeneinander abzuwägen. Jede sachliche oder personelle Beschränkung der justiziellen Grundrechte des Antragsgegners muss durch ein überwiegendes Interesse des Antragstellers an einem wirksamen Schutz seiner Geschäftsgeheimnisse gerechtfertigt sein. Das bedeutet, dass jede einzelne Beschränkung des Zugangs zu geheimhaltungsbedürftigen Informationen und jede einzelne Verschärfung einer Zugangsbeschränkung dadurch, dass zusätzliche Informationen in die Beschränkung einbezogen werden oder die Zugangsbeschränkung auf weitere Personen ausgedehnt wird, die Feststellung von Tatsachen verlangt, die belegen, dass mit einer sachlich und/oder personell weniger weitreichenden Zugangsbeschränkung die geheimhaltungsbedürftige Information mit einer Wahrscheinlichkeit in Gefahr geraten könnte, die dem Antragsteller angesichts der Bedeutung und des Wertes, welche die Information für sein Unternehmen haben, billigerweise nicht zugemutet werden kann.

177

Sobald eine Zugangsbeschränkung erfolgt, hat dies für die gemäß § 16 GeschGehG zur Verschwiegenheit Verpflichteten zur Folge, dass ihre Pflicht zur Geheimhaltung auch gegenüber denjenigen Personen gilt, die von der Zugangsbeschränkung betroffen sind. Bedeutung hat dies für solche Personen, die zB als Mitarbeiter der eigenen Partei an sich unterrichtet werden dürften und erst aufgrund der gerichtlich verfügten Zugangsbeschränkung wie außenstehende Dritte zu behandeln sind. Derjenige, der einer solchen Person gegenüber keine Vertraulichkeit wahrt, handelt der gerichtlichen Schutzanordnung aus § 16 Abs 1 GeschGehG zuwider und unterliegt infolgedessen den Sanktionen nach § 17 GeschGehG (**Verhängung von Ordnungsmitteln**), worauf dementsprechend belehrend hinzuweisen ist (§ 20 Abs 5 Satz 2 GeschGehG).[245]

178

Praxistipp	Formulierungsbeispiel

I. und II. wie bei Rdn 164.

III.

Die nachfolgend unter (1) genannten Dokumente bzw. Dokumentenauszüge mit geheimhaltungsbedürftigem Inhalt dürfen – insbesondere von Seiten der ... (Klägerin/Beklagten/Streithelferin) – allein den nachfolgend unter (2) genannten Personen, und sonst niemandem, zur Kenntnis gebracht werden:

(1) Dokumentenliste:

...

...

179

---

245 AA: Kalbfus, WRP 2019, 692, 697, der eine gesonderte Verschwiegenheitsverpflichtung auf der Grundlage von § 19 Abs 1 Satz 4 GeschGehG für erforderlich hält.

> (2) Liste der zugelassenen Wissensträger:
>
> ...
>
> ...
>
> Ausschließlich den unter III.(2) genannten Mitarbeitern/Vertretern der ... (Klägerin/Beklagten/Streithelferin) ist es gestattet, an den in der Sache I-2 U .../. stattfindenden mündlichen Verhandlungen, bei denen geheimhaltungsbedürftige Informationen offengelegt werden könnten, teilzunehmen. Nur ihnen dürfen die Aufzeichnungen und Protokolle über die vorbezeichneten Sitzungstermine überlassen werden.
>
> IV.
>
> Gegen denjenigen, der schuldhaft eine geheimhaltungsbedürftige Information nach Ziffer III. gegenüber einer nicht als Wissensträger zugelassenen Person offenlegt oder nutzt, können vom Gericht die unter Ziffer II. genannten Ordnungsmittel verhängt werden.

Praxistipp	Formulierungsbeispiel

180 Sofern eine Zugangsbeschränkung beantragt werden soll, bietet es sich an, als Zugangsberechtigte zunächst nur die gegnerische Partei (sofern es sich um eine natürliche Person handelt) bzw deren Geschäftsführer zu benennen. Zwar wird es in aller Regel der Zulassung weiterer Mitarbeiter des Antragsgegners bedürfen, die mit der streitgegenständlichen Technik vertraut sind oder der Patent/Rechtsabteilung angehören. Da der Antragsteller die betreffenden Personen jedoch nicht selbst identifizieren und sie folglich auch nicht in seinem Antrag berücksichtigen kann, sollte von seiner Seite die Bereitschaft angekündigt werden, bei entsprechendem Notwendigkeits- und Zuverlässigkeitsnachweis durch den Antragsgegner weiteren von diesem benannten Personen Zugang zu den geheimhaltungsbedürftigen Personen zu gestatten.

181 Schließt sich an das Erkenntnisverfahren, in dem eine Schutzanordnung ergangen ist, ein Zwangsvollstreckungsverfahren an, kann auch für dieses der Kreis der Wissensträger beschränkt werden, um einen Geheimnisschutz gegenüber solchen Personen sicherzustellen, die am Erkenntnisverfahren nicht beteiligt waren und erstmals im Zuge der Zwangsvollstreckung in Kontakt mit dem Geschäftsgeheimnis kommen (§ 19 Abs 3 GeschGehG). Allerdings wird der Geheimnisschutz nicht kraft Gesetzes in das Vollstreckungsverfahren hinein verlängert; vielmehr bedarf es einer gesonderten gerichtlichen Schutzanordnung für eben dieses Verfahren.[246]

182 Beschränkt das Gericht den Kreis der Wissensträger, so kann (und sollte) es auf Antrag aus denselben Gründen die Öffentlichkeit von der Verhandlung ausschließen (§ 19 Abs 2 Nr 1 GeschGehG). § 172 Nr 2 GVG bleibt daneben anwendbar.

---

246 Zwar spricht die Gesetzesbegründung zu § 19 Abs 3 GeschGehG davon, dass durch die besagte Vorschrift geregelt werde, »*dass eine in einem Erkenntnisverfahren durch das Gericht der Hauptsache angeordnete Einstufung nach § 16 Absatz 1 oder eine nach § 19 Absatz 1 ausgesprochene Beschränkung auch im Verfahren der Zwangsvollstreckung auf der Grundlage eines in diesem Verfahren erlassenen vollstreckbaren Titels weiterhin gilt*«, was den Eindruck einer automatischen Fernwirkung der im Erkenntnisverfahren getroffenen Schutzanordnung für das nachfolgende Vollstreckungsverfahren erwecken kann. Tatsächlich lässt der Gesetzeswortlaut jedoch keinen vernünftigen Zweifel daran, dass mit Absatz 3 lediglich die Möglichkeit einer Schutzanordnung und deren tatbestandliche Voraussetzungen im Vollstreckungsverfahren für entsprechend anwendbar erklärt werden, woraus sich eindeutig ergibt, dass für das Verfahren der Zwangsvollstreckung eine eigene Schutzanordnung ergehen muss.

(3) Akteneinsicht

(a) Partei

Gemäß § 299 Abs 1 ZPO hat jede Partei, auch der beigetretene Streithelfer, solange das Gerichtsverfahren anhängig ist[247], ein – an keine weiteren Bedingungen geknüpftes – Recht auf Einsicht in die Akten ihres Verfahrens.[248] Zur Akte gehören grundsätzlich alle Schriftsätze, Unterlagen und Anlagen (Muster etc), die von den Parteien eingereicht worden sind, sowie vom Gericht selbst erstellte Dokumente (Verfügungen, Beschlüsse etc), allerdings nicht beigezogene Akten aus anderen gerichtlichen oder behördlichen Verfahren.[249] Eine Ausnahme besteht für solche Schriftsätze und Unterlagen, die eine Partei mit dem ausdrücklichen Vorbehalt zur Akte einreicht, dass sie mit einer Weitergabe an den Prozessgegner nur unter bestimmten Bedingungen (namentlich einer hinreichenden Geheimhaltungszusage) einverstanden ist und das Gericht den betreffenden Schriftsatz mit Rücksicht auf eben diesen Vorbehalt nicht an den Gegner weitergeleitet hat.[250]

183

Der Anspruch auf Akteneinsicht dient der Gewährleistung des rechtlichen Gehörs, weil die Partei nur bei voller Kenntnis des dem Gericht unterbreiteten Akteninhalts zu einer umfassenden und angemessenen Rechtsverteidigung in der Lage ist. Weil dem so ist, hat die betreffende Partei *vor* einem ihre Betriebs- oder Geschäftsgeheimnisse offenlegenden Sachvortrag Vorsorge dafür zu treffen, dass mit dem einsichtsberechtigten Prozessgegner eine ihrem Vertraulichkeitsinteresse genügende Geheimhaltungsvereinbarung zustande gekommen ist.[251] Wer als Kläger oder Beklagter ohne entsprechende Sicherungsvorkehrungen frühzeitig vorträgt, nimmt deshalb in Kauf, dass seine Geheimnisse dem Gegner ungeschützt im Wege der Akteneinsicht bekannt werden.[252] Der Geheimnisträger ist durch dieses Prozedere nicht benachteiligt, weil er von einem seine Geheimnisse aussparenden Sachvortrag keinen Nachteil erleidet. Seine insoweit pauschalen Angaben sind nämlich als prozessual ausreichend und das hierauf bezogene Bestreiten des Gegners als unbeachtlich zu behandeln, wenn letzterer sich weigert, eine zum Geheimnisschutz notwendige und zumutbare Sicherungsvereinbarung mit dem Prozessgegner zu treffen.[253] Auf die beschriebene Weise bleibt das Akteneinsichtsverfahren von (ggf diffizilen) Erwägungen über Betriebs- und Geschäftsgeheimnisse befreit, in welches sie – wegen § 299 Abs 1 ZPO – thematisch auch nicht gehören. Gleiches gilt für den Nebenintervenienten, dessen einsichtsbegründender Beitritt bei Offenlegung der Geheimnisse bereits erfolgt oder zuverlässig absehbar ist. Auch ihm gegenüber hat der Patentinhaber Vorkehrungen zum Geheimnisschutz zu treffen, bevor er seine Geheimnisse zum Akteninhalt macht.[254] Zu dem Fall einer unberechtigten Weigerung (nur) des Streithelfers, eine notwendige Verschwiegenheitsvereinbarung zu treffen, vgl unten zu Rdn 805.

184

Über das Akteneinsichtsgesuch (auch des Streithelfers) kann uneingeschränkt auch während der **Aussetzung des Rechtsstreits** entschieden werden.[255] Einer Bewilligung steht grundsätzlich auch nicht entgegen, dass die Hauptpartei eine Zurückweisung der Nebenintervention begehrt und darüber erst nach Wiederaufnahme und Fortführung des ausgesetzten Prozesses entschieden werden soll.[256]

185

---

247 BGH, GRUR 2021, 1555 – Akteneinsicht XXV. Nach Beendigung der Anhängigkeit sind auch die ehemaligen Prozessbeteiligten wie Dritte zu behandeln.
248 OLG Düsseldorf, Beschluss v 25.4.2018 – I-2 W 8/18.
249 BGH, GRUR 2020, 327 – Akteneinsicht XXIV.
250 BGH, GRUR 2020, 327 – Akteneinsicht XXIV.
251 OLG Düsseldorf, Beschluss v 25.4.2018 – I-2 W 8/18.
252 BGH, GRUR 2020, 327 – Akteneinsicht XXIV.
253 OLG Düsseldorf, Beschluss v 25.4.2018 – I-2 W 8/18.
254 OLG Düsseldorf, Beschluss v 25.4.2018 – I-2 W 8/18.
255 OLG Düsseldorf, Beschluss v 20.7.2020 – I-2 U 33/18.
256 OLG Düsseldorf, Beschluss v 20.7.2020 – I-2 U 33/18.

(b) Dritte

186 Eine Ausnahme ist für *den* **Streithelfer** zu machen, der zu einem Zeitpunkt beitritt, zu dem die Partei ihre geheimhaltungsbedürftigen Informationen, geschützt durch eine mit dem Prozessgegner zustande gekommene Geheimhaltungsvereinbarung, bereits zum Prozess- und Akteninhalt gemacht hat. Hier ist der Streithelfer nicht allein deswegen, weil die Hauptpartei sich zur Vertraulichkeit verpflichtet hat[257], ebenfalls und unabhängig von der Existenz schützenswerter Betriebs- oder Geschäftsgeheimnisse zu einer gleichlautenden Verschwiegenheitsverpflichtung gehalten, sodass ihr eine Akteneinsicht so lange zu verweigern ist, wie die fragliche Verpflichtung von ihr nicht eingegangen ist. Zwar darf sich der Streithelfer nicht in Widerspruch zum Prozessverhalten der unterstützten Hauptpartei setzen; andererseits ist aber auch die Hauptpartei nicht befugt, den berechtigten Anspruch des Streithelfers auf Gewährung rechtlichen Gehörs zu verkürzen. Im Akteneinsichtsverfahren des Streithelfers ist deshalb der Frage, ob der Gegner schützenswerte Geheimnisse hinreichend substantiiert dargetan hat, die die eingeforderte Sicherungsmaßnahme erfordern und rechtfertigen, unabhängig davon nachzugehen, ob sich die Hauptpartei dem betreffenden Ansinnen gebeugt hat.[258] Sind beachtliche Geheimhaltungsbelange zu verneinen, ist deshalb dem Streithelfer Akteneinsicht zu gewähren, auch wenn er selbst zu keiner Geheimhaltungszusage bereit ist.[259]

187 Ausfluss der Vertraulichkeitspflicht des Gerichts ist es, dass außerhalb des Rechtsstreits stehenden **Dritten**, die **keiner Verschwiegenheitspflicht** aus § 16 Abs 2 GeschGehG **unterliegen,** Einsicht in die Akten der Patentstreitsache ebenfalls nur in der Form gestattet werden darf, dass die als geheimhaltungsbedürftig eingestuften Informationen zuvor unkenntlich gemacht sind (§ 16 Abs 3 GeschGehG). Die richterliche Anordnung zur Geheimhaltung schlägt insofern auf die Justizverwaltung, die für Akteneinsichtsgesuche verfahrensfremder Dritter zuständig ist, durch und modifiziert § 299 Abs 2 ZPO. Auf welche Weise die Geheimnisse unkenntlich gemacht werden, ist Sache der für die Akteneinsicht zuständigen Stelle, wobei der Akteninhalt selbstverständlich nicht dauerhaft verändert werden darf. Kann ein bestimmtes Dokument nicht vollständig aus der Akte entnommen werden, weil es auch einsichtsfähige Bestandteile enthält, so ist es möglich, für die Einsicht eine Kopie des Dokuments anzufertigen, in dem die geheimhaltungsbedürftigen Passagen geschwärzt werden.

188 Diejenigen Personen, die gemäß § 19 GeschGehG von einem Zugang zu den oder bestimmten geheimhaltungsbedürftigen Informationen ausgeschlossen sind, erhalten Akteneinsicht nur in einem um die Geschäftsgeheimnisse bereinigten Umfang (§§ 19 Abs 2 Nr 2, 16 Abs 3 GeschGehG). Für sie gelten also in qualitativer Hinsicht nicht diejenigen umfassenden Einsichtsrechte, die an sich mit ihrer Beteiligtenstellung im Prozess verbunden sind, sondern diejenigen Einsichtsrechte, die nach § 16 Abs 3 GeschGehG für außenstehende Dritte einschlägig sind.

189 Entscheidungen des Landgerichts zur Akteneinsicht – auch soweit sie durch den Vorsitzenden allein ergehen – sind mit der **sofortigen Beschwerde** (§ 567 Abs 1 Nr 2 ZPO) anfechtbar.[260]

---

257 Aus der Tatsache einer Vertraulichkeitsvereinbarung kann nicht ohne weiteres auf ihre sachliche Notwendigkeit und Berechtigung geschlossen werden. Denn der Beklagte, der sich dem diesbezüglichen Verlangen des Klägers widerspruchslos beugt, kann dazu aus ganz besonderen Umständen motiviert sein, zB dadurch, dass er selbst Inhaber von SEP ist, sodass er bei nächster Gelegenheit in umgekehrter Parteirolle in ein Gerichtsverfahren involviert ist, in dem er von seinem Gegner eine gleich gelagerte Verschwiegenheitszusage einfordern will, weswegen er jetzt kein Interesse an einer gerichtlichen Klärung hat, die ihm demnächst in anderer Rolle als Kläger schadet.
258 OLG Düsseldorf, Beschluss v 25.4.2018 – I-2 W 8/18.
259 OLG Düsseldorf, Beschluss v 25.4.2018 – I-2 W 8/18.
260 OLG Düsseldorf, Beschluss v 25.4.2018 – I-2 W 8/18.

(c) Rechtsmittel

Ob die Entscheidung über die Gewährung von Akteneinsicht anfechtbar ist, wird kontrovers beurteilt und ist höchstrichterlich noch nicht geklärt.²⁶¹

(4) Urteilsschwärzung

Besondere Zurückhaltung ist angebracht, wenn unter Hinweis auf Geschäftsgeheimnisse eine Schwärzung des Verletzungsurteils begehrt wird, also die Kenntnisnahme durch außenstehende Dritte ins Spiel kommt. Hier setzen die §§ 173 Abs 2, 172 Nr 2 GVG besonders enge Grenzen, weil nicht genügt, dass die fragliche Urteilspassage überhaupt ein (vertraulich gehaltenes) Geschäftsgeheimnis zum Gegenstand hat, sondern zwei weitere Qualifikationsmerkmale hinzutreten müssen. Erstens muss ein »wichtiges« Geschäftsgeheimnis zur Sprache kommen, was verlangt, dass die aus seiner Veröffentlichung drohenden Nachteile erheblich sind. Zweitens müssen die schutzwürdigen Belange des Geheimnisträgers »überwiegen«, sodass es sich um Interessen handeln muss, die wichtiger sind als der Gesichtspunkt der justiziellen Transparenz und Rechtsfortbildung, die mit der öffentlichen Zugänglichkeit von gerichtlichen Entscheidungen verbunden sind. Entscheidungspassagen, die nicht nur Namen und Zahlen der Beteiligten, sondern Beurteilungskriterien für die praktizierte Lizenzvergabe betreffen und bei deren Schwärzung die juristische Argumentation des Urteils unkenntlich gemacht wird, sind deswegen im Allgemeinen von einer Ausschlussanordnung ausgenommen.²⁶² Darüber hinaus lebt gerade die Rechtsfindung in Bezug auf das, was FRAND ist, davon, dass die in Gerichtsverfahren erörterten, gebilligten oder missbilligten Lizenzbedingungen für die Öffentlichkeit einsehbar sind, sodass sich – nach und nach – eine Übereinkunft dazu herausbilden kann, was eine zumutbare Lizenz auszeichnet. Folgt man dem, ist auch die Möglichkeit zur Schwärzung derartiger Details marginal. In jedem Fall hat derjenige, der sich auf in seiner Person bestehende Geschäfts- oder Betriebsgeheimnisse beruft, hierzu *konkret* vorzutragen, was beinhaltet, dass die angeblich geheimhaltungsbedürftigen Tatsache eindeutig identifiziert werden, dass mit derselben Präzision dargelegt wird, dass und auf welche Weise die besagten Tatsachen vor der Öffentlichkeit geheim gehalten worden sind, weshalb es sich bei ihnen um ein schützenswertes Geschäftsgeheimnis handelt, welche konkreten Nachteile aus ihrem Bekanntwerden drohen und weshalb angesichts dessen in der Abwägung ein überwiegendes Geheimhaltungsinteresse anzuerkennen ist.²⁶³

cc) Anordnungsermessen

Ob und welche Schutzanordnungen das Gericht trifft, steht in seinem pflichtgemäßen Ermessen. Es bedarf einer Gesamtabwägung aller im Einzelfall für und gegen eine bestimmte Maßnahme sprechender Umstände, wobei folgenden Gesichtspunkten vordringliches Gewicht zukommen wird:

– Ausgangspunkt ist zunächst die Feststellung, dass es sich bei den in einer Patentstreitsache zu schützenden Geschäftsgeheimnissen typischerweise um redlich (und nicht um rechtswidrig) erworbene Informationen²⁶⁴ handelt, was grundsätzlich für ihren

---

261 BGH, GRUR 2021, 1555 – Akteneinsicht XXV.
262 BVerwG, Beschluss v 28.11.2013 – 20 F 11.12.
263 BVerwG, Beschluss v 24.11.2015 – 20 F 4.14; BVerwG, Beschluss v 28.11.2013 – 20 F 11.12; OVG Magdeburg, Urteil v 31.5.2016 – 3 L 314/13; OLG München, Beschluss v 28.4.2016 – Verg 3/16; OLG Düsseldorf, Beschluss v 14.3. 2007 – 3 Kart 289/06.
264 Lizenzierungsbedingungen für das Klagepatent, eigene Kosten – und Gewinnstruktur bei der Schadensberechnung, redlich entwickeltes alternatives Herstellungsverfahren, von dritter Seite widerrechtlich entnommene Erfindung.

Schutz im Gerichtsverfahren spricht. Das gilt umso mehr, als es sich bei dem beklagten Gegenüber, dem in erster Linie Verhaltenspflichten aufzuerlegen sind, um einen potenziellen Deliktstäter handelt, nämlich jemanden, der fremdes geistiges Eigentum durch widerrechtliche Benutzung verletzt oder durch widerrechtliche Entnahme an sich gebracht hat, und der deshalb, soweit es um den Verletzungssachverhalt und dessen Rechtsfolgen geht, prinzipiell nicht schutzbedürftig erscheint.

194 Die besagte Wertung gilt auch für den, der ein fremdes Patent in abhängig erfinderischer Weise verletzt, freilich nur in *dem* Umfang, in dem die Verletzungsform anspruchsrelevant ist. Trägt der Beklagte zur Konstruktion oder Wirkungsweise der angegriffenen Ausführungsform außerhalb der patentierten Erfindung vor[265], indem er sich beispielsweise zu zusätzlichen Funktionalitäten oder dergleichen verhält, so sind *insoweit* Schutzanordnungen möglich.

195 Nur in den Fällen des § 139 Abs 3 Satz 2 PatG stellt sich die Ausgangslage insoweit zum Teil anders dar, als derjenige Verletzungsbeklagte, der sein außerhalb des Patents liegendes geheimes Herstellungsverfahren offenbart, nur dem ersten Anschein nach ein Täter ist, ihn tatsächlich jedoch kein Rechtswidrigkeitsvorwurf trifft, sodass auch er – gerade wegen der Redlichkeit seiner im Rechtsstreit offenbarten Entwicklungstätigkeit – einen wirksamen Schutz seiner Geheimnissphäre verdient.

196 In beiden vorgenannten Konstellationen (Rdn 182, 187) kann sich die Situation einstellen, dass das Gericht in demjenigen Zeitpunkt, in dem über den Schutzantrag zu entscheiden ist, noch keine abschließende Klarheit darüber gewonnen hat, ob die abhängige Erfindung wirklich eine solche (also schutzrechtsverletzend) ist, und ob das alternative Herstellungsverfahren wirklich außerhalb des Schutzbereichs des Klagepatents bleibt; gelegentlich mag es hierzu auch sachverständiger Unterstützung bedürfen. Da es für eine Schutzanordnung genügt, dass die fragliche Information ein Geschäftsgeheimnis sein *kann*, werden in einem solchen Fall zumindest Schutzmaßnahmen nach § 16 Abs 1 GeschGehG zu treffen sein; ob darüber hinaus Anordnungen nach § 19 Abs 1 GeschGehG zu rechtfertigen sind, hängt von dem Grad der Ungewissheit in der patentrechtlichen Beurteilung ab, die im Entscheidungszeitpunkt besteht. Je größer sie ist und umso weniger stichhaltig bei vorläufiger Bewertung die Nichtverletzungsargumente sind, umso eher wird es bei Maßnahmen nach § 16 Abs 1 GeschGehG sein Bewenden haben müssen. Je mehr – umgekehrt – für eine Patentverletzung spricht, umso weniger werden im Zweifel zusätzliche Beschränkungen nach § 19 Abs 1 GeschGehG angebracht sein.

197 – Für eine tendenziell großzügige Handhabung des Geheimnisschutzes spricht weiterhin, dass sich das Gesetz für die Anordnung von Schutzmaßnahmen mit dem Beweismaß der Glaubhaftmachung begnügt und in rechtlicher Hinsicht – wie vorstehend besprochen – genügt, dass die fragliche Information ein Geschäftsgeheimnis bloß sein *kann*.

198 – Eine Schutzanordnung wird dabei umso eher geboten sein, je größer und nachhaltiger die bisherigen eigenen Geheimhaltungsanstrengungen des Antragstellers gewesen sind. Umgekehrt fallen Nachlässigkeiten von ihm bei der Geheimhaltung zu seinen Lasten umso mehr ins Gewicht, je gravierender sie sind.

199 – Zentrale Bedeutung hat schließlich, welcher konkrete Schaden mit welchem Grad von Wahrscheinlichkeit dem Geheimnisträger droht, wenn keine Schutzanordnung oder nur eine solche nach § 16 Abs 1 GeschGehG ergeht, und welche prozessualen Nachteile demgegenüber sein Gegner dadurch in Kauf zu nehmen hat, dass sie ergehen. Da die Parteien und ihre Anwälte niemals von den prozessrelevanten Informati-

---

[265] ... was sich etwa deswegen anbieten kann, um den Sachvortrag insgesamt plausibler zu machen.

onen abgeschnitten werden[266] und eine Verwendung der geheimhaltungsbedürftigen Informationen für die Zwecke des betreffenden Rechtsstreits sowie sonstiger gerichtlicher Verfahren uneingeschränkt möglich bleibt, hat das Interesse des Gegners, von vertraulichkeitssichernden Maßnahmen verschont zu bleiben, regelmäßig hinter ernstzunehmenden Schutzbelangen des Geheimnisträgers zurückzustehen.

Im Verlaufe eines Rechtsstreits können sich die für die Anordnung von Schutzmaßnahmen relevanten **Verhältnisse ändern.** Das gilt in beide Richtungen. Es können (1) Umstände hinzutreten, die den Ausschlag für einen nunmehrigen Geheimnisschutz geben, genauso wie sich (2) im Nachhinein herausstellen kann, dass ein Anlass für die getroffene Schutzmaßnahme tatsächlich nicht bestanden hat. 200

– Die erstgenannte Konstellation ist unproblematisch, weil das Gericht zu jeder Zeit (selbst ohne vorherige Anhörung des Gegners) auf Antrag erforderliche Maßnahmen zum Vertraulichkeitsschutz treffen kann (§ 20 Abs 1 GeschGehG). 201

– Damit das Gericht auch umgekehrt auf Veränderungen reagieren kann, die gegen die Beibehaltung einer getroffenen Schutzanordnung sprechen, erlaubt es § 20 Abs 2 GeschGehG, nachdem dem Antragsgegner rechtliches Gehör gewährt worden ist, eine in Kraft gesetzte Schutzanordnung wieder aufzuheben oder inhaltlich abzuändern. Diese Möglichkeit besteht nicht nur dann, wenn die tatbestandlichen Voraussetzungen für eine Schutzanordnung vollständig entfallen (zB weil sich nachträglich herausstellt, dass ein Geschäftsgeheimnis überhaupt nicht vorliegen kann), sondern gleichermaßen dann, wenn sich angesichts der Einlassung des Gegners[267] diejenigen Umstände ändern, die im Rahmen der Gesamtabwägung und der darauf fußenden Ermessensausübung für eine bestimmte Schutzanordnung gesprochen haben und die jetzt dazu führen, von einer solchen entweder komplett abzusehen oder den Schutz auf eine weniger belastende Maßnahme zu beschränken. Denkbar ist etwa, dass das vom Verletzungsbeklagten eingewandte alternative Herstellungsverfahren zunächst als patentfrei erschienen ist, sich bei der näheren Befassung mit der Streitsache unter Berücksichtigung der Stellungnahme des Klägers jedoch herausstellt, dass das behauptete Prozedere sehr wohl in den Schutzbereich des Klagepatents eingreift und deswegen keinen Geheimnisschutz verdient. Eine andere Konstellation kann sich daraus ergeben, dass das Geheimnis nachträglich allgemein bekannt oder zugänglich geworden ist, sodass fortan kein Geheimhaltungsbedarf und folglich auch keine gesetzliche Geheimhaltungspflicht mehr existiert (§ 18 Satz 2 GeschGehG). Unter solchen Umständen kann die Pflichtenlage mit einem deklaratorischen Ausspruch klargestellt werden. Zwar ist von einer derartigen Möglichkeit in § 18 GeschGehG nicht die Rede, was seinen Grund aber ganz offensichtlich darin hat, dass das Gericht nach rechtskräftigem Verfahrensabschluss (mit dem sich die Vorschrift befasst) keinerlei Eingriffsmöglichkeiten mehr hat. Dort, wo dies anders ist, weil die Streitsache noch bei Gericht anhängig ist, steht nichts einem – Rechtssicherheit schaffenden – Ausspruch über die (kraft Gesetzes in Fortfall geratene) Vertraulichkeitspflicht entgegen. Das gilt umso mehr, als mindestens eine Partei die veränderten Umstände zum Anlass nehmen wird, einen entsprechenden verfahrensleitenden Antrag an das Gericht zu stellen. 202

Wird eine Schutzanordnung vom Landgericht verweigert oder nachträglich wieder aufgehoben, so empfiehlt es sich *unbedingt*, die Wirkungen dieser Anordnung (= die Erlaubnis zur Verbreitung der bisher geschützten Information) unter die **Bedingung** zu stellen, 203

---

266 § 19 Abs 1 Satz 3 GeschGehG.
267 ... zu der selbstverständlich zunächst der Antragsteller mit einer Replik angehört werden darf.

dass der Zurückweisungs- oder Aufhebungsbeschluss **rechtskräftig** ist. Auf diese Weise wird verhindert, dass eine spätere korrigierende, den Geheimnisschutz anerkennende Beschwerdeentscheidung[268] dem Geheimnisträger deshalb nichts mehr nützt, weil die schutzbedürftige Information bereits vorher (auf der Grundlage der abgeänderten landgerichtlichen Zurückweisungs- oder Aufhebungsentscheidung) bekannt geworden ist.

204 Auch zu **Beginn** kann ein **Sicherungsmechanismus** dergestalt eingebaut werden, dass für die Zustellung an den Prozessgegner ein um die Geschäftsgeheimnisse geschwärzter Schriftsatz bei Gericht eingereicht wird. Geschieht dies, wird nur dessen Inhalt Bestandteil der Akte und bildet den Streitstoff für die gerichtliche Entscheidung. Dem Gericht kann demgegenüber ein die Geheimnisse enthaltener (ungeschwärzter) Schriftsatz überlassen werden, wobei dessen Zustellung an den Gegner davon abhängig gemacht wird, dass das Gericht eine einseitig vorläufige Schutzanordnung erlässt. In diesem einstweiligen Schutz erschöpft sich allerdings die vom Geheimnisträger zu erzielende Sicherheit. Denn ergeht die Schutzanordnung und wird sie nach Gewährung rechtlichen Gehörs später aufgehoben, so ist das Geheimnis Teil der Akte und des Streitstoffs und das Geschäftsgeheimnis nicht mehr zu retten. Der Rechtszug um den Geheimnisschutz blockiert den Fortgang des Erkenntnisverfahrens auf diese Weise nicht. Denn wenn kein vorläufiger Schutz gewährt wird, ist der Rechtsstreit mit dem geschwärzten Vorbringen zu führen und zu entscheiden. Wird ein vorläufig einseitiger Schutz gewährt, wird der ungeschwärzte Vortrag mit der Zustellung des ungeschwärzten Textes zur Entscheidungsgrundlage und es kann im Nachgang geklärt werden, ob es bei der Schutzanordnung verbleibt.

205 In der Rechtsprechung[269] ist darüber hinaus angenommen worden, dass der Geheimnisträger seinen geheimhaltungsbedürftigen **Sachvortrag** ebenso wie seine Antragsformulierung **unter die Bedingung** stellen kann, **dass** ihm für die fraglichen Informationen rechtskräftig ein **Geheimnisschutz zugebilligt wird**, und dass es ihm sogar gestattet ist, die geheimhaltungsbedürftigen Informationen in seinem Sachvortrag und bei der Formulierung des Klageantrages von vornherein so lange zurückzustellen, bis zu seinen Gunsten eine Geheimhaltungsanordnung ergangen ist. Folge dessen ist, dass das Erkenntnisverfahren und das Geheimnisschutzverfahren aufs Engste miteinander gekoppelt sind. Das Gericht hat nämlich so zeitig über den Schutzantrag zu entscheiden, dass vor dem instanzbeendenden Sacherkenntnis notfalls noch eine Beschwerdeentscheidung zum Geheimnisschutz eingeholt werden kann.[270] Dementsprechend wird, wenn das Gericht die gebotene beschleunigte Entscheidung über den Schutzantrag unterlässt, argumentiert, dass es in verfassungswidriger Weise das Recht der Partei einschränke, sich mit dem angekündigten (bedingten) Sachvortrag zu den als geheimhaltungsbedürftig eingeschätzten Tatsachen **rechtliches** Gehör zu verschaffen.[271] Das wiederum hat weitreichende prozessuale Konsequenzen: Indem die Sachentscheidung bis zur Erledigung des Geheimnisschutzverfahrens aufgeschoben wird, ist es der Partei möglich, ihren bedingten Sachvortrag, sollte ihr ein Geheimnisschutz endgültig versagt werden, wieder zurückzuziehen (wenn auch ggf um den Preis eines Unterliegens im Prozess) bzw einen prozessual gebotenen substanziellen, die Geschäftsgeheimnisse offenbarenden Sachvortrag im Interesse eines fortdauernden Geheimnisschutzes bis zum Ergehen einer Schutzanordnung erst gar nicht zu halten. Die strategische Anbringung eines Schutzantrages erlaubt es ferner, einen bevorstehenden Verhandlungstermin im Erkenntnisverfahren nach Belieben zu torpedieren und dessen Vertagung zu erzwingen.

---

268 Zu den Anfechtungsmöglichkeiten vgl unten Rdn 245 f.
269 OLG Stuttgart, WRP 2021, 242 – Schaumstoffsysteme.
270 OLG Stuttgart, WRP 2021, 242 – Schaumstoffsysteme.
271 OLG Stuttgart, WRP 2021, 242 – Schaumstoffsysteme.

Kritik: Das überzeugt nicht. Hinter den §§ 16 bis 20 GeschGehG steht nicht ein Konzept, das den Geheimnisträger von seinen regulären Prozesspflichten (zur bestimmten Formulierung eines Klageantrages, zu substantiiertem Sachvortrag und zur Widerlegung einer gesetzlichen Vermutung) suspendieren soll, so lange über sein Schutzbegehren noch nicht entschieden ist. Der mit den genannten Vorschriften beabsichtigte Nutzen besteht vielmehr darin, dass die Parteien, wenn sie im Prozess zu ihrer Rechtsverfolgung oder Rechtsverteidigung Geschäftsgeheimnisse offenbaren müssen, dies – anders als früher – nicht schutzlos tun müssen, sondern um eine begleitende gerichtliche Schutzanordnung nachsuchen können, mit der dem Prozessgegner untersagt wird, die ihm durch den Rechtsstreit vermittelten geheimen Informationen zu verbreiten. Dass dem so ist, wird schon daran deutlich, dass der Antragsteller die Geheimnisqualität glaubhaft zu machen hat, was typischerweise eine konkrete Benennung der schutzbeanspruchten Information voraussetzt. Dessen bedarf es nicht zuletzt auch deshalb, weil der Prozessgegner durch eine Schutzanordnung nicht unerheblich belastet wird und er Anspruch darauf hat, nur exakt in demjenigen Umfang – und nicht darüber hinaus – verpflichtet zu werden, in dem tatsächlich Geschäftsgeheimnisse zu wahren sind. Diese können deswegen nicht allgemein-abstrakt umrissen werden, sondern sind konkret und spezifiziert zu bezeichnen. In dieselbe Richtung weist – sogar noch klarer – der Umstand, dass das Gericht im Falle einer Stattgabe gemäß § 16 Abs 1 GeschGehG die *streitgegenständlichen Informationen* als geheimhaltungsbedürftig einzustufen hat, die ein Geschäftsgeheimnis sein können. »Streitgegenständlich« ist dasjenige Vorbringen, das aufgrund des Parteivortrags den Prozessstoff für die gerichtliche Sachentscheidung bildet. Weil mit der gerichtlichen Feststellung, dass bestimmte Informationen geheimhaltungsbedürftig sind, für den Prozessgegner kraft Gesetzes und ohne weiteres die strafbewährte (§ 17 GeschGehG) Verpflichtung verbunden ist, die betreffenden Informationen geheim zu halten, muss der gerichtliche Ausspruch die geheim zu haltenden Informationen bestimmt bezeichnen. § 20 Abs 4 GeschGehG ordnet schließlich an, dass, wenn *mit* dem Schutzantrag oder *im Anschluss an* eine Schutzanordnung Schriftstücke und sonstige Unterlagen eingereicht oder vorgelegt werden, der Antragsteller diejenigen Ausführungen zu kennzeichnen hat, die nach seinem Vorbringen Geschäftsgeheimnisse enthalten. Auch an dieser Stelle wird offensichtlich, dass sich jede Geheimnisschutzanordnung auf den regulär zu leistenden Prozessvortrag bezieht, der nach den allgemeinen Darlegungsregeln von der Prozesspartei zu halten ist. Eine Partei kann deshalb keinen Vortrag zurückhalten bis über ihr Schutzbegehren entschieden ist, sondern hat das Risiko auf sich zu nehmen, dass ihr schlussendlich kein Geheimnisschutz zugebilligt wird und die im Rechtsstreit vorgetragenen Informationen deshalb vom Prozessgegner weitergegeben werden können. Irgendwelche Gerechtigkeitsbedenken sind damit nicht verbunden. Denn wenn gerichtlich (abschließend) festgestellt ist, dass ein Geschäftsgeheimnis *nicht* vorliegt, gehört auch dies zur Wahrheit, die vom Antragsteller hinzunehmen ist. Existiert – gerichtlich bestätigt – kein Geschäftsgeheimnis, so kann auch kein unangemessener Eingriff damit verbunden sein, dass die betreffende – eben nicht geheimhaltungsbedürftige – Information offenbar wird. Liegt – umgekehrt – ein Geschäftsgeheimnis vor, so sieht das Gesetz die angemessene Lösung darin, dass das Gericht ausnahmsweise einseitig (dh ohne Gewährung des verfassungsrechtlich grundsätzlich gebotenen rechtlichen Gehörs) eine vorläufige Geheimnisschutzanordnung treffen kann, die im Anschluss unter Berücksichtigung der Einlassung des Gegners überprüft wird, woraus folgt, dass es nicht richtig sein kann, den Geheimnisträger darüber hinaus dadurch in Schutz zu nehmen, dass ihm zu gestattet wird, im Prozess mit einem unsubstantiierten, die Geheimnisse von vornherein aussparenden Sachvortrag aufzuwarten.

Zu erwägen ist allenfalls, ob ein Einwand gegen die getroffene Sachentscheidung nicht zumindest dann begründet ist, wenn es das Gericht **pflichtwidrig versäumt**, über einen rechtzeitig gestellten Schutzantrag vor Abschluss seiner Instanz zu entscheiden, obwohl hierzu Gelegenheit bestanden hätte. Zum Prozesskostenhilfeverfahren ist insoweit anerkannt, dass, wenn die Partei vor Ablauf der Berufungsbegründungsfrist Prozesskostenhilfe beantragt hat und das Gericht beabsichtigt, Prozesskostenhilfe zu versagen, es vor Verwerfung der Berufung als unzulässig (wegen Fehlens einer fristgerechten Rechtsmittelbegründung) über das Prozesskostenhilfegesuch zu entscheiden hat. Gerechtfertigt wird diese Rechtsprechung mit der Überlegung, dass durch die gleichzeitige Verwerfung der Berufung als unzulässig und die Versagung von Prozesskostenhilfe für das Berufungsverfahren die Durchführung des Berufungsverfahrens für die Partei in unzumutbarer Weise erschwert und dadurch ihr **Anspruch auf Gewährung wirkungsvollen Rechtsschutzes** verletzt wird, weil die Partei im Falle der Versagung von Prozesskostenhilfe die Gelegenheit haben muss, einen Antrag auf Wiedereinsetzung in den vorigen Stand zu stellen, wenn sie beabsichtigt, das Berufungsverfahren auf eigene Kosten durch Begründung der Berufung fortzuführen.[272] Diese Erwägungen sind auf die Nichtbescheidung eines Geheimnisschutzantrages indessen nicht übertragbar, weil dem Geheimnisträger gegen die Untätigkeit des Gerichts andere wirksame Rechtsschutzmöglichkeiten in Form der sofortigen Beschwerde an das übergeordnete OLG zur Verfügung stehen:

208 – Zwar ist eine **Untätigkeitsbeschwerde** seit dem Inkrafttreten des Gesetzes über den Rechtsschutz bei überlangen Gerichtsverfahren und strafrechtlichen Ermittlungsverfahren vom 24.11.2011 grundsätzlich nicht mehr statthaft. Durch die gesetzliche Neufassung sollten die Anforderungen des Art 13 EMRK erfüllt werden, der verlangt, dass einem Betroffenen ein Rechtsbehelf bei einer innerstaatlichen Instanz zusteht, mit dem er rügen kann, die aus Art 6 Abs 1 EMRK folgende Verpflichtung, über eine Streitigkeit innerhalb angemessener Frist zu entscheiden, sei verletzt. Nach der Rechtsprechung des Europäischen Gerichtshofs für Menschenrechte ist ein innerstaatlicher Rechtsbehelf bei überlanger Verfahrensdauer in der gebotenen Weise wirksam, wenn der Rechtsbehelf geeignet ist, entweder die befassten Gerichte zu einer schnelleren Entscheidungsfindung zu veranlassen (präventive Wirkung) oder wenn dem Rechtsuchenden für die bereits entstandenen Verzögerungen eine angemessene Entschädigung gewährt wird (kompensatorische Wirkung). Der deutsche Gesetzgeber hat sich bewusst für die Kompensationslösung entschieden, womit gegen die Untätigkeit des Gerichts keine Rechtsmittelmöglichkeit zu einer höheren Instanz gegeben ist.[273]

209 – In speziellen Zusammenhängen kennt die Rechtsordnung aber sehr wohl abweichende Regelungen. Beispielsweise ordnet § 171 Abs 2 GWB für das Vergabeverfahren an, dass der Antragsteller gegen die Untätigkeit der Vergabekammer mit einer sofortigen Beschwerde vorgehen kann, wobei eine ablehnende Entscheidung der untätigen Vergabekammer fingiert wird und die Sachentscheidungszuständigkeit von der Vergabekammer auf den Vergabesenat übergeht.[274]

210 – Eine vergleichbar eindeutig formulierte Norm findet sich in den Vorschriften des GeschGehG – jedenfalls auf den ersten Blick – nicht. Zu der Möglichkeit, eine Schutzanordnung bereits einstweilen vor einer Anhörung des verpflichteten Gegners zu erlassen, weist die Gesetzesbegründung jedoch ausdrücklich darauf hin, dass damit die Tatsache berücksichtigt wird, dass die den Antrag stellende Partei schutzbedürftig ist und eine Anhörung der anderen Partei vor Anordnung der Maßnahmen den Schutz des Geschäftsgeheimnisses bereits beeinträchtigen kann. Von daher werde die anfänglich umfassende Anordnung der Geheimhaltung auf Grund des hohen Schutzbedürfnisses der den Antrag stellenden Partei den Regelfall darstellen.[275] Im Zusam-

---

272 BGH, MDR 2011, 748.
273 BGH, NJW 2013, 385; BGH, MDR 2020, 622.
274 BGH, NZBau 2020, 798 – Fahrscheindrucker.
275 BT-Drucksache 19/4724 v 4.10.2018.

menhang mit der gespaltenen Anfechtbarkeit landgerichtlicher Entscheidungen im Geheimnisschutzverfahren heißt es weiter: »Wird die Geheimhaltung bzw Beschränkung angeordnet, soll diese Anordnung erst mit einem etwaigen Rechtsmittel in der Hauptsache überprüft werden. Da der Schutz des Geschäftsgeheimnisses gewährleistet ist, kann die Beeinträchtigung des Beklagten insofern hingenommen werden. Lehnt das erstinstanzliche Gericht hingegen Maßnahmen nach § 16, § 17 oder § 19 ab, gerät das Geschäftsgeheimnis in Gefahr. In diesem Fall soll die ablehnende Entscheidung zunächst durch sofortige Beschwerde überprüft werden können.« Eine nicht weniger akute und deshalb gleichermaßen regelungsbedürftige Gefahrenlage für das Geschäftsgeheimnis besteht, wenn das Landgericht im Schutzverfahren pflichtwidrig untätig bleibt, indem es eine ihm mögliche Entscheidung zum Geheimnisschutz ohne rechtfertigenden Grund über längere Zeit unterlässt. § 20 Abs 5 GeschGehG trifft eine solche Regelung. Wenn die Vorschrift anordnet, dass eine das Geheimnis schützende Anordnung nur gemeinsam mit dem Rechtsmittel in der Hauptsache angegriffen werden kann und dass »*im Übrigen* die sofortige Beschwerde stattfindet«, so sind mit der Formulierung »im Übrigen« alle denkbaren Konstellationen außer der – eingangs in Bezug genommenen – Stattgabe des Schutzantrages erfasst. Zu ihnen gehören zurückgewiesene Schutzanträge genauso wie pflichtwidrig nicht beschiedene.

Eine andere Frage ist, ob das Gericht bei *unveränderter* Sachlage auch von sich aus – dh ohne Rücksicht auf einen Antrag oder Rechtsbehelf (dazu später[276]) oder ein neues Vorbringen der Parteien – befugt ist, eine einmal getroffene Schutzanordnung nach ihrem Erlass allein deshalb ganz oder teilweise zurückzunehmen, weil es erkennt, dass die Anordnung richtigerweise nicht oder nicht in dieser Form hätte ergehen dürfen. Die Antwort hängt davon ab, ob es im Zusammenhang mit einer die Patentstreitsache begleitenden Geheimhaltungsanordnung zu einer **Selbstbindung des Gerichts** kommt. Solches ist richtigerweise nicht der Fall. Grundsätzlich binden Beschlüsse das sie erlassende Gericht, so lange es in der Instanz mit der Sache befasst ist, nicht, weswegen Beschlüsse auch von Amts wegen aufgehoben oder geändert werden können.[277] Anderes gilt für urteilsähnliche und für verfahrensgestaltende Beschlüsse[278], um die es sich vorliegend jedoch nicht handelt. Die Auferlegung einer Vertraulichkeitspflicht hat zwar rein faktische und in den Fällen des § 19 GeschGehG auch gewisse rechtliche Konsequenzen für das Patentstreitverfahren; diese Auswirkungen sind jedoch nicht konstitutiv wie beispielsweise die Bewilligung oder Versagung einer Wiedereinsetzung in den vorigen Stand, mit der die Prozesssituation in die eine oder andere Richtung umgestaltet wird. Für eine Abänderungsbefugnis spricht nicht zuletzt auch der Umstand, dass der Antragsgegner einer Schutzanordnung diese nur mit einem Rechtsmittel zur Hauptsache anfechten kann, was verdeutlicht, dass die Entscheidungsbefugnis bis dahin bei dem untergeordneten Instanzgericht verbleiben muss. Denn es ist gänzlich ausgeschlossen, dass eine als unrichtig erkannte Schutzanordnung für die restliche Verfahrensdauer in der Instanz von niemandem soll korrigiert werden können, sondern die Beteiligten stattdessen gehalten sind, unter dem ihnen rechtswidrig auferlegten Zustand auszuharren.

dd) Nachtrag: FRAND

Ein Geheimnisschutz durch Informationserteilung nur an die zur **Verschwiegenheit auch gegenüber dem eigenen Mandanten** verpflichteten Anwälte des Verletzers (wie dies in umgekehrter Konstellation aus dem Düsseldorfer Besichtigungsverfahren geläufig

---

276 Rdn 219.
277 BGH, NJW-RR 2006, 1554.
278 BGH, Beschluss v 9.11.2017 – V ZB 25/17.

ist[279]) kommt in FRAND-Konstellationen – und auch sonst – nicht in Betracht. Das gilt aus Rechtsgründen schon wegen des Anspruchs der Partei auf Gewährung rechtlichen Gehörs und ergibt sich rein tatsächlich überdies daraus, dass der Anwalt, auf sich allein gestellt, zu einer sachgerechten Erörterung der Lizenzbedingungen kaum in der Lage sein wird. Ein Ausschluss der Partei von den Prozessinformationen kommt ausnahmsweise infrage, wenn die vom gegnerischen Vortrag abgeschnittene Partei *ausdrücklich und unzweideutig* auf ihren verfassungsrechtlichen Anspruch auf (eigenes) rechtliches Gehör verzichtet.[280] Dies zu tun, steht in ihrem freien Belieben, weswegen aus der Verweigerung einer solchen Verzichtserklärung keine nachteiligen Schlüsse auf die Lizenz- oder Verhandlungsbereitschaft der Partei gezogen werden dürfen. Die Verzichtserklärung des einfachen **Streithelfers** genügt nicht, weil nur die den Prozess führende Partei darüber zu bestimmen hat, welcher Sachvortrag der gerichtlichen Entscheidungsfindung zugrunde liegt.[281] Umgekehrt gilt dasselbe: Bei einem Verzicht der Hauptpartei hindert ein Widerspruch des Streithelfers die Berücksichtigung der vertraulichen Informationen trotz Schweigepflicht der Anwälte nicht, und zwar auch dann nicht, wenn die Geheimhaltungsinteressen ausschließlich oder vordringlich beim Nebenintervenienten und nicht bei der Hauptpartei liegen. Eine andere Frage ist, wie in einem solchen Fall die Vertraulichkeit gegenüber dem Streithelfer, der selbst zu keiner Verzichtserklärung bereit ist, gewährleistet wird. Dem wird sogleich noch gesondert nachgegangen. Ein weiterer Ausnahmefall mag dort anzunehmen sein, wo andere Schutzmaßnahmen, insbesondere die sogleich zu erörternde Vertragsstrafeerklärung, keinen angemessenen Vertraulichkeitsschutz gewährleisten, zB weil eine verwirkte Vertragsstrafe im Schuldnerstaat wegen des dortigen Justizsystems faktisch nicht durchsetzbar ist. Hier wäre denkbar, den vollständigen Vertragstext nur den zur Verschwiegenheit zu verpflichtenden Anwälten zugänglich zu machen und diesen zu gestatten, ihrer Partei nur bestimmte, abschließende Informationen zum Vertragsinhalt mitzuteilen. Auch hier entscheiden die Verhältnisse des Einzelfalles.

213 Besondere Geheimhaltungsprobleme stellen sich, wenn dem Rechtsstreit **auf Verletzerseite** ein **Streithelfer** beigetreten ist, der – anders als die unterstützte Hauptpartei – weder auf *sein* rechtliches Gehör verzichten will[282] (was ihm grundsätzlich freisteht) noch erklärtermaßen zur Geheimhaltung bereit und somit iSv § 19 Abs 1 Satz 1 GeschGehG unzuverlässig ist. Das Dilemma folgt daraus, dass der Streithelfer einerseits am Prozessgeschehen zu beteiligen ist (§ 71 Abs 3 ZPO), andererseits jedoch im Interesse des sich offenbarenden Prozessgegners ein Geheimnisschutz auch im Verhältnis zu ihm sichergestellt werden muss. Da der Verletzungsbeklagte nicht für das Verhalten seines Streithelfers verantwortlich ist, auf das er im Zweifel keinerlei Einfluss hat, ist es ausgeschlossen, ihm (dem Verletzungsbeklagten) die Weigerung seines Streithelfers anzulasten, etwa indem deswegen auf eine mangelnde Lizenz- oder Verhandlungsbereitschaft des beklagten Verletzers geschlossen wird. Die Folgen einer vom Streithelfer ohne triftigen Grund verweigerten Geheimhaltungszusage müssen nach dem Verursacherprinzip vielmehr den Streithelfer treffen. Einen rechtlichen Ansatzpunkt hierfür bietet der Grundsatz, dass sich der Streithelfer nicht in Widerspruch zu dem Prozessverhalten der unterstützten Partei setzen darf (§ 67 ZPO).[283] Das schließt ein, dass sich der Streithelfer einem berechtigten Geheimhaltungsverlangen nicht widersetzt, dem die unterstützte Hauptpartei im Interesse ihrer Prozessführung im Verletzungsrechtsstreit Rechnung zu tragen gewillt ist. Daraus und aus dem gleichzeitigen Erfordernis eines Geheimnisschut-

---

279 Vgl Kap B Rdn 117.
280 OLG Düsseldorf, Beschluss v 14.12.2016 – I-2 U 31/16.
281 OLG Düsseldorf, Beschluss v 14.12.2016 – I-2 U 31/16.
282 Zum eigenen Gehörsanspruch des Nebenintervenienten vgl BGH, NJW 2009, 2679; BAG, MDR 1988, 346.
283 BGH, MDR 2007, 1442.

zes auch gegenüber dem Streithelfer wird man folgern müssen, dass der Streithelfer im Prozess von den geheimhaltungsbedürftigen Informationen, deren Vertraulichkeit er grundlos nicht zusichern will, ausgeschlossen bleiben muss, indem ihm bloß eine geschwärzte Fassung der die Betriebsgeheimnisse enthaltenden Schriftsätze (sowie des Urteils) überlassen wird und er für die Dauer von deren Erörterung der mündlichen Verhandlung fernzubleiben hat.[284] Der Anspruch des Streithelfers auf rechtliches Gehör erleidet mithin in dem Umfang eine Einschränkung, in dem er sich den berechtigten Geheimhaltungsbelangen der Prozessparteien widersetzt. In einem späteren Folgeprozess zwischen dem Verletzungsbeklagten und seinem Streithelfer hat letzterer die Ergebnisse des Vorprozesses dennoch uneingeschränkt gegen sich gelten zu lassen. Angesichts des vom Streithelfer an den Tag gelegten pflichtwidrigen Verhaltens im Verletzungsrechtsstreit besteht kein Anlass, die Bindungswirkung aus der Nebenintervention (§ 68 ZPO) zu limitieren.

e) Anordnungsprozedere

aa) Gerichtsseite

Zuständig für prozessuale Anordnungen zum Geheimnisschutz ist das Gericht der Hauptsache, also derjenige Spruchkörper, der zu der fraglichen Zeit (zu der über eine Schutzmaßnahme zu befinden ist) mit der Patentstreitsache befasst ist. Dies kann im Einzelfall auch das Berufungsgericht sein (§ 20 Abs 6 Nr 2 GeschGehG), wenn sich erst vor ihm die Notwendigkeit einer Schutzanordnung ergibt (zB, weil der Beklagte erstmals im Rechtsmittelzug zur Widerlegung der Vermutung aus § 139 Abs 3 Satz 2 PatG ansetzt und deswegen um Geheimnisschutz nachsucht). Auf die Zuständigkeit des angerufenen Gerichts in der Hauptsache kommt es nicht an; auch ein unzuständiges Gericht hat in Bezug auf Schutzanordnungen tätig zu werden, wenn solche schon vor einer etwaigen Verweisung des Rechtsstreits veranlasst sind (zB weil die schutzbeanspruchten Geheimnisse im Rahmen der notwendigen Gewährung rechtlichen Gehörs zur Zuständigkeitsfrage Schaden nehmen können). Wird Geheimnisschutz im und für das Zwangsvollstreckungsverfahren nach erstinstanzlicher Verurteilung begehrt, so ist das Erkenntnisgericht der 1. Instanz, welches in den Verfahren nach §§ 888, 890 ZPO als Vollstreckungsgericht agiert, »Gericht der Hauptsache«, selbst wenn sich der Verletzungsrechtsstreit als solcher im Berufungsverfahren befindet.[285]

214

Schutzanordnungen sind ab **Anhängigkeit** der Streitsache zulässig (§ 20 Abs 1 GeschGehG) und *können* (nicht: müssen!) daher ohne vorherige Anhörung des Gegners ergehen. Von dieser Möglichkeit ist freilich nur Gebrauch zu machen, wenn bereits der verfahrenseinleitende Schriftsatz vertrauliche Inhalte haben kann, die eines Geheimnisschutzes bedürfen. Vorheriges **rechtliches Gehör** ist demgegenüber immer dann zu gewähren, wenn der fragliche Schriftsatz dem Gegner – was die Ausnahme darstellen dürfte – ohne Gefährdung einer möglicherweise geheimhaltungsbedürftigen Information zur Kenntnis gebracht werden kann. Ergeht eine Schutzanordnung, ohne dass dem Gegner rechtliches Gehör gewährt worden ist, so ist dessen Anhörung unverzüglich nachzuholen (§ 20 Abs 2 Satz 1 GeschGehG). Im Anschluss ist das Gericht – insoweit ohne Parteiantrag – befugt, seine Schutzanordnung aufzuheben oder inhaltlich abzuändern, wenn und soweit sich erweist, dass angesichts der Einlassung des Antragsgegners eine abweichende Entscheidung zum Geheimnisschutz geboten ist (§ 20 Abs 2 Satz 2 GeschGehG).

215

---

284 OLG Düsseldorf, Beschluss v 25.4.2018 – I-2 W 8/18.
285 LG Mannheim, GRUR-RR 2022, 301 – Geheimnisschutzanordnung.

D. Klageverfahren

216 Ausdrücklich sieht das Gesetz eine Anhörung nur für die Parteien des Rechtsstreits[286] vor, aber nicht für die **übrigen Prozessbeteiligten** (wie Anwälte, Zeugen, Sachverständige, Justizpersonal, etc). Dies erscheint auf den ersten Blick überraschend, weil für sie die gerichtlichen Schutzanordnungen nach § 16 GeschGehG dieselben Vertraulichkeitspflichten entfalten wie für die Parteien und deren Missachtung in gleicher Weise die Verhängung von Ordnungsmitteln (§ 17 GeschGehG) nach sich ziehen kann. Gerade deswegen bestimmt § 20 Abs 5 Satz 2 GeschGehG, dass es »die Beteiligten« (und nicht nur die Parteien) sind, die über die Wirkung der Einstufung einer bestimmten Information als geheimhaltungsbedürftig und die Folgen einer Zuwiderhandlung gegen das gesetzliche Vertraulichkeitsgebot zu unterrichten sind. Bei näherem Hinsehen erweist sich der Gesetzestext jedoch als zutreffend, weil tatsächlich keine Notwendigkeit besteht, den sonstigen Beteiligten im Zusammenhang mit einer beantragten Schutzanordnung rechtliches Gehör zu gewähren, damit sie eine auch sie belastende Schutzmaßnahme abwenden können. Denn durch die Schutzanordnung sind die übrigen Beteiligten – anders als die gegnerische Partei – nicht in eigenen subjektiven Rechten betroffen, was von Verfassungs wegen (Art 103 Abs 1 GG) ihren Anspruch auf rechtliches Gehör begründen könnte. Während nämlich der Prozessgegner unter Geltung einer gerichtlichen Geheimhaltungsorder in seiner Prozessführungsfreiheit limitiert ist, indem er beispielsweise einen externen Experten, den er zu Rate ziehen will, nicht, jedenfalls nicht ohne weiteres, mit dem Streitstoff befassen darf, findet ein vergleichbarer Eingriff in die Rechtssphäre der sonstigen Verfahrensbeteiligten nicht statt. Für sie wirkt sich die Einstufung einer bestimmten Information als geheimhaltungsbedürftig nicht anders aus als jedes andere beliebige gesetzliche Verbot, das unter Strafandrohung zu beachten ist. So wenig wie ein Beteiligter das Briefgeheimnis verletzen darf, genauso wenig darf er geheimhaltungsbedürftige Informationen, die ihm zur Kenntnis gegeben worden sind, verraten. Das Fehlen eines Betroffenseins in eigenen Rechtspositionen zeigt sich ganz augenfällig auch daran, dass abgesehen von den Parteien (und ihren Streithelfern) kein anderer Beteiligter aus seinem eigenen Wissen heraus einen Beitrag in der Diskussion um die Notwendigkeit einer Schutzanordnung leisten kann, jedenfalls keiner von ihnen irgendeinen *seine* Person betreffenden Belang ins Feld führen könnte, der im Zusammenhang mit dem Für und Wider einer Schutzanordnung eine Rolle spielen könnte.

217 Oben wurde bereits die Pflicht des Gerichts erörtert, alle diejenigen, die infolge einer Schutzanordnung nach § 16 Abs 1 GeschGehG zur Vertraulichkeit verpflichtet sind, über ihre Pflicht zur Geheimhaltung und die Folgen einer Zuwiderhandlung zu **belehren** (§ 20 Abs 5 Satz 2 GeschGehG). Zu klären ist an dieser Stelle noch, welche Personen aus dem potenziell weit verzweigten Beteiligtenkreis vernünftigerweise auf welche Weise zu unterrichten sind. Eindeutig zu bejahen ist eine sofortige Belehrungspflicht für (1) die Parteien des Rechtsstreits und ihre Streithelfer, (2) für deren jeweilige Rechts- und Patentanwälte sowie (3) für von ihnen bereits bemühte Privatgutachter, sofern die ernstzunehmende Möglichkeit besteht, dass sie mit den als geheimhaltungsbedürftig eingestuften Informationen in Berührung kommen können. Beabsichtigt eine Partei erst nach dem Erlass einer Schutzanordnung, einen (ggf weiteren) Privatgutachter hinzuzuziehen, dem die vertraulichen Informationen zugänglich gemacht werden sollen, so hat sie dies dem Gericht vorab unter Mitteilung von dessen Kontaktdaten anzuzeigen, damit die betreffende Person rechtzeitig über ihre Pflicht zur Geheimhaltung belehrt werden kann und der Geheimnisträger überdies die Chance erhält, erforderlichenfalls um eine den betreffenden Gutachter ausschließende Schutzanordnung nach § 19 Abs 1 GeschGehG anzutragen. Die Anzeigepflicht folgt aus der eigenen Vertraulichkeitspflicht der Partei und ihrer Prozessvertreter, über die der (weitere) Gutachter seine Informationen beziehen würde. Für die erkennenden Richter, die die Schutzanordnung erlassen haben, erübrigt

---

286   ... zu denen auch deren Streithelfer zu zählen sind.

sich eine Belehrung genauso wie im Allgemeinen für Justizwachtmeister, die lediglich mit dem Aktentransport befasst sind und die sich zudem wegen ihres ständig wechselnden Einsatzes kaum für die voraussichtliche Dauer des Rechtsstreits identifizieren lassen. Sie bedürfen prinzipiell keiner Belehrung, weil von ihnen schlechterdings nicht erwartet werden kann, dass sie Einblick in die Gerichtsakten nehmen. Belehrungspflichtig sind demgegenüber Rechtspfleger, Service- und Kanzleikräfte, die mit der fraglichen Gerichtsakte im Rahmen ihres Zuständigkeitsbereichs in Kontakt kommen und deren Aufgabe – im Gegensatz zum Wachtmeisterdienst – gerade in einer sachlichen Bearbeitung unter Rückgriff auf den Akteninhalt besteht. Werden Gerichtsgutachter eingeschaltet, sind diese ebenfalls vor Aushändigung der Akte an sie zu belehren. Für Zeugen, die im Zuge ihrer Befragung mit geheimhaltungsbedürftigen Informationen konfrontiert werden sollen, gilt dasselbe.

218 Die gerichtliche Entscheidung über den Antrag auf eine Schutzmaßnahme ergeht (ob zurückweisend oder stattgebend) in Beschlussform (§ 20 Abs 5 Satz 1 GeschGehG). Wegen der besonderen Bedeutung eines Geschäftsgeheimnisses ist das Gericht vor einer abschlägigen Erkenntnis zu einer ganz besonderen Form der Gewährung rechtlichen Gehörs verpflichtet, indem es den Antragsteller vorher auf seine Absicht einer Zurückweisungsentscheidung und die Gründe hierfür hinzuweisen und ihm eine angemessene Frist zur Stellungnahme zu den **gerichtlichen Hinweisen** zu setzen hat (§ 20 Abs 5 Satz 3 GeschGehG). Der Antragsteller kann den Hinweis auch dazu nutzen, den aus seiner Sicht geheimhaltungsbedürftigen Vortrag, dem das Gericht keinen Geheimnisschutz zuzuerkennen beabsichtigt, zurückzuziehen mit der Folge, dass er fortan keinen für die Gerichtsentscheidung beachtlichen Sachvortrag mehr darstellt, dafür aber auch von dem eingeweihten Gegner nicht offengelegt werden darf, weil die zum Zwecke seines rechtlichen Gehörs vorläufig vorgenommene Qualifizierung als »geheimhaltungsbedürftig« selbstverständlich fort gilt. Bedingung ist freilich, dass der betreffende Vortrag kombiniert mit einem Schutzantrag geleistet worden ist; was eine Partei zunächst schutzlos vorgetragen hat, ist und bleibt Aktenbestandteil und kann daraus nachträglich nicht mehr einseitig entfernt werden.

219 Wird der Kreis der Wissensträger beschränkt, so bereitet dies auf Seiten des Gerichts dann keine besonderen Probleme bei der Zustellung, wenn sich zum Zeitpunkt der Schutzanordnung und der notwendigen Zustellung für den Gegner bereits ein **Prozessbevollmächtigter** bestellt hat. In diesem Fall erfolgt die Zustellung des geheimhaltungsbedürftigen Schriftstückes durch das Gericht nämlich an ihn (den Prozessbevollmächtigten), sodass es in der Folge *seine* Aufgabe und Verantwortlichkeit ist, in der Kommunikation mit dem Mandanten dafür zu sorgen, dass das geheimhaltungsbedürftige Dokument nur an die als Wissensträger zugelassene(n) Person(en) gelangt. Enthält schon die verfahrenseinleitende Schrift Geschäftsgeheimnisse (für die im Zweifel zunächst nur der gesetzliche Vertreter des Gegners als Wissensträger zugelassen wird), so hat das Gericht – mangels eines Prozessbevollmächtigten – bei dessen Zustellung selbst Vorsorge dafür zu treffen, dass das Schriftstück beim Verfahrensgegner nicht in die falschen Hände gelangt. Es wird deshalb notwendig sein, die Zustellung auf eine Aushändigung an den gesetzlichen Vertreter (»eigenhändig«) zu beschränken, was sowohl im Inland als auch bei der **Auslandszustellung** sowohl nach dem Haager Zustellungsübereinkommen als auch nach der EU-Zustellungs-VO möglich ist. Gerade bei der Auslandszustellung ist damit jedoch in hohem Maße die Gefahr eines Scheiterns der Zustellung verbunden, weil der gesetzliche Vertreter für das Zustellungsorgan nicht persönlich erreichbar ist.

D. Klageverfahren

| **Praxistipp** | **Formulierungsbeispiel** |

220 Für die Praxis ist deshalb zu raten, die Klageschrift so abzufassen, dass auf die Darlegung von Geschäftsgeheimnissen verzichtet, der Anspruch aber dennoch schlüssig vorgetragen wird, was in aller Regel miteinander vereinbar ist. Sobald sich für den Gegner ein Prozessbevollmächtigter bestellt hat, kann der Inhalt der Klageschrift alsdann um die Geschäftsgeheimnisse angereichert und das Schutzverfahren durchgeführt werden. Da die Zustellung an den bestellten Anwalt geschieht, ist es dessen Aufgabe, bei seiner Kommunikation mit dem Mandanten dafür zu sorgen, dass die geheimhaltungsbedürftigen Informationen an die richtige Person gelangen.

bb) Antragstellerseite

221 Was der Antragsteller in seinem **Schutzantrag** anzugeben hat, hängt maßgeblich davon ab, ob er nur eine Anordnung nach § 16 Abs 1 GeschGehG anstrebt oder ob er darüber hinaus auch eine Beschränkung nach § 19 Abs 1 GeschGehG begehrt.

222 – In den Fällen des **§ 16 GeschGehG** hat er *konkret* und *unmissverständlich* zu identifizieren, welche einzelnen Informationen (die in Schriftsätzen, schriftlichen oder elektronischen Dokumenten, Mustern, Modellen oder dergleichen enthalten sein können) er vom Gericht als geheimhaltungsbedürftig eingestuft wissen will.

223 – In den Fällen des **§ 19 GeschGehG** hat der Schutzantrag – wiederum konkret und unmissverständlich – *zusätzlich* anzugeben,

224 • für welche einzelnen Informationen, die vom Gericht als geheimhaltungsbedürftig eingestuft werden sollen, eine Zugangsbeschränkung angeordnet werden soll,

225 • auf welche namentlich zu bezeichnenden Personen das Gericht den Zugang zu den besagten geheimhaltungsbedürftigen Informationen beschränken soll bzw welche namentlich zu bezeichnenden Personen von einem Zugang zu diesen Informationen ausgeschlossen werden sollen, und

226 • welche Dokumente, mündlichen Verhandlungen, Sitzungsaufzeichnungen und/ oder Sitzungsniederschriften von der Zugangsbeschränkung betroffen sein sollen.

227 In der **Antragsbegründung** ist glaubhaft zu machen (§ 294 ZPO), dass und warum (1) es sich bei den im Schutzantrag berücksichtigten Informationen um Geschäftsgeheimnisse handeln kann, sowie dass und warum (2) die glaubhaft gemachten Geschäftsgeheimnisse es rechtfertigen, eine Schutzanordnung nach § 16 GeschGehG (die ergehen *kann*, aber nicht in jedem Fall ergehen muss; Ermessen) zu erlassen.

228 Verfolgt der Schutzantrag zusätzlich eine Maßnahme nach § 19 GeschGehG, so ist (3) glaubhaft zu machen, dass und warum die Vertraulichkeitsorder allein nicht für einen angemessenen Geheimnisschutz ausreicht, sondern es darüber hinaus geboten ist, (a) den Zugang zu allen oder bestimmten geheimhaltungsbedürftigen Informationen in Dokumenten, mündlichen Verhandlungen und hierüber angefertigten Niederschriften (b) auf diejenigen Personen zu beschränken, die im Antrag bezeichnet sind, bzw diejenigen Personen von einem Zugang auszuschließen, die der Antrag benennt.

229 Um dem Gericht die Handhabung des Schutzbegehrens zu erleichtern, treffen den Antragsteller im Zusammenhang mit seiner Antragstellung **weitere Verhaltenspflichten**, die wiederum unterschiedlich ausfallen, je nach dem, ob bloß eine Schutzanordnung nach § 16 GeschGehG verlangt wird oder ob der Antrag außerdem auf eine Zugangsbeschränkung nach § 19 GeschGehG gerichtet ist:

– Mit Blick auf eine Schutzmaßnahme nach § 16 GeschGehG gilt Folgendes: Immer 230
dann, wenn der Antragsteller – sei es begleitend zu seinem Schutzantrag, sei es während des laufenden Verfahrens um die Anordnung einer Schutzmaßnahme, sei es im Anschluss an eine gerichtlich getroffene Schutzanordnung – ein Schriftstück oder eine sonstige Unterlage einreicht oder vorlegt (zB Schriftsatz, schriftliches oder elektronisches Dokument als Anlage oder Anhang, Muster, Modell), müssen diejenigen Informationen kenntlich gemacht werden, die nach dem Vorbringen des Antragstellers ein Geschäftsgeheimnis enthalten sollen (§ 20 Abs 4 Satz 1 GeschGehG). Auf welche Weise die Kennzeichnung erfolgt, ist nicht vorgeschrieben und deshalb dem Antragsteller überlassen. Die Maßnahme muss nur geeignet sein, dem Gericht im unmittelbaren Zusammenhang mit der Einreichung oder Vorlage und bevor es irgendwelche das mutmaßliche Geheimnis in Gefahr bringenden Dispositionen treffen kann, hinreichend deutlich zu machen, dass und inwiefern mit der Unterlage Geschäftsgeheimnisse zum Akteninhalt gemacht werden, die besonderer Aufmerksamkeit bedürfen.

– Soll nach § 19 Abs 1 Nr 1 GeschGehG der Zugang zu einem Dokument beschränkt 231
werden, das eine Partei oder ein Dritter eingereicht oder vorgelegt hat, oder ist eine dahingehende Schutzmaßnahme bereits gerichtlich angeordnet, wenn das Dokument zur Akte gelangt, muss zusätzlich zu dem vollständigen, die Geheimnisse enthaltenden Dokument eine einsehbare Dokumentenfassung vorgelegt werden, die die Geschäftsgeheimnisse nicht preisgibt (§ 20 Abs 4 Satz 2 GeschGehG). Die Pflicht zur Überlassung eines bereinigten Dokuments trifft in jedem Fall den Antragsteller, dh auch dann, wenn das Dokument nicht von ihm, sondern von dritter Seite in den Rechtsstreit eingeführt worden ist. Die Geheimnisse können auf jede taugliche Weise unkenntlich gemacht werden. Kommt der Antragsteller seiner Pflicht nicht nach, kann das Gericht – vorbehaltlich besserer Erkenntnisse (dazu sogleich) – davon ausgehen, dass der Antragsteller im Rahmen der Gewährung rechtlichen Gehörs mit einer Einsichtnahme des Antragsgegners in die vollständige Dokumentenfassung einverstanden ist. Das Gericht muss also grundsätzlich nicht von sich aus eine bereinigte Fassung des Dokuments anfertigen. Es hat allerdings dann anders zu verfahren, wenn ihm *besondere* Umstände bekannt sind, die die Vermutung eines Einverständnisses im konkreten Einzelfall nicht rechtfertigen. Solche Umstände liegen naturgemäß noch nicht in der Antragstellung nach § 19 Abs 1 GeschGehG als solcher; vielmehr bedarf es darüberhinausgehender Anhaltspunkte, die etwa darin zu Tage treten können, dass das Dokument in seinen geheimhaltungsbedürftigen Teilen als streng vertraulich und nur für die Augen des Gerichts bestimmt gekennzeichnet ist.

f) Zuwiderhandlung und deren Rechtsfolgen

aa) Ordnungsmittel

Handelt ein Verpflichteter schuldhaft seiner Vertraulichkeitspflicht zuwider, indem er 232
im Anschluss an eine rechtswirksam zustande gekommene Schutzanordnung (§ 16 Abs 1 GeschGehG) als geheimhaltungsbedürftig eingestufte Informationen nutzt oder offenlegt, so kann das Gericht auf Antrag (nicht von Amts wegen!) gegen ihn ein Ordnungsgeld von bis zu 100.000 € oder eine Ordnungshaft von bis zu 6 Monaten für jeden Verstoß verhängen. Im Falle der Festsetzung eines Ordnungsgeldes ist für den Fall, dass dieses nicht beigetrieben werden kann, sogleich eine Ersatzordnungshaft anzuordnen (§ 17 GeschGehG). Für die Bemessung des Ordnungsmittels, dessen Verjährung und zwangsweise Beitreibung gilt sinngemäß alles dasjenige, was für die Ordnungsmittel des § 890 ZPO[287] gilt. Wird die Schutzanordnung später aufgehoben oder tritt sie außer Kraft, so kommt es für die Sanktionsmöglichkeiten darauf an, ob die Geheimhaltungsor-

---

287 Vgl dazu Kap H Rdn 213 ff.

der rückwirkend oder ec nunc beseitigt wird. Nur im letztgenannten Fall bleiben Zuwiderhandlungen sanktionsfähig, die zu einem Zeitpunkt ergangen sind, für den die Vertraulichkeitspflicht wirksam bleibt.

233 Ist die geheimhaltungspflichtige Partei eine **juristische Person**, so besitzt diese – rein faktisch betrachtet – nicht als solche ein Wissen um das Geheimnis, sondern ausschließlich durch die bei ihr beschäftigten natürlichen Personen, vordringlich ihren gesetzlichen Vertreter. Da die »Partei« das Geschäftsgeheimnis kennen darf, zu dessen Schutz sie eben nur einer Vertraulichkeitspflicht unterliegt, ist der gesetzliche Vertreter (wenn keine beschränkende Anordnung nach § 19 Abs 1 GeschGehG ergangen ist) befugt, seine Mitarbeiter (auch unter Geltung einer Vertraulichkeitsorder nach § 16 GeschGehG) in die geheimhaltungsbedürftigen Informationen einzuweihen. Dies ist auch aus praktischen Erwägungen heraus unverzichtbar, weil es zur angemessenen Rechtsverfolgung oder Rechtsverteidigung in aller Regel des Fachwissens von unterhalb der Leitungsebene angesiedelten Mitarbeitern (zB aus der Entwicklungs- oder Patentabteilung) bedarf, die demzufolge zu dem Geschäftsgeheimnis hinzugezogen werden können müssen. Der Wissenstransfer innerhalb der Partei stellt von daher schon tatbestandsmäßig keine ahndungsfähige **Zuwiderhandlung** dar. Da die Befugnis streng auf die Prozesspartei und *deren* Personal begrenzt ist, gehören Mitarbeiter eines Konzernunternehmens, das nicht selbst Partei des Rechtsstreits ist, allerdings nicht zu demjenigen Personenkreis, der in Kenntnis gesetzt werden darf, auch dann nicht, wenn die Konzerngesellschaft intern für die Streitsache verantwortlich sein sollte. Etwas anderes gilt nur dann, wenn die betreffende Person von der Partei als »sonstiger Vertreter« benannt wird und ihr in dieser Eigenschaft der Zugang zu den Geschäftsgeheimnissen nicht verwehrt ist (§ 19 Abs 1 Satz 3 GeschGehG). Andererseits – und zum Ausgleich für das weitgehende Recht zur Unterrichtung von Mitarbeitern – hat die juristische Person für jegliche Vertraulichkeitspflichtverletzung sämtlicher Mitarbeiter einzustehen, die sie eingeweiht hat.

234 Nach dem Gesagten wird die Vertraulichkeit frühestens dadurch gebrochen und liegt eine Zuwiderhandlung erstmals dann vor, wenn das Geheimnis in einen **Bereich außerhalb der Partei** gelangt (indem zB ein Mitarbeiter der geheimhaltungspflichtigen Partei das Geschäftsgeheimnis gegenüber einem außenstehenden Dritten offenlegt oder nutzt). Ein relevanter Drittbezug liegt auch dann vor, wenn eine gerichtliche Zugangsbeschränkung nach **§ 19 Abs 1 GeschGehG** ergangen ist, die einzelne Personen von einer Kenntnisnahme der geheimhaltungsbedürftigen Information ausschließt. Wer eine derartige Person informiert, handelt seiner Vertraulichkeitspflicht aus § 16 Abs 2 GeschGehG zuwider und kann sanktioniert werden.

235 Ob bei einem der geschilderten Sachverhalte Ordnungsmittel festgesetzt werden können, hängt maßgeblich davon ab, ob den *gesetzlichen Vertreter*[288] der geheimhaltungspflichtigen Partei an dem geschehenen Vertraulichkeitsbruch auf Mitarbeiterebene ein **Schuldvorwurf** trifft. Solches ist in verschiedener Hinsicht denkbar:

236 – Ein Verschulden kann sich allein daraus ergeben, dass das Geschäftsgeheimnis von einer Person offengelegt oder genutzt wurde, die **ohne triftigen Grund** in die geheimhaltungsbedürftigen Informationen **eingeweiht** worden ist. Mitarbeiter, die in die Angelegenheit des Rechtsstreits nicht involviert sind und die hierzu auch keinen konstruktiven Beitrag leisten können, dürfen nicht in Kenntnis gesetzt werden, auch dann nicht, wenn sie intern zur Verschwiegenheit verpflichtet werden. Denn jeder unnötige Mitwisser vergrößert das Gefährdungspotenzial für das Geschäftsgeheimnis auch dann, wenn Vorkehrungen gegen einen Vertraulichkeitsbruch durch ihn getrof-

---

[288] Wie bei § 890 ZPO kommt es nur auf ihn und sein Organisations- oder Überwachungsverschulden an, nicht auf ein Fehlverhalten subalterner Mitarbeiter; vgl insoweit Kap H Rdn 176 ff.

– Mitarbeiter, die **zulässigerweise** über das Geschäftsgeheimnis **unterrichtet** wurden, weil sie in die Bearbeitung des Rechtsstreits und der dortigen Streitfragen eingebunden waren, sind – im Rahmen des nach den Regeln des Arbeitsrechts Zulässigen – angemessen strafbewährt zur Verschwiegenheit zu verpflichten und in diesem Zusammenhang nachdrücklich über die Konsequenzen eines Vertraulichkeitsbruchs zu belehren. Die interne Vertraulichkeitsvereinbarung hat dabei im Umfang des jeweils transferierten Wissens vollständig kongruent zu der gerichtlichen Geheimhaltungsanordnung zu erfolgen. Je nach Lage des Falles (insbesondere bei längerer Verfahrensdauer) kann es geboten sein, die anfängliche Belehrung über die Schweigepflicht und die etwaigen Folgen ihrer Missachtung mit dem gebotenen Nachdruck zu wiederholen. Schließlich ist die Einhaltung der Vertraulichkeitspflicht in geeigneter Weise zu überwachen. Zuwiderhandlungen, die möglich gewesen sind, weil Anzeichen für einen bevorstehenden Geheimnisbruch mangels hinreichender Überwachung nicht nachgegangen wurde, sind deshalb schuldhaft begangen. Das gleiche gilt, wenn vorgefallene Verstöße desselben oder anderer Mitarbeiter nicht konsequent geahndet wurden und es danach zu weiteren Verletzungen der Vertraulichkeitspflicht kommt.

237

– Ist die **Belehrung** nach § 20 Abs 5 Satz 2 GeschGehG versehentlich **unterblieben**, so hat dies keinen Einfluss auf die rechtliche Wirksamkeit der Schutzanordnung. Allenfalls *kann* es im Einzelfall, nämlich gegenüber rechtlich unerfahrenen Beteiligten, geboten sein, von einem geringeren Verschuldensvorwurf auszugehen als er bei ordnungsgemäßer Belehrung zu erheben wäre. Eine vollständige Exkulpation wird sich demgegenüber in aller Regel verbieten, weil sich jedermann schon bei oberflächlichem Nachdenken erschließt, dass mit der gerichtlichen Feststellung der *Geheimhaltungsbedürftigkeit* die Pflicht für alle in das Geheimnis Eingeweihten einhergeht, die so deklarierten Informationen vertraulich zu behandeln. Es entspricht ebenso dem gewöhnlichen und somit in Bedacht zu nehmenden Geschehensablauf, dass gerichtlich angeordnete Verhaltenspflichten für den Fall, dass sie missachtet werden, gerichtliche Sanktionen zur Folge haben.

238

Das für gesetzliche Vertreter der Partei Gesagte gilt in gleicher Weise für sonstige zur Vertraulichkeit Verpflichtete (wie **Prozessvertreter** oder **Sachverständige**), die im Rahmen ihrer Prozesstätigkeit dritte Mitarbeiter einzuweihen haben.

239

Neben der Partei ist deren **Geschäftsführer** nicht ebenfalls zu einem Ordnungsmittel heranzuziehen, soweit es um Verstöße von Mitarbeitern gegen die Vertraulichkeitspflicht geht. Anders verhält es sich, wenn der Geschäftsführer persönlich die geheimhaltungsbedürftige Information nutzt oder offenlegt.

240

Zuständig für die Entscheidung über Ordnungsmittelanträge ist das Gericht der Hauptsache (§ 17 Satz 1 GeschGehG). Nach der Legaldefinition in § 20 Abs 6 GeschGehG ist dies das Landgericht als Gericht erster Instanz in Patentstreitsachen (Nr 1) sowie das übergeordnete Oberlandesgericht, sobald und solange die Patentstreitsache bei ihm anhängig ist (Nr 2). Dies bedeutet, dass letzteres, so lange es mit der Hauptsache befasst ist, auch über solche Anträge auf Verhängung von Ordnungsmitteln zu befinden hat, die sich auf Schutzmaßnahmen stützen, die das Landgericht angeordnet hat.[289]

241

---

289 Im Gegensatz dazu ist im Rahmen von § 890 stets und ausnahmslos das Landgericht für Ordnungsmittelanträge zuständig, unabhängig davon, wer (das LG oder das OLG) die zugrundeliegende Unterlassungsverurteilung vorgenommen hat.

bb) Schadenersatzpflicht

242 Jeder schuldhafte (dh vorsätzliche oder fahrlässige) Verstoß gegen eine gerichtliche Schutzanordnung begründet eine Schadenersatzhaftung des Täters gegenüber demjenigen Geheimnisträger, zu dessen Schutz die Vertraulichkeitsorder ergangen ist (§ 10 GeschGehG). Die besagte Vorschrift ist einschlägig, weil zu den haftenden »Rechtsverletzern« jeder gehört, der einem Handlungsverbot des § 4 GeschGehG zuwiderhandelt, und zum Katalog der verbotenen Handlungen – neben anderem – auch die Nutzung oder Offenlegung eines – auch rechtmäßig erlangten – Geschäftsgeheimnisses entgegen einer Verpflichtung, das Geschäftsgeheimnis nicht offenzulegen, gehört (§ 4 Abs 2 Nr 3 GeschGehG). Exakt in dieser Situation befinden sich die Beteiligten einer Patentstreitsache in Bezug auf die als geheimhaltungsbedürftig eingestuften Informationen, wenn solche Informationen von ihnen – entgegen der gesetzlichen Vertraulichkeitspflicht aus § 16 Abs 2 GeschGehG[290] – außerhalb eines gerichtlichen Verfahrens offengelegt oder genutzt werden. Berechnet werden kann der Schaden anhand einer Lizenzanalogie oder nach den Regeln des Verletzergewinns, wobei vorbereitend die zur Schadensberechnung notwendigen Auskünfte geschuldet sind (§§ 242, 259 BGB).

243 Bei dem Schadenersatzprozess handelt es sich um eine **Geschäftsgeheimnisstreitsache** mit den sich aus § 15 GeschGehG ergebenden Zuständigkeiten, und nicht um eine Patentstreitsache.

g) Anfechtbarkeit

244 Entscheidungen, die im Zusammenhang mit einem Geheimnisschutz getroffen werden, sind wie folgt anfechtbar:

245 – Wird der **Schutzantrag** vom *Landgericht* – ganz oder teilweise[291] – **zurückgewiesen**, so steht dem Antragsteller wegen des zurückgewiesenen Teils die sofortige Beschwerde an das Oberlandesgericht zu (§ 20 Abs 5 Satz 5 GeschGehG), vor dem eine volle Tatsachen- und Rechtskontrolle stattfindet und neues Vorbringen uneingeschränkt möglich ist (§ 571 Abs 2 ZPO). Wie gewöhnlich ist dem eigentlichen Beschwerdeverfahren ein Abhilfeverfahren vorgeschaltet, in dem das LG zunächst selbst zu prüfen hat, ob es die Beschwerde gegen seine Entscheidung für zulässig und begründet hält. Ist dem so, hat es der Beschwerde abzuhelfen und seine Entscheidung nach Maßgabe des Beschwerdeantrages abzuändern; anderenfalls legt es die Beschwerde dem OLG zur Entscheidung vor (§ 572 Abs 1 ZPO). Die Beschwerdemöglichkeit besteht auch dann, wenn die begehrte Schutzanordnung zunächst ergeht und nach Anhörung des Gegners wieder aufgehoben oder eingeschränkt wird (§ 20 Abs 2 Satz 2 GeschGehG).

246 Ist eine Schutzanordnung erstmals vor dem *Oberlandesgericht* beantragt worden und dort – ganz oder teilweise – erfolglos geblieben, so ist gegen die Zurückweisungsentscheidung eine – auf die reine Rechtskontrolle beschränkte – Rechtsbeschwerde an den BGH nur dann gegeben, wenn das OLG sie in seinem Beschluss zugelassen hat (§ 574 Abs 1 Nr 2 ZPO). Eine Zulassung hat zu erfolgen, wenn die Rechtssache grundsätzliche Bedeutung hat oder wenn die Fortbildung des Rechts oder die Sicherung einer einheitlichen Rechtsprechung eine Entscheidung des BGH erfordern (§ 574 Abs 2, 3 ZPO). Ist eine rechtlich gebotene Zulassung unterblieben, bleibt die

---

290 ... ggf iVm einer Zugangsbeschränkung nach § 19 Abs 1 GeschGehG.
291 **Bsp:** Es ergeht nur eine Anordnung nach § 16 GeschGehG, aber nicht nach § 19 GeschGehG; die Schutzanordnung erfasst nicht alle beantragten Geschäftsgeheimnisse; die Zugangsbeschränkung bleibt sachlich oder personell hinter dem Antrag zurück.

– In der umgekehrten Konstellation, dass der **Schutzantrag positiv beschieden** wurde (und sei es auch im Nichtabhilfeverfahren), ist kein isoliertes Rechtsmittel gegeben, sondern die Anordnung nur zusammen mit einem Rechtsmittel in der Hauptsache anfechtbar (§ 20 Abs 5 Satz 4 GeschGehG). Gleiches gilt im Falle eines nur teilweise erfolgreichen Schutzantrages für den zugesprochenen Teil des Schutzbegehrens. Der Grund für die besagte Beschränkung des Rechtsschutzes liegt darin, dass das Geschäftsgeheimnis – anders als in den unter Rdn 245 f abgehandelten Fällen – einstweilen gesichert ist und deshalb – anders als in den Zurückweisungskonstellationen – keinen augenblicklichen Rechtsschutz erfordert. Wer in der Hauptsache obsiegt oder dort in einem Maße unterliegt, dass (zB mangels Beschwer) ein Hauptrechtsmittel nicht statthaft ist[292], hat mit der Schutzanordnung zu leben. Beschwerdeberechtigt sind gleichwohl nicht nur die Prozessparteien, sondern ist jeder, der durch die Anordnung beschwert ist.[293] Dazu gehören auch die Prozessbevollmächtigten, die sich zB im Besitz geheimhaltungsbedürftiger Dokumente oder Daten befinden und deswegen gehalten sind, organisatorische Maßnahmen zu deren Schutz zu ergreifen, und die bestimmte, der Geheimhaltungspflicht zuwiderlaufende Handlungen zu unterlassen haben.[294] Auch wenn solche Dritten kein eigenes Rechtsmittel in der Hauptsache einlegen können, ändert dies nichts daran, dass Voraussetzung für ihre Beschwerde gegen die Schutzanordnung ein (von der Partei) statthaft eingelegtes Rechtsmittel in der Hauptsache ist, denn anderenfalls würden Dritte besser behandelt als Parteien, die typischerweise im Wettbewerb miteinander stehen und deshalb durch Anordnungen zur Geheimhaltung stärker betroffen sind als Dritte.[295] Das gilt jedenfalls so lange, wie noch ein Rechtsmittel in der Hauptsache möglich ist. Besteht diese Option nicht mehr, weil die beschwerte Partei kein Rechtsmittel eingelegt hat, so hat der BGH offengelassen, ob damit auch der Rechtsschutz des Dritten (der auf die Re4chtsmitteleinlegung in der Hauptsache keinerlei Einfluss hat) gegen die ihn belastende Geheimhaltungsanordnung entfällt. Der Klare Wortlaut der Vorschrift spricht für diese Annahme.

247

– Bleibt das Landgericht **pflichtwidrig untätig**, ist dagegen die (Untätigkeits-)Beschwerde zum OLG statthaft (vgl oben Rdn 207 ff). Hilft das Landgericht der Beschwerde ab, indem es eine Schutzanordnung erlässt, ist diese nur mit dem Hauptrechtsmittel anfechtbar; weist es den Schutzantrag zurück, geht die Entscheidungskompetenz auf das OLG über.

248

Soweit eine Anfechtungsmöglichkeit besteht, sind die tatbestandlichen Voraussetzungen einer Schutzanordnung nach §§ 16 Abs 1, 19 Abs 1 GeschGehG (also die Frage, ob ein Geschäftsgeheimnis glaubhaft gemacht ist, das in einer Gesamtabwägung mit den Interessen des Gegners die angeordneten Schutzmaßnahmen rechtfertigt) in vollem Umfang überprüfungsfähig. Eingeschränkt ist die Kontrolle hingegen, soweit es um etwaige Fehler bei der Ermessensausübung geht; hier überprüft das Rechtsmittelgericht nur, ob ein Ermessensspielraum überhaupt gesehen und das Ermessen ausgeübt wurde, sowie, ob die Vorinstanz alle in Betracht zu ziehenden Gesichtspunkte berücksichtigt und in vertretbarer Weise gewichtet und gegeneinander abgewogen hat.

249

---

292 Bsp: Verurteilung nur zur Auskunft, für die der Berufungswert nicht erreicht wird.
293 BGH, GRUR 2022, 591 – Geschäftsgeheimnis bei Hohlfasermembranspinnanlagen.
294 BGH, GRUR 2022, 591 – Geschäftsgeheimnis bei Hohlfasermembranspinnanlagen.
295 BGH, GRUR 2022, 591 – Geschäftsgeheimnis bei Hohlfasermembranspinnanlagen.

250 – **Ordnungsmittelentscheidungen** sind umfassend mit der sofortigen Beschwerde (§ 567 Abs 1 Nr 1 ZPO, § 17 Satz 3 GeschGehG). ZPO) anfechtbar. Wird der Ordnungsmittelantrag zurückgewiesen, ist die beantragende Partei beschwerdeberechtigt, im Falle einer Ordnungsmittelfestsetzung der mit dem verhängten Ordnungsmittel beschwerte Beteiligte, bei einem Teilobsiegen liegt das Beschwerderecht bei beiden. Rechtsmittel, die gegen ein festgesetztes Ordnungsmittel eingelegt werden, haben aufschiebende Wirkung (§ 17 Satz 3 GeschGehG).

251 – **Akteneinsichtsberechtigte Dritte** können die Schutzanordnung ungeachtet dessen nicht selbst anfechten, dass durch sie der für sie einsichtsfähige Akteninhalt geschmälert wird. Mit einem Antrag auf gerichtliche Entscheidung können sie sich nur dagegen wenden, dass ihnen – unter Berücksichtigung der gerichtlichen Schutzanordnung, die insoweit hinzunehmen ist – nicht in der gebotenen Weise Akteneinsicht gewährt worden ist.

h) Streitwert

252 Der Streitwert hat nur gebührenrechtlich und dort nur insofern Bedeutung, als es sich entweder um ein Beschwerdeverfahren gegen die Zurückweisung einer beantragten Schutzmaßnahme oder den Streit um ein Ordnungsmittel handelt.

253 – Geht es um die (zB im Beschwerdeverfahren weiterverfolgte) **Schutzanordnung**, entscheidet der geschätzte Wert des zu schützenden Geschäftsgeheimnisses. Er kann auch über dem Streitwert der Patentstreitsache liegen.

254 – Geht es um die Festsetzung eines bisher verweigerten **Ordnungsmittels**, entspricht der Gegenstandswert einem Bruchteil des Wertes, der für das zu schützende Geschäftsgeheimnis anzusetzen ist, wobei die Quote danach zu bemessen ist, in welchem Maße das Geschäftsgeheimnis ohne eine Schutzorder gefährdet ist; im Zweifel (wenn keine besseren Erkenntnisse verfügbar sind) ist ein Bruchteil von 1/4 – 1/3 anzusetzen. Wendet sich der Schuldner gegen ein ihm auferlegtes Ordnungsgeld, entscheidet der festgesetzte Ordnungsgeldbetrag.

i) Ausländische Geheimhaltungsorder

255 Bisher wurde erörtert, welche Vorkehrungen der Kläger zu treffen hat, wenn er mit Blick auf die FRAND-relevanten (und deshalb prinzipiell vorlagepflichtigen) Lizenzverträge Geschäftsgeheimnisse berührt sieht, die er im Prozess geschützt sehen will. Praxisrelevant ist freilich auch die Situation, dass der Patentinhaber selbst vorlagebereit ist, sich jedoch durch **Geheimhaltungsanordnungen** gehindert sieht, die ein **ausländisches Gericht** (zB in einem parallelen Verletzungsrechtsstreit) verhängt hat. Sie machen ihm einen – an sich erforderlichen – substantiierten Sachvortrag zu seiner Lizenzierungspraxis unmöglich, weswegen aus einer Nichtvorlage der Lizenzverträge im Verletzungsprozess auch keine nachteiligen Folgerungen gezogen werden dürfen. Stattdessen ist das Verletzungsgericht, um die Vortragsmöglichkeiten für den Kläger (wieder-)herzustellen, gehalten, das ihm Mögliche zu tun, um dem Kläger eine Vertragsvorlage unter Geltung der ausländischen Vertraulichkeitsorder zu erlauben. Typischerweise wird hierzu selbst bei strengster Geheimhaltungsanordnung die gerichtliche Aufforderung ausreichen, die für die Beurteilung der Diskriminierungsfreiheit des Lizenzangebotes relevanten Lizenzverträge im Rechtsstreit ungeschwärzt vorzulegen.

Praxistipp	Formulierungsbeispiel
Eine solche Anordnung kann ohne nähere Prüfung und sogar rein vorsorglich für den Fall ergehen, dass eine ausländische Vertraulichkeitsorder existieren sollte, die dem Kläger eine Vertragsvorlage im inländischen Prozess untersagt. Die Aufforderung sollte zum frühestmöglichen Zeitpunkt nach Klageerhebung ergehen, um zu verhindern, dass die Diskussion um die anderweitige Geheimhaltungspflicht erst kurz vor dem Verhandlungstermin entbrennt und somit dessen Durchführung gefährdet.	
In der Praxis wird die Vorlageanordnung dergestalt geschehen können, dass in einem Beschluss die sich aus der FRAND-Zusage ergebenden Vortragslasten des Klägers dargestellt und auf die daraus resultierende Konsequenz hingewiesen wird, dass der Kläger zur Erläuterung seines Lizenzangebotes alle relevanten Lizenzverträge offenzulegen hat. Zweckmäßigerweise sollte erläutert werden, dass die Anordnung im Hinblick auf ausländische gerichtliche Geheimhaltungsanweisungen ergeht, die in Bezug auf die fraglichen Lizenzverträge existieren.	

256

Die vorstehende Pflicht zur Ausräumung der Vertraulichkeitsorder besteht für das Gericht ohne Zweifel dann, wenn die Geheimhaltungsanordnung nicht auf Veranlassung oder unter Mitwirkung des Verletzungsklägers ergangen ist. Hat er die Geheimhaltungsorder hingegen **selbst provoziert** oder sonst wie herbeigeführt, ggf sogar mit dem klaren Ziel, sich seiner Vortragslast im Verletzungsprozess zu entziehen, so ließe sich daran denken, den Kläger für die Folgen seines selbstverschuldeten mangelhaften Sachvortrages im Verletzungsprozess ohne weiteres einstehen zu lassen. Richtiger dürfte es jedoch auch hier sein, eine Vorlageanordnung zu erlassen, die weder den Gegner noch das Gericht belastet, aber dem Kläger – ungeachtet seiner etwaigen Verfehlungen in der Vergangenheit – eine Teilhabe am Prozess erlaubt.

257

II. Aktivlegitimation

Ansprüche wegen Verletzung eines Patents können nur von einem begrenzten Kreis Berechtigter geltend gemacht werden.

258

1. Patentinhaber

Zu ihnen gehört an erster Stelle der materielle Inhaber des Schutzrechts, der allerdings – zusätzlich – formell durch seine Eintragung in die Rolle legitimiert sein muss (§ 30 Abs 3 Satz 2 PatG). Bei europäischen Patenten bedarf es eines Registerauszuges des DPMA, nicht nur einer Registerauskunft des EPA. Die in der Rolle enthaltene Bezeichnung ist der **Auslegung** zugänglich, und zwar (wegen Art 2 Abs 2 EPÜ) auch, soweit es sich um den deutschen Teil eines europäischen Patents handelt. Solches kommt zB in Betracht, wenn die namentlich bezeichnete Einheit eine selbst überhaupt nicht rechtsfähige Formation darstellt; hier verbirgt sich hinter der Bezeichnung der (allein rechtsfähige) Rechtsträger der aus dem Registereintrag ersichtlichen Formation.[296] Zur eindeutigen Identifizierung können erforderlichenfalls auch weitergehende Anmelder/Inhaberangaben aus der Erteilungsakte herangezogen werden, zB eine in den Registereintrag nicht übernommene Adresse.[297] Offensichtliche Fehler des Registerstandes (zB die irrtümliche Eintragung einer weiteren Person als Mitinhaber) können im Wege des Freibeweises ermittelt

259

---

[296] OLG Düsseldorf, InstGE 13, 15 – Faktor VIII-Konzentrat.
[297] OLG Düsseldorf, InstGE 13, 15 – Faktor VIII-Konzentrat.

werden und stehen der Aktivlegitimation nicht entgegen.[298] Hat der Patentinhaber bloß seinen Namen geändert (zB aufgrund einer Umfirmierung), führt dies zu keinem Umschreibungsmangel. Gleiches gilt, wenn ein Rechtsformwechsel stattfindet, der sowohl rechtlich als auch wirtschaftlich die Identität des Rechtsträgers wahrt (zB Umwandlung einer italienischen SpA (= Aktiengesellschaft) in eine Srl (= GmbH).[299]

260 Inhaberschaft und Rolleneintragung müssen spätestens im **Verhandlungstermin** gegeben und vom Kläger nachgewiesen sein. Unter solchen Umständen ist der Einwand des Verletzers, der als Patentinhaber Eingetragene oder sein Rechtsvorgänger hätten die zugrundeliegende Erfindung nicht wirksam in Anspruch genommen (§ 6 ArbEG), unbeachtlich.[300] Die Aktivlegitimation gilt nach Auffassung des BGH[301] auch nach Vergabe einer umfassenden ausschließlichen Lizenz.

a) Übertragung des Klagepatents[302]

aa) Prozessführungsbefugnis und Aktivlegitimation

261 Wird das Klagepatent übertragen[303], so entscheidet gemäß § 30 Abs 3 Satz 2 PatG[304] der Rollenstand des Patentregisters darüber, wer prozessführungsbefugt[305] und anspruchsberechtigt ist.[306] Ohne Rolleneintragung keine formelle und keine materielle Klageberechtigung!

262 So lange die Umschreibung[307] auf den neuen Inhaber nicht erfolgt ist, können Ansprüche wegen Patentbenutzung deswegen nur von dem noch eingetragenen Altinhaber geltend gemacht werden, selbst wenn dieser (wegen der Wirksamkeit der Patentübertragung) materiell rechtlich nicht mehr Inhaber des Klageschutzrechts ist.[308] Ist andererseits die Umschreibung erfolgt, so ist der neu eingetragene Erwerber prozessführungsbefugt und aktivlegitimiert, und zwar unabhängig davon, ob er tatsächlich materiell rechtlich Inhaber des Patents geworden ist oder nicht. Grund für diese an den schlichten Rollenstand anknüpfende Legitimation ist die Überlegung, dass die Patentbehörden und -gerichte von der ggf aufwändigen Prüfung der materiellen Rechtslage hinsichtlich der Patentinhaberschaft enthoben sein und sich an der ebenso einfach wie verlässlich feststellbaren Eintragung im Patentregister orientieren sollen. Wird ein (in die Zukunft gerichteter) Unterlassungs-, Auskunfts-, Rückruf- oder Vernichtungsanspruch geltend gemacht, kann deshalb die Wirksamkeit der materiellen Übertragung auf sich beruhen, weil es für die Klageberechtigung ohnedies nur auf den formellen Rollenstand ankommt.

263 Die Maßgeblichkeit des Registerstandes gilt aber auch für den (rückwärts gerichteten) **Schadenersatz- und Bereicherungsanspruch** einschließlich des begleitenden Aus-

---

298 LG Mannheim, Urteil v 4.11.2011 – 7 O 152/11.
299 BPatG, GRUR 2014, 104 – Verfahren von Formen.
300 LG Mannheim, InstGE 11, 9 – UMTS-fähiges Mobiltelefon.
301 BGH, GRUR 2008, 896 – Tintenpatrone I.
302 Schulze, Wirkung der Patentregistereintragung, 2020; Seiler, Patentregistereintragung, 2013; Pitz, GRUR 2010, 688; Verhauwen, GRUR 2011, 116; Pahlow, FS 50 Jahre BPatG, 2011, S 417 ff.
303 Die nachfolgenden Ausführungen zu § 30 Abs 3 PatG haben keine Bedeutung für Fälle, bei denen es überhaupt nicht zu einer Übertragung des Schutzrechts gekommen ist, sondern die Registerlage bloß den Anschein einer Übertragung vermittelt (Bsp: eine weitere Person, die von Anfang an Mitinhaber des Patents war, wird erst später im Register eingetragen).
304 Vgl hierzu umfassend: Rauch, GRUR 2001, 588; Ohly, GRUR 2016, 1120.
305 Nach BGH, GRUR 2013, 713 – Fräsverfahren regelt die Vorschrift ausschließlich die Befugnis zum Führen von Rechtsstreitigkeiten aus dem Patent.
306 AA: BGH, GRUR 2013, 713 – Fräsverfahren.
307 Zu Einzelheiten des Umschreibungsverfahrens vgl Engels/Morawek, GRUR 2011, 561, 572.
308 OLG Düsseldorf, Urteil v 28.9.2006 – I-2 U 93/04: Der ursprüngliche (eingetragene) Inhaber klagt als gesetzlicher Prozessstandschafter fremde Ansprüche des neuen Inhabers im eigenen Namen ein.

kunfts- und Rechnungslegungsanspruchs.[309] Übergreift der schadenersatz- bzw ausgleichspflichtige Zeitraum – wie oftmals – sowohl die Periode, in der der Veräußerer materieller Inhaber und/oder in der Rolle eingetragen war, als auch diejenige Periode, in der der Erwerber materieller Inhaber und/oder in der Rolle eingetragen war, ist der Schadenersatz- bzw Konditionsantrag darauf zu richten, dass in Bezug auf Benutzungshandlungen während des erstgenannten Zeitraumes der Schaden/die Entreicherung des Veräußerers und in Bezug auf Benutzungshandlungen während des letztgenannten Zeitraumes der Schaden/die Entreicherung des Erwerbers zu ersetzen/auszugleichen ist. Damit der zu ersetzende Schaden/der durch den Patenteingriff Entreicherte im genannten Sinne »personalisiert« werden kann, muss die materielle Übertragung, dh ihre Wirksamkeit und ihr Zeitpunkt, nicht aufgeklärt werden. § 30 Abs 3 Satz 2 PatG hat zwar keinen Einfluss auf die materielle Rechtslage am Patent. Die Vorschrift regelt andererseits aber auch nicht bloß eine Legitimations*vermutung*. Sie bestimmt vielmehr abschließend und unwiderleglich, wer im Verletzungsprozess berechtigt ist, Ansprüche wegen Patentbenutzung geltend zu machen. Indem § 30 Abs 3 Satz 2 PatG als Berechtigten den in der Rolle Eingetragenen vorsieht, nimmt das Gesetz bewusst in Kauf, dass die Ansprüche von einer Person verfolgt werden, die materiell rechtlich (zB wegen – unerkannter – Unwirksamkeit des Übertragungsgeschäftes) überhaupt nicht Anspruchsinhaber ist. Für diesen Fall regelt § 30 Abs 3 Satz 2 PatG also eine **gesetzliche Prozessstandschaft** dahingehend, dass der Eingetragene objektiv fremde Ansprüche (nämlich die des materiell tatsächlich Berechtigten) im eigenen Namen (dh auf Leistung an sich) einklagen kann – und muss.[310] Dasselbe gilt, beschränkt auf die Zeit ab Registereintragung des Betreffenden, für den Rückruf- und Vernichtungsanspruch.[311] Damit der Verletzungsprozess von einer – wie ausgeführt – unerwünschten Aufklärung der materiellen Rechtslage am Klagepatent befreit bleibt, muss der Rollenstand, soweit es um Schadenersatz- und Bereicherungsansprüche geht, nicht nur darüber entscheiden, wer die Forderungen einklagen kann. Der Registerstand muss darüber hinaus auch festlegen, mit welchem Inhalt die Ansprüche geltend gemacht werden können, dh wessen Schaden zu ersetzen und wessen Entreicherung auszugleichen ist. Anderenfalls wäre allein für diesen Teilaspekt des Schadenersatz- bzw Bereicherungsanspruchs eine ggf mühselige und schwierige Rechtsaufklärung zu leisten, von der § 30 Abs 3 Satz 2 PatG gerade suspendieren will. Der in der Rolle als Patentinhaber Eingetragene ist daher aufgrund seiner Registereintragung befugt, Ersatz *seines* Schadens und Ausgleich *seiner* Entreicherung zu verlangen, die durch Benutzungshandlungen eingetreten sind, welche seit seiner Rolleneintragung vorgefallen sind.[312] Bei Unwirksamkeit der Patentübertragung agiert er dabei in gesetzlicher Prozessstandschaft für den materiell Berechtigten. Ersatz *desjenigen* Schadens und Ausgleich *derjenigen* Entreicherung, die durch Benutzungshandlungen während der Rolleneintragung des Voreingetragenen entstanden sind, kann – entsprechend dem für die betreffende Zeitspanne gegebenen Registerstand – der Voreingetragene geltend machen, wobei insoweit der *ihm* entstandene Schaden zu ersetzen/die bei *ihm* eingetretene Bereicherung auszugleichen ist.[313] Ihm bleibt es freilich überlassen, seine Schadenersatz- und Konditionsansprüche abzutreten, womit ein Dritter (welches der aktuell eingetragene Patentinhaber, aber auch eine andere Person sein kann) klageberechtigt wird.[314] Vom Verletzungsgericht wäre in einem solchen Fall die Wirksamkeit der Abtretung zu verifizieren.

Weil sich der Ausspruch zur Schadenersatz- und Bereicherungshaftung strikt nach dem Rollenstand richtet, ist nicht nur ein Bestreiten der materiellen Rechtslage durch den

264

---

309 AA: OLG Karlsruhe, Beschluss v 11.1.2012 – 6 U 59/11; LG Mannheim, BeckRS 2013, 16099.
310 LG Düsseldorf, Urteil v 31.3.2016 – 4a O 73/14.
311 LG Düsseldorf, Urteil v 31.3.2016 – 4a O 73/14.
312 OLG Düsseldorf, InstGE 12, 261 – Fernsehmenü-Steuerung.
313 OLG Düsseldorf, InstGE 12, 261 – Fernsehmenü-Steuerung.
314 OLG Düsseldorf, InstGE 12, 261 – Fernsehmenü-Steuerung.

Verletzungsbeklagten unerheblich; auch der eingetragene oder eingetragen gewesene Kläger selbst kann sich nicht darauf berufen, dass er bereits vor der Umschreibung materiell rechtlich Inhaber des Patents geworden sei und deshalb schon im Hinblick auf vor dem Umschreibungstag begangene Verletzungshandlungen die Verpflichtung zum Ersatz *seines* Schadens (und nicht des Schadens des Voreingetragenen) festzustellen sei.[315]

265 Die Bindung an den Rollenstand kann **Nachteile bei der Schadensberechnung** mit sich bringen. Ist die Umschreibung beispielsweise über Jahre verzögert worden, sodass der Verletzungsbeklagte – dem Rollenstand folgend – dazu verurteilt worden ist, für einen bestimmten Zeitraum den Schaden des voreingetragenen Veräußerers zu ersetzen, und hatte dieser seinen Geschäftsbetrieb bereits im Zusammenhang mit der weit vor der Umschreibung erfolgten Patentübertragung dahingehend umgestellt, dass er keine gattungsgemäßen Produkte mehr vertrieben hat, so wird er *seinen* Schaden mit Aussicht auf Erfolg nicht nach dem ihm entgangenen Gewinn konkret berechnen können, während diese Berechnungsmethode auf Seiten des Erwerbers erfolgversprechend wäre, aber daran scheitert, dass *dessen* Schaden für den fraglichen Zeitraum wegen des Registerstandes nicht ersatzfähig ist. Den hieraus resultierenden Nachteil den Kläger tragen zu lassen, ist jedoch nicht unbillig, weil es seine Sache gewesen wäre, beizeiten für eine Umschreibung zu sorgen, damit der formelle Rollenstand zügig mit der materiellen Rechtslage in Übereinstimmung kommt.

266 Der Rechtsfolge des § 30 Abs 3 Satz 2 PatG kann der noch nicht eingetragene Erwerber nicht dadurch entgehen, dass er als gewillkürter Prozessstandschafter des noch eingetragenen Altinhabers klagt.

267 Besondere Probleme treten auf, wenn **Ansprüche aus dem Patent** (nicht: das Patent selbst!) im Zuge einer ausländischen (zB gesellschaftsrechtlichen) Transaktion übertragen worden sind. Unterliegt das diesbezügliche Rechtsgeschäft den Regeln einer ausländischen Rechtsordnung (weil die beteiligten Parteien dies so vereinbart haben oder weil das IPR entsprechende Vorgaben macht[316]), so hat das deutsche Verletzungsgericht sich unter Anwendung des einschlägigen **ausländischen Rechts** (§ 293 ZPO[317]) Gewissheit darüber zu verschaffen, dass der abgetretene Anspruch rechtswirksam übergegangen ist. Zwar kann dies im Freibeweis erfolgen und darf das Gericht auch die Parteien zur Ermittlung der ausländischen Rechtsnormen und ihrer Auslegung durch die dortige Rechtsprechung heranziehen. Es muss jedoch die sich anbietenden Erkenntnisquellen hinreichend ausschöpfen, wobei an die Ermittlungspflicht umso höhere Anforderungen zu stellen sind, je komplexer und je fremder im Vergleich zum deutschen das anzuwendende fremde Recht ist.[318] Tragen die Parteien eine bestimmte ausländische Rechtspraxis detailliert und kontrovers vor, wird der Richter regelmäßig umfassendere Ausführungen zur Rechtslage zu machen – ggf sämtliche ihm zugänglichen Erkenntnismittel zu erschöpfen – haben, als wenn der Vortrag der Parteien zu dem Inhalt des ausländischen Rechts übereinstimmt oder sie zu dem Inhalt dieses Rechts nicht Stellung nehmen, obwohl sie dessen Anwendbarkeit kennen oder mit ihr rechnen.[319] In jedem Fall muss sich das Gericht aber von Amts wegen die notwendigen Kenntnisse über das anzuwendende ausländische Recht verschaffen.[320] Dabei geht es nicht nur um die Ermittlung der Rechtsquellen, sondern auch um die konkrete Ausgestaltung des Rechts in der ausländi-

---

315 OLG Düsseldorf, InstGE 12, 261 – Fernsehmenü-Steuerung.
316 Gemäß Art 33 Abs 2 EGBGB beurteilt sich die Wirksamkeit der Abtretung im Zweifel nach demjenigen Recht, dem die abgetretene Forderung unterliegt (BGH, NJW 2010, 2270).
317 Der Tatrichter hat ausländisches Recht auch dann aufzuklären, wenn von ihm die Anrufung des EuGH wegen einer Vorabentscheidung abhängt (BGH, MDR 2022, 588).
318 BGH, MDR 2017, 1021.
319 BGHZ 118, 151.
320 BGH, MDR 2013, 866.

schen Rechtspraxis, namentlich der ausländischen Rechtsprechung.[321] Es gelten weder Beweislasten noch entbindet ein Unstreitiglassen des Vortrages einer Partei durch die andere von der Pflicht zur Amtsermittlung. Ein übereinstimmender rechtlicher Vortrag der Parteien kann nur dann ohne weitergehende eigene Aufklärung hingenommen werden, wenn er auf einer erkennbar gesicherten Grundlage erfolgt und plausibel ist, was sich tendenziell umso eher feststellen lassen wird, je näher die fragliche Rechtsordnung dem deutschen Recht ist.

Praxistipp	Formulierungsbeispiel

Um ein zeit- und kostenintensives gerichtliches Rechtsgutachten zu vermeiden (welches zB von den Max-Planck-Instituten für ausländisches Recht erstattet wird), sollte es im wohlverstandenen eigenen Interesse des Klägers liegen, das ausländische Recht von vornherein in geeigneter Weise für das Verletzungsgericht aufzubereiten. Wird zu diesem Zweck die Stellungnahme eines ausländischen Anwaltes vorgelegt, sollte darauf geachtet werden, dass dessen Ausführungen nach Inhalt, Form und Verständlichkeit einem Gerichtsgutachten vergleichbar sind, dh zunächst – fallbezogen – die Gesetzeslage wiedergegeben und im Anschluss daran zur Anwendungspraxis durch die Heimatgerichte Stellung bezogen wird. Diese Obliegenheit ist besonders deshalb ernst zu nehmen, weil zB über den Unterlassungs- und Vernichtungsanspruch, hinsichtlich derer es auf die materielle Rechtslage nicht ankommt, sondern allein der Rollenstand den Ausschlag gibt, nicht vorab durch Teilurteil entschieden werden kann, sodass eine ggf zeitintensive Aufklärung des ausländischen Rechts, welche mit Blick auf das Schadenersatzbegehren notwendig wird, die Durchsetzung des Patents insgesamt hemmt.

268

Noch ratsamer ist es, wenn die den Abtretungsvertrag schließenden Parteien für die Zession ausdrücklich die Geltung deutschen Rechts vereinbaren, weil unter diesen Bedingungen verzögernde Ermittlungen des Verletzungsgerichts von vornherein nicht zu erwarten sind.

269

Wird das Klageschutzrecht **während** eines laufenden **Verletzungsprozesses** auf einen Dritten umgeschrieben[322], bleibt der bisherige Kläger weiterhin klageberechtigt (§ 265 ZPO[323]).[324] Lediglich die Anträge auf Rechnungslegung, Entschädigung und Schadenersatz sind dahingehend umzustellen, dass der Beklagte für die Zeit nach dem rollenmäßig vollzogenen Inhaberwechsel statt an den Kläger an den neuen Patentinhaber zu leisten hat. Wird nach Eintritt der Rechtshängigkeit das streitbefangene Patent veräußert, so muss der Erwerber als Rechtsnachfolger des Veräußerers einen zwischen ihm und dem Prozessgegner geschlossenen gerichtlichen **Vergleich** gegen sich gelten lassen, wenn und soweit der Inhalt des Vergleichs auch das Ergebnis eines Urteils in dem anhängigen Prozess sein könnte und sich die Rechtskraft eines solchen Urteils auf den Rechtsnachfolger erstreckt hätte.[325] Unter solchen Umständen kann dem Prozessgegner gemäß §§ 795, 727 ZPO eine vollstreckbare Ausfertigung gegen den Rechtsnachfolger des Veräußerers erteilt werden.[326] Die Rechtskrafterstreckung tritt unabhängig davon ein, ob der Rechtsnachfolger des Veräußerers die Rechtshängigkeit des erworbenen Patents bei

270

---

321 BGH, MDR 2013, 866.
322 Die bloße Übertragung (ohne Umschreibung) ist unbeachtlich.
323 Es handelt sich um einen Fall der gesetzlichen Prozessstandschaft; vgl BGH, GRUR 2019, 970 – Erfolgshonorar für Versicherungsberater.
324 BGH, GRUR 2013, 713 – Fräsverfahren; BGH, GRUR 2011, 313 – Crimpwerkzeug IV; BGH, Mitt 2012, 26, 30 (zur Rechtsnachfolge im Nichtigkeitsverfahren).
325 BGH, MDR 2019, 121.
326 BGH, MDR 2019, 121.

seinem Rechtserwerb kannte oder kennen musste.³²⁷ **Alternativ** zur Prozessführung durch den Veräußerer kann, sofern der Kläger und der Beklagte ihre Zustimmung erteilen, der Prozess in demjenigen Verfahrensstand, in dem er sich gerade befindet, im Wege des **Parteiwechsels** unter Ausscheiden des bisherigen Klägers von dem Patenterwerber übernommen und fortgeführt werden. Dasselbe gilt, wenn die materielle Übertragung des Patents vor Klageerhebung, die Umschreibung jedoch erst danach erfolgt. Da die formelle Registereintragung dessen materielle Berechtigung fingiert, liegt auch unter solchen Umständen ein nach Klageerhebung stattgefundener Wechsel in der Inhaberschaft des Klageschutzrechts vor, an den § 265 ZPO anknüpft.

271 Geschieht die **Umschreibung** erst **nach rechtskräftigem Abschluss des Verletzungsprozesses** und damit insbesondere nach rechtskräftiger Schadenersatzfeststellung zugunsten des Voreingetragenen für im Zeitpunkt der abschließenden mündlichen Verhandlung künftige Verletzungshandlungen, so ist in einem etwaigen nachfolgenden Höheprozess der geänderten Anspruchsberechtigung Rechnung zu tragen. Der in Anspruch genommene Verletzer kann dem voreingetragenen Patentinhaber deshalb entgegenhalten, dass für Benutzungshandlungen seit der Umschreibung auf einen Dritten nicht mehr der Voreingetragene, sondern der in der Rolle neu eingetragene Patentinhaber anspruchsberechtigt ist. Die Beachtlichkeit des geänderten Rollenstandes folgt aus dem Rechtsgedanken des § 767 ZPO. Hat sich die Umschreibung hingegen bereits vor Rechtskraft der Verletzungsentscheidung vollzogen und ist sie von den Parteien nur nicht in den Prozess eingeführt worden, so steht ihrer späteren Berücksichtigung die Rechtskraft des anderslautenden Verletzungsurteils entgegen.

272 Einer Rolleneintragung (dh formell legitimierenden Umschreibung) bedarf es ausnahmsweise nicht, wenn der neue Schutzrechtsinhaber seine materielle Berechtigung aus einer (zB erbrechtlichen oder gesellschaftsrechtlichen³²⁸) **Gesamtrechtsnachfolge** herleitet.³²⁹ Hier ist der Gesamtrechtsnachfolger ohne Rolleneintragung zur Prozessführung berechtigt und aktivlegitimiert. Dasselbe gilt für denjenigen, dem vom Gesamtrechtsnachfolger Ansprüche (zB auf Schadenersatz und Rechnungslegung) wegen Patentverletzung abgetreten worden sind; auch er ist ohne Registrierung prozessführungsbefugt.³³⁰ Ändert der Patentinhaber lediglich seine Firma, so handelt es sich von vornherein nicht um einen materiellen Inhaberwechsel; ein Eintragungserfordernis besteht hier folgerichtig (ebenfalls) nicht. Ohne Rolleneintragung ist der materiell Berechtigte ferner dann klagebefugt, wenn er seine Verletzungsklage gerade gegen den zu Unrecht eingetragenen – formellen – Patentinhaber führt.

273 Geschieht die Gesamtrechtsnachfolge **im laufenden Prozess** und war der übertragende Rechtsträger **anwaltlich vertreten**, so tritt der übernehmende Rechtsträger kraft Gesetzes und ohne Prozessunterbrechung als Rechtsnachfolger in den Prozess ein, wobei er von dem bisher tätigen Anwalt vertreten wird (§ 246 Abs 1 ZPO).³³¹ Allerdings besteht die Möglichkeit, eine Aussetzung des Rechtsstreits zu beantragen. Ist der Übernehmer im Zeitpunkt der Rechtsnachfolge bereits selbst als einer von mehreren Klägern am Rechtsstreit beteiligt, kann er die Ansprüche des Rechtsvorgängers – ohne Eintritt – im bereits anhängigen Rechtsstreit mitverfolgen.³³²

---

327 BGH, MDR 2019, 121.
328 Bei einem Erwerb von Gesamtheiten einzelner Wirtschaftsgüter eines Unternehmens (zB Übernahme seines gesamten immateriellen Vermögens durch einen ersten Vertrag und Erwerb seines gesamten Anlage- und Vorratsvermögens durch einen nachfolgenden zweiten Vertrag) handelt es sich nicht um eine Gesamtrechtsnachfolge, BGH, GRUR 2016, 201 – Ecosoil.
329 Vgl Benkard, PatG, § 30 PatG Rn 12a; Busse/Keukenschrijver, § 30 PatG Rn 85 f.
330 OLG Düsseldorf, Urteil v 25.4.2019 – I-2 U 50/17.
331 BGH, GRUR 2016, 1280 – Everytime we touch.
332 BGH, GRUR 2016, 1280 – Everytime we touch.

bb) Abweichende BGH-Rechtsprechung

Abzulehnen ist die – zu der hier vertretenen Auffassung gegenteilige – **Ansicht des BGH**[333], der für die Aktivlegitimation beim Rechnungslegungs- und Schadenersatzanspruch nicht den Registereintrag, sondern allein die materielle Rechtslage entscheiden lassen will. Sie hat zur Folge, dass der Rollenstand bloß die Befugnis zum Führen des Verletzungsprozesses regelt, sodass die Ansprüche auf Auskunft, Rechnungslegung und Schadenersatz zeitlich gestaffelt in Bezug auf diejenige natürliche oder juristische Person als Gläubiger zu formulieren sind, die zum jeweiligen Zeitpunkt sachlich-rechtlich (alter bzw neuer) Inhaber des Klagepatents war/ist. Allerdings soll die Registereintragung erhebliche indizielle Bedeutung für den im Zusammenhang mit der Umschreibung behaupteten Rechtsübergang haben, der im Verletzungsprozess regelmäßig weiteren Sachvortrag und Beweisantritt des Klägers zum Übertragungsgeschäft entbehrlich machen soll, so lange nicht diejenige Partei, die sich auf eine vom Registerstand abweichende Rechtslage berufen will (typischerweise ist das der Beklagte), nähere Darlegungen dazu erbringt, weshalb der Rechtsübergang nicht oder nicht zu dem behaupteten Zeitpunkt stattgefunden haben soll.[334] Für den Unterlassungsanspruch (gleiches hat für den Rückruf- und Vernichtungsanspruch zu gelten) hat die materielle Rechtslage keine Bedeutung, was dahin aufzufassen ist, dass der in der Rolle Eingetragene offenbar als gesetzlicher Prozessstandschafter desjenigen, den es als sachlich rechtlichen Schutzrechtsinhaber angeht, handeln kann.[335]

274

(1) Kritik

Mehrere Bedenken sind dagegen anzumelden[336].

275

– Die grundlegende These des BGH, § 30 Abs 3 Satz 2 PatG regele bloß die Befugnis zum Führen von Verletzungsprozessen, aber nicht die materiell-rechtliche Zuweisung der Ansprüche wegen Patentverletzung, bleibt ohne wirkliche Herleitung. Der Wortlaut der Vorschrift – *»So lange die Änderung* (Anm.: in der Person des Patentinhabers) *nicht eingetragen ist, bleibt der frühere Inhaber nach Maßgabe dieses Gesetzes berechtigt und verpflichtet«* – greift mit den Vokabeln *»berechtigt«* und *»verpflichtet«* Begrifflichkeiten auf, die aus dem allgemeinen Schuldrecht geläufig sind und dort eine materiell-rechtliche Gläubiger- (Aktivlegitimation) bzw. Schuldnerschaft (Passivlegitimation) bezeichnen, und eben nicht nur eine auf dem Gebiet des Prozessrechts liegende Befugnis ansprechen.

276

– Bedenken sind des Weiteren gegen die Annahme anzumelden, dass die erfolgte Umschreibung im Patentregister einen tauglichen Anhaltspunkt für die materielle Rechtslage in Bezug auf das übertragene Klagepatent bietet. Die amtliche Registerumschreibung hat bereits zu erfolgen, wenn entweder der Umschreibungsantrag sowohl vom bisher eingetragenen Inhaber als auch vom künftig zu registrierenden Erwerber gemeinsam unterzeichnet ist oder der allein antragstellende Erwerber eine Umschreibungsbewilligung des voreingetragenen Inhabers beibringt. Das einzige, was sich den

277

---

333 BGH, GRUR 2013, 713 – Fräsverfahren.
334 BGH, GRUR 2013, 713 – Fräsverfahren. Nach OLG Hamburg (GRUR-RR 2020, 294 – Verpackung für Rauchwaren) reicht hierzu nicht die ins Blaue hinein aufgestellte Behauptung, die im notariell beglaubigten Patentübertragungsvertrag bezeichnete Bevollmächtigte des Verkäufers, deren allgemeine Verfahrensvollmacht unstreitig ist, habe keine spezielle Übertragungsvollmacht besessen. Soweit die Prüfungsrichtlinien des EPA (Kap XIV 3) vorsehen, dass die generelle Bevollmächtigung in Verfahren vor dem EPA nicht ausreicht, um einen Übertragungsvertrag zu schließen, binden die Richtlinien staatliche Gerichte nicht.
335 LG Düsseldorf, Urteil v 31.3.2016 – 4a O 73/14.
336 Zu Einzelheiten vgl Kühnen, GRUR 2014, 137.

besagten Verfahrenserklärungen entnehmen lässt, ist jedoch die Tatsache, dass Veräußerer und Erwerber der übereinstimmenden *subjektiven* Ansicht gewesen sind, dass das zwischen ihnen abgeschlossene Übertragungsgeschäft rechtlich wirksam ist und dementsprechend zu einem Rechtsübergang am Klagepatent geführt hat. Ob die vereinbarte Patentübertragung – worauf es nach Ansicht des BGH für die Aktivlegitimation ankommt – *objektiv* die gewünschten Rechtsfolgen entfaltet und tatsächlich einen materiell-rechtlichen Inhaberwechsel zur Folge gehabt hat, ist eine ganz andere, damit noch in keiner Weise präjudizierte Frage, zumal die Übertragungssachverhalte vielfältig sein können.

278 – Soweit der BGH denjenigen, der eine vom Registerstand abweichende Patentinhaberschaft reklamiert, in die Pflicht nimmt, den Registerschein erschütternde konkrete Anhaltspunkte dafür aufzuzeigen, dass und weshalb die materielle Rechtslage am Klagepatent tatsächlich eine andere als jene ist, die sich aus dem Patentregister erschließt, vermag auch das nicht zu überzeugen. Typischerweise wird es der Beklagte sein, der sich mit einem Bestreiten des vom Kläger im Einklang mit der Registerlage behaupteten Rechtsübergangs verteidigt. Der Verletzungsbeklagte kann jedoch die ihm zugewiesene Darlegungslast unmöglich erfüllen, weil sich das Übertragungsgeschäft in aller Regel seinem Einblick entziehen wird. Die Verteilung der Vortragslasten widerspricht von daher den Realitäten. Sie lässt den anerkannten Grundsatz außer Acht, dass die Darlegungslasten den bei den Parteien bestehenden Erkenntnis- und Vortragsmöglichkeiten folgen.

279 – Unklar bleibt, wieso es gerechtfertigt sein soll, für den Wechsel der Aktivlegitimation denjenigen Übertragungszeitpunkt heranzuziehen, den der Kläger ohne nähere Darlegung der diesbezüglichen Einzelheiten des Erwerbsgeschäfts benennt, und dies nur deshalb, weil der behauptete Übergangstermin wenige Wochen oder Monate vor der erfolgten Registerumschreibung liegt. Das Datum der Umschreibung ist allenfalls insoweit aussagekräftig, als der Rechtsübergang normalerweise *vorher* stattgefunden haben wird, es besagt aber nichts Verlässliches dazu, wie viel früher sich der Rechtsübergang vollzogen hat, und er gibt erst recht nichts dafür her, dass der Inhaberwechsel genau an dem vom Kläger – ohne Beleg – behaupteten Tag geschehen ist. Die Registereintragung kann sich im Einzelfall deutlich verzögern, sodass zwischen dem für die Aktivlegitimation maßgeblichen materiell-rechtlichen Erwerb des Patents und der insoweit bedeutungslosen Umschreibung im Patentregister ein erheblicher Zeitraum liegen kann. Wenn dem aber so ist, ist nicht einsichtig, weshalb es regelmäßig keiner weiteren Substantiierung und auch keines Beweises durch den Kläger bedürfen soll, dass der materielle Rechtsübergang – wie von ihm behauptet – zu einem bestimmten Datum einige Wochen oder Monate vor der Registerumschreibung stattgefunden hat. Angesichts möglicher, dem Einfluss des Klägers/Erwerbers entzogener Unwägbarkeiten bei der Vornahme der Umschreibung leuchtet es ebenso wenig ein, weshalb der Umstand, dass zwischen dem vom Kläger behaupteten Patentübergang und der Registerumschreibung – was reinen Zufälligkeiten geschuldet sein kann – »wenige« oder mehr als nur »wenige« Monate liegen, darüber entscheiden soll, ob der Kläger zu vollständigen Darlegungen hinsichtlich des materiellen Übertragungsgeschäfts gezwungen ist und das Verletzungsgericht in eine dementsprechende umfassende materielle Prüfung eintreten muss, oder nicht.

(2) Anwendung der BGH-Rechtsprechung[337]

280 Das Patentregister hat eine doppelte Indizwirkung. Zugunsten desjenigen, der dort eingetragen ist, spricht zunächst die Vermutung, dass er tatsächlich materieller Inhaber des

---

337 Kühnen, GRUR 2014, 137.

registrierten Patents geworden ist. Bei mehreren hintereinander eingetragenen Inhabern greift sie abschnittsweise für jeden von ihnen ein. Sofern die Umschreibung nur »wenige« Wochen oder Monate nach der vom Kläger behaupteten sachlich-rechtlichen Patentübertragung stattgefunden hat, wird außerdem die Richtigkeit des benannten Übertragungszeitpunktes vermutet. Wann von einer nur »wenige« Wochen oder Monate nach dem Patenterwerb liegenden Umschreibung gesprochen werden kann, ist eine Frage des Einzelfalles; im Allgemeinen wird jedoch ein Zeitraum von 3 oder 4 Monaten nicht überschritten werden dürfen[338], wobei nachweisbare Versäumnisse des Patentamtes nicht zu Lasten des Klägers gehen.[339] Eine hinreichende Nähe zwischen Patentübergang und Registereintragung bleibt deshalb auch dann gewahrt, wenn der Kläger einen so rechtzeitigen bewilligungsfähigen Umschreibungsantrag nachweisen kann, dass bei normalem Verlauf der Dinge mit einer Registereintragung binnen weniger Wochen oder Monate gerechnet werden konnte.

Soweit die Indizwirkung des Registers eingreift, ist der Kläger davon enthoben, die Übertragungsvereinbarung vorzulegen oder ihren Inhalt im Detail zu referieren. Das gilt für jede von mehreren Umtragungsakten, die im Patentregister vermerkt sind. Wohl aber hat der Kläger mitzuteilen, zwischen welchen Rechtssubjekten wann die geltend gemachte Patentübertragung mit Wirkung zu welchem Datum stattgefunden haben soll. Der Beklagte kann den behaupteten Erwerb – auch wenn ihm jeder Einblick fehlt – weder mit Nichtwissen noch einfach bestreiten. Erst wenn er substantiiert Gründe dafür aufzeigen kann, dass der vorgebliche Patentübergang nicht zutrifft, ist der Kläger zu weiterer Substantiierung (typischerweise unter Vorlage der fraglichen Übertragungsvereinbarung) verpflichtet. Das gleiche gilt, wenn sich der Kläger außerhalb der Indizwirkung des Registers auf einen früheren Rechtserwerb stützen will. Unbeachtlich ist der Einwand, die übertragene dingliche Position sei wegen Mängeln des schuldrechtlichen Grundgeschäftes kondizierbar. 281

Praxistipp	Formulierungsbeispiel

Für den **Kläger** ergeben sich daraus zwei Möglichkeiten für eine Anspruchsbegründung. Er kann im Klageantrag für sein Begehren auf Auskunft, Rechnungslegung und Schadenersatz an denjenigen Tag anknüpfen, den das Patentregister als Tag seiner Registrierung ausweist, und braucht alsdann nicht näher zur materiellen Inhaberlage am Patent Stellung zu nehmen.[340] Will der Kläger die besagten Ansprüche für einen *vor* der Registerumschreibung liegenden Zeitraum geltend machen, muss er einen Sachvortrag – ggf nebst Beweismitteln – dazu halten, wann und wie er zu dem in seinen Klageanträgen berücksichtigten früheren Zeitpunkt materiell-rechtlicher Inhaber des Klagepatents geworden ist. Welche der beiden Optionen die richtige ist, hängt davon ab, welchen zeitlichen Abstand der materielle Rechtserwerb von der Registerumschreibung hat, wie liquide die dem Kläger zur Verfügung stehenden Beweismittel für eine wirksame Patentübertragung auf ihn sind, wie zeitaufwändig sich die (tatsächliche und ggf rechtliche) gerichtliche Klärung der Inhaberverhältnisse voraussichtlich gestaltet, wie wichtig ein schnelles nur mit der Schlussentscheidung mögliches Unterlassungsurteil für die Marktposition des Klägers ist und welchen wirtschaftlichen Wert diejenigen Rechnungslegungs- und Schadenersatzansprüche mutmaßlich haben, die eine gerichtliche Ermittlung der materiell-rechtlichen Inhaberverhältnisse notwendig machen. 282

Für den **Beklagten** stellt sich die Frage, wie er Einblick in die möglichen Übertragungsvorgänge erhält, um substantiiert bestreiten zu können. Anbieten kann sich hier die Durchfüh-

---
338 LG Düsseldorf, Urteil v 2.9.2014 – 4b O 211/12.
339 Kühnen, GRUR 2014, 137.
340 OLG Düsseldorf, BeckRS 2013, 17381.

> rung eines nationalen oder ausländischen Besichtigungsverfahrens, das typischerweise auch die Vorlage von Urkunden umfasst. Besonders effektiv kann eine US-discovery nach 28 USC § 1782 sein.

283 Leistet der Kläger, für den die Vermutungswirkung der zeitnahen Registerumschreibung streitet, **überflüssigerweise näheren bestrittenen Vortrag zum Übertragungsakt**, erzwingt dies noch keine Beweiserhebung, *so lange* die substantiierenden Behauptungen eine Patentübertragung nicht unschlüssig machen. Solches wäre etwa der Fall, wenn zur Darlegung der Patentübertragung eine Vereinbarung vorgelegt wird, die tatsächlich bloß eine Lizenzeinräumung beinhaltet, aber nicht, wenn mit Blick auf die Übertragungserklärung lediglich die Vertretungsrechte des Unterzeichners strittig sind.

284 Problematischer gestaltet sich die Behandlung **nicht registrierter Zwischenerwerbe**[341], die der Patentinhaber vorträgt oder einräumt, also der Fall, dass die Umschreibung direkt vom Anmelder A auf den Verletzungskläger D vorgenommen worden ist, das Patent tatsächlich jedoch (ohne Umschreibung) von A auf B, anschließend von B auf C und danach von C auf D übertragen worden ist. In der Instanzrechtsprechung sind derartige Zwischenerwerbe bisweilen für unschädlich gehalten worden.[342] Dem ist nicht zu folgen; richtigerweise streitet für den Kläger in Fällen dieser Art überhaupt keine Registervermutung mehr. Für die nicht vermerkten Zwischenerwerbe (auf B und C) fehlt es – mangels einer diesbezüglichen Registereintragung – von vornherein an einer Grundlage für irgendeine Vermutung. Hinsichtlich der Rechtsübertragung auf D gilt im Ergebnis dasselbe, weil der Registerstand einen direkten Rechtserwerb vom Anmelder A suggeriert, die Patentübertragung tatsächlich jedoch über B und C stattgefunden haben soll. Die vom Kläger behaupteten Zwischenerwerbe beseitigen daher die Vermutungsgrundlage des Registerinhalts. Das gilt unabhängig davon, ob der Sachvortrag des Klägers zur Übertragungskette streitig ist oder von Seiten des Beklagten unbestritten bleibt. In jedem der genannten Fälle entscheidet allein die materielle Rechtslage über die Aktivlegitimation, wobei es dem Kläger bereits schadet, wenn die Erwerbskette nur in einem einzigen vorhergehenden Glied zu keiner wirksamen Patentübertragung geführt hat. Bei streitiger Tatsachenlage sind zusätzlich die für die Übertragungssachverhalte maßgeblichen Umstände tatrichterlich aufzuklären.

Praxistipp	Formulierungsbeispiel

285 Um den mit einem nicht registrierten Zwischenerwerb (der unter Geltung der prozessualen Wahrheitspflicht bei Kenntnis zu offenbaren ist) verbundenen Problemen zu entgehen, kann es sich anbieten, auf eine Geltendmachung von Schadenersatz- und Rechnungslegungsansprüche zumindest vorübergehend komplett zu verzichten und diese erst nach Zuerkennung des Unterlassungsanspruchs mit einer separaten weiteren Teilklage zu verfolgen. Der Vorteil eines solchen Vorgehens liegt darin, dass die – ggf aufwändige – Aufklärung der materiellen Inhaberschaft am Klagepatent die Zuerkennung des Unterlassungsanspruchs nicht blockiert (Teilurteils-Verbot).

---

341 Vgl Grunwald, GRUR 2016, 1126.
342 LG Mannheim, Urteil v 10.3.2015 – 2 O 103/14; LG Mannheim, Urteil v 24.1.2017 – 2 O 131/16; kritischer: LG Düsseldorf, Urteil v 19.1.2016 – 4b O 120/14, das eine eingeschränkte Vermutungswirkung dann annehmen will, wenn der nicht eingetragene Zwischenerwerber nur wenige Tage Inhaber des Patents war und dessen vorübergehende Rechtsinhaberschaft von vornherein beabsichtigt und abgesprochen war. Bei Vorlage geeigneter Unterlagen und Beweismittel zu den Übertragungsvorgängen kann die Vermutungswirkung vervollständigt werden.

Keine vergleichbaren Probleme schafft die Situation, dass sich die **Übertragungsvor-** 286
gänge ausschließlich **vor Patenterteilung** abgespielt haben und der Erteilungsbeschluss
zugunsten des Verletzungsklägers ergeht. § 7 Abs 1 PatG, Art 60 Abs 3 EPÜ bestimmen,
dass der Anmelder als berechtigt gilt (unwiderlegliche gesetzliche Vermutung!), die Erteilung des Patents zu verlangen. Die Fiktion kommt jedem Anmelder zu, mithin auch
demjenigen, der erst im Laufe des Prüfungsverfahrens in die Anmelderposition einrückt,
und verpflichtet die Patentbehörde zur Patenterteilung auf die Anmeldung völlig unabhängig vom sachlichen Recht auf das Patent. Ist derjenige, der im Zeitpunkt des Erteilungsbeschlusses die Anmelderstellung innehat, materiell rechtlich nicht Inhaber der
Anmeldung, erwirbt er kraft des Erteilungsbeschlusses dennoch nicht nur ein Scheinrecht, sondern wird formell und materiell berechtigter Patentinhaber.[343] Der Erteilungsbeschluss legt als rechtsgestaltender Verwaltungsakt insofern nicht nur gegenständlich
den Inhalt des Patents fest, sondern ordnet das erteilte Schutzrecht auch – konstitutiv –
einem bestimmten Rechtsträger (sic: dem aktuellen Anmelder) zu.[344] Geht es um die
materielle Berechtigung in Bezug auf die Ansprüche aus dem Patent, können behauptete
Rechtsübertragungen an der Patentanmeldung deshalb unaufgeklärt bleiben. Der rechts-
begründende Charakter des Erteilungsbeschlusses besteht ganz generell und folglich
auch dann, wenn die Erteilung zu Gunsten des tatsächlich nicht berechtigten Anmelders
auf vorsätzlicher Täuschung beruht.[345] Ist der durch den Erteilungsbeschluss Begünstigte
tatsächlich nicht der wahre Berechtigte an der Patentanmeldung, besteht für den Anmel-
dungsinhaber lediglich die Möglichkeit der Vindikation.

Verlangt die Sachlage, dass sich der Kläger für die **Nebenansprüche** auf den Tag der 287
Registerumschreibung beschränkt, können die zeitlich davor liegenden (an den frühzeiti-
geren Rechtsübergang anknüpfenden) Ansprüche in einem späteren zweiten Verletzungsprozess separat eingeklagt werden. Zu beachten ist, dass die erste an den Tag der
Registerumschreibung anknüpfende Klage als **Teilklage** geführt und die Verjährungs-
problematik im Auge behalten wird, die sich daraus ergibt, dass eine Teilklage die Verjährung nur in Höhe des eingeklagten Teils hemmt[346].

Ist der sachlich-rechtliche Patenterwerb im Verletzungsprozess aufzuklären und weist 288
der Übertragungssachverhalt **Auslandsbezug** auf (weil Veräußerer und/oder Erwerber
Ausländer sind), gilt die **lex fori protectionis** (Schutzlandprinzip).[347] Patente mit Wirkung für Deutschland können infolgedessen – deutschen Rechtsregeln folgend – formlos
durch Vertrag übertragen werden, wobei eine hinreichend konkrete Bezeichnung des
Übertragungsgegenstandes Wirksamkeitsvoraussetzung ist. Ob die in Rede stehende
Abrede die materiell-rechtliche Übertragung des Patents zum Gegenstand hat – oder nur
auf eine schuldrechtliche Verpflichtung hierzu – gerichtet ist, ist durch Auslegung nach
dem Vertragsstatut festzustellen.[348] Es bestimmt sich nach Art 3, 4 ROM I-VO bzw
Art 27, 28 EGBGB aF.[349] Dasselbe Statut gilt für die Frage, welche Rechte und Pflichten
in Bezug auf das betroffene Schutzrecht die Vertragsparteien untereinander haben sollen.[350] Das jeweilige Gesellschaftsstatut, dem die Gesellschaft unterliegt, die als Vertrags-

---

343 OLG Düsseldorf, BB 1970, 1110.
344 OLG Düsseldorf, Urteil v 17.12.2015 – I-2 U 34/10; OLG Düsseldorf, Urteil v 6.4.2017 – I-15 UH 1/16.
345 OLG Düsseldorf, Urteil v 6.4.2017 – I-15 UH 1/16.
346 BGH, NJW-RR 2008, 521; BGH, NJW-RR 2009, 1950.
347 Kühnen, GRUR 2014, 137; OLG Düsseldorf, Urteil v 12.6.2014 – I-2 U 86/09; LG Mannheim, GRUR-RR 2018, 273 – Funkstation.
348 Kühnen, GRUR 2014, 137.
349 Vgl speziell auch zum Vertragsstatut beim isolierten Patentkauf, bei der Veräußerung eines gemisch-
ten Portfolios und bei gesellschaftsrechtlichen Umstrukturierungen: Kühnen, GRUR 2014, 137.
350 BGH, GRUR 2022, 893 – Aminosäureproduktion.

partei beteiligt ist, entscheidet demgegenüber darüber, ob handelnde Bevollmächtigte mit Wirkung für und gegen ihren Geschäftsherrn agiert haben.[351]

289 Handelt es sich um ein **SEP**, führt eine Patentübertragung ohne Verpflichtung des Erwerbers zur Einhaltung der FRAND-Erklärung nicht zur Unwirksamkeit des Erwerbsgeschäftes. Die FRAND-Verpflichtung geht vielmehr mit dem Patenterwerb – unmittelbar und unabdingbar – auf den Rechtsnachfolger über.[352] Nur unter ganz besonderen Bedingungen kann sich die Übertragung eines SEP auch unter dem Gesichtspunkt von **Art 101 AEUV** als nichtig erweisen. Die Vorschrift verbietet Vereinbarungen zwischen Unternehmen, die den Handel zwischen Mitgliedstaaten zu beeinträchtigen geeignet sind und eine spürbare Verhinderung, Einschränkung oder Verfälschung des Wettbewerbs innerhalb des Gemeinsamen Marktes entweder subjektiv bezwecken oder objektiv bewirken. Austauschverträge (wie sie mit Blick auf die entgeltliche Übertragung eines SEP oder ganzen Patentportfolios gegeben sind) unterfallen als solche nicht dem Anwendungsbereich von Art 101 AEUV.[353] Sie sind auf einen Leistungsaustausch zwischen den vertragsbeteiligten Unternehmen gerichtet und mit diesem Inhalt per se nicht geeignet, wettbewerbsbeeinträchtigende Wirkungen zu entfalten. Um den Anwendungsbereich des Kartellverbots zu eröffnen, bedarf es deshalb einer – mindestens objektiv – wettbewerbsbeschränkenden Nebenabrede innerhalb des für sich kartellrechtsneutralen Austauschvertrages, wobei die Nebenabrede über dasjenige hinausgehen muss, was erforderlich ist, um den Hauptzweck des Austauschvertrages zu verwirklichen. Entscheidend ist hierbei, ob die vereinbarte Wettbewerbsbeschränkung sachlich erforderlich und zeitlich, räumlich sowie gegenständlich darauf beschränkt ist, den mit dem Austauschvertrag verfolgten Zweck zu realisieren.[354] Ist dies der Fall, kommt ein Verstoß gegen Art 101 AEUV auch mit Blick auf die Nebenabrede nicht in Betracht; geht die Wettbewerbsklausel über das Maß des Erforderlichen hinaus, ist eine zur Vertragsnichtigkeit führende kartellrechtswidrige Wettbewerbsbeeinträchtigung denkbar, wobei allerdings in Fällen eines bloß zeitlichen Übermaßes eine geltungserhaltende Reduktion zulässig ist.

290 Unbedenklich ist gleichfalls ein Übertragungsgeschäft, das darauf abzielt, zur Vermeidung einer Pflicht zur **Prozesskostensicherheit** das einzuklagende Schutzrecht vom bisherigen Nicht-EU-Patentinhaber auf ein inländisches oder zumindest in der EU ansässiges Tochterunternehmen zu verlagern. Dass der Erwerber finanziell weniger leistungsstark oder sogar »vermögenslos« ist, spielt keine Rolle.[355]

291 Häufig werden im Zusammenhang mit der Übertragung eines Patents auch die in der Vergangenheit entstandenen **Schadenersatzansprüche** wegen Patentverletzung **abgetreten**. Auch insoweit gilt das Schutzlandprinzip, auf welches das Schuldstatut verweist (Art 15 lit e), 8 Abs 1, 24 ROM II-VO; Art 33 Abs 2 EGBGB).[356]

cc) Exkurs: Patentübertragung & Umsatzsteuer

292 Nach der Rechtsprechung ist, auch wenn sich die Vertragsparteien nicht ausdrücklich darauf verständigt haben, vom Vorliegen einer **Bruttopreisabrede** auszugehen. Etwas anderes gilt nur dann, wenn die Parteien ausdrücklich oder stillschweigend einen »Nettopreis« vereinbart haben, wofür auch ein Handelsbrauch oder eine Verkehrssitte maßgeblich sein kann.[357] Außerdem kann die gemeinsame Überzeugung der Parteien beim Ver-

---

351 BGH, GRUR 2022, 893 – Aminosäureproduktion; OLG Düsseldorf, GRUR-RR 2020, 137 – Bakterienkultivierung.
352 OLG Düsseldorf, GRUR-RS 2019, 6087 – Improving Handovers.
353 BGH, NZKart 2016, 280.
354 BGH, NZKart 2016, 280.
355 LG Mannheim, Urteil v 24.1.2017 – 2 O 131/16.
356 LG Mannheim, GRUR-RR 2018, 273 – Funkstation.
357 BGH, NJW 2019, 2298; BGH, NJW-RR 2020, 851; BGH, NJW-RR 2021, 342.

tragsabschluss davon, dass das vereinbarte Geschäft nicht der Umsatzsteuer unterliegt, dafür sprechen, dass das vertraglich festgelegte Entgelt als Nettopreis gemeint ist.[358] Die skizzierten Regeln sind auch bei Angeboten an einen zum Vorsteuerabzug berechtigten Unternehmer anzuwenden[359] und sie gelten uneingeschränkt auch für Fälle des **Patentkaufs** und der Patentübertragung.[360] Prinzipiell[361] kann deshalb weder der Leistende eine wider sein Erwarten anfallende Umsatzsteuer von seinem Vertragspartner nachfordern[362] noch der Leistungsempfänger im Falle der Umsatzsteuerfreiheit den auf die Umsatzsteuer entfallenden Anteil seiner Vergütung zurückverlangen.[363]

Andererseits begründet die Vereinbarung eines Bruttopreises als solche keine – originäre – Verpflichtung des Verkäufers dahingehend, eine die Umsatzsteuer gesondert ausweisende **Rechnung zu erteilen**, wenn eine solche Pflicht nach der objektiven Steuerlage (§ 14 UStG) nicht besteht.[364] Aus dem Veräußerungsgeschäft unterliegt er vielmehr allein der vertraglichen Nebenpflicht, dem Leistungsempfänger (= Käufer) die Durchsetzung eines berechtigten Vorsteuerabzugs gemäß § 15 Abs 1 Nr 1 Satz 1 UStG zu ermöglichen, weswegen die Ausstellung einer Rechnung mit gesonderter Angabe der Umsatzsteuer nur bei objektiver Umsatzsteuerpflicht der erbrachten Leistung (§ 14 UStG) oder im Falle einer (möglicherweise auch zu Unrecht) bestandskräftigen Besteuerung verlangt werden kann.[365]

293

Die sich stellenden **steuerrechtlichen Vorfragen** sind von den Zivilgerichten grundsätzlich selbständig zu beantworten.[366] Nur wenn eine endgültige Beurteilung der objektiven Steuerpflicht auf erhebliche Schwierigkeiten tatsächlicher oder rechtlicher Art stößt und damit ernsthaft die Gefahr besteht, dass die Finanzbehörden die Frage der Steuerpflicht abweichend von der Einschätzung der Zivilgerichte beurteilen, dürfen sich diese ausnahmsweise mit der Feststellung begnügen, die Steuerrechtslage sei zumindest ernstlich zweifelhaft. Bei einer derartigen – ernstlich zweifelhaften – Steuerrechtslage ist es dem Leistenden regelmäßig nicht zuzumuten, eine Rechnung nach § 14 UStG mit gesondertem Steuerausweis auszustellen, die unter Umständen nach der Beurteilung der zuständigen Finanzbehörde zu Unrecht einen Steuerausweis enthält. Der Leistende wäre damit nämlich dem Risiko ausgesetzt, dass allein durch einen solchen Steuerausweis gemäß § 14c UStG eine – ansonsten nicht bestehende – Steuerschuld ausgelöst wird, wobei die für den Leistenden eröffneten Korrekturmöglichkeiten des Steuerrechts (§ 14c UStG) die gegebene Belastung nicht ausreichend kompensieren.[367]

294

Besteht ein Anspruch auf Erteilung einer Rechnung nach § 14 UStG, kann der Käufer das geschuldete Entgelt nach § 273 Abs 1 BGB zurückhalten, bis der Verkäufer die Rechnung erteilt.[368] Gegenüber der Zahlungsklage hat die Geltendmachung des **Zurückbehaltungsrechts** nach § 274 Abs 1 BGB die Wirkung, dass der Käufer zur Zahlung des Kaufpreises nur Zug um Zug gegen Erteilung der Rechnung zu verurteilen ist. Das Zurückbehaltungsrecht besteht dabei in Höhe des gesamten Rechnungsbetrages und nicht nur in Höhe des Umsatzsteueranteils.[369]

295

---

358 OLG Düsseldorf, Urteil v 31.3.2022 – I-15 U 9/21.
359 BGH, NJW 2002, 2312.
360 OLG Düsseldorf, Urteil v 31.3.2022 – I-15 U 9/21.
361 Zu Ausnahmen vgl BGH, NJW 2019, 2298.
362 BGH, NJW 2002, 2312.
363 BSG, NJOZ 2009, 1914.
364 BGH, NJW-RR 2002, 376, 377.
365 BGH, NJW-RR 2002, 376, 377.
366 BGH, NJW 1980, 2710; BGH, NJW-RR 2002, 376, 377. Zur Umsatzsteuerpflicht eines Patentkaufs zwischen Unternehmen vgl OLG Düsseldorf, Urteil v 31.3.2022 – I-15 U 9/21.
367 BGH, NJW-RR 2014, 1520; OLG Düsseldorf, Urteil v 31.3.2022 – I-15 U 9/21.
368 BGH, GRUR 2012, 711 – Barmen Live; BGH, NJW-RR 2014, 1520.
369 OLG Düsseldorf, Urteil v 31.3.2022 – I-15 U 9/21, mwN zum Meinungsstand.

b) Abtretung & Vortragslasten

296 Bisweilen geschieht die Abtretung an eine dem **Zedenten nahestehende Person** in der Absicht, den Zedenten dadurch zu einem Zeugen in dem Prozess um die abgetretenen Ansprüche zu machen. Rechtlich begegnet eine solche Übertragung keinen materiell-rechtlichen Bedenken. Lediglich prozessrechtlich ist darauf zu achten, dass der großen Nähe des **Zeugen** zum klagenden Zessionar im Rahmen der gerichtlichen Beweiswürdigung (§ 286 ZPO) angemessen Rechnung getragen wird, und dass die prozessuale Waffengleichheit dadurch gewahrt bleibt, dass bei Fehlen objektiver Beweismittel oder unbefangener Zeugen in weitem Umfang von der Möglichkeit einer Parteivernehmung/Parteianhörung des beklagten Prozessgegners Gebrauch gemacht wird. Bedeutung kommt dem vor allem dort zu, wo sich die abgetretenen Ansprüche nicht aus dem Schutzrecht als solchem ergeben und herleiten lassen, sondern originären Sachvortrages bedürfen, wie dies beispielsweise bei Vindikationsansprüchen der Fall ist, für deren Bestehen das Zustandekommen der Erfindung und deren Entnahme darzulegen sind.

297 Zusätzliche Probleme tauchen auf, wenn die Abtretungsvereinbarung vorsieht, dass der **Zessionar** (was er sich wegen der Nähe zum Zedenten gefallen lässt) **von allen prozessrelevanten Informationen abgeschnitten** wird, indem alle Informationen, die zur Prüfung der abgetretenen Ansprüche oder zur Anfertigung der Klage ebenso wie alle in dem Gerichtsverfahren ausgetauschten Informationen vor dem klagenden Zessionar geheim gehalten werden, dass der Zessionar überdies keine Akteneinsicht nehmen wird und dass statt dessen sämtliche Informationen ausschließlich an den ihn vertretenden Rechtsanwalt und/oder an den Zedenten gegeben werden.

298 – Auf materiellrechtlicher Ebene bleiben die Geheimhaltungsvereinbarungen ohne Auswirkungen. Sie machen das Abtretungsgeschäft weder nichtig (§§ 134, 138 BGB) noch sonst angreifbar. Denn es geht den Anspruchsgegner (= Beklagten) nichts an, an wen der Forderungsinhaber seine Rechtsposition unter welchen Bedingungen überträgt.

299 – Allerdings gilt es zu verhindern, dass der Beklagte durch die Verschiebung der Aktivlegitimation in seinen prozessualen Rechten beschnitten wird, was auf mehrerlei Weise denkbar ist. Nachteile könnten sich für den Beklagten dadurch ergeben, dass der klagende Zessionar mit Rücksicht auf die Geheimhaltungsklauseln der Übertragungsvereinbarung, die ihn konsequent und umfassend von allen prozessrelevanten Informationen ausschließen, berechtigt sein könnte, mit Nichtwissen zu bestreiten, wo der Zedent dies wegen seines besseren Kenntnisstandes nicht könnte, und dass es dem klagenden Zessionar gestattet sein könnte, mit Rücksicht auf sein persönliches Unwissen pauschal und ins Blaue hinein vorzutragen, wo sich der Zedent wegen seiner weitergehenden Kenntnisse substantiiert zu erklären hätte.

300 Ein solches Ergebnis kann und darf nicht sein. Gemäß § 402 BGB ist der bisherige Gläubiger (Zedent) verpflichtet, dem neuen Gläubiger (Zessionar) die zur Geltendmachung der Forderung nötige Auskunft zu erteilen und ihm die zum Beweis der Forderung dienenden Urkunden, soweit sie sich in seinem Besitz befinden, auszuliefern. Die Vorschrift ist zwar dispositiv. Vereinbarungen, die zweckgerichtet zu Lasten des Schuldners gehen, dürfen jedoch das System der wechselseitigen Vortragslasten nicht zu Fall bringen. Das gilt umso mehr, als dem Schuldner durch die Abtretung keinerlei Verteidigungsmittel verloren gehen, weil er dem Zessionar alle Einwendungen entgegenhalten kann, die er dem Zedenten gegenüber besessen hat (§ 404 BGB), und er grundsätzlich auch zur Aufrechnung gegenüber der abgetretenen Forderung befugt bleibt, wenn im Verhältnis zum Zedenten eine Aufrechnungsmöglichkeit bestanden hat (§ 406 BGB). Die vorbezeichneten Sachverhalte betreffen zwar Aspekte des materiellen Rechts, machen aber hinlänglich deutlich, dass sich die Rechtsposition des Schuldners durch eine Abtretung der gegen ihn bestehenden Forderung nicht

verschlechtern soll. Das muss auch in verfahrensrechtlicher Hinsicht gelten. In der Rechtsprechung[370] ist deswegen zu Recht entschieden worden, dass sich die Vortragslasten nach den Erkenntnissen und Erkenntnismöglichkeiten (§ 402 BGB) des klagenden Zessionars richten und nicht nach seinem – künstlich herbeigeführten – Unwissen. In Bezug auf alles das, worüber er sich mit dem Anspruch aus § 402 BGB ein Wissen verschaffen könnte, hat er deshalb Erkundigungen einzuholen und ist er als vortragsfähig und vortragspflichtig zu behandeln.

c) Inhabermehrheit[371]

Sind **mehrere** Personen **Inhaber** des Patents, bilden sie regelmäßig eine **Bruchteilsgemeinschaft** (§ 741 BGB) und ist – in entsprechender Anwendung des § 1011 BGB – jeder von ihnen befugt, die Ansprüche aus dem Patent geltend zu machen[372], weswegen sie Gesamtgläubiger sind[373]. Jeder Mitinhaber kann die ganze Leistung an sich fordern und ist singulär klagebefugt.[374] Bei – freigestellter – gemeinsamer Klage haben sie die prozessrechtliche Stellung notwendiger Streitgenossen. Erwirbt der eine eingetragene Mitinhaber den Anteil des anderen eingetragenen Mitinhabers, so bedarf es deshalb grundsätzlich keiner Umschreibung in Bezug auf den übertragenen Patentteil, um dem bereits als Mitinhaber Eingetragenen die Aktivlegitimation für den Anspruch auf Unterlassung, Rechnungslegung, Schadenersatz[375] etc zu verschaffen. Bei Bestreiten des Beklagten muss der klagende Mitinhaber zwar das »Miteigentum« aller beweisen. Dies kann jedoch unter Hinweis auf den Rollenstand geschehen, auch wenn dieser infolge der Übertragung der Mitberechtigung nicht mehr aktuell ist. Probleme können sich nur insofern ergeben, als ein (durch die Rolleneintragung ausgewiesener) Mitinhaber nur Leistung an alle eingetragenen Mitinhaber verlangen kann, wenn ein Mitinhaber mit der Leistung an ihn allein nicht einverstanden ist. Ist derartiges trotz Erwerbs des Anteils des noch eingetragenen Mitinhabers zu erwarten (oder nicht gänzlich auszuschließen), sollte im Anschluss an den Erwerb der Mitinhaberschaft eine Umschreibung in der Rolle veranlasst werden.

301

Bilden die Patentinhaber eine **Gesellschaft bürgerlichen Rechts** (§ 705 BGB), so können die Rechte aus dem Patent, weil sie Teil des gesamthänderisch gebundenen Gesellschaftsvermögens sind, grundsätzlich nur von der Gesellschaft, dh im gemeinschaftlichen Zusammenwirken aller Gesellschafter, durchgesetzt werden. Denn die Einziehung einer Gesellschaftsforderung ist ein Akt der Geschäftsführung, die grundsätzlich Aufgabe der geschäftsführenden Gesellschafter ist.[376] Sind im Gesellschaftsvertrag keine abweichenden Regelungen getroffen, steht die Geschäftsführung nach § 709 Abs 1 BGB allen Gesellschaftern gemeinschaftlich zu, die deswegen auch nur in ihrer Gesamtheit prozessführungsbefugt sind. Aber selbst wenn dem Kläger eine Einzelvertretungsbefugnis eingeräumt worden ist, berechtigt ihn dies nur zu einer Klage für die (dh im Namen der) Gesellschaft, aber nie in seinem eigenen Namen, selbst wenn die Klageanträge seiner persönlichen Klage auf Leistung an die Gesellschaft gerichtet sind.[377] Denn unabhängig vom Prozessausgang können die Belange der übrigen Gesellschafter wenigstens mittelbar

302

---

370 OLG Köln, VersR 1992, 78; LG Lüneburg, MDR 1999, 704.
371 Horn/Dethof, FS 80 Jahre Patentgerichtsbarkeit Düsseldorf, 2016, S 189.
372 BGH, GRUR 2000, 1028 – Ballermann (zum Markenrecht); Benkard, PatG, § 139 PatG Rn 16.
373 OLG Düsseldorf, Urteil v 26.4.2012 – I-2 U 39/09; aA (Anwendung von § 432 Abs 1 BGB, dh Klage des Einzelnen auf Leistung an alle): BGH, GRUR 2000, 1028 – Ballermann.
374 Streitig; vgl zum Meinungsstand Busse/Keukenschrijver, § 139 Rn 18, der zwar eine isolierte Unterlassungsklage erlaubt, eine Klage des Einzelnen auf Schadenersatz, Auskunft und Rechnungslegung aber nur mit einem Klageantrag auf *Leistung an alle Mitinhaber* gestattet. Anderes gilt, wenn der nicht klagende Mitinhaber seine Ansprüche an den klagenden Mitinhaber abgetreten hat.
375 BGHZ 121, 22.
376 BGH, MDR 2021, 1204.
377 BGH, MDR 2021, 1204.

schon durch die Tatsache der Prozessführung beeinträchtigt werden. Anderes gilt im Hinblick auf die Notkompetenz des § 744 Abs 2 BGB ausnahmsweise dann, wenn das gemeinschaftliche Patent in Gefahr ist und gerade die persönliche Klage des einzelnen Gesellschafters erforderlich ist, um das Patent für die Gemeinschaft zu erhalten.[378] Gleiches gilt (was für die Praxis relevanter sein wird), wenn der einzelne Gesellschafter an der Geltendmachung der Gesellschaftsforderung ein berechtigtes Interesse hat, weil die übrigen Gesellschafter die Durchsetzung der Forderung aus gesellschaftswidrigen Gründen verweigern und der verklagte Schuldner an dem gesellschaftswidrigen Verhalten beteiligt ist.[379] Hier würde es einen unzumutbaren Umweg bedeuten, den klagenden Gesellschafter darauf zu verweisen, zunächst die Mitgesellschafter gerichtlich auf Mitwirkung an der Durchsetzung der Gesellschaftsforderung in Anspruch zu nehmen, um im Falle eines Prozesserfolges anschließend gemeinsam gegen den involvierten Schuldner vorzugehen. Mit Ermächtigung der übrigen Gesellschafter kann ein Einzelner von ihnen nach den Grundsätzen der gewillkürten Prozessstandschaft vorgehen, wenn er ein eigenes schutzwürdiges Interesse an der Rechtsverfolgung im eigenen Namen und für (fremde) Rechnung aller Gesellschafter hat.[380]

303 Denkbar ist schließlich auch eine **gemischte Konstellation** dergestalt, dass mehrere Personen das Schutzrecht in Bruchteilsgemeinschaft halten und dass sie sich lediglich für die Schutzrechtsverwertung (zB im Wege der Lizenzvergabe) zu einer GbR zusammengefunden haben. Werden gegen einen Verletzer Ansprüche durchgesetzt, so handelt es sich um eine erzwungene Verwertung, weswegen ebenfalls die Zuständigkeit und Prozessführungsbefugnis der Gesellschaft gegeben ist.[381]

d) Rechtskrafterstreckung

304 Ist die Verletzungsklage des Patentinhabers rechtskräftig abgewiesen worden, stellt sich die Frage, ob eine Möglichkeit besteht, den Streitstoff abermals zur gerichtlichen Entscheidung zu stellen, indem zB einer Tochtergesellschaft eine ausschließliche Lizenz erteilt wird, die sodann erneut gegen den mutmaßlichen Verletzer klagt. Hier sind verschiedene Konstellationen auseinander zu halten:

305 – Wenn die **Klageabweisung vor Vergabe einer ausschließlichen Lizenz** rechtskräftig geworden ist, ist die Abweisungsentscheidung endgültig. Mit seiner Klage hat der Schutzrechtsinhaber das »Vollrecht« geltend gemacht, dh sämtliche Anspruchspositionen, die sich (vereinigt in seiner Person) aus der formellen *und* materiellen Berechtigung am Patent herleiten lassen. Wird seine so erhobene Klage rechtskräftig abgewiesen, sind sämtliche denkbaren Ansprüche aus dem Patent aberkannt, weswegen es dem Patentinhaber bei unveränderten tatsächlichen Umständen[382] verwehrt ist, die Verletzungsklage abermals zur gerichtlichen Entscheidung zu stellen.[383] Hierzu wären auch ein späterer Erwerber des Klagepatents oder ein Zessionar der streitbefangen gewesenen Schadenersatzansprüche nicht in der Lage. Auch sie müssten sich als Rechtsnachfolger die rechtskräftige Abweisung der Verletzungsklage entgegenhalten lassen. Für einen nach Eintritt der Rechtskraft legitimierten ausschließlichen Lizenznehmer kann insoweit nichts anderes gelten, weil er gegenüber einem Patenterwerber die mindere Rechtsstellung innehat, die dementsprechend auch keine weitergehenden Rechte hervorrufen kann als der Vollrechtserwerb.[384]

---

378 BGH, MDR 2021, 1204.
379 BGH, MDR 2021, 1204.
380 BGH, MDR 2021, 1204.
381 OLG Düsseldorf, Beschluss v 18.12.2013 – I-2 W 37/13.
382 Veränderte Umstände lägen zB vor, wenn eine den Beklagten berechtigende Lizenz entfallen wäre.
383 Kritisch: Nieder, GRUR 2013, 1195.
384 OLG Düsseldorf, Urteil v 26.4.2012 – I-2 U 18/12.

– Gleich liegen die Verhältnisse, wenn **während des Verletzungsprozesses** (dh nach Rechtshängigkeit, aber vor Rechtskraft) eine **ausschließliche Lizenz vergeben** wird. Da das Vollrecht bereits Gegenstand eines Prozesses (des Patentinhabers) ist, kann der ausschließliche Lizenznehmer seine vom Patentinhaber abgeleiteten Ansprüche nicht mehr anderweitig einklagen.[385] Das gilt selbst dann, wenn sich der Patentinhaber in *seinem* Rechtsstreit – durch Teilklagerücknahme bzw Erledigungserklärung – auf diejenige (reduzierte) Rechtsposition zurückfallen lässt, die einem »betroffenen« Schutzrechtsinhaber nach erfolgter Vergabe einer ausschließlichen Lizenz zukommt. Bedingung ist freilich, dass der Beklagte der Klagerücknahme nicht zustimmt bzw der gegnerischen Erledigungserklärung widerspricht.[386]

306

– Wird die **ausschließliche Lizenz vor Beginn des Verletzungsprozesses** eingeräumt, können beide am Patent Berechtigten – der Lizenznehmer und der Schutzrechtsinhaber – ihre jeweiligen Ansprüche nebeneinander oder in getrennten Prozessen an demselben oder an verschiedenen Gerichtsstandorten verfolgen. Nach der Rechtsprechung des BGH[387] verliert der Patentinhaber mit der Vergabe einer ausschließlichen Lizenz nicht notwendigerweise seine materiellen Ansprüche aus dem lizenzierten Schutzrecht. So lange der Patentinhaber an der Ausübung der Lizenz durch den Lizenznehmer wirtschaftlich partizipiert, behält er vielmehr eine Rechtsposition, die es ihm erlaubt, *aus eigenem Recht* gegen Patentverletzer vorzugehen. Das erforderliche »Betroffensein« durch die Patentverletzung kann darin begründet sein, dass dem Patentinhaber aus der Lizenzvergabe fortdauernde Vorteile (zB aufgrund einer vereinbarten Umsatz- oder Stücklizenz, einer Warenbezugsverpflichtung des Lizenznehmers oder einer Alleingesellschafterstellung beim Lizenznehmer) erwachsen, die ein berechtigtes Interesse daran erkennen lassen, dass der Patentinhaber um seiner eigenen materiellen Vorteile willen gegen die Schutzrechtsverletzung einschreitet. In solchen Fällen stehen die in den §§ 139 ff PatG vorgesehenen Ansprüche zwei Rechtssubjekten zu, nämlich einerseits dem ausschließlichen Lizenznehmer (dem mit der Lizenzerteilung eine quasidingliche Berechtigung am Lizenzpatent eingeräumt worden ist) und anderseits dem Patentinhaber (dem weiterhin die formelle Berechtigung am Lizenzpatent zusteht). Die doppelte Anspruchsberechtigung gegenüber dem Schutzrechtsverletzer ist dabei keine sich gegenseitig ausschließende konkurrierende, sondern eine kumulative dergestalt, dass beiden Anspruchsprätendenten jeweils eigene Ansprüche zustehen, die selbständig nebeneinander treten und die dementsprechend auch unabhängig voneinander geltend gemacht und (beispielsweise an verschiedenen Gerichtsstandorten) verfolgt werden können. Es ist feste Praxis[388], dass die Klage des »betroffenen« Schutzrechtsinhabers unter dem Gesichtspunkt anderweitiger Rechtshängigkeit nicht der parallelen Klage des ausschließlichen Lizenznehmers prozesshindernd entgegensteht.

307

2. Ausschließlicher Lizenznehmer[389]

Aktivlegitimiert ist weiterhin der ausschließliche Lizenznehmer, und zwar – wie der Patentinhaber – für sämtliche Ansprüche wegen Patentverletzung aus originärem Recht.[390] Er ist nicht auf eine Abtretung von Ansprüchen angewiesen und kann Ersatz

308

---

385 BGH, GRUR 2013, 1269 – Wundverband. Kritisch dazu: Nieder, GRUR 2013, 1195.
386 BGH, GRUR 2013, 1269 – Wundverband.
387 BGHZ 176, 311 – Tintenpatrone I; BGHZ 189, 112 – Cinch-Stecker.
388 Vgl BGH, GRUR 2008, 896 – Tintenpatrone I.
389 Thomas, FS 80 Jahre Patentgerichtsbarkeit Düsseldorf, 2016, S 531.
390 BGH, GRUR 2022, 893 – Aminosäureproduktion.

seines eigenen, durch die Verletzungshandlungen entstandenen Schadens verlangen.[391] Ausschließlicher Lizenznehmer ist freilich nur ein solcher, der das Patent »ausschließlich«, dh unter Ausschluss jeglicher Dritter benutzen darf. Eine exklusive Lizenz kann daher nicht mehreren Unternehmen *unabhängig voneinander* in einer sich räumlich, zeitlich und sachlich deckenden Weise eingeräumt werden.[392] In Auslandssachverhalten beurteilt sich die (durch Vertragsauslegung zu klärende) Frage, ob ein exklusives oder ein einfaches Benutzungsrecht eingeräumt worden ist, nach dem Vertragsstatut.[393]

309 Lediglich der Patentinhaber selbst soll sich eine Eigennutzung vorbehalten dürfen (sog **Alleinlizenz**).[394] Das ist nicht ganz unbedenklich; auch die Grenzbeschlagnahmeverordnung 608/2013 sieht als ausschließliche Lizenz – wie der Begriff bereits sagt – nur eine solche Benutzungserlaubnis an, die *jeden* Dritten und folglich auch den Lizenzgeber ausschließt (Art 2 Nr 21 VO 608/2013). Andererseits steht es dem ausschließlichen Lizenznehmer – sofern nichts anderes vereinbart ist – frei, Unterlizenzen zu erteilen, auch an den lizenzierenden Patentinhaber. Ein bei der Lizenzerteilung vorbehaltenes einfaches Nutzungsrecht des Schutzrechtsinhabers stellt der Sache nach nichts anderes dar als eine solche Unter(rück)lizenz.

310 Eine weitere Ausnahme stellt die **Konzernlizenz** dar, dh die Konstellation, dass die Lizenz einem ganzen Unternehmensverbund mit allen oder mehreren seiner Einzelgesellschaften *gemeinschaftlich* zugewandt wird. Das Benutzungsrecht steht den Einzelnen nicht unabhängig voneinander, sondern nur in und aufgrund ihrer konzernmäßigen Verbundenheit zu, was die für die Exklusivlizenz charakteristische Einmaligkeit der Benutzungsgestattung sichert.[395] Eine solche Konzernlizenz ist – nach Lage des Falles – in verschiedenen Spielarten denkbar, nämlich dergestalt, dass

311 – alle Konzernunternehmen gemeinschaftlich Lizenznehmer werden, oder

312 – der Lizenzvertrag zunächst nur mit *einer* Konzerngesellschaft (zB der Konzernmutter) zustande kommt, dieser oder anderen Konzernunternehmen jedoch die Option eingeräumt wird, das Benutzungsrecht auch für sich wirksam werden zu lassen[396], oder

313 – dem Lizenznehmer innerhalb des Konzerns gestattet wird, Unterlizenzen zu erteilen, oder

314 – weitere Konzerngesellschaften durch Vertrag zugunsten Dritter (§ 328 BGB) benutzungsberechtigt werden.

315 Hinsichtlich der Rechtsverfolgung gilt für mehrere *gemeinschaftliche* Exklusivlizenznehmer dasselbe, was für mehrere Patentinhaber ausgeführt wurde[397].[398] Sie bilden regelmäßig eine Bruchteilsgemeinschaft, weswegen jeder von ihnen befugt ist, die Ansprüche aus dem Patent geltend zu machen.[399]

---

391 BGH, GRUR 2004, 758 – Flügelradzähler; BGH, GRUR 2008, 896 – Tintenpatrone I; BGH, GRUR 2022, 893 – Aminosäureproduktion; aA (unter Berufung auf die gegenteilige Rechtsprechung des I. ZS zum Marken- und Designrecht): Jestaedt, GRUR 2020, 354.
392 OLG Düsseldorf, Urteil v 25.10.2018 – I-2 U 30/16.
393 OLG Düsseldorf, GRUR-RR 2020, 137 – Bakterienkultivierung.
394 OLG Karlsruhe, GRUR-RS 2016, 21121 – Advanced System; Groß, Der Lizenzvertrag, Rn 38; Bartenbach, Patentlizenz- und Know-how-Vertrag, Rn 80.
395 OLG Düsseldorf, Urteil v 25.10.2018 – I-2 U 30/16.
396 OLG Düsseldorf, Urteil v 25.10.2018 – I-2 U 30/16.
397 Vgl oben Rdn 301.
398 OLG Düsseldorf, Urteil v 25.10.2018 – I-2 U 30/16.
399 OLG Düsseldorf, Urteil v 25.10.2018 – I-2 U 30/16.

316 Die dem Lizenznehmer eingeräumte **Benutzungsbefugnis** kann und darf allerdings (zB auf die Herstellung oder den Vertrieb oder den Gebrauch, geografisch oder zeitlich oder in sonstiger beliebiger Weise) **beschränkt** sein und muss nicht sämtliche, dem Patentinhaber gesetzlich vorbehaltenen Benutzungsarten umfassen.[400] Das Klagerecht des ausschließlichen Lizenznehmers steht in Fällen bloß begrenzter Rechtsübertragung allerdings unter der Voraussetzung, dass sein eigenes Benutzungsrecht berührt ist.[401] Der Klageangriff muss sich also (in sachlicher, geografischer und zeitlicher Hinsicht) gegen solche Handlungen richten, deren Vornahme dem Lizenznehmer vom Patentinhaber ausschließlich übertragen worden ist.[402] Eine andere, davon zu unterscheidende Frage ist, welche Benutzungshandlungen aufgrund eines solchen Eingriffs in das dingliche Recht des Lizenznehmers sanktioniert werden können. Nach Lage des Falles können die gerichtlichen Verbote (etwa unter dem Gesichtspunkt der Erstbegehungsgefahr) auch über die als verletzt festgestellte Benutzungsart (Bsp: Angebot) hinausreichen, zB auch solche Handlungsalternativen (Bsp: Vertrieb) umfassen, deren Verletzung (noch) nicht nachgewiesen ist. Keinesfalls kann das gerichtliche Verbot aber auf Handlungsformen ausgedehnt werden, die überhaupt nicht in das ausschließliche Benutzungsrecht des Lizenznehmers fallen (Bsp: Lizenz berechtigt nur zum Gebrauch des Patentgegenstandes; bei deren Missachtung kein Verbot von Angebot und Vertrieb patentgemäßer Vorrichtungen[403]).[404] Der Gegenstand und die Reichweite der Lizenz limitieren also die möglichen gerichtlichen Sanktionen.

317 Sieht der Lizenzvertrag vor, dass der Schutzrechtsinhaber befugt ist, das Lizenzpatent »*nach Absprache und im Einvernehmen mit dem Lizenznehmer*« zu benutzen, steht dies der Annahme einer ausschließlichen Lizenz nicht entgegen, weil das Benutzungsrecht des Patentinhabers kein originäres, sondern vom Lizenznehmer (dessen Einverständnis erforderlich ist) abgeleitetes ist. Der Patentinhaber steht praktisch einem Unterlizenznehmer gleich.

318 Sofern der Hauptlizenzvertrag nichts anderes besagt, ist es dem ausschließlichen Lizenznehmer im Zweifel gestattet, seinerseits (auch ausschließliche) **Unterlizenzen** zu vergeben und damit sein die Aktivlegitimation begründendes dingliches Benutzungsrecht an einen Dritten weiterzuvermitteln.[405] Verbote zur Unterlizenzierung können sich – außer aus ausdrücklichen Parteiabsprachen – aus dem Zweck des Hauptlizenzvertrages ergeben. Ist dem Hauptlizenznehmer eine Benutzung des Lizenzpatents nur zu einem bestimmten geschäftlichen Zweck (zB für ein gemeinsames Kooperationsprojekt) gestattet, so kann er dem Unterlizenznehmer keine weitergehenden Befugnisse einräumen, weder im Unterlizenzvertrag noch in einem Prozessvergleich.[406] Geschieht dies dennoch, erhält der Unterlizenznehmer im überschießenden Umfang kein Benutzungsrecht und folglich auch keine Aktivlegitimation.

319 Zur Darlegung seiner Berechtigung muss der Lizenznehmer notfalls die **Wirksamkeit der** ihn begünstigenden **Lizenzeinräumung** nachweisen. Auch in diesem Zusammenhang ist – nach hier vertretener Ansicht – § 30 Abs 3 Satz 2 PatG zu beachten. Zwei Erwägungen sind dafür maßgeblich. **Erstens**: Für den Verletzungsprozess gilt nur derje-

---

400 OLG Düsseldorf, Urteil v 25.10.2018 – I-2 U 30/16; vgl auch Art 2 Nr 21 VO 608/2013.
401 BGH, GRUR 1995, 338, 340 – Kleiderbügel.
402 OLG Karlsruhe, GRUR-RS 2016, 21121 – Advanced System; OLG Düsseldorf, Urteil v 25.10.2018 – I-2 U 30/16.
403 ... in Bezug auf die der Patentinhaber ggf sogar anderweitig eine ausschließliche Lizenz vergeben hat.
404 OLG Düsseldorf, Urteil v 25.10.2018 – I-2 U 30/16.
405 BGH, GRUR 2002, 801 – Abgestuftes Getriebe; OLG Karlsruhe, GRUR-RS 2016, 21121 – Advanced System.
406 OLG Karlsruhe, GRUR-RS 2016, 21121 – Advanced System.

D. Klageverfahren

nige als berechtigter Patentinhaber (und damit auch als der zur Lizenzvergabe nach § 15 PatG Befugte), der in der Rolle eingetragen ist. **Zweitens**: Da der Patentinhaber ohne Rolleneintragung keine Rechte aus dem Patent geltend machen kann, muss für den abgeleitet Berechtigten (wie den Lizenznehmer) dasselbe gelten. Eine Lizenzvergabe durch den noch nicht eingetragenen Erwerber des Patents ist deshalb bedeutungslos, selbst wenn die Patentübertragung materiell rechtlich wirksam erfolgt sein und zur Rechtsübertragung geführt haben sollte.

320 Geschieht die Umschreibung nach Abschluss des Lizenzvertrages, bedarf es entweder eines erneuten Lizenzvertragsabschlusses oder zumindest irgendeines Bestätigungsaktes in Bezug auf das bereits vorliegende Vertragswerk, der zB darin liegen kann, dass der Lizenzvertrag von den Parteien im Anschluss an die Umschreibung tatsächlich (weiter) ausgeführt wird.

321 Bei Auslandsberührung gelten für die **Einräumung** und für die **Übertragung** einer ausschließlichen Lizenz wegen der ihr eigenen dinglichen Natur dieselben IPR-Regeln wie für die Patentübertragung. Es gilt das **lex loci protectionis**, was in Fällen, in denen die Lizenz an einem deutschen Patent oder dem deutschen Teil eines europäischen Patents oder an einer Patentanmeldung mit Deutschland als benanntem Vertragsstaat[407] eingeräumt oder übertragen wird, zur Anwendung deutschen Rechts führt.[408] Es bestehen keine Formerfordernisse, auch nicht die aus Art 72 EPÜ, sodass eine stillschweigende Lizenzierung möglich ist, und die nach § 30 Abs 4 PatG mögliche Eintragung der Lizenz im Patentregister ist keine Wirksamkeitsbedingung.[409]

322 Bei der **Veräußerung einer Lizenz** ist zwischen dem Übergang des dinglichen Benutzungsrechts und dem Eintritt des Erwerbers in die Rechte und Pflichten des bestehenden schuldrechtlichen Lizenzvertrages mit dem Lizenzveräußerer zu unterscheiden. Die dingliche Rechtsposition (die die Grundlage für die Aktivlegitimation gegenüber Verletzern bildet und auf die es deshalb im Verletzungsprozess allein ankommt) ist grundsätzlich ohne Zustimmung des Lizenzgebers frei veräußerlich.[410] Etwas anderes gilt ausnahmsweise nur dann, wenn die Übertragung vertraglich ausgeschlossen ist oder sich ein Übertragungsverbot stillschweigend aus den Umständen ergibt.[411] Solches kommt zB in Betracht, wenn zwischen Lizenzgeber und Lizenznehmer ein besonders enges Vertrauensverhältnis besteht (etwa weil es sich um demselben Konzern zugehörige Unternehmen handelt), das eine einseitige Übertragung des Benutzungsrechts auf einen Außenstehenden (zB einen konkurrierenden Wettbewerber) nach Treu und Glauben verbietet.[412] Ist das dingliche Recht wirksam übergegangen, besteht die Aktivlegitimation, selbst wenn das veräußerte Recht wegen Mängeln des obligatorischen Grundgeschäftes kondizierbar sein sollte.

323 Eine ausschließliche Lizenz kann nicht mehr eingeräumt werden, wenn vorher **bereits im gleichen Umfang einfache Lizenzen** an Dritte **vergeben** worden sind[413], die nicht gekündigt wurden.[414] Dem lässt sich nicht die hypothetische Erwägung entgegenhalten, dieselbe Situation eines Nebeneinanders von ausschließlicher Lizenz und einfachen Lizenzen wäre auch dann gegeben, wenn die Patentinhaberin die bereits bestehenden

---

407 OLG Düsseldorf, Urteil v 25.10.2018 – I-2 U 30/16.
408 BGH, GRUR 2022, 893 – Aminosäureproduktion; OLG Düsseldorf, Urteil v 12.6.2014 – I-2 U 86/09.
409 OLG Düsseldorf, Urteil v 25.10.2018 – I-2 U 30/16.
410 OLG Düsseldorf, Urteil v 12.6.2014 – I-2 U 86/09.
411 OLG Düsseldorf, Urteil v 12.6.2014 – I-2 U 86/09.
412 OLG Düsseldorf, Urteil v 12.6.2014 – I-2 U 86/09.
413 Gleiches gilt, wenn sich der Patentinhaber vertraglich vorbehält, seinerseits einfache Lizenzen zu erteilen.
414 OLG Düsseldorf, Urteil v 24.9.2015 – I-2 U 30/15; RG, GRUR 1934, 306.

einfachen Lizenzen gekündigt und anschließend der ausschließliche Lizenznehmer inhaltsgleiche einfache Lizenzen erneut vergeben hätte. Die besagte Überlegung ist unzulässig, weil es einen rechtlich entscheidenden Unterschied macht, ob der ausschließliche Lizenznehmer aus eigenem Willen im Wege der Unterlizenz einfache Benutzungsrechte einräumt und damit seine eigene Benutzungsbefugnis beschränkt oder ob er deren Existenz aufgrund der bereits vom Patentinhaber vorgenommenen und nach § 15 Abs 3 PatG fortwirkenden Lizenzerteilung[415] hinnehmen muss. Im letztgenannten Fall existiert im Zeitpunkt der ausschließlichen Lizenzerteilung in der Person des lizenzierenden Schutzrechtsinhabers überhaupt keine umfassende dingliche Berechtigung mehr, die die Zuwendung eines exklusiven Benutzungsrechts zulassen könnte. Anders wäre die Sachlage nur dann, wenn zeitgleich mit der ausschließlichen Lizenzvergabe auch der Geber der einfachen Lizenzen ausgewechselt wird, sodass an die Stelle des Schutzrechtsinhabers nunmehr der ausschließliche Lizenznehmer tritt.[416]

Nach deutschem Recht verlangt diese **Vertragsübernahme** einen dreiseitigen Vertrag unter Beteiligung des einfachen Lizenznehmers. Geschieht dies nicht, kann wegen der bereits vergebenen einfachen Lizenzen mit der ausschließlichen Lizenzierung allenfalls ein einfaches Benutzungsrecht eingeräumt werden. Ob dies (als Minus) dem Parteiwillen entspricht, ist eine Frage der Auslegung im Einzelfall. Nach Erteilung einfacher Lizenzen kommt eine wirksame ausschließliche Lizenzierung freilich insoweit in Betracht, wie die ausschließliche Lizenz gegenständlich (zB Benutzungsarten, räumlicher Geltungsbereich) über die zuvor beschränkt eingeräumten einfachen Lizenzen hinausreicht.[417] 324

Mit Rücksicht auf die dingliche Natur der **Exklusivlizenz** ist es ausgeschlossen, eine ausschließliche Lizenz *rückwirkend* in eine bloß noch einfache Lizenz **umzuwandeln** (um im Nachhinein eine Aktivlegitimation des Patentinhabers für die Dauer der ausschließlichen Lizenzvergabe herbeizuführen).[418] In umgekehrter Richtung gilt dasselbe. Eine Ausnahme ist nach Auffassung des BGH[419] auch nicht für den Fall zu machen, dass die Patentbenutzung in der Vergangenheit im Sinne der nachträglich gewollten Ausschließlichkeit praktiziert worden ist, dh der ursprünglich formal bloß einfache Lizenznehmer tatsächlich der einzige Patentbenutzer gewesen ist und auch der Schutzrechtsinhaber selbst von für die Exklusivität schädlichen Benutzungshandlungen abgesehen hat. Die Annahme einer faktisch ausschließlichen Lizenz soll sich verbieten, wenn zum Zeitpunkt der Umwandlung bereits Benutzungshandlungen begangen worden sind, für die mit der nachträglichen Exklusiv-Vereinbarung ein neuer Anspruchsberechtigter mit eigenen Ansprüchen insbesondere auf Schadenersatz geschaffen wird, dem sich der Verletzer nach den Verhältnissen bei Tatbegehung noch nicht konfrontiert gesehen hat. Folgt man dem, so verbleibt es grundsätzlich dabei, dass Verletzungshandlungen, die während des Lizenzzeitraumes vorgefallen sind, in der Person desjenigen, der zur maßgeblichen Zeit dinglich berechtigt war, Schadenersatzansprüche begründet haben. Diese können allenfalls als im Zuge der vereinbarten Lizenzumwandlung – ggf konkludent – abgetreten gel- 325

---

415 OLG Düsseldorf, Urteil v 20.12.2017 – I-2 U 39/16.
416 OLG Düsseldorf, Urteil v 24.9.2015 – I-2 U 30/15; OLG Düsseldorf, Urteil v 20.12.2017 – I-2 U 39/16.
417 RG, GRUR 1934, 306. Will man dies anders beurteilen, weil einfache Lizenzen bloß schuldrechtlichen Charakter besitzen und deshalb die Vergabe der dem Schutzrechtsinhaber zustehenden dinglichen Rechtsposition (= ausschließliche Lizenz) nicht hindern können, bleibt in jedem Fall zu prüfen, ob mit dem Begriff »ausschließliche« oder »exklusive« Lizenz tatsächlich die Einräumung eines umfassenden Benutzungsrechts gemeint ist. Zweifelhaft kann dies deshalb sein, weil mit einer solchen ausschließlichen Lizenzierung für den Schutzrechtsinhaber sogleich eine Haftung wegen Rechtsmängeln begründet werden kann, was im Zweifel nicht seinem Willen entspricht.
418 OLG Düsseldorf, Urteil v 1.2.2018 – I-2 U 33/15.
419 BGH, GRUR 2022, 893 – Aminosäureproduktion. Anders noch OLG Düsseldorf, GRUR-RR 2020, 137 – Bakterienkultivierung.

ten. Nach dem Rechtsgedanken der §§ 177 Abs 1, 184 Abs 1, 185 Abs 1 BGB soll es darüber hinaus in der Macht der Parteien – des Patentinhabers und seines Lizenznehmers – liegen, eine vor Beginn der Benutzungshandlungen des Verletzers mangels Vertretungsmacht bzw sonstiger Berechtigung unwirksame Erteilung einer Exklusivlizenz nachträglich zu genehmigen und dadurch einen Zustand herbeizuführen wie er bestehen würde, wenn dem Lizenznehmer von Beginn an eine ausschließliche Lizenz eingeräumt worden wäre.[420]

326 Sind an der einfachen Lizenzvereinbarung ausländische Parteien beteiligt, sodass sich die Frage nach dem für die Vertragsübernahme einschlägigen Recht stellt, ist der Austausch der Vertragspartei **kollisionsrechtlich** nicht in eine Abtretung und eine Schuldübernahme aufzuspalten, sondern es ist einheitlich anzuknüpfen.[421] Haben die Parteien eine Rechtswahl getroffen, entscheidet sie, wobei allerdings die für den Lizenzvertrag als solchen vorgenommene Wahl einer bestimmten Rechtsordnung noch keine Rechtswahl in Bezug auf die Vertragsübernahme darstellt. Für sie gilt deswegen dasjenige Recht, das für den übernommenen Vertrag gilt, was sich wiederum aus einer Rechtswahl oder den sonstigen Regeln des IPR ergeben kann.[422] Die betreffende Rechtsordnung[423] entscheidet nicht nur darüber, ob ein Vertragseintritt überhaupt möglich ist, sondern genauso darüber, unter welchen Voraussetzungen dies geschehen kann.[424] Eine einmal getroffene Rechtswahl kann im Nachhinein geändert werden, zB im Sinne der Geltung deutschen Rechts, um dem Verletzungsgericht die rechtliche Beurteilung des Sachverhaltes zu erleichtern.[425]

3. Einfacher Lizenznehmer[426]

327 Anders verhält es sich bezüglich der Aktivlegitimation mit dem Inhaber einer einfachen Lizenz, wobei wegen der einzelnen Klageansprüche zu unterscheiden ist.

a) Unterlassungs-, Rückruf- und Vernichtungsanspruch

328 In Bezug auf den Unterlassungs-, Rückruf- und Vernichtungsanspruch (der – anders als Ansprüche auf Schadenersatz, Entschädigung etc – nicht isoliert abtretbar ist[427]) kann sich die Klagebefugnis des einfachen Lizenznehmers nur nach den Grundsätzen der sog gewillkürten Prozessstandschaft ergeben[428], welche sich dadurch auszeichnet, dass der Kläger keinen eigenen Anspruch geltend macht, sondern im eigenen Namen fremde Rechte (nämlich die des Patentinhabers = Lizenzgebers) durchsetzt. Die Rechtsprechung[429] fordert, dass eine gewillkürte Prozessstandschaft offengelegt wird[430] und lässt sie alsdann nur unter **zwei Voraussetzungen** zu, bei deren Fehlen die Klage (mangels Prozessführungsbefugnis) unzulässig ist.[431]

---

420 BGH, GRUR 2022, 893 – Aminosäureproduktion.
421 OLG Düsseldorf, Urteil v 20.12.2017 – I-2 U 39/16.
422 OLG Düsseldorf, Urteil v 20.12.2017– I-2 U 39/16.
423 Zur Rechtslage in den USA und im Vereinigten Königreich vgl OLG Düsseldorf, Urteil v 20.12.2017 – I-2 U 39/16.
424 OLG Düsseldorf, Urteil v 20.12.2017 – I-2 U 39/16.
425 OLG Düsseldorf, GRUR-RR 2020, 137 – Bakterienkultivierung.
426 Vgl Knobloch, Abwehransprüche, 2005; Pahlow, Mitt 2012, 249.
427 OLG Düsseldorf, Urteil v 18.12.2014 – I-2 U 19/14; BGH, GRUR 2016, 1048 – An Evening with Marlene Dietrich (für den Unterlassungsanspruch).
428 OLG Düsseldorf, Urteil v 18.12.2014 – I-2 U 19/14; BGH, GRUR 2016, 1048 – An Evening with Marlene Dietrich (für den Unterlassungsanspruch).
429 BGH, MDR 2012, 182; BGH, GRUR 2016, 1048 – An Evening with Marlene Dietrich.
430 BGH, MDR 2021, 1204.
431 BGH, MDR 2021, 1204.

- Erstens muss der Anspruchsinhaber (Lizenzgeber) den Prozessstandschafter (Lizenz- 329
nehmer) zur klageweisen Geltendmachung seiner Rechte ermächtigt haben, was üblicherweise schriftlich geschieht, aber auch konkludent möglich ist.[432] Die **Prozessführungsermächtigung** sollte im Original mit der Klageschrift vorgelegt werden. Eine Ermächtigungserklärung, die der Patentinhaber mit der ausdrücklichen Maßgabe abgibt, im Falle einer rechtskräftigen Klageabweisung die streitbefangenen Ansprüche danach selbst klageweise erneut geltend machen zu können, ist unwirksam.[433] Die Prozessführung in gewillkürter Prozessstandschaft setzt voraus, dass der Rechtsinhaber, der eine gerichtliche Durchsetzung seiner Ansprüche durch einen Dritten gestattet, damit einverstanden ist, dass die Prozessführung des Dritten auch für und gegen ihn (den Rechtsinhaber) wirkt. Denn es ist das Wesen der gewillkürten Prozessstandschaft, dass die streitbefangenen Ansprüche im Prozess des Prozessstandschafters endgültig und damit rechtskräftig auch gegenüber dem materiellen Rechtsinhaber zu- oder aberkannt werden. Gegenteilige Vorbehalte des Patentinhabers (etwa dahin, dass er sich ausbedingt, die Klageansprüche nach Beendigung des Rechtsstreits seines Prozessstandschafters selbst zu verfolgen) sind deswegen schädlich. Eine einmal erteilte Prozessführungsermächtigung erlischt von selbst, wenn über das Vermögen des Ermächtigenden das Insolvenzverfahren eröffnet wird.[434] Von da ab ist die in gewillkürter Prozessstandschaft erhobene Klage unzulässig.[435]

- Zweitens muss der Prozessstandschafter ein **eigenes Interesse** an der Durchsetzung 330
des für ihn fremden (Unterlassungs-)Anspruchs haben. Mit Blick auf den einfachen Lizenznehmer ist dies regelmäßig der Fall, weil die Verletzungshandlungen des Beklagten auch seinen Umsatz mit den erfindungsgemäßen Erzeugnissen schmälern und deren Unterbindung deshalb auch im geschäftlichen Interesse des Lizenznehmers liegt. Voraussetzung ist freilich, dass der Lizenznehmer in irgendeinem Umfang tatsächlich am Markt teilnimmt (oder eine alsbaldige Marktpräsenz zumindest bevorsteht), weil nur dann die Verletzungsprodukte zu einer Vermögenseinbuße bei ihm führen können.[436] Zu einem schlüssigen Vortrag des klagenden Lizenznehmers gehört es daher auch, eine einschlägige (bereits stattfindende oder wenigstens in naher Zukunft absehbare) **Marktteilnahme** zu behaupten (und notfalls zu beweisen). Fehlt sie, kann sich ein Eigeninteresse auch aus einer mit dem Lizenzvertrag eingegangenen Verpflichtung zur Rechtsverfolgung ergeben[437], sofern es sich nicht um ein bloßes Scheingeschäft handelt, das bloß die formale Klageberechtigung des (inländischen) Lizenznehmers vortäuschen soll.

Prozessführungsermächtigung und Eigeninteresse müssen spätestens im **Zeitpunkt** der 331
letzten mündlichen Verhandlung gegeben sein, dort aber auch immer noch vorliegen[438].
Im Revisionsverfahren hat der BGH dies in eigener Verantwortung von Amts wegen und ohne Bindung an die Feststellungen des Berufungsgerichts zu prüfen.[439]

Eine einmal erteilte **Prozessführungsermächtigung** ist frei widerruflich, so lange der 332
Ermächtigte von ihr noch keinen Gebrauch, dh keine auf sie gestützte Klage anhängig gemacht hat.[440] Sie kann darüber hinaus auch während eines bereits laufenden Rechtsstreits **widerrufen** werden, sofern das der Erteilung zugrunde liegende materielle Rechts-

---

432 BGH, MDR 2021, 1204.
433 LG Düsseldorf, Urteil v 16.1.2003 – 4 O 296/01.
434 BGH, Beschluss v 21.7.2016 – I ZR 190/15.
435 BGH, Beschluss v 21.7.2016 – I ZR 190/15.
436 OLG Düsseldorf, GRUR-RS 2020, 43243 – Digitales Buch.
437 OLG Düsseldorf, GRUR-RS 2020, 43243 – Digitales Buch.
438 BGH, MDR 2015, 1031.
439 BGH, MDR 2015, 1031; BGH, GRUR 2016, 1048 – An Evening with Marlene Dietrich.
440 BGH, NJW-RR 1986, 158.

geschäft (das im Zweifel einer Verfügungsermächtigung nach § 185 Abs 1 BGB ähnlich ist) dies nicht ausnahmsweise verbietet. Das gilt so lange, wie zur Durchsetzung des eingeklagten Rechts noch Prozesshandlungen des Prozessstandschafters notwendig sind.[441] Erfolgt der Widerruf erst nach dem Beginn der mündlichen Verhandlung mit dem Beklagten, beseitigt er die Prozessführungsbefugnis des Klägers allerdings nicht. Nur wenn der Beklagte einer Klageabweisung als unzulässig zustimmt, ergeht ein Prozessurteil zu Lasten des Klägers.[442]

b) Rechnungslegung, Entschädigung und Schadenersatz

333 Die Ansprüche auf Rechnungslegung, Entschädigung und Schadenersatz können demgegenüber regelmäßig nicht im Wege der gewillkürten Prozessstandschaft verfolgt werden, weil es dem Lizenznehmer – wegen der Abtretbarkeit dieser Ansprüche – hierfür an einem berechtigten Interesse mangelt. Ein solches wird bei unentgeltlicher Forderungsübertragung noch nicht durch ein bloßes Interesse an einer technischen Erleichterung der Prozessführung begründet.[443] Liegt der Zession ein Kaufgeschäft zugrunde, *kann* ein eigenes Rechtsverfolgungsinteresse des Zessionars denkbar sein.[444] Im Gegensatz zum ausschließlichen Lizenznehmer kann der einfache Lizenznehmer nicht den Ersatz seines eigenen Schadens verlangen.[445] Liquidiert werden kann vielmehr nur derjenige Schaden, der dem Patentinhaber durch die Verletzungshandlungen entstanden ist. Damit dieser vom Lizenznehmer durchgesetzt werden kann, bedarf es einer Abtretung des betreffenden Anspruchs an den Lizenznehmer (§ 398 BGB) oder einer materiell-rechtlichen Einziehungsermächtigung des Patentinhabers, die noch nicht in der Prozessführungsermächtigung liegt[446].

334 Aufgrund einer **Zessionserklärung** – die gleichfalls mit der Klageschrift zu überreichen ist und die auch dann formlos gültig und wirksam ist, wenn der Abtretung ein formbedürftiges Kausalgeschäft zugrunde liegt[447] – geht der Anspruch auf Rechnungslegung, Entschädigung und/oder Schadenersatz auf den Lizenznehmer über, der infolgedessen insoweit als materiell Berechtigter (aus eigenem Recht) klagen kann. Hinsichtlich des Schadenersatzanspruchs ist bei der Abfassung des Klageantrages lediglich darauf zu achten, dass Ersatz desjenigen Schadens begehrt wird, der dem Lizenzgeber (= Patentinhaber) entstanden ist.

335 Im Falle einer **Einziehungsermächtigung** bleibt der Schutzrechtsinhaber der Forderungsberechtigte; der Ermächtigte kann lediglich die Forderung im eigenen Namen geltend machen, wobei er – je nach den konkreten Absprachen – entweder auf Leistung an sich oder auf Leistung an den Patentinhaber klagen kann. Entsprechend den Gegebenheiten des Einzelfalles ist der Klageantrag zu formulieren.

---

441 BGH, MDR 2015, 1031.
442 BGH, MDR 2015, 1031.
443 BGH, MDR 2016, 1279.
444 BGH, MDR 2016, 1279.
445 BGH, GRUR 2004, 758 – Flügelradzähler; BGH, GRUR 2012, 630 – CONVERSE II (zum Markenrecht).
446 BGH, GRUR 2012, 630 – CONVERSE II.
447 OLG Düsseldorf, GRUR-RR 2021, 421 – Montagegrube. Denkbar ist solches etwa bei einer schenkweise (vgl § 518 BGB) eingeräumten Freilizenz.

| Praxistipp | Formulierungsbeispiel |

Wenn der Patentinhaber im außereuropäischen Ausland ansässig und nach Maßgabe von § 110 ZPO zur Leistung von Prozesskostensicherheit verpflichtet ist, kann es sich anbieten, statt seiner die deutsche oder europäische Vertriebsgesellschaft, die zugleich *Lizenznehmerin* am Klagepatent ist, den Prozess führen zu lassen. Dem sich hieraus ergebenden Vorteil, keine Sicherheit leisten zu müssen, stehen jedoch **Gefahren** gegenüber, die bedacht werden wollen:

336

– Der Beklagte kann (in der Regel mit Nichtwissen) bestreiten, dass die präsentierte **Prozessführungsermächtigung** bzw **Abtretungserklärung** auf Seiten des Patentinhabers von für ihn vertretungsberechtigten Personen (und damit rechtswirksam) abgegeben worden sind. Geschieht dies, muss die klagende Vertriebsgesellschaft in der Lage sein, die Vertretungsbefugnisse der Handelnden nachzuweisen, und zwar – zur Vermeidung einer den Rechtsstreit ggf empfindlich verzögernden Zeugenvernehmung im Ausland – durch Urkunden oder sonstige liquide Beweismittel. Auf Schwierigkeiten kann dies namentlich dann stoßen, wenn in dem betreffenden Heimatland des Schutzrechtsinhabers (zB den USA[448]) keine Handelsregister oder dergleichen geführt werden, denen die zu einem bestimmten Zeitpunkt Vertretungsberechtigten entnommen werden können. Um weitere Schwierigkeiten aus der Anwendung ausländischen materiellen Rechts zu vermeiden, sollte in jedem Fall mit der Abtretung/Prozessführungsermächtigung ausdrücklich festgelegt werden, dass die Erklärung/Vereinbarung deutschem Recht unterliegt.

Gleiche Probleme – ebenfalls mit der Gefahr einer signifikanten Verzögerung des Rechtsstreits – bestehen im Hinblick auf die behauptete **Lizenzierung** des Klagepatents, die das notwendige Eigeninteresse des klagenden Lizenznehmers an der Durchsetzung fremder Rechte begründet. Auch sie kann vom Beklagten – pauschal – mit Nichtwissen bestritten werden. Konkret betrifft dies insbesondere die Frage, ob die auf beiden Seiten handelnden Personen zur Vornahme dahingehender rechtserheblicher Handlungen befugt waren und woraus sich dies ergibt. Da sich die zur Aktivlegitimation der Klägerin herangezogene Rechtseinräumung (Lizenzerteilung) gänzlich außerhalb der Einsichtssphäre des Beklagten, nämlich im Konzerngeflecht des Klägers, abgespielt haben, handelt es sich um Tatsachen, die nicht Gegenstand von eigenen Wahrnehmungen des Beklagten sind und die auch keine Vorgänge im Bereich von Personen betreffen, die unter Anleitung, Aufsicht oder Verantwortung des Beklagten tätig geworden sind[449]. Unter solchen Umständen erlaubt § 138 Abs 4 ZPO das **Bestreiten mit Nichtwissen**. Diese prozessuale Befugnis besteht nicht nur gegenüber pauschalem Sachvortrag des darlegungspflichtigen Klägers, sondern gleichermaßen dann, wenn der dem Bestreitenden verborgene Sachverhalt – von Beginn an oder während des Prozesses – dezidiert und gestützt auf Dokumenten ausgebreitet wird. Weil dem so ist, kann es bei einem (pauschalen) Bestreiten mit Nichtwissen auch dann verbleiben, wenn der Prozessgegner (Kläger), der die der Wahrnehmung des Anderen entzogene Tatsache anfänglich bloß pauschal behauptet, im weiteren Verlauf des Rechtsstreits näher substantiiert und sogar unterlagenmäßig belegt, vorausgesetzt, aus den gesamten Umständen ergibt sich nicht, dass der Beklagte angesichts der präsentierten

---

448 Der Sekretär der amerikanischen Gesellschaft bescheinigt in einer separaten Erklärung, dass die handelnde Person für die Gesellschaft vertretungsberechtigt ist. Die Unterschrift des Vertreters unter das Hauptdokument und die Unterschrift des Company Secretary unter die Vertretungsbescheinigung werden vor einem amerikanischen Notar geleistet und von diesem beglaubigt. Der Notar beschafft außerdem eine Apostille gemäß dem Haager Übereinkommen vom 5.10.1961 [BGBl 1965 II 875], womit die Beglaubigung auch im internationalen Rechtsverkehr anerkennungsfähig ist. Sie macht die Unterlage hinsichtlich ihrer Beweiskraft zu einer öffentlichen Urkunde iSv § 415 ZPO (BGH, NJW-RR 2007, 1006; OLG Düsseldorf, GRUR-RR 2020, 137 – Bakterienkultivierung).
449 Vgl dazu BGH, GRUR 2009, 1142 – MP3-Player-Import.

> Dokumente sein Bestreiten aufgeben will.[450] Davon kann grundsätzlich nicht ausgegangen werden; gleichwohl sollte der Beklagte sein Bestreiten vorsorglich wiederholen. Das Gericht darf deshalb die betreffende Tatsache (Lizenzerteilung) seiner Entscheidung nicht schon wegen unzureichenden Bestreitens durch den Gegner zugrunde legen, sondern ausschließlich dann, wenn es von ihr im Rahmen der Beweiswürdigung überzeugt ist.[451]
> § 286 Abs 1 ZPO ordnet insoweit an, dass das Gericht nach freier Überzeugung darüber zu befinden hat, ob es eine tatsächliche Behauptung für wahr oder für nicht wahr erachtet, wobei es den gesamten Inhalt der Verhandlungen und das Ergebnis einer etwaigen Beweisaufnahme zu berücksichtigen hat.[452] Aus der Formulierung »etwaigen« folgt, dass der erforderliche Beweis im Einzelfall auch ohne eine förmliche Beweisaufnahme nach Maßgabe der §§ 371 ff ZPO als geführt angesehen werden kann. Die gerichtliche Überzeugungsbildung kann sich folglich allein auf die Schlüssigkeit des Sachvortrages einer Partei und/oder auf deren Prozessverhalten und/oder das des Gegners stützen.[453] Den Behauptungen einer Partei kann unter Umständen sogar dann geglaubt werden, wenn mangels Anfangswahrscheinlichkeit nicht einmal die Voraussetzungen für eine eigene Parteivernehmung gegeben sind.[454] Ob sich das Gericht hierzu im jeweiligen Entscheidungsfall in der Lage sieht, ist für den Kläger naturgemäß schwer vorauszusehen. Sofern eine förmliche Beweisaufnahme für erforderlich gehalten wird, ist eine dahingehende gerichtliche Anordnung nicht anfechtbar; oftmals wird es sich überdies um im Ausland zu erhebende Beweise handeln, woraus sich die Gefahr einer ganz erheblichen Verfahrensverzögerung ergibt.
>
> Damit das Gericht nicht zu der Auffassung gelangt, der Beklagte wolle sein anfängliches Bestreiten aufgeben, nachdem der Kläger – meist in Kopie – Vertragsdokumente zur Lizenzerteilung vorgelegt hat, empfiehlt es sich unbedingt, das Bestreiten jeweils ausdrücklich zu wiederholen.
>
> – Ist die Lizenznehmerin nach den Gesamtumständen nur zu dem Zweck gegründet worden, unter Umgehung des § 110 ZPO einen Patentverletzungsprozess für das ausländische Mutterunternehmen zu führen, kann das klagende Unternehmen trotz Verwaltungssitzes in der EU aus dem Gesichtspunkt des Rechtsmissbrauchs zur Leistung einer Prozesskostensicherheit verpflichtet sein.[455]

4. Prozessführungsgesellschaft eines Patentverwerters

337 Besonders betrachtet werden soll die Konstellation einer EU-inländischen Gesellschaft, die von einem außereuropäischen Patentverwerter ausschließlich zu dem Zweck der Prozessführung gegen Verletzer gegründet worden ist. Der Grund für diese Strategie kann sich insbesondere daraus ergeben, dass der Patentverwerter selbst Prozesskostensicherheit zu leisten hätte, seine Prozessführungsgesellschaft (zB weil sie ihren Sitz in der EU hat) hingegen nicht.

338 Die Prozessführungsbefugnis folgt allgemein und typischerweise aus der Aktivlegitimation am Klagepatent. Es ist selbstverständlich der Rechtsinhaber (wer auch sonst?), der seine Rechte gerichtlich durchsetzen kann. Die Befugnis zur Prozessführung ist deswe-

---

450 OLG Düsseldorf, Urteil v 20.12.2017 – I-2 U 39/16.
451 OLG Düsseldorf, Urteil v 20.12.2017 – I-2 U 39/16.
452 Hat das Landgericht in unzulässiger Weise mit mangelnder Substantiierung argumentiert, ist es Sache des Berufungsgerichts, sich erstmals die erforderliche tatrichterliche Überzeugung zu bilden.
453 BGH, WM 2018, 53; OLG Düsseldorf, Urteil v 20.12.2017 – I-2 U 39/16.
454 BGH, WM 2018, 53.
455 LG Düsseldorf, Urteil v 11.6.2015 – 4b O 18/15.

gen unproblematisch, wenn die Prozessführungsgesellschaft eingetragener **Patentinhaber** und damit dinglich Berechtigter am Klagepatent ist. Gleiches gilt für wirksam an den Kläger abgetretene Ansprüche (zB auf Rechnungslegung und Schadenersatz). Liegt der Prozessführung eine dingliche Berechtigung zugrunde, spielt es keine Rolle, ob die besagte Berechtigung nur aus Anlass und nur zu dem Zweck der Prozessführung gegen einen Verletzer eingeräumt worden ist. Die gewollte Rechtsfolge (Patent- oder Forderungsübertragung) ist rechtlich möglich und zulässig, weswegen das Motiv für ihre Herbeiführung im Einzelfall nicht zu hinterfragen ist. Auch der EuGH[456] erkennt an, dass einer Person, die (zB infolge Forderungsabtretung) bloß vertragliche Inhaberin von Rechten des geistigen Eigentums ist, auch dann, wenn sie von dem betreffenden Recht nicht selbst Gebrauch macht, sondern lediglich Schadenersatzansprüche gegen mutmaßliche Verletzer verfolgt, grundsätzlich in vollem Umfang die in der Enforcement-RL vorgesehenen Ansprüche und prozessualen Rechte zustehen. Deren Durchsetzung kann allenfalls im Einzelfall rechtsmissbräuchlich sein, wenn eine umfassende Prüfung aller Umstände ein unredliches Verhalten ergibt.

Problematischer liegt der Fall einer **Lizenzeinräumung** an den Kläger. 339

— Sie führt bei einer **Exklusivlizenz** zwar auch zu einer dinglichen Berechtigung des Lizenznehmers, die grundsätzlich prozessführungsbefugt macht. 340

Die Frage ist aber, welche Patentbefugnisse dem Lizenznehmer unter den gegebenen Umständen tatsächlich eingeräumt worden sein sollen. Ist der Schutzrechtsinhaber selbst bloß als Patentverwerter tätig und soll auch der (im Zweifel zu seinem Konzern gehörende) Kläger das ihm exklusiv lizenzierte Schutzrecht nicht durch Herstellung und Vertrieb patentgemäßer Produkte ausüben, fragt sich, wozu genau die Lizenzerteilung ihn berechtigen soll. Denn ohne die »Übertragung« mindestens irgendeiner mit dem Patent verbundenen Berechtigung fehlt es an einer Lizenz. Zwar ist der ausschließliche Lizenznehmer aufgrund seiner dinglichen Berechtigung am Klagepatent ohne weiteres berechtigt, Unterlizenzen zu erteilen, was ihm durch die streitbefangenen Verletzungshandlungen des Beklagten erschwert wird. Ob dem Kläger dieser Gesichtspunkt nützt, ist allerdings vor dem Hintergrund fraglich, dass zwischen den durch die Lizenz erworbenen Befugnissen einerseits und demjenigen, was dem Beklagten im Rechtsstreit verboten werden kann, andererseits eine Kongruenz bestehen muss. Nur dasjenige, was dem Lizenznehmer vom Patentinhaber gestattet worden ist, kann der Lizenznehmer seinerseits einem Dritten verbieten lassen. So gesehen käme es vordergründig darauf an, ob der Verletzer, was er nicht tut, Unterlizenzen erteilt. Tatsächlich ist jedoch von einer hinreichenden Kongruenz zwischen den Lizenzbefugnissen (Unterlizenzerteilung) und dem Verletzerhandeln (Vertrieb patentbenutzender Erzeugnisse) auszugehen. Denn in der dem ausschließlichen Lizenznehmer gestatteten Vergabe einer Herstellungs- und/oder Vertriebsunterlizenz liegt eine – bloß besondere – Form von Herstellung und/oder Vertrieb patentgemäßer Produkte (eben durch Dritte), die dem Lizenznehmer (als dem die Drittbenutzungen veranlassender Unterlizenzgeber) zurechenbar ist.

Da der Exklusivlizenznehmer – so gesehen – dinglich praktisch vollständig an die Stelle des – in jedem Fall und ohne weitere Bedingungen – prozessführungsbefugten Patentinhabers tritt, selbst wenn er das Patent bloß durch Lizenzvergabe verwertet, verbietet sich an dieser Stelle die Überlegung, dass ein bloß theoretischer, realitätsferner Vertragsinhalt (sic: Erteilung von Unterlizenzen) für die Befugnis zur Prozessführung außer Betracht zu bleiben hat. Es verhält sich vielmehr umgekehrt. Gerade weil der Patentinhaber die Verbietungsrechte aus dem Patent einschränkungs- und voraus- 341

---

[456] EuGH, Urteil v 17.6.2021 – C-597/19.

setzungslos geltend machen kann, egal, ob er das Patent selbst verwertet und insbesondere geschützte Erzeugnisse selbst herstellt oder vertreibt, kann wegen des Einrückens des ausschließlichen Lizenznehmers in die dingliche Rechtsstellung des Patentinhabers für ihn nichts grundsätzlich Anderes gelten.

342 – Handelt es sich hingegen um eine **einfache Lizenz**, berechtigt sie zur Prozessführung (in gewillkürter Prozessstandschaft für den Patentinhaber) nur dann, wenn der Lizenznehmer ein eigenes wirtschaftliches Interesse an der Unterbindung derjenigen Verletzungshandlungen hat, die Gegenstand des von ihm geführten Rechtsstreits sind.

343 Genau daran fehlt es, wenn der Kläger keine Benutzungsbefugnisse aus dem Patent wahrnehmen soll, sondern er vom Patentinhaber bloß den Auftrag zur Prozessführung erhalten hat. Das gilt selbst dann, wenn die Prozessführung ausdrücklich als vertragliche Pflicht vereinbart und ggf sanktioniert ist. Denn allein in der Gefahr einer ggf schadenersatzpflichtigen Vertragsverletzung kann ein ausreichendes Eigeninteresse des Klägers an der Prozessführung zur Unterbindung weiterer Verletzungshandlungen nicht gesehen werden. Das Eigeninteresse beschränkt sich vielmehr ausschließlich auf die Erledigung des vom Patentinhaber erteilten Prozessführungsauftrages; ein daneben bestehendes wirtschaftliches Interesse daran, dass es zu keinen weiteren Verletzungshandlungen des Beklagten kommt, existiert nicht. Das festgestellte Interesse an der beauftragten Prozessführung kann aber nicht ausreichen, weil die Bedingungen einer gewillkürten Prozessführung ansonsten auf die bloße Prozessführungsermächtigung des Patentinhabers beschränkt würden. Sie allein genügt aber gerade nicht; vielmehr muss ein eigenes Interesse am Unterbleiben der im Prozess verfolgten Verletzungshandlungen hinzutreten, das ein Kläger, der bloß beauftragter Prozessführer ist, nicht besitzt.

344 Vielfach ist die Prozessführungsgesellschaft **kapitalmäßig** nur **minimal ausgestattet**, sodass die Gefahr besteht, dass der Prozessgegner im Falle seines Obsiegens das finanzielle Nachsehen hat. Sind Ansprüche (zB auf Kostenerstattung) gegenüber der klagenden Gesellschaft wegen ihrer Unterkapitalisierung nicht realisierbar, stellt sich deshalb die Frage, ob statt ihrer die Gesellschafter persönlich in Anspruch genommen werden können. In aller Regel wird dies nicht möglich sein. Eine **Durchgriffshaftung** des GmbH-Gesellschafters wegen unzureichender Kapitalisierung der Gesellschaft – sei es in Form zu geringer Eigenkapitalausstattung, sei es in Gestalt einer allgemeinen Mangelhaftigkeit der Vermögensausstattung im weitesten Sinne – ist weder gesetzlich normiert noch durch richterrechtliche Rechtsfortbildung als gesellschaftsrechtlich fundiertes Haftungsinstitut anerkannt. Sowohl der BGH[457] als auch das BAG[458] stehen unverändert auf dem Standpunkt, dass die Unterkapitalisierung einer GmbH für sich allein den Haftungsdurchgriff auf die Gesellschafter nicht rechtfertigt. Nach der gesetzlichen Ausgestaltung der GmbH wäre eine über die Aufbringung des gesetzlich vorgeschriebenen Mindeststammkapitals und die anschließende Gewährleistung seiner Erhaltung hinausgehende »Finanzausstattungspflicht« des Gesellschafters systemwidrig und würde letztlich die GmbH als Gesellschaftsform selbst in Frage stellen. Das GmbHG will nicht die Lebensfähigkeit einer jeden GmbH sicherstellen, sondern nur einen generellen Mindestschutz der Gläubiger gewähren. Einerseits ermöglicht es dem Gesellschafter gegen den als akzeptabel angesehenen finanziellen Einsatz eines Mindeststammkapitals die Befreiung von persönlicher Haftung; im Gegenzug trägt es den Interessen der Gläubiger an der Befriedigung ihrer Forderungen gegen die GmbH dadurch Rechnung, dass es die Aufbringung und den

---

457 BGHZ 176, 204 – GAMMA.
458 BAG, ZIP 1999, 878.

Erhalt des Stammkapitals vor Eingriffen des Gesellschafters weitgehend sicherstellt.[459] Das Handeln oder Unterlassen des Gesellschafters in Bezug auf die Finanzausstattung der von ihm betriebenen GmbH findet haftungsrechtlich seine Grenze lediglich im Deliktsrecht, namentlich in dem Verbot vorsätzlicher sittenwidriger Schädigung der Gläubiger (§ 826 BGB). Eine besondere – generalisierende – Fallgruppe der »Haftung wegen Unterkapitalisierung einer GmbH« hat die Rechtsprechung bisher nicht anerkannt.[460] Es kommt also auf die Umstände des Einzelfalles an. Insoweit mag denkbar sein, dass die Prozessführungs-GmbH Patentinhaber ist, dass neben ihr ein kapitalstarkes deutsches Tochterunternehmen existiert, dem eine Freilizenz erteilt ist, die auch benutzt wird, dass sich alle übrigen Patente außer dem Klagepatent im Besitz des/eines operativ tätigen Konzernunternehmens befinden und dass die Prozessführungs-GmbH keine eigenen Einkünfte außer den erhofften Klageansprüchen hat. Ein (bezifferbarer) Schaden des Verletzungsbeklagten, für den die Gesellschafter der klagenden Prozessführungs-GmbH einzustehen haben könnten, ist unter solchen Umständen im Grunde nur für den Fall eines Obsiegens des Verletzungsbeklagten denkbar, und zwar für den Fall, dass der Kostenerstattungsanspruch des Beklagten gegenüber der unterkapitalisierten GmbH, eben wegen derer mangelhafter Finanzausstattung, nicht realisiert werden kann, sodass der Beklagte das Insolvenzrisiko des Verletzungsklägers trägt. Ist der Kläger bloß einfacher Lizenznehmer, lässt sich diesem Risiko durch eine auf § 242 BGB gestützte großzügige Anwendung des § 110 ZPO entgegensteuern[461], während dieses Instrument versagt, wenn der Kläger als Patentinhaber oder ausschließlicher Lizenznehmer dinglich berechtigt ist. In den beiden letztgenannten Konstellationen verfügt der Kläger aber über dingliche Rechte an dem Klagepatent, die zum Gesellschaftsvermögen gehören und dem Gläubigerzugriff unterliegen. Schon der Umstand, dass auf eben dieses Schutzrecht die Verletzungsklage gestützt ist, spricht dafür, dass die dinglichen Rechte von einem gewissen wirtschaftlichen Wert sein werden, was regelmäßig der Annahme entgegenstehen wird, dass die Prozessführung auf eine *vorsätzliche* Gläubigerschädigung gerichtet ist. Das gilt umso mehr, wenn es außer dem Verletzungsbeklagten, gerade weil sich die Geschäftstätigkeit des Klägers auf die Prozessführung beschränkt, keine weiteren Gläubiger gibt, die die Insolvenzmasse in einem nennenswerten Umfang für sich in Anspruch nehmen und schmälern könnten.

5. Sonderfälle

Neben dem **einfachen Lizenznehmer** ist der Patentinhaber, wenn er seinen Lizenznehmer zur Prozessführung ermächtigt hat, nie aktivlegitimiert. Dies folgt bereits aus der Tatsache, dass nur Ansprüche des Patentinhabers existieren und diese – im Wege der Prozessstandschaft bzw aus abgetretenem Recht – schon vom Lizenznehmer geltend gemacht werden. **345**

Neben einem **ausschließlichen Lizenznehmer** (der über eigene, neben die des Patentinhabers tretende Ansprüche aus dem Patent verfügt) ist der Patentinhaber nur dann klagebefugt, wenn er selbst durch die streitgegenständlichen Verletzungshandlungen betroffen ist.[462] Dessen bedarf es nicht nur, wenn Patentinhaber und ausschließlicher Lizenznehmer gemeinsam klagen, sondern selbstverständlich auch dann, wenn der Patentinhaber allein Klagepartei ist, er jedoch klagt, nachdem er eine ausschließliche Lizenz vergeben hat. **346**

---

459 BGHZ 176, 204 – GAMMA.
460 BGHZ 176, 204 – GAMMA.
461 Vgl unten Kap E Rdn 25.
462 Umfassend zur Anspruchskonkurrenz zwischen Patentinhaber und exklusivem Lizenznehmer: Pahlow, GRUR 2007, 1001.

347 – Ein »Betroffensein« ist zunächst zu bejahen in Bezug auf denjenigen Benutzungsausschnitt, der dem Patentinhaber bei einer zeitlich, örtlich oder sachlich beschränkten Lizenzvergabe verblieben ist.

348 – Aber auch bei Erteilung einer umfassenden Exklusivlizenz, die dem Schutzrechtsinhaber jedes eigene (per se anspruchsbegründende) Nutzungsrecht nimmt, ist ein »Verletztsein« denkbar, vornehmlich dann, wenn mit dem ausschließlichen Lizenznehmer eine Stück- oder Umsatzlizenz vereinbart ist[463], weil durch die Verletzungshandlungen mittelbar auch die Lizenzeinnahmen des Patentinhabers beeinträchtigt werden. Bedenken gegen die Wirksamkeit der Vereinbarung sind belanglos, so lange die Lizenzzahlungspflicht tatsächlich praktiziert wird.[464]

349 – Bei einer **Freilizenz** genügt es, wenn der Patentinhaber als Gesellschafter des ausschließlichen Lizenznehmers an dessen Erträgnissen aus der Patentbenutzung beteiligt ist.[465] Auf eine alleinige Gesellschafterstellung kommt es in diesem Zusammenhang nicht entscheidend an. Eine wirtschaftliche Partizipation an den Erträgnissen des Freilizenznehmers ist gleichermaßen bei einem geringeren Gesellschaftsanteil denkbar.[466] In der Praxis wird allerdings die Erteilung einer Freilizenz nur dort in Betracht kommen, wo der Lizenzgeber über den zumindest größten Teil der Gesellschaftsanteile verfügt, weil er ansonsten keinen Anlass hat, die Gesellschaft über eine Freilizenz an seinem Patent zu bereichern. Profitiert – umgekehrt – der Lizenznehmer (zB als Alleingesellschafter) an den Erträgen des lizenzierenden Schutzrechtsinhabers, fehlt es an dessen Betroffensein durch Verletzungshandlungen Dritter.[467]

350 Zwei **Besonderheiten** sind zu beachten:

351 Erstens: Der Schadenersatzfeststellungsantrag kann für den Patentinhaber in der üblichen Weise formuliert werden.[468]

352 Zweitens: Im Höheprozess ist der Klageantrag des Patentinhabers dahin zu richten, dass an seinen Lizenznehmer Schadenersatz nach eine der üblichen Berechnungsmethoden geleistet wird (sodass diejenige Bereicherung eintritt, die den Patentinhaber über seine [zB Gewinn-]Ansprüche als Gesellschafter partizipieren lässt). Beide Anspruchsberechtigten – Patentinhaber und Lizenznehmer – verfolgen also denselben Klageantrag, gerichtet auf Zahlung eines bestimmten, nach den allgemeinen Regeln der Schadensberechnung ermittelten Schadenersatzbetrages an den Lizenznehmer.[469]

353 »Verletzt« wird der Patentinhaber ferner dann, wenn dem Lizenznehmer eine vertragliche Bezugspflicht für die Lizenzgegenstände[470], für Rohstoffe oder Einzelteile auferlegt ist, weil durch die Verletzungshandlungen der Umsatz (und Gewinn) des Schutzrechtsinhabers mit seinem Lizenznehmer in Mitleidenschaft gezogen werden kann.

---

463 Anders verhält es sich, wenn der ausschließliche Lizenznehmer die Patentbenutzung zB als Folge eines Insolvenzverfahrens eingestellt hat. Hier kann die Unterbindung der Verletzungshandlungen durch den Patentinhaber nicht zu Umsätzen des Lizenznehmers und folglich auch nicht zu weiteren Lizenzeinnahmen des Patentinhabers führen.
464 OLG Düsseldorf, Urteil v 12.6.2014 – I-2 U 86/09.
465 BGH, GRUR 2011, 711 – Cinch-Stecker; OLG Düsseldorf, InstGE 12, 88 – Cinch-Stecker.
466 Offengelassen von BGH, GRUR 2011, 711 – Cinch-Stecker.
467 OLG Hamburg, GRUR-RR 2020, 294 – Verpackung für Rauchwaren.
468 BGH, GRUR 2011, 711 – Cinch-Stecker.
469 BGH, GRUR 2011, 711 – Cinch-Stecker.
470 BGH, GRUR 2008, 896 – Tintenpatrone I.

– Auch eine vertragliche Verpflichtung des Patentinhabers, gegen Verletzer vorzugehen, kann die Aktivlegitimation begründen[471], wenn er bei Missachtung der Vertragspflicht rechtliche oder wirtschaftliche Nachteile zu befürchten hat. Diese können zB in der Gefahr einer Kündigung des Lizenzvertrages liegen, aber auch darin, dass der Lizenzvertrag eine prozentuale Kürzung der Lizenzgebühren vorsieht, falls der Pateninhaber einer Aufforderung zur Unterstützung der Verletzungsklage nicht nachkommt[472]. 354

– Ebenso kann die Pflicht des Lizenznehmers, sich zur Kennzeichnung der Lizenzgegenstände einer Marke des Patentinhabers zu bedienen, ein Betroffensein begründen.[473] 355

Ist der nur noch formell legitimierte Patentinhaber idS »verletzt«, stehen ihm im Falle einer Schutzrechtsverletzung eigene Unterlassungs-, Auskunfts- und Vernichtungsansprüche zu.[474] Er kann darüber hinaus Schadenersatz verlangen (und entsprechende Rechnungslegung beanspruchen), wenn er geltend machen kann, selbst *geschädigt* zu sein, was bei Vereinbarung einer umsatzabhängigen Lizenz genauso zu bejahen ist wie bei einer vertraglichen Bezugspflicht[475] oder bei einer gesellschaftsrechtlichen Beteiligung am Lizenznehmer, die nach der Lebenserfahrung erwarten lässt, dass die Verletzungshandlungen den Gewinnausschüttungsanspruch des Patentinhabers beeinträchtigen[476], während ein Schaden des Patentinhabers regelmäßig ausscheidet, wenn er von dem ausschließlichen Lizenznehmer durch eine Einmalzahlung oder dergleichen vollständig abgefunden ist.[477] Folge der eigenen Anspruchsinhaberschaft ist, dass der »betroffene« Patentinhaber und der ausschließliche Lizenznehmer ihre jeweiligen Ansprüche in separaten Klagen an verschiedenen Gerichtsständen erheben können. 356

Praxistipp	Formulierungsbeispiel

Die doppelte Aktivlegitimation von Patentinhaber und ausschließlichem Lizenznehmer erlaubt deshalb eine abgestimmte Prozesstaktik. Zunächst kann einer von ihnen bei einem ersten Patentstreitgericht klagen. Sollte die Klage erfolglos bleiben, besteht für den anderen die Möglichkeit, es bei einem anderen Landgericht abermals zu versuchen. 357

Ein getrenntes Vorgehen kann sich auch deshalb empfehlen, weil die Lizenzerteilung, namentlich bei Anwendung eines ausländischen Vertrags- und/oder Gesellschaftsstatuts, umfangreiche und zeitaufwändige Ermittlungen erfordern kann, die bei einer *gemeinsamen* Klage mit dem Patentinhaber auch seinem Prozesserfolg im Wege stehen. Sofern der Patentinhaber neben dem ausschließlichen Lizenznehmer klagen will oder muss, ist daher unbedingt zu getrennten Klagen zu raten. Die Gefahr einer gerichtlichen Verbindung der Klagen nach § 147 ZPO (mit der die Entscheidungsreife der Inhaberklage wieder an die Entscheidungsreife der Lizenznehmerklage gekoppelt würde) besteht im Allgemeinen nicht, weil es ein im Rahmen der gerichtlichen Ermessensausübung legitimes und letztlich ausschlaggebendes Interesse des Patentinhabers ist, bei seiner Rechtsverfolgung nicht durch den Aufklärungsbedarf behindert

---

471 LG Düsseldorf, InstGE 1, 9 – Komplexbildner.
472 OLG Düsseldorf, Urteil v 7.2.2013 – I-2 U 8/09 (ob der Lizenzverlust größer ist als die eventuellen Kosten eines Verletzungsrechtsstreits, spielt keine Rolle, weil sich ein möglicher Schaden schon daraus ergibt, dass die Verletzungsklage gewonnen wird und der Patentinhaber wegen der ihm zustehenden Erstattungsansprüche mit keinerlei Kosten belastet wird).
473 Kühnen, FS Schilling, 2007, S 311.
474 Kühnen, FS Schilling, 2007, S 311.
475 BGH, GRUR 2008, 896 – Tintenpatrone I; BGH, GRUR 2012, 430 – Tintenpatrone II.
476 OLG Düsseldorf, InstGE 12, 88 – Cinch-Stecker.
477 Kühnen, FS Schilling, 2007, S 311, mwN.

D. Klageverfahren

> zu werden, der sich bei den Klageansprüchen eines anderen Klägers ergibt. Um einer Prozessverbindung ganz sicher auszuweichen, können die Klagen an unterschiedlichen Gerichtsorten anhängig gemacht werden.

358 Datiert der Lizenzvertrag aus einer Zeit vor dem 1. Januar 1999, so unterliegt er dem Schriftformerfordernis[478] des – inzwischen aufgehobenen – **§ 34 GWB aF**[479].

359 Dies bedeutet und verlangt Folgendes:[480]

360 – Die für einen Vertrag vorgesehene **Schriftform** ist nur gewahrt, wenn sich die für den Abschluss des Vertrags notwendige Einigung über alle wesentlichen Vertragsbedingungen und die Parteien aus einer von beiden Parteien unterzeichneten Urkunde ergibt. Da auch formbedürftige Vertragsklauseln grundsätzlich der Auslegung zugänglich sind, reicht es aus, wenn der Inhalt der Vertragsbedingungen im Zeitpunkt des Vertragsschlusses bestimmbar ist. Werden wesentliche vertragliche Vereinbarungen in Anlagen ausgelagert, sodass sich der Gesamtinhalt der vertraglichen Vereinbarung erst aus dem Zusammenspiel dieser »verstreuten« Bedingungen ergibt, müssen die Parteien zur Wahrung der Urkundeneinheit die Zusammengehörigkeit dieser Schriftstücke in geeigneter Weise zweifelsfrei kenntlich machen. Dazu bedarf es keiner körperlichen Verbindung dieser Schriftstücke. Vielmehr genügt für die Einheit der Urkunde die bloße gedankliche Verbindung, die allerdings in einer zweifelsfreien Bezugnahme zum Ausdruck kommen muss. Zur Schriftform gehört zudem, dass die Urkunde gemäß § 126 Abs 1 und 2 BGB von den Vertragsparteien eigenhändig unterzeichnet wird und die beiderseitigen Unterschriften den gesamten Vertragsinhalt decken und den Vertragstext räumlich abschließen, also unterhalb des Textes stehen und damit äußerlich die urkundliche Erklärung vollenden.

361 – Ist lediglich die **Vorderseite eines Vertragsdokuments** unterzeichnet worden und enthält die unterschriebene Vorderseite des Vertrags keinen ausreichenden Verweis auf die auf der Rückseite des Formulars abgedruckten Vertragsbedingungen, aus dem sich schließen lassen könnte, die geleisteten Unterschriften deckten auch diese Vertragsbestandteile, so schließen die Unterschriften nicht den vollständigen Vertragsinhalt ab, der auch die auf der Rückseite des Formulars abgedruckten zB Allgemeinen Vertragsbedingungen umfasst.

362 – Allerdings ist es für die Einhaltung der Schriftform nicht erforderlich, dass schon die erste Vertragsurkunde selbst alle Schriftformvoraussetzungen erfüllt. Vielmehr genügt es, wenn diese Voraussetzungen durch eine nachfolgende **Änderungsvereinbarung** gemeinsam mit der in Bezug genommenen ersten Vertragsurkunde erfüllt werden. Dabei kann es nach den Umständen des jeweiligen Falles auch genügen, wenn lediglich eine dem Vertrag beigefügte Anlage von den Parteien unterschrieben wird, vorausgesetzt, dass hinreichend deutlich ist, auf welchen Vertrag sich die Anlage bezieht. Eine körperliche Verbindung der Anlage mit dem in Bezug genommenen Vertrag ist dabei nicht erforderlich. Wie bei einer Nachtragsvereinbarung genügt es zur Einhaltung der Schriftform, dass zwischen der Anlage und dem eigentlichen Vertragsdokument eine gedankliche Verbindung besteht, die erkennen lässt, dass die beiden Schriftstücke in ihrer Gesamtheit den Vertrag bilden. Ausreichend ist daher, dass die Anlage die Vertragsparteien bezeichnet, hinreichend deutlich auf den

---

[478] Bereits die Verpflichtung zur Lizenzzahlung macht den Vertrag formbedürftig (BGH, GRUR 2003, 896 – Chirurgische Instrumente; BGH, GRUR 2005, 845 – Abgasreinigungsvorrichtung).
[479] BGH, NJW-RR 1999, 689 – Coverdisk; BGH, NJW-RR 1999, 1199 – Markant.
[480] BGH, MDR 2021, 667.

ursprünglichen Vertrag Bezug nimmt und ersichtlich ist, dass es im Übrigen bei den Bestimmungen des ursprünglichen Vertrags verbleiben soll.

– Nach der Rechtsprechung des BGH[481] genügt als **Unterschrift** ein Schriftzug, der individuellen Charakter aufweist und einem Dritten, der den Namen des Unterzeichnenden kennt, ermöglicht, diesen Namen aus dem Schriftbild noch herauszulesen, der Unterzeichnende also erkennbar bleibt. Die Unterschrift muss zwar nicht unbedingt lesbar sein, mindestens einzelne Buchstaben müssen aber wenn auch nur andeutungsweise zu erkennen sein, weil es sonst an dem Merkmal einer Schrift fehlt. Anzulegen ist ein großzügiger Maßstab, wenn im Übrigen an der Autorenschaft und der Absicht, eine volle Unterschrift zu leisten, keine Zweifel bestehen. Dagegen stellt ein Schriftzug, der als bewusste und gewollte Namensabkürzung erscheint (Handzeichen, Paraphe), keine formgültige Unterschrift dar. Ob ein Schriftzeichen eine Unterschrift oder lediglich eine Abkürzung (Handzeichen, Paraphe) darstellt, beurteilt sich nach dem äußeren Erscheinungsbild. Auch ein stark vereinfachter und nicht lesbarer Namenszug kann als Unterschrift anzuerkennen sein, wenn der Unterzeichner auch sonst in gleicher oder ähnlicher Weise unterschreibt.

363

Ist die **Schriftform nicht gewahrt** und der Lizenzvertrag deshalb nichtig, lässt sich die Aktivlegitimation des Lizenznehmers dadurch wiederherstellen, dass der Lizenzvertrag – was seit dem 1. Januar 1999 formlos zulässig ist – neu abgeschlossen wird. Alternativ ist es möglich, den formnichtigen Vertrag im Sinne von § 141 BGB zu bestätigen. In der faktischen Ausübung der Lizenz nach dem 1. Januar 1999 kann eine (die Wirksamkeit – ex nunc – herbeiführende) Bestätigung des Altvertrages allerdings nur gesehen werden, wenn die Vertragsparteien bei Vornahme ihrer Vollzugshandlungen die Nichtigkeit des Lizenzvertrages positiv erkannt oder zumindest für möglich gehalten haben. Unbeachtlich bleibt der Formmangel weiterhin in solchen Konstellationen, in denen es dem Vertragspartner nach Treu und Glauben versagt ist, sich auf den Formmangel zu berufen. In einer jahrzehntelangen Tradition hat die Rechtsprechung die Heranziehung des § 242 BGB zwar für unzulässig gehalten, weil § 34 GWB aF den Interessen der Allgemeinheit diene. Diese Ansicht hat der BGH[482] nunmehr allerdings aufgegeben. Ihm folgend steht der Kartellsenat des OLG Düsseldorf[483] auf dem Standpunkt, dass die Berufung auf einen Formmangel nach § 34 GWB aF treuwidrig ist, wenn der formnichtige Vertrag über mehrere Jahre durchgeführt worden ist und aus dem Vertrag erhebliche Vorteile erzielt worden sind, die nicht auf andere Weise kompensiert werden können. Unter solchen Voraussetzungen ist der Lizenzvertrag trotz des objektiven Formmangels als wirksam zu behandeln und kann deshalb auch dem Lizenznehmer ein Rechtsschutzinteresse für seine Prozessführung vermitteln.

364

Kein Lizenznehmer – und daher nicht aktivlegitimiert – ist der **Vertriebshändler**. Er zeichnet sich dadurch aus, dass ihm keine vertragliche Nutzungsbefugnis am Patent eingeräumt, sondern lediglich das (ggf alleinige) Vertriebsrecht für die patentgemäßen Produkte des Schutzrechtsinhabers übertragen wird. Geschieht dies in der Weise, dass die erfindungsgemäßen Gegenstände vom Patentinhaber an seinen Vertriebshändler verkauft und ausgehändigt werden, damit dieser die Erzeugnisse seinerseits weiterverkauft, so verbietet sich die Annahme eines Lizenzvertrages deshalb, weil sich die Patentrechte mit der Lieferung an den Händler erschöpfen, sodass es keiner irgendwie gearteten vertragli-

365

---

481 BGH, MDR 2021, 667.
482 BGH, GRUR 2003, 1062, 1063 – Preisbindung für Franchisegeber II.
483 OLG Düsseldorf, InstGE 5, 78 – Unbeachtlicher Formmangel; OLG Düsseldorf, Urteil v 24.3.2004 – VI-U (Kart) 43/02.

chen Nutzungsgestattung (= Lizenz) mehr bedarf.[484] Das gleiche gilt, wenn dem Vertriebshändler die patentgemäßen Gegenstände kommissionsweise überlassen werden.

366 Ob der klagende Patentinhaber die erfolgte Lizenzierung aufgrund seiner Pflicht zu vollständigem und wahrheitsgemäßem Sachvortrag (**§ 138 Abs 1 ZPO**) erwähnen muss, hängt von der Art des Lizenzverhältnisses ab: Eine ausschließliche Lizenz ist grundsätzlich initiativ vorzutragen, eine einfache nie.

367 Sofern der Patentinhaber in seinen Klageanträgen Benutzungsalternativen, Benutzungszeiträume und/oder Benutzungsgebiete berücksichtigt, die in die Kompetenz seines **ausschließlichen Lizenznehmers** fallen, ist seine Anspruchsberechtigung limitiert. Denn er kann dem Verletzer prinzipiell nur dasjenige verbieten lassen, für das er selbst noch dinglich berechtigt ist, was im Umfang der exklusiven Lizenzerteilung nicht mehr der Fall ist. Betreffen die Klageanträge daher – auch – ausschließlich lizenzierte Bereiche, so ist der Patentinhaber deswegen nur unter ganz besonderen Voraussetzungen prozessführungsbefugt und aktivlegitimiert (= anspruchsberechtigt), nämlich dann, wenn er selbst – trotz seiner insoweit bloß noch formalen Rechtsposition – durch die Verletzungshandlungen »betroffen« ist. Weil dem so ist, gehört es zum schlüssigen Klägervortrag, ein hinreichendes »Betroffensein« durch die die Lizenzrechte beeinträchtigenden Patentverletzungen darzulegen.

368 Die **einfache Lizenzvergabe** erweitert demgegenüber lediglich die Möglichkeiten der Rechtsverfolgung, beschränkt sie aber – anders als die ausschließliche Lizenzvergabe – für den Patentinhaber nicht. Deswegen darf die einfache Lizenzvergabe in einer Klage des Patentinhabers unerwähnt bleiben.

III. Passivlegitimation[485]

1. Deliktsrechtliche Haftung

369 Als Anspruchsgegner kommt zunächst jeder in Betracht, der die patentierte Erfindung in eigener Person[486] benutzt (indem er die Anspruchsmerkmale selbst im Sinne der §§ 9, 10 PatG verwirklicht) oder der als Teilnehmer im Sinne von **§ 830 Abs 2 BGB** eine fremde Patentbenutzung ermöglicht oder fördert.[487] Es haften also Alleintäter, Mittäter[488], Gehilfen und Anstifter.[489] Ob die betreffenden Handlungs- und Teilnahmeformen gegeben sind, beurteilt sich nach den im Strafrecht hierzu entwickelten Grundsätzen.[490] Täter ist mithin derjenige, der die Zuwiderhandlung selbst oder in mittelbarer Täter-

---

484 Groß, Der Lizenzvertrag, Rn 29; Bartenbach, Patentlizenz- und Know-how-Vertrag, Rn 1320.
485 Pitz, GRUR 2009, 805; Bölling, GRUR 2013, 1092; Kurtz, FS 80 Jahre Patentgerichtsbarkeit Düsseldorf, 2016, S 345.
486 Ein passivlegitimierter **Einzelkaufmann**, der sein Handelsgeschäft auf einen **übernehmenden Rechtsträger** überträgt und dessen Handelsfirma dadurch erlischt (§ 155 UmwG), führt den laufenden Verletzungsprozess (welcher nicht unterbrochen wird) unter seinem bürgerlichen Namen fort (OLG Düsseldorf, Urteil v 19.12.2019 – I-). Er wird auch nicht von seiner Haftung befreit; ebenso wenig ist in Fällen, in denen die Forderung beim Übergang der Aktiva und Passiva auf den Übernehmer bereits gerichtlich anhängig war, § 265 Abs 2 ZPO anwendbar (OLG Düsseldorf, Urteil v 19.12.2019 – I-15 U 97/16).
487 BGH, GRUR 2009, 1142, 1144 – MP3-Player-Import.
488 Für die wechselseitige Zurechnung der Tatbeiträge ist es unerheblich, ob alle Mittäter schuldhaft handeln oder einige von ihnen zB kraft gesetzlicher Sonderregelung von einer Haftung freigestellt sind (vgl BGH, NJW 1978, 816, 818; BGH, NJW 1972, 40, 41).
489 BGH, Mitt 2002, 416 – Funkuhr.
490 BGH, GRUR 2014, 883 – Geschäftsführerhaftung; vgl dazu Goldmann, GRUR-Prax 2014, 404.

schaft⁴⁹¹ begeht (§ 25 Abs 1 StGB)⁴⁹², Mittäterschaft erfordert eine gemeinschaftliche Begehung, also ein bewusstes und gewolltes Zusammenwirken bei der Anspruchsverwirklichung⁴⁹³ (§ 830 Abs 1 Satz 1 BGB), wobei die für eine Täterschaft notwendige Tatherrschaft (= Herrschaft über den zum Taterfolg führenden Kausalverlauf)⁴⁹⁴ bloßen Hilfspersonen nicht zugesprochen werden kann.⁴⁹⁵ Entscheidend für die Einordnung ist, ob dem Betreffenden die verletzende Handlung in sozialtypischer Hinsicht nicht als eigene zugerechnet werden kann, weil ihm aufgrund seiner untergeordneten Stellung keine eigene Entscheidungsbefugnis zusteht, weswegen typische Hilfspersonen Boten, Briefträger, Plakatkleber, Prospektverteiler, aber keine Onlinehändler, sind.⁴⁹⁶ Die Teilnahmeformen setzen eine vorsätzliche Anstiftungs- oder Beihilfehandlung zu der (Haupt-)Tat eines Anderen verlangt.⁴⁹⁷ Zu beachten ist, dass Anstiftung und Beihilfe einen doppelten Vorsatz erfordern, welcher tatrichterlich festgestellt werden muss: Die Haupttat, zu der angestiftet oder zu der eine physische bzw psychische⁴⁹⁸ Unterstützung geleistet wurde, muss vorsätzlich begangen sein; der Anstifter bzw Gehilfe muss ebenfalls mit Vorsatz gehandelt haben.⁴⁹⁹ Allerdings genügt jeweils ein **Eventualvorsatz**⁵⁰⁰ in dem Sinne, dass die Schutzrechtsverletzung für möglich gehalten und für diesen Fall billigend in Kauf genommen wird.⁵⁰¹ Der Vorsatz muss in Bezug auf eine konkret drohende Haupttat gegeben sein, weswegen es bei einem Internetdienst – als einer als solchen neutralen Handlung – nicht genügt, dass der Betreiber nur allgemein mit gelegentlichen Rechtsverletzungen seiner Nutzer rechnet.⁵⁰² Vielmehr muss der Gehilfe wissen, dass der Haupttäter ausschließlich auf rechtswidrige Handlungen abzielt.⁵⁰³ Wird der Haupttäter und der Gehilfe/Anstifter durch denselben Geschäftsführer vertreten, so ist der notwendige Vorsatz schon mit Rücksicht auf die Personenidentität regelmäßig gegeben.⁵⁰⁴ Alle Vorgenannten haften in vollem Umfang für die sich aus der Patentverletzung ergebenden Ansprüche.⁵⁰⁵ Das trifft auch auf den selbständigen Handelsvertreter zu, ungeachtet dessen, dass die von ihm vermittelten Geschäfte über den verletzenden Gegenstand zivilrechtlich in der Person des Geschäftsherrn zustande kommen.

Darüber hinaus ist »Verletzer« und damit tauglicher Schuldner sämtlicher Ansprüche wegen Patentverletzung, wer die Verwirklichung des Benutzungstatbestandes durch einen anderen objektiv ermöglicht oder fördert⁵⁰⁶, obwohl er sich mit zumutbarem Aufwand die Kenntnis verschaffen kann, dass die von ihm unterstützte Handlung das abso-

370

---

491 Das setzt voraus, dass der mittelbare Täter im eigenen Interesse das Handeln eines anderen steuert, über den er die Kontrolle hat, woran es fehlt, wenn das »Werkzeug« selbst Täter ist (BGH, GRUR 2012, 1279 – DAS GROSSE RÄTSELHEFT).
492 BGH, GRUR 2014, 883 – Geschäftsführerhaftung.
493 BGH, GRUR 2012, 1279 – DAS GROSSE RÄTSELHEFT.
494 BGH, GRUR 2021, 730 – Davidoff Hot Water IV.
495 BGH, GRUR 2016, 493 – Al Di Meola.
496 BGH, GRUR 2016, 493 – Al Di Meola.
497 BGH, GRUR 2011, 152 – Kinderhochstühle im Internet.
498 Insoweit kann es genügen, dass zB die Holdinggesellschaft ein Schutzrecht auf die angegriffene Ausführungsform erwirkt hat und angenommen werden kann, dass sie den Vertrieb der Verletzungsform gegenüber Dritten unter Berufung auf eben dieses Schutzrecht im Bedarfsfall absichern wird.
499 BGH, GRUR 2009, 1142 – MP3-Player-Import.
500 Zum Begriff und dessen Abgrenzung zur Fahrlässigkeit vgl BGH, MDR 2012, 280.
501 OLG Karlsruhe, GRUR 2022, 641 – Polsterumarbeitungsmaschine.
502 BGH, GRUR 2013, 370 – Alone in the Dark.
503 OLG München, GRUR 2016, 612 – Allegro Barbaro.
504 OLG Düsseldorf, Urteil v 4.4.2019 – I-2 U 41/18.
505 Für Mittäter, Anstifter und Gehilfen folgt dies aus § 830 BGB, für Nebentäter aus § 840 BGB.
506 ... ohne dass die (subjektiven) Voraussetzungen einer Mittäterschaft oder Beihilfe vorliegen (zB deshalb, weil bloß Fahrlässigkeit im Spiel ist).

lute Recht des Patentinhabers verletzt.⁵⁰⁷ Ein Beispiel dafür sind Nebentäter⁵⁰⁸, wobei für die Haftung grundsätzlich an jede vorwerfbare (**Mit-)Verursachung** der Rechtsverletzung einschließlich der ungenügenden Vorsorge gegen solche Verstöße angeknüpft werden kann.⁵⁰⁹ Innerhalb des Konzerns genügt die Mitwirkung bei den Absatzbemühungen eines anderen, zB dergestalt, dass Marketingmaßnahmen zugunsten des dritten Konzernunternehmens ergriffen oder Serviceleistungen (zB ein Reparaturdienst an bereits verkauften Geräten) erbracht werden.⁵¹⁰ Wer durch patentverletzende Angebote in vorwerfbarer Weise verletzende Vertriebshandlungen eines Konzernunternehmens befördert, der haftet deshalb auch für den durch den Vertrieb verursachten Schaden, selbst dann, wenn ihm bezüglich der Vertriebsaktivitäten bloß Fahrlässigkeit zur Last fällt.⁵¹¹ Damit die Verantwortlichkeit nicht ins Uferlose ausgedehnt wird, muss zu dem objektiven Verursachungsbeitrag allerdings hinzukommen, dass eine Rechtspflicht verletzt wird, die – zumindest auch – dem Schutz des verletzten absoluten Rechts dient und bei deren Beachtung der Mitverursachungsbeitrag entfallen wäre.⁵¹² Ob und ggf in welchem Umfang eine rechtliche Pflicht zur Vermeidung eines schutzrechtsverletzenden Erfolges besteht, richtet sich im Einzelfall nach der Abwägung aller betroffenen Belange, insbesondere der Schutzbedürftigkeit des Verletzten⁵¹³ auf der einen sowie der Zumutbarkeit von Prüfungs- und Handlungspflichten für den in Anspruch genommenen Unterstützer auf der anderen Seite. Zwischen beiden Interessen besteht eine Wechselwirkung: Je schutzwürdiger der Patentinhaber ist, umso mehr Rücksichtnahme kann dem Dritten zugemutet werden; je geringer das Schutzbedürfnis des Patentinhabers ist, desto kritischer ist zu prüfen, ob von dem Dritten wirklich erwartet werden kann und muss, dass er Schutzrechtsverletzungen Anderer aufspürt und ggf abstellt oder von vornherein verhindert.⁵¹⁴ In der Rechtsprechung⁵¹⁵ ist eine Rechtspflicht für im Ausland ansässige und ausschließlich im Ausland handelnde Zulieferer für die inländische Autoindustrie verneint worden, selbst wenn dem Zulieferer der letztlich inländische Bestimmungsort seiner Zulieferteile bekannt war, weil das Vertrauen des Zulieferers auf das grundsätzlich rechtmäßige Verhalten des inländischen Automobilherstellers schutzwürdig ist, so lange nicht (zB aufgrund einer Verwarnung) konkrete Umstände für eine inländische Patentverletzung erkennbar sind.⁵¹⁶

371 Die besagten Einschränkungen sind für denjenigen nicht angebracht, der das von einem Dritten vertriebene Verletzungsprodukt als Hersteller mit einem **CE-Kennzeichen** versieht, das die betreffende Sache – wie etwa bei einem Medizinprodukt⁵¹⁷ – erst verkehrsfähig macht. Ungeachtet dessen, dass der Hersteller mit der Anbringung des CE-Kennzeichens lediglich selbst die Konformität seines Produktes mit den einschlägigen Vorschriften bestätigt, die typischerweise der Anwendungssicherheit sowie im Falle eines Medizinproduktes auch der therapeutischen Nützlichkeit und Leistungsfähigkeit dienen, was als solches keinen Bezug zum Patentrecht hat, dokumentiert das angebrachte Kennzeichen zunächst das Wissen und Wollen des Herstellers darum, dass sein Produkt in

---

507 BGH, GRUR 2009, 1142, 1144 – MP3-Player-Import.
508 Vgl dazu: BGH, GRUR 2009, 1142 – MP3-Player-Import.
509 BGH, GRUR 2009, 1142, 1145 – MP3-Player-Import.
510 LG Mannheim, Urteil v 26.2.2016 – 7 O 38/14.
511 OLG Karlsruhe, GRUR 2022, 641 – Polsterumarbeitungsmaschine.
512 BGH, GRUR 2009, 1142, 1145 – MP3-Player-Import.
513 Vordringlich geht es darum, ob der Patentinhaber auch ohne die dem Dritten auferlegten Pflichten hinreichende Möglichkeiten hätte, gegen Rechtsverletzungen effektiv vorzugehen.
514 BGH, GRUR 2009, 1142, 1146 – MP3-Player-Import.
515 LG Mannheim, GRUR-RR 2013, 449 – Seitenaufprall-Schutzeinrichtung.
516 Die Entscheidung verneint eine Haftung unter Täter- oder Teilnahmegesichtspunkten. Das ist problematisch, weil die Lieferung von Autoteilen an einen weltweit (und damit auch national) tätigen Automobilkonzern regelmäßig den Vorwurf der Mittäterschaft begründet.
517 § 6 Abs 1 Satz 1 MPG.

der EU (als demjenigen Territorium, für das die CE-Kennzeichnung von Bedeutung ist) in Verkehr gebracht wird. Wo das CE-Kennzeichen erst die Verkehrsfähigkeit des Produktes begründet, leistet er durch die Kennzeichnung darüber hinaus einen entscheidenden Beitrag dafür, dass das Verletzungsprodukt im Schutzgebiet des Patents rechtsverletzend auf den Markt gelangt. Die Wichtigkeit dieses Tatbeitrages für den Verletzungserfolg wird vielfach die Annahme einer Mittäterschaft mit dem eigentlichen Vertreiber rechtfertigen. Gleiches gilt für denjenigen, der sich als europäischer Bevollmächtigter für die CE-Kennzeichnung zugunsten eines außerhalb der EU ansässigen Vertreibers zur Verfügung stellt. Da die Verkehrsfähigkeit des Produktes erst und initial durch diese Bevollmächtigtenbenennung hergestellt wird (§ 6 Abs 2 Satz 3 MPG, Art 11 Abs 1 Medizinprodukte-VO), kommt auch dem Bevollmächtigten eine seine Mittäterschaft begründende Tatherrschaft für das Vertriebsgeschehen zu.[518] Mittäter ist ferner derjenige, der den Vertreiber durch einen **After-Sales-Service** unterstützt, sofern erst dieser Service das Produkt verkäuflich macht.[519]

Die **Muttergesellschaft** des verletzenden Unternehmens ist nicht allein deswegen haftbar, und zwar auch dann nicht, wenn sie auf eigenen Wunsch im Anschluss an eine vorgerichtliche Abmahnung die weitere Korrespondenz mit dem Verletzten führt.[520] Vielmehr bedarf es der tatrichterlichen Feststellung von Umständen, die eine solche Einbindung der Muttergesellschaft in die Verletzungshandlungen ihres Tochterunternehmens ergibt, dass deren Zurechnung gerechtfertigt ist. 372

Jenseits der dargelegten allgemeinen Haftungskriterien ist dabei zu beachten, dass die rechtliche Schutzpflicht frühestens mit dem Eintritt der Wirkungen des verletzten Patents entsteht und dass sie nicht in Konflikt mit dem übergeordneten Territorialitätsprinzip geraten darf. Daraus folgt: 373

– Ein Mitverursachungsbeitrag, der **vor Veröffentlichung der Patenterteilung** geleistet wird, ist belanglos, selbst wenn er seine die fremde Patentverletzung unterstützende Wirkung erst oder auch noch nach der Bekanntmachung der Patenterteilung entfaltet; 374

– Handlungen, die im – aus der Sicht des fraglichen Patents – **gemeinfreien Raum** (zB im Ausland[521]) stattfinden, deswegen rechtlich in vollem Umfang erlaubt sind, und die lediglich reflexartig inländische Benutzungshandlungen Anderer unterstützen, sind unbeachtlich. 375

▶ **Beispiel:**
Angebotshandlungen im Ausland, selbst wenn sie dazu führen, dass einem inländischen Patentverletzer weitere (ausländische) Kunden zugeführt werden und infolgedessen dessen inländische (patentverletzende) Produktion gesteigert wird.[522] 376

Eine weitere Einstandspflicht für fremdes Handeln ergibt sich aus **§ 831 BGB**. Die Vorschrift ordnet die Haftung des Geschäftsherrn für das Verhalten seines Verrichtungsgehilfen an, wobei den »Verrichtungsgehilfen« seine Weisungsgebundenheit gegenüber dem Geschäftsherrn auszeichnet. Der Verrichtungsgehilfe muss allgemein oder im konkreten Fall im Einflussbereich des anderen stehen, von dem er in gewisser Weise abhängig ist und von dem ihm eine Tätigkeit übertragen worden ist.[523] Das Weisungsrecht 377

---

518 OLG Düsseldorf, Urteil v 30.9.2021 – I-2 U 52/20.
519 OLG Düsseldorf, Urteil v 30.9.2021 – I-2 U 52/20.
520 BGH, GRUR 2016, 1031 – Wärmetauscher.
521 Es macht insoweit keinen Unterschied, ob im Ausland ein paralleler Patentschutz besteht oder nicht.
522 OLG Düsseldorf, Urteil v 23.2.2012 – I-2 U 134/10.
523 BGH, MDR 2014, 1081.

muss nicht ins Einzelne gehen. Es genügt, dass der Geschäftsherr die Tätigkeit des Handelnden jederzeit beschränken oder entziehen oder nach Zeit und Umfang bestimmen kann.[524] Selbständige Unternehmen erfüllen diese Voraussetzungen im Allgemeinen nicht, weil es bei ihnen an der erforderlichen Abhängigkeit und Weisungsgebundenheit gegenüber dem Geschäftsherrn fehlt. Unter besonderen Umständen (die zB bei Bestehen eines Beherrschungs- und Gewinnabführungsvertrags vorliegen können[525]) kann allerdings auch ein rechtlich selbständiges Unternehmen eine Tätigkeit ausüben, bei der es den Weisungen eines anderen Unternehmens unterworfen ist. Für die Beurteilung kommt es nicht auf die rechtliche Ausgestaltung der Beziehung oder den gesellschaftsrechtlichen Status, sondern darauf an, ob nach den tatsächlichen Verhältnissen eine Eingliederung in den Organisationsbereich des Geschäftsherrn erfolgt ist und der Handelnde dessen Weisungen zu folgen hat.[526] Es genügt insofern nicht, dass eine Tochtergesellschaft den Weisungen des Holdingunternehmens[527] allgemein unterstellt ist; vielmehr bedarf es der tatrichterlichen Feststellung, dass die Tochtergesellschaft den Vorgaben der Holding »bei Ausführung der Verrichtung«, dh beim Angebot und Vertrieb der patentverletzenden Gegenstände, zu folgen hat.[528]

2. Störerhaftung[529]

378 Passivlegitimiert, allerdings nur für den Unterlassungsanspruch (nicht für den deliktsrechtlichen Schadenersatzanspruch)[530], ist darüber hinaus derjenige Störer, der ohne Teilnahme an der eigentlichen Benutzungshandlung lediglich eine weitere Ursache für die Rechtsverletzung gesetzt hat. Handeln mehrere, kommt es grundsätzlich nicht auf Art und Umfang des Tatbeitrages (die ihn eher als »Täter« oder eher als »Gehilfen« ausweisen) oder auf das Interesse des Einzelnen an der Verwirklichung der Störung an.[531]

379 Entsprechend der zum Wettbewerbsrecht entwickelten Rechtsprechung kann deshalb zB derjenige haftbar sein, der seinen **Telefon-, Fax- Telex- oder Internetanschluss** einem Dritten **überlässt**, der von diesem Anschluss aus das Patent verletzende Handlungen begeht.[532] Auf die Einzelheiten dieser Fallgruppe wird weiter unten[533] noch näher eingegangen.

a) Betreiber einer Internet-Plattform[534]

380 Zunächst sollen die Betreiber[535] von Internet-Auktionsplattformen (**zB eBay**) betrachtet werden, deren Haftung sich nach unterschiedlichen rechtlichen Kategorien richtet, je

---

524 BGH, GRUR 2012, 1279 – DAS GROSSE RÄTSELHEFT.
525 BGH, GRUR 2012, 1279 – DAS GROSSE RÄTSELHEFT.
526 BGH, GRUR 2012, 1279 – DAS GROSSE RÄTSELHEFT.
527 Vgl dazu ausführlich: Buxbaum, GRUR 2009, 245, 242.
528 OLG Düsseldorf, InstGE 6, 152 – Permanentmagnet.
529 Die Berechtigung dieser Fallgruppe ist neuerdings vom BGH (GRUR 2009, 1142 – MP3-Player-Import) in Zweifel gezogen worden. Manches spricht dafür, dass künftig auch »Störer« wie Deliktstäter haften sollen. Zur Störerhaftung allgemein vgl Bölling, GRUR 2013, 1092 sowie bei mittelbarer Schutzrechtsverletzung Leistner, GRUR 2010, Beilage zu Heft 1.
530 BGH, Mitt 2002, 251 – Meißner Dekor; aA BGH, GRUR 2009, 1142 – MP3-Player-Import.
531 BGH, GRUR 2009, 1093 – Focus Online.
532 BGH, GRUR 1999, 977, 979 – Räumschild.
533 Rdn 391 ff.
534 Ensthaler/Heinemann, GRUR 2012, 433; Spindler, GRUR 2018, 16; Wagner, GRUR 2020, 329; Wagner, GRUR 2020, 447.
535 Derjenige, der die Zugangsdaten für sein eBay-Mitgliedskonto (Mitgliedsnamen, Passwort) nicht geheim hält und damit Dritten dessen unberechtigte Benutzung ermöglicht, haftet für die von dem Dritten unter Verwendung des Mitgliedskontos begangenen Schutzrechtsverletzungen als Täter (BGH, GRUR 2009, 597 – Halzband).

nach dem, wie die Plattform betrieben wird und wie ihr Betreiber nach außen in Erscheinung tritt.[536]

aa) Eigenangebote

Er ist **Täter**, wenn er Dritten erlaubt, Gegenstände auf seiner Plattform zum Verkauf einzustellen, die eingestellten Erzeugnisse anschließend aber im eigenen Namen und auf eigene Rechnung anbietet.[537] Seine Täterhaftung besteht auch dann, wenn er von dem Inhalt der von dritter Seite eingestellten Inhalte keine Kenntnis nimmt[538] und wenn er sich bei der Erstellung der konkreten Produktpräsentation eines dritten Unternehmens (zB des Lieferanten für das angebotene Erzeugnis) bedient hat.[539]

381

bb) Dienstleister für Fremdangebote

Der Betreiber begeht demgegenüber keine Verletzungshandlung, wenn er selbst nicht als Anbietender in Erscheinung tritt, und er leistet auch keine Beihilfe zu der vom jeweiligen Anbieter begangenen Schutzrechtsverletzung, wenn die Angebote der Versteigerer automatisch und ohne vorherige Kenntnisnahme durch den Betreiber in das Internet eingestellt werden.[540] Mit der Bereitstellung einer Internet-Auktionsplattform schafft er jedoch eine Gefahrenquelle dafür, dass die Plattform von Dritten für Schutzrechtsverletzungen genutzt wird. Ihn trifft deshalb als **Störer** eine Garantenstellung dafür, dass er diese Gefahr im Rahmen des Möglichen und Zumutbaren begrenzt (sog. Ingerenz). Seine (täterschaftliche[541]) Störerhaftung (auf Unterlassung) ist deshalb anzunehmen, wenn **Prüfungspflichten** verletzt werden. Solche bestehen zwar nicht von vornherein für jedes Versteigerungsangebot, weil derartiges schlechterdings nicht zu leisten wäre. Es besteht auch keine Pflicht, sämtliche Angebote, die zB mithilfe einer Software als potenziell schutzrechtsverletzend identifiziert werden können, manuell daraufhin zu prüfen, ob tatsächlich eine Schutzrechtsverletzung vorliegt.[542] Das gilt jedenfalls dann, wenn es sich um eine erhebliche Zahl von Verdachtsfällen handelt und die Trefferwahrscheinlichkeit zum Aufwand für den Betreiber der Internet-Plattform nicht mehr in einem angemessenen Verhältnis steht.[543] Gleiches gilt, wenn dem Schutzrechtsinhaber vom Plattform-Betreiber eine Möglichkeit zur Eigenrecherche nach ggf schutzrechtsverletzenden Angeboten an die Hand gegeben wird, die es dem Verletzten ermöglicht, eine eigene manuelle Verdachtskontrolle durchzuführen.[544] Nach der Rechtsprechung bestehen Prüfungspflichten jedoch, sobald der Betreiber der Internet-Auktionsplattform auf eine – im Tatsächlichen und Rechtlichen – *klare* Rechtsverletzung hingewiesen worden ist.[545] Erforderlich ist, dass nicht nur die Rechtsinhaberschaft, sondern auch der Umfang des gesetzlichen Schutzes sowie der Verletzungstatbestand nachvollziehbar dargelegt wer-

382

---

536 BGH, GRUR 2008, 1097 – Namensklau im Internet; BGH, GRUR 2004, 860 – Internet-Versteigerung I; BGH, GRUR 2007, 708 – Internet-Versteigerung II; OLG Köln, GRUR-RR 2006, 50 – Rolex-Internetversteigerung; OLG Brandenburg, GRUR-RR 2006, 297 – Identitätsdiebstahl.
537 BGH, GRUR 2016, 493 – Al Di Meola.
538 BGH, GRUR 2016, 493 – Al Di Meola.
539 BGH, GRUR 2016, 741 – Himalaya Salz.
540 BGH, GRUR 2015, 485 – Kinderhochstühle im Internet III; BGH, GRUR 2013, 1229 – Kinderhochstühle im Internet II; BGH, GRUR 2007, 708 – Internet-Versteigerung II; BGH, GRUR 2007, 890 – Jugendgefährdende Medien bei eBay; BGH, GRUR 2011, 152 – Kinderhochstühle im Internet.
541 BGH, GRUR 2007, 890 – Jugendgefährdende Medien bei eBay.
542 BGH, GRUR 2013, 1229 – Kinderhochstühle im Internet II; BGH, GRUR 2011, 152 – Kinderhochstühle im Internet.
543 Vgl BGH, GRUR 2011, 152 – Kinderhochstühle im Internet.
544 BGH, GRUR 2011, 152 – Kinderhochstühle im Internet.
545 BGH, GRUR 2007, 708 – Internet-Versteigerung II; BGH, GRUR 2011, 152 – Kinderhochstühle im Internet.

den.⁵⁴⁶ Voraussetzung für eine (Prüfungspflichten auslösende) Rechtsverletzung ist ferner, dass der Anbietende nicht als Privater⁵⁴⁷, sondern im geschäftlichen Verkehr gehandelt hat⁵⁴⁸, was der Patentinhaber als Anspruchsteller darzulegen hat.⁵⁴⁹ Ist es ihm gelungen, einen Sachverhalt vorzutragen und zu beweisen, der ein geschäftliches Handeln nahe legt (zB mehr als 25 Feedbacks = Käuferaktionen nach früheren Auktionen des fraglichen Anbieters), ist der Betreiber der Internet-Plattform im Rahmen der ihn treffenden sekundären Darlegungslast gehalten, seinerseits substantiiert zum (dennoch privaten) Handeln des Anbieters vorzutragen.⁵⁵⁰

383 Auf einen hinreichenden **Verletzungshinweis** hat der Betreiber der Auktionsplattform nicht nur das konkrete schutzrechtsverletzende Angebot zu sperren, sondern darüber hinaus im Rahmen des Zumutbaren Vorsorge gegen künftige weitere gleichartige Verletzungshandlungen zu treffen.⁵⁵¹ Geschehen kann dies durch Einsatz einer Filtersoftware, die anhand von Suchbegriffen Verdachtsfälle aufspürt, die manuell überprüft werden können.⁵⁵² Unter Umständen kann es auch erforderlich sein, Angebote des betreffenden Verkäufers manuell und zeitlich engmaschig zu kontrollieren oder den Verkäufer vollständig von der Plattform auszuschließen. Derartiges ist zB geboten, wenn elektronische Systeme keine hinreichende Gewähr für das Aufspüren der in Rede stehenden Rechtsverletzung bieten und/oder es der Verkäufer bewusst auf Schutzrechtsverletzungen anlegt.⁵⁵³ Ein gleichartiger Verstoß, den es zu verhindern gilt, kann sich dadurch ergeben, dass dasselbe schutzrechtsverletzende Produkt durch einen mit dem Versteigerer nicht identischen Dritten angeboten wird oder der Versteigerer ein abgewandeltes, im Kern aber gleiches und deswegen ebenfalls schutzrechtsverletzendes Produkt zum Verkauf anbietet.⁵⁵⁴

384 Erhöhte Kontrollpflichten treffen den Auktionsbetreiber, wenn er Anzeigen geschaltet hat, die über einen **elektronischen Verweis** unmittelbar zu schutzrechtsverletzenden Angeboten führen. Nach Hinweis auf eine klare Rechtsverletzung hat der Betreiber der Internet-Auktionsplattform die über den elektronischen Verweis in seinen Anzeigen auffindbaren Angebote auf problemlos und zweifelsfrei erkennbare Schutzrechtsverletzungen zu überprüfen.⁵⁵⁵ Gesteigerte Überwachungspflichten resultieren nicht daraus, dass der Betreiber der Internetauktionsplattform dem Nutzer eine Funktion zur automatischen Unterrichtung über neue (verletzende) Angebote durch E-Mails zur Verfügung stellt.⁵⁵⁶

385 Grundsätzlich trifft dabei den Anspruchsteller die Darlegungs- und **Beweislast** dafür, dass es dem Betreiber technisch möglich und zumutbar war, nach dem ersten Hinweis auf eine Schutzrechtsverletzung weitere Verletzungshandlungen durch Nutzer seiner Plattform zu verhindern. Weil der Gläubiger regelmäßig über entsprechende Kenntnisse

---

546 Vgl OLG München, InstGE 8, 34 – Lateinlehrbuch im Internet II (zum UrhG).
547 BGH, GRUR 2011, 152 – Kinderhochstühle im Internet.
548 Maßgeblich ist eine Gesamtschau der relevanten Umstände, wie wiederholte, gleichartige Angebote, ggf auch von neuen Gegenständen, Angebote erst kurz zuvor erworbener Waren, eine ansonsten gewerbliche Tätigkeit des Anbieters, häufige Feedbacks, Verkaufsaktivitäten für Dritte (BGH, MDR 2009, 993 – Ohrclips).
549 BGH, GRUR 2008, 702 – Internet-Versteigerung III.
550 BGH, GRUR 2008, 702 – Internet-Versteigerung III.
551 BGH, GRUR 2007, 890 – Jugendgefährdende Medien bei eBay.
552 BGH, GRUR 2007, 890 – Jugendgefährdende Medien bei eBay; BGH, GRUR 2007, 708 – Internet-Versteigerung II; BGH, GRUR 2004, 860 – Internet-Versteigerung I; OLG Brandenburg, GRUR-RR 2006, 297 – Identitätsdiebstahl.
553 KG, GRUR-RR 2016, 335 – www.aliexpress.com.
554 BGH, GRUR 2007, 890 – Jugendgefährdende Medien bei eBay.
555 BGH, GRUR 2013, 1229 – Kinderhochstühle im Internet II.
556 BGH, GRUR 2015, 485 – Kinderhochstühle im Internet III.

nicht verfügt, obliegt dem Betreiber eine sekundäre Darlegungslast: Er hat im Einzelnen vorzutragen, welche Schutzmaßnahmen er ergreifen kann und weshalb ihm, falls die besagten Maßnahmen keinen lückenlosen Schutz gewährleisten, weitergehende Maßnahmen nicht zugemutet werden können.[557]

Besonderheiten bestehen hinsichtlich der **Antragsfassung**, weil mit dem Klageantrag die Besonderheiten der Verletzungshandlung zum Ausdruck gebracht werden müssen. Das verlangt allerdings nicht, dass bereits im Antrag zum Ausdruck kommt, dass das Verbot auf einer Verletzung von Prüfpflichten beruht.[558] 386

Praxistipp	Formulierungsbeispiel
	Klageantrag – Internetauktion
	Die Beklagte wird verurteilt, es … zu unterlassen,
	im Rahmen ihrer Online-Auktionen Dritten die Gelegenheit zu gewähren, im Internet … (Beschreibung des Verletzungsgegenstandes), anzubieten, in den Verkehr zu bringen oder zu bewerben, wenn aufgrund von hinweisenden Merkmalen erkennbar ist, dass der Anbieter mit seinem Angebot im geschäftlichen Verkehr handelt
	und/oder
	bei der Abwicklung eines im Rahmen einer solchen Online-Auktion erfolgten Verkaufs eines solchen Gegenstandes mitzuwirken.[559]

387

Der **Händler**, der sich für das in seinem eigenen Namen unterbreitete Angebot einer fremden Internetplattform bedient, haftet als Täter für schutzrechtsverletzende Inhalte. Das gilt auch dann, wenn die Schutzrechtsverletzung auf einem geänderten Angebotsinhalt beruht, den nicht der Händler selbst vorgenommen hat, sondern der Plattformbetreiber, der sich entsprechende Änderungen vorbehalten hat.[560] Gleiches gilt, wenn nach den Benutzungsbedingungen des Betreibers Änderungen eines eingestellten Angebotes anderen Händlern möglich sind (wie bei **Amazon Marketplace**). Hier treffen den Anbietenden Überwachungs- und Prüfungspflichten auf mögliche zur Schutzrechtsverletzung führende Veränderungen.[561] Andererseits begründet die Bereitstellung der Internetplattform und die in diesem Zusammenhang ergänzend angebotene Lagerhaltung und Versandabwicklung der patentverletzenden Ware für den Verkäufer regelmäßig keine Haftung des Lagerhalters/Frachtführers, sofern bei ihm keine Kenntnis vom Rechtsverstoß besteht. Denn Lagerhaltung und Versand (= Besitz) erfolgen nicht zum Zweck des Anbietens oder Inverkehrbringens.[562] Dass allein der Dritte (= Verkäufer) beabsichtigt, die Ware anzubieten oder in Verkehr zu bringen, hat keine Bedeutung, weil es nicht gerechtfertigt ist, die Grenzen der Verantwortung des Besitzers nach § 9 PatG durch eine Zurechnung der Absicht des mittelbaren Besitzers (Verkäufers) zulasten des unmittelbaren Besitzers (Lagerhalter, Frachtführer) zu unterlaufen.[563] Für den Lagerhalter bestehen auch keine anlasslosen Pflichten zur Überprüfung der eingelagerten Ware auf 388

---

557 BGH, GRUR 2008, 1097 – Namensklau im Internet.
558 BGH, GRUR 2013, 1229 – Kinderhochstühle im Internet II.
559 Vgl BGH, GRUR 2008, 702 – Internet-Versteigerung III.
560 BGH, GRUR 2016, 961 – Herstellerpreisempfehlung bei Amazon.
561 BGH, GRUR 2016, 936 – Angebotsmanipulation bei Amazon.
562 BGHZ 182, 245 – MP3-Player-Import; BGH, GRUR 2021, 730 – Davidoff Hot Water IV.
563 BGHZ 182, 245 – MP3-Player-Import;BGH, GRUR 2021, 730 – Davidoff Hot Water IV.

mögliche Rechtsverletzungen.⁵⁶⁴ Ob dies im Falle klar ersichtlicher Schutzrechtsverletzungen anders zu beurteilen ist, hat der BGH offengelassen.⁵⁶⁵

b) File-Hosting-Dienst

389 Ein File-Hosting-Dienst, der im Internet Speicherplatz zur Verfügung stellt, kann als Störer haften, wenn rechtsverletzende Dateien durch Nutzer seines Dienstes öffentlich zugänglich gemacht werden, obwohl ihm zuvor ein Hinweis auf die klare Rechtsverletzung gegeben worden ist. Nach einem solchen Hinweis muss der File-Hosting-Dienst im Rahmen des technisch und wirtschaftlich Zumutbaren verhindern, dass derselbe oder andere Nutzer das ihm konkret benannte, rechtlich geschützte Werk Dritter erneut über seine Server anbieten. Die Verhaltenspflicht ist also **schutzrechtsbezogen**, indem Untersuchungen darüber angestellt und Vorkehrungen dafür getroffen werden, dass sich zukünftige Verletzungen des Schutzrechts nicht abermals ereignen.⁵⁶⁶ Die Eignung eines Wortfilters mit manueller Nachkontrolle für die Erkennung von Schutzrechtsverletzungen wird nicht dadurch beseitigt, dass er mögliche Verletzungshandlungen nicht vollständig erfassen kann. Zur Vermeidung einer Störerhaftung kann ein File-Hosting-Dienst auch verpflichtet sein, im üblichen Suchweg eine kleine Anzahl einschlägiger Linksammlungen manuell darauf zu überprüfen, ob sie Verweise auf bestimmte bei ihm gespeicherte rechtsverletzende Dateien enthalten.

390 Auf Host-Provider ist die Privilegierung des **§ 8 Abs 1 TMG** nicht anwendbar.⁵⁶⁷

c) Access-Provider⁵⁶⁸

391 Ein Internet-Access-Provider **(zB Google)** schafft selbst keine unmittelbare Gefahrenquelle für Rechtsverletzungen Dritter, wie dies bei einer Auktionsplattform der Fall ist, bei welcher der Betreiber im eigenen geschäftlichen Interesse Anderen ein Forum zur Verfügung stellt, in dem Verstöße gegen das geistige Eigentum Dritter vorgenommen werden können und erfahrungsgemäß auch häufig vorkommen; vielmehr beschränkt sich die Tätigkeit des Access-Providers darauf, seinen Kunden gegen Entgelt den Zugang zum Internet zu vermitteln, wobei dessen Kunden nicht Täter einer Rechtsverletzung sind, sondern lediglich Konsumenten. Der Access-Provider schafft damit nicht die Voraussetzungen für Rechtsverstöße, sondern ermöglicht nur den Zugang zu etwaigen Verstößen Dritter.

392 Bzgl der sich aus einem solchen Verhalten ergebenden Haftung ist zwischen der Zeit vor dem 13.10.2017 und der Zeit danach zu differenzieren. An dem besagten **Stichtag (13.10.2017)** ist – auf der Grundlage der RL 2001/29/EG sowie der RL 2004/48/EG – die Neufassung der §§ 7, 8 TMG in Kraft getreten, mit denen die Störerhaftung des Access-Providers grundlegend neu, nämlich deutlich beschränkend, gestaltet worden ist.

393 – Geht es um die Erstattung von **Abmahnkosten** oder sonstigen Schäden aus einer Abmahnung, kommt es auf die Rechtslage zum Zeitpunkt der Abmahnung an.⁵⁶⁹ Eine Abmahnung vor dem 13.10.2017 ist also an der alten Fassung des TMG, eine solche nach dem 13.10.2017 an der Neufassung des TMG zu beurteilen.

---

564 BGH, GRUR 2021, 730 – Davidoff Hot Water IV.
565 BGH, GRUR 2021, 730 – Davidoff Hot Water IV.
566 BGHZ 191, 19 – Stiftparfüm.
567 BGH, GRUR 2004, 860 – Internet-Versteigerung I.
568 EuGH, GRUR 2009, 579 – LSG/Tele2, mit Anm von Nordemann/Schaefer; EuGH, GRUR 2014, 468 – UPC-Telekabel; EuGH, GRUR 2016, 1146 – McFadden/Sony Music; Leistner/Grisse, GRUR 2015, 19 und 105; Nazari-Khanachayi, GRUR 2015, 115; Spindler, GRUR 2016, 451.
569 BGH, GRUR 2018, 1044 – Dead Island.

– Geht es um einen Anspruch auf **Unterlassung** wegen Wiederholungsgefahr, muss   394
das beanstandete Verhalten sowohl an der Rechtslage bei Begehung der die Wiederholungsgefahr begründenden Tat (bei Tatbegehung vor dem 13.10.2017 also am TMG
aF) als auch an der im Zeitpunkt der gerichtlichen Entscheidung geltenden Rechtslage
gemessen werden.[570]

aa) Rechtslage vor dem 13.10.2017

In der obergerichtlichen Rechtsprechung[571] ist anfänglich der Schluss gezogen worden,   395
dass das Verhalten des Access-Providers für die Begründung irgendwelcher Verkehrs-
pflichten nicht ausreiche, weswegen für ihn eine Störerhaftung nicht in Betracht komme.
Diese Auffassung ist überholt, nachdem der BGH[572] im Grundsatz eine Haftung für
denkbar hält, wenn er sie auch an strenge Voraussetzungen knüpft. Sie lassen sich stichwortartig dahin zusammenfassen, dass der gewerblich tätige Anschlussinhaber um die
rechtsverletzenden Inhalte des Dritten weiß, keine ausreichenden Vorkehrungen gegen
eine Drittbenutzung seines WLAN-Zuganges trifft und eine Inanspruchnahme der vorrangig Haftenden (WLAN-Nutzer, Host-Provider) wegen der vorgefallenen Schutzrechtsverletzung nicht in Betracht kommt. Die Pflicht zu Sicherungsmaßnahmen ist
nicht schutzrechtsbezogen, weswegen nicht zu überwachen ist, ob rechtsverletzende
Inhalte abermals eingestellt werden, sondern allgemeiner Natur dahingehend, dass Vorsorge dagegen getroffen werden muss, dass Dritte überhaupt »ungehinderten« Zugriff
auf den WLAN-Anschluss haben.[573] Im Einzelnen:

(1) Gewerbliche Provider

Der Diensteanbieter haftet als Störer nur bei der Verletzung von Prüfungspflichten,   396
wobei es noch nicht notwendig zu einer Rechtsverletzung gekommen sein muss; vielmehr genügt eine Erstbegehungsgefahr, sofern der potenzielle Störer eine solche begründet.[574] Es besteht allerdings keine Pflicht zur eigenverantwortlichen Prüfung der eingestellten Inhalte auf mögliche Rechtsverletzungen; vielmehr wird eine die Störerhaftung
auslösende Handlungspflicht erst durch die Kenntnis von der Rechtsverletzung begründet, was regelmäßig einen entsprechenden **Hinweis des Verletzten** voraussetzt.[575] Wie
konkret dieser Verletzungshinweis sein muss, entscheiden die Umstände des Einzelfalles.
Wird ein Zugangsvermittler in Anspruch genommen, weil er die Verbindung zu einer
Internetseite herstellt, die über elektronische Verweise das Herunterladen schutzrechtsverletzender Inhalte mittels Filesharing ermöglicht, genügt in jedem Fall die Angabe
der betreffenden Internetseite und des Schutzrechts; wird beanstandet, dass über den
Internetanschluss des Zugangsvermittlers Rechtsverletzungen im Wege des Filesharing
begangen werden, so reicht es aus, wenn der Betreiber nur überhaupt darüber belehrt
wird, dass sein Anschluss für Rechtsverletzungen dieser Art genutzt worden ist.[576] Das
Haftungsprivileg nach § 10 Satz 1 TMG (vormals: § 11 Satz 1 TDG) schließt weder den
auf eine Wiederholungs- noch den (vorbeugenden) auf eine Erstbegehungsgefahr
gestützten Unterlassungsanspruch aus.[577] Es greift überdies nicht, wenn im Internetportal nicht bloß fremde Inhalte präsentiert werden, sondern dem Nutzer nach den gesamten
Umständen der Eindruck vermittelt wird, der Betreiber mache sich den Inhalt der frem-

---

570   BGH, GRUR 2018, 1044 – Dead Island.
571   OLG Frankfurt/Main, GRUR-RR 2008, 93 – Access-Provider; OLG Hamburg, GRUR-RR 2014,
      140 – 3dl.am; OLG Köln, GRUR 2014, 1081 – Goldesel.
572   BGH, GRUR 2016, 268 – Störerhaftung des Access-Providers.
573   BGH, GRUR 2018, 1044 – Dead Island.
574   BGH, GRUR 2007, 708 – Internet-Versteigerung II.
575   BGH, GRUR 2012, 751 – RSS-Feeds.
576   BGH, GRUR 2018, 1044 – Dead Island.
577   BGH, GRUR 2007, 708 – Internet-Versteigerung II.

den Inhalte zu Eigen.⁵⁷⁸ Letzteres kann dadurch geschehen, (a) dass der Betreiber die in sein Internetportal eingestellten fremden Inhalte vor ihrer Freischaltung erkennbar auf Vollständigkeit und Richtigkeit prüft, (b) dass sich der Betreiber umfassende Nutzungsrechte an den fremden Inhalten einräumen lässt und Dritten anbietet, diese Inhalte kommerziell zu nutzen.⁵⁷⁹

397 Prinzipiell ist es unerheblich ist, ob der Internetzugang für den Dritten durch Bedienung des Computers oder unter Ausnutzung eines WLAN-Netzes nutzbar ist.⁵⁸⁰ Kommt es, indem der fremde WLAN-Zugang durch Dritte genutzt wird, zu Rechtsverletzungen, die der Anschlussinhaber hätte verhindern müssen, ist seine Störerhaftung nur anzunehmen, wenn er keine ausreichenden Vorkehrungen für die Sicherheit seines WLAN-Zugangs getroffen hat. Von ihm zu verifizieren ist, ob der Router über die im Zeitpunkt seines Kaufs für den betroffenen – geschäftlichen – Bereich **marktüblichen Sicherungen** verfügt, was einerseits einen aktuellen Verschlüsselungsstandard und andererseits ein individuelles, ausreichend langes und sicheres Passwort verlangt.⁵⁸¹ Im Prozess besteht eine sekundäre **Darlegungslast** des Anschlussinhabers, der zufolge er sich über Routertyp und Passwort zu erklären hat, während der Nachweis dafür, dass es sich um ein für eine Gerätevielzahl voreingestelltes (und deswegen nicht individuelles) Passwort handelt, dem Verletzten obliegt.⁵⁸²

398 Eine Störerhaftung des Vermittlers von Internetzugängen kommt darüber hinaus nur in Betracht, wenn der Rechteinhaber zunächst zumutbare Anstrengungen unternommen hat, gegen diejenigen Beteiligten vorzugehen, die – wie der **Betreiber der Internetseite** – die Rechtsverletzung selbst begangen haben oder – wie der **Host-Provider** – zur Rechtsverletzung durch die Erbringung von Dienstleistungen beigetragen haben. Nur wenn die Inanspruchnahme dieser Beteiligten scheitert oder ihr jede Erfolgsaussicht fehlt und deshalb andernfalls eine Rechtsschutzlücke entstünde, ist die Inanspruchnahme des Zugangsvermittlers als Störer zumutbar. Bei der Ermittlung der vorrangig in Anspruch zu nehmenden Beteiligten hat der Rechteinhaber in zumutbarem Umfang Nachforschungen anzustellen. Sind die Bedingungen für eine subsidiäre Inanspruchnahme des Providers gegeben, hat der Verletzte Anspruch auf Maßnahmen zur Sperrung des WLAN-Zugangs. Bei der Beurteilung der Effektivität möglicher **Sperrmaßnahmen** ist auf die Auswirkungen der Sperren für den Zugriff auf die konkret beanstandete Internetseite abzustellen. Die aufgrund der technischen Struktur des Internets bestehenden Umgehungsmöglichkeiten stehen der Zumutbarkeit einer Sperranordnung nicht entgegen, sofern die Sperren den Zugriff auf rechtsverletzende Inhalte verhindern oder zumindest erschweren. Eine Sperrung ist nicht nur dann zumutbar, wenn ausschließlich rechtsverletzende Inhalte auf der Internetseite bereitgehalten werden, sondern bereits dann, wenn nach dem Gesamtverhältnis rechtmäßige gegenüber rechtswidrigen Inhalten nicht ins Gewicht fallen. Dass eine Sperre nicht nur für den klagenden Rechteinhaber, sondern auch für Dritte geschützte Schutzgegenstände erfasst, zu deren Geltendmachung der Rechteinhaber nicht ermächtigt ist, steht ihrer Zumutbarkeit nicht entgegen.

(2) Private Anschlussinhaber

399 In der Instanzrechtsprechung war streitig, ob das Betreiben eines **privaten WLAN-Anschlusses**⁵⁸³, der objektiv für unbefugte Dritte nutzbar ist⁵⁸⁴, gleichfalls zur Störerhaf-

---

578 BGH, GRUR 2010, 616 – marions-kochbuch.de; BGH, GRUR 2012, 751 – RSS-Feeds.
579 BGH, GRUR 2010, 616 – marions-kochbuch.de.
580 OLG Düsseldorf, MDR 2008, 324.
581 BGH, GRUR 2017, 617 – WLAN-Schlüssel.
582 BGH, GRUR 2017, 617 – WLAN-Schlüssel.
583 Mühlberger, GRUR 2009, 1022.
584 OLG Düsseldorf, MMR 2008, 256; OLG Köln, BeckRS 2008, 04766.

tung führt oder ob darüber hinaus erforderlich ist, dass konkrete Anhaltspunkte für einen Missbrauch bestehen.[585] Der BGH[586] hat die Frage dahin beantwortet, dass auch privaten Anschlussinhabern die Pflicht obliegt zu prüfen, ob ihr WLAN-Anschluss durch angemessene Sicherungsmaßnahmen vor der Gefahr geschützt ist, von unberechtigten Dritten zur Begehung von Schutzrechtsverletzungen missbraucht zu werden. Zwar kann dem privaten Betreiber nicht zugemutet werden, ihre Netzwerksicherheit fortlaufend dem neuesten Stand der Technik anzupassen und dafür entsprechende finanzielle Mittel aufzuwenden. Ihre Prüfungspflicht bezieht sich aber auf die Einhaltung der im Zeitpunkt der Installation des Routers für den privaten Bereich marktüblichen Sicherungen. Sofern keine Anhaltspunkte für eine Sicherheitslücke existieren, genügt die Beibehaltung eines werkseitig voreingestellten *individuellen* Passwortes in Form einer zufälligen 16-stelligen Ziffernfolge.[587] Ansonsten ist das Passwort – was kostenlos möglich ist – durch ein persönliches, ausreichend langes und sicheres Passwort zu ersetzen. Geschieht dies nicht, haftet der Betreiber schon für die erste nach der Installation begangene Schutzrechtsverletzung als Störer auf Unterlassung und Erstattung der Abmahnkosten[588], regelmäßig jedoch nicht als Täter oder Gehilfe auf Schadenersatz.[589] Anders als bei gewerblichen Providern setzt die Entstehung von die Störerhaftung begründenden Prüfungspflichten also **keinen** vorhergehenden **Schutzrechtsverletzungshinweis** voraus; vielmehr bestehen die haftungsbegründenden Verhaltenspflichten schon mit der erstmaligen Inbetriebnahme des WLAN-Anschlusses.[590]

Besonderheiten für die Haftung gelten, wenn volljährige **Familienangehörige** den ihnen zur Nutzung überlassenen WLAN-Anschluss für Rechtsverletzungen missbrauchen. Hier scheidet eine Haftung als Störer auf Unterlassung grundsätzlich aus. Gegenüber erwachsenen Mitgliedern seiner Wohngemeinschaft sowie volljährigen Besuchern und Gästen besteht infolge der Überlassung des Internetanschlusses (incl Passwort) keine **Belehrungs-** und auch keine **Überwachungspflicht** (es sei denn, es existieren in Bezug auf die fragliche Person konkrete Anhaltspunkte für eine von ihr bereits initiierte oder bevorstehende Schutzrechtsverletzung).[591] Anders verhält es sich bei Minderjährigen und (auch erwachsenen) außenstehenden Dritten; hier begründet bereits die Anschlussüberlassung als solche, wenn sie ohne Belehrung/Überwachung stattfindet, eine Störerhaftung des Anschlussinhabers.[592] Wo eine anfängliche Belehrungs-/Überwachungspflicht nicht besteht, muss der Anschlussinhaber die zur Verhinderung von Rechtsverletzungen erforderlichen Maßnahmen erst ergreifen, wenn er konkrete Anhaltspunkte für einen von dem Betreffenden bereits begangenen oder von seiner Seite bevorstehenden Missbrauch des Internetanschlusses hat.[593]

(3) Tatsächliche Vermutung

Wird über einen Internetanschluss eine Rechtsverletzung begangen, so besteht zunächst eine tatsächliche Vermutung für die Täterschaft des Anschlussinhabers.[594] Sie greift nicht mehr ein, wenn zum Zeitpunkt der Rechtsverletzung feststellbar (auch) andere Personen

---

585 OLG Frankfurt/Main, GRUR-RR 2008, 279 – ungesichertes WLAN, mit Anm von Stang/Hühner, GRUR-RR 2008, 271.
586 BGH, GRUR 2010, 633 – Sommer unseres Lebens.
587 BGH, GRUR 2017, 617 – WLAN-Schlüssel.
588 Daran hat sich durch die Neufassung von § 8 TMG mit Wirkung zum 27.7.2016 (BGBl I 2016, 1766) nichts geändert: OLG Düsseldorf, GRUR 2017, 811 – WLAN-Hotspot.
589 BGH, GRUR 2010, 633 – Sommer unseres Lebens.
590 BGH, GRUR 2018, 1044 – Dead Island.
591 BGH, GRUR 2016, 1289 – Silver Linings Playbook.
592 BGH, GRUR 2016, 1289 – Silver Linings Playbook.
593 BGH, GRUR 2014, 657 – BearShare; BGH, GRUR 2016, 1280 – Everytime we touch.
594 BGH, GRUR 2016, 1289 – Silver Linings Playbook.

den betreffenden Anschluss benutzen konnten. Dies ist insbesondere dann der Fall, wenn der Internetanschluss zum Zeitpunkt der Rechtsverletzung nicht hinreichend gesichert war oder bewusst anderen Personen zur Nutzung überlassen wurde.[595] Wird über einen Internetanschluss eine Rechtsverletzung begangen, so trägt deshalb der Anschlussinhaber eine **sekundäre Darlegungslast**. Ihr genügt er dadurch, dass er vorträgt, ob andere Personen und ggf welche anderen Personen mit Rücksicht auf deren Nutzerverhalten, Kenntnisse und Fähigkeiten sowie in zeitlicher Hinsicht selbständigen Zugang zu seinem Internetanschluss und ohne Wissen und Zutun des Anschlussinhabers Gelegenheit zur Schutzrechtsverletzung hatten und deswegen als Täter der in Rede stehenden Patentverletzung in Betracht kommen.[596] Maßgeblich ist insoweit nicht die Zugriffsmöglichkeit im Allgemeinen, sondern die Situation im Verletzungszeitpunkt.[597] Das alles muss – auch in Bezug auf die Person – hinreichend konkret erfolgen.[598] Im Rahmen des Zumutbaren ist der Anschlussinhaber auch zu Nachforschungen verpflichtet, ebenso zu der Mitteilung, welche Kenntnisse er dabei über die Umstände einer eventuellen Rechtsverletzung gewonnen hat.[599] Der Name eines volljährigen Kindes, das die Rechtsverletzung eingeräumt hat, ist bekannt zu geben.[600] Die Pflicht zur »Denunzierung« geht wegen des besonderen Schutzes von Ehe und Familie allerdings nicht so weit, dass die Internetnutzung des Ehegatten zu dokumentieren oder der Untersuchung des PC auf die Existenz möglicher Filesharing-Software, die der Ehegatte mutmaßlich benutzt hat, zuzustimmen wäre.[601] Der lediglich pauschale Hinweis auf die theoretische Möglichkeit eines Zugriffs von im Haushalt lebenden Dritten genügt zur Erschütterung der gegen den Anschlussinhaber bestehenden tatsächlichen Vermutung nicht.[602]

bb) Rechtslage seit dem 13.10.2017[603]

(1) Haftungsausschluss

402 Der Diensteanbieter muss – wie bisher – weder die über seinen Zugang übermittelten fremden Daten überwachen noch Nachforschungen dahingehend anstellen, ob mit ihnen eine Rechtsverletzung verbunden ist (§ 7 Abs 2 TMG). Selbst nach einem Verletzungshinweis treffen ihn keine zu einer Haftung nach allgemeinen Grundsätzen führenden Prüfungs- oder sonstigen Handlungspflichten. Sowohl herkömmliche Unterlassungs- und Beseitigungsansprüche als auch jegliche Schadenersatz- und Kostenerstattungsansprüche sind gesetzlich ausgeschlossen (§ 8 Abs 1 Satz 2, Abs 3 TMG).[604]

403 Die Privilegierung setzt allerdings voraus, dass der **Provider** für die schutzrechtsverletzende Handlung **nicht verantwortlich** ist, was verlangt, dass

404 – es sich nicht um *eigene* (schutzrechtsverletzende) Informationen des Providers, beispielsweise ein Angebot im eigenen Namen, handelt (§ 7 Abs 1 TMG),

405 – sondern um für den Provider *fremde* Informationen, wobei er deren Übermittlung nicht veranlasst, den Adressaten der übermittelten Fremddaten nicht ausgewählt und

---

595 BGH, GRUR 2014, 657 – BearShare.
596 BGH, GRUR 2016, 1280 – Everytime we touch.
597 BGH, GRUR 2016, 1280 – Everytime we touch.
598 BGH, GRUR-RR 2017, 484 – Ego-Shooter; BGH, GRUR 2017, 1233 – Loud; EuGH, GRUR 2018, 1234 – Bastei Lübbe/Strotzer.
599 BGH, GRUR 2014, 657 – BearShare; BGH, GRUR 2016, 1280 – Everytime we touch.
600 BGH, GRUR 2017, 1233 – Loud. Die sekundäre Darlegungslast des Anschlussinhabers verstößt nicht gegen Art 6 Abs 1 GG (BVerfG, GRUR 2019, 606 – Loud).
601 BGH, GRUR 2017, 386 – Afterlife.
602 BGH, GRUR 2016, 191 – Tauschbörse III.
603 Mantz, GRUR 2017, 969.
604 Nach OLG München (GRUR 2018, 1050 – Kinox.to) soll die Haftungsprivilegierung nur einem WLAN-Betreiber, aber keinem anderen Access-Provider zugutekommen.

die übermittelten Daten auch weder ausgewählt noch verändert hat (§ 8 Abs 1 Nr 1–3 TMG)

– und der Provider auch nicht *absichtlich* mit dem dritten Nutzer seines Anschlusses zusammengewirkt hat, um eine schutzrechtsverletzende Handlung zu begehen (§ 8 Abs 1 Satz 3 TMG). 406

Gemeint ist ein kollusives Zusammenwirken, bei dem sich der Tatbeitrag des Providers zwar auf die Bereitstellung des WLAN-Anschlusses beschränken kann, bei dem der Inhalt der schutzrechtsverletzenden Information aber in seinen Vorsatz aufgenommen sein muss. Dafür bedarf es – wie sonst auch – zwar nicht einer subjektiven Erkenntnis über den Schutzrechtseingriff und dessen Rechtswidrigkeit, wohl aber der Feststellung, dass – mindestens bedingtes – Wissen und Wollen in Bezug auf die übermittelte Information als solche und ihren bestimmungsgemäßen Empfänger besteht. Unzureichend sind daher Fälle der Nebentäterschaft genauso wie solche der mittelbaren Täterschaft, bei denen der Anschlussinhaber ein undoloses Werkzeug ist. 407

Besteht nach keiner der vorgenannten Alternativen eine Verantwortlichkeit, kann der Provider, egal, ob es sich bei ihm um ein Unternehmen oder um eine Privatperson handelt, und egal, ob er seinen Anschluss für gewerbliche Zwecke oder im rein privaten Bereich mit oder ohne Gewinnerzielungsabsicht überlässt, weder auf Unterlassung und Beseitigung (Vernichtung, Rückruf) noch auf Schadenersatz und (was sich angesichts der fehlenden Passivlegitimation in der Hauptsache von selbst versteht) auch nicht auf Erstattung der Kosten einer *darauf* gerichteten Rechtsverfolgung (zB in Form einer Abmahnung) in Anspruch genommen werden. Die Haftungsprivilegierung gilt für drahtlose (WLAN) wie für drahtgebundene[605] Internetzugänge (zB, allerdings nicht für Host-Provider[606]). 408

Die zum Haftungsausschluss führenden Privilegierungsvoraussetzungen, dh die Abwesenheit sämtlicher Tatbestände, die eine Verantwortlichkeit des Providers für den eigentlichen Verletzungssachverhalt begründen können, sind vom Provider darzutun. Das gilt nicht nur wegen der tatsächlichen Vermutung für die Täterschaft des Inhabers, wenn es über seinen WLAN-Anschluss zu einer Schutzrechtsverletzung kommt (vgl oben Rdn 401), sondern folgt vor allem daraus, dass es sich bei der Haftungsfreistellung um einen den Provider begünstigenden und deshalb auch zu *seiner* **Beweislast** stehenden Tatbestand handelt. 409

(2) Anspruch auf Websperre

Damit der Verletzte angesichts der vorerörterten Haftungsfreistellung des Access-Providers nicht rechtlos gestellt ist, installiert § 7 Abs 4 TMG – sozusagen als Kompensation und zugleich als Auffangtatbestand – einen Anspruch auf Sperrmaßnahmen (**Websperre**) gegen den Access-Provider. Der Anspruch knüpft an die schlichte Überlassung des Internetzugangs an den Verletzer an und setzt keine weitergehende Verletzung von Prüf- oder sonstigen Pflichten voraus, die gegenüber dem Provider einen persönlichen Vorwurf rechtfertigen könnten. Er gilt überdies unabhängig davon, ob der Internetzugang durch ein drahtloses lokales Netzwerk (§ 8 Abs 3 TMG, WLAN) oder durch ein drahtgebundenes Netz[607] (zB Tor-Exit-Node) bereitgestellt wird. Sowohl hinsichtlich seiner Anspruchsvoraussetzungen als auch hinsichtlich seiner Rechtsfolgen ist der Anspruch auf Websperre allerdings limitiert: 410

---

605 BGH, GRUR 2018, 1044 – Dead Island.
606 Mantz, GRUR 2017, 969, 971.
607 BGH, GRUR 2018, 1044 – Dead Island.

411 – Er greift nach § 7 Abs 4 TMG nur ein, wenn es – Erstens – bereits zu einer die Wiederholungsgefahr begründenden Verletzungshandlung gekommen ist und wenn der verletzte Rechtsinhaber – Zweitens – keine Möglichkeit hat, anders als durch die vom Provider begehrte Websperre künftige weitere Verletzungen seines Schutzrechts zu unterbinden. Zur schlüssigen Herleitung eines Sperranspruchs gehören somit Darlegungen dazu (und bedarf es notfalls vom Verletzten beizubringender Beweise dafür), dass es durch eine bestimmt zu bezeichnende Handlung zu einer widerrechtlichen (nicht notwendigerweise schuldhaften) Patentbenutzung (= Patentverletzung) gekommen ist, die mindestens Unterlassungsansprüche gegenüber dem Täter rechtfertigt, und dass der Verletzte keine zumutbare Möglichkeit hat, seine Rechte anderweitig als durch eine Inanspruchnahme des Access-Providers (nämlich durch ein gerichtliches Vorgehen gegen den Täter oder seinen Host-Provider) zu wahren.

412 – Wegen der **Subsidiarität** seiner Haftung sind die Rechtsverfolgung gegenüber dem eigentlichen Verletzer (= Nutzer des WLAN-Zugangs) sowie seinem Host-Provider unbedingt vorrangig durchzuführen, wobei den Verletzten entsprechende Nachforschungspflichten treffen, die eine Einschaltung staatlicher und/oder privater Ermittler einschließen. Nur dort, wo die betreffenden Haftungsschuldner entweder bereits *ergebnislos* in Anspruch genommen worden sind (was nach erstinstanzlicher Erfolglosigkeit grundsätzlich die Erschöpfung des Rechtsweges und eine anschließende zwangsweise Durchsetzung des erstrittenen Titels verlangt) oder ihre Inanspruchnahme von vornherein *aussichtslos* erscheinen muss (zB weil im Staat der Rechtsverfolgung kein effektiver Rechtsschutz zu erlangen ist[608]), kommt – als ultima ratio – eine Websperre gegenüber dem Access-Provider in Betracht. Mit »ergebnisloser Rechtsverfolgung« ist gemeint, dass gegen den Täter/Host-Provider entweder schon kein gerichtliches Verbot erwirkt oder ein erwirktes Verbot nicht durchgesetzt werden konnte/kann. Für den Access-Provider haftungsbegründend sind selbstverständlich nur solche Misserfolge, die nicht einer unzureichenden Prozessführung des Verletzten gegen die primär Haftenden zuzuschreiben sind. Dass sich der Täter durch ein gegen ihn erstrittenes und zwangsweise durchgesetztes Verbotsurteil tatsächlich nicht von weiteren Verletzungshandlungen abhalten lässt, erlaubt noch keine Websperre; vielmehr hat der Verletzte seine Interessen durch die weitere Vollstreckung des Titels gegen den primär Haftenden zu wahren.

413 – Da die Haftung des Providers auf absolute Ausnahmefälle beschränkt bleiben soll, sind **strenge Anforderungen** an die Bemühungen um eine Rechtsverfolgung gegenüber den vorrangig Haftenden zu stellen. Welche Anstrengungen im Einzelfall erforderlich sind, um den Weg für eine Websperre freizumachen, hängt von den Umständen des Einzelfalles ab, wobei auch die zeitliche Dringlichkeit des Rechtsschutzbegehrens eine Rolle spielen kann, wenn dadurch bestimmte, an sich mögliche Rechtsverfolgungsmaßnahmen auszuscheiden haben. Spezielle Verhältnisse auf Seiten des Verletzten (zB die Größe und Finanzkraft seines Unternehmens, dem besonders aufwändige Ermittlungs- und Rechtsverfolgungsmaßnahmen, die für ein Großunternehmen darstellbar wären, nicht möglich sind) haben ebenfalls angemessen Berücksichtigung zu finden. Bemühungen um einen Primärrechtsschutz sind jedoch, von Fällen der Aussichtslosigkeit abgesehen, von jedermann zu erwarten und geschuldet, sodass der Umstand, dass der Verletzte finanziell derart gering ausgestattet ist, dass ihm praktisch keinerlei Rechtsdurchsetzung gegen den Täter und dessen Host-Provider möglich ist, keine Bedeutung hat.

---

608 Das ist für Russland angenommen worden (BGH, GRUR 2016, 268 – Störerhaftung des Access-Providers), scheidet jedoch im Geltungsbereich der EuGVVO und des LugÜ aus.

– Das Kriterium der **Abwehr einer wiederholenden Verletzungshandlung** ist nicht so 414
zu verstehen, dass bloß solche Maßnahmen der subsidiären Haftung entgegenstehen
können, die sich bis zur nächsten im konkreten Fall drohenden Verletzungshandlung
bewerkstelligen lassen. Würde man die Vorschrift in diesem engen Sinne interpretieren, so würde die gesetzliche Pflicht zur vorrangigen Inanspruchnahme des eigentlichen Verletzers und seines Host-Providers vielfach leerlaufen, nämlich immer dann
nicht eingreifen, wenn innerhalb eines kurzen Zeitraumes, für den realistischer Weise
keine anderweitige Rechtsdurchsetzung vorstellbar ist, mit der nächsten Schutzrechtsverletzung zu rechnen ist. Eine solche Handhabung würde das Gesetzesanliegen missachten, den Access-Provider regelmäßig von einer Haftung freizustellen und
seine Inanspruchnahme auf ganz besonders gelagerte Ausnahmefälle (bei denen für
den Verletzten ansonsten überhaupt kein Rechtsschutz bestünde) zu beschränken.
Die Pflicht zur primären Rechtsverfolgung gilt deswegen prinzipiell auch dann, wenn
infolgedessen vorübergehend weitere Verletzungshandlungen in Kauf genommen
werden müssen.

– Der **drohende Schutzrechtsablauf** bietet im Allgemeinen keinen Grund für eine 415
sofortige Websperre, weil (nicht zuletzt wegen der Enforcement-Richtlinie) in allen
EU-Staaten sowie darüber hinaus in vielen außereuropäischen Staaten die Möglichkeit zu einem vorläufigen Rechtsschutz besteht, der in Fällen der Schutzrechtsverletzung rasche Abhilfe schafft. Es genügt insoweit die abstrakte Verfügbarkeit solcher
Rechtsinstitute nach dem jeweiligen nationalen Prozessrecht, weswegen die subsidiäre Haftung des Access-Providers nicht schon deswegen zum Tragen kommt, weil
die Verfolgung der fraglichen Schutzrechtsverletzung gegen den Täter und/oder seinen Host-Provider im einstweiligen Rechtsschutz daran scheitert, dass zB Dringlichkeitserfordernisse bestehen, die wegen eines zögerlichen Verhaltens des Verletzten
bei der Rechtsdurchsetzung gegen den Täter/Host-Provider nicht gewahrt sind oder
dass mit Blick auf den gesicherten Rechtsbestand des verletzten Schutzrechts spezielle
Anforderungen existieren (Aufrechterhaltung in einem kontradiktorischen Verfahren), die sich im Streitfall nicht feststellen lassen.

– Die **Beweislast** für die eine Wiederholungsgefahr begründende Rechtsverletzung liegt 416
genauso beim verletzten Anspruchsteller wie die Beweislast für diejenigen Umstände,
aus denen sich die Erfolglosigkeit oder Zwecklosigkeit einer Inanspruchnahme der
vorrangig haftenden Akteure ergibt.

– Welche **konkrete Maßnahme zur Websperre** auf der Rechtsfolgenseite angebracht 417
ist, entscheidet sich nach den Regeln des Möglichen, Zumutbaren und Verhältnismäßigen (§ 7 Abs 4 Satz 2 TMG). Generell denkbar sind DNS-Sperren, IP-Sperren,
URL-Sperren, Verkehrsfilter, Datenmengenbegrenzungen, Portsperren, die zudem
zeitlich befristet werden können.[609] Infrage kommen können weiterhin die Pflicht
zur Registrierung der Nutzer sowie zur Verschlüsselung des WLAN-Zugangs mit
einem Passwort.[610] Sie müssen nach Lage des Falles effektiv sein, woran es fehlt,
wenn die Sperrmaßnahme ohne besonderen technischen Aufwand umgangen werden
kann. Um die im Einzelfall angemessene Maßnahme zu identifizieren, hat eine umfassende Interessenabwägung stattzufinden, die die jeweils betroffenen Grundrechtspositionen aller Beteiligten genauso vollständig würdigt wie das Telekommunikationsgeheimnis. Da mit der Websperre nur der rechtsverletzende Inhalt blockiert werden
darf, ist ein **Overblocking** zu vermeiden. Unschädlich sind allenfalls minimale legale
Anteile (im zB niedrigen einstelligen Prozentbereich), die durch die Sperrmaßnahme
mit blockiert werden.

---

609 Vgl zu allem Mantz, GRUR 2017, 969, 973 ff.
610 BGH, GRUR 2018, 1044 – Dead Island.

D. Klageverfahren

418 – Zu Rechtfertigung der von ihm begehrten und im Klageantrag konkret zu formulierenden Sperrmaßnahme hat sich der Anspruchsteller zu allen Umständen zu erklären, die im Rahmen der vorzunehmenden Gesamtabwägung bedeutsam sind und insbesondere ein Overblocking ausschließen. Dies bedeutet insbesondere, dass er darzustellen hat, welche einzelnen Informationen durch die reklamierte Maßnahme gesperrt werden würden, um eine Einschätzung darüber zu erlauben, ob ggf legale Inhalte mitbetroffen sind und, wenn ja, dass diese einen allenfalls vernachlässigenswert geringen Umfang haben.

419 – Für die **Kosten**, die mit der **Durchsetzung** des Anspruchs auf eine **Websperre** verbunden sind, trifft § 7 Abs 4 Satz 2 TMG eine Sonderregelung sowohl zum materiellen als auch zum prozessualen Kostenerstattungsanspruch, wobei zwischen der außergerichtlichen und der gerichtlichen Rechtsdurchsetzung zu unterscheiden ist.

420 • Ein Provider, der **vorgerichtlich** (zB im Wege einer Abmahnung) auf Einrichtung einer Websperre in Anspruch genommen worden ist, hat auch dann, wenn ihm gegenüber der geltend gemachte Anspruch besteht, keine Anwalts- oder sonstigen Rechtsverfolgungskosten des Verletzten zu tragen. Hierbei bleibt es auch dann, wenn der erfolglosen Abmahnung ein Gerichtsverfahren gegen den Access-Provider nachfolgt.

421 • Für die im **gerichtlichen Verfahren** anfallenden Kosten (Anwaltskosten, Gerichtsgebühren) ist zu differenzieren. Für die *Gerichtskosten* gelten die §§ 91 ff ZPO, sodass der unterliegende Provider die betreffenden Kosten zu tragen hat; von allen *außergerichtlichen Kosten* des Verletzten ist er dagegen nach § 7 Abs 4 Satz 2 TMG befreit.

422 • Die erörterte Kostenfreistellung des Providers bedeutet nicht, dass die vor- oder außergerichtlichen Rechtsverfolgungskosten im Zusammenhang mit der Websperre endgültig beim Verletzten verbleiben. Sie können und werden vielfach einen Teil seines durch die Schutzrechtsverletzung verursachten Schadens darstellen mit der Folge, dass der Verletzte die betreffenden Beträge (vor- und außergerichtliche Kosten) bei dem deliktisch Haftenden liquidieren kann.[611]

d) Vermieter/Verpächter einer Domain, Admin-C, Registrar

423 Nur bei Verletzung von Prüfungspflichten haftet auch derjenige, der seine Domain einem Dritten miet- oder pachtweise überlässt, wenn sich auf der vom Mieter/Pächter betriebenen Website schutzrechtsverletzende Angebote finden. Die Pflicht zur Prüfung besteht nicht allgemein, sondern setzt erst dann ein, wenn der Vermieter/Verpächter konkrete Anhaltspunkte für eine Patentverletzung hat.[612] Der Kenntnis gleich steht es, wenn sich der Verpächter einer auf der Hand liegenden Erkenntnismöglichkeit im Hinblick auf die Schutzrechtsverletzung bewusst verschließt.[613] Existieren in diesem Sinne Prüfungspflichten und werden sie verletzt, begründet dies die Störerhaftung des Verpächters für Verletzungshandlungen, die bei Vornahme der gebotenen Prüfung vermeidbar gewesen wären.

424 In Bezug auf einen **Admin-C**, der sich für ein ausländisches Unternehmen (das ansonsten keine Domain bei der DENIC registrieren lassen kann) als dessen inländischer administrativer Ansprechpartner (Admin-C) zur Verfügung gestellt hat und infolge dessen nach den Registrierungsbedingungen als Bevollmächtigter des Domaininhabers berechtigt und

---

611 Vgl BGH, GRUR 2018, 914 – Riptide.
612 Vgl BGH, GRUR 2009, 1093 – Focus Online; OLG Stuttgart, GRUR-RR 2010, 12 – Administrativer Ansprechpartner.
613 OLG Köln, GRUR-RR 2010, 274 – Stadtplanausschnitte Online.

verpflichtet ist, sämtliche die Domain betreffenden Angelegenheiten im Innenverhältnis zur DENIC verbindlich zu entscheiden, ergeben sich Prüfungspflichten in Bezug auf eine etwaige Verletzung von Rechten Dritter noch nicht aus der Stellung als Admin-C an sich.[614] Denn nach den Bedingungen des mit ihm bestehenden Domainvertrages beschränkt sich sein Aufgaben- und Funktionsbereich auf die Erleichterung der administrativen Durchführung des Domainvertrages. Unter besonderen Umständen können den Admin-C allerdings weitergehende Prüfungspflichten treffen, namentlich dann, wenn der ausländische Domaininhaber keine eigene Prüfung auf die Verletzung von Drittrechten durchführt, sodass eine erhöhte Verletzungsgefahr begründet ist, und dies dem Admin-C bekannt ist.[615] Bloß abstrakt gefahrerhöhende Umstände begründen allerdings noch keine zur Störerhaftung führenden Prüfungspflichten.[616]

Der **Registrar** einer Internetdomain, der im Auftrag des zukünftigen Domaininhabers der Registrierungsstelle die für die Registrierung der Domain erforderlichen Daten mitteilt und auf diese Weise an der Konnektierung der Domain mitwirkt, haftet als Störer für die Bereitstellung schutzrechtsverletzender Inhalte unter der registrierten Domain nach den für Internetzugangsvermittler geltenden Grundsätzen auf Dekonnektierung der Domain.[617] Die Störerhaftung tritt ein, wenn der Registrar ungeachtet eines Hinweises auf eine klare und ohne weiteres feststellbare Rechtsverletzung die Dekonnektierung unterlässt, sofern unter der beanstandeten Domain weit überwiegend illegale Inhalte bereitgestellt werden und der Rechtsinhaber zuvor erfolglos gegen diejenigen Beteiligten vorgegangen ist, die – wie der Betreiber der Internetseite – die Rechtsverletzung selbst begangen haben oder – wie der Host-Provider – zur Rechtsverletzung durch die Erbringung von Dienstleistungen beigetragen haben.[618] Der vorrangigen Inanspruchnahme bedarf es ausnahmsweise nicht, wenn einem solchen Vorgehen jede Erfolgsaussicht fehlt. Der die Haftung des Registrars auslösende Hinweis muss sich auf alle für die Haftungsbegründung relevanten Umstände – Rechtsverletzung, weit überwiegende Bereitstellung illegaler Inhalte sowie erfolglose oder unmögliche vorrangige Inanspruchnahme anderer Beteiligter – beziehen und insoweit hinreichend konkrete Angaben enthalten.[619]

425

e) Spediteur, Frachtführer

Eine zu den obigen Erörterungen im Zusammenhang mit Kommunikationsdiensteanbietern prinzipiell vergleichbare Rechtslage gilt für die Fallgruppe der Spediteure, Frachtführer, Lagerhalter und Auslieferungsagenten.[620] Auch sie trifft grundsätzlich keine generelle Prüfungspflicht im Hinblick auf Schutzrechtsverletzungen durch die von ihnen transportierte/eingelagerte Ware.[621] Ihre Haftung (zumindest bzgl der verschuldensunabhängigen Ansprüche auf Unterlassung und Vernichtung) setzt jedoch ein, sobald sie – zB aufgrund einer zollbehördlichen Aussetzung der Überlassung wegen des Verdachts der Patentverletzung, durch eine sachlich begründete Schutzrechtsverwarnung des Patentinhabers oder aufgrund der Tatsache, dass das fragliche Patent wesentlicher Teil eines technischen Standards ist und die erkennbaren Leistungsmerkmale des Speditions-

426

---

614 BGH, GRUR 2012, 304 – Basler-Haar-Kosmetik; weitergehend zuvor die Instanzrechtsprechung: OLG Düsseldorf, GRUR-RR 2009, 337 – Prüfungspflicht des Admin-C; OLG Köln, GRUR-RR 2009, 27 – Admin-C; OLG Stuttgart, GRUR-RR 2010, 12 – Administrativer Ansprechpartner; OLG München, GRUR-RR 2010, 203 – Admin-C.
615 BGH, GRUR 2012, 304 – Basler-Haar-Kosmetik.
616 BGH, GRUR 2013, 294 – dlg.de.
617 BGH, GRUR 2021, 63 – Störerhaftung des Registrars.
618 BGH, GRUR 2021, 63 – Störerhaftung des Registrars.
619 BGH, GRUR 2021, 63 – Störerhaftung des Registrars.
620 Vgl dazu Weber, WRP 2005, 961, 964.
621 BGH, GRUR 2009, 1142 – MP3-Player-Import.

gutes dafür sprechen, dass der betreffende Standard eingehalten wird[622] – stichhaltige Anhaltspunkte dafür haben, dass die Ware schutzrechtsverletzend ist oder sein kann.[623] Der Spediteur muss alsdann die ihm zumutbaren Maßnahmen (Erkundigungen bei seinem Auftraggeber, eigene Untersuchungen, Inanspruchnahme sachkundiger Hilfe, etc) ergreifen, um den Verdacht der Schutzrechtsverletzung aufzuklären.[624] Die Anforderungen dürfen dabei nicht überspannt werden. Welche Maßnahmen im Einzelfall geboten sind, hat der Tatrichter unter Abwägung der beiderseitigen Interessenlage – dh unter Berücksichtigung einerseits der Schutzbedürftigkeit des Verletzten und andererseits der mit den Prüfungs-und Handlungspflichten verbundenen Eingriffe in die Geschäftstätigkeit des Spediteurs – zu entscheiden.[625] Eine revisionsrechtliche Kontrolle findet nur insoweit statt, als es darum geht, ob sämtliche rechtlich erheblichen Gesichtspunkte mit vertretbarem Ergebnis in die Würdigung einbezogen worden sind.[626] Ergeben die zumutbaren Nachforschungen des Spediteurs, dass eine Patentverletzung vorliegt, hat er jede weitere Mitwirkung zu unterlassen, anderenfalls er selbst haftbar wird. Wird der Verletzungsverdacht widerlegt oder bleibt die Verletzungsfrage trotz zumutbarer Ermittlungen unaufgeklärt, darf der Spediteur seinen Auftrag zu Ende bringen.[627]

427 Besteht die Gefahr, dass der Spediteur oder Frachtführer in Kenntnis von Anhaltspunkten für eine Schutzrechtsverletzung die »Benutzungshandlungen« fortsetzt, kann die daraus resultierende Begehungsgefahr durch Abgabe einer **strafbewehrten Unterlassungsverpflichtung** ausgeräumt werden, die – wenn eine zuverlässige Verletzungsprüfung mit Aufwand verbunden ist – unter die auflösende Bedingung gestellt werden kann, dass die angegriffenen Erzeugnisse sich als nicht patentverletzend erweisen.[628] Hinreichende Anhaltspunkte dafür, dass der Frachtführer nach Wiederaushändigung der beschlagnahmten Ware diese widerrechtlich in Verkehr bringen wird, ergeben sich allerdings noch nicht daraus, dass er nach erfolgter Unterrichtung über die Aussetzung der Überlassung nicht sogleich in eine Überprüfung der Schutzrechtslage eintritt.[629] Unzureichend ist gleichfalls seine Weigerung, in die Vernichtung der beschlagnahmten Ware einzuwilligen, so lange der Schutzrechtsinhaber den Frachtführer nicht von jeglichen Ansprüchen freigestellt hat, die sich daraus ergeben können, dass sich die beschlagnahmte Ware tatsächlich als nicht schutzrechtsverletzend erweist.[630]

3. Gesetzliche Vertreter[631]

428 Für die im Rahmen der Geschäftstätigkeit einer Handelsgesellschaft begangene Patentverletzung hat deren **gesetzlicher Vertreter** (zB der Geschäftsführer einer GmbH)

---

622 BGH, GRUR 2009, 1142 – MP3-Player-Import.
623 BGH, GRUR 2009, 1142 – MP3-Player-Import.
624 BGH, GRUR 2009, 1142 – MP3-Player-Import.
625 BGH, GRUR 2009, 1142 – MP3-Player-Import. Die Zumutbarkeit zumindest aufwändiger Prüfungsmaßnahmen kann zu verneinen sein, wenn der unmittelbare Verletzer vom Patentinhaber bereits in Anspruch genommen worden ist oder ohne größere Schwierigkeiten in Anspruch genommen werden kann und ein solches Vorgehen geeignet und ausreichend erscheint, den Störungszustand zu beseitigen und drohende weitere Verletzungshandlungen zu verhindern (BGH, GRUR 2009, 1142 – MP3-Player-Import).
626 BGH, GRUR 2009, 1142 – MP3-Player-Import.
627 BGH, GRUR 2009, 1142 – MP3-Player-Import.
628 LG Düsseldorf, InstGE 5, 241 – Frachtführer.
629 OLG Hamburg, InstGE 10, 257 – iPod II.
630 OLG Hamburg, InstGE 10, 257 – iPod II.
631 Vgl Hass, FS Schilling, 2007, S 249; Werner, GRUR 2009, 820; Haedicke, FS Blaurock, 2013, 105; Werner, GRUR 2015, 739; Kurtz, FS 80 Jahre Patentgerichtsbarkeit Düsseldorf, 2016, S 345; Dregelies, GRUR 2018, 8.

jedenfalls als **Störer** persönlich einzustehen, weil er kraft seiner Stellung im Unternehmen für die Beachtung absoluter Rechte Dritter Sorge zu tragen und das Handeln der Gesellschaft im Geschäftsverkehr zu bestimmen hat. Er haftet dem Verletzten daher bei jedweder Schutzrechtsverletzung auf Unterlassung, wofür ausreicht, dass er in irgendeiner Weise adäquat kausal zur Schutzrechtsverletzung beigetragen und dabei zumutbare Verhaltenspflichten verletzt hat.[632]

In der Vergangenheit war aufgrund der besagten satzungsgemäßen Funktion darüber hinaus auch seine Täter – und nicht bloß Gehilfenhaftung[633] – weitgehend anerkannt, was für solche Ansprüche Relevanz hat, die einen **deliktsrechtlichen Haftungsgrund** verlangen. In diesem Zusammenhang spielt es keine Rolle, ob der Geschäftsführer die das Unternehmen betreffenden Entscheidungen eigenverantwortlich trifft oder aber nach den konkreten Vorgaben und Weisungen seiner (ausländischen) Muttergesellschaft handelt. Der Vortrag, der Geschäftsführer sei nur pro forma eingesetzt, ist deswegen für seine Passivlegitimation unerheblich. Für die Haftung des Geschäftsführers bedarf es grundsätzlich keiner näheren Darlegungen in der Klage und im Urteil dazu, durch welche konkreten Handlungen er seine Organisationspflichten dahingehend, die Benutzung fremder Patente zu verhindern, verletzt hat.[634] Das Klagevorbringen und die Feststellungen im Urteil können sich vielmehr darauf beschränken, dass es unter der Geschäftsführung des Beklagten zu schutzrechtsverletzenden Handlungen des Unternehmens gekommen ist. Es steht alsdann in der sekundären Darlegungslast des Geschäftsführers, Umstände vorzutragen, aus denen sich – Erstens – ergibt, dass er sich die Entscheidung über den Vertrieb der patentverletzenden Produkte nicht selbst vorbehalten musste, und die – Zweitens – aufzeigen, welche konkreten organisatorischen Maßnahmen er getroffen hat, um im Wege der Delegation eine Schutzrechtsverletzung durch die ihm untergebenen Mitarbeiter verlässlich zu verhindern.[635] Als maßgebliche Kriterien für die Eigenverantwortlichkeit wird man die Größe des Geschäftsbetriebes, die Wichtigkeit des Produktes für das Unternehmen und das Vorhandensein von zu einer Schutzrechtsprüfung geeigneten Personals in Betracht zu ziehen haben. Nach erfolgter Abmahnung des Unternehmens dürfte vielfach, nach seiner persönlichen Verwarnung in jedem Fall eine Geschäftsführerzuständigkeit anzunehmen sein. Erfolgt zulässigerweise eine Delegation der Verantwortlichkeit, muss der Geschäftsbetrieb so organisiert sein, dass notfalls (dh wenn die firmeninternen Möglichkeiten nicht ausreichen) auch kundige Dritte (externe Patent- oder Rechtanwälte mit Verletzungserfahrung) hinzugezogen werden.

Die dargelegten Regeln gelten prinzipiell auch dann, wenn das Verletzungsprodukt (zB ein Mobiltelefon) einen Gegenstand repräsentiert, der potenziell hunderte oder tausende Patente benutzen kann, weil seine technische Ausstattung standardisiert ist, was die Prüfung auf Schutzrechtsfreiheit entsprechend komplex gestaltet.[636] Unerheblich ist ebenso, dass der Unternehmensträger ein Ausländer ist.[637]

Exkurs: Letzterem ist der I. ZS des BGH – zunächst für das Wettbewerbsrecht[638] und anschließend auch für das Urheberrecht (als absolutem gewerblichen Schutzrecht)[639] – mit restriktiven Regeln entgegen getreten[640]: Der Geschäftsführer soll für Rechtsverstöße

---

632 BGH, GRUR 2015, 672 – Videospiel-Konsolen II.
633 BGH, GRUR 2012, 1145 – Pelikan; OLG Hamburg, GRUR-RR 2006, 182 – Miss 17; die Unterscheidung ist wesentlich, weil die Gehilfenhaftung eine vorsätzlich begangene Haupttat voraussetzt.
634 BGH, GRUR 2016, 257 – Glasfasern II; vgl dazu Müller, GRUR 2016, 570.
635 BGH, GRUR 2016, 257 – Glasfasern II.
636 OLG Karlsruhe, GRUR-RR 2021, 203 – Mobilstation.
637 OLG Karlsruhe, GRUR-RR 2021, 203 – Mobilstation.
638 BGH, GRUR 2014, 883 – Geschäftsführerhaftung.
639 BGH, GRUR 2015, 672 – Videospiel-Konsolen II.
640 BGH, GRUR 2017, 397 – World of Warcraft II.

der von ihm vertretenen Gesellschaft täterschaftlich (= deliktisch) nur dann haften, wenn er die Rechtsverletzung selbst begangen oder in Auftrag gegeben hat (Rechtsverletzung durch eigenes positives Tun)[641], sowie ferner dann, wenn er von den Rechtsverstößen der Gesellschaft Kenntnis und es gleichwohl *pflichtwidrig* unterlassen hat, sie zu verhindern.[642] Erforderlich ist hierfür, dass den Geschäftsführer eine Garantenstellung trifft, die ihn im Interesse des Verletzten verpflichtet, den deliktischen Erfolg abzuwenden.[643] Davon soll nur ausgegangen werden können, wenn der Rechtsverstoß auf einem Verhalten beruht, das nach seinem äußeren Erscheinungsbild dem Geschäftsführer persönlich anzulasten ist.[644] So liegt es etwa bei wirtschaftlich bedeutsamen Produkten oder unternehmerischen Entscheidungen, von denen die Lebenserfahrung erwarten lässt, dass mit ihnen die Leitungsebene befasst gewesen ist.[645] Erlangt der Geschäftsführer lediglich Kenntnis davon, dass bei der unter seiner Verantwortung stehenden Geschäftstätigkeit irgendwelche Rechtsverstöße begangen werden oder ihre Begehung bevorsteht, soll ihn persönlich regelmäßig weder aus der allgemeinen Organstellung heraus noch wegen seiner Verantwortlichkeit für die Geschäftstätigkeit des Unternehmens als Ganzes eine Verkehrspflicht im Verhältnis zu außenstehenden Dritten treffen, die beinhaltet, eine (weitere) Verletzung zu verhindern. Die Pflicht zur ordnungsgemäßen Geschäftsführung umfasst nach Auffassung des BGH zwar auch die Verpflichtung, dafür zu sorgen, dass Rechtsverletzungen unterbleiben. Diese Pflicht bestehe aber grundsätzlich nur gegenüber der Gesellschaft und nicht auch im Verhältnis zu außenstehenden Dritten. Die Verletzung einer Verkehrspflicht im Zusammenhang mit der Organisation der vertretenen Gesellschaft soll allenfalls zu erwägen sein, wenn der Geschäftsführer sich bewusst der Möglichkeit entzieht, überhaupt Kenntnis von etwaigen Verstößen in seinem Unternehmen oder durch von ihm beauftragte Drittfirmen zu nehmen und dementsprechend Einfluss zu ihrer Verhinderung ausüben zu können. In der Rechtsprechung[646] ist dies angenommen worden, wenn ein Geschäftsführer sich dauerhaft im Ausland aufhält. Die schlichte Auslagerung bestimmter Geschäftstätigkeiten auf Subunternehmer reicht dafür aber nicht aus.[647] Der für Patentsachen zuständige X. ZS hat sich dem – wie ausgeführt – ausdrücklich nicht angeschlossen.[648]

432 Haftbar sind gleichermaßen **leitende Angestellte** (wie Einkaufs- bzw Verkaufsleiter), die den Erwerb bzw Vertrieb patentverletzender Waren zu verantworten haben.[649] Sie haften auf Unterlassung, Auskunftserteilung, Rechnungslegung und Schadenersatz.

433 **Keine Haftung** besteht für den Geschäftsführer (dasselbe gilt für leitende Angestellte) für die Ansprüche auf Entschädigung, Bereicherungsausgleich (weil der Geschäftsführer im Allgemeinen nicht selbst bereichert ist) und Vernichtung (weil der Geschäftsführer im Zweifel kein Eigentum und auch keinen Besitz an den verletzenden Gegenständen hat)[650].

---

641 Nach BGH, GRUR 2017, 397 – World of Warcraft II spricht in Fällen, in denen die Rechtsverletzung durch eine Website begangen wurde, der Impressumhinweis auf den Geschäftsführer dafür, dass er für ihre inhaltliche Gestaltung zuständig war.
642 BGH, GRUR 2015, 672 – Videospiel-Konsolen II.
643 BGH, GRUR 2015, 672 – Videospiel-Konsolen II.
644 BGH, GRUR 2015, 672 – Videospiel-Konsolen II.
645 Nach OLG Karlsruhe (Urteil v 9.12.2015 – 6 U 60/14) ist dies bei der Entscheidung eines inländischen oder ausländischen Unternehmens darüber, ob ein bestimmtes Produkt im Inland vertrieben wird, der Fall.
646 OLG Nürnberg, GRUR 1983, 595; OLG Hamburg, GRUR-RR 2002, 240, 243; OLG Hamburg, GRUR-RR 2006, 182, 183.
647 BGH, GRUR 2014, 883 – Geschäftsführerhaftung.
648 BGH, GRUR 2016, 257 – Glasfasern II; ablehnend zuvor auch schon OLG Düsseldorf, GRUR-RS 2015, 18679 – Verbindungsstück.
649 LG Mannheim, InstGE 7, 14 – Halbleiterbaugruppe.
650 BGHZ 56, 73; BGHZ 156, 310.

Sind **mehrere Geschäftsführer** mit unterschiedlichen, sich einander ergänzenden 434
Zuständigkeitsbereichen bestellt, so haftet grundsätzlich nur derjenige Geschäftsführer,
in dessen Verantwortungsbereich das patentverletzende Handeln fällt.[651]

Da grundsätzlich jeden Geschäftsführer die Gesamtverantwortlichkeit für das geschäftli- 435
che Handeln der GmbH trifft, ist es an ihm, sein mangelndes Verschulden für die vorgefallene Schutzrechtsverletzung einzuwenden, indem er eine beachtliche, die gegen ihn
sprechende **Verschuldensvermutung** ausräumende Ressortaufteilung darlegt.[652] Sie
setzt mehreres voraus[653], nämlich

– eine klare und eindeutige (nicht notwendigerweise schriftlich dokumentierte) 436
  Abgrenzung der Geschäftsführungsaufgaben, sodass kein vernünftiger Zweifel darüber aufkommen kann, welcher Mitgeschäftsführer für welche bestimmte Angelegenheit verantwortlich ist;

– die Zuweisung der Geschäftsführungsaufgaben an hierfür fachlich und persönlich 437
  geeignete Personen,

– wobei die Ressorts entweder durch Satzung bzw Gesellschafterbeschluss oder durch 438
  sämtliche Mitglieder der Geschäftsführung verteilt worden sind.

In der Instanzrechtsprechung ist eine Haftung des an sich »**unzuständigen**« **Geschäfts-** 439
führers angenommen worden, wenn er **mit abgemahnt** worden ist oder wenn er in
anderer Weise von der Patentverletzung erfahren hat. In einem solchen Fall soll er für
die *danach* noch begangenen Patentverletzungen verantwortlich sein,[654] und zwar ab
dem Zeitpunkt seiner Kenntniserlangung, wenn er keine Anstrengungen unternommen
hat, sie zu unterbinden[655], wobei für die Ansprüche auf Rechnungslegung und Schadenersatz ein zusätzlicher Prüfungszeitraum von einem Monat in Ansatz zu bringen sein
soll. Entlastet soll er hingegen sein, wenn er sich ernsthaft um eine Einstellung der Verletzungshandlungen bemüht hat, bei seinem Unterfangen jedoch erfolglos geblieben ist.
Dieselben Regeln müssten für einen Geschäftsführer gelten, der zwar ordnungsgemäß
bestellt ist, dessen Tätigwerden jedoch nur für den Fall und die Dauer einer (zB krank-
heitsbedingten) Verhinderung des »eigentlichen« Geschäftsführers vorgesehen ist. Für
eine derartige Haftung wird nach den strengen Anforderungen, die der BGH für eine
Haftungsfreistellung des unzuständigen Geschäftsführers entwickelt hat, kein Raum
mehr sein. Wenn dem einzelnen Geschäftsführer klar umrissene Zuständigkeiten zugewiesen werden können, die das Haftungsrecht zu beachten hat, muss es bei der Haftungsfreistellung durch Ressortaufteilung auch dann verbleiben, wenn der mit abgemahnte Geschäftsführer von dem Fehlverhalten eines Mitgeschäftsführers in dem allein
seinem Verantwortungsbereich unterfallenden Aufgabenbereich erfahren hat. Gerade
wegen der strikten Aufgabentrennung wäre im Übrigen auch unklar, welche realistischen
Einwirkungsmöglichkeiten der nicht zuständige Geschäftsführer in einem fremden, seiner Verantwortung entzogenen Geschäftsfeld haben sollte, die im Sinne einer Verhinderung weiterer Verletzungshandlungen wirksam und nützlich sein könnten.

---

651 OLG Hamburg, GRUR-RR 2013, 464 – Z.Games Abo; OLG Düsseldorf, Urteil v 11.1.2018 – I-15
    U 66/17; LG Düsseldorf, Entscheidungen 1997, 84, 85 – Tortenbehälter.
652 BGH, WM 2019, 265.
653 Vgl BGH, WM 2019, 265 (Die Entscheidung betrifft zwar unmittelbar nur die Innenhaftung des
    Geschäftsführers gegenüber seiner GmbH; ihre Grundsätze sind jedoch auf die Außenhaftung über-
    tragbar, weil auch für sie eine Verschuldensvermutung zu Lasten des Geschäftsführers besteht, ange-
    sichts derer er sich, um haftungsfrei zu werden, entlasten muss).
654 OLG Düsseldorf, Urteil v 11.1.2018 – I-15 U 66/17.
655 OLG Düsseldorf, Urteil v 11.1.2018 – I-15 U 66/17.

D. Klageverfahren

440 Wird andererseits ein mit verklagter **Geschäftsführer** während des Rechtsstreits **abberufen**[656] oder legt er sein Amt nieder,

441 – so berührt dies den gegen ihn erhobenen Unterlassungsanspruch nicht, weil die aus den bereits begangenen Verletzungshandlungen resultierende Wiederholungsgefahr hierdurch nicht entfällt.[657]

442 – Der gegen den betreffenden Geschäftsführer gerichtete Schadenersatz-, Auskunfts- und Rechnungslegungsantrag ist demgegenüber auf die Zeit bis zu seinem Ausscheiden (= Zugang der Abberufung/Niederlegung[658]) zu beschränken.[659]

443 Die Haftung des Geschäftsführers beruht maßgeblich darauf, dass er als Organ des die Verletzungsprodukte vertreibenden Unternehmens die satzungsgemäße Aufgabe hat, deren geschäftliches Handeln zu bestimmen, insbesondere darüber zu entscheiden, welches Produkt in welcher Form in das Vertriebssortiment aufgenommen wird. Wegen dieser Verantwortlichkeit ist der Geschäftsführer typischerweise Täter derjenigen Schutzrechtsverletzung, die mit dem Vertrieb eines bestimmten Produkts durch das von ihm vertretene Unternehmen begangen wird. Weil dem so ist, hat für die Haftungsfrage nicht der **Registerstand** Bedeutung, sondern einzig die Frage, wie lange der Geschäftsführer die seine Täterschaft begründende Organstellung im Unternehmen innegehabt hat.[660] Nach gefestigter Rechtsprechung des BGH kann der Geschäftsführer sein Amt – auch ohne wichtigen Grund und sogar ohne jede Angabe von Gründen – niederlegen, und zwar nicht nur schriftlich, sondern gleichermaßen mündlich.[661] Umgekehrt kann die Geschäftsführerbestellung auch von Seiten des Unternehmens jederzeit widerrufen werden (§ 38 Abs 1 GmbHG).[662] Geschieht dies (wobei im Falle der Niederlegung diese gegenüber den Gesellschaftern als dem für die Geschäftsführerbestellung zuständigen Gremium zu erfolgen hat, wird die Amtsniederlegung bzw der Bestellungswiderruf mit ihrem Zugang augenblicklich wirksam.[663] Von da an fehlt es regelmäßig an einer Grundlage für eine Schadenersatzhaftung. Anderes gilt allenfalls dann, wenn der Geschäftsführer trotz seiner Amtsniederlegung tatsächlich weiterhin bestimmenden Einfluss auf das geschäftliche Handeln der GmbH behält oder wenn belastbare Anhaltspunkte dafür bestehen, dass er die fraglichen Vertriebshandlungen nach seinem Ausscheiden aus dem Unternehmen in anderer Rechtsform weiterverfolgt.

444 In Fällen eines **Geschäftsführerwechsels** während des Rechtsstreits ist der Rechnungslegungsanspruch, der sich gegen die Gesellschaft richtet, von demjenigen (neuen) Geschäftsführer zu erfüllen, der zu demjenigen Zeitpunkt, zu dem die Rechnung zu legen ist, als deren Vertretungsorgan bestellt ist.

445 Wird die Patentverletzung von mehreren (zB konzernverbundenen) Unternehmen **mittäterschaftlich** begangen, so haftet jeder Geschäftsführer jedes beteiligten Unternehmens aufgrund der aus der Mittäterschaft folgenden wechselseitigen Zurechnung fremder Tatbeiträge für alle Handlungen und alle Schäden, die aus dem gemeinschaftlichen Agieren entstanden sind.[664] So lange der Geschäftsführer *eines* Unternehmens dort in verantwort-

---

656 Entscheidend ist der Zugang der Abberufung, die dem Geschäftsführer jegliche Handlungsvollmacht für das Unternehmen nimmt, und nicht die Eintragung im Handelsregister.
657 OLG Düsseldorf, Urteil v 20.12.2017 – I-2 U 39/16; vgl auch BGH, GRUR 1976, 579, 582 f – Tylosin.
658 OLG Düsseldorf, InstGE 10, 129 – Druckerpatrone II.
659 OLG Düsseldorf, Urteil v 20.12.2017 – I-2 U 39/16.
660 OLG Düsseldorf, Urteil v 20.12.2017 – I-2 U 39/16.
661 BGHZ 121, 257.
662 BGH, WM 2011, 38.
663 BGHZ 121, 257.
664 OLG Düsseldorf, Urteil v 20.12.2017 – I-2 U 39/16.

licher und haftungsbegründender Stellung tätig ist, spielt es deshalb keine Rolle, dass er während des Verletzungszeitraumes überhaupt nicht oder nur zeitweise Geschäftsführer auch des anderen Unternehmens gewesen ist. Der Umstand, dass er bei letztgenanntem Unternehmen erst gegen Ende des Verletzungszeitraumes bestellt worden ist, bewirkt also keine dementsprechende zeitliche Haftungsbegrenzung im Hinblick auf dieses Unternehmen; vielmehr bleibt er allein wegen seiner Geschäftsführerstellung bei einem Mittäter[665] über den gesamten Zeitraum haftbar auch für dasjenige, was das andere Unternehmen zu *der* Zeit beigetragen hat, als dort eine andere Person Geschäftsführer war.[666] Ausgenommen von seiner Haftung sind nur solche Akte, die von dem anderweitig vertretenen Unternehmen in Alleintäterschaft begangen worden sind.[667]

Wird der Geschäftsführer – neben dem Unternehmen – persönlich verurteilt, so hat er nicht nur über diejenigen Verletzungshandlungen Rechnung zu legen, die er während des im Urteilsausspruch genannten Zeitraumes als Geschäftsführer des mitverurteilten Unternehmens unternommen hat, sondern er schuldet – eben als Folge seiner höchstpersönlichen Haftung und Verurteilung – Auskünfte über alle währenddessen (zB als **Einzelkaufmann** oder als Geschäftsführer eines weiteren Unternehmens) begangenen Patentverletzungen.[668] 446

4. Haftung von Unternehmen und Gesellschaftern

Umgekehrt hat die Gesellschaft für das patentverletzende Handeln ihrer gesetzlichen Vertreter einzustehen, § 31 BGB. Die Vorschrift ist nicht selbst haftungsbegründend, sondern haftungszuweisend, indem sie für das rechtsverletzende Tun des Organs (= Geschäftsführers) dasjenige Unternehmen, welches sich des betreffenden Organs bedient, haften lässt. Eine Einstandspflicht gilt freilich nicht für privilegierte (§ 11 PatG) Handlungen, zB im privaten Bereich[669] oder für solche Handlungen, die der Geschäftsführer außerhalb seiner Organstellung (zB im Rahmen eines selbständigen einzelkaufmännischen Unternehmens) begeht. 447

Die Haftung erstreckt sich – über die vertretene Gesellschaft hinaus – auch auf die (selbst nicht täterschaftlich agierenden und deswegen nicht aufgrund eigener Verletzungshandlung passivlegitimierten) **Gesellschafter** einer oHG (§ 128 Satz 1 HGB), den Komplementär einer Kommanditgesellschaft (§§ 161 Abs 2, 128 Satz 1 HGB)[670] sowie den **Kommanditisten**. Sie haften insbesondere auf Schadenersatz auch für Patentverletzungen, die vor ihrem Eintritt in die Gesellschaft begangen worden sind.[671] Im Gegensatz zur Verhaltenshaftung des Geschäftsführers (die – ggf im Rahmen seiner Ressortzuständigkeit – auch den Geschäftsführer einer Komplementär-GmbH im Hinblick auf Verletzungshandlungen der KG trifft) handelt es sich um eine reine Inhaberhaftung, die von eigenem Fehlverhalten unabhängig ist. Im Fall einer Regelinsolvenz der Gesellschaft haften die Gesellschafter nur für Altverbindlichkeiten, die unter der regulären Geschäftsführung begründet worden sind. Für die persönlich haftenden Gesellschafter ergibt sich dies aus § 160 HGB, für Kommanditisten aus der einschlägigen BGH-Rechtsprechung, wobei die 448

---

665 Streng genommen sind sogar die Geschäftsführer der zusammen agierenden Unternehmen die Mittäter.
666 OLG Düsseldorf, Urteil v 20.12.2017 – I-2 U 39/16.
667 OLG Düsseldorf, Urteil v 20.12.2017 – I-2 U 39/16.
668 OLG Düsseldorf, GRUR-RR 2012, 406 – Nullauskunft; zustimmend: OLG Frankfurt/Main, GRUR-RR 2015, 408 – Zwangsgeld gegen Geschäftsführer; aA: LG Mannheim, Urteil v 19.3.2019 – 2 O 173/17.
669 Vgl BGH, DB 2007, 2142 – Gefälligkeit.
670 OLG Karlsruhe, GRUR 2022, 641 – Polsterumarbeitungsmaschine.
671 OLG Karlsruhe, GRUR 2022, 641 – Polsterumarbeitungsmaschine.

insolvenzrechtliche Einordnung der Verbindlichkeit (zB als Masseforderung) keine Rolle spielt.[672] Hinter der **insolvenzbedingten Haftungsbeschränkung** steht die Überlegung, dass der Gesellschafter mit der Insolvenz sowohl die Geschäftsführungsbefugnis einbüßt als auch von den Erträgen aus einer weiteren Tätigkeit der Gesellschaft abgeschnitten wird, weil die Verwaltungs- und Verfügungsbefugnis mit der Insolvenzeröffnung auf den Verwalter übergeht, der die Gesellschaft vorrangig im Interesse der Gesellschaftsgläubiger und nicht zum Vorteil der Gesellschafter fortzuführen hat. Dementsprechend geht es nicht an, die Gesellschafter (deren Stellung der eines ausgeschiedenen Gesellschafters ähnelt) ggf über Jahre hinweg für diejenigen Verbindlichkeiten haften zu lassen, die der Insolvenzverwalter durch seine Tätigkeit begründet hat, auf die der Gesellschafter keinerlei Einfluss und von der er keinerlei Nutzen hatte.

449 Bzgl des **Kommanditisten** ist zu beachten, dass seine Haftung der Höhe nach auf die **Einlage** beschränkt ist (§§ 171 Abs 1, 128 Satz 1 HGB), deren Höhe sich aus dem Gesellschaftsvertrag ergibt und die im Handelsregister einzutragen ist (§ 162 HGB). Ist die Kommanditeinlage geleistet – was der Kommanditist darzulegen und zu beweisen hat[673] –, entfällt seine Außenhaftung. Sie lebt allerdings wieder auf, wenn und soweit die Einlage durch Ausschüttungen an den Kommanditisten zurückgeführt wird.[674]

450 In der Sache erstreckt sich die persönliche Haftung der Gesellschafter nach gefestigter – allerdings heftig bestrittener[675] – Rechtsprechung des BGH[676] auch auf **unvertretbare Handlungen**, die von der Gesellschaft geschuldet werden, wie Unterlassung und Rechnungslegung. Der aktuelle, zum Zeitpunkt der geschuldeten Auskunftserteilung amtierende Komplementär schuldet deshalb die Erteilung der Auskunft auch für solche Zeitabschnitte, während derer er die fragliche Position überhaupt noch nicht inne gehabt hat.[677] Streitig ist, ob gleiches auch für den Kommanditisten gilt[678] oder seine Haftung stets nur auf Geld gerichtet ist.[679] Folgt man der erstgenannten, wohl herrschenden Auffassung, scheidet eine Unterlassungs- und Rechnungslegungshaftung aus, es sei denn, der Kommanditist ist (zB aufgrund eigener Handlung) aus einem anderen Rechtsgrund als § 171 HGB verpflichtet.

5. Prozessrechtliches

a) Klagenhäufung[680]

aa) Kumulativ

451 Verfügt der Kläger über mehrere parallele Schutzrechte (deutsches Patent, europäisches Patent mit Wirkung für Deutschland, Gebrauchsmuster), so kann er – vorbehaltlich des Doppelschutzverbotes nach Art II § 8 IntPatÜG – alle Schutzrechte nebeneinander geltend machen, sodass der Beklagte im Falle einer Verletzung **kumulativ** aus sämtlichen Schutzrechten verurteilt wird.

452 Solches ist selbstverständlich auch dann möglich und nötig, wenn die mehreren Schutzrechte **denselben Anspruchswortlaut** haben, sodass der Urteilsausspruch für jedes der

---

672 BGH, ZIP 2021, 255.
673 BGHZ 109, 334, 343 = BGH, NJW 1990, 1109, 1111.
674 BGH, ZIP 2021, 255.
675 Vgl Koller/Kindler/Roth/Drüen, HGB, §§ 128, 129 Rn 5; Hopt, HGB, § 128 Rn 15–17.
676 BGH, NJW 1957, 871; BGH, NJW 1972, 1421; BGH, BB 1974, 482; BGH, WM 1975, 777.
677 OLG Karlsruhe, GRUR 2022, 641 – Polsterumarbeitungsmaschine.
678 Hopt, HGB, § 171 Rn 2.
679 Koller/Kindler/Roth/Drüen, HGB, §§ 171, 172 Rn 7.
680 Vgl Stieper, GRUR 2012, 5; Büscher, GRUR 2012, 16.

mit der Klage geltend gemachten Schutzrechte gleich lautet und die kumulative Verurteilung aus mehreren Schutzrechten sich erst aus den Entscheidungsgründen erschließt, die dementsprechend die Anspruchsvoraussetzungen und die aus ihnen resultierenden Rechtsfolgen (zB Schadenersatzzeiträume) für jedes einzelne Schutzrecht gesondert und nebeneinander abzuhandeln und festzustellen haben. Dessen bedarf es allein deswegen, weil jedes Schutzrecht bzgl seines Rechtsbestandes ein unterschiedliches Schicksal nehmen kann und es insofern von erheblichem Interesse ist, ob der(selbe) Urteilsausspruch parallel von mehreren Schutzrechten gestützt wird. Umgekehrt bedeutet dies aber auch, dass es bei Verneinung der Klageansprüche aus einem von mehreren Schutzrechten einer teilweisen Klageabweisung mit entsprechender Kostenquote[681] zu Lasten des Klägers bedarf, selbst wenn seinem Klageantrag – rein formal betrachtet – auf der Grundlage eines anderen Schutzrechts in vollem Umfang entsprochen wird.

Hat das Landgericht die Klageansprüche nur auf der Grundlage *eines* der kumulativ verfolgten Schutzrechte zugesprochen, ist zu unterscheiden: 453

– Beruht die Nichtbehandlung auf einem Versehen, besteht die Möglichkeit zu einem Antrag auf Urteilsergänzung gemäß § 321 ZPO.[682] Über ihn ist – anders als über Berichtigungsanträge nach §§ 319, 320 ZPO, die im Beschlusswege erledigt werden – durch Urteil zu entscheiden, welches eine Kostenentscheidung sowie einen Ausspruch zur vorläufigen Vollstreckbarkeit zu enthalten hat.[683] Die Frist zur Einlegung beträgt zwei Wochen (§ 321 Abs 2 ZPO) und beginnt mit der Zustellung des ergänzungsbedürftigen Urteils. Wird die Frist versäumt, entfällt für das bei der Entscheidung **übergangene Schutzrecht** die Rechtshängigkeit, sodass eine entsprechende neue, auf das übergangene Schutzrecht gestützte Klage eingereicht werden kann.[684] 454

– Handelt es sich um eine bewusste Entscheidungslücke (weil das Landgericht ausweislich seiner Entscheidungsgründe geglaubt hat, mit der Zuerkennung der Klageansprüche unter Abhandlung nur eines der mehreren Schutzrechte über alles Nötige entschieden zu haben oder weil es zu Unrecht davon ausgegangen ist, ein Klageantrag in Bezug auf das nicht beschiedene Schutzrecht sei überhaupt nicht gestellt[685]), scheidet eine Urteilsergänzung gemäß § 321 ZPO aus und es kommt nur die Einlegung einer Berufung[686] in Betracht. Sie ist gegeben, weil das Übergehen eines Schutzrechts eine Verletzung rechtlichen Gehörs darstellt. Im Berufungsverfahren kann das übergangene Schutzrecht im Wege der Klageerweiterung in das Rechtsmittelverfahren eingeführt werden.[687] Wird von dieser Möglichkeit kein Gebrauch gemacht, endet nach Ablauf der Rechtsmittelfrist[688] die Rechtshängigkeit, sodass das nicht beschiedene Schutzrecht zum Gegenstand einer neuen Klage gemacht werden kann. 455

bb) Eventuell

Statt kumulativ kann die Klage auch **eventuell** gehäuft werden mit der Folge, dass das oder die weitere(n) Schutzrecht(e) bloß hilfsweise in den Prozess eingeführt werden und deshalb erst dann zur gerichtlichen Entscheidung anfallen, wenn sich die geltend gemachten Ansprüche nicht aus dem vorrangig verfolgten Schutzrecht ergeben. Die Reihenfolge 456

---

681 Im Zweifel sind die Streitwerte für die Einzelschutzrechte nach den – gleichen oder unterschiedlichen – verletzungsrelevanten Laufzeiten der Schutzrechte zu gewichten.
682 BGH, MDR 2019, 886.
683 OLG Düsseldorf, Urteil v 7.6.2018 – I-2 U 32/17.
684 OLG Düsseldorf, GRUR-RR 2020, 417 – Schnellspannvorrichtung.
685 Vgl dazu BGH, MDR 2019, 886.
686 ... oder Anschlussberufung.
687 BGH, NJW-RR 2005, 790.
688 ... Berufungs- bzw Anschlussberufungsfrist.

unter den mehreren Schutzrechten ist vom Kläger festzulegen und für das Gericht verbindlich. Dessen bedarf es auch dann, wenn der Kläger seine Ansprüche wegen Patentverletzung sowohl aus eigenem Recht (zB als Lizenznehmer) als auch aus abgetretenem fremdem Recht (zB des Patentinhabers) herleitet.[689]

cc) Alternativ

457 Schließlich kann die Klage **alternativ**[690] in dem Sinne gehäuft werden, dass der Kläger sein Begehren (zB Unterlassen des Vertriebs einer bestimmten angegriffenen Ausführungsform) auf mehrere nebeneinander existierende Schutzrechte stützt. Um die gleiche Art der Klagenhäufung handelt es sich auch dann, wenn ein bestimmter Anspruch aus eigenem Recht und – alternativ – nach den Grundsätzen der gewillkürten Prozessstandschaft aus fremdem Recht hergeleitet wird.[691] Der Kläger kann dem Gericht nicht die Auswahl überlassen, auf welchen Klagegrund es seine Verurteilung stützen will. Um dem Bestimmtheitserfordernis des § 253 Abs 2 Nr 2 ZPO zu genügen, muss der Kläger vielmehr die Reihenfolge angeben, in der er die mehreren Schutzrechte im Prozess geltend machen will.[692] Die Bestimmung – an die das Gericht gebunden ist – kann auch noch in der Berufungs- oder Revisionsinstanz nachgeholt werden.[693] Das Wahlrecht kann im Revisionsrechtszug allerdings nach Treu und Glauben dahin beschränkt sein, dass der Kläger zunächst diejenigen Streitgegenstände zur Entscheidung stellen muss, zu denen das Berufungsgericht Feststellungen getroffen hat, sodass eine unnötige Zurückverweisung der Sache vermieden wird.[694]

dd) Übergang

458 Der **Übergang** von der alternativen zur kumulativen Klagehäufung – und umgekehrt – stellt eine Klageänderung dar[695], deren Zulässigkeit an den dafür vorgesehenen prozessualen Vorschriften (§§ 263, 533 ZPO) zu messen ist. In der Revisionsinstanz kann von einer alternativen Klagehäufung nicht mehr zu einer kumulativen, sondern nur noch zu einer eventuellen Klagehäufung übergegangen werden, indem die Reihenfolge angegeben wird, in der die verschiedenen Schutzrechte zur gerichtlichen Entscheidung gestellt werden.[696]

b) Teilurteil

459 Ist von mehreren in einer Klage geltend gemachten Ansprüchen nur der eine oder ist nur ein Teil eines Anspruchs oder bei erhobener Widerklage nur die Klage oder die Widerklage zur Endentscheidung reif, so hat das Gericht die Entscheidung durch Endurteil (Teilurteil) zu erlassen (§ 301 Abs 1 Satz 1 ZPO). Der Erlass eines Teilurteils setzt allerdings eine Mehrheit von prozessualen Ansprüchen beziehungsweise Streitgegenständen (§ 301 Abs 1 Satz 1 Fall 1 ZPO) oder die Teilbarkeit des einen prozessualen Anspruchs beziehungsweise Streitgegenstands (§ 301 Abs 1 Satz 1 Fall 2 ZPO) voraus.[697] Ein Verstoß gegen das Teilurteilsverbot begründet einen schwerwiegenden Verfahrensfehler, der von Amts wegen zu beachten ist.[698]

---

689 BGH, MDR 2014, 980.
690 Vgl Döring, Mitt 2012, 49.
691 BGH, GRUR 2017, 397 – World of Warcraft II.
692 BGH, GRUR 2011, 521 – TÜV I; BGH, GRUR 2011, 1043 – TÜV II.
693 BGH, GRUR 2011, 521 – TÜV I.
694 BGH, GRUR 2011, 521 – TÜV I.
695 BGH, GRUR 2011, 521, 522 – TÜV I.
696 BGH, GRUR 2011, 1043 – TÜV II; BGH, GRUR 2012, 1145 – Pelikan; BGH, GRUR 2017, 397 – World of Warcraft II.
697 BGH, GRUR 2020, 755 – WarnWetter-App.
698 BGH, GRUR 2020, 755 – WarnWetter-App.

aa) Anspruchskonkurrenz

Liegt nur **ein Streitgegenstand** vor, darf ein Teilurteil nur ergehen, wenn es einen quantitativen, zahlenmäßig oder auf sonstige Weise bestimmten Teil des teilbaren Streitgegenstandes unabhängig von der Entscheidung über den Rest des Anspruchs abschließend bescheidet, sodass die Gefahr einander widersprechender Entscheidungen, auch aufgrund einer abweichenden Beurteilung durch das Rechtsmittelgericht, vermieden wird.[699] Ein Teilurteil über einzelne von mehreren **konkurrierenden Anspruchsgrundlagen** ist dagegen nicht möglich.[700]

460

Dabei ist unerheblich, ob die Anspruchsgrundlagen verschiedenen Rechtsgebieten entstammen, über die grundsätzlich in unterschiedlichen Rechtswegen zu entscheiden ist.[701] § 17 Abs 2 GVG eröffnet eine rechtswegüberschreitende Sachkompetenz des Gerichts des zulässigen Rechtswegs. Danach entscheidet dieses Gericht den Rechtsstreit – unbeschadet des Art 14 Abs 3 Satz 4 und des Art 34 Satz 3 GG – unter allen in Betracht kommenden rechtlichen Gesichtspunkten. Das zuständige Gericht hat danach auch über solche Normen zu befinden, die für sich allein die Zuständigkeit einer anderen Gerichtsbarkeit begründen würden.[702] Die rechtswegüberschreitende Sach- und Entscheidungskompetenz setzt allerdings voraus, dass Gegenstand des Verfahrens ein einheitlicher Streitgegenstand im Sinne eines einheitlichen prozessualen Anspruchs ist.[703]

461

Liegt hingegen eine **Mehrheit prozessualer Ansprüche** vor, ist für jeden dieser Ansprüche die Rechtswegzuständigkeit gesondert zu prüfen.[704] Werden die verschiedenen Streitgegenstände, für die unterschiedliche Rechtswege eröffnet sind, im Wege einer Eventualklagehäufung als Haupt- und Hilfsanspruch miteinander verknüpft, ist in dem für den Hauptanspruch zuständigen Rechtsweg zunächst nur über den Hauptanspruch zu entscheiden. Nachdem dies geschehen ist, kann die Sache wegen des Hilfsanspruchs (auch zurück-)verwiesen werden.[705] Die Bindungswirkung einer vorherigen Entscheidung gemäß § 17a GVG erfasst in diesem Fall nur den Hauptanspruch.[706]

462

bb) Streitgenossen

Werden wegen derselben angegriffenen Ausführungsform auf der Grundlage desselben Patents mehrere Personen (zB die Gesellschaft und ihre gesetzlichen Vertreter) verklagt (sog Klagenhäufung), so können sich prozessuale Situationen ergeben, in denen die Sache gegenüber dem einen Beklagten zur Endentscheidung reif ist, gegenüber dem anderen Beklagten hingegen nicht.

463

▶ **Beispiel:**

Klageerweiterung gegen einen Beklagten erst kurz vor dem Verhandlungstermin gegen den anderen Beklagten, Unterbrechung des Verfahrens gegen einen der Beklagten wegen Todes[707], Verlust der Prozessfähigkeit oder Insolvenz (§§ 239, 240, 241 ZPO).

464

---

699 BGH, GRUR 2020, 755 – WarnWetter-App.
700 BGH, GRUR 2020, 755 – WarnWetter-App.
701 BGH, GRUR 2020, 755 – WarnWetter-App.
702 BGH, GRUR 2020, 755 – WarnWetter-App.
703 BGH, GRUR 2020, 755 – WarnWetter-App.
704 BGH, GRUR 2020, 755 – WarnWetter-App.
705 BGH, GRUR 2020, 755 – WarnWetter-App.
706 BGH, GRUR 2020, 755 – WarnWetter-App; BAG, NJW 2015, 718.
707 Dazu gehört auch die Löschung einer – auch ausländischen – juristischen Person, deren Untergang keine Liquidation, sondern eine Gesamtrechtsnachfolge nach sich zieht (BGH, MDR 2017, 346 zur Löschung und Wiedereintragung einer englischen Private Limited Company).

465 Hier stellt sich die Frage, ob über die entscheidungsreife Klage durch **Teilurteil** (§ 301 ZPO) erkannt werden kann. Grundsätzlich sind die Möglichkeiten einer solchen »Vorab-Entscheidung« äußerst gering, weil die Rechtsprechung auch bei subjektiver oder objektiver Klagehäufung und bei Teilbarkeit des Streitgegenstandes ein Teilurteil für unzulässig hält, wenn mit ihm die *Gefahr* einander widersprechender Entscheidungen (im Teilurteil einerseits und im späteren Schlussurteil andererseits) verbunden sein *kann*. Insofern genügt als mögliche Ursache eine abweichende Beurteilung durch das Rechtsmittelgericht.[708] Eine solche Situation ist immer dann gegeben, wenn in einem Teilurteil eine Frage zu entscheiden ist, die sich dem Gericht im weiteren bei ihm verbliebenen Verfahren über andere Ansprüche, Anspruchsteile oder Parteien noch einmal stellt oder stellen kann. Es genügt die Möglichkeit einer unterschiedlichen Beurteilung von bloßen Urteilselementen, die weder in Rechtskraft erwachsen noch das Gericht nach § 318 ZPO binden.[709] Nur wo unter allen theoretisch denkbaren Bedingungen widerstreitende Erkenntnisse ausgeschlossen sind, ist prinzipiell Raum für ein Teilurteil.[710] Solches ist etwa denkbar, wenn das Teilurteil nur auf Gründen beruht, die ausschließlich einen der Streitgenossen (und die übrigen nicht) betreffen.[711]

466 Einige wichtige **Ausnahmen** erkennt die Rechtsprechung allerdings an:

467 – Das Teilurteilsverbot gilt nicht, wenn das Verletzungsverfahren gegen einen von mehreren einfachen Streitgenossen[712] wegen **Todes** oder **Insolvenz** unterbrochen ist (§§ 239, 240 ZPO) und keine Anhaltspunkte dafür bestehen, dass die Verfahrensunterbrechung alsbald endet und das Verfahren auch insoweit zeitnah fortgesetzt werden kann.[713] Damit nicht vergleichbar ist der Fall, dass die Parteien den vom (unzulässigen) Teilurteil nicht betroffenen Teil des Rechtsstreits nicht betreiben, weil sie insoweit übereinstimmend das Ruhen des Verfahrens beantragt haben.[714] Umgekehrt kann im Falle eines von mehreren Klägern unternommenen Nichtigkeitsangriffs, wenn das **Nichtigkeitsverfahren** gegenüber einem der Kläger gemäß § 240 ZPO unterbrochen ist, gegenüber den anderen Klägern durch Teilurteil entschieden werden.[715]

468 – Ein Teilurteil ist trotz Insolvenzeröffnung über das Vermögen des Beklagten ferner in Bezug auf den Anspruch auf **Drittauskunft** gemäß § 140b PatG zulässig, der von der Unterbrechungswirkung des § 240 ZPO nicht erfasst wird.[716]

469 – Gleiches gilt schließlich, wenn nach erfolgter Unterbrechung wegen Insolvenzeröffnung **nur ein Teil des Rechtsstreits wieder aufgenommen** werden kann (zB deshalb, weil der Rechtsstreit im Rechtsmittelzug nur über einen Teil der Ansprüche als Aktivprozess geführt wird, der wieder aufgenommen werden kann, während der restliche, als Passivprozess betriebene Rechtsstreit mangels Aufnahmemöglichkeit unterbrochen bleiben muss).[717]

470 – Zulässig ist ein abweisendes Teilurteil schließlich dann, wenn es der Klage gegen einen von mehreren einfachen Streitgenossen an der **internationalen Zuständigkeit**

---

708 BGH, NJW 2007, 156.
709 BGH, MDR 2012, 304.
710 BGH, NJW 2007, 156.
711 BGH, WuM 2020, 499.
712 Werden mehrere Beklagte wegen Schutzrechtsverletzung in Anspruch genommen, sind sie wegen sämtlicher Ansprüche, auch wegen desjenigen auf Schadenersatz, einfache Streitgenossen (BGH, GRUR 2017, 520 – MICRO COTTON).
713 BGH, NJW 2007, 156.
714 BGH, MDR 2011, 935.
715 BGH, GRUR 2021, 1382 – Oszillationsantrieb.
716 BGH, GRUR 2010, 343 – Oracle.
717 BGH, MDR 2012, 180.

fehlt; hier besteht ein überwiegendes Interesse desjenigen, der zu Unrecht vor dem angerufenen Gericht in Anspruch genommen wird, ihn aus dem Prozess zu entlassen.[718]

Außerhalb dieser Sonderfälle stellt der Erlass eines unzulässigen Teilurteils einen wesentlichen Verfahrensmangel dar, der in der Revisionsinstanz von Amts wegen zu berücksichtigen ist und zur Aufhebung des Urteils führt.[719] Um solches zu vermeiden, bleibt in geeigneten Konstellationen nur die Möglichkeit, den noch nicht zur Entscheidung reifen Teil in ein gesondertes Verfahren abzutrennen (§ 145 ZPO). In tauglichen Konstellationen kann außerdem in Betracht kommen, über die die Gefahr widersprüchlicher Entscheidungen herbeiführende Vorfrage ein Zwischenfeststellungsurteil (§ **256 Abs 2 ZPO**) zu erlassen, womit die Bedenken gegen ein Teilurteil ausgeräumt sind.[720] Wegen § 308 ZPO bedarf es dafür selbstverständlich eines Zwischenfeststellungsantrages der betreffenden Partei.[721]

471

Zu beachten ist, dass ein **Teilurteil** nur vorliegt, wenn das Gericht erkennbar lediglich über einen Teil des Verfahrensgegenstandes befinden und den Rest später erledigen will, wobei dieser Wille in der Entscheidung selbst oder wenigstens aus den Begleitumständen hinreichend zum Ausdruck kommen muss.[722] Daran fehlt es, wenn das Landgericht geglaubt hat, insgesamt über die Klage entschieden zu haben, zB deshalb, weil alle Klageansprüche auf der Grundlage des Klagepatents zugesprochen werden können und deswegen das kumulativ geltend gemachte Klagegebrauchsmuster nicht mehr zur Entscheidung steht.[723]

472

cc) Mehrere angegriffene Ausführungsformen/mehrere Klageansprüche

Vergleichbare Fragestellungen, wie sie unter aa) erörtert sind, ergeben sich, wenn auf der Grundlage eines Klageschutzrechts mehrere schutzrechtsrelevant unterschiedliche Ausführungsformen angegriffen werden und nur eine oder einzelne von ihnen einer sachverständigen Begutachtung bedarf/bedürfen oder wenn zu einem bestimmten Zeitpunkt des Prozesses bloß einzelne Klageansprüche entscheidungsreif sind, während andere noch weitere Ermittlungen erfordern (zB hinsichtlich der materiell wirksamen Übertragung des Klagepatents). In beiden Konstellationen ist ein Teilurteil grundsätzlich schon deswegen unzulässig, weil sich Divergenzen bei der für alle Ausführungsformen und sämtliche Klageansprüche vorzunehmenden Schutzbereichsbestimmung ergeben können. Eine Ausnahme gilt hier – wie oben erwähnt – nur bzgl des Auskunftsanspruchs nach § 140b PatG.

473

dd) Mehrere parallele Schutzrechte

Werden kumulativ mehrere Schutzrechte eingeklagt, auf deren Grundlage jeweils eigene Ansprüche (auf Unterlassung etc) gestützt werden, so ist zu differenzieren:

474

– Eine Teil-Entscheidung über die auf eines der Schutzrechte gegründeten Ansprüche kommt zweifellos dann in Betracht, wenn die mehreren Schutzrechte unterschiedli-

475

---

718 BGH, NJW 2015, 2429.
719 BGH, MDR 2011, 935. Hat das Landgericht ein unzulässiges Teilurteil erlassen, kann das Berufungsgericht das Urteil entweder aufheben und die Sache an das Landgericht zurückverweisen (§ 538 Abs 2 Nr 7 ZPO) oder aber den dort verbliebenen Teil an sich ziehen und mitentscheiden (BGH, WRP 2017, 451 – Flughafen Lübeck).
720 BGH, NJW-RR 2012, 849; OLG Düsseldorf, GRUR 2014, 1190 – Sektionaltorantrieb.
721 BGH, MDR 2005, 645.
722 BGH, NJW 2002, 1115.
723 OLG Düsseldorf, Urteil v 22.5.2014 – I-2 U 22/13.

che Erfindungsgegenstände zum Inhalt haben, sodass ein bestimmtes Auslegungsergebnis, welches das Gericht zu dem einen Schutzrecht gewonnen hat, noch kein zwingendes Präjudiz für die Auslegung der anderen mit der Klage ebenfalls geltend gemachten Schutzrechte schafft.

476 – Umgekehrt wird man eine Teilentscheidung als unzulässig zu betrachten haben, wenn die mehreren Schutzrechte (die verfahrensrechtlich eigene Streitgegenstände repräsentieren) denselben Inhalt (insbesondere einen identischen Wortlaut im Anspruch und in der Beschreibung) haben, wie dies zB bei einem Patent und einem daraus abgezweigten Gebrauchsmuster, einen vorangemeldeten nationalen Patent und dem prioritätswahrend nachangemeldeten europäischen Patent oder bei einem Stammpatent und dem daraus abgeleiteten Teilpatent der Fall sein kann. Angesichts der sachlich vollkommen gleichlautenden Entscheidungserwägungen stellt es eine unangebracht formalistische Betrachtung dar, maßgeblich darauf abzustellen, dass beide identischen Schutzrechte jeweils eigenständige Streitgegenstände repräsentieren und das Teilurteilsverbot nicht gegenstandsübergreifend wirkt.

477 – Wirklich problematisch sind diejenigen Fallkonstellationen, die dazwischen liegen, weil die beteiligten Schutzrechte einerseits nicht dieselbe Erfindung zum Gegenstand haben, andererseits aber auch nicht eindeutig verschiedene Erfindungen betreffen, sondern von ähnlichem technischen Inhalt sind. Hier wird den Ausschlag geben müssen, ob der Inhalt der Patent/Gebrauchsmusterschriften so nahe beieinanderliegen, dass die Festlegung des Gerichts in der Auslegung des einen Klageschutzrechts und die hierzu angestellten Erwägungen in derselben Weise auch für das andere Klageschutzrecht zutreffen und deshalb in Bezug auf dieses vernünftigerweise kein anderes Auslegungsergebnis in Betracht kommt.

c) Parteiberichtigung

478 Ist die Bezeichnung des Verletzers als beklagter Partei in einem Rechtsstreit fehlerhaft erfolgt, stellt sich die Frage, ob das Versehen im Wege der Parteiberichtigung korrigiert werden kann.[724] Wer Partei ist, bestimmt sich nicht ausschließlich nach dem Rubrum der Klageschrift. Als prozessuale Willenserklärung sind auch die Klage und die in ihr enthaltende Parteibezeichnung der Auslegung zugänglich. Maßgeblich ist, wer aus Adressatensicht (Gericht und Prozessgegner) objektiv als Träger der jeweiligen Parteirolle gewollt erscheint. Berücksichtigungsfähig sind insoweit das in der Klageschrift einschließlich Anlagen enthaltene rechtliche und tatsächliche Vorbringen zur Begründung des Klageantrages[725], aber auch alle sonstigen für die Ermittlung des tatsächlich Gewollten relevanten Umstände, soweit sie der Gegenseite bekannt oder erkennbar sind. Schließlich kann das Verhalten im Prozess unter dem Gesichtspunkt der Selbstinterpretation von Bedeutung sein.[726] Bei der Auslegung des Klageantrages ist im Zweifel das als gewollt anzusehen, was nach den Maßstäben der Rechtsordnung vernünftig ist und der recht verstandenen Interessenlage der erklärenden Partei entspricht.[727]

479 Wird nach allem ohne vernünftigen Zweifel deutlich, welche Partei wirklich gemeint ist, so steht der entsprechenden **Auslegung des Rubrums** nicht entgegen, dass der Kläger irrtümlich die Bezeichnung einer tatsächlich existierenden, am materiellen Rechtsverhält-

---

724 In Fällen der Insolvenzeröffnung in Eigenverwaltung bleibt der Insolvenzschuldner weiter passivlegitimiert; das Rubrum ist nur um den Zusatz »in Eigenverwaltung« zu ergänzen (BGH, Beschluss v 29.6.2017 – I ZB 90/15).
725 BGH, MDR 2008, 524; BGH, GRUR 2009, 42, 43 – Multiplexsystem.
726 LG Düsseldorf, InstGE 2, 108, 111 – Verpackungsmaterial.
727 BGH, MDR 2016, 1350.

nis nicht beteiligten Person gewählt hat.[728] Die Auslegung kann auch ergeben, dass der Beklagte als Prozessstandschafter gemeint ist.[729] Bei einer an sich korrekten Bezeichnung einer tatsächlich existierenden natürlichen oder juristischen Person kommt ein objektives Verständnis, eine andere Person sei gemeint, allerdings nur in Betracht, wenn aus dem übrigen Inhalt der Klageschrift unzweifelhaft deutlich wird, dass eine andere und welche Partei tatsächlich gemeint ist.[730] In einem solchen Fall ist wie folgt weiter zu verfahren:

- Dem wahren Beklagten ist die Klage zuzustellen, sodass ihm gegenüber ein Prozessrechtsverhältnis begründet wird. Dessen bedarf es nur dann nicht, wenn der in der Zustellung an den Scheinbeklagten liegende Mangel gemäß § 189 ZPO[731] geheilt worden ist, zB deshalb, weil der gesetzliche Vertreter des wahren und des nur scheinbaren Beklagten identisch sind.[732]   480

- Auf Antrag des Scheinbeklagten ist dieser aus dem Rechtsstreit zu entlassen und sind dem Kläger, der die Zustellung der Klageschrift an den Scheinbeklagten durch sein falsches Rubrum veranlasst hat, diejenigen Kosten des Scheinbeklagten aufzuerlegen, die notwendig waren (§ 91 ZPO), um die fehlende Parteistellung des Scheinbeklagten geltend zu machen.[733] Jedenfalls dann, wenn der Kläger nach dem entsprechenden Einwand des Scheinbeklagten dessen mangelnde Identität mit dem gewollten Beklagten unverzüglich anerkannt hat, beschränken sich die erstattungsfähigen Kosten auf eine 0,8 Verfahrensgebühr für sonstige Einzeltätigkeiten gemäß Nr 3403 VV.[734]   481

Praxistipp	Formulierungsbeispiel
1. Die W. AG ist nicht Beklagte und wird aus dem Rechtsstreit entlassen.	
2. Ihre außergerichtlichen Kosten werden der Klägerin auferlegt.	

482

Versehen können sich auch in der Weise einschleichen, dass in der Klageschrift irrtümlich eine – falsche – Person als Prozessbevollmächtigter des Beklagten angegeben wird. Geschieht dies, hat die Zustellung der Klageschrift an den benannten Prozessbevollmächtigten des Beklagten zu erfolgen, selbst wenn dieser keine Vertretungsmacht besitzt und ohne dass das Gericht Ermittlungen in dieser Richtung anzustellen hätte.[735] Das Risiko, dass die Vollmacht fehlt und deswegen die Zustellung unwirksam ist, trägt der Kläger, der in seiner Klage die unrichtige Angabe gemacht hat.[736]   483

Bisweilen wird erst **nach Vorliegen des Urteils** geltend gemacht, dass eine Partei falsch bezeichnet sei. Auch hier ist – auf Antrag bzw von Amts wegen – eine Berichtigung (§ 319 ZPO) angebracht, selbst wenn dem Gericht kein Fehler unterlaufen sein sollte, weil ihm bis zur Anbringung des Berichtigungsbegehrens stets die unzutreffende Partei-   484

---

728 BGH, MDR 2008, 524; BGH, GRUR 2009, 42, 43 – Multiplexsystem; so auch schon LG Düsseldorf, InstGE 2, 108, 111 – Verpackungsmaterial; BAG, MDR 2014, 1273.
729 BAG, MDR 2014, 1273.
730 BGH, MDR 2013, 420.
731 Eine Heilung nach § 189 Alt 2 ZPO kommt nicht in Betracht, wenn sich für den Empfänger einer Klageschrift erst aufgrund einer Auslegung ihres Inhalts ergibt, dass er und nicht die im Rubrum fälschlicherweise genannte Person, der die Klageschrift durch das Gericht zugestellt worden ist, Beklagter im Rechtsstreit sein soll (BGH, NJW 2017, 2472).
732 LG Düsseldorf, InstGE 2, 108 – Verpackungsmaterial.
733 OLG München, MDR 2010, 113.
734 OLG München, MDR 2010, 113.
735 BGH, MDR 2011, 620 = Mitt 2011, 311 (LS).
736 BGH, MDR 2011, 620 = Mitt 2011, 311 (LS).

bezeichnung mitgeteilt worden ist und deshalb mit Blick auf das Gericht keine Abweichung des Erklärten vom Gewollten vorliegt. Für die Evidenz der Unrichtigkeit genügt, wenn sich die fehlerhafte Bezeichnung aus anderen, außerhalb des Urteils liegenden, ohne Weiteres zugänglichen Umständen (wie einem Handelsregisterauszug) ergibt.[737]

d) Partei- und Prozessfähigkeit

485 In Fällen möglicherweise fehlender Parteifähigkeit ist zu unterscheiden, ob der Mangel der Parteifähigkeit streitig ist oder nicht:

aa) Streitige Sachverhalte

486 Wird eine **nicht existente Partei** verklagt und beruft sie sich auf ihre fehlende rechtliche Existenz, ist sie bis zur Entscheidung des Streits über ihre Parteifähigkeit – kraft Fiktion – als parteifähig zu behandeln. Gleiches gilt für eine klagende Partei, deren Existenz oder sonstige Parteifähigkeit in Zweifel gezogen wird.[738] Die betreffende Partei kann auch ein Rechtsmittel einlegen, um ihre Nichtexistenz geltend zu machen oder um zu rügen, dass ihre Parteifähigkeit in der Vorinstanz zu Unrecht verneint worden ist[739] oder um ein anderes, ihrem Begehren entsprechendes Sachurteil zu erreichen.[740] Damit ein solches Sachurteil zugunsten des vermeintlich Prozessunfähigen ergehen kann, ist die Parteifähigkeit positiv festzustellen. Sobald Zweifel in dieser Hinsicht dargelegt oder ersichtlich sind, ist das Gericht in jeder Lage des Verfahrens von Amts wegen zu einer Prüfung verpflichtet, wobei die Grundsätze des Freibeweises gelten.[741] So lange bestehende Aufklärungsmöglichkeiten nicht ausgeschöpft sind, darf gegen die Partei kein Versäumnisurteil ergehen.[742] Verbleiben nach Ausschöpfung aller erschließbaren Erkenntnisse hinreichende Anhaltspunkte für eine Prozessunfähigkeit, so gehen etwa noch vorhandene Zweifel zu Lasten der betroffenen Partei.[743] Ist von ihrer Prozessunfähigkeit auszugehen, besteht allerdings die Möglichkeit der Bestellung eines Betreuers durch das Vormundschaftsgericht (§ 1896 BGB), worauf das Gericht ggf auch in einem Anwaltsprozess hinzuweisen hat.[744]

487 Verliert eine GmbH ihren (einzigen) **Geschäftsführer** (zB durch **Tod**), wird sie dadurch führungslos (§ 35 Abs 1 Satz 2 GmbHG), womit sie ihre Prozessfähigkeit verliert.[745] Dasselbe gilt für eine GmbH & Co KG, deren Komplementärin führungslos wird.[746] Geht es um die Zulässigkeit eines Rechtsmittels, das von einer führungslosen Gesellschaft eingelegt worden ist, genügt es allerdings, dass die GmbH, als sie noch prozessfähig war, einen Anwalt mandatiert und mit der Rechtsmitteleinlegung beauftragt hat.[747] Dies kann durch den Geschäftsführer oder durch einen ordnungsgemäß von ihm bestellten Prokuristen geschehen.[748] Ob die Führungslosigkeit später *vor* oder *nach* Rechtshängigkeit des Rechtsmittelverfahrens eingetreten ist, hat keine Bedeutung.[749]

488 Die Fiktion der Parteifähigkeit erstreckt sich auch auf das **Kostenfestsetzungsverfahren**. Wird die Klage mangels Parteifähigkeit abgewiesen, so sind deshalb im Verfahren nach

---

737 OLG Celle, MDR 2011, 1255.
738 BGH, WM 2010, 1719.
739 BGH, WM 2010, 2380; BGH, WM 2019, 610.
740 BGH, WM 2010, 1719.
741 BGH, WM 2010, 2380.
742 BGH, WM 2021, 1563..
743 BGH, MDR 2011, 63.
744 BGH, MDR 2011, 63.
745 BGH, WM 2019, 610.
746 BGH, WM 2019, 610.
747 BGH, WM 2019, 610.
748 BGH, WM 2019, 610.
749 BGH, WM 2019, 610.

§ 104 ZPO die Aufwendungen desjenigen zu berücksichtigen, der für die nicht existente Partei einen Rechtsanwalt beauftragt hat, um die fehlende Parteifähigkeit geltend zu machen.[750] Darüber hinaus kann auch die obsiegende (nicht existente) Partei die Festsetzung derjenigen Kosten verlangen, die durch den Rechtsstreit um ihre Parteifähigkeit entstanden sind.[751]

In **Auslandsfällen** beurteilt sich die Parteifähigkeit nach der lex fori, dh bei einem inländischen Prozess nach § 50 Abs 1 ZPO. Die Parteifähigkeit folgt mithin der Rechtsfähigkeit, für die wiederum das Recht desjenigen Ortes maßgeblich ist, an dem die betreffende Partei ihren gewöhnlichen Aufenthalt bzw (bei juristischen Personen) ihren tatsächlichen Verwaltungssitz hat.[752] 489

bb) Unstrittige Sachverhalte

Steht die mangelnde Parteifähigkeit nicht im Streit der Parteien, gelten – exemplarisch für eine **GmbH** – folgende Grundsätze: 490

– Sie ist nur prozessfähig (§ 52 ZPO), **so lange sie gesetzlich vertreten** ist. Sobald der einzige oder alle Geschäftsführer sein/ihr Amt niedergelegt haben, ist deshalb eine gegen die GmbH gerichtete Klage unzulässig.[753] § 35 Abs 1 Satz 2 GmbHG ändert daran nichts, weil die Vorschrift in Fällen der Führungslosigkeit einer GmbH die gesetzliche Vertretung durch die Gesellschafter nur für die Abgabe und Zustellung von Willenserklärungen gegenüber der GmbH vorsieht, aber keine Handlungsmacht zur Aktivvertretung anordnet, wie sie notwendig ist, um einen Parteiprozess (fort) zu führen. Dem Prozessgegner bleibt allerdings die Möglichkeit, für die prozessunfähige GmbH beim Gericht des Erkenntnisverfahrens oder beim zuständigen Amtsgericht die Bestellung eines Prozesspflegers (§ 57 Abs 1 ZPO) oder eines Notgeschäftsführers (§ 29 BGB analog) zu beantragen.[754] 491

– Sobald die GmbH **wegen Vermögenslosigkeit** im Handelsregister **gelöscht** ist (§ 394 Abs 1 FamG), verliert sie ihre Rechtsfähigkeit und infolgedessen auch ihre Parteifähigkeit nach § 50 ZPO.[755] Etwas anderes (im Sinne einer trotz Löschung fortbestehenden Rechts- und Parteifähigkeit) gilt dann, wenn Anhaltspunkte dafür bestehen, dass die Gesellschaft noch über verwertbares Vermögen verfügt. Dafür reicht bei einem Aktivprozess schon die bloße Tatsache, dass die Gesellschaft einen Vermögensanspruch geltend macht (es sei denn, die Forderung ist wertlos[756]), während bei einem Passivprozess die Parteifähigkeit jedenfalls dann bestehen bleibt, wenn der Kläger substantiiert behauptet, bei der Gesellschaft sei noch Vermögen vorhanden.[757] Das gleiche gilt (unabhängig von einem behaupteten Vermögen der Gesellschaft), 492

---

750 BGH, MDR 2008, 49; aber keine Kostenfestsetzung zugunsten einer nicht existenten Partei, die sich im Rechtsstreit überhaupt nicht auf ihre fehlende Parteifähigkeit berufen hat: OLG Köln, OLG-Report 2008, 816.
751 BGH, MDR 2008, 171.
752 BGH, NJW-RR 2010, 1364; OLG Düsseldorf, Urteil v 17.12.2015 – I-2 U 34/10; zur Parteifähigkeit einer irischen general partnership vgl OLG Karlsruhe, Urteil v 24.1.2018 – 6 U 56/17. Nach OLG München (Mitt 2021, 466 – Brexit means Brexit) verliert eine britische Limited, die ihren Verwaltungssitz in Deutschland (oder anderweitig außerhalb des Vereinigten Königreichs) hat, mit Vollzug des Brexit (Ablauf des 31.12.2020) ihre Rechts- und Parteifähigkeit als Ltd und ist – je nach tatsächlicher Ausgestaltung – als GbR, oHG oder einzelkaufmännisches Unternehmen zu behandeln.
753 BGH, MDR 2011, 56.
754 BGH, MDR 2011, 56.
755 BGH, MDR 2011, 56; BGH, MDR 2015, 780.
756 BGH, MDR 2015, 780.
757 BGH, MDR 2011, 56.

wenn die liquidierte und im Register gelöschte juristische Person im Passivprozess ein Rechtsmittel eingelegt hat, weil dessen Erfolg einen Kostenerstattungsanspruch (als Aktivposten) begründen könnte und damit der Annahme der völligen Vermögenslosigkeit entgegensteht[758] Keine Bedeutung hat in diesem Zusammenhang, ob sich die beklagte Partei mit ihrem Rechtsmittel gegen die Beurteilung ihrer Parteifähigkeit durch das Erstgericht wendet oder die Abweisung der Klage allein aus materiell-rechtlichen Gründen erstrebt.[759] Eine Besonderheit besteht für das Verfahren der Nichtzulassungsbeschwerde. Weil die Hauptsache dem Revisionsgericht erst anfällt, wenn es der Beschwerde stattgibt und die Revision zulässt, führt ein Wegfall der Parteifähigkeit des Beschwerdeführers während des Nichtzulassungsbeschwerdeverfahrens – anders als beim Wegfall der Parteifähigkeit während des Berufungsverfahrens[760] – zur Unzulässigkeit der eingelegten Nichtzulassungsbeschwerde.[761]

e) Parteierweiterung[762]

493 Im Laufe des Rechtsstreits kann sich zB infolge eines Geschäftsführerwechsels oder aufgrund einer erst im Nachhinein erfolgten Kenntnis des Patentinhabers von weiteren Beteiligten innerhalb der Hersteller- und Vertriebskette für die angegriffene Ausführungsform die Notwendigkeit ergeben, die Klage auf weitere Verletzer auszudehnen. Dies kann problemlos in der Weise geschehen, dass gegen die weiteren Beteiligten eine oder mehrere separate Klage(n) erhoben werden. Dem Kläger wird freilich in der Regel mehr daran gelegen sein, die zusätzlichen Beklagten in den bereits laufenden Prozess einzubeziehen.

aa) I. Instanz

494 Befindet sich der Rechtsstreit noch in erster Instanz, lässt die Rechtsprechung des BGH dies in weiten Grenzen zu.

495 Da die Erstreckung der Klage auf eine weitere Partei als **Klageänderung** angesehen wird[763], setzt ihre Zulässigkeit lediglich voraus, dass entweder der neue Beklagte einwilligt oder aber die Klageänderung sachdienlich ist. Letzteres beurteilt sich nach Gesichtspunkten der Prozesswirtschaftlichkeit, dh danach, ob mit der Zulassung der Klageerweiterung der zwischen den Parteien bestehende Streitstoff im Rahmen des anhängigen Rechtsstreits ausgeräumt und einem anderenfalls zu gewärtigenden weiteren Rechtsstreit vorgebeugt werden kann.[764]

496 Solches wird vielfach allein deshalb zu bejahen sein, weil um dasselbe Schutzrecht und um dieselbe angegriffene Ausführungsform gestritten wird und deshalb der Streitstoff weitgehend identisch ist. Dass mit der Zulassung der Klageänderung eine Verzögerung des Prozesses verbunden sein kann, steht der Annahme von Sachdienlichkeit nach Auffassung des BGH grundsätzlich nicht entgegen.[765] Das gilt selbst dann, wenn sich der Prozess bereits in einem fortgeschrittenen Stadium befindet und die Gefahr besteht, dass infolge der Rechtsverteidigung des Weiteren Beklagten eine Beweisaufnahme wiederholt, ergänzt oder neu durchgeführt werden muss.[766]

---

758 BGH, NJW-RR 1986, 394; BGH, NJW-RR 1991, 660.
759 BGH, NJW-RR 1991, 660.
760 BGH, NJW 1982, 238.
761 BGH, Beschluss v 27.7.2016 – XII ZR 11/14.
762 Umfassend: Crummenerl, GRUR 2009, 245.
763 BGHZ 131, 76, 79.
764 BGHZ 143, 189, 197 f.
765 BGHZ 143, 189, 198; BGH, NJW 1985, 1841, 1842.
766 Vgl BGHZ 131, 76, 79 f.

In der Literatur⁷⁶⁷ wird allerdings zu Recht eine Grenze dort gezogen, wo die Parteierweiterung mit einer **Prozessverzögerung** verbunden ist, die dem zuerst Beklagten bei objektiver Betrachtung nicht mehr zugemutet werden kann. Denkbar ist derartiges beispielsweise im Bereich der Zulieferindustrie, wo für potenzielle Abnehmer schon die Anhängigkeit einer Verletzungsklage als solche ausreicht, das angegriffene Produkt bis zur Klärung des Verletzungsvorwurfs nicht mehr zu beziehen. Ist der Rechtsstreit zugunsten des Beklagten entscheidungsreif und ist bei Zulassung der Parteierweiterung eine nennenswerte Verschleppung des Prozesses zu erwarten, wird dem Interesse des zuerst Beklagten an einer die Rechtsunsicherheit auf dem relevanten Zuliefermarkt ausräumenden Entscheidung jedenfalls dann Vorrang einzuräumen sein, wenn der Kläger die Verzögerung durch frühzeitige Erweiterung der Klage hätte verhindern können.⁷⁶⁸   497

bb) II. Instanz

Deutlich restriktiver sind die Möglichkeiten einer Parteierweiterung auf Beklagtenseite in der Berufungsinstanz.   498

Denn die Annahme einer Sachdienlichkeit hat zur Folge, dass ein bislang Unbeteiligter gegen seinen Willen unter Verlust einer Tatsacheninstanz in einen Prozess hineingezogen wird, auf dessen bisherigen Verlauf er keinen Einfluss nehmen konnte. Weil dies grundsätzlich nicht hinnehmbar ist, fordert die Rechtsprechung für die Zulässigkeit der Parteierweiterung grundsätzlich die **Zustimmung** des neuen Beklagten⁷⁶⁹, welche nur ausnahmsweise dann entbehrlich ist, wenn sich ihre Verweigerung als rechtsmissbräuchlich erweist.⁷⁷⁰ Sie ist es, wenn unter Berücksichtigung aller Umstände des Falles ein schutzwürdiges Interesse des neuen Beklagten an der Weigerung nicht anzuerkennen und ihm zuzumuten ist, in den Rechtsstreit einzutreten, obwohl er bereits in der Berufungsinstanz schwebt.⁷⁷¹ Je greifbarer der Kläger Gelegenheit hatte, den neuen Beklagten schon in 1. Instanz in den Rechtsstreit einzubeziehen, umso weniger besteht tendenziell Anlass, dem Beklagten eine Instanz zu nehmen und somit das Taktieren des Klägers zu honorieren.   499

Ein **Missbrauchssachverhalt** liegt zwar noch nicht deswegen vor, weil der neue Beklagte ausreichende Kenntnis über den Streitstoff⁷⁷² oder die Möglichkeit zur Kenntniserlangung und zur Einflussnahme auf den Rechtsstreit hat.⁷⁷³ Die Verweigerung der Zustimmung kann jedoch rechtsmissbräuchlich sein, wenn der neue Beklagte den Prozessstoff positiv kennt und auf die Prozessführung tatsächlich maßgeblichen Einfluss nimmt, sodass er zwar nicht formal, aber tatsächlich an dem Rechtsstreit erster Instanz wie eine Prozesspartei beteiligt war.⁷⁷⁴ Dafür kann bereits ausreichen, dass der neue Beklagte in eigener Person den Rechtsbestandsangriff gegen das Klagepatent führt, sofern ansonsten keine ernstzunehmenden Verteidigungsmittel gegen die behauptete Patentverletzung ersichtlich sind. Ferner kann sich aus der konkreten Prozesssituation ergeben, dass der neue Beklagte eine irgendwie geartete Schlechterstellung durch den Verlust der ersten   500

---

767 Crummenerl, GRUR 2009, 245.
768 Crummenerl, GRUR 2009, 245.
769 Sie liegt auch dann vor, wenn der neue Beklagte ausschließlich den Sachantrag auf Zurückweisung der Berufung stellt (BGH, NJW-RR 2008, 295, 296).
770 Vgl BGHZ 90, 17, 19; 65, 264, 268; 21, 285, 289; BGH, NJW 1997, 2885, 2886; BGH, NJW-RR 1986, 356.
771 Vgl BGH, NJW-RR 2008, 176, 176; BGHZ 21, 285, 290.
772 BGH, NJW-RR 2008, 176 f.
773 BGH, NJW-RR 1986, 356.
774 Vgl BGHZ 21, 285, 290; BGH, NJW 2000, 1950, 1951; BGH, NJW-RR 1986, 356. Dafür reicht weder eine Streitverkündung noch (wegen der bloß unterstützenden und nicht federführenden Mitwirkung im Prozess) ein Streitbeitritt aus.

Instanz nicht zu befürchten hat.[775] Solches ist etwa der Fall, wenn ein Geschäftsführer in den Prozess einbezogen werden soll, der erst während des laufenden Berufungsverfahrens eingesetzt worden ist, sofern Gegenstand der Klageerweiterung keine eigenen (zB einzelkaufmännischen) Benutzungshandlungen sind und es auch nicht darum geht, dass unter seiner Geschäftsführung die angegriffene Ausführungsform konstruktiv abgewandelt worden ist, sondern der Vorwurf der erweiterten Klage allein darin liegt, dass er die bisher streitgegenständliche Verletzungstätigkeit des Unternehmens bloß fortgesetzt hat, so dass sich abgesehen von der nur in Bezug auf eine andere Person zu erörternden Geschäftsführerhaftung eines Vertretungsorgans für Patentverletzungshandlungen seines Unternehmens keinerlei Fragen stellen, die nicht bereits Gegenstand des bisherigen Rechtsstreits waren.

501 Führt die die Klage erweiternde Partei kein selbständiges Rechtsmittel (zB weil der Kläger in erster Instanz obsiegt hatte), sondern bloß eine **Anschlussberufung**, so scheidet eine Parteierweiterung zusätzlich auch deswegen aus, weil sich eine Anschlussberufung nur gegen den Berufungsführer, aber nicht gegen einen Dritten richten kann.

f) Insolvenz

502 Gerät der Beklagte in Insolvenz, wird der anhängige Verletzungsrechtsstreit gemäß § 240 ZPO unterbrochen.[776] Das gilt auch in Beziehung zu einem Nebenintervenienten, der dem Rechtsstreit beigetreten ist.[777] Erforderlich für den Eintritt der Unterbrechungswirkung ist – auch bei Bestellung eines vorläufigen Insolvenzverwalters – die Anordnung eines allgemeinen Verfügungsverbotes (§§ 21 Abs 2 Satz 1 Nr 2 Fall 1, 22 Abs 1 Satz 1 InsO), wohingegen ein bloßer Zustimmungsvorbehalt (§ 21 Abs 2 Satz 1 Nr 2 2. Fall InsO) nicht zur Verfahrensunterbrechung führt.[778] Anderes gilt, wenn dem Insolvenzschuldner im Eröffnungsverfahren hinsichtlich der von ihm geführten Aktiv- und Passivprozesse ein Verfügungsverbot auferlegt und der Insolvenzverwalter zur Prozessführung ermächtigt wird.[779] Ist die Unterbrechungswirkung zwischen den Parteien im Streit, ist ihr Eintritt durch Zwischenurteil auszusprechen (§ 303 ZPO), wobei mit Zustimmung der Parteien im schriftlichen Verfahren (§ 128 Abs 2 Nr 1 ZPO) entschieden werden kann.[780] Wurde trotz unterbrochenem (und nicht wieder wirksam aufgenommenem) Verfahren in der Sache entschieden, ist das Urteil nicht nichtig, sondern mit dem statthaften Rechtsmittel anfechtbar.[781] Eine Zurückverweisung der Sache hat an diejenige Instanz zu erfolgen, bei der die Unterbrechung eingetreten ist und zu beachten gewesen wäre.[782] Keine Unterbrechungswirkung hat eine Insolvenzeröffnung, die erst nach Schluss der mündlichen Verhandlung erfolgt, auf die aufgrund dieser Verhandlung zu verkündende Entscheidung (§ 249 Abs 3 ZPO).

503 Ob ein **ausländisches Insolvenzverfahren** zur Unterbrechung eines inländischen Rechtsstreits (zu dem auch das Kostenfestsetzungsverfahren gehört[783]) führt, hängt davon ab, ob das ausländische Verfahren im Inland anzuerkennen ist (§ 352 InsO). Insoweit bedarf es der Differenzierung:

---

775 Vgl BGH, NJW-RR 1986, 356; BGH, NJW-RR 1984, 2408, 2409.
776 Wird eine englische Private Limited Company im dortigen Register gelöscht, so fällt ihr in Deutschland befindliches Vermögen nicht an die englische Krone. So lange die Limited in Deutschland noch Vermögen besitzt, das sonst keinem Rechtsträger zugeordnet werden könnte, besteht sie vielmehr in Deutschland als Restgesellschaft fort (OLG Braunschweig, MDR 2016, 1273).
777 BGH, MDR 2014, 794.
778 BGH, MDR 2013, 1117.
779 BGH, MDR 2013, 1117.
780 BGH, GRUR 2010, 861 – Schnellverschlusskappe; BGH, GRUR 2019, 549 – Kaffeekapsel.
781 BGH, MDR 2013, 1117.
782 BGH, MDR 2013, 1117.
783 OLG Düsseldorf, Beschluss v 3.1.2019 – I-2 W 23/18.

- Findet das **Insolvenzverfahren außerhalb der EU** statt, ist § 343 InsO einschlägig. **504** Erforderlich ist, dass der hiesige Rechtsstreit zur Zeit der Insolvenzeröffnung anhängig ist, dass er die Insolvenzmasse betrifft und von seiner Zielsetzung (Gesamtvollstreckung zur grundsätzlich gleichmäßigen Befriedigung aller Gläubiger) einem deutschen Insolvenzverfahren vergleichbar[784] ist. Letzteres wird bejaht für das Verfahren nach Chapter 11 des US-amerikanischen Bankruty Code[785] sowie das Konkursverfahren nach Art 197 ff des schweizerischen Bundesgesetzes über Schuldbeitreibung und Konkurs (SchKG)[786], hingegen verneint für die nach englischem Recht mögliche vergleichsplanrechtliche Regelung eines »Scheme of Arrangement«[787] sowie das schweizerische Nachlassverfahren nach Art 293 ff SchKG[788]. Lassen sich die vorgenannten Voraussetzungen bejahen, ist der ausländischen Insolvenzeröffnung die Anerkennung (und damit auch die Unterbrechungswirkung) nur dann zu versagen, wenn die Gerichte des Staates der Verfahrenseröffnung nach deutschem Recht nicht zuständig sind oder die Anerkennung gegen den deutschen ordre public verstößt.

- Findet das ausländische **Insolvenzverfahren in** einem Mitgliedstaat der **EU** statt, **505** richtet sich dessen Anerkennung im Inland ausschließlich nach Art 16 der VO (EG) Nr 1346/2000 vom 29.5.2000 (EuInsVO).[789] Die Vorschrift bestimmt, dass die Eröffnung eines Insolvenzverfahrens[790] durch ein nach Art 3 EuInsVO zuständiges Gericht[791] eines Mitgliedstaates – automatisch – in allen übrigen Mitgliedstaaten anerkannt wird, sobald die Entscheidung im Staat der Verfahrenseröffnung wirksam ist. Sie hat gemäß Art 17 EuInsVO zur Folge, dass die Insolvenzeröffnung in allen Mitgliedstaaten dieselben Wirkungen entfaltet, die ihr im Staat der Verfahrenseröffnung zukommen. Eine Ausnahme gilt nur, wenn das Ergebnis der Anerkennung und Inlandsvollstreckung gegen einen wesentlichen Rechtsgrundsatz verstößt und deshalb in einem nicht hinnehmbaren Gegensatz zur deutschen Rechtsordnung stünde (Ordre-Public-Vorbehalt, Art 26 EuInsVO).[792]

Da es sich bei dem Prozess um Ansprüche wegen Verletzung eines gewerblichen Schutzrechts um einen Passivprozess im Sinne von § 86 InsO handelt, kann der Kläger den **506** Rechtsstreit nach Maßgabe des § 86 InsO, insbesondere § 86 Abs 1 Nr 3 InsO, aufnehmen, der für den **Unterlassungsanspruch** analog gilt.[793] Die Aufnahme bedarf daher keiner weiteren Voraussetzungen. Gleiches gilt für den **Vernichtungsanspruch**.[794] Soweit der Rechtsstreit in der Person des Insolvenzschuldners entstandene **Rechnungslegungs- und Schadenersatzansprüche** betrifft (Verletzungshandlungen bis zum Verfügungsverbot), besteht keine Möglichkeit zur direkten Aufnahme des Rechtsstreits nach § 86 InsO[795]; vielmehr sind die §§ 180 Abs 2, 174 Abs 2, 45 Satz 1 InsO zu beachten.[796]

---

784 BGH, GRUR 2010, 861 – Schnellverschlusskappe.
785 BGH, GRUR 2010, 861 – Schnellverschlusskappe; BAG, ZIP 2007, 2047; vgl auch LG Mannheim, InstGE 12, 200 – Stickstoffmonoxyd-Nachweis zur Frage der Unterbrechung, wenn der Insolvenzantrag nach Schluss der Verhandlung im Verletzungsprozess und nach Einreichung eines nachgelassenen Schriftsatzes, aber vor Ablauf der nachgelassenen Schriftsatzfrist gestellt wird.
786 BGH, GRUR 2019, 549 – Kaffeekapsel; OLG Düsseldorf, Beschluss v 3.1.2019 – I-2 W 23/18.
787 OLG Celle, ZIP 2009, 1968.
788 BGH, NZI 2012, 572.
789 ABl L 160/1.
790 Ein solches ist auch das der Insolvenzeröffnung vorgelagerte freiwillige Vergleichsverfahren nach italienischem Recht (concordato preventivo): BPatG, GRUR 2014, 104 – Verfahren zum Formen.
791 Der Grundsatz des gegenseitigen Vertrauens verbietet eine Überprüfung der durch das ausländische Gericht bejahten Zuständigkeit: BGH, ZIP 2015, 2331.
792 BGH, ZIP 2015, 2331.
793 BGH, GRUR 2010, 536 – Modulgerüst II; BGH, GRUR 2015, 672 – Videospiel-Konsolen II.
794 BGH, GRUR 2015, 672 – Videospiel-Konsolen II.
795 BGH, GRUR 2015, 672 – Videospiel-Konsolen II.
796 BGH, GRUR 2010, 536 – Modulgerüst II.

Der Insolvenzgläubiger ist zur Aufnahme erst dann berechtigt, wenn er seine Forderung zur Insolvenztabelle angemeldet, eine Prüfung seiner Forderung stattgefunden und der Insolvenzverwalter oder ein anderer Insolvenzgläubiger seinen Widerspruch gegen die Forderung erklärt hat. Die Aufnahme geschieht mit dem Ziel einer Feststellung der Forderung zur Insolvenztabelle.[797] Sie obliegt in erster Linie dem Gläubiger, sofern bereits ein zusprechendes Urteil vorliegt, dem Bestreitenden, falls dieser untätig bleibt, erneut dem Gläubiger.[798]

507 Wird das **Klagepatent** vom Insolvenzverwalter **übertragen** und erklärt er im Hinblick auf einen aus dem Klagepatent anhängigen und nach § 240 ZPO unterbrochenen Verletzungsrechtsstreit die Freigabe des Klagepatents, so genügt dies zur Beendigung der Unterbrechung nicht, wenn die Klage abgewiesen und das Patent mittlerweile abgelaufen ist. Da unter solchen Bedingungen allein noch Rechnungslegungs- und Schadenersatzansprüche in Betracht kommen, bedarf es keiner Freigabeerklärung in Bezug auf das Klagepatent, sondern einer solchen in Bezug auf die besagten Ansprüche wegen Patentverletzung.[799] In der Freigabe des Klagepatents liegt die erforderliche Erklärung im Zweifel noch nicht.[800]

Praxistipp	Formulierungsbeispiel
508 Praktisch ist die vorbezeichnete Aufnahmemöglichkeit freilich von geringer Relevanz, weil rechtsverletzende Handlungen, die der Insolvenzschuldner, seine Mitarbeiter oder Beauftragten vorgenommen haben, als solche noch keine Wiederholungsgefahr in der Person des Insolvenzverwalters begründen, gegen den der Prozess fortzusetzen ist. Das gilt selbst dann, wenn dieser den Betrieb des Insolvenzschuldners fortführt.[801] Es bedarf vielmehr ernsthafter und greifbarer tatsächlicher Anhaltspunkte (im Sinne einer Erstbegehungsgefahr) dafür, dass der Insolvenzverwalter in Zukunft patentverletzende Angebots- oder Vertriebshandlungen aufnehmen wird. Ansprüche auf Schadenersatz und Rechnungslegung kommen überdies ohnehin nur dann in Betracht, wenn mindestens eine Verletzungshandlung des Verwalters tatrichterlich festgestellt ist.	

g) Insichprozess

509 Wird die Partei eines Rechtsstreits (zB aufgrund einer Erbschaft oder einer gesellschaftsrechtlichen Übernahme) Gesamtrechtsnachfolger ihres Gegners, endet das Verfahren wegen des Verbots des Insichprozesses in der Hauptsache.[802] Auch eine Kostenentscheidung nach § 91a ZPO kommt grundsätzlich nicht in Betracht.[803]

IV. Klageansprüche[804]

510 Als Folge einer Patentverletzung sieht das Gesetz – nach Maßgabe unterschiedlicher tatbestandlicher Voraussetzungen – eine ganze Reihe von Ansprüchen vor. Stichwortartig aufgelistet sind dies

---

797 BGH, GRUR 2015, 672 – Videospiel-Konsolen II.
798 BGH, GRUR 2015, 672 – Videospiel-Konsolen II.
799 BGH, Beschluss v 18.12.2017 – X ZR 53/17.
800 BGH, Beschluss v 18.12.2017 – X ZR 53/17.
801 BGH, GRUR 2010, 536 – Modulgerüst II.
802 BGH, MDR 2011, 505.
803 BGH, MDR 2011, 505.
804 Wirtz, Verletzungsansprüche, 2011.

- der in die Zukunft gerichtete Anspruch auf Unterlassung weiterer patentverletzender Handlungen, 511

- der Anspruch auf Zahlung einer angemessenen Entschädigung für die Benutzung des Gegenstandes einer offengelegten Anmeldung, 512

- der Anspruch auf Schadenersatz, 513

- der das Entschädigungs- und Schadenersatzbegehren vorbereitende Anspruch auf Rechnungslegung über die vorgekommenen Benutzungs- und Verletzungshandlungen, gegebenenfalls einschließlich der eidesstattlichen Versicherung ihrer Richtigkeit, 514

- der Auskunftsanspruch über Herkunft und Vertriebsweg der schutzrechtsverletzenden Ware, 515

- der Anspruch auf Vernichtung der schutzrechtsverletzenden Ware sowie auf Rückruf und Entfernung aus den Vertriebswegen, 516

- der Anspruch auf Urteilsbekanntmachung. 517

- Der Entschädigungs- und der Schadenersatzanspruch werden ergänzt durch den Anspruch auf Rest-Entschädigung, Rest-Schadenersatz und Bereicherungsausgleich. 518

1. Unterlassungsanspruch

Der Unterlassungsanspruch findet seine rechtliche Grundlage sowohl für deutsche wie auch für europäische Patente[805] in § 139 Abs 1 PatG. Er setzt kein Verschulden des Verletzers, sondern lediglich eine widerrechtliche Benutzung der Lehre des Klagepatents voraus. Wegen seiner in die Zukunft weisenden Wirkung muss das anspruchsbegründende Verhalten sowohl im Zeitpunkt seiner Begehung als auch im gerichtlichen Entscheidungszeitpunkt verboten gewesen sein, was namentlich für Fälle einer **Gesetzesänderung** bedeutsam ist.[806] Ferner muss – ebenfalls im Zeitpunkt der mündlichen Verhandlung vor Gericht[807] – die Besorgnis bestehen (dh zur Gewissheit des Gerichts nachgewiesen werden), dass es künftig zu (erstmaligen oder wiederholenden) Patentverletzungen kommen wird, denen mit dem Unterlassungsanspruch begegnet werden soll. 519

Durchsetzbar ist der Unterlassungsanspruch auch von einer als Inhaber eingetragenen **Patentverwertungsgesellschaft**[808], die patentgemäße Handlungen nicht selbst vornimmt und lediglich darauf abzielt, Verletzer zur Lizenznahme anzuhalten.[809] Das folgt schon daraus, dass die Anspruchsberechtigung an die schlichte Patentinhaberschaft und Rolleneintragung anknüpft und das Patentrecht keinen Benutzungszwang kennt. 520

a) Wiederholungsgefahr

Ist bereits eine rechtswidrige Verletzungshandlung vorgefallen, so ergibt sich aus ihr im Wege der tatsächlichen Vermutung ohne weiteres die Gefahr, dass in Zukunft weitere Rechtsverletzungen stattfinden werden (sog **Wiederholungsgefahr**).[810] Das gilt auch dann noch, wenn dem Verletzten wegen der Benutzungshandlung Schadenersatz zuerkannt worden ist und der geschuldete Schadenersatz ggf sogar gezahlt ist. Ebenso kommt es grundsätzlich nicht darauf an, ob der klagende Patentinhaber bereits im Zeitpunkt 521

---

805 Vgl Art 64 EPÜ.
806 BGH, GRUR 2007, 890 – Jugendgefährdende Medien bei eBay.
807 BGH, GRUR 2014, 363 – Peter Fechter.
808 Vgl dazu Kessler, Mitt 2011, 489.
809 LG Mannheim, InstGE 11, 9 – UMTS-fähiges Mobiltelefon.
810 BGH, GRUR 2014, 363 – Peter Fechter.

der die Wiederholungsgefahr begründenden Verletzungshandlungen Schutzrechtsinhaber war; auch Verletzungshandlungen zum Nachteil von **Rechtsvorgängern** sind relevant.[811] Etwas anderes gilt nur bei Vorliegen besonderer Umstände, die ausnahmsweise den (auf den Erfahrungen des täglichen Lebens beruhenden) Schluss darauf verbieten, der Verletzer werde sein widerrechtliches Tun auch gegenüber dem neuen Patentinhaber fortsetzen. Derartiges kommt beispielsweise in Betracht, wenn der Verletzer zum Konzern des neuen Patentinhabers gehört oder mit ihm in vertraglichen Beziehungen (die ihm zB eine Benutzung anderer Schutzrechte gestatten) steht.[812]

aa) Entstehung

522 Prinzipiell ist zwischen Herstellungsbetrieben und reinen Vertriebsunternehmen zu unterscheiden. Ist es zu Herstellungshandlungen gekommen, besteht im Allgemeinen eine Begehungsgefahr auch für nachfolgende Angebots- und Vertriebshandlungen, weil die Herstellung eines Produktes typischerweise ihrem anschließenden Verkauf dient. Ein **Hersteller** wird daher regelmäßig wegen sämtlicher Benutzungshandlungen des § 9 Nr 1 PatG zu verurteilen sein.[813] Das gilt auch dann, wenn er zwar die angegriffene Ausführungsform nicht selbst fertigt, aber über einen Herstellungsbetrieb verfügt, der ihm bei einem dahingehenden Entschluss eine solche Produktion ermöglichen würde. Geschieht die Herstellung des Verletzungsgegenstandes (zB einer Sprenglanze) lediglich zum Zwecke ihrer eigenen Verwendung (zB bei der Sprengreinigung in Brennkammern), so besteht ausnahmsweise keine Begehungsgefahr für Vertriebshandlungen, mit denen das Verletzungsprodukt dem Handelsverkehr überlassen wird; in derartigen Fällen beschränkt sich der Unterlassungsausspruch auf dasjenige, was nach den Gegebenheiten des Geschäftsbetriebes tatsächlich zu erwarten ist, nämlich auf das Herstellen, das Gebrauchen und das Besitzen zum Zweck des Gebrauchs.[814] Ist der Beklagte ein **reines Handelsunternehmen**, so schafft jede Angebotshandlung (zu der auch das Ausstellen auf einer Fachmesse gehört) grundsätzlich eine Begehungsgefahr für das Inverkehrbringen, Gebrauchen, Besitzen und Einführen.[815] Das gilt selbst dann, wenn der Beklagte ausdrücklich bestreitet, bisher außer dem Anbieten andere Benutzungshandlungen vorgenommen zu haben, oder dies zwischen den Parteien ggf sogar unstreitig ist. Eine Verurteilung wegen der Handlungsalternative des Herstellens kommt dagegen wegen der klaren Ausrichtung des Unternehmens auf den Vertrieb nicht in Betracht.[816] Wer einen verletzenden Gegenstand bisher nur **gebraucht** hat (zB zur Fertigung/Bearbeitung von Erzeugnissen in seinem Geschäftsbetrieb), gegen den ist ein über das Gebrauchen und den Besitz sowie ggf die Einfuhr zum Zwecke des Gebrauchs hinausgehendes Verbot nicht gerechtfertigt. Die bloß theoretische Möglichkeit, dass die Herstellungsvorrichtung

---

811 LG Düsseldorf, Urteil v 13.9.2018 – 4a O 22/17.
812 LG Düsseldorf, Urteil v 13.9.2018 – 4a O 22/17.
813 OLG Düsseldorf, Urteil v 6.4.2017 – I-2 U 51/16.
814 OLG Düsseldorf, Urteil v 09.05.2019 – I-2 U 66/18.
815 OLG Karlsruhe, InstGE 11, 15 – SMD-Widerstand; OLG Düsseldorf, Urteil v 6.4.2017 – I-2 U 51/16. Anders die BGH-Rechtsprechung zum Markenrecht (BGH, GRUR 2010, 1103 – Pralinenform II): Das Ausstellen eines schutzrechtsverletzenden Gegenstandes (Praline mit markengeschützter Form) auf einer inländischen Messe (Süßwarenmesse) soll ohne besondere Anhaltspunkte weder eine Wiederholungsgefahr noch eine Erstbegehungsgefahr für das Anbieten und Inverkehrbringen solcher Gegenstände begründen. Dahinter steht die Überlegung, dass jede dem Schutzrechtsinhaber vorbehaltene Benutzungshandlung einen eigenen Streitgegenstand bildet. Gleicher Ansicht für das Patentrecht: LG Mannheim, InstGE 13, 11 = LG Mannheim, GRUR-RR 2011, 83 – Sauggreifer. Einen allgemeinen Erfahrungssatz, dass jede Ausstellungshandlung auf den späteren Vertrieb gerichtet ist und damit eine entsprechende Begehungsgefahr schafft, lehnt der BGH (GRUR 2015, 603 – Keksstangen) auch für das Wettbewerbsrecht ab, wenn die Messe nur dem Fachpublikum zugänglich war und es um die Gefahr eines Vertriebs bei den Verbrauchern geht.
816 OLG Düsseldorf, Urteil v 6.4.2017 – I-2 U 51/16.

künftig gebraucht veräußert werden könnte, ändert daran nichts. Vielmehr müssen Umstände vorgetragen werden, aus denen sich, bezogen auf die Restlaufzeit des Patents, die greifbare und alsbaldige Umsetzung eines solchen Entschlusses (im Sinne einer Erstbegehungsgefahr) herleiten lassen.[817]

Hat der Beklagte den patentverletzenden Gegenstand auf einer **Fachmesse** ausgestellt, beschränkt sich sein satzungsgemäßer Zweck jedoch darauf, das eigene Vermögen zu verwalten und Dienstleistungen für andere Konzerngesellschaften zu erbringen, und wird der Vertrieb der schutzrechtsverletzenden Produkte konzernintern von anderen Gesellschaften wahrgenommen, so besteht keine Begehungsgefahr für die Handlungsalternativen des Inverkehrbringens, Gebrauchens, Einführens und Besitzens.[818] 523

Eine Benutzung während des **Offenlegungszeitraum**es ist rechtmäßig und begründet für sich noch keine Gefahr, dass die Benutzung nach Patenterteilung – rechtswidrig – fortgesetzt werden wird.[819] Gleiches gilt für Benutzungshandlungen, die aus sonstigen Gründen (zB wegen § 12 PatG oder wegen Erschöpfung, selbst wenn der Erschöpfungstatbestand dem Benutzer [zB bei einer vom Berechtigten initiierten Testbestellung] unbekannt geblieben ist) gerechtfertigt sind. 524

Es findet auch keine **Rechtsnachfolge** in die Wiederholungsgefahr statt[820], gleichgültig, ob sie auf einer persönlichen Verletzungshandlung des Rechtsvorgängers beruht[821] oder darauf, dass Organe des Rechtsvorgängers bzw Mitarbeiter seines Unternehmens eine Verletzungshandlung begangen haben.[822] Solche Handlungen begründen für den Rechtsnachfolger *allein* auch keine Erstbegehungsgefahr.[823] Insoweit handelt es sich nämlich um ein zwar rechtserhebliches, aber dennoch rein tatsächliches Verhalten, hinsichtlich dessen keine Zurechnung stattfindet. Das gilt gleichermaßen im Hinblick auf Handlungen des Insolvenzschuldners, die in der Person des Insolvenzverwalters auch dann keine Wiederholungsgefahr begründen, wenn er den Betrieb des Insolvenzschuldners fortführt.[824] Es bedarf deswegen eigener Aktivitäten des Rechtsnachfolgers, die bei objektiver Betrachtung vernünftigerweise darauf schließen lassen, dass er die rechtsverletzenden Handlungen seines Vorgängers fortsetzen oder das Schutzrecht auf andere Weise (zB mit einer andersartigen, aber ebenfalls schutzrechtsverletzenden Vorrichtung) benutzen wird. Relevant können insoweit nicht nur technische, sondern genauso unternehmensstrategische Erwägungen sein. 525

▶ **Beispiel:**

Gegen eine Erstbegehungsgefahr spricht, wenn im Zuge der Verschmelzung das betreffende Geschäftsfeld aufgegeben oder auch nur das Sortiment neu dergestalt geordnet wird, dass bestimmte (= verletzende) Ausführungsformen eingestellt, andere (patentfreie) hingegen weitergeführt werden. Die Gefahr einer erstmaligen Begehung ist auch dann zu verneinen, wenn sich die Sortimentsumstellung grundsätzlich wieder mit vertretbarem Aufwand rückgängig machen ließe (zB weil die eingestellten Sortimentsartikel unverändert bei einem oder dem bisherigen auswärtigen Hersteller verfügbar oder eigene Herstellungsformen nach wie vor vorhanden sind), so lange keine belastbaren Anhaltspunkte dafür vorliegen, dass in absehbarer Zeit tatsächlich mit einem Wieder- 526

---

817 OLG Düsseldorf, Urteil v 25.10.2018 – I-2 U 30/16.
818 LG Mannheim, InstGE 6, 9 – Kondensator für Klimaanlage.
819 LG Düsseldorf, InstGE 7, 1 – Sterilisationsverfahren; vgl auch BGH, GRUR 1996, 190 – Polyferon.
820 Kritisch: Mels/Franzen, GRUR 2008, 968; umfassend: Freund, Rechtsnachfolge in Unterlassungspflichten, 2008.
821 BGH, GRUR 2006, 879 – Flüssiggastank.
822 BGH, GRUR 2007, 995 – Schuldnachfolge.
823 BGH, GRUR 2007, 995 – Schuldnachfolge.
824 BGH, GRUR 2010, 536.

aufgreifen des eingestellten Vertriebs zu rechnen ist. Gegen diese Möglichkeit kann etwa sprechen, dass der übernehmende Rechtsträger in einer ganz besonderen Beziehung zum Schutzrechtsinhaber steht, die ihn zur Rücksichtnahme zwingt, oder dass die aufgegebenen Ausführungsformen außerhalb ihrer patentgemäßen Ausstattung technisch überholt oder sonst wie veraltet sind.

Selbst wenn bloß einzelne verletzende Ausführungsformen einer bestimmten Vorrichtung aufgegeben werden, andere, gleichfalls verletzende Ausführungsformen derselben Vorrichtung hingegen im Sortiment verbleiben, und selbst wenn sich die ersteren konstruktiv nicht nennenswert von den zweiteren unterscheiden, lässt sich aus der unternommenen Fortsetzung des Vertriebs bestimmter Ausführungsformen im Zweifel nicht auf die Gefahr schließen, dass künftig auch der Vertrieb der anderen, eingestellten Ausführungsformen wieder aufgenommen werden wird.[825] Denn der Sortimentsumfang beruht nicht auf Zufälligkeiten, sondern ist regelmäßig das Ergebnis eines wohlerwogenen Überlegungsprozesses, das nicht bei nächster Gelegenheit ohne weiteres umgestoßen wird.

Anders (im Sinne einer Erstbegehungsgefahr) kann es sich verhalten, wenn gute Gründe (zB mangelnde Kapazitäten) dafür existieren, das Sortiment nicht von Anfang an in voller Breite, sondern nur schrittweise erweiternd weiterzuführen. Der Entschluss, das Gesamtsortiment beizubehalten, muss aber feststehen. Ist das Schicksal der im Sortiment anfangs nicht berücksichtigten Ausführungsformen ungewiss, weil zB zunächst der Vertriebserfolg der übrigen Ausführungsvarianten abgewartet werden soll, fehlt es so lange an einer Erstbegehungsgefahr, wie der Entschluss zur Sortimenterweiterung nicht gefasst ist.

527 – Zu beachten ist, dass das Vorstehende nur für eine Wiederholungsgefahr gilt, die in der Person desjenigen entstanden ist, der im Zuge der gesellschaftsrechtlichen Vorgänge seine Existenz verliert (bei einer Verschmelzung ist dies der **übertragende Rechtsträger**[826]). Ist zum Zeitpunkt des Wirksamwerdens der Verschmelzung (oder sonstigen Rechtsnachfolge) bereits ein Verletzungsprozess anhängig, kann der Unterlassungsanspruch gegenüber dem in den Rechtsstreit einrückenden Rechtsnachfolger nur dann weiterverfolgt werden, wenn eigene Verletzungshandlungen oder zumindest die Erstbegehungsgefahr tragende Vorbereitungen des Rechtsnachfolgers behauptet werden können; ansonsten ist der Unterlassungsanspruch für in der Hauptsache erledigt zu erklären. Ansprüche auf Auskunftserteilung, Rechnungslegung, Entschädigung, Schadenersatz, Rückruf und Vernichtung können in dem Umfang weiter geltend gemacht werden, wie sie »zu Lebzeiten« des Rechtsvorgängers begründet worden sind, weil für sie der Rechtsnachfolger wie für eigene Verbindlichkeiten haftet. Praktisch bedeutet dies, dass die besagten Ansprüche auf solche Verletzungshandlungen zu beschränken sind, die bis zum Erlöschen des Rechtsvorgängers durch ihn unternommen wurden.

528 – Genau gegenteilig (im Sinn einer fortbestehenden Wiederholungsgefahr) verhält es sich im umgekehrten Fall, dass die Verletzungshandlung von dem **übernehmenden** (und rechtlich weiterexistierenden) **Rechtsträger** bzw dessen Personal begangen worden ist; hier beseitigt die rein aufnehmende Rechtsnachfolge eine einmal begrün-

---

825 Faktisch wird dies freilich vielfach ohne Konsequenzen bleiben, weil die eingestellten Ausführungsformen in den Kernbereich einer Verurteilung fallen, die wegen der beibehaltenen Ausführungsvarianten ergeht.
826 Maßgeblich für das Erlöschen des übertragenden Rechtsträgers ist der Zeitpunkt, zu dem die Verschmelzung im Handelsregister eingetragen wird (§ 20 Abs 1 UmwG).

dete Wiederholungsgefahr nicht.[827] Gleiches gilt selbstverständlich erst recht bei einem die Identität des Rechtsträgers unberührt lassenden bloßen Formwechsel (zB nach §§ 190 ff UmwG).[828] Hier können sämtliche Klageansprüche unverändert (weiter-)verfolgt werden.

> **Praxistipp**
>
> **Formulierungsbeispiel**
>
> In Fällen der Verschmelzung ist folglich zu unterscheiden. Eine durch das *übernehmende* Unternehmen begründete Wiederholungsgefahr besteht nach der Verschmelzung fort; eine durch das *übertragende* Unternehmen begründete Wiederholungsgefahr erlischt mit dem Vollzug der Verschmelzung.

529

Eine Sonderbehandlung ist für **vertragliche Unterlassungspflichten** aufgrund einer Verpflichtungserklärung angebracht; sie gehen (zB bei einer Übernahme des Erklärenden nach den Regeln des UmwG) auf den Rechtsnachfolger (sic: das den Erklärenden übernehmende Unternehmen) über[829] und sind daher auch ihm gegenüber prinzipiell geeignet, die Wiederholungsgefahr zu beseitigen.[830] Voraussetzung ist allerdings, dass nach den gesamten Umständen zu erwarten ist, dass sich auch der Rechtsnachfolger (der ja selbst keine Unterlassungsverpflichtungserklärung abgegeben hat) an die Verpflichtungszusage seines Rechtsvorgängers gebunden fühlt und halten wird.[831] Das verlangt, dass sich der Rechtsnachfolger auf die im Wege der Rechtsnachfolge auf ihn übergegangene Unterlassungspflicht beruft und dadurch zu erkennen gibt, dass die vertragliche Unterlassungserklärung den Streit auch in Bezug auf seine Person regeln soll.[832] Weiterhin muss die Vertragsstrafe auch in Bezug auf den Rechtsnachfolger geeignet erscheinen, die Gewähr für ein künftig rechtstreues Verhalten zu bieten.

530

Ungeachtet dessen kann eine rechtmäßige Benutzungshandlung (zB während des Offenlegungszeitraumes) Anlass geben, die **Behauptung aufzustellen**, dass es auch nach erfolgter Patenterteilung und deren Veröffentlichung zu weiteren (jetzt rechtswidrigen) Benutzungshandlungen gekommen ist. Nach den Umständen des Falles lässt sich ein solcher Vortrag nicht als ins Blaue hinein aufgestellt abtun, weswegen der Beklagte gehalten ist, sich zu der fraglichen Behauptung (der Wahrheit gemäß, § 138 ZPO) zu erklären. Im Allgemeinen kann dies freilich durch pauschales Bestreiten geschehen, ohne dass es dezidierter Angaben dazu bedarf, auf welche Weise der ursprüngliche Benutzungsgegenstand nach der Patenterteilung ggf abgewandelt worden ist.

531

bb) Beendigung

Ausgeräumt werden kann die Wiederholungsgefahr – außer durch den Ablauf des Schutzrechts[833] – grundsätzlich nur durch die Abgabe einer unwiderruflichen Unterlassungserklärung, die mit einem ausreichenden Vertragsstrafeversprechen gesichert ist.[834] Sie ist ausnahmsweise ungeeignet, wenn der Schuldner erkennbar zahlungsunfähig ist.

532

---

827 BGH, GRUR 2015, 813 – Fahrdienst zur Augenklinik.
828 BGH, GRUR 2015, 813 – Fahrdienst zur Augenklinik.
829 ... und erstrecken sich dort nicht nur auf den übergegangenen Geschäftsbetrieb des Veräußerers, sondern auf das Gesamtunternehmen des Erwerbers (OLG Karlsruhe, GRUR-RR 2014, 362 – Unternehmensübergang).
830 OLG Karlsruhe, GRUR-RR 2014, 362 – Unternehmensübergang, mwN zum Streitstand.
831 OLG Karlsruhe, GRUR-RR 2014, 362 – Unternehmensübergang.
832 OLG Karlsruhe, GRUR-RR 2014, 362 – Unternehmensübergang.
833 BGH, GRUR 2014, 363 – Peter Fechter.
834 BGH, GRUR 1996, 290, 292 – Wegfall der Wiederholungsgefahr I.

Anstelle einer Vertragsstrafe darf nicht auf die Ordnungsmittel des § 890 ZPO Bezug genommen werden, weil deren Verhängung nur bei Vorliegen eines Vollstreckungstitels (zB Urteil, einstweilige Verfügung, Prozessvergleich[835]) möglich ist, sodass die Verpflichtungserklärung im Ergebnis ohne Strafbewehrung bliebe.

533 Die Erklärung muss **ernstlich gemeint** sein. Das wird noch nicht dadurch in Zweifel gezogen,

534 – dass der Unterlassungsschuldner betont, er gebe die Verpflichtungserklärung aus freien Stücken und ohne dass eine Rechtspflicht hierzu bestehe, ab. Eine vertragsstrafegesicherte Unterlassungserklärung verliert ihre Ernstlichkeit deshalb nicht durch die einleitende Bemerkung, es werde jede Patentverletzung bestritten und die Unterlassungserklärung lediglich als Zeichen des guten Willens und zur Vermeidung eines rein akademischen Streits um die geltend gemachten Unterlassungsansprüche ohne jede Anerkennung einer Rechts- oder Kostentragungspflicht abgegeben[836], so lange zweifelsfrei ist, dass die Unterlassungsverpflichtung als solche für den Erklärenden rechtsverbindlich sein soll.

535 – Unschädlich ist, wenn die Unterwerfungserklärung mit dem Vorbehalt abgegeben wird, dass sie vom Gläubiger **vertraulich** zu behandeln ist.

536 – Ebenso wenig schadet es, wenn die Geltung der Unterlassungsverpflichtung unter die auflösende **Bedingung** gestellt wird, dass das geltend gemachte Schutzrecht bestandskräftig vernichtet oder in einer von dem angegriffenen Gegenstand nicht mehr benutzten Weise eingeschränkt wird.

537 – Zulässig ist ferner eine Bedingung des Inhalts, dass die Rechtslage nachträglich höchstrichterlich dahingehend geklärt wird, dass das beanstandete Verhalten nicht widerrechtlich ist. Allerdings muss, damit im Nachhinein keine Zweifel über die Voraussetzungen eines Außerkrafttretens der Verpflichtungserklärung entstehen können, unmissverständlich klargestellt werden, welche konkrete Rechtsfrage in welchem Sinne entschieden werden muss, damit die Unterlassungserklärung ihre Wirkung verliert.[837]

538 – Unschädlich ist schließlich ein Vorbehalt, nur bei schuldhaften Verstößen haften zu wollen.[838] Eine solche Klausel schließt das Einstehenmüssen für Erfüllungsgehilfen, wie sie sich aus § 278 BGB ergibt, nicht aus. Wird die Vertragsstrafe ausdrücklich nur für eigenes Verschulden – unter Ausschluss einer Anwendung des **§ 278 BGB** – versprochen (indem der Schuldner zB eine Unterlassungserklärung abgibt, mit der er eine Vertragsstrafe lediglich für den Fall einer im Sinne von § 890 ZPO schuldhaften Zuwiderhandlung verspricht) entfällt die Widerholungsgefahr nach vorherrschender Auffassung nicht.[839] Allerdings kann, sofern der Gläubiger eine solche (unzureichende) Erklärung annimmt, ein Erlassvertrag zustande kommen, der einen Verzicht des Gläubigers auf den (an sich fortbestehenden) gesetzlichen Unterlassungsanspruch inter partes beinhaltet.[840]

---

835 In den Prozessvergleich selbst kann eine Ordnungsmittelandrohung freilich ebenfalls nicht wirksam aufgenommen werden, und zwar selbst dann nicht, wenn der Vergleich gemäß § 278 Abs 6 ZPO gerichtlich festgestellt worden ist (BGH, WM 2012, 1489). Geschieht dies dennoch, scheidet die Verhängung von Ordnungsmitteln aus. Gestützt auf den Vergleich hat der Gläubiger vielmehr auf einen gerichtlichen Androhungsbeschluss anzutragen. Erst danach vorgefallene Zuwiderhandlungen sind vollstreckungsrechtlich relevant.
836 LG Düsseldorf, InstGE 5, 1 – Unterstretch.
837 OLG Düsseldorf, InstGE 5, 68 – Bedingtes Unterlassungsversprechen.
838 BGH, GRUR 1985, 155, 156 – Vertragsstrafe bis zu … I.
839 OLG Frankfurt/Main, GRUR-RR 2003, 198, 199 f.
840 OLG Frankfurt/Main, GRUR-RR 2003, 198, 199 f.

539 Wird die Unterwerfungserklärung vorprozessual von einem Anwalt abgegeben und weist dieser trotz Aufforderung seine **Vollmacht** für eine derartige Erklärung nicht nach, so ist allerdings die erforderliche Ernstlichkeit zu verneinen.[841] Gleiches gilt, wenn sich der im Ausland ansässige Verletzer weigert, für die Geltendmachung der Vertragsstrafe bei Zuwiderhandlung gegen die Unterlassungserklärung einen deutschen Gerichtsstand zu vereinbaren.[842]

540 Nach Inhalt und Umfang muss die **Unterwerfungserklärung** dem Urteilstenor entsprechen, der in einem streitigen Gerichtsverfahren ergehen würde.[843] Eine Formulierung, die nicht am Anspruchswortlaut des Klagepatents orientiert (und insoweit verallgemeinernd) ist, sondern sich nur auf die konkret angegriffene Ausführungsform bezieht, ist deswegen unzureichend. Grundsätzlich ist es Sache des Verletzers, eine zur Ausräumung der Wiederholungsgefahr hinreichende Unterwerfungserklärung abzugeben, und zwar auch dann, wenn die vom Verletzten geforderte Unterwerfungserklärung zu weit gefasst sein sollte.[844]

541 Um die Wiederholungsgefahr auszuräumen, muss die Unterwerfungserklärung nicht angenommen werden.[845]

542 Hat einer von **mehreren Patentinhabern** abgemahnt und der Verletzer daraufhin eine strafbewehrte Unterlassungserklärung abgegeben, ist die Wiederholungsgefahr, weil sie unteilbar ist, auch im Hinblick auf die übrigen Mitinhaber beseitigt. Es liegt ein Fall der sog **Drittunterwerfung** vor, die ausreicht, wenn keine Zweifel an der Ernsthaftigkeit der Unterwerfungserklärung bestehen.[846] Letzteres ist besonders sorgfältig dann zu prüfen, wenn der durch die Drittunterwerfung Begünstigte selbst nicht abgemahnt hatte, weil unter solchen Bedingungen fraglich sein kann, welches Interesse der Empfänger der Drittunterwerfung tatsächlich hat, das weitere Verhalten des Verletzers zu überwachen und etwaige weitere rechtsverletzende Handlungen durch ihn zu unterbinden.[847] Da der (Mit-)Verletzte, dem gegenüber keine Unterlassungsverpflichtungserklärung abgegeben worden ist, keine eigene Sanktionsmöglichkeit hat, ist im Rahmen einer umfassenden Gesamtwürdigung sorgfältig und unter Anlegung der gebotenen strengen Maßstäbe zu prüfen, ob der Vertragsstrafegläubiger bereit und geeignet erscheint, seinerseits die nur ihm zustehenden Sanktionsmöglichkeiten auszuschöpfen, und ob dies vom Schuldner als so wahrscheinlich befürchtet werden muss, dass keine Zweifel an der Ernsthaftigkeit seiner Unterlassungsverpflichtung aufkommen können.[848] In besonderem Maße ist dabei auf die Person und die Eigenschaften des mit dem Verletzten nicht identischen Vertragsstrafegläubigers und auf die Art der Beziehung des Schuldners zu diesem abzustellen. Grundvoraussetzung für die Entkräftung der Vermutung der Wiederholungsgefahr durch eine Unterlassungsverpflichtungserklärung gegenüber einem Dritten ist, dass diese den von dem Betroffenen geltend gemachten Unterlassungsanspruch inhaltlich voll abdeckt; bleibt sie dahinter zurück, vermag sie die Vermutung der Wiederholungsgefahr nicht zu entkräften.[849]

---

841 OLG Karlsruhe, Mitt 2007, 188 – Unterlassungserklärung durch Anwalt.
842 KG, GRUR-RR 2014, 351 – Ausländischer Gerichtsstand.
843 BGH, GRUR 1996, 290, 291 – Wegfall der Wiederholungsgefahr I; BGH, GRUR 1997, 379 – Wegfall der Wiederholungsgefahr II.
844 KG, GRUR-RR 2013, 335 – Zweifelhafte Drittunterwerfung.
845 BGH, GRUR 2006, 878 – Vertragsstrafevereinbarung; BGH, GRUR 2010, 355 – Testfundstelle.
846 Vgl dazu: KG, GRUR-RR 2013, 335 – Zweifelhafte Drittunterwerfung.
847 KG, GRUR-RR 2013, 335 – Zweifelhafte Drittunterwerfung.
848 BGH, GRUR 2019, 431 – Heimliches romantisches Treffen.
849 BGH, GRUR 2019, 431 – Heimliches romantisches Treffen.

543 **Beweispflichtig** für diejenigen Umstände, aus denen sich die Geeignetheit einer Drittunterwerfung ergibt, ist der Verletzer.[850] Die Beurteilung, ob die Wiederholungsgefahr für ein beanstandetes Verhalten fortbesteht, ist im Wesentlichen tatsächlicher Natur und im **Revisionsverfahren** deswegen nur beschränkt, nämlich darauf nachprüfbar, ob das Berufungsgericht von richtigen rechtlichen Gesichtspunkten ausgegangen ist und keine wesentlichen Tatumstände außer Acht gelassen hat.[851]

544 Andererseits kommt die von der **Gesellschaft** abgegebene Unterwerfungserklärung ihren mithaftenden **Geschäftsführern** nicht zugute; diese müssen vielmehr in eigener Person eine Verpflichtungserklärung abgeben, um den aus der geschehenen Patentverletzung resultierenden, gegen sie persönlich begründeten Unterlassungsanspruch zu Fall zu bringen. Geschieht dies nicht, bleibt die Wiederholungsgefahr und demgemäß der Unterlassungsanspruch gegenüber dem Geschäftsführer bestehen, und zwar auch dann, wenn er als Geschäftsführer des verletzenden Unternehmens abberufen wird.[852] Das gilt selbst dann, wenn er in kein anderes auf vergleichbarem Gebiet tätiges Unternehmen wechselt und auch keine Anhaltspunkte dafür bestehen, dass er die Verletzungshandlungen sonst wie in anderer Form, zB im Rahmen eines bestehenden oder neu zu gründenden einzelkaufmännischen Unternehmens fortsetzen wird.

545 Unzureichend ist gleichfalls die bloße Aufgabe der Verletzungshandlungen, selbst wenn sie im Zuge der Einstellung des gesamten Geschäftsbetriebes geschieht. Das gilt auch für Fälle **mittelbarer Patentverletzung**. Allein die Empfehlung an den Abnehmer, das Mittel patentfrei zu verwenden, räumt die durch vorhergehende Verletzungshandlungen begründete Wiederholungsgefahr nicht aus.[853] Gelingt es dem Beklagten, die Wiederholungsgefahr zu beseitigen, indem er während des Rechtsstreits eine entsprechende Unterlassungserklärung abgibt, so hat der Kläger den Unterlassungsanspruch für in der Hauptsache erledigt zu erklären.

546 Nach Abgabe einer hinreichenden Unterwerfungserklärung **lebt** die Wiederholungsgefahr **erneut auf** (mit der Folge, dass auf Unterlassung etc geklagt werden kann), wenn der Verletzer – nicht notwendigerweise schuldhaft – gegen seine Verpflichtungserklärung verstößt, indem er schutzrechtsverletzende Handlungen vornimmt. Ob diese Wiederholungsgefahr abermals durch eine strafbewehrte Unterlassungserklärung ausgeräumt werden kann, ist Frage des Einzelfalles; sie setzt in jedem Fall eine erheblich höhere Strafbewehrung voraus.[854] Bei einem Vetrtragsstrafeversprechen nach Hamburger Brauch kann dies durch die Aufnahme einer festen Untergrenze geschehen.[855]

b) Erstbegehungsgefahr

547 Hat sich eine Verletzungshandlung noch nicht ereignet (oder ist sie dem Kläger nicht bekannt geworden), müssen greifbare Anhaltspunkte dafür bestehen (dh vom Kläger vorgetragen und erforderlichenfalls unter Beweis gestellt werden), dass eine Patentverletzung nach den gesamten Umständen unmittelbar bevorsteht (sog Erstbegehungsgefahr). Das in Rede stehende Verhalten muss im Zeitpunkt seiner drohenden Begehung rechtswidrig sein.[856] Es muss darüber hinaus die drohende Verletzungshandlung so konkret

---

[850] BGH, GRUR 2019, 431 – Heimliches romantisches Treffen.
[851] BGH, GRUR 2019, 431 – Heimliches romantisches Treffen.
[852] LG Düsseldorf, Urteil v 19.1.2021 – 4a O 117/18; aA: OLG Karlsruhe, GRUR-RR 2021, 203 – Mobilstation.
[853] BGH, GRUR 2006, 839 – Deckenheizung.
[854] OLG Köln, WRP 2015, 387 – Joop Freigeist.
[855] OLG Köln, WRP 2015, 387 – Joop Freigeist.
[856] BGH, GRUR 2007, 890 – Jugendgefährdende Medien bei eBay.

aa) Entstehung

Hierfür kann im Einzelfall ausreichen, dass sich der Beklagte berühmt, eine bestimmte Handlung vornehmen (zB die als patentverletzend beanstandete Vorrichtung herstellen und vertreiben) zu dürfen. Erforderlich ist jedoch, dass sich aus der Berühmung die in naher Zukunft ernsthaft drohende Gefahr einer Begehung ergibt.[858] Eine solche **Berühmung** kann auch im Rahmen eines anhängigen Rechtsstreits erfolgen, zB dadurch, dass der Beklagte gegenüber der Klage geltend macht, das angegriffene Verhalten stelle überhaupt keinen Eingriff in das Klagepatent dar. Um als eine die Erstbegehungsgefahr begründende Berühmung zu gelten, muss die Rechtsverteidigung allerdings in einer Weise geschehen, dass ihr die ernstliche Bereitschaft entnommen werden kann, sich im Sinne der zur Rechtsverteidigung vertretenen Auffassung zu verhalten.[859] Aus Gründen der Vorsicht sollte der Beklagte, wenn er dem Vorwurf der Patentverletzung entgegentritt, klarstellen, dass seine Ausführungen ausschließlich der Rechtsverteidigung im Prozess und nicht der Berühmung dienen. Für Fälle der negativen Feststellungsklage gilt dasselbe: Die Erhebung einer Klage, mit der die gerichtliche Feststellung begehrt wird, zu einer außergerichtlich eingeforderten Unterlassung nicht verpflichtet zu sein, begründet regelmäßig keine Erstbegehungsgefahr für das im Feststellungsantrag bezeichnete Verhalten.[860] Die Durchführung einer Besichtigungs- oder Vorlagemaßnahme stellt, weil sie auf einem bloßen Verdacht fußt, grundsätzlich noch keine Berühmung dar.[861] Wer verletzende Produkte im Inland herstellt, schafft *regelmäßig* die Gefahr ihres anschließenden inländischen Angebots und Vertriebs, wer verletzende Produkte im Inland anbietet, begründet *im Allgemeinen* die Gefahr ihres nachfolgenden Vertriebs.

Benutzungshandlungen **während** des **Offenlegungszeitraum**es oder sonst rechtmäßige Verhaltensweisen (zB § 12 PatG) schaffen idR keine Erstbegehungsgefahr für ihre Fortsetzung nach erfolgter Patenterteilung[862]; ebenso wenig Verletzungshandlungen des Rechtsvorgängers, seiner Organe oder Mitarbeiter.[863] Irrelevant sind gleichfalls unredlich durchgeführte Testkäufe.[864] Eine – nicht verallgemeinerungsfähige – Ausnahme von dem Grundsatz, dass rechtmäßiges Tun keine Erstbegehungsgefahr begründen kann, hat der BGH[865] für den Sonderfall zugelassen, dass sich die Rechtmäßigkeit der Benutzung aus dem Gesichtspunkt der Erschöpfung ergibt *und* dem Benutzer der zur Erschöpfung führende Lebenssachverhalt (zB Aufgabe der Bestellung patentgemäßer Gegenstände durch einen vom Patentinhaber legitimierten Testkäufer) unbekannt geblieben ist, weil hier die ernstzunehmende Besorgnis besteht, dass der Handelnde bei nächster Gelegenheit, wenn die Erschöpfungsvoraussetzungen nicht vorliegen, wiederum patentbenutzende Gegenstände bereitstellen wird.

Gleiches gilt bei auslaufendem Patentschutz für einen Arzneimittelwirkstoff. Hier schafft allein das erhebliche wirtschaftliche Interesse eines **Generikahersteller**s, mit der Aufnahme in die Lauer-Taxe kurz vor Ablauf des Patentschutzes zu beginnen, selbst dann keine Erstbegehungsgefahr, wenn – wegen des Erscheinens der Lauer-Taxe in vorgegebe-

---

857 BGH, WRP 2016, 1351 – Stirnlampen.
858 BGH, GRUR 2011, 1038 – Stiftparfüm.
859 BGH, NJW-RR 2001, 1483 – Berühmungsaufgabe.
860 BGH, GRUR 2019, 947 – Bring mich nach Hause.
861 Vgl unten Kap G Rdn 13.
862 LG Düsseldorf, InstGE 7, 1 – Sterilisationsverfahren; vgl auch BGH, GRUR 1996, 190 – Polyferon.
863 BGH, GRUR 2007, 995 – Schuldnachfolge.
864 BGH, GRUR 2017, 1140 – Testkauf im Internet.
865 BGH, GRUR 2012, 1230 – MPEG-2-Videosignalcodierung.

nen festen Abständen – einer möglichen Patentverletzung nicht mehr durch eine erst nach erfolgter Aufnahme in die Taxe beantragte einstweilige Verfügung abgeholfen werden kann und der Generikahersteller sich auf eine vorgerichtliche Abmahnung außerdem nicht zu einer Verpflichtungserklärung bereit erklärt hat, vor Ablauf des Patentschutzes keinen Antrag auf Aufnahme in die Lauer-Taxe zu stellen.[866] Erst recht wird eine Erstbegehungsgefahr nicht schon dadurch begründet, dass das Generikaunternehmen vor Ablauf des Patentschutzes im Besitz einer europäischen Arzneimittelzulassung für das Generikum ist, sofern die Zulassung bei Nichtbenutzung während der restlichen Patentlaufzeit nicht verfällt (und deswegen für eine Benutzungsabsicht ausschließlich nach Ende des Patentschutzes Sinn macht), und vorgerichtliche Hinweisschreiben des Patentinhabers unbeantwortet gelassen und geforderte Zusagen, vor Ende des Patentschutzes nicht auf den Markt zu treten bzw die Absicht eines Markteintritts mindestens 8 Wochen vorher anzuzeigen, verweigert werden.[867]

551 Die Erhebung einer **negativen Feststellungsklage im Ausland**, mit der die Frage der Patentverletzung für ein deutsches Schutzrecht geklärt werden soll, schafft – jedenfalls für sich allein – noch keine Erstbegehungsgefahr für inländische Benutzungshandlungen.

552 Eine Erstbegehungsgefahr wird regelmäßig auch noch nicht durch Ausstellungshandlungen auf einer **ausländischen Messe** begründet, selbst wenn der Aussteller ein inländisches Unternehmen ist.[868]

553 Sie soll (auf einer inländischen Messe) auch nicht dadurch hervorgerufen werden, dass ein Medizinprodukt präsentiert wird, das mangels CE-Zertifizierung **nicht marktfähig** ist, und zwar selbst dann, wenn das spätere marktfähige Produkt mit dem ausgestellten identisch ist.[869]

554 **Kritik:** Dem ist zu widersprechen, weil die Messepräsentation als (sogar eine Wiederholungsgefahr begründendes) Angebot zu qualifizieren ist. Die mangelnde Zertifizierung mag einer augenblicklichen Lieferbereitschaft entgegenstehen, die allerdings ohnehin keine Voraussetzung für die Benutzungsform des Anbietens ist. Allenfalls bei einer erkennbaren Produktstudie wird ein Angebot und eine Begehungsgefahr zu verneinen sein.

bb) Beendigung

555 An die Beseitigung der Erstbegehungsgefahr sind grundsätzlich weniger strenge Anforderungen zu stellen als an den Fortfall der durch eine Verletzungshandlung begründeten Wiederholungsgefahr. Eine durch Berühmung geschaffene Erstbegehungsgefahr und mit ihr der Unterlassungsanspruch entfallen im Allgemeinen mit der Aufgabe der Berühmung. Eine solche liegt jedenfalls in der uneingeschränkten und eindeutigen Erklärung, dass die beanstandete Handlung in der Zukunft nicht vorgenommen werde.[870] Solches ist beispielsweise der Fall, wenn die Geschäftsbeziehung zum vorgesehenen Lieferanten ausgesetzt wird, um neue Produkte zu erarbeiten, dies dem Schutzrechtsinhaber mitgeteilt wird und zwischen der Mitteilung und der Klageerhebung nahezu 1,5 Jahre vergangen sind, ohne dass der Beklagte wieder in rechtsverletzender Weise auf dem Markt aufgetreten ist oder wenigstens nach außen erkennbare Vorbereitungshandlungen hierfür getroffen hat.[871]

---

866 OLG Düsseldorf, Mitt 2006, 426.
867 LG Düsseldorf, Urteil v 12.4.2012 – 4a O 16/12; bestätigt durch OLG Düsseldorf, GRUR-RR 2013, 241 – HIV-Medikament.
868 LG Hamburg, GRUR-RR 2014, 137 – Koronarstent.
869 LG Hamburg, GRUR-RR 2014, 137 – Koronarstent.
870 BGH, WRP 2001, 1076, 1079 f – Berühmungsaufgabe; strenger: Köhler, GRUR 2011, 879, der nach erfolgter Abmahnung eine strafbewehrte Unterlassungserklärung verlangt.
871 BGH, WRP 2016, 1351 – Stirnlampen.

c) Sonderkonstellationen

Zu beachten ist, dass aus einer bereits **verjährten Verletzungshandlung**, sobald Verjährung eingetreten ist und der Beklagte sich hierauf beruft (Einrede!), keine Wiederholungsgefahr und auch keine Erstbegehungsgefahr mehr hergeleitet werden kann. Da jede neue Verletzungshandlung einen erneuten Unterlassungsanspruch auslöst, der einer eigenen, neuen Verjährung unterliegt, steht es dem Anspruchsteller in solchen Fällen allerdings frei, sich für seinen Unterlassungsanspruch auf eine weitere, in unverjährter Zeit begangene Verletzungshandlung des Anspruchsgegners zu berufen. Ebenso ist es möglich, die Voraussetzungen einer Erstbegehungsgefahr darzutun, wobei freilich die dem verjährten Unterlassungsanspruch zugrunde liegende Handlung außer Betracht zu bleiben hat.

556

Besonderheiten gelten schließlich bei **Verwendungsansprüchen**, wenn der Schutzbereichseingriff in Angebot und Vertrieb einer für den geschützten Gebrauch sinnfällig hergerichteten Sache liegt und die Sache darüber hinaus patentfrei einsetzbar ist. Zu Einzelheiten vgl oben Kap A Rdn 493.

557

d) Mittelbare Patentverletzung

In Fällen mittelbarer Patentverletzung (§ 10 PatG)[872] ist der Unterlassungsantrag gegen das Anbieten und den Vertrieb derjenigen Mittel zu richten, die sich auf ein wesentliches Element der Erfindung beziehen und die zur Benutzung der Erfindung im Geltungsbereich des PatG geeignet und bestimmt sind. Gegen das Herstellen und den Besitz kann ebenso wenig vorgegangen werden wie gegen das Anbieten und Liefern von Mitteln zur Benutzung im Ausland.[873]

558

Sofern das gelieferte Mittel – technisch und wirtschaftlich sinnvoll[874] – sowohl patentfrei als auch patentverletzend gebraucht werden kann, kommt ein generelles und umfassendes Vertriebsverbot (»**Schlechthinverbot**«) grundsätzlich nicht infrage. Möglich ist vielmehr eine nur eingeschränkte Unterlassungsverurteilung.[875] Sie geht dahin, dass es der Beklagte unterlässt, das zur Benutzung der Erfindung geeignete Mittel zu vertreiben, ohne beim *Angebot* auf das Klagepatent hinzuweisen (**Warnhinweis**) und/oder bei der *Lieferung* eine (ggf strafbewehrte) **Unterlassungsverpflichtungsvereinbarung** mit seinem Abnehmer zu treffen, die den Patentinhaber in die Lage versetzt, für den Fall einer patentgemäßen Verwendung des gelieferten Mittels eine Vertragsstrafe zu fordern. Ob auch im Falle der Lieferung ein Warnhinweis ausreicht oder ausnahmsweise eine Vertragsstrafenvereinbarung erforderlich ist, hängt von den Umständen des Einzelfalles ab.[876] Maßgeblich ist vor allem, ob bereits die Warnung (angesichts der Vorteile der patentgemäßen Verwendung) eine hinreichende Gewähr für die Beachtung der Patentrechte bietet.[877] Im Hinblick auf das Fordern einer Vertragsstrafenvereinbarung ist daher Vorsicht geboten.

559

e) Antragsfassung[878]

Bei der Formulierung des Unterlassungsanspruchs ist der Inhalt der erstrebten Verurteilung in mehrerlei Hinsicht klarzustellen.

560

---

872 Vgl dazu BGH, GRUR 2001, 228 – Luftheizgerät.
873 BGH, GRUR 2006, 570 – extracoronales Geschiebe.
874 OLG Düsseldorf, Mitt 2003, 264, 268 – Antriebsscheibenaufzug.
875 BGH, GRUR 2004, 758 – Flügelradzähler.
876 BGH, GRUR 2006, 839 – Deckenheizung; OLG Düsseldorf, InstGE 2, 115 – Haubenstretchautomat.
877 BGH, GRUR 1961, 627 – Metallspritzverfahren; BGH, GRUR 1964, 496 – Formsand II.
878 Von Petersdorff-Campen/Timmann, FS 50 Jahre BPatG, 2011, S 449.

aa) Handlungsalternativen

561 Zunächst ist aufzunehmen, welche Handlungen dem Beklagten verboten werden sollen. Bei einem Sachpatent sind dies in der Regel das Herstellen (sofern der Beklagte selbst herstellt), ansonsten (dh bei einem reinen Handelsunternehmen) das Anbieten, Inverkehrbringen, Gebrauchen, Besitzen und Einführen des patentverletzenden Erzeugnisses (§ 9 Nr 1 PatG).[879] Bei einem Verfahrenspatent richtet sich der Unterlassungsantrag demgegenüber auf das Anbieten und/oder das Anwenden des Verfahrens (§ 9 Nr 2 PatG). Schützt das Patent ein Herstellungsverfahren, kann außerdem Unterlassung hinsichtlich der Herstellung und des Vertriebs derjenigen Erzeugnisse verlangt werden, die *unmittelbar* aus dem patentgeschützten Verfahren hervorgegangen sind (§ 9 Nr 3 PatG).

bb) Verurteilungsgegenstand

562 Zum Zweiten ist derjenige Gegenstand zu bezeichnen, dessen Benutzung der Beklagte zukünftig unterlassen soll.

563 – Kann der Kläger eine **wortsinngemäße Patentverletzung** geltend machen, ist es im Allgemeinen statthaft, den Klageantrag nach dem Wortlaut des verletzten Patentanspruchs zu formulieren.[880] Die gegenteilige Auffassung des BGH[881], wonach der Klageantrag (und die Urteilsformel), wenn und soweit die Benutzung eines Anspruchsmerkmals streitig ist, über den Anspruchswortlaut hinaus an die zur Entscheidung gestellte Verletzungsform anzupassen sind, indem konkret diejenigen konstruktiven oder räumlich-körperlichen Mittel bezeichnet werden, mit denen bei der angegriffenen Ausführungsform das bzw die streitige(n) Anspruchsmerkmal(e) verwirklicht werden, ist abzulehnen.[882] Sie hat schon dogmatisch keine Berechtigung[883] und ist in jedem Fall aus Gründen der Praktikabilität zurückzuweisen. Die Orientierung am Anspruchswortlaut bietet Gewähr dafür, dass der Urteilstenor nur diejenigen Details enthält, die für die erfindungsgemäße Lehre von Bedeutung sind, und sie verhindert zuverlässig, dass solche Gestaltungsmerkmale Eingang in den Urteilstenor finden, die außerhalb der Erfindungsmerkmale stehen und deswegen den Verbotstenor ungerechtfertigt einschränken würden. Bei einer etwaigen Zwangsvollstreckung kann der dem Anspruchswortlaut folgende Tenor anhand der Entscheidungsgründe ausgelegt werden, was sicherstellt, dass der Titel nicht auf Ausführungsformen erstreckt wird, die nicht im Kern des gerichtlichen Verbotes liegen. Seit Jahrzehnten ist von den Patentverletzungsgerichten in exakt dieser Weise verfahren worden, ohne dass es je zu irgendwelchen Unzuträglichkeiten gekommen wäre oder der BGH selbst in der Vergangenheit an der geschilderten Vorgehensweise Anstoß genommen hätte. Es besteht deshalb keinerlei Grund, die in der Praxis bewährte Form der Antragsformulierung aufzugeben, erst recht nicht zugunsten einer solchen, die den Verletzungsprozess mit weiteren Streitpunkten über die richtige – nämlich einerseits hinreichend konkrete, andererseits aber auch nicht zu enge – Umschreibung der Verletzungsform belastet. In besonderem Maße gilt dies angesichts der Tatsache, dass überhaupt nur ein verschwindend geringer Anteil der stattgebenden Verletzungsurteile in einem gerichtlichen Verfahren vollstreckt wird, in dem ein nach den Vorstellungen des BGH konkreter gefasster Urteilstenor relevant werden könnte. Dass er in einem der-

---

[879] Der Nachweis eines Angebotes schafft insoweit regelmäßig Begehungsgefahr für den Vertrieb und die weiteren Benutzungsformen.
[880] Einen rechtsvergleichenden Überblick liefert Schuster, FS Pagenberg, 2006, S 57.
[881] AA: BGH, GRUR 2005, 569 – Blasfolienherstellung.
[882] Kühnen, GRUR 2006, 180.
[883] Der BGH räumt ein, dass ein dem Anspruchswortlaut folgender Urteilstenor hinreichend bestimmt ist. Weitere Anforderungen als die Bestimmtheit stellt das Prozessrecht an einen Klageantrag und einen Urteilsausspruch allerdings nicht.

artigen Vollstreckungsverfahren von wirklichem Nutzen wäre, ist überdies zu bestreiten, weil schon die Heranziehung der Entscheidungsgründe, wie sie bisher im Vollstreckungsverfahren praktiziert wird, eine angemessene Durchsetzung der im Erkenntnisverfahren im Hinblick auf eine bestimmte Ausführungsform erfolgten Verurteilung gewährleistet. Schließlich ist dem BGH entgegen zu halten, dass die für bestrittene Anspruchsmerkmale angenommene Konkretisierungspflicht es dem Beklagten erlaubt, durch ein möglichst weitgehendes Bestreiten von Anspruchsmerkmalen eine zunehmend engere Tenorierung (zu Lasten des Klägers) zu erzwingen.

Wichtig ist, dass ein trotz streitigen Benutzungstatbestandes nach dem Anspruchswortlaut formulierter Urteilsausspruch auch nach Auffassung des BGH **nicht unbestimmt** ist. 564

Der uneingeschränkte Rückgriff auf den Anspruchswortlaut ist auch dann statthaft, wenn der Patentanspruch mehrere gleichwertige **Benutzungsalternativen** enthält und der Beklagte mit seinem Verhalten – wie meist – nur eine dieser Alternativen verwirklicht hat.[884] In der geschilderten Situation hat der Beklagte durch sein widerrechtliches Handeln bereits gezeigt, dass er sich über den durch das Klagepatent vermittelten Ausschließlichkeitsschutz hinweggesetzt. Es ist vor diesem Hintergrund nicht einzusehen, wieso ihm dann nicht eine Benutzung des Klagepatents auch in den anderen Handlungsalternativen des Patentanspruchs (die genauso rechtswidrig ist) untersagt werden[885], sondern für den Fall eines Wechsels des Beklagten zu einer anderen Ausführungsalternative der Erfindung stattdessen der Kläger auf ein neues zeit- und kostenaufwendiges Klageverfahren verwiesen werden soll. Eine umfassende Verurteilung ist gleichermaßen im Hinblick auf die rückwärtsgewandten Ansprüche wegen Rechnungslegung und Schadenersatz gerechtfertigt. Dass der Kläger sich in seiner Klagebegründung lediglich zu einer von mehreren Handlungsalternativen verhält, kann seinen Grund darin haben, dass ihm (was reinen Zufälligkeiten geschuldet sein kann) nur *diese* bekannt geworden ist. Warum soll der Beklagte aufgrund dessen davon entlastet sein, über seine Verletzungshandlungen insgesamt (dh unter Einschluss aller gleichermaßen rechtswidrigen Handlungsalternativen) Rechenschaft abzulegen? Die Einbeziehung aller patentverletzenden Alternativen gestattet überdies eine Verurteilung nach den Regeln der **Wahlfeststellung**, wenn zwar feststeht, dass eine der im Patentanspruch genannten Handlungsalternativen benutzt worden ist, und nur offen bleibt, welche von ihnen der Beklagte verwirklicht hat.[886] Das Gesagte gilt nicht, wenn die Benutzungsalternativen Gegenstand selbständiger, nebengeordneter Patentansprüche sind. 565

– Kommt lediglich eine **äquivalente Benutzung** des Klagepatents in Betracht, so kann auf den Anspruchswortlaut des Patents nur insoweit zurückgegriffen werden, wie dessen Merkmale von der angegriffenen Ausführungsform wortsinngemäß verwirklicht werden. Soweit demgegenüber abgewandelte Lösungsmittel verwendet werden, haben im Klageantrag – unter Berücksichtigung der dem Patentanspruch eigenen Abstraktionsebene – diejenigen technischen Ersatzmittel aufzuscheinen, die – trotz ihrer Abweichung vom Wortlaut des Patentanspruchs – unter Äquivalenzgesichtspunkten die Einbeziehung der angegriffenen Ausführungsform in den Schutzbereich 566

---

884 OLG Düsseldorf, Urteil v 15.5.2014 – I-2 U 74/13; OLG Düsseldorf, Urteil v 20.1.2017 – I-2 U 41/12; OLG Karlsruhe, Urteil v 13.7.2016 – 6 U 93/14; vgl auch BGH, GRUR 2013, 1235 – Restwertbörse II.
885 Selbstverständlich kann sich im Einzelfall ergeben, dass anhand der Entscheidungsgründe nicht verlässlich festgestellt werden kann, ob von der mitverurteilten Handlungsalternative Gebrauch gemacht wird, womit eine Zwangsvollstreckung ausscheidet und es eines – aber eben im Einzelfall! – neuen Erkenntnisverfahrens bedarf.
886 OLG Düsseldorf, Urteil v 15.5.2014 – I-2 U 74/13.

D. Klageverfahren

des Klagepatents rechtfertigen.[887] Stellt die Klagebegründung – zumindest auch – auf eine äquivalente Benutzung ab, hat das Gericht notfalls auf einen entsprechend abgefassten Klageantrag hinzuwirken.[888]

567 – Hat erst ein **Umbau** der gelieferten Vorrichtung, die der Abnehmer vorgenommen hat, **in die Patentverletzung hineingeführt** und ist dieser Umbau dem Lieferanten zurechenbar, weil er ihn entweder selbst angeleitet oder bewusst für sich ausgenutzt hat[889], so sollten diejenigen Umstände, die eine Anleitung zum Umbau ergeben, konkret in den Klageantrag aufgenommen werden, zumindest aber in der Klagebegründung klar benannt werden. Im letztgenannten Fall ergibt sich aus den Gründen, dass der Schlüssel zur Patentverletzung in der Anleitung oder dem Ausnutzen des Umbaus durch den Lieferanten liegt, weswegen der (uneingeschränkt formulierte) Unterlassungsausspruch notwendigerweise vor dem Hintergrund des geschilderten haftungsrelevanten Umfeldes zu begreifen ist und nur in diesem Umfeld Bedeutung hat. Trotz im Übrigen formal uneingeschränkter Unterlassungsverurteilung[890] bleibt es dem Beklagten freigestellt, den Vertrieb derselben (für sich genommen nicht patentverletzenden) Vorrichtung fortzusetzen, wenn er Rahmenbedingungen schafft, die einen patentgerechten Umbau durch den Abnehmer nicht mehr erwarten lassen oder eine Zurechnung des Abnehmerverhaltens nicht mehr erlauben. Was hierzu erforderlich ist, hängt von den konkreten Umständen des Einzelfalles (zB der Eigenart der Erfindung, dem wettbewerblichen Umfeld, den Abnehmerkreisen und ihren technischen Fähigkeiten, der Häufigkeit der Abnehmermanipulation) ab. Wurde beispielsweise der Umbau vom Lieferanten angeleitet, kann es ausreichen, die Anleitung fortan bleiben zu lassen, *sofern* nicht bei den Abnehmern ein Kenntnishorizont begründet worden ist, der selbständig fortwirkt und eine Haftung des Lieferanten unter dem Gesichtspunkt des Ausnutzens rechtfertigt. Ggf können verbale (Gefahren-)Hinweise erfolgversprechend sein, ggf bedarf es aber auch des Ausweichens auf eine andersartige Konstruktion, die einen Umbau unmöglich macht oder hinreichend erschwert. Letztlich entscheidet eine Interessenabwägung: Welche Maßnahme verspricht welchen Erfolg gegen einen patentgerechten Umbau? Welche Erschwernisse sind damit für den Verletzer verbunden (Zumutbarkeit)?

568 Wurden die Rahmenbedingungen in einer Weise verändert, zu der sich die Entscheidungsgründe nicht verhalten, so begründet der Vertrieb keine sanktionsfähige **Zuwiderhandlung**. Solche Variationen mögen zwar ebenfalls einen Schutzbereichseingriff begründen, feststellen lässt sich dies aber nur aufgrund neuer (bisher noch nicht angestellter) materiellrechtlicher Erwägungen, die im Zwangsvollstreckungsverfahren unzulässig sind.

569 – Einer Einbeziehung der konkreten haftungsbegründenden Tatumstände bedarf es schließlich auch dann, wenn der Verletzungsgegenstand vom **Ausland ins Ausland** geliefert wurde und sich die Verantwortlichkeit des Auslandslieferanten daraus ergibt, dass er hinreichende Anhaltspunkte für eine anschließende Inlandslieferung des Gegenstandes durch seinen Abnehmer hat.[891]

---

887 BGH, GRUR 2010, 314 – Kettenradanordnung II.
888 BGH, GRUR 2010, 314 – Kettenradanordnung II.
889 Vgl oben Kap A Rdn 148–154.
890 ... die sich daraus erklärt, dass es dem Verletzer überlassen bleiben muss, auf welche Weise er die Haftungssituation beenden will.
891 BGH, GRUR 2021, 1167 – Ultraschallwandler.

| Praxistipp | Formulierungsbeispiel |

Soweit von Unteransprüchen Gebrauch gemacht wird, ist es zweckmäßig, diese im Rahmen von »**insbesondere-Anträgen**« zu berücksichtigen. Sie finden zwar in aller Regel keinen Eingang in den Urteilstenor, weil es sich um lediglich beispielhafte Konkretisierungen des durch den Hauptanspruch umrissenen Rechtsschutzbegehrens handelt.[892] Der »insbesondere-Antrag« erlaubt es dem Kläger jedoch, sein Klagebegehren erforderlichenfalls zu beschränken, was zB dann von Bedeutung sein kann, wenn sich der Beklagte auf ein privates Vorbenutzungsrecht oder den »Formstein-Einwand« beruft und dieses Vorbenutzungsrecht und dieser Einwand zwar gegenüber dem Hauptanspruch des Klagepatents, aber nicht gegenüber dem Unteranspruch durchgreifen.

570

Argumentiert der Verletzungsbeklagte mit einer **unzulässigen Erweiterung** und verwirklicht die angegriffene Ausführungsform diejenigen Merkmale, die ggf zur Beseitigung der behaupteten Erweiterung in den Patentanspruch aufgenommen werden müssten, kann es sich empfehlen, den Klageantrag zur Anpassung an die Verletzungsform in der Weise zu formulieren, dass die zusätzlichen Merkmale mit aufgenommen werden. Hierdurch kann der Einwand unzulässiger Erweiterung gegenstandslos gemacht und mithin eine sonst unter Umständen drohende Aussetzung vermieden werden, weil der Urteilstenor sogleich diejenige Fassung erhält, die das Klagepatent im Falle eines Durchgreifens des Erweiterungseinwandes erhalten wird.

cc) Zeitraum

In zeitlicher Hinsicht bedarf es keiner ausdrücklichen Beschränkung des Unterlassungsgebotes bis zum Ablauf der gesetzlichen Schutzdauer. Auch ohne besondere Klarstellung ist vielmehr davon auszugehen, dass der Klageantrag und der Urteilstenor in Bezug auf sämtliche betroffenen Ansprüche immanent auf den nach dem Gesetz höchstens in Betracht kommenden Schutzzeitraum limitiert sind und Ansprüche nur aus solchen Benutzungshandlungen hergeleitet werden sollen, die sich während der Schutzdauer des Klagepatents ereignet haben.[893]

571

Ist aus dem Grundpatent geklagt und verurteilt worden und verfügt der Kläger über ein **ergänzendes Schutzzertifikat** zum Grundpatent, so verliert der Titel mit dem Ablauf der Schutzdauer des Grundpatents seine Wirkung und muss aus dem Schutzzertifikat gesondert neu geklagt werden. Das gilt unabhängig davon, ob der Kläger schon während des Verletzungsprozesses aus dem Grundpatent Inhaber auch des Schutzzertifikats war, dieses nur nicht zum Gegenstand seiner Verletzungsklage gemacht hat, oder ob das Zertifikat überhaupt erst nach Abschluss des aus dem Grundpatent geführten Prozesses erteilt oder der Kläger hieran berechtigt worden ist.

572

f) Durchsetzungsausschluss aus Gründen der Verhältnismäßigkeit[894]

Vor allem im Bereich des common law[895] besteht traditionell die Bereitschaft, den Unterlassungsanspruch, obgleich seine tatbestandlichen Voraussetzungen vollständig gegeben

573

---

892 LG Mannheim, InstGE 12, 200 – Stickstoffmonoxyd-Nachweis.
893 BGH, GRUR 2010, 996 – Bordako; OLG Karlsruhe, GRUR 2022, 641 – Polsterumarbeitungsmaschine.
894 Schellhorn, Unterlassungsanspruch im Lichte des Verhältnismäßigkeitsgrundsatzes, 2020; Ohly/Stierle, GRUR 2021, 1229; Ohly, GRUR 2021, 304; Stierle, GRUR 2019, 873; Zhu/Kouskoutis, GRUR 2019, 886.; McGuire, Mitt 2022, 49.
895 US Supreme Court, 547 US 388 (2006) – eBay/MercExchange; UK-High Court, (2013) 3778 (Pat) – HTC/Nokia.

sind, nicht zuzusprechen, sondern im Einzelfall aus übergeordneten Gründen der Verhältnismäßigkeit zu versagen. Für das nationale Recht hat dieser Gedanke – mit unterschiedlicher Reichweite – ebenfalls Befürworter gefunden.[896] Ob es sich um einen materiellen Anspruchsausschluss handelt oder bloß um ein Durchsetzungshindernis, ist unterschiedlich beurteilt worden; die gesetzliche Klarstellung in § 139 Abs 1 Satz 3 PatG geht von einer Beschränkung nicht des materiellen Anspruchs, sondern bloß seiner – gerichtlichen oder außergerichtlichen – Durchsetzbarkeit aus.

aa) Vorbemerkung

574 Im vorliegenden Zusammenhang ist zunächst festzuhalten, dass Patente als verfassungsrechtlich (Art 14 GG) geschützte Eigentumspositionen verstanden werden, deren Verletzung im Falle vorsätzlicher Tatbegehung sogar einen Straftatbestand erfüllt. Zentraler Kern und zugleich sinnfälliger Ausdruck des dem Inhaber kraft Gesetzes verliehenen Monopolrechts ist der in § 139 Abs 1 PatG geregelte Unterlassungsanspruch, der es dem Inhaber erlaubt, jeden Dritten von der ihm vorbehaltenen Erfindungsbenutzung auszuschließen. So betrachtet bedeutet **jede Beschränkung der Durchsetzbarkeit des Unterlassungsanspruchs gleichzeitig** auch einen fundamentalen **Eingriff in** das eigentumsgleiche **gewerbliche Schutzrecht selbst**. Andererseits steht die gerichtliche Zuerkennung eines Unterlassungsanspruchs wie jede Maßnahme staatlicher Gewalt unter dem aus dem Rechtsstaatsprinzip folgenden Verhältnismäßigkeitsgrundsatz, den der Gesetzgeber in § 139 Abs 1 Satz 2 PatG klarstellend dahingehend kodifiziert hat, dass der Unterlassungsanspruch ausgeschlossen ist, wenn und soweit – kumulativ – (1) seine Durchsetzung aufgrund der *besonderen Umstände des Einzelfalles* (2) *und der Gebote von Treu und Glauben* (3) für den Verletzer oder Dritte zu (4) einer *unverhältnismäßigen, durch das Ausschließlichkeitsrecht nicht gerechtfertigten Härte* führen würde. Wie sich aus der Gesetzesbegründung zweifelsfrei ergibt, bleibt die Zuerkennung des Unterlassungsanspruchs die übliche und regelmäßige Folge in Fällen der Patentverletzung[897] und ist dessen ausnahmsweise Einschränkung auf ganz besonders gelagerte Sonderfälle begrenzt[898], bei denen die Inanspruchnahme auf Unterlassung unverhältnismäßig große Nachteile entstehen lassen würde[899]. Mit Rücksicht auf dieses Regel-Ausnahme-Verhältnis bedarf die Geltendmachung des Unterlassungsanspruchs keiner Darlegung der Verhältnismäßigkeit; Ausführungen hierzu sind erst dann veranlasst, wenn der Verletzer beachtliche Gründe für eine ausnahmsweise Einschränkung des gegen ihn geltend gemachten Unterlassungsanspruchs vorgebracht hat.[900]

bb) Vortragslasten

575 Die besagten Umstände müssen nicht nur als möglich erscheinen oder wahrscheinlich sein, sondern zur vollen **Gewissheit des Gerichts** feststehen. Es gelten die Regeln des Strengbeweises. Nur diejenigen Umstände sind in einer umfassenden Gesamtabwägung zu würdigen, von deren Vorliegen das Gericht nach § 286 ZPO überzeugt ist. Der Antrag auf Gewährung einer Aufbrauchfrist kann auch in der Revisionsinstanz mit Erfolg gestellt werden, wenn die zu Grunde liegenden Tatsachen unstreitig oder in den Tatsacheninstanzen festgestellt sind.[901]

---

[896] Ohly, GRUR Int 2008, 787; Osterrieth, GRUR 2009, 540; zum Streitstand vgl Sonnenberg, Unterlassungsanspruch, 2013; Stierle, nicht-praktiziertes Patent, 2017.
[897] BT-Drucks 19/25821 v 13.1.2021, S 53.
[898] BT-Drucks 19/25821 v 13.1.2021, S 31.
[899] BT-Drucks 19/25821 v 13.1.2021, S 52.
[900] BT-Drucks 19/25821 v 13.1.2021, S 53, 55.
[901] BGH, GRUR 2022, 930 – Knuspermüsli II.

Weil es sich bei der Beschränkung/dem Ausschluss des Unterlassungsanspruchs und seiner Durchsetzbarkeit um eine Ausnahme von der festen Regel handelt, dass jeder widerrechtliche Schutzrechtseingriff eine Unterlassungsverurteilung nach sich zieht, ist es Sache des **Verletzers**, diejenigen Umstände **vorzutragen und zu beweisen**, die zu seinen Gunsten eine Anwendung des Verhältnismäßigkeitsgrundsatzes erfordern.[902] Verlangt sind insoweit ganz konkrete, einer gerichtlichen Beweiserhebung zugängliche Tatsachenbehauptungen, und nicht nur Allgemeinplätze. Verbleibende Zweifel gehen zu seinen Lasten.[903] Einen förmlichen Klageantrag auf eine bestimmte Maßnahme (zB eine Aufbrauchsfrist bestimmter Dauer) braucht der Verletzungsbeklagte nicht zu stellen. Um beurteilen zu können, ob der Beklagte durch die gerichtliche Entscheidung (hinreichend) beschwert ist, bedarf es jedoch zumindest in der Begründung des Klageabweisungsantrages einer Festlegung dazu, welche konkrete Form der Nichtdurchsetzung des Unterlassungsanspruchs der Beklagte begehrt. Erstrebt er eine Aufbrauchs- oder Umstellungsfrist, hat er konkret anzugeben, innerhalb welcher Frist er die Umstellung und den Aufbrauch bewerkstelligen kann.[904]

576

Praxistipp	Formulierungsbeispiel

Typischerweise wird der Verletzer bei der Darlegung eines Unverhältnismäßigkeitseinwandes Geschäftsinterna ausbreiten müssen. Auch wenn er insoweit um Schutzanordnungen nach § 145a PatG nachsuchen kann, sollte dennoch gut abgewogen werden, ob der Einwand wirklich schlüssig dargetan werden kann; ansonsten sind Geschäftsgeheimnisse offengelegt, ohne dass damit irgendein Vorteil im Verletzungsprozess erreicht wäre.

577

— Dass die Vortragslast beim Verletzungsbeklagten liegt, gilt uneingeschränkt für alle Tatsachen, die aus der Sphäre *seines* Geschäftsbetriebes stammen, weil in sie typischerweise nur der Verletzer, aber nicht der Verletzte einen Einblick hat, der substantiierten Sachvortrag ermöglicht. Dazu, welche finanziellen, wirtschaftlichen, wettbewerblichen oder sonstigen (rechtlich beachtlichen) Folgen mit einer Unterlassungsverurteilung für den Beklagten verbunden wären, hat nur der Verletzer eine verlässliche Kenntnis, weswegen der Patentinhaber sich zu dessen Behauptungen regelmäßig mit Nichtwissen erklären kann (§ 138 Abs 4 ZPO).

578

— Das Gleiche gilt in der erörterten Schärfe nicht für Umstände aus der Sphäre des Verletzten, die *sein* (überwiegendes) Interesse daran rechtfertigen, die Verbietungsrechte aus dem verletzten Patent trotz der nachteiligen Konsequenzen für den Verletzer durchzusetzen. Zwar hat sich auch insoweit zunächst der Verletzer zu erklären, nämlich so weit wie seine Einsichtsmöglichkeiten reichen. Im Anschluss daran steht es jedoch zur sekundären Darlegungslast des Verletzten, sich substantiiert zu seinem Interesse an einer Unterlassungsverurteilung des Beklagten zu erklären und insbesondere Umstände geltend zu machen, die einem außenstehenden Dritten (wie dem Verletzer) nicht ersichtlich sind. Die Beweislast wird hierdurch nicht verschoben, sondern bleibt auf Seiten des Verletzers, der deswegen behauptete überwiegende Durchsetzungsbelange des Patentinhabers zu widerlegen hat.

579

— Die Darlegungs- und Beweislast liegt schließlich auch insoweit beim Verletzer, als er sich substanziell darüber zu erklären hat, warum es ihm nicht möglich ist, durch eigene Maßnahmen die als Folge einer Unterlassungsverurteilung drohende Härte

580

---

902 BT-Drucks 19/25821 v 13.1.2021, S 53; BGH, GRUR 2022, 930 – Knuspermüsli II.
903 BT-Drucks 19/25821 v 13.1.2021, S 53.
904 BGH, GRUR 2022, 930 – Knuspermüsli II.

abzuwenden, beispielsweise dadurch, dass er eine Lizenz am Klagepatent nimmt oder auf eine patentfreie Technik ausweicht. Zu Einzelheiten vgl unten Rdn 599.

581 Einer Beweiserhebung zu einzelnen Tatsachenbehauptungen, welche die Unverhältnismäßigkeit ergeben sollen, bedarf es – wie stets bei **Indiztatsachen** – nur dann, wenn die behaupteten und unter Beweis gestellten Umstände in ihrer Gesamtheit betrachtet schlüssig dafür sind, den Unterlassungsanspruch in seiner Durchsetzbarkeit einzuschränken. Das (mit Beweisantritten unterlegte) Gesamtvorbringen des Verletzers ist also zunächst daraufhin zu überprüfen, ob es, seine Richtigkeit unterstellt, Anlass geben würde, den Unterlassungsanspruch zu beschränken. Nur wo dies bejaht werden kann, sind die für die Gesamtabwägung bedeutsamen Tatsachen aufzuklären.

cc) Fallgruppen

582 Wenn es nachfolgend um eine Limitierung des Unterlassungsanspruchs geht, sind in der rechtlichen Betrachtung zwei Fallkonstellationen strikt auseinander zu halten.

583 – Die erste betrifft den Umgang mit solchen **Unterlassungsklagen, deren Erfolg** im Zeitpunkt der (zB erstinstanzlichen) gerichtlichen Entscheidung **noch nicht verlässlich abzusehen** ist, sei es, dass das Rechtsbestandsverfahren gegen das Klagepatent noch im Gang ist, sei es, dass die Frage der Patentverletzung, anderweitige Anspruchsvoraussetzungen (Aktivlegitimation, Passivlegitimation) oder erhebliche Einwendungen des Beklagten in tatsächlicher und/oder rechtlicher Hinsicht Zweifel aufwerfen, die erst im weiteren Instanzenzug eine endgültige Klärung erfahren werden.

584 *Derartige* Unwägbarkeiten können als solche **keinen Anlass** geben, dem Verletzten seinen **Unterlassungsanspruch vorzuenthalten**. Denn sie haben ihre Ursache in Schwierigkeiten bei der Tatsachenfeststellung und/oder Rechtsanwendung, denen auf die ihnen angemessene Weise, nämlich durch diejenigen Korrekturmöglichkeiten Rechnung zu tragen ist, die das geltende Recht eigens hierfür zur Verfügung stellt. Neben der Tatsache, dass der Angriff auf Patente als Popularrechtsbehelf ausgestaltet ist, was eine frühzeitige Bereinigung des Patentregisters erlaubt, bevor sich eigene geschäftliche Einbußen aus einem eingeleiteten Verletzungsprozess ergeben können, besteht für das Verletzungsgericht die Möglichkeit, bei einem zweifelhaften Rechtsbestand den bei ihm geführten Prozess um die Patentverletzung vorübergehend auszusetzen, um das weitere Schicksal des Klagepatents abzuwarten. Im Rahmen der Ermessensentscheidung für oder gegen eine Aussetzung wird das Gericht auch diejenigen Schäden in den Blick nehmen, die dem Beklagten bei einer wegen späteren Patentwiderrufs letzten Endes ungerechtfertigten Unterlassungsvollstreckung drohen können. Sollte von einer Aussetzung abgesehen werden, ist der Beklagte dennoch nicht schutzlos. Vielmehr kann die Zwangsvollstreckung aus einem stattgebenden Unterlassungsurteil immer nur gegen eine den mutmaßlichen Schuldnerschaden abdeckende Sicherheitsleistung erfolgen (§ 709 ZPO), auf deren zutreffende Bestimmung der Beklagte unmittelbaren und maßgeblichen Einfluss dadurch nehmen kann, dass er diejenigen Konsequenzen konkret aufzeigt und überschlägig beziffert, die ihn bei einer erzwungenen Befolgung des Unterlassungsgebotes treffen werden. Für das Berufungsgericht besteht nicht nur die Möglichkeit, eine erstinstanzlich zu gering bemessene Sicherheitsleistung betragsmäßig heraufzusetzen (§ 718 ZPO), sondern es kann die Zwangsvollstreckung auf Antrag auch komplett vorläufig einstellen (§ 717 ZPO), was umso näher liegt, je größer die Bedenken gegen die Richtigkeit der vollstreckten Entscheidung sind und je gravierender und greifbarer sich die drohenden Vollstreckungsschäden darstellen. Zusammenfassend bleibt daher festzuhalten: Denjenigen Unwägbarkeiten, die dahingehend bestehen, ob der geltend gemachte Unterlassungsanspruch sachlich wirklich berechtigt ist, lässt sich mit einem ganzen Kanon

von gesetzlichen Schutzmaßnahmen begegnen; sie sind deswegen auch das probate – und einzige – Mittel, das angebracht ist.

– Damit kapriziert sich die Versagung des Unterlassungsanspruchs auf solche Fälle, bei denen sowohl der **Rechtsbestand** des Patents **als auch** dessen **widerrechtliche Benutzung als unverrückbar** feststehend behandelt werden können und trotz dieser (angenommenen) Ausgangslage im Streitfall derart besondere Umstände gegeben sind, dass es ausnahmsweise geboten erscheint, den Täter trotz seiner deliktischen Tat (= Patentverletzung) ohne ein in die Zukunft gerichtetes, sein rechtswidriges Tun beendendes Verbot davonkommen zu lassen. 585

Der damit umrissene Anwendungsbereich für den Unverhältnismäßigkeitseinwand ist freilich noch weiter einzuschränken. Weitgehend auszunehmen sind nämlich diejenigen Fallkonstellationen, für die das Gesetz an anderer Stelle bereits **spezielle Regelungen** dazu enthält, wie dem Integritätsinteresse des Verletzers Rechnung zu tragen ist. Umstände, die durch Spezialvorschriften reflektiert sind, können, wenn die Spezialvorschrift versagt, grundsätzlich keinen allgemeinen Verhältnismäßigkeitseinwand rechtfertigen. Das hindert freilich nicht, »fallgruppenübergreifend« eine Unverhältnismäßigkeit zu bejahen, wenn sich der Entscheidungssachverhalt nicht in den spezialgesetzlich adressierten Umständen erschöpft, sondern im Sachverhalt Tatsachen hinzutreten, die unter Geltung der Spezialvorschrift keine Bedeutung haben, die aber in einer Gesamtabwägung mit den übrigen Tatumständen die Annahme einer unverhältnismäßigen Härte rechtfertigen. Das einzige, was *nicht* sein kann, ist, dass derjenige Sachverhalt, der eine spezielle gesetzliche Regelung erfahren hat und der unter eben dieser Regelung den Unterlassungsanspruch und seine Durchsetzbarkeit nicht beseitigt oder einschränkt, im Rahmen der allgemeinen Unverhältnismäßigkeitsprüfung – *identisch* – dafür herangezogen wird, die Durchsetzung des Unterlassungsanspruchs zu versagen. 586

Solches trifft auf marktbeherrschende **SEP mit FRAND-Erklärung** zu. Dank der EuGH-Vorgaben aus der Entscheidung »Huawei Technologies/ZTE«[905] existiert ein ausgeklügeltes System wechselseitiger Pflichten, die bei der gerichtlichen Durchsetzung eines Unterlassungsanspruchs zu beachten sind und die den widerstreitenden Interessen des marktbeherrschenden Schutzrechtsinhabers einerseits und des wegen der Standardsetzung auf eine Benutzung des SEP angewiesenen Wettbewerbers (Art 102 AEUV) andererseits in einen angemessenen Ausgleich bringen. Überall dort, wo das besagte Regime von Verletzungsanzeige, Lizenzierungsbitte und FRAND-Angebot zu absolvieren ist (weil das eingeklagte SEP eine marktbeherrschende Stellung auf dem nachgelagerten Produktmarkt vermittelt), bestimmen die Regeln der EuGH-Rechtsprechung, ob der Unterlassungsanspruch durchsetzbar ist, und nicht allgemeine Verhältnismäßigkeitserwägungen. Wer deshalb auf ein FRAND-Bedingungen genügendes Lizenzangebot des SEP-Inhabers nicht eingeht oder nicht einmal um eine FRAND-Lizenz bittet, hat die sich daraus ergebenden Konsequenzen für die Durchsetzung des Unterlassungsanspruchs zu tragen und kann nicht erwarten, in Anwendung allgemeiner Verhältnismäßigkeitserwägungen von einer Unterlassungsverurteilung verschont zu bleiben. Im Rahmen der Gesamtabwägung wird insofern die Tatsache den Ausschlag geben müssen, dass der Verletzer seinen ihm im Rahmen des FRAND-Prozedere obliegenden Handlungspflichten zuwidergehandelt hat und es deshalb von ihm selbst zu verantworten ist, dass er sich einer – von ihm zumutbar abzuwendenden – Unterlassungspflicht gegenübersieht. 587

---

905 EuGH, GRUR 2015, 764 – Huawei Technologies/ZTE.

588 Anders verhält es sich nach dem Willen des Gesetzgebers bei der patentrechtlichen **Zwangslizenz** nach § 24 PatG.[906] Während die Zwangslizenz zu einem positiven Benutzungsrecht am Patent führt, hat die Anwendung des Verhältnismäßigkeitsgrundsatzes lediglich zur Folge, dass der Unterlassungsanspruch (ganz oder teilweise) nicht mehr durchsetzbar ist. Außerdem trägt § 24 PatG ausschließlich den Interessen des Patentbenutzers Rechnung, um dessen Benutzungsrecht es im Zwangslizenzverfahren geht, aber nicht den grundrechtlich geschützten Belangen des Patienten, für den das Verfahren nach § 24 PatG nicht zur Verfügung steht.[907] Dennoch werden mit dem tatbestandlich vorausgesetzten »öffentlichen Interesse«, das an der Einräumung einer Zwangslizenz gegeben sein muss, auch und gerade die Belange der Patienten reflektiert und wahrgenommen. Wenn § 24 PatG – was unbestreitbar ist – in seiner Rechtsfolge weiter geht, indem dem Benutzer ein positives Benutzungsrecht an der Erfindung eingeräumt wird, während es im Zusammenhang mit einer Unverhältnismäßigkeit der Unterlassungsverurteilung bloß um ein Durchsetzungshindernis in Bezug auf einen einzelnen Anspruch nach erfolgter Patentverletzung geht, bleibt es de facto aber trotzdem dabei, dass in Situationen, in denen der Gesetzgeber keinen Bedarf dafür gesehen hat, einem Dritten die Benutzung der Erfindung zu gestatten (zB weil kein hinreichendes öffentliches Interesse an einer Drittbenutzung besteht), ein dazu konträres Ergebnis nicht dadurch herbeigeführt werden darf, dass dem im Zwangslizenzverfahren obsiegenden Schutzrechtsinhaber über allgemeine Verhältnismäßigkeitserwägungen eine *inhaltlich gleiche* faktische Benutzungsgestattung durch Aberkennung seines Unterlassungsanspruchs abverlangt wird. Bei der Unverhältnismäßigkeit einer Unterlassungsverurteilung aufgrund entgegenstehender Drittinteressen von Patienten kann es deshalb nur darum gehen, dann, wenn ein Zwangslizenzverfahren keinen Erfolg gehabt hat oder haben kann, weniger einschneidend in die Rechte des Verletzten einzugreifen, um zB eine vorübergehende, behutsame Umstellung der Patienten oder den Abschluss eigener Forschungen für eine Alternativlösung im Interesse der Patienten zu ermöglichen. Gestützt auf den Einwand der Unverhältnismäßigkeit kommt deshalb wegen solcher Umstände, die Gegenstand der Prüfung im Zwangslizenzverfahren sind, kein dauerhafter Anspruchsausschluss in Betracht, sondern allenfalls eine weniger einschneidende vorübergehende Versagung des Anspruchs auf Unterlassung. Sie muss freilich – abgesehen davon, dass dem Verletzer eine Fortsetzung seines deliktischen Tuns gestattet wird, was als solches nicht von ausschlaggebender Bedeutung sein kann – von objektivem Nutzen sein, zB dergestalt, dass eine Patientengruppe, die aktuell mit dem Verletzungsgegenstand medizinisch behandelt wird und deren Umstellung auf ein anderes Medikament nicht möglich oder nicht zumutbar ist, geordnet zu Ende therapiert werden kann.

589 Ein vorübergehender Durchsetzungsausschluss aus Verhältnismäßigkeitsgründen kommt freilich nicht in Betracht, wenn es der Verletzer versäumt hat, sich rechtzeitig um eine Lizenzerteilung zu bemühen, die, wäre sie unternommen worden, erfolgreich verlaufen wäre.[908] Daran ändert nichts der Umstand, dass es letztlich die Patienten (und nicht der **säumige Verletzer**) sind, die die Nachteile des dilatorischen Verhaltens eines Patentverletzers zu tragen haben, der sich nicht beizeiten um eine Zwangslizenz kümmert und dem deshalb auch die Unterlassungsverurteilung nicht unter Verhältnismäßigkeitsgesichtspunkten erspart bleibt. Das allein kann aber kein Grund sein, gleichwohl anzunehmen, die Durchsetzung des Unterlassungsanspruchs durch den Patentinhaber sei unverhältnismäßig. Denn die Patienten hätten dieselben Nachteile, vorübergehend nicht angemessen medizinisch versorgt zu sein, auch dann in Kauf zu nehmen, wenn dem

---

906 So auch schon Stierle, GRUR 2020, 262, 266.
907 Stierle, GRUR 2020, 262, 266.
908 LG Düsseldorf, Urteil v 7.7.2022 – 4c O 18/21.

Verletzer eine Umstellungsfrist eingeräumt worden wäre, dieser die ihm eröffnete Möglichkeit aber nicht im Interesse seiner Patienten genutzt, sondern sie unverändert mit dem Verletzungsprodukt therapiert hätte.

dd) Gesamtabwägung

Im Hinblick auf die gebotene Gesamtabwägung[909] aller für und gegen ein Unterlassungsgebot streitenden Umstände sind folgende grundsätzliche Vorüberlegungen festzuhalten: 590

– Der Anreiz für (teils mit immensen Mühen und Kosten verbundenes) erfinderisches Bemühen speist sich ganz maßgeblich aus dem Lohn, der dem Erfinder durch die Patenterteilung winkt und der sich vordringlich in der Möglichkeit verfestigt, jeden Wettbewerber von der Erfindungsbenutzung auszuschließen und damit auf dem Markt eine Monopolstellung einzunehmen. Ohne Unterlassungsanspruch existiert deshalb keine Anreizfunktion. Der mit dem Unterlassungsanspruch gesicherte Ausschluss Dritter von der Patentbenutzung fördert den technischen Fortschritt aber noch auf eine weitere Weise, indem er dazu anhält, selbst erfinderisch tätig zu werden, um ohne die Benutzung der fremden Erfindung (nämlich mit einer eigenen Umgehungslösung) als Konkurrent am Markt bestehen zu können. Der Unterlassungsanspruch muss deshalb im Verletzungsfall wirksam durchsetzbar sein und generalpräventiv abschreckende Wirkung entfalten. Ein Absehen vom Unterlassungsanspruch hat in Anbetracht dessen auf ganz besondere, singuläre Einzelfälle beschränkt zu bleiben. Hiervon geht ausdrücklich auch der Gesetzgeber aus, wenn in der Begründung zu dem geplanten § 139 Abs 1 Satz 2 PatG – billigend, jedenfalls nicht tadelnd – auf die BGH-Entscheidung »Wärmetauscher«[910] Bezug genommen wird, mit der schon die denkbar mildeste Beschränkung des Unterlassungsanspruchs durch Gewährung einer Aufbrauchfrist äußerst – und in dem konkreten Fall deutlich zu – streng gehandhabt worden ist. 591

– Soweit in der Vergangenheit – personenspezifisch – **Patentverwertern** der Unterlassungsanspruch streitig gemacht worden ist, besteht hierfür kein Anlass. Sie sind, nachdem das PatG ausdrücklich keinen Benutzungszwang fordert, vollwertige Schutzrechtsinhaber, die mit ihrer auf die Lizenzvergabe gerichteten Geschäftstätigkeit nicht nur eine rechtlich zulässige und schon deswegen rechtsschutzwürdige Erfindungsverwertung betreiben, sondern die mit ihrem Einschreiten gegen Verletzer den notwendigen Schutz freiwilliger Lizenznehmer gewährleisten und damit ganz entscheidend dafür verantwortlich sind, dass auf dem nachgelagerten Produktmarkt gleiche Wettbewerbsverhältnisse herrschen, indem wirksam dagegen eingeschritten wird, dass einzelne Verletzer mit sich aus der Nichtzahlung von Lizenzgebühren ergebenden ungerechtfertigten Kostenvorteilen am Markt operieren können. 592

Aus der Tatsache, dass die Eigenschaft des Klägers als Patentverwerter für sich allein betrachtet den Unterlassungsanspruch nicht zu Fall bringt, folgt freilich nicht, dass der besagte Umstand im Rahmen der Gesamtabwägung überhaupt keine Bedeutung hat. Das Gegenteil ist richtig. Existieren beispielsweise keine vertraglichen Lizenznehmer, die in Schutz zu nehmen sind, zieht die mangelnde Beeinträchtigung des Klägers in einer eigenen operativen Patentbenutzung durch Herstellung und Vertrieb erfindungsgemäßer Produkte ein tendenziell geringeres Schutzbedürfnis nach sich, welches folglich durch die Belange des Verletzers leichter überwunden werden kann, als wenn der Kläger für den Absatz seiner eigenen Ware auf eine Durchsetzung seines Patents angewiesen wäre. In diesem Zusammenhang verbietet auch das Angewiesen- 593

---

909 BT-Drucks 19/30498 v 9.6.2021, S 61.
910 BGH, GRUR 2016, 1031 – Wärmetauscher.

sein des Verletzten auf Lizenzeinnahmen für die Fortführung seines eigenen Geschäftsbetriebes keine Beschränkung in der Durchsetzung des Unterlassungsanspruchs. Denn § 139 Abs 1 Satz 4 PatG sieht ausdrücklich vor, dass dem Verletzten ein finanzieller Ausgleich zugesprochen werden, womit seinen pekuniären Interessen Rechnung getragen ist.

594 – Verhältnismäßig gering ist das Schutzbedürfnis des Patentinhabers, wenn er **ohne triftigen Grund von einer zügigen Durchsetzung seiner Verbietungsrechte absieht** und dadurch verschuldet, dass auf der Seite des Verletzers erhebliche Investitionen getätigt werden, die sich im Falle einer Unterlassungsverurteilung als nutzlos erweisen. Umgekehrt gilt, dass der Verletzer umso weniger schutzwürdig ist, je größer sein Verschulden an der Patentverletzung ist, sodass eine Unverhältnismäßigkeit bei **Vorsatz und grober Fahrlässigkeit** im Allgemeinen auszuscheiden hat. Für die Annahme eines zumindest fahrlässigen Verhaltens reicht es aus, dass sich der Verletzer erkennbar in einem Grenzbereich des rechtlich Zulässigen bewegt und deshalb eine von der eigenen Einschätzung abweichende Beurteilung der rechtlichen Zulässigkeit seines Verhaltens jedenfalls in Betracht ziehen muss.[911] Zu seinen Gunsten kann sich dabei auswirken, dass er das streitgegenständliche Verhalten längere Zeit unbeanstandet vorgenommen hat, wobei eine Verurteilung in den Vorinstanzen aber dazu führen kann, dass der Beklagte sich auf einen ungünstigen Ausgang auch des Revisionsverfahrens einstellen konnte und musste.[912]

595 – Grund, von einer Unterlassungsverurteilung abzusehen, kann nach den Geboten von Treu und Glauben regelmäßig dort nicht bestehen, wo es der Verletzer bei entsprechendem Bemühen selbst in der Hand hat, die für ihn nachteiligen Folgen eines Unterlassungsgebotes in zumutbarer Weise abzuwenden. Die Maßnahmen müssen, um beachtlich zu sein, vor dem Ablauf der Schutzdauer realisierbar sein und dem Verletzer dementsprechend eine Handlungsalternative zu den Verletzungshandlungen bieten.

596 In Betracht kommt zunächst eine **Lizenznahme** am Klagepatent. Sie ist als Abwendungsmaßnahme relevant, sofern der Patentinhaber lizenzierungsbereit ist und seine Lizenzkonditionen objektiv rechtmäßig und subjektiv zumutbar sind. Eigene Anstrengungen zur Beseitigung der bei einer Unterlassungsverurteilung und ihrer Durchsetzung drohenden Härte enden deswegen nicht schon dort, wo die Lizenzkonditionen an die Grenze des Vertretbaren gehen, sondern erst dann, wenn sie entweder rechtswidrig (insbesondere kartellrechtswidrig, zB ausbeuterisch) oder (zB mit Rücksicht auf die Wettbewerbssituation des Verletzers in dem von ihm bedienten Markt) nicht mehr zumutbar sind.

597 – Des Weiteren hat sich der Verletzer in geeigneten Fällen[913] darum zu bemühen, auf eine **patentfreie Technik auszuweichen**, die er sich entweder durch eigene Entwicklungsbemühungen erschließen oder auf die er im Wege der Lizenznahme bei Dritten Zugriff nehmen kann. Wo immer der Verletzer in zumutbarer Weise imstande ist, die ihm drohende Härte durch eigene Initiative abzuwenden, hat er tätig zu werden. Wer solches vorwerfbar versäumt, muss anschließend mit der Unterlassungsverurteilung und ihren – ggf sogar existentiellen – Folgen leben.

598 Die Anforderungen an ein eigenes, »schadenabwendendes« Verhalten sind streng. Es ist alsbald, nachdem der Verletzungssachverhalt offenbar wird, zu entfalten. In wel-

---

[911] BGH, GRUR 2022, 930 – Knuspermüsli II.
[912] BGH, GRUR 2022, 930 – Knuspermüsli II.
[913] ... damit ist gemeint, dass es um technische Sachverhalte geht, bei denen eine »Umgehung« des Klagepatents überhaupt sinnvoll in Betracht kommt. Wo vernünftigerweise keine Handlungsoptionen existieren, müssen selbstverständlich auch keine Aktivitäten entfaltet werden.

chem Maße Zurückhaltung und Zögern des Verletzers hinzunehmen sind, hängt – **wechselwirkend** – einerseits von der Güte seiner Nichtverletzungsargumente und andererseits von dem Umfang und Gewicht derjenigen Investitionen und Leistungen ab, die für eine patentfreie Technik und ihre Benutzung aufzubringen sind. Je geringer sich das notwendige finanzielle Engagement – auch gemessen an der Wirtschaftskraft des konkreten Verletzers – darstellt, umso eher sind Bemühungen auch dort und schon dann angebracht, wenn zwar die besseren Argumente gegen eine Patentverletzung sprechen, sich der Verletzungsvorwurf aber nicht mit Gewissheit ausräumen lässt. Umgekehrt gilt: Investitionen von wirklich bedeutendem Umfang dürfen zurückgestellt werden, so lange die objektiv besseren Gründe für eine Nichtverletzung sprechen; ansonsten sind sie beizeiten in Angriff zu nehmen. In Sachverhaltsgestaltungen zwischen diesen beiden Extremen nimmt die zu fordernde Investitionsbereitschaft tendenziell in dem Maße zu, in dem die Argumente für eine Patentverletzung an Güte gewinnen. Steht das Patent zu demjenigen Zeitpunkt, zu dem die Bemühungen zu entfalten sind, vor dem Ablauf, entbindet dies nicht per se von entsprechenden Maßnahmen. Der absehbare Schutzrechtsablauf kann nur insofern von Bedeutung sein, als es um eine kostspielige Ausweichtechnik geht, deren Investitionskosten innerhalb der Restlaufzeit auch in einem irgendwie nennenswerten Umfang nicht mehr amortisiert werden kann.

Da das Fehlen eigener zumutbarer Abwendungsmöglichkeiten zur Schlüssigkeit eines Unverhältnismäßigkeitseinwandes zählt, liegt die **Vortragslast** zum Fehlen solcher Optionen beim Verletzer. Er hat von sich aus sowohl eine mangelnde Lizenzbereitschaft des Patentinhabers als auch – bei bestehender Lizenzierungsbereitschaft – die Unredlichkeit der von ihm offerierten Lizenzbedingungen darzutun. Gleiches gilt für die mangelnde Verfügbarkeit zumutbarer Drittlizenzen oder technischer Lösungen zur Umgehung des Klagepatents. 599

ee) Abwägungsfaktoren auf Verletzerseite

Nach dem Gesetzeswortlaut müssen für eine Beschränkung des Unterlassungsanspruchs *besondere* **Umstände** vorliegen, die beim Verletzer zu einer durch das Ausschließlichkeitsrecht *nicht gerechtfertigten* **Härte** führen. Beide Bedingungen stellen klar, dass diejenigen Nachteile, die typischerweise damit verbunden sind, dass das patentverletzende Tun vom Verletzer einzustellen ist, keinerlei Bedeutung haben. Selbst wenn der Geschäftsbetrieb des Verletzers im Falle einer Unterlassungsverurteilung und -vollstreckung existenziell gefährdet ist oder sogar absehbar vor der Vernichtung steht (zB weil das Verletzungsprodukt die alleinige oder tragende Grundlage seines Unternehmens bildet), mag zwar eine Härte gegeben sein, aber jedenfalls keine solche, die auf *besonderen* Umständen beruht, und auch keine solche, die *nicht* durch das Ausschließlichkeitsrecht *gerechtfertigt wäre*.[914] Die – auch existenziellen – Unterlassungsfolgen repräsentieren vielmehr die regelmäßige Folge eines künftig zu unterlassenden Schutzrechtseingriffs. *Besonders* wird der Sachverhalt erst dadurch, dass auf Seiten des Verletzers – über den reinen Tatbestand der Patentverletzung hinaus – spezielle Umstände vorliegen, die ihn in seiner Betroffenheit aus der Masse der gewöhnlichen Verletzer herausheben und derentwegen sich der mit einer Unterlassungsverurteilung verbundene Eingriff in seine Geschäftstätigkeit nicht darauf beschränkt, die Benutzung des Patents (= Angebot und Vertrieb des patentgeschützten Gegenstandes als solche) fortan unterlassen zu müssen, sondern derentwegen seine Geschäftstätigkeit darüber hin- 600

---

914 Dasselbe gilt für wertlos werdende Entwicklungs-, Marktschließungs- und Zulassungsbemühungen für einen patentverletzenden Gegenstand, der als solcher Gegenstand des Handelsverkehrs ist. Auch sie rechtfertigen keine Beschränkung des Unterlassungsanspruchs, selbst wenn sie im Falle einer Verurteilung den Ruin des Verletzers bedeuten.

aus in einer Weise in Mitleidenschaft gezogen wird, dass die ihn treffenden Folgen einer Unterlassungsverurteilung derart weit reichen, dass sie durch den vorgefallenen Schutzrechtseingriff ausnahmsweise nicht zu rechtfertigen sind.

601 Dies kann klassischerweise der Fall sein, wenn der Patentgegenstand bloß ein untergeordnetes **Teil eines** größeren, **komplexen Gegenstandes** ist, den der Verletzer vertreibt oder sonst wie benutzt. Lässt sich der Patentgegenstand technisch und/oder wirtschaftlich nicht (jedenfalls nicht innerhalb des laufenden Rechtsstreits) von dem patentfreien Rest separieren, sodass mit einem gerichtlichen Verbot einer Patentbenutzung zwangsläufigerweise der komplexe Verkaufsgegenstand als Ganzes vom Markt oder aus der anderweitigen Benutzung des Verletzers genommen werden muss, so zeitigt das Unterlassungsgebot Folgen, die über den Schutzgegenstand des Patents hinausgehen und somit zu (kollateralen) Schäden erheblichen Ausmaßes beim Verletzer führen, die durch das Monopolrecht des Verletzten nicht gerechtfertigt sein können. Letzteres liegt nahe, wenn der patentgeschützte Teil auf eine Weise in den Rest des Verkaufsgegenstandes integriert ist, dass seine kurzfristige Herausnahme oder technische Änderung praktisch unmöglich ist. Die gegenseitige Verquickung von Patentgeschütztem und Patentfreiem kann auf rein technischen Gegebenheiten beruhen (zB der notwendig wechselseitigen Abstimmung einzelner Komponenten untereinander), aber auch auf langwierigen behördlichen Zulassungsverfahren, die bei einer Änderung des Verkaufsgegenstandes (neu) zu absolvieren sind. Das Schutzbedürfnis des Verletzers kann hierbei weiter dadurch erhöht sein, dass die im guten Glauben unternommene Produktentwicklung (und ggf Produktzulassung oder -zertifizierung) des komplexen Verletzungsgegenstandes besonders kosten- und/oder zeitintensiv gewesen ist, sodass durch das Unterlassungsgebot erhebliche Investitionen wertlos werden, die der Verletzer außerhalb des Patentgegenstandes vorgenommen hat.

602 **Drittinteressen** oder solche der Allgemeinheit sind relevant und können den Ausschlag geben. Sie gewinnen nicht erst dann Bedeutung, wenn im Zuge der beeinträchtigten Drittinteressen wenigstens mittelbar die Belange des Verletzers (zB in Form schwindender Marktanteile oder Umsätze) betroffen sind.

603 Obwohl der Unterlassungsanspruch verschuldensunabhängig ist, spielt der **Grad des Verschuldens** auf Verletzerseite bei der Verhältnismäßigkeitsprüfung nach der Gesetzesbegründung dennoch eine wichtige Rolle. Eine Beschränkung des Unterlassungsanspruchs soll nämlich regelmäßig zu versagen sein, wenn dem Verletzer eine vorsätzliche oder grob fahrlässige Schutzrechtsverletzung zur Last fällt.

ff) Abwägungsfaktoren auf Klägerseite

604 Auf der Seite des Patentinhabers fallen beispielhaft folgende, für die Gewährung eines Unterlassungsanspruchs sprechende Umstände ins Gewicht, wobei es jeweils darauf ankommt, wie existenziell der Patentinhaber oder seine Lizenznehmer auf eine Durchsetzung der Ausschließlichkeitsrechte angewiesen sind: Schutz der eigenen Position des Patentinhabers auf dem Markt für erfindungsgemäße Produkte, Schutz vertraglicher Lizenznehmer vor ungleichen Wettbewerbsbedingungen, die sich daraus ergeben, dass der Verletzer ohne diejenigen Kosten kalkulieren kann, die die Vertragslizenznehmer für die rechtmäßige Patentbenutzung aufwenden und einpreisen müssen[915], vor allem dann, wenn der Patentinhaber für sein eigenes Unternehmen auf die Lizenznehmer und deren Vertragstreue angewiesen ist; zügige Durchsetzung der Patentrechte, sodass der Verletzer seine (ggf nennenswerten) Investitionen nicht in gutem Glauben, sondern in dem erkennbaren Risiko eines Schutzbereichseingriffs unternommen hat.

---

915 Auf der Durchsetzungsseite sind Dritt- und Allgemeininteressen beachtlich!

gg) Rechtsfolgen

(1) Anderweitige Verletzungsansprüche

Bevor näher auf die möglichen Beschränkungsmaßnahmen eingegangen wird, die im 605
Falle einer Unverhältnismäßigkeit des Unterlassungsanspruchs denkbar sind, soll ein
kurzer Blick darauf geworfen werden, ob und wie sich die Unverhältnismäßigkeit der
Unterlassung auf die anderen Ansprüche wegen Patentverletzung auswirkt.

Da mit jeder Beschränkung des Unterlassungsanspruchs (und deshalb auch mit der 606
Gewährung einer Aufbrauchsfrist) nur die Durchsetzung des Unterlassungsanspruchs
eingeschränkt wird, sich aber nichts an der schuldhaft rechtswidrigen Patentbenutzung
ändert, sind die fortdauernden (zB während der Aufbrauchsfrist begangenen) Benutzungshandlungen in vollem Umfang auskunfts-, rechnungslegungs- und **schadenersatzpflichtig**.

Auf der anderen Seite bedeutet ein Durchgreifen des Unverhältnismäßigkeitseinwandes 607
gegenüber dem Unterlassungsanspruch notwendigerweise, dass auch die Durchsetzung
des **Rückruf- und Vernichtungsanspruch**s (die faktisch zu einem Unterbleiben weiterer Benutzungshandlungen und damit letztlich zu einem Unterlassen führen würden)
unverhältnismäßig ist und genauso wie der Unterlassungsanspruch nicht oder für einen
bestimmten Zeitraum nicht zuerkannt werden dürfen. Zur Klarstellung: Unter den für
den Rückruf- und Vernichtungsanspruch geltenden Voraussetzungen kann es darüber
hinaus weitere Fälle geben, in denen sich der Rückruf- oder Vernichtungsanspruch als
unverhältnismäßig erweist.

(2) Mögliche Beschränkungsmaßnahmen

Die wohl mildeste Beschränkung des Unterlassungsanspruchs liegt in der Gewährung 608
einer **Aufbrauchfrist**, also eines gerichtlich bestimmten Zeitfensters, während dessen der
Verletzer seine Benutzungshandlungen fortsetzen darf, um einen Vorrat an Verletzungsgegenständen abverkaufen zu können.[916] Im Vergleich zum Lauterkeits- und Markenrecht kommt die Gewährung einer Aufbrauchfrist im Patentrecht nur unter verschärften
Bedingungen in Betracht. Sie erfordert, dass die sofortige Durchsetzung des Unterlassungsausspruchs auch unter Berücksichtigung der Belange des Verletzten aufgrund der
besonderen Umstände des Einzelfalls eine unverhältnismäßige Härte darstellt, die durch
das gesetzlich verbürgte Ausschließlichkeitsrecht und die regelmäßigen Folgen seiner
Durchsetzung nicht gerechtfertigt und deswegen ausnahmsweise treuwidrig ist.[917] Dafür
genügt es nach der geltenden (vor der Aufnahme des geplanten § 139 Abs 1 Satz 2 in das
PatG ergangenen) BGH-Rechtsprechung[918] im Zweifel noch nicht, dass der Verletzungsgegenstand lediglich ein einzelnes Element innerhalb eines komplexen Liefergegenstandes darstellt, dessen Verkauf durch die Unterlassungsverurteilung insgesamt blockiert
wird, sofern angemessene Lizenzierungsmöglichkeiten bestanden haben, die der Verletzer nicht genutzt hat.[919] Selbst wo sie nicht existieren, bedarf es stets gravierender und
unverhältnismäßiger Auswirkungen auf den Geschäftsbetrieb des Verletzers.[920] Ohne
sie rechtfertigt – jedenfalls isoliert – auch die Tatsache keine Aufbrauchfrist, dass die
Vorinstanz(en) eine Patentverletzung zu Unrecht verneint haben.[921] Wie lange die Aufbrauchfrist im Einzelfall zu bemessen ist, hängt von den konkreten Gegebenheiten des

---

916 Harmsen, GRUR 2021, 222.
917 BGH, GRUR 2016, 1031 – Wärmetauscher.
918 BGH, GRUR 2016, 1031 – Wärmetauscher (bedenklich; jedenfalls bei Berücksichtigung aller Umstände hätte eine geräumige Aufbrauchfrist gewährt werden müssen).
919 BGH, GRUR 2016, 1031 – Wärmetauscher.
920 BGH, GRUR 2016, 1031 – Wärmetauscher.
921 BGH, GRUR 2016, 1031 – Wärmetauscher.

betreffenden Marktes ab. Ggf kann es gerechtfertigt sein, die Frist nur danach zu bemessen, welche Zeit voraussichtlich erforderlich ist, um den wesentlichen Warenbestand (und nicht das allerletzte Verletzungsprodukt) zu veräußern.

609 Denkbar ist ebenso die – inhaltlich vergleichbare – Gewährung einer **Umstellungsfrist**.[922] Sie setzt keinen schutzrechtsverletzenden Warenbestand voraus, dessen Verwertung dem Verletzer ermöglicht werden soll, sondern sie dient dazu, dem Verletzer für eine gewisse Übergangszeit eine fortdauernde Marktpräsenz (sic: mit dem Verletzungsprodukt) zu erlauben, und zwar so lange, bis es ihm bei gehörigem Bemühen gelungen sein kann, mit seinem Produkt auf eine patentfreie Technik auszuweichen. Die Länge der Frist bestimmt sich wiederum nach den Verhältnissen des Einzelfalles, sodass zB notwendige Zulassungs- oder Genehmigungsverfahren den Umstellungszeitraum verlängern können. Im Einzelfall kann auch eine **Kombination** beider Fristen in Betracht kommen, indem zunächst eine Aufbrauchfrist gewährt wird, die anschließend um eine gewisse Umstellungsfrist verlängert wird.

610 Eine noch weitergehende Beschränkung besteht darin, den Unterlassungsanspruch für noch längere Zeit, als sie für ein Aufbrauchen des verletzenden Warenvorrates oder eine technische Umstellung auf eine schutzrechtsfreie Konstruktion notwendig wäre, oder sogar **dauerhaft** auszuschließen.

611 Darüber hinaus kommt jede **sonstige rechtlich zulässige Beschränkung** des Unterlassungsanspruchs in Betracht, die die Unverhältnismäßigkeit in dem Umfang beseitigt, in dem sie besteht, zB sachliche Beschränkungen des Unterlassungsanspruchs (der zB nur mit Blick auf bestimmte Verletzungsformen nicht durchsetzbar ist), geografische Beschränkungen oder abnehmerspezifische Beschränkungen (zB dergestalt, dass Unterlassung nur mit Blick auf bestimmte Abnehmergruppen, etwa Patientenpopulationen, nicht gefordert werden kann, gegenüber anderen aber sehr wohl).

612 Es versteht sich von selbst, dass eine den Unterlassungsanspruch stärker einschränkende Maßnahme immer nur und erst dann in Betracht kommen kann, wenn feststeht, dass alle milderen Maßnahmen nicht den erforderlichen Erfolg (im Sinne der Vermeidung einer durch das Monopolrecht nicht zu rechtfertigenden Härte für den Verletzer) versprechen. Jede über eine Aufbrauch- oder Umstellungsfrist hinausgehende Limitierung des Unterlassungsanspruchs bedarf deswegen besonderer sachlicher Begründung. Es wird sich um Sachverhalte handeln müssen, bei denen der Verletzer auf eine Patentbenutzung angewiesen ist, um mit seinem komplexen Produkt am Markt wettbewerbsfähig zu bleiben, ohne dass er eine realistische Möglichkeit zur technischen Umgehung oder zur Lizenznahme hat. Derartiges wird in der Praxis kaum vorkommen.

(3) Ausgleichsanspruch in Geld[923]

613 Ungeachtet der Frage, durch welche der erörterten Beschränkungsmaßnahmen der Unterlassungsanspruch limitiert wird, muss Vorsorge dafür getroffen sein, dass der Verletzte für die von ihm aus Gründen der Verhältnismäßigkeit zu duldenden widerrechtlichen (!) Verletzungshandlungen auf einfachem Weg eine wirtschaftliche Kompensation (in Form einer äquivalenten Entschädigungszahlung) erhält[924], sodass er nicht auf eine

---

922 Vorausgesetzt ist hierbei, dass es dem Verletzer nicht zum Vorwurf gemacht werden kann, dass er es bis zur mündlichen Schlussverhandlung nicht geschafft hat, eine Lizenz am Klagepatent zu zumutbaren Bedingungen zu erhalten und auch keinen Zugriff auf eine patentfreie Technik (sei es durch Eigenentwicklung, sei es durch Lizenznahme bei Dritten) zu erlangen.
923 Hoffmann, GRUR 2022, 286; Osterrieth, GRUR 2022, 299; Ohly, GRUR 2022, 303; Wagner, GRUR 2022, 294; McGuire, Mitt 2022, 49.
924 Letztlich handelt es sich um eine von Art 14 Abs 3 Satz 2 GG geforderte Entschädigung für die in der »Aberkennung« des Unterlassungsanspruchs liegende Enteignung des Patentinhabers.

umständliche eigene Rechtverfolgung (sic: das Führen eines langwierigen und kostspieligen Höheprozesses auf Schadenersatz) verwiesen ist. § 139 Abs 1 Satz 4 PatG sieht dementsprechend vor, dass der Verletzte, dessen Unterlassungsanspruch endgültig, vorübergehend oder teilweise nicht durchsetzbar ist, einen Ausgleich in Geld verlangen kann.[925] Der Anspruch ist, eben weil er den Rechtsverlust beim verschuldensunabhängigen Unterlassungsanspruch kompensieren soll, nicht von einem Verschulden des Verletzers abhängig. Und er kommt nicht nur in Ausnahmefällen zur Anwendung, sondern ist *zwingende* Folge jeder Beschränkung des Unterlassungsanspruchs, so dass seine Zuerkennung dem Grunde nach in materieller Hinsicht außer der Versagung des Unterlassungsanspruchs aus Verhältnismäßigkeitsgründen keine weiteren Tatbestandsvoraussetzungen hat und dementsprechend auch keine weiteren Darlegungen des Verletzten erfordert, wohl aber aus prozessualen Gründen einen dahingehenden Klageantrag des Patentinhabers (§ 308 ZPO) verlangt. Denn jeder materielle Anspruch, auch ein solcher, der unausweichliche Folge einer bestimmten Fallkonstellation ist, muss antragsmäßig aufgegriffen werden, damit er in einem Rechtsstreit vom Gericht zuerkannt werden kann (§ 308 ZPO). Keine Rolle spielt, ob die Versagung des Unterlassungsurteils auf einer streitigen Entscheidung des Gerichts beruht, weil der Patentinhaber bis zuletzt für eine Zuerkennung des Unterlassungsanspruchs eingetreten ist, oder ob der Kläger selbst zu der Erkenntnis ihrer Unverhältnismäßigkeit gelangt ist und deshalb von Beginn an oder im Laufe des Rechtsstreits den Unterlassungsanspruch fallen gelassen hat. Auch im zuletzt genannten Fall muss sich das Gericht von der Unverhältnismäßigkeit einer Durchsetzung des (formal nicht (mehr) geltend gemachten) Unterlassungsanspruchs als tatbestandlicher Voraussetzung für den Entschädigungsanspruch überzeugen.

Rechtstechnisch und aus Gründen materieller Gerechtigkeit wäre es ratsam gewesen, das Unterlassungsgebot nicht bedingungslos zu suspendieren, sondern dem Verletzer (zB für die Dauer der ihm gewährten Aufbrauch- oder Umstellungsfrist) nach Art einer Abwendungsbefugnis nur die Möglichkeit einzuräumen, die Wirkung des Unterlassungsausspruchs außer Kraft zu setzen, indem er (zB quartalsweise) über seine Benutzungshandlungen ordnungsgemäß Rechnung legt und eine vom Gericht bestimmte Entschädigungszahlung (zB eine bestimmte Stück- oder Umsatzlizenz) fristgerecht an den Verletzten leistet. Die Entschädigungszahlung wäre auf diese Weise an den konkreten Benutzungsumfang des Beklagten gekoppelt und infolgedessen präzise und in hohem Maße gerecht bestimmt. Um den Verletzer ernsthaft zur Pflichterfüllung anzuhalten und um zu vermeiden, dass der Unterlassungsanspruch, nachdem Pflichten versäumt wurden, vorübergehend durchsetzbar wird und die Durchsetzbarkeit anschließend wieder dadurch wegfällt, dass die versäumten Handlungen vom Verletzer nachgeholt werden, und sich dieses Prozedere ggf mehrmals wiederholt, sollte schon die erst- und einmalige schuldhafte Säumnis den Unterlassungsanspruch endgültig durchsetzbar machen, also die Beschränkung (zB in Gestalt einer Aufbrauch- oder Umstellungsfrist) unwiederbringlich verloren gehen. Nachfolgend hierzu ein …

614

Praxistipp	Formulierungsbeispiel
Der Beklagte wird verurteilt, es zu unterlassen, ….	
Für die Zeit bis zum … (Ablauf der Aufbrauch- oder Umstellungsfrist) kann der Beklagte das Unterlassungsgebot dadurch außer Kraft setzen, dass er dem Kläger binnen 2 Wochen nach	

615

---

925 Der Ausgleichsanspruch entsteht nicht, wenn es zur Unterlassungsverurteilung kommt und der Verletzte lediglich freiwillig davon absieht, diesen durchzusetzen (zB weil er den bisher mit dem Verletzungsprodukt versorgten Patienten die Umstellung auf sein eigenes Präparat ermöglichen will).

D. Klageverfahren

> Ablauf jedes Quartals unter Angabe der Liefermengen, Lieferzeiten und Lieferpreise, der Namen und Anschriften der Lieferempfänger sowie des erzielten Umsatzes Rechnung über seine Benutzungshandlungen legt und innerhalb derselben Frist die sich daraus ergebende Entschädigung in Höhe einer Umsatzlizenz von ... % des Nettoverkaufspreises an den Kläger zahlt.
>
> Kommt der Beklagte auch nur ein einziges Mal mit einer der vorgenannten Pflichten in Verzug, büßt er endgültig das Recht ein, das Unterlassungsgebot außer Kraft zu setzen.

616 Bedauerlicherweise geht der Gesetzgeber diesen Weg nicht, sondern schließt die Durchsetzung des Unterlassungsanspruchs in den Fällen der Unverhältnismäßigkeit rigoros aus und weist dem Patentinhaber dafür im Gegenzug lediglich einen Ausgleichsanspruch in Geld zu, der üblicherweise nach Lizenzregeln zu bemessen sein soll[926],[927]. Wie diese Entschädigung liquidiert werden soll, lässt der Begründungstext freilich nicht ansatzweise erkennen. Die in Betracht kommenden Möglichkeiten sollen deshalb im Folgenden (vgl Rdn 621 ff) beleuchtet werden.

617 Bevor dies geschehen kann, ist allerdings zunächst zu klären, **welche Benutzungshandlungen** überhaupt **entschädigungspflichtig sind**.

618 In der gerichtlichen Praxis wird sich regelmäßig die Frage stellen, ob dem Verletzten – bezogen auf den Schluss der letzten mündlichen Verhandlung – ein Geldausgleich nur für die **Zukunft oder auch** für in der **Vergangenheit** bereits begangene Handlungen zuzusprechen ist. Denn typischerweise wird mit der Klage ein Unterlassungsanspruch verfolgt, wobei die Parteien darum streiten werden, ob dieser aus Gründen der Verhältnismäßigkeit ausgeschlossen und der Anspruchsausschluss mit einer finanziellen Kompensation auszugleichen ist. Während des Rechtsstreits wird der Verletzer seine Benutzungshandlungen im Zweifel fortsetzen. Gelangt das Gericht in einer solchen Situation zu der Erkenntnis, dass der Unterlassungsanspruch aus Verhältnismäßigkeitsgründen ausgeschlossen und deshalb abzuweisen ist, dem Verletzten als Ausgleich aber eine Geldentschädigung zusteht, so kommen als ausgleichspflichtige Handlungen sowohl diejenigen Benutzungen in Betracht, die vor dem Urteilsspruch bei schon zu diesem Zeitpunkt materiell ausgeschlossenem Unterlassungsanspruch vorgefallen sind, als auch diejenigen, die der Verletzer nach erfolgter Abweisung der Unterlassungsklage vornehmen wird. Für eine beide Zeiträume umspannende Entschädigungspflicht ließe sich anführen, dass der Ausgleich in Geld für den materiellen »Verlust« des Unterlassungsanspruchs und damit für die gesetzlich angeordnete Duldung der gegnerischen Benutzungshandlungen geschuldet wird. Ob dem ein gerichtlicher Titel zugrunde liegt oder nicht, hat dafür keinen Belang, weswegen vor dem oder während des Rechtsstreits unternommene Benutzungen genauso ausgleichspflichtig sind wie solche, die der Verletzer, geschützt durch eine abgewiesene Unterlassungsklage, vorgenommen hat. Richtiger erscheint es jedoch, in den Mittelpunkt zu stellen, dass die Entschädigung den Preis für die »Aberkennung« des in die Zukunft gerichteten Unterlassungsanspruchs repräsentiert. Dementsprechend wird die Entschädigung für diejenigen Benutzungen des Beklagten geschuldet, die er während der Dauer der ihm aus Gründen der Unverhältnismäßigkeit »gestatteten« Patentbenutzung unternimmt. Relevant sind folglich Herstellungs- und Vertriebshandlungen, die nach der gerichtlichen Schlussverhandlung, auf die das den Unterlassungsanspruch abweisende Urteil ergeht, vorgenommen werden. Der hier bevorzugten Betrachtung steht nicht entgegen, dass der Entschädigungsanspruch nach § 139 Abs 1 Satz 4 PatG den Schadenersatzanspruch nach § 139 Abs 2 PatG unberührt lässt, beide Ansprü-

---

926 BT-Drucks 19/30498 v 9.6.2021, S 61.
927 ... womit das Risiko einer Realisierbarkeit des Ausgleichsanspruchs (vor allem bei ausländischen Verletzern) und das Insolvenzrisiko in vollem Umfang beim Verletzten liegt.

che also für dieselben Benutzungshandlungen nebeneinander existieren. Eine derartige Koexistenz stellt sich auch bei den nach den Schlussverhandlungen vorgenommenen Patentbenutzungen ein: Sie sind aus der Entscheidungsperspektive künftige, somit »gestattete« und folglich ausgleichspflichtige Handlungen und sie sind gleichzeitig (bei Vorliegen eines Verschuldens) schadenersatzbegründend.

Ungeachtet dessen kann der Ausgleichsanspruch nicht als **additiver Aufschlag zum geschuldeten Schadenersatz** verstanden werden. Die Gesetzesbegründung gibt für einen solchen »doppelten« Schadenersatz keinen Anhalt. Er widerspricht nicht nur der Gesetzesformulierung, derzufolge der Ausgleichsanspruch den Schadenersatzanspruch »unberührt« lässt, sondern ist auch sonst nicht zu rechtfertigen. Die Überlegung, Unterlassung und Schadenersatz würden gewöhnlich nebeneinander tenoriert, weswegen der Ausgleichsanspruch zusätzlich und den Schadenersatz erhöhend gewährt werden müsse, verfängt schon deshalb nicht, weil sich Unterlassung und Schadenersatz auf jeweils unterschiedliche Benutzungshandlungen des Verletzers beziehen. Während es beim Unterlassungsanspruch um künftige Benutzungen geht, die zu unterbleiben haben, kompensiert der Schadenersatzanspruch in der Vergangenheit geschehene Benutzungen. Dass unter Verstoß gegen ein Unterlassungsgebot begangene Verletzungen mit einem Ordnungsgeld sanktioniert werden (§ 890 ZPO) und der Verletzer dem Verletzten für dieselbe Handlung gleichzeitig Schadenersatz schuldet, ändert nichts. Denn das Ordnungsgeld fließt der Landeskasse zu und kommt somit gerade nicht dem Verletzten zugute. Abgesehen davon bedarf es auch keiner Bestrafung, wie sie mit einem Ordungsmittel bezweckt und verbunden ist, weil der Beklagte bei Ausschöpfung einer ihm gewährten Aufbrauchsfrist oder dergleichen keiner Unterlassungspflicht zuwiderhandelt, die Verbietungsrechte aus übergeordneten Gründen der Verhältnismäßigkeit vielmehr suspendiert sind. 619

Der Nutzen des Ausgleichsanspruchs muss anderswo gesucht werden, nämlich bei der raschen Verfügbarkeit der Ausgleichszahlung für den Verletzten: 620

- Ein **mit** der **Verletzungsklage verbundener bezifferter Entschädigungsantrag**, wie er aus der Schadensliquidation geläufig ist, scheidet von vornherein aus. Denn zum Zeitpunkt der mündlichen Verhandlung über die Patentverletzung weiß der anspruchsberechtigte Kläger nicht, in welchem Umfang der Beklagte künftig sein Patent (entschädigungspflichtig) benutzen wird. 621

- Eine dem Verletzungsprozess **nachlaufende**, sich an den gerichtlich eingeräumten Benutzungszeitraum anschließende (vernünftigerweise mit einem Rechnungslegungsantrag gekoppelte) **Zahlungsklage** (die als Stufenklage oder kombiniert mit einem Antrag auf Feststellung der Entschädigungspflicht zulässig wäre) hat zur Folge, dass derjenige Patentinhaber, der seinen Unterlassungsanspruch – oft aus Gründen, die mit ihm nicht das Geringste zu tun haben – einbüßt, seinem Geld »hinterherlaufen« muss, indem er zur Kompensation eines sofortigen Rechtsverlustes langwierige Rechtsverfolgungsbemühungen auf sich zu nehmen hat und zudem das Insolvenzrisiko des Verletzers trägt. Eine solche Konsequenz ist mit Rücksicht auf den hohen Stellenwert des Unterlassungsanspruchs und seine gerichtliche Durchsetzbarkeit für das Eigentumsrecht aus einem Patent in hohem Maße unbefriedigend. Die nachgeschaltete Entschädigungshöheklage erweist sich abgesehen davon aber auch aus einem weiteren Grund als sinnlos. Da entschädigungspflichtig nur diejenigen Benutzungen sind, die der Schlussverhandlung nachfolgen, ist für sie – allein wegen des gerichtlich festgestellten Schutzrechtseingriffs und des diese Feststellung tragenden Klagevorbringens im Prozess – ein mindestens fahrlässiges Verschulden und eine damit verbundene umfassende Schadenersatzhaftung des Beklagten – unausweichlich. Die Entschädigungspflicht hat vor diesem Hintergrund wirtschaftlich keine eigenständige Bedeutung mehr, weil kaum vorstellbar ist, dass die Entschädigung über den vom 622

Beklagten für denselben Benutzungszeitraum zu leistenden Schadenersatz (der immerhin den gesamten entgangenen Gewinn des Patentinhabers umfasst) hinausgeht.

623 – Eine im Verletzungsprozess erhobene Klage auf **künftige Leistung einer bezifferten Entschädigung** scheitert daran, dass die Voraussetzungen der §§ 257–259 ZPO in aller Regel nicht gegeben sein werden. Es lässt sich sogar darüber zweifeln, ob im Verletzungsurteil wenigstens ein die Entschädigungspflicht feststellender Ausspruch möglich ist, weil bei Verhandlungsschluss zwar zu vermuten sein mag, aber keineswegs feststeht, dass der Beklagte seine Benutzungshandlungen wenigstens in einem einzigen Fall fortsetzen wird. Selbst wenn dieses Hindernis überwunden werden kann, verschafft der Feststellungstenor dem Verletzten in jedem Fall keinen finanziellen Ausgleich für den von ihm sogleich hinzunehmenden Verlust seines Unterlassungsanspruchs.

624 – Um zu erreichen, dass der Verletzte in der gebotenen Weise *Zug um Zug* mit der Aberkennung seines Unterlassungsanspruchs ein finanzielles Äquivalent für seinen Rechtsverlust erhält[928], ist ein einziger Weg gangbar. Er besteht darin, dass das Verletzungsgericht, welches den Unterlassungsanspruch versagt, bei einem dahingehenden Klageantrag sogleich diejenige Geldentschädigung beziffert festsetzt und zuspricht, die als Surrogat an die Stelle des dem Verletzten vorenthaltenen Unterlassungsanspruchs tritt. Zwar befasst sich die Gesetzesbegründung bedauerlicherweise nicht mit der prozessualen Durchsetzung des Ausgleichsanspruchs, allerdings macht der Gesetzestext den bestehenden engen zeitlichen Zusammenhang zwischen der Versagung des Unterlassungsanspruchs und der Zuerkennung eines Ausgleichsanspruchs deutlich. Denn immer dann, *wenn* der Unterlassungsanspruch vom Gericht aus Gründen der Unverhältnismäßigkeit als nicht durchsetzbar beurteilt wird (§ 139 Abs 1 Satz 3 PatG), *ist* dem Verletzten vom Gericht ein angemessener Ausgleich in Geld zu gewähren (§ 139 Abs 1 Satz 4 PatG). Für das Gericht besteht also die Aufgabe, im Verletzungsprozess denjenigen Betrag zu ermitteln und dem Kläger nach Maßgabe seines – auch hilfsweise möglichen – Zahlungsantrages (§ 308 ZPO) beziffert zuzusprechen, der der »**Kaufpreis**« **für die Freiheit** des Beklagten **zur** (vorübergehend **weiteren**) **Patentbenutzung** sein soll.

625 – Der Ausgleichsanspruch ist – unabhängig von einer Vollstreckung des betreffenden Urteils (die bei gewährter Aufbrauchsfrist mit Blick auf den Unterlassungsanspruch zunächst auch überhaupt nicht stattfinden könnte) – sofort **fällig** und vollstreckbar.

626 – Hat das Landgericht eine Aufbrauchsfrist gewährt und zum Ausgleich dafür eine bezifferte Entschädigung zugesprochen, die auch gezahlt wurde, und kommt das Berufungsreicht anschließend zu der Erkenntnis, dass der Beklagte richtigerweise uneingeschränkt zur Unterlassung zu verurteilen gewesen wäre, so bleibt dem Patentinhaber für die inzwischen abgelaufene und in Anspruch genommene Aufbrauchsfrist der Ausgleichsanspruch (soweit er als solcher zutreffend bestimmt ist) erhalten und kann nur im Übrigen (dh anteilig für die nicht in Anspruch genommene restliche Aufbrauchsfrist) nach den Regeln des Kondiktionsrechts zurückgefordert werden.

627 – Was die **Anspruchshöhe** betrifft, hält die Gesetzbegründung fest, dass im Regelfall mindestens die übliche Lizenz geschuldet wird, im Ausnahmefall aber auch weniger zuzusprechen sein kann (wenn zB kein schutzwürdiges Interesse an einer Durchsetzung des Patents besteht) oder mehr (wenn der Verletzer zB im Vorfeld keine ernsthafte Schutz-

---

928 Genau darin, nämlich in einer vollstreckbaren und damit augenblicklich verfügbaren Entschädigung – und nicht in einer betragsmäßigen Aufstockung des geschuldeten Schadenersatzes – besteht der Sinn und Zweck des Ausgleichsanspruchs.

rechtsprüfung unternommen hat).⁹²⁹ Maßgeblich sind Verhältnismäßigkeitserwägungen, für die beispielsweise eine Rolle spielen kann, welches Maß an Verschulden den Verletzer dafür trifft, dass er sich jetzt in der eine weitere Patentbenutzung erfordernden Situation befindet und welchen wirtschaftlichen (Gesamt-)Nutzen er voraussichtlich aus der fortgesetzten Patentbenutzung zieht (Gewinnexpektanzen, erspartes Investitionsvolumen). Da es darum geht, den Patentinhaber für den Verlust seines Unterlassungsanspruchs in billiger Weise zu entschädigen, muss den Ausgangspunkt der Betrachtung der Umstand bilden, dass es um einen angemessenen Ausgleich für diejenigen wirtschaftlichen Nachteile (entgangene Umsätze und Gewinne aus Eigengeschäften oder reduzierte Lizenzeinnahmen) geht, die für den Patentinhaber damit verbunden sind, dass er den Verletzer nicht aufgrund seines Monpolrechts vom Markt ausschließen, sondern ihn weiterhin als Wettbewerber für sich und etwaige Lizenznehmer zu ertragen hat.

Um die mit der vorgesehenen Lösung verbundenen praktischen Unzulänglichkeiten wenigstens in Grenzen zu halten, kann es nicht angehen, zur Ermittlung des Ausgleichsanspruchs einen vollständigen Höheprozess (mit vorausgegangener Rechnungslegung) zu führen, der alle Bemessungsfaktoren akribisch abwägt. Folge hiervon wäre nämlich, dass dem Verletzten nicht nur sein Unterlassungsanspruch genommen, sondern durch den Ausgleichsanspruch zusätzlich die Gesamterledigung des Rechtsstreits erheblich verzögert würde. Das kann und darf nicht sein. Es erscheint deswegen angebracht, dass die Entschädigung vom Gericht nach Lizenzregeln bloß geschätzt wird, wobei im Zweifel ein Lizenzsatz am oberen Rahmen der voraussichtlichen Schadenersatzlizenz angebracht sein wird. Rechtstechnisch begegnet dies keinen Bedenken. Wenn das Gesetz eine Schätzung schon bei der gerichtlichen Schadensermittlung zulässt (§ 252 Satz 2 BGB, § 287 ZPO), so gilt dasselbe erst recht, wenn es um die Bestimmung eines für den Verlust des Unterlassungsanspruchs billigen finanziellen Ausgleichs geht. Ein solches Vorgehen stößt umso weniger auf Bedenken, als es dem Verletzer, wenn er meint, mit dem eingeforderten Ausgleichsanspruch unangemessen hoch belastet zu sein, jederzeit freisteht, den Unverhältnismäßigkeitseinwand fallen zu lassen und die Benutzungshandlungen wie gefordert zu unterlassen. **628**

Freilich erfordert auch eine Schätzung **Anknüpfungstatsachen**, ohne die die Schätzung gänzlich in der Luft hinge und letztlich willkürlich wäre. Eine erste und wichtige Orientierung kann bereits der **Streitwert** des Verletzungsprozesses geben, der bei wahrheitsgemäßer Angabe das Rechtsverfolgungsinteresse des Klägers gegen den betreffenden Verletzer widerspiegelt und deshalb einen prinzipiell brauchbaren Anhaltspunkt dafür liefert, mit welchem finanziellen Betrag (= Anteil am Gesamtstreitwert) dessen zu duldende Patentbenutzung für die Dauer einer bestimmten Aufbrauchs- oder Umstellungsfrist abzugelten ist. **629**

Methodisch knüpft der Streitwert an eine großzügige Lizenzbetrachtung an, indem für die Restlaufzeit des Patents bei Klageeinreichung prognostiziert wird, welche Benutzungshandlungen es voraussichtlich ohne eine Unterlassungsverurteilung geben wird, und hierauf ein Lizenzsatz am oberen vertretbaren Rahmen angewandt wird.⁹³⁰ Letztlich handelt es sich um eine vorweggenommene Schadensberechnung, mit der daher gewährleistet ist, dass der Streitwert schadensnah ermittelt wird. Da der Gesamtstreitwert für die Klage auch Nebenansprüche (Schadensersatz, Rechnungslegung, Vernichtung) umfasst, ist auf den Unterlassungsanspruch ein seiner Bedeutung angemessener Streitwertanteil anzuwenden. Läuft das Klagepatent – wie meist – noch einige Zeit, so dass der Schwer- **630**

---

929 BT-Drucks 19/30498 v 9.6.2021, S 61. In solchen Fällen wird es nicht selten angebracht sein, schon eine Beschränkung der Durchsetzbarkeit des Unterlassungsanspruchs dem Grunde nach abzulehnen, womit sich die Frage nach der Höhe eines Ausgleichsanspruchs überhaupt nicht stellt.
930 Vgl Kap J Rdn 188.

D. Klageverfahren

punkt des Klägerinteresses in die Zukunft gerichtet ist, während die rückwärts gewandten Ansprüche demgegenüber untergeordnete Bedeutung haben, so hat es sich eingebürgert, den Unterlassungsanspruch mit 75 % des Gesamtstreitwertes zu bemessen. Besonderheiten des Einzelfalles ist entsprechend Rechnung zu tragen. Da mit dem Ausgleichsanspruch diejenigen Benutzungshandlungen abgegolten werden sollen, die dem Verletzer infolge des erfolgreich erhobenen Unverhältnismäßigkeitseinwandes gestattet sind, ist derjenige Zeitraum zugrunde zu legen, für den die Aufbrauchs- oder Umstellungsfrist gewährt worden ist, oder bis zu dem sich – bei einer weitergehenden Versagung des Unterlassungsanspruchs – voraussichtlich das nächsthöhere Gericht der Sache annimmt.

631 **Bsp**: Gesamtstreitwert: 5.000.000 EUR; Restlaufzeit des Patents: 10 Jahre; Streitwertanteil für den Unterlassungsanspruch: 75 % von 5.000.000 EUR = 3.750.000 EUR; Aufbrauchsfrist: 1 Jahr; Streitwertanteil der Aufbrauchsfrist am Unterlassungsteilstreitwert: 3.750.000 EUR./. 10 = 375.000 EUR.

632 Manipulative Streitwertangaben sind im Allgemeinen nicht zu befürchten. Zum einen gewährleistet die jeweilige Gegenpartei ein gewisses Korrektiv, das in der Lage ist, eine etwaige fehlerhafte Darstellung des finanziellen Durchsetzungsinteresses richtigzustellen; zum anderen muss jede Prozesspartei stets zwei Konstellationen im Blick behalten, die ganz unterschiedliche Streitwertstrategien erfordern. Wendet man sich zunächst den Patentinhaber zu, der einen Unterlassungsanspruch verfolgt, dann mag er mit Blick auf einen möglichen Ausgleichsanspruch versucht sein, einen übermäßig hohen Streitwert anzugeben. Tut er dies jedoch und lehnt das Gericht eine Unverhältnismäßigkeit ab, so hat dies zur Folge, dass der hohe Streitwert als Sicherheitsleistung für die Vollstreckung des Unterlassungsurteils festgesetzt wird (§ 709 ZPO), was dem Patentinhaber nicht recht sein kann. Umgekehrt mag der Verletzer mit Blick auf den Ausgleichsanspruch ein Interesse haben, den Streitwert klein zu reden. Damit läuft er aber, wenn es erwartungswidrig doch zur Unterlassungsverurteilung kommt, Gefahr, dass gegen ihn aufgrund einer nur dem niedrigen Streitwert entsprechende Sicherheit vollstreckt wird. Die geschilderte Interessenlage sollte beide Seiten ungeachtet dessen disziplinieren, dass falsche Streitwertangaben den Tatbestand eines mindestens versuchten Betruges zu Lasten der Landeskasse erfüllen. In dieser Situation hilft auch § 718 ZPO nicht weiter, weil eine nach dem Sach- und Streitstand des landgerichtlichen Verfahrens ordnungsgemäß festgesetzte Sicherheit nachträglich nicht aufgrund eines Sachvortrages geändert werden kann, der schon dem Landgericht hätte präsentiert werden können.[931] Das aufgezeigte Dilemma mit einem falsch angegebenen Streitwert in der Zwangsvollstreckung lässt sich also nicht mehr aus der Welt schaffen.

633 Im Anschluss an die Ermittlung des Teilstreitwertes für den aberkannten Unterlassungsanspruch wird es Sache des (insoweit allein kundigen) Verletzers sein, *konkrete* Zahlen zu seinem in Aussicht genommenen Benutzungsumfang vorzutragen, die eine ggf abweichende, insbesondere geringere Entschädigung rechtfertigen. Zu ihnen kann sich sodann der Kläger äußern, der darüber hinaus aus seiner Sphäre solche im Streitwert ggf nicht hinreichend berücksichtigte besondere Umstände anbringen kann, die eine höhere Entschädigungszahlung verlangen. Im Wechselspiel der beiderseitigen Vortragslasten wird sich für das Verletzungsgericht ein Sachverhalt herausbilden, der die fundierte Schätzung einer Entschädigungssumme erlaubt. Mehr bedarf es nicht, weil es nur um einen *billigen* Ausgleich geht.

634 Da der Ausgleichsanspruch für den Verlust des nicht durchsetzbaren materiellen Unterlassungsanspruchs entschädigen soll, ist eindeutig, dass die Entschädigung nur dem an dem betreffenden Patent dinglich Berechtigten zustehen kann, dh dem eingetragenen

---

931 Vgl Kap H Rdn 91.

Patentinhaber sowie dem ausschließlichen Lizenznehmer. Klagt der **einfache Lizenznehmer** in gewillkürter Prozessstandschaft, so ist deshalb nicht er, sondern der hinter ihm stehende Patentinhaber anspruchsberechtigt, sodass der klagende Lizenznehmer sich den Ausgleichsanspruch abtreten lassen muss, wenn er ihn im Verletzungsrechtsstreit erfolgreich geltend machen will.

Sollte sich im Nachhinein herausstellen, dass der Schadenersatzanspruch des Verletzten für die mit dem zuerkannten Entschädigungsbetrag abgegoltenen Benutzungshandlungen (etwa aus dem Gesichtspunkt des entgangenen Gewinns oder des Verletzergewinns) höher ausfällt, kann in einem Schadenersatzhöheprozess selbstverständlich der die geleistete Ausgleichszahlung *überschießende* Betrag nachgefordert werden (§ 139 Abs 1 Satz 5 PatG), aber eben auch nur die Differenz, weil es genauso geboten ist, dass die geleistete Entschädigungszahlung auf den für die kongruenten Benutzungshandlungen angefallenen Schadenersatz anzurechnen ist. Beide Ansprüche stehen nicht additiv nebeneinander, sondern sollen unter jeweils anderen rechtlichen Gesichtspunkten vorgefallene Patentbenutzungen abgelten. Nicht anders als beim Schadenersatz- und Bereicherungsanspruch für identische Benutzungen schmälern Erfüllungshandlungen in Bezug auf den einen die Realisierbarkeit des anderen. In der umgekehrten Konstellation gilt nicht dasselbe. Es findet also keine **Rückerstattung** statt, sondern dem Verletzten bleibt die gerichtlich festgesetzte Entschädigungszahlung in jedem Fall und mithin auch dann erhalten, wenn sich in einem späteren Höheprozess herausstellen sollte, dass der vom Verletzer für den betrachteten Zeitraum geschuldete Schadenersatz tatsächlich geringer ausfällt. Die geleistete Zahlung ist eben der vom Verletzer zu entrichtende Preis dafür, einer Unterlassungspflicht (vorübergehend) nicht nachkommen zu müssen. Unberührt davon bleibt selbstverständlich die Möglichkeit, die erfolgte Bestimmung der Entschädigungszahlung im Rechtsmittelzug gegen das Verletzungsurteil überprüfen und ggf korrigieren zu lassen. 635

Zur Klarstellung: Vorstehend sind diejenigen Fälle betrachtet worden, in denen sich die Anspruchsdifferenz aus einem im Vergleich zur festgesetzten Entschädigung höheren oder geringeren Schaden je Benutzungshandlung erklärt. Ganz anders liegt der Fall, wenn sich der **Umfang der Benutzung tatsächlich geringer** darstellt als dies bei der Bemessung des Ausgleichsanspruchs prognostiziert worden ist. Im Extremfall ist sogar denkbar, dass sich der Verletzer angesichts der gegen ihn festgesetzten Ausgleichszahlung dazu entschließt, von einer weiteren Benutzung des Klagepatents, die ihm durch die Abweisung des Unterlassungsantrages ermöglicht worden ist, überhaupt keinen Gebrauch zu machen und damit einen Zustand wie bei einer freiwilligen Befolgung eines Unterlassungstitels herzustellen. Auf den ersten Blick scheint das beschriebene Geschehen rechtlich unbeachtlich zu sein. Denn der Ausgleichsbetrag, zu dem der Beklagte infolge der Abweisung des Unterlassungsantrages aus Gründen der Verhältnismäßigkeit verurteilt worden ist, ist der Preis, der dem Patentinhaber dafür zu entrichten ist, dass ihm ein Unterlassungstitel verweigert worden ist. Wenn dem so ist und wenn sich die einmal unterbliebene Unterlassungsverurteilung nachträglich nicht mehr ins Werk setzen lässt, spielt es folgerichtig keine Rolle, was der Beklagte aus der Nichtexistenz eines die Erfindungsbenutzung verbietenden Unterlassungstitels macht. Bei genauerer Betrachtung greift diese Argumentation jedoch zu kurz. Hinter dem Ausgleichsanspruch steht die Annahme, dass der Beklagte die ihm mit der Versagung eines Unterlassungstitels eingeräumte Möglichkeit zur weiteren Erfindungsbenutzung auch tatsächlich nutzt. Dementsprechend zielt der Ausgleichsanspruch darauf ab, diejenigen wirtschaftlichen Nachteile zu entschädigen, die der Patentinhaber dadurch erleidet, dass er den Verletzer auch künftig – trotz Patentverletzung – als Wettbewerber auf dem Markt dulden muss. Dieser innere Zusammenhang bedingt, dass der Verletzer stets nur für diejenigen Patentbenutzungen entschädigungspflichtig ist, die er aufgrund der vom Gericht vorgenommenen Beschränkung des Unterlassungsanspruchs unternimmt. Eine – ganz oder teilweise – Nichtausschöpfung der gewährten Freiheit zur Patentbenutzung muss sich dementsprechend in einer geringeren Ausgleichszahlung auswirken. Der (zutreffend) ausgeurteilte 636

Ausgleichsanspruch ist also in demjenigen Maße zu reduzieren, in dem die tatsächlichen Benutzungshandlungen hinter der bei der Schätzung angenommenen Benutzungsintensität zurückbleiben. Voraussetzung für eine nachträgliche Anpassung ist freilich, dass der Ausgleichanspruch in einem Rechtsmittelzug befangen und somit einem abändernden Zugriff des Gerichts ausgesetzt ist. So kann das Berufungsgericht die vom Landgericht ausgeurteilte Ausgleichszahlung wegen besserer Erkenntnisse zum Benutzungsumfang – nach oben oder unten – abändern und für die Zeit einer eigenen weitergehenden Versagung der Unterlassungsverurteilung eine weitere Ausgleichzahlung anordnen.

637 Es steht dabei zur vollen Darlegungs- und **Beweislast** des Verletzers, dass er von der Möglichkeit der weiteren Patentbenutzung tatsächlich keinen den festgesetzten Ausgleichbetrag rechtfertigenden Gebrauch gemacht hat. Eine besondere Schwierigkeit besteht darin, dass der Ausgleichsanspruch anhand des Streitwertes beziffert worden ist und deshalb der tatsächliche Benutzungsumfang in das richtige Verhältnis zu diesem Streitwertbetrag gebracht werden muss. Dem muss sich der Verletzer jedoch unterziehen, denn entweder hat er die Streitwertangabe des Verletzten unangefochten gelassen und sich damit zu Eigen gemacht oder – bei kontroversen Streitwertvorstellungen der Parteien – es existiert eine gerichtliche Festsetzung, die in aller Regel begründet sein wird und daher Anhaltspunkte für die erforderliche Anknüpfung bietet.

638 Klarzustellen ist allerdings, dass im Zweifel nur eine **wesentliche Abweichung** des tatsächlichen vom prognostizierten Benutzungsumfang eine Abänderung des Ausgleichsanspruchs rechtfertigen wird. Dies folgt bereits daraus, dass die Orientierung am Streitwert einen naturgemäß überschlägigen Bemessungsmaßstab bildet, der nur bei gravierend abweichenden Verläufen zu einer Neufestsetzung zwingt.

639 Sollte das **Berufungsgericht** zu der Auffassung gelangen, dass das Landgericht die gewährte Aufbrauchsfrist zu Recht eingeräumt hat, so bedeutet dies nicht, dass das Berufungsgericht die betreffende Frist bei seinem Urteil nochmals einräumen müsste; das gilt selbst dann, wenn der Beklagte die erstinstanzlich gewährte Aufbrauchsfrist tatsächlich nicht genutzt, sondern zunächst freiwillig von ihm möglichen weiteren Benutzungshandlungen abgesehen hat. Ist die Aufbrauchsfrist im Zeitpunkt der Schlussverhandlung des Berufungsgerichts verstrichen ist, so bleibt es also bei der künftig geltenden Verurteilung zur Unterlassung durch das Landgericht. Lediglich der zuerkannte Ausgleichsanspruch ist – mangels ausgleichspflichtiger Benutzungshandlungen des Verletzers während der Aufbrauchsfrist – abzuweisen; sollte schon gezahlt worden sein, besteht ein Bereicherungsanspruch des Verletzers. Anderes (im Sinne einer abermaligen Einräumung einer nicht genutzten Aufbrauchsfrist) mag gelten, wenn es für die Nichtnutzung der Freiheit zur Patentbenutzung dringende, nicht vom Verletzer zu vertretende Gründe gegeben hat.

hh) Nachträglich veränderte Umstände

640 Verändern sich die maßgeblichen Umstände **während des** laufenden **Erkenntnisverfahrens**, so ist dem durch eine entsprechend variierte (korrigierende) Entscheidung über den Unterlassungs- und Ausgleichsanspruch Rechnung zu tragen.

641 – Wurde der Unterlassungsanspruch erstinstanzlich aus Gründen der Verhältnismäßigkeit eingeschränkt und fallen die Unverhältnismäßigkeitsgründe anschließend ganz oder teilweise weg, so ist die erstinstanzliche Entscheidung nach Maßgabe der aktuellen Erkenntnisse zur Verhältnismäßigkeit abzuändern.

642 – Wurde der Unterlassungsanspruch uneingeschränkt zuerkannt und treten später Unverhältnismäßigkeitsgründe hinzu oder beurteilt das Berufungsreicht den identischen Sachverhalt im Hinblick auf die Verhältnismäßigkeit einer Durchsetzung des Unterlassungsanspruchs anders, so gilt dasselbe: Die angefochtene Entscheidung ist nach Maßgabe der aktuellen Erkenntnislage zu korrigieren.

- Stellt sich während der Rechtsmittelinstanz ein geringerer Benutzungsumfang heraus als er erstinstanzlich prognostiziert wurde, so ist der Ausgleichsanspruch nach Maßgabe der Rdn 638 entsprechend herabzusetzen. 643

- In umgekehrter Richtung gilt dasselbe, wenn sich nachträglich ein höherer Benutzungsumfang als erwartet abzeichnet (= Anhebung des Ausgleichsanspruchs). 644

Treten veränderte Unstände erst **nach rechtskräftigem Abschluss** des Verletzungsprozesses auf, ist für das weitere Vorgehen und seine Erfolgsaussichten danach zu differenzieren, ob im Erkenntnisverfahren eine Unverhältnismäßigkeit des Unterlassungsanspruchs und seiner Durchsetzung bejaht oder verneint worden ist. 645

- Ist der Beklagte uneingeschränkt zur (sofortigen) Unterlassung verurteilt worden und treten im Nachhinein Tatsachen ein, die den Unverhältnismäßigkeitseinwand rechtfertigen, können die betreffenden Einwendungen gegen den titulierten (Unterlassungs-)Anspruch im Wege der **Vollstreckungsabwehrklage** nach § 767 ZPO geltend gemacht werden. Sie führen bei einem Erfolg der Abwehrklage dazu, dass die Vollstreckung des Unterlassungsanspruchs in dem Maße für unzulässig erklärt wird, in dem sich seine Durchsetzung aufgrund der neuen Sachlage als unverhältnismäßig erweist. Konkret kann die Vollstreckung des Unterlassungstitels etwa für die Dauer einer dem Schuldner einzuräumenden Aufbrauchs- oder Umstellungsfrist für unzulässig erklärt werden. 646

- Die **umgekehrte Konstellation** zeichnet sich dadurch aus, dass die Durchsetzung des Unterlassungsanspruchs aus Gründen der Verhältnismäßigkeit beschränkt worden ist und sich nachträglich herausstellt, dass die dem zugrunde liegende Prognose des Erkenntnisverfahrens unzutreffend ist, beispielsweise weil der Schuldner unerwartet schon vor Ablauf der ihm eingeräumten Umstellungsfrist über eine taugliche Ausweichtechnik verfügt oder weil ihn die Folgen der Unterlassungsverurteilung aus sonstigen Gründen (vorzeitig) nicht mehr unverhältnismäßig treffen. Rechtsbehelfe, mit denen der Gläubiger das Urteil des rechtskräftig abgeschlossenen Erkenntnisverfahrens nachträglich verschärfen könnte, stehen nicht zur Verfügung.[932] Jedes neue Aufgreifen des Unverhältnismäßigkeitseinwandes verbietet sich vielmehr vor dem Hintergrund von dessen rechtskräftiger Entscheidung. Denn selbst wenn sich die im Erkenntnisverfahren angestellte Prognose über die Vollstreckungsfolgen nicht bewahrheiten, sondern sich die Umstände abweichend von dem vorausgesehenen Verlauf entwickeln sollten, liegt es geradezu im Wesen einer Prognose, dass sie sich bestätigen oder (in beide Richtungen) als unzutreffend erweisen kann. Die im Wissen um diese Unsicherheit getroffene Entscheidung des Erkenntnisverfahrens »preist« daher beide Geschehensabläufe gleichermaßen ein, weswegen das Auftreten von Umständen, die der Prognose widerstreiten, grundsätzlich keinen neuen und damit keinen eine abermalige gerichtliche Befassung rechtfertigenden Sachverhalt darstellt. 647

Das Fehlen von haftungsverschärfenden Rechtsbehelfen hat in der Praxis freilich keine so gravierenden Auswirkungen, wie es auf den ersten Blick den Anschein hat. Wenn dem Schuldner die Umstellung auf eine patentfreie Technik vor der Zeit gelingt, liegt es in seinem ureigenen Interesse, möglichst frühzeitig von einer Patentbenutzung abzusehen, weil er sich damit seiner Verpflichtung zum Schadenersatz und zur begleitenden Rechnungslegung entledigt. Und wenn der Schuldner bereits vor Ende der Aufbrauchfrist sämtliche Verletzungsgegenstände abverkauft hat, droht für die Dauer der restlichen Frist keine weitere Beeinträchtigung der Geschäftstätigkeit des Gläubigers, weswegen er keines besonderen rechtlichen Schutzes bedarf. 648

---

932 ... es sei denn, der Schuldner hat das ihm günstige Urteil unter Umständen erschlichen, die eine Wiederaufnahmeklage rechtfertigen.

649 *Eine* Rechtsschutzmöglichkeit besteht daneben zusätzlich. Sie ist mit der Vollstreckungsabwehrklage gegen die fortdauernde Zwangsvollstreckung einer festgesetzten **Ausgleichszahlung** eröffnet, wenn die rechtskräftig gewährte Aufbrauchs- oder Umstellungsfrist nicht voll ausgeschöpft wird, zB weil der Verletzer frühzeitig auf eine patentfreie Ausweichtechnik wechseln und deshalb vor Fristablauf die Patentbenutzung einstellen kann. Hier ist der aus dem Verletzungsurteil vollstreckbare Entschädigungsbetrag – wiederum nach Maßgabe von Rdn 638 – auf denjenigen Teil herabzusetzen, der festgesetzt worden wäre, wenn das Verletzungsgericht den tatsächlichen (geringeren) Patentbenutzungsumfang vorausgesehen hätte. Dies ist – wie oben (Rdn 638) ausgeführt – schon prinzipiell nicht dahin zu verstehen, dass der tatsächliche Benutzungsumfang im Detail nachverfolgt würde und ex post eine – bei Orientierung am Streitwert ohnehin nicht mögliche – minutiöse Anpassung des Ausgleichbetrages stattfindet. Verschärfend tritt in der betrachteten Konstellation hinzu, dass die Ausgleichszahlung notwendigerweise auf einer mit Unwägbarkeiten verbundenen Prognose beruht und die unterbliebene Unterlassungsverurteilung bei rechtskräftiger Annahme einer Unverhältnismäßigkeit nicht mehr nachgeholt werden kann. Weil dem so ist, muss im Gegenzug auch die »synallagmatisch« zugesprochene Ausgleichszahlung im Grundsatz unangetastet bleiben. Etwas anderes gilt erst dann, wenn die Grundsätze von Treu und Glauben (§ 242 BGB) ein gerichtliches Einschreiten erfordern, und dies ist bei einem *groben* Missverhältnis zwischen dem tatsächlichen weiteren Benutzungsumfang des Verletzers und der festgesetzten Ausgleichssumme der Fall. Ist die Vollstreckung des Ausgleichsanspruchs bereits beendet und liegt kein Fall des Titelmissbrauchs nach § 826 BGB vor, so besteht keine Möglichkeit der Rückforderung objektiv überzahlter Beträge.

g) Wirkungsverlust während des Verletzungsprozesses[933]

650 Während eines laufenden Verletzungsprozesses kann es aus unterschiedlichen Gründen dazu kommen, dass das Klagepatent in Fortfall gerät. Der Wirkungsverlust kann dabei **ex tunc** eintreten, namentlich dadurch, dass das Klagepatent in einem Einspruchs- oder Nichtigkeitsverfahren unanfechtbar widerrufen bzw für nichtig erklärt wird.[934] Die sich aus einem solchen Sachverhalt ergebenden rechtlichen Konsequenzen für den Verletzungsprozess sind eindeutig: Mit der rückwirkenden Beseitigung des Klageschutzrechts (infolge Widerrufs oder Nichtigerklärung) entfällt die Grundlage für eine Verurteilung des Beklagten wegen Patentverletzung von Anfang an. Mangels Patents stehen dem Kläger keinerlei Ansprüche auf Unterlassung, Rechnungslegung, Vernichtung oder Schadenersatz zu. Nimmt der Kläger seine Klage nicht (ggf mit Zustimmung des Beklagten) zurück, muss sie durch Endurteil abgewiesen werden.

651 Der Wirkungsverlust gegenüber dem Verletzungsbeklagten kann sich aber ebenso gut **ex nunc** einstellen. Die in der Praxis wohl häufigste Ursache für einen bloß in die Zukunft gerichteten Fortfall des Klagepatents liegt darin, dass die gesetzliche Höchstschutzdauer des Patents abläuft, bevor das Verletzungsverfahren beendet ist. Weitere denkbare Erlöschensgründe sind zB der Verzicht auf das Patent, die Nichtzahlung der Jahresgebühren, das Eingreifen des Doppelschutzverbotes nach Art II § 8 IntPatÜG, die Lizenznahme am Klagepatent oder einem prioritätsälteren Schutzrecht, die Erteilung einer Zwangslizenz, eine Benutzungsanzeige nach § 23 Abs 3 Satz 1 PatG oder die Abgabe einer die Wiederholungsgefahr ausräumenden Unterwerfungserklärung.

---

933 Vgl Kühnen, GRUR 2009, 288.
934 §§ 21 Abs 3, 22 Abs 2 PatG; Art 68 EPÜ. Eine Vernichtung des Klagepatents ist auch in der Revisionsinstanz – und zwar von Amts wegen – zu beachten (BGH, GRUR 2004, 710 – Druckmaschinen-Temperierungssystem I).

In einem Fall des Wirkungsverlustes ec nunc ist der Unterlassungsanspruch für in der 652
Hauptsache erledigt zu erklären.[935] Die **Erledigungserklärung** ist in derjenigen **Instanz**
abzugeben, in der es zu dem erledigenden Ereignis gekommen ist. Tritt der Wirkungsverlust also während des Berufungsverfahrens ein, muss die Hauptsache in der Berufungsinstanz – und nicht erst im anschließenden Revisionsrechtszug – für erledigt erklärt
werden.[936]

2. Beseitigungsanspruch[937]

Grundsätzlich findet der Unterlassungsanspruch mit dem Erlöschen des Klagepatents 653
sein Ende. Das gilt für jedermann, auch für denjenigen, der während der Patentlaufzeit
das Schutzrecht widerrechtlich benutzt hat. Die vorgefallenen Verletzungshandlungen
sind mithilfe des im PatG vorgesehenen Anspruchskanons, dh insbesondere durch den
in § 139 Abs 2 PatG niedergelegten Schadenersatzanspruch, zu kompensieren; sie haben
jedoch nicht zur Folge, dass der Verletzer – gleichsam zur Strafe – nicht an der mit
dem Schutzrechtsablauf eintretenden Gemeinfreiheit der patentierten Lehre partizipieren
dürfte. Prinzipiell muss dem Regelungsgeflecht der §§ 139 ff PatG entnommen werden,
dass mit den dort zugewiesenen Ansprüchen Patentverletzungshandlungen angemessen
(und abschließend) sanktioniert sind. Ein aus allgemein-zivilrechtlichen Vorschriften
(§ 1004 BGB) abgeleiteter – zusätzlicher – Beseitigungsanspruch kommt daher nur in
Betracht, wenn aufgrund der Besonderheiten des Einzelfalles die durch die Patentverletzung hervorgerufenen Eingriffsfolgen durch einen regulären Schadenersatzanspruch
nicht hinreichend ausgeglichen sind, sodass es ein Gebot materieller Gerechtigkeit ist,
die überschießenden »Schäden« des Patentinhabers über eine spezielle Maßnahme der
Folgenbeseitigung zu kompensieren. Weil dem so ist und weil immer nur eine solche
Maßnahme gerechtfertigt ist, die zur Folgenbeseitigung erforderlich und hinreichend ist,
muss der Patentinhaber, der einen Beseitigungsanspruch geltend macht, substantiiert
dazu vortragen, dass und welcher Schadenssachverhalt trotz regulären Schadensausgleichs (§ 139 Abs 2 PatG) in Bezug auf die vorgefallenen Verletzungshandlungen bestehen bleibt und welche konkrete Beseitigungsmaßnahme angesichts dessen erforderlich
ist, um *diesen* Schaden zu beseitigen.[938]

In der Rechtsprechung[939] ist dementsprechend anerkannt, dass einem über die Laufzeit 654
des Patents hinaus fortwirkenden Störungszustand, der von während der Laufzeit des
Patents begangenen Verletzungshandlungen ausgeht, mit einem Störungsbeseitigungsanspruch analog § 1004 BGB begegnet werden kann, sofern die Gefahr besteht, dass sich
dieser Störungszustand auch noch nach dem Ablauf des Patents zum Nachteil des
Schutzrechtsinhabers schädlich auf dessen Vermögenslage auswirkt. In dem vom BGH
entschiedenen Fall hatte sich der Beklagte durch *patentverletzende* Feldversuche
Erkenntnisse in Form von **Versuchs- und Prüfberichten** verschafft, um diese bei der
Stellung eines Antrages auf Zulassung seines Pflanzenbehandlungsmittels zu verwerten.
Der sich daraus für den Patentinhaber ergebende Störungszustand bestand darin, dass
der Beklagte aufgrund der patentverletzenden Versuche in der Lage war, alsbald nach
Ablauf des Patents die für die Einfuhr und den Vertrieb des Pflanzenbehandlungsmittels
erforderliche behördliche Zulassung zu erlangen und danach sogleich mit dem Mittel auf
den Markt zu kommen. Dies wäre ihm nicht möglich gewesen, wenn der Beklagte die

---

935 BGH, GRUR 2010, 996 – Bordako.
936 BGH, NJW-RR 2006, 566.
937 Jüngst, FS 80 Jahre Patentgerichtsbarkeit Düsseldorf, 2016, S 221; Koch, Springboard im Patentrecht, 2016.
938 LG Düsseldorf, Urteil v 10.10.2014 – 4c O 113/13.
939 BGH, GRUR 1990, 997, 1001 – Ethofumesat.

Rechte des Patentinhabers aus dem Schutzrecht während dessen Laufzeit respektiert hätte. In diesem Fall hätte der Patentinhaber das Pflanzenbehandlungsmittel auch nach Ablauf des Patents ohne die Konkurrenz des Beklagten jedenfalls so lange allein auf den Markt bringen können, wie der Beklagte Zeit benötigt hätte, um aufgrund von erst nach dem Ablauf des Patents durchzuführenden Feldversuchen die für die Zulassung des Mittels erforderlichen Prüfungsunterlagen in die Hand zu bekommen. Um den fortwirkenden Störungszustand zu beseitigen, hat es der BGH dem Beklagten verwehrt, die patentverletzend gewonnenen Erkenntnisse so lange zur Begründung eines Zulassungsantrages zu verwenden, wie er gebraucht hätte, um sich das betreffende Wissen durch nach dem Auslaufen des Patents begonnene Feldversuche zu verschaffen.

655 Allerdings sind **Grenzen** des Beseitigungsanspruchs zu beachten.

656 – Kommt es im Zuge des Zulassungsverfahrens nur beiläufig (zufällig) zu einer Patentverletzung, lässt sich ein Verwertungsverbot als Maßnahme der Folgenbeseitigung nicht rechtfertigen.

▶ **Beispiel:**

657 Gegenstand der Zulassung ist eine bestimmte Arzneimittelbeschichtung für einen Stent. Die Untersuchungen finden mit einem patentbenutzenden Stent statt, sie hätten aber ebenso gut mit jedem beliebigen anderen (patentfreien) Stent durchgeführt werden können.

– Inländische patentverletzende Zulassungsuntersuchungen begründen kein Verwertungsverbot im **Ausland**.[940] Dies ergibt sich aus der schlichten Überlegung heraus, dass deutsche Verletzungsgerichte zwar die Ausfuhr eines Verletzungsgegenstandes als inländisches Inverkehrbringen sanktionieren können, dass jedoch, *wenn* sich das Verletzungsprodukt infolge des Exports einmal im Ausland befindet, keinerlei Einwirkungsmöglichkeiten mehr auf den weiteren ausländischen Verbleib des Produktes bestehen, das folglich ungehindert veräußert und gebraucht werden kann. Wenn dies schon für das schutzrechtsverletzende Produkt selbst so ist, gilt dasselbe erst recht für Erkenntnisse, die unter widerrechtlicher Benutzung des Patents zustande gekommen sind und daher vom Verletzungstatbestand noch weiter entfernt liegen.

658 Ein Fall des Beseitigungsanspruchs liegt ebenfalls vor, wenn die unerlaubte Herstellung der patentgeschützten Vorrichtung besonders schwierig und zeitaufwändig ist und mit ihr bereits während der Laufzeit des Patents begonnen wird, um sie – nach Ablauf des Patents – alsbald zum Kauf anbieten zu können.[941]

---

940 OLG Düsseldorf, Urteil v 21.1.2016 – I-2 U 48/15; anders noch OLG Düsseldorf, Urteil v 28.4.1994 – 2 U 128/92.
941 Brodeßer, FS von Gamm, 1991, S 345, 351. Unbeachtlich sind demgegenüber reine Vorbereitungsmaßnahmen (wie die Errichtung einer Produktionsstätte, die Sichtung und Einstellung von Personal und dgl), die lediglich dazu dienen, am Stichtag des Patentablaufs sogleich mit der Herstellung und dem Vertrieb patentgemäßer Produkte beginnen zu können. Jedenfalls wenn die Maßnahmen glaubhaft allein für diesen Stichtag unternommen werden, begründen die Vorbereitungen auch keine Erstbegehungsgefahr.

Das Anbieten[942] eines **Generika-Produkt**es während des laufenden Patentschutzes für einen Arzneimittelwirkstoff rechtfertigt es demgegenüber nicht, dem Beklagten den Vertrieb seines Erzeugnisses für einen bestimmten Zeitraum nach Ablauf des Patents zu untersagen.[943] Als Maßnahme der Störungsbeseitigung genügt es vielmehr, die Abwicklung derjenigen Bestellungen zu verbieten, die der Beklagte durch seine verfrühten, patentverletzenden Angebote zustande gebracht hat.[944]

659

Ähnliches gilt für die schutzrechtsverletzende **Teilnahme an einem Vergabeverfahren**, in dem der Zuschlag erst nach Auslaufen des Patentschutzes erfolgt. So lange der Zuschlag im Vergabeverfahren noch nicht (bestandskräftig) erteilt ist und deswegen die Möglichkeit besteht, dass er zugunsten des Patentverletzers ausfällt, steht der Patentinhaber in der schwierigen (und letztlich unlösbaren) Situation, einen nach § 139 Abs 2 PatG ersatzfähigen Schaden darlegen zu müssen, der ihm durch das sein Schutzrecht verletzende Angebot (und nur durch dieses) entstanden ist oder noch zu entstehen droht. Da dieses Unterfangen praktisch nicht gelingen kann, ist es angemessen, dem Verletzten zur vollständigen Kompensation des rechtswidrigen Eingriffs in sein Schutzrecht einen Folgenbeseitigungsanspruch (gerichtet darauf, dass er sein Angebot zurückzieht[945]) zuzusprechen, der verhindert, dass der Bieter aus dem schutzrechtsverletzenden Gebot Kapital schlägt. Ist auf das rechtsverletzende Angebot bereits ein Zuschlag erfolgt, setzt sich die geschuldete Folgenbeseitigung in einem Verbot fort, den widerrechtlich quuirirten Auftrag zu erfüllen. Anders verhält es sich, wenn zwar das Angebot unter Geltung des Patentschutzes abgegeben worden ist, die Schutzdauer jedoch endet, bevor die Frist zur Angebotsabgabe verstrichen ist. Hier wächst das zunächst noch schutzrechtsverletzende Angebot »in die Rechtmäßigkeit hinein« (weil es identisch nach Ende der Schutzdauer für das Vergabeverfahren beachtlich wiederholt werden könnte), weshalb ihm weder mit einem den Bieter ausschließenden Unterlassungsanspruch noch mit einem zur Angebotsrücknahme auffordernden Beseitigungsanspruch begegnet werden kann.

660

3. Urteilsveröffentlichung[946]

Mit dem Gesetz zur Verbesserung der Durchsetzung von Rechten des geistigen Eigentums vom 11.7.2008[947] neu eingefügt worden ist der in § 140e PatG geregelte Anspruch der obsiegenden Partei, das Urteil auf Kosten der unterliegenden Partei öffentlich bekannt zu machen.

661

Mangels besonderer **Überleitungsbestimmungen** gilt § 140e PatG nur für solche Entstehungstatbestände, die nach Inkrafttreten der Bestimmung am 1.9.2008 verwirklicht worden sind.[948] Für Sachverhalte aus der Zeit davor stellt sich allenfalls die Frage einer unmittelbaren Geltung der Enforcement-Richtlinie bzw einer richtlinienkonformen Aus-

662

---

942 Die Berechtigung einer Folgenbeseitigung ergibt sich hier aus dem Umstand, dass zwar ein patentverletzendes Angebot als solches zur Zuerkennung eines Schadenersatzanspruchs gemäß § 139 Abs 2 PatG führt, dass dieser Anspruch wirtschaftlich jedoch wertlos ist, weil dem Verletzten nicht der Nachweis gelingen wird, welcher konkrete Schaden ihm durch die Angebotshandlungen entstanden und daher zu ersetzen ist. Als einzige effektive Maßnahme bleibt daher nur der Beseitigungsanspruch, mit dem dem Verletzer verboten wird, die rechtswidrig aquirierten Bestellungen abzuwickeln.
943 LG Düsseldorf, Urteil v 10.10.2014 – 4c O 113/13.
944 LG Düsseldorf, InstGE 1, 19 – Antihistamine; vgl auch OLG Düsseldorf, InstGE 3, 179 – Simvastatin.
945 Die Vollstreckung geschieht nach § 888 ZPO.
946 Vgl Dörre/Maaßen, GRUR-RR 2007, 217, 222; Steigüber, GRUR 2011, 295; Kolb, GRUR 2014, 513.
947 BGBl I 2008 S 1191; Art 2 Nr 4.
948 BGH, GRUR 2009, 515 – Motorradreiniger.

legung allgemein-zivilrechtlicher Bestimmungen. Sie hat stattzufinden, weswegen für die Zeit seit Ablauf der Umsetzungsfrist (29.4.2006) – nicht davor – ein entsprechender Anspruch aus § 1004 BGB herzuleiten ist.

a) Voraussetzungen

663 Neben einem konstitutiven Antrag setzt der Veröffentlichungsanspruch eine Klage wegen unmittelbarer oder mittelbarer **Patentverletzung** voraus. Zwar nimmt § 140e Satz 1 PatG undifferenziert auf eine »Klage auf Grund dieses Gesetzes« Bezug, die auch bei Geltendmachung eines Entschädigungsanspruchs zu bejahen sein könnte. Aus der Tatsache, dass die Vorschrift Art 15 der Richtlinie 2004/48/EG umsetzen soll und diese ausschließlich Verfahren wegen Patentverletzung behandelt, ist jedoch zu schließen, dass eine Klage, gestützt auf rechtmäßige Benutzungshandlungen, ungeachtet der insoweit unklaren Gesetzesformulierung nicht anspruchsbegründend sein soll. Bildet ein rechtmäßiges Verhalten den Klagegrund, besteht auch kein berechtigtes Interesse an einer Bekanntmachung. Gleiches gilt in Bezug auf eine Entscheidung im einstweiligen Verfügungsverfahren, es sei denn, sie ist durch Abschlusserklärung zu einer endgültigen Entscheidung geworden und steht damit einem (rechtskräftigen) Verletzungsurteil gleich. Auf die Parteirollen kommt es nicht an, sodass auch eine negative Klage auf Feststellung der Nichtverletzung oder eine Widerklage genügen.

664 In jedem Fall muss ein **Urteil** ergehen, welches auch die Feststellung der Erledigung zum Inhalt haben kann. Ein Kostenbeschluss gemäß § 91a ZPO ist unzureichend. Das Urteil muss, um vollstreckt werden zu können, formell rechtskräftig sein, weil § 140e Satz 4 PatG eine vorläufige Vollstreckbarerklärung des Ausspruchs zur Veröffentlichungsbefugnis untersagt.

665 Der die Veröffentlichungsbefugnis Begehrende muss in der Hauptsache **obsiegt** haben; eine bloß günstige Kostenentscheidung (zB aufgrund von § 93 ZPO) ist unerheblich. Allerdings macht den Kläger bereits *ein* zuerkannter Anspruch wegen rechtswidriger, nicht notwendig schuldhafter Schutzrechtsbenutzung, zB auf Unterlassung, zur obsiegenden Partei. Sind nebeneinander mehrere Ansprüche (zB auch auf Rechnungslegung, Schadenersatz) geltend gemacht, kann die Verletzungsklage im Übrigen (aus anderen Gründen als denen der Nichtverletzung, zB mangels Verschuldens, wegen Verjährung) abgewiesen sein. Eine vollständige Klageabweisung macht umgekehrt den Beklagten zum Obsiegenden, weswegen ihm (bei entsprechendem Antrag) ein Bekanntmachungsanspruch zusteht. Bei teilweisem Obsiegen und teilweisem Unterliegen in der Hauptsache kann die Veröffentlichungsbefugnis beiden Parteien zuzusprechen sein. Nicht berechtigt ist der beigetretene Nebenintervenient, weil dieser in der Hauptsache keine Verurteilung erstreiten kann.[949]

666 An der Urteilsveröffentlichung – in einer bestimmten Art und in einem bestimmten Umfang – muss ein **berechtigtes Interesse** bestehen. Es geht nicht allein um eine Bestrafung durch öffentliche Bloßstellung[950], sondern genauso um die Beseitigung eines fortdauernden Störungszustandes durch Information. Nach Ansicht des OLG Frankfurt/Main sind im Rahmen der gebotenen umfassenden Interessenabwägung auch generalpräventive Gesichtspunkte relevant.[951]

667 Das berechtigte Interesse setzt deshalb voraus, dass die Bekanntmachung des Urteils hierzu

---

949 Zöller, § 67 ZPO Rn 1.
950 BT-Drucks 16/5048 vom 20.4.2007, S. 33 zu (12) iVm Erwägungsgrund (27) der Richtlinie 2004/48/EG (ABl EU Nr L 157/45, berichtigt im ABl EU Nr L 195/16 und Nr L 351/44)
951 OLG Frankfurt/Main, GRUR 2014, 296 – Sportreisen.

- nach den Verhältnissen im Zeitpunkt der letzten Tatsachenverhandlung 668
- objektiv geeignet und 669
- in Anbetracht des mit der Bekanntmachung verbundenen Eingriffs in den Rechtskreis 670 des Anspruchsgegners und eines etwaigen Aufklärungsinteresses der Allgemeinheit erforderlich ist.

Gesichtspunkte bei der Interessenabwägung sind: 671

- Art, Dauer und Ausmaß der Beeinträchtigung, 672
- Schwere der Schuld, 673
- Beachtung des bekanntmachungspflichtigen Sachverhaltes in der Öffentlichkeit, 674
- bis zur Entscheidung seither verstrichene Zeit, 675
- Informationsinteresse der Öffentlichkeit (es kann sich namentlich daraus ergeben, 676 dass die Patentverletzung im medizinischen Bereich stattgefunden hat, so dass ein berechtigtes Aufklärungsinteresse auf Seiten des Arztes und des Patienten im Hinblick auf die Möglichkeit anzuerkennen ist, bei einem künftigen Bedarf Ersatzexemplare, Ersatzteile oder Nachfolgeprodukte nicht mehr erwerben zu können[952]),
- Folgen einer Bekanntmachung für den Anspruchsgegner (und dessen 677 Geschäftsbetrieb).[953]

Für eine Veröffentlichungsbefugnis sprechen eine erhebliche, insbesondere nachwir- 678 kende Beeinträchtigung sowie ein Aufklärungsbedürfnis der Öffentlichkeit.

Gegen eine Veröffentlichungsbefugnis sprechen 679

- der Umstand, dass eine Verletzung lediglich droht, 680
- ein geringes Verschulden[954], 681
- dass die Beeinträchtigung abgeschlossen ist und geraume Zeit zurückliegt, 682
- dass eine Irreführung der Öffentlichkeit nicht eingetreten oder durch bereits (zB auf 683 freiwilliger Basis) erfolgte klarstellende Veröffentlichung ausgeräumt ist.

Dass das Klagepatent seine **Wirkungen ex nunc verloren** hat, bringt den Bekanntma- 684 chungsanspruch nicht notwendigerweise zu Fall, weil die präventiven Zwecke prinzipiell Gültigkeit behalten. Allerdings kann die Befugnis zur Veröffentlichung – genauso wie der Anspruch auf Vernichtung – im konkreten Einzelfall zu verweigern sein, wenn nach den gesamten Umständen ein berechtigtes Interesse daran, dass das Verletzungsurteil bekannt gemacht wird, nicht besteht.[955]

Umstände, die das berechtigte Interesse begründen, sind vom Antragsteller darzutun und 685 zu **beweisen**. Für gegenläufige Belange, die einer Veröffentlichung oder einer bestimmten Art/einem bestimmten Umfang der Bekanntmachung entgegenstehen, ist der Schuldner darlegungs- und beweispflichtig.

---

952 LG München I, GRUR-RS 2021, 38143 – Zahnimplantat mit Knochenverankerungsteil.
953 OLG Düsseldorf, GRUR 2018, 814 – Schutzverkleidung für funktechnische Anlagen.
954 OLG Karlsruhe, GRUR-RS 2016, 21121 – Advanced System.
955 Kühnen, GRUR 2009, 288.

b) Rechtsfolgen

686 Liegen die vorgenannten Anspruchsvoraussetzungen vor, hat das Gericht kein Ermessen in dem Sinne, dass es frei darüber entscheiden könnte, ob es die Veröffentlichungsbefugnis im Urteil zuspricht oder versagt. Das Wort »kann« bringt lediglich zum Ausdruck, dass im Rahmen der Interessenabwägung ein Beurteilungsspielraum hinsichtlich des Ob und des Wie der Bekanntmachung besteht. Der **Klageantrag** lautet dementsprechend:

Praxistipp	Formulierungsbeispiel
687	Der Klägerin wird gestattet, das Urteil vom ... (AZ: ...) zu veröffentlichen. Art und Umfang der Veröffentlichung werden in das Ermessen des Gerichts gestellt. oder (konkreter): Der Klägerin wird gestattet, ... (zB Urteilskopf und Urteilstenor) auf Kosten der Beklagten durch ... (zB eine in drei aufeinanderfolgenden Ausgaben der Zeitschrift ... erscheinende halbseitige Anzeige) öffentlich bekannt zu machen.

688 **Öffentliche Bekanntmachung** ist die Verlautbarung gegenüber einem größeren, individuell unbestimmten Personenkreis. In Betracht kommen zB eine Anzeige in Printmedien, eine Erklärung im Rundfunk, eine Darstellung im Fernsehen, im Internet oder in den sozialen Medien[956]. Art und Umfang der Bekanntmachung, die gestattet wird, sind im Urteil zu bestimmen.

689 »**Art**« verlangt dabei Vorgaben hinsichtlich

690 – des Veröffentlichungsmediums (Zeitschrift, Rundfunk, Fernsehen),

691 – der Aufmachung der Bekanntmachung (Größe und Position der Anzeige, Dauer und Sendezeit der Rundfunkerklärung);

692 – einer etwaigen Wiederholungsrate.

693 »**Umfang**« bezieht sich darauf, ob das Urteil als Ganzes (Urteilskopf, Urteilsformel, Tatbestand, Entscheidungsgründe) oder nur in – ggf welchen? – Teilen (zB lediglich Urteilsausspruch, Entscheidungsgründe nur auszugsweise) bekannt gemacht werden darf. Welche »Art« und welcher »Umfang« im Einzelfall angemessen sind, entscheidet das berechtigte Interesse der obsiegenden Partei in Abwägung zu den Belangen des Verpflichteten und dem Informationsbedürfnis der Öffentlichkeit.

694 Wird gegen eine in erster Instanz angeordnete Veröffentlichungsbefugnis **Berufung** eingelegt, soll das Berufungsgericht auch ohne Vorliegen eines Anschlussrechtsmittels befugt sein, eine **andere Art** und/oder einen anderen Umfang der Veröffentlichung auszuurteilen.[957] Dem liegt die Erwägung zugrunde, dass der Kläger diesbezüglich ohnehin nur Anregungen an das Gericht geben kann, welches über die Details der Veröffentlichungsbefugnis nach seinem eigenen Ermessen zu entscheiden hat. Regelmäßig wird es freilich möglich sein, in dem Festhalten des Klägers an dem landgerichtlichen Urteilsausspruch eine jedenfalls konkludente Anschlussberufung zu sehen, die dem Berufungsgericht die Anordnung einer auch sachlich weitreichenderen Befugnis gestattet.

695 Die **Kosten** der Bekanntmachung hat die insoweit unterliegende Partei zu tragen, was im Urteilsausspruch festzuhalten ist. Wird – bei teilweisem Unterliegen und Obsiegen

---

956 Vgl dazu Herberger, GRUR-Prax 2022, 219.
957 OLG Frankfurt/Main, GRUR 2014, 296 – Sportreisen.

jeder Partei – beiden eine Veröffentlichungsbefugnis zugestanden, besteht eine wechselseitige Tragungspflicht für die Kosten der jeweils anderen Seite. Mangels einer gesetzlichen Vorschusspflicht hat der Gläubiger hat jeweils in Vorlage zu treten und muss die verauslagten Beträge (die Kosten der Zwangsvollstreckung sind) gemäß § 788 ZPO von der Gegenseite geltend machen.

Die zuerkannte Veröffentlichungsbefugnis **erlischt**, wenn von ihr nicht innerhalb von 3 Monaten nach Eintritt der Rechtskraft des Urteils Gebrauch gemacht wird. Es handelt sich um eine von Amts wegen zu beachtende Ausschlussfrist, deren Versäumung kraft Gesetzes zum Rechtsverlust führt. Für die Fristberechnung gelten gemäß § 186 BGB die §§ 187 Abs 1, 188 Abs 2, 3, 193 BGB entsprechend. Zwar ist die Zustellung des Urteils (§ 750 ZPO) Voraussetzung für die Zwangsvollstreckung (in Form des Gebrauchmachens von der Veröffentlichungsbefugnis). Wo sie nicht Bedingung für den Eintritt der Rechtskraft ist, beginnt die 3-Monats-Frist jedoch auch ohne Zustellung zu laufen. Innerhalb der Frist muss das Urteil nicht bekannt gemacht sein; »Gebrauch machen« von der Veröffentlichungsbefugnis verlangt aber, dass der Berechtigte vor Fristablauf alle diejenigen Schritte unternommen hat, die erforderlich sind, um eine alsbaldige Bekanntmachung des Urteils herbeizuführen (zB Erteilung des Anzeigenauftrages und, soweit gefordert, Vorschusszahlung). 696

4. Entschädigungsanspruch[958]

a) Voraussetzungen

Für die Benutzung der offengelegten Patentanmeldung sieht das Gesetz einen Anspruch auf eine angemessene Entschädigung vor, wenn der Benutzer wusste oder wissen musste, dass die von ihm benutzte Erfindung Gegenstand einer offen gelegten Anmeldung ist. Rechtsgrundlage für den Anspruch ist bei einer deutschen Patentanmeldung[959] § 33 PatG, bei einer europäischen Patentanmeldung Art II § 1 IntPatÜG.[960] 697

Obwohl die letztgenannte Vorschrift einen inhaltsgleichen Anspruch gewährt, ist die Unterscheidung bei einer englisch- oder französischsprachigen Anmeldung wichtig, weil Art II § 1 Abs 2 IntPatÜG den Entschädigungsanspruch zusätzlich davon abhängig macht, dass eine **deutsche Übersetzung** der Patentansprüche veröffentlicht oder dem Benutzer der Anmeldung übermittelt worden ist. Erst von diesem Tag an steht dem Patentinhaber ein Anspruch auf Entschädigung zu. Es gehört deswegen zum schlüssigen Sachvortrag des Klägers mitzuteilen, ob und wann die Voraussetzungen des Art II § 1 Abs 2 IntPatÜG eingetreten sind, weil nur spätere Benutzungshandlungen anspruchsbegründend sein können.[961] 698

---

958 Vgl Singer, FS Schilling, 2007, S 355.
959 Hierzu gehören auch PCT-Anmeldungen, für die das DPMA Bestimmungsamt ist. Entschädigung kann daher ab Veröffentlichung der PCT-Anmeldung verlangt werden.
960 Die Vorschrift gilt auch für eine PCT-Anmeldung, für die das EPA Bestimmungsamt ist (Art II § 1 Abs 3 IntPatÜG). Abgestellt werden kann für den Entschädigungszeitraum mithin auf die Veröffentlichung der PCT-Anmeldung.
961 Ist eine deutsche Übersetzung der Patentansprüche erstmals mit Veröffentlichung der Patentschrift bereitgestellt worden, so reicht dies zwar aus. Auch bliebe – ausgehend hiervon – bis zum Beginn des Schadenersatzzeitraums noch ein Monat übrig, für den eine Entschädigung zuerkannt werden könnte. Allerdings hängt auch der Entschädigungsanspruch von einem Verschuldensmoment ab (Kennenmüssen), weswegen dem Benutzer ein Karenzmonat eingeräumt wird. Die Entschädigungspflicht würde deswegen ebenfalls erst mit demjenigen Tag einsetzen können, zu dem der Verletzer weitergehenden Schadenersatz schuldet. Sinnvoll ist allein, während des Karenzmonats nach Veröffentlichung der Patenterteilung einen originären Bereicherungsanspruch geltend zu machen.

699 Der Entschädigungsanspruch wird nicht durch eine **mittelbare Benutzungs**handlung ausgelöst.[962]

700 Der Gegenstand der Anmeldung (und damit der Gegenstand der Entschädigungspflicht) wird durch die bei Geltendmachung des Entschädigungsanspruchs maßgebliche Fassung der Patentansprüche festgelegt, wie sie Bestandteil der offen gelegten Anmeldungsunterlagen sind. Ist das Patent – wie meist – bereits erteilt, wenn die Entschädigung eingefordert wird, so bestimmen die **erteilten Patentansprüche** den Gegenstand des Entschädigungsanspruchs, selbst wenn die erteilten Ansprüche von der Anspruchsfassung der offen gelegten Anmeldeschrift abweichen.[963] Diese Folge ergibt sich im Anwendungsbereich des § 33 PatG aus § 58 Abs 2 PatG und im Anwendungsbereich des Art II § 1 IntPatÜG aus Art 67 Abs 4 EPÜ. Beide Vorschriften sehen vor, dass der Entschädigungsanspruch rückwirkend erlischt, wenn die Patentanmeldung zurückgenommen wird, als zurückgenommen gilt oder rechtskräftig zurückgewiesen wird, womit auch eine teilweise Zurückweisung (= beschränkte Erteilung) gemeint ist.[964]

701 Dem Benutzer ist grundsätzlich ein **Prüfungszeitraum** von einem Monat seit der Offenlegung der Anmeldung zuzubilligen. Auf diese Weise erhält er Gelegenheit, aus der Veröffentlichung der Anmeldung Konsequenzen zu ziehen.[965] Erst nach Ablauf dieser Monatsfrist lässt sich das erforderliche Verschulden (»Kennenmüssen«) bejahen. Der Offenlegungszeitraum endet nicht in demjenigen Augenblick, in dem die gesetzlichen Wirkungen der Patenterteilung eintreten, dh mit der Veröffentlichung des Hinweises auf die Patenterteilung (§ 58 Abs 1 Satz 3 PatG, Art 97 Abs 3 EPÜ). Denn auch danach wird in Gestalt des erteilten Patents vom Gegenstand der Offenlegungsschrift Gebrauch gemacht, weswegen sich die Entschädigungspflicht fortsetzt, bis der Schadenersatzzeitraum einsetzt. Dem Grunde nach setzt sich sogar auch danach, dh für die während des schadenersatzpflichtigen Zeitraumes vorgenommenen Benutzungshandlungen, die Entschädigungspflicht fort, wobei allerdings regelmäßig das Feststellungsinteresse dafür fehlt, für dieselben Handlungen, die bereits eine Schadenersatzhaftung begründen, außerdem die in den Rechtsfolgen dahinter zurückbleibende Entschädigungspflicht des Beklagten feststellen zu lassen.[966] Dementsprechend besteht auch kein Anlass für einen den Entschädigungsanspruch vorbereitenden Rechnungslegungsausspruch.

702 Wie beim Schadenersatzanspruch[967] auch genügt es für eine den **gesamten Offenlegungszeitraum** umfassende Verurteilung, wenn der Kläger nur *eine* anspruchsbegründende Benutzungshandlung des Beklagten behauptet und notfalls beweist. Dessen bedarf es umgekehrt aber auch dann, wenn unstreitig oder bewiesen ist, dass dem Beklagten schadenersatzbegründende Verletzungshandlungen nach Veröffentlichung der Patenterteilung zur Last fallen und der Beklagte bestreitet, das Klagepatent vorher (während des Offenlegungszeitraumes) benutzt zu haben. Erfolgt dieses Bestreiten nicht und sind sich die Parteien mindestens stillschweigend darin einig[968], dass die vorgetragene schadenersatzbegründende Handlung beispielhaft auch für Benutzungen steht, die in gleicher Weise vor der Veröffentlichung der Patenterteilung stattgefunden haben, so rechtfertigt

---

[962] BGHZ 159, 221, 229 – Drehzahlermittlung; BGH, GRUR 2006, 570 – extracoronales Geschiebe; aA: OLG Düsseldorf, InstGE 2, 1 – Folienblasanlage; OLG Düsseldorf, InstGE 2, 115 – Haubenstretchautomat; OLG Düsseldorf, Mitt 2003, 264, 269 f – Antriebsscheibenaufzug; Holzapfel, GRUR 2006, 881; Nieder, Mitt 2009, 540.
[963] Benkard, PatG, § 33 PatG Rn 4c.
[964] OLG Düsseldorf, Urteil v 30.10.2014 – I-2 U 3/14.
[965] Im Anschluss an BGH, GRUR 1986, 803, 806 – Formstein.
[966] BGH, GRUR 2022, 1427 – Elektronischer Pressespiegel II.
[967] Vgl unten Kap D Rdn 709.
[968] Bsp: Der Kläger legt den Verletzungstatbestand anhand einer aktuellen Lieferung nach Wirksamwerden des Patentschutzes klar und beantragt aufgrund dessen nicht nur die Haftungsfeststellung zum Schadenersatz, sondern ebenso zur Entschädigung.

eine für den Schadenersatzzeitraum behauptete oder festgestellte Patentbenutzung – weil jede schuldhaft rechtswidrige Patentbenutzung zugleich eine Benutzung des offengelegten Patents darstellt – die Verurteilung zur Entschädigung und Rechnungslegung für den vorausgegangenen Offenlegungszeitraum.

b) Verpflichteter

Der Entschädigungsanspruch besteht immer nur gegenüber dem Benutzer, aber nicht gegenüber dessen Vertretungsorgan (zB **Geschäftsführer**), welches den Gegenstand der Patentanmeldung selbst nicht benutzt hat.[969] Da die Benutzungshandlungen in Bezug auf eine offen gelegte Anmeldung kein rechtswidriges, sondern ein rechtmäßiges Verhalten darstellen[970], fehlt es an einer Zurechnungsnorm, aufgrund derer der gesetzliche Vertreter für die Benutzungshandlungen des von ihm vertretenen Unternehmens einzustehen hat.[971]

703

Haften mehrere Benutzer nebeneinander auf Entschädigung (zB Konzernunternehmen, die beim Vertrieb zusammenarbeiten), so haften sie nicht als **Gesamtschuldner**.[972] Denn mangels rechtswidrigen Verhaltens sind die §§ 830, 840 BGB nicht anwendbar.

704

c) Umfang

Die angemessene Entschädigung berechnet sich – im Grundsatz[973] – nach den Regeln der **Lizenzanalogie**. Eine Gewinnherausgabe ist nicht geschuldet.[974]

705

Ist der Entschädigungsanspruch ganz oder zum Teil verjährt (§§ 33 Abs 3, 141 Satz 1, 2 PatG), so bleibt dem Patentinhaber unter den für den Entschädigungsanspruch geltenden Voraussetzungen (Rechtsfolgenverweisung!) ein **Rest-Entschädigungsanspruch** erhalten.[975] Er ist auf die Herausgabe dessen gerichtet, was der Beklagte durch die Benutzungshandlungen ohne Rechtsgrund erlangt hat, jedoch der Höhe nach auf denjenigen Betrag begrenzt, den der Patentinhaber als angemessene Entschädigung verlangen könnte.[976]

706

d) Verfahren

Die Entschädigungsklage (egal, ob auf Feststellung oder Zahlung gerichtet) ist eine Patentstreitsache. Für sie existiert, sofern das offengelegte Patent im Zeitpunkt des Klageverfahrens noch nicht erteilt ist, eine spezielle **Aussetzungsmöglichkeit**, die in den Fällen des Art II § 1 IntPatÜG analog heranzuziehen ist. § 140 PatG sieht vor, dass der Entschädigungsprozess bis zur Patenterteilung (nicht darüber hinaus!) ausgesetzt werden kann. Voraussetzung ist allerdings, dass das Erteilungsverfahren vorgreiflich für den Entschädigungsprozess ist, woran es zB fehlt, wenn der Kläger überhaupt nicht aktivlegitimiert ist, dem Beklagten (zB als Geschäftsführer) die Passivlegitimation fehlt, eine bloß mittelbare Benutzung vorliegt (die keinen Entschädigungsanspruch auslösen kann) oder das fragliche, mutmaßlich anspruchsbegründende Verhalten überhaupt keine Benutzung des Anmeldungsgegenstandes darstellt. Ist ein Prüfungsantrag noch nicht gestellt, kann dem Kläger hierfür eine Frist gesetzt werden, deren Versäumung ein Prozesshindernis

707

---

969 Vgl BGH, GRUR 1989, 411, 413 – Offenend-Spinnmaschine.
970 BGH, GRUR 1989, 411 – Offenend-Spinnmaschine.
971 OLG Düsseldorf, Urteil v 17.3.2022 – I-2 U 31/18.
972 OLG Düsseldorf, Urteil v 18.8.2016 – I-2 U 21/16.
973 Zu einer möglichen Ausnahme vgl oben Kap A Rdn 325.
974 BGH, GRUR 2017, 890 – Sektionaltor II.
975 LG Düsseldorf, Entscheidungen 2000, 81, 86 f – Dämmstoffbahn; Nieder, Mitt 2009, 540; aA: OLG München, Mitt 2009, 559 – Rest-Entschädigungsanspruch.
976 LG Düsseldorf, Entscheidungen 2000, 81, 87 – Dämmstoffbahn.

D. Klageverfahren

begründet. Eine Abweisung durch Prozessurteil scheidet freilich aus, wenn zwar außerhalb der Frist, aber noch vor Erlass des Urteils der Prüfungsantrag gestellt wird.

5. *Schadenersatzanspruch*

708 Für schuldhaft rechtswidrige Benutzungshandlungen in der Zeit nach Veröffentlichung des Hinweises auf die Patenterteilung haftet der Verletzer auf Schadenersatz. Im Falle einer Änderung der Gesetzeslage richtet sich die Haftung nach dem zur Zeit der Verletzungshandlung geltenden Recht.[977] Sollte die Durchsetzung des **Unterlassungsanspruchs unverhältnismäßig** sein und deswegen nicht oder nicht uneingeschränkt (zB nur unter Gewährung einer Aufbrauch- oder Umstellungsfrist) zuerkannt werden, ändert dies an der Schadenersatzhaftung für die (zB während der Aufbrauchfrist begangenen) Handlungen nichts.[978]

709 Es genügt, wenn der Kläger *eine* Verletzungshandlung nachweist, die nach Veröffentlichung der Patenterteilung vorgefallen ist. In einem solchen Fall wird die Schadenersatzverpflichtung nicht nur für die Zeit ab der **ersten** konkret behaupteten **Verletzungshandlung** festgestellt, sondern für den gesamten möglichen Schadenersatzzeitraum.[979]

710 In gleicher Weise rechtfertigt *eine* festgestellte **Benutzungsform** (zB ein Angebot) die Verurteilung wegen **aller weiteren Handlungsalternativen** (Inverkehrbringen, Gebrauchen, Einführen, Besitzen), auch wenn für sie kein konkreter Vortrag geleistet und/oder Nachweis erbracht werden kann, sofern die betreffenden Benutzungsformen nach der Ausrichtung des Unternehmens als möglich in Betracht kommen und es lediglich dem Zufall geschuldet ist, dass der Verletzte bisher lediglich eine Angebotshandlung ermittelt hat.[980] Anderes gilt, wenn der Beklagte plausibel geltend macht, bislang bloß Angebote unterbreitet zu haben, und ausdrücklich bestreitet, dass es (bezogen auf den Zeitpunkt der letzten mündlichen Tatsachenverhandlung) zu einem Vertrieb gekommen ist; hier ist in den Rechnungslegungs- und Schadenersatzfeststellungstenor nur diejenige Benutzungsform aufzunehmen, die tatrichterlich feststellbar ist.[981] Eine weitere Ausnahme besteht – wie beim Unterlassungsanspruch – für ein reines Handelsunternehmen, für welches die Benutzungsform des Herstellens mangels betrieblicher Kapazitäten auszuscheiden hat.[982] Steht fest, dass ein Herstellungsbetrieb den patentverletzenden Gegenstand fremd fertigen lässt, so rechtfertigt die prinzipielle Kompetenz des eingerichteten Geschäftsbetriebes zu einer Eigenfertigung zwar eine Unterlassungsverurteilung auch wegen der Benutzungsform des Herstellens (Erstbegehungsgefahr)[983]; so lange nicht mit der Eigenherstellung begonnen wurde, kommen jedoch darauf gestützte Schadenersatzansprüche nicht in Betracht.

711 Durch eine **Beschränkung des Patents** im Einspruchs- oder Nichtigkeitsverfahren wird der Beginn des Schadenersatzzeitraumes nicht auf die Zeit nach der Einspruchs- oder Nichtigkeitsentscheidung verschoben.

---

977 BGH, GRUR 2010, 1090 – Werbung des Nachrichtensenders; BGH, Beschluss v 25.3.2021 – I ZR 49/19.
978 Vgl oben unter Rdn 605.
979 BGHZ 117, 264, 278 f – Nicola; BGH, GRUR 2007, 877 – Windsor Estate (unter Aufgabe der bisherigen gegenteiligen Rechtsprechung in GRUR 1998, 307 – Gaby).
980 OLG Düsseldorf, Urteil v 6.4.2017 – I-2 U 51/16.
981 OLG Düsseldorf, Urteil v 23.3.2017 – I-2 U 58/16; OLG Düsseldorf, Urteil v 25.10.2018 – I-2 U 30/16.
982 Alles Vorstehende gilt selbstverständlich auch für den vorbereitenden Rechnungslegungsanspruch.
983 Vgl oben Kap D Rdn 522.

a) Verschulden[984]

Anspruchsvoraussetzung ist, dass dem Verletzer hinsichtlich der widerrechtlichen Benutzung der patentierten Erfindung ein Verschulden zur Last fällt.[985] Insoweit reicht bereits jede, auch nur leichte Fahrlässigkeit aus. Für Verletzungshandlungen, die vor dem 1.9.2008 stattgefunden haben, bleibt allerdings die aufgrund der vorherigen Fassung von § 139 Abs 2 Satz 2 PatG gegebene Rechtslage maßgeblich, die es dem Gericht bei leichter Fahrlässigkeit erlaubt hat, statt des vollen Schadenersatzes lediglich eine Entschädigung zuzusprechen, die betragsmäßig zwischen dem auf Seiten des Verletzten eingetretenen Schadens und dem dem Verletzer erwachsenen Vorteil bleibt.[986]

712

Da sich jeder Gewerbetreibende vor Aufnahme einer Benutzungshandlung nach etwa entgegenstehenden Schutzrechten Dritter zu vergewissern hat und die erfolgte Patenterteilung in allgemein zugänglichen Quellen bekannt gemacht wird, kann aus dem Vorliegen einer rechtswidrigen Benutzung des Patents in aller Regel auf ein (zumindest fahrlässiges) Verschulden des Benutzers geschlossen werden.[987] Das gilt nicht nur für ein herstellendes, sondern prinzipiell gleichermaßen für ein lediglich vertreibendes Unternehmen. Handelt es sich um ein SEP mit FRAND-Erklärung, so ist der Vorwurf fahrlässigen Verschuldens auch für solche Benutzungshandlungen gerechtfertigt, die vor dem Zugang einer Verletzungsanzeige vorgenommen worden sind.[988] Sowohl in der Klage als auch im Urteil erübrigen sich deshalb im Allgemeinen weitere Erörterungen in dieser Hinsicht.

713

Sie sind allerdings in zeitlicher Hinsicht insofern angebracht, als dem Verletzer grundsätzlich eine **Karenzzeit** von einem Monat im Anschluss an die Veröffentlichung der Patenterteilung zuzubilligen ist, um die Sachlage (Inhalt des Patents, Benutzung durch eigene Produkte, ggf Einholung von Rechtsrat) zu prüfen. Erst danach kann von einem schuldhaften Verhalten ausgegangen werden. Der Karenzmonat ist auch einem **Geschäftsführer** zuzubilligen, der nach Veröffentlichung der Patenterteilung (und ggf nach Beginn der Verletzungshandlungen) in das verletzende Unternehmen eintritt, sodass – wenn keine frühere Kenntnis feststellbar ist – dessen Haftung für Benutzungshandlungen besteht, die einen Monat nach seiner Bestellung zum Geschäftsführer begangen worden sind. Für die Zubilligung einer Überlegungsfrist besteht **ausnahmsweise** dann kein Anlass, wenn der Beklagte im Zeitpunkt der Patenterteilung bereits hinreichend über den Inhalt des Patents im Bilde war und Gelegenheit zur Prüfung einer etwaigen Patentbenutzung hatte. Solches ist beispielsweise der Fall, wenn der Beklagte ein zum Klagepatent paralleles und bei Patenterteilung bereits seit mehr als einem Monat bekanntgemachtes Gebrauchsmuster des Klägers kannte.[989]

714

aa) Spediteur, Handelsunternehmen, Sortimenter

Darlegungen zur Verschuldensfrage sind des Weiteren erforderlich, wenn eine Sonderkonstellation vorliegt, weil die Haftung eines **Spediteurs** oder Lagerhalters in Rede steht, dem zum Vorwurf gemacht wird, patentverletzende Produkte transportiert oder gelagert zu haben. Hier kann (und wird sich vielfach) die Annahme einer Prüfungspflicht, wie

715

---

984 Von Rospatt/Klopschinski, FS 80 Jahre Patentgerichtsbarkeit Düsseldorf, 2016, S 449 (speziell zum Verschulden im Pharma- und Mobilfunkbereich); Wosgien, Verschuldenshaftung, 2015.
985 Bei Verletzung eines Gebrauchsmusters setzt die Schadenersatzpflicht dementsprechend frühestens mit der Bekanntmachung der Eintragung zzgl eines Prüfungszeitraumes von einem Monat ein (LG Düsseldorf, InstGE 2, 31 – Darmbefüllvorrichtung).
986 OLG Düsseldorf, GRUR 2017, 1219 – Mobiles Kommunikationssystem.
987 BGH, GRUR 1977, 250, 252 – Kunststoffhohlprofil I; BGH, GRUR 1993, 460, 464 – Wandabstreifer.
988 BGH, GRUR 2020, 961 – FRAND-Einwand.
989 OLG München, InstGE 6, 57 – Kassieranlage.

sie oben beschrieben worden ist, angesichts der gesamten Umstände verbieten[990]; ein Schuldvorwurf ist aber dann berechtigt, wenn der Spediteur (zB aufgrund eines Hinweises des Patentinhabers oder durch ein Grenzbeschlagnahmeverfahren[991]) verlässliche Kenntnis davon oder zumindest konkrete Anhaltspunkte dafür erlangt, dass bestimmte Gegenstände eines bestimmten Unternehmens, für das er tätig ist, fremde Schutzrechte verletzen. Jedenfalls von diesem Zeitpunkt an trifft auch den Spediteur die Pflicht, sich zu vergewissern, und stellt der weitere Transport der als schutzrechtsverletzend erkannten Produkte eine schuldhafte Patentverletzung dar.[992] Gleiches gilt, wenn der Transport ohne Wahrnehmung der gebotenen Prüfungsmaßnahmen – folglich unter stillschweigender Billigung ihrer patentverletzenden Eigenschaft – fortgesetzt wird.

716 Von einem **reinen Handelsunternehmen**[993] (das auf technische Gegenstände einer bestimmten Art oder Gattung »spezialisiert« und kein »Sortimenter« ist) ist (wie von einem Hersteller) grundsätzlich eine eigene Prüfung der Schutzrechtslage zu erwarten, selbst wenn diese wegen der technischen Komplexität des betroffenen Gegenstandes mit einem beträchtlichen Aufwand verbunden ist.[994] Hat in der Zulieferkette bereits eine ernsthafte, sorgfältige und sachkundige Prüfung daraufhin stattgefunden, ob das Produkt Schutzrechte im Bestimmungsland verletzt, so reduziert sich die Pflicht des Händlers allerdings darauf, sich zu vergewissern, dass die Schutzrechtslage verlässlich verifiziert worden ist.[995] Eine allgemeine Haftungsfreistellungsklausel, mit der der Lieferant zusichert, dass der Liefergegenstand Rechte Dritter nicht verletzt, reicht insoweit nicht aus.[996] Vielmehr muss der Nachweis eingefordert werden, dass eine sachkundige und hinreichend erfahrene Person die Verletzungsfrage gewissenhaft mit dem (zumindest vertretbaren) Ergebnis einer Nichtverletzung begutachtet hat, und zwar sowohl in tatsächlicher Hinsicht (Beschaffenheit der angegriffenen Ausführungsform) als auch in rechtlicher Hinsicht (Eingriff in den Schutzbereich?). Wer selbst keine geeigneten Untersuchungen anstellt und wem auch von seinem Zulieferer kein verlässlicher Nachweis über die Nichtverletzung präsentiert wird, aber dennoch den Vertrieb aufnimmt, handelt schuldhaft, weil er die Patentverletzung billigend in Kauf nimmt.

717 Großzügiger ist die – allerdings vereinzelt gebliebene und auch abzulehnende – Auffassung des OLG Düsseldorf in der Entscheidung »Permanentmagnet«.[997] Seiner Ansicht nach soll ein Vertriebsunternehmen im Allgemeinen auch dann keine eigene Prüfungspflicht hinsichtlich der Verletzung von Schutzrechten Dritter – auch nicht eingeschränkt im Sinne eines Sich-Vergewisserns – treffen, wenn es seine Ware von namhaften Herstellern bezieht. Dieser Grundsatz soll dabei auch für High-Tech-Produkte (zB Handys) gelten, von denen bekannt ist, dass sie in praktisch jedem technischen Detail patentiert sind, wenn der Händler ein Technologieunternehmen von Weltrang ist, das eigene »qualifizierte« technische Kenntnisse auf dem betreffenden Gebiet besitzt und das verletzte Schutzrecht eine für die vorteilhaften Eigenschaften des Produktes »auffällige« Neuerung betrifft. Nach erfolgter Abmahnung besteht allerdings auch für ein reines Handelsunternehmen die rechtliche Pflicht, dem erhobenen Verletzungsvorwurf nachzugehen. Der

---

990 LG Düsseldorf, InstGE 5, 241 – Frachtführer.
991 LG Düsseldorf, InstGE 7, 172 – iPod.
992 LG Düsseldorf, InstGE 5, 241 – Frachtführer.
993 Küppers, FS 80 Jahre Patentgerichtsbarkeit Düsseldorf, 2016, S 329.
994 LG Mannheim, InstGE 7, 14 – Halbleiterbaugruppe; OLG Düsseldorf, GRUR 2017, 1219 – Mobiles Kommunikationssystem.
995 Nach BGH, GRUR 2006, 575 – Melanie, trifft den Händler jedenfalls dann ein Schuldvorwurf, wenn er sich nicht danach vergewissert hat, ob in der vorangegangenen Lieferkette die Schutzrechtslage geprüft worden ist.
996 LG Mannheim, InstGE 7, 14 – Halbleiterbaugruppe.
997 OLG Düsseldorf, InstGE 6, 152 – Permanentmagnet; kritisch dazu: Buxbaum, GRUR 2009, 240, 241 f.

Prüfungszeitraum, vor dessen Ablauf ein Verschulden ausscheidet, kann allerdings – je nach dem Umfang und der Schwierigkeit der anzustellenden Ermittlungen – mehrere Monate betragen.[998]

Allein der Umstand, dass im **Rechtsbestandsverfahren** von einem bestimmten zur Nichtverletzung führenden Verständnis des Patentanspruchs ausgegangen wird, welche das Verletzungsgericht nicht teilt, räumt den Verschuldensvorwurf nicht unbedingt aus.[999] Je klarer bei zutreffender Befassung mit dem Klagepatent der Verletzungsvorwurf zutage liegt, umso weniger darf sich der Verletzer auf eine bloß apodiktische Äußerung im Einspruchs- oder Nichtigkeitsverfahren verlassen. Sein Vertrauen ist regelmäßig erst dann schutzwürdig, wenn das ihm günstige Verständnis erkennbar das Ergebnis einer methodisch einwandfreien und hinreichend begründeten Patentauslegung ist.[1000] Erst recht entlastet es den Verletzer nicht, wenn der Schutzrechtsinhaber im Anschluss an eine Abmahnung geraume Zeit vergehen lässt, bevor er seine Ansprüche wegen Patentverletzung (gerichtlich) weiterverfolgt.[1001]

718

Bei Verletzung eines **SEP** mit FRAND-Erklärung folgt aus der vorgerichtlichen Pflicht des Patentinhabers zur Verletzungsanzeige nicht, dass den Verletzer geringere Sorgfaltspflichten als gewöhnlich treffen.[1002]

719

Für einen »**Sortimenter**«, zu dessen Vertriebsprogramm eine große Vielzahl unterschiedlichster Produkte gehört (Versandhandelsunternehmen, Baumärkte, Elektromärkte), sollten Maßstäbe gelten, die zwischen denen für Spediteure und denen für Handelsunternehmen liegen. Aufgrund der Breite ihres Vertriebsprogramms ist ihnen eine eigene verlässliche Schutzrechtsprüfung mit vertretbarem und deshalb aus Rechtgründen zumutbarem Aufwand faktisch unmöglich. So lange keine konkreten Hinweise auf eine Schutzrechtsverletzung existieren (zB aufgrund einer Verwarnung oder dergleichen), kommt es darauf an, ob sich dem Sortimenter mit Rücksicht auf den technischen Gegenstand aufdrängen muss, dass technische Schutzrechte betroffen sein können. Das mag bei LED-Lichterketten der Fall sein[1003], wird bei Wegwerffeuerzeugen oder einer Fußmatte dagegen fern liegen. Muss die Warengattung die Möglichkeit eines Patentschutzes nahelegen, hat sich der Sortimenter bei seinem Lieferanten oder beim Hersteller danach zu erkundigen, ob die Schutzrechtslage für das vorgesehene Vertriebsgebiet fachkundig geprüft worden ist. Wird dies (nicht nur pauschal in AGB, sondern auf konkrete Nachfrage hin) vertrauenswürdig zugesichert, kann sich der Sortimenter grundsätzlich auf die ihm gegebene Auskunft verlassen, es sei denn, die Unzuverlässigkeit des Lieferanten ist ihm aus anderem Zusammenhang bekannt oder erkennbar. Einer näheren eigenen Kontrolle der behaupteten Schutzrechtsprüfung durch ihn (Hat sie tatsächlich stattgefunden? Von wem ist sie durchgeführt worden? Ist sie inhaltlich lege artis durchgeführt worden?) bedarf es – anders als bei »spezialisierten« Handelsunternehmen – nicht. Verweigert der Lieferant eine diesbezügliche Zusage, muss der Sortimenter allerdings selbst prüfen. Nimmt er den Vertrieb auf, ohne dies zu tun, handelt er mit dolus eventualis. Die vorbezeichneten Sorgfaltspflichten verschärfen sich nicht dadurch, dass der Sortimenter die betreffende Ware selbst **aus dem Ausland importiert**, also derjenige ist, der sie erstmals in das Schutzterritorium verbringt. Denn es ist oft bloßen Zufälligkeiten geschuldet, ob der Händler zum Import der Ware gezwungen ist oder ob sein Lieferant eine deutsche Niederlassung unterhält, von der die Ware im reinen innerdeutschen Geschäftsverkehr bezogen werden kann. Ob die eine oder die andere Konstellation vorliegt, kann vernünf-

720

---

998 OLG Düsseldorf, InstGE 6, 152 – Permanentmagnet.
999 OLG Düsseldorf, Urteil v 20.12.2017 – I-2 U 39/16.
1000 OLG Düsseldorf, Urteil v 20.12.2017 – I-2 U 39/16.
1001 LG Düsseldorf, Urteil v 25.9.2018 – 4c O 104/17.
1002 OLG Düsseldorf, GRUR 2017, 1219 – Mobiles Kommunikationssystem.
1003 OLG Düsseldorf, Urteil v 8.12.2016 – I-2 U 6/13.

tigerweise nicht über das Maß der Sorgfaltsanforderungen entscheiden, die einem Sortimenter abzuverlangen sind. Der Import nimmt lediglich insoweit eine besondere Stellung ein, als für die vorgelagerte Hersteller- und Vertriebskette noch keine Veranlassung bestanden haben kann, die inländische Schutzrechtslage zu verifizieren, was eine dahingehende Nachfrage umso dringlicher macht.

bb) Äquivalenz

721 Sofern es darum geht, ob die angegriffene Ausführungsform unter Äquivalenzgesichtspunkten oder als **verschlechterte Ausführungsform** in den Schutzbereich einzubeziehen ist, entlastet den Verletzer noch nicht der Umstand, dass ein Kollegialgericht (zB das Landgericht in erster Instanz) die Voraussetzungen einer Äquivalenz verneint hat. Ob ein vom Beklagten vor Aufnahme seiner Benutzungshandlungen eingeholtes Rechtsgutachten den Verschuldensvorwurf ausräumt, hängt von den Umständen des Falles ab, wobei auch hier grundsätzlich Zurückhaltung geboten ist. Zu bejahen ist dies nur dann, wenn der Gutachter in der Beurteilung patentrechtlicher Verletzungsfragen praktisch erfahren ist, wenn der ihm unterbreitete Sachverhalt in Bezug auf das Klagepatent und in Bezug auf die angegriffene Ausführungsform vollständig und zutreffend ist, wenn die gutachtliche Stellungnahme eine umfassende Prüfung und Würdigung aller Gesichtspunkte erkennen lässt und wenn – zu guter Letzt – die erteilte Auskunft dahin lautet, dass eine Patentverletzung nicht vorliegt.[1004]

cc) Rechtsbeständigkeit

722 Strenge Maßstäbe gelten ebenfalls, wenn es darum geht, ob das Klageschutzrecht insgesamt oder zumindest in der für den Verletzungsvorwurf geltend gemachten Form rechtsbeständig ist.

(1) Patent

723 In der Regel ist die Benutzung einer patentierten und damit geprüften Erfindung auch bei einem Irrtum über deren Rechtsbeständigkeit als schuldhaft anzusehen.[1005] Der Fahrlässigkeitsvorwurf bleibt in einem solchen Fall grundsätzlich bestehen; die Annahme, das Patent sei nicht rechtsbeständig, exkulpiert regelmäßig nicht. Selbst bei begründeten Bedenken gegen die Rechtsbeständigkeit ist das Patent bis zu seiner Vernichtung oder seinem Widerruf in Kraft und als allgemeinverbindliche Norm zu respektieren. Diese Risikoverteilung gilt prinzipiell auch dann, wenn der **Rechtsbestand** des verletzten Schutzrechts bereits **erstinstanzlich verneint** worden und nunmehr Gegenstand eines Einspruchsbeschwerde- oder Nichtigkeitsberufungsverfahrens ist. Einem jeden Rechtsmittelverfahren, dessen Sinn und Zweck gerade die Überprüfung des instanzgerichtlichen Urteils ist, wohnt dem Ansatz nach das Risiko einer anderen Beurteilung des Streitstands durch das übergeordnete Gericht inne. Die Erfahrung lehrt, dass sogar bei einem scheinbar sehr nahe kommenden Stand der Technik Nichtigkeitsklagen abweichend von der Beurteilung durch die erste Instanz letztlich keinen Erfolg haben. Die Möglichkeit, dass das verletzte Patent im Einspruchsbeschwerde- oder Nichtigkeitsberufungsverfahren nicht vernichtet wird, ist daher stets ernstlich in Rechnung zu stellen.[1006] Ein Fachunternehmen, das sich trotz noch nicht endgültig geklärter Rechtslage entschließt, von einem

---

1004 Vgl BGH, GRUR 1996, 812, 814 – Unterlassungsurteil gegen Sicherheitsleistung; BGH, GRUR 2017, 397 – World of Warcraft II.
1005 Vgl BGH, GRUR 1961, 26 – Grubenschaleisen; BGH, GRUR 1977, 250, 253 – Kunststoffhohlprofil I; OLG Düsseldorf, GRUR 1982, 35, 36 – Kunststoffschläuche; OLG Düsseldorf, Urteil v 30.11.2010 – I-2 U 82/09; OLG München, GRUR-RR 2006, 385, 391 – Kassieranlage.
1006 OLG Düsseldorf, GRUR 1982, 35, 36 – Kunststoffschläuche; OLG Düsseldorf, Urteil v 30.11.2010 – I-2 U 82/09.

Patent Gebrauch zu machen, handelt deshalb grundsätzlich auf eigene Gefahr.[1007] Eine dem Verletzer günstige erstinstanzliche (nicht rechtskräftige) Nichtigkeitsentscheidung des Bundespatentgerichts lässt vor diesem Hintergrund für sich genommen das Verschulden des Verletzers nicht entfallen. Zur Exkulpation des rechtsirrig vom mangelnden Rechtsbestand eines Patents ausgehenden Verletzers reichen (nicht rechtskräftige) Entscheidungen von Kollegialgerichten, die ein für den Irrenden günstigen Inhalt haben, nicht ohne weiteres aus, und zwar auch dann nicht, wenn das Instanzgericht über eine besondere Fachkunde verfügt.[1008] Erst recht wird der Schuldvorwurf nicht ausgeräumt, wenn das Klagepatent eingeschränkt aufrechterhalten wurde und wird. Hier kommt es nicht darauf an, ob der Beklagte diejenige Fassung, in der sich das Schutzrecht letztlich als rechtsbeständig erwiesen hat, vorhersehen konnte oder nicht (woran es vielfach fehlen wird, weil die Anspruchsfassung, mit der das Patent verteidigt wird, Sache des Schutzrechtsinhabers und damit dem Einfluss und vielfach auch der Vorhersehbarkeit durch den Benutzer entzogen ist). Entscheidend ist allein, dass der Beklagte mit seinem Erzeugnis oder Verfahren von der erteilten und von der nachträglich beschränkten Patentfassung Gebrauch macht; wann immer dies der Fall ist, trifft ihn an der Schutzrechtsverletzung ein zumindest fahrlässiges Verschulden.

Am Verschulden des Verletzers fehlt es nur unter besonderen Umständen, so zB dann, wenn bei Anwendung der im Verkehr erforderlichen Sorgfalt mit einer anderen, dem irrig Handelnden ungünstigen Beurteilung durch die Gerichte nicht gerechnet werden brauchte.[1009] Das kann der Fall sein, wenn das später als rechtsirrig zu qualifizierende Handeln der bis dahin geltenden **höchstrichterlichen gefestigten Rechtsprechung** entsprochen hat.[1010] Befolgt der Verletzer die bisherige höchstrichterliche Rechtsprechung, so darf er nämlich grundsätzlich auf deren Fortbestand vertrauen; mit einer Änderung braucht er regelmäßig nicht zu rechnen. Bei einer zweifelhaften Rechtsfrage, in der sich noch keine einheitliche Rechtsprechung gebildet hat und die insbesondere nicht durch höchstrichterliche Entscheidungen geklärt ist, geht das Sorgfaltserfordernis demgegenüber zwar nicht so weit, dass aus der Sicht des rechtsirrig Handelnden die Möglichkeit einer für ihn ungünstigen gerichtlichen Klärung undenkbar gewesen sein müsste. Durch strenge Anforderungen an seine Sorgfalt muss indessen verhindert werden, dass er das Risiko der zweifelhaften Rechtslage dem Verletzten zuschiebt.[1011] Fahrlässig handelt daher auch, wer sich erkennbar in einem Grenzbereich des rechtlich Zulässigen bewegt, in dem er eine von der eigenen Einschätzung abweichende Beurteilung der rechtlichen Zulässigkeit des fraglichen Verhaltens in Betracht ziehen muss.[1012]

724

1007 BGH, GRUR 1987, 564 – Taxi-Genossenschaft; OLG Nürnberg, GRUR 1967, 538 – Laternenflaschen.
1008 BGH, BB 1962, 428 – Furniergitter; BGH, GRUR 1964, 606, 610 f – Förderband; BGH, GRUR 1973, 518, 521 – Spielautomat II; BGH, GRUR 1993, 556, 559 – TRIANGLE.
1009 BGH, GRUR 1987, 564, 565 – Taxi-Genossenschaft; BGH, GRUR 1990, 474, 476 – Neugeborenentransporte; BGH, GRUR 1998, 568, 569 – Beatles-Doppel-CD; BGH, GRUR 1999, 49, 51 – Bruce Springsteen and his Band; BGH, GRUR 2002, 622, 626 – shell.de; BGH, GRUR 2002, 706, 708 – Vossius.
1010 OLG Düsseldorf, Urteil v 30.11.2010 – I-2 U 82/09; OLG Düsseldorf, GRUR-RR 2002, 23, 25 – Überkleben von Kontrollnummern, unter Hinweis auf BGH, NJW 1972, 1045, 1046; BGH, NJW 1974, 1903, 1904.
1011 BGH, GRUR 1987, 564, 565 – Taxi-Genossenschaft; BGH, GRUR 1990, 474, 476 – Neugeborenentransporte; BGH, GRUR 1999, 49, 51 – Bruce Springsteen and his Band.
1012 BGHZ 130, 205, 220 = BGH, GRUR 1995, 750 – Feuer, Eis & Dynamit; BGHZ 131, 308, 318 = BGH, GRUR 1996, 271 – Gefärbte Jeans; BGH, GRUR 1990, 1035, 1038 – Urselters II; BGH, GRUR 1998, 568, 569 – Beatles-Doppel-CD; BGH, GRUR 1999, 49, 51 – Bruce Springsteen and his Band.

(2) Gebrauchsmuster

725 Andere Regeln gelten in Bezug auf ein **Gebrauchsmuster**. Es entspricht der Rechtsprechung des Bundesgerichtshofs[1013], dass bei der Beurteilung des Verschuldens in Fällen der Verletzung eines im Löschungsverfahren geänderten und nur teilweise aufrechterhaltenen Gebrauchsmusters sorgfältig zu prüfen ist, ob der Benutzer im Zeitpunkt der Verletzungshandlung bei Anwendung der gebotenen Sorgfalt erkennen konnte und musste, dass er ein rechtsbeständiges Gebrauchsmuster verletzt, wobei die Sorgfaltspflichten nicht überspannt werden dürfen. Bei der Verletzung des ohne materielle Prüfung seiner Schutzfähigkeit eingetragenen Gebrauchsmusters kann ein Verschulden nur angenommen werden, wenn der Benutzer mit dessen Schutzfähigkeit gerechnet hat oder rechnen musste.[1014] Ein Verschuldensvorwurf hat demgegenüber zu unterbleiben, wenn der Benutzer begründete Bedenken gegen die Schutzfähigkeit des Gebrauchsmusters in seiner eingetragenen Fassung erheben konnte, wobei sich die Schutzfähigkeitsbedenken auch aus dem Stand der Technik ergeben können. Unter solchen Umständen hat der Benutzer in Erfüllung seiner Sorgfaltspflichten sachkundigen Rat von erfahrenen Patentanwälten oder von auf dem Gebiet des gewerblichen Rechtsschutzes sachkundigen Rechtsanwälten einzuholen.[1015] Außerdem ist er gehalten, seine Zweifel an der Rechtsbeständigkeit des Klagegebrauchsmusters in einer verfahrensrechtlich geeigneten Form, zB durch die Einleitung eines Löschungsverfahrens, geltend zu machen.[1016] Tut er dies und wird das Gebrauchsmuster – wider Erwarten – substanziell teilgelöscht, versagt bis zur Teillöschungsentscheidung (bzw bis zu einem die Teillöschung ankündigenden begründeten Zwischenbescheid) der Schuldvorwurf in Bezug auf die anfänglich eingetragene Anspruchsfassung, weswegen nur eine – von Amts wegen zu erörternde – Bereicherungshaftung[1017] infrage kommt. Der Schuldvorwurf bleibt hingegen bestehen, soweit sich das Gebrauchsmuster als beständig erweist, sofern aus der verständigen Sicht des Benutzers mit einer Beschränkung des Schutzrechtsinhabers auf die besagte Merkmalskombination zu rechnen und eine Benutzung der beschränkten (teilgelöschten) Anspruchsfassung durch die angegriffene Ausführungsform zu erkennen war.[1018] Namentlich dass sich ein eingeschränkter Schutzanspruch als rechtsbeständig erweisen werde, ist tendenziell umso eher voraussehbar, je einfacher der technische Sachverhalt gelegen ist, und kann umso eher angenommen werden, wenn zur Beschränkung in naheliegender Weise Unteransprüche – und nicht bloß aus der Beschreibung entnommene Merkmale – kombiniert werden.[1019]

dd) Leichte Fahrlässigkeit

726 Fällt dem Verletzer nur leichte Fahrlässigkeit zur Last, konnte das Gericht unter der Geltung der früheren Rechtslage statt des Schadenersatzes lediglich eine Entschädigung zusprechen (§ 139 Abs 2 Satz 2 PatG aF). Diese Privilegierung ist mit der Neufassung des § 139 PatG durch das DurchsetzungsG vom 11.7.2008[1020] (auch für Altfälle) beseitigt worden.

1013 BGH, GRUR 1977, 250, 252 – Kunststoffhohlprofil I; OLG Düsseldorf, Urteil v 12.11.2009 – I-2 U 121/08.
1014 OLG Düsseldorf, Urteil v 3.5.2018 – I-2 U 47/17.
1015 OLG Düsseldorf, Urteil v 3.5.2018 – I-2 U 47/17.
1016 OLG Düsseldorf, Urteil v 3.5.2018 – I-2 U 47/17.
1017 BGH, GRUR 1977, 250 – Kunststoffhohlprofil I; OLG Düsseldorf, Urteil v 12.11.2009 – I-2 U 121/08.
1018 OLG Düsseldorf, Urteil v 3.5.2018 – I-2 U 47/17.
1019 OLG Düsseldorf, Urteil v 3.5.2018 – I-2 U 47/17.
1020 BGBl I 2008, S 1191 = BlPMZ 2008, 274.

ee) Mangelndes Verschulden

Lässt sich ein Verschulden nicht tatrichterlich feststellen, darf die Schadenersatz- und Rechnungslegungsklage nicht abgewiesen werden. Von Amts wegen ist vielmehr ein **Bereicherungsanspruch** (nebst begleitendem Rechnungslegungsanspruch) zu prüfen und (wenn eine Patentbenutzung vorliegt) zuzusprechen. Der Klarheit halber sollte das Gericht die Parteien hierauf hinweisen.

727

b) Angebot als schadensauslösendes Ereignis

Das Anbieten schutzrechtsverletzender Gegenstände als solches begründet zwar bereits eine Schadenersatzhaftung[1021], sodass auch ohne besondere Feststellungen allein wegen eines etwaigen Marktverwirrungsschadens ein Feststellungsausspruch möglich ist[1022]; typischerweise wird dem Schutzrechtsinhaber ein Schaden jedoch erst durch den dem Angebot nachfolgenden Geschäftsabschluss (Lieferung) entstehen. Für ihn haftet der Anbietende, und zwar auch dann, wenn nicht er selbst, sondern – adäquat kausal und zurechenbar – ein Dritter das Liefergeschäft gemacht hat.[1023]

728

c) Schadenersatz bei mittelbarer Patentverletzung[1024]

Gemäß § 139 Abs 2 PatG haftet der mittelbare Verletzer dem Patentinhaber auf Schadenersatz.

729

Kommt es unter Verwendung des gelieferten Mittels zu einer **unmittelbaren Patentbenutzung** – die auch im privaten Bereich zu nichtgewerblichen Zwecken[1025] oder sonst privilegiert vorgenommen werden kann, aber wegen des Territorialitätsgrundsatzes im Inland stattgefunden haben muss[1026] –, so hat der mittelbare Verletzer – neben sonstigen Schadenspositionen wie Rechtsverfolgungskosten[1027] – denjenigen Schaden zu ersetzen, der dem Patentinhaber durch die unmittelbare Patentverletzung des Abnehmers entsteht.[1028] Denn die bloße, mit der mittelbaren Verletzung verbundene *Gefährdung* ist schadenersatzrechtlich noch irrelevant, weil sie keinen haftungsrechtlich bedeutsamen Schaden verursacht haben kann. Dies führt – anders als in den Fällen der Verletzerkette[1029], wo jeder Verletzer innerhalb aufeinanderfolgender Vertriebsstufen von Neuem und eigenständig schadenverursachend in das gewerbliche Schutzrecht des Patentinhabers eingreift und somit auf jeder Stufe der Vertriebskette jeweils unterschiedliche Schäden in Rede stehen – zu der Annahme, dass mittelbarer und unmittelbarer Täter gemeinsam einen einheitlichen (**identischen**) **Schaden** herbeiführen (der sich erstmals mit der unmittelbaren Verletzung verwirklicht), was gemäß § 840 Abs 1 BGB wiederum zu ihrer gesamtschuldnerischen Haftung auf den Gesamtschaden führt. Das bedeutet freilich nicht, dass der zu leistende Schadenersatz nur und ausschließlich an der unmittelbaren Benutzungshandlung festgemacht werden kann.

730

1021 BGH, GRUR 2006, 927 – Kunststoffbügel.
1022 BGH, GRUR 2007, 221 – Simvastatin.
1023 BGH, GRUR 2006, 927 – Kunststoffbügel.
1024 Haedicke, GRUR 2009, 273; Nieder, FS Reimann, 2009, S 351; von der Osten/Pross, FS Reimann, 2009, S 527.
1025 OLG Düsseldorf, Urteil v 17.12.2015 – I-2 U 34/10; OLG Karlsruhe, Urteil v 25.2.2010 – 6 U 182/06.
1026 OLG Düsseldorf, Urteil v 14.2.2019 – I-15 U 60/15.
1027 BGH, GRUR 2007, 679 – Haubenstretchautomat; BGH, GRUR 2007, 773 – Rohrschweißverfahren.
1028 BGH, GRUR 2005, 848 – Antriebsscheibenaufzug; BGH, GRUR 2007, 679 – Haubenstretchautomat; BGH, GRUR 2007, 773 – Rohrschweißverfahren.
1029 Vgl unten Kap I Rdn 84 ff.

D. Klageverfahren

731   Zur **Schadensberechnung** stehen dem Patentinhaber vielmehr auch gegenüber dem mittelbaren Verletzer die zur unmittelbaren Patentverletzung entwickelten Berechnungsmethoden zur Verfügung.[1030]

732   – Es kann deswegen auch der **beim mittelbaren Verletzer erzielte Gewinn** abgeschöpft werden.[1031] Letzteres hat vor allem dann Bedeutung, wenn auf der Stufe des mittelbaren Verletzers ein höherer Gewinn anfällt als beim unmittelbaren Verletzer, was etwa beim Arbeitsverfahren vorstellbar ist. Hier kann der Ertrag des Anwenders (= unmittelbarer Verletzer) vergleichsweise gering sein, indem er sich in demjenigen betrieblichen Nutzen erschöpft, der mit der erfindungsgemäßen Verfahrensanwendung verbunden ist, während ein ganz erheblicher Verletzergewinn bei demjenigen anfällt, der diejenige Vorrichtung verkauft, mit der sich das patentgeschützte Arbeitsverfahren durchführen lässt (= mittelbarer Verletzer). Da der Verletzer aus der Schutzrechtsverletzung keine Vorteile behalten darf, wäre es hier verfehlt, den beim mittelbaren Verletzer zu liquidierenden Schaden auf denjenigen Betrag zu beschränken, auf den der unmittelbare Verletzer mit Rücksicht auf seine individuelle Gewinnsituation haftet. Der größte Gewinn markiert vielmehr den zu ersetzenden Schaden. Wegen der Gesamtschuld bedeutet dies aber auch, dass der unmittelbare Verletzer über seinen eigenen Gewinn hinaus auf denjenigen Schadensbetrag haftet, der sich aus dem Gewinn des mittelbaren Verletzers ergibt; alles Weitere ist sodann eine Frage des Innenausgleichs zwischen den Gesamtschuldnern.

733   Andererseits ist es nicht zulässig, wegen *derselben* Verletzungshandlung den Verletzergewinn nebeneinander und additiv sowohl beim mittelbaren als auch beim unmittelbaren Verletzer abzuschöpfen. Denn es existiert eben nur *ein* (einziger) Gesamtschaden, den es auszugleichen gilt. Zu dessen Regulierung kann der Verletzte zwar wählen, ob er sich – angesichts der ihm aus der Rechnungslegung bekannten jeweiligen Ertragslage – an dem mittelbaren oder an dem unmittelbaren Verletzer und deren ggf unterschiedliche Gewinnsituation orientieren will. Zweckmäßigerweise wird er denjenigen Gewinn als Schaden liquidieren, der betragsmäßig am höchsten ist. Hat er bei einem von ihnen liquidiert, kommt eine abermalige Inanspruchnahme desselben oder des Anderen jedoch nur noch nachfordernd und allein noch insoweit in Betracht, als sich (im Nachhinein) herausstellt, dass der Gesamtschaden tatsächlich größer ausgefallen ist. Beispielsweise kann sich, nachdem der mittelbare Verletzer auf Herausgabe *seines* Verletzergewinns in Anspruch genommen wurde, ergeben, dass bei dem unmittelbaren Verletzer ein noch höherer Verletzergewinn angefallen ist, der den ersatzfähigen Gesamtschaden repräsentiert. Da dieser der gemeinsamen Patentverletzung zu verdanken ist, ist er dem Verletzten auszugleichen, wozu sich der Patentinhaber – unter Anrechnung des bereits zuerkannten oder erhaltenen Schadenersatzes – nach seiner Wahl an beide Akteure halten kann. Die Anrechnung von Zahlungen des Einen zugunsten des Anderen ist Folge der Tatsache, dass jeder Haftende wegen der bestehenden Gesamtschuld befreiend auch für den anderen Gesamtschuldner leistet (§§ 421, 422 Abs 1 BGB).

734   – Das Gesagte gilt in ähnlicher Weise für die **Lizenzanalogie**. Sie kann wahlweise bei der mittelbaren und bei der unmittelbaren Patentbenutzung angreifen, je nach dem, ob die höchste Lizenzgebühr beim mittelbaren oder beim unmittelbaren Verletzer zu erwarten ist. Unter bestimmten Umständen kann die größte Lizenzerwartung in demjenigen Markt bestehen, auf dem der unmittelbare Verletzer tätig ist, unter ande-

---

[1030] BGH, GRUR 2007, 679 – Haubenstretchautomat; BGH, GRUR 2007, 773 – Rohrschweißverfahren.
[1031] BGH, GRUR 2007, 679 – Haubenstretchautomat; BGH, GRUR 2007, 773 – Rohrschweißverfahren.

– Gänzlich unproblematisch ist die Berechnungsmethode des **entgangenen Gewinns**. 735
Auch hier ist für die Schadensermittlung die Gesamtheit aus mittelbarer und unmittelbarer Patentverletzung in Betracht zu ziehen, weshalb der Verletzte denjenigen Gewinn ersetzt verlangen kann, der ihm durch die beiden und damit auch durch jeden einzelnen der beiden Akte entgangen ist. In *einer* Konstellation mag die größere Gewinneinbuße durch die unmittelbare Verletzung verursacht sein, in einer anderen (zB Vorrichtung für Arbeitsverfahren) durch die mittelbare, je nach dem, auf welchem Markt der Verletzte selbst tätig ist und ihm deshalb überhaupt ein eigener Gewinn entgangen sein kann.

Da **jede** einzelne **Verletzungshandlung** einen eigenen Schaden verursacht, kann selbstverständlich für jede singuläre schadenersatzbegründende Verletzungshandlung neu gewählt werden, ob für sie der mittelbare oder der unmittelbare Verletzer in Anspruch genommen werden soll und auf welche Berechnungsmethode zurückgegriffen wird. Demgegenüber ist es nicht angängig, mit Blick auf dieselbe Verletzungshandlung gegenüber dem mittelbaren und dem unmittelbaren Verletzer mit jeweils unterschiedlichen Berechnungsmethoden zu operieren. Davon unberührt bleibt freilich das grundsätzliche Wahlrecht zwischen den Berechnungsarten bis zur Erfüllung oder rechtskräftigen Entscheidung. 736

Folgt der mittelbaren **keine unmittelbare Patentverletzung** nach, so kommt eine Schadenersatzverpflichtung des mittelbaren Verletzers nach Auffassung des BGH[1032] nur in Bezug auf die vorgenannten sonstigen Schadenspositionen in Betracht.[1033] Zur schlüssigen Darlegung eines mit einem Feststellungsantrag verfolgten Schadensersatzanspruchs in Fällen mittelbarer Patentverletzung hat der Kläger deswegen entweder Rechtsverfolgungskosten bzw vergleichbare Schäden darzulegen oder aber mindestens *eine* unmittelbare Patentverletzung vorzutragen, die unter Verwendung des Mittels iSv § 10 PatG vorgefallen ist.[1034] Hierbei reicht freilich – wie allgemein bei einem Feststellungsantrag – aus, dass nach der Lebenserfahrung die hinreichende Wahrscheinlichkeit einer unter Verwendung des Mittels begangenen unmittelbaren Verletzungshandlung besteht.[1035] Das gilt auch dann, wenn als schadenersatzverpflichtende Handlung iSv § 10 PatG lediglich ein Angebot gegeben ist.[1036] Mindestens *eine* schuldhaft begangene mittelbare Benutzungshandlung (Anbieten oder Liefern) muss also tatrichterlich festgestellt werden; ist dies geschehen, genügt die Wahrscheinlichkeit davon, dass das Angebot zu einer nachfolgenden Lieferung des Mittels geführt hat und dieses Mittel alsdann für eine *unmittelbare* Patentbenutzung gebraucht worden ist. Diese Kausalkette wird in aller Regel anzunehmen sein[1037], sofern sich nicht konkret und abschließend feststellen lässt, dass dem Angebot tatsächlich keine Lieferung nachgefolgt ist oder das gelieferte Mittel tatsächlich für keine unmittelbare Patentbenutzung verwendet worden ist. Die Schadenswahrscheinlichkeit ist dementsprechend zu verneinen, wenn lediglich ein **Testkauf** stattgefunden hat, bei dem erfahrungsgemäß nicht die Besorgnis besteht, dass die gelieferten Mittel patentverletzend benutzt werden könnten, und keine Anhaltspunkte für sonstige mittelbare Verletzungshandlungen bestehen, die unmittelbare Schutzrechtsverletzungen nach sich gezogen haben könnten. 737

1032 BGH, GRUR 2005, 848 – Antriebsscheibenaufzug; aA zu Recht: OLG Düsseldorf, Mitt 2003, 264, 268 f – Antriebsscheibenaufzug; vgl auch Holzapfel, GRUR 2002, 193, 196 f.
1033 BGH, GRUR 2007, 679 – Haubenstretchautomat.
1034 BGH, GRUR 2005, 848 – Antriebsscheibenaufzug.
1035 BGH, GRUR 2006, 839 – Deckenheizung.
1036 OLG Karlsruhe, GRUR 2014, 59 – MP2-Geräte.
1037 BGH, GRUR 2013, 713 – Fräsverfahren; OLG Karlsruhe, GRUR 2014, 59 – MP2-Geräte.

D. Klageverfahren

738 Ein Anspruch auf **Rechnungslegung** (§§ 242, 259 BGB) steht dem Schutzrechtsinhaber gegen den mittelbaren Verletzer nur zu, wenn er – im Sinne der zweitgenannten Alternative – eine unmittelbare Verletzung unter Verwendung des Mittels wahrscheinlich machen kann.[1038] Unter dieser Prämisse sind *alle* Lieferungen an diesen und an andere Abnehmer vollständig auskunftspflichtig, auch diejenigen, die tatsächlich nicht zu einer unmittelbaren Schutzrechtsverletzung und damit auch nicht zu einer Schadenersatzpflicht geführt haben, sofern nur erwartet werden kann, dass es zu einer patentgerechten Verwendung des Mittels gekommen sein kann.[1039] Nach Auffassung des BGH[1040] ermöglicht es der umfassende Auskunftsanspruch dem Verletzten, sich darüber Gewissheit zu verschaffen, ob die einzelnen Abnehmer die patentierte Erfindung unmittelbar benutzt haben oder nicht. Ob dieser Ansatz ausreicht, darf bezweifelt werden. Zwar mag es Konstellationen geben, bei denen der Verletzte fundierte Behauptungen zur Mittelverwendung aufstellen kann.

▶ **Beispiel:**

739 Die Ausrichtung desjenigen Geschäftsbetriebes, der mit dem Mittel beliefert worden ist, kann Rückschlüsse auf deren Einsatz liefern. Das Wissen kann der Kläger selbst aufgrund seiner eigenen Marktkenntnis und/oder aufgrund der (ggf vollstreckten) Auskunft zu den Abnehmern des mittelbaren Verletzers haben. Unter Umständen empfehlen sich auch eigene Rückfragen bei den (in der Auskunft benannten) Abnehmern des Mittels oder die Durchführung eines Besichtigungsverfahrens oder die Bennung von Mitarbeitern des Mittelverwenders als Zeugen[1041] oder detektivische Nachforschungen. Sie machen umso mehr Sinn, wenn es sich bei dem Mittel um hochpreisige Gegenstände handelt, die in geringer Stückzahl mit erheblichen Umsätzen vertrieben worden sind. Im Falle einer Zeugenbenennung kann es zur Vereinfachung ratsam sein, von der in § 377 Abs 3 ZPO vorgesehenen Möglichkeit Gebrauch zu machen, an den Zeugen, statt ihn persönlich zu vernehmen, schriftliche Beweisfragen zur schriftlichen Beantwortung zu richten. Voraussetzung ist freilich, dass sich das Beweisthema für diese Art der Sachaufklärung eignet (zB weil es auf die persönliche Glaubwürdigkeit nicht ankommt und auch Rückfragen nicht notwendig sind) und der Zeuge nach seinem speziellen Hintergrund zu einer schriftlichen Beantwortung in der Lage ist. Besichtigung und Zeugenvernehmung kommen nur in Betracht, wenn es sich um eine überschaubare Zahl von Abnehmern handelt.

Eine besondere Ausstattung des gelieferten Mittels (zB die Verwirklichung eines Unteranspruchs) kann gegen eine gemeinfreie und für eine patentgemäße Verwendung sprechen. Es bedarf allerdings einer Zwangsläufigkeit, die tatrichterliche Feststellungen trägt.

Handelt es sich bei dem Mittel um eine Massenware, kommen weitergehend Schätzungen über deren mutmaßliche Verwendung in Betracht.

740 Genauso gut gibt es aber auch eine Reihe von Fällen, bei denen ein derartiger seriöser Sachvortrag zur Mittelverwendung nicht möglich ist, und er kann sich umso mehr verbieten, wenn der Abnehmer des verklagten Mittellieferanten bloß ein (weiterer) Händler ist, der das Mittel selbst überhaupt nicht gebraucht, sondern es bloß weiterveräußert, wobei die Verwendung des Mittels im Extremfall erst einige Handelsstufen hinter dem

---

1038 BGH, GRUR 2007, 679 – Haubenstretchautomat; BGH, GRUR 2007, 773 – Rohrschweißverfahren.
1039 BGH, GRUR 2007, 679 – Haubenstretchautomat; BGH, GRUR 2017, 785 – Abdichtsystem.
1040 BGH, GRUR 2007, 679 – Haubenstretchautomat; BGH, GRUR 2007, 773 – Rohrschweißverfahren.
1041 LG Düsseldorf, InstGE 13, 97 – Oberflächenvorbehandlung.

Abnehmer – und damit außerhalb der Sichtweite des mittelbaren Verletzers – stattfinden kann.

Ob der mittelbare Verletzer unter solchen Umständen Auskunft darüber schuldet, wie seine Abnehmer das ihnen gelieferte Mittel verwendet haben, ist bislang noch nicht entschieden worden. Der BGH hat derartiges noch nicht in Betracht gezogen, sondern sieht Erkundigungsmöglichkeiten für den Verletzten schon durch die Benennung aller potenziell schadenersatzpflichtigen Lieferungen eröffnet. Letztlich handelt es sich um eine Einzelfallentscheidung. Es gilt der allgemeine Grundsatz des § 242 BGB, dass (1) der Verletzte unverschuldet keine Kenntnis über die Mittelverwendung besitzt und (2) der mittelbare Verletzer ihm dieses Wissen in zumutbarer Weise verschaffen kann (weil er aktuelles Wissen hat oder sich die Kenntnis unschwer durch Erkundigungen beschaffen kann, die dem Kläger selbst nicht möglich sind).[1042] Zu beidem hat sich der Kläger in seiner Patentverletzungsklage substanziell zu verhalten. 741

▶ **Beispiel:**
Ständige Geschäftsbeziehung mit dem Mittelverwender; konzernmäßige Verflechtung; gleiche Geschäftsführerschaft. 742

Was den genauen **Inhalt der erweiterten Auskunftspflicht** angeht, so muss der mittelbare Verletzer den Verletzten selbstverständlich nur an seinem eigenen Kenntnisstand teilhaben lassen. Er muss ihn über diejenigen Umstände ins Bild setzen, um die er weiß und die auf eine patentverletzende Verwendung hindeuten. Er haftet dementsprechend nur für die Richtigkeit dieser Angaben, aber ohne einen eigenen diesbezüglichen konkreten Wissensstand nicht dafür, dass es beim Abnehmer tatsächlich in dem fraglichen Umfang zur unmittelbaren Patentverletzung gekommen ist. 743

Da es sich bei den Angaben zur Abnehmerverwendung um eine reine **Wissenserklärung** handelt, gelten die allgemeinen Regeln[1043]. Zu dem preiszugebenden aktuellen Wissen gehört dementsprechend auch das, was sich durch vorhandene und verfügbare Erkenntnisquellen (wie Geschäftspapiere) ermitteln lässt; weitergehende Nachforschungen, mit denen ein Wissen des mittelbaren Verletzers überhaupt erst hergestellt werden soll, sind demgegenüber prinzipiell nicht geschuldet[1044]. Weder muss bei den belieferten Abnehmern (über deren Verwendungspraxis dem mittelbaren Verletzer nichts bekannt ist) nachgefragt werden noch muss der Abnehmer gerichtlich auf Auskunft über seine Mittelverwendung in Anspruch genommen werden. Beide Maßnahmen werden im Zweifel ohnehin daran scheitern, dass es jedenfalls im Fällen eines reinen Veräußerungsgeschäfts keine Anspruchsgrundlage (zB aus nachwirkenden Vertragspflichten) gegen den Belieferten gibt, die ihn zur Auskunft gegenüber dem Mittellieferanten verpflichtet. 744

Die restriktive Rechtsprechung des BGH – die genau aus diesem Grund abzulehnen ist – bereitet erhebliche Probleme in einem **Höheprozess**, wenn das mittelbar patentverletzende Mittel sowohl patentgemäß als auch patentfrei verwendet werden kann. Unter solchen – in der Praxis durchaus häufigen – Umständen hat der Gläubiger, um einen Schadenersatzanspruch zu beziffern, darzulegen, welche konkrete Lieferung zu einer allein schadenersatzbegründenden unmittelbaren Benutzung beim Abnehmer des Schuldners geführt hat.[1045] Dieses Wissen wird in aller Regel beim Gläubiger nicht vorhanden sein. Über entsprechende Kenntnisse wird vielfach auch der Schuldner nicht 745

1042 AA: LG Düsseldorf, InstGE 13, 97 – Oberflächenvorbehandlung.
1043 Vgl unten Kap H Rdn 292.
1044 OLG Karlsruhe, InstGE 11, 61 – Multifeed II.
1045 LG Düsseldorf, InstGE 13, 97 – Oberflächenvorbehandlung; OLG Düsseldorf, Urteil v 14.2.2019 – I-15 U 60/15.

verfügen, weil ihm die genauen Verwendungsabsichten seiner Abnehmer nicht geläufig sein werden und er sich unter solchen Umständen mit Nichtwissen erklären kann.[1046]

746 Die Pflicht zu konkretem Sachvortrag des Verletzten besteht auch dann, wenn das die Schadenersatzpflicht feststellende Verletzungsurteil rechtskräftig ist, denn die **Rechtskraft** bezieht sich nicht auf diejenigen Umstände (wie die bestimmte, unmittelbar patentverletzende Verwendung des mittelbar verletzenden Mittels), die nur für die Schadenshöhe bedeutsam sind und deswegen im Grundverfahren – abgesehen von einer bloßen Schadenswahrscheinlichkeit – keine Rolle gespielt haben.[1047] Hierbei spielt es keine Rolle, dass mit dem rechtskräftigen Urteil ein Schlechthinverbot ausgesprochen worden ist, weil der Unterlassungs- und der Schadenersatzanspruch unterschiedliche Streitgegenstände repräsentieren.[1048]

d) Verwendungspatent

747 Keine Besonderheiten ergeben sich, wenn der Schutzbereichseingriff entweder in der patentgemäßen Verwendung der Sache selbst oder in ihrer sinnfälligen Herrichtung für den besagten Zweck liegt und die Sache – technisch und/oder wirtschaftlich sinnvoll – allein in der patentgeschützten Weise und **nicht anders gebraucht werden kann**. In der zuletzt genannten Verletzungsvariante (sinnfällige Herrichtung) ist jede Lieferung, eben weil sie letztendlich zu der patentgerechten Verwendung führt, schadenersatzpflichtig.

748 Anders verhält sich die Sachlage, wenn die sinnfällig hergerichtete Sache realistisch **auch patentfrei** außerhalb des patentgemäßen Einsatzzwecks **verwendet werden kann**. Ungeachtet dessen, dass nach der Rechtsprechung[1049] der unmittelbare Schutzbereichseingriff bereits auf die sinnfällige Herrichtung der Sache für den unter Patentschutz stehenden Gebrauchszweck vorverlagert ist, bleibt, dass für den »Vorfeldschutz« der Gedanke wesentlich, dass durch die sinnfällige Herrichtung der nachfolgende eigentlich patentverletzende Gebrauch konditioniert ist und dies die sachliche Rechtfertigung dafür bildet, den Schutz des Verwendungspatents auf die die patentierte Verwendung in Gang setzende Herrichtungsmaßnahme zu erstrecken. Wegen des aufgezeigten Zusammenhangs zwischen der Herrichtung der Sache und ihrem verletzenden Gebrauch kann eine Haftung nur dann angenommen werden, wenn sich die mit der Herrichtung verbundene Verwendungsgefahr auch tatsächlich realisiert, weil es mit der hergerichteten Sache zu dem patentgeschützten Gebrauch kommt. Angebots- und Lieferfälle, bei denen sich die anderweitige, patentfreie Verwendungsmöglichkeit verwirklicht, müssen demgegenüber schadenersatzfrei bleiben. Zu den daraus resultierenden Folgen für die Schadenersatzfeststellung, die Geltendmachung bezifferten Schadenersatzes und die Möglichkeit einer erweiterten Rechnungslegung vgl oben Kap A Rdn 495 f.

e) Gesamtvorrichtung, »Peripheriegeräte«, Verbrauchsmaterialien

749 Außer Zweifel steht zunächst, dass derjenige Umsatz (und Gewinn) schadenersatzrelevant ist, den der Verletzer im Rahmen seines Geschäftsbetriebes mit der **patentgeschützten Vorrichtung** oder dem patentgeschützten Verfahren als solchem erzielt oder der dem Verletzten durch den Vertrieb des Verletzungsgegenstandes oder die Durchführung des patentgeschützten Verfahrens entgeht. Für die Schadensberechnung ist daher die Anspruchsfassung von prominenter Bedeutung. Je umfassender der Patentgegenstand ist, der unter Schutz steht, umso größer ist tendenziell der Verkaufsgegenstand und folglich der Umsatzertrag, auf den für die Berechnung des Schadens abzustellen ist. Das bedeutet

---

1046 LG Düsseldorf, InstGE 13, 97 – Oberflächenvorbehandlung.
1047 OLG Düsseldorf, Urteil v 14.2.2019 – I-15 U 60/15.
1048 OLG Düsseldorf, Urteil v 14.2.2019 – I-15 U 60/15.
1049 BGH, GRUR 2016, 257 – Glasfasern II.

allerdings nicht notwendigerweise ein Mehr an Schadenersatzforderung, weil mit der Größe des Verletzungsgegenstandes – umgekehrt proportional – der Kausalfaktor (beim Verletzergewinn) bzw. der Lizenzsatz (bei der Lizenzanalogie) sinkt, der der Erfindungsbenutzung zuzuschreiben ist. Ein Beispiel mag dies verdeutlichen: Richtet sich das Patent auf eine Kennzeichenhalterung *für* Fahrzeuge mit mehrfarbiger Kennzeichenbeleuchtung, so ist derjenige Verletzergewinn herauszugeben, der auf der Schutzrechtsverletzung beruht, bzw ein dementsprechender Lizenzbetrag zu zahlen, der in freien Lizenzverhandlungen für die Erfindungsbenutzung ausgehandelt worden wäre. Ist **nebengeordnet** außerdem das Fahrzeug *mit* einer solchen Kennzeichenhalterung geschützt, so ist Bezugspunkt für den Verletzergewinn und die Lizenzbetrachtung zwar grundsätzlich der Umsatz und Gewinn mit dem Gesamtfahrzeug; der Kausalanteil bewegt sich jedoch gegen Null, genauso wie der am Fahrzeugumsatz als Bezugsgröße orientierte Lizenzsatz ins Minimale stürzt. Ein Gegenbeispiel wäre für ein Patent denkbar, das die Elektromobilität für den allgemeinen Fahrzeugverkehr eröffnet hat, indem es auf einen Elektromotor *für* Fahrzeuge sowie – wiederum nebengeordnet – auf ein Fahrzeug *mit* einem Elektromotor gerichtet ist. Da der Elektromotor für den Verkauf des Fahrzeuges eine ungleich herausragendere Bedeutung als eine Kennzeichenhalterung hat, reduzieren sich zwar auch hier der Kausalfaktor und der Lizenzsatz, wenn für die Schadensberechnung auf den Umsatz und Gewinn mit dem Fahrzeug abgestellt wird, aber in einem weitaus weniger starken Maße.

Praxistipp	Formulierungsbeispiel

Trotz des erläuterten wechselseitigen Zusammenhangs zwischen der Größe des Umsatzgegenstandes und dem »Beteiligungsfaktor« empfiehlt es sich, wenn immer möglich, (nebengeordnet) eine möglichst umfassende Vorrichtungseinheit oder ein System zu beanspruchen. Denn die Erfahrung lehrt, dass mit der Bezugsgröße zwar der »Beteiligungsfaktor« sinkt, vielfach jedoch nicht in demjenigen Maße, der bei einer Vergleichsberechnung anhand des Teilumsatzes für den eigentlichen Erfindungsgegenstand (Kennzeichenhalterung, Elektromotor) geboten wäre. Diese Feststellung gilt umso mehr, je untergeordnetere Bedeutung der eigentliche Erfindungsgegenstand für das übergeordnete Bezugsobjekt hat.

750

Für die Berechnung des Verletzergewinns hat es keine Bedeutung, in welcher Form der Verletzer von seinem Abnehmer eine Gegenleistung für das ihm überlassene Verletzungsprodukt erhalten hat. In Fällen des Verkaufs bilden der Verkaufsumsatz und der daraus resultierende Gewinn die Grundlage der Schadensberechnung, in Fällen der **Vermietung** und des **Leasing** die vom Verletzer vereinnahmten Mieten bzw Leasingraten[1050] (zzgl einer etwaigen Schlusszahlung in Fällen des späteren Erwerbs) und der daraus erzielte Gewinn. Relevant sind dabei naturgemäß nur solche Vergütungsbeträge, die der Verletzer für vergangene Zeiträume bereits vereinnahmt hat, keine erst künftig fällig werdenden.

751

Liquidiert der Verletzte seinen eigenen, infolge der Verletzungshandlungen **entgangenen Gewinn** (§ 252 Satz 2 BGB), so sind je nach dem, wie das Geschäftsmodell des Verletzers (Verkauf, Vermietung, Leasing) und das des Verletzten (Verkauf, Vermietung, Leasing) aussieht, ganz unterschiedliche Konstellationen denkbar. Da es auf den hypothetischen Geschäftsverlauf beim Patentinhaber ankommt, der sich ohne die schadenersatzpflichtigen Verletzungshandlungen eingestellt hätte, kann der Patentinhaber, der Patentgegenstände ausschließlich vermietet oder verleast, die ihm entgangenen Miet- oder Leasingra-

752

1050 LG Düsseldorf, Urteil v 16.10.2018 – 4c O 71/17; OLG Karlsruhe, GRUR 2022, 641 – Polsterumarbeitungsmaschine.

ten einfordern, die er erhalten haben würde, wenn der Abnehmer im Falle einer Abwesenheit des Verletzers auf dem Markt den Patentinhaber bedacht haben würde. Welche Miet- oder Leasingdauer der Schadensberechnung zugrunde zu legen ist, hängt von dem betroffenen technischen Gegenstand sowie den Gepflogenheiten auf dem relevanten Markt ab. Sofern keine besseren Anhaltspunkte existieren, wird auf die durchschnittliche Miet- oder Leasingdauer beim Verletzten abzustellen sein (wobei bei unterschiedlichem Vertragsverhalten einzelner Abnehmergruppen weiter differenziert werden kann). Berücksichtigt das Geschäftsmodell des Verletzten sämtliche Vertriebsformen (Verkauf, Vermietung, Leasing), so kann er seiner Schadensberechnung denjenigen mutmaßlichen Geschäftsabschluss zugrundelegen, der bei gewöhnlichem Lauf der Dinge ohne die Verletzungshandlungen zu erwarten gewesen wäre. Existieren für den konkreten Einsatz der unterschiedlichen Vertragsformen keine Reglements oder sonstigen Gesetzmäßigkeiten, an die mit Blick auf den Abnehmer des Verletzers und dessen Bedarf angeknüpft werden kann, so hat notfalls die statistische Verteilung der Geschäftsarten beim Verletzten den Ausschlag zu geben. Im Allgemeinen wird es aber zulässig und geboten sein, an diejenige Verwertungsform anzuknüpfen, für die sich der Abnehmer beim Verletzer entschieden hat. Nur wenn der Verletzer nicht das gesamte Verwertungssortiment des Verletzten abdeckt und konkrete Anhaltspunkte dafür bestehen, dass der Abnehmer bei Verfügbarkeit beim Verletzer eine andere Verwertungsform gewählt haben würde, kann für die Berechnung des Gewinnentgangs auf eine andere Verwertungsform als die mit dem Verletzer praktizierte abgestellt werden. In allen diskutierten Konstellationen spielt es ansonsten keine Rolle, welches Geschäftsmodell der Verletzer verfolgt, dh ob er die Verletzungsgegenstände nur verkauft oder nur bzw auch vermietet oder nur bzw auch verleast hat. Denn wesentlich für den Gewinnentgang und die daran anknüpfende Schadensliquidation ist allein der Umstand, *dass* durch das Verletzerhandeln (sei es in Gestalt eines Verkaufs, einer Vermietung oder eines Leasinggeschäfts) ein ansonsten zu erwartender Geschäftsabschluss des Patentinhabers vereitelt worden ist, und sich dieser Vereitelungserfolg unabhängig davon einstellt, in welcher juristischen Form der Abnehmer an den Verletzer gebunden wird.

753 Mit dem unter Patentschutz stehenden Gegenstand ist der mögliche Umfang der Schadenersatzpflicht jedoch noch nicht restlos abgesteckt:

754 Ist die patentgeschützte Vorrichtung für sich nicht Gegenstand des Handelsverkehrs, weil sie den Teil einer **Gesamtvorrichtung** bildet, die *allein* am Markt gehandelt wird, so ist nach Lage des Falles auf den Umsatz abzustellen, der mit eben dieser Gesamtvorrichtung erwirtschaftet wird.[1051] Einzubeziehen sind deshalb – über die im Patentanspruch genannten Teile hinaus – alle sonstigen für die Funktionstauglichkeit unerlässlichen Bauteile sowie alle weiteren Elemente, die zu der in Verkehr gebrachten Vorrichtung gehören. Auf die Zufälligkeit, ob der Verletzer seinem Abnehmer die gelieferte Einheit zu einem Gesamtpreis oder nach ihren einzelnen Elementen aufgeschlüsselt berechnet, kommt es nicht an.[1052] Das gleiche gilt für mitverkaufte Sonderausstattungen, die mit dem Verletzungsprodukt mindestens wirtschaftlich untrennbar verbunden sind. Vorausgesetzt ist freilich in jedem Fall, dass die Gesamtvorrichtung (incl Sonderausstattung) nicht dermaßen weit über den Patentgegenstand hinausgeht, dass sie sinnvollerweise keinen tauglichen und auch keinen sachlich angemessenen Anhaltspunkt für die Schadensberechnung nach Patentverletzung mehr bieten kann. Ist beispielsweise die Heizvorrichtung in einem Pkw-Außenspiegel patentgeschützt, so ist es selbstverständlich ausgeschlossen, für die Schadensersatzbemessung an den Umsatz und Gewinn des Verletzers mit dem gesamten Pkw anzuknüpfen. Dementsprechend ist es auch nicht angebracht, ihm eine dahingehende (im Übrigen nicht zu leistende) Rechnungslegungspflicht

---

1051 OLG Düsseldorf, InstGE 7, 194 – Schwerlastregal II.
1052 OLG Düsseldorf, InstGE 7, 194 – Schwerlastregal II.

aufzuerlegen. Derjenige Teil der Gesamtvorrichtung, der über den Patentgegenstand hinausgeht, muss also in einem solchen Verhältnis zum geschützten Gegenstand stehen, dass die an die Gesamtvorrichtung statt an den Patentgegenstand orientierten Überlegungen (zB zur Kausalität der Patentbenutzung für die Erzielung des Verletzergewinns mit der Gesamtvorrichtung) noch eine vernünftige Aussagekraft besitzen. Dass der berücksichtigte Umsatz- und Gewinngegenstand über den geschützten Patentgegenstand hinausgeht, bedingt darüber hinaus, dass wegen der umfassenden Bezugsgröße der Kausalanteil (Verletzergewinn) bzw der Lizenzsatz (Lizenzanalogie) entsprechend herabgesetzt werden.

Bei den bisherigen Überlegungen ging es darum, denjenigen Schadenersatz zu bestimmen, den der Verletzer für die von ihm unternommene Rechtsgutverletzung zur Schadenswiedergutmachung zu leisten hat. In Betracht gezogen wurde bisher nur der eigentliche Verletzungsgegenstand, mit dem die Schutzrechtsverletzung begangen worden ist; soweit auf übergeordnete (Verkaufs-)Einheiten abgestellt wurde, geschah dies ausschließlich zu dem Zweck, denjenigen Schadensbetrag zu ermitteln, den der Verletzte zum Ausgleich seiner Schäden am verletzten Rechtsgut liquidieren kann. Im Folgenden sollen nunmehr solche *weiteren* Schadensfolgen betrachtet werden, die nicht unmittelbar mit dem Schutzrechtseingriff einhergehen und mit ihm in einem direkten Zusammenhang stehen, sondern sich lediglich im Gefolge der Patentverletzung einstellen. Für sie stellt sich die Frage einer ausreichenden haftungsausfüllenden Kausalität, dh eines beachtlichen Ursachenzusammenhangs zwischen der Schutzrechtsverletzung und dem entstandenen Schaden. Er verlangt, dass der geltend gemachte Nachteil nach Art und Entstehungsweise unter den Schutzzweck der verletzten Norm fällt, so dass es sich um einen Nachteil handelt, der aus dem Bereich derjenigen Gefahren stammt, zu deren Abwendung die verletzte Norm erlassen worden ist.[1053] Zu berücksichtigen ist ferner, dass es sich bei § 139 PatG um einen deliktsrechtlichen Anspruch handelt und Schadensersatzansprüche aus einer unerlaubten Handlung sich in der Regel nur auf Ersatz des negativen oder Erhaltungsinteresses richten, so dass der Verletzte so zu stellen ist, als wäre die unerlaubte (Schutz-)Rechtsverletzung nicht geschehen.[1054] 755

Dies vorausgeschickt, sind für die Schadensberechnung ebenso Umsätze relevant, die der Verletzer mit **Verbrauchsmaterialien**[1055] erzielt, die zum Betrieb des Verletzungsgegenstandes erforderlich oder zumindest nützlich sind und die er infolge der Überlassung einer patentverletzenden Vorrichtung an dessen Abnehmer (zB aufgrund einer vertraglichen Bezugsverpflichtung für die von der vermieteten oder verkauften Vorrichtung zu verarbeitenden Materialien) veräußern konnte. Wesentlich ist das Bestehen eines zurechnungstauglichen Kausalzusammenhangs zwischen der Überlassung des Verletzungsgegenstandes an sich (als haftungsbegründender Rechtsgutverletzung) und dem erzielten wirtschaftlichen Vorteil. Er kann sich aus tatsächlichen Umständen ergeben, wenn die Verbrauchsmaterialien speziell auf den Verletzungsgegenstand und dessen Ausgestaltung zugeschnitten sind, so dass sie nur mit ihm und nicht anderweitig verwendet werden können; sie können sich aber auch aus rechtlichen Gründen ergeben, nämlich daraus, dass der Verletzer die vereinbarte Bezugspflicht als Teil des Entgelts für die Überlassung des Verletzungsgegenstandes vorgesehen hat. Unter solchen Umständen muss sich der Verletzer auch für die Schadensberechnung an dem von ihm selbst hergestellten Zusammenhang zwischen Verletzerprodukt und Verbrauchsmaterialien festhalten lassen. Demgegenüber spielt es keine Rolle, ob der wirtschaftliche Ertrag infolge der vereinbarten Bezugspflicht für die Verbrauchsmaterialien gerade auf denjenigen Vorteilen beruht, die 756

1053 BGH, NJW 2021, 1232.
1054 BGH, WM 2012, 1393.
1055 LG Düsseldorf, Urteil v 16.10.2018 – 4c O 71/17; OLG Karlsruhe, GRUR 2022, 641 – Polsterumarbeitungsmaschine.

das Klagepatent zur Verfügung stellt.[1056] In jedem Fall ist aber erforderlich, dass die Patentverletzung wenigstens mitursächlich für den weiteren Geschäftsabschluss gewesen sein kann, woran es fehlt, wenn es sich bei den Verbrauchsmaterialien um ein Allerweltsprodukt (wie Treibstoff für ein motorgetriebenes Gerät) handelt, das ohne jeden Bezug zur Erfindung vonnöten ist. Kommt bei dem Abnehmer des Verletzungsproduktes eine mehrfache Verwendung der Verbrauchsmaterialien in Betracht, weil diese sowohl auf der verletzenden Maschine als auch auf patentfreien Vorrichtungen verarbeitet werden können, so hat der Verletzte konkret darzutun, in welchem konkreten Umfang die Materialverkäufe einen Bezug gerade zum Verletzungsgegenstand haben.

757 Weitgehend problemlos berücksichtigungsfähig sind die Umsätze und Gewinne aus einem **Wartungsvertrag** für die Instandhaltung des patentverletzenden Gegenstandes (zB eine Aufzugsanlage).[1057] Jedenfalls bei kostspieligen Gerätschaften wird eine regelmäßige Instandhaltung im Zweifel geboten, deswegen üblich und demzufolge durch das Verletzungsgeschäft unmittelbar veranlasst sein.

758 Dasselbe gilt für **Zubehörteile** (Bsp: Ladekabel für ein Mobiltelefon), die für die Inbetriebnahme und das Inbetriebhalten des Verletzungsgegenstandes erforderlich sind und vom Verletzer bezogen werden müssen. Letzteres mag darauf beruhen, dass der Verletzungsgegenstand nur mit seinem Zubehör kompatibel ist oder seinen Grund in einer beim Verletzungsgeschäft eingeforderten Bezugsverpflichtung haben.

759 Charakteristisch für alle erörterten Zusatzerträge ist ihre enge Bindung an das Verletzergeschäft, das in ganz naheliegender Weise den Weg zu den weiteren Erlösen aus der Lieferung von Verbrauchsmaterialien und Wartungsverträgen ebnet, weil die Zusatzleistungen erforderlich sind, um den Verletzungsgegenstand ordnungsgemäß in Betrieb zu nehmen oder in Stand zu halten. Dieser beinahe zwangsläufige Zusammenhang verlangt eine Erstreckung der Schadenersatzpflicht auch auf solche Folgegeschäfte, wobei im Zweifel derselbe Kausalfaktor angebracht sein wird, der in Bezug auf den eigentlichen Verletzungsgegenstand in Ansatz gebracht wird.

760 Über die Erträge aus der Überlassung von Verbrauchsmaterialien, Wartungsverträgen und unverzichtbarem Zubehör hat der Verletzer folgerichtig vorbereitend **Rechnung zu legen**, wobei es hierzu sogar ausreicht, dass ihre Einbeziehung in die Schadensberechnung nach den Gesamtumständen wenigstens *möglich* erscheint. Dass die Auskunftspflicht insoweit über die (im Einzelfall ggf noch nicht endgültig feststehende) Schadenersatzpflicht hinausgeht, ist dem Umstand geschuldet, dass der Verletzte überhaupt erst durch die betreffenden Angaben des Verletzers in die Lage gelangt, Kenntnis von denjenigen Umständen zu erhalten, die ihm eine Einschätzung seines Schadenersatzanspruchs und einen substanziellen Sachvortrag in einem Höheprozess ermöglichen.[1058]

761 Vom Verletzungsgegenstand deutlich weiter entfernt und deswegen unter dem Gesichtspunkt haftungsausfüllender Kausalität weitaus kritischer stellen sich Umsätze und Gewinne dar, die der Verletzer aus dem Verkauf von Vorrichtungen im Umfeld des Verletzungsgegenstandes (zB »**Peripheriegeräten**«) generiert, die selbst nicht patentgeschützt sind, die jedoch – regelmäßig oder gelegentlich – zusammen mit dem patentierten (bzw patentverletzenden) Gegenstand veräußert zu werden pflegen. Im Gegensatz zu dem oben erörterten Zubehör, dessen es bedarf, um den Verletzungsgegenstand als solchen in Betrieb zu setzen oder zu halten, geht es hier um Gerätschaften, die eine eigenständige, weitere Funktionalität neben der des Verletzungsgegenstandes bereitstellen (Bsp: Drucker, der zusätzlich zu einem patentverletzenden Laptop erworben wird). Der

---

1056 LG Düsseldorf, Urteil v 16.10.2018 – 4c O 71/17.
1057 LG Düsseldorf, Urteil v 16.10.2018 – 4c O 71/17; OLG Karlsruhe, GRUR 2022, 641 – Polsterumarbeitungsmaschine.
1058 OLG Karlsruhe, GRUR 2022, 641 – Polsterumarbeitungsmaschine.

Grund für einen dennoch stattfindenden Gesamterwerb kann vielfältig sein. Der Abnehmer kann beispielsweise im Interesse eines einzigen Ansprechpartners und einer eindeutigen vertraglichen Gewährleistungshaftung an einem Gesamteinkauf interessiert sein; dieser kann aber auch auf Kompatibilitätsgründen beruhen, weil mit dem Verletzungsgegenstand ausschließlich die »Peripheriegeräte« des Verletzers und keine anderen – oder umgekehrt – funktionstüchtig sind.

Würde man hier die allgemeinen Grundsätze des Schadenersatzrechts anwenden, so wäre eine Zurechnung der »Peripherieschäden« nicht unbedingt dadurch ausgeschlossen, dass für ihre Entstehung die Patentverletzung bloß mitursächlich gewesen ist, weil der »Peripherieschaden« maßgeblich durch einen eigenständigen Entschluss des Verletzers und seines Abnehmers, nämlich deren Übereinkunft zum Erwerb des »**Peripheriegerätes**«, herbeigeführt wurde. Denn unter solchen Umständen reicht es für eine Haftung aus, dass die schadensstiftende Handlung (Erwerb der »**Peripheriegeräte**«) durch die begangene Patentverletzung (den Verkauf des Verletzungsgegenstandes, mit dem das »**Peripheriegerät**« zusammenarbeitet) herausgefordert worden ist. Daran würde es zwar fehlen, wenn die Entscheidung für ein patentfreies »**Peripheriegerät**« der Schlüssel für den Zusatzkauf des Verletzungsgegenstandes wäre, weil unter solchen Umständen der Erwerb des »**Peripheriegerätes**« alles andere nach sich zieht und somit der patentfreie Erwerb das Verletzungsgeschäft, aber nicht umgekehrt das Verletzungsgeschäft den patentfreien Zusatzverkauf herausgefordert hat. Ein Herausfordern des »**Peripherieverkaufs**« wäre indessen anzunehmen, wenn der Verletzungsgegenstand im Mittelpunkt des Erwerberinteresses steht (zB weil sich in ihm die für die Gesamtanlage wesentliche Funktionalität abspielt), so dass mit seiner Wahl nicht nur das Verletzerprodukt feststeht, sondern gleichzeitig der Boden für den Erwerb weiterer »**Peripheriegeräte**« bereitet ist. Wollte man in einer solchen Konstellation die – großzügigen – Zurechnungsregeln des allgemeinen Schadensrechts auf die Haftung wegen Schutzrechtsverletzung anwenden, hätte dies zur Folge, dass der Patentschutz infolge der Schadenszurechnung beinahe uferlos auf Patentfreies erstreckt würde, nämlich auf vollkommen eigenständige und selbständig gehandelte Erzeugnisse, die nicht ursächlich *wegen*, sondern nur *bei Gelegenheit* der Patentverletzung erstanden worden sein können. Eine solche Sichtweise verschiebt die Grenzen der Verantwortlichkeit, die sich prinzipiell auf dasjenige zu beschränken haben, was einen Schutzrechtseingriff repräsentiert (der eben nicht bei den »**Peripheriegeräten**« stattfindet).

762

Eine Haftung kommt deswegen nur ganz ausnahmsweise, nämlich dort in Betracht, wo tatrichterlich festgestellt werden kann, dass der Verletzer den Umsatz mit dem betreffenden »Peripheriegerät« *allein* dem Umstand verdankt, dass er den patentgeschützten Gegenstand in einer patentgemäßen – und nicht in einer schutzrechtsfreien – Ausgestaltung angeboten hat, und der Geschäftsabschluss feststellbar auch auf keine andere Ursache (wie eine gewachsene Kundenbeziehung, den günstigen Preis für die Einheit aus patentverletzendem Gegenstand und »**Peripheriegerät**«, der ausschließlichen Kompatibilität des »**Peripheriegerätes**« mit dem Verletzungsprodukt oder Ähnliches) zurückzuführen ist.[1059] In der Praxis werden sich die besagten Voraussetzungen für eine Schadenszurechnung kaum darlegen und noch weniger verlässlich feststellen lassen, so dass »**Peripheriegeräte**« im Zweifel nicht schadenersatzrelevant sein werden. Wo dies im Einzelfall einmal anders ist, weil der Geschäftsabschluss über das »**Peripheriegerät**« ohne die patentgemäße Ausstattung des Verletzungsgegenstandes definitiv nicht zustande gekommen wäre, ist eine Schadenersatzhaftung hingegen angezeigt, weil das Geschäft eben nicht bloß *gelegentlich* der Patentverletzung, sondern allein *wegen* der Patentverletzung zustande gekommen ist.

763

1059 LG Düsseldorf, InstGE 6, 136 – Magnetspule; OLG Düsseldorf, InstGE 7, 194 – Schwerlastregal II.

| Praxistipp | Formulierungsbeispiel |

764 Lassen sich die Zurechnungsbedingungen nicht im Vorhinein für alle Verkaufsfälle beurteilen, sondern kann der besagte Kausalzusammenhang von Fall zu Fall gegeben oder nicht gegeben sein, so scheidet ein **Feststellungsantrag** des Schutzrechtsinhabers aus, weil er nur zum Erfolg führen kann, wenn bereits im Verletzungsrechtsstreit tatrichterlich festgestellt werden kann, dass jeder Verkauf eines »Peripheriegerätes« zusammen mit dem patentverletzenden Gegenstand auf dessen patentgemäßer Ausgestaltung beruht.[1060] Ist ein Kausalzusammenhang zwischen der Patentverletzung und dem Vertrieb von »Peripheriegeräten« zwar nicht zwingend, aber denkbar, so ist der Patentverletzer auch insoweit zur **Rechnungslegung** verpflichtet, als er mitzuteilen hat, in welchen Fällen und wem gegenüber er den patentverletzenden Gegenstand zusammen mit einem »Peripheriegerät« angeboten oder verkauft hat.[1061] Erst durch diese Informationen wird der Schutzrechtsinhaber nämlich in den Stand versetzt, in Bezug auf jeden einzelnen Angebots- oder Verkaufsfall konkrete Ermittlungen dahingehend anzustellen (und gegebenenfalls Beweise dafür zu sichern), ob (dass) die patentverletzende Ausgestaltung für den jeweiligen Angebotsempfänger bzw Abnehmer dafür ausschlaggebend war, beim Patentverletzer auch die weiteren »Peripheriegeräte« zu beziehen. Im Klageantrag sind die fraglichen Peripheriegeräte selbstverständlich konkret zu bezeichnen.

765 Werden für das »**Peripheriegerät**« Verträge über die Lieferung von **Verbrauchsmaterialien** oder **Wartungsdienstleistungen** oder **Zubehörteile** abgeschlossen, so teilen sie das rechtliche Schicksal des »**Peripheriegerätes**«. Ist sein Umsatz und Gewinn bei der Schadensberechnung zu berücksichtigen, sind es auch die Umsätze und Gewinne mit den Verbrauchsmaterialien und Wartungsleistungen; erweisen sich die »**Peripheriegeräte**« als für die Schadensberechnung irrelevant, gilt dasselbe auch für die Umsätze und Gewinne mit den Verbrauchsmaterialien und Wartungsleistungen.

766 Wirkt die begangene Patentverletzung über den Schutzrechtsablauf hinaus nach, indem zu späteren, schutzrechtsfreien Zeiten noch zuvor vereinbarte Leasingraten gezahlt werden, Materialverkäufe stattfinden und vergütungspflichtige Wartungsarbeiten vorgenommen werden, die ihre zurechenbare Ursache in dem Verkauf eines patentverletzenden Gegenstandes haben, so können auch diese »**Nachumsätze**« schadenersatzrelevant sein[1062] und unterliegen daher der Auskunftspflicht.[1063]

6. Bereicherungsanspruch[1064]

767 Trifft den Beklagten an den Verletzungshandlungen kein Verschulden, so kommt anstelle des (verschuldensabhängigen) Schadenersatzanspruchs ein (verschuldensunabhängiger) Bereicherungsanspruch gemäß §§ 812 Abs 1, 818 Abs 2 BGB in Betracht. Er rechtfertigt sich daraus, dass die widerrechtliche, wenn auch schuldlose Benutzung des Klagepatents einen Eingriff in die Rechtsposition des Patentinhabers darstellt, die dazu verpflichtet, das durch den Eingriff ohne Rechtsgrund Erlangte herauszugeben bzw Wertersatz für die rechtsgrundlos erlangten (und nicht mehr herausgebbaren) Gebrauchsvorteile zu leis-

---

1060 LG Düsseldorf, InstGE 6, 136 – Magnetspule.
1061 LG Düsseldorf, InstGE 6, 136 – Magnetspule; OLG Karlsruhe, GRUR 2022, 641 – Polsterumarbeitungsmaschine.
1062 Vgl dazu Raue, GRUR 2022, 603; Leistner, GRUR 2022, 609.
1063 OLG Karlsruhe, GRUR 2022, 641 – Polsterumarbeitungsmaschine.
1064 Nieder, Mitt 2009, 540.

ten.¹⁰⁶⁵ Voraussetzung ist nach Auffassung des BGH eine **unmittelbare** – und nicht nur mittelbare – **Patentbenutzung**.¹⁰⁶⁶

Anspruchsgegner ist der zu Unrecht Bereicherte, dh derjenige, bei dem infolge der widerrechtlichen Patentbenutzung die unmittelbare Vermögensmehrung eingetreten ist. Typischerweise wird dies der Patentverletzer selbst sein. Ein Bereicherungsanspruch setzt die Unmittelbarkeit der Vermögensverschiebung im Verhältnis zwischen Schutzrechtsinhaber und Anspruchsgegner voraus. Daran fehlt es, wenn bei einer Muttergesellschaft Vorteile abgeschöpft werden sollen, die im Geschäftsbetrieb ihrer Tochtergesellschaft entstanden sind.¹⁰⁶⁷ Eine Holdinggesellschaft ist deswegen für einen Bereicherungsanspruch wegen Patentverletzung durch ihre Tochtergesellschaft nicht passivlegitimiert, und zwar auch dann nicht, wenn sie sämtliche Gesellschaftsanteile des die patentverletzenden Produkte vertreibenden Tochterunternehmens hält und dieses seinen Gewinn an die Holding abführen muss.¹⁰⁶⁸ Gleichfalls scheidet regelmäßig eine Bereicherungshaftung des gesetzlichen Vertreters aus, selbst wenn dieser durch eine Gewinnabschöpfung – mittelbar – an der Vermögensmehrung teilhat oder teilhaben kann, die bei dem bereicherten Unternehmen eingetreten ist.¹⁰⁶⁹ 768

Der Bereicherungsanspruch muss nicht ausdrücklich als solcher geltend gemacht werden; er ist im Prozess **von Amts wegen** zu prüfen und bei Vorliegen seiner Voraussetzungen zuzusprechen, sofern der zur Patentverletzung vorgetragene Sachverhalt seine materielle Berechtigung ergibt.¹⁰⁷⁰ 769

Der **Höhe** nach bestimmt sich der Bereicherungsausgleich nach den Grundsätzen der Lizenzanalogie.¹⁰⁷¹ 770

Eine **Karenzzeit** (von einem Monat) ist insoweit nicht zu berücksichtigen. Der Bereicherungsanspruch steht dem Verletzten vielmehr von dem Moment an zu, in welchem der Beklagte in das Patent (nach Veröffentlichung seiner Erteilung) eingreift. 771

Das **Feststellungsinteresse** für einen **Bereicherungsausgleich** fehlt, wenn wegen derselben Benutzungshandlungen ein **Schadenersatzanspruch** verfolgt wird und weder ersichtlich noch vom Kläger konkret vorgetragen ist, dass und inwiefern Ansprüche aus ungerechtfertigter Bereicherung weiter reichen als die geltend gemachten Schadenersatzansprüche wegen der identischen Nutzungen.¹⁰⁷² 772

7. Gemeinsame Verfahrensfragen

Verfahrenstechnisch bestehen zwei Möglichkeiten, den Entschädigungs-, Schadenersatz- und Bereicherungsanspruch gerichtlich geltend zu machen. 773

a) Stufenklage

Sie können zunächst im Wege der Stufenklage (§ 254 ZPO) verfolgt werden. Dies bedeutet, dass der Kläger – neben seinem »unbedingten« Antrag auf Unterlassung und Rechnungslegung – »bedingt« auf Zahlung desjenigen Betrages (nebst Zinsen) klagt, der sich 774

1065 BGH, GRUR 1982, 301, 302 – Kunststoffhohlprofil II.
1066 BGH, GRUR 2019, 496 – Spannungsversorgungsvorrichtung; Meier-Beck, GRUR 1993, 1, 4; Nieder, Mitt 2009, 540, 543; aA: Holzapfel, GRUR 2002, 193, 197.
1067 BGH, GRUR 2022, 1308 – YouTube II.
1068 OLG Düsseldorf, InstGE 6, 152 – Permanentmagnet.
1069 BGH, GRUR 2009, 515 – Motorradreiniger.
1070 BGH, GRUR 1978, 492, 495 – Fahrradgepäckträger II.
1071 BGH, GRUR 1992, 599, 600 – Teleskopzylinder; BGH, GRUR 2009, 515 – Motorradreiniger.
1072 BGH, GRUR 2022, 1427 – Elektronischer Pressespiegel II.

nach der vom Beklagten vorzunehmenden Rechnungslegung ergibt. Es liegt in der Natur der Stufenklage, dass zunächst lediglich in einem Teilurteil über den Unterlassungs- und Rechnungslegungsanspruch entschieden werden kann. Erst wenn der Beklagte danach – gegebenenfalls angehalten durch Zwangsmittel – Auskunft erteilt und der Kläger daraufhin seinen Zahlungsanspruch im Einzelnen beziffert hat, kann der Rechtsstreit wieder aufgenommen und in der Höhestufe fortgesetzt werden. Der Übergang in den Zahlungsantrag setzt dabei stets einen Parteiantrag voraus; er erfolgt nie von Amts wegen.[1073]

775 Die **Nachteile** einer solchen Prozessführung liegen auf der Hand:

776 – Erst nach Abschluss der Höhestufe ergeht mit dem Schlussurteil zugunsten des Klägers eine vollstreckbare Kostenentscheidung.

777 – Die Feststellungen auf den vorhergehenden Stufen entfalten für die nachfolgenden Stufen keine Bindungswirkung.[1074] Der Beklagte kann folglich auch in der Höhestufe erneut oder erstmals den Verletzungsvorwurf bestreiten.

b) Feststellungsantrag

778 Die Praxis verfährt deshalb zu Recht anders. Sie beantragt lediglich die Feststellung des Gerichts, dass der Beklagte zur Entschädigung, zum Schadenersatz und/oder zum Bereicherungsausgleich verpflichtet ist. Eine solche Art der Antragsfassung ist zulässig, weil die Höhe der jeweiligen Ansprüche mangels näherer Kenntnis des Klägers über den Umfang der Benutzungs- und Verletzungshandlungen ungewiss ist und deshalb ein rechtliches Interesse des Klägers daran besteht, die Haftung des Beklagten zunächst dem Grunde nach feststellen zu lassen (§ 256 Abs 1 ZPO).[1075] Das notwendige Feststellungsinteresse liegt bereits dann vor, wenn künftige Schadensfolgen, sei es auch nur entfernt, möglich, ihre Art, ihr Umfang oder sogar ihr Eintritt aber noch ungewiss sind.[1076] Kann der Kläger seinen Anspruch bereits beziffern (sodass er an sich eine vorrangige Leistungsklage erheben könnte), so ist eine Feststellungsklage – umfassend – zulässig, wenn die Schadensentwicklung im Zeitpunkt der Klageerhebung noch nicht abgeschlossen ist, es also wahrscheinlich ist, dass (auch) noch künftig weitere Schäden eintreten.[1077] An der einmal gegebenen Zulässigkeit des Feststellungsbegehrens ändert sich nicht dadurch etwas, dass die Entschädigung/der Schaden im Laufe des Rechtsstreits (aufgrund zwischenzeitlich erteilter Auskünfte) für den Kläger bezifferbar wird.[1078] Darüber hinaus ist es dem Kläger sogar verwehrt, im Berufungsverfahren (nachdem er sich aufgrund des erstinstanzlich erstrittenen Titels die notwendigen Auskünfte vom Beklagten beschafft hat) seine Feststellungsklage auf einen bezifferten Leistungsantrag umzustellen. Eine solche Klageänderung wäre nicht sachdienlich, weil für das Berufungsgericht keinerlei Erkenntnisse aus der ersten Instanz verwertbar wären, sondern der Höheprozess vollständig in die zweite Instanz verlagert würde.

779 Zur Vorbereitung des Höheprozesses soll der **Feststellungsantrag** nach der Auffassung von v. d. Groeben[1079] bereits auf den im Falle einer Lizenzanalogie zu berücksichtigenden **Lizenzsatz** sowie den im Falle einer Liquidation des Verletzergewinns anzusetzenden **Kausalanteil** erstreckt werden können.

1073 BGH, MDR 2015, 232.
1074 BGH, WM 1999, 746.
1075 BGH, GRUR 2001, 1177 – Feststellungsinteresse II.
1076 BGH, GRUR 2018, 832 – Ballerinaschuh.
1077 BGH, GRUR 2018, 832 – Ballerinaschuh.
1078 BGH, GRUR 2018, 832 – Ballerinaschuh; OLG Düsseldorf, GRUR-RS 2015, 06710 – Andockvorrichtung.
1079 Groeben, GRUR 2012, 864.

Diese Auffassung ist abzulehnen.[1080] Als Zwischenfeststellungsklage (§ 256 Abs 2 ZPO) **780**
ist der besagte Antrag von vornherein unzulässig, weil von der Bestimmung des Lizenzsatzes oder des auf die Patentverletzung entfallenden Kausalanteils nicht die Entscheidung über die übrigen Klageanträge (auf Unterlassung etc) abhängt. Es bedarf deswegen eines zwischen den Prozessparteien bestehenden Rechtsverhältnisses sowie eines besonderen Feststellungsinteresses, das die alsbaldige gerichtliche Klärung des Bestehens oder Nichtbestehens dieses Rechtsverhältnisses verlangt (§ 256 Abs 1 ZPO). Daran fehlt es in beiderlei Hinsicht. Bereits ein Rechtsverhältnis liegt nicht vor. Nach ständiger Rechtsprechung des Bundesgerichtshofs[1081] können Inhalt eines Feststellungsurteils zwar auch einzelne Beziehungen oder Folgen eines Rechtsverhältnisses, auch Umfang und Inhalt einer Leistungspflicht sein, nicht aber einzelne rechtserhebliche Vorfragen oder Elemente eines Rechtsverhältnisses oder bloße Grundlagen für die Berechnung eines Anspruchs. Um letzteres handelt es sich vorliegend. Mit seinem »erweiterten« Feststellungsantrag begehrt der Kläger die isolierte Feststellung eines bestimmten bei der Schadensermittlung anzuwendenden Lizenzsatzes bzw eines der Patentverletzung zuzuschreibenden und bei der Gewinnermittlung zum Tragen kommenden Ursachenbeitrages. Beides betrifft in unzulässiger Weise eine bloße Vorfrage des streitigen Schadenersatzanspruchs. Durch die gerichtliche Feststellung soll lediglich ein Streit um eine Berechnungsgrundlage, aber nicht um das Rechtsverhältnis selbst ausgeräumt werden. Von der strikten Anwendung des in § 256 Abs 1 ZPO normierten Grundsatzes kann auch nicht etwa deshalb abgesehen werden, weil die berechtigte Erwartung bestünde, dass ein Feststellungsurteil über den Berechnungsmodus den Streit der Parteien endgültig erledigen würde. In Fällen der Lizenzanalogie kommt neben dem Lizenzsatz typischerweise der Bezugsgröße eine wirtschaftlich nicht mindere Bedeutung zu; gleiches gilt mit Blick auf den Verletzergewinn für die berücksichtigungsfähigen Umsätze und die hiervon in Abzug zu bringenden Kosten. Mit einer isolierten Feststellung des Lizenzsatzes bzw des Kausalanteils sind mithin die zwischen den Parteien im Zuge der Schadensberechnung klärungsbedürftigen Streitpunkte allenfalls zu einem Teil ausgeräumt. Weil dem so ist und weil sich der Kläger mit seinem »erweiterten« Feststellungsantrag ersichtlich nicht auf eine bestimmte Schadensberechnungsmethode festlegen lassen will, ist auch kein schutzwürdiges Interesse daran zu erkennen, dass bereits der Grundprozess um die Patentverletzung mit unter Umständen schwierigen und aufwändig zu klärenden Höhefragen belastet wird, die sich später, zB weil sich der Kläger für eine andere Berechnungsmethode entscheidet, als ganz oder teilweise nutzlos erweisen.

Unter Verzugsgesichtspunkten kann der Feststellungsausspruch auch darauf erstreckt **781**
werden, dass der Verletzer verpflichtet ist, auf den vom Kläger für die Verletzungsklage verauslagten **Gerichtskostenvorschuss Zinsen** (in Höhe von 5 Prozentpunkten über dem Basiszinssatz) für die Zeit von der Einzahlung des Vorschusses bis zum Tag des Eingangs des Kostenfestsetzungsantrages bei Gericht zu zahlen.[1082] Außerhalb des gewerblichen Rechtsschutzes (wo die Zulässigkeit eines Feststellungsantrages generell strenger beurteilt wird) hat der BGH[1083] derartiges abgelehnt und wegen des Vorrangs der Leistungsklage eine Bezifferung des Zahlungsbegehrens verlangt.

Gegenüber einer Stufenklage bietet die Feststellungsklage vielfältige **Vorteile**: **782**

1080 Vgl BGH, GRUR 2020, 986 – Penetrometer.
1081 BGH, MDR 1995, 306.
1082 OLG Düsseldorf, Urteil v 29.1.2015 – I-15 U 22/14. Freilich ist in der obergerichtlichen Judikatur umstritten, ob für die Zeit vor Eingang des Kostenfestsetzungsantrages ein Zinsanspruch in Bezug auf den geleisteten Gerichtskostenvorschuss anzuerkennen ist; vgl zum Streitstand OLG München, MDR 2017, 427.
1083 BGH, MDR 2015, 651.

783 — Die Entscheidung des Rechtsstreits wird nicht durch gegebenenfalls schwierige und aufwändige Ermittlungen zur Schadenshöhe verzögert. Da sogleich ein Endurteil ergeht, erhält der Kläger alsbald einen Kostentitel, den er gegen den Beklagten vollstrecken kann.

784 — Mit der Unanfechtbarkeit des Urteils erwächst der Feststellungsausspruch zum Grund der Haftung in Rechtskraft. Folge hiervon ist eine Bindungswirkung für den anschließenden Höheprozess, in dem der Beklagte nicht mehr einwenden kann, das Patent nicht verletzt oder ohne Verschulden gehandelt zu haben. Zu beachten ist, dass die konkrete Reichweite der Bindung in erster Linie der Urteilsformel des Feststellungsausspruchs zu entnehmen ist und dass nur dann, wenn der Tenor (mangels Eindeutigkeit) nicht ausreicht, um den Rechtskraftgehalt der Entscheidung zu erfassen, Tatbestand und Entscheidungsgründe, ggf sogar das Parteivorbringen, ergänzend heranzuziehen sind.[1084]

785 — Mit dem rechtskräftigen Feststellungsausspruch kommt dem Patentinhaber ferner die 30-jährige Verjährungsfrist des § 197 Nr 3 BGB zugute.[1085]

8. Auskunfts- und Rechnungslegungsanspruch

786 Ein Anspruch auf Auskunft und Rechnungslegung ist nur teilweise im PatG kodifiziert. Er ergibt sich entweder aus dem Gesichtspunkt der Produktpiraterie aus § 140b PatG oder als vorbereitender Anspruch zur Bezifferung eines Zahlungsanspruchs (auf Schadenersatz, Entschädigung oder Bereicherungsausgleich) aus § 242 BGB. Beide Ansprüche sind ihrem Inhalt nach grundsätzlich auf die Erteilung von Auskünften über den konkreten Verletzungsfall, dh über die konkrete Verletzungshandlung einschließlich solcher Handlungen beschränkt, die ihr im Kern gleichartig sind, und richten sich darüber hinaus nicht auf die Auskunftserteilung über mögliche andere Verletzungsfälle, da dies darauf hinausliefe, unter Vernachlässigung allgemein gültiger Beweislastregeln der Ausforschung Tür und Tor zu öffnen.[1086] Es besteht auch kein allgemeiner (Grund-)Auskunftsanspruch, der auf die Ausforschung der tatsächlichen Grundlagen und Beweismittel für etwaige Ansprüche wegen bisher unbekannter oder noch nicht vorgetragener Schutzrechtsverletzungen gerichtet ist.[1087]

a) § 140b PatG[1088]

787 § 140b PatG gewährt dem Verletzten bestimmte Informationen über (a) die Herkunft und (b) den Vertriebsweg der patentverletzenden Ware. Der Anspruch ist mit dem Produktpirateriegesetz eingeführt worden und verfolgt den Zweck, einerseits die Bezugsquelle und andererseits die Abnehmer der schutzrechtsverletzenden Ware aufzudecken, um dem Patentinhaber ein effektives Vorgehen auch gegen etwaige weitere Verletzer zu ermöglichen. Ziel ist es nicht nur, künftige weitere Verletzungen Dritter zu unterbinden, sondern überhaupt Dritte wegen Schutzrechtsverletzung belangen zu können. § 140b PatG gilt deshalb auch für abgelaufene Patente, wenn es (lediglich) darum geht, mögliche Ansprüche auf Schadenersatz für die Vergangenheit gegen Lieferanten und Abnehmer prüfen und ggf durchsetzen zu können.[1089] Die Vorschrift gilt für Benutzungshandlungen seit dem 1.7.1990 und ist mit dem Gesetz zur Umsetzung der EU-Enforcement-

---

1084 BGH, GRUR 2008, 933 – Schmiermittel.
1085 OLG Köln, GRUR-RR 2013, 398 – Bigfoot II.
1086 BGH, GRUR 2022, 1427 – Elektronischer Pressespiegel II.
1087 BGH, GRUR 2022, 1427 – Elektronischer Pressespiegel II.
1088 Dörre/Maaßen, GRUR-RR 2008, 217, 219.
1089 Vgl BGH, GRUR 2018, 1295 – Werkzeuggriff.

Richtlinie 2004/48 deutlich erweitert worden. Das gilt in erster Linie für den Kreis der Verpflichteten und die Auskunftstatbestände, aber auch im Hinblick auf die Einzeldaten. Für die Zeit seit dem 1.9.2008 (dem Inkrafttreten des DurchsetzungsG vom 7.7.2008[1090]) sind – über die schon bisher geschuldeten Angaben hinaus – auch die Einkaufs- und Verkaufspreise sowie die Verkaufsstellen bekannt zu geben.

Mangels besonderer **Überleitungsbestimmungen** gilt die Neufassung des § 140b PatG nur für solche Entstehungstatbestände, die nach Inkrafttreten der Bestimmung verwirklicht worden sind.[1091] Für Sachverhalte aus der Zeit davor stellt sich allenfalls die Frage einer unmittelbaren Geltung der Enforcement-Richtlinie bzw einer richtlinienkonformen Auslegung allgemein-zivilrechtlicher Bestimmungen. Sie hat stattzufinden, weswegen für die Zeit seit Ablauf der Umsetzungsfrist (29.4.2006) – nicht davor – ein entsprechender Anspruch aus § 1004 BGB herzuleiten ist. Eine andere Frage ist, ob dieselben Daten für die Zeit vor der Reform des § 140b PatG nicht auf anderer gesetzlicher Grundlage verlangt werden können, nämlich aus §§ 242, 259 BGB zum Zwecke der Rechnungslegung. Das ist für die Verkaufsstellen zu bejahen, weil es sich bei ihnen um eine Kategorie von Abnehmern handelt, die im Rahmen der Rechnungslegung zu offenbaren sind, und ebenso für die Einkaufspreise, sofern im Rahmen der Rechnungslegung Gestehungskosten bekannt zu geben sind. 788

aa) Materielles Recht

(1) Anspruchsberechtigung

Aktivlegitimiert für den Auskunftsanspruch ist der Verletzte, dh jeder, dem kraft eigenen Rechts oder aufgrund Rechtsnachfolge ein Anspruch wegen Patentverletzung zusteht. Jede Patentkategorie ist anspruchsbegründend, auch Verwendungspatente und diese auch dann, wenn ihre Benutzung in der sinnfälligen Herrichtung liegt.[1092] Die Benutzung muss rechtswidrig sein, sodass eine bestehende Lizenz, Erschöpfung, ein Vorbenutzungsrecht, die Privilegierung nach § 11 PatG oder ein sonstiger Rechtfertigungsgrund schaden. Maßgeblich ist die Rechtslage zu derjenigen Zeit, für die Auskünfte verlangt werden.[1093] Der Anspruch scheidet ferner bei allen sonstigen rechtmäßigen Benutzungshandlungen aus, zB solchen, die während der Offenlegungszeit oder vom Mitinhaber des Patents begangen werden. Ein Verschulden ist demgegenüber entbehrlich.[1094] 789

Die Benutzung »entgegen den §§ 9–13« muss sich auf ein Erzeugnis (dh einen körperlichen Gegenstand) beziehen, weil der Anspruch ein **benutztes Erzeugnis** zum Inhalt hat. Es bedarf mindestens einer vollendeten Benutzungshandlung.[1095] In Betracht kommen diejenigen des § 9 Satz 2 Nr 1[1096] und Nr 3[1097] PatG und des § 10 PatG[1098], wobei es in Fällen mittelbarer Verletzung[1099] nicht darauf ankommt, ob der mittelbaren eine unmittelbare Verletzung nachfolgt.[1100] Erzeugnis iSd § 140b PatG sind auch Mittel iSd § 10, die der Herstellung eines dem patentierten Gegenstand entsprechenden Erzeugnisses die- 790

1090 BGBl I 2008 S 1191 = BlPMZ 2008, 274.
1091 BGH, GRUR 2009, 515 – Motorradreiniger. Das LG Mannheim (InstGE 13, 65 – UMTS-fähiges Mobiltelefon II) differenziert: Verkaufsstellen sind auch für die Zeit vor dem 1.9.2008 bekannt zu geben, Einkaufspreise nicht.
1092 Vgl oben Kap A Rdn 494.
1093 BGH, GRUR 2018, 832 – Ballerinaschuh; BGH, Beschluss v 25.3.2021 – I ZR 49/19.
1094 BGH, GRUR 2006, 504 – Parfümtestkäufe (zu § 19 MarkenG); vgl auch OLG Frankfurt/Main, NJW-RR 1998, 1007, 1008.
1095 BGH, GRUR 2012, 1230 – MPEG-2-Videosignalcodierung.
1096 Taugliche Grundlage sind insoweit Sach- und Verwendungspatente.
1097 Relevant für Verfahrenspatente.
1098 BGH, GRUR 2005, 848 – Antriebsscheibenaufzug.
1099 Denkbar bei Verfahrens-, Verwendungs- und Kombinations(sach-)patenten.
1100 BGH, GRUR 2005, 848 – Antriebsscheibenaufzug.

nen.¹¹⁰¹ Daraus folgt, dass ein Entschädigungsanspruch wegen rechtmäßiger Patentbenutzung während des Offenlegungszeitraumes ebenso wenig genügt wie ein vorbeugender Unterlassungsanspruch aufgrund einer Erstbegehungsgefahr (weil es ohne eine stattgefundene Verletzung an einem *benutzten* Erzeugnis im Sinne des § 140b PatG fehlt).

791 Andererseits kommt es nicht darauf an, durch welche Benutzungsalternative das Patent verletzt wird. Sämtliche Daten sind auch dann (notfalls im Wege der Nullauskunft) zu offenbaren, wenn das Patent in irgendeiner Weise widerrechtlich benutzt wurde, weswegen auch derjenige, der das Verletzungserzeugnis nur **besessen oder gebraucht** hat, in vollem Umfang, mithin auch hinsichtlich etwaiger Vertriebswege, auskunftspflichtig ist.¹¹⁰²

(2) Anspruchsgegner

792 Als mögliche Anspruchsgegner kommen verschiedene Personen in Betracht:

(a) Störer

793 Passivlegitimiert ist gemäß dem – vorrangig zu prüfenden – Absatz 1 zunächst der unberechtigte Benutzer, der in eigener Person – nach deliktsrechtlichen Regeln oder als Störer¹¹⁰³ – wegen Patentverletzung haftet.

(b) Dritte

794 Absatz 2 erweitert den Kreis der Verpflichteten auf unbeteiligte (dh selbst nicht wegen Patentverletzung haftende) Dritte. Zu beachten ist, dass insoweit *sachliche* und *persönliche* Voraussetzungen zusammenkommen müssen:

(aa) Sachliche Reichweite

795 In sachlicher Hinsicht knüpft das Gesetz an zwei – alternative – Sachverhaltskonstellationen an:

(aaa) Offensichtliche Rechtsverletzung

796 Die offensichtliche Rechtsverletzung bildet die erste Fallgruppe. Sie liegt vor, wenn in Bezug auf das auskunftspflichtige Erzeugnis sowohl die tatsächlichen Umstände als auch die rechtliche Beurteilung so eindeutig sind, dass eine Patentverletzung bereits jetzt in einem solchen Maße feststeht, dass eine Fehlentscheidung (oder eine andere Beurteilung im Rahmen des richterlichen Ermessens) und damit eine ungerechtfertigte Belastung des Anspruchsgegners ausgeschlossen erscheint.¹¹⁰⁴ Als Indiz *gegen* eine offensichtliche Rechtsverletzung ist es angesehen worden, dass im Verfahrensverlauf bereits ein Gericht eine Schutzrechtsverletzung aus Rechtsgründen verneint hat.¹¹⁰⁵ Mit an Sicherheit grenzender Wahrscheinlichkeit muss deshalb (a) die patentverletzende Ausgestaltung des Erzeugnisses feststellbar sein; (b) das angegriffene Erzeugnis einer (namentlich ggf noch unbekannten) Person zugeordnet werden können, in deren Hand seine Benutzung rechtswidrig ist; (c) der Sachverhalt zu (a) und (b) die rechtliche Schlussfolgerung tragen, dass mit dem Erzeugnis eine Patentverletzung begangen wurde. Gesetzliche oder tatsäch-

---

1101 BGH, GRUR 1995, 338 – Kleiderbügel.
1102 OLG Düsseldorf, Urteil v 25.10.2018 – I-2 U 30/16; OLG Düsseldorf, Urteil v 17.3.2022 – I-2 U 31/18.
1103 BGH, GRUR 2021, 730 – Davidoff Hot Water IV.
1104 BGH, GRUR 2021, 730 – Davidoff Hot Water IV; OLG Hamburg, InstGE 8, 11 – Transglutaminase.
1105 OLG Frankfurt/Main, GRUR-RR 2019, 10 – Bella la Vita.

liche Vermutungen reichen dazu nicht aus.[1106] Der Rechtsbestand des Klagepatents darf nicht zweifelhaft sein.[1107] Die bloße (nie auszuschließende) Möglichkeit, dass das Patent später vernichtet werden könnte, steht aber nicht entgegen. Schwierige Rechtsfragen mit offenem Ausgang schließen die Offensichtlichkeit aus.

Umstände, aus denen die offensichtliche Rechtsverletzung hergeleitet werden soll, hat der Verletzte zu **beweisen** bzw glaubhaft zu machen bzw in seiner vorgerichtlichen Abmahnung darzutun. 797

(bbb) Klageerhebung

Die Fälle der Klageerhebung gegen den Patentverletzer begründen die zweite Fallgruppe. 798

Die Klage muss das auskunftspflichtige Erzeugnis sowie wenigstens *einen* Anspruch wegen Patentverletzung zum Gegenstand haben. Sie muss zugestellt sein. Die bloße Einreichung bei Gericht genügt nicht, jedenfalls dann, wenn der Kostenvorschuss ausbleibt oder sonstige Zustellungsmängel (Mitteilung einer ladungsfähigen Anschrift, begründeter Antrag auf öffentliche Zustellung[1108]) nicht behoben werden. Keine »Klage« sind der Antrag auf Erlass einer einstweiligen Verfügung (Ausnahme: Abschlusserklärung des Verletzers liegt vor), der Prozesskostenhilfeantrag, der Beweissicherungsantrag. 799

Auf die **Zulässigkeit** der Klage kommt es nicht an, es sei denn, es handelt sich um einen offensichtlichen Mangel, der die Klageerhebung missbräuchlich macht, insbesondere wenn der Mangel unheilbar ist (zB fehlende internationale Zuständigkeit). 800

Die Verletzungsklage muss **noch anhängig** sein. Kein Auskunftsanspruch besteht, wenn (a) die Klage rechtskräftig abgewiesen ist, so lange keine neue Klage (zB gegen einen anderen Verletzer) erhoben wurde, (b) die Klage – egal aus welchen Gründen – zurückgenommen wurde; es sei denn, es liegen jeweils die Voraussetzungen einer offensichtlichen Rechtsverletzung vor. Nach Sinn und Zweck reicht es hingegen aus, dass der Klage rechtskräftig zumindest hinsichtlich *eines* Patentverletzungsanspruchs stattgegeben oder der Rechtsstreit durch entsprechenden Vergleich beigelegt wurde. 801

Der Auskunftsanspruch gegen den Dritten kann in einem separaten Verfahren oder – unbeschadet der Formulierung »Klage erhoben *hat*« – im Wege der Klagenhäufung sogleich mit der Verletzungsklage geltend gemacht werden. 802

(bb) Persönliche Reichweite

In persönlicher Hinsicht rekrutiert sich der Kreis der Verpflichteten aus den nachstehend aufgelisteten Personen, sofern sie »in gewerblichem Ausmaß« agiert, dh außerhalb von § 11 Nr 1 PatG (also im nichtprivaten Bereich zu gewerblichen Zwecken), gehandelt haben: 803

(aaa) Früherer Besitzer

Angesprochen ist zunächst der frühere Besitzer des rechtsverletzenden Erzeugnisses (Abs 2 Nr 1). Jede Art von Besitz – unmittelbarer oder mittelbarer, Allein- oder Mitbesitz – genügt. Nicht erfasst ist demgegenüber der Besitzdiener. Die Besitzposition muss zu einer Zeit bestanden haben, als die Patenterteilung bereits veröffentlicht war, weil sich der Besitz sonst nicht auf ein *rechtsverletzendes* Erzeugnis beziehen würde. 804

1106 OLG Köln, GRUR 1993, 669.
1107 OLG Düsseldorf, GRUR 1993, 818.
1108 Über den Antrag (und eine etwaige Beschwerde) ist im Verfahren der Freiwilligen Gerichtsbarkeit zu entscheiden (OLG Düsseldorf, MDR 2015, 1384).

(bbb) Inanspruchnahme von Dienstleistungen

805 Der Kreis der Verpflichteten umfasst ferner denjenigen, der rechtsverletzende Dienstleistungen in Anspruch genommen hat (Abs 2 Nr 2).

806 »Dienstleistungen« zeichnen sich – im Gegensatz zum Erzeugnis – zunächst durch ihre unkörperliche Natur aus. Im Übrigen ist für das Begriffsverständnis nicht auf Definitionen in anderen Gesetzeswerken (zB Art 50 EG-Vertrag, Art 4 EU-Dienstleistungsrichtlinie) abzustellen, sondern eine betriebswirtschaftliche Betrachtungsweise angebracht. Gemeint ist jede wirtschaftliche Tätigkeit, die nicht der Produktion eines materiellen Gutes dient und bei der auch nicht der materielle Wert eines Endproduktes im Vordergrund steht, die aber dennoch über Marktpreise bewertet werden kann, nicht lagerbar ist, einen externen Faktor (Kunden) benötigt und bei der die Erzeugung und der Verbrauch meist zeitlich zusammenfallen. Die Entgeltlichkeit der Leistungserbringung ist kein Kriterium.

▶ **Beispiel:**

807 Know-how-Transfer, Überlassung von Arbeitskräften, Konzeption und Ausführung von Werbemaßnahmen, Tätigkeit von selbständigen Handelsvertretern oder Spediteuren.

808 »Rechtsverletzend« ist die Dienstleistung durch ihren adäquat kausalen Beitrag bei der Verwirklichung eines Verletzungstatbestandes im Sinne von § 9 Satz 2 Nr 1 und 3, § 10 PatG. Das Gewicht des Ursachenbeitrages ist unerheblich, es muss nicht besonders hoch, sondern nur vorhanden, dh feststellbar sein.

809 »Inanspruchnahme« verlangt keine rechtsgeschäftliche Grundlage; maßgeblich ist die rein tatsächliche Verwertung der Dienstleistung für die Patentverletzung.

(ccc) Erbringer von Dienstleistungen

810 Haftbar ist, wer Dienstleistungen erbracht hat, die für rechtsverletzende Tätigkeiten genutzt wurden (Abs 2 Nr 3). Während Nr 2 den Nutznießer der Dienstleistung im Blick hat, verpflichtet Nr 3 – umgekehrt – den Leistungserbringer.

▶ **Beispiel:**

811 Provider für Patentverletzungen im Internet[1109]; Geldinstitut, über dessen Konto der Zahlungsverkehr bzgl der schutzrechtsverletzenden Ware abgewickelt wurde[1110]. Anderes würde gelten, wenn die Tätigkeit der Bank der bereits abgeschlossenen Schutzrechtsverletzung nachgeschaltet wäre, sodass es an jedwedem ursächlichen Beitrag zum Verletzungserfolg fehlt.[1111] Es bedarf daher der Feststellung wenigstens *einer* haftungs-

---

1109 BGH, GRUR 2012, 1026 – Alles kann besser werden.
1110 OLG Naumburg, GRUR-RR 2012, 388 – Bankauskunft (ebenso: OLG Stuttgart, GRUR-RR 2012, 73; BGH, GRUR 2013, 1237 – Davidoff Hot Water). Der Auffassung, dass der Anspruch auf Auskunft über die Identität des Kontoinhabers am Auskunftsverweigerungsrecht nach § 383 Abs 1 Satz 1 Nr 6 ZPO scheitert, das der Bank gegenüber dem Kontoinhaber (= Verletzer) zusteht, hat der EuGH auf Vorlage des BGH (GRUR 2013, 1237 – Davidoff Hot Water) eine Absage erteilt und entschieden, dass jedenfalls ein genereller Ausschluss der Auskunftspflicht aus Gründen des Bankgeheimnisses nicht mit Art 8 Abs 3 Buchst e) der Enforcement-RL vereinbar ist (EuGH, GRUR 2015, 894 – Coty Germany/Stadtsparkasse). Der BGH (GRUR 2016, 497 – Davidoff Hot Water II) hat deshalb entschieden, dass jedenfalls dann ein Vorrang des Auskunftsanspruchs besteht und das Zeugnisverweigerungsrecht der Bank zurückzutreten hat, wenn das Konto, in Bezug auf das Auskünfte zu erteilen sind, im Zusammenhang mit einer *offensichtlichen* Rechtsverletzung genutzt wurde.
1111 BGH, GRUR 2013, 1237 – Davidoff Hot Water.

begründenden Verletzungshandlung iSv § 9 S 2 Nr 1 und Nr 3, § 10 PatG, welche durch die Dienstleistung in irgendeiner Hinsicht gefördert worden ist.

(ddd) Denunzierter

Verpflichtet ist schließlich derjenige, der von einem Auskunftspflichtigen nach Nr 1–3 als Beteiligter benannt worden ist, und zwar (a) an der Herstellung, Erzeugung oder am Vertrieb eines die Auskunftspflicht nach Nr 1 begründenden Erzeugnisses oder (b) an der Erbringung einer die Auskunftspflicht nach Nr 3 begründenden Dienstleistung (Abs 2 Nr 4). 812

Die Tatbestandsvoraussetzungen der Nr 1 bzw 3 sind inzident zu prüfen, weil nur die Angaben eines selbst Auskunftspflichtigen (aufgrund seiner Nähe zum unterstützten Verhalten) anspruchsbegründend wirken. Dessen Bekundungen müssen nicht in besonders hohem Maße verlässlich sein, ihre Ernsthaftigkeit ist aber festzustellen. Fehlt sie, greift Nr 4 nicht ein, zB wenn durchgreifende Zweifel am erforderlichen Kenntnisstand des Anzeigenden bestehen, dessen Angaben ins Blaue hinein aufgestellt erscheinen oder unplausibel sind. Erklärungen von nicht auskunftspflichtigen Dritter reichen ausnahmsweise, wenn mit ihnen nicht nur eine Bezichtigung der Mitwirkung verbunden ist, sondern der vollständige Beweis einer Mitwirkung erbracht wird. Gleiches gilt, wenn – ohne die Angabe eines Pflichtigen nach Nr 1, 3 – aufgrund sonstiger Beweismittel feststeht, dass ein Beteiligungssachverhalt gegeben ist. 813

»Herstellen« ist im Sinne des § 9 S 2 Nr 1 PatG zu verstehen; »Erzeugen« meint dasselbe in Bezug auf ein unmittelbares Verfahrenserzeugnis im Sinne von § 9 S 2 Nr 3 PatG; »Vertrieb« umfasst nicht nur das Inverkehrbringen bzw Liefern, sondern auch das vorgelagerte Anbieten, jeweils verstanden im Sinne von § 9 S 2 Nr 1 PatG. Die übrigen Benutzungshandlungen (Gebrauchen, Einführen, Besitzen) haben keine Bedeutung. 814

Der Begriff »Beteiligung« ist nicht deliktsrechtlich zu verstehen, was in Fällen der Anstiftung oder Beihilfe einen doppelten Vorsatz voraussetzen würde. Maßgeblich ist stattdessen, ob zu den anspruchsrelevanten Benutzungshandlungen ein physischer oder psychischer Beitrag geleistet wird, der die Herstellung, Erzeugung, den Vertrieb oder die Leistungserbringung tatsächlich unterstützt hat. 815

Das nachfolgende Schaubild verdeutlicht die Zusammenhänge bei Prüfung der Haftungsvoraussetzungen: 816

D. Klageverfahren

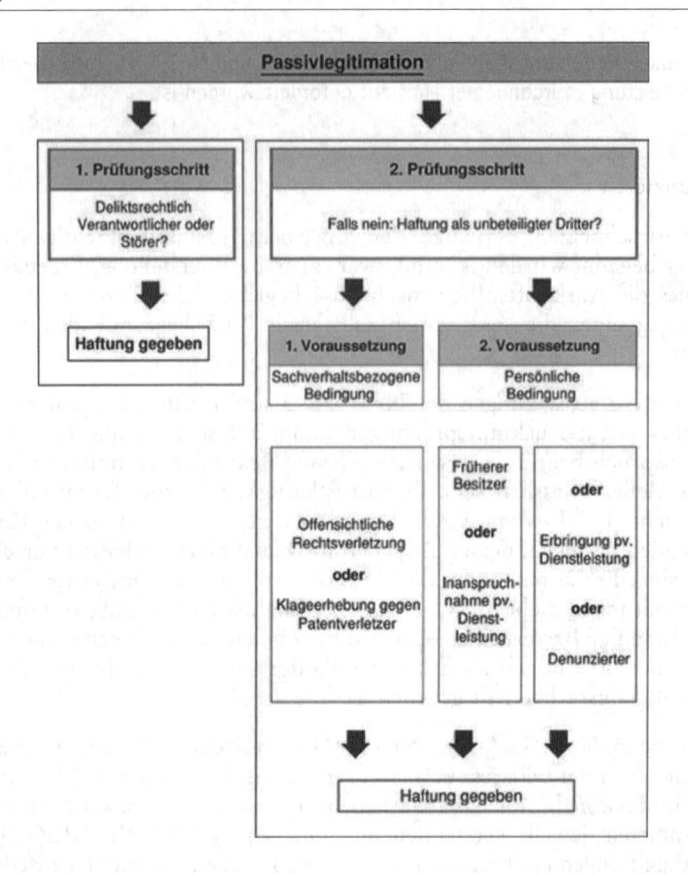

[Flowchart: Passivlegitimation
- 1. Prüfungsschritt: Deliktsrechtlich Verantwortlicher oder Störer? → Haftung gegeben
- 2. Prüfungsschritt: Falls nein: Haftung als unbeteiligter Dritter?
  - 1. Voraussetzung: Sachverhaltsbezogene Bedingung (Offensichtliche Rechtsverletzung oder Klageerhebung gegen Patentverletzer)
  - 2. Voraussetzung: Persönliche Bedingung (Früherer Besitzer oder Inanspruchnahme pv. Dienstleistung; oder Erbringung pv. Dienstleistung oder Denunzierter)
  → Haftung gegeben]

(3) Unverhältnismäßigkeit

817 Aus Gründen der Unverhältnismäßigkeit kann der Auskunftsanspruch – gleichgültig, ob aus Absatz 1 oder Absatz 2 begründet, ganz oder in Teilen, dh hinsichtlich einzelner Daten oder durch Einräumung eines Wirtschaftsprüfervorbehaltes – ausgeschlossen sein (§ 140b Abs 4 PatG).

818 Indem § 140b Abs 4 PatG vorsieht, dass die Auskunftsansprüche ausgeschlossen sind, wenn die Inanspruchnahme des Verletzers »**im Einzelfall**« unverhältnismäßig ist, macht das Gesetz klar, dass die Verpflichtung zur Auskunftserteilung die Regelmaßnahme darstellt und dass von ihr nur unter besonderen Umständen abgesehen werden soll, die den Entscheidungsfall von der typischen Sachverhaltsgestaltung unterscheiden, für die § 140b PatG die Pflicht zur Auskunftserteilung anordnet.[1112] Es ist von daher schon im Ansatz unzutreffend zu reklamieren, es müsse in jedem einzelnen Fall der Schutzrechtsverletzung eine gleichsam ergebnisoffene Abwägung des Interesses des verletzten Patentinhabers an der Durchsetzung der ihm mit dem Auskunftsanspruch kraft Gesetzes zugewiesenen Rechtsposition einerseits und der Geheimhaltungsbedürfnisse des Verletzers an den der Auskunftspflicht unterfallenden Geschäftsdaten andererseits stattfinden. Die rechtliche Ausgangslage ist eine gänzlich andere. Der Patentverletzer ist Täter einer unerlaubten (deliktischen) Handlung, die rechtswidrig in nicht nur einfachgesetzlich geschützte, sondern wegen Art 14 GG sogar grundrechtlich garantierte Eigentumspositionen des Schutzrechtsinhabers eingreift. Das Gesetz hält aus diesem Grund für den Ver-

---

1112 OLG Düsseldorf, InstGE 12, 210 – Gleitsattelscheibenbremse.

letzten in den §§ 139 ff PatG bestimmte, den Störungszustand beendende und das begangene Unrecht kompensierende Sanktionen bereit. Typischerweise ist die zugrunde liegende Verletzungssituation dadurch gekennzeichnet, dass der Patentinhaber geschützte Erzeugnisse selbst herstellt und/oder vertreibt. Es repräsentiert daher den Regel- und keinen Sonderfall, dass sich in einem Patentverletzungsprozess am Markt tätige Wettbewerber gegenüberstehen, weswegen es gerade nichts Außergewöhnliches, sondern – ganz im Gegenteil – die übliche Konstellation ist, dass der Verletzer im Rahmen seiner Auskunftspflicht demjenigen geheime Geschäftsdaten (wie Preise) offenbaren muss, mit dem er auf dem betreffenden Markt um Aufträge und Kunden konkurriert. Wenn § 140b PatG angesichts dieser forensischen Sachlage eine Pflicht zur Auskunft über die Preise der schutzrechtsverletzenden Ware anordnet, kann dieser Anspruch nicht dadurch unter Verhältnismäßigkeitsgesichtspunkten zu Fall gebracht oder inhaltlich eingeschränkt werden, dass diejenigen nachteiligen Folgen für die Wettbewerbsposition des Verletzers beklagt und eingewandt werden, die normale und gewöhnliche Folge der Pflicht zur Auskunftserteilung sind. Von der Auskunftspflicht kann vielmehr nur dann – ganz oder teilweise (zB hinsichtlich einzelner Daten und/oder durch Einräumung eines Wirtschaftsprüfervorbehaltes) – abgesehen werden, wenn sich der Streitfall durch besondere Umstände auszeichnet, die ihn aus der Reihe der üblichen Verletzungssachverhalte herausheben und die dokumentieren, dass der Verletzte bei Anlegung eines objektiven Maßstabes, gemessen am Regelfall, ein außergewöhnlich geringes Informationsinteresse hat, das trotz des geschehenen widerrechtlichen Eingriffs in seine Schutzrechtsposition ausnahmsweise hinter den Geheimhaltungsbelangen des Verletzers zurückstehen muss, oder dass – umgekehrt – auf Seiten des Verletzers, gemessen am Regelfall, derart außergewöhnliche Nachteile aus der Auskunftserteilung drohen, dass demgegenüber das Informationsinteresse des Verletzten zurückzutreten hat.[1113]

819 Keine Relevanz kommt dem Einwand zu, eine Vollstreckung der tenorierten Auskunftspflicht habe deshalb zu unterbleiben, weil sie dazu führen würde, dass der Beklagte mit der Kundgabe seiner Geschäftsdaten gegenüber dem obsiegenden Kläger einen **Kartellverstoß** (Art 101 AEUV, § 1 GWB) begehen würde.[1114] Wenn der Beklagte den gegen ihn ergangenen und zwangsweise durchgesetzten Urteilstenor befolgt, fehlt es von vornherein an einem unternehmerischen Handeln, das den Anwendungsbereich der genannten Vorschriften erst eröffnen könnte. Ein solches liegt nämlich nur vor, wenn für den Agierenden überhaupt eine Handlungsoption besteht, woran es unter den gegebenen Umständen angesichts des gerichtlich angeordneten und mit den Mitteln des staatlichen Vollstreckungsrechts erzwungenen Verhaltens bei der Auskunftserteilung erkennbar fehlt. Eine Anknüpfung an kartellrechtliche Vorschriften lässt sich auch nicht in der Person des Klägers gewinnen. Insofern käme nur in Betracht, die Anbringung und Verfolgung seiner ua auf eine Auskunftserteilung gerichteten Klage als wettbewerbsbeschränkendes Verhalten zu werten. Dem steht indessen entgegen, dass die vom Verletzungskläger einseitig unternommene Rechtsverfolgung keine Unternehmensvereinbarung darstellt und auch nicht als eine aufeinander abgestimmte Verhaltensweise von Unternehmen begriffen werden kann[1115], was unverzichtbare Anwendungsvoraussetzung des Kartellverbots aus Art 101 AEUV, § 1 GWB ist[1116]. Dementsprechend handelt auch derjenige Verletzer per se nicht kartellrechtswidrig, der dem Auskunfts- und Rechnungslegungsverlangen des Patentinhabers freiwillig nachkommt.[1117] Abgesehen von allem Gesagten geht es auch nicht an, dass derjenige Patentverletzer, der durch sein

---

1113 OLG Düsseldorf, InstGE 12, 210 – Gleitsattelscheibenbremse.
1114 OLG Düsseldorf, InstGE 12, 210 – Gleitsattelscheibenbremse; OLG Düsseldorf, GRUR-RR 2021, 145 – Eierverpackungen.
1115 OLG Düsseldorf, GRUR-RR 2021, 145 – Eierverpackungen.
1116 EuGH, Urteil v 30.1.2020 – C-307/18.
1117 OLG Düsseldorf, GRUR-RR 2021, 145 – Eierverpackungen.

deliktisches Tun rechtswidrig in den freien Wettbewerb (zu dem auch der gesetzliche Schutz geistigen Eigentums gehört) eingreift, für sich reklamiert, aus Gründen des von ihm selbst missachteten freien Wettbewerbs vor denjenigen Rechtsfolgen geschützt zu werden, die das Gesetz an die widerrechtliche Benutzung fremder Patente knüpft.

820 Nach allem kann dem Interesse des Verletzers an einer Geheimhaltung seiner auskunftspflichtigen internen Daten regelmäßig jedenfalls dann keine Rechnung getragen werden, wenn der Verletzte vor weiteren Verletzungen nicht sicher sein kann (Gesichtspunkt der Spezial- und Generalprävention) oder nennenswerte Ersatz- bzw Bereicherungsansprüche in Rede stehen, die der Verletzte mithilfe der Drittauskunft liquidieren kann.

821 Der Auskunftspflicht in Bezug auf Lieferanten, Abnehmer und Angebotsempfänger steht ebenso wenig die **Datenschutz-Grundverordnung** entgegen.[1118] Da die Verordnung dem Schutz *natürlicher* Personen bei der Verarbeitung personenbezogener Daten dient, hat sie von vornherein keinerlei Bedeutung, wenn der vom auskunftspflichtigen Verletzer zu offenbarende Lieferant, Abnehmer oder Angebotsempfänger eine – außerhalb des persönlichen Anwendungsbereichs der Verordnung liegende – juristische Person ist (vgl Art 1 Abs 1 DS-GVO). Dort, wo die DS-GVO einschlägig ist (weil Daten einer natürlichen Person bekannt gegeben werden müssen), ist die im Zuge der Auskunftserteilung vorzunehmende Verarbeitung ihrer personenbezogenen Daten in aller Regel nach Art 6 Abs 1 lit c) DS-GVO gerechtfertigt, weil die Datenverarbeitung zur Erfüllung der rechtlichen Pflicht aus § 140b PatG, §§ 242, 259 BGB erforderlich ist, welcher der Verantwortliche (= Verletzer) gegenüber dem Verletzten unterliegt.

822 Das **Interesse des Verletzers** kann ausnahmsweise überwiegen,

823 – wenn der Verletzte kein oder nur ein äußerst geringes Interesse haben kann, die Lieferanten oder gewerblichen Abnehmer zu erfahren, zB weil es sich um einen Einzelfall einer Schutzrechtsverletzung handelt, keine weiteren Schutzrechtsverletzungen zu befürchten und die eingetretenen Schäden ausgeglichen sind[1119];

824 – wenn die Verletzung eindeutig nicht den Charakter einer Produktpiraterie aufweist, zB wenn es sich um eine schwierig zu beurteilende äquivalente Benutzung handelt;

825 – wenn sich der Verletzer durch die Auskunft in unzumutbarer Weise selbst oder einen Dritten einer strafbaren Handlung bezichtigen würde.[1120] Wegen des strafrechtlichen Verwertungsverbots gemäß § 140b Abs 8 PatG kann sich der Verletzer darauf aber praktisch nicht berufen.

826 Der Verletzer ist **beweispflichtig** für den Tatbestand, aus dem sich eine Unverhältnismäßigkeit ergeben soll, insbesondere ein höher zu bewertendes Interesse an der Geheimhaltung. Der Verletzte hat demgegenüber die Beweislast für sein Interesse, das dem entgegengesetzten Interesse des Verletzten vorgeht.

(4) Inhalt des Anspruchs

827 Der Auskunftsanspruch umfasst die (sic: alle) aus Absatz 3 ersichtlichen, abschließend aufgeführten Einzeldaten[1121], welche zum Teil auch Gegenstand des allgemeinen Rechnungslegungsanspruchs aus §§ 242, 259 BGB sind. Mit Rücksicht auf den Charakter der Auskunft als **Wissenserklärung** braucht der Verpflichtete nur dasjenige mitzuteilen, was

---

1118 OLG Düsseldorf, Urteil v 13.8.2020 – I-2 U 10/19; vgl auch Ballestrem, GRUR-RR 2019, 97.
1119 OLG Düsseldorf, GRUR 1993, 818.
1120 Vgl zu §§ 242, 249 BGB: BGH, GRUR 1976, 367, 369 – Ausschreibungsunterlagen.
1121 Das gilt auch dann, wenn die Verletzungshandlung nur im Besitz und/oder Gebrauch eines Verletzungsgegenstandes besteht.

ihm unter Heranziehung seiner Geschäftspapiere etc bekannt ist. Zweifel hat er durch Nachfrage (zB bei seinen Lieferanten) aufzuklären.[1122] Eine Nachforschungspflicht in Bezug auf ihm unbekannte Vorlieferanten oder Hersteller trifft den Schuldner nicht.[1123]

Da der Anspruch verschuldensunabhängig ist, gibt es **keinen Prüfungszeitraum**; die Auskunftspflicht setzt mit dem Tag der Bekanntmachung des Hinweises auf die Patenterteilung ein.[1124] **828**

Anders als bei §§ 242, 259 BGB hängt der **Auskunftsumfang** auch nicht von Erforderlichkeiten und Zumutbarkeiten im Einzelfall ab, sondern steht für jeden Verpflichteten in gleicher Weise gesetzlich fest, wobei einzelne Daten (wie der Herstellungs- und Lieferzeitpunkt, die Abnehmer und die Preise) zu Kontrollzwecken gedacht sind[1125]. Jeder, der das Patent, egal auf welche Weise und durch welche einzelne oder unterschiedlichen Benutzungshandlung(en), widerrechtlich verletzt, schuldet dem Gläubiger Angaben zu *allen* Einzeldaten, die § 140b PatG auflistet. Angaben, die nach dem Geschäftszuschnitt des Schuldners nicht in Betracht kommen, entfallen deswegen nicht aus der Auskunftspflicht, sondern sind durch Nullauskunft zu erledigen. Andererseits erstreckt sich der Auskunftsanspruch nicht nur auf die konkrete Verletzungshandlung, sondern umfasst alle im Kern gleichartigen Handlungen, in denen das Charakteristische der Verletzung zum Ausdruck kommt.[1126] **829**

Ein **Wirtschaftsprüfervorbehalt** kommt regelmäßig nur für den Auskunftsanspruch als Hilfsanspruch zum Schadenersatzanspruch, nicht für den Anspruch nach § 140b PatG in Betracht.[1127] **830**

Die Auskünfte sind grundsätzlich in schriftlicher Form und deutscher Sprache zu erteilen. Liegen die Daten dem Schuldner in **elektronischer Form** vor, kann der Gläubiger die betreffenden digitalen Daten einfordern. Darüber hinaus besteht hinbgegen keine Pflicht, bisher nur analoge Auskunftsdaten im Interesse des Gläubigers eigens zu digitalisieren[1128] oder in eine andere als die vorhandene digitale Form zu überführen, die mit dem EDV-System des Gläubigers kompatibel ist. **831**

(a) Herkunft

Bezüglich der »Herkunft« sind anzugeben: **832**

(aa) Erzeugnisse

Bei Erzeugnissen: Namen und Anschriften der Hersteller (welcher auch der Auskunftspflichtige selbst sein kann), der Lieferanten und anderer Vorbesitzer. Der Begriff der »Anschrift« umfasst weder die E-Mail-Adresse[1129] noch die Telefonnummer[1130] und die IP-Adresse[1131].[1132] **833**

1122 BGH, GRUR 2003, 433, 434 – Cartier-Ring (zu § 19 MarkenG).
1123 BGH, GRUR 2003, 433, 434 – Cartier-Ring (zu § 19 MarkenG).
1124 OLG Düsseldorf, Urteil v 7.7.2016 – I-2 U 5/14.
1125 BGH, GRUR 2022, 229 – ÖKO-TEST III.
1126 BGH, GRUR 2021, 730 – Davidoff Hot Water IV.
1127 BGH, GRUR 1995, 338 – Kleiderbügel.
1128 AA: LG München I, GRUR-RS 2021, 40241 – Palettenbehälter.
1129 EuGH, GRUR 2020, 840 – YouTube-Drittauskunft; anders noch OLG Frankfurt/Main, GRUR 2017, 1116 – Anspruch auf Drittauskunft, mwN.
1130 OLG Frankfurt/Main, GRUR 2017, 1116 – Anspruch auf Drittauskunft, mwN; die Sache liegt dem EuGH zur Vorabentscheidung vor (BGH, GRUR 2019, 504 – YouTube-Drittauskunft).
1131 OLG Frankfurt/Main, GRUR 2017, 1116 – Anspruch auf Drittauskunft; die Sache liegt dem EuGH zur Vorabentscheidung vor (BGH, GRUR 2019, 504 – YouTube-Drittauskunft).
1132 EuGH, GRUR 2020, 840 – YouTube-Drittauskunft; BGH, GRUR 2021, 470 – YouTube-Drittauskunft II.

834 Der Anspruch ist nicht auf den unmittelbaren Vorbesitzer beschränkt, sondern umfasst die gesamte **Lieferkette** vom Hersteller bis zum Verletzer. Die Bezugsquelle ist auch dann anzugeben, wenn sie selbst nicht rechtswidrig handelt, zB im patentfreien Ausland herstellt[1133] (Grund: Bei Kenntnis von der patentverletzenden Verwendung kann mittäterschaftliche Haftung auch für die nachfolgenden Angebots- und Vertriebshandlungen des Lieferempfängers in Betracht kommen).

835 Es sind auch diejenigen Dritten zu benennen, die **wesentliche Bestandteile** des geschützten Enderzeugnisses zur Verfügung gestellt haben.

836 Die Erklärung, Name und Anschrift des Lieferanten nicht zu kennen (**Negativauskunft**), erfüllt den Auskunftsanspruch nur dann, wenn die Gründe für die Unkenntnis nachvollziehbar dargetan werden.[1134]

837 Auch wenn der Verletzer selbst herstellt, ist es denkbar, dass ein weiterer Teil von dritter Seite bezogen wird. Neben den Daten zur Eigenproduktion schuldet er deshalb auch Auskunft darüber, ob, von wem und in welchem Umfang er zusätzlich aus fremder Quelle bezieht. Findet die Eigenproduktion nur im patentfreien Ausland statt, besteht kein Auskunftsanspruch zu den Einzelheiten der Eigenproduktion.[1135] Gleichermaßen schuldet der Verletzer keine Angaben zu den (ihm naturgemäß unbekannten) Herstellungsmengen- und -zeiten seines aus dem Ausland zuliefernden Produzenten. Umgekehrt schuldet auch derjenige, der selbst nur Händler ist (oder behauptet, dies zu sein), Angaben zu eigenen Herstellungshandlungen, wobei die Auskunft, sofern seine Einlassung zutrifft, im Sinne einer Nullauskunft zu erteilen ist.[1136]

(bb) Dienstleistungen

838 In Bezug auf Dienstleistungen sind die Nutzer, ebenfalls nach Namen und Anschriften, zu benennen. Sind zur Rechtsverletzung Sharehosting-Dienste verwendet worden, bezieht sich die Auskunftspflicht einer Bank auf den Inhaber desjenigen Kontos, von dem der Speicherplatz bezahlt worden ist.[1137]

(b) Vertriebsweg

839 Handelt es sich um Erzeugnisse (insbesondere körperlicher Art), wird der Vertriebsweg durch die Lieferkette für das Produkt gebildet. Wird eine Dienstleistung im Internet beworben und ist die geschaltete Werbeanzeige mit einer Internetseite des Werbenden verlinkt, begründet dies ebenfalls einen Vertriebsweg.[1138] Im Rahmen der Auskunft ist nicht nur die Existenz eines Vertriebsweges bekannt zu geben, sondern genauso anzugeben, seit wann er besteht.[1139] Im Übrigen sind mitzuteilen:

(aa) Abnehmer

840 Als erstes die Namen und Anschriften der gewerblichen (nicht der privaten) Abnehmer und der gewerblichen Verkaufsstellen, und zwar vom Auskunftspflichtigen bis zum gewerblichen Endabnehmer, sodass der Verletzte Kenntnis von der lückenlosen Lieferkette erhält. Letzteres wird klargestellt durch die Formulierung, dass die Abnehmer mitzuteilen sind, für die die Erzeugnisse/Dienstleistungen (sei es als Zwischenhändler oder

---

1133 BGH, GRUR 2017, 1160 – BretarisGenuair; OLG Karlsruhe, BeckRS 2015, 06021 – Fahrradfelge.
1134 BGH, GRUR 2001, 841, 844 – Entfernung der Herstellungsnummer II.
1135 OLG Düsseldorf, Urteil v 29.3.2012 – I-2 U 137/10.
1136 LG Düsseldorf, Urteil v 7.2.2019 – 4b O 119/17.
1137 LG Hamburg, GRUR-RS 2017, 121509 – Max Mutzke. Die Entscheidung verhält sich umfangreich auch zur Reichweite des Bankgeheimnisses nach Luxemburgischem Recht.
1138 KG, GRUR-RR 2021, 532 – ALBA.
1139 KG, GRUR-RR 2021, 532 – ALBA.

als Endkunde) *bestimmt sind*. Wer nur ein erfolgloses Angebot erhalten hat, ist – mangels irgendeiner Warenbewegung – kein Abnehmer und (mangels Liefermöglichkeit) auch keine Verkaufsstelle. Kein Abnehmer ist gleichfalls das inländische oder ausländische Lager, zu dem die Verletzungsprodukte verschoben worden sind[1140], und zwar auch dann, wenn das Lager von einer selbständig organisierten Konzerngesellschaft geführt wird. Denn bei der Verbringung in das Lager handelt es sich um eine rein interne Warenbewegung ohne jede Beziehung zum regulären Handelsverkehr, die folglich auch keinen Akt des Inverkehrbringens darstellt. Handelt es sich bei der Tochtergesellschaft, zu der die Verletzungsware verbracht worden ist, allerdings um eine Vertriebsgesellschaft, deren Aufgabe es ist, die Verletzungsprodukte zu veräußern, handelt es sich bei ihr um eine Zwischenhändlerin, weswegen sie ein »Abnehmer« und demzufolge dem Verletzten zu benennen ist. Dabei spielt es keine Rolle, ob die Vertriebsgesellschaft im Inland oder im Ausland residiert, genauso belanglos ist, ob der Vertrieb im Inland oder im (ggf sogar schutzrechtsfreien) Ausland geschehen soll. Auch wenn die Tochtergesellschaft im Ausland ansässig ist und die Produkte ins patentfreie Ausland liefern soll, muss sie dem Verletzten benannt werden, weil dieser nur so in der Lage ist zu verifizieren, ob ein Vertrieb nicht möglicherweise doch schutzrechtsverletzend im Inland unter kollusiver Beteiligung desjenigen Verletzers geschieht, der die Ware zu der ausländischen Tochter verbracht hat.[1141]

Ob unter dem Begriff »**Anschrift**« neben der postalischen auch die E-Mail-Adresse zu verstehen ist, ist umstritten.[1142] Außerhalb der Auskunftspflicht bleiben jedenfalls die Telefonnummer und etwaige IP-Adressen des Verpflichteten.[1143] 841

Der Anbieter von **Dienstleistungen** schuldet nicht die Auskunft, wie oft die von ihm im Internet geschaltete Werbeanzeige angeklickt wurde und welches Entgelt er für das Schalten der Anzeige vom Verletzer erhalten hat.[1144] Ebenso wenig schließt der Auskunftsanspruch die Bankdaten der Nutzer der Dienstleistungen ein.[1145] 842

(bb) Menge

Mitzuteilen sind ferner die Menge der hergestellten, ausgelieferten, erhaltenen oder bestellten Erzeugnisse, und zwar die jeweilige Stückzahl, die auf den jeweiligen Hersteller, Lieferanten oder Abnehmer entfällt.[1146] Der Zuordnung der Einzelmengen zu den Herstellern, Lieferanten und Abnehmern bedarf es, weil nur so für den Verletzten die Gefährlichkeit der mutmaßlich weiteren Verletzer und die Dringlichkeit einer Rechtsverfolgung gegen jeden Einzelnen von ihnen absehbar ist. 843

(cc) Ein- und Verkaufspreise

Bekannt zu geben sind schließlich die Verkaufspreise, und zwar 844

– die Einkaufspreise, die für den Erwerb der Erzeugnisse/Dienstleistungen aufgewendet wurden; 845

– die Verkaufspreise, die bei der Veräußerung erzielt wurden. Rabatte, Skonti und dgl Abzüge sind zu berücksichtigen, weil es auf die *bezahlten* Preise ankommt. Relevant sind selbstverständlich nur gewerbliche Abnehmer, weil nur für sie der grundlegende 846

1140 ... zB weil ein inländischer Unterlassungstitel existiert, der einen Eigenvertrieb unmöglich macht.
1141 Vgl oben zu Rdn 834.
1142 Vgl die Nachweise bei LG Frankfurt/Main, GRUR-RR 2017, 3 – Videoplattform.
1143 LG Frankfurt/Main, GRUR-RR 2017, 3 – Videoplattform.
1144 KG, GRUR-RR 2021, 532 – ALBA.
1145 BGH, GRUR 2022, 1308 – YouTube II.
1146 OLG Düsseldorf, GRUR-RR 2021, 145 – Eierverpackungen.

Zweck des Auskunftsanspruchs zutrifft, weitere Patentverletzer aufzudecken Deswegen finden folgerichtig auch in § 140c Abs 3 Nr 1 PatG nur gewerbliche Abnehmer und Verkaufsstellen Erwähnung. Nr 2 der Vorschrift ergänzt insoweit lediglich die in Nr 1 den Grundzügen nach umrissene Auskunftspflicht um weitere Detaildaten, die dem Verletzten eine zusätzliche Abschätzung ermöglichen sollen, in welchem Umfang der jeweilige Abnehmer verletzend tätig sein wird und wie dringlich deshalb eine Rechtsverfolgung auch ihm gegenüber ist.

847 – Weitere Angaben über Gestehungskosten oder Gewinne sind nicht geschuldet, die Gestehungskosten auch nicht als Einkaufspreise in Fällen der Eigenproduktion.

(c) Unverzüglich

848 Die Auskunft ist unverzüglich zu leisten, dh ohne schuldhaftes Zögern. Welcher zeitliche Aufschub unverschuldet ist, hängt vom Einzelfall ab, insbesondere vom Umfang der Recherchetätigkeit, die zur verlässlichen Ermittlung der auskunftspflichtigen Daten notwendig ist. Die Forderung nach *unverzüglicher* Auskunft hat vor allem programmatische Bedeutung. Ein zögerliches Verhalten des Pflichtigen hat allenfalls in dem Sinne rechtliche Konsequenzen, als zB für die Frage der Angemessenheit einer Abmahnfrist oder bei der Verhängung von Zwangsmitteln berücksichtigt werden kann, dass das Gesetz den Schuldner in besonderem Maße zur zügigen Erteilung der Auskünfte nach § 140b PatG anhält. Eine Schadenersatzpflicht sieht § 140c Abs 5 PatG nur für die unvollständige oder unrichtige, aber nicht für die verspätete Auskunft vor.

(d) Belegvorlage

849 Eine Belegvorlage in Form von Kopien der Bestellungen, Rechnungen, Lieferscheine, Zollpapiere und dergleichen zum Nachweis der gemachten Angaben wird geschuldet.[1147] Die Verpflichtung zur Belegvorlage beschränkt sich auf die Vorlage vorhandener Nachweise. Eine Pflicht zur Erstellung von Belegen, die über die bloße Reproduktion bereits existierender Unterlagen – etwa durch Ausdruck – hinausgeht und eine eigene schöpferische Leistung erfordert, besteht nicht.[1148] Die relevanten Daten sind im Titel (einschließlich der Entscheidungsgründe) hinreichend bestimmt zu bezeichnen, was verlangt, dass die Belege ihrer Art nach sowie bezüglich des Zeitraumes, auf den sie sich zu beziehen haben[1149], so konkretisiert sind, dass sie im Falle einer Zwangsvollstreckung vom Gerichtsvollzieher aus den Unterlagen des Auskunftspflichtigen ausgesondert und dem Gläubiger übergeben werden können.[1150] In den Belegen enthaltene Daten, die nicht auskunftspflichtig und geheimhaltungsbedürftig sind, können geschwärzt werden. Das gilt auch dann, wenn ein entsprechender Vorbehalt nicht ausdrücklich in den Urteilstenor aufgenommen worden ist.[1151] Befassen sich die Belege mit patentfreien Gegenständen, so können insoweit nicht nur die gelieferten Stückzahlen und berechneten Preise geschwärzt werden, sondern genauso die Artikelbezeichnungen und Artikelnummern.[1152] Für denselben Sachverhalt wird der Gläubiger in der Regel nicht nebeneinander mehrere Belege (zB Angebote und Bestellungen und Rechnungen und Lieferscheine zu demselben Einkaufs- oder Verkaufsvorgang) verlangen können, weil eine derartige Forderung unverhältnismäßig ist. Anderes kann ausnahmsweise gelten,

---

1147 BGH, GRUR 2002, 709 – Entfernung der Herstellungsnummer III; BGH, GRUR 2003, 433 – Cartier-Ring; BGH, GRUR 2006, 504 – Parfümtestkäufe (jeweils zu § 19 MarkenG); OLG Düsseldorf, InstGE 5, 249 – Faltenbalg; OLG Karlsruhe, InstGE 11, 15 – SMD-Widerstand.
1148 BGH, MDR 2022, 316.
1149 BGH, MDR 2021, 833.
1150 BGH, NJW-RR 2019, 961.
1151 OLG Düsseldorf, Beschluss v 20.4.2017 – I-2 W 2/17.
1152 OLG Düsseldorf, Beschluss v 20.4.2017 – I-2 W 2/17.

- wenn es sich um eine insgesamt überschaubare Zahl von Dokumenten handelt; 850
- wenn Zweifel an der Verlässlichkeit der Auskunftserteilung bestehen, die nur durch 851
Abgleich mehrerer Unterlagen zu demselben Vorgang ausgeräumt werden können. Regelmäßig wird sich der Kläger deshalb für eine Art von Belegen (zB Lieferscheine) entscheiden müssen, die ihm als aussagekräftigsten erscheinen, wobei er für den Fall, dass der Beklagte später einwendet, über solche Belege nicht zu verfügen, vorsorglich ersatzweise eine weitere Belegart in seinen Klageantrag aufnehmen kann (zB Rechnungen).

(e) Eidesstattliche Versicherung[1153]

In analoger Anwendung des § 259 Abs 2 BGB kann eine Eidesstattliche Versicherung 852 über die Vollständigkeit der Auskunft gemäß § 140b PatG verlangt werden, wenn Grund zu der Annahme besteht, dass die vorgelegten Angaben nicht mit der erforderlichen Sorgfalt zusammengestellt wurden.[1154] Gerade mit Rücksicht darauf hat der Gesetzgeber davon abgesehen, eine Verpflichtung des Schuldners in § 140b PatG aufzunehmen, die Vollständigkeit seiner Auskunft von vorneherein auf Verlangen an Eides statt zu versichern, ohne dass der Verletzte substantiiert Gründe für seinen Verdacht darzulegen hat.[1155]

bb) Verfahrensrechtliches

(1) Einstweilige Verfügung

Die Durchsetzung des Auskunftsanspruchs im Wege der einstweiligen Verfügung setzt 853 nach § 140b Abs 7 PatG eine offensichtliche Rechtsverletzung voraus. Die erforderliche Dringlichkeit wird gesetzlich fingiert; eine Vorwegnahme der Hauptsache ist zugelassen. Alle übrigen Voraussetzungen für den Erlass einer einstweiligen Verfügung müssen dargelegt und glaubhaft gemacht werden. Die Vollstreckung der einstweiligen Verfügung kann von der Leistung einer Sicherheit durch den Antragsteller abhängig gemacht werden. Da die Rechtsverletzung offensichtlich sein muss, wird hierzu in der Praxis selten Anlass bestehen.

(2) Aussetzung

Eine Aussetzung ist vorgesehen, wenn gegen den Verletzer und den nach Absatz 2 aus- 854 kunftspflichtigen unbeteiligten Dritten getrennte Prozesse anhängig sind (Abs 2 Satz 2). Die Regelung bezweckt, dass der Rechtsstreit um die Drittauskunft vorrangig durchgeführt werden kann, sodass die hierbei zu Tage tretenden Erkenntnisse im parallelen Verletzungsprozess noch verwertet werden können. Der Verletzungsprozess kann daher ausgesetzt werden, und zwar längstens bis zur vollständigen Erteilung der Drittauskunft, zu der der Verpflichtete notfalls durch Zwangsmittel (§ 888 ZPO) anzuhalten ist. Soweit Satz 2 »*auf die Erledigung des wegen des Auskunftsanspruchs geführten Rechtsstreits*« abstellt, ist damit nicht der formell rechtskräftige Abschluss des Erkenntnisverfahrens gemeint; nach Sinn und Zweck der Vorschrift, die geschuldete Drittauskunft im Verletzungsprozess verwerten zu können, gehört auch das anschließende Zwangsvollstreckungsverfahren zum Rechtsstreit um die Drittauskunft. Eine zunächst kürzere Aussetzung, zB bis zur rechtskräftigen Erledigung des Prozesses um die Drittauskunft oder bis zur erstinstanzlichen Entscheidung, ist möglich; danach ist ggf eine weitere Aussetzung möglich.

1153 Kaess, FS Schulze, 2017, S 369.
1154 So die Auffassung des Rechtsausschusses, BlPMZ 1990, 195, 197; aA: Eichmann, GRUR 1990, 575, 582 und Busse/Keukenschrijver, § 140b Rn 37.
1155 Vgl amtl Begründung, BlPMZ 1990, 173, 184 unter e) und BlPMZ 1990, 195, 197.

855 Besondere Voraussetzungen (wie Vorgreiflichkeit) nennt Satz 2 nicht. Eine Parteiidentität auf Klägerseite ist nicht erforderlich; auch kann die Verletzungsklage eine bezifferte Höheklage sein. Gewährleistet sein muss aber,

856 – dass beide Rechtsstreitigkeiten denselben Verletzungssachverhalt, dh dasselbe Patent und dieselbe angegriffene Ausführungsform, betreffen,

857 – dass der Rechtsstreit über die Drittauskunft zur Zeit der Aussetzung noch anhängig ist und

858 – dass einer der Parteien des Verletzungsprozesses einen Aussetzungsantrag gestellt hat (keine Aussetzung von Amts wegen).

859 Die **Entscheidung** über die Aussetzung steht im Ermessen des Gerichts. Zu berücksichtigen sind ua:

860 – das Maß, in dem der Kläger des Verletzungsprozesses auf die Drittauskunft angewiesen ist, um seine Ansprüche gegen den Verletzer erfolgreich durchsetzen (dh darlegen und beweisen) zu können;

861 – die Erfolgsaussichten der Klage auf Drittauskunft;

862 – die voraussichtliche Dauer bis zur Erledigung des Rechtsstreits um die Drittauskunft;

863 – die Entscheidungsreife der Verletzungsklage unabhängig von der Drittauskunft.

864 Im Zweifel gilt: So lange der Verletzungskläger plausibel ein Interesse an der Drittauskunft für seine Prozessführung gegen den Verletzer geltend machen kann, ist (insbesondere auf seinen Antrag hin) auszusetzen. Umgekehrt muss ein Aussetzungsantrag des Verletzungsbeklagten erfolglos bleiben, wenn er der Prozessverschleppung dient, wenn der Kläger kein Informationsinteresse reklamiert und die Klage auf Drittauskunft auch nicht ersichtlich unbegründet ist. Anders verhält es sich, wenn die Verletzungsklage unabhängig von den geschuldeten Drittauskünften aus einem anderen Rechtsgrund (zB mangelnde Zuständigkeit des angerufenen Gerichts, Erschöpfung der Patentrechte) entscheidungsreif ist, ohne dass die Erkenntnisse aus der Drittauskunft daran etwas ändern könnten; hier ist der Verletzungsrechtsstreit ohne Aussetzung zu erledigen.

865 § 148 ZPO bleibt neben § 140b Abs 2 Satz 2 PatG uneingeschränkt anwendbar.

cc) Sonderfall »Verkehrsdaten«[1156]

866 Besondere Vorkehrungen des Verletzten sind erforderlich, wenn die verlangte Auskunft von dem Pflichtigen (zB einem Provider) nur unter Verwendung von Verkehrsdaten im Sinne des § 3 Nr 30 TKG erteilt werden kann.

(1) Verkehrsdaten

867 Verkehrsdaten sind »Daten, die bei der Erbringung eines Telekommunikationsdienstes erhoben, verarbeitet oder genutzt werden«, wobei »Telekommunikationsdienst« nach der Legaldefinition in § 3 Nr 24 TKG »idR gegen Entgelt erbrachte Dienste (meint), die ganz oder überwiegend in der Übertragung von Signalen über Telekommunikationsnetze bestehen ...«. *Beispiele sind:* Telefonie (einschließlich SMS), Internetauktionen, E-Mail-Verkehr. Im Unterschied zu den Inhaltsdaten eines Telefongesprächs oder einer Internetaktion sind Verkehrsdaten die technischen Informationen, die bei der Nutzung eines

---

1156 Amschewitz, Die Durchsetzungsrichtlinie und ihre Umsetzung in deutsches Recht, 2008; Hoffmann, MMR 2009, 655; Otten, GRUR-RR 2009, 369.

Telekommunikationsdienstes beim jeweiligen Telekommunikationsunternehmen (Provider) anfallen und für Abrechnungszwecke gespeichert werden, zB Kennung der beteiligten Anschlüsse, personenbezogene Berechtigungskennungen, Beginn und Ende der Verbindung.[1157] Eine Definition gibt § 3 Nr 30 TKG (»Daten, die bei der Erbringung eines Telekommunikationsdienstes erhoben, verarbeitet oder genutzt werden«); eine abschließende Aufzählung enthält § 96 Abs 1 TKG. Verkehrsdaten erlauben Rückschlüsse auf die individuelle Nutzung des Internets, den Gesprächspartner am Telefon sowie bei E-Mails und SMS-Kurznachrichten (bei denen technische Daten und Inhalte nicht trennbar sind) Aufschluss auch über die Kommunikationsinhalte. Mit Hilfe der Verkehrsdaten ist es möglich, anonyme Äußerungen im Internet oder anonyme Teilnehmer einer Tauschbörse einem konkreten Telefonanschluss – und damit einem möglichen Verletzer – zuzuordnen. Diese Möglichkeit besteht nicht nur dann, wenn die fragliche IP-Adresse einem bestimmten Nutzer dauerhaft zugewiesen ist, sondern auch im Falle einer dynamischen IP-Adresse, bei der die Zuweisung der Adresse nur für eine Sitzung erfolgt, über die Zeit also wechselt.

(2) Gestattungsanordnung

Hier bedarf es einer besonderen richterlichen Gestattungsanordnung zur Verwendung der Verkehrsdaten für Auskunftszwecke. Da Verkehrsdaten als personenbezogene Daten gelten und dem Fernmeldegeheimnis unterliegen (§ 140b Abs 10 PatG), der Anspruch auf Auskunft dem Pflichtigen andererseits nichts Unmögliches abverlangen darf, ordnet Absatz 9 an, dass der Verletzte – als weitere (formelle) Voraussetzung für den materiellen Auskunftsanspruch – eine richterliche Anordnung darüber zu erwirken hat, dass die Verwendung der notwendigen Verkehrsdaten zum Zwecke der Auskunftserteilung zulässig ist.[1158] 868

Voraussetzung für die vom Anspruchsteller beizubringende Gestattungsanordnung sind: 869

– Es besteht ein Auskunftsanspruch nach § 140b Abs 1 oder 2 PatG,[1159] 870

– und zwar gegen den am Verfahren beteiligten Auskunftspflichtigen (Provider); 871

– die im konkreten Einzelfall geschuldeten Daten (vgl § 140b Abs 3, 4 PatG) können vom auskunftspflichtigen Provider – ganz oder teilweise – nur unter Verwendung von Verkehrsdaten ermittelt werden (weil andere Erkenntnisquellen für die auskunftspflichtigen Daten nicht zur Verfügung stehen oder ihre Inanspruchnahme nicht zumutbar ist). 872

Kein Anspruch besteht dahingehend, dass der Access-Provider auf Zuruf Daten im Hinblick auf eine nicht bereits festgestellte, sondern bloß **befürchtete Rechtsverletzung** speichert, selbst wenn sich die Erwartung einer drohenden Rechtsverletzung auf in der Vergangenheit bereits vorgekommene Verstöße stützt.[1160] 873

1157 Nach OLG Zweibrücken (Beschluss v 26.9.2008 – 4 W 62/08) ist die bloße Preisgabe der Identität des Nutzers einer dynamischen IP-Adresse zu einem bestimmten Zeitpunkt kein »Verkehrsdatum«, sondern ein Bestandsdatum.
1158 Zur Verfassungsmäßigkeit der Vorschrift (§ 101 Abs 9 UrhG): OLG Köln, GRUR-RR 2011, 86 – Gestattungsanordnung I.
1159 BGH, GRUR 2012, 1026 – Alles kann besser werden. Für den Nachweis der Aktivlegitimation kraft vertraglichen Nutzungsrechts soll es nicht der Vorlage des betreffenden Lizenzvertrages bedürfen, sondern eine eidesstattliche Versicherung über die Lizenzgewährung ausreichen: OLG Köln, GRUR-RS 2015, 19422 – Nightcrawler.
1160 OLG Hamm, NJOZ 2011, 218 – IP-Daten-Speicherung auf Zuruf; OLG München, NJOZ 2012, 1463 – Datenspeicherung auf Zuruf.

874 Soweit das BVerfG[1161] die Weitergabe von Daten aus der **Vorratsdatenspeicherung** untersagt hat, betrifft dies nur solche Daten, die allein aufgrund des Gesetzes zur Neuregelung der Telekommunikationsüberwachung vom 21.12.2007 vorgehalten werden.[1162] Derartige maximal für die Dauer von sechs Monaten gespeicherte Daten können mit einer Gestattungsanordnung schon deshalb nicht freigegeben werden[1163], weil sie gemäß § 113b Satz 1 TKG ausschließlich für die Übermittlung an Behörden zu Zwecken der Strafverfolgung, zur Abwehr erheblicher Gefahren für die öffentliche Sicherheit und zur Erfüllung von Aufgaben des Verfassungsschutzes, des Bundesnachrichtendienstes und des Militärischen Abschirmdienstes verwendet werden dürfen.[1164] Anders verhält es sich bei Verkehrsdaten, die das Telekommunikationsunternehmen aus eigenem Entschluss (zB zur Entgeltabrechnung) bereithält; sie unterliegen uneingeschränkt einer Gestattungsanordnung.[1165] Wenn auch nicht die strengen Anforderungen beachtet werden müssen, die das BVerfG für die Speicherung von Vorratsdaten aufgestellt hat, so ist das in § 140b Abs 9 PatG geregelte Verfahren dennoch verfassungsrelevant, weil die mit den fraglichen Auskünften verbundenen Eingriffe in die Privatsphäre erhebliches Gewicht haben. Sie dürfen deswegen nicht uneingeschränkt zugelassen werden, sondern bedürfen einer fachlich rechtlichen Eingriffsermächtigung. Diese liegt mit § 140b PatG vor. Ein Gestattungsantrag ist deshalb unter den dort bestimmten tatbestandlichen Voraussetzungen in aller Regel ohne weiteres verhältnismäßig und begründet.[1166]

875 Zugelassen ist ein einseitiges Verfahren, in dem der Auskunftspflichtige nicht kontradiktorische Partei, sondern lediglich Beteiligter ist. Sind **Netzbetreiber** und **Endkundenanbieter** bei einem Internetanschluss nicht identisch, unterfällt dem Gestattungsverfahren allein das Rechtsverhältnis zum Netzanbieter, gegen den der Antrag folglich zu richten ist.[1167] Soweit der Endkundenanbieter Name und Anschrift *seines* Kunden preisgibt, dem die fragliche IP-Adresse zugeordnet war, handelt es sich demgegenüber um Bestandsdaten ohne Grundrechtsrelevanz, die folglich kein Gestattungsverfahren verlangen.[1168] Folgerichtig ist der Access-Provider am Verfahren gegen den Netzbetreiber nicht zu beteiligen und unterliegen die vom Endkundenanbieter bereitgestellten Daten keinem Verwertungsverbot.[1169]

(3) Zwischenanordnung

876 In der Praxis erfolgt die Datenspeicherung regelmäßig nur für einen kurzen Zeitraum[1170], was die Gefahr begründet, dass die erforderlichen Verkehrsdaten zum Zeitpunkt der gerichtlichen Gestattungsanordnung tatsächlich nicht mehr vorliegen und aus diesem Grund das Verfahren nach § 140b Abs 9 ergebnislos bleibt. Die Gerichte haben, um hier Hilfe zu schaffen, teilweise[1171] eine einstweilige (Zwischen-)Anordnung zugelassen, mit der dem Provider bis zum Abschluss des Verfahrens untersagt wird, die fraglichen Verkehrsdaten zu löschen[1172], jedenfalls sofern der Berechtigte gegenüber dem Provider

---

1161 BVerfG, WM 2008, 706.
1162 OLG Frankfurt/Main, Beschluss v 12.5.2009 – 11 W 21/09.
1163 OLG Frankfurt/Main, Beschluss v 12.5.2009 – 11 W 21/09.
1164 OLG Karlsruhe, InstGE 11, 183 – Datensicherung.
1165 OLG Zweibrücken, Beschluss v 26.9.2008 – 4 W 62/08.
1166 BGH, GRUR 2012, 1026 – Alles kann besser werden.
1167 BGH, GRUR 2018, 189 – Benutzerkennung.
1168 BGH, GRUR 2018, 189 – Benutzerkennung.
1169 BGH, GRUR 2018, 189 – Benutzerkennung.
1170 Ein Anspruch auf sofortige Löschung der für die Internetnutzung vergebenen IP-Adressen besteht nicht (OLG Frankfurt/Main, Urteil v 16.6.2010 – 13 U 105/07).
1171 Anders: OLG Düsseldorf, BeckRS 2011, 06223 – IP-Daten-Speicherung auf Zuruf; OLG Düsseldorf, GRUR-RR 2013, 208 – IP-Daten-Speicherung; OLG Frankfurt/Main, GRUR-RR 2010, 91 – Speicherung auf Zuruf; OLG Hamm, GRUR-Prax 2011, 61.
1172 OLG Karlsruhe, InstGE 11, 183 – Datensicherung; OLG Köln, Mitt 2009, 415 – Ganz anders.

konkret ankündigt, in einem angemessen kurzen Zeitraum ein Verfahren nach Abs 9 einzuleiten.[1173] Diese Rechtsprechung hat der BGH nunmehr ausdrücklich bestätigt.[1174] Ihre rechtliche Grundlage findet die Anordnung in § 140b Abs 1, 9 PatG, § 96 Abs 1 Satz 1 TKG mit der Maßgabe, dass die Voraussetzungen für eine Anordnung nach Abs 9 glaubhaft gemacht sind.[1175] Zu verfolgen ist der Anspruch im Zivilrechtsweg nach den Vorschriften der ZPO (und nicht nach den Regeln des FamFG).[1176]

Ansonsten dürfen dynamische IP-Adressen, weil sie personenbezogene Daten im Sinne von § 12 TMG repräsentieren[1177], von einem Online-Mediendienst nur unter den Voraussetzungen des § 15 Abs 1 TMG gespeichert werden. Ohne Einwilligung des Dienstenutzers ist eine Speicherung über das Nutzungsende hinaus nur zulässig, um die generelle Funktionsfähigkeit des Dienstes zu gewährleisten, wobei eine Abwägung mit dem Interesse und den Grundrechten der Nutzer stattzufinden hat.[1178]

877

Praxistipp	Formulierungsbeispiel
Der ... (= Provider) wird aufgegeben, bis zum rechtskräftigen Abschluss des Verfahrens nach § 140b Abs 9 PatG diejenigen Daten zum Zwecke der Auskunftserteilung an die Antragstellerin zu sichern, aus denen sich ergibt, welchem/welchen Kunden unter welcher Anschrift die folgenden IP-Adressen – »...« – zu folgenden Zeitpunkten – »...« – zugeordnet waren.	

878

Bei der Zwischenanordnung handelt es sich um ein gegenüber dem eigentlichen Gestattungsverfahren **selbständiges Verfahren** (§ 51 Abs 3 Satz 1 FamFG), das dementsprechend aktenmäßig getrennt zu führen ist und für das in einem gesonderten Kostenansatz nach den für die Hauptsache geltenden Vorschriften (Nr 15 213 KV zum GNotKG[1179]) Gerichtsgebühren zu erheben sind.[1180] Im Falle anwaltlicher Vertretung fallen ebenfalls separate, streitwertabhängige Gebühren an, und zwar eine 1,3-Verfahrensgebühr nach Nr 3100 VV-RVG zzgl Telekommunikationspauschale nach Nr 7002 VV-RVG.[1181]

879

(4) Auskunftsanspruch

Da der Auskunftsanspruch von dem Vorliegen der notwendigen Gestattung abhängt (ohne sie ist die Auskunft rechtlich unmöglich[1182]), kann er erst zuerkannt werden, wenn die Gestattungsanordnung erteilt ist. Auf eine Rechtskraft der Gestattung kommt es allerdings nicht an, weswegen der Auskunftsanspruch gleichzeitig mit dem Antrag nach Abs 9 anhängig gemacht und zugesprochen werden kann. Ohne vorherige Anhörung des Providers scheidet allerdings eine Verpflichtung zur Auskunftserteilung im Wege der einstweiligen Anordnung aus, weil mit ihr eine Vorwegnahme der Hauptsache verbunden wäre, die der einstweiligen Anordnung fremd ist.[1183]

880

1173 OLG Hamburg, BeckRS 2010, 08656.
1174 BGH, GRUR 2017, 1236 – Sicherung der Drittauskunft.
1175 OLG Karlsruhe, InstGE 11, 183 – Datensicherung.
1176 BGH, GRUR 2017, 1236 – Sicherung der Drittauskunft.
1177 EuGH, NJW 2016, 3579.
1178 BGH, GRUR 2015, 192.
1179 Vormals: § 128e Abs 1 Nr 4 KostO [aufgehoben durch das 2. KostRModG].
1180 OLG Köln, FGPrax 2011, 37; OLG Köln, BeckRS 2013, 02972; OLG Karlsruhe, GRUR-RR 2012, 230 – Kosten der IP-Abfrage.
1181 BGH, GRUR 2017, 854 – Anwaltskosten im Gestattungsverfahren.
1182 OLG Düsseldorf, MMR 2009, 186.
1183 OLG Köln, MDR 2009, 158.

(5) Einzelheiten zum Prozedere

881 Erforderlich nach Absatz 9 sind:

882 **Antrag** des Verletzten als notwendige Verfahrensvoraussetzung. Vor dem LG und dem OLG besteht kein Anwaltszwang (Abs 9 Satz 4, §§ 10, 25 Abs 1 FamFG), wohl aber vor dem BGH (§ 10 Abs 4 FamFG).

Praxistipp	Formulierungsbeispiel
883	Dem ... (namentlich zu bezeichnenden Auskunftspflichtigen) wird gestattet, zum Zwecke der Auskunftserteilung gegenüber der Antragstellerin darüber, ... (genaue Bezeichnung der auskunftspflichtigen Vorgänge) die nachfolgend bezeichneten, den Telefonanschluss ... betreffenden Verkehrsdaten zu verwenden, nämlich ... (Bezeichnung der einschlägigen Daten gemäß § 96 [1] TKG).

884 **Zuständiges Gericht** ist – örtlich und sachlich ausschließlich – das LG am Wohnsitz (bei natürlichen Personen) bzw am Sitz (bei juristischen Personen) bzw an einer Niederlassung (sofern kein inländischer Wohnsitz/Sitz existiert) des Auskunftspflichtigen (Abs 9 Satz 2). In Anlehnung an § 21 Abs 1 ZPO ist nur eine solche Niederlassung zuständigkeitsbegründend, deren Geschäftsbetrieb einen Bezug zum Gegenstand des Verfahrens hat, indem ein wesentlicher Beitrag zu der die Auskunftspflicht begründenden Dienstleistung geleistet wurde.[1184]

885 Bei den möglichen Anknüpfungen für eine Zuständigkeit handelt es sich nicht um Wahlgerichtsstände.[1185] Am Ort der **Niederlassung** kann ein Antrag deshalb nur angebracht werden, wenn der Auskunftspflichtige keinen inländischen Wohnsitz oder Sitz hat. Der besondere Gerichtsstand der unerlaubten Handlung (§ 32 ZPO) ist nicht zugelassen. Für ausländische Parteien besteht kein inländischer Gerichtsstand; insbesondere Art 7 Nr 2 EuGVVO ist nicht anwendbar.[1186]

886 Es gilt die **Konzentrationsvorschrift** des § 143 Abs 2 PatG in Verbindung mit den landesgesetzlichen Rechtsverordnungen, ungeachtet dessen, dass kein Klageverfahren im eigentlichen Sinne, sondern ein Antragsverfahren der freiwilligen Gerichtsbarkeit vorliegt.

887 Ist ein unzuständiges Gericht angerufen worden, kommt eine Abgabe an das örtlich zuständige Gericht nicht von Amts wegen, sondern nur mit Zustimmung des Antragstellers in Betracht.[1187]

888 Funktionell zuständig sind die Zivilkammern (Abs 9 Satz 3).

889 Das **Verfahren** richtet sich nach den Vorschriften des FamFG.[1188] Daraus folgt im Einzelnen:

890 – Es herrscht – außer beim BGH – kein Anwaltszwang.

1184 OLG Düsseldorf, InstGE 10, 241 – Verkehrsdaten I.
1185 OLG Düsseldorf, InstGE 10, 241 – Verkehrsdaten I.
1186 OLG München, InstGE 13, 303 – Gestattungsantrag gegen ausländischen Provider.
1187 OLG Düsseldorf, InstGE 10, 241 – Verkehrsdaten I.
1188 Für alle Verfahren, die vor dem Inkrafttreten des FamFG am 1.9.2009 eingeleitet worden sind, bleiben – auch für den Rechtsmittelzug und das Verfahren vor dem Rechtsmittelgericht – die bisherigen Vorschriften des FGG maßgeblich (OLG Köln, OLG-Report 2009, 845).

- Eine Anhörung des auskunftspflichtigen Providers vor der Entscheidung ist erforderlich. Der mutmaßliche Rechtsverletzer selbst ist am Verfahren nicht beteiligt.[1189] 891
- Es besteht gemäß § 26 FamFG der **Amtsermittlungsgrundsatz**. Dh: Geständnisse und unstreitiges Vorbringen sind auf ihre Richtigkeit zu überprüfen; Anerkenntnis, Verzicht und Säumnis scheiden als Grundlage einer gerichtlichen Entscheidung aus; sie können allerdings frei gewürdigt werden. Die Beteiligten haben durch eingehende Tatsachendarstellung an der Sachaufklärung mitzuwirken und sich zu den gegnerischen Behauptungen umfassend und wahrheitsgemäß zu erklären (§ 27 FamFG). Das gilt besonders für einen Sachverhalt, dessen eigenständige Ermittlung dem Gericht kaum möglich ist (zB Ausgestaltung der patentverletzenden Ausführungsform, Inhalt der Merkmale des Antragsschutzrechts und deren Benutzung durch die angegriffene Ausführungsform, Benutzungshandlung nach Abs 1, Haftungstatbestand nach Abs 2). Bei einer Verletzung der Mitwirkungspflicht können zu Lasten des Pflichtigen Schlüsse gezogen werden. 892
- Die Entscheidung ergeht durch Beschluss ohne mündliche Verhandlung. 893
- Ein Ausspruch über die **Gerichtskosten** im erstinstanzlichen Verfahren ist wegen Abs 9 Satz 5 entbehrlich, aber unschädlich. Die Gerichtsgebühr für die Entscheidung über den Antrag beträgt 200 €[1190]; sie ermäßigt sich bei einer Antragsrücknahme auf 50 €.[1191] Ob *ein* Antrag vorliegt oder mehrere Anträge gegeben sind, ist nicht rein formal nach der Zahl der bei Gericht eingereichten Antragsschriften zu beurteilen, sondern unter Berücksichtigung dessen, ob ein einheitlicher oder mehrere verschiedene Lebenssachverhalte zur gerichtlichen Entscheidung unterbreitet werden. *Ein Antrag kann daher mehrere IP-Adressen umfassen und dennoch nur eine Gerichtsgebühr auslösen.*[1192] Voraussetzung ist allerdings, dass dem Auskunftsersuchen derselbe – und keine unterschiedlichen – Lebenssachverhalt(e) zugrunde liegen.[1193] Solches ist der Fall, wenn alle IP-Adressen dasselbe Schutzrecht, dieselbe angegriffene Ausführungsform und denselben oder gemeinschaftlich handelnde Täter[1194] betreffen. Ist dies nicht der Fall, liegen so viele Anträge vor wie unterschiedliche Patente, unterschiedliche Verletzungsformen und unterschiedliche, unabhängig voneinander agierende Täter gegeben sind.[1195] Die Gerichtsgebühr fällt sowohl für den Antrag auf eine einstweilige Anordnung zur Datensicherung als auch für die eigentliche Gestattungsanordnung an, sodass, wenn beide Anträge parallel gestellt werden, ein doppelter Kostenansatz gerechtfertigt ist.[1196] 894

1189 BGH, GRUR 2013, 536 – Die Heiligtümer des Todes.
1190 § 128e Abs 1 Nr 1 KostO (aufgehoben durch das 2. KostRModG) bzw Tabelle A Nr 15213 KV zum GNotKG; BGH, GRUR 2017, 854 – Anwaltskosten im Gestattungsverfahren.
1191 § 128e Abs 2 KostO (aufgehoben durch das 2. KostRModG) bzw Tabelle A Nr 15214 KV zum GNotKG.
1192 OLG Düsseldorf, MIR 2009 Dok. 083.
1193 OLG Karlsruhe, GRUR-RR 2012, 230 – Kosten der IP-Abfrage; OLG Karlsruhe, Beschluss v 15.1.2009 – 6 W 4/09; OLG Düsseldorf, MIR 2009 Dok. 083; OLG Düsseldorf, GRUR-RS 2018, 15336 – Gestattungsanordnung.
1194 OLG Karlsruhe, Beschluss v 15.1.2009 – 6 W 4/09.
1195 OLG Düsseldorf, GRUR-RS 2018, 15336 – Gestattungsanordnung; OLG Köln, GRUR-RR 2013, 353 – Auskunftsgebühr; OLG Düsseldorf, MIR 2009 Dok. 083; OLG Frankfurt/Main, GRUR-RR 2009, 407 – 199 IP-Adressen; OLG Karlsruhe, MMR 2009, 263 – GUID-Mehrheit; OLG Karlsruhe, Beschluss v 12.12.2011 – 6 W 69/11; aA: OLG München (GRUR-RR 2011, 116 – Abweichende Hashwerte; OLG München, GRUR-RR 2011, 230 – IP-Daten-Gebühr), das den formalen Gesichtspunkt des Vorliegens einer einzigen Antragsschrift und einer einzigen gerichtlichen Entscheidung genügen lässt.
1196 OLG Köln, BeckRS 2013, 02972.

D. Klageverfahren

895 – Die **Anwaltskosten** für das Gestattungsverfahren sind streitwertabhängig.[1197] Maßgeblich für die Wertfestsetzung ist das Interesse des Gläubigers an der begehrten Auskunft, welches wiederum – wie sonst auch – vom Wert des verletzten Patents und vom Angriffsfaktor abhängt. Im Zweifel ist vom Regelstreitwert nach § 30 Abs 2 KostO[1198] (3.000 €) bzw § 36 Abs 3 GNotKG (5.000 €) auszugehen, der nicht notwendig deshalb zu erhöhen ist, weil mehrere IP-Adressen betroffen sind.[1199] Im Verfahren der einstweiligen Anordnung ist ein reduzierter Geschäftswert zugrunde zu legen, wobei die Ermäßigung gegenüber dem Hauptsachewert regelmäßig 50 % beträgt.[1200] Der Höhe nach ist eine 1,3-Verfahrensgebühr nach Nr 3100 VV-RVG zzgl Telekommunikationspauschale nach Nr 7002 VV-RVG anzusetzen.[1201] Beteiligt sich der auskunftspflichtige Provider am Verfahren, ist über die Erstattung seiner notwendigen Kosten gemäß § 81 Abs 1, 2 FamFG zu entscheiden: Die Kosten können nach billigem Ermessen ganz oder teilweise einem Beteiligten auferlegt werden, und zwar insbesondere in den im Abs 2 Nr 1–5 aufgezählten Sachverhalten. Von der Erhebung von Kosten kann stattdessen auch abgesehen werden. Da es sich um ein reines Antragsverfahren handelt, besteht im Zweifel kein Anlass für eine Erstattungsanordnung.

896 – Die **Kosten des Gestattungsverfahrens** gegen den Internet-Provider (Gerichtskosten, Anwaltskosten, Auskunftskosten des Providers[1202]) dienen der Vorbereitung eines Verletzungsprozesses gegen den Inhaber der IP-Adresse, unter der schutzrechtsverletzende Handlungen begangen worden sind; sie sind daher – nicht anders als vorbereitende Testkauf- oder Detektivkosten – Kosten der Rechtsverfolgung im anschließenden Verletzungsprozess und deswegen im dortigen **Kostenfestsetzungsverfahren** gegen den unterlegenen Verletzer festsetzungsfähig.[1203] Das gilt auch dann, wenn die Erkenntnisse des Gestattungsverfahrens nicht für eine direkte gerichtliche Rechtsverfolgung, sondern zunächst für eine (vorgeschaltete) vorgerichtliche Abmahnung benutzt worden sind.[1204] Bezieht sich das einheitliche Gestattungsverfahren auf mehrere IP-Adressen (zB 32), von denen nur einzelne (zB 2) dem Verletzungsbeklagten zugeordnet werden können, so sind anteilig nur diejenigen Verfahrenskosten erstattungsfähig, die dem prozentualen Anteil der IP-Adressen des Verletzungsbeklagten am Gesamtgegenstand des Gestattungsverfahrens entsprechen (hier: 2/32).[1205] Daneben kommt – wie stets – eine Erstattung der Kosten auf materiell-rechtlicher Grundlage (zB unter dem Gesichtspunkt des Schadenersatzes wegen Schutzrechtsverletzung) in Frage, was eine bezifferte Klage voraussetzt. Geht es speziell um die **Kosten der anwaltlichen Vertretung** im Gestattungsverfahren, so muss die Hinzuziehung eines Anwaltes aus der verständigen und wirtschaftlich vernünftigen ex ante-Sicht des Antragstellers sachdienlich (»zur zweckentsprechenden Rechtsverfolgung notwendig«) gewesen sein. Das ist für einen Schutzrechtsinhaber grundsätzlich auch dann anzunehmen, wenn er über eine eigene Rechtsabteilung verfügt und dem Auskunftsverfahren gegen den Provider vorgelagerte Ermittlungen selbst durchgeführt hat.[1206]

1197 § 18 KostO (aufgehoben durch das 2. KostRModG) bzw §§ 3 Abs 1, 36 Abs 1 GNotKG.
1198 Die KostO ist durch das 2. KostRModG aufgehoben worden.
1199 OLG Köln, GRUR-RR 2009, 38 – Gegenstandswert im Anordnungsverfahren; OLG Zweibrücken, GRUR-RR 2009, 399 – Meistbegünstigung.
1200 § 62 GNotKG.
1201 BGH, GRUR 2017, 854 – Anwaltskosten im Gestattungsverfahren.
1202 BGH, GRUR 2017, 854 – Anwaltskosten im Gestattungsverfahren.
1203 BGH, GRUR 2014, 1239 – Deus Ex.
1204 BGH, GRUR 2014, 1239 – Deus Ex; unter Aufhebung von OLG Hamburg, K&R 2013, 810.
1205 BGH, GRUR 2014, 1239 – Deus Ex.
1206 BGH, GRUR 2017, 854 – Anwaltskosten im Gestattungsverfahren.

– **Anfechtbar** ist die landgerichtliche Entscheidung (einschließlich einer etwaigen Zwischenanordnung) für den Antragsteller bzw den Provider im »Unterliegensfall« mit der Beschwerde an das OLG (§§ 63 ff FamFG).[1207] Ein Beschwerderecht steht gleichfalls dem am erstinstanzlichen Verfahren nach § 140b Abs 9 PatG nicht beteiligten Anschlussinhaber zu, der vom Provider nach richterlicher Gestattung benannt worden ist.[1208] Sein Begehren richtet sich auf die gerichtliche Feststellung, dass der Gestattungsbeschluss rechtswidrig gewesen ist[1209] bzw ihn in seinen Rechten (auf Wahrung des Fernmeldegeheimnisses) verletzt[1210]. Die Beschwerde ist auch nach erteilter Auskunft noch statthaft, also dann, wenn sich die angegriffene Maßnahme vor Einlegung der Beschwerde bereits erledigt hat.[1211] 897

– Die Beschwerde ist innerhalb einer **Notfrist** von zwei Wochen seit Zustellung einzureichen (§ 140b Abs 9 Satz 7 PatG). Sie kann nur beim Landgericht – und nicht mehr wie früher auch beim Beschwerdegericht – eingelegt werden (§ 64 Abs 1 FamFG). Die Frist gilt nicht für Beschwerden des Anschlussinhabers, der am erstinstanzlichen Verfahren überhaupt nicht beteiligt war. Noch nicht entschieden ist, ob, wenn dem Anschlussinhaber der Gestattungsbeschluss tatsächlich schriftlich zur Kenntnis gelangt ist, für ihn eine Zweiwochenfrist ab Kenntnisnahme läuft.[1212] 898

– In Anlehnung an die ZPO-Vorschriften findet ein **Abhilfeverfahren** statt, dh das Landgericht hat zunächst selbst die Zulässigkeit und Begründetheit der Beschwerde zu prüfen und der Beschwerde abzuhelfen, wenn es sie für begründet erachtet (§ 68 Abs 1, 2 FamFG). 899

– Eine **weitere Beschwerde** an den BGH ist im Wege der zulassungsabhängigen Rechtsbeschwerde binnen 1 Monats nach Bekanntgabe der Beschwerdeentscheidung möglich (§§ 70f FamFG). 900

– Es findet im Beschwerdeverfahren eine **Überprüfung** sowohl in **tatsächlicher** als auch in **rechtlicher Hinsicht** statt (§ 65 Abs 3 FamFG). Gerügt werden kann zB die Verletzung verfahrensrechtlicher und materiell rechtlicher Vorschriften wie ein Verstoß gegen den Amtsermittlungsgrundsatz, eine unrichtige Anwendung des § 140b Abs 9 PatG. Neuer Tatsachenvortrag ist zugelassen. Demgegenüber findet im Rechtsbeschwerdeverfahren eine reine Rechtskontrolle statt (§ 72 Abs 1 FamFG). Hinsichtlich der **Kosten** gilt: Bei Verwerfung oder Zurückweisung der Beschwerde fallen nochmals dieselben Gerichtsgebühren wie im Anordnungsverfahren an.[1213] Bei teilweiser Verwerfung/Zurückweisung kann die Festgebühr des Gerichts nach Ermessen ermäßigt oder ganz von ihrer Erhebung abgesehen werden.[1214] Wird der Antrag oder die Beschwerde zurückgenommen, bevor die Rechtsmittelbegründungsschrift eingegangen war, ermäßigt sich die Gerichtsgebühr von 200 € auf 100 €; findet die Rücknahme später, aber vor Übermittlung der gerichtlichen Entscheidung an die Geschäftsstelle statt, beträgt die Gebühr 150 €. Bei erfolgreicher Beschwerde entste- 901

1207 OLG Karlsruhe, InstGE 11, 183 – Datensicherung; OLG Köln, GRUR-RR 2009, 9 – Ganz anders; OLG Düsseldorf, InstGE 10, 246 – Verkehrsdaten II.
1208 BGH, GRUR 2013, 536 – Die Heiligtümer des Todes; OLG Köln, GRUR-RR 2011, 88 – Gestattungsanordnung II, unter Aufgabe seiner anderslautenden Rechtsprechung zur Rechtslage vor Inkrafttreten des FamFG in OLG Köln, GRUR-RR 2009, 321 – John Bello Story 2.
1209 OLG Köln, GRUR-RR 2011, 88 – Gestattungsanordnung II.
1210 BGH, GRUR 2013, 536 – Die Heiligtümer des Todes.
1211 BGH, GRUR 2013, 536 – Die Heiligtümer des Todes.
1212 Vgl BGH, GRUR 2013, 536 – Die Heiligtümer des Todes.
1213 § 131a Abs 2 Satz 1, 2 KostO (aufgehoben durch das 2. KostRModG) bzw Tabelle A Nr 15 225 KV zum GNotKG.
1214 Tabelle A Nr 15 225 KV zum GNotKG.

hen keine weiteren gerichtlichen Kosten (§ 131a Abs 2 Satz 3, 4 KostO[1215]). Die Kostentragung folgt folgenden Regeln: Bei erfolgreicher Beschwerde ist eine Billigkeitsentscheidung nach § 81 Abs 1, 2 FamFG zu treffen. Bei unzulässigem oder unbegründetem Rechtsmittel trägt der Rechtsmittelführer die Kosten des Beschwerdeverfahrens (§ 84 FamFG).

dd) Folgen der Auskunftserteilung

(1) Auskunftskosten

902 In Fällen der Störerhaftung gemäß § 140b Abs 1 PatG hat der Verpflichtete die Kosten seiner Auskunftserteilung zu tragen.

903 Ergibt sich die Auskunftspflicht allein aus Absatz 2, dh besteht sie für einen unbeteiligten Dritten, sieht Absatz 2 Satz 3 einen materiell rechtlichen **Kostenerstattungsanspruch** gegen den Auskunftsgläubiger vor. Er besteht auch bei unergiebiger Auskunft und betrifft Aufwendungen des Schuldners für die Auskunftserteilung als solche. Darunter fallen:

904 – Vergütungen für in Anspruch genommene Fremdleistungen (externer Buch- oder Wirtschaftsprüfer) genauso wie

905 – Kosten, die im Unternehmen des Schuldners durch den Einsatz eigener Mitarbeiter bei der Zusammenstellung der Auskunft angefallen sind. Nicht erfasst werden Kosten für die Rechtsverteidigung gegen die Drittauskunftsklage oder einen Vollstreckungsantrag; ebenso wenig Kosten, die für die aus anderen Gründen erfolgte allgemeine Vorhaltung der Auskunfts- oder Verkehrsdaten entstanden sind.

906 Erstattungsfähig sind die Aufwendungen nur, wenn und soweit sie erforderlich waren, dh a) dem Schuldner nicht nur tatsächlich entstanden sind (wobei die Eingehung einer Verbindlichkeit ausreicht), sondern b) in der geltend gemachten Höhe zur Erstellung einer ordnungsgemäßen Auskunft auch objektiv notwendig waren. Kein Ersatzanspruch besteht für unnötig veranlasste Kosten.

907 Die zu erstattenden Aufwendungen hat der Auskunftsgläubiger vom Zeitpunkt der Aufwendung an zu verzinsen (§ 256 BGB). Mangels gesetzlicher Grundlage besteht keine Vorschusspflicht des Verletzten und demzufolge kein Zurückbehaltungsrecht an der Auskunft.

908 Erstattungsfähige Auskunftskosten stellen einen Schaden des Verletzten dar, den dieser gemäß § 139 Abs 2 PatG seinerseits beim Verletzer liquidieren kann. Das gilt auch für eine inhaltlich unergiebige Auskunft.

909 Eine Verurteilung zur Auskunft **Zug um Zug** gegen Kostenersatz kommt nur in Betracht, wenn der Gegenanspruch auf Aufwendungsersatz bestimmt bezeichnet ist. Hierfür muss der Schuldner ihn so bezeichnen, wie dies im Fall einer eigenständigen Verurteilung des Gläubigers zu dessen Erfüllung ahlung der Aufwendungen) erforderlich ist, weswegen die Gegenforderung vom Auskunftsschuldner zu beziffern ist.[1216]

(2) Falsche oder unvollständige Auskunft

910 Gemäß § 140b **Abs 5 PatG** verpflichtet eine falsche oder unvollständige Auskunft zum Schadenersatz gegenüber dem Auskunftsgläubiger, wenn

---

1215 Die KostO ist durch das 2. KostRModG aufgehoben worden. Obwohl das GNotKG keine vergleichbare Regelung enthält, gilt für die neue Rechtslage dasselbe, weil das GNotKG keine Erhebungsvorschrift für die erfolgreiche Beschwerde enthält.
1216 BGH, GRUR 2022, 1308 – YouTube II.

– der Auskunftsschuldner als Störer (Abs 1) oder als unbeteiligter Dritter (Abs 2) zur Auskunft verpflichtet ist, 911

– die von ihm erteilte Auskunft unvollständig ist (dh gänzlich verweigert wird oder Lücken aufweist, weil nicht zu sämtlichen offenbarungspflichtigen Daten und/oder nicht für den gesamten auskunftspflichtigen Zeitraum Angaben gemacht sind) oder unrichtig ist (dh inhaltlich nicht den Tatsachen entspricht), 912

– dem Auskunftsschuldner hinsichtlich der Unvollständigkeit/Unrichtigkeit der erteilten Auskunft ein qualifiziertes Verschulden in Form von Vorsatz oder grober Fahrlässigkeit zur Last fällt. 913

Der Schadenersatzanspruch ist – neben den Maßnahmen der Zwangsvollstreckung (§ 888 ZPO) und der Klage auf Abgabe einer eidesstattlichen Versicherung (§ 259 Abs 2 BGB) – eine weitere Sanktion, um den Schuldner zu einer ordnungsgemäßen Auskunft anzuhalten. Die bloß verspätete Auskunft bleibt nach § 140b Abs 5 PatG sanktionslos. 914

Ersatzfähig ist jeder **Schaden** des Auskunftsgläubigers, der adäquat kausal auf der unvollständigen oder unrichtigen Auskunftserteilung beruht, wobei § 254 BGB analog anzuwenden ist. 915

▶ Beispiele für mögliche Schadenspositionen sind:

(a) Nutzlose Aufwendungen (zB zur Rechtsverfolgung) im Vertrauen auf die Richtigkeit der Auskunft; (b) Gewinn- oder Lizenzeinbußen des Gläubigers, weil wegen der Unvollständigkeit der Auskunft nicht zeitiger gegen (andere) Verletzer eingeschritten werden konnte; (c) Kosten für Eigenrecherchen zur Ermittlung der auskunftspflichtigen Daten. 916

Die **Beweislast** für sämtliche Anspruchsvoraussetzungen und den Schaden hat der Auskunftsgläubiger. 917

Beruht die Auskunftspflicht nicht auf gesetzlicher, sondern auf vertraglicher Grundlage (zB Vergleich) und erteilt der Pflichtige die geschuldete Auskunft vorwerfbar falsch, begründet dies seine grundsätzliche Schadenersatzhaftung (§ 280 BGB), und zwar für alle Schäden, die adäquat durch die unrichtige Auskunft nicht nur verursacht, sondern nach Lage der Dinge auch bei angemessen besonnenem Vorgehen geradezu herausgefordert sind.[1217] 918

▶ Beispiel:
Kosten einer Klage gegen den falsch benannten Hersteller patentverletzender Ware. 919

b) §§ 242, 259 BGB

In der Praxis ist die mit § 140b PatG verbundene zeitliche Beschränkung (1.7.1990, 1.9.2008) weitgehend ohne Bedeutung. Die meisten der in § 140b PatG erwähnten Einzeldaten hat der Beklagte auch im Rahmen des allgemeinen Rechnungslegungsanspruchs zu offenbaren, den die Rechtsprechung dem Verletzten nach den Grundsätzen von Treu und Glauben (§§ 242, 259 BGB[1218]) seit jeher – neben dem Auskunftsanspruch aus 920

1217 BGH, GRUR 2016, 526 – Irreführende Lieferantenangabe; vgl dazu auch LG Mannheim, GRUR-RR 2014, 370 – Haarspange.
1218 Zum allgemeinen Rechnungslegungsanspruch aus § 242 BGB, insbesondere zu der Frage, wann die Auskünfte »unschwer« erteilt werden können, vgl BGH, WRP 2007, 550 – Meistbegünstigungsvereinbarung.

§ 140b PatG[1219] – mit der Erwägung zubilligt, dass der Kläger erst durch die dem Beklagten unschwer möglichen Angaben zum Umfang seiner Benutzungs- und Verletzungshandlungen, über die der Anspruchsteller in entschuldbarer Weise im Ungewissen ist und die er sich auch nicht in zumutbarer Weise selbst beschaffen kann[1220], in den Stand versetzt wird, seinen Anspruch auf Schadenersatz, Entschädigung und/oder Bereicherungsausgleich zu beziffern.[1221] Im Rahmen dieses – inzwischen gewohnheitsrechtlich anerkannten – Rechnungslegungsanspruchs hat der Beklagte alle diejenigen Einzelheiten mitzuteilen, die der Kläger für die Ermittlung der betreffenden Leistungsansprüche und für eine (zumindest stichprobenweise) Überprüfung der gemachten Angaben auf ihre Richtigkeit benötigt.[1222] In vollem Umfang anspruchsberechtigt ist ein Patentinhaber auch dann, wenn er sein Schutzrecht – einfach oder ausschließlich – lizenziert hat.[1223]

921 Der Auskunftspflicht unterliegen alle **Benutzungsformen** (Anbieten, Inverkehrbringen, etc), für die dem Beklagten eine Tatbegehung nachgewiesen werden kann. Wer selbst Verletzungsgegenstände nur anbietet, den (konzernverbundenen) Vertreiber aber mittäterschaftlich unterstützt (indem er sich zB als Bevollmächtigter für eine CE-Kennzeichnung zur Verfügung stellt oder indem er den einen Verkauf erst ermöglichenden After-Sales-Service für die Verletzungsprodukte bereitstellt), der haftet auf Rechnungslegung und Schadenersatz nicht nur wegen seiner eigenen Angebotshandlungen, sondern – kraft Zurechnung – uneingeschränkt auch für das Inverkehrbringen, Gebrauchen, Einführen und Besitzen durch den eigentlichen Vertreiber und ist deshalb wegen aller Benutzungshandlungen zu verurteilen.[1224] Er hat deshalb im Rahmen seines Wissensstandes und auf seiner Seite etwa bestehender Erkundigungspflichten Auskunft auch über fremde Geschäftsvorgänge zu geben.

922 Der Anspruch auf Rechnungslegung erlischt wegen seines Hilfscharakters, sobald der Zahlungsanspruch, den die Rechnungslegung vorbereiten soll, nicht mehr durchgesetzt werden kann.

923 Denkbarer Erlöschensgrund ist zB ein **Schadenersatzvergleich**, den der Beklagte selbst oder einer seiner Lieferanten bzw Abnehmer mit Wirkung für die gesamte Verletzerkette abgeschlossen hat.[1225] Der Auskunftsanspruch nach § 140b PatG, der kein Hilfsanspruch ist, wird dadurch regelmäßig nicht betroffen, sondern unverändert durchsetzbar sein. In Bezug auf ihn ist allenfalls zu erwägen, ob in dem Vergleich nicht zugleich eine nachträgliche Genehmigung des Inverkehrbringens der vom Vergleich erfassten Gegenstände liegt, die zur Erschöpfung und dementsprechend zum Entfallen jeglicher Ansprüche wegen Patentverletzung führt. Letztlich entscheiden die Details der Vergleichsregelung. Grundsätzlich liegt in ihr keine Genehmigung des unbefugten Inverkehrbringens; anders verhält es sich, wenn mit der Vergleichssumme ausdrücklich auch die Benutzungshandlungen der gesamten Verletzerkette sanktioniert werden sollen.[1226]

924 In Fällen der **Verjährung** muss zu dem Eintritt eines die Verjährung begründenden Sachverhaltes hinzukommen, dass der Schuldner die Einrede der Verjährung erhebt.[1227]

1219 BGH, GRUR 2022, 229 – ÖKO-TEST III.
1220 Dementsprechend besteht ein auf § 242 BGB gestützter Anspruch nicht (und zwar auf Dauer nicht mehr), wenn eine vorrangig (zB auf vertraglicher oder gesetzlicher Grundlage) bestehende Möglichkeit zur Wissenserlangung von anderer Seite schuldhaft nicht genutzt wird (BGH, MDR 2018, 536; BGH, MDR 2021, 548.
1221 BGH, GRUR 2010, 623 – Restwertbörse; BGH, GRUR 2010, 1090 – Werbung des Nachrichtensenders.
1222 BGH, GRUR 2008, 896 – Tintenpatrone I.
1223 OLG Karlsruhe, GRUR-RS 2016, 21121 – Advanced System.
1224 OLG Düsseldorf, Urteil v 30.9.2021 – I-2 U 52/20.
1225 OLG Düsseldorf, Beschluss v 17.12.2012 – I-2 W 28/12.
1226 BGHZ 181, 98 – Tripp-Trapp-Stuhl; OLG Düsseldorf, Beschluss v 17.12.2012 – I-2 W 28/12.
1227 OLG Düsseldorf, InstGE 7, 210 – Türbeschläge.

Das gilt jedenfalls für alle Handlungen, die keine abweichende materiell-rechtliche Beurteilung verdienen (zB deshalb, weil in Bezug auf die weiteren Benutzungshandlungen des in Person verurteilten Geschäftsführers (zB Rechtfertigungsgründe wie eine Erschöpfung oder ein Vorbenutzungsrecht geltend gemacht werden können).

aa) Persönlicher Umfang

Ist eine **juristische Person** zur Rechnungslegung verurteilt, ist die betreffende Pflicht von demjenigen zu erfüllen, der zu dem Zeitpunkt, zu dem Rechnung zu legen ist, deren Vertretungsorgan ist. Sieht der Gesellschaftsvertrag eine Gesamtvertretung durch mehrere vor, ist die Rechnungslegung (auch wenn es sich selbstverständlich nicht um eine Willens-, sondern bloß um eine Wissenserklärung handelt), damit sie der Gesellschaft zugerechnet werden kann, von den zur Gesamtvertretung berufenen Personen zu unterzeichnen. An deren Stelle genügt selbstverständlich auch ein mit entsprechender Vollmacht ausgestatteter Rechtsanwalt. 925

Ist neben der Gesellschaft auch deren **Geschäftsführer** verurteilt, erstreckt sich dessen Auskunftspflicht nicht nur auf diejenigen Geschäfte, die er für die verklagte Gesellschaft abgewickelt hat. Folge seiner persönlichen Verurteilung ist vielmehr, dass er über jedwede Verletzungshandlung Rechnung zu legen hat, auch solche, die er in anderer Funktion (zB als Einzelkaufmann oder als Vertretungsorgan eines weiteren Unternehmens) zu verantworten hat und für die seine Haftung unstreitig oder aus den Entscheidungsgründen des zu vollstreckenden Urteils offensichtlich ist.[1228] 926

bb) Sachlicher Umfang

Die Rechnungslegungspflicht hat einen unterschiedlichen Umfang, je nachdem, welcher Anspruch mit ihm vorbereitet werden soll.[1229] Am weitesten geht der auf den Schadenersatzanspruch bezogene Rechnungslegungsanspruch. Er umfasst alle Angaben, die es dem Kläger erlauben, seinen Schaden – wahlweise – nach einer der drei Berechnungsmethoden – der Lizenzanalogie, dem eigenen entgangenen Gewinn oder dem Verletzergewinn – zu bestimmen. Hierzu gehören prinzipiell: 927

– die Herstellungsmengen und -zeiten (a)[1230], 928

– die einzelnen Lieferungen, aufgeschlüsselt nach Liefermengen, -zeiten und -preisen[1231] (und gegebenenfalls Typenbezeichnungen) sowie den Namen und Anschriften der – auch nichtgewerblichen[1232] – Abnehmer (b), 929

– die einzelnen Angebote, aufgeschlüsselt nach Angebotsmengen, -zeiten und -preisen (und gegebenenfalls Typenbezeichnungen) sowie den Namen und Anschriften der Angebotsempfänger (c), 930

– die betriebene Werbung, aufgeschlüsselt nach Werbeträgern, deren Auflagenhöhe, Verbreitungszeitraum und Verbreitungsgebiet[1233] (d), 931

1228 OLG Düsseldorf, Beschluss v 8.9.2011 – I-2 W 26/11.
1229 Vgl BGH, GRUR 2006, 419 – Noblesse.
1230 Nur falls der Beklagte selbst herstellt.
1231 Gibt es für den patentverletzenden Gegenstand keinen isolierten Verkaufspreis, weil es sich zB um ein Teil eines Kfz (wie einen Rückspiegel) handelt, kann Auskunft über den kalkulatorischen Anteil verlangt werden, den der schutzrechtsverletzende Rückspiegel am Werksabgabepreis für das Kfz hat (BGH, GRUR 2006, 131 – Seitenspiegel).
1232 OLG Düsseldorf, Urteil v 13.8.2020 – I-2 U 10/19.
1233 Gemeint sind damit nicht die einzelnen Werbungsadressaten (nach Name und Anschrift) und, sofern die Werbung bundesweit erfolgt ist, auch keine weitere regionale Spezifizierung nach Bundesländern, Kreisgebieten oder einer sogar noch kleineren geografischen Unterteilung. Nur wenn lediglich ein Teilgebiet des auskunftspflichtigen Bundesgebietes mit Werbung bedient worden ist, hat der Schuldner dies klarzustellen (OLG Düsseldorf, Beschluss v 27.6.2012 – I-2 W 14/12).

932 – die nach den einzelnen Kostenfaktoren aufgeschlüsselten Gestehungskosten und der erzielte Gewinn (e).

933 Ob sie alle zum Tragen kommen, hängt freilich davon ab, ob der Geschäftsbetrieb des Verletzers einen Zuschnitt hat, der sämtliche Benutzungsalternativen (sic: das Herstellen und den Vertrieb) abdeckt. Wer mit den Verletzungsgegenständen bloß handelt, der unterliegt keiner Rechnungslegung hinsichtlich etwaiger Herstellungsangaben (weil sie dem Gläubiger nichts nützen); wer das verletzende Erzeugnis lediglich besitzt und/oder gebraucht (zB zur Durchführung von Bearbeitungsmaßnahmen im Rahmen seiner Fertigung), der schuldet auch keine Angaben zu Angeboten und Vertriebshandlungen.[1234] Besteht bei einem **Verwendungsanspruch** der Schutzbereichseingriff im Angebot/der Lieferung einer sinnfällig hergerichteten Sache, die realistisch auch patentfrei gebraucht werden kann, so kann der Verletzer im Rahmen seines Wissens zusätzlich Angaben zu den Einsatzzwecken seiner einzelnen Abnehmer schulden.[1235]

934 In Fällen der **Internetwerbung** umfasst die Rechnungslegung Angaben über die verwendete Domain, die Zugriffszahlen und die Schaltungszeiträume.[1236] Bei **Direktwerbung** (Rundschreiben) soll dagegen keine Auskunft über die Adressaten (Namen und Anschriften) verlangt werden können, so lange in der Direktwerbung nicht zugleich ein (als solches rechnungslegungspflichtiges) Angebot liegt.[1237]

935 Der **Entschädigungs-, Restentschädigungs- und Bereicherungsanspruch** bemisst sich nach den Grundsätzen der Lizenzanalogie.[1238] Einer Kenntnis der Kosten- und Gewinnsituation beim Verletzer bedarf es bei dieser Berechnungsart nicht.[1239] Der auf den Entschädigungs- und Bereicherungsanspruch sowie den Rest-Entschädigungs- und Rest-Schadenersatzanspruch bezogene Rechnungslegungsanspruch besteht folgerichtig nur im Umfang der vorstehenden Angaben zu (a) bis (d).[1240] Gleiches gilt – entgegen der Ansicht des BGH[1241] – für den Patentinhaber nach Vergabe einer umfassenden ausschließlichen Lizenz, weil ihm unter solchen Bedingungen die Berechnungsmethode des Verletzergewinns (und die der Lizenzanalogie) nicht zur Verfügung steht.[1242] Nach Auffassung des I. Zivilsenats sollen, wenn lediglich die Berechnungsmethode der Lizenzanalogie zur Verfügung steht, auch keine Angaben zu den Werbemitteln verlangt werden können.[1243]

936 Anderes gilt nach Auffassung des BGH für den **Rest-Schadenersatzanspruch**, der zwar nur auf die Herausgabe der ungerechtfertigten Bereicherung beim Verletzer gerichtet ist, damit aber dennoch – neben der Lizenzanalogie – die Herausgabe des Verletzergewinns umfasst, weswegen für den verjährten Verletzungszeitraum auch Angaben zu den Geste-

---

1234 Anders verhält es sich beim Auskunftsanspruch nach § 140b PatG, vgl oben Rdn 833 f.
1235 Vgl oben Kap A Rdn 494.
1236 OLG Karlsruhe, Urteil v 24.2.2016 – 6 U 51/14; OLG Düsseldorf, Urteil v 13.8.2020 – I-2 U 10/19.
1237 OLG Karlsruhe, Urteil v 24.2.2016 – 6 U 51/14, weil ein Angewiesensein des Gläubigers auf diese Daten nicht dargelegt war. Jedenfalls wenn es um adressierte Werbung geht, für die dem Werbenden die Namen und Anschriften der Adressaten bekannt sind, wird man einen dahingehenden Auskunftsanspruch nicht verneinen können.
1238 BGH, GRUR 2016, 1280 – Everytime we touch; BGHZ 107, 161, 169 – Offenend-Spinnmaschine = BGH, GRUR 1989, 411, 413 f – Offenend-Spinnmaschine (zum Entschädigungsanspruch); BGH, GRUR 2009, 515 – Motorradreiniger (zum Bereicherungsanspruch).
1239 BGH, GRUR 2008, 896 – Tintenpatrone I.
1240 BGH, GRUR 2010, 223 – Türinnenverstärkung; BGHZ 107, 161, 169 – Offenend-Spinnmaschine; Nieder, Mitt 2009, 540.
1241 BGH, GRUR 2008, 896 – Tintenpatrone I.
1242 Vgl unten Kap I Rdn 4 ff.
1243 BGH, GRUR 2008, 254, 258 – THE HOME STORE.

hungskosten und zum Gewinn (sowie zur betriebenen Werbung) gefordert werden können.[1244]

cc) Gegenständlicher Umfang

Im Rechnungslegungsantrag muss – abgesehen von den verlangten Einzeldaten[1245] – angegeben werden, auf welchen Umsatzgegenstand sich die Rechnungslegung beziehen soll. Regelmäßig geschieht dies durch eine Rückbeziehung auf den im Unterlassungsantrag bezeichneten Gegenstand. Erfasst vom Rechnungslegungsantrag werden dadurch alle Angebote und Verkäufe patentverletzender Gegenstände, unabhängig davon, ob sie als isolierte Einzelteile, als Bestandteile einer größerer Verbundeinheit oder gar als unselbständiges Element eines anderen Gegenstandes in Verkehr gelangt sind.[1246] 937

Praxistipp	Formulierungsbeispiel
Eine auf den Patentanspruch zurückbezogene Antragsfassung ist jedoch unzureichend, wenn die Umsatzgeschäfte des Beklagten – auch – mit einer größeren Einheit gemacht werden, von der der Gegenstand der Erfindung lediglich einen (selbständigen oder unselbständigen) Teil bildet. Soweit auch die Umsätze mit dieser größeren Einheit oder mit »Peripheriegeräten« entschädigungs- und schadenersatzpflichtig sein können, ist es ein berechtigtes Anliegen des Klägers, auch über sie Auskunft zu erhalten. Das diesbezügliche Verlangen muss allerdings bereits im Rechnungslegungsantrag zum Ausdruck gebracht werden und kann nicht erst im Zwangsmittelverfahren geltend gemacht werden.	938

Aufgrund der Verletzung eines bestimmten Schutzrechts kann im Regelfall nicht zur Vorbereitung eines Schadenersatzanspruchs Auskunft darüber verlangt werden, ob auch bestimmte **andere Schutzrechte** verletzt worden sind.[1247] Etwas anderes gilt nach der BGH-Rechtsprechung[1248] nur dann, wenn über die bereits begangene Verletzung des einen Schutzrechts hinaus eine rechtliche Beziehung zwischen den Beteiligten besteht und die Gewährung eines auf die Verletzung anderer Schutzrechte gerichteten Rechnungslegungsanspruchs nicht darauf hinausläuft, einen rechtlich nicht bestehenden allgemeinen Auskunftsanspruch anzuerkennen und der Ausforschung unter Vernachlässigung allgemein gültiger Beweislastregeln Tür und Tor zu öffnen. Soweit hiernach Auskunftspflichten in Bezug auf andere Schutzrechte in Betracht kommen, ist freilich zu beachten, dass auch insoweit – wenn mit dem Rechnungslegungsanspruch ein Schadenersatzanspruch vorbereitet werden soll – ein Verschulden festgestellt werden muss.[1249] 939

1244 BGH, GRUR 2019, 496 – Spannungsversorgungsvorrichtung.
1245 Sie entnimmt die Rechtsprechung – was überaus bedenklich ist – zum Teil (OLG Frankfurt/Main, GRUR-RS 2017, 133683 – Geordnete Rechnungslegung) auch aus einem gänzlich abstrakten Tenor, der den Beklagten nur »zur Rechnungslegung über seine Geschäfte mit dem schutzrechtsverletzenden Gegenstand« anhält.
1246 OLG Düsseldorf, Urteil v 22.11.2012 – I-2 U 103/11.
1247 BGHZ 166, 253 – Markenparfümverkäufe; BGH, GRUR 2010, 623 – Restwertbörse.
1248 BGH, GRUR 2010, 623 – Restwertbörse.
1249 BGH, GRUR 2010, 623 – Restwertbörse.

940 Ob im Umfang der nach §§ 242, 259 BGB geschuldeten Angaben die **Vorlage von Belegen** gefordert werden kann, ist umstritten[1250], zutreffender Weise jedoch zu verneinen, sofern die Belegvorlage nicht ausnahmsweise der Üblichkeit entspricht (§ 259 Abs 1 BGB). Maßgeblich ist insoweit nicht, dass der Auskunftspflichtige bei Ausübung seiner Benutzungshandlungen Belege (Rechnungen/Lieferscheine) verwendet, sondern allein, ob eine Belegvorlage im Verhältnis zum Rechnungslegungsgläubiger und der insoweit entfalteten Geschäftstätigkeit (Gestattung einer Patentbenutzung) den Usancen entspricht.[1251] Soweit dies nicht der Fall ist, erschöpft sich die Pflicht zur Rechnungslegung in einer geordneten Zusammenstellung der auskunftspflichtigen Daten, deren Richtigkeit der Schuldner, wenn Grund zu der Annahme besteht, dass die Angaben nicht mit der gebotenen Sorgfalt gemacht worden sind, an Eides statt zu versichern hat (§ 259 Abs 2 BGB). Aus Gründen der Verhältnismäßigkeit können jedenfalls zu demselben Geschäftsvorfall regelmäßig nicht nebeneinander mehrere Belege beansprucht werden.[1252]

941 Angesichts der weitgehenden Digitalisierung innerhalb der Geschäftswelt wird man demgegenüber einen Anspruch des Gläubigers darauf anzuerkennen haben, dass ihm die Rechnungslegungsdaten außer in schriftlicher zusätzlich in **elektronischer Form** (sic: so, wie sie beim Schuldner aufgrund von dessen Buchhaltung verfügbar sind[1253]) überlassen werden.[1254] Niemand erstellt heutzutage eine Rechnungslegung noch derart, dass die geschuldeten Einzeldaten per Hand in Übersichten eingetragen werden; vielmehr werden zum Zwecke der Rechnungslegung – unter Rückgriff auf digital verfügbare Daten zu den einzelnen Geschäftsvorgängen – elektronische Dokumente (zB in Form von Excel-Tabellen) erstellt und ausgedruckt. Warum sollte es dem Schuldner dann nicht zumutbar sein, dem Gläubiger zusätzlich zu dem Papierausdruck auch dasjenige elektronische Dokument (zB die die Rechnungslegung enthaltende Excel-Tabelle) zu überlassen, auf dessen Basis der Ausdruck über die Rechnungslegungsdaten angefertigt wurde? Der Schuldner wird hierdurch ganz offensichtlich nicht belastet und dem Gläubiger wird die Verwertung der Auskünfte zum Zwecke der weiteren Rechtsverfolgung entscheidend erleichtert. Da es auf eine elektronische Aufbereitung der Daten ankommt, die diese für den Computer beim Gläubiger unmittelbar auswertbar machen, genügen digitalisierte Fotos und Scans schriftlicher Rechnungslegungsdaten nicht.[1255] Sollten die rechnungslegungspflichtigen Daten allerdings tatsächlich nur in analoger Form vorliegen, müssen daraus nicht im Interesse des Gläubigers eigens digitale Daten generiert werden[1256]; ebensowenig besteht eine Pflicht, das digitale Datenformat nur deshalb zu ändern, damit es

---

1250 Zum Streitstand vgl Stjerna, GRUR 2011, 789; bejahend: OLG Frankfurt/Main, GRUR-RS 2017, 133683 – Geordnete Rechnungslegung; OLG Hamburg, GRUR-RR 2005, 265 – Belegvorlage; OLG Karlsruhe, InstGE 11, 15 – SMD-Widerstand; OLG Karlsruhe, GRUR-RS 2016, 21121 – Advanced System; OLG Karlsruhe, Urteil v 31.1.2019 – 6 U 135/14 (unabhängig davon, ob in einem gedachten Lizenzvertrag eine Belegvorlage üblicherweise vereinbart worden wäre); Rojahn, GRUR 2005, 623, 624; offenbar auch: OLG Düsseldorf, InstGE 5, 249 – Faltenbalg; LG Mannheim, Urteil v 13.5.2005 – 7 O 434/03; verneinend: OLG Köln, GRUR-RR 2006, 159 – Buchstabe als Reißverschlussanhänger.
1251 BGH, GRUR 2017, 890 – Sektionaltor II; OLG Düsseldorf, GRUR 2014, 1190 – Sektionaltorantrieb.
1252 AA: OLG Frankfurt/Main (GRUR-RS 2017, 133683 – Geordnete Rechnungslegung), das nebeneinander Rechnungen und Lieferscheine zuspricht.
1253 Eigens anfertigen muss der Schuldner elektronische Daten hingegen nicht. Es bleibt deshalb bei einer schriftlichen Rechnungslegung, wenn der Beklagte seine Auskünfte nachweislich ohne elektronische Unterstützung anfertigen wird.
1254 OLG Düsseldorf, Urteil v 25.6.2020 – I-2 U 54/19; LG Düsseldorf, Mitt 2018, 73 – Heizkessel mit Brenner I mit Anm von Meckel/Druschel, Mitt 2018, 74; LG München I, GRUR-RS 2020, 19601 – Elektrische Anschlussklemme; aA: OLG Karlsruhe, Urteil v 24.2.2016 – 6 U 51/14.
1255 OLG Düsseldorf, Urteil v 25.6.2020 – I-2 U 54/19; LG Düsseldorf, Mitt 2018, 73 – Heizkessel mit Brenner I.
1256 LG München I, GRUR-RS 2021, 40241 – Palettenbehälter.

mit der EDV des Gläubigers kompatibel ist. Geschuldet ist die elektronische Datenform immer nur dann, wenn sie tatsächlich vorliegt (wovon auszugehen ist, wenn und solange der Schuldner nichts anderes behauptet), und in derjenigen Form, in der sie dem Schuldner vorliegt.

dd) Zeitlicher Umfang

In zeitlicher Hinsicht ist hinsichtlich des **Beginns des Rechnungslegungszeitraumes** zu differenzieren. Soll das Rechnungslegungsbegehren einen verschuldensabhängigen Zahlungsanspruch vorbereiten (wie den Schadenersatz-, Entschädigungs-, Restschadenersatz- oder Restentschädigungsanspruch), setzt die Auskunftspflicht erst nach Ablauf eines dem Beklagten einzuräumenden Prüfungszeitraumes von einem Monat nach Offenlegung der Patentanmeldung bzw Veröffentlichung der Patenterteilung ein. Dient der Rechnungslegungsanspruch dazu, einen verschuldensunabhängigen Zahlungsanspruch vorzubereiten (wie den originären Bereicherungsanspruch), besteht für einen Prüfungszeitraum keine Rechtfertigung; die Auskunftspflicht setzt mit der Entstehung des Patentschutzes (dh der Veröffentlichung des Hinweises auf die Patenterteilung) ein. Um den entsprechenden Rechnungslegungsanspruch zu rechtfertigen, muss lediglich eine, den vorzubereitenden Anspruch tragende Benutzungshandlung bewiesen werden.[1257] Seine gegenteilige Rechtsprechung, die den Anspruch auf Rechnungslegung und Schadenersatz stets auf die Zeit ab der ersten konkret feststellbaren Benutzungshandlung beschränkt hatte[1258], hat der I. Zivilsenat des BGH inzwischen aufgegeben.[1259] Nichtsdestotrotz setzt der rechnungslegungspflichtige Zeitraum frühestens mit der rechtlichen Existenz des Gläubigers ein.[1260] Frühere Zeiträume sind nur dann einzubeziehen, wenn dem Kläger entweder die Auskunftsansprüche des vormaligen Schutzrechtsinhabers abgetreten worden sind oder wenn der Auskunftspflichtige die Haftung für das Tun vormaliger Verletzer (zB eine Vorgründungsgesellschaft) wirksam übernommen hat.[1261]

942

Die Rechnungslegungsverpflichtung besteht – in Bezug auf ihr Ende – nicht nur bis zum Zeitpunkt der letzten mündlichen Verhandlung im Verletzungsprozess, sondern erstreckt sich auch auf solche patentverletzenden Aktionen, die der Beklagte in Fortführung der bereits begangenen **Patentverletzung nach Verhandlungsschluss** vorgenommen hat.[1262] Fehlen gegenteilige Anhaltspunkte, sind ein Klageantrag und eine entsprechende Verurteilung als in diesem Sinne in die Zukunft gerichtet zu verstehen.[1263] Der ausdrücklichen Aufnahme eines Endzeitpunktes bedarf es grundsätzlich nicht; lediglich wenn während des Rechtsstreits die Schutzdauer des Klagepatents endet, ist es angebracht, die Rechnungslegungspflicht entsprechend zu befristen. Eine Notwendigkeit hierzu besteht ferner im Hinblick auf ausgeschiedene Geschäftsführer, deren Haftung auf die Zeit ihrer Geschäftsführerbestellung begrenzt ist. Ansonsten ist über alle Handlungen Auskunft zu geben, die bis zum Erlöschen des Patentschutzes vorgefallen sind.[1264] Ist lediglich das Angebot schutzrechtsverletzend während der Geltungsdauer des Patents vorgenommen worden, die spätere Lieferung hingegen *nach* Ablauf der Schutzdauer erfolgt, ist zwar über das Angebot, nicht aber über das (gemeinfreie) Inverkehrbringen Rechnung zu legen.[1265]

943

1257 BGHZ 117, 264, 278 f – Nicola.
1258 BGH, GRUR 1988, 307 – Gaby.
1259 BGH, GRUR 2007, 877 – Windsor Estate; BGH, GRUR 2010, 623 – Restwertbörse.
1260 LG Mannheim, Urteil v 19.3.2019 – 2 O 173/17.
1261 LG Mannheim, Urteil v 19.3.2019 – 2 O 173/17.
1262 BGH, GRUR 2004, 755 – Taxameter.
1263 BGH, GRUR 2004, 755 – Taxameter.
1264 OLG Düsseldorf, Beschluss v 20.4.2017 – I-2 W 2/17.
1265 OLG Düsseldorf, Beschluss v 20.4.2017 – I-2 W 2/17.

c) Wirtschaftsprüfervorbehalt und Einsichtsrecht

944 Hinsichtlich der Namen und Anschriften seiner **gewerblichen Abnehmer** wird dem Beklagten kein Wirtschaftsprüfervorbehalt mehr eingeräumt.[1266] Durch ihn würde nämlich der mit dem Produktpirateriegesetz verfolgte Zweck vereitelt, zugunsten des Schutzrechtsinhabers den Vertriebsweg der patentverletzenden Ware aufzudecken, um dem Verletzten die Prüfung zu ermöglichen, ob Verbietungsrechte auch gegen die am weiteren Vertrieb beteiligten Dritten in Betracht kommen. Abweichendes gilt nur dann, wenn die namentliche Nennung der gewerblichen Abnehmer ausnahmsweise unverhältnismäßig ist (§ 140b Abs 1 letzter Halbsatz PatG), wofür der Beklagte die Darlegungs- und Beweislast trägt.

945 Eine andere Beurteilung ergibt sich für die **nicht gewerblichen Abnehmer** und die (gewerblichen oder nicht gewerblichen) **Angebotsempfänger**, die in § 140b Abs 2 PatG nicht erwähnt sind. Für beide gilt im Übrigen, dass deren Verhalten keine Patentverletzung begründet. Handlungen im privaten Bereich zu nicht gewerblichen Zwecken[1267] sind gemäß § 11 Nr 1 PatG von der Wirkung des Patents ausgenommen; die bloße Entgegennahme eines Angebotes stellt in der Person des Angebotsempfängers ebenfalls kein patentverletzendes Verhalten dar. Weil der Schutzzweck des § 140b PatG (weitere Verletzer aufzudecken und dem Patentinhaber namhaft zu machen) mit Blick auf nicht gewerbliche Abnehmer und Angebotsempfänger nicht berührt ist, geht die Rechtsprechung dahin, dem Verletzer bezüglich seiner nicht gewerblichen Abnehmer und seiner Angebotsempfänger einen Wirtschaftsprüfervorbehalt einzuräumen.[1268]

946 Über die Gewährung eines Wirtschaftsprüfervorbehaltes hat das Verletzungsgericht, auch ohne dass sich der Beklagte hierauf ausdrücklich beruft, **von Amts wegen** zu befinden, sofern die vorgetragenen Umstände seine Berechtigung erkennen lassen.[1269]

947 Auf der anderen Seite steht dem Kläger im Rahmen des Rechnungslegungs- und Auskunftsanspruchs kein Recht zu, die **Bücher** des Beklagten selbst **einzusehen**[1270] oder durch einen Wirtschaftsprüfer einsehen zu lassen.[1271]

d) Erledigung

948 Erteilt der Schuldner Auskünfte zur Abwendung der Zwangsvollstreckung aus einem bloß vorläufig vollstreckbaren Urteil oder einer einstweiligen Verfügung, so tritt damit, *sofern* der Schuldner nicht ausdrücklich etwas anderes erklärt oder sich aus den Begleitumständen[1272] für den Berechtigten ergibt[1273], weder Erfüllung (§ 362 BGB)[1274] noch Erledigung[1275] ein. Gleiches gilt, wenn erkennbar zur Abwendung einer drohenden

---

1266 BGH, GRUR 1995, 338, 341 – Kleiderbügel.
1267 Zur Abgrenzung bei privaten Internetverkäufen eines Unternehmensberaters vgl LG Düsseldorf, Urteil v 6.3.2012 – 4b O 69/11.
1268 OLG Düsseldorf, Urteil v 17.3.2022 – I-2 U 31/18; OLG Düsseldorf, InstGE 3, 176 – Glasscheiben-Befestiger (bzgl Angebotsempfänger); abweichend noch in OLG Düsseldorf, InstGE 5, 249 – Faltenbalg, wo ein besonderer Vortrag des Beklagten dazu verlangt wird, dass die Mitteilung der Angebotsempfänger an die Klägerin unzumutbar ist.
1269 Busse/Keukenschrijver, § 140b PatG Rn 94, mwN.
1270 Ein als Hauptverpflichtung tituliertes Einsichtsrecht ist nicht nach § 888 ZPO, sondern nach § 883 ZPO zu vollstrecken (OLG Frankfurt/Main, MDR 2018, 765).
1271 BGH, GRUR 1984, 728, 729 – Dampffrisierstab II.
1272 Gegen eine Leistung zur Erfüllung kann etwa sprechen, wenn der Schuldner den Auskunftstitel ersichtlich nicht hinnimmt, sondern bekämpft (BGH, GRUR 2022, 658 – Selbstständiger Erstattungsanspruch).
1273 BGH, GRUR 2022, 658 – Selbstständiger Erstattungsanspruch.
1274 BGH, MDR 2022, 54.
1275 Für erledigt zu erklären wäre allerdings ein laufendes Zwangsmittelverfahren, sobald die geschuldeten Auskünfte (egal, ob »freiwillig« oder nach Verhängung von Zwangsmitteln) erteilt sind.

Zwangsvollstreckung geleistet wird.[1276] Die aus der Auskunftsverurteilung resultierende Rechtsmittelbeschwer bleibt deswegen auch dann bestehen, wenn der Kläger nach erteilter Auskunft zu einem bezifferten Leistungsantrag übergeht.[1277] Die besagten Wirkungen (Erfüllung, Erledigung) stellen sich vielmehr erst mit Rechtskraft des Auskunftstitels ein, sodass auch erst in diesem Augenblick Anlass für eine Erledigungserklärung des Gläubigers besteht.[1278] Dasselbe (sic: keine Erfüllung und Erledigung) gilt, wenn Auskünfte (zB zur Benutzung eines SEP) unter dem Druck eines gerichtlich verordneten weltweiten Portfolio-Lizenzvertrages gemacht werden, um der Durchsetzung eines dortigen Unterlassungstitels zu entgehen.[1279]

Praxistipp	Formulierungsbeispiel
Werden nach erfolgter Verurteilung Auskünfte erteilt, sollte deshalb, um einen Erledigungssachverhalt herbeizuführen, unbedingt klargestellt werden, dass die Abgaben zum Zwecke der Erfüllung (§ 362 BGB) gemacht werden.	

949

9. Vernichtungsanspruch

Mit dem Produktpirateriegesetz ist des Weiteren ein Vernichtungsanspruch gegen den zumindest als Störer Haftenden installiert worden, der sich richtet: 950

– Bei einem **Sachpatent** gegen das unmittelbar[1280] patentverletzende Erzeugnis (§ 140a Abs 1 Satz 1 PatG), wozu Werbeunterlagen ebenso wenig gehören wie Modelle, die selbst nicht alle Erfindungsmerkmale verwirklichen, auch wenn in ihnen ein patentverletzendes Angebot gesehen werden kann (a); 951

– bei einem **Herstellungsverfahrenspatent** gegen das unmittelbare Verfahrenserzeugnis im Sinne von § 9 Nr 3 PatG (§ 140a Abs 1 Satz 2 PatG) (b) sowie außerdem 952

– gegen diejenigen – selbst nicht patentverletzenden – Geräte und Materialien, die vorwiegend[1281] dazu gedient haben, das patentverletzende Erzeugnis gemäß (a) oder (b) herzustellen (§ 140a Abs 2 PatG)[1282]. 953

Erfasst werden zB Produktionseinrichtungen sowie im Herstellungsprozess nicht verloren gehende Bauteile, Materialzusätze und dergleichen, nicht dagegen Rohstoffe oder sonstige Verbrauchsmaterialien, die den Produktionsprozess nicht überdauern. Die Materialien und Geräte müssen das geschützte Endprodukt nicht unbedingt selbst hervorbringen; erfasst werden auch Vorrichtungen, mit denen wesentliche Einzelteile dessel- 954

1276 BGH, GRUR 2022, 658 – Selbstständiger Erstattungsanspruch.
1277 BGH, MDR 2022, 54.
1278 BGH, NJW 1985, 2405; BGH, NJW 2014, 2199; OLG Düsseldorf, Urteil v 23.11.2017 – I-2 U 81/16; OLG Karlsruhe, Urteil v 9.12.2014 – 8 U 187/13; aA: OLG Köln, Urteil v 10.2.2010 – 2 U 64/09.
1279 OLG Düsseldorf, GRUR-RS 2019, 6087 – Improving Handovers.
1280 Der Tatbestand einer mittelbaren Patentverletzung genügt nach Auffassung des BGH, GRUR 2006, 570 – extracoronales Geschiebe nicht. Das erscheint in den Fällen unangebracht, in denen ein Schlechthinverbot gerechtfertigt ist, weil das Mittel überhaupt nur patentverletzend verwendet werden kann.
1281 Vgl Dörre/Maaßen, GRUR-RR 2008, 217, 219.
1282 Vgl dazu Hoppe-Jänisch, GRUR 2014, 1163.

ben hergestellt werden.¹²⁸³ Der tatsächliche Einsatz für die patentverletzende Produktion muss eine daneben ggf noch vorhandene gemeinfreie Verwendung überwiegen (≥ 51 %). Die Bemessung ist in Abhängigkeit vom jeweiligen Gegenstand nach betriebswirtschaftlichen Maßstäben vorzunehmen. Bei einer Produktionsmaschine entscheiden zB die Betriebsstunden, bei einem nicht verlorenen Bauteil dessen Einsatzhäufigkeit für die eine oder andere Verwendung.

955 Stets unterliegt dem Vernichtungsanspruch maximal derjenige Gegenstand, der unter Patentschutz steht, aber nicht eine darüberhinausgehende Einheit, in die der Verletzungsgegenstand beispielsweise verbaut ist oder mit der er zusammen vertrieben wird. Der **Schutzgegenstand des Patents** markiert – mit anderen Worten – grundsätzlich die **äußerste Reichweite des Vernichtungsanspruchs**. Unter Verhältnismäßigkeitsgesichtspunkten kann sich allenfalls ergeben, dass dem Verletzten ein *Weniger* zuzusprechen ist, weil bereits die Vernichtung eines Teils des patentgeschützten Gegenstandes die Gefährdungslage für das Patent hinreichend beseitigt, oder weil von einer Vernichtungsanordnung ausnahmsweise vollständig abzusehen ist. Eine Vernichtung über den patentgeschützten Gegenstand hinaus kommt allenfalls dann ausnahmsweise in Betracht, wenn die überschießenden Teile wirtschaftlich dermaßen geringfügig sind, dass an ihrer Erhaltung offensichtlich kein schützenswertes Integritätsinteresse des Verletzers bestehen kann. Ist die Vorrichtung, deren integraler Bestandteil der zu vernichtende Patentgegenstand ist, von weitergehender Bedeutung, so ist die Vorrichtung zunächst auseinanderzubauen, um den patentverletzenden (und allein zu vernichtenden) Teil von dem erhaltenswerten Rest zu separieren.

a) Haftungstatbestand

956 Voraussetzung für den Vernichtungsanspruch ist zunächst das Vorliegen einer rechtswidrigen, nicht notwendig schuldhaften unmittelbaren Patentverletzung. **Mittelbare Verletzungshandlungen** genügen grundsätzlich jedenfalls dann nicht, wenn das rechtsverletzende Mittel auch patentfrei gebraucht werden kann und deswegen gegen den Beklagten ein bloß eingeschränktes Unterlassungsgebot ergeht.¹²⁸⁴ Denn der Beklagte kann und darf den mittelbar verletzenden Gegenstand gemeinfrei verwenden, was es unangemessen macht, ihn zur Absicherung der tenorierten Unterlassungspflicht vernichten zu lassen. Entscheidend anders liegen die Verhältnisse, wenn gegen den Beklagten ein Schlechthinverbot ergeht. Zwar kann das Mittel rein theoretisch auch hier patentfrei verwendet werden, indem es vom Beklagten zu einer Verwendung im schutzrechtsfreien Ausland angeboten oder geliefert wird. Nicht in jedem Fall stellt dieses Szenario jedoch eine wirkliche und dementsprechend rechtserhebliche Handlungsalternative dar, sei es, dass es im Ausland überhaupt keinen Markt für die fraglichen Erzeugnisse gibt, sei es, dass zumindest der Beklagte mangels geeigneter Vertriebskontakte keine Möglichkeit zur Nutzung dieser Alternative hat. Wo der Sachverhalt in dieser Weise liegt, sollte die Vernichtung angeordnet werden, weil sie die bestehende Gefahr weiterer Verletzungshandlungen, zu deren uneingeschränkter Unterlassung der Beklagte verurteilt ist, beseitigt. Von einem Vernichtungsausspruch sollte hingegen – mindestens aus Gründen der Verhältnismäßigkeit – abgesehen werden, wenn der Beklagte eine reale Möglichkeit für eine auswärtige Verwendung seines Bestandes an Verletzungsgegenständen dartut.

957 Ganz spezielle Probleme stellen sich bei einem **Kombinationspatent**. Fällt dem Verletzer eine **unmittelbare Patentverletzung** – und nur eine solche – zur Last, weil er die patentgeschützte Kombination anbietet und vertreibt, so unterliegt der gesamte Lagerbestand der Vernichtung, wobei es nicht darauf ankommt, ob am Lager die zusammengesetzten

---

1283 BGH, GRUR 1995, 338 – Kleiderbügel.
1284 BGH, GRUR 2006, 570 – extracoronales Geschiebe.

Gesamtkombinationen vorrätig gehalten werden oder ob statt dessen die Einzelkomponenten gelagert werden, die bedarfsweise erst aus Anlass der Lieferung zu der patentgemäßen Kombination zusammengefügt werden, sei es im Geschäftsbetrieb des Verletzers oder auch erst beim Kunden im Zuge der endgültigen Montage.[1285] In den beiden zuletzt genannten Varianten ist freilich Voraussetzung, dass die gelagerten Einzelkomponenten einfach und ohne Aufwand zu der geschützten Kombination vereinigt werden können.[1286] Unter solchen Umständen ist es ein Gebot der Gewährung effektiven Rechtsschutzes, den Vernichtungsanspruch nicht daran scheitern zu lassen, dass der allerletzte Akt des Schaffens des Patentgegenstandes, der praktisch zu jeder Zeit und von jedermann vorgenommen werden kann, noch aussteht. In aller Regel wird sich die simple Kombinierbarkeit der Einzelkomponenten schon aus der Tatsache ergeben, dass anderenfalls die vom Verletzer für den Vertrieb der Gesamtvorrichtung praktizierte Lagerhaltung von Einzelkomponenten sinnlos wäre. Wegen der eindeutigen Ausrichtung des Geschäftsbetriebes ist der gesamte Lagerbestand, aus dem die schutzrechtswidrigen Handlungen vorgenommen werden, unmittelbar verletzend und deswegen zu vernichten. Der Einwand, die gelagerten Einzelkomponenten ließen sich – hypothetisch – auch mittelbar verletzend vertreiben, ohne dass ein Vernichtungsanspruch bestehen würde, ist daher unbehelflich. Ebenso wenig spielt eine Rolle, ob die Einzelkomponenten jeweils in gleicher Stückzahl vorrätig sind, so dass aus ihnen unter Verbrauch aller Komponenten Gesamtvorrichtungen zusammengestellt werden können. Jeder Lagerbestand schwankt naturgemäß, was sich zB schon aus unterschiedlichen Bezugsquellen für die verschiedenen Einzelkomponenten oder im Falle einer Eigenfertigung aus unterschiedlichen, sich abwechselnden Produktionszyklen für die Einzelkomponenten ergeben kann. Die Zufälligkeit, ob sich an einem bestimmten Tag die exakt gleiche Anzahl der Einzelkomponenten am Lager befunden hat, kann deswegen unmöglich den Ausschlag geben.

Praxistipp	Formulierungsbeispiel
Um Diskussionen im Zwangsvollstreckungsverfahren zu vermeiden, sollte der Klageantrag unbedingt klarstellen, dass von der Vernichtungspflicht auch die Einzelkomponenten der geschützten Kombination erfasst werden, die der Verletzer separat lagert.	

958

Befasst sich der Verletzer ausschließlich mit dem Vertrieb einer Einzelkomponente (die er dementsprechend auch allein vorrätig hält), und geschieht dies unter Umständen, die lediglich eine **mittelbare Patentverletzung** begründen, so scheidet eine Vernichtungsanordnung – eben weil bloß eine mittelbare Patentverletzung vorliegt – aus (vgl oben Rdn 956).

959

Diffiziler wird es, wenn der Verletzer das Kombinationspatent sowohl **unmittelbar verletzt** (indem er die geschützte Gesamtkombination vertreibt) **als auch mittelbar verletzt** (indem er außerdem – solitär – eine oder alle Einzelkomponenten veräußert), und sämtliche dieser Lieferungen aus demselben inländischen Lagerbestand vorgenommen werden.

960

1285 Da es für die Verurteilung darauf ankommt, ob der Verletzer die (kombinierten) Verletzungsgegenstände im Zeitpunkt der Schlussverhandlung in seinem Besitz oder Eigentum hat, und darüber der aktuelle Lagerbestand entscheidet, ließe sich in Zweifel ziehen, ob Besitz/Eigentum an einer Gesamtvorrichtung (die sich so ja nicht am Lager befindet), besteht.
1286 Befinden sich nur Einzelteile auf Lager, die noch aufwändig montiert werden müssen, um den Verletzungsgegenstand zu erhalten, so kann demgegenüber keine Rede davon sein, dass der Verletzer patentgemäße Gesamtvorrichtungen im Besitz hat. Tatherrschaft hat er bloß über die »Rohstoffe«, aus denen sich Verletzungsgegenstände fertigen ließen.

961 – Ist der Lagerbestand durch **Separierung oder Kennzeichnung** oder auf andere geeignete Weise eindeutig in einen solchen aufgeteilt, der für die Einzellieferungen, und in einen solchen (anderen), der für die Gesamtlieferungen vorgesehen ist, und wird die installierte Zuweisung der Ware zu den beiden Liefergattungen im alltäglichen Geschäftsablauf konsequent eingehalten, so bestimmen die getroffenen Maßnahmen den Umfang der Vernichtungspflicht. Das für die Gesamtlieferungen eingerichtete Lager ist zu vernichten, das Lager für die Einzellieferungen nicht. Ähnlich klare Verhältnisse herrschen, wenn für die Gesamtlieferungen ausschließlich Bestände herangezogen werden, die bereits **im Lager** als Gesamtkombinationen **konfektioniert** und dadurch als unmittelbar verletzend gekennzeichnet sind. Sie bereiten einen unmittelbar verletzenden Verkauf vor und sind deshalb zu vernichten.

962 – Fehlen Vorkehrungen der vorbezeichneten Art, gilt Folgendes:

963 • Eindeutig ist zunächst, dass solche Verletzungsgegenstände, die wegen eines aus dem Gesichtspunkt der Gesamtlieferung und der mit ihr begangenen unmittelbaren Verletzung geschuldeten **Rückrufs** in den Besitz des Verletzers zurückkehren, zu vernichten sind. Ihnen haftet, bedingt durch den vorausgegangenen unmittelbar verletzenden Verkauf des fraglichen Gegenstandes, ein bleibender rechtlicher Makel an, der durch Vernichtung zu beseitigen ist. Dabei spielt es – wie schon bei der haftungsbegründenden Ursprungslieferung – keine Rolle, ob die Kombination als solche oder aufgeteilt in ihre leicht zusammenfügbaren Einzelkomponenten in den Besitz des Verletzers (zurück-)gelangt. Liegt der Rücklieferung einer Einzelkomponente demgegenüber ein mittelbar verletzendes Verkaufsgeschäft zugrunde, so unterfällt der Gegenstand, auch nachdem er wieder in den Lagerbestand integriert worden ist, keiner Pflicht zur Vernichtung.

964 • Was aber geschieht mit einem **Lagerbestand**, der sich **ausschließlich aus Einzelkomponenten** zusammensetzt, welche im Falle einer Gesamtbestellung erst bedarfsabhängig leicht[1287] zusammengefügt werden. Unter derartigen Umständen ist der Lagerbestand als solcher vollkommen indifferent, nämlich potenziell genauso unmittelbare (= zu vernichtende) wie mittelbare (= vernichtungsfreie) Verletzungsware.

965 Für die rechtliche Zuordnung zu der einen oder anderen Verletzungskategorie auf *künftige* Bestellungen von Abnehmern abzustellen, die gleichsam den Lagerbestand nachträglich kategorisieren, scheidet schon aus tatsächlichen Gründen vielfach aus, weil dem Verletzer Angebot und Lieferung der Gesamtkombination vollstreckbar verboten sind, so dass es, wenn der Verletzer den gerichtlichen Titel beachtet, keine nachfolgenden vernichtungsrelevanten Zuordnungssachverhalte mehr geben kann.

966 Mangels Unterscheidbarkeit des Lagerbestandes von einer Vernichtungsanordnung vollkommen abzusehen, kommt ebenso wenig in Betracht wie der Erlass einer allumfassenden Vernichtungsanordnung. Die erstgenannte Variante würde den Rechtsschutz des Patentinhabers unangemessen verkürzen, der eben Opfer einer unmittelbaren Patentverletzung geworden ist und, gestützt durch den Lagerbestand, weiter zu werden droht und der hiervor durch eine Vernichtungsanordnung geschützt werden soll; die zweitgenannte Variante würde – umgekehrt – die Geschäftstätigkeit des Verletzers in unzulässiger Weise beschränken, die im Rahmen einer bloß mittelbaren Benutzung von Gesetzes wegen nicht durch einen Vernichtungsanspruch limitiert sein soll. In der gegebenen Gemengelage bleibt allein die Möglichkeit, denjenigen Anteil des Lagerbestandes, der sich einer mögli-

---

1287 Ansonsten würde *diese* Art der Lagerhaltung keinen Sinn ergeben.

chen unmittelbaren Patentverletzung zuweisen lässt, zu schätzen und die Vernichtungsanordnung auf diese Quote des Lagerbestandes zu beziehen. Brauchbare Anhaltspunkte für die erforderliche Schätzung können sich vordringlich und entscheidend aus der aktuellen Geschäftätigkeit des Verletzers ergeben, so dass danach zu fragen ist, in welchem Umfang, gemessen an der Gesamttätigkeit, unmittelbar verletzende Gesamtkombination und in welchem Umfang, gemessen an der Gesamttätigkeit, mittelbar verletzende Einzelkomponenten verkauft worden sind. Maßgeblich für die Umfangsbemessung ist dabei nicht der Erlöswert des Verkaufs, sondern die Stückzahl der über einen repräsentativen Zeitraum (von zB einem Kalender- oder Wirtschaftsjahr) aus dem Lagerbestand unmittelbar oder mittelbar verletzend verkauften Einzelkomponenten.

Da der Kläger in die Verhältnisse beim Verletzer keinen genauen Einblick hat, kann er lediglich näherungsweise und vermutende Angaben machen und obliegt dem Verletzer die sekundäre Darlegungslast. Sie verpflichtet ihn, im Erkenntnisverfahren substanzielle Angaben über seinen Lagerbestand sowie dazu zu machen, wie viele Einzelkomponenten im betrachteten Zeitraum er isoliert bzw als Bestandteile einer Gesamtkombination verkauft hat. Dies erfordert selbstverständlich keine Detailangaben, wie sie bei einer Rechnungslegung geschuldet wären (der nicht vorgegriffen werden darf), sondern verlangt vielmehr eine übersichtsartige und strukturelle Darstellung der relevanten Geschäftstätigkeit. **967**

Einige Einschränkungen sind gleichwohl angebracht. Eine quotenmäßige Vernichtung des Lagerbestandes ist – schon wegen der naturgegebenen Unschärfe bei der Bestimmung der Vernichtungsquote – dort nicht geboten, wo die unmittelbaren Verletzungshandlungen einen **vernachlässigenswert geringen Umfang** haben. Es bedarf also einer durch den Lagerbestand gestützten unmittelbaren Verletzungstätigkeit in einem Umfang (ausgedrückt in *absoluten* Zahlen), der beim Vernichtungsausspruch billigerweise nicht übergangen werden darf. **968**

Die Pflicht zur Vernichtung eines Teils des Lagerbestandes an Einzelkomponenten besteht nur ein einziges Mal. Er setzt sich deshalb nicht an einem **neu erworbenen Lagerbestand** fort, den der Verletzer – erkennbar und glaubhaft – zur Fortführung oder ggf sogar im Interesse eines Ausbaus seiner mittelbar benutzenden Tätigkeit nach der Vernichtung angelegt hat. **969**

Praxistipp	Formulierungsbeispiel
Zweckmäßigerweise sollten die vorstehend erörterten Vernichtungskonstellationen wiederum antragsmäßig aufbereitet werden. Bei einem – wie gewöhnlich – auf den Unterlassungsantrag zur unmittelbaren Patentverletzung zurückbezogenen Vernichtungsantrag könnte dies mithilfe des folgenden Zusatzes geschehen:	
• »... wobei sich die Pflicht zur Vernichtung auch auf solche (näher zu bezeichnenden) Einzelkomponenten erstreckt,	
• die im Zuge der Rückabwicklung eines Verkaufsgeschäfts nach Ziffer I.1. des Klageantrages[1288] an den Beklagten zurückgelangt sind,	
• die – einmalig – mehr als ... % des Lagerbestandes der Beklagten ausmachen.«	

970

Neben einer Patentverletzung bedarf es des Weiteren der Feststellung, dass **971**

1288 = Unterlassungsantrag wegen unmittelbarer Patentverletzung.

972 – das zu vernichtende *Erzeugnis Gegenstand des Patentschutzes* ist (woran es bei einem Verwendungspatent regelmäßig fehlt, sodass die Vernichtung einer für die patentgeschützte Verwendung sinnfällig hergerichteten Sache nicht in Betracht kommt),

973 – sich das verletzende *Erzeugnis* im (unmittelbaren oder mittelbaren) Besitz oder im Eigentum

974 – und die *Geräte oder Materialien* im Eigentum (Besitz genügt nicht!) des Verletzers befinden, und zwar

975 – im Inland.

aa) Besitz/Eigentum

976 Die Zuerkennung des Vernichtungsanspruchs nach § 140a PatG setzt voraus, dass der Beklagte patentverletzende Gegenstände im Zeitpunkt der **letzten mündlichen Verhandlung vor Gericht** (noch) in seinem (inländischen) Besitz oder Eigentum hat.[1289] Im Allgemeinen genügt die Behauptung, dass der Beklagte zu irgendeinem Zeitpunkt nach Erteilung des Patents im Besitz oder Eigentum schutzrechtsverletzender Gegenstände war, weil bereits damit der Vernichtungsanspruch entstanden ist.[1290]

977 Macht der Beklagte jedoch nachvollziehbar geltend oder liegt es sonst auf der Hand, dass der ursprünglich gegebene **Besitz nachträglich entfallen** und ein Besitz oder Eigentum des Beklagten im Zeitpunkt der letzten mündlichen Verhandlung nicht mehr gegeben ist[1291], so scheidet eine Verurteilung zur Vernichtung aus.[1292] Hat sich der Besitz- und Eigentumsverlust nach einer berechtigten Verurteilung vollzogen (zB weil der erstinstanzlich zuerkannte Vernichtungsanspruch erfolgreich vollstreckt oder freiwillig erfüllt worden ist), so ist der Vernichtugngsanspruch im Rechtsmittelverfahren für in der Hauptsache erledigt zu erklären. Denkbar ist ein Eigentumsverlust zB bei patentgeschützten Aufzuganlagen, die mit ihrem Einbau in den Besitz und (als wesentliche Bestandteile) in das Eigentum des Gebäudeeigentümers übergehen. Eine weitere Konstellation kann sich in Messefällen ergeben, wenn die Verletzungsgegenstände vom Verletzer nach Ende der Messe wieder in sein ausländisches Heimatland mitgenommen werden, oder wenn die Verletzungsgegenstände unter Eigentumsvorbehalt veräußert werden und die auflösende Bedingung (Kaufpreiszahlung) eingetreten ist. Macht der Beklagte einen nachträglichen Verlust von Besitz und/oder Eigentum substantiiert plausibel, ist es am Kläger, diese Möglichkeit auszuräumen und einen fortbestehenden Besitz bzw fortbestehendes Eigentum nachzuweisen.[1293] Da es regelmäßig außerhalb des Kenntnisbereichs eines Schutzrechtsinhabers liegt, ob, wann und inwieweit sich ein Verletzer der einmal bei ihm vorhandenen angegriffenen Ausführungsform entledigt hat, ist es im Rahmen einer sekundären Darlegungslast Sache des Verletzers, in erheblicher Art und Weise darzutun, dass trotz des vorher bestehenden Besitzes und/oder Eigentums nunmehr weder Besitz noch Eigentum bei ihm vorhanden sind. Ein pauschales Bestreiten des Besitzes und/oder Eigentums oder das schlichte Behaupten, jetzt keinen Besitz und/oder Eigentum mehr zu haben, reicht hierfür nicht aus. Vielmehr müssen substantiiert konkrete Tatsachen vorgetragen werden, aus denen sich ergibt, dass und durch welches Geschehen der Besitz und/oder das Eigentum vollständig aufgegeben wurden.[1294] Erfolgt ein erheb-

---

1289 LG Düsseldorf, InstGE 13, 1 – Escitalopram-Besitz.
1290 OLG Düsseldorf, Urteil v 09.05.2019 – I-2 U 66/18.
1291 Zum Meinungsstand vgl Nieder, GRUR 2013, 264.
1292 OLG Düsseldorf, Urteil v 09.05.2019 – I-2 U 66/18; aA: LG Mannheim, Urteil v 25.2.2005 – 7 O 405/04; ein Fall des § 265 Abs 2 ZPO liegt insoweit nicht vor: Rinken, GRUR 2015, 745.
1293 LG Düsseldorf, InstGE 13, 1 – Escitalopram-Besitz.
1294 OLG Düsseldorf, Urteil v 30.7.2020 – I-2 U 31/19; LG Düsseldorf, InstGE 13, 1 – Escitalopram-Besitz.

licher Vortrag seitens des in Anspruch Genommenen, ist es wiederum Aufgabe des Schutzrechtsinhabers, konkrete Tatsachen darzutun, die den Vortrag des Verletzers erschüttern.[1295] Unzureichend ist in jedem Fall der Hinweis darauf, dass der Beklagte zum Rückruf verurteilt und deshalb damit zu rechnen sei, dass Verletzungsgegenstände künftig in seinen Besitz gelangen werden. Die bloße Chance auf einen anspruchsbegründenden Besitz ist tatbestandlich so lange irrelevant wie er nicht unstreitig oder tatrichterlich festgestellt ist.[1296]

Bei juristischen Personen ist Besitzer grundsätzlich nicht der gesetzliche Vertreter (zB **Geschäftsführer**), sondern – kraft Zurechnung – nur die Gesellschaft.[1297]

978

Frachtführer sind hinsichtlich der von ihnen transportierten Ware in aller Regel nicht nur Besitzdiener (was ihnen gegenüber keinen Vernichtungsanspruch begründen könnte), sondern unmittelbare Besitzer.[1298] Wird patentverletzendes Transportgut von der Zollbehörde beschlagnahmt (zB indem die Aussetzung der Überlassung bzw Zurückhaltung angeordnet wird), so verlieren sie zwar ihren unmittelbaren Besitz, erwerben zugleich jedoch durch die beschlagnahmende Behörde vermittelten mittelbaren Besitz, der im Rahmen des § 140a PatG weiterhin ausreicht.[1299] Ist die transportierte Ware vom Zoll beschlagnahmt und objektiv patentverletzend, so ist der Frachtführer verpflichtet, in die Vernichtung der Ware einzuwilligen, auch wenn er vom patentverletzenden Zustand der Ware keine Kenntnis und auch keinen Anlass für eine Überprüfung der Schutzrechtslage hatte[1300]; für die Kosten der Vernichtung hat er allerdings nicht aufzukommen.[1301] Gibt der Frachtführer eine Einwilligungserklärung nicht ab, so wird er zum Störer und muss, wenn er in die Vernichtung erst einwilligt, nachdem seine Störerhaftung begründet worden ist, auch die Kosten der Vernichtung tragen.[1302]

979

Anspruchsbegründender Besitz kann auch dann zu bejahen sein, wenn das patentgemäß ausgestattete und in dieser Form voll funktions- und marktfähige Produkt lediglich als **Zwischenerzeugnis** vorübergehend während des Fertigungsprozesses vorliegt *und* danach durch einen allerdings leicht reversiblen Zusatz in einen nicht mehr patentverletzenden Zustand versetzt wird, in dem das Produkt ausgeliefert werden soll.[1303]

980

1295 OLG Düsseldorf, Urteil v 30.7.2020 – I-2 U 31/19; LG Düsseldorf, InstGE 13, 1 – Escitalopram-Besitz.
1296 OLG Düsseldorf, Urteil v 9.7.2020 – I-2 U 31/19. Zum Verwahrungsanspruch im Rahmen einer einstweiligen Verfügung, wenn ein aktueller Besitz nicht dargetan werden kann, vgl OLG Hamburg, NJWE-WettbR 2000, 19 – Berodual.
1297 OLG Düsseldorf, InstGE 10, 129 – Druckerpatrone II; OLG Düsseldorf, Urteil v 17.3.2022 – I-2 U 31/18; BGH, NJW 1971, 1358; BGH, NJW 2004, 217.
1298 LG Düsseldorf, InstGE 6, 132 – Frachtführer II; bestätigt durch OLG Düsseldorf, Urteil v 29.11.2007 – I-2 U 51/06.
1299 BGH, GRUR 2009, 1142 – MP3-Player-Import; LG Düsseldorf, InstGE 6, 132 – Frachtführer II; bestätigt durch OLG Düsseldorf, Urteil v 29.11.2007 – I-2 U 51/06; LG Düsseldorf, InstGE 7, 172 – iPod; OLG Karlsruhe, InstGE 12, 220 – MP 3-Standard; aA: OLG Köln, Urteil v 18.8.2005 – 6 U 48/05.
1300 Nach OLG Hamburg, InstGE 10, 257 – iPod II kann der Frachtführer zuvor vom Schutzrechtsinhaber eine Freistellungserklärung hinsichtlich aller Ansprüche verlangen, die sich ergeben können, wenn sich die beschlagnahmte Ware tatsächlich als nicht schutzrechtsverletzend herausstellt.
1301 LG Düsseldorf, InstGE 6, 132 – Frachtführer II; bestätigt durch OLG Düsseldorf, Urteil v 29.11.2007 – I-2 U 51/06.
1302 LG Düsseldorf, InstGE 6, 132 – Frachtführer II; bestätigt durch OLG Düsseldorf, Urteil v 29.11.2007 – I-2 U 51/06.
1303 OLG Düsseldorf, GRUR-RR 2021, 429 – Garagentor.

▶ **Beispiel:**[1304]

981 I.

Wegen des Entscheidungssachverhaltes wird auf Kap A Rdn 155 verwiesen. Die angegriffene Ausführungsform war ohne ein technisch funktionsloses Kappenelement, welches aufgeklickt wurde, patentgemäß, ohne das Kappenelement, welches im Zuge des Fertigungsprozesses aufgeklickt und genauso einfach auch wieder abgenommen werden kann, jedoch patentfrei.

II.

Dass bei den für den deutschen Markt bestimmten Toren werkseitig über dem Schwellen- ein Kappenelement vormontiert ist, ändert nichts an dem Befund, dass die Beklagte im Zuge der Herstellung solcher Tore auch patentgemäße Tore ohne Kappenelement in ihrem Besitz und Eigentum hat. Denn das Tor liegt montagebedingt zunächst nur mit einem Schwellenelement ohne Kappe vor und wird, weil das Kappenelement als letztes montiert wird, erst danach in einen patentfreien Zustand verbracht. Zwar kommt es für die Zuerkennung des Vernichtungsanspruchs auf diejenigen Verhältnisse an, die im maßgeblichen Zeitpunkt der Schlussverhandlung vorliegen, sodass der Zustand der angegriffenen Tore im Besitz oder Eigentum des Verletzers in diesem Moment entscheidet; aufgrund der fortlaufenden Produktion ist jedoch lebensnah davon auszugehen, dass es – bezogen auf die Zeit bei der Schlussverhandlung und danach – mindestens einzelne Tore im Besitz der Beklagten geben wird, die (noch) nicht mit einem Kappenelement versehen sind.

Letztlich kommt es hierauf aber nicht einmal an. Wegen der äußerst einfachen und jederzeit möglichen Demontierbarkeit des Kappenelements und mit Rücksicht auf die Tatsache, dass auch ohne Kappenelement ein sowohl voll funktionsfähiges wie auch uneingeschränkt marktgängiges Produkt vorliegt, ist die Annahme gerechtfertigt, dass die Beklagte auch mit ihren vollständig montierten Toren Gegenstände im Besitz und Eigentum hat, die problemlos ohne Kappenelement umgerüstet werden können und deswegen rechtlich nicht anders zu behandeln sind als Tore ohne Kappenelement. In der Konsequenz bedeutet dies, dass dem Vernichtungsanspruch auch diejenigen Tore unterfallen, die mit einem reversibel aufgeklickten Kappenelement versehen sind.

Im Umfang ist die Vernichtung aus Verhältnismäßigkeitsgründen allerdings beschränkt. Auch unter Einbeziehung der mit der Vernichtung angestrebten Generalprävention sowie des Sanktionsgedankensist es unverhältnismäßig, die Beklagte allein wegen der fehlenden dauerhaften Anbringung des Kappenelements zu einer Vernichtung des gesamten Tores zu verurteilen. Dem Vernichtungsinteresse der Klägerin kann vielmehr bereits dadurch hinreichend Rechnung getragen werden, dass das Kappenelement dauerhaft mit dem darunterliegenden Bauteil verbunden wird.

982 Bei im Ausland ansässigen Beklagten ist der Antrag/Tenor dahin zu fassen, dass diejenigen Gegenstände zu vernichten sind, die sich *in der Bundesrepublik Deutschland* in deren Besitz oder Eigentum befinden. Ein dahingehender Anspruch ist nur dann schlüssig dargelegt, wenn der klägerische Sachvortrag ergibt, dass der **ausländische Beklagte** verletzende Gegenstände – im Zeitpunkt der letzten mündlichen Verhandlung – im Inland noch im Besitz/Eigentum hat.[1305] Eine stillschweigende Behauptung dieses Inhalts wird sich regelmäßig verbieten, wenn der Beklagte keinen inländischen Geschäfts- oder Niederlassungssitz oder zumindest ein Warenlager unterhält und die Sache zB nur für eine

---

1304 OLG Düsseldorf, GRUR-RR 2021, 429 – Garagentor.
1305 OLG Düsseldorf, InstGE 7, 139 – Thermocycler; OLG München, Urteil v 30.3.2017 – 6 U 1302/16.

Messe vorübergehend ins Inland verbracht hat. Dass die Verletzungsprodukte ins Inland geliefert werden, ist bedeutungslos.[1306] Der Ort des unmittelbaren Besitzes wird stets durch die Belegenheit der schutzrechtsverletzenden Sache bestimmt[1307]; beim mittelbaren Besitz und beim Eigentum kann für den Ort des Besitzes bzw Eigentums darüber hinaus an den Aufenthaltsort des Besitzers/Eigentümers angeknüpft werden.[1308] Das ist nicht so zu verstehen, dass allein wegen der inländischen Residenz des Eigentümers/mittelbaren Besitzers im (patentfreien) Ausland befindliche Ware der Vernichtung unterfällt. Nach dem übergeordneten Grundsatz der territorial beschränkten Wirkung jedes Patents müssen ausländische Erzeugnisse vielmehr patentfrei bleiben, weswegen in Fällen des mittelbaren Besitzes und des bloßen Eigentums nur solche Gegenstände vom Vernichtungsanspruch erfasst werden, die im Inland belegen sind. Die Alternativen des mittelbaren Besitzes und des Eigentums erweitern den Anwendungsbereich des Vernichtungsanspruchs daher nicht in räumlicher, sondern nur in personeller Hinsicht, nämlich dergestalt, dass sich der Anspruch für im Inland belegene Gegenstände auch gegen denjenigen richtet, der die Sache nicht unmittelbar, sondern nur mittelbar besitzt oder der ohne jeden Besitz ist und nur eine Eigentumsposition innehat. Werden die Verletzungsgegenstände von einem ausländischen Konzernunternehmen an die in Deutschland ansässige Vertriebstochter geliefert, so versteht es sich nicht von selbst, dass der Besitz damit nicht auf das Vertriebsunternehmen übergegangen ist.[1309]

983 Dem Inlandserfordernis ist nicht schon dadurch genügt, dass der im Ausland residierende Verletzer zu einem **Rückruf** des Inhalts verurteilt wird, dass er die von ihm im Inland vertriebenen **Verletzungsgegenstände beim jeweiligen (inländischen) Abnehmer abzuholen** hat, womit im Moment der Wiederansichnahme eigener inländischer Besitz begründet würde. Zweierlei ist dem entgegenzuhalten: Erstens scheidet eine Verurteilung zur Vernichtung aus, wenn angesichts des noch durchzuführenden Rückrufs bloß die Aussicht auf einen künftigen inländischen Besitz besteht, dieser aber für den Zeitpunkt der letzten mündlichen Verhandlung nicht tatrichterlich feststellbar ist. Zweitens geht ein Rückrufanspruch stets nur dahin, die verletzende Ware von den belieferten Abnehmern zurückzufordern und sie im Falle einer Rücklieferung an sich zu nehmen. Die Inbesitznahme geschieht daher am Geschäftssitz des Verletzers, der zurückgerufen hat, und nirgendwo sonst.

bb) Verhältnismäßigkeit

984 Eine Vernichtung kann dann nicht verlangt werden, wenn sie im Einzelfall unverhältnismäßig ist (Abs 4). Davon ist stets auszugehen, wenn der Unterlassungsanspruch unverhältnismäßig ist.[1310] Darüber hinaus kann solches – nach Lage des Falles – anzunehmen sein, wenn, wozu es tatrichterlicher Feststellungen bedarf[1311], der rechtswidrige Zustand des Erzeugnisses oder der Geräte und Materialien auf andere Weise als durch die vollständige Vernichtung beseitigt werden kann oder wenn trotz Fehlens einer Beseitigungsalternative die Verhältnismäßigkeit sonst nicht gewahrt ist, wobei nicht nur die Belange des Verletzers, sondern auch die Interessen des (davon verschiedenen) Eigentümers sowie der Gesichtspunkt der Generalprävention[1312] und der mit der Vernichtung beabsichtig-

---

1306 OLG München, Urteil v 30.3.2017 – 6 U 1302/16.
1307 LG Düsseldorf, InstGE 13, 1 – Escitalopram-Besitz.
1308 Befindet sich die Sache im Ausland und unterliegt sie der Vernichtung, weil sich der mittelbare Besitzer/Eigentümer im Inland aufhält, so wird der Vernichtungsanspruch nicht – wie sonst – nach § 887 ZPO, sondern ausnahmsweise nach § 888 ZPO vollstreckt.
1309 OLG Düsseldorf, InstGE 12, 261 – Fernsehmenü-Steuerung.
1310 Zu Einzelheiten vgl oben unter Rdn 606.
1311 BGH, GRUR 2006, 504 – Parfümtestkäufe.
1312 BGH, GRUR 2019, 518 – Curapor.

ten Sanktionierung[1313] in Betracht zu ziehen sind[1314]. Da es in jedem Einzelfall einer Gesamtabwägung aller relevanten Gesichtspunkte bedarf, bedeutet eine anderweitige Folgenbeseitigungsmöglichkeit und/oder ein geringes Verschulden noch nicht automatisch, dass die Vernichtung unverhältnismäßig wäre. Vielmehr sind stets **alle Kriterien** – dh die Schwere des Schutzrechtseingriffs, der Grad des Täterverschuldens, das Erhaltungsinteresse des Verletzers oder sonstigen Eigentümers, das Vernichtungsinteresse des Verletzten, das Sanktionierungsbedürfnis und die Notwendigkeit einer generalpräventiven Einwirkung – in die **Gesamtabwägung** einzubeziehen.[1315]

985 – Gegen eine Vernichtung kann sprechen, dass sich der patentverletzende Gegenstand unschwer zu einem patentfreien Erzeugnis umgestalten lässt oder der patentverletzende Zustand durch die Vernichtung lediglich eines Teils der patentgeschützten Gesamtvorrichtung eliminiert werden kann.[1316] Allerdings ist – umgekehrt – die Gefahr zu bedenken, dass die schutzrechtsverletzende Ware bei einer bloßen Teilvernichtung von dritter Seite durch nachträgliche Ergänzung um das vernichtete Teil wieder in einen patentverletzenden Zustand versetzt und danach in Verkehr gebracht wird. Ist hiermit zu rechnen, scheidet eine eingeschränkte Vernichtung regelmäßig aus.[1317] Anderes kann gelten, wenn das Verschulden des Verletzers gering ist und der Patentanspruch eine Gesamtvorrichtung (zB Hubsäule) unter Schutz stellt, welche auch ohne die allein erfindungsrelevante Untereinheit (geräuschdämmende Schaumstoffummantelung des Antriebsmotors) marktfähig ist, sodass eine am Patentgegenstand orientierte Komplettvernichtung (der Hubsäule) dem Verletzer einen außergewöhnlich großen Schaden zufügen würde, indem er auch um die wirtschaftlich wesentlichen und als solche gemeinfreien Vorrichtungsteile gebracht wird, die er (ohne Schaumstoffummantelung) schutzrechtsfrei mit Aussicht auf Erfolg absetzen könnte.[1318] Eine derartige Sachlage ist im Allgemeinen auch dann gegeben, wenn die patentgemäße Konstitution durch die Demontage einer ohnehin nur optionalen Sonderausstattung beseitigt werden kann (Bsp: Entfernung einer Vakuumpumpe, mit der ein vom Patent vorausgesetzter Unterdruck erzeugt werden kann); allerdings wird es über die Demontage der Pumpe hinaus erforderlich sein, die Vakuumfunktion auch in der Maschinensteuerung irreversibel stillzulegen, weil nur so hinreichend Gewähr dafür gegebenen ist, dass kein nachträglicher Umbau in eine erneut verletzende Konstruktion (mit Vakuumfunktion) erfolgt. Wegen des deutlich geringeren Eingriffspotenzials ist unter den geschuldeten Umständen der Rückrufanspruch nicht automatisch ebenfalls aus Verhältnismäßigkeitsgründen auf die die eigentliche Erfindung repräsentierende Untereinheit zu beschränken, sondern nach Lage des Falles auf den gesamten Patentgegenstand (Hubsäule) zu beziehen.[1319] Die Verurteilung zur »eingeschränkten« Vernichtung oder Umgestaltung hängt in jedem Fall nicht davon ab, dass der Beklagte mit ihr einverstanden ist.

▶ **Beispiel:**

986 An einem PC mit Standard-Software sind die Patentrechte erschöpft, nicht aber an einem PC, auf den eine weitere nicht lizenzierte Software aufgespielt ist, mit der sich der patentgemäße Erfolg alternativ erreichen lässt. In einem solchen Fall

---

1313 BGH, GRUR 2019, 518 – Curapor.
1314 BGH, GRUR 2019, 518 – Curapor.
1315 BGH, GRUR 2019, 518 – Curapor.
1316 OLG Düsseldorf, Urteil v 3.5.2018 – I-2 U 47/17.
1317 OLG Düsseldorf, InstGE 7, 139 – Thermocycler; OLG Düsseldorf, Urteil v 3.5.2018 – I-2 U 47/17.
1318 OLG Düsseldorf, GRUR-RS 2021, 6714 – Hubsäule.
1319 OLG Düsseldorf, GRUR-RS 2021, 6714 – Hubsäule.

beschränkt sich der Vernichtungsanspruch aus Gründen der Verhältnismäßigkeit darauf, dass die fraglichen PC an einen Gerichtsvollzieher zum Zwecke der Deinstallation der Zusatzsoftware herausgegeben und alle die Zusatzsoftware tragenden Datenträger vernichtet werden.[1320]

– Unverhältnismäßig kann die Vernichtung sein, wenn den Beklagten bezüglich der Schutzrechtsverletzung kein oder ein lediglich geringes Verschulden trifft.[1321] Von Belang sind ferner die Anzahl der von einer Vernichtung betroffenen Gegenstände und deren wirtschaftlicher Wert.[1322] Je geringer der Vernichtungseingriff ist, desto eher ist eine vollständige Vernichtung zumutbar.[1323] Speziell im Hinblick auf Spediteure, Frachtführer und Lagerhalter kann die Verhältnismäßigkeit zu verneinen sein, wenn der Patentinhaber den unmittelbarer Verletzer bereits in Anspruch genommen hat oder dies ohne größeren Schwierigkeiten möglich ist und ein solches Vorgehen auch geeignet und ausreichend erscheint, den Störungszustand zu beseitigen und weitere Verletzungshandlungen mit den zu vernichtenden Gegenständen zu verhindern.[1324] 987

Darüber hinaus sollen auch **Allgemeininteressen** berücksichtigungsfähig sein, weswegen der Vernichtungsanspruch bei Medizinprodukten unverhältnismäßig sein kann, wenn der Einsatz anderer Erzeugnisse zu einer gesundheitsgefährlichen Verschiebung von OP-Terminen führt, weil kein kurzfristiger Ersatz verfügbar ist und/oder dessen Einsatz besonders geschultes Personal verlangt.[1325] 988

Die Darlegungs- und **Beweislast** für beide oben genannten Voraussetzungen hat der Verletzer.[1326] 989

Keine Bedeutung im Rahmen der Verhältnismäßigkeitserwägungen hat der Umstand, dass der Kläger nicht selbst am Produktmarkt tätig, sondern bloß **Patentverwerter** ist.[1327] 990

Ist aus Gründen der Verhältnismäßigkeit keine Vernichtung der Gesamtvorrichtung gerechtfertigt, sondern nur deren **Umbau** (indem zB das eigentlich zur Patentverletzung führende Bauteil entfernt wird, sodass ein gemeinfrei verkaufsfähiger Gegenstand übrig bleibt, oder indem diejenige Konstruktion, die dem Abnehmer des Liefergegenstandes den Umbau in eine erstmals patentgemäße Konstruktion ermöglicht, so verändert wird, dass ein Umbau nicht mehr möglich oder nicht mehr zu erwarten ist), so kann der **Urteilsausspruch** dahin gefasst werden, dass der Beklagte verurteilt wird, die verletzenden Gesamtvorrichtungen an einen Gerichtsvollzieher herauszugeben, bei dem und unter dessen Aufsicht durch Mitarbeiter des Beklagten oder sonst von ihm beauftragte Dritte die verletzenden Teile ausgebaut/entfernt und vom Gerichtsvollzieher vernichtet werden, wobei die auf diese Weise modifizierten (= patentfreien) Vorrichtungen wieder an den Beklagten ausgehändigt werden. Unter anderen Umständen ist ebenso denkbar, dem Verletzer die Befugnis einzuräumen, die angeordnete Vernichtung dadurch abzuwenden, dass er die Vernichtungsgegenstände (in näher zu bezeichnender Weise) irreversibel so umbaut, dass eine patentgerechte Umgestaltung durch den Abnehmer nicht mehr möglich oder zu erwarten ist. Zur Gewährleistung eines effektiven Rechtsschutzes kann es 991

1320 LG Mannheim, InstGE 12, 136 – zusätzliche Anwendungssoftware.
1321 BGH, GRUR 2006, 504 – Parfümtestkäufe; BGH, GRUR 2019, 518 – Curapor.
1322 OLG Düsseldorf, InstGE 7, 139 – Thermocycler; BGH, GRUR 2019, 518 – Curapor.
1323 BGH, GRUR 2019, 518 – Curapor.
1324 BGH, GRUR 2009, 1142 – MP3-Player-Import.
1325 LG Düsseldorf, Urteil v 9.3.2017 – 4a O 137/15.
1326 OLG Düsseldorf, InstGE 7, 139 – Thermocycler.
1327 LG Düsseldorf, Urteil v 31.3.2016 – 4a O 73/14.

dabei geboten sein, den Verletzer zusätzlich zu verpflichten, dem Verletzten nachzuweisen, dass und wie er den eine Schutzrechtsverletzung ausschließenden Umbau vorgenommen hat. Was dazu erforderlich ist, hängt von den Umständen des Einzelfalles, namentlich vom Schutzbedürfnis des Verletzten und der Zumutbarkeit für den Verletzer, ab. Dabei ist zu unterscheiden, ob der dem Verletzer überlassene Umbau bei ihm selbst (an noch nicht ausgelieferten Vorrichtungen) stattzufinden hat oder aber bei dessen Abnehmern, was in Betracht kommt, wenn trotz der erfolgten Auslieferung noch irgendeine Form von Besitz oder (zB wegen eines vereinbarten Eigentumsvorbehalts) Eigentum des Verletzers und eine daraus resultierende legale Zugriffsmöglichkeit fortbesteht. Findet die Vernichtung im Geschäftsbetrieb des Verletzers statt, wird regelmäßig eine Mitteilung über die Tatsache, den Zeitpunkt und die Art und Weise des Umbaus genügen und nur ausnahmsweise (insbesondere bei bekannter Unzuverlässigkeit oder Unredlichkeit des Verletzers) darüber hinaus ein Nachweis (etwa durch eine Bilddokumentation oder eidesstattliche Erklärungen der Verantwortlichen) erforderlich sein. Die gleichen Regeln gelten prinzipiell für den Umbau beim Abnehmer, allerdings mit der Maßgabe, dass derjenige Abnehmer, bei dem der Verletzungsgegenstand umgebaut wurde, namentlich zu identifizieren ist. Speziell in den Umbaufällen beim Abnehmer kann jedoch hinzutreten, dass es sich um einen traditionell »verschwiegenen« Markt handelt, in dem der Verletzte auf keine freiwilligen Auskünfte der vom Umbau betroffenen Abnehmer hoffen kann, die ihm aus eigener Initiative Gewissheit vermitteln könnten, ob der vom Verletzer behauptete Umbau tatsächlich stattgefunden hat. Unter solchen Bedingungen ist ernstlich daran zu denken, den Verletzer zu einem stichhaltigen Nachweis seiner Umbauaktion beim Abnehmer zu verpflichten. Ein gegenständlicher Umbau des Verletzungsgegenstandes kommt als im Vergleich zur Vollvernichtung mildere Maßnahme freilich nur in Betracht, wenn der dem Verletzer zu gestattende Umbau zu einem patentfreien Gegenstand führt. Ist mit dem Umbau ein erneuter (wenn auch vielleicht nur äquivalenter) Schutzbereichseingriff verbunden, besteht an ihm kein legitimes Interesse, das der Verletzte unter Verhältnismäßigkeitsgesichtspunkten gegen sich gelten lassen muss.[1328] Das Erfordernis eines Umbaus im Rechtmäßigen besteht hierbei nicht nur mit Blick auf das konkrete, streitgegenständliche Klageschutzrecht, sondern im Hinblick auf jedes Schutzrecht des Klägers. Nach Lage des Einzelfalles kann es sogar gerechtfertigt sein, zwei »mildernde« Maßnahmen zu kombinieren, indem zunächst die Vernichtung auf einen Teil des Verletzungsgegenstandes beschränkt *und* dem Verletzer zusätzlich die Möglichkeit eingeräumt wird, die angeordnete Teilvernichtung durch einen Umbau des fraglichen Vorrichtungsteils in einen patentfreien oder einen nur noch patentfrei zu verwendenden Zustand abzuwenden.[1329]

cc) Schutzrechtsablauf

992 Der Ablauf des Schutzrechts oder ein sonstiger nicht rückwirkender Wirkungsverlust[1330] lässt den Vernichtungsanspruch hinsichtlich derjenigen Gegenstände, für die er einmal entstanden ist, nicht ohne weiteres entfallen.[1331] Es gilt nämlich zu verhindern, dass der Verletzer aus seinen rechtswidrigen Benutzungshandlungen ungerechtfertigte Vorteile behält, was den Patentschutz zum Ende seiner Laufzeit hin faktisch entwerten würde. Grundsätzlich hat deshalb der Verletzer diejenigen schutzrechtsverletzenden Gegen-

---

[1328] AA: LG Düsseldorf, Urteil v 7.11.2019 – 4b O 70/17.
[1329] OLG Düsseldorf, GRUR-RR 2021, 15 – Bodenbelag.
[1330] **Bsp**: Verzicht auf das Klagepatent, Eingreifen des Doppelschutzverbotes, Lizenznahme, positives Benutzungsrecht, § 23 PatG.
[1331] Umfassend: Kühnen, GRUR 2009, 288; Benkard, PatG, § 140a PatG Rn 9; Busse/Keukenschrijver, § 140a PatG Rn 13; Böttcher, GRUR 2021, 143; LG Hamburg, InstGE 11, 65 – Datenträger; OLG Karlsruhe, Beschluss v 2.6.2010 – 6 U 83/10; OLG Karlsruhe, Beschluss v 7.6.2010 – 6 U 83/10; OLG Düsseldorf, Urteil v 13.1.2011 – I-2 U 56/09.

stände, die er während des bestehenden Patentschutzes in seinem Besitz oder Eigentum gehabt hat, zu vernichten, unabhängig davon, dass ihr Besitz nach dem Erlöschen des Patentschutzes nicht mehr zu beanstanden ist. Anderes gilt nur unter besonderen Umständen:

Mit dem Anspruch auf Vernichtung rechtsverletzender Ware verfolgt der Gesetzgeber eine dreifache Zielsetzung. Erstens soll die Vernichtung auf zivilrechtlichem Wege eine Folgenbeseitigung erreichen.[1332] Dahinter steht die Erwägung, dass Ware, die als Folge einer Vernichtung unwiederbringlich beseitigt ist, für eine erneute Schutzrechtsverletzung mit Sicherheit nicht mehr zur Verfügung steht. Zum Zweiten soll der Vernichtungsanspruch das wirtschaftliche Risiko für den Schutzrechtsverletzer erhöhen und dadurch im Vorfeld eine general- und spezialpräventive Abschreckungswirkung entfalten.[1333] Drittens ist dem Vernichtungsanspruch eine Art Sanktionscharakter zugedacht.[1334] Er soll dem Täter eine strafähnliche Kompensation für das mit der Schutzrechtsverletzung begangene Unrecht auferlegen. Durch den nachträglichen Wirkungsverlust des Klagepatents werden die genannten drei Vernichtungszwecke ganz unterschiedlich betroffen. Der Gesichtspunkt der Folgenbeseitigung hat in Fällen des Wirkungsverlustes keinerlei Bedeutung mehr, weil durch Angebot und Vertrieb des Vernichtungsgegenstandes ohnehin keine Schutzrechtsverletzung mehr begangen werden kann, weswegen ihr mit dem Mittel der Vernichtung auch nicht vorgebeugt werden muss. Entweder entfaltet das Patent gegenüber jedermann keine Ausschließlichkeitswirkungen oder jedenfalls der Beklagte ist in Bezug auf die an sich der Vernichtung unterliegenden Gegenstände infolge des zum Wirkungsverlust führenden Tatbestandes zur Benutzung des Klagepatents »berechtigt«. Ihre volle Gültigkeit behalten demgegenüber die übrigen Aspekte des Vernichtungsanspruchs. Der von einer Vernichtungsanordnung ausgehende Abschreckungszweck bleibt zumindest im Sinne einer generalpräventiven Einwirkung auf potenzielle andere Schutzrechtsverletzer erhalten. In gleicher Weise trägt auch der Gedanke der Bestrafung als Sanktion für die vorgefallene Patentverletzung unverändert. 993

Weil dem so ist, besteht kein Anlass, *generell* von einer Vernichtung deshalb abzusehen, weil das Klagepatent im Zeitpunkt des betreffenden Urteilsausspruchs seine Wirkungen für die Zukunft eingebüßt hat. Ebenso wenig ist jedoch der umgekehrte Schluss dahingehend zulässig, dass die Vernichtung trotz Wirkungsverlustes *immer* anzuordnen ist. Aus zwingenden verfassungsrechtlichen Gründen[1335] hat der Gesetzestext selbst (§ 140a Abs 4 PatG) Ausnahmen zugelassen, indem der Vernichtungsanspruch unter den Vorbehalt der Verhältnismäßigkeit gestellt worden ist. Dies impliziert, dass im Einzelfall von einer Vernichtungsanordnung abgesehen werden kann (und muss), wenn die mit einer Vernichtung der schutzrechtsverletzenden Ware einhergehenden Folgen unangemessen sind. Nach dem Gesetzeswortlaut ist freilich klar, dass die Zuerkennung des Vernichtungsanspruchs die vom Gesetzgeber gewollte Regel darstellt und die Unverhältnismäßigkeit die demgegenüber besonders zu begründende Ausnahme davon ist. Es bedarf deswegen ganz besonderer tatsächlicher Gegebenheiten, um aus Anlass eines für die Zukunft eingetretenen Wirkungsverlustes von einer an sich gebotenen Vernichtungsanordnung – ausnahmsweise – absehen zu können. 994

Derartige Umstände werden noch nicht dadurch geschaffen, dass der Verletzter zu dem Zeitpunkt, zu dem die Vernichtung vorzunehmen ist, zeitlich in der Lage gewesen wäre, sich nach Ablauf des Patentschutzes (mithin ohne Verstoß gegen Patentrechte) in den Besitz von Gegenständen der betreffenden Gattung zu setzen. Mit Rücksicht auf die 995

1332 BlPMZ 1990, 173, 181 f; BGH, GRUR 2006, 504, 508 – Parfümtestkäufe.
1333 BlPMZ 1990, 173, 181 f.
1334 BlPMZ 1990, 173, 182; BGH, GRUR 2006, 504, 508 – Parfümtestkäufe.
1335 Siehe dazu die Entwurfsbegründung, BlPMZ 1990, 173, 182.

oben erläuterten Zwecke der Generalprävention und Bestrafung, die der Vernichtungsmaßnahme auch nach einem Wirkungsverlust des Klagepatents weiterhin ihre grundsätzliche Legitimation verschaffen, können vielmehr nur solche Tatsachen als beachtlich anerkannt werden, die im Einzelfall eine generalpräventive Einwirkung auf die Allgemeinheit und eine Bestrafung des Patentverletzers entbehrlich erscheinen lassen. Als mögliche Anwendungsfälle kommen Konstellationen in Betracht, bei denen die Schuld des Verletzers außerordentlich gering ist oder bei denen der eingetretene Schaden (zB wegen eines marginalen Benutzungsumfangs) vernachlässigbar klein ist (ggf sogar außer Verhältnis zum erheblichen Schaden des Verletzers steht, der durch eine Vernichtung angerichtet würde). Die genannten Umstände können kumulativ vorhanden sein, sie müssen es aber nicht unbedingt. In der Instanzrechtsprechung ist außerdem angenommen worden, dass ein Vernichtungsanspruch als unverhältnismäßig ausscheidet, wenn es sich bei dem Vernichtungsgegenstand um eine aus mehreren Teilen bestehende Vorrichtung handelt und die Teile auch während der Schutzdauer des Patents nach Zerlegung der Vorrichtung zu anderen, nicht verletzenden Zwecken hätten weiterverwendet werden können.[1336] Liegt der Schutzrechtsablauf im Entscheidungszeitpunkt bereits geraume Zeit zurück, so kann auch dies nach Lage des Falles zumindest dafür sprechen, statt der Vollvernichtung lediglich einen Umbau anzuordnen, selbst wenn dieser ohne großen Aufwand wieder rückgängig gemacht und die Vorrichtung in einen patentbenutzenden (wegen des Schutzrechtsablaufs nunmehr allerdings nicht mehr patentverletzenden) Zustand zurückversetzt werden könnte.[1337]

dd) Allgemeiner Beseitigungsanspruch

996 Das LG Hamburg[1338] hält außerhalb der Anspruchsvoraussetzungen (zB in Fällen einer nicht unter § 140a PatG fallenden Durchfuhr patentverletzender Gegenstände) einen aus allgemeinem Zivilrecht (**analog §§ 1004, 823 BGB**) hergeleiteten Anspruch auf Vernichtung für gegeben. Dem ist zu widersprechen, weil ausländische Patente keine unter §§ 823, 1004 BGBG fallenden Schutzgüter darstellen.[1339] Der Anspruch kann – anders als ein vorbeugender Unterlassungsanspruch[1340] – auch nicht auf eine mit der Durch- und Weiterfuhr drohende und nach der dortigen Gesetzeslage rechtswidrige Verletzung begründet werden.

b) Rechtsfolge

997 Seiner Rechtsfolge nach richtet sich der Anspruch darauf, dass der Verletzer die betreffenden Gegenstände vernichtet[1341], dh in einer zur Gebrauchsuntauglichkeit führenden Weise zerstört. Üblicherweise wir dem Schuldner ein Wahlrecht eingeräumt, ob er die Vernichtungsgegenstände an den Gläubiger zu dessen persönlicher Vernichtung oder an einen Gerichtsvollzieher zur Fremdvernichtung herausgeben will.

998 Hat der Beklagte wenigstens *eine* patentverletzende Handlung begangen, so unterliegt der gesamte, in seinem Besitz oder Eigentum befindliche Vorrat an verletzenden Gegenständen der Vernichtung. Es kann nicht ein bestimmter Bestand mit dem Argument zurückgehalten werden, dieser sei notwendig, um nach § 11 Nr 2 PatG zulässige **Versuche** durchzuführen.

1336 OLG Frankfurt/Main, Mitt 2017, 222 – Drahtlegekopf. Dem wird man nur zustimmen können, wenn Gewähr dafür geboten ist, dass die besagte patentfreie Verwendung tatsächlich stattfindet.
1337 OLG Karlsruhe, GRUR 2022, 641 – Polsterumarbeitungsmaschine.
1338 LG Hamburg, InstGE 11, 65 – Datenträger.
1339 BGH, GRUR 2012, 1263 – Clinique happy; anders noch LG Hamburg, InstGE 11, 65 – Datenträger.
1340 BGH, GRUR 2012, 1263 – Clinique happy.
1341 Bodewig, GRUR 2005, 632, 637.

Vom Vernichtungsanspruch ausgenommen sind solche Gegenstände, die der Beklagte aufgrund anderer gesetzlicher Bestimmungen aufbewahren muss (zB **Referenzmuster** nach Arzneimittelrecht).[1342] **999**

Begehrt der Kläger die Vernichtung des gesamten patentverletzenden Gegenstandes und kommt aus Gründen der Verhältnismäßigkeit nur eine **Teilvernichtung** in Betracht, so ist sie auch dann auszusprechen, wenn der Kläger keinen formell darauf gerichteten **Klageantrag** formuliert hat, die Teilvernichtung aber als Minus in der beantragten Vollvernichtung enthalten ist. **1000**

Kommt der Schuldner der Pflicht zur Vernichtung nicht nach (womit er auch von einem ihm eingeräumten Wahlrecht keinen Gebrauch macht), so findet die **Vollstreckung**[1343] differenziert statt. Die Pflicht zur Herausgabe wird nach § 883 ZPO durchgesetzt, indem der Gerichtsvollzieher dem Schuldner die zu vernichtenden Gegenstände wegnimmt. Was die anschließende Vernichtung (= substanzielle Zerstörung) anbetrifft, wird diese nach Maßgabe des § 887 ZPO vollstreckt.[1344] Dh auf Antrag hin wird der Gläubiger vom Prozessgericht des ersten Rechtszuges ermächtigt, die Vernichtung selbst oder durch einen Dritten (im Wege der Ersatzvornahme) durchführen zu lassen.[1345] Schon aus Gründen der Kostenersparnis (und Kostenerstattung) wird es sich um denjenigen Gerichtsvollzieher zu hadneln haben, der mit der Wegnahme betraut ist. Gleichzeitig kann der Gläubiger verlangen, dass der Schuldner einen – vom Gläubiger näher zu beziffernden und zu rechtfertigenden – Vorschuss auf die voraussichtlichen Kosten der Ersatzvornahme leistet (§ 887 Abs 2 ZPO).[1346] Damit die angeordnete Vernichtung geschehen kann, ist dann, wenn dies ausnahmsweise noch nicht Gegenstand des Urteilsausspruchs sein sollte, spätestens im Zuge der Zwangsvollstreckung begleitend auszusprechen, dass der Schuldner die Vernichtungsgegenstände an den Gläubiger, an den Dritten oder an einen zwischengeschalteten Gerichtsvollzieher herauszugeben hat.[1347] **1001**

Ein **Beschlusstenor** dieses Inhalts könnte wie folgt lauten: **1002**

Praxistipp	Formulierungsbeispiel

1. Der Gläubiger wird ermächtigt, die dem Schuldner in dem Urteil der ... Zivilkammer des Landgerichts ... vom ... auferlegte Handlung, nämlich die Vernichtung der in Ziffer I.1. des Urteilstenors bezeichneten Gegenstände, auf Kosten des Schuldners[1348] (ggf: selbst oder) durch einen von ihm (den Gläubiger) zu benennenden Dritten vornehmen zu lassen.

2. Der Schuldner hat die in seinem Besitz oder Eigentum befindlichen Vernichtungsgegenstände an (ggf: den Gläubiger bzw) einen vom Gläubiger zu bestimmenden Gerichtsvollzieher zum Zwecke der vorübergehenden Verwahrung bis zur Ersatzvornahme herauszugeben.

3. Dem Schuldner wird aufgegeben, einen Vorschuss von ... € auf die durch die Ersatzvornahme durch den Gläubiger entstehenden Kosten zu zahlen.[1349]

1003

1342 LG Düsseldorf, InstGE 13, 1 – Escitalopram-Besitz.
1343 Umfassend: von der Osten/Pross, FS v. Meibom, 2010, S 471.
1344 OLG Düsseldorf, Beschluss v 25.8.2022 – I-15 W 16/22.
1345 OLG Frankfurt/Main, GRUR-RR 2007, 30 – Fotomaterial.
1346 OLG Düsseldorf, Beschluss v 25.8.2022 – I-15 W 16/22.
1347 OLG Düsseldorf, NJW-RR 1998, 1768.
1348 Die Kosten der Ersatzvornahme sind Kosten der Zwangsvollstreckung nach § 788 ZPO.
1349 Die Vorschussanordnung stellt einen Vollstreckungstitel im Sinne von § 794 Nr 3 ZPO dar, der die allgemeinen Vollstreckungsmaßnahmen wegen einer Geldforderung zulässt.

> 4. Die Kosten des Verfahrens trägt der Schuldner.[1350]
> 5. Der Streitwert für das Zwangsvollstreckungsverfahren wird auf ... € festgesetzt.

1004 Nach BGH[1351] soll der Vernichtungsanspruch – nicht nur nach Wahl des Verletzers, sondern von vornherein – auch in der Form geltend gemacht werden können, dass die schutzrechtsverletzenden Gegenstände **an** einen zur Vernichtung bereiten **Gerichtsvollzieher herauszugeben** sind, zumindest dann, wenn ernstzunehmende Bedenken gegen die Zuverlässigkeit des Beklagten und seine tatsächliche Bereitschaft zur Vernichtung bestehen. Ist das Wahlrecht zugunsten einer Drittvernichtung im Urteil dem Schuldner überlassen worden, so können nicht im Vollstreckungsverfahren materiell rechtliche Zumutbarkeitserwägungen dahingehend angestellt werden, dass der Schuldner – entgegen seinem Willen – zur Drittvernichtung verpflichtet ist, wenn die betreffenden Umstände, die Zweifel an der Vernichtungsbereitschaft des Schuldners wecken, bereits im Erkenntnisverfahren hätten vorgebracht werden können.[1352] Hat der Kläger die Vernichtungsgegenstände sequestrieren lassen und will der Beklagte die Vernichtung selbst durchführen, ist ihm dies so lange unmöglich, wie sich die Gegenstände in der Verwahrung des Gerichtsvollziehers befinden und vom Schutzrechtsinhaber nicht zu seinen Gunsten freigegeben sind.[1353] Auf eine Freigabe zur Ermöglichung der Vernichtung braucht sich der Gläubiger dann nicht einzulassen, wenn nach Schluss des Erkenntnisverfahrens »neue« Tatsachen auftreten, die den Schluss rechtfertigen, dass der Schuldner im Falle einer Besitzeinräumung keine Vernichtung vornehmen, sondern die Gegenstände dem Vollstreckungszugriff des Gläubigers entziehen wird.

1005 Soll die Vernichtung durch Herausgabe an den Gerichtsvollzieher geschehen, erfolgt die Vollstreckung nach **§ 883 ZPO** (Wegnahme der Sachen durch den Gerichtsvollzieher).

1006 Das Zwangsvollstreckungsverfahren nach §§ 883, 887 ZPO stellt – ebenso wie das vorausgegangene Erkenntnisverfahren – regelmäßig eine **Patentstreitsache** dar, sodass die Kosten eines mitwirkenden Patentanwaltes notwendig (angemessen und zumutbar) und deswegen im Einzelfall gemäß § 143 Abs 3 PatG erstattungsfähig sind.[1354]

1007 **Verwahrungskosten**, die im Zusammenhang mit der Vernichtung anfallen, können aufgrund der im betreffenden (zB einstweiligen Verfügungs-) Verfahren ergangenen Kostengrundentscheidung im Kostenfestsetzungsverfahren nach §§ 103 f ZPO geltend gemacht werden.[1355] Zu ihnen gehören nicht nur die Lagerkosten, sondern ebenfalls die dem Sequester zugesprochene Vergütung. Für deren Festsetzung ist das Prozessgericht (nicht: der Rechtspfleger) zuständig, wobei der Zeitaufwand entscheidend ist und die für einen Zwangsverwalter vorgesehenen Stundensätze (§ 19 ZwVwV) heranzuziehen sind.[1356]

10. Rückrufanspruch[1357]

1008 Der in § 140a Abs 3 PatG aufgenommene Anspruch auf Rückruf und Entfernung der rechtsverletzenden Ware aus den Vertriebswegen zielt auf Gegenstände ab, die das

---

1350 Die Verfahrenskosten sind Vollstreckungskosten nach § 788 ZPO.
1351 BGH, GRUR 2003, 228, 229 f – P-Vermerk (zu § 98 UrhG).
1352 OLG Düsseldorf, InstGE 10, 301 – Metazachlor.
1353 OLG Düsseldorf, InstGE 10, 301 – Metazachlor.
1354 OLG Düsseldorf, InstGE 11, 299 – Mitwirkung bei Herausgabevollstreckung.
1355 BGH, NJW 2006, 3010 – Sequestrationskosten.
1356 BGH, NJW-RR 2005, 1283.
1357 Vgl Miosga, Rückruf und Entfernen, 2010; Dörre/Maaßen, GRUR-RR 2008, 217, 219; Jestaedt, GRUR 2009, 102; Künzel, FS Mes, 2009, S 241; Jung/Rohlfing, Mitt 2010, 50; Wreesmann, Mitt 2010, 276; speziell zum Rückruf in Fällen mit Auslandsbezug: Al-Baghdadi, FS 80 Jahre Patentgerichtsbarkeit Düsseldorf, 2016, S 1.

Unternehmen des Verletzers bereits in *patentverletzender* Weise verlassen haben und sich in der nachgeordneten Vertriebskette – nicht bereits beim privaten Endverbraucher – befinden. Eine derartige Situation kann sich auch beim Vertrieb einer sinnfällig für eine patentgeschützte Verwendung hergerichteten Sache ergeben.[1358] Mindestens *ein* Lieferfall muss vorgetragen werden; ist es bloß zu einer inländischen Angebotshandlung gekommen (zB einer Ausstellungshandlung auf einer Fachmesse), scheidet ein Rückrufanspruch tatbestandlich genauso aus[1359] wie dann, wenn bloß patentfreie Auslandslieferungen geschehen sind.[1360] »In den Vertriebswegen« ist der verletzende Gegenstand auch bei einem Gewerbetreibenden, der kein Händler ist, sondern der den Gegenstand (zB eine Maschine) zu Zwecken der Produktion nutzt.[1361] Denn auch hier ist es denkbar, dass die Sache später gebraucht veräußert wird, zB weil sich der Besitzer mit einer Vorrichtung der neuen technischen Generation ausstatten will und deshalb die verletzende Maschine nicht mehr benötigt.[1362] Insoweit ist es nicht unbedingt erforderlich, dass es für den patentverletzenden Gegenstand als solchen einen Gebrauchtwarenmarkt gibt, wenn zumindest die Gefahr besteht, dass der Verletzungsgegenstand, eingebaut in eine größere Einheit, in gebrauchtem Zustand den Besitzer wechselt.[1363]

Der Rückruf- und der Entfernungsanspruch bestehen **nebeneinander** und können vom Verletzten kumulativ geltend gemacht werden.[1364] Gleiches gilt im Hinblick auf Fälle, in denen bereits das Unterlassungsgebot die Pflicht zum Rückruf enthält.[1365] 1009

a) Zeitlicher Geltungsrahmen

Mangels besonderer Überleitungsbestimmungen gilt § 140a Abs 3 PatG nur für solche Entstehungstatbestände, die nach Inkrafttreten der Bestimmung am 1.9.2008 verwirklicht worden sind.[1366] Für Sachverhalte aus der Zeit davor stellt sich allenfalls die Frage einer unmittelbaren Geltung der Enforcement-Richtlinie bzw einer richtlinienkonformen Auslegung allgemein-zivilrechtlicher Bestimmungen (**§§ 823, 1004 BGB**). Sie hat stattzufinden, weswegen für die Zeit seit Ablauf der Umsetzungsfrist (29.4.2006) – nicht davor – ein entsprechender Anspruch aus § 1004 BGB herzuleiten ist.[1367] 1010

b) Anspruchsvoraussetzungen

aa) Allgemeines

Der Anspruch auf Rückruf/Entfernung aus den Vertriebswegen besteht 1011

– für den Verletzten 1012

– einer rechtswidrigen (nicht notwendig schuldhaften) Patentverletzung 1013

1358 Vgl oben Kap A Rdn 494.
1359 OLG Düsseldorf, Urteil v 23.3.2017 – I-2 U 58/16; OLG München, Urteil v 30.3.2017 – 6 U 1302/16.
1360 OLG Düsseldorf, Urteil v 6.4.2017 – I-2 U 51/16.
1361 OLG Karlsruhe, Urteil v 8.4.2015 – 6 U 92/13; aA: LG Mannheim, InstGE 12, 200 – Stickstoffmonoxyd-Nachweis, das den gewerblichen Endabnehmer aus dem Anwendungsbereich des § 140a Abs 3 PatG ausnehmen will.
1362 OLG Düsseldorf, GRUR-RR 2021, 421 – Montagegrube.
1363 OLG Düsseldorf, GRUR-RR 2021, 421 – Montagegrube; OLG Düsseldorf, Urteil v 13.8.2020 – I-2 U 10/19.
1364 BGH, GRUR 2017, 785 – Abdichtsystem.
1365 BGH, GRUR 2018, 292 – Produkte zur Wundversorgung.
1366 BGH, GRUR 2009, 515 – Motorradreiniger.
1367 OLG Düsseldorf, InstGE 13, 15 – Faktor VIII-Konzentrat; OLG Düsseldorf, Urteil v 29.1.2015 – I-15 U 22/14. Differenzierend: LG Mannheim, InstGE 12, 200 – Stickstoffmonoxyd-Nachweis, das die richtlinienkonforme Auslegung für den Rückrufanspruch bejaht und für den Entfernungsanspruch verneint.

D. Klageverfahren

1014 – gegen den Verletzer oder Störer

1015 – in Bezug auf Erzeugnisse, die Gegenstand eines Sachpatents oder unmittelbares Erzeugnis eines Herstellungsverfahrens (§ 9 Nr 3 PatG) sind, unabhängig davon, ob sie sich noch im Drittbesitz befinden. Aus einem Verwendungspatent, auch in der Form des zweckgebundenen Stoffschutzes, besteht ein Rückrufanspruch im Hinblick auf sinnfällig hergerichtete Gegenstände, es sei denn, es steht fest, dass sie (ggf zu einem exakt identifizierbaren Teil) an einen Abnehmer gelangen/gelangt sind, der (zB aufgrund der Ausrichtung seines Geschäftsbetriebes) ihren patentfreien Einsatz (zB im Ausland) beabsichtigt. Von einer gesichert außerhalb des Patents liegenden Verwendung wird man so lange nicht sprechen können, wie die sinnfällig hergerichteten Gegenstände nicht beim schlussendlichen Verwender angekommen sind, weil bis dahin jede Prognose letztlich Spekulation sein wird. Mittel im Sinne von § 10 **PatG** genügen nicht, weil stets die Möglichkeit des Weitervertriebs zur patentfreien Verwendung im Ausland besteht.[1368] Fällt dem Verletzer sowohl eine unmittelbare Patentverletzung zur Last (weil er die patentgeschützte Gesamtkombination A+B[1369] vertrieben hat) als auch eine mittelbare Patentverletzung (indem er außerdem die Bestandteile A und B separat veräußert hat), so richtet sich der Rückrufumfang nach dem haftungsbegründenden Verkaufsgeschäft: Gelieferte Gesamtkombinationen sind zurückzurufen, separate Verkäufe der Einzelkomponenten hingegen nicht.

1016 Bedingung ist freilich, dass die zurückzurufenden Gegenstände in patentverletzender Weise *in die Vertriebswege gelangt* sind, woran es fehlt, wenn der Beklagte sie bereits **vor Veröffentlichung der Patenterteilung** (und damit rechtmäßig) in Verkehr gebracht hat. Unzureichend ist es ebenso, wenn ins Ausland gelieferte Gegenstände nicht vom Inland (somit schutzrechtsverletzend), sondern vom patentfreien Ausland aus (somit nicht schutzrechtsverletzend) geliefert worden sind. An *in Verkehr gebrachten* Gegenständen fehlt es auch dann, wenn der Kläger lediglich eine Angebotshandlung behaupten kann. Ansonsten ist es unbeachtlich, auf welche Weise der verletzende Gegenstand in die Vertriebswege gelangt ist, ob durch Verkauf, Schenkung, Einbau in eine größere Einheit, die auf dem Markt gehandelt wird, oder durch einen wartungsbedingten Austausch.[1370] Voraussetzung im letztgenannten Fall ist freilich, dass der Patentgegenstand durch den Einbau nicht beim Endabnehmer angelangt und damit nicht mehr in den Vertriebswegen ist, wovon beispielsweise auszugehen ist, wenn mit einem Ausbau und Weiterverkauf des wartungsbedingt erneuerten Patentgegenstandes nicht zu rechnen ist; dass die Maschine, in welche der patentgeschützte Gegenstand eingebaut wurde, gebraucht gehandelt wird, reicht insoweit nicht aus. Bloße Vermietungssachverhalte sind unbeachtlich, weil mit ihnen der Verletzungsgegenstand nicht in den Verkehr gelangt (Bsp: Für die Herrichtung eines Ausstellerstandes, den der Beklagte mit seinem Personal aufbaut und anschließend für die Dauer der Messeveranstaltung an den Aussteller vermietet, werden patentverletzende Gegenstände verwendet).

1017 Zum Rückruf verpflichtet ist nicht nur der eigentliche Lieferant, sondern jeder, der rechtlich für dessen Handeln mit einzustehen hat. Dazu gehören nicht nur Mittäter, Anstifter und Gehilfen, sondern auch solche **dritten Personen**, die den Vertrieb zB durch patentverletzende Angebote in vorwerfbarer Weise, wenn auch bloß fahrlässig, unterstützt

---

1368 LG Düsseldorf, InstGE 11, 257 – Bajonett-Anschlussvorrichtung; OLG Karlsruhe, Urteil v 25.2.2010 – 6 U 182/06; aA: Wressmann, Mitt 2010, 276.
1369 Dabei kommt es nicht auf die Einzelheiten der Verpackung und Liefermodalitäten an, sondern nur darauf, dass das Verkaufsgeschäft auf einen Gesamterwerb der patentgeschützten Kombination gerichtet ist, mag die Lieferung danach auch getrennt voneinander und mit gewissem zeitlichen Abstand vorgenommen sein.
1370 LG Düsseldorf, Urteil v 7.2.2019 – 4b O 119/17.

haben.¹³⁷¹ Voraussetzung ist freilich deren Fähigkeit zum Rückruf, was insbesondere eine Kenntnis der belieferten Abnehmer entweder aus eigenem Wissen oder aufgrund bestehender Erkundigungspflichten beim Lieferanten verlangt.¹³⁷²

Dem Rückruf unterliegt grundsätzlich der Schutzgegenstand des Patents, wobei dem Verletzten im Einzelfall unter Verhältnismäßigkeitsgesichtspunkten ein Weniger zuzusprechen sein kann. Anders als beim Vernichtungsanspruch¹³⁷³ kann sich der Rückrufanspruch aber auch auf eine **Verkaufseinheit** erstrecken, die **über den Patentgegenstand hinaus**geht. Solches ist der Fall, wenn die unter Patentschutz stehende Sache als Bestandteil einer größeren Verkaufseinheit gewesen ist, die der Abnehmer bezogen hat und deren Kauf sinnvollerweise nur als Ganzes rückabgewickelt werden kann. Dafür ist nicht unbedingt erforderlich, dass der patentgeschützte Teil und der übrige Rest technisch eine untrennbare Einheit bilden, sodass beide (insbesondere für den zur Rückgabe aufzufordernden Abnehmer) nicht voneinander separierbar sind; vielmehr kann es genügen, wenn der Patentgegenstand einen zwar an sich trennbaren, aber als Handelsgut mit dem Rest zusammengehörigen Teil eines einheitlichen Verkaufsguts darstellt, für den es objektiv sinnlos ist, ihn nach Rückgabe des verletzenden Patentgegenstandes zu behalten. 1018

– Im Unterschied zum Vernichtungsanspruch ist nicht erforderlich, dass der Anspruchsgegner **Verfügungsgewalt** über die Sache hat; typischerweise wird es daran sogar fehlen.¹³⁷⁴ Andererseits erstreckt sich der Anspruch – anders als nach § 140a Abs 2 PatG – nicht auf die zur Herstellung des verletzenden Erzeugnisses benutzten Materialien und Vorrichtungen. 1019

– Keine Voraussetzung des Rückrufanspruchs ist, dass mit dem in Verkehr gebrachten Verletzungsprodukt **weitere Vertriebshandlungen** konkret drohen.¹³⁷⁵ 1020

Soweit der Rückrufanspruch dazu dient, Verletzungsgegenstände, die den Betrieb des Verletzers bereits verlassen haben und deswegen – mangels aktuellen Eigentums/Besitzes – dem Vernichtungsanspruch nicht mehr unterliegen, wieder zum Verletzer zurückzuholen, insbesondere um die Vernichtungsvoraussetzungen wieder zu installieren, richtet sich der Anspruch auf Rückruf regelmäßig nicht gegen den **Geschäftsführer** oder ein sonstiges Vertretungsorgan.¹³⁷⁶ Er unterliegt im Allgemeinen keinem Vernichtungsanspruch¹³⁷⁷, sodass sich ihm gegenüber auch kein Rückrufanspruch als Vorstufe zu einem nachfolgenden Vernichtungsanspruch rechtfertigt. Soweit es um die Marktbereinigung geht¹³⁷⁸, steht der Geschäftsführer (anders als das von ihm vertretene Unternehmen) nicht in einem Vertragsverhältnis zu dem Rückrufadressaten, das ihn als Berechtigten zur Rückabwicklung des Liefergeschäftes ausweisen würde, sodass er nicht in der Lage wäre, den patentverletzenden Weitervertrieb umzukehren. Würde seinem Rückruf Folge geleistet, käme es vielmehr zu einem abermaligen schutzrechtsverletzenden Geschäft (Lieferung des Abnehmers an den Geschäftsführer), was den Eingriff in das Patent vertiefen statt bereinigen würde. Derartiges kann nicht Sinn eines Rückrufs sein. 1021

Einem Rückrufanspruch unterliegt auch ein im **Ausland** ansässiger Verletzer.¹³⁷⁹ Gegen ihn besteht – mangels inländischen Besitzes/Eigentums im Verurteilungszeitpunkt – 1022

1371 OLG Karlsruhe, GRUR 2022, 641 – Polsterumarbeitungsmaschine.
1372 OLG Karlsruhe, GRUR 2022, 641 – Polsterumarbeitungsmaschine.
1373 Vgl oben unter Rdn 955.
1374 BGH, GRUR 2017, 785 – Abdichtsystem.
1375 BGH, GRUR 2018, 292 – Produkte zur Wundversorgung.
1376 AA: Wressmann, Mitt 2010, 276.
1377 Vgl Kap D Rdn 978.
1378 Vgl nachfolgend Rdn 1022.
1379 BGH, GRUR 2017, 785 – Abdichtsystem; OLG Karlsruhe, Urteil v 8.4.2015 – 6 U 92/13.

zwar kein Vernichtungsanspruch und sein Rückruf führt auch nur dazu, dass ein für § 140a PatG unzureichender ausländischer Besitz/Eigentum begründet wird.[1380] Der Zweck des Rückrufs geht – über die Erstreckung des Vernichtungsbegehrens auf Verletzungsgegenstände, die den Verletzer bereits verlassen haben, hinaus – aber auch dahin, den Markt von verletzenden Produkten zu bereinigen und damit zugunsten des Schutzrechtsinhabers eine neue Nachfrage nach rechtmäßigen Erfindungsprodukten zu schaffen. Als Anknüpfungspunkt für einen Rückruf genügt bereits ein inländisches Angebot, sofern es in der Folge dessen zu einem *inländischen* Veräußerungsgeschäft kommt. Ein Verkauf vom Inland ins Ausland genügt, weil sie ein inländisches Inverkehrbringen darstellt, womit die Ware, selbst wenn sie sich im Ausland beim dortigen Abnehmer befindet, mit dem Makel der Patentverletzung behaftet ist. Dass nach § 140a PatG ein Rückruf »aus den Vertriebswegen« geschuldet ist, steht dem nicht entgegen, weil damit nicht nur die inländischen, sondern jedwede Vertriebskanäle gemeint sind. Nur diese Sicht gewährleistet, dass mit dem Rückrufanspruch seinem Sinn und Zweck entsprechend die Folgen der vorgefallenen inländischen Patentverletzung beseitigt werden und zugunsten des Schutzrechtsinhabers eine Nachfrage nach seinen Produkten eröffnet wird.[1381] In Auslandsfällen kann freilich – nach Lage des Sachverhaltes – die Verhältnismäßigkeit des Rückrufs zu verneinen sein. Ein Rückrufanspruch scheidet für solche Ware aus, die keinerlei Inlandsbezug hat, die deswegen nie patentverletzend war und für die folglich auch der Gedanke der Folgenbeseitigung nicht eingreift. Zu denken ist beispielsweise an Gegenstände, die im Ausland hergestellt und von dort im/ins Ausland vertrieben wurden.

1023 Grundsätzlich kein Anspruch besteht darauf, dass der ausländische Verletzer die zurückgerufene **Ware** bei seinen Abnehmern **abholt** (und dadurch im Inland in Besitz nimmt). Inhalt des Rückrufanspruchs ist nämlich lediglich, die verletzende Ware gegen Erstattungs- und Kostenzusage von dem Belieferten zurückzufordern und die Ware im Falle ihrer Rücklieferung wieder an sich zu nehmen. Dieser Anspruch wird durch den Verletzer an seinem ausländischen Geschäftssitz erfüllt.

1024 Lediglich in besonders gelagerten **Sonderfällen** kommen weitergehende Pflichten des Rückrufenden in Betracht, nämlich dann, wenn es eines Ausbaus des zurückgerufenen Gegenstandes beim Abnehmer bedarf, zu der dieser technisch nicht in der Lage ist oder die ihm (zB wegen der Gefährdung etwaiger Gewährleistungsansprüche oder dergleichen) nicht zumutbar ist.[1382] Hier hat der Rückrufende anzubieten, die notwendigen Demontagearbeiten beim Abnehmer vor Ort auf seine Kosten durchzuführen und bei dieser Gelegenheit auch den Rücktransport des Verletzungsgegenstandes zu sich vorzunehmen/zu organisieren.

1025 In Fällen des nicht rückwirkenden **Wegfalls des Klagepatents** gelten die zum Vernichtungsanspruch dargelegten Regeln entsprechend.[1383]

bb) Verhältnismäßigkeit

1026 Die Inanspruchnahme als solche und die geforderte Maßnahme im Speziellen (Rückruf, Entfernung aus den Vertriebswegen) dürfen im Einzelfall nicht **unverhältnismäßig** sein (Abs 4). Um dies festzustellen, hat eine **Gesamtabwägung** aller relevanten Umstände stattzufinden, zu denen neben der Schwere des Schutzrechtseingriffs und dem Grad des Täterverschuldens auch das Rückruf-/Entfernungsinteresse des Verletzten, das entgegen-

---

1380 LG Düsseldorf, Urteil v 19.9.2013 – 4c O 14/13; LG Mannheim, Mitt 2014, 235 – Abdichtsystem; OLG Karlsruhe, Urteil v 8.4.2015 – 6 U 92/13.
1381 OLG Karlsruhe, GRUR 2016, 482 – Abdichtsystem.
1382 OLG Düsseldorf, Urteil v 13.8.2020 – I-2 U 10/19.
1383 Kühnen, GRUR 2009, 288; OLG Düsseldorf, InstGE 13, 15 – Faktor VIII-Konzentrat.

gesetzte Verhaltensinteresse des Verletzers sowie die Gesichtspunkte der Generalprävention und der Sanktionierung für ein rechtsverletzendes Tun gehören.[1384] Sofern die Zuerkennung des Unterlassungsanspruchs unverhältnismäßig ist, gilt gleiches auch für den Rückruf.[1385]

- Eine Unverhältnismäßigkeit ist darüber hinaus zB denkbar, wenn die zurückzurufende Sache **verderblich** ist und das Haltbarkeitsdatum im Zeitpunkt des Rückrufs bereits so weit überschritten ist, dass *sicher* davon ausgegangen werden kann, dass es beim Abnehmer nicht mehr patentverletzend benutzt wird, sondern vernichtet ist.[1386] 1027

Praxistipp	Formulierungsbeispiel
... wobei sich die Verpflichtung zum Rückruf auf solche Produkte beschränkt, deren Mindesthaltbarkeitsdatum im Verhandlungsschlusszeitpunkt am ... noch nicht abgelaufen ist.	

1028

- Ähnliches ist mit Rücksicht darauf vorstellbar, dass der Anspruch auf Rückruf für alle Gegenstände besteht, die seit dem 30.4.2006 in Verkehr gebracht worden sind. Hinsichtlich solcher **Zeiträume**, die im Zeitpunkt der Verurteilung **weit zurückliegen**, kann die Situation bestehen, dass keine realistische Aussicht mehr besteht, dass sich der verletzende Gegenstand noch beim Abnehmer, von dem zurückzurufen ist, befindet. Hier kommt ein (zweckloser) Rückruf regelmäßig nicht in Betracht. Denn er kann weitere Verletzungsgegenstände nicht mehr unter die Vernichtungsvoraussetzungen (Besitz/Eigentum des Beklagten) bringen und auch keine Nachfrage zugunsten des Patentinhabers generieren, sondern liefe allein darauf hinaus, dass sich der Beklagte gegenüber seinen Abnehmern selbst bezichtigen müsste. 1029

- An der Zumutbarkeit kann es fehlen, wenn sich die Gegenstände im (zB weit entfernten) Ausland (**Übersee**) befinden, weswegen einerseits der Rückführungsaufwand außerordentlich groß[1387] und andererseits die Wahrscheinlichkeit äußerst gering ist, dass die Gegenstände künftig für inländische Verletzungshandlungen herangezogen werden (was durch deren Rückruf und anschließende Vernichtung zu verhindern wäre). Von Belang ist des Weiteren, welche Bedeutung das patentgemäße Ausstattungsdetail bei objektiver Betrachtung für den Verkaufserfolg des Verletzers gehabt hat, weil davon abhängt, ob und ggf mit welcher Wahrscheinlichkeit der Patentinhaber von einer durch den Rückruf initiierten Rückabwicklung des Verletzergeschäftes und einem dadurch veranlassten Neugeschäft des Abnehmers profitieren kann. Letztlich ist also eine Kosten-Nutzen-Analyse durchzuführen. 1030

- Von einer Unverhältnismäßigkeit kann nach Lage des Falles schließlich ausgegangen werden, wenn das fragliche **Bauteil** bereits in eine größere Einheit (zB ein Kfz) **verbaut** ist und dessen Demontage erhebliche wirtschaftliche Folgen mit sich bringen würde (zB dahingehend, dass das Kfz infolgedessen nicht mehr als Neuwagen verkauft werden kann). 1031

- Dass dem Verletzer statt der Vernichtung ein **Umbau** der Verletzungsgegenstände zu einer patentfreien Konstruktion gestattet wird, besagt noch nicht, dass dieselbe 1032

1384 BGH, GRUR 2019, 518 – Curapor.
1385 Zu Einzelheiten vgl oben unter Rdn 606.
1386 OLG Karlsruhe, Urteil v 28.1.2018 – 6 U 149/16; OLG Düsseldorf, GRUR-RR 2020, 137 – Bakterienkultivierung.
1387 ... weil die Rücksendung nicht per Paket geschehen kann, sondern wegen der Größe der Maschine per Luft- oder Seefracht mit entsprechend hohem finanziellen Aufwand geschehen müsste.

Einschränkung auch beim Rückrufanspruch berechtigt wäre und vorzunehmen ist. Regelmäßig wird dies nicht der Fall sein, weil der Rückruf den Verletzer weit weniger belastet als eine Vernichtungsanordnung. Denkbar sind solche Fälle aber gleichwohl, namentlich dann, wenn bereits die Veränderung eines Teils der Gesamtvorrichtung irreversibel aus der Patentverletzung herausführt und jede weitergehende Rückrufmaßnahme den Verletzer unbillig belasten würde.[1388] Dem Verletzer ein Angebot zur Umgestaltung zu gestatten, kann insbesondere geboten sein, wenn der Verletzungsgegenstand beim Abnehmer fest eingebaut ist und der verletzungsrelevante Teil einen nur marginalen Teil der Gesamtvorrichtung ausmacht. Wenn nicht gerade dessen patentgerechte Ausgestaltung der Grund für den Verkauf des Gegenstandes gewesen ist, schädigt der Komplettrückruf den Verletzer über die Maßen. Ein solcher liegt letztlich auch nicht im wohlverstandenen Interesse des Verletzten, weil die Bereitschaft der Abnehmer, einem Komplettrückruf nachzukommen, äußerst gering sein wird. Wesentlich mehr Erfolg verspricht das mit dem Rückruf unterbreitete Angebot, den Verletzungszustand dadurch zu beenden, dass ein Umbau in eine patentfreie Konstruktion erfolgt. Wie beim Vernichtungsanspruch kann (und wird) es vielfach auch hier der effektive Rechtsschutz gebieten, dem Verletzer für den Fall des Umbaus eine Informations- und – in besonders gelagerten Ausnahmefällen – darüber hinaus eine Nachweispflicht gegenüber dem Verletzten abzuverlangen.[1389]

1033 – Gleiches ist nach **Schutzrechtsablauf** für aus mehreren Teilen bestehende Vorrichtungen angenommen worden, die nach Demontage des Verletzungsgegenstandes zu anderen, nicht schutzrechtsverletzenden Zwecken weiterverwendet werden können.[1390]

1034 – Dasselbe gilt, wenn der Verletzer – wofür *er* die Beweislast trägt – bereits über eine **patentfreie Ausweichtechnik** verfügt, die er seinem Abnehmer im Austausch gegen den Verletzungsgegenstand anbieten kann. Davon kann nur die Rede sein, wenn die Ausweichtechnik unter keinen rechtlichen Gesichtspunkt mehr in das Klagepatent und auch in kein anderes Schutzrecht des Klägers eingreift und spätestens im Zeitpunkt der letzten mündlichen Verhandlung[1391] – tatrichterlich feststellbar – nicht nur als Konzept, sondern als marktreifes Produkt zur Verfügung steht. Ist dem so, muss nicht auf einer Rücknahme des Verletzungsgegenstandes bei Erstattung des Kaufpreises bestanden werden, sondern kann der Rückruf in der für den Verletzer milderen Form einer Rücknahme des Verletzungsproduktes gegen patentfreie Ersatzlieferung zuerkannt werden, womit der Rückrufanspruch dem im Gewährleistungsverhältnis zum Abnehmer bestehenden Nachlieferungsanspruch Rechnung trägt.[1392] Aus derselben Überlegung heraus ist dem Abnehmer in geeigneten Fällen – im Sinne eines Wahlrechts – zu gestatten, anstelle der Rückgabe anzubieten, den Verletzungsgegenstand bei sich oder beim Abnehmer in eine patentfreie Vorrichtung umzuwandeln.[1393] Bedingung ist freilich, dass die Ersatzlieferung nicht in einen patentverletzenden Zustand versetzt werden kann bzw der Umbau eine sowohl technisch als auch wirtschaftlich realistische Option darstellt, sodass mit seiner tatsächlichen und dauerhaften Durchführung ernsthaft gerechnet werden kann. Zu fordern ist darüber hinaus,

---

1388 OLG Düsseldorf, GRUR-RR 2021, 15 – Bodenbelag.
1389 Vgl oben Rdn 991.
1390 OLG Frankfurt/Main, Mitt 2017, 222 – Drahtlegekopf; bedenklich, weil falsche Anreize dafür geschaffen werden, Patente gegen Ende ihrer Patentlaufzeit nicht mehr zu beachten.
1391 Steht die Ausweichtechnik erst später bereit, kann dies eine Vollstreckungsabwehrklage nach § 767 ZPO rechtfertigen.
1392 OLG Düsseldorf, Mitt 2019, 74 – Schweinefußboden (sofern ausgeschlossen ist, dass kein Umbau in einen patentverletzenden Zustand erfolgt).
1393 OLG Düsseldorf, Urteil v 9.7.2020 – I-2 U 31/19; LG Düsseldorf, Urteil v 13.10.2016 – 4a O 174/15.

dass der Verletzer den durch die Lieferung der Ausweichtechnik gesicherten Kundenstamm nicht gerade maßgeblich der Patentverletzung verdankt, weil er ihm dann nicht ohne weiteres erhalten bleiben darf.[1394] Konnte der Kunde (= Rückrufadressat) entscheidend durch die Verletzungshandlung (dh die schutzrechtsverletzende Ausstattung/Wirkungsweise des Liefergegenstandes) gewonnen werden, muss der rechtverletzende Verkauf – und zwar ohne jeden Hinweis auf die spätere Möglichkeit, eine schutzrechtsfreie Ausweichtechnik beim Verletzer beziehen zu können – vollständig rückabgewickelt werden. Erst danach steht es dem Verletzer frei, mit seiner patentfreien Ausweichtechnik auf den Markt und an den betreffenden Kunden heranzutreten.

– Keine Unverhältnismäßigkeit ist angenommen worden, wenn der Verletzungszeitraum vergleichsweise kurz war und mittlerweile mehrere Jahre zurückliegt, der Schuldner inzwischen auf eine andere Ausweichtechnik gewechselt hat, sodass die Wiederholungsgefahr gering ist, sofern es sich bei den Verletzungsgegenständen um nicht unbedeutende Wirtschaftsgüter gehandelt hat und die Patentverletzung auf einem erheblichen Verschulden des Beklagten beruhte.[1395] 1035

– Bedeutungslos ist gleichermaßen, dass der Kläger bloß **Patentverwerter** ist.[1396] 1036

– Beruht der Schutzrechtseingriff auf einer optionalen **Sonderausstattung**, so ist im Zweifel ein Komplettrückruf geboten, weil die von den Rückrufadressaten gewählte Vorrichtungsausstattung (*mit* Sonderzubehör) belegt, dass für deren Kaufentscheidung die patentverletzende Konstruktion bedeutsam gewesen ist, weswegen es einer Bereinigung des Marktes dahingehend bedarf, dass dem Patentinhaber gestattet wird, den fraglichen Bedarf selbst oder durch seine Lizenznehmer zu decken. 1037

Aus der Tatsache, dass die vorbezeichneten Sachverhalte im Rahmen der Unverhältnismäßigkeit zu prüfen sind, folgt unmittelbar, dass es sich nicht um Unmöglichkeitssachverhalte handelt, mit denen einer Vollstreckung des Rückrufanspruchs begegnet werden könnte.[1397] Soweit die zur Unverhältnismäßigkeit führenden Umstände erst nach Schluss der letzten mündlichen Verhandlung im Erkenntnisverfahren eingetreten sind, besteht allenfalls die Möglichkeit einer Vollstreckungsabwehrklage nach § 767 ZPO.[1398] Gemeint sind insoweit freilich nur Sachverhalte, bei denen der Einwand als solcher (zB die begrenzte Haltbarkeit des Verletzungsproduktes an sich) nachträglich entstanden ist, und nicht nur seine konkrete Anwendung auf bestimmte (fortgeschrittene) Zeitabschnitte. 1038

c) Anspruchsinhalt

aa) Rückruf

»Rückruf« aus den Vertriebswegen bedeutet die ernsthafte Aufforderung an den gewerblichen Besitzer des patentverletzenden Erzeugnisses, 1039

– entweder dieses zur Verfügung zu halten und nicht weiter zu vertreiben oder 1040

1394 OLG Düsseldorf, Urteil v 9.7.2020 – I-2 U 31/19; so zutreffend auch Hoppe/Donle, GRUR-RR 2018, 393, 397.
1395 OLG Düsseldorf, GRUR-RS 2015, 06710 – Andockvorrichtung.
1396 LG Düsseldorf, Urteil v 31.3.2016 – 4a O 73/14.
1397 OLG Düsseldorf, GRUR-RS 2019, 39470 – Verhältnismäßigkeitseinwand im Vollstreckungsverfahren (für den Einwand, der Rückruf sei unzumutbar, weil wegen abgelaufenen Haltbarkeitsdatums bei den Abnehmern voraussichtlich keine rückruffähigen Verletzungsprodukte mehr vorhanden seien).
1398 OLG Düsseldorf, GRUR-RS 2019, 39470 – Verhältnismäßigkeitseinwand im Vollstreckungsverfahren.

1041 – sofern der Störungszustand dadurch nicht hinreichend beseitigt würde, das Erzeugnis freiwillig zurückzugeben.[1399]

1042 Der Rückruf muss dem Verletzer **möglich** sein, dh er muss den gegenwärtigen Verbleib des Erzeugnisses kennen, zumindest muss er den Aufenthalt mit den ihm zur Verfügung stehenden Erkenntnisquellen (Geschäftsunterlagen, Rückfrage beim Abnehmer, der seinerseits weitergeliefert hat) feststellen können. Es besteht keine Pflicht zur Ermittlung unbekannter Besitzer. Zurückzurufen sind auch solche Gegenstände, die sich aktuell im Ausland befinden, sofern sie den Makel der Schutzrechtsverletzung tragen (zB unter Verletzung des Klagepatents vom Inland aus in Verkehr gelangt sind).

1043 Der Rückruf darf nicht als bloße (nicht weiter begründete) Bitte formuliert werden, sondern er muss nachdrücklich und ernsthaft sein und den Grund der Rückrufaktion erläutern[1400] und – nach Lage des Falles – die rechtlichen Folgen erläutern, die ein etwaiger Weitervertrieb der zurückgerufenen Ware nach sich zieht.[1401]

1044 – Was den erstgenannten Teilaspekt betrifft, hält die Urteilsformel den Schuldner regelmäßig dazu an, auf die *gerichtlich* **erfolgte Feststellung** einer Patentverletzung hinzuweisen. Dessen bedarf es auch in Fällen eines Anerkenntnisurteils, obwohl hier keine sachliche Verletzungsprüfung seitens des Gerichts stattgefunden hat.[1402] Es bedarf nicht unbedingt der Angabe von Aktenzeichen und Entscheidungsdatum, wenn für den Adressaten auf andere Weise hinreichend deutlich wird, dass das zurückgerufene Erzeugnis Gegenstand eines gerichtlichen Verletzungsverfahrens war und dieses Verfahren mit einer Beurteilung als patentverletzend abgeschlossen worden ist.[1403]

1045 – Was den zweiten Teilaspekt anbelangt, bedarf es eines **Rechtsfolgenhinweises** im Bereich des Patentrechts im Allgemeinen nicht, weil (und wenn) für den Abnehmer ohne weiteres ersichtlich ist, dass der dem Rückruf zugrunde liegende und ihm vom Absender mitgeteilte Patentverletzungsvorwurf gleichermaßen auf ihn zutrifft (weil auch er Gewerbetreibender ist).[1404] Das gilt uneingeschränkt dann, wenn das Rückrufschreiben keinen ausdrücklichen oder konkludenten Hinweis auf die Freiwilligkeit der mit dem Rückruf eingeforderten Rückgabe enthält. Thematisiert der Schuldner allerdings gegenüber seinem Abnehmer, dass die **Befolgung des Rückrufverlangens** in seinem **freien Belieben** steht, so hat er ihm die patentrechtlichen Konsequenzen einer weiteren Verwendung der zurückgerufenen Verletzungsgegenstände im Rahmen seines Geschäftsbetriebes vor Augen zu führen, indem er ihn – erstens – darauf hinweist, dass auch ihm gegenüber Ansprüche wegen Patentverletzung bestehen, und indem er ihm – zweitens – deutlich macht, dass er (der Abnehmer) mit Entdeckung zu rechnen hat, weil er (der Schuldner) dem Patentinhaber die Adressaten seines Rückrufverlangens (im Rahmen der Auskunftsverurteilung oder originär aufgrund der Verurteilung zum Rückruf) offenzulegen hat.[1405] Von dieser Belehrungspflicht wird nur in absoluten Ausnahmefällen dort abzusehen sein, wo der Abnehmer über die aufklärungspflichtigen Umstände bereits aufgrund eigenen Wissens hinreichend im Bilde ist. Davon kann im Allgemeinen nicht ausgegangen werden, weil Adressat des Rückrufverlangens die Unternehmen selbst sind, die zu diesem Zeitpunkt regelmäßig nicht anwaltlich vertreten sind. Selbst der Umstand, dass das Unternehmen

---

1399 BGH, GRUR 2017, 785 – Abdichtsystem.
1400 BGH, GRUR 2018, 292 – Produkte zur Wundversorgung.
1401 OLG Zweibrücken, Magazindienst 2006, 236.
1402 OLG Düsseldorf, Beschluss v 2.6.2016 – I-2 W 11/16.
1403 OLG Düsseldorf, Beschluss v 2.6.2016 – I-2 W 11/16.
1404 OLG Düsseldorf, Beschluss v 26.5.2015 – I-2 W 9/15.
1405 OLG Düsseldorf, GRUR 2022, 79 – Rückrufvollstreckung I.

über eine eigene Rechts- und/oder Patentabteilung verfügt, ändert nichts, weil patentrechtliches Detailwissen, um das es hier geht, mit Blick auf die dort tätigen Mitarbeiter grundsätzlich nicht vorausgesetzt werden kann.[1406] Anderes darzulegen und zu beweisen, ist in jedem Einzelfall Sache des Schuldners.[1407] Eine Belehrung kommt darüber hinaus dort nicht in Betracht, wo der Abnehmer aufgrund seiner besonderen Situation überhaupt kein Patentverletzer ist, zB weil er im schutzrechtsfreien Ausland sitzt. Hier (dh gegenüber solchen Abnehmern) hat der Schuldner zur Durchführung eines ernsthaften Rückrufs von vornherein nur die Möglichkeit, die Verletzungsgegenstände ohne jeden Freiwilligkeitshinweis vorbehaltlos zurückzufordern.[1408]

Zu unterlassen sind erläuternde Bemerkungen (zB des Inhalts, die gegen das Verletzungsurteil eingelegte Berufung werde sicher Erfolg haben oder das Patent vernichtet werden), die der Rückrufaufforderung ihre **Ernsthaftigkeit** nehmen.[1409] Maßgeblich ist der Gesamteindruck, den das Rückrufschreiben bei den Abnehmern hinterlässt, so dass die Ernsthaftigkeit auch dann zu versagen ist, wenn zwar die vorläufig bindende Wirkung des dem Rückruf zugrunde liegenden Urteils erwähnt, gleichzeitig aber betont wird, dass eine parallele Verletzungsklage in den USA erfolglos geblieben ist.[1410] Gleichermaßen kann eine unangemessene Länge des Rückrufschreibens seiner Ernsthaftigkeit entgegenstehen. Da ein Rückruf beim Abnehmer typischerweise mit sicherheitsrelevanten Sachmängeln der Ware assoziiert wird, besteht in der Regel ein anerkennenswertes Interesse des Rückrufenden daran, zum Schutz seines guten Rufs und seiner künftigen Geschäftsbeziehungen klarzustellen, dass der vorgenommene Rückruf nicht in dieser Weise motiviert ist.[1411]

1046

Eine Erstattung des Kaufpreises[1412] (bei gebrauchter Ware eines angemessenen Teils des **Kaufpreises**, der zB in Abhängigkeit von der Benutzungsdauer typisierend gestaffelt sein kann) oder ein sonstiges Äquivalent für die zurückgerufene Ware (zB patentfreie Ersatzlieferung) und eine Übernahme der **Transport- bzw Versendungskosten** (einschließlich etwaiger mit dem Rücktransport verbundener Lager- und Zollkosten) müssen angeboten werden, dagegen keine weitergehenden (zB Schadenersatz-)Zahlungen (wie dem Rückrufadressaten ohne einen Weitervertrieb entgangenen Gewinn). Damit der Abnehmer über eine verlässliche Entscheidungsbasis verfügt, ist in den Fällen der Teilerstattung die Quote näher zu beziffern, indem entweder für jeden Rückrufadressaten ein konkreter Kaufpreisteil benannt wird, der erstattet werden soll, oder indem die genauen Berechnungsfaktoren (zB Abzugsbetrag X für jeden Benutzungsmonat) mitgeteilt werden,

1047

1406 OLG Düsseldorf, GRUR 2022, 79 – Rückrufvollstreckung I.
1407 OLG Düsseldorf, GRUR 2022, 79 – Rückrufvollstreckung I.
1408 OLG Düsseldorf, GRUR 2022, 81 – Rückrufvollstreckung II.
1409 OLG Düsseldorf, Beschluss v 26.5.2015 – I-2 W 9/15. Es schadet noch nicht der Hinweis, dass nach der inzwischen verstrichenen Zeit vermutlich keine Erzeugnisse mehr vorhanden sind, wenn im Anschluss daran für solche Gegenstände, die noch existieren sollten, die Rücknahmebereitschaft in der gebotenen Weise zum Ausdruck gebracht wird (OLG Düsseldorf, Beschluss v 2.6.2016 – I-2 W 11/16).
1410 LG Düsseldorf, Beschluss v 3.6.2022 – 4a O 32/19 (ZV II); bestätigt durch OLG Düsseldorf, Beschluss v 24.8.2022 – I-2 W 18/22.
1411 OLG Düsseldorf, Beschluss v 26.5.2015 – I-2 W 9/15.
1412 Die Anweisung, im Zuge des Rückrufs den Kaufpreis zu erstatten, kann nicht mit dem Argument bekämpft werden, im Rahmen des zum Abnehmer (= Rückrufadressaten) bestehenden Gewährleistungsverhältnisses sei der Verletzer zur Nachlieferung berechtigt, was ihm durch den Rückruftenor nicht genommen werden könne. In erster Linie ist der Verletzer ein rechtswidriger Deliktstäter; die ihn insoweit treffenden Pflichten überlagern deshalb seine Rechtsstellung aus dem Vertrags- und Gewährleistungsverhältnis zum Abnehmer. Nur wenn der Verletzer ausnahmsweise über eine patentfreie Ausweichtechnik verfügt, was von ihm im Erkenntnisverfahren substantiiert geltend zu machen ist, kann ihm unter Verhältnismäßigkeitsgesichtspunkten statt einer Kaufpreiserstattung eine Ersatzlieferung gestattet werden.

sodass der Adressat den ihm angebotenen Erstattungsbetrag zuverlässig erkennen oder selbst ermitteln kann.[1413] Mit dem Rückruf bringt der Verletzer, ohne dass dies einer besonderen Erwähnung bedürfte, seine Bereitschaft zum Ausdruck, die zurückgegebenen Gegenstände wieder an sich zu nehmen, weswegen in einer solchen Entgegennahme keine Maßnahme eines endgültigen Entfernens aus den Vertriebswegen gesehen werden kann.[1414]

1048 Hat der Verletzer die Verletzungsgegenstände nicht verkauft, sondern im Wege der **Miete** oder des **Leasing** überlassen, so geht der Rückruf dahin, die Miet- bzw Leasingsache zurückzugeben (wobei die Kosten der Rückgabe [Verpackung, Transport, ggf Versicherung] vom Verletzer übernommen werden) und gleichzeitig den bestehenden Miet- oder Leasingvertrag für die Zukunft aufzuheben. Für die bisherige Nutzungsdauer geschuldete Miet- oder Leasingraten müssen nicht erstattet werden, weil der Verletzer auch im Falle eines Verkaufs nur zu einer Teilkaufpreiserstattung verpflichtet ist.

1049 Zur Gewährleistung eines effektiven Rechtsschutzes hat der Gläubiger Anspruch darauf, dass der Verletzer ihm den erfolgten **Rückruf** durch die Vorlage eines Musters seiner Rückrufschreiben sowie eine Adressliste **nachweist**.[1415] Dessen bedarf es auch dann, wenn der Kläger dank des ihm zuerkannten Auskunftsanspruchs nach § 140b PatG bereits eigene Kontrollmöglichkeiten besitzt, die er durch (ggf stichprobenartige) Rückfrage bei den ihm benannten Abnehmern nutzen kann, um sich Gewissheit darüber zu verschaffen, ob der Verletzer die Verletzungsware tatsächlich aus den Vertriebswegen zurückgerufen hat. Einer Adressliste ist auch ohne entsprechende ausdrückliche Tenorierung im Urteil geschuldet.[1416] Ganz besonders besteht eine dahingehende Pflicht, wenn die aufgezeigte Möglichkeit zur Verifizierung, ob sämtliche Abnehmer mit einem Rückruf bedacht worden sind, versagt, weil der Gläubiger über keinen Auskunftstitel verfügt (zB weil er einen Auskunftsanspruch – aus welchen Gründen auch immer – nicht geltend gemacht hat).[1417] Sofern im Erkenntnisverfahren nichts anderes zuerkannt worden ist, braucht sich der Gläubiger nicht darauf verweisen zu lassen, dass die Adressliste lediglich einem zur Verschwiegenheit verpflichteten Wirtschaftsprüfer vorgelegt wird; vielmehr besteht ein höchstpersönlicher Anspruch des Gläubigers, und zwar auch dann, wenn sich der Urteilstenor nicht ausdrücklich zum Nachweis des unternommenen Rückrufs verhält.[1418]

1050 Auch wenn das Gesetz für den Rückruf eine besondere **Form** nicht ausdrücklich vorschreibt, wird er dennoch in aller Regel schriftlich zu erfolgen haben. Nur so kommt ihm – anders als einem nur gesprochenen Wort – dasjenige Gewicht und diejenige Aufmerksamkeit zu, die seine gebotene Berücksichtigung und abwägende Befassung auf Seiten des Abnehmers erwarten lassen.[1419] Obgleich eine Klarstellung im Klageantrag und Urteilstenor wünschenswert ist, ist die Schriftform des Rückrufs auch dann geschuldet, wenn sie dem Schuldner nicht besonders aufgegeben worden ist.[1420] Zu adressieren ist das Rückrufschreiben an den Entscheidungsträger des Unternehmens, was typischerweise der gesetzliche Vertreter sein wird, und zwar in einer Art und Weise, dass davon ausgegangen werden kann, dass das Schreiben den Geschäftsführer auch tatsächlich erreicht. Hilfreich sind Zusätze wie »persönlich/vertraulich«; verboten ist eine Kennzeichnung als Infopost oder Werbung. Einer förmlichen Zustellung bedarf es grundsätz-

---

1413 OLG Düsseldorf, GRUR 2022, 79 – Rückrufvollstreckung I.
1414 OLG Düsseldorf, InstGE 12, 88 – Cinch-Stecker.
1415 OLG Düsseldorf, GRUR 2022, 79 – Rückrufvollstreckung I.
1416 OLG Düsseldorf, GRUR 2022, 79 – Rückrufvollstreckung I.
1417 OLG Düsseldorf, GRUR 2022, 79 – Rückrufvollstreckung I.
1418 OLG Düsseldorf, Beschluss v 24.8.2022 – I-2 W 18/22.
1419 OLG Düsseldorf, Beschluss v 27.8.2020 – I-2 W 16/20.
1420 OLG Düsseldorf, Beschluss v 27.8.2020 – I-2 W 16/20.

lich nicht. Um den Erfüllungseinwand schlüssig zu behaupten, muss der Verpflichtete nicht nur das/die von ihm verwendete(n) Rückrufschreiben (mit der Art der Adressierung, des Umschlages und der Versendungsform) präsentieren, wobei im Falle eines gleichlautenden Rückrufs die Präsenation *eines* Musters genügt, sondern außerdem diejenigen Empfänger bennenen, an die das/die Schreiben verschickt worden sind. Letzteres gilt auch dann, wenn ein Auskunfts- und Rechnungslegungsanspruch nicht geltend gemacht wurde, und ermöglicht es dem Verletzten, durch Nachfrage bei potenziellen Empfängern des Verletzungsgegenstandes Erkundigungen dazu einzuholen, ob die angegriffene Ausführungsform an sie geliefert und später vom Verletzer in der behaupteten Form zurückgerufen worden ist.

Die besagten Modalitäten des Rückrufes müssen im **Klageantrag** (und Urteilstenor) konkretisiert werden, weil der Antrag (Ausspruch) ansonsten unbestimmt ist.[1421] Er würde es in unzulässiger Weise dem Vollstreckungsverfahren überlassen, welchen Inhalt das Rückrufverlangen haben muss. 1051

Kommt aus Gründen der Verhältnismäßigkeit nur eine **Teilvernichtung** der verletzenden Vorrichtung in Betracht, kann dem Beklagten – anstelle eines Rückrufs der gesamten verletzenden Vorrichtung – vorbehalten werden, seinen Abnehmern anzubieten, an den betreffenden Gegenständen die zur Teilvernichtung führende Maßnahme durchzuführen. Verfügt der Verletzer über eine patentfreie Ausweichtechnik, die er seinem Abnehmer im Austausch gegen den Verletzungsgegenstand anbieten kann, so kann statt einer Erstattung des Kaufpreises das Angebot einer Rücknahme des Verletzungsproduktes gegen patentfreie Ersatzlieferung angeordnet werden. 1052

bb) Entfernung aus den Vertriebswegen

Der Anspruch auf endgültiges Entfernen aus den Vertriebswegen verpflichtet den Schuldner dazu, alle ihm zur Verfügung stehenden und zumutbaren tatsächlichen und rechtlichen Möglichkeiten auszuschöpfen, um die weitere oder erneute Zirkulation des patentverletzenden Gegenstandes in den Vertriebswegen auszuschließen.[1422] Ein »endgültiges Entfernen aus den Vertriebswegen« kann, *wenn* für den Beklagten im Einzelfall die rechtliche und tatsächliche Möglichkeit hierzu besteht, dadurch erfolgen, dass der Verletzer (a) die Erzeugnisse wieder an sich nimmt (zB aufgrund fortbestehenden Eigentums und nicht nur als Folge eines Rückrufs oder infolge der konzernmäßigen Beherrschung eines zum Unternehmensverbund gehörenden Vertriebsunternehmens) oder (b) deren Vernichtung beim jeweiligen Besitzer veranlasst.[1423] Im Vergleich zum Rückruf genügt nicht der Appell an eine freiwillige Rückgabe; wegen der *Endgültigkeit* sind vielmehr gesteigerte Bemühungen erforderlich, die verlangen, dass bestehende Rückforderungsansprüche, notfalls mit gerichtlicher Hilfe, durchgesetzt werden.[1424] Allerdings gilt der Vorbehalt des – rechtlich und tatsächlich – Möglichen auch hier, sodass der Verbleib verletzender Erzeugnisse zB nur unter Auswertung bekannter und verfügbarer Erkenntnismittel aufgeklärt werden muss. Die Ware muss sich noch in »den Vertriebswegen« befinden, was Maßnahmen gegenüber dem privaten Endverbraucher ausschließt. Als solcher ist nicht ein Arzt anzusehen, der verletzende Gegenstände (zB Herzklappen) Patien- 1053

1421 OLG München, Urteil v 28.6.2012 – 6 U 1560/12; aA: LG Mannheim, InstGE 12, 200 – Stickstoffmonoxyd-Nachweis, das dem Verletzer keine konkreten Vorgaben hinsichtlich der zum Rückruf zu ergreifenden Maßnahmen machen will und lediglich die Verpflichtung austenoriert, die patentverletzenden Gegenstände »aus den Vertriebswegen zurückzurufen«; zustimmend: OLG Karlsruhe, Urteil v 8.4.2015 – 6 U 92/13; ohne nähere Erörterungen des Problems hat auch der BGH (GRUR 2019, 518 – Curapor) einen pauschal formulierten Klageantrag hingenommen.
1422 BGH, GRUR 2017, 785 – Abdichtsystem.
1423 BGH, GRUR 2017, 785 – Abdichtsystem.
1424 BGH, GRUR 2017, 785 – Abdichtsystem.

ten implantiert, weil die ärztliche Tätigkeit patentrechtlich nichts anderes als ein weiterer entgeltlicher Vertrieb ist.

1054 Die **Verbringung** der schutzrechtsverletzenden Ware **in das schutzrechtsfreie Ausland** kommt als Entfernungsmaßnahme nur in Betracht, wenn mit ihr – Erstens – nicht ein abermaliger Eingriff in das Klageschutzrecht verbunden ist (was bei einer vom Inland ausgehenden Lieferung der Fall ist) und wenn – Zweitens – ähnlich wie mit einer Vernichtung sichergestellt ist, dass es mit der ins Ausland verbrachten Ware nicht anschließend zu einem neuerlichen Schutzrechtseingriff von Seiten des Abnehmers (zB durch Import in das Schutzterritorium des Patents oder eines parallelen Auslandspatents des Verletzten) kommt.[1425] Taugliche Sachverhalte sind also solche, bei denen die Lieferung der verletzenden Ware vom Ausland aus (und damit ohne erneute Patentverletzung) vorgenommen wird, sofern aufgrund der besonderen Umstände ein endgültiger Verbleib im schutzrechtsfreien Territorium gewährleistet ist. Zu denken ist beispielhaft an einen ausländischen Abnehmer, von dem aufgrund des Zuschnitts seines Geschäftsbetriebes zu erwarten ist, dass er die Ware nicht handelt, sondern in seinem Unternehmen zB zu Fabrikationszwecken einsetzen wird.

1055 Welche Entfernungsmaßnahme verlangt werden soll, ist im **Klageantrag** konkret anzugeben.[1426] Einem Ausspruch, der bloß allgemein darauf gerichtet ist, dass der Beklagte das patentverletzende Erzeugnis endgültig aus den Vertriebswegen entfernt, fehlt die erforderliche Bestimmtheit, weil es dem Vollstreckungsverfahren überlassen bliebe zu bestimmen, welche Maßnahmen der Beklagte schuldet und welche nicht. Das gleiche gilt für einen Antrag dahingehend, dass der Beklagte die Vernichtung der rechtsverletzenden Ware beim gewerblichen Abnehmer veranlasst. Ohne nähere Konkretisierung dazu, welche Maßnahme genau verlangt wird, ist das Begehren nichtssagend und deswegen prozessual unzulässig. Ebensowenig hilfreich ist ein Antrag, den Verletzungsgegenstand dadurch aus den Vertriebswegen zu entfernen, dass der Verletzer ihn wieder an sich nimmt. Denn es bleibt offen, auf welche Weise dies konkret geschehen soll – beispielsweise auch gegen den Widerstand des Abnehmers? Soweit es nur darum geht, infolge des Rückrufs zurückerhaltene Gegenstände in Empfang zu nehmen, ist diese Pflicht schon Teil der Rückrufverpflichtung.[1427] Unzulässig ist gleichfalls ein Klageantrag, der es der Wahl des Klägers (= Gläubigers) überlässt, welche von mehreren Entfernungsmaßnahmen (zB die Wiederansichnahme oder die Veranlassung der Vernichtung beim Besitzer) getroffen werden sollen (Bsp.: »…. *die Beklagte zu verurteilen, die unter I.1. bezeichneten Gegenstände endgültig aus den Vertriebswegen zu entfernen, indem die Beklagte diese Gegenstände wieder an sich nimmt oder nach Wahl der Klägerin die Vernichtung dieser Gegenstände beim jeweiligen Besitzer auf Kosten der Beklagten veranlasst*«).[1428]

1056 Der Rückruf ist nach **§ 888 ZPO** zu vollstrecken.[1429] Es handelt sich schon deswegen um eine nicht vertretbare, höchstpersönliche Handlung, weil nur dem Rückrufschuldner die Empfänger der schutzrechtsverletzenden Ware (und damit die richtigen Adressaten des durchzuführenden Rückrufs) bekannt sind. Sollte der Vollstreckungsgläubiger ausnahmsweise entsprechende Kenntnis haben (zB weil bereits umfänglich Auskunft erteilt ist), folgt die Unvertretbarkeit jedenfalls daraus, dass mit dem Rückruf eine Erstattung des Kaufpreises sowie bestimmter Aufwendungen zugesagt werden muss, zu der nur der

---

1425 Offengelassen von BGH, GRUR 2017, 785 – Abdichtsystem.
1426 AA: OLG Karlsruhe, Urteil v 8.4.2015 – 6 U 92/13; ebenso ohne Erörterungen von Bestimmtheitsbedenken: BGH, GRUR 2019, 518 – Curapor).
1427 OLG Düsseldorf, Urteil v 13.8.2020 – I-2 U 10/19.
1428 LG Düsseldorf, Urteil v 31.3.2020 – 4a O 77/19.
1429 OLG Düsseldorf, Beschluss v 27.8.2020 – I-2 W 16/20; OLG Düsseldorf, Beschluss v 25.8.2022 – I-15 W 16/22 mwN; aA: Jestaedt, GRUR 2009, 102, 104, der für § 887 ZPO plädiert.

Vollstreckungsschuldner, aber kein Dritter zu seinen Lasten imstande ist. Dasselbe gilt für höchstpersönliche Entfernungsmaßnahmen.

cc) Eingreifen des Vernichtungsanspruchs

In Bezug auf Verletzungsgegenstände, die infolge des Rückrufs oder der Entfernung in die inländische Verfügungsgewalt des Verletzers zurück gelangen, kann ein Vernichtungsanspruch nach Abs 1 geltend gemacht werden. Ist der Beklagte zum Rückruf *und* zur Vernichtung verurteilt, so erstreckt sich der Vernichtungsausspruch ohne weiteres auch auf solche Gegenstände, die erst im Nachhinein (nämlich als Folge des Rückrufs) in die Verfügungsgewalt des Beklagten gelangen.[1430] Unschädlich ist, wenn zu diesem Zeitpunkt das Klagepatent seine Wirkungen ex nunc verloren hat, sofern Besitz oder Eigentum zu einer Zeit, als das Klagepatent seine gesetzlichen Wirkungen noch entfaltet hat, einmal bestanden haben. Etwaige Drittinteressen des Zurückliefernden sind im Rahmen der Verhältnismäßigkeit (Abs 4) zu berücksichtigen, sofern sie vom Verletzer eingewandt werden. 1057

Die **Kosten** des Rückrufs und der Entfernung trägt grundsätzlich der Verletzer. 1058

dd) Verfahrensrechtliches

Verfahrensrechtlich kann der Rückrufanspruch nicht im Wege der **einstweiligen Verfügung** durchgesetzt werden.[1431] Da – anders als beim Vernichtungsanspruch – keine Sicherungsmaßnahme vorstellbar ist, würde es zu einer Vorwegnahme der Hauptsache kommen, die grundsätzlich unzulässig ist. Dies ist zwar auch beim Auskunftsanspruch nach § 140b PatG der Fall, wo der Gesetzgeber (Abs 7) jedoch ausdrücklich vorgesehen hat, dass der Anspruch unter besonderen Voraussetzungen, nämlich bei Offensichtlichkeit der Patentverletzung, im Wege des vorläufigen Rechtsschutzes zuerkannt werden kann. In § 140a PatG fehlt eine entsprechende Anordnung, woraus nur gefolgert werden kann, dass im Zusammenhang mit dem Rückrufanspruch eine derartige Möglichkeit der Rechtsverfolgung nicht eingeräumt werden sollte. Ihrer bedarf es auch nicht. Zwar mögen sich die patentverletzenden Gegenstände nach erstinstanzlichem Abschluss eines Hauptsacheverfahrens nicht mehr in den Vertriebswegen befinden, sodass regelmäßig nur ein schneller Zugriff Erfolg verspricht. Zu ihm ist der Verletzte jedoch schon aufgrund des mit einem Verfügungsantrag durchsetzbaren Auskunftsanspruchs nach § 140b PatG imstande. Er verschafft ihm die Namen und Anschriften aller Abnehmer der patentverletzenden Gegenstände, womit er die potenziellen Rückrufadressaten unmittelbar (notfalls mit einem Verfügungsantrag) auf Unterlassung und Herausgabe zur Vernichtung belangen kann. 1059

Eine Rückrufverpflichtung trifft den Antragsgegner im Allgemeinen auch nicht aus einem gegen ihn verhängten **Unterlassungsgebot**. Zwar legt die BGH-Rechtsprechung einen Unterlassungstitel im Zweifel dahin aus, dass der Schuldner eine fortdauernde Störungsquelle aktiv zu beseitigen hat, was in Fällen des erfolgten Vertriebs rechtsverletzender Ware deren Rückruf aus den Vertriebswegen einschließt, wenn und soweit der Rückruf zur Unterbindung weiterer Verletzungshandlungen erforderlich und zumutbar ist.[1432] Wegen des im einstweiligen Verfügungsverfahren geltenden Verbots einer Vorwegnahme der Hauptsache beschränkt sich die Pflicht zur Störungsbeseitigung, wenn ihr eine einstweilige Unterlassungsverfügung zugrunde liegt, allerdings regelmäßig darauf, dass der Schuldner seine Abnehmer auffordert, im Hinblick auf die gegen ihn 1060

1430 OLG Düsseldorf, Beschluss v 25.8.2022 – I-15 W 16/22.
1431 OLG Düsseldorf, GRUR 2018, 855 – Rasierklingeneinheiten; aA: OLG München, Urteil v 28.6.2012 – 6 U 1560/12.
1432 BGH, GRUR 2016, 720 – Hot Sox.

ergangene einstweilige Verfügung von einem Weitervertrieb abzusehen.[1433] Weiterreichende Rückrufobliegenheiten (im Sinne einer Hauptsachevorwegnahme) kommen nur in Ausnahmefällen in Betracht, zB wenn es sich um Sachverhalte der Produktpiraterie handelt oder der Schuldner sich durch die schnelle Weiterveräußerung seiner Unterlassungspflicht entziehen will.[1434]

V. Klageanträge

1061 Nachstehend sind *Musteranträge* wiedergegeben. Sie gehen davon aus, dass eine GmbH (Beklagte zu 1.) und ihr Geschäftsführer (Beklagter zu 2.) wegen unmittelbarer bzw mittelbarer Patentverletzung verklagt werden und der Kläger Unterlassung, Auskunft, Rechnungslegung, Rückruf, Vernichtung, Urteilsbekanntmachung, Entschädigung und Schadenersatz beansprucht.

Praxistipp	Formulierungsbeispiel

1062 **A. Unmittelbare Patentverletzung**

Es wird beantragt,

I. die Beklagten zu verurteilen,

1. es bei Meidung eines für jeden Fall der Zuwiderhandlung vom Gericht festzusetzenden Ordnungsgeldes bis zu 250 000 € – ersatzweise Ordnungshaft – oder einer Ordnungshaft bis zu sechs Monaten, im Falle wiederholter Zuwiderhandlung bis zu insgesamt zwei Jahren, wobei die Ordnungshaft hinsichtlich der Beklagten zu 1. an ihrem Geschäftsführer zu vollziehen ist, zu unterlassen,

... (Oberbegriff des Hauptanspruchs des Patents)

in der Bundesrepublik Deutschland herzustellen[1435], anzubieten, in Verkehr zu bringen oder zu gebrauchen oder zu den genannten Zwecken einzuführen oder zu besitzen[1436],

... (Merkmale des Kennzeichens des Hauptanspruchs)

(gegebenenfalls:) insbesondere wenn

... (etwa verwirklichte Unteransprüche);

2. dem Kläger darüber Auskunft zu erteilen, in welchem Umfang sie (die Beklagten) die zu Ziffer 1 bezeichneten Handlungen seit dem ... (Veröffentlichung der Patenterteilung) begangen haben, und zwar unter Angabe

   a) der Namen und Anschriften der Hersteller, Lieferanten und anderer Vorbesitzer,

   b) der Namen und Anschriften der gewerblichen Abnehmer sowie der Verkaufsstellen, für die die Erzeugnisse bestimmt waren,

   c) der Menge der hergestellten, ausgelieferten, erhaltenen oder bestellten Erzeugnisse sowie der Preise, die für die betreffenden Erzeugnisse bezahlt wurden;

1433 BGH, GRUR 2018, 292 – Produkte zur Wundversorgung.
1434 BGH, GRUR 2018, 292 – Produkte zur Wundversorgung.
1435 Nur falls die Beklagten selbst herstellen.
1436 Handelt es sich um ein Verfahrenspatent, kommen als zu untersagende Handlungsalternativen das Anbieten und/oder Anwenden des Verfahrens in Betracht. Der Rechnungslegungsanspruch ist in einer solchen Konstellation gleichfalls – und zwar auch hinsichtlich der zu offenbarenden Einzeldaten (zB Ort und Zeit der Verfahrensanwendung etc) – anzupassen.

wobei

sich die Verpflichtung zur Auskunftserteilung für die vor dem 1.5.1992 begangene Handlungen auf Handlungen in dem Gebiet der Bundesrepublik Deutschland in den bis zum 2.10.1990 bestehenden Grenzen beschränkt;

die Verkaufsstellen, Einkaufspreise und Verkaufspreise nur für die Zeit seit dem 30.4.2006 anzugeben sind;

zum Nachweis der Angaben die entsprechenden Kaufbelege (nämlich Rechnungen, hilfsweise Lieferscheine) in Kopie vorzulegen sind, wobei geheimhaltungsbedürftige Details außerhalb der auskunftspflichtigen Daten geschwärzt werden dürfen;

3. dem Kläger darüber Rechnung zu legen, in welchem Umfang sie (die Beklagten) die zu Ziffer 1 bezeichneten Handlungen seit dem ...[1437] begangen haben, und zwar unter Angabe:

   a) der Herstellungsmengen und -zeiten[1438],

   b) der einzelnen Lieferungen, aufgeschlüsselt nach Liefermengen, -zeiten, -preisen und Typenbezeichnungen sowie den Namen und Anschriften der Abnehmer,

   c) der einzelnen Angebote, aufgeschlüsselt nach Angebotsmengen, -zeiten, -preisen und Typenbezeichnungen sowie den Namen und Anschriften der gewerblichen Angebotsempfänger,

   d) der betriebenen Werbung, aufgeschlüsselt nach Werbeträgern, deren Auflagenhöhe, Verbreitungszeitraum und Verbreitungsgebiet,

   e) der nach den einzelnen Kostenfaktoren aufgeschlüsselten Gestehungskosten und des erzielten Gewinns[1439],

   (gegebenenfalls:) wobei

   sich die Verpflichtung zur Rechnungslegung für die Zeit vor dem 1.5.1992 auf Handlungen in dem Gebiet der Bundesrepublik Deutschland in den bis zum 2.10.1990 bestehenden Grenzen beschränkt[1440];

   von dem Beklagten zu 2) sämtliche Angaben und von beiden Beklagten die Angaben zu e) nur für die Zeit seit dem ... zu machen sind[1441];

   den Beklagten vorbehalten bleibt, die Namen und Anschriften der nichtgewerblichen Abnehmer[1442] und der Angebotsempfänger statt der Klägerin einem von der Klägerin zu bezeichnenden, ihr gegenüber zur Verschwiegenheit verpflichteten, in der Bundesrepublik Deutschland ansässigen, vereidigten Wirtschaftsprüfer mitzuteilen, sofern die Beklagten dessen Kosten tragen und ihn ermächtigen und verpflichten, der Klägerin auf konkrete Anfrage mitzuteilen, ob ein bestimmter Abnehmer oder Angebotsempfänger in der Aufstellung enthalten ist;

1437 Datum der Veröffentlichung des Patents oder der zugrunde liegenden Anmeldung, evtl der ins Deutsche übersetzten Patentansprüche, jeweils zzgl einem Monat.
1438 Nur falls die Beklagten selbst herstellen.
1439 Den teilweise gebräuchlichen Zusatz »...der nicht durch den Abzug von Fixkosten und variablen Gemeinkosten gemindert ist, es sei denn, diese könnten den unter 1. bezeichneten Gegenständen unmittelbar zugeordnet werden, ...«. lehnt der BGH (GRUR 2007, 773 – Rohrschweißverfahren) wegen Bestimmtheitsbedenken und als sachlich unbeachtlich ab.
1440 Falls Ansprüche für die Zeit vor dem 1.5.1992 (In-Kraft-Treten des Erstreckungsgesetzes) geltend gemacht werden.
1441 Falls Entschädigungsansprüche geltend gemacht werden.
1442 Falls die Mitteilung der Abnehmer unverhältnismäßig ist oder der Kläger mit der Gewährung eines Wirtschaftsprüfervorbehaltes einverstanden ist.

4. nur die Beklagte zu 1): die in ihrem unmittelbaren oder mittelbaren Besitz oder in ihrem Eigentum befindlichen, unter 1. bezeichneten Erzeugnisse[1443] an einen von der Klägerin zu benennenden Gerichtsvollzieher zum Zwecke der Vernichtung auf ihre – der Beklagten zu 1) – Kosten herauszugeben[1444];

5. nur die Beklagte zu 1): die unter 1. bezeichneten, seit dem 30.4.2006[1445] in Verkehr gebrachten Erzeugnisse gegenüber den gewerblichen Abnehmern schriftlich unter Hinweis auf den gerichtlich (Urteil des ... vom ...) festgestellten patentverletzenden Zustand der Sache und mit der verbindlichen Zusage zurückzurufen, etwaige Entgelte zu erstatten sowie notwendige Verpackungs- und Transportkosten sowie mit der Rückgabe verbundene Zoll- und Lagerkosten zu übernehmen und die Erzeugnisse wieder an sich zu nehmen[1446], wobei der Klägerin ein Muster der Rückrufschreiben sowie eine Liste der Adressaten mit Namen und postalischer Anschrift oder – nach Wahl der Beklagten – eine Kopie sämtlicher Rückrufschreiben zu überlassen sind;

6. dem Kläger zu gestatten, ... (zB Urteilskopf und Urteilstenor) auf Kosten der Beklagten durch ... (zB eine in drei aufeinanderfolgenden Ausgaben der Zeitschrift ... erscheinende halbseitige Anzeige) öffentlich bekannt zu machen;

II. festzustellen,

1. dass die Beklagte zu 1) verpflichtet ist, dem Kläger für die zu I.1 bezeichneten, in der Zeit vom ... bis zum ...[1447] begangenen Handlungen eine angemessene Entschädigung zu zahlen[1448];

2. dass die Beklagten als Gesamtschuldner verpflichtet sind, dem Kläger allen Schaden zu ersetzen, der ihm (gegebenenfalls auch dem Patentinhaber oder dem früheren Patentinhaber) durch die zu I.1. bezeichneten, seit dem ...[1449] begangenen[1450] Handlungen entstanden ist und noch entstehen wird[1451].

1443 Sofern eine Vernichtung der Gesamtvorrichtung unverhältnismäßig ist, ist die stattdessen zu vernichtende Teilvorrichtung zu bezeichnen.
1444 Nach Ablauf des Schutzrechts:
»... die unter 1. bezeichneten Erzeugnisse, die sich seit dem ... (Tag des Schutzrechtsablaufs) in ihrem unmittelbaren oder mittelbaren Besitz oder in ihrem Eigentum befinden, ...«.
1445 Ablauf der Umsetzungsfrist für Art 10 der Enforcement-Richtlinie.
1446 Im Klageantrag kann der Text des Rückrufschreibens auch im Einzelnen spezifiziert werden.
1447 Datum der Offenlegung zzgl 1 Monat bis Datum der Veröffentlichung der Patenterteilung zzgl 1 Monat.
1448 Bei Geltendmachung eines Rest-Entschädigungsanspruchs geht der Klageantrag dahin, »festzustellen, dass die Beklagte zu 1. verpflichtet ist, an den Kläger für die zu I.1 bezeichneten, in der Zeit vom ... bis ... begangenen Handlungen eine angemessene Entschädigung zu zahlen, wobei sich die Entschädigungspflicht auf die Herausgabe dessen beschränkt, was die Beklagte zu 1. durch die Benutzung des Gegenstandes der ... (Bezeichnung des Schutzrechts) auf Kosten des Klägers erlangt hat«.
1449 Datum der Veröffentlichung der Patenterteilung zzgl ein Monat.
1450 Für die zeitliche Einordnung kommt es auf die Begehung der Verletzungshandlung an; wann in seiner Folge der Schaden beim Verletzten eingetreten ist, spielt keine Rolle und hat daher auch im Klageantrag keinen Platz (BGH, GRUR 2016, 257 – Glasfasern II).
1451 Bei Geltendmachung – auch – eines Rest-Schadenersatzanspruchs geht der Klageantrag dahin, »festzustellen, dass die Beklagten als Gesamtschuldner verpflichtet sind, dem Kläger allen Schaden zu ersetzen, der ihm durch die zu I.1 bezeichneten, in der Zeit seit dem ... begangenen Handlungen entstanden ist und noch entstehen wird, wobei sich die Schadenersatzpflicht für die vor dem ... begangenen Handlungen auf die Herausgabe dessen beschränkt, was die Beklagten durch die Benutzung des ... (Bezeichnung des Schutzrechts) auf Kosten des Klägers erlangt haben«.

(gegebenenfalls:) wobei

- o sich die Verpflichtung zum Schadenersatz für die Zeit vor dem 1. Mai 1992 auf Handlungen in dem Gebiet der Bundesrepublik Deutschland in den bis zum 2. Oktober 1990 bestehenden Grenzen beschränkt;

III. für jeden zuerkannten Anspruch (außer dem Urteilsveröffentlichungsanspruch[1452]) und die Kostengrundentscheidung Teilsicherheiten festzusetzen, wobei folgende Einzelbeträge vorgeschlagen werden: ...

Praxistipp	Formulierungsbeispiel

B. Mittelbare Patentverletzung

1063

Es wird beantragt,

I. die Beklagten zu verurteilen,

1. es bei Meidung eines für jeden Fall der Zuwiderhandlung vom Gericht festzusetzenden Ordnungsgeldes bis zu 250 000 € – ersatzweise Ordnungshaft – oder einer Ordnungshaft bis zu sechs Monaten, im Falle wiederholter Zuwiderhandlung bis zu insgesamt zwei Jahren, wobei die Ordnungshaft hinsichtlich der Beklagten zu 1. an ihrem Geschäftsführer zu vollziehen ist, zu unterlassen,

   ... (Bezeichnung des angebotenen oder gelieferten Mittels mit seinen erfindungsgemäßen Merkmalen – zB Schneidplatten),

   welches dazu geeignet ist, ... (Bezeichnung der erfindungsgemäßen Gesamtvorrichtung, für die das Mittel geeignet ist [zB Klemmhalter], oder Bezeichnung des patentgemäßen Verfahrens, das mit dem Mittel durchgeführt werden kann –)[1453],

   Abnehmern im Gebiet der Bundesrepublik Deutschland anzubieten und/oder an solche zu liefern,

   ohne

   - o im Falle des Anbietens im Angebot ausdrücklich und unübersehbar darauf hinzuweisen, dass die ... (Bezeichnung der Mittel – zB Schneidplatten) nicht ohne Zustimmung des Klägers als Inhabers des deutschen Patents ... mit ... (Bezeichnung der erfindungsgemäßen Gesamtvorrichtung, für die die Mittel sich eignen – zB Klemmhalter, oder Bezeichnung des patentgemäßen Verfahrens) verwendet werden dürfen;

   - o im Falle der Lieferung den Abnehmern unter Auferlegung einer an den Patentinhaber zu zahlenden Vertragsstrafe von ... € für jeden Fall der Zuwiderhandlung, mindestens jedoch ... € pro Stück (zB Schneidplatte), die schriftliche Verpflichtung aufzuerlegen, die (zB Schneidplatten) nicht ohne Zustimmung des Patentinhabers für ... (zB Klemmhalter) zu verwenden, die mit den vorstehend unter a) bezeichneten Merkmalen ausgestattet sind;

2. dem Kläger darüber Auskunft zu erteilen, in welchem Umfang sie seit dem (Veröffentlichung der Patenterteilung) die zu 1. Bezeichneten Handlungen begangen haben, und zwar unter Angabe ... (wie zu A.I.2);

1452 ... weil § 140e Satz 4 PatG dessen vorläufige Vollstreckbarkeit ausschließt.
1453 Mangels hinreichender Bestimmtheit unzulässig ist eine Formulierung, die darauf abstellt, dass das angegriffene Mittel (geeignet und) »bestimmt« ist für die patentgeschützte Verfahrensführung oder Verwendung (BGH, GRUR 2006, 839, 841 – Deckenheizung).

> 3. dem Kläger darüber Rechnung zu legen, in welchem Umfang sie seit dem ... (Schadenersatzzeitraum) die zu 1. bezeichneten Handlungen begangen haben,
>
> und zwar unter Angabe ... (wie zu A.I.3);
>
> (sofern das Mittel auch patentfrei gebraucht sein kann:) ... wobei diejenigen Lieferungen und Abnehmer besonders kenntlich zu machen sind, die das Mittel (zB die Schneidplatten) patentgemäß (zB mit dem erfindungsgemäßen Klemmhalter) verwendet haben;
>
> II. festzustellen, dass die Beklagten als Gesamtschuldner verpflichtet sind, dem Kläger allen Schaden zu ersetzen, der ihm durch die zu I.1 bezeichneten, in der Zeit seit dem ... begangenen Handlungen entstanden ist und noch entstehen wird,
>
> III. für jeden zuerkannten Anspruch und die Kostengrundentscheidung eine Teilsicherheit festzusetzen, wobei folgende Einzelbeträge vorgeschlagen werden: ...

1064 Enthält der Klageantrag – das gleiche gilt für einen Widerklageantrag – **Unklarheiten**, bestimmen sich sein Inhalt und seine Reichweite nicht allein nach dem Wortlaut; vielmehr ist der Antrag unter Berücksichtigung der Klagebegründung auszulegen. Wegen des verfassungsrechtlichen Anspruchs auf effektiven Rechtsschutz und rechtliches Gehör ist im Zweifel das als gewollt anzusehen, was nach den Maßstäben der Rechtsordnung vernünftig ist und der recht verstandenen Interessenlage der erklärenden Partei entspricht.[1454]

VI. Klagebegründung

1065 Die Klagebegründung verfolgt den Zweck, das Gericht (als bisher Unbeteiligten) mit dem Streitstoff vertraut zu machen. Adressat sind insoweit technisch nicht vorgebildete Laien. Weil dem so ist, haben die gesamten Ausführungen – dies gilt in gleicher Weise für die Klageerwiderung und die Replik – unter dem Gebot der *Verständlichkeit* zu stehen. Nicht selten entscheidet die Qualität der Klage (und der sonstigen Schriftsätze) darüber, ob sich das Gericht in der Lage sieht, den Rechtsstreit aufgrund eigener Sachkunde zu entscheiden oder ob es die Einholung eines Sachverständigengutachtens für geboten hält, was die Durchsetzung der Klageansprüche für geraume Zeit verzögert. Zur Verständlichkeit des Sachvortrages gehört es auch, dass alle überflüssigen Erörterungen, die zur Begründung der geltend gemachten Ansprüche nicht zwingend erforderlich sind, unterbleiben. Es sollte deshalb auf die Schilderung der vorprozessualen Geschichte ebenso verzichtet werden wie auf jegliche Ausführungen zu früheren oder parallelen Auseinandersetzungen der Parteien, die zur Entscheidung der vorliegenden Klage nichts beitragen.

1. Darstellung der Erfindung

1066 Im Mittelpunkt der Klageschrift hat die Darstellung der durch das Klagepatent geschützten Erfindung zu stehen. Insoweit ist es zwar bequem, aber unbehelflich, die Klagepatentschrift (die nicht selten einen bestimmten Wissenshorizont voraussetzt und die sich deswegen einem technischen Laien nicht ohne weiteres erschließt) abzuschreiben.

1067 Stattdessen sollte – im Interesse der gebotenen Verständlichkeit – eingangs kurz auf den Hintergrund der Erfindung (zB das Einsatz- und Verwendungsgebiet gattungsgemäßer

---

1454 BGH, WM 2016, 1599.

VI. 1. Darstellung der Erfindung

Vorrichtungen etc) eingegangen werden, was zweckmäßigerweise durch geeignetes Prospektmaterial oder dergleichen veranschaulicht werden kann. Im Anschluss an diese in das technische Gebiet einführenden Bemerkungen sollte die Erfindung *mit eigenen Worten* umrissen werden. Dazu gehört zunächst eine Darstellung desjenigen Standes der Technik, von dem die Erfindung ausgeht. Erörterungsbedürftig ist insofern nicht jede Druckschrift, die in der Beschreibung der Klagepatentschrift erwähnt ist. Angesprochen werden sollte vielmehr nur derjenige Stand der Technik, der für das Verständnis der Lehre des Klagepatents oder für dessen Auslegung relevant ist. Die betreffenden Druckschriften (fremdsprachige Druckschriften mit deutscher Übersetzung[1455]) sind gleichzeitig als Anlage zur Klageschrift vorzulegen. Eine wertvolle Hilfe bei der Erläuterung und beim Verständnis bieten die Patentzeichnungen des Standes der Technik, von denen zB eine besonders aussagekräftige (gegebenenfalls zusätzlich kolorierte) Abbildung in die Klageschrift übernommen und unter Rückgriff auf die in der Zeichnung verwendeten Bezugsziffern erklärt werden kann. In diesem Zusammenhang sind auch die in der Klagepatentschrift angesprochenen (oder dem Durchschnittsfachmann sonst ersichtlichen) Nachteile des Standes der Technik herauszuarbeiten und erforderlichenfalls durch ergänzende Bemerkungen zu erläutern.

Auf der Grundlage der vorstehenden Ausführungen ergibt sich sodann die Aufgabe der Erfindung, nämlich diejenige technische Problemstellung, die angesichts der kritisierten Nachteile am Stand der Technik und den demgegenüber herausgestellten Vorteilen der Erfindung *objektiv* gelöst werden soll. Nicht immer ist die Aufgabenstellung in der Patentschrift korrekt formuliert. Enthält sie zB Lösungsansätze, so ist dies in der Klageschrift aufzuzeigen und zu bereinigen. 1068

Nachdem die Aufgabe der Erfindung zutreffend ermittelt ist, muss die technische Lehre des Klagepatents dargestellt werden. Dies geschieht typischerweise anhand einer Merkmalsanalyse des geltend gemachten Patentanspruchs. Leider wird ihr in der Praxis ein viel zu geringes Gewicht beigemessen und dementsprechend zu wenig Sorgfalt gewidmet. Sie *muss* geradezu ihren Zweck (den verschachtelten Patentanspruch in eine verständliche Form umzusetzen) verfehlen, wenn der Patentanspruch – wie dies meist geschieht – unbesehen unter Beibehaltung der durch Oberbegriff und Kennzeichen vorgegebenen Reihenfolge lediglich in einzelne Merkmale aufgespalten und mit einer Nummerierung versehen wird. Damit die Merkmalsgliederung die technische Lehre der Erfindung möglichst klar zum Ausdruck bringen kann, ist es unbedingt erforderlich, dass die Einzelmerkmale des Patentanspruchs – *ohne* Rücksicht auf ihre Zugehörigkeit zum Oberbegriff oder zum Kennzeichen – so einander zugeordnet werden, wie sie *technisch* zusammengehören. 1069

▶ Beispiel:

Unter I. ist ein Ausführungsbeispiel, unter II. der Patentanspruch im Wortlaut und unter III. die dazugehörige – sinnvoll gegliederte – Merkmalsanalyse wiedergegeben: 1070

1455 Vgl § 184 GVG: »Die Gerichtssprache ist Deutsch«.

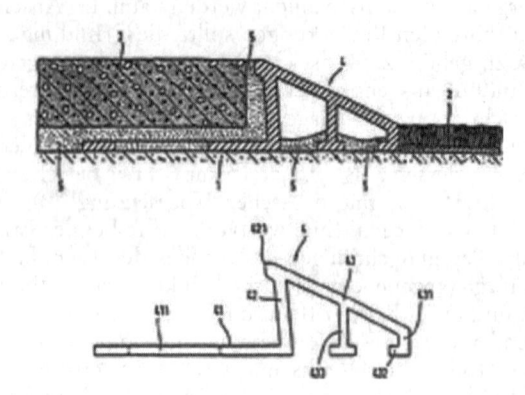

I.

II.

»Vorrichtung zur Ausbildung des Überganges zwischen zwei aneinandergrenzenden Bodenbelägen (2, 3) unterschiedlicher Höhe, bei der an einem unter einem Bodenbelag (3) unterzubringenden Befestigungsschenkel (41) etwa rechtwinklig ein Abschlussschenkel (42) angeformt ist, der mit einem unter einem Winkel von 20–45° nach unten geneigten, sich abstützenden Übergangsschenkel (43) verbunden ist,

gekennzeichnet durch

ein einstückiges Profil (4) mit einem unter 1,5 mm starken, mit Durchbrechungen (411) versehenen Befestigungsschenkel (41) und mit einem endseitig am Abschlussschenkel (42) angeformten Übergangsschenkel (43), der an seinem äußeren Ende einen Anlageabschnitt (431) für den angrenzenden Bodenbelag (2) aufweist.«

III.

(1) Vorrichtung zur Ausbildung des Überganges zwischen zwei aneinandergrenzenden Bodenbelägen (2, 3) unterschiedlicher Höhe.

(2) Die Vorrichtung besteht aus einem einstückigen Profil (4) und besitzt

  (a) einen unter einem Bodenbelag (3) unterzubringenden Befestigungsschenkel (41),

  (b) einen etwa rechtwinklig an dem Befestigungsschenkel (41) angeformten Abschlussschenkel (42) und

  (c) einen mit dem Abschlussschenkel (42) verbundenen Übergangsschenkel (43).

(3) Der Befestigungsschenkel (41)

  (a) weist eine Stärke von weniger als 1,5 mm auf und

  (b) ist mit Durchbrechungen (411) versehen.

(4) Der Übergangsschenkel (43)

  (a) stützt sich ab,

  (b) ist endseitig am Abschlussschenkel (42) angeformt,

  (c) unter einem Winkel von 20–45° nach unten geneigt und

  (d) weist an seinem äußeren Ende einen Anlageabschnitt (431) für den angrenzenden Bodenbelag (2) auf.

Im Einzelfall kann es ratsam sein, ein Ausführungsbeispiel der Erfindung unter Bezugnahme auf die betreffende (gegebenenfalls zusätzlich kolorierte) Patentzeichnung und die dortigen Bezugsziffern *mit eigenen Worten* zu erläutern. 1071

Zur Vorbereitung der späteren Erörterungen zum Verletzungstatbestand können bereits an dieser Stelle »problematische« Merkmale, deren Inhalt oder Reichweite sich nicht ohne weiteres erschließt und die mit Blick auf die angegriffene Ausführungsform bedeutsam sind, anhand der Patentbeschreibung und der Zeichnungen (§ 14 PatG, Art 69 EPÜ) ausgelegt werden.[1456] 1072

2. Die angegriffene Ausführungsform

In einem zweiten Kapitel ist die angegriffene Ausführungsform zu benennen und zu beschreiben. 1073

– Die bestimmte Benennung verlangt zunächst, dass unzweideutig mitgeteilt wird, **welche konkreten Gegenstände** dem Klageangriff unterliegen sollen. Die in der Praxis verbreitete bloß beispielhafte Bezeichnung eines einzelnen Produktes einer ganzen Produktlinie oder -familie, die zB verschiedene Größen und/oder Ausstattungsvarianten umfasst (»insbesondere«), genügt nur dann, wenn unstreitig ist, dass alle anderen Größen und Varianten sich in Bezug auf die Anspruchsmerkmale nicht unterscheiden. Unter solchen Umständen ist jedenfalls eine Zwangsvollstreckung gegen die weiteren Größen und Varianten nach den Grundsätzen der Kerntheorie möglich, die – wenn sich die Urteilsbegründung zu den übrigen Varianten nicht verhält – freilich Darlegungen dazu verlangt, dass und wieso die Urteilserwägungen zu demjenigen Produkt, das Gegenstand des Erkenntnisverfahrens war, in gleicher Weise auch auf die abweichenden Größen oder Ausstattungsvarianten angewandt werden können. Solche Mühe lässt sich ersparen, wenn bereits im Erkenntnisverfahren umfassend und abschließend alle diejenigen Produkte (nach Modell- oder Artikelbezeichnung) benannt werden, wegen derer eine Verurteilung angestrebt wird. 1074

Macht der Beklagte geltend, dass sich die Einzelerzeugnisse der streitbefangenen Produktfamilie schutzbereichsrelevant in ihrer Konstruktion und/oder Wirkungsweise unterscheiden, so ist es unabdingbar, dass sich der Kläger festlegt, welche Einzelprodukte er angreifen will. Darüber hinaus hat er zu jedem in den Klageangriff einbezogenen Produkt substantiiert darzulegen, dass und auf welche Weise es von sämtlichen Anspruchsmerkmalen Gebrauch macht. Dies kann nach Lage des Falles freilich auch derart geschehen, dass der Kläger für *ein* Produkt den Verletzungsnachweis erbringt und bezüglich der übrigen Produkte vorträgt und beweist, dass sie sich von dem Verletzungsprodukt nicht erfindungsbeachtlich unterscheiden. Die Gleichheit im Verletzungssachverhalt darf freilich nicht pauschal und ins Blaue hinein geschehen, sondern muss auf nachprüfbarer Tatsachengrundlage (zB untersuchten Mustern der Einzelprodukte, stichhaltigen Werbeaussagen und dergleichen) fußen. Erst wenn dies geleistet ist, besteht auf Seiten des Beklagten die Notwendigkeit zu einem substanziellen Bestreiten der behaupteten Gleichheit, die anschließend zur Beweislast des Klägers steht. 1075

1456 Alternativ können die betreffenden Überlegungen auch im Rahmen der Subsumtion der Verletzungsform unter den Patentanspruch angestellt werden.

Praxistipp	Formulierungsbeispiel

1076 Der Klageangriff sollte daher nicht bloß anhand von Werbeprospekten oder Produktkatalogen geplant werden, die im Zweifel nichts Verlässliches über die tatsächliche Ausgestaltung und Wirkungsweise des Produktes aussagen, auf die es für die Verletzungsfrage ankommt, sondern anhand von rechtzeitig beschafften und sorgfältig untersuchten Produktmustern erfolgen!

1077 – Ist die angegriffene Ausführungsform nach Maßgabe der vorstehenden Erläuterungen identifiziert, so genügt in Bezug auf sie nicht die Behauptung, die angebliche Verletzungsform verwirkliche sämtliche Merkmale des Patentanspruchs wortlautgemäß. Streng genommen handelt es sich hierbei bereits um eine das Ergebnis der Verletzungsprüfung vorwegnehmende Wertung, die das Gericht vorzunehmen hat und die es nur dann anstellen kann, wenn die angegriffene Ausführungsform in irgendeiner Form »**visualisiert**«[1457] wird. Geeignet dazu sind Originalmuster der Verletzungsform, Prospektabbildungen oder Prinzipskizzen, die – gegebenenfalls zur besseren Veranschaulichung *zusätzlich* zu beiden – angefertigt werden sollten. Auch hier erleichtert es das Verständnis, wenn solche Abbildungen koloriert und/oder mit den Bezugsziffern der Klagepatentschrift versehen sind. Neben der äußerlichen Beschreibung der angegriffenen Ausführungsform kann es geboten sein, deren Funktionsweise zu erläutern. In jedem Fall muss dargelegt werden, auf welche genaue technische Weise (zB welche konkrete Materialzusammensetzung oder welche konstruktive Maßnahme) von jedem einzelnen Merkmal des Patentanspruchs Gebrauch gemacht werden soll.

1078 Für ein beachtliches Vorbringen im Prozess gilt grundsätzlich das Folgende:

1079 • Für einen schlüssigen Sachvortrag genügt es, wenn die Partei Tatsachen vorträgt, die in Verbindung mit einem Rechtssatz geeignet sind, das geltend gemachte Recht in der Person derjenigen Partei entstehen zu lassen, die den Anspruch erhebt. Der Angabe näherer Einzelheiten bedarf es darüber hinaus nicht, wenn sie für die begehrten Rechtsfolgen nicht von Bedeutung sind. Das Gericht muss lediglich in die Lage versetzt werden, aufgrund des tatsächlichen Vorbringens der Partei zu entscheiden, ob die gesetzlichen Voraussetzungen für das Bestehen des geltend gemachten Rechts vorliegen. Sind diese Anforderungen erfüllt, ist es Sache des Tatrichters, in die Beweisaufnahme einzutreten.[1458]

1080 • Das gilt insbesondere dann, wenn die Partei keine unmittelbare Kenntnis von den ihrer Behauptung zugrunde liegenden Vorgängen hat (zB weil sich die Merkmalsbenutzung mit zumutbaren Mitteln unaufklärbar im Verborgenen abspielt). Auch nur **vermutete Tatsachen** dürfen als Behauptung in einen Rechtsstreit eingeführt werden, wenn die Partei mangels entsprechender Erkenntnisquellen (zB Besichtigung) oder Sachkunde kein sicheres Wissen von Einzeltatsachen hat. Will eine Partei die Einholung eines Sachverständigengutachtens beantragen, so hat sie gemäß § 403 ZPO die zu begutachtenden Punkte zu bezeichnen. Das Gesetz verlangt demgegenüber nicht, dass der Beweisführer sich auch dazu äußert, welche Anhaltspunkte er für die Richtigkeit der in die Kenntnis des Sachverständigen gestellten Behauptung hat.[1459]

1457 Sie sollten nicht erst im Verhandlungstermin, sondern bereits mit der Klageschrift überreicht werden!
1458 BGH, NJW 2021, 3721.
1459 BGH, NJW 2021, 3721.

- Auf der anderen Seite ist jedoch der auf Vermutungen gestützte Sachvortrag einer Partei unbeachtlich, wenn die unter Beweis gestellten Tatsachen so ungenau bezeichnet sind, dass ihre Erheblichkeit nicht beurteilt werden kann. Dasselbe gilt, wenn die Tatsache zwar in das Gewand einer bestimmt aufgestellten **Behauptung** gekleidet wird, aber »**ins Blaue**« **hinein** aufgestellt, dh »aus der Luft gegriffen« ist, wobei sich solches in der Regel nur bei Fehlen *jeglicher* tatsächlicher Anhaltspunkte annehmen lassen wird.[1460]   1081

- Lässt sich der Beweis für eine bestimmte merkmalsgemäße Geräteausstattung nicht direkt führen (indem das Bauteil nachgewiesen werden kann), so kann der Beweis auch **mittelbar** dadurch erbracht werden, dass für die angegriffene Ausführungsform die patentgemäß korrespondierende Funktion dargetan wird (oder diese unstreitig ist) und jede in Betracht kommende Funktions-Ersatzursache als diejenige einer Erfindungsbenutzung ausgeräumt wird. Erforderlich hierfür ist, dass der Kläger – erstens – darlegt, dass für die betreffende technische Funktion nur eine abschließende Zahl konstruktiver Möglichkeiten denkbar ist, und dass er – zweitens – jede einzelne dieser Alternativmöglichkeiten für die angegriffene Ausführungsform mit Gewissheit ausschließt. Schon die erste Voraussetzung wird vielfach auf Schwierigkeiten stoßen, weil die Möglichkeit in Rechnung zu stellen ist, dass der Verletzer einen weiteren, erfinderischen Lösungsweg außerhalb der Erfindung und außerhalb des Bekannten gefunden hat, der beispielsweise sein betriebsgeheimes Know-how ist, weswegen selbst ein Sachverständiger möglicherweise nicht in der Lage wäre, guten Gewissens auszuschließen, dass die angegriffene Ausführungsform sich für die fragliche Funktion eines neuartigen alternativen Konstruktionsmittels bedient. Lässt sich ein bestimmtes konstruktives Merkmal bei der angegriffenen Ausführungsform nicht feststellen, und legt der Beklagte dar oder ist sogar unstreitig, dass die fragliche technische Funktion auch auf bestimmte andere Weise erzielt werden kann, so kann der Verletzungsvorwurf nicht schlüssig damit gerechtfertigt werden, dass das zu der angegriffenen Ausführungsform bekannte Blockschaltbild für eine solche Alternativlösung keine Anhaltspunkte biete. Denn selbst wenn das Schaltbild den Schluss rechtfertigen würde, dass die für die fragliche Alternativlösung erforderliche Geräteausstattung bei der angegriffenen Ausführungsform nicht vorhanden ist, trägt der Schluss von der Funktion auf die patentgemäße Konstruktion nur dann, wenn gleichzeitig behauptet wird, es gebe sonst keine weitere alternative Umsetzungsmöglichkeit, die die Funktion der angegriffenen Ausführungsform statt dessen erklären könnte.   1082

3. Der Verletzungstatbestand

In einem dritten Abschnitt der Klageschrift ist sodann die angegriffene Ausführungsform unter den Anspruch des Klagepatents zu subsumieren. Hierbei ist auf die Merkmalsgliederung zurückzugreifen und – Merkmal für Merkmal – darzutun, durch welches Vorrichtungsteil oder welchen Verfahrensschritt welches Merkmal der Erfindung verwirklicht sein soll. Wird eine äquivalente Benutzung des Klagepatents geltend gemacht, ist aufzuzeigen, dass und weshalb das verwendete Ersatzmittel dieselben Wirkungen wie das im Wortlaut des Patentanspruchs liegende Lösungsmittel besitzt und dass und weshalb es für einen Durchschnittsfachmann im Prioritätszeitpunkt ausgehend von der Klagepatentschrift nahe liegend war, das Austauschmittel zu wählen. Sofern nicht schon die Klagepatentschrift in ihrer Beschreibung eine Anregung gibt, sind geeignete Belege aus dem Stand der Technik zu zitieren.   1083

1460 BGH, NJW 2021, 3721.

D. Klageverfahren

4. Rechtsausführungen

1084 Die Klageschrift schließt im Allgemeinen mit rechtlichen Ausführungen zu den geltend gemachten Klageansprüchen (auf Unterlassung, Rechnungslegung, Vernichtung, Entschädigung und Schadenersatz) sowie zur örtlichen und gegebenenfalls internationalen Zuständigkeit des angerufenen Gerichts.

5. Erforderlichkeit einer sachverständigen Begutachtung

1085 Besonderer strategischer Erwägungen des Klägers bedürfen solche Verletzungsklagen, die entweder eine schwierige technische Materie betreffen, die dem Verletzungsgericht voraussichtlich nicht aus eigener Kenntnis und Einarbeitung zugänglich sein wird, und/ oder bei denen sich bereits aus der vorgerichtlichen Korrespondenz, spätestens aber aus der Klageerwiderung ergibt, dass die Ausgestaltung und/oder Wirkungsweise der angegriffenen Ausführungsform im Tatsächlichen streitig ist, ohne dass das Verletzungsgericht die notwendigen Feststellungen selbst wird treffen können. Unter solchen Umständen ist von vornherein absehbar, dass es zur Einholung eines Sachverständigengutachtens kommen wird.

Praxistipp	Formulierungsbeispiel
1086 Hier macht es für den Kläger schlechterdings keinen Sinn, im Anschluss an die Klageerwiderung bis zum anberaumten Verhandlungstermin – dem üblichen Prozedere folgend – weitere Schriftsätze auszutauschen. Das einzige, was der Kläger mit einem solchen Verhalten erreicht, ist ein unnötiger Zeitverlust bei der Durchsetzung seiner Ansprüche aus dem Patent. Richtig ist es stattdessen, als Kläger direkt nach der Klageerwiderung auf die Notwendigkeit einer sachverständigen Begutachtung hinzuweisen und beim Verletzungsgericht die Aufhebung des Verhandlungstermins und den kurzfristigen Erlass einer Beweisanordnung im schriftlichen Verfahren anzuregen. Neben einem schriftsätzlichen Antrag ist unbedingt ein begleitender telefonischer Kontakt zum Gericht anzuraten, bei dem die Anregung in geeigneter Weise näher erläutert werden kann.	

VII. Checkliste für Kläger[1461]

Praxistipp	Formulierungsbeispiel
1087 – Abmahnung gegenüber dem Beklagten notwendig und erfolgt? ❑ Abmahnung ausnahmsweise entbehrlich? ❑ Abmahnung unzweckmäßig (Gefahr eines Torpedo)?	

[1461] Die Liste erhebt keinen Anspruch auf Vollständigkeit, sie berücksichtigt jedoch die wichtigsten bei einer Klageerhebung zu beachtenden Punkte. Die Liste ist im Internet abrufbar (siehe Hinweis im Anschluss an das Inhaltsverzeichnis).

- Negative Feststellungsklage umgekehrten Rubrums im europäischen Ausland bereits anhängig?
  - ❏ Gefahr der Aussetzung des Verletzungsprozesses
    (Art 29 EuGVVO, Art 27 VO 44/2001, Art 21 EuGVÜ, Art 21 LugÜ)
- Zuständigkeit des angerufenen Gerichts?
  - Örtliche Zuständigkeit
    - ❏ Sitz des Beklagten
    - ❏ Ort der Niederlassung des Beklagten
    - ❏ Ort der Patentverletzung
    - ❏ Rügeloses Verhandeln des Beklagten
  - Bei ausländischem Beklagten: Internationale Zuständigkeit
    - ❏ EuGVVO, VO 44/2001, EuGVÜ, LugÜ
    - ❏ (Art 4/2, Art 7 Nr 2/5 Nr 3, Art 8 Nr 1/6 Nr 1)
- § 145 PatG?
  - ❏ Werden durch die aA mehrere Patente verletzt?
  - ❏ Müssen – zumindest vorsorglich – alle/mehrere Patente in derselben Klage geltend gemacht werden?
- Klagepatent(e) in Kraft?
  - ❏ aktueller Auszug aus dem Patentregister (bei EP: des DPMA!)
  - ❏ deutsches Patent: Art II § 8 IntPatÜG (Doppelschutzverbot)?
  - ❏ EP in fremder Verfahrenssprache:
  - ❏ Erteilungshinweis vor dem 1.5.2008 veröffentlicht:
    Dt. Übersetzung formell ordnungsgemäß erfolgt (Art II § 3 Abs 1, 2 IntPatÜG)?
  - ❏ Sofern Entschädigung geltend gemacht werden soll:
    Dt. Übersetzung der Ansprüche erfolgt (Art II § 1 Abs 2 IntPatÜG)?
- Aktivlegitimation des Klägers?
  - als eingetragener Patentinhaber
    - ❏ aktueller Rollenauszug,
    - ❏ Umschreibung erfolgt?
    - ❏ Gesamtrechtsnachfolge
    - ❏ Firmenänderung
  - Bei Vergabe einer ausschließlichen Lizenz:
    - ❏ Eigenes Betroffensein durch die Verletzungshandlungen darlegen
    - ❏ bzgl Schadenersatz: Gemeinsame Klage mit ausschließlichem Lizenznehmer o d e r dessen Schadenersatzansprüche abtreten lassen (hierbei ggf deutsches Recht vereinbaren)
  - als ausschließlicher Lizenznehmer
    - ❏ Vorlage des Lizenzvertrages (ggf teilgeschwärzt) in Kopie

D. Klageverfahren

- ☐ Vorsorglich: Benennung von Zeugen für Abschluss und Bestand
- ☐ bzgl Schadenersatz: Gemeinsame Klage mit Patentinhaber o d e r dessen Schadenersatzansprüche abtreten lassen
- als einfacher Lizenznehmer
  - ☐ Vorlage des Lizenzvertrages (ggf teilgeschwärzt) in Kopie
  - ☐ Vorsorglich: Benennung von Zeugen für Abschluss und Bestand
  - ☐ Vorlage der Prozessführungsermächtigung des Patentinhabers im Original (für Unterlassungs- und Vernichtungsanspruch)
  - ☐ Vorlage der Abtretungsvereinbarung mit dem Patentinhaber im Original
    (für Rechnungslegungs-, Entschädigungs- und Schadenersatzanspruch)
- Inlandsvertreter bestellt?
- Passivlegitimation des Beklagten?
  - Welches Unternehmen stellt her, bietet an, vertreibt?
    - ☐ Zur korrekten Bezeichnung: Handelsregisterauskunft einholen
  - Gibt es – ggf im Ausland – Zulieferer, die als Mittäter verklagt werden können?
    - ☐ Zustellung möglich, ggf während einer inländischen Messe? Öffentliche Zustellung?
  - Wer war/ist im maßgeblichen Zeitraum als gesetzliches Vertretungsorgan neben dem Unternehmen verantwortlich und deshalb haftbar (GF)?
    - ☐ Handelsregisterauskunft einholen
    - ☐ Geschäftsführerwechsel beachten
- Klageantrag:
  - Häufige Fehler:
    - ☐ Bei EP: Beschränkung auf Handlungen »in der Bundesrepublik Deutschland« klarstellen
    - ☐ Verbot des »Herstellens« nur, wenn inländische Herstellungshandlungen des Beklagten behauptet werden können
    - ☐ Entschädigung und korrespondierende Rechnungslegung nicht gegenüber GF und nicht bei mittelbarer PV
    - ☐ Vernichtungsanspruch und Rückruf nicht gegenüber dem GF, nicht bei mittelbarer PV
    - ☐ Soweit abgetretene Schadenersatzansprüche eingeklagt werden (einfacher Lizenznehmer): Zu ersetzen ist der dem Patentinhaber entstandene Schaden
    - ☐ Bei Inhaberwechsel und Umschreibung: Schadenersatzantrag berücksichtigt den Rollenstand (Umschreibungsdatum)
    - ☐ Bei zwischenzeitlich ausgeschiedenem GF: Zeitliche Beschränkung des Rechnungslegungs,- Entschädigungs- und Schadenersatzanspruchs auf Benutzungshandlungen in der Zeit bis zum Ausscheiden
  - Unteransprüche »insbesondere« aufnehmen
  - Vorgerichtliche Abmahnkosten?

- Antrag auf Festsetzung von Teilsicherheiten für einzelne zu titulierende Ansprüche, deren isolierte Vollstreckung vorbehalten bleiben soll?
- Streitwertangabe?

E. Verteidigungsmöglichkeiten des Beklagten

Dem Beklagten stehen verschiedene Strategien zur Verfügung, mit denen er der Klage entgegentreten kann. Vorab stellt sich selbstverständlich die Frage, ob dem Verletzungsvorwurf mit Aussicht auf Erfolg Argumente entgegengehalten werden können oder das Klageschutzrecht angreifbar ist.

I. Fehlende Verteidigungsaussichten

Bestehen keine Aussichten auf eine erfolgreiche Verteidigung, kann nur noch versucht werden, die Kosten des Verfahrens zu reduzieren.

1. Anerkenntnis

Hierzu besteht vor allem dann eine Möglichkeit, wenn der Beklagte vor Zustellung der Klageschrift von dem Kläger nicht abgemahnt worden ist bzw die Abmahnung nicht den oben erläuterten Anforderungen entsprochen hat, zB nur als Berechtigungsanfrage gewertet werden kann oder nicht an den Beklagten, sondern eine Konzerngesellschaft adressiert war. In diesem Fall hat der Beklagte die Möglichkeit, die Klageanträge sofort anzuerkennen mit der Folge, dass dem Kläger gemäß § 93 ZPO die gesamten Kosten des Verfahrens auferlegt werden. Voraussetzung für diese dem Beklagten günstige Kostenfolge ist:

Die mit der Klage geltend gemachten Ansprüche müssen **sofort**, dh noch vor Verlesung der Anträge in einem frühen ersten Termin bzw innerhalb der Klageerwiderungsfrist im schriftlichen Vorverfahren (§ 276 ZPO), anerkannt werden. Das Anerkenntnis muss vorbehaltlos erfolgen. Unschädlich ist die Anzeige der Verteidigungsbereitschaft[1], schädlich ist demgegenüber die (gleichzeitige) Ankündigung eines Klageabweisungsantrages.[2] So lange die Revision noch nicht begründet ist, kann der zweitinstanzliche Prozessbevollmächtigte das Anerkenntnis wirksam beim BGH erklären.[3]

Der Beklagte darf darüber hinaus **keine Veranlassung zu der Klage** gegeben haben. Veranlassung ist gegeben, wenn der Kläger aufgrund des vorprozessualen Verhaltens des Beklagten annehmen musste, seine Rechte ohne Klage nicht durchsetzen zu können. Unter gewissen Voraussetzungen kann auch das prozessuale Verhalten des Beklagten quasi nachträglich die Klageveranlassung begründen.[4] An der Veranlassung zur Klage fehlt es in der Regel, wenn der Beklagte nicht ordnungsgemäß abgemahnt worden ist. War der Verletzungsgegenstand in der Abmahnung nur »insbesondere« bezeichnet, liegt nur in Bezug auf das konkret bezeichnete Erzeugnis eine Abmahnung vor, wohingegen in Bezug auf andere, nicht »insbesondere« aufgezählte Gegenstände § 93 ZPO anwendbar bleibt. Selbst bei beanstandungsfreier Abmahnung kann der Verletzte gehindert sein, sogleich Klage zu erheben, zB dann, wenn der Gegner eine sachlich hinreichende Unter-

---

1 BGH, MDR 2007, 233.
2 AA: OLG Celle, Mitt 2011, 388, das auch die Ankündigung eines Klageabweisungsantrages für unschädlich hält.
3 BGH, MDR 2014, 982.
4 Vgl Zöller, § 93 ZPO Rn 3.

werfungserklärung abgibt und lediglich Zweifel dahingehend bestehen, ob die für ihn handelnden Personen mit der erforderlichen Vertretungsmacht ausgestattet sind. Hier ist es im Zweifel Sache des Abgemahnten, seine Bedenken zu äußern und dem Abgemahnten so Gelegenheit zu geben, sie außergerichtlich auszuräumen.[5]

6 Auch im Falle eines normalen, also nicht sofortigen Anerkenntnisses reduzieren sich für den Beklagten zumindest die von ihm zu erstattenden **Kosten**, denn gemäß KV 1211 Nr 2, 1222 Nr 2 ermäßigen sich die Gerichtsgebühren im Falle eines Anerkenntnisurteils in der 1. Instanz auf eine Gebühr. Anwaltskosten fallen jedoch auf beiden Seiten in vollem Umfang an, wobei dies nicht nur für die Geschäftsgebühr gilt. Ferner entsteht auch je eine 1,2 Terminsgebühr nach Nr 3104 VV, und zwar unabhängig davon, ob es zu einer mündlichen Verhandlung[6] kommt oder nicht.[7]

7 Für das Anerkenntnis besteht nach Maßgabe des § 78 ZPO **Anwaltszwang**, wobei grundsätzlich ein für die betreffende Instanz bestellter Rechtsanwalt handeln muss.[8] Für das Revisionsverfahren lässt der BGH hiervon eine Ausnahme zu. So lange die Revision noch nicht begründet ist, kann auch der zweitinstanzliche Prozessbevollmächtigte anerkennen.[9] Erkennt der in erster Instanz unterlegene Beklagte die Klageforderung innerhalb der noch laufenden Berufungsbegründungsfrist an, ohne die **Berufung** noch zu begründen, ist sein Rechtsmittel durch Anerkenntnisurteil zurückzuweisen.[10] Ist die Begründungsfrist bei Abgabe des Anerkenntnisses bereits verstrichen, darf demgegenüber kein Anerkenntnisurteil mehr ergehen; vielmehr ist das Rechtsmittel als unzulässig zu verwerfen.[11]

Praxistipp	Formulierungsbeispiel

8 **Praxistipp**

Verfügt der nicht abgemahnte Verletzungsbeklagte bei Klagezustellung bereits über eine vermeintlich patentfreie Ausweichtechnik, ist dennoch sehr gut zu überlegen, ob der Klage mit einem Anerkenntnis begegnet werden soll. Denn nicht selten erweist sich, dass die Abwandlung des ursprünglich verletzenden Gegenstandes ebenfalls in den Schutzbereich des Klagepatents fällt. Ist diese Möglichkeit nicht zuverlässig auszuschließen, kann eine streitige Auseinandersetzung über die anfängliche Verletzungsform den Vorteil einer gerichtlichen Patentauslegung und Schutzbereichsbestimmung bieten, aus der ggf wichtige Schlussfolgerungen für die Abwandlung gezogen werden können, ohne dass diese selbst Streitgegenstand ist.

2. Säumnis

9 Für den Beklagten besteht neben dem Anerkenntnis auch die Möglichkeit, auf den Klagevorwurf nicht zu reagieren und ein **Versäumnisurteil** in Kauf zu nehmen. Ist allerdings im frühen ersten Termin bereits einmal streitig verhandelt worden, so besteht bei einer

---

5 OLG Düsseldorf, Urteil v 25.4.2019 – I-2 U 19/18.
6 Sie ist gemäß § 307 Satz 2 ZPO nicht zwingend, sodass ein lediglich schriftsätzliches Anerkenntnis ausreicht und das entsprechende Urteil im schriftlichen Verfahren ergehen kann.
7 OLG Düsseldorf, InstGE 6, 41 – Terminsgebühr.
8 BGH, WM 2014, 1553.
9 BGH, WM 2014, 1553.
10 BGH, MDR 2013, 1423.
11 BGH, MDR 2010, 164.

anschließenden Säumnis des Beklagten im Haupttermin für den Kläger die Möglichkeit, statt des Erlasses eines Versäumnisurteils eine **Entscheidung nach Lage der Akten** zu beantragen (§§ 331a, 251a Abs 2 ZPO).[12] Hiervon sollte – aus der Sicht des Klägers – unbedingt Gebrauch gemacht werden. Während dem Beklagten gegen ein Versäumnisurteil der Einspruch zusteht (§ 338 ZPO), dessen rechtzeitige Einlegung bewirkt, dass der Rechtsstreit in die Lage vor der Säumnis zurückversetzt wird und danach unverändert fortzusetzen ist (§ 342 ZPO), sind die Verteidigungsmöglichkeiten des säumigen Beklagten im Verfahren nach § 331a ZPO erheblich eingeschränkt. Das Gericht wird nämlich nach der im Zeitpunkt der Säumnis gegebenen Aktenlage entscheiden und einen neuen Verhandlungstermin (der eine weitere Rechtsverteidigung ermöglicht) nur dann bestimmen, wenn der Beklagte dies spätestens am siebten Tag vor dem angesetzten Verkündungstermin beantragt und ferner glaubhaft macht, dass er schuldlos säumig und außerstande gewesen ist, rechtzeitig eine Terminverlegung zu beantragen (§ 251a Abs 2 ZPO). Fehlt es daran, ergeht eine die Instanz abschließende Entscheidung.

Für ein echtes Versäumnisurteil entsteht keine Urteilsgebühr des Gerichts. Dies ist jedoch nur für das Berufungsverfahren von Interesse. Im erstinstanzlichen Verfahren führt ein Versäumnisurteil, jedenfalls wenn es gegen den Beklagten erlassen wird, nicht zu einer Ermäßigung.[13] Dennoch kann unter bestimmten Umständen eine Säumnis für den Beklagten **kostengünstiger** sein als ein Anerkenntnis. Dies ist der Fall, wenn nicht etwa durch Gespräche zwischen den Rechtsvertretern beider Parteien oder durch Anwesenheit bzw ordnungsgemäße Vertretung im Termin für den Beklagten eine 1,2 Termingebühr angefallen ist. Denn in diesem Fall löst die mündliche Verhandlung und die Stellung des Antrags auf Versäumnisurteil auf Seiten des Klägervertreters lediglich eine 0,5 Gebühr (VV 3104, 3105) aus. Auf Seiten des Beklagtenvertreters fallen keine Kosten an. 10

Es besteht schließlich noch die Möglichkeit, in Vergleichsgespräche mit der Gegenseite einzutreten und diese zu einer Rücknahme ihrer Klage zu bewegen. Auch bei der **Klagerücknahme** reduzieren sich die Gerichtsgebühren, jedoch, anders als dies früher der Fall war, nicht zwingend. Eine Ermäßigung kommt nur in Betracht, wenn der richterliche Arbeitsaufwand bei der Verfahrensentscheidung und -beendigung entbehrlich wird. Andernfalls bleibt es bei einer dreifachen Gebühr.[14] Nach § 269 Abs 3 Satz 3 Halbsatz 1 ZPO bestimmt sich die Kostentragungspflicht, wenn der Anlass zur Einreichung der Klage vor Rechtshängigkeit weggefallen ist und die Klage daraufhin zurückgenommen wird, unter Berücksichtigung des bisherigen Sach- und Streitstands nach billigem Ermessen. Die Vorschrift regelt in ihrem Anwendungsbereich eine Ausnahme von dem nach § 269 Abs 3 Satz 2 ZPO geltenden Grundsatz, dass der Kläger nach Rücknahme der Klage verpflichtet ist, die Kosten des Rechtsstreits zu tragen, soweit nicht bereits rechtskräftig über sie erkannt ist oder sie dem Beklagten aus einem anderen prozessualen Grund[15] (zB einer Haftung nach § 344 ZPO oder wegen einer vergleichsweise getroffenen Kostenregelung) aufzuerlegen sind. Ein »Anlass zur Einreichung der Klage« im Sinne des § 269 Abs 3 Satz 3 Halbsatz 1 ZPO kann allerdings nur angenommen werden, wenn die Klage bei ihrer Einreichung zulässig und begründet war oder jedenfalls zu irgendeinem Zeitpunkt vor ihrer Einreichung zulässig und begründet gewesen wäre. Auf 11

---

12 Das verlangt einen entsprechenden verfahrensrechtlichen Antrag und kann nicht von Amts wegen erfolgen. Denn der durch die gegnerische Säumnis Begünstigte hat die Wahl zwischen einem Versäumnisurteil und einer streitigen, präsumtiv instanzbeendenden Aktenlageentscheidung, und dieses Wahlrecht muss ausgeübt werden.
13 Zöller, § 330 ZPO Rn 10.
14 Vgl zu den einzelnen Tatbeständen und den für die Klagerücknahme relevanten Zeitpunkten auch Zöller, § 269 ZPO Rn 23.
15 Vgl BGH, MDR 2022, 525.

den Fall einer aus objektiver Sicht zu keinem Zeitpunkt aussichtsreichen Klage ist die Vorschrift nicht anwendbar.[16]

II. Formelle Verteidigung

12 In Betracht kommen zunächst formelle Einwände.

1. Mangelnde Zuständigkeit

13 So kann die örtliche, gegebenenfalls auch die internationale Zuständigkeit des angerufenen Gerichts zweifelhaft sein. Zu beachten ist allerdings, dass die Rüge vor der ersten mündlichen Verhandlung zur Hauptsache erhoben werden muss, weil das Gericht ansonsten infolge des rügelosen Verhandelns der Parteien zuständig wird (§ 39 Satz 1 ZPO, Art 26 EuGVVO, Art 24 VO 44/2001, Art 18 LugÜ). Zur Sache wird auch dann verhandelt, wenn der anberaumte **frühe erste Verhandlungstermin** lediglich dazu vorgesehen ist, die Anträge zu verlesen, Fristen für die Klageerwiderung und die weiteren Schriftsätze der Parteien zu bestimmen und einen Haupttermin festzulegen.[17]

2. Prozesskostensicherheit

a) Berechtigter Personenkreis

14 Gegenüber einem im Ausland ansässigen Kläger kann der **Beklagte** verlangen, dass ihm wegen *seiner* voraussichtlichen Prozesskosten Sicherheit geleistet wird (§ 110 ZPO).[18] Maßgeblich ist die Parteirolle in der 1. Instanz, weswegen § 110 ZPO anwendbar bleibt, wenn der Kläger im weiteren Rechtszug Rechtsmittelbeklagter wird. Hinter der in § 110 ZPO getroffenen Regelung steht der Gedanke, dass der mit einem Prozess überzogene Beklagte, falls der Prozess einen ihm günstigen Ausgang nimmt, seinen Kostenerstattungsanspruch gegen den Kläger nicht im Ausland soll durchsetzen müssen, sondern in Gestalt der vorgesehenen Sicherheit eine Haftungsmasse bereitsteht, auf die er erforderlichenfalls zu seiner Befriedigung zugreifen kann.

15 Während noch Einigkeit darüber besteht, dass § 110 ZPO in einem Verfahren (wie dem **selbständigen Beweisverfahren**[19]), in dem keine Kostengrundentscheidung ergeht, keine Anwendung finden kann[20], ist bislang noch nicht abschließend geklärt, ob die Vorschrift wenigstens im **einstweiligen Verfügungsverfahren** zur Anwendung kommen kann. Während dies zum Teil mit Rücksicht auf den Eilcharakter des Verfügungsverfahrens abgelehnt wird, halten andere – wegen der gleichgelagerten Interessenlage auf Seiten des Verfahrensgegners – das Fordern einer Prozesskostensicherheit dann für zulässig, wenn durch das mit den §§ 110 ff ZPO verbundene Prozedere die eilbedürftige Erledigung

---

16 BGH, GRUR 2021, 764 – The Flash.
17 LG Düsseldorf, InstGE 9, 18 – Belaghalter für Scheibenbremse.
18 Stattdessen kann – wohlgemerkt für die *Beklagten*kosten – auch dessen Nebenintervenient die Einrede erheben.
19 Dasselbe Schicksal muss das Besichtigungsverfahren auch insoweit teilen, als in ihm mit Blick auf die begleitende Duldungsverfügung eine Kostengrundentscheidung ergeht.
20 Soweit eine Patentverletzung gegeben ist, erfolgt die prozessuale Kostenentscheidung erst im nachfolgenden Hauptsacheprozess, in dem § 110 ZPO anwendbar ist; findet er nicht statt, müssen die Kosten aus dem Gesichtspunkt des Schadenersatzes auf materiellrechtlicher Basis eingeklagt werden, wobei – allerdings erst dann – wiederum § 110 ZPO zur Verfügung steht.

des Verfügungsbegehrens nicht beeinträchtigt wird.[21] An Letzterem fehlt es, wenn der einseitige Erlass einer Beschlussverfügung im Raum steht[22], wobei es hier im Allgemeinen schon an dem erforderlichen Verlangen des Antragsgegners nach einer Sicherheitsleistung fehlen wird.[23] § 110 ZPO wird dementsprechend nur dann in Betracht gezogen, wenn über den Verfügungsantrag mündlich verhandelt wird, weil erst *diese* Art der Verfahrensführung einen zeitlichen Korridor eröffnet, der eine Befassung mit und eine Erledigung des Zwischenstreit(s) erlaubt. Ungeachtet der Frage, ob nicht selbst unter solchen Umständen der Zwischenstreit dem berechtigten Beschleunigungsinteresse des Antragstellers widerspricht, weil die Entscheidung über die Sicherheitsleistungspflicht einschließlich der dem Antragsteller einzuräumenden Beibringungsfrist eine gewisse, mehrwöchige Zeit in Anspruch nehmen wird, bleibt zu beachten, dass § 110 ZPO die Pflicht lediglich dem »Kläger« auferlegt, womit Antragsverfahren wie die des einstweiligen Rechtsschutzes – aus gutem Grund – von der Regelung nicht erfasst sind.

Unterschiedlich beurteilt wird die Frage, ob neben dem Beklagten auch dessen (beigetretener) einfacher oder streitgenössischer **Streithelfer** zum Fordern einer Sicherheit für *ihre* Prozesskosten berechtigt sind.[24] Von der wohl überwiegenden Meinung wird dies differenzierend beurteilt, nämlich für den streitgenössischen Nebenintervenienten bejaht, für den einfachen Streithelfer hingegen verneint.[25] Diese Differenzierung leuchtet insofern schwerlich ein, als der einfache genauso wie der streitgenössische Streithelfer im Falle eines Obsiegens der von ihm unterstützten Hauptpartei (= Beklagte) einen eigenen Kostenerstattungsanspruch gegen den Kläger erwerben. Für einfache Nebenintervenienten ergibt er sich aus § 101 Abs 1 ZPO (Grundsatz der Kostenparallelität), für streitgenössische Streifhelfer aus § 91 ZPO. Das von § 110 ZPO adressierte Schutzbedürfnis ist mithin in beiden Fällen dasselbe, weswegen beide Arten von Nebenintervenienten folgerichtig auch gleich zu behandeln sein könnten, vorausgesetzt, ihr Beitritt zum Rechtsstreit ist zuzulassen. Andererseits bleibt es eine Tatsache, dass in § 110 ZPO ausschließlich von dem »Beklagten«, aber nicht (auch) von dessen Streithelfer die Rede ist, was insofern verwundert, als die Vorschriften zur Streithilfe und die Kostenhaftung des Nebenintervenienten im 2. Abschnitt des 1. Buchs der ZPO vorausgehend (§§ 66 ff, 100 f) umfangreich abgehandelt sind, sodass dem Gesetzgeber die Streithilfe im Zusammenhang mit der Prozesskostensicherheit an sich kaum entgangen sein kann. Die daraus ersichtliche Wertentscheidung eines Schutzes nur der eigentlichen Prozesspartei ist hinzunehmen. Sie rechtfertigt eine Erstreckung allenfalls auf den streitgenössischen Nebenintervenienten, der verfahrensrechtlich (§ 69 ZPO) wie eine Partei behandelt wird und deswegen hinsichtlich seines Kostenerstattungsanspruchs auch denselben Schutz wie diese verdient. Mit der Beschränkung des § 110 ZPO auf die vergleichsweise seltenen Fälle einer streitgenössischen Nebenintervention bleibt das Sicherheitsleistungsrisiko für den Kläger überschaubar.

---

21 OLG Düsseldorf, GRUR 2022, 1383 – Prozesskostensicherheit, mwN zum Streitstand.
22 ... zB weil es mit Rücksicht auf eine vorgerichtliche Abmahnung keiner förmlichen Anhörung des Antragsgegners mehr bedarf oder weil im Einzelfall eine derartige Eilbedürftigkeit gegeben ist, dass sich eine Anhörung wegen der damit verbundenen Gefahr einer Vereitelung der berechtigten Rechtsverfolgung verbietet.
23 Anders, wenn ein dahingehendes Begehren in einer vorweggenommenen Schutzschrift bereits artikuliert ist, die das Gericht zu berücksichtigen hat.
24 Zum Streitstand vgl Rützel, NJW 1998, 2086.
25 Zöller, § 110 Rn 4; OLG Hamburg, NJW 1990, 650; LG Düsseldorf, Urteil v 10.2.2015 – 4a O 133/13; LG Mannheim, Urteil v 27.1.2017 – 7 O 57/16; LG Mannheim, Urteil v 21.8.2017 – 7 O 104/16 (für den Streithelfer des Beklagten).

b) Befreiungstatbestände

17 Die Verpflichtung zur Prozesskostensicherheit gilt im **einstweiligen Verfügungsverfahren** wegen der dem Verfahren immanenten Eilbedürftigkeit nicht.[26] Sie kennt überdies vielfältige Ausnahmen, deren Vorliegen für den Zeitpunkt der gerichtlichen Entscheidung über die Prozesskostensicherheitseinrede festgestellt werden muss. Nachfolgend sind die wichtigsten von ihnen erwähnt:

18 – Befreit sind zunächst alle Kläger, die ihren gewöhnlichen Aufenthalt in einem Mitgliedstaat der **Europäischen Union**[27] oder in einem Vertragsstaat des Abkommens über den **Europäischen Wirtschaftsraum**[28] haben (§ 110 Abs 1 ZPO). Bei juristischen Personen entscheidet deren Sitz[29], wobei es nicht auf den bloß satzungsgemäßen, sondern – entsprechend dem »gewöhnlichen Aufenthalt« von natürlichen Personen – auf den tatsächlichen Verwaltungssitz ankommt.[30] Maßgeblich sind die Verhältnisse im **Zeitpunkt** der letzten mündlichen Verhandlung über die Prozesseinrede, weswegen eine zwischenzeitlich eingetretene Veränderung der Umstände, insbesondere eine solche nach Gründung der Gesellschaft, zu berücksichtigen ist.[31] Das bedeutet selbstverständlich auch, dass nach zurückgewiesener Einrede erneut auf Stellung einer Prozesskostensicherheit angetragen werden kann, wenn die ursprünglich gegeben gewesenen Befreiungsvoraussetzungen nachträglich in Fortfall geraten sind (zB weil der Sitz in ein außereuropäisches Land verlegt wurde).

19 Der Ort, wo die Verwaltung geführt wird, ist der **Tätigkeitsort der Geschäftsführung** und der dazu berufenen Vertretungsorgane, also der Ort, wo die grundlegenden Entscheidungen der Unternehmensleitung effektiv in laufende Geschäftsführerakte umgesetzt werden.[32] Das setzt eine gewisse organisatorische Verfestigung einschließlich des Vorhandenseins von Räumlichkeiten voraus, in denen – Erstens – das Geschäftsführungsorgan seine Tätigkeit für das Unternehmen tatsächlich ausübt[33] und sich – Zweitens – an die Gesellschaft gerichtete Postsendungen wirksam zustellen lassen.[34] Beides muss, damit die Rede davon sein kann, dass ein hinreichender (Haupt-)Verwaltungssitz des Unternehmens existiert, nicht an *einem* Ort zusammenkommen. Besteht in dem Mitgliedstaat A (zB Irland) die Möglichkeit für Zustellungen an den Kläger, entfaltet dessen operativ verantwortlicher Geschäftsführer seine alleinige oder hauptsächliche Tätigkeit aber im Mitgliedstaat B, so führt dies zu einer Freistellung von der Pflicht zur Prozesskostensicherheit.[35] Gleiches gilt, wenn Zustel-

---

26 OLG Köln, Magazindienst 2004, 1255; LG Düsseldorf, InstGE 5, 234 – Prozesskostensicherheit V, streitig; aA: LG Düsseldorf, InstGE 4, 287 – Prozesskostensicherheit IV.
27 Derzeit 27 Staaten: Belgien, Bulgarien, Dänemark, Deutschland, Estland, Finnland, Frankreich, Griechenland, Irland, Italien, Kroatien, Lettland, Litauen, Luxemburg, Malta, Niederlande, Österreich, Polen, Portugal, Rumänien, Schweden, Slowakei, Slowenien, Spanien, Tschechien, Ungarn, Zypern.
28 Diverse EU-Länder sowie Liechtenstein, Island, Norwegen.
29 BGH, NJW-RR 2005, 148.
30 BGH, MDR 2017, 1382 (für den Fall, dass ein Verwaltungssitz in der EU/dem EWR besteht); OLG Karlsruhe, NJW-RR 2008, 944; LG München I, ZIP 2009, 1979; OLG Düsseldorf, Urteil v 22.11.2012 – I-2 U 30/10; OLG Düsseldorf, Urteil v 25.2.2015 – I-2 U 54/14; offengelassen von BGH, GRUR 2016, 1204 – Prozesskostensicherheit.
31 OLG Düsseldorf, Urteil v 25.2.2015 – I-2 U 54/14; aA: OLG Schleswig, IPRax 2014, 79, das wegen der Missbrauchsgefahr nur den Gründungssitz für beachtlich hält.
32 BGH, NJW 2009, 1610.
33 Es kommt insofern auf die Hauptverwaltung an, sodass der Sitz von Zweigniederlassungen ebenso wenig genügt wie bloße Betriebsstätten (OLG München, ZIP 2010, 2069).
34 OLG Düsseldorf, Urteil v 20.12.2012 – I-2 U 30/10; offengelassen von BGH, GRUR 2016, 1204 – Prozesskostensicherheit.
35 BGH, GRUR 2016, 1204 – Prozesskostensicherheit.

lungs- und Geschäftsführerwirkungsort innerhalb eines Landes auseinanderfallen.[36] Ist der Geschäftsbetrieb nicht mit Publikumsverkehr verbunden, bedarf es keiner für Dritte zugänglicher Räumlichkeiten.[37]

Hat die Gesellschaft nur einen *einzigen* gesetzlichen Vertreter und anderswo keine Geschäftsräume, in denen er tätig ist, richtet sich der Verwaltungssitz nach dem Aufenthaltsort des organschaftlichen Vertreters.[38] Verfügt der Kläger über **mehrere** (gemeinschaftlich oder arbeitsteilig agierende) **Geschäftsführer**, so genügt der Tätigkeitsort *eines* von ihnen innerhalb der EU/des EWR.[39] Welches Gewicht seine Beiträge im Vergleich zu denen der anderen Mitgeschäftsführer haben, ist nicht von Belang, so lange er zum Geschäftsführer bestellt ist und tatsächlich Tätigkeiten im Rahmen des operativen Geschäfts des Klägers ausübt.[40] 20

Residiert der Geschäftsführer aufenthaltsbegründend innerhalb der EU/des EWR, kommt es nicht darauf an, ob und in welchem Maße er seine geschäftlichen Entscheidungen und Handlungen für den Kläger eigenverantwortlich trifft oder aber in Absprache, ggf sogar nach den konkreten **Weisungen** einer auswärtigen Muttergesellschaft vorzunehmen hat.[41] Selbst wenn der Geschäftsführer auf gegebene Konzernstrukturen und Weisungsabhängigkeiten Rücksicht zu nehmen hat, ändert dies nämlich nichts an der vorliegend allein interessierenden Tatsache, dass die Unternehmensverwaltung des Klägers durch den Aufenthaltsort *seiner* Entscheidungsträger bestimmt wird, mögen ihre Entscheidungen auch nicht frei, sondern gebunden motiviert sein.[42] 21

Auf welche Art und Weise **Zustellungen** zu geschehen haben (und ob folglich auf Seiten des Klägers eine hinreichende Gelegenheit hierzu besteht), richtet sich nach dem nationalen Verfahrensrecht am Ort der fraglichen Zustellung.[43] Vielfach[44] wird es der Möglichkeit zur Übergabe von Schriftstücken an das Vertretungsorgan bzw. eine zustellungsberechtigte Person bedürfen, die sich mithin am Ort der Zustellungsadresse aufhalten muss.[45] In solchen Fällen ist ein bloßer Briefkasten, in den das Schriftstück eingeworfen werden kann, oder das Vorhandensein eines Postfachs unzureichend, selbst wenn Gewähr dafür gegeben ist, dass die Postsendung von dort an den auswärtigen Zustellungsadressaten weitergeleitet wird.[46] 22

Die Existenz einer zustellungsfähigen Anschrift in der EU/im EWR stellt eine *notwendige* Bedingung des Verwaltungssitzes dar, weswegen ein solcher Sitz nicht angenommen werden kann, wenn es schon an einer europäischen Zustellmöglichkeit 23

---

36 BGH, GRUR 2016, 1204 – Prozesskostensicherheit. Ein Unternehmen kann freilich mehrere Zustelladressen haben. Für den tatsächlichen Verwaltungssitz reichen *eine* Zustellungsmöglichkeit und *ein* Tätigkeitsort des Geschäftsführers aus.
37 LG Mannheim, Urteil v 14.3.2017 – 2 O 132/16; LG Düsseldorf, Urteil v 4.5.2016 – 4c O 41/16.
38 BGH, MDR 2017, 1382.
39 OLG Düsseldorf, Urteil v 25.2.2015 – I-2 U 54/14.
40 OLG Düsseldorf, Urteil v 25.2.2015 – I-2 U 54/14; aA: OLG München, Urteil v 22.2.2018 – 6 U 2594/17, das bei mehreren Geschäftsführern auf denjenigen abstellen will, der die Geschicke der Gesellschaft maßgeblich bestimmt.
41 ... oder aus dem Weltall erhält.
42 OLG Düsseldorf, Urteil v 25.2.2015 – I-2 U 54/14.
43 OLG Düsseldorf, Urteil v 20.12.2012 – I-2 U 30/10.
44 Wesentlich großzügiger ist zB das irische Recht, welches es erlaubt, Zustellungen am satzungsgemäßen Sitz einer Gesellschaft vorzunehmen, wobei als solcher auch die Adresse einer mit der Entgegennahme von Schriftstücken beauftragten Anwaltskanzlei angegeben werden kann (LG Düsseldorf, Urteil v 29.7.2014 – 4b O 57/14).
45 OLG Düsseldorf, Urteil v 20.12.2012 – I-2 U 30/10.
46 OLG Düsseldorf, Urteil v 20.12.2012 – I-2 U 30/10.

fehlt.⁴⁷ Ihr Vorhandensein bildet umgekehrt jedoch – entgegen anderslautender Rechtsprechung⁴⁸ – **keine** *hinreichende* **Bedingung** für den Verwaltungssitz.⁴⁹ Zwar will es § 110 ZPO dem obsiegenden Beklagten ersparen, seinen gegen den Kläger bestehenden Kostenerstattungstitel außerhalb der EU/des EWR (die insoweit wie Inland behandelt werden) vollstrecken zu müssen. Immer dann, wenn der Beklagte keine Handhabe hat, deutsches oder europäisches⁵⁰ Vollstreckungsrecht für sich in Anspruch zu nehmen, soll er auf eine Prozesskostensicherheit zugreifen können, die der Kläger gemäß § 110 ZPO zu hinterlegen hat. Mit dieser Sicherheitsleistung soll nicht das Risiko eines tatsächlichen Fehlschlagens der Vollstreckung ausgeschlossen werden, das sich verwirklicht, wenn der Kläger über keine oder keine ausreichenden Vollstreckungsobjekte verfügt, die dem (inländischen oder europäischen) Vollstreckungszugriff zu einem Erfolg verhelfen könnten. Denn *dieses* rein faktische Vollstreckungsrisiko wegen Vermögenslosigkeit des Klägers hätte der Beklagte auch im Verhältnis zu einem Unternehmen mit Sitz in der Bundesrepublik Deutschland zu tragen. Aus dieser Erkenntnis kann jedoch nicht gefolgert werden, dass bereits eine Zustellanschrift des Klägers in der EU/im EWR für das Absehen von einer Sicherheitsanordnung ausreicht, weil aufgrund der europäischen Zustellmöglichkeit – rein formal betrachtet – für den Beklagten eine Anwendung europäischen Anerkennungs- und Vollstreckungsrechts nach der EuGVVO/dem LugÜ eröffnet ist. Auch wenn die Prozesskostensicherheit – wie ausgeführt – nicht davor schützt, dass der Vollstreckungszugriff mangels werthaltiger Vollstreckungsobjekte des Klägers scheitert, steht hinter der Anknüpfung an seinen gewöhnlichen Aufenthalt in der EU/dem EWR doch die Überlegung, dass mit dem Aufenthaltsort des der Zwangsvollstreckung unterliegenden Klägers typischerweise Vermögenswerte verbunden sind, die als Objekte einer Vollstreckung in Betracht kommen können. Ob sich diese Erwartung im Einzelfall tatsächlich realisiert, liegt – wie immer – in der Risikosphäre des Vollstreckungsgläubigers. Ließe man für den Verwaltungssitz des Klägers bereits eine Zustellungsmöglichkeit ausreichen (was nach Lage des Falles bloß die Benennung eines in der EU ansässigen Zustellungsbevollmächtigten erfordern kann), wäre jedoch – je nach dem einschlägigen nationalen Zustellungsrecht – nicht einmal die theoretische Aussicht auf irgendein Zugriffsobjekt für eine Zwangsvollstreckung in der EU/dem EWR gegeben. Der Beklagte wäre deshalb – entgegen dem Sinn und Zweck des § 110 ZPO – gezwungen, sein Glück in der Zwangsvollstreckung außerhalb Europas dort zu suchen, wo sich die Vermögenswerte des in der EU/dem EWR nur mit Zustellungen erreichbaren Klägers befinden.

24 Verlegt der Kläger erst im **Rechtsmittelverfahren** seinen Sitz in einer Weise, dass die Berechtigung des Beklagten, eine Prozesskostensicherheit zu verlangen, wegfällt, so führt dies zu keiner Kostenbelastung des Klägers nach § 97 Abs 2 ZPO.⁵¹

25 Ist der Kläger selbst **Rechtsinhaber**⁵², kann seiner Berufung auf den ihn von der Sicherheitsleistung befreienden europäischen Verwaltungssitz nicht der Einwand aus **§ 242 BGB** entgegen gehalten werden, selbst wenn der einzige Zweck des Unternehmens das Führen des Verletzungsprozesses ist.⁵³ Anders verhält es sich bei einem einfachen Lizenznehmer, der nach den gesamten Umständen nur für eine Prozessführung zugunsten des Schutzrechtsinhabers unter Umgehung der diesen an sich treffen-

---

47 OLG Karlsruhe, NJW-RR 2008, 944; LG München I, ZIP 2009, 1979.
48 OLG Karlsruhe, NJW-RR 2008, 944; LG München I, ZIP 2009, 1979; OLG Düsseldorf, Urteil v 20.12.2012 – I-2 U 30/10.
49 OLG Düsseldorf, Urteil v 25.2.2015 – I-2 U 59/14.
50 Gemeint sind die Anerkennungs- und Vollstreckungsvorschriften der EuGVVO und des LugÜ.
51 BGH, GRUR 2016, 1204 – Prozesskostensicherheit.
52 Dh Patentinhaber oder ausschließlicher Lizenznehmer.
53 OLG Düsseldorf, Urteil v 25.2.2015 – I-2 U 54/14.

den Prozesskostensicherheitspflicht errichtet worden ist. Dessen Pflicht zur Sicherheitsleistung ist dementsprechend angenommen worden, wenn der Lizenznehmer erst kurz vor Klageerhebung mit minimaler Finanzausstattung gegründet wurde und dessen einzig erkennbare Geschäftstätigkeit in dem Führen des Verletzungsprozesses besteht.[54]

– Befreit sind des Weiteren ausländische Kläger, die im Inland über ein zur Deckung der Prozesskosten hinreichendes **Grundvermögen** oder dinglich gesicherte Forderungen verfügen (§ 110 Abs 2 Nr 3 ZPO). 26

– Befreit sind ferner solche ausländischen Kläger, die sich auf einen im Verhältnis zur Bundesrepublik Deutschland wirksamen **völkerrechtlichen Vertrag** berufen können, der das Fordern einer Prozesskostensicherheit verbietet (§ 110 Abs 2 Nr 1 ZPO). Ein Verbot ergibt sich allerdings noch nicht daraus, dass der Vertrag »freien Zutritt zu den Gerichten gewährt« oder »Ausländer und Inländer bei der gerichtlichen Verfolgung ihrer Rechte gleichstellt«. Im Zweifelsfall erteilen die Landesjustizverwaltungen Auskunft über die Rechtslage. 27

> **Beispiele für befreiende Verträge:**[55]
>
> Haager Übereinkommen vom 1.3.1954 über den Zivilprozess (Art 17); deutsch-britisches Abkommen vom 20.3.1928 über den Rechtsverkehr (Art 14). 28

– Befreit sind schließlich Kläger, denen **Prozesskostenhilfe** bewilligt ist (§ 122 Abs 1 Nr 2 ZPO). 29

– **Widerklagen** sind generell von der Prozesskostensicherheit ausgenommen (§ 110 Abs 2 Nr 4 ZPO). Dem liegt die Erwägung zugrunde, dass die Erhebung der Widerklage durch einen vorangegangenen Angriff des Klägers und Widerbeklagten veranlasst ist. Ein Kläger, der durch seine Klage gegen einen nicht-europäischen Schuldner bereits gezeigt hat, dass er eine erschwerte Vollstreckung in Kauf nimmt, ist hinsichtlich seines möglichen Kostenerstattungsanspruchs wegen der Widerklage nicht in gleicher Weise schutzwürdig wie ein inländischer Beklagter, der ohne sein Zutun von einem Nicht-Europäer verklagt wird. Die Privilegierung nach § 110 Abs 2 Nr 4 ZPO besteht nach rechtskräftiger Abweisung der Klage fort.[56] Ob dasselbe auch gilt, wenn die Widerklage gemäß § 145 Abs 2 ZPO mangels rechtlichen Zusammenhangs abgetrennt wird, ist streitig.[57] 30

Einzelfälle:

Vereinigtes Königreich: Als Folge des Brexit besteht – nach Ablauf der Übergangsfrist bis zum 31.12.2020 (Art 126 des Abkommens über den Austritt des Vereinigten Königreichs Großbritannien und Nordirland aus der Europäischen Union und der Europäischen Atomgemeinschaft (ABl EU L 29 S 7) – seit dem 1.1.2021 die Pflicht zur Prozesskostensicherheit.[58] **USA:** Kläger mit Sitz in den Vereinigten Staaten haben Prozesskostensicherheit zu leisten. Das gilt ungeachtet des in Art 3 TRIPS enthaltenen Gebots der Inländerbehandlung[59] sowie des in Art 4 TRIPS enthaltenen Gebotes der 31

---

54 LG Düsseldorf, Urteil v 11.6.2015 – 4b O 18/15.
55 Vgl auch Schütze, FS Ahrens, 2016, S 545.
56 OLG München, MDR 2010, 1079 = GRUR-RR 2011, 34 – Budget.
57 Vgl OLG München, GRUR-RR 2011, 34 – Budget.
58 BGH, Beschluss v 1.3.2021 – X ZR 54/19; BPatG, Beschluss v 15.3.2021 – 3 Ni 20/20.
59 LG München I, GRUR-RR 2005, 335 – US-Firmensitz; aA etwa OLG Frankfurt/Main, IPRax 2002, 222.

E. Verteidigungsmöglichkeiten des Beklagten

Meistbegünstigung.[60] Eine Befreiung ergibt sich auch nicht aus dem Deutsch-Amerikanischen Freundschafts-, Handels- und Schifffahrtsvertrag vom 29.10.1954[61], weil er das Verbot einer Sicherheitsleistung in Art VI Abs 1 ausdrücklich davon abhängig macht, dass der Kläger seinen ständigen Aufenthalt im Bezirk des angerufenen Gerichts (dh in der Bundesrepublik Deutschland) hat. Unter dieser Voraussetzung entfällt die Pflicht zur Prozesskostensicherheit schon nach § 110 Abs 1 ZPO. Sieht man dies dahingehend anders, dass als »Niederlassung« schon eine deutsche *Zweig*niederlassung ausreicht, so ergibt sich eine Befreiung allerdings aus § 110 Abs 2 Nr 1 ZPO, sofern in der Bundesrepublik eine solche unterhalten wird.[62] Sie muss nicht im Bezirk des vom Kläger ausgewählten Gerichts, sondern bloß in Deutschland existieren, was nach den Regeln des Freibeweises festzustellen ist.[63] Sicherheitspflichtig sind ebenso Kläger aus der Volksrepublik **China**[64], **Kanada**[65] und **Taiwan**, **Saudi-Arabien**[66] und die **Repulik Korea**[67].

32 Befreit aufgrund von Art 17 des Haager Übereinkommens über den Zivilprozess vom 1.3.1954 sind: **Japan, Schweiz, Israel, Kroatien, Rumänien, Russland, Türkei, Ukraine**.

33 Befreit nach Art 14 des deutsch-britischen Abkommens sind: **Australien, Neuseeland, Singapur**. Allerdings ist zu beachten, dass die Befreiung nur für solche (australischen etc) Kläger gilt, die ihren Sitz[68] in Deutschland haben.[69]

34 Die **Beweislast** ist dahingehend verteilt, dass

35 – der Beklagte, der die Prozesskostensicherheit verlangt, den Nachweis dafür zu erbringen hat, dass der Kläger seinen gewöhnlichen Aufenthalt nicht in der EU oder dem EWR hat[70],

36 – wobei allerdings (wegen der beschränkten Einsichtsmöglichkeiten des Beklagten in die gegnerischen Verhältnisse) zunächst nur plausible Anhaltspunkte dafür aufgezeigt werden müssen, dass der Kläger seinen gewöhnlichen Aufenthalt *nicht* im Gebiet der EU und des EWR hat[71],

37 – wobei – sofern dies gelingt – der Kläger im Rahmen einer sekundären Darlegungslast substantiiert zu seinem Aufenthalt vorzutragen hat[72];

38 – der Kläger für einen Befreiungstatbestand nach § 110 Abs 2 ZPO beweispflichtig ist, auf den er sich beruft[73],

---

60 LG Düsseldorf, InstGE 1, 157 – Prozesskostensicherheit I; LG Düsseldorf, InstGE 3, 215 – Prozesskostensicherheit III; LG Düsseldorf, InstGE 4, 287 – Prozesskostensicherheit IV; v. Falck/Rinnert, GRUR 2005, 225; zum Ganzen vgl Rinnert/v. Falck in GRUR 2005, 225 und GRUR-RR 2005, 335; ebenso: LG Mannheim, Urteil v 21.9.2012 – 7 O 321/11.
61 OLG Hamburg, MDR 2010, 345.
62 OLG München, Urteil v 24.6.2021 – 29 U 3503/20.
63 OLG München, Urteil v 24.6.2021 – 29 U 3503/20.
64 BPatG, GRUR 2005, 973 – Ausländersicherheit für WTO-Ausländer.
65 OLG Karlsruhe, NJW-RR 2008, 944.
66 BGH, NJW-RR 2018, 1458.
67 BGH, Beschluss v 21.10.2021 – X R 96/19.
68 Gemeint ist bei natürlichen Personen deren Wohnsitz und bei juristischen Personen deren tatsächlicher – und nicht nur satzungsgemäßer – Verwaltungssitz (OLG Karlsruhe, NJW-RR 2008, 944).
69 OLG Karlsruhe, NJW-RR 2008, 944; LG Düsseldorf, Urteil v 14.7.2009 – 4b O 56/09; LG Mannheim, Urteil v 4.5.2012 – 7 O 523/11.
70 BGH, Refl. 2006, 205; BGH, WM 2017, 1944; OLG Düsseldorf, Urteil v 16.3.2017 – I-15 U 67/16.
71 OLG Düsseldorf, Urteil v 16.3.2017 – I-15 U 67/16; OLG München, Urteil v 22.2.2018 – 6 U 2594/17.
72 OLG Düsseldorf, Urteil v 16.3.2017 – I-15 U 67/16; OLG München, Urteil v 22.2.2018 – 6 U 2594/17.
73 OLG Düsseldorf, Urteil v 20.12.2012 – I-2 U 30/10.

– wobei der erforderliche Nachweis jeweils im Freibeweis geführt werden kann, dh nicht notwendigerweise mit den abschließenden Beweismitteln der ZPO (= Strengbeweis), sondern auf jede Weise stattfinden kann, die dem Gericht geeignet erscheint, um sich die Überzeugung von der fraglichen Tatsache (§ 286 ZPO) zu verschaffen[74]. 39

c) Einrede

Die Festsetzung einer Prozesskostensicherheit geschieht nicht von Amts wegen, sondern nur auf ein entsprechendes Begehren des Beklagten hin. Das Verlangen muss, weil es sich um eine sog prozesshindernde Einrede handelt, vor der ersten mündlichen Verhandlung zur Hauptsache erhoben werden (§ 282 Abs 3 Satz 1 ZPO), und zwar für alle Rechtszüge[75] (wovon auszugehen ist, wenn das Verlangen nicht auf einzelne Instanzen beschränkt ist). Als erste Verhandlung gilt auch ein Termin, der lediglich zur Verlesung der Anträge, zur Bestimmung der Schriftsatzfristen (zur Klageerwiderung, Replik, Duplik) und zur Anberaumung eines Haupttermins vorgesehen ist.[76] Ist vom Gericht das schriftliche Vorverfahren angeordnet und dem Beklagten eine Frist zur Klageerwiderung gesetzt worden (was bei einem im Ausland ansässigen Beklagten die Regel ist), muss die Einrede der mangelnden Prozesskostensicherheit sogar innerhalb dieser Klageerwiderungsfrist geltend gemacht werden (§ 282 Abs 3 Satz 2 ZPO). 40

Nach den vorbezeichneten Zeitpunkten ist sie nur dann noch zulässig und beachtlich, wenn ihre verspätete Erhebung vom Beklagten genügend entschuldigt wird (**§ 296 Abs 3 ZPO**), zB durch den Umstand, dass der Grund für eine Prozesskostensicherheit erst nachträglich entstanden ist[77], zB weil das Unternehmen seinen Sitz verlegt hat oder ursprünglich vorhandenes inländisches Grundvermögen weggefallen ist oder aufgrund gesetzlicher Änderungen die Pflicht zur Prozesskostensicherheit erst später entstanden ist[78]. Dass der für § 110 ZPO relevante Sachverhalt (zB das bloße Vorhandensein eines Briefkastens in der EU) vom Beklagten bei entsprechenden Recherchen schon zu einem früheren Zeitpunkt hätte aufgedeckt werden *können*, ist unbeachtlich, so lange er keine wirklich stichhaltigen Anhaltspunkte hat, die ihm eine Nachforschung aufdrängen mussten.[79] 41

Sind die Voraussetzungen des § 110 ZPO (zB wegen des Ausscheidens des Vereinigten Königreichs als Klägerresidenz aus der EU mit Ablauf des 31.12.2020) erst in der **Berufungsinstanz** entstanden, sind – innerhalb der Instanz – die Anforderungen für eine rechtzeitige Geltendmachung des Verlangens nach § 532 Satz 1 ZPO sowie nach §§ 525, 282 Abs 3 Satz 1 ZPO zu beachten. Das bedeutet, dass die Rüge der mangelnden Prozesskostensicherheit grundsätzlich innerhalb der Berufungserwiderungsfrist vorzubringen ist (§ 532 Satz 1 ZPO).[80] Liegen zu diesem Zeitpunkt die Rügebedingungen noch nicht vor, weil sie sich erst später eingestellt haben, sind die §§ 525, 282 Abs 3 Satz 1 ZPO zu beachten.[81] Danach ist die Rüge vor der Verhandlung zur Hauptsache in der Berufungsinstanz vorzubringen; sonst ist sie nach den §§ 525, 282 Abs 3 Satz 1, 296 Abs 3 ZPO ausgeschlossen, sofern die Verspätung nicht entschuldigt wird.[82] Bei der in § 282 Abs 3 Satz 1 ZPO angesprochenen Verhandlung handelt es sich um die erste 42

---

74 OLG Düsseldorf, Urteil v 16.3.2017 – I-15 U 67/16.
75 BGH, NJW-RR 2018, 1458; BGH, Beschluss v 1.3.2021 – X ZR 54/19.
76 LG Düsseldorf, InstGE 9, 18 – Belaghalter für Scheibenbremse; OLG Düsseldorf, Beschluss v 14.6.2010– I-2 U 63/10; OLG Düsseldorf, Beschluss v 19.7.2010 – I-2 U 63/10.
77 BGH, Beschluss v 1.3.2021 – X ZR 54/19.
78 BGH, Beschluss v 1.3.2021 – X ZR 54/19.
79 OLG Düsseldorf, Urteil v 20.12.2012 – I-2 U 30/10.
80 OLG Düsseldorf, Urteil v 7.4.2022 – I-2 U 8/18.
81 OLG Düsseldorf, Urteil v 7.4.2022 – I-2 U 8/18.
82 OLG Düsseldorf, Urteil v 7.4.2022 – I-2 U 8/18.

Verhandlung zur Hauptsache, bei der es sich nicht notwendigerweise um diejenige Verhandlung handeln muss, auf die hin die Instanz abgeschlossen wird.[83]

43 Speziell für das **Revisions- und Nichtzulassungsverfahren** gilt, dass die Rüge mangelnder Sicherheitsleistung nur zulässig ist, wenn die Voraussetzungen des § 110 ZPO erst in dieser Instanz eingetreten sind oder wenn die Einrede in den Vorinstanzen schuldlos nicht erhoben werden konnte.[84]

d) Höhe

44 Eine bestimmte Höhe der Sicherheitsleistung braucht der Beklagte nicht anzugeben, er kann – und sollte – dies jedoch tun. Berücksichtigungsfähig sind die gerichtlichen Kosten sowie die dem Beklagten entstehenden außergerichtlichen Kosten, die bei einer durchgeführten Beweisaufnahme bis zur Entscheidung über eine etwaige Nichtzulassungsbeschwerde entstehen *können*. Letzteres ist nicht so gemeint, dass auch bloß **fiktive Kosten** in Ansatz zu bringen sind, etwa die Vergütung für einen Patentanwalt, wenn ein solcher vom Beklagten überhaupt nicht hinzugezogen wird. Der Konjunktiv »können« bringt lediglich zum Ausdruck, dass alle (auch noch nicht entstandene) Kosten beachtlich sind, die bei einem möglichen, im Vorhinein nicht sicher absehbaren Prozessverlauf anfallen können, weshalb zB Kosten einer Begutachtung mit einzukalkulieren sind, wenn und weil sich eine sachverständige Aufklärung im Verlaufe des Rechtsstreits als notwendig erweisen kann. Hierbei ist eine – im Kostenrecht allgemein praktizierte – **generalisierende Betrachtung** anzustellen und nicht danach zu fragen, ob in dem konkreten Einzelfall mit einem überwiegenden Grad von Wahrscheinlichkeit mit der Einschaltung eines Sachverständigen – oder mit der Erstattungsfähigkeit von Privatgutachterkosten des Beklagten oder dergleichen – zu rechnen ist. Sollte sich zunächst fiktive Kosten später konkretisieren (indem etwa im Verlauf des Verfahrens doch noch ein Patentanwalt hinzugezogen wird), besteht ein Anspruch auf Erhöhung der Prozesskostensicherheit. Außer Ansatz bleiben demgegenüber die Kosten eines Rechtsbestandsverfahrens[85] sowie die außergerichtlichen Kosten des Klägers.[86] Im Einzelnen sind hiernach – bezogen auf die jeweiligen Rechtszüge – folgende Beträge anzusetzen[87]:[88]

45 – Erste Instanz:
46 • 2,5-fache Rechtsanwaltsgebühr (Nr 3100, 3104 VV)
47 • 2,5-fache Patentanwaltsgebühr (§ 143 Abs 3 PatG)
48 • Auslagenpauschale von 5.000 €
49 – Berufungsinstanz:
50 • 2,8-fache Rechtsanwaltsgebühr (Nr 3200, 3202 VV)
51 • 2,8-fache Patentanwaltsgebühr (§ 143 Abs 3 PatG)
52 • Auslagenpauschale von 5.000 €

---

83 OLG Düsseldorf, Urteil v 7.4.2022 – I-2 U 8/18.
84 BGH, NJW 2001, 3630.
85 LG Düsseldorf, Urteil v 10.3.2016 – 4a O 74/15.
86 LG Düsseldorf, InstGE 3, 147 – Prozesskostensicherheit II.
87 LG Düsseldorf, InstGE 3, 147 – Prozesskostensicherheit II.
88 Im Gegensatz dazu berücksichtigt das LG Mannheim (Urteil v 21.9.2012 – 7 O 321/11) folgende Beträge: 1. Instanz: Rechts- und Patentanwaltsgebühren des Beklagten; 2. Instanz: Gerichtsgebühren + Verfahrensgebühren für Rechts- und Patentanwalt des Beklagten. Als einmalige Auslagenpauschale für den gesamten Rechtsstreit wird ein Betrag von 5.000,- € anerkannt. Gänzlich unberücksichtigt bleiben eine anwaltliche Terminsgebühr für das Berufungsverfahren sowie Kosten eines etwaigen Nichtzulassungsbeschwerdeverfahrens.

- 4-fache Gerichts-Verfahrensgebühr (Nr 1420 KV) 53
- Nichtzulassungsbeschwerde: 54
  - 2,3-fache Rechtsanwaltsgebühr (Nr 3506, 3508 VV)[89] 55
  - 2,3-fache Patentanwaltsgebühr (§ 143 Abs 3 PatG) 56

Streitwertabhängig ergeben sich damit folgende Sicherheitsbeträge[90]: 57

Streitwert	Sicherheitsleistung ohne	mit 1 Erhöhungsgebühr gemäß Nr 1008 VV zum RVG[91]
50.000 €	32.000 €	34.500 €
125.000 €	42.000 €	45.000 €
150.000 €	46.000 €	49.500 €
200.000 €	51.500 €	55.500 €
250.000 €	57.500 €	62.000 €
375.000 €	68.500 €	74.000 €
500.000 €	79.500 €	86.000 €
750.000 €	96.000 €	104.000 €
1.000.000 €	112.500 €	122.000 €
1.250.000 €	129.000 €	140.000 €
1.500.000 €	146.500 €	159.000 €
2.000.000 €	178.500 €	194.000 €
2.500.000 €	211.500 €	230.000 €
5.000.000 €	376.500 €	409.500 €
10.000.000 €	706.500 €	769.500 €
20.000.000 €	1.367.000 €	1.489.000 €

Für die **Art** der Sicherheitsleistung gilt § 108 ZPO. Möglich – und in der Praxis üblich – ist deshalb die Stellung einer Bankbürgschaft. Der Kläger kann um die Erlaubnis nachsuchen, eine einmal gegebene Prozessbürgschaft (zB aus Kostengründen) nachträglich gegen die Bürgschaft einer anderen, gleichwertigen Bank austauschen zu dürfen.[92] 58

e) Verfahrensrechtliches

Ist die Verpflichtung des Klägers zur Leistung einer Prozesskostensicherheit nach Grund *und* Höhe zwischen den Parteien unstreitig, entscheidet das Gericht durch **Beschluss**, der nicht anfechtbar ist. Anderenfalls – wenn die Verpflichtung zur Sicherheitsleistung als solche oder deren Höhe oder beides kontrovers ist – ordnet das Gericht die abgesonderte Verhandlung über die Einrede der mangelnden Prozesskostensicherheit an (§ 280 Abs 1 ZPO), um sodann durch **Zwischenurteil** zu entscheiden; nur der BGH entscheidet über die Sicherheitsleistung für das Nichtzulassungsbeschwerde- und Revisionsverfahren, auch wenn sie streitig ist, durch Beschluss[93]. Das Zwischenurteil ist vom Beklagten 59

---

89 Die Gebühr wird auf die Verfahrensgebühr für ein nachfolgendes Revisionsverfahren angerechnet (vgl Nr 3506 VV).
90 Für die Neuberechnung der Sicherheitsbeträge unter Berücksichtigung der seit dem 1.1.2021 geltenden RVG-Gebühren danke ich Frau Claudia Wessel, Düsseldorf.
91 Die Mehrvertretungsgebühr fällt auch in Fällen des Parteiwechsels an, unabhängig davon, ob der Rechtsanwalt die mehreren Parteien (mindestens zeitweise) gleichzeitig oder – wegen des Parteiwechsels – nur nacheinander vertreten hat, OLG Stuttgart, MDR 2010, 356.
92 BGH, MDR 1994, 1037.
93 BGH, NJW-RR 2018, 1458.

selbständig mit der **Berufung oder Revision** anfechtbar, wenn die Einrede zurückgewiesen, dh die Anordnung einer Sicherheitsleistung abgelehnt wird.[94] In einem solchen Fall kann das Hauptsacheverfahren auf Antrag einer Partei (typischerweise wird dies der Kläger sein) fortgesetzt werden (§ 280 Abs 2 Satz 2 ZPO). Eine dahingehende Anordnung ändert an der Statthaftigkeit des Rechtsmittels gegen das Zwischenurteil nichts. Ob sie gerechtfertigt ist, hängt davon ab, wie wahrscheinlich es ist, dass die Verneinung der Pflicht zur Prozesskostensicherheit im weiteren Rechtsmittelzug Bestand haben wird[95] und ob besondere Umstände eine beschleunigte Entscheidung in der Sache verlangen, die es rechtfertigen, den Rechtsstreit selbst auf die Gefahr einer Abänderung des Zwischenurteils hin und ggf sogar unter Vornahme kostenauslösender Maßnahmen (Beweiserhebung) voranzutreiben. Der Streitwert des Berufungsverfahrens entspricht dabei dem Streitwert der Hauptsache.[96] Streitig ist, ob ein Rechtsmittel auch dann gegeben ist, wenn eine Sicherheitsanordnung ergeht. Nach der Rechtsprechung des BGH soll weder dem Kläger gegen die Anordnung als solche[97] noch dem Beklagten gegen eine (gemessen an seinem Verlangen) zu niedrige Sicherheitsleistung[98] ein Rechtsmittel zustehen. Im Rechtsmittelverfahren ergeht eine Kostenentscheidung nur dann, wenn das Rechtsmittel erfolglos bleibt (§ 97 ZPO); ansonsten ist die Kostenentscheidung dem Schlussurteil zur Sache vorzubehalten. Ist der Anlass für die Prozesskostensicherheit, die dem Kläger (durch Beschluss oder Urteil) aufgegeben worden ist, im Laufe des Rechtsstreits entfallen, zB deshalb, weil der Kläger seinen Wohnsitz in das Gebiet der EU verlegt hat oder weil im Rechtsstreit zugunsten des zur Sicherheitsleistung Verpflichteten ein Instanz beendendes Urteil ergangen und dieses rechtskräftig ist, so kann das in § 109 ZPO vorgesehene Verfahren zur Rückgabe der Sicherheit betrieben werden.[99]

Praxistipp	Formulierungsbeispiel

60 Derjenige Kläger, der an einem zügigen Prozesserfolg interessiert ist, sollte genau abwägen, ob es in Zweifelsfällen wirklich Sinn macht, sich dem Begehren nach einer Prozesskostensicherheit entgegenzustellen. Er riskiert damit nämlich, dass der Beklagte die betreffende Frage durch die Instanzen trägt und das eigentliche Verletzungsverfahren währenddessen nicht weiter betrieben wird.

61 In dem Beschluss bzw dem Zwischenurteil ist dem Kläger eine **Frist zur Beibringung** der Sicherheit zu setzen. Auf Antrag kann die Frist verlängert werden.

62 Der **Tenor** lautet im Allgemeinen wie folgt:

---

94 OLG München, Urteil v 22.2.2018 – 6 U 2594/17.
95 ... zB weil die entscheidenden Rechtsfragen bereits höchstrichterlich geklärt sind.
96 BGH, Beschluss v 6.10.2005 – IX ZR 18/03; BGH, VersR 1991, 122; keinen eigenen Streitwert misst das OLG Frankfurt/Main (GRUR-RS 2016, 15323 – Ohne Funktionseinschränkung kostenlos) der Einrede aus § 110 ZPO zu, wenn sie erstmals im Berufungsrechtszug erhoben wird; denn dann gehe es für den Beklagten nicht mehr darum, eine Einlassung zur Sache zu verweigern, die Standpunkte seien nämlich schon in erster Instanz ausgetauscht worden.
97 BGH, RPfl 2006, 205; BGH, MDR 1988, 298; OLG Düsseldorf, OLG-Report 97, 278; aA: OLG Bremen, NJW 1982, 2737; OLG Karlsruhe, MDR 1986, 593; OLG Düsseldorf, IPRax 1991, 189.
98 BGH, MDR 1974, 293.
99 BGH, RPfl 2006, 205.

Praxistipp	Formulierungsbeispiel

1. Dem Kläger wird aufgegeben, dem Beklagten wegen der Prozesskosten Sicherheit in Höhe von ... € zu leisten.
2. Die Sicherheit kann auch durch die unbedingte, insbesondere selbstschuldnerische, und unbefristete Bürgschaft eines in der Bundesrepublik Deutschland zum Geschäftsbetrieb befugten Kreditinstituts erbracht werden.[100]
3. Zur Beibringung der Sicherheit wird dem Kläger eine Frist bis zum ... gesetzt.

63

Leistet der **Kläger** die angeordnete Sicherheit **nicht fristgerecht**, kann der Beklagte beantragen[101], dass die Klage für zurückgenommen erklärt wird (§ 113 Satz 2 ZPO). Ein entsprechendes Endurteil ist allerdings nicht schon deshalb möglich, weil der Kläger die ihm gesetzte Frist versäumt hat. Bis zur Entscheidung über den Antrag nach § 113 Satz 2 ZPO hat der Kläger vielmehr Gelegenheit, die Sicherheitsleistung nachzuholen. Nur wenn dieses nicht geschieht und die Sicherheit auch im Zeitpunkt der Entscheidung noch aussteht, kann die Klage wegen Nichtleistung der Prozesskostensicherheit durch Urteil für zurückgenommen erklärt werden. Die Kosten des Rechtsstreits sind gemäß § 269 Abs 3 Satz 2 ZPO dem Kläger aufzuerlegen. Wird die Klage später erneut anhängig gemacht, kann der Beklagte die Einlassung verweigern, bis ihm die Kosten des vorangegangenen Rechtsstreits erstattet sind (§ 269 Abs 6 ZPO). Beantragt der Sicherungsberechtigte eine Entscheidung nach § 113 ZPO, obwohl die angeordnete Sicherheitsleistung erbracht ist, kann durch Beschluss – und muss nicht abgesondert durch Zwischenurteil – entschieden werden.[102]

64

Ändern sich nach Rechtskraft des Zwischenurteils **die** für die Sicherheitsanordnung maßgeblichen rechtlichen oder tatsächlichen **Verhältnisse** (indem zB der Kläger seinen Sitz in die EU verlegt), sodass nunmehr ein Befreiungstatbestand gegeben ist, so kann – ungeachtet der Bindungswirkung des Zwischenurteils – der Wegfall des Sicherungsbedürfnisses im Verfahren nach § 109 ZPO geltend gemacht werden.[103] Ist der Antrag erfolgreich, hat ihn das Gericht bei seiner Entscheidung nach § 113 ZPO zu berücksichtigen. Für das Rechtsmittelverfahren existieren noch weitergehende Möglichkeiten. Da im Bewilligungsfall das Zwischenurteil zur Sicherheitsleistung als solches für den Beklagten nicht anfechtbar ist, wohl aber das die Rücknahmefiktion aussprechende Schlussurteil nach § 113 ZPO, steht mit dem Rechtsmittel gegen das Schlussurteil zugleich auch das Zwischenurteil zur Prüfung durch das Berufungsgericht an (§ 512 ZPO)[104], womit seit dem Erlass des angefochtenen Zwischenurteils veränderte Umstände Berücksichtigung finden. Dass später lediglich anders als im Anordnungsverfahren zu den Voraussetzungen des § 110 ZPO vorgetragen wird (indem zB erstmals auf eine schon damals bestehende inländische Niederlassung Bezug genommen wird), ist bedeutungslos; es eröffnet insbesondere kein Vorgehen nach § 109 ZPO.

65

Zeigt sich, dass die Prozesskostensicherheit zu gering veranschlagt wurde, und ist die Sicherheit während des Rechtsstreits erschöpft, so kann der Beklagte gemäß § 112 Abs 3

66

---

100 Die Formulierung ist angelehnt an § 108 Abs 1 Satz 2 ZPO.
101 Es besteht deshalb zunächst keine Notwendigkeit, dem Gericht gegenüber die Erbringung der Sicherheit nachzuweisen. Dessen bedarf es erst, wenn der Beklagte den Antrag gemäß § 113 Satz 2 ZPO gestellt hat.
102 LG Düsseldorf, InstGE 13, 116 – Prozesskostensicherheitsbürgschaft.
103 BGH, MDR 2006, 828.
104 OLG Düsseldorf, Urteil v 16.3.2017 – I-15 U 67/16.

ZPO eine **weitere Sicherheit** verlangen.[105] Hat der Beklagte die Prozesskostensicherheit in erster Instanz für alle Rechtszüge erhoben und setzt das Gericht die Sicherheit in einer Höhe fest, dass sie nicht die Kosten aller möglicher Rechtszüge abdeckt, so kann der Beklagte mit der Nachforderung warten, bis die angeordnete Sicherheit durch die angefallenen Prozesskosten verbraucht ist.[106] Erweist sich umgekehrt eine angeordnete Sicherheit nachträglich als zu hoch, kann analog § 112 Abs 3 ZPO deren Herabsetzung begehrt oder die getroffene Anordnung insgesamt aufgehoben werden.[107]

3. § 145 PatG[108]

67 Als prozesshindernde Einrede[109], die innerhalb einer dem Beklagten gesetzten Klageerwiderungsfrist[110], ansonsten vor der ersten mündlichen Verhandlung zur Hauptsache anzubringen ist (§ 282 Abs 3 ZPO), steht dem Beklagten der Hinweis auf § 145 PatG offen. Die Vorschrift bestimmt, dass ein Beklagter wegen derselben oder einer gleichartigen patentverletzenden Handlung nur dann ein weiteres Mal gerichtlich mit einer Klage in Anspruch genommen werden kann, wenn die mangelnde Geltendmachung in einem früheren Verfahren nicht auf einem Verschulden des Klägers beruht.[111] Über den strengen Wortlaut hinaus findet § 145 PatG nicht nur dann Anwendung, wenn die mehreren Klagen zeitlich gestaffelt nacheinander erhoben werden; die Vorschrift ist darüber hinaus auch dann anwendbar, wenn die Klageerhebung[112] gleichzeitig erfolgt.[113] Im letztgenannten Fall hat der Beklagte ein Wahlrecht, gegenüber welcher der mehreren Klagen er die Einrede aus § 145 PatG erheben will.[114] Da in § 145 PatG ausdrücklich von »Klage« die Rede ist, kann die Vorschrift auf Verfahren des einstweiligen Rechtsschutzes nicht angewandt werden.

68 Die Regelung begegnet nach Auffassung des BGH[115] keinen **verfassungsrechtlichen Bedenken**.

69 **Kritik:** Die hierfür gegebene Begründung ist außerordentlich knapp und wenig überzeugend. Selbst bei engster, den Anwendungsbereich des § 145 PatG auf ein Minimum reduzierender Auslegung wird – und muss[116] – es Fälle geben, bei denen die vorgesehene Rechtsfolge einer Unzulässigkeit der späteren, getrennt erhobenen Verletzungsklage zum Tragen kommt. Sie aber ist unverhältnismäßig, weil zum angestrebten Schutz des Verletzungsbeklagten vor einer Belastung mit vermeidbaren Prozesskosten ein milderes Mittel zur Verfügung gestanden hätte, nämlich eine gesetzliche Verpflichtung des Klägers, die mit einer seriellen Klageerhebung verbundenen Mehrkosten zu übernehmen, ggf kombiniert mit einer entsprechenden Sicherheitsleistung zugunsten des Beklagten. Der Hinweis des BGH, § 145 PatG hindere den Patentinhaber nicht generell an der Wahrnehmung

---

105 Vgl BGH, Mitt 2003, 90 – Erhöhung der Prozesskostensicherheit.
106 BGH, Mitt 2005, 45 – Anguilla (LS).
107 BGH, Beschluss v 1.6.2016 – I ZR 101/15.
108 Stjerna, Konzentrationsmaxime, 2008.
109 § 145 PatG darf nicht von Amts wegen aufgegriffen werden: OLG Düsseldorf, Urteil v 17.12.2015 – I-2 U 25/10.
110 LG München I, Urteil v 20.12.2018 – 7 O 10495/17.
111 Die Einrede limitiert also nur die Rechtsdurchsetzung gegenüber dem bestimmten Beklagten; gegenüber allen anderen bleibt das weitere Schutzrecht uneingeschränkt durchsetzbar.
112 Maßgeblich ist der Zeitpunkt der Rechtshängigkeit (= Klagezustellung), §§ 261 Abs 1, 253 Abs 1 ZPO.
113 OLG Düsseldorf, Urteil v 17.12.2015 – I-2 U 29/10.
114 OLG Düsseldorf, Urteil v 17.12.2015 – I-2 U 29/10.
115 BGH, GRUR 2011, 411 – Raffvorhang.
116 … weil eine den Anwendungsbereich einer Vorschrift auf Null zurückführende Gesetzesauslegung kaum verfassungsgemäß sein kann.

seiner Rechte aus dem Patent, sondern halte ihn nur dazu an, seine Angriffe gegen eine bestimmte Verletzungshandlung in *einer* Klage zu bündeln, womit eine verhältnismäßige Schrankenbestimmung des Eigentumsrechts aus dem Patent vorliege, geht am Kern der Sache vorbei. Die Verhältnismäßigkeitsfrage stellt sich gerade – und praktisch nur – in Fällen einer Missachtung der gesetzlichen Handlungsnorm, nämlich dahingehend, ob es dem verfassungsrechtlich garantierten Schutz des geistigen Eigentums (Art 14 GG) gerecht wird, dem Schutzrechtsinhaber dann, wenn er sich an die Vorgabe zur Klagenkonzentration *nicht* hält, seine Rechte aus dem Patent vollständig zu nehmen oder ob es zur Herbeiführung des angestrebten Interessenausgleichs mit dem Verletzungsbeklagten nicht ausgereicht hätte, lediglich seine Kostenhaftung anzuordnen. Ein Weiteres kommt hinzu: Um eines bloßen Kosteneffektes willen (keine erhöhte Kostenlast des Verletzers infolge gestaffelter Klageerhebung), der sich – wegen der allgemeinen Praxis der Verfahrenstrennung nach § 145 ZPO – zudem nicht einmal einstellt, wird der Verletzte an einer gerichtlichen Durchsetzung seines geistigen Eigentums gehindert. Das ist mit dem GG nicht kompatibel.

Aus denselben Gründen ist § 145 PatG – erst recht – mit der **Enforcement-RL** unvereinbar. Im Interesse einer Durchsetzung seines geistigen Eigentums ist es nach Artt 3 Abs 1, 14 der RL der Patentinhaber, der kostenmäßigen Schutz verdient. Damit ist es grundsätzlich nicht vereinbar, dass die Durchsetzbarkeit des geistigen Eigentums den Kostenbelangen des (mutmaßlichen) Verletzers untergeordnet und geopfert wird. Anderes mag in Fällen der rechtsmissbräuchlichen Mehrfachverfolgung gelten, bei der es nicht mehr um eine legitime Durchsetzung des geistigen Eigentums geht, sondern die Schädigungsabsicht eindeutig im Vordergrund steht; für solche Konstellationen bietet jedoch § 242 BGB eine ausreichende Handhabe. 70

a) Allgemeine Anwendungsvoraussetzungen

Der Kläger ist nach § 145 PatG gezwungen, sämtliche Patente[117] und/oder Schutzzertifikate[118], über die er verfügt und die von der angegriffenen Ausführungsform benutzt werden, in demselben Hauptsacheprozess geltend zu machen. Die erforderliche Parteiidentität besteht auch in Fällen der rechtskrafterstreckenden Rechtsnachfolge.[119] § 145 PatG gilt ebenso im Verhältnis zwischen Grundpatent und dazu erteiltem ergänzenden Schutzzertifikat. Neben einer kumulativen genügt auch eine eventuelle Klagenhäufung. Die Berufung auf ein weiteres **Gebrauchsmuster** zu einem späteren Zeitpunkt in einem neuen Prozess ist durch § 145 PatG nicht ausgeschlossen.[120] Nicht erfasst von § 145 PatG ist des Weiteren die Erstreckung **desselben Patents** auf **weitere Ausführungsformen** des Beklagten.[121] In solchen Fällen steht der Klage gegen weitere bereits während des Erstprozesses bekannte Ausführungsformen auch nicht der allgemeine Missbrauchseinwand (§ 242 BGB) entgegen.[122] Anderes gilt erst dann, wenn der Patentinhaber in der ersten Klage »Verzichts«-Erklärungen abgegeben hat, aus denen der mutmaßliche Verletzer nach den Grundsätzen der *Weichvorrichtung II*-Rechtsprechung[123] berechtigterweise schließen durfte, dass der Kläger gegen die später angegriffene Ausführungsform (die im Zweifel bereits existiert haben und dem Patentinhaber bekannt gewesen sein muss) keine Rechte aus dem fraglichen Patent für sich in Anspruch nehmen werde.[124] Stimmt die 71

---

117 Auch solche, die dem Doppelschutzverbot nach Art II § 8 IntPatÜG unterfallen.
118 § 16a Abs 2 PatG.
119 LG Düsseldorf, GRUR-RS 2020, 12600 – Datenstromextrahierer.
120 Vgl OLG Düsseldorf, GRUR 1959, 538 – Rechenrad; Busse/Keukenschrijver, § 145 Rn 10.
121 OLG Düsseldorf, GRUR-RR 2017, 249 – Lichtemittierende Vorrichtung; OLG München, GRUR-RR 2020, 237 – Fensterflügel.
122 OLG München, GRUR-RR 2020, 237 – Fensterflügel; BGH, GRUR 2021, 462 – Fensterflügel.
123 BGH, NJW 1997, 3377 – Weichvorrichtung II; vgl dazu oben Kap A Rdn 114.
124 BGH, GRUR 2021, 462 – Fensterflügel.

später streitbefangen gewordene Verletzungsform in den maßgeblichen Merkmalen mit der zuerst angegriffenen Ausführungsform überein, sodass beide denselben Streitgegenstand bilden, so kann der späteren Klage allenfalls die Rechtskraft der Erstentscheidung oder deren Anhängigkeit zulässigkeitshindernd entgegenstehen.[125]

72 Da § 145 PatG ausdrücklich von einer späteren »Klage nach § 139« spricht, ist deutlich, dass die Vorschrift im **einstweiligen Verfügungsverfahren** nicht anwendbar ist. Dies heißt freilich nicht, dass die Einführung eines weiteren Verfügungspatents in einem neuerlichen Verfügungsverfahren schrankenlos zulässig wäre. Der aus der Nichterwähnung der einstweiligen Verfügung in § 145 PatG zu ziehende Umkehrschluss könnte dogmatisch nur in dem Sinne zulässig sein, dass das Versäumnis des Antragstellers nicht mit denjenigen Sanktionen belegt werden darf, die § 145 PatG vorsieht, nämlich mit einem Klage-, dh gerichtlichen Rechtsverfolgungsverbot bzgl des weiteren Patents. Solches geschieht aber auch nicht, wenn dem Antragsteller lediglich verwehrt wird, dasjenige weitere Patent, dass er schon im ersten Verfügungsverfahren hätte geltend machen können, mangels Dringlichkeit in einem neuerlichen *Eilverfahren* durchzusetzen[126], ihm die Möglichkeit der Hauptsacheklage aber erhalten bleibt.

73 Da es sich bei § 145 PatG um eine Ausnahmevorschrift handelt, durch die es dem Beklagten erspart werden soll, in eine Vielzahl von Verfahren verwickelt zu werden, ist die Bestimmung eng auszulegen. Unter »**derselben oder einer gleichartigen Handlung**« werden daher nur solche Handlungen verstanden, die identisch sind zu denjenigen aus dem Vorprozess oder die nur solche zusätzlichen bzw abgewandelten Merkmale aufweisen, bei denen es sich aufgrund des engen technischen Zusammenhanges aufdrängt, sie trotz verschiedener Patente in einer gemeinsamen Klage geltend zu machen.[127] Bei einer aus mehreren Teilen bestehenden Gesamtvorrichtung steht § 145 PatG daher schon dann nicht mehr im Wege, wenn mit dem Klageantrag ein konkret beschriebener, durch seine Ausgestaltung charakterisierter Teil den konkreten Verletzungstatbestand bildet und in dem Vorprozess ein anderer Bestandteil der Gesamtvorrichtung angegriffen wurde.[128] Für die Bejahung eines (zur Anwendung von § 145 PatG führenden) engen technischen Zusammenhangs genügt es ebenso wenig, dass einzelne Teile einer Gesamtvorrichtung, deren konkrete Ausgestaltung in einem ersten Rechtsstreit angegriffen wurde, auch für die Verwirklichung des im späteren Rechtsstreit geltend gemachten Verletzungstatbestandes von Bedeutung sind.[129] Nicht ausreichend ist für § 145 PatG auch eine Übereinstimmung des Oberbegriffs verschiedener Schutzrechte. Selbst bei prinzipiell gleichem konstruktiven Aufbau fehlt es an einer »gleichartigen« Handlung, wenn die jeweils vorhandene elektronische Steuereinrichtung unterschiedlichen Funktionen dient, etwa einmal der Zeitsteuerung der Heizleistung im Normalbetrieb und einmal der Feststellung eines Überhitzungszustandes bei einer Störung des Normalbetriebs.[130]

74 Schließlich setzt § 145 PatG ein **Verschulden** des Klägers voraus. Beurteilungszeitpunkt ist prinzipiell derjenige Moment, in dem die Erstklage tatsächlich erhoben wird. Denn niemand muss seine aussichtsreiche Rechtsverfolgung aus *einem* Patent zeitlich (nen-

---

125 BGH, GRUR 2021, 462 – Fensterflügel.
126 OLG Düsseldorf, GRUR-RR 2021, 300 – Insulinpumpe.
127 BGH, GRUR 2011, 411 – Raffvorhang.
128 Vgl BGH, GRUR 1989, 187 – Kreiselegge II; OLG Düsseldorf, Mitt 2010, 476 – Bremsbacken (für Bremsbacken einer Fahrzeug-Trommelbremse, die an ihrem einen Ende auf einem Lagerbolzen und an ihrem anderen Ende auf einem Lagerbolzen mit einer Lagerhülse gelagert sind, wenn Gegenstand des einen Patents die Ausgestaltung des Lagerbolzens am einen Ende und Gegenstand des zweiten Patents die Ausgestaltung des Lagerbolzens mit Lagerhülse am anderen Ende ist).
129 BGH, GRUR 2011, 411 – Raffvorhang; dies beachtet OLG Düsseldorf, Urteil v 17.12.2015 – I-2 U 29/10, nicht hinreichend.
130 OLG Düsseldorf, Urteil v 11.4.2019 – I-15 U 34/15.

nenswert) zurückstellen, um zeitaufwändige Ermittlungen zur Verletzung eines anderen Patents durchführen oder die Klärung seines Rechtsbestandes abwarten zu können. Klären sich die Verhältnisse während des laufenden Erkenntnisverfahrens, muss die Klage zeitnah erweitert werden, so lange dies aus prozessrechtlichen Gründen noch ohne Prozessrisiken möglich ist.

Existiert die angegriffene Ausführungsform des späteren Rechtsstreits zu diesem Zeitpunkt noch nicht, weil sie erst danach in Benutzung genommen worden ist, so scheidet ein Schuldvorwurf im Allgemeinen schon aus zeitlichen Gründen aus. Das gilt auch dann, wenn es sich bei der angegriffenen Ausführungsform um die **Abwandlung einer älteren Version** handelt, die bereits während des Erstprozesses vorlag, benutzt wurde und deshalb – objektiv betrachtet – mit der Erstklage auch aus dem späteren Klagepatent hätte angegriffen werden können.[131] Denn selbst wenn die Vorgängerversion Streitgegenstand geworden wäre und der Kläger im Rechtsstreit umfassend obsiegt hätte, würde ihm dies im Hinblick auf die relevante Abwandlung nur dann etwas nützen können, wenn beide Ausführungsformen – die ursprüngliche und die abgewandelte – kerngleich wären, so dass der Kläger aus einem gegen die Ursprungsversion erstrittenen Verletzungsurteil auch gegen die spätere Abwandlung vollstrecken könnte. Ob sich eine *Kerngleichheit* zwischen verurteilter und abgewandelter Ausführungsform einstellt, hängt indessen von dem – ex ante völlig ungewissen – konkreten Bestreiten des Beklagten in einem hypothetischen Erstprozess aus dem späteren Klagepatent und den dementsprechenden Begründungserwägungen des Verletzungsgerichts zu dem tatsächlich nicht geltend gemachten weiteren Klagepatent ab[132]. Lassen sich diese *nicht* vollständig auf die Abwandlung übertragen, so dass mit dem Ersturteil der Sache nach nicht bereits über die Abwandlung mitentschieden worden ist, so wäre der Kläger auch bei einem ihm günstigen Ersturteil gegenüber der Abwandlung schutzlos und zur Rechtsverfolgung auf einen nachfolgenden abermaligen Klageangriff gegen die abgewandelte Ausführungsform angewiesen, der naturgemäß erst unternommen werden kann, nachdem die Abwandlung vorliegt und ihm bekannt ist oder aufgrund der Gesamtumstände hätte bekannt sein müssen. Die Gefahr mangelnder Kerngleichheit besteht immer dann in hohem Maße, wenn die Abwandlung auch ein Anspruchsmerkmal des späteren Klagepatents betrifft, wobei es keine Rolle spielt, ob die vorgenommene Variation – möglicherweise sogar eindeutig – in den Schutzbereich des Klagepatents eingreift.

Die Einrede aus § 145 PatG kann vor diesem Hintergrund nur dann **schlüssig erhoben** sein, wenn der Beklagte – Anspruchsmerkmal für Anspruchsmerkmal – darlegt, dass das Verletzungsgericht, hätte es eine Benutzung des späteren Klagepatents durch die Ursprungsversion zu prüfen und zu bejahen gehabt, dazu Erwägungen hätte anstellen müssen, mit denen zugleich und abschließend auch die Abwandlung als Patentverletzung identifiziert worden wäre. Dabei ist davon auszugehen, dass sich ein Verletzungsgericht bei seinen Überlegungen zur Patentauslegung typischerweise an den konstruktiven technischen Details des angegriffenen Verletzungsgegenstandes orientieren und auf die danach erforderlichen Feststellungen beschränken wird, womit jedenfalls auf erste Sicht die Wahrscheinlichkeit gering ist, dass sich seine Begründungserwägungen auch auf eine deutlich abweichende, abgewandelte Konstruktion lesen lassen. Allein der Umstand, dass sich das Verletzungsgericht im späteren Prozess gegen die Abwandlung auf eine Patentauslegung festlegt, bei der aufgrund derselben Überlegungen auch die Ursprungsversion eine wortsinngemäße Verletzung darstellen würde, besagt für sich genommen noch nichts. So ist denkbar, dass in Bezug auf die Ausgangsversion eine Patentverletzung auch auf andere, weniger grundsätzliche Weise zu begründen gewesen wäre, zB unter Hinweis darauf, dass mit ihr ein bestimmtes Ausführungsbeispiel des Klagepatents nachgebildet

---

131 LG Düsseldorf, Urteil v 26.4.2022 – 4c O 26/21.
132 Vgl unten Kap H Rdn 183 ff.

und benutzt wird, während dies bei der Abwandlung nicht (mehr) der Fall ist, weswegen diese inhaltlich abweichende und ggf prinzipiellere Auslegungserwägungen erfordert.

77 Aber selbst wenn die Abwandlung im Anschluss an den Erstprozess in einer Weise vorgenommen worden sein sollte, dass ein auf das spätere Klagepatent gestütztes Verletzungsurteil gegen die Ursprungsversion eine Zwangsvollstreckung auch gegen die Abwandlung ermöglicht hätte (zB weil die Abwandlung außerhalb desjenigen Bereichs unternommen wurde, der merkmalsrelevant ist), handelt es sich bei der Abwandlung und ihrer rechtlichen Bedeutung für die Vollstreckung aus einem hypothetischen Ersturteil in jedem Fall um nachträglich verfügbar gewordene Erkenntnisse, die für den Kläger zu demjenigen Zeitpunkt, zu dem er über eine erweiterte Klage gegen die Ursprungsversion entscheiden muss, nicht absehbar sind. Unter derartigen Umständen stellt es schon unter Kostengesichtspunkten eine legitime und deshalb keinen Schuldvorwurf rechtfertigende Erwägung dar, gegen die Ursprungsversion nur aus *einem* Patent vorzugehen, das der mit der Verletzungsform stattfindenden widerrechtlichen Schutzrechtsbenutzung ein Ende setzt, und ein weiteres Schutzrecht für eine Rechtsverfolgung erst in Betracht zu ziehen, wenn der Schutz aus dem erwirkten Verletzungsurteil wegen einer aus dem gerichtlich durchgesetzten Patent herausführenden Abwandlung versagt.[133] Das gilt erst recht, wenn das weitere Patent auf der Bestandsebene, beim Schutzbereich, beim Verletzungsnachweis oder mit Blick auf Einwendungen des Verletzers besondere Probleme aufwirft, die für den Patentinhaber das Prozessrisiko erhöhen.

78 **Grundsatz:** Aus der Tatsache, dass § 145 PatG jedes Verschulden – und folglich bereits leichte Fahrlässigkeit – genügen lässt, darf nicht gefolgert werden, dass jedes weitere Schutzrecht, über das der Kläger verfügt und dessen Verletzung er vortragen kann, wenn es nicht klageweise geltend gemacht wird, zwangsläufig einen Schuldvorwurf begründet. Richtigerweise handelt es sich bei der Verschuldensfrage nicht um eine schadenersatzsanktionierte Pflicht, deren Erfüllung eingeklagt werden könnte, sondern um eine Obliegenheit, der zur Wahrung der eigenen Interessen nachzukommen ist.[134] Folgerichtig verbindet das Gesetz das schuldhafte Unterbleiben einer Klagenkonzentration auch mit einem Rechtsverlust zu Lasten des Schutzrechtsinhabers, der die Obliegenheit zu erfüllen hat, nämlich mit dem Verlust der Klagbarkeit des im Erstprozess schuldhaft nicht berücksichtigten Patents. Schon der Charakter einer Verpflichtung zur Wahrung der eigenen Interessen macht deutlich, dass es nicht darum gehen kann, jedes durch dieselbe oder eine gleichartige Handlung verletzte Patent um jeden Preis einzuklagen. Vielmehr ist ebenso die Interessenlage des Patentinhabers in den Blick zu nehmen, der mit jedem Rechtsstreit zwangsläufigerweise Prozess- und Kostenrisiken auf sich zu nehmen hat. Solche bestehen nicht nur mit Blick auf den Rechtsbestand (was angesichts der bekannt hohen Vernichtungsquote ernstzunehmen ist), sondern gleichermaßen in Bezug auf den möglicherweise unsicheren Verletzungsnachweis und im Vorhinein nicht immer überschaubare etwaige Einwendungen und Einreden des Benutzers. In dieser Hinsicht unterscheidet sich die Sachlage grundlegend von anderen Obliegenheiten, etwa derjenigen zur Geringhaltung eines Schadens, dessen schuldhafte Außerachtlassung ein Mitverschulden begründet, das den Ersatzanspruch des Geschädigten begrenzt oder vollständig zu Fall bringt. Was hier zu tun ist, liegt zumeist auf der Hand und birgt keine Unwägbarkeiten wie sie der Rechtsdurchsetzung eines Patents eigen sind. Sind deshalb schon aus dem

---

133 Dieser Wertung steht nicht entgegen, dass einem – wie geschildert – gestaffelten Vorgehen in einem *einstweiligen Verfügungsverfahren* die Dringlichkeit abzusprechen ist (OLG Düsseldorf, GRUR-RR 2021, 300 – Insulinpumpe). Denn es stellt von Grund auf unterschiedliche Dinge dar, ob es um die Inanspruchnahme eines ganz besonderen gerichtlichen Rechtsschutzes (eV-Verfahren) geht, die auch von demjenigen, der ihn für sich reklamiert, besondere, gesteigerte Verhaltenspflichten verlangt, oder ob es sich darum dreht, ob ein Pflichtverstoß vorliegt, der (wie bei § 145 PatG) dem Verletzten jedwede gerichtliche Durchsetzung seines Patents abschneidet.

134 Stjerna, Konzentrationsmaxime, S 97 f.

Gesichtspunkt der Obliegenheit die Interessen des Verletzten angemessen zu beachten, so ist eine Zurückhaltung auch unter dem Gesichtspunkt (mindestens) der verfassungskonformen Rechtsanwendung geboten. Sie verlangt, dass der Verletzte nur dort mit der strengen Maßnahme eines Klagbarkeitsverlustes sanktioniert wird, wenn ihm wirklich ein Vorwurf durch Handeln gegen seine eigenen Belange dahingehend gemacht werden kann, dass er das weitere Schutzrecht nicht inn seine Klage einbezogen hat.

In der Person des Klägers ist vielmehr ein gerichtlich nur beschränkt überprüfbarer (»persönlicher«) **Beurteilungsspielraum** dahingehend anzuerkennen, bei welchem Maß an Rechtsbestandssicherheit und Nachweisbarkeit einer Patentverletzung er bereit ist, den Klageweg zu beschreiten. Wie im einstweiligen Verfügungsverfahren bei Beurteilung der Dringlichkeit auch ist zu akzeptieren, dass ein Patentinhaber kostenschonend mit seinen finanziellen Ressourcen umgehen darf und einen Prozess deshalb nur führt, wenn er ihm wirklich gesicherte Erfolgsaussichten bietet. Mit Blick auf einen *solchen* Schutzrechtsinhaber, dessen tatsächliches Gesamtverhalten die beschriebene Grundhaltung dokumentiert, ist es als schuldloses Verhalten hinzunehmen, dass er von einer Klageerhebung aus einem bestimmten Patent absieht, so lange noch – wenn auch vielleicht nicht zwingende und auch nicht überwiegend aussichtsreiche, aber doch – objektiv ernstzunehmende Rechtsbestandsbedenken bestehen oder die Patentverletzung (noch) nicht lückenlos nachweisbar ist. Es gilt daher ein individueller Verschuldensmaßstab. Erleichterungen kommen freilich nur demjenigen zugute, der auch tatsächlich und nachweislich vorsichtig agiert. Derjenige, der auf unsicherer Tatsachen- und Beweisgrundlage klagt, kann sich demgegenüber nicht damit entlasten, dass das weitere Schutzrecht noch gewissen Rechtsbestandsbedenken begegnet oder die Verletzungsfrage noch gewissen Unwägbarkeiten unterliegt, wenn die Erhebung der Klage (oder ein sonstiges relevantes Verhalten) Zeugnis davon ablegt, dass sich der Kläger durch Restrisiken nicht von einer Prozessführung abhalten lässt und deshalb seine Berufung hierauf bloß vorgeschoben ist. Ob der Kläger bei seiner Rechtsverfolgung vorsichtig oder risikobereit agiert, lässt sich mindestens an der Erstklage erkennen. Darüber hinaus kann aber auch auf sonstige Erkenntnisquellen zurückgegriffen werden, freilich mit dem Vorbehalt, dass ein Kläger seine Prozessstrategie (und sei es auch nur wegen einer zwischenzeitlich anderen gesetzlichen Vertretung oder mittlerweile anderweitiger Inhaberverhältnisse) ändern kann, weswegen zurückliegende Zeiträume nicht unmittelbar und ohne weiteres aussagekräftig sein müssen. Bisweilen mag es für bestimmte Kläger freilich auch eine »marktbekannte« Prozessführungsstrategie geben, die prinzipiell verfolgt wird. Auf den Einwand des Beklagten aus § 145 PatG hin ist es jedenfalls Sache des Klägers[135] darzutun, wieso die zögerliche Rechtsverfolgung aus dem weiteren Patent vor dem Hintergrund seiner allgemeinen Prozessstrategie als schuldlos zu beurteilen ist.

Einzelfälle: Ein Verschulden fehlt zB, wenn der Kläger während des Erstprozesses noch nicht Inhaber des später geltend gemachten Patents oder Schutzzertifikats war, dieses damals noch nicht erteilt oder Gegenstand eines Einspruchs- oder Nichtigkeitsverfahrens war, dessen Ausgang der Kläger zunächst abwarten durfte.[136] Demgegenüber wird die nie auszuschließende Möglichkeit eines **Rechtsbestandsangriffs** gegen das erweiterte Schutzrecht aus grundsätzlichen Erwägungen keinen Aufschub der Klageerhebung rechtfertigen. Das gilt nicht nur mit Rücksicht auf die strenge Aussetzungspraxis der erstinstanzlichen Verletzungsgerichte und vor dem Hintergrund, dass in großem Umfang auch

---

135 Vgl unten Rdn 84 f.
136 ZB weil ernstzunehmende Bedenken bestehen, ob das angegriffene Schutzrecht in einem die angegriffene Ausführungsform erfassenden Umfang bestehen bleiben wird. Niemand muss sehenden Auges einen (zumal kostspieligen) Prozess führen, von dem zu befürchten ist, dass er sich nicht gewinnen lässt. Gleiches gilt erst recht für ein Schutzrecht, das bei Klageerhebung erstinstanzlich vernichtet ist.

aus solchen Patenten geklagt wird, die von Seiten des Beklagten mit einem Rechtsbestandsangriff überzogen werden. Entscheidend ist vor allem, dass die mangelnde Patentfähigkeit im Verletzungsverfahren rechtlich unerheblich ist, so lange kein Rechtsbestandsangriff geführt wird, und dieser typischerweise nicht anlasslos, sondern erst als Folge der Verletzungsklage erfolgt. Wenn dem aber so ist, kann die Pflicht zur Klageerhebung vernünftigerweise nicht von abstrakten Rechtsbestandsbedenken und einem bloß potenziell möglichen Rechtsbestandsangriff abhängen. Relevant werden Bedenken hinsichtlich des Rechtsbestandes erst dann, wenn das Patent konkrete Angriffsflächen bietet, von denen anzunehmen ist, dass sie auch dem Beklagten (der im Falle einer Verletzungsklage sachkundig recherchieren wird) nicht verborgen bleiben werden.

81 Gleiches gilt, wenn und so lange der Kläger, ohne dass ihn ein Verschulden trifft, daran gehindert ist, zur Verletzung des weiteren Patents vorzutragen (zB weil seine einzig verfügbaren Erkenntnisse einer für ihn verbindlichen und unüberwindlichen Geheimhaltungsanordnung unterfallen) oder er schuldlos außerstande ist, einen **Verletzungsnachweis** zu erbringen. Denn selbstverständlich kann dem Kläger eine Klage erst dann zugemutet und ihm daraus, sie nicht erhoben zu haben, ein Vorwurf gemacht werden, wenn er den Klageanspruch ohne Rechtsverstoß und mit hinreichender Erfolgsaussicht begründen und erforderlichenfalls beweisen kann. Wie im einstweiligen Verfügungsverfahren gilt auch hier der Grundsatz, dass der Kläger kein Prozessrisiko eingehen muss und zu einer Rechtsverfolgung erst gehalten ist, wenn er sich sicher sein kann, die geltend gemachten Ansprüche erfolgreich durchsetzen zu können. Es muss nicht darauf spekuliert werden, dass der Beklagte eine bestimmte Behauptung nicht bestreiten wird und sie deshalb keines Beweises bedarf, selbst wenn der Behauptung nur wahrheitswidrig entgegengetreten werden kann. Wohl aber muss der Kläger naheliegende Ermittlungen zur Merkmalsbenutzung, die ihm zumutbar sind, ergreifen, um den Sachverhalt beweissicher aufzuklären. Was »zumutbar« ist, entscheiden die konkreten Umstände des Einzelfalles, zu denen beispielsweise dem Kläger zu Gebote stehende eigene Ermittlungsmöglichkeiten oder finanzielle Mittel für zu beauftragende Drittermittlungen[137], der erforderliche Aufwand für aufklärende Maßnahmen und der objektive Grad der Wahrscheinlichkeit für eine Merkmalsverwirklichung gehören, bevor (namentlich kostspielige) Aufklärungsmaßnahmen initiiert werden. Je geringer die Erfolgsaussicht für eine bestimmte Aufklärung ist, umso weniger sind dem Kläger belastende Maßnahmen in dieser Richtung zuzumuten.

82 Dieses Verständnis ist auch vor dem Hintergrund des Schutzzwecks gerechtfertigt, der sich mit § 145 PatG verbindet und der dahin geht, den Beklagten vor den Kosten einer sukzessiven Prozessführung aus mehreren Schutzrechten gegen dieselbe oder eine gleichartige Verletzungshandlung zu bewahren. Denn auch ein Beklagter hat kein legitimes Interesse daran, voreilig mit Schutzrechten konfrontiert zu werden, die auch für ihn nicht unbeträchtliche Kosten der Rechtsverteidigung und des Rechtsbestandsangriffs erfordern, mit denen er mindestens in Vorlage treten muss. Anderes kann unter besonderen Sachverhaltsumständen gelten, zB dann, wenn ein Rechtsbestandsverfahren des Beklagten gegen das später eingeklagte Patent bei Klageerhebung aus dem ersten Schutzrecht bereits anhängig war.

---

137 **Bsp:** Start-up mit geringer Kapitalausstattung; eine bloß geringe Budgetierung der maßgeblichen Unternehmensabteilung innerhalb eines finanzstarken Großunternehmens ist unbeachtlich. Zwar gilt im Schuldrecht der Grundsatz, dass der Schuldner Geld zu haben hat, so dass es ihn nicht entlastet, wenn er seiner Zahlungspflicht aufgrund fehlender finanzieller Mittel nicht nachkommen kann. Der Sachverhalt liegt hier jedoch anders, weil es anders als bei einer vom Schuldner übernommenen Zahlungspflicht nicht die Pflicht des Patentinhabers ist, Verletzer gerichtlich in Anspruch zu nehmen. Die einzige Pflicht, die existiert, ist die, dann, *wenn* eine Rechtsverfolgung stattfindet (was im freien Belieben des Schutzrechtsinhabers liegt), dies in für den Beklagten möglichst kostenschonender Weise gebündelt zu tun.

Keine Rechtfertigung erwächst daraus, dass die ursprünglich mehrere Schutzrechte 83 umfassende Verletzungsklage erst nach erfolgter Prozesstrennung in jedem der Einzelverfahren auf weitere Beklagte erstreckt wird.[138] Vielmehr hat auch der nachträglich in Anspruch genommene Beklagte einen Anspruch darauf, dass ihm gegenüber § 145 PatG eingehalten wird, selbst wenn in Anbetracht der bereits durchgeführten Prozesstrennung damit zu rechnen ist, dass es auch ihm gegenüber nicht bei der Behandlung der mehreren Patente in einem einheitlichen Verfahren bleibt.[139]

Zu den Aussichten einer erfolgversprechenden Verletzungsklage gehört ebenso die Möglichkeit, beachtliche **Einwände des Beklagten**, die dieser zB im Rahmen einer vorgerichtlichen Korrespondenz angebracht hat und die zur Klageabweisung führen können, zu kontern. Dem Kläger ist deswegen diejenige Zeit zuzubilligen, die es vernünftigerweise braucht, um den Verteidigungssachverhalt recherchieren zu können (so dass die Beweislage des Beklagten abschätzbar wird) und ggf eigene Gegenbeweise zu beschaffen. Ändern sich im Verlaufe der Zeit die Verhältnisse, ist die Klage (soweit prozessual noch möglich) zu erweitern. Bsp.: Das behauptete und bislang unwiderlegliche Vorbenutzungsrecht erweist sich in einer Beweisaufnahme vor dem EPA zur parallelen offenkundigen Vorbenutzung als nicht gegeben oder eindeutig nicht beweisbar. 84

Die **Beweislast** für mangelndes Verschulden trifft den Kläger.[140] 85

Soweit unter Rdn 75 f Darlegungen des Beklagten zur Kerngleichheit eingefordert worden sind, steht dem die Verschuldensvermutung und die daraus folgende Pflicht des Patentinhabers sich wegen der Nichtgeltendmachung des weiteren Patents im Erstprozess zu entlasten, indem er Umstände dartut, unter denen sich die Geltendmachung des weiteren Patents erst in einem späteren Rechtsstreit als entschuldigt erweist, nicht entgegen. Denn damit die Verschuldensvermutung zum Tragen kommen kann, muss zunächst ein Sachverhalt feststehen, der unter gewöhnlichen Umständen eine Pflicht begründet hätte, das weitere Patent schon in den Erstprozess einzuführen. Einen solchen (prinzipiell pflichtenbegründenden) Sachverhalt darzulegen, ist Aufgabe des Beklagten, der sich auf die Prozesseinrede aus § 145 PatG beruft. 86

Nach überwiegender Meinung[141] hat der Ausnahmecharakter des § 145 PatG weiterhin zur Folge, dass die Vorschrift nicht auf Konstellationen anwendbar ist, bei denen aus *demselben* Patent vorgegangen wird[142], zB aus **nebengeordneten Ansprüchen**. Allein aus der Tatsache, dass mit einer Verfolgung von Nebenansprüchen eines Patents in unterschiedlichen Verletzungsprozessen für den Beklagten Mehrkosten verbunden sind, wird sich deshalb auch eine missbräuchliche Klageerhebung (§ 242 BGB) nicht herleiten lassen. Hinzukommen müssen vielmehr weitere Unlauterkeitsgesichtspunkte. 87

Voraussetzung für eine Anwendung des § 145 PatG ist in **zeitlich**er Hinsicht zweierlei: 88

– **Erstens**: Der Prozess, in den das weitere Patent eingeführt werden soll, muss noch – und zwar in einer Tatsacheninstanz – anhängig sein. 89

– **Zweitens**: Während der Anhängigkeit des Prozesses muss dem Kläger das weitere Schutzrecht erteilt werden. Liegt bei Abschluss der Tatsacheninstanzen lediglich die Mitteilung vor, dass das nachgesuchte Patent erteilt werden wird, so führt dies nicht zu einem gemäß § 145 PatG zu beurteilenden Sachverhalt. 90

---

138 OLG Düsseldorf, Urteil v 17.12.2015 – I-2 U 29/10.
139 OLG Düsseldorf, Urteil v 17.12.2015 – I-2 U 29/10.
140 OLG Düsseldorf, Urteil v 17.12.2015 – I-2 U 29/10.
141 Benkard, PatG, § 145 PatG Rn 6; aA: Schramm, S 338.
142 BGH, GRUR 2021, 462 – Fensterflügel.

b) Klageerweiterung in erster Instanz

91 Die Einführung des Weiteren Schutzrechts geschieht, sofern möglich, zweckmäßigerweise bereits in der Klageschrift, tunlichst aber während der ersten Instanz, wobei es sich verfahrensrechtlich um eine Klageerweiterung handelt.[143] Dies bedingt, dass die Voraussetzungen des § 263 ZPO erfüllt sein müssen, dh entweder der Beklagte der Klageerweiterung zustimmt oder das Verletzungsgericht sie für sachdienlich erachtet. Letzteres ist immer dann zu bejahen, wenn tatbestandlich ein Fall des § 145 PatG vorliegt. Die Rechtsprechung ist darüber hinaus aber relativ großzügig. Die **Sachdienlichkeit** einer Klageerweiterung in erster Instanz wird bereits angenommen, wenn es zum Zeitpunkt der Einführung des Weiteren Klagepatents aus der subjektiven Sicht des Klägers nicht fernliegend war, dass ein Anwendungsfall der Klagenkonzentration nach § 145 PatG vorliegt, mag diese Einschätzung objektiv betrachtet auch unzutreffend sein.[144] Diese Handhabung ist unschädlich, weil dem Beklagten keine Instanz genommen wird und das neu eingeführte Schutzrecht ohnehin in ein eigenes Verfahren abgetrennt wird, sodass letztlich kein Unterschied zu derjenigen Lage besteht, die vorhanden wäre, wenn der Kläger das neue Patent von vornherein mit einer selbständigen Klage anhängig gemacht hätte.

▶ **Beispiel:**

92 Der auf das neu eingeführte Klageschutzrecht gestützte Angriff richtet sich ausschließlich gegen Ausführungsformen, die nicht Gegenstand auch des Angriffs auf Grund des ursprünglich geltend gemachten Klageschutzrechts waren.[145]

93 Der Klageerweiterung steht nicht entgegen, dass der Ausgangsrechtsstreit **ausgesetzt** ist.[146] Denn § 249 Abs 2 ZPO ordnet die rechtliche Unwirksamkeit nur von solchen Handlungen an, die in Ansehung der Hauptsache vorgenommen werden; die Erweiterung um ein zusätzliches Schutzrecht führt jedoch einen neuen, selbständigen Streitgegenstand ein.

94 Werden gestützt auf dasselbe Schutzrecht nur **weitere Ausführungsformen** angegriffen, so liegt eine Klageerweiterung nur dann vor, wenn sich die hinzugekommenen Varianten in Bezug auf die Anspruchsmerkmale des Klagepatents irgendwie von den bisher angegriffenen Ausführungsformen unterscheiden, indem sie sich zB einer anderen Konstruktion oder einer abweichenden Wirkungsweise bedienen, die bisher noch nicht Gegenstand des Verletzungsprozesses war. Sind die neuen Verletzungsgegenstände in patentgemäßer Hinsicht hingegen identisch mit den von Beginn an diskutierten Ausführungsformen, betreffen sie denselben Streitgegenstand, sodass sich die Klage (und ein etwaiger Urteilsausspruch) von vornherein auch auf sie bezogen hat und sachlich nicht erweitert werden muss.[147]

95 Keine Klageänderung stellt es dar, wenn statt des zunächst eingeklagten Hauptanspruchs – zB wegen des Verlaufs oder wegen des befürchteten Verlaufs eines parallelen Rechtsbestandsverfahrens (Teilvernichtung) oder aus sonstigen strategischen Gründen – nur noch eine Anspruchskombination des Klagepatents oder eine sonstwie **beschränkte Anspruchsfassung** verfolgt wird; vielmehr handelt es sich – ohne Änderung des Streitgegenstandes – um eine bloße Beschränkung des Klageantrages im Sinne von § 264 Nr 2

---

143 OLG Düsseldorf, InstGE 6, 47 – Melkautomat; OLG München, InstGE 6, 57 – Kassieranlage.
144 LG Düsseldorf, InstGE 9, 108 – Klageerweiterung im Verletzungsprozess.
145 LG Düsseldorf, InstGE 9, 108 – Klageerweiterung im Verletzungsprozess.
146 OLG Düsseldorf, Urteil v 4.10.2012 – I-2 U 39/11.
147 OLG Düsseldorf, Urteil v 4.10.2012 – I-2 U 39/11.

ZPO¹⁴⁸, die auch in der Berufungsinstanz ohne weiteres zulässig ist.¹⁴⁹ Das gilt gleichermaßen dann, wenn die nach Teilvernichtung aufrechterhaltene Anspruchsfassung Gegenstand eines Hilfsantrages (»insbesondere«) im Verletzungsprozess war, wie dann, wenn dies nicht der Fall war, weil die geltende Anspruchsfassung einen unvorhergesehenen Inhalt hat, zB weil die Beschränkung aus dem Beschreibungstext vorgenommen wurde. Wollte man dies anders sehen und die Berufung auf eine teilvernichtete Anspruchsfassung als Klageänderung beurteilen, müsste der Übergang zu der geltenden, beschränkten Antragsfassung, selbst wenn mit ihm die Notwendigkeit zusätzlicher tatsächlicher Feststellungen an der angegriffenen Ausführungsform verbunden ist, jedenfalls als sachdienlich angesehen werden.¹⁵⁰ War die geltende Anspruchsfassung Gegenstand eines Hilfsantrages im Verletzungsprozess, so fällt er, wenn das Landgericht nach der erteilten Anspruchsfassung verurteilt hat, automatisch im Berufungsverfahren an.¹⁵¹ Der durch die – auf die eine oder andere Weise vollzogene – Berücksichtigung der teilvernichteten Anspruchsfassung in zweiter Instanz bedingte Verlust einer Tatsacheninstanz ist hinzunehmen.¹⁵² Mit der Antragsbeschränkung ist auch derjenige neue Tatsachenvortrag, weil nicht nachlässig, zuzulassen (§ 531 Abs 2 Nr 3 ZPO), der initiativ durch die Beschränkung des Klagepatents veranlasst ist, etwa zu solchen Merkmalen, die durch den Teilwiderruf/die Teilvernichtung Eingang in den Anspruchswortlaut gefunden haben.¹⁵³

c) Klageerweiterung im Berufungsrechtszug¹⁵⁴

Spätestens muss das weitere Schutzrecht im **Berufungsverfahren geltend gemacht werden**, so lange dort eine Klageerweiterung prozessrechtlich (§ 533 ZPO¹⁵⁵) noch zulässig ist.¹⁵⁶ Der Zulässigkeitsprüfung bedarf es auch dann, wenn das neu eingeführte Schutzrecht zu dem bisherigen Klageschutzrecht inhaltsgleich ist.¹⁵⁷ Mehrere Voraussetzungen müssen kumulativ gegeben sein: 96

aa) Zustimmung/Sachdienlichkeit

Der Beklagte muss der Klageerweiterung zugestimmt haben¹⁵⁸ oder sie muss vom Berufungsgericht als sachdienlich zugelassen sein (**§ 533 Nr 1 ZPO**). 97

Die Sachdienlichkeit setzt voraus, dass 98

– ein ansonsten drohender neuer Rechtsstreit vermieden wird und 99
– der bisherige Streitstoff erster Instanz verwendet werden kann. 100

Solches ist in der Regel zu bejahen, wenn das neue Schutzrecht dieselbe Erfindung betrifft¹⁵⁹, wenn mit ihm dieselbe Ausführungsform wie mit dem ursprünglichen Klage- 101

---

148 OLG Düsseldorf, Urteil v 25.10.2018 – I-2 U 30/16.
149 OLG Düsseldorf, Urteil v 18.7.2019 – I-15 U 47/18; OLG Düsseldorf, GRUR-RS 2021, 6714 – Hubsäule.
150 OLG Düsseldorf, Urteil v 25.10.2018 – I-2 U 30/16.
151 BGH, GRUR 2021, 1519 – Uli-Stein-Cartoon.
152 BGH, NJW 1992, 2996.
153 OLG Düsseldorf, Urteil v 18.7.2019 – I-15 U 46/18.
154 Haedicke/Kamlah, FS Mes, 2009, S 153.
155 Die Vorschrift gilt nicht für die Fälle des § 264 ZPO (BGHZ 158, 295, 305 ff; BGH, MDR 2010, 1011.
156 OLG Düsseldorf, InstGE 6, 47 – Melkautomat; vgl dazu: Jüngst/Stjerna, Mitt 2006, 393.
157 OLG Düsseldorf, InstGE 6, 47 – Melkautomat.
158 Eine einmal erklärte Zustimmung (Einwilligung oder Genehmigung) ist als Prozesshandlung unwiderruflich.
159 Bsp: Grundpatent und ergänzendes Schutzzertifikat (wobei schon darüber nachgedacht werden kann, ob mit dem Zertifikat überhaupt ein neuer Streitgegenstand eingeführt wird, nachdem dessen Funktion in einer bloßen Laufzeitverlängerung für das Grundpatent besteht).

schutzrecht angegriffen wird und wenn der Kläger im Falle einer gesonderten erstinstanzlichen Klage ernsthaft damit rechnen muss, dass ihm mit gewichtigen Argumenten § 145 PatG erfolgreich entgegen gehalten wird.[160] Gemeint sind insoweit ausschließlich Fälle, bei denen die Pflicht zur Klagenkonzentration erst nach der erstinstanzlichen Schlussverhandlung virulent geworden ist, weil erst zu diesem späten Zeitpunkt das neu eingeführte Patent erteilt wurde oder an den Kläger gelangt ist oder seine Verletzung ohne Rechtsverstoß behauptet und bewiesen werden konnte, sodass der Kläger gar nicht in der Lage war, seiner Pflicht zur Klagenkonzentration in erster Instanz nachzukommen.[161] War der Kläger schon in erster Instanz in der Lage, das weitere Schutzrecht einzuklagen (weil es erteilt und in seinem Besitz war) und hat er es nur schuldhaft versäumt, gegen die angegriffene Ausführungsform das weitere Schutzrecht geltend zu machen, so rechtfertigt es die – schuldhaft missachtete – Pflicht zur Klagenkonzentration nicht, eine Einführung des Schutzrechts noch in der Berufung zuzulassen.[162]

102 Ist § 145 PatG ersichtlich überhaupt **nicht einschlägig**, fehlt ebenfalls regelmäßig die Sachdienlichkeit, selbst dann, wenn das neue Schutzrecht dasselbe technische Sachgebiet betrifft wie das ursprüngliche Klageschutzrecht.[163] Ganz besonders gilt dies bei Einführung eines Gebrauchsmusters, weil dieses neben einem Patent oder einem anderen Gebrauchsmuster die vom Verletzungsgericht zu prüfende Frage der Schutzfähigkeit erstmals aufwirft und für Gebrauchsmuster der Zwang zur Klagenkonzentration nicht besteht. Außerhalb des § 145 PatG kann eine Klageerweiterung *ausnahmsweise* zulässig sein, wenn sich die Schutzrechte – das ursprüngliche und dasjenige, um das die Klage erweitert wurde – derart gleichen, dass es weder im Rahmen der Auslegung noch bei der Beurteilung der Verletzungs- und Aussetzungsfrage neuer Erwägungen bedarf. Hier ist es mit dem Gebot eines wirkungsvollen Rechtsschutzes nicht zu vereinbaren, den Verletzten wegen des weiteren Patents, das sich praktisch mit der Entscheidung über das Ausgangspatent mit erledigt, in die erste Instanz zu verweisen.[164]

103 Die Sachdienlichkeit ist demgegenüber im Allgemeinen zu bejahen, wenn aus demselben Schutzrecht eine **abgewandelte Ausführungsform** angegriffen wird und es bei der Beurteilung der Unterschiede zwischen beiden Ausführungsformen im Wesentlichen darum geht, aus der Ermittlung des Sinngehalts der Anspruchsmerkmale im Hinblick auf die angewandte Ausführungsform die gebotenen Schlussfolgerungen zu ziehen.[165]

bb) Präklusionsrecht

104 Zum Zweiten muss die erweiterte Klage auf Tatsachen gestützt werden können, die das Berufungsgericht nach § 529 ZPO ohnehin zu berücksichtigen hat (§ **533 Nr 2 ZPO**).

---

160 OLG Düsseldorf, InstGE 6, 47 – Melkautomat; OLG Düsseldorf, InstGE 10, 248 – Okkluder; OLG Düsseldorf, InstGE 11, 167 – Apotheken-Kommissioniersystem.
161 Präklusionsrecht (§§ 531, 529 Abs 1 Nr 2, 531 Abs 2 Nr 3 ZPO) steht unter solchen Umständen nicht entgegen, weil für einen Vortrag des Klägers zum Gegenstand der Klageerweiterung in 1. Instanz kein Anlass besteht, sodass sein Vorbringen in 2. Instanz nicht auf Nachlässigkeit beruht und somit zulassungsfähig ist.
162 OLG Düsseldorf, GRUR-RR 2021, 150 – Kopierschutz.
163 OLG Düsseldorf, InstGE 10, 248 – Okkluder.
164 OLG Düsseldorf, Urteil v 6.10.2022 – I-2 U 43/22.
165 OLG Düsseldorf, InstGE 10, 248 – Okkluder.

Diese Bedingung ist erfüllt, wenn das zusätzliche Schutzrecht erst während des Berufungsrechtszuges erteilt wird[166] oder wenn der die Klageerweiterung betreffende Sachvortrag des Klägers zur Ausgestaltung der angegriffenen Ausführungsform sowie zur Erteilung und zum Inhalt des neu eingeführten Schutzrechts unstreitig ist.[167] Die Klageerweiterung ist ferner dann zulässig, wenn das Landgericht Ausgestaltung und Funktion der angegriffenen Ausführungsform soweit festgestellt hat, dass anhand dessen die Verwirklichung der Merkmale des neu eingeführten Schutzrechts – ohne ergänzende Tatsachenermittlung durch das Berufungsgericht – beurteilt werden kann.[168] Nimmt der Kläger seine in erster Instanz ausschließlich auf das Klageschutzrecht gestützte Klage während des Berufungsrechtszuges zurück, so ändert dies an der Zulässigkeit der Klageerweiterung nichts. Zwar wird durch die Klagerücknahme das landgerichtliche Urteil kraft Gesetzes wirkungslos, was es verbietet, die darin getroffenen Feststellungen in der Berufungsinstanz zu verwerten. Der aktenkundige Prozessstoff erster Instanz kann jedoch vom Berufungsgericht herangezogen und seiner Entscheidung zugrunde gelegt werden.[169] Das gilt erst recht, wenn in erster Instanz auch zu dem weiteren Schutzrecht vorgetragen war, selbst wenn der Kläger sein Klagebegehren dort ausschließlich auf das erste Schutzrecht gestützt hatte. Tatsächlich gehaltener Sachvortrag kann niemals versäumt sein; auf seine Entscheidungserheblichkeit aus der Sicht des Richters erster Instanz kommt es dabei ebenso wenig an wie auf die Einbindung des Vortrages in die Begründung des Klageanspruchs.[170]

105

Zusammengefasst ist die Klageerweiterung um ein zusätzliches Schutzrecht also in zwei grundsätzlichen Konstellationen denkbar:[171]

106

– Ist **neuer streitiger Tatsachenvortrag** vonnöten und konnte das zusätzliche Schutzrecht in erster Instanz noch nicht geltend gemacht werden, so ist die Klageerweiterung zuzulassen, wenn eine Anwendung des § 145 PatG ernsthaft in Betracht kommt. Die für das Berufungsgericht damit verbundene erstinstanzliche Aufklärungsarbeit ist eben wegen der erstmals in zweiter Instanz erfüllbaren Pflicht zur Klagenkonzentration hinzunehmen. Hätte das weitere Schutzrecht bereits in erster Instanz eingeführt werden können oder ggf sogar wegen § 145 PatG müssen (weil es schon damals erteilt war und dem Kläger auch zustand), kommt eine Zulassung im Berufungsrechtszug regelmäßig nicht in Betracht, weil es nicht angeht, dass der Beklagte einen

107

---

166 OLG Düsseldorf, InstGE 6, 47 – Melkautomat. Prozessrechtlich unbeachtlich ist in diesem Zusammenhang der Vorwurf, der Kläger habe das Erteilungsverfahren für das von der Klageerweiterung betroffene Patent rechtsmissbräuchlich verzögert und dadurch absichtlich dafür gesorgt, dass das Schutzrecht nicht schon während des landgerichtlichen Verfahrens zur Erteilung gekommen ist und in das dortige Klageverfahren eingeführt werden konnte. Die Präklusionsvorschriften sind rein verfahrensrechtlicher Natur. Sie sollen die Parteien anhalten, zu einem bereits vorliegenden Tatsachenstoff rechtzeitig vorzutragen; sie verfolgen demgegenüber nicht den Zweck, auf eine beschleunigte Schaffung der materiell rechtlichen Anspruchsvoraussetzungen hinzuwirken (BGH, MDR 2006, 201). Das gilt nicht nur, wenn es darum geht, in Bezug auf einen bestimmten streitgegenständlichen Klagegrund eine sachliche Anspruchsvoraussetzung herbeizuführen (zB die Fälligkeit der Klageforderung durch eine ordnungsgemäße Schlussrechnung herbeizuführen), sondern erst recht, wenn ein gänzlich neuer Klagegrund in Rede steht, der bislang überhaupt noch nicht Gegenstand des Rechtsstreits war. Wann der Kläger eine weitere Anspruchsgrundlage (sic: ein weiteres Patent) entstehen lässt, liegt in seinem freien Belieben; erst nachdem der Klagegrund (sic: das weitere Patent als erteiltes Schutzrecht) vorliegt, kann ihn die mit Verspätungsfolgen sanktionierte Pflicht treffen, hierzu im Prozess rechtzeitig vorzutragen (OLG Düsseldorf, Urteil v 3.9.2009 – I-2 U 48/07).
167 Vgl BGH, NJW 2005, 291; BGH, NJW-RR 2005, 437.
168 OLG München, InstGE 6, 57 – Kassieranlage; OLG Düsseldorf, Urteil v 1.2.2018 – I-2 U 33/15.
169 OLG München, InstGE 6, 57 – Kassieranlage.
170 BGH, MDR 2010, 1011.
171 OLG Düsseldorf, GRUR-RR 2021, 150 – Kopierschutz.

Rechtsverlust (in Gestalt der Einbuße einer Instanz) wegen Versäumnissen hinzunehmen hat, die der Kläger zu verantworten hat.[172]

108 – Kann der Streit der Parteien über die Benutzung des erweiterten Schutzrechts anhand derjenigen **Feststellungen** entschieden werden, die das Rechtsmittelgericht **für seine Berufungsentscheidung über das anfängliche Patent** ohnehin zu würdigen hat oder die unstreitig oder unschwer festzustellen sind, sodass mit der Klageerweiterung keine (der Sache nach erstinstanzliche) Aufklärungstätigkeit verbunden ist, so rechtfertigt dies im Allgemeinen die Sachdienlichkeit.

109 Ist der Kläger nicht selbst Rechtsmittelführer, sondern ausschließlich Berufungsbeklagter, kann ein weiteres Schutzrecht nur im Wege des **Anschlussrechtsmittel**s eingeführt werden. Wegen § 524 Abs 2 Satz 2 ZPO ist ein solches nur bis zum Ablauf der Berufungserwiderungsfrist zulässig. Das gilt unabhängig davon, ob das neu eingeführte Schutzrecht zu diesem Zeitpunkt bereits erteilt war oder nicht.

110 Ist die Zulässigkeit der Klageerweiterung streitig, kann darüber abgesondert (vorab) verhandelt und durch Zwischenurteil entschieden werden (§§ 280 Abs 1, 525 ZPO).

d) Verfahrensrechtliches

111 Um die Übersichtlichkeit des Prozessstoffes zu gewährleisten[173], wird das Verletzungsgericht die gemäß § 145 PatG in einer einzigen Klage zusammengefassten Ansprüche auf mehrere **Verfahren auftrennen** (§ 145 ZPO).[174]

112 In der Praxis ergeht im frühen ersten Verhandlungstermin – vor der Verlesung der Anträge – folgender Beschluss:

Praxistipp	Formulierungsbeispiel

113
1. Über die auf das EP ... (zweites Schutzrecht), das EP ... (drittes Schutzrecht) usw. gestützten Klageansprüche soll in jeweils gesonderten Verfahren verhandelt und entschieden werden.

2. Zu den Akten der abgetrennten Verfahren werden die Anlagen wie folgt genommen:
   - zu dem das EP ... (zweites Schutzrecht) betreffenden Verfahren die Anlagen ...,
   - zu dem das EP ... (drittes Schutzrecht) betreffenden Verfahren die Anlagen ...
   usw

3. Der Streitwert wird wie folgt festgesetzt:
   - für das Ausgangsverfahren (erstes Schutzrecht): ...
   - für das das EP ... (zweites Schutzrecht) betreffende Verfahren: ...
   - für das das EP ... (drittes Schutzrecht) betreffende Verfahren: ...

---

172 OLG Düsseldorf, GRUR-RR 2021, 150 – Kopierschutz; OLG Düsseldorf, Urteil v 30.9.2021 – I-2 U 14/21.
173 Zur rechtlichen Zulässigkeit der Verfahrenstrennung vgl Nieder, GRUR 2010, 402.
174 Kostenrechtlich bedeutet dies: Die vor der Verfahrenstrennung entstandenen Gebühren bleiben bestehen. Soweit ihr Entstehungstatbestand später erneut verwirklicht wird, entstehen die Gebühren nach der Trennung, und zwar aus den Werten der getrennten Verfahren, abermals. Der Rechtsanwalt darf wählen, ob er die Gebühren aus dem Verfahren vor der Trennung oder aus den mehreren Verfahren danach verlangt (OLG Düsseldorf, OLG-Report 2009, 778).

| Praxistipp | Formulierungsbeispiel |

Damit die Verfahrenstrennung problemlos vorgenommen werden kann, sollte ihr bereits bei der Abfassung der Klageschrift Rechnung getragen werden. Das bedeutet: Für jedes der geltend gemachten Schutzrechte sind separat und hintereinander vollständige Klageanträge zu formulieren. 114

▶ **Beispiel:**
A.: Unterlassungs-, Rechnungslegungs-, Vernichtungs- und Schadenersatzantrag für das erste Schutzrecht; B.: Unterlassungs-, Rechnungslegungs-, Vernichtungs- und Schadenersatzantrag für das zweite Schutzrecht, usw. 115

Ferner sollten die einzelnen Schutzrechte auch in der Klagebegründung in jeweils gesonderten Abschnitten (A., B., usw) nacheinander abgehandelt werden, wobei die zugehörigen Anlagen entsprechend zu kennzeichnen sind (AK1 bis AKX für das erste Schutzrecht; BK1 bis BKX für das zweite Schutzrecht, usw). 116

Anordnungen zur Prozesstrennung sind **unanfechtbar**.[175] 117

4. Torpedo[176]

a) Art 29 Abs 1 EuGVVO[177]

Vor Rechtshängigkeit einer Verletzungsklage in der Bundesrepublik Deutschland bietet sich dem Beklagten bei internationalen Streitigkeiten in der Europäischen Union die Möglichkeit, wenn auch die Klageansprüche nicht abzuwehren, so doch das Verfahren in Deutschland erheblich zu verzögern und damit Zeit zu gewinnen, gegebenenfalls sogar den gegen ihn gerichteten Unterlassungsanspruch wegen Zeitablaufs des Klageschutzrechtes zu entwerten. Hierzu muss ein oben schon angesprochener Torpedo (also eine negative Feststellungsklage) in einem der Vertragsstaaten der EU gestartet werden, in dem die Verfahrensdauer auch dann erfahrungsgemäß sehr lang ist, wenn nur über die Zuständigkeit des ausländischen Gerichts entschieden werden muss. Der Sinn eines Torpedos liegt geradezu darin, selbst bei offensichtlicher und auch dem Kläger bekannter Unzuständigkeit ein bekanntermaßen langsam arbeitendes ausländisches Gericht mit der negativen Feststellungsklage anzugehen, um für die Dauer dieses Feststellungsverfahrens eine Rechtsverfolgung gegen sich zu blockieren. Unter Berufung auf Art 29 Abs 1 EuGVVO ist das später rechtshängig werdende Verletzungsverfahren nämlich von Amts wegen auszusetzen[178], bis das zuerst angerufene (ausländische) Gericht über seine Zuständigkeit – rechtskräftig[179] – befunden hat. Hat das ausländische Gericht seine Zuständigkeit rechtskräftig bejaht, ist die nationale Klage auf Kosten des Klägers als von Anfang an unzulässig abzuweisen (Art 29 Abs 2 EuGVVO).[180] Das Fehlen eines 118

---

175 OLG München, MDR 2015, 1320.
176 Vgl Grabinski, FS Tilmann, 2003, S 461; v. Falck, FS Mes, 2009, S 111; Rojahn, FS Mes, 2009, S 301; Goltz/Janert, MDR 2014, 125.
177 Vgl auch Art 27 LugÜ.
178 Auf Antrag haben sich die Gerichte wechselseitig die jeweiligen Daten ihrer Anrufung mitzuteilen (Art 29 Abs 2 EuGVVO).
179 LG Düsseldorf, InstGE 9, 246 – Vorlaminiertes mehrschichtiges Band; vgl dazu: v. Falck, FS Mes, 2009, S 111.
180 BGH, MDR 2018, 691.

Tatbestandes nach Art 29 EuGVVO stellt eine Prozessvoraussetzung dar[181], weswegen dessen Anwendungsbedingungen der Feststellung von Amtswegen im Freibeweis unterliegen.[182]

aa) Anwendungsvoraussetzungen

(1) Nationalität

119 Auf die **Nationalität** der streitenden Parteien kommt es für Art 29 EuGVVO ebenso wenig an wie auf ihren Sitz in der EU[183] und die Frage, ob sich die Zuständigkeit jeweils nach der EuGVVO (oder nach anderem, zB nationalem) Recht ergibt[184]; maßgeblich für die Anwendung des Art 29 EuGVVO ist allein, dass in zwei Mitgliedstaaten der Verordnung parallele Rechtsstreitigkeiten (typischerweise eine negative Feststellungsklage und eine positive Leistungsklage jeweils umgekehrten Rubrums) in einer Zivilsache gemäß Art 1 Abs 1 Satz 1 EuGVVO[185] geführt werden.[186]

(2) »dieselben Parteien«

120 Die negative Feststellungsklage muss zwischen denselben Parteien anhängig sein wie die in Deutschland erhobene Leistungsklage. Auf die Parteirolle, also die Position als Kläger oder Beklagter des Verfahrens, kommt es dabei nicht an.[187] Auch sonst wird der Parteibegriff im Rahmen des Art 29 Abs 1 EuGVVO (bzw Art 21 EuGVÜ) zumindest vom EuGH nicht rein formal ausgelegt. So hat der EuGH in seiner Entscheidung Drouot./. CMI[188] beispielsweise eine Interessenabwägung zur Klärung der Frage herangezogen, ob dieselbe Partei vorliegt. Von derselben Partei ist hiernach – trotz formaler Verschiedenheit – auszugehen, wenn identische und voneinander untrennbare Interessen verfolgt werden. Dies kann angenommen werden, wenn eine Entscheidung gegen eine Rechtsperson im Wege der **Rechtskrafterstreckung** auch für eine andere Person Geltung erhält.[189] Spielt sich der die Rechtskrafterstreckung herbeiführende Sachverhalt (zB eine Rechtsnachfolge hinsichtlich des streitbefangenen Gegenstandes) erst nachträglich ab, ist für den Rechtsnachfolger nicht der frühe Zeitrang der Klageerhebung durch den Rechtsvorgänger maßgeblich, sondern der spätere Zeitrang der zur Rechtskrafterstreckung führenden Rechtsnachfolge.[190]

121 Ob dies der Fall ist, beurteilt sich nach dem nationalen Recht desjenigen Staates, dessen Gerichte zuerst angerufen wurden und dem deshalb die Sachentscheidung vorbehalten

---

181 BGH, MDR 2013, 869.
182 BGH, MDR 2018, 691.
183 BGH, NJW 2017, 564.
184 LG Düsseldorf, InstGE 9, 246 – Vorlaminiertes mehrschichtiges Band; vgl dazu: v. Falck, FS Mes, 2009, S 111.
185 Dazu zählt auch ein Adhäsionsverfahren (BGH, MDR 2013, 869).
186 EuGH, Slg 1991, I-03, 317; BGH, NJW 2017, 564. Nicht die Nationalität der Parteien, sondern diejenigen Gerichte, bei denen die positive Verletzungsklage und die negative Feststellungsklage geführt werden, bestimmen auch darüber, ob die EuGVVO, die VO 44/2001, das EuGVÜ oder das LugÜ anwendbar sind. Bsp: Der Beklagte des deutschen Verletzungsprozesses aus 2006 ist Däne; er erhebt in Italien eine negative Feststellungsklage. Anwendbar ist die EuGVVO, die im Verhältnis zwischen Deutschland und Italien in Kraft gesetzt ist. Dass im Verhältnis zu Dänemark bis 30.6.2007 noch das EuGVÜ galt, ist unbeachtlich. Lediglich wenn es darum ginge, im deutschen Verletzungsprozess die internationale Zuständigkeit des dänischen Beklagten zu ermitteln, käme es auf dessen Nationalität an, weswegen auf das EuGVÜ – und nicht die EuGVVO oder die VO 44/2001 – zurückzugreifen wäre.
187 EuGH, NJW 1995, 1983 – Tatry/Maciej Rataj.
188 EuGH, Slg 1998, I-3091 = Mitt 1998, 387.
189 OLG Karlsruhe, BeckRS 2008, 12712; LG Düsseldorf, GRUR-RR 2009, 402 – Italienischer Torpedo.
190 OLG Düsseldorf, Beschluss v 4.3.2013 – I-2 W 6/13.

ist.¹⁹¹ Dass die **Rechtslage im Urteilsstaat** maßgeblich ist, folgt aus der schlichten Tatsache, dass nach Art 36 EuGVVO Entscheidungen eines Mitgliedstaates automatisch in jedem anderen Mitgliedstaat anerkannt werden, was nach dem Grundsatz der Wirkungserstreckung bedeutet, dass sich mit dem Eintreten der Wirkungen des erststaatlichen Urteils im Heimatland *diese* Wirkungen gleichzeitig auch auf den Zweitstaat erstrecken.¹⁹² Zu den erstreckten Urteilswirkungen gehört vor allem die materielle Rechtskraft, deren objektive und subjektive Grenzen folglich dem Prozessrecht des Urteilsstaates folgen.¹⁹³

▶ **Beispiele nach deutschem Recht sind:**

– Die Fälle der Gesamt- oder Einzelrechtsnachfolge in Bezug auf das Patent als dem im Verletzungsprozess streitbefangenen Gegenstand (§§ 265, 325 ZPO);

– im Verhältnis zwischen Patentinhaber und ausschließlichem Lizenznehmer findet eine Rechtskrafterstreckung jedenfalls dann nicht statt, wenn der Patentinhaber nicht seine gesamte Rechtsstellung preisgegeben hat, sondern ihm – neben dem Lizenznehmer – noch Ansprüche aus dem lizenzierten Patent verblieben sind¹⁹⁴;

– einfache Lizenznehmer, die in gewillkürter Prozessstandschaft und aufgrund erfolgter Abtretung die Rechte des Schutzrechtsinhabers im eigenen Namen geltend machen.¹⁹⁵

122

Ob trotz formaler Verschiedenheit von »derselben Partei« nur dann auszugehen ist, wenn die Beteiligten durch ein zur Rechtskrafterstreckung führendes Verhältnis miteinander verbunden sind¹⁹⁶, ist vom EuGH noch nicht entschieden. In jedem Fall bedarf es einer der Rechtskrafterstreckung vergleichbaren besonderen Verknüpfung der Interessen, die noch nicht dadurch gegeben ist, dass einmal das **Unternehmen** und das andere Mal dessen **gesetzliche Vertreter** betroffen sind. Dass die die Haftung auslösende Handlung bei allen Genannten (dem Unternehmen und seinen Geschäftsführern) dieselbe ist, mag zu einer Gleichheit der Interessen führen, begründet als solches aber noch nicht ihre Untrennbarkeit.¹⁹⁷ Unschädlich ist, dass in einem der beiden konkurrierenden Verfahren zusätzlich Dritte beteiligt sind; in einem solchen Verfahren beschränken sich die Rechtsfolgen des Art 29 EuGVVO lediglich auf diejenigen Personen, zwischen denen mehrere Verfahren anhängig sind, sodass der Rechtsstreit gegen den Dritten ohne Aussetzungsdiskussion fortgeführt wird.¹⁹⁸

123

(3) »derselbe Anspruch«

Zweite Voraussetzung ist, dass sich die beiden konkurrierenden Klagen auf denselben Anspruch beziehen. Maßgeblich sind die Klageansprüche des jeweiligen Klägers und

124

---

191 OLG Düsseldorf, Urteil v 26.4.2012 – I-2 U 18/12; OLG Karlsruhe, BeckRS 2008, 12712; aA: LG Düsseldorf, GRUR-RR 2009, 402 – Italienischer Torpedo.
192 EuGH, NJW 1989, 663, 664 – Hoffmann.
193 BGH, FamRZ 2008, 400.
194 Vgl OLG Karlsruhe, BeckRS 2008, 12712; LG Düsseldorf, GRUR-RR 2009, 402 – Italienischer Torpedo.
195 OLG Düsseldorf, Mitt 2000, 419 – Aussetzung; LG Düsseldorf, GRUR Int 1998, 804 f – Impfstoff I; Grabinski, GRUR Int 2001, 199; Meier-Beck, GRUR 1999, 379, 382; vgl hierzu auch OLG Düsseldorf, Beschluss v 30.9.1999 (Vorlagebeschluss an den EuGH), mitgeteilt bei v. Meibom/Pitz, EIPR 2000, N-3 (da die Parteien sich anschließend geeinigt haben, hat sich die Vorlage vor einer Entscheidung des EuGH erledigt); bzgl Versicherer und Versicherungsnehmer: EuGH, Mitt 1998, 387 – Drouot/CMI.
196 So: OLG Karlsruhe, BeckRS 2008, 12712.
197 OLG Düsseldorf, Urteil v 26.4.2012 – I-2 U 18/12.
198 EuGH, NJW 1995, 1983 – Tatry/Maciej Rataj; BGH, MDR 2013, 1480.

nicht vom Beklagten erhobene Einwendungen.¹⁹⁹ Auch die Voraussetzung »desselben Anspruchs« wird vom EuGH unter Hinweis auf Sinn und Zweck des Art 29 EuGVVO (bzw Art 21 EuGVÜ) weit ausgelegt. Im Interesse einer geordneten Rechtspflege in der Gemeinschaft sollen parallele Verfahren vor Gerichten verschiedener Vertragsstaaten vermieden werden. Hieran anschließend werden daher die in einem Verletzungsverfahren geltend gemachten Unterlassungs- und Schadenersatzansprüche sowie die mit der negativen Feststellungsklage begehrte Feststellung der Nichtverletzung als derselbe Anspruch angesehen, wenn sich beide auf dasselbe Schutzrecht und die gleiche angegriffene Ausführungsform beziehen.²⁰⁰ Unter dieser Prämisse sichert eine zunächst nur mit einem zB Schadenersatzantrag erhobene Klage den Zeitrang der Klage auch für einen zeitlich später klageerweiternd eingeführten Unterlassungsanspruch. Zu beachten ist, dass bei einem europäischen Patent die verschiedenen nationalen Anteile des europäischen Patentes nicht als *ein* Schutzrecht, sondern als verschiedene Ansprüche angesehen werden.²⁰¹ In negativen Feststellungsklagen muss daher ausdrücklich auch die Feststellung der Nichtverletzung bezüglich des deutschen Anteils des europäischen Patentes begehrt werden.²⁰² Erst recht liegen verschiedene Ansprüche vor, wenn in dem einen Verfahren um das Stammpatent und dessen Verletzung, in dem anderen Verfahren hingegen um die daraus hervorgegangenen Teilpatente und deren Benutzung gestritten wird.²⁰³ Ungleiche Ansprüche (und ungleiche Parteien) liegen auch dann vor, wenn mit der Patentverletzungsklage Ansprüche ausschließlich aus eigenem materiellen Recht wegen solcher Benutzungshandlungen verfolgt werden, die nach der Übertragung des Klagepatents auf den Kläger begangen worden sind, wenn sich die negative Feststellungsklage gegen den vormaligen Rechtsträger und die unter dessen Inhaberschaft begangenen Benutzungshandlungen richtet.²⁰⁴

125 Der spätere Verletzungsbeklagte kann sich einen **zeitlichen Vorsprung** nicht dadurch sichern, dass er seinen Antrag auf Feststellung der Nichtverletzung hinsichtlich des Schutzrechts und/oder des Anspruchstellers und/oder der angegriffenen Ausführungsform von vornherein pauschal auf zB alle aus einem bestimmten Patent in Zukunft noch resultierende Teilanmeldungen, auf alle künftig etwa noch auf den Markt kommende Ausführungsformen und/oder auf etwaige künftige Lizenznehmer des Patentinhabers oder sonstige Berechtigte ausdehnt. In der Erwähnung künftiger weiterer Patente etc liegt bei sinngemäßem Verständnis bloß die Ankündigung, die Klage ggf später erweitern zu wollen.²⁰⁵ Dies ist schon deshalb zwingend, weil im Parteiprozess eine gerichtliche Sachprüfung erst dann stattfinden kann, wenn das fragliche Schutzrecht, die als dessen (Nicht-)Verletzung in Rede stehende Ausführungsform und die gegnerische Partei so konkret bezeichnet und in das Verfahren eingeführt sind, dass die Voraussetzungen des geltend gemachten Begehrens beurteilt werden können. Unter den gegebenen Umständen wird das weitere Schutzrecht, die weitere Ausführungsform und/oder der weitere Berechtigte erst in dem Moment Gegenstand der negativen Feststellungsklage, in dem das Schutzrecht, die Ausführungsform oder der Anspruchsberechtigte konkret bezeichnet und in das Verfahren eingeführt werden. Für den Zeitrang des Weiteren Patents etc

---

199 EuGH, NJW 2003, 2596.
200 Ua LG Düsseldorf, Beschluss v 17.3.2009 – 4b O 218/08, LG Düsseldorf, GRUR Int 1998, 803 f – Kondensatorspeicherzellen; LG Düsseldorf, GRUR Int 1998, 804 f – Impfstoff I; Grabinski, GRUR Int 2001, 199; Franzosi, EIPR 1997, 382; dagegen: Sack, GRUR 2018, 893.
201 BGH, MDR 2011, 1437 – Schreibgeräte.
202 OLG Düsseldorf, Mitt 2000, 419, 421.
203 LG Düsseldorf, InstGE 11, 99 – Computernetzwerk.
204 LG Düsseldorf, InstGE 9, 246 – Vorlaminiertes mehrschichtiges Band; vgl dazu: v. Falck, FS Mes, 2009, S 111.
205 LG Düsseldorf, InstGE 11, 99 – Computernetzwerk; bestätigt durch OLG Düsseldorf, Beschluss v 20.7.2009 – I-2 W 35/09.

ist dementsprechend der Tag maßgeblich, an dem die Feststellungsklage tatsächlich auf das zusätzliche Patent, die neue Ausführungsform oder den Lizenznehmer erweitert wird.[206] Umgekehrt geht der Zeitrang in dem Umfang verloren, in dem die Klage nachträglich (ganz oder teilweise) mit der Folge zurückgenommen wird, dass die Rechtshängigkeit von Anfang an beseitigt wird. Eine frühe Erhebung der negativen Feststellungsklage nutzt deshalb nur dann etwas, wenn das mit der positiven Verletzungsklage übereinstimmende Klagebegehren im weiteren Verfahrensverlauf beibehalten wird.

Der ungünstige Zeitrang der ausländischen Feststellungsklage lässt sich aus den gleichen Erwägungen heraus auch nicht dadurch verbessern, dass die Beklagten des inländischen Verletzungsprozesses nachträglich im ausländischen Rechtsstreit eine **Erklärung** abgeben, der zufolge sie mit einer **Rechtskrafterstreckung** der für oder gegen den dort klagenden Dritten ergehenden Gerichtsentscheidung auf sich einverstanden sind.[207] Die mangelnde Parteiidentität wird damit zwar beseitigt, allerdings erst im Zeitpunkt des wirksamen Zustandekommens der Erstreckungsvereinbarung, weswegen dem ausländischen Prozess im Rahmen des Art 29 EuGVVO eben nur *dieser* Zeitrang (und kein früherer) beigemessen werden kann. Das gilt zur Vermeidung von Manipulationen selbst dann, wenn die Parteien ihrer Rechtskrafterstreckungsabsprache Rückwirkung beilegen. Dass dem so sein muss, ergibt sich nicht zuletzt daraus, dass der Beklagte des inländischen Verletzungsprozesses zur Herstellung der Parteiidentität auch die Möglichkeit gehabt hätte, dem dritten Kläger des ausländischen Feststellungsprozesses im Wege der subjektiven Parteierweiterung beizutreten. Wäre dies geschehen, könnte der durch die Verletzungsbeklagten geführten Feststellungsklage offensichtlich nur der Zeitrang ihres späten Klagebeitritts zuerkannt werden. An diesem Ergebnis kann sich nicht dadurch etwas ändern, dass statt einer Klageerweiterung ein formell anderer Weg der Prozessbeteiligung (nämlich der der vereinbarten Rechtskrafterstreckung) gewählt wird.[208]

Im umgekehrten Fall einer Erweiterung des inländischen Verletzungsprozesses um ein neues Schutzrecht steht einer Wirksamkeit der Klageerweiterung nicht entgegen, dass der Verletzungsprozess, in dem die Klage erweitert wird, nach § 148 ZPO ausgesetzt ist.[209]

Praxistipp	Formulierungsbeispiel
Wird ein Torpedo gestartet, ist unbedingt darauf zu achten, im Vorhinein alle möglichen Beteiligten eines Verletzungsverfahrens (einschließlich Lizenznehmer und Geschäftsführer der beteiligten Unternehmen), sämtliche Schutzrechte, aus denen ein Klageangriff erfolgen könnte, und alle Ausführungsformen, die mit Aussicht auf Erfolg angegriffen werden könnten) in die negative Feststellungsklage einzubeziehen.	

(4) Ausschließliche Zuständigkeit des Zweitgerichts

Einen Sonderfall bildet die Konstellation, dass nur das später angerufene Gericht eine ausschließliche Zuständigkeit besitzt. Hier war streitig, ob trotzdem eine Aussetzungspflicht im Hinblick auf einen Rechtsstreit besteht, der bei einem nicht ausschließlich zuständigen Gericht zeitlich früher anhängig geworden ist. Die Frage ist inzwischen vom

---

206 LG Düsseldorf, InstGE 11, 99 – Computernetzwerk; bestätigt durch OLG Düsseldorf, Beschluss v 20.7.2009 – I-2 W 35/09.
207 OLG Düsseldorf, Beschluss v 4.3.2013 – I-2 W 6/13.
208 OLG Düsseldorf, Beschluss v 4.3.2013 – I-2 W 6/13.
209 LG Mannheim, InstGE 13, 65 – UMTS-fähiges Mobiltelefon II.

EuGH dahingehend entschieden worden, dass in solchen Fällen kein Aussetzungszwang besteht.[210]

bb) Rechtsfolge

130 Ein Ermessensspielraum ist dem Gericht nicht eröffnet. *Soweit* die Voraussetzungen des Art 29 EuGVVO vorliegen, muss der inländische Rechtsstreit ausgesetzt werden. Das Gericht hat sich jedweder Entscheidung über die Klage zu enthalten, was bedeutet, dass es der Klage nicht stattgeben, die Klage aber auch nicht – und zwar weder als unbegründet noch als nach nationalem Prozessrecht unzulässig[211] – abweisen darf.

131 Letzteres geschieht erst dann, wenn das andere Gericht seine Zuständigkeit endgültig bejaht hat. In einem solchen Fall ist die Klage von Anfang an als unzulässig abzuweisen, und nicht erst von demjenigen Zeitpunkt an, zu dem die vorübergehende Aussetzung wegen der rechtskräftigen Bejahung der Zuständigkeit durch das parallel angerufene Gericht endet.[212] Es ist deswegen auch kein Raum für eine Erledigungserklärung, mit der sich die Kosten des unzulässigen Klageverfahrens auf den Gegner abwälzen ließen.[213] Ob es bei der kostenrechtlichen Belastung des Klägers im Zweitverfahren auch dann verbleibt, wenn der die Zuständigkeit des Erstgerichts begründende Sachverhalt erst nach Einleitung des Zweitverfahrens eintritt, ist fraglich.[214]

132 Trifft Art 29 EuGVVO nur auf einzelne **Streitgenossen** und/oder auf einzelne Klageschutzrechte zu, wird der Rechtsstreit nicht blockiert, soweit er zwischen anderen Parteien oder über andere Ansprüche geführt wird als sie in dem auswärtigen Mitgliedstaat anhängig sind. Um in dieser Situation ein ggf unzulässiges Teilurteil zu vermeiden, empfiehlt es sich, diejenigen Ansprüche, über die das nationale Gericht befinden darf, vorsichtshalber in ein neues Verfahren abzutrennen. Fällt später der Aussetzungsgrund weg, kann wieder eine Verbindung beider Verfahren – des abgetrennten und des ausgesetzten – in Betracht kommen, wenn der beiderseitige Verfahrensstand dies als sinnvoll erscheinen lässt.

133 Auch der **Einwand des Rechtsmissbrauches** seitens des Beklagten der negativen Feststellungsklage bei Erhebung einer offensichtlich unzulässigen Feststellungsklage ist bisher von den Gerichten in Deutschland nicht berücksichtigt worden, da grundsätzlich die Gleichwertigkeit aller örtlichen Gerichtsstände im Geltungsbereich der EU vermutet wird.[215] In jüngerer Vergangenheit zeichnet sich hier jedoch eine tendenziell großzügigere Auffassung ab. So hat das LG Düsseldorf[216] entschieden, dass dem Beklagten eines Patentverletzungsprozesses die Berufung auf Art 21 EuGVÜ unter dem Gesichtspunkt des Verbotes unzulässiger Rechtsausübung versagt ist, wenn er die negative Feststellungsklage vor einem aufgrund gesicherter Rechtsprechung[217] offensichtlich unzuständigen Gericht eines anderen Mitgliedstaates erhoben hat und das Verfahren vor diesem Gericht nicht oder ohne Grund derart langsam führt, dass das Recht des Klägers auf eine ordnungsgemäße Durchführung seines Patentverletzungsverfahrens praktisch vereitelt würde, wenn es zu einer Aussetzung gemäß Art 29 Abs 1 EuGVVO käme.[218] Dieser Auffassung steht die Rechtsprechung des EuGH nicht entgegen. In der Entscheidung

---

210 EuGH, NJW 2014, 1871 – Weber; BGH, MDR 2014, 1287.
211 ZB wegen anderweitiger Rechtshängigkeit.
212 BGH, MDR 2018, 691.
213 BGH, MDR 2018, 691.
214 Ebenso: Hau, MDR 2018, 723, 724.
215 EuGH, NJW 2014, 1871 – Weber; BGH, MDR 2014, 1287; vgl auch Pitz, GRUR Int 2001, 32, 35.
216 LG Düsseldorf, InstGE 3, 8 – Cholesterin-Test.
217 Grabinski, FS Tilmann, 2003, S 461, 468.
218 Vgl auch BGH, BGH-Report 2002, 345 (noch zu Art 21 EuGVÜ).

Gasser[219] ist zwar ausgesprochen, der Umstand, dass die Verfahren vor den Gerichten des erstangerufenen Mitgliedstaates *allgemein* unvertretbar lange dauern, rechtfertige es nicht, von einer Aussetzung nach Art 21 EuGVÜ (heute Art 29 EuGVVO) (von vornherein) abzusehen. Zu berücksichtigen ist jedoch zum einen, dass der Fall kein zeitlich befristetes Ausschließlichkeitsrecht, sondern vermögensrechtliche Ansprüche aus einer längerfristigen Handelsbeziehung betraf. Zum anderen schließt es die EuGH-Entscheidung nicht aus, bei konkreten Feststellungen dazu, dass inzwischen unvertretbar lange Zeit verstrichen ist, ohne dass das erstangerufene Gericht über seine Zuständigkeit befunden hat, *diesen* Sachverhalt zum Anlass zu nehmen, Art 29 Abs 1 EuGVVO nicht anzuwenden, sondern das Verfahren vor dem später angerufenen Gericht fortzusetzen. Schließlich steht dem Kläger des Zweitverfahrens auch ein Justizgewährungsanspruch aus Art 6 Abs 1 EMRK zu.

Um dem mit dem Torpedo verbundenen Rechtsmissbrauch und der Blockade von Verletzungsverfahren entgegenzuwirken, greifen auch **internationale Gerichte** auf unterschiedliche Begründungen zurück. **134**

Am weitesten ist hier wohl das Tribunal d'Instance in Paris in einer nicht veröffentlichten Entscheidung vom 28.4.2000[220] gegangen, wonach Klagen auf Verletzung eines Schutzrechtes und Klagen, mit denen die Feststellung der Nichtverletzung begehrt werden, nicht denselben Streitgegenstand beträfen. Eine Aussetzung nach Art 29 Abs 1 EuGVVO (bzw Art 21 EuGVÜ) wurde vor diesem Hintergrund abgelehnt.[221] **135**

Andere Gerichte lehnen ihre Zuständigkeit für **negative Feststellungsklagen** dann ab, wenn die internationale Zuständigkeit für diese ausschließlich auf Art 7 Nr 2 EuGVVO gestützt wird.[222] Begründet wird dies damit, dass nach der ständigen Rechtsprechung des EuGH Art 7 Nr 2 EuGVVO (bzw Art 5 Nr 3 EuGVÜ) als Ausnahmevorschrift restriktiv auszulegen sei und daher nur für Klagen gelte, die sich unmittelbar auf die unerlaubten Handlungen bezögen. Bei negativen Feststellungsklagen werde das Vorliegen einer unerlaubten Handlung aber gerade bestritten. **136**

Zu berücksichtigen ist jedoch auch bei diesen Gerichten, dass bis zum Erlass einer Entscheidung über die mangelnde Zuständigkeit, unabhängig davon, mit welcher Begründung diese abgelehnt wird, eine längere Zeit vergehen kann, die der Beklagte für seine Zwecke nutzen kann. **137**

b) Art 30 EuGVVO

Ist eine Identität der Parteien oder aber der geltend gemachten Ansprüche nach Art 29 Abs 1 EuGVVO nicht gegeben, besteht noch die Möglichkeit, eine Aussetzung nach Art 30 Abs 1 EuGVVO zu beantragen. Danach *kann* ein später angerufenes Gericht das Verfahren aussetzen, wenn vor Gerichten verschiedener Vertragsstaaten Klagen in erster Instanz anhängig sind, die im **Zusammenhang** stehen. Auch diese Vorschrift dient dazu, gegensätzliche Entscheidungen in der Gemeinschaft zu vermeiden, weshalb die Vorschrift weit auszulegen ist. Dies gilt vor allem für Absatz 3, der eine Legaldefinition des Begriffs »Zusammenhang« enthält.[223] Das Landgericht Düsseldorf hat daher das Vorlie- **138**

---

219 EuGH, IPRax 2004, 243 – Gasser/MISAT.
220 Mitgeteilt von Pitz, GRUR Int 2001, 32, 35 f.
221 Sogar eine Aussetzung nach Art 22 EuGVÜ wurde unter Hinweis auf die erkennbare Blockadeabsicht der Beklagten abgelehnt.
222 Vgl ua Oberster Gerichtshof Italien, GRUR Int 2005, 264 – Verpackungsmaschine II; Oberster Gerichtshof Schweden, GRUR Int 2001, 178 – Flootek; hierzu auch Lundstedt, GRUR Int 2001, 103 ff; OLG München, InstGE 2, 61 – Leit- und Informationssystem II; diese Praxis setzt sich auch in Belgien und Italien durch.
223 EuGH, NJW 1995, 1983 – Tatry/Maciej Rataj.

gen eines Zusammenhangs verschiedener Klagen auch dann bejaht, wenn wegen der Verletzung unterschiedlicher nationaler Anteile eines europäischen Patentes vor unterschiedlichen Gerichten Klage erhoben wird[224] oder wenn wegen desselben Patents und derselben Ausführungsform im ausländischen Verfahren das Unternehmen negativer Feststellungskläger ist und im inländischen Prozess die (im Ausland nicht beteiligten) Geschäftsführer des Unternehmens wegen Patentverletzung verklagt sind[225].

139 Die Entscheidung über die Aussetzung gemäß Art 30 Abs 1 EuGVVO ist jedoch im Gegensatz zu derjenigen nach Art 29 Abs 1 EuGVVO in das **Ermessen** des Gerichts gestellt. Ein deutsches Gericht wird sich dabei im Wesentlichen an die auch im Rahmen von § 148 ZPO angewandten Grundsätze halten und die Interessen der betroffenen Parteien gegeneinander abwägen. Wesentliche Gesichtspunkte sind,

140 – welches Gericht die größere Sachnähe zu dem zu entscheidenden Sachverhalt hat (typischerweise sind dies die Gerichte des Schutzstaates, die mit dem einschlägigen nationalen Recht vertraut sind, nach dem die Patentverletzung und ihre Rechtsfolge zu beurteilen sind),

141 – wann mit einer Entscheidung in dem einen bzw anderen Verfahren zu rechnen ist (es ist unangebracht, einen angelaufenen Verletzungsprozess im Hinblick auf ein negatives Feststellungsverfahren auszusetzen, dessen Entscheidung seinerseits noch geraume Zeit auf sich warten lassen wird) und

142 – inwieweit den berechtigten Belangen des Schutzrechtsinhabers bei einer Aussetzungsanordnung Rechnung getragen ist (was zu verneinen sein kann, weil er selbst bei abgewiesener Feststellungsklage noch lange nicht über einen Titel zur Durchsetzung seiner Verbietungsrechte verfügt).[226]

143 Dem Interesse des Schutzrechtsinhabers wird zumindest dann Vorrang zuzubilligen sein, wenn der geltend gemachte Unterlassungsanspruch unter Berücksichtigung der Verfahrensdauer des zuerst anhängig gemachten Verfahrens nicht mehr oder nur erheblich beschränkt durchgesetzt werden kann. Dies dürfte zumindest in den Fällen zu bejahen sein, in denen der Beklagte eine negative Feststellungsklage als Torpedo eingereicht hat und mit einer Entscheidung über diese nicht kurzfristig gerechnet werden kann. Dies bedeutet aber auch, dass über Art 30 Abs 1 EuGVVO nur in den seltensten Fällen eine Aussetzung zu erreichen sein wird. Denkbar ist derartiges nach der Instanzrechtsprechung aber, wenn der Verletzungsprozess gegen das Unternehmen wegen Art 29 EuGVVO blockiert ist und im inländischen Prozess deren Geschäftsführer in Anspruch genommen werden, für die Art 29 EuGVVO mangels Beteiligung am ausländischen Feststellungsverfahren nicht einschlägig ist. Eine Aussetzung soll hier jedenfalls dann angezeigt sein, wenn für den Kläger mit einem Urteil gegen die Geschäftsführer nicht wirklich etwas gewonnen ist, weil die Geschäftsführer außerhalb des Unternehmens nicht selbst am Markt tätig sind.[227] Über diesen Gesichtspunkt hinaus wird man unbedingt im Blick behalten müssen, welcher Erkenntnisgewinn aus dem ausländischen Feststellungsprozess und dort eingeholten Beweisen für das (aufgeschobene) inländische Erkenntnis tatsächlich zu erwarten sind. Steht zu befürchten, dass eigene Beweisermittlungen nicht entbehrlich gemacht werden (zB weil das ausländische Gericht in Patentsachen unerfahren ist), sollte von einer Aussetzung abgesehen werden.

---

224 LG Düsseldorf, GRUR Int 1998, 803, 804 – Kondensatorspeicherzellen.
225 LG Düsseldorf, Beschluss v 19.4.2011 – 4a O 153/10; ebenso: LG Mannheim, Beschluss v 26.10.2010 – 2 O 234/09; LG Mannheim, Beschluss v 10.1.2011 – 2 O 234/09.
226 OLG Düsseldorf, Beschluss v 4.3.2013 – I-2 W 6/13.
227 LG Düsseldorf, Beschluss v 19.4.2011 – 4a O 153/10; LG Mannheim, Beschluss v 26.10.2010 – 2 O 234/09; LG Mannheim, Beschluss v 10.1.2011 – 2 O 234/09.

Art 30 Abs 2 EuGVVO, der die Möglichkeit für das Gericht vorsieht, sich auf Antrag der Parteien für unzuständig zu erklären, dürfte in Deutschland ausgeschlossen sein, da nach § 147 ZPO eine Verbindung von Verfahren, die vor unterschiedlichen Gerichten laufen, nicht vorgesehen ist.[228]   144

c) Art 33, 34 EuGVVO

Durch die EuGVVO neu eingeführt worden ist die Möglichkeit, einen in einem Mitgliedstaat später anhängig gemachten Prozess wegen eines Verfahrens auszusetzen, das in einem **Drittstaat** (außerhalb der Mitgliedstaaten) frühzeitiger (auch insoweit gilt die Definition in Art 32 EuGVVO) anhängig geworden ist.   145

Es handelt sich jeweils um Aussetzungen nach Ermessen, deren **Voraussetzungen**   146

– das eine Mal (Art 33 EuGVVO) an diejenigen des Art 29 EuGVVO und   147

– das andere Mal (Art 34 EuGVVO) an diejenigen des Art 30 EuGVVO angelehnt sind.   148

Wie bei Art 29 EuGVVO muss in den Fällen des Art 33 EuGVVO in beiden Verfahren (dh in dem im Mitgliedstaat und in dem im Drittstaat geführten Prozess) über »denselben Anspruch« zwischen »denselben Parteien« gestritten werden. Art 34 EuGVVO knüpft demgegenüber daran an, dass die im Mitgliedstaat und im Drittstaat anhängigen Verfahren »in Zusammenhang stehen«, was der Fall ist, wenn eine gemeinsame Verhandlung und Entscheidung der Verfahren geboten ist, um zu verhindern, dass in den getrennten Verfahren einander widersprechende Entscheidungen ergehen könnten (Art 34 Abs 1 Buchst a) EuGVVO).   149

Die Vorschriften benennen jeweils Kriterien für die gerichtliche **Ermessensausübung** dahingehend, ob zu erwarten ist, dass das Gericht des Drittstaates eine im Mitgliedstaat anzuerkennende und vollstreckbare Entscheidung treffen wird (Art 33 Abs 1 Buchst a), Art 34 Abs 1 Buchst b) EuGVVO) und ob das aussetzende Gericht davon überzeugt ist, dass die Aussetzung seines Verfahrens im Interesse einer geordneten Rechtspflege liegt (Art 33 Abs 1 Buchst b), Art 34 Abs 1 Buchst c) EuGVVO). Was mit letzterem gemeint ist, erschließt sich aus Erwägungsgrund (24) der EuGVVO. Beachtenswerte Gesichtspunkte sind danach ua (a) Verbindungen des Streitgegenstandes und der Parteien zu dem Drittstaat, (b) der Fortschritt des im Drittstaat geführten Verfahrens bei Anhängigmachen des Verfahrens im Mitgliedstaat sowie (c) die Aussicht, dass im Drittstaat innerhalb einer angemessenen Zeit eine Sachentscheidung fällt.   150

Ist es zu einer Aussetzungsanordnung gekommen, kann das aussetzende Gericht sein **Verfahren** jederzeit wieder **fortsetzen** (Art 33 Abs 2, 34 Abs 2 EuGVVO), wenn es dies für geboten hält (zB weil das Verfahren im Drittstaat zum Stillstand kommt oder sich die Prognose eines dortigen Verfahrensfortschritts als unrichtig erweist).   151

d) Art 35 EuGVVO

Eine negative Feststellungsklage im Ausland blockiert jedoch nur ein Hauptsacheverfahren in Deutschland. Art 35 EuGVVO eröffnet weiterhin den Weg zum **einstweiligen Rechtsschutz**. Denn nach Art 35 EuGVVO hängt die Zuständigkeit für eine einstweilige Maßnahme nicht von der Zuständigkeit im Hauptsacheverfahren ab.[229]   152

Unabhängig von der so eröffneten Zuständigkeit eines deutschen Gerichts sind jedoch weiterhin die Voraussetzungen für den Erlass einer einstweiligen Verfügung gesondert   153

---

228 OLG Stuttgart, RIW 2000, 954.
229 Vgl auch Grabinski, FS Tilmann, 2003, S 461, 470.

zu überprüfen. Hierzu gehört neben einem Verfügungsanspruch auch die Glaubhaftmachung eines Verfügungsgrundes (§§ 920 Abs 2, 936 ZPO). Eine Maßnahme des einstweiligen Rechtsschutzes kommt nach § 940 ZPO nur zur Abwendung wesentlicher Nachteile in Betracht. Bei der für diese Voraussetzung erfolgenden Interessenabwägung spielt auch die Frage der Dringlichkeit einer Regelung eine wichtige Rolle. Allein der Umstand, dass ein potenzieller Verletzer eine negative Feststellungsklage in einem anderen Mitgliedstaat anhängig gemacht hat, vermag nach derzeitiger Rechtsprechung einen Verfügungsgrund nicht zu begründen.[230] Dieser ist unabhängig von dem »Torpedo« darzulegen.

e) Rechtsmittel

154 Die Entscheidung über eine Aussetzung ist, egal ob sie angeordnet oder abgelehnt wird, von der jeweils beschwerten Partei mit der sofortigen Beschwerde (§§ 252, 567 Abs 1 Nr 1 ZPO) anfechtbar.[231] Soweit das Erstgericht Aussetzungsermessen hatte, ist dessen Ausübung im Beschwerdeverfahren lediglich auf Rechtsfehler zu überprüfen[232], dh dahingehend, ob überhaupt eine Ermessensausübung stattgefunden hat (was zu verneinen ist, wenn sich das Landgericht zu der Aussetzungsanordnung verpflichtet gesehen hat) und ob diese ermessensfehlerhaft vorgenommen wurde (was der Fall ist, wenn wesentliche Abwägungsgesichtspunkte unberücksichtigt geblieben oder falsch gewichtet worden sind oder das Ausübungsergebnis als solches unvertretbar ist).[233]

5. Rechtskraft

155 Wird in mehreren gerichtlichen Verfahren gegen denselben Beklagten wegen Verletzung desselben Patents durch **verschiedene angegriffene Ausführungsformen** vorgegangen, so stellt sich, sobald ein (abweisendes oder stattgebendes) Urteil vorliegt und rechtskräftig geworden ist[234], die – in jeder Verfahrenslage von Amts wegen zu behandelnde – Frage, ob die spätere Klage wegen entgegenstehender Rechtskraft unzulässig ist.[235] Maßgeblich hierfür ist, ob den betreffenden Gerichtsverfahren *derselbe* Streitgegenstand zugrunde gelegen hat, wofür noch nicht ausreicht, dass der Klageantrag (und dementsprechend der Urteilstenor) jeweils nach dem Anspruchswortlaut des Klagepatents – und damit identisch – formuliert ist. Denn der Streitgegenstand wird außer durch den Klageantrag auch durch den zu seiner Begründung vorgetragenen Lebenssachverhalt definiert und dieser wiederum durch die üblicherweise als angegriffene Ausführungsform bezeichnete tatsächliche Ausgestaltung eines bestimmten Produktes im Hinblick auf die Merkmale des geltend gemachten Patentanspruchs bestimmt.[236] Die Identität des Streitgegenstandes wird erst aufgehoben, wenn der Kern des in Bezug auf die angegriffene Ausführungsform angeführten Lebenssachverhaltes durch neue Tatsachen verändert wird.[237] Das ist nicht der Fall, wenn die später angegriffene Ausführungsform sich nur außerhalb der Anspruchsmerkmale des Klagepatents von der verurteilten Ausführungsform unterscheidet.[238] Ein anderer Streitgegenstand liegt hingegen vor, wenn eine

---

230 LG Düsseldorf, GRUR Int 2002, 157, 160 – HIV-Immunoassay.
231 OLG Düsseldorf, Beschluss v 4.3.2013 – I-2 W 6/13.
232 OLG Düsseldorf, Beschluss v 4.3.2013 – I-2 W 6/13.
233 OLG Düsseldorf, Beschluss v 4.3.2013 – I-2 W 6/13.
234 Werden die mehreren Verletzungsverfahren parallel oder zeitlich überschneidend zueinander geführt, stellt sich die – nach prinzipiell denselben Regeln zu behandelnde – Frage nach einer anderweitigen Rechtshängigkeit.
235 BGH, GRUR 2012, 485 – Rohrreinigungsdüse II; BGH, MDR 2014, 218.
236 BGH, GRUR 2012, 485 – Rohrreinigungsdüse II.
237 BGH, GRUR 2012, 485 – Rohrreinigungsdüse II.
238 OLG Düsseldorf, Urteil v 8.11.2012 – I-2 U 108/10.

anspruchsrelevante Variation in der Konstruktion, Ausgestaltung oder Funktionsweise stattgefunden hat, sodass sich die Frage stellt, ob die Merkmale des Patentanspruchs trotz der veränderten Konstruktion, Ausgestaltung oder Funktionalität verwirklicht werden.

▶ **Beispiel:**

Der Kläger greift Chipkarten an und verweist in diesem Zusammenhang auf Karten des Typs »A« sowie auf solche des Typs »B«. Ob *ein* oder *zwei* Streitgegenstände vorliegen, hängt von der gegebenen Klagebegründung ab: 156

Führt der Kläger aus, dass die Karten des Typs »B« in ihrer patentrelevanten Ausgestaltung mit denen des Typs »A« übereinstimmen, liegt lediglich *ein* Streitgegenstand (Karten mit der für den Typ »A« vorgetragenen konstruktiven Ausgestaltung) vor. Wendet der Beklagte eine andere, vom Typ »A« abweichende Konstruktion der »B«-Karten ein, bleibt es bei dem einzigen Streitgegenstand, wenn der Kläger auf den Hinweis klarstellt, dass sich sein Angriff (jedenfalls derzeit) nicht gegen eine andere Technik richtet als die, die für den Typ »A« dargelegt ist.[239]

Greift der Kläger beide Kartentypen ohne nähere Erläuterung ihrer Gleichheit an und ergibt sich auch aus den Umständen nicht klar, dass der Kläger den Typ »B« bloß in der Meinung erwähnt, dieser sei, soweit für die Merkmalsverwirklichung von Interesse, identisch mit dem Typ »A«, so muss davon ausgegangen werden, dass beide Karten nebeneinander angegriffen werden sollen, weswegen zwei Streitgegenstände vorliegen.

Ob eine bestimmte angegriffene Ausführungsform das Klagepatent **wortsinngemäß oder äquivalent** benutzt, ist demgegenüber unter dem Gesichtspunkt des Streitgegenstandes unbeachtlich, welcher stets derselbe bleibt. Dementsprechend ist der Kläger in einem laufenden Rechtsstreit nicht gehindert, sich noch nachträglich (im Berufungsrechtszug) auf Äquivalenz oder – umgekehrt – erstmals auf eine wortsinngemäße Benutzung zu berufen.[240] Ist die Entscheidung unter *einem* Gesichtspunkt gefallen, kommt ein späterer erneuter Rechtsstreit unter dem *anderen* Gesichtspunkt nicht mehr in Betracht. Das gilt unabhängig davon, ob die Parteien die im Vorprozess nicht vorgetragenen Tatsachen des dem Gericht unterbreiteten Lebenssachverhaltes damals bereits kannten und hätten vortragen können.[241] 157

In Fällen der **Klageabweisung** ist für die Rechtskraft maßgeblich, ob die Klage als unzulässig oder unbegründet gehalten wurde. Während das Prozessurteil nur im Hinblick auf den behandelten verfahrensrechtlichen Punkt in Rechtskraft erwächst und deshalb den Kläger nicht hindert, nach Behebung des betreffenden Zulässigkeitsmangels erneut zu klagen, ist bei einem die Klage sachlich abweisenden Urteil eine erneute Entscheidung über den Anspruch ausgeschlossen.[242] Zu den letztgenannten Fällen gehört auch die Abweisung mangels hinreichender Substantiierung oder Schlüssigkeit oder fehlenden Beweisantritts. Gleiches gilt für die Klageabweisung mangels Eingriffs in den Schutzbereich, weshalb eine erneute Klage gegen dieselbe Ausführungsform unter dem Gesichtspunkt der Äquivalenz nicht möglich ist, selbst wenn im rechtskräftig abgeschlossenen Prozess nur über eine wortsinngemäße Benutzung gestritten worden ist. 158

---

239 OLG Düsseldorf, Urteil v 21.03.2013 – I-2 U 73/09.
240 OLG Düsseldorf, Urteil v 21.03.2013 – I-2 U 73/09; BGH, GRUR 2016, 1031 – Wärmetauscher.
241 BGH, MDR 2014, 218.
242 BGH, GRUR 2012, 1145 – Pelikan.

III. Materielle Verteidigung

159 Neben den erörterten formellen Verteidigungsargumenten kann der Beklagte den Klageansprüchen auch mit materiellen Einwänden begegnen.

1. Doppelschutzverbot

160 Stützt sich die Klage auf ein deutsches Patent, so kann dem Beklagten der Einwand zustehen, das Klagepatent habe gemäß Art II § 8 IntPatÜG seine Wirkung verloren, weil dessen Inhaber oder seinem Rechtsnachfolger für dieselbe Erfindung ein prioritätsgleiches europäisches Patent mit Wirkung für die Bundesrepublik Deutschland erteilt worden ist. Da es darauf ankommt, ob »ein europäisches Patent *mit derselben* Priorität *erteilt* worden ist«, entscheidet allein die formelle Lage. Das Doppelschutzverbot greift deswegen auch ein, wenn dieselbe Priorität vom Patentamt zu Unrecht gewährt worden ist, zB ungeachtet dessen, dass die Jahresfrist für die wirksame Inanspruchnahme der Priorität versäumt wurde. Dass im Verletzungsprozess keine eigene materielle **Prioritätsprüfung** stattfindet, hindert selbstverständlich nicht, das Ergebnis eines Rechtsbestandsverfahrens, das zu einer veränderten Prioritätslage führen kann, abzuwarten und sein Ergebnis zu berücksichtigen.

161 Der **Wirkungsverlust** tritt – **ex nunc**[243] – ein, sobald die Einspruchsfrist gegen das europäische Patent ungenutzt verstrichen oder das Einspruchsverfahren unter Aufrechterhaltung des Patents rechtskräftig abgeschlossen, das europäische Patent also bestandkräftig erteilt ist.[244] Er hat zur Konsequenz, dass die aus dem deutschen Patent resultierenden Verbietungsrechte in demselben Umfang entfallen wie der Schutzbereich des europäischen Patents – unter Einschluss von Äquivalenten und verschlechterten Ausführungsformen – reicht.[245] Dies darf jedoch nicht dahin verstanden werden, dass das deutsche Patent schon dann als Klagegrundlage ausscheidet, wenn sich die angegriffene Ausführungsform mit dem Hauptanspruch des europäischen Patents überhaupt erfassen lässt. Es ist zB denkbar, dass das europäische Patent wesentlich enger formuliert ist, weil sein Hauptanspruch Merkmale enthält, die bei dem deutschen Patent Gegenstand erst eines Unteranspruchs sind. In einem solchen Fall bleibt dem Kläger ein Vorgehen aus dem deutschen Patent – dessen Anspruch weniger Merkmale umfasst und das deshalb auch schwieriger zu umgehen ist als das parallele europäische Patent – möglich.[246] Dasselbe gilt, wenn die angegriffene Ausführungsform im Wortsinn des deutschen Patents, aber nur im Äquivalenzbereich des europäischen Patents liegt. Auch hier vermittelt das europäische Patent seinem Inhaber keinen *gleichwertigen* Schutz, weil dem Beklagten – anders als beim deutschen Patent – der Formstein-Einwand offen steht und eine Verletzung im Äquivalenzbereich tendenziell eher eine zeitaufwändige sachverständige Begutachtung erfordert als eine wortsinngemäße Benutzung, die das Verletzungsgericht im Allgemeinen aus eigener Sachkenntnis zu beurteilen vermag.[247]

162 Nicht vom Wirkungsverlust betroffen sind die aus dem deutschen Patent folgenden **positiven Benutzungsrechte**. Gelangen das deutsche und das europäische Patent daher in unterschiedliche Hände, kann der Inhaber des europäischen Patents dem Inhaber des

---

243 Das hat zur Folge, dass einem Klagebegehren, dass den Zeitraum vor und nach Eintritt des Wirkungsverlustes abdeckt, selbst dann teilweise zu entsprechen ist, wenn die Voraussetzungen des Art II § 8 IntPatÜG festgestellt werden.
244 Art II § 8 Abs 1 IntPatÜG ist Ausdruck dessen, dass das Einspruchsverfahren ein nachgeschalteter Teil des Erteilungsverfahrens ist.
245 LG Düsseldorf, GRUR 1993, 812, 815 – Signalübertragungsvorrichtung.
246 LG Düsseldorf, InstGE 3, 8 – Cholesterin-Test.
247 Vgl zu Einzelheiten: Kühnen, FS König, 2003, S 309.

deutschen Teils (dessen Benutzungsrecht trotz Wirkungsverlustes erhalten bleibt) nicht den Gebrauch der Erfindung verbieten.

Der Wirkungsverlust hängt nicht davon ab, dass sich das deutsche und das europäische Patent bei demselben Inhaber befinden; er tritt vielmehr auch bei **Personenverschiedenheit** ein, sofern nur beide Schutzrechte auf denselben – und nicht auf verschiedene – Erfinder zurückgehen. 163

Ist der Wirkungsverlust (wegen Verstreichens der Einspruchsfrist bzw erfolgloser Durchführung eines Einspruchsverfahrens = bestandskräftiger Patenterteilung) einmal eingetreten, bleibt es dabei auch dann, wenn das europäische Patent später wegfällt (**Art II § 8 Abs 2 IntPatÜG**). Denkbar ist dies durch eine nationale Nichtigkeitsklage, ein Beschränkungsverfahren, einen Verzicht oder einen Patentwiderruf auf eigenen Antrag des Patentinhabers, die im Anschluss an den Ablauf der Einspruchsfrist/den Abschluss eines Einspruchsverfahrens erfolgen. Weil Abs 2 lediglich den nach Abs 1 »*eingetretenen*« Wirkungsverlust perpetuiert, ist für ihn kein Raum, wenn die Beschränkung/der Verzicht/der Widerruf auf eigenen Antrag *vor* Ablauf der Einspruchsfrist geschehen. In einem solchen Fall fehlt es an einem Tatbestand nach Abs 1, der einen Wirkungsverlust herbeiführen könnte, weshalb sich ein solcher Verlust infolge der zeitlich früher durchgeführten Beschränkung/Beseitigung des europäischen Patents auch nicht fortsetzen kann. 164

Darlegungs- und beweisbelastet für die sachlichen Voraussetzungen des Doppelschutzes ist der Beklagte, der sich hierauf beruft.[248] 165

2. Bestreiten der Passivlegitimation

Ist der Beklagte an den behaupteten Benutzungshandlungen nicht beteiligt und auch sonst rechtlich nicht als Störer verantwortlich, kann er seine Passivlegitimation für die mit der Klage geltend gemachten Ansprüche bestreiten. 166

3. Bestreiten des Verletzungsvorwurfs

Unter Beachtung seiner prozessualen Wahrheitspflicht (§ 138 Abs 1 ZPO) steht es dem Beklagten des Weiteren frei, den Vorwurf der Patentverletzung in Abrede zu stellen. Dieses Bestreiten kann prinzipiell in mehrerlei Hinsicht erfolgen. 167

a) Ausgestaltung der angegriffenen Ausführungsform

Zunächst kann die angegriffene Ausführungsform in ihren konstruktiven Einzelheiten unzutreffend beschrieben sein. 168

aa) Substantiierungslast[249]

Soll Derartiges geltend gemacht werden, darf sich der Beklagte nicht darauf beschränken, den Sachvortrag des Klägers zur Ausgestaltung des vermeintlichen Verletzungsgegenstandes lediglich pauschal zu bestreiten. Er ist vielmehr gehalten, zu den einzelnen rele- 169

---

248 LG Mannheim, Urteil v 26.2.2016 – 7 O 38/14.
249 Werden die Substantiierungsanforderungen an ein Bestreiten offenkundig falsch (namentlich zu streng) gehandhabt, begründet dies einen Verstoß gegen Art 103 Abs 1 GG (BGH, MDR 2020, 1335).

vanten Behauptungen in der Klageschrift[250] Stellung zu nehmen und sich über die diesbezüglichen tatsächlichen Umstände vollständig und der Wahrheit gemäß zu erklären (§ 138 Abs 1 ZPO). Dies bedeutet zwar nicht, dass der Beklagte von sich aus das Gericht und den Kläger über den wirklichen Verletzungstatbestand zu unterrichten hätte. Der Beklagte kann sich im Gegenteil auf das Bestreiten bestimmter vom Kläger behaupteter technischer Merkmale beschränken. Allerdings darf dieses Bestreiten nicht pauschal bleiben, sondern muss im Rahmen seiner Erkenntnismöglichkeiten in der gleichen Weise substantiiert sein wie es das Vorbringen des Klägers ist. Prinzipiell gilt der Grundsatz, dass je substantiierter der Sachvortrag des Klägers ist, desto strenger auch die Anforderungen an ein substantiiertes Bestreiten des Beklagten sind.[251] Argumentiert der Kläger – was zulässig und beachtlich ist – dahingehend, dass die angegriffene Ausführungsform eine bestimmte technische Ausstattung haben *müsse*, weil sich anderenfalls die auch bei ihr gegebenen patentgemäßen Wirkungen nicht einstellen könnten, liegt ein beachtliches Bestreiten bereits dann vor, wenn der Beklagte wenigstens *eine* technische Möglichkeit aufzeigt, wie die angegriffene Ausführungsform ohne die besagte Ausstattung erfolgreich funktionieren kann.[252] Beweisen muss der Beklagte seine Behauptung nicht; vielmehr obliegt es umgekehrt dem Kläger, seinen Sachvortrag zur technischen Notwendigkeit einer bestimmten Ausstattung angesichts der gegnerischen bestreitenden Einlassung weiter zu konkretisieren und unter Beweis zu stellen.[253]

170 Bei der Abwägung der Substantiierungspflichten der Parteien kann den Beklagten eine höhere (**gesteigerte**) **Darlegungslast** als den Kläger treffen, wenn und soweit er sich zu Umständen erklärt, die nur ihm, nicht aber dem Kläger bekannt sind. So hat der BGH in der Entscheidung »Blasenfreie Gummibahn II«[254] anerkannt, dass der Beklagte nach den Grundsätzen von Treu und Glauben gehalten sein kann, dem Kläger Informationen zur Erleichterung seiner Beweisführung hinsichtlich des Verletzungstatbestandes zu liefern, wenn und soweit diese Informationen a) dem beweisbelasteten Kläger nicht oder nur unter unverhältnismäßigen Bemühungen zugänglich sind und b) ihre Offenlegung für den Beklagten ohne weiteres möglich und auch zumutbar ist. Andererseits kann sich eine Zumutbarkeitsgrenze aus schützenswerten Betriebsgeheimnissen des Beklagten ergeben, deren Preisgabe ihm billigerweise nicht angesonnen werden kann. Die vorgenannten Grundsätze liegen auch den Vorschriften des TRIPS-Abkommens zugrunde, die zwar kein in Deutschland unmittelbar anwendbares Recht darstellen, die jedoch im Sinne einer TRIPS-konformen Auslegung der deutschen Prozessvorschriften Bedeutung haben.[255]

171 **Kein** erhebliches **Bestreiten** stellt es dar, wenn sich der Beklagte darauf beschränkt, am Sachvortrag des Klägers lediglich zu bemängeln, dessen Ausführungen zum Verletzungstatbestand seien unsubstantiiert. Ein derartiges »Bestreiten« geschieht in der Praxis vor allem im Hinblick auf solche Merkmale, die im Wege des bloßen Augenscheins nicht feststellbar sind, sondern sich erst aufgrund von Analysen oder Messungen erschließen, wenn der Kläger in seiner Klage nur behauptet, entsprechende Untersuchungen angestellt

---

250 Sie dürfen sich nicht in der pauschalen Behauptung erschöpfen, der angegriffene Gegenstand mache wortsinngemäß von der Lehre des Klageschutzrechts Gebrauch, sondern müssen sich ganz konkret dazu verhalten, auf welche technische Weise (zB welche Materialzusammensetzung oder welche konstruktive Maßnahme) jedes einzelne Anspruchsmerkmal verwirklicht sein soll; vgl Kap D Rdn 1073.
251 Vgl BGH, GRUR 1982, 681, 683 – Skistiefel.
252 OLG München, Beschluss v 9.4.2019 – 6 U 4653/18; OLG Düsseldorf, Urteil v 4.6.2020 – I-2 U 26/19.
253 OLG München, Beschluss v 9.4.2019 – 6 U 4653/18; OLG Düsseldorf, Urteil v 4.6.2020 – I-2 U 26/19.
254 BGH, GRUR 2004, 268.
255 Vgl EuGH, GRUR 2001, 235, 237 f – TRIPS-Abkommen; Krieger, GRUR Int 1997, 421, 424–426.

zu haben, die zugehörigen Unterlagen jedoch nicht vorlegt. Seiner Darlegungslast kommt der Kläger indessen zunächst dadurch nach, dass er die konkrete Behauptung aufstellt, die angegriffene Ausführungsform mache von jedem Merkmal des Patentanspruchs Gebrauch. Kommt es auf die Einhaltung eines bestimmten Wertes an (zB eine innere Oberfläche von mehr als 25 qm/g), so ist vorzutragen, welcher Wert (zB 50 qm/g) bei der angegriffenen Ausführungsform gegeben ist. Irgendeines Nachweises hierzu bedarf es zu diesem Zeitpunkt noch nicht. Die Notwendigkeit ergänzenden, weiter substantiierten Vortrages ergibt sich für den Kläger erst dann, wenn der Beklagte die Verwirklichung eines oder mehrerer Merkmale bestritten hat. Dem Beklagten obliegt es deshalb, sich – und zwar der Wahrheit gemäß (§ 138 Abs 1 ZPO) – darüber zu erklären, ob und ggf welches Anspruchsmerkmal von der angegriffenen Ausführungsform nicht verwirklicht werden soll. Dies kann zunächst ebenfalls pauschal erfolgen und braucht nicht weiter substantiiert zu werden als die gegenteilige (pauschale) Behauptung des Klägers. Geht es um die Einhaltung eines bestimmten Wertes, muss allerdings ebenfalls ein – abweichender, außerhalb des Patentanspruchs liegender – Wert konkret behauptet werden. Nur wenn der Beklagte sich im genannten Sinne konkret geäußert hat, ist der betreffende Sachvortrag streitig, sodass der Kläger jetzt seine Verletzungsbehauptung weiter ausführen, dh mitteilen muss, aufgrund welcher Untersuchungen er zu welchen die Patentverletzung bestätigenden Ergebnissen gelangt ist.[256]

Das Gesagte gilt in genau dergleichen Weise, wenn der Kläger von vornherein – sozusagen überobligationsmäßig – diejenigen Untersuchungen preisgibt, die ihn zu dem behaupteten Wert geführt haben. Seine prozessuale Lage verschlechtert sich hierdurch nicht, weswegen sich der Beklagte auch in einer solchen Situation nicht darauf zurückziehen kann, bloß zu bemängeln, dass die vom Kläger angewandte Analytik untauglich sei. Vielmehr ist der Beklagte zu einem prozessual beachtlichen Bestreiten angehalten, selbst einen (außerhalb des Patentanspruchs bleibenden) Wert vorzutragen. So lange dies nicht geschieht, ist die Verwirklichung des Anspruchsmerkmals unstreitig und sind deshalb sachaufklärenden Maßnahmen entbehrlich. Sie sind erst veranlasst, wenn sich zwei entscheidungserhebliche Behauptungen zu dem vom Patentanspruch geforderten Wert gegenüberstehen.

Praxistipp	Formulierungsbeispiel

Wer aus einem Verfahrenspatent angegriffen wird, sollte, wenn der Kläger in seiner Klage nur Vermutungen über die tatsächliche Verfahrensführung beim Beklagten anstellen kann, genauestens abwägen, wie er bestreitet. Beruht die Verletzungsbehauptung letztlich auf Spekulationen, die sich zB auf generelle Effizienzüberlegungen oder dergleichen Erwägungen praktischer Vernunft stützen, kann es sich als strategischer Fehler erweisen, wenn ohne Not alle Details der eigenen Verfahrensführung offengelegt werden. Grundsätzlich besteht hierzu keine Notwendigkeit, weil der Beklagte so lange pauschal bestreiten kann, wie die Verletzungsbehauptung ebenfalls nur spekulativ-pauschal aufgestellt werden kann. Eine unnötig detailreiche Erwiderung kann dem Kläger Argumente liefern, indem er beispielsweise darlegt, dass durch das behauptete Prozedere Produkte der bei seinem Testkauf erworbenen Erzeugnisse (was ihre Beschaffenheit und/oder Funktionsweise betrifft) technisch nicht herstellbar sind, was im Rechtsstreit sachverständig aufzuklären wäre, wenn ein dritter Herstellungsweg nicht ersichtlich ist.[257] Sollte das Bestreiten der Patentbenutzung wahrheitswidrig erfolgt sein, wird sich dies im Rahmen der Begutachtung herausstellen und der Beklagte veranlasst durch seinen unnötig spezifizierten Sachvortrag seine eigene Verurteilung; sollte das

---

256 OLG Düsseldorf, GRUR-RS 2021, 6714 – Hubsäule.
257 Vgl das Verfahren OLG Düsseldorf – I-2 U 43/14.

> geschützte Verfahren vom Beklagten tatsächlich nicht benutzt werden, zögert sein grundlos detaillierter Vortrag wegen der stattfindenden Begutachtung zumindest die gebotene Abweisung der Verletzungsklage beträchtlich hinaus.

174 Da sich ein Bestreiten auch aus der Gegendarstellung zu einem Vortrag ergeben kann, müssen Tatsachen, die mit der Gegenerklärung unvereinbar sind, regelmäßig nicht gesondert für sich (ausdrücklich) bestritten werden. Vielmehr kann auch in einem vorausgegangenen Vortrag der Partei ein Bestreiten nachfolgender Behauptungen der Gegenseite liegen, wenn jener Vortrag diesen Behauptungen widerspricht[258]. Ein solches **konkludentes vorweggenommenes Bestreiten** hindert die Anwendung der Vorschrift des § 138 Abs 3 ZPO. Deshalb ist der gesamte Vortrag einer Partei zu berücksichtigen und daraufhin zu prüfen, ob sich aus dem Gesamtzusammenhang der Wille zu bestreiten ergibt.[259]

bb) Bestreiten mit Nichtwissen[260]

175 Eine **Erklärung mit Nichtwissen** sieht § 138 Abs 4 ZPO nur für solche Tatsachen vor, die nicht eigene Handlungen der Partei betreffen oder Gegenstand ihrer eigenen Wahrnehmung sind. Bei juristischen Personen kommt es auf deren Vertretungsorgan an.[261] An »eigenen« Handlungen und Wahrnehmungen fehlt es prinzipiell, wenn der Beklagte zB ein patentgeschütztes Verfahren nicht selbst anwendet oder als Spediteur naturgemäß keine Kenntnis von der konstruktiven Beschaffenheit der beförderten Ware hat und sich diese auch nicht verschaffen kann, weil ihm der dafür erforderliche Zugriff auf das Transportgut rechtlich versagt ist. Eine (an § 138 Abs 4 ZPO zu messende) Erklärung mit Nichtwissen liegt auch dann vor, wenn das Bestreiten einer Patentbenutzung auf Unterlagen (zB Auskünften des Vorlieferanten oder Herstellers) gestützt wird, die objektiv nichtssagend sind.[262]

176 Auch wenn die Einzelheiten der Verfahrensführung/des Transportgutes keine »eigenen Handlungen oder Wahrnehmungen« des Beklagten sind, scheidet eine Anwendung des § 138 Abs 4 ZPO allerdings aus, wenn seine Unkenntnis darauf beruht, dass er bestehende Erkundigungspflichten verletzt hat. Solche **Erkundigungspflichten** werden in ständiger Rechtsprechung des BGH[263] nicht allgemein und nicht für alles, was sich detektivisch aufklären ließe, sondern nur dann angenommen, wenn es sich bei dem entgegnungsbedürftigen Sachverhalt um Vorgänge im Bereich von Personen – nicht nur der eigenen, sondern auch einer fremden Firma[264] – handelt, die unter Anleitung, Aufsicht oder Verantwortung derjenigen Partei tätig geworden sind, die sich im Prozess zu den Behauptungen des Gegners zu erklären hat.[265] Dahinter steht die Überlegung, dass eine Partei sich nicht durch arbeitsteilige Organisation ihres Betätigungsbereiches ihren prozessualen Erklärungspflichten entziehen können soll, weil sie ansonsten gegenüber einer selbst handelnden Partei ohne sachlichen Grund privilegiert würde. Dass sich der betreffende Wissensträger in der Insolvenz befindet, macht eine Erkundigung nicht von vornherein aussichtslos.[266] In Bezug auf solche Tatsachen ist ein Bestreiten mit Nichtwissen erst zulässig, wenn die Partei ihrer bestehenden Pflicht zur Informationsbeschaffung

---

258 BGH, NJW-RR 2022, 1144.
259 BGH, NJW-RR 2022, 1144.
260 Dötsch, MDR 2014, 1363.
261 BGH, MDR 2016, 1012.
262 Bsp: Die Unterlage hat keinen konkreten Bezug zur angegriffenen Ausführungsform.
263 BGH, BB 2001, 2187; BGH, NJW 1999, 1965; BGH, GRUR 2010, 1107 – JOOP!; vgl auch OLG Köln, NZG 2002, 870.
264 Bsp: Untervermittler (BGH, MDR 2016, 1012).
265 BGH, GRUR 2009, 1142 – MP3-Player-Import.
266 BGH, GRUR 2010, 1107 – JOOP!

ergebnislos nachgekommen ist.²⁶⁷ Denkbar ist insofern, dass die Erkundigungen zu überhaupt keiner Erkenntnis geführt haben oder die Partei nicht beurteilen kann, welche von mehreren unterschiedlichen Darstellungen über den Geschehensablauf der Wahrheit entspricht und sie das Ergebnis ihrer Erkundigungen in den Prozess einführt.²⁶⁸

Eine Erkundigungs-Konstellation liegt vor, wenn der Beklagte auf die **Vorarbeit eines Dritten** (der zB das patentierte Verfahren anwendet) zurückgreift, sofern der Beklagte Mehrheitsgesellschafter dieses Dritten ist, sodass zwischen beiden gemäß §§ 17 Abs 2, 16 Abs 1 AktG ein Beherrschungsverhältnis vermutet wird.²⁶⁹ Erkundigungspflichten bestehen demgegenüber nicht für einen Spediteur²⁷⁰ oder Lagerhalter, wohl aber für einen Computerhändler, wenn es um die Verletzung eines (Standard-)Patents durch von ihm vertriebene PC mit aufgespielter oder auf Datenträger beigefügter Software geht.²⁷¹ 177

Ganz generell kann sich ein **Händler** – gleiches gilt erst recht für den Hersteller²⁷² – nicht damit entlasten, dass er selbst keine aktuelle Kenntnis zB von der Zusammensetzung seines Produktes während des Verletzungszeitraumes hat. Sie ist Gegenstand eigener Wahrnehmung, wenn ihre technischen Einzelheiten zwar ggf nicht vom Händler, wohl aber von einem durch ihn eingeschalteten Sachverständigen, dem die vertriebenen Produkte zur Analyse überlassen werden, aufgeklärt werden können.²⁷³ Schließlich wird auch dem Kläger abverlangt, dass er sich zur Durchsetzung seiner Rechte das mutmaßliche Verletzungsprodukt beschafft und anschließend dessen patentrelevante Beschaffenheit notfalls mittels sachverständiger Hilfe aufklärt. Für den Beklagten, in dessen Händen sich das fragliche Erzeugnis bereits befindet, weil er mit ihm handelt, kann insoweit nichts anderes gelten. Abweichendes gilt erst dann, wenn der Beklagte finanziell zu der Begutachtung außerstande ist. 178

Teil der Erkundigungspflicht kann es auch sein, sich den angegriffenen Gegenstand, von dem der Beklagte aktuell kein **Muster** mehr in seinem Besitz hat, von seinem Lieferanten zu **besorgen**, um alsdann die notwendigen Untersuchungen anstellen zu können. Die Beschaffungspflicht wird regelmäßig bereits durch ein (einziges) »papierenes« Angebot begründet, jedenfalls wenn der angebotene Gegenstand auf dem Markt frei erhältlich ist. Dass der Verletzungsvorwurf auf Testkäufe aus der Vergangenheit gestützt ist, der Beklagte aus diesem Zeitraum selbst keine Erzeugnisse mehr vorrätig hat, sondern nur später georderte Ware gleichen Typs, steht der Informationspflicht nicht entgegen. Selbst wenn ältere Ware für ihn von dritter Seite nicht mehr zu beschaffen ist und auch eine (nachdrückliche) Erkundigung beim Hersteller ergebnislos bleibt, kann er in jedem Fall die bei ihm vorrätigen Produkte untersuchen lassen; das Ergebnis einer solchen Untersuchung ist auch durchaus relevant. Zeigt sich nämlich, dass dort die Merkmale des Patentanspruchs nicht verwirklicht sind, ist ein Bestreiten der Patentverletzung vor dem Hintergrund, dass dem Beklagten keine Gegenstände aus früheren Lieferungen mehr vorliegen, zulässig und rechtlich erheblich.²⁷⁴ Denn andere Untersuchungen kann der Beklagte nicht anstellen. Bestätigen die Untersuchungsergebnisse hingegen die Patentbenutzung, verbietet sich im Hinblick auf die den Beklagten treffende Wahrheitspflicht ein solches Bestreiten. Denn selbstverständlich richtet sich der Klageangriff auch gegen solche schutzrechtsverletzende Ware, die der Beklagte aktuell zum Nachteil des Klägers 179

---

267 BGHZ 109, 205, 210; BGH, GRUR 2010, 1107 – JOOP!
268 BGHZ 109, 210; BGH, MDR 2016, 1012.
269 LG Düsseldorf, InstGE 7, 70 – Videosignal-Codierung I.
270 BGH, GRUR 2009, 1142 – MP3-Player-Import.
271 LG Mannheim, InstGE 12, 136 – zusätzliche Anwendungssoftware.
272 OLG Düsseldorf, Urteil v 20.1.2017 – I-2 U 41/12.
273 OLG Düsseldorf, Urteil v 17.12.2015 – I-2 U 34/10.
274 OLG Düsseldorf, Urteil v 20.1.2017 – I-2 U 41/12.

vertreibt.²⁷⁵ Die Relevanz älterer Muster gilt selbstverständlich nicht, wenn die Rezeptur zwischenzeitlich – ggf sogar auf Veranlassung des Beklagten – verändert worden ist.²⁷⁶

180 Der Beschaffung bedarf es nicht, wenn die technische **Konstruktion inzwischen** in patentrelevanter Weise **verändert** worden ist, sodass der nachgelieferte Gegenstand ohne Aussagewert ist, und dem Beklagten dies verlässlich mitgeteilt wird. Hat der Beklagte vertrauenswürdige Informationen von seinem Vorlieferanten oder Hersteller erhalten, darf er bereits auf ihrer Grundlage bestreiten. Eine Pflicht zu eigenen Untersuchungen besteht für ihn erst dann, wenn die Drittauskünfte vernünftigerweise keine Gewähr für ihre Richtigkeit bieten, zB weil der Informant als unredlich bekannt ist.

181 Sind Muster für den Verletzungsbeklagten nicht mehr zu beschaffen, hatte er solche aber im **Zeitpunkt seiner Abmahnung** noch im Besitz und hat er die Muster danach vernichtet, sodass er im Rechtsstreit nicht mehr zu einem substantiierten Sachvortrag in der Lage ist, kommt ein Bestreiten mit Nichtwissen dennoch in Betracht. Für die Beurteilung des »Nichtwissens« kommt es nämlich auf denjenigen Zeitpunkt an, zu dem sich die Partei im Prozess zu erklären hat.²⁷⁷ Ist für *diesen* Moment nach der Lebenserfahrung glaubhaft, dass der Beklagte keinen Sachvortrag mehr leisten kann, darf er sich bestreitend mit Nichtwissen erklären. Das bedeutet allerdings nicht, dass er keinerlei nachteilige Prozessfolgen zu gewärtigen hat. So, wie den Beklagten in Bezug auf die von ihm vertriebenen Verletzungsprodukte eine Erkundigungspflicht bei Dritten trifft, genauso obliegt ihm auch eine **Erkundigungspflicht gegen sich selbst**. Sie bedeutet, dass sich der Beklagte nicht ohne rechtfertigenden Grund²⁷⁸ in eigener Person die Möglichkeiten zum Vortrag nehmen darf, wenn und sobald für ihn (zB infolge einer Abmahnung) absehbar ist, dass er in einen Rechtsstreit verwickelt werden könnte, und sie hat zur Folge, dass die mangelnde Fähigkeit zum Prozessvortrag nach den Regeln der Beweisvereitelung zu behandeln ist, wenn der Beklagte sein Unvermögen in vorwerfbarer Weise herbeigeführt hat.²⁷⁹ Konkret kann das Verletzungsgericht nach Lage des Falles von einer förmlichen Beweisaufnahme (zB durch Sachverständigengutachten) absehen oder die Begutachtung auf bestimmte Punkte beschränken, wenn es den Vortrag des Klägers (namentlich, sofern dieser durch Privatgutachten abgesichert ist) für in sich schlüssig und überzeugend hält.

182 Bestreitet eine Partei eine erkennbar außerhalb des Bereichs ihrer eigenen Wahrnehmung liegende Tatsache, so ist dies als Erklärung mit Nichtwissen im Sinne des § 138 Abs 4 ZPO zu werten.²⁸⁰ Darf sich eine Partei gemäß § 138 Abs 4 ZPO mit Nichtwissen erklären, so kommt die Annahme einer Verpflichtung zum substantiierten Bestreiten nicht in Betracht. Unternimmt die betreffende Partei gleichwohl den Versuch, ihr Bestreiten näher zu begründen, führt dies auch dann nicht zur Unbeachtlichkeit ihrer Erklärung mit Nichtwissen, wenn sie dabei eine Behauptung ins Blaue hinein aufstellt.²⁸¹

183 Ist streitig, ob die erklärungsbedürftige Tatsache zum eigenen Wahrnehmungskreis des Beklagten gehört und ob sie deswegen ein Bestreiten mit Nichtwissen erlaubt, gilt für die Verteilung der **Darlegungs- und Beweislast** Folgendes: Zunächst ist es Sache des Klägers, einen Sachverhalt vorzutragen (und notfalls zu beweisen), der in der Person des Beklagten die Möglichkeit zu einer eigenen Wahrnehmung des Benutzungstatbestandes eröffnet. Er hat zB darzutun, dass der Beklagte in der Vergangenheit Verletzungsgegen-

---

275 OLG Düsseldorf, Urteil v 20.1.2017 – I-2 U 41/12.
276 LG Düsseldorf, Urteil v 4.7.2017 – 4b O 132/16.
277 BGH, GRUR 2002, 190 – DIE PROFIS; BAG, NJW 2008, 1179.
278 ... ein solcher kann beispielsweise darin liegen, dass das Vorrätig halten des Musters im Einzelfall mit einem unverhältnismäßigen Aufwand verbunden ist und auch keine praktikablen Möglichkeiten für eine Beweissicherung zumindest derjenigen Umstände bestehen, die erfindungsrelevant sind.
279 Lange, NJW 1990, 3239.
280 BGH, GRUR 2021, 1422 – Vorstandsabteilung.
281 BGH, GRUR 2021, 1422 – Vorstandsabteilung.

stände angeboten oder vertrieben hat, anhand derer er (ggf mit sachverständiger Hilfe) die Benutzung des Klagepatents hätte verifizieren können. Gelingt dem Kläger dieser Nachweis, ist es an dem Beklagten, der sich trotz dieses Sachverhaltes auf eine mangelnde Tatsachenkenntnis berufen will, darzulegen, dass und weshalb er – ausnahmsweise – außerstande ist, sich aufgrund eigener Anschauung zum Klagevorbringen zu erklären. Er kann zB den Beweis erbringen, dass er über keine Exemplare der angegriffenen Ausführungsform mehr verfügt, solche für ihn auch nicht mehr erhältlich sind und Erkundigungen beim Lieferanten ergebnislos waren. Geschieht dies und will der Kläger mit den Grundsätzen der Beweisvereitelung argumentieren, weil der Beklagte seine Unkenntnis schuldhaft selbst herbeigeführt hat (indem er zB eine erfolgte Abmahnung nicht zum Anlass für geeignete Sachaufklärungsmaßnahmen oder Musterrückstellungen genommen hat), liegt die Darlegungslast für den Vereitelungssachverhalt beim Kläger. Er hat also den rechtzeitigen Zugang der Abmahnung und die dennoch erfolgte Vernichtung von Produktmustern durch den Beklagten zu beweisen. Allerdings trifft den Beklagten wegen seiner besonderen Einblicke in den maßgeblichen Sachverhalt eine sekundäre Darlegungslast, die ihn verpflichtet, konkret vorzubringen, wann er welche Produktmuster auf welche Weise vernichtet hat. Der so spezifizierte Sachverhalt ist alsdann vom Kläger zu widerlegen.

Bei Beteiligung eines **Streithelfers** richten sich die Vortragslasten ausschließlich nach dem Verhältnis der Hauptparteien und nicht nach den persönlichen Einsichtsmöglichkeiten des Streithelfers.[282] Nur wenn die Hauptpartei zum Bestreiten mit Nichtwissen berechtigt ist, ist es auch der Streithelfer; obliegen der Hauptpartei besondere Substantiierungslasten, treffen sie auch den Streithelfer, völlig unabhängig davon, ob er sie von *seinem* Wissens- und Erkenntnishorizont aus erfüllen kann oder nicht. Der Grund liegt in Folgendem: Die Hauptpartei soll sich ihrer Darlegungslast nicht dadurch entziehen können, dass sie selbst schweigt und ihr Streithelfer (mit Rücksicht auf seinen anderweitigen Wissensstand) bloß einfach oder mit Nichtwissen bestreitet. Oder anders gewendet: Die prozessuale Lage soll (und darf) sich für die Hauptpartei nicht dadurch verbessern, dass sie von einem Streithelfer unterstützt wird, im Vergleich zu denjenigen Vortragslasten, der die Hauptpartei ohne einen Streithelfer ausgesetzt wäre. 184

cc) Protective Order

Unterliegt der Beklagte in Bezug auf diejenigen Informationen, die ihm eine Entgegnung auf den Verletzungsvorwurf ermöglichen würden, einer Geheimhaltungsanordnung aus einem ausländischen Gerichtsverfahren, so stellt es keinen gangbaren Weg dar, ihm einen Prozessvortrag dadurch zu ermöglichen, dass die gegnerischen Anwälte zur Verschwiegenheit gegenüber ihrer eigenen Partei verpflichtet werden und die mündliche Verhandlung im fraglichen Umfang unter Ausschluss des Klägers stattfindet.[283] Vielmehr ist die Geheimhaltungsanordnung durch eine gerichtliche Aufforderung zur Vorlage der ausländischen Erkenntnisse außer Kraft zu setzen. 185

dd) Verspätungsregeln

War der Verletzungstatbestand in der ersten Instanz unstreitig, sodass das Landgericht zur Verwirklichung der einzelnen Anspruchsmerkmale keine näheren Feststellungen getroffen hat, kann ein erstmaliges Bestreiten des Verletzungssachverhaltes in der **Berufungsinstanz** nur berücksichtigt werden, wenn der Beklagte geltend machen kann, dass das in der ersten Instanz unterbliebene Bestreiten nicht auf Nachlässigkeit beruht (§§ 529 Abs 1 Nr 2, 531 Abs 2 Nr 3 ZPO).[284] Das gleiche gilt, wenn die zunächst unstreitige 186

---

282 BGH, MDR 2021, 199.
283 OLG München, Beschluss v 9.4.2019 – 6 U 4653/18.
284 OLG München, InstGE 4, 161 – Fahrzeugaufnahme für Hebebühnen.

Verletzung erstmals nach Schluss der mündlichen Verhandlung vor dem Landgericht bestritten worden und das diesbezügliche Vorbringen gemäß § 296a Satz 1 ZPO unberücksichtigt geblieben ist.[285] Anders liegen die Verhältnisse, wenn das Vorbringen durch einen Schriftsatznachlass (§ 283 Satz 1 ZPO) gedeckt ist, weil es damit zu dem nach § 296a Satz 2 ZPO zu beachtenden erstinstanzlichen (und folglich nicht neuen) Prozessstoff gehört.[286] Gerechtfertigt durch ein Schriftsatzrecht ist nur solches Vorbringen, das sich als Erwiderung auf den verspäteten Vortrag des Gegners darstellt, wozu auch neue tatsächliche Behauptungen zählen, die sich als Reaktion auf das der Partei nicht rechtzeitig mitgeteilte gegnerische Vorbringen erfolgen.[287] Hat bereits das Landgericht das Bestreiten gemäß § 296 Abs 1 bis 3 ZPO, und zwar *berechtigterweise*, als verspätet zurückgewiesen, so ist der Beklagte mit der Behauptung, das Schutzrecht nicht zu verletzen, in der Berufungsinstanz ausgeschlossen (§ 531 Abs 1 ZPO). Ein Fall erstmaligen Bestreitens in der Berufungsinstanz liegt auch dann vor, wenn die Parteien den Sachverhalt lediglich »für die erste Instanz« unstreitig gestellt haben und eine Partei im nachfolgenden Rechtsmittelverfahren den betreffenden Sachverhalt bestreitet.[288] Mangelnde Nachlässigkeit kann bei einem reinen Vertriebsunternehmen angenommen werden, wenn der in erster Instanz gehaltene Vortrag zur angegriffenen Ausführungsform auf vertrauenswürdigen Informationen des Herstellers beruht, der seinerseits den Sachvortrag erst im Berufungsverfahren bzw. in der Schlussverhandlung vor dem Landgericht ändert.[289]

b) Subsumtion unter Schutzbereich

187 Ist die angegriffene Ausführungsform in der Klageschrift zutreffend beschrieben, so kommt ein Bestreiten des Verletzungsvorwurfs unter dem Gesichtspunkt einer **unrichtigen Subsumtion** unter den Schutzbereich des Klagepatents in Betracht. In der Klageantwortschrift ist in einem solchen Fall der geltend gemachte Patentanspruch unter Berücksichtigung der Patentbeschreibung einschließlich des in der Klagepatentschrift berücksichtigten Standes der Technik und des Fachwissens des Durchschnittsfachmanns im Prioritätszeitpunkt auszulegen und auf diese Weise der Sinngehalt derjenigen Merkmale zu ermitteln, deren Verwirklichung zu bestreiten ist. Es ist in diesem Zusammenhang im Einzelnen zu begründen, dass und weshalb die betreffenden Merkmale ihrem Sinngehalt nach bei der angegriffenen Ausführungsform nicht – gegebenenfalls auch nicht äquivalent – verwirklicht sein sollen.

c) § 139 Abs 3 PatG

188 Ist Gegenstand des Klagepatents ein Verfahren zur Herstellung eines *neuen* Erzeugnisses[290], so kommt dem Patentinhaber die **Beweislastregel** des § 139 Abs 3 PatG zugute, die zugleich seine Darlegungslast erleichtert. Sie besagt, dass bis zum Beweis des Gegenteils zugunsten des Patentinhabers vermutet wird, dass ein in seinen relevanten Eigenschaften mit dem erfindungsgemäßen neuen Erzeugnis übereinstimmendes Produkt nach dem patentierten Verfahren hergestellt worden ist. »Neu« im Sinne der Vermutungsregelung ist ein Verfahrenserzeugnis, wenn es sich durch wenigstens eine Eigenschaft auszeichnet, die es von den am Prioritätstag vorbekannten Produkten erkennbar unterscheidet.[291] Für eine Anwendung der Vermutung ist deswegen grundsätzlich kein Raum, wenn es ein Erzeugnis mit der betreffenden Eigenschaft in dem für das Klagepatent

---

285 BGH, MDR 2018, 617.
286 BGH, MDR 2018, 617.
287 BGH, MDR 2018, 617.
288 BGH, MDR 2010, 280.
289 OLG Düsseldorf, Urteil v 17.12.2015 – I-2 U 34/10.
290 Product-by-process-Ansprüche gehören nicht dazu (Cepl, Mitt 2013, 62, 68).
291 LG Düsseldorf, InstGE 3, 91 – Steroidbeladene Körner; OLG München, Urteil v 23.12.2010 – 6 U 4719/08.

maßgeblichen Prioritätszeitpunkt bereits gegeben hat. Unerheblich ist, ob das Produkt – über seine tatsächliche Existenz hinaus – nacharbeitbar offenbart war und damit potenziell jedermann zugänglich gewesen ist.[292] Denn das bloße Vorhandensein belegt, dass es möglich war, auch auf anderem Wege und unabhängig von der patentierten Erfindung zu einem Produkt mit der fraglichen Eigenschaft zu gelangen, was der Vermutung ihre Grundlage entzieht. Dies gilt auch dann, wenn die vorbekannte Herangehensweise nicht ausschließlich Produkte mit der neuen Eigenschaft hervorgebracht hat, sondern daneben auch solche, die die Eigenschaft nicht aufgewiesen haben. Die Existenz eines Erzeugnisses mit der neuen Eigenschaft steht dem Rückgriff auf die Vermutungsregel allerdings dann nicht entgegen, wenn auch das vorbekannte Erzeugnis nach dem patentierten Verfahren hergestellt worden ist. Dies darzulegen und notfalls zu beweisen, ist Sache des Patentinhabers, der sich auf § 139 Abs 3 PatG beruft.[293]

Der Beklagte kann dieser Beweislastregel auf unterschiedliche Weise entgegentreten. Er kann den Vermutungstatbestand dadurch **ausräumen**, dass er – substantiiert – behauptet, dass sein Erzeugnis *nicht* von derselben Beschaffenheit wie das neue Erzeugnis des patentierten Verfahrens ist. Er kann außerdem darlegen, dass die vom Kläger geltend gemachten Eigenschaften des neuen Erzeugnisses dieses nicht von vorbekannten Erzeugnissen unterscheiden und daher auch kein Beweisanzeichen für die Benutzung des patentierten Verfahrens begründen können. Schließlich kann der Beklagte den Nachweis führen, dass sein Produkt, obgleich es mit dem des patentierten Verfahrens identisch ist, tatsächlich nach einem anderen – im Einzelnen zu beschreibenden – Verfahren hergestellt worden ist. Entschließt sich der Beklagte zu einer Darlegung seiner vom patentgeschützten Herstellungsverfahren abweichenden Produktionsweise, so kann er unter Berufung auf ein insoweit bestehendes Betriebsgeheimnis nicht verlangen, dass dem Prozessgegner der betreffende Sachvortrag vorenthalten wird.[294] Die Zivilprozessordnung kennt kein Geheimverfahren, sondern wird beherrscht von dem Grundsatz der Parteiöffentlichkeit und dem Anspruch auf rechtliches Gehör. Dementsprechend lässt auch § 139 Abs 3 Satz 2 PatG Schutzanordnungen aus Anlass eines Betriebsgeheimnisses erst »bei der Beweiserhebung« zu. Hinzu kommen diejenigen Schutzmaßnahmen (Verbot einer Verwendung des offenbarten Geheimnisses für verfahrensfremde Zwecke; Begrenzung des Zugangs zu dem Geheimnis auf einen eng begrenzten Personenkreis), die durch § 145a PatG eingeführt werden sollen.[295]

189

4. Benutzungsbefugnis

a) Mitinhaberschaft[296]

Jeder Mitinhaber eines Patents[297] ist – egal wie groß oder klein sein Erfindungsbeitrag ist, sofern er nur überhaupt schöpferische Qualität hat – aufgrund seiner dinglichen Berechtigung[298] an der Erfindung zur eigenen Benutzung des gemeinschaftlichen Patentgegenstandes befugt, so lange sein Gebrauch nicht den tatsächlichen Mitgebrauch der

190

---

292 LG Düsseldorf, InstGE 3, 91 – Steroidbeladene Körner.
293 LG Düsseldorf, InstGE 3, 91 – Steroidbeladene Körner.
294 OLG Düsseldorf, InstGE 10, 122 – Geheimverfahren.
295 Zu Einzelheiten vgl Kap D Rdn 115 ff.
296 Bartenach/Kunzmann, FS 80 Jahre Patentgerichtsbarkeit Düsseldorf, 2016, S 37.
297 Die bloße Erfinder- oder Miterfinderschaft (und damit die materielle Berechtigung an der Erfindung) ist bedeutungslos, so lange die – davon zu unterscheidende (BGH, GRUR 2011, 733 – Initialidee) – Schutzrechtsposition nicht vindiziert ist.
298 Keine Rolle spielt, ob die Berechtigung eine originäre (aufgrund eigener Erfindungstätigkeit) oder eine abgeleitete (aufgrund Übertragung der Erfindungsanteile von dritter Seite) ist.

anderen Teilhaber stört und sich deswegen in den Grenzen des § 743 Abs 2 BGB hält.[299] Er kann dabei auch Hilfspersonen (zB Subunternehmer) einschalten, etwa um den Patentgegenstand für ihn herzustellen oder zu vertreiben.[300] So lange am Ende ein Eigengebrauch des Mitinhabers steht, kann der Subunternehmer sogar seinerseits weitere Hilfspersonen hinzuziehen.[301] Eine Entschädigungspflicht gegenüber den übrigen (nicht benutzenden oder ebenfalls benutzenden) Mitinhabern entsteht durch den Gebrauch als solchen selbst dann nicht, wenn die von einem Teilhaber ausgeübte Benutzung in ihrem Umfang oder in ihrer Intensität über das hinausgeht, was ihm nach seinem internen Anteil am Patent zusteht.[302] Etwas anderes gilt erst dann,

191 – wenn und sobald die Teilhaber einen Mehrheitsbeschluss gefasst (§ 745 Abs 1 BGB[303]) oder eine Vereinbarung getroffen haben, der/die den benutzenden Teilhaber für von ihm gezogene Gebrauchsvorteile zur Ausgleichszahlung an die Übrigen verpflichtet, oder

192 – wenn und sobald wenigstens das Verlangen nach einer derartigen Beschlussfassung oder einvernehmlichen Regelung gestellt ist[304] und die geforderte Ausgleichspflicht des benutzenden Teilhabers billigerweise dem Interesse aller Teilhaber entspricht (§ 745 Abs 2 BGB).[305]

193 Es handelt sich um einen Entschädigungsanspruch[306] für rechtmäßiges Verhalten, der **ex nunc** mit dem Zeitpunkt des Verlangens[307] entsteht und für alle *danach* vorgenommenen Benutzungshandlungen gilt.[308]

194 Sowohl über die Haftung dem Grunde nach als auch über deren Höhe entscheiden Gesichtspunkte der **Billigkeit**, wobei für den Haftungsgrund danach zu unterscheiden ist, ob der Anspruchsteller **strukturell** zu einer Eigennutzung in der Lage ist oder nicht.

195 – Besteht aufgrund prinzipieller Hindernisse **keine eigene Nutzungsmöglichkeit** (zB weil der Mitberechtigte als Arbeitnehmererfinder überhaupt keinen Geschäftsbetrieb führt oder weil er sich im Rahmen seiner gewerblichen Betätigung allein mit der Lizenzierung seiner Erfindungen befasst, wegen seines auf gänzlich anderem Gebiet

---

299 BGH, GRUR 2005, 663 – gummielastische Masse II.
300 OLG Düsseldorf, Urteil v 4.4.2013 – I-2 U 72/11.
301 OLG Düsseldorf, Urteil v 4.4.2013 – I-2 U 72/11.
302 BGH, GRUR 2005, 663 – gummielastische Masse II.
303 Eine Benutzungsregelung, die einen Mitberechtigten vollständig von der Erfindungsbenutzung ausschließt, ist allenfalls unter ganz besonderen Umständen akzeptabel, beispielsweise dann, wenn sich der allein Nutzungsberechtigte gegenüber den anderen, von der Benutzung Ausgeschlossenen zu besonders hohen Ausgleichsleistungen verpflichtet (BGH, GRUR 2017, 504 – Lichtschutzfolie).
304 Dazu bedarf es keiner ausdrücklichen Zahlungsaufforderung und auch keiner Erklärung, das Patent selbst nicht nutzen zu wollen (OLG Düsseldorf, GRUR 2014, 1190 – Sektionaltorantrieb; BGH, GRUR 2017, 890 – Sektionaltor II). Eine Wiedergabe des Wortlauts von § 745 Abs 2 BGB genügt jedenfalls dann, wenn sich aus den Umständen hinreichend ergibt, dass eine Benutzungsregelung sinnvollerweise nur in einem finanziellen Ausgleich bestehen kann (BGH, GRUR 2017, 890 – Sektionaltor II; OLG Düsseldorf, GRUR 2014, 1190 – Sektionaltorantrieb).
305 BGH, GRUR 2005, 663 – gummielastische Masse II.
306 Zu der Frage, ob der Schadensersatzanspruch wegen Patentverletzung (durch den die Erfindung nicht wirksam in Anspruch nehmenden Diensthrrn) und der Entschädigungsanspruch nach § 745 BGB, die an dieselben Benutzungshandlungen anknüpfen, denselben oder zwei unterschiedliche Streitgegenstände darstellen, vgl BGH, GRUR 2020, 986 – Penetrometer (anders noch OLG Düsseldorf, GRUR 2018, 1037 – Flammpunktprüfungsvorrichtung).
307 Da es sich um eine empfangsbedürftige Erklärung handelt, entscheidet der Zugang beim Empfänger.
308 Der inhaltsgleiche Anspruch auf Schadenersatz wegen unberechtigt alleiniger Schutzrechtsanmeldung hängt demgegenüber nicht von einem Ausgleichsverlangen ab, vgl BGH, GRUR 2017, 890 – Sektionaltor II.

liegenden geschäftlichen Betätigungsfeldes, mangels in der Größenordnung hinreichender Ressourcen, wegen der geringen Größe seines Geschäftsbetriebes, dem seine finanziellen Möglichkeiten übersteigenden notwendigen Investitionsvolumen für eigene Benutzungshandlungen oder der gegebenen Marktverhältnisse), so hängt die Frage, ob eine Entschädigung für die Gebrauchsvorteile des Anderen ein Gebot der Gerechtigkeit ist, maßgeblich von zwei Umständen ab, nämlich einerseits vom Umfang der beiderseitigen Benutzung (dh durch den Entschädigungsgläubiger und den Entschädigungsschuldner) und andererseits von der Größe der beiderseitigen Erfindungsanteile, namentlich von dem Erfindungsanteil des nicht benutzenden Entschädigungsgläubigers[309]. Beide Faktoren stehen in einer gewissen Wechselbeziehung zueinander. Selbst wenn der Anteil des nicht Benutzenden gering ist, verlangt es die Billigkeit, dem Entschädigungsgläubiger einen finanziellen Ausgleich zuzuweisen, wenn die alleinige oder überschießende Benutzung durch den Entschädigungsschuldner wirtschaftlich erheblich ist. Umgekehrt wird die Notwendigkeit eines finanziellen Ausgleichs selbst für einen gleichrangig Beteiligten zu verneinen sein, wenn der Entschädigungsschuldner nur Benutzungshandlungen mit überschaubarem Ertrag vorgenommen hat.[310]

– Ist der Mitberechtigte als **Wettbewerber auf dem fraglichen Markt** tätig und hinreichend leistungsfähig, sodass für ihn strukturell die Möglichkeit zu einer eigenen Benutzung der gemeinschaftlichen Erfindung besteht, so tritt zu den beiden zuvor erörterten Gesichtspunkten ein weiterer, ganz wesentlicher Aspekt hinzu, der in die Gesamtabwägung einzustellen ist, nämlich die Frage, ob es stichhaltige Gründe dafür gibt, dass der Mitberechtigte von einer eigenen Erfindungsbenutzung abgesehen hat.[311] Dahinter steht der übergeordnete Gedanke, dass es in der besagten Konstellation grundsätzlich Sache jedes Mitberechtigten ist, durch eine eigene Benutzung der gemeinschaftlichen Erfindung die wirtschaftlichen Früchte aus seinem Erfindungsbeitrag zu ziehen, weswegen ein Ausgleichsanspruch für denjenigen, der selbst keine Benutzungshandlungen unternimmt, nur dann infrage kommen kann, wenn ihm eine eigene Verwertung der Erfindung entweder objektiv unmöglich oder zwar möglich, aber nach seinen Verhältnissen subjektiv nicht zumutbar ist.[312] Jeder Mitberechtigte soll also – im Rahmen des Möglichen und Zumutbaren – selbst das unternehmerische Risiko einer Erfindungsbenutzung übernehmen und sich nicht darauf zurückziehen können, das Entwicklungs- und Vermarktungsrisiko ohne eigene Anstrengungen und Investitionen dadurch auf den anderen abzuwälzen, dass im Falle *seines* geschäftlichen Erfolges – risikolos – ein finanzieller Anteil an den fremden Erträgen aus der Erfindungsbenutzung eingefordert wird. Das gilt in ganz besonderem Maße dann, wenn sich betragsmäßig nicht annähernd gleiche oder ähnliche Erfindungsanteile gegenüberstehen, sondern der die Ausgleichszahlung Fordernde nur Unwesentliches zu demjenigen beigetragen hat, was Gegenstand der gewerblichen Verwertungshandlungen des Anderen gewesen ist.

196

– Im Rahmen der **Zumutbarkeit** kann eine Rolle spielen, ob der Mitberechtigte bei eigenen Benutzungshandlungen Gefahr läuft, vom Anderen wegen Schutzrechtsbenutzung in Anspruch genommen zu werden. Neben dem Stand des Erteilungsverfahrens und eines etwa anhängigen Vindikationsprozesses sind die konkreten Erfolgsaus-

197

---

309 Der BGH (GRUR 2017, 890 – Sektionaltor II) will die prominente Bedeutung der Erfinderquote zu Unrecht nicht gelten lassen. Was anderes als das Maß der Erfindungsbeteiligung soll es als gerecht oder ungerecht erscheinen lassen, die Benutzung des Anderen nur mit oder ohne finanzielle Entschädigung geschehen zu lassen?
310 OLG Düsseldorf, GRUR 2014, 1190 – Sektionaltorantrieb.
311 BGH, GRUR 2017, 890 – Sektionaltor II.
312 OLG Düsseldorf, Urteil v 15.3.2018 – I-2 U 91/13 (rechtskräftig nach Zurückweisung der Nichtzulassungsbeschwerde durch Beschluss des BGH v 19.2.2019 – X ZR 74/18).

sichten dafür bedeutsam, einen zur Mitbenutzung berechtigenden Erfindungsbeitrag (der prinzipiell klein sein kann) nachweisen zu können.[313] Je günstiger diese Expektanz ist, umso eher sind dem Mitberechtigten auch umfassendere Investitionen für eine Benutzungsaufnahme zuzumuten.[314]

198 – Weiterhin ist von Interesse, welche Haftungsrisiken der mutmaßlich Ausgleichspflichtige bei der Erzielung derjenigen wirtschaftlichen Erträge auf sich genommen hat, an denen unter Billigkeitsgesichtspunkten eine Teilhabe begehrt wird. Ein Mitberechtigter, der selbst Prozess- und Haftungsrisiken scheut und deswegen von einer für ihn potenziell haftungsbegründenden Erfindungsbenutzung absieht, soll sich nicht an Erträgen bereichern, die der andere Mitberechtigte gerade unter Inkaufnahme solcher Risiken erwirtschaftet hat.[315]

199 – Produktstrategische Entscheidungen sind nur bedingt relevant. Die unternehmerische Entscheidung, die Erfindung (zB wegen einer mittlerweile verfügbaren verbesserten Technik) nicht selbst zu nutzen, ist im Rahmen des Billigkeitsanspruchs nicht ohne weiteres hinzunehmen mit der Folge, dass derjenige Mitberechtigte, der freiwillig die Benutzung der gemeinsamen Erfindung aufgibt, dennoch an denjenigen Erträgen partizipieren muss, die der andere Mitberechtigte unter Weiterbenutzung der Erfindung erzielt. Ob eine solche Teilhabe aus Gründen materieller Gerechtigkeit geboten ist, entscheidet sich vielmehr anhand der konkreten Umstände des Einzelfalles. Gebührt dem die anfängliche Benutzung einstellenden oder gar nicht erst aufnehmenden Mitberechtigten ein erheblicher (ggf sogar gleichrangiger) Anteil an der Erfindung, so wird im Zweifel ein Billigkeitsausgleich jedenfalls dann angezeigt sein, wenn nennenswerte Geschäftsvorfälle und Erträge in Rede stehen. Anders verhält es sich hingegen, wenn der Erfindungsbeitrag des selbst nicht Nutzenden minimal ist.[316]

200 – Von Belang kann ferner sein, ob ein Markt für erfindungsgemäße Produkte unter hohem Einsatz und Aufwand erst erschlossen werden musste oder bereits verfügbar war. Trifft ersteres zu, kann dies dafür sprechen, die besonderen Anstrengungen des allein Benutzenden nicht, jedenfalls nicht ohne weiteres und nicht in vollem Umfang, dem anderen, selbst nicht Benutzenden zugutekommen zu lassen.

201 Bei Beantwortung der Frage, ob eine überschießende oder alleinige Benutzung des mehreren Mitinhabern zustehenden Patentes durch einen einzelnen Teilhaber diesen billigerweise verpflichtet, zu Gunsten des anderen Teilhabers eine Entschädigungszahlung zu leisten, kommt es nicht entscheidend auf die **ideelle Beteiligung am Gesamtschutzrecht** an, sondern darauf, ob bei Ausübung der (überschießenden oder alleinigen) Patentbenutzung von demjenigen Erfindungsbeitrag Gebrauch gemacht wird, den der nicht oder weniger benutzende andere Teilhaber beigesteuert hat.[317] Denn genau von dieser Verwertung einer fremden Erfindungsleistung hängt es ab, ob eine Patentbenutzung gerechterweise zu einer Teilhabe des Dritten an den wirtschaftlichen Erträgen der Benutzungshandlungen verpflichtet. Sofern mit der Erfindungsbenutzung nur von derjenigen technischen Lehre Gebrauch gemacht wird, die auf den benutzenden Teilhaber selbst zurückgeht, gebietet es die Billigkeit offensichtlich nicht, den anderen Teilhaber an den Erlösen einer solchen Patentbenutzung zu beteiligen, die durch den von ihm beigesteuerten Erfindungsbeitrag in keiner Weise gefördert worden sein können.

---

313 OLG Düsseldorf, Urteil v 15.3.2018 – I-2 U 91/13.
314 OLG Düsseldorf, Urteil v 15.3.2018 – I-2 U 91/13.
315 OLG Düsseldorf, Urteil v 15.3.2018 – I-2 U 91/13.
316 OLG Düsseldorf, Urteil v 15.3.2018 – I-2 U 91/13.
317 BGH, GRUR 2009, 657 – Blendschutzbehang; OLG Düsseldorf, GRUR 2014, 1190 – Sektionaltorantrieb.

> **Beispiel:**
>
> Das in Bruchteilsgemeinschaft gehaltene Patent umfasst mehrere Ansprüche, der ideelle Anteil des nicht nutzenden Mitinhabers ist ausschließlich Beiträgen zu einzelnen Unteransprüchen geschuldet, die Benutzungshandlungen des anderen Teilhabers betreffen allein die Merkmale des Hauptanspruchs, der auf ihn allein zurückgeht.

202

Da der auf einen Billigkeitsausgleich klagende Mitberechtigte naturgemäß allein über das erforderliche Wissen verfügt, trägt er nach allgemeinen Regeln die **Darlegungs- und Beweislast** für etwaige Gründe, die sein Untätig sein in Bezug auf eine Benutzung der gemeinschaftlichen Erfindung rechtfertigen können.[318] Seine Behauptungen müssen dabei – was ebenfalls prozessrechtlichen Grundregeln entspricht und deshalb keines gesonderten gerichtlichen Hinweises bedarf – in einem solchen Maße substantiiert sein, dass einerseits der Beklagte zu einer sachgerechten Einlassung und Erwiderung im Stande ist und andererseits das Gericht in die Lage versetzt wird, eine Gewichtung des betreffenden Umstandes im Rahmen der von ihm zu leistenden Gesamtabwägung vorzunehmen.[319]

203

Das gesetzliche Kriterium der Billigkeit verlangt eine **objektive Bewertung** der beiderseitigen Interessenlage, was Zugeständnisse und Gegenleistungen einschließt, auf die sich der benutzende Teilhaber in Anbetracht der gegenläufigen Interessenlage des anderen Teilhabers auch zu seinem Nachteil redlicher Weise einlassen muss.

204

Zur Berechnung einer billigen Entschädigung ist – wie auch sonst bei rechtmäßigen Benutzungshandlungen[320] – im Allgemeinen auf die Regeln der **Lizenzanalogie** zurückzugreifen.[321] Eine direkte Orientierung und Beteiligung am Gewinn hält der BGH für besonders gelagerte (nicht näher skizzierte) Ausnahmesituationen denkbar, zu denen aber die bloße Tatsache einer außergewöhnlich hohen Gewinnmarge des Benutzers nicht ausreicht.[322] Die regelmäßige Beschränkung auf Lizenzgebühren rechtfertigt sich auch daraus, dass mit jeder anderen Berechnungsmethode weitgehende Auskunftsansprüche (auch über die Kosten und Gewinne) gegen den Verpflichteten verbunden wären, die diesem jedenfalls als Wettbewerber des Gläubigers nicht zuzumuten sind. Ansprüche nach § 140b PatG scheiden mangels Rechtswidrigkeit der Benutzung aus, deshalb auch Ansprüche auf Belegvorlage, es sei denn, auf dem betreffenden Geschäftsfeld (Lizenzvergabe an Gegenständen der von der Erfindung betroffenen Art) ist eine Rechnungslegung unter Beifügung der Belege üblich (§ 242 BGB).[323]

205

In prozessualer Hinsicht kann sogleich auf Zahlung der Entschädigung geklagt werden.[324]

206

Eine für den **Verjährungsbeginn** notwendige **Kenntnis** bzgl des Ausgleichsanspruchs soll bei Streit über die Erfinderschaft schon dann bestehen, wenn und sobald der Anspruchsteller Kenntnis über die Umstände hat, aus denen sich seine Mitberechtigung am Patent ergibt, um die Benutzung der Erfindung durch den anderen Teil weiß und über diejenigen Umstände im Bilde ist, die im Rahmen der Billigkeitsentscheidung von Belang sind; einer rechtskräftigen Erledigung desjenigen Vindikationsurteils, das die Mitberechtigungsquoten der Bruchteilsinhaber festlegt, soll es nicht bedürfen, weil schon

207

---

318 OLG Düsseldorf, Urteil v 15.3.2018 – I-2 U 91/13.
319 OLG Düsseldorf, Urteil v 15.3.2018 – I-2 U 91/13.
320 Entschädigungsanspruch wegen Gebrauchs einer offengelegten Patentanmeldung; Vergütungsanspruch wegen Benutzung einer übergeleiteten Diensterfindung.
321 OLG Düsseldorf, GRUR 2014, 1190 – Sektionaltorantrieb.
322 BGH, GRUR 2017, 890 – Sektionaltor II.
323 BGH, GRUR 2017, 890 – Sektionaltor II.
324 BGH, NJW 1994, 1721.

das Wissen um die besagten Anspruchsvoraussetzungen es dem Anspruchsteller erlaubt, eine verjährungsunterbrechende Feststellungsklage zu erheben.[325]

208 **Kritik**[326]: Das erscheint jedenfalls im Ergebnis unbefriedigend. Wie aufgezeigt, gehören die Mitberechtigungsquoten zu den zentralen Faktoren, die darüber entscheiden, ob eine bestimmte Erfindungsnutzung aus Gründen der Billigkeit entschädigungslos bleiben darf oder nicht. Bevor feststeht, dass der Anspruchsteller nicht alleiniger Inhaber des vindizierten Schutzrechts ist, und bevor die Höhe seines ideellen Anteils an dem verwerteten Schutzrechtsgegenstand nicht geklärt ist, lässt sich vernünftigerweise keine Billigkeitsentscheidung darüber treffen, ob Nutzungshandlungen gerechterweise entschädigt werden müssen. Erst die gerichtliche Feststellung der wechselseitigen Erfindungsbeiträge und die Bewertung ihres Gewichts im Verhältnis zum vorbekannten Stand der Technik sowie zueinander erlaubt im Benutzungsfall eine Einschätzung dazu, ob der mit benutzte fremde Erfindungsbeitrag von hinreichender Schwere ist, um angesichts des Umfangs der Benutzungshandlungen einen Ausgleichsanspruch zu begründen. Jede andere Sicht der Dinge hätte auch die nicht hinnehmbare Konsequenz, dass der Entschädigungsgläubiger den Prozess um den Ausgleichsanspruch beginnen müsste, bevor der eigentliche und hinsichtlich seines Ausgangs vorgreifliche Vindikationsprozess, in dem die beiderseitigen Erfindungsanteile verbindlich geklärt werden, beendet ist. Der Gläubiger wäre mithin zu einer parallelen Prozessführung gezwungen, was weder für ihn zumutbar noch objektiv prozessökonomisch ist.

209 Meldet ein **Mitinhaber**[327] die gemeinschaftliche **Erfindung** in Kenntnis der Berechtigung weiterer Miterfinder **auf seinen alleinigen Namen** an, so verstößt er gegen § 744 BGB und greift rechtwidrig in das durch § 823 Abs 1 BGB geschützte absolute Immaterialgüterrecht an der Erfindung ein. Der Anmelder haftet dem übergangenen Miterfinder daher, wenn er **schuldhaft** gehandelt hat, nach §§ 280 Abs 1 Satz 1, 823 Abs 1 BGB wegen Verletzung der Pflichten aus dem Gemeinschaftsverhältnis auf Schadenersatz.[328] In Fällen widerrechtlicher Entnahme ist grundsätzlich von einer mindestens fahrlässigen Begehung auszugehen; der Sachverhalt kann ausnahmsweise aber auch anders liegen. Denkbar ist zB, dass die Sach- und Rechtslage, die letztlich zur Mitinhaberschaft (etwa kraft Freiwerdens einer Diensterfindung) führt, außerordenlich verworren und unüberschaubar ist oder die Parteien selbst mit guten Gründen übereinstimmend lange Zeit von einer alleinigen Berechtigung des Anmelders ausgegangen sind und erst im Nachhinein die Mitberechtigung des Anderen herausgestellt hat. Hier kann ein Verschulden zu verneinen sein.

210 In der **Rechtsfolge** umfasst der Anspruch die Verpflichtung zum Ausgleich sämtlicher Vermögensnachteile, die der übergangene Miterfinder infolge der Schutzrechtsanmeldung allein im Namen des Anderen und dessen hieraus resultierender formeller Alleinberechtigung an der Patentanmeldung erlitten hat.[329] Auszugleichen sind auch diejenigen Vorteile, die der unberechtigte Alleinanmelder aus der Nutzung des Gegenstandes der Schutzrechtsanmeldung gezogen hat und die dem bei der Anmeldung übergangenen Miterfinder entgangen sind.[330] Das können von dritter Seite vereinnahmte Lizenzgebühren, aber auch Gebrauchsvorteile (= Erlöse) aus einer eigenen Benutzung des Erfindungsgegenstandes sein, letztere allerdings – vom Zeitpunkt der unberechtigten Schutzrechtsan-

---

325 BGH, GRUR 2017, 890 – Sektionaltor II.
326 OLG Düsseldorf, GRUR 2014, 1190 – Sektionaltorantrieb.
327 Eine solche Situation kann sich auch daraus ergeben, dass es sich um eine Diensterfindung handelt, die der Arbeitgeber nur gegenüber einem von mehreren Arbeitnehmererfindern wirksam in Anspruch nimmt (OLG Düsseldorf, GRUR 2018, 1037 – Flammpunktprüfungsvorrichtung).
328 BGH, GRUR 2016, 1257 – Beschichtungsverfahren.
329 BGH, GRUR 2016, 1257 – Beschichtungsverfahren.
330 BGH, GRUR 2016, 1257 – Beschichtungsverfahren.

meldung an und deshalb unabhängig von einem Entschädigungsverlangen[331] – nur unter denjenigen Bedingungen, unter denen eine Teilhabe auch unter Billigkeitsgesichtspunkten (§ 745 Abs 2 BGB) geboten wäre.[332] Weil die Haftung nicht weiter gehen soll als diejenige eines Dritten, der die angemeldete Erfindung benutzt hat (§ 33 PatG, Art II § 1 Abs 1 IntPÜatÜG), beschränkt der BGH den Schadenersatzanspruch zum einen auf die Zeit seit Offenlegung der widerrechtlichen Patentanmeldung und zum anderen der Höhe nach auf die Zahlung einer angemessenen Entschädigung (= Lizenz[333]).[334] Der Schadenersatzanspruch endet mit dem Ablauf der gesetzlichen Schutzdauer des dem Mitinhaber vorenthaltenen Patents.[335]

Betrifft derjenige **Lizenzvertrag**, an dessen Erlösen der übergangene Mitinhaber zu beteiligen ist, neben der gemeinsamen Erfindung **weitere Schutzrechte und/oder Know-how**, das nicht auf den Berechtigten zurückgeht, so ist der Mitinhaber an dem vereinnahmten Lizenzentgelt selbstverständlich nur in dem Umfang zu beteiligen, wie es auf die Erfindung entfällt. Typischerweise werden die Parteien die Lizenzgebühr für den Gesamtlizenzgegenstand einheitlich vereinbart haben, sodass es keine vertragsautonome (und allein deshalb zugrunde zu legende) ausdrückliche Vereinbarung darüber gibt, welcher Lizenzanteil der gemeinsamen Erfindung gebührt. Haben die Vertragsparteien weder eine gemeinsame Einzelbewertung der in Rede stehenden Erfindung bzw der auf diese erteilten Schutzrechte im Verhältnis zu den sonstigen Lizenzrechten vorgenommen und setzt sich auch nicht die Gesamtvergütung aus der Summe für einzelne Schutzrechtspositionen ausgehandelter Lizenzgebühren zusammen, so ist zu ermitteln, welchen Lizenzrechten die Vertragsparteien ein Schwergewicht beigemessen haben und welche demgegenüber zurücktreten sollten. Für diese »konkludente« Lizenzaufteilung können von Fall zu Fall ganz verschiedene Gesichtspunkte bedeutsam sein wie der Schutzumfang der Erfindung, der Abstand zum Stand der Technik, der potentielle Nutzungsumfang durch den Lizenznehmer, die rechtliche oder tatsächliche Monopolwirkung im Markt, die Laufdauer des Schutzrechts, die Geschäftsgrundlage des Lizenzvertrages sowie das Maß, in dem der Lizenznehmer für seine wirtschaftliche Betätigung auf die lizenzierte Erfindung angewiesen ist. Nur diejenigen Rahmenbedingungen der Lizenzvergabe können hierbei berücksichtigt werden, die tatrichterlich feststellbar sind (weil sie unstreitig sind oder nach Beweisaufnahme feststehen), wobei jede Partei für die ihr günstigen Lizenzierungsumstände darlegungs- und beweispflichtig ist.

211

Werden **mehrere Mitberechtigte** bei der Schutzrechtsanmeldung **übergangen**, ist für die **Anspruchsberechtigung** zu unterscheiden. Soll der eingeforderte Schadenersatz einen Nachteil ausgleichen, der nur einem von ihnen entstanden ist (Bsp: Ersatz vorgerichtlicher Anwaltskosten), so ist der geschädigte Mitinhaber allein anspruchs- und klageberechtigt; geht es demgegenüber um einen Schaden in Ansehung des gemeinschaftlichen Rechts, der den Mitberechtigten gemeinsam entstanden ist, so steht der Schadenersatzanspruch den Mitinhabern gemeinschaftlich zu, die folglich zusammen, aber auch einzeln, dann jedoch auf Leistung an alle, klagen können.[336]

212

---

331 BGH, GRUR 2020, 986 – Penetrometer (für erwägenswert hält der BGH eine Beschränkung allenfalls dann, wenn der übergangene Miterfinder um die Existenz einer Inhabergemeinschaft weiß oder Umstände vorliegen, die einer positiven Kenntnis gleichkommen, und er trotzdem keine Ausgleichsansprüche geltend macht).
332 BGH, GRUR 2017, 890 – Sektionaltor II; OLG Düsseldorf, Urteil v 15.3.2018 – I-2 U 91/13.
333 … womit die Rechnungslegungsangaben keine Gestehungskosten und keine Gewinne umfassen.
334 BGH, GRUR 2016, 1257 – Beschichtungsverfahren.
335 BGH, GRUR 2020, 986 – Penetrometer.
336 BGH, GRUR 2020, 986 – Penetrometer.

213 Fehlt es bzgl der Alleinanmeldung an einem **Verschulden**, stehen dem übergangenen Mitinhaber Ansprüche aus §§ 812 Abs 1 Satz 1 2. Alt[337], 743 Abs 1 BGB zu. Ob die besagten Vorschriften oder eine Schadenersatzhaftung eingreift, hat vor allem im Hinblick auf die Verjährungsfrist Bedeutung, die beim Kondiktions- und Ausgleichsanspruch 3 Jahre (§ 195 BGB) und beim Schadenersatzanspruch 10 bzw 30 Jahre (§ 852 BGB) beträgt.

b) Lizenzvertrag

214 Zur Rechtfertigung seiner Benutzungshandlungen kann sich der Beklagte des Weiteren auf eine rechtsgeschäftliche Vereinbarung, vornehmlich einen das betreffende Schutzrecht umfassenden Lizenzvertrag, berufen.[338] Erfolg hat dies nur dann, wenn der Lizenzvertrag

215 – *rechtswirksam*[339] zustande gekommen ist, was verlangt, dass er mit dem am Patent Berechtigten oder (in Fällen der erlaubten Unterlizenzierung) mit einem berechtigten Lizenznehmer abgeschlossen wurde, einen rechtlich zulässigen Inhalt hat[340] und auch sonst keine Unwirksamkeitsgründe (zB aus Kartellrecht[341]) bestehen,[342]

216 – im Zeitpunkt der fraglichen Benutzungshandlungen (schon bzw noch) bestanden hat[343] und

217 – sich der Beklagte bei der Benutzung im Rahmen der ihm erteilten Lizenz gehalten hat.

218 Ein Vertragsabschluss ist auch **konkludent** möglich.[344] An seinen Nachweis sind allerdings wegen der mit einer Lizenzerteilung verbundenen rechtlichen Konsequenzen keine geringen Anforderungen zu stellen. Im kaufmännischen Geschäftsverkehr entspricht es der Übung, dass über die Lizenzeinräumung eine **schriftliche Dokumentation** erstellt wird. Dementsprechend kann der Vertragsabschluss in solchen Fällen in der Regel nur durch Vorlage einer Dokumentation des Vertragsabschlusses geführt werden.[345] Es muss

---

337 BGH, GRUR 2010, 817 – Steuervorrichtung.
338 Zur Anwendung des AGB-Rechts auf Lizenzverträge vgl Gennen, VPP-Rundbrief 3/2008, S 61; zum anwendbaren Recht nach der ROM-I-VO bei grenzüberschreitenden Lizenzverträgen vgl Beyer, GRUR 2021, 1008.
339 Bei Zugrundelegung der Rechtsprechung des BGH (GRUR 2013, 713 – Fräsverfahren) entscheidet die materielle Rechtslage; § 30 Abs 3 Satz 2 PatG hat keine Bedeutung.
340 Dass das lizenzierte Patent tatsächlich nicht schutzfähig ist, macht den Lizenzvertrag nicht unwirksam (BGH, GRUR 2012, 910 – Delcantos Hits).
341 Sofern die Bezugsgröße patentneutrale Teile umfasst, sollte klargestellt werden, dass die Erstreckung auf außerhalb des Patentschutzes liegende Teile nur zu Zwecken der Vergütungsberechnung geschieht oder dass es aufgrund technischer Gegebenheiten ausgeschlossen ist, zwischen patentgeschützten und patentfreien Teilen zu trennen.
342 Ist der Lizenzvertrag beiderseits unerkannt unwirksam und von den Parteien tatsächlich durchgeführt worden, so kann sich aus ihm eine Einwendung aus dem Gesichtspunkt der Erschöpfung ergeben. Vgl dazu unten Rdn 763.
343 Der Lizenzvertrag gerät zB durch Anfechtung rückwirkend in Fortfall. Eine dazu berechtigende arglistige Täuschung (durch Unterlassen) liegt vor, wenn Gegenstand des Vertrages eine Patentanmeldung ist, die im Zeitpunkt des Vertragsabschlusses bereits zurückgenommen war, ohne dass der Lizenzgeber hierüber informiert hat (OLG Karlsruhe, Urteil v 11.7.2012 – 6 U 114/11). Die Ausübung des Anfechtungsrechts ist in einem solchen Fall nicht schon deshalb rechtsmissbräuchlich, weil zur Zeit der Anfechtungserklärung eine andere Patentanmeldung existiert, die anstelle der ursprünglichen Anmeldung zum Gegenstand des Vertrages gemacht werden kann. Das gilt jedenfalls dann, wenn die andere Anmeldung eine spätere Priorität oder einen geringeren Schutzumfang hat (OLG Karlsruhe, Urteil v 11.7.2012 – 6 U 114/11).
344 BGH, GRUR 2016, 201 – Ecosoil.
345 BGH, GRUR 2016, 201 – Ecosoil.

sich nicht unbedingt um einen schriftlich niedergelegten Lizenzvertrag handeln; auch sonstige Unterlagen (zB Besprechungsprotokolle) kommen infrage, wenn sich ihnen der rechtsverbindliche Wille zur Einräumung einer vertraglichen Benutzungsgestattung entnehmen lässt.[346] Ebenso genügt eine schriftliche Vereinbarung, der sich im Wege der ergänzenden Vertragsauslegung der Abschluss eines Lizenz- oder Gestattungsvertrages entnehmen lässt.[347]

In der Bedienung des **Testkaufs** (= Lieferung des nachgefragten Gegenstandes) liegt keine stillschweigende Benutzungsgestattung in Bezug auf den (testweise) verkauften Gegenstand und erst recht nicht in Bezug auf Gegenstände dieser Gattung.[348]

219

Praxistipp	Formulierungsbeispiel

Ist der **Lizenzvertrag** wirksam **gekündigt** worden, erlischt für die Zukunft das Benutzungsrecht und es kann Verletzungsklage gegen den Benutzer erhoben werden. Bei der Prozessvorbereitung ist in solchen Fällen unbedingt zu beachten, dass nach Beendigung des Lizenzvertrages ein – ggf **erneuter** – **Testkauf** durchgeführt werden muss, um im Rechtsstreit den Nachweis führen zu können, dass es in der Zeit mangelnder Benutzungsberechtigung zu Verletzungshandlungen gekommen ist.

220

aa) Vereinbarungen von/zwischen Mitinhabern

Unwirksam ist eine einseitige **Benutzungsgestattung durch** den **Mitinhaber** eines Patents, denn die Lizenzerteilung stellt eine das Patent als Ganzes betreffende Verwaltungsmaßnahme (§ 744 BGB) dar, die grundsätzlich eines Mehrheitsbeschlusses aller Inhaber (§ 745 Abs 1 BGB)[349] bedarf oder – nicht nur abstrakt, sondern mit ihrem konkreten Regelungsgehalt[350] – im Interesse aller Teilhaber liegen muss (§ 745 Abs 2 BGB).[351] Das gilt bereits für die einfache Lizenz und daher erst recht für die dinglich wirkende Exklusivlizenz.

221

Eine einvernehmliche **Verständigung der Mitinhaber** darauf, dass jeder von ihnen das Klagepatent getrennt für sich verwerten kann, besagt zunächst nur, was ohnehin der Gesetzeslage nach § 743 Abs 2 BGB entspricht, nämlich, dass jeder Mitinhaber für sich befugt sein soll, das gemeinschaftliche Patent zu benutzen, dh erfindungsgemäße Gegenstände für eigene geschäftliche Zwecke herzustellen und zu vertreiben. Das eigene Benutzungsrecht schließt selbstverständlich die Einschaltung von Hilfspersonen ein, denen sich

222

---

346 BGH, GRUR 2016, 201 – Ecosoil.
347 BGH, GRUR 2020, 57 – Valentins.
348 OLG Düsseldorf, Urteil v 18.6.2020 – I-15 U 79/19.
349 Im Zweifel entscheiden die Anteile an der Bruchteilsgemeinschaft und somit die Erfindungsanteile, sodass der überwiegend Berechtigte ggf auch ohne den anderen einen Mehrheitsbeschluss – formlos – fassen kann. Damit er wirksam ist, muss dem minder Berechtigten jedoch vor der Beschlussfassung rechtliches Gehör gewährt werden (OLG Düsseldorf, GRUR 2018, 1037 – Flammpunktprüfungsvorrichtung).
350 OLG Düsseldorf, GRUR 2018, 1037 – Flammpunktprüfungsvorrichtung.
351 Benkard, PatG, § 6 PatG Rn 67; Krasser, S 357 f; Chakraborty/Tilmann, FS für König, 2003, S 74; OLG Düsseldorf, GRUR-RR 2012, 319 – Einstieghilfe für Kanalöffnungen; OLG Düsseldorf, GRUR 2018, 1037 – Flammpunktprüfungsvorrichtung. Der BGH (GRUR 2020, 986 – Penetrometer) hat diese Frage noch nicht grundsätzlich entschieden, sondern nur festgestellt, dass eine einseitige Lizenzerteilung jedenfalls dann unwirksam ist, wenn die Lizenzvereinbarung nicht sicherstellt, dass diejenigen Teilhaber, die der Gestattung nicht zugestimmt haben, selbst Zugriff auf den ihnen gebührenden Anteil an den Lizenzeinnahmen (= Nutzungen) haben, indem das Entgelt beispielsweise an die Gemeinschaft zu zahlen ist.

der Benutzungsberechtigte bedient, um – mangels bei ihm vorhandener Herstellungs- oder Vertriebskapazitäten – von *seinem* Benutzungsrecht Gebrauch machen zu können. Solche Hilfspersonen sind in ihrem Recht zur Benutzung der Erfindung strikt an den Inhaber gebunden, der die Hilfsperson hinzugezogen hat, sodass zB ein Zulieferer ausschließlich den auftraggebenden Mitinhaber des Klagepatents mit erfindungsgemäßen Gegenständen versorgen darf, nicht aber beliebige dritte Abnehmer, und zB ein Vertriebshelfer nur diejenigen Gegenstände in Verkehr bringen darf, die ihm von dem auftraggebenden Mitinhaber des Klagepatents zum Weitervertrieb überlassen worden sind, nicht aber patentgemäße Gegenstände, die er aus anderer Quelle bezogen hat. Ohne handfeste Anhaltspunkte ist nicht anzunehmen, dass mit der besagten Benutzungsabsprache jedem Mitinhaber darüber hinaus auch das Recht eingeräumt sein soll, Drittunternehmen mit selbständigen, dh nicht an die Ausübung des *eigenen* Benutzungsrechts des Mitinhabers gekoppelten Lizenzen auszustatten.[352]

223 Eine **einseitige Lizenzvergabe** an Dritte liegt im Zweifel auch nicht im wohlverstandenen Interesse der übrigen Teilhaber. Regelmäßig ist das Gegenteil der Fall, weil mit der Lizenzerteilung die Gefahr verbunden ist, dass neben den Mitinhabern des Klagepatents ein weiterer Mitbewerber in die Lage versetzt wird, patentgemäße Gegenstände herzustellen und zu vertreiben, was die bestehende Marktposition der Mitinhaber potenziell gefährdet. Das Verbot einseitiger Lizenzierung gilt prinzipiell auch dann, wenn lediglich ein Mitinhaber des Patents in dem fraglichen Markt (ggf sogar beherrschend) tätig ist, der andere (branchenfremde) Mitinhaber hingegen nicht. Hier wird der Letztere zwar ein vitales Interesse daran haben, das Patent durch Lizenzvergabe wirtschaftlich zu verwerten, während dem Ersteren gerade daran nicht gelegen sein wird, weil auf diese Weise (ggf neue) Konkurrenten auf dem Markt erscheinen und seine eigenen Absatzchancen mindern. Auch bei einer derart gegenläufigen Interessenlage stellt die Lizenzvergabe keine Verwaltungsregelung am gemeinschaftlichen Patent dar, die nach billigem Ermessen dem Interesse aller Teilhaber entspricht. Der branchenfremde Mitinhaber wird hierdurch nicht rechtlos gestellt, steht es ihm doch frei, entweder seinen Geschäftsbetrieb so auszuweiten, dass auch er am fraglichen Markt teilnehmen kann, oder aber sonstige Verwaltungsmaßnahmen einzufordern, die den Vorgaben des § 745 Abs 2 BGB genügen.[353]

Eine Vervielfältigung des Benutzungsrechtes ist schon deshalb möglich, weil derjenige **Anteil** am Klagepatent, der dem die Lizenz erteilenden Mitinhaber gehört, an jeden beliebigen Dritten (der nicht die mit dem vertraglichen Benutzungsrecht ausgestattete Person sein muss) **veräußert** werden kann mit der Folge, dass dem Erwerber als Mitglied der Bruchteilsgemeinschaft wiederum ein eigenes Benutzungsrecht am Klagepatent zusteht.[354]

224 Eine entgegen den §§ 744, 745 BGB eigenmächtig vorgenommene Lizenzerteilung hat zur Konsequenz, dass die Benutzungsgestattung gegenüber den übergangenen Mitinhabern des Klagepatents unwirksam ist.[355] An erzielten Lizenzeinnahmen (als Rechtsfrüchten) partizipieren die übrigen Mitinhaber gemäß § 743 Abs 1 BGB.

---

352 OLG Düsseldorf, GRUR-RR 2012, 319 – Einstieghilfe für Kanalöffnungen.
353 OLG München, Urteil v 15.9.2016 – 6 U 472/15.
354 OLG Düsseldorf, GRUR-RR 2012, 319 – Einstieghilfe für Kanalöffnungen.
355 OLG Düsseldorf, GRUR-RR 2012, 319 – Einstieghilfe für Kanalöffnungen. Nach Auffassung des BGH (GRUR 2020, 986 – Penetrometer) ist ein etwaiges Vertrauen des Lizenznehmers auf die Wirksamkeit des mit nur einem Teilhaber geschlossenen Lizenzvertrages jedenfalls dann nicht schutzbedürftig, wenn für ihn ersichtlich war, dass sein Vertragspartner nicht der alleinige Berechtigte war.

bb) Sonstiges

Ist die Lizenz zB in sachlicher (Herstellung/Vertrieb) oder räumlicher Hinsicht 225
beschränkt, so wird bei einer **Überschreitung** der Befugnisse in aller Regel eine rechtswidrige Verletzung vorliegen. Generell gilt, dass eine vertragliche Lizenzgebühr, sofern keine gegenteiligen Anhaltspunkte bestehen, alle diejenigen, aber auch nur diejenigen Handlungen abdeckt, die sich als Patentverletzung darstellen würden, wenn sie nicht durch die Lizenz gestattet wären.[356]

Ist dem Lizenznehmer vertraglich ein **Abverkaufsrecht** eingeräumt, wonach er bis zum 226
Vertragsende hergestellte Lizenzgegenstände noch nach Vertragsende vertreiben und zur Bedienung von vor Vertragsende akquirierten Bestellungen noch nach Vertragsende weitere Lizenzgegenstände herstellen und in Verkehr bringen darf, so schuldet der Lizenznehmer dem Lizenzgeber auch ohne besondere Regelung nach Treu und Glauben diejenigen Auskünfte, die für den Lizenzgeber nachvollziehbar machen, ob sich der Lizenznehmer mit bestimmten nach Vertragsende vorgenommenen Benutzungshandlungen im Rahmen des vertraglichen Abverkaufsrechts gehalten hat oder nicht.[357] Dieser Anspruch besteht auch dann, wenn dem Lizenzgeber im Lizenzvertrag ein Bucheinsichtsrecht zur Überprüfung der Lizenzgebührenabrechnung eingeräumt worden ist.[358] Der Auskunftsanspruch kann, obwohl mit ihm eine Vorwegnahme der Hauptsache verbunden ist, im Wege des vorläufigen Rechtsschutzes durchgesetzt werden, wenn der begründete Verdacht einer Überschreitung des Abverkaufsrechts (und infolge dessen einer rechtswidrigen Patentbenutzung) durch den Lizenznehmer nachgewiesen werden kann.[359]

Erfordert die Benutzung der lizenzierten Erfindung die **Mitbenutzung** einer **weiteren** 227
Erfindung des Lizenzgebers, so ist diese jedoch im Zweifel mit lizenziert.[360]

Das Zustandekommen eines wirksamen Lizenzvertrages mit bestimmtem Inhalt hat der 228
Beklagte zu beweisen.[361] Ist dies gelungen, sodass das bewiesene Lizenzverhältnis zur Patentbenutzung berechtigt, und beruft sich der Kläger auf eine vorzeitige Beendigung des Lizenzverhältnisses, trägt er für deren Voraussetzungen die **Beweislast**.

Das durch einfachen Lizenzvertrag begründete **Benutzungsrecht** kann nicht ohne die 229
Zustimmung des Lizenzgebers an einen Dritten **übertragen** werden (vgl §§ 399, 413 BGB). Aus der Tatsache, dass die Lizenzausübung auf einen bestimmten Betriebsteil des Lizenznehmers beschränkt ist, ergibt sich noch nicht die konkludente Einwilligung des Lizenzgebers, dass die Lizenz gemeinsam mit dem betreffenden Betriebsteil übertragen werden kann.[362]

Das durch Erteilung einer Lizenz begründete Benutzungsrecht wird nicht dadurch 230
beeinträchtigt, dass der Patentinhaber das lizenzierte Schutzrecht später auf einen Dritten überträgt. § 15 Abs 3 PatG[363] ordnet an, dass ein **Rechtsübergang am Schutzrecht** nicht Lizenzen berührt, die vorher erteilt worden sind. Gesagt ist damit allerdings nur, dass durch die Übertragung eines Patents zuvor erteilte Lizenzen in demselben Umfang und mit demselben Inhalt auch gegenüber dem Erwerber wirken. Dieser kann dem Lizenznehmer eine Benutzung der Erfindung nicht untersagen; auch ihm gegenüber bleibt der Lizenznehmer nutzungsberechtigt. Ein Eintritt des Patenterwerbers in den bestehenden

---

356 BGH, GRUR 2005, 845 – Abgasreinigungsvorrichtung.
357 OLG Düsseldorf, Beschluss v 30.11.2012 – I-2 W 24/12.
358 OLG Düsseldorf, Beschluss v 30.11.2012 – I-2 W 24/12.
359 OLG Düsseldorf, Beschluss v 30.11.2012 – I-2 W 24/12.
360 BGH, GRUR 2005, 406 – Leichtflüssigkeitsabscheider.
361 BGH, GRUR 2016, 201 – Ecosoil.
362 LG Düsseldorf, InstGE 5, 168 – Flaschenkasten.
363 Zu Einzelheiten des Sukzessionsschutzes vgl Marotzke, ZGE 2010, 233.

E. Verteidigungsmöglichkeiten des Beklagten

Lizenzvertrag ist mit § 15 Abs 3 PatG nicht verbunden. Er kommt – wie sonst auch – nur durch ein dreiseitiges Geschäft (dh mit Zustimmung des Veräußerers, des Erwerbers und des Lizenznehmers) zustande.[364] Fehlt es daran, stehen die vertraglichen Ansprüche (zB auf Rechnungslegung und Vergütung) und Rechte (zB zur Kündigung) weiterhin dem Veräußerer zu. Freilich kann dieser seine vertraglichen Ansprüche, soweit sie zedierbar sind, an den Erwerber abtreten. Im Zweifel wird eine solche Abtretung konkludent in der Patentübertragung enthalten sein.

231 **Kollisionsrechtlich** ist eine rechtsgeschäftliche Vertragsübernahme, bei der ein Dritter vollständig in die Stellung einer Vertragspartei einrückt, nicht in Abtretung und Schuldübernahme aufzuspalten, sondern einheitlich anzuknüpfen. Wie stets ist dabei eine Rechtswahl der Parteien möglich und zu beachten. Sie ergibt sich allerdings noch nicht aus der in den zu übernehmenden Vertrag aufgenommenen allgemeinen Klausel, dass der Vertrag einem bestimmten (näher bezeichneten) Recht unterliegt. Sofern eine Rechtswahl für die Vertragsübernahme zu verneinen ist, entscheidet dasjenige Recht, welches für den übernommenen Vertrag gilt, und dieses ist wiederum aufgrund zulässiger Rechtswahl oder anhand sonstiger Anknüpfungspunkte des IPR zu bestimmen. Die einschlägige Rechtsordnung legt dabei nicht nur fest, ob eine Vertragsübernahme überhaupt möglich ist, sondern regelt genauso, unter welchen Voraussetzungen sie wirksam ist.

232 Der Sukzessionsschutz hat seine praktische Bedeutung ferner für **Unterlizenznehmer**, die ihr Benutzungsrecht in der Regel auch dann behalten, wenn der Hauptlizenzvertrag (zB aufgrund Kündigung wegen Zahlungsverzuges) erlischt. Nach der Rechtsprechung des BGH[365] wird der Unterlizenzvertrag durch das Schicksal des Hauptlizenzvertrages nicht berührt, unabhängig davon, ob dem Unterlizenznehmer die Benutzungsbefugnis gegen eine einmalige oder gegen eine fortlaufende Vergütung eingeräumt worden ist, und ungeachtet dessen, ob sie einfacher oder ausschließlicher Natur ist. Allerdings hat der Hauptlizenzgeber gegen den Hauptlizenznehmer in Fällen der Beendigung des Hauptvertrages gemäß § 812 Abs 1 Satz 1 BGB einen Anspruch auf Abtretung des gegen den Unterlizenznehmer bestehenden Anspruchs auf ausstehende Lizenzzahlungen.[366]

233 Zur Patentlizenz in der **Insolvenz** des Lizenzgebers vgl BGH, GRUR 2016, 201 – Ecosoil (für Lizenzkauf); Witz, FS Schilling, 2007, S 393; McGuire, GRUR 2009, 13; LG München I, GRUR-RR 2012, 142 – Insolvenzfestigkeit; OLG München, GRUR 2013, 1125; Haedicke, ZGE 3, 377, Berger, GRUR 2013, 321; Jelinek, Lizenzen in der Insolvenz, 2013.

234 Wird das **Lizenzpatent widerrufen** oder für nichtig erklärt, hat dies zwar zur Folge, dass das Schutzrecht rückwirkend wegfällt. Der Lizenzvertrag hingegen bleibt bis zum Zeitpunkt der rechtskräftigen Vernichtungsentscheidung in Kraft, weswegen zB Rückforderungsansprüche des Lizenznehmers wegen in der Vergangenheit gezahlter Lizenzgebühren im Zweifel nicht in Betracht kommen.[367] Das gilt nicht nur bei einer Vernichtung mangels Neuheit/Erfindungshöhe, sondern gleichermaßen dann, wenn das Lizenzpatent wegen fehlender Ausführbarkeit vernichtet worden ist.[368] Ein Lizenzver-

---

364 BGH, GRUR 2016, 201 – Ecosoil; Benkard, PatG, § 15 PatG Rn 114; Marotzke, ZGE 2010, 233. Wie hier zu § 30 Abs 5 MarkenG: Fezer, § 30 Rn 41; Ingerl/Rohnke, § 30 Rn 113; Ströbele/Hacker, § 30 Rn 83; zu § 22 Abs 2 GebrMG: Loth, § 22 Rn 66.
365 BGH, GRUR 2012, 916 – M2Trade; BGH, GRUR 2012, 914 – Take Five (jeweils zum UrhG; gegen eine Übertragbarkeit dieser Rechtsprechung auf das PatG: Dammler/Melullis, GRUR 2013, 781; Karl/Melullis, GRUR 2016, 755); vgl dazu McGuire/Kunzmann, GRUR 2014, 28.
366 BGH, GRUR 2012, 916 – M2Trade; BGH, GRUR 2012, 914 – Take Five.
367 OLG Karlsruhe, Mitt 2009, 419 – Bodypass; LG Düsseldorf, InstGE 10, 6 – Münzpfandschloss; BGH, GRUR 2012, 910 – Delcantos Hits (zum UrhG); vgl speziell zu SEP: Altmeyer/Weber, GRUR 2017, 1182.
368 OLG Karlsruhe, Mitt 2009, 419 – Bodypass.

trag, der Rückforderungsverbote für den Fall nachträglicher Vernichtung oder gerichtlich festgestellter Nichtbenutzung des Lizenzpatents enthält, verstößt nicht gegen Art 101 AEUV, sofern der Lizenznehmer den Vertrag mit angemessener Frist kündigen kann.[369]

Ähnliche Überlegungen gelten, wenn sich nachträglich (zB durch eine gerichtliche Entscheidung gegen einen mutmaßlichen Verletzer) herausstellt, dass bestimmte **Lizenzgegenstände**, welche die Parteien übereinstimmend als vergütungspflichtig beurteilt haben, tatsächlich **nicht in den Schutzbereich des Lizenzpatents fallen**, sodass für sie keine vertragliche Zahlungspflicht bestanden hat.[370] Sofern und so lange die Lizenz dem Nehmer eine Vorzugsstellung im Wettbewerb verschafft hat (zB deshalb, weil der Schutzbereich allgemein in der irrtümlichen Weise beurteilt worden ist), bleibt es bei der Vergütungspflicht und scheiden Konditionsansprüche aus. 235

Bei Beendigung eines Lizenzvertrages kann dem Lizenznehmer demgegenüber ein **Ausgleichsanspruch** in entsprechender Anwendung des § 89b HGB gegen den Lizenzgeber zustehen, wenn der Lizenznehmer in die Absatzorganisation des Lizenzgebers eingebunden und er verpflichtet ist, diesem seinen Kundenstamm zu übertragen.[371] 236

In Fällen mit Auslandsberührung entscheidet das **Recht des Schutzlandes**, ob bei der Übertragung des Patents eine Lizenz Sukzessionsschutz genießt.[372] 237

cc) Implizite Lizenz

Vor allem aus dem US-amerikanischen Recht ist im Zusammenhang mit weltweiten Lizenzeinräumungen die Rechtsfigur der sog impliziten Lizenz bekannt. 238

Bei ihr handelt es sich darum, dass dem Lizenznehmer (der Vorprodukte, zB Chipsätze fertigt) eine territorial umfassende Lizenz gewährt wird mit der Besonderheit, dass seine Abnehmer (die selbst an der Lizenzvereinbarung nicht beteiligt sind) eine implizite Lizenz erhalten, mit der der Patentinhaber darauf verzichtet, sie wegen Patentverletzung in Anspruch zu nehmen, wenn sie die Lizenzprodukte verbauen und ihre (damit ebenfalls patentbenutzenden) Produkte nach Deutschland (oder ein sonstiges Schutzgebiet) liefern. Die besagte, in die Abnehmerkette verlängerte Lizenzberechtigung ist wichtig, wenn der Lizenznehmer seine Vorprodukte weder in Deutschland (dem Schutzstaat des Klagepatents) noch in der EU oder dem EWR in Verkehr bringt. Wäre dies der Fall, so kämen **Verbietungsrechte** aus dem deutschen Patent schon deshalb nicht infrage, weil die Patentrechte aus dem Klagepatent infolge des Inverkehrbringens in Europa durch einen Lizenznehmer **erschöpft** wären und deshalb jedermann mit den Lizenzprodukten nach seinem Belieben verfahren dürfte. Sind die patentgemäßen Vorprodukte jedoch außerhalb Europas in Verkehr gesetzt worden (weil der Lizenznehmer etwa aus Kostengründen anderswo produziert), so kommt eine Erschöpfung der Patentrechte von vornherein nicht in Betracht und bedarf es in der Person der Abnehmer einer anderweitigen Berechtigung zur Erfindungsbenutzung. Haben sie selbst keine Lizenzvereinbarung mit dem Patentinhaber getroffen, kann sich die Berechtigung nur aus einer durch ihren Lieferanten (= Lizenznehmer) vermittelten »impliziten« Lizenz ergeben. 239

Eine die Abnehmer des Lizenznehmers privilegierende »implizite Lizenz« kann **positiv formulierend** eingeräumt werden; sie kann sich aber auch im **Rückschluss aus anderen Vertragsregelungen** ergeben. Sieht der Lizenzvertrag beispielsweise vor, dass die den Vorprodukt-Kunden gewährte »implizite Lizenz« unter ganz bestimmten Bedingungen erlischt (zB dann, wenn ein Kunde, an den lizenzierte Komponenten verkauft wurden, 240

---

369 EuGH, GRUR 2016, 917 – Genentech Inc./Hoechst GmbH.
370 Nack/Kühne, GRUR 2020, 1256.
371 BGH, GRUR 2010, 1107 – JOOP!
372 LG Mannheim, Urteil v 2.3.2015 – 2 O 147/14.

unter Berufung auf ein eigenes Patent gegen den Patentinhaber vorgeht, das lizenzierte geistige Eigentum des Patentinhabers also benutzt und sich ihm gegenüber gleichwohl »undankbar« zeigt, indem er den Patentinhaber wegen Patentverletzung angeht), so setzt die besagte Rechtsfolge denknotwendig voraus, dass den Abnehmern des Lizenznehmers grundsätzlich und regelmäßig eine »implizite Lizenz« an den Lizenzschutzrechten eingeräumt wird. Denn würde es keine »implizite Lizenz« geben, könnte im Falle eines »Fehlverhaltens« des Abnehmers nichts erlöschen, was für die anderen, »redlichen« Komponentenkunden erhalten bleibt.

241 Hat es dem übereinstimmenden Willen der Lizenzvertragsparteien entsprochen, dass auch die Komponentenabnehmer des Lizenznehmers zur Benutzung der Lizenzschutzrechte befugt sein sollen (»implizite Lizenz«), so wird man aus der Tatsache, dass nicht jedes nationale Recht die Rechtsfigur der »impliziten Lizenz« kennt, im Zweifel nicht schließen können, dass die Berechtigung nur solchen Abnehmern eingeräumt werden soll, die in solchen Gebieten residieren und tätig sind, für die die »implizite Lizenz« geläufig ist. Vielmehr wird nach Sinn und Zweck der erweiterten »Lizenzeinräumung« davon auszugehen sein, dass sie jedem Abnehmer von Lizenzprodukten zugute kommen soll. Es beurteilt sich deswegen nach dem nationalen Recht jedes Schutzstaates, in welcher rechtlichen Gestalt und Konstruktion dem mit der »impliziten Lizenz« zum Ausdruck gekommenen Willen der Lizenzvertragsparteien Geltung verschafft werden kann. Für das deutsche Recht wird nicht von einer eigenen Lizenzvereinbarung des Patentinhabers mit den (nach Zahl und Identität gänzlich unbestimmten und im Vorhinein unbestimmbaren) Komponentenkunden ausgegangen werden können. Gegen eine Lizenzerteilung an die Abnehmer spricht schon, dass eine Lizenzvereinbarung, selbst wenn es sich – wie hier – um eine Freilizenz handeln würde, grundsätzlich ein zweiseitiges Rechtsgeschäft voraussetzt, das auch bei Heranziehung des § 151 BGB typischerweise nicht zu erkennen ist. Gegen eine eigene Lizenzberechtigung der Abnehmer spricht ganz besonders, wenn es dem Lizenznehmer nicht gestattet ist, Unterlizenzen zu vergeben. Vernünftigerweise wird die den Komponentenkunden gewährte »implizite Lizenz« als – einseitig möglicher – **Verzicht des Lizenzgebers auf die Durchsetzung von Verbietungsrechten** aus den Lizenzschutzrechten **gegenüber den Komponentenkunden** aufzufassen sein. Mit diesem Einwand verwirklicht sich offensichtlich der beabsichtigte Zweck der »impliziten Lizenz«, auch die Abnehmer des Lizenznehmers in den Genuss der Lizenz kommen zu lassen, indem auch sie vor einer Inanspruchnahme wegen Patentverletzung unabhängig von einer Erschöpfungssituation geschützt sind. Der Einwand kann von dem begünstigten Dritten einer Verletzungsklage rechtshindernd entgegengehalten werden, denn es ist gerade der Zweck der Zusage, die Abnehmer des Lizenznehmers rechtssicher freizustellen.

242 Da mit der »impliziten Lizenz« die Wirkungen der vertraglichen Nutzungsberechtigung bloß in die Abnehmerkette hinein verlängert werden sollen, ist Voraussetzung für ein Eingreifen des Verfolgungsverzichts, dass die vom Komponentenabnehmer verwendeten **Vorprodukte durch die Lizenzberechtigung des Lieferanten gedeckt** sind. Ist beispielsweise ein bestimmtes Territorium (Land A) von der Lizenz des Komponentenlieferanten ausgenommen und dortige Benutzungshandlungen auch nicht kraft Parteivereinbarung[373] lizenzvergütungspflichtig, so hat dies zweierlei zur Folge.[374] Für den

---

373 Sie könnte beispielsweise dahin lauten, dass jede Benutzung irgendwo auf der Welt ein lizenzzahlungspflichtiges Geschäft ist, unabhängig davon, ob in dem betreffenden Territorium ein Patentschutz besteht oder nicht. Ist solches verabredet, privilegiert jeder Verkauf den Abnehmer, weil jeder Verkauf die Zahlungspflicht des Lizenznehmers auslöst.
374 Da die Reichweite des Verzichts der Privatautonomie der Lizenzvertragsparteien unterliegt, sind selbstverständlich auch abweichende Regelungen denkbar, die die Abnehmerberechtigung großzügiger ausgestalten. Die nachfolgenden Ausführungen stehen deshalb unter dem Vorbehalt, dass sich ein anderweitiger Wille der Parteien nicht feststellen lässt.

Lizenznehmer selbst bedeutet die Beschränkung, dass er nicht berechtigt ist, Patentbenutzungshandlungen in dem von der Lizenzberechtigung ausgenommenen Territorium (Land A) vorzunehmen. Herstellung und Lieferung patentgemäßer Produkte, die dort vorgenommen werden, stellen vielmehr, sofern parallele Schutzrechte bestehen, eine Patentverletzung des Lizenznehmers dar. Weil dem so ist, kann sich aus (widerrechtlichen) Benutzungshandlungen des Lizenznehmers auch keine (verlängerte) Privilegierung für dessen Komponentenkunden im Sinne einer »impliziten Lizenz« ergeben. Denn eine nachgelagerte (verlängerte) Berechtigung kann es nur dort geben, wo der Komponentenlieferant als Quelle der erstreckten Lizenz seinerseits durch ein Benutzungsrecht gedeckt ist. Verbaut der Abnehmer patentverletzende Komponenten aus dem Land A und liefert er seine Produkte anschließend in das zum Lizenzgebiet gehörende Land B (zB Deutschland), so kann er sich nicht auf eine »implizite Lizenz« des Schutzrechtsinhabers berufen. Diesem Resultat lässt sich nicht die Überlegung entgegenhalten, dass der Lizenznehmer, würde er selbst die im Land A rechtswidrig gefertigten Vorprodukte verarbeiten und in das Land B liefern, wegen seiner hier bestehenden Lizenz vor einer Inanspruchnahme des Patentinhabers sicher wäre. Grund für die Privilegierung im Land B ist die hier geltende Lizenz des Komponentenlieferanten. An einer vergleichbaren Situation fehlt es, wenn der dritte Komponentenabnehmer in das Land B liefert, denn mangels einer für ihn hier bestehenden Lizenz bleibt sein Handeln insgesamt widerrechtlich. Er ist kein vollwertiger Lizenznehmer neben dem Komponentenlieferanten, sondern bloß in dessen »Windschatten« privilegiert, wenn und soweit er vom Lieferanten unter Lizenz bereitgestellte Vorprodukte verarbeitet.

Aus demselben Grund kann sich eine »implizite Lizenz« für den Abnehmer auch nicht dort einstellen, wo der Lieferant für seine Benutzungshandlungen überhaupt keiner Lizenz bedarf, zB weil im betreffenden Territorium seiner Herstellungs- und/oder Lieferhandlungen überhaupt **kein (paralleles) Schutzrecht existiert**. Hier handelt der Lizenznehmer beim Verkauf – mangels eines Schutzrechts – zwar rechtmäßig, aber nicht in Ausübung der ihm eingeräumten Lizenz, deren Befugnisse sich deswegen auch nicht in die nachgeordnete Abnehmerkette hinein erstrecken können. 243

Das dargelegte Resultat ist **wirtschaftlich angemessen**, weil der Verzicht des Patentinhabers auf seine Verbietungsrechte in Deutschland sinnvollerweise nur dann gelten soll, wenn der Patentinhaber für das fragliche (vom Abnehmer des Lizenznehmers in Deutschland vertriebene) Produkte bereits ein Mal seine Belohnung (= Lizenzgebühren) erhalten hat. Denn der Sache nach soll der Abnehmer von Lizenzprodukten durch die »implizite Lizenz« so gestellt werden, wie er bei Geltung einer weltweiten Erschöpfung stehen würde. Gäbe es sie, hätte der Patentinhaber, wenn er beim Erstverkauf seine Lizenzvergütung verdient hätte, keinerlei Einflussmöglichkeit mehr auf die Sache und deswegen auch keine Verbietungs- und Liquidationsrechte. Hat der Lizenznehmer Patentgegenstände außerhalb des Lizenzgebietes, sei es unter Verstoß gegen dortige Patente des Schutzrechtsinhabers oder ohne einen solchen Verstoß, vertrieben, fehlt es genau an einer solchen Entlohnungswirkung, an die eine vertraglich vereinbarte Erschöpfungswirkung anknüpfen könnte. Auch in der zuletzt genannten (schutzrechtsfreien) Konstellation ist nicht ersichtlich, weshalb der Patentinhaber, der an dem vorgenommenen Verkaufsgeschäft zwischen Lizenznehmer und Abnehmer noch nicht wirtschaftlich profitiert hat, auf die Durchsetzung seines Patents in Deutschland gegen den Verletzungsgegenstand des Abnehmers – und damit letztlich auf jedwede Honorierung für die Benutzung seines geistigen Eigentums – sollte verzichten wollen. 244

Zur **Abgrenzung**: Hat der Verkauf des Lizenznehmers in einem Lizenzgebiet stattgefunden, so bleibt der erworbene Gegenstand frei von den Verbietungsrechten des Patentinhabers auch dann, wenn der Abnehmer das Lizenzprodukt anschließend in das Land A verbringt, dort verbaut und schließlich in Deutschland vertreibt. 245

246 Einer gesonderten Erörterung bedarf die Konstellation, dass der territorial limitierte (das Land A ausnehmende) Lizenzvertrag nicht nur ein einzelnes Schutzrecht bzw eine singuläre Schutzrechtsfamilie betrifft, sondern ein umfangreiches **Patentportfolio**. Die Besonderheit liegt darin, dass das an den Abnehmer gelieferte Produkt nicht von allen – vor allem nicht von einem zum deutschen Klagepatent parallelen – Auslandsschutzrecht(en), sondern bloß von einzelnen oder einem einzigen Auslandspatent(en) des Lizenzgebers Gebrauch machen kann. Für die Abnehmerberechtigung ist es unter solchen Umständen denkbar, entweder auf eine schutzrechtsspezifische oder eine das Gesamtportfolio umfassende Betrachtung abzustellen. Der Lizenzgeberverzicht auf die Durchsetzung seiner Verbietungsrechte gegenüber dem Abnehmer in Deutschland könnte also voraussetzen, dass das von ihm erworbene Produkt bloß, aber auch im Hinblick auf das Klagepatent durch die dem Lieferanten erteilte Lizenz gedeckt ist; stattdessen könnte es aber auch darauf ankommen, dass entsprechendes mit Blick auf den Gesamtbestand des Portfolios oder wenigstens ein einzelnes Portfoliomitglied der Fall ist. Welche Betrachtung die richtige ist, hängt von dem Vergütungsregime des Lizenzvertrages ab, aus dem sich die »implizite Lizenz« ableitet.

247 – Schuldet der Lizenznehmer eine **Pauschallizenz** (auch in Form einer Kreuzlizenzierung ohne begleitende, ergänzende Zahlungspflicht) oder ist als Vergütung eine **feste**, von der Zahl der in jedem Einzelfall benutzten Lizenzschutzrechte unabhängige **Lizenzgebühr** (Stücklizenz oder Umsatzlizenz mit unveränderlichem Lizenzsatz) vorgesehen, so erhält der Lizenzgeber seine volle Entlohnung bei jedem Verkauf, der zumindest *ein* Lizenzpatent benutzt. Von daher muss auch für die Abnehmerprivilegierung die vergütungspflichtige Benutzung *eines* Lizenzschutzrechts genügen.

248 – Denkbar, wenn auch eher theoretischer Natur ist freilich auch, dass die **Lizenzvergütung variabel** ist, dh der Höhe nach vom Umfang der bei jedem Verkaufsprodukt tatsächlich benutzten Lizenzpatente abhängt, indem die Lizenz umso höher ausfällt, je mehr lizenzierte Schutzrechte gebraucht werden, und umgekehrt. Bieten die Absprachen der Lizenzvertragsparteien keine besseren Anhaltspunkte, wird man eine Freistellung der Abnehmer umso eher annehmen können, je weniger die vereinnahmte Lizenzgebühr hinter der regulären Maximallizenz zurückbleibt. Je größer die Differenz ausfällt, umso ferner liegt ein dahingehender Schluss, der generell nur ernsthaft in Betracht kommen wird, wenn die Mindereinnahme insgesamt zu vernachlässigen ist.

249 Zu guter Letzt ist noch ein Blick auf **Verfahrenspatente** zu werfen, die mithilfe des vom Lizenznehmer gelieferten Erzeugnisses durchgeführt werden können und sollen und die deshalb gegenüber dem in Deutschland weiter vertreibenden Abnehmer den Vorwurf der mittelbaren Patentverletzung begründen. Ob er durchgreift, hängt maßgeblich davon ab, ob dessen Abnehmer im Hinblick auf die – mit dem bereitgestellten Erzeugnis mögliche und beabsichtigte – Erfindungsbenutzung »Nichtberechtigte« sind. In der BGH-Rechtsprechung[375] ist insoweit anerkannt, dass, sofern keine anderweitigen Absprachen getroffen sind, derjenige Dritte, dem die Lizenz erteilt ist, Vorrichtungen in Verkehr zu bringen, die das patentgeschützte Verfahren benutzen, die Befugnis hat, seinen Abnehmern die Ausübung des geschützten Verfahrens mithilfe der erworbenen Vorrichtung zu erlauben. Die »implizite Lizenz« hält dies ausdrücklich fest, wobei ihr, sofern der Verkauf nicht unmittelbar an einen Benutzer der Vorrichtung, sondern an einen Zwischenhändler erfolgt, darüber hinaus zu entnehmen ist, dass der Ersterwerber die ihm eingeräumte Benutzungsgestattung beim Verkauf an seinen Abnehmer weitergeben kann, der

---

[375] BGH, GRUR 2015, 467 – Audiosignalcodierung.

alsdann seinerseits den schlussendlichen Erwerber und Benutzer mit einer Benutzungsbefugnis für das Verfahrenspatent auszustatten in der Lage ist.

c) Schlichte Benutzungserlaubnis

Ein rechtswidriger Eingriff in das Patent ist schließlich ausgeschlossen, wenn der Berechtigte zwar kein dingliches oder schuldrechtliches Benutzungsrecht eingeräumt, sondern lediglich einseitig in die rechtsverletzende Handlung eingewilligt hat. Es bedarf dabei keiner auf den Eintritt der besagten Rechtfertigungsfolge gerichteten rechtsgeschäftlichen Willenserklärung; erforderlich ist nur, dass dem gesamten Verhalten des Berechtigten oder den sonstigen Umständen bei objektiver Würdigung entnommen werden kann, dass die Benutzung des Patents erlaubt wird.[376] Solches kann auch durch eine Nichtangriffsabrede geschehen, die der Schutzrechtsinhaber zugunsten der Lizenznehmer eines anderen, konkurrierenden Patentinhabers abgibt.[377] Allein der Umstand, dass der Berechtigte seine Ansprüche über längere Zeit nicht verfolgt hat, reicht im Allgemeinen nicht aus, weil dieses Verhalten auch aus reiner Nachlässigkeit erklärbar sein kann.[378] Eine einmal erteilte Erlaubnis ist nachträglich, allerdings nur mit Wirkung für die Zukunft, frei widerruflich.[379] Ganz besonders gilt dies dann, wenn die Benutzungsgestattung unentgeltlich eingeräumt wurde und der Begünstigte keinerlei konkrete Umstände dafür vortragen kann, dass und weshalb er auf eine fortdauernde Benutzungserlaubnis vertrauen durfte bzw aus welchen Gründen ihm eine kurzfristige Umstellung auf eine andere technische Lösung objektiv unzumutbar ist. Da auch bei laienhafter Würdigung eines solchen Sachverhaltes einleuchten muss, dass eine kostenfreie Benutzungserlaubnis jedenfalls dann mit sofortiger Wirkung wieder entzogen werden kann, wenn es keine dringenden Gründe für deren weitere Gewährung gibt, stellen die nach der Erlaubnisentziehung vorgenommenen Benutzungen eine mindestens fahrlässig begangene Schutzrechtsverletzung dar.

250

Hat der erklärte Verzicht auf die Geltendmachung von Verbietungsrechten wegen Patentverletzung ohne gleichzeitige Einräumung eines positiven Benutzungsrechts Auslandsbezug, so richtet sich das wirksame Zustandekommen des Verzichts nach der lex causae, während für die Frage seiner Zulässigkeit und Wirkung das Recht des Gerichtortes (**lex fori**) maßgeblich ist.[380] Stillhalteabkommen sind im deutschen Recht anerkannt und führen wegen Unklagbarkeit des Anspruchs zur Unzulässigkeit der Klage.[381] **§ 15 Abs 3 PatG** ist auf derartige Zusagen nicht anwendbar.[382]

251

5. Kartellrechtlicher Zwangslizenzeinwand

Spezielle Probleme stellen sich, wenn der Beklagte einredeweise geltend macht, der Patentinhaber sei aufgrund kartellrechtlicher Vorschriften (zB Art 102 AEUV (vormals: Art 82 EG), §§ 19, 20 GWB oder Art 101 AEUV (vormals Art 81 EG[383]), § 1 GWB oder aufgrund einer gegenüber einer Standardisierungsbehörde abgegebenen und den

252

---

376 BGH, GRUR 2010, 628 – Vorschaubilder.
377 OLG Düsseldorf, Urteil v 20.1.2017 – I-2 U 41/12 (auch zur Auslegung bei bestehendem Auslandsbezug).
378 OLG Düsseldorf, GRUR-RR 2012, 319 – Einstieghilfe für Kanalöffnungen.
379 BGH, GRUR 2010, 628, 632 – Vorschaubilder.
380 LG Mannheim, Urteil v 6.2.2015 – 7 O 289/10.
381 BGH, NJW-RR 1989, 1048.
382 LG Mannheim, Urteil v 6.2.2015 – 7 O 289/10, mwN zum Streitstand.
383 Dazu: Barthelmeß/Gauß, WuW 2010, 626.

Lizenzsucher begünstigenden Lizenzbereitschaftserklärung[384] verpflichtet, ihm am Gegenstand des Klagepatents eine (Zwangs-)Lizenz zu erteilen.[385] Dabei sind **drei Fallkonstellationen** auseinander zu halten, auf die im Folgenden gesondert eingegangen wird:

253 – Denkbar ist zunächst, dass sich der Patentinhaber unter Berufung auf sein Ausschließlichkeitsrecht generell weigert, Dritten eine Lizenz, egal zu welchen Bedingungen, zu erteilen. Kennzeichen dieser ersten Sachverhaltskonstellation ist, dass tatsächlich noch kein Lizenzierungsmarkt eröffnet worden ist und dass der Patentinhaber sich auch nicht durch eine FRAND-Erklärung gebunden hat, jedem Interessenten zu angemessenen Bedingungen diskriminierungsfrei ein Benutzungsrecht zu erteilen (**nicht lizenziertes Patent**).

254 – Vorstellbar ist zum Zweiten, dass der Patentinhaber zur Lizenzvergabe bereit ist und Lizenzen auch bereits vergeben hat, ihm aber vorgeworfen werden kann, dass er die Lizenzinteressenten ohne sachlichen Grund unterschiedlich behandelt und/oder unangemessene Lizenzbedingungen stellt. Das lizenzierte Schutzrecht kann zu einem (vereinbarten oder faktischen) Standard gehören oder nicht (**auslizenziertes Patent**).

255 – Die dritte in der rechtlichen Handhabung zu unterscheidende Kategorie zeichnet sich dadurch aus, dass das Patent für einen technischen Standard essentiell ist, wobei der Inhaber sich im Rahmen einer FRAND-Erklärung zur Lizenzierung an jeden Interessierten verpflichtet hat (**SEP mit FRAND-Erklärung**).

a) Fallgruppenübergreifende Vorfragen

256 Bevor die erwähnten Konstellationen abgehandelt werden, sollen zunächst – gleichsam vor die Klammer gezogen – einige für sämtliche Fallvarianten gleichermaßen relevante Vorfragen erörtert werden.

aa) Zulässigkeit

257 Die erste Frage, die sich im vorliegenden Zusammenhang stellt, ist die, ob der **Kartellrechtseinwand** im Prozess über die Verletzung eines Patents überhaupt **zu berücksichtigen** ist. In seiner Entscheidung *Spundfass*[386] hat der Kartellsenat des OLG Düsseldorf hierzu die Auffassung vertreten, dass derjenige, der das Patent eines anderen benutzt, auch dann, wenn er vom Patentinhaber nach kartellrechtlichen Vorschriften die Einräumung eines entgeltlichen Benutzungsrechtes (dh den Abschluss eines Lizenzvertrages) verlangen kann, den Ausschließlichkeitsrechten und insbesondere den Unterlassungsan-

---

384 Sie hat typischerweise den Inhalt, dass sich der Patentinhaber verpflichtet, jedermann zu angemessenen (fair, reasonable) und nicht diskriminierenden (and non-discriminatory) = FRAND-Bedingungen eine Lizenz zu erteilen.
385 Vgl Körber, Standardessentielle Patente, 2013; Hötte, Zwangslizenz im Patentrecht, 2011; Maume, Der kartellrechtliche Zwangslizenzeinwand, 2010; Burghartz, Technische Standards, 2011, Kübel, Zwangslizenzen; Maaßen, Normung, 2006; Koikkara; Patentschutz und Zwangslizenz, 2010; Wirtz, WRP 2011, 1392; Fröhlich, GRUR 2008, 205; Kühnen, FS Tilmann, 2003, S 513; v Merveldt, WuW 2004, 19; Wirtz/Holzhäuser, WRP 2004, 683; Jaecks/Dörmer, FS Säcker, 2006, S 97; Rombach, FS Hirsch, 2008, S 311; Kellenter, FS Mes, 2009, S 199; Gärtner/Vormann, Mitt 2009, 440; Jestaedt, GRUR 2009, 801; Ann, VPP-Rundbrief 2010, 46; Grabinski, FS 50 Jahre BPatG, 2011, S 243 ff; Müller, GRUR 2012, 686; Körber, NZKart 2013, 87; Meier-Beck, FS Tolksdorf, 2014, S 115; Heusch, GRUR 2014, 745.
386 OLG Düsseldorf, InstGE 2, 168 – Spundfass; ähnlich die Rechtsprechung in den Niederlanden: Vgl Rechtsbank's Gravenhage, InstGE 13, 167 – Orange Book II.

sprüchen³⁸⁷ aus dem Patent ausgesetzt bleibt, wenn er die Benutzung aufnimmt, ohne den Schutzrechtsinhaber um die Erteilung einer Lizenz ersucht oder – im Falle einer Ablehnung – ein Verfahren vor einer Kartellbehörde oder einem Kartellgericht betrieben zu haben, in welchem die Einräumung einer Lizenz hätte angeordnet werden können. Zur Begründung verweist der Senat darauf, dass sich der Beklagte durch ein derartiges Verhalten zur Durchsetzung einer vermeintlichen oder wirklichen Rechtsposition (sic: seines Anspruchs auf Lizenzierung) eine Selbsthilfe anmaßt, die (sofern nicht die besonderen Voraussetzungen des § 229 BGB vorliegen) von der Rechtsordnung missbilligt wird.³⁸⁸

Diese Erwägungen hat der BGH zunächst für den Schadenersatzanspruch des Patentinhabers zurückgewiesen³⁸⁹ und den Kartellrechtseinwand anschließend auch als Verteidigungsmittel gegenüber dem Unterlassungsanspruch wegen Patentverletzung zugelassen.³⁹⁰ Dieselbe Auffassung vertritt für standardessentielle Patente (SEP) mit FRAND-Erklärung der EuGH.³⁹¹ Dem ist vollkommen zuzustimmen. 258

§ 229 BGB regelt (lediglich) einen Rechtfertigungsgrund, der besagt, dass derjenige, der zur Durchsetzung eines ihm zustehenden Anspruchs eine Sache wegnimmt etc rechtmäßig handelt, wenn bestimmte Voraussetzungen vorliegen, die eine eigenmächtige Rechtsdurchsetzung ausnahmsweise als geboten erscheinen lassen, insbesondere staatliche Hilfe zur Rechtsverfolgung nicht erreichbar ist. Mit Blick auf die Benutzung eines Patents im Vorgriff auf einen dem Benutzer in Ansehung des Patents zustehenden Lizenzierungsanspruch aufgrund kartellrechtlicher Vorschriften bedeutet dies, dass der Benutzer, der die Benutzung des Patents unter den tatbestandlichen Voraussetzungen des § 229 BGB aufnimmt, rechtmäßig agiert und folglich keine Patentverletzung begeht. Etwaige Verbietungsrechte des Patentinhabers scheitern in einem solchen Fall bereits daran, dass es – wegen des platzgreifenden Rechtfertigungsgrundes nach § 229 BGB – an einer rechtswidrigen Patentbenutzung fehlt. Liegen die Selbsthilfevoraussetzungen des § 229 BGB nicht vor, so folgt daraus zwar umgekehrt, dass die Benutzungshandlungen des Lizenzsuchers rechtswidrig sind. 259

Mehr als ein Urteil über die Rechtmäßigkeit oder Rechtswidrigkeit der Patentbenutzung ist mit der Antwort auf das Vorliegen oder Nichtvorliegen der Selbsthilfevoraussetzungen allerdings nicht gefällt. Es ist insbesondere nichts darüber entschieden, ob der bestehende Anspruch auf Einräumung einer Lizenz an dem benutzten Patent den Verbietungsansprüchen des Schutzrechtsinhabers nicht auf einer anderen rechtlichen Ebene (als der der Rechtswidrigkeit) entgegengehalten werden kann. Im Gegenteil: Die Rechtsordnung kennt Derartiges in anderem Zusammenhang sehr wohl, wie beispielsweise § 1007 BGB für den Fall verdeutlicht, dass der hinsichtlich einer Sache materiell Berechtigte die Sache, die sich im Besitz eines anderen befindet, eigenmächtig an sich nimmt. Können die Selbsthilfevoraussetzungen des § 229 BGB nicht dargetan werden, ist die Besitzverschaffung rechtswidrig. Dem auf § 1007 BGB gestützten Herausgabeverlangen des früheren Besitzers kann der Beklagte dennoch – obgleich die von ihm begangene Selbsthilfe 260

---

387 Offengelassen von BGH, GRUR 2004, 966 – Standard-Spundfass; verneint bei einem vertraglichen Gestattungsanspruch im UrhG: BGH, GRUR 2002, 248, 252 – Spiegel-CD-ROM, wobei die Begründungserwägungen im Hinblick auf § 11 WahrnG urheberrechtsspezifisch und insoweit nicht verallgemeinerungsfähig sind.
388 Ablehnend (im Sinne einer Zulassung des Einwandes): OLG Karlsruhe, InstGE 8, 14 – Servospur = OLG Karlsruhe, GRUR-RR 2007, 177 – Orange-Book-Standard; LG Düsseldorf, InstGE 7, 70 – Videosignal-Codierung I; LG Düsseldorf, InstGE 10, 66 – Videosignal-Codierung III.
389 BGH, GRUR 2004, 966 – Standard-Spundfass.
390 BGH, GRUR 2009, 694 – Orange-Book-Standard.
391 EuGH, GRUR 2015, 764 – Huawei Technologies/ZTE (für den Unterlassungs- und Rückrufanspruch).

unberechtigt war – sein materielles Recht zum Besitz einrede weise entgegensetzen (§ 1007 Abs 3 BGB), was zur Folge hat, dass die gegen ihn gerichtete Herausgabeklage abgewiesen wird. Es entspricht darüber hinaus einem allgemein gültigen Rechtssatz, dass niemand von einem anderen etwas soll verlangen können, was dieser sogleich wieder – wegen eines in der Person des in Anspruch Genommenen begründeten Gegenanspruchs – zurückverlangen könnte. Ein solches Begehren ist – unabhängig von der Art des im Einzelfall in Rede stehenden Anspruchs – rechtsmissbräuchlich, weshalb sich der Beklagte stets mit dem Einwand verteidigen kann, dass der Kläger ihm das, was er klageweise verlangt, augenblicklich wieder zu belassen habe. Dieser allgemeine, aus den Geboten von Treu und Glauben (§ 242 BGB) abgeleitete Grundsatz findet auch im Patentverletzungsprozess Anwendung. Voraussetzung für die **dolo-petit-Einrede** ist freilich, dass der Beklagte beim Patentinhaber um die Erteilung einer Lizenz zu angemessenen Bedingungen nachgesucht hat.

261 Der BGH[392] und der EuGH[393] sehen die Rechtfertigung für die Zulassung des Kartellrechtseinwandes gegenüber dem Unterlassungsbegehren wegen Schutzrechtsverletzung in der (sachlich gleichgelagerten) Überlegung begründet, dass genauso wie die Weigerung einer Lizenzerteilung bei Vorliegen eines Missbrauchstatbestandes kartellrechtlich verboten ist, auch die Durchsetzung eines Unterlassungsanspruchs wegen Patentverletzung einen kartellrechtlichen Missbrauchstatbestand erfüllt, der bei kartellrechtsgemäßem Verhalten (sic: Erteilung einer Lizenz am Klagepatent) erloschen wäre.

262 Unabhängig von der genauen Begründungslinie, der gefolgt wird, ist für die rechtliche Handhabung wesentlich, dass der Klage – so oder so – ein sachlich-rechtliches Durchsetzungshindernis entgegensteht, womit die missbräuchlich erhobene **Klage** als unbegründet (und nicht als unzulässig) abzuweisen ist.[394] Die Situation ist insoweit vergleichbar mit einer mangels erteilter Schlussrechnung noch nicht fälligen Forderung, die als solche bereits besteht, auf die der Gläubiger mangels Fälligkeit aber derzeit (noch) keinen Anspruch hat, dh in Bezug auf die er (noch) keine Leistung verlangen kann[395]. Tritt die Fälligkeit später ein, kann – selbst nach rechtskräftiger Klageabweisung in einem ersten Prozess – erneut, und zwar mit Erfolg, geklagt werden.[396] Für den Unterlassungsanspruch wegen Patentverletzung folgt hieraus:

263 – So lange von Seiten des Patentinhabers keine ordnungsgemäßen Lizenzierungsverhandlungen geführt worden sind, besteht ein kartellrechtliches Durchsetzungshindernis für den Unterlassungsanspruch, wesweggen es zur Klageabweisung als **derzeit unbegründet** kommt.[397] Eine abermalige Klage wegen desselben Verletzungssachverhaltes wird dadurch freilich nicht ausgeschlossen, sofern sie nur verfolgt wird, nachdem das Durchsetzungshindernis durch Lizenzverhandlungen beseitigt ist. Gefahren lauern bei der betrachteten Konstellation allerdings auf den Beklagten. Greift er die Abweisung der Verletzungsklage als (lediglich) *derzeit* unbegründet nicht mit einem Rechtsmittel an[398], so erwächst die (vorgreiflich) festgestellte Patentverletzung in **Rechtskraft**, weswegen das später – nach veränderter Lizenzlage – erneut angerufene

---

392 BGH, GRUR 2009, 694 – Orange-Book-Standard.
393 EuGH, GRUR 2015, 764 – Huawei Technologies/ZTE.
394 Ebenso: LG Mannheim, Urteil v 4.3.2016 – 7 O 96/14.
395 BGH, NJW 2014, 847.
396 BGHZ 140, 368.
397 Zustimmend: OLG Karlsruhe, GRUR 2020, 166 – Datenpaketverarbeitung. Ein dahingehender Ausspruch setzt selbstverständlich voraus, dass keine endgültige Klageabweisung möglich ist, was zB in Fällen mangelnder Aktiv- oder Passivlegitimation oder bei Nichtverletzung des Klagepatents der Fall ist (BGH, MDR 2017, 1359). Alle weitergehenden Abweisungstatbestände müssen daher vom Gericht vorrangig geprüft und ausgeschlossen werden.
398 Vgl dazu BGH, MDR 2017, 1359.

(gleiche oder andere) Verletzungsgericht die Frage der Schutzrechtsverletzung nicht abermals prüfen darf, sondern aus Gründen der Rechtskraft von ihrem Vorliegen auszugehen hat.

– Umgekehrt gilt: Hat der Verletzer durch Verweigerung eines ihm unterbreiteten FRAND-Angebotes seine Unterlassungsverurteilung herbeigeführt, hindert ihn dies selbstverständlich nicht, später das Lizenzangebot des Patentinhabers[399] doch noch anzunehmen. Kommt aufgrund dessen ein Lizenzvertrag über das SEP zustande, ist dieser (unstreitige) Umstand im laufenden Erkenntnisverfahren ohne Rücksicht auf Präklusionsvorschriften zu beachten und begründet ein Durchsetzungshindernis, welches den Kläger zur **Erledigungserklärung** in Bezug auf seinen Unterlassungsanspruch zwingt. Ist das Unterlassungsurteil beim Zustandekommen des Lizenzvertrages bereits rechtskräftig, steht dem Verletzer die Vollstreckungsabwehrklage (§ 767 ZPO) zu. 264

bb) § 24 PatG

Der kartellrechtliche Anspruch auf Einräumung einer Zwangslizenz wird durch § 24 PatG weder ausgeschlossen noch eingeschränkt.[400] 265

cc) Patentverwerter

Für die sich aus dem Kartellrecht ergebende Pflichtenlage hat es grundsätzlich keine Bedeutung, ob der Patentinhaber am Produktmarkt tätig ist oder sich bloß mit der geschäftlichen Verwertung von Patenten im Wege der Lizenznahme beschäftigt.[401] 266

dd) Marktbeherrschung[402]

Eine **Pflicht zur Lizenzerteilung** ergibt sich vordringlich aus europäischem Kartellrecht und hier aus **Art 102 AEUV**.[403] 267

Art 101 AEUV[404] bildet demgegenüber (ebenso wie die nationale Parallelvorschrift des § 1 GWB) keine Grundlage für einen Lizenzierungsanspruch des Verletzers, der sich dem Unterlassungsanspruch wegen Patentbenutzung entgegenhalten ließe.[405] Selbst wenn die Verabredung des in Rede stehenden technischen Standards im Einzelfall als wettbewerbsbeschränkende Vereinbarung der teilnehmenden Konkurrenten verstanden werden kann, weil sie nicht in den Standard aufgenommene alternative Technologien vom Produktmarkt verbannt, besteht die gesetzlich vorgesehene Rechtsfolge in einer Nichtigkeit der wettbewerbsbeschränkenden Absprache, hier also des technischen Standards, wobei von der Nichtigkeitsfolge auch die davon untrennbare FRAND-Erklärung erfasst wird. Ohne formale Standardisierungsabsprache verbleibt, wenn die technische Normierung tatsächlich gelebt wird, ein faktischer Standard, der den rechtlichen Regeln der Orange-Book-Standard-Rechtsprechung[406] folgt. Werden zu einem nach Art 101 AEUV kartellnichtigen Standard nachträglich FRAND-Erklärungen abgegeben, wird man eine Heilung des Kartellverstoßes ex nunc nach den Regeln des § 141 BGB (Bestätigung eines 268

---

399 ... vorausgesetzt, das Angebot ist zu diesem Zeitpunkt noch annahmefähig.
400 OLG Düsseldorf, InstGE 2, 168 – Spundfass; BGH, GRUR 2004, 966 – Standard-Spundfass.
401 LG Düsseldorf, Urteil v 31.3.2016 – 4a O 73/14.
402 Meyer, FS 80 Jahre Patentgerichtsbarkeit Düsseldorf, 2016, S 377.
403 EuGH, Slg 1988, 6232, 6235 – Volvo/Veng; EuGH, Slg 1995, I-808, 823 – RTE/Magill; EuGH, Slg 1998, I-7817, 7830 – Bronner/Media; EuGH, GRUR 2004, 524, 525 ff – IMS/Health; BGH, GRUR 2004, 966 – Standard-Spundfass.
404 Ausführlich dazu: Block, Mitt 2017, 97.
405 Fuchs, FS Ahrens, 2016, S 79, 83.
406 BGH, GRUR 2009, 694 – Orange-Book-Standard.

nichtigen Rechtsgeschäfts) annehmen können.⁴⁰⁷ Das bisher den Verletzer treffende Pflichtenprogramm bzgl der Lizenzierung des Klagepatents geht infolgedessen nach den Regeln für SEP mit FRAND-Erklärung (welches das Patent fortan ist) auf den Patentinhaber über. Sie setzt zweierlei voraus, erstens, dass der Patentinhaber eine marktbeherrschende Stellung innehat und zweitens, dass außergewöhnliche Umstände gegeben sind. Für die als erstes zu prüfende marktbeherrschende Stellung ist der zeitlich, räumlich und sachlich relevante Markt maßgeblich. Mit Blick auf die Anwendung europäischen Kartellrechts ist anerkannt, dass das Gebiet der Bundesrepublik Deutschland einen wesentlichen Teil des Gemeinsamen Marktes darstellt.

269 Allgemein sind bei der Feststellung einer Marktbeherrschung folgende **Grundregeln** zu beachten:

(1) Bedarfsmarktkonzept

270 Die Abgrenzung des Marktes erfolgt nach dem sog Bedarfsmarktkonzept, indem danach gefragt wird, welche Erzeugnisse/Dienstleistungen aus der Sicht der Nachfrager untereinander funktionell austauschbar sind. Zu demselben sachlichen Markt gehören alle Waren/Dienstleistungen, die sich aufgrund ihrer Eigenschaften, Preise und Verwendungszwecke aus der Sicht der Marktgegenseite (= Nachfrager) durch andere Waren/Dienstleistungen substituieren lassen. Die Austauschbarkeit und Ersetzbarkeit beurteilt sich zwar vordringlich, aber nicht allein mit Blick auf die objektiven Eigenschaften der fraglichen Erzeugnisse und Dienstleistungen, zusätzlich müssen auch die Wettbewerbsbedingungen sowie die Struktur der Nachfrage und des Angebots auf dem Markt in Betracht gezogen werden.⁴⁰⁸ Austausch- und Ersetzbarkeit sind dabei naturgemäß insofern dynamisch, als die Definition der Produkte, bei denen davon ausgegangen werden kann, dass ein auf dem Markt vorhandenes Produkt mit ihnen ausgetauscht oder durch sie ersetzt werden kann, durch das Auftreten neuer produkte Veränderungen unterliegen kann, sodass – zeitabhängig – eine neudefinition der Parameter des relevanten Marktes gerechtfertigt sein kann.⁴⁰⁹ Das Ziel der erläuterten Marktabgrenzung ist ausweislich der Bekanntmachung der EU-Kommission über die Definition des relevanten Marktes ein Mehrfaches. Zunächst geht es darum, eine genaue Abgrenzung des (sachlichen und räumlichen) Gebietes vorzunehmen, auf dem Unternehmen untereinander im Wettbewerb stehen; weiterhin werden diejenigen Wettbewerbskräfte ermittelt, denen sich die beteiligten Unternehmen zu stellen haben; schließlich erfolgt die Ermittlung, welche konkurrierenden Unternehmen tatsächlich in der Lage sind, dem Verhalten der beteiligten Unternehmen Schranken zu setzen und sie daran zu hindern, sich wirksamem Wettbewerbsdruck zu entziehen.

271 In Fällen der vorliegenden Art ist der **Lizenzvergabemarkt** betroffen, weswegen als *Anbieter* der (allein zur Lizenzvergabe berechtigte) Patentinhaber und als *Nachfrager* die für ihre Geschäftstätigkeit an der patentierten Technik interessierten Anwender der Erfindung (zB Hersteller patentgemäßer Produkte) anzusehen sind. Zwei Bedingungen müssen für die Annahme eines eigenständigen Lizenzvergabemarktes erfüllt sein: (1) Die Benutzung der patentgeschützten Lehre muss für die Umsetzung des Standards (sei er normiert oder faktisch) unerlässlich sein, sodass es in der Regel technisch nicht möglich ist, das Patent zu umgehen, ohne für den Produktmarkt wichtige Funktionen einzubüßen. (2) Die dem Patent und dem Standard entsprechende technische Lehre darf nicht durch eine andere technische Gestaltung des Produktes substituierbar sein.⁴¹⁰ Sofern

---

407 EuGH, Slg 2008, I-6681–6746.
408 EuGH, NZKart 2020, 131.
409 EuGH, NZKart 2020, 131.
410 BGH, GRUR 2020, 961 – FRAND-Einwand.

mehrere Schutzrechte nicht ausnahmsweise eine gleichwertige[411] Alternativtechnologie für dasselbe technische Problem bereitstellen, begründet prinzipiell jedes einzelne Schutzrecht einen eigenen sachlich relevanten Markt für die Vergabe von Lizenzen. Eine bloße Option im Standard kann dann zur Marktbeherrschung führen, wenn es daneben auf dem Markt keine patentfreie Alternative gibt, sodass bei der Umsetzung des Standards die Benutzung der patentgemäßen Option faktisch nicht zu umgehen ist.[412]

(2) Beherrschende Stellung

Auf *ihm* (dem Lizenzvergabemarkt) muss der Patentinhaber eine beherrschende Stellung innehaben, worunter eine wirtschaftliche Machtposition zu verstehen ist, die das Unternehmen in die Lage versetzt, die Aufrechterhaltung eines wirksamen Wettbewerbs auf dem relevanten Markt zu verhindern, indem sie ihm die Möglichkeit verschafft, sich seinen Konkurrenten, seinen Kunden und letztlich den Verbrauchern gegenüber in nennenswertem Umfang unabhängig zu verhalten. Das Vorliegen einer beherrschenden Stellung ergibt sich im Allgemeinen aus dem Zusammentreffen mehrerer Faktoren, die jeweils für sich genommen nicht ausschlaggebend sein müssen.[413] Obwohl selbstverständlich nur der Patentinhaber zu einer Lizenzvergabe befugt ist, begründet die bloße **Inhaberschaft von Rechten des geistigen Eigentums** allein noch keine beherrschende Stellung auf dem maßgeblichen Markt für die Vergabe von Lizenzen am fraglichen Patent.[414] Sie kann aber geeignet sein, unter bestimmten Umständen eine solche Stellung zu verschaffen, nämlich dann, wenn der Inhaber eines Immaterialgüterrechts aufgrund seines Monopolrechts die Möglichkeit erhält, wirksamen Wettbewerb auf einem nachgelagerten Markt zu verhindern.[415] Gemeint ist hiermit der dem Lizenzvergabemarkt **nachgeordnete Produktmarkt** für solche Erzeugnisse, die das zur Lizenzierung anstehende Patent benutzen. Die Wettbewerbsposition auf dem Markt für erfindungsgemäße Produkte, die durch das aus dem Patent fließende Verbietungsrecht seines Inhabers gegenüber jedweden Benutzungshandlungen Dritter begründet wird, verschafft mithin potenziell eine beherrschende Position auf dem (vorgelagerten) Markt der Lizenzvergabe.[416] Umgekehrt folgt daraus, dass die Marktbeherrschung zwangsläufiger Weise mit dem Ablauf des sie vermittelnden Schutzrechts endet.[417]

272

Klarstellend ist freilich anzumerken, dass ein Patent – für sich allein genommen und losgelöst von den mit ihm verbundenen technischen Eigenschaften und deren Bedeutung für den Produktmarkt – nicht in jedem Fall und nicht unter allen Umständen eine zur Marktbeherrschung führende unüberwindliche Marktzutrittsschranke für Dritte darstellt. Ist ein Wettbewerber *tatsächlich* bereit, in den Produktmarkt einzutreten und zu diesem Zweck das Patent anzugreifen und sich in einer Patentverletzungsklage mit dessen Inhaber auseinanderzusetzen, so *kann* dieses Faktum unabhängig von den – nicht weiter zu prüfenden Aussichten seiner Rechtsverfolgung und Rechtsverteidigung im Rechtsbe-

273

---

411 ... maßgeblich ist das tatsächliche Nachfrageverhalten, sei es sachlich berechtigt oder nicht. Bestehen keine anderweitigen Anhaltspunkte, kann freilich anhand objektiver, vernünftiger Erwägungen auf die Einschätzung des Verkehrs geschlossen werden.
412 BGH, GRUR 2021, 585 – FRAND-Einwand II.
413 Grundlegend: EuGH, Slg 1978, 207, Rz 65, 66 – United Brands; EuGH, Slg 1979, 461, Rz 38, 39 – Hoffmann-La Roche.
414 EuGH, GRUR Int 1995, 490 Rz 46 – Magill TVG Guide; EuGH, NzKart 2013, 113, Rz 186 – Astra Zeneca.
415 Vgl EuGH, GRUR Int 1995, 490 Rz 47 – Magill TVG Guide; EuGH, Urteil v 6.12.2012 – NzKart 2013, 113, Rz 186 – Astra Zeneca; BGH, WuW/E DE-R 2708 Rz 27 – Reisestellenkarten.
416 BGH, GRUR 2020, 961 – FRAND-Einwand.
417 BGH, GRUR 2020, 961 – FRAND-Einwand.

stands- und Verletzungsverfahren – dafür sprechen, ihm trotz der bestehenden Schutzrechtslage reale und konkrete Möglichkeiten zum Markteintritt zu attestieren.[418]

▶ **Beispiele:**

274 1. Das Unternehmen Magill benötigte von den in Irland tätigen Fernsehsendern Programminformationen, um einen wöchentlichen Fernsehprogrammführer herauszugeben. Der EuGH hat eine marktbeherrschende Stellung dieser Fernsehsender damit begründet, dass jeder Sender die Möglichkeit hatte, durch Verweigerung der begehrten Programminformationen einen wirksamen Wettbewerb auf dem (nachgelagerten) Markt für Fernsehwochenzeitschriften zu verhindern.[419]

2. Ein Kreditkartenunternehmen kann nur dann Unternehmenskreditkarten zur bargeldlosen Bezahlung von Flug- oder Bahnreisen (sog Reisestellenkarten) mit Umsatzsteuernachweis für die Reiseleistungen anbieten, wenn der Erbringer der Reiseleistung ihm die nach dem UStG erforderlich Erlaubnis erteilt. Der BGH hat eine marktbeherrschende Stellung von Lufthansa auf dem Gestattungsmarkt bejaht, weil sie aufgrund ihrer Stellung auf dem Gestattungsmarkt einen wirksamen Wettbewerb auf dem nachgelagerten Markt für Reisestellenkarten mit Vorsteuerabzugsmöglichkeit verhindern kann.[420]

3. Die Klägerin ist Inhaberin eines essentiellen Patents für den LTE-Standard. Allein daraus ergibt sich noch nicht notwendigerweise eine marktbeherrschende Stellung.[421]

275 Wird diese Hürde genommen, besteht – auch für **SEP** – keine (widerlegbare) **Vermutung** dafür, dass sein Inhaber wirksamen Wettbewerb auf dem nachgelagerten Produktmarkt allein deshalb verhindern kann, weil es sich um ein *standardessentielles* Schutzrecht handelt, das benutzt werden muss, um technisch (sic: im Standard) kompatible und somit funktionsfähige Erzeugnisse zu erhalten.[422] Ein Standard erfasst typischerweise eine große Vielzahl als essentiell deklarierter Patente, aber nicht jedes von ihnen entscheidet am Ende über die Wettbewerbsfähigkeit der Ware auf dem Produktmarkt. Dies leuchtet schon deshalb ein, weil durch die einzelnen Erfindungen ganz unterschiedliche technische Features bereitgestellt werden. Die möglichen Sachverhaltsgestaltungen sind vielfältig. Manche Erfindungsgegenstände sind schon nach der Formulierung des Standards optional, andere werden für den Nachfrager überhaupt nicht ersichtlich sein[423], andere eine aus seiner Sicht zentrale technische Wirkung verantworten, wieder andere eine lediglich untergeordnete Funktionalität der nachgefragten Ware zur Verfügung stellen. Für jedes einzelne Schutzrecht ist deshalb anhand der Gesamtumstände tatrichterlich *seine* konkrete Bedeutung für die Wettbewerbsposition auf dem Produktmarkt zu klären, was zu verschiedenen Zeitpunkten zu ganz **unterschiedlichen Resultaten** führen kann:

---

418 EuGH, NZKart 2020, 131.
419 EuGH, GRUR Int 1995, 490 Rz 47 – Magill TVG Guide.
420 BGH, WuW/E DE-R 2708 Rz 27 – Reisestellenkarten.
421 Vgl Schlussanträge des Generalanwalts Wathelet v 20.11.2014 in der Sache C-170/13 – Tz 57 (BeckRS 2014, 82403); Leitlinien der EU-Kommission zur Anwendbarkeit von Art 101 AEUV, ABl C 11/1 v 14.1.2011 – Tz 269.
422 OLG Düsseldorf, GRUR 2017, 1219 – Mobiles Kommunikationssystem; aA: Generalanwalt Wathelet, Schlussanträge v 20.11.2014 in der Sache C-170/13 – Tz 58 (BeckRS 2014, 82403).
423 Für den Hersteller von Handys ist die Erwartungshaltung seiner Kunden wichtig. SEP, die beispielsweise die Netzwerkinfrastruktur betreffen, mögen für Provider von eminentem Belang sein; den Kunden interessieren sie nicht, so lange mit der Infrastruktur nicht ihn betreffende Leistungsmerkmale des Handys verbunden sind (zB die Schnelligkeit des Datenaustausches).

– Im Einzelfall kann sich ergeben, dass der Zugang zur Nutzung des fraglichen SEP 276
eine regelrechte **Markt*zutritts*voraussetzung** darstellt, weil auf dem relevanten
Markt überhaupt nur Produkte angeboten und nachgefragt werden, die den Standard
durch Benutzung des SEP ausführen. Unter derartigen Verhältnissen ist ohne weiteres von einer beherrschenden Stellung des SEP-Inhabers auszugehen. Das gilt auch
dann, wenn die durch das fragliche SEP bereitgestellte technische Wirkung zwar als
solche nicht über die Marktteilnahme entscheidet, ohne sie jedoch aus technischen
Gründen eine Teilhabe an zutrittsrelevanten Funktionen nicht stattfinden kann oder
sogar die generelle Interoperabilität und Kompatibilität nicht mehr gegeben ist.[424]

– Das Gleiche gilt – anders als der BGH[425] meint –, wenn der Zugang zur Nutzung 277
des streitigen SEP zwar keine Marktzutrittsvoraussetzung ist (weil auf dem relevanten Markt auch Produkte angeboten werden, die die Produktkonfiguration des SEP
nicht aufweisen), ein *wettbewerbsfähiges* **Angebot** ohne Zugang zur Nutzung des
streitigen SEP jedoch nicht möglich ist. Solches ist anzunehmen, wenn ohne die durch
das SEP bereitgestellte Eigenschaft ein Produkt vorläge, das im Markt gegenüber den
Anbietern von Produkten mit der patentierten Funktion nicht konkurrenzfähig wäre.
Indiziell spricht hierfür ein weit überwiegender Anteil von Produkten im Markt, die
die SEP-Funktion nutzen, wobei als Anhaltspunkt ein Prozentsatz ab ca 70 % zu
fordern ist. Denn ist die Nachfrage nach Produkten ohne die patentierte Funktion
derart gering (sic: weniger als 30 %), kann ohne Nutzung des SEP bloß ein sog
Nischenprodukt angeboten und damit nur ein geringer Marktanteil erreicht werden.
Dies wiederum hat zur Folge, dass die wettbewerblichen Verhaltensspielräume (zB
bei der Preissetzung) der Anbieter, die das SEP nutzen, nicht begrenzt werden können, wirksamer Wettbewerb also *nicht* möglich ist.

– Keine beherrschende Stellung besteht demgegenüber, wenn das SEP eine **technische** 278
Funktion betrifft, die für den Produktmarkt entweder überhaupt keine oder eine
bloß untergeordnete Rolle spielt, sodass diese Funktion für den Wettbewerb zwischen den Anbietern nicht wesentlich ist. Solches ist der Fall, wenn die technische
Funktion für den Nachfrager von SEP-Produkten von nachrangigem Interesse und
für seine Auswahlentscheidung zwischen den verschiedenen SEP-Produkten belanglos ist. Geboten ist insoweit eine generalisierende Betrachtung, wobei die Mehrzahl
der Nachfrager entscheidet.

– **Außerhalb technischer Standards** kommt eine beherrschende Stellung selbst in 279
Bezug auf eine vom Markt zwingend geforderte technische Funktion nur in Betracht,
wenn für den konkreten Lizenzsucher keine brauchbare technische Alternative
(Umgehungslösung) zu erhalten ist, sei es im Wege einer anderweitigen Lizenznahme,
sei es im Wege einer Eigenentwicklung. Die Grenzen des Zumutbaren beurteilen sich
anhand der Umstände des Einzelfalles (Ist dem betreffenden Lizenzsucher angesichts
des Zuschnitts seines Unternehmens eine Eigenentwicklung abzuverlangen? Ist er
bei Inhabern alternativer Technologien bereits erfolglos wegen einer Lizenznahme
vorstellig geworden?).

(3) Beweislast und Nachweis

Nach allgemeinen Regeln trägt der Verletzungsbeklagte (= Lizenzsucher) die **Darle-** 280
gungs- und Beweislast dafür, dass der Kläger aufgrund des von ihm gehaltenen Patents
eine marktbeherrschende Stellung auf dem Produktmarkt innehat, sodass ihn bei der
Durchsetzung seines Patents die besonderen Pflichten aus Art 102 AEUV treffen. Denn
mit der Berufung auf den Zwangslizenzeinwand reklamiert der Verletzer eine Beschrän-

---

424 LG Düsseldorf, Urteil v 2.7.2019 – 4a O 98/17.
425 BGH, GRUR 2020, 961 – FRAND-Einwand

kung der üblichen (sic: umfassenden) Verbietungsrechte aus einem Patent für sich, die, eben weil es sich um eine Ausnahme von der Regel handelt, tatbestandsmäßig von ihm als Begünstigtem darzutun sind.[426] Das verlangt mehr als eine bloß pauschale Behauptung[427], nämlich den Vortrag ganz konkreter Tatsachen, die eine gerichtliche Überprüfung daraufhin gestatten, ob – ihre Richtigkeit unterstellt – eine beherrschende Stellung auf dem räumlich und sachlich relevanten Markt gegeben ist oder nicht.[428] Für das Bestreiten des Patentinhabers gilt im Anschluss daran dasselbe Maß an Substantiierung.

281 Mindestens theoretisch ist es denkbar, dass eine **anfänglich** gegebene **marktbeherrschende Stellung** eines Schutzrechts im Laufe der Zeit wieder **verloren geht** (weil die betreffende Technik ihre zunächst prominente Bedeutung für den Nachfragermarkt eingebüßt hat) **oder** dass sich – **umgekehrt** – eine marktbeherrschende Stellung des fraglichen Patents erst nach und nach entwickelt und deswegen erstmals zu einem – gemessen an der Etablierung des Standards – relativ späten Zeitpunkt entsteht. Da die besonderen Verhaltenspflichten von der marktbeherrschenden Stellung des Patentinhabers abhängen, entstehen und gehen sie notwendiger Weise mit dem Aufkommen und dem Fortfall der Marktbeherrschung. Hat der Schutzrechtsinhaber zu einem Zeitpunkt, als er noch nicht marktbeherrschend war, Lizenzverträge abgeschlossen, so war er in der inhaltlichen Gestaltung völlig frei und insbesondere nicht an ein Ausbeutungs- oder Diskriminierungsverbot gebunden. Solche Verträge haben deshalb auch keine Bedeutung für Lizenzverträge, die nach dem Entstehen der Marktbeherrschung verhandelt und abgeschlossen werden sollen; sie bilden insbesondere keinen Maßstab für das Verbot der Diskriminierung; bei der ersten Lizenzierung nach Aufkommen der Marktbeherrschung unterliegt der Schutzrechtsinhaber daher nur dem Ausbeutungsverbot.

282 Ist im Streitfall (weil beide Seiten ausreichend substantiiert gegensätzlich vorgetragen haben) der **Nachweis** einer Marktbeherrschung zu führen, wird sich in aller Regel die Bedeutung des eingeklagten Patents für das Verkaufsprodukt anhand objektiver technischer Umstände nach dem sachlich Vernünftigen klären lassen, wozu das mit der Verletzungsklage befasste Gericht regelmäßig aus eigener Kenntnis und aufgrund seiner Befassung mit dem Erfindungsgegenstand imstande sein wird.[429] Geht es darum, dass sich im Nachfragermarkt tatsächlich eine andere (»unvernünftige«) Auffassung durchgesetzt haben soll, ist diese zwar rechtlich entscheidend; sofern die Mitglieder des Spruchkörpers zu dem die Verkehrsauffassung prägenden relevanten Abnehmerkreis gehören, ist jedoch auch insoweit eine Beurteilung aus eigener Anschauung zulässig. Nur äußerst selten wird es daher des Rückgriffs auf Marktuntersuchungsunterlagen bedürfen. In Betracht kommen nicht nur eigens für den Prozess eingeholte sachkundige Auskünfte (Privatgutachten), sondern alle (zB im Internet aus anderem Anlass veröffentlichte) Dokumente, deren Quelle Gewähr für eine inhaltliche Verlässlichkeit in Bezug auf Methodik und Resultat bietet.

ee) Gefahr eines gegnerischen Kartell-Torpedos?

283 Unberechtigt ist die Sorge, der Verletzungsbeklagte könne die gegen ihn erhobene Verletzungsklage unter Hinweis auf Art 29 EuGVVO dadurch auf unabsehbare Zeit blockieren, dass er in einem anderen EU-Mitgliedstaat seinerseits (Gegen-)Klage mit dem Ziel erhebt, gerichtlich feststellen zu lassen, dass der Kläger mit der Durchsetzung des Klagepatents kartellrechtswidrig seine Marktmacht missbraucht (Art 102 AEUV). Auf erste

---

426 OLG Düsseldorf, GRUR 2017, 1219 – Mobiles Kommunikationssystem.
427 ... denn die Behauptung einer marktbeherrschenden Stellung stellt streng genommen eine rechtliche Wertung dar, die zu treffen dem Gericht auf der ihm zu liefernden Tatsachengrundlage vorbehalten ist.
428 OLG Düsseldorf, GRUR 2017, 1219 – Mobiles Kommunikationssystem.
429 OLG Düsseldorf, GRUR 2017, 1219 – Mobiles Kommunikationssystem.

Sicht mag es den Anschein haben, dass der Anwendungsbereich der genannten Vorschrift eröffnet ist, weil im Verletzungsprozess, wenn Rechtsbestand und Verletzungstatbestand gegeben sind, der Frage des Machtmissbrauchs nachzugehen ist, womit – insoweit – derselbe Streitstoff vor den Gerichten zweier Mitgliedstaaten zur Entscheidung anfällt. Bei näherer Betrachtung besteht ein Aussetzungszwang für das später angerufene Verletzungsgericht jedoch nicht, weil es für die Frage, ob zwei Klagen denselben Gegenstand haben, ausschließlich auf die Klageansprüche des jeweiligen Rechtsstreits und nicht auf vom Beklagten im Prozess erhobene Einwendungen ankommt.[430] Abgesehen vom klaren Wortlaut des Art 29 EuGVVO, der nur die jeweiligen *Klageansprüche* in den Rechtsstreitigkeiten erwähnt (welche übereinstimmen müssen), stellt die Vorschrift mit ihrem an die Rechtshängigkeit anknüpfenden Automatismus ein klares System zur Verfügung, um *zu Beginn* eines Rechtsstreits zu ermitteln, welches der mehreren angerufenen Gerichte letztlich über den Rechtsstreit zu befinden hat. Da die Rechtshängigkeit bereits mit der Einreichung der Klage bei Gericht eintritt, kann eine Aussetzungsanordnung nicht auf Sachverhalte Bezug nehmen, die erst später im Rechtsstreit infolge eines dahingehenden Verteidigungsvorbringens des Beklagten zutage treten.[431]

Das Gesagte gilt auch dann, wenn es sich bei dem Klagepatent um ein **SEP mit FRAND-Erklärung** handelt, bei dem die Lizenzierungsbemühungen initiativ vom Kläger ausgehen müssen und bei deren Missachtung der eingeklagte Anspruch auf Unterlassung, Rückruf und Vernichtung nicht durchsetzbar ist.[432] Obwohl dem so ist, muss sich die Klageschrift nicht im Sinne eines Schlüssigkeitserfordernisses zum Kartellrecht verhalten, weil eine Lizenzierungspflicht – nach richtiger Auffassung – nur für denjenigen SEP-Inhaber besteht, der auf dem nachgelagerten Produktmarkt über eine marktbeherrschende Stellung verfügt. Hierzu hat zunächst einmal der Verletzungsbeklagte vorzutragen.[433] 284

Die Nichtanwendung von Art 29 EuGVVO in den erörterten Konstellationen[434] ist nicht zuletzt auch deshalb geboten, weil ansonsten über die Verletzungsklage überhaupt kein Gericht entscheiden würde – das erstangerufene Auslandsgericht nicht, weil bei ihm lediglich die Missbrauchsfrage anhängig gemacht ist, das zweitangerufene Verletzungsgericht nicht, weil es sich für unzuständig erklären müsste. Das kann nicht sein. 285

ff) Anti-Suit-Injunction[435]

Im angelsächsischen, namentlich im US-amerikanischen Recht, aber auch darüber hinaus (zB in China) besteht die Möglichkeit, dem Beklagten im Zusammenhang mit einer dortigen Klage durch einstweilige Verfügung zu untersagen, seinerseits ein Verfahren in einer anderen Gerichtsbarkeit oder in einem anderen Gerichtsstand einzuleiten oder fortzusetzen (anti-suit-injunction, temporary restraining order). Verstößt die Gegenpartei gegen ein derartiges gerichtliches Prozessführungsverbot, kann das US-Gericht gegen die ungehorsame Partei empfindliche Strafen verhängen. Bekannt geworden ist die besagte Strategie im Rahmen einer gegen einen SEP-Inhaber gerichteten US-Klage, die letzteren verpflichten sollte, einen konzern- und weltweiten FRAND-Lizenzvertrag über seinen Schutzrechtsbestand abzuschließen. Für die Dauer des Lizenzierungsrechtsstreits sollte die begleitende anti-suit-injunction den Beklagten (= SEP-Inhaber) daran hindern, seinerseits an einem anderen Gerichtsort (zB in Deutschland) SEP-Verletzungsklagen zu 286

---

430 EuGH, NJW 2003, 2596.
431 EuGH, NJW 2003, 2596.
432 Vgl unten Kap E Rdn 426.
433 Vgl oben Kap E Rdn 275, 280; ebenso: OLG Düsseldorf, Beschluss v 17.11.2016 – I-15 U 65/15.
434 Vgl dazu auch EuGH, GRUR 2017, 1129 – BMW/Acacia.
435 Kiefer/Walesch, Mitt 2022, 97.

E. Verteidigungsmöglichkeiten des Beklagten

erheben, welche die Lizenzierungsbemühungen vor dem US-Gericht stören könnten.[436] Das OLG München[437] hat in dem Betreiben eines anti-suit-injunction-Verfahrens (ebenso wie in dem Antrag auf eine temporary restraining order) einen rechtswidrigen Eingriff in die eigentumsgleichen Rechte des von dem ausländischen Prozessführungsverbot betroffenen SEP-Inhabers gesehen und zu dessen Gunsten, gestützt auf §§ 1004, 823 BGB, eine einstweilige Verfügung erlassen, mit der dem Verletzungsbeklagten (Kläger im US-Verfahren) verboten wird, dort um eine anti-suit-injunction (oder eine temporary restraining order) nachzusuchen oder, falls ein derartiges Verfahren bereits eingeleitet ist, dieses weiter zu betreiben.

287   Dem wird man – mit der Maßgabe, dass es sich vordringlich um ein Problem des Rechtschutzbedürfnisses handelt – weitgehend zustimmen müssen.[438] Im Grundsatz steht es von Verfassungs wegen jedermann frei, für sein Anliegen gerichtlichen Rechtsschutz in Anspruch zu nehmen (Art 2 Abs 1 GG in Verbindung mit dem Rechtsstaatsprinzip), weshalb es einem Antrag seines Gegners, derartiges zu untersagen, schon am Rechtsschutzbedürfnis fehlt. Im nationalen Rechtskreis und innerhalb der EU gilt dies grundsätzlich[439] ausnahmslos.[440] Sollte das Klagebegehren unberechtigt sein, ist eine einzige Konsequenz mit der dennoch unternommenen Prozessführung verbunden, nämlich die der kostenpflichtigen Klageabweisung. Mit Blick auf eine Prozessführung, die im EU-Ausland (USA, China) verboten werden soll, mag prinzipiell dasselbe angenommen werden, indem es als Ausdruck unseres Rechtsstaatsprinzips verstanden wird, den Zugang zu staatlichen Gerichten ganz generell (im Inland wie im Ausland) für niemanden – und erst recht nicht für den Prozessbeteiligten eines deutschen Verfahrens – zu limitieren. Ob davon eine Rechtsverfolgung auszunehmen ist, die in einem nicht rechtsstaatlichen Verfahren erfolgt, und für solche Fälle – ausnahmsweise – ein beachtenswertes Rechtsschutzinteresse an der gerichtlichen Durchsetzung zu verneinen ist[441], kann dahinstehen. Eine bestimmte Maßnahme (wie der Antrag auf Erlass einer anti-suit-injunction) verdient jedenfalls nicht allein deshalb den Stempel mangelnder Rechtsstaatlichkeit, weil sie dem deutschen und/oder dem EU-Recht fremd ist.

288   Darum, dass dem Patentverletzer die Anrufung seiner Heimatgerichte zur Entscheidung über die FRAND-Lizenzierung verboten werden soll, geht es überhaupt nicht. Gegenstand der Schutzanordnung des deutschen Gerichts ist nicht die ausländische Lizenzierungsklage des Verletzungsbeklagten, sondern einzig das begleitend hierzu ergangene Prozessführungsverbot für den SEP-Inhaber, die anti-suit-injunction. Ein solches Verbot kann schon deshalb nicht hingenommen werden, weil unter Rechtsstaatlichkeitsgesichtspunkten nicht nur der Verletzungsbeklagte freien Zugang zu den Gerichten haben muss, sondern das gleiche Recht selbstverständlich auch dem SEP-Inhaber zusteht, der dementsprechend institutionellen Schutz für seine Prozessführung im Inland beanspruchen kann. Das gilt umso mehr, als ein weiterer verfassungsrechtlicher Aspekt unterstützend hinzutritt. Er liegt darin begründet, dass erteilte Patente den uneingeschränkten Eigentumsschutz des Grundgesetzes und der EU-Charta genießen und es zum Kernbestand der Eigentumsgarantie gehört, dass der Schutzrechtsinhaber seine Verbietungsrechte aus dem Patent wirksam gegen Dritte durchsetzen kann. Denn gerade in ihnen verkörpert sich der eigentliche Wert des mit der Patenterteilung verbundenen Monopolrechts. Dem staatlich zu gewährenden Eigentumsschutz ist insofern eine justizielle Komponente

---

436   Vgl dazu OLG München, GRUR 2020, 379 – Anti-Suit Injunction.
437   OLG München, GRUR 2020, 379 – Anti-Suit Injunction; OLG München, Urteil v 12.12.2019 – 6 U 5689/19.
438   OLG Düsseldorf, GRUR 2022, 318 – Ausländisches Prozessführungsverbot.
439   Anderes gilt nur, wenn die beabsichtigte Rechtsverfolgung offensichtlich haltlos ist, so dass sie nicht einmal eine Begründetheitsprüfung wert ist.
440   OLG Düsseldorf, GRUR 2022, 318 – Ausländisches Prozessführungsverbot.
441   … so dass ein Klageverbot infrage kommt.

immanent, die verlangt, dass ein Rechtsgewährungssystem bereitgestellt wird, das dem Inhaber (oder dem sonstigen Berechtigten) dank seiner personellen und sachlichen Ausstattung, durch sein Regelwerk sowie dessen Anwendung durch die Gerichte eine effektive Patentdurchsetzung garantiert. Das Prinzip der Rechtsstaatlichkeit und der verfassungsrechtliche Eigentumsschutz verlangen deshalb eine Abwehr äußerer Eingriffe in den Patentverletzungsprozess.[442]

Zu geschehen hat dies im Rahmen des **objektiv Notwendigen**, dh dort[443], dann[444] und in demjenigen Umfang, in dem dies erforderlich ist, um die Verbietungsrechte aus dem Patent mit einem wirkungsvollen Rechtsschutz zu versehen.[445] Dieser Gesichtspunkt hat besondere Bedeutung für den Fall, dass der Verletzer – aus der Sicht des Patentinhabers – das **anti-suit-injunction-Verfahren zur »Unzeit«**, nämlich kurz vor dem Verhandlungstermin im Verletzungsprozess betreibt oder dies möglich erscheint, weil damit die Gefahr verbunden sein kann, dass der anstehende Verhandlungstermin verlegt werden muss. Mit Rücksicht auf die Terminslage der Verletzungsgerichte und die Komplexität solcher Streitfälle kann dies ggf eine Vertagung der Verhandlung um Monate bedeuten. Es fragt sich deshalb, ob dem Patentinhaber mit seiner einstweiligen Verfügung gegen die möglicherweise zu erwartende anti-suit-injunction des Verletzers nicht ein so frühzeitiger Rechtsschutz gewährt werden kann und muss, dass der Verhandlungstermin im Verletzungsprozess in jedem Fall gesichert ist. Gibt es also eine initiative oder vorweggenommene anti-anti-suit-injunction gegen eine noch gar nicht existente anti-suit-injunction? Nach den Darlegungen unter Rdn 287 ist dies eine Frage des allgemeinen Rechtsschutzbedürfnisses für eine anti-anti-suit-injunction, nach anderer – sogleich zu referierender – Ansicht eine solche der Begehungsgefahr: **289**

– Bei materiellrechtlicher Anknüpfung des Problems gilt das Folgende: So lange der Verletzer noch nicht um eine injunction nachgesucht hat, kommt die Zubilligung einer Gegenverfügung nur bei Vorliegen einer **Erstbegehungsgefahr** in Betracht. Sie setzt nach allgemeinen Regeln voraus, dass der Eingriff in die Eigentumsrechte des SEP-Inhabers durch den Antrag auf eine anti-suit-injuncton bestimmten Inhalts *unmittelbar und greifbar* bevorsteht. Herkömmlicherweise wird dieses Erfordernis (zB im Zusammenhang mit der Listung von Generika in der Lauertaxe, die bis zum Schutzrechtsablauf nicht mehr rückgängig zu machen ist) von der Rechtsprechung strikt gehandhabt und, wenn noch keine Berührung stattgefunden hat, insbesondere nicht ausreichen gelassen, dass sich das Generikaunternehmen auf eine Anfrage des Schutzrechtsinhabers hin nicht verbindlich dazu erklärt hat, ob es eine Listung in der Lauertaxe vor Schutzrechtsablauf beabsichtigt.[446] Wendet man diese Regeln im Zusammenhang mit SEP an, wäre auch hier eine Erstbegehungsgefahr zu verneinen. **290**

Die Instanzrechtsprechung verfährt indessen zum Teil deutlich großzügiger, indem hervorgehoben wird, dass sich die FRAND-Sachverhalte durch ganz besondere Umstände auszeichnen, die eine anderweitige Beurteilung der Erstbegehungsgefahr rechtfertigen. Sie sollen sich daraus ergeben, dass der Verletzer als Folge seiner Lizenzbitte in eine Sonderbeziehung zum SEP-Inhaber tritt, von dem er eine FRAND-Lizenz einfordert. Sie verpflichte den Verletzer (= Lizenzsucher), das Seinige dazu beizutragen, dass es zum Abschluss eines FRAND-Lizenzvertrages kommt, wozu nicht nur gehöre, dass er denjenigen Verhaltenspflichten nachkommt, **291**

---

442 OLG Düsseldorf, GRUR 2022, 318 – Ausländisches Prozessführungsverbot.
443 ... sic: unter solchen Sachverhaltsumständen.
444 ... sic: zu demjenigen Zeitpunkt.
445 OLG Düsseldorf, GRUR 2022, 318 – Ausländisches Prozessführungsverbot.
446 Kap D Rdn 550.

die sich für ihn aus der EuGH-Rechtsprechung[447] zu Art 102 AEUV ergeben, sondern wozu genauso zähle, dass der Lizenzsucher es ansonsten unterlässt, das Lizenzierungsprozedere auf andere Weise zu stören, zB durch ausländische Rechtsverfolgungsmaßnahmen, die sich als deliktischer Schutzrechtseingriff darstellen und deswegen Beseitigungsansprüche des SEP-Inhabers auslösen. Im Vorfeld der Obliegenheit zur konstruktiven Mitwirkung am FRAND-Lizenzierungsprozess soll sich der Verletzer deswegen auf Anfrage verbindlich darüber zu erklären haben, ob er bereit ist, die ihn treffenden Pflichten einzuhalten und Anträge auf eine anti-suit-injunction zu unterlassen.[448] Denn ohne diese Klarstellung und Gewissheit habe der Verletzer die tatsächliche Möglichkeit, das Lizenzierungsgeschehen nach seinem Belieben zu torpedieren, und sei der Patentinhaber einer damit verbundenen Verkürzung seines Rechtsschutzes wehrlos ausgeliefert.[449] Aus dem Sinn und Zweck der Erklärungspflicht, einen laufenden Verletzungsrechtsstreit in seinem Ablauf zu sichern, werden zwei sehr weitgehende Konsequenzen gezogen. Erstens: Über die allgemeine *Möglichkeit* zur Anbringung eines anti-suit-injunction-Antrages hinaus bedürfe es keiner weiteren konkreten Anhaltspunkte dafür, dass ein derartiger Antrag vom Verletzungsbeklagten bereits ernsthaft geplant oder sogar vorbereitet ist. Dabei ist nicht ganz eindeutig, ob wenigstens der ausländische Hauptsacheprozess um die FRAND-Lizenz anhängig sein muss oder ob selbst darauf verzichtet werden kann. Erlaubt es das ausländische Verfahrensrecht, den anti-suit-injunction-Antrag zeitgleich mit der Hauptsacheklage zu erheben, so läge es in der Konsequenz der bisherigen Rechtsprechung, auch ohne bereits im Ausland anhängige Hauptsacheklage eine Gegenverfügung zuzulassen. Zweitens: Der Verletzungsprozess müsse anhängig und darüber hinaus so weit fortgeschritten sein, dass zum Zeitpunkt der Anfrage eine Gewissheit hergestellt werden muss, damit der reibungslose Fortgang des Verletzungsrechtsstreits gewährleistet bleibt. Letzteres soll im Zweifel großzügig zu beurteilen sein und eine zweitinstanzliche Entscheidung über das Verfügungsbegehren des SEP-Inhabers einzuschließen haben.

292 Insgesamt ergibt sich hiernach das folgende **Szenario**: Sagt der Verletzer zu, keine anti-suit-injunction beantragen zu werden, ist er an seine – ihrer Natur nach unwiderrufliche – Erklärung gebunden, womit im Falle eines zusagewidrigen Verhaltens kein Anlass besteht, den laufenden Verletzungsprozess deswegen aufzuschieben. Erklärt sich der Verletzer nicht oder verweigert er sogar ausdrücklich eine Zusage, so ist von einer Erstbegehungsgefahr dahin auszugehen, dass der Verletzer sich nicht FRAND-konform verhalten wird und deshalb gerichtlich durch ein Verbot, um eine anti-suit-

---

447 EuGH, GRUR 2015, 764 – Huawei Technologies/ZTE.
448 Eine eben solche Erklärungspflicht trifft das Generikaunternehmen im Hinblick auf die Lauertaxe nach der Rechtsprechung *nicht*. Sie erscheint auch im Zusammenhang mit einer SEP-Klage verfehlt. Wieso soll sich der Verletzungsbeklagte, der überhaupt noch keine konkreten Vorkehrungen für eine anti-suit-injunction getroffen hat und in Bezug auf den es nicht einmal belastbare Anhaltspunkte für eine auch nur dahingehende Absicht gibt, dahin erklären müssen, dass er solches auch weiterhin nicht tun werde? Objektiv betrachtet stellt sich die Situation doch so dar, dass der Verletzungsbeklagte mit einer rein unterstellenden Verdächtigung des SEP-Inhabers konfrontiert wird, zu der es an sich keine Erklärungspflicht geben sollte. Im Gegenteil ließe sich die Frage aufwerfen, ob es tatsächlich *für* – oder nicht vielmehr *gegen* – die Lizenzwilligkeit des SEP-Inhabers spricht, wenn er sein Gegenüber, den Lizenzsucher, ohne irgendwie konkrete Anhaltspunkte dem Verdacht unterzieht, seine Prozessführung in unredlicher Weise boykottieren zu wollen.
449 Wird die Schutzanordnung im Wege des vorläufigen Rechtsschutzes begehrt, stellt sich – neben der den Verfügungsanspruch betreffenden Erstbegehungsgefahr – die weitere Frage, ob das Einschreiten gegen eine nur vermutete anti-suit-injunction »notwendig« im Sinne des § 935 ZPO ist (Verfügungsgrund). Solches lässt sich nur bejahen, wenn dem SEP-Inhaber dadurch, dass für die Schutzanordnung der Erlass oder die Beantragung einer anti-suit-injunction abgewartet wird, ein billigerweise nicht hinnehmbarer Nachteil entstehen würde; vgl dazu Rdn 293.

injunction nachzusuchen, zu einem rechtmäßigen Verhalten angehalten werden muss.[450]

Richtigerweise[451] ist eine anti-anti-suit-injunction ohne Vorliegen einer anti-suit-injunction weitaus zurückhaltender in Betracht zu ziehen. Im Ausgangspunkt ist zu bedenken, dass die Schutzanordnung, sollte sie nach dem Erlass einer anti-suit-injunction erforderlich werden, im Wege des einstweiligen Rechtsschutzes – und mithin ganz kurzfristig – erwirkt werden kann. Für die Beantwortung der Frage, ob eine nachlaufende Schutzanordnung die Interessen des SEP-Inhabers hinreichend schützt oder ob es zur Abwendung unangemessener Nachteile für den SEP-Inhaber geboten ist, bereits im Vorfeld einzuschreiten, sind zwei mögliche Geschehensabläufe in Rechnung zu stellen: 293

– Als erstes ist vorstellbar, dass das injunction-Gericht die zu seiner eigenen anti-suit-injunction gegenläufige Anordnung zum Schutz des Patentverletzungsprozesses akzeptiert und sich ihr beugt, indem es ihretwegen von Sanktionen gegen den den Verletzungsprozess weiterbetreibenden SEP-Inhaber absieht. Hier bedarf es keines auf Mutmaßungen gestützten, vorauseilenden Schutzverbotes, weil eine den SEP-Inhaber bei seiner Rechtsverfolgung ausreichend sichernde Schutzanordnung auch im Nachgang zu einer anti-suit-injunction rechtzeitig genug ergehen kann.[452] 294

– Zweitens ist denkbar, dass sich das injunction-Gericht durch eine – aus seiner Sicht ausländische – Schutzanordnung nicht von einer Sanktionierung von Verstößen gegen sein Prozessführungsverbot abhalten lässt. Unter solchen Umständen hat der SEP-Inhaber ganz offensichtlich nichts damit gewonnen, dass ihm bereits im Vorgriff auf eine bloß befürchtete anti-siut-injunction eine Schutzverfügung gewährt wird. Denn über sie wird sich das injunction-Gericht genauso hinwegsetzen wie über eine solche Schutzverfügung, die erst im Anschluss an eine anti-suit-injunction ergeht und auf die das injunction-Gericht (auf Antrag des Verletzers) eine anti-anti-anti-suit-injunction-Anordnung trifft und, gestützt hierauf, die Fortführung des Verletzungsprozesses – trotz zwischenzeitlich ergangener anti-anti-suit-injunction – sanktioniert.[453] 295

Ist die anti-suit-injunction – wie dies in China möglich ist – mit dem strafbewehrten **Verbot** gekoppelt, **sich dagegen** (namentlich am Ort der Verletzungsklage) **zur Wehr zu setzen**, so bedarf es ohne den Erlass einer vorauseilenden anti-anti-suit-injunction zwar eines notwendigerweise nachträglichen Antrages auf Erlass einer Schutzanordnung gegen das ausländische Prozessführungsverbot, und mit dem Antrag wird in sanktionsfähiger Weise dem Verbot zuwidergehandelt, gegen die anti-suit-injunction vorzugehen. Die wirtschaftliche Lage für den Patentinhaber ist indessen nicht dadurch eine grundsätzlich andere, dass er vor dem Erlass eines Prozessführungsverbots in den Besitz einer Schutzanordnung gelangt. Es bestehen nämlich keinerlei Anhaltspunkte dafür, dass sich ein chinesisches Gericht durch den vorauseilenden Erlass einer anti-anti-suit-injunction in irgendeiner Weise von der Anordnung und Durchsetzung eines Prozessführungsverbots gegen den SEP-Inhaber abhalten lässt. Der SEP-Inhaber ist daher durch die vorauseilende Schutzanordnung eines deutschen Gerichts keineswegs davor gesichert, mit einem Prozessführungsverbot belegt zu werden. Wird eine anti-suit-injunction mit dem Verbot gekoppelt, sich dagegen zur Wehr zu setzen, so liegt es in der Logik und Konsequenz einer solchen Maßnahme, dass die für einen Verstoß vorgesehene Sanktion im Falle einer vorauseilend erlassenen anti-anti-suit-injunction nicht einfach fallen gelassen wird, sondern an 296

---

450 Im Ergebnis ebenso LG München I, Urteil v 25.2.2021 – 7 O 14276/20.
451 OLG Düsseldorf, GRUR 2022, 318 – Ausländisches Prozessführungsverbot.
452 OLG Düsseldorf, GRUR 2022, 318 – Ausländisches Prozessführungsverbot.
453 OLG Düsseldorf, GRUR 2022, 318 – Ausländisches Prozessführungsverbot.

die dem Patentinhaber auferlegte Pflicht geknüpft wird, den anti-anti-suit-injunction-Antrag zurückzunehmen. In dem einen wie in dem anderen Fall hat der Schutzrechtsinhaber mithin dieselben Nachteile (Sanktionen) zu gewärtigen, wenn er einem chinesischen Prozessführungsverbot in Deutschland rechtlich entgegentritt.[454]

297   Sofern die anti-suit-injunction **antragsgebunden** ist, gewährt die vorauseilende Schutzanordnung dem Patentinhaber freilich insoweit einen gewissen Schutz, als eine verbotswidrige Antragstellung die Möglichkeit einer Ahndung mit den Ordnungsmitteln des § 890 ZPO eröffnet. Obwohl dem so ist, darf bei der bisherigen, einseitig allein die Belange des Patentinhabers reflektierenden Erwägung nicht stehen geblieben werden. Es muss vielmehr im Blick behalten werden, dass angesichts der Vielzahl der aus standardessentiellen Patenten geführten Auseinandersetzungen die Beantragung und der Erlass einer anti-suit-injunction den seltenen Ausnahmefall bildet. Dieser Befund verbietet es, eine Schutzanordnung ohne das Vorliegen stichhaltiger Anhaltspunkte allein wegen der für den Verletzungsbeklagten rein abstrakt gegebenen Möglichkeit, sich ihrer zu bedienen, zu erlassen.[455] Denn es ist ebenso Ausdruck des Rechtsstaatsprinzips, dass in die Rechte eines anderen nur dann eingegriffen werden darf, wenn hierzu ein die staatliche Intervention rechtfertigender Anlass besteht. Und dieser Anlass setzt eine Sachlage voraus, die in einer Gesamtabwägung aller Umstände den hinreichend sicheren Schluss erlaubt, dass demnächst mit dem Antrag auf ein den Patentverletzungsprozess störendes Verbot ernstlich zu rechnen ist. Anderenfalls würde wahllos in die Rechtsstellung unbestimmter Patentbenutzer eingegriffen, was offensichtlich dem Verhältnismäßigkeitsgrundsatz widerspricht.[456] Ein Anlass für eine Schutzanordnung besteht von daher regelmäßig nicht, wenn es an einer bereits beantragten anti-suit-injunction oder konkreten Anhaltspunkten für ein dahingehendes Vorhaben des Patentbenutzers – etwa in Form einer ernstzunehmenden Androhung – fehlt und wenn zwischen den Parteien nicht einmal ein Hauptsacheverfahren in einer Jurisdiktion anhängig ist, die das Rechtsinstitut der anti-suit-injunction vorsieht.[457]

298   Darüberhinausgehende greifbare Anhaltspunkte für die Gefahr einer anti-suit-injunction abzuwarten, ist für den SEP-Inhaber umso eher hinnehmbar, als jeder Benutzer eines SEP, der ein Prozessführungsverbot gegen den SEP-Inhaber erwirkt, welches diesem die Möglichkeit eines gerichtlichen Rechtsschutzes hiergegen am Ort der Verletzungsklage abschneidet, als nicht nur **offensichtlich**, sondern im Allgemeinen auch unheilbar **lizenzunwillig** anzusehen ist mit der Folge, dass er ohne weiteres zur Unterlassung zu verurteilen ist.[458] Es mag sein, dass SEP-Inhaber, die geschäftlich in China tätig sind, dort mit Sanktionen zu rechnen haben, die es ihnen aus Gründen der wirtschaftlichen Vernunft unmöglich machen, den deutschen Verletzungsprozess fortzuführen, so dass sich der mit der Durchsetzung des ausländischen Prozessführungsverbots durch den Verletzungsbeklagten verbundene Mangel an Lizenzbereitschaft nicht zu ihren Gunsten auswirken kann. Der dem SEP-Inhaber zur Verfügung gestellte Rechtsschutz mag im Hinblick darauf als unzulänglich betrachtet werden. Die besagten Unzulänglichkeiten haben jedoch nichts mit der Frage zu tun, ob vorauseilend oder nachlaufend gegen ein ausländisches Prozessführungsverbot eingeschritten werden kann, sondern sind schlicht Folge der sich aus der chinesischen Spruchpraxis ergebenden Realitäten.[459]

---

454   OLG Düsseldorf, GRUR 2022, 318 – Ausländisches Prozessführungsverbot.
455   OLG Düsseldorf, GRUR 2022, 318 – Ausländisches Prozessführungsverbot.
456   OLG Düsseldorf, GRUR 2022, 318 – Ausländisches Prozessführungsverbot.
457   OLG Düsseldorf, GRUR 2022, 318 – Ausländisches Prozessführungsverbot.
458   OLG Düsseldorf, GRUR 2022, 318 – Ausländisches Prozessführungsverbot.
459   OLG Düsseldorf, GRUR 2022, 318 – Ausländisches Prozessführungsverbot.

- Die erörterten Einschränkunen für den Erlass einer vorbeugenden anti-anti-suit-injunction gelten prinzipiell auch für eine Schutzverfügung, die den Patentbenutzer dazu anhalten soll, dem Patentinhaber binnen einer bestimmten Frist vor Antragstellung schriftlich seine **Absicht anzuzeigen, ein anti-suit-injunction-Verfahren betreiben zu wollen**. Hierdurch erhält der Patentinhaber zwar rechtzeitig Kenntnis von der Gefahr eines für ihn unanfechtbaren Prozessführungsverbots und damit die Gelegenheit, seinerseits vorab um eine Schutzanordnung nachzusuchen, die dem Patentbenutzer die beabsichtigte Antragstellung untersagt. Selbst wenn es der Verfügungsklägerin in der Folge gelingt, die anti-anti-suit-injunction rechtzeitig genug zu erwirken, so dass das verbotswidrige Betreiben des Prozessführungsverbots eine mit Ordnungsmitteln zu sanktionierende Zuwiderhandlung darstellt, und selbst wenn die damit einhergehende Vollstreckungsaussicht den Patentbenutzer von einem anti-suit-injunction-Antrag abhält, bleibt der bereits oben erörterte Gesichtspunkt zu beachten, dass auch das unter die Bedingung einer Anzeigepflicht gestellte Antragsverbot einen Eingriff in die Rechtssphäre des Verletzungsbeklagten repräsentiert, der einer ausreichenden Rechtfertigung bedarf, damit der Eingriff nicht wahllos und willkürlich geschieht. Es bedarf deshalb auch für ihn greifbarer Anhaltspunkte dafür, dass von Seiten des Verletzungsbeklagten zum maßgeblichen Entscheidungszeitpunkt die ernstzunehmende Gefahr für ein Prozessführungsverbot ausgeht.[460]

Auf welche Weise konkret Rechtsschutz gegen unangemessene Prozessführungsverbote zu gewähren ist, hängt maßgeblich von dem Stand des ausländischen anti-suit-injunction-Verfahrens ab.

- Ist bereits eine **Verbotsanordnung ergangen** (wie dies regelmäßig erforderlich ist), so ist dem Verletzungsbeklagten aufzugeben, seinen anti-suit-injunction-Antrag zurückzunehmen und Anträge auf Sanktionierung etwaiger Zuwiderhandlungen zu unterlassen. Beide Schutzanordnungen sind nach § 890 ZPO vollstreckbar, weil es sich der Sache nach um Unterlassungspflichten handelt. Das gilt auch für die Antragsrücknahme; sie konkretisiert – ähnlich wie beim Rückruf schutzrechtsverletzender Ware, die sich in den Vertriebswegen befindet und eine fortwährende, vom Verpflichteten (durch Rückruf) zu beseitigende Störungsquelle repräsentiert – lediglich die Pflicht zum Unterlassen des Betreibens eines Prozessführungsverbots gegen den SEP-Inhaber.

- Sollte ausnahmsweise gegen ein nur **befürchtetes Prozessführungsverbot** vorzugehen sein, so hat die Schutzanordnung dahin zu lauten, dass dem Verletzungsbeklagten untersagt wird, einen anti-suit-injunction-Antrag einzureichen bzw, falls ein solcher schon gestellt ist, ihm aufzugeben, ihn zurückzunehmen. Anwendbar ist auch hier § 890 ZPO.

Vorausgesetzt ist bei beiden Konstellationen naturgemäß, dass das ausländische Prozessrecht eine die Anhängigkeit und Entscheidungsbefugnis des Gerichts beendende Antragsrücknahme kennt.

b) Die einzelnen Fallgruppen

Unter welchen Voraussetzungen der – nach Maßgabe der obigen Ausführungen – marktbeherrschende Patentinhaber aus Kartellrecht zur Lizenzerteilung verpflichtet ist, hängt maßgeblich davon ab, ob er einen Lizenzmarkt bereits eröffnet hat oder hierzu aufgrund einer Selbstverpflichtung (FRAND-Erklärung) gehalten ist oder weder das eine noch das andere zutrifft. Die *außergewöhnlichen Umstände*, die zur Marktbeherrschung hinzuzu-

---

460 OLG Düsseldorf, GRUR 2022, 318 – Ausländisches Prozessführungsverbot.

treten haben, müssen nämlich von ganz unterschiedlicher Qualität sein, um in den unterschiedlichen Sachverhaltsgestaltungen eine Lizenzpflicht auszulösen.

aa) Nichtlizenziertes Patent[461]

305 Handelt es sich bei dem Schutzrecht nicht um ein SEP (mit FRAND-Erklärung) und hat der Schutzrechtsinhaber auch noch keine Lizenz erteilt, liegt es im Rahmen seines gesetzlich verbrieften Monopolrechts und der mit ihm verbundenen Wirkung, jeden Dritten nach seinem Belieben von der Erfindungsbenutzung ausschließen zu können, an einer generellen Lizenzverweigerung festzuhalten. Eine kartellrechtliche Pflicht zur Lizenzierung ist deswegen auf ganz besondere Ausnahmefälle beschränkt. »Außergewöhnliche Umstände« liegen hier nur vor, wenn **kumulativ**

306 – die begehrte Patentbenutzung für die Ausübung der Tätigkeit des Benutzers dergestalt unentbehrlich[462] ist, dass für sie auch bei gehöriger eigener Anstrengung des Patentbenutzers kein tatsächlicher oder realistischer potenzieller Ersatz vorhanden ist,

307 – das lizenzsuchende Unternehmen beabsichtigt, auf dem Markt *neue* Erzeugnisse oder Dienstleistungen[463] anzubieten, die der Schutzrechtsinhaber nicht offeriert und für die eine potenzielle Nachfrage der Verbraucher besteht[464],

308 – die Lizenzverweigerung nicht aus sachlichen Gründen[465] gerechtfertigt ist und

309 – durch die Weigerung jeglicher Wettbewerb auf einem abgeleiteten (benachbarten[466]) Markt ausgeschlossen wird.[467]

310 Die **Neuheit**[468] ist nicht patent-, sondern kartellrechtlich zu begreifen. Es genügt infolge dessen nicht, dass sich das Produkt des Lizenzsuchers von den auf dem Markt befindlichen patentgemäßen Gegenständen – wie dies bei § 139 Abs 3 PatG der Fall ist – durch irgendeine neue Eigenschaft unterscheidet[469] oder dass – worauf es im Rahmen des § 3 Abs 1 PatG ankommt – irgendein neues technisches Merkmal vorliegt. Bei der gebotenen

---

461 Vgl hierzu: Höppner, EuZW 2004, 748; Wilhelmi, WRP 2009, 1431.
462 Vgl dazu EuG, Slg 2007, II-3601 Rn 337 ff.
463 Dem Aufkommen eines neuen Produktes, das durch die Lizenzweigerung zu Lasten des Verbrauchers verhindert wird, stellt der EuG (Slg 2007, II-3601 Rn 647) gleich, dass zum Nachteil der Verbraucher die technische Entwicklung eingeschränkt wird.
464 Vgl dazu: Ensthaler/Bock, GRUR 2009, 1, 3 f.
465 Vgl dazu EuG, Slg 2007, II-3601 Rn 688 ff.
466 Zu unterscheiden sind zwei Märkte: Zum einen der Markt für die fraglichen Erzeugnisse oder Dienstleistungen, auf dem das die Lizenz verweigernde Unternehmen marktbeherrschend ist, und zum anderen der benachbarte Markt, auf dem die fraglichen Erzeugnisse oder Dienstleistungen für die Herstellung eines anderen Erzeugnisses oder die Erbringung einer anderen Dienstleistung verwendet werden [EuG, Slg 2007, II-3601 Rn 335].
467 EuGH, GRUR 2004, 524 – IMS/Health; dazu: Höppner, GRUR Int 2005, 457; EuG, Slg 2007, II-3601 Rn 332.
468 Das Meinungsbild in der Literatur ist vielfältig: Übereinstimmung besteht zunächst noch dahingehend, dass die Neuheit nicht voraussetzt, dass die verhinderten Produkte des Lizenzsuchers und die Produkte des Rechtsinhabers auf verschiedenen Märkten angeboten werden (Wilhelmi, WRP 2009, 1431, 1444; Bartosch, RIW 2007, 908, 915; Spindler/Apel, JZ 2005, 133, 137). Streitig ist allerdings, welcher Innovationsgrad die Neuheit eines Produkts voraussetzt. Teilweise wird die Auffassung vertreten, dass es genüge, wenn das neue Produkt die Produkte des Inhabers des Güterrechts nicht plagiiere (Ensthaler/Bock, GRUR 2009, 1, 3; vgl auch Deselaers, WuW 2008, 179, 182). Nach anderer Ansicht sind hingegen höhere Anforderungen an die Neuheit des Produkts zu stellen, ohne dass diese freilich näher konkretisiert werden (vgl Montag, EuzW 1997, 91, 94; Wilhelmi, WRP 2009, 1431, 1444).
469 LG Düsseldorf, InstGE 3, 91 – Steroidbeladene Körner.

kartellrechtlichen Betrachtung ist vielmehr maßgeblich, ob das Produkt des Lizenzsuchers als solches von einer derartigen Beschaffenheit ist, dass zwischen den fraglichen Produkten – dem Erzeugnis des Lizenzsuchers einerseits und den patentgemäßen Gegenständen andererseits – aus der Sicht der Nachfrager keine Substituierbarkeit gegeben ist, dass also die Nachfrage nach dem Produkt des Lizenzsuchers bei Zugrundelegung der Auffassungen des nachfragenden Marktes durch die vom Schutzrechtsinhaber angebotenen Gegenstände nicht befriedigt werden kann.[470]

Streitig ist, ob auch das **deutsche Kartellrecht** eine Handhabe für eine Zwangslizenz in Fällen der Lizenzverweigerung bietet. Nach ganz hM[471] kommt § 19 Abs 2 Nr 4 GWB als Anspruchsgrundlage nicht in Betracht, weil Immaterialgüterrechte nach dem ausdrücklich erklärten Willen des Gesetzgebers nicht als »Infrastruktureinrichtung« angesehen werden können. Ob dieser Sachverhalt es verbietet, einen Kontrahierungszwang aus den Generalklauseln in § 19 Abs 1 GWB und § 19 Abs 2 Nr 1 GWB herzuleiten, wird kontrovers beurteilt.[472]

311

bb) Auslizenziertes Patent

Ist der Schutzrechtsinhaber prinzipiell zur Lizenzierung bereit und hat er bereits mindestens eine Lizenz vergeben, sodass ein Markt für die Lizenzvergabe eröffnet ist, kann der Kartellrechtseinwand zunächst auf einen unter aa) ausgebreiteten Sachverhalt gestützt werden, der den Schutzrechtsinhaber sogar gegen seinen grundsätzlichen Willen zu einer erstmaligen Lizenzierung zwingen würde. Darüber hinaus und vordringlich ist die Behauptung erheblich, die vom Patentinhaber geübte Lizenzierungspraxis sei bei gegebener Marktbeherrschung diskriminierend (weil Lizenzsucher ohne sachlichen Grund ungleich behandelt werden), oder es würden unangemessene Lizenzgebühren verlangt (»Ausbeutungsmissbrauch«).[473] Einschlägig sind insoweit Art 102 AEUV[474] und § 19 Abs 2 Nr 1, 2 GWB, § 20 GWB.[475] Für sie ist erforderlich, dass im Zeitpunkt des Missbrauchsverhaltens eine Marktbeherrschung feststellbar ist, nicht hingegen, dass der Missbrauch ursächlich auf der Marktbeherrschung beruht.

312

(1) Diskriminierung

Soweit es um den Einwand der Diskriminierung geht, ist zunächst die Feststellung wichtig, dass nur solches Verhalten relevant ist, das wirklich zu unterschiedlichen Wettbewerbsverhältnissen führen kann. Für einen Verstoß gegen das Diskriminierungsverbot reicht es allerdings aus, dass die durch wettbewerbskonforme Gründe nicht gerechtfertigte erhebliche Ungleichbehandlung *geeignet* ist, sich nachteilig auf die Wettbewerbsposition des diskriminierten Unternehmens auszuwirken; eine tatsächlich eingetretene erhebliche wirtschaftliche Beeinträchtigung ist demgegenüber nicht erforderlich.[476] Dass der Patentinhaber zB statt einer Poollizenz die Vergabe von Einzellizenzen propagiert und bewirbt, ist unter Diskriminierungsgesichtspunkten (zB für denjenigen, der eine Poollizenz verweigert und auf einer Einzellizenz besteht) so lange bedeutungslos wie noch nicht mindestens eine solche Einzellizenz tatsächlich vergeben ist. Dies vorausgeschickt, sind zwei Fallkonstellationen auseinander zu halten, die sich darin unterschei-

313

---

470 OLG Düsseldorf, Urteil v 20.1.2011 – I-2 U 92/10.
471 Kübel, Zwangslizenzen, S 256 f; Immenga/Mestmäcker, § 19 Rn 318; Loewenheim/Meessen/Riesenkampff/Kersting/Meyer-Lindemann, § 19 Rn 87; aA: v Bechtolsheim/Bruder, WRP 2002, 55, 59, 63.
472 Verneinend zB Kübel, Zwangslizenzen, S 257 f; bejahend: Immenga/Mestmäcker, § 19 Rn 318.
473 LG Düsseldorf, InstGE 7, 70 – Videosignal-Codierung I.
474 EuGH, Slg 1988, 6039, 6073 – Renault; EuGH, Slg 1988, 6211, 6235 – Volvo/Veng.
475 Vgl Kübel, Zwangslizenzen, S 259 f.
476 BGH, GRUR 2021, 1522 – wilhelm.tel.

den, ob das Schutzrecht, um dessen zwangsweise Lizenzierung nachgesucht wird, Inhalt eines standardsetzenden Regelwerks ist oder nicht.

(a) Standardfreie Technik

314 Ist die patentgemäße Gestaltung nicht Teil einer Norm oder eines sonstigen zumindest faktisch standardsetzenden Regelwerks und ergibt sich die Marktbeherrschung des Schutzrechtsinhabers allein aus der technischen oder wirtschaftlichen Überlegenheit der mit der patentierten Erfindung zur Verfügung gestellten Lehre, so hat der Schutzrechtsinhaber einen grundsätzlich weiten Spielraum für die Vergabe von Lizenzen und deren Bedingungen. Denn eine unterschiedliche Behandlung von Lizenzinteressenten ist ein wesentliches Element der Ausschließlichkeit des Patents, deren Wirkung gerade darin besteht, Dritte von der Benutzung der Erfindung auszuschließen. Diese Befugnis schließt das Recht ein, nicht jedem Lizenzsucher, sondern nur einzelnen Bewerbern eine Nutzungserlaubnis zu erteilen. Für die sachliche Rechtfertigung einer Ungleichbehandlung von Lizenzsuchern besteht daher ein großzügiges Ermessen.[477] Es wird nur dort überschritten sein, wo sich für die Zurückweisung eines Lizenzangebotes kein sachlicher Grund finden lässt. Genügend wären zB unternehmensstrategische Erwägungen.

(b) Standardgebundene Technik

315 Im Vergleich zu standardfreien Schutzrechten sind an die sachliche Berechtigung einer Ungleichbehandlung von Lizenzsuchern prinzipiell strengere Anforderungen zu richten, wenn der Zugang zu einem der Lizenzvergabe nachgelagerten Markt aufgrund einer Industrienorm oder normähnlichen Rahmenbedingung von der Einhaltung der patentgemäßen Lehre abhängig ist und der Patentinhaber diesen Umstand dazu ausnutzt, den Marktzutritt für das Angebot und den Vertrieb erfindungsgemäßer Produkte nach Kriterien zu beschränken, die der Zielsetzung des GWB (die Freiheit des Wettbewerbs zu gewährleisten) widersprechen.[478] Ob ein Schutzrecht standardessentiell ist, beurteilt sich nach objektiven Kriterien, wobei der Umstand, dass der Patentinhaber das betreffende Schutzrecht im Zuge der Standardsetzung als essentiell reklamiert hat, noch keine **tatsächliche Vermutung**[479] dafür schafft, dass der Standard die Benutzung des Klagepatents erzwingt. Es ist deswegen Sache des Lizenzsuchers, darzutun, dass eine Standardessentialität besteht.

316 Will der Patentinhaber Lizenzinteressenten unterschiedlich behandeln, indem er einzelne von ihnen entweder vollständig von einer Lizenzerteilung ausschließt oder Lizenzen zu schlechteren Konditionen anbietet als anderen Lizenznehmern, muss er hierfür sachliche Gründe anführen können. An sie dürfen keine zu geringen Anforderungen gestellt werden, wenn die technische Lehre des Lizenzpatents zu einer Industrienorm erhoben worden ist, sodass der Schutzrechtsinhaber seine marktbeherrschende Stellung nicht allein dem in der patentierten Erfindung liegenden technischen Fortschritt verdankt, sondern im Wesentlichen auch der Tatsache, dass sich aufgrund des bestehenden Industriestandards von vornherein keine Nachfrage nach anderen konkurrierenden technischen Lösungen entwickeln kann.[480] Dabei spielt es keine Rolle, ob der Patentinhaber an der Normsetzung mitgewirkt hat oder durch sie lediglich begünstigt ist.[481] Ob die Ungleichbehandlung sachlich gerechtfertigt ist, richtet sich danach, ob die relative Schlechterbehandlung der betroffenen Unternehmen als wettbewerbskonformer, durch das jeweilige Angebot im Einzelfall bestimmter Interessenausgleich erscheint oder aber auf Willkür

---

477 BGH, GRUR 2004, 966, 968 – Standard-Spundfass.
478 BGH, GRUR 2004, 966 – Standard-Spundfass.
479 Zur tatsächlichen Vermutung allgemein: Laumen, MDR 2015, 1.
480 BGH, GRUR 2004, 966, 968 – Standard-Spundfass.
481 BGH, GRUR 2004, 966, 969 – Standard-Spundfass.

bzw wirtschaftlich/unternehmerisch unvernünftigem Handeln beruht.[482] Das Diskriminierungsverbot bedeutet demgegenüber keine allgemeine Verpflichtung zur Meistbegünstigung.[483] Auch ein marktbeherrschendes Unternehmen ist nicht gezwungen, allen die gleichen, günstigsten Bedingungen, insbesondere Preise, einzuräumen. Ihm kann nicht verwehrt werden, auf unterschiedliche Marktbedingungen nach sachlichen Kriterien differenziert zu reagieren.[484] Eine weitergehende Bindung des Patentinhabers an seine eigene Lizenzierungspraxis kann aber dann bestehen, wenn er in einer größeren Zahl mit anderen Lizenzsuchern jeweils zu identischen oder nach feststehenden Regeln differenzierten Bedingungen einen Lizenzvertrag geschlossen hat. Je ausgeprägter sich eine solche Praxis entwickelt hat, umso höhere Anforderungen sind an den Rechtfertigungsaufwand des marktbeherrschenden Lizenzgebers zu stellen, wenn er im Einzelfall zuungunsten eines weiteren Interessenten hiervon abweichen will.[485]

Die Ausübung der Macht des Marktbeherrschers darf die betroffenen Unternehmen (dh Lizenznehmer und Lizenzsucher) nicht in ihrer Wettbewerbsfähigkeit untereinander beeinträchtigen.[486] Dementsprechend sieht Art 102 AEUV unter lit c) vor, dass ein Missbrauchssachverhalt bei der Vereinbarung unterschiedlicher Bedingungen (zB Preise) für die Bereitstellung gleichwertiger Leistungen (zB derselben Lizenz) gegenüber Handelspartnern (zB Lizenzsuchern) nur vorliegt, wenn durch die diskriminierende Lizenzierungspraxis die mit schlechteren Konditionen bedachten Handelspartner **im Wettbewerb beeinträchtigt** werden. Der Missbrauchstatbestand ist von daher nur erfüllt, wenn festgestellt wird, dass das Verhalten des marktbeherrschenden Unternehmens nicht nur diskriminierend ist, sondern weiterhin darauf abzielt, die Wettbewerbsbeziehung auf dem nachgelagerten Produktmarkt zwischen den Lizenzsuchern zu verfälschen.[487] Insoweit muss zwar nicht der tatrichterliche Beweis einer tatsächlichen und quantifizierbaren Verschlechterung der Wettbewerbsstellung des diskriminierten Handelspartners (Lizenzsuchers) erbracht werden; anhand sämtlicher relevanten Umstände ist jedoch zu bestimmen, ob die vorgefallene Preisdiskriminierung einen Einfluss auf die Kosten, auf die Gewinne oder auf ein anderes maßgebliches Interesse eines oder mehrerer der Handelspartner hat, sodass dieses Verhalten *geeignet* ist, die Position im Wettbewerb zu beeinträchtigen.[488] Speziell in einem Fall, in dem sich die Anwendung unterschiedlicher Gebühren lediglich auf den nachgelagerten Markt bezieht, hat das marktbeherrschende Unternehmen grundsätzlich keinerlei Interesse daran, einen seiner Handelspartner (Lizenzsucher) vom nachgelagerten Markt zu verdrängen[489], weswegen hier keine zu geringen Anforderungen an die Darlegung einer potenziellen Wettbewerbsbeeinträchtigung gestellt werden dürfen.

317

Soweit es um ein Lizenzangebot geht, das eine gegenüber anderen Lizenznehmern abweichende **Gerichtsstandsvereinbarung** oder **Rechtswahlklausel** vorsieht, wird sich eine dadurch bedingte Wettbewerbsbeeinträchtigung und -verzerrung nur im Ausnahmefall dartun lassen. Grund dafür ist nicht zuletzt auch, dass eine Rechtswahl- oder Gerichtsstandsklausel – anders als Preisvereinbarungen – nicht gewiss, sondern nur möglicherweise einmal und mit einiger Wahrscheinlichkeit nie zur Anwendung kommt.[490]

318

---

482 BGH, GRUR 2004, 966, 969 – Standard-Spundfass.
483 OLG Karlsruhe, InstGE 13, 138 – Klage auf FRAND-Vertrag.
484 OLG Karlsruhe, InstGE 13, 138 – Klage auf FRAND-Vertrag.
485 OLG Karlsruhe, InstGE 13, 138 – Klage auf FRAND-Vertrag.
486 BGH, GRUR 2004, 966, 969 – Standard-Spundfass.
487 EuGH, NZKart 2018, 225.
488 EuGH, NZKart 2018, 225.
489 EuGH, NZKart 2018, 225.
490 OLG Düsseldorf, Beschluss v 17.6.2020 – I-2 U 20/20.

319 Eine Ungleichbehandlung liegt tatbestandlich nicht nur vor, wenn der marktbeherrschende Patentinhaber einzelnen Lizenzsuchern vertragliche Vorzugskonditionen einräumt, die er anderen verweigert, sondern gleichermaßen dann, wenn er seine **Verbietungsrechte** aus dem Patent **selektiv durchsetzt,** indem er gegen einzelne Wettbewerber Verletzungsklage erhebt, um sie in den Lizenzvertrag zu zwingen, andere Wettbewerber hingegen bei der Benutzung seines Schutzrechts gewähren lässt. In ihren faktischen Auswirkungen bedeutet eine solche Prozessstrategie nichts anderes, als dass einem Teil der Wettbewerber unentgeltliche, einem anderen Teil der Wettbewerber hingegen nur entgeltliche Lizenzen eingeräumt werden. Nicht jede über einen gewissen Zeitraum objektiv unterlassene Verletzungsklage rechtfertigt allerdings den Vorwurf der Diskriminierung. Ein »Missbrauch« setzt vielmehr voraus, dass es sich bei dem verschonten Konkurrenten um einen dem Schutzrechtsinhaber bekannten oder lediglich infolge Verletzung der Marktbeobachtungspflicht unbekannten Verletzer handelt, gegen den vorzugehen dem Patentinhaber nach den gesamten Umständen – zu denen beispielsweise der Umfang der Benutzungshandlungen und die Rechtsschutzmöglichkeiten im Verfolgungsland zählen – zuzumuten ist. Im Interesse der kartellrechtlich gebotenen Gleichbehandlung ist die Zumutbarkeitsschwelle freilich nicht allzu hoch anzusetzen.[491] Zu berücksichtigen ist allerdings, dass der Patentinhaber – gerade in der Anfangsphase einer Etablierung des Standards, aber auch darüber hinaus – in seinen finanziellen und personellen Mitteln beschränkt und deswegen auch bei gutem Willen außerstande sein kann, gleichzeitig gegen eine Vielzahl von auf dem Markt auftretenden Verletzern vorzugehen. Schon der damit verbundene Kostenaufwand und das Kostenrisiko liefern im Allgemeinen einen sachlichen Grund dafür, seine Kräfte zu konzentrieren und Verbietungsrechte zunächst gegen marktstarke Verletzer durchzusetzen, von denen eine umfassende Rechtsverteidigung zu erwarten ist und deren Unterliegen einen entsprechenden Abschreckungseffekt mit sich bringt, sodass die Erwartung gerechtfertigt ist, dass danach andere Verletzer außergerichtlich einlenken werden.[492] Weil die Klageverfahren den Weg für eine außergerichtliche Einigung mit den anderen Verletzern ebnen sollen, kommt es nicht darauf an, dass letztere während des noch laufenden präjudiziellen Verletzungsprozesses bereits außergerichtlich zur Lizenznahme aufgefordert werden; dessen bedarf es erst dann, wenn das (nicht notwendigerweise rechtskräftige) Verletzungsurteil erstritten ist.[493]

(c) Beweislast

320 Die Darlegungs- und **Beweislast** für die Ungleichbehandlung und ihre Eignung zur Wettbewerbsverzerrung hat der Beklagte, der sich auf den Verstoß gegen das Diskriminierungsverbot beruft[494]; solches wird nur möglich sein, wenn die Lizenzierungspraxis bekannt ist, zB weil sich der Lizenzgeber eines allgemein abrufbaren Standard-Lizenzvertrages bedient. Sachliche Gründe für die Ungleichbehandlung sind anschließend vom (marktbeherrschenden) Patentinhaber nachzuweisen.

(2) Ausbeutungsmissbrauch

321 Vorweg ist *eine* Erkenntnis von grundlegender Bedeutung: Nicht jede unausgewogene Vertragsklausel (zB zum Gerichtsstand oder zur Rechtswahl) ist im Rahmen der Missbrauchskontrolle von Interesse, sondern relevant sind nur solche Vertragsregelungen, die die wechselseitigen Hauptleistungspflichten der Lizenzvertragspartner betreffen und in

---

491 LG Düsseldorf, InstGE 7, 70 – Videosignal-Codierung I.
492 LG Düsseldorf, Urteil v 9.11.2018 – 4a O 63/17.
493 AA: LG Düsseldorf, Urteil v 11.7.2018 – 4c O 72/17.
494 BGH, GRUR 2009, 694 – Orange-Book-Standard; OLG Karlsruhe, InstGE 8, 14 – Servospur = OLG Karlsruhe, GRUR-RR 2007, 177 – Orange-Book-Standard; LG Leipzig, InstGE 9, 167 – optischer Datenträger.

ein objektives Missverhältnis bringen.⁴⁹⁵ »Ausbeutung« meint dabei keine bloße Unausgewogenheit der Pflichtenlage, sondern ein – im Hinblick auf die Wettbewerbsposition und die Marktchancen – unanständiges (weil unter den Bedingungen eines freien Wettbewerbs undenkbares) Missverhältnis zwischen Leistung (= Benutzungsgestattung) und Gegenleistung (= Vergütung). Da auch unter den Bedingungen eines freien Wettbewerbs das Verhandlungsgeschick des einen dazu führen kann, dass der Vertragsinhalt deutlich zu seinen Gunsten und zum Nachteil des anderen ausfällt, sind erst solche »Schieflagen« im Gegenseitigkeitsverhältnis relevant, die nicht mit geschickter Verhandlungskunst erklärlich und überhaupt nur unter der Wirkung von Marktmacht vorstellbar sind. Insofern liefert § 19 Abs 2 Nr 2 GWB eine generelle Legaldefinition für den Ausbeutungsmissbrauch.

Das Fordern einer **unangemessen hohen Lizenzgebühr** kann für sich den Vorwurf des Missbrauches einer marktbeherrschenden Stellung rechtfertigen. Voraussetzung ist freilich, dass der Patentinhaber eine Lizenzerteilung nicht ohnehin verweigern darf. Als »unangemessen« ist eine Lizenzforderung grundsätzlich zu betrachten, wenn sie den hypothetischen Preis, der sich bei wirksamem Wettbewerb auf dem beherrschten Markt gebildet hätte, erheblich überschreitet, es sei denn, es gibt eine wirtschaftliche Rechtfertigung für diese Preisgestaltung.⁴⁹⁶ Zur Ermittlung des sich ohne Marktbeherrschung mutmaßlich ergebenden »als ob-Wettbewerbspreises« ist das sog Vergleichsmarktkonzept gebräuchlich, das aus einem entweder räumlich oder sachlich oder zeitlich vergleichbaren Markt mit Wettbewerb Rückschlüsse auf die hypothetische Lizenzgebührenbildung im beherrschten Markt zieht.⁴⁹⁷ In geeigneten Fällen kann statt einer Vergleichsmarktbetrachtung auch das Konzept der Gewinnbegrenzung herangezogen werden, das die Entwicklungskosten des lizenzbereiten Patentinhabers und eine ihm zugebilligte (übliche) Gewinnspanne mit den tatsächlich geforderten Lizenzgebühren in Beziehung setzt.⁴⁹⁸ Hat sich bereits eine feste Lizenzierungspraxis etabliert, weil es eine Vielzahl von Lizenznehmern gibt, die bestimmte Lizenzbedingungen akzeptieren, spricht dies mindestens indiziell dafür, dass die Bedingungen, namentlich die Lizenzhöhe nicht unangemessen sind. 322

Handelt es sich um ein **standardgebundenes Schutzrecht**, kann sich die Unangemessenheit ferner daraus ergeben, dass sich im Falle einer Lizenzforderung auch für die übrigen Standard-Schutzrechte eine kumulative **Gesamtlizenzbelastung** ergeben würde, die wirtschaftlich nicht tragbar ist. So lange solche weiteren Lizenzforderungen nicht tatsächlich gestellt sind, kann die für das einzelne streitbefangene Schutzrecht verlangte Lizenzgebühr zwar nicht unter Hinweis auf eine nur *mögliche* Kumulierung als unangemessen angesehen werden.⁴⁹⁹ Allerdings muss der Patentinhaber bereit sein, eine vertragliche Regelung aufzunehmen, die gewährleistet, dass der Lizenzsucher im Falle weiterer berechtigter Lizenzforderungen anderer Inhaber standardgebundener Schutzrechte nicht übermäßig belastet wird. Eine solche Regelung kann beispielsweise darin liegen, dass die Lizenzgebühr von vornherein nur in einem anteiligen Verhältnis des von der Klägerin gehaltenen Standardschutzrechts im Vergleich zur Gesamtzahl der standardgebundenen Patente festgesetzt wird. Als Alternative kommt eine Bestimmung in Betracht, nach der für den Fall, dass andere Inhaber von standardgebundenen Patenten Lizenzen verlangen und die gesamte Lizenzgebührenlast infolge der Nutzung standardgebundener Patente eine maximale Gesamthöhe überschreitet, vorgesehen ist, dass die zu zahlende Lizenzge- 323

---

495 OLG Düsseldorf, Beschluss v 17.6.2020 – I-2 U 20/20.
496 Vgl nur Immenga/Mestmäcker, § 19 Rn 259 ff.
497 Zu Einzelheiten vgl Immenga/Mestmäcker, § 19 Rn 267 ff; Kübel, Zwangslizenzen, S 250 f.
498 Loewenheim/Meessen/Riesenkampff/Kersting/Meyer-Lindemann, Art 102 AEUV Rn 179 ff; Kübel, Zwangslizenzen, S 251 f.
499 LG Düsseldorf, Urteil v 13.2.2007 – 4a O 124/05.

bühr entsprechend dem Anteil des Lizenzpatents an der Gesamtzahl der standardgebundenen Patente, für welche der Lizenzsucher auf die Zahlung von Lizenzgebühren in Anspruch genommen wird, reduziert wird.[500]

324 Die **Beweislast** für die Voraussetzungen eines Ausbeutungsmissbrauchs liegt beim Beklagten, der sich zu seiner Rechtsverteidigung darauf beruft.[501] Im Rahmen des Gewinnbegrenzungskonzepts treffen den Patentinhaber allerdings sekundäre Darlegungslasten zu *seinen* Entwicklungskosten, die dem Beklagten naturgemäß unbekannt sind und zu denen der Patentinhaber unschwer vortragen kann. Gleiches gilt, sofern die Lizenzierungspraxis des Patentinhabers unbekannt ist, weil er sich keines allgemein oder wenigstens dem Lizenzsucher zugänglichen Standardvertrages bedient. Hier hat der Patentinhaber den vom Lizenzsucher ins Feld geführten Vertragsbedingungen substantiiert dadurch entgegen zu treten, dass er die mit anderen Lizenznehmern bereits abgeschlossenen Verträge vorlegt. Sollte der Patentinhaber hieran durch eine vertraglich vereinbarte Geheimhaltungsverpflichtung gehindert sein, entlastet ihn dies nicht, weil er seinen prozessualen (sekundären) Darlegungslasten nicht durch vertragliche Vereinbarungen (die er nicht hätte eingehen dürfen) entgehen kann. Existiert eine Lizenzierungspraxis, kann dies – in Abhängigkeit von der Zahl der Lizenznehmer – jedenfalls indiziell für die Angemessenheit der betreffenden Lizenzbedingungen sprechen.

325 **Gerichtsstandsvereinbarungen** zugunsten des Lizenzgebersitzes sind in der Praxis weithin gebräuchlich. Sie haben auch ihren wertvollen Nutzen, der tendenziell umso höher ausfällt, je komplexer diejenige Materie ist, die Gegenstand eines Rechtsstreits um die Lizenzvereinbarung werden kann. Denn mit der Gerichtsstandsvereinbarung zugunsten des Lizenzgebersitzes oder eines anderen für alle oder einen bedeutenden Teil der Lizenznehmer gleichen Standortes geht typischerweise eine Zuständigkeitskonzentration einher, die bei dem vereinbarten Gericht über die Zeit hinweg ein gesteigertes fachliches Wissen und eine sich stetig vergrößernde praktische Erfahrung in der rechtlichen Handhabung der betreffenden Fälle entstehen lässt. Dies wiederum erhöht die Qualität und Schnelligkeit der Rechtsprechung, was unter Gerechtigkeits- und Rechtssicherheitsgesichtspunkten von Vorteil ist. So lange ein Gerichtsstand vereinbart wird, der westlichen Standards entspricht, und so lange die Vereinbarungspraxis des Lizenzgebers die beschriebene Zuständigkeitskonzentration entstehen lassen kann, wird es deshalb ganz besonderer Gründe auf Seiten des Lizenzsuchers bedürfen, damit in der ihm abverlangten Gerichtsstandsklausel ein Ausbeutungsmissbrauch gesehen werden kann. Dass am vereinbarten Gerichtsstandort vergleichsweise hohe Prozesskosten anfallen und das dortige Verfahrensrecht keine Kostenerstattung kennt, wird hierzu im Allgemeinen nicht ausreichen. Das gilt umso mehr, als die Klausel überhaupt nur potenziell (nämlich für den durchaus ungewissen und mit einer nicht unbeträchtlichen Wahrscheinlichkeit nie eintretenden Fall einer gerichtlichen Auseinandersetzung) bedeutsam wird und Konsequenzen für den Lizenzsucher zeitigt.[502]

326 **Rechtswahlklauseln** sind prinzipiell gleich zu behandeln. Wann immer ein, westlichen Standards genügendes, Rechtsregime gewählt wird, wird sich der Lizenzsucher dagegen in der Regel nicht mit dem Vorwurf des Ausbeutungsmissbrauchs zur Wehr setzen können. Denn die Unterstellung des Lizenzvertrages unter ein immer oder wenigstens wiederholt gleiches Recht, fördert die Rechtsprechung zum Vertragsinhalt und schafft Rechtssicherheit für alle. Für Rechtsordnungen, die allesamt westlichen Standards entsprechen, wird sich auch schwerlich sagen lassen, dass das eine Recht in der Gesamtbe-

---

500 LG Düsseldorf, Urteil v 13.2.2007 – 4a O 124/05.
501 BGH, GRUR 2009, 694 – Orange-Book-Standard; LG Leipzig, InstGE 9, 167 – optischer Datenträger.
502 OLG Düsseldorf, Beschluss v 17.6.2020 – I-2 U 20/20.

trachtung von anderen dermaßen weit abweicht, dass seine Vereinbarung zu einer missbräuchlichen Ausbeutung des Lizenzsuchers führt.

(3) Sonderfall: Patentpool[503]

Einen speziell im Zusammenhang mit neuen Technologien wichtigen Sonderfall möglicherweise unangemessener Lizenzierung stellen Patentpools dar, dh Zusammenschlüsse mehrerer Schutzrechtsinhaber zur gemeinsamen Lizenzierung der von ihnen gehaltenen Patente. Typischerweise handelt es sich dabei um Schutzrechte, die einen Industriestandard bilden und deren Lizenzierung Dritten nur im Paket zu festen Lizenzgebühren angeboten wird. In dem gebündelten Lizenzangebot als solchem liegt nichts Kartellrechtswidriges; im Gegenteil dient es dem Interesse etwaiger Lizenzsucher, dass ihnen eine Benutzungserlaubnis für den gesamten Standard aus einer Hand zu einheitlichen Konditionen offeriert wird, weil sie damit der Notwendigkeit (und Last) enthoben werden, bei jedem einzelnen Schutzrechtsinhaber um eine Lizenz für dessen Patent(e) nachsuchen zu müssen.[504]

327

Es ist in diesem Zusammenhang unter kartellrechtlichen Gesichtspunkten nicht zu beanstanden, dass die Inhaber von standardgebundenen Schutzrechten lediglich dazu bereit sind, Interessenten *entweder* eine von ihnen selbst zu vergebende **Einzellizenz** am jeweiligen Schutzrecht einzuräumen *oder* aber eine weltweite Pool-Paketlizenz an allen in den Standard aufgenommenen Schutzrechten.[505] Weiterhin kann – nicht muss -die Poollizenz als der Regelfall vorgesehen und eine bilaterale Lizenz nur in besonders gelagerten Fällen angeboten werden.[506] Eine Alternative zur Poollizenz kann etwa geboten sein, wenn Lizenznehmer bereits in Lizenzvertragsbeziehungen zu einzelnen Poolteilnehmern stehen, sodass deren Belastung mit den vollen Poollizenzgebühren zu einer teilweisen Doppelzahlung für dasselbe führen würde.[507] Gleiches gilt, wenn der Poollizenzvertrag nicht nur *einen* Standard berücksichtigt, sondern darüber hinaus namhafte weitere Schutzrechte, die der Lizenzsucher nicht benutzt.[508] Wichtig ist in jedem Fall, dass den Lizenzinteressenten ein an objektiven, sachgerechten Kriterien orientierter, diskriminierungsfreier Zugang zu den bereitgestellten Lizenzmodellen gewährt wird[509], dessen Bedingungen im Rahmen seiner Erläuterungspflicht vom Patentinhaber darzulegen sind. Alsdann ist es die Sache des Lizenzsuchers, konkrete Gründe zu benennen, die ergeben, dass ihm – trotz gleicher Ausgangslage – der Zugang zu einem bestimmten Lizenzmodell diskriminierend versagt wird.[510] Denn wie immer bindet die Lizenzierungspraxis den Patentinhaber auch hinsichtlich derjenigen Umstände, unter denen er in der Vergangenheit Einzellizenzen statt einer Poollizenz eingeräumt hat. Nur derjenige kann deshalb im Hinblick auf eine ihm verweigerte Individuallizenz erfolgreich den Diskriminierungseinwand erheben, der in derselben Situation wie derjenige Lizenzsucher ist, dem eine Einzellizenz gewährt worden ist.[511] Neben den erörterten Lizenzvarianten besteht kein Anspruch des Verletzers auf eine weitere Lizenzoption, beispielsweise in Form einer Lizenzierung sämtlicher Standardschutzrechte, beschränkt auf ein ganz bestimmtes, vom

328

---

503 Zum Technologietransfer nach dem Patentpoolkonzept vgl Königs, GRUR 2014, 1155.
504 LG Düsseldorf, InstGE 7, 70 – Videosignal-Codierung I; LG Mannheim, NJOZ 2008, 960.
505 Damit wird – ganz im Gegenteil – den Leitlinien (Rn 210–235) zur Anwendung von Art 81 EG (jetzt: Art 101) auf Technologietransfer-Vereinbarungen nachgekommen.
506 OLG Düsseldorf, GRUR 2022, 1136 – Signalsynthese II.
507 OLG Düsseldorf, GRUR 2021, 1498 – Signalsynthese.
508 OLG Düsseldorf, GRUR 2022, 1136 – Signalsynthese II.
509 OLG Düsseldorf, GRUR 2022, 1136 – Signalsynthese II.
510 OLG Düsseldorf, GRUR 2022, 1136 – Signalsynthese II.
511 OLG Düsseldorf, GRUR 2021, 1498 – Signalsynthese.

Verletzer mit Rücksicht auf sein individuelles Vertriebsgebiet bestimmtes Territorium[512], oder auf eine Unterpool-Lizenz an einer Teilmenge des Pools.

329 Die Forderung einer **Pool-Stücklizenz** erfüllt nicht per se, sondern erst dann den Tatbestand des Ausbeutungsmissbrauchs, wenn die Lizenz infolge marktbedingten Preisverfalls einen derart hohen Anteil an den Gestehungskosten des Lizenzerzeugnisses ausmacht, dass dem Lizenzsucher eine Fortsetzung der Produktion bei wirtschaftlich vernünftigem Handeln nicht mehr zugemutet werden kann. Maßgeblich ist insoweit nicht die Kosten- und Gewinnsituation des konkreten Lizenzinteressenten, sondern eine die allgemeine Lage im betreffenden Geschäftszweig berücksichtigende, generalisierende Betrachtung.[513]

330 Der Vorwurf eines Ausbeutungsmissbrauchs bei Festlegung der Lizenzgebühren kommt allerdings unter zwei Gesichtspunkten in Betracht:

331 – Zunächst ist der Einwand denkbar, bei der **Festlegung des Standards** durch die Normungsorganisation (zB DIN, CEN/CENELEC, ETSI, ISO/IEC, MPEG, UMTS) seien unnötigerweise patentierte Techniken berücksichtigt worden (mit der Folge, dass die betreffenden Schutzrechte Eingang auch in den Lizenzvertrag gefunden und die Lizenzgebühren beeinflusst haben).

332 Diese Verteidigung wird nur selten Aussicht auf Erfolg haben, und dies umso weniger, wenn der Schutzrechtsbestand zusätzlich durch unabhängige Sachverständige auf Standardessentialität überprüft worden ist.[514] Ungeachtet der Tatsache, dass in den Normungsgremien auch Vertreter der beteiligten Industrie mitwirken, handelt es sich um rechtlich und organisatorisch selbständige und unabhängige Institutionen. Selbst wenn der klagende Patentinhaber an den Beratungen zur Standardsetzung beteiligt worden ist, wird sich deshalb kaum der Nachweis führen lassen, dass gerade er (ggf im kollusiven Zusammenwirken mit Anderen) die Arbeit des Normungsgremiums gelenkt und entscheidend veranlasst hat, dass statt einer zur Verfügung stehenden gleichwertigen patentfreien Lösung die zu seinen Gunsten patentierte Technik in den Standard aufgenommen worden ist.

333 Sollte ein derartiger Einfluss tatsächlich einmal bestanden haben, wäre vom Verletzer substantiiert darzutun, welche gleichwertige patentfreie anstelle der patentierten Technik in den Standard hätte aufgenommen werden können, wobei selbstverständlich ein Einzelfall noch keinen Missbrauch begründet. Erforderlich wäre vielmehr der Nachweis eines systematischen, im Zweifel mehrere Schutzrechte betreffenden Vorgehens.[515] Ähnliches gilt für den Einwand, der Standard umfasse schutzunfähige Erfindungen. Von einem »Missbrauch« könnte auch hier – wenn überhaupt – allenfalls dann gesprochen werden, wenn feststünde, dass nicht nur in einem einzelnen Fall versehentlich, sondern wiederholt systematisch ungültige Patente in den Standard aufgenommen worden sind, und zwar in Kenntnis und Billigung ihrer mangelnden Rechtsbeständigkeit. Allein der Erfolg einer Nichtigkeitsklage besagt deshalb noch nichts für einen Missbrauch, so lange nicht festgestellt ist, dass die Vernichtungsentscheidung nicht auf einem erst nachträglich aufgefundenen Stand der Technik, sondern einer Entgegenhaltung beruht, die bereits bei der Standardsetzung positiv bekannt, zumindest aber ohne weiteres ermittelbar war, und angesichts derer die Schutzunfähigkeit klar zutage lag.[516]

---

512 LG Düsseldorf, InstGE 10, 66 – Videosignal-Codierung III.
513 LG Düsseldorf, InstGE 10, 66 – Videosignal-Codierung III.
514 LG Düsseldorf, Urteil v 9.11.2018 – 4a O 63/17.
515 LG Düsseldorf, InstGE 7, 70 – Videosignal-Codierung I.
516 LG Düsseldorf, InstGE 7, 70 – Videosignal-Codierung I.

– Für die Zwecke einer Rechtsverteidigung tauglicher ist der Einwand, der den Wettbewerbern angebotene **Lizenzvertrag** berücksichtige in missbräuchlicher Weise Schutzrechte, deren Benutzung durch den Standard nicht vorgegeben sei.

Handelt es sich wiederum nicht bloß um einen einzelnen, ggf selbst bei gewissenhafter Prüfung nicht zu vermeidenden Fall, sondern um eine systematische Erscheinung, die den Zweck erkennen lässt, die Lizenzgebühren durch die Aufnahme möglichst vieler Patente ungerechtfertigt zu steigern, ist ein Ausbeutungstatbestand idR zu bejahen.[517] Allerdings kann dem Verletzer ein etwaiger Kartellverstoß nur zugutekommen, wenn er von denjenigen Lizenzschutzrechten, die durch den Standard nicht gestützt werden, keinen Gebrauch macht.[518] Benutzt er die betreffenden Schutzrechte nämlich gleichfalls, muss er hierfür auch eine Benutzungsgebühr zahlen, sodass das Fordern einer auch die für den Standard entbehrlichen Schutzrechte umfassenden Lizenzgebühr jedenfalls in Bezug auf ihn keinen Rechtsverstoß begründen kann. Zu einem rechtserheblichen Verteidigungsvorbringen gehört demgemäß nicht nur die Behauptung, bestimmte (konkret zu bezeichnende) Lizenzvertragsschutzrechte lägen außerhalb des Standards; vorgetragen werden muss darüber hinaus außerdem, dass von ihnen kein Gebrauch gemacht werde.[519]

In jüngerer Vergangenheit sind vermehrt Poolmitglieder dazu übergegangen, den **Patentpool zu verlassen**, um ihre **Schutzrechte eigenständig** oder organisiert in einem neuen (abgespaltenen) Pool **zu lizenzieren**. Im Tatsächlichen geht der Poolaustritt gemeinhin mit einer Aufgabe der eigenen Patentbenutzung auf dem Produktmarkt und der dadurch hervorgerufenen Metamorphose des bisher produzierenden Unternehmens zu einem reinen Patentverwerter einher, dem die anteiligen Poollizenzen nicht mehr einträglich genug erscheinen und der sich deshalb von der fortan eigenen Patentverwertung höhere Erträge verspricht. Der Austritt aus dem Pool als solcher und die Eigenlizenzierung von Schutzrechten begegnet keinen kartellrechtlichen Bedenken. Sie ergeben sich aber dann, wenn die Bedingungen des Patentpools – wie regelmäßig – für den Fall des Mitgliederaustritts vorsehen, dass die während der Poolzugehörigkeit lizenzierten Schutzrechte des austretenden Poolmitglieds auch nach seinem Ausscheiden unverändert lizenziert bleiben (sodass der Lizenznehmer gegenüber dem Pool vertraglich zur Zahlung verpflichtet bleibt, aber auch das ausgetretene Mitglied weiterhin die anteilige Poollizenz für die Benutzung seiner Schutzrechte erhält). Im Ergebnis kann kein ernstlicher Zweifel darüber bestehen, dass die abermalige Lizenzierung der bereits vom Pool lizenzierten Schutzrechte nicht zu einer doppelten Vergütungspflicht für den Lizenznehmer führen darf. Niemand muss für dasselbe (sic: die Benutzung der vom Pool und nachträglich nochmals vom Schutzrechtsinhaber lizenzierten Schutzrechte) zweimal zahlen. Dementsprechend stellt es einen potenziellen Ausbeutungssachverhalt dar, wenn ein Lizenzangebot des ausgetretenen Poolmitglieds das bereits mit dem Pool bestehende Lizenzverhältnis und die daraus resultierende Zahlungspflicht für den Lizenzsucher gänzlich unberücksichtigt lässt. Das gilt jedenfalls dann, wenn die Schnittmenge der Lizenzschutzrechte nicht vernachlässigenswert klein ist. Nur für nicht von der fortbestehenden Poollizenz umfasste Schutzrechte kann eine reguläre, ungeschmälerte Benutzungsvergütung eingefordert werden. Im Übrigen, dh im Überschneidungsbereich der fortgeltenden Poollizenz mit dem neuerlichen Eigenlizenzangebot des Schutzrechtsinhabers, bestehen prinzipiell **zwei Lösungsmöglichkeiten**:

– Im ersten Zugriff drängt es sich auf, einen Ausbeutungssachverhalt schon in der Tatsache zu sehen, dass das Lizenzangebot überhaupt Schutzrechte umfasst, die wirksam

---

517 LG Düsseldorf, InstGE 7, 70 – Videosignal-Codierung I; LG Mannheim, NJOZ 2008, 960.
518 LG Düsseldorf, Urteil v 9.11.2018 – 4a O 63/17.
519 LG Düsseldorf, InstGE 7, 70 – Videosignal-Codierung I.

E. Verteidigungsmöglichkeiten des Beklagten

vom Pool lizenziert worden sind. Da dessen Lizenzen nach den Regelungen des Patentpools fortgelten, besteht auf Seiten des Lizenzsuchers **keine Notwendigkeit**, für die betreffenden Schutzrechte **erneut um eine Benutzungsgestattung nachzusuchen**, weswegen eine abermalige Lizenznahme an ihnen billigerweise auch nicht eingefordert werden darf. Umfasst das Lizenzangebot bereits lizenzierte Schutzrechte, so bleibt dies deshalb nur dann unbedenklich, wenn das Angebot insoweit als »Freilizenz« verstanden werden kann, weil sich die zusätzlich zur Poollizenz eingeforderte Lizenzgebühr (einschließlich der übrigen Lizenzbedingungen) allein im Hinblick auf die überschüssigen, bislang noch lizenzfreien Schutzrechte als FRAND erweist.

338 – Eine alternative rechtliche Behandlung könnte darauf abstellen, dass kein Poolmitglied in seiner geschäftlichen Betätigung auf Dauer an den Pool gefesselt werden darf und deshalb das Recht haben muss, den Pool (wenigstens zu bestimmten Zeitpunkten) zu verlassen, um eigene Wege in der Verwertung seines geistigen Eigentums zu gehen. Genau aus diesem Grund sehen die Bedingungen eines Patentpools für seine Mitglieder Kündigungsmöglichkeiten vor. Die durch ihre Ausübung gewonnene Handlungsfreiheit wäre indessen unvollkommen, wenn die Kündigung dem Austretenden nicht die Möglichkeit verschaffen würde, nach eigenem Ermessen über die Lizenzierung seiner Schutzrechte und deren Bedingungen zu entscheiden. Weil dem so ist, kann die Fortgeltung der Poollizenzen für den Lizenzsucher nur bedeuten, dass er sich zwar auf eine Neulizenzierung durch das ausgetretene Poolmitglied einlassen muss, dass er hierbei aber – zur Vermeidung einer ungerechtfertigten Doppelbelastung – Anspruch darauf hat, von den an den Schutzrechtsinhaber zu zahlenden Lizenzgebühren diejenigen Beträge abziehen zu dürfen, die er für dieselben Schutzrechte dem Patentpool schuldet (von denen auch der Lizenzgeber trotz seines Austritts weiterhin profitiert).

339 Mit Blick auf das neuerliche Lizenzangebot bedeutet dies, dass es, um kartellrechtlich unbedenklich zu sein, unbedingt eine entsprechende **Anrechnungs- oder Abzugsklausel** zu enthalten hat. Insoweit bedarf es eine rechtsklare und verbindliche, den Lizenzgeber **einseitig verpflichtende Regelung**, anhand derer für den Lizenzsucher zu erkennen ist, auf welcher Berechnungsgrundlage und in annähernd welcher Höhe er eine Erstattung doppelt gezahlter Lizenzgebühren erhalten wird.[520] Fehlt es daran, ist das Lizenzangebot des Pools un-FRAND, was einem Kläger auch dann zuzurechnen ist, wenn er selbst nicht zu den Doppellizenzgebern gehört.[521]

340 Jenseits dessen ist der neu lizenzierende Schutzrechtsinhaber bei seiner eigenen Patentverwertung hingegen anfänglich nur durch das Ausbeutungsverbot limitiert, während die fortgeltenden Poollizenzen (mit dem auf sie entfallenden Lizenzgebührenanteil) unter Diskriminierungsgesichtspunkten keine Bedeutung haben. Das muss schon deshalb so sein, weil der Austretende anderenfalls – mittelbar – doch in rechtlich unzulässiger Weise an den Patentpool gebunden wäre. Zur Vermeidung eines Diskriminierungsvorwurfs hat der Austretende lediglich dafür zu sorgen, dass – unter Berücksichtigung des ihm praktisch Möglichen – zeitnah alle Wettbewerber wegen des Abschlusses eines neuen (ertragreicheren = kostspieligeren) Lizenzvertrages angegangen werden, sodass innerhalb eines überschaubaren Zeitraumes für die Akteure auf dem nachgelagerten Produktmarkt jeweils gleiche Kosten- und damit Wettbewerbsverhältnisse herrschen.

341 Letztlich ist der erstgenannten Lösung der Vorzug zu geben. Würde der Patentinhaber sein Portfolio selbst lizenzieren, wären er und seine Rechtsnachfolger an eine einmal

---

520 LG Düsseldorf, Urteil v 21.12.2021 – 4c 42/20.
521 LG Düsseldorf, Urteil v 21.12.2021 – 4c 42/20.

eröffnete Lizenzierungspraxis über das Diskriminierungsverbot so lange gebunden, bis sämtliche Lizenzverträge zu einem bestimmten Zeitpunkt außer Kraft getreten sind. Durch geeignete Beendigungsklauseln oder übereinstimmend gleiche Vertragsendzeitpunkte – und nur durch sie! – kann sich der Marktbeherrscher die Möglichkeit verschaffen, seine Lizenzbedingungen neu festzulegen und – nunmehr lediglich limitiert durch das Ausbeutungsverbot – am Markt durchzusetzen. Versäumt er entsprechende Vorkehrungen, ist er so lange unter Diskriminierungsgesichtspunkten gebunden, wie auch nur *ein* Lizenzvertrag bestimmten Inhalts in Kraft ist.[522] An der geschilderten Rechtslage kann sich nicht dadurch etwas ändern, dass der Patentinhaber von einer Eigenlizenzierung absieht und die Schutzrechtsverwertung stattdessen einer Pool-Agentur überlässt. Akzeptiert er bei einer solchen Auftragslizenzierung eine Lizenzerteilung zB für die gesamte Schutzdauer und ein Fortbestehen der gewährten Lizenz für den Fall seines Austritts aus dem Pool, muss er sich an der dadurch herbeigeführten Lizenzierungslage auf dem nachgelagerten Produktmarkt festhalten lassen. Das bedeutet, dass er zu geänderten Lizenzbedingungen nur ansetzen kann, wenn der Pool Beendigungsklauseln vereinbart hat, die der aktuellen Lizenzierungspraxis zu einem bestimmten Zeitpunkt ein Ende bereiten. Fehlt es daran, kann der Schutzrechtsinhaber keine eigenen (zweiten und abweichenden) Lizenzverhältnisse zu bereits durch den Pool lizenzierten Schutzrechten einfordern.

Die **Wirkungen seines Austritts** beschränken sich daher auf die Freiheit, neue Lizenzsucher wegen der Lizenznahme an *vom Pool bereits lizenzierten Schutzrechten* selbst anzusprechen, wobei sich der Diskriminierungsmaßstab freilich aus der fortgeltenden Lizenzierungspraxis des Pools zu eben diesen Patenten ergibt. *Neue, seitens des Pools bisher noch nicht lizenzierte Schutzrechte* kann er demgegenüber sowohl im Verhältnis zu bisherigen als auch im Verhältnis zu neuen Lizenzinteressenten zu eigenen Lizenzkonditionen verwerten. 342

– Für die zuletzt genannten Schutzrechte ist der Patentinhaber hierbei zunächst allein durch das **Ausbeutungsverbot** gebunden, wobei ein erster Maßstab durch die Verhältnisse am Produktmarkt gesetzt wird. Ausbeuterisch ist jedenfalls eine solche Lizenzhöhe, die zu Produktpreisen zwingt, welche der Markt voraussichtlich nicht akzeptiert. Darüber hinaus kann die Poollizenz (obwohl für andere Patente, aber eben desselben Standards vergeben) eine wichtige Orientierung liefern, die tendenziell umso schwerer wiegt, je mehr Schutzrechtsinhaber sich an dem Pool beteiligt haben und je mehr Lizenznehmer von dem Pool gewonnen worden sind. Denn die von vielen Patentinhabern getragene und von vielen (insbesondere namhaften) Lizenznehmern akzeptierten Lizenzbedingungen für ein bestimmtes Schutzrechtskonvolut des nämlichen Standards bietet nach der Lebenserfahrung einen brauchbaren Anhalt dafür, welchen Lizenzbetrag die Beteiligten auf dem Lizenzierungsmarkt einvernehmlich als angemessenes Entgelt für die Benutzung von Standardschutzrechten angesehen haben. Soweit die neuen Schutzrechte mit dem Schutzrechtsbestand des Pools hinsichtlich ihrer technischen Bedeutung vergleichbar sind, wird es deshalb einer substanziellen Begründung dafür bedürfen, wieso es FRAND sein soll, wenn die für die weiteren Schutzrechte des Standards eingeforderte Lizenz die bisherige (anteilige) Poollizenz deutlich überschreitet. Der Begründungsaufwand wird dabei umso drängender, je größer die Diskrepanz zwischen (anteiliger) Poollizenz und Lizenzangebot ist. 343

– Das **Diskriminierungsverbot** ist anfänglich nur im Hinblick darauf von Interesse, dass eine Lizenz für die neuen Schutzrechte zeitnah von allen Marktteilnehmern einzufordern ist, um innerhalb eines überschaubaren Zeitraumes eine einheitliche Kos- 344

---

522 Vgl unten Rdn 386 ff.

ten- und Wettbewerbssituation zu schaffen.⁵²³ Dem Patentinhaber sind hier umso größere Anstrengungen abzuverlangen, je höher seine Lizenzforderung ist und je fraglicher die Preisakzeptanz auf dem Produktmarkt ist.

(4) Erforderlichkeit eines Lizenzangebotes⁵²⁴

345 Da die Benutzung regelmäßig nicht unentgeltlich verlangt werden kann und der Gestattungseinwand des Benutzers infolgedessen lediglich dahin geht, dass ihm die Benutzung der Erfindung gegen Zahlung einer angemessenen Lizenzgebühr erlaubt wird, hat der Beklagte, um die vorgenannten Rechtsfolgen auszulösen, ein **konkretes, aufgrund seiner Regelungsdichte** nach dem für das Klagepatent geltenden nationalen Recht (zB §§ 145 ff BGB) **annahme- und verhandlungsfähiges, sachlich billiges Lizenzangebot** zu unterbreiten.⁵²⁵ Dies folgt aus der schlichten Tatsache, dass der Beklagte im Hinblick auf das Lizenzbegehren der Anspruchsteller ist und es grundsätzlich Sache des Anspruchstellers ist, sein Begehren – hier auf Abschluss eines Lizenzvertrages bestimmten Inhalts – zu formulieren.

346 **Exkurs:** Die Rechtslage ist – wie weiter unten⁵²⁶ dargestellt wird – eine andere, wenn für den Lizenzanspruch nicht nur die kartellrechtlichen Vorschriften zur Verfügung stehen, sondern der Patentinhaber eine Lizenzbereitschaftserklärung abgegeben hat.⁵²⁷ Aufgrund der für Dritte vertrauensbildenden **FRAND-Zusage**, Dritten zu angemessenen, diskriminierungsfreien Bedingungen eine Lizenz einzuräumen, ist es Sache des verpflichteten Patentinhabers, ein konkretes, seine Zusage ausfüllendes Lizenzangebot zu formulieren.⁵²⁸

347 Die Formulierungsobliegenheit des Verletzers gilt nicht nur dann, wenn der Patentinhaber zwar grundsätzlich zur Lizenzierung bereit ist, die Parteien jedoch über die nähere Ausgestaltung der Lizenzvereinbarung streiten, sondern gleichermaßen dann, wenn der Patentinhaber die Einräumung eines Benutzungsrechtes kategorisch und gegenüber jedermann ablehnt.⁵²⁹ Denn auch in diesem Fall kann dem Lizenzsucher ein Benutzungsrecht regelmäßig nur gegen Entgelt zustehen, das demgemäß offeriert werden muss. Die Weigerung des Patentinhabers, über eine Lizenzierung zu verhandeln, hat allerdings zur Folge, dass mangels konkreter anderslautender Formulierungsvorschläge des Patentinhabers⁵³⁰ prima facie von der Angemessenheit des vom Lizenzsucher unterbreiteten Angebotes auszugehen ist.

(a) Ernsthaft, leistungsfähig, konkret

348 Die erforderliche Offerte hat **ernsthaft** zu sein. Sie muss von einem **leistungsfähigen** und leistungswilligen Lizenzsucher abgegeben werden und sie muss hinreichend **konkret** sein.

---

523 Vgl oben Rdn 319.
524 Zu Einzelheiten vgl Reimann/Hahn, FS v. Meibom, 2010, 373; Körber, NZKart 2013, 87; Meier-Beck, FS Tolksdorf, 2014, S 115.
525 OLG Düsseldorf, InstGE 10, 129 – Druckerpatrone II.
526 Rdn 426 ff.
527 EuGH, GRUR 2015, 764 – Huawei Technologies/ZTE; anders noch: OLG Karlsruhe, InstGE 12, 220 – MP 3-Standard; LG Düsseldorf, Urteil v 24.4.2012 – 4b O 273/10.
528 EuGH, GRUR 2015, 764 – Huawei Technologies/ZTE; anders noch LG Düsseldorf, Urteil v 24.4.2012 – 4b O 273/10.
529 BGH, GRUR 2009, 694 – Orange-Book-Standard.
530 Vgl unten Kap E Rdn 351.

Das Angebot, eine Lizenz »zu **angemessenen** Bedingungen« zu nehmen, ist deshalb 349
unzureichend.[531] Erforderlich ist vielmehr eine vorformulierte Vertragserklärung, die
nicht nur die Lizenzgebühr (Bezugsgröße, Lizenzsatz, Stücklizenz, Abstaffelung) auszuweisen, sondern sich darüber hinaus zu allen denjenigen Vertragsbedingungen zu verhalten hat, die üblicherweise in einem Lizenzvertrag der betreffenden Branche geregelt werden und zu denen deshalb der Gegner berechtigterweise eine Vereinbarung erwarten
kann.[532] Das bedeutet nicht, dass das Lizenzangebot unbedingt dieselben Regelungen
wie ein frei ausgehandelter Lizenzvertrag haben muss; vielmehr ist bei der Inhaltsgestaltung den Besonderheiten Rechnung zu tragen, die sich dadurch ergeben, dass für den
Patentinhaber ein Kontrahierungszwang besteht. Es ist also ein Angebot zu unterbreiten,
das unter Berücksichtigung der bestehenden Sondersituation einen angemessenen Inhalt
hat.

Das bedeutet namentlich, dass die angebotene Lizenzgebühr der Höhe nach angemessen 350
sein muss.[533] Davon ist auszugehen, wenn die angebotene Gebühr derjenigen entspricht,
die der Patentinhaber selbst (zB im Rahmen vorgerichtlicher Vertrags- oder Vergleichsverhandlungen) angeboten hatte. Ansonsten bewegt sich der Lizenzsucher im Bereich
des Angemessenen, wenn er mit seinem Angebot einer auf dem betreffenden Technikgebiet bestehenden Lizenzierungsübung folgt. Einzelheiten zur Bestimmung der FRAND-Lizenz werden weiter unten[534] im Detail abgehandelt.

Zwar gehören derart detaillierte Regelungsvorschläge nicht zu den Obliegenheiten eines 351
Klägers, der um die Erteilung einer Zwangslizenz nach § 24 PatG nachsucht. Andererseits ist jedoch zu berücksichtigen, dass, wenn schon frei ausgehandelte Lizenzverträge
zur Vermeidung späterer Streits über die ordnungsgemäße Vertragsdurchführung eine
gewisse Regelungsdichte aufweisen, eine Notwendigkeit hierzu erst recht in Fällen einer
Zwangslizenz besteht, bei denen die Partner nicht aus freien Stücken zueinander finden,
sondern einem kartellrechtlichen Kontrahierungszwang unterliegen, unter dessen Geltung die Bereitschaft zu einem dem Gegner genehmen Verhalten tendenziell geringer
ausgeprägt sein wird. Ähnlich wie bei einer Klage auf Vertragsabschluss aufgrund eines
Vorvertrages[535] ist es, wenn das Vertragsangebot des Beklagten ein grundsätzlich interessengerechtes und den Geboten von Treu und Glauben Rechnung tragendes Regelwerk
darstellt, das der Patentinhaber nicht ablehnen darf, ohne gegen das Diskriminierungs-
oder das Behinderungsverbot zu verstoßen, Sache des Patentinhabers, einen etwaigen
Gestaltungsspielraum einredeweise durch *konkrete* Alternativvorschläge zu der (oder
den) betreffenden Vertragsklausel(n) geltend zu machen.[536]

Einer bezifferten Angabe der Lizenzgebühr bedarf es **ausnahmsweise** dann nicht, wenn 352
der Beklagte die Lizenzforderung des Patentinhabers für missbräuchlich überhöht hält
oder wenn sich der Patentinhaber weigert, eine Lizenzgebühr überhaupt zu beziffern. In
beiden Konstellationen genügt es für ein hinreichendes Lizenzangebot des Beklagten,
wenn die Höhe der Lizenzgebühr in das billige Ermessen des Patentinhabers gestellt
wird (§ 315 BGB).[537] Zwei Folgerungen sind damit verbunden: Zum einen wird der
Verletzungsprozess in gewissem Umfang[538] von der ggf schwierig und zeitaufwändig

---

531 OLG Karlsruhe, InstGE 8, 14 – Servospur = OLG Karlsruhe, GRUR-RR 2007, 177 – Orange-Book-Standard.
532 Für SEP mit FRAND-Erklärung: OLG Karlsruhe, GRUR-RR 2015, 326 – Mobiltelefone.
533 Vgl dazu Friedl/Ann, GRUR 2014, 948, die für eine kostenbasierte Berechnung der FRAND-Lizenz eintreten.
534 Vgl unten Kap E Rdn 558 ff.
535 Vgl dazu BGH, Mitt 2006, 378, 380 f.
536 BGH, GRUR 2009, 694 – Orange-Book-Standard.
537 BGH, GRUR 2009, 694 – Orange-Book-Standard.
538 Vgl unten Kap E Rdn 373.

festzustellenden angemessenen Lizenz entlastet. Zum anderen geht in einem späteren Vergütungshöheprozess die Darlegungs- und Beweislast für die Angemessenheit der getroffenen Lizenzbestimmung auf den Patentinhaber über.

(b) Vertragsbedingungen

353 Das Lizenzangebot muss **unbedingt** erfolgen.[539] Es schadet deswegen, wenn es nur für den Fall unterbreitet wird, dass das streitgegenständliche Produkt von der technischen Lehre des Klagepatents Gebrauch macht[540] oder das Verletzungsgericht zu dieser Auffassung gelangen sollte. Das Lizenzangebot darf ebenso wenig unter die Bedingung gestellt werden, dass sich das Klagepatent im Einspruchs- oder Nichtigkeitsverfahren als rechtsbeständig erweist. Auch ein gewöhnlicher vertraglicher Lizenznehmer könnte den Ansprüchen aus einem Lizenzvertrag nicht den mangelnden Rechtsbestand des Lizenzschutzrechts entgegenhalten, so lange das Schutzrecht nicht rechtskräftig vernichtet ist, weil er bis dahin in den Genuss des lizenzierten Schutzrechts kommt. Möglich ist daher auch nicht die Vereinbarung einer Rückzahlungsklausel für den Fall der rückwirkenden Vernichtung des (zwangs-)lizenzierten Klagepatents[541], sondern allenfalls eine – letztlich bloß deklaratorische – Bedingung, die besagt, dass die Lizenz mit Wirkung ex nunc außer Kraft tritt, wenn das Lizenzschutzrecht wegfällt. Gleiches gilt für alle sonstigen Vorbehalte (zB in Bezug auf ein Vorbenutzungsrecht oder eine Erschöpfung des Patentrechts), die dem Beklagten im Falle einer Annahme des Lizenzangebotes erlauben, seine Pflicht zur Unterlassung oder zum Schadenersatz, dh die Haftung dem Grunde nach, zu bestreiten.[542] Unschädlich sind demgegenüber Vorbehalte im Hinblick auf die Höhe der angemessenen Lizenzgebühr.[543] Das bedeutet freilich nicht, dass der Verletzungsbeklagte die Benutzung des Patents und dessen Rechtsbestand anzuerkennen hätte und nicht mehr bestreiten dürfte; er darf beides nur nicht im vertragsrechtlichen Sinne zur Bedingung für sein Lizenzangebot machen.[544]

354 Benutzt er das Klagepatent tatsächlich nicht oder erweist sich das Patent als nicht rechtsbeständig, fallen keine Lizenzgebühren (und dementsprechend auch keine Rechnungslegungspflichten) an, selbst wenn aufgrund des unbedingten Vertragsangebotes ein Lizenzvertrag mit dem Patentinhaber zustande gekommen sein sollte. Der kartellrechtliche Zwangslizenzeinwand stellt so gesehen ein weiteres Verteidigungsmittel des Verletzungsbeklagten neben dem Bestreiten des Benutzungssachverhaltes und dem Angriff auf das Klagepatent dar. Entschließt er sich zu dieser Verteidigung, indem er ein unbedingtes und sachlich angemessenes Lizenzangebot unterbreitet, kann das Gericht die Benutzungsfrage offenlassen und den Unterlassungsantrag aus dem Gesichtspunkt der Zwangslizenz abweisen.[545]

(c) Sonderfragen

355 Das Lizenzangebot muss schließlich **den berechtigten Belangen des Patentinhabers angemessen Rechnung tragen.**[546]

---

539 BGH, GRUR 2009, 694 – Orange-Book-Standard.
540 BGH, GRUR 2009, 694 – Orange-Book-Standard.
541 AA: Reimann/Hahn, FS v. Meibom, 2010, S 373; Herrlinger, GRUR 2012, 740, 741; Meier-Beck, FS Tolksdorf, 2014, S 115.
542 OLG Karlsruhe, GRUR-RR 2012, 124 – GPRS-Zwangslizenz.
543 OLG Karlsruhe, GRUR-RR 2012, 124 – GPRS-Zwangslizenz.
544 Meier-Beck, FS Tolksdorf, 2014, S 115.
545 Meier-Beck, FS Tolksdorf, 2014, S 115.
546 Vgl OLG Karlsruhe, GRUR-RR 2012, 124 – GPRS-Zwangslizenz.

Das Lizenzangebot soll deswegen, wenn der Schutzrechtsinhaber dies fordert, ein **Kün-** 356
digungsrecht für den Fall vorsehen müssen, dass der Lizenzsucher das Lizenzpatent in
seinem Rechtsbestand angreifen sollte.⁵⁴⁷

Kritik: Das erscheint problematisch. Zwar steht es einem normalen Lizenzgeber frei, den 357
Lizenzvertrag zu beenden, sobald der Lizenznehmer das ihm lizenzierte Schutzrecht
anficht. Der Gedanke, dass dem Lizenzgeber angesichts eines solchen (»undankbaren«)
Verhaltens des Lizenznehmers nicht weiter zugemutet werden kann, am Vertrag fest-
und die Benutzungsgestattung aufrecht zu erhalten, verfängt in Konstellationen der kartellrechtlichen Zwangslizenz jedoch nicht. Anders als in gewöhnlichen Lizenzfällen stellt
die Einräumung einer Lizenz dort gerade keine Wohltat des Schutzrechtsinhabers dar,
von der er auch ebenso gut hätte Abstand nehmen können, sondern ein Handeln, das
einer gesetzlichen Pflicht des Lizenzgebers entspricht. Eine völlige Gleichbehandlung
mit freien Lizenznehmern hätte zudem zur Konsequenz, dass der Lizenzsucher, der
einen kartellrechtlichen Anspruch auf die Lizenz hat, de facto daran gehindert wäre,
den mangelnden Rechtsbestand des Patents einzuwenden, weil er einerseits für seine
Geschäftstätigkeit dringend auf dessen Benutzung angewiesen ist, ein Angriff auf das
(ggf tatsächlich nicht rechtsbeständige und deshalb im Gemeininteresse zu beseitigende)
Patent jedoch sogleich mit dem Entzug der Benutzungserlaubnis bestraft werden
könnte.⁵⁴⁸

Hat der Lizenzsucher in der **Vergangenheit** bereits schadenersatzpflichtige Benutzungs- 358
handlungen vorgenommen, muss er mit seinem Lizenzangebot zugleich auch seine Schadenersatzhaftung jedenfalls dem Grunde nach anerkennen, anderenfalls der Kartellrechtseinwand gegenüber dem Unterlassungsanspruch versagt.⁵⁴⁹ Es genügt deswegen
nicht, wenn sich der Beklagte mit seinem Lizenzangebot für die Vergangenheit lediglich
zu einer Einmalzahlung verpflichtet, dem Kläger vorbehalten bleibt, darüber hinaus
gehenden Schadenersatz zu verlangen, sich der Beklagte für diesen Fall aber ein Bestreiten des Verletzungstatbestandes und/oder einen Angriff auf das Klageschutzrecht vorbe-
hält.⁵⁵⁰ Außerdem muss eine Verpflichtung zur Rechnungslegung übernommen werden,
wie sie im Rahmen der Schadenersatzhaftung nach Patentverletzung üblich ist.

Ein Verletzer, der selbst nicht lizenzwillig ist, kann sich zu seiner Rechtsverteidigung 359
darauf berufen, dass seine **Zulieferer**, von denen er die Verletzungsgegenstände bezieht,
einen kartellrechtlichen Lizenzierungsanspruch haben und diesen auch einfordern.⁵⁵¹
Zwar führen das diesbezügliche Lizenzgesuch und die Verhandlungspflicht des klagenden Patentinhabers noch nicht zu einer den selbst nicht verhandlungsbereiten Verletzer
entlastenden Erschöpfung der Patentrechte.⁵⁵² Der Lizenzierungseinwand des Zulieferers
muss – ähnlich wie beim Vorbenutzungsrecht – dennoch auch dem Abnehmer zugutekommen, weil ansonsten dessen Lizenzanspruch wertlos wäre, wenn der Patentinhaber
seine Verbietungsrechte gegenüber der nachfolgenden Händlerkette uneingeschränkt zur
Geltung bringen könnte. Dementsprechend ist es vom Patentinhaber geradezu zu erwarten, dass er sich mit seinem Lizenzangebot vordringlich an den Gerätehersteller (sofern
dieser lizenzwillig ist) wendet, dessen Lizenz den gesamten nachgeordneten Vertriebsweg klärt. Nur so ist gewährleistet, dass die Lizenzverhandlungen mit dem Hersteller
unbeeinflusst von einem unangemessenen Druck auf die ihm nachgeordneten Abnehmer

---

547 Vgl OLG Karlsruhe, GRUR-RR 2012, 124 – GPRS-Zwangslizenz.
548 Bedenken äußert auch Meier-Beck, FS Tolksdorf, 2014, S 115.
549 LG Mannheim, Mitt 2012, 120 – Kartellrechtlicher Zwangslizenzeinwand.
550 LG Mannheim, Mitt 2012, 120 – Kartellrechtlicher Zwangslizenzeinwand.
551 OLG Karlsruhe, GRUR-RR 2015, 326 – Mobiltelefone (für SEP mit FRAND-Erklärung); aA noch
    LG Mannheim, Urteil v 10.3.2015 – 2 O 103/14.
552 LG Mannheim, Urteil v 10.3.2015 – 2 O 103/14.

bleiben.⁵⁵³ Jedenfalls dann, wenn der Patentinhaber üblicherweise Lizenzverträge mit den Herstellern abschließt, stellt es einen Missbrauch bestehender Marktmacht dar, ohne Ansprache des Produzenten den Vertreiber wegen Patentverletzung in Anspruch zu nehmen.⁵⁵⁴ Neben dem Hersteller hat selbstverständlich auch der Vertreiber die Möglichkeit, für sich (dh im eigenen Namen und isoliert für sein Handelsunternehmen) um eine Lizenz nachzusuchen.

360 Aus dem Vorrang des Herstellers bei den Lizenzverhandlungen, folgt kein Grundsatz, dass in Fällen der Schutzrechtsverletzung immer erst der **Hersteller** der patentverletzenden Komponenten und nur nachrangig der **Vertreiber** des diese Komponenten enthaltenden Gerätes in Anspruch genommen werden darf.⁵⁵⁵ Der Verletzte hat vielmehr das freie Wahlrecht, welchen der mehreren Verletzer er in Anspruch nehmen will; im Prozess gegen den Vertreiber steht diesem nur der Verteidigungseinwand zu, der Kläger habe seine vorrangigen kartellrechtlichen Lizenzierungspflichten gegenüber dem Hersteller noch nicht erfüllt.⁵⁵⁶

361 Wirken Mutter- und Tochtergesellschaft bei den prozessbefangenen Verletzungshandlungen **mittäterschaftlich** zusammen (zB indem das *eine* Unternehmen herstellt und das *andere* vertreibt), ist es unzureichend, wenn nur das Tochterunternehmen isoliert um den Abschluss eines Standard-Pool-Lizenzvertrages nachsucht, das Mutterunternehmen des Konzerns dagegen nicht bereit ist, eine Lizenz zu nehmen.

362 Dass es außerhalb Deutschlands, ggf durch andere Konzerngesellschaften, zu gleichgelagerten Benutzungshandlungen paralleler Schutzrechte gekommen ist, rechtfertigt es für sich genommen noch nicht, die Angebotspflicht auf derartige **Auslandssachverhalte** zu erstrecken. Vielmehr ist es Sache des Verletzten, seine Ausschließlichkeitsrechte jeweils vor Ort gerichtlich durchzusetzen, und es ist Sache des dortigen Verletzungsbeklagten, seinen Lizenzierungsanspruch vor Gericht geltend zu machen.

363 Eine abweichende Handhabung ist aus faktischen Gründen erst dort geboten, wo der Standard in einem Umfang überregional, insbesondere weltweit gilt, und wo das in Deutschland beklagte Unternehmen zu einem **Konzern** gehört, der (zB über jeweils nationale Tochtergesellschaften) in räumlicher Hinsicht international und technisch betrachtet prinzipiell über den gesamten Standard hinweg agiert, dass es dem Kläger praktisch unmöglich ist, seine Standardpatente gleichzeitig in allen betroffenen Ländern durchzusetzen. Hier ist es zunächst zu billigen, dass der Schutzrechtsinhaber den die Sachlage faktisch weltweit klärenden Verletzungsprozess um die Technik des Klagepatents stellvertretend in einer bestimmten, erfahrenen Jurisdiktion seiner Wahl (oder einer geringen Mehrzahl von ihnen) führt, um dadurch eine Lizenzierung seiner parallelen Schutzrechte für alle Staaten herbeizuführen. Gleiches gilt im Hinblick darauf, dass ein Patentinhaber, der über eine größere Anzahl von standardrelevanten Schutzrechten verfügt, nicht alle Standardpatente einklagen kann, sondern maximal eine überschaubare, geringe Anzahl von ihnen; in noch weiter verschärfter Form stellt sich das Problem bei einem **Lizenzpool**, in den mehrere oder alle Patentinhaber ihre für den Standard wesentlichen Schutzrechte eingebracht haben und für den es schlechterdings ausgeschlossen ist, eine auch nur nennenswerte Auswahl der im Lizenzpool enthaltenen Patente zum Gegenstand von Verletzungsprozessen zu machen, um eine Gesamtlizenznahme zu veranlassen. Eine »Stellvertretung« ist also auch hier absolut geboten.

364 Die aufgezeigten Zwänge haben direkte Auswirkungen auf das **Lizenzierungsprozedere**. In einem ersten Schritt verbleibt es prinzipiell zwar dabei, dass der Verletzungsbeklagte

---

553 OLG Karlsruhe, GRUR-RR 2015, 326 – Mobiltelefone (für SEP mit FRAND-Erklärung).
554 OLG Karlsruhe, GRUR-RR 2015, 326 – Mobiltelefone (für SEP mit FRAND-Erklärung).
555 LG Mannheim, Urteil v 4.3.2016 – 7 O 97/14.
556 LG Düsseldorf, Urteil v 31.3.2016 – 4a O 73/14.

ein Lizenzangebot für seine prozessbefangenen Benutzungsaktivitäten zu unterbreiten hat. Ist offensichtlich oder vom Berechtigten in einem zweiten Schritt nachgewiesen, dass eine Situation, wie vorstehend unter Rdn 363 beschrieben, gegeben ist, ist das Lizenzangebot jedoch über die eigene Person und das Klagepatent hinaus auf alle standardwesentlichen Patente des Klägers bzw des Pools und alle diejenigen Konzerngesellschaften auszudehnen, die anderswo von dem Standard Gebrauch machen. Geschehen kann dies beispielsweise durch eine zentrale Lizenz der Konzernmutter (die sämtliche Benutzungshandlungen des Gesamtkonzerns abdeckt) oder durch sich geografisch ergänzende Einzellizenzen der aufgrund ihrer Benutzungshandlungen zu involvierenden Konzerngesellschaften. Je nach der gewählten Vertragsgestaltung steht der Verletzungsbeklagte daher in der Pflicht, zur Rechtfertigung seines Lizenzeinwandes ausreichende Vertragsofferten anderer Konzernunternehmen darzulegen, die selbst nicht am Verletzungsrechtsstreit beteiligt sind.

> **Praxistipp** — **Formulierungsbeispiel**
>
> Im Verletzungsverfahren ergibt sich damit die Möglichkeit, dass die Verletzungsfrage offengelassen und die Klage allein wegen eines ausreichenden Lizenzangebotes abgewiesen wird. Denn ein Gericht ist nicht verpflichtet, eine bestimmte von mehreren möglichen Begründungsmöglichkeiten zu wählen oder bestimmte Fragen offen zu lassen und dafür andere zu entscheiden.[557] Der Beklagte läuft bei der geschilderten Vorgehensweise des Verletzungsgerichts Gefahr, keine Klarheit darüber zu erhalten, ob er das Klagepatent – entsprechend seiner ggf hauptsächlichen Verteidigung – verletzt und deshalb eine kostspielige Lizenznahme überhaupt erforderlich ist. Wirkliche Abhilfe ist hier schwierig. Die Erhebung einer negativen **Zwischenfeststellungswiderklage** gemäß § 256 Abs 2 ZPO dahingehend, dass gerichtlich festgestellt wird, dass die angegriffene Ausführungsform das Klagepatent nicht verletzt, verlangt zwar kein besonderes Feststellungsinteresse. Sie ist aber nur zugelassen, wenn von dem Bestehen oder Nichtbestehen des streitigen Rechtsverhältnisses (vorliegend also der Verletzungsfrage) die Entscheidung des Rechtsstreits ganz oder teilweise abhängt, woran es fehlt, wenn über die Verletzungsklage ohne Rücksicht auf eine Klärung des eigentlichen Verletzungstatbestandes erkannt wird.[558] Dennoch kann die Erhebung einer negativen Zwischenfeststellungswiderklage unter Umständen Sinn machen, weil das Kostenrisiko im Falle ihrer Abweisung als unzulässig überschaubar ist und zumindest die Möglichkeit besteht, dass das Verletzungsgericht für die Klageabweisung eine doppelte Begründung wählt, indem es vordringlich die Benutzung des Klagepatents verneint und hilfsweise[559] auf ein ausreichendes Lizenzangebot des Beklagten abstellt. Ohne eine Zwischenwiderklage würde die Verneinung des Verletzungstatbestandes, da nicht Gegenstand des Urteilsausspruchs, sondern bloßes Begründungselement für die Klageabweisung, nicht in Rechtskraft erwachsen. Durch den Zwischenwiderklageantrag, der die Feststellung der Nichtbenutzung zum Gegenstand des Urteilstenors macht, ist dies anders. Der Vorteil eines solchen Ausspruchs ergäbe sich mit Blick auf künftige Abwandlungen der angegriffenen Ausführungsform, sofern der Feststellungsantrag richtig formuliert ist, nämlich nicht konkret umschreibend auf die streitbefangene Ausführungsform zugeschnitten, sondern verallgemeinernd zB dahin, dass eine Vorrichtung dann nicht vom Klagepatent erfasst wird, wenn sie eine bestimmte technische Funktion anders als auf bestimmte konstruktive Weise bereitstellt.

365

---

557 BGH, MDR 2008, 158.
558 Vgl zu Details Kap E Rdn 1045 f.
559 Auch eine Hilfsbegründung schafft Vorgreiflichkeit.

(5) Angebotsgerechte Erfüllungshandlungen

366 Allein das in die Zukunft gerichtete Lizenzangebot genügt für den Kartellrechtseinwand freilich noch nicht in jedem Fall. Hat der Beklagte im Vorgriff auf den zwangsweise herbeizuführenden Lizenzvertrag – wie meist – bereits Benutzungshandlungen aufgenommen, so muss er auch seinen Pflichten aus diesem Vertrag vorgreifen. Er hat aus diesem Grund nicht nur eine angemessene (eine übliche Verzinsungspflicht berücksichtigende) Vergütungsregelung für die in der Vergangenheit vorgefallenen Verletzungshandlungen aufzunehmen[560], sondern darüber hinaus – so lange die Benutzungshandlungen andauern – *rückwirkend und fortlaufend* diejenigen vertraglichen Verpflichtungen zu erfüllen, die sich aus dem abzuschließenden Zwangslizenzvertrag für den wahrgenommenen Benutzungsumfang ergeben.[561] Das gilt nicht nur für den Zeitraum zwischen der Abgabe eines Lizenzangebotes und dessen Annahme durch den Patentinhaber[562], sondern ganz generell für alle Benutzungshandlungen, die – auch vor Abgabe eines geeigneten Lizenzangebotes – vorgefallen sind.[563] Die Erfüllungshandlungen müssen darüber hinaus mit dem zeitlichen Fortgang Schritt halten, indem zu den während des Rechtsstreits einsetzenden weiteren Fälligkeitszeitpunkten (grundsätzlich quartalsweise[564]) die vertraglichen Pflichten erfüllt werden. Da die Patentbenutzung und der Rechtsbestand des Klagepatents trotz des Lizenzeinwandes weiterhin bestritten werden dürfen, kann sich der Verletzungsbeklagte auf den Standpunkt stellen, dass von dem Klagepatent tatsächlich kein Gebrauch gemacht werde, und insofern eine Nullauskunft erteilen und dementsprechend auch Lizenzzahlungen verweigern. Er erleidet dadurch keinen Schaden, wenn seine Ansicht zutrifft; er läuft allerdings auch Gefahr, dass das Verletzungsgericht seine Meinung nicht teilt und deshalb seinen Lizenzeinwand mit dem Argument verwirft, dass gebotene Erfüllungshandlungen nicht vorgenommen worden sind.

367 Damit der Zwangslizenzeinwand beachtlich ist, hat der Lizenzsucher angebotsgerechte Erfüllungshandlungen auch dann vorzunehmen, wenn er seinen Lizenzierungsanspruch im Verletzungsprozess im Wege einer **Widerklage** auf Annahme seines Lizenzangebotes verfolgt.

(a) Territoriale Reichweite

368 Wenn das Lizenzangebot im Einzelfall **konzern- und weltweit** ausgerichtet sein muss (vgl oben zu Rdn 363 f), ist zwangsläufiger Weise auch eine vertragsgerechte Erfüllung im gesamten Angebotsumfang notwendig, dh für alle Territorien des Lizenzvertragsangebots geschuldet, auch für solche, die außerhalb des Geltungsbereichs des Klagepatents liegen, sofern es dort zu vergütungspflichtigen Handlungen des Beklagten oder einer Konzerngesellschaft gekommen ist,[565] sowie für alle Schutzrechte des Klägers bzw des Lizenzpools, die für den Standard wesentlich sind und von deren mutmaßlicher Benutzung deshalb auszugehen ist.[566] Je nach dem, wie die konzernweit geschuldete Lizenz

---

560 LG Düsseldorf, InstGE 10, 66 – Videosignal-Codierung III; vgl dazu Reimann/Hahn, FS v. Meibom, 2010, S 373.
561 BGH, GRUR 2009, 694 – Orange-Book-Standard.
562 BGH, GRUR 2009, 694 – Orange-Book-Standard.
563 Für schadenersatzpflichtige Benutzungshandlungen vor Zugang eines ausreichenden Lizenzangebotes und Ablauf einer Überlegungsfrist für den Patentinhaber stellt die vertragliche Lizenzgebühr praktisch einen Mindestschaden dar, der den Kläger selbstverständlich nicht hindert, weitergehende Ansprüche nach den ihm zur Verfügung stehenden Methoden der Schadensberechnung zu beziffern und geltend zu machen (aA: Jestaedt, GRUR 2009, 801, 803, der für den Fall, dass der Patentinhaber für zurückliegende Zeiträume Schadenersatz fordern will, eine Pflicht zur Einbeziehung in das Lizenzangebot verneint).
564 LG Düsseldorf, Urteil v 24.4.2012 – 4b O 273/10.
565 Vgl Jestaedt, GRUR 2009, 801, 804; differenzierend: Reimann/Hahn, FS v. Meibom, 2010, S 373.
566 Vgl Reimann/Hahn, FS v. Meibom, 2010, S 373.

vertragsrechtlich konzipiert ist (ob als zentrale Gesamtlizenz der Konzernmutter oder als sich räumlich ergänzende Vielzahl von Einzellizenzen der benutzenden Konzerngesellschaften), liegt die Verantwortlichkeit für die Erbringung der Vertragspflichten entweder bei der Konzernmutter (für Benutzungen im gesamten Konzern) oder mit jeweils geografisch begrenzter Reichweite bei der Gemeinschaft aller benutzenden Konzerngesellschaften. Der Verletzungsbeklagte hat deshalb – je nach Lage des Falles – nicht nur die Erfüllung seiner eigenen Vertragspflichten (falls ihn solche aufgrund einer angebotenen Einzellizenz treffen) nachzuweisen, sondern ebenso darzutun, dass die übrigen Konzerngesellschaften ihren Pflichten aus den von ihnen angebotenen Lizenzen gleichfalls ordnungsgemäß nachgekommen sind.

(b) Rechnungslegung

Bei der vorweggenommenen Vertragserfüllung geht es vornehmlich um eine ordnungsgemäße (dh hinreichend substantiierte und wahrheitsgemäße, alle angebotspflichtigen Handlungen berücksichtigende) **Rechnungslegung** sowie die **Zahlung** der sich aus der Abrechnung ergebenden Lizenzgebühren.[567] 369

Beide Pflichten bestehen auch dann, wenn der Beklagte im Einzelfall keinen Schadenersatz schuldet (zB deshalb, weil ihm nur eine **mittelbare Verletzung** zur Last fällt und nach den besonderen Umständen des Falles keine unmittelbare Benutzungshandlung unter Verwendung des angebotenen oder gelieferten Mittels wahrscheinlich ist). Der Zwang zur Vorwegerfüllung der Lizenzvertragspflichten knüpft daran an, dass der Beklagte für seine Benutzungshandlungen eine Lizenz am Klagepatent benötigt hätte; er besteht deshalb immer dann, wenn es zu Benutzungshandlungen (und seien es auch bloß mittelbare) kommt, die nur bei Bestehen einer Benutzungsgestattung (= Lizenz) rechtmäßig gewesen wären. 370

Bezüglich der auskunftspflichtigen **Einzeldaten** ist danach zu differenzieren, ob es um Zeiträume geht, für die (weil sie vor dem Zugang eines annahmefähigen Angebotes liegen) ein Schadenersatzanspruch bestehen bleibt (hier muss in der für den Verletzungsprozess üblichen Weise umfassend Rechnung gelegt werden) oder ob es sich um Zeiträume handelt, für die die vertragliche Lizenz geschuldet wird (hier sind diejenigen Angaben zu machen, die dem angemessenen, zur Annahme verpflichtenden Lizenzangebot entsprechen). Kommt es nach Erlass eines erstinstanzlichen Urteils zu einem Vergleichsabschluss des Inhalts, dass die Parteien eine Lizenz vereinbaren, wobei der Beklagte für die Zeit vor der Lizenzeinräumung ihre gesetzliche Schadenersatz- und Rechnungslegungspflicht anerkannt hat, so lässt die Übernahme dieser vertraglichen, inhaltsgleichen Pflicht den gerichtlich zuerkannten, vollstreckungsfähigen Auskunftsanspruch im Zweifel nicht entfallen, sondern tritt neben ihn.[568] Der Vergleichsabschluss rechtfertigt deswegen keine Vollstreckungseinstellung in Bezug auf den gerichtlichen Rechnungslegungsausspruch, sondern hat lediglich zur Folge, dass die Zwangsvollstreckung so lange nicht betrieben werden darf, wie die dem Schuldner vertragliche eingeräumte Auskunftsfrist noch nicht verstrichen ist.[569] 371

(c) Hinterlegung

Die Lizenzzahlung braucht nicht an den Patentinhaber erfolgen, sondern kann auch in Form einer **Hinterlegung**[570] von gesetzlichen Zahlungsmitteln[571] für ihn unter Verzicht 372

---

567 BGH, GRUR 2009, 694 – Orange-Book-Standard.
568 OLG Karlsruhe, Beschluss v 13.6.2012 – 6 U 136/11.
569 OLG Karlsruhe, Beschluss v 13.6.2012 – 6 U 136/11.
570 Zum Ablauf des Hinterlegungsverfahrens (allerdings noch unter Berücksichtigung der zum 1.12.2010 durch das HintG NRW ersetzten Hinterlegungsordnung) vgl Reimann/Hahn, FS v. Meibom, 2010, S 373. Zur Schuldbefreiung durch Hinterlegung vgl Klein, MDR 2016, 1181.
571 Zu Einzelheiten vgl Ann, VPP-Rundbrief 2010, 46, 50 f.

auf das Recht zur Rücknahme (§§ 372 Satz 1, 376 Abs 2 Nr 1, 378 BGB) geschehen.[572] Durch die Hinterlegung (deren Verfahrenseinzelheiten sich für Nordrhein-Westfalen aus dem mit Wirkung zum 1.6.2020 geänderten Hinterlegungsgesetz vom 16.3.2010 (HintG NRW) sowie der Ausführungsvorschriften zum Hinterlegungsgesetz vom 20.5.2020 (AVHintG NRW)[573] entsteht ein öffentlich-rechtlicher Herausgabeanspruch des wahren Gläubigers gegen die Hinterlegungsstelle (Amtsgericht[574]), der die materielle Berechtigung des Forderungsprätendenten insbesondere durch Vorlage eines rechtskräftigen Urteils[575] nachzuweisen ist. Willigt der Beklagte nicht in die Aushändigung des hinterlegten Betrages an den Patentinhaber ein – was typischerweise der Fall sein wird, wenn der Beklagte die Patentverletzung bestreitet –, so ist der Patentinhaber, der Anspruch auf die hinterlegten Lizenzgebühren erhebt, gehalten, den Verletzer außerhalb des Verletzungsprozesses auf Freigabe der hinterlegten Summe in Anspruch zu nehmen.[576] Die Beweislast dafür, dass der heraus verlangte Betrag geschuldet wird, weil der Verletzer das lizenzierte Patent benutzt hat und die hinterlegte Summe als Lizenzvergütung der Billigkeit entspricht, liegt dabei beim Patentinhaber. Umgekehrt kann, wenn der Patentinhaber untätig bleibt, auch der Verletzer auf Freigabe der Hinterlegungssumme an sich klagen mit dem Argument, tatsächlich liege keine Patentbenutzung vor, weshalb auch keine Lizenzzahlungspflicht bestehe und der Patentinhaber ohne rechtlichen Grund um die Beteiligtenstellung im Hinterlegungsverfahren bereichert sei. Ist die Verletzungsfrage zwischen den Parteien streitig, steht einem Rückforderungsanspruch des hinterlegenden Verletzers nicht § 814 BGB entgegen.[577] Da die Hinterlegung grundsätzlich kein Anerkenntnis darstellt, bleibt es auch in dieser Konstellation bei der allgemeinen Beweislast für die Forderungsberechtigung. Ist bereits im Verletzungsprozess eine Patentbenutzung bejaht worden, kann die Verletzungsfrage im Hinterlegungsprozess nicht erneut aufgeworfen werden. In einem solchen Fall oder wenn die Benutzung des Lizenzpatents unstreitig ist, hat der Lizenzsucher ohne weiteres denjenigen Lizenzbetrag freizugeben, der nach seiner eigenen Einlassung angemessen ist.[578]

373 In denjenigen Fällen, in denen ein Lizenzangebot nach Maßgabe von § 315 BGB ausreicht und abgegeben wird, ist vom Benutzer ein Lizenzbetrag zu zahlen/hinterlegen, der in jedem Fall angemessen ist; anderenfalls scheitert der Zwangslizenzeinwand.[579] Will der Verletzer sicher gehen, kann er deswegen gehalten sein, vorsichtshalber diejenigen Lizenzbeträge zu hinterlegen, die der Patentinhaber – spätestens in Erwiderung auf den Sachvortrag des Beklagten dazu, dass die von ihm bereitgestellte Summe ausreichend ist – gefordert hat. Da das mit einem Leistungsbestimmungsrecht des Patentinhabers versehene Lizenzangebot erklärtermaßen den Verletzungsprozess von der Pflicht entlasten soll, ggf umfangreiche und langwierige Feststellungen zur angemessenen Lizenzhöhe zu treffen, was die Durchsetzung der Patentrechte unangemessen lange hinauszögern würde, wird es im Zusammenhang mit der Frage, ob der hinterlegte Betrag ausreicht, genügen müssen, wenn das Verletzungsgericht eine in dieser Hinsicht bloß summarische Prüfung vornimmt, die allerdings sicher das Ausreichen der geleisteten Zahlung für die geschuldete Lizenzgebühr ergeben muss (Darlegungslast: Beklagter). Eine **Evidenzprü-**

---

572 BGH, GRUR 2009, 694 – Orange-Book-Standard. Die rechtliche Zulässigkeit des Hinterlegungsmodells bezweifelt Ann (VPP-Rundbrief 2010, 46, 51) für Fälle, in denen der Lizenzierungsanspruch nicht aus deutschem, sondern aus europäischem Kartellrecht hergeleitet wird.
573 JMBl NRW S 153.
574 § 2 Abs 2 HintG NRW.
575 § 20 Abs 2 Nr 2 HintG NRW.
576 Bei verzögerter Freigabe können analog § 288 Abs 1 Satz 1 BGB gesetzliche Verzugszinsen verlangt werden (BGH, MDR 2018, 51).
577 OLG Düsseldorf, NJW-RR 2001, 1028.
578 OLG Karlsruhe, GRUR 2012, 736 – GPRS-Zwangslizenz II.
579 BGH, GRUR 2009, 694 – Orange-Book-Standard.

fung im geschilderten Sinne kann andererseits nicht unterbleiben, weil der Beklagte davor geschützt werden muss, dass der Patentinhaber gänzlich unangemessene Lizenzforderungen stellt, ggf in der unredlichen Absicht, den Verletzer allein durch den sich daraus ergebenden, seine finanziellen Möglichkeiten überschreitenden Zahlungsbetrag wirtschaftlich in die Knie zu zwingen. Dem Tatrichter steht in jedem Fall ein weiter Schätzungsspielraum zu.[580]

(6) Rechtsfolgen eines Kartellverstoßes

Greift der Kartellrechtseinwand des Verletzers in der vorstehend erörterten Fallkonstellation durch, so fragt sich, welche Konsequenzen dies für die einzelnen aus dem Verletzungstatbestand resultierenden Ansprüche hat. Insoweit ist zu unterscheiden: 374

(a) Unterlassungsanspruch

Was zunächst den in die Zukunft gerichteten Unterlassungsanspruch betrifft, ist der Patentinhaber gehindert, gegenüber dem Benutzer das Unterbleiben derjenigen Handlungen zu verlangen, die er ihm bei eigenem kartellrechtsgemäßem Verhalten im Wege einer Lizenzierung des Klagepatents zu gestatten hätte (§ 242 BGB).[581] Der Unterlassungsantrag ist deshalb abzuweisen, wenn der Patentinhaber auf das begründete Lizenzangebot des Beklagten eingeht oder dieses kartellrechtswidrig zurückweist. 375

Ein Lizenzangebot des Verletzers ist nicht deshalb entbehrlich, weil der Beklagte seine Patentverletzungshandlungen zwischenzeitlich eingestellt hat.[582] Die geschehene Patentverletzung begründet nämlich unter dem Gesichtspunkt der Wiederholungsgefahr einen Unterlassungsanspruch, der selbst durch eine vollständige Einstellung des Geschäftsbetriebes im Zweifel nicht beseitigt würde. Erforderlich ist vielmehr eine Unterwerfungserklärung oder aber ein für die Zukunft zur Benutzung berechtigender Tatbestand, der wiederum ein Lizenzangebot des Verletzers voraussetzt. 376

Erfolgt eine ausreichende Lizenzofferte erst während des Rechtsstreits, ist der Unterlassungsanspruch für in der **Hauptsache erledigt** zu erklären.[583] 377

(b) Schadenersatzanspruch

Die kartellrechtswidrige Weigerung, dem berechtigten Verlangen nach Abschluss eines angemessenen Lizenzvertrags nachzukommen, stellt zugleich ein eigenes schadensersatzbegründendes Verhalten des Patentinhabers dar. Für die Zeit nach seiner rechtswidrigen Weigerung haftet er dem Benutzer deshalb gemäß § 33 Abs 1, 33a GWB iVm Art 102 AEUV (bzw §§ 19, 20 GWB) auf Schadensersatz mit der Konsequenz, dass er den Benutzer so zu stellen hat, wie dieser ohne den Kartellrechtsverstoß stünde. In diesem Fall würde der Benutzer nicht auf **Schadensersatz** wegen Patentverletzung in Anspruch genommen werden können, sondern lediglich eine **angemessene Lizenzgebühr** schulden.[584] Für die Vergangenheit hat der Patentinhaber den Benutzer, dessen Lizenzierungsverlangen er zu Unrecht zurückgewiesen hat, deshalb im Wege des Schadensersatzes von jeglichen Ersatzansprüchen freizustellen, die über eine Lizenzgebühr hinausgehen. Für etwaige Benutzungshandlungen in der Zeit vor einer ausreichenden Lizenzofferte zzgl 378

---

580 Meier-Beck, FS Tolksdorf, 2014, S 115.
581 BGH, GRUR 2009, 694 – Orange-Book-Standard; LG Düsseldorf, InstGE 7, 70 – Videosignal-Codierung I.
582 LG Düsseldorf, InstGE 10, 66 – Videosignal-Codierung III.
583 LG Mannheim, Mitt 2012, 120 – Kartellrechtlicher Zwangslizenzeinwand; aA: Ann, VPP-Rundbrief 2010, 46, 49 f, der es – zu Unrecht – für erforderlich hält, dass das Lizenzangebot vor dem Beginn der Patentbenutzung abgegeben wird.
584 BGH, GRUR 2004, 966 – Standard-Spundfass.

einer angemessenen Überlegungsfrist für den Angebotsempfänger bleiben dem Patentinhaber die gewöhnlichen Schadenersatzansprüche in voller Höhe erhalten.

(c) Rechnungslegungsanspruch

379 Den jeweiligen Anspruch begleitet ein Rechnungslegungsanspruch, der diejenigen Einzeldaten umfasst, die für die Bezifferung des vorzubereitenden Anspruchs, dh der Lizenzgebühr[585] bzw des Schadenersatzanspruchs[586], notwendig sind. Soweit Angaben in vorweggenommener Erfüllung des Lizenzangebotes bereits während des Rechtsstreits gemacht werden, liegt ein Erledigungstatbestand im Sinne von § 91a ZPO vor.

(d) Vernichtungs- und Rückrufanspruch

380 Was den Vernichtungs- und Rückrufanspruch betrifft, so bleibt dieser für diejenigen Erzeugnisse erhalten, die sich bereits im Besitz oder Eigentum des Lizenzsuchers befunden haben, bevor dieser erstmals ein annahmefähiges Lizenzangebot unterbreitet hat, wobei in zeitlicher Hinsicht dessen Zugang beim Patentinhaber zzgl einer angemessenen Überlegungsfrist entscheidend ist.[587]

cc) SEP mit FRAND-Erklärung[588]

381 Die dritte – und letzte – Fallgruppe bilden SEP, für die eine FRAND-Erklärung[589] abgegeben ist. Ihre Besonderheit – namentlich im Vergleich zur vorher erörterten Konstellation eines auslizenzierten Patents – liegt, soweit das lizenzierte Schutzrecht nicht-standardgebunden ist, in zwei Dingen: Zum einen darin, dass bei einem SEP die Aufnahme des Patents in die technische Norm für eine sich infolge der bloßen Standardsetzung – gleichsam von selbst – einstellende Etablierung auf dem Produktmarkt sorgen kann, womit es dem Schutzrechtsinhaber erspart bleibt, sich im Wettbewerb mit seiner im Standard berücksichtigten Lösung gegen alternative andere technische Ansätze durchzusetzen und damit dem Risiko eines Unterliegens und der Fehlinvestition erheblicher Entwicklungskosten ausgesetzt zu sein. Zum anderen schafft die FRAND-Erklärung bei den Nachfragern ein schutzwürdiges Vertrauen in die freiwillige Lizenzbereitschaft des Schutzrechtsinhabers.[590] Ist das auslizenzierte Schutzrecht standardgebunden, verbleibt zugunsten des SEP jedenfalls das letztgenannte, vertrauensbasierte Unterscheidungsmerkmal. Es rechtfertigt eine Anwendung der nachfolgend noch näher darzustellenden Handhabungsregeln selbst dann, wenn für das SEP bereits eine umfangreiche, etablierte Lizenzpraxis existiert (zB aufgrund eines mit mehreren hundert Lizenznehmern gelten-

---

585 Dh keine Kosten- und Gewinnangaben.
586 Einschließlich Kosten- und Gewinnangaben.
587 AA: Jestaedt, GRUR 2009, 801, 805.
588 Block, FRAND-Lizenzierung, 2021 (zur Lizenzverwaltung durch Smart Contracts und Blockchain); Heitkamp, FRAND-Bedingungen bei SEP, 2020; Dornis, WRP 2020, 540 (Teil 1) und 688 (Teil 2); Kellenter/Verhauwen, GRUR 2018, 761; Schaefer/Czychowski, GRUR 2018, 582; Block, GRUR 2017, 121; Kellenter, FS 80 Jahre Patentgerichtsbarkeit Düsseldorf, 2016, S 255; Kühnen, FS 80 Jahre Patentgerichtsbarkeit Düsseldorf, 2016, S 311; Fuchs, FS Ahrens, 2016, S 79; Körber, Standardessentielle Patente, 2013; Körber, NZKart 2013, 87; Körber, NZKart 2013, 239; Körber, WRP 2013, 734; Winkel, »FRAND«-standardessentielle Patente, 2014; Jakobs, Standardsetzung, 2012; speziell mit Problemen des Schiedsverfahrens befasst sich Picht, GRUR 2019, 11.
589 Zur rechtlichen Bedeutung einer Selbstverpflichtungserklärung im Rahmen von Art 15 Abs 2 der Ecodesign-RL 2009/125/EG vgl BGH, GRUR 2018, 170 – Trommeleinheit; OLG Düsseldorf, Urteil v 29.4.2016 – I-15 U 47/15; OLG Düsseldorf, Urteil v 28.4.2017 – I-15 U 68/15.
590 EuGH, GRUR 2015, 764 – Huawei Technologies/ZTE. Die Auslegung des Unionsrechts durch den Gerichtshof ist von den mitgliedstaatlichen Gerichten auch auf Rechtsverhältnisse anzuwenden, die vor Erlass der Vorabentscheidung begründet wurden (BVerfG, NJW 2010, 3422).

den Standardlizenzvertrages, dessen Abschluss durch einen Lizenzierungspool vermittelt worden ist).[591]

(1) Unwiderruflichkeit der FRAND-Erklärung

Typischerweise ist die – als solche **unwiderrufliche** und deshalb über die gesamte Schutzdauer gültige – FRAND-Erklärung bereits im Zuge der Standardisierung abgegeben worden. Die rechtlichen Konsequenzen sind indessen dieselben, wenn eine solche Erklärung (zB weil die ursprüngliche FRAND-Zusage nicht mehr auffindbar ist) später mit Wirkung für die Vergangenheit **erneuert** wird.[592]

382

(2) Bindung an die FRAND-Erklärung bei Patentübertragung[593]

An die FRAND-Zusage seines **Rechtsvorgängers** ist der Erwerber des SEP – auch ohne ausdrückliche oder konkludente Erklärung – unmittelbar und unabdingbar gebunden.[594] Gerade weil die Standardsetzung nach der Natur der Sache technologischen Wettbewerb unterbindet, da jede konkurrierende technische Lösung, die nicht in den Standard aufgenommen wird, im Wettbewerb auf dem Produktmarkt chancenlos ist, stellt die freiwillige Bereitschaft aller durch die Standardsetzung privilegierten SEP-Inhaber, Konkurrenz dadurch zu ermöglichen, dass jedem an der standardessentiellen Technik Interessierten eine Benutzungserlaubnis zu FRAND-Bedingungen eingeräumt wird, eine tragende Säule der technischen Standardsetzung und ihrer rechtlichen Zulässigkeit dar. Sie kompensiert den unvermeidlichen Ausschluss von Wettbewerb auf der Technologieebene, indem freier Wettbewerb innerhalb des technischen Standards und bei seiner geschäftlichen Verwertung eröffnet wird. Bei den Nachfragern der mit dem Standard vereinheitlichten Technologie schafft die FRAND-Erklärung des Weiteren das berechtigte Vertrauen darauf, dass die standardessentiellen Patente künftig – entsprechend der mit der FRAND-Erklärung gegebenen Zusage – freiwillig zu FRAND-Bedingungen lizenziert werden.[595] Aus der Sicht des SEP limitiert die Lizenzierungszusage damit die von Hause aus umfassenden Monopol- und Verbietungsrechte des Patentinhabers, indem ihm fortan kein gegen jedermann wirkendes und bedingungslos durchsetzbares Ausschließlichkeitsrecht mehr zusteht, sondern dessen Befugnisse als Folge der FRAND-Erklärung dadurch begrenzt sind, dass er auf Anfordern jedermann eine Benutzung seines SEP und damit eine gleichberechtigte Teilhabe am Standard zu FRAND-Bedingungen gestatten muss. Diesem Zugeständnis kommt ganz erhebliche Bedeutung zu, gehört es doch zu den prägenden Kennzeichen der mit einem Patent verbundenen Monopolrechte, dass der Schutzrechtsinhaber nach seiner freien Entscheidung kategorisch von einer Lizenzerteilung absehen und somit jeden Dritten von einer Benutzung seines Patents ausschließen kann. Die Freiheit zur Nichtlizenzierung, die eine wichtige Facette und Folge der gesetzlichen Ausschließlichkeitsbefugnisse aus dem Patent ist, opfert der SEP-Inhaber um der Aufnahme der Lehre seines Patents in den technischen Standard willen. Weil die FRAND-Zusage die Rechte aus dem Patent in der geschilderten Weise unwiderruflich und somit gleichsam »dinglich« – beschränkt und *definiert*, kann das Patent notwendigerweise nur in eben dieser beschränkten, durch die FRAND-Zusage inhaltlich modifi-

383

---

591 LG Düsseldorf, Urteil v 9.11.2018 – 4a O 15/17. Auch wenn dem Beklagten unter solchen Umständen wegen des Standardvertragstextes ein Lizenzangebot leichter möglich sein mag, bleibt es bei der Angebotspflicht des Patentinhabers und kommt stattdessen keine Angebotspflicht des Beklagten nach den Grundsätzen der *Orange-Book*-Rechtsprechung in Betracht.
592 LG Mannheim, Urteil v 4.3.2016 – 7 O 96/14.
593 Leistner/Kleeberger, GRUR 2020, 1241; Dornis, GRUR 2020, 690; Tochtermann, GRUR 2020, 961.
594 OLG Düsseldorf, GRUR-RS 2019, 6087 – Improving Handovers; LG Mannheim, Urteil v 28.9.2018 – 7 O 165/16 (… weil jede Lossagung von der zu dem SEP abgegebenen Lizenzierungszusage einen kartellrechtswidrigen Machtmissbrauch iSv Art 102 AEUV darstellen würde).
595 EuGH, GRUR 2015, 764 – Huawei Technologies/ZTE.

zierten Form auf den Erwerber übergehen. Denn niemand kann durch ein Übertragungsgeschäft mehr Rechte erwerben als seinem Rechtsvorgänger selbst im Zeitpunkt der Veräußerung zugestanden haben.

384 Rechtliche Bedenken ergeben sich in diesem Zusammenhang nicht daraus, dass es wegen des *staatlichen* Verleihungsaktes und der *gesetzlichen* Ausgestaltung des mit der Patenterteilung verbundenen Monopolrechts möglicherweise außerhalb der Rechtsmacht des Schutzrechtsinhabers liegt, am Inhalt des ihm verliehenen Monopolrechts durch eigene Erklärung irgendetwas zu ändern. Selbst wenn der SEP-Inhaber das Recht aus dem Patent als solches durch seine Lizenzierungszusage substanziell nicht verändern kann, hat er in jedem Fall aber die rechtliche Macht, von einer bestimmten **Ausübung seiner Ausschließlichkeitsbefugnisse** abzusehen, indem er von seinem Recht zur Nichtlizenzierung der Erfindung keinen Gebrauch macht. In *diesem* rechtlichen Sinne ist die mit der FRAND-Zusage übernommene Verpflichtung rechtswirksam und beachtlich, jedem Interessenten zu FRAND-Bedingungen eine Benutzungserlaubnis an seinem SEP einzuräumen.

385 Allein das gefundene Ergebnis eines selbsttätigen Übergangs der FRAND-Verpflichtung mit dem Patenterwerb ist auch von der Rechtsfolgenseite her angebracht. Fundamentaler Inhalt der Eigentumsgarantie des Patentinhabers ist seine Befugnis, das ihm erteilte Schutzrecht nach seinem Belieben zu veräußern. Grundrechtlichen Schutz genießt dabei nicht nur die Übertragbarkeit des Schutzrechts als solche, sondern genauso die Person des Erwerbers, der vom Veräußerer frei gewählt werden kann. Diejenige Sondersituation, die aus der Standardsetzung resultiert, verlangt und rechtfertigt insoweit keinerlei Beschränkungen, weil sich die mit dem SEP verbundenen Rechte nicht durch die Person seines Inhabers ändern, sondern davon völlig unabhängig sind. Sie bestimmen sich vordringlich nach dem Inhalt des Schutzrechts, dh seinen geltenden Patentansprüchen, der Patentbeschreibung und den Patentzeichnungen (Art 69 EPÜ). Außer dem Inhalt der Patentschrift ist weiterhin wesentlich, dass mit der Patentübertragung die Bindungen (Beschränkungen) des ursprünglichen Patentinhabers aus seiner FRAND-Erklärung nicht verloren gehen, sondern den Erwerber in gleicher Weise verpflichten wie seinen Rechtsvorgänger. Wenn dies – als Folge des automatischen Übergangs der FRAND-Verpflichtung mit dem übertragenen Patent, für das die FRAND-Erklärung abgegeben wurde – gewährleistet ist, gibt es keinen Grund, eine Patentübertragung zu unterbinden oder zu limitieren. Denn dasjenige Ziel, das mit der FRAND-Zusage erreicht werden soll, verwirklicht sich ohne weiteres mit dem selbsttätigen Übergang der FRAND-Verpflichtung auf den Patenterwerber.

386 Die Bindung des Patenterwerbers an die FRAND-Zusage seines Rechtsvorgängers besteht nicht nur »dem Grunde nach«, dh insoweit, als es um die Pflicht zur Vergabe einer FRAND-Lizenz überhaupt geht, sondern sie besteht darüber hinaus auch »**der Höhe und dem Inhalt nach**«, nämlich insoweit, als der Erwerber im Rahmen seiner Verpflichtung zur fairen, zumutbaren und diskriminierungsfreien Lizenzierung an diejenige Lizenzierungspraxis gebunden ist, die auf seinen Rechtsvorgänger zurückgeht.[596] Denn in der Lizenzierungspraxis konkretisiert sich die FRAND-bedingte Beschränkung der Ausschließlichkeitsrechte aus dem SEP, die demzufolge nach einer Patentübertragung auch von dem Erwerber zu beachten ist. Dass dem so sein muss, folgt schon aus der Tatsache, dass die im Zeitpunkt des Patenterwerbs bestehenden Lizenzverhältnisse durch die Patentübertragung nicht fortfallen oder sonst wie beeinträchtigt werden, sondern in demselben Umfang und mit demselben Inhalt bestehen bleiben und gegenüber dem Erwerber fortwirken (§ 15 Abs 3 PatG), dem der Lizenznehmer deswegen eine Benutzung der Erfindung nicht untersagen kann. Selbst wenn der Erwerber – was von

---

596 OLG Düsseldorf, GRUR-RS 2019, 6087 – Improving Handovers.

III. 5. Kartellrechtlicher Zwangslizenzeinwand

Mitgliedstaat zu Mitgliedstaat unterschiedlich sein mag – mit dem Patenterwerb nicht automatisch anstelle des Veräußerers als Vertragspartei in die beim Inhaberwechsel bestehenden Lizenzverträge eintreten sollte, sondern es hierzu eines besonderen dreiseitigen Rechtsgeschäfts unter Beteiligung des Veräußerers, des Erwerbers und des Lizenznehmers bedürfte, bleiben die Nutzungskonditionen für die Bestands-Lizenznehmer dennoch dieselben; an der Pflichtenlage ändert sich für ihn nichts und die vertraglichen Ansprüche (zB auf Rechnungslegung und Lizenzvergütung) stehen regelmäßig auch dem SEP-Erwerber zu, weil in der Patentübertragung im Zweifel eine konkludente Abtretung der besagten Lizenzvertragsansprüche an ihn zu sehen ist. Unabhängig von der genauen dogmatischen Rechtskonstruktion, die unterschiedlich sein mag, bleibt daher eines in jedem Fall festzuhalten: Die Übertragung eines lizenzierten SEP mit FRAND-Erklärung beseitigt bestehende Lizenzverhältnisse nicht. Die Nutzungsrechte für den Lizenznehmer bleiben genauso unverändert erhalten, wie seine lizenzvertraglichen Pflichten insbesondere zur Lizenzzahlung dieselben bleiben. Rein wirtschaftlich betrachtet lässt sich deshalb die Feststellung treffen, dass die vom Veräußerer erteilten Lizenzen auf den Erwerber übergehen, sodass die bisherigen Lizenznehmer des Veräußerers fortan eigene Lizenznehmer des SEP-Erwerbers sind und infolgedessen notwendigerweise auch denjenigen Lizenzierungsrahmen abstecken, demgegenüber eine Diskriminierung verboten ist. Bei jeder von ihm vergebenen Lizenz hat der SEP-Erwerber daher nicht nur diejenigen Lizenznehmer im Blick zu behalten, denen er während seiner Inhaberschaft selbst eine fortdauernde Nutzungsbefugnis eingeräumt hat, sondern er hat darüber hinaus gleichermaßen solche fortwirkenden Lizenznehmerverhältnisse zu berücksichtigen, die als Folge des Patenterwerbs von seinem Rechtsvorgänger auf ihn übergegangen sind.

Relevant sind dabei selbstverständlich nur solche **Lizenzverhältnisse**, die im Zeitpunkt der rechtlich gebotenen Lizenzofferte (schon und noch) **in Kraft stehen**, während zu diesem Zeitpunkt bereits abgelaufene Lizenzverträge, weil sie keine Auswirkungen auf die Wettbewerbslage der Konkurrenten haben können, außer Betracht bleiben.[597] Geht es um den Unterlassungsanspruch, entscheidet der Zeitpunkt der letzten mündlichen Verhandlung, weswegen es auf die in diesem Moment existierenden Lizenzverträge ankommt; steht der Schadenersatz- und Rechnungslegungsanspruch in Rede, ist derjenige Zeitraum zu betrachten, für den vom Kläger voller Schadenersatz und umfassende Rechnungslegung begehrt wird.[598] Im Einzelnen gilt Folgendes:

387

– Um den Unterlassungsanspruch durchsetzbar zu machen, muss das **Lizenzangebot** in die Zukunft gerichtet FRAND-Bedingungen entsprechen und folglich **keine** (erst recht nicht sämtliche) Benutzungshandlungen ausbeutungs- und diskriminierungsfrei regeln, die in der **Vergangenheit** vorgefallen sind. Die besagte Beschränkung ist notwendige Folge der Tatsache, dass die FRAND-Erklärung den SEP-Inhaber nicht in seiner gesamten Rechtsdurchsetzung limitiert, sondern alle rückwärts gerichteten Ansprüche auf eine Benutzungsentschädigung uneingeschränkt klagbar bleiben. Insofern ist es der aktuelle Lizenzbestand, der für den Unterlassungsanspruch den Diskriminierungsmaßstab vorgibt, während frühere, inzwischen ausgelaufene Lizenzverträge, die der Einhaltung des Diskriminierungsverbotes zu einem anderen Zeitpunkt hätten entgegengehalten werden können, für ihn irrelevant sind. Ein Lizenzangebot kann – so gesehen – durch Zeitablauf in die Diskriminierungsfreiheit hineinwachsen. Wo dies geschieht, reduziert sich die Rechtfertigungslast des SEP-Inhabers für sein Lizenzangebot auf denjenigen Vertragsbestand, der für den Unterlassungsanspruch bedeutsam ist.

388

---

597 OLG Düsseldorf, GRUR-RS 2019, 6087 – Improving Handovers.
598 OLG Düsseldorf, GRUR-RS 2019, 6087 – Improving Handovers.

389 – Für das, vergangene Benutzungshandlungen abgeltende, Lizenzangebot sind keine grundsätzlich anderen Regeln einschlägig als sie für dasjenige Angebot gelten, welches den Unterlassungsanspruch durchsetzbar macht. Es muss und darf im Zweifel **konzern- und weltweit** ausgerichtet sein und das **Gesamtportfolio** des SEP-Inhabers abdecken. Denn was heute die aktuelle Benutzungslage regelt, trifft schon morgen Benutzungsregelungen für die Vergangenheit. Für beide beteiligten Seiten – den SEP-Inhaber und den Lizenzsucher – gilt deshalb, dass sich der Inhalt dessen, was eine ausbeutungs- und diskriminierungsfreie Benutzungsregelung auszeichnet, konzeptionell nicht durch den bloßen Zeitablauf und das dadurch bedingte Umschlagen von einem Unterlassungs- in einen Entschädigungsanspruch verändert. Was dem Lizenzsucher heute zur Abwehr des patentrechtlichen Unterlassungsanspruchs zumutbar ist (nämlich der Abschluss eines konzern- und weltweiten Portfoliolizenzvertrages), kann ihm morgen, wenn es darum geht, ob er für dieselben Benutzungshandlungen vollen Schadensersatz wegen Patentverletzung zu leisten hat, nicht unzumutbar sein. Wer sich nicht auf eine – wie beschrieben – umfassende (konzern-, welt- und portfolioweite) Lizenzregelung einlässt, hat deswegen statt einer FRAND-Lizenzgebühr seinen Verletzergewinn herauszugeben und Rechnung einschließlich der Angabe seiner Kosten und Gewinne zu legen. Beide Pflichten beschränken sich selbstverständlich nach Maßgabe des Streitgegenstandes sachlich auf das Klagepatent und räumlich auf dessen territorialen Geltungsbereich.

390 Damit in Anbetracht dessen eine Lizenzverweigerung für die Vergangenheit aus der Sicht eines Verletzers nicht lukrativ wird, hat es ganz entscheidende Bedeutung, dass seine Haftung auf Schadensersatz und Rechnungslegung spürbar schärfer ausfällt als sie bei einem FRAND-gerechten Verhalten gegeben wäre, weswegen die Annahme, Kosten- und Gewinnangaben würden auch dann geschuldet, wenn der Verletzer seinen FRAND-Pflichten nachgekommen ist[599], umso mehr abzulehnen ist. Denn der SEP-Inhaber hat – anders als der Lizenzsucher – keinen **einklagbaren Anspruch** auf Abschluss eines FRAND-Lizenzvertrages, sondern kann dessen Zustandekommen nur über die Durchsetzung seiner Monopolrechte aus den ihm zustehenden SEP motivieren.

391 Jede andere, von einer Bindung an die Lizenzen des Rechtsvorgängers absehende Handhabung hätte zur Folge, dass sich der SEP-Inhaber nach Belieben seinen Pflichten zur diskriminierungsfreien Behandlung aller Lizenzinteressenten dadurch entziehen könnte, dass er sein Patent, um sich der aus bereits erfolgten Lizenzierungen ergebenden Handlungsbeschränkungen zu entledigen, auf einen Dritten überträgt. Das widerspräche nicht nur dem Umstand, dass die Verpflichtung zur fairen und diskriminierungsfreien Lizenzerteilung nicht personen-, sondern sachgebunden ist, nämlich gegenständlich auf dem SEP lastet, für das eine FRAND-Erklärung abgegeben worden ist und dessen technische Lehre von jedem Interessierten benutzt können werden soll, sondern würde auch dem Sinn und Zweck der FRAND-Zusage zuwiderlaufen, der darin besteht, dass jeder Lizenzinteressent nicht nur in der Lage ist, das SEP überhaupt zu benutzen, sondern ein Recht zur Benutzung des SEP zu insbesondere finanziellen Konditionen erhält, die ihn gegenüber anderen Benutzern nicht diskriminieren. Denn jede Lizenzgebühr, die für ein standardessenzielles Schutzrecht aufgebracht werden muss, repräsentiert einen Kostenfaktor, der in die Preisbildung auf dem nachgelagerten Produktmarkt eingeht und damit potenziell geeignet ist, die Position des Anbieters im Wettbewerb zu beeinträchtigen. Würde der Erwerber eines SEP infolge der Patentübertragung die bisherige Lizenzierungspraxis seines Rechtsvorgängers abstreifen können, so würden für die Lizenzsucher – abhängig von dem möglicherweise rein zufälligen Zeitpunkt ihrer Lizenznahme – ganz unterschiedliche Lizenzbedingungen gelten. Eine diskriminierungsfreie Teilhabe am

---

599 Vgl unten Rdn 525 ff.

Standard wäre damit nicht gesichert, weil die Höhe der Lizenzgebühren und der damit verbundene preisbildende Kostenaufwand für den Lizenznehmer danach variieren könnte, von welchem Patentinhaber die Lizenz genommen worden ist. Auf dem Produktmarkt würden unterschiedliche Lizenznehmergruppen konkurrieren, nämlich solche, die ihr Benutzungsrecht noch von dem ursprünglichen SEP-Inhaber zu günstigen Konditionen erworben haben und die ihre Preise dementsprechend mit niedrigen Lizenzkosten kalkulieren können, mit solchen, die einen Lizenzvertrag erst mit dem Patenterwerber abgeschlossen haben und die bei sachlich unveränderter Lizenzierungslage höhere Lizenzentgelte in die Preisbildung einfließen lassen müssen. Eine derartige Ungleichbehandlung gleicher Sachverhalte ist mit den wirtschaftlichen Zielen der FRAND-Erklärung unvereinbar.

Ist das übertragene **Portfolio** als solches von dem Rechtsvorgänger **lizenziert** worden[600], ergibt sich der Diskriminierungsmaßstab für den Patenterwerber ohne weiteres aus eben diesen Lizenzverträgen, die in gleicher Weise abzuschließen er wegen der Übernahme des gesamten Lizenzportfolios in der Lage ist. Gleiches gilt, wenn der Rechtsvorgänger eine **Teilmenge** des übertragenen Schutzrechtspakets **lizenziert** hat; auch zu einer derartigen Lizenzvergabe ist der Patenterwerber imstande. Komplizierter gestaltet sich die Rechtslage, wenn Gegenstand der Lizenzvergabe ein Schutzrechtsportfolio war, das der Rechtsvorgänger zu einem Teil in seinem eigenen Besitz gehalten oder anderweitig veräußert und bloß in Teilen auf den klagenden Erwerber übertragen hat, mithin der Fall, dass das **lizenzierte Patentportfolio** auf mehrere Inhaber aufgespalten worden ist. Hier ist der Diskriminierungsmaßstab nicht nach der bloßen Zahl der Schutzrechte in den Teilportfolios zu bestimmen, sondern in einer wertenden Betrachtung zu ermitteln, welcher Bruchteil der für das bisherige Gesamtschutzrechtspaket vereinbarten Lizenzgebühr im Verhältnis zueinander den Teilschutzrechtsportfolios zuzuweisen ist. Maßgeblich für die vorzunehmende Aufteilung ist, welche technische Bedeutung den im jeweiligen Teilportfolio enthaltenen Patenten für den Standard zukommt und welche Wichtigkeit für den nachgelagerten Produktmarkt denjenigen Wirkungen, Eigenschaften und Features zuzusprechen ist, die von den jeweiligen Schutzrechten verantwortet werden.[601]

392

Weil sich die Lizenzofferte des Erwerbers diskriminierungsfrei in die Lizenzierungspraxis seines Rechtsvorgängers einfügen muss und der SEP-Erwerber – worauf später[602] noch näher eingegangen wird – im Rahmen seiner Angebotspflicht gegenüber einem Lizenzsucher diejenigen Umstände zu benennen hat, die die von ihm offerierten Lizenzbedingungen als FRAND ausweisen, hat sich sein Lizenzangebot rechtfertigend zu sämtlichen bisherigen Lizenzerteilungen, auch denjenigen des Rechtsvorgängers, zu verhalten. Um dies leisten zu können, ist der SEP-Erwerber darauf angewiesen, über diejenigen Lizenzverträge in Kenntnis gesetzt zu werden, die der Veräußerer während seiner Inhaberschaft abgeschlossen hat. Eine dahingehende Informationspflicht trifft den Veräußerer unmittelbar aus seiner vertrauensbildenden Zusage, sein SEP diskriminierungsfrei zu lizenzieren. So lange er selbst Schutzrechtsinhaber ist, findet die besagte Pflicht ihren Ausdruck darin, dass er bei seiner eigenen Lizenzerteilung weder ausbeuten noch diskriminieren darf; sobald er das SEP übertragen hat, äußert sich das Versprechen zu diskriminierungsfreier Lizenzerteilung in der Pflicht, den als Lizenzgeber an seine Stelle tretenden Erwerber in den Stand zu versetzen, dem für das übertragene SEP abgegebenen Versprechen zur diskriminierungsfreien Lizenzierung nachzukommen.[603] Um das erworbene SEP durchsetzbar zu machen, liegt es von daher im ureigensten Interesse des SEP-Erwerbers, im Übertragungsvertrag Vorkehrungen für einen **Wissenstransfer**

393

---

600 …, und zwar ohne Vereinbarung einer Kreuzlizenz.
601 OLG Düsseldorf, GRUR-RS 2019, 6087 – Improving Handovers.
602 Vgl zu Einzelheiten unten Rdn 441 f.
603 OLG Düsseldorf, GRUR-RS 2019, 6087 – Improving Handovers.

in Bezug auf bereits erfolgte Lizenzerteilungen und deren Inhalt zu treffen. Sie sind in der Praxis auch absolut üblich, weil der Patenterwerber mit dem Schutzrecht zugleich die daran erteilten Lizenzen »übernimmt«, was es aus Gründen der wirtschaftlichen Vernunft geradezu gebietet, sich vor dem SEP-Erwerb über die Person der Lizenznehmer und die Bedingungen der ihnen erteilten Benutzungsrechte zu informieren. Weiterhin hat der Erwerber – was ebenfalls direkte Konsequenz der vom Veräußerer für das SEP abgegebenen FRAND-Zusage ist – Vorsorge dafür zu treffen, dass der Rechtsvorgänger daran mitwirkt, dass die von ihm erteilten Lizenzen erforderlichenfalls (zB in einem Rechtsstreit) **offengelegt werden können**, um eine (insbesondere gerichtliche) FRAND-Prüfung zu erlauben. Im Falle einer Inhaberkette ist der vorletzte SEP-Inhaber in der Lage, Auskunft über sämtliche Lizenzierungen zu erteilen, über die von ihm selbst während seiner Inhaberschaft vorgenommenen aus eigenem Wissen, über die seiner Rechtsvorgänger aufgrund des ihm zustehenden Informationsanspruchs. Für den jeweiligen Erwerber ist deswegen sein unmittelbarer Rechtsvorgänger der richtige Ansprechpartner, wenn es um die bis zum Übertragungstermin selbst oder durch die Vorinhaber praktizierte Lizenzierung geht.[604]

(3) Bedeutung der Lizenzbereitschaftserklärung[605]

394 Vor dem geschilderten Hintergrund ist als erstes zu klären, welche rechtliche Bedeutung der FRAND-Erklärung beizumessen ist.

(a) Verzicht auf Unterlassungsanspruch

395 Verfehlt ist die Annahme, mit der Bereitschaftserklärung habe der Patentinhaber auf seinen Unterlassungsanspruch gegenüber jedem Lizenzinteressenten verzichtet.[606] Schon der Wortlaut der Erklärung gibt dafür nichts her, weil der Patentinhaber sich nur erbietet, die Ausschließlichkeitsrechte aus dem Patent durch Abschluss eines Lizenzvertrages – und folglich eben nicht bedingungslos – zu Fall bringen zu lassen.[607] Des Weiteren ist ein Verzicht auf den Unterlassungsanspruch mit Rücksicht auf dessen dingliche, untrennbar mit dem Schutzrecht als solchem verbundene Natur rechtlich überhaupt nicht möglich.[608] Zulässig ist allenfalls ein Verzicht darauf, den Unterlassungsanspruch auszuüben. Auch dafür besteht indessen kein Anlass. Weder die kartellrechtliche Gesetzeslage zwingt zu einem solchen Schritt, weil der marktbeherrschende Patentinhaber eben nur gehalten ist, Lizenzen (zu gleichen und angemessenen Bedingungen) einzuräumen, noch gibt die Interessenlage für einen Ausübungsverzicht irgendetwas her. Ganz im Gegenteil verbieten es die Schutzbedürfnisse des Patentinhabers geradezu, einen Verzicht auf die Geltendmachung des Unterlassungsanspruchs anzunehmen, weil er unter solchen Umständen jedem unredlichen Lizenznehmer ausgeliefert wäre. Er könnte bei Vertragsverletzungen zwar den Vertrag kündigen, weitere Benutzungshandlungen jedoch – anders als jeder gewöhnliche Lizenzgeber – nicht mehr unterbinden.

---

604 Die – hier nicht für zutreffend gehaltene – alternative Lösung würde darin bestehen, jeden Vorinhaber für die zeitliche Dauer seiner FRAND-Bindung gegenüber jedem Rechtsnachfolger auf Auskunft haften zu lassen.
605 Heitkamp, FRAND-Bedingungen bei SEP, 2020; McGuire, GRUR 2018, 128.
606 Zutreffend: LG Mannheim, InstGE 11, 9 – UMTS-fähiges Mobiltelefon; Schlussanträge des Generalanwalts Wathelet v 20.11.2014 in der Sache C-170/13 – Tz 60 (BeckRS 2014, 82403); EuGH, GRUR 2015, 764 – Huawei Technologies/ZTE.
607 LG Düsseldorf, Urteil v 24.4.2012 – 4b O 273/10.
608 Das gilt jedenfalls für Patente, die nach dem geltenden Schutzlandprinzip deutschem Patentrecht unterstehen.

(b) Deklaratorisch/konstitutiv

Eine andere (für die Rechtspraxis weitaus wichtigere) Frage ist, ob die Lizenzbereitschaftserklärung bei interessegerechtem Verständnis lediglich eine deklaratorische Konkretisierung des kraft Kartellrechts (Art 102 AEUV, §§ 19, 20 GWB) ohnehin bestehenden gesetzlichen Abschlusszwanges beinhaltet[609] oder ob mit ihr eine selbständig schuldbegründende (konstitutive) Erklärung zugunsten jedes Lizenzinteressenten beabsichtigt und verbunden ist[610].

Relevanz kann diese Problematik in zweierlei Hinsicht haben, einmal für die Rechtsfolgenseite und einmal auf der Tatbestandsebene. Während in Bezug auf die rechtlichen Folgen einer FRAND-Erklärung kaum bestreitbar ist, dass anhand der zu Art 102 AEUV ergangenen Rechtsprechung zu klären ist, was »diskriminierungsfrei« im Sinne der FRAND-Erklärung bedeutet, stellt sich die Rechtslage, soweit es um einen etwaigen Verstoß gegen die Pflicht zur »fairen und angemessenen« Lizenzierung geht, weit weniger eindeutig dar.[611] Es lässt sich die Ansicht vertreten, dass nicht diejenigen Maßstäbe beachtlich sind, die im Rahmen des gesetzlichen Kartellverbotes nach Art 102 AEUV über das Vorliegen eines »Ausbeutungsmissbrauchs« entscheiden, sondern vielmehr die eigene Verpflichtungserklärung des Patentinhabers den Ausschlag gibt, die – jedenfalls nach ihrem reinen Wortlaut – eben nicht bloß keine Ausbeutung verspricht, sondern eine gerechte (sic: fair, reasonable) Lizenzierung zusagt.[612] Egal, welcher Standpunkt hierzu eingenommen wird, hat die (deklaratorische oder konstitutive) Rechtsnatur der Bereitschaftserklärung in jedem Fall entscheidende Bedeutung auf der Tatbestandsebene, nämlich im Hinblick darauf, ob aufgrund der Inhaberschaft am SEP eine marktbeherrschende Stellung gegeben sein muss. Während dies bei einem bloß die Gesetzeslage deklaratorisch wiederholenden Inhalt der FRAND-Erklärung zu bejahen ist, würde eine vom Erklärenden vertraglich-konstitutiv übernommene Pflicht zur diskriminierungsfreien und angemessenen Lizenzierung von der im Rahmen der gesetzlichen Vorschriften notwendigen Prüfung suspendieren, ob der betreffende SEP-Inhaber Normadressat von Art 102 AEUV, §§ 19, 20 GWB ist, dh über eine marktbeherrschende Stellung verfügt, die ihm besondere Verhaltenspflichten auferlegt.[613] Auch wer nicht Marktbeherrscher ist, müsste zu FRAND-Bedingungen lizenzieren und sich dies in einem Verletzungsprozess um das SEP verteidigungsweise entgegenhalten lassen.

Sofern die Standardisierungsvereinbarungen – was die Regel sein dürfte – selbst keine klare Auskunft über die bloß bestätigende oder aber schuldschaffende Natur der Lizenzbereitschaftserklärung geben, lässt sich die aufgeworfene Frage letztlich nur mit Rücksicht auf diejenigen Gründe beantworten, die die an der Standardsetzung mitwirkenden Unternehmen bei der Normierung bewogen haben, zum Ausgleich dafür, dass eine bestimmte zum Schutzrecht angemeldete Technologie in den Standard aufgenommen wird, ihrem Inhaber die Abgabe einer an die Allgemeinheit gerichteten FRAND-Verpflichtungserklärung abzuverlangen. *Eine* grundsätzliche Feststellung lässt sich in diesem Zusammenhang vorweg mit ziemlicher Gewissheit treffen. Die ausschließliche Nutzung der patentierten Erfindung durch den Schutzrechtsinhaber macht das eigentliche Wesen

---

609 LG Düsseldorf, Urteil v 24.4.2012 – 4b O 273/10; LG Düsseldorf, Urteil v 19.1.2016 – 4b O 120/14; vgl auch BGH, GRUR 2009, 1052 – Seeing is Believing.
610 So die überwiegende Auffassung im Ausland, vgl die lesenswerte Zusammenstellung von Fröhlich für die AIPPI zu Q 222, zu finden unter https://www.aippi.org/download/commitees/222/Report222AIPPI+report+on+the+availability+of+injunctive+relief+for+FRAND-committed+standard+essential+patentsEnglish.pdf.
611 Zu Einzelheiten vgl unten Kap E Rdn 419.
612 Schlussanträge des Generalanwalts Wathelet v 20.11.2014 in der Sache C-170/13 – Tz 48, 71–74 (BeckRS 2014, 82403).
613 LG Düsseldorf, Urteil v 24.4.2012 – 4b O 273/10.

jeden Patents aus. Seinen unübersehbaren Niederschlag hat dies auch im rechtlichen Rahmen gefunden. So wird das geistige Eigentum ausdrücklich in der Charta der EU-Grundrechte geschützt (Art 17 Abs 2) und sind die Verbietungsrechte durch die Enforcement-Richtlinie auf ein absichtlich hohes Schutzniveau gehoben worden.[614] Die gesetzlichen Ansprüche wegen widerrechtlicher Patentbenutzung stellen wesentliche Mittel dar, um das Grundrecht des geistigen Eigentums zur Geltung zu bringen.[615] Der hierzu notwendige Rechtsschutz (Zugang zu den Gerichten) genießt seinerseits Grundrechtsschutz (Art 47 EU-Charta).[616] Auf der anderen Seite hat auch die unternehmerische Freiheit den Rang eines Grundrechts (Art 16 EU-Charta), woraus folgt, dass der Schutz des geistigen Eigentums nicht schrankenlos ist. Er steht vielmehr unter dem Vorbehalt der Allgemeinverträglichkeit, was insbesondere eine Ausübung der Patentrechte im Einklang mit den Wettbewerbsregeln des Kartellrechts verlangt.[617] Angesichts der geschilderten Rechtssituation kann die Lizenzzusage des Patentinhabers vernünftigerweise nur so weit verstanden werden, wie die gegebene kartellrechtliche Gesetzeslage eine Preisgabe des Monopolrechts zugunsten des Wettbewerbs erfordert hat (Gedanke der **Zweckübertragungstheorie**[618]). Denn niemand gibt freiwillig mehr von seinen Rechten auf als er unbedingt muss.

399 Eine Notwendigkeit zur Selbstbeschränkung in der Ausübung ihrer Verbietungsrechte aus dem SEP hat sich für die Mitglieder der Standardisierung unbestreitbar aus **Art 102 AEUV** (bzw seiner Vorläuferbestimmung) ergeben, der dem Marktbeherrscher im Interesse des freien Wettbewerbs gesetzliche Handlungsbeschränkungen auferlegt, die unabdingbar sind und inhaltlich der FRAND-Zusage entsprechen[619], jedenfalls aber nicht dahinter zurückbleiben[620]. Angesichts dessen steht außer Zweifel, dass die FRAND-Erklärung dem Kartellverbot aus Art 102 AEUV Rechnung trägt, was verlangt, aber auch ausreichen lässt, dass sich der *Marktbeherrscher* zu einer diskriminierungs- und ausbeutungsfreien Lizenzierung an jedermann bereit erklärt. Vor diesem Hintergrund trägt – soweit es um Art 102 AEUV geht – jede FRAND-Erklärung den unausgesprochenen Vorbehalt in sich, dass der die Lizenzerteilung versprechende Patentinhaber tatsächlich Marktbeherrscher ist.[621] Einen dahingehenden stillschweigenden Vorbehalt anzunehmen, rechtfertigt sich deshalb, weil zum Zeitpunkt der Standardsetzung im Zweifel nicht abschließend absehbar war, welches konkrete SEP im späteren Produktmarkt eine beherrschende Position vermitteln wird, weswegen vorsorglich jeder SEP-Inhaber eine (verständlicherweise durch seine spätere marktbeherrschende Stellung bedingte) Lizenzierungszusage abgegeben hat.

400 Als zusätzlicher Anlass für die FRAND-Verpflichtungserklärung aller SEP-Inhaber (der zu einem inhaltlich weitreichenderen Verständnis von der erklärten Lizenzbereitschaft führen kann) kommt **Art 101 AEUV** in Betracht. Die Vorschrift verbietet Vereinbarungen zwischen Unternehmen, die objektiv geeignet sind, den Handel zwischen Mitgliedstaaten zu beeinträchtigen, wenn die Vereinbarung eine Verhinderung, Einschränkung oder Verfälschung des Wettbewerbs innerhalb des Binnenmarktes subjektiv bezweckt oder (wenigstens) objektiv bewirkt (Abs 1). Für Vereinbarungen solchen Inhalts ordnet

---

614 EuGH, GRUR 2015, 764 – Huawei Technologies/ZTE.
615 EuGH, GRUR 2015, 764 – Huawei Technologies/ZTE; Schlussanträge des Generalanwalts Wathelet v 20.11.2014 in der Sache C-170/13 – Tz 61 (BeckRS 2014, 82403).
616 EuGH, GRUR 2015, 764 – Huawei Technologies/ZTE; Schlussanträge des Generalanwalts Wathelet v 20.11.2014 in der Sache C-170/13 – Tz 66 f (BeckRS 2014, 82403).
617 Schlussanträge des Generalanwalts Wathelet v 20.11.2014 in der Sache C-170/13 – Tz 59, 63 (BeckRS 2014, 82403).
618 BGH, GRUR 2000, 788 – Gleichstromsteuerschaltung; BGH, GRUR 2006, 401 – Zylinderrohr.
619 Non-diskriminatory = diskriminierungsfrei.
620 Fair, reasonable = nicht ausbeuterisch.
621 OLG Düsseldorf, Beschluss v 17.11.2016 – I-15 U 65/15.

Art 101 Abs 2 AEUV ihre Kartellnichtigkeit an. In der patentgerichtlichen Instanzrechtsprechung[622] ist die Auffassung vertreten worden, dass die technische Standardisierung eine Vereinbarung zwischen im Wettbewerb stehenden Unternehmen beinhaltet, die mit Blick auf die mit der Standardsetzung verbundene Aufgabe alternativer technologischer Entwicklungen geeignet ist, den Wettbewerb einzuschränken, wobei die Abgabe einer FRAND-Erklärung eine anerkannte Möglichkeit zur Freistellung nach Art 101 Abs 3 AEUV darstelle. Diesen Überlegungen ist nur eingeschränkt beizupflichten.

Die **Leitlinien der EU-Kommission** zur Anwendbarkeit von Art 101 AEUV[623] dokumentieren Grundsätze zur Handhabung des besagten Kartellverbots. Sie haben für die Gerichte zwar keine Bindungswirkung, bieten für die Wirtschaftsteilnehmer aber gleichwohl eine wichtige Orientierungshilfe, weil sie die Praxis der zuständigen Kartellbehörde zusammenfassen und insofern Bedeutung auch für die Zeit vor ihrer formellen schriftlichen Niederlegung im Jahr 2011 haben. Die Leitlinien (Tz 262) halten fest, dass sich die wettbewerblichen Auswirkungen bei Standardbedingungen in der Regel auf den nachgelagerten Märkten zeigen, auf denen Unternehmen über den Verkauf ihres Produktes an die Kunden miteinander konkurrieren. Vereinbarungen über technische Normen befördern in hohem Maße positiv die Wirtschaft, indem sie zur Entwicklung neuer, qualitativ besserer Produkte beitragen, eine Informationsquelle bereitstellen und Interoperabilität sowie Kompatibilität gewährleisten und sich somit insgesamt wertsteigernd für die Verbraucher auszahlen (Tz 263). Normung kann *unter Umständen* aber auch wettbewerbsbeschränkenden Charakter haben, weil sie Innovation und technische Entwicklung einschränken kann, indem der Markt gegenüber abweichenden innovativen Technologien verschlossen wird (Tz 264). 401

In Anbetracht des aufgezeigten Nutzens technischer Standards für die Allgemeinheit verbietet sich die Annahme, mit der Verständigung auf eine technische Norm sei eine Verhinderung, Einschränkung oder Verfälschung des Wettbewerbs auf dem Binnenmarkt *bezweckt*. Kartellrechtlichen Bedenken kann die Standardsetzung daher nur unterliegen, wenn von ihr – ohne dass dahingehende Absichten verfolgt werden – jedenfalls faktisch wettbewerbsbeschränkende *Auswirkungen* ausgehen. Das ist – wie die Leitlinien in den Tz 277 ff festhalten – nur der Fall, wenn und soweit die Normierung Marktmacht entstehen lässt. AaO heißt es auszugsweise: 402

277... Wenn keine Marktmacht besteht, können Normenvereinbarungen keine wettbewerbsbeschränkenden Auswirkungen haben. ... 403

278Für Normenvereinbarungen, bei denen die Gefahr besteht, dass sie Marktmacht entstehen lassen, zeigen die Randnummern 280 bis 286 auf, unter welchen Voraussetzungen sie normalerweise in den Anwendungsbereich von Art 101 Abs 1 fallen. 404

...

280Ist die Möglichkeit der uneingeschränkten Mitwirkung am Normungsprozess gegeben und das Verfahren für die Annahme der betreffenden Norm transparent, liegt bei Normenvereinbarungen, die keine Verpflichtung zur Einhaltung der Norm enthalten und Dritten den Zugang zu der Norm zur fairen, zumutbaren und diskriminierungsfreien Bedingungen gewähren, keine Beschränkung des Wettbewerbs im Sinne von Art 101 Abs 1 vor. 405

Für das richtige Verständnis der zitierten Passagen sind zwei Erkenntnisse wichtig. Erstens: Mit dem Begriff »Marktmacht« ist keine marktbeherrschende Stellung im Sinne von 406

---

622 LG Mannheim, Beschluss v 21.11.2014 – 7 O 23/14.
623 ABl C 11/1 v 14.1.2011.

Art 102 AEUV gemeint. Zweitens: Eine Absprache über die Etablierung eines technischen Standards ist in jedem Fall (dh auch für den im Vorhinein ggf nicht sicher absehbaren Fall, dass mit ihr eine Wettbewerbsbeschränkung verbunden sein sollte) kartellrechtlich unbedenklich, wenn auf Seiten der Teilnehmer die Bereitschaft besteht, jedem Interessenten zu FRAND-Bedingungen eine Lizenz an den Standardschutzrechten zu erteilen und ihm dadurch eine gleichberechtigte Teilnahme am standardisierten Markt zu ermöglichen. Um etwaige kartellrechtliche Bedenken gegen die vereinbarte Standardsetzung sicher auszuräumen, bedarf es dabei lediglich einer ernsthaften Lizenzbereitschaftserklärung derjenigen, die an der Standardsetzung teilnehmen und von ihr profitieren, aber nicht notwendigerweise der Zuweisung eines eigenen Lizenzierungsanspruchs an jeden Lizenzsucher. Mit Blick auf Art 101 AEUV existiert infolgedessen kein Bedarf für die Begründung einer konstitutiven (dh selbständig schuldschaffenden und anspruchsbegründenden) FRAND-Zusage, womit ein dahingehender Erklärungswille den Mitgliedern des Standards auch nicht unterstellt werden kann.

407 **Zusammenfassend** bleibt nach allem festzuhalten: Unter dem Blickwinkel von Art 102 AEUV mag die FRAND-Erklärung konstitutiv zu verstehen sein; selbst wenn dem so sein sollte, geht sie inhaltlich – wie dargelegt – jedenfalls nicht über den gesetzlichen Lizenzierungsanspruch hinaus. Soweit Art 101 AEUV im Raum steht, kann der Lizenzzusage schon kein schuldbegründender Charakter zuerkannt werden. Am Ende bleibt es deshalb dabei, dass im Patentverletzungsprozess allein die Verhaltenspflichten des Marktbeherrschers relevant sind und Art 101 AEUV keine Bedeutung hat.[624]

408 Die rein deklaratorisch (nämlich als bloßes Bekenntnis zu den kartellrechtlichen Pflichten eines Marktbeherrschers) verstandene **FRAND-Erklärung** ist **nicht** vollständig **inhaltsleer** und – neben den ohnehin anwendbaren kartellrechtlichen Vorschriften – überflüssig, was dem vorstehend herausgearbeiteten Verständnis von ihrer deklaratorischen Natur entgegengehalten werden könnte. Denn mit der FRAND-Zusage sind sehr wohl Rechtswirkungen verbunden, die ohne FRAND-Erklärung nicht anzunehmen sein würden. Sie bestehen darin, dass die Lizenzierungszusage des SEP-Inhabers nach der EuGH-Rechtsprechung[625] im Markt ein berechtigtes Vertrauen auf ihre Einhaltung schafft, was wiederum zur Folge hat, dass die ansonsten beim Verletzungsbeklagten (als dem Anspruchsteller für eine Lizenz an dem SEP) liegende Initiativpflicht für das Zustandekommen eines FRAND-Lizenzvertrages auf den SEP-Inhaber verschoben wird. *Er* ist es nämlich, dem es im Anschluss an die Lizenzbitte des Verletzungsbeklagten obliegt, ein spezifiziertes, annahmefähiges Lizenzangebot zu unterbreiten und gegenüber dem Lizenzsucher zu begründen, dass und warum die in das Angebot aufgenommenen Lizenzkonditionen FRAND sind.

(c) Anwendbares Recht[626] und Forderungsrecht des Lizenzsuchers

409 Da sich somit die FRAND-Verpflichtungserklärung inhaltlich mit der kartellgesetzlichen Rechtslage deckt, bedarf es an sich keines Rückgriffs auf die Lizenzbereitschaftserklärung, weil sie dem Lizenzinteressenten keine überschießenden (Verteidigungs-)Rechte vermitteln kann. Es ist deswegen von bloß akademischem Belang, dass die FRAND-Erklärung, soweit es die aus ihr folgenden Rechtswirkungen betrifft, dem Recht des **Schutzlandstaates** unterliegt[627] und ob sie – ungeachtet der Tatsache ihrer Abgabe

---

624 LG Düsseldorf, Urteil v 19.1.2016 – 4b O 120/14.
625 EuGH, GRUR 2015, 764 – Huawei Technologies/ZTE.
626 McGuire, GRUR 2018, 128; Dornis, GRUR 2020, 690.
627 LG Düsseldorf, Urteil v 24.4.2012 – 4b O 273/10; LG Mannheim, InstGE 13, 65 – UMTS-fähiges Mobiltelefon II; zustimmend Fuchs, FS Ahrens, 2016, S 79; anders noch LG Mannheim, InstGE 11, 215 – UMTS-fähige Mobilstation: Nach dem Vertragsstatut entscheidet das Recht des Staates, in dem der Lizenzgeber (der die vertragscharakteristische Leistung erbringt) seinen Sitz hat.

gegenüber der Standardisierungsorganisation – dem begünstigten Lizenzinteressenten nach den Regeln des § 328 BGB einen direkten Anspruch auf Lizenzierung verschafft[628].

(d) Art 101 AEUV[629]

Verhaltenspflichten des Patentinhabers, die im Prozess um die Patentverletzung eine Einwendung zugunsten des Verletzers begründen könnten, ergeben sich nicht aus Art 101 AEUV.[630] Das gilt für sämtliche Ansprüche, auch für denjenigen auf Schadenersatz.[631] Zwar stellt die Standardisierung als solche eine potenziell wettbewerbsbeschränkende Vereinbarung zwischen Unternehmen dar, die dem Anwendungsbereich der Kartellvorschrift unterfällt. Einseitige (nicht abgestimmte) Verhaltensweisen wie die Erhebung einer Verletzungsklage ohne Rücksicht auf die Pflichten aus einer abgegebenen FRAND-Erklärung fallen jedoch nicht unter Art 101 AEUV. Dabei bleibt es auch dann, wenn bei der Standardsetzung die notwendigen Bedingungen (Möglichkeit der uneingeschränkten Mitwirkung aller potenziellen Anwender, Transparenz des Normierungsverfahrens, Zugang Dritter zur standardisierten Technik zu FRAND-Bedingungen) nicht eingehalten sind. Dem Verletzer kommt ein derartiger Sachverhalt deshalb nicht zugute, weil er lediglich zur Nichtigkeit der Normsetzung führt, die typischerweise auch eine etwaige FRAND-Zusage ergreift. Die Verhaltenspflichten des Patentinhabers bestimmen sich deswegen in jedem Fall ausschließlich nach Art 102 AEUV, aber nicht nach Art 101 AEUV.[632]

410

(4) Diskriminierung und Ausbeutung

Die mit der FRAND-Erklärung verbundene Zusage, Lizenzen am SEP **diskriminierungsfrei** (*non-discriminatory*) zu vergeben, deckt sich inhaltlich mit dem aus Art 102 AEUV folgenden Kartellverbot der Ungleichbehandlung.[633] Die oben[634] im Zusammenhang mit lizenzierten Schutzrechten bereits dargestellte Praxis ist deswegen unmittelbar übertragbar und entscheidet auch im Rahmen der FRAND-Zusage über die Regeln, nach denen eine unterschiedliche Behandlung zulässig bzw untersagt ist. Generell gilt, dass für den lizenzierungspflichtigen Schutzrechtsinhaber ein Beurteilungsspielraum besteht, der nicht schon bei jedem Unterschied in den Lizenzbedingungen den Missbrauchstatbestand erfüllt, sondern erst dann, wenn der Unterschied in den Lizenzbedingungen mehr als nur unerheblich ist.[635] Bedingung für den Missbrauchsvorwurf unter Diskriminierungsgesichtspunkten ist des Weiteren, dass die Ungleichbehandlung geeignet ist, die Wettbewerbsposition des diskriminierten Lizenzsuchers gegenüber anderen Anbietern auf dem nachgelagerten Produktmarkt zu beeinträchtigen, wozu entsprechender Sachvortrag erforderlich ist.[636] Andererseits genügt für den Missbrauchsvorwurf die ungerechtfertigte Schlechterbehandlung gegenüber einem einzigen von mehreren Lizenznehmern.[637] Die Abweichung im Regelungsgehalt der angebotenen FRAND-Lizenz muss, um missbrauchsfrei zu sein, nach Art und Umfang der Divergenz im Lizenzierungssachverhalt entsprechen.

411

---

628 Dagegen: LG Düsseldorf, Urteil v 7.6.2011 – 4b O 31/10.
629 Haft, FS 80 Jahre Patentgerichtsbarkeit Düsseldorf, 2016, S 157.
630 LG Düsseldorf, Urteil v 19.1.2016 – 4b O 120/14; LG Mannheim, Urteil v 4.3.2016 – 7 O 96/14, anders noch Beschluss v 21.11.2014 – 7 O 23/14; aA: LG Mannheim, Urteil v 27.11.2015 – 2 O 108/14.
631 LG Mannheim, Urteil v 4.3.2016 – 7 O 96/14.
632 LG Düsseldorf, Urteil v 19.1.2016 – 4b O 120/14.
633 BGH, GRUR 2020, 961 – FRAND-Einwand; OLG Düsseldorf, GRUR 2017, 1219 – Mobiles Kommunikationssystem.
634 Kap E Rdn 315 ff.
635 OLG Düsseldorf, GRUR 2017, 1219 – Mobiles Kommunikationssystem.
636 EuGH, NZKart 2018, 225.
637 OLG Düsseldorf, GRUR 2017, 1219 – Mobiles Kommunikationssystem.

E. Verteidigungsmöglichkeiten des Beklagten

412 Prinzipiell können sich folgende Lizenzierungsumstände als zulässiges **Differenzierungskriterium** erweisen: Ein qualitativ anderer Lizenzierungssachverhalt kann sich daraus ergeben, dass bestehende Lizenzvergütungen Kreuzlizenzen berücksichtigen, zu denen der neuerliche Lizenzinteressent mangels eigenen geeigneten Schutzrechtsbestandes außerstande ist.[638] Zur Differenzierung können bei einer Portfoliolizenz ferner Erschöpfungssachverhalte berechtigen, die den Lizenzaspiranten begünstigen, den bisherigen Lizenznehmern jedoch nicht zugutekommen, oder umgekehrt.[639] Plausibel ist schließlich, dass die einem marktstarken Unternehmen, das eine rasche Durchsetzung der standardgebundenen Technik im nachgelagerten Markt verspricht und frühzeitig eine Lizenz nimmt, günstigere Konditionen eingeräumt werden als einem Verletzer, der erst nach Durchsetzung des Standards in den Markt eintritt.[640] Dasselbe gilt für einen Referenzkunden, der als erster in einem bisher noch nicht erschlossenen Lizenzmarkt den Weg zu weiteren Lizenznahmen öffnen soll.[641] Bevorzugt behandelt werden darf ebenso der risikobereite Nehmer[642] einer Pauschallizenz im Vergleich zu dem Interessenten für eine Stücklizenz.[643] Unterschiedliche Erfolgsaussichten für die Durchsetzung des SEP in verschiedenen Ländern (und damit gegenüber verschiedenen Lizenzsuchern) können gleichfalls Grund für eine divergierende Lizenzbehandlung sein.[644]

413 Stets müssen das Maß der Bevorzugung des einen und das damit verbundene Maß der Benachteiligung des anderen in einem vernünftigen Verhältnis zur Ungleichheit des der Lizenzerteilung zugrunde liegenden Sachverhaltes stehen. Das gilt ganz besonders bei betragsmäßig nennenswerten **Lizenzgebührenrabatten**, die dem einen gewährt, dem anderen aber verweigert werden. Abgesehen davon, dass bei SEP wegen des sich aus dem Standard ergebenden Benutzungszwanges von vornherein kein übermäßiger finanzieller Anreiz für eine Lizenznahme gesetzt werden muss, weil das fragliche Patent ohnedies benutzt werden muss, ist wesentlich, dass Lizenzrabatte, sofern sie von beträchtlicher Größenordnung sind, einen ganz gewichtigen Kostenfaktor für den nachgelagerten Produktmarkt darstellen und deshalb geeignet sind, die Wettbewerbsverhältnisse nachhaltig zu verfälschen.[645] Einen tauglichen Rechtfertigungsgrund für ungleiche Lizenzgebühren liefert auch der Umstand, dass Dritte (staatliche Stellen) zugunsten eines Lizenznehmers günstigere Lizenzkonditionen erzwungen haben.[646] Weiterhin ist es als zulässig beurteilt worden, in einem Standardlizenzvertrag Höchstsätze für die Gebührenzahlung (»**Kappungsgrenze**«) vorzusehen, bei deren Erreichen keine weiteren Stücklizenzgebühren mehr für lizenzpflichtige Handlungen geschuldet werden.[647] Weitgehend unproblematisch sind auch **Ratenzahlungsvereinbarungen**, die entweder jedem Interessierten oder

---

[638] LG Düsseldorf, Urteil v 18.6.2020 – 4b O 91/18. Vergleichbar sind allerdings solche Lizenzverträge mit Kreuzlizenzvereinbarungen, denen keine wirtschaftliche Bedeutung für die Vergütungsbemessung zugekommen ist, zB weil der Lizenznehmer tatsächlich überhaupt keine oder keine nennenswerten eigenen Schutzrechte zur Kreuzlizenzierung besessen hat, sodass die Kreuzlizenzklausel letztlich bloß formale Bedeutung hat (LG Düsseldorf, Urteil v 18.6.2020 – 4b O 91/18).
[639] OLG Düsseldorf, Beschluss v 17.11.2016 – I-15 U 65/15.
[640] LG Mannheim, Urteil v 24.1.2017 – 2 O 131/16.
[641] OLG Düsseldorf, GRUR 2017, 1219 – Mobiles Kommunikationssystem.
[642] Wegen des hoch spekulativen Charakters einer Pauschallizenz kann sie einem Lizenzsucher nicht aufgezwungen werden; gegen seinen Willen ist sie daher im Allgemeinen nicht FRAND.
[643] LG Mannheim, Urteil v 24.1.2017 – 2 O 131/16; OLG Düsseldorf, GRUR 2017, 1219 – Mobiles Kommunikationssystem.
[644] OLG Düsseldorf, GRUR 2017, 1219 – Mobiles Kommunikationssystem; aA: LG Düsseldorf, Urteil v 9.11.2018 – 4a O 63/17.
[645] OLG Düsseldorf, GRUR 2017, 1219 – Mobiles Kommunikationssystem.
[646] BGH, GRUR 2020, 961 – FRAND-Einwand.
[647] LG Düsseldorf, Urteil v 9.11.2018 – 4a O 63/17 (Weil es sich um eine Klausel in einem *Standardvertrag* handelt, besteht rechtlich eine Gleichbehandlung, weil die Kappungsgrenze jedem zugutekommt, dessen Verwertungstätigkeit den für das Auslösen der Kappungsgrenze erforderlichen Umfang hat).

aber Einzelnen nach Maßgabe im Einzelfall bestehender wirtschaftlicher Notwendigkeiten eingeräumt werden.[648] Gleiches gilt für **Anrechnungsvereinbarungen**, mit denen in Bezug auf einzelne Lizenzsucher gegebenen Sondersituationen dahingehend Rechnung getragen wird, dass Gegenansprüche oder aufgrund der Lizenznahme an einzelnen Standardpatenten bereits geleistete Lizenzzahlungen des Lizenzsuchers anspruchsmindernd berücksichtigt werden.[649]

Der Patentinhaber hat sich zu bestehenden **Lizenzvereinbarungen mit Dritten** zu erklären und, falls es sie gibt, konkrete Angaben zu ihrem Inhalt zu machen, was im Zweifel deren Vorlage in Kopie erfordert. Er hat die Lizenznehmer einschließlich ihrer jeweiligen Bedeutung auf dem relevanten Produktmarkt namhaft zu machen sowie die vollständigen – tatsächlich gelebten – Lizenzbedingungen mitzuteilen.[650] Zwar liegt die **Beweislast** zur Ungleichbehandlung beim Lizenzsucher, jedoch trifft den Patentinhaber wegen seines überlegenen Wissens über die eigene Lizenzierungspraxis eine **sekundäre Darlegungslast**.[651] Der Vortrag zu einigen namhaften Unternehmen der Branche reicht nicht aus[652]; vielmehr hat die Erklärung umfassend und vollständig zu erfolgen, weil nur so eine verlässliche Aussage über die Diskriminierungsfreiheit des unterbreiteten Lizenzangebotes (die bereits durch die unsachliche Benachteiligung gegenüber nur einem von mehreren Lizenznehmern begründet wird) getroffen werden kann. Der notwendige Sachvortrag kann nicht zur Gewährleistung eines Geheimnisschutzes zugunsten der dritten Lizenznehmer verweigert werden[653]; notfalls sind gerichtliche Schutzanordnungen nach GVG zu treffen und hat sich der Verletzer strafbewehrt zu verpflichten, die erhaltenen vertraulichen Informationen nicht anders als für Prozesszwecke zu verwenden.[654] Hat der Verletzer vorgerichtlich bereits umfassend Einsicht in die zum Vergleich heranzuziehenden Lizenzverträge erhalten, und zwar so, dass er in der Lage war, deren Inhalt für eine spätere Rechtsverteidigung zu dokumentieren, so besteht das aufgezeigte Informationsgefälle nicht, weswegen unter solchen Umständen ausnahmsweise auch kein Anlass für eine sekundäre Darlegungslast des Patentinhabers besteht (welcher er faktisch schon vorprozessual nachgekommen ist).[655] Vorausgesetzt ist hierbei selbstverständlich eine Kongruenz zwischen dem Prozessstoff und dem vorgerichtlich Verhandelten. Soweit es daran fehlt, verbleibt es bei der sekundären Darlegungslast des Schutzrechtsinhabers.[656] Gleiches gilt, wenn der vorgerichtlich informierten Muttergesellschaft eine Geheimhaltungspflicht auferlegt worden ist, die diese daran hindert, ihre in den Verletzungsprozess verwickelte (lizenzpflichtige) Tochtergesellschaft zu unterrichten.[657]

Wenngleich die **Vorlagepflicht** als solche unverzichtbar ist, um den Lizenzsucher vor unredlichen Machenschaften des Patentinhabers in Schutz zu nehmen, wird es sich vielfach so verhalten, dass sich die den Diskriminierungsrahmen definierende Lizenzierungspraxis nicht auf eine überschaubare Anzahl von Lizenzverträgen stützt, die ohne größeren Aufwand vollständig zu präsentieren wäre. Hat der Patentinhaber *umfangreich* lizenziert, so ist neben dem erörterten Schutzbedürfnis des Lizenzsuchers auch zu berücksichtigen, dass dem Patentinhaber keine Nachweise abverlangt werden dürfen, die zu einem für ihn unzumutbaren Aufwand führen und die letztlich auch eine Informationsflut zur Folge haben würden, die für alle Beteiligten einschließlich des Verletzungsge-

---

648 LG Düsseldorf, Urteil v 9.11.2018 – 4a O 63/17.
649 LG Düsseldorf, Urteil v 9.11.2018 – 4a O 63/17.
650 OLG Düsseldorf, Beschluss v 17.11.2016 – I-15 U 65/15.
651 OLG Düsseldorf, GRUR 2017, 1219 – Mobiles Kommunikationssystem.
652 AA: OLG Düsseldorf, Beschluss v 17.11.2016 – I-15 U 65/15.
653 OLG Düsseldorf, Beschluss v 17.11.2016 – I-15 U 65/15.
654 OLG Düsseldorf, Beschluss v 14.12.2016 – I-2 U 31/16.
655 LG Düsseldorf, Urteil v 18.6.2020 – 4b O 91/18.
656 LG Düsseldorf, Urteil v 18.6.2020 – 4b O 91/18.
657 LG Düsseldorf, Urteil v 18.6.2020 – 4b O 91/18.

richts nicht sinnvoll zu bewältigen wäre. Das gilt allemal, wenn mit der weitergehenden, umfassenden Vorlagepflicht kein entscheidender Zuwachs an Verlässlichkeit in Bezug auf die Lizenzierungspraxis des Patentinhabers verbunden wäre. Im Allgemeinen wird es anstelle einer Vorlage *aller* Verträge ausreichen, wenn der Patentinhaber seine Lizenzierungspraxis dadurch plausibilisiert, dass er das seiner Lizenzierung zugrunde liegende Konzept abstrakt darstellt und anhand einzelner exemplarisch vorgelegter Verträge zu jeder Kategorie glaubhaft macht. Um die Verlässlichkeit zu erhöhen, kann dem Patentinhaber aufgegeben werden, zeitlich geordnet alle Lizenzverträge zu benennen, und dem Lizenzsucher gestattet werden, ein oder zwei Verträge zu jeder Lizenznehmerkategorie auszuwählen, welche der Patentinhaber alsdann offenzulegen hat. Darüber hinaus hat der Patentinhaber zu begründen, dass und warum der Beklagte in eine *bestimmte* Lizenznehmergruppe einzusortieren ist, und aufzuzeigen, dass bei dem ihm unterbreiteten Lizenzangebot die Lizenzbedingungen eben *dieser* Lizenzierungskategorie eingehalten sind. Erst *nachdem* dies geschehen ist, ist der Beklagte zu substanzieller Mitwirkung und Erwiderung verpflichtet. Es geht also nicht an, dass der Patentinhaber den Verletzer auffordert, sich darüber zu erklären, mit welchem lizenzierten Wettbewerber *er* sich für vergleichbar hält, und auf das Schweigen des Beklagten auch selbst jede weitere Erläuterung seines Lizenzierungskonzepts und die daraus resultierende Rechtfertigung der dem Verletzer unterbreiteten Lizenzkonditionen einstellt.

416 Nach festgestellter Ungleichbehandlung steht es zur – primären – Darlegungs- und Beweislast des Schutzrechtsinhabers, aus welchem Grund die praktizierte **unterschiedliche Behandlung** der Lizenznehmer sachlich **gerechtfertigt ist**.[658]

417 Nicht zuletzt wegen der abgegebenen FRAND-Zusage muss jeder SEP-Inhaber bei seiner Lizenzvergabe ein Lizenzierungskonzept beachten, das im Rechtsstreit kommuniziert werden kann und innerhalb dessen nach sachlich einleuchtenden und wettbewerbskonformen Kriterien differenziert wird. Sind die Differenzierungsmerkmale kartellrechtlich unbedenklich, so sind sie bei der gerichtlichen Diskriminierungskontrolle des Lizenzangebotes hinzunehmen. Es besteht *kein* Anspruch auf eine beliebig kleinteilige Differenzierung, sondern nur auf eine solche, die wettbewerbsrechtlich geboten und auch für den SEP-Inhaber im Hinblick auf seine Pflicht zur Nichtdiskriminierung bei der Lizenzierung von im Zweifel unzähligen Interessenten praktisch handhabbar ist. Genügt das Lizenzierungskonzept den geschilderten »Plausibilitätsanforderungen«, so beschränkt sich die gerichtliche Prüfung des Diskriminierungsverbots darauf, ob das dem Beklagten unterbreitete Lizenzangebot die Differenzierungsvorgaben des Lizenzierungskonzepts einhält.

418 Das Verbot der Diskriminierung hat naturgemäß keine Bedeutung, wenn keine Lizenzverträge existieren, die das Klagepatent – isoliert oder als Teil eines Portfolios – betreffen. Dasselbe gilt, wenn der bestehende Lizenzvertrag unter Missbrauch von Marktmacht (Art 102 AEUV) zustande gekommen ist; ein solches (von Gesetzes wegen missbilligtes) Vertragswerk kann keine Grundlage für eine Gleichbehandlung anderer bilden. Dass der Referenzvertrag (mit dem der Patentinhaber eine Gleichbehandlung reklamiert) unter Ausbeutungsmissbrauch zustande gekommen ist, steht zur Beweislast des Verletzers, der sich gegen die Gleichbehandlung wehrt.

419 Die für die Gleichbehandlungszusage erörterte Anlehnung an den gesetzlichen Missbrauchstatbestand gilt – entgegen anderslautender Ansicht[659] – auch für die Pflicht, »**fair & reasonable**« zu lizenzieren. Auf erste Sicht könnte der Wortlaut der FRAND-Erklärung zwar zu der Annahme verleiten, dass es der SEP-Inhaber übernommen hat,

---

658 OLG Düsseldorf, GRUR 2017, 1219 – Mobiles Kommunikationssystem.
659 Schlussanträge des Generalanwalts Wathelet v 20.11.2014 in der Sache C-170/13 – Tz 48, 71–74 (BeckRS 2014, 82403).

eine nach allen Seiten hin gerechte (»faire« und »angemessene«) Lizenzerteilung zu praktizieren, womit mehr gemeint sein könnte als das Versprechen, den Lizenzsucher bei der Lizenzerteilung lediglich nicht auszubeuten. Oben[660] wurde allerdings bereits hergeleitet, dass die erklärte Bereitschaft zur Lizenzierung interessegerecht dahin zu begreifen ist, dass mit ihr den im Zuge des Standardisierungsprozesses auftretenden kartellrechtlichen Anforderungen Rechnung getragen werden soll – nicht weniger, aber auch nicht mehr. Damit verbietet sich – wie dargelegt[661] – die Annahme, der SEP-Inhaber habe aus freien Stücken (sic: ohne kartellrechtlich hierzu gezwungen gewesen zu sein) eine Lizenzerteilung unabhängig von einer durch sein Schutzrecht vermittelten marktbeherrschenden Stellung zugesagt. Aus derselben Erwägung heraus kann kein freiwilliger Verzicht auf die durch das SEP verbrieften Monopolrechte dahingehend angenommen werden, dass auf der Rechtsfolgenseite mehr an Zugeständnissen eingeräumt worden ist als die Gesetzeslage unbedingt verlangt, nämlich das Versprechen, bei der Lizenzerteilung nicht auszubeuten. Jedes weitere Entgegenkommen im Sinne einer in jede Richtung gerechten Lizenzierung ist anlässlich einer Standardsetzung aus Gründen des Kartellrechts nicht vonnöten und kann den die FRAND-Erklärung abgebenden SEP-Inhabern deswegen auch nicht als gewollt unterstellt werden.[662] Dem lässt sich nicht entgegenhalten, dass den am Standard beteiligten Schutzrechtsinhabern als Folge der Standardisierung ein erheblicher wirtschaftlicher Wert zufließt (indem sich ein Lizenzierungsgeschäft ganz beträchtlichen Umfangs praktisch von allein einstellt), der eine weitergehende »Gegenleistung« verlangt als die bloße Zusage einer Befolgung derjenigen Verhaltenspflichten, die den Schutzrechtsinhaber ohnehin kraft Gesetzes (Art 102 AEUV) treffen. Zum einen ist die deklaratorische Bekräftigung dessen, was von Gesetzes wegen gilt, keineswegs sinnlos; zum anderen hat die FRAND-Zusage mitnichten bloß wiederholenden Charakter, weil sie den Wettbewerber über das Missbrauchsverbot und dessen Rechtsfolgen hinaus konstitutiv begünstigt, was sich schon daran zeigt, dass es am Schutzrechtsinhaber ist, die Bemühungen um das Zustandekommen eines FRAND-Lizenzvertrages zu eröffnen.

420 Mit dem allerersten Lizenzgeschäft muss sich der SEP-Inhaber für ein bestimmtes Lizenzierungskonzept entscheiden, das ihn (und seine Rechtsnachfolger) im Weiteren rechtlich bindet, weil ein Abrücken von dem einmal praktizierten Modell nur dann und nur in dem Umfang möglich ist, wie sich daraus keine unzulässige Diskriminierung der späteren oder früheren Lizenznehmer ergibt. Bei der **Erstvergabe** steht mithin das Gebot, *fair and reasonable* zu lizenzieren, im Vordergrund[663]; tragen die bei der Erstvergabe gewählten Lizenzbedingungen diesen Anforderungen Rechnung[664], rückt für **alle weiteren Lizenzierungen** das Diskriminierungsverbot in den Mittelpunkt der Betrachtung. Es verbietet und verhindert, dass – sofern keine dementsprechend unterschiedlichen Lizenzierungssachverhalte gegeben sind – von dem durch die Erstlizenzierung festgeschriebenen Lizenzniveau – nach oben oder unten – abgewichen wird, und umreißt damit ganz maßgeblich denjenigen Verhandlungsspielraum, der dem SEP-Inhaber bei neuerlichen Lizenzverhandlungen noch verbleibt.

421 Das gilt uneingeschränkt und folglich auch dann, wenn bei der Erstlizenzierung der mögliche FRAND-Gebührenrahmen (deutlich) nicht ausgeschöpft worden ist und die später geänderte Lizenzpraxis darauf abzielt, die Lizenzvergütung (was anfänglich mög-

---

660 Oben Kap E Rdn 398 ff.
661 Oben Kap E Rdn 407.
662 Ähnlicher Auffassung ist auch der EuGH (GRUR 2015, 764 – Huawei Technologies/ZTE), wenn er die FRAND-Zusage als Verpflichtung zur Einräumung einer Benutzungsgestattung zu »zumutbaren« Bedingungen bezeichnet.
663 … mangels eines Referenzvertrages stellt sich die Frage nach einer Diskriminierung (gegenüber was auch?) nicht.
664 Ist die Erstlizenz ausbeuterisch, bindet sie selbstverständlich nicht.

lich gewesen wäre) in den oberen Bereich des unter Ausbeutungsgesichtspunkten rechtlich Zulässigen zu führen.[665] Denn das rein subjektive Versagen oder bewusste Nachgeben des SEP-Inhabers bei der Erstlizenzierung kann nicht als Sachgrund dafür anerkannt werden, dass spätere Lizenzsucher sich im Wettbewerb mit finanziell schlechteren Benutzungsbedingungen abfinden müssen. Allenfalls wäre denkbar, dass zwingende Gründe (zB der existenzerhaltenden Amortisation von Entwicklungskosten) für eine Anhebung der Lizenzvergütung existieren und sämtliche laufenden Lizenzverträge gleichermaßen entsprechend abgeändert werden. Voraussetzung dafür ist freilich, dass die bestehenden, günstigen Verträge entsprechende Öffnungsklauseln enthalten bzw gesetzliche Möglichkeiten für eine nachträgliche Anhebung der Lizenzgebühren (zB wegen **Wegfalls der Geschäftsgrundlage**) gegeben sind und der Lizenzgeber von ihnen tatsächlich Gebrauch macht.[666]

422 Für die Zukunft sind Lizenzverträge unter Diskriminierungsgesichtspunkten ferner dann unbeachtlich, wenn und sobald sie wirksam gekündigt sind, wobei es nicht auf das Datum der Kündigungserklärung, sondern auf den Zeitpunkt des Wirksamwerdens der Kündigung (= Ablauf der Kündigungsfrist/Ende der festen Vertragslaufzeit) ankommt. **Vertragsbeendigungen** können dem SEP-Inhaber daher neue Verhandlungsspielräume bei der Lizenzvergabe eröffnen.[667] Gelingt es dem Patentinhaber, zu einem bestimmten Zeitpunkt *sämtliche* Lizenzverträge in rechtlich (insbesondere kartellrechtlich) zulässiger Weise zu beenden, kann er oder sein Rechtsnachfolger – allein unter Beachtung des Ausbeutungsverbots – zu einem neuen, gegenüber dem bisherigen geänderten Lizenzierungskonzept wechseln, das ihn lediglich fortan im Rahmen des Diskriminierungsverbotes bindet.[668] Maßgeblich ist, dass sich die Vertragslaufzeiten nicht überschneiden, dh der Vertragsbeginn der neuen Lizenzen auf einen Zeitpunkt fällt, zu dem keine alten Lizenzverträge mehr wirksam sind. Dies lässt sich in geeigneten Fällen zB dadurch sicherstellen, dass von Anfang an ein fester Vertragsendzeitpunkt im Blick behalten wird, indem für den ersten Lizenzvertrag das besagte Enddatum vereinbart wird und dieses Datum das Vertragsende für alle nachfolgend abgeschlossenen Lizenzverträge markiert.[669] Die in den Standardisierungsbedingungen vorgesehene Unwiderruflichkeit der Lizenzerteilung steht dem nicht entgegen, weil sie es nur ausschließt, dass sich der SEP-Inhaber einseitig von seiner Benutzungsgestattung lossagt, aber nicht verbietet, zeitlich angemessene Lizenzverträge zu vereinbaren, die es den Beteiligten erlauben, nach einer gewissen Zeit und unter Berücksichtigung der bis dahin gesammelten praktischen Erfahrungen mit dem Standard ihre Lizenzkonditionen zu überdenken und ggf veränderten Rahmenbedingungen anzupassen. Dass infolge einer solchen Abschlussstrategie alle dem Ersten nachfolgenden Lizenznehmer nur noch in den Genuss einer ihrer Verzögerung beim Vertragsabschluss entsprechend verkürzten Lizenzdauer gelangen, ist rechtlich bedenkenfrei, weil auch der Marktbeherrscher seine Geschäftspolitik grundsätzlich frei umordnen kann und das Interesse des Patentinhabers daran, nach einer gewissen Zeit die Lizenzbedingungen im Rahmen des FRAND-Spielraums neu auszuloten, einen sachlich gerechtfertigten Grund repräsentiert, wobei die aufeinander abgestimmten Laufzeiten gewährleisten, dass jeder Lizenznehmer zu jedem Zeitpunkt mit denselben Lizenzkonditionen zurechtkommen muss wie seine Wettbewerber.[670] Das allein ist unter Diskriminierungsgesichtspunkten maßgeblich, und nicht, dass der spätere Lizenznehmer dieselbe Anzahl von Jahren mit bestimmten bei Vertragsabschluss geltenden Lizenzbedingungen rechnen kann. Sehen die neuen Lizenzen signifikant höhere Lizenzvergütungen vor, bedarf es – ange-

---

665 OLG Düsseldorf, GRUR-RS 2019, 6087 – Improving Handovers.
666 OLG Düsseldorf, GRUR-RS 2019, 6087 – Improving Handovers.
667 OLG Düsseldorf, GRUR-RS 2019, 6087 – Improving Handovers.
668 OLG Düsseldorf, GRUR-RS 2019, 6087 – Improving Handovers.
669 OLG Düsseldorf, GRUR-RS 2019, 6087 – Improving Handovers.
670 OLG Düsseldorf, GRUR-RS 2019, 6087 – Improving Handovers.

sichts der in der Vergangenheit praktizierten, milderen Lizenzbedingungen – allerdings näheren Vortrages des Patentinhabers dazu, weshalb die erhöhten Entgelte (ebenfalls) »fair« und »reasonable« sind.[671] Es mag sein, dass sich namentlich bei umfangreichen Portfolios ein für alle Lizenzen gleicher Beendigungszeitpunkt schwer umsetzen lässt. Wenn dem so sein sollte, folgt hieraus indessen nicht, dass eine Bindung des Rechtsnachfolgers an die Lizenzierungspraxis seines Rechtsvorgängers nicht angemessen ist, sondern macht nur umgekehrt die besondere Bedeutung deutlich, die ein sorgfältiges Ausloten der Lizenzbedingungen unter Geltung des Ausbeutungsverbots hat. Der SEP-Inhaber wird daher mit größter Sorgfalt die Bedingungen seiner Erstlizenz abzuwägen haben, weil er an sie auf längere Sicht unter Diskriminierungsgesichtspunkten gebunden sein wird.[672]

Auch wenn es für die Gleich- oder Ungleichbehandlung der Lizenznehmer auf eine rein wettbewerblich-wirtschaftliche Betrachtungsweise ankommt, bedeutet das Diskriminierungsverbot in aller Regel, dass das anfänglich präferierte **Lizenzmodell nachträglich** nicht mehr zugunsten eines anderen **umgestellt** werden kann. Denn mit dem Berechnungskonzept ändern sich die grundlegenden Regeln der Vergütungsbestimmung, womit im Zweifel unabsehbar wird, ob das andere Vergütungsmodell – was hinzunehmen wäre – zu einer bloß marginalen oder – was unter Diskriminierungsgesichtspunkten zu beanstanden wäre – zu einer weitreichenderen, mehr als nur unerheblichen Begünstigung/Verschlechterung in den Lasten der neuen Lizenznehmer führt.[673] Dass es durch die Umstellung zu keiner wettbewerblich spürbaren Beeinträchtigung der Wettbewerbssituation kommt, ist vom Patentinhaber darzutun, der die Diskriminierungsfreiheit seiner Lizenzpolitik nachzuweisen hat.[674] Dem ist er nicht deshalb enthoben, weil den Lizenznehmern der Altverträge ein Wechsel auf die neue Vergütungsberechnung angeboten worden ist, wenn nicht alle Lizenznehmer von diesem Angebot Gebrauch gemacht haben. Da es in der Verantwortung des Patentinhabers liegt, diskriminierungsfrei zu lizenzieren, ist es vielmehr an ihm, dafür zu sorgen, dass die Lizenzberechnung für alle Akteure innerhalb angemessener (tendenziell kurzer, den Zeitraum von 12 Monaten keinesfalls überschreitender) Umstellungsfristen vereinheitlicht wird. Notfalls hat er Altverträge im Wege einer »Änderungskündigung« zu beenden und die Umstellung – soweit im Einzelfall möglich – zu einem passenden Zeitpunkt vorzunehmen, der möglichst kurzfristig gleiche Lizenzkonditionen im Markt herrschen lässt.[675] Wer in seinen Verträgen keine geeigneten Vorkehrungen für eine Vergütungsumstellung (im Sinne von Sonderkündigungsmöglichkeiten etc) trifft, läuft Gefahr zu diskriminieren.[676] Führt die vollzogene Umstellung dazu, dass dem aktuellen Lizenzsucher Konditionen eingeräumt werden, die ihn bei einer wettbewerblichen Gesamtwürdigung aller vertraglichen Rechte und Pflichten gegenüber den Altlizenznehmern begünstigen, so bleibt der Verstoß freilich folgenlos, weil sie zu einer Diskriminierung bloß der Inhaber von Altlizenzen führt, auf die sich nur diese, aber nicht der privilegierte Lizenzsucher berufen können.[677] Denn anders als im kartellamtlichen Verfahren, das der objektiven Rechtskontrolle dient, gilt im Zivilprozess ein dem subjektiven Klageziel entsprechender persönlicher Diskriminierungsmaßstab.

Ganz besondere Probleme stellen sich, wenn von einer **Pauschallizenz zu** einer **Stück- oder Umsatzlizenz** übergegangen werden soll. Sie resultieren daraus, dass die bisherigen

---

671 OLG Düsseldorf, GRUR-RS 2019, 6087 – Improving Handovers.
672 OLG Düsseldorf, GRUR-RS 2019, 6087 – Improving Handovers.
673 OLG Düsseldorf, GRUR-RS 2019, 6087 – Improving Handovers.
674 OLG Düsseldorf, Beschluss v 28.5.2020 – I-2 U 20/20.
675 OLG Düsseldorf, Beschluss v 28.5.2020 – I-2 U 20/20.
676 OLG Düsseldorf, Beschluss v 28.5.2020 – I-2 U 20/20.
677 OLG Düsseldorf, Beschluss v 28.5.2020 – I-2 U 20/20.

Lizenznehmer dank ihrer einmaligen Pauschalzahlung für die gesamte vereinbarte Vertragslaufzeit zu einer Patentbenutzung berechtigt sind, also nicht mehr zu benutzungsabhängigen Lizenzzahlungen herangezogen werden können, zu denen der Lizenzsucher verpflichtet werden soll. Insofern unterscheidet sich die Konstellation grundlegend von einem Wechsel von der Stücklizenz (die ebenfalls ein gewisses Maß an Pauschalierung in sich trägt) zur Umsatzlizenz, bei der sämtliche Lizenznehmer gleichermaßen für die Zukunft zur Zahlung herangezogen werden können. Für den das Pauschalvergütungssystem variierenden Patentinhaber besteht somit die Aufgabe darin, den Pauschalbetrag auf eine laufende, benutzungsabhängige Lizenzvergütung zurückzuführen, die demjenigen entspricht, was als Benutzungsvergütung in den Pauschalbeträgen »eingepreist« ist und deshalb faktisch dem auf die einzelnen Patentprodukte entfallenden (pauschal vorab entrichteten) Lizenzlohn als Kostenfaktor entspricht. Dieses Unterfangen stößt schon per se auf ganz erhebliche praktische Schwierigkeiten, erweist sich aber vor allem deshalb als undurchführbar, weil jede Pauschallizenz von Natur aus ein gewagtes Geschäft darstellt, das auf weitgehend ungewissen, bloß prognostizierten Annahmen beruht, die sich in der Folgezeit einstellen können oder – zum Vorteil des einen (= Lizenzgebers) oder des anderen (= Lizenznehmers) – auch nicht. Die Lösung des Dilemmas kann nicht darin bestehen, dem Patentinhaber einen Wechsel des Vergütungssystems kategorisch zu untersagen und ihn auf Dauer auf Pauschallizenzen festzulegen. Denn Lizenzinteressenten können nicht zu einer »Lizenzlotterie« genötigt werden; vielmehr besteht ein berechtigtes und deshalb vom Patentinhaber zu bedienendes Interesse an einer kalkulierbaren, dh benutzungsabhängigen Lizenzbelastung, wie sie nur bei einer Stück- oder Umsatzlizenz gewährleistet ist. Die Lösung kann genausowenig darin liegen, dass dem Lizenzsucher eine Stück- oder Umsatzlizenz angeboten werden muss, wie sie in rückschauender benutzungsorientierter Betrachtung den gewinnträchtigsten Pauschallizenznehmer belastet.[678] Erstens würde bei einer solchen ex post-Bewertung der Wagnischarakter der Pauschallizenz vollkommen ausgeblendet, was nicht angeht; zweitens hätte es der Lizenzsucher durch die Verweigerung einer eigenen Pauschallizenznahme in der Hand, für sich – ohne Übernahme jeden eigenen Risikos – günstige Lizenzkonditionen zu erzwingen, die einem anderen nur deshalb zugute kommen, weil er bei der Lizenznahme risikobereit war. Bewältigen lässt sich der Konflikt letztlich nur wie folgt: Es steht dem Lizenzsucher frei, um eine Pauschallizenz nachzusuchen. Tut er dies, muss der Patentinhaber dem Lizenzierungswunsch nachkommen, und zwar unter Gleichbehandlung mit den anderen Pauschallizenznehmern. Will der Lizenzsucher keine Pauschallizenz abschließen, weil er das damit verbundene Risiko scheut, ist der Patentinhaber bis zur Grenze des Ausbeutungsmissbrauchs frei in der Ausgestaltung der nachgefragten Stück- oder Umsatzlizenz. Die Lizenzierungsfreiheit folgt daraus, dass die Pauschallizenz eben wegen des sie beherrschenden Risikocharakters nicht mit einer (ganz oder weitgehend) risikolosen Stück- oder Umsatzlizenz vergleichbar ist, womit die Pauschallizenzen ein aliud repräsentieren, das unter Diskriminierungsgesichtspunkten keine Grenzen für die Ausgestaltung einer benutzungsabhängigen Lizenz setzen.

425 **Gerichtlich herbeigeführte Lizenzkonditionen** können einen tauglichen Anhaltspunkt für eine FRAND-Lizenz bieten, wenn bei ihrem Zustandekommen in angemessener Weise der gesamte für die Einhaltung des Ausbeutungs- und Diskriminierungsverbotes relevante Streitstoff berücksichtigt worden ist. Fehlt es daran (zB weil Lizenzierungen des Rechtsvorgängers zu Unrecht außer Betracht geblieben sind) stellen gerichtlich verordnete oder vermittelte Lizenzbedingungen zwar keinen Sachverhalt dar, der dem SEP-Inhaber als Diskriminierungsverhalten vorgeworfen werden kann. Denn insoweit fehlt es an einer (freien) unternehmerischen Entscheidung und ist für die unter dem Prozessdruck vereinbarten abweichenden Vertragskonditionen und die mit ihnen verbundene

---

678 AA: LG Düsseldorf, Urteil v 18.6.2020 – 4b O 91/18.

Andersbehandlung ein sachlicher Grund anzuerkennen, der in der vermeintlich bestehenden Rechtspflicht zu ihrer Gewährung liegt. Abweichende gerichtlich vermittelte Lizenzen begründen allerdings, wenn sie im Widerspruch zu einer vorherigen freien Lizenzierungspraxis stehen, auch keine Rechtfertigung dafür, sich mit nachfolgenden Lizenzierungen, die den gerichtlichen Vorstellungen folgen, hierzu in Widerspruch zu setzen.[679] Maßgeblich für den Diskriminierungsvorwurf bleibt vielmehr diejenige Lizenzierungspraxis, die der SEP-Inhaber und seine Rechtsvorgänger in freier unternehmerischer Verantwortung ins Werk gesetzt haben. Weil es allein darauf ankommt, dass sich der SEP-Inhaber im Gerichtsverfahren rechtlich zu einer bestimmten Lizenzierung verpflichtet gesehen hat, macht es keinen entscheidenden Unterschied, ob die von der bisherigen Lizenzierungspraxis abweichenden Lizenzkonditionen dem SEP-Inhaber durch einen Urteilsspruch aufgezwungen worden sind oder ob er sich mit ihnen im Rahmen eines gerichtlichen Vergleichs[680] einverstanden erklärt hat.[681]

(5) Lizenzangebot

Wenngleich die FRAND-Erklärung damit lediglich die Gesetzeslage (Art 101, 102 AEUV) abbildet, begründet sie für den Patentinhaber dennoch andere Handlungspflichten als sie oben[682] für ein auslizenziertes Schutzrecht erörtert worden sind. Der Grund liegt in der eingangs[683] herausgestellten wettbewerblichen Sondersituation, die durch eine Standardisierung und vor allem durch die Abgabe einer selbstverpflichtenden Lizenzbereitschaftserklärung hervorgerufen wird.   426

Um die – nachfolgend näher zu behandelnden – **Ansprüche** wegen Patentverletzung **einklagbar** zu **machen**, hat der Patentinhaber »Vorarbeit« dergestalt zu leisten, dass er durch ein FRAND-Bedingungen entsprechendes Lizenzangebot den Abschluss eines Lizenzvertrages über das Klagepatent anstößt. Die Situation ist vergleichbar mit einer Werklohnforderung, für die der Auftragnehmer, um die Vergütung fällig und damit einklagbar zu stellen, eine Schlussrechnung zu erteilen hat. Dementsprechend hat der Patentinhaber in seiner Klage selbst darzulegen, dass er seinen FRAND-Verpflichtungen nachgekommen ist. Es handelt sich also nicht um eine Einrede, sodass der Kläger nicht darauf warten darf, dass der Verletzer von sich aus Gegenteiliges einwendet. Eine ohne Erledigung dieser Obliegenheit erhobene Klage ist als **derzeit unbegründet** abzuweisen[684]; gleiches gilt deshalb auch für eine ohne hinreichendes Lizenzangebot erhobene Verletzungsklage.   427

(a) Betroffene Ansprüche

Abweichungen ergeben sich zunächst bei der Reichweite des Kartelleinwandes, dh der Frage, gegenüber welchem Anspruchsbegehren der Zwangslizenzeinwand in seiner Bedeutung als prozessuales Durchsetzungshindernis überhaupt bedeutsam ist. Anders als bei auslizenzierten Patenten[685] bestehen kartellrechtliche Beschränkungen in der gerichtlichen Verfolgung der Verbietungsrechte aus einem SEP ausschließlich im Hin-   428

---

679 OLG Düsseldorf, GRUR-RS 2019, 6087 – Improving Handovers.
680 BGH, WRP 2004, 374 – Depotkosmetik im Internet.
681 OLG Düsseldorf, NZKart 2014, 35 – Frankiermaschinen II; OLG Düsseldorf, NZKart 2018, 235 – Mitbenutzung von Kabelkanalanlagen.
682 Oben Kap E Rdn 312 ff.
683 Oben Kap E Rdn 381.
684 OLG Düsseldorf, GRUR 2017, 1219 – Mobiles Kommunikationssystem; OLG Karlsruhe, GRUR 2020, 166 – Datenpaketverarbeitung.
685 Rdn 378.

blick auf den Unterlassungsanspruch[686] sowie die im Ergebnis auf eine Unterlassung weiterer (oder künftig erstmals drohender Benutzungshandlungen[687]) hinauslaufenden Ansprüche auf Rückruf[688] und Vernichtung[689]. Keine Relevanz im Hinblick auf die Einklagbarkeit hat der Missbrauchseinwand demgegenüber in Bezug auf den Schadenersatz[690]-, Bereicherungs-, Entschädigungs-, Rechnungslegungs-[691], Auskunfts- und Urteilsveröffentlichungsanspruch, weil sämtliche vorgenannten Ansprüche ohne *unmittelbare* Auswirkungen darauf sind, ob standardgemäße Konkurrenzprodukte auf den Markt gelangen bzw dort verbleiben. Aus der wettbewerblichen Neutralität der besagten Ansprüche folgt, dass sie im Bereich des Prozessrechts einer Anwendung der der Wettbewerbsfreiheit dienenden Regeln des Kartellrechts nicht bedürfen. Das bedeutet freilich nicht, dass die FRAND-Zusage keinerlei Auswirkungen auf die genannten Ansprüche hätte; solche Konsequenzen gibt es, sie liegen aber nicht in einer Beschränkung ihrer Durchsetzbarkeit, sondern in einem ggf reduzierten Anspruchsinhalt.[692]

429 **Nach Schutzrechtsablauf** besteht der Rückruf- und Vernichtungsanspruch in Bezug auf solche Erzeugnisse weiter, die während der Geltungsdauer des Patents in Verkehr gebracht worden (Rückruf) bzw in den Besitz/das Eigentum des Verletzers gelangt sind und insofern »den Makel der Schutzrechtsverletzung in sich tragen«.[693] Da es dem Verletzer unbenommen bleibt, nach Ablauf des Schutzrechts andere, gleiche Erzeugnisse auf den Markt zu bringen (die er zB erst nach Ende der Patentlaufzeit hergestellt oder von dritter Seite bezogen hat), unterbindet der fortbestehende Rückruf- und Vernichtungsanspruch den Marktauftritt des Verletzers nicht. Dies bedingt, dass, sobald das Klagepatent abgelaufen ist, die klageweise Verfolgung des Rückruf- und Vernichtungsanspruchs keinen kartellrechtlichen Restriktionen mehr unterliegt, sondern beide Ansprüche hinsichtlich ihrer Klagbarkeit fortan wie ein Rechnungslegungs- oder Schadenersatzanspruch zu behandeln sind.[694] Das heißt wiederum nicht, dass die FRAND-Zusage des Patentinhabers für die *materielle* Beurteilung des Rückruf- und Vernichtungsanspruchs belanglos wäre. Das Gegenteil ist der Fall, weil für eine Zuerkennung der besagten Ansprüche selbstverständlich dort kein Raum ist, wo der klagende Schutzrechtsinhaber den Besitz und Vertrieb der patentgemäßen Produkte (deren Rückruf/Vernichtung er mit der Klage verlangt) bei Einhaltung seiner gegebenen Lizenzierungszusage hätte gestatten müssen. Auf dieser sachlich-rechtlichen Ebene gilt – wegen des vertrauensbildenden FRAND-Versprechens, das der Patentinhaber gegenüber der Allgemeinheit abgegeben hat – das vom EuGH[695] entwickelte (und nachfolgend näher zu beleuchtende) Prozedere in exakt derselben Form. So lange der Schutzrechtsinhaber seinen Obliegenheiten nachkommt und der Verletzer sich einer FRAND-Lizenz verweigert, ist der Rückruf- und Vernichtungsanspruch deswegen zuzuerkennen, im umgekehrten Fall nicht.

---

686 EuGH, GRUR 2015, 764 – Huawei Technologies/ZTE. Läuft das Klagepatent während des Rechtsstreits ab, sodass der Unterlassungsanspruch für erledigt zu erklären ist, so wird der FRAND-Einwand ohne weiteres gegenstandslos.
687 Für diese Konstellation ist allein der Vernichtungsanspruch bedeutsam.
688 EuGH, GRUR 2015, 764 – Huawei Technologies/ZTE.
689 BGH, GRUR 2020, 961 – FRAND-Einwand; LG Düsseldorf, Urteil v 19.1.2016 – 4b O 120/14; OLG Düsseldorf, GRUR 2017, 1219 – Mobiles Kommunikationssystem; OLG Karlsruhe, GRUR 2020, 166 – Datenpaketverarbeitung.
690 EuGH, GRUR 2015, 764 – Huawei Technologies/ZTE.
691 EuGH, GRUR 2015, 764 – Huawei Technologies/ZTE.
692 Zu Einzelheiten vgl unten Kap E Rdn 525.
693 BGH, GRUR 2020, 961 – FRAND-Einwand.
694 BGH, GRUR 2020, 961 – FRAND-Einwand; aA noch OLG Düsseldorf, GRUR 2017, 1219 – Mobiles Kommunikationssystem.
695 EuGH, GRUR 2015, 764 – Huawei Technologies/ZTE.

Praxistipp	Formulierungsbeispiel
Die aufgezeigte Differenzierung könnte den Kläger zu dem Entschluss führen, der Einfachheit halber lediglich Ansprüche auf Schadenersatz und Rechnungslegung einzuklagen, um der leidigen FRAND-Diskussion zu entgehen. In jedem Einzelfall ist jedoch abzuwägen, ob ein dermaßen erstrittenes Urteil einen ausreichenden Druck auf den Verletzer ermöglicht, der ihn in ernsthafte Lizenzverhandlungen zwingt. Oft ist dies zu verneinen.	

430

(b) Verpflichteter

Mit Rücksicht auf die FRAND-Selbstverpflichtung ist es Sache des zur Lizenzvergabe berechtigten **Patentinhabers** bzw seines ausschließlichen Lizenznehmers (wenn das Lizenzierungsrecht bei ihm liegt) – und nicht Aufgabe des Lizenzsuchers –, ein FRAND-Lizenzangebot zu unterbreiten.[696] Das gilt auch dann, wenn der Schutzrechtsinhaber durch einen (zB über Internet) allgemein verfügbaren Standardlizenzvertrag gebunden ist, der von ihm in der Vergangenheit bereits umfänglich mit immer gleichem Inhalt abgeschlossen worden ist (Bsp: MPEG-Lizenzvertrag).[697] Zwar hat der Lizenzsucher keinen Wissensnachteil im Vergleich zum Patentinhaber, was den Inhalt der bei der nachgesuchten Lizenzerteilung zu berücksichtigenden Lizenzinhalte betrifft. Für die Angebotspflicht des Patentinhabers auch in solchen Fällen gibt gleichwohl dessen bei der Standardsetzung abgegebene Lizenzierungszusage den Ausschlag, die mit dem Lizenzangebot einzulösen ist. Nur so bleibt im Übrigen auch das wechselseitige Verhaltensregime des EuGH sinnvoll erhalten.

431

Der Anbietende (Patentinhaber, ausschließlicher Lizenznehmer) hat seine zur Lizenzvergabe berechtigende Stellung gegenüber dem Lizenzsucher **nachzuweisen**. Gleiches gilt für einen Lizenzpool, der anstelle der Poolmitglieder die Lizenzierung der Standardpatente praktiziert.[698]

432

Bedient sich der Patentinhaber oder ein Patentpool eines (zB über Internet) frei abrufbaren **Standardlizenzvertrages**, so liegt ein Lizenzangebot noch nicht in dem Bereithalten des Vertragstextes zum Herunterladen[699], sondern erst darin, dass der Schutzrechtsinhaber/die Lizenzierungsagentur einem konkreten Lizenzsucher, der um die Aufnahme von Lizenzverhandlungen gebeten hat, den Standardvertrag zu eben diesem Zweck übermittelt.[700]

433

(c) Adressat

Das Lizenzangebot ist an den mutmaßlichen Verletzer zu richten, der verklagt werden soll. Wird der Verletzungsbeklagte von einer angebotenen Konzernlizenz erfasst, ist die die diesbezüglichen Verhandlungen führende Konzerngesellschaft der richtige Ansprechpartner.[701]

434

Ungeachtet dessen, dass es dem Verletzten prinzipiell freisteht, welchen von mehreren Verletzern in der Absatzkette er wegen Patentverletzung in Anspruch nimmt und er insofern auch den **Vertreiber** vor dem **Hersteller** verklagen kann, kann es in Anbetracht

435

---

696 EuGH, GRUR 2015, 764 – Huawei Technologies/ZTE.
697 LG Düsseldorf, Urteil v 9.11.2018 – 4a O 15/17.
698 Vgl LG Düsseldorf, Urteil v 9.11.2018 – 4a O 15/17.
699 ... welches erkennbar zu bloßen Informationszwecken geschieht.
700 LG Düsseldorf, Urteil v 9.11.2018 – 4a O 15/17.
701 BGH, GRUR 2020, 961 – FRAND-Einwand; LG Düsseldorf, WuW 2016, 93; OLG Karlsruhe, GRUR 2020, 166 – Datenpaketverarbeitung.

E. Verteidigungsmöglichkeiten des Beklagten

der besonderen Umstände auf dem nachgelagerten Produktmarkt als Ausdruck der abgegebenen FRAND-Zusage geboten sein, seine Lizenzierungspflichten im Zweifel vordringlich gegenüber dem Hersteller des Verletzungsproduktes zu erfüllen, dessen Lizenznahme den gesamten nachgeordneten Vertriebsweg reguliert. Derartiges ist beispielsweise für den Bereich der Automobilindustrie denkbar, innerhalb der es eine feste Übung darstellen soll, dass die **Zulieferer** für die von ihnen beigesteuerten Bauteile für eine geklärte Schutzrechtslage allein verantwortlich sind. Auf nachweislich bestehende Usancen dieser Art hat der Patentinhaber im Rahmen seiner FRAND-Pflichten einzugehen, so lange keine besonderen Umstände existieren, die ihm ein Herantreten an die Zulieferer der verletzungsrelevanten Bauteile statt an den Autohersteller unzumutbar machen.[702] Solche Gründe könnten etwa die hohe Zahl der anzusprechenden Zulieferer, deren bekannt mangelnde Leistungsfähigkeit im Hinblick auf die Lizenznehmerpflichten oder deren nachweislich fehlende Lizenznahmebereitschaft sein. So lange von Seiten des Patentinhabers im Verhältnis zum Hersteller (Zulieferer) noch keine hinreichenden Lizenzierungsbemühungen unternommen worden sind, begründet dieser Sachverhalt deshalb im Prozess gegen den Vertreiber (Autohersteller) einen beachtlichen Verteidigungseinwand.[703] Dasselbe gilt nicht für den Hersteller bloßer (für sich noch nicht verletzender) Komponenten, aus denen der Vertreiber die Verletzungsprodukte fertigt, um sie anschließend unter seiner Marke in Verkehr zu bringen.[704]

436 Der Lizenzvorrang des Herstellers gilt nicht in dem Sinne, dass der nachgelagerte Vertrieb an dessen Lizenzierungsverhalten (und –versagen) gebunden wäre. Vielmehr hat aufgrund der FRAND-Zusage auch der Vertreiber als solcher für sein Unternehmen einen Lizenzierungsanspruch, was bedeutsam wird, wenn der Zulieferer (Hersteller) seiner Verpflichtung zu zielstrebigen FRAND-Verhandlungen nicht nachkommt, sodass eine Unterlassungsverurteilung des Händlers durch dessen Lizenzverlangen nicht gehindert wird. Unter solchen Umständen kann der Vertreiber für sich um eine Lizenzierung bitten und durch eigene Lizenzierungsbemühungen eine Unterlassungsklage abwenden.

(d) Inhalt[705]

437 Das Vertragsangebot muss, um beachtlich zu sein, schriftlich[706] erfolgen, konkret sein (insbesondere die Lizenzgebühr sowie die Art und Weise ihrer Berechnung angeben) und sachlich sowohl diskriminierungs- als auch ausbeutungsfrei sein.[707] Letzteres verlangt, dass mit der Lizenz die gesamte (legale) Geschäftstätigkeit des Lizenzsuchers abgedeckt wird, sodass es nicht angängig ist, einzelne aktuelle oder künftige Geschäftsfelder, für die um eine Lizenz nachgesucht wird, von der Lizenzofferte auszunehmen.[708] Jeder das SEP benutzende Gewerbetreibende hat Anspruch darauf, in seiner Geschäftstätigkeit

---

702 Der Vorrang des Zulieferers, der allein die notwendige technische Expertise und Lizenzierungserfahrung mitbringen wird, hat auch einen ganz praktischen Vorteil. Er gewährleistet nämlich, dass die Zulieferer motiviert sind, ihre Expertise wirklich einzubringen, was im Falle einer bloß internen Haftungsfreistellung des Autobauers und einer Streitverkündung der Zulieferer in dem gegen ihn geführten Verletzungsrechtsstreit nur sehr bedingt gewährleistet ist, weil zwar Nebeninterventionswirkungen zu Lasten des Zulieferers entstehen, diese jedoch in dem im Zweifel im Ausland durchzuführenden Regressprozess des Autobauers gegen den Zulieferer ohne Relevanz sind.
703 LG Düsseldorf, Urteil v 31.3.2016 – 4a O 73/14.
704 LG Mannheim, Urteil v 4.3.2016 – 7 O 97/14.
705 Block/Rätz, GRUR 2019, 797 (unter besonderer Berücksichtigung internationaler Bezüge).
706 Die Art der schriftlichen Verlautbarung ist dem Äußernden überlassen, sodass ein Brief genauso infrage kommt wie ein Telefax oder eine E-Mail. Die Schriftzeichen müssen für den Adressaten allerdings verständlich sein (was eine Verlautbarung in einer anderen Sprache als der Muttersprache des Adressaten oder in englischer Sprache im Allgemeinen verbietet).
707 EuGH, GRUR 2015, 764 – Huawei Technologies/ZTE.
708 LG Düsseldorf, Urteil v 11.7.2018 – 4c O 72/17.

nicht von dem vertraglichen Wohlverhalten seiner Abnehmer oder Zulieferer abhängig, sondern durch eine Lizenzierung in eigener Person rechtlich abgesichert zu sein.[709]

Was die geforderte **Konkretheit** des Angebotes betrifft, verdienen drei Gesichtspunkte besonderer Erwähnung. 438

- Das Lizenzangebot bedarf einer ausreichenden **Regelungsdichte**. Sie verlangt, dass zu jedem Punkt eine aussagekräftige[710] Bestimmung enthalten ist, dessen Behandlung der Lizenzsucher nach den Gepflogenheiten der betroffenen Branche redlicher Weise erwarten darf.[711] Umgekehrt darf sich das Angebot zu allem verhalten, zu dem der Patentinhaber als Lizenzgeber einen berechtigten Regelungsbedarf hat.[712] Selbstverständlich müssen die Klauseln rechtlich zulässig sein, wofür die Art 4, 5 der TT-GVO (EU) 316/2014[713] nebst den zugehörigen Kommissionsleitlinien 2014/C 89/03[714] einen Anhalt bieten. 439

- Der Vertragstext muss ausreichend **klar** abgefasst sein. Daran fehlt es zwar nicht allein deshalb, weil das Lizenzangebot eine einzelne Klausel enthält, die Auslegungsfragen aufwirft. Schädlich ist jedoch, wenn zentrale Vertragsinhalte dermaßen vage oder »schillernd« formuliert sind, dass auch bei objektiver Sicht kein eindeutiger Regelungsgehalt mehr feststellbar ist. 440

- Hinsichtlich der – im Mittelpunkt jeden Vertragsangebotes stehenden – **Lizenzvergütung** genügt es nicht, bloß die maßgebliche Bezugsgröße und den hierauf anzuwendenden Lizenzsatz (ggf einschließlich einer Abstaffelung) mitzuteilen; vielmehr schuldet der Patentinhaber zusätzliche Ausführungen zu der »**Art und Weise ihrer Berechnung**«. In einer schlichten Benennung der angewandten Berechnungsfaktoren (Bezugsgröße & Lizenzsatz) ließen sich solche Angaben nur erblicken, wenn die Lizenzgebühr vertraglich sinnvoll in einem bestimmten, festen Euro-Betrag ausgewiesen werden könnte, der sodann anhand der für ihn zur Anwendung gebrachten Faktoren (Bezugsgröße, Lizenzsatz) erläutert würde. Derartiges scheidet jedoch offensichtlich aus, weil das Lizenzangebot – jedenfalls ganz vordringlich – künftige Benutzungshandlungen zu regeln hat, deren Umfang und Intensität nicht absehbar ist und für die deswegen im Vorhinein vernünftigerweise auch keine feste Vergütungssumme eingesetzt werden kann. Mit den Angaben zur »Art und Weise der Lizenzgebührenberechnung« muss daher etwas anderes gemeint sein, nämlich eine Erläuterung derjenigen Umstände, die die vertraglich nach Bezugsgröße und Lizenzsatz zu bezeichnenden Vergütungsfaktoren als diskriminierungs- und ausbeutungsfrei (= FRAND) ausweisen.[715] Der Patentinhaber hat also – außer ihnen – konkret darzutun, weshalb er glaubt, dass die in sein Angebot aufgenommenen Vergütungsparameter (Bezugsgröße, Lizenzsatz) zu einer den Lizenzsucher nicht diskriminierenden und 441

---

709 Eine andere Frage ist, ob dem Lizenzsucher Schutzrechte aufgedrängt werden können, die er nicht in die FRAND-Lizenz einbezogen sehen will; vgl dazu unten Rdn 564 ff.
710 Maßstab ist das in Lizenzverträgen Übliche.
711 OLG Düsseldorf, GRUR 2017, 1219 – Mobiles Kommunikationssystem.
712 Eine Geheimhaltungsvereinbarung zu Lasten des Lizenznehmers ist regelmäßig allenfalls insoweit FRAND, als sie dem Lizenznehmer eine Offenlegung zu Zwecken der Rechtsverfolgung/Rechtsverteidigung zugesteht.
713 ABl EU L 93/17 vom 28.3.2014.
714 ABl EU C 89/3 vom 28.3.2014.
715 Ebenso: OLG Düsseldorf, Beschluss v 17.11.2016 – I-15 U 65/15; OLG Düsseldorf, GRUR 2017, 1219 – Mobiles Kommunikationssystem; OLG Karlsruhe, GRUR 2020, 166 – Datenpaketverarbeitung. Freigestellt ist, ob diese Erläuterungen in den eigentlichen Angebotstext aufgenommen werden oder – was vorzugswürdig sein dürfte – in ein separates Begleitdokument, so lange nur deren gleichzeitige Verfügbarkeit für den Lizenzsucher gewährleistet ist.

auch nicht ausbeutenden Benutzungsvergütung führen.⁷¹⁶ Dahingehender Angaben bedarf es nicht zuletzt deshalb, weil für den Lizenzsucher nur in Kenntnis dieser Umstände eine sinnvolle Diskussion des ihm unterbreiteten Lizenzangebotes möglich ist.

442 Im Einzelnen folgt daraus:

443 – Soweit der Patentinhaber oder sein Rechtsvorgänger⁷¹⁷ bereits Lizenzen vergeben hat, muss er für den Gegner nachvollziehbar darlegen, dass er ihn entweder gleich oder weshalb er ihn in welcher Hinsicht ungleich behandelt. Wurden in der Vergangenheit **mehrere voneinander abweichende Vertragsinhalte** vereinbart, so stellt sich die Frage nach einer unsachlichen und damit widerrechtlichen Ungleichbehandlung des fraglichen Lizenzsuchers im Verhältnis zu jedem einzelnen der unterschiedlichen Lizenzverträge, es sei denn, ein bestimmter Vertrag sei ausbeuterisch und schon deswegen unwirksam.⁷¹⁸

444 Behandelt das Lizenzangebot den Lizenzsucher ungleich, kann sich der Patentinhaber **auf zweierlei Weise** vom Vorwurf eines nicht FRAND-gerechten Lizenzangebotes **entlasten**. Zunächst kann er dartun, dass die Diskriminierung nicht geeignet ist, den Lizenzsucher in seiner Wettbewerbsstellung auf dem Produktmarkt zu beeinträchtigen.⁷¹⁹ Insoweit genügt zunächst die Behauptung von Indizien, welche die mangelnde wettbewerbliche Relevanz der Diskriminierung plausibel machen; es steht sodann zur sekundären Darlegungslast des Lizenzsuchers, konkrete Umstände aufzuzeigen, die dennoch eine Eignung zur Wettbewerbsverzerrung belegen. Gelingt der Nachweis fehlender Wettbewerbsbeeinträchtigung nicht, kann der Anbietende zu seiner Entlastung sachliche Gründe dafür anführen, weshalb die vorgenommene Ungleichbehandlung des Lizenzsuchers gegenüber anderen gerechtfertigt ist.

445 – Darüber hinaus schuldet er eine aus sich heraus verständliche und inhaltlich ausreichend fundierte Begründung dafür, wieso die von ihm in Ansatz gebrachte Lizenzvergütung ihrer Höhe nach FR..., nämlich zumutbar (»**fair, reasonable**«), ist. Eine beachtliche Zahl inhaltlich gleichlautend abgeschlossener Lizenzverträge kann für sich betrachtet auf die Zumutbarkeit der vereinbarten Lizenzbedingungen hindeuten, sodass es darüber hinaus keiner weiteren, vertieften Rechtfertigung bedarf⁷²⁰, wobei freilich vorausgesetzt ist, dass die Verträge (insbesondere die ersten) nicht unter Missbrauch von Marktmacht zustande gekommen sind. Wo es an einer solchen, für sich selbst sprechenden Vertragsdichte fehlt, wird der Patentinhaber einen weitergehenden Begründungsaufwand zu leisten haben, der diejenigen Umstände deutlich macht, die die Lizenzforderung wertungsmäßig als ausbeutungsfrei kennzeichnen; ganz besonders gilt dies beim Erstvertrag.

446 – Das Maß der zu beiden vorgenannten Punkten erforderlichen **Substantiierung** hängt von den Gegebenheiten des Einzelfalles ab, wobei ua die eigenen Einsichtsmöglichkeiten des Angebotsadressaten in die Verhältnisse auf dem Lizenzmarkt von Belang sein können.⁷²¹ In jedem Fall gilt eine Wahrheitspflicht. Abgeschlossene Lizenzverträge sind nicht nur selektiv, sondern vollständig (dh in Bezug auf sämtliche Lizenz-

---

716 LG Mannheim, GRUR-RR 2018, 273 – Funkstation; anders: LG Mannheim, Urteil v 24.1.2017 – 2 O 131/16.
717 Zu Einzelheiten bei einer Übertragung des SEP vgl oben Rdn 383 ff.
718 OLG Düsseldorf, GRUR-RS 2019, 6087 – Improving Handovers.
719 EuGH, NZKart 2018, 225.
720 LG Düsseldorf, Urteil v 9.11.2018 – 4a O 15/17.
721 LG Mannheim, GRUR-RR 2018, 273 – Funkstation.

nehmer) zu benennen⁷²², wenngleich die Verträge nicht zusammen mit dem Lizenzangebot übergeben werden müssen⁷²³, weil der Patentinhaber vor einem dahingehenden Aufwand zunächst abwarten darf, ob der Verletzer um einen Dokumentennachweis bittet. Ist dem so, wird die Vorlage geheim gehaltener und geheimhaltungsbedürftiger Unterlagen jedenfalls im Allgemeinen nicht ohne weiteres geschuldet.

(e) Prozedere

Anlass für die Abgabe eines Lizenzangebotes besteht erst, nachdem der Verletzungsbeklagte vom Patentinhaber auf die Verletzung des Klagepatents hingewiesen worden ist und der Verletzungsbeklagte daraufhin signalisiert hat, eine FRAND-Lizenz nehmen zu wollen.⁷²⁴ **447**

(aa) Verletzungsanzeige

Die gebotene Verletzungsanzeige hat den Sinn, dem hinsichtlich des Schutzbereichseingriffs ggf noch gutgläubigen Benutzer die Gelegenheit zu geben, um die Erteilung einer aufgrund der FRAND-Erklärung jedem Interessenten zugesagten Benutzungserlaubnis nachzufragen. Sie verlangt eine Benennung des mit der Klage geltend gemachten Schutzrechts zumindest nach seiner Veröffentlichungsnummer⁷²⁵ sowie Ausführungen dazu, durch welche konkrete Handlung das Patent verletzt werden soll, also die genaue Bezeichnung der angegriffenen Ausführungsform und der dem Gegner insoweit vorgeworfenen Benutzungsalternativen (Herstellung, Angebot, Vertrieb, etc).⁷²⁶ Darüber hinaus sind weder ein Hinweis auf die Standardessentialität des Patents noch auf diejenige technische Funktionalität erforderlich, die verletzungsrelevant sein soll; es bedarf auch keiner claim charts, die jedes Anspruchsmerkmal mit einer Textstelle im Standard in Verbindung bringt und erst recht keiner inhaltlichen Begründung dazu, aus welchen Gründen die einzelnen Merkmale des Patentanspruchs verwirklicht sein sollen (Patentauslegung) und auch keiner rechtlichen Herleitung einer Haftung des Beklagten (zB in Fällen des § 10 PatG). Dies alles zu verifizieren, ist alleinige Verantwortlichkeit des Lizenzsuchers, der mit der Anzeige bloß über den tatsächlichen Sachverhalt unterrichtet werden soll, in dem der Schutzrechtsinhaber den Verletzungsvorwurf begründet sieht. Es ist keine Klageandrohung notwendig und auch keine Stellungnahmefrist⁷²⁷; vielmehr muss bis zur Klageerhebung nur eine solche Zeitspanne abgewartet werden, die erforderlich ist, um auf Seiten des Verletzers Klarheit über eine Lizenzierungsbitte gewinnen und dementsprechend auf die Anzeige reagieren zu können. Dazu bedarf es technischer Überlegungen (wird von dem angezeigten Patent tatsächlich Gebrauch gemacht? Wie sind die Chancen für einen kurzfristigen erfolgreichen Rechtsbestandsangriff, der die Lizenznahme erübrigen kann?), die nach Lage des Falles nur wenige (zwingendes SEP, dessen Benutzung unbestreitbar ist), ggf aber auch mehrere Wochen (Options-SEP, dessen Benutzung unklar ist) in Anspruch nehmen können. Die Verletzungsanzeige kann auch in einer Klage wegen Patentverletzung liegen und sie kann auch mit dem FRAND- **448**

---

722 LG Düsseldorf, Urteil v 9.11.2018 – 4a O 15/17.
723 LG Düsseldorf, Urteil v 9.11.2018 – 4a O 15/17.
724 EuGH, GRUR 2015, 764 – Huawei Technologies/ZTE.
725 Die fragliche Information kann sich auch aus einer Schutzrechtsliste ergeben, die in einem frei (zB über Internet) einsehbaren Standardlizenzvertrag enthalten ist, dessen Abschluss in der Vorkorrespondenz eingefordert wird (vgl LG Düsseldorf, Urteil v 9.11.2018 – 4a O 15/17).
726 BGH, GRUR 2020, 961 – FRAND-Einwand; OLG Düsseldorf, Beschluss v 17.11.2016 – I-15 U 65/15; OLG Düsseldorf, GRUR 2017, 1219 – Mobiles Kommunikationssystem.
727 AA: Cordes/Gelhausen, Mitt 2015, 426, 432.

Angebot zusammenfallen[728], wohingegen ein Lizenzangebot ohne vorherige oder gleichzeitige Verletzungsanzeige bedeutungslos ist[729].

449 Wesentlich auf der Schutzrechtsseite ist die unzweideutige Identifizierbarkeit desjenigen erteilten Patents, das unrechtmäßig – und deswegen mit der Notwendigkeit zu einer Lizenznahme – benutzt werden soll. Dazu kann auch die Mitteilung der Anmeldenummer genügen, sofern – zumindest den Umständen nach – klargestellt wird, dass hierzu ein erteiltes Schutzrecht existiert, dessen Benutzung mit der Verletzungsanzeige geltend gemacht wird. Wegen des geringen Aufwandes kann dem Adressaten zugemutet werden, zu der ihm genannten Anmeldenummer die zugehörige Patentschrift zu ermitteln. Unzureichend wäre demgegenüber, wenn in der Anzeige der Eindruck erweckt würde, dass tatsächlich nur eine **Patentanmeldung** existiert und genau diese auch gemeint ist, weil deren Benutzung ohne Lizenz rechtmäßig unternommen werden kann, womit sich für den Adressaten überhaupt nicht die Notwendigkeit erschließen kann, dass er eine Lizenzbitte zu äußern hat.

450 Steht bei der Lizenzvergabe – wie meist – eine **weltweite Lizenz** im Raum, so kann (und wird vielfach) die Situation bestehen, dass im Moment der Verletzungsanzeige (oder während der Lizenzverhandlungen) für namhafte Märkte (= Lizenzgebiete) bereits Schutzrechte erteilt sind, während zu demselben Zeitpunkt in anderen Märkten (= Lizenzgebieten) bloß eine Patentanmeldung existiert. Fraglos schadet es nicht, sondern ist es im Gegenteil ratsam und zweckmäßig, auch solche Schutzrechtsanmeldungen mit ihrer Anmeldenummer zur Sprache zu bringen, um – nicht zuletzt im Interesse des Lizenzsuchers – deutlich zu machen, für welche Lizenzgebiete sich demnächst ein Bedarf für eine Lizenznahme ergeben und es deswegen schon jetzt sinnvoll sein *kann*, eine Lizenzerteilung in Betracht zu ziehen. Hat der Verletzer um eine weltweite Lizenz gebeten, um bei seiner Geschäftstätigkeit den gesamten relevanten Schutzrechtsbestand benutzen zu können, so ist es in jedem Fall die Pflicht des Schutzrechtsinhabers, solche Patente nachzumelden bzw in sein Lizenzangebot aufzunehmen, die erst im Anschluss an die Lizenzbitte erteilt worden und damit lizenzpflichtig geworden sind. Dessen bedarf es nur dann nicht, wenn das Schutzrecht bereits über seine Anmeldenummer Eingang in das Lizenzangebot gefunden hat, weil sich das Angebot unter solchen Umständen selbstverständlich an dem auf die Anmeldung erteilten Patent fortsetzt.

451 Sind die Parteien bereits vor Klageerhebung (zB aus Anlass einer ausländischen Patentauseinandersetzung) in Lizenzverhandlungen eingetreten und hat das mittlerweile erteilte Klagepatent in den Erörterungen der Parteien lediglich als (damals allein gegebene) Patentanmeldung eine Rolle gespielt, so stellt sich die Frage, ob die Erhebung der nationalen Verletzungsklage in deren Vorfeld zu einem **nachträglichen Verletzungshinweis** auf das jetzt *erteilte* Klagepatent zwingt. Formal mag dies zu bejahen sein (wobei spätestens in der Klageerhebung eine Verletzungsanzeige liegen würde). Entscheidend für die rechtliche Beurteilung muss jedoch sein, dass sich die Parteien zum fraglichen Zeitpunkt in einem schon viel weiter gediehenen Verfahrensstand befinden, indem sie über Lizenzkonditionen verhandeln, womit das Stadium der Verletzungsanzeige (das eine Lizenzbitte des Verletzers und sich daran anschließende Lizenzverhandlungen überhaupt erst ermöglichen soll) faktisch längst überholt ist. Jedenfalls dann, wenn die Tatsache der Erteilung des Klagepatents von den Parteien von vornherein in ihre Verhandlungen »eingepreist« ist und für den Verhandlungsfortgang und die Lizenzkonditionen ersichtlich keine Bedeutung hat, besteht kein vernünftiger Anlass dafür, den Patentinhaber den Formalakt der Verletzungsanzeige – praktisch um seiner selbst willen – nachholen zu lassen. Ist das Klagepatent über seine Anmeldenummer Gegenstand des Lizenzan-

---

728 LG Mannheim, Urteil v 24.1.2017 – 2 O 131/16.
729 LG Mannheim, Urteil v 24.1.2017 – 2 O 131/16.

gebotes, bedarf es nicht einmal zwingend einer Korrektur auf die Nummer des erteilten Patents.

Sofern sichergestellt ist, dass eine der **Muttergesellschaft** übersandte Verletzungsanzeige konzernintern an diejenigen Tochtergesellschaften weitergeleitet wird, die es in den einzelnen Schutzländern angeht, erübrigt sich eine formale Benachrichtigung sämtlicher Konzerngesellschaften.[730] Im Zweifel empfiehlt es sich, den erwarteten Wissenstransfer innerhalb des angesprochenen Konzerns in der Verletzungsanzeige klarzustellen, wenn sich die berechtigte Erwartung nicht ohnehin schon aus der Vorkorrespondenz ergibt[731]. 452

Hintergrund für die Verletzungsanzeige des Patentinhabers ist die Erwägung, dass technische Standards typischerweise eine große Anzahl von SEP umfassen, weswegen nicht sicher ist, dass der Verletzer darum weiß, dass er die Lehre des Klagepatents benutzt und deshalb die Notwendigkeit zu einer Lizenznahme bestehen kann. Die Pflicht zur Anzeige ist dennoch kein Selbstzweck, weswegen sie als nutzlose **Förmelei** unterbleiben kann, wenn angesichts der Gesamtumstände *mit Sicherheit* davon auszugehen ist, dass der Verletzungsbeklagte Kenntnis von der Benutzung des Klagepatents durch die angegriffene Ausführungsform hat und sein Berufen darauf, der Kläger habe ihm dies nicht angezeigt, als Rechtsmissbrauch erscheint.[732] An die Bejahung eines derartigen Tatbestandes sind strenge Maßstäbe anzulegen[733], wobei die Rechtsprechung zur Entbehrlichkeit einer Abmahnung[734] eine Orientierung bieten kann. 453

▶ **Beispiele:**

Eigene Fach- oder Werbeveröffentlichungen des Beklagten belegen sein Wissen um die Patentbenutzung; das Klagepatent betrifft eine Schlüsselfunktion des Standards, die schlechterdings niemandem verborgen geblieben sein kann. Auf eine bloß pauschale Verletzungsanzeige hin tritt der Beklagte oder seine Konzernmutter in Verhandlungen über den Abschluss eines Standardpoollizenzvertrages ein, ohne geltend zu machen, nicht hinreichend über den für Geräte der vertriebenen Art erforderlichen Lizenzumfang im Unklaren zu sein.[735] 454

Der bloße Hinweis auf ein **paralleles Auslandsschutzrecht** genügt als Anzeige der Verletzung eines inländischen Klagepatents schon wegen des unzureichenden territorialen Bezuges nicht. Ganz besonders gilt dies dann, wenn für die Schutzbereichsbestimmung jeweils andere rechtliche Regeln gelten, egal, ob sie auf einer bloß abweichenden Handhabung durch die nationale Rechtsprechung beruhen und im Einzelfall tatsächlich zu einer divergierenden Verletzungsbeurteilung führen. Wird der als verletzt angezeigte (erteilte) **Patentanspruch** später – freiwillig oder auf einen Widerspruch/eine Nichtigkeitsklage hin – **eingeschränkt**, bedarf es keiner neuen Verletzungsanzeige. Gleiches gilt, wenn aus einer anderen Anspruchskombination (zB von Anspruch 1 & 3) geklagt wird, als angezeigt war (zB Anspruch 1 & 2).[736] Beides ist unschädlich, weil es im Rahmen der Verletzungsanzeige – über die Nennung des mutmaßlich verletzten Schutzrechts nach 455

---

730 BGH, GRUR 2020, 961 – FRAND-Einwand; OLG Düsseldorf, Beschluss v 17.11.2016 – I-15 U 65/15; OLG Düsseldorf, GRUR 2017, 1219 – Mobiles Kommunikationssystem.
731 LG Düsseldorf, Urteil v 9.11.2018 – 4a O 15/17 (Die Muttergesellschaft hatte sich gegenüber dem Patentinhaber/Lizenzpool als der für die Verhandlung einer konzernweiten Lizenz richtige Ansprechpartner geriert).
732 LG Düsseldorf, Urteil v 9.11.2018 – 4a O 15/17.
733 LG Düsseldorf, Urteil v 9.11.2018 – 4a O 15/17.
734 Vgl Kap C Rdn 185 f.
735 LG Düsseldorf, Urteil v 9.11.2018 – 4a O 15/17.
736 Denn derart dezidierter Darlegungen bedarf es für die Verletzungsanzeige nicht (vgl oben Kap E Rdn 448).

seiner Veröffentlichungsnummer hinaus – keiner ins Einzelne gehenden Begründung des Verletzungsvorwurfs bedarf. Von einer bestimmte angegriffene Ausführungsformen betreffenden Verletzungsanzeige werden ohne weiteres auch spätere **Modellaktualisierungen** erfasst (wie sie insbesondere im Mobilfunkbereich üblich sind), jedenfalls dann, wenn die technischen Gegebenheiten nicht in einer Weise variiert werden, dass sich die Frage der Patentverletzung grundlegend neu und anders stellt.[737]

456 Die Verletzungsanzeige muss nicht notwendigerweise von dem am Patent dinglich **Berechtigten** (Schutzrechtsinhaber, ausschließlicher Lizenznehmer) oder dessen Bevollmächtigten (Lizenzpool) vorgenommen werden. Damit für den Verletzer eine Reaktionspflicht ausgelöst wird, ist es in jedem Fall aber erforderlich, dass sich der Berechtigte/ sein Bevollmächtigter die von einem Dritten unternommene Anzeige zu Eigen macht, was durch sein Verhalten hinreichend zuverlässig zum Ausdruck gebracht werden muss.[738] In zeitlicher Hinsicht entfaltet die Anzeige erst von diesem Moment an ihre rechtlichen, Reaktionspflichten auslösende Wirkungen.

(bb) Lizenzierungsbitte[739]

457 Im Anschluss an eine hinreichende Verletzungsanzeige (oder bei deren ausnahmsweiser Entbehrlichkeit) hat der Verletzer (oder dessen Muttergesellschaft mit Wirkung – auch – für den Verletzer[740]) sein Interesse an einer Lizenzierung des Klagepatents zum Ausdruck zu bringen. Davon darf in der Folge nicht abgerückt werden, sodass die ernsthafte Bereitschaft zur Lizenznahme auch in dem Augenblick noch Bestand haben muss, zu dem der Patentinhaber sein FRAND-Angebot abzugeben hat und die Parteien danach miteinander verhandeln.[741]

458 Selbst wenn am Ende eine **Portfoliolizenz** in Betracht kommen sollte, geht es im (frühen) Stadium der Lizenzierungsbitte einzig um das zur Grundlage des Verletzungsangriffs gemachte Klagepatent, weswegen weder die Bereitschaft zur Lizenznahme an weiteren Schutzrechten in Aussicht gestellt werden muss noch der Umstand schadet, dass der Verletzungsbeklagte seine Ansicht äußert, zu weiterer Lizenznahme nicht oder nur mit Blick auf ganz bestimmte Patente verpflichtet zu sein. Portfoliopatente werden für den Beklagten erst dann virulent, wenn der Kläger die Notwendigkeit ihrer Lizenznahme im Rahmen eines FRAND-Vertrages dargetan und eingefordert hat.

459 Die Bitte um Lizenzierung kann **pauschal** sowie **formlos** und folglich auch **konkludent** geschehen, wobei das fragliche Verhalten für den Gegner eindeutig den allgemeinen Willen zur Lizenznahme erkennen lassen muss.[742] Irgendwelche Ausführungen zum Inhalt der Lizenz sind nicht erforderlich.[743] Regelmäßig bringt der Verletzer deshalb mit einem Vertragsangebot, das die Bestimmung der Lizenzgebühr nach billigem Ermessen dem SEP-Inhaber überlässt (§ 315 BGB), hinreichend zum Ausdruck, dass er bereit ist, eine Lizenzvereinbarung abzuschließen, die jedenfalls hinsichtlich der Lizenzvergütung FRAND-Bedingungen entspricht.[744] Darüber hinausgehende Lizenzvorgaben des Verletzers können sogar schädlich sein und sind es, wenn sie dem Patentinhaber bei verständiger Würdigung den Eindruck vermitteln müssen, dass eine Bereitschaft zur Lizenznahme *abschließend und unverrückbar* nur zu ganz bestimmten, nicht verhandelbaren

---

737 OLG Düsseldorf, GRUR 2017, 1219 – Mobiles Kommunikationssystem.
738 Vgl zum Problemkreis LG Düsseldorf, Urteil v 9.11.2018 – 4a O 15/17.
739 Vgl Tochtermann, GRUR 2022, 1121.
740 OLG Düsseldorf, GRUR 2017, 1219 – Mobiles Kommunikationssystem.
741 OLG Düsseldorf, GRUR 2017, 1219 – Mobiles Kommunikationssystem.
742 OLG Düsseldorf, GRUR 2017, 1219 – Mobiles Kommunikationssystem.
743 OLG Düsseldorf, Beschluss v 17.11.2016 – I-15 U 65/15; OLG Düsseldorf, GRUR 2017, 1219 – Mobiles Kommunikationssystem.
744 OLG Karlsruhe, GRUR-RS 2021, 9325 – Wurzelsequenzordnung.

Konditionen besteht, die *ersichtlich* nicht FRAND sind und auf die sich der Schutzrechtsinhaber deshalb offensichtlich nicht einlassen muss. Dasselbe gilt, wenn der Verletzer seine Lizenzbitte unter eine unzulässige Bedingung stellt, die der Patentinhaber nicht hinnehmen muss, zB dergestalt, dass er die Bitte um Lizenzerteilung nur für den Fall äußert, dass sich das Klagepatent als rechtsbeständig erweisen sollte.[745] Unter derartigen Umständen enthält die verbale Bitte um Erteilung einer Lizenz in Wirklichkeit die ernsthafte und endgültige Weigerung, eine Benutzungsvereinbarung zu FRAND-Bedingungen zu treffen, womit sich jedes FRAND-Lizenzangebot des Patentinhabers von vornherein (weil es zwecklos wäre) erübrigt.

Ein weiteres Beispiel für eine unbeachtliche, weil offensichtlich unehrliche Lizenzbitte liegt vor, wenn der Verletzungsbeklagte eine **anti-suit-injunction** erwirkt, die dem SEP-Inhaber die Fortführung des Verletzungsprozesses mit Rücksicht auf eine vom Verletzungsbeklagten anderswo im Ausland anhängig gemachte FRAND-Lizenzklage verbietet, sofern das Prozessführungsverbot dem SEP-Inhaber untersagt, sich dagegen am Ort des Verletzungsprozesses zur Wehr zu setzen[746] oder damit zu rechnen ist, dass das ausländische Gericht eine Fortsetzung des Verletzungsprozesses trotz einer deutschen Schutzanordnung (anti-anti-suit-injunction) sanktioniert. Im Allgemeinen wird das Fehlen einer (beachtlichen) Lizenzbitte in Anbetracht der Schwere des durch den Verletzungsbeklagten begangenen FRAND-Verstoßes unheilbar sein. 460

Da die näheren **Lizenzkonditionen** zu diesem Zeitpunkt noch nicht formuliert sind, weil sie erst im nächsten Schritt durch den SEP-Inhaber mit dessen Lizenzangebot zu benennen sind, kommt die Annahme, der Verletzer äußere zwar verbal eine Lizenzbitte, sei tatsächlich aber zu einer Lizenznahme endgültig überhaupt nicht bereit, nur unter strengen Anforderungen in Betracht. Der Sache nach verzichtet der Verletzer durch ein solches Verhalten nämlich auf die Unterbreitung eines vom SEP-Inhaber geschuldeten Lizenzangebotes, wovon – wie immer beim Verzicht auf eine dem Erklärenden günstige Rechtsposition – allenfalls unter ganz besonderen Umständen ausgegangen werden kann. Sie liegen etwa vor, wenn der Verletzer den Patentinhaber über viele Jahre hinweg hinhält und das übrige Verhalten des Erklärenden bei objektiver Betrachtung unmissverständlich Zeugnis davon ablegt, dass es sich bei der Bitte um eine FRAND-Lizenz um ein reines Lippenbekenntnis handelt, das ganz offensichtlich nicht von einem ernstgemeinten Willen zur Lizenznahme getragen wird, sondern dem einzigen Zweck dient, den Patentinhaber hinzuhalten, seine Rechtsverfolgung zu verschleppen und so die das Patent benutzenden Handlungen ungestört fortsetzen zu können.[747] Auch ein Verletzer, der sich in solcher Weise verhalten hat, kann sich zwar eines Besseren besinnen, sodass eine von ihm später artikulierte Lizenzbitte ernstzunehmen sein *kann*. In Anbetracht der Vorgeschichte ist hierzu jedoch erforderlich, dass seine neuerliche Lizenzbitte von Umständen begleitet wird, die seine innere Abkehr von der bisherigen Verweigerungshaltung deutlich erkennen lassen. Die Formulierung eines eigenen Lizenzangebotes kann in diesem Sinne ausreichend sein; sie ist es allerdings dann nicht, wenn der Angebotsinhalt in einem Maße un-FRAND ist, dass mit ihr kein neues Kapitel in den Lizenzbemühungen aufgeschlagen, sondern im Gegenteil die bisherige Hinhaltetaktik fortgesetzt wird.[748] Zurückhaltung mit der Annahme mangelnder Lizenzbereitschaft ist demgegenüber dann geboten, wenn diejenigen Umstände, auf welche die Annahme einer im Widerspruch zur abgegebenen Erklärung in Wirklichkeit nicht bestehenden Lizenznahmebereitschaft 461

---

745 LG München I, GRUR-RR 2021, 513 – Sprachsignalcodierer.
746 OLG Düsseldorf, GRUR 2022, 318 – Ausländisches Prozessführungsverbot.
747 OLG Düsseldorf, GRUR 2021, 1498 – Signalsynthese; OLG Karlsruhe, GRUR 2022, 1145 – Steuerkanalsignalisierung II.
748 OLG Düsseldorf, GRUR 2021, 1498 – Signalsynthese.

gestützt werden soll, solche sind, deren Berechtigung in der Rechtsprechung noch nicht geklärt ist und zu denen deshalb prinzipiell unterschiedliche Auffassungen möglich sind.

462 Hat der Patentinhaber die geäußerte Lizenzbitte, mag sie im besagten Sinne auch »unzureichend« gewesen sein, **tatsächlich** zum Anlass genommen, dem Verletzer ein **Lizenzangebot** zu **unterbreiten**, so hat die Lizenzbitte vordergründig den ihr zugedachten Zweck erfüllt, und es ist – von später (Rdn 464) noch zu behandelnden Ausnahmen abgesehen – im üblichen Prozedere fortschreitend zu prüfen, ob das Lizenzangebot des Patentinhabers den von ihm versprochenen und geschuldeten FRAND-Bedingungen entspricht. Die Frage einer Lizenzwilligkeit des Verletzers stellt sich danach erst wieder im Hinblick auf die Reaktion des Verletzers auf das Lizenzangebot: Ist es un-FRAND, kommt es auf eine Lizenzwilligkeit nicht an. Ist das Lizenzangebot hingegen FRAND, so ist die Lizenzwilligkeit des Verletzers entscheidungserheblich. Sie fehlt, wenn (und nur dann, wenn) der Verletzer das FRAND-gemäße Lizenzangebot des Patentinhabers ausschlägt oder wenn er ein solches nicht mit einem Gegenangebot kontert, das seinerseits FRAND-Anforderungen genügt. Unternimmt der Patentinhaber auf eine geäußerte Lizenzbitte des Verletzers hin eine FRAND-Lizenzofferte, so bildet deshalb diese – und nur diese! – den Prüfstein dafür, ob auf Seiten des Verletzers eine Bereitschaft zur Lizenznahme besteht oder nicht. Denn es ist der Patentinhaber, der seine vertrauensbildende FRAND-Zusage durch ein eben diesen Bedingungen entsprechendes Lizenzangebot einzulösen hat, während der Verletzer seine Lizenzbereitschaft erst dadurch unter Beweis zu stellen hat, dass er auf ein solches Angebot eingeht oder anderweitige FRAND-Bedingungen formuliert. Diese Verantwortlichkeiten werden – gegen den Geist der EuGH-Rechtsprechung – unzulässig umgekehrt, wenn diejenigen Vorstellungen, die der Verletzer über den seiner Meinung nach angemessenen Inhalt eines Lizenzvertrages äußert, in die Entscheidung einfließen, ob eine Lizenzbitte vorliegt oder nicht. Das gilt erst recht und in ganz besonderem Maße, wenn die Bedingungen eines vom Verletzer formulierten Gegenangebotes als Hinweis auf seine mangelnde Lizenzbereitschaft gewertet werden, infolgedessen eine rechtlich beachtliche Lizenzbitte verneint und damit der Zwangslizenzeinwand für nicht durchgreifend erklärt wird[749], ohne dass zuvor der Frage nachgegangen worden ist, ob das Lizenzangebot des Patentinhabers überhaupt FRAND gewesen ist.

463 Richtigerweise ist zwischen der grundsätzlichen (**allgemeinen**) **Bereitschaft** des Verletzers, eine FRAND-Lizenz zu nehmen, und seinem Willen, auf konkrete Lizenzbedingungen, die sich als FRAND erwiesen haben, einzugehen (**konkrete Lizenzbereitschaft**), zu unterscheiden.[750] Auf der Stufe der Lizenzbitte ist allein sein allgemeiner Wille, Lizenznehmer zu werden, bedeutsam und zu verifizieren. Seine konkrete Lizenzwilligkeit steht demgegenüber erst zur Debatte, wenn das Lizenzangebot des Patentinhabers inhaltlich als FRAND identifiziert worden ist. Daraus folgt:

464 – Fehlt es dem Verletzer an der **allgemeinen** Bereitschaft, eine Lizenz zu nehmen, weil seine Lizenzbitte ein offensichtlich nicht ernst gemeintes Lippenbekenntnis ist, so ist ein (zB aus übertriebener prozessualer Vorsicht oder sonstigen Gründen) dennoch unterbreitetes Lizenzangebot des Patentinhabers nicht mehr auf seine FRAND-Gemäßheit zu untersuchen. Denn hat der Verletzer bereits hinlänglich dokumentiert, dass er überhaupt keine Lizenz nehmen will und wird, so macht es ersichtlich keinen Sinn, ihn mit konkreten, bei gerichtlicher Überprüfung des unterbreiteten Lizenzangebotes als fair und diskriminierungsfrei festgestellten Lizenzbedingungen zu konfrontieren, die ohnedies nichts ausrichten können. Vielmehr sind sogleich die gebotenen Schlüsse aus der Weigerung des Verletzers zu jedweder Lizenznahme zu ziehen,

---

749 So aber LG Mannheim, Urteil v 18.8.2020 – 2 O 34/19.
750 OLG Düsseldorf, GRUR 2022, 1136 – Signalsynthese II.

indem der Beklagte zur Unterlassung verurteilt wird.⁷⁵¹ Auf ein Fehlen der allgemeinen Lizenzbereitschaft kann auch dann geschlossen werden, wenn der Verletzer kategorisch zu erkennen gibt, dass er auf ein bestimmtes, offensichtlich angemessenes Lizenzierungsmodell (zB eine Poollizenz) nicht einzugehen gedenkt und stattdessen beharrlich und unnachgiebig auf einer bilateralen Einzellizenz besteht, obwohl er dafür keinerlei rechtfertigende Gründe vorweisen kann.⁷⁵²

– Anders verhält es sich, wenn bloß die **konkrete** Lizenzbereitschaft fehlt. Hier erweist es sich sehr wohl als sinnvoll und ist es deswegen auch geboten, das Lizenzangebot des Patentinhabers daraufhin zu verifizieren, ob es fair und diskriminierungsfrei ist, und den Verletzer mit den besagten Lizenzkonditionen zu konfrontieren. Ist das Lizenzangebot un-FRAND, hat der Patentinhaber zu Recht das Nachsehen, weil er seiner Pflicht zur FRAND-Lizenzierung nicht nachgekommen ist.⁷⁵³ Erweist sich demgegenüber das Lizenzangebot als FRAND, hat der Verletzer das Nachsehen, wenn (und weil) er sich auf die ihm unterbreiteten, kartellrechtlich ordnungsgemäßen Lizenzbedingungen nicht einlässt.⁷⁵⁴

465

Die dargestellten Zusammenhänge verkennt der **BGH**, der unangemessen hohe Anforderungen an die Lizenzierungsbitte vertritt.⁷⁵⁵ Seiner Auffassung nach muss die Lizenzbitte *klar und eindeutig* die *ernsthafte und vorbehaltlose* Bereitschaft zum Ausdruck bringen, eine Lizenz zu FRAND-Bedingungen zu nehmen, wie immer die FRAND-Bedingungen auch aussehen mögen. Da mit der Bitte der Eintritt in einen *ergebnisoffenen* Verhandlungsprozess signalisiert werden müsse, schade es, wenn der Verletzer sich nur dazu bereit zeigt, den Abschluss eines Lizenzvertrages zu erwägen oder in Verhandlungen darüber einzutreten, ob und unter welchen Voraussetzungen ein Lizenzvertragsabschluss in Betracht kommt. Demgegenüber würde ein Vertrags(gegen)angebot des Verletzers, welches ein Leistungsbestimmungsrecht zugunsten des Patentinhabers vorsieht (§ 315 BGB), regelmäßig⁷⁵⁶ eine qualifizierte Lizenzwilligkeit⁷⁵⁷ dokumentieren.⁷⁵⁸

466

Kritik: Soweit sich der BGH für seine restriktive Handhabung auf die Gefahr beruft, dass es der Verletzer darauf abgesehen haben könnte, die Lizenzverhandlungen möglichst bis zum Ablauf des Klagepatents hinauszuzögern, weil ihm dann keine Unterlassungsverurteilung mehr droht, und einen besonders großen wirtschaftlichen Anreiz für ein derartiges Taktieren sieht, wenn es um die Lizenzierung eines Patentportfolios geht, weil dem Verletzer demgegenüber bloß eine Schadenersatzverurteilung wegen des singulären Klageschutzrechts droht, überzeugt dies nicht. Durch die Abgabe eines FRAND-Angebotes hat es der SEP-Inhaber zu jeder Zeit in der Hand, die Lizenzierungsverhandlungen zu befördern und damit den Unterlassungsanspruch alsbald gerichtlich durchsetzbar zu machen. Und genau hier gehört die Verantwortlichkeit für den Lizenzvertragsabschluss auch hin, weil es aufgrund der vertrauensbildenden FRAND-Zusage in allererster Linie die Sache des SEP-Inhabers ist, durch ein konkretes und sachlich begründetes Lizenzangebot, das die versprochenen FRAND-Bedingungen beachtet, die Grundlagen für eine Lizenznahme durch den Verletzer zu schaffen. Darüber hinaus bleibt der BGH jede Auseinandersetzung mit der Tatsache schuldig, dass die Parteien bereits über das Stadium

467

---

751 OLG Düsseldorf, GRUR 2022, 1136 – Signalsynthese II.
752 OLG Düsseldorf, GRUR 2022, 1136 – Signalsynthese II.
753 OLG Düsseldorf, GRUR 2022, 1136 – Signalsynthese II.
754 OLG Düsseldorf, GRUR 2022, 1136 – Signalsynthese II.
755 BGH, GRUR 2020, 961 – FRAND-Einwand.
756 Anderes gilt, wenn das Angebot zB mit Rücksicht auf seinen Zeitpunkt Ausdruck einer unzulässigen Verzögerungstaktik ist (OLG Karlsruhe, Beschluss v 12.2.2021 – 6 U 130/20).
757 Eine ganz andere Frage ist, ob mit einer solchen Offerte auch die Pflicht zum Gegenangebot erfüllt werden könnte.
758 OLG Karlsruhe, Beschluss v 12.2.2021 – 6 U 130/20.

der Lizenzbitte hinausgeschritten waren, indem der Patentinhaber dem beklagten Verletzer ein Lizenzangebot unterbreitet hatte, das nach dem für das Revisionsverfahren zu unterstellenden Sachverhalt diskriminierend (und folglich un-FRAND) war. Wieso soll es in dieser Lage angemessen sein, der Unterlassungsklage stattzugeben, weil der Verletzer nicht ordnungsgemäß um eine Lizenz gebeten hat, wenn der SEP-Inhaber dies anders verstanden und durch sein Lizenzangebot deutlich gemacht hat, dass er zu einer FRAND-Lizenzierung nicht bereit ist. Gerechterweise muss das Ergebnis genau anders herum lauten.

468 Selbstverständlich ist dem Verletzer vor Äußerung seiner Lizenzierungsbitte eine hinreichende Überlegungszeit einzuräumen. Wie lang sie ist, hängt von dessen eigenen Einsichtsmöglichkeiten in die betreffende Technik ab. Je ausführlicher die Verletzungsanzeige ist, umso kürzer wird tendenziell die **Erwägungsfrist** für den Verletzer ausfallen können.[759] Dieser ist in jedem Fall aber gehalten, sich zügig um die notwendigen Erkenntnisse zu bemühen, die für eine Entscheidung darüber bedeutsam sind, ob er eine Lizenz nehmen will oder nicht. Dazu gehört eine Abschätzung der Verletzungs-, aber auch der Rechtsbestandsseite. Die hierzu bei redlichem Bemühen notwendige Zeitspanne ist zu gewähren; sie wird, eben weil es zu diesem Zeitpunkt nur um das (einzelne) Klagepatent geht[760], relativ knapp zu bemessen sein und 2 Monate allenfalls im Einzelfall unter besonderen Bedingungen überschreiten.[761] Nach Auffassung des BGH[762] ist derjenige Lizenzsucher, der sich im Anschluss an eine Verletzungsanzeige ungebührlich lange Zeit für seine Lizenzbitte nimmt, danach gehalten, durch *zusätzliche* Anstrengungen dazu beizutragen, dass ein FRAND-Lizenzvertrag trotz seiner Versäumnisse zeitnah abgeschlossen werden kann.

(cc) Zeitliche Reihenfolge

469 Da eine Verletzungsklage nur dann vor dem Vorwurf eines Machtmissbrauchs immun ist, wenn das geschilderte Prozedere eingehalten wird, muss ein hinreichendes Lizenzangebot unterbreitet *sein* (womit dasselbe auch für die ihr vorgelagerte Verletzungsanzeige und die Bitte um Lizenzerteilung gilt), bevor die Klage erhoben wird.[763] Tritt der Lizenzsucher ernsthaft in eine Erörterung der Lizenzofferte ein, müssen darüber hinaus die Vertragsverhandlungen erfolglos durchgeführt *sein*, bevor der Rechtsweg wegen Patentverletzung beschritten werden darf.[764]

470 Bei der Bestimmung dessen, was mit dem zeitlichen Kriterium »**vor Klageerhebung**« genau gemeint ist, kann nicht kurzerhand auf die Gesetzesdefinition im deutschen Zivilprozessrecht (Rechtshängigkeit = Klagezustellung) zurückgegriffen werden. Denn die Bedingung ist europaweit einzuhalten und in den betroffenen Mitgliedstaaten existiert keine einheitliche Begriffsbildung. Richtigerweise ist deshalb derjenige Zeitpunkt ange-

---

759 LG Düsseldorf, Urteil v 31.3.2016 – 4a O 73/14; OLG Düsseldorf, GRUR 2017, 1219 – Mobiles Kommunikationssystem.
760 Anders verhält es sich – wegen des weitreichenderen Prüfungsstoffes – bei der Reaktion auf das Lizenzangebot des Patentinhabers, namentlich dann, wenn es sich um ein grenzüberschreitendes Schutzrechtsportfolio handelt.
761 Zustimmend: OLG Karlsruhe, GRUR 2020, 166 – Datenpaketverarbeitung; OLG Düsseldorf, GRUR 2017, 1219 – Mobiles Kommunikationssystem (mehr als drei Monate sind in aller Regel unangemessen lang).
762 BGH, GRUR 2021, 585 – FRAND-Einwand II.
763 EuGH, GRUR 2015, 764 – Huawei Technologies/ZTE.
764 Dass auch das Lizenzangebot zeitlich vor der Klageeinreichung liegen muss, ergibt sich eindeutig aus den Rn 61–63 der Entscheidungsgründe. Sie ordnen an, dass es dem Patentinhaber »vor der gerichtlichen Geltendmachung« des Unterlassungsanspruchs »zum einen« obliegt, den Benutzer auf die gegebene Patentverletzung hinzuweisen, und »zum anderen« obliegt, ein konkretes Lizenzangebot zu unterbreiten.

sprochen, zu dem der Kläger alle Vorkehrungen für eine Durchführung des Klageverfahrens gegen den Verletzer getroffen hat, sodass es nicht mehr in seinen Händen liegt, ob und wann das gerichtliche Streitverfahren seinen Fortgang nimmt. In Deutschland ist dieser Moment gegeben, sobald die Klage eingereicht ist und der Kläger den erforderlichen Gerichtskostenvorschuss eingezahlt hat.[765]

Praxistipp	Formulierungsbeispiel

Mit der vorgerichtlichen Verletzungsanzeige schafft der Patentinhaber die Gefahr eines generischen **Torpedos**. Dem kann auf zweierlei Weise begegnet werden. Zum einen kann die Klage bereits vor Einreichung der Verletzungsklage eingereicht, die Einzahlung des Kostenvorschusses danach aber im Rahmen des nach Art 32 EuGVVO Zulässigen verzögert werden, sodass das bereits vorbereitete Lizenzangebot bis zur mündlichen Verhandlung vor dem Verletzungsgericht unterbreitet und ggf verhandelt sein kann. Zum anderen – und dieser Weg ist noch sicherer – kann die Klage von vornherein auf den Schadenersatz- und Rechnungslegungsanspruch beschränkt und später (nach Abwicklung der notwendigen kartellrechtlichen Formalitäten) um den Unterlassungs-, Rückruf- und Vernichtungsanspruch erweitert werden.

471

(dd) Gegenangebot

Auf das ihm unterbreitete, *FRAND-Bedingungen genügende*[766] Lizenzangebot hat der Verletzer »mit Sorgfalt, gemäß den in dem Bereich anerkannten geschäftlichen Gepflogenheiten und nach Treu und Glauben zu reagieren«.[767] Will der Verletzer das Lizenzangebot des Patentinhabers, obwohl es FRAND-Bedingungen entspricht, nicht annehmen, muss er innerhalb einer **kurz bemessenen Frist** ein konkretes schriftliches Gegenangebot unterbreiten, das FRAND-Bedingungen entspricht.[768] Hinsichtlich seines Inhalts gelten prinzipiell keine anderen Anforderungen als für das Lizenzangebot des Patentinhabers, sodass eine in beiden Richtungen hinreichende Regelungsdichte genauso unabdingbar ist wie eine Erläuterung dazu, wieso die abweichend vorgeschlagenen Inhalte (namentlich eine anderslautende Lizenzvergütung) diskriminierungs- und ausbeutungsfrei sind und welche Umstände angesichts des FRAND-Angebots des Patentinhabers für *ihre* Vereinbarung sprechen. Da die Lizenzvergütung konkret anzugeben ist, scheidet es aus, anstelle einer eigenen Festlegung lediglich das Bestimmungsrecht eines Dritten (zB ein Schiedsgericht) vorzusehen.[769] Unbedenklich ist demgegenüber, die im Gegenangebot genannte Lizenzgebühr durch einen Dritten auf ihre Angemessenheit überprüfen zu lassen.[770]

472

---

765 LG Düsseldorf, Urteil v 31.3.2016 – 4a O 73/14.
766 OLG Düsseldorf, Mitt 2016, 85 – Kommunikationsvorrichtungen eines Mobilfunksystems; OLG Düsseldorf, GRUR 2017, 1219 – Mobiles Kommunikationssystem; OLG Karlsruhe, Mitt 2016, 321 – Informationsaufzeichnungsmedium; aA: LG Mannheim, Urteil v 27.11.2015 – 2 O 108/14 sowie LG Düsseldorf, WuW 2016, 93, die eine Pflicht zum Gegenangebot auch dann annehmen, wenn das Lizenzangebot des Patentinhabers nicht FRAND ist, und die bei Fehlen eines solchen Gegenangebotes der Unterlassungsklage stattgeben. Nach LG Mannheim (Urteil v 29.1.2016 – 7 O 66/15) begründet auch ein Angebot, was nicht FRAND ist, eine Reaktionspflicht, es sei denn, es erweist sich schon bei summarischer Prüfung als evident UN-FRAND.
767 EuGH, GRUR 2015, 764 – Huawei Technologies/ZTE.
768 EuGH, GRUR 2015, 764 – Huawei Technologies/ZTE.
769 LG Düsseldorf, Urteil v 31.3.2016 – 4a O 73/14.
770 LG Düsseldorf, Urteil v 31.3.2016 – 4a O 73/14. Nach Auffassung des LG Düsseldorf soll dies zur Folge haben, dass der Verletzungsprozess von einer abschließenden Bestimmung der Lizenzhöhe entlastet wird, weil ein mit Überprüfungsmöglichkeit versehenes Lizenzangebot nur dann als UN-FRAND angesehen werden kann, wenn die offerierten Lizenzgebühren evident überhöht sind.

473 Was die **Reaktionsfrist** betrifft, hängt es vom Inhalt des Lizenzangebotes ab, welche Zeitspanne dem Verletzer einzuräumen ist. Sie wird umso größer sein, je umfangreicher das offerierte Schutzrechtsportfolio ist, und kann – orientiert an den üblichen Abläufen bei freien Lizenzverhandlungen – auch mehrere Monate betragen.

474 Mit der erörterten Annahme-Option für den Verletzer erkennt der EuGH an, dass es mehr als nur *einen* FRAND-Lizenzvertragsinhalt gibt und dass es ein legitimes Anliegen des Verletzers darstellt, den vorhandenen FRAND-Spielraum für sich auszunutzen.

475 Dem Verletzer ist es nicht untersagt, parallel zu den Lizenzverhandlungen das Klagepatent in seinem **Rechtsbestand** anzugreifen und/oder dessen Standardessentialität bzw. **Benutzung** durch die angegriffene Ausführungsform zu bestreiten.[771] Weil dem so ist, darf er sich entsprechende Maßnahmen in einem FRAND-Lizenzvertrag auch ausdrücklich vorbehalten,[772] was nicht bedeutet, dass die Vertragserklärung als solche unter die Bedingung tatsächlicher Patentbenutzung und sich endgültig herausstellenden Rechtsbestandes des/der Lizenzschutzrechte gestellt werden darf.[773] Auf **Rückforderungsvorbehalte** in Bezug auf gezahlte Lizenzen für den Fall einer späteren Vernichtung des Klagepatents besteht demgegenüber kein Anspruch, weil sie in der Lizenzpraxis nicht üblich sind.[774] Wenn der Verletzer der Auffassung ist, mit seinen Produkten keinen Gebrauch von der technischen Lehre des Lizenzschutzrechts zu machen, steht es ihm frei, eine Nullauskunft zu erteilen und jede Lizenzzahlung zu verweigern.[775] Der die Lizenz erteilende Patentinhaber, der dies anders sieht, hat in einem solchen Fall – wie sonst auch – Auskunfts- und Zahlungsklage zu erheben. Was den Rechtsbestand des Patents anbetrifft, ist es gängige Praxis, dass die Zahlungspflicht so lange andauert, bis eine Vernichtungsentscheidung Rechtskraft erlangt hat. Auch insoweit besteht deshalb kein Anlass für eine Regelung zur Rückzahlung verauslagter Lizenzgebühren. Sie würde den FRAND-Lizenzsucher gegenüber freiwilligen vertraglichen Lizenznehmern des Patentinhabers bevorzugen, was mit einer fairen und gleichmäßigen Lizenzvereinbarung, auf die allein ein Anrecht besteht, nicht zu vereinbaren wäre.

Zusammenfassend bleibt also zu resümieren:

(ee) Umfang und Modalität der Verhandlungen

476 Da die Lizenzverhandlungen die Durchsetzung der ohnehin zeitlich begrenzten Verbietungsrechte aus einem Patent blockieren, müssen die Abschlussbemühungen zu einem zügigen Ergebnis gebracht werden, wozu beide Seiten ihren Beitrag zu leisten haben. Dies verbietet es, einen wiederholten Austausch von Vertragsentwürfen zuzulassen, und bedingt, dass sowohl dem Patentinhaber als auch dem Lizenzsucher im Prinzip jeweils nur **ein einziger Versuch** zugebilligt wird, mit ihrem Angebot FRAND-Bedingungen zu formulieren. Um dem Vorwurf missbräuchlicher Klageerhebung zu entgehen, muss das Lizenzangebot des Patentinhabers FRAND sein; umgekehrt versagt der EuGH dem Verletzer die Berufung auf den missbräuchlichen Charakter der gegen ihn erhobenen Verletzungsklage, wenn er das FRAND-Angebot des Schutzrechtsinhabers ablehnt und ihm nicht innerhalb kurzer Frist ein konkretes schriftliches Gegenangebot unterbreitet, das seinerseits FRAND-Bedingungen genügt[776]. Um solches zu ermöglichen, ist beiden

---

771 EuGH, GRUR 2015, 764 – Huawei Technologies/ZTE.
772 EuGH, GRUR 2015, 764 – Huawei Technologies/ZTE.
773 LG Düsseldorf, Urteil v 31.3.2016 – 4a O 73/14; OLG Düsseldorf, GRUR 2017, 1219 – Mobiles Kommunikationssystem.
774 LG Düsseldorf, Urteil v 31.3.2016 – 4a O 73/14.
775 Sollte die Auffassung des Benutzers nicht zutreffen, besteht freilich das Risiko, dass durch die unberechtigte Nichtzahlung ein die Vertragskündigung rechtfertigender Schuldnerverzug begründet wird (vgl dazu unten Kap E Rdn 486).
776 EuGH, GRUR 2015, 764 (Rn 66) – Huawei Technologies/ZTE.

Seiten – bei allem Bemühen um Beschleunigung – im Vorfeld ihrer jeweiligen Vertragserklärungen eine hinreichende Zeitspanne zur Sachverhaltsermittlung, Überlegung und internen Abstimmung sowie Abfassung ihrer Offerte zuzubilligen, die der Komplexität des Verhandlungsgegenstandes gerecht wird. Mehr als diejenige Zeit, die jede Partei bis zur tatsächlichen Abgabe ihres Lizenzangebotes für sich in Anspruch genommen hat, wird grundsätzlich nicht zu akzeptieren sein, sodass der nachträgliche Einwand abgeschnitten ist, die von der erklärenden Partei sich selbst gegebene Reaktionszeit sei objektiv zu kurz bemessen gewesen. Im Interesse der gebotenen Beschleunigung des Lizenzierungsprozedere ist es zudem Sache jeder Partei, sich zu der gegnerischen Offerte stets **vollständig zu erklären**, was es verbietet, sich auf einen einzelnen Verstoß gegen das Gebot zur FRAND-Lizenzierung zu beschränken und andere Kritikpunkte zu übergehen, und erfordert, dass eine Erklärung zu allen aus Sicht der Parteien kritikwürdigen Lizenzbedingungen erfolgt.777

Dass Patentinhaber und Patentbenutzer grundsätzlich nur einen Versuch für die Formulierung eines FRAND-Angebotes haben und insbesondere der Verletzer ohne ein *zügiges* **Gegenangebot** den Einwand missbräuchlicher Klageerhebung einbüßt, bedeutet – entgegen dem ersten Anschein – aus sinngemäß denselben Erwägungen heraus, wie sie später778 im Zusammenhang mit dem FRAND-Angebot des Patentinhabers dargelegt werden, keinen endgültigen Rechtsverlust, der auch dann zu beachten wäre, wenn ein ausreichendes FRAND-Gegenangebot zwar verzögert, aber noch rechtzeitig vor der Schlussverhandlung im Verletzungsprozess erfolgt. Maßgeblich für die Zuerkennung oder Aberkennung eines gerichtlich verfolgten Anspruchs sind stets die tatsächlichen und rechtlichen Verhältnisse im Zeitpunkt der gerichtlichen Entscheidungsfindung. Abgesehen von den Sonderfällen prozessualer Präklusion sind vom erkennenden Gericht deswegen alle Umstände zu berücksichtigen, die bis zu seiner letzten mündlichen Verhandlung in das Verfahren eingeführt worden sind. Folgerichtig entscheidet auch der Stand der FRAND-Lizenzverhandlungen, wie er sich in *diesem* Moment darstellt, darüber, ob die Verletzungsklage missbräuchlich verfolgt wird oder nicht.

477

Die besagte Erkenntnis hat weitere Konsequenzen. Wenn FRAND-Angebote – erstmals oder abermals – im laufenden Klageverfahren ausgetauscht werden, ist das Gericht gemäß § 139 ZPO gehalten, mittels geeigneter **Hinweise** bei den Parteien Klarheit darüber herbeizuführen, was die Kriterien für eine FRAND-Lizenz sind, damit die (erstmaligen oder unzureichenden) Vertragsofferten daran ausgerichtet werden können. Dasselbe gilt selbstverständlich, wenn die Lizenzverhandlungen vorgerichtlich ohne Einigung unternommen wurden und es nach Erhebung der Unterlassungsklage darum geht, ob die vorgelegten Angebote FRAND waren oder nicht. So lange auf Seiten der Prozessparteien im Rechtsstreit wirkliche Verhandlungsbereitschaft besteht (was durch ein entsprechendes, den Prozess in Bezug auf den FRAND-Komplex förderndes Verhalten unter Beweis zu stellen ist), wird beiden Parteien die Möglichkeit gegeben werden müssen, der Auffassung des Gerichts vom Inhalt zumutbarer FRAND-Bedingungen nachzukommen und ihre bisherigen Vertragsofferten entsprechend nachzubessern. Wegweisender gerichtlicher Hinweise wird es gerade in der (Anfangs-)Zeit besonders bedürfen, so lange sich noch keine festen Handhabungsregeln herausgebildet haben, die den Parteien eine verlässliche Orientierung bieten können. Andererseits werden die Gerichte vielfach nicht aus eigener Kenntnis und Anschauung in der Lage sein, sich ein abschließendes Urteil über die »Fairness« und »Zumutbarkeit« eines in Rede stehenden Lizenzangebotes zu bilden, weswegen es im Zweifel geboten ist, zu jedem Lizenzangebot den gegnerischen Sachvortrag einzuholen und in Erwägung zu ziehen. So lange der Anbietende im Rahmen dieses dreiseitigen »Findungsprozesses« ernsthafte und redliche Verhandlungsbereit-

478

---

777 OLG Karlsruhe, GRUR 2022, 1145 – Steuerkanalsignalisierung II.
778 Kap E Rdn 125, 489.

schaft erkennen lässt[779], wird ihm im Anschluss daran Gelegenheit gegeben werden müssen, den gegen seine Offerte vorgebrachten Einwänden durch geänderte Vertragskonditionen Rechnung zu tragen.

479 Insgesamt müssen die Verhandlungen aber **jederzeit zielstrebig** verfolgt und zu Ende gebracht werden, weswegen es nicht angeht, einen zermürbenden »Stellungskrieg« um jede einzelne Vertragsklausel zu führen. Er ist umso weniger angebracht und hinnehmbar, als es letztlich auf die Zumutbarkeit des *Gesamt*vertragswerkes ankommt. Wer sich gegenüber berechtigten Einwänden gegen sein Lizenzangebot uneinsichtig zeigt oder solchen Einwänden dilatorisch begegnet, muss sein letztes unzureichendes FRAND-Angebot als abschließend behandeln lassen und die daraus resultierenden Rechtsfolgen (einer Verurteilung bzw Klageabweisung) hinnehmen.

480 Erweist sich das Angebot des Schutzrechtsinhabers als nicht diskriminierungs- und ausbeutungsfrei, ist seine Verletzungsklage missbräuchlich und als solche abzuweisen. Genügt das Inhaber-Angebot FRAND-Bedingungen, hat der Verletzer im Anschluss daran *eine* Möglichkeit, abweichende FRAND-Bedingungen ins Spiel zu bringen.[780] Vertut er diese Chance, weil sein Gegenangebot nicht FRAND ist, steht der Verletzungsklage ein Missbrauchseinwand nicht mehr entgegen und der Beklagte ist zu verurteilen.

481 Für den denkbaren anderen Fall, dass Angebot *und* Gegenangebot trotz ihrer Abweichungen voneinander gleichermaßen FRAND sind, können die Parteien einvernehmlich einen **Dritten** (Mediator, Schiedsrichter) anrufen, der an ihrer Stelle die letztlich verbindlichen Lizenzbedingungen festlegt.[781] Zieht man die maßgebliche Begründungspassage der EuGH-Entscheidung[782] (Rz 68) heran, so könnte der Eindruck entstehen, dass nur die Lizenzvergütung als solche der Drittbestimmung unterliegt; andererseits liegt der Ausgangspunkt für die vom EuGH eingeräumte Möglichkeit zur Drittbestimmung darin, dass »*nach dem Gegenangebot des angeblichen Verletzers keine Einigung über die Einzelheiten der FRAND-Bedingungen erzielt wurde*«. Insgesamt wird deshalb zu folgern sein, dass der FRAND-Vertrag als Ganzes (dh mit allen seinen Klauseln) der unabhängigen Drittbestimmung unterliegt. Nur diese Sicht wird auch dem Umstand gerecht, dass die Einhaltung der FRAND-Bedingungen nur in Anbetracht des vollständigen Regelungswerkes beantwortet werden kann, mag die Vergütungsfrage auch einen zentralen Stellenwert besitzen.

482 Da die Drittbestimmung innerhalb einer **kurzen Frist** zu geschehen hat[783], kommt hierfür nur eine solche Stelle in Betracht, die Gewähr für eine zügige Erledigung bietet, was insbesondere voraussetzt, dass die Parteien ihr die abschließende und unanfechtbare Entscheidungsgewalt über den zu beurteilenden Sachverhalt einräumen. Staatlicher Rechtsschutz scheidet hierfür schon wegen des gesetzlichen Instanzenzuges aus, es sei denn, beide Seiten haben zuvor auf Rechtsmittel verzichtet.[784] Unter dieser Prämisse kann als Unabhängiger auch das mit der FRAND-Tauglichkeit der Vertragsentwürfe ohnehin befasste Verletzungsgericht bestimmt werden. Verzögerungen, die sich bei der

---

779 Davon kann zB keine Rede sein, wenn sich ein Lizenzangebot schon auf erste Sicht als völlig inakzeptabel erweist und daher schlechterdings keine Verhandlungsbasis bilden kann.
780 Dass der EuGH die Gelegenheit zu einem abweichenden FRAND-Gegenangebot einräumt, hat ersichtlich den Grund, dass das Prädikat »diskriminierungs- und ausbeutungsfrei« nicht nur ein einziges, sondern eine ganze Reihe unterschiedlicher Vertragswerke dulden, womit der Verletzer ein berechtigtes Interesse daran haben kann, den vorhandenen Spielraum für sich auszunutzen.
781 EuGH, GRUR 2015, 764 – Huawei Technologies/ZTE.
782 EuGH, GRUR 2015, 764 – Huawei Technologies/ZTE.
783 EuGH, GRUR 2015, 764 – Huawei Technologies/ZTE.
784 Jedes abredewidrig eingelegte Rechtsmittel ist auf Einrede des Gegners unzulässig (BGH, MDR 2002, 900).

Durchführung der Drittbestimmung einstellen, sind unbeachtlich, wenn sie nicht von den Parteien zu verantworten sind.

Der Begriff »**Einvernehmen**« vermittelt auf erste Sicht zwar den Eindruck einer Freiwilligkeit. Tatsächlich besteht jedoch ein Zwang zur Drittbestimmung[785], weil der EuGH einerseits dem Verletzer die Möglichkeit zu einem eigenen FRAND-Gegenangebot einräumt (was nur bedeutsam ist, wenn schon das Lizenzangebot des Patentinhabers FRAND war) und andererseits – jenseits der einträchtigen Drittbestimmung – keine Regeln dazu vorgibt, welches der beiden jeweils FRAND-Bedingungen entsprechenden Angebote den Ausschlag geben sollte. Die Lösung des Konflikts kann nur darin gefunden werden, dass derjenige, der sich ohne stichhaltigen[786] Grund der einvernehmlichen Lösung verweigert, als lizenzunwillig gilt. Geht der »Boykott« vom Patentinhaber aus, weil er sich weder auf das FRAND-Gegenangebot einlassen noch in eine Drittbestimmung einwilligen will, so ist seine Klage (trotz eigenen FRAND-Angebotes) als missbräuchlich abzuweisen; geht die unberechtigte Verweigerung der Drittbestimmung vom Verletzer aus, entfällt (trotz eigenen FRAND-Gegenangebotes) der Missbrauchsvorwurf und der Klage ist zu entsprechen.

483

Die **Fremdbestimmung** muss nicht zwangsläufig zu einem dritten Vertragsinhalt führen, sondern kann selbstverständlich auch darin bestehen, dass der Unabhängige das FRAND-Angebot des Patentinhabers oder das Gegenangebot des Verletzers für angemessen erklärt und insoweit eine Verständigung beider Seiten auf einen von ihnen selbst ausgearbeiteten Inhalt erzwingt, auf den eine freiwillige Einigung zwischen ihnen nicht stattgefunden hat. Im Rahmen seiner Entscheidungsgewalt ist es legitim, dem FRAND-Angebot des Patentinhabers im Zweifel den Ausschlag geben zu lassen, weil er sich mit seiner Offerte kartellrechtlich korrekt verhält, und auf das Gegen-Angebot nur dann zurückzugreifen, wenn hierfür wirklich nachvollziehbare Sachgründe erkennbar sind, denen sich der Patentinhaber billigerweise beugen muss.

484

Kommt es zu keiner Drittbestimmung, ist von Seiten des Gerichts darüber zu entscheiden, wer den Nachteil davonträgt, dass es trotz zweier sich gegenüberstehender FRAND-Angebote nicht zu einem Vertragsschluss kommt, weil jede Partei auf ihrem FRAND-Angebot beharrt. Letztlich wird man danach zu entscheiden haben, ob es sachlich überwiegende Gründe für das eine oder das andere FRAND-Angebot gibt, denen sich der Angebotsadressat billigerweise hätte beugen müssen. Aus der Sicht des Patentinhabers fällt dabei etwa ins Gewicht, dass sein Lizenzmodell bereits gerichtlich als FRAND-gerecht bestätigt ist, was es geboten erscheinen lassen kann, ihn daran festhalten zu lassen, um nicht in die Situation zu geraten, durch einen abweichenden Vertragsinhalt (zB den singulären Wechsel auf ein anderes Lizenzierungsmodell) sein gesamtes Lizenzierungskonzept in Gefahr zu bringen.[787]

485

(ff) Vertragsbeendigung

Ist ein FRAND-Lizenzvertrag zunächst zustande gekommen, wird der Vertrag jedoch später wirksam gekündigt, weil der Verletzer wesentlichen Vertragspflichten (Auskunft, Zahlung) schuldhaft nicht nachkommt, kann (ggf erneut) Unterlassungsklage erhoben werden. Derjenige, der seine Vertragspflichten nicht einhält und dadurch die Vertragsbeendigung herbeiführt, kann nicht anders behandelt werden als ein Verletzer, der sich bei der Vertragsanbahnung nicht hinreichend um einen Abschluss bemüht. In diesem Zusammenhang ist der Einwand abgeschnitten, der geschlossene Lizenzvertrag sei tat-

486

---

785 AA: Cordes/Gelhausen, Mitt 2015, 426, 432.
786 … was streng zu prüfen ist. Nur bei objektiver Betrachtung wirklich zwingende Sachgründe sind akzeptabel.
787 OLG Karlsruhe, GRUR 2022, 1145 – Steuerkanalsignalisierung II.

E. Verteidigungsmöglichkeiten des Beklagten

sächlich nicht FRAND gewesen und habe deshalb zur Beendigung gebracht werden dürfen. Wer sich im Abschlussprozedere freiwillig auf einen bestimmten Vertragsinhalt als FRAND eingelassen hat, muss sich daran festhalten lassen. Abweichendes kann allenfalls für den Fall gelten, dass der Patentinhaber seinen Gegner vor dem Zustandekommen des FRAND-Vertrages getäuscht hat (zB über die mit anderen Lizenzinteressenten vereinbarten und ihn insoweit »bindenden« Konditionen), sofern diese Täuschung ursächlich für den Vertragsschluss war.

(f) Beweislast

487 Zur Darlegungs- und Beweislast des **Patentinhabers** steht Folgendes: Zugang der Verletzungsanzeige beim Verletzer bzw Vorliegen von Umständen, die die Anzeige entbehrlich machen; Abgabe eines schriftlichen, konkreten FRAND-Lizenzangebotes und dessen Zugang beim Verletzer; sachwidrige Verweigerung des Verletzers gegenüber einer FRAND-Drittbestimmung. Da der Patentinhaber nicht nur ein Lizenzangebot abzugeben hat, sondern ein solches, das inhaltlich FRAND ist, gehört es zur Darlegungslast des Schutzrechtsinhabers, dass und warum die offerierten Bedingungen diskriminierungs- und ausbeutungsfrei sind.[788] Was die Attribute fair & reasonable angeht, hat er deswegen entweder darzutun, dass die herangezogenen Vergleichslizenzen missbrauchsfrei sind (und deshalb direkt übertragen werden können) oder aber zwar unter Machtmissbrauch zustande gekommen sind, im Lizenzangebot allerdings hinreichende Abschläge zugunsten des Verletzers berücksichtigt sind, die die angebotene Lizenz ausbeutungsfrei machen.

488 In die Beweislast des **Verletzers** fallen: Äußerung und Zugang einer Lizenzierungsbitte; FRAND-Gegenangebot[789] an den Patentinhaber; sachwidrige Verweigerung des Patentinhabers gegenüber dem Gegenangebot und einer FRAND-Drittbestimmung; Gründe zur Entlastung eines verzögerten Gegenangebotes (das Verschulden des Erklärungspflichtigen wird vermutet, weil er allein typischerweise Kenntnis über diejenigen internen Sachverhalte hat, die für die eingetretene Verzögerung verantwortlich sind).

(g) Verspätungsproblematik[790]

489 Wie gezeigt, existieren auf Schutzrechtsinhaber- und auf Verletzerseite eine ganze Reihe von wechselseitig aufeinander Bezug nehmenden Pflichten, von deren vorgerichtlicher Erfüllung es abhängt, ob eine Unterlassungs- und Rückrufklage wegen Patentverletzung erhoben und ihr stattgegeben werden kann. Diese Erkenntnis wirft unweigerlich die Frage auf, wie mit Verspätungsfällen umzugehen ist, dh mit Konstellationen, bei denen der Patentinhaber oder der Verletzer ihren Pflichten entweder schon außergerichtlich nur mit Verzögerung nachkommen oder diese sogar erst in einem bereits laufenden Klageverfahren, und ggf auch hier nicht mit der gebotenen Zügigkeit wahrnehmen. Zu denken ist beispielsweise an einen Patentinhaber, der es vorgerichtlich versäumt hat, eine Verletzungsanzeige zu fertigen oder ein FRAND-Lizenzangebot zu unterbreiten und dies mit der Klage nachholt, oder an einen Verletzer, der auf eine vorgerichtliche Verletzungsanzeige des Patentinhabers erstmals im Rechtsstreit mit einer Lizenzierungsbitte reagiert. Weitere (verschärfte) Verspätungskonstellationen können sich daraus ergeben, dass die erforderlichen Reaktionen nicht nur bloß vorgerichtlich unterbleiben, sondern

---

788 AA: LG Mannheim, Urteil v 24.1.2017 – 2 O 131/16, das die Beweislast für beides beim Verletzer sieht.
789 Genau wie der Patentinhaber für sein Lizenzangebot die Beweislast für die FRAND-Gemäßheit trägt, genauso obliegt sie für das Gegenangebot dem Verletzer. Wer sich auf Vergleichslizenzen stützt, hat daher deren missbrauchsfreies Zustandekommen oder aber hinreichende Abschläge darzutun.
790 Kühnen, FS 80 Jahre Patentgerichtsbarkeit Düsseldorf, 2016, S 311.

sogar innerhalb eines Rechtsstreits verzögert erfolgen (zB im Rechtsmittelzug oder nach rechtskräftig abgeschlossenem Verletzungsprozess).

In der Instanzrechtsprechung besteht zu Recht weitgehend Einigkeit darüber, dass in **Übergangsfällen**, bei denen die Verletzungsklage bereits erhoben war, bevor das EuGH-Urteil »Huawei/ZTE« verfügbar geworden ist, die Verspätung der Verletzungsanzeige[791] unbeachtlich ist und den Verletzungsbeklagten zu einer Reaktion (im Sinne einer Lizenzierungsbitte) verpflichtet.[792] 490

Von weitaus größerer praktischer Bedeutung ist, wie mit **Neufällen** umzugehen ist, dh mit solchen Verletzungsklagen, die *nach* Veröffentlichung des EuGH-Urteils (und damit unter Missachtung der dort formulierten Anforderungen) ohne ausreichende vorgerichtliche Lizenzierungsanstrengungen erhoben worden sind. 491

Eine mögliche Lösung besteht zweifellos nicht darin, dass dem Patentinhaber die Durchführung einer Verletzungsklage endgültig verwehrt wäre, weil er die gebotene Reihenfolge von Lizenzangebot und Klageerhebung nicht eingehalten, sondern dem Beklagten erstmals mit der Klageschrift den Verletzungssachverhalt angezeigt hat. Ein derartiger endgültiger materieller **Rechtsverlust** ist offensichtlich nicht geboten, wie sich schon daran zeigt, dass der Kläger eine erste (zu früh) erhobene Klage – ggf sogar einseitig – zurücknehmen und später (nach Durchführung des erforderlichen Prozedere) inhaltsgleich erneut erheben könnte, wobei der zweiten Verletzungsklage, in Bezug auf die die notwendigen Abläufe eingehalten sind, zu entsprechen wäre.[793] 492

Sind die Lizenzverhandlungen im Zeitpunkt der **abschließenden** mündlichen **Verhandlung** vor dem Verletzungsgericht zu einem **endgültigen Verhandlungsstand** gelangt, ist dieser bei der gerichtlichen Entscheidung zu berücksichtigen[794], weil für Prozessvoraussetzungen genauso wie für materielle Fragestellungen stets die Verhältnisse bei der Schlussverhandlung (und nicht die bei Verfahrenseinleitung) entscheiden. Dieser Grundsatz gilt nicht nur in Deutschland, sondern in ganz Europa. Die verspätete Erfüllung von FRAND-Pflichten bleibt hierdurch *nicht* sanktionslos, weil der Umfang der Schadenersatzhaftung (nebst korrespondierender Rechnungslegung) davon abhängt, ob der SEP-Inhaber und der Verletzer ihre FRAND-Pflichten zeitnah erfüllt haben oder nicht.[795] Für Benutzungshandlungen, die zu einer Zeit begangen werden, für die dem SEP-Inhaber eine Pflichtverletzung vorzuwerfen ist, bleibt es bei einer FRAND-Lizenzgebühr, während Verletzungshandlungen zu einer Zeit, für die der Verletzer seine FRAND-Pflichten vernachlässigt hat, voller Schadenersatz (statt bloß einer Lizenzgebühr) geschuldet wird. 493

---

791 ... die typischerweise in der zugestellten Klageschrift liegen wird.
792 LG Düsseldorf, Urteil v 31.3.2016 – 4a O 73/14; LG Mannheim, Urteil v 4.3.2016 – 7 O 96/14; OLG Düsseldorf, GRUR 2017, 1219 – Mobiles Kommunikationssystem.
793 Im Ergebnis ebenso LG Mannheim, Urteil v 4.3.2016 – 7 O 96/14.
794 Zustimmend: OLG Karlsruhe, GRUR 2020, 166 – Datenpaketverarbeitung. AA noch LG Mannheim, Urteil v 1.7.2016 – 7 O 209/15, das ein erst im gerichtlichen Verfahren vorgenommenes oder ausreichend substantiiertes Lizenzangebot für unerheblich hält und dementsprechend die Unterlassungsklage abweist, obwohl sachliche Gründe zur Rechtfertigung der angebotenen Lizenz mit der Replik nachgeliefert wurden. Wie bereits das LG Mannheim (Urteil v 10.11.2017 – 7 O 28/17) lässt das OLG Karlsruhe (GRUR 2020, 166 – Datenpaketverarbeitung) eine Nachholung des Lizenzangebotes im Prozess allerdings nur zu, wenn der Kläger zugleich das Ruhen des Verfahrens beantragt, um die Lizenzverhandlungen »drucklos« absolvieren zu können; der Lizenzsucher seinerseits muss dem Antrag nach § 251 ZPO zustimmen, womit der Rechtsstreit vorübergehend zum Erliegen kommt. Schiebt der Patentinhaber zwar ein ausreichendes Lizenzangebot nach, erklärt er sich jedoch im Anschluss daran nicht mit einem Ruhen des Verfahrens einverstanden, wird seine Unterlassungsklage als derzeit unbegründet abgewiesen (LG Mannheim, Urteil v 28.9.2018 – 7 O 165/16).
795 Zu Einzelheiten vgl unten Rdn 526.

494 In Anbetracht des Gesagten kann die Frage nur lauten, ob das Gericht seine eigene **Terminplanung** so einzurichten hat, dass die vorgerichtlich nicht oder nicht vollständig betriebenen Lizenzbemühungen gerichtlich zu einem Abschluss gebracht werden können. Dem ist – aus den nachfolgenden Gründen – so.

495 Für eine **rigorose Handhabung** besteht schon deshalb kein Anlass, weil die Frage, ob ein Lizenzangebot im Einzelfall FRAND ist, schwierige und weitgehend ungelöste Wertungsfragen aufwirft, deren Behandlung durch das Gericht für die Parteien praktisch nicht vorauszusehen ist. Ohne dass dem Kläger ein Vorwurf zu machen ist, wird sich möglicherweise erst im Rechtsstreit herausstellen, dass und weshalb seine bisherige Offerte unzureichend ist. Soweit er zur Nachbesserung bereit ist, hat die betreffende Diskussion sinnvollerweise im laufenden Prozess zu erfolgen. Noch eindeutiger liegt der Fall, dass der Patentinhaber seiner vorgerichtlichen Pflicht zur Verletzungsanzeige nachgekommen ist und nach ergebnislosem Abwarten einer angemessenen Erklärungsfrist für den Verletzer Klage erhoben hat. Soll der Verletzer, der im Prozess augenblicklich seine Lizenzbereitschaft erklärt, ohne Rücksicht darauf zur Unterlassung und zum Rückruf verurteilt werden und anschließend – belastet mit der Hypothek einer solchen Verurteilung – Verhandlungen mit dem Patentinhaber über den Abschluss eines FRAND-Lizenzvertrags aufnehmen müssen? Wem dies Unbehagen bereitet, der ist gezwungen, auch das nachfolgende Lizenzangebot des Patentinhabers zu berücksichtigen, womit die FRAND-Diskussion unweigerlich innerhalb des Verletzungsprozesses geführt wird. Wo aber ist dann der eine abweichende rechtliche Behandlung erlaubende qualitative Unterschied zu denjenigen Fällen, bei denen die Ursache für die sich erst im Rechtsstreit entfaltende FRAND-Diskussion in Versäumnissen des Patentinhabers liegt, der zB erst mit der Klageschrift eine Patentverletzung angezeigt hat? Und wer die erstmals im Rechtsstreit geäußerte Lizenzierungsbitte des Verletzers für die Entscheidung über die Unterlassungs- und Rückrufklage außer Betracht lassen will und deshalb zu einer Verurteilung schreiten muss, unabhängig davon, ob der Patentinhaber im Anschluss an die Lizenzbitte seinerseits überhaupt noch ein FRAND-Lizenzangebot unterbreitet, der hat die Frage zu beantworten, warum ein solches Prozessresultat angemessen und gerecht ist und warum es dem Geist der EuGH-Entscheidung entsprechen soll, dass das Verletzungsgericht die FRAND-Bemühungen der Parteien erschwert, anstatt sie zu unterstützen.

496 – In diesem Sinne steht das Verletzungsgericht einer Verständigung der Parteien auf einen FRAND-Lizenzvertrag selbstverständlich nicht hinderlich im Wege, sondern kann – ganz im Gegenteil – durch seine **Moderation**, mittels gerichtlicher Hinweise und mit Hilfe von Schriftsatzfristen einen wichtigen Beitrag dazu leisten, dass die FRAND-Diskussion der Parteien in verfahrensmäßig geordneter Weise zügig und inhaltlich konstruktiv abgewickelt wird und somit letztlich zu einem Erfolg führen kann. Was es im Interesse einer gleichberechtigten Verhandlungsposition von Patentinhaber und Verletzer zu vermeiden gilt, ist im Grunde genommen auch nicht so sehr die Erhebung einer Unterlassungsklage, sondern das Ergehen eines vollstreckbaren Unterlassungstitels, bevor der Patentinhaber hinreichende Bemühungen um den Abschluss eines von ihm jedermann zugesagten FRAND-Lizenzvertrages über den Gegenstand des Klagepatents unternommen hat.

497 – Nun bleibt selbstverständlich eine Tatsache, dass der EuGH seinen Missbrauchsvorwurf formal an den Akt der Klageerhebung knüpft; seinen Grund hat dies bei verständiger Würdigung jedoch lediglich darin, dass der Vorwurf eines Missbrauchs von Marktmacht eine **Tathandlung** des Patentinhabers voraussetzt und diese vordringlich in der auf eine Unterlassungsverurteilung gerichteten Klageerhebung gesehen werden kann, weil sich der gesamte weitere Verfahrensfortgang unter dem maßgeblichen Einfluss des angerufenen Gerichts nach den Regeln des Zivilprozessrechts vollzieht. Weil es sich bei Art 102 AEUV um ein konkretes Gefährdungsdelikt handelt[796], erkennt der EuGH zwar an, dass sich bereits in der durch die Klageerhebung begründeten Prozesssituation hinreichend wahrscheinlich der Eintritt potenziell wettbewerbsbeschränkender Auswirkungen auf dem Lizenzvergabemarkt manifestiert. Ungeachtet dessen sind für diejenigen Konsequenzen, die im Verletzungsprozess zu ziehen sind, jedoch ausschließlich die Verhältnisse zum Zeitpunkt der Schlussverhandlung entscheidend und deswegen ist für eine prozessuale Sanktion kein Raum mehr, wenn sich die ursprünglich gegebene konkrete Gefährdung – bezogen auf eben diesen Augenblick – aufgelöst hat, weil der Patentinhaber jetzt seinen Obliegenheiten genügt hat. Insofern ist es konsequent, den Parteien eine geordnete Abwicklung ihrer Lizenzverhandlungen, wenn diese im Einzelfall in den laufenden Verletzungsprozess geraten sind, durch eine geeignete Verfahrensgestaltung zu ermöglichen.

– Kein taugliches Argument bietet die Überlegung, die Forderung nach *vorgerichtlichen* Lizenzierungsbemühungen der Parteien werde faktisch ausgehöhlt, wenn die Lizenzaktivitäten sanktionslos in den Prozess um die Patentverletzung verlagert werden dürften, weil durch eine Öffnung des Verletzungsrechtsstreits für die FRAND-Verhandlungen jeglicher **Anreiz** genommen werde, sich *vor* Klageerhebung um einen Lizenzvertrag zu bemühen. Bei Lichte betrachtet gibt es die suggerierte strikte Trennung zwischen dem vorgerichtlichen und dem gerichtlichen Raum im Zusammenhang mit den FRAND-Verhandlungen zwischen Patentinhaber und Verletzer, soweit es um deren Behandlung im Verletzungsprozess und die Folgerungen für dessen Ausgang geht, nicht. Beide bilden vielmehr eine Einheit, innerhalb der von beiden Seiten ihr jeweils guter Wille zur Lizenzierung unter Beweis zu stellen ist, und erst am Ende sind die prozessualen Konsequenzen aus zu diesem Zeitpunkt eben genügenden oder ungenügenden Anstrengungen zu ziehen. Soweit es darüber hinaus wünschenswert ist, die Beteiligten zu der Gesetzeslage (Art 102 AEUV) entsprechenden *vorgerichtlichen* Lizenzanstrengungen anzuhalten, müssen die hierfür notwendigen Anreize nicht unbedingt im Rechtsstreit um die Patentverletzung gesetzt werden. Bei Bedarf können sie effektiv dadurch herbeigeführt werden, dass die Kartellbehörden den in einer Klageerhebung ohne vorgerichtliche FRAND-Bemühungen liegenden Kartellverstoß (der durch späteres Wohlverhalten des Marktbeherrschers als sanktionsfähiger Sachverhalt nicht ungeschehen gemacht wird) zum Anlass für ein generalpräventiv wirksames Bußgeldverfahren nehmen. Darüber hinaus bleibt eine Sanktionierung insofern bestehen, als der Patentinhaber, der seinen kartellrechtlichen Pflichten erst im laufenden Klageverfahren statt vorgerichtlich nachkommt, für diejenige Vergangenheit, während derer er seine Pflichten versäumt hat, auf eine FRAND-Lizenz (anstatt vollen Schadenersatz) und auf eine eingeschränkte Rechnungslegung (ohne Kosten- und Gewinnangaben) zurückgeworfen ist.[797] **498**

Dies vorausgeschickt, können sich **Verspätungskonstellationen** (gemessen an der Pflicht zu *vorgerichtlichem* Tätigwerden) in vielfältiger Hinsicht stellen. Sie können sowohl den Patentinhaber betreffen, der es vorgerichtlich oder innerhalb eines bereits laufenden Rechtsstreits versäumt hat, beizeiten ein FRAND-Lizenzangebot zu unterbreiten; sie können ihre Ursache aber ebenso gut in der Person des Verletzers haben, der auf eine vorgerichtliche Verletzungsanzeige des Patentinhabers erst im Rechtsstreit und/oder innerhalb des Prozesses verspätet reagiert. Schließlich ist denkbar, dass der Patentinhaber oder der Verletzer hinreichende Lizenzierungsbemühungen erstmals entfalten, nachdem ein vorausgehender Patentverletzungsprozess zwischen ihnen bereits rechtskräftig abge- **499**

---

796 EuG, Slg 2007, II-107 – France Télécom/Kommission.
797 Zu Einzelheiten vgl unten Rdn 525 ff.

schlossen ist. Im Folgenden soll den besagten Sachverhaltskonstellationen nachgegangen werden.

(aa) Versäumnisse des Patentinhabers

500 Die ersten zu besprechenden Fälle sind dadurch gekennzeichnet, dass der Kläger bereits **vorgerichtlich** notwendig gewesene **Lizenzierungsbemühungen unterlassen** und diese erst **im Prozess**, hier allerdings **ohne Verspätung, nachgeholt** hat.

501 – Hat der Patentinhaber **Verletzungsklage** erhoben, **ohne** den Beklagten **vorgerichtlich auf** eine seiner Meinung nach gegebene **Patentverletzung hinzuweisen**, und war eine Verletzungsanzeige nach den Umständen des Falles auch nicht ausnahmsweise entbehrlich, so führen die vorgerichtlichen Versäumnisse des Patentinhabers nicht zu einer materiellen Präklusion. Den mit der Klageerhebung initiierten Lizenzierungsbemühungen ist vielmehr uneingeschränkt nachzugehen[798], genauso wie eine erstmals mit der Klage erteilte Schlussrechnung über die eingeklagte Werklohnforderung vom Gericht zu beachten wäre. Konkret bedeutet dies, dass das Gericht den Prozess so zu führen hat, dass von den Parteien das notwendige Lizenzierungsprozedere (Lizenzbitte des Verletzers, Lizenzangebot des Klägers, Gegenangebot des Verletzers, Drittbestimmung der FRAND-Lizenz) innerhalb des Rechtsstreits ordnungsgemäß abgewickelt werden kann. Dass der Unterlassungsprozess hierdurch eine nicht unerhebliche Verzögerung erfährt, hat der Patentinhaber hinzunehmen, weil es seine Pflicht gewesen wäre, die Lizenzierungsverhandlungen über das Klagepatent bereits *vorgerichtlich* anzustoßen, um den eingeklagten Unterlassungsanspruch durchsetzbar zu machen. Andererseits muss auch der Verletzer die eintretende Verfahrensverzögerung hinnehmen, damit das letztendliche Ziel – der Abschluss eines FRAND-Lizenzvertrages über das Klagepatent – erreicht werden kann. Sollte sich der Verletzer im Rahmen der Lizenzverhandlungen pflichtgemäß verhalten (indem er eine Lizenzierungsbitte äußert, ein FRAND-Lizenzangebot des Patentinhabers annimmt oder auf ein solches mit einem FRAND-Gegenangebot reagiert), so sind seine Interessen hinreichend dadurch gewahrt, dass der ohne außergerichtliche Lizenzbemühungen angestrengte Prozess mit einer für ihn günstigen Kostenentscheidung abgeschlossen wird. Führen die Lizenzverhandlungen zu einem Vertragsabschluss (notfalls im Wege der Drittbestimmung), so begründet dies einen Erledigungssachverhalt, der den Kläger zur Kostentragung verpflichtet, weil sein Unterlassungsanspruch erst durch die im Laufe des Rechtsstreits unternommenen Lizenzierungsbemühungen durchsetzbar geworden ist. Dasselbe Resultat stellt sich ein, wenn der Kläger keine ausreichenden Bemühungen um den Abschluss eines Lizenzvertrages entfaltet, indem sein Lizenzangebot zB nicht FRAND ist. Unter solchen Umständen kommt es zu einer Klageabweisung mit der Kostenfolge aus § 91 ZPO.

502 – Dieselben Erwägungen greifen Platz, wenn der Patentinhaber zwar eine vorgerichtliche Verletzungsanzeige erstattet hat oder diese entbehrlich war, der Verletzer hierauf um Lizenzierung gebeten hat, der Kläger jedoch ein **FRAND-Lizenzangebot** erst **mit der Klageschrift** unterbreitet.

503 Eine grundsätzlich andere Rechtslage besteht, wenn die im Rechtsstreit **nachgeholten Lizenzbemühungen** vom Patentinhaber **innerhalb des Prozesses** nicht beizeiten, sondern **verzögert** erfolgen, indem zB ein Lizenzangebot nicht bereits mit der Klageschrift, sondern erst mit der Replik oder sogar erst unmittelbar vor dem mündlichen Verhand-

---

[798] Das gilt grundsätzlich und nicht nur in Übergangsfällen, dh dann, wenn die Klage bereits eingereicht oder erhoben war, bevor die EuGH-Entscheidung »Huawei/ZTE« verfügbar gewesen ist. Zustimmend für die Übergangsfälle: LG Mannheim, Urteil v 4.3.2016 – 7 O 96/14.

lungstermin gemacht und/oder sachlich gerechtfertigt wird. Zwar besteht auch hier kein Anlass für eine materielle Präklusion[799]; allerdings kommt prozessuales Verspätungsrecht ins Spiel, welches – nach den sogleich zu erörternden Regeln – dazu führen kann, dass zwar nicht das Lizenzangebot als solches (welches typischerweise unstreitig sein wird), wohl aber der vom Kläger zur Rechtfertigung seines Lizenzangebotes gehaltene Sachvortrag nicht mehr zuzulassen ist. Geschieht dies, ist eine Abweisung der Verletzungsklage mangels (weiterhin) nicht durchsetzbaren Unterlassungsanspruchs die Folge.

– Werden die Lizenzierungsanstrengungen des Patentinhabers im **landgerichtlichen Verfahren** verspätet unternommen, ist danach zu unterscheiden, ob mit dem späten Vortrag eine richterliche Äußerungsfrist missachtet oder lediglich gegen die allgemeine Prozessförderungspflicht aus § 282 Abs 1 ZPO verstoßen wird. Im erstgenannten Fall besteht ein Zurückweisungs*zwang*, der nur dann nicht gilt, wenn die Zulassung des späten Vorbringens die Erledigung des Rechtsstreits nicht verzögert *oder* wenn (bei gegebener Verzögerung) der Kläger diese genügend entschuldigt (§ 296 Abs 1 ZPO). Im letztgenannten Fall besteht ein Zurückweisungs*ermessen*, wenn die Zulassung des späten Vorbringens den Rechtsstreit verzögern würde *und* die Verspätung auf grober Nachlässigkeit[800] des Klägers beruht (§ 296 Abs 2 ZPO). 504

– Wird ein FRAND-Lizenzangebot vom Patentinhaber erstmals im **Berufungsrechtszug** unterbreitet oder gerechtfertigt, so ist der betreffende Vortrag nur zuzulassen, wenn seine Anbringung im landgerichtlichen Verfahren infolge eines gerichtlich zu verantwortenden Verfahrensmangels (zB aufgrund einer Verletzung der Hinweispflicht) (§ 531 Abs 2 Nr 2 ZPO) oder ohne Nachlässigkeit des Klägers (§ 531 Abs 2 Nr 3 ZPO) unterblieben ist. Missachtet der Kläger mit seinem Sachvortrag im Berufungsverfahren geltende Äußerungsfristen, so gilt § 296 Abs 1 ZPO entsprechend (§ 530 ZPO). 505

– Bei Anwendung der vorgenannten Verspätungsvorschriften ist nach der Rechtsprechung des BGH[801] von einem absoluten **Verzögerungsbegriff** auszugehen. Er fragt – Erstens – danach, wie lange der Prozess dauern würde, wenn das fragliche Vorbringen zugelassen wird, er fragt – Zweitens – danach, wie lange der Prozess dauern würde, wenn das späte Vorbringen nicht zugelassen wird, und er fragt (wegen des verfassungsrechtlichen Übermaßverbotes) – Drittens – danach, ob die sich in der Differenz ergebende Verfahrensverzögerung nicht nur unerheblich ist. 506

– Einige **Grundregeln des Verspätungsrechts** sind außerdem zu beachten: Unstreitiges Vorbringen ist nie verspätet, auch wenn durch seine Zulassung die Erhebung von Folgebeweisen erforderlich wird.[802] Das gilt auch für eine Einrede, die selbst dann, wenn sie früher hätte erhoben werden können, zu berücksichtigen ist, wenn sowohl die der Einrede zugrundeliegenden Tatsachen als auch die Erhebung der Einrede außer Streit stehen.[803] Erfolgt der unstreitige Vortrag erst nach ordnungsgemäßem Schluss der mündlichen Verhandlung, rechtfertigt dies im Allgemeinen keine Wiedereröffnung (§ 156 ZPO), sodass das Vorbringen, obwohl es unstrittig ist, außer 507

---

799 AA: LG Düsseldorf, Urteil v 13.7.2017 – 4a O 154/15, das ein nachgeholtes Lizenzangebot – unabhängig von seinem Inhalt und unabhängig von prozessualer Präklusion – als UN-FRAND behandelt, wenn es so spät vor der abschließenden mündlichen Verhandlung abgegeben wird, dass dem Gegner keine angemessene Reaktionszeit ohne unangemessenen zeitlichen Druck verbleibt.
800 Grobe Nachlässigkeit verlangt, dass die Prozesspartei ihre Pflicht zur Prozessförderung in besonders gravierender Weise vernachlässigt, indem sie dasjenige unterlässt, was nach dem Stand des Verfahrens jeder Partei als notwendig hätte einleuchten müssen (BGH, MDR 2019, 1464).
801 BGH, NJW 2012, 2808.
802 BGHZ 161, 138, 144.
803 BGH, NJW 2008, 3434.

Betracht bleibt, und zwar auch in den sich anschließenden Rechtsmittelinstanzen. Wird ein bereits schlüssig bzw erheblich gehaltener (dh hinreichend substantieller) streitiger Sachvortrag lediglich weiter ausgeführt, handelt es sich um kein »neues« Vorbringen, das zur Zurückweisung berechtigt.[804] Vortrag, der infolge einer Verletzung der gerichtlichen Hinweispflicht (§ 139 ZPO) unterbleibt, darf nicht als verspätet behandelt, sondern muss berücksichtigt werden, wenn die Partei dartut, was sie bei ordnungsgemäßem Hinweis vorgebracht hätte.

508 – Die **richterliche Hinweispflicht** ist nicht uferlos, sondern hat Grenzen. Das Gericht muss den Verfahrensbeteiligten nicht mitteilen, wie es den die Grundlage seiner Entscheidung bildenden Sachverhalt voraussichtlich würdigen wird. Das gilt auch für die Bewertung eines Beweisergebnisses nach durchgeführter Beweisaufnahme. Es reicht in der Regel aus, wenn die Sach- und Rechtslage erörtert und den Beteiligten dadurch aufgezeigt wird, welche Gesichtspunkte für die Entscheidung voraussichtlich von Bedeutung sein werden.[805] Solches genügt auch dann, wenn ein Beteiligter auf einen Hinweis des Gerichts mit ergänzendem Vorbringen oder zusätzlichen Anträgen reagiert.[806] Ein Hinweis kann lediglich dann geboten sein, wenn für die Beteiligten auch bei sorgfältiger Prozessführung nicht vorhersehbar ist, auf welche Erwägungen das Gericht seine Entscheidung stützen wird.[807] Nach erfolgtem (mündlichem oder schriftlichem) Hinweis kann ein **erneuter Hinweis** geboten sein, wenn das Gericht hinsichtlich einer entscheidungserheblichen Frage von einer zuvor geäußerten Beurteilung abweichen will[808], wenn erkennbar ist, dass ein Beteiligter einen erteilten Hinweis falsch aufgenommen hat[809] oder wenn der Beteiligte aufgrund des erteilten Hinweises davon ausgehen durfte, dass die darin geäußerten Bedenken durch sein ergänzendes Vorbringen ausgeräumt sind[810].

509 – Die aufgezeigten Grenzen der Hinweispflicht kann ein Verfahrensbeteiligter nicht dadurch zu seinen Gunsten verschieben, dass er zu einem bestimmten von ihm als entscheidungserheblich erkannten tatsächlichen oder rechtlichen Gesichtspunkt kurzerhand einen ihm günstigen Standpunkt einnimmt und das Gericht für den Fall einer abweichenden Beurteilung/Würdigung um einen Hinweis bittet. Gleichermaßen – und erst recht – lässt sich ein Hinweis nicht dadurch erzwingen, dass sich die Partei »**dumm stellt**«. Solches geschieht etwa, wenn zu einer gerichtlichen Auflage, der – erkennbar oder ausdrücklich formuliert – eine bestimmte Rechtsauffassung oder Tatsachenwürdigung zugrunde liegt, Vortrag unter sturem Festhalten an der anderweitigen eigenen Sicht der Dinge verweigert und für den Fall, dass das Gericht dem – »überraschenderweise« – nicht folgen sollte, um einen Hinweis nachgesucht wird. In der zuletzt diskutierten Konstellation wird der gerichtliche Hinweis eindeutig verstanden, aber bloß ignoriert. Die Folgen einer solchen Prozessstrategie muss selbstverständlich die betreffende Partei tragen.

510 Aus der Sicht des Patentinhabers ist schließlich die Konstellation zu betrachten, dass seine **Patentverletzungsklage rechtskräftig abgewiesen** wurde, weil er kein hinreichendes FRAND-Lizenzangebot unterbreitet oder eine Drittbestimmung des Lizenzvertrages boykottiert hat. Da die Klageabweisung – wie ausgeführt – bloß wegen eines aus-

---

804 BGH, GRUR 2012, 1236 – Fahrzeugwechselstromgenerator.
805 BGH, GRUR 2013, 318 – Sorbitol; BGH, GRUR 2014, 1235 – Kommunikationsrouter; BGH, GRUR 2010, 950 – Walzenformgebungsmaschine.
806 BGH, Beschluss v 27.3.2018 – X ZB 11/17.
807 BGH, GRUR 2013, 318 – Sorbitol; BGH, GRUR 2014, 1235 – Kommunikationsrouter; BGH, GRUR 2010, 950 – Walzenformgebungsmaschine.
808 BGH, GRUR 2011, 851 – Werkstück.
809 BGH, NJW 2002, 3317, 3320.
810 BGH, NJW-RR 2004, 281, 282.

räumbaren Durchsetzungshindernisses als *derzeit* unbegründet erfolgt, ist der Patentinhaber nicht gehindert, im Anschluss an von ihm entfaltete pflichtgemäße Lizenzierungsbemühungen abermals mit Erfolg zu klagen.[811] Zur Begründung seiner Klageansprüche kann er an dieselben Verletzungshandlungen anknüpfen, die bereits Gegenstand des ersten, verloren gegangenen Erkenntnisverfahrens waren.

(bb) Versäumnisse des Verletzers

Mögliche Lizenzierungsversäumnisse sind auch auf Seiten des Verletzers vorstellbar. Sie sollen aus Gründen der rechtlichen Argumentation in umgekehrter Reihenfolge abgehandelt werden. 511

– Zu betrachten ist zunächst der Fall, dass der **Verletzer rechtskräftig** zur Unterlassung **verurteilt** ist, weil er seinen Lizenzierungspflichten nicht angemessen nachgekommen ist (zB weil er nicht um eine Lizenz nachgesucht oder kein FRAND-Gegenangebot unterbreitet oder eine Drittbestimmung der Lizenz verweigert hat) und dass er **anschließend hinreichende Lizenzierungsbemühungen** entfaltet. Eine Vollstreckungsabwehrklage (§ 767 ZPO) gegen das rechtskräftige Unterlassungsurteil steht dem Verletzer unter solchen Umständen nur zu, wenn seine jetzt unternommenen Lizenzierungsanstrengungen eine *nachträglich* entstandene Einwendung gegen den titulierten Unterlassungsanspruch begründen. 512

Vergleichsweise eindeutig ist dies zu bejahen, sobald zwischen den Parteien ein das Klagepatent betreffender **FRAND-Lizenzvertrag zustande gekommen** ist, der zu Gunsten des Vollstreckungsschuldners ein den Patentverletzungstatbestand ausräumendes Benutzungsrecht am Gegenstand der Erfindung hervorbringt. 513

Um einiges schwieriger stellt sich die Rechtslage für die **Zeit davor** dar, zu welcher die Lizenzierungsverhandlungen lediglich im Gange sind, nachdem der verurteilte Verletzer um eine Lizenz gebeten oder ein FRAND-Gegenangebot unterbreitet hat. Im Ergebnis ist auch hier eine Vollstreckungsabwehrklage zuzulassen. In der Rechtsprechung[812] ist die fehlende (= im Nachhinein entfallene) Fälligkeit des titulierten Anspruchs als Anwendungsfall des § 767 ZPO anerkannt. Damit vergleichbar ist die vorliegend gegebene Konstellation, dass der zuerkannte Anspruch nachträglich mit einem Durchsetzungshindernis versehen wird. Derartiges stellt sich beispielsweise ein, wenn der Gläubiger auf die jetzige Lizenzierungsbitte des Schuldners hin kein FRAND-Angebot abgibt oder auf das FRAND-Gegenangebot des Schuldners eine Drittbestimmung der Lizenz verweigert. Unter solchen Umständen könnte der Gläubiger keinen Unterlassungstitel mehr erstreiten, was es rechtfertigt, ihm die Möglichkeit zu versagen, aus einem bereits bestehenden Titel weiter zu vollstrecken. Zwar hätten die durchsetzungshindernden Erklärungen vom Patentverletzer bereits zeitiger, nämlich vorgerichtlich oder spätestens im Erkenntnisverfahren, abgegeben werden können und entspricht es für Gestaltungsrechte (Anfechtung, Rücktritt, Aufrechnung) gefestigter Auffassung des BGH[813], dass eine darauf gestützte Einwendung nicht erst mit der Abgabe der Gestaltungserklärung entsteht, sondern bereits zu dem Zeitpunkt existiert (»entstanden ist«), zu dem die die Einwendung tragende objektive Sachlage (Anfechtungs- oder Aufrechnungslage) gegeben ist. Zum Nachteil des Vollstreckungsschuldners wirkt sich die geschilderte Sachlage dennoch nicht aus, weil das Durchsetzungshindernis nicht schon mit der die Lizenzierungsbemühungen vorantreibenden Erklärung des Patentverletzers (seiner Bitte um Lizenzierung, seinem 514

---

811 Vgl zur Rechtslage bei nachgeholter Schlussrechnung: BGHZ 140, 368.
812 OLG. Hamm, NJW-RR 1988, 266.
813 BGHZ 100, 222, 224.

FRAND-Gegenangebot) hervorgebracht wird, sondern erst dadurch, dass der Patentinhaber hierauf unzureichend reagiert (indem er die Lizenzierungsbitte nicht mit einem FRAND-Angebot beantwortet bzw im Anschluss an ein FRAND-Gegenangebot die Drittbestimmung der Lizenz boykottiert). Weil es für die Durchsetzungsblockade des titulierten Unterlassungsanspruchs auf das gegnerische Verhalten des Patentinhabers ankommt und dieses nach Abschluss des Erkenntnisverfahrens erfolgt, ist dem verurteilten Verletzer der Weg zur Vollstreckungsabwehrklage eröffnet.

515 – Praktische Bedeutung kommt vor allem einer Sachverhaltskonstellation zu, die sich durch folgende Umstände auszeichnet: Der **Patentinhaber** hat **vorgerichtlich** eine Verletzungsanzeige erstattet und ggf sogar ein **FRAND-Angebot** unterbreitet. Der **Verletzer** hat hierauf **vorgerichtlich nicht angemessen reagiert**, indem er entweder nicht einmal eine Lizenzierungsbitte geäußert oder aber das FRAND-Angebot des Patentinhabers unbeantwortet gelassen bzw ohne geeignetes Gegenangebot zurückgewiesen hat. Erstmals nach Erhebung der Verletzungsklage äußert der Beklagte **ohne prozessuale Verspätung** eine Lizenzierungsbitte bzw lehnt das FRAND-Angebot des Patentinhabers mit einem eigenen Gegenangebot zu FRAND-Bedingungen ab[814].

516 Zweifellos gibt es gute Gründe, den Verletzer mit seinen späten Bemühungen um eine FRAND-Lizenz nicht mehr zu hören. Obwohl der Patentinhaber mit seiner vorgerichtlichen Verletzungsanzeige/seinem vorgerichtlichen FRAND-Angebot alles richtig gemacht hat, würde er bei Berücksichtigung der Lizenzierungsbemühungen wegen einseitig beim Verletzer liegenden Versäumnissen die Nachteile zu tragen haben. In die Zukunft projiziert, könnte dies Verletzer dazu ermuntern, vorgerichtliche Lizenzierungsverhandlungen (risikolos) zu boykottieren, um sich bis zum Prozess einen ungerechtfertigten Kostenvorteil gegenüber denjenigen Wettbewerbern zu verschaffen, die als Lizenznehmer des Patentinhabers bereits eine Erfindungsvergütung zu entrichten haben. Andererseits ist zu bedenken, dass das Herbeiführen einer FRAND-Verhandlungssituation als Durchsetzungshindernis für den geltend gemachten Klageanspruch ein reguläres Verteidigungsmittel des beklagten Verletzers darstellt, dem im Gerichtsverfahren – unabhängig von seiner vorgerichtlichen Behandlung – nachzugehen ist. Der Sachverhalt liegt insoweit nicht prinzipiell anders als bei der Berufung auf einen schon vorgerichtlich bestehenden Verjährungstatbestand, der im Prozess selbstverständlich auch dann vollständig aufzuklären ist, wenn die der Einrede zugrunde liegenden Tatsachen streitig sind und die Einrede erstmals im Rechtsstreit erhoben wird. Hinzu kommt, dass – wie dargelegt – nicht erst das Zustandekommen eines FRAND-Lizenzvertrages eine erfolgreiche Vollstreckungsabwehrklage ermöglicht, sondern bereits eine den Patentinhaber verpflichtende Verhandlungssituation, in der der Kläger seinen jetzt begründeten Lizenzierungspflichten nicht nachkommt. In Anbetracht dessen muss den Lizenzierungsbemühungen des Verletzers bereits im Erkenntnisverfahren Beachtung geschenkt werden. Nur so ist im Übrigen gewährleistet, dass dem Patentinhaber, der im weiteren Verlauf *seinen* Lizenzierungspflichten nicht nachkommt (indem er zB auf eine Lizenzierungsbitte des Verletzers kein FRAND-Angebot unterbreitet), ein Unterlassungstitel verwehrt bleibt. Kommt es andererseits im Prozess zu einem Lizenzvertragsabschluss und infolgedessen zu einer Erledigung des Rechtsstreits, so verbleibt die Kostenlast beim Beklagten, was dem Veranlasserprinzip entspricht.

---

814 Ein verspätetes Gegenangebot wird in der Instanzrechtsprechung für unbeachtlich gehalten (LG Düsseldorf, Urteil v 31.3.2016 – 4a O 73/14; LG Mannheim, Urteil v 24.1.2017 – 2 O 131/16, jedenfalls, wenn die Verletzungsklage erhoben worden ist, bevor ein FRAND-Gegenangebot unterbreitet war).

Finden die notwendigen **Lizenzierungsbemühungen** des Verletzers **innerhalb des Prozesses verspätet** statt, ist wiederum Verspätungsrecht (§§ 296, 530, 531 ZPO) anzuwenden. Wenn die Lizenbemühungen des Verletzers unbeachtet bleiben, kann die Einwendung gegen den Klageanspruch iSv § 767 Abs 2 ZPO im Erkenntnisverfahren »nicht geltend gemacht werden«. Dort, wo im Patentverletzungsprozess zu Lasten des Verletzers Präklusionsrecht greift, kann deshalb eine spätere Vollstreckungsabwehrklage des Verletzers gleichwohl Erfolg haben. Das ist nicht inkonsequent, weil § 767 ZPO den Entscheidungsausspruch nicht ändert, sondern dem Urteil bloß die Vollstreckbarkeit nimmt.   517

(6) Sicherheitsleistung des Lizenzsuchers

Für Benutzungshandlungen, die bereits vor Abschluss eines Lizenzvertrages vorgenommen worden sind, hat der Verletzer dem Patentinhaber eine angemessene Sicherheit für die FRAND-Gebühren zu leisten, zB in Form einer Bankbürgschaft oder durch Hinterlegung.[815] Das gilt ganz generell und ist unabhängig von Bedenken gegen die finanzielle Leistungsfähigkeit des konkreten Verletzers. Die Einstellung der Benutzungshandlungen beseitigt eine einmal begründete Pflicht zur Sicherheitsleistung nicht.[816] Prinzipiell ist jede Form der Sicherheitsleistung zugelassen, die dem berechtigten Sicherungsbedürfnis des Gläubigers Rechnung trägt. In Fällen der Hinterlegung wird deshalb ein Verzicht auf die Rücknahme erforderlich sein.   518

Offenbar in der Erwägung, dass zunächst der forderungsberechtigte Patentinhaber Pflichten im Hinblick auf das Zustandekommen eines FRAND-Lizenzvertrages zu erfüllen hat, setzt die Pflicht zur Sicherheitsleistung erst ein, **nachdem** das **Gegenangebot** des Verletzers vom Patentinhaber **abgelehnt** worden ist.[817] Hierbei ist vorausgesetzt, dass sowohl das Ausgangs-Lizenzangebot des Patentinhabers FRAND ist[818] als auch das Gegenangebot des Verletzers[819]. Dem späten Beginn der Sicherheitsleistung liegt mutmaßlich die Erwägung zugrunde, dass es eine rechtliche Pflicht des Patentinhabers ist, sich um eine Lizenzierung seines Patents zu bemühen, weswegen, so lange die darauf gerichteten Bemühungen andauern, kein Anlass für eine besondere Absicherung des Schutzrechtsinhabers durch den Benutzer besteht. Ungeachtet dessen sind sicherheitsleistungspflichtig aber alle Benutzungshandlungen, auch solche, die vor der Ablehnung des Gegenangebotes vorgefallen sind. Da für die »vergangenen« Benutzungshandlungen Sicherheit zu leisten ist[820], könnte der Gedanke naheliegen, dass nur diejenigen Benutzungen relevant sind, die im Zeitpunkt der Sicherheitsleistung bereits vorgefallen sind, nicht hingegen – bezogen auf diesen Zeitpunkt – künftige weitere Benutzungshandlungen, die sich während der nachfolgenden FRAND-Verhandlungen und ggf Drittbestimmung noch ereignen. Über sie kann naturgemäß im Vorhinein auch keine der Sicherheitsberechnung zugrunde zu legende Abrechnung erteilt werden. Dennoch wird man annehmen müssen, dass die Sicherheitsleistung auch in die Zukunft gerichtet denjenigen Zeitraum abzudecken hat, den die Bestimmung des FRAND-Lizenzvertrages voraussichtlich in Anspruch nehmen wird[821], wobei der Sicherheitsbetrag zeitnah angemessen   519

---

815 EuGH, GRUR 2015, 764 – Huawei Technologies/ZTE.
816 LG Mannheim, Urteil v 4.3.2016 – 7 O 96/14.
817 EuGH, GRUR 2015, 764 – Huawei Technologies/ZTE.
818 ... fehlt es daran, ist die Verfolgung des Unterlassungsanspruchs missbräuchlich und insofern kein Anlass für eine Sicherheitsleistung gegeben. AA: LG Düsseldorf, WuW 2016, 93 und LG Mannheim, Urteil v 27.11.2015 – 2 O 108/14, die eine Pflicht zur Sicherheitsleistung auch dann annehmen, wenn das Lizenzangebot des Patentinhabers nicht FRAND war.
819 ... anderenfalls kann der Unterlassungsanspruch uneingeschränkt durchgesetzt werden, womit ebenfalls kein Grund für eine Sicherheitsleistung besteht.
820 EuGH, GRUR 2015, 764, Rn 67 – Huawei Technologies/ZTE.
821 Zweifelnd: OLG Düsseldorf, Beschluss v 17.11.2016 – I-15 U 65/15.

aufzustocken ist, wenn sich die gestellte Prognose im weiteren Verlauf als zu optimistisch erweist. Dass die Abrechnung und Sicherheitsleistung bei fortdauernder Patentbenutzung nur ein einziges Mal zu leisten ist, besagt die EuGH-Entscheidung nicht; fällt sie aber bei nach Ablehnung des Gegenangebotes fortgesetzter Benutzung des Klagepatents in sinnvollen Zeitabschnitten für die dann jeweils vergangenen und noch nicht berücksichtigten Benutzungen wiederholt an, so ist es sachgerecht, Patentinhaber und Verletzer zumindest nach ihrer Wahl zu gestatten, die Sicherheit von vornherein unter Einschluss der absehbaren künftigen Benutzungen zu fordern bzw. zu erbringen.

520 Eines **Auskunfts- und Hinterlegungsverlangens** von Seiten des Patentinhabers bedarf es nicht. Die Sicherheit muss, sobald sie geschuldet wird, ohne zeitlichen Verzug erbracht werden. Eine Verzögerung ist allerdings nur vorwerfbar, wenn die Bedingungen des Leistungseintritts für den Verpflichteten ersichtlich sind. Dass Angebot und Gegenangebot FRAND sind, muss also hinreichend feststehen, was nach Lage des Falles einen dahingehenden gerichtlichen Hinweis erfordern kann. Vorkehrungen zur Erfüllung der Auskunfts- und Sicherheitsleistungspflicht brauchen zudem (dann allerdings zielstrebig) erst ergriffen zu werden, sobald das Gegenangebot tatsächlich abgelehnt ist oder seine Zurückweisung sicher absehbar ist, nicht hingegen schon im Vorgriff auf eine solche bloß mögliche Reaktion des Patentinhabers.[822]

521 Um die Sicherheitsleistung ermitteln zu können, schuldet der Verletzer vorbereitende **Auskünfte** über den Umfang seiner Benutzungshandlungen, weil deren Zahl die Höhe der Bürgschafts- oder Hinterlegungssumme maßgeblich beeinflusst.[823] Umsatzangaben sind gleichfalls erforderlich, weil ansonsten die Abrechnung nicht verständlich und nachvollziehbar wäre. Auf ihrer Grundlage kann die **Höhe der Sicherheitsleistung** anhand der ausgetauschten Vertragsangebote ermittelt werden, die – wie dargelegt – jeweils FRAND sein müssen und die daher in der zentralen Vergütungsfrage beide einen tauglichen Anhaltspunkt für die künftigen Lizenzgebühren geben werden. Aus Gründen der Vorsicht kann sich im Zweifel eine Orientierung am höheren Betrag empfehlen.

522 Wenn die FRAND-Lizenzgebühr in einer über das deutsche Schutzterritorium hinausgehenden (zB **weltweiten**) **Portfoliolizenz** besteht, die über das Klagepatent hinaus weitere Schutzrechte einschließt, ist für die Sicherheitsleistung der Portfolio-Lizenzsatz/die Portfolio-Stücklizenz auf diejenigen Verkäufe anzuwenden, die während des maßgeblichen Zeitraumes im Geltungsbereich des Klagepatents vorgefallen sind. Die Beschränkung auf das Klagepatent (als Teil des lizenzpflichtigen Portfolios) trägt der Tatsache Rechnung, dass mit der erhobenen Klage auch nur inländische Benutzungshandlungen unterbunden werden sollen, für die demgemäß vom Beklagten auch allein eine Lizenz-Sicherheit zu leisten ist.

523 Ohne die erforderliche, **kurzfristig** zu erbringende Auskunftserteilung und Sicherheitsleistung fehlt es an einer »sorgfältigen Reaktion« des Verletzers auf das (beachtliche) Lizenzangebot des Patentinhabers, sodass der Missbrauchsvorwurf entfällt und der Klage stattzugeben ist. Die Notwendigkeit einer *zügigen* Auskunft und Sicherheitsleistung bedeutet jedoch nicht, dass eine verspätete (sic: nicht kurzfristige) Erbringung an dieser Rechtsfolge nichts mehr ändern kann.[824] Materiell rechtlich besteht auch insoweit kein Grund für eine Präklusion; vielmehr hindert die Tatsache der Sicherheitsleistung als solche die klageweise Durchsetzung des Anspruchs auf Unterlassung, Rückruf und Vernichtung, weswegen auch eine dilatorische Reaktion des Verletzers der Klage prinzipiell entgegen gesetzt werden kann. Voraussetzung ist freilich, dass das allgemeine Prozess-

---

822 AA: LG Düsseldorf, Urteil v 31.3.2016 – 4a O 73/14, das Vorbereitungsmaßnahmen schon zeitgleich mit der Erstellung des Gegenangebotes verlangt.
823 EuGH, GRUR 2015, 764 – Huawei Technologies/ZTE.
824 So aber LG Düsseldorf, WuW 2016, 93.

recht ihre Berücksichtigung noch erlaubt. Das ist nicht der Fall, wenn die Sicherheitsleistung erst geschieht, nachdem die mündliche Verhandlung bereits ordnungsgemäß geschlossen worden ist. Selbst ein unstreitiger Sachverhalt rechtfertigt hier im Allgemeinen keine Wiedereröffnung der Verhandlung mehr. Ansonsten ist die Berücksichtigung einer verzögerten Sicherheitsleistung eine Frage der zivilprozessualen Verspätungsvorschriften, wie sie oben[825] dargestellt worden sind.

Die **Beweislast** dafür, dass und wann die Auskünfte erteilt und die Sicherheitsleistung ordnungsgemäß erbracht worden sind, trägt der Verletzer, dem dieser Umstand günstig ist.

524

(7) Auswirkungen der FRAND-Zusage auf den Schadenersatz- Auskunfts- und Rechnungslegungsanspruch[826]

Dass der *Erhebung einer Klage* auf Rechnungslegung und Schadenersatz der Einwand des Machtmissbrauchs nicht entgegengehalten werden kann[827], bedeutet nicht, dass die FRAND-Erklärung des Schutzrechtsinhabers für die betreffenden Ansprüche ohne rechtliche Bedeutung wäre.[828] Das Gegenteil ist der Fall, weil die gegebene Lizenzierungszusage bzw die mit ihr in Bezug genommene Gesetzeslage (Art 102 AEUV) zugunsten des Verletzers einen materiellen Anspruch schafft[829], der selbstverständlich bei der Bestimmung dessen zu berücksichtigen ist, wie vorgefallene Benutzungshandlungen zu liquidieren sind und über welche Daten infolgedessen vorbereitend Rechnung zu legen ist. Die vom Schutzrechtsinhaber übernommene Pflicht, die Benutzung seines marktbeherrschenden Patents jedermann gegen eine ausbeutungs- und diskriminierungsfreie *Lizenz* zu gestatten, reduziert den Schadenersatzanspruch auf eben diese FRAND-Lizenz[830] und die begleitende Rechnungslegung auf solche Angaben, die für eine Lizenzberechnung erforderlich sind.[831] Das gilt so lange, wie der Patentinhaber seinen Verpflichtungen zum Abschluss eines FRAND-Lizenzvertrages nicht nachkommt (indem er zB kein hinreichendes Lizenzangebot unterbreitet).[832] Denn bis dahin hat der Benut-

525

---

825 Vgl Kap E Rdn 503 ff.
826 Voß/Fehre, FS 80 Jahre Patentgerichtsbarkeit Düsseldorf, 2016, S 559.
827 Kap E Rdn 428.
828 So aber LG Mannheim, Urteil v 26.2.2016 – 7 O 38/14.
829 Vgl oben Kap E Rdn 411 ff.
830 Vgl auch OLG Karlsruhe, Beschluss v 29.8.2016 – 6 U 57/16.
831 OLG Düsseldorf, GRUR-RS 2019, 6087 – Improving Handovers.
832 OLG Düsseldorf, GRUR 2017, 1219 – Mobiles Kommunikationssystem; OLG Düsseldorf, GRUR-RS 2019, 6087 – Improving Handovers; LG Düsseldorf, Urteil v 13.7.2017 – 4a O 154/15. Einen gegenteiligen Ansatz verfolgt das LG Düsseldorf (Urteil v 19.1.2016 – 4b O 120/14; ebenso: BGH, GRUR 2020, 961 – FRAND-Einwand). Wegen der von ihm angenommenen rein deklaratorischen Natur der FRAND-Zusage zieht es eine Reduzierung des regulären Schadenersatzanspruchs auf die Höhe einer FRAND-Lizenzgebühr nur in Erwägung, wenn der Patentinhaber seinem (des Verletzers) berechtigten Lizenzierungsbegehren widerrechtlich nicht nachkommt, sodass dem Verletzer ein eigener Schadenersatzanspruch nach Art 102 AEUV, § 249 BGB zusteht, der ihn berechtigt, so gestellt zu werden, wie er stünde, wenn der Patentinhaber seiner Lizenzierungspflicht nachgekommen wäre. Das überzeugt nicht. Völlig unabhängig von ihrer deklaratorischen oder konstitutiven Rechtsnatur schafft die FRAND-Verpflichtungserklärung in jedem Fall einen Vertrauenstatbestand, infolge dessen es Sache des Patentinhabers ist, sich um das Zustandekommen eines Lizenzvertrages zu bemühen. Im Zusammenhang mit dem Unterlassungsanspruch und seiner gerichtlichen Durchsetzung hat der EuGH aus der vertrauensbildenden Kraft der FRAND-Zusage eine Initiativpflicht des Patentinhabers für den Abschluss eines FRAND-Lizenzvertrages hergeleitet, dem es nicht nur obliegt, die vermeintliche Verletzung anzuzeigen, sondern der nach daraufhin erklärtem Lizenzierungswunsch des Verletzers auch dafür verantwortlich ist, diesem ein konkretes, annahmefähiges Lizenzangebot zu FRAND-Bedingungen zu unterbreiten. Auf der materiell rechtlichen Ebene, die mit Blick auf den Schadenersatz- und Rechnungslegungsanspruch angesprochen ist, kann angesichts gleicher Vertrauenslage insoweit nichts anderes gelten.

E. Verteidigungsmöglichkeiten des Beklagten

zer einen Anspruch darauf, die technische Lehre des SEP gegen Zahlung einer Lizenzgebühr zu benutzen, wobei der Umstand, dass es noch nicht zu einer dies regelnden Vereinbarung gekommen ist, in der Verantwortlichkeit des Patentinhabers liegt. Denn die Initiativpflicht bleibt auch im Zusammenhang mit dem Schadenersatzanspruch – nicht anders als beim Unterlassungsanspruch – auf Seiten des Patentinhabers, der durch seine FRAND-Zusage nicht nur ein berechtigtes Vertrauen des Geschäftsverkehrs in die freiwillige Lizenzbereitschaft des SEP-Inhabers begründet hat, sondern der darüber hinaus auch allein im Wissen um die bereits abgeschlossenen Lizenzverträge ist, denen gegenüber eine Diskriminierung zu vermeiden ist.[833] Mit Rücksicht auf beide Umstände macht es keinen beachtlichen, dh eine divergierende rechtliche Behandlung rechtfertigenden Unterschied, ob aus der nämlichen FRAND-Zusage (wie beim Unterlassungsanspruch) ein prozessrechtliches Durchsetzungsverbot oder (wie beim Rechnungslegungs- und Schadenersatzanspruch) eine materiell rechtliche Modifikation des Anspruchsinhalts abgeleitet werden soll.

526 Die Frage kann nur sein, ob die Deckelung des Schadenersatzes auf die FRAND-Gebühr für sämtliche Benutzungshandlungen gilt, dh auch für solche, die von einer **nicht** oder nicht mehr **lizenzbereiten Partei** vorgenommen werden. Solches ist in unterschiedlichen Konstellationen denkbar. Es kann sein, dass auf eine Verletzungsanzeige des Patentinhabers schon keine Lizenzierungsbitte geäußert, sondern lediglich die Benutzung des SEP aufgenommen oder fortgesetzt wird. Vorstellbar ist ebenso, dass der Benutzer auf ein beachtliches FRAND-Angebot des Schutzrechtsinhabers nicht eingeht und auch kein hinreichendes Gegenangebot unterbreitet. In Betracht kommt schließlich, dass ein zunächst abgeschlossener FRAND-Lizenzvertrag später wirksam gekündigt wird, weil der Benutzer seinen Vertragspflichten schuldhaft nicht nachgekommen ist. Für alle diese Benutzungen, die zu einer Zeit vorgefallen sind, zu der der Verletzer seinen Verpflichtungen im Hinblick auf das Zustandekommen und Bestehenbleiben eines FRAND-Lizenzvertrages zuwider gehandelt hat, während der SEP-Inhaber den ihn treffenden Pflichten nachgekommen ist, ist das Privileg einer FRAND-Benutzungsgebühr zu versagen und statt dessen voller Schadenersatz (mit entsprechend korrespondierender Rechnungslegung auch über die Kosten und Gewinne der Benutzung) zuzuerkennen.[834] Das erschließt sich aus der schlichten Überlegung, dass die Benutzung eines SEP selbstverständlich nicht kostenlos erfolgen kann, sondern dem Patentinhaber vergütet werden muss. Das Benutzungsentgelt liegt normalerweise in einer FRAND-Lizenzgebühr. Sie

---

833 OLG Düsseldorf, GRUR-RS 2019, 6087 – Improving Handovers.
834 BGH, GRUR 2020, 961 – FRAND-Einwand: Eine Reduzierung auf eine FRAND-Lizenzgebühr kann seines Erachtens nach nur über einen Gegenanspruch auf Lizenzerteilung in Betracht kommen, der wiederum eine hinreichende Lizenzierungsbitte des Verletzers und eine hierauf unangemessene Reaktion des SEP-Inhabers voraussetzt. Folge dieser dogmatischen Einordnung ist, dass der SEP-Inhaber seinen vollen Schadenersatzanspruch behält, wenn und obwohl es an einer Verletzungsanzeige fehlt. Das kann schon vom Ergebnis her nicht überzeugen: Weshalb soll die Verletzung der allerersten FRAND-Lizenzierungspflicht folgenlos bleiben, wenn spätere Pflichtverletzungen (Unterbleiben eines FRAND-Angebotes) den Schadenersatzanspruch auf eine FRAND-Lizenzgebühr beschränken? Die richtige Lösung hat bei der vertrauensbildenden FRAND-Zusage des SEP-Inhabers anzusetzen. Sie schafft zwischen dem Schutzrechtsinhaber und jedem potenziellen Lizenzinteressenten eine Art gesetzliches Schuldverhältnis, was Rechte und Pflichten begründet. Die Pflichtenlage setzt bereits mit dem Verletzungshinweis des Schutzrechtsinhabers ein und verfolgt den Zweck, jedem die Benutzung des betreffenden SEP zu FRAND-Bedingungen zu ermöglichen. Weil dem so ist, muss es bis zur ordnungsgemäßen Verletzungsanzeige bei einer FRAND-Lizenzgebühr sein Bewenden haben. Zweitrangig ist, ob dieses Ergebnis dogmatisch über eine Anzeigepflicht des Schutzrechtsinhabers und deren Verletzung herbeigeführt wird (was wegen des Verschuldenserfordernisses problematisch sein kann, so lange der SEP-Inhaber von der Patentbenutzung durch den konkreten Verletzer entschuldbar nichts weiß) oder durch einen mit der FRAND-Zusage stillschweigend verbundenen Verzicht des SEP-Inhabers auf einen weitergehenden Schadenersatz bis zur Verletzungsanzeige (zzgl der erforderlichen Überlegungsfrist für die Lizenzbitte).

setzt eine Mitwirkung des Verletzers beim Zustandekommen der entsprechenden Vertragsregelung voraus. Wer sich dem verweigert, muss hinnehmen, wie ein gewöhnlicher (auf Schadenersatz haftender) Patentverletzer behandelt zu werden. Umgekehrt bleibt dem Benutzer das Privileg einer bloßen FRAND-Lizenzgebühr so lange erhalten, wie der SEP-Inhaber das seinerseits Geschuldete nicht unternimmt, um einen FRAND-Lizenzvertrag mit dem Benutzer zustande zu bringen.

Im **Schadenersatzfeststellungsprozess** bedarf es noch keiner Festlegung dahin, ob der geschuldete Schadensausgleich[835] auf eine FRAND-Lizenzgebühr beschränkt ist; dem ist abschließend erst im Höheprozess nachzugehen.[836] Genauso kommt durch den Anspruch auf eine FRAND-Lizenz der Auskunftsanspruch aus § **140b PatG** für solche Benutzungshandlungen nicht in Fortfall, die der Lizenzsucher ohne entsprechende Lizenz und mithin widerrechtlich unternommen hat.[837] Anders verhält es sich hinsichtlich des den Schadenersatz vorbereitenden Rechnungslegungsanspruchs, der in solchen Fällen keine Angaben zu den für die Schadensberechnung überhaupt nicht relevanten **Kosten und Gewinnen** umfasst.[838] Die Klageabweisung »als derzeit unbegründet«, die wegen des beseitigungsfähigen Hindernisses eines gänzlich fehlenden oder inhaltlich unzureichenden FRAND-Lizenzangebotes zu erfolgen hat, bedeutet in diesem Zusammenhang, dass der Anspruch auf Auskünfte zu den Kosten und Gewinnen (endgültig) für alle Benutzungshandlungen abgewiesen wird, die zu einer Zeit vorgenommen worden sind, zu der ein FRAND-Angebot pflichtwidrig nicht unterbreitet war. Ist der gesamte Rechtsstreit ohne ein solches Angebot geblieben, geschieht die Abweisung dementsprechend für die Zeit bis zur letzten mündlichen Verhandlung bzw bis zu einer dem Kläger insoweit eingeräumten Schriftsatzfrist.[839] Alle übrigen Daten, die zur Berechnung einer (Schadenersatz- oder Entschädigungs-)Lizenzgebühr üblicherweise zuerkannt werden,[840] sind jedoch mitzuteilen. Insoweit unterscheidet sich die FRAND-Lizenz nicht grundlegend von einer gewöhnlichen als Schadenersatz oder Entschädigung geschuldeten Lizenz; wie bei letzterer hat der Lizenzsucher auch in einer FRAND-Situation Rechenschaft über alle diejenigen Geschäftsdaten abzulegen, die es dem Patentinhaber erlauben, die ihm mitgeteilten – streng genommen allein lizenzrelevanten – Umsatzzahlen nachzuvollziehen und auf ihre inhaltliche Richtigkeit zu überprüfen, wozu es zwingend detaillierter Angaben zu den einzelnen Liefervorgängen, den Angeboten und der unternommenen Werbung bedarf.[841]

527

Lediglich klarstellend sei festgehalten, dass die Restriktionen in der Durchsetzung des Unterlassungsanspruchs und die Beschränkung des Schadenersatz- und Rechnungslegungsanspruchs, wenn der Patentinhaber seine Pflichten versäumt, nicht gelten, wenn das marktbeherrschende Klageschutzrecht einem dritten Unternehmen zusteht, dass an der Standardisierung nicht beteiligt war, dementsprechend keine FRAND-Erklärung abgegeben hat und dessen Technik sich bloß faktisch am Markt durchgesetzt hat.[842]

528

---

835 Die grundsätzliche Schadenersatzhaftung beruht darauf, dass die Benutzung des Klagepatent so lange widerrechtlich und schuldhaft erfolgt, wie – aus welchen Gründen auch immer – noch kein FRAND-Lizenzvertrag zustande gekommen ist.
836 OLG Düsseldorf, GRUR-RS 2019, 6087 – Improving Handovers; OLG Karlsruhe, GRUR 2020, 166 – Datenpaketverarbeitung; LG Düsseldorf, Urteil v 19.1.2016 – 4b O 120/14.
837 OLG Düsseldorf, GRUR-RS 2019, 6087 – Improving Handovers.
838 OLG Düsseldorf, GRUR-RS 2019, 6087 – Improving Handovers; LG Düsseldorf, Urteil v 19.1.2016 – 4b O 120/14; LG Düsseldorf, Urteil v 13.7.2017 – 4a O 154/15; aA: OLG Karlsruhe, GRUR 2020, 166 – Datenpaketverarbeitung; LG Mannheim, GRUR-RR 2018, 273 – Funkstation (die wegen der besonderen FRAND-Situation Kosten- und Gewinnangaben auch dann geben wollen, wenn letztlich bloß eine FRAND-Lizenzgebühr zu entrichten ist).
839 OLG Düsseldorf, GRUR-RS 2019, 6087 – Improving Handovers.
840 Vgl oben Kap D Rdn 935.
841 OLG Düsseldorf, GRUR-RS 2019, 6087 – Improving Handovers.
842 LG Düsseldorf, Urteil v 2.7.2019 – 4a O 98/17.

(8) Einstweilige Unterlassungsverfügung

529 Einstweilige Unterlassungsverfügungen aus SEP mit FRAND-Erklärung, für die selbstverständlich keine anderen, erst recht keine leichteren Voraussetzungen als allgemein im Patentrecht gelten[843], werden nur selten in Betracht kommen. Vielfach wird sich dies schon daraus ergeben, dass der Benutzungstatbestand mit den beschränkten Mitteln des vorläufigen Rechtsschutzes (§ 294 ZPO) nicht hinreichend eindeutig feststellbar ist und/ oder – was noch häufiger der Fall sein wird – der Rechtsbestand des SEP (noch) nicht in einem zweiseitigen Verfahren bestätigt wurde und auch nicht per se über jeden vernünftigen Zweifel erhaben ist. Wo nicht bereits die besagten Zurückweisungsgründe zum Tragen kommen, wird der Verfügungsantrag oftmals an der mangelnden **Dringlichkeit** des Rechtsschutzbegehrens scheitern. Sobald der Verletzte um die widerrechtliche Benutzung seines SEP weiß, gehört es nämlich nicht nur zu den Obliegenheiten einer zügigen Rechtsverfolgung, dass er den anspruchsbegründenden Sachverhalt im Tatsächlichen aufklärt und mit geeigneten Glaubhaftmachungsmitteln beweismäßig sichert, um alsdann zeitnah gerichtliche Hilfe in Anspruch zu nehmen; mit derselben Zielstrebigkeit sind darüber hinaus auch diejenigen Anstrengungen zu unternehmen, die mit Rücksicht auf die für das SEP abgegebene FRAND-Zusage erforderlich sind, um den aus der Rechtsverletzung folgenden Unterlassungsanspruch durchsetzbar zu machen.[844]

530 **Konkret** bedeutet dies, dass im unmittelbaren zeitlichen Zusammenhang mit der festgestellten Patentbenutzung eine Verletzungsanzeige zu erfolgen hat und dem Verletzer bei dessen erklärter Lizenzbereitschaft ein ausformuliertes Lizenzangebot zu FRAND-Bedingungen zu unterbreiten ist. Verspätete Aktivitäten bleiben allenfalls für denjenigen Zeitraum unschädlich, für den (zB wegen eines zunächst noch unzureichend gesicherten Rechtsbestandes) ohnehin kein Verfügungsverfahren mit Aussicht auf Erfolg betrieben werden kann.[845] Letzteres heißt freilich nicht, dass bis zu einer streitigen Rechtsbestandsentscheidung die Bemühungen um einen FRAND-Lizenzvertrag zurückgestellt werden dürften; vielmehr sind sie – ggf auch im Vorfeld der noch ausstehenden Einspruchs- oder Nichtigkeitsentscheidung – so zeitig in Angriff zu nehmen, dass die kartellrechtliche Sachlage in dem Moment, zu dem die dem Verletzer günstige Einspruchs- oder Nichtigkeitsentscheidung vorliegt, im Sinne einer Durchsetzbarkeit des Unterlassungsanspruchs zum Abschluss gebracht und geklärt ist.[846] Anderweitige Verzögerungen, die darüber hinausgehen, wirken dringlichkeitsschädlich, und zwar nicht nur, wenn ein Lizenzangebot gänzlich fehlt, sondern in gleicher Weise, wenn das vorhandene Angebot rechtlich deshalb unbeachtlich ist, weil es – entgegen den FRAND-Anforderungen – sachlich unangemessen und/oder diskriminierend ist.[847] In einem solchen Fall entlastet den Verletzten eine *subjektive* Fehleinschätzung in Bezug auf die (äußere und/oder inhaltliche) Zulänglichkeit seiner Offerte grundsätzlich nicht.[848]

531 Ihm ist es deshalb auch verwehrt, nach einer **Klageabweisung im Hauptsacheprozess**, die sich auf die mangelnde FRAND-Gemäßheit seines Angebotes stützt, den Unterlassungsanspruch im Wege der einstweiligen Verfügung abermals mit dem Hinweis geltend zu machen, durch das Hauptsacheurteil Klarheit über den erforderlichen Inhalt seines Lizenzangebotes erhalten und dem Verletzer im Nachgang zu dem Urteil ein dementsprechend hinreichendes Angebot zur Lizenznahme unterbreitet zu haben. An der mangelnden Dringlichkeit ändert sich nichts dadurch, dass zwischenzeitlich eine bis dahin noch ausstehende positive erstinstanzliche Rechtsbestandsentscheidung ergangen ist, die

---

843 OLG Düsseldorf, Beschluss v 18.7.2017 – I-2 U 23/17.
844 OLG Düsseldorf, Beschluss v 18.7.2017 – I-2 U 23/17.
845 OLG Düsseldorf, Beschluss v 18.7.2017 – I-2 U 23/17.
846 OLG Düsseldorf, Beschluss v 18.7.2017 – I-2 U 23/17.
847 OLG Düsseldorf, Beschluss v 18.7.2017 – I-2 U 23/17.
848 OLG Düsseldorf, Beschluss v 18.7.2017 – I-2 U 23/17.

grundsätzlich Voraussetzung für ein erfolgversprechendes Verfügungsverfahren ist.[849] Denn dieser Umstand ändert nichts daran, dass der Verletzte die für ihn greifbare Rechtsdurchsetzung im bereits laufenden Hauptsacheverfahren durch unzulängliche FRAND-Bemühungen vertan hat und dies nicht die Rechtfertigung für eine anschließende Gewährung vorläufigen Rechtsschutzes liefern kann. Anderenfalls hätte es der Verletzte in der Hand, durch eigenen Rechtsbruch (Verstoß gegen seine Pflicht zur FRAND-Lizenzierung des SEP) die Dringlichkeit für sich beliebig neu zu begründen. Das kann nicht sein! Derjenige, der seine Chancen im Hauptsacheverfahren nachlässig verspielt, darf nicht besser gestellt sein als derjenige, der bei der vorgerichtlichen Rechtsdurchsetzung dilatorisch zu Werke geht. Zur Verdeutlichung kann auch eine Parallele zum Sport gezogen werden: Wer einen Elfmeter verstolpert, indem er neben den Ball tritt, der bekommt vom Schiedsrichter auch keinen Fünfmeter ohne Torwart!

Wer als (mittlerweile) eingetragener Patentinhaber mit seiner **Hauptsacheklage** nur **Rechnungslegung** und **Schadenersatzfeststellung** begehrt, dies aber in einer Weise, dass er wegen des insoweit verfolgten Benutzungszeitraumes und einer auf Inhaberseite stattgefundenen Schutzrechtsübertragung eine zeitaufwändige tatrichterliche Aufklärung der materiellen Erwerbsvorgänge hinnehmen muss, der erwirbt dadurch keine Dringlichkeit für eine Durchsetzung des Unterlassungsanspruchs, der sich mit Rücksicht auf das Teilurteilsverbot nicht (mehr) im Hauptsacheprozess durchsetzen lässt.[850] Denn ihm wäre zuzumuten gewesen, den Unterlassungsanspruch sogleich im Wege der Hauptsacheklage geltend zu machen und zur Vermeidung einer Beweiserhebung über seine Aktivlegitimation in dem betreffenden Prozess[851] Rechnungslegung sowie Schadenersatz nur im Rahmen seiner Registerberechtigung einzufordern. 532

Dort, wo die aufgezeigten Hindernisse ausnahmsweise überwunden werden können, wird der Erfolg eines Verfügungsantrages maßgeblich davon abhängen, ob innerhalb des auf Beschleunigung angelegten Verfügungsverfahrens die **komplexe FRAND-Problematik** mit ihren wechselseitig aufeinander Bezug nehmenden Handlungspflichten in einer Weise abgearbeitet werden kann, dass Resultate von Bestand erzielt werden können, sodass unter Berücksichtigung aller beteiligten Interessen (einschließlich der Verletzungsfrage und des Rechtsbestandes) eine die Hauptsache vorwegnehmende Verurteilung des Verletzers verantwortet werden kann. Wichtig ist dabei, dass der Verletzer – eben wegen der Natur des vorläufigen Rechtsschutzverfahrens als Eilverfahren – keinen Anspruch darauf hat, dass das Gericht durch eine einem Hauptsacheverfahren angeglichene Verfahrensführung[852] die Möglichkeit schafft, ein erforderliches langwieriges Lizenzierungsprozedere abzuwickeln. Unter dem Gesichtspunkt verfahrensfeindlicher Komplexität scheidet die Rechtsverfolgung aus einem SEP mit FRAND-Erklärung auch dann aus, wenn der Verletzer eine vorgerichtliche Verletzungsanzeige des Antragstellers ignoriert und erstmals im daraufhin – bei ausreichendem Rechtsbestand des SEP erfolgversprechend – eingeleiteten Verfügungsverfahren eine Bitte um Lizenzerteilung geäußert hat, die nunmehr aufwändige FRAND-Diskussionen erforderlich macht. Das zunächst noch berechtigt eingeleitete Verfügungsverfahren findet in einem solchen Fall seine Erledigung, was dem Antragsteller eine für ihn kostenneutrale Verfahrensbeendigung ermöglicht. 533

In der **Praxis** wird ein Verfügungsantrag nach allem wohl nur dann in Betracht kommen, wenn die FRAND-Lizenzbedingungen für das Gericht hinreichend festliegen (zB aufgrund eines öffentlich zugänglichen Standardvertrages, der bereits hinlänglich praktiziert 534

---

849 OLG Düsseldorf, Beschluss v 29.6.2017 – I-15 U 41/17.
850 OLG Düsseldorf, Beschluss v 18.7.2017 – I-2 U 23/17.
851 Die überschießenden Ansprüche können notfalls separat eingeklagt werden.
852 … mit mehrfachem Schriftsatzaustausch und weiträumiger Terminierung.

wird, oder aufgrund eigener Vorbefassung mit dem Lizenzgegenstand in einem Hauptsacheverfahren gegen andere Verletzer) und der mangelnde Vertragsabschluss seine Ursache darin findet, dass sich der Verletzer evident pflichtwidrig weigert, den zureichenden – vorgerichtlichen oder (bei verspäteter Lizenzierungsbitte) im Verfahren unternommenen – Lizenzierungsbemühungen des Patentinhabers nachzukommen.

c) Zuständigkeitsfragen

535 Der Lizenzeinwand wirft Probleme im Hinblick auf die gerichtliche Zuständigkeit auf, weil das GWB für den Bereich des Kartellrechts ausschließliche Zuständigkeiten vorsieht, die zu beachten sind:

aa) Landgerichte

536 § 87 Satz 1, 2 GWB regelt eine ausschließliche sachliche Zuständigkeit der Landgerichte für bürgerliche Streitigkeiten, die die Anwendung des GWB betreffen. Diese besteht auch dann, wenn die Entscheidung eines (auf anderem Gebiet liegenden) Rechtsstreits ganz oder teilweise von einer nach dem GWB zu treffenden Entscheidung **abhängt**, weswegen Einwände des Beklagten – ausnahmsweise und abweichend von der Regel – zuständigkeitsrelevant sind. Voraussetzung ist freilich, dass es – nicht nur nach Einschätzung der Parteien, sondern objektiv – streitentscheidend auf die kartellrechtliche Frage ankommt, der Rechtsstreit also nicht ohne das Kartellrecht entschieden werden kann.[853] Das ist bereits dann der Fall, wenn es darum geht, ob kartellrechtliche Vorschriften neben nichtkartellrechtlichen Bestimmungen überhaupt anwendbar sind oder verdrängt werden.[854]

537 Vor einer Verweisung an das Kartellgericht hat das abgebende Gericht also alle **Aufklärungsmaßnahmen** außerhalb des Kartellrechts zu treffen und darzulegen, dass seine Entscheidung von der Beantwortung der kartellrechtlichen Fragestellung abhängt.[855] Wird dies nicht geleistet (indem Erwägungen zur Entscheidungserheblichkeit der Kartellfrage überhaupt nicht angestellt werden), ist die Verweisung an das Kartellgericht willkürlich und deshalb nicht bindend, und zwar auch dann, wenn die Parteien mit der Verweisung einverstanden waren.[856]

538 § 89 Abs 1, 2 GWB enthält eine **Konzentrationsermächtigung**, von der in fast allen Ländern Gebrauch gemacht worden ist, allerdings idR nicht im Gleichklang mit der Konzentration im Bereich der Patentgerichtsbarkeit.

539 – Es gibt deshalb Landgerichte, die **Patentstreitgericht und** auch **Kartellgericht** sind. Beispiele sind das LG Düsseldorf, LG Mannheim, LG München I, LG Nürnberg-Fürth, LG Frankfurt/Main, LG Leipzig, LG Magdeburg. Bei ihnen ist die Entscheidungszuständigkeit auch für den Zwangslizenzeinwand gegeben, weil sich die Zuständigkeitszuweisung des § 87 GWB (anders als beim OLG) auf alle Spruchkörper des Landgerichts bezieht. Sind aufgrund des gerichtsinternen Geschäftsverteilungsplans verschiedene Kammern für Patentstreitsachen einerseits und Kartellsachen andererseits zuständig, so ist bei einem Zuständigkeitsstreit ein Präsidiumsbeschluss einzuholen.

540 – Gleichermaßen existieren Landgerichte, die **Patentstreitgericht**, aber **nicht Kartellgericht** sind, zB das LG Braunschweig. Wird dieses angerufen, hat es die Vor-

---

853 BGH, GRUR 2020, 213 – Berufungszuständigkeit II.
854 BGH, GRUR 2020, 213 – Berufungszuständigkeit II.
855 OLG Düsseldorf, GRUR-RR 2018, 312 – Kfz-Ersatzteile; OLG Düsseldorf, Urteil v 9.5.2018 – VI-U (Kart) 1/18.
856 OLG Düsseldorf, GRUR-RR 2018, 312 – Kfz-Ersatzteile.

greiflichkeit der Kartellrechtsfrage positiv festzustellen und die Sache sodann gemäß § 281 ZPO an das Kartellgericht zu verweisen, weil die kartellrechtliche Sonderzuständigkeit anderen Zuständigkeiten, auch soweit sie ihrerseits ausschließlich sind, vorgeht.[857] Wird die anderweitige Zuständigkeit missachtet, kann dies weder mit der Berufung (§ 513 Abs 2 ZPO) noch mit der Revision (§ 545 Abs 2 ZPO) gerügt werden. Ob zur Klärung der Vorgreiflichkeit Beweis erhoben (zB ein Sachverständigengutachten zur Verletzungsfrage eingeholt) werden muss, ist ebenso streitig[858] wie die Frage, ob von der Verweisung abgesehen werden kann und muss, wenn sich die kartellrechtliche Vorfrage vom Nicht-Kartellgericht zweifelsfrei lösen lässt.[859] Ist der Rechtsbestand des Klagepatents angegriffen, besteht eine Vorgreiflichkeit im Hinblick auf die kartellrechtliche Frage nicht erst dann, wenn das Bestandsverfahren rechtskräftig abgeschlossen ist, sondern schon dann, wenn das Patentstreitgericht angesichts der geführten Angriffe keinen Anlass sieht, seinen Verletzungsprozess auszusetzen.

Im Ergebnis ist für die Zuständigkeit zu unterscheiden. Geht es darum, ob den Anforderungen genügt ist, die sich aus Kartellrecht an das Lizenzgesuch des Verletzers ergeben[860], und ist die Rechtsfrage nicht bereits geklärt oder ihre Beantwortung evident, sind die Kartellgerichte anzurufen. Ist hingegen der Lizenzvertrag infolge des unbedingten Vertragsangebotes bereits zustande gekommen und geht es im Rechtsstreit nach § 315 **BGB** nur noch darum, die Angemessenheit der vom Patentinhaber einseitig festgesetzten Lizenzgebühr zu überprüfen, kommt eine kartellrechtliche Zuständigkeit grundsätzlich nicht mehr in Betracht. Da bloß das zutreffende Entgelt für die Benutzung der patentierten Erfindung zu bestimmen ist, liegt eine Patentstreitsache (§ 143 Abs 1 PatG) vor, sodass die ausschließliche Zuständigkeit der Patentstreitgerichte gegeben ist. Anderes (im Sinne einer vorrangig kartellrechtlichen Zuständigkeit) gilt, wenn im Rahmen der Vergütungsfestsetzung zu klären ist, ob eine bestimmte Lizenzhöhe zu einer kartellrechtlich unzulässigen Ausbeutung oder Diskriminierung führt. **541**

bb) Oberlandesgerichte

Nach § 91 GWB wird bei den Oberlandesgerichten ein Kartellsenat (als der allein zuständige Spruchkörper) gebildet, der über die Berufung gegen Endurteile in bürgerlichen Rechtsstreitigkeiten nach § 87 Abs 1 GWB entscheidet. Ob das angefochtene Urteil unter § 87 GWB fällt, prüft der Kartellsenat eigenständig. Maßgeblich ist der Streitgegenstand (**materielle Anknüpfung**) und nicht, ob ein nach §§ 87, 89 GWB zuständiges Landgericht – wenn auch in der unzutreffenden Annahme seiner Kartellzuständigkeit – entschieden hat (formelle Anknüpfung).[861] Die Zuständigkeit des Kartellberufungsgerichts ist infolgedessen auch dann gegeben, wenn materiell eine Kartellsache gegeben ist, im vorausgehenden Rechtszug jedoch irrtümlich ein Nichtkartellgericht entschieden hat.[862] Hat das Landgericht etwa zum Zwangslizenzeinwand (positiv oder negativ) sachlich entschieden, ergibt sich daraus die Vorgreiflichkeit, die der Kartellsenat idR nicht in Zweifel ziehen wird. Hat das Landgericht die Klage mangels Verletzung abgewiesen, hat der Patentsenat die Vorgreiflichkeit der Kartellfrage vor einer Abgabe an den Kartellsenat festzustellen, wobei die unter aa) für das Landgericht dargelegten Regeln gelten. **542**

---

857 BGHZ 114, 218, 220 – Krankentransportunternehmen II.
858 Vgl die Nachweise bei Loewenheim/Meessen/Riesenkampff/Kersting/Meyer-Lindemann, § 87 Rn 19.
859 Vgl die Nachweise bei Loewenheim/Meessen/Riesenkampff/Kersting/Meyer-Lindemann, § 87 Rn 21.
860 **Bsp:** Territoriale Reichweite des Angebotes, Schadenersatzpflicht für die Vergangenheit.
861 BGH, GRUR 2020, 213 – Berufungszuständigkeit II.
862 BGH, GRUR 2020, 213 – Berufungszuständigkeit II.

543 Maßgeblich für die **Entscheidungserheblichkeit** der Kartellfrage sind die Verhältnisse im Zeitpunkt der Berufungseinlegung; neues Vorbringen, auch wenn es prozessual beachtlich ist (§ 531 ZPO), macht eine Nichtkartellsache deshalb nicht nachträglich zu einer Kartellsache.[863]

544 Auch in einer **Kartellsache** kann Berufung fristwahrend stets beim **allgemein zuständigen Berufungsgericht** eingelegt werden[864], welches den Rechtsstreit auf Antrag analog § 281 ZPO an das Kartellgericht verweist.[865] Das gilt ganz besonders dann, wenn dem angefochtenen Urteil eine dahingehende (objektiv unzutreffende) Rechtsmittelbelehrung beigefügt war.[866]

545 Umgekehrt gilt nach – allerdings unrichtiger[867] – Auffassung des BGH dasselbe (dh Einlegungsmöglichkeit beim **Kartellberufungsgericht** in **Nichtkartellsachen**), wenn und so lange eine Unsicherheit über die Zuständigkeit des allgemein zuständigen Berufungsgerichts oder des Kartellberufungsgerichts besteht.[868] Erst wenn keinerlei vernünftige Zweifel an der Zuständigkeit des allgemein zuständigen Berufungsgerichts angebracht sind, soll Berufung in zulässiger Weise nicht mehr beim Kartellberufungsgericht, sondern nur noch beim allgemein zuständigen Berufungsgericht eingelegt werden können.[869] Ein gleichwohl beim Kartellberufungsgericht eingelegtes Rechtsmittel ist unzulässig, womit eine Verweisung an das zuständige Nichtkartellgericht ausscheidet.[870] Anderes gilt nach dem Grundsatz der Meistbegünstigung dann, wenn das angefochtene Urteil den Anschein für eine Kartellsache gesetzt hat, zB dadurch, dass es die Streitigkeit im Rubrum zu Unrecht als Kartellsache bezeichnet hat.[871] Darüber hinaus soll für die Begründung einer Unsicherheit hinsichtlich der Zuständigkeit bereits ausreichen, wenn ein nach 33 87, 89 GWB zuständiges Landgericht erkennbar in seiner Eigenschaft als Kartellgericht entschieden hat, beispielsweise dadurch, dass es in den Entscheidungsgründen zu seiner GWB-Zuständigkeit argumentiert hat.[872]

546 Erfolgt eine Verweisung an den Kartellsenat (§ 281 Abs 1 ZPO, §§ 87, 91, 92 Abs 1 GWB), geht die Prüfungs- und **Entscheidungskompetenz** nicht nur für die kartellrechtliche Frage/Anspruchsgrundlage über, sondern für den gesamten Streitgegenstand.[873]

547 Streiten sich ein Zivilsenat und der Kartellsenat des Oberlandesgerichts im Rahmen eines negativen Kompetenzkonfliktes über ihre Zuständigkeit, findet keine **Gerichtsstandsbestimmung** durch den BGH statt.[874]

cc) Lizenzbereitschaftserklärung

548 Relevant ist die aufgezeigte Zuständigkeitsproblematik nicht nur dann, wenn kartellrechtliche Vorschriften unmittelbar die Grundlage für das Lizenzierungsverlangen bilden, sondern gleichermaßen dann, wenn Anknüpfungspunkt für den Zwangslizenzeinwand die Lizenzbereitschaftserklärung des Patentinhabers gegenüber der Standardisierungsorganisation ist. Erstens deklariert die Bereitschaftserklärung idR lediglich eine Lizenzierungspflicht, die auf kartellgesetzlicher Grundlage ohnehin besteht.

---

863 OLG Düsseldorf, Beschluss v 24.1.2018 – VI-U (Kart) 10/17.
864 BGH, NZKart 2018, 439.
865 OLG Düsseldorf, Beschluss v 24.1.2018 – VI-U (Kart) 10/17.
866 BGH, GRUR-RR 2020, 95 – Zuständigkeitskonzentration.
867 Vgl J. Kühnen, NZKart 2020, 49.
868 BGH, GRUR 2020, 213 – Berufungszuständigkeit II.
869 BGH, GRUR 2020, 213 – Berufungszuständigkeit II.
870 OLG Düsseldorf, Urteil v 9.5.2018 – VI-U (Kart) 1/18.
871 OLG Düsseldorf, Beschluss v 24.1.2018 – VI-U (Kart) 10/17.
872 BGH, GRUR 2020, 213 – Berufungszuständigkeit II.
873 BGH, GRUR 2013, 1069 – Basis3.
874 BGH, MDR 2014, 489.

Zweitens stellen sich im Zusammenhang mit der Angemessenheit und Diskriminierungsfreiheit keine anderen Fragen als bei einer Lizenzpflicht aus Gesetz.

dd) Isolierte Klage auf Lizenzabschluss

Wird der Anspruch auf Abschluss eines (ggf von dem Standard-Lizenzvertrag des Patentinhabers abweichenden) Lizenzvertrages klageweise – und nicht einwendungsweise – geltend gemacht, so steht hierfür der Gerichtsstand der unerlaubten Handlung (Art 7 Nr 2 EuGVVO, Art 5 Nr 3 VO 44/2001[875], § 32 ZPO) zur Verfügung. Denn der zur Klagebegründung gehaltene Sachvortrag, die Weigerung des Patentinhabers, einen (ggf vom Standardvertrag abweichenden) Lizenzvertrag abzuschließen, verstoße gegen Kartellrecht (Art 102 AEUV [vormals: Art 82 EG], §§ 19, 20 GWB bzw eine kartellrechtliche Pflichten deklaratorisch wiederholende FRAND-Zusage), stellt die Behauptung eines deliktischen Verhaltens dar.[876] Als zuständigkeitsbegründend sind sowohl der Handlungs- als auch der Erfolgsort des durch Lizenzverweigerung begangenen Machtmissbrauchs anzusehen, wobei beides am Geschäftssitz des Lizenzsuchers zusammentrifft. Dort wäre nicht nur das Lizenzangebot anzubringen gewesen (Handlungsort der Untätigkeit), sondern hier verwirklichen sich auch die negativen Folgen des Nichtangebotes für die Geschäftstätigkeit des Lizenzsuchers (Erfolgsort). 549

Wegen der Art und Weise der **Rechtsverfolgung** ist zwischen Nicht-SEP und SEP mit FRAND-Erklärung zu unterscheiden: 550

– Soweit es um die Lizenzierung eines **Nicht-SEP** geht, bestehen keine Besonderheiten. Der Lizenzsucher hat im Verletzungsprozess zu seiner Rechtsverteidigung einen von ihm konkret zu formulierenden Lizenzvertrag einzufordern, was in Übereinstimmung damit steht, dass er auch als Kläger einer separaten Abschlussklage in den Klageantrag einen vollständigen Vertragstext aufzunehmen hat. 551

Praxistipp	Formulierungsbeispiel
	Der Beklagte wird verurteilt, mit dem Kläger den nachfolgend ausformulierten Lizenzvertrag abzuschließen: ... (Es folgt der vollständige Text eines Lizenzvertrages über das fragliche Patent)

552

– Soll Gegenstand der Lizenzierungsklage hingegen ein **SEP** (oder ein dieses umfassendes Portfolio) sein, für das der Klagegegner eine **FRAND-Erklärung** abgegeben hat, so steht die den Lizenzsucher[877] treffende prozessuale Pflicht, einen bestimmten Klageantrag zu formulieren (was die genaue Mitteilung des gewünschten Vertragstextes bedingt) im Widerspruch dazu, dass es wegen der FRAND-Zusage die materielle Pflicht des Patentinhabers ist, jedem an einer Lizenz Interessierten ein konkretes, schriftliches FRAND-Lizenzangebot zu unterbreiten, was es – auch im Verletzungsprozess – zu *seiner* Obliegenheit macht, den Vertragstext für eine FRAND-Lizenz zu formulieren und sachlich als ausbeutungs- und diskriminierungsfrei zu rechtfertigen. Für die Vertragsabschlussklage, mit der der Benutzer legitimer Weise aktiv jedwedem Patenteingriff von vornherein vorbeugen will, kann insoweit nichts anderes gelten. Auch bei ihr muss der Lizenzsucher wegen der FRAND-Zusage des Beklag- 553

---

875 LG Leipzig, InstGE 9, 167 – optischer Datenträger.
876 EuGH, NZKart 2018, 357; Kühnen, GRUR 2019, 665.
877 Der SEP-Inhaber hat keinen Anspruch auf Abschluss eines FRAND-Lizenzvertrages, sondern kann dessen Zustandekommen nur über die Durchsetzung seiner Patentrechte motivieren; vgl oben Rdn 390.

E. Verteidigungsmöglichkeiten des Beklagten

ten davon enthoben sein, einen Lizenzvertragstext im Klageantrag vorzugeben. Abgesehen davon, dass sich durch die Art und Weise, wie der Anspruch auf Erteilung einer FRAND-Lizenz eingefordert und rechtlich durchgesetzt wird (nämlich verteidigungsweise im Verletzungsprozess des Patentinhabers oder offensiv fordernd in einer eigenen Abschlussklage), nichts an dem kartellrechtlich bedingten Pflichtenregime ändern kann, wäre der Lizenzsucher auch vielfach überhaupt nicht in der Lage, einen FRAND-Vertrag zu formulieren, weil er weder Kenntnisse über das Lizenzierungskonzept des Patentinhabers hat noch über dessen Lizenzierungspraxis im Bilde ist.

554 Zutreffend erscheint deswegen allein, statt einer Abschlussklage eine **Klage** bloß **auf Abgabe und Rechtfertigung eines** FRAND-Lizenz**angebotes** durch den Patentinhaber zu erheben.[878] Ein dahingehender Klageantrag entspricht exakt der rechtlichen Pflicht des SEP-Inhabers aus seiner FRAND-Zusage und steht im Übrigen damit im Einklang, dass sich das Ziel einer Vertragsklage in SEP-Fällen darauf beschränkt, ein FRAND-Lizenzangebot des Patentinhabers zu erzwingen, welches von dem klagenden Lizenzsucher (wozu es keiner weiteren gerichtlichen Schritte und deswegen auch keiner Aufnahme in den Klageantrag bedarf) anschließend angenommen werden kann.

555 Ein Urteilsausspruch auf begründete Angebotsabgabe ist schließlich auch problemlos mit den Zwangsmitteln des § 888 ZPO **vollstreckbar**. Zwar ist die auf ein FRAND-Vertragsangebot gerichtete Klage grundsätzlich als solche auf Abgabe einer Willenserklärung anzusehen[879], für die an sich § 894 ZPO als maßgebliche und spezielle Vollstreckungsvorschrift gilt, die hier jedoch *nicht* einschlägig ist, weil der Klageantrag eben *keinen* konkret bestimmten Inhalt zum Gegenstand hat, dessen Geltung fingiert werden könnte.[880]

Praxistipp	Formulierungsbeispiel

556 Der Beklagte wird verurteilt, gegenüber dem Kläger – unter Berücksichtigung von dessen Geschäftstätigkeit im Zusammenhang mit der Herstellung und dem Vertrieb von ... – zu dem (näher bezeichneten) SEP oder ein dieses Schutzrecht umfassendes Portfolio ein schriftliches und konkretes, in der Sache ausbeutungs- und diskriminierungsfreies (= FRAND-)Lizenzangebot abzugeben und zu erläutern, warum die mit dem Angebot unterbreiteten Lizenzbedingungen FRAND sind.

557 Im Verhältnis zwischen Patentverletzungs- und Angebotsklage gilt **§ 148 ZPO**. Ist der FRAND-Lizenzierungsanspruch vorgreiflich für die Entscheidung über die Verletzungsklage[881], steht die Aussetzung des Verletzungsprozesses im gerichtlichen Ermessen. Neben den Erfolgsaussichten der Angebotsklage ist vor allem das zeitliche Verhältnis der beiden Rechtsstreitigkeiten maßgeblich, nämlich die Frage, ob das Verletzungsgericht dem FRAND-Einwand, wäre er im Zeitpunkt der Einreichung der Angebotsklage im Verletzungsprozess eingeführt worden, hätte nachgehen müssen.[882] An einer Vorgreiflichkeit fehlt es, wenn sich die Verletzungsklage nicht gegen den Angebotskläger, sondern dessen Abnehmer richtet. Denn nicht schon der Prozesserfolg im Streit um das

---

878 Kühnen, GRUR 2019, 665.
879 BAG, NZA-RR 2012, 232.
880 Kühnen, GRUR 2019, 665.
881 ... woran es fehlt, wenn bereits ein anderer Klageabweisungsgrund (zB mangelnde Schutzrechtsverletzung, fehlende Aktiv- oder Passivlegitimation) durchgreift.
882 Kühnen, GRUR 2019, 665.

FRAND-Angebot hat rechtliche Konsequenzen für den Verletzungsrechtsstreit, sondern – unter dem Gesichtspunkt der Erschöpfung – erst die (notfalls erzwungene) Angebotsabgabe und die anschließende Vertragsannahme durch den Angebotskläger.[883]

ee) Bestimmung der FRAND-Bedingungen[884]

Weil die Verhandlungen über die FRAND-Lizenz den patentrechtlichen Unterlassungsanspruch blockieren, müssen die FRAND-Bedingungen nicht nur sachlich angemessen (= diskriminierungs- und ausbeutungsfrei) sein[885]; für die mit ihnen befasste Entscheidungsinstanz muss sich außerdem innerhalb kurzer Zeit zuverlässig ermitteln lassen, ob bestimmte Vertragsinhalte (insbesondere eine bestimmte Höhe der Vergütung) FRAND sind oder nicht. Es sind also zwei Zielvorgaben miteinander in Einklang zu bringen, nämlich das Gebot **materieller Gerechtigkeit** und das Gebot **rascher Justitiabilität**. 558

Beides gilt es für einen **Regelungsgegenstand** zu erreichen, der außerordentlich **komplex** ist. Schon die Zahl der Patente, die zu einem Standard gehören, ist erheblich und umfasst meist mehrere hundert Schutzrechte, deren technische Bedeutung für das Erzeugnis überdies sehr unterschiedlich sein kann. Auf dem Verletzungsprodukt können die SEP mehrerer Standards lasten, außerdem weitere Schutzrechte, die entweder nicht standardessentiell sind oder sogar völlig außerhalb der durch den Standard abgebildeten Technik liegen. Jedes Verkaufsprodukt hat eine maximale Lizenzbelastung[886], die nicht überschritten werden darf und von der die FRAND-Lizenzgebühr einen angemessenen Bruchteil ausmachen muss. Hält der Inhaber des Klagepatents weitere (ebenfalls benutzte oder auch nur möglicherweise benutzte) Schutzrechte, können auch sie entweder eine Marktbeherrschung begründen oder auch nicht. Wie dem auch sei, kann der Patentinhaber ein Interesse daran haben, nicht bloß eine Einzellizenz am marktbeherrschenden Klagepatent zu vergeben, sondern eine Portfolio-Lizenz an seinem gesamten (unter Umständen völlig uneinheitlichen) Schutzrechtsbestand zu erteilen. Im Einzelfall hat möglicherweise auch der Benutzer ein Interesse an einer derartigen Gesamtlösung, um die Schutzrechtslage für sein Produkt ein für alle Mal zu regeln. 559

All dies gilt es bei der Entscheidung darüber zu bedenken, nach welchen Regeln die FRAND-Lizenz zu bestimmen ist. Im Folgenden sollen drei zentrale Regelungsbereiche näher untersucht werden, nämlich die Frage, welche Schutzrechte in die Lizenz einzubeziehen sind, wie das Lizenzierungsterritorium abzustecken ist, und, daran anschließend, wie die Vergütung für die so umrissene Benutzungsgestattung festzulegen ist. Es versteht sich von selbst, dass die gebotene rasche Justitiabilität (die eine deutliche Begrenzung des Streitstoffes verlangt) nur um den Preis einer Einbuße an Einzelfallgerechtigkeit zu haben ist. 560

(1) Lizenzpflichtige Schutzrechte

Dass der Patentinhaber für das einzelne, spätere Klagepatent vorgerichtliche Lizenzierungsbemühungen unternommen haben muss, bedeutet nicht, dass sich auch umgekehrt die Lizenzverhandlungen auf dieses *eine* Patent zu beschränken hätten. Das eingeklagte Schutzrecht muss bloß in die Verhandlungen einbezogen gewesen sein, um gegenüber einer *darauf* gestützten Klage den Missbrauchsvorwurf auszuräumen. Dieser Zusammenhang hindert selbstverständlich nicht, die Benutzungsgestattung von vornherein umfas- 561

---

883 Kühnen, GRUR 2019, 665.
884 Heitkamp, FRAND-Bedingungen bei SEP, 2020; Kleindienst, Bestimmung angemessener FRAND-Lizenzen, 2016; Kurtz/Straub, GRUR 2018, 136; Baumann, GRUR 2018, 145; Nieder, GRUR 2018, 666.
885 Ebenso: OLG Düsseldorf, Beschluss v 17.11.2016 – I-15 U 65/15.
886 Sie liegt typischerweise bei 1/3 des Umsatzes, kann jedoch in Abhängigkeit von der Technologielastigkeit des Produktes schwanken.

sender anzulegen, was nicht zuletzt deshalb sinnvoll und geboten ist, weil niemand – auch der Beklagte nicht – ein Interesse daran haben kann, dass jedes einzelne SEP zum Gegenstand eines Verletzungsprozesses gemacht wird, um seine Lizenzpflicht herbeizuführen. Nirgendwo in Europa und darüber hinaus stünden auch nur annähernd ausreichende Ressourcen bei Gericht hierfür zur Verfügung. Dies vorausgeschickt, kann der Patentbenutzer allerdings nicht aus Gründen der einfachen Handhabung kurzerhand auf jedes beliebige Schutzrechtspaket verwiesen werden, das der Patentinhaber für ihn »schnürt«. Angesichts der erforderlichen Begrenzung des Streitstoffes kann die Berücksichtigung von Schutzrechten nicht uferlos sein. Vielmehr hat, wenn der Schutzrechtsinhaber über eine Mehrzahl von Patenten verfügt, die Bestückung des zu lizenzierenden Portfolios in einer Weise zu erfolgen, dass zum einen den individuellen Interessen beider Seiten angemessen Rechnung getragen ist und zum anderen eine zügige Justitiabilität gewährleistet ist. Folgende Regeln lassen sich dafür aufstellen:

(a) Lizenzierungswunsch des Beklagten

562 Schutzrechte und Lizenzgebiete, die der Beklagte in seine Lizenz einbezogen sehen *will*, sind grundsätzlich in die FRAND-Lizenz aufzunehmen. Das gilt selbst dann, wenn der Schutzrechtsinhaber die fraglichen Patente auf anderer Vertriebsstufe lizenzieren will. Denn niemandem ist zuzumuten, sein geschäftliches Wohl und Wehe in die Vertragstreue eines Dritten zu überantworten. Gleiches gilt für den mit einer Konzernmutter verhandelten Lizenzvertrag, der nach dem Willen des Lizenzsuchers seine Tochtergesellschaften[887] und deren Vertriebshandlungen mit abdecken soll. Insoweit genügt es allerdings, dass nach der gewählten Vertragskonstruktion Handlungen der Tochtergesellschaften zB unter Erschöpfungsgesichtspunkten schutzrechtsfrei bleiben.[888]

563 Innerhalb einer arbeitsteiligen **Verwertungskette** (Vorprodukt – Zwischenprodukt – Endprodukt) ist die FRAND-Lizenz auf jeder Stufe der Wertschöpfung grundsätzlich gleich. Sie orientiert sich – angefangen schon beim Produzenten des patentbenutzenden Vorproduktes – an demjenigen Verkaufsgewinn, der mit dem standardisierten Verkaufsprodukt auf der allerletzten Verwertungsstufe erzielbar ist.[889] Eröffnet der Standard Verwendungsmöglichkeiten in unterschiedlich lukrativen Märkten, sodass der Verkaufsgewinn und dementsprechend die am Ende der Wertschöpfungskette anfallende Lizenzgebühr je nach Anwendungs- und Einsatzgebiet verschieden hoch ausfällt, so schuldet auch der Hersteller des Vor- oder Zwischenproduktes in Abhängigkeit von dem konkreten Einsatzgebiet seines Vor- oder Zwischenproduktes die niedrigere und/oder die höhere Lizenzgebühr des Letztvertreibers.[890] Ist der Vor- oder Zwischenprodukthersteller darüber im Bilde, welche einzelnen seiner Vor- oder Zwischenprodukte für welches Marktsegment vorgesehen sind, ist seine Haftung und Inanspruchnahme für die jeweils richtige Lizenzgebühr kein Problem. Sollte er entsprechende Kenntnisse nicht besitzen und sich mit zumutbarem Aufwand auch nicht beschaffen können (wie dies auf die Produzenten von noch nicht auf einer Platine verbauten Halbleiterdioden zutrifft), ist der Hersteller zu einer über alle für sein Vor- oder Zwischenprodukt realistischer Weise möglichen Anwendungsgebiete und ernsthaft erreichbaren Abnehmer hinweg gemittelten Lizenzgebühr heranzuziehen.[891] Ob der Vorlieferant innerhalb des abgesteckten Marktes und Abnehmerkreises tatsächlich wirtschaftlich erfolgreich ist, bleibt sein Wagnis, was der grundsätzlichen Risikozuweisung im Lizenzgeschäft entspricht.

---

887 ... zB als eigenständige Lizenznehmer oder als Begünstigte.
888 LG Düsseldorf, Urteil v 9.11.2018 – 4a O 15/17.
889 Kühnen, GRUR 2019, 665.
890 Kühnen, GRUR 2019, 665.
891 Kühnen, GRUR 2019, 665.

(b) Lizenzierungswiderstand des Beklagten

Geht es demgegenüber um eine Bestückung des Vertrages mit Schutzrechten und Lizenzterritorien gegen den Willen des Lizenzsuchers, gilt Folgendes: 564

– Dass dem Lizenzsucher nicht nur die **SEP** des Klägers angeboten werden, sondern die **eines Patentpools**, zu dem sich mehrere Schutzrechtsinhaber zusammengefunden haben (Bsp: MPEG LA), rechtfertigt es vielfach, eine Poollizenz als FRAND zu betrachten. Denn es dient regelmäßig dem wohlverstandenen Interesse etwaiger Lizenzsucher, dass ihnen eine Benutzungserlaubnis für den gesamten Standard oder wesentliche Teile davon aus einer Hand zu einheitlichen Konditionen offeriert wird, weil sie damit der Notwendigkeit enthoben sind, bei jedem einzelnen Patentinhaber um eine Lizenz an dessen Schutzrecht(en) nachsuchen zu müssen.[892] Handelt es sich um einen Lizenzsucher, der nicht nur die Schutzrechte des Klägers benutzt, sondern auch die Patente der übrigen Poolmitglieder, ist gegen einen Zwang zur Lizenznahme am Bestand des gesamten Pools erst recht nichts zu erinnern.[893] Gleichermaßen steht es dem Patentinhaber aber auch frei, parallel nebeneinander eine Poollizenz und eine bilaterale EWinzellizenz anzubieten oder vorrangig eine Poollizenz zu offerieren und nur nachrangig in besonders gelagerten Ausnahmefällen eine bilaterale Lizenz.[894] Wie sich aus den Kommissionsleitlinien zu Art 101 (dort Rn 246) ergibt, können – nicht: müssen – Technologiepools allerdings dort bedenklich sein, wo es ausschließlich oder vorwiegend um substituierbare Technologien geht bzw wo sie einen Standard de facto begründen oder unterstützen. 565

– Hat der Patentinhaber und/oder sein Rechtsvorgänger nachweislich[895] bereits eine **namhafte Anzahl von Lizenzen** für ein vergleichbares Produkt **erteilt**[896], spricht der Anschein dafür, dass die Zusammenstellung der Lizenzschutzrechte sachlich gerechtfertigt und deshalb auch vom Benutzer hinzunehmen ist. Ggf kann ihre Übernahme aus Gründen der Gleichbehandlung[897] sogar erforderlich sein. Voraussetzung hierfür ist, dass die indiziell berücksichtigten Verträge – tatrichterlich feststellbar[898] – nicht durch Missbrauch von Marktmacht (zB Koppelungsgeschäft) zustande gekommen sind, weil vom Gesetz missbilligte Vertragsinhalte keine Grundlage für eine Gleichbehandlung anderer bilden können. Eine andere Frage ist, ob ein missbräuchlicher Lizenzvertrag im Rahmen der Ausbeutungskontrolle von Belang sein kann, indem er einen *Anhaltspunkt* für die Bemessung der FRAND-Lizenz liefern kann. Dies ist in dem Sinne zu bejahen, dass dem Missbrauchstatbestand durch geeignete Zu-/Abschläge Rechnung zu tragen ist. Insgesamt erweist erst der Einzelfall, welcher 566

---

892 OLG Düsseldorf, GRUR 2022, 1136 – Signalsynthese II; LG Düsseldorf, Urteil v 9.11.2018 – 4a O 15/17.
893 OLG Düsseldorf, GRUR 2022, 1136 – Signalsynthese II; LG Düsseldorf, Urteil v 9.11.2018 – 4a O 15/17.
894 Vgl oben unter Rdn 328; OLG Düsseldorf, GRUR 2022, 1136 – Signalsynthese II.
895 Die Beweislast liegt beim Patentinhaber.
896 Solche Lizenzverträge lassen sich vom Gegner ggf über ein nationales Besichtigungsverfahren oder eine discovery nach 28 USC § 1782 aufklären.
897 Zu Einzelheiten bei Übertragung eines lizenzierten SEP vgl oben Rdn 383 ff.
898 Demgegenüber will das LG Düsseldorf (Urteil v 31.3.2016 – 4a O 73/14) dann, wenn Lizenzen am Klagepatent oder am angebotenen Patentportfolio vergeben worden sind und sich nicht positiv feststellen lässt, dass die Lizenzverträge nur unter dem Druck eines Unterlassungsanspruchs zustande gekommen sind, eine durchschlagende Indizwirkung der bestehenden Lizenzen dafür annehmen, welche Lizenz nach Umfang und Inhalt FRAND ist. Mit der Zahl inhaltsgleicher Lizenzverträge soll sich unter solchen Umständen nicht nur die Vermutungswirkung steigern, sondern sich auch der Verdacht ihres Zustandekommens unter Machtmissbrauch verflüchtigen. Dem ist zu widersprechen. Vergleichslizenzen scheiden schon dann als Orientierung für FRAND-Lizenzen aus, wenn sie nur *möglicherweise* missbräuchlich zustande gekommen sind.

von mehreren Vertragstexten heranzuziehen ist. Maßgeblich ist einerseits die Missbrauchsfreiheit seines Zustandekommens, andererseits die sachliche und/oder räumliche Nähe zum FRAND-Lizenzgegenstand. So mag es richtig sein, unter gewissen Umständen einen sachnäheren Missbrauchsvertrag als Orientierung zugrunde zu legen, weil missbrauchsfreie Referenzverträge inhaltlich weit ab liegen, unter anderen Verhältnissen mag es sich umgekehrt verhalten.

567 – Bei der vergleichsweisen Heranziehung einer **Pool-Lizenz**, die einen größeren Schutzrechtsbestand von mehreren Unternehmen zum Gegenstand hat, ist zu berücksichtigen, dass pro Patent geringere Lizenzgebühren gezahlt werden als bei der Lizenzierung des Portfolios nur eines einzigen Unternehmens und einer geringeren Gesamtzahl von Lizenzschutzrechten. Daher ist es kein zwingendes Indiz für die Unangemessenheit einer geforderten FRAND-Lizenz, wenn für dasselbe Patent in einem größeren Lizenzpool geringere Lizenzgebühren gezahlt werden.[899]

568 – Nachrangig zu beachten sind feste **Usancen**, die sich auf dem betreffenden Technikgebiet für eine Lizenzierung herausgebildet haben. Lassen sie sich tatrichterlich feststellen (zB anhand von missbrauchsfreien Lizenzverträgen zu vergleichbaren Standards), gibt die bestehende Übung die Art und Weise der Bestückung des zu lizenzierenden Schutzrechtsportfolios vor. Im Elektronik- und Mobilfunkbereich etwa sind konzern- und weltweite Lizenzverträge weithin gebräuchlich und die Regel; sie sind deshalb grundsätzlich FRAND, sofern gewährleistet ist, dass in den wesentlichen Ländern Parallelschutzrechte bestehen und Lizenzgebühren nur für solche Produkte anfallen, deren Herstellung und/oder Vertrieb in einem der Schutzstaaten erfolgt ist.[900]

569 – Gegenüber beiden »Indiz«-Sachverhalten kann der Verletzer einwenden, dadurch **unbillig behindert** zu werden, dass er (in Fällen der Konzernlizenz: der Konzern) eine namhafte Anzahl von Schutzrechten des Portfolios für seine Produkte überhaupt nicht benutzt und trotzdem die vollen Lizenzgebühren des Gesamt-Portfolios zu entrichten hat.[901] Wenn ein dementsprechendes »Benutzungsdefizit« feststellbar ist, wäre eine dadurch herbeigeführte Wettbewerbsbehinderung allerdings nicht »unbillig«, wenn **sachliche Gründe** für die vorgenommene Bestückung des Portfolios bestehen (zB dergestalt, dass typischerweise das geschnürte Portfolio in seiner Gesamtheit benutzt wird, um auf dem nachgelagerten Markt Produkte anbieten zu können).

570 Wenn indiziell bedeutsame Anhaltspunkte fehlen, gilt – gleichsam als allerletzte Auffangposition – Folgendes:

571 – Benutzt der Beklagte über das Klagepatent hinaus weitere SEP des Patentinhabers, gehört es zu den FRAND-Bedingungen, die auch der Benutzer redlicher Weise akzeptieren muss, dass er sich auf eine Portfoliolizenz für den gesamten **benutzten SEP-Bestand** des Klägers einlässt, der eine **Marktbeherrschung** begründet.[902]

572 – Für benutzte weitere **nicht zur Marktbeherrschung führende SEP** oder **Nicht-SEP** des Patentinhabers gilt aus allgemeinen Billigkeitserwägungen heraus dasselbe. Zwar hängt der Marktauftritt des Benutzers von einem solchen Schutzrecht nicht ab; mit zu verhandeln sind die genannten Schutzrechte aber dann (und deshalb), wenn (und weil) für ihre Einbeziehung sachliche Gründe dargetan werden können. Eine Grenze bildet das kartellrechtliche Koppelungsverbot.

---

899 LG Düsseldorf, Urteil v 31.3.2016 – 4a O 73/14.
900 LG Düsseldorf, Urteil v 31.3.2016 – 4a O 73/14; LG Mannheim, Urteil v 4.3.2016 – 7 O 97/14.
901 LG Düsseldorf, Urteil v 31.3.2016 – 4a O 73/14.
902 BGH, GRUR 2020, 961 – FRAND-Einwand.

– Kein Anspruch besteht darauf, dass der Beklagte seine Lizenz auf von ihm **nicht benutzte** Patente erstreckt. 573

– Gleiches gilt – aus Gründen der Begrenzung des Streitstoffes – für **SEP eines anderen Standards**, seien die Schutzrechte auch benutzt und mit ihnen eine Marktbeherrschung verbunden. 574

Der zu einem FRAND-Angebot verpflichtete Schutzrechtsinhaber hat dementsprechend darzulegen, weshalb das von ihm im Lizenzangebot berücksichtigte Portfolio nach Zahl und Inhalt sowohl fair als auch für den Verletzer zumutbar (= ausbeutungsfrei) ist. 575

(c) Rechtsbestand

Der Rechtsbestand der Portfoliopatente ist **kein Prüfungsgegenstand**, auch nicht in Offensichtlichkeitsfällen. Er wird aufgrund des behördlichen Erteilungsaktes so lange vermutet, wie im Entscheidungszeitpunkt über die Lizenznahme keine Vernichtungsentscheidung existiert.[903] Da eine streitige Einspruchs- oder Nichtigkeitsentscheidung keinen geringeren Rang als der einseitige behördliche Erteilungsakt hat, kommt es nicht darauf an, ob ein widerrufendes oder nichtig erklärendes Erkenntnis rechtskräftig ist. Auch erstinstanzlich vernichtete Patente scheiden aus der Lizenznahmepflicht des Patentbenutzers aus, ohne dass insoweit eine Kontrolle auf die inhaltliche Richtigkeit der getroffenen Entscheidung statthaft wäre. Für den Fall, dass ein bei der Lizenzierung berücksichtigtes Patent später rechtskräftig vernichtet oder ein erstinstanzlich vernichtet gewesenes und deshalb unberücksichtigt gebliebenes Patent später wieder hergestellt wird, ist eine **Anpassungsklausel** zu vereinbaren. Sie hat eine Preiskorrektur zu ermöglichen, wenn sich die vereinbarte Lizenz angesichts des nachträglich veränderten Schutzrechtsbestandes als unangemessen (Spürbarkeitskriterium!) erweist.[904] Gleiches gilt für den Fall, dass Portfolioschutzrechte wegen Zeitablaufs erlöschen und damit ab einem bestimmten Zeitpunkt aus dem Lizenzierungsbestand ausscheiden.[905] Ausbeuterisch ist es in jedem Fall, wenn Gegenstand der Lizenz ein umfangreiches Portfolio ist und eine volle Vergütungspflicht so lange bestehen soll, wie auch nur eines der Portfolioschutzrechte rechtsbeständig ist und benutzt wird.[906] Das gilt auch dann, wenn eine Stücklizenz vereinbart ist, die dem beiderseitigen Interesse nach einer Pauschalierung des Entgelts Rechnung trägt.[907] Demgegenüber ist das Fehlen einer Anpassungsklausel gebilligt worden, wenn die Stücklizenz dem über die Vertragslaufzeit zu erwartenden Anwachsen und Schwinden des Schutzrechtsbestandes angemessen Rechnung trägt und – über die fortwährend gleichbleibende Stücklizenz – beiden Seiten gleichermaßen ein Risiko aufbürdet – dem Lizenznehmer das Risiko eines tendenziell geringeren Schutzrechtsbestandes zu Beginn und gegen Ende des Standards, dem Lizenznehmer das Risiko eines großen Schutzrechtsbestandes während der »Blüte« des Standards.[908] Abgesehen davon muss nicht jede Veränderung im Schutzrechtsbestand zu einer variierenden Lizenzgebühr führen; spürbare Schwankungen, bei denen das vereinbarte Lizenzentgelt, wäre der Lizenzgegenstand von Anfang an so gelagert gewesen, als ausbeuterisch zu qualifizieren 576

---

903 Ebenso: OLG Düsseldorf, Beschluss v 17.11.2016 – I-15 U 65/15.
904 Ebenso: OLG Düsseldorf, Beschluss v 17.11.2016 – I-15 U 65/15; aA: LG Mannheim, Urteil v 24.1.2017 – 2 O 131/16. Die Anpassung kann darin bestehen, dass die FRAND-Lizenz reduziert oder der Lizenzvertrag – mit oder ohne Preiskorrektur nach oben – auf weitere Schutzrechte erstreckt wird.
905 OLG Düsseldorf, Beschluss v 17.11.2016 – I-15 U 65/15; aA: LG Mannheim, Urteil v 24.1.2017 – 2 O 131/16.
906 LG Mannheim, Urteil v 28.9.2018 – 7 O 165/16.
907 LG Mannheim, Urteil v 23.5.2017 – 2 O 98/16.
908 LG Düsseldorf, Urteil v 9.11.2018 – 4a O 63/17.

gewesen wäre, müssen jedoch eine Anpassung des Lizenzentgelts zur Konsequenz haben.[909]

(d) Benutzung

577 Es muss zwar nicht definitiv feststehen, aber es muss **glaubhaft (dh überwiegend wahrscheinlich)** sein, dass es sich bei den in das Lizenzangebot einbezogenen Portfolioschutzrechten um vom Gegner tatsächlich benutzte Patente handelt.[910] Der Entscheidungsinstanz obliegt insoweit keine abschließende tatrichterliche Feststellung, die jeglichem Zweifel Schweigen gebietet (§ 286 Abs 1 Satz 1 ZPO[911]), sondern eine Plausibilitätsprüfung, die weder die Einholung eines Sachverständigengutachtens noch sonst eine Beweisaufnahme zulässt, sondern die Prüfungstiefe auf eine bloß überschlägige Beurteilung der fraglichen Schutzrechte und ihrer Benutzung herabsetzt.[912]

578 Nach Meinung des **BGH**[913] ist die Bestückung des Patentportfolios zwar zu erläutern, wobei allerdings keine weitergehenden Angaben geschuldet sein sollen als diejenigen, die bei einer Verletzungsanzeige vonnöten sind. Es bedarf hiernach bloß der Mitteilung, durch welche Benutzungshandlung (§§ 9, 10 PatG) mit welcher angegriffenen Ausführungsform die Portfolioschutzrechte benutzt sein sollen. Auf detaillierte technische oder rechtliche Erläuterungen zur Benutzung der einzelnen Patente soll es nicht ankommen.

579 **Kritik**: Das erscheint zu großzügig und dogmatisch unstimmig. Der Verletzungshinweis verfolgt ganz andere Ziele, für deren Erreichung pauschale Angaben gerade deshalb genügen, weil die Beachtung fremder gewerblicher Schutzrechte ureigenste Sache des Benutzers ist. Für den FRAND-Inhalt eines dem Lizenzsucher unterbreiteten Lizenzangebotes besteht demgegenüber eine sachlich-inhaltliche Rechtfertigungspflicht, womit die Verantwortlichkeit für die Einhaltung der FRAND-Kriterien durch die Lizenz vordringliche Angelegenheit des SEP-Inhabers ist. Schon von daher geht es nicht an, die Pflicht zur Erläuterung der Lizenzofferte (was die zur Lizenz angebotenen Nicht-Klageschutzrechte anbetrifft) auf dasjenige zu reduzieren, was eine Verletzungsanzeige verlangt. Als ganz wesentlicher Teil des zu rechtfertigenden Lizenzinhalts müssen die Erläuterungen des Patentinhabers den Lizenzinteressenten vielmehr in den Stand versetzen zu erkennen, weshalb es ausbeutungs- und diskriminierungsfrei sein soll, bestimmte Portfolioschutzrechte in die Lizenz aufzunehmen.

580 Zweckmäßigerweise findet die Argumentation anhand von **claim charts** statt, wie sie aus freien Lizenzverhandlungen zwischen Unternehmen über umfangreiche Schutzrechtsportfolios geläufig sind.[914] Bei erheblicher Größe des Portfolios kann die Diskussion auf eine begrenzte Anzahl von Schutzrechten beschränkt werden, nämlich auf 10 bis 15 ausgewählte Portfolioschutzrechte, die im Falle freier Lizenzverhandlungen Gegenstand einer »proud list« wären.[915] Die vom Patentinhaber/Verletzer getroffene Auswahl ist

---

909 Im Ergebnis ähnlich: LG Mannheim, Urteil v 23.5.2017 – 2 O 98/16.
910 Ebenso: OLG Düsseldorf, Beschluss v 17.11.2016 – I-15 U 65/15.
911 BGH, GRUR 2016, 1280 – Everytime we touch.
912 LG Düsseldorf, Urteil v 9.11.2018 – 4a O 63/17.
913 BGH, GRUR 2020, 961 – FRAND-Einwand.
914 Nach LG Mannheim (Urteil v 4.3.2016 – 7 O 97/14) soll es, wenn der Beklagte eine technische Diskussion verweigert, zur Rechtfertigung eines weltweiten Lizenzangebotes an sämtlichen für das DVD-CD-Programm relevanten Patenten der Klägerin (mehrere 100!) genügen, wenn zu 2 weiteren Standardpatenten (außer dem Klagepatent) in Form von claim-charts deren Benutzung dargelegt und zu weiteren 5 Patenten wenigstens stichwortartig zu deren Benutzung argumentiert wird. Dagegen: OLG Düsseldorf, Beschluss v 17.11.2016 – I-15 U 65/15, das zu Anfang den Benutzungsnachweis für diejenigen 10–15 Lizenzschutzrechte verlangt, die Teil einer »proud-list« wären, wobei die getroffene Auswahl nachvollziehbar zu erläutern ist.
915 OLG Düsseldorf, Beschluss v 17.11.2016 – I-15 U 65/15.

nachvollziehbar zu erläutern.⁹¹⁶ Maßgeblich hat zu sein, dass die proud list einen repräsentativen Querschnitt durch die wirtschaftlich wichtigen Lizenzschutzrechte des Portfolios darstellt, nämlich diejenigen Patente, die den Vermarktungserfolg für das Produkt bestimmen. Ein solches Prozedere reicht aus, weil sie den Patentbenutzer in die Lage versetzt, bei Zweifeln eine entsprechende Benutzungsdiskussion mit dem Schutzrechtsinhaber anzustoßen, die diesen zu konkretisierenden Darlegungen verpflichtet.⁹¹⁷ Andererseits überfordert weder die Erstellung der »proud list« noch die Anfertigung von claim charts den Schutzrechtsinhaber, weil er über letztere schon im Zusammenhang mit der Meldung seiner Schutzrechte als standardessenzielle Patente gegenüber der Standardisierungsorganisation verfügen wird. Bei der Diskussion wird grundsätzlich davon auszugehen sein, dass der zu einem nationalen Schutzrecht geführte Benutzungsnachweis zugleich auch eine Benutzung der **parallelen Schutzrechte in anderen Ländern** plausibel macht, mögen die dortigen Patente sprachlich auch abweichend gefasst sein.⁹¹⁸ Allerdings kann der Verletzer in einem solchen Fall konkret darlegen, dass und warum sich aus den sprachlichen Divergenzen abweichende Schutzbereiche ergeben, die in Bezug auf das Ausland in einem – gemessen an den gesamten lizenzpflichtigen Benutzungshandlungen – spürbaren Umfang zur Nichtbenutzung führen.⁹¹⁹

Dementsprechend reduziert ist die **Vortragslast** der Parteien. Der Patentinhaber kann, um ihr zu genügen, darlegen, dass es sich bei den Schutzrechten des Portfolios um zwingend zu verwendende SEP – und nicht bloß um Optionen im Standard – handelt, ohne deren Benutzung der Gegenstand nicht im Standard arbeiten kann oder eine marktwichtige Funktionalität nicht besitzt. Soweit ein Options-SEP in Rede steht (das auf Wunsch des Verletzers mit einzubeziehen ist), kann dargetan werden, dass aufgrund der beworbenen und/oder tatsächlich festgestellten Gerätefunktionen von seiner Benutzung auszugehen ist. Der Patentbenutzer kann die behaupteten Indiztatsachen erschüttern, indem er darlegt, dass das Patent kein zwingendes SEP ist, die fragliche Gerätefunktion nicht existiert oder dass und wie die gegebene Funktionalität auf andere, patentfreie Weise bereitgestellt wird. Auch wenn er innerhalb des Konzerns lediglich den Vertrieb verantwortet, hat er sich auf die besagte technische Diskussion einzulassen und kann angesichts des im Konzernverbund vorhandenen Wissens eine Erwiderung nicht unter Hinweis darauf verweigern, dass er selbst über die technischen Details seiner Produkte nicht informiert ist.⁹²⁰   581

Signifikant **unterschiedliche Schutzrechtsbestände und/oder Erschöpfungssachverhalte in** den einzelnen **Benutzungsländern** verbieten eine Anwendung desselben Portfoliolizenzsatzes. Mindestens bedarf es einer Anpassungsklausel, die gewährleistet, dass der Verletzer in solchen Ländern, in denen deutlich weniger Patente bestehen oder in erheblichem Umfang Erschöpfung eintritt, andere, ihm günstigere Lizenzkonditionen zur Anwendung kommen.⁹²¹   582

(2) Lizenzgebiet

Ist es bereits zu entsprechenden (insoweit missbrauchsfrei zustande gekommenen) Lizenzierungen gekommen oder existieren dahingehende geschäftliche Gepflogenheiten, kann es angezeigt sein, die Lizenz über das Schutzterritorium des eingeklagten Patents (zB Deutschland) hinaus auf weitere Staaten zu erstrecken. Solches wird namentlich dann in Betracht kommen, wenn es sich um einen weltweit geltenden Standard handelt und   583

---

916 OLG Düsseldorf, Beschluss v 17.11.2016 – I-15 U 65/15.
917 LG Mannheim, Urteil v 4.3.2016 – 7 O 97/14.
918 LG Mannheim, Urteil v 4.3.2016 – 7 O 97/14.
919 OLG Düsseldorf, Beschluss v 17.11.2016 – I-15 U 65/15.
920 LG Mannheim, Urteil v 4.3.2016 – 7 O 97/14.
921 OLG Düsseldorf, Beschluss v 17.11.2016 – I-15 U 65/15.

der Beklagte bzw. dessen **Konzern** in einer Vielzahl von Ländern mit Patentschutz in schutzrechtsbenutzender Weise tätig ist. Hier entspricht es regelmäßig der Üblichkeit und ist deshalb auch vom Patentbenutzer unter FRAND-Gesichtspunkten hinzunehmen, dass das Lizenzangebot weltweit ausgerichtet und der übergeordneten Konzernmutter (bzw dem sonst für den gesamten Unternehmensverbund für IP-Rechte verantwortlichen Konzernunternehmen) unterbreitet wird.[922] Auf welche vertragsrechtliche Weise das erforderliche Ergebnis einer alle Konzernunternehmen einschließenden Lizenzierung herbeigeführt wird, ist weitgehend belanglos. Entweder nimmt die Konzernmutter für den Gesamtkonzern die Lizenz, womit sie in eigener Person Rechnung für die Benutzungshandlungen aller Konzerngesellschaften zu legen und entsprechende Zahlung zu leisten hat, oder aber alle Gesellschaften des Konzerns nehmen nebeneinander jeweils für sich und ihr Betätigungsgebiet eine Einzellizenz, womit die Vertragspflichten jeweils von ihnen zu erfüllen sind. Wo das Vergleichsmarktkonzept durchführbar ist, weil es zum fraglichen Schutzrechtsportfolio oder einem vergleichbaren Standard abgeschlossene Lizenzverträge gibt, ist die konzernumspannende Lizenz schon deshalb geboten, weil deren exakt so gelagerter Inhalt unter Diskriminierungsgesichtspunkten den Inhalt der einzuräumenden FRAND-Lizenz bestimmt. Die Lizenzvorlage schlägt insofern nicht nur bzgl der Vergütungshöhe durch, sondern auch im Hinblick auf das verabredete Lizenzgebiet. Letzteres gilt schon deshalb, weil beide Regelungsgegenstände inhaltlich zusammenhängen, da die Lizenzgebühr im Zweifel auch mit Rücksicht auf das festgelegte Vertragsgebiet bemessen worden ist.

584 Dass die den Lizenzierungszwang auslösende Norm (Art 102 AEUV) ausschließlich im territorialen Bereich der EU Geltung hat und dementsprechend auch nur hier kartellrechtliche Pflichten begründet und kartellrechtliches Wohlverhalten verlangt, steht einem darüberhinausgehenden *weltweiten* Lizenzvertrag nicht entgegen. Abgesehen davon, dass das Verbot missbräuchlicher Ausübung von Marktmacht nicht bloß nationale oder europaweite Bedeutung hat, sondern zum Kernbestand allgemein anerkannter wettbewerbsrechtlicher Verhaltensregeln gehört, hat der räumlich begrenzte Geltungsbereich des Art 102 AEUV lediglich zur Folge, dass nur ein innerhalb der EU entfaltetes Wettbewerbsverhalten an den Maßstäben des europäischen Kartellrechts gemessen werden kann und dass – bezogen auf die Rechtsfolgenseite – vom Marktbeherrscher auch nur hier ein kartellrechtsgemäßes Verhalten gefordert werden kann. Von dieser »tatbestandlichen« Wirkung ist die auf ganz anderem Gebiet liegende Frage zu unterscheiden, ob dann, wenn der Anwendungsbereich europäischen Kartellrechts eröffnet ist, ein den Missbrauchsvorwurf ausräumendes Verhalten nicht darin liegen kann, dass der Marktbeherrscher bei seiner Geschäftstätigkeit in Europa Dritten eine Benutzungserlaubnis anbietet, die sich auf Europa erstreckt, die jedoch mit Rücksicht auf seine eigenen berechtigten Belange und in Anbetracht der im Markt herrschenden Gepflogenheiten auch über das Gebiet der EU hinausreicht. Derartiges zu verweigern, besteht kein Anlass.

(3) Patentpool

585 Der Umstand allein, dass sich die Inhaber der standardessentiellen Patente zu einem Lizenzierungspool zusammengeschlossen haben und dem Benutzer dementsprechend aus einer Hand (nämlich vermittelt durch die Lizenzierungsagentur) eine Lizenz am gesamten für den Standard wesentlichen Patentpool anbieten, ist unter Ausbeutungsgesichtspunkten bedenkenfrei; es trägt im Gegenteil dem Interesse des Lizenzsuchers daran Rechnung auf möglichst unkomplizierte Weise ein Benutzungsrecht am gesamten für seine geschäftliche Betätigung notwendigen Schutzrechtsbestand zu erhalten.[923] Rechtlich unbedenklich ist die Poolbildung und -lizenzierung in jedem Fall dann, wenn den

---

922 LG Mannheim, Urteil v 4.3.2016 – 7 O 96/14; LG Düsseldorf, Urteil v 9.11.2018 – 4a O 15/17.
923 LG Düsseldorf, Urteil v 9.11.2018 – 4a O 15/17.

einzelnen Poolmitgliedern eine isolierte Lizenzierung ihrer eigenen Schutzrechte möglich bleibt.[924]

(4) Höhe der Lizenzgebühr

Die wesentliche beim Finden der FRAND-Bedingungen zu leistende Arbeit wartet bei der Höhe der Lizenzgebühr. Egal, nach welcher – sogleich zu erörternden – Methode sie erfolgt, handelt es sich **nicht** um einen mit **mathematischer Genauigkeit** durchzuführenden Vorgang, sondern um eine nur näherungsweise mögliche Entscheidung, die im Interesse der gebotenen zügigen Erledigung notwendigerweise auf Wertungen und Schätzungen beruht. 586

Das Gebot einer schnellen Lizenzbestimmung verbietet – ähnlich wie in einem einstweiligen Verfügungsverfahren – die Einholung eines **Sachverständigengutachtens** jedenfalls dann, wenn von vornherein absehbar ist, dass sich hierdurch die Verfahrensdauer auf ein unzulässiges Maß verlängern wird. 587

Wie oben[925] ausgeführt, geht es bei der FRAND-Lizenzgebühr nicht um eine nach allen Seiten gerechte Vergütung für die Patentbenutzung, sondern um das Verbot einer Ausbeutung. Sie verlangt nicht nur irgendeine Überschreitung der objektiv interessengerechten Vergütung, sondern einen *deutlichen* Abstand, der es dem Lizenzsucher verwehrt, im nachgelagerten Produktmarkt wettbewerbsfähig zu bleiben. 588

Auf welcher **Vertriebsstufe** die Lizenz offeriert wird, ob originär beim Chiphersteller patentbenutzender Halbleiterelemente oder innerhalb der nachfolgenden Produktions-Vertriebs- und Verwertungskette, zB beim Verkäufer derjenigen Elektronikgeräte, in welche die Chips eingebaut sind, hat für die **Lizenzhöhe** prinzipiell keine Bedeutung. Schon beim Chiphersteller darf derjenige wirtschaftliche Nutzen abgeschöpft werden, der sich aus der absehbar weiteren Verwendung der patentgemäßen Halbleiterelemente (zB als Teil eines Handys oder dergleichen) ergibt. Sofern der Patentinhaber nicht selbst eine (unnötige) Differenzierung zwischen Chipherstellern und Anbietern damit ausgestatteter Konsumprodukte vorgenommen hat, die ihn im Rahmen des Diskriminierungsverbotes bindet, liefern deshalb Verträge aus beiden Benutzergruppen wechselseitig Anhaltspunkte für die angemessene Lizenz. Kommen innerhalb einer Verwertungskette mehrere FRAND-Lizenzverträge zustande, darf der Patentinhaber die FRAND-Lizenz je Erfindungsgegenstand selbstverständlich nicht mehrfach, sondern nur einmal kassieren. Es bedarf deshalb entsprechender Abgeltungsklauseln, die eine ungerechtfertigt mehrfache Erfindungsvergütung verhindern. 589

(a) Kosten/Nutzen-Ansatz

Keine gangbare Alternative stellt ein Kosten/Nutzen-Ansatz dar. Das gilt nicht nur für Patenterwerber und Verwertungsgesellschaften, sondern generell. Würden die Entwicklungskosten in die Betrachtung einfließen[926], müsste zu den Aufwendungen für alle Produktpatente vorgetragen werden. Denn das lizenzpflichtige Portfolio kann nicht ohne Rücksicht auf die anderen Schutzrechte und deren Kosten bestimmt werden, die innerhalb der zur Verfügung stehenden Gesamtlast ebenfalls ihren Platz finden müssen. Zu diesen Kosten besitzt weder der Patentinhaber noch der Patentbenutzer (noch irgendein Sachverständiger) ein fundiertes Wissen; der Streitstoff wäre zudem unübersehbar und jedenfalls im Sinne einer zügigen Entscheidungsfindung nicht zu bewältigen. Würde der Erfindungsnutzen relevant sein, wäre zwar ein Anknüpfungspunkt gegeben, der im 590

---

924 LG Düsseldorf, Urteil v 12.12.2018 – 4b O 4/17 (das anderenfalls von einer Kartellrechtswidrigkeit der Poollizenzierung ausgeht).
925 Rdn 322.
926 Friedl/Ann, GRUR 2014, 948.

Bereich des Lizenzrechts als Bemessungsfaktor etabliert und anerkannt ist. Zu seiner Anwendung müsste allerdings die Funktionalität aller Produktpatente ermittelt und deren Anteil am Umsatzerfolg gewichtet werden; auch das ist mit vertretbarem Aufwand nicht zu leisten, zumal sich die Gewichte über die Dauer der Patentbenutzung verschieben können, was ggf zusätzlich zu verifizieren wäre.

(b) Vergleichsmarktkonzept

591 Als praktikable, weil im Kartellrecht in anderem Zusammenhang vielfach erprobte Lösung kommt das Vergleichsmarktkonzept infrage.[927] Es kann dem Patentinhaber – bei Vorliegen entsprechender Vereinbarungen, die unter den Verhältnissen des freien Wettbewerbs zustande gekommen sind – insbesondere die Möglichkeit eröffnen, mit festen **Stücklizenzen** zu argumentieren, sodass der Lizenzbetrag nicht – wie bei einer Umsatzlizenz – von der konkreten, ggf unterbietenden Preisgestaltung des Verletzers abhängt. Acht zu geben ist bei einer weltweit einheitlichen Stücklizenz lediglich darauf, dass der konkrete Lizenzsucher nicht dadurch übermäßig belastet wird, dass in *seinem* Vertriebsgebiet für patentgemäße Geräte nur deutlich geringere Verkaufspreise durchsetzbar sind als anderswo, sodass die weltweit fixe Stücklizenz für ihn zu einer überproportionalen Belastung im Vergleich zu solchen Lizenznehmern führt, die in anderen Regionen mit hohen Verkaufspreisen tätig sind. Freilich ist das differierende Preisniveau, welches überdies nennenswert sein muss, nachzuweisen und kann seine Existenz faktisch dadurch widerlegt sein, dass eine erhebliche Zahl von Lizenznehmern (zB mehr als 2.000) existiert, die weltweit tätig sind und die alle mit den besagten Stücklizenzen wirtschaftlich überleben.[928]

592 Dies vorausgeschickt, sind **zwei Spielarten** denkbar:

593 – Vorrangig[929] ist zu prüfen, ob für den fraglichen zur Lizenzierung anstehenden Schutzrechtsbestand oder wenigstens für einzelne namhafte Mitglieder im Inland, hilfsweise im Ausland, bereits ein oder mehrere **Lizenzverträge** – *beherrschungsfrei*[930] – **abgeschlossen** worden sind. In die Betrachtung einzubeziehen sind dabei auch Lizenzen, die der Rechtsvorgänger des aktuellen SEP-Inhabers erteilt hat und die für den Erwerber bei seinem FRAND-Lizenzangebot zu beachten sind.[931] Ist dies der Fall, besteht eine tatsächliche Vermutung für die Angemessenheit dieser Lizenzbedingungen. Bereits der erste Vertragsabschluss ist bedeutsam; mit jedem weiteren Vertragsschluss wächst die Vermutungswirkung. Inhaltliche Abweichungen von bereits vereinbarten Lizenzbedingungen sind nur angezeigt, wenn eine Ungleichheit des Lizenzierungssachverhalts (die sich zB aufgrund objektiver nationaler Marktbesonderheiten von Relevanz ergeben kann[932]) dies gebietet. Darüber hinaus ist Besonderheiten in der Position des Verletzers angemessen Rechnung zu tragen. Kommt dem Verletzer in spürbarem Umfang der Erschöpfungseinwand zugute und ist der davon betroffene räumliche Markt (= Vertriebsgebiet) für die Bemessung des Referenzlizenzsatzes herangezogen worden, so ist die Tatsache der Erschöpfung bei der Festlegung des FRAND-Lizenzsatzes (mindernd) zu berücksichtigen, zumindest aber im Sinne einer Anpassungsklausel zu berücksichtigen.[933] Im Lizenzsatz hat ebenfalls Ausdruck zu finden, wenn in den verschiedenen vom Portfolio abgedeckten

---

927 Ebenso: OLG Düsseldorf, Beschluss v 17.11.2016 – I-15 U 65/15.
928 LG Düsseldorf, Urteil v 9.11.2018 – 4a O 63/17.
929 LG Düsseldorf, Urteil v 13.7.2017 – 4a O 35/16.
930 Dh nicht unter den Bedingungen einer Marktbeherrschung iSv Art 102 AEUV.
931 Vgl oben Rdn 383 ff.
932 EuGH, Slg 1989, 2571, 2581 – Tournier.
933 OLG Düsseldorf, Beschluss v 17.11.2016 – I-15 U 65/15.

Ländern deutlich unterschiedliche Schutzrechtsbestände existieren oder die Benutzungslage stark variiert. Unter solchen Umständen kann eine Klausel nötig sein, die die Höhe des Lizenzsatzes an die Zahl der in dem jeweiligen Schutzstaat bestehenden und vom Verletzer benutzten Patente koppelt.[934] Zur Vermeidung einer unzumutbaren Gesamtlizenzbelastung kann schließlich eine Kappungsregelung erforderlich sein. Voraussetzung ist freilich der Nachweis des Verletzers, dass und in welchem Umfang er wegen des Verletzungsproduktes tatsächlich Lizenzen an Dritte abführen muss bzw. dies von ihm eingefordert ist.[935]

– Existiert noch **kein Lizenzvertrag** über das fragliche Portfolio oder dessen wesentliche Einzelschutzrechte in demselben oder einem anderen räumlichen Markt, ist – hilfsweise – das sachliche Vergleichsmarktkonzept anzuwenden. Es fragt danach, ob und ggf welche – bevorzugt *beherrschungsfrei* – zustande gekommenen Lizenzierungen für andere *vergleichbare* Standardschutzrechte und Schutzrechtsbestände (desselben oder eines anderen Standards) existieren. Die »Vergleichbarkeit« verlangt einen hinsichtlich der technischen Funktion und Wichtigkeit für das Produkt äquivalenten Standard/Schutzrechtsbestand. **594**

Speziell bei zur Marktbeherrschung führenden SEP kann das Vergleichsmarktkonzept nur eingeschränkt anwendbar sein, weil und wenn die Lizenzbedingungen nicht im **freien Spiel der Kräfte des Wettbewerbs** zustande gekommen sind. Es liegt typischerweise in der Natur der Sache, dass der SEP-Inhaber die Konditionen seiner Benutzungserlaubnis weitgehend vorgeben kann, weil er im Besitz eines Monopolrechts ist, auf dessen Lizenzierung die Wettbewerber für ihre Geschäftstätigkeit angewiesen sind. Die Vergütungshöhe liegt deswegen weitgehend in seinem Ermessen, was eine solche zum Vergleich herangezogene Lizenz als direkten Orientierungsfaktor disqualifizieren kann. Sie würde einen unter Marktbeherrschung zustande gekommenen Preis perpetuieren. Mangels anderweitiger, besserer Erkenntnisquellen, sind allerdings auch solche Verträge nicht wertlos, sondern können als mit Augenmaß zu handhabende Richtschnur brauchbar sein. **595**

(c) Erklärungs- und Vorlagepflicht

Über die (dh alle[936]!) erfolgten Lizenzierungen (des aktuellen Inhabers, aber auch seiner Rechtsvorgänger, egal, ob Einzel- oder Portfoliolizenz, im Inland und/oder im Ausland) und deren (vollständigen!) Inhalt hat sich der Patentinhaber zur Rechtfertigung seines FRAND-Lizenzangebotes zu erklären, *soweit* sie für die Beurteilung der Diskriminierungsfreiheit des Lizenzangebotes bedeutsam sind.[937] Letzteres kann zu verneinen sein, wenn Lizenzen für ganz unterschiedliche, auf selbständigen Vergleichmärkten vertriebene Produktgruppen vergeben werden (zB Mobiltelefone und Überwachungskameras), von denen der Lizenzsucher mit seinem operativen Geschäft nur *eine* bedient. Hier genügt die Vorlage der von der Produktkategorie her allein einschlägigen Lizenzverträge, eben weil der Lizenzsucher nur mit diesen Marktteilnehmern auf dem nachgelagerten **596**

---

934 OLG Düsseldorf, Beschluss v 17.11.2016 – I-15 U 65/15.
935 OLG Düsseldorf, Beschluss v 17.11.2016 – I-15 U 65/15.
936 LG Düsseldorf, Urteil v 13.7.2017 – 4a O 154/15.
937 AA: OLG Karlsruhe, GRUR 2020, 166 – Datenpaketverarbeitung. Letztlich hängt die Entscheidung darüber, ob der Patentinhaber seine Lizenzverträge offenzulegen hat oder nicht, davon ab, ob dem Lizenzsucher (unter Geltung der zivilprozessualen Vollständigkeits- und Wahrheitspflicht gemäß § 138 ZPO) zugemutet werden kann, den Darlegungen des Klägers ohne eigene Kontrollmöglichkeit zu vertrauen. Meines Erachtens besteht hierfür nicht zuletzt wegen der auf dem Spiel stehenden enormen wirtschaftlichen Interessen kein Anlass. Im Gegenteil sollte auch der Patentinhaber nicht dadurch »in Versuchung geführt werden«, dass sein Sachvortrag mangels Vorlagepflicht weder für den Gegner noch für das Gericht wirklich verifizierbar ist.

Produktmarkt im Wettbewerb steht. Es hat keine Bedeutung, dass über die Lizenzvereinbarungen mehrere selbständige Dokumente errichtet worden sind; entscheidend ist ganz allein der sachliche Zusammenhang dessen, was zwischen den Parteien schriftlich und/ oder mündlich zur Regelung des Lizenzverhältnisses zwischen ihnen für Vergangenheit und Zukunft verabredet worden ist. Erklärt sich eine im Vertragstext ausgewiesene hohe Lizenzrate aus dem Umstand, dass die Parteien für vergangene Patentbenutzungen (anderweitig schriftlich oder mündlich) einen »Anspruchsverzicht« des Patentinhabers vereinbart haben, so darf diese Tatsache selbstverständlich nicht verschwiegen werden, weil der deklarierte »Verzicht« in Wahrheit nichts anderes als eine Verschiebung der Schadenersatzzahlungen in die laufend zu zahlende Lizenzrate darstellt, sodass die Lizenz mit *diesem* Inhalt in die Diskriminierungsprüfung einzustellen ist. Die Erklärungspflicht gilt uneingeschränkt für eigene Lizenzierungen sowie ansonsten in dem Umfang, in dem er verlässliche Kenntnisse besitzt oder sich zumutbar verschaffen kann. Das ist mit Blick auf **Rechtsvorgänger**, von denen der SEP-Inhaber seine Rechtsstellung herleitet, grundsätzlich zu bejahen.[938] Da stets nur in Kraft stehende Lizenzverträge im Rahmen des Diskriminierungsverbotes binden können, bezieht sich die Vortragspflicht selbstverständlich nicht auf zum Zeitpunkt des Lizenzangebotes bereits beendete Lizenzverhältnisse, sondern nur auf zu diesem Zeitpunkt noch **laufende Verträge**.[939] Diese bilden freilich nur dann eine tragfähige Basis für eine neuerliche Lizenzierung, wenn sie ihrerseits diskriminierungsfrei zustande gekommen sind, was sich nur im Verhältnis zu denjenigen Lizenzverträgen beurteilen lässt, die zum Zeitpunkt *ihres* Abschlusses wirksam gewesen sind. Überlappen sich die Lizenzverträge zeitlich, so erstreckt sich deshalb die Vortragspflicht des Patentinhabers uU weit über den Angebotszeitpunkt hinaus in die Vergangenheit.

597 Darüber hinaus ist für eine Vorlagepflicht hinsichtlich solcher dem Schutzrechtsinhaber bekannter Gerichtsentscheidungen plädiert worden, die sich mit den abgeschlossenen Lizenzverträgen befassen und insoweit objektive sachverständige Stellungnahmen darstellen.[940] Für den Fall, dass überhaupt kein Vergleichslizenzvertrag existiert oder nur eine zur Lizenzbestimmung nicht genügende Anzahl vorliegt, soll gleiches im Hinblick auf solche Gerichtsentscheidungen gelten, die sich zur Benutzung und zum Rechtsbestand des oder der Lizenzschutzrechte verhalten.[941] Rechtsgrundlage für diese Pflicht ist die gegebene Zusage, jedermann zu angemessenen und diskriminierungsfreien Bedingungen zu lizenzieren (FRAND-Erklärung).

598 Die Pflicht zur Vorlage von Lizenzvereinbarungen ist im Allgemeinen noch nicht dadurch erfüllt, dass dem Gegner angeboten wird, die betreffenden Unterlagen ohne das Recht zur Anfertigung von **Vervielfältigungen** einzusehen, sondern verlangt, dass ihm – selbstverständlich lesbare – Kopien oder Fotografien überlassen werden. Dessen bedarf es regelmäßig schon deshalb, weil es sich bei Lizenzverträgen typischerweise um umfangreiche und komplexe Dokumente handelt und es für die rechtliche Auseinandersetzung auf ihren genauen Inhalt ankommen kann, der dem Gegner deshalb für die Dauer des Rechtsstreits präsent sein muss. Anderes (im Sinne eines Ausreichens bloßer Einsichtnahme mit der Möglichkeit zu handschriftlichen Notizen) mag gelten, wenn es aus-

---

938 Zu Einzelheiten vgl oben Rdn 393.
939 Welche Verträge vortragspflichtig sind, hängt vom Klageanspruch ab. Geht es um Schadenersatz und Rechnungslegung für die Vergangenheit, sind diejenigen Verträge relevant, die während des maßgeblichen Verletzungszeitraumes »gelebt« haben. Durch eine zeitliche Beschränkung seines Schadenersatz- und Rechnungslegungsbegehrens hat es der Patentinhaber somit in der Hand, seine Vortrags- und Vorlagepflicht zu limitieren.
940 LG Düsseldorf, Urteil v 13.7.2017 – 4a O 154/15. In Betracht ziehen wird man dies nur für solche Entscheidungen können, die einseitig bloß dem Schutzrechtsinhaber bekannt und für den Verletzer nicht ohne weiteres recherchierbar sind.
941 LG Düsseldorf, Urteil v 13.7.2017 – 4a O 154/15.

nahmsweise nicht auf den gesamten Vertragstext ankommt, sondern nur auf einzelne, überschaubare Passagen, zB in ganz wenigen Klauseln unterschiedliche Inhalte eines ansonsten identischen, dem Gegner bereits geläufigen Standardtextes. Letztlich entscheiden die Umstände des Einzelfalles und eine Abwägung der Interessen beider Seiten. Keinesfalls reicht es aus, die Lizenzverträge in einen nicht vom Gericht (sondern von einer Partei oder ihren Anwälten) verwalteten **Datenraum** einzustellen. Mangels behördlicher Obhut kann der Inhalt solcher Datenräume nicht als (elektronischer) Akteninhalt angesehen werden; das gilt schon deshalb, weil der verfahrensbeteiligte Administrator Möglichkeiten hätte, den Datenbestand zu manipulieren. Um die Lizenzverträge zu Aktenbestandteilen zu machen, bedarf es deshalb ihrer Materialisierung auf einer CD, einem USB-Stick oder dergleichen und deren Einreichung und Verbleib bei Gericht.

Die besagte Regel, dass alle abgeschlossenen Lizenzverträge vorzulegen sind, ist freilich mit **Umsicht** anzuwenden. Sie hat ihre uneingeschränkte Berechtigung dort, wo die Einzelverträge »unter Ausschluss der Öffentlichkeit« im Rahmen von Einzelverhandlungen zustande gekommen sind. Hier hat der Gegner, namentlich dann, wenn ihm die konkreten Lizenznehmer vorenthalten werden, ohne eine Präsentation keine Möglichkeit zur sachgerechten Ermittlung und Erwiderung. Ganz anders verhält es sich, wenn das FRAND-Angebot sich auf einen vielfach identisch abgeschlossenen Standard-Lizenzvertrag stützt, dessen Text und Lizenznehmer öffentlich zugänglich (zB für jedermann über das Internet abrufbar) sind.[942] Hier bedarf es selbstverständlich keiner Vorlage aller inhaltsgleichen Verträge (die auch mit keinem weiteren Erkenntnisgewinn verbunden wäre), weil der Lizenzsucher bei jedem einzelnen Lizenznehmer Erkundigungen dazu einholen kann, ob er den betreffenden Standardlizenzvertrag tatsächlich mit dem behaupteten, standardisierten Inhalt abgeschlossen hat. Auf der Grundlage dieser Informationen ist er in der Lage, im Prozess zu erwidern. Sollte er bei seinen Recherchen in einem oder in mehreren Fällen die Antwort erhalten, dass der Lizenzvertrag mit einem vom Standard abweichenden Inhalt zustande gekommen ist, besteht – aber erst dann – eine Vorlagepflicht, die nach Lage des Falles auch über die betreffenden, ermittelten Einzelfälle hinausgehen kann.

599

Gemäß § 131 ZPO sind die Vertragsurkunden (für Gericht und Gegner) sogleich dem betreffenden Schriftsatz beizufügen, in dem auf die Unterlage Bezug genommen wird.[943] Das gilt unabhängig davon, ob der Gegner den Urkundeninhalt bestreitet.[944] Das Angebot zur **Urkundenvorlage** nach § 134 ZPO suspendiert nicht von der Pflicht nach § 131 ZPO.[945] Einer Präsentation der Vertragswerke bedarf es – abgesehen vom Prozessrecht – auch deshalb, weil der Nachweis eines Lizenzvertragsabschlusses im kaufmännischen Verkehr grundsätzlich nur durch Vorlage des Vertrages oder durch eine schriftliche Dokumentation des Vertragsabschlusses geführt werden kann.[946] Um die Verlässlichkeit der gemachten Angaben einschätzen zu können und dem Gegner etwaige eigene Erkundigungen zu ermöglichen, kann es im Einzelfall bei mündlicher Lizenzierung erforderlich sein, diejenige Auskunftsperson namentlich zu benennen, die die Auskünfte verantwortet. Seiner Erklärungs- und Vorlagepflicht kann sich der Patentinhaber nicht unter Berufung auf den Schutz von Betriebsgeheimnissen entziehen.[947] Weder eine in den eigenen offenbarungspflichtigen Lizenzabmachungen oder sonst wie getroffene Geheimhal-

600

---

942 Bsp: Lizenzverträge des MPEG-Pools.
943 OLG Düsseldorf, Beschluss v 22.12.2016 – I-15 U 65/15.
944 OLG Düsseldorf, Beschluss v 22.12.2016 – I-15 U 65/15.
945 OLG Düsseldorf, Beschluss v 22.12.2016 – I-15 U 65/15.
946 BGH, GRUR 2016, 201 – Ecosoil; OLG Düsseldorf, Beschluss v 22.12.2016 – I-15 U 65/15.
947 Ebenso: OLG Düsseldorf, Beschluss v 17.11.2016 – I-15 U 65/15.

tungsvereinbarung⁹⁴⁸ noch eine Verschwiegenheitsanordnung nach ausländischem Recht (protective order) sind geeignet, den Schutzrechtsinhaber seiner Vortragspflicht im inländischen Verletzungsverfahren zu entheben. Im letztgenannten Fall ist es lediglich Sache des Gerichts, die ausländische Vertraulichkeitsorder durch eine Vorlageanordnung für den anhängigen Rechtsstreit außer Kraft zu setzen. Vertraulichkeitsvereinbarungen sind erst recht dann unbeachtlich, wenn sie zu Lasten eines Dritten (zB des Nebenintervenienten einer der Vertragsparteien) gehen.

601 Trifft der klagende Patentinhaber die Entscheidung, die für die Beurteilung der Diskriminierungsfreiheit seines Angebotes relevanten **Lizenzverträge** im Verletzungsprozess **nicht vorzulegen**, ist dieser Sachverhalt für das Gericht allein von prozessualer Bedeutung. Unter den geschilderten Umständen ist nämlich die Frage zu beantworten, ob der bloß schriftsätzliche Sachvortrag des SEP-Inhabers zur inhaltlichen Rechtfertigung seines Lizenzangebotes trotz Nichtvorlage der zugehörigen Vertragsdokumente ausreichend substantiiert ist. Wer dies – was nicht zutreffend erscheint – bejaht, muss in jedem Fall anerkennen, dass der Verletzungsbeklagte die Behauptungen des Patentinhabers in zulässiger Weise mit Nichtwissen bestreiten darf, weswegen der Schutzrechtsinhaber die behaupteten Vertragsinhalte im Prozess nachzuweisen hat, was nur durch die Vorlage der Vertragsurkunden – und nicht anders – möglich ist. Dementsprechend hat der Verletzer an sich keinen Anlass, seinerseits die Vertragsvorlage zu Verteidigungszwecken zu erzwingen.

602 Trägt der Beklagte dennoch förmlich auf eine **Vorlageanordnung** an, so kann ein solcher Antrag aus den zuvor dargelegten Gründen jedenfalls im Rahmen des durch die Verletzungsklage umrissenen Prozessgegenstandes keinen Erfolg haben, weil das Klagevorbringen zum FRAND-Lizenzangebot entweder bereits prozessual unbeachtlich und damit der Klagevortrag zur Ausräumung des kartellrechtlichen Durchsetzungshindernisses unschlüssig ist oder der klagende Patentinhaber jedenfalls den Nachweis schuldig geblieben ist, dass sich das dem Verletzungsbeklagten unterbreitete Lizenzangebot diskriminierungsfrei in seine sonstige Lizenzierungspraxis einfügt. Eine – so gesehen unabweisliche – ablehnende gerichtliche Entscheidung ist, sofern sie separat vorab und nicht erst im Endurteil ergeht, **nicht anfechtbar**, und zwar unabhängig davon, ob der Vorlageantrag auf § 142 ZPO oder auf § 425 ZPO gestützt war.⁹⁴⁹

603 Eine ganz andere Frage ist, ob dem Verletzungsbeklagten ein **materieller Vorlageanspruch** zusteht, der allerdings in einem Erkenntnisverfahren durch Klage oder Widerklage – und nicht verfahrensrechtlich nach den §§ 142, 425 ZPO – geltend zu machen wäre. § 810 ZPO scheidet als Anspruchsgrundlage von vornherein aus, weil die Vergleichslizenzverträge nicht im Interesse des Verletzungsbeklagten, sondern ausschließlich zugunsten der daran jeweils beteiligten Vertragsparteien errichtet worden sind.⁹⁵⁰ Ob sich ein Vorlageanspruch unmittelbar aus der FRAND-Zusage des Patentinhabers und unabhängig von den Tatbestandsvoraussetzungen des Art 102 AEUV ergeben kann, ist eine Frage der konkreten Standardisierungsbedingungen und ihrer Auslegung im Einzelfall, wobei das nach den IPR-Regeln einschlägige Recht heranzuziehen ist.⁹⁵¹ Hilfreich ist demgegenüber das kartellrechtliche Missbrauchsverbot (Art 102 AEUV, § 33 GWB).⁹⁵² Es verpflichtet den Marktbeherrscher zwar vordringlich zu einer ausbeutungs- und diskriminierungsfreien Lizenzierung seines SEP; allerdings schließt die besagte

---

948 ... auf die sich der Patentinhaber gerade wegen seiner FRAND-Erklärungspflicht nicht hätte einlassen dürfen (OLG Düsseldorf, GRUR-RS 2019, 6087 – Improving Handovers). Zustimmend: LG Mannheim, Urteil v 2.3.2018 – 7 O 18/17.
949 OLG Düsseldorf, Beschluss v 15.11.2019 – I-2 W 16/19.
950 OLG Karlsruhe, GRUR 2020, 166 – Datenpaketverarbeitung.
951 OLG Karlsruhe, GRUR 2020, 166 – Datenpaketverarbeitung.
952 AA: OLG Karlsruhe, GRUR 2020, 166 – Datenpaketverarbeitung.

Lizenzierungspflicht die inhaltliche Rechtfertigung und Erläuterung der dem Beklagten offerierten Lizenzkonditionen ein.[953] Diese Erläuterungsobliegenheit umfasst unter dem Gesichtspunkt der Diskriminierungsfreiheit[954] wiederum eine Vorlage aller rechtserheblichen Lizenzverträge[955], ohne die der Lizenzsucher die Behauptung, das ihm unterbreitete Lizenzangebot sei angesichts der bestehenden Lizenzierungspraxis FRAND, schlechterdings nicht verifizieren kann. Obwohl dem so ist, folgt daraus im Falle einer klageweisen Geltendmachung des Lizenzierungsanspruchs dennoch kein für sich allein genommen titulierbarer Vorlageanspruch, weil der (Wider-)Klageantrag richtigerweise darauf zu richten ist, dass der Patentinhaber ein FRAND-Angebot abgibt und dessen Inhalt als ausbeutungs- und diskriminierungsfrei rechtfertigt.[956] Die Pflicht zur Vorlage von Lizenzverträgen ist in diesem Zusammenhang nicht gesondert in den Klageantrag (und den Urteilstenor) aufzunehmen, was sich schon unter Bestimmtheitsgesichtspunkten (§ 253 ZPO) daraus ergibt, dass der Kläger die maßgeblichen und damit vorlagepflichtigen Verträge im Zweifel nicht kennt und deswegen außerstande ist, sie in seinem Klageantrag ausreichend konkret zu benennen. Die Nichterwähnung der vorzulegenden Lizenzverträge im Klageantrag ändert freilich nichts daran, dass den Beklagten im Falle einer Verurteilung zur Angebotsabgabe auch die Pflicht trifft, dem Kläger im Rahmen seiner FRAND-Erläuterungen die relevanten Lizenzverträge zu präsentieren, womit die Vorlagepflicht zum vollstreckungsfähigen Inhalt eines Urteils auf Angebotsabgabe und -erläuterung gehört und folglich mit den Zwangsmitteln des § 888 ZPO durchgesetzt werden kann. Denn nur durch Vertragsvorlage kann der Schuldner gegenüber dem Vollstreckungsgericht den Nachweis erbringen, den eingeklagten materiellen Anspruch auf Angebotsangabe und -erläuterung erfüllt zu haben.

604 Die Widerklage auf Abgabe eines FRAND-Angebots verliert nicht deshalb ihre Berechtigung, weil die **Verletzungsklage** mangels FRAND-konformen Lizenzangebots **abgewiesen** wird, denn der Beklagte hat auch in einer derartigen Situation einen Rechtsanspruch darauf, seine Geschäftstätigkeit nicht unter dem Damoklesschwert einer nach dem Belieben des SEP-Inhabers angestrengten erneuten Unterlassungsklage vornehmen zu müssen, sondern sein Schicksal selbst in die Hand nehmen zu können, indem er den FRAND-Lizenzierungsanspruch seinerseits aktiv gerichtlich verfolgt.

605 Wesentlich ist des Weiteren die Erkenntnis, dass eine Vertragsvorlage immer nur im Zusammenhang mit der Pflicht des Patentinhabers zur Abgabe eines FRAND-Lizenzangebotes geschuldet ist, aber nicht losgelöst davon. Für eine allgemeine Ausforschung der Lizenzierungspraxis eines Patentinhabers, die **keinen Zusammenhang mit einem FRAND-Angebot** des Vorlagegläubigers hat, gibt es keine rechtliche Grundlage, auch nicht im kartellrechtlichen Missbrauchsverbot.

(d) Vorlagenfreie Ermittlung der FRAND-Gebühr

606 Scheidet eine Beurteilung nach dem Vergleichsmarktkonzept aus, weil nicht einmal *ein* sachlich oder räumlich ähnlicher Lizenzvorgang existiert, der aussagekräftig ist und der sich als Maßstab für eine Lizenzbestimmung heranziehen lässt, ist die angemessene Lizenzgebühr »freihändig« zu finden. Es handelt sich um eine hilfsweise eingreifende Methodik, weswegen der das Lizenz- bzw Gegenangebot Unterbreitende auf sie erst zurückgreifen darf, wenn er Rechenschaft darüber abgelegt hat, wieso die Vergleichsmarktmethode im Streitfall auszuscheiden hat.

---

953 EuGH, GRUR 2015, 764, Rz 63 f.
954 Dh wenn mindestens ein Lizenzvertrag über das in Rede SEP (isoliert oder als Teil eines Portfolios) abgeschlossen wurde und im Zeitpunkt des Lizenzangebotes noch in Kraft steht, vgl OLG Düsseldorf, GRUR 2019, 725 – Improving Handovers.
955 AA: OLG Karlsruhe, GRUR 2020, 166 – Datenpaketverarbeitung.
956 Kühnen, GRUR 2019, 665, 668.

(aa) Darlegungslast des Anbietenden

607 Es ist Sache des Patentinhabers, nicht nur pauschal, sondern ganz **konkret** zu begründen, warum das von ihm unterbreitete Lizenzangebot FRAND (= ausbeutungsfrei) sein soll. Um dies darzutun, hat er sich substantiiert darüber zu verhalten, welche einzelnen Erwägungen ihn veranlasst haben, für eine Benutzungsgestattung an dem Klagepatent oder einem darüberhinausgehenden Schutzrechtsportfolio vom Lizenzsucher den angebotenen (und keinen anderen) Lizenzbetrag zu fordern und warum die von ihm herangezogenen Beurteilungskriterien sachgerecht sind. Im vorliegenden Zusammenhang sind verschiedene Ansätze und Argumentationen denkbar (Erfindungsnutzen, Kosten, Gewinnerwartung, Marktverhältnisse). Behauptete Zahlen sind so weit zu spezifizieren, dass der Vortrag für den Gegner nachvollziehbar und einlassungsfähig wird. Wie im Lizenzvertragsrecht üblich, hat der mit den Patenten verbundene Erfindungsnutzen im Vordergrund zu stehen.

608 Damit hat es jedoch noch nicht sein Bewenden. Zwar ließe sich ein einzelnes Klagepatent und möglicherweise auch das Portfolio des Patentinhabers entsprechend untersuchen; irgendein Lizenzsatz könnte dem/den zu lizenzierenden Schutzrecht(en) indessen nicht zugeordnet werden, so lange nicht klar ist, welche anderen Patente, die auf dem Produkt lasten, gleichfalls mit einer angemessenen Lizenzgebühr zu bedenken sind. Es müssen also alle berücksichtigungsfähigen Patente in den Blick genommen werden. Dies bedingt, dass sich auch der Patentinhaber bei seinen rechtfertigenden Begründungserwägungen mit dem **restlichen vergütungspflichtigen Schutzrechtsbestand** auseinandersetzt, indem er seine Lizenzforderung am Gesamtlizenzbedarf für das **Produkt** gegenprüft. Wegen der großen Vielzahl der in Betracht kommenden Patente ist es schlechterdings unmöglich, eine isolierte Bewertung im Hinblick auf den Erfindungsnutzen jedes einzelnen Produktpatents vorzunehmen; vielmehr muss eine schematisierte Betrachtung Platz greifen, für die sich das folgende Vorgehen empfiehlt:

609 Zunächst sind die auf dem Lizenzprodukt lastenden Schutzrechte nach ihrer Wichtigkeit in drei Gruppen einzuteilen. Zur **Gruppe I** zählen Patente des fraglichen oder eines anderen Standards oder Nicht-SEP, die technisch zwingend oder zwar technisch optional sind, aber eine vom Markt unbedingt gewünschte und deshalb für den Verkaufserfolg *wesentliche* Funktionalität bereitstellen. Das sind zB Patente, die das Grundgerüst eines Standards bilden, oder Patente für verkaufswichtige Funktionen. Der **Gruppe II** gehören Patente des fraglichen oder eines anderen Standards oder Nicht-SEP an, die ein technisches Feature betreffen, das für den Absatz des Produktes eine bloß *untergeordnete* Rolle spielt. Zu denken ist zB an Patente, die für eine Funktion verantwortlich sind, die nur für spezielle Bedarfsfälle oder nur für eine kleine Interessentenschicht bedeutsam ist. Die **Gruppe III** bilden schließlich nicht benutzte Schutzrechte (SEP & Nicht-SEP), die von ihrem Inhaber ausschließlich defensiv gebraucht werden und die deshalb keiner anteiligen Lizenzvergütung bedürfen.

610 Bei vorlagefreier Lizenzermittlung ist gleichermaßen eine Stücklizenz wie eine umsatzbezogene Lizenz denkbar, ohne dass letzterer grundsätzlich der Vorzug zu geben wäre. Zwar schreibt die Zuweisung eines fixen Lizenzbetrages (= Stücklizenz) für das von dem Lizenzangebot erfasste Patent/Schutzrechtsportfolio in gewisser Weise die Verkaufspreise für das zu lizenzierende Produkt fest. Eine Stücklizenz repräsentiert gleichzeitig aber auch einen für alle Wettbewerber gleichen Kostenfaktor und verhält sich insofern absolut wettbewerbsneutral.[957] Sie steht allenfalls solchen **Dumpingpreise** des Verletzers entgegen, bei denen die Preisunterbietung nicht lediglich besondere Leistungen des Verletzers (zB im Hinblick auf eine kostenschonende Produktion, günstige Bezugsquellen, eine leistungsstarke Vertriebsorganisation oder dergleichen) widerspiegelt, sondern die

---

[957] OLG Karlsruhe, GRUR 2022, 1145 – Steuerkanalsignalisierung II.

Niedrigstpreise Entgelte repräsentieren, die angesichts der zwangsläufig anfallenden Gestehungs-, Vertriebs- und Schutzrechtskosten zzgl eines wenigstens minimalen Gewinnaufschlages schlechterdings nicht marktkonform sind. Derartige Preise, die zB nur aufgrund einer bewussten Subventionierung darstellbar sind, müssen bei der Lizenzermittlung nicht hingenommen werden; denn es ist nicht Sache des Patentinhabers, einem Patentbenutzer »wettbewerbswidrige« Dumpingpreise zu ermöglichen, er kann vielmehr auf einer angemessenen Vergütung für seine Erfindungsleistung bestehen, die deswegen auch in einer Stücklizenz ihren Ausdruck finden kann.

Sollte statt ihrer eine Umsatzlizenz verlangt werden, rechtfertigen die besagten Umstände einen angemessenen Lizenzaufschlag, der sich an demjenigen Verkaufspreis orientiert, der kostendeckend ist und wenigstens minimale Gewinnerwartungen trägt. Bisweilen sind die Preise des Lizenzsuchers auch im Fluss, weil er anfänglich mit Kampfpreisen operiert und diese, nachdem er Marktanteile gewonnen hat, sukzessive erhöht. Hier kann mit **variablen Lizenzsätzen** gearbeitet werden, die bei Niedrigpreisen hoch und bei steigenden Preisen entsprechend niedriger, also abgestaffelt sind. Eine weitere Variante kann darin liegen, ergänzend zu dem prozentualen Lizenzsatz **flankierende Mindest- und Höchststücklizenzen** zu vereinbaren, die gewährleisten, dass der Lizenzgeber bei unangemessen niedrigen Verkaufspreisen für das Lizenzprodukt nicht zu gering entlohnt und bei außerordentlich hohen Verkaufspreisen für das Lizenzprodukt nicht über die Maßen belohnt wird, indem er an einer (zB auf einem besonders lukrativen Vertriebskonzept beruhenden) Wertschöpfung partizipiert, die mit der von ihm zur Verfügung gestellten Technik nichts zu tun hat. Die besagte Deckelung nach unten und oben hätte sich sinnvollerweise an denjenigen Lizenzbeträgen zu orientieren, die sich bei einem durchschnittlichen bzw üblichen Verkaufspreis für das lizenzierte Erzeugnis ergeben. 611

Sofern sich der Lizenzsucher nicht freiwillig auf ein derart risikobehaftetes Geschäft einlässt, kommt eine **Pauschallizenz** – eben wegen ihres spekulativen Charakters – von vornherein nicht als FRAND-Lizenz in Betracht. 612

▶ **Beispiel:**

I. Sachverhalt:

Der Standard umfasst insgesamt 1.000 SEP; außerdem existieren weitere 100 Nicht-SEP. 613

Nur ein Teil davon (200/50) sind – Erstens – nicht bloß defensiv und – Zweitens – für die Wettbewerbsfähigkeit des Produktes relevant.

Das Klagepatent ist ein SEP. Es betrifft eine im Standard mögliche Option, die von einem marktgängigen Produkt zwingend erwartet wird.

Das Produkt erlaubt eine Gesamtlizenzbelastung von 1/3 des Nettoverkaufspreises.

II. Berechnung

Anzahl der nicht defensiven + marktrelevanten Schutzrechte, aufgegliedert nach **Gruppe I** sowie **Gruppe II**

Gesamtzahl:	250 Patente
Gruppe I:	50 Patente
Gruppe II:	200 Patente

Wertverhältnis zwischen der Gruppe I und der Gruppe II

Gruppe I: Gruppe II = 3: 1

Ermittlung des **Lizenzanteils für das Klagepatent** der Gruppe I

E. Verteidigungsmöglichkeiten des Beklagten

> 100 % der Lizenz decken ab 50 Patente der Gruppe I x 3 (= Wertigkeit) = 150 zzgl 200 Patente der Gruppe II (= einfache Wertigkeit) = 200; Summe 350.
>
> Auf jedes Patent der Gruppe II entfällt somit ein Lizenzanteil von 0,2857142 % (100 %: 350), auf jedes Patent der Gruppe I entfällt ein Lizenzanteil von 0,8571426 % (0,2857142 % x 3);
>
> da die Gesamtlizenz 1/3 des Verkaufspreises für das Produkt ausmacht, ergibt sich – heruntergebrochen – folgender auf die Bezugsgröße anzuwendender Lizenzsatz: Patent der Gruppe I: 0,2857142 %; Patent der Gruppe II: 0,095238 %
>
> **Variante: Portfoliolizenz**
>
> Kläger verfügt über 3 Patente der Gruppe I sowie 5 Patente der Gruppe II:
> 0,2857142 % x 3 = 0,8571426 % (Vergütung für die Portfoliopatente der Gruppe I)
> zzgl
> 0,095238 % x 5 = 0,47619 % (Vergütung für die Portfoliopatente der Gruppe II)
>
> Gesamtlizenzsatz: 1,3333326 %

614 Aus dem dargestellten Berechnungsprozedere und der Notwendigkeit zu einer zielstrebigen Ermittlung der FRAND-Lizenz ergibt sich die **Vortragslast** des Lizenzanbieters hinsichtlich der **Gesamtlizenz** wie folgt:

615 Der **Patentinhaber** hat *prägnant* zu den einzelnen Bemessungsfaktoren vorzutragen:

616 – Zahl der *marktrelevanten, nicht ausschließlich defensiven* Schutzrechte, und zwar aufgeteilt nach Patenten der Gruppe I und der Gruppe II;

617 – Wertverhältnis der Schutzrechte (Gruppe I: Gruppe II) zueinander;

618 – Wie viele (und welche) Schutzrechte jeder Gruppe gehören in die Portfoliolizenz des Klägers.

619 Der geforderte *prägnante* Sachvortrag zeichnet sich durch Folgendes aus:

620 – er fasst sich kurz und ist tendenziell stichpunktartig;

621 – nach Art eines claim charts werden die marktrelevanten Schutzrechte, die auf dem zu lizenzierenden Produkt lasten, klassifiziert (technische Gerätefunktion – Fundstelle im Standard – Bedeutung für den Produktverkauf – zugehöriges Patent nach Veröffentlichungsnummer).

622 – Ein ins Detail gehender Vortrag zu den Einzelmerkmalen eines Patentanspruchs ist erst veranlasst, wenn der Gegner schlüssig gegen deren standardgestützte Benutzung vorgetragen hat.

623 Fehlt dem Sachvortrag des Patentinhabers die notwendige Substanz zu einem der beiden relevanten Themenkreise (Rechtfertigung der eigenen Lizenzforderung; Verifizierung der Lizenzforderung an der Gesamtlizenz), sodass sich das Gericht auf der Grundlage seines Vorbringens nicht davon überzeugen kann, dass die angebotene Lizenz FRAND-Bedingungen genügt, ist die Unterlassungsklage (mangels Durchsetzbarkeit) abzuweisen.

(bb) Erwiderungslast des Angebotsempfängers

Der **Patentbenutzer** hat auf das Vorbringen des Patentinhabers ebenso *prägnant* zu erwidern. Soweit es um unternehmensinterne Bemessungsfaktoren (Kosten) geht, kann ein Bestreiten mit Nichtwissen zulässig sein; im Übrigen hat sich der Beklagte in derselben Ausführlichkeit wie der Kläger mit den für die Lizenzbestimmung herangezogenen Faktoren auseinanderzusetzen. Bloß pauschale Entgegnungen und Angriffe sind unbeachtlich; sie haben zur Folge, dass für die gerichtliche Entscheidung das vom Gegner Behauptete und unzureichend Bestrittene gilt. 624

(cc) Entscheidungsfindung des Gerichts

Weil der Patentinhaber ein Lizenzangebot unterbreiten *muss*, ist ihm hinsichtlich des Vertragsinhalts ein Leistungsbestimmungsrecht zugewiesen, das er nach billigem Ermessen auszuüben hat. Dasselbe gilt für den Verletzer und sein Gegenangebot. Die gerichtliche Prüfung beschränkt sich dementsprechend für beide Offerten auf eine bloße Billigkeitskontrolle (Rechtsgedanke aus **§ 315 BGB**), nämlich darauf, ob das jeweils favorisierte Vertragswerk objektiv »unbillig« ist. Eine Überprüfung im Instanzenzug findet nur auf die Vollständigkeit der in Betracht gezogenen Abwägungsgesichtspunkte sowie die Vertretbarkeit des gewonnenen Abwägungsergebnisses statt. 625

d) Aussetzung wegen EU-Kartellverfahren

Wie dargelegt, kann die Verweigerung eines Lizenzangebotes durch den Patentinhaber oder die Zurückweisung eines ihm vom Verletzer unterbreiteten Lizenzangebotes einen gegen EU-Kartellrecht verstoßenden Machtmissbrauch darstellen, wenn der Patentinhaber zur Angebotsannahme verpflichtet gewesen wäre. Wird das kartellrechtswidrige Verhalten des marktbeherrschenden Patentinhabers in einer solchen Situation nicht nur im Verletzungsprozess eingewandt, sondern darüber hinaus zum Gegenstand eines Prüfungsverfahrens bei der EU-Kommission gemacht, stellt sich die Frage, ob dieser Umstand zu einer vorübergehenden Aussetzung des Patentverletzungsprozesses Anlass gibt, um divergierende Entscheidungen zu vermeiden. Als Grundlage für eine derartige Anordnung kommt Art 16 Abs 1 Satz 2, 3 VO 1/2003 in Betracht. Die Vorschrift bestimmt im Interesse einer einheitlichen Anwendung des gemeinschaftlichen Wettbewerbsrechts, dass es die Gerichte der Mitgliedstaaten, wenn sie Verhaltensweisen nach Art 101, 102 AEUV zu beurteilen haben, vermeiden müssen, eine Entscheidung zu erlassen, die einer von der Kommission in einem dort anhängigen Verfahren beabsichtigten Entscheidung zuwiderlaufen würde, und zu diesem Zweck erforderlichenfalls ihren Rechtsstreit im Hinblick auf das laufende Kommissionsverfahren auszusetzen haben. 626

Bei der Handhabung der Aussetzungsnorm ist mehrerlei zu beachten: 627

– Erstens: Nach dem eindeutigen Wortlaut des Art 16 VO 1/2003 (der auf eine »*Entscheidung*« abstellt, »die die Kommission in einem von ihr eingeleiteten Verfahren zu erlassen *beabsichtigt*«) genügt die bloße **Eröffnung eines Prüfungsverfahrens** für sich noch nicht. Sie ist notwendige, aber keine hinreichende Bedingung; vielmehr muss hinzutreten, dass eine *konkrete* Entscheidung der Kommission bereits vorliegt, zumindest aber beabsichtigt ist. Für letzteres reicht es aus, dass die Kommission den beteiligten Parteien ihre Beschwerdepunkte gemäß Art 27 Abs 1 VO 1/2003 förmlich mitgeteilt hat, um ihnen vor einer endgültigen Entscheidung (zB über die Verhängung eines Bußgeldes) rechtliches Gehör zu gewähren. 628

– Nur eine konkret in Aussicht genommene Entscheidung kann – Zweitens – überhaupt auf ihre Evidenz für das nationalstaatliche Gerichtsverfahren überprüft werden. Denn mit Art 16 VO 1/2003 soll vermieden werden, dass **gleiche Sachverhalte** eine unterschiedliche kartellrechtliche Behandlung (durch die Kommission einerseits und 629 das Gericht andererseits) erfahren. Dort, wo der wettbewerbsrechtlichen Beurteilung unterschiedliche Sachverhalte zugrunde liegen, gibt es deswegen keine Notwendigkeit, der Kommissionsentscheidung durch Aussetzung den Vorrang einzuräumen. Ob die Willensbildung und Entschlussfassung zum maßgeblichen Zeitpunkt der letzten mündlichen Gerichtsverhandlung schon hinreichend weit gediehen ist, sodass von einer hinsichtlich ihres Inhalt (nach Sachverhalt und Rechtsfolge) sicher absehbaren Entscheidung gesprochen werden kann, hat das Gericht in Zweifelsfällen (zB dann, wenn die Beschwerdepunkte noch nicht mitgeteilt sind) durch eine entsprechende Anfrage bei der Kommission abzuklären.

630 – Aus dem Erfordernis einer gleichen Sachlage folgt – Drittens – umgekehrt, dass eine Aussetzung nicht veranlasst ist, wenn der Kartellrechtseinwand im Verletzungsprozess **aus anderen Gründen** als dem des Kartellrechtsverstoßes durch Zurückweisung des vom Beklagten unterbreiteten Lizenzangebotes abgehandelt und **beschieden werden kann**. Zu denken ist beispielsweise an prozessuale Zurückweisungsgründe (zB wegen Verspätung).

631 Wirft der Verletzungsprozess nur dieselben kartellrechtlichen Fragen auf, die Gegenstand des gegen ein anderes Unternehmen laufenden Kommissionsverfahrens sind, ist Art 16 VO 1/2003 nicht anwendbar. Auch eine Aussetzung nach § 148 ZPO dürfte nicht in Betracht kommen. Hält das Gericht die (beabsichtigte oder getroffene) Kommissionsentscheidung für fehlerhaft, kann es allerdings den EuGH zu der betreffenden Rechtsfrage um eine **Vorabentscheidung** ersuchen (Art 16 Abs 1 Satz 4 VO 1/2003, Art 267 AEUV), was eine Aussetzung des eigenen Verfahrens erlaubt und bedingt.

e) Exkurs: patent ambush[958]

632 Eine Einwendung (Art 102 AEUV, § 242 BGB) gegen die Inanspruchnahme aus einem standardessentiellen Patent kann sich auch daraus ergeben, dass der Patentinhaber im Rahmen des Standardisierungsprozesses die Existenz seiner Patentanmeldung verschwiegen und das Schutzrecht erst nach Verabschiedung des seine Technik umfassenden Standards als essentiell gemeldet hat (Patenthinterhalt). Grundsätzlich ist allerdings erforderlich, dass der klagende Patentinhaber selbst den Hinterhalt gelegt hat oder an dem Tätigwerden eines anderen als Täter oder Teilnehmer beteiligt war.[959] Eine mittelbare Täterschaft scheidet für denjenigen aus, der selbst nicht als Mitglied der Standardisierungsorganisation an dessen Regelwerk gebunden war.[960] Ob eine Einstandspflicht auch für den Gesamtrechtsnachfolger des Täters besteht, hat der BGH offengelassen.[961] Darüber hinaus muss – was Sache des Verletzungsbeklagten ist – dargelegt (und gerichtlich festgestellt) werden, dass im Standardisierungszeitpunkt nicht nur rein theoretisch, sondern tatsächlich eine alternative Technik zur Verfügung gestanden hat, auf die anstelle des Klagepatents realistischer Weise hätte zurückgegriffen werden können.[962] Es bedarf also tatsächlicher Anhaltspunkte dafür, dass ohne den Patenthinterhalt der Standardisierungsprozess anders abgelaufen wäre und der Standard einen abweichenden Inhalt erhalten hätte.[963]

633 Aus einem dem Kläger zurechenbaren Patenthinterhalt folgt nicht die Pflicht zur Erteilung einer Freilizenz (und infolge dessen die Abweisung der Verletzungsklage); Folge ist vielmehr eine Naturalrestitution, die zur Erteilung einer Benutzungsberechtigung gegen

---

958 Brakhahn, Patenthinterhalt, 2014; Korp, Patenthinterhalt, 2014.
959 BGH, GRUR 2021, 585 – FRAND-Einwand II.
960 LG Mannheim, Urteil v 10.3.2015 – 2 O 103/14.
961 BGH, GRUR 2021, 585 – FRAND-Einwand II.
962 LG Mannheim, Urteil v 28.9.2018 – 7 O 165/16.
963 BGH, GRUR 2021, 585 – FRAND-Einwand II.

ein übliches Entgelt, nämlich einer FRAND-Lizenzgebühr[964], führt.[965] Anderes gilt nur dann, wenn ohne die Täuschung eine alternative, patentfreie Technik in den Standard aufgenommen oder von einer Standardisierung völlig Abstand genommen worden wäre. Dass dem so ist, hat derjenige darzutun und nachzuweisen, der sich auf § 242 BGB beruft.[966]

6. Privates Vorbenutzungsrecht

Dem Beklagten kann ferner ein Vorbenutzungsrecht[967] zustehen. § 12 PatG bestimmt – im Sinne eines die Rechtswidrigkeit beseitigenden Rechtfertigungsgrundes[968] –, dass die Wirkungen des Patents (dh dessen Verbietungsrechte) gegen denjenigen nicht eintreten, der im Prioritätszeitpunkt des Klagepatents die Erfindung im **Inland**[969] bereits in Benutzung genommen oder zumindest Veranstaltungen zur alsbaldigen Aufnahme der Benutzung getroffen hatte. Unter den genannten Bedingungen ist der Vorbenutzer berechtigt, die Erfindung – ungeachtet des bestehenden Patents – für die Bedürfnisse seines eigenen Betriebes weiterhin zu benutzen. **634**

a) Voraussetzungen

Tatbestandlich setzt das Vorbenutzungsrecht des § 12 PatG dreierlei voraus: **635**

aa) Erfindungsbesitz

Zunächst muss der Beklagte am Prioritätstag im Erfindungsbesitz gewesen sein. Dies bedeutet, dass er den Erfindungsgedanken soweit erkannt haben muss, dass er den patentgemäßen Erfolg planmäßig im Sinne einer wiederholbaren technischen Lehre herbeiführen konnte.[970] Dass der erfindungsgemäße Erfolg sich rein zufällig oder unerkannt eingestellt hat, reicht für den Erwerb eines Vorbenutzungsrechtes nicht aus.[971] Andererseits müssen – bei wiederholbarer Kenntnis von der technischen Lehre – weder die physikalischen oder chemischen Abläufe erkannt sein, die für den erfindungsgemäßen Vorteil verantwortlich sind, noch ist es notwendig, dass der Vorbenutzer um diejenigen Vorzüge und Eigenschaften weiß, die nach dem Inhalt des Beschreibungstextes mit der von ihm **636**

---

964 LG Düsseldorf, Urteil v 31.3.2016 – 4a O 73/14; LG Düsseldorf, Urteil v 13.7.2017 – 4a O 154/15.
965 LG Düsseldorf, Urteil v 7.6.2011 – 4b O 31/10; LG Düsseldorf, Urteil v 13.7.2017 – 4a O 154/15; offengelassen vom LG Mannheim, Urteil v 10.3.2015 – 2 O 103/14.
966 LG Düsseldorf, Urteil v 31.3.2016 – 4a O 73/14; LG Düsseldorf, Urteil v 13.7.2017 – 4a O 154/15.
967 Das Adjektiv »privates« bedeutet nicht, dass der Einwand nur Privaten (die gemäß § 11 Nr 1 PatG ohnehin privilegiert sind) zusteht. Es nimmt vielmehr darauf Bezug, dass im Rahmen des § 12 PatG schon eine Benutzungshandlung ausreicht, die außerhalb der Öffentlichkeit, gleichsam in der privaten Sphäre des eigenen Geschäftsbetriebes, vorgenommen wird. Selbstverständlich begründet auch eine offenkundige Vorbenutzung die Rechte aus § 12 PatG; eine Offenkundigkeit ist nur keine Tatbestandsvoraussetzung.
968 BGH, GRUR 2018, 72 – Bettgestell.
969 Es gilt auch insoweit der Territorialitätsgrundsatz. Das Prinzip des freien Warenverkehrs (Art 28 ff AEUV) gebietet es nicht, einer Vorbenutzungshandlung, die in einem anderen Mitgliedstaat der EU vorgekommen ist, dieselben rechtlichen Wirkungen zuzumessen, wie sie einer im Inland vorgenommenen Benutzungshandlung gemäß § 12 PatG zukommen (LG Düsseldorf, InstGE 1, 259 – Laborthermostat; BGH, GRUR 2018, 72 – Bettgestell). Blumenröder/Bertram (Mitt 2014, 119) halten eine ausländische Veranstaltungshandlung für ausreichend, wenn sie die spätere inländische Benutzung erwarten lässt. Das ist abzulehnen. Wenn die Herstellung lediglich im Ausland geschieht, muss im Inland wenigstens eine Vertriebsveranstaltung vorliegen. Diese kann freilich auch durch einen Dritten (wie den Importeur) vorgenommen werden, wenn sie dem ausländischen Produzenten zuzurechnen ist.
970 BGH, GRUR 2010, 47 – Füllstoff; OLG Düsseldorf, Urteil v 26.10.2006 – I-2 U 109/03.
971 BGH, GRUR 2012, 895 – Desmopressin.

vorbenutzten technischen Lehre objektiv verbunden sind.[972] Derartige Wirkungen muss der Vorbenutzer nur dann in sein Wissen aufgenommen haben, wenn sie als Teil der erfindungsgemäßen Lehre Eingang in den Patentanspruch gefunden haben.[973] Dem Erfindungsbesitz in Bezug auf einen eingeklagten Vorrichtungsanspruch steht es dementsprechend nicht entgegen, dass das Erzeugnis aus einem Herstellungsverfahren hervorgegangen ist, das selbständig patentiert ist und von dem der Verletzer ohne eigenen Erfindungsbesitz ebenfalls Gebrauch macht. Die mangelnde Kenntnis von der Verfahrenserfindung wirkt sich erst dann zugunsten des Patentinhabers aus, wenn er das Verfahrenspatent geltend macht, das ihm einen derivativen Sachschutz (§ 9 Nr 3 PatG) vermittelt.

▶ **Beispiel:**

637 Lehrt das Schutzrecht eine pharmazeutische Zusammensetzung mit einem geringen Oxidationsmittelgehalt von ≤ 15 ppm und liegt dem die Erkenntnis zugrunde, dass Oxidationsmittel den Wirkstoff abbauen, weswegen ein kausaler Zusammenhang zwischen Oxidationsmittelgehalt und Lagerstabilität besteht, so ist ein Erfindungsbesitz auch ohne das subjektive Wissen um den besagten Zusammenhang zu bejahen, wenn sich der Vorbenutzer vor dem Prioritätstag mit Blick auf eine gewerbliche Nutzung für eine bestimmte Rezeptur seiner Tablettenformulierung entschieden hatte, die zwangsläufig und verlässlich zu einem erfindungsgemäßen Oxidationsmittelgehalt von ≤ 15 ppm führt.[974]

638 Soll sich der Erfindungsbesitz aus **Versuchen** ergeben, ist zu unterscheiden:

639 – Dienten die Tests nach den gesamten Umständen dazu, die technische Brauchbarkeit und Ausführbarkeit zu erforschen, war der Erfindungsgedanke noch nicht im Sinne einer fertigen technischen Lehre erfasst, sodass ein Erfindungsbesitz zu verneinen ist.

640 – Anders verhält es sich hingegen, wenn mit den Versuchen im Hinblick auf eine ins Auge gefasste gewerbliche Verwertung lediglich deren optimale technische Umsetzung (zB im Rahmen einer industriellen Fertigung) geklärt werden sollte. Der zuletzt genannte Gesichtspunkt hat Bedeutung insbesondere im Bereich der Automobil-Zulieferindustrie, weil sich hier an die Entwicklung der Grundkonstruktion regelmäßig eine aufwändige Anpassungsentwicklung anschließt, die dazu dient, den Erfindungsgegenstand an die konkrete Konstruktion des fraglichen Fahrzeugtyps (zB dessen Motor-Kenndaten) anzupassen. Die notwendige typenspezifische »Feinjustierung« stellt den Erfindungsbesitz nicht in Zweifel.

641 Der Erfindungsbesitz muss **redlich** erworben sein, dh in einer solchen Weise, dass sich der Benutzer für befugt halten durfte, die Erfindung *auf Dauer* für *eigene* Zwecke anzuwenden.[975] Dazu ist es nicht erforderlich, dass der Vorbenutzungsbegünstigte selbst (dh in eigener Person oder durch seine fest bei ihm angestellten Mitarbeiter) den Erfindungsgedanken entwickelt hat. Es genügt, wenn Urheber des Erfindungsbesitzes beispielsweise ein (ggf freier) Mitarbeiter ist[976] (weil das Wissen eines Gehilfen dem Geschäftsherrn zugerechnet wird); darüber hinaus kann das Wissen um die Erfindung

---

972 BGH, GRUR 2012, 895 – Desmopressin; OLG Düsseldorf, InstGE 11, 193 – Desmopressin-Tablette.
973 BGH, GRUR 2012, 895 – Desmopressin.
974 BGH, GRUR 2012, 895 – Desmopressin; OLG Düsseldorf, InstGE 11, 193 – Desmopressin-Tablette.
975 BGH, GRUR 2010, 47 – Füllstoff.
976 OLG Düsseldorf, GRUR-RR 2012, 319 – Einstieghilfe für Kanalöffnungen.

dem Begünstigten auch zugetragen sein, weswegen die Ausführung einer von einem beliebigen Dritten entwickelten Erfindung genügt, sofern der (ursprünglich fremde) Erfindungsbesitz von dem Benutzenden redlich in dem Sinne erworben wurde, dass er nach den gesamten dem Wissenstransfer zugrundeliegenden Umständen annehmen durfte, die Erfindung fortan selbständig ausführen zu dürfen. An der Redlichkeit des Erfindungsbesitzes fehlt es in Fällen widerrechtlicher Entnahme sowie dann, wenn dem Vorbenutzer das geheime Erfindungswissen des Schutzrechtsinhabers erkennbar hinter dessen Rücken zugespielt wurde oder wenn der Benutzende bloß als Vertriebsorganisation des Erfinders eingeschaltet worden ist (weil die Wissensvermittlung in einem solchen Fall redlicher Weise nicht dahin gedeutet werden darf, dass der Benutzende fortan berechtigt sein solle, erfindungsgemäße Gegenstände auch selbst herzustellen oder aus beliebiger dritter Quelle zu beziehen)[977]. Eine Redlichkeit fehlt hingegen nicht notwendigerweise deshalb, weil der Erfindungsbesitz (zB als Ergebnis einer gemeinsamen vertraglichen Zusammenarbeit) vom Patentinhaber oder dessen Rechtsvorgänger abgeleitet ist.[978] In der zuletzt erörterten Konstellation ist für die Entstehung eines Vorbenutzungsrechts in Bezug auf Erfindungen des Vertragspartners vielmehr entscheidend, ob dem Beteiligten im Vertrag oder kraft Gesetzes am Arbeitsergebnis eigene Rechte zugewiesen sind. Derjenige, der seine Rechte im Zusammenarbeits- oder Dienstvertrag abtritt oder sich zur Abtretung verpflichtet, und derjenige, der einem gesetzlichen oder vertraglich eingeräumten Inanspruchnahmeanspruch seines Arbeitgebers ausgesetzt ist, erwirbt kein Vorbenutzungsrecht, wenn die Abtretung eingefordert bzw die Inanspruchnahme wirksam erklärt wird.[979] Umgekehrt bleibt derjenige, der die ihm vertraglich oder gesetzlich eröffneten Möglichkeiten zur Verschaffung der Erfindungsrechte nicht ausnutzt, ohne Vorbenutzungsrecht.[980] In beiden Fällen richten sich die Befugnisse allein nach den vertraglichen Absprachen der Parteien und nicht nach § 12 PatG.

bb) Betätigung des Erfindungsbesitzes

Zum zweiten muss der Erfindungsbesitz im Prioritätszeitpunkt bereits betätigt worden sein. Dies kann dadurch geschehen, dass der Beklagte im Inland **Benutzungshandlungen** nach Maßgabe der §§ 9, 10 PatG vorgenommen hat.[981] Es genügt insoweit jedes auch nur einmalige Herstellen, Anbieten[982], Inverkehrbringen, Gebrauchen, Einführen, Besitzen sowie jede mittelbare Benutzung gemäß § 10 PatG.[983] Allerdings muss die Benutzungshandlung »die Ernsthaftigkeit einer *gewerblichen* Nutzungsabsicht in die Tat umsetzen«.[984] Daran fehlt es bei der einmaligen Herstellung eines unverkäuflichen Modells oder eines noch zu testenden Prototypen.[985] Gleiches gilt für die Anfertigung einer Null-Serie, in Bezug auf die eine Entscheidung über ihre gewerbliche Umsetzung am Prioritätstag noch nicht getroffen ist.

642

Ist es am Prioritätstag zu derartigen Benutzungshandlungen noch nicht gekommen, reicht es (subsidiär) aus, wenn der Beklagte wenigstens **Veranstaltungen zur alsbaldigen Aufnahme der Benutzung** getroffen hat. Davon kann nur gesprochen werden, wenn der

643

---

977 OLG Düsseldorf, GRUR-RR 2012, 319 – Einstieghilfe für Kanalöffnungen.
978 BGH, GRUR 2010, 47 – Füllstoff.
979 BGH, GRUR 2010, 47 – Füllstoff.
980 BGH, GRUR 2010, 47 – Füllstoff.
981 OLG Düsseldorf, Urteil v 11.1.2007 – I-2 U 65/05.
982 Zum Anbieten des »Rohproduktes« eines Zulieferers, das in einer umfangreichen Entwicklungsarbeit an die Kenndaten des betreffenden Fahrzeuges angepasst werden muss, vgl LG Düsseldorf, InstGE 1, 296 – Mehrlagendichtung.
983 OLG Düsseldorf, Urteil v 11.1.2007 – I-2 U 65/05; OLG Düsseldorf, GRUR 2018, 814 – Schutzverkleidung für funktechnische Anlagen.
984 OLG Düsseldorf, Urteil v 26.10.2006 – I-2 U 109/03.
985 OLG Düsseldorf, Urteil v 11.1.2007 – I-2 U 65/05.

Beklagte – erstens – den festen und endgültigen Entschluss gefasst hat, die Erfindung *gewerblich* zu benutzen, und wenn er – zweitens – solche Vorkehrungen (technischer oder kaufmännischer Art) initiiert hat, die die *alsbaldige* Umsetzung dieses Entschlusses in die Tat vorbereiten.[986] Die Benutzung der Erfindung im Sinne der §§ 9, 10 PatG muss also aufgrund der getroffenen Veranstaltungen im Anschluss an den Prioritätstag greifbar zu erwarten gewesen sein. Maßgeblich ist nicht die rein subjektive Willenslage, sondern ob die gesamten Umstände für einen unbefangenen Betrachter erkennen lassen, dass die Benutzungsaufnahme bevorsteht. Der tatsächliche Geschehensablauf nach dem Prioritätszeitpunkt ist insoweit zwar nicht entscheidend, er kann jedoch wertvolle indizielle Hinweise liefern.[987] In der Anfertigung einer Zusammenstellungszeichnung kann für sich allein noch keine Veranstaltung zur Benutzungsaufnahme gesehen werden. Denn die Zeichnung kann lediglich dem Zweck gedient haben, die betreffende Technik in einer solchen Weise zu dokumentieren, dass sie in den Ideenvorrat des Unternehmens aufgenommen werden kann.[988] Gleiches gilt für die Herstellung eines Funktionsmodells, welches ebenfalls lediglich dazu vorgesehen sein kann, die bisher nur theoretischen Überlegungen zur Wirkungsweise, Tauglichkeit und Ausführbarkeit der Erfindungsidee praktisch zu überprüfen. Demgegenüber stellt der Antrag auf Erteilung einer arzneimittelrechtlichen Zulassung in der Regel eine hinreichende Veranstaltung zur alsbaldigen Aufnahme der Benutzung dar.[989] Sämtliche Indizien sind in einer **Gesamtschau** aller betrieblichen Umstände zu würdigen.[990]

644 Die Betätigung des Erfindungsbesitzes muss **im eigenen Interesse** erfolgen. Daraus folgt: Neben vom Berechtigten selbst vorgenommenen Benutzungen sind auch solche Handlungen ausreichend, die der Berechtigte für sich in fremden Werkstätten (dh durch Dritte) vornehmen lässt, vorausgesetzt, er (und nicht der Dritte) hat einen bestimmenden wirtschaftlich wirksamen Einfluss auf Art und Umfang der Benutzung.[991] Handlungen, die ausschließlich im Interesse eines anderen vorgenommen werden, begründen kein eigenes Vorbenutzungsrecht des Handelnden.[992] Derartiges ist bei Arbeitern, Angestellten[993], leitenden Mitarbeitern und Gesellschaftsorganen der Fall, die, soweit sie in dem ihnen zugewiesenen Verantwortungsbereich tätig geworden sind, grundsätzlich für ihren Arbeitgeber bzw das vertretene Unternehmen agieren.[994] Gleiches gilt, wenn der Dritte zwar nach den technischen Regeln des Vorbenutzungsberechtigten arbeitet, dabei jedoch nicht nach dessen geschäftlichen Weisungen handelt, sondern auf eigene Rechnung und Gefahr agiert.[995] Geschieht die Benutzung/Veranstaltung im eigenen und zugleich im Drittinteresse, erwerben beide ein Vorbenutzungsrecht.[996]

645 Zu beachten ist, dass ein einmal erworbenes Vorbenutzungsrecht wieder **verloren gehen kann.** Dies ist der Fall, wenn die erfolgte *Benutzung* vor dem Prioritätstag (oder

---

986 OLG Düsseldorf, GRUR 2018, 814 – Schutzverkleidung für funktechnische Anlagen.
987 OLG Düsseldorf, Urteil v 09.05.2019 – I-2 U 66/18.
988 LG Düsseldorf, InstGE 2, 253 – Wirbelkammer.
989 LG Düsseldorf, InstGE 10, 12 – Desmopressin I.
990 BGH, GRUR 2018, 72 – Bettgestell.
991 BGH, GRUR 2012, 1010 – Nabenschaltung III; OLG Düsseldorf, Urteil v 09.05.2019 – I-2 U 66/18.
992 BGHZ 121, 194 – Wandabstreifer; BGH, GRUR 2010, 47 – Füllstoff.
993 Ggf auch freien Mitarbeitern: OLG Düsseldorf, GRUR-RR 2012, 319 – Einstieghilfe für Kanalöffnungen.
994 BGHZ 121, 194 – Wandabstreifer; BGH, GRUR 2010, 47 – Füllstoff.
995 OLG Düsseldorf, Urteil v 09.05.2019 – I-2 U 66/18.
996 BGHZ 121, 194 – Wandabstreifer; BGH, GRUR 2010, 47 – Füllstoff.

danach[997]) nicht nur vorübergehend, sondern endgültig, für unbestimmte Zeit und freiwillig[998] aufgegeben wird.[999]

Fehlt es an einer Benutzungshandlung und dauern die vor dem Prioritätstag allein getroffenen *Veranstaltungen* nicht ununterbrochen bis zum Prioritätstag an, so lässt ihre vorzeitige Einstellung darauf schließen, dass der Benutzungswille fallen gelassen worden ist. Ein Vorbenutzungsrecht kommt in solchen Fällen von vornherein nicht zur Entstehung, weil sich bei der geschilderten Sachlage die Erwartung verbietet, angesichts der getroffenen Vorkehrungen werde es im Anschluss an den Prioritätstag zu einer *alsbaldigen* Aufnahme der Benutzung kommen. **646**

Darlegungs- und **beweispflichtig** für das Vorbenutzungsrecht ist der Beklagte, dem § 12 PatG bei seiner Rechtsverteidigung zugutekommt.[1000] Er hat folglich substantiiert zu den tatbestandlichen Voraussetzungen vorzutragen und durch geeignete Unterlagen und/oder Zeugen den Nachweis dafür zu erbringen, dass er am Prioritätstag den Erfindungsgedanken erkannt und – selbst oder durch unter seiner Weisung stehende Dritte[1001] – bekräftigt hatte. Regelmäßig wird sich der Beklagte, insbesondere, wenn er anwaltlich kundig vertreten ist, selbst auf das private Vorbenutzungsrecht berufen. **647**

Allerdings kann (und wird vielfach) auch der **zu** einer (als solche bloß für den Rechtsbestand relevanten) **offenkundigen Vorbenutzung gehaltene Sachvortrag** und Beweisantritt für § 12 PatG schlüssig sein. In einem solchen Fall hat das Gericht das Vorbringen – von sich aus und nach entsprechendem Hinweis an den Kläger – auch unter dem rechtlichen Gesichtspunkt des § 12 PatG zu würdigen und insbesondere die angebotenen Zeugen eigenverantwortlich zu vernehmen. Es stellt daher einen Rechtsfehler dar, wenn ohne Sachaufklärung mit dem Hinweis verurteilt wird, der Vorbenutzungssachverhalt sei (was lediglich im Hinblick auf die offenkundige Vorbenutzung richtig ist, die nicht zur eigenen Entscheidung durch das Verletzungsgericht steht) nicht liquide belegt. Andererseits sind die Gerichte nicht verpflichtet, umfangreiche ungeordnete Anlagenkonvolute von sich aus durchzuarbeiten, um so die erhobenen Ansprüche zu konkretisieren.[1002] Auch kann erforderlicher Sachvortrag nicht durch die bloße Vorlage von Anlagen ersetzt werden.[1003] **648**

Exkurs: Eine Vorbenutzung ist **offenkundig**, wenn die nicht nur theoretische und nicht nur entfernt liegende Möglichkeit eröffnet ist, dass beliebige Dritte, und damit auch Fachkundige, zuverlässige und ausreichende Kenntnis von der Erfindung erlangen. Bei gewerblicher Entwicklungs- oder Erprobungstätigkeit, bei der ein betriebliches Interesse daran besteht, die dabei entstehenden Kenntnisse nicht nach außen dringen zu lassen, ist im Regelfall und ohne Hinzutreten besonderer Umstände die öffentliche Zugänglichkeit der gewonnenen Kenntnisse zu verneinen. Dies gilt jedenfalls so lange, wie die Kenntnisse nur solchen Personen zugänglich sind, die an dieser **Entwicklungs- und Erpro-** **649**

---

997 Unter solchen Bedingungen wird eine Verletzungsklage in der Regel erfolglos bleiben, weil die begangenen Benutzungshandlungen wegen § 12 PatG gerechtfertigt waren und insofern weder einen Schadenersatzanspruch auslösen noch eine Wiederholungs- oder Erstbegehungsgefahr begründen können. Ansprüche des Patentinhabers kommen erst dann in Betracht, wenn es nach einer endgültigen und freiwilligen Benutzungseinstellung [die zum Verlust des Vorbenutzungsrechts führt] erneut zu Verletzungshandlungen kommt.
998 Daran fehlt es etwa, wenn vorübergehend unterbliebene Vertriebsaktivitäten darauf beruhen, dass es sich um Spezialprodukte handelt, nach denen nicht fortdauernd eine Nachfrage besteht (OLG Düsseldorf, GRUR 2018, 814 – Schutzverkleidung für funktechnische Anlagen; bestätigt von BGH, GRUR 2019, 1171 – Schutzverkleidung).
999 OLG Düsseldorf, GRUR 2018, 814 – Schutzverkleidung für funktechnische Anlagen.
1000 OLG Düsseldorf, GRUR 2018, 814 – Schutzverkleidung für funktechnische Anlagen.
1001 OLG Düsseldorf, Urteil v 09.05.2019 – I-2 U 66/18.
1002 BGH, NJW-RR 2004, 639; BGH, MDR 2019, 182.
1003 BGH, NJW 2016, 3092; BGH, GRUR 2020, 322 – Chickenwings.

bungstätigkeit beteiligt sind. Bei solcher Tätigkeit besteht im Hinblick auf beabsichtigte oder durchgeführte nachfolgende Schutzrechtsanmeldungen, aber ggf auch schon im Hinblick auf die Entwicklung von betriebsgeheimem Know-how, ein typischerweise allen Beteiligten ohne weiteres einsichtiges und von ihnen respektiertes Interesse daran, die entstehenden Kenntnisse nicht nach außen dringen zu lassen. Dies gilt auch dann, wenn die Herstellung oder einzelne Herstellungsschritte auf Dritte übertragen werden. In einer solchen Situation kommt es nicht darauf an, ob eine besondere Abrede zur Verschwiegenheit getroffen wird, ob der Dritte selbst kein eigenes Interesse an einer Geheimhaltung hat und ob sein Beitrag zu der Entwicklungstätigkeit eine eigene Mitberechtigung an in Frage kommenden Schutzrechten nicht erwarten lässt. Eine Modifikation dieser Grundsätze ist nicht aufgrund des GeschGehG veranlasst. Aus der Tatsache, dass eine bestimmte Information kein Geschäftsgeheimnis im Sinne des § 2 Nr 1 Buchst b), c) GeschGehG ist (zB weil keine angemessenen Geheimhaltungsmaßnahmen getroffen wurden), folgt insbesondere nicht, dass sie im Sinne des § 3 Abs 1 Satz 2 PatG der Öffentlichkeit zugänglich und damit offenkundig ist (weil die Information zB auch ohne besondere Maßnahmen vertraulich behandelt worden sein kann).[1004]

650 An den **Nachweis** einer behaupteten (privaten wie offenkundigen) Vorbenutzung sind **strenge Anforderungen** zu stellen, nicht zuletzt deshalb, weil sich der maßgebliche Sachverhalt typischerweise außerhalb der Einsichtssphäre des Patentinhabers abspielt, sodass diesem die Möglichkeit zu einem Gegenbeweis weitgehend versagt ist. Um in dieser Situation zu verhindern, dass angesichts des laufenden Verletzungsrechtsstreits und der dem Beklagten infolgedessen drohenden Konsequenzen allzu vorschnell die Schutzbehauptung erhoben wird, die patentierte Erfindung selbst schon frühzeitig erkannt zu haben und auch zu ihrer gewerblichen Nutzung bereits vor dem Prioritätstag entschlossen gewesen zu sein, ist die Rechtsprechung bei der Beurteilung von Vorbenutzungssachverhalten zu Recht rigoros. Das gilt nicht nur für die Beweisführung an sich, bei der keinerlei vernünftige Zweifel verbleiben dürfen und jede Unwägbarkeit tendenziell zu Lasten des Verletzungsbeklagten geht, sondern trifft gleichermaßen auf den vorgelagerten Sachvortrag zu, der vom Beklagten zu leisten ist, um eine Beweiserhebung über die von ihm eingewandten Vorbenutzungstatsachen zu veranlassen. Um Ausforschungsbeweisen zu begegnen, hat sich der Beklagte dezidiert darüber zu erklären, wer genau bei welcher konkreten Gelegenheit welche technischen Erwägungen angestellt haben soll, die den Erfindungsbesitz ergeben sollen. Dasselbe gilt für etwaige begleitende oder nachfolgende Benutzungshandlungen oder Veranstaltungen zur alsbaldigen Benutzung. Substanzieller Vortrag ist in besonderem Maße dann geboten, wenn die vom Beklagten präsentierten Unterlagen den Erfindungsgedanken *nicht* zeigen und behauptet wird, über das Dokumentierte hinaus schon damals die Erkenntnis gewonnen zu haben, dass die fragliche Konstruktion vorteilhaft auch in abgewandelter, nämlich in der erfindungsgemäßen Weise ausgeführt werden kann. Gerade weil die vorhandenen Dokumente das Gegenteil bezeugen, bedarf es hier besonders sorgfältiger Darlegungen dazu, welche Person sich seinerzeit aus welchem Anlass mit der Frage einer konstruktiven Abwandlung des Dokumentierten befasst haben und aufgrund welcher Überlegungen die betreffende Abwandlung als alternative oder ggf sogar bevorzugte Ausführungsform aufgefunden und anschließend in Benutzung genommen worden sein soll. In diesem Kontext wird es regelmäßig auch einer Erklärung dazu bedürfen, warum die dem Patent entsprechende Abwandlung nicht – ebenfalls – schriftlich oder zeichnerisch niedergelegt worden ist.

651 Was den Patentinhaber und seinen »Gegenbeweis« angeht, so wird er oftmals lediglich **Indiztatsachen** dafür benennen können, dass auf der Gegenseite ein Erfindungsbesitz und/oder eine Vorbenutzung/Veranstaltung tatsächlich nicht vorgelegen hat. Solchen Hilfstatsachen braucht im Prozess nur nachgegangen werden, wenn sie schlüssig sind,

---

1004 BGH, GRUR 2022, 1294 – Oberflächenbeschichtung.

dh den Tatrichter bei unterstellter Richtigkeit entweder jede für sich betrachtet, zumindest aber in ihrer Gesamtschau (auch mit dem übrigen Streitstoff) davon überzeugen können, auf die rechtserhebliche Haupttatsache (= Fehlen eines Erfindungsbesitzes/Fehlen einer Vorbenutzung/Veranstaltung) zu schließen.[1005]

§ 12 Abs 1 Satz 4 PatG versagt demjenigen das Vorbenutzungsrecht, der sein Wissen um die Erfindung von einer – unmittelbaren oder mittelbaren – Mitteilung des Anmelders ableitet, wenn die Mitteilung vor der Schutzrechtsanmeldung und unter dem – ausdrücklichen oder konkludenten – Vorbehalt der Rechte für den Fall einer Patenterteilung erfolgt ist und die Erfindung binnen 6 Monaten nach der Anmeldermitteilung benutzt wird. Da es sich um eine Ausnahme vom regelmäßig anzuerkennenden Vorbenutzungsrecht handelt, stehen die Voraussetzungen des § 12 Abs 1 Satz 4 PatG zur Beweislast des Schutzrechtsinhabers.

652

cc) Prioritätszeitpunkt

Die Betätigungshandlung (Benutzung/Veranstaltung) *in Kenntnis* des Erfindungsgedankens muss zu einem ganz bestimmten Zeitpunkt erfolgt (dh vollendet) sein, nämlich am Anmeldetag des Klagepatents (§ 12 Abs 1 Satz 1 PatG), bei *wirksamer* Inanspruchnahme einer Priorität, am Prioritätstag (§ 12 Abs 2 PatG).

653

b) Rechtsfolgen

Das Vorbenutzungsrecht deckt grundsätzlich nur diejenige Ausführungsform ab, die der Beklagte am Prioritätstag tatsächlich benutzt oder deren alsbaldige Benutzung er vorbereitet hat.[1006] **Weiterentwicklungen**[1007], die über den Umfang der bisherigen Benutzung hinausgehen, sind dem Beklagten verwehrt, wenn sie in den Gegenstand der im Patent unter Schutz gestellten Erfindung eingreifen.[1008] Solches ist der Fall, wenn der Schutzbereichseingriff durch den Übergang auf den fortentwickelten Vorbenutzungsgegenstand weiter vertieft wird. Ob dem so ist, hängt vom Inhalt des Klagepatents ab.

654

– Wird erstmals durch die selbst nicht vorbenutzte Fortentwicklung die **Gesamtheit aller Anspruchsmerkmale** des Klagepatents verwirklicht, kommt ein Vorbenutzungsrecht nicht in Betracht[1009]

655

– Ein Eingriff in den Gegenstand des Patents kann darüber hinaus auch dann vorliegen, wenn der Vorbenutzer die **Erfindung in einem stärkeren Maße nutzt**, als dies seinem Besitzstand entspricht, oder wenn er die Erfindung in anderer Weise nutzt, als dies vor dem Anmelde- oder Prioritätstag der Fall war. Zwar darf das Vorbenutzungsrecht nicht so eng gefasst werden, dass der Vorbenutzer davon keinen wirtschaftlich sinnvollen Gebrauch machen kann. Es muss andererseits aber auch dem Umstand Rechnung getragen werden, dass die technische Lehre eines Patents Alternativen umfassen kann, die die technischen und wirtschaftlichen Vorteile der Erfindung in quantitativ oder qualitativ unterschiedlicher Weise verwirklichen. Der Besitzstand des Vorbenutzers, der nur einzelne dieser Alternativen erkannt und in Benutzung genommen hat, rechtfertigt es jedenfalls nicht notwendigerweise, dem Vorbenutzer zu Lasten des Patentinhabers den Zugriff auf sämtliche dieser Alternativen zu gestatten. Dem Vorbenutzer können Abweichungen von der vorbenutzen

656

1005 BGH, Beschluss v 20.4.2016 – X ZR 112/14.
1006 OLG Düsseldorf, GRUR 2018, 814 – Schutzverkleidung für funktechnische Anlagen.
1007 Bergermann, FS 80 Jahre Patentgerichtsbarkeit Düsseldorf, 2016, S 51; Haft, GRUR 2021, 219; Scharen, GRUR 2021, 343.
1008 BGH, GRUR 2002, 231 – Biegevorrichtung.
1009 BGH, GRUR 2019, 1171 – Schutzverkleidung.

Ausführungsform deshalb auch dann verwehrt sein, wenn die technische Lehre der Erfindung zwar sowohl von der Vorbenutzung als auch von der erst nach dem Anmeldetag benutzten Ausführungsform verwirklicht wird, die letztere aber die Lehre des Patentanspruchs in einer anderen Ausgestaltung oder Verfahrensweise verwirklicht.[1010]

657 Ob in diesem Sinne eine **andere Benutzungsform** vorliegt, ist am Maßstab der unter Berücksichtigung von Beschreibung und Zeichnungen ausgelegten Patentansprüche zu entscheiden. Veränderungen, die keinen Einfluss darauf haben, ob und in welcher Weise die technische Lehre eines Patentanspruchs und deren einzelne Merkmale verwirklicht werden, sind für das Vorbenutzungsrecht ohne Belang. Wird hingegen mindestens ein Merkmal des Patentanspruchs in technisch anderer Weise verwirklicht, als dies vor dem Anmeldetag der Fall war, kann dies die Grenzen des Vorbenutzungsrechts überschreiten. Ob dies der Fall ist, ist aufgrund einer Gesamtwürdigung zu entscheiden, die das Interesse des Vorbenutzers, den erworbenen Besitzstand wirtschaftlich sinnvoll nutzen zu können, und das Interesse des Patentinhabers, die Benutzung seines Schutzrechts nur dulden zu müssen, soweit die unter Schutz gestellte technische Lehre vom Vorbenutzer auch erkannt und umgesetzt worden ist, in einen angemessenen Ausgleich bringt.

658 Danach können die Grenzen des Vorbenutzungsrechts überschritten sein, wenn mit der Modifikation ein zusätzlicher Vorteil verwirklicht wird, der von der nicht modifizierten Ausführungsform nicht verwirklicht worden ist. Dies kommt in Betracht, wenn erstmals eine Ausführungsform benutzt wird, die in einem Unteranspruch oder in der Beschreibung des Patents wegen dieses zusätzlichen Vorteils hervorgehoben wird.[1011] Bedingung ist freilich in jedem Fall, dass der Kläger das selbst nicht vorbenutzte Ausstattungsmerkmal (des Unteranspruchs oder der Beschreibung) zur Kennzeichnung der angegriffenen Ausführungsform in seinen (insoweit mindestens hilfsweise eingeschränkten) Klageantrag aufnimmt, weil nur bei einer solchen **Antragsfassung** die Situation geschaffen wird, dass dasjenige, was dem Beklagten verboten werden soll, nicht vollständig vorbenutzt ist, womit sich (erst) die Frage stellt, ob das Vorbenutzungsrecht, obgleich die Benutzungshandlung im Hinblick auf die technischen Merkmale nicht vollständig und umfassend ist, dennoch hierauf erstreckt werden kann. Derjenige Patentinhaber, der versäumt, das vom Verletzer nicht vorbenutzte Detail in seinen Klageantrag aufzunehmen, kann der Klageabweisung nicht entgehen. Im Zweifel wird man in einem weitgefassten Klageantrag, der das nicht vorbenutzte Merkmal ausspart (weil jedwede Vorbenutzung bestritten wird) einen entsprechend beschränkten Klageantrag jedenfalls dann enthalten sehen müssen, wenn der Kläger sich hilfsweise damit verteidigt, dass jedenfalls eine Vorbenutzung mit der beschränkenden Maßgabe nicht stattgefunden hat/bewiesen ist.

659 Sind hingegen in einem Patentanspruch für ein Merkmal zwei vollständig gleichwertige Alternativen genannt, wird der Umstand, dass der Vorbenutzer nur eine dieser Alternativen benutzt hat, regelmäßig keine entsprechende Beschränkung seiner Benutzungsbefugnis rechtfertigen.[1012]

660 Ebenso wird es zu würdigen sein, wenn in der Patentschrift eine Abweichung von der Vorbenutzung offenbart ist, bei der es sich um eine selbstverständliche Abwandlung handelt, die aus Sicht des Fachmanns mit dem Erfindungsbesitz des Vorbenutzers zum Anmelde- oder Prioritätszeitpunkt ohne weiteres in Betracht zu ziehen ist.[1013]

1010 BGH, GRUR 2019, 1171 – Schutzverkleidung.
1011 BGH, GRUR 2019, 1171 – Schutzverkleidung.
1012 BGH, GRUR 2019, 1171 – Schutzverkleidung.
1013 BGH, GRUR 2019, 1171 – Schutzverkleidung.

Erlaubt sind weiterhin Abwandlungen, die gänzlich außerhalb des Klagepatents stattfinden, indem sie ein auf anderem Gebiet liegendes technisches Problem mit Mitteln lösen, die jenseits der Merkmale des Klagepatents liegen. Dasselbe gilt, wenn mit der Abwandlung der Vorbenutzungsform nicht aus einem Informationsgehalt des Klagepatents geschöpft wird, indem etwa ein im Klagepatent bloß allgemein gefasstes Patentmerkmal im Sinne einer ganz speziellen Konstruktion fortentwickelt wird, für die das Klagepatent keine Offenbarung enthält. Derartige Weiterentwicklungen jenseits dessen, was das Klagepatent an Wissen bereithält, sind zulässig, egal, ob die Abwandlung gegenüber dem Klagepatent erfinderisch oder nicht erfinderisch ist. Die Begrenzung des Vorbenutzungsrechts durch den eigenen Besitzstand hat in Fällen, in denen der Vorbenutzer lediglich ein Ausführungsbeispiel des Patents benutzt hat, weil ihm die hinter der technischen Lehre des Patents stehenden chemischen oder physikalischen Zusammenhänge ebenso wie die mit ihr erzielbaren Vorteile subjektiv verborgen geblieben sind[1014], zur Folge, dass er im Rahmen des § 12 PatG nicht berechtigt ist, andere Ausführungsvarianten der Erfindung zu gebrauchen als diejenige, die er tatsächlich vorbenutzt hat.

661

Bei einem **Kombinationspatent** ist es vom Vorbenutzungsrecht umfasst, wenn derjenige, der vor dem Prioritätstag sämtliche Bestandteile des patentgeschützten Gegenstandes an einen Dritten geliefert hat, dazu übergeht, die Vorrichtung selbst herzustellen und zu vertreiben, wenn das vormalige Zusammenfügen der Einzelteile beim Abnehmer zu der geschützten Gesamtvorrichtung sicher vorhersehbar und einfach zu bewerkstelligen war, weil aus den Einzelteilen technisch und wirtschaftlich sinnvoll nur die Gesamtvorrichtung hergestellt werden konnte.[1015] In einer solchen Situation wird der Schutzbereichseingriff durch die Eigenfertigung statt der Fremdfertigung nicht vertieft. Aus derselben Überlegung heraus ist derjenige, der eine zur Durchführung des patentgemäßen **Verfahrens** geeignete Vorrichtung vorbenutzend bereitgestellt hat, zur eigenen Verfahrensdurchführung berechtigt, wenn der vormals gelieferte Gegenstand technisch und wirtschaftlich sinnvoll überhaupt nur patentgemäß verwendet werden konnte und sich die technische Lehre des Verfahrensanspruchs in dem technisch und wirtschaftlich allein sinnvollen Zusammenbau erschöpft.[1016]

662

Praxistipp	Formulierungsbeispiel

Bei der Diskussion um ein Vorbenutzungsrecht in Bezug auf Abwandlungen kommt es auf den Klageantrag an, der über den Wortlaut des eingeklagten Patentanspruchs hinaus beliebige Merkmale aufnehmen kann, so lange sie die Verletzungsform kennzeichnen. Ob es mit ihnen gelingt, das gegnerische Vorbenutzungsrecht zu Fall zu bringen, hängt davon ab, ob diese einschränkenden Merkmale zum Offenbarungsgehalt des Klagepatents gehören oder nicht. Wenn ja, vertieft die Weiterentwicklung den Schutzbereichseingriff, womit ein Vorbenutzungsrecht ausscheidet; wenn nein, bleibt die Verletzungsklage wegen § 12 PatG erfolglos. Solche konkretisierenden Merkmale sind gänzlich problemlos, wenn der Rechtsbestand des Klageschutzrechts anderweitig, zB bereits durch den Hauptanspruch in seiner erteilten Form, getragen wird.

663

Für den Patentinhaber eröffnet dies im Verletzungsprozess die strategische Möglichkeit, seinen Klageantrag durch Aufnahme eines oder mehrerer Unteransprüche so zu fassen, dass das vom Beklagten eingewandte Vorbenutzungsrecht, welches die spezielle Variante des Unteranspruchs nicht umfasst, ins Leere geht. Der Kläger kann hierdurch eine sonst unausweichliche (gegebenenfalls zeitaufwändige) Beweisaufnahme umgehen und die Entscheidungsreife im

---

1014 Vgl BGH, GRUR 2012, 895 – Desmopressin.
1015 BGH, GRUR 2019, 1171 – Schutzverkleidung.
1016 BGH, GRUR 2019, 1171 – Schutzverkleidung.

> Verletzungsprozess herbeiführen. Damit der Klageantrag freilich in der genannten Weise eingeschränkt werden kann, ohne einen Vertagungsantrag des Beklagten herauszufordern, sollten vorsorglich in jedem Fall sämtliche von der angegriffenen Ausführungsform verwirklichten Unteransprüche im Rahmen eines »insbesondere-Antrages« bereits in die ursprüngliche Klage aufgenommen und hierzu in der Klagebegründung vorgetragen werden. Wird später eine Beschränkung des Klageantrages notwendig, bleibt dies in der Regel ohne Kostenfolgen für den Kläger, da er wirtschaftlich gesehen mit seinem Klageziel, die Herstellung und/oder den Vertrieb der angegriffenen Ausführungsform zu unterbinden, durchdringt.

664 Das Vorbenutzungsrecht ist streng **betriebsbezogen**, dh es haftet – akzessorisch – an dem Betrieb, in dem es durch Benutzung oder Veranstaltungen zur alsbaldigen Benutzung entstanden ist. Es kann nicht isoliert (dh ohne Betrieb) veräußert werden (§ 12 Abs 1 Satz 3 PatG), unterliegt deshalb auch nicht der separaten Pfändung (§ 857 Abs 3 ZPO) und fällt jedenfalls dann in die Insolvenzmasse, wenn auch der Betrieb zur Masse gelangt.[1017] Allerdings reicht die Übertragung eines abgrenzbaren Betriebsteils aus, wenn in ihm die Vorbenutzung stattgefunden hat, wobei es unschädlich ist, dass der übernommene Betriebsteil allein nicht die komplette Herstellung des vorbenutzten Gegenstandes erlaubt, sondern einzelne Fertigungsschritte in fremden Werkstätten, zB auch denen des ursprünglichen Vorbenutzungsberechtigten, vorgenommen werden müssen.[1018] Andererseits genügt die Übertragung bloß einzelner Gegenstände des Betriebes, die auch unter Einschaltung Dritter noch keine Fortsetzung der Erfindungsbenutzung ermöglichen, nicht. In welcher rechtlichen Form der Betriebsübergang organisiert wird, hat keine Bedeutung. Außer einer Übereignung kommt deshalb auch eine Verpachtung des Geschäftsbetriebes infrage. Sie hat zur Folge, dass das Vorbenutzungsrecht fortan von dem Pächter ausgeübt wird, dem deshalb im Zuge der Verpachtung – jedenfalls konkludent – auch das Vorbenutzungsrecht übertragen wird.[1019] Bei Beendigung des Pachtvertrages fällt das Vorbenutzungsrecht dementsprechend – wiederum zumindest im Wege stillschweigender Rückübertragung, ggf auch aufgrund einer auflösenden Bedingung – an den Verpächter zurück, der das Recht künftig wieder in seiner Person auszuüben hat.[1020] Ändert sich die rechtliche Zugehörigkeit des Betriebes, kann das Vorbenutzungsrecht hierdurch nicht vervielfältigt (sic: verdoppelt oder gespalten) werden. Das Vorbenutzungsrecht ist unteilbar, weswegen bei einer Teilung des zugehörigen Betriebes geklärt werden muss, bei welchem Betriebsteil nach den getroffenen vertraglichen Absprachen das Vorbenutzungsrecht verblieben ist.[1021] Wechselt der Betriebsinhaber (indem die Geschäftsanteile von dritter Seite erworben werden) oder gewinnt ein Drittunternehmen einen beherrschenden Einfluss auf den Betrieb, so berechtigt dies den Dritten nicht dazu, das Vorbenutzungsrecht *außerhalb* des Entstehungsbetriebes in seinem eigenen Unternehmen auszuüben.[1022]

665 Neben dem Vorbenutzungsberechtigten selbst kommt das Vorbenutzungsrecht auch seinen Abnehmern auf den **nachfolgenden** Handelsstufen zugute.[1023] Auch sie können sich deshalb in einem gegen sie gerichteten Verletzungsprozess auf das ihrem Lieferanten zustehende Vorbenutzungsrecht berufen. Genauso kommt ein dem Hersteller zustehendes Vorbenutzungsrecht – als abgeleitetes Recht – dessen Vertriebsunternehmen zugute. § 12 PatG schützt dabei auch den Aufbau eines Vertriebssystems und dessen Ausgestal-

---

1017 BGH, GRUR 2010, 47 – Füllstoff.
1018 BGH, GRUR 2012, 1010 – Nabenschaltung III.
1019 OLG Düsseldorf, Urteil v 09.05.2019 – I-2 U 66/18.
1020 OLG Düsseldorf, Urteil v 09.05.2019 – I-2 U 66/18.
1021 BGH, GRUR 2012, 1010 – Nabenschaltung III.
1022 BGH, GRUR 2005, 567 – Schweißbrennerreinigung.
1023 BGH, GRUR 2012, 895 – Desmopressin; OLG Düsseldorf, InstGE 11, 193 – Desmopressin-Tablette.

tung mit mehreren Vertriebspartnern.[1024] Gleiches gilt für ein Unternehmen, das erst später anstelle eines anderen, ursprünglichen Vertriebsunternehmens vom Hersteller mit der Vermarktung beauftragt wird.[1025] Ein Händler oder Importeur erwirbt neben dem vom Hersteller abgeleiteten auch ein eigenes Vorbenutzungsrecht, wenn er selbst vor dem Prioritätstag die von ihm wiederholbar erkannte Erfindung im Inland benutzt oder Veranstaltungen zur alsbaldigen Aufnahme der inländischen Benutzung getroffen hat.[1026] Umgekehrt gilt nicht dasselbe. Das Vorbenutzungsrecht wirkt nicht in Richtung auf die dem Berechtigten **vorgelagerte Handelskette**. Der Vorlieferant kann seine Verletzungshandlungen deswegen nicht damit rechtfertigen, dass seinem Abnehmer ein Vorbenutzungsrecht zur Seite steht. Entgegen anderslautender Ansicht[1027] ist auch der **Importeur** einer vom ausländischen Hersteller bezogenen Ware nicht vom eigenen Erfindungsbesitz suspendiert. Allenfalls stellt sich die Frage, ob dieser schon vor dem Prioritätstag inländische Angebots- oder Vertriebshandlungen unternommen oder Veranstaltung zu deren alsbaldiger Aufnahme getroffen hat, die dem ausländischen Produzenten zugerechnet werden können, sodass dieser am Prioritätstag nicht nur Erfindungsbesitz hatte, sondern ihn – vermittelt durch den Inlandsimporteur – auch betätigt hat. Erforderlich hierzu ist, dass der Importeur bei Vornahme seiner inländischen Benutzungen/Veranstaltungen mit zumindest stillschweigender Billigung des Herstellers gehandelt hat. Trifft dies zu, steht dem Ausländer ein Vorbenutzungsrecht zu, von dem – abgeleitet – auch sein Importeur profitieren kann.

Besonderheiten gelten dann, wenn als Vorbenutzungshandlung eine solche im Sinne von § 10 PatG vorliegt, wenn also derjenige, der im Erfindungsbesitz war, bloß Mittel angeboten oder geliefert hat, die den Erfindungsgedanken nicht vollständig verwirklichen, sondern sich nur auf ein wesentliches Element der Erfindung beziehen.[1028] Hier sind verschiedene Fallgruppen auseinander zu halten: **666**

– Unproblematisch ist zunächst die Situation, dass sich die Tatbestandsvoraussetzungen des § 12 PatG (Erfindungsbesitz und dessen Betätigung im Inland vor dem Prioritätstag) sowohl für den mittelbaren Benutzer als auch in der Person des Abnehmers feststellen lassen. Unter derartigen Umständen erwerben beide Akteure, dh der mittelbare Benutzer und dessen Abnehmer, ein eigenes Vorbenutzungsrecht, welches es ihnen erlaubt, ihre jeweiligen Benutzungshandlungen nach der Patenterteilung rechtmäßig fortzuführen. **667**

– Gesichert ist die Rechtslage in gleicher Weise dann, wenn nur der Abnehmer die patentierte Erfindung vor dem Prioritätstag im Inland in Benutzung genommen hat. § 12 PatG verschafft ihm bei dieser Ausgangslage das Recht zur weiteren (unmittelbaren) Benutzung der Erfindung, weswegen das Angebot/die Lieferung von Mitteln, die sich auf ein wesentliches Element der Erfindung beziehen, an einen zur Benutzung des Patents Berechtigten erfolgt. Eine mittelbare Patentverletzung scheidet damit von vornherein aus, weil sie nach § 10 Abs 1 PatG gerade voraussetzt, dass der Angebotsempfänger/Abnehmer zur Benutzung der patentierten Erfindung *nicht* berechtigt ist.[1029] **668**

1024 BGH, GRUR 2012, 895 – Desmopressin.
1025 LG Düsseldorf, InstGE 10, 12 – Desmopressin I; OLG Düsseldorf, InstGE 11, 193 – Desmopressin-Tablette; BGH, GRUR 2012, 895 – Desmopressin.
1026 LG Düsseldorf, InstGE 10, 17 – Desmopressin II.
1027 Blumenröder/Bertram, Mitt 2014, 119.
1028 Vgl Kühnen, FS Mes, 2009, S 233; Hufnagel, FS Reimann, 2009, S 215; von Falck, GRUR 2021, 181.
1029 Benkard, PatG, § 12 PatG Rn 11; Ann, § 34 Rn 60; Hufnagel, FS Reimann, 2009, S 215.

669 – Streitig[1030] ist demgegenüber die dritte denkbare Konstellation, dass ausschließlich in der Person des mittelbaren Benutzers die Voraussetzungen des § 12 PatG vorliegen, dass dessen Abnehmer hingegen entweder ohne Erfindungsbesitz gewesen sind oder aber einen etwa vorhandenen Erfindungsbesitz vor dem Prioritätszeitpunkt nicht ihrerseits hinreichend im Inland betätigt haben und ihnen auch sonst kein (zB auf einer Lizenzerteilung durch den Patentinhaber beruhendes) Benutzungsrecht an der Erfindung zusteht. Zwei Fragen treten an dieser Stelle auf:

670 • **Erstens**: Ist der mittelbare Vorbenutzer für seine Geschäftstätigkeit nach erfolgter Patenterteilung auf diejenigen Kunden beschränkt, denen er das erfindungswesentliche Mittel bereits vor dem Prioritätstag angeboten/geliefert hat?

671 Da Handlungen nach § 10 PatG einen vollwertigen Vorbenutzungstatbestand schaffen, kann – entgegen anderslautenden Ansichten[1031] – nicht ernstlich zweifelhaft sein, dass es dem mittelbaren Vorbenutzer als Folge seines durch die mittelbare Vorbenutzung erworbenen Besitzstandes freisteht, über den ursprünglichen Adressatenkreis hinaus jeden beliebigen Dritten wegen des Angebots/der Lieferung erfindungswesentlicher Mittel anzusprechen.[1032]

672 • **Zweitens**: Welche Benutzungsbefugnisse ergeben sich für den Abnehmer aus dem Vorbenutzungsrecht des mittelbaren Benutzers?

673 Das Meinungsbild dazu, ob und unter welchen Voraussetzungen der selbst nicht vorbenutzungsberechtigte (und auch ansonsten hinsichtlich des Patents nicht legitimierte) Abnehmer erfindungswesentlicher Mittel von einem Vorbenutzungsrecht des mittelbaren Benutzers profitieren kann, ist uneinheitlich. Als entscheidendes Kriterium wird in der Literatur überwiegend angesehen, ob der mittelbare Vorbenutzer seinen Abnehmern die Befugnis zur unmittelbaren Erfindungsbenutzung vermitteln kann, wobei eine Lizenzierungsbefugnis an unterschiedliche Bedingungen geknüpft wird. Einige Autoren[1033] befürworten sie nur dann, wenn das gelieferte Mittel ausschließlich patentgemäß und nicht auch patentfrei verwendet werden kann, während andere[1034] darauf abheben, ob das Mittel für die Verwirklichung der patentgemäßen Lehre von zentraler oder von lediglich untergeordneter Bedeutung ist, wobei im erstgenannten Fall eine Benutzungserlaubnis bejaht und in der zuletzt genannten Konstellation verneint wird. Dem ist entgegen zu treten:

674 Bereits das Abstellen auf eine Lizenzierungsbefugnis des mittelbaren Vorbenutzers ist abzulehnen. Das Vorbenutzungsrecht schafft keine Rechtsmacht, Dritten eine Benutzungserlaubnis (Lizenz) an demjenigen Patent zu erteilen, dessen Gegenstand vorbenutzt wurde. Befugt hierzu sind ausschließlich der Patentinhaber und – neben ihm, ggf auch an seiner Stelle – solche Personen (zB exklusive Lizenznehmer), denen der Schutzrechtsinhaber das Recht eingeräumt hat, anderen die Benutzung der Erfindung zu überlassen. Anzusetzen ist deshalb an anderer Stelle, nämlich bei der rechtlichen Wirkung, die mit einem Vorbenutzungsrecht verbunden ist. Sie liegt nach allgemeiner Auffassung nicht etwa darin, dass dem Vorbenutzungsberechtigten eine vom Patent abgeleitete Benutzungsbefugnis zufällt. Vielmehr verhält es sich genau umgekehrt, sodass der Patentschutz von

---

1030 Vgl Kühnen, FS Mes, 2009, S 233; Hufnagel, FS Reimann, 2009, S 215.
1031 LG Düsseldorf, Urteil v 8.7.2004 – 4a O 304/3; Umdruck S 22/23; Benkard, PatG, § 12 PatG Rn 25; Schramm, S 140.
1032 OLG Düsseldorf, GRUR 2018, 814 – Schutzverkleidung für funktechnische Anlagen.
1033 Ann, § 34 Rn 60.
1034 Teschemacher, mittelbare Patentverletzung, 1974, S 125 f; ihm folgend: Hufnagel, FS Reimann, 2009, S 215.

vornherein (originär) insoweit nicht zur Entstehung gelangt, wie der rechtlich geschützte Besitzstand des Vorbenutzers reicht.[1035] Überall dort, wo der durch Vorbenutzung redlich erworbene Besitzstand ausgeübt wird, existieren infolgedessen per se keine Verbietungsrechte des Patentinhabers.

675 Eine »Besitzstandswahrung« findet dabei noch nicht allein dadurch statt, dass dem Vorbenutzer als solchem gestattet bleibt, seine bis zum Prioritätszeitpunkt durch Veranstaltungen angelegten oder darüber hinaus bereits ausgeübten Benutzungshandlungen im Rahmen seines Geschäftsbetriebes fortzusetzen. Ein derart verstandenes Vorbenutzungsrecht wäre weitgehend sinnlos, weil es dem Patentinhaber die Möglichkeit geben würde, gewerblichen Abnehmern des Vorbenutzungsberechtigten den Gebrauch und Weitervertrieb der vorbenutzten Gegenstände unter Berufung auf seine (ihnen gegenüber bestehenbleibenden) Ausschließlichkeitsrechte zu untersagen. Jeder vernünftige Abnehmer würde unter solchen Umständen davon absehen, Gegenstände, auf die sich das Vorbenutzungsrecht bezieht, zu erwerben, weil sie für ihn und seinen Geschäftsbetrieb unverwertbar wären. Die Befugnis des Berechtigten zum Weitergebrauch der vorbenutzten Erfindung stünde bloß auf dem Papier und wäre wirtschaftlich ohne Nutzen. Für den Bereich der unmittelbaren Vorbenutzung ist dementsprechend anerkannt, dass ein dem Hersteller oder Lieferanten zustehendes Vorbenutzungsrecht selbstverständlich auch den nachfolgenden Handelsstufen zugutekommt, indem die vom Vorbenutzungsberechtigten bezogenen Gegenstände gewerblich frei weiter angeboten, vertrieben und gebraucht werden dürfen.[1036] In Fällen mittelbarer Vorbenutzung rechtfertigt sich keine grundsätzlich andere Betrachtung. Eine wirtschaftliche Ausbeutung des durch die Vorbenutzung geschaffenen Besitzstandes ist auch hier nur denkbar, wenn die vom Berechtigten angebotenen/ gelieferten erfindungswesentlichen Mittel auf den nachgeordneten Wirtschaftsstufen patentfrei bleiben. Evident ist dies zunächst für die Konstellation, dass das Mittel technisch und wirtschaftlich sinnvoll[1037] überhaupt nur nach Maßgabe des Patents eingesetzt werden kann. Denn jedes dem Patentinhaber gegenüber den Abnehmern zugewiesene Verbietungsrecht würde unweigerlich dazu führen, dass das erfindungswesentliche Mittel keinem gewerblichen Verwendungszweck mehr zugeführt werden kann, womit es sich als für den mittelbaren Vorbenutzer unverkäuflich erweisen würde. Erlaubt das erfindungswesentliche Mittel statt dessen einen Gebrauch auch außerhalb der technischen Lehre des vorbenutzten Patents, sind die wirtschaftlichen Konsequenzen zwar nicht in gleichem Maße drastisch, weil auch bei einem Fortbestehen von Verbietungsrechten gegenüber denjenigen Abnehmern, die mit dem gelieferten Mittel eine unmittelbare Patentbenutzung beabsichtigen, für den mittelbaren Vorbenutzer Absatzmöglichkeiten verbleiben, nämlich in Gestalt all derjenigen Abnehmer, die das erfindungswesentliche Mittel außerhalb des Patents einsetzen wollen. Auf dieses Marktpotenzial kann der mittelbare Vorbenutzer jedoch nicht verwiesen werden. Denn die Ansprache derartiger Kunden hat ihm ohnehin schon deshalb offen gestanden, weil insoweit (mangels Patents) ein schutzrechtsfreier Raum gegeben ist. Mit Blick auf den besagten Abnehmerkreis bestehende Liefermöglichkeiten haben deswegen auch mit der Wahrung irgendeines Besitzstandes nichts zu tun, der durch die mittelbare Vorbenutzung begründet worden ist.

1035 Vgl nur BGH, GRUR 1965, 411 – Lacktränkeeinrichtung; BGH, GRUR 2002, 231, 233 – Biegevorrichtung.
1036 RG, GRUR 1940, 434, 435 – Massekerne; BGH, Urteil v 17.11.1970 – X ZR 13/69; Benkard, PatG, § 12 PatG Rn 4.
1037 Vgl dazu: OLG Düsseldorf, Mitt 2003, 264, 268 – Antriebsscheibenaufzug; LG Düsseldorf, InstGE 5, 173 – Wandverkleidung.

676 Die vorerörterte Reichweite kann zum Gegenstand einer **Feststellungsklage** gemacht werden, mit der geklärt wird, wie weit die Befugnisse des Vorbenutzungsberechtigten selbst gehen (ob er etwa nur seine ursprünglichen Abnehmer oder beliebige weitere beliefern darf) und ob die Abnehmer ihrerseits als Folge des mittelbaren Vorbenutzungsrechts zur unmittelbaren Patentbenutzung berechtigt sind. Diese Klärung kann in Gestalt einer Widerklage auch im Patentverletzungsprozess erfolgen, der vom Schutzrechtsinhaber gegen den mittelbaren Vorbenutzer angestrengt ist.[1038]

7. Positives Benutzungsrecht[1039]

677 Ein die Verbietungsrechte suspendierendes Benutzungsrecht kann sich gleichermaßen aus einem gegenüber dem Klageschutzrecht *prioritätsälteren*[1040] Patent oder Gebrauchsmuster[1041] ergeben, an dem der Beklagte entweder als Inhaber oder als Lizenznehmer benutzungsberechtigt ist.[1042] Es beruht auf der Tatsache, dass jedes Schutzrecht nicht nur Verbietungsrechte gegen Dritte vermittelt, sondern seinem Inhaber darüber hinaus auch selbst das positive Recht verschafft, die eigene Erfindung benutzen zu dürfen. Dieses – dem Patent immanente – Benutzungsrecht kann nicht dadurch im Nachhinein beeinträchtigt oder verkümmert werden, dass später ein im Zeitrang schlechteres, weil prioritätsjüngeres Schutzrecht hinzutritt. Eine solche Situation kann sich ergeben, wenn das prioritätsjüngere Schutzrecht zur Anmeldung gelangt, bevor das prioritätsältere Patent offengelegt worden ist. Die Benutzungsbefugnis aus dem älteren Recht ist freilich auf diejenige technische Lehre beschränkt, die Gegenstand eben jenes älteren Patents oder Gebrauchsmusters, dh seiner Patent- bzw Schutzansprüche, ist. Dessen Inhaber (oder Lizenznehmer) ist also nicht berechtigt, von zusätzlichen Merkmalen Gebrauch zu machen, mit denen sich das ältere Schutzrecht nicht befasst und die der Öffentlichkeit erst durch das jüngere Patent offenbart worden sind.[1043] Andererseits umfasst das Recht zur eigenen Benutzung alle Handlungen nach § 9 PatG. Sie können weder als unmittelbare noch als mittelbare Verletzung des prioritätsjüngeren Patents verfolgt werden.

678 Ist das Patent nach § 64 PatG beschränkt worden, kommt es wegen der mit der **Beschränkung** verbundenen Rückwirkung auf die beschränkte Fassung der Ansprüche an. Gleiches gilt in Fällen teilweisen Widerrufs oder teilweiser Nichtigerklärung.

679 Das positive Benutzungsrecht aus einem älteren *Patent* geht nach herrschender Auffassung nur so weit wie der Wortsinn der Ansprüche des prioritätsälteren Schutzrechts einschließlich einer (neuheitsschädlichen) impliziten Offenbarung reicht. Der Einwand versagt deshalb, wenn mit der angegriffenen Ausführungsform von der Lehre des prioritätsälteren Schutzrechts in lediglich **äquivalenter Form** Gebrauch gemacht wird oder wenn sich der Beklagte nicht einmal auf die Patentansprüche, sondern lediglich darauf berufen kann, dass die von ihm verwirklichte technische Lehre, ohne Stütze in den

---

1038 OLG Düsseldorf, GRUR 2018, 814 – Schutzverkleidung für funktechnische Anlagen.
1039 Stjerna, GRUR 2010, 202; Stjerna, GRUR 2010, 795.
1040 Ein prioritätsjüngeres Schutzrecht verschafft seinem Inhaber demgegenüber kein Benutzungsrecht gegenüber dem Inhaber des prioritätsälteren Rechts. Vielmehr kann der letztere den ersteren die Benutzung seines (prioritätsjüngeren) Patents verbieten, wenn und so weit mit der Benutzung des prioritätsjüngeren (eigenen) Patents zugleich eine Benutzung der technischen Lehre des prioritätsälteren Schutzrechts verbunden ist.
1041 BGH, GRUR 1992, 692 – Magazinbildwerfer.
1042 BGH, GRUR 2009, 655 – Trägerplatte; OLG Düsseldorf, InstGE 8, 141 – Trägerplatte.
1043 BGH, GRUR 2009, 655 – Trägerplatte; OLG Düsseldorf, InstGE 8, 141 – Trägerplatte; LG Düsseldorf, Entscheidungen 1996, 24, 26 – Erythropoiethin III.

Ansprüchen, im Beschreibungstext erwähnt ist.[1044] Das eigene Benutzungsrecht geht demnach nicht so weit wie das Verbietungsrecht aus dem Patent, was auf den ersten Blick überrascht. Anders wird die Sachlage bei einem *Gebrauchsmuster* beurteilt; hier wird ein Benutzungsrecht in der vollen Breite des Schutzbereichs angenommen, sodass der Berechtigte in demselben Umfang selbst benutzen darf, wie er Dritten die Benutzung untersagen kann.

Praxistipp	Formulierungsbeispiel
Das erlaubt es, durch Abzweigung eines Gebrauchsmusters und passende, dh auf die Verletzungsform abgestimmte Formulierung der Schutzansprüche im Bedarfsfall einen Rechtfertigungsgrund zu kreieren.	

680

Kritik: Ausgangspunkt der Betrachtung muss der Wortlaut der Gesetzesvorschriften sein, die – anders als zur früheren Rechtslage – ausdrücklich ein aus dem Patent/Gebrauchsmuster folgendes eigenes Benutzungsrecht des Inhabers anerkennen und *gesondert* (Satz 1) neben den Verbietungsrechten gegenüber Dritten (Satz 2) regeln:

681

§ 9 PatG

682

Das Patent hat die Wirkung, dass allein der Patentinhaber befugt ist, die patentierte Erfindung im Rahmen des geltenden Rechts zu benutzen. Jedem Dritten ist es verboten, ohne seine Zustimmung ...

§ 11 Abs 1 GebrMG

Die Eintragung eines Gebrauchsmusters hat die Wirkung, dass allein der Inhaber befugt ist, *den Gegenstand des Gebrauchsmusters* zu benutzen. Jedem Dritten ist es verboten, ohne seine Zustimmung ein Erzeugnis, das *Gegenstand des Gebrauchsmusters ist*, herzustellen, anzubieten, in Verkehr zu bringen oder zu gebrauchen oder zu den genannten Zwecken entweder einzuführen oder zu besitzen.

Gegenstand des dem Inhaber zustehenden Benutzungsrechts ist bei einem **Patent** »die patentierte Erfindung«. Wäre damit dasselbe gemeint wie der Schutzbereich des Patents, der gegen Dritte geltend gemacht werden kann, so hätten beide Aspekte – das eigene Benutzungsrecht des Inhabers und das Verbietungsrecht gegen Dritte – auch durch eine einheitliche Formulierung geregelt werden können. Dass dies nicht geschehen ist, lässt zumindest die Möglichkeit offen, dass »die patentierte Erfindung« etwas anderes bedeutet als der die Verbietungsbefugnisse umreißende Schutzbereich. Gegen diese Annahme spricht auch nicht § 139 Abs 1 PatG, der besagt, dass, »wer entgegen den §§ 9 bis 13 eine patentierte Erfindung benutzt, ... von dem Verletzten bei Wiederholungsgefahr auf Unterlassung in Anspruch genommen werden (kann).«; Zwar findet sich auch hier, obwohl es eindeutig um die Rechtsverfolgung gegenüber Dritten geht, der Begriff der »patentierten Erfindung«. Allerdings stellt der ausdrückliche Verweis auf die »§§ 9 bis 13« sogleich klar, dass an diejenige Teilregelung in § 9 PatG angeknüpft wird, die sich mit den Verbietungsrechten befasst, nämlich § 9 Satz 2 PatG (= Schutzbereich). Auch ansonsten spricht – rein sprachlich betrachtet – nichts dagegen, dass »die patentierte Erfindung« den Schutzgegenstand des Patents (und nicht den Schutzbereich) meint. Ein Patent erteilt (= patentierte Erfindung) ist dem Inhaber eben nur für dasjenige, was aus fachmännischer Sicht mit dem Anspruchswortlaut niedergelegt ist, aber für nichts darü-

683

1044 OLG Düsseldorf, InstGE 8, 141 – Trägerplatte; aA: Stjerna, Mitt 2009, 450; Stjerna, GRUR 2010, 795 mit einer Darstellung des Meinungsstandes.

E. Verteidigungsmöglichkeiten des Beklagten

ber hinaus, insbesondere nicht für im Schutzbereich liegende Äquivalente, die überhaupt nicht Gegenstand der behördlichen Prüfung und Erteilungsentscheidung waren.

684 Für **Gebrauchsmuster** ist aus zwei Gründen eine gesonderte Betrachtung erforderlich. Erstens liegt ihm keine materielle Prüfung zugrunde, die einem Erteilungsakt gleichkommen würde; zweitens sind die Verbietungsrechte insofern unterschiedlich geregelt, als auch ihr Bezugspunkt der »Gegenstand des Gebrauchsmusters« ist (§ 11 Abs 1 Satz 1 GebrMG), sodass sowohl das eigene Benutzungsrecht als auch die Verbietungsrechte gegen Dritte einheitlich an den »Gegenstand des Gebrauchsmusters« anknüpfen. Da allgemein anerkannt ist, dass äquivalente Abwandlungen in den Schutzbereich (und damit – auf der Verletzungsebene – in den »Gegenstand«) des Gebrauchsmusters fallen, muss – aus rein philologischer Perspektive – auch das eigene Benutzungsrecht des Gebrauchsmusterinhabers, welches gleichlautend auf »den Gegenstand des Gebrauchsmusters« Bezug nimmt, in eben diesem Sinne verstanden werden.

685 Wie bereits dargelegt, findet das Monopolrecht seinen Ausdruck nicht nur in den Verbietungsrechten gegenüber Dritten, sondern gleichermaßen in der ihm immanenten Befugnis des Berechtigten zur eigenen Benutzung der Erfindung. Das Benutzungsrecht erstreckt sich hierbei auf dasjenige, was durch den Erteilungsakt als Erfindung identifiziert ist (Patent) bzw durch nachträgliche Prüfung auf Schutzfähigkeit als Erfindung identifiziert wird (Gebrauchsmuster). Angesichts dieses Gleichklangs fragt sich, welchen **sachlichen Grund** es dennoch dafür gibt, in der Handhabung des Benutzungsrechts zwischen einem prioritätsälteren Patent (für das der Anspruchswortlaut das Recht zur Benutzung limitiert) und einem prioritätsälteren Gebrauchsmuster (bei dem ein Benutzungsrecht im vollen Umfang seines Schutzbereiches anerkannt wird) **zu differenzieren**.

686 Der Grund könnte in dem unterschiedlichen Angriffspotenzial gegenüber dem prioritätsjüngeren Klagepatent liegen, welches das eine Mal mit einem älteren Patent und das andere Mal mit einem älteren Gebrauchsmuster verbunden ist. Aus einem prioritätsälteren nachveröffentlichten Patent können Neuheitsangriffe gegen das prioritätsjüngere Klageschutzrecht hergeleitet werden (§§ 3 Abs 2, 4 Satz 2 PatG, Artt 54 Abs 3, 56 Satz 2 EPÜ), aus einer älteren nachveröffentlichten Gebrauchsmusterschrift hingegen nicht. Da die Berechtigung an einem älteren Gebrauchsmuster für einen Rechtsbestandsangriff gegen das Klagepatent untauglich ist, ließe sich erwägen, ob nicht ein gewisser Gerechtigkeitsausgleich dadurch herbeizuführen ist, dass der Einwand des positiven Benutzungsrechts bei einem in der Rechtsbestandsfrage schlechter gestellten Gebrauchsmuster großzügiger gehandhabt wird, indem bei ihm nicht (wie bei einem Patent) auf den Anspruchswortlaut, sondern weitergehend auf den Schutzbereich abgestellt wird. Letztlich ist dieser Gedanke aber aus zwei Gründen zu verwerfen.

687 – Erstens schafft das Gebrauchsmusterrecht selbst einen Ausgleich für den geringeren Kreis von relevantem Stand der Technik dadurch, dass § 15 Abs 1 Nr 2 GebrMG einen zusätzlichen Löschungsgrund etabliert, demzufolge ein Gebrauchsmuster zu löschen ist, wenn sein Gegenstand aufgrund einer früheren Patent- oder Gebrauchsmusteranmeldung geschützt worden ist. Eine prioritätsältere Gebrauchsmusteranmeldung ist damit zwar keine taugliche Entgegenhaltung im Rahmen der Neuheitsprüfung, rechtfertigt dafür aber als solche die Löschung des jüngeren Gebrauchsmusters.

688 – Zweitens schafft ein erweitertes Benutzungsrecht in den praxisrelevanten Äquivalenzfällen, bei denen das jüngere Schutzrecht eine äquivalente Abwandlung des älteren Rechts unter Schutz stellt, keinen Gerechtigkeitsausgleich. Ist das ältere Recht ein Patent, kann es zwar als fiktiver Stand der Technik berücksichtigt werden, allerdings nur im Rahmen der Neuheitsprüfung. Schützt das jüngere Klagepatent eine äquivalente Abwandlung gegenüber dem älteren Patent, nützt dieser Neuheitseinwand jedoch nichts, weil die Abwandlung in dem älteren Recht gerade nicht (neuheitsschädlich) offenbart ist, sondern durch sie allenfalls nahegelegt wird. Es existieren

daher keine besseren Rechtsbestandschancen aus dem älteren Patent, die eine kompensierende Privilegierung des Inhabers eines älteren Gebrauchsmusters in der Weise gebieten könnten, dass ihm erlaubt wird, sich im Äquivalenzbereich auf ein positives Benutzungsrecht zu berufen.

Als Ergebnis bleibt somit festzuhalten, dass es keinen sachlichen Grund dafür gibt, das Benutzungsrecht aus einem Gebrauchsmuster anders zu behandeln als dasjenige aus einem Patent. Für beide hat deshalb gleichermaßen die Limitierung auf den Offenbarungsgehalt (Anspruchswortsinn) des Patentanspruchs zu gelten. Dass das eigene Benutzungsrecht im Hinblick auf Äquivalente einen geringeren Umfang hat als das Verbietungsrecht aus dem älteren Schutzrecht, lässt sich sachlich damit erklären, dass die Verbietungsrechte aus dem jüngeren Schutzrecht als Folge der Bindung an den Erteilungsakt grundsätzlich uneingeschränkt in demjenigen Umfang durchsetzbar sein müssen, der durch den Erteilungsakt (= Anspruchswortlaut) umrissen ist. Davon ist nur dort eine Ausnahme zu machen, wo beim älteren Schutzrecht dieselbe Situation deswegen gegeben ist, weil die angegriffene Ausführungsform von *seiner* Lehre dem Wortsinn nach Gebrauch macht. Fehlt es daran, weil das ältere Schutzrecht nur äquivalent benutzt wird, hat das Benutzungsrecht (außerhalb des Erteilungsaktes) gegenüber dem Verbietungsrecht (innerhalb des Erteilungsaktes) zurückzustehen.[1045] Der beschränkten Geltung des Benutzungsrechts lässt sich nicht entgegenhalten, dass der Berechtigte an einem älteren Recht letztlich nicht anders behandelt wird als der Inhaber eines Vorbenutzungsrechts, der den Gegenstand der Erfindung am Prioritätstag lediglich benutzt, aber nicht zum Schutzrecht angemeldet hat. Ein Wertungswiderspruch wäre damit nur verbunden, wenn der Inhaber des älteren Rechts mehr geleistet hätte als der Vorbenutzer und trotzdem hinsichtlich der Rechtsfolgen nach der hier vertretenen Auffassung nicht bessergestellt ist als dieser. So liegt der Fall aber gerade nicht. Der Inhaber eines älteren Schutzrechts muss nämlich außer der Schutzrechtsanmeldung nichts Weiteres unternommen haben, um in den Genuss eines positiven Benutzungsrechts zu gelangen, insbesondere keine Erfindungsbenutzung ins Werk gesetzt haben. Der verwirklichte Privilegierungssachverhalt ist deshalb in seiner Person kein überschießender, sondern ein alternativ anderer. Der nach § 12 PatG Berechtigte hat die Erfindung gewerblich vorbenutzt, der Inhaber eines älteren Rechts hat prioritätsbesser angemeldet. Jeder von beiden hat mithin andere tatsächliche Voraussetzungen erfüllt, um schlussendlich in den Genuss eines gleichen Benutzungsrechts zu kommen. Das ist nicht ungerecht, sondern eine ohne weiteres mögliche und angemessene gleichartige Belohnung für andersartige Privilegierungshandlungen.

689

Das positive Benutzungsrecht beginnt nicht schon mit der Anmeldung des prioritätsälteren Patents, sondern erst mit dessen **Erteilung**. Dementsprechend genügt bei einem **Gebrauchsmuster** nicht bereits dessen Eintragung im Register; vielmehr muss auch die (beim Patent durch den Erteilungsakt dokumentierte) Schutzfähigkeit gegeben sein. Das bedeutet zwar nicht, dass bis zur rechtskräftigen Bestätigung von Neuheit und Erfindungshöhe (zB in einem Löschungsverfahren) überhaupt keine taugliche Grundlage für ein positives Benutzungsrecht gegeben wäre. Das Gegenteil ist der Fall, weil bereits das

690

1045 Wer dies anders sieht und ein positives Benutzungsrecht im gesamten Schutzbereich des älteren Patents oder Gebrauchsmusters anerkennt, muss akzeptieren, dass in demselben Maße, in dem das Benutzungsrecht des Älteren (sic: um Äquivalente) erweitert wird, sich die Verbietungsrechte des Jüngeren verringern. Es ist letztlich also eine Abwägungs- und Interessenentscheidung, zu wessen Lasten der Konflikt zwischen der berechtigten Benutzung einer äquivalenten Abwandlung der prioritätsälteren Lehre und den Verbietungsrechten aus einem prioritätsjüngeren Schutzrecht wegen dessen wortsinngemäßen oder äquivalenten Gebrauchs gelöst wird. Einer von beiden – entweder der Benutzungsberechtigte des älteren oder der Verbietungsberechtigte des jüngeren Rechts – *muss* das Nachsehen zum Vorteil des anderen haben.

eingetragene Gebrauchsmuster Monopolrechte vermittelt, sofern keine Löschungsgründe bestehen. Bevor aus dem Gebrauchsmuster ein positives Benutzungsrecht zuerkannt wird, müssen für das Verletzungsgericht nur die gesetzlich zugelassenen (und geltend gemachten) Löschungsgründe ausgeräumt sein.

691 Ist das **prioritätsältere Schutzrecht angegriffen**, so werden die geführten Rechtsbestandsangriffe ggf auch mit Blick auf das jüngere Klagepatent einen Aussetzungsanlass begründen, wobei dies umso mehr gilt, je gleicher beide Schutzrechte sind. Unter solchen Umständen ist der Verletzungsprozess wegen Bedenken gegen den Bestand des Klagepatents auszusetzen, sodass sich vorerst keine weiteren Probleme mit der Behandlung des positiven Benutzungsrechts ergeben. Wo die Angriffe gegen das ältere Recht nicht zugleich auch den Rechtsbestand des Klagepatents in Gefahr bringen, ist das Verletzungsgericht zwar an die Erteilung des Klagepatents, nicht aber an die Erteilung des für das Benutzungsrecht bemühten älteren Schutzrechts gebunden, sodass – jedenfalls theoretisch – die Möglichkeit besteht, dass das Verletzungsgericht selbst den Erfolg des Rechtsbestandsangriffs beurteilt und darauf seine Endentscheidung über die Verletzungsklage stützt, obgleich natürlich die Entscheidung über den tatsächlichen Rechtsbestand allein den Erteilungsinstanzen (EPA, BPatG, DPMA) zugewiesen ist. Alternativ kann in der geschilderten Situation der Verletzungsrechtsstreit bis zur kontradiktorischen Entscheidung über den Einspruch, die Nichtigkeitsklage oder den Löschungsantrag ausgesetzt werden (§ 148 ZPO, § 19 GebrMG). Bei der Entscheidung darüber, welche der beiden Wege zu beschreiten und wie das Aussetzungsermessen zu handhaben ist, muss im Blick behalten werden, dass der Verletzungskläger auch in den diskutierten Fällen eines möglicherweise bestehenden positiven Benutzungsrechts ein vitales und prinzipiell berechtigtes Interesse an der Durchsetzung seines jüngeren Patents hat, weswegen der Verletzungsrechtsstreit nicht formelhaft oder kategorisch ausgesetzt werden kann, bis der Angriff gegen das ältere Schutzrecht – und damit die sachliche Berechtigung des eingewendeten positiven Benutzungsrechts – endgültig beschieden ist. Ist die Rechtsbestandsentscheidung über das ältere Recht *vorgreiflich* für die Zuerkennung des positiven Benutzungsrechts, weil dessen Voraussetzungen schlüssig dargelegt und tatrichterlich feststellbar sind, sodass es dem Verletzungsbeklagten als Rechtfertigungsgrund einzuräumen ist, *wenn* sich sein älteres Recht als beständig erweist, sollte im Rahmen einer Interessenabwägung regelmäßig wie folgt differenziert werden:

692 – Räumt das Verletzungsgericht dem Rechtsbestandsangriff gegen das ältere Schutzrecht **keine überwiegende Erfolgsaussicht** ein, sodass es einen Rechtfertigungsgrund für gegeben und die Verletzungsklage dementsprechend für abweisungsreif hält, sollte vor einem kontradiktorischen Rechtsbestandserkenntnis nicht klageabweisend durchentschieden, sondern der Rechtsstreit ausgesetzt werden. Sie belastet den Kläger in geringerem Maße als eine sofortige (auf eine bloße Rechtsbestands*prognose* gestützte) Endentscheidung und vermeidet unnötige weitere Prozesskosten. Anders als wenn es um den Rechtsbestand des *Klagepatents* geht, spielt das Rechtsverfolgungsinteresse des klagenden Patentinhabers in der betrachteten Konstellation auch keine Rolle, weil nicht die Verurteilung des Beklagten, sondern die Abweisung seiner Verletzungsklage die Entscheidungsalternative bildet. Gleichzeitig hat auch der Beklagte keinen legitimen Anspruch auf eine sofortige Endentscheidung, weil deren Richtigkeit und Bestand sowieso ungewiss bleiben würde, bis zumindest erstinstanzlich von der berufenen Stelle über den unternommenen Angriff gegen das ältere Schutzrecht befunden ist. Der Beklagte gewinnt deshalb durch eine auf unsicherem Grund stehende Abweisung der Verletzungsklage keine wirkliche Sicherheit, die eine solche Entscheidung rechtfertigen könnte.

693 – Das gleiche Prozedere gilt bei einem aus Sicht des Verletzungsgerichts **ergebnisoffenen** Ausgang des Rechtsbestandsverfahrens, der schon in der besonderen technischen Komplexität des Patentgegenstandes liegen kann. Denn so lange der zur eigenen

Beurteilung des Verletzungsgerichts stehende Rechtfertigungsgrund nicht ausgeräumt ist, kann eine Verurteilung nicht erfolgen.

– Hält dagegen das Verletzungsgericht den Angriff auf das ältere Schutzrecht für **überwiegend aussichtsreich**, so ist von einer die Durchsetzung des Klagepatents verzögernden Aussetzung abzusehen und der Beklagte zu verurteilen. Unter den besagten Umständen überwiegen die Rechtsverfolgungsinteressen des Verletzungsklägers, die eine augenblickliche Durchsetzung des verletzten Patents gebieten. 694

Einer gesonderten Betrachtung bedürfen **Gebrauchsmuster**, aus denen ein Benutzungsrecht hergeleitet wird. 695

– Hat sich das Gebrauchsmuster bereits in einem kontradiktorischen Rechtsbestandsverfahren bewährt oder ist sein Rechtsbestand ansonsten gesichert (zB durch aufrechterhaltende Entscheidungen zu einem parallelen Patent oder dergleichen), so sollten die vorstehenden Aussetzungsmaßstäbe zum Patent gelten. 696

– Handelt es sich hingegen um ein materiell ungeprüftes Recht, so ist in weit stärkerem Maße als bei dem Benutzungsrecht aus einem behördlich verifizierten Patent damit zu rechnen, dass sich das Gebrauchsmuster (und mit ihm der Rechtfertigungsgrund) als nicht existent erweist. Dementsprechend gewinnen die Durchsetzungsbelange des Verletzungsklägers ein umso größeres Gewicht. Schon ernstzunehmende Zweifel am Rechtsbestand des Gebrauchsmusters müssen deswegen dazu führen, dass das Benutzungsrecht einer Durchsetzung des jüngeren Klagepatents nicht im Wege steht. Unter solchen Umständen ist daher keine Aussetzung, sondern eine Verurteilung angebracht. 697

Ist das ältere **Gebrauchsmuster nicht separat angegriffen** (sodass eine Aussetzung ausscheidet), sondern bestreitet der Verletzungskläger dessen Schutzfähigkeit nur im Verletzungsprozess, so kommt es darauf an, ob sich das Verletzungsgericht von der Schutzfähigkeit des Gebrauchsmusters überzeugen kann. Wo dies nicht der Fall ist, ist der Beklagte zu verurteilen, ansonsten ist die Verletzungsklage abzuweisen. 698

8. Einwand der widerrechtlichen Entnahme

Zulässig ist die Verteidigung des Beklagten, der Patentinhaber habe ihm die patentierte Erfindung widerrechtlich entnommen.[1046] In einem solchen Fall steht der Geltendmachung der Rechte aus dem Patent der allgemeine Arglisteinwand des § 242 BGB entgegen. Denn es ist unredlich und treuwidrig, denjenigen wegen Patentverletzung in Anspruch zu nehmen, dem die durch das Patent geschützte Erfindung entwendet worden ist. Das gilt auch dann, wenn dem Beklagten nur Teile des patentierten Erfindungsgegenstandes entnommen worden sind[1047], sodass ihm lediglich eine Mitberechtigung neben dem eingetragenen Patentinhaber zusteht, auf den die restliche Erfindung zurückgeht. Ist eine Vindikationsklage[1048] erhoben, auf die sich der Verletzungsbeklagte im Rahmen seiner Rechtsverteidigung bezieht, so genügt dies, um den Entnahmeeinwand als Verteidigungsmittel im Prozess zu etablieren. 699

1046 Im Tatsächlichen kann sich ein Entnahmesachverhalt zB aus einer »Unterschlagung« der Erfindung durch einen Mitarbeiter, aus Forschungskooperationen oder daraus ergeben, dass ein Dritter zufällige Kenntnis von der Erfindung erhält und diese auf seinen Namen anmeldet.

1047 … sodass ihm aufgrund seiner Mitberechtigung ein eigenes Benutzungsrecht am gemeinsamen Patentgegenstand zusteht, weswegen Ansprüche wegen Patentverletzung ausscheiden.

1048 Zur rechtlichen Behandlung des Vindikationsanspruchs bei internationalen Sachverhalten vgl Wollenschlaeger, Kollisionsrechtliche Anknüpfung, 2019; McGuire, Mitt 2019, 197.

a) Entnahmesachverhalt

700 Wann eine widerrechtliche Entnahme tatbestandlich vorliegt, ist **legaliter** in § 21 Abs 1 Nr 3 PatG **definiert**.[1049] Charakteristisch ist, dass a) die materielle Berechtigung an der Erfindung und b) die formelle Registerposition auseinanderfallen, indem der Patentanmelder oder Patentinhaber nicht der (allein) an der Erfindung sachlich Berechtigte ist.

701 Das materielle Recht auf die Erfindung entsteht originär beim Erfinder (§ 6 PatG), auf den der Gegenstand der Anmeldung zurückgeht. Bei Beteiligung mehrerer genügt ein eigenständiger schöpferischer, nicht notwendigerweise selbst erfinderischer Beitrag, dh ein solcher, der den Gesamterfolg der angemeldeten Erfindung irgendwie beeinflusst hat und in Bezug auf die Lösung nicht unwesentlich war und der auch nicht nach den Weisungen eines Erfinders oder eines Dritten geschaffen worden ist.[1050] Die Summe der Beiträge muss in jedem Fall wesensgleich mit dem Inhalt der Patentanmeldung sein.[1051] Erforderlich ist ein prüfender Vergleich der patentierten Lehre mit derjenigen technischen Anweisung, deren widerrechtliche Entnahme geltend gemacht wird. Dazu ist in einer Gesamtschau zu untersuchen, inwieweit beide Lehren übereinstimmen.[1052] Relevant können prinzipiell alle Kenntnisse sein, die bis zum Anmeldetag des herausverlangten Patents transferiert worden sind.[1053]

702 Die Sachberechtigung kann nachträglich durch Vertrag, Gesamtrechtsnachfolge oder unbeschränkte Inanspruchnahme nach dem ArbEG auf einen Dritten übergehen, dem alsdann die sich aus dem Entnahmesachverhalt ergebenden Rechte und Einwendungen zustehen.

b) Reichweite des Einwandes

703 Der Einwand widerrechtlicher Entnahme kann nicht nur gegenüber dem klagenden Patentinhaber, sondern gleichermaßen gegenüber dem klagenden (einfachen oder ausschließlichen) Lizenznehmer erhoben werden, die ihre Aktivlegitimation vom Schutzrechtsinhaber ableiten. Da es sich um eine Einwendung aus der »persönlichen« Beziehung zwischen dem Patentinhaber und dem Geschädigten handelt, kann sich ein **Dritter**, der selbst durch die Entnahme nicht verletzt ist (und der auch nicht in die Rechtsstellung des Verletzten eingerückt ist[1054]), allerdings nicht darauf berufen, der Patentinhaber habe sein Schutzrecht unter widerrechtlicher Entnahme der Erfindung erworben. Allerdings kommt der Arglisteinwand denjenigen Abnehmern auf nachgeordneten Handelsstufen zugute, die die patentverletzenden Erzeugnisse von dem durch widerrechtliche Entnahme Verletzten bezogen haben.

c) Frist

704 Der Arglist-Einwand ist nur beachtlich, wenn er erhoben wird, so lange die **Vindikationsfrist** des § 8 Satz 3, 4 PatG (2 Jahre nach Veröffentlichung der Patenterteilung bzw 1 Jahr nach rechtskräftigem Abschluss des Einspruchsverfahrens wegen widerrechtlicher Entnahme) noch nicht abgelaufen ist. Anderes gilt nur dann, wenn parallel oder vorlaufend eine Vindikationsklage tatsächlich fristgerecht erhoben ist; hier reicht ein nach Fristablauf erhobener Entnahmeeinwand aus.

1049 BGH, GRUR 2005, 567 – Schweißbrennerreinigung.
1050 Vgl dazu BGH, GRUR 2011, 903 – Atemgasdrucksteuerung; BGH, GRUR 2001, 226 – Rollenantriebseinheit I.
1051 BGH, GRUR 1971, 210, 212 – Wildverbissverhinderung; BGH, GRUR 1977, 594 – geneigte Nadeln; BGH, GRUR 1981, 186, 189 – Spinnturbine II.
1052 BGH, GRUR 2016, 265 – Kfz-Stahlbauteil.
1053 BGH, GRUR 2016, 265 – Kfz-Stahlbauteil.
1054 … indem er zB dessen Erfindungsanteil rechtsgeschäftlich übernommen hat.

Einer Einhaltung der Vindikationsfrist bedarf es auch in Fällen der **Arbeitnehmererfin- 705 dung**, obwohl die Erfindung durch wirksame Inanspruchnahme kraft Gesetzes auf den Arbeitgeber übergeht und in Fällen nicht wirksamer Inanspruchnahme originär beim Diensterfinder verbleibt. Nach der BGH-Rechtsprechung[1055] geht eine für die Erfindung getätigte Schutzrechtsanmeldung nicht entsprechend dem Rechtsgedanken aus den §§ 401, 412, 413 BGB mit den Rechten an der Erfindung über, sondern muss gesondert übertragen werden. Hat der Diensterfinder zu Unrecht eine in Anspruch genommene Diensterfindung für sich angemeldet[1056] oder hat – umgekehrt – der Arbeitgeber zu Unrecht eine tatsächlich für den Erfinder freigewordene Diensterfindung auf seinen Namen angemeldet[1057], genügt nicht schon eine bloß formale Umschreibung des Schutzrechts auf den wahren Berechtigten, sondern es bedarf darüber hinaus einer materiellrechtlichen Vindikation der Anmeldung/des Patents nach § 8 PatG, für welche die oben genannten Fristen zu beachten sind. Deren Versäumung bringt folglich den Entnahmeeinwand zu Fall.

Kritik: Konsequenz einer – schon unter dogmatischen Gesichtspunkten keinesfalls zwin- 706 genden – Nichtanwendung der §§ 401, 412, 413 BGB ist, dass der Arbeitnehmer während des laufenden Arbeitsverhältnisses gezwungen ist, seinen Dienstherrn auf Übertragung einer freigewordenen Erfindung zu verklagen, um nicht Gefahr zu laufen, ansonsten seinen Anspruch zu verlieren und vom Arbeitgeber auf Unterlassung einer Benutzung seiner eigenen Erfindung in Anspruch genommen zu werden. Ein gerichtliches Vorgehen ist dem Arbeitnehmer jedoch – anders als einem gewöhnlichen freien Erfinder oder einem Unternehmen, das durch widerrechtliche Entnahme einer ihm (zB aufgrund Inanspruchnahme) zustehenden Erfindung geschädigt ist – vielfach überhaupt nicht zumutbar, weil der Diensterfinder damit ggf gravierende berufliche Nachteile für sich riskiert.

Ausnahme: Das Unterlassen einer rechtzeitigen Übertragungsklage schadet nicht, wenn 707 der Patentinhaber beim Erwerb des Patents **bösgläubig** war. Insoweit gilt der Maßstab des § 932 Abs 2 BGB.[1058] Es kommt darauf an, ob der Patentinhaber weiß[1059] oder grob fahrlässig nicht weiß, dass ein anderer die patentierte Erfindung gemacht oder zumindest einen schöpferischen Beitrag zur Erfindung geleistet hat.[1060] Streitig ist, ob dabei auf den Zeitpunkt des Erwerbs der Patentanmeldung durch den Vindikationsschuldner abzustellen ist[1061] oder ob der Zeitpunkt der Patenterteilung entscheidet.[1062] Weiß der alleinige Anmelder, dass ein Dritter einen Erfindungsbeitrag beigesteuert hat, ist Bösgläubigkeit zu bejahen, wenn die Schutzrechtsanmeldung hinter dem Rücken des Miterfinders erfolgt; sie ist hingegen regelmäßig zu verneinen, wenn der Miterfinder einvernehmlich an der Patentanmeldung mitwirkt.[1063] In Fällen der Arbeitnehmererfindung wird die Fehleinschätzung der Parteien, eine im Betrieb gemachte Erfindung stehe per se dem Dienstherrn zu, weswegen die Schutzrechtsanmeldung trotz fehlender Inanspruchnahme auf den Namen des Arbeitgebers erfolgt ist, im Allgemeinen keinen hinreichenden Verschuldensvorwurf begründen können.[1064]

1055 BGH, GRUR 2011, 733 – Initialidee.
1056 BGH, GRUR 2011, 733 – Initialidee.
1057 OLG Düsseldorf, Urteil v 24.10.2013 – I-2 U 24/12.
1058 OLG Düsseldorf, Urteil v 24.10.2013 – I-2 U 24/12.
1059 Im Anwendungsbereich des IntPatÜG kommt nur diese Alternative in Betracht, weil Art II § 5 Abs 2 IntPatÜG für die Bösgläubigkeit positive Kenntnis voraussetzt.
1060 BGH, GRUR 1979, 540 – Biedermeiermanschetten.
1061 Busse/Keukenschrijver, § 8 PatG Rn 25; Ann, § 20 Rn 44.
1062 Benkard, PatG, § 8 PatG Rn 35.
1063 OLG Düsseldorf, Urteil v 24.10.2013 – I-2 U 24/12.
1064 OLG Düsseldorf, Urteil v 24.10.2013 – I-2 U 24/12.

d) Weiterbenutzungsrecht

708 Nach Ablauf der Vindikationsfrist[1065] kann der Einwand der widerrechtlichen Entnahme dem gutgläubigen Erwerber nicht mehr entgegengehalten werden. Dem an der patentierten Erfindung wahren Berechtigten steht gegenüber dem gutgläubigen Erwerber des Patents auch kein **Weiterbenutzungsrecht** zu, selbst dann nicht, wenn er den Gegenstand der Erfindung vor Fristablauf in seinem eigenen Betrieb in Benutzung genommen, dh einen Besitzstand zu einem Zeitpunkt begründet hat, zu dem der Patentinhaber einem Vindikationsanspruch noch ausgesetzt gewesen wäre.[1066]

e) Vindikationsklage

709 Bereits **erloschene** (und deshalb nicht mehr existente) **Schutzrechte** unterliegen keiner Vindikation mehr.

710 Resultiert der Vindikationsanspruch aus einer **Arbeitnehmererfindung** (weil der Arbeitnehmer die an sich seinem Arbeitgeber zustehende Erfindung unberechtigt auf *seinen* Namen oder der Arbeitgeber die zugunsten des Arbeitnehmererfinders freigewordene Erfindung auf *seinen* Namen angemeldet hat), so ist zwischen dem Recht an der Diensterfindung (das entweder dem Dienstherrn oder dem Diensterfinder zustehen kann) und den Schutzrechten aus der Diensterfindung zu unterscheiden.[1067] Für Fragen der Zuordnung der Diensterfindung zum Arbeitgeber oder zum Diensterfinder[1068] gilt das **Arbeitsstatut** (Art 8 Abs 1 ROM I-VO).[1069] Maßgeblich ist das Recht am gewöhnlichen Arbeitsort des Arbeitnehmers.[1070] Für die Vindikation derjenigen Schutzrechte, die aus einer Diensterfindung hervorgegangen sind, gilt demgegenüber das **Schutzlandprinzip**.[1071] Für deutsche Patente ist daher § 8 PatG und für deutsche Teile von EP Art II § 5 IntPatÜG einschlägig. Für die ausländischen Teile eines EP gilt nichts anderes, weil sich das Recht auf das Patent nach Art 60 Abs 1 Satz 2 EPÜ, wenn der Erfinder ein Arbeitnehmer ist, nach dem Recht desjenigen Staates richtet, in dem der Arbeitnehmererfinder überwiegend beschäftigt ist.[1072] Überträgt der Arbeitnehmererfinder seine Erfinderrechte in Bezug auf das **kanadische und US-amerikanische Territorium** auf den Arbeitgeber, um den dortigen Anmeldeerfordernissen gerecht zu werden (wonach nur der Erfinder selbst eine Patentanmeldung einreichen kann), so geschieht dies im Allgemeinen mit Rechtsbindungswillen, sodass wegen dieser freiwilligen Übertragung der Erfindung spätere Vindikationsansprüche des Arbeitnehmererfinders gegen seinen Arbeitgeber ausscheiden.[1073]

711 Ob der Vindikationsanspruch innerhalb der allgemeinen **Verjährungsfrist** des § 195 BGB innerhalb von drei Jahren oder in (analoger) Anwendung des § 197 Abs 1 Nr 2

1065 Gleiches gilt, wenn der Vindikationsberechtigte (zB vergleichsweise) auf den Vindikationsanspruch verzichtet hat. In einem solchen Fall kann freilich zu prüfen sein, ob sich nicht aus dem Vergleichstext (ggf in dessen ergänzender Auslegung) eine Pflicht des Patentinhabers herleiten lässt, auf einen Verletzungsangriff gegen den Vindikationsberechtigten zu verzichten.
1066 BGH, GRUR 2005, 567 – Schweißbrennerreinigung; entgegen OLG Karlsruhe, GRUR 1983, 67, 70 – Flipchart-Ständer.
1067 Nach OLG München (Urteil v 7.12.2017 – 6 U 4503/16) kann dann, wenn an dem Vindikationssachverhalt ausschließlich Personen mit gewöhnlichem Aufenthalt in Deutschland beteiligt sind, auch für ausländische Schutzrechte ein quasivertraglicher Übertragungsanspruch bestehen, der sich nach deutschem Sachrecht richtet.
1068 Bsp: Wirksamkeit und Rechtsfolgen einer Inanspruchnahme.
1069 BGH, GRUR 2019, 271 – Drahtloses Kommunikationsnetz.
1070 OLG Karlsruhe, GRUR 2018, 1030 – Rohrleitungsprüfung; Anm von Krahforst, Mitt 2019, 207.
1071 OLG Karlsruhe, GRUR 2018, 1030 – Rohrleitungsprüfung.
1072 OLG Karlsruhe, GRUR 2018, 1030 – Rohrleitungsprüfung; OLG Frankfurt/Main, GRUR 2021, 1504 – Kunststoffsack.
1073 OLG Karlsruhe, GRUR 2018, 1030 – Rohrleitungsprüfung.

BGB (Herausgabeanspruch aus dinglichen Rechten) innerhalb von 30 Jahren verjährt, ist streitig.[1074] Die Patenterteilung, der zufolge der Vindikationsantrag von der Abtretung des Erteilungsanspruchs auf eine Übertragung des erteilten Patents umzustellen ist, setzt keine neue Verjährungsfrist in Lauf.[1075]

712 Zutreffend ist – entgegen der anderslautenden Auffassung des LG München I – der letztgenannte Standpunkt, der für § 197 BGB plädiert. Die Vorschrift enthält eine Sonderregelung gegenüber der allgemeinen (Auffang-)Bestimmung des § 195 BGB. Sofern die Sondervorschrift nicht eingreift, ist deshalb auf § 195 BGB zurückzugreifen, womit sich die zu beantwortende Rechtsfrage darauf kapriziert, ob der patentrechtliche Vindikationsanspruch unter einen der (Ausnahme-)Tatbestände des § 197 BGB zu subsumieren ist, womit er nicht der Regelung des § 195 BGB unterfallen kann.

713 Von den Anwendungsalternativen kommt lediglich § 197 Abs 1 Nr 2 BGB in Betracht, der sich auf *Herausgabeansprüche* bezieht, die ihre Grundlage im *Eigentum* oder in einem anderen *dinglichen Recht* oder – was vorliegend nicht von Relevanz ist – in bestimmten erbrechtlichen Rechtspositionen haben.

714 – Um einen Herausgabeanspruch handelt es sich ganz offensichtlich auch bei der Geltendmachung einer Vindikation gemäß § 8 PatG, Art II § 5 IntPatÜG.

715 – Zu klären ist demnach bloß, ob dem Herausgabeanspruch eine eigentumsrechtliche oder sonst wie dingliche Rechtsposition an dem herausverlangten Gegenstand zugrunde liegt, wie sie § 197 Abs 1 Nr 2 BGB verlangt.

716 Nimmt man das Sachenrecht des BGB in den Blick, welches die Verjährungsvorschrift des § 197 Abs 1 Nr 2 BGB nach ihrer Stellung im Bürgerlichen Gesetzbuch im Blick hat, so kommt eine direkte Anwendung der Vorschrift nicht infrage, weil das Recht an der Erfindung und das daraus resultierende Recht auf das Patent dort keine Erwähnung finden. Der Grund hierfür liegt schlicht darin, dass das geistige Eigentum kein Regelungsgegenstand des BGB, sondern außerhalb dessen spezialgesetzlich normiert ist. Nichtsdestotrotz ist in der Rechtsprechung speziell auch des BVerfG jedoch seit langem anerkannt, dass das geistige Eigentum verfassungsrechtlichen Eigentumsschutz genießt. Bereits in BVerfGE 36, 281, 290 f. ist ausgeführt:

717 *»Seit langem wird die patentfähige Erfindung als eine Rechtsposition angesehen, die – schon vor der Patenterteilung – zwar noch kein ausschließliches Recht am Erfindungsgedanken, wohl aber bereits Schutzansprüche in der Person des Erfinders entstehen lässt und schon Gegenstand von Rechtsgeschäften sein kann. Dieses allgemeine Erfinderrecht stellt ein technisches Urheberrecht dar, dass schon vor der Patentierung insbesondere Abwehr- und Schadensersatzansprüche gewährt, die neben dem – öffentlich-rechtlichen – Anspruch auf Erteilung des Patents und schließlich dem Recht aus dem Patent stehen. Die Rechtsordnung hat das Recht zur wirtschaftlichen Auswertung einer neuen Idee, die Technik und Wissenschaft fördert, demjenigen zuerkannt, der sie hervorgebracht hat. Er hat Anspruch auf eine gerechte Vergütung für die Verwertung seiner Leistung durch Dritte. Die dem Erfinder so zugeordnete Rechtsposition genießt den Eigentumsschutz des Grundgesetzes.*

... Von dieser grundlegenden Auffassung aus hat das Bundesverfassungsgericht zum allgemeinen Urheberrecht ausgesprochen, dass die sichernde und abwehrende Funktion der Eigentumsgarantie es gebietet, die vermögenswerten Befugnisse des Urhebers an seinem Werk als »Eigentum« im Sinne des Art 14 GG anzusehen und seinem

---

1074 Für ersteres: LG München I, BeckRS 2018, 29526, mwN zum Streitstand.
1075 LG München I, BeckRS 2018, 29526.

E. Verteidigungsmöglichkeiten des Beklagten

Schutzbereich zu unterstellen. Das gilt entsprechend für das technische Urheberrecht des Erfinders, da keine Gründe für eine andere verfassungsrechtliche Beurteilung erkennbar sind. Hierbei muss berücksichtigt werden, dass die fertige und verlautbarte Erfindung die Grundlage für das Recht auf das Patent bildet, das durch die Anmeldung verwirklicht wird. Dieses Recht verstärkt das Erfinderrecht auf dem Wege zum Alleinrecht, das dazu berechtigt, alle anderen von der Erfindung auszuschließen.«

718 In Anbetracht dieses verfassungsrechtlichen Stellenwertes, der das Erfinderrecht und das damit verbundene Anmelderecht gleichrangig neben das Sacheigentum des BGB setzt, kann kein vernünftiger Zweifel daran bestehen, dass das Recht eines Miterfinders auf Herausgabe der ihm materiell zukommenden Erfinder- (und – je nach Verfahrensstand –) Anmelder- bzw. Inhaberstellung auf einer eigentumsgleichen Rechtsposition fußt, die es nicht nur rechtfertigt, sondern im Interesse der grundsätzlich gebotenen Gleichbehandlung aller dinglichen Rechte geradezu gebietet, bei der Anwendung der zivilrechtlichen Verjährungsvorschriften nicht danach zu differenzieren, ob dem Herausgabeanspruch das (im BGB geregelte) Eigentum an einer Sache oder die (andernorts normierte, aber genauso schützenswerte) eigentumsgleiche Position als geistiger (Mit-)Urheber einer patentfähigen Erfindung zugrunde liegt. Der Sinn und Zweck der Verjährungsvorschriften erlaubt insoweit keine Ungleichbehandlung. Im Interesse des Rechtsfriedens, der irgendwann einkehren soll, gewährt das Gesetz einem Schuldner mit der Verjährungseinrede nach einem gewissen Zeitablauf ein endgültiges Leistungsverweigerungsrecht. In Abhängigkeit von der Anspruchskategorie ist die zur Verjährung führende Frist unterschiedlich lang bemessen. § 197 BGB sieht die längste Verjährungsfrist vor und macht insofern deutlich, dass es, wenn es sich um *dingliche Herausgabeansprüche* handelt, eines besonders langen Zeitablaufs bedarf, bevor dem Schuldner ein Recht zur Verweigerung seiner Leistung zustehen soll. Das leuchtet auch unmittelbar ein, weil z.B. der Herausgabeanspruch aus § 985 BGB untrennbar mit dem Eigentum an der herausverlangten Sache verbunden ist und deshalb das Eingreifen der Verjährungseinrede dazu führt, dass der Besitz und das Eigentum an der Sache dauerhaft auseinanderfallen, weil die dem Eigentümer zustehende Sache wegen des Rechts zur Verweigerung ihrer Herausgabe endgültig beim nichtberechtigten Besitzer (Schuldner) verbleibt. Gerade weil der Gesetzgeber eine derartige Diskrepanz und Aufspaltung der Eigentumspositionen tunlichst vermeiden will, sind die Anforderungen an einen Verjährungseintritt besonders streng, wenn es um die Durchsetzung eines dinglichen Herausgabeanspruchs geht. Seine Erfüllung soll erst nach 30 Jahren verweigert werden dürfen. Der in der langen Verjährungsfrist zu Tage tretende Schutzgedanke beruht maßgeblich auf zwei Dingen, nämlich auf der dinglichen Natur der Anspruchsberechtigung des Gläubigers und auf der im Falle eines Verjährungseintritts endgültig beim Nichtberechtigten verbleibenden Rechtsposition (Besitz an der fremden Sache), die in besonderem Maße Ausdruck und Folge des die Anspruchsgrundlage bildenden dinglichen Rechts ist. Übertragen auf die Vindikationssituation liegen die Verhältnisse nicht anders. Denn das Recht zur Patentanmeldung und Patentinhaberschaft, die erst eine Monopolstellung vermitteln, ist eine grundlegende und zentrale Befugnis des an der Erfindung Berechtigten. Genauso wie in Fällen der »Entziehung« der Besitz erst nach 30 Jahren vom Eigentum getrennt werden können soll, genauso ist es geboten, die Anmelder- und Inhaberstellung in Fällen unberechtigter Patentanmeldung erst nach 30 Jahren von dem Erfinderrecht zu trennen.

719 Gemäß § 8 PatG, Art II § 5 Abs 1 IntPatÜG ist der Vindikationsanspruch gegen den »**Patentsucher**« zu richten. Damit kann einerseits der jeweilige materielle Inhaber der

Patentanmeldung gemeint sein (womit eine für einen Zeitpunkt *vor*[1076] Anhängigkeit der Vindikationsklage behauptete Übertragung der Patentanmeldung bedeutsam wäre) oder aber derjenige gemeint sein, der sich als Anmelder aus dem Register ergibt, unabhängig davon, ob er auch der materielle Inhaber der Patentanmeldung ist.

Art 60 Abs 3 EPÜ bestimmt, dass im Verfahren vor dem Europäischen Patentamt der Anmelder als berechtigt *gilt*, das Recht auf das europäische Patent geltend zu machen. Wegen der gesetzlichen Berechtigungsfiktion prüft das EPA in keinem Fall eine bestehende oder fortbestehende materielle Anmelderstellung, sondern orientiert sich im Erteilungsverfahren ausschließlich daran, wer ihr gegenüber als Anmelder des Patents in Erscheinung tritt. Es wird deswegen auch nur einer Übertragungserklärung und Umschreibungsbewilligung desjenigen Beachtung schenken, der formell Anmelder des fraglichen Patents ist. Da das rechtskräftige Vindikationsurteil die Übertragungs- und Umschreibungserklärung ersetzen soll, muss die Vindikationsklage, um der Klägerin die angestrebte Anmelderstellung beim EPA zu verschaffen, notwendigerweise gegen den Beklagten als den derzeitigen Anmelder beim EPA gerichtet sein. Dass er ggf. sachlich-rechtlich nicht mehr Inhaber der Patentannmeldung ist, hat keine Bedeutung, weil der Erteilungsakt konstitutiv wirkt, d.h. demjenigen oder denjenigen das erteilte Patent zuwendet, die im Erteilungsbeschluss wegen Art 60 Abs 3 EPÜ genannt sind, selbst wenn er/sie tatsächlich nicht materielle Inhaber der zum Erfolg geführten Patentanmeldung sein sollten. Dieselbe Rechtslage gilt im nationalen Vindikationsprozess gemäß § 30 Abs 3 PatG. 720

Praxistipp	Formulierungsbeispiel

Hat der Vindikationsbeklagte seinen Sitz im Ausland und droht die förmliche Zustellung an ihn geraume Zeit in Anspruch zu nehmen, so kann es sich, wenn die Rechtshängigkeit kurzfristig herbeigeführt werden soll, um eine **Aussetzung des Erteilungsverfahrens**[1077] nach Regel 14 Abs 1 Satz 1 der Ausführungsordnung zum EPÜ herbeizuführen[1078], anbieten, die Vindikationsklage bei einem Gericht der (allgemeinen oder besonderen) Verwaltungsgerichtsbarkeit einzureichen und dort um eine Verweisung an das Patentstreitgericht zu bitten. Unter Geltung der VwGO (bzw der korrespondierenden Gerichtsordnung der speziellen Verwaltungsgerichtsbarkeit) führt nämlich bereits die Klageeinreichung (und nicht erst – wie im Zivilprozess – die Klagezustellung) die Rechtshängigkeit der Vindikationsklage. In dem initialen Beschreiten des Verwaltungsrechtsweges liegt kein Rechtsmissbrauch.[1079] 721

Damit ist zugleich ein weiteres Rechtsproblem aufgeworfen, das sich im Zusammenhang mit Regel 14 stellt. Es ergibt sich daraus, dass die Aussetzung des Erteilungsverfahrens nicht antragsgebunden ist und auch nicht im Ermessen des EPA steht, sondern zwingende Folge jeder Vindikationsklage ist, sofern nicht der Vindikationskläger dem Amt gegenüber schriftlich sein Einverständnis mit einer Fortsetzung des Erteilungsverfahrens 722

1076 Ansonsten gilt § 265 Abs 2 ZPO.
1077 Das »Erteilungsverfahren« endet nicht schon mit dem selbstbindenden Beschluss der Prüfungsabteilung über die Erteilung des EP, sondern erst in dem Moment, in dem im Europäischen Patentblatt auf die Patenterteilung hingewiesen wird (EPA-JB, GRUR Int 1999, 749 – Aussetzung des Verfahrens).
1078 Hintergrund der Aussetzungsregel ist, dass nur der wahre Erfindungsberechtigte Einfluss auf das Erteilungsverfahren (namentlich die Formulierung der Patentansprüche) haben soll und durch an der Erfindung nicht Berechtigte keine vollendeten Tatsachen geschaffen werden sollen, mit denen der Berechtigte sich notgedrungen abfinden muss.
1079 LG München I, BeckRS 2016, 126816.

erklärt.[1080] Eine Prüfung der Erfolgsaussichten des Vindikationsbegehrens durch die Erteilungsbehörde findet grundsätzlich nicht statt, weder in Bezug auf sämtliche Zulässigkeitsvoraussetzungen (zB Bestimmtheit des Klageantrages) noch in Bezug auf die Begründetheit. Abgesehen von einem Nachweis über die erfolgte Einleitung des Vindikationsverfahrens wird man allerdings fordern müssen, dass jedenfalls die *elementaren* und *unheilbaren* Zulässigkeitsbedingungen erfüllt sind, indem ein zuständiges Gericht angerufen und der Antragsteller überhaupt prozessführungsbefugt sein muss. Die Aussetzungsentscheidung ist von dem jeweils Beschwerten[1081] mit der Beschwerde anfechtbar.[1082]

723 Der geschilderte Mechanismus hat in der Praxis dazu geführt, **Wettbewerber gezielt dadurch zu behindern**, dass gegen deren Schutzrechtsanmeldungen sachlich offensichtlich unberechtigte Vindikationsprozesse angestrengt werden, die dem einzigen Ziel dienen, die Patentprüfung und -erteilung für geraume Zeit aufzuschieben (bis der Vindikationsrechtsstreit rechtskräftig abgeschlossen ist), um in der Zwischenzeit Handlungsfreiheiten zu erhalten, die im Falle einer Patenterteilung nicht bestehen würden, und die effektive Patentlaufzeit zu Lasten des Anmelders zu verkürzen (so dass mangels früherer Patenterteilung nur Entschädigungs- und Bereicherungs- statt Schadenersatzansprüche in Betracht kommen). Zwar wäre es denkbar, Regel 14 EPÜ-AO unter dem Gesichtspunkt des Rechtsmissbrauchs dort nicht anzuwenden, wo der geltend gemachte Vindikationsanspruch offensichtlich nicht besteht und/oder nicht einmal schlüssig dargelegt werden kann. Anlass hierzu bestünde umso mehr, als die Gefahr, der sich Regel 14 EPÜ-AO widmet und die darin besteht, dass der Erfindungsberechtigte das Erteilungsverfahren in demjenigen Zustand übernehmen muss, in dem es sich durch das Tätigwerden eines Nichtberechtigten befindet, vernachlässigenswert gering ist, wenn die Vindikationsklage rechtsmissbräuchlich erhoben ist. Unter solchen Umständen gebieten es die Eigentumsrechte des Vindikationsbeklagten an der Erfindung, das Patenterteilungsverfahren zügig voranzutreiben und nicht wegen einer missbräuchlichen Vindikationsklage unbesehen zum Stillstand zu bringen.[1083] Dennoch lehrt die Erfahrung, dass

---

1080 EPA-JB, GRUR Int 1999, 749 – Aussetzung des Verfahrens.
1081 Im Falle der Aussetzung ist dies der Anmelder, bei Ablehnung einer Aussetzung der Vindikationskläger.
1082 EPA-JB, GRUR Int 1997, 923 – Aussetzung des Verfahrens/SOLUDIA.
1083 Selbst in Fällen einer »redlichen« Vindikationsklage lässt sich darüber streiten, ob Regel 14 EPÜ-AO als vom Verwaltungsrat gesetztes »Auslegungs-Sekundärrecht« eine wirklich angemessene Interpretation der zum Primärrecht gehörenden (und nach den Artt 31, 32 des Wiener Übereinkommens auszulegenden) Vorschriften des EPÜ darstellt (vgl allgemein EPA-GB, Stellungnahme vom 14.5.2020 – G 3/19). Das Primärrecht zeichnet sich insofern dadurch aus, dass jeder Anmelder im Erteilungsverfahren als Berechtigter gilt und dementsprechend ohne weiteren Nachweis das Prüfungs- und Erteilungsverfahren betreiben kann (Art 60 EPÜ: Anmelderprinzip), weswegen es Art 61 EPÜ einem Anderen folgerichtig nur dann gestattet, die laufende Patentanmeldung an dessen Stelle als eigene fortzuführen, wenn dessen Berechtigung an der angemeldeten Erfindung rechtskräftig feststeht. Keine Regelung findet sich im EPÜ demgegenüber zu der Frage, wie mit dem Prüfungsverfahren des durch Art 60 EPÜ legitimierten Anmelders umzugehen ist, dessen Erfindungsrechte durch eine noch nicht rechtskräftig entschiedene Vindikationsklage in Frage gestellt sind. Dieser Konstellation widmet sich allein Regel 14 EPÜ-AO, und zwar in dem besagten Sinne, dass das Anmeldeverfahren prinzipiell bis zum rechtskräftigen Abschluss des Vindikationsprozesses auszusetzen ist. Wenn dem EPA auch zweifellos keine Prüfung aufgebürdet werden kann, ob und ggf welche Erfolgsaussichten die Vindikationsklage hat, so lässt sich doch mit einigem Recht bezweifeln, ob ein unterschiedslos striktes Aussetzungsregime angesichts des mit einer Aussetzung verbundenen Rechtsverlustes gerade auch vor dem Hintergrund gerechtfertigt ist, dass in Fällen redlicher Vindikation jeder der Prätendenten ein ehrliches Interesse an einer sachgerechten Patenterteilung haben kann, so dass der Nachteil als gering einzuschätzen ist, dass der wahre Berechtigte mit einem unangemessenen Verfahrensstand leben muss, den er nicht selbst herbeigeführt hat. Dieses Bedenken wiegt umso schwerer, als es einer Erfahrungstatsache entspricht, dass dem Vindikationsbeklagten oftmals eine Miterfinderstellung zu verbleiben hat, weil er bei der Ausformulierung der entnommenen Anmeldung eigene technische Gedanken hinzugefügt hat, die

die Neigung des Amtes, in eine Missbrauchsprüfung einzutreten, äußerst gering ist. Zwar räumt Regel 14 Abs 3 EPÜ-AO ausdrücklich die *Möglichkeit* ein, entweder bei der Aussetzung des Erteilungsverfahrens oder später einen Zeitpunkt festzusetzen, zu dem das Erteilungsverfahren ohne Rücksicht auf den Stand des nationalen Vindikationsverfahrens fortgesetzt wird, wobei, sofern zu dem besagten Zeitpunkt eine rechtskräftige Vindikationsentscheidung noch nicht ergangen ist, das Verfahren fortgesetzt werden *kann*. Abgesehen davon, dass schon hierdurch das Erteilungsprozedere um erhebliche Zeit aufgeschoben wird, fehlt es an konkreten Beurteilungskriterien für die doppelte Ermessensausübung. Das wiegt umso schwerer als auch Abs 3 von Regel 14 EPÜ-AO deutlich macht, dass prinzipielle und regelmäßige Bedingung für den Fortgang des Erteilungsverfahrens der rechtskräftige Abschluss des Vindikationsprozesses ist.

Eine zufriedenstellende Lösung wird sich ebenso wenig durch eine zügige Erledigung des Vindikationsrechtsstreits herbeiführen lassen. Angesichts dreier zur Verfügung stehender Instanzen (LG, OLG, BGH) ist ein gewisser Zeitaufwand schon wegen der Rechtsmitteleinlegungs- und -begründungsfristen unausweichlich. Darüber hinaus hat der Vindikationsbeklagte keinen Einfluss auf die Terminierung der Gerichte, womit ein etwaiger Beschleunigungseffekt weder vorhersehbar noch planbar ist. Mit Rücksicht auf die in Regel 14 EPÜ-AO ausdrücklich vorgesehene Ausnahme vom Aussetzungszwang wird sich eine Fortsetzung des Erteilungsverfahrens in der Praxis nur dadurch erreichen lassen, dass der Vindikationskläger seine Einwilligung in den Fortgang des Prüfungsverfahrens erklärt. Da er hierzu freiwillig nicht bereit sein wird, stellt sich die Frage, ob er vom Vindikationsbeklagten gerichtlich auf Zustimmung zur Verfahrensfortsetzung in Anspruch genommen werden kann. Wirklich hilfreich kann dabei nur die Gewährung einstweiligen Rechtsschutzes sein, weil die Entscheidung in einem Hauptsacheverfahren – für die § 894 Satz 1 ZPO (Fiktion der Willenserklärung mit Rechtskraft des Urteils) einschlägig wäre[1084] – vom Vindikationskläger gleichermaßen in die Länge gezogen werden könnte, womit gegenüber dem Abwarten auf eine rechtskräftige Abweisung der Vindikationsklage nichts gewonnen wäre.[1085] In Bezug auf ein einstweiliges Verfügungsverfahren auf Zustimmung des Vindikationsklägers zur Fortsetzung des Erteilungsverfahrens stellen sich jedoch **zwei** gravierende **Probleme**: 724

– Eine einstweilige Verfügung auf Zustimmung wäre nicht der **materiellen Rechtskraft** fähig, womit sich die gesetzliche Fiktion des § 894 ZPO nicht einstellen kann. Im Falle eines erfolgreichen Verfügungsantrages wären lediglich Vollstreckungsmaßnahmen nach § 888 ZPO möglich, denen der Vindikationskläger jedoch unter Umständen längere Zeit widerstehen kann. Es wird also darauf ankommen, von Beginn an hinreichend drastische Zwangsmittel zu verhängen, um jedes unangemessene Taktieren zu unterbinden. 725

– Die missbräuchliche Blockade des vom Vindikationsbeklagten geführten Erteilungsverfahrens ließe sich grundsätzlich zwar als Eingriff in die Rechte des Vindikationsbe- 726

---

seine Mitberechtigung ergeben. Gänzlich unberechtigt (sondern lediglich nicht allein berechtigt) agiert der Vindikationsbeklagte bei der Patentanmeldung daher nicht. Aber selbst wenn die Redlichkeit des Anmelders bei der Betreuung der Patentanmeldung im Einzelfall nicht verlässlich feststellbar ist, sollten jedenfalls solche Handlungen nicht unterbleiben, die das Anmeldeverfahren voranbringen, ohne endgültige, nicht mehr zu revidierende Tatsachen zu schaffen (Bsp: Recherche nach Stand der Technik, Herausarbeitung der Erfindung gegenüber dem Vorbekannten). Mindestens solche Maßnahmen nicht durchzuführen, lässt sich auch vor dem Hintergrund eines Schutzbedürfnisses des redlichen Vindikationsklägers vernünftigerweise nicht rechtfertigen.

1084 Die Vorschrift gilt sowohl für Willenserklärungen des materiellen Rechts wie auch für prozessuale Erklärungen (um die es vorliegend geht), egal, ob die Erklärung gegenüber dem Gegner, einem Dritten oder einer Behörde abzugeben ist.

1085 Außerdem stellt sich in materiellrechtlicher Hinsicht das unter Rdn 726 abgehandelte Problem des Prozessprivilegs.

klagten an und aus seiner Erfindung (als eigentumsgleichem Recht) begreifen. Er würde, weil eine andere Art der Kompensation nicht ersichtlich ist, auch einen Folgenbeseitigungsanspruch analog § 1004 BGB auslösen können, welcher dazu verpflichtet, die widerrechtlich herbeigeführte Aussetzungsanordnung durch Zustimmung zur Verfahrensfortsetzung rückgangig zu machen. Allerdings fragt sich, ob eine solche Argumentation unter Geltung des allgemeinen **Prozessprivilegs** nicht daran scheitern muss, dass in der Erhebung einer (wenn auch unbegründeten) Vindikationsklage als Akt der Rechtsverfolgung in einem rechtsstaatlich organisierten Verfahren nicht zugleich ein haftungsbegründendes Verhalten gesehen werden kann. Regelmäßig ist dem so, weil niemand daran gehindert werden soll, mit seinem Anliegen (unabhängig davon, ob es sich nun letztlich als berechtigt oder unberechtigt erweist) die Gerichte anzurufen. In Fällen missbräuchlicher Klageerhebung ist von dem Grundsatz des Klageprivilegs jedoch eine Ausnahme zu machen. Wie prinzipiell jedes rechtserhebliche Verhalten steht auch die Rechtsverfolgung vor Gericht unter den die gesamte Rechtsordnung beherrschenden Geboten von Treu und Glauben. Sie verlangen, dass einer solchen Klageerhebung der Schutz versagt wird, die nicht von redlichen Zwecken getragen ist, sondern in der alleinigen Absicht unternommen wird, einem anderen Schaden zuzufügen (Rechtsgedanke aus § 826 BGB).

727 Wann derartiges angenommen werden kann, ist eine Frage der **Umstände des Einzelfalles**. Dass die Vindikationsklage – möglicherweise über alle Instanzen hinweg – erfolglos bleibt, reicht für sich allein noch nicht aus. Hinzutreten muss, dass das Vindikationsbegehren auch aus der objektivierten Sicht des Klägers halt- und aussichtslos ist, weil ein Vindikationssachverhalt aus tatsächlichen und/oder rechtlichen Gründen offensichtlich nicht gegeben ist. Diese Voraussetzungen können schon vor Klageerhebung vorliegen, sich ggf aber auch erst zu einem späteren Zeitpunkt (zB der Rechtsmitteleinlegung) einstellen. Allein dass der Kläger für seine wahrheitsgemäße und schlüssige Sachdarstellung keine Beweismittel besitzt (und aus diesem Grund unterliegt), hat keine Bedeutung. Gleiches gilt, wenn der Ausgang des Vindikationsprozesses von einer noch nicht eindeutig geklärten Rechtsfrage abhängt, zu der – wenn auch mit ggf deutlich divergierender Berechtigung – verschiedene Auslegungen möglich sind.

728 Da eine einstweilige Verfügung (und erst recht eine solche, die die Hauptsache vorwegnimmt) nur in Betracht kommt, wenn sie »**notwendig**« ist (§ 935 ZPO), wird, so lange sich noch keine Entscheidungspraxis zu Regel 14 Abs 3 EPÜ-AO herausgebildet hat, zunächst ein Antrag auf Fortsetzung des Erteilungsverfahrens wegen Rechtsmissbräuchlichkeit der Vindikationsklage, zu verlangen sein. Dessen bedarf es dann nicht, wenn er entweder gänzlich aussichtslos ist oder wenn – bei gewisser Erfolgsaussicht – ganz besondere eilbedürftige Umstände vorliegen, die es ausnahmsweise unzumutbar machen, den grundsätzlich vorrangigen Rechtsbehelf zu verfolgen.

729 Als weiterer Ausweg aus der Aussetzungsfalle bleibt dem Vindikationsbeklagten dann, wenn die blockierte Erfindung vom Vindikationskläger (oder Dritten) bereits benutzt wird oder dies droht, die Möglichkeit, aus der blockierten Patentanmeldung ein **Gebrauchsmuster abzuzweigen**. Nutzen: Das GebrMG kennt keine Regel 14 EPÜ-AO vergleichbare Aussetzungsvorschrift und das Verletzungsgericht wird eine Verfahrensaussetzung auch nicht ernsthaft in Erwägung ziehen, wenn dem (auf das abgezweigte Gebrauchsmuster erstreckten) Vindikationsbegehren die Schädigungsabsicht an die Stirn geschrieben steht. Aus dem Gebrauchsmuster lässt sich daher – nach Lage des Falles – gestützt auf die Früchte des bisherigen Erteilungsverfahrens im Wege der Hauptsacheklage oder des einstweiligen Rechtsschutzes gegen diejenigen Benutzungshandlungen vorgehen, denen ohne die Vindikationsklage mit der Patentverletzungsklage begegnet worden wäre. **Dringlichkeitsprobleme** stellen sich in diesem Zusammenhang nicht, wenn erst die missbräuchliche Vindikationsklage den Anlass für die Abzweigung des

Gebrauchsmusters gegeben hat. Aber selbst wenn das Gebrauchsmuster schon vorher aus anderen Gründen abgezeigt worden sein sollte, kann sich die Dringlichkeit daraus ergeben, dass das Gebrauchsmuster erst im Zusammenspiel mit dem fortgeschrittenen Patenterteilungsverfahren eine für das einstweilige Verfügungsverfahren taugliche Rechtsbestandsprognose erlaubt.

aa) Mitberechtigung

Gegenüber dem Anspruch auf Übertragung des Vollrechts stellt die Einräumung einer bloßen **Mitberechtigung** am Vindikationsschutzrecht ein wesensgleiches Minus dar.[1086] Das Gericht ist deshalb nicht nur berechtigt, sondern sogar verpflichtet, wenn sich die vom Kläger begehrte Vollrechtsübertragung als nicht gerechtfertigt erweist, von Amts wegen einen Anspruch auf Mitberechtigung zu prüfen und ggf zuzusprechen.[1087] Das gilt (trotz § 308 ZPO[1088]) selbst dann, wenn der Vindikationskläger ausdrücklich erklärt, ausschließlich eine Vollrechtsübertragung und keine Mitberechtigung zu begehren.[1089] Ein dahingehender Widerspruch ist jedenfalls dann unbeachtlich, wenn es kein sachlich anerkennenswertes Interesse an einer Ausklammerung der Mitberechtigung aus dem Vindikationsbegehren gibt, was regelmäßig so sein wird.[1090] Hat der Kläger zunächst ausschließlich auf Vollrechtsübertragung geklagt und erhebt er nach Klageabweisung eine weitere Klage auf Einräumung einer Mitberechtigung, so steht der zweiten Klage deshalb der Einwand anderweitiger Rechtshängigkeit[1091] bzw Rechtskraft entgegen. 730

Von dem Antrag auf Vollvindikation wird demgegenüber – ohne ausdrücklichen Antrag – nicht die Feststellung der **Größe des ideellen Miterfinderanteils** umfasst.[1092] Das gilt auch dann, wenn die Miterfinderquote im Hinblick auf eine Zug-um-Zug-Verurteilung wegen der vom Vindikationsbeklagten aufgewandten Schutzrechtskosten gerichtlich aufzuklären ist.[1093] 731

Ist der **Übertragungsanspruch gepfändet**, so steht dies einer Vindikationsklage des Miterfinders auf Patentübertragung *an sich* nicht entgegen; der vindizierte (idelle) Miterfinderanteil ist lediglich mit einem Pfändungspfandrecht belastet, was den Miterfinder in der Verfügung über seinen Erfindungsanteil limitiert.[1094] 732

Im Erfolgsfall führt die Vindikationsklage zur Verurteilung des Beklagten, das Vindikationsschutzrecht auf den Kläger zu übertragen bzw ihm eine Mitberechtigung an dem Patent einzuräumen und in dessen Eintragung in die Patentrolle als Patentinhaber/Mitinhaber einzuwilligen. Sind – wie meist – vom Beklagten bereits **Anmeldekosten** (Amtsgebühren, Patentanwaltshonorare) aufgewandt worden, für die der Vindikationskläger als nach dem Ergebnis des Vindikationsprozesses Berechtigter/Mitberechtigter (ebenfalls) unter dem Gesichtspunkt der Geschäftsführung ohne Auftrag[1095] einzustehen hat, so 733

1086 BGH, GRUR 2006, 747 – Schneidbrennerstromdüse.
1087 BGH, GRUR 2017, 504 – Lichtschutzfolie.
1088 Ein Verstoß gegen § 308 ZPO dadurch, dass dem Kläger mehr zugesprochen wird als er begehrt hat, hat die Aufhebung des Urteils von Amts wegen zur Folge (BGH, GRUR 2016, 213 – Zuweisung von Verschreibungen). Er liegt nicht nur vor, wenn anderes oder mehr zugesprochen wird als beantragt war, sondern genauso dann, wenn das Begehrte aus einem anderen Klagegrund ausgeurteilt wird als ihn der Kläger angeführt hat (BGH, GRUR 2018, 203 – Betriebspsychologe; BGH, GRUR 2018, 431 – Tiegelgröße).
1089 OLG Düsseldorf, GRUR 2015, 299 – Kupplungsvorrichtung.
1090 OLG Düsseldorf, GRUR 2015, 299 – Kupplungsvorrichtung.
1091 OLG Düsseldorf, GRUR 2015, 299 – Kupplungsvorrichtung.
1092 OLG Düsseldorf, Urteil v 22.6.2020 – I-15 U 6/19.
1093 OLG Düsseldorf, Urteil v 22.6.2020 – I-15 U 6/19.
1094 OLG Düsseldorf, Urteil v 22.6.2020 – I-15 U 6/19.
1095 Teils wird auch auf § 812 BGB oder die Vorschriften zur Geschäftsführung ohne Auftrag abgestellt; vgl OLG Frankfurt/Main, GRUR 2021, 1504 – Kunststoffsack.

geschieht der Übertragungs- und Bewilligungsausspruch mit Rücksicht auf § 273 BGB[1096] im Allgemeinen **Zug um Zug** gegen Erstattung der – oder eines Teils der – vom Beklagten aufgewandten Anmeldekosten.[1097] In Fällen der Miterfinderschaft richtet sich der zu erstattende Kostenanteil nach der – deshalb vom Gericht aufzuklärenden – Größe seines Miterfinderanteils.[1098]

734 Begehrt der Vindikationskläger selbst eine gerichtliche Festsetzung seiner Miterfinderquote, richtet sich nach ihr selbstverständlich auch der Erstattungsanspruch. Begnügt sich der Vindikationskläger hingegen – was in seinem freien Belieben steht – mit dem Antrag auf Einräumung einer Mitberechtigung und Umschreibung der Rolle auf ihn als Miterfinder, so stellt sich die Frage, ob die (vom Kläger bewusst nicht zur Entscheidung gestellte) Miterfinderquote im Rahmen des § 273 BGB vom Gericht von Amts wegen allein deshalb aufzuklären ist, weil es dem Kläger irgendeine, nicht näher spezifizierte Miterfinderquote zuweist und der Kläger deshalb an den Anmeldekosten zu beteiligen ist, oder ob die dem Erstattungsanspruch zugrunde zu legende Miterfinderquote vom Beklagten – mindestens hilfsweise – darzulegen ist. Zutreffend kann nur die zuletzt genannte Auffassung sein. Beim Zurückbehaltungsrecht aus § 273 BGB handelt es sich um eine Einrede, für die derjenige, der sich auf sie beruft, den notwendigen, einredebegründenden Tatsachenvortrag zu liefern hat. Dazu gehört nicht nur eine Behauptung (und notfalls ein Nachweis) zu den für die Patentanmeldung aufgewandten Gesamtkosten, sondern dazu zählen genauso substanzielle Darlegungen, aus denen sich ergibt, in welchem genauen Umfang der Vindikationskläger nach Maßgabe seiner Mitberechtigung an diesen Kosten zu beteiligen ist. Entsprechender Sachvortrag kann auch problemlos (hilfsweise) geleistet werden, indem sich der Beklagte vorsorglich etwa diejenigen technischen Beiträge zu eigen macht, die der Vindikationskläger für sich reklamiert oder die sich als bewiesen herausgestellt haben, und sie wertungsmäßig ins Verhältnis zu den restlichen Beiträgen der herausverlangten Erfindung setzt. Dennoch handelt es sich um die »Quadratur des Kreises«. Denn mit Blick auf die Erfindungsanteile wird der Beklagte bestrebt sein, die Quote des Klägers möglichst gering anzusetzen, was wiederum zu einem betragsmäßig kleinen Erstattungsanspruch führt. Will der Vindikationsbeklagte hier besser abschneiden, muss er dem Kläger zwangsläufigerweise einen größeren Erfindungsanteil zugestehen. In der Praxis wird sich der Beklagte im Zweifel für den erstgenannten Weg (einer tunlichst minimalen Erfinderquote des Klägers) entscheiden. Für den Vindikationskläger empfiehlt es sich in einer solchen Situation, die ihm zugestandene Miterfinderquote für die Bemessung des Kostenerstattungsanspruchs unstreitig zu stellen (sodass es insoweit keiner zeitraubenden Beweisaufnahme bedarf) und sich die Darlegung einer darüberhinausgehenden Quote ausdrücklich vorzubehalten (womit die gerichtliche Entscheidung über den Kostenerstattungsanspruch keine präjudizielle Bedeutung für einen etwaigen späteren Quotenfeststellungsprozess des Klägers hat).

bb) Ausschlussfrist

735 Scheitert der Vindikationsanspruch aus § 8 PatG, Art II § 5 IntPatÜG an der **versäumten Ausschlussfrist** zu seiner Geltendmachung, so ergibt sich aus allgemeinen zivilrechtlichen Haftungsnormen (§ 823 BGB) keine andere Rechtslage. Weder kann das Schutzrecht herausverlangt werden noch hat der Vindikationskläger Ansprüche (auf Unterlassung, Auskunft, Schadensersatz) wegen Benutzung des herausverlangten Patents durch den Vindikationsbeklagten, und zwar weder aus dem PatG noch aus allgemeinem

---

1096 Zum Teil wird auch § 1000 BGB bemüht, wobei sich der Erstattungsanspruch aus § 994 BGB ergeben soll (OLG Frankfurt/Main, GRUR 2021, 1504 – Kunststoffsack).
1097 OLG Frankfurt/Main, GRUR 2021, 1504 – Kunststoffsack; OLG Frankfurt/Main, GRUR-RS 2018, 9085 – Patentvindikation; LG München I, Urteil v 1.3.2018 – 7 O 13823/16.
1098 OLG Düsseldorf, Urteil v 22.6.2020 – I-15 U 6/19.

Deliktsrecht (§ 823 BGB). Zwar kommen solche Ansprüche im Verhältnis zwischen Vindikationsgläubiger und Vindikationsschuldner prinzipiell auch ohne Patentinhaberschaft und Registereintragung in Betracht, allerdings nur im Vorgriff auf den als Folge der Vindikation demnächst erfolgenden Schutzrechtsübergang auf den Anspruchsteller. Wo dieser endgültig nicht mehr stattfinden kann, weil die Vindikationsfrist versäumt ist und ein Fall der Bösgläubigkeit nicht vorliegt, ist das benutzte Schutzrecht unwiderruflich dem nichtberechtigten Anmelder zugewiesen, dessen Benutzung deshalb auch nicht mehr unberechtigt erfolgt und die erst recht keinen deliktischen Eingriff mehr darstellt. Das gilt nicht nur für Handlungen, die nach Ablauf der Ausschlussfrist vorgefallen sind, sondern gleichermaßen für die Zeit davor. Da eine erfolgreiche Vindikation den *rückwirkenden* Übergang des vindizierten Schutzrechts mitsamt aller daraus resultierender Ansprüche zur Folge hat, ergibt sich im Umkehrschluss, wenn eine Vindikation wegen Fristablaufs endgültig scheitert, dass eben solche Ansprüche – gleichfalls rückwirkend – auszuscheiden haben.

cc) Aussetzung wegen Vindikationsprozess

Erhebt der Verletzungsbeklagte an gleichem oder anderem Gerichtsort, jedenfalls außerhalb des Verletzungsprozesses, Vindikationsklage, die er zum Gegenstand seiner Rechtsverteidigung auch im Verletzungsverfahren macht (Einwand widerrechtlicher Entnahme), so stellt sich die Frage nach einer Aussetzung des Verletzungsrechtsstreits (§ 148 ZPO) bis zur (erst- oder letztinstanzlichen) Erledigung des anderweitig anhängigen Vindikationsprozesses. Wenn die behauptete Mitberechtigung über den Klageerfolg oder -misserfolg entscheidet, weil alle anderen Anspruchsbedingungen (Passivlegitimation, Erfindungsbenutzung, Verjährung etc) zugunsten des Klägers zu beurteilen sind, so wird man insoweit an der **Vorgreiflichkeit** des Vindikationsstreits nicht zweifeln können. Problematischer ist der Umstand, dass der sachlich übereinstimmende Vindikations- und Entnahmesachverhalt unmittelbarer Streitgegenstand auch des Verletzungsrechtsstreits und deshalb (wie ein privates Vorbenutzungsrecht, das inhaltsgleich zu einer offenkundigen Vorbenutzung behauptet wird) originär vom Verletzungsgericht aufzuarbeiten ist. Auf erste Sicht könnte dies der Vorgreiflichkeit des Vindikationsprozesses entgegenstehen; andererseits ist jedoch aus Gründen der Prozessökonomie anerkannt, dass es an der Vorgreiflichkeit dann nicht fehlt, wenn die vom Verletzungsgericht an sich vorrangig zu klärende Tatsache mit besonderen Schwierigkeiten und/oder einem außergewöhnlichen Aufwand verbunden ist, die es objektiv erscheinen lassen, stattdessen den anderweitigen Verfahrensausgang abzuwarten. In diesem Sinne ist vorliegend von Relevanz, dass einerseits im Vindikationsrechtsstreit und andererseits zur Abklärung des Einwandes der widerrechtlichen Entnahme dieselben (typischerweise umfangreichen) Aufklärungsmaßnahmen und weitgehend dieselben rechtlichen Erwägungen anzustellen sind, wobei ein rechtskräftiger Erfolg der Vindikationsklage endgültige Fakten insofern schafft, als eine Verurteilung wegen Patentverletzung fortan (egal, ob das Verletzungsgericht die diesbezügliche Entscheidung inhaltlich teilt oder nicht) zwingend auszuscheiden hat. Bei einer erfolgreichen Vollvindikation fehlt dem Kläger die Aktivlegitimation, bei einer Teilvindikation steht dem Verletzungsbeklagten ein die Klageansprüche zu Fall bringendes kostenloses Mitbenutzungsrecht am Erfindungsgegenstand zu. Unter diesen Umständen ist es, jedenfalls bei einer notwendigen komplexen Beweisaufnahme zum Entnahmesachverhalt, regelmäßig angebracht, anstelle einer eigenen Tatsachenaufklärung den Ausgang des parallelen Vindikationsverfahrens abzuwarten. Bleibt die Vindikationsklage am Ende erfolglos, hindert dies zwar nicht den Entnahmeeinwand, der weiterhin beachtlich ist und dem das Verletzungsgericht deshalb im Nachgang zum Vindikationsprozess in eigener Verantwortlichkeit nachzugehen hat. Abgesehen davon, dass das Verletzungsgericht in der Beurteilung des Entnahmesachverhaltes im Zweifel zu keinem anderen Ergebnis als das Vindikationsgericht gelangen wird, rechtfertigt sich die anfängliche Aussetzung des Verletzungsrechtsstreits jedenfalls im Hinblick auf den möglichen anderweitigen, den

736

E. Verteidigungsmöglichkeiten des Beklagten

Einwand endgültig erledigenden Ausgang des Vindikationsprozesses. Im Falle einer nachträglichen eigenen Sachaufklärung durch das Verletzungsgericht kommt zudem – selbstverständlich nur mit Zustimmung beider Parteien – infrage, statt einer wiederholenden eigenen Zeugenvernehmung die aus dem Vindikationsprozess bereits vorliegenden Vernehmungsprotokolle im Wege des Urkundenbeweises zu verwerten, was die Erledigung des Entnahmeeinwandes entscheidend beschleunigen kann.

737   Wegen der Einzelheiten des Prozedere gilt Folgendes:

738   – Selbstredend ist eine Abweisung der Verletzungsklage aus dem besagten Grund erst nach *rechtskräftig* erfolgreicher Vindikationsklage möglich.

739   – So lange sie nicht vorliegt, kann deshalb allein zur Debatte stehen, nach welchen Regeln das Verletzungsgericht im Rahmen der ihm obliegenden Gesamtabwägung sein **Aussetzungsermessen** auszuüben hat. Generell sind dabei vier Umstände von besonderem Interesse: Erstens nimmt jede Verfahrensaussetzung dem Berechtigten für die Dauer ihrer Anordnung – möglicherweise völlig zu Unrecht – sein ohnehin zeitlich limitiertes Monopolrecht und führt insofern zu einer vorübergehenden (und was den Unterlassungsanspruch betrifft, auch endgültigen und unwiederbringlichen) Rechtsverweigerung. Zum zweiten ist der Verletzungsbeklagte, dessen Vindikationsbegehren möglicherweise mit vollem Recht erhoben ist, vor einer ungerechtfertigten, seine geschäftliche Tätigkeit ggf weitreichend und nachhaltig beeinträchtigenden Verurteilung in Schutz zu nehmen. Drittens gehört der Vindikationssachverhalt (wegen des im Verletzungsprozess beachtlichen Entnahmeeinwandes) zum eigenen Prüfungskanon des Verletzungsgerichts, was tendenziell einer Beschränkung auf bloß eine bloß summarische Prüfung der Aussichten im Vindikationsrechtsstreit zuwiderläuft. Im Interesse der Prozessökonomie sind schließlich – viertens – doppelte Aufklärungsmaßnahmen, erst recht solche, die besonderen Aufwand erfordern, so weit als möglich zu vermeiden, was die Beurteilungs- und Abschätzungsmöglichkeiten für das Verletzungsgericht begrenzt und wiederum zu einer in gewisser Weise überschlägigen Beurteilung der Geschehnisse im Vindikationsprozess anhält.

740   – Ausgehend von diesen Prinzipien, liegen die Dinge relativ einfach, wenn der **Ausgang** des Vindikationsprozesses im Zeitpunkt der Aussetzungsentscheidung für das Verletzungsgericht **klar abzusehen** ist, sei es, dass bereits ein umfassend begründetes und inhaltlich überzeugendes, der Sache nach unangreifbares Urteil über die Vindikationsklage vorliegt, sei es, dass es zwar an einem solchen Erkenntnis fehlt, die Beweislage jedoch sonst eindeutig in die eine oder andere Richtung zu bewerten ist.[1099]

741   – Unter solchen Umständen, die freilich nur in seltenen Ausnahmefällen anzunehmen sein werden, kommt eine Aussetzung nicht in Betracht, wenn die Vindikationsklage[1100] aller Voraussicht nach keinen Erfolg haben wird, während sie in der umgekehrten Konstellation (eines voraussichtlichen Durchdringens des Vindikationsbegehrens) gerade angezeigt sein wird. Letzteres gilt nicht nur für die erste Instanz des Verletzungsrechtsstreits, sondern erst recht im Berufungsverfahren nach erfolgter Verurteilung des Vindikationsgläubigers wegen Patentverletzung. Die Anordnung wird sich dabei in aller Regel auf die nächste Gerichtsentscheidung zu beziehen haben, die im Vindikationsprozess ansteht.

1099 Zu denken ist an parallele ausländische Verfahren, in denen die Zeugen bereits mit eindeutigem Ergebnis angehört worden sind, aber auch an Sachverhalte, bei denen die Schlüssigkeit des Sachvortrages bzw unzweifelhafte urkundliche Belege den eindeutigen Nachweis in die eine oder andere Richtung erbringen.

1100 … auch im Sinne einer – ggf nur hilfsweise geltend gemachten – Mitberechtigung.

- Typischerweise wird es sich allerdings so verhalten, dass der letztendliche **Ausgang** 742
des Vindikationsprozesses für das mit der Patentverletzung befasste Gericht **nicht überschaubar** sein wird. Dem ist regelmäßig schon deshalb so, weil die Erfindungsbeiträge üblicherweise streitig und daher in einer meist umfangreichen Beweisaufnahme aufzuklären sein werden; gelegentlich wird die Sachlage zusätzlich dadurch erschwert, dass der technische Gegenstand komplex und jedenfalls für einen technischen Laien schwer überschaubar ist und/oder auf das Rechtsverhältnis ausländische Rechtsvorschriften anzuwenden sind, was ggf die Einholung von Sachverständigengutachten erforderlich machen kann. Weil trotz – und gerade wegen dieser Rahmenbedingungen – dieselbe Arbeit nicht unnütz doppelt (sic: nebeneinander im Verletzungs- und im Vindikationsprozess) erledigt werden soll und dem Vindikationsverfahren aus den oben genannten Gründen der Vorrang gebührt, kann es nicht Sache des Verletzungsgerichts sein, im Rahmen seiner Aussetzungsentscheidung – vorwegnehmend oder nacharbeitend – eigene Sachaufklärungsmaßnahmen für die im Vindikationsverfahren anstehenden Fragen zu betreiben oder die dortigen Inhalte abschließend würdigend zu bescheiden. Derartiges wäre auch schlechterdings nicht möglich, weil es erfahrungsgemäß entscheidend auf die Glaubhaftigkeit der Zeugenaussagen und die Glaubwürdigkeit der vernommenen Zeugen ankommt, die »aus der Entfernung« und ohne persönlichen Eindruck nicht ernsthaft zu beurteilen sind. Weil dem so ist, wird der Verfahrensausgang im Vindikationsprozess in aller Regel – jedenfalls so lange noch kein Vindikationsurteil vorliegt – für das Verletzungsgericht als offen zu bezeichnen sein (nicht anders als für das Vindikationsgericht selbst, bevor es die von den Parteien benannten Zeugen vernommen hat).

- So lange die Sache so gelagert ist, wird eine Aussetzung des Verletzungsrechtsstreits 743
bis zur erstinstanzlichen Erledigung des Vindikationsprozesses angebracht sein. Das gilt für die erste Instanz des Verletzungsprozesses und erst recht für den Berufungsrechtszug[1101] nach erfolgter Verurteilung wegen Patentverletzung.[1102] Der hauptsächliche Grund liegt darin, dass der Verletzungsbeklagte durch den zu seiner Rechtsverteidigung gegen die Verletzungsklage zugelassenen Einwand der widerrechtlichen Entnahme vor einer Verurteilung geschützt ist, so lange nicht hinreichend sicher abzusehen ist, dass der Einwand zu Unrecht erhoben wird.

- Sobald ein **Vindikationsurteil gesprochen** ist, stellt sich die Aussetzungsfrage – eben 744
wegen der jetzt vorliegenden unabhängigen Beurteilung durch ein Gericht – prinzipiell neu. Je überzeugender das Vindikationsurteil begründet ist und je weniger die dagegen geführten Rechtsmittelangriffe Erfolg versprechen, umso deutlicher wird der aktuelle Verfahrensausgang im Vindikationsrechtsstreit die Aussetzungsentscheidung des Verletzungsprozesses bestimmen, und umgekehrt. Das bedeutet:

- Bei einem instanzgerichtlichen (und deshalb zunächst nur vorläufigen) **Erfolg des** 745
Vindikationsbegehrens erfolgt eine den nachfolgenden Rechtszug einbeziehende weitere Aussetzungsanordnung. Sie ist zweifellos angezeigt, wenn das Vindikationsurteil keinen ergebnisrelevanten Bedenken begegnet. Aber auch dort, wo solche Bedenken bestehen, kann sich eine (verlängerte) Aussetzungsanordnung als notwendig erweisen. Zwar wird es zum Schutz des Patentinhabers und seines Monopolrechts geboten sein, die Verurteilung des Beklagten nicht unnötig aufzuschieben, was eine eigene Aufklärung des Entnahmesachverhaltes mit anschließender Nichtaussetzung im Hinblick auf den nicht erfolgversprechenden Vindikationsprozess erforderlich machen kann. Zu bedenken ist jedoch, ob die Beweiserhebungen des Verletzungsgerichts zeitiger erledigt sein werden als die das Fehlurteil korrigierende

---

1101 ... in dem der Vindikationseinwand erstmals vorgebracht wird.
1102 OLG Düsseldorf, Beschluss v 9.5.2018 – I-15 U 30/17.

Rechtsmittelentscheidung im Vindikationsprozess ergehen wird. Wo dies nicht der Fall ist, hat es keinen Sinn, im Verletzungsverfahren absehbar unnütze Aufklärungsarbeit zu leisten. Das gilt auch mit Blick auf den weiteren Zeitablauf nach Vorliegen des abändernden Berufungsurteils bis zu dessen Rechtskraft. Zwar scheidet bis dahin eine Hauptsacheverurteilung weiterhin aus; möglich ist jedoch ein **einstweiliges Verfügungsverfahren** auf Unterlassung, Auskunft und Verwahrung, dessen Dringlichkeit durch das die Vindikationsklage im Berufungsrechtszug abweisende Urteil begründet wird und das zugunsten des Schutzrechtsinhabers für die Übergangszeit einen Rechtsschutz schafft. Nach Lage des Falles kann es hierbei angebracht sein, die üblichen strengen Rechtsbestandskriterien für Unterlassungsverfügungen im Rahmen der Gesamtinteressenabwägung zugunsten des Verletzten zu lockern, um dem Umstand Rechnung zu tragen, dass der Patentinhaber im Rahmen seiner Hauptsacheklage bislang einseitig die Nachteile aus der prozessökonomischen Handhabung des Nebeneinanders von Vindikationsprozess und inhaltsgleichem Entnahmeeinwand tragen musste.

746 – Ganz vergleichbare zeitliche Abwägungen sind in dem umgekehrten Fall anzustellen, dass bereits das mit Rechtsmitteln angegriffene erstinstanzliche **Vindikationsurteil zum Nachteil des Vindikationsklägers** ausgegangen ist. Verspricht das Berufungsverfahren einen anderweitigen, nämlich zumindest die Mitberechtigung des Verletzungsbeklagten feststellenden Ausgang, ist – ggf weiter – auszusetzen; ansonsten (dh bei voraussichtlicher Erfolglosigkeit des Rechtsmittels) stellt sich wiederum die Frage nach einer kurzfristigen eigenen Erledigung des Entnahmeeinwandes mit anschließender Hauptsacheverurteilung oder dem Abwarten der Rechtskraft des aussichtslosen Vindikationsprozesses mit der Möglichkeit für den Patentinhaber, sein Schutzrecht bis dahin im Verfahren des einstweiligen Rechtsschutzes durchzusetzen.

747 Zu unterscheiden von den vorhergehenden Sachverhalten ist die Frage, ob ein anhängiger Vindikationsprozess einer **Fortsetzung des Erteilungsverfahrens** entgegensteht. Für das europäische Verfahren trifft Regel 14 der AO zum EPÜ die maßgeblichen Regelungen.

748 – Vor einer Veröffentlichung (Offenlegung) der Patentanmeldung findet keine Aussetzung statt.

749 – Für die Zeit danach kommt es darauf an, dass die Vindikationsklage eingeleitet ist, *bevor* die Patenterteilung beschlossen ist. Trifft dies zu, wird – unverzüglich und automatisch – ausgesetzt, es sei denn, der Vindikationsgläubiger erklärt sich gegenüber dem EPA mit einer Fortsetzung des Erteilungsverfahrens einverstanden.

Praxistipp	Formulierungsbeispiel

750 Für den Vindikationskläger, der eine Erteilung des Vindikationsschutzrechts im Zweifel vermeiden will und deshalb nicht zustimmen wird, weil er sich ansonsten ggf einem Patentverletzungsprozess aus dem zu vindizierenden Patent gegenüber sieht, empfiehlt es sich vorsorglich, seine Vindikationsklage dann, wenn mit der Patenterteilung in Kürze zu rechnen ist, nicht beim zuständigen Patentstreitgericht, sondern bei einem Gericht der allgemeinen oder besonderen Verwaltungsgerichtsbarkeit einzureichen, bei dem die Rechtshängigkeit bereits mit der Klageeinreichung – und nicht erst mit der Klagezustellung an den Beklagten – eintritt.[1103] So ist unabhängig von der Frage, was mit dem Begriff der »Verfahrens*einleitung*« konkret gemeint ist, gewährleistet, dass der erforderliche zeitli-

---

1103 Zu einer ähnlichen Problematik vgl oben Kap C Rdn 218 mwN.

> che Vorrang der Vindikationsklage in jedem Fall sichergestellt ist. Zweckmäßigerweise ist die beim unzuständigen Gericht eingereichte Klage sogleich mit einem Verweisungsantrag an das Patentstreitgericht zu versehen.

– Nach erfolgter Aussetzung findet eine Fortsetzung des Erteilungsverfahrens erst wieder statt, wenn eine rechtskräftige Vindikationsentscheidung vorliegt. 751

f) Sonstige Rechtsgründe

Ähnlich wie in den Fällen der widerrechtlichen Entnahme setzt sich der Arglisteinwand gegenüber den Verbietungsansprüchen aus einem Patent auch dann durch, wenn der Verletzungsbeklagte aus anderen Rechtsgründen (zB auf vertraglicher Basis) vom Patentinhaber die Übertragung desjenigen Schutzrechts beanspruchen kann, das mit der Verletzungsklage gegen ihn geltend gemacht wird. 752

9. Einwand der unzulässigen Erweiterung

Nicht zugelassen ist der Einwand, das Klagepatent sei gegenüber dem Inhalt der Ursprungsanmeldung oder in seinem Schutzbereich unzulässig erweitert. Auf die genannten Behauptungen kann der Beklagte – ungeachtet der Regelung in § 38 Satz 2 PatG, wonach aus Änderungen, die den Gegenstand der Anmeldung erweitern, keine Rechte hergeleitet werden können – nur einen Einspruch (§ 21 Abs 1 Nr 4 PatG) bzw eine Nichtigkeitsklage (§§ 22 Abs 1, 21 Abs 1 Nr 4 PatG) gegen das Klagepatent stützen und im Verletzungsprozess dessen Aussetzung (§ 148 ZPO) beantragen. 753

10. Weiterbenutzungsrechte

Für erstreckte DDR-Patente und solche Schutzrechte, die infolge einer Wiedereinsetzung in den vorigen Stand erneut in Kraft getreten sind, enthalten **§ 28 ErstrG** und **§ 123 Abs 5 PatG** spezielle Regelungen zum Weiterbenutzungsrecht desjenigen, der den Gegenstand des Patents vor der Erstreckung bzw vor der Wiedereinsetzung in den vorigen Stand rechtmäßig bzw gutgläubig in Benutzung genommen hat. 754

Ein Weiterbenutzungsrecht sieht für Patente, bei denen der Hinweis auf die Erteilung vor dem 1.5.2008 im Europäischen Patentblatt veröffentlicht worden ist[1104], außerdem **Art II § 3 Abs 5 IntPatÜG aF** für den Fall vor, dass die deutsche Übersetzung des in fremder Verfahrenssprache abgefassten europäischen Patents einen Fehler (inhaltlicher Übersetzungsfehler, Auslassung) enthält. Stellt die angegriffene Ausführungsform bei Zugrundelegung der fehlerhaften Übersetzung keine Patentverletzung dar, so darf derjenige, der in gutem Glauben an die Richtigkeit der Übersetzung die Benutzung der Erfindung aufgenommen oder ernsthafte Veranstaltungen zur Benutzungsaufnahme getroffen und damit redlich einen Besitzstand geschaffen hat, die Erfindung auch nach Berichtigung der Übersetzung für die Bedürfnisse des eigenen Betriebes weiterbenutzen. Ist der Übersetzungsfehler nicht schutzbereichsrelevant, weil die angegriffene Ausführungsform auch bei Zugrundelegung der fehlerhaften Übersetzung in den Schutzbereich des Klagepatents eingreifen würde, kommt ein Weiterbenutzungsrecht nicht infrage.[1105] Voraussetzung ist des Weiteren, dass der gute Glaube bereits bei Aufnahme der Benutzung bestanden hat, wogegen indiziell spricht, wenn das Weiterbenutzungsrecht erst im 755

1104 Art XI § 4 IntPatÜG.
1105 OLG Düsseldorf, Urteil v 20.1.2017 – I-2 U 41/12.

Rechtsmittelzug (nach entsprechender anwaltlicher Beratung) geltend gemacht wird. Von einer Gutgläubigkeit in Bezug auf die deutsche Übersetzung wird im Zweifel dann nicht ausgegangen werden können, wenn es sich bei dem Benutzer um einen Ausländer handelt, dem die englisch- oder französischsprachige Erteilungsfassung des Klagepatents näher steht als die deutsche Übersetzung. Ein guter Glaube ist ferner im Allgemeinen zu verneinen, wenn nur den Patentansprüchen ein Übersetzungsfehler anhaftet und der Benutzer bei Heranziehung der zutreffend übersetzten Beschreibung den Fehler unschwer erkennen konnte[1106] oder der Beschreibungstext wegen seiner Widersprüche zu den fehlerhaft übersetzten Ansprüchen zumindest einen Rückgriff auf die Fassung der Verfahrenssprache nahegelegt hat.[1107] Eine positive Kenntnis von der deutschen Übersetzung ist allerdings nicht erforderlich. Auf Abs 5 kann sich deswegen auch derjenige berufen, der das Patent ohne jedes Wissen um den bestehenden Patentschutz benutzt hat, sofern nur die deutsche Übersetzung der Patentschrift einen solchen Inhalt hat, dass der Beklagte unter Berücksichtigung der für ihn gegebenen sonstigen Umstände, hätte er die Übersetzung zurate gezogen, gutgläubig zu der Einsicht hätte gelangen können, dass seine angegriffene Ausführungsform sich außerhalb des Klagepatents bewegt.[1108]

Eines guten Glaubens bedarf es selbstverständlich unabhängig davon, ob und wann eine berichtigte Übersetzung der Patentansprüche veröffentlicht wird. Soweit Art II § 3 Abs 5 IntPatÜG aF auf die **berichtigte Veröffentlichung** abstellt, kommt damit nur zum Ausdruck, dass die im guten Glauben aufgenommene Benutzung auch nach Bekanntmachung einer fehlerfreien Übersetzung fortgesetzt werden darf.[1109]

756 Da es sich beim Weiterbenutzungsrecht um einen die Verbietungsrechte aus dem Patent ausschließenden Rechtfertigungsgrund handelt, ist für dessen Voraussetzungen der Beklagte, der sich auf Art II § 3 Abs 5 IntPatÜG aF beruft, darlegungs- und **beweispflichtig**.[1110] Er hat deshalb neben dem Inhalt der Übersetzung (die unstreitig sein wird) die sonstigen Umstände seiner Gutgläubigkeit (zB Inländer) darzutun. Will sich der Patentinhaber bei einer an sich die Gutgläubigkeit begründenden Sachlage auf *besondere* Umstände berufen, die zur Bösgläubigkeit führen (zB dergestalt, dass sich der Verletzer, obwohl er Inländer ist, tatsächlich an der Patentschrift in der Verfahrenssprache orientiert hat), so liegt die Darlegungslast hierfür bei ihm.[1111]

11. Lizenzbereitschaftserklärung

757 Ein Benutzungsrecht kann sich schließlich daraus ergeben, dass der Schutzrechtsinhaber gegenüber dem Patentamt eine Lizenzbereitschaftserklärung (§ 23 Abs 1 PatG) abgegeben hat. Der **Anreiz** dafür, dies zu tun, ergibt sich unter Kostengesichtspunkten daraus, dass sich fortan die Jahresgebühren für das Patent auf die Hälfte reduzieren. Ob dieser Vorteil eine hinreichende Motivation bieten kann, hängt vom Einzelfall ab, weil der Kostenersparnis der Umstand entgegensteht, dass der Patentinhaber keine Kontrolle mehr darüber hat, wer (seiner Wettbewerber) an der Erfindung nutzungsberechtigt wird. Denn ist eine Lizenzbereitschaftserklärung abgegeben, kann *jedermann* allein durch eine

---

1106 OLG Düsseldorf, Urteil v 20.1.2017 – I-2 U 41/12.
1107 BGH, GRUR 2015, 361 – Kochgefäß.
1108 BGH, GRUR 2015, 361 – Kochgefäß.
1109 OLG Düsseldorf, Urteil v 20.1.2017 – I-2 U 41/12.
1110 AA: Rogge, GRUR 1993, 284/285, der eine gesetzliche Vermutung für den guten Glauben annimmt und deshalb die Beweislast für eine Bösgläubigkeit des Verletzers beim Patentinhaber sieht. Sein Hinweis auf § 932 BGB überzeugt freilich nicht, weil die Gesetzesformulierung dort (»… es sei denn, …«) grundlegend anders ist.
1111 BGH, GRUR 2015, 361 – Kochgefäß.

an den Patentinhaber (nicht: das Patentamt) gerichtete Benutzungsanzeige eine Benutzungsberechtigung nach Art eines **Lizenzverhältnisses** für sich zur Entstehung bringen. Sinnvoll wird eine Lizenzbereitschaftserklärung deshalb im Allgemeinen nur dort sein, wo ohnehin eine allgemeine Übung zur Kreuzlizenzierung besteht (wie im Bereich der Automobilindustrie) oder wo aus Gründen des Kartellrechts eine Lizenzierungspflicht in Rechnung zu stellen ist (zB um den Ersatzteilmarkt für Dritte zu öffnen).

Nach der klaren Gesetzesfassung kommt es für die Berechtigung zur Abgabe der Bereitschaftserklärung auf den **Registerstand** und nicht auf die davon ggf abweichende materielle Rechtslage am Patent an. Dies betrifft allerdings nur die formelle Legitimation gegenüber dem Patentamt und besagt nichts über das Zustandekommen eines Benutzungsrechts des Dritten, der sich auf die Bereitschaftserklärung beruft. Das Patentamt wird daher nur auf eine Erklärung des Eingetragenen reagieren, nicht auf eine solche des Nichteingetragenen, selbst wenn er materiell berechtigt ist. Letzterer muss deshalb zunächst eine Umschreibung des Registers auf sich veranlassen. Von der verfahrensrechtlichen Legitimation strikt zu trennen ist die Frage der sachlich-rechtlichen Folgen einer vom Patentamt akzeptierten Bereitschaftserklärung. Sie richtet sich strikt nach materiellem Recht, weswegen nur die Erklärung des wahren Patentinhabers für Dritte die Möglichkeit eröffnet, ein Benutzungsrecht zu begründen. Eine Ausnahme (im Sinne eines Erklärungsrechts ohne Registereintragung) gilt allein für die Fälle der Gesamtrechtsnachfolge.[1112]

758

§ 23 Abs 3 Satz 1 und 4 PatG ist insoweit zu entnehmen, dass eine Benutzungsanzeige stets nur in die Zukunft wirkt und nicht geeignet ist, in der **Vergangenheit** liegende widerrechtliche Benutzungshandlungen zu sanktionieren. Für sie bleibt es deshalb bei den allgemein mit einer Patentverletzung verbundenen Rechtsfolgen. § 23 Abs 3 PatG bietet andererseits keinen Anhalt dafür, dass das Benutzungsrecht ausschließlich von demjenigen erworben werden kann, der seine Benutzungsabsicht vor dem Beginn der ersten Benutzungshandlung angezeigt hat und deswegen dem nicht (auch nicht für die Zukunft) zusteht, der seine Absicht, das Patent zu benutzen, erst nach zuvor bereits vorgefallenen Verletzungshandlungen erklärt hat.[1113]

759

Der Anzeigende ist dem Patentinhaber gegenüber kalendervierteljährlich zur **Auskunft** über seine Benutzungshandlungen (§ 23 Abs 3 Satz 5 PatG) und zur Zahlung einer angemessenen Vergütung (§ 23 Abs 1 Satz 1 PatG) verpflichtet. Kommt der Anzeigende seiner Auskunftspflicht nicht nach, kann der Patentinhaber ihm eine Nachfrist setzen und nach deren fruchtlosem Ablauf die Weiterbenutzung des Klagepatents untersagen (§ 23 Abs 3 Satz 6 PatG). Die Fristsetzung ist entbehrlich, wenn der Benutzungsberechtigte seine Auskunftspflicht ernsthaft und endgültig verweigert. Dafür reicht es im Allgemeinen nicht schon aus, dass der Benutzungsberechtigte die geforderten Auskünfte trotz Aufforderung nicht erteilt und in einem Verletzungsrechtsstreit den Standpunkt vertritt, keinen Gebrauch von der technischen Lehre des Lizenzpatents zu machen.[1114]

760

12. Erschöpfung[1115]

Dem Beklagten steht auch der Einwand der Erschöpfung offen, also der Vortrag, das patentierte Erzeugnis[1116] oder das unmittelbare Erzeugnis eines patentierten Verfahrens

761

1112 Zur Rücknahme der eingetragenen Lizenzbereitschaftserklärung nach erfolgter Benutzungsanzeige vgl BPatG, Mitt 2017, 268 – Rücknahme der Lizenzbereitschaftserklärung II.
1113 LG Düsseldorf, InstGE 1, 33 – Mehrfachkontaktanordnung.
1114 LG Düsseldorf, InstGE 1, 33 – Mehrfachkontaktanordnung.
1115 Reisner, Erschöpfung im Patentrecht, 2017; Reisner, GRUR 2020, 345.
1116 Zur Erschöpfung, wenn lediglich ein Teil der geschützten Vorrichtung geliefert wird, vgl v. Meibom/Meyer, FS Mes, 2009, S 255.

sei in einem der Vertragsstaaten der EU bzw des EWR mit Billigung des Berechtigten willentlich in den Verkehr gebracht worden.[1117] Der Erwerber eines derart in den Verkehr gelangten Produktes kann unabhängig von seinem rechtlichen Status als Eigentümer oder Besitzer aus patentrechtlicher Sicht ungehindert über diesen Gegenstand im Rahmen des bestimmungsgemäßen Gebrauchs bestimmen. Der Schutzrechtsinhaber hat nämlich nur ein Mal die Möglichkeit, über den patentgemäßen Gegenstand zu verfügen. Hat er sein Bestimmungsrecht mit dem erstmaligen Inverkehrbringen ausgeübt und dadurch die Vorteile aus seiner Erfindung ziehen können, stehen ihm wegen des weiteren Schicksals der Sache keinerlei Einwirkungs- und Verbietungsrechte mehr zu. Das gilt selbstverständlich nur für diejenige technische Lehre und dasjenige Patent, welches in dem in Verkehr gebrachten Erzeugnis verkörpert ist. Ist Gegenstand des Verkaufs beispielsweise eine patentgeschützte Vorrichtung zum *Codieren* digitaler Daten, so ist es dem Erwerber nicht erlaubt, die patentgemäß codierten Daten mit Hilfe einer nicht vom Patentinhaber stammenden Decodiervorrichtung (die nebengeordnet geschützt ist) zu decodieren.[1118] Für den Eintritt der Erschöpfung ist nicht erforderlich, dass der Schutzrechtsinhaber selbst das Erzeugnis in Verkehr gebracht hat. Ausreichend ist vielmehr, wenn dies ein **Dritter** mit – ausdrücklicher oder konkludenter[1119] – Billigung des Schutzrechtsinhabers getan hat, wobei der Schutzrechtsinhaber und der Dritte bei dem Inverkehrbringen auch mittäterschäftlich zusammenagieren können[1120].

762 – Das ist der Fall, wenn beide – Schutzrechtsinhaber und Dritter – **wirtschaftlich miteinander verbunden** sind, wie dies bei einem Lizenznehmer, der im Umfang seiner Lizenz handelt, einem Alleinvertriebshändler sowie bei einer Mutter- und Tochtergesellschaft desselben Konzerns der Fall ist.[1121]

763 – Fehlt dem Dritten die wirtschaftliche Verbundenheit mit dem Schutzrechtsinhaber, kommt es darauf an, dass letzterer mit dessen Handeln einverstanden ist, wobei Umstände erforderlich sind, die *mit Bestimmtheit* den Willen des Schutzrechtsinhabers erkennen lassen, in Bezug auf die fraglichen, von dem Dritten in Verkehr gebrachten Waren auf sein Ausschließlichkeitsrecht zu verzichten.[1122] Eine derartige Willenslage kann auch bei einem beiderseits unerkannt **unwirksamen Lizenzvertrag** gegeben sein, den die Parteien faktisch praktizieren; hier tritt Erschöpfung so lange ein, wie sich der Schutzrechtsinhaber nicht von dem Lizenzvertrag lossagt.[1123]

764 Wesentlich für den Eintritt der Erschöpfung ist nur die in Bezug auf bestimmte, konkrete Gegenstände bezogene Zustimmung des Schutzrechtsinhabers zum Inverkehrbringen durch den Lizenznehmer, was einem **Verzicht** des Inhabers auf sein ausschließliches Recht gleichkommt. Der Verzicht muss dabei – ausdrücklich oder konkludent – auf eine Weise geäußert werden, die den Willen des Patentinhabers zur Aufgabe seines Rechts mit Bestimmtheit erkennen lässt. Er wird typischerweise erklärt sein, bevor die fragliche Ware durch den Legitimierten seinerseits weiterveräußert wird; zwingend ist dieser zeit-

---

1117 BGH, GRUR 2011, 820 – Kuchenbesteck-Set.
1118 Vgl auch unten Rdn 853.
1119 EuGH, GRUR 2010, 723 – Coty Prestige/Simex Trading.
1120 Bsp: Der Patentinhaber beliefert den Dritten mit den Rohstoffen, die dieser bestimmungsgemäß zu den patentgemäßen Erzeugnissen verarbeitet und diese anschließend – wiederum bestimmungsgemäß – in Verkehr bringt. Erforderlich ist ein Vorsatz des Patentinhabers im Hinblick auf das Handeln des Dritten; bloße Fahrlässigkeiten genügen nicht.
1121 EuGH, GRUR 2009, 593 – Copad; EuGH, GRUR 2009, 1159 – Makro; EuGH, GRUR Int 1994, 614 – IHT Internationale Heiztechnik und Danzinger; BGH, GRUR 2011, 820 – Kuchenbesteck-Set. Entsprechendes gilt nicht für den Inhaber einer Zwangslizenz, vgl EuGH, GRUR Int 1985, 822 – Pharmon; BGH, GRUR 2003, 507, 511 – Enalapril.
1122 EuGH, GRUR 2009, 1159 – Makro; BGH, GRUR 2011, 820 – Kuchenbesteck-Set.
1123 OLG Düsseldorf, Urteil v 8.7.2019 – VI-U (Kart) 18/18.

liche Ablauf jedoch nicht. Es kann sich auch umgekehrt so verhalten, dass zunächst der Drittverkauf stattfindet und erst im Anschluss daran, der Verzicht des Berechtigten erklärt wird. Dessen Verzichts-Wille kann sich nämlich konkludent aus Anhaltspunkten und Umständen **vor, bei oder nach dem Inverkehrbringen** außerhalb oder innerhalb des Europäischen Wirtschaftsraums ergeben, sofern diese Anhaltspunkte und Umstände mit Bestimmtheit einen Verzicht des Inhabers auf sein Recht erkennen lassen.[1124] Eine **nachträgliche Erschöpfung** kann deshalb eintreten, wenn der Beklagte die schutzrechtsgemäße Ware für den Lizenznehmer importiert und einlagert und der Lizenznehmer die betreffende Ware anschließend an den Beklagten zu einem Zeitpunkt veräußert, zu dem der Beklagte seinerseits bereits darüber durch Drittverkauf verfügt hatte. Ein verzichtsbegründendes Inverkehrbringen der Ware durch den Lizenznehmer (durch nachträglichen Verkauf der Ware an den Beklagten) kommt unter solchen Umständen in Betracht, wenn die veräußerte Ware bei dem Beklagten gesondert von dem übrigen Warenbestand gelagert und entsprechend markiert war. Die besagte Konkretisierung ist erforderlich, weil die Wirkungen der Erschöpfung – wie sogleich noch detailliert dargelegt wird – auf die *konkrete* Ware beschränkt sind, für welche die Voraussetzungen der Erschöpfung vorliegen. Sie ist mit Blick auf die Bedürfnisse des Wirtschaftsverkehrs bei einer Veräußerung der Ware an einen bereits im Besitz der Ware befindlichen Dritten aber auch ausreichend.[1125]

a) Objektbezogenheit

Die Wirkung der mit dem Verkauf einer patentgeschützten Vorrichtung verbundenen Erschöpfung ist streng objektbezogen. Sie tritt immer nur für denjenigen konkreten Gegenstand ein, der tatsächlich mit Billigung des Schutzrechtsinhabers in Verkehr gebracht worden ist.[1126]

765

▶ **Beispiel:**[1127]

Stammen patentgeschützte DVD-Abspielgeräte aus lizenzierter Quelle, können die Rechte des Klagepatents auch nur hinsichtlich der Abspielgeräte, aber keinesfalls mit Blick auf DVDs erschöpft sein, wenn diese nicht auch ihrerseits durch eine Lizenz gedeckt sind. Dass die DVD-Player bestimmungsgemäß dazu vorgesehen sind, DVDs abzuspielen (und dabei patentgemäß codierte Daten zu decodieren), ist belanglos, weil bei der Verwendung einer DVD eben nicht mehr nur das durch den lizenzierten Verkauf gemeinfrei gewordene Abspielgerät als solches gebraucht wird, sondern gleichermaßen die – nicht lizenzierte und deshalb weiterhin den Verbietungsrechten des Patentinhabers unterliegende – DVD, in der sich gleichermaßen der Erfindungsgedanke verkörpert.

766

Grundsätzlich muss der Patentinhaber den **gesamten patentgeschützten Gegenstand** in Verkehr gebracht haben, und nicht nur Teile davon. Soweit verschiedentlich ein »erweiterter« Erschöpfungsbegriff vertreten wird[1128], ist dem mit Skepsis zu begegnen. Bei standardessentiellen bzw. Hightech-Patenten soll eine Erschöpfung schon dann angenommen werden, wenn der wesentliche Vorrichtungsbestandteil (zB ein Chip) des patentgeschützten Gegenstandes (zB Handy mit Chip) mit Zustimmung des Patentinhabers in Verkehr gelangt ist, weil in der Erstvermarktung des Vorrichtungsteils (Chip) durch den Patentinhaber auch dessen (zumindest implizite) Benutzungserlaubnis zu dem bestimmungsgemäßem Gebrauch/Betrieb im Rahmen des patentgeschützten Gegenstan-

767

1124 BGH, GRUR 2021, 971 – myboshi.
1125 BGH, GRUR 2021, 971 – myboshi.
1126 EuGH, GRUR 2010, 723 – Coty Prestige/Simex Trading.
1127 OLG Düsseldorf, Urteil v 14.1.2010 – I-2 U 128/08.
1128 Haft/v. Samson-Himmelstjerna, FS Reimann, 2009, S 175; v. Meibom/Meyer, FS Mes, 2009, S 255.

des (Handy) liege.[1129] Andere[1130] befürworten eine Erschöpfung, wenn mit Zustimmung des Patentinhabers eine Vorrichtung in Verkehr gebracht wird, die ein wesentliches Element der Erfindung verkörpert, sofern der einzig sinnvolle und bezweckte Gebrauch des lizenzierten Zwischenproduktes bzw der lizenzierten Teillieferung darin besteht, in der patentgemäßen Weise verwendet zu werden, die Zwischenprodukte/Teillieferungen einen wesentlichen Teil der technischen Lehre des Patents verkörpern und sie nur noch standardmäßig bearbeitet werden müssen, um die patentgemäße technische Lehre insgesamt zu verwirklichen. Da die Erschöpfung maßgeblich auf der Überlegung beruht, dass der Patentinhaber seine Verbietungsrechte in dem Maße verliert, wie er sich der erfindungsgemäßen Sache im Geschäftsverkehr freiwillig begeben und (infolgedessen) seine wirtschaftlichen Vorteile aus der Erfindung gezogen hat, kann dem Gedanken der »erweiterten« Erschöpfung allenfalls für solche Fälle näher getreten werden, bei denen die Erfindung mit dem vom Patentinhaber in Verkehr gebrachten Teil praktisch vollständig verwirklicht ist. Davon kann ausgegangen werden, wenn nur noch eine für den Erfindungsgedanken nebensächliche »Allerwelts-Zutat« fehlt, die der Belieferte entweder bereits in seinem Besitz hat (sodass deren abermalige Zurverfügungstellung sinnlos ist) oder die er sich unschwer besorgen kann und mit Gewissheit vorhersehbar beschaffen wird, um sie mit dem gelieferten Gegenstand zu der patentgeschützten Einheit zu kombinieren und dadurch den gelieferten Gegenstand seiner bestimmungsgemäßen Verwendung zuzuführen. Unter derartigen Umständen wird, obwohl es an einer Lieferung des vollständigen patentgeschützten Gegenstandes fehlt, eine unmittelbare – und nicht bloß eine mittelbare – Patentverletzung angenommen[1131], was es im Umkehrschluss rechtfertigt, unter denselben Bedingungen auch den Einwand der Erschöpfung durchgreifen zu lassen. Unbeachtlich ist dabei, ob die Lieferung durch einen einzigen oder durch mehrere Lizenznehmer nebeneinander erfolgt.

768 Werden bei einem **Kombinations- oder Systempatent** nur einzelne Teile der Kombination/des Systems aus lizenzierter Quelle bereitgestellt und die restlichen Teile rechtswidrig ergänzt, kommt der Erschöpfungseinwand daher grundsätzlich nicht zum Tragen. Das gilt selbst dann, wenn der Liefernde im Besitz einer Lizenz ist, die ihm die Bereitstellung des gesamten Erfindungsgegenstandes gestatten würde. So lange nicht praktisch alle Teile vom Patentinhaber oder seinen Lizenznehmern stammen, verbietet sich in der Regel ebenso die Annahme einer konkludenten Lizenzerteilung dahingehend, dass dem Abnehmer gestattet wird, aus den gelieferten Komponenten die geschützte Kombination bzw das patentierte System zu errichten und zu betreiben. Umfasst die lizenzierte Lieferung andererseits bis auf nebensächliche »Allerwelts«-Zutaten alle Komponenten und können diese technisch oder wirtschaftlich sinnvoll überhaupt nur nach Maßgabe des Kombinations- oder Systemanspruchs gebraucht werden, ist von einer konkludenten Lizenzerteilung für die Errichtung und den Betrieb der Kombination/des Systems auszugehen. Ausreichend dafür ist auch, dass der Patentinhaber bzw dessen Lizenznehmer weiß, dass der Abnehmer die an sich auch anderweitig verwendbaren Komponenten tatsächlich im Sinne des Kombinations- oder Systemanspruchs einsetzen will.

769 Die vorbezeichneten Grundsätze sind demgegenüber nicht auf eine Konstellation übertragbar, bei der das selbst patentgeschützte **Herstellungsprodukt** das Ergebnis eines Fertigungsprozesses ist, der mit einer vom Patentinhaber in Verkehr gebrachten Maschine ausgeführt werden kann.[1132]

1129 Haft/v. Samson-Himmelstjerna, FS Reimann, 2009, S 175.
1130 V. Meibom/Meyer, FS Mes, 2009, S 255.
1131 OLG Düsseldorf, InstGE 13, 78 – Lungenfunktionsmessgerät.
1132 OLG Düsseldorf, InstGE 9, 66 – Trägerbahnöse.

b) Willenslage

Geschieht das Inverkehrbringen willentlich, schadet ein **innerer Vorbehalt** des Inhalts, dass eine Erschöpfung nicht eintreten soll, nicht.[1133] Relevant im Sinne einer nicht eintretenden Erschöpfung ist demgegenüber, wenn der Schutzrechtsinhaber seine Zustimmung zum Inverkehrbringen von einer Bedingung abhängig macht und diese nicht eintritt.[1134] Versieht der herstellende Patentinhaber den Patentgegenstand mit einer **CE-Kennzeichnung**[1135], folgt daraus grundsätzlich sein Einverständnis, das Erzeugnis innerhalb der EU auf den Markt zu bringen.[1136] Allerdings bezieht sich die Einwilligung nur auf ein Absatzgeschäft, mit dem der Wert der Erfindung realisiert wird, weswegen das Einverständnis nicht die Einfuhr eines verbrauchten Erfindungsgegenstandes in die EU zum Zwecke seiner Wiederaufbereitung umfasst.[1137]

770

c) EU & EWR

aa) Allgemeines

Der Grundsatz der Erschöpfung gilt im Gebiet der EU bzw des EWR[1138], wenn das Erzeugnis in einem der Mitgliedstaaten der EU oder des EWR[1139] in Verkehr gebracht worden ist, unabhängig davon, ob dort ein Parallelpatent besteht oder der Gegenstand patentfähig ist.[1140] Der freie Warenverkehr in der Gemeinschaft genießt insoweit Vorrang.[1141] Er führt dazu, dass das EU & EWR-Ausland erschöpfungsrechtlich wie in Inland behandelt wird, sodass die Verbietungsrechte aus einem deutschen Schutzrecht schon dann erschöpft werden, wenn die ragliche Sache mit Billigung des Schutzrechtsinhabers in der EU oder dem EWR in Verkehr gelangen. Anders kann die Rechtslage zu beurteilen sein, wenn in demjenigen Staat, in dem das Erzeugnis in Verkehr gebracht worden ist, ein Schutz auf das Erzeugnis aus rechtlichen Gründen nicht zu erlangen ist.[1142]

771

Da Erschöpfung darüber hinaus nicht schon dann eintritt, wenn der Patentgegenstand irgendwo auf der Welt mit Zustimmung des Patentinhabers in Verkehr gebracht wird, kann ein Bedürfnis bestehen, dem Lizenznehmer für Herstellung und Vertrieb seiner Lizenzprodukte weitergehende Handlungsmöglichkeiten einzuräumen. Dazu eignet sich die Vereinbarung einer »**impliziten Lizenz**«, mit der die Gestattung in die Abnehmerkette hinein verlängert wird, indem der Schutzrechtsinhaber gegenüber den Abnehmern, die Lizenzprodukte vom Lizenznehmer erworben haben, auf seine Verbietungsrechte verzichtet. Zu Einzelheiten vgl oben bei Rdn 238.

772

1133 Vgl BGH, GRUR 2006, 863 – ex works.
1134 BGH, GRUR 2011, 820 – Kuchenbesteck-Set.
1135 ... gemäß der Verordnung (EG) Nr 765/2008.
1136 OLG Düsseldorf, Urteil v 28.4.2017 – I-15 U 68/15.
1137 OLG Düsseldorf, Urteil v 28.4.2017 – I-15 U 68/15.
1138 Auch Island, Liechtenstein und Norwegen.
1139 EuGH, GRUR 2010, 723 – Coty Prestige/Simex Trading.
1140 EuGH, GRUR Int 1997, 911 – Merck/Primecrown; BGH, GRUR 2000, 299 – Karate; BGH, GRUR 2003, 507, 510 f – Enalapril.
1141 EuGH, GRUR Int 1982, 47, 48 – Moduretik.
1142 BGH, GRUR 1976, 579, 582 – Tylosin; offengelassen von EuGH, GRUR Int 1982, 47, 48 – Moduretik.

bb) Besonderer Mechanismus[1143]

773 Für den Bereich der **Arzneimittelpatente** ist der sog Besondere Mechanismus[1144] zu beachten, der im Zuge der **EU-Osterweiterung** mit den meisten neuen Mitgliedstaaten im Rahmen ihrer Beitrittsverträge vereinbart worden ist. Er schränkt die Warenverkehrsfreiheit für den Pharmabereich primärrechtlich ein, indem er den Erschöpfungseinwand unter bestimmten Voraussetzungen nicht eingreifen lässt.

(1) Sinn und Zweck

774 Hintergrund der betreffenden Regelungen (die sogleich näher skizziert werden) ist der Umstand, dass die neu zur EU beigetretenen Mitgliedstaaten überwiegend kein dem westeuropäischen Standard entsprechendes Patentrecht kannten, insbesondere keine Arzneimittel-Erzeugnispatente. Durch den Beitritt der osteuropäischen Staaten ist aus dem bisherigen erschöpfungsrechtlich irrelevanten EU-*Aus*land erschöpfungsrechtlich relevantes EU-*In*land geworden. Das hat zur Folge, dass ein in den Ost-Beitrittsgebieten erfolgtes Inverkehrbringen patentgemäßer Gegenstände, anders als früher, plötzlich zur Erschöpfung führt und einem von dort unternommenen Parallelimport in die alten Mitgliedstaaten deshalb fortan nicht mehr mit einem hier geltenden Patentschutz entgegengewirkt werden kann. Da der EU-Beitritt für den Patentinhaber nicht absehbar war, soll er in gewissem Umfang vor der dargestellten Erschöpfungsproblematik in Schutz genommen werden. Im Interesse gleichmäßiger Lebensverhältnisse innerhalb der Gemeinschaft soll ferner verhindert werden, dass der Patentinhaber aus Sorge vor einem Drittimport seiner eigenen Medikamente in die alten Mitgliedstaaten davon absieht, in den Beitrittsgebieten überhaupt patentgemäße Produkte auf den Markt zu bringen oder aber dies nur zu den hohen Preisen zu tun, die er in den herkömmlichen Mitgliedstaaten erzielt, was beides der Arzneimittelversorgung in den Beitrittsgebieten abträglich wäre.

(2) Allgemeiner Inhalt

775 Mit Ausnahme von Malta und Zypern sehen die Beitrittsverträge aller anderen EU-Ost-Mitgliedstaaten einen *Besonderen Mechanismus* (Estland, Lettland, Litauen, Polen, Slowakei, Slowenien, Tschechien, Ungarn, Kroatien) bzw. einen *Speziellen Mechanismus* (Bulgarien, Rumänien) vor, die inhaltlich gleichlautend sind. Sie sehen in einem **ersten Teil** vor,

776 – dass sich der Inhaber eines Patents oder eines Ergänzenden Schutzzertifikats für ein Arzneimittel (sowie der von einem solchen Schutzrechtsinhaber Begünstigte)

777 – auf die Verbietungsrechte aus seinem in einem traditionellen EU-Mitgliedstaat bestehenden Patent oder Schutzzertifikat berufen kann, um zu verhindern, dass das patentgeschützte Erzeugnis in das Schutzterritorium seines Patents/Zertifikats eingeführt oder dort in Verkehr gebracht wird, und zwar auch dann, wenn das Erzeugnis erstmalig von ihm (dem Patentinhaber) oder mit seiner Einwilligung (folglich tatbestandlich erschöpfungsrelevant) im Ausfuhrmitgliedstaat in Verkehr gebracht wurde,

778 – *wenn* das die Verbietungsrechte vermittelnde Patent oder Schutzzertifikat zu einem Zeitpunkt beantragt wurde, als ein entsprechender Schutz für das patentgeschützte Erzeugnis in dem neuen EU-Mitgliedstaat (Ausfuhrstaat) nicht erlangt werden konnte.

1143 Lemaire, EIPR 2005, 43; Sadlonova, FS Kolle/Stauder, S 265; Kramer, PharmR 2012, 49; Berg, PharmR 2005, 352; Berg/Sauter, PharmR 2004, 233; Kühnen, FS 200 Jahre Heymanns Verlag, S 373.

1144 Für Bulgarien, Rumänien und Kroatien ergibt sich eine inhaltsgleiche Regelung aus dem sog Speziellen Mechanismus.

Dahinter steht die Erwägung, dass demjenigen Schutzrechtsinhaber, dem im Ausfuhrmitgliedstaat keine gesetzliche Möglichkeit zu Gebote gestanden hat, einen Monopolschutz zu erwerben, seine Verbietungsrechte gegen im Ausfuhrstaat auf den Markt gebrachte Patenterzeugnisse ungeschmälert erhalten bleiben sollen, während umgekehrt demjenigen, der sich im Ausfuhrmitgliedstaat eines Patentschutzes hätte versichern können, keine Ausschließlichkeitsrechte gegen Produkte aus dem Ausfuhrstaat zustehen sollen (und zwar auch dann nicht, wenn es sich um vom Schutzrechtsinhaber selbst in Verkehr gebrachte Produkte handelt, gegen die ein im Ausfuhrstaat erworbenes Schutzrecht naturgemäß nichts ausgerichtet hätte). Die aufgrund der Gesetzeslage im Ausfuhrstaat fehlende oder gegebene Chance, Vorkehrungen gegen Verletzungshandlungen *Dritter* treffen zu können, entscheidet mithin über die Reichweite der Erschöpfung bei Einfuhren aus dem Ausfuhrstaat, obgleich ein dort existierendes Schutzrecht gegenüber *eigenen* Vertriebshandlungen des Patentinhabers und seiner Lizenznehmer bedeutungslos gewesen wäre. Das Differenzierungskriterium für und gegen den Eintritt einer Erschöpfung liegt somit nicht in einem Versäumnis, das einen direkten Bezug zur Erschöpfungswirkung hat (indem Maßnahmen unterblieben sind, mit denen ein Eintritt der Erschöpfung hätte verhindert werden können), sondern vielmehr in Versäumnissen, die ein freiwilliges Schutzdefizit ausschließlich im Verhältnis zu außenstehenden Dritten zur Folge haben können. Verfügt der Patentinhaber im Ausfuhrstaat über ein Patent für den Gegenstand seines inländischen Arzneimittelpatents bzw -zertifikats, so ist dieser Umstand nicht unmittelbar bedeutsam, sondern allenfalls insofern von Belang, als die faktische Existenz des Schutzrechts die (rechtlich allein entscheidende) Möglichkeit belegt, im Ausfuhrstaat einen bestimmten Patentschutz zu erwerben.

779

Der **zweite Teil** des Besonderen/Speziellen Mechanismus befasst sich mit Anzeigepflichten über die in Aussicht genommene Einfuhr eines patent- oder zertifikatgeschützten Arzneimittels. Zunächst muss dem Schutzrechtsinhaber (oder dem von ihm Begünstigten) die beabsichtigte Einfuhr angezeigt werden, damit diese ihre etwaigen Verbietungsrechte aus dem Besonderen/Speziellen Mechanismus wahrnehmen können. Die Anzeige löst eine einmonatige Wartefrist für die zuständige Arzneimittelgenehmigungsbehörde des Einfuhrstaates aus. Im Einfuhrantrag ist der Zulassungsbehörde nachzuweisen, dass der Schutzrechtsinhaber/sein Begünstigter einen Monat zuvor über die Einfuhrabsicht unterrichtet worden ist. Ohne diesen Nachweis wird die Einfuhr- und Vertriebsgenehmigung verweigert.

780

(3) Einzelfragen

(a) Arzneimittel

Der Begriff des »Arzneimittels« ist im Besonderen Mechanismus nicht eigens erläutert, weswegen auf bestehende allgemeine Definitionen zurückzugreifen ist. Unklar ist lediglich, ob als maßgebliches Regelwerk der Gemeinschaftskodex für Humanarzneimittel/Tierarzneimittel (und demzufolge die dortige Begriffserläuterung in Art 1 Nr 2) anzusehen ist[1145] oder aber die Zertifikatsverordnung Nr 469/2009 (dort Art 1 lit a) die maßgebliche Verständnisgrundlage bildet. Die aufgeworfene Frage kann praktische Bedeutung haben, weil beide Definitionen sprachlich zum Teil voneinander abweichen. Wegen der spezifisch schutzrechtsbezogenen Wirkungen des Besonderen Mechanismus erscheint es richtiger, auf die VO Nr 469/2009 abzustellen.

781

(b) Entsprechender Erzeugnisschutz

Der Besondere/Spezielle Mechanismus gilt für jedes im *Einfuhrmitgliedstaat* gültige »Patent oder Schutzzertifikat für ein Arzneimittel«, worunter nicht nur absolute Stoffan-

782

1145 Berg/Sauter, PharmR 2004, 233, 238.

sprüche, sondern genauso Verfahrens- und Verwendungspatente[1146] fallen. Auch letztere gewähren einen patentrechtlichen Schutz für das Arzneimittelerzeugnis, bloß keinen absoluten, sondern einen lediglich eingeschränkten (sic: zweckgebundenen). Sofern die Laufzeit des SPC nach den Vorschriften der Kinderarzneimittel-VO 1901/2006 verlängert worden ist, gelten die Regelungen des Besonderen Mechanismus (= Ausschuss der regelmäßigen Erschöpfungsfolge) nicht nur für die eigentliche Laufzeit des SPC, sondern darüber hinaus auch für die pädiatrisch verlängerte Laufzeit.[1147]

783 Allerdings begnügen sich die einschlägigen Regelungen nicht damit, dass im *Ausfuhrmitgliedstaat* für das unter Patentschutz stehende Arzneimittel *irgendein* Patent- oder Zertifikatschutz erhalten werden konnte, und sie lassen auch nicht ausreichen, dass für den Gegenstand des inländischen Arzneimittelpatents oder -zertifikats *irgendein* Schutz möglich war. Kriterium für das Durchgreifen des Erschöpfungseinwandes ist vielmehr, dass im Beitrittsmitgliedstaat die Chance zu einem »*entsprechenden* Patent- oder Zertifikatschutz« gegeben war, wobei der konkrete für das fragliche Arzneimittel bestehende inländische Patent- oder Zertifikatschutz den Vergleichsmaßstab bildet. Der Inhaber muss also, damit ihn die Erschöpfungsfolgen treffen, für sein Arzneimittel im Beitrittsgebiet ein Schutzrecht mit prinzipiell gleichem Schutzniveau erhalten haben können. Das verlangt ein Patent gleicher Patentkategorie, woran es fehlt, wenn im Inland ein Stoffschutzpatent und/oder -zertifikat existiert, im Ausfuhrmitgliedstaat hingegen lediglich ein **Verfahrenspatent** und ein darauf gestütztes Schutzzertifikat oder ein Verwendungspatent erteilbar gewesen ist. Letzteres gilt selbst dann, wenn das nationale Patentrecht des Ausfuhrmitgliedstaates einen (zu § 9 Nr 3 PatG vergleichbaren) derivativen Erzeugnisschutz vorsieht.[1148] Denn letzterer bleibt hinter dem prinzipiell absoluten Schutz eines Sachpatents insofern zurück, als er sich nur auf das unmittelbare Erzeugnis des patentgeschützten Herstellungsverfahrens erstreckt. Ausreichend ist hingegen der umgekehrte Fall, dass im Inland lediglich ein Verfahrenspatent existiert, im Ausfuhrstaat hingegen ein (das Erzeugnis unabhängig von seinem Herstellungsprozedere und seiner Verwendung schützendes) Sachpatent besteht.

784 Ob eine entsprechende Erteilungsmöglichkeit besteht bzw bestanden hat, hängt allein davon ab, ob das **nationale Recht des Ausfuhrstaates** einschließlich der zugehörigen – selbstverständlich gesetzeskonformen[1149] – Erteilungs- und Rechtsprechungspraxis[1150] die gesetzliche Möglichkeit für die Gewährung eines dem inländischen Patentschutz äquivalenten Arzneimittelschutzes (Patent/Zertifikat) vorsieht bzw vorgesehen hat:

785 Wenn der Besondere/Spezielle Mechanismus darauf abstellt, dass am Stichtag im Ausfuhrmitgliedstaat ein entsprechender Patentschutz »*nicht erlangt werden konnte*«, so ist

---

1146 ... auf die zweite (oder weitere) medizinische Indikation(en).
1147 EuGH, GRUR 2018, 904 – Pfizer/Orifarm.
1148 LG Düsseldorf, BeckRS 2014, 17689.
1149 Keine Bedeutung hat eine Behördenpraxis oder eine untergerichtliche Rechtsprechung am Stichtag, die rechtsfehlerhaft ist (und dementsprechend nach dem Stichtag von der übergeordneten Instanz revidiert worden ist); denn anderenfalls käme dem Patentinhaber eine fehlerhafte Auslegung zugute, die am Stichtag vorgeherrscht hat, was reinen Zufälligkeiten (nämlich dem anfänglichen Fehlgehen der Entscheidungsinstanzen) geschuldet wäre. Allein durch Nichtausschöpfung des Instanzenzuges wäre er gegenüber denjenigen privilegiert, die sich gegen die ablehnende Prüferentscheidung erfolgreich zur Wehr gesetzt und somit ein Patent erhalten haben (womit es bei der Erschöpfung bleibt, weil die tatsächliche Patenterteilung belegt, dass ein gleichwertiger Schutz im Ausfuhrmitgliedstaat zu erhalten war). Das kann nicht richtig sein, wie nicht zuletzt auch an einem weiteren Beispielsfall deutlich wird. Käme es allein auf die fehlerhafte des Erstprüfers an, würde es bei der Erschöpfungsfolge bleiben, wenn der Patentinhaber eine Patenterteilung im Ausfuhrstaat durch Rechtsmittel erstritten hätte, während er vor der Erschöpfungsfolge geschützt wäre, wenn er von einem Rechtsmittel abgesehen und die fehlerhafte Handhabung des Erstprüfers hingenommen hätte. Derartige Differenzierungen entbehren jeder rechtlichen Logik und Gerechtigkeit.
1150 LG Düsseldorf, Urteil v 7.3.2017 – 4b O 7/17.

hiermit nicht darauf abgestellt, ob eine im Beitrittsgebiet unternommene Schutzrechtsanmeldung beim dortigen Patentamt im ersten Anlauf und ohne weiteres zum Erfolg geführt hätte. Abgesehen davon, dass eine derartige, auf die Handhabung der Erteilungsbehörde abstellende Sicht der Dinge willkürlich danach differenzieren würde, welche – möglicherweise unzutreffende – Rechtsauffassung der zur Erstentscheidung berufene Prüfer vertritt, was ganz offensichtlich nicht zu sachgerechten Ergebnissen führt, knüpft der Besondere/Spezielle Mechanismus – wie oben[1151] dargelegt – an dem schutzrechtlichen Gefälle an, welches sich daraus ergibt, dass im Zeitpunkt des EU-Beitritts in den osteuropäischen Staaten kein dem westeuropäischen Standard entsprechender Patentschutz auf Arzneimittel vorgesehen war. Dementsprechend muss für den exakt aus diesem Grunde durch den Besonderen/Speziellen Mechanismus verordneten Ausschluss der Erschöpfungswirkung auch das Vorhandensein eines eben solchen Schutzdefizits im Beitrittsgebiet maßgeblich sein, womit es auf die Frage ankommt, ob die patentrechtlichen Normen des Ausfuhrmitgliedstaates – richtig interpretiert – einen zum Inlandspatent ebenbürtigen Patent- oder Zertifikatschutz erlaubt haben oder nicht. Maßgeblich ist also die objektive Rechtslage im Ausfuhrmitgliedstaat am Stichtag der Inlandsanmeldung.

- Vergleichsweise einfach liegt der diesbezügliche Sachverhalt, wenn die zum Stichtag geltende *Gesetzeslage* eine eindeutige positive Regelung über die Gewährbarkeit der erforderlichen Patentkategorie enthält, indem es diese entweder ausdrücklich zulässt oder ausdrücklich ausschließt oder an klare Bedingungen knüpft. 786

- Fehlt es hieran und hängt die Zulässigkeit eines bestimmten Patentschutzes – mangels expliziter Normierung – von einer Gesetzesauslegung ab, so entscheidet eine zum Stichtag bestehende *höchstrichterliche Rechtsprechung*. Sie ist (und bleibt) auch dann maßgeblich, wenn sie später infolge besserer Rechtserkenntnis revidiert werden sollte. 787

- Gibt es eine solche letztinstanzliche Rechtsprechung (noch) nicht, weil sich die zuständigen Erteilungsbehörden und/oder Gerichte mit der betreffenden Fragestellung entweder überhaupt noch nicht befasst haben oder weil hierzu lediglich behördliche/untergerichtliche Erkenntnisse und/oder wissenschaftliche Publikationen vorliegen, so kommt es auf diejenige Auslegung des Gesetzes an, die sich bei zutreffender Anwendung der für das ausländische Patentrecht heranzuziehenden Interpretationsregeln ergibt. 788

- Bisherige behördliche oder instanzgerichtliche Entscheidungen und/oder Fachveröffentlichungen liefern insoweit ein – ggf gewichtiges – Indiz, wobei die Indizwirkung tendenziell umso größer ist, je ausführlicher und inhaltlich überzeugender die Entscheidungsgründe ausfallen, und umgekehrt. Dergleichen Judikate und Fachvoten ersetzen – weil sie rechtlich fehl gehen und letztinstanzlich keinen Bestand haben können – jedoch nicht die (notfalls mit sachverständiger Hilfe durchzuführende) eigene Auslegung des nationalen Patentrechts durch das mit der Erschöpfungsfrage befasste Verletzungsgericht. Dass die auslegungsbedürftige Rechtsfrage nach dem Stichtag eine explizite gesetzliche Regelung in einem bestimmten Sinne erfahren hat, bedeutet nicht notwendigerweise, dass die Situation unter der alten Gesetzeslage abweichend zu beurteilen ist, denn die Neuregelung kann aus rein klarstellenden Gründen erfolgt sein. Ebenso wenig können den Patentinhaber per se vereinzelte behördliche oder untergerichtliche Entscheidungen im Ausfuhrmitgliedstaat entlasten, wenn der weitere Rechtszug bei richtiger Gesetzesauslegung mutmaßlich zu einem anderen Ergebnis geführt hätte. Dafür wiederum können Rechtsmittelentscheidungen einen wichtigen Anhalt bieten, die nach dem Stichtag tatsächlich in dem fraglichen Sinne ergangen sind. 789

1151 Vgl Rdn 774.

790 – Liefert die Gesetzesauslegung kein eindeutiges und somit vorhersehbares Ergebnis, sondern repräsentiert sie eine bloße »*Wollensentscheidung*«, die sich mit genau derselben Überzeugungskraft gleichermaßen in dem einen wie in dem gegenteiligen Sinne begründen lässt, so entfällt die Erschöpfungswirkung erst dann, wenn Klarheit im Sinne mangelnder Patentschutzmöglichkeit geschaffen ist, sei es, dass eine vom Schutzrechtsinhaber parallel eingereichte Patentanmeldung im Ausfuhrmitgliedstaat nach Ausschöpfung des Instanzenzuges aus eben diesem Grunde[1152] rechtskräftig zurückgewiesen ist, sei es, dass in anderer Sache eine den Schutz für die fragliche Patentkategorie verneinende Entscheidung höchstrichterlich ergangen ist.

791 **Zweifel** an der Verfügbarkeit eines gleichwertigen Patentschutzes im Ausfuhrmitgliedstaat, die nach Ausnutzung aller für das Gericht verfügbaren Beweismittel (zB im einstweiligen Verfügungsverfahren) **verbleiben**, gehen zu Lasten desjenigen, der sich auf die Regelungen des Besonderen Mechanismus beruft.[1153] Zwei Gründe sind hierfür maßgeblich. Zum Einen greift der Besondere Mechanismus nur ein, wenn *feststeht*, dass ein gleichwertiger Patentschutz im Ausfuhrmitgliedstaat am Stichtag nicht erlangt werden konnte, zum Anderen trifft den Patentinhaber – als Ausnahme von der grundsätzlichen Erschöpfung als Folge eines Inverkehrbringens des patentgeschützten Gegenstandes in der EU – verfahrensrechtlich die Beweislast dafür, dass diejenigen Bedingungen vorliegen, unter denen sich die Erschöpfungsfolge ausnahmsweise nicht einstellt.

792 Keine Relevanz haben – bei Bestehen eines grundsätzlich parallelen Schutzrechtsniveaus – **Erteilungshindernisse im konkreten Einzelfall** (zB mangelnde Neuheit infolge Vorveröffentlichung oder älterer Priorität der Schutzrechtsanmeldung im Einfuhrmitgliedstaat). Ebenso wenig kommt es darauf an, ob der Anspruchswortlaut im Einfuhr- und im Ausfuhrstaat identisch ist oder sein könnte. Divergierende Anspruchsfassungen, die den vor unterschiedlichen nationalen Patentämtern durchgeführten Prüfungsverfahren und der dortigen Erteilungspraxis geschuldet sind, stehen daher der Möglichkeit eines gleichwertigen Schutzes nicht entgegen.

(c) Maßgeblicher Zeitpunkt

793 Die Frage nach dem Bestehen oder Fehlen einer gleichen Schutzmöglichkeit im Ausfuhrmitgliedstaat stellt sich – abschließend – nur für **zwei Zeitpunkte**, und zwar für den Anmeldetag (nicht: Prioritätstag) des inländischen Grundpatents (sofern aus ihm gegen den Parallelimport vorgegangen werden soll) und für den Anmeldetag des Ergänzenden Schutzzertifikats (wenn das Zertifikat die Anspruchs- bzw Klagegrundlage bildet, wobei es letztlich auch in diesem Fall auf die Rechtslage bei Anmeldung des Grundpatents ankommt, weil es ohne ein Grundpatent im Ausfuhrstaat dort kein späteres Schutzzertifikat geben kann).[1154] Die Anmeldezeitpunkte sind hierbei grundsätzlich als gegeben hinzunehmen, weswegen kein Raum für hypothetische Erwägungen ist. Es kann insbesondere nicht argumentiert werden, der Schutzrechtsinhaber habe sein Grundpatent oder Zertifikat bei »redlichem« Handeln zu einem anderen Zeitpunkt beantragen können und zu diesem (fiktiven) Zeitpunkt wäre aufgrund anderer Rechtslage im Ausfuhrstaat ein Erzeugnisschutz gewährbar gewesen.

794 Auf die Möglichkeit eines parallelen Patentschutzes im Ausfuhrmitgliedstaat im **Intervall zwischen den Anmeldetagen** des inländischen Grundpatents und des inländischen Schutzzertifikats kommt es nach der eindeutigen Gesetzesformulierung nicht an. Das gilt jedenfalls so lange, wie es nicht tatsächlich zu einer bestandskräftigen auswärtigen Schutzrechtserteilung im Ausfuhrstaat kommt. Daraus folgt im Einzelnen:

1152 ... und nicht wegen eines Sachverhaltes gemäß Rdn 792.
1153 LG Düsseldorf, Urteil v 7.3.2017 – 4b O 7/17.
1154 EuGH, GRUR 2018, 904 – Pfizer/Orifarm.

– War ein Grundpatentschutz im Ausfuhrstaat zwar nicht am Anmeldetag, aber in der Folgezeit danach möglich und konnte am Anmeldetag des inländischen Schutzzertifikats ein ebenbürtiges Zertifikat erhalten werden, so tritt weder in Bezug auf das Grundpatent noch in Bezug auf das Schutzzertifikat Erschöpfung ein. Letzteres ergibt sich daraus, dass mangels Grundpatents ein von der Gesetzeslage her vorgesehener Zertifikatschutz nicht erteilungsfähig war. Insofern spielt es keine Rolle, dass der Patentinhaber durch eine rechtzeitige Grundpatentanmeldung *nach* dem Stichtag (= Anmeldetag des inländischen Grundpatents) die Möglichkeit gehabt hätte[1155], Vorsorge für eine spätere erfolgreiche Zertifikatanmeldung zu treffen. Denn eine Rechtspflicht, außerhalb der Stichtage in dieser Weise tätig zu werden, begründet der Besondere/Spezielle Mechanismus nicht.[1156] 795

– War im Ausfuhrmitgliedstaat ein Grundpatentschutz am Anmeldetag des inländischen Grundpatents möglich, aber kein Zertifikatschutz am Anmeldetag des inländischen Schutzzertifikats, tritt keine Erschöpfung ein. Das gilt selbst dann, wenn von der am Stichtag möglichen Anmeldung eines Grundpatents im Ausfuhrstaat abgesehen wurde und damit eine spätere Zertifikatanmeldung, *wenn* eine gesetzliche Möglichkeit hierzu bestehen *würde*, am mangelnden Grundpatent gescheitert *wäre*.[1157] 796

– Bestand bei Anmeldung des inländischen Grundpatents keine Möglichkeit zu einem gleichwertigen Patentschutz im Ausfuhrmitgliedstaat, hat der Patentinhaber eine später sich ergebende Möglichkeit hierzu jedoch erfolgreich genutzt, sodass er am Anmeldetag des Zertifikats tatsächlich über ein Grundpatent verfügt hat, und meldet er am Anmeldetag des inländischen Zertifikats kein Schutzzertifikat im Ausfuhrmitgliedstaat an, obwohl dies möglich gewesen wäre, ist der Besondere Mechanismus nicht anwendbar. Hat er das Erteilungshindernis eines fehlenden Grundpatents – wenn auch freiwillig und überobligationsmäßig – ausgeräumt, so darf an dieser nun einmal bestehenden Tatsache nicht vorbeigegangen werden. Der Patentinhaber hat redlicher Weise keinen Anspruch auf eine rein hypothetische Beurteilung der Sachlage; genau sie würde jedoch stattfinden, wenn er im Nachhinein für sich reklamieren dürfte, trotz bestehenden Grundpatentschutzes im Ausfuhrstaat so behandelt zu werden, als gäbe es das für die anschließende Zertifikaterteilung notwendige Grundpatent nicht. 797

(d) Zertifikatverlängerung

Wird die Laufzeit des inländischen SPC nach den Vorschriften der Verordnung (EG) Nr 1901/2006 verlängert, so unterliegt die sich daraus ergebende Gesamtlaufzeit des SPC den Regelungen des Besonderen/Speziellen Mechanismus, sodass ein sich daraus ergebender Erschöpfungsausschluss auch den pädiatrisch verlängerten Zeitraum erfasst.[1158] 798

(e) Anzeigepflicht

Die Anzeige der Einfuhrabsicht muss dem (zu diesem Zeitpunkt amtierenden) **Patentinhaber**[1159] oder einem von ihm Begünstigten gegenüber erklärt werden. Eine besondere Form ist dafür nicht vorgeschrieben, wenngleich aus Gründen des Beweises einer schriftlichen Erklärung mit Zugangsnachweis der Vorzug zu geben ist. Die Anzeige setzt mit ihrem Zugang die einmonatige Wartefrist für die Arzneimittelbehörde in Gang. Als 799

1155 ... sofern die zwischenzeitliche Offenlegung der inländischen Grundpatentanmeldung kein Neuheitshindernis für die auswärtige Parallelanmeldung im Ausfuhrmitgliedstaat begründet.
1156 EuGH, GRUR 2018, 904 – Pfizer/Orifarm.
1157 OLG Düsseldorf, Urteil v 6.8.2015 – I-2 U 21/15; aA: LG Düsseldorf, Urteil v 5.3.2015 – 4b O 139/14.
1158 EuGH, GRUR 2018, 904 – Pfizer/Orifarm.
1159 ... bei einer Inhabergemeinschaft an alle.

Begünstigter ist jeder anzusehen, der rechtmäßig (zB infolge vertraglicher Einräumung) über die dem Inhaber des Patents oder Zertifikats zustehenden Verbietungsrechte verfügt.[1160] Dazu gehören namentlich Lizenznehmer, wobei es entscheidend darauf ankommt, dass dem Betreffenden diejenigen Ausschließlichkeitsrechte überlassen sind, die durch die beabsichtigte Einfuhr beeinträchtigt werden. Eine ausschließliche Herstellungslizenz genügt daher nicht, wohl aber eine ausschließliche Vertriebslizenz.

800 Die Möglichkeit zur Ansprache des Schutzrechtsinhabers besteht in *jedem* Fall, dh auch dann, wenn ausschließliche Lizenzen vergeben worden sind. Auf diese Weise ist gewährleistet, dass der Anzeigende keine risikobehafteten Ermittlungen zu patentrechtlichen Befugnissen anstellen muss, sondern sich mit seiner Anzeige kurzerhand an denjenigen halten kann, der aus dem öffentlichen Patentregister als Schutzrechtsinhaber ersichtlich ist.[1161] Adressiert er seine Anzeige stattdessen an eine andere begünstigte Person, hat diese Maßnahme nur dann Rechtswirkungen, wenn der Empfänger tatsächlich »Begünstigter« am Grundpatent/Schutzzertifikat ist.

801 Die Anzeige muss **nicht höchstpersönlich** von demjenigen abgegeben werden, der die Einfuhr beabsichtigt. Statt seiner kann auch ein Dritter (zB Bote, Stellvertreter) handeln, so lange für den Schutzrechtsinhaber/Begünstigten unmissverständlich klar zu erkennen ist, wer der Einführer ist.[1162] Der jeweilige Wissens- und Erkenntnishorizont des angesprochenen Adressaten ist entscheidend. Prinzipiell wird es (insbesondere bei einem größeren Unternehmensverbund) einer vollständigen Firmen- und Adressbezeichnung des Einführenden bedürfen. Auf eine rechtsgeschäftliche Vollmacht des handelnden Dritten kommt es nicht an.

(f) Widerspruch des Schutzrechtsinhabers

802 Als Reaktion auf die ordnungsgemäße Anzeige kann (und sollte) der Schutzrechtsinhaber/Begünstigte der **Einfuhr** innerhalb des Wartemonats **widersprechen**. Das verlangt keine besondere Begründung und nicht einmal eine konkrete Benennung desjenigen Patents/Schutzzertifikats, das er gegen die angekündigte Einfuhr in Stellung zu bringen gedenkt.[1163] Andererseits schaden solche Details aber auch nicht, sodass zB in einer das Schutzterritorium betreffenden Abmahnung oder in der Erhebung einer Verletzungsklage ein hinreichender Widerspruch zu sehen ist. Wesentlich ist ein Erklärungswert, der dem Empfänger hinreichend verdeutlicht, dass der Schutzrechtsinhaber/Begünstigte die in Aussicht gestellte Einfuhr nicht hinnehmen, sondern sich dagegen zur Wehr setzen wird.

803 **Widerspricht der Patentinhaber**/Begünstigte der angezeigten Einfuhrabsicht **nicht fristgerecht**, hat dies nicht den generellen Verlust des Rechts zur Folge, sich auf den Besonderen/Speziellen Mechanismus und die dort zu Gunsten des Schutzrechtsinhabers außer Kraft gesetzte Erschöpfungsfolge zu berufen.[1164] Ein dahingehender Rechtsverlust ist lediglich partiell gegeben, nämlich für diejenigen Einfuhren und diejenigen inländischen Vertriebshandlungen, die erfolgt sind, bevor der Schutzrechtsinhaber/Begünstigte seine Absicht bekundet hat, sich der Einfuhr zu widersetzen.[1165] In zeitlicher Hinsicht entscheidet der Zugang des Widerspruchs. Richtiger Adressat ist der Einführer, auch wenn statt seiner ein Dritter angezeigt hat. Wird der Widerspruch an den dritten Anzeigenden gerichtet, trägt der Schutzrechtsinhaber/Begünstigte das Risiko von dessen mangelnder Empfangsvollmacht.

1160 EuGH, GRUR Int 2015, 359 – Merck & Dohme.
1161 EuGH, GRUR Int 2015, 359 – Merck & Dohme.
1162 EuGH, GRUR Int 2015, 359 – Merck & Dohme.
1163 BGH, GRUR 2011, 995 – Besonderer Mechanismus.
1164 EuGH, GRUR Int 2015, 359 – Merck & Dohme.
1165 EuGH, GRUR Int 2015, 359 – Merck & Dohme.

(g) Beweis

Jeder hat diejenigen Umstände darzulegen und **nachzuweisen**, die im Gesamtsystem des Besonderen/Speziellen Mechanismus für ihn günstig sind: 804

– Dass, auf welche Weise, wem gegenüber und wann die **Einfuhrabsicht** angezeigt worden ist und dass und warum der Adressat zum Zeitpunkt der Anzeige (dh ihres Zugangs) Schutzrechtsinhaber oder Begünstigter war, ist vom Einführer dazutun. 805

– Dass, auf welche Weise, wem gegenüber und wann der **Widerspruch gegen die Einfuhr** erklärt worden ist und dass und warum der Adressat empfangsberechtigt für eine solche Erklärung war, steht zur Vortragslast des Schutzrechtsinhabers/Begünstigten. 806

– Ist der Parallelimport unstreitig oder vom Beklagten nachgewiesen, so steht es zur Darlegungs- und Beweislast des klagenden Patentinhabers, dass am Anmeldetag des Klageschutzrechts im Beitrittsgebiet nach der dortigen Gesetzes- und Rechtsprechungslage sowie der geltenden Erteilungspraxis keine Möglichkeit zur Erlangung eines dem inländischen entsprechenden (gleichwertigen) Patentschutzes bestanden hat.[1166] 807

d) Vortrags- und Beweislast

Die den Einwand der Erschöpfung begründenden Tatsachen sind von dem Beklagten darzulegen und zu beweisen, der sich auf die Erschöpfungswirkung beruft.[1167] Er hat insbesondere die Beweislast dafür, dass es sich bei der angegriffenen Ware um Originalprodukte aus berechtigter Quelle handelt.[1168] Die Darlegungslast besteht unabhängig davon, ob der Patentinhaber geltend macht, es handele sich um Produktfälschungen, oder ob er lediglich behauptet, es liege Originalware vor, die allerdings nicht von ihm oder seinen Lizenznehmern stamme.[1169] Allerdings trifft den Schutzrechtsinhaber eine sekundäre Darlegungslast für auf eine Produktfälschung hindeutende Umstände, die in seiner Rechtssphäre liegen. Gleiches gilt bei Vorliegen eines ausschließlichen oder selektiven Vertriebssystems, das nachweislich zu einer tatsächlichen Marktabschottung führen kann.[1170] Betriebsgeheimnisse (zB eine firmeneigene, geheim gehaltene Codierung der Originalware) müssen allerdings nicht offen gelegt werden.[1171] Stützt sich der Einwand auf eine Lizenzvereinbarung mit dem Schutzrechtsinhaber, so ist nicht nur die Benutzungsgestattung als solche, sondern auch der zugrundeliegende, für den Umfang und die Bedingungen der Benutzungsgestattung relevante Inhalt der Lizenzvereinbarung darzutun und notfalls zu beweisen.[1172] 808

Ist deshalb die Einräumung eines vertraglichen Benutzungsrechtes für sich genommen unstreitig und setzen sich die Parteien lediglich darüber auseinander, ob eine **Freilizenz** oder eine entgeltliche (und deswegen bei Zahlungsverzug kündbare) Lizenz vereinbart wurde, gehört die Unentgeltlichkeit der Benutzungseinräumung zur Beweislast des Beklagten.[1173] Sobald dem genügt, dh ein Lizenzsachverhalt bewiesen ist, der nach Lage der Dinge nur durch eine Kündigung beendet worden sein kann, hat derjenige, der sich 809

1166 LG Düsseldorf, Urteil v 7.3.2017 – 4b O 7/17 (für den Fall widerstreitender Rechtsgutachten im einstweiligen Verfügungsverfahren dazu, ob in Polen zu einem bestimmten Zeitpunkt, nämlich am 15.7.1998, ein Herstellungsverwendungspatent zu erhalten war).
1167 BGH, GRUR 2012, 626 – CONVERSE I.
1168 BGH, GRUR 2012, 626 – CONVERSE I.
1169 OLG Frankfurt/Main, GRUR-RR 2013, 325 – Converse Inc.
1170 OLG Düsseldorf, Urteil v 28.4.2017 – I-15 U 68/15 (betreffend Tonerkartuschen).
1171 BGH, GRUR 2012, 626 – CONVERSE I.
1172 OLG Düsseldorf, GRUR 2017, 1219 – Mobiles Kommunikationssystem.
1173 OLG Düsseldorf, Urteil v 22.3.2012 – I-2 U 112/10.

auf die vorzeitige Auflösung des Lizenzverhältnisses beruft, die Kündigungsvoraussetzungen darzutun (zB einen zur Kündigung berechtigenden Zahlungsverzug des Lizenznehmers sowie den Zugang einer Kündigungserklärung nachzuweisen).[1174]

e) Inverkehrbringen

810 Ein »**Inverkehrbringen**« liegt vor, wenn der die Erfindung verkörpernde Gegenstand unter Begebung der eigenen Verfügungsgewalt tatsächlich in die Verfügungsgewalt einer anderen Person übergeht und der Schutzrechtsinhaber dadurch den wirtschaftlichen Wert der Erfindung realisiert hat.[1175] Es setzt nicht notwendigerweise ein Absatzgeschäft im Rahmen des regulären Handelsverkehrs voraus, sondern ist auch dann anzunehmen, wenn der Gegenstand zB vom Hersteller als Anschauungs- und Testgerät zur Absatzförderung an einen Vertreiber geliefert wird ohne die Pflicht, den Gegenstand »nach Gebrauch« an den Hersteller zurückzugeben.[1176]

811 Darauf, ob das Inverkehrbringen entgeltlich oder unentgeltlich geschieht, kommt es grundsätzlich nicht an, so dass auch die kostenlose (schenkweise) Übergabe einer patentgemäßen Sache zur Erschöpfung führt. Wesentlich ist jedoch stets die Absicht endgültiger Überlassung, an der es fehlt, wenn einem Dritten der Gebrauch lediglich vorübergehend (zB im Wege der **Miete**, der Leihe oder des Leasings[1177]) mit der Verpflichtung übergeben wird, die Sache nach dem Ende des Überlassungsverhältnisses wieder zurückzugeben.[1178] Unter solchen Bedingungen hat der Berechtigte mit der zeitweisen Vermietung den wirtschaftlichen Wert der Erfindung offensichtlich noch nicht – vollständig – realisiert (weil sich an das *eine* ggf noch weitere Mietverhältnisse anschließen können oder sich die Mietsache nach Rückgabe auf dem Gebrauchswarenmarkt veräußern lässt), und auch der Mieter hat die Sache wegen seiner vertraglichen Rückgabepflicht nicht in der berechtigten Erwartung entgegengenommen, über sie nach seinem freiem Belieben verfügen (die Sache zB seinerseits verschenken oder veräußern) zu dürfen. Eine andere Betrachtung ist ausnahmsweise dann angebracht, wenn die Gebrauchsüberlassung bis zur *technischen* Unbrauchbarkeit der Sache fortgesetzt wird; hier tritt Erschöpfung in demjenigen Zeitpunkt ein, in dem die Sache ihre patentgemäße Brauchbarkeit unwiederbringlich einbüßt, nicht eher.[1179] Dem gleichzusetzen ist nicht eine bloß wirtschaftliche **Schrottreife**, die zB auf einem bestimmten subjektiven Abschreibungsmodell des Berechtigten beruht.[1180]

812 Besondere Bedeutung erhält die geschilderte Problematik, wenn sich der Patentgegenstand auf ein technisches Erzeugnis bezieht, das lediglich verbaut in einer größeren **Gesamtmaschine** überlassen worden ist (Bsp: patentierter Trennungsmechanismus für Pappbecher innerhalb eines vermieteten Getränkeautomaten). Hier kann es sein, dass die Gesamtvorrichtung (zB weil alle technisch maßgeblichen Teile unwiederbringlich abgenutzt sind) unbrauchbar geworden ist, dass die dem Schutzgegenstand des Patents entsprechende Einzelkomponente jedoch (weil technisch »unverwüstlich«) für sich betrachtet weiterhin brauchbar und einsatzfähig ist. Da es bei der Erschöpfung immer auf den unter Patentschutz stehenden Gegenstand ankommt, ohne Rücksicht darauf,

---

[1174] OLG Düsseldorf, Urteil v 22.3.2012 – I-2 U 112/10.
[1175] BGH, GRUR 2007, 882 – Parfümtester, mwN.
[1176] BGH, GRUR 2007, 882 – Parfümtester; OLG Hamburg, GRUR-RR 2004, 355 – Parfümtester; aA: OLG Düsseldorf, Urteil v 31.10.2006 – I-20 U 10/06; OLG Nürnberg, GRUR 2009, 786 – Coty Prestige Lancaster/Simex Trading.
[1177] Wird am Ende der Mietzeit die Kaufoption ausgeübt, kommt es – wie bei jedem Verkauf, allerdings erst jetzt – zu einem Inverkehrbringen.
[1178] OLG Düsseldorf, Beschluss v 28.9.2022 – I-2 U 39/21.
[1179] OLG Düsseldorf, Beschluss v 10.10.2022 – I-2 W 20/22.
[1180] OLG Düsseldorf, Beschluss v 10.10.2022 – I-2 W 20/22.

ob er auch als solcher gehandelt wird, ist es ausgeschlossen, aus der Schrottreife der Gesamtvorrichtung (Getränkeautomat) auf eine Erschöpfung der Rechte an dem Patentgegenstand (Trennungsmechanismus für Pappbecher) zu schließen.[1181] Andererseits muss es dem Berechtigten selbstverständlich möglich sein, aus der technischen Unbrauchbarkeit der von ihm vermarkteten Gesamtvorrichtung die wirtschaftlich vernünftigen Schlüsse zu ziehen. Dies ist ihm auch gestattet, weil er die Gesamtvorrichtung zur **Verschrottung** geben kann, sofern er durch klare[1182] (im Allgemeinen nicht notwendigerweise strafbewährte) vertragliche Absprachen und deren wirkungsvolle Überwachung Vorsorge und Gewähr dafür trifft, dass der noch nicht unbrauchbar gewordene Patentgegenstand von dem Verschrotter nicht mehr in Verkehr gesetzt, sondern vernichtet wird. Wer diese Vorkehrungen bei der »Weggabe zur Verschrottung« nicht trifft, bringt den Patentgegenstand in erschöpfungsrelevanter Weise in Verkehr.[1183]

Die Pflicht zur »**Überwachung**« ist nicht dahingehend zu verstehen, dass eine Erschöpfung erst mit der Vornahme konkreter Überwachungs- und Interventionsmaßnahmen auszuscheiden hätte. Vielmehr verhält es sich so, dass eine Erschöpfung mit der Weggabe zur Verschrottung schon dann nicht mehr verbunden sein kann, wenn sich der Patentinhaber die rechtliche Möglichkeit einer wirkungsvollen Überwachung der vereinbarten Verschrottungspflicht durch eindeutige und unübersehbare Vertragsklauseln gesichert hat. Fehlt es hieran, kommt es grundsätzlich zur Erschöpfung; ist eine Verschrottungspflicht – mindestens unzweideutig stillschweigend[1184] – verabredet, tritt Erschöpfung nur dann noch ein, wenn für den Patentinhaber verlässliche Anhaltspunkte für eine mögliche Missachtung der Verschrottungspflicht existieren und diese Verdachtsgründe den Patentinhaber nicht zu einem Einschreiten (Aufklärung des Sachverhaltes, nachdrückliches Einfordern der Verschrottungspflicht) bewegen. Vorausgesetzt ist hierbei freilich, dass durch das Tätigwerden des Patentinhabers ein Inverkehrbringen des Patentgegenstandes noch verhindert werden kann. Erhält der Patentinhaber unverschuldet erst zu spät Kenntnis, so dass er nichts mehr auszurichten vermag, geht der »Exzess« des Verschrotters nicht zu seinen Lasten, so dass es dabei verbleibt, dass keine Erschöpfung eintritt. 813

Anders als bei der Vollstreckung des Rückrufanspruchs, bei der das Handeln einer Person in Rede steht, die durch die dem Rückrufanspruch zugrundeliegende Patentverletzung bereits ihre mangelnde Rechtstreue unter Beweis gestellt hat, muss sich der Patentinhaber die durchgeführte **Verschrottung nicht nachweisen lassen**. Das gilt jedenfalls so lange, wie von der Vertragstreue des Verschrotters ausgegangen werden kann. 814

Schon die wirtschaftliche Verbindung mit dem Inhaber eines Parallelpatentes in einem anderen Staat kann die Erschöpfung auch bezüglich dieser Produkte begründen.[1185] Die Durchfuhr von Ware im durchgehenden Zollverschluss ist kein Inverkehrbringen, auch dann nicht, wenn im Bestimmungsland Patentschutz besteht, der von der durchgeführten Ware verletzt wird.[1186] Demgegenüber stellt die vom Inland aus unternommene Lieferung an einen ausländischen Abnehmer (außerhalb der EU) ein zur Erschöpfung führendes inländisches Inverkehrbringen des Schutzrechtsinhabers dar (genauso wie in einem 815

1181 OLG Düsseldorf, Beschluss v 10.10.2022 – I-2 W 20/22.
1182 … was eine Positionierung im Vertragstext an unübersehbarer Stelle verlangt und ein »Verstecken« in AGB verbietet.
1183 OLG Düsseldorf, Beschluss v 10.10.2022 – I-2 W 20/22.
1184 Vorstellbar ist solches etwa bei einer langjährigen, in bestimmter Weise gehandhabten Geschäftsbeziehung zwischen Patentinhaber und Verschrotter.
1185 EuGH, GRUR Int 1976, 402, 410 – Terrapin/Terranova.
1186 EuGH, GRUR 2007, 146 – Montex Holdings/Diesel; BGH, GRUR 2007, 875 – Durchfuhr von Originalware.

816 Wird zu Zwecken eines **Testkaufs** die Verfügungsgewalt übertragen (zB an einem Tape, das erfindungsgemäß codierte Videodaten enthält und als Pressvorlage für anzufertigende **DVD's** dient), so soll damit nach Auffassung des BGH[1187] eine Erschöpfung der Rechte auch an den vom Adressaten des Testkaufs hergestellten DVD's verbunden sein. Der Testkauf ist demgemäß allein in der Lage, eine Erstbegehungsgefahr (und damit einen Unterlassungsanspruch) zu begründen, wenn der erfolgreich durchgeführte Testkauf die Befürchtung aufkommen lässt, dass der Adressat künftig auch »Bestellungen« Dritter auszuführen.[1188]

817 **Kritik:** Richtigerweise scheidet ein Erschöpfungssachverhalt aus, weil die Überlassung des Tapes im Zuge des Testkaufs nicht unter Umständen erfolgt, bei denen der Patentinhaber seinen wirtschaftlichen Nutzen aus der patentierten Erfindung zieht.[1189]

818 Erschöpfung innerhalb der EU bzw des EWR tritt gleichfalls ein, wenn der Gegenstand von dem Schutzrechtsinhaber zwar außerhalb dieses Gebietes in Verkehr gebracht wurde, er aber zumindest konkludent zugestimmt hat, dass ein Dritter die Sache anschließend in der EU oder dem EWR auf den Markt bringt.[1190] Maßgeblich ist insoweit, dass der Schutzrechtsinhaber das erste Inverkehrbringen in dem genannten Raum kontrollieren kann.[1191] Erschöpfung wird sogar bejaht, wenn der Schutzrechtsinhaber den geschützten Gegenstand innerhalb der EU bzw des EWR unter Verlust seiner Verfügungsgewalt einem Dritten, etwa einem Spediteur des Käufers, übergeben hat, auch wenn sich der Käufer vertraglich zu einem Vertrieb außerhalb der EU verpflichtet hat.[1192] Die Einzelheiten des **Transportvertrages** entscheiden – mit anderen Worten – über den Erschöpfungseinwand: Sehen sie vor, dass sich der Schutzrechtsinhaber noch innerhalb der EU der Verfügungsgewalt über die Sache begibt, tritt Erschöpfung ein, weil sich der Patentinhaber der Möglichkeit begeben hat, die Sache so zu dirigieren, dass die Ware in der EU nicht in Verkehr gelangt. Behält der Schutzrechtsinhaber nach den Abreden des Transportvertrages hingegen bis zur EU-Grenze die Herrschaft darüber, was mit der Ware geschieht, fehlt es an einem Erschöpfungstatbestand.

819 Im Anwendungsbereich der **CMR** richtet sich die Person desjenigen, dem während des Transports die Verfügungsgewalt über die Sache zusteht, grundsätzlich danach, wer als Auftraggeber des Frachtführers aufgetreten ist (Art 12 Abs 1 CMR): Ist es der Absender der Ware, kann *er* über das Gut bestimmen, insbesondere die Beförderung einstellen, den Ablieferungsort oder die Empfangsperson ändern, sodass die Sache bis zur Ablieferung am Bestimmungsort in seiner Verfügungsgewalt verbleibt, womit während des Transports noch kein Inverkehrbringen der Ware erfolgt.[1193] In diesem Zusammenhang reicht es aus, wenn zwar nicht der Verkäufer Auftraggeber des Frachtführers ist, aber statt seiner ein konzernverbundenes Tochterunternehmen.[1194] Ist der Frachtführer vom Empfänger der Ware beauftragt, steht ihm das Verfügungsrecht zu, womit sich der Lieferant der Sache schon während des Transports begeben hat, sodass ein Inverkehrbringen innerhalb der EU vorliegt.

1187 BGH, GRUR 2012, 1230 – MPEG-2-Videosignalcodierung.
1188 BGH, GRUR 2012, 1230 – MPEG-2-Videosignalcodierung.
1189 OLG Düsseldorf, Urteil v 14.1.2010 – I-2 U 124/08.
1190 EuGH, GRUR 2002, 156 – Davidoff.
1191 EuGH, GRUR 2010, 723 – Coty Prestige/Simex Trading.
1192 EuGH, GRUR Int 2005, 314, 317 – Peak Holding/Axolin-Elinor; OLG Hamburg, GRUR-RR 2003, 335 – Markenhemden; OLG München, Mitt 2004, 34 – Erschöpfung bei Übersee-Export, bestätigt durch BGH, GRUR 2006, 863 – ex works.
1193 BGH, GRUR 2021, 1191 – Hyundai-Grauimport.
1194 BGH, GRUR 2021, 1191 – Hyundai-Grauimport.

Das bloße körperliche Verbringen von Nichtgemeinschaftsware in eine **Zollstelle** oder ein Zolllager innerhalb des EG- oder EWR-Gebietes als solche reicht als Inverkehrbringen innerhalb der EG oder des EWR noch nicht aus. Entscheidend ist, dass die Ware in den zollrechtlich freien Verkehr verbracht wird.[1195] 820

Wird bei einem Verkauf von Waren unter Vereinbarung der internationalen Handelsklausel **CIP** der Leistungsort für die vom Verkäufer zu erbringende Leistung bestimmt, so soll hierin zugleich eine Bestimmung darüber liegen, wo der Eigentumsübergang – und folglich das erschöpfungsrechtliche Inverkehrbringen – stattfinden soll.[1196] Das soll auch dann gelten, wenn der Frachtführer dem Konzern des Verkäufers angehört.[1197] Zur Erschöpfung führt ebenso die Klausel »Lieferung ab Werk«.[1198] 821

Für eine Erschöpfung **unzureichend** sind Warenbewegungen innerhalb eines Konzerns, denn die Erzeugnisse gelten dann als nicht in den Verkehr gelangt.[1199] Nicht zur Erschöpfung führen außerdem die Einfuhr in den EU- bzw EWR-Raum, selbst wenn sie zum Zwecke des dortigen Verkaufs erfolgt, so lange keine Überführung in den zollrechtlich freien Verkehr erfolgt ist. Unter Erschöpfungsgesichtspunkten unerheblich ist deswegen das Verbringen der Ware in das externe Versandverfahren oder in das Zolllagerverfahren.[1200] Unschädlich ist gleichfalls das Anbieten im EU- bzw EWR-Raum, so lange das Angebot nicht tatsächlich zu einem Verkauf (= Inverkehrbringen) geführt hat.[1201] 822

Ist die tatsächliche Verfügungsgewalt vom Schutzrechtsinhaber willentlich aufgegeben worden, indem er einen patentgemäßen Gegenstand an einen Wiederverkäufer veräußert hat, ändern gewillkürte Auflagen, mit denen der **Wiederverkäufer** gebunden wird, am Eintritt der Erschöpfung grundsätzlich nichts. Das gilt nicht nur – wie ausgeführt – für, dem Abnehmer auferlegte, Beschränkungen seiner Weitervertriebsbefugnis (zB nicht in die EU oder nur an bestimmte Abnehmer), sondern gleichermaßen für Bedingungen, welche die Erschöpfung an eine ordnungsgemäße Lizenzabrechnung und/oder -zahlung knüpfen. Letzteres folgt aus dem Umstand, dass erst der Verkauf der Lizenzprodukte (jedenfalls bei einer Vertriebslizenz) den Lizenzgebührenanspruch entstehen lässt und deshalb der Lizenzgeber mit dem Inverkehrbringen patentgemäßer Gegenstände durch seinen Lizenznehmer einverstanden sein muss. 823

Wird der **Lizenznehmer** hinsichtlich der Benutzungshandlungen (zB nur Herstellung), der Mengen oder bestimmter Qualitätsstandards vertraglich gebunden, kommt es bei Missachtung derartiger dinglicher Klauseln nicht zu einer Erschöpfung. 824

f) Neuherstellung[1202]

Zu beachten ist bei der Erschöpfung, dass die Benutzungsart des Herstellens weiterhin dem Schutzrechtsinhaber vorbehalten bleibt. Dem Erwerber sind lediglich der Gebrauch des (individuellen) *in Verkehr gebrachten* Erzeugnisses gestattet sowie übliche Maßnahmen zur Inbetriebnahme, Pflege und Ausbesserung. Da der vom Schutzrechtsinhaber in Verkehr gebrachte Gegenstand seine rechtliche Existenz und Identität verliert, wenn und sobald er in seine Einzelteile zerlegt wird, ist der Zusammenbau eines neuen, so noch 825

1195 EuGH, GRUR Int 2006, 40, 42 – Class International/Colgate-Palmolive (zum Markenrecht).
1196 OLG Düsseldorf, GRUR-RR 2018, 240 – CIP Klausel.
1197 OLG Düsseldorf, GRUR-RR 2018, 240 – CIP Klausel.
1198 BGH, GRUR 2006, 863 – ex works.
1199 BGH, GRUR 1982, 100 – Schallplattenimport.
1200 EuGH, GRUR Int 2006, 40, 43 – Class International/Colgate-Palmolive (zum Markenrecht); BGH, MarkenR 2007, 337 – Durchfuhr von Originalware.
1201 EuGH, GRUR Int 2005, 314, 316 – Peak Holding/Axolin-Elinor.
1202 Kobler, Instandhaltung und Umbau, 2015; Schmid-Dreyer/Waitzhofer, Mitt 2015, 101.

nicht dagewesenen Gegenstandes aus den Ersatzteilen der Originalware ein Akt der Neuherstellung und deshalb nicht unter Erschöpfungsgesichtspunkten gedeckt.[1203] Das gilt nicht nur, wenn zusätzlich von dritter Seite stammende Teile mit verbaut werden oder aus den Originalteilen ein anderer technischer Gegenstand gefertigt wird, der andere Schutzrechte des Inhabers benutzt als die ursprüngliche Originalware, sondern selbst dann, wenn exakt derselbe technische Gegenstand nach Demontage der Originalware erneut hervorgebracht wird.

aa) Allgemeine Vorbemerkungen

826 Praktische Bedeutung hat die Erschöpfungsproblematik namentlich bei Kombinationsschutzrechten. Werden nicht mehr funktionsfähige Vorrichtungen (zB durch Austausch eines Teils der geschützten Kombination) wieder zu funktionsfähigen Vorrichtungen aufgearbeitet, stellt sich mithin die Frage, ob darin eine unzulässige Neuherstellung eines patentgeschützten Gegenstandes oder ein zulässiger Gebrauch des vom Patentinhaber stammenden, erschöpften Gegenstandes zu sehen ist.[1204] Wesentlich für die Unterscheidung ist, ob die getroffenen Maßnahmen – unter Berücksichtigung der spezifischen Eigenschaften, Wirkungen und Vorteile der Erfindung – die Identität des bereits in den Verkehr gebrachten Erzeugnisses wahren oder der Schaffung eines anderen, neuen erfindungsgemäßen Erzeugnisses gleichkommen.[1205] Dabei ist – ausgehend von der konkreten Eigenheit des unter Patentschutz stehenden Erzeugnisses – eine Abwägung der schutzwürdigen Interessen des Patentinhabers an der wirtschaftlichen Verwertung seiner Erfindung einerseits und des Abnehmers an einem ungehinderten Gebrauch des Erzeugnisses andererseits vorzunehmen.

827 Wichtig für die praktische Handhabung dieser Grundsätze ist zunächst die Erkenntnis, dass stets von demjenigen **Gegenstand** auszugehen ist, **auf den sich der Patentschutz bezieht**, mag die betreffende patentgeschützte Einheit als solche ggf auch nicht im Geschäftsverkehr gehandelt werden.[1206] An diesem Grundsatz ändert weder die Freiheit des Warenverkehrs innerhalb der EU etwas noch spielt es eine Rolle, ob auf die tatsächlich im Markt gehandelte (größere) Baueinheit ebenfalls ein (zB nebengeordneter) Patentanspruch gerichtet ist.[1207] In der zuletzt genannten Konstellation sind für jeden Patentanspruch gesondert anhand desjenigen, was tatsächlich in Verkehr gebracht wird, die Erschöpfungsvoraussetzungen auf ihr Vorliegen zu prüfen.[1208] Dabei kann es sein, dass mit dem Verkauf der umfassenderen Baueinheit gleichzeitig auch die Patentrechte an der kleineren Einheit erschöpft werden, die Sache kann aber auch andersherum liegen.

▶ **Beispiel:**

828 Das Klagepatent schützt die gesamte Tonerkassette für einen Drucker, aber auch – nebengeordnet – eine untergeordnete Funktionseinheit dieser Kassette. Wird die Untereinheit in aufgekauften Originalkassetten von dritter Seite ersetzt, stellt sich in Bezug auf den die vollständige Tonerkassette betreffenden Sachanspruch die Frage der Abgrenzung zwischen Gebrauch und Neuherstellung. Anders verhält es sich mit Blick

---

1203 LG Düsseldorf, GRUR 1988, 116 – Ausflussschiebeverschluss.
1204 Vgl auch Rübel, GRUR 2002, 561; Ann, FS König, 2003, S 17.
1205 BGH, GRUR 2004, 758 – Flügelradzähler; BGH, GRUR 2007, 769 – Pipettensystem; Ann, FS König, 2003, S 17.
1206 BGH, GRUR 2018, 170 – Trommeleinheit; OLG Düsseldorf, Beschluss v 9.4.2015 – I-2 U 40/14; OLG Düsseldorf, Urteil v 29.4.2016 – I-15 U 47/15.
1207 BGH, GRUR 2018, 170 – Trommeleinheit; OLG Düsseldorf, Urteil v 29.4.2016 – I-15 U 47/15. Mit dem Inverkehrbringen der größeren Baueinheit können freilich gleichzeitig mehrere Patentansprüche erschöpft werden, was zB der Fall ist, wenn die vertriebene Einheit den maschinentechnisch untergeordneten Gegenstand eines weiteren Patentanspruchs umfasst.
1208 BGH, GRUR 2018, 170 – Trommeleinheit.

auf den nebengeordneten Patentanspruch, der auf die Untereinheit gerichtet ist. Insoweit liegt eindeutig ein Akt der Neuherstellung vor, weil in Bezug auf den Nebenanspruch der gesamte ersetzte Gegenstand von anderer, neuer Identität ist.

Wesentlich ist des Weiteren, dass die **patentgeschützte Einheit** (als solche oder als – ggf unselbständiger – Teil einer größeren Baueinheit) vom Patentinhaber oder dessen Lizenznehmer in Verkehr gebracht worden ist. Es kommt nicht darauf an, ob die Gesamtkombination in einer einzigen Lieferung bereitgestellt wird oder ob jedes Teil der Kombination gesondert angeboten und vertrieben wird. Im letztgenannten Fall muss allerdings feststehen, dass derjenige, der den einen Teil der Kombination erworben hat, diese Komponente durch einen gleichzeitigen, späteren oder vorhergehenden Kauf des zweiten Teils der Kombination ebenfalls beim Patentinhaber oder dessen Lizenznehmer zu der geschützten Gesamtkombination ergänzt hat. Ob hiervon ausgegangen werden kann, steht zur Darlegungs- und Beweislast des Verletzungsbeklagten, ist in jedem Einzelfall nach den konkreten Umständen, insbesondere den herrschenden Marktverhältnissen, zu prüfen und letztlich anhand der Lebenserfahrung zu beantworten.[1209] Die hier erörterte Erschöpfungsproblematik stellt sich deshalb nicht, wenn vom Schutzrechtsinhaber oder mit dessen Zustimmung lediglich *ein* Teil der geschützten Gesamtkombination, diese aber nicht in ihrer vollständigen Gesamtheit auf den Markt gebracht worden ist.

829

Von Belang ist schließlich, dass typische **Ersatzteile** (bei denen der Dritterwerb dazu dient, die verbrauchte Komponente durch eine neue, funktionsfähige zu ersetzen) erschöpfungsrechtlich ggf anders zu beurteilen sein können als **Zubehörteile** (die den einen Teil der Gesamtkombination bestimmungsgemäß mit einer unterschiedlichen Funktionalität versehen).

830

▶ **Beispiel:**

Das Klagepatent schützt die Kombination aus einem Oszillationsantrieb und einem mit dem Antrieb auswechselbar verbindbaren Bearbeitungswerkzeug (zB einem Meißel, einer Säge oder dergleichen).

831

Liegt die Erfindung nicht in der – bereits durch den Stand der Technik bereitgestellten – Kombinierbarkeit an sich, sondern bloß in einer besonderen (zB verschleißarmen oder handhabungsfreundlichen) Ausgestaltung des Befestigungsbereichs zwischen Antrieb und Multifunktionswerkzeugen, ist der Sachverhalt genauso zu behandeln wie bei Ersatzteilen.[1210]

Sonderregeln gelten hingegen, wenn es das Verdienst des Klagepatents ist, erstmals eine Mehrfachausstattung des Antriebs vorgeschlagen und ermöglicht zu haben. Hier gilt: Vertreibt der Schutzrechtsinhaber bloß den Antrieb ohne jedes Werkzeug oder den Antrieb mit einem anderen Werkzeug (zB einem Meißel) als demjenigen, das später (zB in Gestalt einer Säge) von dritter Seite zugekauft wird, liegt schon im Ansatz kein Erschöpfungssachverhalt vor. Eine Erschöpfungssituation kann hingegen vorliegen, wenn dasselbe Werkzeug als Ersatz für das vom Patentinhaber gelieferte (beschädigte oder verschlissene) Teil erworben wird.[1211]

Lässt sich nicht ausschließen, dass Erwerber existieren, die lediglich *eine* Komponente vom Schutzrechtsinhaber bezogen haben, aber nicht wenigstens einmal auch den restlichen Teil der Kombination, liegt es beim Drittanbieter, vor einem Verkauf seiner Pro-

832

1209 OLG Düsseldorf, Beschluss v 9.4.2015 – I-2 U 40/14.
1210 Anders OLG Düsseldorf, Beschluss v 9.4.2015 – I-2 U 40/14.
1211 OLG Düsseldorf, Beschluss v 9.4.2015 – I-2 U 40/14.

dukte eine Erschöpfungssituation dadurch herbeizuführen, dass er sich vergewissert, dass sein Kunde zumindest einmal (geschlossen oder durch getrennte Rechtsgeschäfte) die Gesamtkombination beim Schutzrechtsinhaber erworben hat.[1212]

833 Kann der Verletzungsbeklagte einen Erwerb der Gesamtkombination aus der Quelle des Schutzrechtsinhabers darlegen, gilt im Einzelnen Folgendes: Für die Abgrenzung zwischen zulässiger Reparatur und unzulässiger Neuherstellung hat sich eine feste BGH-Rechtsprechung etabliert, die sowohl für Fälle der mittelbaren wie für solche der unmittelbaren Patentbenutzung und unabhängig davon heranzuziehen ist, ob der Austausch an einem Gegenstand vorgenommen wird, den der Handelnde persönlich vom Patentinhaber oder seinen Lizenznehmern erworben hat und den er danach auch selbst weiter in Benutzung halten will, oder ob die Austauschmaßnahmen von einem Dritten vorgenommen werden, der das Erzeugnis in reparaturbedürftigem Zustand erworben hat und nach erfolgter Instandsetzung weiterveräußern will.[1213] Maßgeblich ist stets die nachfolgende, mehrstufige Prüfung.

bb) Erste Variante

834 Als erstes ist nach der BGH-Rechtsprechung danach zu fragen, ob mit dem Austausch des fraglichen Teils während der Lebensdauer des patentgeschützten Erzeugnisses üblicherweise zu rechnen ist und wie der Austausch nach der Verkehrsauffassung[1214] eingeschätzt wird. Gegenstand der Betrachtung ist – wie sonst auch – der Schutzgegenstand des Patentanspruchs, unabhängig davon, ob die betreffende Einheit im Verkehr tatsächlich gehandelt wird. Das ist schon deshalb zwingend, weil die Frage des Gebrauchs bzw der Neuherstellung eine Frage der Erschöpfung ist, die notwendigerweise nur in Bezug auf diejenige Sache oder Sachgesamtheit beantwortet werden kann, auf die sich der

---

1212 Aus Sicht des klagenden Patentinhabers genügt für den Erfolg seiner Klage, dass es mindestens einen einzigen Fall gegeben hat, für den die Erschöpfungsbedingungen (Kauf der Gesamtkombination aus berechtigter Quelle) vom Beklagten nicht dargetan werden können. Alles Weitere ist Sache der späteren Schadensberechnung (OLG Düsseldorf, Beschluss v 9.4.2015 – I-2 U 40/14).
1213 BGH, GRUR 2012, 1118 – Palettenbehälter II.
1214 Reisner (Erschöpfung im Patentrecht, 2017) spricht sich dagegen aus, Überlegungen zur Verkehrsauffassung im Rahmen der Erschöpfung zu berücksichtigen. Seiner Kritik ist zuzustimmen.

Patentanspruch und der durch ihn vermittelte Schutz bezieht. Stellt der Austausch eines Teils dieser patentgeschützten Einheit nach den berechtigten Erwartungen der Abnehmerkreise[1215] eine übliche Erhaltungsmaßnahme dar, die die Identität der Vorrichtung als **weiterhin verkehrsfähiges (dh werthaltiges) Wirtschaftsgut** nicht in Frage stellt, ist grundsätzlich von einem bloßen Gebrauchen des erschöpften Gegenstandes auszugehen. Maßgeblich ist hierbei die Sicht der Gesamtheit aller Abnehmer, wobei die Anschauung der überwiegenden Mehrheit dieses Personenkreises entscheidet.[1216] Wer »**Abnehmer**« ist, hängt von dem patentgeschützten Gegenstand ab und kann – je nach der unter Schutz stehenden Baueinheit – selbst innerhalb ein- und derselben Erfindung differieren.

▶ **Beispiel:**
Schützt das Patent nebengeordnet einen Laserdrucker mit Tonerkartusche (Anspruch 1) und die Tonerkartusche als solche (Anspruch 2) und geht es um die Frage, wie ein Verbrauch der Tonerkartusche beurteilt wird, so rekrutieren sich die »Abnehmer« – soweit Anspruch 1 in Rede steht – aus allen Interessenten für Laserdrucker, während zu den »Abnehmern«, wenn aus Anspruch 2 vorgegangen wird, zum Einen die Besitzer patentgemäßer Laserdrucker gehören, die einen Nachrüstbedarf haben, und zum Anderen gewerbliche Aufbereiter verbrauchter Tonerkassetten. 835

Abnehmer ist auch derjenige, der den Patentgegenstand nicht isoliert erwirbt, sondern als (integraler) Teil einer größeren Einheit. Wird überhaupt nur die übergeordnete Baueinheit veräußert, ist in Bezug auf die besagten Abnehmer die Frage zu beantworten, ob nach ihrer Einschätzung der Verbrauch des einen Teils der patentgeschützten Kombination zur Folge hat, dass auch der restliche Teil des Patentgegenstandes für wertlos (oder unverändert werthaltig) gehalten wird. Da es den Patentgegenstand nicht isoliert zu kaufen gibt, lässt sich darauf nur eine normativ-hypothetische[1217] Antwort geben, die mit dem argumentiert, was angesichts der Gesamtumstände aus der Sicht eines vernünftigen Erwerbers sinnvoll wäre.[1218] 836

Beurteilungskriterien für die **Werthaltigkeitsvorstellungen** der Abnehmerkreise sind zB, ob der patentgeschützte Gegenstand, wenn das Verbrauchsteil funktionsunfähig geworden ist, als Ganzes unentgeltlich abgegeben wird, ohne dass dem ein wirtschaftliches Äquivalent (reduzierter Einkaufspreis bei der Beschaffung eines Neuproduktes, ersparte Entsorgungskosten) gegenübersteht, oder ob für das Verschleißteil eine gesonderte Bauartzulassung erforderlich ist.[1219] Bedarf es zur Herbeiführung einer fortdauernden Brauchbarkeit des Beitrages Dritter, sind diese nur dann rechtlich relevant, wenn es sich um ein rechtmäßiges, nicht seinerseits schutzrechtsverletzendes Verhalten handelt. Sofern die patentgeschützte Einheit als solche für den Abnehmer (weil es sich bei ihr um das Innenleben eines größeren Gegenstandes handelt) überhaupt nicht in Erscheinung tritt, ist die Werthaltigkeitsüberlegung vom Gericht hypothetisch durchzuführen. Bei der »Werthaltigkeit« geht es um eine fortdauernde Brauchbarkeit im Sinne der patentgeschützten Erfindung, sodass die Erzielung eines bloßen Entgelts für den Schrottwert des Patentgegenstandes nicht ausreicht. 837

1215 ... die, wenn die fragliche Baueinheit überhaupt nicht Gegenstand des Handelsverkehrs ist, nur hypothetisch zu beurteilen sind.
1216 BGH, GRUR 2012, 1118 – Palettenbehälter II.
1217 Nicht hypothetisch, sondern anhand der Realitäten zu bestimmen ist der Abnehmerkreis. Zu ihm gehören alle, die die patentgeschützte Einheit (sei es isoliert oder als Bestandteil eines größeren, den Patentgegenstand umfassenden Erzeugnisses) erwerben.
1218 Ablehnend: BGH, GRUR 2018, 170 – Trommeleinheit; vgl dazu unten Rdn 851.
1219 BGH, GRUR 2012, 1118 – Palettenbehälter II; OLG München, Urteil v 13.6.2013 – 6 U 3412/10 (2).

E. Verteidigungsmöglichkeiten des Beklagten

▶ **Beispiel:**

838 Austausch von Bauteilen, die während der gewöhnlichen Lebensdauer der Vorrichtung aus Verschleiß- oder sonstigen Gründen (zB weil es sich bestimmungsgemäß um einen Wegwerfartikel handelt[1220]) regelmäßig erneuert zu werden pflegen; Austausch von Teilen, die lediglich Objekt der erfindungsgemäß verbesserten Funktionsweise einer patentgeschützten Gesamtvorrichtung sind.[1221]

839 Eine Neuherstellung ist ausnahmsweise dann anzunehmen, wenn gerade in dem ausgetauschten Verschleißteil die technischen Wirkungen der Erfindung in Erscheinung treten, entweder – (a) – weil speziell dieses Teil für die patentgemäßen Vorteile verantwortlich ist[1222] (indem es einen entscheidenden Lösungsbeitrag für den Erfindungserfolg liefert) oder – (b) – weil die Erfindung dessen Funktionsweise oder Lebensdauer beeinflusst (sodass sich die Vorteile der Erfindung speziell in dem ausgetauschten Teil niederschlagen).[1223] Ob der mit dem Austauschteil zur Verfügung gestellte Erfindungsbeitrag *zentrale* Bedeutung hat und ob sich in dem Austauschteil die Vorteile der Erfindung realisieren, ist anhand des Inhalts der Patentschrift zu beurteilen, wobei es – wie stets – auf die Sicht des Durchschnittsfachmanns mit dem Wissen des Prioritätstages ankommt. Allein die Patentschrift gibt den Stellenwert (wesentlich oder untergeordnet) der Einzelmerkmale und diejenigen Wirkungen vor, die Ziel der Erfindung sind. Für letzteres kommt es darauf an, welche Aufgabe die Merkmale des Patentanspruchs aus fachmännischer Sicht tatsächlich lösen.[1224] Eine sachverständige Begutachtung dazu, welche Vorteile der Erfindungsgegenstand – abweichend vom verständigen Inhalt der Patentschrift – tatsächlich hat, kommt deswegen grundsätzlich nicht in Betracht.[1225] Dass das (Ersatz/Verbrauchs-)Teil als solches aus dem Stand der Technik bekannt ist, steht nicht der Annahme entgegen, dass in ihm die technischen Wirkungen der Erfindung in Erscheinung treten.[1226]

840 Enthält die Patentschrift **mehrere Lösungsmerkmale** (oder gar selbständige Erfindungen), von denen jedes (oder jede) der Bewältigung eines anderen technischen Problems dient, kann sich die zentrale technische Bedeutung des ausgetauschten Verbrauchsartikels grundsätzlich aus jedem der mehreren, im Stand der Technik noch unbewältigten Aufgabenstellungen und *ihrem* Lösungskonzept ergeben.[1227] Darauf, ob die weitere Erfindung formal nebengeordnet geschützt oder bloß Gegenstand eines Unteranspruchs ist, kommt es nicht an.[1228] Wird deshalb die **Kombination** eines Hauptanspruchs **mit** einem oder

---

1220 BGH, GRUR 2007, 769 – Pipettensystem.
1221 BGH, GRUR 2007, 769 – Pipettensystem.
1222 BGH, GRUR 2004, 758 – Flügelradzähler; BGH, GRUR 2006, 837 – Laufkranz.
1223 BGH, GRUR 2007, 769 – Pipettensystem; OLG Düsseldorf, GRUR-RR 2013, 185 – Nespressokapseln (der wesentliche Unterschied zum Kaffee-Pad-Fall [oben Kap A Rdn 650] besteht darin, dass es sich dort um eine Dimensionierungserfindung handelt, bei der nicht nur das in bestimmter Weise dimensionierte Trägerelement einen zentralen Lösungsbeitrag liefert, sondern genauso der ebenfalls in ganz bestimmter Weise dimensionierte Pad, weswegen eine Neuherstellung durch Anbringen anderer Pads auch nach der geltenden Rechtsprechung weiterhin zu bejahen wäre; ebenso OLG Karlsruhe, Urteil v 11.11.2015 – 6 U 151/14 für einen ähnlich gelagerten Fall, in dem die Erfindung in einer gegenseitig in besonderer Weise aufeinander abgestimmten Ausgestaltung des Bremsträgers und des davon aufzunehmenden Bremspads liegt; weiterer Vergleichsfall: OLG Karlsruhe, Urteil v 23.7.2014 – 6 U 89/13).
1224 OLG Düsseldorf, Beschluss v 9.4.2015 – I-2 U 40/14; OLG Düsseldorf, GRUR-RR 2021, 337 – Filtervorrichtung.
1225 OLG Düsseldorf, Beschluss v 9.4.2015 – I-2 U 40/14.
1226 OLG Karlsruhe, Urteil v 11.11.2015 – 6 U 151/14; OLG Düsseldorf, GRUR-RR 2021, 337 – Filtervorrichtung.
1227 OLG Düsseldorf, GRUR-RS 2020, 2640 – Scheibenbremse II.
1228 OLG Düsseldorf, GRUR-RS 2020, 2640 – Scheibenbremse II.

mehreren **Unteransprüchen** geltend gemacht, ist für die Erschöpfungsdiskussion die technische Lehre dieses kombinierten Anspruchs zugrundzulegen und zu prüfen, ob in dem Verschleißteil die technische Wirkung der kombinierten Lehre zutage tritt.[1229] Dass es sich hierbei um dieselbe technische Wirkung handelt, die die Erfindung nach dem Hauptanspruch ausmacht, ist grundsätzlich nicht erforderlich.[1230] Durch die Kombination des Hauptanspruchs mit einem oder mehreren Unteransprüchen wird eine besondere Ausführungsart der Erfindung des übergeordneten Anspruchs unter Schutz gestellt, die schon deshalb selbstständig zu beurteilen ist, weil der mittels Kombination unter Schutz gestellten Erfindung technische Wirkungen beikommen können, die sich gerade oder auch nur in dem Verschleißteil realisieren.[1231]

Für den besagten Ausnahmetatbestand ist nicht ausreichend, dass zwischen den in Rede stehenden Teilen (dem ausgetauschten Teil und der restlichen Vorrichtung) ein funktionaler Zusammenhang besteht. Bei jeder Erfindung werden regelmäßig mehrere Bauteile miteinander zusammenwirken, was selbstverständlich verlangt, dass ihre Dimensionen aufeinander abgestimmt und sie darüber hinaus so ausgestaltet sind, dass sich der den erfindungsgemäßen Gesamterfolg herbeiführende technische Effekt einstellen kann. In diesem Sinne leistet letztlich jedes einzelne im Patentanspruch angegebene Bauteil *seinen* Beitrag zur Gesamtlösung, womit sich keinerlei Abgrenzungskriterium mehr für eine Unterscheidung zwischen bloßem Gebrauch und verbotener Neuherstellung finden ließe. Über das gewöhnliche Zusammenwirken mit anderen Elementen des Erfindungsgegenstandes hinaus ist deshalb zusätzlich erforderlich, dass gerade in dem ausgetauschten Teil die technischen Wirkungen der Erfindung in Erscheinung treten, sodass davon gesprochen werden kann, dass durch den Austausch dieses Teils der technische oder wirtschaftliche Vorteil der Erfindung erneut verwirklicht wird. 841

Der **BGH** hat in Anwendung dieser Grundsätze eine Neuherstellung bereits wiederholt verneint: 842

– In einem Fall ging es um den Austausch eines Laufkranzes an einem Schienenfahrzeugrad, wobei der **Laufkranz** zwar funktionell mit einem erfindungsgemäß ausgestalteten Gummiring zusammenwirkte und an dessen Form angepasst war, dadurch aber weder in seiner Funktion noch in seiner Lebensdauer maßgeblich beeinflusst wurde.[1232] 843

– Der zweite Fall betraf den Austausch einer geläufigen Einmalspritze an einem **Pipettensystem**. Die Einmalspritze (als Wegwerfartikel) wirkte zwar mit erfindungsgemäßen Greifvorrichtungen im Pipettengehäuse zusammen, sie war insoweit aber nur bloßes Objekt des verbesserten An- und Abkupplungsprozesses, der seine gegenständliche Verkörperung allein in den hierfür geschaffenen Greifeinrichtungen fand.[1233] 844

– Der dritte Fall hatte einen **Palettenbehälter** zum Gegenstand, der im Wesentlichen aus einer Flachpalette, einem darauf angebrachten austauschbaren Innenbehälter aus Kunststoff sowie einem den Innenbehälter umgebenden, stabilisierenden Außenbehälter aus Metallstäben bestand. Auch hier wurde argumentiert, dass zwar ein funktioneller Zusammenhang existiere, weil der austauschbare Innenbehälter von dem 845

1229 OLG Düsseldorf, GRUR-RR 2021, 337 – Filtervorrichtung.
1230 OLG Düsseldorf, GRUR-RR 2021, 337 – Filtervorrichtung.
1231 OLG Düsseldorf, GRUR-RR 2021, 337 – Filtervorrichtung.
1232 BGH, GRUR 2006, 837 – Laufkranz.
1233 BGH, GRUR 2007, 769 – Pipettensystem; gleich behandelt worden ist der Austausch von Nespresso-Kapseln in einer Nespressomaschine: OLG Düsseldorf, GRUR-RR 2013, 185 – Nespressokapseln. Das Klagepatent (EP 2 103 236) ist mit Entscheidung vom 10.10.2013 – T 1674/12 – 3.2.04 von der TB des EPA widerrufen worden.

patentgemäß ausgestalteten Außenmantel abgestützt werde. Die mit dem Patent erzielte Verbesserung der Stabilität finde ihre gegenständliche Verkörperung jedoch nur in den Merkmalen des Außenmantels. Soweit die verbesserte Stabilität des Außenmantels einen besseren Schutz des Innenbehälters bewirke, sei der Innenbehälter ein bloßes Objekt der vom Außenmantel ausgehenden Abstützwirkung. Dass die patentgemäße Ausgestaltung des Außenmantels es ermögliche, die Wandstärke und damit das Gewicht des Innenbehälters zu reduzieren, hat der BGH für unbeachtlich gehalten, weil die Möglichkeit einer verringerten Wandstärke bei einer patentgemäßen Ausgestaltung des Außenmantels in den Patentansprüchen weder vorgesehen noch stillschweigend vorausgesetzt sei.[1234]

cc) Zweite Variante

846 Beurteilt die Verkehrsauffassung den Austausch nicht als reguläre Erhaltungsmaßnahme an einem weiterhin verkehrsfähigen Wirtschaftsgut, sondern geht die Sicht des Verkehrs dahin, dass sich mit dem »Verbrauch« des Austauschteils der patentgeschützte **Gegenstand als Ganzes erledigt** hat, liegt regelmäßig eine Neuherstellung vor. Das gilt unabhängig davon, ob sich in dem Austauschteil die eigentlichen Erfindungsvorteile verwirklichen oder nicht.[1235]

▶ **Beispiel:**

847 Die Vorrichtung mit abgenutztem Bauteil wird im Verkehr als wertlos betrachtet.

848 Ein (der Erschöpfung entgegen stehender) Akt der Neuherstellung liegt im **Software-Bereich** zB vor, wenn auf einen PC mit Erst-Software, an dem die Patentrechte an sich erschöpft wären, eine weitere nicht lizenzierte Software aufgespielt wird, mit der sich der patentgemäße Erfolg alternativ erreichen lässt.[1236] Das gilt auch dann, wenn die zusätzliche Anwendungssoftware auf Module der lizenzierten Erst-Software zurückgreift, weil erst die Zusatzsoftware für den Nutzer den »Schlüssel« zu den Modulen und damit zur Erzielung des erfindungsgemäßen Erfolges ist. Unter solchen Umständen besteht nach dem Zweckübertragungsgrundsatz regelmäßig auch kein Anlass zu der Annahme, der Schutzrechtsinhaber habe mit dem Lizenzvertrag für die zulässig installierte Erstsoftware einem Vertrieb von PC und Software auch für den Fall einer zusätzlichen Installation alternativer nicht lizenzierter Software zugestimmt.[1237] Gegenteiliges ist vom Verletzer darzulegen und zu beweisen, ohne dass sekundäre Darlegungslasten des Verletzten bestehen.[1238]

dd) Feststellung der Verkehrsauffassung

849 Ob der »Verbrauch« des einen Teils der geschützten Kombination gleichzeitig die Gesamtvorrichtung erledigt, wird sich in aller Regel anhand der technischen Gegebenheiten und der Marktverhältnisse ermitteln lassen.[1239] Gerade dann, wenn der patentgeschützte Gegenstand nur untergeordneter Bestandteil des gehandelten Produktes ist, der für den Abnehmer als solcher nicht besonders in Erscheinung tritt, wird sich im Allgemeinen zu ersterem allerdings keine tatsächliche Verkehrsauffassung herausbilden können, erst recht dann nicht, wenn dem Abnehmer das genaue Innenleben der Gesamtvor-

---

1234 BGH, GRUR 2012, 1118 – Palettenbehälter II.
1235 BGH, GRUR 2012, 1118 – Palettenbehälter II.
1236 LG Mannheim, InstGE 12, 136 – zusätzliche Anwendungssoftware.
1237 LG Mannheim, InstGE 12, 136 – zusätzliche Anwendungssoftware.
1238 LG Mannheim, InstGE 12, 136 – zusätzliche Anwendungssoftware.
1239 OLG Düsseldorf, Urteil v 29.4.2016 – I-15 U 47/15.

richtung überhaupt nicht bekannt ist. Hier muss die Verkehrsauffassung normativ bestimmt und anhand objektiv vernünftiger Überlegungen entwickelt werden.[1240]

Aussagekräftig für die Verkehrsauffassung kann zB ein deutliches Wertgefälle zwischen den Einzelbestandteilen des Patentgegenstandes sein. Macht die »verbrauchte« Komponente zB 90 % oder mehr des Wertes der Gesamtvorrichtung aus, spricht vieles dafür, dass der Verkehr dem verbleibenden Rest keine eigenständige, erhaltungswürdige Qualität mehr zumessen wird. Feste Werte, die über alle Erfindungsgebiete gelten, lassen sich freilich nicht nennen. Bei geringeren Anteilen kann etwa den Ausschlag geben, ob für den verbleibenden (über 10 % hinausgehenden) Rest ein Markt vorhanden ist, der es dem Abnehmer ermöglicht, finanzielle Erlöse mit dem funktionsfähig gebliebenen Rest des Patentgegenstandes zu erzielen. Wo die objektiven Kriterien – ganz ausnahmsweise – einmal keine eindeutige Aussage zulassen sollte und das Gericht auch nicht zum Abnehmerkreis gehört, kann es im Einzelfall ggf Sinn machen, eine repräsentative Befragung (= Zeugenvernehmung) bei Käufern betreffender Vorrichtungen durchzuführen. 850

Soweit der BGH[1241] das Abstellen auf eine **normative Verkehrsauffassung** ablehnt und für die Abgrenzung zwischen Gebrauch und Neuherstellung dann, wenn sich zu dem patentgeschützten Gegenstand eine tatsächliche Verkehrsauffassung nicht gebildet hat (zB deshalb, weil bloß die größere Einheit im Verkehr gehandelt wird), allein darauf abstellen will, ob sich in den ausgetauschten Teilen des Patentgegenstandes die technischen Wirkungen der Erfindung widerspiegeln, überzeugt dies nicht. Die Feststellung einer tatsächlichen Verkehrsauffassung beruht genauso wie die Ermittlung einer normativen Verkehrsauffassung auf exakt derselben Methodik, nämlich auf vernünftigen Erwägungen einer überwiegenden Mehrzahl der Abnehmer über die Brauchbarkeit des verbleibenden Restes des Patentgegenstandes. Auch dann, wenn eine tatsächliche Verkehrsauffassung zu ermitteln ist, fragt sie das Gericht nicht real »durch Interviews« im betroffenen Kundenkreis ab; vielmehr entwickelt es die Verkehrsauffassung aus seiner eigenen Anschauung anhand dessen, was objektiv sinnvoll erscheint. Insofern lassen sich beide Arten der Verkehrsauffassung – die *tatsächliche* und die *normative* – in prinzipiell der gleichen Weise und mit prinzipiell demselben Grad an Verlässlichkeit und Vorhersehbarkeit verifizieren, womit es keinen sachlichen Grund dafür gibt, die Auffassung der Abnehmer darüber, ob der verbleibende Rest des Patentgegenstandes werthaltig oder wertlos ist, in dem einen Fall (sic: bei Bestehen einer tatsächlichen Verkehrsauffassung) über die Erschöpfungsfrage entscheiden zu lassen, in dem anderen Fall (sic: bei Fehlen einer tatsächlichen Verkehrsauffassung) jedoch als Beurteilungskriterium vollständig auszublenden. Eine dahingehende Differenzierung ist umso weniger angebracht, als sie weitreichende Folgen für die Verletzungsfrage hat, indem sie dazu führt, dass der Patentinhaber – wie der Fall »Trommeleinheit«[1242] zeigt – letztlich entschädigungslos um seinen auf die kleine Baueinheit gerichteten Patentanspruch enteignet wird. Denn wenn die patentierte Baueinheit so gewählt wird, dass sie sich mit dem Verbrauch der einen Komponente insgesamt erledigt, weil der unter Patentschutz stehende Gegenstand darüber hinaus praktisch keine weiteren Bauteile umfasst, so ergibt sich bereits auf dieser – ersten – Stufe, dass der Austausch der Hauptkomponente zur Neuherstellung und mithin zum Patenteingriff führt, ungeachtet dessen, dass sich auf der nächstfolgenden – zweiten – Stufe das genau entgegengesetzte Ergebnis einer Erschöpfung einstellen würde, weil sich die Wirkungen der Erfindung nicht speziell in dem Austauschteil ausdrücken. Da – wie gezeigt – die normative Verkehrsauffassung genauso feststellbar ist wie die tatsächli- 851

1240 Zutreffend: OLG Düsseldorf, Urteil v 29.4.2016 – I-15 U 47/15. Die tatsächliche Vorstellung des Verkehrs zur gehandelten Gesamtvorrichtung kann keinesfalls unbesehen auf die patentgeschützte Untereinheit übertragen werden. AA: BGH, GRUR 2018, 170 – Trommeleinheit.
1241 BGH, GRUR 2018, 170 – Trommeleinheit.
1242 BGH, GRUR 2018, 170 – Trommeleinheit.

che, hängt das Erkenntnis zur Erschöpfungsfrage demnach – folgt man dem BGH – maßgeblich davon ab, welche patentierte Baueinheit – die größere und/oder die kleinere – dem Verkehr als Handelsobjekt begegnet. Das aber kann reinen Zufälligkeiten geschuldet sein, die nicht über das rechtliche Schicksal einer Austauschmaßnahme entscheiden sollten.

g) Verfahrenspatent[1243]

852 Eine Erschöpfung eines Verfahrenspatentes tritt dann nicht ein, wenn lediglich die (ungeschützte) Vorrichtung veräußert worden ist, mit deren Hilfe das Verfahren ausgeübt werden kann.[1244] In welchem Umfang der Erwerber der Vorrichtung – im Wege einer beim Verkauf der Vorrichtung stillschweigend erteilten Lizenz – dazu berechtigt ist, die Vorrichtung bestimmungsgemäß zu verwenden, mithin das Verfahren durchzuführen, ist nach dem Einzelfall zu beurteilen und hängt von den schuldrechtlichen Vereinbarungen der Parteien ab.[1245] Fehlen anderslautende Abreden, ist im Zweifel davon auszugehen, dass derjenige, der vom Inhaber eines Verfahrenspatents eine zur Ausübung des geschützten Verfahrens erforderliche Vorrichtung erwirbt, diese bestimmungsgemäß benutzen darf.[1246] Das gilt unabhängig davon, ob die Vorrichtung ihrerseits ungeschützt oder ob neben dem Verfahren auch die Vorrichtung durch ein Sachpatent geschützt ist.[1247] Voraussetzung ist freilich, dass die gebrauchsfertige Vorrichtung in ihrer Gesamtheit aus lizenzierter Quelle stammt; eine stillschweigende Benutzungserlaubnis kommt daher nicht in Betracht, wenn bloß einzelne Komponenten geliefert wurden, die unter Hinzufügung nicht lizenzierter weiterer Teile zur Errichtung der zur Verfahrensführung geeigneten Sache verwendet worden sind.[1248]

853 Genauso werden die Rechte nur aus demjenigen Patent und demjenigen nebengeordneten Patentanspruch – und **keinem weiteren Schutzrecht und Nebenanspruch** – erschöpft, dessen technische Lehre mit dem in Verkehr gebrachten Gegenstand benutzt wird. Schützt das Patent etwa nebeneinander sowohl – (1) – ein Codierverfahren und eine Codiervorrichtung sowie – (2) – ein Decodierverfahren und eine Decodiervorrichtung und bringt der Patentinhaber (oder sein Lizenznehmer) lediglich die Codiervorrichtung in Verkehr, so ist damit nicht die Befugnis verbunden, die mit der Vorrichtung codierten Daten mittels einer nicht aus der Quelle des Patentinhabers stammenden Decodiervorrichtung zu decodieren. Erschöpfung und stillschweigende Lizenzerteilung finden vielmehr ihre natürliche Grenze an demjenigen Patentanspruch desjenigen Schutzrechts, der mit der verkauften Vorrichtung benutzt worden ist.

854 Die Annahme einer stillschweigenden Lizenzerteilung verbietet sich, wenn das patentgeschützte Verfahren vom **Endverbraucher** im privaten Bereich angewendet wird, weil die Patentbenutzung in einem solchen bereits kraft Gesetzes (§ 11 Nr 1 PatG) privilegiert ist und es deswegen keiner vertraglichen Nutzungsgestattung durch den Schutzrechtsinhaber bedarf.

1243 V. Meibom/Meyer, FS Mes, 2009, S 255. Speziell zur Erschöpfung bei Hightech-Patenten und standardessentiellen Patenten vgl Haft/von Samson-Himmelstjerna, FS Reimann, 2009, S 175.
1244 BGH, GRUR 1980, 38 – Fullplastverfahren; vgl auch Busse/Keukenschrijver, § 9 PatG Rn 125, mwN.
1245 BGH, GRUR 1998, 130, 132 – Handhabungsgerät.
1246 BGH, GRUR 2007, 773 – Rohrschweißverfahren.
1247 OLG Düsseldorf, Urteil v 28.1.2010 – I-2 U 124/08; aA: LG Düsseldorf, Entscheidungen 1998, 115 – Levitationsmaschine.
1248 OLG Karlsruhe, GRUR 2014, 59 – MP2-Geräte.

> **Beispiel:**
> Das Klagepatent betrifft ein Verfahren zum Herunterladen elektronischer Spiele auf ein 855
> Handy. Der Privatkunde ist wegen § 11 Nr 1 PatG kein Verletzer. Derjenige, der die
> Handyspiele zum Downloaden bereithält, ist dagegen mittelbarer Verletzer, weil die
> gesetzliche Privilegierung im Rahmen des § 10 PatG unbeachtlich ist (§ 10 Abs 3 PatG)
> und weil der private Abnehmer – mangels Lizenzerteilung – auch aus dem Gesichts-
> punkt vertraglicher Nutzungsgestaltung kein zur Benutzung der Erfindung Berechtigter
> iSv § 10 PatG ist.

h) Selbstverpflichtungsvereinbarung

Hat sich der Patentinhaber gemeinsam mit anderen Unternehmen gegenüber der Europä- 856
ischen Kommission zur Einhaltung bestimmter Standards zum Zwecke des Umwelt-
schutzes verpflichtet (wie dies im Hinblick auf die Richtlinie 2009/125/EG geschehen
ist), so ergeben sich daraus grundsätzlich keine Rechte Dritter (zB zur Wiederaufbereitung verbrauchter Tonerkartuschen).[1249]

13. Verjährung[1250]

Als Verteidigungsmittel steht dem Beklagten die **Einrede** der Verjährung zur Verfügung, 857
die von diesem ausdrücklich erhoben werden muss und nicht von Amts wegen berücksichtigt wird. In einem auf Verwirkung gerichteten Sachvortrag liegt – jedenfalls im
Anwaltsprozess – in der Regel noch keine Erhebung der Verjährungseinrede.[1251]

Darlegungs- und **beweispflichtig** für die Voraussetzungen der als rechtsvernichtend in 858
Anspruch genommenen Verjährungsvorschrift ist der Schuldner, der sich hierauf
beruft.[1252] Er hat deswegen, wenn das Gesetz für einen bestimmten Anspruch je nach
Fallgestaltung unterschiedlich lange Verjährungsfristen vorsieht, auch den Nachweis zu
führen, dass kein Verjährungstatbestand vorliegt, der eine längere Verjährungsfrist
begründet.[1253]

Der Schuldner kann – vor oder nach Ablauf der Verjährungsfrist[1254] – befristet auf die 859
Erhebung der Verjährungseinrede verzichten, wobei einem schlüssigen Verhalten ein
dahingehender Erklärungswert nur beigemessen werden kann, wenn der Schuldner um
den Eintritt der Verjährung weiß oder zumindest mit ihr rechnet[1255]. Die Verzichtserklärung ist im Zweifel dahin auszulegen, dass dem Gläubiger bis zum Ablauf der eingeräumten Frist die gerichtliche Geltendmachung des fraglichen Anspruchs ermöglicht werden
soll. Die Verjährungseinrede bleibt deshalb belanglos, wenn der Gläubiger vor Fristablauf das Klageverfahren anhängig macht, sofern die anschließende Zustellung an den
verzichtenden Schuldner demnächst erfolgt.[1256] Sofern eindeutige Erklärungen dieses
Inhalts fehlen, kann der Verjährungsverzicht demgegenüber nicht so ausgelegt werden,
dass der Schuldner den Gläubiger mit ihm so stellen wolle, als würde die Verjährung

---

1249 BGH, GRUR 2018, 170 – Trommeleinheit.
1250 Verjährung nach den ab dem 1.1.2002 gültigen Vorschriften; bei älteren Ansprüchen sind die Über-
   gangsregelungen zu beachten. Die höchstrichterliche Rechtsprechung zum Verjährungsrecht ist
   zusammengestellt bei Fellner, MDR 2009, 670.
1251 BGH, MDR 2009, 945.
1252 BGH, MDR 2016, 534.
1253 BGH, MDR 2016, 534.
1254 BGH, ZIP 2007, 2206.
1255 OLG Düsseldorf, NJW-RR 2000, 836.
1256 BGH, MDR 2014, 920.

erst mit Ablauf der Verzichtsfrist eintreten.[1257] Hemmungs- und Neubeginn-Tatbestände (vgl nachfolgend Kap E Rdn 873 ff), die sich während des Laufs der Verzichtsfrist ereignen, haben deswegen nicht zur Folge, dass sich die eingeräumte Verzichtsfrist nach Maßgabe der Hemmungs- und Neubeginnvorschriften hinausschiebt.[1258] Eine Verjährungsverzichtserklärung, die der Schuldner nur im Verhältnis zum Rechtsvorgänger abgegeben hat, wirkt grundsätzlich nicht zugunsten des Rechtsnachfolgers.[1259] Andererseits erstreckt sich eine *nicht formularmäßige* Verjährungsvereinbarung im Zweifel (dh so lange nicht ein gegenteiliger Parteiwille erkennbar ist) auch auf solche Ansprüche, die mit dem von der Vereinbarung betroffenen Anspruch konkurrieren oder die wirtschaftlich an dessen Stelle treten.[1260]

860 Ansprüche wegen der Verletzung eines Patents verjähren gemäß § 141 PatG, der entsprechend auch auf europäische Patente Anwendung findet[1261], nach den allgemeinen Regeln des BGB, dh innerhalb von drei Jahren.[1262] Auskunftsansprüche verjähren auch dann selbständig, wenn sie der Bezifferung eines Zahlungsanspruchs dienen und insofern Hilfsfunktion haben.[1263]

a) Relative Verjährung

861 Die Verjährungsfrist beginnt mit Schluss des Jahres, in dem – erstens – der Anspruch entstanden ist und – zweitens – der Gläubiger von den anspruchsbegründenden Tatsachen sowie der Person des Schuldners **Kenntnis** erlangt hat.

862 Was die **Anspruchsentstehung** betrifft, ist eine rechtverletzende Dauerhandlung (wie ein Internetangebot) gedanklich in Einzelhandlungen (dh in Tage) aufzuspalten, für die jeweils eine gesonderte Verjährungsfrist läuft.[1264] Ein auf Wiederholungsgefahr gestützter Unterlassungsanspruch entsteht mit der Begehung der die Wiederholungsgefahr begründenden Verletzungshandlung[1265], ein auf Erstbegehungsgefahr gestützter Anspruch dementsprechend mit Vorliegen hinreichender Anhaltspunkte für das Bevorstehen einer Verletzungshandlung.

863 Bzgl der **Kenntnis** genügt aus Gründen der Rechtssicherheit und Billigkeit das Wissen um die den Anspruch begründenden tatsächlichen Umstände und kommt es nicht auf eine zutreffende rechtliche Würdigung der Tatumstände an.[1266] Sie ist nur ausnahmsweise dann zu fordern, wenn die Rechtslage derart unübersichtlich und zweifelhaft ist, dass sie selbst ein Rechtskundiger nicht zuverlässig einzuschätzen vermag.[1267] Die haftungsbegründenden Tatsachen zu »Tat und Täter« müssen so vollständig und sicher bekannt sein, dass sie einen zwar nicht risikolosen, aber doch einigermaßen aussichtsreichen Erfolg einer Klage versprechen und dem Verletzten daher bei verständiger Würdigung der Sachlage eine Klage zuzumuten ist.[1268] Ausreichend ist die Möglichkeit, eine Feststellungs- oder Stufenklage zu erheben, was dann bedeutsam ist, wenn dem Gläubiger Kenntnisse zur Anspruchshöhe fehlen, die eine abschließende Bezifferung des fraglichen Anspruchs ermöglichen.[1269] Im Falle des **Gläubigerwechsels** kommt es auf den

---

1257 BGH, MDR 2014, 920.
1258 BGH, MDR 2014, 920.
1259 BGH, MDR 2014, 1201.
1260 BGH, WM 2020, 2073.
1261 Benkard, PatG, § 141 PatG Rn 2.
1262 BGH, GRUR 2015, 780 – Motorradteile.
1263 BGH, GRUR 2012, 1248 – Fluch der Karibik.
1264 BGH, GRUR 2015, 780 – Motorradteile.
1265 BGH, GRUR 2016, 946 – Freunde finden.
1266 BGH, MDR 2008, 615; BGH, GRUR 2012, 1248 – Fluch der Karibik.
1267 BGH, MDR 2008, 615.
1268 BGH, GRUR 2012, 1279 – DAS GROSSE RÄTSELHEFT.
1269 BGH, GRUR 2012, 1248 – Fluch der Karibik.

Kenntnisstand des ursprünglichen Anspruchsinhabers an. Hatte dieser die für den Verjährungsbeginn erforderliche Kenntnis, geht der Anspruch so, dh mit in Gang gesetzter Verjährung, auf den Rechtsnachfolger über, selbst wenn dieser die Kenntnis nicht mit oder erst nach dem Übergang des Anspruchs auf ihn erhält.[1270] Nur wenn der Kenntnisstand des Rechtsvorgängers nicht geeignet war, die Verjährung in Gang zu setzen, ist auf den Rechtsnachfolger abzustellen.[1271]

Grob fahrlässige Unkenntnis steht der positiven Kenntnis gleich (§§ 195, 199 Abs 1 BGB). Sie liegt vor, wenn dem Gläubiger deshalb die Kenntnis fehlt, weil er die im Verkehr erforderliche Sorgfalt in ungewöhnlich grobem Maße verletzt und auch ganz naheliegende Überlegungen nicht angestellt oder naheliegende Erkenntnis- oder Informationsquellen nicht genutzt und unbeachtet gelassen hat, was jedem hätte einleuchten müssen, sodass ihm persönlich eine schwerer Obliegenheitsverstoß bei der Verfolgung seiner Ansprüche vorzuwerfen ist.[1272] Dazu genügt noch nicht eine bloß fehlende Marktbeobachtung[1273], vielmehr müssen Umstände festgestellt werden, aus denen sich ergibt, dass sich der Gläubiger der Kenntnisnahme regelrecht verschlossen hat.[1274] **864**

Ist das **Patent** im Nachhinein **beschränkt** (aufrechterhalten) **worden** und sind die Zusatzmerkmale nicht evident, kommt es darauf an, ob der Anspruchsteller schon vorher Anlass hatte und die Gelegenheit auch wahrgenommen hat, den Verletzungsgegenstand auf das Vorhandensein derjenigen Anspruchsmerkmale zu untersuchen, die nachträglich in den Patentanspruch aufgenommen worden sind.[1275] **865**

In **Überleitungsfällen** nach Art 229 § 6 Abs 4 S 1 EGBGB müssen für den Fristbeginn die subjektiven Voraussetzungen – Kenntnis oder grob fahrlässige Unkenntnis – am 1.1.2002 vorgelegen haben.[1276] Die Verjährung setzt alsdann am 1.1.2002 – und nicht erst am 31.12.2002[1277] – ein.[1278] **866**

Nach der – auch im Rahmen von § 141 PatG zu beachtenden[1279] – Rechtsprechung des BGH zu § 852 BGB ist allerdings die **Kenntnis** eines **rechtsgeschäftlichen Vertreters** grundsätzlich unbeachtlich und nur die Kenntnis des verletzten Rechtsinhabers sowie seines *gesetzlichen* Vertreters[1280] (zB Geschäftsführers) selbst geeignet, den Lauf der Verjährungsfrist in Gang zu setzen.[1281] Nur wenn und soweit der Verletzte einen Dritten mit der Erledigung bestimmter Angelegenheiten in eigener Verantwortung betraut hat, darf dem Rechtsinhaber ausnahmsweise dasjenige Wissen zugerechnet werden, welches der andere in dem ihm zugewiesenen Aufgabenbereich erlangt hat.[1282] Bei Patentverletzungen kommt eine Wissenszurechnung nach diesen Regeln nur in Betracht, wenn der Patentinhaber den Dritten mit der Geltendmachung von Rechten aus dem Patent beauftragt hat.[1283] Daran fehlt es bei einer ausschließlich mit der Lizenzvergabe an Schutzrechten eines Patent-Pools befassten Agentur, der von den Schutzrechtsinhabern nicht die Befugnis eingeräumt worden ist, Verbietungsrechte aus den Lizenzpatenten durchzuset- **867**

1270 BGH, MDR 2014, 726; BGH, GRUR-RR 2017, 185 – Derrick.
1271 BGH, GRUR-RR 2017, 185 – Derrick.
1272 BGH, GRUR 2012, 1279 – DAS GROSSE RÄTSELHEFT.
1273 OLG Karlsruhe, GRUR-RS 2016, 21121 – Advanced System.
1274 BGH, GRUR 2012, 1248 – Fluch der Karibik.
1275 OLG Düsseldorf, Urteil v 12.7.2012 – I-2 U 95/11.
1276 BGHZ 171, 1, 7 ff; BGH, NJW 2008, 506.
1277 So: Kandelhard, NJW 2005, 630.
1278 BGH, MDR 2008, 615.
1279 Vgl BGH, MDR 2008, 615.
1280 BGH, GRUR 2016, 946 – Freunde finden.
1281 BGH, GRUR 1998, 133, 137 – Kunststoffaufbereitung; BGH, GRUR 2016, 946 – Freunde finden.
1282 BGH, NJW 1989, 2323, mwN; BGH, NJW 1968, 988; BGH, GRUR 2016, 946 – Freunde finden.
1283 BGH, GRUR 1998, 133, 137 – Kunststoffaufbereitung; BGH, GRUR 2016, 946 – Freunde finden.

zen.¹²⁸⁴ Darüber hinaus werden nur diejenigen Kenntnisse zugerechnet, die der Dritte im Rahmen seiner Tätigkeit für den Geschäftsherrn – und nicht bloß privat – erlangt hat.¹²⁸⁵ Etwas anderes gilt nur dann, wenn der Geschäftsherr aus Gründen des Verkehrsschutzes zur Organisation eines Informationsaustausches verpflichtet ist, der auch privat erlangtes Wissen umfasst.¹²⁸⁶ Demgegenüber hat sich der Insolvenzverwalter die bereits vor Eröffnung des Insolvenzverfahrens erlangte Kenntnis des Insolvenzschuldners von Tat und Täter grundsätzlich zurechnen zu lassen.¹²⁸⁷

b) Absolute Verjährung

868 Unabhängig von der Kenntnis des Gläubigers ist die absolute Verjährungsfrist, die jedoch bei den verschiedenen Ansprüchen unterschiedlich lang ist. So verjähren die Ansprüche auf Unterlassung, Vernichtung oder Auskunft nach § 140b PatG nach zehn Jahren seit ihrer Entstehung (§ 199 Abs 4 BGB). Für Schadenersatzansprüche und den vorbereitenden Rechnungslegungs- bzw Auskunftsanspruch gilt § 199 Abs 3 BGB und damit eine Verjährungsfrist von zehn Jahren von der Entstehung des Anspruchs an bzw, unabhängig von der Entstehung, von 30 Jahren von der Verletzungshandlung an. Ist die Schadenersatz- oder Entschädigungspflicht rechtskräftig festgestellt, gilt für die betreffenden Ansprüche § 197 Nr 3 BGB (Verjährungsfrist von 30 Jahren).¹²⁸⁸

c) Rechtsfolgen

869 Die Einrede der Verjährung führt für den Beklagten jedoch selten zu einer Klageabweisung, da vor allem der **Unterlassungsanspruch** gegen eine bestimmte Person mit jeder neu in Erscheinung tretenden Verletzungshandlung durch Wiederaufleben der Wiederholungsgefahr neu entsteht. Bei kontinuierlich vorgenommenen Verletzungshandlungen kann der ausschließlich in die Zukunft gerichtete Unterlassungsanspruch daher auf jede beliebige, also auch die zuletzt vorgenommene, noch nicht verjährte Handlung gestützt werden. Verjährte Verletzungshandlungen können einen Unterlassungsanspruch demgegenüber nicht, auch nicht unter dem Gesichtspunkt einer Begehungsgefahr stützen.

870 § 141 PatG gilt in gleichem Maße für Entschädigungs-¹²⁸⁹ und Schadenersatzansprüche des Schutzrechtsinhabers. Doch auch insoweit führt die Verjährungseinrede im Ergebnis höchstens zu einer Beschränkung der Höhe der Ansprüche auf eine Geldleistung, da dem Verletzten gegen den Verletzer auch nach Verjährung der auf Patentrecht gestützten Ansprüche ein Anspruch auf Herausgabe des durch die Verletzungshandlungen Erlangten nach den Vorschriften der ungerechtfertigten Bereicherung (§ 852 BGB iVm §§ 812, 818 BGB) zugebilligt wird.¹²⁹⁰ Dahinter steht der Gedanke, dass der Verletzer durch seine Handlungen die Nutzung der dem Schutzrecht zugrunde liegenden Lehre erlangt hat, die herausgegeben werden muss. Die Wertberechnung dieses – für Fälle der unmittelbaren wie der mittelbaren¹²⁹¹ Patentverletzung gegebenen – **Restschadenersatzanspruch**s erfolgt in Anlehnung an die Grundsätze der Lizenzanalogie.¹²⁹² Weil das Erlangte im Gebrauch des Schutzgegenstandes besteht, kommt eine Berufung auf § 818

1284 LG Düsseldorf, InstGE 7, 70 – Videosignal-Codierung I.
1285 BGH, GRUR 2016, 946 – Freunde finden.
1286 BGH, GRUR 2016, 946 – Freunde finden.
1287 BGH, ZIP 2022, 1008.
1288 BGH, NJW-RR 1989, 215.
1289 § 33 Abs 3 PatG, der auf § 141 PatG verweist, ist auch auf den Entschädigungsanspruch anzuwenden, der sich (für europäische Patentanmeldungen) aus Art II § 1 IntPatÜG ergibt (OLG Düsseldorf, InstGE 2, 115 – Haubenstretchautomat).
1290 Vgl BGH, GRUR 1977, 250 ff – Kunststoffhohlprofil I; BGH, GRUR 1982, 301 – Kunststoffhohlprofil II.
1291 Nieder, Mitt 2009, 540.
1292 BGH, GRUR 2015, 780 – Motorradteile.

Abs 3 BGB ebenso wenig in Betracht[1293], wie es eine Anspruchsvoraussetzung darstellt, dass der Bereicherungsschuldner durch die Verletzungshandlungen einen Gewinn erzielt hat.[1294] Auf eine angemessene Lizenzgebühr ist der Anspruch allerdings – entgegen der Auffassung des BGH[1295] – auch begrenzt. Die Herausgabe des Verletzergewinns[1296] oder der Ersatz des eigenen entgangenen Gewinns können nicht verlangt werden.[1297] Dies ist logische Konsequenz der Tatsache, dass sich die Rechtsfolgen des verjährten Schadenersatzanspruchs nach Bereicherungsrecht bestimmen und der originäre Kondiktionsanspruch ausschließlich auf Zahlung einer angemessenen Lizenz gerichtet ist. Der Rechtsschadenersatzanspruch kann insofern nicht weiter gehen als der Bereicherungsanspruch, auf den wegen der Rechtsfolgen[1298] Bezug genommen ist. Die gegenteilige Auffassung des BGH verkennt nicht nur dies, sondern hat überdies zur Folge, dass der Eintritt der Verjährung praktisch ohne Auswirkungen bleibt, weil sie dem Verletzten allein die Berechnungsmethode des eigenen entgangenen Gewinns nimmt, die ohnehin bedeutungslos ist, weil sie dem Verletzten umfangreiche Darlegungen zu seiner geheimen Kosten- und Gewinnstruktur abverlangt, die freiwillig niemand – auch nicht um der Schadensberechnung nach begangener Patentverletzung willen – auf sich nehmen wird. Die Verjährung des Rest-Schadenersatzanspruchs richtet sich nach § 852 BGB und tritt in zehn Jahren von seinem Entstehen, also seiner Fälligkeit, und unabhängig davon in 30 Jahren von der Begehung der Verletzungshandlung ein.[1299]

Von Interesse kann der Verjährungseinwand unter Umständen für den **Rechnungslegungsanspruch** sein, der dem Verletzten als Hilfsanspruch zu seinem Schadenersatz-, Entschädigungs- oder Restschadenersatzanspruch zusteht, da die Berechnung des Entschädigungsanspruchs auf die Methode der Lizenzanalogie beschränkt ist.[1300] Angaben über die Gewinnkalkulation können insoweit nicht verlangt werden, da diese für die Berechnung einer Lizenz unbeachtlich sind.[1301] Anders beurteilt der BGH die Rechtslage für den Rest-Schadenersatzanspruch, für den zusätzlich die Herausgabe des Verletzergewinns und eine entsprechende Rechnungslegung auch über die Kosten und Gewinne des Verletzers zugebilligt werden.[1302] Der Rechnungslegungsanspruch unterliegt einer eigenständigen Verjährung, die ggf von der des vorzubereitenden Zahlungsanspruchs abweichen kann. Zwar kann, wenn der Zahlungsanspruch verjährt ist, (mangels Rechtsschutzbedürfnisses) auch der (selbst noch nicht verjährte) Rechnungslegungsanspruch grundsätzlich[1303] nicht mehr geltend gemacht werden.[1304] Umgekehrt gilt nicht dasselbe. Der selbst schon verjährte Rechnungslegungsanspruch kann mithin nicht deshalb weiter durchgesetzt werden, weil der mit ihm vorzubereitende Zahlungsanspruch noch nicht

871

1293 BGH, GRUR 2016, 1280 – Everytime we touch.
1294 BGH, GRUR 2015, 780 – Motorradteile.
1295 BGH, GRUR 2019, 496 – Spannungsversorgungsvorrichtung.
1296 Seine Herausgabe lässt der BGH (GRUR 2019, 496 – Spannungsversorgungsvorrichtung) einschließlich einer vorbereitenden Rechnungslegung auch zu den Kosten und Gewinnen zu.
1297 Streitig, wie hier: Ann, § 35 Rn 99 f; aA: LG Düsseldorf, Mitt 2000, 458; LG Mannheim, InstGE 4, 107 – Mitnehmerorgan; Pross, FS Schilling, 2007, S 333, ebenso für Fälle der unmittelbaren Patentverletzung: Nieder, Mitt 2009, 540; Hülsewig, GRUR 2011, 673; OLG Karlsruhe, GRUR-RS 2016, 21121 – Advanced System; jeweils mit einer Darstellung des Streitstandes; offengelassen von BGH, GRUR 2015, 780 – Motorradteile.
1298 BGH, GRUR 2015, 780 – Motorradteile.
1299 BGH, GRUR 2015, 780 – Motorradteile.
1300 Streitig, vgl zum Meinungsstand: Hülsewig, GRUR 2011, 673.
1301 AA: LG Düsseldorf, Urteil v 3.11.2011 – 4b O 67/10. Hierzu, aber zum Arbeitnehmererfinderrecht: BGH, GRUR 1998, 689 – Copolyester II; BGH, GRUR 1998, 684 – Spulkopf.
1302 BGH, GRUR 2019, 496 – Spannungsversorgungsvorrichtung.
1303 BGH, MDR 2017, 1045.
1304 BGH, NJW 1985, 384.

verjährt ist.¹³⁰⁵ Allerdings verjährt der Auskunftsanspruch – trotz seiner rechtlichen Selbständigkeit – prinzipiell nicht vor dem Hauptanspruch, dem er dient.¹³⁰⁶

872 Die Umstellung von einem Schadenersatz- oder Entschädigungsanspruch auf den Restschadensersatzanspruch im Prozess wird als Beschränkung des Klageantrages, nicht als **Klageänderung** behandelt. In der Regel hat diese Beschränkung jedoch im Hinblick auf die analoge Berechnung von Schadenersatz und Restschadensersatz im Wege der Lizenzanalogie keinen oder nur einen geringfügigen Einfluss auf die Kostenverteilung.

873 Die erstmalige (begründete) Erhebung der Verjährungseinrede im Laufe des Rechtsstreits stellt ein **erledigendes Ereignis** dar.¹³⁰⁷ Das gilt auch dann, wenn die Verjährung bereits vor Eintritt der Rechtshängigkeit eingetreten war.¹³⁰⁸

d) Hemmung

874 Die Verjährungsfrist verlängert sich gemäß § 209 BGB im Falle einer Hemmung (§§ 203–211 BGB) um den gehemmten Zeitraum. Vorausgesetzt ist dabei, dass der Hemmungstatbestand zu einem Zeitpunkt eintritt, zu dem einerseits der Lauf der Verjährungsfrist bereits begonnen hat¹³⁰⁹ und andererseits der Anspruch noch nicht verjährt ist¹³¹⁰.

875 Von besonderer Bedeutung in Patentauseinandersetzungen ist der Hemmungstatbestand schwebender (**Vergleichs-)Verhandlungen** nach § 203 BGB. Der Gläubiger muss klarstellen, dass er einen Anspruch geltend machen und auf welchen Lebenssachverhalt er ihn stützen will, und hieran muss sich ein ernsthafter Meinungsaustausch zwischen Berechtigtem und Verpflichtetem anschließen¹³¹¹, wovon schon auszugehen ist, wenn der Gegner nicht sofort und eindeutig jeden Ersatz ablehnt, wobei die Rechtsprechung zu § 639 Abs 2 BGB aF herangezogen werden kann.¹³¹² Verhandlungen schweben schon dann, wenn eine der Parteien Erklärungen abgibt, die der jeweils anderen Seite die Annahme gestatten, der Erklärende lasse sich auf Erörterungen über die Berechtigung des Anspruchs oder dessen Umfang ein.¹³¹³ Eine Bereitschaft zum Entgegenkommen muss von Seiten des Verpflichteten nicht signalisiert werden.¹³¹⁴ Es genügt, wenn der Berechtigte Anforderungen an den Verpflichteten stellt und dieser nicht sofort ablehnt, sondern sich auf Erörterungen einlässt.¹³¹⁵

876 Die durch Verhandlungen eingetretene Hemmung endet durch den unmissverständlichen **Abbruch der Verhandlungen**. Wegen der Bedeutung für die Durchsetzbarkeit der geltend gemachten Ansprüche muss die Verweigerung weiterer Verhandlungen durch ein klares und eindeutiges Verhalten zum Ausdruck gebracht werden.¹³¹⁶ Dass der Verpflichtete seine Einstandspflicht verneint, reicht hierzu allein nicht. Gleiches gilt für eine einvernehmliche Unterbrechung der Verhandlungen, die zB dadurch motiviert sein kann, dass weitere Entwicklungen oder der Ausgang anderer gerichtlicher Verfahren abgewar-

---

1305 AA: LG Düsseldorf, Urteil v 26.3.2009 – 4a O 89/08.
1306 BGH, MDR 2017, 1045.
1307 Zur Kostenentscheidung nach § 91a ZPO im einstweiligen Verfügungsverfahren, welches von den Parteien wegen während des laufenden Verfahrens eingetretener Verjährung übereinstimmend für erledigt erklärt wird, vgl Kap G Rdn 253.
1308 BGH, MDR 2010, 650.
1309 BGH, MDR 2017, 761.
1310 BGH, MDR 2017, 199.
1311 BGH, MDR 2019, 294.
1312 BGH, NJW 2007, 587.
1313 BGH, NJW-RR 2018, 1150.
1314 OLG Düsseldorf, InstGE 8, 117 – Fahrbare Betonpumpe.
1315 BGH, MDR 2014, 202.
1316 BGH, NJW 2017, 949.

tet werden soll.[1317] Ob und wann die Verhandlungen bei einer derartigen Verhandlungspause beendet sind, hängt davon ab, von welcher Partei nach dem Inhalt der Vereinbarungen oder ansonsten nach Treu und Glauben ein Wiederaufgreifen der unterbrochenen Verhandlungen erwartet werden muss.[1318] Ist dies der Schuldner, muss er selbst tätig werden und die Verhandlungen für beendet erklären, um die Wirkungen der Hemmung zum Abschluss zu bringen.[1319] Genügend ist hingegen das »Einschlafen lassen« der Verhandlungen, wobei die Hemmung in dem Zeitpunkt endet, zu dem der Berechtigte nach Treu und Glauben spätestens den nächsten Schritt zur Fortsetzung der Verhandlungen hätte erwarten dürfen.[1320] Auch insoweit gelten die von der Rechtsprechung zum alten Recht (§ 852 Abs 2 BGB) herausgearbeiteten Grundsätze.[1321] Da die Hemmung grundsätzlich auf den Zeitpunkt zurückwirkt, in dem der Gläubiger seinen Anspruch gegenüber dem Schuldner geltend gemacht hat[1322], verlängert sich die Verjährungsfrist infolge der Hemmung um denjenigen Zeitraum, der von da an bis zum Abbruch der Verhandlungen vergeht. Zugunsten des Rechtsnachfolgers wirkt nur die bei seinem Rechtsvorgänger durch Verhandlungen bis zum Rechtsübergang bewirkte Verjährungshemmung; ob eine Hemmung der Verjährung beim Rechtsnachfolger eintritt, hängt davon ab, ob Hemmungsgründe in seiner Person vorliegen.[1323] Die Wiederaufnahme abgebrochener Verhandlungen führt jedoch nicht zu einer auf den Beginn der Verhandlungen zurückwirkenden Hemmung.[1324]

Bedeutsam als Hemmungstatbestand sind weiterhin bestimmte Akte der Rechtsverfolgung nach § 204 BGB. Dazu gehört an erster Stelle die **Erhebung einer Klage** (§ 204 Nr 1 BGB). Sie hemmt den Lauf der Verjährungsfrist für den geltend gemachten prozessualen Anspruch (nicht darüber hinaus!), wobei der prozessuale Anspruch nicht dadurch ein anderer wird, dass die Klageansprüche nicht mehr aus originär eigenem, sondern aus abgetretenem Recht eines Dritten hergeleitet werden.[1325] Voraussetzung für die Hemmung ist, dass die Klage formell ordnungsgemäß ist (dh insbesondere den Anforderungen des § 253 ZPO genügt[1326], in Fällen eines gesetzlichen Anwaltszwanges von einem postulationsfähigen Anwalt unterschrieben ist und das Klagebegehren individualisiert), wirksam zugestellt[1327] und außerdem vom materiell Berechtigten erhoben ist. Hierzu gehören der Rechtsinhaber, sein Rechtsnachfolger, aber auch Dritte, wenn sie materiellrechtlich wirksam zur Durchsetzung der eingeklagten Forderung ermächtigt sind. Letzteres ist bei gesetzlichen oder gewillkürten Prozessstandschaften (zB Lizenznehmern) 877

1317 BGH, MDR 2019, 294.
1318 BGH, MDR 2019, 294.
1319 BGH, MDR 2019, 294.
1320 BGH, WM 2009, 282; OLG Düsseldorf, InstGE 8, 117 – Fahrbare Betonpumpe.
1321 BGH, WM 2009, 282.
1322 BGH, MDR 2014, 202.
1323 BGH, MDR 2014, 1201.
1324 BGH, MDR 2017, 199.
1325 BGH, MDR 2022, 687.
1326 Vgl OLG Frankfurt/Main, GRUR-RS 2016, 15323 – Ohne Funktionseinschränkung kostenlos.
1327 BGH, MDR 2016, 900. Mängel, die zur Unwirksamkeit des Zustellungsaktes führen, hindern grundsätzlich eine Hemmung; das gilt in Fällen **unzulässiger öffentlicher Zustellung** jedenfalls dann, wenn das Fehlen der Zustellungsvoraussetzungen nach § 185 ZPO für das Gericht erkennbar ist (BGH, MDR 2017, 226). Beruht die Unwirksamkeit der öffentlichen Zustellung auf einer unrichtigen Sachbehandlung durch das Gericht, kann eine Hemmung der Verjährung wegen höherer Gewalt in Betracht kommen, nämlich dann, wenn die (unzulässige) öffentliche Zustellung für den Gläubiger unabwendbar war, weil sich das Gericht von seiner fehlerhaften Beurteilung des Vorliegens der Bewilligungsvoraussetzungen nach § 185 ZPO nicht abbringen lässt, zB indem es eine anwaltliche Zustellungsmöglichkeit beharrlich nicht gelten lässt (BGH, MDR 2017, 226). Unbeachtlich ist demgegenüber, wenn der Klageschrift – entgegen § 133 ZPO – die **Anlagen nicht beigefügt** sind, weil die Klage auch ohne Anlagen sofort wirksam zugestellt werden kann (OLG Düsseldorf, NZBau 2013, 768; OLG Düsseldorf, Urteil v 25.4.2019 – I-2 U 50/17).

der Fall.¹³²⁸ Hier kommt es nicht darauf an, ob der klagende Lizenznehmer ein eigenes Interesse an der gerichtlichen Verfolgung des für ihn fremden Anspruchs hat, die seine (im eigenen Namen erhobene) Klage zulässig macht. Wichtig für die Hemmungswirkung ist nur das Vorliegen einer wirksamen Ermächtigungserklärung des Rechtsinhabers sowie die Offenkundigkeit oder Offenlegung der Tatsache, dass im Prozess ein fremder Anspruch verfolgt wird, vor Eintritt der Verjährung.¹³²⁹ Soll die Verjährung durch Zustellung der Klage gehemmt werden, muss die materielle Berechtigung im Zeitpunkt der Einreichung der Klage gegeben sein.¹³³⁰ Eine negative Feststellungsklage des Schuldners hemmt den Lauf der Verjährungsfrist ebenso wenig wie die materielle Verteidigung des Gläubigers hiergegen.¹³³¹ Denn für alle Hemmungstatbestände ist ein aktives Verfolgen des Anspruchs durch den Gläubiger erforderlich. Im nationalen Recht führt dies zu keinen Unzuträglichkeiten, weil eine negative Feststellungsklage des Schuldners den Gläubiger nicht daran hindert, (zur Verjährungshemmung) seinerseits (am gleichen oder an einem anderen Gerichtsstand) positive Leistungsklage zu erheben. Problematischer verhält es sich im Anwendungsbereich der **EuGVVO**, weil nach der Rechtsprechung des EuGH eine negative Feststellungsklage und die positive Leistungsklage umgekehrten Rubrums denselben Streitgegenstand bilden. Erhebt der Verletzer negative Feststellungsklage in einem Mitgliedstaat, bleibt dem Verletzten nur die Möglichkeit, gestützt auf die Gerichtsstände der EuGVVO, in einem anderen Mitgliedstaat seine positive Leistungsklage zu erheben. Kommt seiner Klage der schlechtere Zeitrang zu und wird für die zuerst erhobene negative Feststellungsklage die Zuständigkeit rechtskräftig bejaht, wird sein Prozess zunächst ausgesetzt und die Leistungsklage schließlich abgewiesen, womit fortan keine Hemmung mehr eintreten kann. Noch unbefriedigender ist die Rechtslage, wenn dem Verletzten jenseits des Mitgliedstaates der negativen Feststellungsklage überhaupt kein weiterer Gerichtsstand zur Verfügung steht. In beiden Konstellationen, in denen aus übergeordnetem Prozessrecht keine aktive Rechtsverfolgung des Gläubigers möglich ist, wird man für den Hemmungseintritt ausreichen lassen müssen, dass der Verletzte im negativen Feststellungsverfahren seine positiven Rechte verfolgt. Anders als bei einem Mahnbescheid (vgl dazu sogleich) hemmt die Erhebung einer Teilklage, mit der mehrere Ansprüche geltend gemacht werden, die Verjährung sämtlicher (auch die Klageforderung übersteigender) Ansprüche, wobei die Bestimmung, bis zu welcher Höhe und in welcher Reihenfolge die einzelnen Teilansprüche verfolgt werden, im Prozess mit Rückwirkung nachgeholt werden kann.¹³³²

878 Speziell für Zahlungsansprüche (zB auf Zahlung beziffern Schadenersatzes) ist die Verjährungshemmung durch **Zustellung eines Mahnbescheides** (§ 204 Abs 1 Nr 3 BGB) bedeutsam.¹³³³ Sie tritt nur ein, wenn der Anspruch vom materiell Berechtigten geltend gemacht wird¹³³⁴ und sie endet 6 Monate nach rechtskräftiger Entscheidung oder anderweitiger Beendigung des Verfahrens (§ 204 Abs 2 Satz 1 BGB). Gerät das Verfahren dadurch in Stillstand, dass die Parteien es nicht betreiben, so ist die letzte Verfahrenshandlung der Parteien oder des Gerichts maßgeblich (§ 204 Abs 2 Satz 2 BGB). Wird gegen den Mahnbescheid Widerspruch eingelegt und unterlässt es der Antragsteller anschließend, um Abgabe an das Streitgericht zu bitten, so läuft die 6-Monatsfrist mit Zugang der Mitteilung über den Widerspruch beim Antragsteller.¹³³⁵

1328 BGH, NJW 2010, 2270.
1329 BGH, NJW 2011, 2193; BGH, NJW 1999, 3707.
1330 BGH, NJW 2010, 2270.
1331 BGH, MDR 2012, 1365.
1332 BGH, NJW 2014, 3298.
1333 Vgl Pioch, MDR 2016, 863.
1334 BGH, GRUR 2016, 1280 – Everytime we touch.
1335 BGH, GRUR 2016, 1280 – Everytime we touch.

Die Zustellung des Mahnbescheids im Mahnverfahren hemmt die Verjährung nur, wenn 879
der Schuldner aufgrund der Bezeichnung des Anspruchs im Mahnbescheid erkennen
kann, woraus der Gläubiger seinen Anspruch herleitet.[1336] Die im Mahnbescheid nicht
hinreichende Individualisierung des Anspruchs kann nachgeholt werden. Die Nachholung der **Individualisierung** hemmt die Verjährung nach § 204 Abs 1 Nr 3 BGB zwar
nicht rückwirkend, aber ab dem Zeitpunkt ihrer Vornahme.[1337] Für die nachträgliche
Individualisierung des Anspruchs im Mahnverfahren ist ebenso wie für die Individualisierung im Mahnbescheid ausschließlich auf den Erkenntnishorizont des Schuldners
abzustellen. Dementsprechend ist es ohne Bedeutung, ob die Individualisierung des
Anspruchs durch an das Gericht gerichteten Schriftsatz oder außerhalb des Gerichtsverfahrens erfolgt.[1338]

Wird ein einheitlicher **Anspruch** geltend gemacht, der sich **aus mehreren Rechnungs-** 880
posten zusammensetzt, hemmt die Zustellung eines Mahnbescheides die Verjährung
auch dann, wenn die Rechnungsposten im Mahnbescheid nicht näher aufgeschlüsselt
sind. Die notwendige Substantiierung kann im Laufe des Rechtsstreits beim Übergang
in das streitige Verfahren nachgeholt werden.[1339] Anders verhält es sich, wenn der im
Mahnbescheid geltend gemachte Betrag mehrere, *nicht* auf einem *einheitlichen* Anspruch
beruhende und deshalb selbständige Einzelforderungen betrifft; hier bedarf es einer Auf-
schlüsselung schon im Mahnbescheid. Hierzu ist erforderlich, dass der Anspruch durch
seine Kennzeichnung von anderen Ansprüchen so unterschieden und abgegrenzt wird,
dass er Grundlage eines der materiellen Rechtskraft fähigen Vollstreckungstitels sein
kann und dem Schuldner die Beurteilung ermöglicht, ob er sich gegen den Anspruch zur
Wehr setzen will.[1340] Die Identität der geltend gemachten Ansprüche muss nicht für
einen außenstehenden Dritten ersichtlich sein; es genügt die Erkennbarkeit für den
Anspruchsgegner, weswegen auf Unterlagen Bezug genommen werden darf, die dem
Mahnbescheid nicht in Abschrift beigefügt sind, sofern sie dem Schuldner bekannt
sind.[1341] Eine Individualisierung erst im streitigen Verfahren macht zwar die Zahlungsklage zulässig, sie wirkt aber verjährungsrechtlich nicht auf den Mahnbescheid
zurück.[1342] Unerheblich ist demgegenüber, dass der Kläger bei einer Schadenersatzklage
die Berechnungsmethode wechselt, zB von der Herausgabe des entgangenen Gewinns
auf die Liquidierung des Verletzergewinns übergeht.[1343]

Weitere Hemmungstatbestände sind die Zustellung eines Antrags auf Erlass einer einst- 881
weiligen Verfügung bzw die Zustellung der einstweiligen Verfügung (§ 204 Nr 9
BGB)[1344] sowie die Zustellung des Antrags auf Durchführung eines **selbständigen**
Beweisverfahrens (§ 204 Nr 7 BGB). Erfolgt die Beweiserhebung durch ein schriftliches
Sachverständigengutachten, ist das Beweisverfahren mit dessen Übersendung an die Parteien beendet. Anderes gilt nur dann, wenn entweder das Gericht eine Stellungnahmefrist
gesetzt hat oder die Parteien innerhalb eines angemessenen Zeitraumes Einwendungen
gegen das Gutachten erhoben oder Anträge bzw Ergänzungsfragen formuliert haben.[1345]
Hat im Anschluss an die schriftliche Begutachtung eine Anhörung des Sachverständigen
stattgefunden, endet das selbständige Beweisverfahren ebenfalls grundsätzlich mit der

---

1336 BGH, WRP 2022, 1319 (LS).
1337 BGH, WRP 2022, 1319 (LS).
1338 BGH, WRP 2022, 1319 (LS).
1339 BGH, MDR 2013, 1421.
1340 BGH, GRUR 2015, 780 – Motorradteile.
1341 BGH, GRUR 2015, 780 – Motorradteile.
1342 BGH, WM 2009, 420.
1343 BGH, MDR 2014, 1224.
1344 Keine Hemmung aber etwa bei Verteidigung gegen eine negative Feststellungsklage: BGHZ 72, 28; BGH, NJW 1972, 159.
1345 BGH, MDR 2011, 185.

Verlesung und Genehmigung des Sitzungsprotokolls im Anhörungstermin, weswegen die Verjährungshemmung sechs Monate nach diesem Datum endet.[1346] Das gilt unabhängig davon, ob die sachverständigen Feststellungen richtig oder falsch sind oder der Sachverständige im Anhörungstermin seine Erkenntnisse im schriftlichen Gutachten selbst in Zweifel gezogen hat.[1347] Eine Verfahrensbeendigung tritt nur dann nicht ein, wenn eine Partei innerhalb angemessener, nach den Umständen des Einzelfalles zu bestimmender Frist nach der Anhörung Einwendungen gegen das Gutachten erhebt. Maßgeblich für die Fristbestimmung ist, innerhalb welcher Zeitspanne damit gerechnet werden kann, dass die Partei die Ausführungen des Sachverständigen mit der gebotenen Sorgfalt verifizieren konnte. In diesem Zusammenhang kommt es ua darauf an, um welches technische Gebiet es sich handelt, wie komplex und schwierig der Begutachtungsgegenstand ist, über welche eigenen Sachkenntnisse und Untersuchungsmöglichkeiten die Partei verfügt, ob ggf aufwändige Messungen von dritter Seite erforderlich sind, etc. Beim Verjährungseintritt verbleibt es hingegen, wenn die Partei von Einwendungen absieht, zB um ggf das Hauptsacheverfahren betreiben und dort ergänzende Fragen anbringen zu können.[1348]

882 Eine **Streitverkündung** hat hemmende Wirkung nur dann, wenn sie nach Maßgabe der §§ 72 f ZPO zulässig ist[1349], was insbesondere verlangt, dass aus der Streitverkündungsschrift dasjenige Rechtsverhältnis erkennbar ist, aus dem sich der Rückgriffsanspruch gegen den Empfänger der Streitverkündung ergeben soll.[1350] Die Angaben tatsächlicher und rechtlicher Art müssen so genau sein, dass der Adressat – ggf nach Einsicht in die Prozessakten (§ 299 ZPO) – prüfen kann, ob es für ihn angebracht ist, dem Rechtsstreit beizutreten.[1351] Auf Ansprüche, die von den Angaben in der Streitverkündungsschrift nicht umfasst sind, erstreckt sich die Hemmungswirkung nicht.[1352] Möglich ist eine Streitverkündung auch noch während des Verfahrens über die Beschwerde gegen die Nichtzulassung der Revision durch das Berufungsgericht.[1353] Die Hemmungswirkung tritt bereits mit dem Eingang der Streitverkündungsschrift bei Gericht ein, wenn dessen Zustellung demnächst erfolgt; unerheblich ist dabei, ob zum Zeitpunkt der Zustellung der Anspruch bereits verjährt wäre oder nicht.[1354]

883 Bei allen vorgenannten Hemmungstatbeständen, die auf einer gerichtlichen Rechtsverfolgung beruhen, kommt es nicht entscheidend darauf an, dass die Klageschrift etc vor Ablauf der Verjährungsfrist zugestellt ist; vielmehr genügt der fristgerechte Eingang bei Gericht, sofern die Zustellung anschließend »**demnächst**« geschieht (§ 167 ZPO). Die Vorschrift gilt auch in Fällen der Auslandszustellung.[1355] An einer »demnächstigen« Zustellung fehlt es, wenn sich Zustellungsverzögerungen (zB wegen eines nicht eingezahlten Gerichtskostenvorschusses) eingestellt haben, die der Kläger zu vertreten hat und die ein hinnehmbares Maß überschreiten. Regelmäßig wird von der Rechtsprechung eine Zustellungsverzögerung von 14 Tagen toleriert[1356], wobei vom Tag des Ablaufs der Verjährungsfrist zu rechnen ist.[1357] Verzögerungen sind dann zurechenbar, wenn die Partei oder ihr Prozessbevollmächtigter durch nachlässiges – auch leicht fahrlässiges – Verhal-

---

1346 OLG Düsseldorf, OLG-Report 2009, 486.
1347 OLG Düsseldorf, OLG-Report 2009, 486.
1348 OLG Düsseldorf, OLG-Report 2009, 486.
1349 BGH, NJW 2008, 519; BGH, MDR 2010, 323.
1350 BGH, MDR 2010, 323.
1351 BGH, MDR 2010, 323.
1352 BGH, MDR 2010, 323.
1353 BGH, MDR 2010, 323.
1354 BGH, NJW 2010, 323.
1355 BGH, MDR 2021, 765.
1356 BGH, MDR 2018, 177.
1357 BGH, NJW 2021, 1598.

ten zu einer nicht bloß geringfügigen Zustellungsverzögerung beigetragen haben, wobei maßgeblich ist, um wie viele Tage sich der für die Zustellung der Klage ohnehin erforderliche Zeitraum infolge der Nachlässigkeit verzögert hat.[1358] Wird eine Klage bereits vor Ablauf einer durch Zustellung zu wahrenden Frist eingereicht, die Klage aber erst nach Ablauf der Frist zugestellt, sind bis zum Fristablauf eingetretene Versäumnisse nicht mit einzurechnen, weil eine Partei die ihr eingeräumte Frist bis zum letzten Tag ausnutzen darf.[1359]

Bei der Berechnung des 14-Tage-Zeitfensters kommt es demgemäß nicht auf die Zeitspanne zwischen der Aufforderung zur **Einzahlung der Gerichtskosten** und deren Eingang bei der Justizkasse an, sondern darauf, um wie viele Tage – mehr oder weniger als 14? – sich der ohnehin erforderliche Zeitraum infolge der Nachlässigkeit des Klägers verzögert hat.[1360] Welche Zeitspanne für die Zahlung »ohnehin erforderlich« und insofern nicht vorwerfbar ist, wird in der BGH-Rechtsprechung unterschiedlich beurteilt. Gesichert ist, dass die Gerichtskosten (auch bei einem bezifferten Klageantrag) nicht von selbst eingezahlt werden müssen, sondern der Kläger zunächst abwarten kann, bis er von der Gerichtskasse zur Zahlung aufgefordert wird.[1361] Lediglich dann, wenn sich die Aufforderung unangemessen lange (dh im Zweifel um mehr als drei Wochen) verzögert, hat er nachzufragen oder den seinem fundierten Streitwertvorschlag entsprechenden Vorschuss einzuzahlen.[1362] Wird die Kostenanforderung zulässigerweise an den Prozessbevollmächtigten versandt, sind ihm regelmäßig 3 *Werk*tage für deren Prüfung und Weiterleitung an die Partei zuzubilligen.[1363] Kontrovers ist demgegenüber, welche Zahlungsfrist dem Kläger anschließend persönlich zusteht. Während der II. ZS[1364] maximal 3 *Werk*tage zubilligt, spricht sich der V. ZS[1365] für 1 Woche aus. 884

▶ **Beispiel:** 885

Zustellung der Gerichtskostenaufforderung an den RA:	06.08.2018
Prüfung und Weiterleitung an den Kläger:	09.08.2018
Zahlungsfrist für den Kläger persönlich:	
II. ZS (3 Werktage):	13.08.2018
V. ZS (1 Woche):	16.08.2018
Zustellung »demnächst«:	
II. ZS (13.08.2018 + 14 Tage):	bis 27.08.2018
V. ZS (16.08.2018 + 14 Tage):	bis 30.08.2018

Hat der Kläger alle von ihm geforderten Mitwirkungshandlungen für eine ordnungsgemäße Klagezustellung erbracht, insbesondere den Gerichtskostenvorschuss (zB vor Ablauf der Verjährungsfrist) eingezahlt, sind er und sein Prozessbevollmächtigter im Weiteren grundsätzlich nicht mehr gehalten, das gerichtliche Vorgehen zu kontrollieren und durch Nachfragen auf die beschleunigte Zustellung der Klage hinzuwirken.[1366] 886

Prinzipiell dieselben Regeln gelten, wenn die Klage etc per Fax eingereicht wird und sich die Klagezustellung deswegen verzögert, weil der **Originalschriftsatz** (nebst Anlagen) erst geraume Zeit später nachgereicht wird. Auch hier kann der Kläger/Antragsteller 887

1358 BGH, MDR 2022, 557.
1359 BGH, MDR 2022, 557.
1360 BGH, MDR 2018, 177.
1361 BGH, NJW 1993, 2811.
1362 BGH, VersR 1992, 433.
1363 BGH, MDR 2018, 177.
1364 BGH, WM 2017, 294.
1365 BGH, MDR 2018, 177.
1366 BGH, MDR 2022, 557.

E. Verteidigungsmöglichkeiten des Beklagten

zunächst eine gerichtliche Aufforderung zur Vorlage zustellungsfähiger Abschriften abwarten.[1367]

888 In Fällen der **Auslandszustellung** nach den Vorschriften der **EuZVO** hat der Kläger ein freies Wahlrecht zwischen den nach Artt 5, 8 EuZVO zur Verfügung stehenden Zustellungsarten. Entscheidet er sich deshalb für eine Zustellung der Klageschrift *mit* Übersetzung und entscheidet er sich des Weiteren dafür, die Übersetzung nicht selbst zu beschaffen, sondern sie durch das Gericht einholen zu lassen, so sind hierdurch eintretende Verzögerungen (egal, wie lange sie sind) dem Kläger keinesfalls anzulasten, selbst dann, wenn die Zustellungsverzögerungen angesichts der gewählten Zustellungsart vorhersehbar sind.[1368] Verzögert sich die amtlich einzuholende Übersetzung auffällig lange, so besteht dennoch keine Obliegenheit des Klägers zur Nachfrage; entscheidend ist nur, dass er seine Mitwirkungshandlungen beizeiten unternommen hat, indem er die Einholung einer amtlichen Übersetzung beantragt und den daraufhin eingeforderten Kostenvorschuss zeitnah eingezahlt hat.[1369]

889 Gemäß § 204 Abs 2 Satz 1 BGB endet die nach § 204 Abs 1 BGB eingetretene Verjährungshemmung sechs Monate nach der rechtskräftigen Entscheidung oder anderweitigen Beendigung des eingeleiteten Verfahrens. Fälle der anderweitigen Erledigung sind zB die **Klagerücknahme** oder der Fortfall einer klageerweiternden, verjährungshemmenden **Anschlussberufung** infolge Rücknahme oder Zurückweisung der Hauptberufung nach § 522 Abs 2 ZPO.[1370] Obwohl also die verjährungshemmende Maßnahme wegen § 269, 524 ZPO als nicht erfolgt anzusehen ist, fällt die mit ihr verbundene Hemmung nicht fort, sondern setzt sich sechs Monate fort, womit der Gläubiger im Anschluss an einen solchen Sachverhalt Zeit hat, weitere Rechtsverfolgungsmaßnahmen einzuleiten, um den Lauf der Verjährungsfrist zu unterbrechen.

890 Gerät das Verfahren dadurch in **Stillstand**, dass die Parteien es nicht betreiben, so tritt gemäß § 204 Abs 2 Satz 2 BGB an die Stelle der Beendigung des Verfahrens die letzte Verfahrenshandlung der Parteien, des Gerichts oder der sonst mit dem Verfahren befassten Stelle. Eine Untätigkeit der Parteien führt dabei dann nicht zum Stillstand des Verfahrens, wenn die Verfahrensleitung beim Gericht liegt.[1371] Der diesbezüglichen Pflicht, für den Fortgang des Prozesses Sorge zu tragen, kommt das Gericht insbesondere durch die Bestimmung eines Termins zur mündlichen Verhandlung nach. Insofern enthält die Zivilprozessordnung die allgemeine Regel, dass Termine unverzüglich von Amts wegen zu bestimmen sind (§ 216 Abs 2 ZPO). Von einer Terminsbestimmung kann das Gericht allerdings absehen, wenn sich die Parteien als Herren des Verfahrens damit einverstanden erklären. Soweit es um die Voraussetzungen von § 204 Abs 2 Satz 2 BGB geht, ist nach der Rechtsprechung des Bundesgerichtshofs anerkannt, dass die Verantwortung für das Betreiben des Prozesses vom Gericht auf den Kläger übergeht, wenn das Gericht mit dessen ausdrücklich oder konkludent erklärtem Einverständnis von einer Terminsbestimmung auf unbestimmte Zeit absieht. Dann ist es Sache des Klägers, dafür Sorge zu tragen, dass seine Ansprüche nicht verjähren, indem er sich um einen Fortgang des Prozesses bemüht, zB durch einen Antrag auf Terminsbestimmung.[1372]

1367 OLG Düsseldorf, Urteil v 25.4.2019 – I-2 U 50/17.
1368 BGH, MDR 2021, 765.
1369 BGH, MDR 2021, 765.
1370 BGH, MDR 2019, 366.
1371 BGH, MDR 2013, 615.
1372 BGH, MDR 2013, 615.

e) Neubeginn

Der Neubeginn der Verjährung ist in § 212 BGB geregelt und kommt etwa im Falle eines Anerkenntnisses des geltend gemachten Anspruchs durch den Schuldner[1373] in Betracht. Hierzu genügt jedes – auch rein tatsächliche – Verhalten des Schuldners, gegenüber dem Gläubiger, aus dem sich das Bewusstsein vom Bestehen des Anspruchs wenigstens dem Grunde nach unzweideutig ergibt und das deswegen das Vertrauen des Gläubigers begründet, dass sich der Schuldner nicht nach Ablauf der Verjährungsfrist alsbald auf Verjährung berufen wird.[1374] Hierzu ist im Zweifel auch die Abgabe einer Unterlassungserklärung ausreichend, selbst dann, wenn sie mangels einer Vertragsstrafe bzw einer ausreichenden Vertragsstrafe nicht als »ernsthaft« angesehen werden kann. Allerdings darf die Verjährungsfrist im Zeitpunkt des Anerkenntnisses noch nicht abgelaufen sein, weil nur eine noch offene Verjährungsfrist unterbrochen werden kann.[1375]

891

f) Präklusionsrecht

Ist Verjährung vor dem Schluss der mündlichen Verhandlung erster Instanz eingetreten, muss die Verjährungseinrede in *dieser* Instanz erhoben werden. Eine **erst im Berufungsrechtszug erhobene Einrede** ist deswegen nur unter den besonderen Voraussetzungen des § 531 ZPO zu berücksichtigen.[1376] Anderes – im Sinne einer uneingeschränkten Berücksichtigung – gilt, wenn die den Verjährungseintritt begründenden tatsächlichen Umstände und die Erhebung der Einrede zwischen den Parteien unstreitig sind.[1377]

892

14. Verwirkung

Da die Einrede der Verjährung aus den oben geschilderten Gründen häufig ins Leere greift, kann der – bei entsprechendem Sachvortrag von Amts wegen zu beachtende – Verwirkungseinwand für den Beklagten von Interesse sein. An eine Verwirkung werden von der Rechtsprechung allerdings außerordentlich hohe Anforderungen gestellt, sodass es kaum Fallbeispiele gibt.[1378]

893

Der Verwirkungseinwand leitet sich aus dem allgemeinen Gedanken von Treu und Glauben (§ 242 BGB) ab und setzt zum einen ein gewisses **Zeitmoment** und zum anderen ein **Umstandsmoment** voraus. Der Schutzrechtsinhaber muss trotz Kenntnis der Verletzungshandlungen bzw fahrlässiger Unkenntnis über einen längeren Zeitraum das Handeln des Verletzers geduldet haben. Aus den Umständen einhergehend mit dem Zeitmoment muss sich darüber hinaus zum einen bei objektiver Beurteilung ergeben, dass sich der Verletzer darauf einrichten durfte, dass die Rechte nicht mehr gegen ihn geltend gemacht werden, und zum anderen muss der Verletzer sich auch tatsächlich darauf eingerichtet haben. Es bedarf einer Bewertung aller Umstände des Einzelfalles, wobei das Zeit- und das Umstandsmoment in einer Wechselbeziehung stehen.[1379] Ein kürzerer Zeitraum kann deswegen ausreichen, wenn die Parteien sich bekanntermaßen ständig mit wechselseitigen Prozessen überziehen, sodass aus objektiver Sicht die Erwartung gerechtfertigt ist, dass bekannt gewordene Rechtsverstöße zeitnah verfolgt und eben

894

1373 Die Beweislast für das Anerkenntnis liegt beim Gläubiger (BGH, MDR 2012, 1282).
1374 BGH, MDR 2015, 707.
1375 BGH, MDR 2015, 707.
1376 BGH, GRUR 2006, 401 – Zylinderrohr.
1377 BGH-GSZ, NJW 2008, 3434; BGHZ 166, 29, 31; BGH, BauR 2008, 666; aA: BGH, GRUR 2006, 401 – Zylinderrohr.
1378 BGH, GRUR 2001, 323 – Temperaturwächter; OLG Düsseldorf, GRUR-RR 2013, 1 – Haubenstretchautomat.
1379 OLG Düsseldorf, GRUR-RR 2013, 1 – Haubenstretchautomat.

nicht dilatorisch behandelt werden, vor allem, wenn sie vorgerichtlich mit abgemahnt waren.[1380] Hatte der Berechtigte aus der verständigen Sicht des Beklagten positive Kenntnis von den Verletzungshandlungen, genügt tendenziell ein kürzerer Zeitraum für die Bejahung einer Verwirkung als wenn bloß eine Situation bestanden hat, in der der Berechtigte Anlass gehabt hätte, sich wegen einer möglichen Patentverletzung zu vergewissern.[1381] Vor Ablauf der **Verjährungsfrist** wird sich die Annahme einer Verwirkung allerdings regelmäßig verbieten, weil dem Gläubiger die durch die Regelverjährung vorgegebene Zeitspanne verbleiben soll, um die Anspruchslage zu prüfen und seine Entscheidung für oder gegen eine Anspruchsverfolgung zu treffen.[1382]

895 Die Anforderungen an die Verwirkung können überdies bei den **einzelnen Ansprüchen** aus dem Schutzrecht unterschiedlich zu beurteilen sein.[1383] Geht es um den Unterlassungsanspruch, bedarf es auf Seiten des Verletzers unbedingt eines wertvollen Besitzstandes, der einem in die Zukunft gerichteten Verbot entgegensteht[1384]; im Falle eines Schadenersatzanspruchs[1385] ist ein Besitzstand kein notwendiges Beurteilungskriterium, vielmehr genügt, dass sich der Verletzer bei seinen wirtschaftlichen Dispositionen darauf eingerichtet hat und auch einrichten durfte, keine Zahlung an den Gläubiger mehr leisten zu müssen[1386] (zB indem er keine Rücklagen gebildet hat), sodass ihm eine Inanspruchnahme und Zahlung jetzt nicht mehr zugemutet werden kann.[1387]

896 Besonders streng sind die Anforderungen, wenn es sich um einen **titulierten Anspruch** handelt. Dass der Titelgläubiger über einen Zeitraum von 13 Jahren keinen Vollstreckungsversuch unternommen hat, reicht regelmäßig nicht aus.[1388]

897 Finden **wiederholt gleichartige Verletzungshandlungen** statt, ist nach Auffassung des BGH zu differenzieren, wobei es ganz entscheidend auf die Art des verfolgten Anspruchs (Unterlassung oder Schadenersatz/Bereicherungsausgleich?) ankommt:

898 – Für den *Unterlassungsanspruch* kommt es darauf an, ob die anspruchsbegründenden Verletzungshandlungen mit zeitlicher Unterbrechung oder von einem einheitlichen Handlungswillen getragen fortgesetzt auftreten. Setzt der Beklagte immer wieder neu mit seinen Verletzungshandlungen an, so begründet jede Handlung einen eigenen Unterlassungsanspruch, sodass die für die Beurteilung des Zeitmoments maßgebliche Frist mit jeder nach Unterbrechung abermaligen Verletzung neu zu laufen beginnt.[1389] Bilden die wiederholten Verletzungshandlungen demgegenüber eine fortgesetzte Handlungseinheit (Dauerdelikt), so entscheidet der Beginn der ununterbrochenen Handlungskette über die Frist. Um keinen Wertungswiderspruch zu einem Lizenznehmer aufkommen zu lassen, dessen Benutzungsrecht für die Zukunft durch Kündigung beendet werden kann, soll eine durchgreifende Verwirkung auf der Rechtsfolgenseite lediglich zur Konsequenz haben, dass der Schutzrechtsinhaber seine Verbietungsrechte gegenüber einer »noch andauernden« Benutzungshandlung nicht mehr durchsetzen kann.[1390] Damit dürfte eine Verletzungshandlung gemeint sein, in Bezug auf die die Verwirkungsvoraussetzungen bereits festgestellt werden

---

1380 OLG Düsseldorf, GRUR-RR 2013, 1 – Haubenstretchautomat.
1381 OLG Karlsruhe, GRUR-RS 2016, 21121 – Advanced System (in einem Fall bloß fährlässiger Unkenntnis hat das OLG eine Untätigkeit über 6 Jahre und 9 Monate nicht ausreichen lassen).
1382 BGH, GRUR 2014, 363 – Peter Fechter.
1383 Vgl BGH, GRUR 2001, 323, 325 – Temperaturwächter.
1384 BGH, GRUR 2014, 363 – Peter Fechter.
1385 … gleiches gilt für den Entschädigungs- und Bereicherungsanspruch.
1386 BGH, GRUR 2014, 363 – Peter Fechter.
1387 OLG Düsseldorf, GRUR-RR 2013, 1 – Haubenstretchautomat.
1388 BGH, MDR 2014, 51.
1389 BGH, NJW-RR 2006, 235; BGH, GRUR 2012, 928 – Honda-Grauimport.
1390 BGH, GRUR 2012, 928 – Honda-Grauimport; BGH, GRUR 2014, 363 – Peter Fechter.

können und die im Entscheidungszeitpunkt noch anhält (und insofern in die Zukunft wirkt). Der erfolgreiche Verwirkungseinwand steht demgegenüber nicht solchen künftigen Benutzungshandlungen entgegen, zu denen der Verletzer nach einer Unterbrechung neu ansetzt.[1391] Außerdem beschränkt sich der Durchsetzungsverlust auf diejenige konkrete Verletzungsform, die Gegenstand einer bereits begangenen oder noch andauernden Verletzungshandlung ist.[1392] Abwandlungen dessen werden daher nicht vom Verwirkungseinwand erfasst.

Kritik: Die BGH-Rechtsprechung führt zu der merkwürdigen Konsequenz, dass unter Verwirkungsgesichtspunkten derjenige im Vorteil ist, der das Patent nur einmal verletzt, obwohl derjenige, der danach mit Unterbrechung weitere Verletzungshandlungen begeht, den deutlich schwerwiegenderen Duldungstatbestand schafft. Eine Differenzierung danach, ob die Verletzungshandlung zufällig eine einzige fortdauernde ist oder ob der Verletzer nach einer ggf nur kurzen Unterbrechung neu zu ihr ansetzt, ist vor dem Hintergrund des bestehenden wertvollen Besitzstandes kein taugliches Abgrenzungskriterium. Abgesehen davon überzeugt auch die grundsätzliche Parallele zum vertraglichen Lizenznehmer nicht. Er hat es nämlich in der Hand, durch eine geeignete Vertragsgestaltung (zB die Vereinbarung einer Mindestvertragslaufzeit) Vorkehrungen für eine hinreichende Amortisation seiner Investitionen zu treffen und verdient, wenn er dies unterlässt, angesichts der von ihm hingenommenen Beendigungsmöglichkeiten für den Lizenzgeber keinen Vertrauensschutz. Genau darin unterscheidet er sich vom vertragslosen Benutzer, für den ein wertvoller Besitzstand streitet. 899

– Was den Anspruch auf *Schadenersatz oder Bereicherungsausgleich* betrifft, gelten andere Maßstäbe. Die für das Zeitmoment maßgebliche Frist wird hier durch die allererste der wiederholten gleichartigen Verletzungshandlungen in Gang gesetzt;[1393] sie endet mit der Abmahnung des Berechtigten, die jedem weiteren Vertrauen darauf, wegen nunmehr vorgenommener Verletzungshandlungen nicht in Anspruch genommen zu werden, die Grundlage entzieht.[1394] Alle Ansprüche, die durch nach der Abmahnung vorgefallene Handlungen begründet werden, sind also wieder uneingeschränkt durchsetzbar. 900

15. Aussetzung[1395]

Die mangelnde Schutzfähigkeit eines Klagepatentes kann in einem Verletzungsverfahren vom Verletzungsgericht nur über den Aussetzungsantrag des Beklagten (§ 148 ZPO) berücksichtigt werden. Denn das Verletzungsgericht ist an den Erteilungsakt des Patentes gebunden und hat keine Kompetenz, in eigener Verantwortlichkeit über dessen Schutzfähigkeit zu entscheiden.[1396] Das gilt selbst im Falle einer vernichtenden Entscheidung der Technischen Beschwerdekammer, die zwar mit ihrem Erlass unmittelbar in Rechtskraft erwächst, deren Rechtskraft jedoch im Überprüfungsverfahren nach **Art 112a EPÜ** durchbrochen werden kann, weswegen sich eine streitige Abweisung der Verletzungsklage mangels Klageschutzrechts so lange verbietet, wie ein Antrag nach Art 112a EPÜ 901

1391 BGH, GRUR 2014, 363 – Peter Fechter.
1392 BGH, GRUR 2012, 928 – Honda-Grauimport; BGH, GRUR 2014, 363 – Peter Fechter.
1393 BGH, GRUR 2014, 363 – Peter Fechter.
1394 BGH, GRUR 2014, 363 – Peter Fechter.
1395 Reimann/Kreye, FS Tilmann, 2003, S 587; Scharen, FS 50 Jahre VPP, 2005, S 396; Kaess, GRUR 2009, 276; Fock/Bartenbach, Mitt 2010, 155. Einen Überblick über die Aussetzungspraxis in Europa gibt Dagg, Mitt 2003, 1.
1396 BGH, GRUR 2003, 550 – Richterausschluss; BGH, GRUR 2004, 710, 711 – Druckmaschinen-Temperierungssystem I.

noch gestellt werden kann und das vom Schutzrechtsinhaber initiierte Überprüfungsverfahren nicht abgeschlossen ist.[1397] Eine – bis dahin allein mögliche – Aussetzung nach § 148 ZPO (mit den sich aus § 249 ZPO ergebenden Rechtsfolgen) ist auch im Verfahren der Nichtzulassungsbeschwerde beim BGH möglich[1398] und dort regelmäßig angezeigt, wenn beim BGH auch das Rechtsbestandsverfahren schwebt. Eine Aussetzung verbietet sich demgegenüber im Verfahren des **vorläufigen Rechtsschutzes** wegen des diesem immanenten Eilcharakters, der einen vorübergehenden Stillstand des Verfahrens ausschließt. Anderen Regeln als dem Überprüfungsantrag nach Art 112a EPÜ folgt der Angriff auf eine rechtskräftige Nichtigkeitsberufungsentscheidung mit der Verfassungsbeschwerde; sie rechtfertigt grundsätzlich keine Aussetzung.[1399] Schon im Hinblick auf die in Art 112a Abs 2 EPÜ eng geregelten Antragsgründe unterscheidet sich der Rechtsbehelf in einer Weise von der Verfassungsbeschwerde, dass eine Gleichbehandlung beider im Hinblick auf die Aussetzung des Verletzungsverfahrens nicht geboten ist.

902 Für die Aussetzung ist es unerheblich, ob das vorgreifliche Rechtsbestandsverfahren unter Beteiligung des Verletzungsbeklagten oder ausschließlich von einem externen Dritten geführt wird.[1400] Im Zweifel dürfte es aber im Interesse des Verletzungsbeklagten liegen, selbst Einfluss auf den Gang des Rechtsbestandsverfahrens nehmen zu können. Dazu kommen grundsätzlich **mehrere Wege** in Betracht: Erstens eine **eigene Nichtigkeitsklage** des Verletzungsbeklagten, zweitens der **Beitritt** des Verletzungsbeklagten zur anhängigen Nichtigkeitsklage eines Dritten. Letzterer ist immer dann möglich, wenn der Beitretende durch das angegriffene Patent in seiner geschäftlichen Tätigkeit als Wettbewerber beeinträchtigt werden kann[1401], was ohne weiteres zutrifft, wenn der Beitretende bereits wegen Patentverletzung abgemahnt oder sogar verklagt ist. Ein zulässiger Beitritt verschafft dem Beitretenden die prozessuale Stellung eines streitgenössischen (dh selbständigen) Nebenintervenienten (§ 69 ZPO).[1402] Damit sind zwei wichtige Konsequenzen verbunden. Entscheidungen im Nichtigkeitsverfahren haben Rechtskraftwirkung für den Beitretenden[1403], weswegen nach rechtskräftiger Abweisung der Nichtigkeitsklage in demjenigen Rechtsstreit, dem er beigetreten war, von ihm keine eigene, neue Nichtigkeitsklage erhoben werden kann. Das Nichtigkeitsverfahren, dem er beitritt, muss der Beitretende zwar in demjenigen Verfahrensstand akzeptieren, in dem es sich befindet, sodass laufende Fristen auch für ihn gelten und er keinen Anspruch auf eine Vertagung der Verhandlung hat; andererseits ist seine Stellung aber insofern eine selbständige, als er – auch gegen den Willen der unterstützten Hauptpartei – eigene Verteidigungsmittel in den Prozess einführen kann. Nimmt die Hauptpartei (zB aufgrund eines mit dem Patentinhaber geschlossenen Vergleichs) die Nichtigkeitsklage zurück, hat dies keine Auswirkungen auf den Beitretenden, der das Nichtigkeitsverfahren alleine fortführen kann. Gleiches gilt im Rechtsmittelverfahren für den Fall der Berufungsrücknahme, wenn der Beitritt erst im Laufe des Rechtsmittelverfahrens erfolgt ist. War der Beitritt schon in erster Instanz erklärt, muss der Beitretende im Falle einer Klageabweisung allerdings selbständig Berufung einlegen, wenn er das Rechtsmittelverfahren im Falle einer (zB vergleichsweisen) Klage- oder Berufungsrücknahme durch die Hauptpartei fortführen können will.[1404] Für den Beitretenden gilt eine eigenständige Rechtsmittelfrist, für

---

1397 OLG Düsseldorf, Beschluss vom 18.5.2015 – I-2 W 11/15; ablehnend: von Schwerin, GRUR 2021, 366.
1398 BGH, GRUR 2004, 710 – Druckmaschinen-Temperierungssystem I.
1399 OLG Düsseldorf, Urteil v 7.4.2022 – I-2 U 8/18; vgl auch BGH, NJW 2018, 3252; BAG, NA 2021, 149.
1400 OLG Karlsruhe, GRUR-RR 2019, 145 – Empfangsanordnung.
1401 BGH, GRUR 2006, 438 – Carvedilol I.
1402 BGH, GRUR 2008, 60, 65 – Sammelhefter II.
1403 BGH, GRUR 2008, 60, 65 – Sammelhefter II.
1404 BGH, GRUR 2011, 359 – Magnetowiderstandssensor.

deren Lauf es darauf ankommt, wann in der Person des Beitretenden der für den Fristbeginn maßgebliche Umstand (idR: Zustellung des angefochtenen Urteils) eingetreten ist.

Praxistipp	Formulierungsbeispiel

Ist gegen das Klagepatent bereits ein Nichtigkeitsverfahren anhängig, kann der Verletzungsbeklagte, anstatt eine eigene Nichtigkeitsklage einzureichen, dem laufenden Prozess – und darin liegt eine weitere dritte Möglichkeit – im Wege der subjektiven Parteierweiterung beitreten. Erforderlich dafür ist die Zustimmung des bisherigen Nichtigkeitsklägers. Um seine Interessen im Hinblick auf den gegen ihn anhängigen oder drohenden Verletzungsprozess zu wahren, sollte jedoch darauf geachtet werden, dass, wenn der Beitritt in erster Instanz erfolgt und die Nichtigkeitsklage (ganz oder teilweise) abgewiesen worden ist, unbedingt ein eigenes Rechtsmittel gegen das Nichtigkeitsurteil eingelegt wird.

Jeder der aufgezeigten drei Wege hat seine **Vor-**, aber auch seine **Nachteile**:

— Im Falle eines Beitritts als Streithelfer kann der Beitretende in eine schutzlose Position geraten, wenn sich die Streitparteien einigen und das Nichtigkeitsverfahren ohne Berücksichtigung des Streithelfers erledigen;

— eine eigene Nichtigkeitsklage verschafft demgegenüber komplette Handlungshoheit, sie begründet in Bezug auf die Gerichtsgebühren aber auch eine volle Kostenlast. Sie wird selbst dann nicht beseitigt, wenn die mehreren selbständigen Nichtigkeitsklagen später vom Gericht zur gemeinsamen Verhandlung und Entscheidung verbunden werden; erst ab dem Verbindungsbeschluss fallen (weitere) Gerichtsgebühren nur noch einfach an;[1405]

— die subjektive Klageerweiterung (Parteibeitritt) ist an limitierende Bedingungen (Zustimmung des Klägers) gebunden, sie vermittelt jedoch eine vollständige Parteirolle und bietet im Bereich der Gerichtsgebühren entscheidende Kostenvorteile, weil für die gemeinsame Nichtigkeitsklage mehrerer nur eine einzige Gerichtsgebühr anfällt, sodass der später beitretende, weitere Kläger keinerlei Kostenvorschuss schuldet[1406].

Praxistipp	Formulierungsbeispiel

Da es keine Rechtspflicht zum Klägerbeitritt oder zur gemeinschaftlichen Nichtigkeitsklage gibt, ist die Erhebung einer Verletzungsklage potenziell mit ggf exorbitanten **Kostenrisiken** verbunden, die vorher bedacht sein wollen. Neben dem/den Verletzungsbeklagten kann nämlich auch jeder Streithelfer eine eigene Nichtigkeitsklage erheben und damit den Verletzungskläger in eine Vielzahl kostenaufwändiger Rechtsbestandsverfahren verstricken.

Ist ohne Beteiligung des Verletzungsbeklagten ein Nichtigkeitsverfahren anhängig, das sich kurz vor dem Verhandlungstermin im Verletzungsprozess durch **Vergleich** zu erledigen droht, kann eine inhaltsgleiche eigene Nichtigkeitsklage vom Verletzungsbeklagten eingereicht werden. Das Auswechseln des Nichtigkeitsklägers hat nicht zur Folge, dass das Verletzungsgericht eine Befassung mit dem Nichtigkeitsvorbringen unter dem formalen Aspekt verweigern dürfte, dass die Nichtigkeitsklage als solche kurzfristig anhängig

---

1405 BPatG, Beschluss v 21.10.2015 – 5 ZA (pat) 31/15.
1406 BPatG, Beschluss v 1.12.2015 – 5 ZA (pat) 103/14; Deichfuß, GRUR 2015, 1170, 1178.

gemacht und in den Prozess eingeführt worden ist. Rechtlich entscheidend ist die Identität des Nichtigkeitsvorbringens, die zur Folge hat, dass der Kläger beizeiten Stellung nehmen konnte, sodass das Verletzungsgericht bei der Terminsvorbereitung einen ausdiskutierten Rechtsbestandsangriff vorfindet.

910 Sind mehrere **Streitgenossen** verklagt, so verbietet es sich, den Prozess gegen einen von ihnen auszusetzen und über die Klage gegen den anderen durch **Teilurteil** (verurteilend oder klageabweisend) zu erkennen. Das gilt – wegen des Teilurteilsverbots – immer dann, wenn über ein Begründungselement des Teilurteils, und sei es auch nur aufgrund einer anderslautenden rechtlichen Wertung durch die Rechtsmittelinstanzen, bei der Schlussentscheidung gegen den anderen Streitgenossen, dessen Rechtsstreit vorübergehend ausgesetzt ist, erneut zu befinden ist.[1407]

911 Wird das Klagepatent, obwohl hierzu bereits in erster Instanz Gelegenheit und Veranlassung bestanden hätte, erst während des **Berufungsverfahrens** angefochten, so handelt es sich bei dem hierauf gestützten Aussetzungsverlangen um ein neues Verteidigungsmittel, das gemäß § 531 Abs 2 ZPO nur zuzulassen ist, wenn der späte Einspruch oder die späte Nichtigkeitsklage nicht auf Nachlässigkeit beruht. Dass die Tatsache des Einspruchs oder der Nichtigkeitsklage als solche im zweiten Rechtszug unstreitig sind, ändert hieran nichts.[1408] Eine freie Berücksichtigung des Aussetzungsvorbringens ist nur dann und nur insoweit gerechtfertigt, als nicht nur der Angriff gegen das Klagepatent als solcher, sondern auch die zugrunde gelegten tatsächlichen Angriffe gegen den Rechtsbestand des Klagepatents unstreitig sind.[1409] Dafür reicht es noch nicht aus, dass die vorgebrachten Entgegenhaltungen – was bei druckschriftlichem Stand der Technik regelmäßig der Fall sein wird – als solche unstreitig sind. Nach der Rechtsprechung des BGH ist das im Rahmen des Verspätungsrechts maßgebliche Angriffsmittel (dessen Unstreitig sein einer Zurückweisung entgegenstehen würde) nämlich nicht in der einzelnen Druckschrift an sich zu sehen, sondern in der konkreten Darlegung des Angreifers auf das Klagepatent, welche bestimmte technische Information, die der Fachmann einer Entgegenhaltung entnehmen kann, seinen Rechtsbestandsangriff rechtfertigen soll.[1410] Dem Vorwurf nachlässiger Prozessführung kann der Verletzungsbeklagte noch nicht dadurch entgehen, dass eine Recherche nach vorbekanntem Stand der Technik oder eine anderweitige Überprüfung auf Widerrufsgründe erst im Berufungsrechtszug stattgefunden hat. Entscheidend ist vielmehr die Darlegung, dass und warum sie bei ordnungsgemäßer Prozessführung nicht schon während des erstinstanzlichen Verletzungsverfahrens stattgefunden hat. Soweit es um das Auffinden bestimmter (erfolgversprechender) Entgegenhaltungen geht, ist konkret darzutun, wie das Suchprofil der Recherche angelegt war, wieso er ein solches (und kein weitergehendes) Profil gewählt hat und aus welchem Grund die fragliche Entgegenhaltung bei der durchgeführten Recherche nicht aufgefunden wurde.[1411] Sollte ein Rechtsbestandsangriff nicht bereits an Gründen der Verspätung scheitern, kann jedenfalls bei der Ermessensausübung die Wertung gerechtfertigt sein, dass eine Aussetzung nicht veranlasst ist, weil der Beklagte es infolge seines zögerlichen Angriffs gegen das Klageschutzrecht vereitelt hat, dass zum Zeitpunkt der Berufungsverhandlung eine – sonst bereits vorliegende fachkundige – Einspruchs- oder Nichtigkeitsentscheidung Klarheit schafft. Eine Ausnahme gilt selbstverständlich, wenn sich bereits bei überschlägiger Prüfung der Rechtsbestandsangriffe erweist, dass das Klagepatent vernichtet werden wird.

1407 BGH, GRUR 2015, 1201 – Sparkassen-Rot/Santander-Rot.
1408 Vgl BGH, GRUR 2006, 401 – Zylinderrohr.
1409 Vgl BGHZ 166, 29, 31; BGH, BauR 2008, 666.
1410 BGH, GRUR 2013, 1272 – Tretkurbeleinheit.
1411 BGH, GRUR 2013, 1272 – Tretkurbeleinheit.

III. 15. Aussetzung

| Praxistipp | Formulierungsbeispiel |

Mit Rücksicht auf die bekannt lange Verfahrensdauer inländischer Nichtigkeitsklagen, die oft erst entschieden werden, wenn sich der Verletzungsrechtsstreit bereits im fortgeschrittenen Berufungsrechtszug befindet, kann es sich anbieten, parallel einen **Rechtsbestandsangriff auf parallele ausländische Schutzrechtsteile** in solchen Ländern (Vereinigtes Königreich, Niederlande) zu unternehmen, in denen eine Nichtigkeitsentscheidung zeitiger zu erwarten ist. Ein sich hier einstellender Prozesserfolg wird dem deutschen Verletzungsgericht im Zweifel Veranlassung geben, seinen Verletzungsrechtsstreit bis zur inländischen Nichtigkeitsentscheidung auszusetzen.

912

Eine spezielle Aussetzungsregelung enthalten § 140 **PatG** für den Fall, dass mit der Klage Ansprüche aus einer offengelegten Patentanmeldung geltend gemacht werden, und **§ 19 GebrMG** für den Fall, dass Klagegrundlage ein Gebrauchsmuster ist, dessen Löschung beantragt ist.

913

a) Vorgreiflichkeit

Tatbestandlich setzt die Aussetzung gemäß § 148 ZPO voraus, dass die Entscheidung des (auszusetzenden) Verletzungsrechtsstreits von dem Ausgang des anderweitig anhängigen Einspruchs- oder Nichtigkeitsverfahrens abhängt. Diese »Abhängigkeit« (Vorgreiflichkeit) kann grundsätzlich nur bejaht werden, wenn in Bezug auf das fragliche Klagepatent ein **Rechtsbestandsverfahren** tatsächlich **anhängig und** noch **nicht** abschließend **beendet** ist. Dieses Erfordernis gilt uneingeschränkt auch für solche Fälle, in denen die Verletzungsklage auf zwei Klagepatente (zB Stammpatent und Teilpatent) gestützt ist, die inhaltlich vollständig oder weitestgehend identisch sind, wenn nur eines von ihnen in seinem Rechtsbestand angegriffen ist. Eine Aussetzungsanordnung ist unter solchen Umständen nicht deshalb insgesamt möglich, weil der unternommene Rechtsbestandsangriff gegen das eine Schutzrecht erfolgversprechend ist und das andere, selbst nicht angegriffene Patent mit dem ersteren übereinstimmend. So lange ein Schutzrecht nicht angefochten ist, ist es vom Verletzungsgericht zu beachten, selbst wenn ihm seine mangelnde Rechtsbeständigkeit »auf der Stirn geschrieben steht«. Aus dem nicht angegriffenen Patent ist also zu verurteilen, während der Verletzungsrechtsstreit, soweit er sich auf das angegriffene Klagepatent stützt, auszusetzen ist. Einer derart geteilten Sachentscheidung kann allenfalls das Teilurteilsverbot[1412] entgegenstehen, nämlich dann, wenn für beide Schutzrechte wegen ihrer gleichen oder weitgehend ähnlichen Anspruchsfassung und ihres identischen oder praktisch identischen Beschreibungstextes dieselben Auslegungserwägungen Platz greifen und deswegen die Verletzungsfrage *vollkommen* gleichlautend zu beurteilen ist.[1413]

914

| Praxistipp | Formulierungsbeispiel |

Um in einer derartigen Situation einer von der Sache her unangebrachten »kalten« Aussetzung des Verletzungsrechtsstreits im Umfang des nicht angegriffenen Patents entgegenzuwirken, ist die auf das unangefochtene Klagepatent gestützte Klage in ein eigenständiges Verfahren abzutrennen, womit das Teilurteilsverbot keine Rolle mehr spielt.

915

1412 Vgl oben Kap D Rdn 465 ff.
1413 Vgl oben Kap D Rdn 474 ff.

916 Abgesehen von einem laufenden Rechtsbestandsverfahren, ohne das eine Vorgreiflichkeit von vornherein nicht gegeben ist, muss sich zugunsten des Klägers eine **rechtswidrige Patentverletzung** feststellen lassen. Ist nämlich der Verletzungtatbestand zu verneinen oder stehen dem Beklagten Rechtfertigungsgründe zur Seite, so ist das anhängige Einspruchs- oder Nichtigkeitsverfahren nämlich *nicht* vorgreiflich und die Klage – ohne Rücksicht auf den Ausgang des Einspruchs- oder Nichtigkeitsverfahrens – abzuweisen (weswegen kein Anlass besteht, das Ergebnis des Verfahrens um den Rechtsbestand abzuwarten).[1414]

917 Der Kläger kann eine Vorgreiflichkeit nicht dadurch selbst herbeiführen, dass er Teile einer einheitlichen Forderung (zB die einzelnen **Ansprüche** wegen Patentverletzung) **getrennt** voneinander an verschiedenen Standorten **einklagt**.[1415]

918 Lediglich in Ausnahmefällen kann eine Aussetzung trotz **unklarer Verletzungslage** in Betracht kommen. Sie ist aus Gründen der Prozessökonomie denkbar, wenn eine Beweiserhebung zum Verletzungssachverhalt oder zu Einwendungen des Beklagten erforderlich ist.[1416] Sie zurückzustellen und statt dessen den Rechtsstreit auszusetzen, kann gerechtfertigt sein, wenn die Beweisermittlungen besonders aufwändig, umfangreich oder kostspielig sind und mit hinreichender Sicherheit abzusehen ist, dass das Klagepatent voraussichtlich keinen Bestand haben wird.[1417] Auch **Auslegungszweifel**, die durch die anstehende Entscheidung im Rechtsbestandsverfahren voraussichtlich geklärt werden, können einen Aussetzungsanlass liefern.[1418] Allerdings: Steht die Einholung eines Sachverständigengutachtens in Frage, wird dem Wunsch des Klägers, die Begutachtung parallel zum Einspruchs- oder Nichtigkeitsverfahren durchzuführen, im Zweifel zu entsprechen sein.[1419] Zum einen belastet die schriftliche Begutachtung weder das Verletzungsgericht noch den Beklagten, den letzteren auch nicht finanziell, weil die Gutachterkosten im Falle einer Patentvernichtung dem – alsdann unterliegenden – Kläger zur Last fallen und dieser auch den Auslagenvorschuss zu leisten hat. Zum anderen ist es ein berechtigtes Anliegen des Klägers, dass die Begutachtung die Durchsetzung seiner Patentrechte nicht unnötig verzögert, was der Fall wäre, wenn der Rechtsstreit zunächst ausgesetzt und das Sachverständigengutachten erst im Anschluss an das – prognosewidrig verlaufene – Einspruchs- oder Nichtigkeitsverfahren eingeholt würde. Anders ist die Interessenlage, wenn es darum geht, ob eine mündliche Anhörung des Sachverständigen durchgeführt wird, der sein schriftliches Gutachten bereits erstattet hat. Solches wird regelmäßig nicht sinnvoll sein, erst recht dann nicht, wenn das Klagepatent erstinstanzlich widerrufen oder für nichtig erklärt worden und nicht absehbar ist, ob, wann und ggf mit welchem Inhalt das Patent letztlich Bestand haben wird.

919 Richten die Parteien einen **übereinstimmenden Aussetzungsantrag** an das Verletzungsgericht (was geschieht, wenn das Klagepatent erstinstanzlich vernichtet worden ist), wird ohne weiteres, insbesondere ohne eine detaillierte Vorgreiflichkeitsprüfung eine Aussetzung geboten sein. Rechtfertigen lässt sich dies mit der Überlegung, dass der Verletzungsrechtsstreit ein Parteiprozess ist und deshalb den Parteien nicht gegen ihren erklär-

---

1414 Seine ursprünglich abweichende Auffassung, dass eine nur theoretisch mögliche Vorgreiflichkeit der Rechtsbestandsfrage für die Aussetzung ausreichend sei (OLG München, InstGE 11, 192 – abstrakte Vorgreiflichkeit), hat das OLG München inzwischen aufgegeben (Urteil v 16.7.2015 – 6 U 187/13).
1415 BGH, MDR 2019, 1011.
1416 LG Mannheim, Beschluss v 30.3.2012 – 7 O 41/08.
1417 Nach Auffassung des LG München I (Mitt 2015, 392 – Google Maps) soll die Vorgreiflichkeit selbst bei einem nur hilfsweisen Aussetzungsantrag des Beklagten unterstellt werden können, wenn der Beklagte selbst anregt, das Gericht möge im Rahmen seiner Aussetzungsentscheidung von der Vorgreiflichkeit (dh dem Verletzungstatbestand) ausgehen.
1418 BGH, Beschluss v 5.6.2018 – X ZR 58/16.
1419 LG Düsseldorf, InstGE 8, 112 – Aussetzung bei aufklärungsbedürftiger Verletzungsklage.

ten Willen eine Entscheidung aufgezwungen werden sollte, die nicht gewollt ist und die absehbar dazu führt, dass trotz des momentan noch nicht gesicherten Schicksals des Klagepatents ein weiteres Rechtsmittelverfahren auf der Verletzungsschiene geführt werden muss.

An der Vorgreiflichkeit fehlt es, wenn überhaupt kein anderes Verwaltungs- oder Gerichtsverfahren anhängig ist, sondern es darum geht, dass im nämlichen (mutmaßlich auszusetzenden Rechtsstreit) **Streitverkündungsschriften** (zB im Ausland) noch **nicht zugestellt** werden konnten. Letzteres rechtfertigt keine Aussetzung.[1420] 920

b) Ermessen

Die Entscheidung über die Aussetzung steht im Ermessen des Verletzungsgerichtes, wobei dieses summarisch anhand des ihm vorgelegten Sachverhaltes die Erfolgsaussichten des Einspruchs- bzw der Nichtigkeitsklage überprüft. Der Beklagte muss dem Verletzungsgericht hierfür seinen vollständigen Vortrag aus dem Einspruch oder der Nichtigkeitsklage einschließlich der dort eingeführten Entgegenhaltungen zur Verfügung stellen. Um dem Gericht die hierfür erforderlichen Unterlagen zukommen zu lassen, werden in der Regel die in den Verfahren gegen die Schutzrechte vorgelegten Schriftsätze einschließlich der Anlagen überreicht. Je nach dem technischen Gebiet des Klageschutzrechtes und der Art der Argumente, die gegen die Schutzfähigkeit vorgetragen werden, kann es angebracht sein, ergänzend zumindest einen Teil der Diskussion vor dem Patentamt, Bundespatentgericht bzw Bundesgerichtshof dem Verletzungsgericht näher zu erläutern. Zusätzlich zu den Erfolgsaussichten des Rechtsbestandsangriffs sind solche wirtschaftlichen Belange der Parteien in die Interessenabwägung einzustellen, deren Gewicht so groß ist, dass sie bei der Aussetzungsentscheidung gerechterweise nicht übergangen werden dürfen.[1421] 921

Die Prognose, ob sich das Klageschutzrecht im anhängigen Einspruchs- oder Nichtigkeitsverfahren als rechtsbeständig erweisen wird, kann notwendigerweise nur vor dem Hintergrund des **Sach- und Streitstand**es in eben diesem Verfahren angestellt werden. Eine Entgegenhaltung, die der Beklagte in der Aussetzungsdiskussion erörtert, ist deswegen so lange nicht geeignet, die Aussetzung zu rechtfertigen, wie die Schrift nicht auch in das **Einspruchs- oder Nichtigkeitsverfahren** eingeführt worden ist. Spätestens am Schluss der letzten mündlichen Verhandlung im Verletzungsverfahren muss die Entgegenhaltung also in das Einspruchs- oder Nichtigkeitsverfahren eingebracht sein. Umgekehrt gilt dasselbe. Ein Patentinhaber, der den Rechtsbestandsangriffen nur im Verletzungsprozess entgegentritt, eine entsprechende Eingabe aber nicht an das BPatG richtet (zB um sich dort eine zur Verletzungsargumentation unterschiedliche Interpretation zu ermöglichen), wird einer Aussetzung regelmäßig nicht entgehen können, es sei denn, die Angriffe gegen das Klagepatent sind derart abseits, dass sie – auch und erst recht vor dem technisch fachkundigen BPatG – keiner Erwiderung bedürfen. 922

Dass es für die Erfolgsaussichten des Angriffs auf das Klagepatent auf den Stand des laufenden Rechtsbestandsverfahrens ankommt, erfährt in einer speziellen Fallkonstellation eine **Ausnahme**. Auf ein älteres nationales Recht im Sinne von **Art 139 Abs 2 EPÜ** kann kein Einspruch gegen ein europäisches Patent, wohl aber eine (nationale) Nichtigkeitsklage gegen den deutschen Teil des EP gestützt werden. Gleichzeitig ist ein Nichtigkeitsangriff so lange nicht statthaft wie das europäische Einspruchsverfahren noch nicht beendet ist.[1422] Ist während des Verletzungsprozesses das Einspruchsverfahren noch anhängig, wäre deshalb eine Aussetzung an sich zu versagen, weil das ältere nationale 923

1420 BGH, GRUR 2018, 853.
1421 OLG Düsseldorf, Beschluss v 8.5.2017 – I-2 W 3/17.
1422 BGH, GRUR 2011, 848 – Mautberechnung.

Recht dem Einspruch gegen das Klagepatent aus Rechtsgründen nicht zum Erfolg verhelfen kann und eine – insoweit allein erfolgversprechende – Nichtigkeitsklage – als vorgreifliches Verfahren – noch nicht anhängig ist und auch nicht in zulässiger Weise erhoben werden kann. Der BGH[1423] erkennt gleichwohl die Möglichkeit an, den Verletzungsprozess bereits während des noch laufenden Einspruchsverfahrens im Hinblick auf die Erfolgsaussichten der demnächst möglichen Nichtigkeitsklage auszusetzen.[1424] Der Anlass zur Aussetzung fällt freilich weg, wenn im Anschluss an die Beendigung des Einspruchsverfahrens nicht alsbald tatsächlich Nichtigkeitsklage erhoben wird. In Fortentwicklung der BGH-Rechtsprechung können gleichermaßen solche Entgegenhaltungen Anlass zu einer Aussetzungsentscheidung geben, die die Einspruchsabteilung oder Beschwerdekammer des EPA in einem während des Verletzungsprozesses laufenden Einspruchsverfahren wegen zu später Vorlage nicht zulässt bzw voraussichtlich nicht zulassen wird, auf die aber nach Abschluss des Einspruchsverfahrens eine nachfolgende Nichtigkeitsklage (in der Verspätungsgesichtspunkte keine Rolle mehr spielen) mit Erfolg gestützt werden kann.[1425]

924 Denkbar ist weiterhin, dass die Rechtsprechung zu bestimmten Widerrufs-/Nichtigkeitsgründen (zB im Zusammenhang mit der Ausführbarkeit) in Europa und Deutschland divergiert, wobei die europäische Sicht inhaberfreundlicher ist als die deutsche, sodass ein bestimmter Sachverhalt oder eine bestimmte entgegenzuhaltende Druckschrift das Patent aus Rechtsgründen im Einspruchsverfahren vor dem EPA nicht zu Fall bringen kann, sehr wohl aber in einem anschließenden nationalen Nichtigkeitsverfahren, wenn ein patent- und angriffsspezifischer Maßstab angewandt wird, der danach fragt, ob ein bestimmter Angriff gegen das bestimmte Streitpatent im Einspruchsverfahren erfolglos bleibt und im Nichtigkeitsverfahren erfolgreich sein wird. Mit einer Konstellation wie der geschilderten (auf die die zitierte BGH-Rechtsprechung ebenfalls sinngemäß anzuwenden ist) kann freilich nur argumentiert werden, wenn die **Divergenz in der** Gesetzeslage oder **Rechtsprechung** *feststeht*. Es geht deswegen nicht an, gestützt auf eine bestimmte Schrift, die im Einspruchsverfahren vorlag oder die bei geeigneter Recherche hätte vorliegen können und mit der die Einspruchsinstanzen deshalb hätten befasst werden können, aber tatsächlich nicht befasst worden sind, geltend zu machen, dass ihretwegen das Klagepatent im künftigen Nichtigkeitsverfahren wegen einer dort geltenden (zB BGH-)Rechtsprechung ganz oder teilweise fallen wird, wenn überhaupt nicht sicher ist, dass die Einspruchsinstanzen, wären sie bereits mit der Schrift konfrontiert worden, eine andere Rechtsauffassung (als der BGH) vertreten hätten. Ist offen, ob die europäische Rechts- und Rechtsprechungslage streitentscheidend von der nationalen abweicht, und hat es der Angreifer versäumt, die Entgegenhaltung bereits der Einspruchsinstanz zu unterbreiten, so besteht ein Aussetzungsanlass nach Aufrechterhaltung des Patents demgemäß nur dann, wenn die Sachlage völlig eindeutig ist, weil es vernünftigerweise keine andere Meinung als diejenige geben kann, dass die Schrift im Nichtigkeitsverfahren den mangelnden Rechtsbestand des Streitpatents zur Folge haben wird. Begründet die Schrift hingegen überhaupt erstmals im Nichtigkeitsverfahren ein taugliches Angriffsinstrument

---

1423 BGH, GRUR 2011, 848 – Mautberechnung.
1424 Das überzeugt zumindest hinsichtlich der gegebenen Begründung insofern nicht, als eine Aussetzung im Hinblick auf ein offensichtlich erfolgloses Einspruchsverfahren sowie ein im Zeitpunkt der Aussetzungsanordnung überhaupt noch nicht anhängiges Nichtigkeitsverfahren zugelassen wird. Wieso darin trotzdem eine angemessene Ermessensausübung liegen soll und wie sich die Aussetzung mit § 148 ZPO verträgt, der die Aussetzung ausdrücklich nur vorsieht, wenn das vorgreifliche Rechtsverhältnis den Gegenstand eines anderen »anhängigen« Rechtsstreits bildet, legt der BGH nicht dar. Überzeugender wäre es gewesen, in den Fällen des Art 139 Abs 2 EPÜ neben dem Einspruchsverfahren ein nationales Nichtigkeitsverfahren mit beschränktem Gegenstand zuzulassen.
1425 OLG Düsseldorf, Urteil v 6.12.2012 – I-2 U 46/12.

(weil sie im Einspruchsverfahren aus Rechtsgründen ungeprüft oder wegen einer abweichenden Rechtsanwendung zumindest im Streitfall erfolglos geblieben wäre), so genügt für eine Aussetzungsanordnung – wie sonst auch – bereits die überwiegende Erfolgsaussicht dieses Angriffs unter Geltung der nationalen Nichtigkeitsrechtsprechung.

Um von der besagten Rechtsprechung profitieren zu können, muss der Beklagte (dem sie günstig ist) aufzeigen, in welchem Punkt sich die europäische und die nationale Rechtslage ergebnisrelevant unterscheiden bzw aus welchem anderen sachlichen Grund eine bestimmte Schrift ohne Nachlässigkeit erst im nachfolgenden nationalen Nichtigkeitsverfahren aufgegriffen worden ist oder werden kann.[1426] Mit Blick auf die letztgenannte Konstellation fehlt es an einer Nachlässigkeit nur dann, wenn der Beklagte trotz ausreichend gründlicher Recherche den betreffenden Stand der Technik zuvor nicht auffinden konnte, was von ihm detailliert darzulegen ist. Hierzu ist erforderlich, dass der Kläger darlegt und erforderlichenfalls glaubhaft macht, warum eine Recherche, die das Dokument zutage gefördert hätte, in erster Instanz (noch) nicht veranlasst war. Der Kläger muss konkret dartun, wie er das Suchprofil seiner anfänglichen (erfolglosen) Recherche angelegt und warum er ein solches Profil gewählt hat und nicht dasjenige, welches später zur Ermittlung der neuen Entgegenhaltung geführt hat.[1427] Gelingt ihm dies nicht, gilt ein strenger Aussetzungsmaßstab. Kann eine dem Beklagten vorliegende oder wenigstens bei ausreichender Recherche für ihn auffindbare Entgegenhaltung bereits im Einspruchsverfahren von Rechts wegen zum Widerruf des Klagepatents führen und unterlässt der Beklagte dennoch einen diesbezüglichen Rechtsbestandsangriff, erscheint es grundsätzlich unbillig, das Verletzungsverfahren trotz Aufrechterhaltung durch die Rechtsbestandsinstanz auszusetzen und damit die im Übrigen gerechtfertigte Verurteilung des Beklagten aufzuschieben. Ganz besonders gilt dies, wenn es sich bei der Aufrechterhaltungsentscheidung um das Erkenntnis einer Technischen Beschwerdekammer handelt. Zu einer Aussetzung besteht deswegen ausnahmsweise nur dann Anlass, wenn die neue Entgegenhaltung auch für das Verletzungsgericht ganz offensichtlich und eindeutig (dh ohne jeden vernünftigen Zweifel) zur Vernichtung des Klagepatents führen wird.[1428] In einer solchen Situation darf das Verletzungsgericht nicht sehenden Auges aus einem auch für ihn offensichtlich nichtigen Schutzrecht verurteilen.

Praxistipp	Formulierungsbeispiel

Weil Aussetzungsermessen besteht und dieses – wie sogleich näher dargelegt wird – in der Praxis nur zurückhaltend zugunsten des Verletzers ausgeübt wird, sollte jeder Beklagte darauf bedacht sein, den Angriff gegen das Klagepatent möglichst frühzeitig zu starten, entweder schon im Zusammenhang mit der unternehmerischen Entscheidung, Herstellung und/oder Vertrieb der (möglicherweise) patentverletzenden Gegenstände aufzunehmen, spätestens aber im unmittelbaren Anschluss an eine vorgerichtliche Abmahnung. Außerdem sollte er die Möglichkeit nutzen, beim Patentamt einen **Beschleunigungsantrag** zu stellen, der gewährleistet, dass die Einspruchsentscheidung, wenn nicht schon vor, so doch jedenfalls innerhalb eines solchen Zeitraumes nach der Verhandlung im Verletzungsprozess stattfindet, dass das Verletzungsgericht mit seinem Verkündungstermin den Ausgang des Rechtsbestandsverfahrens abwarten kann. Zwar soll das Urteil in der Schlussverhandlung verkündet werden; § 310 Abs 1 Satz 1 ZPO lässt es jedoch ausdrücklich zu, dass statt dessen ein gesonderter Verkündungstermin bestimmt wird, wovon die Praxis – zu Recht – umfangreich Gebrauch macht, um Parteivortrag aus der mündlichen Verhandlung in Ruhe erwägen zu können. Der Verkündungstermin

---

1426 OLG Düsseldorf, GRUR-RR 2022, 153 – Aussetzungsmaßstab.
1427 BGH, GRUR 2021, 701 – Scheibenbremse.
1428 OLG Düsseldorf, GRUR-RR 2022, 153 – Aussetzungsmaßstab.

soll freilich zeitnah der Verhandlung folgen und nur ausnahmsweise über 3 Wochen hinaus angesetzt werden. Aus wichtigen Gründen kann jedoch ein zeitlich weiter entfernter Verkündungstermin bestimmt werden, zB wenn der besondere Umfang oder die Schwierigkeit der Streitsache dies erfordern (§ 310 Abs 1 Satz 2 ZPO). Gleich zu behandeln ist der Fall, dass über die im Verletzungsverfahren zu treffende Entscheidung (Urteil oder Aussetzungsbeschluss) der Ausgang des Rechtsbestandsverfahrens (nicht dessen Begründung!) entscheidet, so dass es regelmäßig[1429] keines rechtlichen Gehörs der Parteien im Anschluss an die Schlussverhandlung bedarf. Über 5 Monate hinaus wird ein Verkündungstermin allerdings auch unter solchen Umständen kaum hinauszuschieben sein.[1430] Das europäische Verfahrensrecht sieht einen Beschleunigungsantrag – für die Parteien *und* das Verletzungsgericht – nunmehr ausdrücklich vor.[1431] Für das Verletzungsgericht bietet ein solcher Antrag zugleich die Möglichkeit, Ausführungen der technischen Fachleute zu bestimmen, im Verletzungsverfahren streitigen Anspruchsmerkmalen anzuregen, die ggf eine aufwändige sachverständige Begutachtung erübrigen.

Praxistipp	Formulierungsbeispiel

927 Sehr geehrte Damen, sehr geehrte Herren,

zu dem europäischen Patent ... ist bei Ihnen ein Einspruchsbeschwerdeverfahren (AZ: ...) anhängig, von dessen Ausgang die Entscheidung eines beim Senat geführten Verletzungsrechtsstreits abhängen kann. Verhandlungstermin steht hier am ... an.

Für den Senat wäre es eine große Hilfe, wenn zu diesem Zeitpunkt die Beschwerdeentscheidung bereits vorliegen würde. Unter Bezugnahme auf die Mitteilung im ABl EPA 2008, 220 wäre ich Ihnen deshalb für eine bevorzugte Behandlung des o.a. Beschwerdeverfahrens sehr dankbar. Sollten Sie vor dem hiesigen Verhandlungstermin einen Bescheid zur Sache erlassen, bitte ich Sie, diesen unmittelbar nach hier zu übermitteln. Gleiches gilt für eine Terminsladung. Die Erfahrung lehrt, dass es die Parteien vielfach versäumen, den Senat über den weiteren Fortgang des Rechtsbestandsverfahrens zu unterrichten.

Zentraler Streitpunkt im Verletzungsprozess ist, ob der Begriff »Lösung« auch Suspensionen umfasst. Der Senat wäre deshalb dankbar, wenn die Beschwerdekammer hierzu in ihrer Entscheidung Stellung nehmen könnte.

aa) I. Instanz

928 Aufgrund der Tatsache, dass die Aussetzung für den Kläger wegen der langen Verfahrensdauer von Einsprüchen und Nichtigkeitsklagen einen erheblichen Einschnitt in seine Rechte, vor allem den zeitlich begrenzten Unterlassungsanspruch bedeutet und außerdem ein Missbrauch des Beklagten vermieden werden soll, kommt eine Aussetzung nach der derzeit gültigen Rechtsprechung in I. Instanz in der Regel nur dann in Betracht, wenn es in hohem Maße wahrscheinlich erscheint, dass das Klagepatent aufgrund des Einspruchs oder der Nichtigkeitsklage widerrufen oder vernichtet werden wird.[1432] Diese strenge Handhabung sollte angesichts des statistischen Erfolges von Rechtsbestandsangriffen, die in nennenswertem Umfang zu einer vollständigen oder zumindest zu

---

1429 Anderes gilt bei beschränkter Aufrechterhaltung des Klagepatents, wenn die in erster Linie oder allein geltend gemachte Anspruchsfassung nicht der aufrechterhaltenen entspricht.
1430 Vgl BGH, r+s 2019, 177.
1431 ABl EPA 2008, 220.
1432 BGH, GRUR 1987, 284 – Transportfahrzeug; LG Düsseldorf, BlPMZ 1995, 121, 126; von Maltzahn, GRUR 1985, 163, mwN.

einer teilweisen Vernichtung des Klagepatents führen[1433], und der gleichzeitig übermäßig langen Dauer von korrigierenden Rechtsbestandsverfahren sowohl beim EPA als auch beim Bundespatentgericht gelockert werden. Das gilt vor allem dann, wenn der Beklagte durch eine Unterlassungsverurteilung wirtschaftlich nachhaltig oder sogar existenziell getroffen wird. Letztlich handelt es sich um ein verfassungsrechtliches Gebot der notwendigen Abwägung zwischen den Eigentumsrechten des Patentinhabers auf der einen Seite und der grundgesetzlich ebenso garantierten geschäftlichen Handlungs- und Betätigungsfreiheit des Benutzers auf der anderen Seite, bei der den faktischen Verhältnissen, die nun einmal beharrlich durch eine statistisch hohe Vernichtungsquote bei gleichzeitig überlanger Verfahrensdauer geprägt sind, bei der Ausübung des Aussetzungsermessens fair und angemessen Rechnung zu tragen ist. Denn justizieller Schutz kommt sowohl nach der EU-Charta als auch nach dem Grundgesetz sowohl dem Patentinhaber für die Durchsetzung seines Monopolrechts als auch dem mutmaßlichen Verletzer im Hinblick auf seine wirtschaftliche Handlungs- und Betätigungsfreiheit zu, in die zu Unrecht eingegriffen wird, wenn er, gestützt auf ein tatsächlich nicht rechtsbeständiges Patent, vom Wettbewerb ausgeschlossen wird. In seiner Entscheidung »Kurznachrichten«[1434] hat der BGH dementsprechend mit Recht eine Aussetzung des Verletzungsprozesses bis zur erstinstanzlichen Erledigung des Rechtsbestandsangriffs regelmäßig dann angemahnt, wenn der Einspruch/die Nichtigkeitsklage aus der Sicht des Verletzungsgerichts überwiegende Erfolgsaussicht verspricht. Das Problem besteht freilich nicht in solchen Erfindungen, die dem Verletzungsgericht trotz seiner fehlenden technischen Vorbildung zugänglich sind und für die es deshalb objektiv fundiert die Erfolgsaussichten des unternommenen Rechtsbestandsangriffs prognostizieren kann. Immer häufiger stützen sich gerade wirtschaftlich bedeutsame Verletzungsklagen auf komplexe Erfindungen (der Elektrotechnik, Pharmazie oder Medizintechnik), in Bezug auf die ein Verletzungsgericht ehrlicherweise keine eigene Expertise für sich reklamieren kann, die es in die Lage versetzen würde, eine verlässliche und damit rechtlich bedeutsame Prognose über den mutmaßlichen Ausgang des Einspruchs- oder Nichtigkeitsverfahrens abzugeben. Hier bedarf es für die Zukunft eines **grundsätzlichen Umdenkens**, bevor sich irgendwann das BVerfG – wie im Zusammenhang mit der Gewährung rechtlichen Gehörs im Verfahren des einstweiligen Rechtsschutzes geschehen[1435] – der Sache annimmt. Die Lösung kann dabei ganz offensichtlich nicht darin liegen, die Missstände auf der Rechtsbestandsebene auf sich beruhen zu lassen und zum Ausgleich dafür den Verletzungsprozess im Zweifel vorübergehend auszusetzen. Auf diese Weise hätte einseitig der Patentinhaber die Konsequenzen eines nicht mehr ordnungsgemäß funktionierenden Trennungsprinzips (und damit des Versagens staatlicher Institutionen) zu tragen, was seinen Eigentumsrechten ersichtlich nicht gerecht werden würde. Vernünftigerweise gibt es nur zwei Maßnahmen, die als Abhilfe in Betracht kommen können: Entweder muss die Erteilungsqualität nachhaltig verbessert werden, so dass wieder ein umfassendes Vertrauen in die Richtigkeit des Patenterteilungsaktes gerechtfertigt ist, oder es muss zumindest das erste gegen ein Patent geführte Rechtsbestandsverfahren innerhalb eines Zeitraumes zum Abschluss gebracht werden, der eine Berücksichtigung innerhalb eines gewöhnlichen Verletzungsprozesses erlaubt. Die für das Nichtigkeitsverfahren kürzlich mit § 83 Abs 1 PatG eingeführte 6-Monats-Frist für den qualifizierten Hinweis ist dazu ein erster, aber eben auch nur ein erster Schritt. Beschleunigt er den instanzbeendenden Abschluss des Nichtigkeitsverfahrens nicht in der geschilderten Weise, so lassen sich mit ihm verfassungsrechtliche Bedenken allenfalls dann ausräumen, wenn sich beim BPatG eine feste Spruchpraxis dahingehend etabliert, dass mit dem qualifizierten Hinweis nicht nur die streitentscheidenden Punkte wertneutral benannt werden, sondern dem Verlet-

---

1433 Vgl Kap G Rdn 57.
1434 BGH, GRUR 2014, 1237 – Kurznachrichten.
1435 Vgl Kap G Rdn 221 ff.

E. Verteidigungsmöglichkeiten des Beklagten

zungsgericht durch eine deutliche Bewertung der Erfolgsaussichten des Rechtsbestandsangriffs für den Zeitpunkt seiner Abfassung eine brauchbare Orientierung dazu gegeben wird, zu wessen Gunsten das Nichtigkeitsverfahren voraussichtlich ausgehen wird.

929 *Eine* wichtige Leitlinie bei der Ermessensausübung behält allerdings ihre Gültigkeit. Eine dem Verletzungsbeklagten tendenziell nachteilige Handhabung bei der Aussetzung des Verletzungsprozesses ist angebracht, weil es seine Sache ist, das Klagepatent vor Aufnahme seiner Verletzungshandlungen widerrufen/für nichtig erklären zu lassen und damit **beizeiten klare Verhältnisse** zu schaffen. Nicht umsonst ist jeder Angriff während der Laufzeit eines Patents als Popularrechtsbehelf (den die Rechtsordnung ansonsten nicht kennt!) zulässig. Spätestens die vorgerichtliche Abmahnkorrespondenz gibt hierzu Anlass. Derjenige, der einen Angriff auf das Klagepatent erst gegen Ende der Klageerwiderungsfrist (oder noch später) startet, vernachlässigt seine eigenen Interessen in grober Weise, und zwar umso mehr, je weniger ihm außer dem mangelnden Rechtsbestand andere ernsthaft in Betracht kommende Verteidigungsmittel zur Verfügung stehen.[1436] Es ist deswegen richtig, dem durch eine restriktive Aussetzungspraxis Rechnung zu tragen.[1437]

930 Eine Verschärfung des Aussetzungsmaßstabes ist allerdings nur angezeigt, wenn dem Verletzungsgericht durch den zögerlichen Rechtsbestandsangriff Erkenntnisse vorenthalten werden, über die es bei frühzeitigem Vorgehen gegen das Klagepatent verfügen würde. Konkret bedeutet dies, dass es darauf ankommt, ob das Verletzungsgericht, hätte der Rechtsbestandsangriff zeitiger stattgefunden, bei seiner Entscheidung (ggf unter Ausschöpfung der maximalen Spruchfrist) voraussichtlich eine Rechtsbestandsentscheidung oder zumindest einen qualifizierten Hinweis hätte berücksichtigen können. Zum Zweiten muss den Verletzer im Hinblick auf den späten Rechtsbestandsangriff ein Schuldvorwurf treffen, was bedingt, dass für ihn zum maßgeblichen Zeitpunkt hinreichend sicher abzusehen war, aus welchem konkreten Schutzrecht er in welchem Land angegriffen wird und deshalb ein (vorauseilender) Rechtsbestandsangriff Sinn macht. Davon kann keine Rede sein, wenn gegen ihn – wie beispielsweise bei einer standardgestützten Technologie – diverse Patente in verschiedenen Ländern in Stellung gebracht werden können.

931 Umgekehrt bedeutet das Gesagte aber auch, dass dem Verletzungsbeklagten ein frühzeitiger Rechtsbestandsangriff im Rahmen der Aussetzungsentscheidung zugutegehalten werden muss. Dies heißt zwar nicht, dass der Beklagte ohne jede Rücksicht auf die voraussichtlichen Erfolgsaussichten seines Angriffs mit einer Aussetzung rechnen darf; allerdings verschiebt sich der ansonsten rigide Aussetzungsmaßstab dann zu seinen Gunsten, wenn der Angriff auf das Klagepatent überwiegende Erfolgsaussichten bietet, sodass unter solchen Umständen der frühzeitige Angriff den Ausschlag für eine Aussetzungsanordnung geben kann.

932 Stützt sich der Rechtsbestandsangriff bloß auf **Stand der Technik**, der bereits **Gegenstand des Erteilungsverfahrens** gewesen ist, so besteht – auch unter der Geltung verschärfter Aussetzungsregeln – im Allgemeinen kein Grund für eine Aussetzung. Denn zu den betreffenden Entgegenhaltungen liegt in Gestalt des Erteilungsbeschlusses bereits ein technisch fachkundiges Votum vor, über das hinwegzusetzen umso weniger Anlass besteht, je komplexer und undurchsichtiger die Technik für das Verletzungsgericht ist. Ganz besonders hat es bei der Erteilungsentscheidung zu verbleiben, wenn das Klagepatent erst im Beschwerdeverfahren (vom BPatG bzw der TB-EPA) gewährt worden ist. Unter solchen Umständen ist auch dem Einwand unzulässiger Erweiterung mit größter

---

1436 LG Düsseldorf, Urteil v 19.12.2019 – 4a O 71/18.
1437 Soweit der BGH (Beschluss v 17.7.2018 – KZR 35/17) einen Rechtsbestandsangriff für akzeptabel gehalten hat, der knapp ein Jahr nach Rechtshängigkeit gestartet wird, erscheint dies jedenfalls dann zu großzügig, wenn es keine besonderen Gründe für ein derart langes Zuwarten gibt.

Vorsicht zu begegnen, weil die Entscheidungsträger (BPatG, TB-EPA) im Falle einer geänderten Anspruchsfassung darauf zu achten hatten, dass es zu keiner unzulässigen Erweiterung kommt, und ihr Erkenntnis auch insoweit besonderes Vertrauen genießt.

Ob eine **Teilnichtigkeitsklage** gegen den mit dem Hauptantrag des Verletzungsprozesses geltend gemachten Patentanspruch (und keinen weiteren) sinnvoll ist, sollte in jedem Einzelfall genauestens überdacht werden. Zwar nimmt ein solcher Teil-Angriff dem Schutzrechtsinhaber die Möglichkeit, den angegriffenen Patentanspruch mit Merkmalen aufzufüllen, die Gegenstand eines nicht angegriffenen (Unter-)Anspruchs sind.[1438] Weil dem so ist, sichert der Teilangriff dem Verletzungsbeklagten ggf den Nichtigkeitssieg im Streit um den Hauptanspruch. Auf der Verletzungsseite ergibt sich, wenn die angegriffene Ausführungsform von Merkmalen eines Unteranspruchs Gebrauch macht, jedoch die unerfreuliche Konsequenz, dass im Falle einer Anspruchskombination kein Rechtsbestandsangriff mehr anhängig ist, der Anlass zu einer Aussetzung des Verletzungsrechtsstreits geben könnte. Außerdem ist zu bedenken, dass eine Benutzung der Merkmale eines Unteranspruchs für den Verletzer demnächst notwendig oder sinnvoll werden kann, sodass es zweckmäßig sein kann, durch einen umfassenden Rechtsbestandsangriff Handlungsmöglichkeiten für die Zukunft zu eröffnen. Prozesstaktisch ist deswegen im Allgemeinen von einer bloßen Teilnichtigkeitsklage abzuraten, jedenfalls von einer solchen, die sich nur gegen die in der Verletzungsdiskussion bisher allein erörterten Ansprüche richtet. Vielmehr sollte sich jeder Verletzer eigenverantwortlich vergewissern, ob darüber hinaus von (weiteren) Unteransprüchen Gebrauch gemacht wird. Jedenfalls *diese* müssen mit angegriffen werden, weil der Patentinhaber sonst imstande ist, seine Klage nach einer Teilvernichtung des Klagepatents auf einen nicht angegriffenen, aber ebenfalls benutzten Unteranspruch zu stützen, sodass dem Verletzer eine entsprechende Verurteilung droht. Erhebt der Verletzer nach einem derartigen Manöver eine weitere Nichtigkeitsklage, mit der er den betreffenden Unteranspruch angreift, ist für das weitere Prozedere zunächst klar, dass dann, wenn der Hauptanspruch vernichtet wurde, es sich bei dem zur Klagegrundlage gemachten Unteranspruch um einen ungeprüften Anspruch handelt, weswegen prinzipiell diejenigen Regeln heranzuziehen sind, nach denen ein Gebrauchsmusterverletzungsverfahren wegen eines anhängigen Löschungsantrages ausgesetzt wird. Im Übrigen ist für die Ausübung des Aussetzungsermessens zu differenzieren: 933

– Hatte der Verletzte sich **zunächst nicht auf** den betreffenden **Unteranspruch gestützt**, sodass für den Verletzer kein augenfälliger und bei Beachtung seiner Obliegenheiten gegen sich selbst zwingender Anlass für eine eben diesen Unteranspruch umfassende Nichtigkeitsklage gegeben war, sondern ihn lediglich der Vorwurf trifft, nicht von sich aus dessen Benutzung in Betracht und die daraus erforderlichen Folgerungen für seinen Rechtsbestandsangriff gezogen zu haben, so sind die Aussetzungsregeln des Gebrauchsmusterrechtsstreits in ganzer Schärfe gegen den Verletzten anzuwenden. Jeder ernsthafte Zweifel daran, dass der nachträglich angefochtene Unteranspruch bestehen bleiben wird, führt regelmäßig zur Aussetzung des Verletzungsprozesses.[1439] 934

– War der Unteranspruch hingegen von Beginn an Gegenstand eines »**insbesondere wenn**«-**Antrages** der Verletzungsklage, sodass für den Verletzer aller Anlass bestanden hat, ihn sogleich mit anzugreifen, so hat er keinen Anspruch darauf, dass ihm die Durchführung einer erneuten Nichtigkeitsklage, diesmal gegen den Unteranspruch, ermöglicht wird und der Verletzungsprozess bis dahin ruht. Die eingetretene Verzögerung in der Beurteilung der streitentscheidenden Rechtsbestandsfrage ist vielmehr 935

1438 BGH, GRUR 2017, 604 – Ankopplungssystem.
1439 OLG Düsseldorf, Urteil v 30.9.2021 – I-2 U 15/20.

ganz maßgeblich ihm zuzuschreiben, was es rechtfertigt, die vorgenannten (scharfen) Aussetzungsregeln in gewissem Umfang zu seinen Lasten zu verschieben. Hält das Verletzungsgericht die Angriffe gegen den Unteranspruch mit überwiegender Wahrscheinlichkeit für durchgreifend, so ist auszusetzen. Verhält es sich umgekehrt, ist zu verurteilen. Bleibt für das Verletzungsgericht offen, ob der Unteranspruch rechtsbeständig ist oder nicht, weil die Argumente für eine Aufrechterhaltung in gleicher Weise überzeugen wie die für seine Vernichtung, so kommt eine Aussetzung im Allgemeinen nicht infrage.

936 Das vorgeschilderte Aussetzungsregime gilt grundsätzlich auch dann, wenn das **Klagepatent** bereits **abgelaufen** ist oder seine Schutzdauer während des Rechtsstreits endet.[1440] Dass ein in die Zukunft wirkender Unterlassungsanspruch nicht mehr im Raum steht, könnte zwar die Dringlichkeit der Rechtsverfolgung relativieren, er nimmt dem Klageangriff aber genauso seine Intensität mit Blick auf den Beklagten, was es rechtfertigt, bei den allgemeinen Aussetzungsregeln zu verbleiben.[1441]

Praxistipp	Formulierungsbeispiel
Im Einzelfall kann es sich anbieten, ein zum Klagepatent paralleles Auslandsschutzrecht anzugreifen, wenn in der betreffenden Jurisdiktion (zB NL, GB) mit einem zügigen Nichtigkeitsurteil zu rechnen ist, das die Chancen für eine Aussetzung des deutschen Verletzungsprozesses trotz hier noch andauerndem Nichtigkeitsverfahrens erhöht.	

(1) Nicht-Aussetzungs-Fälle

937 Eine Aussetzung kann regelmäßig nicht in Betracht kommen, wenn der dem Klageschutzrecht entgegengehaltene Stand der Technik demjenigen entspricht, der bereits **im Erteilungsverfahren** oder in einem erfolglos durchgeführten Einspruchs- oder Nichtigkeitsverfahren **berücksichtigt** worden ist, oder vom Erfindungsgegenstand noch weiter abliegt als der schon geprüfte.

938 Gleiches gilt erst recht, wenn das **Patent erstinstanzlich aufrechterhalten** worden ist. Diese – unter Beteiligung technischer Fachleute zustande gekommene – Entscheidung hat das Verletzungsgericht aufgrund der gesetzlichen Kompetenzverteilung grundsätzlich hinzunehmen. Im Rahmen der Aussetzungsentscheidung ist es nicht Sache des Verletzungsgerichts, das Einspruchsbeschwerde- oder Nichtigkeitsberufungsverfahren in allen Einzelheiten vorwegzunehmen. Immer dann, wenn die Argumentation im Rechtsbestandsverfahren möglich und mit nachvollziehbaren Gründen vertretbar erscheint, hat es vielmehr bei der getroffenen Einspruchs- oder Nichtigkeitsentscheidung zu verbleiben, sodass, wenn nicht im Einzelfall ganz besondere Umstände vorliegen, für eine Aussetzung des Verletzungsrechtsstreits keine Veranlassung besteht. Sie ist erst dann geboten, wenn die Rechtsbestandsentscheidung auf für das Verletzungsgericht nachweisbar unrichtigen Annahmen oder einer nicht mehr vertretbaren Argumentation (zB zur Neuheit, Erfindungshöhe, unzulässigen Erweiterung) beruht oder wenn mit dem Rechtsmittel gegen die Rechtsbestandsentscheidung, ohne dass insoweit ein Nachlässigkeitsvorwurf angebracht ist, weiterer Stand der Technik präsentiert wird, der, weil er der

---

1440 Vgl Klepsch/Büttner, FS 80 Jahre Patentgerichtsbarkeit Düsseldorf, 2016, S 281.
1441 Nach LG Mannheim (Urteil v 2.3.2018 – 7 O 18/17) gilt ein großzügigerer Aussetzungsmaßstab, wonach bereits eine gewisse Vernichtungswahrscheinlichkeit zur Aussetzung führt.

Erfindung näher kommt als der bisher gewürdigte Stand der Technik, mit der gebotenen Wahrscheinlichkeit eine Vernichtung des Klagepatents erwarten lässt.[1442]

Die Bejahung einer sicheren Vernichtungswahrscheinlichkeit (und demzufolge eine Aussetzungsanordnung) verbietet sich, wenn der im Rechtsbestandsverfahren zur Diskussion stehende **technische Sachverhalt** derart kompliziert und/oder **komplex** ist, dass sich das Verletzungsgericht keinen wirklichen Einblick in die Gegebenheiten verschaffen kann. 939

Der Aussetzungsantrag, der auf eine angeblich **offenkundige**[1443] **Vorbenutzung** gestützt ist, welche nicht lückenlos durch liquide Beweismittel (insbesondere Urkunden) belegt ist, sondern (zumindest in Teilen) auch auf einen noch nicht erhobenen Zeugenbeweis angewiesen ist, muss gleichfalls ohne Erfolg bleiben.[1444] Da eine Vernehmung der angebotenen Zeugen nur im Einspruchs- oder Nichtigkeitsverfahren, jedoch nicht im Verletzungsprozess erfolgt, ist bereits unvorhersehbar, in welcher Weise die benannten Zeugen überhaupt aussagen werden und ob ihre Aussagen, wenn sie für den Einsprechenden/Nichtigkeitskläger günstig sind, für glaubhaft gehalten werden. Schon wegen dieser gänzlich unsicheren Prognose verbietet sich die Annahme, es sei mit überwiegender Wahrscheinlichkeit eine Vernichtung des Patents zu erwarten. Daran ändert auch nichts, dass schriftliche Erklärungen der Zeugen vorgelegt werden. 940

Etwas anderes gilt ausnahmsweise dann, wenn neben einem mit dem Einspruch oder der Nichtigkeitsklage angegriffenen **Patent – kumulativ –** auch ein **paralleles Gebrauchsmuster** eingeklagt ist, dessen Schutzfähigkeit der Beklagte bestreitet, ohne einen Löschungsantrag zu stellen (und ohne dass ein solcher auch von dritter Seite anhängig gemacht ist). Hier hat das Verletzungsgericht selbst die materiellen Voraussetzungen des Gebrauchsmusterschutzes (Neuheit, erfinderischer Schritt) festzustellen und in diesem Rahmen eine behauptete offenkundige Vorbenutzung aufzuklären. Ergibt sich hierbei, dass der Nachweis einer offenkundigen Vorbenutzung geführt ist, so ist nicht nur die Gebrauchsmusterklage abzuweisen, sondern – aufgrund der nun einmal vorliegenden Beweisergebnisse – die Behandlung der auf das Patent gestützten Klage gemäß § 148 ZPO auszusetzen.[1445] Gleiches gilt für den Fall, dass das Verletzungsgericht die zur offenkundigen Vorbenutzung benannten Zeugen im Rahmen der ihm obliegenden Aufklärung eines wegen desselben Sachverhaltes geltend gemachten **Vorbenutzungsrechts** (§ 12 PatG) vernommen hat und hierbei die Überzeugung von dem fraglichen Sachverhalt, der die offenkundige Vorbenutzung trägt, gewonnen hat. Hier ist – ungeachtet der Tatsache, dass die Rechtsbestandsinstanz mangels Bindung an die Erkenntnisse des Verletzungsgerichts im Einzelfall natürlich auch zu einer anderen Beweiswürdigung gelangen kann – eine Aussetzung angebracht, weil die streitentscheidende Tatsachenlage hinreichend »dicht« ist.[1446] Nicht anders verhält es sich, wenn der Benutzungstatbestand im **Ausland** Gegenstand einer Beweisaufnahme war, die den Nachweis erbracht hat, oder der für die offenkundige Vorbenutzung schlüssige Sachverhalt dort sogar unstreitig war.[1447] 941

Eine Aussetzung wird regelmäßig auch dann nicht veranlasst sein, wenn der Beklagte den **Einspruch** oder die Nichtigkeitsklage erst so **kurzfristig vor** dem **Haupttermin** im 942

1442 OLG Düsseldorf, Urteil v 7.7.2011 – I-2 U 66/10.
1443 An der Offenkundigkeit fehlt es, wenn die Verlautbarung unter Umständen geschehen ist, die eine wenigstens stillschweigende Geheimhaltungsvereinbarung annehmen lassen. Dafür reicht der einer Druckschrift beigefügte »Copyright«-Vermerk im Allgemeinen nicht aus (BGH, GRUR 2014, 251 – Bildanzeigegerät).
1444 OLG Düsseldorf, GRUR 1979, 636, 637 – Ventilanbohrvorrichtung; OLG Düsseldorf, Urteil v 18.6.1998 – 2 U 29/97, stRspr.
1445 OLG Düsseldorf, Beschluss v 29.5.2017- I-2 U 76/16.
1446 OLG Düsseldorf, Beschluss v 29.5.2017- I-2 U 76/16.
1447 OLG Düsseldorf, Beschluss v 29.5.2017- I-2 U 76/16.

Verletzungsprozess erhebt, dass dem Patentinhaber eine angemessene Erwiderung auf das Einspruchs- oder Nichtigkeitsvorbringen nicht mehr möglich ist.[1448] Gleiches gilt, wenn sich der Verletzungsbeklagte auf eine im genannten Sinne späte Nichtigkeitsklage eines Dritten beruft.[1449] Einer spät eingereichten Nichtigkeitsklage steht eine solche gleich, die zwar beizeiten anhängig gemacht wird, deren Zustellung jedoch anschließend schuldhaft bis zum oder bis kurz vor den Verhandlungstermin verzögert wird, zB dadurch, dass der angeforderte Gerichtskostenvorschuss nicht eingezahlt wird.[1450] Tendenziell gegen eine Aussetzung spricht ebenfalls, wenn eine zeitnah zu erwartende Einspruchsentscheidung dadurch vereitelt wird, dass der Einspruch kurzfristig zurückgenommen und statt dessen eine Nichtigkeitsklage neu anhängig gemacht wird.[1451] Im Sinne einer Aussetzung ist trotz Säumnis zu verfahren, wenn sich bereits bei summarischer Prüfung sicher ergibt, dass der – späte – Rechtsbestandsangriff das Patent zu Fall bringen wird.[1452]

943 Eine Aussetzung verbietet sich schließlich, wenn der Einspruchsschriftsatz und/oder die in Bezug genommenen Entgegenhaltungen nur in fremder Sprache, **ohne deutsche Übersetzung** und ohne nachvollziehbare Erläuterung im Klageerwiderungsschriftsatz präsentiert werden.[1453]

944 Richtet sich die Verletzungsklage gegen **mehrere angegriffene Ausführungsformen**, von denen einzelne patentverletzend und andere nicht patentverletzend sind, kommt wegen des Teilurteilsverbotes eine Klageabweisung wegen der nichtverletzenden Ausführungsformen und eine gleichzeitige Aussetzung des Rechtsstreits wegen der patentverletzenden Ausführungsformen nicht in Betracht. Hat der Beklagte ein Interesse daran, möglichst frühzeitig ein gerichtliches Erkenntnis zu den nichtverletzenden Gegenständen zu erhalten (zB weil es sich bei ihnen um die aktuelle und wirtschaftlich im Vordergrund stehende Geräteversion handelt), so sollte nach Lage des Falles von einem Aussetzungsantrag (der den diesbezüglichen günstigen Urteilsausspruch verhindern würde) abgesehen werden.[1454]

945 Besondere Zurückhaltung ist geboten, wenn der Rechtsstreit bereits einmal ausgesetzt war, ohne dass sich das die Aussetzung veranlassende Rechtsverhältnis bewahrheitet hat. Eine **wiederholte Aussetzung** ist unter dem Gesichtspunkt einer effektiven Rechtsverfolgung nur ausnahmsweise zulässig.[1455]

(2) Aussetzungs-Fälle

946 Umgekehrt liegt der Sachverhalt, wenn das **Klagepatent erstinstanzlich widerrufen** oder für nichtig erklärt worden ist; hier ist regelmäßig eine Aussetzung des Verletzungsprozesses anzuordnen.[1456] Von ihr wird – ausnahmsweise – nur dann abgesehen werden können, wenn das Verletzungsgericht aufgrund eigener technischer Sachkunde verlässlich beurteilen kann, dass das vernichtende Erkenntnis auf einer erkennbar fehlerhaften Beurteilung beruht und im nächsten Rechtszug zweifelsfrei vorhersehbar keinen Bestand haben wird.[1457] In Betracht kommen wird solches nur bei technisch einfach gelagerten

---

1448 LG Düsseldorf, InstGE 3, 54 – Sportschuhsohle; vgl auch BGH, GRUR 2012, 93 – Klimaschrank.
1449 LG Düsseldorf, InstGE 3, 54 – Sportschuhsohle.
1450 OLG Düsseldorf, Urteil v 11.2.2016 – I-2 U 19/15.
1451 OLG Düsseldorf, Beschluss v 7.9.2017 – I-2 W 39/17.
1452 Vgl OLG Düsseldorf, Beschluss v 4.1.2012 – I-2 U 105/11.
1453 LG Düsseldorf, InstGE 3, 231 – wasserloses Urinal.
1454 Vgl OLG Düsseldorf, Urteil v 26.4.2012 – I-2 U 39/09.
1455 BGH, GRUR 2018, 853.
1456 BGH, Beschluss v 17.7.2018 – KZR 35/17; OLG München, InstGE 3, 62 – Aussetzung bei Nichtigkeitsurteil II.
1457 BGH, Beschluss v 17.7.2018 – KZR 35/17; OLG Düsseldorf, InstGE 9, 140 – Olanzapin; LG München I, GRUR-RR 2015, 512 – Google Maps.

Sachverhalten, die dem nicht mit Fachleuten besetzten Verletzungsgericht hinreichend einsichtig sind, im Zweifel nicht dagegen bei komplexen Erfindungen zB aus dem Elektronik- oder Chemiebereich.

Anlass zur Aussetzung wird regelmäßig auch dann gegeben sein, wenn die Einspruchsabteilung/das BPatG in einem **qualifizierten Hinweis** eine Vernichtung des Klageschutzrechts angekündigt hat, was voraussetzt, dass zu den Einspruchs/Klageangriffen nicht nur mögliche Erwägungen in den Raum gestellt, sondern eindeutig Position in dem besagten Sinne bezogen wird, sodass der Hinweis praktisch die demnächst anstehende Vernichtungsentscheidung vorwegnimmt.[1458] Daran fehlt es, wenn das Vorliegen eines Nichtigkeitsgrundes nur als mögliche Entscheidungsalternative angesprochen wird, und zwar selbst dann, wenn die zur Rechtfertigung gegebene ausführliche Begründung erkennen lässt, dass der Verfasser eine Präferenz für den besagten Argumentationsstandpunkt hat.[1459] Jedenfalls im nationalen Nichtigkeitsverfahren wird die Verwendung der Vokabel »dürfte« häufig anzeigen, dass der Spruchkörper sich in der Beurteilung des mit dem Hinweis aufgearbeiteten Sach- und Streitstandes noch keine abschließende Meinung gebildet hat. Entscheidend ist aber stets der Gesamtzusammenhang der Bescheidserwägungen. In besonderem Maße gilt dies im europäischen Einspruchsverfahren, weil es ausländischen Tendenzen entspricht, schon den Anschein einer Festlegung in der Beurteilung der Erfolgsaussichten zu vermeiden, weswegen hier auch bei klarer Entschlusslage der relativierende Begriff »dürfte« gebräuchlich ist.[1460] Erscheint dem Verletzungsgericht der im Rechtsbestandsverfahren *begründet* eingenommene Standpunkt betreffend das Vorliegen eines Widerruf- oder Nichtigkeitsgrundes bei überschlägiger Prüfung vertretbar, wird ein vorübergehendes Anhalten des Verletzungsprozesses – allerdings

947

1458 OLG Düsseldorf, Beschluss v 21.7.2017 – I-2 U 19/17. An dieser – berechtigten – Praxis hat jüngst der 3. Nichtigkeitssenat des BPatG (GRUR-RS 2021, 47634) dahingehend Kritik geübt, dass es nicht Aufgabe des qualifizierten Hinweises sei, die Argumente der Parteien im Detail zu bescheiden, aber dass dem Hinweis ungeachtet dessen eine sorgfältige Prüfung des Streitsandes vorausgehe, weswegen es nur dann für ein Verletzungsgericht möglich sei, sich mit einer einstweiligen Verfügung oder einem Hauptsacheurteil über einen (auch knapp begründeten) qualifizierten Hinweis hinwegzusetzen, wenn ihm zur fraglichen Zeit bessere, ebenso unparteiische technisch sachkundige Erkenntnisse vorlägen (woran es regelmäßig fehlt!). Diese Sicht verkennt schon im Grundsatz, dass die Verletzungsgerichte nicht an einen qualifizierten Hinweis gebunden sind, dass sie für ihre eigene, von ihnen zu verantwortende Entscheidung über die Klageansprüche aber selbstverständlich einen Standpunkt dazu einnehmen *müssen*, ob das Verfügungs- oder Klagepatent voraussichtlich rechtsbeständig sein wird. Auch für die letztgenannte Prognose schuldet das Verletzungsgericht den Parteien eine nachvollziehbare Begründung, die sich entweder aus dem qualifizierten Hinweis ergeben kann oder die das Verletzungsgericht ansonsten selbst mit den ihm zur Verfügung stehenden Mitteln erarbeiten muss. Es kann von daher keine Rede davon sein, dass die Verletzungsgerichte unangemessener- und anmaßenderweise eine bestimmte Begründungstiefe des qualifizierten Hinweises einfordern würden, die mit Rücksicht auf dessen eigentlichen Zweck nicht erforderlich wäre. Wenn die Rechtsbestandsinstanz sich der Mühe unterzieht, ihre Rechtsbestandsprognose in einer Weise zu rechtfertigen, die es dem Verletzungsgericht ermöglicht, sich dem eingenommenen Standpunkt sachlich anzuschließen, so geschieht dies letztlich »kollegialiter« und hat in der Praxis zur Folge, dass sich kein Verletzungsgericht hierzu mit der Handhabung des bei ihm anhängigen Verletzungsprozesses in Widerspruch setzen wird. Will die Rechtsbestandsinstanz den beschriebenen Begründungsaufwand nicht betreiben, so steht ihm dies selbstverständlich frei. Nur muss es dann auch damit leben, dass sich dem Verletzungsgericht der für das Rechtsbestandsverfahren prognostizierte Verfahrensausgang nicht in einer solchen Weise erschließt, dass es sich ihn als Grundlage für seine Entscheidung zu eigen machen kann, deswegen notgedrungen auf eigene Überlegungen zum mutmaßlichen Ausgang des Rechtsbestandsverfahrens angewiesen ist und hierbei ggf zu abweichenden Erkenntnissen hinsichtlich des Rechtsbestandes gelangt.
1459 OLG Düsseldorf, Beschluss v 21.7.2017 – I-2 U 19/17.
1460 OLG Düsseldorf, Beschluss v 2.12.2019 – I-2 U 48/19.

zunächst nur bis zur Einspruchs/Nichtigkeitsentscheidung – angebracht sein.[1461] Gleiches gilt, wenn dem Verletzungsgericht eine eigene sachliche Verifizierung der gegebenen Hinweise wegen der Komplexität des technischen Gegenstandes verwehrt ist.[1462]

948 Anlass zur Aussetzung besteht ebenso für Fälle, die thematisch zwischen den zuvor erörterten Konstellationen liegen, weil bereits eine Einspruchs- oder Nichtigkeitsverhandlung stattgefunden hat und der Spruchkörper unter dem Eindruck der mündlichen Verhandlung zu der Auffassung gelangt ist, dass die im Verletzungsprozess verfolgte (zB erteilte) Anspruchsfassung nicht rechtsbeständig ist, wobei es nur deshalb nicht zu einer entsprechenden abschließenden Rechtsbestandsentscheidung gekommen ist, weil (im Verletzungsrechtsstreit nicht geltend gemachte) Hilfsanträge anhängig sind, die eine Beweiserhebung erfordern. Die Tatsache der **Beweisanordnung** belegt unter solchen Umständen hinreichend, dass die vorhergehenden (insbesondere erteilten) Anspruchsfassungen nicht rechtsbeständig sind und deshalb momentan keine Verurteilung rechtfertigen.[1463]

949 Eine Aussetzung ist im Zweifel ferner dann angezeigt, wenn die **Erteilungsakte** eine **Beschränkungserklärung des Patentinhabers** erkennen lässt, die keinen Eingang in die Patentschrift gefunden hat. Ist für das Verletzungsgericht erkennbar, dass die vorgenommene Einschränkung des Schutzbegehrens objektiv geboten war, steht hinreichend sicher zu erwarten, dass die der Beschränkungserklärung zugrunde liegenden Umstände (neuer Stand der Technik, unzulässige Erweiterung) zur Folge haben werden, dass das Klagepatent im parallelen Rechtsbestandsverfahren eine der Beschränkungserklärung entsprechende Fassung erhalten wird. Eine Aussetzungsanordnung ist hier Pflicht. Sie wird in der Praxis aber auch bei weniger eindeutiger Sachlage, nämlich dann angebracht sein, wenn der Ausgang des Rechtsbestandsverfahrens nach Auswertung der dortigen Angriffe aus der vorläufigen Sicht des Verletzungsgerichts offen ist, sich aus der Erteilungsgeschichte jedoch ergibt, dass der Anmelder seinerzeit selbst berechtigten Anlass für eine Einschränkung seines Schutzbegehrens gesehen hat. In einer solchen Situation ist es im Zweifel angemessen, den Patentinhaber im Rahmen der Aussetzungsentscheidung an seine eigene Einschätzung während des Prüfungsverfahrens festzuhalten und die Verurteilung im Verletzungsprozess jedenfalls bis zur erstinstanzlichen Entscheidung über den Rechtsbestandsangriff aufzuschieben. Anders ist die Sachlage etwa, wenn der Akteninhalt deutlich macht, dass sich der Anmelder mit seiner Beschränkungserklärung vorschnell vom Prüfer hat »einschüchtern« lassen oder bloß aus rein pragmatischen Erwägungen (zB um möglichst kurzfristig in den Genuss eines Patents zu gelangen) dem amtsseitig vorgeschlagenen beschränkten Patentbegehren zugestimmt hat.

950 Anlass zur Aussetzung besteht weiterhin, wenn für den erteilten Hauptanspruch – ohne dass zum Zeitpunkt der letzten mündlichen Verhandlung im Verletzungsverfahren eine, diesbezügliche abschließende, Einspruchs/Nichtigkeitsentscheidung bereits vorliegt – absehbar ist, dass er widerrufen oder für nichtig erklärt werden wird, und der Kläger seine Klage daraufhin auf eine auch im Rechtsbestandsverfahren verfolgte eingeschränkte Merkmalskombination stützt. Eine derartige Situation kann sich einstellen, wenn der Kläger den eingeschränkten Anspruch erst während der **Einspruchs- oder Nichtigkeitsverhandlung** vorlegt und die Sache daraufhin **vertagt** wird, weil die Einspruchsabteilung bzw der Nichtigkeitssenat den erteilten Anspruch für schutzunfähig hält und dem Einsprechenden/Nichtigkeitskläger Gelegenheit gegeben werden soll, etwaige Entgegen-

---

1461 OLG Düsseldorf, Beschluss v 27.10.2015 – I-2 U 24/15; vgl ausführlich: Burrichter, FS 80 Jahre Patentgerichtsbarkeit Düsseldorf, 2016, S 79; Chakraborty, FS 80 Jahre Patentgerichtsbarkeit Düsseldorf, 2016, S 101.
1462 OLG Düsseldorf, Beschluss v 27.10.2015 – I-2 U 24/15.
1463 OLG Düsseldorf, Beschluss v 10.10.2019 – I-2 U 33/18.

haltungen im Hinblick auf den beschränkten Anspruch nach zu recherchieren.[1464] Unter solchen Umständen ist im Zweifel eine Aussetzung geboten, weil momentan keine die Schutzfähigkeit stützende Stellungnahme mehr existiert, die Grundlage für eine Verurteilung des Beklagten sein könnte. Der ursprüngliche Erteilungsakt ist durch das die Schutzfähigkeit verneinende Votum der Einspruchsabteilung bzw des Nichtigkeitssenats hinfällig; für den eingeschränkten Anspruch fehlt es gleichfalls an einer den Rechtsbestand befürwortenden Entscheidung. Zwar lässt die Tatsache, dass die Einspruchsabteilung bzw der Nichtigkeitssenat den eingeschränkten Anspruch nicht sogleich aufgrund der bereits im Verfahren befindlichen Entgegenhaltungen vernichtet, sondern dem Einsprechenden/Nichtigkeitskläger durch Vertagung Gelegenheit zur Ermittlung weiteren Standes der Technik gegeben hat, darauf schließen, dass Neuheit und Erfindungshöhe gegenüber den vorliegenden Entgegenhaltungen nach sachkundiger Prüfung bejaht worden sind. Die dem Beklagten im Einspruchs/Nichtigkeitsverfahren gewährte Möglichkeit zur ergänzenden Recherche verbietet es jedoch, ihn im Verletzungsprozess bereits vor Ablauf der hierzu gesetzten Frist nach dem eingeschränkten Anspruch zu verurteilen. Eine Zurückweisung des Aussetzungsantrages kommt erst dann in Betracht, wenn es dem Beklagten nicht gelingt, weiteren Stand der Technik zu ermitteln oder wenn lediglich solche Entgegenhaltungen präsentiert werden, die über die bereits im Verfahren befindlichen ersichtlich nicht hinausgehen.

Eine vergleichbare Situation liegt nicht schon dann und deshalb vor, weil der Patentinhaber im Einspruchs- oder Nichtigkeitsverfahren eine nicht nur hilfsweise **Selbstbeschränkung** vornimmt.[1465] 951

– Werden durch sie sämtliche oder praktisch sämtliche Merkmale des Kennzeichens in den Oberbegriff aufgenommen, wird die Erfindungshöhe also auf eine insgesamt neue Grundlage gestellt, so ist der **ursprüngliche Erteilungsakt obsolet**. Da es kein die neue Merkmalskombination stützendes Votum gibt, handelt es sich bei dem beschränkten Patent der Sache nach um ein ungeprüftes Schutzrecht, was es rechtfertigt, diejenigen Aussetzungsregeln heranzuziehen, die für Gebrauchsmuster gelten[1466]: Gewinnt das Verletzungsgericht die positive Überzeugung von der Schutzfähigkeit des beschränkten Patentanspruchs, ist ohne Aussetzung zu verurteilen; erscheint der Rechtsbestand zweifelhaft, ist idR auszusetzen. 952

– Wird das **Kennzeichen** nicht vollständig ersetzt, sondern **lediglich durch weitere Merkmale angereichert**, sodass der Erteilungsakt jedenfalls tendenziell seine Aussagekraft behält, bleibt es im Grundsatz zwar bei den allgemeinen Aussetzungsgrundsätzen, die allerdings angemessen in dem Maße zu lockern sind, in dem sich der behördliche Erteilungsakt als nicht verlässlich erwiesen hat. So lange sich die Erfindungshöhe des beschränkten Anspruchs vertretbar begründen lässt und insgesamt mehr für als gegen den Rechtsbestand der beschränkten Anspruchsfassung spricht, ist von einer Aussetzung abzusehen; anderenfalls ist eine Aussetzungsanordnung geboten.[1467] Der besagte Maßstab gilt auch dann, wenn das Klagepatent im Zeitpunkt der Aussetzungsentscheidung eine nur noch geringe Restlaufzeit hat.[1468] 953

1464 Zur Notwendigkeit der Vertagung vgl BGH, GRUR 2004, 354 – Crimpwerkzeug I.
1465 Vgl dazu Augenstein/Roderburg, GRUR 2008, 457, mwN.
1466 LG Düsseldorf, Urteil v 19.12.2019 – 4a O 71/18.
1467 Das OLG München (GRUR 1990, 352 – Regal-Ordnungssysteme) plädiert demgegenüber regelmäßig für eine Aussetzung, so lange keine abschließende, die Patentfähigkeit der eingeschränkten Anspruchsfassung bestätigende Entscheidung vorliegt, und zwar auch dann, wenn die mit der Sache befasste Rechtsbestandsinstanz ihre vorläufige Meinung von der Schutzfähigkeit bereits kundgetan hat. Das OLG Karlsruhe (GRUR-RR 2019, 145 – Empfangsanordnung) hat eine Aussetzung gebilligt, wenn vernünftige Zweifel daran bestehen, dass sich das Klagepatent mit den eingeschränkten Ansprüchen als rechtsbeständig erweisen wird.
1468 Hierzu tendiert auch OLG Karlsruhe, GRUR-RR 2019, 145 – Empfangsanordnung.

954 Zu beachten ist, dass hinsichtlich der beschränkten Anspruchsfassung nicht nur eine Prüfung auf das Vorliegen eines Widerrufs- oder Nichtigkeitsgrundes stattfindet, sondern **sämtliche Erteilungsvoraussetzungen** in ihrer Gesamtheit (einschließlich unzulässiger Erweiterung, Klarheit der Ansprüche[1469]) festzustellen sind. In der Praxis werden sich daraus jedenfalls dann kaum Schwierigkeiten ergeben, wenn der erteilte Hauptanspruch durch Merkmale aus Unteransprüchen (für welche die Klarheit im Erteilungsverfahren bereits positiv beantwortet worden ist) ergänzt wird.

955 Ob der Erteilungsakt mit der vorgenommenen Beschränkung angesichts des neuen Standes der Technik (im Sinne der erstgenannten Alternative) hinfällig geworden ist oder (im Sinne der zweitgenannten Alternative) in beachtlichen Teilen noch Bedeutung hat, kann im Einzelfall schwierig zu beurteilen sein. Lassen sich für das Verletzungsgericht keine abschließenden Erkenntnisse gewinnen, sollten im Zweifel zu Lasten des Schutzrechtsinhabers die am Gebrauchsmusterrecht orientierten Aussetzungsregeln angewandt werden.

956 Eine Aussetzung ist in jedem Fall geboten, wenn das **Verletzungsgericht** im Zusammenhang mit der Beurteilung des Benutzungssachverhaltes **in der Auslegung** von Merkmalen des Patentanspruchs vom Verständnis der Einspruchs- oder Nichtigkeitsinstanz **abweicht**, bei der ein Rechtsbestandsverfahren gegen das Klagepatent anhängig ist, sofern die Sicht des Verletzungsgerichts, auf das Einspruchs- oder Nichtigkeitsverfahren übertragen, dazu führen müsste, dass das Klagepatent – entgegen der tatsächlich getroffenen zurückweisenden Einspruchs- oder Nichtigkeitsentscheidung – zu widerrufen/für nichtig zu erklären wäre.

957 Ist das Klagepatent **erstinstanzlich** in einer Weise **eingeschränkt** worden, dass die angegriffene Ausführungsform das **Klagepatent nicht mehr benutzt**, und verteidigt der Kläger im **Rechtsmittelverfahren** die (von der angegriffenen Ausführungsform benutzte) **erteilte Fassung** des Klagepatents weiter, ist es nicht Sache des Verletzungsgerichts, die Erfolgsaussichten des gegen den Teilwiderruf eingelegten Rechtsmittels zu prüfen. Vielmehr ist der Verletzungsprozess bis zum Abschluss des Rechtsmittelverfahrens auszusetzen. Selbst wenn nämlich nach Auffassung des Verletzungsgerichts das Rechtsmittel gegen die Teilvernichtung ohne Erfolgsaussicht sein sollte und die angegriffene Ausführungsform von der aufrechterhaltenen Fassung des Klagepatents ersichtlich keinen Gebrauch macht, könnte die Verletzungsklage keinesfalls abgewiesen werden. Ob das Klagepatent in seiner erteilten Fassung Bestand hat, ist einzig und allein von den Erteilungsinstanzen zu entscheiden. An deren Erkenntnis, wie immer es ausfällt, ist das Verletzungsgericht ohne eigene Prüfungskompetenz gebunden. So lange das Klagepatent deshalb nicht rechtskräftig (teilweise) widerrufen ist, bleibt das Schicksal des Klagepatents – gänzlich unabhängig von der Vernichtungsprognose, die das Verletzungsgericht anstellen würde – in der Schwebe. Bis zum endgültigen Abschluss des Rechtsbestandsverfahrens kann sich der Verletzungsangriff daher immer noch als erfolgreich erweisen, was eine Klageabweisung vor Beendigung des Rechtsbestandsverfahrens verbietet.[1470] Das gilt – ungeachtet der Bindungswirkung nach Art 111 Abs 2 Satz 1 EPÜ – auch dann, wenn die Technische Beschwerdekammer bereits eine Gewährbarkeit des erteilten Hauptanspruchs verneint und die Sache zur Prüfung von nicht benutzten Hilfsanträgen an die Einspruchsabteilung zurückverwiesen hat.[1471]

958 Eine Aussetzung ist bei beschränkter Aufrechterhaltung des Klagepatents und Verfolgung einer weitergehenden Anspruchsfassung durch den Kläger im Rechtsmittelzug auch dann geboten, wenn die **beschränkte Fassung nicht benutzt** und die **weitergehend**

1469 BGH, GRUR 2010, 709 – Proxyserversystem.
1470 OLG Düsseldorf, Beschluss v 22.2.2012 – I-2 U 36/05.
1471 LG Mannheim, Beschluss v 30.3.2012 – 7 O 41/08.

verteidigte Fassung möglicherweise benutzt wird (was durch Sachaufklärung und/oder Beweiserhebung noch abschließend zu klären ist).[1472]

Greift der Patentinhaber ein- und dieselbe Ausführungsform aus **mehreren Schutzrechten** mit vergleichbarer (Rest-)Laufzeit und mit im Wesentlichen ähnlichem Schutzbereich an, so kann der Umstand, dass aus einem dieser Schutzrechte eine Verurteilung des Beklagten stattfinden kann und der Rechtsbestand dieses Schutzrechts entweder nicht oder ohne Aussicht auf Erfolg angegriffen ist, dafür sprechen, bei den übrigen Schutzrechten eine Aussetzung großzügiger in Betracht zu ziehen. 959

bb) II. Instanz

(1) Verurteilung durch LG

Eine großzügigere Aussetzungspraxis besteht im Berufungsrechtszug, *wenn* der Beklagte in erster Instanz verurteilt worden ist.[1473] Sie beruht auf der Erwägung, dass es der Kläger durch Erbringung der Sicherheit, von der die vorläufige Vollstreckbarkeit des erstinstanzlichen Urteils abhängt (§ 709 ZPO), in der Hand hat, seine aus dem Patent folgenden Verbietungsrechte durchzusetzen. Das Interesse des obsiegenden Klägers an einer sofortigen Berufungsentscheidung beschränkt sich deshalb darauf, die titulierten Ansprüche ohne Sicherheitsleistung vollstrecken bzw eine bereits geleistete Vollstreckungssicherheit gemäß § 109 ZPO zurückfordern zu können sowie für den Fall einer späteren Urteilsaufhebung nicht auf Schadenersatz (§ 717 Abs 2 ZPO), sondern bloß auf Bereicherungsausgleich (§ 717 Abs 3 ZPO) haften zu müssen. Bei dieser Interessenlage kann der Verletzungsprozess eher ausgesetzt werden.[1474] Allerdings genügt auch hier nicht, dass die Vernichtung des Klagepatents nur möglich ist, sie muss vielmehr wahrscheinlich sein.[1475] 960

Davon ist regelmäßig auszugehen, wenn das **Klagepatent erstinstanzlich vernichtet** ist.[1476] Wird die offensichtliche Unrichtigkeit der Vernichtungsentscheidung eingewandt, besteht zu einer Fortsetzung des Verletzungsrechtsstreits nur dann Anlass, wenn vom Verletzungsgericht zuverlässig beurteilt werden kann, dass das Patent zu Unrecht vernichtet wurde und dass es mangels sonstiger Widerrufs- oder Nichtigkeitsgründe im laufenden Rechtsmittelverfahren in seinem Rechtsbestand bestätigt werden wird. Hinzukommen zur Evidenz der Fehlentscheidung muss ferner, dass das Rechtsverfolgungsinteresse des Klägers von Verfassungswegen eine Fortsetzung des Verletzungsprozesses verlangt. Davon wird nicht auszugehen sein, wenn der Kläger über ein erstinstanzliches Verletzungsurteil verfügt, das er gegen den Beklagten vollstrecken kann.[1477] Zu beachten ist freilich, dass unter den gegebenen Evidenz-Umständen *keine* Einstellung der Zwangsvollstreckung erfolgt, wie sie sonst bei erstinstanzlicher Vernichtung des Klagepatents üblich ist. 961

Ist der Unterlassungsanspruch wegen **Ablaufs des Klagepatents** gegenstandslos und geht es nur noch um die Vollstreckung des Rechnungslegungs- und Vernichtungsanspruchs, soll nach der Rechtsprechung des OLG Karlsruhe[1478] sogar genügen, dass bei summari- 962

1472 OLG Düsseldorf, Beschluss v 9.3.2016 – I-15 U 11/14.
1473 OLG Düsseldorf, Mitt 1997, 257 – Steinknacker; ebenso: OLG Karlsruhe, Urteil v 11.2.2015 – 6 U 160/13.
1474 Die besagten Gründe fallen zugunsten des Klägers freilich nur ins Gewicht, wenn das erstinstanzliche Urteil nicht schon vollständig vollstreckt ist, sondern der Kläger während des Berufungsverfahrens zumindest noch einzelne weitere Vollstreckungsmaßnahmen beabsichtigt.
1475 OLG Düsseldorf, InstGE 7, 139 – Thermocycler; ebenso: OLG Karlsruhe, Urteil v 11.2.2015 – 6 U 160/13.
1476 OLG Düsseldorf, Beschluss v 5.3.2014 – I-2 U 5/13.
1477 OLG Düsseldorf, Beschluss v 5.3.2014 – I-2 U 5/13.
1478 OLG Karlsruhe, InstGE 12, 220 – MP 3-Standard.

scher Abschätzung der Rechtsbestandsangriffe von einer nicht ganz fern liegenden Möglichkeit einer Vernichtung des Klagepatents ausgegangen werden muss.[1479]

(2) Klageabweisung durch LG

963 Ist die **Klage** vom Landgericht **zu Unrecht abgewiesen** worden und kommt das Berufungsgericht zu der Überzeugung, dass der Beklagte zu verurteilen ist, so gelten in der II. Instanz dieselben Aussetzungsregeln, wie sie im ersten Rechtszug angewandt werden. Gleiches gilt, wenn im Berufungsrechtszug ein neues Schutzrecht eingeführt wird, dessen Behandlung der Gegner zustimmt oder dessen Berücksichtigung das Gericht als sachdienlich zulässt, wenn insoweit ein Verletzungssachverhalt und daraus resultierende Ansprüche des Klägers festgestellt werden.

cc) III. Instanz

964 Für das **Nichtzulassungsbeschwerdeverfahren** hat der BGH[1480] anerkannt, dass eine Aussetzung nicht allein deshalb geboten ist, weil eine Nichtigkeitsklage anhängig ist, deren Entscheidung Einfluss auf die Beurteilung des Verletzungssachverhaltes haben kann. Zu beachten ist vielmehr auch das (gegenläufige) Interesse des Verletzungsklägers an einem raschen Abschluss des Verletzungsprozesses, dem tendenziell umso mehr Gewicht beikommt, je später die Nichtigkeitsklage eingereicht worden ist. Daraus ist gefolgert worden, dass eine Aussetzung dann, wenn der Rechtsbestandsangriff erst nach Abschluss der Tatsacheninstanzen des Verletzungsprozesses gestartet worden ist, nur veranlasst ist, wenn die Erfolgsaussichten der Nichtigkeitsklage offenkundig sind.[1481] Bei derart nachlässiger Rechtsverteidigung genügt es, den Verletzungsbeklagten für den Fall einer Vernichtung des Klagepatents auf die Möglichkeit der Restitutionsklage (§ 580 Nr 6 ZPO analog) zu verweisen. Das Gleiche gilt, wenn nach rechtskräftigem Abschluss eines ersten Nichtigkeitsverfahrens eine zweite Nichtigkeitsklage erhoben wird. Selbst wenn sie auf neue Angriffsmittel gestützt wird, gibt sie nur dann Anlass zu einer Aussetzung, wenn ihr voraussichtlicher Erfolg offensichtlich ist.[1482]

965 Auf Seiten des verurteilten Verletzungsbeklagten ist zu beachten, dass er im noch offenen Nichtzulassungsbeschwerdeverfahren den **Zulassungsgrund** der verletzungsrelevanten Vernichtung des Klagepatents **geltend machen** muss. Das gilt nicht nur bei einer teilweisen Nichtigerklärung (bei der der Fortfall des Schutzbereichseingriffs nicht ohne weiteres zu erkennen ist), sondern stets, dh auch im Falle einer Vollvernichtung, wo sich die Frage nach dem Schicksal des Verletzungsurteils an sich von selbst beantwortet. Auch wenn die Nichtzulassungsbeschwerde vordringlich auf Nichtverletzungsargumente gestützt wird, muss deshalb der mangelnde Rechtsbestand als Zulassungs- und Abweisungsgrund angesprochen werden; ansonsten droht ihre Zurückweisung.

966 Von solchen Ausnahmefällen abgesehen tendiert der BGH jedoch in aller Regel dazu, seine abschließende Entscheidung im Verletzungsverfahren zurückzustellen, bis die Entscheidung zum Rechtsbestand des Klagepatents im Nichtigkeitsberufungsverfahren getroffen ist. Diese Handhabung ist schon deshalb sinnvoll, weil es in beiden Verfahren einer Auslegung des Patents bedarf, die naturgemäß nur einheitlich erfolgen kann.

1479 Diese Wertung mag im Einzelfall gerechtfertigt sein; maßgeblich sind aber immer die Umstände des Einzelfalles, die ebenso ergeben können, dass das Rechtsverfolgungsinteresse des Klägers eine sofortige Durchsetzung auch des Rechnungslegungs- und Vernichtungsanspruchs erfordert.
1480 BGH, GRUR 2012, 93 – Klimaschrank.
1481 BGH, GRUR 2012, 93 – Klimaschrank.
1482 BGH, GRUR 2012, 1072 – Verdichtungsvorrichtung.

dd) Rechtsbestandsentscheidung ohne Begründung

967 Im Zeitpunkt der Schlussverhandlung vor dem Verletzungsgericht liegt bisweilen noch keine Rechtsbestandsentscheidung vor. Sie ist aber demnächst zu erwarten, sodass die Rechtsbestandsentscheidung durch eine geeignete Terminierung des Spruchtermins im Verletzungsverfahren eingefangen werden kann. Eine Begründung zu der Rechtsbestandsentscheidung fehlt allerdings noch und sie ist innerhalb der Spruchfrist auch nicht zu erwarten. Kann der Ausgang des Rechtsbestandsverfahrens als solcher (dh ohne Kenntnis der Gründe) dennoch als streitentscheidendes Kriterium für die Aussetzung (oder die Entscheidung über einen Antrag auf Erlass einer einstweiligen Verfügung) herangezogen werden? Wie lässt sich im vorliegenden Zusammenhang die Rechtsprechung zur Geltung bringen, dass eine Rechtsbestandsentscheidung, so lange sie nicht rechtskräftig ist, das Verletzungsgericht nicht bindet und auch rein faktisch überwunden werden kann, wenn die Gründe der Rechtsbestandsinstanz aus der Sicht des Verletzungsgerichts unvertretbar sind? Bedingt die erwähnte Ausnahme von einer Orientierung des Verletzungsgerichts an der ergangenen Rechtsbestandsentscheidung nicht, dass den Beteiligten rechtliches Gehör zu den Gründen des Rechtsbestandserkenntnisses gewährt werden muss, um den besagten Ausnahmefall geltend machen zu können, *bevor* aus der Rechtsbestandsentscheidung Konsequenzen für das Verletzungsverfahren gezogen werden?

968 Die Antwort lautet nein. Im Rahmen der Ermessensentscheidung über die Aussetzung stellt es eine legitime und inhaltlich völlig ausreichende Begründung dar, *dass* die gesetzlich zuständige und mit technischer Sachkunde ausgestattete Instanz zu einem bestimmten Resultat bei der Beurteilung des Rechtsbestandes gelangt ist:

969 Da die dortige Verhandlung der Schlussverhandlung des Verletzungsprozesses nachfolgt, ist davon auszugehen, dass in die Rechtsbestandsentscheidung alles das eingeflossen ist, was auf der Rechtsbestandsebene Gegenstand des Verletzungsprozesses gewesen ist. Einer Darlegung von Gründen für die bei der Entscheidung über die Verletzungsklage zugrunde gelegte Rechtsbestandseinschätzung von Seiten des Verletzungsgerichts bedarf es nicht. Das gilt allgemein, aber ganz besonders dann, wenn die technische Materie komplex ist, sodass das Verletzungsgericht naturgemäß keine überlegene Sachkunde für sich reklamieren kann. Unter den gegebenen Rahmenbedingungen genügt es, wenn der Unterlegene im Nachhinein die Rechtsbestandsentscheidung angreifen und ihre evidente Unrichtigkeit im Verletzungsprozess anbringen kann, wozu die ZPO Mittel und Wege bereithält. Im Falle einer Vernichtung des Klagepatents kann das deswegen ausgesetzte Verfahren jederzeit und mithin auch dann, wenn die Gründe der Rechtsbestandsentscheidung hierzu Anlass geben, wieder aufgenommen werden (§ 150 ZPO); im Falle einer Bestätigung des Klagepatents und deswegen erfolgter Verurteilung des Beklagten wegen Patentverletzung kann die offensichtliche Unrichtigkeit der Rechtsbestandsentscheidung mit einem Antrag auf einstweilige Einstellung der Zwangsvollstreckung an das Berufungsgericht geltend gemacht werden. Im einstweiligen Verfügungsverfahren stellt das spätere Vorliegen der Rechtsbestandsgründe einen veränderten Umstand dar, der eine Aufhebung der einstweiligen Verfügung (§ 927 ZPO) rechtfertigt bzw im Falle ihrer Aufhebung nach Patentvernichtung eine neue Dringlichkeit für einen abermaligen Verfügungsantrag begründet.[1483]

970 Soweit Abhilfe erst in der nächsthöheren Instanz oder in einem neuen Verletzungsverfahren geschaffen wird, würde dies zwar rechtlichen Bedenken beggnen können, *wenn* das Abwarten der Gründe für die Rechtsbestandsentscheidung ein Gebot der Gewährung rechtlichen Gehörs wäre, weil jede Partei grundsätzlich in der betreffenden Instanz (und nicht erst im Nachgang zu ihr) die Möglichkeit haben muss, sich zu dem gesamten

---

[1483] OLG Düsseldorf, GRUR-RR 2021, 465 – Cinacalcet III.

Streitstoff zu erklären. Tatsächlich liegen die Dinge jedoch anders. So lange die Rechtsbestandsentscheidung nicht begründet ist, handelt es sich bei den Entscheidungsgründen um keinen Umstand der realen Welt, der das Streitverhältnis kennzeichnen würde und zu dem deshalb rechtliches Gehör gewährt werden müsste. Die Frage ist dementsprechend nicht die nach der Einräumung rechtlichen Gehörs (zu einem überhaupt noch nicht existenten Umstand), sondern die nach der Entscheidungsreife eines Verletzungsprozesses, für dessen Klagepatent lediglich der Ausgang des Rechtsbestandsverfahrens bekannt ist. Ist der Streitstoff für das Gericht schon dann entscheidungsreif, wenn die Rechtsbestandsentscheidung gefallen, aber noch nicht begründet ist? Um dies zu beantworten, ist es hilfreich, zunächst einen Blick darauf zu werfen, welche Alternative zu der oben skizzierten Handhabung (Entscheidung des Verletzungsprozesses ohne Abwarten der Gründe für die Rechtsbestandsentscheidung) überhaupt denkbar wäre. Sie läge darin, die ansonsten[1484] gebotene Verurteilung wegen Schutzrechtsverletzung trotz Aufrechterhaltungsentscheidung allein deswegen aufzuschieben, weil das Verletzungsgericht – mit statistisch allergeringster Wahrscheinlichkeit – zu der Überzeugung gelangen *könnte*, die getroffene Rechtsbestandsentscheidung (nicht nur deren Begründung!) sei offensichtlich falsch. Eine solche an krassen (und letztlich bloß theoretischen) Ausnahmesachverhalten orientierte Handhabung würde die gerichtliche Durchsetzung der Eigentumsrechte aus dem Patent unangemessen verkürzen und damit doppelt in die Grundrechtsposition des Patentinhabers eingreifen (Rechtsschutz, Eigentumsgarantie). Das ist umso weniger akzeptabel, als dem Patentverletzungsrechtsstreit wegen der zeitlichen Limitierung des Patentschutzes von Natur aus eine Eilbedürftigkeit innewohnt, die nach einem zügigen Rechtsschutz verlangt. Die naturgegebene Eilbedürftigkeit bedeutet für die Entscheidungsreife im Verletzungsrechtsstreit, dass sie schon dann als gegeben angesehen werden muss, wenn die gesetzlich zuständige Instanz ihr Urteil über den Rechtsbestand des Klagepatents gefällt hat. Insofern unterstreicht die gesetzlich verordnete Zuständigkeitsverteilung zwischen Rechtsbestands- und Verletzungsinstanzen, in wessen Verantwortlichkeit die Beurteilung des Rechtsbestandes eines Patents fällt, und macht zugleich deutlich, dass die andere, nicht zuständige Instanz hieraus die gebotenen Folgerungen für den von ihr zu gewährenden Rechtsschutz wegen Patentverletzung zu ziehen hat. Anderenfalls ergäben sich im Übrigen auch unauflösbare Wertungswidersprüche dazu, dass das Verletzungsgericht, wenn das Rechtsbestandsverfahren noch nicht weit genug fortgeschritten sein sollte, notgedrungen seine eigene technisch laienhafte Rechtsbestandsprognose zur Grundlage seiner Verletzungsentscheidung machen muss. Verglichen mit einer solchen (im erstinstanzlichen Verletzungsverfahren typischen) Situation ist die Rechtsbestandslage zweifellos um einiges klarer und muss daher erst recht den Ausschlag geben, wenn im Entscheidungszeitpunkt bereits die technisch sachkundige und kraft Gesetzes zuständige Instanz ihr Votum über den Rechtsbestand des Klagepatents abgegeben hat.

971 Soweit die Rechtsbestandsentscheidung als solche *nach* der Schlussverhandlung im Verletzungsprozess fällt, bereitet ihre Berücksichtigung im Verletzungsprozess keine rechtlichen Probleme. Indem das Verletzungsgericht seinen Spruchtermin hinter die Rechtsbestandsentscheidung legt, macht es für die Parteien hinreichend deutlich, dass es den Ausgang des Einspruchs- oder Nichtigkeitsverfahrens für seine Entscheidung über die Verletzungsklage abwarten und verwerten will. Es kommt in diesem Zusammenhang nicht darauf an, ob die Rechtsbestandsentscheidung als offenkundige Tatsache im Sinne von § 291 ZPO zu betrachten ist und ob der Zeitablauf zwischen ihrer Verkündung bzw Verfügbarkeit und dem Spruchtermin im Verletzungsrechtsstreit als stillschweigende Gewährung rechtlichen Gehörs zu billigen ist. Selbst wenn dem nicht so sein sollte, kann ein etwaiger Gehörsverstoß jedenfalls nicht kausal für die getroffene Verletzungsent-

---

1484 ... dh mit Blick auf die Benutzungsfrage, Aktiv- und Passivlegitimation sowie die übrigen Einwendungen und Einreden des Beklagten ....

scheidung sein, weil der Ausgang des Rechtsbestandsverfahrens nun einmal unverrückbar und unangreifbar feststeht.

Sollte die gehegte Erwartung enttäuscht werden und im Zeitpunkt des Spruchtermins noch tatsächlich keine Rechtsbestandsentscheidung vorliegen und eine solche innerhalb eines verlegten Verkündungstermins auch nicht in Aussicht stehen, so wird das Verletzungsgericht die mündliche Verhandlung wiederzueröffnen haben, um die Rechtsbestandslage notgedrungen selbst mit den Parteien zu erörtern und aufgrund eigener Prognose über den Ausgang des Rechtsbestandsangriffs zu entscheiden haben. 972

ee) Spezial: Die Behandlung von Prioritätsfragen[1485]

Gemäß Art 87 Abs 1 EPÜ genießt jeder, der vorschriftsmäßig eine Patent- oder Gebrauchsmusteranmeldung eingereicht hat, für die Anmeldung derselben Erfindung zum europäischen Patent für die Dauer von 12 Monaten nach dem Anmeldetag der Erstanmeldung ein Prioritätsrecht, dh die rechtliche Möglichkeit, den Zeitrang der Erstanmeldung für eine zeitlich spätere Nachanmeldung so in Anspruch zu nehmen, als wäre die Nachanmeldung auch selbst am Tag der Erstanmeldung eingereicht worden. Außer dem Erstanmelder steht dasselbe Prioritätsrecht seinem Rechtsnachfolger zu, wobei nicht nur die Patentanmeldung als Ganzes mit der ihr zukommenden Priorität, sondern genauso das Prioritätsrecht als eigenständiges Vermögensrecht übertragen werden kann. Während für die Übertragung europäischer Patentanmeldungen das Formerfordernis nach Art 72 EPÜ gilt, ist (mangels gesetzlicher Vorgaben) irgendein Formzwang bei der isolierten Übertragung des Prioritätsrechts nicht zu beachten, welche somit auch konkludent erfolgen kann.[1486] Wesentlich ist nur, dass das Prioritätsrecht spätestens im Zeitpunkt der Nachanmeldung rechtswirksam auf den Nachanmelder übertragen ist.[1487] 973

Mit dem skizzierten Inhalt weist die Vorschrift Voraussetzungen ganz unterschiedlicher Qualität auf, nämlich solche, deren Beantwortung technische Sachkunde verlangt (wie die Erfindungsidentität von Vor- und Nachanmeldung), und solche, die weitestgehend auf juristischem Gebiet liegen (wie die Rechtsnachfolge des Erstanmelders oder die Fristberechnung). 974

(1) Eigene Priorität des Klageschutzrechts

Im Zusammenhang mit einem Verletzungsprozess wirft dieser Befund die Frage auf, ob im Rahmen der Aussetzungsdiskussion und bei der Beurteilung des Rechtsbestandes im einstweiligen Verfügungsverfahren differenziert anderslautende Beurteilungsmaßstäbe anzulegen sind, zB dergestalt, dass die juristischen Fragestellungen weit weniger durch die Einschätzung der Erteilungsbehörde präjudiziert sind als dies der Handhabung in Bezug auf technische Beurteilungen etwa zur Ausführbarkeit, Neuheit oder Erfindungshöhe entspricht. Damit im Zusammenhang steht die Problematik, wie zu verfahren ist, wenn sich die Frage einer wirksamen Prioritätsbeanspruchung überhaupt erst im Verletzungsverfahren stellt, weil erstmals zu diesem Zeitpunkt ein relevanter Stand der Technik aus dem Prioritätsintervall aufgefunden worden ist, der eine sachliche Befassung mit den Prioritätsvoraussetzungen erfordert. Um das Ergebnis gleich vorweg festzuhalten: Es gelten die üblichen Prüfungsmaßstäbe für eine Aussetzung (überwiegende Vernichtungswahrscheinlichkeit) oder den Erlass einer einstweiligen Verfügung (gesicherter Rechtsbestand). Lediglich bei der konkreten Ausfüllung dieses Maßstabes ergeben sich im Zusammenhang mit Prioritätsfragen Besonderheiten. 975

[1485] Druschel/Kommer, GRUR 2022, 353.
[1486] BGH, GRUR 2013, 712 – Fahrzeugscheibe.
[1487] BGH, GRUR 2013, 712 – Fahrzeugscheibe.

976 Der tiefere Grund für die Zurückhaltung der Verletzungsgerichte bei der Beurteilung der Erfolgs-aussichten eines Rechtsbestandsangriffs liegt darin, dass im Erteilungs- und/oder Rechtsbestandsverfahren bereits eine technisch sachkundige Recherche und Prüfung stattgefunden hat und die dabei vorgenommene Bewertung mit keiner größeren Kompetenz durch die bloß juristisch besetzten Spruchkörper der Verletzungsgerichte vorgenommen werden kann, weswegen es prinzipiell – von selbst für einen technischen Laien erkennbaren Fehlentscheidungen abgesehen – bei dem Votum der technischen Instanzen zu verbleiben hat. Aus der besagten Überlegung heraus ergibt sich, dass eine Zurückhaltung der Verletzungsgerichte dort, aber eben auch nur dort geboten ist, wo es für die Beurteilung technischer Expertise bedarf, wohingegen sie da nicht mehr angebracht ist, wo es auf juristischen Sachverstand ankommt, über den im Zweifel eher die Verletzungsgerichte und weniger die technisch besetzten Erteilungsinstanzen verfügen.

(a) Technische Fragestellungen

977 Geht es um die wirksame Inanspruchnahme einer Priorität, so wird deshalb bei der Aussetzung und im vorläufigen Rechtsschutzverfahren im Zweifel die Beurteilung der Erteilungs- und Rechtsbestandsinstanz dazu hinzunehmen sein, ob Vor- und Nachanmeldung **dieselbe Erfindung** betreffen. Denn ob die mit der Nachanmeldung beanspruchte Merkmalskombination aus der Sicht des Durchschnittsfachmanns zum Zeitpunkt der Einreichung der prioritätsbeanspruchenden Schrift in der Voranmeldung in ihrer Gesamtheit als zu der angemeldeten Erfindung gehörend offenbart ist, weil der Fachmann die im Anspruch bezeichnete technische Lehre den Ursprungsunterlagen »unmittelbar und eindeutig« als mögliche Ausführungsform der Erfindung entnehmen konnte[1488], erfordert eine Würdigung, die mit technischem Hintergrundwissen und einschlägigem Sachverstand vorgenommen werden muss. Erst wenn das Verletzungsgericht einen systematischen *Rechts*fehler feststellt, der zB darin liegen kann, dass die Erteilungsinstanz bei ihren technischen Überlegungen von falschen Beurteilungsmaßstäben ausgegangen ist, wäre es geboten, das technisch sachkundige Erkenntnis in Zweifel zu ziehen und der Aussetzungsentscheidung, soweit möglich, eine eigene Beurteilung zugrunde zu legen.

978 Taucht ein Prioritätsproblem erstmals im Verletzungsverfahren auf, sodass es hierzu noch keine technisch sachverständige Einschätzung aus dem Erteilungsverfahren gibt, so ist zu unterscheiden: Ist das Verletzungsgericht selbst in der Lage, sich einen fundierten Überblick über die Technik zu verschaffen, der ihm ein gesichertes Erkenntnis erlaubt, so ist diese Beurteilung der weiteren Prüfung des Standes der Technik zugrunde zu legen. Bleibt hingegen (zB wegen der besonderen Komplexität des technischen Gegenstandes, der dem Verletzungsgericht letztlich verschlossen bleibt) offen, ob die Priorität zurecht in Anspruch genommen worden ist, so muss diese Frage als ungeklärt behandelt werden. Im Rahmen des § 148 ZPO rechtfertigt dies eine Aussetzungsentscheidung, wenn der Beklagte einen den Rechtsbestand beseitigenden Stand der Technik einführen kann und es dem Patentinhaber nicht gelingt, diesen durch den Nachweis einer wirksam in Anspruch genommenen Priorität auszuschalten. Eine einstweilige Verfügung kommt unter derartigen Umständen selbstredend gleichfalls nicht in Betracht.

(b) Rechtliche Fragestellungen

979 Gänzlich anders verhält es sich, wenn die Wirksamkeit der Prioritätsbeanspruchung unter rein juristischen Aspekten (zB der **Fristwahrung** oder der **Rechtsnachfolge** des Erstanmelders) zur Beurteilung steht. Hier besitzt das Verletzungsgericht eigene Sachkunde und ist deswegen nicht in vergleichbarer Weise wie bei technischen Fragestellun-

---

1488 BGH, GRUR 2019, 271 – Drahtloses Kommunikationsnetz.

gen auf die Erkenntnisse und Wertungen der Erteilungs- oder Rechtsbestandsinstanz angewiesen und folgerichtig auch nicht an sie gebunden. Als Prüfungs- und Entscheidungsmaßstab gilt zwar auch hier weiterhin die überwiegende Wahrscheinlichkeit einer Vernichtung (Aussetzung) bzw der hinreichend gesicherte Rechtsbestand des Verfügungspatents (eV-Verfahren); die erforderliche Überzeugung kann das Verletzungsgericht jedoch, soweit juristische Voraussetzungen des Prioritätsrechts in Rede stehen, vordringlich aus seiner eigenen rechtlichen Beurteilung schöpfen. Sollte die Rechtsfrage ausnahmsweise gänzlich offen sein, weil ihre Beantwortung letztlich von einer »Wollens«-Entscheidung abhängt, so entscheidet die »materielle Beweislast« darüber, wer die Konsequenzen dieser Unklarheit im Rechtlichen zu tragen hat. Es gelten die im vorhergehenden Absatz dargelegten Regeln. Zur Klarstellung sei allerdings erwähnt, dass ein Fall *unklarer Rechtslage* nicht schon deshalb vorliegt, weil zu dem strittigen Punkt noch keine höchstrichterliche Rechtsprechung existiert; gemeint sind vielmehr Konstellationen, bei denen es für keine der mehreren möglichen Lösungen ein überlegenes Sachargument gibt. Dasselbe gilt, wenn zwar die Regeln zur Beantwortung der Rechtsnachfolgefrage festliegen oder verlässlich absehbar sind, aber im Tatsächlichen unklar bleibt, ob diejenigen Umstände gegeben sind, von denen die Rechtsnachfolge in die Anmeldung oder Priorität abhängt. Denn im Aussetzungsverfahren findet prinzipiell keine Beweiserhebung statt. Wohl gestattet ist eine Abschätzung über die Erfolgsaussichten ihres Nachweises anhand der präsentierten, für sich allein noch nicht zum Beweis ausreichenden Unterlagen.

(aa) Rechtsnachfolge vor der Erstanmeldung

Bis heute nicht abschließend geklärt ist die Rechtsfrage, wie zu verfahren ist, wenn der Erfinder persönlich die Erstanmeldung getätigt hat (zB in den **USA**), obwohl die Erfindung schon *vorher*[1489] bei einem Dritten (zB dem Arbeitgeber des Erstanmelders) lag, der in der Folge auch die Nachanmeldung (zB in Europa) vorgenommen hat. Während das OLG Düsseldorf[1490] in einem solchen Fall eine Prioritätsinanspruchnahme versagt hat, weil sie nur dem Rechtsnachfolger *des Anmelders* zustehe, was voraussetze, dass die Übertragung der Patentanmeldung oder des Prioritätsrechts *nach* Einreichung der Erstanmeldung erfolgt ist, vertritt das BPatG[1491] den gegenteiligen Standpunkt, dass in Fällen der Erfindungsübertragung vor der Erstanmeldung im Augenblick der Voranmeldung einerseits die Prioritätsrechte entstehen, diese andererseits aber auch gleichzeitig bzw eine juristische Sekunde später auf den Vorabrechtsnachfolger übergehen, womit ein Fall des Art 87 Abs 1 EPÜ gegeben sei.

980

Die letztgenannte Auffassung begegnet einer Reihe von Bedenken. Auch nach der Sicht des BPatG entsteht das Prioritätsrecht initial mit der Einreichung der Erstanmeldung, nicht vorher. Gleiches gilt für die Patentanmeldung; auch sie existiert vor dem Akt der Einreichung beim Patentamt nicht. Zwar können Verfügungen über die künftige Patentanmeldung oder das isolierte künftige Prioritätsrecht ggf im Voraus getroffen werden, was vielfach davon abhängen wird, ob die Vorausverfügung geltenden Bestimmtheitserfordernissen genügt; im Sinne einer Rechtsnachfolge wirksam werden können sie aber erst im Moment der Erstanmeldung, wobei der Begriff der »Rechtsnachfolge« deutlich macht, dass der Erwerber eine Person ist, welche in die bisher von einem Anderen, nämlich dem Rechtsvorgänger, gehaltene Rechtsposition einrückt. Die Rechtsnachfolge setzt – so gesehen – begrifflich voraus, dass das Prioritätsrecht zunächst einmal in einer

981

1489 Wird das Recht an der Erfindung erst *nach* der Erstanmeldung übertragen, so ist im Zweifel anzunehmen, dass mit dem Erfinderrecht auch das Prioritätsrecht übergehen soll (BGH, GRUR 2019, 271 – Drahtloses Kommunikationsnetz).
1490 OLG Düsseldorf, BeckRS 2013, 13744.
1491 BPatG, BeckRS 2017, 113852; anders allerdings BPatG, GRUR-RS 2019, 35748 – Lacosamid.

anderen Person, eben der des Erstanmelders, entstanden ist, bevor es auf den Nachfolger im Recht (= Rechtsnachfolger) übergeht. Ist die Erfindung schon vor der Erstanmeldung übertragen worden oder von vornherein in der Person eines Dritten (zB des Arbeitgebers) entstanden, der später auch die Nachanmeldung vornimmt, so agiert der Dritte zwar möglicherweise als materiell Berechtigter an der Erfindung, aber jedenfalls nicht als jemand, der Rechtsnachfolger an der Erstanmeldung oder an dem mit ihr verbundenen Prioritätsrecht ist. Eine andere Sichtweise ist auch nicht aus Gerechtigkeitserwägungen heraus geboten. Denn der materiell Vorausberechtigte kann grundsätzlich frei entscheiden, in welchem Land er eine Voranmeldung tätigen will. Unternimmt er sie dort, wo die Anmeldung – ungeachtet der anderweitigen materiellen Berechtigung – durch den Erfinder zu geschehen hat, so steht es den Beteiligten frei, die Erfindung für die Zwecke der Erstanmeldung durch den Erfinder auf diesen zu übertragen. Da der Dritte weiterhin die materiellen Rechte an der Erfindung hält, kann er die Patentanmeldung danach aus dem Gesichtspunkt der ungerechtfertigten Bereicherung von dem Erfinder zurückverlangen[1492], womit eine Rechtsnachfolgesituation gegeben ist, die eine Nachanmeldung durch ihn unter Inanspruchnahme des Zeitrangs der (fremden) Erstanmeldung erlaubt. Ferner besteht die Möglichkeit, dass der Erfinder eine Anmeldung für die fremde Erfindung einreicht und das dadurch begründete Prioritätsrecht anschließend an den materiell Berechtigten der Erfindung abtritt, sodass dieser Rechtsnachfolger des Prioritätsrechts aus der Erstanmeldung wird, was für eine Nachanmeldung mit dem Zeitrang der Erstanmeldung durch den Erfinder genügt.[1493] Vereinbarungen zwischen Erst- und Nachanmelder sind unter solchen Umständen interessengerecht im Zweifel dahingehend auszulegen, dass das Prioritätsrecht aus der Erstanmeldung dem materiell Erfindungsberechtigten überlassen werden soll.[1494]

(bb) Personell erweiterte, regional differenzierte Nachanmeldung

982 Zusätzliche Probleme tauchen auf, wenn die Erfinder A und B ihre Erfindung in den USA anmelden und innerhalb der Prioritätsfrist beide gemeinsam mit ihrem an der Erfindung materiell berechtigten Arbeitgeber C eine PCT-Nachanmeldung dergestalt vornehmen, dass der Erfinder A als alleiniger Anmelder für die USA und B zusammen mit C als alleinige Anmelder für das restliche Schutzgebiet auftreten.

983 – Betrachtet man die PCT-Anmeldung von vornherein als gemeinsame Anmeldung von A, B und C, besteht mit Blick auf A und B Anmelderidentität, was eine Prioritätsbeanspruchung *insoweit* ohne weiteres legitimiert. Dass an der Nachanmeldung – außer den (= sämtlichen[1495]!) Erstanmeldern – noch eine weitere Person (hier: C) beteiligt ist, hindert die Prioritätsbeanspruchung nicht. Da alle Erstanmelder (hier: A & B) Nachanmelder sind, dokumentiert die um eine (hier: C) oder mehrere Personen erweiterte Nachanmeldung hinlänglich, dass die Erstanmelder (und damit *alle* Prioritätsberechtigten) darin einig sind, neben sich eine weitere Person als zusätzlichen Nachanmelder zu dulden. Interessengerecht lässt sich dieser Sachverhalt nur dahingehend verstehen, dass die Erstanmelder dem weiteren Nachanmelder (zumindest) ihre Prioritätsrechte aus der Erstanmeldung in der Weise übertragen, dass er gemeinsam mit ihnen als Prioritätsberechtigter agieren können soll.[1496]

[1492] BGH, GRUR 2020, 388 – Fesoterodinhydrogenfumarat.
[1493] OLG Düsseldorf, BeckRS 2013, 13744.
[1494] BGH, GRUR 2019, 271 – Drahtloses Kommunikationsnetz. Vgl zu Problemen bei Vorhandensein mehrerer Miterfinder: Bremi, GRUR 2021, 150.
[1495] Ist ein Erstanmelder nicht Nachanmelder, muss nachgewiesen werden, wo dessen Prioritätsrecht verblieben ist, dh ob es zB auf die übrigen nachanmeldenden Erstanmelder oder einen neben ihnen agierenden (dritten) Nachanmelder übergegangen ist.
[1496] OLG Düsseldorf, GRUR-RR 2021, 249 – Cinacalcet II.

– Richtiger dürfte es freilich sein, von zwei in einem gemeinschaftlichen Dokument zusammengefassten Nachanmeldungen auszugehen. Das Ergebnis (einer wirksamen Prioritätsbeanspruchung) ist gleichwohl dasselbe.[1497] Da beide Voranmelder das Prioritätsrecht aus der Erstanmeldung gemeinschaftlich halten, werden durch die alleinige Nachanmeldung durch einen von ihnen oder den Dritten, selbst wenn dies nur für einen geografischen Teil des Gesamtschutzgebietes geschieht, zwar auch die Prioritätsrechte des jeweils anderen Erstanmelders (der insoweit nicht nachanmeldet) beeinträchtigt. Weil dem so ist, bedarf der Nachanmeldende einer Übertragung der für das Anmeldegebiet fortbestehenden Prioritätsrechte des anderen Erstanmelders. Genau eine solche Rechtsnachfolge ergibt sich aber aus der gemeinsamen, auf jeweils unterschiedliche Schutzgebiete gerichteten PCT-Anmeldung. Denn mit ihr agiert der eine nicht hinter dem Rücken des anderen, sondern jeder der Anmeldenden dokumentiert unzweideutig, dass er mit der alleinigen, prioritätsgestützten Anmelderstellung des anderen für das ihm zugestandene Schutzgebiet einverstanden ist. Bei sachgerechter Auslegung lässt sich daraus nur schließen, dass jeder die für die alleinige Nachanmeldung durch den anderen notwendige Prioritätsübertragung für die wechselseitig zugewiesenen Schutzgebiete vorzunehmen bereit ist. Der alleinige Anmelder ist deshalb für sein Schutzgebiet teils aufgrund eigenen Rechts als Erstanmelder und im Übrigen als Rechtsnachfolger im diesbezüglichen Prioritätsrecht des anderen Erstanmelders berechtigt. 984

Gegen eine Aufspaltung des Prioritätsrechts nach geografischen Schutzgebieten ist nichts zu erinnern. Es entspricht allgemeiner Auffassung, dass das Prioritätsrecht von der prioritätsbegründenden Patentanmeldung und ihrer Inhaberschaft losgelöst werden kann und ein gegenüber der Anmeldung selbständiges Vermögensrecht darstellt, das eigenständig und unabhängig von der zugrundeliegenden Patentanmeldung übertragen werden kann. Ausgehend hiervon ist kein Grund ersichtlich, weshalb das eigenständige Vermögensrecht »Priorität« nicht seinerseits teilbar sein sollte, zB nach geografischen Gesichtspunkten. Wesentlich und unverzichtbar ist nur, dass der Zusammenhang zu derjenigen technischen Lehre erhalten bleibt, die prioritätsbegründend vorangemeldet worden ist. 985

Dass diese Sicht zutrifft, wird auch an dem folgenden Vergleich deutlich. Nichts stünde der Möglichkeit entgegen, dass A und B als Erstanmelder gemeinsam auch die Nachanmeldung verfolgen und infolgedessen in Bezug auf die Gesamtheit aller erwirkten Schutzrechte Mitinhaber werden. In einem solchen Fall könnten beide Mitinhaber die von ihnen gemeinsam gehaltenen Schutzrechte durch Übertragung ihrer jeweiligen Mitinhaberanteile beliebig untereinander aufteilen und jeweils einem einzigen von ihnen als Alleininhaber zuweisen, zB dergestalt, dass A das Schutzrecht für die USA erhält, während B alle anderen erwirkten Patente alleine zustehen. Warum sollte es dann nicht möglich sein, dieselbe (legitime) Schutzrechtslage im Vorfeld der Erteilung dadurch herbeizuführen, dass die Prioritätsrechte aus der Erstanmeldung in exakt dieser Weise zur alleinigen Durchführung der Erteilungsverfahren aufgeteilt werden? 986

– Im (Nachanmelde-)Verfahren vor dem EPA ist Art 118 EPÜ zu beachten. Danach gelten verschiedene Anmelder eines europäischen Patents für verschiedene benannte Vertragsstaaten als gemeinsame Anmelder, weswegen es im Hinblick auf eine geografische Diversifizierung der Anmeldeaktivitäten im Falle einer europäischen Nachanmeldung keiner Prioritätsübertragung bedarf. 987

1497 OLG Düsseldorf, GRUR-RR 2021, 249 – Cinacalcet II.

(cc) Prioritätsfrist

988 Um die Priorität wirksam in Anspruch zu nehmen, müssen die Tatbestandsvoraussetzungen innerhalb der 12-Monatsfrist seit der Erstanmeldung sämtlich erfüllt sein. Stimmt der Erstanmelder nicht mit dem Nachanmelder überein, so muss deshalb der Nachanmelder zwar nicht unbedingt schon im Augenblick der Nachanmeldung, aber jedenfalls spätestens am letzten Tag der Frist Rechtsnachfolger der Patentanmeldung oder des Prioritätsrechts sein. Folgt die Übertragung der Nachanmeldung nach, so wächst letztere – vor Fristablauf und somit rechtserheblich – in die Prioritätsvoraussetzungen hinein. Eine außerhalb der Prioritätsfrist eingereichte Übertragungserklärung ist von daher genauestens auf ihren Erklärungswert zu untersuchen. Dokumentiert sie einen Anmeldungs- oder Prioritätsübergang vor dem Fristende, ist Art 87 EPÜ gewahrt, weil der Beweis des rechtzeitigen Übergangs selbstverständlich zu jeder Zeit und also auch nachträglich erbracht werden kann. Weist die Erklärung hingegen einen Rechtsübergang erst für einen Zeitpunkt nach dem Fristende aus, kann das Prioritätsrecht der Voranmeldung mangels Einhaltung der Prioritätsfrist nicht wirksam in Anspruch genommen werden.

(dd) Gerichtlicher Prüfungsumfang

989 Letztlich bedarf es für die Vermittlung eines Prioritätsrechts, sei es isoliert oder zusammen mit der Erstanmeldung, aber nicht einmal einer materiellen Verschiebung der Rechte an der Erfindung, wie sie oben (Rdn 981) besprochen worden ist. Denn das Prioritätsrecht besteht völlig unabhängig von der materiellen Rechtslage und dem Recht an der Erfindung und es entsteht folglich auch dann, wenn die Anmeldung von einem Nichtberechtigten vorgenommen worden ist. Allein der Umstand, *dass* eine Person eine Patentanmeldung eingereicht hat (ob materiell zu Recht oder zu Unrecht), macht sie zum Anmelder mit dem (allein aus dem Akt der Patentanmeldung resultierenden) Anspruch auf Patenterteilung und dem mit der erstmaligen Patentanmeldung verbundenen Prioritätsrecht für eine Nachanmeldung. Beide – Patentanmeldung und Prioritätsrecht – können dementsprechend ohne weiteres übertragen werden und rühren selbst dann von dem Berechtigten her, wenn der Anmelder nicht der Erfindungsberechtigte gewesen sein sollte. Wegweisend für diese Erkenntnis ist die Entscheidung des BPatG vom 12.9.2018 in der Sache 4 Ni 73/17.[1498] Dort ist zutreffend ausgeführt:

990 *»… Weitere Anforderungen an eine wirksame Inanspruchnahme eines Prioritätsrechts aus einer Erstanmeldung stellt Art. 87 EPÜ auch bei einer Rechtsnachfolge nicht. Insbesondere kommt es nicht darauf an, ob der Anmelder der ersten Anmeldung hierzu als Erfinder oder hieraus abgeleitetem Erfinderrecht berechtigt ist. Denn das die Anmeldung und das erteilte Patent betreffende Prioritätsrecht nach Art. 87 EPÜ knüpft ebenso wie für das nationale Recht §§ 40, 41 PatG, nur an Regelungen an, welche die Rechte aus der Erstanmeldung auf Erteilung des Patents betreffen, während das Erfinderrecht und das hieraus abgeleitete Recht auf das Patent einen anderen Regelungsgehalt betreffen. Folgerichtig knüpfen auch die nach Art. 87 ff EPÜ notwendigen Erfordernisse einer wirksamen Prioritätsinanspruchnahme nur an die Person des Anmelders und dessen aus der formalen Stellung als Erstanmelder abgeleiteten Rechts an, die Anmeldung und/oder das damit verbundene Prioritätsrecht geltend zu machen oder auf einen Rechtsnachfolger zu übertragen, genauer das Prioritätsrecht nach Art. 87 ff EPÜ für eine spätere Anmeldung als Ausfluss der Erstanmeldung und des Anmelderrechts wirksam beanspruchen zu dürfen, ohne dass es darauf ankäme, ob der Erstanmelder hierzu materiell-rechtlich berechtigt war und ob er insoweit überhaupt dem Rechtsnachfolger ein Prioritätsrecht tatsächlich materiell-rechtlich vermitteln konnte. Insbesondere ist es deshalb rechtlich unerheblich, ob eine prioritätsbegründende Erstanmeldung berechtigterweise, also durch einen hierzu*

1498 BPatG, GRUR-RS 2019, 35748 – Lacosamid.

berechtigten Anmelder erfolgt ist. So wird auch in der Literatur zutreffend darauf hingewiesen, dass das Recht aus der Anmeldung die aus der Anmeldung begründete Rechtsstellung umschreibt, wozu vor der Offenlegung z.B. das Prioritätsrecht zur Auslandsanmeldung oder das Prioritätsrecht nach § 40 PatG zu rechnen sind.

... Rechtsnachfolge i.S.v. Art. 87 EPÜ bezieht sich deshalb nicht auf das Erfinderrecht und Recht, eine Anmeldung einzureichen, sondern auf die Rechtsnachfolge in die Anmelderstellung als solche. Fehlzuordnungen können deshalb beim Angriff auf ein erteiltes Patent wegen mangelnder Patentfähigkeit im Bestandsverfahren nicht über eine Aberkennung wirksamer Prioritätsbeanspruchung korrigiert werden, sondern nur im Rahmen möglicher rechtlicher Korrekturen, wie sie begrenzt im Einspruchs- oder Nichtigkeitsverfahren nationaler Patente oder EP-Patente nach §§ 21 Abs. 1 Nr. 3 PatG, Art. II § 6 Abs. 1 Nr. 5 IntPatÜG, Art. 60 EPÜ für die widerrechtliche Entnahme oder den unberechtigten Anmelder vorgesehen sind bzw. soweit Vindikationsansprüche (§ 8 PatG) eine Übertragung der Anmeldung oder des Patents oder auch Unterlassungsklage, einstweilige Verfügung eine Fehlzuordnung korrigierbar machen (...).«

Liegt der Patentanmeldung des Erfinders eine deutschem Recht unterfallende **Arbeitnehmererfindung** zugrunde, so geht die Anmeldung nicht allein deswegen auf den Arbeitgeber über, weil ihm die Rechte an der Erfindung (zB infolge Inanspruchnahme) zugefallen sind. Es bedarf vielmehr einer gesonderten (notfalls im Wege der Vindikationsklage durchzusetzenden) Übertragung.[1499] Gleiches gilt logischerweise für das Prioritätsrecht aus einer Erstanmeldung der materiell dem Arbeitgeber zustehenden Diensterfindung durch den Arbeitnehmer. In der umgekehrten Konstellation einer Patentanmeldung durch den Arbeitgeber trotz Freiwerdens der Diensterfindung zugunsten des Erfinders verhält es sich genauso.[1500] Das Argument, die Priorität sei mit der Inanspruchnahme/dem Freiwerden der Diensterfindung von selbst erhalten worden, hat deswegen im Rahmen von Art 87 EPÜ keinerlei Bedeutung.

991

Soweit die skizzierte Sachlage nach anderen Rechtsordnungen gegenläufig in dem Sinne gelagert sein sollte, dass sich die Patentanmeldung und das Prioritätsrecht akzessorisch zum materiellen Recht an der Erfindung verhalten, hat es den Anschein, dass der materiellen Berechtigung an der Erfindung im Rahmen des Art 87 EPÜ nach Auffassung des BPatG[1501] auch hier nicht nachzugehen sein soll. Im Erteilungs- und Rechtsbestandsverfahren findet – wie aufgezeigt – *keine* Aufklärung der materiellen Berechtigung an der angemeldeten Erfindung statt. Stattdessen kommt es einzig und allein auf das Vorliegen eines formell ordnungsgemäßen Übertragungsaktes an, wie ihn das Recht des Erstanmeldestaates für die Übertragung einer Patentanmeldung oder eines Prioritätsrechts verlangt. Weil nur *diese* Rechtsnachfolge zu prüfen ist, bedarf es – so scheint das BPatG zu schließen – aber umgekehrt auch eines solchen auf die Patentanmeldung oder das Prioritätsrecht gerichteten Übertragungsaktes, der folglich nicht auf rein materiellrechtlicher Ebene damit begründet werden kann, dass mit dem Recht an der Erfindung akzessorisch auch das Recht an der Patentanmeldung und deren Priorität übergegangen ist. Ob dieser restriktiven Sicht beizupflichten ist, erscheint fraglich. Das EPÜ beschränkt die Mittel für den Nachweis der Rechtsnachfolge an der Patentanmeldung oder in das Prioritätsrecht an keiner Stelle. Wenn sich die Berechtigung an der Erstanmeldung oder deren Priorität daher aus dem Übergang des Rechts an der angemeldeten Erfindung ergibt, so muss es dem Nachanmelder möglich sein, sich für seine Inhaberschaft an der Anmeldung oder dem Prioritätsrecht auf exakt diesen nach der Rechtsordnung maßgeblichen Rechts- und Übertragungsakt zu berufen.

992

1499 BGH, GRUR 2011, 733 – Initialidee.
1500 OLG Düsseldorf, Urteil v 24.10.2013 – I-2 U 24/12.
1501 BPatG, GRUR-RS 2019, 35748 – Lacosamid.

(2) Prioritätsprüfung bei fiktivem Stand der Technik

993 Prioritätsfragen anderer Art können sich auch im Zusammenhang mit einem nur für die Neuheitsprüfung relevanten nachveröffentlichten, aber prioritätsälteren Stand der Technik ergeben, nämlich dann, wenn sich der ältere Zeitrang der Entgegenhaltung nicht schon aus ihrem eigenen Anmeldetag ergibt (der unverrückbar feststeht), sondern erst mithilfe einer von der Entgegenhaltung in Anspruch genommenen Priorität. Damit eine solche Schrift einen Aussetzungsanlass geben kann, muss der Einsprechende/Nichtigkeitskläger die Voraussetzungen für den gegenüber dem Klageschutzrecht besseren Zeitrang nachweisen, der die Schrift erst zu einem berücksichtigungsfähigen Stand der Technik macht. Was dazu erforderlich ist, hängt ganz entscheidend von dem anzuwendenden Prüfungsmaßstab des Gerichts ab, wobei zwei grundsätzliche Möglichkeiten in Betracht kommen: Für die Anerkennung als neuheitsrelevanter Stand der Technik könnte es ausreichen, dass der Entgegenhaltung – ob zu Recht oder zu Unrecht – im Erteilungsverfahren der betreffende ältere Zeitrang tatsächlich zugesprochen wurde. Alternativ könnte es aber auch einer materiellen Prüfung dahingehend bedürfen, ob der Schrift die ältere Priorität *berechtigt* zuerkannt wurde, ob also die tatbestandlichen Voraussetzungen für eine Inanspruchnahme der fraglichen Priorität (zB Art 87 EPÜ) vollständig vorgelegen haben.

994 Dass es nicht bei der bloßen Feststellung sein Bewenden haben kann, *dass* der Entgegenhaltung der fragliche Zeitrang in dessen Erteilungsverfahren tatsächlich zuerkannt[1502] wurde, ist gefestigte Auffassung des EPA[1503] und wiederholte Rechtsprechung des BGH. In der Entscheidung »UV-unempfindliche Druckplatte«[1504] und im Anschluss daran[1505] ist der BGH bei Prüfung der als fiktiver Stand der Technik entgegengehaltenen Druckschrift jeweils der Frage nachgegangen, ob die betreffende Schrift die vor dem eigenen Anmeldetag liegende Priorität zurecht in Anspruch nimmt. Diese Prüfung erscheint auch zwingend, weil nachveröffentlichte Schriften eben nur dann Stand der Technik für die Neuheitsprüfung sind, wenn ihnen ein älterer Zeitrang zukommt, was rein objektiv zu bestimmen ist und der gerichtlichen Kontrolle unterliegen muss. Die bisherigen Entscheidungen befassen sich zwar vordringlich mit dem Erfordernis *derselben Erfindung* und nicht mit der Problematik der Anmelderidentität in Fällen der Rechtsnachfolge. Alle Prioritätsvoraussetzungen verdienen insoweit jedoch eine Gleichbehandlung, weil von ihnen gleichermaßen abhängt, ob der Entgegenhaltung der notwendige Zeitrang einer früheren Voranmeldung zukommt. Der Umstand, dass sich für den darlegungspflichtigen Rechtsbestandsangreifer eine etwaige Rechtsnachfolge in Bezug auf die Patentanmeldung oder das Prioritätsrecht im Einzelfall weit schwieriger aufklären lassen mag als eine Einhaltung der Prioritätsfrist oder eine Erfindungsidentität zwischen Vor- und Nachanmeldung[1506], rechtfertigt es nicht, insoweit von einer Prüfung abzusehen. Das gilt umso mehr, als die Rechtsnachfolgeprüfung – wie oben (Rdn 988 f) ausgeführt – üblicherweise keine materiellen Aspekte zu berücksichtigen hat, sondern sich darauf beschränkt zu verifizieren, ob die Patentanmeldung oder das aus der Erstanmeldung entstandene Prioritätsrecht nach denjenigen Regeln wirksam übertragen worden ist, die das Recht des Erstanmeldestaates (zB in formeller Hinsicht) für Rechtsakte solchen Inhalts vorsieht. Entsprechende Erklärungen sollten sich bei der Schutzrechtsakte befinden, weil auch die Erteilungsbehörde vor einer Zuerkennung der Priorität zugunsten eines mit dem Voranmelder nicht identischen Nachanmelders die Voraussetzungen des Art 87 EPÜ

1502 Mit Zuerkennung ist in diesem Zusammenhang auch der ggf ohne weitere Prüfung vorgenommene Ausweis der Priorität auf der Patentschrift gemeint.
1503 EPA-GB, Entscheidung v 29.11.2016 – G 1/15.
1504 BGH, GRUR 2012, 1133 – UV-unempfindliche Druckplatte.
1505 BGH, GRUR 2016, 166 – PALPlus.
1506 Vgl dazu weiter unten bei Rdn 989.

zu prüfen gehabt hat, weswegen ihm entsprechende Bestätigungen vorzulegen gewesen sein werden.

Aus der Trennung von Anmelderstellung und Inhaberschaft der Erfindung folgt ein weiteres: Ist der Nachweis der »formellen« Rechtsnachfolge erbracht, ist die Entgegenhaltung bei der Neuheitsprüfung ohne Wenn und Aber zu beachten, ohne dass der Patentinhaber den älteren Zeitrang noch mit der Erwägung zu Fall bringen könnte, der Erst- oder der Nachanmelder seien materiell überhaupt nicht an der Erfindung berechtigt und deswegen nicht imstande gewesen, irgendein Prioritätsrecht an der entgegengehaltenen Patentanmeldung oder dem entgegengehaltenen Patent zu begründen. 995

Bei der **Neuheitsprüfung der nachveröffentlichten Schrift** gegenüber dem im Rechtsbestand angegriffenen Klagepatent kommt es nur darauf an, ob die Merkmalskombination des Klagepatents im fiktiven Stand der Technik offenbart ist, was nicht voraussetzt, dass die Merkmalskombination entsprechende Ausführungsform dort als erfindungszugehörig ausgewiesen ist. Damit die nachveröffentliche Schrift jedoch im Zuge der Neuheitsprüfung beachtlich ist, wenn noch nicht der eigene Anmeldetag, sondern erst eine von ihr in Anspruch genommene Priorität den erforderlichen älteren Zeitrang gegenüber dem Klagepatent begründet, muss geprüft werden, ob das nachveröffentlichte Dokument die fragliche Priorität zurecht beansprucht. Über den hier zu leistenden Prüfungsumfang im Verhältnis von nachveröffentlichter Schrift und der ihre Priorität begründenden Voranmeldung besteht freilich Uneinigkeit. Während das EPA[1507] allein prüft, ob die fragliche Merkmalskombination der Nachanmeldung schon in der Voranmeldung (nicht notwendigerweise als erfindungszugehörig!) offenbart ist, stellt der BGH[1508] genau *diese* Prüfung auf Erfindungszugehörigkeit an. Denn die nachveröffentlichte Entgegenhaltung kann eine Priorität nach Art 87 EPÜ nur in dem Umfang in Anspruch nehmen, wie ihr Inhalt in der ihre Priorität begründenden Erstanmeldung nicht nur irgendwie offenbart, sondern als zu der dort beschriebenen Erfindung zugehörig beschrieben (oder gezeichnet) ist. Für die Neuheitsprüfung anhand eines fiktiven Standes der Technik, dessen Zeitrang nur dann ein älterer ist, wenn die nachveröffentlichte Schrift ihrerseits die Priorität einer Voranmeldung in Anspruch nehmen kann, gilt sodann Folgendes: Diejenige Merkmalskombination des Streitpatents, die mit dem Neuheitsangriff aus dem fiktiven Stand der Technik zu Fall gebracht werden soll, ist zunächst daraufhin zu überprüfen, ob sie in der nachveröffentlichten Entgegenhaltung (ohne Rücksicht auf irgendeine Erfindungszugehörigkeit) offenbart ist. Sodann ist zu untersuchen, ob die betreffende Merkmalskombination in der Voranmeldung, deren Priorität die nachveröffentlichte Schrift beansprucht, als zu der Erfindung der nachveröffentlichten Druckschrift gehörend ausgewiesen ist. Es genügt dabei, wenn sich die in der Voranmeldung anhand eines Ausführungsbeispiels oder sonstwie beschriebenen technischen Anweisungen für den Fachmann als Ausgestaltung der in der Nachanmeldung umschriebenen allgemeineren technischen Lehre darstellen und diese Lehre in der in der Nachanmeldung offenbarten Allgemeinheit bereits der Voranmeldung als zu der angemeldeten Erfindung gehörend entnommen werden kann.[1509] 996

c) (Hilfsweise) Anspruchskombination[1510]

Bestehen Bedenken gegen den Rechtsbestand des Klagepatents, so nützt es dem Kläger im Verletzungsprozess nichts, seine Klageansprüche hilfsweise auf eine Anspruchskombination (zB des Hauptanspruchs mit einem Unteranspruch) zu stützen. Einer Aussetzung des Rechtsstreits kann er durch eine solche Antragsfassung nicht entgehen, weil 997

1507 EPA-GB, Entscheidung v 29.11.2016 – G 1/15.
1508 BGH, GRUR 2012, 1133 – UV-unempfindliche Druckplatte.
1509 BGH, GRUR 2019, 271 – Drahtloses Kommunikationsnetz.
1510 Zu Einzelheiten vgl Grunwald, Mitt 2010, 549; Melullis, FS Bornkamm, 2014, S 713.

dem Hilfsantrag erst entsprochen werden darf, wenn feststeht, dass der Hauptantrag unbegründet ist. Diese Feststellung aber lässt sich, so lange das Nichtigkeits- oder Einspruchsverfahren andauert, nicht treffen.

998 Zur Vermeidung einer Aussetzung ist es daher erforderlich, dass sich der Kläger entschließt, sein Klagebegehren *unbedingt* auf die voraussichtlich rechtsbeständige Anspruchskombination zu beschränken. Eine teilweise Klageabweisung und eine anteilige **Kostenbelastung** sind damit nur dann verbunden, wenn infolge der Beschränkung ursprünglich angegriffene Ausführungsformen nicht mehr vom Klageangriff umfasst werden. Bleiben alle angegriffenen Ausführungsformen auch von der eingeschränkten Anspruchsfassung umfasst, hat der Kläger wirtschaftlich betrachtet mit seinem Klageangriff vollen Erfolg gehabt; zur Beschreibung der Verletzungsformen ist lediglich eine konkretere Formulierung (nämlich die der Anspruchsbeschränkung) gewählt worden, was dem Kläger freisteht und nicht zu einem Teilunterliegen führt. Abweichendes gilt erst dann, wenn die beschränkenden Merkmale die Reichweite des Tenors in einem Maße zurückführen, dass mit ihm – wirtschaftlich betrachtet – ein *spürbar* geringerer Eingriff in die künftige Betätigungsfreiheit des Verletzers verbunden ist, zB weil die beschränkte Anspruchsfassung ihm weitergehende oder einfachere (kostengünstige) Umgehungslösungen eröffnet. Unter solchen Umständen ist der Kläger mit einer Kostenquote zu beteiligen, die dem Weniger an Wettbewerbsverdrängungspotenzial entspricht.

Praxistipp	**Formulierungsbeispiel**

999 Sogar das Gericht kann von sich aus eine gegenüber der Antragsfassung konkretisierende Formulierung wählen, um die Verletzungsformen zu umschreiben, was sich zB dann anbietet, wenn die Parteien im Rechtsbestandsverfahren darüber streiten, ob die vom Kläger verfolgte (zB erteilte) Anspruchsfassung unzulässig erweitert ist. Die betreffende Frage kann dahinstehen, wenn das Gericht zur Beschreibung des Verletzungsgegenstandes zu einer Formulierung greift, die die angeblichen unzulässigen Erweiterungen vorsorglich beseitigt. Solches ist möglich und zweckmäßig, wenn sich sämtliche angegriffenen Ausführungsformen auch mit der konkretisierten Antragsformulierung erfassen lassen und die Erweiterungsfrage für das Verletzungsgericht nicht eindeutig zu beantworten ist.

Selbstverständlich kann die **erteilte Anspruchsfassung** weiter **hilfsweise** verfolgt werden. Solches kann sich von Fall zu Fall anbieten, wenn die erteilte Anspruchsfassung nicht verloren gegeben werden muss, sondern eine gewisse Aussicht dafür besteht, dass sie am Ende des Rechtsbestandsverfahrens ggf doch aufrechterhalten bleibt. Mit der »umgekehrten« Antragstellung lässt sich verhindern, dass die Klage, sollten die beschränkenden Merkmale nach Auffassung des Verletzungsgerichts nicht benutzt werden, endgültig abgewiesen wird. Wegen des Hilfsantrages hat bei Verneinung der Benutzung der eingeschränkten Fassung vielmehr eine Aussetzung des Rechtsstreits stattzufinden, die dem Kläger weitere Zeit verschafft.

1000 Im **Gebrauchsmusterverletzungsprozess** kann die Einschränkung ohne Rücksicht auf die im Löschungsverfahren verteidigte Fassung vorgenommen werden.[1511] Dies ist möglich, weil das Verletzungsgericht vor einer Verurteilung in eigener Verantwortlichkeit die Schutzfähigkeit der geltend gemachten Merkmalskombination prüfen und positiv feststellen muss.

1001 Für den Patentverletzungsprozess, in dem eine solche Prüfungszuständigkeit nicht besteht, wird man nicht die gleiche Großzügigkeit gelten lassen können. Vielmehr muss

---

1511 BGH, GRUR 2003, 867 – Momentanpol I.

die dort verfolgte eingeschränkte Anspruchsfassung derjenigen Fassung entsprechen, mit der der geltend gemachte Patentanspruch im Rechtsbestandsverfahren verteidigt wird.[1512] Ein eingeschränkter Klageantrag ist vor rechtskräftigem Abschluss des Rechtsbestandsverfahrens im Verletzungsrechtsstreit jedenfalls dann ohne weiteres zulässig, wenn das Klagepatent nur mit der eingeschränkten Fassung verteidigt wird.[1513] Einen der eingeschränkten Fassung entsprechenden Hilfsantrag wird man gleichfalls als ausreichend ansehen müssen, weil bei Aufrechterhaltung der erteilten Fassung eine Verurteilung nach einem (sic: jedem) demgegenüber eingeschränkten Antrag bedenkenlos ist. Gleiches gilt, wenn bei mehreren Hilfsanträgen ein vorrangiger Hilfsantrag zum Erfolg führt, der die Anspruchskombination des Verletzungsprozesses vollständig abdeckt, was der Fall ist, wenn die Hilfsanträge derart aufeinander aufbauen, dass jeder nachfolgende Antrag den Merkmalen des vorhergehenden ein weiteres Merkmal hinzufügt. Findet bei der Formulierung der Hilfsanträge ein Merkmalsaustausch statt, ist demgegenüber nicht sichergestellt, dass mit dem Erfolg eines vorrangigen Hilfsantrages die Rechtsbeständigkeit der Kombination des Verletzungsprozesses bestätigt wird. Hier wird es geboten sein, dass die Fassung des Verletzungsprozesses zum Gegenstand eines ersten Hilfsantrages gemacht wird, der garantiert, dass der Verurteilung im Verletzungsprozess in jedem Fall eine entsprechende Rechtsbestandsentscheidung nachfolgt. Aus dem gleichen Grund wäre es im Interesse eines Gleichlaufs von Verletzungs- und Rechtsbestandsverfahren hilfreich, wenn der Kläger, sobald er ein der beschränkten Anspruchsfassung Rechnung tragendes Verletzungsurteil erstritten hat bzw die der Verurteilung zugrunde liegende letzte mündliche Verhandlung geschlossen ist, verpflichtet wäre, die betreffende Fassung auch im Rechtsbestandsverfahren zur Entscheidung zu stellen, sodass er den entsprechenden Hilfsantrag – entgegen den grundsätzlichen Gepflogenheiten des Nichtigkeitsverfahrens – von diesem Zeitpunkt an nicht mehr fallen lassen darf.[1514] Die Rechtsprechung der Rechtsbestandsinstanzen[1515] ist indessen eine andere. Sie steht – mit einigem Recht – auf dem Standpunkt, dass es aus Anlass einer gegen einen einzelnen Verletzer erwirkten Verletzungsverurteilung keine Bindung in dem jedermann betreffenden Rechtsbestandsverfahren und der dort verteidigten Anspruchsfassung geben kann. Andererseits bleibt aber auch richtig, dass das Verletzungsgericht an den Erteilungsakt gebunden ist und deshalb, wenn es mit der Verurteilung nach einer eingeschränkten Fassung dem Ausgang des Rechtsbestandsverfahrens »vorgreift«, gewährleistet sein muss, dass das Klagepatent auch tatsächlich mit der der Verurteilung zugrunde liegenden Anspruchsfassung zur Entscheidung im Nichtigkeitsverfahren kommt. Da die Lösung – wie dargelegt – nicht in einer Beschränkung des Patentinhabers beim Führen des Rechtsbestandsverfahrens gefunden werden kann, muss sie bei der Handhabung des Aussetzungsermessens gesucht werden. Dort, wo – ausnahmsweise! – berechtigte Zweifel daran bestehen, dass der siegreiche Verletzungskläger – wovon grundsätzlich auszugehen ist – das von ihm erstrittene Urteil durch eine (mindestens hilfsweise) geeignete Anspruchsfassung im Rechtsbestandsverfahren verteidigen wird, sollte ernstlich über eine Aussetzung des Verletzungsprozesses nachgedacht werden, um durch den mindestens erstinstanzlichen Abschluss des Rechtsbestandsverfahrens eine taugliche Basis für die Verletzungsverurteilung zu erhalten. Der Kläger ist gegenüber einer solchen Verfahrensweise nicht rechtlos, weil er der drohenden Aussetzungsanordnung dadurch entgehen kann, dass er sein Patent in derjenigen Weise, die er dem Verletzungsprozess zugrunde legt, förmlich beschränken lässt (§ 64 PatG).

1512 BGH, GRUR 2010, 904 – Maschinensatz.
1513 BGH, GRUR 2010, 904 – Maschinensatz.
1514 Grunwald, Mitt 2010, 549.
1515 BGH, Urteil v 20.11.2018 – X ZR 17/17; BPatG, Mitt 2017, 174 – Intrakardiale Pumpvorrichtung.

1002 Deckt das als rechtsbeständig erkannte Patent die im Verletzungsprozess erfolgte Verurteilung nicht mehr ab, bleibt für den Verletzungsbeklagten die Möglichkeit einer **Restitutionsklage** analog § 580 Nr 6 ZPO.

d) Tenor und Begründung

1003 Die Aussetzung bedarf keiner mündlichen Verhandlung, sondern kann gemäß **§ 128 Abs 4 ZPO** auch im schriftlichen Verfahren erfolgen.[1516]

1004 Sie geschieht in aller Regel nicht sogleich bis zur rechtskräftigen Erledigung des anhängigen Rechtsbestandsverfahrens, sondern zunächst bis zur erstinstanzlichen Entscheidung. Fällt sie zugunsten des Patentinhabers aus (indem das Klagepatent im erteilten oder in einem zwar eingeschränkten, die angegriffene Ausführungsform aber nach wie vor erfassenden Umfang aufrechterhalten wird), besteht für eine weitere Aussetzung bis zur Beendigung des vom Verletzungsbeklagten angestrengten Rechtsmittelverfahrens im Allgemeinen kein Anlass. Umgekehrt führt ein erstinstanzlicher Widerruf/eine erstinstanzliche Nichtigerklärung des Klagepatents regelmäßig zu einer – ggf weiteren – Aussetzung des Verletzungsprozesses bis zum Abschluss des Einspruchsbeschwerde- bzw Nichtigkeitsberufungsverfahrens. In diesem Zusammenhang ist die Bezugnahme auf den »rechtskräftigen« Verfahrensabschluss unbedenklich, falls die Beschwerde – bzw Berufungsinstanz in der Sache durch entscheidet. Insbesondere im europäischen Einspruchsbeschwerdeverfahren ist dies jedoch nicht immer gewährleistet, weil vielfach an die Einspruchsabteilung zurückverwiesen wird, und sei es auch nur zur Beschreibungsanpassung. Es empfiehlt sich deshalb die Aussetzung nur bis zum Vorliegen der Beschwerde- bzw Berufungsentscheidung. Danach kann in Abhängigkeit von der getroffenen Erkenntnis über eine Fortführung oder aber ergänzende Aussetzung entschieden werden.

1005 Üblich für eine Aussetzungsanordnung ist folgender **Ausspruch**:

Praxistipp	Formulierungsbeispiel
1006	Gemäß § 148 ZPO wird der Rechtsstreit bis zur erstinstanzlichen (bzw rechtskräftigen[1517]) Entscheidung in dem das deutsche Patent ... (den deutschen Teil des europäischen Patents ...) betreffenden Einspruchsverfahren (bzw Nichtigkeitsverfahren) – AZ: ... – ausgesetzt.

1007 Sie ist zu begründen.[1518] Dies muss allerdings nicht bereits in dem die Aussetzung anordnenden Beschluss geschehen. Vielmehr kann die Begründung im Falle einer Beschwerde in der ohnehin zu treffenden Nichtabhilfeentscheidung nachgeholt werden.[1519] So vorzugehen kann sich für das Gericht aus Gründen der Vereinfachung anbieten, wenn nicht mit einem Rechtsmittel gegen den Aussetzungsbeschluss zu rechnen ist.

1516 BGH, MDR 2011, 1441 – Sportwettenerlaubnis.
1517 Genauer:
»... bis zum Vorliegen der Einspruchsbeschwerde-/Nichtigkeitsberufungsentscheidung ...«.
1518 OLG Brandenburg, OLG-Report 1996, 183.
1519 OLG Karlsruhe, GRUR-RR 2019, 145 – Empfangsanordnung.

Praxistipp	Formulierungsbeispiel
Umgekehrt bedeutet dies, dass der Kläger, um eine Begründung der Aussetzungsentscheidung zu erzwingen, gehalten ist, gegen den Aussetzungsbeschluss sofortige Beschwerde einzulegen. Freilich verschafft er seinem Gegner damit eine Argumentationshilfe im anhängigen Einspruchs-, Nichtigkeits- oder Löschungsverfahren, weil der Beklagte den die voraussichtlich mangelnde Rechtsbeständigkeit begründenden Aussetzungsbeschluss im Verfahren um den Rechtsbestand des Klageschutzrechts präsentieren wird.	

1008

Ist der Aussetzungsbeschluss mit ordentlichen Rechtsmitteln nicht mehr anfechtbar (wie dies bei entsprechenden Anordnungen eines OLG der Fall ist, wenn die Rechtsbeschwerde an den BGH von ihm nicht zugelassen ist[1520]), bedarf es – auch von Verfassung wegen – regelmäßig keiner Begründung.[1521] Enthält ein Aussetzungsbeschluss ausnahmsweise dennoch eine Begründung, die auf einen Teil der vorgetragenen Argumente eingeht, rechtfertigt dies nicht den Schluss, das Gericht habe die anderen Argumente nicht aufgenommen.[1522]

1009

e) Anfechtbarkeit

Die Entscheidung des Landgerichts über die Anordnung der Aussetzung kann mit der **sofortige**n **Beschwerde** angegriffen werden.[1523] Sie ist innerhalb einer Notfrist von zwei Wochen nach Zustellung des Aussetzungsbeschlusses beim Landgericht, dessen Entscheidung angefochten wird, einzulegen.[1524] Die Beschwerde kann auf neue Angriffs- und Verteidigungsmittel gestützt werden.[1525] Das Landgericht hat zunächst selbst ihre Begründetheit zu prüfen; nur wenn es die Beschwerde für unbegründet hält, hilft es ihr nicht ab und legt die Sache dem Oberlandesgericht zur Entscheidung vor.[1526]

1010

Beruht die Aussetzungsentscheidung darauf, dass das anordnende Gericht zur Auslegung von EU-Recht eine **Vorabentscheidung des EuGH** einholen will, so ist sie *nicht* anfechtbar.[1527] Eine im Zusammenhang mit einem Vorabentscheidungsersuchen angeordnete Aussetzung hat – anders als in den Fällen des Rechtsbestandsangriffs, bei denen die Aussetzung wegen des mutmaßlichen Ausgangs eines anderen, fremden Prozesses erfolgt – keinen eigenständigen Regelungsgehalt, sondern stellt bloß die unausweichliche und formal notwendige Folge der Einholung einer Vorabentscheidung für die ausstehende Entscheidung des eigenen Rechtsstreits dar. Insoweit steht das Vorlageersuchen einem Beweisbeschluss gleich, für den seit jeher anerkannt ist, dass er als die künftige Hauptsacheentscheidung vorbereitender Akt keinem eigenständigen Rechtsmittel unterliegt. Das Vorabentscheidungsersuchen ist qualitativ auf nichts anderes gerichtet als darauf, die Grundlagen dafür zu schaffen, dass der Rechtsstreit demnächst entschieden werden kann.

1011

1520 § 574 Abs 1 ZPO.
1521 BGH, Beschluss v 9.8.2016 – X ZR 112/14.
1522 BGH, Beschluss v 9.8.2016 – X ZR 112/14.
1523 § 252 1. Halbsatz ZPO. Keine Beschwerdemöglichkeit besteht gegen eine Aussetzungsentscheidung, die mit einer Vorlage an ein höheres Gericht (BVerfG, EuGH) verbunden ist (OLG Celle, MDR 2009, 218, mwN).
1524 § 569 Abs 1 ZPO.
1525 § 571 Abs 2 ZPO.
1526 § 572 Abs 1 ZPO.
1527 LG Düsseldorf, Beschluss v 15.1.2021 – 4c O 17/19, mwN zum Meinungsstand.

E. Verteidigungsmöglichkeiten des Beklagten

1012 Es ergeht keine gesonderte **Kostenentscheidung**, vielmehr sind die im Aussetzungsbeschwerdeverfahren angefallenen Kosten solche des Rechtsstreits, die demgemäß der in der Hauptsache getroffenen Kostenentscheidung folgen.[1528]

1013 Der **Gegenstandswert** für das Beschwerdeverfahren ist daran zu orientieren, um welche Zeitspanne die erstrebte Verurteilung wegen Patentverletzung sich infolge der Aussetzungsanordnung voraussichtlich verzögern wird. Liegen keine anderweitigen Anhaltspunkte vor, entspricht der Streitwert deshalb *dem* Anteil am Gesamtstreitwert, den die Zeitspanne des Aufschubs im Verhältnis zu der für die Festsetzung des Gesamtwertes maßgeblichen Zeitspanne ausmacht.[1529] Lässt sich dies nicht einmal annähernd absehen, ist ein Streitwertanteil von 20 % anzusetzen.[1530]

1014 Beschwert – und damit anfechtungsberechtigt – sind regelmäßig beide Parteien,

1015 – der Kläger, weil er geltend machen kann, dass ein Aussetzungsanlass tatsächlich nicht bestanden hat und der Beklagte deshalb, statt den Ausgang des nicht hinreichend aussichtsreichen Rechtsbestandsverfahrens abzuwarten, hätte verurteilt werden müssen;

1016 – der Beklagte, weil er (bei bestrittener Verletzung, Aktiv- oder Passivlegitimation) geltend machen kann, dass die Verletzungsklage, statt den Rechtsstreit im Hinblick auf den Rechtsbestandsangriff auszusetzen, endgültig hätte abgewiesen werden müssen.

1017 In beiden Konstellationen ist die Beschwerde faktisch aussichtslos, weil die **Prüfungskompetenz des Beschwerdegerichts**[1531] in doppelter Hinsicht eingeschränkt ist[1532]:

1018 – Da die Anordnung einer Aussetzung bei festgestellter Vorgreiflichkeit (auf der Rechtsfolgenseite) im Ermessen des Gerichts steht, kann im Beschwerdeverfahren nur überprüft werden, ob das Landgericht sein **Ermessen** fehlerfrei ausgeübt hat.[1533] Daran fehlt es, wenn das Landgericht von einem unrichtigen Prüfungsmaßstab ausgegangen ist (zB weil es bereits Zweifel am Rechtsbestand für rechtlich relevant gehalten hat, obwohl zutreffender Weise auf eine überwiegende Vernichtungswahrscheinlichkeit hätte abgestellt werden müssen[1534]) oder wenn ausschlaggebende wesentliche Gesichtspunkte (zB einzelne Entgegenhaltungen oder Einspruchsgründe) überhaupt nicht oder erkennbar falsch gewürdigt worden sind. Soweit die Aussetzungsentscheidung indessen vertretbar ist, kann das Beschwerdegericht seine eigene Ermessensentscheidung nicht an die Stelle derjenigen des Landgerichts setzen. Dementsprechend darf das Beschwerdegericht bei Vorliegen von Ermessensfehlern die vorinstanzliche Aussetzungsentscheidung bloß aufheben, ist aber nicht befugt, selbst Zweckmäßigkeitserwägungen anzustellen, mit denen es sein Ermessen an die Stelle des dem Erstgericht eingeräumten Ermessens setzt.[1535] Etwas anderes gilt nur ausnahmsweise dann, wenn das auszuübende Ermessen auf Null reduziert ist, sodass aus Rechtsgründen nur eine einzige rechtsfehlerfreie Ermessensentscheidung in Betracht kommt, die alsdann auch vom Beschwerdegericht vorweggenommen werden darf.[1536] Derartiges

---

1528 BGH, MDR 2012, 1432.
1529 OLG Düsseldorf, Beschluss v 31.1.2013 – I-2 W 1/13.
1530 OLG Düsseldorf, Beschluss v 4.3.2013 – I-2 W 6/13.
1531 Vgl dazu Augenstein/Roderburg, GRUR 2008, 457.
1532 OLG Düsseldorf, GRUR 1994, 507, 508; OLG Düsseldorf, InstGE 3, 233 – Ausländische Nichtigkeitsklage.
1533 BGH, BB 2006, 465 (LS).
1534 OLG Karlsruhe, GRUR 2014, 352 – Stanzwerkzeug.
1535 BGH, MDR 2019, 1524.
1536 BGH, MDR 2019, 1524.

kommt bei Vorliegen *vollkommen* eindeutiger Widerrufs- oder Nichtigkeitsgründe in Betracht, die schlechterdings keine andere Würdigung erlauben als diejenige, dass das Klagepatent vernichtet werden wird.

– Geht es demgegenüber – auf der Tatbestandsebene – darum, ob eine **Vorgreiflichkeit** als Voraussetzung jeder Aussetzungsentscheidung besteht, ist dem Gericht ein Ermessensspielraum nicht eingeräumt und deshalb vom Beschwerdegericht prinzipiell umfassend und uneingeschränkt nachzuprüfen, ob ein Aussetzungsgrund gegeben war.[1537] In Patentstreitsachen folgt daraus gleichwohl nicht, dass die Erwägungen dazu, ob das anderweitige Verfahren für die Entscheidung des ausgesetzten Rechtsstreits vorgreiflich ist oder nicht, vom Beschwerdegericht uneingeschränkt überprüft werden könnten. In Patentverletzungssachen hängt die Entscheidung, ob eine Vorgreiflichkeit gegeben ist oder fehlt, regelmäßig eng mit der Beantwortung der Verletzungsfrage zusammen und ist praktisch identisch mit dieser. Nur wenn die Patent- oder Gebrauchsmusterverletzung bejaht wird, kann die Entscheidung über die Verletzungsklage vom Ausgang des Einspruchs- oder Nichtigkeitsverfahrens über das Klagepatent abhängen. Würde das Beschwerdegericht im Rahmen seiner Entscheidung über den Aussetzungsbeschluss überprüfen können, ob das Landgericht zu Recht eine Patentverletzung bejaht (und damit die Vorgreiflichkeit angenommen) hat, so würde dem erstinstanzlichen Gericht seine durch Endurteil erst noch zu treffende abschließende Sachentscheidung praktisch vorgegeben. Ein solcher Eingriff in das erstinstanzliche Verfahren widerspricht der Selbständigkeit der einzelnen Rechtszüge und unterläuft den verfahrensrechtlichen Anspruch der Parteien eines Rechtsstreits darauf, dass grundsätzlich jede Instanz ausschließlich aufgrund dessen beendet wird, was das im betreffenden Rechtszug zur Entscheidung berufene Gericht bei eigener Würdigung der Sach- und Rechtslage für richtig hält. Bezüglich der Verletzungsfrage kann das Beschwerdegericht daher ebenfalls nur überprüfen, ob die Erwägungen des LG unvertretbar sind. 1019

– Gleiches gilt, wenn und soweit der Aussetzungsbeschluss in seinem die Vorgreiflichkeit betreffenden Teil darauf gestützt ist, dass mit den angegriffenen Gegenständen ausschließlich von einem den Beklagten zur **Weiterbenutzung** berechtigenden prioritätsälteren Schutzrecht Gebrauch gemacht wird.[1538] Auch diesbezüglich hat das Beschwerdegericht die Ansicht des erstinstanzlichen Gerichts grundsätzlich hinzunehmen. Geht es um die Verletzung eines ausländischen Patents und hat das Landgericht die Ermittlung des für die Klageansprüche maßgeblichen ausländischen Rechts durch Einholung eines Sachverständigengutachtens für notwendig erachtet, so ist auch dieses weitgehend der Überprüfung durch das Beschwerdegericht entzogen.[1539] 1020

Die dargelegten Grundsätze gelten unabhängig davon, ob Gegenstand der Aussetzungsentscheidung eine Verletzungsklage des Schutzrechtsinhabers oder eine **negative Feststellungsklage** des vermeintlichen Verletzers ist.[1540] 1021

Einen – oftmals nur vorläufigen – Erfolg hat die Beschwerde allenfalls dann, wenn bei der angefochtenen Entscheidung der **Anspruch** des Beschwerdeführers **auf rechtliches Gehör** verletzt wurde. Solches ist namentlich der Fall, wenn die Aussetzungsentscheidung getroffen wurde, ohne eine den Parteien gesetzte Stellungnahmefrist abzuwarten. Sie muss auch dann vollständig gewährt werden, wenn eine Partei bereits vor Fristablauf Ausführungen zur Sache gemacht hat, die als abschließende Stellungnahme verstanden werden können. Handelt es sich bei dem angefochtenen Erkenntnis um eine nicht ver- 1022

1537 BGH, BB 2006, 465 (LS).
1538 OLG Düsseldorf, InstGE 3, 233 – Ausländische Nichtigkeitsklage.
1539 OLG Düsseldorf, InstGE 3, 233 – Ausländische Nichtigkeitsklage.
1540 OLG Düsseldorf, InstGE 3, 233 – Ausländische Nichtigkeitsklage.

kündete Entscheidung, so ist diese erlassen, sobald der von allen mitwirkenden Mitgliedern unterzeichnete Beschluss an die Geschäftsstelle übergeben ist. Vor diesem Zeitpunkt bei Gericht eingegangenes Parteivorbringen muss daher berücksichtigt werden. Geschieht dies nicht, wird der Anspruch auf rechtliches Gehör verletzt, selbst dann, wenn dem Rechtsmittelgericht der betreffende Schriftsatz tatsächlich nicht mehr rechtzeitig vorgelegt wurde.[1541]

1023 Auch wenn die Parteien gegen die Aussetzungsanordnung kein Rechtsmittel eingelegt haben und die Aussetzungsanordnung damit rechtskräftig geworden ist, können sie jederzeit die Fortsetzung des ausgesetzten Rechtsstreits verlangen (§§ 150, 250 ZPO).[1542] Über ein solches Begehren hat das Gericht nach seinem Ermessen zu entscheiden. Anlass zu **Beendigung der Aussetzung** (zum Zwecke einer erneuten Prüfung der Aussetzungsfrage) besteht regelmäßig dann, wenn der Kläger nach erfolgter Aussetzung (sei es im Beschwerdeverfahren gegen den Aussetzungsbeschluss[1543] oder nach Eintritt der Rechtskraft des Aussetzungsbeschlusses) seine Klage auf neue, eingeschränkte Ansprüche stützt, deren Benutzung und Rechtsbestand noch nicht geprüft worden sind.

1024 Ist der Beklagte (ohne Aussetzung) verurteilt worden, kann Berufung eingelegt werden, selbst wenn lediglich die Nicht-Aussetzung beanstandet werden soll.[1544] Ob auch in einer solchen Konstellation von einer nur eingeschränkten Prüfungskompetenz des Berufungsgerichts auszugehen ist, ist umstritten, für die Praxis jedoch belanglos, weil der Beklagte typischerweise auch im Berufungsrechtszug einen Aussetzungsantrag formuliert, weswegen das OLG nach den bei ihm gültigen, erleichterten Voraussetzungen sein Aussetzungsermessen auszuüben hat.

1025 Wichtig ist in einem Verletzungsrechtsstreit mit parallelem Einspruchs- oder Nichtigkeitsverfahren die Zusammenarbeit zwischen Rechtsanwalt und Patentanwalt. Vor allem die Abstimmung der jeweiligen Schriftsätze kann von entscheidender Bedeutung sein, denn vielfach können Argumente, die die Schutzfähigkeit des Patentes sichern sollen, den Schutzbereich im Hinblick auf die angegriffene Ausführungsform einengen bzw im Rahmen der Verletzungsdiskussion Argumente vorgetragen werden, die – umgekehrt – den Schutzbereich des Patentes ausdehnen und damit seine Schutzfähigkeit gefährden.

f) Vorabentscheidungsersuchen

1026 Abgesehen von ungeklärten Fragen des Rechtsbestandes kann auch ein Vorabentscheidungsersuchen an den EuGH Anlass zu einer Aussetzung des Verletzungsrechtsstreits geben. Sie steht dabei – anders als sonst – nicht im Ermessen des Gerichts, sondern ist im Umfang des von den klärungsbedürftigen Auslegungsfragen betroffenen Streitgegenstandes zwingende Folge des Ersuchens an den EuGH. Da dieser grundsätzlich nur für die Auslegung des Unionsrechts zuständig ist, kann der EuGH wegen der **Auslegung nationaler Vorschriften** nicht angerufen werden. *Eine* wichtige Ausnahme ist allerdings zu beachten: Sollen sich nationale Rechtsvorschriften zur Regelung rein innerstaatlicher Sachverhalte nach den im Unionsrecht getroffenen Regelungen richten (zB um zu verhindern, dass es zu Wettbewerbsverzerrungen kommt, oder um zu gewährleisten, dass in vergleichbaren Fällen ein einheitliches Verfahren angewandt wird), besteht ein erhebliches Interesse der EU daran, dass die aus dem Unionsrecht übernommenen Bestimmungen oder Begriffe unabhängig davon, unter welchen Voraussetzungen sie angewandt werden sollen, einheitlich ausgelegt werden. In Fällen, in denen Vorschriften des Unionsrechts durch das nationale Recht aufgrund eines darin enthaltenen Verweises auf

---

1541 BGH, FamRZ 2015, 1698.
1542 BGH, MDR 2012, 1432.
1543 OLG Düsseldorf, Beschluss v 11.4.2013 – I-2 W 12/13.
1544 OLG Düsseldorf, Urteil v 8.11.2012 – I-2 U 112/09.

ihren Inhalt für anwendbar erklärt worden sind, ist deshalb der EuGH für die Entscheidung über Vorschriften des Unionsrechts zuständig, auch wenn der Sachverhalt des Verfahrens nicht unmittelbar in den Geltungsbereich des Unionsrechts fällt, sondern eine rein innerstaatliche Konstellation betrifft.[1545]

Sind die entscheidungsrelevanten Rechtsfragen bereits Gegenstand eines anderweitigen (früheren) Vorabentscheidungsersuchens, kann der Rechtsstreit analog § 148 ZPO bis zur Erledigung des vorgreiflichen Vorabentscheidungsersuchens ausgesetzt werden; einer nochmaligen eigenen Vorlage an den EuGH bedarf es nicht.[1546] Sie ist im Allgemeinen auch nicht vorsichtshalber deshalb geboten, weil sich das bereits anhängige Vorabentscheidungsersuchen (zB vergleichsweise) ohne eine Entscheidung des EuGH erledigen kann. In einem solchen Fall kann der spätere Rechtsstreit vielmehr, nachdem das erste Vorabentscheidungsersuchen gegenstandlos geworden ist, zum Anlass für eine eigene Vorlage genommen werden. Je nach dem, wie weit das erste Ersuchen zu diesem Zeitpunkt bereits gediehen war, ist ggf eine beschleunigte Bearbeitung des inhaltsgleichen zweiten Ersuchens möglich. Für die Aussetzung spielt es keine Rolle, ob es sich bei dem älteren Vorabentscheidungsersuchen um dasjenige eines inländischen oder eines ausländischen Gerichts handelt. 1027

g) Wirkungen der Aussetzung

Während der Aussetzung laufen keinerlei **prozessuale Fristen**, namentlich keine Rechtsmitteleinlegungs- und begründungsfristen (§ 249 Abs 1 ZPO). Sobald der Sachverhalt eingetreten ist, der im Aussetzungsbeschluss als vorgreifliches Ereignis genannt ist (zB Vorliegen der erstinstanzlichen Einspruchsentscheidung, bis zu der der Verletzungsrechtsstreit ausgesetzt worden ist), endet allerdings die Aussetzung, ohne dass es auf eine Kenntnis der Parteien, deren Aufnahmeerklärung oder einen Aufnahmebeschluss des Gerichts ankommt.[1547] Notfristen (wie die Berufungsbegründungsfrist) laufen also zu dem besagten Zeitpunkt neu und müssen vom Rechtsmittelführer in eigener Verantwortung eingehalten werden. 1028

Prozesshandlungen, die in Ansehung der Hauptsache gegenüber der anderen Partei vorzunehmen sind, haben im Verhältnis zur gegnerischen Partei keine Wirkung. Sie sind nicht nichtig, sondern anfechtbar und können daher durch deren Genehmigung (§ 295 ZPO) wirksam werden. Keine Handlung in Bezug auf die Hauptsache sind Klageerweiterungen um einen neuen Streitgegenstand, zB die Einführung eines zusätzlichen Schutzrechts oder weiterer angegriffener Ausführungsformen, die sich von den bislang streitigen Verletzungsformen in ihrer für die Merkmalsverwirklichung relevanten Ausgestaltung/Funktionsweise unterscheiden.[1548] 1029

h) Vergleich

Bisweilen verständigen sich die Parteien im Zuge eines laufenden Einspruchs- oder Nichtigkeitsverfahrens auf einen Vergleich, der typischerweise vorsieht, dass der Verletzungsbeklagte eine Lizenz erhält und gleichzeitig die anhängige Verletzungs- sowie Nichtigkeitsklage zurückgenommen werden. Erfolgt die Einigung zunächst nur mündlich und soll der Vergleichstext von den Anwälten nachfolgend schriftlich fixiert werden, so ist im Zweifel zu vermuten, dass der Vergleichsvertrag nach dem Willen der Parteien so lange nicht geschlossen sein soll, bis sein Inhalt in **schriftlicher Form** festgehalten ist.[1549] 1030

1545 EuGH, NZKart 2020, 131.
1546 BGH, Beschluss v 11.4.2013 – I ZR 76/11; BGH, Beschluss v 11.4.2019 – I ZR 186/17.
1547 BGH, Beschluss v 30.6.2011 – III ZB 6/11.
1548 OLG Düsseldorf, Urteil v 4.10.2012 – I-2 U 39/11.
1549 BGH, GRUR 2010, 322 – Sektionaltor.

Werden daraufhin schriftliche Entwürfe unterschiedlichen Inhalts ausgetauscht, ohne dass eine Einigung auf eine bestimmte Textfassung erzielt werden kann, so ist ein (zur Klagerücknahme etc verpflichtender) Vergleich nicht zustande gekommen. Macht andererseits das Gericht den Parteien einen schriftlichen Vergleichsvorschlag und erklären beide Parteien schriftsätzlich die Annahme dieses Vorschlages, so ist der Vergleich mit dem Zugang der betreffenden Erklärungen bindend zustande gekommen. Der spätere Widerruf einer Partei ändert daran auch dann nichts, wenn er dem Gericht zugeht, bevor dieses das Zustandekommen des Vergleichs durch Beschluss (§ 278 Abs 6 ZPO[1550]) festgestellt hat.[1551] Die Schriftform ist **nicht** gewahrt, wenn der Vergleichsvorschlag des Gerichts und die Zustimmung der einen Prozesspartei lediglich in das – später ins Schriftliche übertragene – Sitzungsprotokoll diktiert wird und bloß die andere Prozesspartei ihre Zustimmung nach Erhalt der Verhandlungsniederschrift durch Schriftsatz erklärt.[1552] Besonderes Augenmerk ist auf die hinreichende Bestimmtheit des Vergleichsinhalts zu legen, wenn dieser als Vollstreckungstitel gedacht ist.[1553] Eine wirksam gegenüber dem Gericht abgegebene Zustimmungserklärung zu einem Vergleichsvorschlag ist unwiderruflich.[1554]

1031 Enthält der Prozessvergleich eine **Widerrufsfrist**, so können die Parteien die Frist *vor* deren Ablauf (nicht mehr danach) ohne Mitwirkung des Gerichts einvernehmlich verlängern.[1555] Das gilt auch dann, wenn das Gericht für den Fall eines Widerrufs einen bestimmten Verkündungstermin bestimmt hat, der infolge der Fristverlängerung verlegt werden muss. Demgegenüber ist es ausgeschlossen, dass die Parteien ein im Prozessvergleich nicht vereinbartes Widerrufsrecht ohne Rücksicht auf die für den Prozessvergleich geltenden Förmlichkeiten (§§ 278 Abs 6, 160 Abs 3 Nr 1, Abs 5 ZPO) oder nach Eintritt der prozessbeendigenden Wirkung des Vergleichs installieren.[1556]

1032 Hat der Vergleichsvertrag einen **internationalen Bezug**, weil er eine Verbindung zum Recht verschiedener Staaten aufweist (zB weil in die Vergleichsregelung Verletzungssachverhalte oder Rechtsbestandsangriffe auch in anderen europäischen Ländern außerhalb der Bundesrepublik Deutschland mit geregelt werden), so stellt sich die Frage, welches Recht für die Frage des Zustandekommens, die Geltung und den Inhalt des Vergleichs sowie die Folgen etwaiger Pflichtverletzungen heranzuziehen ist. Über das anwendbare Recht entscheiden die Regeln des internationalen Privatrechts, wobei für Verträge, die vor dem 17.12.2009 geschlossen wurden, die Art 27 ff EGBGB einschlägig bleiben, während für spätere Abschlusssachverhalte die seit dem 17.12.2009 geltenden Vorschriften der ROM I-VO 593/2008[1557] maßgeblich sind. Nach beiden Regelwerken können die Parteien – was sich schon aus Gründen der Klarheit und Vorhersehbarkeit unbedingt empfiehlt – eine Rechtswahl treffen, dh eine beliebige Rechtsordnung bestimmen, welcher der Vergleich unterliegen soll. Geschieht dies – bewusst oder versehentlich – nicht, folgt der Vertrag dem Recht desjenigen Staates, in dem derjenige im Zeitpunkt des Vertragsabschlusses seine Hauptverwaltung bzw seinen gewöhnlichen Aufenthalt hatte, der die charakteristische Leistung erbringt. In Fällen anhängiger Verletzungs- und Rechtsbestandsklagen ist dies der Patentinhaber, weil er mit dem Verzicht auf seine Verletzungs-

---

1550 Auf den gerichtlich festgestellten Vergleich ist § 127a BGB analog anwendbar, weswegen auch er (genauso wie der in der Verhandlung protokollierte Vergleich) die Form der notariellen Beurkundung ersetzt (BGH, MDR 2017, 416).
1551 OLG Hamm, MDR 2011, 507.
1552 BGH, MDR 2015, 1198. Unter Umständen kann dem ordnungsgemäß Zustimmenden die Berufung auf den Formmangel nach Treu und Glauben untersagt sein.
1553 Zu Einzelheiten vgl Christopoulos, MDR 2014, 438.
1554 OLG Köln, MDR 2016, 547.
1555 BGH, MDR 2018, 817.
1556 BGH, MDR 2018, 817.
1557 ABl EU 2008 Nr L 177, S 6.

ansprüche die prägende Leistung erbringt, der gegenüber die Gegenleistungen des anderen (Lizenzzahlung, Rücknahme der Einsprüche, Nichtigkeitsklagen) zurücktritt.[1558] Der Vorrang des »Lizenzgeber«-Sitzes gilt auch dann, wenn im Vergleich die Benutzung in mehreren europäischen Staaten geregelt werden soll.[1559]

Wegen der Doppelnatur des Prozessvergleiches als einerseits materiell-rechtliches Rechtsgeschäft und andererseits Prozesshandlung entfällt die Rechtshängigkeit einer Streitsache durch einen Prozessvergleich nur dann, wenn die prozessualen Formvorschriften (§§ 160 Abs 3 Nr 1, 162 Abs 1 Satz 1, 3, 163 ZPO) eingehalten sind.[1560] Eine amtswegige Prüfung findet insofern allerdings nicht statt. Der Rechtsstreit, in dem ein **unwirksamer Prozessvergleich** geschlossen wurde, ist deshalb nur dann fortzusetzen, wenn eine Partei die Wirksamkeit des Prozessvergleichs angreift und damit dessen prozessbeendigende Wirkung in Frage stellt. Dementsprechend scheitert eine neue Klage, die den Streitgegenstand des ursprünglichen Rechtsstreits umfasst, nicht an § 261 Abs 3 Nr 1 ZPO, wenn die Parteien übereinstimmend von einer Beendigung des Ursprungsrechtsstreits durch den Vergleich ausgehen.[1561] Der Einwand, aufgrund der Unwirksamkeit eines Prozessvergleichs müsse das Ursprungsverfahren fortgesetzt werden, ist eine verzichtbare prozessuale Rüge (§ 296 Abs 3 ZPO), die grundsätzlich vor Beginn der Verhandlung zur Hauptsache bzw im Rahmen einer vom Gericht gesetzten Klageerwiderungsfrist vorzubringen ist.[1562] Sofern beide Parteien zu Unrecht von einem – tatsächlich nicht wirksam erfolgten – Vergleichswiderruf ausgehen und deshalb übereinstimmend das Gerichtsverfahren mit einer Sachentscheidung fortgesetzt sehen wollen, ist das Gericht (auch durch § 308 Abs 1 Satz 1 ZPO) nicht gehindert, die Verfahrensbeendigung durch Vergleich festzustellen.[1563]

1033

Wir ein vorläufig vollstreckbares Urteil durch einen Prozessvergleich ersetzt, nach dessen Inhalt der Schuldner zur Zahlung eines geringeren Betrages verpflichtet ist, kann der Gläubiger die Erstattung der **Kosten** aus **der** zuvor auf der Grundlage des Urteils betriebenen **Zwangsvollstreckung** in der Höhe verlangen, in der sie angefallen wären, wenn er von vornherein die Vollstreckung auf den Vergleichsbetrag beschränkt hätte.[1564]

1034

16. Schutzfähigkeit eines Gebrauchsmusters

Ein Gebrauchsmuster ist mit geringen Kosten zu erhalten und es verschafft seinem Inhaber auf der Rechtsfolgenseite prinzipiell dieselben Ansprüche, die mit einer Patentverletzung verbunden sind, eben nur für eine geringere Schutzdauer. Ob und wann eine Gebrauchsmusteranmeldung (insbesondere parallel zu einer Patentanmeldung im Wege der Abzweigung) sinnvollerweise unternommen wird, hängt von den Umständen des Einzelfalles ab. In **zwei Konstellationen** ist sie aber unbedingt in Betracht zu ziehen.

1035

– Zum einen dann, wenn sich das Patenterteilungsverfahren hinzieht, der Konkurrenz aber schon jetzt eine Erfindungsbenutzung untersagt werden soll;

1036

– zum anderen dann, wenn sich im europäischen Patenterteilungsverfahren aus Gründen mangelnder Offenbarung die Notwendigkeit ergibt, das Patent auf ein Ausfüh-

1037

1558 BGH, GRUR 2010, 322 – Sektionaltor.
1559 BGH, GRUR 2010, 322 – Sektionaltor.
1560 BGH, MDR 2014, 241; BGH, MDR 2018, 817.
1561 BGH, MDR 2014, 241.
1562 BGH, MDR 2014, 241.
1563 BGH, MDR 2018, 817. Die Sachlage ist vergleichbar mit derjenigen bei einer Verfahrensunterbrechung, die das Gericht ebenfalls ohne Bindung an die Parteianträge feststellt, wenn die gesetzlichen Voraussetzungen für eine Unterbrechung gegeben sind.
1564 BGH, MDR 2014, 1047.

rungsbeispiel beschränken zu müssen; hier eröffnet die Gebrauchsmusterabzweigung die Chance, unter Anwendung der in der deutschen Rechtspraxis zugelassenen Zwischenverallgemeinerung ein Schutzrecht mit deutlich weitreichenderem Inhalt zu erhalten.

a) Rechtsverteidigung mit der Löschungsreife

1038 Die mangelnde Schutzfähigkeit von Gebrauchsmustern kann auf **mehrfache Weise** in einem Gebrauchsmusterverletzungsrechtsstreit geltend gemacht werden.

aa) Löschungsantrag

1039 Zum einen besteht – wie beim Patent – die Möglichkeit, das Gebrauchsmuster in einem gesonderten Rechtsbestandsverfahren mit einem **Löschungsantrag** anzugreifen **und** darauf gestützt einen **Aussetzungsantrag** zu stellen.

1040 § 19 GebrMG regelt die Aussetzung – spezialgesetzlich und abweichend von § 148 ZPO – dahingehend, dass ein Aussetzungszwang besteht, wenn das Verletzungsgericht das Klagegebrauchsmuster (so, wie es vom Kläger geltend gemacht ist) für schutzunfähig hält (§ 19 Satz 2 GebrMG). Eine Vorgreiflichkeitsprüfung findet insofern – anders als bei § 19 Satz 1 GebrMG – nicht statt.[1565] Ansonsten besteht Aussetzungsermessen (§ 19 Satz 1 GebrMG), welches in der Praxis[1566] – wenn keine besonderen Umstände vorliegen – richtigerweise dergestalt ausgeübt wird, dass bei (nicht notwendigerweise überwiegenden, aber berechtigten) Zweifeln am Rechtsbestand die erstinstanzliche Löschungsentscheidung abgewartet wird.[1567] Der Maßstab verschiebt sich – anders als bei einem Patent – nicht dadurch zu Lasten des Verletzers, dass er längere Zeit mit seinem Löschungsantrag zögert.[1568] Denn im Gebrauchsmusterprozess existiert keine Bindung des Verletzungsgerichts an den »Erteilungsakt«, sondern hat sich das Verletzungsgericht unter allen Umständen vor einer Verurteilung selbst positiv von der Schutzfähigkeit des Klagegebrauchsmusters zu überzeugen. Ein später Löschungsantrag wirkt daher allenfalls insoweit faktisch zum Nachteil des Antragstellers, als er mit Rücksicht auf den zügigen Fortgang des Verletzungsprozesses seine Chance auf einen vorherigen negativen Vorbescheid oder eine rechtzeitige Löschungsentscheidung vertut, die dem Verletzungsgericht – ungeachtet seiner ggf anderslautenden eigenen technischen Einschätzung – Anlass gibt, von einer Verurteilung abzusehen. Ist die Löschungsentscheidung zugunsten des Schutzrechtsinhabers gefallen, wird für den Regelfall von einer Aussetzung abzusehen sein, wenn kein neuer, näherliegender Stand der Technik präsentiert werden kann, der bei der Löschungsentscheidung noch nicht vorgelegen hat. Nach erstinstanzlicher Aufrechterhaltung ist die Situation vergleichbar derjenigen bei einer Klage aus einem erteilten Patent, weshalb in solchen Fällen auch die gleichen (strengen) Aussetzungskriterien heranzuziehen sind, die für den Patentverletzungsprozess gelten.[1569] Es reichen also für eine Aussetzung nicht mehr Zweifel, sondern es bedarf *überwiegender* Zweifel. Das gleiche gilt, wenn eine parallele Patentanmeldung – unter Berücksichtigung derselben

---

1565 LG Mannheim, Mitt 2014, 563 – mechanisches Arretiersystem, mwN zum Streitstand.
1566 Zu Einzelheiten vgl Ochs, Mitt 2014, 534.
1567 Demgegenüber will das LG München I (Mitt 2012, 184 – gekühlte Backware; Urteil v 4.7.2013 – 7 O 9975/12) eine Aussetzung nach den für das Patentrecht geltenden Regeln erst dann in Betracht ziehen, wenn das Klagegebrauchsmuster mit hoher Wahrscheinlichkeit nicht rechtsbeständig ist. Das verkennt die unterschiedliche Ausgangssituation in Bezug auf die – einmal gegebene und einmal fehlende – behördliche Prüfung auf Schutzfähigkeit und die Notwendigkeit einer positiven Überzeugung des Verletzungsgerichts von der Schutzfähigkeit des Klagegebrauchsmusters, wenn es verurteilen will.
1568 OLG Düsseldorf, GRUR-RS 2021, 9045 – Roller.
1569 OLG Karlsruhe, GRUR 2014, 352 – Stanzwerkzeug; OLG Düsseldorf, Urteil v 18.7.2019 – I-15 U 46/18.

dem Gebrauchsmuster entgegen gehaltenen Einwendungen – zur Erteilung eines inhaltsgleichen Patents geführt hat oder wenn der Kläger das Klagegebrauchsmuster nach erfolgter Patenterteilung mit abweichendem Anspruchsinhalt nur noch im Umfang des erteilten Patents geltend macht.[1570]

Soweit eine Aussetzung nicht veranlasst ist, wird sich das Gericht die subjektive Überzeugung von der Schutzfähigkeit des Klagegebrauchsmusters bilden und zur Verurteilung schreiten müssen. Denn ohne Aussetzung kann das Verletzungsverfahren auf keine andere Weise seinen Fortgang nehmen. 1041

Eine Aussetzung verbietet sich vollends, wenn das Löschungsverfahren zwischen den am Verletzungsprozess beteiligten Parteien **rechtskräftig** mit einer vollständigen oder teilweisen Aufrechterhaltung des Gebrauchsmusters abgeschlossen ist (§ 19 Satz 3 GebrMG[1571]). Von der Rechtskraft werden allerdings nur diejenigen Einwendungen erfasst, auf die der Löschungsantrag gestützt war. Keine Bindungswirkung besteht daher im Hinblick auf Ausführungen zur unzulässigen Erweiterung, die im Zusammenhang mit einem Hilfsantrag lediglich von Amts wegen in einem andere Löschungsgründe betreffenden Rechtsbestandsverfahren gemacht werden.[1572] Andererseits erstreckt sich die Bindungswirkung eines von einer GmbH angestrengten Löschungsverfahrens auch auf ihren geschäftsführenden Gesellschafter[1573] und bei einem abgewiesenen Löschungsantrag gegen den Gebrauchsmusterinhaber auch auf dessen ausschließlichen Lizenznehmer[1574]. 1042

bb) Löschungsreife als Nichtverletzungsargument

Zum anderen kann die **mangelnde Schutzfähigkeit** eines Gebrauchsmusters **unmittelbar zur Begründung des Klageabweisungsantrages** geltend gemacht werden. Denn bei Gebrauchsmustern haben, weil es sich um ungeprüfte Rechte handelt, auch die Verletzungsgerichte die Kompetenz, die Schutzfähigkeit des Gebrauchsmusters in dem vom Kläger geltend gemachten Umfang zu überprüfen. Nur wenn das Verletzungsgericht positiv von der Schutzfähigkeit der Merkmalskombination überzeugt ist[1575], die der Kläger zum Gegenstand seiner Klage gemacht hat, darf verurteilt werden. Dieser Überzeugungsbildung bedarf es nur dann nicht, wenn aufgrund eines rechtskräftig abgeschlossenen Löschungsverfahrens zwischen den Parteien des Verletzungsverfahrens bindend feststeht, dass das Klagegebrauchsmuster im fraglichen Umfang die Schutzvoraussetzungen erfüllt. 1043

cc) Zwischenfeststellungswiderklage

Innerhalb des Gebrauchsmusterverletzungsprozesses kann in geeigneten Fällen **zusätzlich zu bb)** in Betracht kommen, die Löschungsreife des Klagegebrauchsmusters zum Gegenstand einer formellen **Zwischenfeststellungswiderklage** zu machen, um die mangelnde Schutzfähigkeit mit Rechtskraftwirkung gerichtlich klären zu lassen. 1044

1570 OLG Düsseldorf, Beschluss v 11.6.2018 – I-15 W 30/18.
1571 Zum Umfang der Bindungswirkung ausführlich: Cepl, FS 80 Jahre Patentgerichtsbarkeit Düsseldorf, 2016, S 91.
1572 OLG Düsseldorf, Urteil v 8.5.2014 – I-15 U 7/14.
1573 OLG Düsseldorf, Urteil v 8.5.2014 – I-15 U 7/14.
1574 OLG Düsseldorf, Urteil v 29.10.2015 – I-15 U 25/14.
1575 OLG Düsseldorf, Beschluss v 11.6.2018 – I-15 W 30/18. Die Überzeugung ist eine andere als iSv § 286 ZPO. Es geht nicht um eine Gewissheit, die jede andere Schlussfolgerung als rein theoretisch disqualifizieren würde, sondern darum, dass eine mangelnde Schutzfähigkeit nicht feststellbar ist.

1045 Eine Klage[1576] dahingehend, dass die Löschungsreife des Klagegebrauchsmusters gerichtlich festgestellt wird, ist gemäß § 256 Abs 2 ZPO zulässig, wenn ein im Laufe des Prozesses streitig gewordenes Rechtsverhältnis, von dessen Bestehen oder Nichtbestehen die Entscheidung des Rechtsstreits ganz oder zum Teil abhängt, durch richterliche Entscheidung festgestellt werden soll. Die mangelnde Schutzfähigkeit (= Löschungsreife) des Klageschutzrechts stellt ein feststellungsfähiges Rechtsverhältnis dar.[1577] Ebenso fehlt es nicht an der grundsätzlichen Vorgreiflichkeit, wenn der Beklagte seinen Feststellungsantrag auf die gegen ihn geltend gemachte Anspruchsfassung bezieht[1578] oder die Schutzfähigkeit sonst mit einem Antrag angreift, der, sofern ihm stattgegeben wird, die angegriffene Ausführungsform aus der mit der Verletzungsklage geltend gemachten Schutzrechtsverletzung führt. Stützt sich der Verletzungsangriff auf eine Anspruchskombination, so kann die Zwischenwiderklage zwar nicht allein gegen den eingetragenen Hauptanspruch gerichtet werden, wohingegen das Feststellungsbegehren über einen geltend gemachten Hauptanspruch oder die geltend gemachte Anspruchskombination hinaus auf einen weiteren (gesamten) Inhalt des Klagegebrauchsmusters erstreckt werden kann.[1579] Die Zulässigkeit der Zwischenfeststellungswiderklage verlangt unter dem Gesichtspunkt der Vorgreiflichkeit darüber hinaus, dass sich das Verletzungsurteil in seinen Begründungserwägungen zur Schutzfähigkeit des Gebrauchsmusters verhält, weil nur dann die Frage der Löschungsreife auf dem Weg zur Hauptsacheentscheidung mitentschieden wird. Im Falle einer Verurteilung (mit Abweisung des Zwischenfeststellungsantrages) ist dies stets der Fall, weil aus einem Gebrauchsmuster nur dann verurteilt werden darf, wenn sich das Verletzungsgericht von der Schutzfähigkeit seiner technischen Lehre überzeugt hat. Wird die Verletzungsklage hingegen abgewiesen, kommt es auf den vom Gericht eingeschlagenen Begründungsweg an. Er ist durch die Zwischenfeststellungswiderklage nicht in irgendeiner Weise beschränkt, sondern bleibt bei alternativen Begründungsoptionen im freien Belieben des Verletzungsgerichts. Beruht die Klageabweisung auf der Löschungsreife des Klagegebrauchsmusters, besteht eine Vorgreiflichkeit und die Löschungsreife kann auf die Zwischenwiderklage des Beklagten hin gerichtlich festgestellt werden; macht die angegriffene Ausführungsform von der technischen Lehre des Klagegebrauchsmusters keinen Gebrauch und stützt das Gericht die Abweisung der Verletzungsklage auf *diesen* Gesichtspunkt und nicht zumindest auch (hilfsweise) auf die Löschungsreife, kommt eine Zwischenfeststellung nicht in Betracht, weil unter solchen Umständen die Entscheidung über die Verletzungsklage unabhängig von der Schutzfähigkeit des Klagegebrauchsmusters ergeht und somit nicht vom Bestehen oder Nichtbestehen des streitigen Rechtsverhältnisses (= der Löschungsreife des Klageschutzrechts) abhängt.[1580]

1046 Zur Klarstellung: Dieses Verständnis vom Erfordernis der Vorgreiflichkeit steht im Einklang mit der höchstrichterlichen Rechtsprechung.[1581] Zwar hat der BGH[1582] im Zusammenhang mit einer Klage auf Werklohnzahlung entschieden, dass die Berechtigung zur Abnahmeverweigerung wegen diverser vom beklagten Auftraggeber geltend gemachter Mängel Gegenstand einer Zwischenfeststellungswiderklage sein kann, wenn das Gericht die Abweisung der Werklohnklage wegen berechtigter Abnahmeverweigerung auf lediglich *einen* der behaupteten Mängel stützt. Die Mangelfreiheit der Werkleistung als solche war hier, wenn auch nur in Bezug auf einen singulären Mangel, Entscheidungsgegenstand

---

1576 Die Möglichkeit besteht nur in einem Klageverfahren, nicht im Verfahren des vorläufigen Rechtsschutzes (in dem auch eine gewöhnliche Feststellungsklage nicht zulässig wäre).
1577 OLG München, GRUR-RS 2022, 41524 – Kindersitz.
1578 OLG München, GRUR-RS 2022, 41524 – Kindersitz.
1579 Vgl Rdn 1046 und BGH, NJW-RR 2008, 262.
1580 OLG München, GRUR-RS 2022, 41524 – Kindersitz.
1581 BGH, MDR 2010, 339.
1582 BGH, NJW-RR 2008, 262.

für das gerichtliche Erkenntnis in der Hauptsache und somit vorgreiflich. Dieses Faktum hat der BGH ausreichen lassen, um eine Zwischenfeststellung auch mit Blick auf alle übrigen behaupteten und im Zusammenhang mit der Klage nicht weiter aufgeklärten Mängel der Werkleistung zuzulassen, ungeachtet dessen, dass der nur für den widerklagenden Feststellungsausspruch erforderliche Aufklärungsaufwand ganz erheblich sein kann. Im Gegenschluss folgt daraus, dass es an der Vorgreiflichkeit fehlt, wenn das zur gerichtlichen Zwischenfeststellung gestellte Rechtsverhältnis (= Löschungsreife des Klagegebrauchsmusters) überhaupt keine Rolle bei der Hauptsacheentscheidung über die Verletzungsklage gespielt hat.

Die Vorgreiflichkeit ist als Zulässigkeitsbedingung von Amts wegen zu prüfen[1583] und muss bei der Schlussverhandlung über die Hauptklage noch gegeben sein. An ihr fehlt es, wenn die **Hauptklage** im Zeitpunkt der letzten mündlichen Verhandlung bereits wirksam **zurückgenommen** ist, weil dann über sie vom Gericht *insgesamt* und folglich mit *keinem* der in Betracht kommenden Begründungswege mehr streitig zu entscheiden ist.[1584]

1047

Eine positive Feststellung der Löschungsreife verschafft dem Beklagten weitreichende Handlungsoptionen, weil er aufgrund der **Rechtskraft** eines seinem Begehren stattgebenden Feststellungsausspruchs das Klagegebrauchsmuster bei seiner geschäftlichen Tätigkeit nicht mehr zu beachten hat.[1585] Dabei bleibt es auch dann, wenn das Klagegebrauchsmuster in einem anderweitig geführten Löschungsverfahren rechtskräftig aufrechterhalten werden sollte. Dasselbe wird sogar dann zu gelten haben, wenn das Löschungsverfahren parallel von dem Zwischenfeststellungskläger betrieben wurde und rechtskräftig zu seinem Nachteil ausgegangen ist. Gegenüber allen Dritten bleibt das Klagegebrauchsmuster in Kraft, weswegen sie die mangelnde Schutzfähigkeit selbst mit einem Löschungsantrag oder in einem gegen sie gerichteten Verletzungsverfahren geltend zu machen haben. Der strategische Nutzen einer Zwischenwiderklage auf Feststellung der Löschungsreife ist damit notwendigerweise begrenzt. Da mit der gerichtlichen Feststellung der Löschungsreife keine Erschöpfung und auch keine Lizenzierung verbunden ist, kommt sie weder den Zulieferern noch den Abnehmern des Feststellungsklägers zugute. Diese bleiben vielmehr uneingeschränkt den Verbietungsrechten aus dem Klagegebrauchsmuster ausgesetzt, womit sich der Nutzen der Feststellung entscheidend reduziert, wenn der Feststellungskläger nicht unmittelbar an den privaten Endverbraucher (§ 11 Nr 1 PatG) liefert. Derjenige Zulieferer oder Abnehmer, der verletzende Produkte an den Feststellungskläger liefert oder von diesem abnimmt (und sich davon nicht durch die Aussicht, deswegen selbst wegen Gebrauchsmusterverletzung angegriffen zu werden, abhalten lässt), profitiert nur insofern, als die einmal gerichtlich getroffene Feststellung der Löschungsreife ein gewisses Präjudiz auch für einen späteren Löschungsantrag oder den Einwand der Löschungsreife in einem nachfolgenden Verletzungsverfahren gegen den Zulieferer oder Abnehmer liefert.

1048

Grundlegend anders sieht die Rechtslage in Fällen der **mittelbaren Gebrauchsmusterverletzung** (§ 11 Abs 2 GebrMG) aus, weil derjenige, der dem Feststellungskläger ein Mittel zur unmittelbaren Gebrauchsmusterbenutzung anbietet oder liefert, dies an einen »zur Benutzung der Erfindung Berechtigten« tut und damit selbst aus der mittelbaren Gebrauchsmusterverletzung gerät.

1049

1583 BGH, MDR 2008, 158.
1584 BAG, NJW 2019, 1833 – Vergütung von Umkleidezeiten.
1585 Infolge der Aufnahme in den Urteilsausspruch hat die gerichtliche Feststellung teil an der Rechtskraft der Entscheidung, was nicht der Fall wäre, wenn die Feststellung der Löschungsreife bloß ein Begründungselement für die allein in den Tenor aufgenommene Abweisung der Verletzungsklage wäre.

1050 Das Risiko eines Unterliegens mit dem Feststellungsbegehren ist – abgesehen von möglichen Kostenfolgen – überschaubar. Denn eine Abweisung der Zwischenwiderklage, sei es als unzulässig oder unbegründet, hindert den Beklagten nicht, anschließend mit demselben Material einen Löschungsantrag zu stellen. Obsiegt er hier, wird das Klagegebrauchsmuster konstitutiv gegenüber jedermann – und folglich auch ihm gegenüber – rückwirkend beseitigt. Dasselbe gilt für den erfolgreichen Löschungsantrag eines Dritten.

1051 Die Zwischenwiderklage auf Feststellung der Löschungsreife wird regelmäßig Veranlassung geben, den **Streitwert** der Verletzungsklage zu erhöhen, zwar nicht in demjenigen Maße, wie dies bei einem gegenüber jedermann die Vernichtung herbeiführenden Löschungsverfahren der Fall wäre, aber maßvoll in dem Sinne, dass der Streitwert diejenigen Handlungsoptionen insbesondere für die Zukunft reflektiert, die potenziell mit einer Schutzunfähigkeit des Klagegebrauchsmusters im Verhältnis zum Feststellungskläger verbunden sind. Dementsprechend wird der Zuschlag von Fall zu Fall größer oder kleiner auszufallen haben.

dd) Isolierte Feststellungsklage auf Löschungsreife

1052 Fehlt es entweder an der Vorgreiflichkeit oder geht es im vorgerichtlichen Raum um die Reaktion auf eine Abmahnung wegen Gebrauchsmusterverletzung, so ist schließlich an eine **negative Feststellungsklage** nach **§ 256 Abs 1 ZPO** zu denken. Beide angesprochenen Fälle sind nachfolgend gesondert zu betrachten:

1053 – Geklärt und gesichert ist, dass die **Abmahnung aus einem Gebrauchsmuster** eine Anspruchsberühmung darstellt, die für den Abgemahnten ein Feststellungsinteresse dafür begründet, die mangelnde Berechtigung der gegnerischen Berühmung gerichtlich feststellen zu lassen.[1586] Die Frage ist allerdings, wie weit das besagte Feststellungsinteresse reicht. Beschränkt es sich auf die angegriffene Ausführungsform (so dass nur die Feststellung begehrt werden kann, dass dem Abmahnenden gegen den Abgemahnten keine Ansprüche aus dem Gebrauchsmuster wegen der abgemahnten Ausführungsform zustehen) oder erlaubt die Berühmung einen von der abgemahnten Ausführung losgelösten Feststellungsantrag, der die Schutzfähigkeit des Abmahnungsgebrauchsmusters insgesamt klärt (so dass auf die der Rechtskraft fähige Feststellung angetragen werden kann, dass dem Abmahnenden gegenüber dem Abgemahnten aus dem Gebrauchsmuster – Anm: wegen dessen Löschungsreife in Bezug auf jedwede denkbare Ausführungsform – keine Ansprüche zustehen[1587])?

1054 Sinn hat der letztgenannte weitreichende Antrag vor allem im Hinblick auf weitere, bisher noch nicht abgemahnte (und vom Berechtigten ggf nicht einmal entdeckte) Ausführungsformen oder in Bezug auf mögliche künftige Abwandlungen der abgemahnten Ausführungsform. Für sie besteht ein legitimes Interesse des Abgemahnten daran, frühzeitig und unabhängig von einem hierauf gerichteten Angriff des Gebrauchsmusterinhabers verbindlich klären zu lassen, ob sie unter dem eingetragenen Gebrauchsmuster angeboten und vertrieben werden dürfen. Die konkret abgemahnte und das Feststellungsinteresse begründende Ausführungsform sollte deshalb zum Anlass genommen werden dürfen, die zugrunde liegende Schutzrechtslage vor

---

[1586] Umgekehrt ist genauso klar, dass die negative Feststellungsklage kein Popularrechtsbehelf (wie der Löschungsantrag) ist und deshalb mit ihr nicht anlasslos die Löschungsreife zur gerichtlichen Entscheidung gestellt werden kann, sondern nur dann, wenn dafür mit Rücksicht auf eine Berühmung aus dem Gebrauchsmuster oder ein anderweitiges rechtliches Interesse eine Notwendigkeit besteht.

[1587] Bei Angriffen aus einem Patent besteht diese Möglichkeit nicht, weil die Verletzungsgerichte dort – anders als in Bezug auf Gebrauchsmuster – keine Entscheidungskompetenz besitzen, wenn es um den Rechtsbestand des Schutzrechts geht.

einem Verletzungsgericht klären zu lassen. Dies trägt nicht zuletzt zur gebotenen Waffengleichheit der Kontrahenten bei. Durch Erhebung einer Verletzungsklage kann der Gebrauchsmusterinhaber die Löschungsreife seines Schutzrechts zur Überprüfung durch das Verletzungsgericht stellen, weil es seiner Klage – ohne die Rechtskraft eines parallelen Löschungsverfahrens – nur dann entsprechen darf, wenn es sich zuvor von der Schutzfähigkeit des Gebrauchsmusters überzeugt hat. Dann aber muss auch umgekehrt der Abgemahnte aus Anlass einer ihn betreffenden Abmahnung in der Lage sein, die Initiative zu ergreifen, und von sich aus klären lassen können, ob und ggf in welchem Umfang Verbietungsrechte aus dem gegen ihn (wenn auch nur im Zusammenhang mit einer ganz konkreten Ausführungsform) in Stellung gebrachten Gebrauchsmuster bestehen.

Um zu vermeiden, dass das Verletzungsgericht im Rahmen der Feststellungsklage dazu benutzt wird, bloß ein abstraktes Rechtsgutachten zur Löschungsreife des Gebrauchsmusters zu erstatten, bedarf es allerdings einschränkend der Aussicht, dass es jenseits des Abmahnungsgegenstandes künftig abermals auf die Löschungsreife des Gebrauchsmusters ankommen kann. Zwei Lösungsansätze sind insoweit denkbar: 1055

- Zunächst ließe sich eine großzügige Betrachtung vertreten, die eine **Parallele** zu denjenigen Anforderungen zieht, welche die BGH-Rechtsprechung für das Rechtsschutzbedürfnis einer **Nichtigkeitsklage** einfordert, wenn die **Schutzdauer** des angegriffenen Patents **abgelaufen** ist. Sie gehen dahin, dass es für die Zuerkennung eines Rechtsschutzbedürfnisses nicht erforderlich ist, dass der Nichtigkeitskläger wegen Verletzung des Patents durch eine Klage oder Abmahnung des Patentinhabers in Anspruch genommen worden ist[1588], sondern dass es ausreicht, wenn der Patentinhaber die außergerichtliche Aufforderung des Nichtigkeitsklägers, ihm gegenüber auf alle Ansprüche aus dem Streitpatent zu verzichten, unbeantwortet gelassen hat, weil bei dieser Ausgangslage die Besorgnis des Nichtigkeitsklägers nicht unbegründet ist, dass er von dem Patentinhaber wegen Verletzungshandlungen in der Zeit vor Erlöschen des Streitpatents in Anspruch genommen wird[1589]. Übertragen auf die Situation bei einem Gebrauchsmuster, aus dem wegen einer bestimmten Ausführungsform abgemahnt wurde, bedeutet dies, dass der Abgemahnte unter Hinweis auf die seines Erachtens gegebene Löschungsreife des Gebrauchsmusters vom Schutzrechtsinhaber die verbindliche Erklärung einfordern könnte, aus diesem Schutzrecht nicht in Anspruch genommen zu werden, und der Weg der negativen Feststellungsklage frei würde, wenn der Gebrauchsmusterinhaber eine dahingehende Zusage verweigert oder sich überhaupt nicht zu der Anfrage erklärt. 1056

Gegen eine Übertragung der Nichtigkeitsrechtsprechung spricht der gänzlich andere rechtliche Ausgangspunkt beider Konstellationen. Während die Nichtigkeitsklage jedermann ohne weitere Anforderungen zur Verfügung steht und es nach Schutzrechtsablauf nur darum geht, das *allgemeine* Rechtsschutzbedürfnis für denjenigen darzulegen, der das außer Kraft getretene Schutzrecht dennoch/weiter angreift, steht im Gebrauchsmusterrecht nicht der Popularrechtsbehelf des Löschungsantrages in Rede, sondern geht es darum, für die Befassung der Verletzungsgerichte mit der vom Feststellungsantrag betroffenen Fragestellung das dazu notwendige *besondere* Feststellungsinteresse darzutun, das in seinen Anforderungen über das allgemeine Rechtsschutzbedürfnis hinausgeht. 1057

- Richtiger erscheint es deswegen, von dem Beklagten **konkrete Anhaltspunkte** dafür zu verlangen, dass und weshalb es während der Restlaufzeit des Gebrauchs- 1058

1588 BGH GRUR 1974, 146 – Schraubennahtrohr.
1589 BGH, GRUR 2019, 389 – Schaltungsanordnung III.

musters ernsthaft nochmals auf die Schutzfähigkeit seiner technischen Lehre, die er *jetzt* gerichtlich negativ festgestellt wissen will, ankommen kann. Neben weiteren existierenden Erzeugnissen, die bisher noch nicht Gegenstand des Klageangriffs sind, aber noch werden können und für die der Gebrauchsmusterinhaber keine Freigabe erklärt hat, kämen vor allem künftige abgewandelte Ausführungsformen in Betracht, mit denen – einerseits – angesichts der geschäftlichen Betätigung des Beklagten und – andererseits – der Restlaufzeit des Gebrauchsmusters für die Zukunft *ernstlich* zu rechnen ist.

1059 Soll mit der negativen Feststellungsklage die Löschungsreife des Gebrauchsmusters gerichtlich geklärt werden, haben naturgemäß nur die Angriffe auf dessen Schutzfähigkeit, aber keine Nichtbenutzungsargumente rechtliche Bedeutung. Aus der Sicht des Abgemahnten bereitet dies keine Probleme, denn die Klärung, ob die technische Lehre des Klagegebrauchsmusters (im Falle ihrer Schutzfähigkeit) von der angegriffenen Ausführungsform benutzt wird, kann getrost dem Verletzungsprozess des Verletzten, so er denn eingeleitet wird, überlassen bleiben.

1060 – Aus dem Vorstehenden ergeben sich direkte Konsequenzen für das Feststellungsinteresse in Fällen der Zwischenfeststellungswiderklage, wenn keine Vorgreiflichkeit gegeben ist und es deshalb für die Zulässigkeit des Feststellungsbegehrens eines Feststellungsinteresses des Verletzungsbeklagten bedarf. Dasselbe gilt für die im Zusammenhang mit einem **laufenden Verletzungsprozess** isoliert erhobene **negative Feststellungsklage**. Für ein hinreichendes Feststellungsinteresse genügen keine spekulativen, sondern bedarf es stichhaltiger Darlegungen des Beklagten, wieso seinem Interesse an gerichtlicher Klärung nicht schon durch die über die Verletzungsklage zu der dortigen Ausführungsform ergehende gerichtliche Entscheidung genügt ist, sondern es zusätzlich der Feststellung bedarf, dass aus dem Klagegebrauchsmuster wegen dessen Löschungsreife (auch in Zukunft und ansonsten) keine Rechte hergeleitet werden können. Ein solches Interesse verlangt die Benennung ernsthafter weiterer Benutzungshandlungen, für die die Löschungsreife bedeutsam ist/wäre. Existieren sie derzeit nicht, ergeben sie sich aber später, so kann (bei Vorliegen einer Berührung) zu *diesem* Zeitpunkt das Feststellungsbegehren verfolgt werden.

1061 Dem sich aus der Berührung ergebenden Feststellungsinteresse steht – in beiden zuvor betrachteten Konstellationen – nicht die jedermann offenstehende Möglichkeit des Löschungsantrages entgegen, weil es sich dabei nicht um eine einfachere und/ oder schnellere Form der Rechtsverfolgung für den mutmaßlichen Verletzer handelt. Dagegen sprechen schon die beträchtlichen Verfahrensdauern im Löschungsverfahren, darüber hinaus aber auch und vor allem, dass es ein berechtigtes Anliegen des mutmaßlichen Verletzers sein kann, das Gebrauchsmuster nicht zugunsten Aller (und mithin auch etwaiger dritter Wettbewerber) zu Fall zu bringen, sondern Handlungsmöglichkeiten nur für sich persönlich zu schaffen. Solches gelingt ausschließlich mit einer negativen Feststellungsklage gegen den Gebrauchsmusterinhaber.

ee) Feststellungsanträge bei laufendem Löschungsverfahren

1062 Die unter cc) und dd) aufgezeigten Möglichkeiten, die Löschungsreife des Klagegebrauchsmusters im Verhältnis inter partes gerichtlich feststellen zu lassen, macht freilich nur Sinn, wenn kein Löschungsverfahren anhängig ist. Sobald ein solches schwebt, greift nämlich die für *jeden Rechtsstreit*, dessen Entscheidung von dem Bestehen des Gebrauchsmusterschutzes abhängig ist[1590], geltende Aussetzungsregel des § 19 GebrMG ein, weswegen das Verletzungsgericht, welches erwägt, dem Begehren auf Feststellung der Löschungsreife nachzukommen, gezwungen ist, den Prozess im Hinblick auf das

---

1590 ... und das ist die Verletzungsklage genauso wie die negative Feststellungsklage.

Löschungsverfahren auszusetzen. Der Verletzer muss sich also strategisch entscheiden, ob er mit einem Löschungsantrag oder mit einer negativen (Zwischen-)Feststellungsklage angreifen will. Beides ist zwar nebeneinander zulässig, aber nicht sinnvoll. Da die Aussetzungsregeln auch dann gelten, wenn das Löschungsverfahren von dritter Seite betrieben wird, hat der Feststellungskläger zudem in Rechnung zu stellen, dass sein Feststellungsbegehren auch durch die Initiative eines Dritten »überholt« werden kann.

b) Strategisches

Wie der Verletzungsbeklagte in Bezug auf eine etwaige Löschungsreife des Klagegebrauchsmusters agiert, sollte von den Umständen und vor allem dem technischen Hintergrund des streitigen Gebrauchsmusters abhängig gemacht werden. Bei einigen technischen Sachverhalten kann wegen der komplexen technischen Grundlagen eine Geltendmachung der Schutzunfähigkeit nur im Verletzungsverfahren riskant sein. Auch ist zu berücksichtigen, dass der Kläger bei einem Angriff gegen sein Gebrauchsmuster nur im Verletzungsverfahren weitreichendere Möglichkeiten der Verteidigung hat. Denn er kann beschränkt auf das Verletzungsverfahren das Gebrauchsmuster in einem auf die angegriffene Ausführungsform angepassten, damit aber auch sehr engen Schutzbereich geltend machen.[1591] In einem Löschungsverfahren, das schließlich das Schicksal des Gebrauchsmusters auch für die Zukunft und gegen jedermann bestimmt, tendiert er demgegenüber zumeist dazu, ein möglichst umfassendes Schutzrecht zu erhalten. 1063

Taktische Erwägungen sind aber auch auf Klägerseite angebracht, wenn aus einem (mit einem Einspruch oder einer Nichtigkeitsklage angegriffenen) **Patent und** – wegen eines zeitlich früheren Schadenersatzanspruchs – daneben aus einem **parallelen Gebrauchsmuster** geklagt werden soll. Ergeben sich für das Verletzungsgericht Zweifel an der Schutzfähigkeit des Gebrauchsmusters, so ist es nach Maßgabe des § 19 GebrMG gehalten, den Rechtsstreit, soweit er das Gebrauchsmuster betrifft, bis zum Abschluss des anhängigen Löschungsverfahrens auszusetzen. Eine Verurteilung des Beklagten kommt nur dann infrage, wenn das Verletzungsgericht von der Schutzfähigkeit des Gebrauchsmusters überzeugt ist, was im Urteil positiv festzustellen ist. Auch wenn im Hinblick auf die Aussetzung eines Patentverletzungsprozesses an sich zurückhaltend verfahren wird, hat dies – wegen des gleich lautenden Inhalts von Gebrauchsmuster und Patent und der insoweit gleich gelagerten Diskussion zum Rechtsbestand – im Zweifel zur Folge, dass der Verletzungsprozess insgesamt ausgesetzt wird. Der Kläger sollte deswegen in jedem Fall erwägen, ob es wirklich sinnvoll ist, das parallele Gebrauchsmuster in den Prozess einzuführen. Vielfach kann darauf verzichtet werden, weil aus dem Patent für den vom Gebrauchsmuster abgedeckten Zeitraum ebenfalls Ansprüche (auf Entschädigung bzw Bereicherungsausgleich) hergeleitet werden können, die dem Kläger im Ergebnis eine ähnliche Kompensation verschaffen wie der auf das Gebrauchsmuster gestützte Schadenersatzanspruch. 1064

Strategischer Erwägungen bedarf es auch in anderer Hinsicht: Hat der Kläger selbst Bedenken an der hinreichenden Schutzfähigkeit des eingetragenen Schutzanspruchs, kann er – wie bei einem Patent – eine **eingeschränkte Anspruchsfassung** (deren Rechtsbeständigkeit er für hinreichend gesichert hält) zur Entscheidung stellen, die alsdann der gerichtlichen Prüfung im Verletzungsprozess zugrunde zu legen ist. Ist ein Löschungsverfahren anhängig, verhindert dies, wenn das Verletzungsgericht die eingetragene Fassung für nicht bestandskräftig hält, eine Aussetzung allerdings nur, wenn die beschränkte Fassung unbedingt und nicht lediglich hilfsweise geltend gemacht wird. Anders ist dies, wenn kein Löschungsverfahren schwebt. Hier kann die eingeschränkte Anspruchsfassung auch hilfsweise eingeführt werden. 1065

1591 BGH, GRUR 2003, 867 – Momentanpol I.

E. Verteidigungsmöglichkeiten des Beklagten

17. Rechtsbestandsfragen im Schiedsverfahren

1066 Dass Ansprüche wegen Patentverletzung Gegenstand einer Schiedsabrede oder Schiedsklausel (§ 1029 ZPO) sein können, steht außer Frage. Wie aber verhält es sich mit der Rechtsbestandsfrage, die für den Schiedsbeklagten einen traditionell wichtigen und nicht selten streitentscheidenden Verteidigungseinwand repräsentiert? Dem soll an dieser Stelle nachgegangen werden.

a) Reichweite der Schiedsvereinbarung

1067 Haben die Parteien für alle Ansprüche *aus und im Zusammenhang* mit der kontroversen Patentbenutzung die Zuständigkeit eines Schiedsgerichts vereinbart, so bedarf die Schiedsvereinbarung in aller Regel der Auslegung dahingehend, ob damit auch der Einwand mangelnder Rechtsbeständigkeit gemeint und erfasst ist. Hat der Fall einen Auslandsbezug, so ist als erstes das auf die Schiedsvereinbarung anwendbare Recht zu klären. Es unterliegt der Rechtswahl durch die Parteien, die freilich selten eine gesonderte Vereinbarung über das auf die Schiedsabrede anwendbare Recht treffen werden. Gibt es eine spezielle Rechtswahl für die Schiedsklausel nicht, so entscheidet dasjenige Recht, welches die Parteien für die Behandlung des eigentlichen Streitgegenstandes getroffen haben. Fehlt auch sie, gilt subsidiär das Recht des vereinbarten Schiedsortes.[1592] Kommt hiernach deutsches Recht (§§ 133, 157 BGB) zur Anwendung, ist die Schiedsvereinbarung im Zweifel weit auszulegen, weil die Parteien den gesamten Streitstoff im Zusammenhang mit dem Lizenzverhältnis oder der behaupteten Patentverletzung, die Anlass für die Schiedsabrede waren, dem Schiedsgericht überantworten wollen und hierzu nun einmal die Bestandsfrage existenziell dazu gehört. Selbst wenn die Beurteilung der Verletzungsfrage deutschen Recht unterstellt wird, bedeutet dies mit Rücksicht auf das im staatlichen Rechtszug geltende Trennungsprinzip nicht zwangsläufig, dass die Trennung der Zuständigkeiten auch im schiedsrichterlichen Verfahren einzuhalten wäre und deshalb die Rechtsbestandsfrage der Entscheidungshoheit des Schiedsgerichts entzogen wäre. Abgesehen davon, dass dies mit Rücksicht auf die Aussetzungsprüfung auch im staatlichen Verletzungsprozess nicht kategorisch so ist, wird für das Verständnis der Schiedsvereinbarung und ihrer inhaltlichen Reichweite entscheidend sein, dass es aus der übereinstimmenden Sicht beider Parteien weder sinnvoll noch praktikabel ist, den Streitstoff künstlich aufzuspalten in einen Benutzungsteil, für den die Schiedsabrede gilt, und einen Rechtsbestandsteil, für den es bei der Zuständigkeit der staatlichen Gerichte verbleibt. Das gilt ganz besonders aus der Sicht des Benutzers (Schiedsbeklagten), der sich im Schiedsverfahren eines wesentlichen Verteidigungsarguments begeben würde, wenn er dort nicht mit dem mangelnden Rechtsbestand des Streitpatents argumentieren dürfte. Eine dahingehende Schiedsvereinbarung ist zwar unter Geltung der Vertragsautonomie möglich, aber im Zweifel (dh wenn nicht hinreichend deutlich etwas anderes geregelt ist) nicht gewollt, wobei die letztgenannte Erwägung auch bei der Anwendung ausländischen Rechts auf die Schiedsvereinbarung regelmäßig dazu führen wird, dass der Rechtsbestand des Streitpatents der Schiedsvereinbarung unterfällt. Für eine tendenziell weite Auslegung der Schiedsvereinbarung spricht nicht zuletzt auch, dass das Trennungsprinzip der Sache miochts anderes als eine bloße Zuständigkeitstrennung ist und die Zuständigkeit zur Entscheidung über den Streitstoff mit einer Schiedsvereinbarung vollkommen eigenständig neu (und deshalb auch ohne jede Bindung an das Zuständigkeitsregime des staatlichen Rechtsschutzes) geregelt werden soll. Mangels gegenteiliger Anhaltspunkte ist deswegen davon auszugehen, dass auf das die staatliche Gerichtsbarkeit verdrängende Schiedsgericht die *gesamte* Entscheidungsbefugnis über alle diejenigen Fragen übergehen soll, die über den Erfolg oder Mißerfolg einer Verletzungsklage entscheiden.

[1592] BGH, SchiedsVZ 2019, 354.

b) Objektive Schiedsfähigkeit der Rechtsbestandsfrage

1068 Zulässig und wirksam[1593] ist eine Schiedsvereinbarung freilich nur für einen Streitgegenstand, der überhaupt objektiv schiedsfähig ist. § 1030 ZPO bestimmt insoweit, dass jeder *vermögensrechtliche* Anspruch (= Streitgegenstand) Gegenstand einer Schiedsvereinbarung sein kann, *nichtvermögensrechtliche* Ansprüche hingegen nur, soweit die Parteien berechtigt sind, über den Gegenstand des Streits einen Vergleich zu schließen. Die Vorschrift gilt als zwingendes, nicht abdingbares Recht, wenn der Schiedsort in Deutschland liegt (§ 1025 Abs 1 ZPO). Für die Parteien besteht keine Dispositionsbefugnis, wie sich auch daran zeigt, dass die fehlende Schiedsfähigkeit des Streitgegenstandes ein Grund für die Aufhebung des Schiedsspruchs ist (§ 1059 Abs 2 Nr 2a ZPO). Liegt der Schiedsort außerhalb Deutschlands, fehlen ausdrückliche gesetzliche Regelungen. Überwiegend wird für die Beurteilung der objektiven Schiedsfähigkeit des Streitgegenstandes differenziert: Im Einredestadium (gerichtliche Entscheidung über die Zulässigkeit des eingeschlagenen Rechtsweges zum staatlichen Gericht bzw zum Schiedsgericht (§ 1032 ZPO) soll das Recht des Gerichtsstaates gelten; dann, wenn es um die Anerkennung eines Schiedsspruchs geht, das Recht des Anerkennungsstaates.

1069 Kommt **§ 1030 ZPO** zur Anwendung[1594], gilt für die Frage der Schiedsfähigkeit Folgendes:

1070 – Eindeutig ist zunächst, dass das Schiedsgericht immer nur mit Wirkung inter partes entscheiden kann. Es hat deshalb keine Befugnis, das Patent mit Wirkung orga omnes rechtsgestaltend zu vernichten. Einer derartigen Kompetenz würde auch entgegenstehen, dass das Patent durch staatlichen Hoheitsakt verliehen ist und deshalb seinem Inhaber auch nur durch einen staatlichen Hoheitsakt (= die Entscheidung des hierfür zuständigen staatlichen Patentamtes oder Gerichts) wieder genommen werden kann.

1071 – Das schließt es allerdings nicht aus, dass sich das Schiedsgericht überhaupt der Rechtsbestandsfrage widmet, soweit ihre Beurteilung eine bloße Vorfrage für einen gewöhnlichen ver-mögensrechtlichen Anspruch bildet, indem es beispielsweise darum geht, ob der Beklagte zur Unterlassung und zum Schadenersatz verurteilt wird. Der Rechtsbestand kann daher geprüft und als internes Begründungselement beschieden werden, und zwar sowohl bei einer dem Anspruchsbegehren zusprechenden Entscheidung (= Rechtsbestand bejaht) wie bei einer solchen, die den Vermögensanspruch verneint und aberkennt (= Rechtsbestand verneint).

1072 – Als problematisch verbleibt somit eine einzige Konstellation: Darf das Schiedsgericht den Beklagten – inter partes – zu einer Maßnahme verurteilen, die das Patent – orga omnes – zum Erlöschen bringt, zB dazu, beim Patentamt den rückwirkenden **(Selbst-)Widerruf des Patents** oder eine rückwirkende Beschränkung der Patentansprüche zu beantragen (§ 64 Abs 1 PatG, Art 105a Abs 1 Satz 1 EPÜ)? Die Frage ist zu bejahen, weil kein Patentinhaber aus Gründen öffentlicher Belange gezwungen ist, ein noch so wertvolles Patent aufrechtzuerhalten. Er kann es vielmehr nach seinem freien Belieben zu jeder Zeit fallenlassen (Nichtzahlung der Gebühren), auf sein Patent mit Wirkung für die Zukunft verzichten (§ 20 Abs 1 Nr 1 PatG) oder das Patent durch Selbstbeschränkung und Selbstwiderruf ganz oder teilweise rückwirkend beseitigen. In Anbetracht dieser allumfassenden Dispositionsbefugnis spricht nichts dagegen, dass der Inhaber sein Patent auch zur Disposition einer Entscheidung in einem Schiedsverfahren stellen kann.

1593 ... und deshalb von den Parteien gewollt.
1594 Zur Rechtslage im Ausland vgl die Nachweise bei Picht, GRUR 2019, 15, 18 bei Fußnote 78.

> **Praxistipp:** Formulierungsbeispiel
>
> Eine andere, strategische Frage ist freilich, ob es aus Lizenznehmer-/Verletzersicht wirklich klug ist, einen Antrag auf Selbstwiderruf/Selbstbeschränkung zu stellen, oder ob auch dem Schiedsbeklagten nicht viel mehr mit der Einräumung einer Freilizenz bei bestehenbleibendem Patent gedient ist, das im Wettbewerb mit Dritten auch *seine* Marktposition schützt.

1074 Der **Antrag** hat dahin zu lauten, dass der Schiedskläger verpflichtet ist, gegenüber dem Patentamt (unter Beachtung der gesetzlich vorgesehenen Formalien) den Widerruf seines Patents zu beantragen. Ein dahingehender Schiedsspruch würde nach § 894 ZPO vollstreckt: Nach rechtskräftiger Vollstreckbarerklärung des Schiedsspruchs gilt die Widerrufserklärung kraft Fiktion als abgegeben und führt zum Patentwiderruf.

c) Ausschluss der staatlichen Gerichtsbarkeit

1075 Ob die die Rechtsbestandsentscheidung einschließende Schiedsabrede oder Schiedsklausel den Zugang zu den staatlichen Rechtsbestandsgerichten sperrt, hängt von der Reichweite der Schiedsvereinbarung ab. Maßgebliche Norm ist § 1032 Abs 1 ZPO: »*Wird vor einem Gericht Klage in einer Angelegenheit erhoben, die Gegenstand einer Schiedsvereinbarung ist, so hat das Gericht die Klage als unzulässig abzuweisen, sofern der Beklagte dies vor Beginn der mündlichen Verhandlung zur Hauptsache rügt, es sei denn, das Gericht stellt fest, dass die Schiedsvereinbarung nichtig, unwirksam oder undurchführbar ist.*« Kann der Rechtsbestand bloß als Vorfrage für die Ansprüche auf Lizenzzahlung, Unterlassung und dergleichen geltend gemacht und geprüft werden, so besteht keine Zugangssperre zu den staatlichen Gerichten, weil der Rechtsbestand als solcher – mangels Antragsbefugnis – nicht Streitgegenstand des Schiedsverfahrens sein kann. Anders verhält es sich, wenn der Rechtsbestand uneingeschränkt Gegenstand des Schiedsverfahrens sein kann, so dass im Schiedsverfahren auch formelle Anträge zur Beseitigung des Patents gestellt werden können. Hier tritt eine Zugangssperre ein, weil der potenzielle Rechtsschutz im Schiedsverfahren – auf bloß andere rechtliche Weise – nicht hinter demjenigen Rechtsschutz zurückbleibt, der im staatlichen Rechtsbestandsverfahren gewährbar ist.

1076 Zu beachten ist, dass § 1032 ZPO um eine **Prozesseinrede** betrifft, weswegen ein Nichtigkeitsverfahren zulässig wird, wenn die Schiedseinrede nicht oder nicht rechtzeitig (sic: vor der mündlichen Verhandlung zur Hauptsache) erhoben wird. Allerdings ist die Schiedseinrede ihrerseits nach § 295 ZPO verzichtbar, weswegen sich der Gegner auf die mangelnde oder nicht rechtzeitige Schiedseinrede berufen muss, damit auf diesen Gesichtspunkt eine gerichtliche Entscheidung (= Zulässigkeit der staatlichen Klage) gestützt werden kann.[1595]

1077 Hat der Schiedsspruch die **Schiedsvereinbarung** – bedingt durch die dahinter zurückbleibenden Anträge der Parteien – noch nicht ausgeschöpft, bleibt in Bezug auf den überschießenden (**nicht verbrauchten**) Inhalt der Schiedsabrede die Einrede aus § 1032 ZPO erhalten und steht, soweit sie eingreift, einem staatlichen Rechtsschutz auch nach Vorliegen eines Schiedsspruchs entgegen.[1596] Das ist zB denkbar, wenn eine die Rechtsbestandsfrage uneingeschränkt einschließende Schiedsvereinbarung getroffen ist, der mangelnde Rechtsbestand des Klagepatents im abgeschlossenen Schiedsverfahren jedoch nur einredeweise mit der Folge einer Abweisung der Unterlassungs- und Schadenersatzklage

---

1595 BGH, MDR 2021, 832.
1596 OLG Karlsruhe, WM 2008, 1854.

geltend gemacht und beschieden worden ist, und anschließend die Frage zur Diskussion steht, ob die Entscheidung über den Rechtsbestand als solche vor die Schiedsgerichte gehört (Antrag auf Verpflichtung des Patentinhabers zum Selbstwiderruf) oder mit einer Nichtigkeitsklage zur Entscheidung durch das BPatG gestellt werden kann. Wegen der durch das erste Schiedsverfahren nicht ausgeschöpften Schiedsvereinbarung ist allein der schiedsrichterliche Weg eröffnet.

Hat das Schiedsgericht den Rechtsbestand positiv beurteilt und den Antrag auf Verpflichtung des Schiedsklägers zum Selbstwiderruf seines Patents abgewiesen, so kann der unterlegene Schiedsbeklagte nach Abschluss des Schiedsverfahrens keine Nichtigkeitsklage vor den staatlichen Gerichten erheben. In solchen Fällen tritt an die Stelle der Schiedseinrede der **Einwand der Rechtskraft**.[1597]   1078

– Handelt es sich um einen *inländischen* Schiedsspruch, so findet aus ihm ohne weiteres die Zwangsvollstreckung statt, sofern er für vollstreckbar erklärt ist. Dies ist nur abzulehnen, wenn einer der – abschließenden – gesetzlichen Aufhebungsgründe des § 1059 Abs 2 ZPO vorliegt (§ 1060 ZPO). So lange keine Aufhebung erfolgt ist, hindert der Schiedsspruch eine Entscheidung staatlicher Gerichte über denselben Streitgegenstand.   1079

– Ein *ausländischer* Schiedsspruch entfaltet gemäß § 1025 Abs 4 ZPO Rechtskraft, soweit er im Inland gemäß § 1061 Abs 1 ZPO in Verbindung mit dem Übereinkommen vom 10. Juni 1958 über die Anerkennung und Vollstreckung ausländischer Schiedssprüche (UNÜ) anzuerkennen ist, was grundsätzlich eo ipso ohne förmliches Anerkennungsverfahren erfolgt. Soweit die Rechtskraft des Schiedsspruchs personell, sachlich und in zeitlicher Hinsicht reicht, steht er einer Sachentscheidung des staatlichen Gerichts entgegen.[1598]   1080

Weil es darum geht, dass die Wirkung (… der Rechtskraft) nach Deutschland erstreckt wird, muss es sich bei dem Schiedsspruch, damit die aufgezeigten Sperrwirkungen eintreten, nach dem Heimatrecht des Schiedsspruchs um eine verbindliche Entscheidung handeln, die den Streit endgültig erledigt und die weder einer oberschiedsrichterlichen Kontrolle noch einer staatsgerichtlichen Überprüfung unterliegt und die auch keiner formalen staatlichen Bestätigung (»Exequatur«) bedarf.   1081

18. Versuchsprivileg[1599]

Vom Patentschutz ausgenommen sind gemäß § 11 Nr 2 PatG »Handlungen zu Versuchszwecken, die sich auf den Gegenstand der patentierten Erfindung beziehen«. Da der »Versuch« ein planmäßiges Vorgehen zur Gewinnung von Erkenntnissen voraussetzt[1600] und die patentierte Erfindung Gegenstand des Versuches zu sein hat, muss mit der Benutzung des Patents der Zweck verfolgt werden, Einsichten über die Erfindung zu erhalten. Diese Erkenntnisse müssen nicht rein wissenschaftlicher Natur sein, sondern sie können letztlich auch durch gewerbliche Interessen mit motiviert sein.[1601] So kann es beispielsweise darum gehen, technische Angaben in der Patentschrift zu verifizieren, Anhaltspunkte für Weiterentwicklungsmöglichkeiten zu finden oder neue therapeutische   1082

1597 OLG Karlsruhe, WM 2008, 1854.
1598 OLG Hamm, Urteil vom 25.11.2019 – I-8 U 86/15.
1599 Niioka, Klinische Versuche, 2003; Langfinger, VPP-Rundbrief 2011, 53; Worm/Guski, Mitt 2011, 265 (zu patentierten Medizinprodukten); Stief/Matschke, GRUR 2021, 1241.
1600 BGH, GRUR 1996, 109 – Klinische Versuche I.
1601 BGH, GRUR 1996, 109 – Klinische Versuche I; BGH, Mitt 1997, 253 – Klinische Versuche II.

Verwendungen aufzudecken. Dass diese Einsichten später auch im Rahmen eines arzneimittelrechtlichen Zulassungsverfahrens nützlich sind, schließt den Versuchszweck nicht aus. Ausschließlich gewerbliche Absichten, wie sie zB vorliegen, wenn mit der Benutzung des Patents lediglich eine Nachfrage auf dem betreffenden Markt geklärt werden soll, genügen jedoch nicht. Unzureichend sind gleichfalls Versuche, die keinem Erkenntnisgewinn in Bezug auf den Erfindungsgegenstand dienen. Dazu gehören reine Bioäquivalenzprüfungen[1602] im Rahmen eines abgekürzten Zweitzulassungsverfahrens[1603] sowie oftmals auch die bloße Verwendung eines patentierten Forschungswerkzeuges.[1604] Gleiches gilt für Tests, die der Auftraggeber im Rahmen eines Vergabeverfahrens zur Funktionsprüfung an Mustern eines Bieters (Gebrauch & Besitz zu Zwecken des Gebrauchs) vornimmt.[1605]

1083 Obwohl der Versuchs*zweck* an sich eine subjektive Willensrichtung voraussetzt, sind die objektiven Umstände der Erfindungsbenutzung mit in Betracht zu ziehen. Sie geben Aufschluss darüber, ob die geltend gemachte Zielsetzung glaubhaft ist, was zB zu verneinen ist, wenn die angeblichen Versuche einen Umfang haben, der mit der bloßen Gewinnung von Erkenntnissen nicht mehr vereinbar ist, sondern schlüssig auf eine gewerbliche Benutzung hindeutet.

1084 Privilegiert ist zwar vordringlich derjenige, der in eigener Person mit der erforderlichen Willensrichtung agiert. § 11 Nr 2 PatG regelt jedoch keinen persönlichen, sondern einen **sachlichen Privilegierungsgrund**, weswegen die Vorschrift prinzipiell auch zugunsten eines Lieferanten eingreifen kann, der den patentverletzenden Gegenstand oder ein Mittel iSv § 10 PatG aus rein kommerziellen Gründen für den Versuch bereitstellt.[1606] Ansonsten wäre derjenige benachteiligt, der nach dem Zuschnitt seines Unternehmens das für den Versuch benötigte patentgemäße Mittel nicht selbst herstellen kann, sondern von Dritter Seite beziehen muss. Dass es in solchen Fällen lediglich dem Empfänger darum geht, mit dem gelieferten Gegenstand auf einen wissenschaftlichen Erkenntnisgewinn gerichtete Versuche durchzuführen, ist unbeachtlich, wenn und so lange der zuliefernde Dritte im Zeitpunkt seiner Bereitstellungshandlung – erstens – nach den gesamten Umständen davon ausgehen darf, dass der von ihm zur Verfügung gestellte Gegenstand

---

1602 Ziel solcher Studien ist der Nachweis, dass zwei wirkstoffgleiche Arzneimittel, die sich im Herstellungsprozess und/oder bei den enthaltenen Hilfsstoffen unterscheiden (scil.: das bereits zugelassene Originalpräparat einerseits und das noch zuzulassende Generikum andererseits), ohne Gefahr für den Patienten gegeneinander ausgetauscht werden können. Zwei Arzneimittel werden als bioäquivalent bezeichnet, wenn innerhalb eines 90 %-Konfidenzintervalls die Bioverfügbarkeit einen Wert von 80 bis 125 % erreicht. Um dies festzustellen, werden das Ausmaß und die Geschwindigkeit der Arzneistoffresorption verglichen, indem zwei Gruppen freiwilliger Probanden unter streng standardisierten Bedingungen eine gleiche Dosis des Testarzneimittels (Generikum) oder des Referenzproduktes (Originalpräparat) erhalten. In bestimmten Zeitabständen werden Blutproben entnommen und auf die Arzneistoffkonzentration hin analysiert. Der Nachweis einer Bioäquivalenz mit dem Originalprodukt ist geführt, wenn der 90 %-Vertrauensbereich (Konfidenzintervall) des Quotienten der für die zu vergleichenden Kenngrößen ermittelten durchschnittlichen Werte für Testprodukt und Referenzprodukt innerhalb fest definierter Grenzen (80–125 %) liegt. Die Auswahl der Kenngrößen und das Studiendesign hängen unter anderem von der Indikation und der Darreichungsform des Arzneimittels ab.
1603 Vgl OLG Düsseldorf, GRUR-RR 2014, 100 – Marktzulassungsprivileg; Epping/Gerstberger, PharmR 2003, 257, 259.
1604 Hufnagel, PharmR 2006, 209, 214; Holzapfel, GRUR 2006, 10, 13.
1605 OLG Düsseldorf, GRUR 2022, 710 – Waffenverschlusssystem.
1606 AA: LG Düsseldorf, Urteil v 26.7.2012 – 4a O 282/10; Langfinger, VPP-Rundbrief 2011, 53, 56. Erforderlich soll sein, dass der Lieferant als Mitveranstalter der Versuche betrachtet werden kann, weil auch er selbst einen Erkenntnisgewinn anstrebt. Dies soll noch nicht deswegen anzunehmen sein, weil der Lieferant um die privilegierten Verwendungsabsichten seines Abnehmers weiß oder von diesem spezifisch und mit der Zusicherung beauftragt ist, mit dem Liefergegenstand nur Versuche iSv § 11 Nr 2 PatG durchzuführen.

ausschließlich für privilegierte Versuche eingesetzt wird und wenn der Dritte darüber hinaus – zweitens – geeignete Vorkehrungen dafür getroffen hat, dass dieser Verwendungszweck von dem Belieferten auch tatsächlich eingehalten wird. Solche Vorkehrungen können zB in einer ggf strafbewehrten Verwendungsvereinbarung bestehen, die zugunsten des Patentinhabers mit dem Belieferten abgeschlossen wird. Das zweitgenannte Erfordernis ergibt sich in Fällen, in denen die Bereitstellungshandlung eine mittelbare Patentbenutzung darstellt, bereits aus § 10 Abs 3 PatG. Soweit das gelieferte Mittel (zB Arzneimittelwirkstoff) nur patentgemäß gebraucht werden kann, sodass an sich ein Schlechthinverbot ergehen könnte, ist hiervon im Interesse der Privilegierungsregelung abzusehen und stattdessen eine lediglich eingeschränkte Verurteilung auszusprechen. Wird ein Gegenstand zugeliefert, der als solcher unmittelbar patentbenutzend ist, ergibt sich die Notwendigkeit für die besagten Vorkehrungen aus dem Privilegierungstatbestand selbst, bei dessen Anwendung die Interessen des Patentinhabers nur dann hinreichend gewahrt sind, wenn gewährleistet ist, dass die Bereitstellungshandlung nicht für rechtsverletzende Handlungen »missbraucht« wird.

19. Roche-Bolar-Regel[1607]

Das Versuchsprivileg wird ergänzt durch die sogenannte Roche-Bolar-Regelung in § 11 Nr 2b PatG, die mit Wirkung zum 6.9.2005 in Kraft getreten ist und die Privilegierung von Generikaherstellern bezweckt, denen während der Patentlaufzeit Benutzungshandlungen gestattet werden, die für eine arzneimittelrechtliche Zulassung ihres Präparates notwendig sind. Mit Auslaufen des Patentschutzes soll der Generikahersteller im Besitz einer Arzneimittelzulassung sein können. Die Bolar-Regel, die auch für forschende Pharmaunternehmen gilt[1608], geht über das Versuchsprivileg hinaus, weil die auf neue Erkenntnisse gerichteten Versuche nicht die patentierte Erfindung selbst zum Gegenstand haben müssen. Ob sie mit ihm auch insofern übereinstimmt, dass es sich um einen **persönlichen Privilegierungstatbestand** handelt, sodass nur derjenige von den Wirkungen des Patentschutzes freigestellt ist, der in eigener Person die notwendigen Absichten und Zwecke verfolgt, ist streitig. Ein hierzu gestelltes Vorabentscheidungsersuchen an den EuGH[1609] hat sich – bedauerlicherweise – erledigt. Die Frage wird für denjenigen relevant, der selbst aus rein kommerziellen Zwecken handelt (indem er zB dem eine privilegierte Marktzulassung betreibenden Generikaunternehmen patentgeschützte Wirkstoffe liefert). Für ihn gilt das zum Versuchsprivileg Ausgeführte[1610] entsprechend.

1085

Freigestellt sind »**Studien**«, insbesondere klinische Studien, »**Versuche**« iSv Nr 2, dh planmäßige Vorgehensweisen zur Erzielung von Erkenntnissen, sowie die sich aus Studien oder Versuchen ergebenden »**praktischen Anforderungen**«. Mit Letzterem ist jede Benutzung der patentierten Lehre gemeint, mit der die Voraussetzungen für die Durchführung einer privilegierten Studie oder eines privilegierten Versuchs geschaffen wird. Es handelt sich mithin um Bereitstellungshandlungen wie die Herstellung oder der Import des für den Versuch vorgesehenen patentgeschützten Wirkstoffs, die Produktion von Versuchsmustern und dergleichen. Die kommerzielle (mittelbar patentbenutzende) Lieferung von Materialien, aus denen ein Dritter (unmittelbar patentbenutzende) Versuchsmuster anfertigt, ist wegen § 10 Abs 3 nicht patentfrei.[1611] Nach den zu § 11 Nr 2 PatG dargelegten Regeln ist der Liefernde deswegen verpflichtet, geeignete Vorkehrun-

1086

1607 Chrocziel/Hufnagel, FS Mes, 2009, S 59; Langfinger, VPP-Rundbrief 2011, 53; Worm/Guski, Mitt 2011, 265 (zu patentierten Medizinprodukten); Stief/Matschke, GRUR 2021, 1241.
1608 Langfinger, VPP-Rundbrief 2011, 53, 55.
1609 OLG Düsseldorf, GRUR-RR 2014, 100 – Marktzulassungsprivileg.
1610 Vgl oben Kap E Rdn 1082.
1611 Hufnagel, PharmR 2006, 209, 212; Fähndrich/Tilmann, GRUR 2001, 901, 902.

gen gegen eine nicht privilegierte Verwendung durch seinen Abnehmer zu treffen, wobei entsprechende Anordnungen auch dann geboten sind, wenn an sich ein Schlechthinverbot gerechtfertigt wäre. Gleiches gilt, wenn in der Bereitstellungshandlung bereits eine unmittelbare Patentbenutzung liegt.[1612] Auch hier profitiert der kommerziell handelnde Zulieferer nur dann von der Privilegierung seines Abnehmers, wenn er Gewähr dafür bietet, dass sich die Verwendung seiner Vorarbeit im privilegierten Rahmen hält.

1087 Die Studien oder Versuche müssen für das arzneimittelrechtliche Zulassungsverfahren **erforderlich** sein – sei es, dass ihre Durchführung als solche vorgeschrieben ist oder dass mit ihrer Hilfe Erkenntnisse über das zuzulassende Medikament (zB seine Bioäquivalenz zum Originalprodukt) gewonnen werden, die gegenüber der Genehmigungsbehörde nachzuweisen sind. Es bedarf insofern eines unmittelbaren Zusammenhangs zwischen dem Versuch/der Studie und der angestrebten Arzneimittelzulassung.[1613] Eine Vorfeldforschung, die keine direkten Zulassungsvoraussetzungen schafft (wie dies regelmäßig bei Verwendung eines Forschungswerkzeuges gegeben ist[1614]), ist unzureichend.[1615] Ob die Arzneimittelzulassung in Deutschland, einem Mitgliedstaat der EU oder einem Drittland beantragt werden soll, ist gleichgültig. In jedem Fall bestimmt das nationale Recht des Zulassungsstaates, was zur Erlangung einer arzneimittelrechtlichen Genehmigung »erforderlich« ist und dementsprechend vom Patentschutz suspendiert sein kann. Der Antragsteller für das Zulassungsverfahren muss nicht selbst die Studien/Versuche durchführen. Nr 2b greift auch in Fällen sogenannter Auftragsforschung ein, die in ein Fremdlabor ausgelagert ist.[1616]

1088 **Vereinbarungen** (zB in Lizenzverträgen), mit denen versprochen wird, privilegierte Handlungen (trotz ihrer gesetzlichen Freistellung vom Patentschutz) nicht vorzunehmen, haben keinesfalls dingliche Wirkung in dem Sinne, dass sie – contra legem – gesetzliche Verbietungsrechte aus dem Patent begründen.[1617] Ob sie wenigstens schuldrechtlich verbindlich sind, dh dem Vertragspartner einen aus der Vereinbarung folgenden obligatorischen Anspruch auf das Unterlassen von Versuchshandlungen gewähren, ist weitgehend ungeklärt. Einige Autoren[1618] verneinen dies unter Hinweis darauf, dass Vereinbarungen solchen Inhalts gemäß § 134 BGB nichtig sind. § 11 PatG als Verbotsnorm aufzufassen, erscheint allerdings problematisch. Mit der Begrenzung der patentrechtlichen Ausschließlichkeitsrechte schafft die Vorschrift zunächst nur einen Handlungsspielraum für die Allgemeinheit, von dem im Interesse des technischen Fortschritts Gebrauch gemacht werden *kann*, aber nicht Gebrauch gemacht werden muss. Niemand kann dazu gezwungen werden, den technischen Fortschritt durch eigene Versuchshandlungen zu forcieren. Weil sie unterbleiben können, steht auch nichts entgegen, durch eine schuldrechtliche Vereinbarung auf ihre Vornahme zu verzichten. Je nach Lage des Falles stellt sich allenfalls die Frage nach den Bedingungen, unter denen sich der Verpflichtete von der Vereinbarung (zB durch Kündigung) lossagen kann.

1612 OLG Düsseldorf, GRUR-RR 2014, 100 – Marktzulassungsprivileg; das Vorlageverfahren hat sich durch einen Klageverzicht erledigt, bevor der EuGH entscheiden konnte.
1613 Gassner, GRUR Int 2004, 988, 991; Holzapfel, GRUR 2006, 10, 16.
1614 Holzapfel, GRUR 2006, 10, 16; aA: v. Meibom/vom Feld, FS Bartenbach, 2005, S 398 f; Langfinger, VPP-Rundbrief 2011, 53, 58 f.
1615 Zur Rechtslage in den USA vgl die Berichterstattung in GRUR Int 2007, 877.
1616 Hufnagel, PharmR 2006, 209, 213 f.
1617 Zech in Leible/Ohly/Zech, Wissen, 2010, S 187, 199 f.
1618 Zech in Leible/Ohly/Zech, Wissen, 2010, S 187, 200 f; im Ergebnis gleichlautend: Wündisch/Hering, GRUR Int 2009, 106, 112.

20. Export-VO 2019/933[1619]

Eine weitere Wirkungsbeschränkung, allerdings nur für die Ansprüche aus einem **Schutzzertifikat, nicht** für solche aus dem zugrundeliegenden **Patent**, enthält die Export-VO (EU) 2019/933, mit der Art 5 VO (EG) Nr 469/2009 neu gefasst worden ist. Sie nimmt bestimmte an sich dem Monopolrecht des Zertifikatinhabers unterliegende Handlungen von den Verbietungsrechten aus, sofern das betreffende Zertifikat am 01.07.2019 oder danach beantragt wurde. Datiert der Zertifikatantrag vor dem 01.07.2019 und ist das Zertifikat an diesem Tag oder später in Kraft getreten, gilt die Schutzbeschränkung mit zeitlicher Verzögerung ab dem 02.07.2022. Zertifikate mit Wirkungseintritt vor dem 01.07.2019 unterfallen der Export-VO – aus Gründen des Vertrauensschutzes zugunsten des Zertifikatinhabers – nicht (Art 1 Nr 2 Abs 10 VO (EU) 2019/933).

1089

Hintergrund für die den Zertifikatschutz limitieren Regelungen der Export-VO ist der Umstand, dass in der EU residierende Generika- und Biosimilarhersteller aufgrund des hier geltenden, umfassenden Zertifikatschutzes daran gehindert sind, an ihrem Sitz patentgeschützte Wirkstoffe oder Arzneimittel für den Export in solche Drittländer [= Länder außerhalb der EU; Erwägungsgrund (3)] herzustellen und zu lagern, in denen kein Schutz besteht oder dieser bereits abgelaufen ist. Genauso steht der EU-Zertifikatschutz der frühzeitigen Herstellung und Lagerung geschützter Wirkstoffe und Arzneimittel entgegen, der lediglich gewährleisten soll, dass der EU-Generika- oder Biosimilarhersteller augenblicklich nach dem Ablauf des Zertifikatschutzes auf den Gemeinsamen Markt treten kann (Tag-1-Markteintritt in der EU). In der Union niedergelassene Hersteller geraten dadurch in einen ungewollten Wettbewerbsnachteil gegenüber solchen Generika- und Biosimilarproduzenten, die in schutzrechtsfreien Drittstaaten ansässig sind und denen die vorgenannten Maßnahmen mangels dortigen Patentschutzes ohne weiteres möglich sind [Erwägungsgründe (4), (5)]. Um diese Schieflage zu beseitigen, nimmt die Export-VO in Art 1 Nr 2 Abs 2 ua folgende (lediglich rechtmäßige Aktionen vorbereitende) Benutzungshandlungen vom gesetzlichen Zertifikatschutz aus, die von demselben Hersteller auch parallel nebeneinander verfolgt werden können:

1090

– Die Herstellung eines geschützten Erzeugnisses oder eines dieses geschützte Erzeugnis enthaltenen Arzneimittels für den (nicht nur vorübergehenden, sondern endgültigen) Zweck der **Ausfuhr in Drittländer** außerhalb der EU (Art 5 Abs 2 lit a) i) VO (EG) Nr 469/2009)[1620];

1091

– die Herstellung eines zertifikatgeschützten Erzeugnisses oder eines dieses Erzeugnis enthaltenen Arzneimittels frühestens **6 Monate vor Ablauf des Schutzzertifikats**, sofern die Herstellung nach den gesamten Umständen geschieht, um das Erzeugnis oder Arzneimittel im Mitgliedstaat der Herstellung zu lagern und nach Ablauf des Schutzzertifikats in einem Mitgliedstaat der EU[1621] in Verkehr zu bringen (Art 5 Abs 2 lit a) iii) VO (EG) Nr 469/2009).

1092

– Mit privilegiert sind solche **verbundenen Handlungen**, die für die zugelassene Herstellung, Lagerung oder Ausfuhr des geschützten Erzeugnisses oder Arzneimittels unbedingt erforderlich sind (Art 5 Abs 2 lit a) ii) und iv) VO (EG) Nr 469/2009), unabhängig davon, ob sie von dem Generika- oder Biosimilarunternehmen selbst vorgenommen oder von einem Vertragspartner in dessen Auftrag ausgeführt werden [(Erwägungsgrund (9)]. Die zeitliche Schranke (6 Monate vor Zertifikatablauf) gilt

1093

1619 Krauß, Mitt 2020, 157.
1620 EU-Mitgliedstaaten ohne Patentschutz sind nicht erfasst! Die Wiedereinfuhr (oder Umlenkung) in den Gemeinsamen Markt bleibt unverändert sanktioniert [Erwägungsgrund (22)].
1621 Die Beschränkung auf die EU erklärt sich daraus, dass ein beabsichtigter Export in Drittländer umfassend freigestellt ist (vgl Rdn 1091).

E. Verteidigungsmöglichkeiten des Beklagten

für verbundene Handlungen in gleicher Weise, sodass sich die Frist um denjenigen vorgelagerten Zeitraum verkürzt, der für die der eigentlichen Herstellung und Lagerung vorgeschalteten Handlungen benötigt wird. Beispiele für notwendig verbundene Handlungen sind bei einem zertifikatgeschützten Arzneimittel die Einfuhr, der Besitz, das Angebot oder der Vertrieb des Wirkstoffs, und bei einem geplanten Export die Lagerung und Werbung ausschließlich für die Ausfuhr [Erwägungsgrund (9)].

1094 **Handlungen**, die **außerhalb der 6-Monatsfrist** unternommen werden, bleiben rechtswidrig und lösen zugunsten des Zertifikatinhabers die üblichen Verbietungsansprüche aus. Das bedeutet allerdings nicht, dass ein Generikaunternehmen, nur weil es um wenige Tage zu früh gestartet ist, der Privilegierung insgesamt verlustig geht. Handlungen außerhalb der Frist bleiben zwar auskunfts- und schadenersatzpflichtig; gegen privilegierte Handlungen, die danach innerhalb des regulären 6-Monats-Zeitraumes vorgenommen werden, kann jedoch nicht mit einem Unterlassungs- oder Vernichtungsanspruch vorgegangen werden.

1095 Rechtzeitig (sic: spätestens drei Monate) vor Aufnahme der privilegierten Handlungen muss der Generikahersteller der für die Erteilung von Schutzzertifikaten zuständigen Behörde des Lager- bzw Herstellungsstaates und dem Zertifikatinhaber[1622] bestimmte **Informationen** zu seiner geplanten Zertifikatbenutzung erteilen und gegebene Informationen bei drohenden Veränderungen vorher aktualisieren, sodass eine verlässliche Prüfung daraufhin möglich ist, ob die Voraussetzungen einer Privilegierung nach der Export-VO (ggf: weiterhin) erfüllt sind (Art 5 Abs 2 lit b), c), Abs 5 VO (EG) Nr 469/2009). Hilfspersonen, die das Generikaunternehmen für von ihm beabsichtigte privilegierte Ausfuhren in Drittstaaten oder Tag-1-Markteintritte zu seiner Unterstützung heranzieht, sind ebenfalls über die Privilegierungsumstände und -voraussetzungen sowie die rechtlichen Folgen ihres mangelnden Eingreifens zu **belehren**, wobei der Verordnungstext diesbezüglich keine Fristen nennt (Art 5 Abs 2 lit e), Abs 9 VO (EG) Nr 469/2009). Die Darlegungs- und Beweislast für die erfolgte Unterrichtung und (soweit bedeutsam) ihren Zeitpunkt liegt beim Generikahersteller, dem die Privilegierung günstig ist. Der vom Hersteller eingeschlagene Unterrichtungsweg sollte deshalb nicht nur sicher zielführend, sondern genauso beweisbar sein.

1096 Kommt das Generikaunternehmen seinen vorgenannten **Pflichten nicht, nicht rechtzeitig [Abs 2 lit b)] oder nicht vollständig nach**, so ist es ihm verwehrt, sich auf die Privilegierungsregelung zu berufen. Bereits Erwägungsgrund (14) hält in diesem Sinne fest, dass die Herstellung eines Erzeugnisses und die damit verbundenen Handlungen nur dann in den Anwendungsbereich der Privilegierungsregelung fallen sollten, wenn der Hersteller die Erteilungsbehörde und den Zertifikatinhaber ordnungsgemäß unterrichtet hat. Ergänzend bemerkt Erwägungsgrund (20), dass die Ausnahmeregelung zum Zertifikatschutz für solche Hersteller nicht gelten sollte, die ihren Sorgfaltspflichten gegenüber ihren Helfern nicht nachkommen. Gesetzestechnisch ist die vom Verordnungsgeber vorgesehene Kopplung von Privilegierung und ordnungsgemäßer Erfüllung der Sorgfaltspflichten dadurch umgesetzt, dass Art 5 Abs 2 VO (EG) Nr 469/2009 eine Limitierung des Zertifikatschutzes davon abhängig macht, dass die – dh alle – nachfolgenden Bedingungen der lit a) bis e) erfüllt sind. Es muss also nicht nur sachlich um die Herstellung

---

1622 Das Generikaunternehmen wird sich insoweit auf den aktuellen Registerstand verlassen können, sofern es nicht verlässlich und nachweisbar anderweitige Kenntnisse (zB von einer kürzlich erfolgten Zertifikatübertragung) hat. Die Unterrichtung einer unzuständigen Person, bleibt rechtlich wirkungslos, selbst wenn sie demselben Konzern wie der richtigerweise anzusprechende Zertifikatinhaber angehört. Gehört das Zertifikat mehreren Inhabern in Bruchteilsgemeinschaft, so sind alle Gemeinschafter zu informieren.

und Lagerung für eine Drittausfuhr oder einen Tag-1-Markteintritt gehen (Art 5 Abs 2 lit a) VO (EG) Nr 469/2009), sondern es muss auch denjenigen Informations- und Belehrungspflichten nachgekommen werden, die Art 5 Abs 2 VO (EG) Nr 469/2009 in seinen anschließenden lit b) bis e) einfordert.

Soweit Art 5 Abs 2 VO (EG) Nr 469/2009 keine zeitlichen Vorgaben macht, können versäumte **Informationenpflichten** mit Wirkung *ex nunc* uneingeschränkt **nachgeholt** werden. Ihre ordnungsgemäße Vornahme eröffnet deshalb mit Wirkung für die Zukunft eine Inanspruchnahme der Privilegierung, während unter Geltung der unzureichenden oder gänzlich fehlenden Information unternommene Benutzungshandlungen als Zertifikatverletzung verfolgt werden können (vgl oben Rdn 1094). Diffiziler gestaltet sich die Antwort in Bezug auf diejenigen Informationen, für die Art 5 Abs 2 lit b) VO (EG) Nr 469/2009 klare zeitliche Vorgaben enthält, nämlich mindestens 3 Monate vor der ersten beabsichtigten privilegierten Herstellung und *vor* dem *Wirksamwerden* der geänderten Umstände [Abs 2 lit c)]. Auch hier wäre ein völliger Privilegierungsverlust unverhältnismäßig und wird man deshalb eine Nachholung in dem Sinne zulassen müssen, dass sich eine Berechtigung zur Zertifikatbenutzung erst nach Ablauf von 3 Monaten, gerechnet vom Tag der verspäteten Unterrichtung der Behörde und des Zertifikatinhabers, einstellt und alle vorherigen Benutzungen rechtswidrig bleiben.

1097

21. Erfindungsgebrauch auf Schiffen

Privilegiert ist weiterhin ein Erfindungsgebrauch an Bord von Schiffen eines anderen[1623] Mitgliedstaates der Pariser Verbandsübereinkunft, wenn die Benutzung der Erfindung für die Bedürfnisse des Schiffes erfolgt und dieses *vorübergehend* oder *zufällig* in deutsche Gewässer gelangt (§ 11 Nr 4 PatG). Bei der Interpretation der kursiv gesetzten Voraussetzungen ist zu berücksichtigen, dass § 11 Nr 4 PatG dem Schutz sowie der Freiheit des internationalen Verkehrs dient, der nicht dadurch beeinträchtigt werden soll, dass ein ausländischer Eigner, dessen Schiffe im Ausland hergestellt und beheimatet sind, bei Durchqueren – aus seiner Sicht – ausländischer Gewässer und bei Einlaufen in einen – aus seiner Sicht – ausländischen Hafen jedes Mal vor die Frage gestellt wird, ob an Bord von Erfindungen Gebrauch gemacht wird, die in dem jeweiligen ausländischen Hoheitsgebiet unter Patentschutz stehen, mit der Folge, dass er in einem solchen Fall daran gehindert wäre, den Hafen anzulaufen oder das Gewässer zu befahren. Der Eigner soll vielmehr die Staatsgrenzen ungehindert überschreiten und wieder in sein Hoheitsgebiet zurückkehren können, ohne sich Patentverletzungsansprüchen in den jeweiligen ausländischen Hoheitsgebieten ausgesetzt zu sehen.[1624] Demzufolge kann nur ein solcher Aufenthalt als *vorübergehend* angesehen werden, der im Rahmen der Verkehrstätigkeit des ausländischen Schiffes erfolgt, woran es fehlt, wenn das Schiff in einer deutschen Werft hergestellt und mit dem mittelbar patentverletzenden Gegenstand ausgerüstet wird.[1625]

1098

1623 ... weswegen deutsche Schiffe nicht tatbestandsgemäß sind (OLG Düsseldorf, Urteil v 14.2.2019 – I-15 U 60/15).
1624 OLG Düsseldorf, GRUR 1994, 105 – Stapelbarer Transportwagen; OLG Hamburg, GRUR Int 1988, 781 – Pflanzen-Transportwagen.
1625 OLG Düsseldorf, Urteil v 14.2.2019 – I-15 U 60/15.

IV. Checkliste für Beklagte[1626]

Praxistipp	Formulierungsbeispiel

1099
- Ausländischer Kläger?
    - ❑ Prozesskostensicherheit fordern (§ 110 ZPO)
        Einrede vor der ersten mündlichen Verhandlung erheben!
    - ❑ Inlandsvertreter bestellt?
- Negative Feststellungsklage umgekehrten Rubrums im europäischen Ausland anhängig?
    - ❑ Zwang zur Aussetzung des Verletzungsprozesses
        (Art 29 EuGVVO, Art 27 VO 44/2001, Art 21 EuGVÜ, Art 21 LugÜ)
- Zuständigkeit des angerufenen Gerichts gegeben?
    - Örtliche Zuständigkeit?
        - ❑ Sitz des Beklagten
        - ❑ Ort der Niederlassung des Beklagten
        - ❑ Ort der Patentverletzung
    - Bei ausländischem Beklagten:
        - ❑ Internationale Zuständigkeit? (Art 4/2, Art 7 Nr 2/5 Nr 3, Art 8 Nr 1/6 Nr 1 EuGVVO, VO 44/2001, EuGVÜ, LugÜ)
        - ❑ Fortfall der Zuständigkeit wegen Art 24 Nr 4 EuGVVO, Art 22 Nr 4 VO 44/2001, Art 16 Nr 4 EuGVÜ, Art 16 Nr 4 LugÜ?
    - Bei fehlender Zuständigkeit: Rüge vor der ersten mündlichen Verhandlung zur Sache!
        - ❑ Ansonsten: § 39 ZPO, Art 26 EuGVVO, Art 24 VO 44/2001, Art 18 EuGVÜ, Art 18 LugÜ
- § 145 PatG?
    - ❑ Ist die aA bereits Gegenstand eines anderen, früheren Verletzungsprozesses mit dem Kläger (gewesen)?
    - ❑ Hätte das Klagepatent in der früheren Klage geltend gemacht werden müssen?
    - ❑ Rüge vor der ersten mündlichen Verhandlung zur Sache!
- Klagepatent(e) in Kraft?
    - ❑ aktueller Auszug aus dem Patentregister
    - ❑ deutsches Patent: Art II § 8 IntPatÜG (Doppelschutzverbot)?
    - ❑ EP in fremder Verfahrenssprache:
    - ❑ Erteilungshinweis vor dem 1.5.2008 veröffentlicht: Dt. Übersetzung *formell ordnungsgemäß* erfolgt (Art II § 3 Abs 1, 2 IntPatÜG)?

1626 Die Liste erhebt keinen Anspruch auf Vollständigkeit, sie berücksichtigt jedoch die wichtigsten im Rahmen einer Rechtsverteidigung zu beachtenden Punkte. Die Liste ist im Internet abrufbar (siehe Hinweise im Anschluss an das Inhaltsverzeichnis).

- ☐ Sofern Entschädigung geltend gemacht wird: Dt. Übersetzung der Ansprüche erfolgt (Art II § 1 Abs 2 IntPatÜG)?
- ☐ *Inhaltlicher* Übersetzungsfehler oder Auslassung vorhanden? Weiterbenutzungsrecht (Art II § 3 Abs 5 IntPatÜG aF)
- Aktivlegitimation des Klägers?
  - als eingetragener Patentinhaber
    - ☐ aktueller Rollenauszug
    - ☐ Umschreibung erfolgt?
    - ☐ Gesamtrechtsnachfolge
    - ☐ Firmenänderung
  - als ausschließlicher Lizenznehmer
    - ☐ Liegt aussagekräftiger Lizenzvertrag vor?
    - ☐ Bestehen Bedenken gegen dessen Wirksamkeit (zB aus Kartellrecht)?
  - als einfacher Lizenznehmer
    - ☐ Liegt aussagekräftiger Lizenzvertrag vor? Bestehen Wirksamkeitsbedenken?
    - ☐ Liegt die Prozessführungsermächtigung des Patentinhabers vor? (für Unterlassungs- und Vernichtungsanspruch)
    - ☐ Liegt die Abtretungsvereinbarung mit dem Patentinhaber vor? (für Rechnungslegungs-, Entschädigungs- und Schadenersatzanspruch)
- Passivlegitimation des Beklagten?
  - ☐ Firma richtig bezeichnet?
  - ☐ Bei GF: Innerbetriebliche Zuständigkeit? Geschäftsführerwechsel berücksichtigt?
- Klageantrag:

  Fehler in der Antragsformulierung?
  - ☐ Bei EP: Beschränkung auf Handlungen »in der Bundesrepublik Deutschland«
  - ☐ Verbot des »Herstellens« nur, wenn Herstellungshandlungen des Beklagten behauptet werden können
  - ☐ Entschädigung und korrespondierende Rechnungslegung nicht gegenüber GF und nicht bei mittelbarer PV
  - ☐ Vernichtungsanspruch und Rückruf nicht gegenüber dem GF, nicht bei mittelbarer PV
  - ☐ Bei Inhaberwechsel und Umschreibung: Schadenersatzzeiträume berücksichtigen
  - ☐ Soweit abgetretene Schadenersatzansprüche eingeklagt werden (einfacher Lizenznehmer, Voreingetragener): Zu ersetzen ist der dem Patentinhaber bzw dem vormaligen Inhaber entstandene Schaden
  - ☐ Bei zwischenzeitlich ausgeschiedenem GF: Zeitliche Beschränkung des Rechnungslegungs-, Entschädigungs- und Schadenersatzanspruchs auf Benutzungshandlungen in der Zeit bis zum Ausscheiden
  - ☐ Bei äquivalenter Benutzung: Abweichung vom Anspruchswortlaut erfasst?
- Verjährungseinrede?
- Privates Vorbenutzungsrecht?

E. Verteidigungsmöglichkeiten des Beklagten

- Rechtsbestand des Klagepatents angegriffen oder angreifbar?
  - ❏ Aussetzungsantrag stellen (§ 148 ZPO)
- Streitwert korrekt angegeben?
  - ❏ Da die Vollstreckungssicherheit idR entsprechend dem Streitwert festgesetzt wird, kann eine zu geringe Streitwertangabe des Klägers, die unbeanstandet bleibt, dazu führen, dass der Kläger aus einem zu seinen Gunsten ergehenden Urteil gegen eine zu niedrige Sicherheitsleistung vorgehen kann!
- Antrag auf Streitwertherabsetzung (§ 144 PatG)?
  - ❏ Vor der ersten mündlichen Verhandlung zur Sache anbringen!

F. Rechtsmittelverfahren

I. Tatbestandsberichtigung und Urteilsergänzung

Kommt die Einlegung eines Rechtsmittels in Betracht, ist der Tatbestand (einschließlich etwaiger tatbestandlicher Feststellungen in den Entscheidungsgründen) genauestens daraufhin durchzusehen, ob der Parteivortrag – im Sinne der eigenen Prozesspartei – zutreffend wiedergegeben ist. Gelegentlich schleichen sich Ungenauigkeiten ein oder wird tatsächlich Streitiges versehentlich als unstreitig wiedergegeben, oder umgekehrt. Hier ist – zur Vorbereitung des Rechtsmittels – ein **Tatbestandsberichtigungsantrag** unerlässlich. Denn der Beweis für das mündliche Vorbringen einer Partei im erstinstanzlichen Verfahren – auch dafür, ob eine bestimmte Behauptung bestritten ist oder nicht[1] – liefert nach § 314 ZPO nicht der gesamte Akteninhalt, sondern der Tatbestand des Ersturteils. Anderes gilt nur dann und nur insoweit, wie der Tatbestand in sich widersprüchlich ist.[2] Der Beweis durch den Urteilstatbestand kann nur durch das Sitzungsprotokoll[3], nicht aber durch den Inhalt der Schriftsätze entkräftet werden; vorher eingereichte Schriftsätze sind durch den Tatbestand, der für das Vorbringen am Schluss der mündlichen Verhandlung Beweis erbringt, überholt. Bei einem Widerspruch zwischen dem Inhalt der vorbereitenden Schriftsätze und der Wiedergabe des Parteivorbringens im Urteilstatbestand sind deswegen die Ausführungen im Tatbestand maßgeblich.[4]

1

Die Maßgeblichkeit des Urteilstatbestandes für das mündliche Parteivorbringen in der betreffenden Instanz schließt anderweitigen Sachvortrag in der *nächsten* (dh einer anderen) Instanz nicht aus.[5] Erstmaliges Bestreiten im **Berufungsrechtszug** kann deshalb nicht mit der Begründung zurückgewiesen werden, das Gegenteil stehe aufgrund des erstinstanzlichen Tatbestandes fest. Vielmehr sind die erstinstanzlich festgestellten Tatsachen nach Maßgabe des § 529 Abs 1 ZPO zu überprüfen und ggf abweichende oder neue Feststellungen zu treffen, wobei die Präklusionsvorschriften der §§ 530, 531 ZPO maßgeblich sind.[6] Dabei kann von ausschlaggebender Bedeutung sein, ob ein bestimmter Vortrag ausweislich des Akteninhalts und entgegen den Feststellungen des erstinstanzlichen Urteils tatsächlich schon in erster Instanz bestritten war, was für eine Zulassung des Bestreitens im Berufungsrechtszug spricht. Unter solchen Umständen hat § 314 ZPO lediglich für die Kostenentscheidung insofern Bedeutung, als § 97 Abs 2 ZPO anzuwenden sein wird.

2

Unrichtigkeiten anderer Art, nämlich **Auslassungen** im Tatbestand und (infolgedessen) in den Entscheidungsgründen, sind nicht minder korrekturbedürftig, um prozessuale Nachteile im weiteren Rechtszug zu vermeiden. Für ihre Korrektur bedarf es eines **Tatbestandsergänzungsantrages** nach § 320 ZPO in Verbindung mit einem sich daran anschließenden Antrag auf **Urteilsergänzung** nach § 321 ZPO. Sie sind immer dann angebracht, wenn das Landgericht über einen Teil des Streitgegenstandes nicht entschieden hat. Werden die – fristgebundenen – Anträge von einem obsiegenden Kläger versäumt, entfällt die Rechtshängigkeit für die nicht beschiedenen Teile des Streitgegenstan-

3

---

1 BGH, WM 2000, 1871; BGH, Urteil v 28.6.2005 – XI ZR 3/04.
2 BGH, GRUR 2018, 84 – Parfummarken.
3 … welches dem Urteilstatbestand vorgeht (BGH, MDR 2019, 31).
4 BGHZ 140, 335, 339; BGH, Urteil v 28.6.2005 – XI ZR 3/04.
5 BGH, WM 2021, 1532.
6 BGH, WM 2021, 1532.

des beim LG, weswegen sie im Falle einer gegnerischen Berufung nur noch mit einer Anschlussberufung (dh innerhalb der Berufungserwiderungsfrist) wieder in den laufenden Prozess eingeführt werden können und nach Versäumung der Berufungserwiderungsfrist in erster Instanz von Neuem eingeklagt werden müssen.

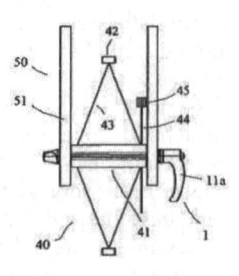

▶ **Beispiel:**[7]

4   I.

Fig. 8

Das Klagepatent betrifft einen Schnellspanner für Fahrräder, wie er beispielhaft aus der nachfolgenden Abbildung ersichtlich ist.

Die im Ausland ansässige Beklagte vertreibt schutzrechtsverletzende Schnellspanner in Deutschland, wo sie die Produkte auch auf einer Messe ausgestellt hat (*Eigenvertrieb*). Von ihrem ausländischen Geschäftssitz beliefert sie außerdem Vertriebspartner und Fahrradhersteller im Ausland, welche die Schnellspanner ihrerseits – isoliert oder verbaut in Fahrrädern – nach Deutschland liefern (*Drittvertrieb*). Die Klageanträge waren standardmäßig formuliert, ohne den durch die Auslandslieferungen initiierten Drittvertrieb in irgendeiner Weise aufzugreifen.

Das LG hat der Klage antragsgemäß stattgegeben; die Auslandslieferungen und der Drittvertrieb werden weder im Tatbestand erwähnt noch in den Entscheidungsgründen abgehandelt, ganz offensichtlich deshalb, weil bereits der Eigenvertrieb sämtliche Klageanträge in der zur Entscheidung gestellten Form rechtfertigt.

Die Beklagten legen gegen das landgerichtliche Urteil Berufung ein. Im parallelen Zwangsmittelverfahren verweigern sie gegenüber dem Kläger jegliche Auskünfte zu ihren Auslandslieferungen (Drittvertrieb) mit dem Argument, dass diese nicht Gegenstand der Verurteilung durch das LG seien. Daraufhin erweitert der Kläger – nach Ablauf der Berufungserwiderungsfrist – seine Klageanträge im Hinblick auf die Auslandslieferungen.

II.

Vier prozessuale Fehler führen dazu, dass das auf den Drittvertrieb gerichtete Klagebegehren, obgleich materiell gerechtfertigt, erfolglos bleibt, und zwar sowohl im Erkenntnis- als auch im Vollstreckungsverfahren:

Erster Fehler: Die Klageanträge nehmen nicht ausdrücklich auf die Auslandslieferungen der Beklagten Bezug, die sie zur Mittäterin der Schutzrechtsverletzungen durch den Drittvertrieb machen. Eine entsprechende Klarstellung im Klageantrag (... *wobei sich die Verurteilung auch auf solche Schnellspanner bezieht, die die Beklagte in dem Wissen an ausländische Vertriebspartner oder Fahrradhersteller geliefert hat, dass die Schnell-*

---

[7] OLG Düsseldorf, GRUR-RR 2020, 417 – Schnellspannvorrichtung.

spanner von ihnen anschließend – isoliert oder in Fahrrädern verbaut – in Deutschland angeboten oder vertrieben werden) hätte aller Voraussicht nach ein Übergehen dieses Begründungsstranges durch das LG verhindert.

Zweiter Fehler: Obgleich das Versäumnis des LG anhand des Urteilsumdrucks erkennbar ist, wird kein Antrag auf Tatbestandsergänzung (§ 320 ZPO) und Urteilsergänzung (§ 321 ZPO) gestellt. Folge hiervon ist, dass mit dem Ablauf der Zweiwochenfrist die Rechtshängigkeit *dieses* Teils des Streitgegenstandes beim LG fortfällt und deswegen nicht in die Berufungsinstanz gelangt.

Dritter Fehler: Der Zwangsmittelantrag wird auch in Bezug auf die Auslandslieferungen verfolgt. Ein dahingehender Antrag ist offensichtlich aussichtslos. Denn da sich das LG zu einer mittäterschaftlichen Tatbegehung der Beklagten keinerlei Gedanken gemacht hat, wären die diesbezüglichen materiellrechtlichen Erwägungen im Vollstreckungsverfahren nachzuholen, was unzulässig ist. Die den Drittvertrieb unterstützenden Auslandslieferungen der Beklagten liegen außerhalb des Kerns der Verurteilung und rechtfertigen deswegen keine Vollstreckungsmaßnahmen.

Vierter Fehler: Die Auslandslieferungen werden zum Gegenstand einer Anschlussberufung gemacht, die offensichtlich unzulässig ist und deren Zurückweisung vollkommen vorhersehbar unnötige Kostenfolgen nach sich zieht. Da die Auslandslieferungen nicht zu demjenigen Streitgegenstand gehören, der in die Berufung gelangt ist (vgl. zweiter Fehler!), handelt es sich nicht nur um eine – jederzeit mögliche – bloße Antragserweiterung, sondern um eine echte Klageerweiterung, die sich auf einen neuen Streitgegenstand stützt. Letzteres ist nur mittels einer regulären Anschlussberufung innerhalb der Berufungserwiderungsfrist möglich.[8] Mit deren Ablauf entfällt die Rechtshängigkeit des vom LG übergangenen Streitgegenstandsteils vollständig, sodass dessen Rechtshängigkeit mit einer neuen Hauptsacheklage beim LG abermals begründet werden muss.[9]

II. Berufungsverfahren

1. Fristwahrung, Rechtsmittelgegner und Begründung

Die Berufung muss schriftlich (nämlich in Form einer Berufungsschrift) eingelegt werden (§ 519 Abs 1 ZPO). Die **Frist zur Einlegung** beträgt – nicht verlängerbar – 1 Monat nach Zustellung[10] des angefochtenen Urteils; die **Begründungsfrist** beginnt mit Ablauf

---

8 Vgl BGH, GRUR 2020, 986 – Penetrometer.
9 OLG Düsseldorf, GRUR-RR 2020, 417 – Schnellspannvorrichtung.
10 Es gelten die allgemeinen Vorschriften der ZPO (§§ 170 ff ZPO). Findet eine **Ersatzzustellung** (§ 178 ZPO) statt, weil der Zustellungsempfänger am Geschäftssitz persönlich nicht angetroffen wird, bedarf es von Seiten des Zustellers keiner eigenen Nachforschungen; vielmehr genügt es, wenn der Adressat am Geschäftssitz von einer dort beschäftigten Person als abwesend oder verhindert bezeichnet wird (BGH, NJW 2017, 2472). Die Zustellungsurkunde (§ 182 ZPO) schafft keinen Urkundenbeweis dafür, dass der Zustellungsadressat unter der fraglichen Anschrift tatsächlich wohnt (BGH, GRUR 2020, 776 – Übermittlung per E-Mail) oder arbeitet und sie schafft auch keinen Urkundenbeweis dafür, dass diejenige Person, der das Schriftstück ersatzweise ausgehändigt worden ist, dort tatsächlich beschäftigt ist (BGH, NJW 2018, 2802). Die Zustellungsurkunde begründet jedoch ein erhebliches Beweisanzeichen für das Bestehen einer Empfangsvollmacht der Sendung entgegen nehmenden Beschäftigten, die demgemäß vom Zustellungsadressaten durch eine plausible und schlüssige Darstellung abweichender Tatsachen erschüttert werden muss (BGH, GRUR 2020, 776 – Übermittlung per E-Mail; BGH, NJW 2004, 2386). Im Einzelfall kann es eine unzulässige Rechtsausübung darstellen, wenn der Zustellungsadressat sich auf die Fehlerhaftigkeit einer Ersatzzustellung an einem scheinbaren Wohnsitz beruft. Voraussetzung dafür ist, dass der Adressat beim Gericht oder einem Verfahrensbeteiligten im Hinblick auf die bevorstehende Zustellung an ihn bewusst einen Irrtum über seinen tatsächlichen Lebensmittelpunkt hervorgerufen hat. Fehlt es an einem solchen Verfah-

der Einlegungsfrist[11] und beträgt ebenfalls 1 Monat, wobei die Frist zur Rechtsmittelbegründung mit Zustimmung des Prozessgegners um maximal 1 Monat verlängert werden kann.[12] Ein über den 1 Monat hinausgehender Antrag beinhaltet als Minus ohne weiteres den Antrag auf die ohne gegnerische Zustimmung allein mögliche Fristerstreckung um 1 Monat. Sofern der Antragsteller erhebliche Gründe gemäß § 520 ZPO dargelegt hat (wofür die nicht näher auszuführende anderweitige Arbeitsüberlastung oder die notwendige Rücksprache mit dem Mandanten vollständig ausreicht), kann er ohne Rückfrage mit einer Bewilligung rechnen; wird sie dennoch abgelehnt, begründet dies die Wiedereinsetzung in den vorigen Stand gegen die Versäumung der Berufungsbegründungsfrist.[13] Eine verspätet eingereichte Berufung/Berufungsbegründung macht das Rechtsmittel unzulässig, weshalb sich das Gericht positiv vom rechtzeitigen Eingang überzeugen muss.

6 Die Erhebung einer **Anhörungsrüge** hat keinen Einfluss auf den Ablauf prozessualer Fristen und den damit verbundenen Eintritt der formellen Rechtskraft.[14] Auch wenn eine Anhörungsrüge erhoben ist, beginnt die Berufungsfrist daher – wie gewöhnlich – mit der Zustellung des anzufechtenden Urteils (gegen das sich die Anhörungsrüge richtet) und nicht erst mit der Zustellung des die Anhörungsrüge zurückweisenden Beschlusses.

7 Zu dem notwendigen Inhalt der Berufungsschrift nach § 519 Abs 2 ZPO gehört die Angabe, für und gegen welche Partei das Rechtsmittel eingelegt wird.[15] Die Rechtsmittelschrift muss entweder für sich allein betrachtet oder mit Hilfe weiterer Unterlagen (etwa der Instanzakte) bis zum Ablauf der Rechtsmittelfrist eindeutig und zweifelsfrei erkennen lassen, wer **Rechtsmittelführer**[16] und wer **Rechtsmittelgegner** sein soll. Wird das angefochtene Urteil nachträglich berichtigt und die richtige Partei erst aus dem Berichtigungsbeschluss erkennbar, beginnt die Rechtsmittelfrist ausnahmsweise erst mit Zustellung des Berichtigungsbeschlusses.[17]

8 Sind am Rechtsstreit mehrere **Streitgenossen** beteiligt, so ist in Bezug auf die Anforderungen, die sie als Beteiligte am Rechtsmittelzug ausweisen, strikt zwischen zwei Situationen zu unterscheiden:

9 – Geht es darum, ob mehrere in erster Instanz unterlegene Streitgenossen **Rechtsmittelführer** sein sollen, sind an die eindeutige Bezeichnung strenge Anforderungen zu stellen; bei verständiger Würdigung des gesamten Vorgangs der Rechtsmitteleinlegung muss jeder Zweifel an der Person des Rechtsmittelklägers ausgeschlossen sein. Unabdingbar ist, dass alle Streitgenossen genannt werden, die Rechtsmittelführer sein sollen. Ist unklar, für welche Streitgenossen Berufung eingelegt werden soll, ist das Rechtsmittel insgesamt unzulässig.[18] Die Berufungsschrift enthält eine Angabe, für wen Berufung eingelegt wird, noch nicht deshalb, weil sich im Rubrum des Einlegungsschriftsatzes der Zusatz »u.a.« findet, weil damit im Zweifel lediglich der

---

rensbezug, ist dem Zustellungsadressaten die Berufung auf die Unwirksamkeit der Ersatzzustellung nur dann versagt, wenn er den Eindruck eines scheinbaren Wohnsitzes zumindest insofern zielgerichtet herbeigeführt hat, als er Auswirkungen seines Handelns auch eine Zustellung in einem anhängigen oder möglicherweise bevorstehenden Verfahren in Kauf genommen hat oder sich ihm solche Auswirkungen zumindest aufdrängen mussten (BGH, MDR 2019, 1275).

11 BGH, MDR 2018, 421.
12 BGH, MDR 2018, 421.
13 BGH, MDR 2018, 421.
14 BGH, MDR 2022, 1042.
15 BGH, NJW-RR 2011, 359; BGH, WM 2019, 204.
16 BGH, MDR 2020, 215.
17 BGH, MDR 2020, 215.
18 BGH, MDR 2021, 445.

Rechtsstreit bezeichnet wird, in dem die Berufung eingelegt werden soll.[19] Das gilt auch in Verbindung mit einem der Berufungsschrift beigefügten Auszug des angefochtenen Urteils, das mehrere Streitgenossen bezeichnet, selbst wenn alle/mehrere beschwert sind.[20] Sind mehrere Streitgenossen unterlegen und legt ihr Anwalt Berufung ein, ohne innerhalb der Berufungsfrist anzugeben, wer Rechtsmittelkläger ist, kann die erforderliche Klarheit über die Person des Rechtsmittelführers nicht allein aus dem beigefügten erstinstanzlichen Urteil gewonnen werden. Zwar lässt sich dem erstinstanzlichen Urteil entnehmen, welcher der Streitgenossen beschwert ist und damit als Berufungsführer in Betracht kommt. Daraus folgt aber nicht, dass die Berufung für alle Streitgenossen eingelegt werden soll. Es existiert keine Auslegungsregel, dass ein Rechtsmittel im Zweifel für alle unterlegenen Streitgenossen eingelegt wird.[21] Das gilt auch dann, wenn der die Berufungsschrift unterzeichnete Rechtsanwalt alle Streitgenossen in der Vorinstanz vertreten hat.[22] Selbst für den Fall, dass mehrere Streitgenossen als Gesamtschuldner verurteilt werden, kann nicht angenommen werden, dass sinnvollerweise nur alle Gesamtschuldner Berufungsführer sind. Es ist nämlich nicht ungewöhnlich und kann auf prozess- oder kostenrechtlichen Gründen beruhen, dass von zwei oder mehreren verurteilten Gesamtschuldnern nur einer ein Rechtsmittel einlegt. Das gilt erst recht für Streitgenossen, die nicht Gesamtschuldner sind.[23]

– Weniger strenge Anforderungen sind an die Bezeichnung des **Rechtsmittelgegners** zu stellen. Besteht der in der Vorinstanz obsiegende Gegner aus mehreren Streitgenossen, richtet sich das Rechtsmittel im Zweifel gegen die gesamte angefochtene Entscheidung und somit gegen alle gegnerischen Streitgenossen, es sei denn, die Rechtsmittelschrift lässt eine Beschränkung der Anfechtung erkennen.[24] Sie kann – muss sich aber nicht – daraus ergeben, dass in der Rechtsmittelschrift nur einige der gegnerischen Streitgenossen angegeben werden. Eine unbeschränkte Berufungseinlegung ist allerdings auch in Fällen bejaht worden, in denen als Rechtsmittelgegner nur einer von mehreren Streitgenossen, und zwar der im Urteilsrubrum an erster Stelle Stehende, genannt wurde.[25] Da die Bezeichnung einer Partei als Teil einer Prozesshandlung auslegungsfähig ist, kommt es für die Frage, ob eine Beschränkung der Anfechtung gewollt ist, letztlich auf eine vollständige Würdigung des gesamten Vorgangs der Rechtsmitteleinlegung bis zum Ablauf der Rechtsmittelfrist an. Dabei können sich aus einer beigefügten Ausfertigung oder beglaubigten Abschrift des angefochtenen Urteils oder aus sonstigen beigefügten Unterlagen entscheidende Hinweise auf den Umfang der Anfechtung ergeben. Besondere Bedeutung kommt der Frage zu, ob eine Beschränkung des Rechtsmittelangriffs auf einen Teil der bisherigen Prozessgegner in Anbetracht des der Vorinstanz unterbreiteten Streitstoffs ungewöhnlich oder gar fernliegend erscheint.[26] Stellen sich in Bezug auf alle Streitgenossen dieselben Tat- und Rechtsfragen, sodass aus der Sicht des Berufungsführers keine differenzierende Behandlung angebracht ist, so spricht dies entscheidend für eine Rechtsmitteleinlegung gegen alle Streitgenossen.[27]

---

19 BGH, MDR 2021, 445.
20 BGH, MDR 2021, 445.
21 BGH, MDR 2021, 445.
22 BGH, MDR 2021, 445.
23 BGH, MDR 2021, 445.
24 BGH, NJW-RR 2011, 281; BGH, WM 2019, 204.
25 BGH, NJW-RR 2011, 359; BGH, WM 2019, 204.
26 BGH, NJW-RR 2011, 359; BGH, WM 2019, 204.
27 BGH, WM 2019, 204.

11 Da sowohl die Berufungsschrift als auch die Berufungsbegründungsschrift bestimmende Schriftsätze sind, müssen beide, um wirksam zu sein, von einem beim Rechtsmittelgericht zugelassenen Rechtsanwalt **unterzeichnet** sein.[28] Ausnahmen von dieser Regel sind nur dann möglich, wenn auch ohne die Unterschrift aufgrund anderer, eine Beweisaufnahme nicht erfordernder Umstände zweifelsfrei feststeht, dass der Rechtsmittelanwalt die Verantwortung für den Inhalt der Rechtsmittel/Rechtsmittelbegründungsschrift übernommen hat.[29] Von der Rechtsprechung ist dies beispielsweise angenommen worden, wenn die nicht unterzeichnete Berufungsbegründung mit einem vom postulationsfähigen Rechtsanwalt unterschriebenen Anschreiben fest verbunden ist oder wenn die eingereichten beglaubigten Abschriften der nicht unterzeichneten Urschrift der Berufungsbegründung einen vom Prozessbevollmächtigten handschriftlich vollzogenen Beglaubigungsvermerk enthalten.[30] Der Mangel der Unterschrift in einem als Urschrift der Berufung gedachten Schriftsatz kann durch eine gleichzeitig eingereichte beglaubigte Abschrift dieses Schriftsatzes behoben werden, auf der der Beglaubigungsvermerk von dem Prozessbevollmächtigten handschriftlich vollzogen worden ist, wenn bei Ablauf der Berufungsfrist zweifelsfrei feststeht, dass die Unterschrift unter dem Beglaubigungsvermerk der Person zurechenbar ist, die aus der Urschrift als deren Urheber hervorgeht.[31] Die erläuterten Erleichterungen bestehen nur für den Fall der *erstmals* eingereichten Rechtsmittelbegründung. Erweist sich für sie das Fehlen der Anwaltsunterschrift nicht ausnahmsweise als entbehrlich und geht es um eine Wiedereinsetzung in die (mangels Unterschrift) versäumte Rechtsmittel/Rechtsmittelbegründungsfrist, so muss die versäumte Prozesshandlung *formgerecht* nachgeholt werden, was verlangt, dass innerhalb der Wiedereinsetzungsfrist eine ordnungsgemäß unterschriebene Rechtsmittel-/Rechtsmittelbegründungsschrift eingereicht wird. Geschieht dies, egal unter welchen sonstigen Umständen nicht, kommt eine Wiedereinsetzung nicht in Betracht.[32]

12 Die Unterzeichnung der Berufungsbegründung durch einen postulationsfähigen Rechtsanwalt stellt keine bloße Formalität dar, sondern ist zugleich äußerer Ausdruck für die vom Gesetz geforderte **eigenverantwortliche Prüfung** des Inhalts der Begründungsschrift **durch** den **Anwalt**. Mit den Regelungen über den Anwaltszwang (§ 78 Abs 1 ZPO) und über den notwendigen Inhalt einer Berufungsbegründung (§ 520 Abs 3 ZPO) soll erreicht werden, dass ein mit dem Verfahren vertrauter Rechtsanwalt dem Gericht und dem Gegner den Sachverhalt unter bestimmter Bezeichnung der im einzelnen anzuführenden Anfechtungsgründe nach persönlicher Durcharbeitung des Prozessstoffs vorträgt. Die Berufungsbegründung muss deshalb Ergebnis der geistigen Arbeit des Berufungsanwalts sein. Zwar ist der Anwalt nicht gehindert, die Berufungsbegründung von anderen Personen vorbereiten zu lassen. Erforderlich ist aber, dass der unterzeichnende Anwalt die Berufungsbegründung selbständig prüft und aufgrund der Prüfung die volle Verantwortung für den Schriftsatz übernimmt. Aus Gründen der Rechtssicherheit begnügt sich das Gesetz hinsichtlich dieser Anforderungen allerdings mit dem äußeren Merkmal der Unterschrift, ohne einen darüberhinausgehenden Nachweis zu fordern, dass der Anwalt den Prozessstoff eigenverantwortlich durchgearbeitet hat und die Verantwortung für den Inhalt des Schriftsatzes tragen will. Für ein Berufungsgericht besteht deshalb in aller Regel kein Anlass, den Inhalt einer anwaltlich unterschriebenen Berufungsbegründung darauf zu überprüfen, in welchem Umfang und wie gründlich der Anwalt den Prozessstoff tatsächlich selbst durchgearbeitet hat.

---

28 BGH, MDR 2020, 53 (für die Begründungsfrist).
29 BGH, MDR 2020, 53 (für die Begründungsfrist).
30 BGH, MDR 2020, 53.
31 BGH, NJW-RR 2022, 716.
32 BGH, MDR 2020, 53 (für die Begründungsfrist).

Ausnahmen hiervon werden in der ständigen höchstrichterlichen Rechtsprechung für zwei Fallgruppen anerkannt, nämlich zum einen, wenn der Anwalt sich durch einen Zusatz von dem unterschriebenen Schriftsatz distanziert, und zum anderen, wenn nach den Umständen außer Zweifel steht, dass der Rechtsanwalt den Schriftsatz ohne eigene Prüfung, also unbesehen, unterschrieben hat. Zur letztgenannten Fallgruppe werden insbesondere Rechtsmittelbegründungsschriftsätze gerechnet, die weitgehend unverständlich sind und Ausführungen enthalten, die mit dem Urteil des erstinstanzlichen Gerichts in keinem Zusammenhang stehen bzw nach deren Inhalt schlechthin auszuschließen ist, dass der Anwalt sie in der gebotenen Weise überprüft haben kann. 13

Da das Berufungsgericht von Amts wegen zu prüfen hat, ob die Berufung an sich statthaft und ob sie in der gesetzlichen Form und Frist eingelegt und begründet ist, muss die Rechtzeitigkeit des Eingangs der Berufungsbegründung – wie die übrigen Zulässigkeitsvoraussetzungen des Rechtsmittels – zur vollen Überzeugung des Gerichts feststehen (§ 286 ZPO), damit von einem zulässigen Rechtsmittel auszugehen ist. Hiernach etwa verbleibende **Zweifel** gehen zu Lasten des Rechtsmittelführers, der zu beweisen hat, dass er die Berufung rechtzeitig eingelegt und begründet hat.[33] 14

Für die Fristwahrung kommt es entscheidend auf die **Art und Weise** an, in der die (mit dem notwendigen Inhalt ausgestattete) Berufungsschrift an das Gericht **übermittelt** wird. 15

– Wird sie im **Original** versandt, entscheidet der Eingang des Einlegungsschriftsatzes bei Gericht. 16

– Im Falle der **Fax-Übersendung** einer Telekopie der Berufungsschrift ist für die Fristwahrung derjenige Zeitpunkt maßgeblich, zu dem die gesendeten Signale vollständig vom Telefaxgerät des Gerichts empfangen worden sind.[34] Begründet die Einlassung des Rechtsmittelführers berechtigte Zweifel daran, dass der auf eine verspätete Einlegung hindeutende Inhalt des Empfangsberichts des gerichtlichen Faxgerätes fehlerfrei ist, hat das Gericht, da der Außenstehende naturgemäß keinen Einblick in die gerichtsinternen Vorgänge hat, die zur Aufklärung etwaiger Fehlerquellen nötigen Maßnahmen zu ergreifen, indem zB dienstliche Erklärungen der seinerzeit für die Verwaltung und/oder die Wartung des Telefaxgeräts zuständigen bzw mit der Bedienung befassten Bediensteten dazu eingeholt werden, ob der Aufdruck auf einem per Telefax bei Gericht eingegangenen Schriftstück sowie das zugehörige Telefaxjournal tatsächlich den – rechtlich maßgeblichen – Zeitpunkt des vollständigen Empfangs oder aber den – aus rechtlicher Sicht irrelevanten – Zeitpunkt des (vollständigen) Ausdrucks des Schriftstücks als »Empfangszeit« wiedergibt.[35] 17

– Gemäß § 130a Abs 1 ZPO können die Beteiligten Anträge und Erklärungen als **elektronisches Dokument** übermitteln. Verlangt das Gesetz – wie im Falle der Berufungsschrift – Schriftform, ist das elektronische Dokument nur formgerecht eingereicht, wenn es die in § 130a Abs 2 bis 4 ZPO aufgestellten Voraussetzungen erfüllt. Das elektronische Dokument muss hiernach für die Bearbeitung durch das Gericht geeignet sein (§ 130a Abs 2 Satz 1 ZPO). Ob dies der Fall ist, richtet sich abschließend nach denjenigen Vorgaben, die der Verordnungsgeber auf der Grundlage des § 130a Abs 2 Satz 2 ZPO aufgestellt hat.[36] Scheitert der Empfang deshalb an der Verwendung eines Umlauts im Dateinamen (oder dergleichen), hat dies so lange keine rechtli- 18

---

33 BGH, MDR 2022, 715.
34 BGH, FamRZ 2006, 1193, 1194; BGH, MDR 2022, 715.
35 BGH, MDR 2022, 715.
36 BGH, GRUR 2020, 980 – Aktivitätsüberwachung.

che Bedeutung, wie der Verordnungstext – wie bisher[37] – keine Verbot der Verwendung von Umlauten enthält.[38] Anstelle der vom Urheber unterzeichneten Urkunde muss das elektronische Dokument entweder mit einer qualifizierten elektronischen Signatur versehen oder von der verantwortenden Person (einfach) signiert *und* auf einem sicheren Übermittlungsweg eingereicht worden sein (§ 130a Abs 3 ZPO).

19 • Bei der **qualifizierten elektronischen Signatur** handelt es sich um eine elektronische Signatur nach § 2 Nr 1 Signaturgesetz (SigG), die zusätzlich die Voraussetzungen der fortgeschrittenen elektronischen Signatur nach § 2 Nr 2 SigG erfüllen und weiter auf einem zum Zeitpunkt ihrer Erzeugung gültigen qualifizierten Zertifikat beruhen und mit einer sicheren Signaturerstellungseinheit erzeugt worden sein muss.[39] Die qualifizierte elektronische Signatur hat die gleiche Rechtswirkung wie eine handschriftliche Unterschrift; sie muss jedoch, um diese Gleichwertigkeit zu erreichen, von demjenigen vorgenommen werden, dessen Unterschrift dem Formerfordernis genügen würde, mithin von dem Rechtsanwalt persönlich.[40] Ein mit einer qualifizierten elektronischen Signatur versehenes Dokument darf außer auf einem sicheren Übermittlungsweg auch an das Elektronische Gerichtspostfach übermittelt werden (§ 4 Abs 1 ERVV).[41]

20 • Die sicheren Übermittlungswege, die für die Versendung eines elektronischen Dokuments genutzt werden können, das **nicht** mit einer **qualifizierten elektronischen Signatur** versehen ist, werden in § 130a Abs 4 ZPO legaliter und abschließend definiert. Nur wenn ein elektronisches Dokument diese Anforderungen erfüllt, ist es nach § 130a Abs 5 Satz 1 ZPO bei Gericht eingegangen, sobald es auf der für den Empfang bestimmten Einrichtung des Gerichts gespeichert ist.[42] Echtheit und Integrität des Dokuments sind nur gewährleistet, wenn es von der verantwortenden Person selbst auf einem sicheren Übermittlungsweg bei der Justiz eingereicht worden ist.[43] Seit dem 1.1.2018 genügt bei einer Übermittlung an das Elektronische Gerichts- und Verwaltungspostfach die qualifizierte **Container-Signatur** (die sich nicht auf das elektronische Dokument, zB die Berufungsschrift, bezieht, sondern auf den weitere Dokumente, zB den Scan des angefochtenen Urteils, enthaltenden Nachrichtencontainer als Ganzes) nicht mehr den Anforderungen des § 130a ZPO.[44] Anders ist dies im Nichtigkeitsverfahren, auf das § 4 Abs 2 ERVV nicht anwendbar ist.[45] Hier genügt eine qualifizierte Signatur, die sich auf den gesamten Inhalt einer über das elektronische Gerichts- und Verwaltungspostfach eingereichten Nachricht einschließlich der darin enthaltenen Dateien bezieht, den Formanforderungen für die Berufungseinleitung- und begründung.[46]

21 Ein – wie vorbeschrieben – ordnungsgemäßes elektronisches Dokument ist in demjenigen Moment bei Gericht eingegangen, in dem es auf der für den Empfang bestimmten Einrichtung des Gerichts (zB dem **Empfänger-Intermediär** des Justiz-IT-Netzes) gespeichert ist.[47] Ob es von dort aus rechtzeitig an andere Rechner innerhalb des

---

37 BGH, MDR 2022, 714.
38 BGH, GRUR 2020, 980 – Aktivitätsüberwachung.
39 BGH, NJW 2010, 2134; BGH, NJW 2013, 2034.
40 BGH, MDR 2022, 784.
41 BGH, MDR 2022, 784.
42 BGH, MDR 2019, 1011.
43 BGH, MDR 2022, 784.
44 BGH, MDR 2019, 821; BAG, NJW 2018, 2978; BVerwG, NVwZ 2018, 1880; BSG, NJW 2018, 2222.
45 BGH, GRUR 2022, 1174 – Container-Signatur im Patentnichtigkeitsverfahren.
46 BGH, GRUR 2022, 1174 – Container-Signatur im Patentnichtigkeitsverfahren.
47 BGH, GRUR 2020, 980 – Aktivitätsüberwachung.

Gerichtsnetzes weitergeleitet oder von solchen Rechnern abgeholt werden konnte, ist belanglos.[48] Hierbei handelt es sich um gerichtsinterne Vorgänge, die für den Zeitpunkt des Eingangs des Dokuments nicht von Bedeutung sind. Dementsprechend steht es der Wirksamkeit und Rechtzeitigkeit des Eingangs nicht entgegen, wenn der für die Abholung von Nachrichten eingesetzte Rechner im internen Netzwerk das Dokument nicht von dem Intermediär-Server des Gerichts herunterladen kann, sondern lediglich eine Fehlermeldung erhält.[49]

– Die besagten Anforderungen an ein elektronisches Dokument sind nicht erfüllt, wenn von dem Verfahrensbevollmächtigten eine **E-Mail** bei Gericht eingereicht wird, die weder mit der nach § 130a Abs 3 ZPO erforderlichen qualifizierten elektronischen Signatur versehen ist noch auf einem sicheren Übermittlungsweg iSv § 130a Abs 4 ZPO verschickt ist, sondern der stattdessen als Anhang eine PDF-Datei angehängt ist, die den im Original unterzeichneten und danach eingescannten Einlegungsschriftsatz enthält. Ein derartiges Dokument ist nicht schon mit der Datenspeicherung der E-Mail im elektronischen Gerichtspostfach in schriftlicher Form bei Gericht eingereicht, sondern erst in dem Moment, in dem bei Gericht ein Ausdruck der den vollständigen Schriftsatz enthaltenden PDF-Datei vorliegt.[50] Dass die Unterschrift nur in Kopie wiedergegeben ist, ist entsprechend § 130 Nr 6 Alt 2 ZPO unschädlich.[51] 22

Die Fristwahrung schafft in der Praxis vor allem dann Probleme, wenn die Berufungs- oder Begründungsschrift am letzten Tag der Frist in den **Nachbriefkasten** des Gerichts eingeworfen wird und Unklarheiten darüber auftreten, ob der Eingang fristgerecht vor oder verspätet nach 0.00 h erfolgt ist. Bzgl des Beweismaßes gilt Folgendes: 23

Der auf einem Schriftsatz aufgebrachte Eingangsstempel des Gerichts erbringt als öffentliche Urkunde im Sinne des § 418 Abs 1 ZPO **Beweis** dafür, dass ein in den Nachtbriefkasten des Gerichts eingeworfener Schriftsatz erst an dem im Stempel angegebenen Tag beim Gericht eingegangen ist.[52] Hiergegen ist jedoch gemäß § 418 Abs 2 ZPO der im Wege des Freibeweises zu führende **Gegenbeweis** zulässig, der die volle Überzeugung des Gerichts von dem rechtzeitigen Eingang des Schriftsatzes erfordert.[53] Zwar reicht die in aller Regel nicht völlig auszuschließende Möglichkeit, dass ein Nachtbriefkasten aus technischen Gründen nicht richtig funktioniert oder bei der Abstempelung Fehler unterlaufen, zur Führung des Beweises der Unrichtigkeit des Eingangsstempels nach § 418 Abs 2 ZPO nicht aus. Wegen der Beweisnot der betroffenen Partei dürfen die Anforderungen an die Erbringung dieses Gegenbeweises andererseits nicht überspannt werden. Da der Außenstehende in der Regel keinen Einblick in die Funktionsweise des gerichtlichen Nachtbriefkastens sowie in das Verfahren bei dessen Leerung und damit keinen Anhaltspunkt für etwaige Fehlerquellen hat, ist es Sache des Gerichts, die insoweit zur Aufklärung nötigen Maßnahmen von sich aus zu ergreifen. Bei einer detaillierten Schilderung der Partei über die genauen Umstände des Einwurfs des Schriftstücks darf sich das Gericht hierbei nicht mit einer pauschal gehaltenen dienstlichen Stellungnahme des zuständigen Mitarbeiters der Poststelle begnügen, die sich in der Aussage erschöpft, es seien weder Störungen festgestellt noch Fehler gemacht worden. Es bedarf vielmehr konkreter Angaben zur allgemeinen Organisation der Abläufe bei der Leerung des Nachtbriefkastens, der Sortierung der Post und der Aufbringung eines Eingangsstempels. Zu klären ist in diesem Zusammenhang, auf welche Weise und zu welchen 24

---

48 BGH, GRUR 2020, 980 – Aktivitätsüberwachung.
49 BGH, MDR 2022, 714.
50 BGH, MDR 2019, 1011.
51 BGH, MDR 2019, 1011.
52 BGH, MDR 2020, 431.
53 BGH, MDR 2020, 431.

Zeitpunkten die Funktionsweise des Nachtbriefkastens bei der Leerung geprüft und mit welchen Maßnahmen sichergestellt wird, dass die darin in unterschiedlichen Fächern befindliche Post vom Zeitpunkt der Entnahme bis zur Abstempelung getrennt aufbewahrt wird. Das erfordert Angaben dazu, wo genau eine aus dem Nachtbriefkasten entnommene Post und die sonstige Eingangspost abgelegt und anschließend abgestempelt werden und welcher Stempel für welche Eingangspost vorgesehen ist, welche Vorkehrungen dagegen getroffen sind, dass die Post aus dem Nachtbriefkasten mit anderweitiger Eingangspost (etwa durch ein Verrutschen von Stapeln) vermengt wird oder dass ein eingehendes Schriftstück zunächst unbemerkt bleibt und infolgedessen zu einem späteren Zeitpunkt einen unzutreffenden Stempel erhält. Über eine Schilderung der allgemeinen Organisationabläufe hinaus ist in geeigneter Weise (vorzugsweise durch eine eingehende persönliche Anhörung des zuständigen Mitarbeiters) ferner der Frage nachzugehen, ob die mit der Leerung des Nachtbriefkastens und der Erfassung der Post betraute Person noch über eine konkrete Erinnerung an die Geschehnisse des maßgeblichen Tages verfügt.[54] Im Falle eines entsprechenden Beweisangebotes[55] (den das Berufungsgericht im Zweifel durch einen Hinweis auf die dem Rechtsmittelführer ungünstige Beweislage herbeizuführen hat[56]) hat es denjenigen als Zeugen zu vernehmen, der die Rechtsmittelschrift oder -begründung fristgerecht eingeworfen haben soll.[57]

25 Falls nach Durchführung der erforderlichen Ermittlungen nicht die volle richterliche Überzeugung zu gewinnen ist, dass das Schriftstück entgegen dem Eingangsstempel rechtzeitig eingegangen ist, ist zu prüfen, ob nicht wenigstens eine überwiegende Wahrscheinlichkeit für die Rechtzeitigkeit des Eingangs spricht, und damit ein **fehlendes Verschulden** an der Fristversäumnis glaubhaft gemacht worden wäre.[58]

26 Macht die Partei von einem Rechtsmittel (**Berufung**) **mehrmals** Gebrauch, bevor über dasselbe in anderer Form schon früher eingelegte Rechtsmittel rechtskräftig entschieden ist, hat das Berufungsgericht über das Rechtsmittel einheitlich zu entscheiden.[59] Das gilt auch dann, wenn das Rechtsmittel bei unterschiedlichen Gerichten eingelegt worden ist; das einheitliche Rechtsmittel darf nur dann als unzulässig verworfen werden, wenn keine der Einlegungen zulässig ist.[60] Erlangt das Rechtsmittelgericht Kenntnis von einer weiteren Rechtsmitteleinlegung in derselben Sache bei einem anderen Gericht, müssen infolgedessen die zeitgleich anhängigen Rechtsmittelverfahren koordiniert werden, indem die angerufenen Gerichte zunächst ihre Zuständigkeit prüfen. Hält sich eines der Gerichte für unzuständig, hat es die Sache an das andere abzugeben. Sieht sich das Gericht, an das abgegeben wird, als zuständig an, hat es in der Sache über das einheitliche Rechtsmittel zu entscheiden.[61] Im Falle eines (positiven oder negativen) Kompetenzkonflikts muss eine Zuständigkeitsbestimmung gemäß § 36 Abs 1 Nr 5, 6 ZPO herbeigeführt werden.[62]

27 Die **Berufungsbegründung** muss den **Umfang** erkennen lassen, in dem das erstinstanzliche Urteil angefochten wird (§ 520 Abs 3 Satz 2 Nr 1 ZPO). Üblicherweise geschieht dies durch die Formulierung entsprechender Sachanträge, zwingend ist dies jedoch nicht. Es reicht aus, wenn die Begründung (= Angriffe gegen das landgerichtliche Urteil) den Schluss auf die beabsichtigte Weiterverfolgung des erstinstanzlichen Begehrens zulässt,

---

54 BGH, MDR 2017, 1019.
55 ... das im Zweifel schon in der Vorlage einer eidesstattlichen Versicherung liegt (BGH, MDR 2020, 431).
56 BGH, MDR 2020, 627.
57 BGH, MDR 2020, 431.
58 BGH, MDR 2017, 1019; BGH, MDR 2020, 431.
59 BGH, MDR 2021, 182.
60 BGH, MDR 2021, 182.
61 BGH, MDR 2021, 182.
62 BGH, MDR 2021, 182.

wobei im Grundsatz davon auszugehen ist, dass im Zweifel gegen die gesamte angefochtene Entscheidung vorgegangen werden soll, soweit sie den Rechtsmittelführer beschwert.[63]

Sie muss darüber hinaus geeignet sein, die angefochtene Entscheidung insgesamt in Frage zu stellen. Bei **mehreren Streitgegenständen** oder einem teilbaren Streitgegenstand muss sie sich grundsätzlich auf alle Teile der Entscheidung erstrecken, hinsichtlich derer eine Abänderung beantragt ist. Anderenfalls ist das Rechtsmittel (mangels Begründung) für den nicht begründeten Teil unzulässig.[64] Stützt das angefochtene Urteil seine Entscheidung auf zwei selbständig tragende Erwägungen, so hat sich die Berufungsbegründung mit beiden auseinanderzusetzen; ansonsten fehlt es an einer hinreichenden Begründung für die beantragte Änderung des Urteils.[65] 28

Gemäß § 520 Abs 3 Satz 2 Nr 2 ZPO hat die Berufungsbegründung die Bezeichnung der Umstände zu enthalten, aus denen sich nach Ansicht des Rechtsmittelführers die Rechtsverletzung und deren Erheblichkeit für die angefochtene Entscheidung ergibt. Da die Berufungsbegründung erkennen lassen soll, aus welchen **tatsächlichen und rechtlichen Gründen** der Berufungskläger das angefochtene Urteil für unrichtig hält, hat dieser diejenigen Punkte rechtlicher Art darzulegen, die er als unzutreffend ansieht, und dazu die Gründe anzugeben, aus denen er die Fehlerhaftigkeit dieser Punkte und deren Erheblichkeit für die angefochtene Entscheidung herleitet.[66] Jedoch bestehen grundsätzlich keine besonderen formalen Anforderungen für die Bezeichnung der Umstände, aus denen sich nach Ansicht des Rechtsmittelführers die Rechtsverletzung und deren Erheblichkeit ergeben. Insbesondere ist es ohne Bedeutung, ob die Ausführungen des Berufungsklägers schlüssig, hinreichend substantiiert und rechtlich haltbar sind.[67] Die Berufungsbegründung muss aber auf den konkreten Streitfall zugeschnitten sein, weswegen es nicht ausreicht, die Auffassung des Erstgerichts mit formularmäßigen Sätzen oder allgemeinen Redewendungen zu rügen oder lediglich auf das Vorbringen erster Instanz zu verweisen.[68] Erforderlich ist eine aus sich heraus verständliche Angabe, welche bestimmten Punkte des angefochtenen Urteils der Berufungskläger weshalb bekämpft. Dem ist auch dann genügt, wenn in der Berufungsbegründung lediglich bereits in erster Instanz vorgetragene rechtliche Argumente wiederholt werden.[69] 29

Die Berufungsbegründung hat, wenn sie die **Verletzung** des Anspruchs auf **rechtliches Gehör** (Art 103 Abs 1 GG) rügt, die Entscheidungserheblichkeit des Verfahrensfehlers darzulegen. Dies verlangt, dass mitgeteilt wird, was bei der gebotenen Gewährung rechtlichen Gehörs vorgetragen worden wäre und dass nicht auszuschließen ist, dass dieser Vortrag zu einer anderen Entscheidung des Erstgerichts geführt hätte.[70] Dieser Darlegung bedarf es nur dann nicht, wenn die Entscheidungserheblichkeit der Verletzung des Anspruchs auf rechtliches Gehör unmittelbar und zweifelsfrei aus dem bisherigen Prozessstoff ersichtlich ist.[71] 30

Eine Abänderung des erstinstanzlichen Urteils kann auch ausschließlich mit **neuen Angriffs- oder Verteidigungsmitteln** begründet werden, wobei es in einem solchen Fall – selbstverständlich – keiner Auseinandersetzung mit den Gründen des angefochte- 31

---

63 BGH, NJW-RR 2019, 1022.
64 BGH, MDR 2018, 170.
65 BGH, WM 2020, 1894.
66 BGH, GRUR 2018, 971 – Matratzenwerbung.
67 BGH, GRUR 2018, 971 – Matratzenwerbung
68 BGH, Beschluss v 22.1.2019 – XI ZB 9/18.
69 BGH, GRUR 2018, 971 – Matratzenwerbung
70 BGH, MDR 2020, 687.
71 BGH, MDR 2020, 687.

nen Urteils bedarf.⁷² Dies macht es aber nicht entbehrlich, *in der Berufungsbegründung* gemäß § 520 Abs 3 Satz 2 Nr 4 ZPO die Tatsachen vorzutragen, aufgrund derer das neue Vorbringen nach Ansicht des Berufungsführers zuzulassen ist.⁷³ Wird erst später (zB nach gerichtlichem Hinweis) dazu vorgetragen, dass mangels Kenntnis nicht früher habe vortragen werden können, führt dies nicht zur Zulässigkeit der Berufung.⁷⁴ Das gilt auch dann, wenn es sich bei dem neuen Vorbringen um nicht bestreitbaren und deshalb im weiteren Berufungsverfahren **unstreitigen Sachverhalt** handelt.⁷⁵ Dem steht nicht entgegen, dass im Berufungsrechtszug nicht (mehr) bestrittene oder unstreitig gestellte Tatsachen nicht als *neue* Angriffs- oder Verteidigungsmittel im Sinne von § 531 Abs 2 ZPO behandelt werden und damit der Präklusion entzogen sind.⁷⁶ Dieser Rechtsgrundsatz macht es nicht entbehrlich, in der Berufungsbegründung gemäß § 520 Abs 3 Satz 2 Nr 4 ZPO die Tatsachen vorzutragen, aufgrund derer das neue Vorbringen nach Ansicht des Berufungsführers zuzulassen ist. Im Rahmen der Zulässigkeitsprüfung ist davon auszugehen, dass es sich bei neuem tatsächlichen Vorbringen des Rechtsmittelführers, mit dem das erstinstanzliche Urteil zu Fall gebracht werden soll, um ein neues Angriffsmittel im Sinne von § 531 Abs 2 ZPO handelt. Wird die Berufung ausschließlich hierauf gestützt, sind deshalb die in § 520 Abs 3 Satz 2 Nr 4 ZPO genannten Angaben erforderlich. Fehlen diese, kann die Berufung ohne weiteres nach § 522 Abs 1 ZPO zurückgewiesen werden. Dass das neue Vorbringen kein neues Angriffsmittel (mehr) wäre, wenn es von der Gegenseite nicht bestritten wird, ist in diesem Verfahrensstadium nicht relevant.⁷⁷ Das Gericht ist auch nicht gehalten, eine mündliche Verhandlung anzuberaumen. Denn der Berufungskläger hat keinen Anspruch darauf, dass allein wegen der – meist ohnehin nur theoretischen – Möglichkeit, dass das neue Vorbringen im Verlauf des Berufungsrechtszuges unstreitig wird, von der in § 522 Abs 1 ZPO vorgesehenen Möglichkeit einer Verwerfung der Berufung durch Beschluss abgesehen wird.⁷⁸ Allerdings gilt dies nur für erstmals in der Berufungsinstanz in den Prozess eingeführten Vortrag, woran es fehlt, wenn erstinstanzliches schlüssiges Vorbringen in der Berufung bloß näher konkretisiert, erläutert oder verdeutlicht wird.⁷⁹ Zudem muss der Zulassungsgrund, damit die Berufung zulässig ist, nur benannt werden; ob er tatsächlich gegeben ist, betrifft die Begründetheit der Berufung.⁸⁰

32   Eine unzulängliche Berufungsbegründung kann nach Ablauf der Berufungsbegründungsfrist (§ 520 Abs. 2 ZPO) nicht mehr **geheilt** werden.⁸¹

2. Beschwer

33   Die Berufung ist, sofern sie vom Landgericht nicht ausdrücklich zugelassen worden ist (§ 511 Abs 2 Nr 2, Abs 4 ZPO), nur statthaft, wenn der Wert des Beschwerdegegenstandes den Betrag von 600 € übersteigt. Maßgeblich ist, in welchem Umfang der Rechtsmittelführer das ihn belastende Urteil erster Instanz mit seinen Berufungsanträgen beseitigen will. Ist der Kläger ganz oder teilweise unterlegen, so ist sein wirtschaftliches Interesse daran zu bewerten, dass ihm die bisher nicht zugesprochenen und mit seiner Berufung

---

72 BGH, MDR 2022, 309.
73 BGH, NJW-RR 2015, 465; BGH, MDR 2022, 309.
74 BGH, MDR 2022, 309.
75 BGH, MDR 2022, 309.
76 BGHZ 177, 212.
77 BGH, NJW-RR 2015, 465; BGH, MDR 2022, 309.
78 BGH, MDR 2022, 309.
79 BGH, MDR 2022, 309.
80 BGH, MDR 2022, 309.
81 BGH, MDR 2022, 267.

weiterverfolgten Ansprüche zuerkannt werden; ist der Beklagte ganz oder teilweise unterlegen, so kommt es auf sein Interesse daran an, die erfolgte Verurteilung zu beseitigen. Die Beschwer kann, wenn die Hauptsache Gegenstand des Rechtsstreits ist, nicht allein in der Kostenlast liegen.[82] Das Berufungsgericht darf eine Berufung nicht allein deshalb als unzulässig verwerfen, weil der Wert des Beschwerdegegenstandes – entgegen § 511 Abs 3 ZPO – nicht glaubhaft gemacht worden ist. Vielmehr hat es den Wert bei der Entscheidung über die Zulässigkeit der Berufung auf Grund eigener Lebenserfahrung und Sachkenntnis nach freiem Ermessen zu schätzen, wobei es den Akteninhalt von Amts wegen auszuwerten hat.[83]

Bei einer **verfahrensfehlerhaften Prozesstrennung** erfolgt eine Berechnung der Rechtsmittelbeschwer aus dem einheitlichen Wert des Verfahrens vor der Trennung nur dann, wenn die durch die unzulässige Prozesstrennung geschaffenen Einzelverfahren gemeinsam in die Rechtsmittelinstanz gelangt sind und der Rechtsmittelführer aus ihnen eine zusammenhängende Beschwer geltend macht.[84] 34

Als allgemeine Zulässigkeitsvoraussetzung muss die Beschwer des Rechtsmittelführers auch im Zeitpunkt der Entscheidung über das Rechtsmittel noch gegeben sein. Fällt sie weg, wird das Rechtsmittel unzulässig und ist zu verwerfen.[85] 35

3. Verspätungsrecht[86]

§ 529 ZPO hält das Berufungsgericht dazu an, seiner Beurteilung die Feststellungen des Landgerichts zugrunde zu legen, wenn keine konkreten Anhaltspunkte Zweifel an ihrer Richtigkeit und Vollständigkeit begründen. Die Prüfungspflicht des Berufungsgerichts ist nicht darauf beschränkt, ob der Prozessstoff und die Beweisergebnisse vollständig und widerspruchsfrei in rechtlich möglicher Weise gewürdigt sind, ohne gegen Denkgesetze oder Erfahrungssätze zu verstoßen. Darüber hinaus geht es vielmehr darum, ob die Beweiswürdigung des Landgerichts bei Berücksichtigung aller Gesichtspunkte sachlich überzeugend ist.[87] Zweifel im Sinne von § 529 Abs 1 Nr 1 ZPO liegen in diesem Sinne schon dann vor, wenn aus der für das Berufungsgericht gebotenen Sicht eine gewisse, nicht notwendigerweise überwiegende Wahrscheinlichkeit dafür besteht, dass im Falle der Beweiserhebung die erstinstanzliche Feststellung keinen Bestand haben wird, sich also deren Unrichtigkeit herausstellt.[88] Nur auf diese Weise wird hinreichend dem Umstand Rechnung getragen, dass es sich bei der Berufungsinstanz um eine zweite, wenn auch eingeschränkte Tatsacheninstanz handelt, deren Aufgabe in der Gewinnung einer fehlerfreien und überzeugenden und damit richtigen Entscheidung des Einzelfalls besteht. Konkrete Anhaltspunkte für Zweifel an der Richtigkeit und Vollständigkeit der erstinstanzlichen Feststellungen können sich selbst bei verfahrensfehlerfrei von der Vorinstanz getroffenen Feststellungen aus der Möglichkeit unterschiedlicher Wertungen ergeben. Das Berufungsgericht ist daher an eine verfahrensfehlerfrei vorgenommene Schätzung der Vorinstanz nach § 287 ZPO dann nicht gebunden, wenn es das Schätzungsergebnis für nicht überzeugend hält.[89] 36

---

82 BGH, MDR 2018, 360.
83 BGH, MDR 2018, 983.
84 BGH, MDR 2021, 116.
85 BGH, MDR 2018, 360.
86 Steinacker, FS Reimann, 2009, S 457; speziell zum Verspätungsrecht im Berufungsverfahren einer einstweiligen Verfügung vgl Dötsch, MDR 2010, 1429.
87 OLG Koblenz, MDR 2019, 57.
88 BGH, MDR 2019, 1325.
89 BGH, NJW-RR 2021, 76.

37 Die Anhaltspunkte für eine neue Tatsachenfeststellung bejahende Beurteilung des Berufungsgerichts ist der **revisionsrechtlichen Kontrolle** entzogen, und zwar auch dann, wenn die ergänzende Beweisaufnahme in zweiter Instanz angeordnet worden, aber ergebnislos geblieben ist.[90] Es stellt daher keinen revisiblen Rechtsfehler dar, wenn das Berufungsgericht objektiv zu Unrecht Zweifel an der erstinstanzlichen Tatsachenfeststellung angenommen hat, und dieser Grundsatz gilt völlig unabhängig davon, ob die anderweitigen Feststellungen des Berufungsgerichts verfahrensfehlerfrei zustande gekommen sind.[91] Ungeachtet dessen bleibt es den Prozessparteien selbstverständlich unbenommen, vom Berufungsgericht verfahrens- oder rechtsfehlerhaft getroffene neue Feststellungen im Hinblick auf dem Berufungsgericht unterlaufene Verfahrensfehler (zB §§ 139, 411 Abs 3, 4 ZPO, Art 103 Abs 1 GG) oder materielle Mängel der Beweiswürdigung (§ 286 ZPO) im Revisionsverfahren zu rügen und hierdurch, soweit die Rügen berechtigt sind, den vom Berufungsgericht in Abweichung von der Vorinstanz zugrunde gelegten Tatsachen ihre Bindungswirkung zu entziehen.[92]

38 Im Zusammenhang mit dem Berufungsverfahren stellt sich vor allem die Frage nach einer Verspätung neuen Vorbringens.

39 Unproblematisch ist zunächst der Fall, dass das **Klagepatent** während des Berufungsverfahrens **nur eingeschränkt aufrechterhalten** wird und der Verletzungskläger deswegen seine Klageanträge auf die geltende Fassung des Klagepatents umstellt. Ist er der Berufungsbeklagte, bedarf es hierzu keines Anschlussrechtsmittels, welches fristgebunden wäre, weil der geänderte Angriff jedenfalls ein Weniger – und kein Mehr – gegenüber dem in erster Instanz bereits Zugesprochenen darstellt. Ob die Umstellung auf eine eingeschränkte Anspruchsfassung als bloße Klagebeschränkung im Sinne von § 264 Nr 2 ZPO (die ohne weiteres zulässig wäre) oder als Klageänderung im Sinne von § 263 ZPO aufzufassen ist[93] (die besonderen Zulässigkeitsvoraussetzungen unterliegt), kann dahinstehen. Die Bedingungen nach § 263 ZPO werden stets gegeben sein, weil die Beschränkung des Klagepatents zwischen den Parteien unstreitig sein wird und die Umstellung der Anträge des Verletzungsprozesses auf die geltende Anspruchsfassung sachdienlich ist.

40 Im Übrigen sind bezüglich des Präklusionsrechts zwei Konstellationen zu unterscheiden:

41 Zunächst gibt es eine **Verspätung**, die daraus resultiert, dass Angriffs- und Verteidigungsmittel **im Berufungsverfahren** selbst verspätet, nämlich außerhalb der Berufungsbegründungsfrist, vorgebracht werden. Hier lässt § 530 ZPO eine Zurückweisung unter den allgemeinen Verspätungsregeln des § 296 Abs 1, 4 ZPO zu.

42 Für die Praxis bedeutsamer ist das **Verspätung**sregime, welches für Tatsachenvortrag gilt, der **von der ersten zur zweiten Instanz** neu gebracht wird. Die gesetzlichen Grundlagen hierzu enthalten die §§ 529 Abs 1, 531 ZPO. Sie besagen,

---

90 BGH, MDR 2019, 628.
91 BGH, NJW-RR 2021, 76.
92 BGH, NJW-RR 2021, 76.
93 So: OLG Karlsruhe, Urteil v 15.12.2010 – 6 U 21/09.

- dass Angriffs- und Verteidigungsmittel, die bereits im ersten Rechtszug gemäß § 296 ZPO – nicht: § 296a ZPO![94] – *zu Recht* als verspätet zurückgewiesen worden sind, im Berufungsrechtzug ausgeschlossen bleiben (§ 531 Abs 1 ZPO)[95], **43**

- dass das Berufungsgericht bei seiner Entscheidung die vom LG festgestellten Tatsachen zugrunde zu legen hat, es sei denn, es bestehen aufgrund konkreter Anhaltspunkte Zweifel an der Richtigkeit und Vollständigkeit der erstinstanzlichen Tatsachenfeststellung (§ 529 Abs 1 Nr 1 ZPO),[96] **44**

- dass **neue** (im landgerichtlichen Verfahren noch nicht festgestellte) **Tatsachen** nur berücksichtigt werden dürfen, wenn und soweit dies gesetzlich zugelassen ist (§ 529 Abs 1 Nr 2 ZPO). Solche Zulassungsgründe enthält § 531 Abs 2 ZPO dergestalt, dass neuer Tatsachenvortrag berücksichtigungsfähig ist, wenn sein Vortrag erst im Berufungsverfahren darauf beruht, dass (a) das LG den betreffenden Gesichtspunkt erkennbar übersehen oder unzutreffender Weise für unerheblich gehalten hat (Nr 1)[97]; (b) der neue Vortrag infolge eines Verfahrensmangels in erster Instanz nicht geltend gemacht wurde (Nr 2)[98]; (c) der verspätete Vortrag nicht auf Nachlässigkeit **45**

---

[94] BGH, MDR 2018, 617. Indem das LG das Vorbringen nach § 296a ZPO behandelt, weist es dieses nicht mehr seinem eigenen, sondern (wegen der Zäsur der Schlussverhandlung) dem folgenden Berufungsverfahren zu, womit es sich um »neues« Vorbringen im Berufungsrechtszug handelt, das an § 531 Abs 2 ZPO zu messen ist.

[95] Was in erster Instanz bloß hätte zurückgewiesen werden *können*, aber nicht zurückgewiesen worden ist, unterliegt keinem Verspätungsrecht mehr (BGH, GRUR 2015, 976 – Einspritzventil). Der Einwand, das LG hätte gegnerisches Vorbringen als verspätet außer Betracht lassen müssen, ist deshalb unbeachtlich, wenn eine Zurückweisung tatsächlich, und sei es auch rechtsfehlerhaft, unterblieben ist. Ist die Berufung zulässig, so wird im ersten Rechtszug nicht zurückgewiesenes Vorbringen ohne weiteres Prozessstoff der zweiten Instanz; eines erneuten Vorbringens bedarf es insoweit grundsätzlich nicht (BGH, VersR 2020, 379). Die Zurückweisung eines in der Berufungsinstanz wiederholten Beweisangebots mit der Begründung, die Nichterhebung des Beweises sei nicht innerhalb der Berufungsbegründungsfrist beanstandet worden, verletzt daher den Anspruch auf Gewährung rechtlichen Gehörs (BGH, NJW-RR 2020, 822).

[96] Solches ist nicht nur dann der Fall, wenn die landgerichtlichen Feststellungen verfahrensfehlerhaft zustande gekommen sind, sondern auch dann, wenn – bei Abwesenheit eines Verfahrensfehlers im Zusammenhang mit der Tatsachenfeststellung – sonst Gründe für eine abweichende Tatsachengrundlage bestehen, zB deshalb, weil schlicht Möglichkeiten für unterschiedliche Wertungen bestehen (BGH, ZIP 2016, 1775). Die Prüfungspflicht des Berufungsgerichts ist nicht darauf beschränkt, ob der Prozessstoff und die Beweisergebnisse vollständig und widerspruchsfrei in rechtlich möglicher Weise gewürdigt sind, ohne gegen Denkgesetze oder Erfahrungssätze zu verstoßen, sondern geht dahin, ob die Beweiswürdigung des Landgerichts bei Berücksichtigung aller Gesichtspunkte sachlich überzeugend ist (BGH, MDR 2011, 722; OLG Koblenz, MDR 2019, 57).

[97] Ungeschriebene Tatbestandsvoraussetzung ist, dass die Rechtsansicht des Gerichts den erstinstanzlichen Sachvortrag der Partei beeinflusst hat und daher (mit)ursächlich dafür war, dass sich Parteivorbringen in das Berufungsverfahren verlagert hat (BGH, VersR 2015, 1313). Hiervon ist allerdings schon dann auszugehen, wenn das Gericht des ersten Rechtszuges, hätte es die später vom Berufungsgericht für zutreffend erachtete Rechtsauffassung geteilt, zu einem Hinweis nach § 139 Abs 2 ZPO verpflichtet gewesen wäre (BGH, VersR 2018, 1001).

[98] ZB wegen Verletzung der richterlichen Hinweispflicht gemäß § 139 ZPO. Die Rüge ist allerdings nur ordnungsgemäß ausgeführt, wenn dargelegt wird, was auf einen entsprechenden Hinweis des Gerichts vorgetragen und wie weiter vorgegangen worden wäre (BGH, GRUR 2010, 239 – BTK; BGH, GRUR 2018, – Gewohnt gute Qualität). Die Partei ist dabei grundsätzlich nicht gehindert, ihr bisheriges Vorbringen zu ändern, insbesondere zu präzisieren, zu ergänzen oder zu berichtigen; eine durch solche Änderungen entstehende Widersprüchlichkeit des Sachvortrages macht diesen nicht per se unbeachtlich, vielmehr ist die Widersprüchlichkeit des Vortrages allein im Rahmen der Beweiswürdigung zu berücksichtigen (BGH, GRUR 2018, 740 – Gewohnt gute Qualität). Zu beachten ist weiterhin, dass es nach der Rechtsprechung des BGH (NJW 2007, 759; NJW-RR 2008, 581) eines richterlichen Hinweises nicht mehr bedarf, wenn im Anwaltsprozess vom Gegner auf den betreffenden Gesichtspunkt hingewiesen wurde. Umfassend dazu: Rensen, MDR 2008, 1075. Dass der gegnerische Hinweis den Hinweis des Gerichts ersetzt, gilt für Fragen der Antragsfassung jedenfalls im Berufungsrechtszug nur eingeschränkt. Wird zB der Urteilstenor vom Rechtsmittelgegner zu Recht als unbestimmt gerügt, so wiegt dieser Hinweis nicht schwerer als das ergangene Urteil, weswegen es

beruht (Nr 3). Es kann deshalb nicht mehr vorgetragen werden, was der Partei vor Schluss der mündlichen Verhandlung in erster Instanz (bis zur fristgerechten Einreichung eines nachgelassenen Schriftsatzes) hätte bekannt sein müssen und infolge (ggf nur leichter) Fahrlässigkeit nicht vorgetragen wurde.[99] Zu den Voraussetzungen eines Grundes nach § 531 Abs 2 ZPO hat derjenige vorzutragen, der neue Angriffs- oder Verteidigungsmittel berücksichtigt wissen will. Bleibt der diesbezügliche Sachverhalt unaufgeklärt, geht dies zu seinen Lasten.[100] Wird eine Berufung ausschließlich auf neues Vorbringen gestützt, kann sie ohne weiteres durch Beschluss verworfen werden, wenn die Berufungsbegründung keine Angaben zu den Tatsachen enthält, die eine Zulassung des Vorbringens nach § 531 Abs 2 ZPO rechtfertigen. Dass das Vorbringen zuzulassen wäre, wenn es im weiteren Verfahrensverlauf unstreitig würde, steht nicht entgegen.[101]

46 Ob ein Vorbringen *neu* ist, kann problematisch sein, wenn in der Berufungsinstanz ergänzender Sachvortrag zu einem als solchem bereits in erster Instanz eingeführten Angriffs- oder Verteidigungsmittel erfolgt. Nach der Rechtsprechung des BGH[102] ist der sachliche Gehalt des erstinstanzlichen Vorbringens zu dem betreffenden Angriffs- oder Verteidigungsmittel entscheidend. Wenn das in 2. Instanz konkretisierende Vorbringen einen sehr allgemein gehaltenen Vortrag der ersten Instanz konkretisiert oder erstmals substantiiert, ist es neu; wird demgegenüber ein bereits schlüssiges Vorbringen aus der 1. Instanz durch weitere Tatsachenbehauptungen nur zusätzlich konkretisiert, verdeutlicht oder erläutert, liegt kein neues Verteidigungsmittel vor. Die Vorlage eines Privatgutachtens in zweiter Instanz ist deshalb unbedenklich, wenn durch die Ausführungen des Gutachters Vorbringen aus der ersten Instanz zusätzlich konkretisiert, verdeutlicht oder erläutert wird.[103] Andererseits kann ein Vorbringen (zB zur Äquivalenz) neu sein, obwohl die im Berufungsrechtszug diskutierte Druckschrift, aus der dem Fachmann die Abwandlung nahegelegt gewesen sein soll, bereits in erster Instanz zur Akte gereicht wurde. Maßgeblich ist wiederum, welcher Sachvortrag insoweit vor dem LG geleistet wurde. Verspätungsrecht ist anwendbar, wenn zu bestimmten Erkenntnissen und Anregungen, die der Fachmann aus der Schrift erhalten soll, erstmals in zweiter Instanz konkret vorgetragen wird.[104] Was sich eine Partei als ihr günstiges Ergebnis einer in erster Instanz durchgeführten Beweisaufnahme – ausdrücklich oder stillschweigend – zu Eigen

---

in einem solchen Fall Sache des Berufungsgerichts, das die Bestimmtheitsbedenken teilt, ist, den Rechtsmittelführer entsprechend zu belehren (BGH, MDR 2009, 998). Ein richterlicher Hinweis muss in jedem Fall so rechtzeitig erteilt werden und er hat gezielt den fehlenden Vortrag anzusprechen, den das Gericht als entscheidungserheblich ansieht, weil er nur so seinen gesetzlichen Zweck erfüllen kann (BGH, MDR 2013, 1424). Hat das Gericht durch einen Hinweis bei einer Partei den Eindruck erweckt, eine bestimmte Rechtsauffassung zu vertreten und will es hieran bei seiner Entscheidung nicht mehr festhalten, bedarf es eines gerichtlichen Hinweises auf die geänderte Auffassung (BVerfG, NJW 1996, 3202; BGH, MDR 2017, 355). Das gilt im Zweifel auch dann, wenn das Gericht in einem früheren zwischen den Parteien geführten Verfahren diese später aufgegebene Rechtsauffassung vertreten hat und die Partei in einem weiteren zwischen den Parteien geführten Rechtsstreit für das Gericht erkennbar davon ausgeht, dass das Gericht auch in diesem Rechtsstreit keine abweichende Auffassung vertreten werde (BGH, MDR 2020, 364). Der Hinweis ist so rechtzeitig zu erteilen, dass auf ihn noch vor der mündlichen Verhandlung reagiert werden kann; ist eine sofortige Reaktion nicht möglich, muss die Sache vertagt oder eine Schriftsatzfrist eingeräumt werden (BGH, MDR 2020, 364).
99 Zöller, § 531 ZPO Rn 21, 29 ff.
100 KG, MDR 2003, 471; Zöller, § 531 ZPO Rn 34.
101 BGH, MDR 2015, 355.
102 BGH, NJW 2004, 2825, 2827, mwN.
103 BGH, GRUR 2012, 1236 – Fahrzeugwechselstromgenerator.
104 BGH, GRUR 2012, 1236 – Fahrzeugwechselstromgenerator.

gemacht hat, ist gleichfalls nicht neu und unterliegt deswegen nicht dem Zurückweisungsrecht nach § 531 ZPO.[105]

Ein Angriffs- oder Verteidigungsmittel ist ferner nicht neu, wenn es sich auf einen während der ersten Instanz abgeschlossenen Lebenssachverhalt stützt und zusätzlich von der Ausübung eines **Gestaltungsrechts** (Anfechtung, Kündigung, Aufrechnungserklärung) abhängt, das der Berechtigte schon vorher hätte ausüben können, tatsächlich aber erst im Berufungsrechtszug ausgeübt hat.[106] Das Gleiche gilt, wenn die Prozesspartei ein Gestaltungsrecht, das schon in erster Instanz bestanden hat, erst nach Schluss der mündlichen Verhandlung vor dem Landgericht ausübt. Da die prozessrechtlichen Präklusionsvorschriften die Parteien lediglich dazu anhalten sollen, zu einem bereits vorliegenden und rechtlich relevanten Tatsachenstoff rechtzeitig vorzutragen, hingegen nicht den Zweck verfolgen, auf eine beschleunigte Veränderung der materiellen Rechtslage hinzuwirken, sind sowohl die Ausübung des Gestaltungsrechts als solche (mag sie unstreitig oder bestritten sein) als auch die hierzu vorgetragenen tatbestandlichen Voraussetzungen im Berufungsrechtszug zuzulassen.[107] Anders verhält es sich nach der Rechtsprechung, wenn das Angriffs- oder Verteidigungsmittel auf einer **Abtretung** (als zweiseitigem Rechtsgeschäft, das die Mitwirkung eines Dritten verlangt) beruht, wenn diese erst in zweiter Instanz erfolgt.[108]

47

Das Verspätungsrecht kann sich zunächst zu Lasten des **Verletzungsbeklagten** auswirken: War der Verletzungstatbestand *in tatsächlicher Hinsicht* (Aufbau/Wirkungsweise der angegriffenen Ausführungsform) in der ersten Instanz unstreitig, sodass das Landgericht zur Verwirklichung der einzelnen Anspruchsmerkmale keine näheren Feststellungen getroffen hat, kann ein erstmaliges Bestreiten des Verletzungssachverhaltes in der II. Instanz nur berücksichtigt werden, wenn der Beklagte geltend machen kann, dass das in der ersten Instanz unterbliebene Bestreiten nicht auf Nachlässigkeit beruht (§§ 529 Abs 1 Nr 2, 531 Abs 2 Nr 3 ZPO).[109] Das gleiche gilt, wenn die zunächst unstreitige Verletzung erstmals nach Schluss der mündlichen Verhandlung vor dem Landgericht bestritten worden und das diesbezügliche Vorbringen gemäß § 296a ZPO unberücksichtigt geblieben ist.[110] Zu beachten ist, dass ein Bestreiten der Verletzung, die nicht mit einem Tatsachenvortrag, sondern lediglich mit einer bestimmten Auslegung der Anspruchsmerkmale gerechtfertigt wird, nicht verspätungsrelevant ist, weil bloß eine Rechtsanwendung in Frage steht, die dem Verspätungsregime prinzipiell nicht unterfällt.[111] Anderes gilt dann, wenn für die neue Patentauslegung auf bisher noch nicht behauptete konkrete tatsächliche Umstände wie Kenntnisse, Fertigkeiten und Erfahrungen eines Durchschnittsfachmanns im Prioritätszeitpunkt abgestellt wird, die dem Bereich der Tatsachenfeststellung zuzuordnen sind.[112] Hat bereits das Landgericht das Bestreiten gemäß § 296 Abs 1 bis 3 ZPO, und zwar *berechtigterweise*, als verspätet zurückgewiesen, so ist der Beklagte mit der Behauptung, das Schutzrecht nicht zu verletzen, in der Berufungsinstanz ausgeschlossen (§ 531 Abs 1 ZPO). Demselben Verspätungsregime unterliegen auch die sonstigen Einwände des Beklagten wie zB das Vorbenutzungsrecht, der Formstein-Einwand und dgl.

48

Für die *Einrede* der **Verjährung** gilt: Ist Verjährung vor dem Schluss der mündlichen Verhandlung erster Instanz eingetreten, muss die Verjährungseinrede in *dieser* Instanz

49

---

105 BGH, MDR 2018, 1057.
106 Offengelassen in BGH, GRUR 2011, 853 – Treppenlift.
107 BGH, WM 2018, 2196.
108 BGH, GRUR 2011, 853 – Treppenlift.
109 OLG München, InstGE 4, 161 – Fahrzeugaufnahme für Hebebühnen.
110 BGH, MDR 2018, 617.
111 OLG Düsseldorf, Urteil v 9.12.2021 – I-2 U 12/21.
112 BGH, GRUR 2006, 131 – Seitenspiegel; OLG Düsseldorf, Urteil v 9.12.2021 – I-2 U 12/21.

erhoben werden. Eine **erst im Berufungsrechtszug erhobene Einrede** ist nur unter den besonderen Voraussetzungen des § 531 ZPO zu berücksichtigen.[113] Anders verhält es sich nur dann, wenn die den Verjährungseintritt begründenden Tatsachen und die in zweiter Instanz erfolgte Erhebung der Verjährungseinrede zwischen den Parteien unstreitig sind.[114]

50 Die Verspätungsvorschriften können sich – umgekehrt – auch gegen den **Verletzungskläger** wenden: Hat er vor dem Landgericht ausschließlich eine wortsinngemäße Verletzung geltend gemacht und im Tatsächlichen auch lediglich hierzu vorgetragen, so verbietet sich eine Verurteilung des Beklagten unter dem Gesichtspunkt der **Äquivalenz** schon deswegen, weil dem Beklagten der Formstein-Einwand (zu dem vorzutragen er keine Veranlassung hatte) abgeschnitten würde. Wie in erster Instanz auch bedarf es vielmehr eines Berufens des Verletzungsklägers auf den Gesichtspunkt der Äquivalenz. Darüber hinaus sind die Voraussetzungen der Äquivalenz in tatsächlicher Hinsicht substantiiert vorzutragen. Ihre erstmalige Darlegung in der Berufungsinstanz stellt verfahrensrechtlich einen neuen Sachvortrag dar, der nur nach Maßgabe der §§ 529, 531 ZPO berücksichtigungsfähig ist. Er ist nur zuzulassen, wenn das Landgericht Veranlassung zu einem gerichtlichen Hinweis auf das Nichtvorliegen einer wortsinngemäßen Verletzung gehabt hat, weil es eine äquivalente Benutzung für gegeben oder für ernsthaft möglich gehalten hat, aber keinen Hinweis erteilt hat (§ 531 Abs 2 Nr 2 ZPO).[115] War Äquivalenz bereits in erster Instanz *schlüssig* geltend gemacht und wird im Berufungsverfahren der diesbezügliche Sachvortrag lediglich (zB anhand weiteren Standes der Technik oder unter Vorlage eines Privatgutachtens) weiter konkretisiert, stellt sich – mangels eines *neuen* Vorbringens zur Äquivalenz – von vornherein kein Verspätungsproblem.[116]

51 Wichtig bei der Verspätungsdiskussion sind folgende Punkte:

52 – **Erstens**: Ein Tatsachenvortrag, der im Berufungsverfahren **unstreitig** bleibt, ist nicht verspätet und daher ungeachtet der Regelungen in §§ 529, 531 ZPO zu berücksichtigen, dh auch dann, wenn seine Geltendmachung erst in zweiter Instanz auf Nachlässigkeit beruht, und selbst wenn dadurch eine neue Beweisaufnahme notwendig wird.[117] Dazu reicht noch nicht aus, dass eine bestimmte Druckschrift als solche (auf die der Beklagte zB seinen Rechtsbestandsangriff oder der Kläger seine Äquivalenzüberlegungen stützt) unstreitig ist, denn das maßgebliche Angriffs- oder Verteidigungsmittel liegt in den konkreten Darlegungen der Partei dazu, welche rechtserheblichen technischen Informationen und Erkenntnisse der Fachmann der betreffenden Druckschrift entnehmen kann.[118]

53 – **Zweitens**: Berücksichtigt das Berufungsgericht unter Missachtung der Verspätungsvorschriften neue Angriff- und Verteidigungsmittel, liegt hierin kein Rechtsverstoß, der die Revision eröffnet.[119] Eine **fehlerhafte** Zulassung und **Berücksichtigung** von **neuem Tatsachenvortrag** durch das Berufungsgericht bleibt also sanktionslos.[120] Rechtsfehlerhaft zugelassener Vortrag ist bei der Entscheidungsfindung zu verwerten, sodass das Prozessergebnis nicht mit dem Argument angezweifelt werden kann, der

---

113 BGH, WRP 2006, 483 – Zylinderrohr.
114 BGH-GSZ, NJW 2008, 3434; BGHZ 166, 29, 31; BGH, BauR 2008, 666; aA: BGH, GRUR 2006, 401 – Zylinderrohr.
115 Nach Verneinung einer wortsinngemäßen Verletzung in erster Instanz bedarf es selbstverständlich keines Hinweises im Berufungsverfahren mehr, weil ein solcher bereits mit dem landgerichtlichen Urteil gegeben ist.
116 BGH, NZBau 2007, 245.
117 BGH, MDR 2005, 527; BGH, MDR 2009, 996.
118 BGH, GRUR 2013, 1272 – Tretkurbeleinheit.
119 BGH, NJW 2004, 1458; BGH, NJW 2005, 1583.
120 BGH, MDR 2019, 563.

zugelassene Vortrag habe bei korrekter Anwendung der Präklusionsvorschriften außer Betracht bleiben müssen.

- **Drittens**: Verspätetem Vorbringen, welches das Landgericht **hätte zurückweisen können**, welches es jedoch berücksichtigt hat, kann vom Berufungsgericht nicht nachträglich mit Verspätungsvorschriften begegnet werden.[121] 54

- **Viertens**: Teilt das Berufungsgericht die dem Berufungsbeklagten günstige Rechts- oder Tatsachenauffassung der Vorinstanz nicht, sodass ein Erfolg des Rechtsmittels droht, hat es den Berufungsbeklagten rechtzeitig darauf hinzuweisen, dass und aufgrund welcher Erwägungen das Berufungsgericht der Beurteilung des Landgerichts nicht folgen will.[122] Außerdem hat es dem Berufungsbeklagten Gelegenheit zu geben, seinen Tatsachenvortrag sachdienlich zu ergänzen und/oder weiteren Beweis anzutreten.[123] Vortrag und Beweisantritte, die daraufhin erfolgen und die unter Geltung der **abweichenden Auffassung des Berufungsgerichts** den Prozessverlust vermeiden sollen, sind unabhängig davon zuzulassen, ob sie schon in der ersten Instanz hätten vorgebracht werden können.[124] 55

- **Fünftens**: Die Änderung oder **Erweiterung einer Klage** stellt einen selbständigen prozessualen Angriff dar, dessen Zulassung sich nicht nach den §§ 296, 530, 531 ZPO richtet, sondern ausschließlich nach den §§ 263, 264, 533 ZPO bestimmt. Dementsprechend können die gleichzeitig zur Begründung der erweiterten Anträge vorgetragenen Angriffs- oder Verteidigungsmittel nicht als verspätet zurückgewiesen werden, weil dies andernfalls in unzulässiger Weise die nach dem Gesetz grundsätzlich ausgeschlossene Präklusion des Angriffs selbst zur Folge hätte.[125] Das gilt auch in Fällen, in denen eine an sich zulässige Klageänderung oder -erweiterung in erster Linie darauf abzielt, mit den dazu vorgebrachten Angriffs- und Verteidigungsmitteln den bisherigen unzureichenden Vortrag zur ursprünglichen Klage, wenn auch insoweit verspätet, zu rechtfertigen.[126] Wird die erweiterte Klage später wieder wirksam zurückgenommen, entfällt mit ihr auch die (zwischenzeitlich einmal gegebene) Möglichkeit zu neuem Sachvortrag, weil die Klagerücknahme die Anhängigkeit rückwirkend beseitigt (§ 269 Abs 3 Satz 1 ZPO). 56

Der gewillkürte **Parteiwechsel auf Klägerseite** stellt eine Klageänderung dar, weswegen sich seine Zulässigkeit nach § 263 ZPO richtet, egal, ob der Klägerwechsel in erster oder zweiter Instanz stattfindet.[127] Die Zustimmung des Beklagten ist deshalb entbehrlich, wenn das Gericht den Parteiwechsel für sachdienlich erachtet. Hat das Landgericht die Sachdienlichkeit für einen bei ihm vorgenommenen Parteiwechsel bejaht, ist diese Entscheidung im weiteren Rechtszug nicht mehr anfechtbar (§ 268 ZPO).[128] 57

4. Zurückverweisung

Grundsätzlich hat das Berufungsgericht selbst die etwa notwendigen Beweise zu erheben und in der Sache abschließend zu entscheiden. Nur ausnahmsweise kommt stattdessen 58

---

121 BGH, NJW 2006, 1741, 1742.
122 BVerfG, NJW 2003, 2524; BGH, VersR 2018, 1001.
123 BVerfG, NJW 2003, 2524; BGH, VersR 2018, 1001.
124 BVerfG, NJW 2003, 2524; BGH, VersR 2018, 1001.
125 BGH, MDR 2016, 1348.
126 BGH, MDR 2016, 1348.
127 OLG Düsseldorf, Urteil v 28.9.2017 – I-2 U 54/16; OLG Düsseldorf, Urteil v 12.04.2018 – I-2 U 32/17, jeweils mwN.
128 BGH, NJW-RR 1987, 1084; OLG Düsseldorf, Urteil v 12.4.2018 – I-2 U 32/17.

F. Rechtsmittelverfahren

eine Aufhebung des angefochtenen Urteils und des ihm zugrundeliegenden Verfahrens sowie eine Zurückverweisung des Rechtsstreits an das Landgericht zur erneuten Verhandlung und Entscheidung in Betracht (§ 538 Abs 2 ZPO). Abgesehen von einem entsprechenden Verfahrensantrag, den sowohl der Rechtsmittelführer als auch sein Gegner stellen können, bedarf es ganz besonderer Sachverhaltskonstellationen, von denen § 538 Abs 2 Nr 1 ZPO die wohl praktisch bedeutsamste enthält. Die Vorschrift lässt eine Aufhebung und Zurückverweisung zu, wenn das landgerichtliche Verfahren an einem wesentlichen Mangel leidet und aufgrund dieses Mangels eine umfangreiche oder aufwändige Beweisaufnahme notwendig ist. Ob ein wesentlicher Verfahrensmangel vorliegt, ist dabei allein aufgrund des materiell-rechtlichen Standpunkts des Landgerichts zu beurteilen, auch wenn das Berufungsgericht ihn nicht teilt.[129] Ausgehend von dieser rechtlichen Beurteilung muss durch oder infolge der Korrektur des wesentlichen Verfahrensfehlers eine umfangreiche oder notwendige Beweisaufnahme sicher zu erwarten sein. Es reicht deswegen nicht aus, wenn sie zwar unter bestimmten Voraussetzungen erforderlich wird, der Eintritt dieser Voraussetzungen aber nicht sicher ist.[130] Bei Vorliegen eines Tatbestandes nach § 538 Abs 2 ZPO steht die Zurückverweisung anstelle einer eigenen Sachaufklärung im Ermessen des Berufungsgerichts. Ist die Sache schon einmal zurückverweisen gewesen, beschränkt dies die ohnehin auf Ausnahmefälle begrenzte Zurückverweisungsmöglichkeit weiter.[131] Im Mittelpunkt der Ermessenserwägungen hat die im Interesse der Prozessparteien möglichst zügige Erledigung des Rechtsstreits stehen.

5. Anschlussberufung

59 Will der in erster Instanz obsiegende Kläger[132] im Berufungsverfahren einen weiteren Anspruch (zB auf Unterlassung, Erstattung vorgerichtlicher Abmahnkosten, Auskunft auch über Benutzungshandlungen einer Tochtergesellschaft[133] etc) oder dieselben Ansprüche wegen einer zweiten (nicht kerngleichen) angegriffenen Ausführungsform[134] oder wegen Verletzung eines weiteren Schutzrechts[135] oder wegen mittelbarer statt unmittelbarer Verletzung des Klagepatents[136] geltend machen[137], der noch nicht Streitgegenstand des landgerichtlichen Verfahrens war, setzt dies die Einlegung zumindest[138] einer Anschlussberufung voraus, die nur innerhalb der (ggf verlängerten) **Frist** zur Beru-

---

129 BGH, MDR 2016, 1044.
130 BGH, MDR 2016, 1044. BGH, MDR 2018, 759.
131 BGH, MDR 2018, 759.
132 Ein selbständiges Rechtsmittel scheidet mangels Beschwer aus. Anders als die Anschlussrevision (BGH, MDR 2021, 1204) setzt die Anschlussberufung keine eigene Beschwer des Anschlussberufungsführers voraus. Sie kann deswegen auch bei vollständigem Obsiegen in erster Instanz zu dem Zweck eingelegt werden, über das bereits vorliegende Erkenntnis hinaus weitere Ansprüche anhängig zu machen (BGH, GRUR 2011, 1043, 1044 – TÜV II).
133 OLG Düsseldorf, Urteil v 17.1.2019 – I-15 U 132/14.
134 Vgl dazu OLG Düsseldorf, InstGE 10, 248 – Okkluder. Dass in einem solchen Fall die Erweiterung um einen Streitgegenstand keine Änderung der Klageanträge erforderlich macht, beseitigt die Notwendigkeit einer Anschlussberufung nicht (BGH, GRUR 2007, 605 – Umsatzzuwachs). Ihrer bedarf es nur dann nicht, wenn sich die weitere Ausführungsform lediglich außerhalb der Erfindungsmerkmale von der bisher streitgegenständlichen unterscheidet, sodass sie auch ohne eine ausdrückliche Erstreckung des Klageangriffs auf sie vom Urteilsausspruch erfasst würde.
135 Vgl dazu OLG Düsseldorf, InstGE 6, 47 – Melkautomat; OLG Düsseldorf, InstGE 10, 248 – Okkluder.
136 OLG Düsseldorf, Beschluss v 14.2.2013 – I-2 U 101/11.
137 Die Klageerweiterung gegen einen Dritten ist mit der Anschlussberufung nicht möglich, weil sich diese nur gegen den Berufungsführer richten kann.
138 In geeigneten Fällen kommt auch eine selbständige Berufung in Betracht, wenn der Erweiterungssachverhalt so frühzeitig bekannt geworden ist, dass die Frist für ein eigenes Rechtsmittel gewahrt werden konnte.

fungserwiderung zulässig ist (§ 524 Abs 2 Satz 2 ZPO).[139] Letzteres gilt auch dann, wenn der Anlass für die Anschlussberufung erst nach Ablauf der Berufungserwiderungsfrist entstanden ist, sodass die Frist de facto überhaupt nicht eingehalten werden konnte.[140] Eine **Wiedereinsetzung** in die versäumte Frist zur Einlegung der Anschlussberufung ist von Gesetzes wegen ausgeschlossen.[141]

Nach Ablauf der Berufungserwiderungsfrist ist eine Anschlussberufung nur dann möglich, wenn sich der neue Antrag *ohne* Änderung des Klagegrundes entweder als **Klagebeschränkung** im Sinne von § 264 Nr 2 ZPO darstellt oder auf ein **Surrogat** richtet, um einer nachträglich eingetretenen Änderung der Verhältnisse[142] Rechnung zu tragen (§ 264 Nr 3 ZPO).[143]

60

Zusammenfassend sind also **zwei Konstellationen** denkbar: Hat der Kläger in erster Instanz *voll* obsiegt, kann er mangels Beschwer nicht selbst Berufung einlegen, um eine Klageerweiterung in das Berufungsverfahren einzuführen; ihm bleibt nur die Möglichkeit einer (akzessorischen) Anschlussberufung innerhalb der Berufungserwiderungsfrist. Ist der Kläger in erster Instanz hingegen in einem Maße unterlegen, die seine eigene Beschwer und folglich ein eigenes selbständiges Rechtsmittel rechtfertigt, so kann er mit seiner fristgerechten Berufung die Klageerweiterung in den Rechtsstreit einführen. Sieht er hiervon ab oder versäumt er die Berufungsfrist, hat er eine zweite Chance insofern, als er innerhalb der Berufungserwiderungsfrist die Klageerweiterung noch zum Gegenstand einer (akzessorischen) Anschlussberufung machen kann.

61

Eine *echte* Klageerweiterung im Wege (verdeckter) Anschlussberufung ist auch als *gewollt* anzusehen, wenn in der Berufungsinstanz eine Patentverletzungsklage in einem als »Klageerweiterung« überschriebenen Schriftsatz des erstinstanzlich obsiegenden Berufungsbeklagten auf **weitere Ausführungsformen** erstreckt wird. Hier ist regelmäßig kein Raum für eine berichtigende Auslegung, dass es sich um einen bloß deklaratorischen Hinweis auf kerngleiche Verletzungsformen handele.[144] Eine Ausnahme kommt allenfalls dann in Betracht, wenn es sich bei den neuen Ausführungsformen offensichtlich um kerngleiche Verletzungsformen handelt.[145] Maßgeblich für die Beurteilung der **Kerngleichheit** ist der Streitgegenstand des *erstinstanzlichen* Verfahrens, weswegen alle diejenigen neuen Ausführungsvarianten als kerngleich im Berufungsverfahren mit zu behandeln sind, die anhand der Entscheidungserwägungen des Landgerichts als Patentverletzung ausgewiesen sind, selbst wenn das Berufungsgericht die dem zugrunde liegende Patentauslegung nicht teilt.[146] Eine Kerngleichheit scheidet demgegenüber aus, wenn das erstinstanzliche Urteil oder (hilfsweise) die Klagebegründung erster Instanz keine Ausführungen zur Auslegung der (vermeintlich) in konstruktiv abgewandelter Form verwirklichten Merkmale enthalten (etwa weil die Verletzung des Klagepatents

62

---

139 BGH, GRUR 2012, 180 – Werbegeschenke.
140 OLG Düsseldorf, GRUR 2018, 1037 – Flammpunktprüfungsvorrichtung; BGH, GRUR 2020, 986 – Penetrometer; BGH, Urteil v 31.8.2022 – VIII ZR 233/21.
141 BGH, NJW 2022, 1620.
142 **Bsp**: Der Kläger verlangt als einer von zwei Mitinhabern eines Patents von einem Dritten Schadenersatz, wobei der Antrag auf Leistung an beide geht; nachdem der Dritte den Miterfinderanteil des einen (nicht selbst klagenden) Teilhabers übernommen hat, stellt der klagende Teilhaber seinen Antrag gegen den Dritten auf Leistung an sich allein und auf einen Ausgleich in Geld für die Gebrauchsvorteile um. Beides – die Umstellung des Antrages auf eine Leistung an sich allein statt an die Gemeinschaft der Teilhaber und die Umstellung vom Schadensersatz- auf ein Entschädigungsbegehren – ist durch § 264 Nr 3 ZPO gedeckt (BGH, GRUR 2020, 986 – Penetrometer).
143 BGH, GRUR 2020, 986 – Penetrometer.
144 OLG Düsseldorf, GRUR-RR 2017, 249 – Lichtemittierende Vorrichtung.
145 OLG Düsseldorf, GRUR-RR 2017, 249 – Lichtemittierende Vorrichtung.
146 OLG Düsseldorf, Urteil v 21.2.2019 – I-2 U 3/18.

durch die erstinstanzlich allein streitgegenständlichen Ausführungsformen von vornherein unstreitig war und nur der Rechtsbestand des Klagepatents in Frage stand).[147]

63 Werden **weitere Patente** erst nach Ablauf der Berufungserwiderungsfrist erteilt, ist eine Erstreckung der Klage auf diese Patente mittels einer Anschlussberufung wegen Fristversäumung (§ 524 Abs 2 Satz 2 ZPO) unzulässig. Abweichendes folgt nicht aus dem Zwang zur Klagenkonzentration (§ 145 PatG), weil der Berufungsbeklagte in einem solchen Fall ohne Verschulden gehindert ist, die weiteren Patente noch in dem ursprünglichen Rechtsstreit geltend zu machen.[148] Erklärt sich der Berufungsbeklagte erst am letzten Tag der Berufungserwiderungsfrist mit einer Aussetzung des Verletzungsrechtsstreits einverstanden, obliegt es seinem Prozessbevollmächtigten, dafür Sorge zu tragen, dass die Aussetzung noch innerhalb der Berufungserwiderungsfrist beschlossen und im Sinne von § 329 Abs 2 ZPO mitgeteilt werden kann; vorsorglich muss er einen expliziten Antrag auf (erneute) Verlängerung der Berufungserwiderungsfrist stellen, um sicherzustellen, dass ein Neubeginn des Laufes der Berufungserwiderungsfrist nach § 249 Abs 1 ZPO eintritt.[149]

64 Die Anschließung an das gegnerische Rechtsmittel kann auch **konkludent** zum Ausdruck gebracht werden[150]; zum Schutz des Prozessgegners setzt dies jedoch ein eindeutiges und zweifelsfreies Verhalten voraus.[151] Aus dem Vorbringen muss sich klar ergeben, dass mit dem Erwiderungsvorbringen ein weiterer selbständiger Streitgegenstand in den Rechtsstreit eingeführt und nicht nur der bereits anhängige Streitgegenstand durch weiteren Sachvortrag zusätzlich abgestützt werden soll.[152] Ist ein eingelegtes Rechtsmittel als selbständige Berufung unzulässig (zB weil die Berufungsfrist[153] versäumt wurde), so ist es regelmäßig geboten, das **unzulässige Hauptrechtsmittel** in eine zulässige Anschlussberufung umzudeuten.[154] Etwas anderes gilt nur dann, wenn die Auslegung des Prozessverhaltens ergibt, dass die betreffende Partei ausschließlich ein selbständiges Rechtsmittel, aber keinesfalls (auch nicht hilfsweise) ein vom Rechtsmittel des Prozessgegners abhängiges Rechtsmittel gewollt hat.[155] Aus demselben Grund kann der Streitgenosse des verurteilten Beklagten, wenn nur *dieser* ein Rechtsmittel eingelegt hat, keine Anschlussberufung erheben, denn sie würde sich nicht – wie erforderlich – auf eine *gegnerische*, sondern auf die »eigene« Berufung der unterstützten Hauptpartei beziehen, was unzulässig ist.[156] Ist eine Umdeutung geboten und wird das Anschlussrechtsmittel infolge Rücknahme des Hauptrechtsmittels wirkungslos, sind die Kosten des Anschlussrechtsmittels dem Führer des zurückgenommenen selbständigen Hauptrechtsmittels aufzuerlegen.[157]

65 Ist die Berufungserwiderungsfrist unter Hinweis auf die **Säumnisfolgen** nach §§ 530, 296 Abs 1, 4 ZPO, nicht aber unter Hinweis auf die Säumnisfolgen der §§ 524 Abs 3 Satz 2, 521 Abs 2 Satz 2, 277 Abs 2 ZPO gesetzt worden (was eine Zustellung der richterlichen Verfügung in beglaubigter Abschrift an die Partei voraussetzt), ist die Fristsetzung

---

147 OLG Düsseldorf, GRUR-RR 2017, 249 – Lichtemittierende Vorrichtung.
148 OLG Düsseldorf, GRUR-RR 2017, 249 – Lichtemittierende Vorrichtung.
149 OLG Düsseldorf, GRUR-RR 2017, 249 – Lichtemittierende Vorrichtung.
150 Eine unzulässige selbständige Berufung ist regelmäßig in eine Anschlussberufung umzudeuten.
151 BGH, GRUR 2012, 180 – Werbegeschenke.
152 BGH, GRUR 2012, 180 – Werbegeschenke.
153 Nach dem Inkrafttreten der Neufassung des § 317 ZPO zum 1.7.2014 bedarf es nicht mehr der Zustellung einer Urteilsabschrift; vielmehr genügt die Zustellung einer von der Gerichtsgeschäftsstelle beglaubigten Abschrift des in vollständiger Form abgefassten Urteils (BGH, MDR 2016, 667).
154 BGH, MDR 2016, 666.
155 BGH, MDR 2016, 666.
156 OLG Köln, MDR 2018, 1209 (auch zur ausnahmsweisen Zulässigkeit einer Teilentscheidung in diesem Fall).
157 BGH, MDR 2020, 1007.

unwirksam, sodass eine Anschlussberufung auch außerhalb des Frist zu beachten ist.[158] Keiner gesonderten **Belehrung** bedarf demgegenüber, dass nur innerhalb der Erwiderungsfrist eine Anschlussberufung möglich ist.[159] Belehrungspflichten bestehen erst wieder im Zusammenhang mit der Zustellung der Anschlussberufungsbegründung, nämlich im Hinblick auf die Anschlussberufungserwiderung (und ggf Anschlussberufungsreplik).[160]

Ist die Frist zur Anschlussberufung gewahrt, können im Rahmen der damit zulässigen Anschlussberufung außerhalb der Frist auch weitere Ansprüche geltend gemacht werden, wenn diese weiteren Ansprüche durch die ursprüngliche Begründung der Anschlussberufung abgedeckt sind.[161] 66

Hat der **Streithelfer** des Berufungsführers selbst Berufung eingelegt und ist dem Berufungsbeklagten bloß zur Berufungsbegründung des Berufungsführers, nicht jedoch zu der eigenständigen Berufungsbegründung des Streithelfers eine Erwiderungsfrist gesetzt worden, so kann ein Anschlussrechtsmittel noch bis zur mündlichen Verhandlung über die Berufung eingelegt werden.[162] 67

Wird durch die Anschlussberufung erstmals ein neuer prozessualer Anspruch in den Rechtsstreit eingeführt, ist mit ihr zugleich eine Klageerhebung verbunden, was bedeutet, dass für die Rücknahme des Anschlussrechtsmittels das sich aus § 269 Abs 1 ZPO ergebende Zustimmungserfordernis zu beachten ist.[163] Es wird freilich noch nicht dadurch ausgelöst, dass der Beklagte die Zulässigkeit der Klageerweiterung bestreitet und gestützt hierauf einen Abweisungsantrag verliest.[164] Denn in der Erörterung von Zulässigkeitsfragen liegt kein »Verhandeln zur Hauptsache«. Gleichzeitig liegt in der Bezugnahme auf einen neuen Streitgegenstand (zB auf eine mittelbare anstelle einer unmittelbaren Verletzung) eine Klageänderung, die nur unter den Voraussetzungen des § 263 ZPO (in erster Instanz) bzw § 533 ZPO (in zweiter Instanz) zulässig ist.[165] 68

Mit der Rücknahme des Hauptrechtsmittels[166] fällt automatisch auch die Anschlussberufung weg.[167] Die **Kosten** des Anschlussrechtsmittels hat in einem solchen Fall der zurücknehmende Berufungskläger zu tragen, sofern die Anschlussberufung zulässig war.[168] Denn die Anschlussberufung ist ihrem Wesen nach kein eigenes Rechtsmittel (für das die Kostenvorschriften der §§ 91 ff ZPO gelten könnten), sondern nur ein Antrag innerhalb des vom Prozessgegner eingelegten Rechtsmittels. Dem Berufungsbeklagten und Anschlussberufungskläger sind die Kosten seiner mit dem Wegfall des Hauptrechtsmittels wirkungslos gewordenen Anschließung (§ 524 Abs 4 ZPO) deshalb nicht schon 69

---

158 BGH, GRUR 2012, 180 – Werbegeschenke.
159 BGH, GRUR 2017, 785 – Abdichtsystem; OLG Düsseldorf, GRUR-RR 2017, 249 – Lichtemittierende Vorrichtung.
160 OLG Düsseldorf, GRUR-RR 2017, 249 – Lichtemittierende Vorrichtung.
161 BGH, NJW 2005, 3067; OLG Düsseldorf, InstGE 10, 248 – Okkluder (für den Fall, dass Gegenstand der rechtzeitigen Anschlussberufung Ansprüche auf Rechnungslegung und Schadenersatz waren, die sich aus nicht nur drohenden, sondern bereits vorgefallenen Benutzungshandlungen ergaben, die dem Kläger erst während des Berufungsverfahrens bekannt geworden sind, und die Klage außerhalb der Anschlussberufungsfrist auf eine abgeänderte Ausführungsform erstreckt wird, die letztlich dieselben Auslegungsfragen aufwirft wie die bereits in erster Instanz behandelte Ausführungsform).
162 OLG Karlsruhe, Beschluss v 18.10.2010 – 6 U 38/09.
163 OLG Düsseldorf, Urteil v 7.7.2011 – I-2 U 48/10.
164 OLG Düsseldorf, Urteil v 7.7.2011 – I-2 U 48/10.
165 OLG Düsseldorf, Beschluss v 14.2.2013 – I-2 U 101/11.
166 Nach OLG Frankfurt/Main (MDR 2011, 1318) gilt dasselbe, wenn die Berufung nach § 522 Abs 2 ZPO zurückgewiesen wird; streitig (vgl zum Meinungsstand OLG Stuttgart, NJW-RR 2009, 863).
167 § 524 Abs 4 ZPO.
168 BGH, MDR 2005, 704.

deshalb aufzuerlegen, weil sie infolge ihres Fortfalls letztlich ohne Erfolg geblieben ist. Denn der Misserfolg der Anschlussberufung tritt unweigerlich und unausweichlich mit dem Fortfall des Hauptrechtsmittels ein, was es rechtfertigt, den Berufungsführer auch *insoweit* in die Kostenhaftung zu nehmen, wie das Schicksal seiner zurückgenommenen Berufung das Urteil über das Schicksal der Anschlussberufung spricht. Nur wenn ausnahmsweise über das Anschlussrechtsmittel in der Sache entschieden wird, sei es, dass es als unbegründet zurückgewiesen wird, sei es, dass es selbst unzulässig war, sei es, dass die wirkungslos gewordene Anschlussberufung weiterverfolgt wird und diese als unzulässig zu verwerfen ist, ist das Anschlussrechtsmittel auf Kosten desjenigen zu verwerfen, der es eingelegt hat.[169] Dann ergeht über das unselbständige Anschlussrechtsmittel eine eigene Entscheidung, die nach dem Grundsatz des § 97 ZPO bei der einheitlichen Kostenentscheidung zu berücksichtigen ist und im Allgemeinen zu einer Kostenquote führt. Gleiches gilt, wenn der Anschlussrechtsmittelkläger in die Rücknahme des Hauptrechtsmittels eingewilligt hat und die Einwilligung zur Wirksamkeit der Rücknahme notwendig war.[170] Denn unter solchen Umständen hat er selbst daran mitgewirkt, sein unselbständiges Anschlussrechtsmittel zu Fall zu bringen. Auch in derartigen Fällen fehlt es an einer Abhängigkeit der Anschließung von dem eingelegten Rechtsmittel, weil der Rechtsmittelkläger bei der im notwendigen Einverständnis bewirkten Rücknahme dem Anschlussrechtsmittelkläger die Möglichkeit zur Durchführung des Verfahrens nicht in freier Entschließung nimmt. Hier versagt der Grundgedanke für die Anwendung des § 516 Abs 3 ZPO hinsichtlich der Kosten der Anschließung. War die Anschließung unzulässig, weil sie sich gegen einen Dritten gerichtet hat, und hat der Kläger seine mit der Anschlussberufung subjektiv erweiterte Klage zurückgenommen, nachdem der Beklagte seine Berufung zurückgenommen hat, so ist gleichfalls das eigene Prozessverhalten des Klägers – und nicht der Wegfall des Hauptrechtsmittels – für die prozessuale Erledigung der Anschlussberufung zu Lasten des Anschlussberufungsführers verantwortlich, weswegen die Kosten des Anschlussrechtsmittels dem Anschlussberufungskläger zur Last fallen.[171] Wird das Hauptrechtsmittel durch Beschluss (§ 522 ZPO) zurückgewiesen, ist die Kostentragungspflicht streitig.[172]

70 Ein Anschlussrechtsmittel kann auch dann in Betracht kommen, wenn die betreffende Partei im ersten Rechtszug teilweise unterlegen war, ein – an sich mögliches – selbständiges Rechtsmittel aber nicht eingelegt werden soll. Bei **mehreren Kläger**n/**Beklagte**n, von denen nur einer (ganz oder teilweise) unterlegen ist, kann freilich nur derjenige eine Anschlussberufung einlegen, gegen den sich das gegnerische selbständige Rechtsmittel richtet. Denn zur Anschließung berechtigt ist gemäß § 524 Abs 1 Satz 1 ZPO immer nur der »Berufungsbeklagte«.

▶ **Beispiel:**

71 Der Klage von zwei Klägern wird teilweise stattgegeben. Die Beklagte beschränkt ihre Berufung auf die Verurteilung gegenüber dem Kläger zu 1). Zur Anschlussberufung berechtigt ist nur der Kläger zu 1), nicht der Kläger zu 2). Das gilt auch dann, wenn die Berufung zunächst umfassend eingelegt war (weil beide Kläger als Berufungsbeklagte bezeichnet werden), sich das Rechtsmittel nach dem Inhalt der Berufungsbegründung jedoch lediglich auf den Kläger zu 1) beziehen soll. Unter solchen Umständen liegt in der Berufungsbegründung eine Rücknahme des Rechtsmittels gegen den Kläger zu 2)

---

169 BGH, MDR 2005, 704.
170 BGH, MDR 2005, 704.
171 OLG Düsseldorf, Beschluss v 1.2.2022 – I-2 U 21/21.
172 Zum Meinungsstand vgl OLG Nürnberg, MDR 2012, 1309; OLG Naumburg, MDR 2012, 1494; OLG München, MDR 2014, 985.

mit der Folge, dass eine Anschlussberufung des Klägers zu 2) nicht mehr möglich ist bzw (sollte sie bereits eingelegt sein) mit dem Hauptrechtsmittel wegfällt.

Aus denselben Erwägungen ist auch die Erweiterung der Klage gegen einen **zusätzlichen Beklagten** – mangels eines insoweit gegebenen Hauptrechtsmittels – mit einer Anschlussberufung nicht zulässig.[173] Die (unselbständige) Anschlussberufung ist kein Rechtsmittel, sondern ermöglicht dem Berufungsbeklagten nur, Anträge innerhalb einer fremden Berufung zu stellen. Da vom Gericht einheitlich über ein *einziges* Rechtsmittel zu entscheiden ist, setzt die Anschlussberufung voraus, dass sie sich mit ihren Anträgen ausschließlich gegen den Berufungskläger wendet und Ziele verfolgt, die allein dessen Zielen entgegengesetzt sind.[174] Eine Anspruchsdurchsetzung gegen am Rechtsmittelverfahren nicht beteiligte Parteien widerspricht diesem Wesen der Anschlussberufung. Mit ihr kann deshalb kein Anspruch gegen eine Person geltend gemacht werden, die bisher überhaupt noch nicht am Rechtsstreit beteiligt war oder gegen die die Klage in erster Instanz abgewiesen worden ist, ohne dass der Kläger insoweit ein selbständiges Rechtsmittel eingelegt hat. 72

In Fällen der **Stufenklage**, besteht die Möglichkeit zu einer Antragserweiterung (zB um weitere Jahre, für die Auskunft begehrt wird) in der jeweiligen Instanz nur so lange, wie die betreffende Stufe dort noch anhängig ist.[175] Ist über die erste (oder zweite) Stufe vom Landgericht entschieden und der Rechtsstreit aufgrund eines Rechtsmittels des verurteilten Beklagten im Berufungsverfahren anhängig, muss die Antragserweiterung deshalb im Wege der Anschlussberufung eingeführt werden.[176] Geschieht dies nicht, bedarf es einer selbständigen, neuen Klage vor dem Landgericht. 73

Über die Anschlussberufung darf auch dann nicht vorab durch **Teilurteil** entschieden werden, wenn die mit ihr verfolgte Widerklage unzulässig oder unbegründet ist.[177] 74

Keiner Anschlussberufung bedarf es im Hinblick auf einen in erster Instanz gestellten **Hilfsantrag**, wenn der Kläger mit seinem Hauptantrag erfolgreich war und der verurteilte Beklagte Rechtsmittel eingelegt hat. Kommt das Berufungsgericht – abweichend vom Landgericht – zu der Auffassung, dass der Hauptantrag unzulässig oder unbegründet ist, muss es über den Hilfsantrag entscheiden, selbst wenn der Kläger insoweit im Berufungsverfahren keinen besonderen Antrag gestellt und auch kein Anschlussrechtsmittel eingelegt hat. In Fällen wie dem geschilderten fällt der erstinstanzlich nicht beschiedene Hilfsantrag allein durch die Rechtsmitteleinlegung des Beklagten in der Berufungsinstanz zur Entscheidung an.[178] Das muss auch so sein, weil der Hilfsantrag von keiner Partei zum Gegenstand eines Rechtsmittels gemacht werden konnte: Dem Beklagten fehlt die Beschwer, weil er nicht nach dem Hilfsantrag verurteilt ist, dem Kläger fehlt die Beschwer, weil ihm der Hilfsantrag nicht aberkannt worden ist. Gleichzeitig ist die durch die erstinstanzliche Entscheidung über den Hauptantrag eingetretene Erledigung des Hilfsantrages wieder infrage gestellt, wenn das Berufungsgericht den Hauptantrag für abweisungsreif hält, womit erstmals die innerprozessuale Bedingung für die gerichtliche Entscheidung über den Hilfsantrag eintritt.[179] 75

Die Frage der **Präklusion** wird sich in der Praxis kaum stellen, weil schon in der ersten Instanz zur Rechtfertigung des Hilfsantrages vorgetragen sein wird und etwa notwendige 76

---

173 BGH, NJW-RR 2000, 1114; OLG Düsseldorf, Urteil v 17.1.2019 – I-15 U 132/14.
174 BGH, NJW-RR 1989, 441.
175 OLG Düsseldorf, Beschluss v 18.1.2019 – I-2 U 57/18.
176 OLG Düsseldorf, Beschluss v 18.1.2019 – I-2 U 57/18.
177 BGH, NJW 1994, 2236.
178 BGH, MDR 1999, 1459; BGH, FamRZ 2004, 1962; BGH, MDR 2013, 1115; BGH, GRUR 2021, 1519 – Uli-Stein-Cartoon.
179 BGH, GRUR 2021, 1519 – Uli-Stein-Cartoon.

Konkretisierungen und Ergänzungen dieses Vortrages kein »neues« Vorbringen im Sinne der Verspätungsvorschriften darstellen.

> **Beispiel:**
>
> 77 Erste Instanz: Hauptantrag gestützt auf unmittelbare Patentverletzung; Hilfsantrag gestützt auf mittelbare Patentverletzung; Verurteilung wegen unmittelbarer Patentverletzung; Berufung des Beklagten; sollte das Berufungsgericht eine unmittelbare Patentverletzung verneinen, hat es das Vorliegen einer mittelbaren Verletzung zu prüfen.

78 Vergleichbares gilt nicht, wenn das erstinstanzliche Gericht den **Hauptantrag** des Klägers **abweist** und seinem Hilfsantrag stattgibt. Legt in einer solchen Konstellation nur der Beklagte Berufung ein, fällt die Entscheidung über den abgewiesenen Hauptantrag beim Berufungsgericht nicht zur Entscheidung an, sondern erwächst in Rechtskraft, wenn der Kläger nicht Anschlussberufung einlegt.[180] Dieser Grundsatz ist auch dann anzuwenden, wenn der Kläger den Rechtsstreit erstinstanzlich hinsichtlich des Hauptantrages einseitig für erledigt erklärt und den Hauptantrag hilfsweise für den Fall aufrechterhält, dass eine Erledigungsfeststellung nicht gerechtfertigt sein sollte.[181] In den besagten Prozesserklärungen kann regelmäßig weder eine Verzicht des Klägers auf den für erledigt erklärten Unterlassungsanspruch noch eine Vereinbarung der Parteien über dessen Fortfall gesehen werden.[182]

6. Rücknahme der Berufung

79 Die Berufung kann bis zur Verkündung des Berufungsurteils jederzeit zurückgenommen werden (§ 516 Abs 1 ZPO). Einer Einwilligung des Gegners bedarf es nicht. Die Rücknahme geschieht während der mündlichen Verhandlung durch Prozesserklärung und außerhalb derselben durch einen bei Gericht einzureichenden Schriftsatz eines postulationsfähigen Anwaltes (§ 516 Abs 2 ZPO).

80 Die Rechtsmittelrücknahme muss zwar nicht ausdrücklich, aber doch eindeutig erklärt werden, was bedingt, dass der Rechtsmittelführer **klar und unzweideutig** zum Ausdruck bringt, dass er das Verfahren nicht mehr fortsetzen und ohne Entscheidung des Rechtsmittelgerichts beenden will.[183] Bei Zweifeln ist der Erklärung diejenige Bedeutung beizumessen, die die geringeren verfahrensrechtlichen Folgen nach sich zieht.[184] Ist Rechtsmittelführer der in erster Instanz abgewiesene Kläger, so kommt die alternative Deutung einer Klagerücknahme allerdings nur in Betracht, wenn die nach mündlicher Verhandlung erforderliche Zustimmung des Gegners (§ 269 Abs 3 ZPO) vorliegt. Ist sie erteilt, kann maßgeblich sein, welche Vorstellung von den Wirkungen seiner Erklärung der zurücknehmende Rechtsmittelführer hat; während die Klagerücknahme nämlich eine nochmalige Rechtsverfolgung des streitgegenständlichen Anspruchs erlaubt, würde eine Rechtsmittelrücknahme das abweisende Urteil rechtskräftig machen und, wenn die Abweisung aus materiellen Gründen erfolgt ist, jede neuerliche Anspruchsdurchsetzung unter dem Gesichtspunkt entgegenstehender Rechtskraft verbieten.

---

180 BGH, GRUR 2021, 1519 – Uli-Stein-Cartoon.
181 BGH, GRUR 2021, 1519 – Uli-Stein-Cartoon.
182 BGH, GRUR 2021, 1519 – Uli-Stein-Cartoon.
183 BGH, MDR 2019, 439.
184 BGH, MDR 2019, 439.

III. Revisionsverfahren

1. Zulassung/Beschwerde gegen die Nichtzulassung

Aus den in § 543 Abs 2 ZPO abschließend genannten Gründen (vgl dazu unten Rdn 117 ff) kann gegen das Berufungsurteil die Revision durch denjenigen zugelassen werden, der durch das Urteil beschwert ist. Lässt bereits das Berufungsgericht die Revision zu, ist der BGH hieran gebunden und hat die eingelegte Revision zu verhandeln. Hat das Berufungsgericht die Zulassung der Revision in der Urschrift seiner Entscheidung ausdrücklich abgelehnt, kann diese Entscheidung durch Fehler bei der anschließenden Erstellung der zur Zustellung an die Prozessbeteiligten dienenden Ausfertigungen oder Abschriften durch den Urkundsbeamten der Geschäftsstelle (zB Abschrift eines Urteils, in dem die Revision ausdrücklich zugelassen worden ist) nicht inhaltlich abgeändert werden. Maßgeblich ist allein die richterliche Entscheidung.[185] Wird die Entscheidung des Berufungsgerichts über die Zulassung der Revision nachträglich in eine Nichtzulassung berichtigt, läuft die Frist zur Einlegung der Nichtzulassungsbeschwerde erst ab Zustellung des Berichtigungsbeschlusses bzw der entsprechend berichtigten Abschrift des Berufungsurteils.[186] Lehnt das Berufungsgericht eine Revisionszulassung ab, was schon durch die Nichterwähnung der Zulassung zum Ausdruck kommt, so besteht für den BGH die Möglichkeit, auf Nichtzulassungsbeschwerde hin die Revision selbst zuzulassen. Maßstab sind dieselben Zulassungsgründe, die auch für das Berufungsgericht relevant sind. Maßgeblicher **Zeitpunkt** für das Vorliegen eines Rechtsmittelzulassungsgrundes ist der Zeitpunkt der Entscheidung des Revisionsgerichts. Eine ursprünglich bestehende Grundsatzbedeutung fehlt daher, wenn die Rechtsfrage bis zum Zeitpunkt der Entscheidung über die Rechtsmittelzulassung geklärt worden ist.[187] Entspricht die angefochtene Entscheidung in dieser Frage der ergangenen Entscheidung des Revisionsgerichts, ist die Zulassung des Rechtsmittels abzulehnen, weil das Rechtsmittel keine Erfolgsaussicht hat[188]; anderenfalls ist die Revision zuzulassen, um die betreffende Streitsache, die zufällig später entschieden worden ist und in Bezug auf die deshalb keine – ansonsten mögliche – Revisionszulassung mehr erfolgen kann, nach Maßgabe des in anderer Sache bereits ergangenen Revisionsurteils zu entscheiden. Erfolgt die Zulassung, geht der Rechtsstreit mit dem Zulassungsbeschuss des BGH in ein Revisionsverfahren über; lehnt der BGH eine Revisionszulassung ab, wird das Berufungsurteil unmittelbar rechtskräftig. 81

Eine **Beschränkung der Revisionszulassung** durch das Berufungsgericht muss nicht im Tenor des Urteils angeordnet sein, sondern kann sich auch mit der hierfür erforderlichen 82

---

185 BGH, NJW-RR 2022, 709.
186 BGH, NJW-RR 2022, 709: Die Zustellung einer berichtigten Abschrift des Berufungsurteils hat auch dann gemäß § 172 Abs 1 Satz 1 ZPO an den für den Berufungsrechtszug bestellten Prozessbevollmächtigten der Partei zu erfolgen, wenn für die Partei bereits ein bei dem Bundesgerichtshof zugelassener Rechtsanwalt Revision eingelegt hat. Wird der bei dem Bundesgerichtshof zugelassene Rechtsanwalt der Partei nach Einlegung der Revision von dem Revisionsgericht darüber in Kenntnis gesetzt, dass die diesem vorliegenden Urteilsabschriften unterschiedliche Aussprüche zur Zulassung der Revision enthalten, nach Aktenlage somit Zweifel an einer Zulassung der Revision durch das Berufungsgericht bestehen und deshalb die Verfahrensakten zur weiteren Veranlassung an das Berufungsgericht zurückgegeben werden, entspricht es nicht der nach den Umständen gebotenen anwaltlichen Sorgfalt, über einen Zeitraum von mehreren Monaten weitere Mitteilungen abzuwarten. Vielmehr hat sich der Rechtsanwalt in einem solchen Fall bei dem zweitinstanzlichen Prozessbevollmächtigten, zu dem die Partei aufgrund der bekannten Mandatsniederlegung keinen Kontakt hat, bei dem Berufungsgericht oder bei dem Revisionsgericht über etwaige für die weitere Prozessführung bedeutsame Maßnahmen des Berufungsgerichts, wie die Zustellung einer berichtigten Urteilsabschrift oder eines Berichtigungsbeschlusses, zu erkundigen.
187 BGH, Beschluss v 12.2.2019 – I ZR 189/17.
188 BGH, GRUR 2004, 712 – PEE WEE; BGH, Beschluss v 12.2.2019 – I ZR 189/17.

Eindeutigkeit aus den Urteilsgründen ergeben. Der Grundsatz der Rechtsmittelklarheit, wonach es für die Parteien zweifelsfrei zu erkennen sein muss, welches Rechtsmittel für sie in Betracht kommt und unter welchen Voraussetzungen es zulässig ist, verlangt jedoch, dass eine Eingrenzung der Revisionszulassung zweifelsfrei geschehen muss.[189] Die bloße Angabe des Grundes für die Zulassung der Revision reicht hierfür grundsätzlich nicht aus. Anders verhält es sich, wenn die Zulassung wegen einer bestimmten Rechtsfrage ausgesprochen wird, die lediglich für die Entscheidung über einen *selbständigen* Teil des Gesamtstreitstoffs erheblich sein kann.[190] Generell gilt: Die Zulassung der Revision kann nicht auf einzelne **Rechtsfragen** oder **Anspruchselemente** beschränkt werden, wohl aber auf einen tatsächlich und rechtlich selbständigen und damit abtrennbaren Teil des Gesamtstreitstoffs, auf den auch die Partei selbst ihre Revision beschränken könnte. Dafür reicht es aus, dass der von der Zulassungsbeschränkung betroffene Teil des Streits in tatsächlicher und rechtlicher Hinsicht unabhängig von dem übrigen Prozessstoff beurteilt werden kann und kein Widerspruch zwischen dem noch zur Entscheidung stehenden und dem unanfechtbaren Teil des Streitstoffs auftreten kann. Es muss sich dabei nicht um einen eigenen Streitgegenstand handeln und der betroffene Teil des Streitstoffs muss auf der Ebene der Berufungsinstanz zudem nicht teilurteilsfähig sein; zulässig ist auch eine Beschränkung der Revisionszulassung auf einen abtrennbaren Teil *eines* prozessualen Anspruchs (zB betreffend die Anspruchshöhe).[191] Für die Frage, ob die Beschränkung der Revisionszulassung nach diesen Grundsätzen wirksam ist, kommt es aus Gründen der Rechtsmittelklarheit auf den Zeitpunkt der beschränkten Zulassung der Revision an. Denn die Frage, ob eine Partei gegen ihre Verurteilung Revision einlegen kann, darf nicht nachträglich davon abhängen, ob gegen die Entscheidung von ihr oder einer anderen Partei Revision eingelegt worden ist.

83 Aus den Entscheidungsgründen eines Berufungsurteils kann sich auch mit der gebotenen Deutlichkeit ergeben, dass die Revision nur **bezüglich der Partei** zugelassen worden ist, zu deren Nachteil das Berufungsgericht die von ihm als klärungsbedürftig empfundene Rechtsfrage entschieden hat. Die Zulassung der Revision wirkt in diesem Fall nicht zugunsten der Partei, zu deren Gunsten die Rechtsfrage entschieden worden ist und die das Urteil aus gänzlich anderen Gründen angreift.[192] Ist nach Vorstehendem die Revision nur bezüglich einer abgrenzbaren Frage und nur zugunsten der insoweit unterlegenen Partei zugelassen, kann aus dem Ausspruch zur vorläufigen Vollstreckbarkeit (Bsp: Nichtanwendung von § 713 ZPO) regelmäßig nicht gefolgert werden, das Berufungsgericht habe die Revision auch zu Gunsten der anderen Prozesspartei und damit unbeschränkt zulassen wollen.[193]

84 Hat das Berufungsgericht die **Revisionszulassung** in **unwirksamer** Weise **beschränkt** (zB weil es im Falle ihrer Beachtung zu divergierenden Entscheidungen kommen kann), so ist die Revision als unbeschränkt zugelassen zu behandeln.

85 Bei der Beschwerde gegen die Nichtzulassung der Revision ist freilich eine wichtige Hürde zu nehmen. Die Nichtzulassungsbeschwerde ist, sofern die Berufung nicht als unzulässig verworfen wurde (§ 544 Abs 2 Nr 2 ZPO), nur zulässig, wenn der **Wert der Beschwer** den Betrag von 20.000 € übersteigt (§ 544 Abs 2 Nr 1 ZPO; vormals § 26 Nr 8 Satz 1 EGZPO aF). Hat das Berufungsgericht die **Revision** – wirksam – nur **beschränkt** zugelassen, sodass es, wenn der nicht zugelassene Teil angegriffen werden soll, einer Nichtzulassungsbeschwerde bedarf, so sind die Werte der zugelassenen Revision und der Nichtzulassungsbeschwerde für die Bestimmung des Wertes der mit der Revision geltend

---

189 BGH, Beschluss v 1.7.2021 – I ZR 120/20.
190 BGH, NZM 2020, 713; BGH, Beschluss v 1.7.2021 – I ZR 120/20.
191 BGH, Beschluss v 1.7.2021 – I ZR 120/20.
192 BGH, NZM 2020, 713.
193 BGH, NZM 2020, 713.

zu machenden Beschwer im Sinne von § 544 Abs 2 Nr 1 ZPO zusammenzurechnen. Denn § 544 Abs 2 Nr 1 ZPO stellt nicht isoliert auf den Wert der Nichtzulassungsbeschwerde, sondern auf den mit der Revision geltend zu machenden Wert der Beschwer ab.[194] Maßgebend für die Bewertung der Beschwer der Nichtzulassungsbeschwerde ist der Zeitpunkt der letzten mündlichen Verhandlung vor dem Berufungsgericht.[195] Für die Ermittlung der Beschwer gelten die §§ 3 ff ZPO.[196] Der Wert der Beschwer bemisst sich nach dem Interesse des Rechtsmittelführers an der Abänderung der angefochtenen Entscheidung, wobei das Revisionsgericht über die Höhe der Beschwer selbst und ohne Bindung an die Wertfestsetzung des Berufungsgerichts zu befinden hat.[197] Um dem Revisionsgericht die Prüfung der besagten Wertgrenze zu ermöglichen, muss der Beschwerdeführer bereits innerhalb der Frist zur Begründung der Nichtzulassungsbeschwerde darlegen und glaubhaft machen, dass er mit der beabsichtigten Revision das Berufungsurteil in einem Umfang abändern lassen will, der den Betrag von 20.000 € übersteigt.[198] Die Beschwer kann deshalb nur durch Unterlagen glaubhaft gemacht werden, die fristgerecht beigebracht werden.[199]

Nach § 294 Abs 1 ZPO sind zur **Glaubhaftmachung** zwar grundsätzlich alle Beweismittel zulässig, die Beweismittel müssen aber zur Glaubhaftmachung geeignet sein. Ob dem so ist, beurteilt sich nach dem konkreten Verfahren, in dem die Glaubhaftmachung zu erfolgen hat. Im Verfahren der Nichtzulassungsbeschwerde ist ein Angebot auf Vernehmung eines Zeugen zur Glaubhaftmachung der 20.000 € übersteigenden Beschwer ebenso wenig geeignet wie ein Antrag auf Einholung eines Sachverständigengutachtens.[200] Das folgt aus den verfahrensrechtlichen Besonderheiten des Nichtzulassungsbeschwerdeverfahrens, welches regelmäßig schriftlich geführt wird. Die Entscheidung über die Zulässigkeit und Begründetheit der Nichtzulassungsbeschwerde kann ohne mündliche Verhandlung ergehen (§§ 128 Abs 4, 544 Abs 6 Satz 1 ZPO). Ist eine mündliche Verhandlung aber nicht vorgeschrieben, so braucht das Gericht nicht eigens einen Termin zu bestimmen, um eine beantragte Zeugenvernehmung zu ermöglichen. Auch ein sofortiger Beweisantritt im Sinne von § 294 Abs 2 ZPO wäre deshalb unbeachtlich. Die Glaubhaftmachung muss vielmehr in schriftlicher Form erfolgen.[201] Jenseits dessen kann sich nur noch aus für das Revisionsgericht offenkundigen Tatsachen eine Beschwer des Rechtsmittelführers in der erforderlichen Höhe ergeben (§ 291 ZPO).[202]

86

Die **Rücknahme** der Nichtzulassungsbeschwerde hat in entsprechender Anwendung der §§ 565, 516 Abs 3 ZPO den Verlust des Rechtsmittels und die Verpflichtung zur Folge, die dadurch entstandenen Kosten zu tragen.[203] Der Streitwert bemisst sich – mangels eines Rechtsmittelantrages – nach der vollen Beschwer durch das Berufungsurteil.[204]

87

2. Amtswegiger Prüfungskanon

a) Zulässigkeit der Berufung

Die Zulässigkeit der Berufung stellt als Prozessfortsetzungsbedingung eine Sachverhandlungs- und Sachurteilsvoraussetzung dar, die auch in der Revisionsinstanz von Amts

88

---

194 BGH, Beschluss v 1.7.2021 – I ZR 120/20.
195 BGH, MDR 2021, 380.
196 BGH, WRP 2019, 485.
197 BGH, Beschluss v 12.7.2022 – II ZR 97/21.
198 BGH, MDR 2021, 380; BGH, WRP 2019, 485; BGH, Beschluss v 12.7.2022 – II ZR 97/21.
199 BGH, MDR 2021, 380.
200 BGH, MDR 2021, 380.
201 BGH, MDR 2021, 380.
202 BGH, MDR 2021, 380.
203 BGH, NJW 2019, 2175.
204 BGH, NJW 2019, 2175.

wegen zu prüfen ist. Dabei ist das Revisionsgericht nicht an die Würdigung der Vorinstanz gebunden. Die Zulässigkeitsprüfung als Prozessfortsetzungsbedingung ist ebenso unabhängig von den Anträgen der Parteien, sodass das Revisionsgericht ohne Verstoß gegen das Verbot der reformatio in peius auf eine Revision des Berufungsführers hin auch auf die Unzulässigkeit der Berufung erkennen kann.[205]

b) Rechtskraft & sonstige Bindung

89 Die Frage, ob und inwieweit das Gericht durch das in einem Vorprozess ergangene Urteil gebunden ist, bezieht sich auf die Urteilsfindung selbst und ist daher auch ohne Revisionsrüge von Amts wegen zu prüfen.[206] Das gilt nicht nur für eine rechtskräftige Vorentscheidung, sondern gleichermaßen für das Bestehen und den Umfang einer Interventionswirkung[207].

c) Hinausgehen über Klageantrag

90 Eine Verurteilung ist im Revisionsverfahren ohne weiteres aufzuheben, wenn mit dem Tenor mehr zugesprochen wurde als vom Kläger beantragt war (§ 308 Abs 1 ZPO). Wie weit die Aufhebung reicht, hängt vom Überschuss des Tenors ab. Werden nur zusätzliche Benutzungshandlungen (zB Herstellen) aufgenommen, wird die betreffende Passage gestrichen. Geht das Urteil bei der Beschreibung des Verletzungsgegenstandes über den Klageantrag hinaus, bedarf es grundsätzlich einer Komplettaufhebung. Sie ist auch dann erforderlich, wenn eine das Verbot sachlich beschränkende Wendung des Klageantrages nicht in den Urteilsausspruch übernommen wird.[208]

▶ **Beispiel:**

91 Das Urteil wiederholt den Anspruchswortlaut, der Klageantrag sieht zur konkreteren Umschreibung des Verletzungsgegenstandes weitere Konstruktionsmerkmale oder eine in Bezug genommene Zeichnung/Abbildung (»..., und zwar nach Maßgabe der folgenden Darstellung: ...«) vor.

d) Unzulässige Klageänderung

92 Eine Klageänderung in der Revisionsinstanz ist grundsätzlich unzulässig, insbesondere ein Übergang von der erhobenen Feststellungsklage auf eine Leistungsklage.[209] Anders verhält es sich ausnahmsweise dann, wenn es nur um eine Klarstellung, Beschränkung oder Modifikation des früheren Antrages auf der Grundlage eines Sachverhalts geht, der vom Berufungsgericht bereits gewürdigt worden ist.[210] Eine Ver-änderung der Anträge in der Revisionsinstanz darf somit nicht zur Folge haben, dass die Würdigung eines Sachverhalts erforderlich wird, welcher der Beurteilung durch den Tatrichter noch nicht unterlag, weswegen neu gestellte Anträge sind daher nicht schon deswegen zulässig, weil sie sich im Rahmen des § 264 Nr 2 ZPO halten.[211]

---

205 BGH, MDR 2021, 444.
206 BGH, MDR 2021, 444.
207 BGH, MDR 2021, 444.
208 BGH, MDR 2016, 291 – Zuweisung von Verschreibungen.
209 BGH, WM 2022, 1738.
210 BGH, WM 2022, 1738.
211 BGH, WM 2022, 1738.

3. Angriffe gegen die Patentauslegung

Im Verfahren der Nichtzulassungsbeschwerde und der Revision ist ein neuer Tatsachenvortrag ausgeschlossen. Dennoch ist die vom Berufungsgericht vorgenommene Patentauslegung und Schutzbereichsbestimmung in durchaus nennenswertem Umfang überprüfbar: 93

Mit der Verfahrensrüge kann zunächst geltend gemacht werden, das Berufungsgericht habe ein **Sachverständigengutachten** einholen müssen. Solches ist erforderlich, wenn der technische Sachverhalt nicht einfach überschaubar ist, zB die Auslegung des Klagepatents oder die anzustellenden Äquivalenzüberlegungen unter Berücksichtigung der Erfahrungen des Verletzungsgerichts Schwierigkeiten bereiten. Nach der Rechtsprechung des BGH[212] gilt nämlich der Grundsatz, dass ein in Patentverletzungssachen erfahrenes Gericht technische Fragen eigenständig beantworten kann, wenn es die hierzu erforderliche Sachkunde besitzt. Sie kann sich bereits aus der Sache selbst ergeben (zB weil es sich um einen technisch einfach gelagerten Sachverhalt handelt und das Berufungsgericht ständig mit Patentverletzungsklagen befasst ist). Anderenfalls hat das Gericht im Urteil darzutun, dass und weshalb es die notwendige Sachkunde besitzt, die das Gutachten eines technischen Sachverständigen überflüssig macht. 94

Einen zweiten Ansatzpunkt bietet die neue Rechtsprechung des BGH, nach der das Gericht die Auslegung des Patentanspruchs nicht einem Sachverständigen überlassen darf. Das Gutachten dient vielmehr nur dazu, dem Tatrichter diejenigen objektiven technischen Gegebenheiten zu vermitteln, mit denen ein technischer Fachmann durchschnittlichen Könnens im Prioritätszeitpunkt versehen war und mit denen er sich dem Verständnis des Patentanspruchs genähert hat.[213] Auf der Grundlage dieser dem Durchschnittsfachmann eigenen Kenntnisse, Fertigkeiten, Erfahrungen und methodischen Herangehensweisen, die sämtlich Tatfragen darstellen, hat das Gericht eigenverantwortlich zu klären, welcher technische Inhalt den Merkmalen des Patentanspruchs beizumessen ist.[214] Die Bestimmung des technischen Sinngehalts eines Patents stellt nach Auffassung des BGH eine reine **Rechtsfrage** dar[215]; gleiches gilt für die im Rahmen der Äquivalenz zu klärende Frage, ob die in Rede stehende Abwandlung vom Anspruchswortlaut bei Orientierung am Patentanspruch für den Fachmann naheliegend als gleichwertige Lösung aufzufinden war.[216] Beides – die vom Berufungsgericht vorgenommene Auslegung des Patents und die (bejahten oder verneinten) Äquivalenzvoraussetzungen – können also in der Revisionsinstanz vom BGH – ausgehend von den verfahrensfehlerfrei getroffenen, zugrundeliegenden Tatsachen (Tatfragen) – uneingeschränkt überprüft werden.[217] 95

Legt der BGH das Klagepatent im Nichtigkeitsverfahren anders aus als es das Berufungsgericht im Verletzungsrechtsstreit getan hat und ergibt sich aus der abweichenden Patentinterpretation, dass über die Verletzungsklage anders als geschehen hätte entschieden werden müssen, so begründet die **Auslegungsdivergenz** einen eigenständigen **Grund für die Zulassung der Revision** (Sicherung einer einheitlichen Rechtsprechung, § 543 Abs 2 Nr 2 ZPO).[218] Ob Gleiches gilt, wenn sich die gegensätzliche Patentauslegung aus einer unterinstanzlichen Rechtsbestandsentscheidung (zB des BPatG) ergibt, die rechtskräftig geworden ist, ist noch nicht entschieden, aber zu bejahen. Sofern – aus anderen 96

---

212 BGH, GRUR 2005, 569 – Blasfolienherstellung.
213 BGH, GRUR 2006, 131 – Seitenspiegel.
214 BGH, GRUR 2006, 131 – Seitenspiegel.
215 BGH, GRUR 2006, 314 – Stapeltrockner; BGH, GRUR 2011, 313 – Crimpwerkzeug IV.
216 BGH, GRUR 2006, 314 – Stapeltrockner.
217 BGH, Mitt 2011, 24 – Crimpwerkzeug IV.
218 BGH, Mitt 2011, 24 – Crimpwerkzeug IV.

Gründen – Nichtzulassungsbeschwerde eingelegt war und das divergierende Nichtigkeitsurteil erst nach Ablauf der Begründungsfrist für die Nichtzulassungsbeschwerde ergangen ist, kann die Auslegungsdivergenz nachträglich in das Beschwerdeverfahren um die Revisionszulassung eingeführt werden. Das geschieht nicht von Amts wegen, sondern bedarf in jedem Fall eines Tätigwerdens des Beschwerdeführers. Er hat innerhalb eines Monats nach Zustellung des bzw Kenntnis vom Nichtigkeitsurteil (§ 234 Abs 1 Satz 2 ZPO) einen Antrag auf Wiedereinsetzung in den vorigen Stand zu stellen und gleichzeitig die Auslegungsdivergenz als weiteren Zulassungsgrund in das Beschwerdeverfahren einzuführen.[219] Keine Bedeutung hat in diesem Zusammenhang die Jahresfrist des § 234 Abs 3 ZPO. Sie ist zwar an sich absoluter Natur und schließt eine Wiedereinsetzung nach Ablauf eines Jahres seit dem Ende der versäumten Frist (hier: zur Begründung der Nichtzulassungsbeschwerde) generell aus. Nach Auffassung des BGH findet die Ausschlussfrist in Fällen der vorliegenden Art jedoch keine Anwendung, weil die Überschreitung der Jahresfrist allein in der Sphäre des Gerichts begründet ist, wenn die divergierende Nichtigkeitsentscheidung erst zu einem Zeitpunkt ergeht, zu dem seit dem Ablauf der Begründungsfrist für die Nichtzulassungsbeschwerde bereits ein Jahr verstrichen ist.[220] Wird die Auslegungsdivergenz, obwohl dies möglich gewesen wäre, nicht in das Nichtzulassungsbeschwerde- oder Revisionsverfahren eingeführt, kann hierauf später keine Restitutionsklage gestützt werden. Abgesehen von § 582 ZPO gilt dies schon deshalb, weil eine anderweitige Patentauslegung – anders als der vollständige oder teilweise Wegfall des Klageschutzrechts – keinen Restitutionsgrund darstellt.

97 Hat das **Berufungsgericht** eine **Patentverletzung mit äquivalenten Mitteln nicht geprüft**, weil sie vom Kläger nicht geltend gemacht worden ist und nach seiner vom Berufungsgericht geteilten Rechtsauffassung zu ihrer Geltendmachung auch kein Anlass bestand, so ist die Sache zur Prüfung einer äquivalenten Verletzung gleichwohl nur dann an das Berufungsgericht zurückzuverweisen, wenn der Kläger in der Revisionsinstanz aufzeigt, inwiefern im wiedereröffneten Berufungsrechtszug tatsächliche Feststellungen zu erwarten sind, aus denen sich ergibt, dass die angegriffene Ausführungsform nach ihrer gegebenenfalls durch ergänzenden Tatsachenvortrag zu erläuternden tatsächlichen Ausgestaltung die Voraussetzungen der Äquivalenz erfüllt.[221]

98 An das vom Revisionsgericht gewonnene Auslegungsergebnis ist das Berufungsgericht im Falle einer Zurückverweisung zur erneuten Verhandlung und Entscheidung gebunden. Die **Bindungswirkung** greift aber nur insoweit ein, wie sich in der Tatsacheninstanz kein neuer Sachverhalt ergibt. Sofern das OLG deshalb im wieder eröffneten Berufungsverfahren zusätzliche auslegungsrelevante Tatsachen feststellt, die zu einer anderen Auslegung des Patentanspruchs führen, kann und muss es diese bei der Schutzbereichsbestimmung berücksichtigen.[222] Anlass für weitergehende Tatsachenfeststellungen wird im Allgemeinen neuer Vortrag der Parteien nach Abschluss des Revisionsverfahrens sein. Ob dieser prozessual beachtlich oder aber präkludiert ist, beurteilt sich auch nach erfolgter Zurückverweisung an das Berufungsgericht nach den §§ 529, 531 ZPO.[223] In der wiedereröffneten Berufungsverhandlung sind deswegen neue Angriffs- und Verteidigungsmittel in den Grenzen des § 531 Abs 2 Satz 1 ZPO zuzulassen.[224]

---

219 BGH, Mitt 2011, 24 – Crimpwerkzeug IV.
220 BGH, Mitt 2011, 24 – Crimpwerkzeug IV.
221 BGH, GRUR 2011, 313 – Crimpwerkzeug IV.
222 BGH, Beschluss v 28.10.2010 – Xa ZR 70/08.
223 BGH, Beschluss v 28.10.2010 – Xa ZR 70/08.
224 BGH, MDR 2019, 563.

4. Nachträgliche Einschränkung des Patentanspruchs

Selbst wenn dem Berufungsgericht insoweit keine Fehler unterlaufen sind, kann die Situation eintreten, dass das Klagepatent nach Erlass des Berufungsurteils im Einspruchs- oder Nichtigkeitsverfahren rechtskräftig eine Einschränkung erfährt mit der Folge, dass die zusätzlich hinzugekommenen Merkmale im tatrichterlichen Verletzungsverfahren – jedenfalls ausdrücklich – noch nicht auf ihre Verwirklichung durch die angegriffene Ausführungsform geprüft worden sind. Befindet sich der Verletzungsprozess im **Nichtzulassungsbeschwerdeverfahren**, so wird die beschränkte Anspruchsfassung nicht von Amts wegen und damit automatisch der rechtlichen Beurteilung zugrunde gelegt. Vielmehr hat sich der Beklagte in seiner Nichtzulassungsbeschwerde darauf zu berufen, dass die angegriffene Ausführungsform (jedenfalls) von der eingeschränkten Fassung des Klagepatents keinen Gebrauch macht.[225] Geschieht dies nicht und kommt der BGH zu der Auffassung, dass in Bezug auf die Annahme des Berufungsgerichts, der erteilte Patentanspruch werde benutzt, keine Zulassungsgründe vorliegen, wird er die Nichtzulassungsbeschwerde trotz der zwischenzeitlichen Teilvernichtung des Klagepatents zurückweisen.[226] Das ist auch angemessen, weil es sich im Zweifel der Kenntnis des BGH entzieht, ob die erfolgte Beschränkung des Patents die angegriffene Ausführungsform aus dem Schutzbereich des Klagepatents herausführt. Erfolgt die Beschränkung des Klagepatents nach Ablauf der Begründungsfrist für die Nichtzulassungsbeschwerde, ist nach den unter Kap F Rdn 96 dargelegten Regeln auf Antrag Wiedereinsetzung in den vorigen Stand zu bewilligen, wobei die Jahresausschlussfrist bedeutungslos ist. Versäumt es der Beklagte schuldhaft, die Anspruchsbeschränkung zum Gegenstand des Nichtzulassungsbeschwerdeverfahrens zu machen, scheitert eine spätere Restitutionsklage an § 582 ZPO.[227] Ein **Verschulden** ergibt sich allerdings weder allein daraus, dass der Beklagte das Verletzungsurteil, bevor die teilvernichtende Rechtsbestandsentscheidung ergangen ist, überhaupt hat rechtskräftig werden lassen, indem er von einem Rechtsmittel gegen das Verletzungserkenntnis abgesehen hat, noch daraus, dass er im laufenden Nichtzulassungsbeschwerdeverfahren keinen Aussetzungsantrag im Hinblick auf den parallelen Rechtsbestandsangriff gestellt hat, zB weil er letzterem selbst keine ausreichende Erfolgsaussicht beigemessen hat[228].

Für das weitere Prozedere ist zu unterscheiden:

– Ergeben die in anderem Zusammenhang verfahrensfehlerfrei getroffenen **Feststellungen des Tatrichters**, dass auch **von der Lehre des geänderten Patentanspruchs Gebrauch gemacht wird**, und hat das Berufungsgericht die Revision nicht zugelassen, soll die Nichtzulassungsbeschwerde jedenfalls dann keinen Erfolg haben, wenn es an Anhaltspunkten dafür fehlt, dass dem Schuldner aufgrund des der uneingeschränkten Anspruchsfassung folgenden Urteilstenors eine Zwangsvollstreckung wegen einer Abwandlung droht, die bei Orientierung an der geänderten Fassung des

---

225 BGH, GRUR 2017, 428 – Vakuumtransportsystem.
226 BGH, Beschluss v 17.4.2012 – X ZR 139/08.
227 OLG Düsseldorf, BeckRS 2013, 11702 – Vakuumtransportsystem.
228 BGH, GRUR 2017, 428 – Vakuumtransportsystem.

Patentanspruchs nicht möglich wäre.²²⁹ Findet anschließend gegen eine nur von der erteilten, nicht mehr geltenden Anspruchsfassung Gebrauch machende Abwandlung dennoch eine Vollstreckungsmaßnahme statt, kann der Vollstreckungsschuldner sich auf § 826 BGB berufen mit dem Begehren, die materiell unberechtigte Zwangsvollstreckung zu unterlassen.

102 – Ist die Revision vom Berufungsgericht oder – aus anderen Gründen – vom BGH zugelassen worden, ist der Urteilsausspruch, da es beim Verletzungstatbestand verbleibt, an die eingeschränkte Anspruchsfassung anzupassen.

103 – Lässt sich anhand der fehlerfreien **Feststellungen des Berufungsgerichts** eine **Benutzung** auch **der Zusatzmerkmale nicht** abschließend **beurteilen**, muss die Nichtzulassungsbeschwerde Erfolg haben[230], sodass die Revision vom BGH zuzulassen und die Sache zu weiterer Sachaufklärung an das Berufungsgericht zurückzuverweisen ist. Letzteres gilt selbstverständlich auch dann, wenn die Revision bereits vom Berufungsgericht zugelassen war.

104 – Nicht mehr möglich ist der **Wechsel zu** einem anderen, **nebengeordneten Patentanspruch**, was bereits aus dem Umstand folgt, dass im Nichtzulassungsbeschwerde- und Revisionsverfahren kein neuer Tatsachenvortrag und deswegen auch keine Klageänderung (Einführung eines neuen Streitgegenstandes) möglich sind.[231] Woraus sich die Notwendigkeit eines Anspruchswechsels für den Kläger ergibt, hat keine Bedeutung, sodass das Änderungs-/Erweiterungsverbot auch dann greift, wenn der in den Tatsacheninstanzen auf Benutzung geprüfte Hauptanspruch nachfolgend widerrufen/für nichtig erklärt worden ist, der von der angegriffenen Ausführungsform ebenfalls benutzte Nebenanspruch jedoch (zB weil er überhaupt nicht mit angegriffen war) bestehen geblieben ist. In einem solchen Fall ist ein etwaiges Verletzungsurteil aus dem Hauptanspruch unter entsprechender Klageabweisung aufzuheben und vom Kläger eine neue, auf den Nebenanspruch gestützte Klage zu erheben (was dem Verletzungsbeklagten gerechterweise die Möglichkeit verschafft, diesen Nebenanspruch gleichfalls in seinem Rechtsbestand anzugreifen, wozu, so lange mit der Klage nur der Hauptanspruch geltend gemacht war, kein wirklicher Anlass bestanden haben kann). Ob die Benutzung des Nebenanspruchs zwischen den Parteien streitig oder unstreitig ist, spielt keine Rolle.

105 – Eine abweichende Handhabung ist geboten, wenn die Verletzungsklage im Nichtzulassungsbeschwerde- oder Revisionsverfahren, weil der eingeklagte Hauptanspruch nachträglich vernichtet worden ist, statt auf einen Nebenanspruch auf einen bestehen

---

229 BGH, GRUR 2010, 272 – Produktionsrückstandsentsorgung. Bedenklich, weil jedes weitere Merkmal des Patentanspruchs die Möglichkeiten zur Erreichung der erfindungsgemäßen Vorteile ohne Benutzung des Klagepatents erhöht. Für die Zukunft macht es deswegen sehr wohl einen Unterschied, ob die Verurteilung nach der erteilten Anspruchsfassung als Vollstreckungsgrundlage bestehen bleibt oder der Tenor an die eingeschränkte Anspruchsfassung des Einspruchs- oder Nichtigkeitsverfahrens angepasst wird. Benutzt der Schuldner den erteilten Anspruch, ist – rein formal – eine Vollstreckung möglich, obwohl das Patent in diesem Umfang rückwirkend vernichtet ist. Um dies zu verhindern und Klarheit zu schaffen, sollte die Revision zugelassen und die Möglichkeit eröffnet werden, den Urteilsausspruch an die geltende (eingeschränkte) Fassung des Patentanspruchs anzupassen. Hierzu ist der BGH selbst in der Lage, sofern die Benutzung der einschränkenden Merkmale durch das Berufungsgericht rechtsfehlerfrei festgestellt ist. Exakt so ist die Rechtsprechung des BGH auch früher verfahren, wobei der Zulassungsgrund in der einer Gesetzesänderung gleich zu erachtenden Änderung der Patentrechtslage zu sehen ist (BGH, GRUR 2010, 858 – Crimpwerkzeug III). Ablehnend auch: Grosch, GRUR 2021, 210.
230 Zulassungsgrund ist wiederum die Änderung der Patentrechtslage, die einer Gesetzesänderung gleichgestellt wird, welche seit jeher als für das Revisionsverfahren beachtlich angesehen wird (BGH, GRUR 2010, 858 – Crimpwerkzeug III).
231 BGH, NJW 2008, 3570.

gebliebenen (ggf überhaupt nicht angegriffenen) **Unteranspruch** des Klagepatents gestützt werden muss. Wegen seines vollständigen Rückbezuges auf den streitbefangenen Hauptanspruch schafft er keinen anderen Streitgegenstand; er stimmt vielmehr mit den in den Tatsacheninstanzen erörterten Anspruchsmerkmalen überein, denen er – einschränkend (§ 264 ZPO) – bloß weitere, bevorzugte Ausstattungsdetails hinzufügt. Da es sich weitgehend um Zufälligkeiten handelt, die im Erfolgsfall keinen anderen Urteilsausspruch (als den, der den Wortlaut des Hauptanspruchs repetiert) zur Folge gehabt hätten, ist es gleichgültig, ob der Kläger den betreffenden Unteranspruch anfänglich zum Gegenstand eines »insbesondere«-Antrages gemacht hat oder nicht. In dem einen wie in dem anderen Fall ist die Nichtzulassungsbeschwerde des verurteilten Verletzers zurückzuweisen, wenn die Feststellungen des Tatrichters eine Benutzung auch des Unteranspruchs ergeben; ansonsten hat eine Zurückverweisung an das Berufungsgericht zu erfolgen, damit die infolge der Umstellung des Klagebegehrens auf den Unteranspruch notwendig gewordenen Feststellungen vom Tatrichter nachgeholt werden können.

Zur Zulassung der Revision zwingt auch eine **nachträgliche Vollvernichtung** desjenigen Patentanspruchs, auf dem die Verletzungsklage beruht. Ein vom Kläger im Verfahren der Nichtzulassungsbeschwerde erklärter Verzicht auf die mit der Klage geltend gemachten Ansprüche (§ 306 ZPO) ändert daran nichts, weil ein Verzicht wirksam nur »bei der mündlichen Verhandlung« durch einen bei dem Prozessgericht zugelassenen Rechtsanwalt vorgenommen werden kann. Beide Bedingungen erfordern ein Revisionsverfahren, welches demgemäß zuzulassen ist.[232] Im Stadium der Nichtzulassungsbeschwerde kann lediglich eine Klagerücknahme erfolgen, was jedoch eine Zustimmung des Prozessgegners voraussetzt.[233]

106

5. Eingeschränkter Klageantrag

Denkbar ist auch die umgekehrte Konstellation, dass sich der Kläger aus Sorge, das Verletzungsgericht werde den Prozess um die Patentverletzung wegen Bedenken hinsichtlich der Schutzfähigkeit der erteilten (und vom Beklagten eindeutig benutzten) Anspruchsfassung aussetzen, im Verletzungsprozess auf eine eingeschränkte Anspruchsfassung zurückzieht. Bleibt danach die erteilte Fassung des Klagepatents aufrechterhalten, stellt sich die Frage, ob der Kläger im Rechtsmittelzug auf die erteilte Fassung zurückgreifen kann. Hier sind verschiedene Szenarien möglich:

107

a) Nicht-Benutzung der beschränkten Fassung

Wird die beschränkte Fassung von der angegriffenen Ausführungsform nicht benutzt, wird das **Landgericht** die **Klage abweisen**. Im Berufungsverfahren (das auf Rechtsmittel des Klägers stattfindet) besteht ohne weiteres die Möglichkeit, im Wege der Klageerweiterung die (benutzte) erteilte Fassung ins Spiel zu bringen.[234] Ihre Sachdienlichkeit ergibt sich daraus, dass weniger Anspruchsmerkmale zu diskutieren sind und somit kein weitergehender, sondern ein reduzierter Streitstoff in Rede steht.

108

Problematischer ist die Sachlage, wenn das **Landgericht** (**zu Unrecht**) nach der beschränkten Fassung **verurteilt**, allein der Beklagte Berufung eingelegt hat und sich im Berufungsverfahren herausstellt, dass zwar die erteilte, nicht aber die geltend gemachte beschränkte Anspruchsfassung des Klagepatents benutzt wird. Hier stellt sich die Frage,

109

---

232 BGH, Beschluss v 28.9.2010 – X ZR 112/07.
233 BGH, Beschluss v 28.9.2010 – X ZR 112/07.
234 OLG Düsseldorf, Urteil v 11.6.2015 – I-15 U 106/14.

ob der Kläger, wenn er weder selbständig noch unselbständig Berufung eingelegt hat, dennoch auf die (benutzte) erteilte Fassung des Patents überwechseln kann, um seinem Klageangriff zum Erfolg zu verhelfen. Auf den ersten Blick scheint dem entgegenzustehen, dass er mit dem Übergang zur erteilten (oder weniger eingeschränkten aufrechterhaltenen) Anspruchsfassung ein inhaltlich weitergehendes Begehren verfolgt als ihm das Landgericht zuerkannt hat, was prinzipiell nur möglich ist, wenn der Kläger seinerseits zumindest Anschlussberufung eingelegt hat. Eine solche Sichtweise hätte jedoch zur Konsequenz, dass die Klage gemäß der (nicht benutzten) beschränkten Fassung abzuweisen und die Beklagte anschließend in einem neuen Prozess nach der (benutzten) weitergehenden erteilten Fassung zu verurteilen wäre. Ein derartiges Ergebnis erscheint jedenfalls innerhalb der Tatsacheninstanzen unangemessen. Für die rechtliche Beurteilung sollte deshalb darauf abgestellt werden, dass Gegenstand des Klageangriffs von vornherein die angegriffene Ausführungsform als solche war, welche dieselbe bleibt, unabhängig davon, ob der Klageantrag zu ihrer gegenständlichen Umschreibung die erteilte oder eine demgegenüber beschränkte Anspruchsfassung des Klagepatents wiedergibt. So gesehen erfährt das Klagebegehren in der Sache keine wirkliche Erweiterung, wenn der Kläger im Laufe des Rechtsstreits von der zunächst geltend gemachten beschränkten auf die inzwischen aufrechterhaltene erteilte Fassung des Klagepatents übergeht. Eine andere Frage ist freilich, ob es – so lange eine höchstrichterliche Klärung in dieser Hinsicht aussteht – nicht aus Gründen der Vorsicht angezeigt ist, Anschlussberufung einzulegen, was innerhalb der Frist zur Berufungserwiderung ohne eigene Beschwer möglich ist.

110 Hat das Berufungsgericht die einer beschränkten Anspruchsfassung folgende Verletzungsklage abgewiesen, weil ein beschränkendes Merkmal nicht benutzt ist, besteht ein **Grund für** eine **Revisionszulassung** nicht deshalb, weil sich anschließend die Schutzfähigkeit der (vom Beklagten benutzten) erteilten Anspruchsfassung erweist. Angesichts des Klageantrages bestand für das Berufungsgericht keine Möglichkeit zur Aussetzung, weil es an einer Vorgreiflichkeit der Rechtsbestandsentscheidung für die – mangels Benutzung – ohne weiteres zu Lasten des Klägers entscheidungsreife Klage fehlt. Vielmehr musste die Klage als unbegründet abgewiesen werden. Erweist sich diese Beurteilung aus der Sicht des Revisionsgerichts als zutreffend, ist dem Berufungsgericht kein Fehler unterlaufen, der im Rechtsmittelverfahren durch Revisionszulassung korrigiert werden müsste oder könnte. Es liegt auch gerade keine für das Revisionsverfahren beachtliche Änderung der Patentrechtslage vor, weil das Klagepatent in seiner *erteilten* Fassung Bestand gehabt hat. Der Kläger kann diesem Resultat auf einfache Weise dadurch entgehen, dass er hilfsweise die erteilte Fassung des Patents geltend macht.

111 Ist die Revision aus anderen Gründen[235] zuzulassen oder ist die Revision vom Berufungsgericht selbst zugelassen worden, so stellt sich die Frage, ob der Kläger das **aus anderen Gründen eröffnete Revisionsverfahren** zum Anlass nehmen kann, nunmehr die erteilte und endgültig rechtsbeständige Fassung des Klagepatents (welche vom Beklagten benutzt wird) zur Grundlage seiner Antragstellung zu machen und damit seiner bisher erfolglosen Klage zum Erfolg zu verhelfen. Wegen der Bindung des Revisionsgerichts an die tatsächlichen Feststellungen des Berufungsgerichts (§ 559 ZPO) ist solches im Revisionsverfahren nur zulässig, wenn die »geänderte« Klage nicht auf neuem Vorbringen beruht, sondern auf einen Parteivortrag gestützt wird, der vom Berufungsgericht festgestellt wurde.[236] Ob dies der Fall ist, hängt von dem konkreten Begründungsaufwand ab, den das Berufungsgericht geleistet hat. Hat es zunächst eine Benutzung der Merkmale des erteilten Patentanspruchs positiv festgestellt und seine Klageabweisung anschließend mit der Nichtbenutzung des einschränkenden Merkmals begründet, braucht es im Revisionsverfahren keiner zusätzlichen Feststellungen, sodass der Kläger

---

235 Bsp: Es sind anderweitige Rechtsfragen von grundsätzlicher Bedeutung streitentscheidend.
236 BGH, NJW 1993, 2045, 2046 f; BGH, NJW 1998, 2969, 2970.

seine Klage auf die erteilte Fassung des Patentanspruchs zurückführen kann. Anders verhält es sich, wenn das Berufungsgericht eine Benutzung der Merkmale des erteilten Patentanspruchs offengelassen und Ausführungen nur zur mangelnden Benutzung des einschränkenden Merkmals gemacht hat. Hier kommt eine Klageumstellung in der Revisionsinstanz nicht in Betracht.

b) Benutzung der beschränkten Fassung

Wird andererseits die beschränkte Fassung benutzt und verfügt der Kläger infolgedessen über ein seiner Klage zusprechendes Urteil, kann er nach der Aufrechterhaltung seines Patents daran interessiert sein, einen der erteilten Fassung des Patentanspruchs entsprechenden Verletzungstenor in die Hand zu bekommen, der ihm ggf weitergehende Vollstreckungs- und Schadenersatzmöglichkeiten eröffnet. Innerhalb der Tatsacheninstanzen wird dies aus den vorstehend dargelegten Gründen ohne weiteres zuzulassen sein, wobei sich wiederum eine vorsorgliche Anschlussberufung empfehlen kann. Im Übrigen ist zu differenzieren: 112

- Hat der Kläger im Berufungsverfahren vollständig obsiegt, bedarf es für eine **eigene Nichtzulassungsbeschwerde, Revision oder Anschlussrevision**[237] einer Beschwer,[238] an der es unter den hier gegebenen Umständen fehlt. 113

- Ist der Kläger selbst teilweise unterlegen, sodass eine eigene Nichtzulassungsbeschwerde infrage kommt, begründet die Aufrechterhaltung des erteilten Patentanspruchs im Rechtsbestandsverfahren für sich keinen **Zulassungsgrund**.[239] 114

- Wird ein **Revisionsverfahren eröffnet**, weil für den Kläger ansonsten ein Zulassungsgrund besteht oder, weil das Berufungsgericht die Revision zugelassen hat oder weil ein Rechtsmittel des Beklagten das Revisionsverfahren eröffnet, so kann der Kläger seine Klage auf die erteilte Anspruchsfassung erweitern. Mit der Bejahung einer Benutzung der beschränkten Fassung des Patentanspruchs hat das Berufungsgericht zwangsläufiger Weise eine Benutzung der Merkmale des erteilten Patentanspruchs festgestellt. Die Klageumstellung kann sich deshalb auf Feststellungen stützen, die im Berufungsverfahren getroffen worden sind.[240] 115

Praxistipp	Formulierungsbeispiel

Bevor bei laufendem Rechtsbestandsverfahren im Verletzungsprozess mit einer eingeschränkten Anspruchsfassung operiert wird, sollten Nutzen und Gefahren sorgfältig gegeneinander abgewogen werden. Im Zweifel ist abzuraten und jedenfalls zu erwägen, ob nicht wenigstens die erteilte Fassung hilfsweise weiterverfolgt wird. Befindet sich der Prozess in der zweiten Instanz, sollte eine geringfügige (kostenmäßig neutrale) Klageabweisung provoziert werden, um zumindest die notwendige Beschwer für eine Anschlussrevision zu schaffen. 116

6. Zulassungsgründe

Das Gesetz (§ 543 Abs 2 ZPO) sieht die Zulassung der Revision in einer abschließenden Aufzählung nur vor, 117

---

237 BGH, GRUR 2011, 1043, 1044 – TÜV II; BGH, WuM 2021, 451.
238 BGH, NJW-RR 1988, 185; BGH, NJW 1995, 2563, 2565.
239 Vgl oben Kap F Rdn 110.
240 Vgl oben Kap F Rdn 111.

118 – wenn die Sache entweder Fragen von grundsätzlicher Bedeutung aufwirft oder
119 – wenn die Fortbildung des Rechts oder
120 – die Sicherung einer einheitlichen Rechtsprechung eine Entscheidung des Bundesgerichtshofs erfordert.

121 Ob diese Voraussetzungen vorliegen, beurteilt sich grundsätzlich nach den Verhältnissen in demjenigen **Zeitpunkt**, zu dem über die Revisionszulassung zu entscheiden ist.

122 – Geht es um die **Zulassung durch das Berufungsgericht** und wird die zulassungsrelevante Frage im Intervall zwischen der letzten mündlichen Verhandlung und der Berufungsentscheidung durch den BGH in anderer Sache geklärt, so bedarf es keiner Revisionszulassung mehr; vielmehr ist die rechtliche Auffassung des BGH der Beurteilung des anhängigen Streitfalles zugrunde zu legen. Allenfalls stellt sich unter dem Gesichtspunkt der Gewährung rechtlichen Gehörs die Frage, ob die ggf unter abweichenden rechtlichen Rahmenbedingungen geschlossene mündliche Verhandlung wiederzueröffnen ist, um den Parteien zuvor Hinweise zu erteilen, die durch die zwischenzeitliche BGH-Entscheidung notwendig geworden sind, oder eine jetzt erforderliche Sachaufklärung in Angriff zu nehmen.

123 – Hat das Berufungsgericht – zu Recht oder zu Unrecht – von einer Revisionszulassung abgesehen und wird mit der **Nichtzulassungsbeschwerde** die Revisionszulassung durch den BGH begehrt, so entscheidet die Sachlage im Zeitpunkt der Entscheidung des Revisionsgerichts über die Nichtzulassungsbeschwerde.[241] Werden die in der Beschwerde benannten Gesichtspunkte der Grundsatzbedeutung, der Rechtsfortbildung oder der Sicherung einer einheitlichen Rechtsprechung während des Nichtzulassungsbeschwerdeverfahrens durch eine BGH-Entscheidung in anderer Sache geklärt, so ist die Revision nur dann noch zuzulassen, wenn das Rechtsmittel Erfolgsaussicht hat, dh die zwischenzeitliche Revisionsentscheidung zu einer vom Ergebnis des Berufungsverfahrens abweichenden Sachentscheidung Anlass gibt.[242] Wäre das Berufungsurteil zu bestätigen, ist die Nichtzulassungsbeschwerde deshalb zurückzuweisen[243]; war die Revision vom Berufungsgericht oder vom BGH selbst zugelassen und erfolgt danach die das Berufungsergebnis bestätigende rechtliche Klärung in anderer Sache, kann die zugelassene Revision durch Beschluss gemäß § 552a ZPO zurückgewiesen werden.[244]

124 Wann die oben erwähnten Zulassungsvoraussetzungen – allgemein betrachtet – erfüllt sind, kann mittlerweile als weitestgehend geklärt angesehen werden.[245]

125 Nach ständiger Rechtsprechung des BGH hat eine Rechtssache **grundsätzliche Bedeutung**, wenn sie eine entscheidungserhebliche, klärungsbedürftige und klärungsfähige Rechtsfrage aufwirft, die sich in einer unbestimmten Vielzahl von Fällen stellen kann und deswegen das abstrakte Interesse der Allgemeinheit an der einheitlichen Entwicklung und Handhabung des Rechts berührt, dh allgemein von Bedeutung ist. Klärungsbedürftig ist eine Rechtsfrage dann, wenn sie zweifelhaft ist, also über Umfang und Bedeutung einer Rechtsvorschrift Unklarheiten bestehen. Derartige Unklarheiten können sich daraus ergeben, dass die Rechtsfrage vom Bundesgerichtshof bisher nicht entschieden ist

---

241 BGH, Beschluss v 30.11.2017 – III ZR 621/16; BGH, NJW-RR 2005, 438.
242 BGH, Beschluss v 30.11.2017 – III ZR 621/16; BGH, NJW 2010, 2812.
243 BGH, Beschluss v 30.11.2017 – III ZR 621/16.
244 BGH, Beschluss v 25.10.2017 – IV ZR 472/15.
245 Zu den Anforderungen an die Darlegung eines Zulassungsgrundes im Verfahren der Nichtzulassungsbeschwerde vgl Baumert, MDR 2014, 1181.

und von einigen Oberlandesgerichten unterschiedlich beantwortet wird oder dass in der Literatur unterschiedliche Meinungen vertreten werden[246] oder dass es eines Vorabentscheidungsersuchens an den EuGH bedarf[247]. Sie fehlt demgemäß, wenn der BGH die Rechtsfrage bereits entschieden hat, es sei denn, wenn neue Argumente ins Feld geführt werden können, die den BGH zu einer Überprüfung seiner Auffassung veranlassen könnten,[248] oder wenn die Auslegungsfrage zum europäischen Recht in einer Weise klar oder geklärt (acte éclairé) ist, dass keine vernünftigen Zweifel offenbleiben[249]. Grundsätzliche Bedeutung kommt einer Rechtsfrage auch dann nicht zu, wenn sie zwar vom Bundesgerichtshof bislang noch nicht entschieden wurde, in der Rechtsprechung der Oberlandesgerichte aber einhellig beantwortet wird und die hierzu in der Literatur vertretenen abweichenden Meinungen vereinzelt geblieben sind.[250] Einer **Rechtsfortbildung** durch den BGH bedarf es, wenn es für die rechtliche Beurteilung typischer oder verallgemeinerungsfähiger Lebenssachverhalte an einer richtungsweisenden Orientierungshilfe ganz oder teilweise fehlt, die mit höchstrichterlichen Leitsätzen gegeben werden kann.[251] Zur **Sicherung einer einheitlichen Rechtsprechung** ist eine Zulassung schließlich geboten, wenn das Berufungsgericht von einer BGH-Rechtsprechung abweicht.[252]

Speziell für den Bereich der **Patentauslegung** folgt daraus: 126

Eine unrichtige Auslegung des Patentanspruchs und eine daraus resultierende unzutreffende Schutzbereichsbestimmung als solche rechtfertigen noch keinen Erfolg der Nichtzulassungsbeschwerde. Bloße Rechtsanwendungsfehler verleihen der Streitsache noch keine grundsätzliche Bedeutung und sie erfordern auch keine Entscheidung des Revisionsgerichts zur Fortbildung des Rechts oder zur Sicherung einer einheitlichen Rechtsprechung.[253] 127

Ein Zulassungsgrund liegt jedoch vor, wenn 128

– der Auslegungsfehler systematisch ist, dh zum wiederholten Mal vorkommt oder aber derart grundlegend ist, dass die Gefahr einer künftig abermaligen falschen Patentauslegung besteht[254]; 129

– der im Verletzungsprozess relevante Patentanspruch im (abgeschlossenen) Nichtigkeitsverfahren eine abweichende Auslegung erfahren hat und das dortige Verständnis zu einer anderen als der getroffenen Entscheidung über die Verletzungsklage zwingt.[255] Zulassungsgrund ist hier die Divergenz in der Patentauslegung und die damit gebotene Sicherung einer einheitlichen Rechtsprechung durch den BGH. Wird das Nichtigkeitsverfahren erst nach Ablauf der Frist zur Begründung der Nichtzulassungsbeschwerde beendet, ist Wiedereinsetzung in den vorigen Stand zu gewähren, damit die betroffene Partei den entsprechenden Sachverhalt (nachträglich) in das Zulassungsverfahren einführen kann.[256] 130

Für einen bei Abschluss des Nichtigkeitsberufungsverfahrens noch in einer Tatsacheninstanz laufenden oder erst später anhängig gemachten Verletzungsprozess bedeutet die 131

---

246 BGH, ZIP 2010, 985; BGH, Beschluss v 8.11.2011 – KVZ 14/11.
247 BGH, MDR 2019, 368.
248 BGH, MDR 2019, 54.
249 BVerfG, NVwZ 2015, 52.
250 BGH, MDR 2019, 808.
251 BGH, WuM 2011, 184.
252 BGH, Beschluss v 8.11.2011 – KVZ 14/11.
253 BGH, GRUR 2010, 858 – Crimpwerkzeug III.
254 BGH, GRUR 2010, 858 – Crimpwerkzeug III.
255 BGH, GRUR 2010, 858 – Crimpwerkzeug III.
256 BGH, GRUR 2010, 858 – Crimpwerkzeug III.

BGH-Rechtsprechung eine **de facto-Bindung** dahingehend, dass das Verletzungsgericht, um keinen Zulassungsgrund zu schaffen, gehalten ist, seiner Beurteilung diejenige Auslegung der Anspruchsmerkmale zugrunde zu legen, die das Nichtigkeitsberufungsurteil vorgibt. Zwar betont der BGH, dass es auch in der geschilderten Situation Sache des Tatrichters sei, die Patentauslegung (als Akt der Rechtsanwendung) eigenverantwortlich vorzunehmen.[257] Wenn jedoch die Revisionszulassung erklärtermaßen darauf abzielt, im Verletzungsprozess demselben Verständnis der Anspruchsmerkmale Geltung zu verschaffen, wie sie der Nichtigkeitsentscheidung entspricht, mag es zwar theoretisch möglich sein, erweist es sich in jedem Fall aber als im Ergebnis sinnlos, eine abweichende Patentauslegung vorzunehmen, von der absehbar ist, dass sie der BGH im anschließenden Revisionsverfahren im Sinne *seiner* Auslegung verwerfen wird.[258] Im Grunde genommen schafft die These von der freien Patentauslegung durch den Tatrichter eine für den BGH sehr komfortable Situation. Sie erlaubt es ihm nämlich, in jedem Fall Recht zu behalten, auch wenn er später im Verletzungsverfahren von seiner in der Nichtigkeitsberufungsentscheidung noch verfochtenen Patentauslegung abrückt. Im Gegensatz dazu befindet sich der Verletzungsrichter in der misslichen Situation, kaum je das Richtige tun zu können. Folgt er dem BGH, muss er sich später ggf vorhalten lassen, er sei seiner Aufgabe zur eigenständigen Auslegung des Klagepatents nicht gerecht geworden; weicht er hingegen von der Auslegung im Nichtigkeitsberufungsurteil ab, muss er sich ggf darauf hinweisen lassen, dass die Unrichtigkeit dieses Patentverständnisses sich bereits aus dem Nichtigkeitsurteil des BGH ergebe.

132 Frei bleibt das Verletzungsgericht dann, wenn eine rechtskräftige Rechtsbestandsentscheidung ohne Beteiligung des BGH fällt, zB im Einspruchsverfahren oder im erstinstanzlichen Nichtigkeitsverfahren. Hier stellen die Entscheidungen zum Rechtsbestand lediglich fachkundige Äußerungen zum Verständnis der Erfindung dar.

7. Erledigungssachverhalte

133 Tritt ein erledigendes Ereignis während des **Revisionsverfahrens** ein, ist jedenfalls dann, wenn das Erledigungsereignis als solches unstreitig ist, eine einseitige Erledigungserklärung des Klägers möglich.[259] Erweist sich das Klagebegehren für die Zeit bis zum erledigenden Ereignis als zulässig und begründet und hat erst das erledigende Ereignis zur Unzulässigkeit oder Unbegründetheit des Klagebegehrens geführt, so ist die Hauptsache – ggf unter Abänderung gegenteiliger Instanzentscheidungen – für in der Hauptsache erledigt zu erklären. Anderenfalls ist die Klage ab- oder (nach Abweisung bereits in den Vorinstanzen) das Rechtsmittel des Klägers zurückzuweisen.[260]

134 Erklärt der Kläger in einem durch den Beklagten eingeleiteten Verfahren der **Nichtzulassungsbeschwerde** den Rechtsstreit in der Hauptsache **einseitig für erledigt**, weil der Beklagte der Erledigungserklärung nicht zustimmt oder sich nicht erklärt[261], ist zunächst zu prüfen, ob die Nichtzulassungsbeschwerde zulässig und begründet gewesen wäre. Erst wenn diese Frage vom Revisionsgericht bejaht wird, ist in einem zweiten Schritt zu untersuchen, ob die Klageforderung bis zum erledigenden Ereignis bestanden hat, die Revision also zurückzuweisen gewesen wäre. Ergibt die Prüfung auf der ersten Stufe,

---

257 BGH, GRUR 2015, 972 – Kreuzgestänge.
258 OLG Düsseldorf, BeckRS 2013, 16787 – Schiebewagen; OLG Düsseldorf, Urteil v 27.1.2011 – I-2 U 18/09.
259 BGH, GRUR 2014, 385 – H 15.
260 BGH, GRUR 2014, 385 – H 15.
261 BGH, GRUR 2018, 335 – Aquaflam.

dass kein Zulassungsgrund vorliegt, ist die Nichtzulassungsbeschwerde zurückzuweisen. Auf die Frage der Erledigung der Hauptsache kommt es in diesem Fall nicht mehr an.[262]

Die **übereinstimmende Erledigung** der Hauptsache kann noch in der Rechtsmittelinstanz, auch noch während des Verfahrens über eine Nichtzulassungsbeschwerde, erklärt werden. Bei der gemäß § 91a ZPO vorzunehmenden Ermessensentscheidung ist der mutmaßliche Ausgang des Beschwerde- und gegebenenfalls des Revisionsverfahrens zu berücksichtigen. Eine für den Kläger günstige Entscheidung über die Kosten des Rechtsstreits einschließlich derjenigen der Tatsacheninstanzen kommt nur in Betracht, wenn nach dem Sach- und Streitstand bei Eintritt des erledigenden Ereignisses seine Beschwerde gegen die Nichtzulassung der Revision Erfolg gehabt und die Durchführung der Revision zu einer Verurteilung der Beklagten geführt hätte.[263] Hätte dagegen die Nichtzulassungsbeschwerde keinen Erfolg gehabt, weil kein Zulassungsgrund vorliegt, sind dem Beschwerdeführer gemäß § 91a ZPO die Kosten des Rechtsstreits aufzuerlegen; auf die Erfolgsaussichten der Revision kommt es dann nicht mehr an.[264] Ob in dem **Verzicht** der Parteien **auf eine Begründung** der Kostenentscheidung ein stillschweigender Verzicht auf das Rechtsmittel der Beschwerde (sofern ein solches nach dem Instanzenzug in Betracht kommt) liegt, ist umstritten.[265] — 135

8. Restitutionsgründe und neuer Sachvortrag

Auch wenn im Revisionsverfahren prinzipiell keine neuen Tatsachenbehauptungen und Beweise eingeführt werden können, erkennt die Rechtsprechung von diesem Grundsatz dennoch Ausnahmen an, nämlich dann, wenn der neue Sachvortrag eine Restitutionsklage rechtfertigen würde. Allerdings ist insoweit strikt zwischen den verschiedenen Restitutionsgründen zu differenzieren: — 136

– Die Berücksichtigung neuen Vorbringens in der Revisionsinstanz ist zulässig, wenn einer der in § 580 Nr 1 bis 7 lit a) ZPO geregelten Restitutionsgründe besteht und wenn, soweit die Restitutionsgründe auf einer strafbaren Handlung beruhen (§ 580 Nr 1 bis 5 ZPO), deswegen eine rechtskräftige Verurteilung ergangen ist (§ 581 Abs 1 ZPO). Die Zulassung beruht auf der Erwägung, dass sich das Revisionsurteil sonst zum Inhalt eines rechtskräftigen Erkenntnisses eines anderen Gerichts in Widerspruch setzen oder doch dieses Erkenntnis unbeachtet lassen würde, was der Einheitlichkeit und dem Ansehen der Rechtsprechung in hohem Maße abträglich wäre.[266] — 137

– Eine prinzipiell andere Handhabung gilt für den Restitutionsgrund des § 580 Nr 7 lit b) ZPO. Er rechtfertigt eine Berücksichtigung neuer Tatsachen im Revisionsverfahren nur unter ganz besonderen Voraussetzungen, und zwar dann, wenn höhere Belange der Allgemeinheit und der ihr dienenden Rechtspflege dies erfordern.[267] Solches trifft etwa zu, wenn in demselben anhängigen Verfahren ohne Berücksichtigung des neuen Vorbringens noch weitere unrichtige Urteile ergehen müssten, die nur durch eine Restitutionsklage beseitigt werden könnten.[268] Wird der Rechtsstreit hingegen durch das Urteil des Revisionsgerichts insgesamt beendet, können neue Tatsachen und Beweismittel, die einen Restitutionsgrund nach § 580 Nr 7 lit b) ZPO darstellen, grundsätzlich nicht entgegen § 559 ZPO berücksichtigt werden; der Grund der Pro- — 138

---

262 BGH, GRUR 2018, 335 – Aquaflam.
263 BGH, NJW 2021, 1887.
264 BGH, GRUR 2018, 335 – Aquaflam.
265 Verneinend: OLG Frankfurt/Main, GRUR-RS 2019, 26691.
266 BGH, NJW 2020, 3451; BGHZ 213, 238.
267 BGH, NJW 2003, 2088, 2089; BGH, NJW 2020, 3451.
268 BGH, MDR 2011, 1370, 1371; BGH, NJW 2020, 3451.

zesswirtschaftlichkeit allein genügt für die Zulassung des neuen Vorbringens nicht. In diesen Fällen muss die Partei die Restitutionsklage erheben, damit die neuen Tatsachen Berücksichtigung finden können.[269] Für das Wiederaufnahmeverfahren ist zu beachten, dass mit der Restitutionsklage kein neuer Streitgegenstand eingeführt werden kann, sondern es allein zulässig ist, mithilfe der neu aufgefundenen Urkunde den Ursprungsprozess mit dem ihm eigenen Streitgegenstand fortzuführen.[270] Es hängt mithin von der jeweiligen verfahrensrechtlichen Lage des Rechtsstreits ab, ob das neue Vorbringen in der Revisionsinstanz zugelassen werden kann oder nicht.

---

269 BGH, NJW 2020, 3451.
270 BGH, WM 2021, 1702.

G. Sonstige Verfahren

I. Negative Feststellungsklage

Die negative Feststellungsklage dient im Rahmen des Patentverletzungsverfahrens primär als Verteidigungsmittel eines Verwarnten und ist auf die Feststellung gerichtet, dass der Kläger das Schutzrecht des Beklagten gerade nicht verletzt, sei es, weil von der Lehre des Klageschutzrechtes kein Gebrauch gemacht wird oder aber dem Kläger ein Nutzungsrecht (Vorbenutzungsrecht etc) zusteht. In Fällen äquivalenter Benutzung kann mit der negativen Feststellungsklage ferner geltend gemacht werden, dass die streitbefangene Ausführungsform mit Rücksicht auf den für das Klageschutzrecht maßgeblichen Stand der Technik keine schutzfähige Erfindung darstelle (»Formstein-Einwand«).

Die Klage dient dem Verwarnten in den Fällen zur Klärung der Rechtslage, in denen er selbst den Verletzungsvorwurf aus der Abmahnung für unberechtigt hält und daher gegenüber dem Verwarner zurückweist, dieser aber daraufhin nicht einlenkt. Die potenzielle Bedrohung durch weitere Verwarnungen sogar von Abnehmern steht dann weiterhin im Raum und kann für die Zukunft nicht ausgeschlossen werden. Diese Unsicherheit kann für einen Gewerbetreibenden nachteilig sein, weshalb er Interesse an einer Klärung der Rechtslage hat.

Praxistipp	Formulierungsbeispiel
Ist der Feststellungsbeklagte im Ausland ansässig, sodass die Klagezustellung aufwändig ist, sollte erwogen werden, die Klage an seinen **Inlandsvertreter** zuzustellen.	

1. Voraussetzungen

Die Zulässigkeit der negativen Feststellungsklage richtet sich nach § 256 ZPO. Im Übrigen wird sie im Wesentlichen als Spiegelbild einer Leistungsklage umgekehrten Rubrums angesehen, weswegen für sie Folgendes gilt:

a) Zuständigkeit

Örtlich zuständig für negative Feststellungsklagen sind neben dem Sitzgericht des Feststellungsbeklagten alle diejenigen Gerichte, die für eine positive Leistungsklage, gerichtet auf ein Unterlassen im Hinblick auf die angegriffene Ausführungsform aus dem streitigen Schutzrecht umgekehrten Rubrums, zuständig wären.[1]

---

[1] OLG Köln, GRUR 1978, 658 – Immer jünger. Richtet sich die negative Feststellungsklage gegen eine im Ausland ansässige Person, so lässt sich dieser Gedanke nicht ohne weiteres auf die internationale Zuständigkeit übertragen. Nach einer – abzulehnenden – Entscheidung des OLG München (InstGE 2, 61 – Leit- und Informationssystem II) ist im Anwendungsbereich der EuGVVO (bzw der VO 44/2001/des EuGVÜ) die negative Feststellungsklage am Sitz des (ausländischen) Beklagten zu erheben, wobei dem Kläger auch der Gerichtsstand der unerlaubten Handlung (Art 7 Nr 2 EuGVVO) nicht zur Verfügung steht.

b) Aktivlegitimation

6 **Aktivlegitimiert** ist jeder, der wegen einer angeblichen Schutzrechtsverletzung in Anspruch genommen wurde, also sowohl juristische Personen als auch natürliche Personen, wobei in der Regel die verantwortlichen Organe der juristischen Personen, wie beispielsweise die Geschäftsführer oder der Vorstand, in Betracht kommen.

c) Passivlegitimation

7 Passivlegitimiert ist derjenige, der die Verwarnung ausgesprochen hat und dessen Ansprüche mit der negativen Feststellungsklage rechtskräftig aberkannt werden sollen. Diese sind der eingetragene Schutzrechtsinhaber oder dessen ausschließlicher Lizenznehmer. Nicht passivlegitimiert ist hingegen der einfache Lizenznehmer. Er ist nicht Inhaber eigener Rechte aus dem Patent oder Gebrauchsmuster, die mit der negativen Feststellungsklage aberkannt werden könnten, sondern er macht im eigenen Namen lediglich fremde Ansprüche (des Patentinhabers) geltend. Anspruchsgegner einer negativen Feststellungsklage kann ebenso wenig der gesetzliche Vertreter (zB Geschäftsführer) des Patentinhabers oder ausschließlichen Lizenznehmers sein, weil auch ihm keine eigenen Ansprüche aus dem Patent zustehen, die mit einem Feststellungsausspruch aberkannt werden könnten.[2]

d) Feststellungsinteresse

8 Zulässigkeitsvoraussetzung einer negativen Feststellungsklage ist darüber hinaus gemäß § 256 ZPO ein rechtliches Interesse an der Feststellung des Bestehens oder Nichtbestehens eines Rechtsverhältnisses, das sog Feststellungsinteresse. Es muss spätestens im Zeitpunkt der mündlichen Handlung vor Gericht gegeben sein[3] und wird typischerweise dadurch begründet, dass sich der Beklagte eines *bestimmten* Anspruchs berühmt, dessen Nichtbestehen mit der negativen Feststellungsklage geklärt werden soll.[4] Erforderlich ist insoweit nur, dass ein Anspruch als bestehend behauptet wird; nicht entscheidend ist, dass dessen gerichtliche Durchsetzung angedroht wird.[5] Die **Berühmung** scheitert nicht daran, dass der behauptete Anspruch tatsächlich nicht besteht und dies ggf auch offensichtlich ist; umgekehrt führt eine eindeutige Rechtslage noch nicht dazu, dass von einer Berühmung auszugehen ist, wenn der Gläubiger ausdrücklich erklärt, keine Rechte für sich in Anspruch zu nehmen. Als Rechtsverhältnis wird namentlich das durch eine Verwarnung oder dergleichen begründete Verhältnis angesehen.

9 – Das schutzwürdige Interesse an der Feststellung des Nichtbestehens eines Verletzungstatbestandes ergibt sich bei einer **Abmahnung** aus dem darin ausgesprochenen Verletzungsvorwurf und der hiermit verbundenen Anspruchsberühmung.[6] Sie muss in Bezug auf denjenigen Gegenstand vorliegen, der Inhalt der negativen Feststellungsklage ist, wobei es nicht auf eine Identität in jeder Hinsicht, sondern auf eine Gleichheit in Konstruktion und Wirkungsweise insoweit ankommt, als sie für die Verwirklichung der Anspruchsmerkmale des Abmahnungsschutzrechts von Belang ist.[7] Vor Erhebung einer negativen Feststellungsklage bedarf es zur Vermeidung der Kostenfolge aus § 93 ZPO regelmäßig keiner Gegenabmahnung, mit der der Abmahnende unter Klageandrohung aufgefordert wird, seiner Berühmung »abzuschwören«. Etwas anderes gilt, wenn die Abmahnung auf einem offensichtlichen Tatsachenirrtum (zB

---

2 LG Düsseldorf, Urteil v 28.3.2002 – 4 O 139/01.
3 OLG Düsseldorf, Mitt 2000, 369 – Human-Interferon-alpha.
4 BGH, MDR 2021, 1410; BGH, GRUR 2011, 995 – Besonderer Mechanismus.
5 BGH, GRUR 2011, 995 – Besonderer Mechanismus.
6 LG Düsseldorf, Entscheidungen 1997, 20 – Neues Herstellungsverfahren.
7 OLG Düsseldorf, Urteil v 5.9.2013 – I-2 U 64/12.

- über die technische Ausgestaltung des mutmaßlichen Verletzungsgegenstandes) beruht, wenn die Abmahnung bei Erhebung der negativen Feststellungsklage bereits längere Zeit zurückliegt.[8]

- Die **Erhebung einer Verletzungsklage** begründet gleichfalls eine Anspruchsberührung. Hat der Patentinhaber seine Verletzungsklage allerdings zurückgenommen, nachdem der Beklagte eine Patentbenutzung bestritten hatte, so wird dadurch die Anspruchsberührung beendet. Das gilt selbst dann, wenn der Kläger für seine Klagerücknahme keine weitere Begründung gibt.[9] Fordert der Verletzungsbeklagte den Patentinhaber daraufhin auf, rechtsverbindlich zu erklären, dass er künftig keine Ansprüche aus dem Klagepatent gegen die angegriffene Ausführungsform erheben werde, so trifft den Patentinhaber keine Antwortpflicht. Aus seinem Schweigen kann daher weder auf eine mangelnde Ernsthaftigkeit seiner (mit der Klagerücknahme verbundenen) Berühmungsaufgabe noch auf eine erneute stillschweigende Anspruchsberührung geschlossen werden.[10]

- Eine Berührung liegt des Weiteren vor, wenn der Feststellungsbeklagte eine **einstweilige Verfügung** wegen Patentverletzung beantragt, gleichgültig, ob dem Begehren entsprochen oder ob es zurückgewiesen wird. Ist der Verfügungsantrag erfolglos geblieben, soll es im Hinblick auf § 93 ZPO vor Einreichung der negativen Feststellungsklage allerdings erforderlich sein, eine Gegenabmahnung auszusprechen.[11]

- Hinsichtlich eines **Vollstreckungsantrag**es ist zu unterscheiden: Betrifft die negative Feststellungsklage lediglich diejenige Handlung, die bereits Gegenstand des Vollstreckungsverfahrens ist, besteht kein Feststellungsinteresse; richtet sich die Klage demgegenüber auf beabsichtigte zukünftige Handlungen, ist ein Feststellungsinteresse zu bejahen.[12]

Ob in dem Betreiben eines **Besichtigungsverfahrens** die Berührung von Ansprüchen wegen Patentverletzung liegt, hängt von den Umständen des Einzelfalles ab. Dient die Besichtigung erklärtermaßen *ausschließlich* dem Zweck der Beweissicherung, weil der Antragsteller bereits im festen Wissen um die Patentverletzung ist, wird eine Berührung zu bejahen sein. Gegenteilig verhält es sich, wenn das Besichtigungsverfahren vordringlich der Sachaufklärung dient, weil mit ihm erst Aufschluss (Gewissheit) darüber gewonnen werden soll, ob eine Patentbenutzung vorliegt oder nicht.[13] Wird in einem solchen Fall das Besichtigungsgutachten erstellt und bestätigt es den anfänglich bloß bestehenden Verdacht einer Schutzrechtsverletzung, kann es für die Frage der Herausgabe des Gutachtens darauf ankommen, ob von einer Patentverletzung auszugehen ist oder nicht.[14] Nimmt der Antragsteller einen entsprechenden Standpunkt ein, begründet dies regelmäßig eine Berührung.[15] Eine während des laufenden Besichtigungsverfahrens (ohne Berührung) erhobene negative Feststellungsklage wächst allerdings dadurch in die Zulässigkeit hinein, dass der Feststellungsbeklagte (= Antragsteller des Besichtigungsverfahrens) nach Abschluss des Besichtigungsverfahrens, und sei es auch nur hilfsweise, zum Zwecke der Rechtsverteidigung die Unbegründetheit der Feststellungsklage geltend macht.[16]

---

8 BGH, GRUR 2004, 790 – Gegenabmahnung.
9 LG Düsseldorf, InstGE 13, 120 – SMS-Nachricht.
10 LG Düsseldorf, InstGE 13, 120 – SMS-Nachricht.
11 OLG Oldenburg, WRP 2004, 652.
12 BGH, GRUR 2008, 360 – EURO und Schwarzgeld.
13 OLG Dresden, GRUR-RR 2016, 313 – Schneckenköder.
14 Vgl oben Kap B Rdn 156.
15 BGH, GRUR 2019, 110 – Schneckenköder.
16 BGH, GRUR 2019, 110 – Schneckenköder.

14 Theoretisch kann auch die Annahme einer **konkludenten Berühmung** in Betracht kommen.[17] Zu beachten sind allerdings einige Grundregeln:

15 Eine **Berechtigungsanfrage** oder ein bloßer Hinweis auf ein Schutzrecht begründet in der Regel noch kein Feststellungsinteresse.[18] Es fehlt deshalb auch bei einer bloßen Ankündigung, unter bestimmten Voraussetzungen in eine Prüfung einzutreten, ob ein Anspruch gegen den Feststellungskläger besteht.[19]

16 Gleiches gilt, wenn der Patentinhaber auf die **Anfrage des Feststellungsklägers**, ob eine bestimmte Ausführungsform als unter dessen Patent fallend angesehen wird, nicht antwortet. Das gilt zunächst ohne jeden Zweifel, wenn zwischen den Beteiligten vor der Anfrage noch keine Rechtsbeziehungen bestanden haben, was typischerweise der Fall ist, wenn es darum geht, ob ein Wettbewerber den Vertrieb bestimmter Produkte aufnimmt, über deren patentverletzende Beschaffenheit er im Zweifel ist. Rein wirtschaftlich betrachtet mag eine frühzeitige gerichtliche Klärung der Verletzungsfrage für den Wettbewerber zwar von Belang sein. Von ihr hängt zB ab, ob er gewinnschmälernde Rückstellungen für etwaige spätere Verletzungsansprüche bilden muss. Dennoch ist es alleinige Sache jedes Konkurrenten, vor Aufnahme von Benutzungshandlungen die Schutzrechtslage in *eigener* Verantwortung, auf *eigene* Kosten und auf sein *alleiniges* Risiko hin zu klären; der Schutzrechtsinhaber kann dafür nicht herangezogen werden. Genau das würde aber in einer ggf unübersehbaren Vielzahl geschehen, wenn der Schutzrechtsinhaber gehalten wäre, sich auf jede Anfrage eines am Vertrieb möglicherweise patentgemäßer Gegenstände Interessierten fundiert (dh technisch und rechtlich beraten) zur Verletzungsfrage zu äußern.

17 Eine Erklärungspflicht besteht auch dann nicht, wenn der Patentinhaber den Feststellungskläger vor der Anfrage bereits wegen Patentverletzung in Anspruch genommen hatte und die Anfrage eine **Abwandlung** betrifft, mit der der Verletzer glaubt, den Schutzbereich des Patents verlassen zu haben.[20] Das Schweigen des Patentinhabers begründet keine konkludente Berühmung und sie rechtfertigt auch sonst kein Feststellungsinteresse.

18 Kritisch sind diejenigen Fallkonstellationen, bei denen der Feststellungskläger vom Patentinhaber, gestützt auf *eines* **von mehreren nationalen Teilen eines europäischen Patents** wegen einer bestimmten Ausführungsform abgemahnt oder verklagt wird, die der Feststellungskläger auch in weiteren Geltungsbereichen des EP vertreibt. Hier stellt sich die Frage, ob in der für den einen Schutzrechtsteil erfolgten Anspruchsberühmung (durch Abmahnung oder Klage) aus der maßgeblichen Sicht des Adressaten nicht zugleich stillschweigend auch die Behauptung liegt, dass für die anderen Schutzrechtsteile hinsichtlich der Anspruchslage nichts anderes gilt.

19 – Abzulehnen ist eine solche Überlegung ohne weiteres dann, wenn die fraglichen Teile des EP (zB aufgrund durchgeführter nationaler Beschränkungs- oder Nichtigkeitsverfahren) einen **unterschiedlichen Anspruchswortlaut** haben.

20 – Gleiches gilt, wenn es lediglich um den Vorwurf einer **äquivalenten Patentverletzung** geht, weil die diesbezügliche Schutzbereichsbestimmung typischerweise von

---

17 Vgl einerseits OLG Düsseldorf, Mitt 2000, 369 – Human-Interferon-alpha, und andererseits LG Düsseldorf, InstGE 3, 153 – WC-Erfrischer, bestätigt durch OLG Düsseldorf, Urteil v 12.5.2005 – I-2 U 67/03; LG Düsseldorf, Urteil v 1.7.2003 – 4a O 251/02; OLG Köln, Mitt 2004, 188 (LS) – Korkenzieher.
18 Beachte: Im Ausland kann dies anders beurteilt werden. In Italien beispielsweise ist schon eine Berechtigungsanfrage für die Begründung eines Feststellungsinteresses ausreichend.
19 BGH, GRUR 2011, 995 – Besonderer Mechanismus.
20 Vgl dazu BGH, GRUR 2001, 1036 – Kauf auf Probe.

Besonderheiten der nationalen Rechtsprechung geprägt ist, sodass der in Bezug auf *einen* Schutzrechtsteil erhobene Vorwurf äquivalenter Verletzung im Allgemeinen nichts Verlässliches über einen Schutzrechtseingriff auch in einen anderen nationalen Schutzrechtsteil desselben EP besagen kann.[21]

– Geht es hingegen bei wortgleichen Schutzrechtsteilen und identischen angegriffenen Ausführungsformen um die Kategorie **wortsinngemäßer Benutzung**, hat die Patentauslegung und Schutzbereichsbestimmung in sämtlichen Benennungsstaaten nach denselben rechtlichen Regeln (Art 69 EPÜ) stattzufinden. Die Bejahung einer Verletzung in Bezug auf den *einen*, ausdrücklich abgemahnten oder eingeklagten Schutzrechtsteil bedeutet deswegen regelmäßig, dass mit denselben technischen und rechtlichen Erwägungen Ansprüche wegen Patentverletzung auch hinsichtlich der anderen parallelen Schutzrechtsteile anzunehmen sind.[22] Daraus wurde in der Vergangenheit gefolgert, dass, wer in *einem* Benennungsstaat Verletzungsklage erhebt, sich damit im Zweifel stillschweigend entsprechender Ansprüche wegen Patentverletzung auch in den anderen Schutzstaaten, in denen es zu gleichgelagerten Vertriebshandlungen des Beklagten gekommen ist, berühmt.[23] Vorausgesetzt ist dabei freilich, dass der Berühmende im Zeitpunkt seines die Berühmung ergebenden Verhaltens aus der Sicht des Adressaten um die anderenorts vorgefallenen Benutzungshandlungen weiß, in Bezug auf die eine stillschweigende Anspruchsberühmung angenommen werden soll. Der Schluss auf eine stillschweigende Berühmung verbietet sich demgegenüber, wenn die Schutzrechtslage in den einzelnen Benennungsstaaten unterschiedlich ist, zB deshalb, weil der eine nationale Teil, für den eine konkludente Berühmung in Frage steht, erstinstanzlich vernichtet ist, während die anderen Schutzrechtsteile noch unangetastet bestehen. Wegen der voneinander abweichenden Ausgangslage ist die Annahme einer für alle Schutzrechtsteile gleichermaßen geltenden Anspruchslage als unangebracht angesehen worden.[24] Von der aufgezeigten (feststellungsfreundlichen) Rechtsprechungslinie ist das OLG Düsseldorf jüngst abgerückt.[25] Tatsächlich kommt es für die Berühmung nicht auf die objektive Rechtslage, sondern darauf an, ob der Patentinhaber bestimmte Ansprüche (zu Recht oder zu Unrecht) subjektiv für sich in Anspruch nimmt. Mahnt er bloß wegen der Verletzung eines von mehreren ihm zustehenden inhaltsgleichen Schutzrechtsteilen ab oder erhebt er eine entsprechende Klage, so lässt Art 69 EPÜ zwar darauf schließen, dass die objektive Anspruchslage in weiteren Schutzstaaten des Patents dieselbe ist. Das ändert aber nichts daran, dass der Kläger wegen der lediglich territorial beschränkt erfolgten Abmahnung/Klageerhebung dort keine Ansprüche für sich reklamiert. **21**

Da Ansprüche immer nur gegenüber einer bestimmten Person als Schuldner bestehen, ist die Berühmung grundsätzlich **personengebunden**, dh sie betrifft stets nur denjenigen, der als Anspruchsgegner angesprochen ist. Die Erhebung einer Verletzungsklage gegen den Hersteller von Verletzungsprodukten begründet deshalb keine (konkludente) Anspruchsberühmung in Beziehung zu demjenigen Drittunternehmen, das die klagebefangenen Erzeugnisse vertreibt.[26] Das gilt selbst dann, wenn der Berühmende um die – ggf sogar arbeitsteilige – Vertriebstätigkeit weiß. **22**

Das Feststellungsinteresse ist nur gegeben, wenn Zweifel an dem Verletzungstatbestand bestehen, die sich auch aus Rechtfertigungsgründen (zB einem dem Feststellungskläger **23**

---

21 OLG Düsseldorf, Urteil v 12.5.2005 – I-2 U 76/13.
22 OLG Düsseldorf, Urteil v 12.5.2005 – I-2 U 76/13.
23 OLG Düsseldorf, Mitt 2000, 369 – Human-Interferon-alpha; LG Düsseldorf, InstGE 3, 153 – WC-Erfrischer, bestätigt durch OLG Düsseldorf, Urteil v 12.5.2005 – I-2 U 67/03.
24 OLG Düsseldorf, Urteil v 12.5.2005 – I-2 U 76/13.
25 OLG Düsseldorf, Beschluss v 20.3.2014 – I-2 W 8/14.
26 OLG Düsseldorf, Beschluss v 20.3.2014 – I-2 W 8/14.

zustehenden Vorbenutzungsrechts oder dem Gesichtspunkt der Erschöpfung[27]) ergeben können. Nicht ausreichend ist es, wenn im Rahmen der negativen Feststellungsklage als Verteidigung lediglich die **mangelnde Schutzfähigkeit des Klagepatentes** geltend gemacht wird.[28]

e) Subsidiarität

24 Das Feststellungsinteresse entfällt bei Klagen in der Bundesrepublik Deutschland grundsätzlich dann, wenn der Schutzrechtsinhaber seinerseits **positive Leistungsklage umgekehrten Rubrums** auf Unterlassen erhebt *und* diese nicht mehr einseitig ohne Zustimmung des Beklagten zurückgenommen werden kann[29], wenn im Zeitpunkt der Erhebung der Leistungsklage die Feststellungsklage noch nicht entscheidungsreif ist.[30] Die einseitige Rücknahme ist gemäß § 269 Abs 1 ZPO nach Beginn der mündlichen Verhandlung über die positive Leistungsklage nicht mehr möglich, also in der Regel mit der Antragstellung.[31] Für den Fall, dass eine mündliche Verhandlung im positiven Verletzungsrechtstreit nicht vor derjenigen der Feststellungsklage stattfindet, wird die Möglichkeit eines Verzicht des Leistungsklägers auf das Recht der einseitigen Rücknahme diskutiert.[32] Trotz anhängiger Leistungsklage bleibt das Feststellungsinteresse ausnahmsweise bestehen, wenn der Feststellungsrechtsstreit entscheidungsreif oder im Wesentlichen zur Entscheidungsreife fortgeschritten ist und die Leistungsklage noch nicht entscheidungsreif ist.[33] Auch in diesem Fall kommt jedoch das Feststellungsinteresse zum Erliegen, sobald eine die Instanz beendende Entscheidung über die Leistungsklage ergangen ist, wenn zu dieser Zeit eine Entscheidung über die negative Feststellungsklage noch nicht vorliegt.[34] Mit Blick auf die Leistungsklage reicht insoweit ein Grundurteil.[35] Demgegenüber genügt ein Versäumnisurteil, welches mit einem zulässigen Einspruch angegriffen ist, als Instanz beendende Entscheidung nicht.[36] Dass das die Leistungsklage betreffende (Grund-)Urteil im Rechtsmittelzug aufgehoben wird, ändert an dem einmal eingetretenen Wegfall des Feststellungsinteresses nichts.[37]

Praxistipp	Formulierungsbeispiel

25 Die Einleitung einer positiven Leistungsklage des Schutzrechtsinhabers wird durch die Einlegung einer negativen Feststellungsklage häufig provoziert. Das damit verbundene Risiko einer eigenen Verurteilung muss daher bei der Überlegung, ob tatsächlich gegen den Verwarner vorgegangen werden soll, stets mit einkalkuliert werden. Zu beachten ist dabei, dass die im Wege der Widerklage zu erhebende Leistungsklage nicht am Gerichtsstand der negativen Feststellungsklage erhoben werden muss. Vielmehr kann der Gerichtsstand für diese nach den allgemeinen Grundsätzen der örtlichen Zuständigkeit frei gewählt werden. Werden unterschiedliche Gerichte mit der negativen Feststellungsklage und der positiven Leistungsklage befasst, erhöhen sich die Prozesskosten.

---

27 LG Mannheim, NJOZ 2007, 5795 – Mobilfunk-Chipsets.
28 Benkard, PatG, § 139 PatG Rn 95.
29 BGH, GRUR 2006, 217 – Detektionseinrichtung I.
30 BGH, BeckRS 2010, 20763.
31 ZT wird zusätzlich eine materiell-rechtliche Diskussion der Hauptsache verlangt, vgl etwa Stein/Jonas, § 269 ZPO Rn 18.
32 Keller, WRP 2000, 908, 911; zweifelhaft jedoch, ob auf ein derartiges prozessuales Recht verzichtet werden kann.
33 BGH, GRUR 2006, 217 – Detektionseinrichtung I.
34 BGH, GRUR 2006, 217 – Detektionseinrichtung I.
35 BGH, GRUR 2006, 217 – Detektionseinrichtung I.
36 BGH, GRUR 2006, 217 – Detektionseinrichtung I.
37 BGH, GRUR 2006, 217 – Detektionseinrichtung I.

Wegen der in der Bundesrepublik Deutschland geltenden Subsidiarität[38] der negativen Feststellungsklage gegenüber einer positiven Leistungsklage ist die negative Feststellungsklage in jedem Fall für erledigt zu erklären, sobald die Leistungsklage bei einem Gericht in der Bundesrepublik Deutschland anhängig ist. Andernfalls müsste die negative Feststellungsklage als unzulässig abgewiesen werden.

2. Antrag

Grundsätzlich ist es ausreichend, den Antrag darauf zu richten, dass dem Feststellungsbeklagten wegen einer bestimmten Vorrichtung oder eines bestimmten Verfahrens aus dem Klageschutzrecht gegen den Kläger keine Rechte/Ansprüche auf Unterlassung etc zustehen, wenn dieser im Bereich der Bundesrepublik Deutschland die streitigen Vorrichtungen bzw das streitige Verfahren benutzt. Es sollten jeweils die Verletzungshandlung (beispielsweise durch die Angabe von Typenbezeichnungen oder bestimmten Merkmalen, durch Abbildungen oder Zeichnungen) sowie das bzw die Klageschutzrechte (durch die Angabe der Veröffentlichungs-Nr) näher bezeichnet werden. Als unzulässig hat der BGH[39] eine Antragsfassung beanstandet, die die Feststellung zum Ziel hat, dass die Feststellungsklägerin bei der Produktion der streitbefangenen Gegenstände nicht von den Merkmalen des Klageschutzrechts Gebrauch macht, denn ein solcher Antrag ist auf eine bloße Vorfrage – und nicht auf das eigentliche Rechtsverhältnis – gerichtet.

Praxistipp	Formulierungsbeispiel
Es wird beantragt, festzustellen, dass der Beklagten gegen die Klägerin aus dem deutschen Anteil des europäischen Patents .... keine Ansprüche zustehen, wenn die Klägerin im Bereich der Bundesrepublik Deutschland Vorrichtungen ... herstellt, anbietet, vertreibt oder zu den genannten Zwecken einführt oder besitzt, bei denen ...	

3. Begründung

Die Begründung einer negativen Feststellungsklage sollte entsprechend der Begründung einer Leistungsklage aufgebaut sein, dh es sind in gleichem Umfang die erfindungsgemäße Lehre und der Stand der Technik zu erläutern. Hieran schließen sich Ausführungen zu der angegriffenen Vorrichtung oder Handlung an einschließlich der Erklärung, warum gerade keine Schutzrechtsverletzung vorliegt. Dies sollte möglichst mit Anschauungsmaterial für das Gericht belegt werden, also mit Prospekten, Fotografien und Zeichnungen, wobei vorteilhafter Weise die Abbildungen die Bezugsziffern des Klageschutzrechtes aufweisen. Bei Zeichnungen bietet sich zudem eine Kolorierung an, um einen Vergleich zwischen der erfindungsgemäßen Lehre und der angegriffenen Ausführungsform zu vereinfachen.

---

38 Vgl die andere Handhabung bei internationalen Beziehungen – Torpedo.
39 BGH, GRUR 2019, 110 – Schneckenköder.

| Praxistipp | Formulierungsbeispiel |

30 Die vorgenannten, dezidierten Darlegungen empfehlen sich ungeachtet dessen, dass die Beweislast für die Berechtigung des erhobenen Verletzungsvorwurfs in vollem Umfang beim Beklagten liegt (vgl nachfolgend unter 4.). Wegen der gegebenen Beweislastverteilung könnte sich die negative Feststellungsklage streng genommen zwar darauf beschränken darzutun, *dass* sich der Beklagte eines Anspruchs wegen Patentverletzung berühmt hat, verbunden mit der – pauschalen – Bemerkung, dass der Verletzungsvorwurf zu Unrecht erhoben sei. Spätestens in der Replik wird jedoch auf die Verletzungsargumente des Beklagten im Einzelnen einzugehen sein. Weil dem so ist, sollte bereits mit der Klageschrift die Initiative ergriffen und die Chance genutzt werden, das Gericht von vornherein für eine bestimmte Sichtweise (insbesondere in Bezug auf die Patentauslegung) einzunehmen.

4. Beweislast

31 Die Darlegungs- und Beweislast für das Vorliegen einer Berühmung (zB in Form einer Abmahnung) trägt der Kläger. Demgegenüber steht die Berechtigung der Anspruchsberühmung (Abmahnung) zur Beweislast des Beklagten.[40] Wer sich eines Anspruchs berühmt, muss beweisen, dass ihm ein Anspruch im behaupteten Umfang tatsächlich zusteht. Allerdings ist zu beachten, dass die Beweislast immer nur mit Blick auf den berühmten Anspruch besteht und nicht darüber hinaus.

▶ **Beispiel:**

32 Hat der Beklagte zB behauptet, dass ihm gegen den Kläger ein Anspruch auf Herausgabe von Verletzergewinn in Höhe von 1.000.000 € zusteht, und geht die Klage dahin festzustellen, dass dem Beklagten kein Verletzergewinn in der behaupteten Höhe, sondern in Höhe von maximal 100.000 € zusteht, so hat der Beklagte einen Verletzergewinn in der von ihm behaupteten Höhe von 1.000.000 € zu beweisen. Gelingt ihm dieser Nachweis nicht, ist der Klage lediglich dahingehend stattzugeben, dass dem Beklagten kein Anspruch auf Herausgabe von Verletzergewinn in Höhe von 1.000.000 € zusteht. Damit auch dem weiteren Klagebegehren (Feststellung eines Schadenersatzanspruchs von maximal 100.000 €) entsprochen werden kann, hat der Kläger zu beweisen, dass sich der an den Beklagten herauszugebende Verletzergewinn auf höchstens 100.000 € beläuft.[41]

5. Streitwert

33 Der Streitwert entspricht dem Wert der positiven Leistungsklage umgekehrten Rubrums, dh dem Wert derjenigen Ansprüche, deren sich der Beklagte berühmt.[42]

---

40 BGH, NJW 1993, 1716.
41 OLG Düsseldorf, Urteil v 28.4.2011 – I-2 U 12/10.
42 BGH, WuM 2004, 352; KG, GRUR-RR 2009, 160.

II. Einstweilige Verfügung

1. Allgemeines

a) Taugliche Ansprüche wegen Schutzrechtsverletzung

Prinzipiell kommt auch in Patentsachen der Erlass einer einstweiligen Verfügung in Betracht.[43] Mit ihr können sowohl der **Unterlassung**sanspruch nach § 139 Abs 1 PatG als auch – wie sich aus § 140b Abs 7 PatG ergibt, unter den dort genannten Voraussetzungen – der in § 140b Abs 1 bis 4 PatG geregelte **Auskunft**sanspruch über die Herkunft und den Vertriebsweg der schutzrechtsverletzenden Ware geltend gemacht werden. Ein Anspruch auf **Schadenersatz** und der ihn vorbereitende **Rechnungslegung**sanspruch können demgegenüber *nicht* im Wege der einstweiligen Verfügung durchgesetzt (gesichert) werden[44]; ebenso wenig der Rückrufanspruch.[45] Dafür ist es zur Sicherung des **Vernichtungsanspruch**s im Einzelfall möglich, eine Verwahrung[46] verletzender Gegenstände durch den Gerichtsvollzieher zu beantragen. Hat der zu sichernde Vernichtungsanspruch einmal bestanden, weil inländischer Besitz/Eigentum vorhanden war, scheidet ein Verwahrungsanspruch nach OLG Hamburg[47] nicht schon deshalb aus, weil ungewiss ist, ob die Vernichtungsvoraussetzungen im Zeitpunkt der einstweiligen Verfügung bzw ihrer Aufrechterhaltung fortbestehen. Das Sicherungsinteresse soll so lange gegeben sein, bis endgültig feststeht, dass – Erstens – die Voraussetzungen eines Vernichtungsanspruchs aktuell nicht bestehen (weil sich momentan keine Verletzungsgegenstände im inländischen Besitz des Antragsgegners befinden), und sich – Zweitens – die Vernichtungsvoraussetzungen auch in der Zukunft nicht mehr einstellen können, weil der Antragsgegner entweder rechtskräftig zur Unterlassung verurteilt ist oder eine strafbewehrte Unterlassungserklärung abgegeben hat.[48]

34

Praxistipp	Formulierungsbeispiel
Dem Antragsgegner wird aufgegeben, die unter I. bezeichneten (Anm: patentverletzenden) Gegenstände an einen Gerichtsvollzieher zum Zwecke der Verwahrung herauszugeben, die	

35

---

43 Umfassend zu den Problemen, die sich im Zusammenhang mit einstweiligen Verfügungen in Patentsachen und ihrer Durchsetzung ergeben: v. Falck, Mitt 2002, 429 ff; Pansch, Einstweilige Verfügung, 2003.
44 OLG Hamburg, GRUR-RR 2007, 29 – Cerebro Card; OLG Düsseldorf, Beschluss v 4.1.2017 – I-2 W 29/16.
45 Vgl oben unter Kap D Rdn 1059; ebenso: Jestaedt, GRUR 2009, 102, 106.
46 Vermieden werden sollte die Formulierung, dass die Gegenstände an einen Gerichtsvollzieher »als Sequester« oder »als Treuhänder« herauszugeben sind. Beides beinhaltet nämlich streng genommen eine verwaltende Tätigkeit, die nicht zum eigentlichen Aufgabenkreis des Gerichtsvollziehers gehört, sondern eine genehmigungspflichtige Nebentätigkeit darstellt, die der Gerichtsvollzieher ablehnen kann.
47 OLG Hamburg, NJWE-WettbR 2000, 19 – Berodual.
48 Dem wird man für den Fall zustimmen können, dass beim Erlass der Verwahrungs-eV die Vernichtungsvoraussetzungen glaubhaft (= überwiegend wahrscheinlich) waren, weil der Gerichtsvollzieher für den Antragsgegner Besitz und Eigentum vermittelt, welches folglich in Bezug auf die in Verwahrung genommenen Gegenstände nicht verloren geht. Ist schon bei Erlass der eV inländischer Besitz/Eigentum des Antragsgegners nicht glaubhaft, sondern bloß nicht restlos ausgeschlossen, kann es – mangels Verfügungsanspruchs – keine Verwahrungs-eV geben. Genauso zweifelhaft ist, ob die Unterlassungsverurteilung oder -erklärung als solche das Sicherungsbedürfnis wirklich beseitigt, dient der Vernichtungsanspruch doch dazu, den Verletzten auch gegenüber einem solchen Verletzer in Schutz zu nehmen, der sich trotz bestehender Unterlassungspflicht zu Benutzungshandlungen hinreißen lässt.

> andauert, bis über das Bestehen eines Vernichtungsanspruchs zwischen den Parteien rechtskräftig entschieden oder eine einvernehmliche Regelung herbeigeführt worden ist.

36 Darüber hinaus sollte, soweit sich die einstweilige Verfügung gegen Ausländer richtet, mit deren Land keine Gegenseitigkeit verbürgt ist, ein Arrest im Umfang der **Verfahrenskosten** in Betracht gezogen werden (§ 917 Abs 2 ZPO). Dies bietet sich insbesondere bei Verfügungen im Zusammenhang mit Messen an und ermöglicht es, ggf den Messestand als Ganzes zu pfänden und somit den Messeauftritt des Konkurrenten insgesamt zu beenden. Allerdings ist zu beachten, dass der Schuldner die Vollziehung des Arrestes gemäß § 923 ZPO durch Hinterlegung eines im Arrestbeschluss festzusetzenden Geldbetrages abwenden kann.

Praxistipp	Formulierungsbeispiel

37
1. Wegen eines Betrages von … € wird der dingliche Arrest in das bewegliche und unbewegliche Vermögen der Antragsgegnerin angeordnet.
2. Durch Hinterlegung von … € wird die Vollziehung des Arrestes gehemmt und die Antragsgegnerin zum Antrag auf Aufhebung des vollzogenen Arrestes berechtigt.

38 Damit der Auskunftsanspruch nach § 140b PatG im vorläufigen Rechtsschutz durchgesetzt werden kann, bedarf es einer »**offensichtlichen Rechtsverletzung**«. Davon kann nur gesprochen werden, wenn die Berechtigung des erhobenen Verletzungsvorwurfs, dh die rechtswidrige Benutzungslage und die Rechtsbeständigkeit des Verfügungsschutzrechts[49] nicht nur wahrscheinlich, sondern in einem solchen Maße gesichert ist, dass vernünftige Zweifel nicht verbleiben und eine andere Entscheidung in einem späteren Hauptsacheverfahren praktisch nicht möglich ist.[50] Es muss sich sowohl in tatsächlicher als auch in rechtlicher Hinsicht um einen unzweideutigen Fall handeln.[51] Greift der Antragsteller zur Begründung des Verletzungsvorwurfs auf die Analyse einer von ihm untersuchten Probe des angegriffenen Erzeugnisses zurück, so bedarf es deshalb einer lückenlosen Dokumentation von der Bestellung der Lieferung bis hin zur Untersuchung der Probe, und zwar in dem Sinne, dass jeder einzelne Schritt von den handelnden Personen glaubhaft gemacht wird.[52] An der Offensichtlichkeit kann es fehlen, wenn eine ergangene erstinstanzliche Rechtsbestandsentscheidung nachvollziehbar und einleuchtend ist (und deswegen eine Unterlassungsanordnung rechtfertigt), jedoch nicht in jeder Hinsicht unangreifbar ist.[53] Gleiches gilt, wenn ein Gericht (im Laufe desselben Verfahrens oder in einem parallelen Rechtsstreit) einen Anspruch aus Rechtsgründen verneint hat, mag sich die Entscheidung letztlich auch nicht als tragfähig herausstellen.[54]

b) Glaubhaftmachung

39 Anders als in Konstellationen, in denen eine Partei den (vollen) Beweis für eine Behauptung zu erbringen hat, ist eine Glaubhaftmachung[55] selbst bei Vorliegen vernünftiger

---

49 OLG München, Beschluss v 4.4.2018 – 6 W 164/18.
50 OLG Hamburg, InstGE 8, 11 – Transglutaminase.
51 OLG Düsseldorf, Urteil v 19.2.2016 – I-2 U 54/15.
52 OLG Hamburg, InstGE 8, 11 – Transglutaminase.
53 OLG Düsseldorf, Urteil v 19.2.2016 – I-2 U 54/15.
54 OLG Frankfurt/Main, GRUR-RR 2019, 10 – Bella la Vita.
55 Zur eidesstattlichen Versicherung als Mittel der Glaubhaftmachung vgl Wehlau/Kalbfus, Mitt 2011, 165.

Zweifel nicht ausgeschlossen. Nach den zu § 294 ZPO entwickelten Grundsätzen genügt zur Glaubhaftmachung ein geringerer Grad der richterlichen Überzeugungsbildung. An die Stelle des Vollbeweises tritt eine Wahrscheinlichkeitsfeststellung. Die Behauptung ist schon dann glaubhaft gemacht, wenn eine überwiegende Wahrscheinlichkeit dafür besteht, dass sie zutrifft.[56] Diese Voraussetzung ist erfüllt, wenn bei der erforderlichen umfassenden Würdigung der Umstände des jeweiligen Falles mehr für das Vorliegen der in Rede stehenden Behauptung spricht als dagegen.[57] Diese Würdigung vorzunehmen, ist – ebenso wie die Beweiswürdigung nach § 286 ZPO – grundsätzlich Sache des Tatrichters.[58]

Ohne Beweiswert ist – schon aus Gründen des rechtlichen Gehörs (Art 103 Abs 1 GG) – ein **GfK-Bericht**, der in anonymisierter Form den Inhalt von Gesprächen zwischen (namentlich nicht näher bezeichneten) Außendienstmitarbeitern von Generika-Pharmaunternehmen und von ihnen besuchten (namentlich ebenfalls nicht näher bezeichneten) Ärzten wiedergibt.[59] Letztlich stellt der Bericht nichts anderes dar als eine anonyme Denunziation, die auch in Anbetracht dessen, dass der Denunzierte ein Generika-Unternehmen ist, zu einer reinen Verdachts-Verurteilung führen würde. 40

Aus ähnlichen Erwägungen genügt es zur Glaubhaftmachung allein nicht, wenn der Verfahrensbevollmächtigte des Antragstellers anwaltlich versichert, dass eine eidesstattliche Versicherung eines **anonymen Hinweisgebers** vorliegt, aus der sich ein anspruchsbegründender Sachverhalt ergibt.[60] 41

Einer Glaubhaftmachung bedarf es nur im Rahmen der jeweiligen Darlegungs- und Beweislast und – nach zutreffender Ansicht – auch nur dann, wenn die betreffende Tatsache streitig ist.[61] Ist ein **Verfügungsanspruch schlüssig dargelegt, aber nicht glaubhaft gemacht**, so kann der Verfügungsantrag deshalb aus tatsächlichen Gründen nur zurückgewiesen werden, wenn der **Antragsgegner** zuvor (mündlich oder schriftlich) **gehört worden ist**, damit Gewissheit darüber herrscht, ob der fragliche Umstand von ihm streitig gestellt und damit glaubhaftmachungsbedürftig wird.[62] Umgekehrt kann eine einstweilige Verfügung vor Anhörung des Gegners (dessen Einlassung bestimmte Tatsachen möglicherweise unstreitig stellt) nur erlassen werden, wenn sämtliche anspruchsbegründenden Umstände glaubhaft gemacht sind. 42

Hängt der Erfolg des Verfügungsantrages oder einer Rechtsverteidigung des Antragsgegners von der Anwendung **ausländischen Rechts** ab, so ist dieses gemäß § 293 ZPO grundsätzlich von Amts wegen aufzuklären. Sind für das Gericht im Eilverfahren (welches namentlich die Einholung eines Rechtsgutachtens verbietet) insoweit keine zuverlässigen Erkenntnisse zu gewinnen, so ist streitig, wie mit einem solchen Befund umzugehen ist. Während die Unaufklärbarkeit teilweise nach den Regeln der Darlegungs- und Beweislast behandelt wird und zur Zurückweisung des Verfügungsantrages führt, wenn eine nach ausländischem Recht zu beurteilende anspruchsbegründende Voraussetzung nicht zugunsten des Antragstellers geklärt werden kann[63], befürworten andere ein Zurückgreifen auf die Anwendung deutschen Rechts[64]; eine dritte Ansicht will schließ- 43

---

56 BGH, NJW-RR 2007, 776, 777; BGH, MDR 2011, 68.
57 BGHZ 156, 139, 143; BGH, MDR 2011, 68.
58 BGH, MDR 2011, 68.
59 OLG Düsseldorf, InstGE 13, 244 – GfK-Bericht.
60 OLG Braunschweig, GRUR-RS 2019, 27016.
61 Anders: OLG Stuttgart, ZIP 2010, 1089 (es verlangt eine Glaubhaftmachung unabhängig von der Beweisbedürftigkeit).
62 KG, BeckRS 2011, 05970 – Hotel ohne Pool.
63 Ablehnend: BGH, Beschluss v 24.8.2022 – XII ZB 268/19.
64 OLG Düsseldorf, GRUR 2020, 204 – unbleached paper rolls.

lich über das Verfügungsbegehren aufgrund einer allgemeinen Interessenabwägung entscheiden.[65]

c) Sondersituation im Patentrecht

44 Im Vergleich zu sonstigen zivilrechtlichen Streitfällen ergeben sich Besonderheiten daraus, dass in Patentverletzungssachen ein technischer Sachverhalt zur Beurteilung steht, der in der Regel eine eingehende schriftsätzliche und mündliche Erörterung durch die Parteien voraussetzt, um das – selbst nicht fachkundige – Verletzungsgericht in die Lage zu versetzen, eine hinreichende Grundlage für seine Entscheidung zu gewinnen. Im Rahmen eines summarischen Verfahrens lässt sich Derartiges nur bedingt und nicht in jedem Fall leisten. Vor allem sind für den Antragsgegner die Möglichkeiten begrenzt, innerhalb der knappen zur Verfügung stehenden Zeit den Stand der Technik umfassend zu recherchieren, um den rechtlichen Bestand des Verfügungsschutzrechtes angreifen zu können. Gleichzeitig hat eine Unterlassungsverfügung meist einschneidende Konsequenzen für die gewerbliche Tätigkeit des Antragsgegners und führt für die Bestandsdauer der Verfügung zu einer endgültigen Erfüllung des geltend gemachten Anspruchs. Anders als bei einer Hauptsacheklage, deren Durchführung in erster Instanz viele Monate in Anspruch nimmt, wird der Antragsgegner aufgrund eines einstweiligen Verfügungsverfahrens innerhalb weniger Wochen oder Monate vor die Situation gestellt, den Vertrieb des angegriffenen Erzeugnisses einstellen zu müssen. Seine Möglichkeiten, das Verletzungsprodukt zu variieren, um aus dem Schutzbereich des Verfügungspatents zu gelangen, sind dadurch rein zeitlich deutlich eingeschränkt. Auch in Bezug auf etwaige Umgehungslösungen ist die Sachlage bei einem Verfügungsverfahren daher nicht mit den Verhältnissen zu vergleichen, die bei einer regulären Verletzungsklage bestehen.[66]

45 Um das Risiko einer folgenschweren Fehlentscheidung zu vermindern, trägt die Rechtsprechung der gegebenen Sachlage dadurch Rechnung, dass der Erlass einer einstweiligen Unterlassungsverfügung *im Grundsatz* nur in Betracht kommt, wenn sowohl der **Bestand** des Verfügungspatents als auch die Frage der **Patentverletzung**[67] im Ergebnis so **eindeutig** zugunsten des Antragstellers zu beantworten sind, dass eine fehlerhafte, in einem etwaigen nachfolgenden Hauptsacheverfahren zu revidierende Entscheidung nicht ernstlich zu erwarten ist.[68] Je klarer beides zugunsten des Patentinhabers zu beurteilen ist, umso weniger ist es gerechtfertigt, mit Rücksicht auf irgendwelche Wettbewerbsinteressen des Antragsgegners gleichwohl von einem einstweiligen Rechtsschutz abzusehen. Bei eindeutiger Rechtsbestands- und Verletzungslage erübrigen sich deswegen in aller Regel weitere Erwägungen zur Interessenabwägung.[69] Die Notwendigkeit einstweiligen Rechtsschutzes kann sich deshalb im Einzelfall auch aus der eindeutigen Rechtslage als solcher ergeben.[70] Anderes gilt freilich dann, wenn die Verletzungshandlungen mittlerweile dauerhaft eingestellt sind; hier bedarf es ausnahmsweise näheren Sachvortrages dazu, weshalb die Rechtverfolgung dringlich ist und dem Verletzten, dem keine weiteren Schutzrechtseingriffe drohen, nicht zugemutet werden kann, seine Ansprüche im Haupt-

---

65 Zum Streitstand vgl OLG Frankfurt/Main, GRUR-RR 2020, 493 – MBST-System.
66 OLG Düsseldorf, BeckRS 2014, 04902 – Desogestrel.
67 Neben der Merkmalsverwirklichung sind damit auch Rechtsfragen gemeint, die über den Verletzungstatbestand entscheiden, zB die Frage, ob eine Messeausstellung ein Angebot darstellt (LG Mannheim, InstGE 13, 11 = LG Mannheim, GRUR-RR 2011, 83 – Sauggreifer). Nur wirklich zweifelhafte Rechtsfragen oder eine wirklich unübersichtliche Rechtslage sind jedoch von Belang und können einem Verfügungsantrag entgegengehalten werden.
68 OLG Düsseldorf, InstGE 12, 114 – Harnkatheterset; OLG Karlsruhe, InstGE 11, 143 – VA-LCD-Fernseher; LG Hamburg, GRUR-RR 2015, 137 – Hydraulikschlauchgriffteil.
69 OLG Düsseldorf, Urteil v 27.10.2011 – I-2 U 3/11; OLG Düsseldorf, Urteil v 10.11.2011 – I-2 U 41/11.
70 OLG Düsseldorf, Urteil v 10.11.2011 – I-2 U 41/11.

sacheverfahren durchzusetzen.[71] Je weniger eindeutig – umgekehrt – die Sach- und Rechtslage ist, umso weniger angebracht ist es umgekehrt, im einstweiligen Rechtsschutz Maßnahmen anzuordnen, die den Antragsgegner in seiner geschäftlichen Tätigkeit schwerwiegend oder gar existenziell treffen, und umso mehr kommt derartiges nur dann in Betracht, wenn ganz besondere Interessen die Gewährung einstweiligen Rechtsschutzes ausnahmsweise gebieten.

Es gibt keinen *Rechts*grundsatz, dass bestimmte Technikgebiete von vornherein für ein vorläufiges Rechtsschutzverfahren nicht in Betracht kommen. Sehr wohl existieren jedoch Konstellationen, in denen aus rein praktischen Gründen von einem einstweiligen Verfügungsverfahren abgesehen werden sollte, weil die betroffene technische Materie Spezialkenntnisse verlangt, die dem Verletzungsgericht nicht eigen sind, sondern einer im Verfahren des vorläufigen Rechtsschutzes unzulässigen sachverständigen Beratung bedürfen. Mangels materieller Prüfung auf Schutzfähigkeit scheidet regelmäßig auch ein Gebrauchsmuster zwar nicht aus Rechtsgründen, aber faktisch als Grundlage für eine Unterlassungsverfügung aus.[72]   46

▶ **Beispiel:**

Arzneimittelpatent, wenn die Verletzung nicht liquide (zB anhand der eigenen Produktinformation des Antragsgegners belegbar) ist, sondern Untersuchungen und Messungen an dem angegriffenen Produkt erfordern, gegen die ggf methodische und/oder ergebnisbezogene Einwände erhoben werden können, ohne dass das Verletzungsgericht deren Stichhaltigkeit selbst verifizieren kann.   47

Praxistipp	Formulierungsbeispiel

Ein anwaltlich gut beratener Antragsgegner wird solche Einwände erst im oder kurz vor dem Verhandlungstermin anbringen und damit eine Glaubhaftmachung des Verletzungstatbestandes wirksam vereiteln.   48

Erfolglos wird ein Verfügungsbegehren vielfach ferner dann bleiben müssen, wenn seine Berechtigung maßgeblich von der Beurteilung einer Rechtsfrage abhängt, die sich mit gleichermaßen guten Gründen sowohl in die eine wie in die entgegengesetzte Richtung beantworten lässt, sodass es sich um eine reine Wollensentscheidung handelt, welcher Interpretation der Vorzug gegeben wird, sofern die letztliche Entscheidungskompetenz hierfür beim **EuGH** liegt. Eine derartige momentane Ungewissheit der Rechtslage bedeutet für ein einstweiliges Verfügungsverfahren, dass ein Unterlassungsgebot grundsätzlich nur unter solchen Umständen in Betracht kommen kann, von denen bei aller Unwägbarkeit schon jetzt verlässlich angenommen werden kann, dass für sie die Rechtslage in einem Sinne beurteilt werden wird, der die Berechtigung des Verfügungsbegehrens ergibt. Umgekehrt wird eine solche Maßnahme im mutmaßlichen Grenzbereich der rechtlichen Beurteilung regelmäßig auszuscheiden haben. Dies stimmt damit überein, dass unter solchen Bedingungen ein sofortiger Rechtsschutz auch in einem Hauptsacheprozess nicht zu erhalten wäre, weil der Verletzungsprozess auszusetzen wäre, bis im Rechtsbestandsverfahren eine Vorabentscheidung des EuGH eingeholt ist.[73]   49

---

71 OLG Nürnberg, GRUR-RR 2019, 64 – CurryWoschdHaus.
72 OLG München, GRUR 2020, 385 – Elektrische Anschlussklemme.
73 OLG Düsseldorf, GRUR 2020, 272 – Hydroxysubstituierte Azetidinone.

50 Zu weitgehend ist allerdings die Auffassung des OLG Karlsruhe[74], dass die Beurteilung der Verletzungsfrage auch dann mit – gegen den Erlass einer einstweiligen Verfügung sprechenden – Schwierigkeiten verbunden sein kann, wenn im Hauptsacheverfahren kein Sachverständigengutachten eingeholt werden müsste. Wenn das Gericht weitere Erkenntnisquellen für verzichtbar hält, die es sich aus Rechtsgründen erst im Hauptsacheprozess erschließen könnte, so geht es letztlich allein darum, dass auf bestimmter Tatsachen- und Erkenntnisgrundlage eine Entscheidung für oder gegen die Patentverletzung zu treffen ist. Es leuchtet nicht ein, den Verfügungsantrag mit der Begründung zurückzuweisen, der Verletzungssachverhalt sei (subjektiv) schwierig zu beurteilen, wenn er – ohne neue Erkenntnisse gewonnen zu haben – einige Zeit später in einem Hauptsacheverfahren vom Verletzungsgericht zu entscheiden ist – und auch ohne sachverständige Beratung entschieden wird.

51 Zu eng ist gleichermaßen die Ansicht des LG Hamburg[75], das nur eine wortsinngemäße Benutzung gelten lassen, einen einstweiligen Rechtsschutz bei **äquivalenter Benutzung** hingegen regelmäßig versagen will. Bisweilen lassen sich die Voraussetzungen einer Äquivalenz leichter und im Ergebnis eindeutiger feststellen als über den Wortsinn eines Anspruchsmerkmals Klarheit zu gewinnen ist. Die Benutzungskategorie für sich betrachtet sollte deswegen nicht über den Zugang zum vorläufigen Rechtsschutz entscheiden, sondern vielmehr die Frage, ob unter Zuhilfenahme der zulässigen Erkenntnismittel eine hinreichende Gewissheit über das Vorliegen einer Schutzrechtsverletzung (in welcher rechtlichen Kategorie auch immer) erhalten werden kann.

52 Eine einstweilige Verfügung wegen Patentverletzung generell nicht oder nur in ganz besonders seltenen Ausnahmefällen in Betracht zu ziehen, widerspräche auch **Art 50 Abs 1 TRIPS**, welcher die gerichtliche Anordnung einstweiliger Maßnahmen zur Verhinderung der Verletzung eines Rechts des geistigen Eigentums oder zur Sicherung einschlägiger Beweise ausdrücklich vorsieht. Eine einstweilige Unterlassungsverfügung wegen Patentverletzung verlangt aber in der Regel, dass die Rechtsbeständigkeit des Antragsschutzrechtes hinlänglich gesichert ist.[76] Zweifel an der grundsätzlich zu respektierenden Schutzfähigkeit des Verfügungspatentes können das Vorliegen eines Verfügungsgrundes ausschließen. Die Einschätzung der Rechtsbeständigkeit muss das Verletzungsgericht in eigener Verantwortung vornehmen.[77] Es kann sich also nicht kurzerhand auf den Erteilungsakt verlassen, sondern hat selbständig zu klären, ob angesichts des Sachvortrages des Antragsgegners ernstzunehmende Anhaltspunkte dafür bestehen, dass das Verfügungspatent ggf keinen Bestand haben wird. Seine Vernichtung muss als Folge der Einwendungen des Antragsgegners aus Sicht des Verletzungsgerichts nicht zwingend und sie muss auch nicht überwiegend wahrscheinlich, sondern bloß möglich sein, um einem Verfügungsantrag den Erfolg versagen zu können.[78]

d) Rechtsbestand des Verfügungspatents

53 Damit Zweifel am Rechtsbestand des Verfügungspatents sich in einer Zurückweisung des Verfügungsantrages niederschlagen können, muss das **Verfügungsschutzrecht mit einem Einspruch oder** einer **Nichtigkeitsklage angegriffen** werden, weil nur sie das Patent tatsächlich zu Fall bringen können.[79] Es nützt dem Antragsgegner deshalb nichts, im einstweiligen Verfügungsverfahren lediglich Einspruchs- oder Nichtigkeits-

---

74 OLG Karlsruhe, InstGE 11, 143 – VA-LCD-Fernseher.
75 LG Hamburg, GRUR-RR 2015, 137 – Hydraulikschlauchgriffteil.
76 OLG Düsseldorf, InstGE 9, 140, 146 – Olanzapin.
77 OLG Düsseldorf, InstGE 9, 140, 146 – Olanzapin.
78 OLG Düsseldorf, InstGE 12, 114 – Harnkatheterset.
79 OLG Düsseldorf, InstGE 7, 147 – Kleinleistungsschalter; OLG Düsseldorf, InstGE 12, 114 – Harnkatheterset; OLG Düsseldorf, Urteil v 23.6.2022 – I-2 U 34/21; aA: v. Falck, Mitt 2002, 429, 433.

gründe aufzuzeigen, die zu einer Vernichtung des Verfügungspatents führen *könnten*, so lange er oder ein Dritter[80] nicht (spätestens bis zum Schluss der letzten mündlichen Verhandlung im Verfügungsverfahren) tatsächlich beim DPMA, EPA oder BPatG ein Verfahren eröffnet hat, in dem aufgrund dieses Vorbringens ein Widerruf bzw. die Nichtigerklärung des Patents verfügt werden kann. Liegt zwischen der Kenntnis des Antragsgegners vom Verfügungsantrag und dem Verhandlungstermin ein nur kurzer Zeitraum, innerhalb dessen dem Antragsgegner nicht zugemutet werden kann, das Verfügungspatent mit einem förmlichen Rechtsbehelf anzugreifen, so muss zumindest zweifelsfrei absehbar sein, dass der Rechtsbestand des Verfügungsschutzrechts zu gegebener Zeit angegriffen werden wird.[81] Innerhalb welcher Frist ein förmlicher Rechtsbehelf erwartet werden kann, hängt von den Umständen des Einzelfalles ab, insbesondere von der Schwierigkeit und Komplexität der technischen Materie sowie von den Recherchemöglichkeiten des Antragsgegners ab, die durch etwaige offenkundige Vorbenutzungen oder in öffentlich zugänglichen Datenbanken schwer ermittelbare Druckschriften (Firmenprospekte, Tagungsunterlagen, Fachbücher, japanisch-sprachige Veröffentlichungen) erschwert sein können. Ist die Zeit zwischen Veröffentlichung der Patenterteilung und dem Verhandlungstermin im Verfügungsverfahren besonders kurz, sodass dem Antragsgegner nicht einmal eine vernünftige Recherche nach möglichen Stand der Technik zuzumuten war, so kann der Verfügungsantrag auch ohne konkrete Benennung von Entgegenhaltungen zurückzuweisen sein, weil die Schutzrechtslage unklar und die Erwartung nicht von der Hand zu weisen ist, dass bei angemessener Recherche relevanter Stand der Technik aufgefunden werden *kann*.[82] In jedem Fall ist dem Antragsteller zu raten, den Gegner mit einer zeitigen Verletzungsanzeige nach Patenterteilung »bösgläubig« zu machen, womit gemeint ist, dass er in einer solchen Weise mit dem Verletzungsvorwurf konfrontiert wird, dass von ihm eine zügige Recherche nach entgegenstehendem Stand der Technik erwartet werden kann.

Praxistipp	Formulierungsbeispiel

Reagiert der Verletzer auf eine vorgerichtliche Abmahnung nicht mit einem Rechtsbestandsangriff, obwohl ihm ein solcher zumutbar war, und eröffnet der Verletzte daraufhin ein einstweiliges Verfügungsverfahren in der berechtigten Erwartung, dass Rechtsbestandsangriffe ohne ein förmliches Rechtsbestandsverfahren bedeutungslos sind, und greift der Verletzer das Verfügungspatent während des Verfahrens überraschend dennoch an, so hat der Verletzte zu überlegen, ob er für sich einen Ausnahmesachverhalt reklamieren kann, der von einer kontradiktorischen Rechtsbestandsentscheidung suspendiert. Ist dem nicht so, sollte er das einstweilige Verfügungsverfahren für erledigt erklären, um sich von der Kostenlast zu befreien. Ein Erledigungssachverhalt liegt vor, wenn das Verfügungsbegehren erst dadurch unbegründet geworden ist, dass der Verletzte einen unerwartet späten Rechtsbestandsangriff unternommen hat.

54

Sobald das Verfügungspatent in seinem Rechtsbestand angegriffen ist, steht es allerdings zur **Darlegungslast des Antragstellers**, der für sich den vorläufigen Rechtsschutz in Anspruch nimmt, das Verletzungsgericht davon zu überzeugen, dass die vorgebrachten Einwendungen unberechtigt sind und das Verfügungspatent mit Sicherheit das laufende

55

---

80 OLG Düsseldorf, Urteil v 10.12.2015 – I-2 U 36/15.
81 OLG Düsseldorf, InstGE 12, 114 – Harnkatheterset.
82 LG Mannheim, InstGE 11, 159 – VA-LCD-Fernseher II; OLG Düsseldorf, InstGE 12, 114 – Harnkatheterset.

Rechtsbestandsverfahren überstehen wird.[83] Eine dahingehende Prognose kann – abweichend von der Handhabung bei der Aussetzung eines Hauptsacheprozesses – nicht schon darauf gestützt werden, dass der fremdsprachige Einspruchsschriftsatz oder fremdsprachige Entgegenhaltungen auflagenwidrig nicht übersetzt sind. Vielmehr ist es notfalls Sache des Antragstellers, diejenigen Übersetzungsarbeiten zu leisten, die erforderlich sind, um dem Verletzungsgericht die Gewissheit zu verschaffen, dass der unternommene Angriff gegen den Rechtsbestand des Verfügungspatents aussichtslos ist.[84] Aus derselben Überlegung heraus geht es – anders als bei § 148 ZPO – zu Lasten des Antragstellers, wenn sich die Erfolgsaussichten deshalb nicht abschließend klären lassen, weil die Technik des Verfügungspatents komplex und einer verlässlichen Beurteilung durch das Verletzungsgericht nicht zugänglich ist.[85]

56 Grundsätzlich kann nur dann von einem hinreichenden Rechtsbestand ausgegangen werden, wenn das Verfügungspatent bereits ein **kontradiktorisches erstinstanzliches Einspruchs- oder Nichtigkeitsverfahren** überstanden hat.[86] Das Erfordernis eines *streitig* durchgeführten Verfahrens ist kein Selbstzweck. Mit Rücksicht darauf, dass Rechtsbestandsangriffe typischerweise von Wettbewerbern des Schutzrechtsinhabers auf dem betreffenden Markt unternommen werden, die den einschlägigen Stand der Technik aufgrund ihrer eigenen Geschäfts- und Anmeldetätigkeit überblicken und darüber hinaus hinreichende Recherchemöglichkeiten besitzen und nutzen, stellt das Erfordernis einer kontradiktorischen Entscheidung sicher, dass das dem Patentinhaber günstige Einspruchs- oder Nichtigkeitserkenntnis allen in Betracht kommenden Einspruchs- bzw Nichtigkeitsgründen Rechnung trägt und vor dem Hintergrund des gesamten einschlägigen Standes der Technik ergangen ist. Es soll also das bei einem bloß einseitigen (zB Prüfungs-)Verfahren bestehende Recherchedefizit ausgeglichen werden, welches sich einerseits darin äußern kann, dass bestimmte Entgegenhaltungen im Verfahren versehentlich keine Berücksichtigung finden oder bestimmte Einwendungen (zB mangelnde Offenbarung oder unzulässige Erweiterung) nicht unter sämtlichen in Betracht kommenden Blickwinkeln beurteilt werden. Die Beteiligung Dritter an der Aufbereitung und Würdigung des Entscheidungssachverhaltes erhöht insofern die Verlässlichkeit der getroffenen Entscheidung.[87] Unerheblich ist, ob der kontradiktorische Rechtsbestandsstreit zwischen den am Verfügungsverfahren beteiligten Personen geführt wurde oder zwischen Dritten (zB dem vormaligen Inhaber des Verfügungspatents und/oder einem anderen Wettbewerber). Ebenso ist belanglos, ob das kontradiktorisch begonnene Verfahren kurz vor der Einspruchsentscheidung infolge **Einspruchsrücknahme** von Amts wegen (einseitig) zu Ende geführt worden ist, so lange der angesprochene Zweck der Verfahrenszweiseitigkeit gewahrt ist.[88]

---

83 Geringere Anforderungen stellen das OLG Braunschweig (GRUR-RR 2012, 97 – Scharniere auf Hannover Messe) und das LG München I (vgl Wuttke/Guntz, VPP-Rundbrief 2012, 7, 14), welches eine einstweilige Verfügung schon dann für möglich hält, wenn keine überwiegenden Zweifel am Rechtsbestand des Verfügungspatents bestehen.
84 OLG Düsseldorf, InstGE 12, 114 – Harnkatheterset; OLG Düsseldorf, Urteil v 14.7.2009 – I-2 U 87/08. Voraussetzung ist freilich, dass der Angriff auf das Verfügungspatent so rechtzeitig initiiert und substantiiert wird, dass der Antragsteller bei gehöriger Anstrengung Übersetzungen noch beibringen kann.
85 OLG Düsseldorf, InstGE 12, 114 – Harnkatheterset.
86 OLG Düsseldorf, InstGE 9, 140, 146 – Olanzapin; OLG Düsseldorf, InstGE 12, 114 – Harnkatheterset; OLG Karlsruhe, GRUR-RR 2015, 509 – Ausrüstungssatz; OLG München, GRUR 2020, 385 – Elektrische Anschlussklemme; umfassend: Deichfuß, GRUR 2022, 33.
87 OLG Düsseldorf, Urteil v 19.2.2016 – I-2 U 54/15.
88 OLG Düsseldorf, Urteil v 19.2.2016 – I-2 U 54/15.

II. 1. Allgemeines

Ihn einzufordern ist auch deshalb eine zwingende Notwendigkeit, weil die Statistiken **57**
des EPA[89] (für das europäische Einspruchsverfahren) sowie anderweitige Veröffentlichungen[90] (für das nationale Nichtigkeitsverfahren) nicht etwa nur im Sinne einer vorübergehenden Momentaufnahme, sondern als dauerhaftes Faktum belegen, dass weniger als ein Drittel der erteilten Patente einem gegen sie unternommenen Rechtsbestandsangriff standhalten, während mehr als zwei Drittel der angefochtenen Patente – zu etwa gleichen Teilen – entweder vollständig widerrufen bzw für nichtig erklärt oder aber beschränkt werden, wobei die korrigierende Rechtsbestandsentscheidung – was die Sachlage weiter verschärft – erst nach einer mehrjährigen Verfahrensdauer vorliegt. An diesen unverrückbaren Tatsachen kann nicht einfach mit dem Argument vorbeigegangen werden, dass das Patent nach sachkundiger Prüfung erteilt sei und die Enforcement-Richtlinie dessen Durchsetzung auch im Wege des vorläufigen Rechtsschutzes erfordere, ohne in diesem Zusammenhang das (zusätzliche) Kriterium einer positiven streitigen Rechtsbestandsentscheidung zu erwähnen.[91] Ganz im Gegenteil hält Erwägungsgrund 22 der Enforcement-Richtlinie die Gerichte ausdrücklich dazu an, die Verhältnismäßigkeit in jedem Einzelfall der vorläufigen Durchsetzung eines Patents zu wahren, wozu es auch und vordringlich gehört, dass bei der Entscheidung über den Verfügungsantrag in fairer Weise mit dem – jedenfalls statistisch betrachtet hochrelevanten – Argument eines mangelnden Rechtsbestandes des Verfügungspatents umgegangen wird.[92] Dies zu tun, ist darüber hinaus ein sogar verfassungsrechtliches Gebot zum Schutz der wirtschaftlichen Betätigungsfreiheit des Antragsgegners, die selbstverständlich nicht schon um der formalen Existenz eines Patents willen beschnitten werden darf, sondern nur deshalb (und folglich nur dann), weil (und wenn) das Patent kein bloßes Scheinrecht ist, sondern objektiv zu Recht erteilt wurde und mithin das seinem Inhaber verliehene Monopolrecht wirklich verdient.

Der Erlass einer einstweiligen Verfügung kommt deswegen im Allgemeinen nicht in **58**
Betracht, wenn das Patent sich noch im Einspruchsverfahren befindet oder ein solches (weil das Patent gerade erst erteilt ist) nicht einmal begonnen ist. Dem kann der Antragsteller nicht dadurch ausweichen, dass er statt einer Beschlussverfügung selbst die Anberaumung eines zeitfernen Verhandlungstermins beantragt, bis zu dem der Antragsgegner etwaigen rechtshindernden Stand der Technik recherchiert und vorgetragen haben kann.[93] Denn es ist nicht Aufgabe der Verletzungsgerichte, im Rahmen eines vorläufigen Rechtsschutzes inzident ein Einspruchs- oder Nichtigkeitsverfahren durchzuführen. Um ein Verfügungspatent für ein einstweiliges Verfügungsverfahren tauglich zu machen, bedarf es vielmehr einer positiven Entscheidung der dafür zuständigen, mit technischer Sachkunde ausgestatteten Einspruchs- oder Nichtigkeitsinstanzen. Eine solche liegt auch dann nicht mehr vor, wenn die Rechtsmittelinstanz in einem Hinweis bereits deutlich gemacht hat, dass es die mit dem Rechtsmittel angefochtene Aufrechterhaltungsentscheidung für nicht zutreffend begründet hält (zB weil der Aufgabe-Lösungs-Ansatz unrichtig gewählt wurde), es sei denn, aus dem Hinweis ergibt sich mit gleicher Deutlichkeit zugleich, dass die getroffene Rechtsbestandsentscheidung sich aus anderen Gründen als

---

89 Vgl https://www.epo.org/modules/epoweb/acdocument/epoweb2/521/de/CA-F_5-21_de.pdf; https://documents.epo.org/projects/babylon/eponet.nsf/0/A3ED90EB5D3F19B9C1258822004BFBFC/$File/EPO-AnnualReportBoA2021-GER-ES-E04.pdf; https://www.epo.org/about-us/annual-reports-statistics/statistics/2021/statistics/quality-indicators.html.
90 Hesse/Müller-Stoy, Mitt 2014, 439; Müller-Stoy/Giedke/Große-Ophoff, GRUR 2022, 142.
91 LG München I, GRUR 2021, 466 – Rechtsbestand im Verfügungsverfahren.
92 Kühnen, GRUR 2021, 468.
93 OLG Düsseldorf, InstGE 12, 114 – Harnkatheterset.

gerechtfertigt erweist (zB weil bei richtigem Prüfungsansatz das Ergebnis zur Erfindungshöhe kein anderes sein wird).[94]

59 Eine ausreichende Rechtsbestandsentscheidung wird noch nicht dadurch begründet, dass die Patentanmeldung zunächst durch die Prüfungsabteilung zurückgewiesen worden und das **Patent** danach **im Beschwerdeverfahren** durch das BPatG bzw. die Technische Beschwerdekammer des Patentamtes **gewährt** worden ist. Zwar ist unter solchen Umständen die Patentfähigkeit von einer qualifizierten gerichtlichen Instanz (BPatG, TB-EPA) bestätigt worden, was dafür sprechen könnte, der Erteilungsentscheidung eine tendenziell größere Bedeutung und Verlässlichkeit zuzuschreiben als dem Erteilungsbeschluss einer Prüfungsabteilung. Andererseits findet im Beschwerdeverfahren typischerweise keine weitergehende Recherche nach zusätzlichem Stand der Technik statt, sondern geht es allein darum, ob die im Prüfungsverfahren befindlichen Entgegenhaltungen einer Patenterteilung entgegenstehen oder nicht. Der Zweck einer Drittbeteiligung wird daher durch eine Patenterteilung im Beschwerdeverfahren nicht erreicht, weswegen es im Grundsatz dabei zu verbleiben hat, dass es einer streitigen Rechtsbestandsentscheidung bedarf, um das Patent für ein einstweiliges Verfügungsverfahren tauglich zu machen. Gänzlich ohne aus der Sicht des Patentinhabers günstige Konsequenzen bleibt die Beschwerdeentscheidung zur Patenterteilung dennoch nicht. Solchen Widerrufsgründen, die im Zuge der Patenterteilung von Amts wegen zu beachten sind (wie der Umstand, dass es bei einer geänderten Anspruchsfassung zu keiner unzulässigen Erweiterung über die Ursprungsanmeldung hinaus kommen darf), wird man keine Beachtung zu schenken haben, wenn die Anspruchsfassung von einer übergeordneten Instanz stammt, deren Erkenntnis besonderes Vertrauen genießt.

60 Von dem Erfordernis einer dem Antragsteller günstigen streitigen Rechtsbestandsentscheidung – nicht von der Notwendigkeit, das mit dem Verfügungsbegehren befasste Verletzungsgericht von dem Rechtsbestand des Verfügungsschutzrechts zu überzeugen![95] – kann nur in **Sonderfällen** abgesehen werden. Sie zeichnen sich durch *besondere* Umstände aus, die eine von dem Gewöhnlichen abweichende Interessenlage begründen, unter der die Gefahr einer Fehlentscheidung des Verletzungsgerichts, das sich auf den Erteilungsakt verlässt, hingenommen werden kann und/oder muss. Die in der bisherigen Instanzrechtsprechung anerkannten Sonderfälle – bei denen es sich ausdrücklich um *nicht* abschließende Beispiele handelt[96] – lassen sich im Wesentlichen in drei Kategorien einteilen, nämlich in solche Sachverhalte, bei denen der Erteilungsakt für sich eine besondere Verlässlichkeit beanspruchen kann (zB wegen der Beteiligung eines Wettbewerbers am Erteilungsverfahren oder der bestätigenden Rechtsbestandsentscheidung durch ein renommiertes ausländisches Gericht), in solche Sachverhalte, bei denen der Patentinhaber eines besonderen Rechtsschutzes bedarf (zB wegen eines bevorstehenden Schutzrechtsablaufs oder der Schutzrechtsverletzung durch ein Generikum), und in solche Sachverhalte, bei denen der Schutzbestandsangriff schon vom Verletzungsgericht als aussichtslos entlarvt werden kann.

61 Ein Sonderfall, der von dem Vorliegen einer streitigen Rechtsbestandsentscheidung zugunsten des Patents suspendiert, liegt dementsprechend **beispielsweise** vor, wenn

62 – der Antragsgegner oder ein sonstiger aufgrund seiner fachlichen Kompetenz ernstzunehmender **Wettbewerber** sich bereits mit eigenen Einwendungen **am Erteilungsverfahren beteiligt** hat, sodass die Patenterteilung sachlich der Entscheidung in einem zweiseitigen Einspruchsverfahren gleichsteht; darauf, ob hierbei diejenigen

---

94 OLG Düsseldorf, GRUR-RR 2021, 400 – MS-Therapie II.
95 OLG Düsseldorf, Urteil v 10.12.2015 – I-2 U 35/15.
96 Die nachfolgende Aufzählung ist nur beispielhaft, aber nicht abschließend zu verstehen!

Einspruchsgründe und diejenigen Entgegenhaltungen geprüft worden sind, auf die sich im Verfügungsverfahren der Antragsgegner stützt, kommt es nicht an[97], weil bereits der Umstand, dass ein Wettbewerber die fraglichen Einwände bei seinem Rechtsbestandseinwand nicht vorgebracht hat, indiziell dafür spricht, dass sie nicht von Bedeutung sind; um trotz Patenterteilung unter Drittbeteiligung eine Unterlassungsverfügung abzuwenden, ist es vielmehr Sache des Antragsgegners, dem Verletzungsgericht darzutun, dass die neuen Entgegenhaltungen entscheidend näher beim Erfindungsgegenstand liegen als die im Erteilungsverfahren berücksichtigten, und es davon zu überzeugen, dass erstmals thematisierte Widerrufsgründe mit der gebotenen Gewissheit tragen werden[98];

grundsätzlich steht es dem Verletzer, der die offengelegte Erfindung bereits während des Erteilungsverfahrens benutzt, frei, sich mit Dritteinwendungen zu beteiligen; es sind allerdings *Ausnahmesituationen* denkbar, bei denen von dem Verletzer erwartet werden kann, Einwendungen gegen die Patenterteilung frühzeitig anzubringen und nicht auf eine spätere Zeit nach der Patenterteilung zu verschieben; denkbar ist solches, wenn der Verletzer vom Anmelder zu einer Beteiligung am Erteilungsverfahren aufgefordert worden ist (was typischerweise nur bei wirklich starken Erfindungen Sinn machen wird) und keine billigenswerten Gründe dafür bestehen, dass der Verletzer es unterlässt, seine Einwände gegen das Patent bereits zu diesem frühen Zeitpunkt vorzubringen; dahinter steht die Überlegung, dass im einstweiligen Verfügungsverfahren nicht derjenige »belohnt« werden soll, der angeblich patentschädliche Schriften deshalb zurückhält, von denen er selbst annimmt, dass die technischen Fachleute der Erteilungsbehörde deren mangelnde Relevanz durchschauen, und er sich Chancen dafür ausrechnet, den technisch nicht vorgebildeten Richtern eines Verletzungsgerichts etwas anderes vormachen zu können; 63

— ein Rechtsbestandsverfahren deshalb nicht durchgeführt worden ist, weil das Verfügungspatent **allgemein als schutzfähig anerkannt** wird (was sich in dem Vorhandensein namhafter Lizenznehmer oder darin ausdrücken kann, dass gegen wehrhafte Wettbewerber Verletzungsurteile erstritten worden sind, ohne dass die verurteilten Beklagten einen Rechtsbestandsangriff gegen das Verfügungspatent unternommen haben); 64

— die gegen den Rechtsbestand vorgebrachten **Einwendungen** (die selbstverständlich vom Antragsgegner in das Verfügungsverfahren einzuführen sind[99]) sich schon bei der im vorläufigen Rechtsschutzverfahren gebotenen summarischen Prüfung als **haltlos** erweisen; das wird eher zu bejahen sein, wenn es im Rechtsbestandsverfahren nicht um technische Bewertungen (Neuheit, Erfindungshöhe) geht, sondern um die Beantwortung einer (ggf auch schwierigen) Rechtsfrage[100] oder einen auch dem technischen Laien zugänglichen Prüfungsgegenstand (wie das Vorliegen einer unzulässigen Erweiterung) handelt; 65

— zu einem **ausländischen Parallelschutzrecht** eine fundierte Aufrechterhaltungsentscheidung aus einer namhaften Jurisdiktion vorliegt, die sich mit den streitigen Entgegenhaltungen befasst[101]; 66

— zu dem Verfügungspatent das kundige **Rechtsbestandsgutachten eines ausländisches Patentamtes** eingeholt worden ist, das die maßgeblichen Entgegenhaltungen würdigt und zugunsten des Patentinhabers ausgefallen ist; 67

---

97 AA wohl OLG München, GRUR-RR 2021, 148 – Fassungsanordnung.
98 OLG Düsseldorf, GRUR-RR 2021, 249 – Cinacalcet II.
99 OLG Düsseldorf, Urteil v 22.12.2011 – I-2 U 78/11.
100 LG Düsseldorf, GRUR-RR 2012, 420 – Irbesartan.
101 Bsp: Schweizerisches BPatG, britisches Verletzungsurteil.

68 – nur solcher Stand der Technik entgegengehalten wird, der bereits **im Erteilungsverfahren** sachgerecht **gewürdigt** wurde, wobei dies umso mehr gilt, wenn die Patenterteilung erst im Beschwerdeverfahren durch das BPatG bzw die TB-EPA beschlossen wurde. Unter solchen Umständen kann sich eine streitige Rechtsbestandsentscheidung auch durch eine Kombination verschiedener »Verzichtsgründe« ergeben, zB wenn mit gewürdigtem Stand der Technik argumentiert wird und sich die weiteren Entgegenhaltungen aus der Sicht des Verletzungsgerichts als haltlos erweisen. Speziell wenn die Patenterteilung in der Rechtsmittelinstanz erfolgt ist, ist es darüber hinaus gerechtfertigt, der Beschwerdeentscheidung in Bezug auf solche Einspruchsgründe (wie die unzulässige Erweiterung), die bei der Patenterteilung von Amts wegen im Blick zu behalten sind, besonderes Vertrauen entgegenzubringen, weswegen es auch mit Blick auf den Einwand, mit den erteilten Patentansprüchen sei die Ursprungsanmeldung unzulässig erweitert worden, grundsätzlich keiner streitigen Rechtsbestandsentscheidung bedarf;

69 – **»außergewöhnliche Umstände«** gegeben sind, die es für den Antragsteller wegen der ihm aus einer Fortsetzung der Verletzungshandlungen drohenden Nachteile unzumutbar machen, den Ausgang eines Einspruchs- oder Nichtigkeitsverfahrens abzuwarten.[102]

70 • Ein solcher Sachverhalt liegt regelmäßig bei Verletzungshandlungen von **Generikaunternehmen** vor.[103] Während der von ihnen angerichtete Schaden im Falle einer späteren Aufrechterhaltung des Patents vielfach enorm und (mit Rücksicht auf den durch eine entsprechende Festsetzung von Festbeträgen verursachten Preisverfall[104]) nicht wiedergutzumachen ist, hat eine (wegen späterer Vernichtung des Patents) unberechtigte Verfügung lediglich zur Folge, dass das Generikaunternehmen vorübergehend zu Unrecht vom Markt ferngehalten wird, was durch entsprechende Schadenersatzansprüche gegen den Patentinhaber vollständig ausgeglichen werden kann. Zu berücksichtigen ist außerdem, dass das Generikaunternehmen für seine Marktpräsenz im Allgemeinen keine eigenen wirtschaftlichen Risiken eingeht (weil das Präparat dank des Patentinhabers medizinisch hinreichend erprobt und am Markt etabliert ist).

---

102 OLG Düsseldorf, InstGE 12, 114 – Harnkatheterset.
103 OLG Düsseldorf, Mitt 2013, 232 = OLG Düsseldorf, GRUR-RR 2013, 236 – Flupirtin-Maleat.
104 Nach Untersuchungen (deren Verlässlichkeit nicht beurteilt werden kann) soll zwischen dem Ablauf des Patentschutzes und der Einleitung einer Festbetragsgruppenbildung durchschnittlich ein Zeitraum von 22 Monaten liegt. Selbst wenn man von den dortigen Informationen ausgeht, erfolgt in mehr als der Hälfte (55,6 %) der Fälle nach Ablauf des Patents für das Originalpräparat ein Festbetragsverfahren, in dem der Preis auf einen Betrag festgesetzt wird, der zwischen 13 % und 87 % des Preises für das Originalpräparat liegt und somit zu einem spürbaren bis massiven Preisverfall zu Lasten des Patentinhabers führt. Selbst wenn es eine gewisse Zeit dauern mag, bis der Preisverfall eintritt, ist es letztlich der Markteintritt des Generikums, der die entscheidende Ursache hierfür setzt. Die angebliche Zeitverzögerung ändert deswegen nichts daran, dass der Originalpräparat-Hersteller (= Patentinhaber) ein nicht nur legitimes, sondern gleichermaßen vitales Interesse daran hat, die voraussichtlich zu einem bedeutsamen Preisverfall führende Kausalkette gar nicht erst in Gang kommen zu lassen, indem der Markteintritt des Generikums unterbunden wird. Denn ein einmal eingetretener Verfall der Verkaufspreise lässt sich nicht wieder rückgängig machen. Es sind auch keine Mechanismen erkennbar, nach denen verlässlich beurteilt und mit der gebotenen Gewissheit zeitlich abgeschätzt werden könnte, welche (die Durchführung eines Hauptsacheprozesses oder das Abwarten der kontradiktorischen Rechtsbestandsentscheidung ermöglichende) Zeitspanne in jedem Fall verstreicht, bis es im Anschluss an das Auftreten eines Generikums zu einem schädlichen und nicht mehr umkehrbaren Festbetragsverfahren kommt. Abgesehen davon bleiben als weitere Ursachen für einen drohenden Preisverfall solche Rabattverträge, die zwischen dem Generika-Hersteller und dem Kostenträger abgeschlossen werden. Dass auch hier Vorlaufzeiten bestehen, die dem Bedürfnis nach einem sofortigen Rechtsschutz des Patentinhabers entgegenstehen, ist nicht ersichtlich (OLG Düsseldorf, GRUR-RR 2021, 249 – Cinacalcet II).

Es hat deswegen eine Verbotsverfügung zu ergehen, auch wenn für das Verlet- 71
zungsgericht mangels einer fachkundigen Rechtsbestandsentscheidung keine endgültige und eindeutige Sicherheit über den Rechtsbestand gewonnen werden kann,
sofern das **Verletzungsgericht** (aufgrund der ihm angesichts der betroffenen technischen Materie möglichen eigenen Einschätzung) für sich die **Überzeugung** (im
Sinne hinreichender Glaubhaftmachung) davon gewinnt, dass das Verfügungsschutzrecht rechtsbeständig ist, weil sich die mangelnde Patentfähigkeit seines
Erfindungsgegenstandes nicht feststellen lassen wird.[105] Hierfür müssen aus der
Sicht des Verletzungsgerichts entweder die besseren Argumente *für* die Patentfähigkeit sprechen, sodass sich diese positiv bejahen lässt, oder es muss (mit Rücksicht auf die im Rechtsbestandsverfahren geltende Beweislastverteilung[106]) die
Frage der Patentfähigkeit mindestens ungeklärt bleiben[107], sodass das Verletzungsgericht, wenn es anstelle des Patentamtes oder des BPatG in der Sache selbst
zu befinden hätte, dessen Rechtsbestand zu bejahen hätte.[108] Für letzteres mag im
Einzelfall – indiziell – sprechen, wenn das Verfügungspatent, obwohl schon zeitig
eine Arzneimittelzulassung erworben wurde, erst kurz vor Patentablauf angegriffen wird. Hierbei kann es sich aus der Überlegung heraus um ein strategisches
Manöver handeln, dass die Entgegenhaltungen voraussichtlich die technisch fachkundige Rechtsbestandsinstanz nicht überzeugen werden, der Antragsgegner
jedoch hofft, beim Verletzungsgericht insoweit Zweifel streuen zu können, die
für die Restlaufzeit des Patents eine einstweilige Verfügung verhindern. Solches
Taktieren sollte nicht belohnt werden, weswegen eine besonders gewissenhafte
Prüfung der Entgegenhaltungen auf ihre sachliche Berechtigung angebracht ist.

Wenn sich das Verletzungsgericht vom Rechtsbestand des Verfügungsschutz- 72
rechts überzeugt hat, ist dem Verfügungsantrag – erst recht – stattzugeben, wenn
eine bestätigende Einspruchs- oder Nichtigkeitsentscheidung nicht erst noch aussteht, sondern zugunsten des Antragstellers bereits ergangen ist, mag ihr auch
ein gleichrangiges gegenläufiges Erkenntnis einer anderen technisch kompetenten
Instanz (zB des schweizerischen BPatG) entgegenstehen.[109]

Gleiches gilt für das Vorliegen eines dem Patentinhaber günstigen **qualifizierten** 73
Vorbescheids derjenigen Stelle, die mit dem Rechtsbestandsangriff gegen das Verfügungspatent befasst ist.[110] Sorgfältig begründeten Ausführungen kommt speziell
im Hinblick auf die Beurteilung der Erfindungshöhe umso mehr Gewicht bei, je
komplexer der technische Erfindungsgegenstand ist.[111] Dass **Privatgutachter** des
Verfügungsbeklagten in schriftlichen Stellungnahmen den Rechtsbestand des Verfügungspatents in Zweifel ziehen, gibt im Allgemeinen keinen Anlass zu einer
abweichenden Beurteilung. Es handelt sich um keine unparteiischen Äußerungen,
sondern um qualifizierten Sachvortrag des Verfügungsbeklagten, dem naturgemäß
daran gelegen ist, den gegen ihn gerichteten Unterlassungsanspruch zu Fall zu
bringen. Schon deswegen können die parteigutachterlichen Bemerkungen für das
Verletzungsgericht, soweit ihm selbst eine fundierte technische Sachkunde fehlt,
nicht denselben Stellenwert bei Beurteilung der Erfolgsaussichten des Angriffs auf

---

105 OLG Düsseldorf, Urteil v 10.12.2015 – I-2 U 35/15; OLG Düsseldorf, Urteil v 11.1.2018 – I-15 U 66/17.
106 Sie besagt, dass das Vorliegen eines Widerrufs- oder Nichtigkeitsgrundes nachgewiesen werden muss, wenn das Patent vernichtet werden soll, weswegen bei unklarer Sachlage [50:50] das angegrif-fene Schutzrecht bestehen bleibt; vgl dazu nur BGH, Mitt 1999, 362 – Herzklappenprothese.
107 OLG Düsseldorf, Mitt 2013, 232 = OLG Düsseldorf, GRUR-RR 2013, 236 – Flupirtin-Maleat.
108 OLG Düsseldorf, BeckRS 2014, 04902 – Desogestrel.
109 OLG Düsseldorf, Urteil v 14.12.2017 – I-2 U 17/17.
110 OLG Düsseldorf, GRUR-RR 2021, 249 – Cinacalcet II.
111 OLG Düsseldorf, GRUR-RR 2021, 249 – Cinacalcet II.

das Verfügungspatent besitzen, den ein detaillierter und sorgfältig begründeter Vorbescheid einer Einspruchsabteilung oder eines Nichtigkeitssenats hat.[112] Das gilt jedenfalls in dem Umfang, in dem die Privatgutachter bloß ihre eigene subjektive Sicht von den Fähigkeiten des Durchschnittsfachmanns bei der Fortentwicklung des Standes der Technik an die Stelle der Würdigung durch die unabhängige Einspruchsabteilung setzen, aber nicht nachweisen, dass der Vorbescheid an irgendeiner entscheidenden Stelle von einem nachweisbaren Fehlverständnis ausgeht, weil zB eine Druckschrift objektiv unzutreffend interpretiert wird oder technisch objektiv falsche Schlüsse gezogen werden, was seine Aussagekraft erschüttern könnte.[113]

74 Eine Überzeugung vom Rechtsbestand wird sich trotz positiver Einspruchsentscheidung regelmäßig nicht (mehr) bilden lassen, wenn die im Instanzenzug »übergeordnete« Instanz (Beschwerdekammer, Nichtigkeitssenat) in einem Vorbescheid deutlich gemacht hat, dass es die Einspruchsentscheidung für nicht zutreffend hält.[114] In der umgekehrten Situation, dass der Vorbescheid eine Vernichtung oder eine aus der Benutzung hinausführende Beschränkung des Verfügungspatents in Aussicht stellt, gilt andersherum, dass sich das Verletzungsgericht mangels überlegener eigener technischer Sachkunde im Zweifel keine Überzeugung vom Rechtsbestand wird bilden können.[115]

75 So lange der Patentinhaber nicht kartellrechtlich zur Gleichbehandlung verpflichtet ist, steht es ihm frei, nur **einzelne Generikaunternehmen** in Anspruch zu nehmen, andere hingegen **gewähren** zu **lassen**. Das »Laufenlassen« von Verletzern begründet deswegen für sich genommen keinen Grund dafür, ihm den vorläufigen Rechtsschutz gegenüber denjenigen Generikaherstellern zu versagen, für die isoliert betrachtet die Durchsetzungsvoraussetzungen gegeben sind.[116] Schafft der Patentinhaber allerdings durch seine selektive Rechtsverfolgung vorwerfbar eine für sich nachteilige Marktsituation (zB mit Festbeträgen), so kann und wird es allerdings geboten sein, ihm nicht in vollem Umfang diejenigen Vorteile bei der Rechtsdurchsetzung zugute kommen zu lassen, die mit der typischen Generikasituation verbunden sind.[117]

76 Die vorskizzierte Rechtslage gilt auch für Vertreiber von **Biosimilar**, wenn und so weit eine zu den Generikafällen vergleichbare Sachlage gegeben ist, was regelmäßig so sein wird.[118]

77 • »Außergewöhnliche Umstände« können sich auch daraus ergeben, dass der **Ablauf des Verfügungspatents bevorsteht,** so dass eine Hauptsacheklage[119] aus Zeitgründen nicht mehr zum Erfolg führen kann.[120] Wenn der Verweis des Antragstellers auf eine erstinstanzliche Entscheidung im laufenden Rechtsbestandsverfahren dazu führen würde, dass vor Ende der Schutzdauer überhaupt kein Rechtsschutz gegen die behaupteten Verletzungshandlungen mehr gewährt würde, hat sich das Verletzungsgericht selbst mit dem Rechtsbestandsangriff zu

---

112 OLG Düsseldorf, GRUR-RR 2021, 249 – Cinacalcet II.
113 OLG Düsseldorf, GRUR-RR 2021, 249 – Cinacalcet II.
114 OLG Düsseldorf, GRUR-RR 2021, 400 – MS-Therapie II.
115 OLG Düsseldorf, Urteil v 4.3.2021 – I-2 U 32/20.
116 OLG Düsseldorf, GRUR-RR 2021, 249 – Cinacalcet II.
117 OLG Düsseldorf, GRUR-RR 2021, 249 – Cinacalcet II.
118 LG Düsseldorf, Urteil v 24.10.2013 – 4c O 84/13; zu Biosimilars umfassend: Milbradt, FS 80 Jahre Patentgerichtsbarkeit Düsseldorf, 2016, S 393.
119 Keine Rolle spielt, ob vor Schutzrechtsablauf noch mit einer *Rechtsbestandsentscheidung* zu rechnen ist (OLG Düsseldorf, GRUR-RR 2021, 300 – Insulinpumpe).
120 OLG Düsseldorf, GRUR 2020, 272 – Hydroxysubstituierte Azetidinone.

befassen und die beantragte Verfügung zu erlassen, wenn es die Schutzfähigkeit des Patents (weil ein Widerrufs- oder Nichtigkeitsgrund nicht feststellbar ist) bejaht.[121] Diese Pflicht besteht nicht nur dann, wenn das Verfügungspatent schon längere Zeit bestanden hat und bloß die Verletzungshandlungen kurzfristig vor dem Patentende aufgenommen worden sind, sondern in gleicher Weise, wenn die Situation deshalb dringlich ist, weil sich das Erteilungsverfahren außerordentlich lange hingezogen hat, sodass es erst kurz vor Ablauf der 20-Jahresfrist zur Erteilung des Verfügungspatents gekommen ist.

In beiden Konstellationen ist wegen eines **vorwerfbar späten Rechtsbestandsangriffs** allenfalls dann ein zugunsten des Antragstellers großzügigerer Maßstab gerechtfertigt, wenn die (nicht offensichtlich durchschlagende) Nichtigkeitsklage so kurzfristig erhoben oder in das Verfügungsverfahren eingeführt wird, dass dem Antragsteller schlechterdings keine inhaltliche Stellungnahme und dementsprechend dem Gericht keine fairen Verfahrensgrundsätzen genügende Befassung mit den Rechtsbestandsangriffen mehr möglich oder zumutbar ist.[122] 78

- Ein Anlass für eine sofortige Durchsetzung des Verfügungspatents kann sich genauso daraus ergeben, dass eine Unterlassungsverfügung nur in einem so geringen Maße in die Geschäftstätigkeit des Antragsgegners eingreifen würde, dass die Gefahr einer etwaigen Fehlbeurteilung des Rechtsbestandes billigerweise hinzunehmen ist (Bsp: Verbot des Vertriebs eines **einzelnen** untergeordneten **Artikels aus einem großen Warensortiment**). 79

Praxistipp	Formulierungsbeispiel

Zusammengefasst und auf den Punkt gebracht geht es bei der Rechtsprechung zum gesicherten Rechtsbestand des Verfügungsschutzrechts um Folgendes: Das Risiko einer unberechtigten Unterlassungsverfügung durch Nichtabwarten einer streitigen Rechtsbestandsentscheidung ist in denjenigen Fällen in Kauf zu nehmen, bei denen das Rechtsschutzinteresse des Patentinhabers solches gebietet, weil die Rechtsverfolgung keinen Aufschub duldet (Bsp: drohender Schutzrechtsablauf, geringes Schadenspotenzial, Generikafälle, absehbare Erfolglosigkeit der Angriffe gegen das Verfügungsschutzrecht). Dem Risiko einer Fehlentscheidung ist hingegen durch Abwarten der streitigen Rechtsbestandsentscheidung auszuweichen, wo kein sofortiges Einschreiten geboten oder die drohenden Schäden derart gravierend sind, dass sie in einer Gesamtabwägung billigerweise nicht hinzunehmen sind. 80

Die dargelegte Instanzrechtsprechung wird durch die **Vorabentscheidung des EuGH** vom 28.4.2022 (C-44/21)[123] nicht in Frage gestellt.[124] Zwar lautet der – alle Behörden und Gerichte der Mitgliedstaaten bindende – Urteilsausspruch dahin, dass Art 9 Abs 1 der Enforcement-RL einer nationalen Rechtsprechung entgegensteht, wonach der Erlass einstweiliger Verfügungen wegen der Verletzung von Patenten grundsätzlich verweigert wird, wenn das in Rede stehende Patent nicht zumindest ein erstinstanzliches Einspruchs- oder Nichtigkeitsverfahren überstanden hat. Die Wortwahl »grundsätzlich« könnte – für sich betrachtet – nahelegen, dass zu dem Grundsatz Ausnahmen möglich und zugelassen sind, wie dies tatsächlich der nationalen OLG-Rechtsprechung ent- 81

---

121 OLG Düsseldorf, BeckRS 2014, 04902 – Desogestrel; OLG Düsseldorf, Urteil v 11.1.2018 – I-15 U 66/17.
122 OLG Düsseldorf, BeckRS 2014, 04902 – Desogestrel.
123 EuGH, GRUR 2022, 811 – Phoenix Contact/Harting, mit Anmerkung von Deichfuß, GRUR 2022, 800.
124 Lesenswert: Keßler/Palzer, EuZW 2022, 562; aA: Stierle, Mitt 2022, 277.

spricht. Bei Lichte betrachtet ist Gegenstand der Vorabentscheidung aber nicht die deutsche Rechtsprechung zu den Anforderungen an den Rechtsbestand eines Verfügungspatents, die – wie erläutert – zahlreiche Konstellationen kennt, bei denen ohne eine erstinstanzliche Aufrechterhaltungsentscheidung im vorläufigen Rechtsschutz vorgegangen werden kann. Dass dem so ist und dem EuGH – zweifellos bedingt durch den die fragliche Rechtsprechung verkürzt und verfälschend wiedergebenden Vorlagebeschluss – eine nationale Rechtsprechung vor Augen gestanden hat, der zufolge das Vorliegen einer streitigen Rechtsbestandsentscheidung die unabdingbare Voraussetzung für den Erlass einer einstweiligen Unterlassungsverfügung ist, wird an verschiedenen Textstellen des Urteils deutlich, beginnend bei den nachstehend zitierten Rn 25 und 26:

82 »Es (Anm.: das vorlegende Gericht) sehe sich jedoch durch die bindende Rechtsprechung des Oberlandesgerichts München (Deutschland), wonach es für den Erlass einer einstweiligen Maßnahme im Fall einer Patentverletzung nicht ausreiche, dass das betreffende Patent von der Erteilungsbehörde, hier dem EPA, nach eingehender Prüfung seiner Patentierbarkeit erteilt worden sei und die Frage seines Rechtsbestands auch im Rahmen der Entscheidung über einen Verfügungsantrag einer gerichtlichen Prüfung unterzogen werde, am Erlass einer einstweiligen Verfügung gehindert.

Nach dieser Rechtsprechung setze der Erlass einstweiliger Maßnahmen darüber hinaus das Vorliegen einer Entscheidung im Einspruchs-/Beschwerdeverfahren vor dem EPA oder des Bundespatentgerichts (Deutschland) im Nichtigkeitsverfahren voraus, mit der bestätigt werde, dass das betreffende Patent für das in Rede stehende Produkt Schutz entfalte.«

83 Dieselbe Sprache vom Verständnis des EuGH spricht Rn 33 des Urteils:

84 »Im vorliegenden Fall weist das vorlegende Gericht darauf hin, dass das in Rede stehende Patent rechtsbeständig und verletzt sei, so dass dem Antrag von Phoenix Contact auf Erlass einer einstweiligen Maßnahme stattzugeben sei. Dieses Gericht ist jedoch an eine nationale Rechtsprechung gebunden, wonach das betreffende Patent nur dann vorläufigen Rechtsschutz genießen kann, wenn es ein erstinstanzliches Rechtsbestandsverfahren überstanden hat.«

85 Dass dem EuGH die Möglichkeit einer – oder gar diverser – Ausnahme(n) von dem Erfordernis einer streitigen Aufrechterhaltungsentscheidung nicht gegenwärtig gewesen ist, tritt schließlich auch darin zu Tage, dass bei der Darstellung des »Ausgangsrechtsstreits und (der) Vorlagefrage« (Rn 19) zwar mitgeteilt wird, dass sich die Antragsgegnerin mit Dritteinwendungen am Erteilungsverfahren für das Verfügungspatent beteiligt hatte, was nach der nationalen Rechtsprechung zu einer Suspendierung von der Notwendigkeit einer positiven Rechtsbestandsentscheidung führt, ohne dass dies jedoch vom EuGH in irgendeiner Weise in Betracht gezogen wird.

86 Gleiches gilt für die Erwägung in Rn 35 des Urteils, dass die nationale Rechtsprechung infolge ihrer Forderung nach einer zweiseitigen Rechtsbestandsentscheidung dazu führen könnte, dass der Verletzer bewusst von einem Rechtsbestandsangriff absieht, um zu verhindern, dass das Verfügungspatent im einstweiligen Rechtsschutz gegen ihn geltend gemacht werden kann. Auch dieses Argument blendet anerkannte Ausnahmen der nationalen Rechtsprechung aus, nach denen es einer bestätigenden Rechtsbestandsentscheidung beispielsweise dann nicht bedarf, wenn Antragsgegner des Verfügungsverfahrens ein Generikaunternehmen ist oder das Verfügungspatent vor dem Ablauf seiner Schutzdauer steht. Abgesehen davon greift das vom EuGH bemühte Argument ohnehin nicht durch. Denn wird das Verfügungspatent nicht angegriffen, so steht sein Rechtsbestand für das Verletzungsgericht bindend fest, so dass im Falle seiner rechtswidrigen Benutzung eine Unterlassungsverfügung zu ergehen hat.

In seinen Rn 41–48 enthält das EuGH-Urteil fraglos Erwägungen, die – isoliert genommen – auch dann von Belang sein könnten, wenn Gegenstand der Überlegungen die ausdifferenzierte nationale Rechtsprechung zu den Erfordernissen eines gesicherten Rechtsbestandes des Verfügungspatents wäre. Dies betrifft den Hinweis darauf, dass der Erteilungsakt eine Vermutung der Gültigkeit begründet (Rn 41), und den Umstand, dass die Enforcement-RL Vorkehrungen trifft, um einen Missbrauch des Rechtsinstruments der einstweiligen Verfügung zu unterbinden (Rn 42) sowie einem etwaigen Schaden des Antragsgegners – durch den Zwang zur Hauptsacheklage (Rn 45) oder eine vom Antragsteller zu leistende Kaution (Rn 45) sowie die Etablierung einer Schadenersatzhaftung für den Fall der unberechtigten Inanspruchnahme einstweiligen Rechtsschutzes (Rn 47) – Rechnung zu tragen. Nachdem die Argumente vom EuGH allerdings ausdrücklich nur im Zusammenhang mit einem generellen Rechtsbestandsentscheidungsvorbehalt bemüht worden sind, wäre es rein spekulativ, ob und ggf mit welcher Konsequenz für die Handhabung des einstweiligen Verfügungsverfahrens er sie auch dann herangezogen hätte, wenn ihm bewusst gewesen wäre, dass in der nationalen Rechtsprechung vielfältige, nicht abschließende Ausnahmen anerkannt sind, unter denen es keiner Einspruchs- oder Nichtigkeitsentscheidung bedarf. Dieser Einwand mag vordergründig als bloß formeller Natur erscheinen; in Wirklichkeit aber hat er eine ganz erhebliche materielle Berechtigung: **87**

Der EuGH geht mit keinem Wort auf die hohe Vernichtungsquote erteilter Patente ein, die statistisch betrachtet in 7 von 10 Fällen, würde sich das Verletzungsgericht auf den Erteilungsakt verlassen, zu einer unberechtigten Unterlassungsverurteilung führen würde. Die besagte Quote mag sich zum Positiven verschieben, weil das Verletzungsgericht vor einer Verurteilung eine eigene Rechtsbestandsprognose anstellt. Überbewertet werden darf dieser Aspekt jedoch nicht, weil das Verletzungsgericht bekanntlich mit technischen Laien besetzt ist. Dort, wo der technische Gegenstand der Erfindung komplex und für einen Laien schwerlich zu überschauen ist (zB Pharmazie, Elektrotechnik), ist mit der zusätzlichen Rechtsbestandsprognose durch das Verletzungsgericht eine wirkliche Richtigkeitsgewähr offensichtlich nicht verbunden. Dort, wo dem Verletzungsgericht ein einigermaßen fundiertes Urteil über den mutmaßlichen Ausgang des Rechtsbestandsverfahrens möglich ist (Mechanik), besteht schon in der nationalen Rechtsprechung die Ausnahme, dass es keiner Rechtsbestandsentscheidung bedarf, wenn das Verletzungsgericht die Einwände gegen den Erteilungsakt für haltlos hält. In denjenigen Fällen, in denen nach der nationalen Rechtsprechung mangels positiver Rechtsbestandsentscheidung tatsächlich eine einstweilige Unterlassungsverfügung zu versagen ist, besteht daher ein ganz erhebliches Risiko, dass ein dennoch einstweilen durchgesetztes Patent später rückwirkend ganz oder teilweise beseitigt wird. **88**

Dieser Befund kann bei der Beurteilung, ob eine einstweilige Unterlassungsverfügung ohne Vorliegen einer streitigen Rechtsbestandsentscheidung zu rechtfertigen ist, unmöglich folgenlos bleiben. Im Zusammenhang mit der Darstellung des »Rechtlichen Rahmens« (Rn 3) erwähnt der EuGH zutreffend selbst Erwägungsgrund (22) der Enforcement-RL, wonach die einstweiligen Maßnahmen zum effektiven Schutz des geistigen Eigentums »*unter Wahrung ... der Verhältnismäßigkeit der einstweiligen Maßnahme mit Blick auf die besonderen Umstände des Einzelfalles*« zu ergehen haben. Erwägungsgrund (17), den der EuGH (aaO) ebenfalls benennt, bestimmt zusätzlich, dass die in der Enforcement-RL vorgesehenen »*Maßnahmen, Verfahren und Rechtsbehelfe in jedem Einzelfall so bestimmt werden sollten, dass den spezifischen Merkmalen dieses Falles einschließlich der Sonderaspekte jedes Rechts des geistigen Eigentums und ggf des vorsätzlichen oder nicht vorsätzlichen Charakters der Rechtsverletzung gebührend Rechnung getragen wird*«. Ein ganz zentraler Aspekt von Patenten (als Kategorie eines Schutzrechts des geistigen Eigentums) besteht unbestreitbar in der statistisch hohen Erfolgsquote, die nachträglichen Angriffen gegen die Patenterteilung eigen ist und deren Konsequenzen **89** sich dadurch weiter verschärfen, dass korrigierende Rechtsbestandsverfahren sich über Jahre hinziehen.

90 Es ist offensichtlich, dass das beträchtliche Vernichtungsrisiko bei der von der Enforcement-RL eingeforderten Verhältnismäßigkeitsdiskussion nicht einfach übergangen werden kann. Dieses Risiko in jedem Einzelfall in die Abwägung über den Erlass einer einstweiligen Unterlassungsverfügung einzustellen, ist vielmehr ein primärrechtliches Gebot der EU-Menschenrechts-Charta. Denn diese schützt mit Verfassungsrang nicht nur den Patentinhaber in seinem Eigentum am Patent (Art 17 Abs 2), sondern hat sich in Art 16 gleichermaßen dem Schutz der wirtschaftlichen Handlungs- und Betätigungsfreiheit des Wettbewerbers verschrieben, in die durch eine Unterlassungsverurteilung schwerwiegend und bisweilen sogar existenziell eingegriffen wird. Dieser Eingriff geschieht unberechtigt, wenn das Verfügungspatent im Rechtsbestandsverfahren beseitigt wird, weil jeder Widerruf und jede Nichtigerklärung eines Patents kraft Gesetzes Rückwirkung entfaltet, so dass die Sachlage so anzusehen ist, als hätte nie ein Patentschutz bestanden. Weil dem so ist, gehört das Interesse eines Patentbenutzers, nicht aus einem zu Unrecht erteilten Patent verurteilt zu werden, zum Kernbestand seiner primärrechtlich garantierten Handlungsfreiheit und ist deswegen mit dem dieser rechtlichen Stellung entsprechenden Gewicht in die Abwägung einzustellen, wenn es darum geht, ob gegen den Antragsgegner der Erlass einer einstweiligen Verfügung allein aufgrund des behördlichen Erteilungsaktes verantwortet werden kann.

91 Wollte man annehmen, dass sich die Vorabentscheidung des EuGH auf die nationale Instanzrechtsprechung bezieht, wie sie tatsächlich von den Oberlandesgerichten Düsseldorf, Karlsruhe und München praktiziert wird, so hätte auch der EuGH dem Verhältnismäßigkeitserfordernis Beachtung schenken und in diesem Zusammenhang namentlich die beiderseitigen primärrechtlich geschützten Positionen der Beteiligten erörtern und sachgerecht abwägen müssen. Nachdem solches nicht geschehen ist, würde der Entscheidungsinhalt, wollte man ihn auf die praktizierte Instanzrechtsprechung lesen, einschlägige Vorschriften der EU-Charta völlig unzureichend in Betracht ziehen und deshalb selbst in Konflikt mit höherrangigem EU-Recht geraten. Ein solches Verständnis des Urteils, für das der Entscheidungstext – wie eingangs gezeigt – nicht das Geringste hergibt, wäre bösartig und läge neben der Sache.

92 Aus der regelmäßigen Notwendigkeit einer **positiven streitigen Rechtsbestandsentscheidung** folgt umgekehrt aber auch, dass, *sobald* sie vorliegt, grundsätzlich von einem hinreichend gesicherten Bestand des Verfügungspatents auszugehen ist.[125] Das gilt ungeachtet der Pflicht des Verletzungsgerichts, auch nach erstinstanzlichem Abschluss des Rechtsbestandsverfahrens selbst ernsthaft die Erfolgsaussichten der dagegen gerichteten Angriffe zu prüfen, um sich in eigener Verantwortung ein Bild von der Schutzfähigkeit der Erfindung zu machen.[126] Denn es ist das Verletzungsgericht, das die Unterlassungsanordnung erlässt und deshalb auch inhaltlich zu verantworten hat. Mit dem Gebot eines effektiven vorläufigen Rechtsschutzes in Patentsachen (Art 50 Abs 1 TRIPS, Art 9 Abs 1 Buchstabe a) Enforcement-RL) wäre es allerdings nicht zu vereinbaren, wenn das Verletzungsgericht, bevor es einstweilige Maßnahmen anordnet, *stets* den rechtskräftigen Abschluss des Einspruchs- oder Nichtigkeitsverfahrens abwarten würde. Vielmehr hat es die von der zuständigen Fachinstanz (DPMA, EPA, BPatG) nach technisch sachkundiger Prüfung getroffene Entscheidung über die Aufrechterhaltung des Verfügungspatents hinzunehmen und, sofern im Einzelfall keine besonderen Umstände vorliegen, die gebote-

---

125 OLG Düsseldorf, Urteil v 10.11.2011 – I-2 U 41/11; OLG Karlsruhe, GRUR-RR 2015, 509 – Ausrüstungssatz; OLG München, BeckRS 2017, 118983.
126 OLG Düsseldorf, InstGE 8, 122 – Medizinisches Instrument; OLG München, BeckRS 2017, 118983.

nen Schlussfolgerungen zu ziehen, indem es zum Schutz des Patentinhabers die erforderlichen Unterlassungsanordnungen trifft.[127] Das gilt in ganz besonderem Maße, wenn es sich bei der getroffenen Rechtsbestandsentscheidung um das Erkenntnis einer Technischen Beschwerdekammer des EPA handelt, die das europäische Einspruchsverfahren in zweiter Instanz abschließt.[128] Wegen des hohen Vertrauens, das eine solche Entscheidung genießt, ist hier ein Abweichen des Verletzungsgerichts nur ganz ausnahmsweise denkbar.[129] Ein wichtiges Indiz für den hinreichenden Rechtsbestand kann sich im Einzelfall auch aus einem eindeutig für die Schutzfähigkeit Position beziehenden qualifizierten Hinweis des BPatG ergeben.

Grund, die Rechtsbestandsentscheidung in **Zweifel** zu ziehen und von einem Unterlassungsgebot abzusehen, besteht nur dann, wenn das Verletzungsgericht die Argumentation der Einspruchs- oder Nichtigkeitsinstanz für nicht vertretbar hält oder wenn der mit dem Rechtsbehelf gegen die Einspruchs- oder Nichtigkeitsentscheidung unternommene Angriff auf das Verfügungspatent auf (zB neue) erfolgversprechende Gesichtspunkte gestützt wird, die die bisher mit der Sache befassten Stellen noch nicht berücksichtigt und beschieden haben.[130] Allein der Umstand, dass Entgegenhaltungen präsentiert werden, die als solche noch nicht im Rechtsbestandsverfahren gewürdigt worden sind, ist allerdings belanglos; maßgeblich ist, ob sie einen Stand der Technik repräsentieren, der näher an der Erfindung liegt als der bereits fachkundig geprüfte.[131] Das Gesagte gilt auch dann, wenn der betreffende Sachverhalt in dem während des Verfügungsprozesses laufenden Rechtsbestandsverfahren (zB im europäischen Beschwerdeverfahren etwa aus Verspätungsgründen) voraussichtlich nicht berücksichtigt werden wird, im Anschluss daran jedoch ein nationales Nichtigkeitsverfahren angestrengt werden wird, in dem die neuen Entgegenhaltungen in jedem Fall zu beachten sein werden.[132]

93

Demgegenüber ist es für den Regelfall nicht angängig, den Verfügungsantrag trotz erstinstanzlich aufrechterhaltenen Schutzrechts allein deshalb zurückzuweisen, weil das Verletzungsgericht seine **eigene** (notwendig **laienhafte**) **Bewertung des technischen Sachverhaltes** an die Stelle der ebenso gut vertretbaren Beurteilung durch die zuständige Einspruchs- oder Nichtigkeitsinstanz setzt.[133] Solches verbietet sich vor allem dann, wenn es sich um eine technisch komplexe Materie (Chemie- oder Elektronikpatente) handelt, in Bezug auf die die Einsichten und Beurteilungsmöglichkeiten des technisch nicht vorgebildeten Verletzungsgerichts von vornherein limitiert sind. Geht es nicht darum, dass zB Passagen einer Entgegenhaltung von der Einspruchsabteilung übersehen und deshalb bei seiner Entscheidungsfindung überhaupt nicht in Erwägung gezogen wurden, sondern dreht sich der Streit der Parteien darum, welche technische Information dem im Bestandsverfahren gewürdigten Text aus fachmännischer Sicht beizumessen ist, sind die Rechtsbestandsinstanzen aufgrund der technischen Vorbildung und der auf dem speziellen Fachgebiet gegebenen beruflichen Erfahrung ihrer Mitglieder eindeutig in der besseren Position, um hierüber ein Urteil abzugeben. Es ist daher prinzipiell ausgeschlossen, dass sich das Verletzungsgericht mit (laienhaften) eigenen Erwägungen über das Votum der technischen Fachleute hinwegsetzt und eine Unterlassungsverfügung verweigert.[134]

94

---

127 OLG Düsseldorf, Urteil v 10.11.2011 – I-2 U 41/11.
128 OLG Düsseldorf, Urteil v 21.1.2016 – I-2 U 48/15.
129 OLG Düsseldorf, Urteil v 21.1.2016 – I-2 U 48/15.
130 OLG Düsseldorf, Urteil v 6.12.2012 – I-2 U 46/12; OLG München, BeckRS 2017, 118983.
131 OLG Düsseldorf, Urteil v 21.1.2016 – I-2 U 48/15.
132 OLG Düsseldorf, Urteil v 6.12.2012 – I-2 U 46/12.
133 OLG Düsseldorf, Urteil v 10.11.2011 – I-2 U 41/11.
134 OLG Düsseldorf, Urteil v 19.2.2016 – I-2 U 54/15.

95 Dass das Verletzungsgericht in Fällen evidenter Unrichtigkeit von der Einspruchs- oder Nichtigkeitsentscheidung abweichen kann, verlangt nicht, dass den Parteien jenseits des regulären Verfahrensablaufs in jedem Fall die Möglichkeit eingeräumt werden muss, zu der **ausstehenden Begründung der Rechtsbestandsentscheidung** Stellung zu nehmen, um einen Evidenzfall darlegen zu können.[135] Es mag Situationen geben, bei denen die Begründung abgewartet werden kann, ohne dass der Fortgang und die zügige, dem Eilcharakter des vorläufigen Rechtsschutzes geschuldete Erledigung des Verfügungsverfahrens nennenswert hinausgeschoben werden. Wo dies nicht der Fall ist, zB weil das Verletzungsgericht mit seinem Spruchtermin wenigstens das Resultat der Rechtsbestandsentscheidung einfängt, erfordert der Grundsatz des rechtlichen Gehörs nicht, das Verletzungsverfahren derart zu organisieren, dass den Parteien eine Diskussion der Entscheidungsgründe ermöglicht wird.[136] Da das Absetzen der Gründe für die getroffene Rechtsbestandsentscheidung typischerweise mehrere Monate in Anspruch nehmen wird und weil die Parteien anschließend auch für ihre Stellungnahmen jeweils mehrere Wochen benötigen werden, würde der Abschluss des Verfügungsverfahrens um viele Monate nur wegen der *rein theoretischen Möglichkeit* verzögert, dass die Rechtsbestandsentscheidung sich aus der technischen Laiensicht des Verletzungsrichters als nicht nur evident falsch begründet, sondern als im Ergebnis offensichtlich unzutreffend entschieden darstellt. Schon, dass das Verletzungsgericht eine technische Sachkunde besitzt, die fundiert eine derartige Feststellung trägt, erscheint praktisch (dh von krassen Ausnahmefällen abgesehen) ausgeschlossen. Das gilt ganz besonders dann, wenn es sich um pharmazeutische, nachrichtentechnische oder ähnlich komplexe Technikgebiete handelt und es um Offenbarungsfragen oder die Erfindungshöhe geht. Abgesehen davon lehrt die Praxis ohnehin, dass ein Generalverdacht gegenüber den Rechtsbestandsinstanzen völlig unangebracht ist. Für die Entscheidung über das Verfügungsbegehren kann und muss deshalb die Tatsache genügen, *dass* die zuständige Fachinstanz in bestimmter – positiver oder negativer – Weise über das Verfügungspatent erkannt hat. Dadurch, dass sich das Verletzungsgericht an diesem Faktum orientiert, ist für die Parteien des Verfügungsverfahrens irgendein unabwendbarer Rechtsnachteil nicht verbunden. Sollte sich nach dem Vorliegen der Gründe herausstellen, dass es sich bei der Vernichtungsentscheidung tatsächlich um eine evidente Fehlentscheidung handelt, liegt ein neuer Sachverhalt vor, der die Dringlichkeit begründet und für den Verfügungskläger den Weg zu einem abermaligen Verfügungsantrag eröffnet.[137] Im umgekehrten Fall stellt die nachträgliche Begründung der Rechtsbestandsentscheidung einen »veränderten Umstand« dar, der dem Verfügungsbeklagten den Weg zu einem Aufhebungsverfahren nach § 927 ZPO ebnet.[138]

96 *Eine* **Ausnahme** ist allerdings anzuerkennen. Sie betrifft den Fall, dass das Verfügungspatent erstinstanzlich vernichtet wird und dem Antragsteller bisher keine einstweilige Unterlassungsverfügung gewährt worden ist (die nach dem Ausgang des Rechtsbestandsverfahrens auch weiterhin nicht in Betracht kommt, sodass dem Antragsteller durch das Abwarten der Entscheidungsgründe kein Eigentums- und Rechtsschutz vorenthalten wird, der ihm an sich zu gewähren wäre). Unter solchen Umständen belastet das Abwarten der Rechtsbestandsgründe auch den potenziellen Verletzer nicht, selbst nicht im Hinblick darauf, dass der Ausgang des Verfügungsverfahrens zunächst weiter in der Schwebe bleibt. Denn nach dem Gesagten muss er, wenn die Begründung der Vernichtungsentscheidung tatsächlich evident falsch sein sollte, ohnehin mit einem neuerlichen Verfügungsantrag des Patentinhabers rechnen. Gleichzeitig wahrt das Abwarten der Rechtsbe-

---

135 OLG Düsseldorf, GRUR-RR 2021, 465 – Cinacalcet III.
136 OLG Düsseldorf, GRUR-RR 2021, 465 – Cinacalcet III; vgl grundlegend Kap E Rdn 967 ff.
137 OLG Düsseldorf, GRUR-RR 2021, 465 – Cinacalcet III.
138 OLG Düsseldorf, GRUR-RR 2021, 465 – Cinacalcet III.

standsgründe die Rechtsverfolgungsinteressen des Patentinhabers im laufenden Verfahren, das endgültige Klarheit schafft.

Sollte die Rechtsbestandsentscheidung bis zum Spruchtermin im Verfügungsverfahren wider Erwarten nicht ergehen, wird sich das Verletzungsgericht selbst ein Bild über den Rechtsbestand des Verfügungspatents machen müssen und dazu die mündliche Verhandlung wiederzueröffnen haben. 97

Eine Sondersituation besteht dann, wenn zur Aufrechterhaltungsentscheidung ein **gegensätzliches Erkenntnis einer technisch ebenfalls sachkundigen, gleich- oder höherrangigen Stelle** vorliegt (zB zu parallelen Schutzrechten, Stammanmeldungen oder dergleichen, wobei es sich auch um ausländische Erkenntnisse handeln können soll[139]), ohne dass deren Erwägungen als unvertretbar zu qualifizieren sind, sodass sich die technischen Fachleute mit jeweils beachtlichen Gründen uneins darüber sind, ob eine bestimmte technische Lehre schutzfähig ist oder nicht. Da der bestehende Streit von dem mit technischen Laien besetzten Verletzungsgericht naturgemäß nicht entschieden werden kann, wird – trotz einstweilen positiver Rechtsbestandsentscheidung zum *Verfügungspatent* – in der Regel von einem nicht hinreichend gesicherten Rechtsbestand auszugehen sein.[140] Zwei wichtige Einschränkungen sind in diesem Zusammenhang freilich zu beachten: 98

– Voraussetzung ist zunächst, dass die sich einander widersprechenden Rechtsbestandsentscheidungen einen **identischen technischen Sachverhalt** zum Gegenstand haben, dh sich mit derselben technischen Lehre und denselben Entgegenhaltungen aus dem Stand der Technik befassen, sodass die Argumentation der einen Stelle in unauflöslichem Widerspruch zu der gegenläufigen Argumentation der anderen Stelle steht.[141] 99

– Wesentlich ist des Weiteren, dass nicht schon jede anderslautende Entscheidung, die irgendwo unter Beteiligung technischen Sachverstandes (sei es technischer Richter oder externer Sachverständiger) getroffen worden ist, in dem besagten Sinne rechtsschutzhindernd ist. Erforderlich ist vielmehr, dass das gegenläufige Erkenntnis von einem **Entscheider** herrührt, der **Zugriff auf das Verfügungsschutzrecht** hat, weil er in den für die Beurteilung seines Rechtsbestandes vorgesehenen Instanzenzug eingebunden ist.[142] Mit Blick auf eine EPA-Einspruchsentscheidung sind dies die übergeordnete Technische Beschwerdekammer sowie das zeitlich nachgeordnete Bundespatentgericht und der Bundesgerichtshof. Dass nur deren Erkenntnisse (zB zu einem parallelen Stammpatent oder Gebrauchsmuster) relevant sind, folgt aus dem Umstand, dass die Verletzungsgerichte, indem sie die einstweilen getroffene Rechtsbestandsentscheidung mit ihrer Unterlassungsverfügung nachvollziehen, die gesetzliche Zuständigkeit respektieren, die für die Entscheidung über den Bestand von Patenten den Ämtern und Rechtsbestandsgerichten zugewiesen ist. Die bewusste Zuständigkeits- und Verantwortlichkeitsverteilung rechtfertigt aber nicht nur die Unterlassungsverurteilung, sondern sie limitiert zugleich auch die Reichweite, in der widersprechende Rechtsbestandsentscheidungen das zum Verfügungsschutzrecht ergangene Aufrechterhaltungserkenntnis als Grundlage für eine vorläufige Verurteilung wegen Patentverletzung entwerten können. Denkbar ist dies nur dort, wo die einstweilen positive Rechtsbestandsentscheidung als verlässliche Beurteilungsgrundlage für das einstweilige Verfügungsverfahren wegfällt, weil mit ihrer inhaltlichen Abänderung im weiteren europäischen oder anschließenden nationalen Instanzenzug mit hinreichender Gewissheit deshalb zu rechnen ist, weil dort bereits widerrufende 100

---

139 OLG München, Beschluss v 4.4.2018 – 6 W 164/18.
140 OLG Düsseldorf, Urteil v 31.8.2017 – I-2 U 11/17.
141 OLG Düsseldorf, Urteil v 31.8.2017 – I-2 U 11/17.
142 OLG Düsseldorf, Urteil v 31.8.2017 – I-2 U 11/17.

101 Dem Patentinhaber nachteilige Erkenntnisse (zB **britischer Verletzungsgerichte**), die diesen besonderen institutionellen Anforderungen nicht genügen, stellen als technisch fachkundige Äußerungen bloße Indizien dar, die das Verletzungsgericht ohne jede Bindungswirkung im Rahmen seiner Prüfung zu erwägen hat, ob es die aufrechterhaltende Rechtsbestandsentscheidung zum Verfügungsschutzrecht für vertretbar hält (und ihr deshalb folgt) oder nicht.[143] Ihr indizieller Wert ist dabei umso höher einzuschätzen, je umfangreicher die Erfahrung der ausländischen Instanz in der Behandlung von Rechtsbestandsfragen ist und umso größer die technische Expertise ist, die dem ausländischen Entscheider bei seiner Beurteilung zur Verfügung gestanden hat.[144]

102 Durch die vorgenommene Differenzierung – und nur durch sie – bleibt zugunsten des Schutzrechtsinhabers ein effektiver einstweiliger Rechtsschutz gewährleistet. Denn selbstverständlich ist es denkbar und auch realistisch, dass der Rechtsbestand eines Patents in verschiedenen Jurisdiktionen letztlich unterschiedlich beurteilt wird, und dies betrifft vordringlich den Streit um die Erfindungshöhe, mit der keine mathematisch exakte, sondern eine wertend abwägende Frage aufgeworfen ist, die im Einzelfall mit ebenso guten Gründen in die eine wie in die andere Richtung beantwortet werden kann. Weil dem so ist, kann es nicht sein, dass dem Patentinhaber eine vorläufige Durchsetzung seines Schutzrechts trotz einer von ihm erstrittenen Aufrechterhaltungsentscheidung unter Hinweis darauf versagt bleibt, dass anderswo ein Patentamt oder Gericht zu einem (vielleicht ebenso gut vertretbaren) gegenteiligen Resultat gelangt ist.

103 Zurückhaltung mit dem Erlass einer Unterlassungsverfügung kann im Einzelfall des Weiteren deshalb geboten sein, weil die einstweilige Verfügung – über den Regelfall hinaus – ganz **besonders einschneidende Konsequenzen** für den Antragsgegner und/oder die Öffentlichkeit (zB auf den Verletzungsgegenstand angewiesene Patienten) hat, die es im Rahmen der Interessenabwägung ausnahmsweise verbieten, bereits jetzt eine Unterlassungsanordnung zu verfügen, die im weiteren Rechtsbestandsverfahren mit einiger Aussicht auf Erfolg ihre Grundlage verlieren kann.[145]

104 Welche Konsequenzen es hat, wenn der Antragsteller zu einem zum Verfügungsschutzrecht parallelen und erstinstanzlich aufrechterhaltenen (zB Stamm-)Patent eine **Beschwerdeentscheidung verhindert** hat, indem er vor der Beschwerdeverhandlung auf sein (Stamm-)Patent verzichtet hat, hängt von den Umständen des Falles ab.

105 – Gibt es zu dem Verfügungsschutzrecht selbst keine den Rechtsbestand bestätigenden Erkenntnisse technischer Fachleute, weil insbesondere eine Rechtsbestandsentscheidung insoweit noch aussteht, wird der hinreichende Rechtsbestand des Verfügungspatents regelmäßig zu verneinen sein, allemal dann, wenn ausländische Verletzungsgerichte zu der Überzeugung mangelnden Rechtsbestandes gelangt sind.[146] Denn durch den Schutzrechtsverzicht auf das parallele Stammpatent schafft der Patentinhaber, wenn es für ihn keine andere plausible Erklärung gibt als die, dass mit ihm einer Widerrufsentscheidung der Beschwerdekammer zuvorgekommen werden sollte, ein Indiz gegen sich selbst, das bei unklarem technischen Sachverhalt den Ausschlag gegen einen genügenden Rechtsbestand geben wird.

---

143 OLG Düsseldorf, GRUR-RS 2019, 33227 – MS-Therapie.
144 OLG Düsseldorf, GRUR-RR 2021, 400 – MS-Therapie II.
145 OLG Düsseldorf, Urteil v 19.2.2016 – I-2 U 54/15.
146 OLG München, Beschluss v 4.4.2018 – 6 W 164/18.

– Anders verhält es sich, wenn das Verfügungsschutzrecht in anderer personeller Besetzung der Einspruchsabteilung aufrechterhalten ist[147], wobei richtigerweise zu differenzieren ist: Ist dem Schutzrechtsverzicht auf das Stammpatent ein dem Patentinhaber nachteiliger Vorbescheid der Beschwerdekammer vorausgegangen, ist ein für den vorläufigen Rechtsschutz ausreichender Rechtsbestand des Verfügungsschutzrechts im Allgemeinen zu verneinen. Grund ist hier allerdings weniger die taktische Verzichtserklärung als vielmehr die von den zuständigen technischen Fachleuten der übergeordneten Instanz geäußerte Auffassung, dass die Lehre des Verfügungsschutzrechts (= Stammpatents) entgegen der erstinstanzlichen Beurteilung nicht schutzfähig und deshalb das erteilte Patent zu widerrufen ist. Erfolgt der Patentverzicht hingegen ohne eine solche Ankündigung und gibt es für den Verzicht keinen anderen plausiblen Grund, wird man zwar ebenfalls davon ausgehen können, dass der Patentinhaber selbst seine Erfolgsaussichten im Einspruchsbeschwerdeverfahren zum Stammpatent ungünstig beurteilt hat, was für den Rechtsbestand des Verfügungspatents indiziell von Bedeutung sein mag; in der Diskussion um den gesicherten Rechtsbestand kann dieses Indiz aber keinesfalls den Ausschlag geben. Denn der Patentinhaber kann in seiner Beurteilung irren und allein der »böse« Wille, einer subjektiv befürchteten Widerrufsentscheidung durch Patentverzicht zuvorkommen zu wollen, stellt für sich betrachtet keinen Grund für die Verweigerung eines wegen der Aufrechterhaltungsentscheidung zum Verfügungspatent ansonsten gebotenen einstweiligen Rechtsschutzes dar.

106

– Fehl geht deswegen auch die Auffassung des LG München I[148], es stelle eine **unlautere Behinderung** des Generikaunternehmens **im Wettbewerb** (§§ 3, 4 Nr 4, § 8 UWG) dar, wenn die Patentinhaberin, die aus einer Stammanmeldung diverse weitgehend inhaltsgleiche Teilanmeldungen abgetrennt habe, eine die Rechtsbestandslage für den gesamten Erfindungskomplex klärende Entscheidung der Technischen Beschwerdekammer zu einem der parallelen Teilpatente dadurch vereitele, dass sie das dort streitbefangene Schutzrecht vor einer Einspruchsbeschwerdeentscheidung freiwillig fallenlasse (etwa indem sie ihre Zustimmung zum Text der Patentanmeldung zurücknimmt; Art 113 Abs 2 EPÜ), sofern die Patentinhaberin den auf die geschilderte Weise behinderten Wettbewerber, seine Zulieferer und seine Abnehmer nicht von jeder patentrechtlichen Haftung aus sämtlichen Schutzrechten des Erfindungskomplexes freistellt.

107

Kritik: Als Ausdruck der verfassungsrechtlichen Eigentumsgarantie ist es das freie Recht jedes Erfinders, seine Erfindung auf diejenige Weise zur Patentanmeldung zu bringen, die er – auch unter strategischen Gesichtspunkten – für zweckmäßig hält. Die Einreichung von Teilanmeldungen stellt – so gesehen – ein gesetzlich geregeltes und aus diesem Grund prinzipiell legitimes Instrument dar, zumal seine Inanspruchnahme zusätzliche Kosten verursacht. Wer als Anmelder bereit ist, sie auf sich zu nehmen, egal aus welchen Gründen, dem kann ein mehrfacher Patentschutz für denselben Erfindungskomplex nicht abgesprochen werden. Umgekehrt ist es genauso das gute und verfassungsrechtlich verbürgte Recht des Patentinhabers, sein eigentumsgleiches Schutzrecht zu jeder Zeit aus beliebigen Erwägungen heraus wieder fallen zu lassen. Die patentierte Technik wird damit der Allgemeinheit zum freien Gebrauch überlassen, was schon deshalb keinen wettbewerbsrechtlichen Bedenken begegnen kann, weil die Aufgabe eines Monopolrechts den Wettbewerb auf dem betroffenen Technikgebiet diskriminierungsfrei fördert, indem sich der Handlungsspielraum unterschiedslos für alle Akteure vergrößert. Denjenigen, der von seinen gesetzlich eingeräumten Gestaltungsmöglichkeiten bei der Schutzrechtsanmeldung und ihrer

108

---

147 OLG Düsseldorf, GRUR-RS 2019, 33227 – MS-Therapie.
148 LG München I, Mitt 2020, 510 – Glatirameracetat.

freiwilligen Aufgabe regelgerechten Gebrauch macht, kann der Vorwurf eines unlauteren Verhaltens schon aus grundsätzlichen Erwägungen nicht treffen. Anderes könnte – wenn überhaupt – allenfalls dann angenommen werden, wenn es unabweisliche übergeordnete Gründe dafür gäbe, die freiwillige Schutzrechtsaufgabe weiter zu reglementieren. Derartige Notwendigkeiten bestehen in der Praxis jedoch nicht. Sie ergeben sich insbesondere nicht aus den im Einzelfall möglicherweise gleichlautenden Verbietungsrechten, die sich nach Aufgabe eines Teilpatents aus den verbliebenen Schutzrechten des Erfindungskomplexes herleiten lassen. Sowohl die Aussetzungsregeln im Falle einer Hauptsacheklage als auch die Handhabung des Rechtsbestandes im Verfahren des einstweiligen Rechtsschutzes bieten ausreichend Flexibilität, um eine Rechtsdurchsetzung dort zu verweigern, wo das Ergebnis eines zu einem parallelen Stamm- oder Teilpatent geführten Rechtsbestandsverfahrens oder sonstige Umstände (zu denen auch das Taktieren des Schutzrechtsinhabers in einem solchen Verfahren zählen können) durchgreifende Bedenken daran aufkommen lässt, dass das Klageschutzrecht ausreichend rechtsbeständig ist, um die konkret beabsichtigte Rechtsverfolgung zu legitimieren. Dass der Beklagte gezwungen ist, mehrere Bestandsverfahren hintereinander zu führen, wenn sich das von ihm angegriffene Stammpatent durch freiwilliges Fallenlassen des Schutzrechts erledigt und er im Falle eines auf ein weitgehend inhaltsgleiches Teilpatent gestützten Prozessangriffs gehalten ist, das Teilpatent ebenfalls mit einem Einspruch oder einer Nichtigkeitsklage anzugreifen, rechtfertigt grundsätzlich schon deshalb keine andere Beurteilung, weil der Streitstoff praktisch derselbe sein wird, sodass das neuerliche Rechtsbestandsverfahren umfassend auf die Erkenntnisse und Rechercheergebnisse des ersten Angriffs auf das Stammpatent zurückgreifen kann, sodass sich die »Belästigung« des Patentbenutzers in engen Grenzen hält. Er wird nach einem Fallenlassen des Stammpatents vor einer Beschwerdekammerentscheidung fraglos später in den Genuss eines instanzabschließenden Erkenntnisses zum Rechtsbestand kommen, als wenn die Beschwerdekammer schon zum Stammpatent Zugriff auf den Erfindungskomplex gehabt hätte. Das allein rechtfertigt es jedoch nicht, die selbstverständlichen Befugnisse des Patentinhabers dahingehend zu beschneiden, dass ihm eine freiwillige Aufgabe seines Schutzrechts versagt werden könnte. Vielmehr muss der Benutzer eines erteilten Patents mit der Ungewissheit leben, was insofern zumutbar ist, als die Verletzungsgerichte – wie beschrieben – ihre Schlüsse zum Schutz des Wettbewerbs aus einem etwaigen Taktieren des Schutzrechtsinhabers ziehen werden.

109 Ist das Patent im Zeitpunkt des Verfügungsverfahrens bereits **erstinstanzlich widerrufen** oder für nichtig erklärt, wird sich daraus in aller Regel ergeben, dass der Rechtsbestand in einem Maße ungesichert ist, dass eine Unterlassungsverfügung nicht mehr in Betracht kommt.[149] Gleiches wird im Zweifel gelten, wenn ein negativer qualifizierter Hinweis des Bundespatentgerichts vorliegt, der sich klar gegen die Schutzfähigkeit des Verfügungspatents ausspricht.[150] Abweichendes gilt ausnahmsweise dann, wenn die Entscheidung über die Vernichtung des Verfügungspatents (oder der qualifizierte Hinweis[151]) erkennbar fehlerhaft ist und deswegen sicher abgesehen werden kann, dass sie im nächsten Rechtszug aufgehoben werden wird.[152] Dies verlangt nicht nur die Feststellung, dass die für die Vernichtung gegebene Begründung offenkundig fehlerhaft ist, sondern erfordert darüber hinaus die verlässliche Erkenntnis des Verletzungsgerichts, dass auch kein anderer Grund für eine Vernichtung des Verfügungspatents durchgreift. Wegen des Verbots der Einholung sachverständigen Rates wird sich die erforderliche Gewissheit nur

---

149 OLG Düsseldorf, InstGE 12, 114 – Harnkatheterset.
150 OLG München, Urteil v 14.4.2016 – 6 U 4339/15.
151 LG München I, BeckRS 2017, 126085.
152 OLG Düsseldorf, InstGE 9, 140 – Olanzapin.

gewinnen lassen, wenn die Erfindung einen technischen Gegenstand betrifft, den das Verletzungsgericht anhand des Sachvortrages der Parteien mit seiner eigenen Sachkunde sicher beurteilen kann und wenn der Diskussionsstand der Parteien die eigene Sachkunde des Verletzungsgerichts anspricht.[153] Solches wird im Allgemeinen nur der Fall sein, wenn die evidente Unrichtigkeit der Vernichtungsentscheidung in einer falschen Rechtsanwendung begründet ist (indem zB für die technische Beurteilung von unzutreffenden rechtlichen Maßstäben ausgegangen wurde), nicht hingegen, wenn die Parteien um technische Details streiten, in die das Verletzungsgericht mangels technischer Vorbildung naturgemäß keine eigenen Einblicke hat (indem zB kontrovers ist, welche technischen Informationen der Durchschnittsfachmann des Prioritätstages einem bestimmten Dokument des Standes der Technik entnehmen konnte und welche naheliegenden zur Lehre des Verfügungspatents führenden Überlegungen er aufgrund dessen anzustellen imstande war). Hinzukommen zur evidenten Unrichtigkeit der Vernichtungsentscheidung muss ferner, dass dem Patentinhaber ein außergewöhnlicher Nachteil droht, wenn er bis zur Rechtsmittelentscheidung im Rechtsbestandsverfahren daran gehindert wird, seine Verbietungsrechte durchzusetzen. Bei einem Arzneimittelpatent und dem Auftreten von Generikaherstellern versteht sich dies von selbst; im Übrigen bedarf es hierzu substantiierten Sachvortrages des Antragstellers.[154]

Erfolgt die Vernichtung des Verfügungspatents während des laufenden Verfahrens, muss dem Antragsteller durch eine entsprechende Verfahrensgestaltung Gelegenheit gegeben werden, die Begründung der Vernichtungsentscheidung abzuwarten, um alsdann darüber zu entscheiden, ob unter Berufung auf die vorerwähnte »Evidenz-Rechtsprechung« das einstweilige Rechtsschutzbegehren weiterverfolgt werden soll. Die sich dadurch einstellende Verfahrensverzögerung schafft keine **Dringlichkeitsprobleme**, weil sie nicht auf einer nachlässigen Verfahrensführung des Antragstellers beruht, sondern dem Trennungsprinzip und den Besonderheiten seiner »Durchbrechung« geschuldet ist. Der Antragsteller kann stattdessen nicht darauf verwiesen werden, seinen bereits anhängigen Verfügungsantrag zurückzunehmen und ihn später – nach Vorliegen der vermeintlich evident unrichtigen Rechtsbestandsentscheidung – erneut einzureichen. Für den Antragsgegner wäre damit nichts gewonnen und es wären bloß unnütze Kosten produziert worden. Sobald die auf offensichtliche Unrichtigkeit zu prüfende Rechtsbestandsentscheidung vorliegt, hat der Verletzte das laufende Verfügungsverfahren allerdings mit der gebotenen Eile weiter zu betreiben, was bedeutet, dass er – im Zweifel unter Rückgriff auf bereits vor Bekanntwerden der schriftlichen Entscheidungsgründe geleistete Vorarbeit (Suche nach geeigneten Sachverständigen und deren Einweisung in den Streitstoff) – zügig seine Angriffe gegen die Entscheidung vorzubringen hat. Da es einerseits um einen Sachverhalt geht, mit dem der Antragsteller infolge des geführten Rechtsbestandsverfahrens eingehend vertraut ist, ihm zudem die zur Vernichtung des Verfügungspatents gegebene Begründung aus dem Inhalt und Verlauf der Einspruchs- oder Nichtigkeitsverhandlung jedenfalls der Sache nach schon vor Mitteilung der schriftlichen Entscheidungsgründe geläufig sein wird und es andererseits um *evidente* Fehlbeurteilungen geht, wird im Zweifel kein Anlass bestehen, dem Antragsteller im Anschluss an die Zustellung der Entscheidungsgründe einen Zeitraum von mehreren Wochen einzuräumen. Unnötige Versäumnisse, die sich hier einstellen, beseitigen zum Nachteil des Verfügungsklägers die Dringlichkeit seines Rechtsschutzbegehrens. Zwar ist der in erster Instanz erfolgreiche Antragsteller grundsätzlich nicht mehr zu besonderer Eile angehalten, weil er im Besitz einer seinem Begehren Rechnung tragenden Gerichtsentscheidung ist. Anders verhält es sich aber, wenn nach Erlass des Verfügungsurteils wegen zwischenzeit-

110

---

153 OLG Düsseldorf, InstGE 9, 140 – Olanzapin.
154 OLG Düsseldorf, InstGE 12, 114 – Harnkatheterset; OLG Düsseldorf, Urteil v 19.3.2009 – I-2 U 55/08.

licher Vernichtung des Verfügungspatents die Zwangsvollstreckung aus dem Verfügungsurteil eingestellt wird; denn damit besitzt der Antragsteller keinen durchsetzbaren Unterlassungstitel mehr, weswegen er sich um ihn – erneut – zügig zu bemühen hat. Gleiches gilt, wenn ein Verfügungsurteil wegen veränderter Umstände (= Vernichtung des Verfügungspatents) aufgehoben worden ist und die Evidenzargumentation des Antragstellers darauf abzielt, den Aufhebungsantrag abzuwehren. Denn nach der Aufhebungsentscheidung befindet sich der Antragsteller in keiner anderen Lage als vor Erlass der aufgehobenen Unterlassungsverfügung.

111 Das vorstehend Gesagte bedeutet selbstverständlich nicht, dass dem Antragsgegner auch darüber hinaus ein Zuwarten, etwa bis zum Abschluss des Nichtigkeitsberufungsverfahrens oder Einspruchsbeschwerdeverfahrens (bei erstinstanzlicher Vernichtung durch die Einspruchsabteilung), zugemutet werden kann. Vielmehr hat der Antragsteller die Zurückweisung seines Verfügungsantrages hinzunehmen, selbstverständlich mit der Option, den Weg des einstweiligen Rechtsschutzes erneut zu beschreiten, wenn das Rechtsmittelverfahren zu seinen Gunsten ausgehen sollte.

112 Kann die Schutzfähigkeit des Verfügungspatents beachtlich erschüttert werden, soll das Verletzungsgericht nach Auffassung des LG Mannheim[155] nicht dazu berufen sein, sich mit der Frage zu befassen, ob ggf eine **Anspruchskombination** rechtsbeständig ist. Vielmehr sei ein Verfügungspatent, dessen Hauptanspruch möglicherweise nicht rechtsbeständig sei, insgesamt für ein einstweiliges Verfügungsverfahren ungeeignet. Dies erscheint zu weitgehend. Zweifellos ist es nicht Aufgabe des Verletzungsgerichts, sich darüber Gedanken zu machen, mit welcher Merkmalskombination die Bedenken gegen die Schutzfähigkeit des Verfügungspatents ausgeräumt werden können. Stellt der Antragsteller jedoch eine bestimmte Anspruchskombination (zB hilfsweise) zur Entscheidung und rechtfertigt der entgegen gehaltene Stand der Technik keine berechtigten Zweifel daran, dass die hierdurch beschriebene technische Lehre neu und erfinderisch ist, spricht nichts dagegen, eine einstweilige Verfügung nach Maßgabe des Hilfsantrages zu erlassen.

113 **Gewisse Modifikationen bezüglich des Rechtsbestandes** bestehen in besonderen Konstellationen:

114 – Anlass für die besagte Zurückhaltung hinsichtlich des Rechtsbestands besteht dann nicht in vollem Umfang, wenn das *Verfügungsverfahren* praktisch **wie ein Hauptsacheverfahren geführt** wird, weil der Antragsgegner erst Monate nach Zustellung der Beschlussverfügung Widerspruch eingelegt hat, sodass bis zum Verhandlungstermin über den Widerspruch geraume Zeit vergangen ist, innerhalb derer ausreichend Gelegenheit für Recherchen bestanden hat. In einem solchen Fall macht der von der Eilmaßnahme betroffene Antragsgegner durch sein eigenes dilatorisches Prozessverhalten zur Rechtsverteidigung unmissverständlich deutlich, dass er in seiner geschäftlichen Betätigung offenbar nicht sonderlich beeinträchtigt ist, weswegen sein zunächst vermutetes Schutzbedürfnis, das Anlass für die erläuterte Zurückhaltung beim Erlass vorläufiger Unterlassungsanordnungen ist, abweichend von der Regel als tatsächlich gering zu veranschlagen ist. Unter derartigen Umständen ist die Beschlussverfügung schon dann zu bestätigen, wenn der entgegengehaltene Stand der Technik keinen Anlass zur Aussetzung eines erstinstanzlichen Hauptsacheprozesses gegeben hätte.[156] Weil die Verteidigungsmöglichkeiten des Antragsgegners nicht beschränkt waren, bedarf es zur Rechtfertigung des Unterlassungsgebotes auch keiner besonderen Interessenabwägung.

---

155 LG Mannheim, InstGE 6, 194 – Etikettieraggregat.
156 LG Düsseldorf, InstGE 5, 231 – Druckbogenstabilisierer, bestätigt vom OLG Düsseldorf, Urteil v 23.3.2006 – 2 U 55/05; LG Düsseldorf, InstGE 9, 110 – Dosierinhalator; LG Düsseldorf, Mitt 2014, 559 – Anforderungen an den Rechtsbestand des Verfügungspatents.

Eine derartige Konstellation liegt allerdings noch nicht deshalb vor, weil nach zu 115
Recht zurückgewiesenem Verfügungsantrag in erster Instanz bis zum Abschluss des
Berufungsverfahrens eine weitere Zeitspanne vergangen ist, sodass sich zusammen
genommen eine Verfahrensdauer ergibt, die einem erstinstanzlichen Hauptsacheverfahren entspricht.[157] Bereits aus dem Umstand, dass das Berufungsverfahren der Überprüfung der landgerichtlichen Entscheidung dient, ergibt sich, dass beide Verfahrensabschnitte denselben und nicht unterschiedlichen Regeln unterliegen müssen.

Mit der diskutierten Konstellation eines mit signifikanter Verzögerung erhobenen 116
Widerspruchs gegen eine Unterlassungsbeschlussverfügung ist ebenso wenig die Situation vergleichbar, dass in einem parallelen, ausschließlich auf **Rechnungslegung und Schadenersatzfeststellung** gerichteten und schon seit geraumer Zeit laufenden **Hauptsacheverfahren** Rechtsbestandsargumente ausgetauscht werden und *danach* eine einstweilige Unterlassungsverfügung beantragt wird. So lange keine dem Verletzten günstige Einspruchs- oder Nichtigkeitsentscheidung (einschließlich eines dahingehenden qualifizierten Hinweises) vorliegt, ist die Sachlage schon deshalb nicht ähnlich, weil der Beklagte des Hauptsacheverfahrens – anders als der Adressat einer vollstreckbaren Beschlussverfügung – gerade keinem ihn unmittelbar belastenden Unterlassungsgebot ausgesetzt ist, Die Sachlage ist schon deshalb nicht ähnlich, weil der Beklagte des Hauptsacheverfahrens – anders als der Adressat einer vollstreckbaren Beschlussverfügung – gerade keinem ihn unmittelbar belastenden Unterlassungsgebot ausgesetzt ist, sodass es an jeglichem Verhalten des Antragsgegners fehlt, das Rückschlüsse auf ein mangelndes Schutzbedürfnis zulassen könnte.[158]

– Wird der Rechtsbestand des Verfügungspatents mit einer angeblich **offenkundigen** 117
Vorbenutzung angegriffen, so kommt die Aussetzung eines Hauptsacheverfahrens nur in Betracht, wenn der Verletzer die behauptete Vorbenutzungshandlung im Verletzungsrechtsstreit durch *liquide* Beweismittel (wie Urkunden oder dergleichen) nachweisen kann.[159] Bedarf es hingegen zur tatrichterlichen Feststellung des Vorbenutzungssachverhaltes – auch – einer Zeugenvernehmung, bleibt der Aussetzungsantrag erfolglos, und zwar selbst dann, wenn der Verletzer eidesstattliche Versicherungen der benannten Zeugen präsentieren kann, die seinen Sachvortrag bestätigen.[160] Unter den zuletzt geschilderten Umständen würde der Verletzer folglich einer Verurteilung im Hauptsacheprozess nicht entgehen können. Dies muss – auch wenn es im Verfahren des vorläufigen Rechtsschutzes grundsätzlich nur auf eine Glaubhaftmachung des Parteivortrages ankommt und die eidesstattliche Versicherung als Mittel zur Glaubhaftmachung zugelassen ist (§ 294 Abs 1 ZPO) – Auswirkungen auch auf die Handhabung im einstweiligen Verfügungsverfahren haben, wenn dort, gestützt auf Zeugenbeweis, eine offenkundige Vorbenutzung der Erfindung eingewendet wird. Die Tatsache, dass das Verletzungsgericht im Hinblick auf eine bestrittene offenkundige Vorbenutzung eine nur beschränkte Prüfungskompetenz besitzt, die eigene Beweisermittlungen ausschließt, darf auch im Verfügungsverfahren nicht übergangen werden. Sie gebietet – im Gegenteil – in dem Sinne Beachtung, dass der Rechtsbestand nur dadurch relevant erschüttert werden kann, dass ein die Erfindung vorwegnehmender oder nahelegender Vorbenutzungstatbestand in einer Art und Weise nachgewiesen wird, der in einem parallelen Hauptsacheverfahren dessen Aus-

---

157 OLG Düsseldorf, Urteil v 14.7.2009 – I-2 U 87/08.
158 OLG Düsseldorf, Beschluss v 18.7.2017 – I-2 U 23/17.
159 OLG Düsseldorf, Urteil v 11.1.2018 – I-15 U 66/17.
160 OLG Düsseldorf, Urteil v 11.1.2018 – I-15 U 66/17.

setzung rechtfertigen würde.¹⁶¹ Das gilt für jede im Rahmen der offenkundigen Vorbenutzung relevante Tatsache, unabhängig davon, ob sie technischer Natur oder auf die öffentliche Zugänglichkeit bezogen ist.¹⁶² Ein anderer (sic.: dem Verletzer günstigerer) Maßstab wird nur dann anzulegen sein, wenn der Verletzer plausibel geltend machen kann, dass er deshalb auf Zeugen und deren eidesstattliche Versicherungen angewiesen ist, weil es ihm in der Kürze der im einstweiligen Verfügungsverfahren verbleibenden Zeit nicht möglich war, den Vorbenutzungssachverhalt liquide zu belegen.¹⁶³

e) Sicherheitsleistung

118 Die Vollziehung der einstweiligen Verfügung (und zwar der Beschlussverfügung wie der Urteilsverfügung) kann im Rahmen des dem Gericht nach § 938 ZPO eingeräumten Ermessens von der Leistung einer angemessenen Sicherheit durch den Antragsteller abhängig gemacht werden. Eine derartige Anordnung ist in der Regel schon deshalb sinnvoll und geboten, weil damit gewährleistet wird, dass der Unterlassungsausspruch nicht unter geringeren Bedingungen (nämlich ohne Sicherheitsleistung) vollstreckbar ist, als er es bei einem entsprechenden erstinstanzlichen Hauptsacheurteil (welches gemäß § 709 ZPO stets nur gegen Sicherheitsleistung vorläufig vollstreckbar ist) wäre. Von einer Sicherheitsleistung kann im Allgemeinen nur abgesehen werden, wenn der Antragsteller entweder zu ihr nicht in der Lage ist oder weil eine Sicherheitsleistung in der Kürze der Zeit (zB bis zum Ablauf einer Messe, auf der die verletzenden Gegenstände präsentiert werden) nicht beizubringen ist.¹⁶⁴ Bei der Sicherheitsleistung hat es – ungeachtet des § 708 Nr 10 ZPO – auch dann zu verbleiben, wenn die einstweilige Verfügung im Berufungsrechtszug bestätigt wird. Die Entscheidung, die Vollziehung der einstweiligen Verfügung nicht von einer Sicherheitsleistung abhängig zu machen, ist nicht isoliert anfechtbar, sondern nur zusammen mit der Sachentscheidung (Widerspruch gegen eine Beschlussverfügung, Berufung gegen ein Verfügungsurteil).¹⁶⁵

f) Messeauftritt

119 Soll mit der Unterlassungsverfügung ein patentverletzender Messeauftritt des Antragsgegners unterbunden werden, so ergeht – über das (Angebot und Vertrieb des schutzrechtsverletzenden Gegenstands betreffende) Unterlassungsangebot hinaus – im Allgemeinen keine konkretisierende Anordnung zur Umsetzung der Unterlassungspflicht, etwa dahingehend, dass dem Antragsgegner aufgegeben wird, die ausgestellte Vorrichtung mit einer Plane oder dergleichen abzudecken. Eine derartige Anordnung verbietet sich deshalb, weil es grundsätzlich im Ermessen des Verletzers liegt, auf welche Weise er dem Unterlassungsgebot Folge leistet. Ihm muss deswegen die Freiheit verbleiben, die

---

161 OLG Düsseldorf, Urteil v 19.3.2009 – I-2 U 55/08; aA: LG Mannheim, InstGE 6, 194 – Etikettieraggregat, das eine einstweilige Verfügung bereits ablehnt, wenn durch einen Prospekt und eine hierauf bezogene eidesstattliche Versicherung glaubhaft gemacht ist, dass der Gegenstand des Verfügungspatents offenkundig vorbenutzt ist.
162 OLG Düsseldorf, Urteil v 11.1.2018 – I-15 U 66/17.
163 OLG Düsseldorf, Urteil v 19.3.2009 – I-2 U 55/08.
164 AA: OLG München, Urteil v 28.6.2012 – 6 U 1560/12, das eine Sicherheitsleistung nur anordnet, wenn Anhaltspunkte dafür bestehen, dass ein etwaiger Schadenersatzanspruch des unterlegenen Antragsgegners nicht realisiert werden könnte. Zurückhaltend auch OLG Karlsruhe (GRUR-RR 2015, 509 – Ausrüstungssatz), das wegen der hohen Anforderungen an den Erlass einer einstweiligen Verfügung und der damit verbundenen Richtigkeitsgewähr eine Sicherheitsleistung nur ausnahmsweise, zB bei exorbitanten Vollstreckungsschäden, in Betracht zieht.
165 OLG Düsseldorf, Beschluss v 27.7.2011 – I-2 W 30/11. Das OLG Karlsruhe (GRUR-RR 2015, 509 – Ausrüstungssatz) würdigt die Umstände des Einzelfalles und berücksichtigt insbesondere den Grad, in dem Verletzungsfrage und Rechtsbestand geklärt sind, sowie absehbare Vollziehungsfolgen.

Vorrichtung, statt sie in ggf imageschädigender Weise abzudecken, gänzlich von der Messe zu entfernen oder patentfrei umzubauen. Anders liegt der Sachverhalt, wenn der Antragsgegner das gegen ihn bereits ergangene Unterlassungsgebot unbeachtet lässt. Da die Durchführung eines Ordnungsmittelverfahrens nach § 890 ZPO in der Kürze der restlichen Messezeit in der Regel nicht mehr durchführbar sein wird, kann es hier gerechtfertigt sein, der bestehenden Unterlassungsverfügung eine weitere die Unterlassungspflicht konkretisierende Verfügung des Inhalts folgen zu lassen, dass dem Antragsgegner nunmehr aufgegeben wird, die patentverletzende Vorrichtung auf seine Kosten und für die Dauer der Messe an einen Gerichtsvollzieher zur Verwahrung herauszugeben (»**Abräumer**«).[166]

2. Voraussetzungen

Für den Antragsteller ergeben sich hieraus Konsequenzen für seine **Darlegungs- und Glaubhaftmachungslast** sowohl hinsichtlich des Verfügungsanspruchs (zB Unterlassungsanspruchs) als auch hinsichtlich der im Einzelfall gegebenen Notwendigkeit, diesem Anspruch im Wege der einstweiligen Verfügung Geltung zu verschaffen (sog Verfügungsgrund). 120

Vom Antragsteller ist darzutun und ggf[167] in geeigneter Weise glaubhaft zu machen, 121

– dass das angerufene Gericht örtlich zuständig ist, 122

– dass das Verfügungspatent in Kraft steht, 123

– dass er berechtigt ist, Ansprüche aus dem Verfügungspatent geltend zu machen (Aktivlegitimation), 124

  • sei es als eingetragener Inhaber des Patents (in diesem Fall ist die Rolleneintragung nachzuweisen), 125

  • sei es als Inhaber einer ausschließlichen Lizenz (in diesem Fall ist der Lizenzvertrag vorzulegen und dessen Geltung durch eidesstattliche Versicherung glaubhaft zu machen; ein einfaches Bestätigungsschreiben dahingehend, dass der Antragsteller Lizenznehmer sei, genügt keinesfalls), 126

  • sei es als Inhaber einer einfachen Lizenz (in diesem Fall ist der Lizenzvertrag vorzulegen, dessen Geltung glaubhaft zu machen und eine Prozessführungsermächtigung des Patentinhabers zu präsentieren), 127

– wie die angegriffene Ausführungsform beschaffen ist (hierzu sind *aussagekräftige* Muster, Werbeprospekte, Lichtbilder oder sonstige Unterlagen beizubringen, die sich dem Antragsgegner zuordnen lassen und aus denen sich die für die patentrechtliche Beurteilung maßgeblichen technischen Einzelheiten ergeben), 128

– dass und wieso der Antragsgegner für die Herstellung und/oder den Vertrieb der angegriffenen Ausführungsform in zurechenbarer Weise verantwortlich ist (Passivlegitimation), 129

– dass und weshalb die streitbefangene Ausführungsform von der technischen Lehre des Verfügungspatents Gebrauch macht (gegebenenfalls ist in diesem Zusammenhang 130

---

[166] LG Düsseldorf, Beschluss v 25.2.1982 – 4 O 34/82; LG Düsseldorf, Beschluss v 11.5.2004 – 4a O 195/04; LG Düsseldorf, Beschluss v 18.2.2005 – 4a O 73/05; zum Rechtsschutz in Messesachverhalten vgl Mohr (GRUR 2018, 115), der ua der Frage nachgeht, unter welchen Voraussetzungen der Messeveranstalter für die von einem Messeteilnehmer begangene Schutzrechtsverletzung haftbar sein kann.

[167] ... dessen bedarf es nicht für unstreitige Tatsachen.

das Verständnis des Durchschnittsfachmanns von bestimmten Begriffen der Verfügungspatentschrift anhand von auslegungsrelevanter Sekundärliteratur – zB Druckschriften aus dem Stand der Technik, Auszügen aus Fachbüchern oder dergleichen – nachzuweisen),

131 – dass und weshalb der Rechtsbestand des Verfügungspatents hinreichend gesichert ist (zB wegen eines bereits erfolgreich abgeschlossenen Einspruchs- oder Nichtigkeitsverfahrens)[168],

132 – dass und weshalb aus sonstigen Gründen (zB erhebliche Preisunterbietung) der Erlass einer einstweiligen Verfügung notwendig ist.

133 Für eine einstweilige Verfügung sprechen dabei folgende Gesichtspunkte:

134 – der technische Sachverhalt ist überschaubar,

135 – der Verletzungstatbestand ist eindeutig,

136 – die Rechtsbeständigkeit des Verfügungspatents erscheint ausreichend gesichert durch:

137 • ein (erstinstanzlich) erfolgreich abgeschlossenes Einspruchs- oder Nichtigkeitsverfahren,

138 • die Anerkennung der Schutzfähigkeit des Patents durch namhafte Konkurrenten, die ggf sogar Lizenzen genommen haben,

139 • einen vom Antragsgegner entgegengehaltenen Stand der Technik, der weit entfernt liegt, obwohl für ihn konkreter Anlass bestand, sich frühzeitig mit der Rechtsbeständigkeit des Patents auseinander zu setzen,

140 – bereits gewonnene frühere Verletzungsprozesse aufgrund desselben Patents wegen derselben oder einer unmittelbar vergleichbaren Ausführungsform,

141 – »Umgehung« eines bereits erstrittenen Urteils durch den Antragsgegner,

142 – kurz bevorstehender Ablauf des Verfügungspatents, der dazu führt, dass der Patentinhaber ohne eine einstweilige Verfügung für die Restlaufzeit rechtlos stehen würde,

143 – es drohen erhebliche Nachteile für die Marktposition des Patentinhabers (Preisunterbietung, Verdrängungswettbewerb)

144 – das beanstandete Produkt wird nur im Rahmen einer kurzfristigen Verkaufsaktion angeboten;

145 – es droht die kurzfristige Auslieferung des Verletzungsgegenstandes ins Ausland, wo sie dem Zugriff des Berechtigten entzogen ist;

146 – der Antragsgegner spekuliert auf die strengen Voraussetzungen für den Erlass einer einstweiligen Verfügung, beispielsweise dadurch, dass er von seinem ausländischen Sitz aus nur für wenige Tage auf einer inländischen Messe ausstellt, um dort Angebote einzuwerben, die er anschließend von seinem fernen ausländischen Sitz aus bedient, an dem dem Patentinhaber keine realistischen Möglichkeiten einer effektiven Rechtsverfolgung zur Verfügung stehen.[169]

---

168 Streng genommen gehört der Rechtsbestand des Verfügungspatents zwar nicht zur originären Darlegungslast des Antragstellers. Zumindest eine Beschlussverfügung (ohne mündliche Verhandlung) wird er jedoch nur dann erhalten können, wenn sich bereits aus seinem Vorbringen ergibt, dass gegen den Rechtsbestand des Patents keine ernstlichen Zweifel bestehen.

169 Wegen der notwendigen Gewährung rechtlichen Gehörs speziell im Hinblick auf den Rechtsbestand wird es notwendig sein, den Austeller *rechtzeitig* (dh einige Wochen) vor Messebeginn auf das oder die für ein Verfügungsverfahren in Betracht kommenden Schutzrechte hinzuweisen, sodass der Antragsgegner etwa entgegenstehenden Stand der Technik recherchieren kann.

Gegen eine einstweilige Verfügung sprechen: 147

– der technische Sachverhalt ist schwierig und komplex (zB Gentechnik, Elektrotechnik), sodass sie ohne sachverständige Beratung nicht zu beherrschen ist, 148

– der Verletzungstatbestand ist zweifelhaft (insbesondere, weil keine wortsinngemäße, sondern eine lediglich äquivalente Benutzung des Verfügungspatents geltend gemacht wird, die für das Gericht nicht eindeutig abzuschätzen ist, namentlich, wenn die Verletzungsfrage einer gerichtlichen[170] Begutachtung bedarf, die wegen §§ 294 Abs 2, 920 Abs 2, 936 ZPO ausscheidet), 149

– eine zweifelhafte Rechtsbeständigkeit des Verfügungspatents wegen 150

  • einer noch laufenden Einspruchsfrist und die damit verbundene Ungewissheit, welche Einwendungen Wettbewerber vorbringen werden, insbesondere aufgrund besonderer Kenntnisse über den tatsächlich vorbekannten Stand der Technik (zB offenkundige Vorbenutzungen), 151

  • eines noch anhängigen Einspruchsverfahrens (es sei denn, das entgegengehaltene Material ist offensichtlich schwach und weit entfernt vom Gegenstand der Erfindung), 152

  • widersprüchlicher Entscheidungen verschiedener Instanzen des Erteilungs- oder Einspruchsverfahrens, die die Bewertung der Erfindung zweifelhaft erscheinen lassen[171], 153

  • Auffindens von Stand der Technik, der bei sorgfältiger Prüfung im Erteilungsverfahren hätte berücksichtigt werden müssen, 154

  • eines gering erscheinenden Abstandes vom Stand der Technik, der die Bewertung der Erfindungshöhe zweifelhaft erscheinen lässt, 155

– erhebliche Nachteile für die Marktposition des Antragsgegners (Eigenherstellung, angegriffenes Produkt bildet die Basis der Geschäftstätigkeit), 156

– zögerliches Verhalten des Antragstellers bei der außergerichtlichen und/oder gerichtlichen Verfolgung seiner Ansprüche (keine Dringlichkeit in zeitlicher Hinsicht). Das Dringlichkeitserfordernis ist durch die Enforcement-Richtlinie 2004/48/EG nicht obsolet geworden[172]; das zügige Bemühen um Rechtsdurchsetzung verlangt auch, dass **gerichtlichen Hinweisen** mit der gebotenen Eile und Sorgfalt Rechnung getragen wird.[173] Haben sich für den Antragsteller **mehrere Rechtsanwälte** einer Kanzlei bestellt, so setzt die Bekanntgabe des gerichtlichen Hinweises an einen von ihnen die für die Dringlichkeit maßgebliche »Reaktionsfrist« in Lauf, und zwar auch dann, wenn es sich bei dem fraglichen Adressaten nicht um den – vordringlich oder alleine – sachbearbeitenden Anwalt handeln sollte.[174] Räumt das Gericht dem Antragsteller eine weiträumige **Frist zur Ergänzung** seines Verfügungsantrages ein, kann sich der Antragsteller nicht darauf verlassen, dass die Ausschöpfung der Frist stets als **dringlichkeitsunschädlich** angesehen wird.[175] 157

– der Patentinhaber verwertet die Erfindung ausschließlich im Wege der Lizenzvergabe; allerdings kommt es stets auf die Verhältnisse des Einzelfalles an. So kann sich 158

---

170 »Präsente« und damit zulässige Beweismittel sind die Schlüssigkeit des Sachvortrages sowie von den Parteien präsentierte Privatgutachten.
171 OLG Düsseldorf, InstGE 8, 122 – Medizinisches Instrument.
172 OLG Düsseldorf, InstGE 10, 60 – Olanzapin II; Heinze, Einstweiliger Rechtsschutz, 2007, S 346.
173 OLG München, GRUR-RR 2019, 443 – Medizinisches Fachpersonal.
174 OLG München, GRUR-RR 2019, 443 – Medizinisches Fachpersonal.
175 OLG Hamburg, GRUR-RS 2019, 9190 – neutropenisches Fieber.

ein beachtenswertes Interesse an der einstweiligen Durchsetzung der Patentrechte ohne weiteres daraus ergeben, dass sich Wettbewerbsnachteile der Lizenznehmer daraus ergeben, dass es dem Verletzer bis zu einer Hauptsacheentscheidung gestattet wäre, die Erfindung ohne Zahlung von Lizenzgebühren zu benutzen und dadurch die Preise der Lizenznehmer zu unterbieten;

159 – die Parteien führen Verhandlungen über den Abschluss eines Lizenzvertrages[176];

160 – im parallel geführten Hauptsacheverfahren steht demnächst ein Termin zur mündlichen Verhandlung an[177];

161 – der Antragsgegner kann das Bestehen eines privaten Vorbenutzungsrechts glaubhaft machen, selbst dann, wenn für die patentrechtliche Beurteilung des glaubhaft gemachten Sachverhaltes ein Sachverständigengutachten eingeholt werden müsste, weil dem Verletzungsgericht die fachliche Kompetenz fehlt, um aus eigener Kompetenz zu entscheiden, ob der vorbenutzte Gegenstand den Merkmalen des Verfügungspatents entspricht.

3. Dringlichkeit

162 Wann die – oben angesprochene – Dringlichkeit zu verneinen ist, lässt sich nicht allgemein, dh anhand fester Fristen, sondern nur unter Berücksichtigung der konkreten Verhältnisse des Einzelfalles bestimmen.[178] Maßgeblich ist stets, ob der Antragsteller das Seinige getan hat, um seine Verbietungsrechte zügig durchzusetzen.[179] Dass jede einzelne Aufklärungs- und Verfolgungsmaßnahme für sich betrachtet ggf auch zügiger hätte absolviert werden können (was praktisch immer denkbar sein wird), ist belanglos. Es geht nicht um eine größtmögliche Schnelligkeit, sondern darum, dass der Antragsteller seine Rechtsverfolgung in einer Weise vorantreibt, die die Ernsthaftigkeit seines Bemühens erkennen lässt und die es deswegen objektiv rechtfertigt, ihm Zugang zum einstweiligen Rechtsschutzverfahren zu gewähren.[180] Es versteht sich von selbst, dass die notwendige Klarheit in einem einfach gelagerten Sachverhalt schneller herbeigeführt sein kann, als wenn es sich um einen technisch schwierigen Komplex handelt. Nachlässigkeiten bei der vorgerichtlichen Rechtsverfolgung, die für sich der Annahme einer Dringlichkeit noch nicht entgegenstehen, haben zur Folge, dass es anschließend eines tendenziell **umso zügigeren Bemühens** um die Rechtsdurch-setzung bedarf.[181]

a) Allgemeine Regeln

163 Grundsätzlich beginnt die »Uhr« für den Antragsteller mit dem Augenblick »zu ticken«, in dem er Kenntnis von der schutzrechtsverletzenden bzw einer kerngleichen[182] Ausführungsform erhält. Ohne konkrete tatsächliche Anhaltspunkte, die vom Antragsteller darzulegen sind, und ohne das Vorliegen besonderer Umstände[183] kann nicht davon ausge-

---

176 OLG Karlsruhe, InstGE 11, 143 – VA-LCD-Fernseher.
177 OLG Karlsruhe, InstGE 11, 143 – VA-LCD-Fernseher; fraglich.
178 OLG Hamburg, GRUR-RR 2008, 366 – Simplify your Production.
179 OLG Frankfurt/Main, BeckRS 2013, 10983 – Comedyvideos.
180 OLG Düsseldorf, Mitt 2013, 232 = OLG Düsseldorf, GRUR-RR 2013, 236 – Flupirtin-Maleat; OLG Düsseldorf, GRUR-RR 2021, 465 – Cinacalcet III; OLG München, Urteil v 22.4.2021 – 6 U 6973/20.
181 OLG Hamburg, GRUR-RS 2019, 9190 – neutropenisches Fieber.
182 OLG Hamburg, MDR 2011, 557 (LS).
183 Sie können etwa darin liegen, dass das Verletzerprodukt einen derartigen Stellenwert für das in Rede stehende Kaufgeschäft hat oder der Erwerber selbst derart im fraglichen Markt tätig ist, dass sich seine Kenntnis geradezu aufdrängt.

gangen werden, dass dem Patentinhaber im Rahmen einer **Due-Diligence-Prüfung** zur Vorbereitung eines Asset-Deals vorausgehende Streitigkeiten zwischen dem vormaligen Schutzrechtsinhaber (= Veräußerer) und einem Konkurrenten wegen kerngleicher Verletzungshandlungen zur Kenntnis gelangt sind.[184] Wissen, das der Anwalt im Zusammenhang mit einem anderen, fremden Mandat erlangt hat, wirkt für den Antragsteller nicht dringlichkeitsschädlich.[185] Gleiches gilt für eine Kenntnis und Untätigkeit des Rechtsvorgängers, die sich der Erwerber des Schutzrechts grundsätzlich nicht entgegenhalten lassen muss.

Wird die **Markteinführung** des Verletzungsproduktes einige Zeit vorher angekündigt und erfährt der Schutzrechtsinhaber davon, ist von ihm zu erwarten, dass er die verbleibende Zeit bis zur Markteinführung nutzt, um sich intern darüber klar zu werden, ob er einer möglichen Patentverletzung durch das angekündigte Produkt auf den Grund gehen will, und sodann alle Vorbereitungen trifft, sodass das mutmaßlich schutzrechtsverletzende Produkt sogleich bei seiner Marktpräsenz erworben werden kann. Dasselbe gilt auch dann, wenn Informationen zur angegriffenen Ausführungsform in einem ausländischen Verletzungsverfahren zunächst unter Geheimhaltungsvorbehalt erörtert worden sind. Hier ist dem Antragsteller eine Verwertung dieser Informationen, so lange sie der Geheimhaltung unterliegen, nicht möglich.[186] Abzuverlangen ist ihm aber sehr wohl, sich auf denjenigen Moment einzustellen, zu dem ihm eine Verwertung dieser Informationen für eine inländische Rechtsverfolgung gestattet sein wird. Dazu gehört – über den rein internen Willensbildungsprozess hinaus – nicht die Musterbeschaffung und deren (insbesondere kostspielige) Untersuchung auf eine Patentverletzung (die ggf nie zum Tragen kommen werden und folglich gänzlich nutzlos aufgewendet wären).[187] Ob und wann der Berechtigte schon vor einem Vertriebsbeginn unter dem Gesichtspunkt einer **Erstbegehungsgefahr** (dh eines bloß drohenden Verletzungseingriffs) tätig werden muss, ist eine Frage des Einzelfalles. Ein ernstzunehmendes Risiko zu unterliegen, muss der Angreifer nicht eingehen, weswegen er solche Vorbereitungshandlungen abwarten darf, die bei objektiver Betrachtung sicher erwarten lassen, dass das angerufene Gericht eine wirklich zeitnah bevorstehende Verletzungshandlung (= Erstbegehungsgefahr) bejahen wird.[188]

164

▶ **Beispiel:**

Im Arzneimittelbereich kann in Fällen des beabsichtigten Parallelimports aus neuen EU-Mitgliedstaaten auf einen entsprechenden Änderungseintrag in der AMIS/DIMDI-Datenbank gewartet werden, auch wenn schon zuvor die Absicht zum Parallelimport angekündigt wurde.[189]

165

Nach überwiegender Meinung[190] ist es unerheblich, ob der Patentinhaber von dem Verletzungsprodukt bei Beachtung seiner **Marktbeobachtungspflicht** zeitiger hätte Kenntnis haben *können*. Fahrlässiges Unwissen schadet mithin grundsätzlich nicht.

166

Hat der Patentinhaber allerdings **greifbare Hinweise** auf rechtsverletzende Handlungen des Antragsgegners, darf er sich ihnen nicht verschließen, sondern hat ihnen nachzuge-

167

---

184 OLG Hamburg, GRUR-RR 2018, 27 – HSA FREI.
185 OLG Hamburg, GRUR-RR 2018, 27 – HSA FREI.
186 LG Düsseldorf, Beschluss v 6.9.2020 – 4c O 38/20.
187 OLG Düsseldorf, GRUR-RR 2021, 465 – Cinacalcet III.
188 OLG Düsseldorf, Urteil v 6.8.2015 – I-2 U 21/15; OLG Düsseldorf, GRUR-RR 2021, 465 – Cinacalcet III. Nach LG München I (Urteil v 24.6.2016 – 21 O 5583/16) begründet eine Wiederholungsgefahr auch bei vorausgehender Erstbegehungsgefahr regelmäßig eine neue Dringlichkeit.
189 OLG Düsseldorf, Urteil v 6.8.2015 – I-2 U 21/15.
190 OLG Köln, GRUR-RR 2014, 127 – Haarverstärker, mwN; OLG Frankfurt/Main, GRUR-RR 2018, 251 – Pharma-Vertriebsbereiche; Berneke/Schüttpelz, Einstweilige Verfügung, Rn 177 f, mwN.

hen.¹⁹¹ Eine sogar jahrelange Schutzrechtsverletzung genügt dafür allein nicht unbedingt, weil es darauf ankommt, ob der Verstoß offensichtlich war, sodass er dem Berechtigten nach der allgemeinen Lebenserfahrung nicht entgangen sein kann.¹⁹² Versäumt der Patentinhaber ein Einschreiten in einer Weise, dass seine Untätigkeit – objektiv betrachtet – auf eine Gleichgültigkeit bei der Verfolgung der eigenen rechtlichen Interessen schließen lässt, geht die Dringlichkeit verloren.¹⁹³ Das soll auch dann gelten, wenn die gleiche Verletzungshandlung später durch einen anderen Verletzer abermals begangen wird.¹⁹⁴ Anders verhält es sich nur und erst dann wieder, wenn die Umstände (zB der Umfang und/oder die Intensität der Verletzungshandlungen) in der Folgezeit eine derartige **Veränderung** erfahren, dass in Bezug auf die Veranlassung zum Einschreiten ein qualitativ anderer Sachverhalt anzunehmen ist.¹⁹⁵ Derartiges ist zB denkbar, wenn nach einem zunächst nur singulären oder an unscheinbarer Stelle platzierten Angebot in einen flächendeckenden und/oder prominenten Vertrieb eingetreten wird oder wenn das Verletzungsprodukt (Steuerungssoftware) zunächst nur im Zusammenhang mit dem Verkauf kostspieliger und zeitaufwändig zu genehmigender und deswegen nur vereinzelt zu realisierender Großprojekte (zB Windräder) offeriert wird und später dazu übergegangen wird, die Software als Nachrüstpaket für bereits in großer Zahl existierende Anlagen anzubieten. Anders liegen die Verhältnisse, wenn das mit dem Verfügungsantrag beanstandete Verhalten ernsthaft angedroht war, der Anspruchsteller den aus der Berührung folgenden vorbeugenden Unterlassungsanspruch jedoch längere Zeit nicht geltend macht und der Antragsgegner später (und sei es auch nach mehreren Monaten) dazu übergeht, das angedrohte schutzrechtsverletzende Verhalten in die Tat umzusetzen; hier ist und bleibt die Dringlichkeit verloren.¹⁹⁶

168 Umstände, die eine Beobachtung erzwingen, sind nach Lage des Falles **beispielhaft** in folgenden Konstellationen vorstellbar:

169 – War der Antragsgegner **Lizenznehmer** am Verfügungspatent, ist der Lizenzvertrag durch den Lizenzgeber gekündigt worden und existieren stichhaltige Anhaltspunkte dafür, dass sich der Lizenznehmer über die Vertragskündigung hinwegsetzen wird¹⁹⁷, muss der Patentinhaber sich vergewissern, ob der Lizenznehmer seine Benutzungshandlungen angesichts der veränderten Vertragslage tatsächlich einstellt.¹⁹⁸

170 – Hat der Antragsteller Kenntnis davon, dass ein ausländisches Unternehmen Verletzungsgegenstände (auch) im Inland anbietet und bleibt er daraufhin trotz Erreichbarkeit des Ausländers für ein inländisches Gerichtsverfahren untätig, kann er sich anschließend nicht darauf berufen, erst geraume Zeit später erfahren zu haben, dass die Antragsgegnerin als **deutsche Vertriebstochter** an den inländischen Verletzungshandlungen beteiligt ist. Die Kenntnis vom inländischen Verletzungssachverhalt ermöglicht und erfordert eine zeitnahe Rechtsverfolgung gegenüber dem ausländischen Unternehmen, zumindest aber eine Abklärung dahingehend, ob in deren nach

---

191 KG, GRUR-RS 2015, 11082 – Mobilfunkgerät; OLG Frankfurt/Main, GRUR-RR 2019, 63 – Mastschellen.
192 OLG Köln, GRUR-RR 2014, 127 – Haarverstärker.
193 OLG Düsseldorf, Urteil v 5.7.2012 – I-2 U 12/12.
194 OLG Frankfurt/Main, GRUR-RR 2020, 368 – Wasserpfeifentabak. Das ist bedenklich, weil die Handlungen des Anderen deutlich umfangreicher oder sonstwie intensiver in das Schutzrecht eingreifen können, sodass mit ihnen eine andere Qualität der Rechtsverletzung verbunden sein kann, die erstmals ein Tätigwerden des Verletzten erfordert.
195 OLG Frankfurt/Main, GRUR-RR 2020, 368 – Wasserpfeifentabak; OLG Frankfurt/Main, GRUR-RR 2014, 82 – Qualitätssprung; OLG Düsseldorf, Urteil v 5.7.2012 – I-2 U 12/12.
196 OLG Frankfurt/Main, GRUR-RR 2014, 82 – Qualitätssprung.
197 OLG Düsseldorf, Beschluss v 14.12.2012 – I-2 W 30/12.
198 OLG Düsseldorf, Beschluss v 15.5.2012 – I-2 W 11/12.

Deutschland gerichtete Vertriebshandlungen (was einer üblichen Praxis entspricht und deshalb als naheliegende Möglichkeit unbedingt in Erwägung zu ziehen ist) ggf ein deutsches Tochterunternehmen eingeschaltet ist.[199] Gleiches gilt für die Konstellation, dass in einer vorausgegangenen Hauptsacheklage (oder einem vorausgegangenen Verfügungsantrag) andere Schutzrechte gegen die deutsche Vertriebstochter geltend gemacht wurden und sich das nachfolgende, erstmals auf das Verfügungspatent gestützte vorläufige Rechtsschutzverfahren gegen eine ausländische Tochter richtet, die haftungsrelevant bereits an den Handlungen beteiligt war, die Gegenstand der Hauptsacheklage gewesen sind. Ein Dringlichkeitsverlust ist unter solchen Umständen auch dann anzunehmen, wenn mit dem späteren Verfügungsantrag eine Abwandlung des Verletzungsgegenstandes aus dem Erkenntnisverfahren angegriffen wird, die das Verfügungspatent kerngleich verletzt.[200]

– Differenziert zu behandeln ist der Fall, dass dem Patentinhaber das **Verletzungsprodukt** als solches **bekannt** ist, diesem seine **schutzrechtsverletzende Ausstattung** oder Eigenschaft aber **nicht** auf den ersten Blick (»von außen«) anzusehen und dem Patentinhaber auch verborgen geblieben ist. Nach den Umständen des Einzelfalles kann sich eine Benutzung des Klagepatents als ernstzunehmende Möglichkeit aufdrängen; hier sind im Anschluss an die Kenntnis vom Verletzungsprodukt zeitnahe Nachforschungen zu erwarten, sodass deren Unterbleiben auf ein solches Maß an Gleichgültigkeit gegenüber den eigenen Belangen bei der Rechtsverfolgung schließen lässt, dass eine Dringlichkeit verneint werden muss. Liegt die Möglichkeit einer Schutzrechtsverletzung durch den bekannten Gegenstand fern, ist das Unterlassen klärender Maßnahmen umso eher hinzunehmen, je aufwändiger und für den betreffenden Antragsteller unzumutbarer die Sachaufklärung ist. Wegen der Obliegenheit zur Berücksichtigung des gesamten Schutzrechtsbestandes sind auf die geschilderte Weise alle Schutzrechte in den Blick zu nehmen, für deren Benutzung sich solche Anhaltspunkte ergeben haben, die vernünftigerweise eine mit zumutbarem Aufwand mögliche Abklärung verlangen.[201] 171

Besteht nach dem zuvor Gesagten eine **Nachforschungspflicht**, gilt wegen der **Einzelheiten** Folgendes: Sobald das mutmaßlich patentverletzende (oder ein kerngleiches) Erzeugnis in den Händen des Patentinhabers ist, trifft ihn die Obliegenheit, den betreffenden Gegenstand zügig und umfassend auf das Vorliegen einer Schutzrechtsverletzung zu untersuchen. Hierzu gehört, dass er, sofern sich der Benutzungstatbestand nicht aus einer bloßen Betrachtung des Verletzungsgegenstandes erschließt, alsbald die zur Aufklärung notwendigen Untersuchungen in die Wege leitet, diese zielstrebig zum Abschluss bringt und, sofern sich ein positiver Befund ergibt, anschließend ohne übermäßiges Zögern die sich daraus für ihn ergebenden Verbietungsansprüche verfolgt. Gründe für eine rechtlich unschädliche Verzögerung können sich in diesem Zusammenhang daraus ergeben, dass die Feststellung des Verletzungstatbestandes aufwändige Untersuchungen oder Analysen verlangt, dass der Patentinhaber im Ausland ansässig und der deutschen Sprache nicht mächtig ist oder dass die Beschaffung von Glaubhaftmachungsmitteln, ohne die ein aussichtsreicher Verfügungsantrag nicht anhängig gemacht werden kann, Probleme bereitet.[202] Generell darf der Antragsteller einen sicheren Weg gehen und alle 172

---

199 OLG Düsseldorf, Urteil v 5.7.2012 – I-2 U 12/12; zustimmend: KG, GRUR-RS 2015, 11082 – Mobilfunkgerät.
200 OLG Düsseldorf, GRUR-RR 2021, 300 – Insulinpumpe.
201 OLG Düsseldorf, GRUR-RR 2021, 300 – Insulinpumpe.
202 Abweichend und zu streng LG München I, InstGE 3, 297 – Fälschungsverdacht I: Nach Kenntnis von der Verletzung steht dem Berechtigten ein Monat für die Beschaffung der Glaubhaftmachungsmittel und die Anbringung des Verfügungsantrages zur Verfügung. Überschreitet er diese (grundsätzlich feste) Frist, so muss er detailliert darlegen, wieso es ihm trotz größtmöglicher Anstrengungen nicht möglich war, die Glaubhaftmachungsmittel beizuschaffen.

Glaubhaftmachungsmittel beschaffen, die bei einem denkbaren Verteidigungsverhalten des Gegners erforderlich werden können.[203]

173 Das kann einschließen, dass die in eigenen **Laboren** gewonnenen Erkenntnisse anschließend durch eine externe Untersuchung verifiziert werden, um dem möglichen Einwand vorzubeugen, die behaupteten Resultate seien parteiisch.[204] Aus derselben Überlegung heraus muss er das gerichtliche Verfahren nicht mit bloß vorläufigen Testresultaten eines Fremdlabors initiieren, sondern kann die endgültigen Testergebnisse abwarten.[205] Welches Labor der Antragsteller heranzieht, ist ihm überlassen[206], was schon deshalb so sein muss, weil es der Antragsteller ist, der das Risiko des Verletzungsnachweises trägt. Weil es an ihm ist, das Verletzungsgericht von der technischen Expertise und Zuverlässigkeit der im Verfügungsverfahren präsentierten Laborergebnisse zu überzeugen, damit der Verfügungsanspruch als glaubhaft gemacht angesehen wird, muss es in der Freiheit des Antragstellers liegen, das ihm für die Zwecke seiner Rechtsverfolgung geeignet erscheinende Labor auszuwählen.[207] Unter Dringlichkeitsgesichtspunkten ändert sich an dieser Freiheit des Wahlrechts erst dann etwas, wenn für den Antragsteller absehbar ist, dass die erforderlichen Analyseergebnisse derart spät verfügbar sein werden, dass von einer Beauftragung dieses Labors vernünftigerweise Abstand genommen werden muss, wenn Interesse an einer zeitnahen Unterbindung der Verletzungshandlungen des Antragsgegners besteht.[208] Die Einschaltung eines anderen Labors wird dabei tendenziell umso eher geboten sein, wenn der Unterlassungsanspruch auf eine Wiederholungsgefahr und nicht bloß eine Erstbegehungsgefahr gestützt ist.[209] Die Wahl des Analyselabors kann dabei den Vorwurf mangelnder Dringlichkeit selbstverständlich nur begründen, wenn dem Antragssteller ein anderes Labor mit hinreichender technischer Expertise zur Verfügung gestanden hat, das nennenswert zügigere, für die Rechtsverfolgung verlässliche Resultate erwarten gelassen hat.[210] Welche konkrete **Analysetechnik** zum Einsatz kommt, liegt gleichfalls im Ermessen des Antragstellers; er muss auch hier kein Prozessrisiko eingehen und kann deshalb denjenigen Untersuchungsweg einschlagen, der ihm nachvollziehbar die überzeugendsten Resultate verspricht.[211] Da Labore typischerweise nicht mit den rechtlichen Details des einstweiligen Verfügungsverfahrens vertraut sind, ist es die Pflicht des Antragstellers, auf die Notwendigkeit einer bevorzugten und allzeit zügigen Erledigung der Analysen hinzuweisen und dafür auch während der laufenden Untersuchungen Sorge zu tragen, wenn sich ihm der Eindruck vermittelt, dass das Labor möglicherweise nicht mit der gebotenen Eile zu Werke geht. Im Allgemeinen kann der Antragsteller nicht darauf verwiesen werden, Nachermittlungen und Glaubhaftmachungsmittel erforderlichenfalls erst während des laufenden Verfahrens zu beschaffen.

174 Jede Maßnahme, die der Antragsteller zur Aufklärung und/oder zur Glaubhaftmachung des entscheidungsrelevanten Sachverhaltes unternimmt, hat dabei zunächst die **tatsächliche Vermutung** ihrer Sinnhaftigkeit für sich, weswegen sie eine mangelnde Dringlichkeit grundsätzlich nicht begründen kann, selbst wenn sich im Nachhinein herausstellen sollte, dass es ihrer angesichts der (zu diesem Zeitpunkt für den Antragsteller noch nicht vorhersehbaren) Einlassung des Antragsgegners im einstweiligen Verfügungsverfahren nicht bedurft hätte. Anders zu behandeln sind allenfalls solche Maßnahmen, die ex ante selbst

---

203 OLG Düsseldorf, Mitt 2013, 232 = OLG Düsseldorf, GRUR-RR 2013, 236 – Flupirtin-Maleat; OLG München, Urteil v 22.4.2021 – 6 U 6973/20.
204 OLG Düsseldorf, Mitt 2013, 232 = OLG Düsseldorf, GRUR-RR 2013, 236 – Flupirtin-Maleat.
205 OLG Düsseldorf, GRUR-RS 2021, 2572 – Cinacalcet I.
206 OLG München, GRUR-RR 2021, 297 – Cinacalcet.
207 OLG Düsseldorf, GRUR-RR 2021, 465 – Cinacalcet III.
208 OLG Düsseldorf, GRUR-RR 2021, 465 – Cinacalcet III.
209 OLG Düsseldorf, GRUR-RR 2021, 465 – Cinacalcet III.
210 OLG Düsseldorf, GRUR-RR 2021, 465 – Cinacalcet III.
211 OLG Düsseldorf, GRUR-RR 2021, 465 – Cinacalcet III.

aus Gründen prozessualer Vorsicht schlechterdings keinen Sinn ergeben, sondern ausschließlich unnütze Zeit bei der Rechtsverfolgung kosten.[212] Nach diesen Grundsätzen muss der Verletzte nicht bereits allein aufgrund einer ihm von einem entdeckten Benutzer im Rahmen des § 140b PatG offenbarten Bezugsquelle gerichtlich vorgehen, sondern kann vorher weitere Maßnahmen treffen, die den Verletzungssachverhalt auch gegenüber der benannten Bezugsquelle unzweideutig belegen; denn die erteilte Auskunft kann unzuverlässig sein oder schlimmstenfalls sogar korrigiert bzw widerrufen werden.

Stellt sich die **Verletzungssituation außergewöhnlich komplex** dar, weil zur gleichen Zeit mehrere angegriffene Ausführungsformen desselben oder verschiedener Generikaunternehmen auf eine Verletzung des Verfügungspatents, paralleler Auslandsschutzrechte und/oder weiterer Patente[213] zu untersuchen und in diesem Zusammenhang gerichtliche Maßnahmen (ggf. im In- und Ausland) zu koordinieren sind, so stellt auch dies einen Umstand dar, der damit verbundene angemessene Verzögerungen[214] entschuldigt.[215] Sofern dies aus verfahrensökonomischen und/oder aus nennenswerten finanziellen Gründen sinnvoll oder zweckmäßig erscheint, bleibt es dem Antragsteller unter solchen Umständen insbesondere überlassen, etwaige Laboruntersuchungen parallel zu den mehreren mutmaßlichen Verletzungsprodukten in Auftrag zu geben, sodass dadurch bedingte Verzögerungen in der Erledigung eines einzelnen Tests hinzunehmen sind.[216] **175**

Handelt es sich um ein **SEP**, für das eine **FRAND-Erklärung** abgegeben ist, so gehört es zu den Obliegenheiten des Verletzten, nach Kenntnis vom Verletzungssachverhalt auch diejenigen Maßnahmen (Verletzungsanzeige, Lizenzangebot) zu unternehmen, die den Unterlassungsanspruch durchsetzbar machen (zu Einzelheiten vgl oben Kap E Rdn 529 ff). **176**

Sobald der Antragsteller über alle Kenntnisse und Glaubhaftmachungsmittel verfügt, die *verlässlich* eine aussichtsreiche Rechtsverfolgung ermöglichen, muss er den Verfügungsantrag innerhalb eines Monats anbringen.[217] Hat der Antragsteller durch sein Verhalten gezeigt, dass ihm bestimmte (**theoretisch erhebliche**) **Umstände** für seinen Entschluss zur Rechtsverfolgung nicht wichtig sind, kann aus ihnen nicht im Nachhinein eine Dringlichkeit mit der Erwägung hergeleitet werden, vernünftigerweise hätte in der betreffenden Hinsicht Klarheit bestehen müssen, bevor der Rechtsweg beschritten wird.[218] Das gilt auch **parteiübergreifend**. Hat der Patentinhaber einige Generikaunternehmen im einstweiligen Verfügungsverfahren in Anspruch genommen, bevor eine Einspruchsentscheidung zu seinen Gunsten ergangen war, so kann er gegenüber anderen Generikaunternehmen in vergleichbarer Lage, die er im Wesentlichen zeitgleich hätte angehen können, nicht mit dem Argument in ein einstweiliges Verfügungsverfahren ver- **177**

---

212 OLG Düsseldorf, Mitt 2013, 232 = OLG Düsseldorf, GRUR-RR 2013, 236 – Flupirtin-Maleat.
213 Diese Befugnis ist die Kehrseite der Pflicht des Patentinhabers, mit Blick auf eine angegriffene Ausführungsform den gesamten verfügbaren Schutzrechtsbestand daraufhin zu verifizieren, ob von ihm Gebrauch gemacht wird und eine Rechtsverfolgung im einstweiligen Rechtsschutz über das Verfügungspatent hinaus möglich ist.
214 Dazu gehört auch der Zeitaufwand für Übersetzungen, unternehmensinterne Abstimmungs- und Genehmigungsprozesse sowie die Ausarbeitung und ggf fortlaufende Anpassung einer Prozessstrategie.
215 OLG Düsseldorf, GRUR-RS 2021, 2572 – Cinacalcet I.
216 OLG Düsseldorf, GRUR-RS 2021, 2572 – Cinacalcet I; OLG Düsseldorf, GRUR-RR 2021, 465 – Cinacalcet III.
217 OLG Düsseldorf, GRUR-RS 2021, 2572 – Cinacalcet I; OLG München, GRUR-RR 2021, 297 – Cinacalcet; OLG München, Urteil v 22.4.2021 – 6 U 6973/20 (das erwägt, den Zeitraum zu verkürzen, wenn es vorher zu Verzögerungen gekommen ist, die zwar für sich die Dringlichkeit nicht in Zweifel ziehen, aber bei entsprechendem Bemühen vermeidbar gewesen wären).
218 OLG Düsseldorf, GRUR-RR 2017, 477 – Vakuumgestütztes Behandlungssystem; OLG Düsseldorf, GRUR-RR 2021, 300 – Insulinpumpe.

wickeln, nunmehr liege eine den Rechtsbestand bestätigende Einspruchsentscheidung zum Verfügungspatent vor, womit die Dringlichkeit erstmals/neu eröffnet sei. Denn durch sein Vorgehen gegen andere Verletzer hat der Patentinhaber unter Beweis gestellt, dass für seine Rechtsverfolgung das Vorliegen einer erstinstanzlichen Aufrechterhaltungsentscheidung kein maßgebliches Kriterium darstellt. Aus demselben Grund kann es einen zögerlichen Antragsteller nicht entlasten, dass er mangels vorgerichtlicher Abmahnung seines Gegners dessen Verteidigungsargumente noch nicht kennt und sich aus einer von ihm abgewarteten Entscheidung möglicherweise Hinweise zur Patentauslegung ergeben, die ggf streitrelevant sein könnten. Zwar braucht der Verletzte bei seiner Rechtsverfolgung kein Prozessrisiko eingehen; ein Zuwarten lässt sich unter diesem Gesichtspunkt jedoch nicht mit rein theoretischen Erwägungen rechtfertigen, die ohne Rückhalt im Einzelfall sind. Vielmehr ist darzutun und im Bestreitensfall glaubhaft zu machen, dass und weshalb von der fraglichen Entscheidung, die abgewartet worden ist, Erkenntnisse zu erwarten waren, die für die Beurteilung des streitbefangenen Sachverhaltes (dh angesichts des vorliegenden Verletzungsgegenstandes, nämlich seiner Beschaffenheit und Wirkungsweise) nicht nur irgendwie nützlich, sondern in dem Sinne erforderlich sein können, dass ohne ihre Existenz eine sicher erfolgreiche Rechtsdurchsetzung nicht gewährleistet ist.[219]

▶ **Beispiel:**

178 Ist der Antragsteller lediglich im Besitz eines im Ausland erworbenen Verletzungsgegenstandes und macht er seinen Verfügungsantrag – Monate später – dennoch anhängig, ohne bis dahin in den Besitz einer im Inland vertriebenen Verletzungsform oder sonstiger sie betreffender Unterlagen gelangt zu sein, so lässt sich die Dringlichkeit der zögerlichen Rechtsverfolgung nicht damit begründen, dass die Bezugnahme auf ausländische Vertriebsprodukte das Risiko birgt, dass deren Identität mit den angegriffenen inländischen Produkten bestritten wird und infolgedessen ein Unterliegen im Verfahren wegen mangelnder Glaubhaftmachung des Verletzungssachverhaltes droht.

179 Stellt der Verletzer seine Verletzungshandlungen freiwillig ein, ohne eine strafbewährte Unterlassungserklärung abzugeben, so bleibt die Wiederholungsgefahr und damit der Unterlassungsanspruch (= Verfügungsanspruch) bestehen. Davon zu unterscheiden ist die Frage nach dem Verfügungsgrund, dh der Notwendigkeit, dennoch zum fraglichen Zeitpunkt einstweiligen Rechtsschutz in Anspruch zu nehmen. Ist nicht damit zu rechnen, dass er seine Verletzungshandlungen demnächst wieder von neuem aufnehmen wird, kann nämlich in Betracht kommen, dass dem Rechtsschutzbegehren des Patentinhabers vollauf damit genügt werden kann, dass er gegen den Verletzer ein Hauptsacheverfahren durchführen kann, auf das er alsdann auch zu verweisen ist. Maßgeblich für die anzustellende Prognose über das weitere Verhalten des Verletzers sind die objektiven Umstände des Einzelfalles.[220] Die bloße Erklärung, man werde bis zu einer Entscheidung in der Hauptsache die angegriffenen Produkte nicht weiter vertreiben, und erst recht die bloße Einstellung der Verletzungshandlung allein reichen regelmäßig nicht aus, um einen Verfügungsgrund zu verneinen. So spricht die Lebenserfahrung im Gegenteil dafür, dass der Verletzer daran interessiert ist, von ihm vorgehaltene oder kurzfristig zu beschaffende Ware zeitnah zu vertreiben.[221] Unter solchen Umständen entfällt ein Verfügungsgrund nur dann, wenn der Verletzer neben der Einstellung der Verletzungshandlung eine unter der rückwirkend auflösenden Bedingung einer für ihn positiven Entscheidung in der Hauptsache stehende vertragsstrafegesicherte Unterlassungserklärung abgibt.[222] Objek-

---
219 OLG Düsseldorf, GRUR-RR 2017, 477 – Vakuumgestütztes Behandlungssystem.
220 OLG Düsseldorf, GRUR-RR 2022, 257 – Deckenleuchte.
221 OLG Düsseldorf, GRUR-RR 2022, 257 – Deckenleuchte.
222 OLG Düsseldorf, GRUR-RR 2022, 257 – Deckenleuchte.

tive Anhaltspunkte für eine längerfristige Einstellung der Verletzungshandlung liegen dagegen vor, wenn ein Verstoß seiner Natur nach erst nach längerer Zeit wiederholbar ist (sogenannte zeitgebundene Verletzungshandlungen).[223]

Ist der Verfügungsantrag auf die konkrete Verletzungsform zugeschnitten und variiert der Antragsgegner die angegriffene Ausführungsform in einer Weise, dass sie nicht mehr in den Kern der Verbotsverfügung fällt, kann einem weiteren gegen die **Abwandlung** gerichteten vorläufigen Rechtsschutzbegehren nicht die Dringlichkeit unter Hinweis darauf abgesprochen werden, dass schon der erste Verfügungsantrag so abstrakt hätte formuliert werden können, dass die Abwandlung erfasst wird.[224] Da die Sachverhaltsabwandlung außerhalb der Kerngleichheit (und damit jenseits des bisherigen Streitgegenstandes) liegt, stehen die früheren, verfahrensgegenständlichen Verletzungshandlungen der Dringlichkeit für den neuen, auf die Abwandlung gerichteten Verfügungsantrag ebenfalls nicht entgegen.[225] Denn die Frage der Eilbedürftigkeit eines Verfügungsantrages stellt sich immer nur bezogen auf den konkreten Streitgegenstand, der eben mit der Abwandlung verlassen ist. Nichtsdestotrotz kann es dem späteren Verfügungsantrag aus allgemeinen Erwägungen heraus an der Dringlichkeit fehlen, wenn der Antragsteller schon im Zusammenhang mit seinem ersten Verfügungsantrag Gelegenheit und Anlass hatte, auch die Abwandlung anzugreifen.

180

Umgekehrt liegt die Konstellation, wenn im Verlaufe des Verfügungsverfahrens ein neuer **Verletzungssachverhalt** zur Rechtfertigung des (identischen) Verfügungsbegehrens **nachgeschoben** wird, der schon mit der Antragsschrift hätte geltend gemacht werden können. Hier ist die Dringlichkeit in Bezug auf den nachgeschobenen Sachverhalt verneint worden,[226] was jedenfalls dann eine im Einzelfall möglicherweise unangebrachte Härte bedeuten kann, wenn der nachgeschobene Sachverhalt keine qualitativ anderen Fragen und auch keine Glaubhaftmachungsprobleme aufwirft.

181

Hat der Patentinhaber wegen eines bestimmten Verletzungssachverhaltes *bei hinreichend gesichertem Rechtsbestand* des Klagepatents eine **Hauptsacheklage erhoben**, belegt dies grundsätzlich, dass ihm nicht an einem einstweiligen Rechtsschutz gelegen ist. Erfährt er während des laufenden Klageverfahrens von weiteren Verletzungshandlungen, die keine qualitativ andere Rechtsbeeinträchtigung mit sich bringen, weil sie sich in der Schädlichkeit nicht wesentlich von den bisherigen Benutzungshandlungen unterscheiden, die Grundlage der Verletzungsklage sind, so kommt deshalb in Bezug auf sie mangels Dringlichkeit keine einstweilige Verfügung in Betracht. Das gilt auch dann, wenn die später bekannt gewordenen Verletzungshandlungen von einer anderen Gesellschaft desselben Konzerns begangen worden sind, sodass formal betrachtet hinsichtlich des potenziellen Antragsgegners noch kein Hauptsacheverfahren schwebt. Ein vorläufiger Rechtsschutz kommt ausnahmsweise jedoch dann in Betracht, wenn dem Patentinhaber mit Blick auf diejenigen Verletzungshandlungen, auf die sich die Hauptsacheklage stützt, **keine aussichtsreichen Glaubhaftmachungsmittel** zur Verfügung gestanden haben, solche hinsichtlich der späteren Benutzungshandlungen jedoch verfügbar sind, sodass er erstmals mit ihnen in der Lage ist, einen erfolgversprechenden Verfügungsantrag zu stellen. Gleiches gilt, wenn der Rechtsbestand des Klagepatents erst während des laufenden Hauptsacherechtsstreits ausreichend gesichert wird, so dass ein früheres Einschreiten im vorläufigen Rechtsschutz mangels Verfügungsgrundes nicht aussichtsreich gewesen ist (vgl unten Rdn 192 ff).

182

---

223 OLG Düsseldorf, GRUR-RR 2022, 257 – Deckenleuchte.
224 OLG Frankfurt/Main, WRP 2014, 101 = OLG Frankfurt/Main, BeckRS 2013, 09966 – Fehlendes Rechtsschutzbedürfnis für weiteren Eilantrag.
225 OLG Hamburg, GRUR-RR 2019, 488 – Trinknahrung.
226 OLG Frankfurt/Main, GRUR-RR 2019, 240 – maximale Übertragungsrate; OLG Düsseldorf, GRUR-RR 2019, 299 – Birkenstock.

▶ **Beispiel:**

183 Für die mit der Klage verfolgten Verletzungshandlungen ist der Patentinhaber auf ausländische Zeugen angewiesen, derer er selbst für eine Glaubhaftmachung nicht habhaft werden kann; die Verantwortlichkeit bestimmter Konzerngesellschaften für einzelne Benutzungshandlungen ist unklar. Für die später bekannt gewordene weitere Patentverletzung stehen zuverlässige deutsche Zeugen (zB Mitarbeiter inländischer Forschungseinrichtungen als Lieferempfänger) zur Verfügung.

184 Anhaltspunkte dafür, dass **Dritte** das Patent verletzen, nehmen dem Rechtsverfolgungsbegehren gegenüber dem Antragsgegner grundsätzlich nicht die Dringlichkeit.[227] Etwas anderes soll gelten, wenn eine in Bezug auf den Dritten veranlasste Marktbeobachtung unweigerlich auch den Antragsgegner als (weiteren) Verletzer zum Vorschein gebracht hätte[228] sowie mit Blick auf den Verfügungsantrag gegen einen Vertreiber, wenn es der Antragsteller über längere Zeit versäumt hat, gegen den Hersteller[229] bzw den Alleinimporteur[230] der schutzrechtsverletzenden Ware vorzugehen. Dem wird man für den Fall zustimmen können, dass bereits die Aktivitäten des Herstellers/Alleinimporteurs die Belange des Schutzrechtsinhabers in ähnlicher Weise beeinträchtigt haben, wie es die Handlungen des Vertreibers tun. Gleiches gilt, wenn Angebotshandlungen der für ein inländisches Gerichtsverfahren greifbaren ausländischen Muttergesellschaft hingenommen werden und wegen derselben Handlungen erst gegen die deutsche Vertriebstochter eingeschritten wird, nachdem deren Beteiligung offenbar geworden ist.[231] Im umgekehrten Fall, dass die Aktivitäten des Vertreibers dem Verletzungsgeschehen eine grundlegend neue Qualität verleihen (zB weil der Hersteller bislang nur in geringen Stückzahlen selbst vertrieben hat und nunmehr marktstarke Händler einschaltet), ist die unterbliebene Rechtsverfolgung gegenüber dem Hersteller dagegen nicht dringlichkeitsschädlich für ein Vorgehen gegen den Vertreiber.

185 Es ist nicht unbedingt erforderlich, dass das Vertretungsorgan (zB der Geschäftsführer) selbst die erforderliche Kenntnis besessen hat; ebenso wenig muss das Wissen bei der betriebsintern für die Verfolgung von Rechtsverstößen verantwortlichen Rechtsabteilung vorhanden sein.[232] Vielmehr genügt die Kenntnis eines (insbesondere leitenden) **Angestellten** der Vertriebsabteilung, wenn von diesem erwartet werden kann, dass er sein Wissen um einen etwaigen Rechtsverstoß unternehmensintern weitergibt, sodass er von zuständiger Stelle verfolgt werden kann.[233] Hat allerdings der **Geschäftsführer** das maßgebliche Wissen, kann er sich nicht darauf berufen, dass nach der internen Zuständigkeitsregelung im Unternehmen für die Verfolgung von Schutzrechtsverletzungen ein anderer, unwissender Mitarbeiter verantwortlich gewesen ist; denn den Geschäftsführer trifft unter solchen Umständen die Pflicht, sein Wissen unverzüglich dem unternehmensintern Zuständigen weiterzugeben.[234]

---

227 OLG Düsseldorf, Urteil v 11.1.2018 – I-15 U 66/17.
228 OLG Düsseldorf, GRUR-RR 2012, 146 – E-Sky (für einen im Tatsächlichen besonders gelagerten Fall).
229 OLG München, InstGE 12, 184 – Verfügungsgrund bei Abnehmerverwarnung II.
230 OLG München, GRUR 1994, 852.
231 OLG Düsseldorf, Urteil v 5.7.2012 – I-2 U 12/12; KG, GRUR-RS 2015, 11082 – Mobilfunkgerät.
232 So aber: OLG Braunschweig, Mitt 2012, 423 – Widerlegung der Dringlichkeitsvermutung.
233 OLG Frankfurt/Main, NJW 2000, 1961 – Pfändung einer Domain; OLG Köln, GRUR-RR 2010, 493 – Ausgelagerte Rechtsabteilung; OLG Köln, GRUR-RR 2014, 127 – Haarverstärker; OLG Frankfurt/Main, GRUR-RR 2018, 251 – Pharma-Vertriebsbereiche.
234 KG, GRUR-RS 2015, 11082 – Mobilfunkgerät.

Eine **Patentholdinggesellschaft** muss sich gemäß § 166 BGB das Wissen der Mitarbeiter 186
ihrer operativ tätigen Muttergesellschaft zurechnen lassen, die die fraglichen Schutzrechte
geschäftlich verwertet und deren 100 %-ige Tochter sie ist.[235]

Verzögerungen bei der Durchführung des **Patenterteilungsverfahrens** sind regelmäßig 187
unbeachtlich. Das gilt per se, wenn es sich um Fristverlängerungen oder späte Verfahrenserklärungen (wie den Prüfungsantrag) zu einer Zeit handelt, zu der die angegriffene Ausführungsform noch nicht absehbar war und deshalb auch kein Handlungsbedarf in Bezug auf eine Rechtsverfolgung bestand. Ansonsten kommt es darauf an, ob es für das taktische Verhalten des Anmelders vernünftige, auch unter dem Gesichtspunkt der Rechtsdurchsetzung zu billigende Gründe gibt. Gelegentlich kann gerade das Hinauszögern der Patenterteilung ein Indiz für den Rechtsverfolgungswillen des Anmelders sein, wenn die gewonnene Zeit dazu genutzt werden soll, eine Anspruchsfassung zu finden, die die mutmaßliche Verletzungsform möglichst wortsinngemäß erfasst. Gleiches gilt für die Abzweigung eines Gebrauchsmusters mit dem Ziel, daraus (statt aus dem zugrunde liegenden Patent) im Verfügungsverfahren vorgehen zu können. Hier kann nicht einfach darauf abgestellt werden, dass das Verfügungsschutzrecht erst mit der Gebrauchsmustereintragung existent geworden ist und *deshalb* die Dringlichkeitsfrist keinesfalls vorher zu laufen begonnen haben kann. War schon das Patent, aus dem abgezweigt worden ist, eine prinzipiell gleichermaßen taugliche Verfügungsgrundlage, kann sich der Antragsteller die insoweit verloren gegangene Dringlichkeit nicht dadurch »erschleichen«, dass er nachträglich ein **Gebrauchsmuster abzweigt**.[236]

b) Rechtsprechungsänderung

Trotz längerer Kenntnis von dem Verletzungsprodukt schadet eine Untätigkeit des 188
Anspruchsberechtigten nicht, wenn die Rechtsverfolgung erst durch eine geänderte ober- oder höchstrichterliche Rechtsprechung erfolgversprechend geworden ist. Allerdings muss der Berechtigte die Rechtsprechungsänderung zügig nutzen, um den Gegner abzumahnen und, sofern dieser nicht einlenkt, seine Ansprüche gerichtlich durchzusetzen.[237] Aus einer geänderten Rechtsprechung müssen überdies eigenverantwortlich die notwendigen Folgerungen für die erweiterten Rechtsverfolgungsmöglichkeiten gezogen werden, weswegen derjenige, der diesbezügliche Überlegungen unterlässt oder die mit ihr verbundenen Chancen nicht erkennt, für sein Zögern nicht auf spätere Veröffentlichungen verweisen kann, mit denen die entsprechenden Konsequenzen ausdrücklich gezogen worden sind.[238]

▶ Beispiel:[239]

Mit der Entscheidung »Pemetrexed«[240] hat der BGH festgestellt, dass als Herstellungs- 189
verwendungsansprüche formulierte swiss-type-claims im Verletzungsprozess wie (nach dem EPÜ 2000 abgefasste) zweckgebundene Stoffansprüche zu behandeln sind. Daraus folgt, dass die zu den bisherigen Verwendungspatenten etablierte Rechtsprechung zur sinnfälligen Herrichtung die Möglichkeiten einer Schutzrechtsverletzung nicht mehr kategorisch abschließt, sondern ein Patentschutz darüber hinaus immer dann in Betracht kommen kann, wenn sich der fragliche Zweck, an den der Sachschutz (§ 9 Nr 1 PatG) gebunden ist, auch ohne dass die Sache vom Verletzer eigens hierfür herge-

---

235 LG Hamburg, GRUR-RR 2014, 137 – Koronarstent.
236 AA: LG Düsseldorf, Urteil v 29.9.2016 – 4b O 69/16, das – abgesehen von Fällen des Rechtsmissbrauchs – die Dringlichkeit streng schutzrechtsbezogen beurteilen will.
237 LG Hamburg, NJOZ 2009, 1456 – Laccio-Möbel.
238 OLG Düsseldorf, GRUR 2017, 1107 – Östrogenblocker.
239 OLG Düsseldorf, GRUR 2017, 1107 – Östrogenblocker.
240 BGH, GRUR 2016, 921 – Pemetrexed.

richtet wurde, absehbar verwirklicht, wie dies zB bei einem im Markt gebräuchlichen cross-label-use der Fall sein kann.[241] Wer aus Anlass der »Pemetrexed«-Entscheidung gegen einen ihm bekannten cross-label-use nicht zeitnah einschreitet, sondern zuwartet, bis die aufgezeigten Schutzbereichskonsequenzen in der Rechtsprechung oder Literatur formal gezogen sind, verliert die Dringlichkeit.

c) Laufender Hauptsacheprozess

190 Demgegenüber sind Zweifel an der Begründetheit des Verfügungsanspruchs (Aktivlegitimation, Schutzbereichseingriff) grundsätzlich keine geeignete Entschuldigung dafür, von einer Rechtsverfolgung zunächst abzusehen oder sie zögerlich in Angriff zu nehmen.[242] Anders kann der Fall liegen, wenn bereits für den Antragsteller negative Gerichtsentscheidungen (zB gegen andere Verletzer) vorliegen, die nicht ersichtlich unzutreffend sind und die deshalb schwerwiegende Zweifel an den Erfolgsaussichten einer Rechtsverfolgung aufkommen lassen. Handelt es sich etwa um Grenzfragen, die mit guten Gründen sowohl in die eine wie in die andere Richtung beantwortet werden können, kann die Dringlichkeit zu bejahen sein, wenn der Antragsteller alsbald, nachdem das ihm **ungünstige Erkenntnis im Rechtsmittelzug abgeändert** worden ist, gegen weitere Verletzer vorgeht, die er vorher trotz Kenntnis von ihrem Tun nicht in Anspruch genommen hat. Noch großzügiger argumentiert das OLG Karlsruhe[243], das sogar das Abwarten einer in einem parallelen Berufungsverfahren (in das das Verfügungspatent klageerweiternd gegen einen anderen Verletzer eingeführt worden war) anstehenden Entscheidung hinnimmt.

Praxistipp	Formulierungsbeispiel

191 In verfahrensrechtlicher Hinsicht ist zu beachten, dass der Verfügungsantrag gemäß § 82 ZPO an den Prozessbevollmächtigten des Hauptsacheverfahrens zugestellt werden kann, was vor allem dann eine Erleichterung ist, wenn die gegnerische Partei im Ausland residiert.

d) Abwarten der Rechtsbestandsentscheidung[244]

192 Der Dringlichkeit einer einstweiligen Unterlassungsverfügung in Patentsachen steht es nicht zwingend entgegen, dass der Patentinhaber vor Anbringung seines Verfügungsantrages zunächst die erstinstanzliche Einspruchs- oder Nichtigkeitsentscheidung abwartet, wenn der Rechtsbestand des Verfügungspatents streitig ist und ein vor der aufrechterhaltenden Einspruchs- oder Nichtigkeitsentscheidung eingereichtes Verfügungsbegehren mutmaßlich keine Erfolgsaussicht hat.[245] Es ist deswegen unschädlich, wenn der Patentinhaber zunächst (sic: vor der Einspruchsentscheidung) bereits eine Hauptsacheklage erhebt und erst während des laufenden Prozesses (sic: nach Vorliegen der ihm günstigen Einspruchsentscheidung) einen Verfügungsantrag anbringt und über beide Anliegen in demselben Termin verhandelt wird.[246] Unter Umständen kann es gerechtfertigt sein, die

---

241 Vgl oben Kap A Rdn 498 ff.
242 Das schließt selbstverständlich eine sachkundige rechtliche Prüfung, die immer geboten ist und für die deshalb auch immer Zeit sein muss, nicht aus.
243 OLG Karlsruhe, GRUR-RR 2015, 509 – Ausrüstungssatz.
244 Harmsen, FS 80 Jahre Patentgerichtsbarkeit Düsseldorf, 2016, S 175.
245 LG Düsseldorf, InstGE 9, 110 – Dosierinhalator; OLG Düsseldorf, InstGE 10, 124 – Inhalator.
246 OLG Düsseldorf, InstGE 10, 124 – Inhalator.

schriftlichen Entscheidungsgründe abzuwarten[247], ggf ist sogar das Abwarten der Einspruchsbeschwerde- oder Nichtigkeitsberufungsentscheidung hinzunehmen, nachdem das laufende Rechtsbestandsverfahren erstinstanzlich zugunsten des Schutzrechtsinhabers ausgegangen ist. Das Vorliegen einer erstinstanzlichen Rechtsbestandsentscheidung stellt nämlich nur eine prinzipielle **Minimalbedingung** für den Erlass einer einstweiligen Verfügung dar, aber nicht zugleich auch eine Maximalbedingung für die Verfolgung einstweiligen Rechtsschutzes.[248] Allerdings muss für das Abwarten der betreffenden Entscheidung/ihrer Begründung ein aus der ex-ante-Sicht des Antragstellers bei objektiver Betrachtung triftiger Grund vorliegen, der noch nicht darin liegt, dass eine Rechtsbestandsentscheidung immer Ausführungen zur Patentauslegung enthalten *kann*.[249]

Grund für das **Abwarten des weiteren Gangs des Rechtsbestandsverfahrens** besteht zB dann, wenn berechtigte Zweifel an der Richtigkeit der zugunsten des Patentinhabers getroffenen und vom Gegner angefochtenen Einspruchs- bzw. Nichtigkeitsentscheidung bestehen, sodass mit deren Kassation gerechnet werden muss. Die Ungewissheit kann auf neuen Rechtsbestandseinwendungen (zB weiteren, der Erfindung näher liegenden Druckschriften des Standes der Technik) beruhen, sie kann sich bei unverändertem Sach- und Streitstand aber auch daraus ergeben, dass die Beurteilung der Rechtsbestandsangriffe objektiv uneindeutig ist oder die erstinstanzliche Rechtsbestandsentscheidung das richtige Ergebnis schlicht verfehlt.[250] Die Befugnis zum Abwarten besteht unter solchen Umständen selbst dann, wenn der Verfügungskläger auf der Grundlage der erstinstanzlichen Rechtsbestandsentscheidung einen Wettbewerber im vorläufigen Rechtsschutz in Anspruch genommen hat, von einer entsprechenden Rechtsverfolgung aber gegenüber anderen Patentbenutzern absieht, deren Existenz ihm erst bekannt geworden ist, nachdem die möglicherweise erfolgversprechenden Angriffe gegen die erstinstanzliche Rechtsbestandsentscheidung aufgekommen sind.[251] Der Vorwurf nachlässiger Rechtsverfolgung wegen des Abwartens der im Rechtsbestandsverfahren ausstehenden Rechtsmittelentscheidung ist bei einer solchen Sachlage schon deshalb nicht gerechtfertigt, weil der Weg zu den Gerichten erst beschritten werden muss, nachdem der Verfügungskläger alle Vorkehrungen getroffen hat, die einen sicheren Prozesserfolg versprechen. Es ist ihm deshalb gerade nicht zuzumuten, gestützt auf eine ihm zwar günstige, sachlich aber mit guten Gründen angreifbare erstinstanzliche Rechtsbestandsentscheidung ein Verfügungsverfahren anzustrengen. Selbst wenn die im Voraus nicht kalkulierbare *Chance* besteht, dass sein Verfügungsbegehren Erfolg hat, besteht mit gleicher Wahrscheinlichkeit aber auch die Möglichkeit, dass das Verletzungsgericht seine eigene Prüfungspflicht im Hinblick auf die ergangene Rechtsbestandsentscheidung in den Vordergrund stellt und wegen durchgreifender Bedenken an der Richtigkeit der erstinstanzlichen Einspruchs- oder Nichtigkeitsentscheidung den Erlass einer einstweiligen Verfügung versagt. Die aufgezeigte Ungewissheit des Verfahrensausgangs macht es mindestens aus Kostengründen, ggf auch aus strategischen Erwägungen heraus sachgerecht und vernünftig, den Verlet-

193

---

247 OLG Düsseldorf, InstGE 10, 124 – Inhalator. Das gilt ungeachtet dessen, dass im Allgemeinen eine positive Rechtsbestandsentscheidung das Schutzrecht für ein einstweiliges Verfügungsverfahren auch schon dann tauglich macht, wenn die Entscheidungsgründe noch nicht vorliegen (vgl oben Rdn 95). Denn dass ein Verfügungsantrag schon ohne Vorliegen der Rechtsbestandsgründe möglich ist und unternommen werden *kann*, bedeutet nicht, dass von dieser Möglichkeit unter allen Umständen Gebrauch gemacht werden *muss*. Aus der Sicht einer vorsichtig operierenden Partei kann es gute Gründe dafür geben, sich zunächst der schriftlichen Entscheidungsgründe zu versichern, um zB dem möglichen Einwand des Antragsgegners zu entkommen, die Gründe seinen erforderlich, um den eingeschränkt aufrechterhaltenen Patentanspruch sachgerecht auslegen zu können (OLG Düsseldorf, Beschluss v 19.11.2021 – I-2 U 32/21).
248 OLG Düsseldorf, Urteil v 21.1.2016 – I-2 U 48/15.
249 OLG Düsseldorf, GRUR-RR 2017, 477 – Vakuumgestütztes Behandlungssystem.
250 OLG Düsseldorf, Urteil v 21.1.2016 – I-2 U 48/15.
251 OLG Düsseldorf, Urteil v 21.1.2016 – I-2 U 48/15.

zungsangriff zurückzustellen, bis der Rechtsbestand des Schutzrechts so weit geklärt ist, dass ein Erfolg des Verfügungsbegehrens sicher absehbar ist. Dringlichkeitsbedenken sind in solchen Fällen umso weniger angebracht, wenn es im Einspruchsbeschwerde- oder Nichtigkeitsberufungsverfahren tatsächlich zu einer weiteren Einschränkung des Verfügungspatents kommt, sodass sich die Befürchtungen des Antragstellers auch objektiv als berechtigt erweisen.[252]

194 Ein Zuwarten ist des Weiteren gerechtfertigt, wenn konkrete Anhaltspunkte (zB aus dem Verlauf der mündlichen Verhandlung im Rechtsbestandsverfahren) Ausführungen zur **Patentauslegung** zu erwarten sind, die für das einstweilige Verfügungsverfahren benötigt werden, um dieses mit sicherer Aussicht auf Erfolg in Angriff nehmen zu können.[253]

195 Das Abwarten der Entscheidungsgründe scheidet als Dringlichkeitsgrund nach dem Gedanken der **Selbst-Widerlegung** aus, wenn der Antragsteller durch sein Verhalten dokumentiert, dass deren Kenntnis kein Entscheidungskriterium für die Anrufung des Gerichts gewesen ist.[254] Solches kommt beispielsweise in Betracht, wenn zwischen der Verfügbarkeit der Rechtsbestandsentscheidung und ihrer Begründung für den Antragsteller und der Einreichung seines Verfügungsantrages ein derart kurzer Zeitraum liegt, dass nach der allgemeinen Lebenserfahrung ein Kausalzusammenhang ausscheidet.

196 Aus dem Unterbleiben eines **Beschleunigungsantrages** lässt sich allenfalls in Ausnahmefällen und überhaupt nur dann auf eine mangelnde Dringlichkeit schließen, wenn im Falle der Antragstellung eine signifikant zeitigere Behandlung des Einspruchsverfahrens stattgefunden hätte, was tatrichterlich festzustellen ist.

197 Umgekehrt fehlt die Dringlichkeit nicht per se deshalb, weil der Antragsteller ausschließlich im Wege des vorläufigen Rechtsschutzes vorgeht und **nicht beizeiten** eine parallele **Hauptsacheklage** anhängig macht. Selbst in einer Situation, in der er bei Beantragung der einstweiligen Verfügung bereits im Besitz eines Hauptsachetitels sein *könnte*, sofern er alsbald nach Entdeckung der Verletzungshandlungen (während des noch laufenden Rechtsbestandsverfahrens) Klage zur Hauptsache erhoben *hätte*, kann ihm nicht entgegengehalten werden, ihm sei die Rechtsverfolgung nicht dringlich. Die gegenteilige Argumentation des Verletzers läuft auf das inakzeptable Ergebnis hinaus, dass ihm allein deshalb, weil er nicht schon (längst) einen Hauptsachetitel gegen sich hat, auch weiterhin gestattet bleiben muss, seine eindeutig patentverletzenden Handlungen weiterhin fortsetzen zu können. Abgesehen davon kann es gute Gründe geben, auch vor Erhebung einer Hauptsacheklage den Ausgang des Einspruchs- oder Nichtigkeitsverfahrens abzuwarten. Ist der Bestand des Klagepatents ernstlich zweifelhaft, wird jeder vernünftige Kläger schon wegen der ansonsten bestehenden Schadenersatzpflicht davon absehen, einen erstrittenen Hauptsachetitel zu vollstrecken. Dann aber ist es ebenfalls vernünftig, davon abzusehen, sich einen solchen (in der Folge ohnehin nicht zu vollstreckenden) Titel durch Hauptsacheklage zu beschaffen. In jedem Fall kann ein derartiges kostenbewusstes Taktieren nicht als nachlässige Rechtsverfolgung ausgelegt werden, die nach außen dokumentiert, dass es dem Anspruchsteller mit seinen Ansprüchen nicht eilig ist.

198 Aus der Tatsache, dass eine einstweilige Verfügung regelmäßig auch dann nicht in Betracht kommt, wenn die Einspruchsfrist noch nicht einmal so weit abgelaufen ist, dass vom Antragsgegner eine fundierte Recherche nach entgegenstehendem Stand der Technik erwartet werden konnte, weswegen ein hinreichender Rechtsbestand des Verfügungspatents auch dann zu verneinen ist, wenn keine konkreten Entgegenhaltung angeführt werden können[255], folgt, dass ein dringlichkeitsschädliches Zuwarten nicht schon deshalb

---

252 OLG Düsseldorf, Urteil v 21.1.2016 – I-2 U 48/15.
253 OLG Düsseldorf, GRUR-RR 2017, 477 – Vakuumgestütztes Behandlungssystem.
254 OLG Düsseldorf, GRUR-RR 2017, 477 – Vakuumgestütztes Behandlungssystem.
255 OLG Düsseldorf, InstGE 12, 114 – Harnkatheterset.

angenommen werden kann, weil der Antragsteller trotz Kenntnis vom Verletzungssachverhalt die **Einspruchsfrist** wenigstens **teilweise**, nämlich so weit **verstreichen lässt**, dass vom Antragsgegner die Benennung konkreter Angriffe gegen das Verfügungspatent erwartet werden kann. In einem solchen Fall empfiehlt es sich allerdings, dem Antragsgegner die ins Auge gefasste Beantragung einer einstweiligen Verfügung außergerichtlich anzukündigen – einmal, um deutlich zu machen, dass das Zuwarten mit der Antragstellung keine nachlässige Rechtsverfolgung dokumentiert, und zum anderen, um dem Antragsgegner im Verfahren den Einwand abzuschneiden, er habe noch keine Veranlassung zu ernsthaften Recherchen gesehen, weshalb der im Verfügungsverfahren zutage getretene Stand der Technik nur ein erstes vorläufiges, nicht abschließendes Recherchergebnis repräsentiere, dessen mangelnde Relevanz nicht zur Annahme eines hinreichend sicheren Rechtsbestandes führen dürfe. Welcher dem Antragsgegner eingeräumte Recherchezeitraum nach Erteilung des Verfügungspatents keinen vernünftigen Zweifel an der Ernsthaftigkeit der Rechtsverfolgung aufkommen lässt, ist eine Frage des Einzelfalles. Grundsätzlich ist ein übermäßig strenger Maßstab nicht angebracht. Maßgeblich ist, ob es für das vorübergehende Zurückstellen eines Verfügungsantrages im Hinblick auf die Erfolgsaussichten eines gerichtlichen Vorgehens sinnvolle Erwägungen gibt.

e) Vergleichsverhandlungen, Vollstreckungsverzicht, VU

Nimmt der Verletzte, nachdem er die Patentverletzung entdeckt hat, ernsthafte **Vergleichsverhandlungen** mit dem Gegner auf, so wird hierdurch für sich allein die Dringlichkeit nicht infrage gestellt.[256] Das gilt auch, wenn die Gespräche nach Erlass der einstweiligen Verfügung geführt und während dessen Maßnahmen der Zwangsvollstreckung zurückgestellt werden.[257] Allerdings hat der Berechtigte die Gespräche zügig zu betreiben und nach ihrem Scheitern alsbald den Verfügungsantrag anzubringen bzw die Durchsetzung der Verfügung zu betreiben.[258] Anders verhält es sich, wenn die Vergleichsgespräche erst während des laufenden Verfügungsverfahrens aufgenommen und mit Rücksicht darauf zB eine nennenswerte Verlängerung der Berufungsbegründungsfrist beantragt und die verlängerte Frist auch ausgeschöpft wird. Zwar mag es im Einzelfall angebracht sein, die Vergleichsverhandlungen nicht durch Rechtsmittelschriftsätze zu »stören«; dies allein rechtfertigt es jedoch nicht, die nun einmal begonnene gerichtliche Verfolgung des Begehrens zu verzögern.

199

Der *nicht* bereits durch eine Beschlussverfügung *gesicherte* Antragsteller hat alles in seiner Macht Stehende zu tun, um einen möglichst baldigen Erlass der begehrten einstweiligen Verfügung zu erreichen. Von ihm verursachte Verfahrensverzögerungen bei der Erwirkung der einstweiligen Verfügung, zB **Fristverlängerungs- oder Terminverlegungsanträge**, lassen daher regelmäßig darauf schließen, dass ihm die Sache nicht so eilig ist, wobei bereits der Verlegungsantrag als solcher dringlichkeitsschädlich sein soll.[259] Das gilt, so lange keine Beschlussverfügung ergangen ist, bereits innerhalb der erster Instanz, aber genauso und erst recht im Berufungsverfahren, wenn der Verfügungsantrag vom LG zurückgewiesen wurde.

200

Ob der von einem Anwalt gestellte Verlängerungs- oder Verlegungsantrag mit dem Antragsteller abgestimmt ist, hat keine Bedeutung, weil sich der Antragsteller Verzögerungen, die durch seinen Prozessbevollmächtigten verursacht werden, gemäß § 85 Abs 2 ZPO zurechnen lassen muss.[260] Der Dringlichkeitsverlust ergibt sich argumentativ daraus, dass mit gerichtlichen Entscheidungen, die Fristverlängerungs- oder Terminverle-

201

---

256 AA: OLG München, InstGE 3, 301 – Fälschungsverdacht II.
257 OLG Köln, GRUR-RR 2010, 448 – Vollstreckungsverzicht im Eilverfahren.
258 OLG Köln, GRUR-RR 2010, 448 – Vollstreckungsverzicht im Eilverfahren.
259 OLG Hamm, GRUR 2021, 1106 – mehrmalige Terminsverlegungsanträge.
260 OLG München, GRUR-RS 2021, 29384 – Dringlichkeitsschädlicher Fristverlängerungsantrag.

gungsanträgen stattgeben, in aller Regel zwangsläufig eine Verfahrensverlängerung einhergeht, mit der sich der den Fristverlängerungs-/Terminverlegungsantrag anbringende Antragsteller zumindest konkludent einverstanden erklärt und damit zum Ausdruck bringt, dass ihm die Sache nicht derart eilig ist, dass sie eine Eilentscheidung rechtfertigen würde. Weil sich ein solches dringlichkeitsschädliches Verhalten mithin aus dem Antrag selbst ergibt, ist ein Verfügungsgrund selbst dann zu verneinen, wenn einem derartigen Antrag seitens des Gerichts nicht entsprochen wird oder sich eine etwaige Stattgabe des Antrags im Ergebnis ausnahmsweise nicht auf die Verfahrensdauer auswirkt. Es kommt daher auch nicht darauf an, ob ein Antragsteller die ihm verlängerte Frist voll ausschöpft.[261]

202 Dringlichkeitsschädlich ist es ebenfalls, wenn der erstinstanzlich obsiegende Antragsteller ohne besonderen Grund einen **vorübergehenden Vollstreckungsverzicht** erklärt.[262] Gleiches gilt, wenn er zusagt, die erstrittene einstweilige Verfügung bis zum Verfahrensabschluss nicht vollziehen zu wollen.[263] Dringlichkeitsschädlich ist es genauso, wenn der obsiegende Antragsteller die einstweilige Beschlussverfügung zwar rechtzeitig durch Parteizustellung vollzieht (wozu ihm der gesamte Vollziehungsmonat zur Verfügung steht)[264], im Anschluss daran eine ihm zur Kenntnis gelangte Zuwiderhandlung des Antragsgegners allerdings über einen längeren Zeitraum hinweg nicht zum Anlass für die Einleitung eines Ordnungsmittelverfahrens nimmt, sondern statt dessen den Ausgang der gerichtlichen Widerspruchsverhandlung abwartet.[265] Letzteres gilt jedenfalls dann, wenn die Zuwiderhandlung (zB in Anwendung der Kerntheorie) – objektiv betrachtet – nicht ernstlich zweifelhaft und für den Gläubiger auch beweisbar ist oder wenn der Gläubiger durch einen späteren Ordnungsmittelantrag zu erkennen gibt, dass jedenfalls er – subjektiv – keine Zweifel gehabt hat, die ihn von einer rechtzeitigen Vollstreckungsmaßnahme abgehalten haben.[266]

203 An der Dringlichkeit fehlt es regelmäßig auch dann, wenn der Antragsteller zunächst ein **Versäumnisurteil** gegen sich ergehen lässt, wobei es unbeachtlich ist, ob die Versäumung des Termins auf einem Versehen beruht oder prozesstaktisch motiviert ist.[267]

204 Das gleiche gilt erst recht, wenn eine erwirkte **Verfügung nicht wirksam vollzogen** und deswegen nachträglich aufgehoben wird und der Antragsteller sein Begehren anschließend mit einem erneuten Verfügungsantrag verfolgt.

f) Schutzrechtsbestand

205 Genauso wie es die Pflicht des Antragstellers ist, anhand des ihm vorliegenden Produktes den Verletzungstatbestand aufzuklären, genauso ist es seine Obliegenheit zu klären, welche Schutzrechte bei der gegebenen Ausgestaltung verletzt sein können.[268] Daraus folgt zweierlei:

206 – Verfügt der Antragsteller über ein Schutzrecht (zB Patent), das ihm ein aussichtsreiches Vorgehen gegen die angegriffene Ausführungsform erlaubt, so muss er die dadurch eröffnete Möglichkeit zur Rechtsdurchsetzung nutzen und erwirbt nicht dadurch eine neue Dringlichkeit, dass er später ein anderes, im Wesentliches inhalts-

---

261 OLG München, GRUR-RS 2021, 29384 – Dringlichkeitsschädlicher Fristverlängerungsantrag.
262 KG, BeckRS 2010, 13662.
263 KG, GRUR-RR 2015, 181 – Faxversendung ohne Beglaubigungsvermerk.
264 OLG Köln, MDR 2017, 1265.
265 OLG Köln, MDR 2017, 1265.
266 Zurückhaltend auch OLG Hamburg, GRUR-RS 2018, 41654 – Dringlichkeitsverlust bei unterbliebenen Ordnungsmittelverfahren.
267 OLG Hamm, GRUR 2007, 173 – interoptik.de.
268 OLG Düsseldorf, GRUR-RR 2021, 300 – Insulinpumpe.

gleiches und bzgl der Rechtsverfolgungschancen gleichermaßen (und nicht entscheidend besser) taugliches Schutzrecht (zB Gebrauchsmuster) erwirkt, auf das er seinen Verfügungsantrag stützt. Die Dringlichkeitsfrage ist mithin nicht einfach schutzrechtsbezogen, sondern – unter Berücksichtigung qualitativer Kriterien – **schutzrechtsübergreifend** zu beurteilen.[269] Hat das dem Antragsteller zur Verfügung stehende Gebrauchsmuster ein Löschungsverfahren überstanden, so muss deshalb aus ihm vorgegangen und darf nicht auf die zeitlich spätere Erteilung des parallelen Patents gewartet werden. Etwas anderes gilt ausnahmsweise nur dann, wenn die Patenterteilung dem Antragsteller eine größere Gewissheit zum Rechtsbestand vermittelt, zB deshalb, weil dort im Löschungsverfahren noch nicht diskutierte ernstzunehmende Rechtsbestandseinwände beschieden werden oder die Argumentation der Gebrauchsmusterabteilung objektiv angreifbar ist, so dass es nachvollziehbar erscheint, dass der Antragsteller vor einem Beschreiten des Rechtsweges wegen Schutzrechtsverletzung zunächst ein weiteres technisch sachkundiges, unabhängiges Votum abwarten will.

– Greift der Antragsteller den Verletzungsgegenstand im Wege der einstweiligen Verfügung zunächst nur wegen *eines* Patents an und macht er geraume Zeit später in einem weiteren einstweiligen Verfügungsverfahren[270] die Verletzung eines zweiten Patents durch dieselbe angegriffene Ausführungsform geltend, so kann dem späteren Verfügungsantrag die Dringlichkeit fehlen. Solches ist der Fall, wenn dem Antragsteller das zweite, ebenfalls für ein einstweiliges Rechtsschutzverfahren taugliche[271] Patent schon bei Einleitung des vorausgegangenen Verfügungsverfahrens zur Verfügung gestanden hat, der Antragsteller bei einer Recherche seines Schutzrechtsbestandes in der Lage gewesen wäre, das zweite Patent aufzufinden, und dessen Verletzung von Anfang an zu erkennen war.[272] Letzteres ist auch dann der Fall, wenn sich angesichts der gegebenen Ausgestaltung des Verletzerproduktes hinreichende Anhaltspunkte für eine Benutzung des späteren Verfügungspatents ergeben haben, denen vernünftigerweise nachzugehen war, sofern zumutbare Aufklärungsmaßnahmen die erforderliche Gewissheit erbracht und die notwendige Glaubhaftmachung ermöglicht hätten.[273] 207

- Der Dringlichkeitsmangel greift dabei auch auf eine Verletzungsform durch, die zwar im Hinblick auf dasjenige Patent, welches Gegenstand des ersten Verfügungsverfahrens war, abgewandelt worden, im Hinblick auf das später geltend gemachte Patent jedoch unverändert (kerngleich) geblieben ist.[274] Gleiches gilt in der Konstellation einer zunächst (ohne Berücksichtigung des Verfügungspatents) erhobenen Hauptsacheklage und einem nachfolgenden (erstmals auf das Verfügungspatent gestützten) Verfügungsantrag.[275] 208

- Die Obliegenheit zur Geltendmachung eines weiteren Verfügungspatents besteht ferner auch dann, wenn es gegenüber dem anhängig gemachten Patent einen nur eingeschränkten Schutz bietet (zB weil es bloß zweckgebundenen und keinen absoluten Stoffschutz gewährt oder lediglich zu einer mittelbaren statt einer unmittelbaren Schutzrechtsverletzung führt) und gilt ganz speziell dann, wenn 209

---

269 AA: LG Düsseldorf, Urteil v 29.9.2016 – 4b O 69/16.
270 ... oder innerhalb desselben Verfügungsverfahrens verspätet, zB erstmals im Berufungsrechtszug (vl dazu OLG Düsseldorf, GRUR-RR 2019, 299 – Birkenstock).
271 ... weil ausreichend rechtsbeständig und hinsichtlich seiner Verletzung liquide ....
272 LG Düsseldorf, InstGE 5, 64 – Kleberoller, bestätigt durch OLG Düsseldorf, Beschluss v 7.7.2004 – I-2 W 26/04.
273 OLG Düsseldorf, GRUR-RR 2021, 300 – Insulinpumpe.
274 LG Düsseldorf, InstGE 5, 64 – Kleberoller, bestätigt durch OLG Düsseldorf, Beschluss v 7.7.2004 – I-2 W 26/04.
275 OLG Düsseldorf, GRUR-RR 2021, 300 – Insulinpumpe.

das weitere Patent sicherere Rechtsverfolgungschancen eröffnet als das bereits anhängige, zB deshalb, weil sein Rechtsbestand (etwa durch eine Einspruchsbeschwerde- oder Nichtigkeitsberufungsentscheidung) in besonderer Weise gesichert ist.[276]

210 Das gebündelte statt konsekutive Vorgehen ist nicht zuletzt deshalb geboten, damit der Antragsgegner von vornherein absehen kann, welchen Angriffen von Seiten des Antragstellers er ausgesetzt ist, sodass vermieden wird, dass der Antragsgegner nach Beseitigung einer ersten Unterlassungsverfügung in gutem Glauben einen Wiedereintritt in den Markt unternimmt, der ihm anschließend unter Berufung auf ein weiteres, schon damals vorliegendes und hinreichend rechtsbeständiges Patent abermals untersagt wird.[277] Dem erläuterten Dringlichkeitserfordernis steht nicht entgegen, dass § 145 PatG im einstweiligen Verfügungsverfahren nicht gilt.

g) Zweites eV-Gesuch

211 Ein zweites – inhaltsgleiches – Gesuch auf Erlass einer einstweiligen Verfügung, das (bei einem anderen oder demselben Gericht) angebracht wird, nachdem der erste Antrag zurückgewiesen wurde, ist mangels Rechtsschutzbedürfnisses unzulässig, sofern seit der Entscheidung über den ersten Verfügungsantrag keine Veränderung eingetreten ist.[278] Anders verhält es sich, wenn eine bereits erlassene Verfügung auslegungsfähig ist und ernsthafte Zweifel vorliegen, ob die nunmehr beanstandete Verletzungshandlung gegen den vorhandenen Unterlassungstitel verstößt.[279]

212 Nimmt der Antragsteller seinen ersten Verfügungsantrag zurück (was er ohne Einwilligung des Gegners in jeder Lage des Verfahrens kann[280]) und stellt er ihn anschließend bei einem anderen Gericht erneut, soll diesem zweiten Antrag, wenn die Verhältnisse seither unverändert sind, nach Auffassung des OLG Frankfurt/Main[281] die Dringlichkeit bzw das allgemeine Rechtsschutzbedürfnis fehlen, wenn keine triftigen Gründe für den Gerichtswechsel bestehen, welche noch nicht darin liegen, dass das Erstgericht eine sofortige Beschlussverfügung verweigert, sondern dem Gegner rechtliches Gehör gewähren oder einen Verhandlungstermin anberaumen will oder sich weigert, eine Einschätzung zu den Erfolgsaussichten des Verfügungsantrages abzugeben.[282]

---

276 OLG Düsseldorf, GRUR 2017, 1107 – Östrogenblocker.
277 OLG Düsseldorf, GRUR 2017, 1107 – Östrogenblocker.
278 OLG Frankfurt/Main, GRUR 2005, 972 – Forum-Shopping, mwN; im Ergebnis ebenso, aber wegen entgegenstehender Rechtskraft: OLG Köln, GRUR-RR 2005, 363 – verdeckte Tatsachenbehauptung, mwN.
279 OLG Köln, BeckRS 2012, 19761 – Potticelli.
280 Fellner, MDR 2010, 128, mwN.
281 OLG Frankfurt/Main, GRUR 2005, 972 – Forum-Shopping; OLG Hamburg, GRUR 2007, 614 – forum-shopping, aber bedenklich. Anders: OLG Düsseldorf, GRUR-RR 2005, 102.
282 Ebenso: OLG Düsseldorf, GRUR 2019, 438 – verweigerter Hinweis, mwN; Teplitzky, GRUR 2008, 34, 38 f, wenn der Antragsteller keine triftigen Gründe für den Gerichtswechsel geltend machen kann (zB berechtigte Zweifel an der Zuständigkeit des zuerst angerufenen Gerichts, mangelnde Sachkunde des Erstgerichts aufgrund eines plötzlichen Richterwechsels). AA: OLG Düsseldorf, GRUR 2006, 785 – Lottofonds; ihm zustimmend für den Fall, dass die Rücknahme vor einer gerichtlichen Zurückweisung des Verfügungsantrages erfolgt: KG, GRUR-RR 2017, 128 – gezielte Gehörsvereitelung, mwN zum Streitstand; allerdings wird bei bejahter Dringlichkeit der Verfügungsgrund versagt, wenn das Prozessverhalten des Antragstellers darauf angelegt ist, dass dem Antragsgegner rechtliches Gehör vorenthalten wird, namentlich dadurch, dass er gegenüber dem zweitangerufenen Gericht den erfolglosen ersten Versuch an einem anderen Gerichtsstand verschweigt.

Kritik: Dem ist zu widersprechen.²⁸³ Der unter Dringlichkeitsgesichtspunkten relevante Vorwurf, bei der eigenen Rechtsverfolgung nachlässig und zögerlich gewesen zu sein, ist auch dann nicht allein wegen der Antragsrücknahme berechtigt, wenn es sich bei ihr um die Reaktion auf einen Hinweis des zunächst angerufenen Gerichts handelt, wegen rechtlicher und/oder tatsächlicher Bedenken die begehrte einstweilige Verfügung nicht oder jedenfalls nicht ohne mündliche Verhandlung erlassen zu wollen.²⁸⁴ Dringlichkeitseinwände sind nur dann angebracht, wenn der Gerichtswechsel entweder ohne zureichenden sachlichen Grund in Verzögerungsabsicht gestellt wird oder wenn seit dem Anlass zum Gerichtswechsel unangemessen lange bis zur Einreichung des neuen Verfügungsantrages gewartet wird.²⁸⁵ Insoweit gelten strenge Maßstäbe jedenfalls dann, wenn das ursprüngliche Verfügungsverfahren schon weit fortgeschritten ist und der Gerichtswechsel die Rechtsverfolgung deshalb notwendigerweise weit zurückwirft.²⁸⁶ Einen abweichenden Ansatz verfolgt das OLG Hamburg²⁸⁷, wenn dieselbe einstweilige Verfügung erneut zu einem Zeitpunkt beantragt wird, zu dem das Verfügungsbegehren noch bei dem Erstgericht anhängig ist. Hier soll dem zweiten Verfügungsantrag ein unheilbarer Verfahrensmangel anhaften, der aus dem allgemeinen Grundsatz der Chancengleichheit und des fairen Verfahrens hergeleitet wird. Zumindest im Ergebnis begegnet dies Bedenken, weil über die Zulässigkeit des weiteren Verfügungsantrages die Zufälligkeit entscheidet, ob der erste Verfügungsantrag bei Einleitung des weiteren Verfahrens bereits zurückgenommen ist oder nicht. Die Rechtsprechung des Bundesverfassungsgerichts zur prozessualen Waffengleichheit im Verfügungsverfahren²⁸⁸ kann – und wird – es allerdings regelmäßig gebieten, dass es der Antragsgegnerseite nicht verborgen bleiben darf, dass die Antragstellerseite bereits einen erfolglosen Anlauf unternommen hat, eine einstweilige Verfügung zu erlangen.²⁸⁹

213

h) Berufungsverfahren

Unterliegt der Antragsteller in erster Instanz, hat er sein Anspruchsbegehren in der Berufungsinstanz zügig weiter zu betreiben. Er verliert die Dringlichkeit, wenn sein Verfahrensbevollmächtigter sich die Berufungsbegründungsfrist wesentlich (zB um einen Monat²⁹⁰) verlängern lässt und die verlängerte Frist auch ausschöpft.²⁹¹ Berufliche Überlastung oder Urlaub des sachbearbeitenden Anwaltes entlasten dabei nicht.²⁹² Dasselbe gilt nach Zurückweisung des Verfügungsantrages durch Beschluss, wenn die sofortige Beschwerde des Antragstellers, obwohl dies möglich gewesen wäre (zB weil es sich nur

214

---

283 OLG Düsseldorf, InstGE 4, 298 – Elektrischer Haartrockner; OLG Hamburg, GRUR 2022, 675 – Forum Shopping.
284 OLG Hamburg, GRUR 2022, 675 – Forum Shopping.
285 OLG Düsseldorf, InstGE 10, 60 – Olanzapin II; OLG Hamburg, GRUR 2022, 675 – Forum Shopping.
286 OLG Düsseldorf, InstGE 10, 60 – Olanzapin II.
287 OLG Hamburg, GRUR-RR 2010, 266 – forum-shopping.
288 Vgl unten Rdn 221 ff.
289 OLG Hamburg, GRUR 2022, 675 – Forum Shopping.
290 Nach OLG Hamburg (MDR 2017, 1444) schadet bereits eine in Anspruch genommene Verlängerung der Berufungsbegründungsfrist um 1 Woche.
291 Zu Einzelheiten vgl Berneke/Schüttpelz, Einstweilige Verfügung, Rn 206 ff; KG, MDR 2009, 888, mwN. Neuerdings wird in der Rechtsprechung der Standpunkt vertreten, dass bereits der Fristverlängerungs- oder Terminsverlegungsantrag als solcher die Dringlichkeit beseitigt, unabhängig davon, ob ihm stattgegeben wird und ob sich das Begehren im Ergebnis überhaupt in einer längeren Verfahrensdauer niederschlägt oder nicht (OLG München, GRUR-RS 2021, 29384 – Dringlichkeitsschädlicher Fristverlängerungsantrag).
292 OLG Hamburg, MDR 2017, 1444.

um Rechtsausführungen handelt), erst geraume[293] Zeit nach Ablauf der Einlegungsfrist begründet wird.[294] Dringlichkeitsschädlich ist es schließlich, wenn der Antragsteller, gleichgültig ob er in erster Instanz obsiegt hat oder nicht, eine mehr als nur kurzfristige Vertagung[295] beantragt oder ihr zustimmt.[296]

215 Hat der Antragsteller in erster Instanz obsiegt, treffen ihn grundsätzlich keine Obliegenheiten zur beschleunigten Rechtsverfolgung mehr, denn er besitzt einen seinem Anspruchsbegehren Rechnung tragenden Titel. Anderes gilt jedoch, wenn die **Zwangsvollstreckung vorläufig eingestellt** ist oder die zunächst erlassene **einstweilige Verfügung aufgehoben** worden ist und es darum geht, den Unterlassungsanspruch durch entsprechenden Vortrag, Glaubhaftmachung oder sonstige Prozessmaßnahmen wieder durchsetzbar zu machen.

i) Strategische Erwägungen

216 Angesichts der dargestellten – strengen – Voraussetzungen für eine einstweilige Verfügung in Patentsachen bedarf es jeweils sorgfältiger Abwägung, ob der betreffende Sachverhalt sich wirklich für das Verfahren des vorläufigen Rechtsschutzes eignet.

Praxistipp	Formulierungsbeispiel

217 Vor allem bei einem aus der technisch laienhaften Sicht des Verletzungsgerichts möglicherweise problematischen Rechtsbestand hat es wenig Sinn, das Verfügungsverfahren durch zwei Instanzen zu betreiben mit der Gefahr, am Ende ohne eine Unterlassungsverfügung dazu stehen, weil sich das Gericht letztlich keine hinreichend feste Überzeugung von der Schutzfähigkeit des Verfügungspatents hat bilden können. Verbleibende Zweifel, die im vorläufigen Rechtsschutzverfahren zu Lasten des Antragstellers gehen, würden im Falle einer Hauptsacheklage einer Verurteilung nicht entgegenstehen. Deshalb sollte in jedem Fall nicht nur einseitig auf das einstweilige Verfügungsverfahren gesetzt, sondern spätestens nach erstinstanzlicher Zurückweisung des Verfügungsantrages ein Hauptsacheverfahren eingeleitet werden.

Ist der Verfügungsantrag in erster Instanz wegen Bedenken an der Rechtsbeständigkeit des Verfügungspatents erfolglos geblieben und steht in absehbarer Zeit die Einspruchs- oder Nichtigkeitsverhandlung an, sollte überlegt werden, ob es wirklich zweckmäßig ist, Berufung einzulegen. Sollte das Verfügungspatent bestätigt werden und der Verletzungstatbestand klar sein, bestünde unmittelbar im Anschluss an die Einspruchs- oder Nichtigkeitsentscheidung die Möglichkeit, beim Landgericht mit guter Aussicht auf Erfolg um den Erlass einer Beschlussverfügung anzutragen. Schwebt indessen ein Berufungsverfahren, scheidet dies wegen bestehender Rechtshängigkeit aus. Wird die Berufung nicht (kostenpflichtig) zurückgenommen, müssen die Verletzungshandlungen vielmehr hingenommen werden, bis das Berufungsgericht aufgrund der bei ihm anberaumten Verhandlung entscheidet.

---

[293] ZB 15 Tage, wenn es gleichzeitig zu einer Terminsverlegung um 6 Wochen gekommen ist (OLG Frankfurt/Main, BeckRS 2013, 10983 – Comedyvideos); KG, GRUR-RS 2016, 20973 – Selbstwiderlegung im Beschwerdeverfahren (wenn nach Beschlusszurückweisung ohne hinreichenden Anlass um eine 15-tägige Verlängerung der Beschwerdebegründungsfrist gebeten und die gewährte Verlängerung auch voll ausgeschöpft wird).
[294] OLG Frankfurt/Main, BeckRS 2013, 10983 – Comedyvideos.
[295] Als dringlichkeitsschädlich wurde zB eine Vertagung um 6 Wochen angesehen, die auf den Verlegungswunsch des Antragstellers hin vorgenommen wurde (OLG Frankfurt/Main, BeckRS 2013, 10983 – Comedyvideos).
[296] OLG Frankfurt/Main, BeckRS 2013, 10983 – Comedyvideos; zu Einzelheiten vgl Berneke/Schüttpelz, Einstweilige Verfügung, Rn 204.

Im Einzelfall mag aus Sicht des Antragstellers im Einzelfall auch eine Rolle spielen, dass **218** er mit einer Hauptsacheklage blockiert ist, weil im Ausland eine **negative Feststellungsklage** anhängig ist, die gemäß Art 29 EuGVVO[297] zur Aussetzung des Verletzungsrechtsstreits führen würde (»italienisches Torpedo«). Formal gilt die Aussetzungsregelung des Art 29 EuGVVO[298] im einstweiligen Verfügungsverfahren zwar nicht, so dass der Verfügungsantrag ein prinzipiell geeignetes Mittel zur Rechtsverfolgung darstellt. *Allein* die Tatsache, dass der Antragsteller momentan gehindert ist, seine Ansprüche im Hauptsacheverfahren durchsetzen, rechtfertigt es für sich jedoch nicht, eine einstweilige Untersagungsverfügung zu erlassen.[299] Andererseits stellt die »Torpedo«-Problematik jedoch einen gewichtigen Umstand dar, der bei der im Einzelfall vorzunehmenden Interessenabwägung den Ausschlag für einen vorläufigen Rechtsschutz geben kann. In diesem Zusammenhang ist auch daran zu denken, das Verfügungsverfahren durch eine geräumige Terminierung (ca 6 Monate) in der Art eines Hauptsacheverfahrens zu führen.

Praxistipp	Formulierungsbeispiel

Zu bedenken ist des Weiteren, dass der Antragsteller durch ein einstweiliges Verfügungsverfahren unter Umständen Gefahr läuft, eine **Aussetzung im** nachfolgenden **Hauptsacheverfahren** zu provozieren, die ansonsten zu vermeiden wäre. Ist der Rechtsbestand des Verfügungspatents umstritten und wird der Verfügungsantrag zurückgewiesen, weil das Gericht die im Einspruchs- oder Nichtigkeitsverfahren vorgebrachten Argumente für durchaus beachtlich hält, so ist es – ungeachtet der im Allgemeinen zurückhaltenden Aussetzungspraxis im Verfahren erster Instanz – konsequent, auch für die (kurze Zeit später verhandelte) Hauptsacheklage den Ausgang des Einspruchs- oder Nichtigkeitsverfahrens abzuwarten. **219**

4. Verfahren

a) Zuständigkeit

Örtlich zuständig für den Erlass einstweiliger Verfügungen ist das **Gericht der Hauptsache** (§ 937 Abs 1 ZPO).[300] So lange keine Hauptsacheklage erhoben ist, hat der Antragsteller insofern die Wahl zwischen mehreren (zB nach § 32 ZPO begründeten) Gerichtsstandorten. Eine einmal getroffene Wahl wird wegen § 261 Abs 3 Nr 2 ZPO nicht dadurch hinfällig, dass nach Anhängigkeit des Verfügungsantrages die Hauptsache anderswo eingereicht wird.[301] Ist allerdings Hauptsacheklage bei einem bestimmten Gericht erhoben, kann danach nur noch dort ein Verfügungsantrag zulässig angebracht werden (§ 943 Abs 2 ZPO). Als zuständigkeitsbindende Hauptsacheklage gilt allerdings nur die vom Gläubiger erhobene Leistungsklage, nicht dagegen eine vom Schuldner erhobene negative Feststellungsklage.[302] Befindet sich das Hauptsacheverfahren beim Berufungsgericht, ist dieses so lange für das einstweilige Verfügungsverfahren zuständig, bis Nichtzulassungsbeschwerde oder Revision beim BGH eingelegt ist; danach fällt die Zuständigkeit, weil der BGH mit Verfahren des vorläufigen Rechtsschutzes nicht befasst werden kann, an das Landgericht zurück.[303] **220**

---

297 Vormals Art 27 VO 44/2001 und Art 21 EuGVÜ.
298 Vormals Art 27 VO 44/2001 und Art 21 EuGVÜ.
299 LG Düsseldorf, GRUR 2000, 692 – NMR-Kontrastmittel.
300 Zu der Frage des falschen Rechtsweges in Fällen der Beschlussverfügung vgl Conrad, GRUR 2014, 1172.
301 OLG Karlsruhe, InstGE 12, 125 – Lasershow.
302 OLG Köln, MDR 2012, 1054.
303 OLG Düsseldorf, Beschluss v 29.6.2017 – I-15 U 41/17.

b) Rechtliches Gehör

221 Über den Verfügungsantrag entscheidet das Gericht in aller Regel nach Anhörung des Antragsgegners, weil sich erst in Kenntnis des Verteidigungsvorbringens zuverlässig beurteilen lässt, ob der Verletzungstatbestand und der Rechtsbestand des Verfügungspatents in einem solchen Maße gesichert sind, dass der Erlass einer Unterlassungsverfügung im summarischen Verfahren der einstweiligen Verfügung verantwortet werden kann.[304] In besonderem Maße gilt dies für Anträge auf Erlass einer einstweiligen Verfügung, die auf ein materiell noch ungeprüftes[305] Gebrauchsmuster gestützt sind.[306] Rechtliches Gehör muss nicht notwendigerweise durch die Anberaumung eines **Verhandlungstermins** gewährt werden. Gebieten es die berechtigten (= dringenden, § 937 Abs 2 ZPO) Interessen des Antragstellers, dass über sein Begehren kurzfristig – und mithin ohne mündliche Verhandlung – entschieden wird, so rechtfertigt es ein solcher Sachverhalt noch nicht, den Antragsgegner bis zur Entscheidung über den Verfügungsantrag vollständig aus dem Verfahren herauszuhalten. Vielmehr ist es auch dann, wenn ohne mündliche Verhandlung entschieden werden kann, regelmäßig geboten, dem Antragsgegner vor einer gerichtlichen Entscheidung **rechtliches Gehör in anderer geeigneter Form**, zB schriftlich oder telefonisch, zu gewähren. Davon kann nur in zwei Konstellationen abgesehen werden:

222 – Erstens dann, wenn der Verfügungsantrag (was stets ohne mündliche Verhandlung geschehen kann, § 937 Abs 2 ZPO) mangels Verfügungsanspruchs oder Verfügungsgrundes (»als **unschlüssig**«) zurückgewiesen wird.[307] Regelmäßig ist es allerdings geboten, dem Antragsgegner – nicht zuletzt im Hinblick auf künftige weitere Verfahren – den Zurückweisungsbeschluss bekannt zu geben.[308] Wird der Verfügungsantrag zurückgenommen, bedarf es dergleichen Maßnahmen nicht, insbesondere ist der Verfügungsantrag dem Antragsgegner nicht zuzuleiten. Ergehen zuvor gerichtliche Hinweise, gilt für sie Abweichendes (vgl unten Rdn 232).

223 – Den zweiten Anwendungsfall bilden solche Sachverhalte, bei denen es aus zwingenden Gründen einer Überraschung des Gegners bedarf (zB um den **Zweck der Maßnahme** nicht zu **vereiteln**) oder aus sonstigen Gründen eine außergewöhnliche Eile geboten ist, die eine vorherige Anhörung des Gegners vor Erlass einer einstweiligen Verfügung nicht erlaubt. Derartige Umstände werden nur ganz ausnahmsweise vorliegen. Sie sind am ehesten im Zusammenhang mit einer Verwahrung der Verletzungsgegenstände zur Sicherung des Vernichtungsanspruchs denkbar, wobei der Fall so liegen muss, dass die ernsthafte Gefahr und Möglichkeit eines wirksamen Beiseiteschaffens der Verletzungsgegenstände selbst bei einer bloß schriftlichen oder telefonischen Anhörung mit äußerst knapper Frist besteht. Ein weiterer Beispielsfall (der im Zusammenhang mit dem Auftritt ausländischer Aussteller auf einer Inlandsmesse denkbar ist) mag sich daraus ergeben, dass spezielle sprachliche Barrieren bestehen, die eine sachgerechte Anhörung innerhalb der knappen verfügbaren Zeit nicht möglich machen. Wird eine einstweilige Verfügung ohne vorherige Einbeziehung des Antragsgegners erlassen, besteht im Gegenzug eine besondere Obliegenheit des Gerichts, eine mündliche Widerspruchsverhandlung zeitnah anzuberaumen.[309]

---

304 Vgl BVerfG, MDR 2017, 1138.
305 Hat das Gebrauchsmuster bereits ein Löschungsverfahren überstanden, handelt es sich zwar um ein geprüftes Schutzrecht; dennoch wird eine Verfügungsmaßnahme – wie beim Patent – in aller Regel nicht ohne die Gewährung rechtlichen Gehörs in Betracht kommen.
306 LG Hamburg, GRUR-RR 2015, 137 – Hydraulikschlauchgriffteil.
307 Anderes kann im Falle gerichtlicher Hinweise gelten, vgl Rdn 232.
308 OLG München, GRUR-RR 2019, 443 – Medizinisches Fachpersonal.
309 BVerfG, GRUR 2020, 773 – Personalratswahlen bei der Bundespolizei.

Ansonsten ergeht in der Praxis auf den Verfügungsantrag hin der Beschluss, dass über das Begehren nicht ohne mündliche Verhandlung bzw nicht ohne schriftliche Anhörung des Gegners entschieden werden soll. Die Notwendigkeit einer gleichberechtigten gerichtlichen Beteiligung des Antragsgegners am Verfügungsverfahren, *bevor* es seine Entscheidung trifft, ist ein verfassungsrechtliches Gebot der prozessualen Waffengleichheit (Artt 3 Abs 1, 20 Abs 3, GG) und des rechtlichen Gehörs (Art 103 Abs 1 GG). Es gilt nicht nur im Bereich des Äußerungs- und Presserechts[310] sowie des Lauterkeitsrechts[311], sondern – was das BVerfG derzeit noch offengelassen hat[312] – prinzipiell genauso im Bereich der gewerblichen Schutzrechte. Zwar sieht **Art 9 Abs 4 der Enforcement-RL** vor, dass die Mitgliedstaaten sicherzustellen haben, dass einstweilige Maßnahmen zur Unterbindung drohender oder wiederholter Verletzungshandlungen *in geeigneten Fällen* ohne Anhörung der anderen Partei angeordnet werden können, insbesondere dann, wenn durch eine Verzögerung dem Rechtsinhaber ein nicht wieder gutzumachender Schaden entstehen würde, wobei auf Antrag des Antragsgegners eine das Recht zur Stellungnahme einschließende Prüfung mit dem Ziel stattfindet, innerhalb einer angemessenen Frist nach der Mitteilung der Maßnahmen zu entscheiden, ob die angeordneten Maßnahmen abgeändert, aufgehoben oder bestätigt werden sollen. Schon der Wortlaut macht jedoch klar, dass Unterlassungsverfügungen allein aufgrund des einseitigen Vortrages eines Antragstellers keinesfalls die Regel sind, sondern nur »in geeigneten (Ausnahme-)Fällen« in Betracht kommen, wobei das zur näheren Erläuterung gegebene Beispiel, wonach die durch eine vorherige Anhörung des Verletzers bedingte Verzögerung der Untersagungsanordnung dem Antragsteller »einen nicht wieder gutzumachenden Schaden« verursachen würde, unmissverständlich deutlich macht, dass es auf Seiten des Rechtsinhabers einer ganz besonderen Interessenlage bedarf, um im konkreten Einzelfall ein Einschreiten ohne vorherige Gewährung rechtlichen Gehörs zugunsten des Antragsgegners zu rechtfertigen. Weiterhin ist zu bedenken, dass die Enforcement-RL und ihre Einzelregelungen vor dem Hintergrund der in der EU-Charta niedergelegten Menschenrechte zu verstehen sind, genauso wie nationale Gesetzesregelungen grundgesetzkonform zu interpretieren und anzuwenden sind. In Art 20 verbürgt die Charta den allgemeinen Gleichheitssatz und garantiert in Art 47 den Anspruch eines jeden auf ein faires Gerichtsverfahren. Beide Grundrechte finden ihren wichtigsten Ausdruck darin, dass beide Prozessparteien vor Gericht ein gleiches Gewicht haben und beide gleichermaßen durch ihren Sach- und Rechtsvortrag auf die gerichtliche Entscheidung Einfluss nehmen können. Das Gebot prozessualer Waffengleichheit ist insofern nicht nur Ausdruck und Ausfluss nationaler Verfassungsrechte, sondern folgt genauso aus den durch europäisches Recht verbürgten Menschenrechten. Ihre Geltung gebietet es, Untersagungsmaßnahmen ohne Anhörung des Antragsgegners nur ausnahmsweise dort zuzulassen, wo eine Anhörung des Verfahrensgegners dem Rechtsinhaber Nachteile zufügen würde, die hinzunehmen ihm auch unter Berücksichtigung des generellen Anspruchs des Antragsgegners auf rechtliches Gehör und dessen Stellenwert für das Justizsystem nicht zugemutet werden können. Der Sache nach handelt es sich um keine materiell andere Prüfung als sie nach den verfassungsrechtlichen Vorgaben des BVerfG vorzunehmen ist.

224

Einer gerichtlichen Anhörung bedarf es nicht, wenn der Antragsgegner mit dem Verfügungsbegehren bereits vorgerichtlich (zB durch eine **Abmahnung**[313]) konfrontiert worden ist, was ihm die Möglichkeit einer eigenen Schutzschrift eröffnet hat, die das Gericht vor seiner Entscheidung berücksichtigen kann und muss.[314] Letzteres setzt freilich voraus, dass die Abmahnung einschließlich einer etwaigen Reaktion des Antragsgegners hie-

225

---

310 BVerfG, GRUR 2020, 773 – Personalratswahlen bei der Bundespolizei.
311 BVerfG, GRUR 2020, 1119 – Zahnabdruckset.
312 BVerfG, GRUR 2020, 1119 – Zahnabdruckset.
313 BVerfG, GRUR 2018, 1291 – Steuersparmodell eines Fernsehmoderators.
314 BVerfG, GRUR 2018, 1291 – Steuersparmodell eines Fernsehmoderators.

rauf dem Gericht präsentiert wird, der Verfügungsantrag hinsichtlich des Begehrens und seiner Begründung nicht über die vorgerichtliche Korrespondenz hinausgeht[315], sondern mit dem Abmahnungsgegenstand kongruent (identisch[316]) ist[317] und der Verfügungsantrag unverzüglich nach Ablauf der dem Abgemahnten gesetzten (oder an ihrer Stelle einer angemessenen) Erklärungsfrist bei Gericht eingereicht wird.[318] Freilich führt nicht schon *jede* Abweichung zwischen einer vorgerichtlichen Abmahnung und dem bei Gericht eingereichten Verfügungsantrag dazu, dass im Unterbleiben einer Beteiligung des Antragsgegners am gerichtlichen Verfahren ein Verstoß gegen den Grundsatz der Waffengleichheit liegt. Solches ist jedenfalls dann der Fall, wenn der Verfügungsantrag den im Rahmen der vorgerichtlichen Abmahnung geltend gemachten Streitgegenstand verlässt oder weitere Streitgegenstände und Sachverhaltsumstände neu einführt.[319] Gleiches gilt bei unverändertem Streitgegenstand, wenn ein neues Argument in den Rechtstreit eingeführt wird, sofern sich dadurch die Streitlage verändert.[320] Unter den genannten Umständen ist denkbar, dass eine unterbliebene Anhörung des Antragsgegners zu dem – sachlich geänderten oder erweiterten – Streitstoff die prozessualen Äußerungsmöglichkeiten und Rechte des Antragsgegners verkürzt. Nur wo bereits der Antragsteller den der gerichtlichen Entscheidung zugrunde liegenden Streitstoff und die hierauf bezogenen Einwände des Gegners dem Gericht vollständig zu Gehör bringt, bedarf es keiner gerichtlichen Anhörung mehr.

226 Damit sind aber zugleich die **Grenzen** aufgezeigt, innerhalb derer auf eine Gewährung rechtlichen Gehörs durch das Gericht verzichtet werden kann. Er ist dort nicht angebracht, wo der Verfügungsantrag weitergehendes Vorbringen enthält.[321] Das ist der Fall, wenn der Antragsschriftsatz sich mit den Gegenargumenten des Antragsgegners auseinandersetzt, die dieser in seiner Zurückweisung der Abmahnung vorgebracht hat, oder wenn sonst über den Inhalt der Abmahnung hinaus im Tatsächlichen vorgetragen oder rechtlich argumentiert wird.[322] Eine stattgebende Verfügungsentscheidung kann hier nur ergehen, nachdem der Antragsgegner Gelegenheit hatte, auf das gesamte Vorbringen des Antragstellers zu erwidern.

227 Gleiches gilt, wenn ein **während des Verfügungsverfahrens** beim nicht verfahrensbeteiligten Antragsteller außergerichtlich eingehender Schriftsatz neues tatsächliches oder rechtliches Vorbringen enthält, das für die Beurteilung des Streitfalles von Bedeutung sein *kann*[323]. Gewährleistet der Antragsteller nicht, dass die diesbezüglichen Argumente des Antragsgegners dem Gericht zur Kenntnis gelangen, wozu er unaufgefordert und unverzüglich verpflichtet ist[324], so ist *gerichtliches* Gehör zu gewähren[325], was nach Lage des Falles auch telefonisch oder per E-Mail geschehen kann.[326]

228 Zu weitgehend ist allerdings die Auffassung, dass, wer dem Gericht als Antragsteller die Reaktion des bisher noch nicht am Verfahren beteiligten Antragsgegners auf eine

---

315 Eine anfängliche Inkongruenz kann im Laufe des Verfügungsverfahrens beseitigt werden und räumt in einem solchen Fall den Gehörsverstoß aus (BVerfG, GRUR 2020, 1236 – Internetportal für Steuerberatungsdienstleistungen).
316 BVerfG, GRUR 2022, 429 – Mann über Bord.
317 BVerfG, GRUR 2018, 1291 – Steuersparmodell eines Fernsehmoderators.
318 BVerfG, GRUR 2020, 1236 – Internetportal für Steuerberatungsdienstleistungen.
319 BVerfG, NJW 2021, 2018.
320 BVerfG, GRUR 2022, 429 – Mann über Bord.
321 BVerfG, GRUR 2020, 773 – Personalratswahlen bei der Bundespolizei.
322 BVerfG, GRUR 2020, 773 – Personalratswahlen bei der Bundespolizei.
323 Für rechtlich unerhebliches oder bloß wiederholendes Vorbringen besteht keine Offenbarungspflicht.
324 OLG München, GRUR-RR 2019, 443 – Medizinisches Fachpersonal.
325 BVerfG, GRUR 2020, 773 – Personalratswahlen bei der Bundespolizei.
326 BVerfG, GRUR 2020, 773 – Personalratswahlen bei der Bundespolizei.

vorgerichtliche Abmahnung verschweigt oder sich sonst unter Verstoß gegen seine prozessuale Wahrheitspflicht verhält (indem er einen ihn während des laufenden Verfahrens außergerichtlich erreichenden Schriftsatz des nicht beteiligten Antragsgegners nicht unaufgefordert und rechtzeitig[327] an das Gericht weiterleitet), die Befugnis zur Durchsetzung seiner Rechte im Verfahren des vorläufigen Rechtsschutzes einbüßt und keine einstweilige Verfügung erhalten kann[328] und, wenn er eine solche erwirkt/erschlichen hat, mit ihrer Aufhebung zu rechnen hat[329], selbst wenn bei Berücksichtigung des gesamten Streitstoffes ein dringlicher Verfügungsanspruch besteht.[330] Eine solche **Konsequenz** mag *im Einzelfall* aus Gründen mangelnder Zuverlässigkeit des Antragstellers und seines Sachvortrages angebracht sein, wenn das an den Tag gelegte unredliche Agieren bei der Rechtsdurchsetzung auch den Verfügungsanspruch und/oder den Verfügungsgrund nicht mehr ausreichend glaubhaft gemacht erscheinen lässt. Im Einzelfall mag es auch angebracht sein, die Zwangsvollstreckung aus einer unredlich erwirkten Verfügung einzustellen, bis eine Sachentscheidung unter Berücksichtigung der Einwände des Antragsgegners ergehen kann. Prinzipiell verhält es sich jedoch so, dass ein Gehörsverstoß innerhalb der Instanz, in der er vorgefallen ist, aber auch danach geheilt werden kann, indem dem Gegner im weiteren Verfahrensgang Gelegenheit zur Erwiderung auf das Antragsvorbringen gegeben wird.[331] Findet nach einer unter Gehörsverletzung zustande gekommenen Beschlussverfügung eine Widerspruchsverhandlung statt, so rechtfertigt die mangelnde Gewährung rechtlichen Gehörs in einem früheren Verfahrensstadium daher für sich genommen keine Aufhebung der Beschlussverfügung mit Zurückweisung des Verfügungsantrages und erst recht keine Beseitigung eines die Beschlussverfügung bestätigenden Verfügungsurteils.[332] Bis zur Heilung rechtfertigt die Verweigerung eines fairen Verfahrens mit Waffengleichheit außerdem ein verfassungsgerichtliches Einschreiten, sodass nicht darauf spekuliert werden kann, dass dem Antragsgegner gefahrlos rechtliches Gehör vorenthalten werden kann, weil der Fehler im Falle eines Widerspruchs durch das anordnende Gericht selbst ausgeräumt werden kann.[333]

Zur **Klarstellung**: Sobald der Antragsgegner am Verfügungsverfahren beteiligt ist (wobei es nicht darauf ankommt, ob er sich tatsächlich beteiligt, sondern nur maßgeblich ist, dass er die Gelegenheit hierzu erhalten hat), ist er allein dafür verantwortlich, dass seine Argumente dem Gericht zu Gehör gebracht werden. Selbst wenn er sich mit neuem Vorbringen außergerichtlich an den Antragsteller wendet, ist es deswegen nicht dessen Sache, die fragliche Korrespondenz dem Gericht vorzulegen. 229

Läuft zwischen den Parteien ein **paralleles Hauptsacheverfahren** wegen Verletzung desselben Patents durch dieselbe angegriffene Ausführungsform, so ist trotz des schwebenden Rechtsstreits schon deshalb von einer mangelnden Beteiligung des Verletzungsbeklagten am Verfügungsverfahren auszugehen, weil die §§ 935, 940 ZPO mit Blick auf den Verfügungsgrund besondere, über die Erfordernisse einer Hauptsacheklage hinausgehende Anforderungen stellen, zu denen der Antragsgegner gehört werden muss. Anwendungsfälle für die betrachtete Konstellation sind etwa der Erlass einer positiven Rechtsbestandsentscheidung während des erstinstanzlichen Hauptsacheverfahrens oder eines nach Klageabweisung laufenden Berufungsverfahrens, deren Verhandlungstermin 230

---

327 ... so dass er bei der gerichtlichen Entscheidung (zB Beschlussverfügung) noch berücksichtigt werden kann.
328 OLG München, Mitt 2021, 469 – Du sollst nicht verschweigen Deines Gegners Schriftsatz.
329 LG München I, MDR 2017, 602.
330 AA: OLG Düsseldorf, BeckRS 2019, 5570; OLG München, GRUR 2020, 385 – Elektrische Anschlussklemme. Beide Gerichte gehen davon aus, dass ein Gehörsverstoß durch Nachholung zB im Widerspruchsverfahren geheilt werden kann und alsdann folgenlos bleibt.
331 BVerfGE 96, 27; BVerfGE 104, 220; BVerfG, BeckRS 2017, 123654.
332 OLG Düsseldorf, Urteil v 27.2.2019 – I-15 U 45/18.
333 BVerfG, GRUR 2020, 773 – Personalratswahlen bei der Bundespolizei.

im Zeitpunkt der Einspruchs- oder Nichtigkeitsentscheidung noch geraume Zeit aussteht. Gehör ist freilich nur hinsichtlich des »Anforderungsüberschusses« zu gewähren, der sich aus den Eigenheiten des vorläufigen Rechtsschutzverfahrens ergibt und sich namentlich im Verfügungsgrund und hier der zeitlichen Dringlichkeit äußert. Da grundsätzlich bereits die Rechtsbestandsentscheidung als solche auch ohne Vorliegen der Entscheidungsgründe für die Annahme eines ausreichend sicheren Rechtsbestandes genügt, und weil der Erlass der Rechtsbestandsentscheidung für sich eine neue Dringlichkeit begründet, was die Verteidigungsmöglichkeiten des Antragsgegners weitgehend reduziert, kann die Äußerungsfrist im Zweifel kurz gesetzt und die Anhörung schriftlich oder ggf. sogar telefonisch durchgeführt werden.

231 Soweit das OLG München[334] für einstweilige Verfügungen in Patentsachen in aller Regel eine **mündliche Verhandlung** verlangt, erscheint dies zu schematisch. Sicherlich gibt es Fälle, deren technische Komplexität eine Erörterung in mündlicher Verhandlung verlangt; genauso sind aber auch (insbesondere im Anschluss an eine bereits vorliegende Hauptsacheentscheidung zu dem Patent) Konstellationen denkbar, bei denen das Gericht hinreichend über die Technik im Bilde ist und deswegen die Gewährung rechtlichen Gehörs in schriftlicher Form vollkommen ausreicht. Darüber hinaus kann eine **Beschlussverfügung** anstelle einer mündlichen Verhandlung sogar zur Gewährung eines effektiven Rechtsschutzes geboten sein, beispielsweise dann, wenn damit zu rechnen ist, dass der vorgerichtlich abgemahnte Antragsgegner eine Zustellung seiner Ladung auf unabsehbare Zeit verzögern oder vereiteln wird oder sie ansonsten auf absehbare Zeit nicht zu erwarten ist. Hier zwingt die Beschlussverfügung den Antragsgegner dazu, selbst konstruktiv tätig zu werden (indem er insbesondere einen Verfahrensbevollmächtigten bestellt), und stellt auf diese Weise sicher, dass eine *zeitnahe* gerichtliche Entscheidung über das Verfügungsbegehren ergeht. Sie zu ermöglichen, ist eine besondere Pflicht des Gerichts, wenn eine einstweilige Verfügung ausnahmsweise ohne vorheriges rechtliches Gehör des Antragsgegners erlassen worden ist, wobei eine **mündliche Verhandlung**, die erst **3 Monate nach** dem Erlass der **Beschlussverfügung** stattfindet, dem Beschleunigungsgebot nicht gerecht wird.[335]

232 Erteilt das Gericht dem Antragsteller mündliche oder fernmündliche **Hinweise** (zB zur Antragsfassung) oder gibt es eine Einschätzung zu den Erfolgsaussichten (etwa zur Dringlichkeit oder dergleichen), so sind diese in den Akten vollständig zu dokumentieren.[336] Jeder Hinweis ist außerdem dem Antragsgegner zeitnah und vor Erlass der Gerichtsentscheidung zur Kenntnis zu geben.[337] Das gilt (wegen einer möglichen Nutzung dieser Hinweise auch in anderen Verfahren gegen den Antragsgegner) auch dann, wenn der Verfügungsantrag schlussendlich zurückgewiesen wird.[338] Hat sich der Antragsgegner nicht am Verfahren beteiligt und wird der Verfügungsantrag als unschlüssig oder wegen unheilbarer Rechtsgründe (zB mangelnder zeitlicher Dringlichkeit) zurückgewiesen, so soll eine Bekanntgabe der diesbezüglichen gerichtlichen Hinweise an den Antragsgegner entbehrlich sein; die schlussendliche gerichtliche Entscheidung (erster und zweiter Instanz) zum Nachteil des Antragstellers ist dem Antragsgegner jedoch in jedem Fall parallel mitzuteilen.[339]

---

334 OLG München, GRUR 2020, 385 – Elektrische Anschlussklemme.
335 BVerfG, GRUR 2020, 773 – Personalratswahlen bei der Bundespolizei.
336 BVerfG, GRUR 2018, 1291 – Steuersparmodell eines Fernsehmoderators.
337 BVerfG, GRUR 2018, 1291 – Steuersparmodell eines Fernsehmoderators.
338 BVerfG, GRUR 2018, 1291 – Steuersparmodell eines Fernsehmoderators.
339 OLG München, GRUR-RR 2019, 443 – Medizinisches Fachpersonal.

Bringt der Antragsteller einen Terminantrag an, wird eine mündliche Verhandlung anberaumt[340], in der die Sache in tatsächlicher und rechtlicher Hinsicht mit den Parteien erörtert wird. Grundsätzlich muss sich jede Partei eines einstweiligen Verfügungsverfahrens darauf einrichten, auf neuen Sachvortrag des Gegners ad hoc erwidern zu können. Dennoch kann es Situationen geben, in denen bei aller Vorbereitung eine sofortige (wahrheitsgemäße) Einlassung vernünftigerweise nicht gefordert werden kann. Hier kann es der Grundsatz des rechtlichen Gehörs erfordern, die Verhandlung zu vertagen oder dem Gegner eine Schriftsatzfrist einzuräumen.[341]

233

Aufgrund der Verhandlung ergeht ein (End-)Urteil, mit dem der Verfügungsantrag entweder zurückgewiesen oder die einstweilige Verfügung erlassen wird. Gegen das Urteil kann die jeweils beschwerte Partei Berufung zum Oberlandesgericht einlegen. Dessen Entscheidung ist unanfechtbar. Ist dem Antragsgegner – was im Zweifel zu bevorzugen ist – schriftlich rechtliches Gehör gewährt worden, so kann entweder eine Beschlussverfügung ergehen, wenn das Gericht das Verteidigungsvorbringen für nicht durchgreifend erachtet, oder eine mündliche Verhandlung anberaumt werden, wenn angesichts der Erwiderung des Antragsgegners Bedenken gegen den Erlass der begehrten einstweiligen Verfügung bestehen.

234

Eine mündliche Verhandlung – statt einer Beschlussverfügung – bzw zumindest die schriftliche Anhörung des Gegners liegt auch im Interesse des Antragstellers, wenn der Antragsgegner seinen **Sitz im Ausland** hat und der inländische Gerichtsstand zB aus Art 7 Nr 2 EuGVVO begründet ist. In einem solchen Fall wäre eine ohne Anhörung des Antragsgegners ergangene einstweilige Verfügung im Ausland nicht vollstreckbar, weil gemäß Art 2 Buchst a), 45 Abs 1 Buchst a) EuGVVO (= Art 32, 34 Nr 2, 38 Abs 1, 45 VO 44/2001) »Entscheidungen«, zu denen auch einstweilige gerichtliche Maßnahmen gehören[342], nicht anerkannt werden, wenn »dem Beklagten, der sich auf das Verfahren nicht eingelassen hat, das verfahrenseinleitende Schriftstück ... nicht so rechtzeitig und in einer Weise zugestellt worden ist, dass er sich verteidigen konnte, es sei denn, der Beklagte hat gegen die Entscheidung keinen Rechtsbehelf eingelegt, obwohl er die Möglichkeit dazu hatte«.

235

---

340 Die Terminierung steht im Ermessen des Vorsitzenden (§ 216 Abs 1 ZPO). Sie ist grundsätzlich nicht anfechtbar. In Anlehnung an die für die Untätigkeitsbeschwerde geltenden Grundsätze ist eine außerordentliche Beschwerde analog § 252 ZPO bzw aus § 567 ZPO jedoch in den Fällen zulässig, in denen durch eine unangemessen weit hinausgeschobene Terminierung faktisch ein Verfahrensstillstand herbeigeführt wird, der einer Rechtsschutzverweigerung gleichkommt (OLG Düsseldorf, OLG-Report 2009, 401). Erforderlich ist, dass durch die Terminierungspraxis der Rechtsschutz durch Zeitablauf in einer Weise verkürzt wird, für deren Rechtfertigung jede vernünftige Grundlage fehlt (OLG Düsseldorf, OLG-Report 2009, 401).
341 LG Hamburg, GRUR-RR 2014, 137 – Koronarstent.
342 BGH, GRUR 2007, 813 – Ausländischer Arrestbeschluss; Micklitz/Rott, EuZW 2002, 15, 16. Zum EuGVÜ hat der EuGH (IPRax 1981, 95; IPRax 2000, 411) die Auffassung vertreten, dass Maßnahmen des vorläufigen Rechtsschutzes, die ohne vorherige Anhörung des Antragsgegners ergangen sind und damit nicht auf einem kontradiktorischen Verfahren beruhen, von vornherein keine »Entscheidungen« iSd Art 25 EuGVÜ darstellen und deshalb von einer Vollstreckung in einem anderen Mitgliedstaat ausgeschlossen sind.

236 Nur ganz ausnahmsweise ergeht eine **Beschlussverfügung**[343], ohne dass dem Antragsgegner zuvor Gelegenheit zur Erwiderung gegeben worden ist. Solches kommt zB in Betracht, wenn der Ablauf des Patentschutzes unmittelbar bevorsteht, wenn der angegriffene Gegenstand nur in einer kurz befristeten Verkaufsaktion angeboten wird oder wenn ein dringendes Interesse an einer Sicherstellung der Verletzungsgegenstände besteht, die ansonsten vermutlich beiseitegeschafft würden. In allen Konstellationen kann für einen Verhandlungstermin bzw eine – selbst kurzfristige – Anhörung keine Zeit mehr sein. Ihrer bedarf es auch dann nicht, wenn der Gegner in einer vorgerichtlichen Abmahnkorrespondenz oder in einer hinterlegten Schutzschrift bereits umfassend sachlich Stellung bezogen hat und seine Einwände die Berechtigung des Verfügungsantrages nicht in Zweifel ziehen können. Ob und in welchem Umfang eine Beschlussverfügung begründet wird, hängt von den unterschiedlichen Gebräuchen der Instanzgerichte ab. Teils wird eine kurze Begründung gegeben, teils wird dem Antragsteller aufgegeben, bei der Zustellung der Beschlussverfügung seine Antragsschrift beizufügen, teilweise geschieht nicht einmal Letzteres.[344]

237 Ist eine einstweilige Verfügung unter **Verstoß gegen das Gebot der Waffengleichheit** ergangen, so hat der benachteiligte Antragsgegner die ihm zu Gebote stehenden Möglichkeiten des fachgerichtlichen Rechtsschutzes zu ergreifen, dh Widerspruch gegen die ihn belastende Beschlussverfügung einzulegen, um den Verstoß zu rügen und im weiteren Verfügungsverfahren (durch die Entscheidung über den Widerspruch) zu beseitigen. Unterlässt er dies, kommt regelmäßig keine Verfassungsbeschwerde mehr in Betracht, weil versäumt wurde, den fachgerichtlichen Rechtsschutz auszuschöpfen.[345]

c) Widerspruch

238 Unter derartigen Umständen kann der Antragsgegner eine (nachträgliche) mündliche Verhandlung über den Verfügungsantrag dadurch erzwingen, dass er Widerspruch gegen die einstweilige Verfügung einlegt.[346]

239 **Zuständige Stelle** ist grundsätzlich dasjenige Gericht, welches die Beschlussverfügung erlassen hat. Eine wichtige Ausnahme ist freilich zu beachten: Ist die einstweilige Verfügung erst im Beschwerdeverfahren durch das OLG ergangen, ist der Widerspruch gleichwohl nicht dort, sondern bei dem erstinstanzlichen LG anzubringen, an dessen Stelle das Beschwerdegericht gehandelt hat und welches – örtlich und sachlich ausschließlich (§ 802 ZPO) – für die Durchführung des Widerspruchsverfahrens zuständig ist.[347]

240 Wird der Widerspruch beim funktionell unzuständigen OLG eingelegt, ist er als unzulässig zu verwerfen; eine **Verweisung** an das Landgericht (analog § 281 ZPO) kommt nicht

---

343 Da eine Kostengrundentscheidung nur diejenigen Verfahrensabschnitte und damit im Zusammenhang stehende Anwaltstätigkeiten erfasst, die bis zu ihrem Erlass erreicht wurden, unterfallen der Kostenentscheidung in einer Beschlussverfügung schon formal keine Tätigkeiten, die zur Vermeidung eines Widerspruchs gegen die einstweilige Verfügung entfaltet wurden (BGH, MDR 2017, 607). Für sie ist eine Kostenfestsetzung erst möglich, wenn tatsächlich Widerspruch eingelegt wird, und zwar aufgrund der alsdann ergehenden, die bisherige Kostengrundentscheidung der Beschlussverfügung ergänzenden (bei Erfolglosigkeit des Widerspruchs) oder ersetzenden (bei Erfolg des Widerspruchs) Kostenentscheidung (BGH, MDR 2017, 607). Gleiches gilt, wenn der Antragsteller den Verfügungsantrag zurücknimmt (§ 269 Abs 3 Satz 2 ZPO), nachdem die gegnerischen Kosten angefallen sind (OLG Düsseldorf, Beschluss v 29.8.2016 – I-15 W 30/16).
344 Zu den Einzelheiten und zu den mit der jeweiligen Praxis verbundenen rechtlichen Problemen vgl Klein, GRUR 2016, 899.
345 BVerfG, GRUR 2022, 1088 – Verkäuferkontosperrung.
346 Wird der Widerspruch später zurückgenommen, hat der Antragsgegner analog § 516 Abs 3 ZPO die weiteren Verfahrenskosten zu tragen.
347 KG, WRP 2008, 253; OLG Dresden, JurBüro 2000, 138; OLG Düsseldorf, MDR 1984, 324; aA: KG, MDR 2005, 165.

in Betracht³⁴⁸, weil die besagte Vorschrift auf die örtliche und sachliche Zuständigkeit zugeschnitten ist und für die funktionelle Zuständigkeit nicht gilt. Eine entsprechende Anwendung der Bestimmung ist von der Rechtsprechung des Bundesgerichtshofs³⁴⁹ zwar anerkannt worden, wenn sich Zweifel daran ergeben, welcher Spruchkörper – die allgemeine Prozessabteilung oder das Familiengericht – nach seiner formellen Zuordnung entschieden hat, sodass die Grundsätze der formellen Anknüpfung keine zweifelsfreie Bestimmung des für das Rechtsmittel zuständigen Gerichts ermöglichen. In derartigen Fällen darf die Partei zur Vermeidung von Nachteilen alle in Betracht kommenden Rechtsbehelfe einlegen (sogenannter Meistbegünstigungsgrundsatz). Dann besteht auch ein Bedürfnis für eine entsprechende Anwendung des § 281 ZPO; denn einer Partei, die ein *zulässiges* Rechtsmittel eingelegt hat, ist daran gelegen, ohne vermeidbare Umwege und Kosten eine Entscheidung in der Sache selbst von Seiten des nach der gesetzlichen Zuständigkeitsordnung wirklich zuständigen Rechtsmittelgerichts zu erhalten. Ein derartiger Ausnahmefall liegt unter den vorliegend diskutierten Umständen indessen nicht vor. Trotz Erlasses der Beschlussverfügung durch das Oberlandesgericht als Beschwerdegericht konnte Widerspruch nach gefestigter Rechtsprechung zulässigerweise nur beim Landgericht eingelegt werden. Der beim unzuständigen Oberlandesgericht eingelegte Widerspruch ist dementsprechend *unzulässig*, weswegen das zu Unrecht angerufene Oberlandesgericht dem Verweisungsantrag nicht stattgeben darf.

Für den Widerspruch ist im Gesetz **keine Frist** vorgesehen, sodass er noch nach Jahr und Tag eingelegt werden kann. Eine Grenze setzt lediglich der Gesichtspunkt der Verwirkung. So lange über den **Widerspruch** nicht rechtskräftig entschieden ist, kann er vom Antragsgegner einseitig **zurückgenommen** werden. Ein anschließend erneuter Widerspruch gegen die einstweilige Verfügung ist jedenfalls dann nicht rechtsmissbräuchlich, wenn neue Glaubhaftmachungsmittel präsentiert werden.³⁵⁰ Eine Rücknahme des Widerspruchs gegen die Beschlussverfügung kommt demgegenüber nicht mehr in Betracht, wenn der Verfügungsbeschluss als definitiv aufgehoben anzusehen ist, was der Fall ist, sobald er nach Widerspruchsverhandlung aufgehoben ist.³⁵¹ Mit einer Berufung gegen das aufhebende Urteil wird daher ein Neuerlass der Verfügung angestrebt, weswegen diesem Begehren nicht dadurch der Boden entzogen werden kann, dass der Antragsgegner in der Rechtsmittelinstanz seinen Widerspruch gegen die anfängliche (inhaltsgleiche) Beschlussverfügung zurücknimmt. Eine solche Erklärung ist vielmehr in ein Anerkenntnis des Verfügungsbegehrens umzudeuten.³⁵² 241

Das weitere Verfahren nach Widerspruchseinlegung entspricht dem oben geschilderten Ablauf, mit dem einzigen Unterschied, dass durch Urteil nicht über den Erlass oder die Zurückweisung des Verfügungsantrages, sondern über die Aufhebung oder Aufrechterhaltung der Beschlussverfügung entschieden wird. Daraus folgt, dass es für die Beurteilung der Sach- und Rechtslage nicht auf die Verhältnisse zum Zeitpunkt der Beschlussverfügung ankommt, sondern darauf, ob die **Sach- und Rechtslage, die im Zeitpunkt der mündlichen Verhandlung über den Widerspruch** (bzw im Zeitpunkt der Berufungsverhandlung) gegeben ist, die mit der Verfügung angeordnete Maßnahme noch rechtfertigt. Da die Aufhebung der einstweiligen Verfügung nach Widerspruch der Beschlussverfügung augenblicklich die Wirkung nimmt, bedarf es, wenn die Aufhebung 242

---

348 OLG Düsseldorf, Beschluss v 11.11.2010 – I-2 W 39/10; vgl auch BGH, NJW-RR 1997, 55; OLG Dresden, MDR 2007, 420.
349 BGH, NJW-RR 1997, 55.
350 OLG Frankfurt/Main, MDR 2013, 114.
351 OLG Düsseldorf, Urteil v 12.8.2014 – I-20 U 52/14.
352 OLG Düsseldorf, Urteil v 12.8.2014 – I-20 U 52/14.

zu Unrecht erfolgt ist, im Rechtsmittelzug gegen das aufhebende Urteil eines Neuerlasses der einstweiligen Verfügung.[353]

243 Streitig ist, ob bei Vorliegen eines Sachzusammenhangs im Sinne von § 33 ZPO ein **Gegenverfügungsantrag** des Antragsgegners gegen den Antragsteller statthaft ist.[354]

d) Speziell: Kostenwiderspruch

244 Ist der Antragsgegner vorgerichtlich nicht abgemahnt worden und war eine Abmahnung nach den Umständen des Falles auch nicht entbehrlich, so hat der Antragsgegner, wenn die Beschlussverfügung sachlich nicht angreifbar ist, die Möglichkeit, seinen Widerspruch auf die Kostenentscheidung zu beschränken. Mit einem solchen sog **Kostenwiderspruch** kann sich der Antragsgegner wenigstens der ihn sonst gemäß § 91 ZPO treffenden Kostenlast entledigen (§ 93 ZPO): Durch seinen Kostenwiderspruch hat er den Verfügungsanspruch unstreitig gestellt und damit »anerkannt«. Ist dies geschehen, ohne dass der Antragsgegner zuvor angekündigt hat, der Beschlussverfügung entgegentreten zu wollen, so ist das Anerkenntnis auch »sofort« erfolgt. Mangels vorgerichtlicher Abmahnung des Antragstellers hat der Antragsgegner schließlich keine Veranlassung zur Anbringung des Verfügungsantrages gegeben.

245 Das **Rechtsschutzbedürfnis** für einen Kostenwiderspruch entfällt nicht dadurch, dass der Antragsteller nach Erlass der einstweiligen Verfügung mitteilt, dass er aus dem ihm günstigen Kostenausspruch der Beschlussverfügung keine Rechte herleiten werde.[355] Mit dieser Erklärung erhält der Antragsgegner nämlich keine Handhabe, die Kosten einer anwaltlichen Beratung, die ihm nach Zustellung der Beschlussverfügung entstanden sind, gegen den Antragsteller durchzusetzen.

246 Über den Kostenwiderspruch kann gemäß **§ 128 Abs 3 ZPO** im schriftlichen Verfahren ohne mündliche Verhandlung entschieden werden.[356] In diesem Fall entsteht keine Termingebühr.[357]

247 Die **Verfahrensgebühr** für den mit dem Kostenwiderspruch gegen die ohne Anhörung erlassene Beschlussverfügung betrauten Rechtsanwalt des Antragsgegners ist nach dem Kosteninteresse[358] (und nicht nach dem vollen Wert des Verfügungsverfahrens) zu berechnen.[359] Das gilt selbst dann, wenn der Rechtsanwalt auch damit beauftragt war, vorab die Erfolgsaussichten eines Vollwiderspruchs zu klären.[360] Nach Auffassung des LG München[361] sind für das gerichtliche Verfahren überdies nur die Rechtsanwalts-, nicht hingegen die **Patentanwaltskosten** erstattungsfähig, weil für die rein rechtliche Beurteilung der Kostenfrage die zusätzliche Hinzuziehung eines Patentanwaltes nicht erforderlich ist.

248 Die **Entscheidungsform** ist in jedem Fall – also nach mündlicher Verhandlung genauso wie im Verfahren nach § 128 Abs 3 ZPO – die des Urteils. Analog § 99 Abs 2 ZPO ist

---

353 OLG Karlsruhe, GRUR-RR 2014, 362 – Unternehmensübergang; KG, GRUR-RR 2010, 22 – JACKPOT!; OLG Celle, MDR 2014, 986.
354 Verneinend: OLG Frankfurt/Main, GRUR-RR 2012, 88 – Gegenverfügungsantrag; vgl zum Streitstand: Dötsch, MDR 2012, 623.
355 OLG Düsseldorf, InstGE 5, 157 – Kostenwiderspruch.
356 Streitig: OLG Frankfurt/Main, GRUR-RR 2007, 62 – Terminsgebühr, mwN.
357 OLG Frankfurt/Main, GRUR-RR 2007, 62 – Terminsgebühr.
358 Das ist die Summe der bis zur Einlegung des Kostenwiderspruchs angefallenen gerichtlichen und außergerichtlichen Kosten.
359 BGH, GRUR 2013, 1286 – Gegenstandswert des Verfügungsverfahrens.
360 OLG Düsseldorf, Beschluss v 3.3.2011 – I-2 W 1/11.
361 LG München, Mitt 2012, 95 – Vorfußentlastungsschuhe.

gegen die dem Antragsteller günstige Entscheidung nicht die Berufung, sondern die sofortige Beschwerde gegeben[362], über die durch Beschluss zu erkennen ist[363].

Hat der Antragsgegner zunächst Vollwiderspruch erhoben, danach jedoch eine streiterledigende Abschlusserklärung abgegeben, muss der Antragsteller das einstweilige Verfügungsverfahren für die Zeit ab Zugang der Abschlusserklärung für in der Hauptsache erledigt erklären. Versäumt er dies und beschränkt der Antragsgegner sich auf einen Kostenwiderspruch, so hat der Antragsteller die Kosten der Widerspruchsverhandlung zu tragen (§ 95 ZPO).[364] **249**

e) Sonstiges

Hat das LG den Verfügungsantrag durch Beschluss (zB als unschlüssig) zurückgewiesen, so entscheidet das OLG über die **sofortige Beschwerde** des Antragstellers – sofern nicht ausnahmsweise von einer mündlichen Verhandlung abgesehen wird (§ 937 Abs 2 ZPO)[365] – gemäß § 922 ZPO durch Urteil und nicht gemäß § 572 Abs 4 ZPO durch Beschluss.[366] Erlässt das Beschwerdegericht die Beschlussverfügung im schriftlichen Verfahren, so ist streitig, ob für die anschließende Entscheidung über den Widerspruch des Antragsgegners[367] das Beschwerdegericht oder das Landgericht zuständig ist.[368] In jedem Fall endet der Instanzenzug beim Oberlandesgericht, so dass der BGH mit einem einstweiligen Verfügungsverfahren nicht befasst werden kann. Das gilt sowohl in Fällen der Urteilsverfügung (§ 542 Abs 2 Satz 1 ZPO) als auch – aus demselben Rechtsgedanken heraus – dann, wenn das Oberlandesgericht eine Beschlussverfügung erlässt als auch für begleitende Anträge auf PKH.[369] **250**

Der Verfügungsantrag kann – bis zur Rechtskraft der Verfügungsentscheidung[370] – jederzeit zurückgenommen werden. Einer Zustimmung des Gegners bedarf es – anders als bei **Rücknahme** einer Klage – auch dann nicht, wenn vorher bereits mündlich verhandelt worden ist.[371] Bezüglich der Kosten gilt § 269 Abs 3 Satz 3 ZPO entsprechend, der bestimmt, dass dann, wenn die Klage zurückgenommen wird, weil sich der Klageanlass zwischen Anhängigkeit und Rechtshängigkeit erledigt hat[372], die Kostenentscheidung unter Berücksichtigung des bisherigen Sach- und Streitstandes nach billigem Ermessen zu treffen ist. Ob die Vorschrift einschlägig ist, wenn sich der Klageanlass vor Anhängigkeit erledigt hat, ist streitig, nach zutreffender Ansicht aber zu bejahen.[373] **251**

Anwaltszwang besteht nur für den Verfügungsantrag als solchen[374] und dessen Rücknahme (vor Verhandlung oder Erlass) nicht[375], wohl aber im gesamten weiteren Verfahren nach Terminsbestimmung (wenn nicht ohne mündliche Verhandlung über den Verfügungsantrag entschieden werden soll) bzw nach Einlegung eines Widerspruchs (wenn eine Beschlussverfügung ergangen ist). Eine Vertretung durch Rechtsanwälte ist – nach **252**

---

362 OLG Frankfurt/Main, BeckRS 2015, 01669 – Hinweispflicht über den Umfang des abgemahnten Unterlassungsanspruchs; OLG München, GRUR 1990, 482 – Anfechtung der Kostenentscheidung.
363 OLG Koblenz, JurBüro 1997, 38; OLG Frankfurt/Main, GRUR-RS 2018, 9083 – Generalvorsatz.
364 OLG Hamburg, Mitt 2015, 347 – Abschlusserklärung.
365 In diesen Fällen ergeht die Beschwerdeentscheidung zweifellos in Beschlussform.
366 OLG Düsseldorf, InstGE 3, 238 – LCD-Monitor.
367 Dazu, dass der Widerspruch der einzige zulässige Rechtsbehelf ist, vgl BGH, GRUR 2003, 548.
368 Zum Streitstand vgl KG, NJW-RR 2008, 520.
369 BGH, Beschluss v 8.2.2022 – I ZB 78/21.
370 OLG München, GRUR-RR 2011, 462; OLG Saarbrücken, MDR 2018, 1151.
371 KG, Mitt 2013, 43 – de.de; OLG Saarbrücken, MDR 2018, 1151.
372 Bsp: Freiwillige Abgabe einer strafbewehrten Unterlassungsverpflichtungserklärung.
373 OLG Karlsruhe, NJW 2012, 1373, mwN.
374 §§ 78 Abs 5, 920 Abs 3, 936 ZPO.
375 Fellner, MDR 2010, 128, mwN.

zutreffender Ansicht – außerdem im Beschwerdeverfahren gegen die Zurückweisung des Verfügungsantrages im Beschlusswege geboten.[376]

253 Erklären die Parteien das Verfügungsverfahren wegen *zwischenzeitlicher*[377] **Verjährung des Unterlassungsanspruchs** übereinstimmend für in der Hauptsache erledigt, so sind die Verfahrenskosten gemäß § 91a ZPO an sich dem Antragsgegner aufzuerlegen, wenn das Verfügungsbegehren vor Eintritt der Verjährung (= »erledigendes« Ereignis) zulässig und begründet gewesen ist. Ob eine andere Kostenverteilung (zu Lasten des Antragstellers) deshalb geboten ist, weil der Antragsteller es durch eine rechtzeitige Erhebung der Hauptsacheklage in der Hand gehabt hätte, für eine Verjährungsunterbrechung zu sorgen, ist streitig, richtigerweise aber zu verneinen. Denn eine dahingehende Rechtspflicht besteht für den Verfügungskläger grundsätzlich[378] nicht.[379]

254 Mit dem Eilcharakter eines einstweiligen Verfügungsverfahrens sind prinzipiell weder eine **Aussetzung** noch ein **Vorabentscheidungsersuchen**[380] vereinbar. Das gilt auch im Berufungsverfahren. Zwar sind Entscheidungen der Oberlandesgerichte nicht anfechtbar, womit an sich eine Vorlage*pflicht* nach Art 267 Abs 3 AEUV besteht. Dennoch besteht im Verfügungsverfahren keine Vorlagepflicht. Nach der Rechtsprechung des EuGH wird den Zielsetzungen des Art 267 Abs 1 AEUV, eine einheitliche Auslegung und Anwendung des Gemeinschaftsrechts sicherzustellen und insbesondere zu verhindern, dass sich eine nationale nicht mit den Normen des Gemeinschaftsrechts in Einklang stehende Rechtsprechung herausbildet, in summarischen und eilbedürftigen Verfahren Genüge getan, wenn in einem ordentlichen Verfahren zur Hauptsache eine erneute Prüfung der im summarischen Verfahren nur vorläufig entschiedenen (vorlagepflichtigen) Rechtsfrage möglich ist.[381] Hiervon wird man eine **Ausnahme** für den Fall zu machen haben, dass die Auslegung des Unionsrechts gerade die Bedingungen der Durchführung des einstweiligen Verfügungsverfahrens betreffen, die sich ausschließlich in eben diesem Verfahren und nicht in einem (nachfolgenden) Hauptsacheprozess stellen, in dem die Vorabentscheidung des EuGH eingeholt werden könnte.

255 Der Zweck des einstweiligen Rechtsschutzes, unverzüglich eine anspruchssichernde, in Ausnahmefällen auch eine anspruchsgewährende Entscheidung herbeizuführen, führt zu einem gegenüber gewöhnlichen Klageverfahren besonderen Beschleunigungsgebot und verlangt deshalb auch den Parteien eine erweiterte Pflicht zur Prozessförderung ab. Dies bedingt, dass die **Präklusionsvorschriften** der §§ 529, 531 ZPO auch im Verfahren des vorläufigen Rechtsschutzes gelten.[382]

---

376 OLG Frankfurt/Main, GRUR-RR 2011, 31 – Anwaltszwang im Verfügungsverfahren; OLG Düsseldorf, OLG-Report 2008, 257, mwN zum Streitstand.
377 ... dh während des laufenden Verfahrens eingetretener Verjährung. War der Verfügungsanspruch schon vor Verfahrensbeginn verjährt und beruft sich der Antragsgegner im Verfahren auf Verjährung, so treffen den Antragsteller die Kosten schon deshalb, weil sein Antrag von Beginn an unbegründet war.
378 Anders verhält es sich, wenn der Antragsgegner ihm rechtzeitig eine Frist zur Hauptsacheklage hat setzen lassen.
379 OLG Köln, GRUR-RR 2014, 319 – Porzellanfiguren, mwN zum Streitstand.
380 OLG Düsseldorf, Urteil v 20.1.2011 – I-2 U 92/10; OLG München, InstGE 13, 303 – Gestattungsantrag gegen ausländischen Provider. Das Ersuchen ist neuerdings zwingend elektronisch unter Nutzung der Anwendung e-Curia einzureichen, über die auch die weitere Kommunikation mit den Parteien und dem Gerichtshof stattfindet. Nähere Informationen sind abrufbar unter https://curia.europa.eu/jcms/jcms/P_78957/de. Zu den inhaltlichen und formalen Anforderungen an ein Vorabentscheidungsersuchen im Übrigen vgl ABl 2016/C 439/1 v 25.11.2016.
381 EuGH, Slg 1977, 957 = NJW 1977, 1585; EuGH, Slg 1982, 3723 = NJW 1983, 2751, jeweils zu Art 177 EWG-Vertrag.
382 OLG Stuttgart, GRUR-RR 2019, 274 – Ocean Bottle, streitig.

5. Vollziehung[383]

Hat der Antragsteller eine einstweilige Verfügung erwirkt, muss er Vorsorge dafür treffen, dass die Entscheidung innerhalb eines Monats vollzogen wird, weil die Verfügung ansonsten kraft Gesetzes ihre Wirkung verliert (§ 929 Abs 2 ZPO) und auf Antrag des Gegners ohne weiteres aufzuheben ist (§ 927 Abs 1 ZPO). Vollziehung bedeutet Zwangsvollstreckung der einstweiligen Verfügung.[384] Die **Vollziehungsfrist** beginnt in den Fällen einer Beschlussverfügung mit deren Zustellung an den *Antragsteller*, in den Fällen einer (nach mündlicher Verhandlung) durch Urteil erlassenen oder bestätigten einstweiligen Verfügung mit dessen Verkündung[385]. Letzteres gilt auch dann, wenn dem Gläubiger vor Fristablauf trotz seines rechtzeitigen Antrages keine vollstreckbare Urteilsausfertigung zugestellt wird.[386] Notfalls hat er darauf zu drängen, dass ihm wenigstens eine abgekürzte Urteilsabschrift ausgehändigt wird.[387] Die Frist soll nicht in Lauf gesetzt werden, wenn die dem Gläubiger von Amts wegen zugestellte Beschlussausfertigung unvollständig ist, zB weil Anlagen, auf die in der Verfügung Bezug genommen ist, nicht beigefügt waren oder dies jedenfalls nicht (im Freibeweis) feststellbar ist.[388] Somit könnte die anschließende Parteizustellung einer eben solchen unzulänglichen Ausfertigung an den Schuldner nicht zur Versäumung der Vollziehungsfrist und damit auch nicht zur Aufhebung der einstweiligen Verfügung wegen Nichtvollziehung führen.[389]

256

Umfasst die einstweilige Verfügung **mehrere Aussprüche** (zB auf Unterlassung, Auskunft, Verwahrung), muss eine geeignete Vollstreckungsmaßnahme nach den für jeden einzelnen Anspruch geltenden Regeln eingeleitet werden, anderenfalls eine Aufhebung im Umfang des nicht vollzogenen Teils droht.[390]

257

Die Vollziehungsfrist ist auch dann zu beachten, wenn es sich um einen **ausländischen Titel** handelt, der in vollstreckungsrechtlicher Hinsicht einer einstweiligen Verfügung (oder einem Arrestbefehl) vergleichbar ist (wie zB eine Sicherstellungsbeschlagnahme nach italienischem Recht) und in Deutschland für vollstreckbar erklärt wurde.[391] Die Frist beginnt mit dem Zugang der Vollstreckbarerklärung an den Gläubiger zu laufen.[392]

258

Ist die Vollziehung der einstweiligen Verfügung von einer **Sicherheitsleistung** des Verfügungsklägers abhängig gemacht, muss innerhalb der Monatsfrist auch die Sicherheit erbracht und dem Verfügungsbeklagten nachgewiesen werden. § 751 Abs 2 ZPO verlangt hierzu eine öffentliche oder öffentlich beglaubigte Urkunde über die Sicherheitsleistung sowie die Zustellung einer Urkundenabschrift an den Verfügungsbeklagten. Wird zur Sicherheitsleistung die Hinterlegung gewählt, genügt es, die Zweitschrift des Annahmeantrages mit Annahmeverfügung der Hinterlegungsstelle sowie die Quittung der Hinterlegungskasse über die Zahlung des Hinterlegungsbetrages zuzustellen.

259

---

383 Vgl Oetker, GRUR 2003, 119; Vohwinkel, GRUR 2010, 977; Petri/Tuchscherer/Stadler, Mitt 2014, 65.
384 BGH, MDR 2020, 1276.
385 OLG Düsseldorf, GRUR-RR 2015, 493 – Diamant-Trennscheiben; OLG Karlsruhe, MDR 2016, 672; OLG Köln, GRUR-RR 2018, 268 – Poststreik.
386 OLG Köln, GRUR-RR 2018, 268 – Poststreik.
387 OLG Köln, GRUR-RR 2018, 268 – Poststreik.
388 OLG Koblenz, BeckRS 2013, 08776 – Virtueller Verkaufsraum.
389 OLG Koblenz, BeckRS 2013, 08776 – Virtueller Verkaufsraum; aA: OLG Jena, NJW-RR 2013, 831, wenn die fehlenden Anlagen keine Auswirkungen auf die Verständlichkeit des Tenors haben. Seiner Auffassung nach läuft in einem solchen Fall die Vollziehungsfrist, sie wird aber auch durch die Parteizustellung einer Unterlage gewahrt, die der an den Gläubiger zugestellten unvollständigen Beschlussausfertigung entspricht.
390 OLG Hamm, GRUR 1992, 888.
391 EuGH, RIW 2018, 756; BGH, WM 2019, 270.
392 BGH, WM 2019, 270.

a) Unterlassungsgebot

260 Die Vollziehung einer Unterlassungsverfügung geschieht im Allgemeinen und zweckmäßigerweise dadurch, dass die einstweilige Verfügung dem *Antragsgegner im Parteibetrieb*[393] (dh durch einen vom Antragsteller zu beauftragenden Gerichtsvollzieher[394] oder von Anwalt zu Anwalt[395])[396] zugestellt wird. Die **Parteizustellung**[397] reicht aus, wenn die Verfügung bereits die Ordnungsmittelandrohung enthält.[398] Allerdings muss die Parteizustellung als solche rechtswirksam sein, woran es fehlt, wenn der Anwalt des Antragsgegners eine Rücksendung des Empfangsbekenntnisses verweigert (worin seit der Änderung von § 59b Abs 2 Nr 8 BRAO allerdings eine Verletzung standesrechtlicher Pflichten liegt[399]).[400] Enthält die einstweilige Verfügung keine Begründung, sondern nimmt sie stattdessen auf Anlagen (zB die Antragsschrift und deren Anlagen) Bezug, die Aufschluss über Inhalt und Reichweite des Verbotes geben, müssen die Anlagen in lesbarer Form zugestellt werden. Ist dies nicht der Fall, hindert dies eine Vollziehung nur dann nicht, wenn der Schuldner ohne unzumutbaren Aufwand erkennen kann, wie der nicht lesbare Text lautet (zB weil es sich ersichtlich um die Zutatenliste seines eigenen Erzeugnisses handelt).[401]

261 Residiert der Titelschuldner im **Ausland**, ist die Zustellung nicht durch die Partei selbst (durch einen von ihr beauftragten Gerichtsvollzieher), sondern durch das Gericht (an welches der Gläubiger einen entsprechenden Antrag zu richten hat) zu veranlassen (§ 183 ZPO).[402] In der Regel kommt eine Zustellung per Einschreiben mit Rückschein in Betracht (Art 14 EuZVO), wobei die Zurücksendung des unterschriebenen Rückscheins keine Wirksamkeitsbedingung für die Zustellung ist, sondern der Zugang auch auf andere Weise nachgewiesen werden kann.[403] Unverzichtbar ist demgegenüber die Beifügung des Formblatts gemäß Anhang II zur EuZVO (Belehrung über Annahmeverweigerungsrecht).[404] Auf Mängel, die die Zustellung unwirksam machen, kommt es ausnahmsweise dann nicht mehr an, wenn der Antragsgegner innerhalb der Vollziehungsfrist eine ausreichend strafbewährte Unterlassungserklärung abgegeben hat, weil eine Vollziehung der einstweiligen Verfügung entbehrlich ist, wenn sich die Sache (insbesondere durch eine Unterwerfungserklärung) erledigt hat.[405] Zur Wahrung der Vollziehungsfrist genügt es, wenn der Gläubiger innerhalb der Monatsfrist einen Antrag auf Auslandszustellung bei Gericht stellt, sofern die tatsächliche Zustellung »demnächst« erfolgt.[406] Dabei kann im Anwendungsbereich der EuZVO ein Zustellungsversuch zunächst ohne Anfertigung von Übersetzungen unternommen werden, wenn davon ausgegangen werden kann, dass der Empfänger der deutschen Sprache mächtig ist. Verweigert er mit Recht die Annahme des

---

393 Die amtswegige Zustellung zB eines Verfügungsurteils stellt keinen Vollziehungsakt dar: BGH, GRUR 1993, 415 – Straßenverengung; OLG Stuttgart, GRUR-RR 2009, 194 – Zustellungserfordernis; KG, GRUR-RR 2015, 181 – Faxversendung ohne Beglaubigungsvermerk.
394 §§ 191, 192 ZPO.
395 § 195 ZPO.
396 OLG Düsseldorf, Urteil v 20.1.2011 – I-2 U 92/10.
397 Zu den Rechtsgrundlagen einer Zustellung an einen Empfänger in den USA vgl LG Hamburg, GRUR-RR 2013, 230 – Process Forwarding International.
398 OLG Köln, GRUR-RR 2005, 143 – Couchtisch.
399 Die gegenteilige, zur alten Rechtslage des § 59b BRAO ergangene Rechtsprechung (BGH, NJW 2015, 3672) ist überholt.
400 OLG Karlsruhe, MDR 2016, 672 = OLG Karlsruhe, GRUR-RS 2016, 07206 – Verweigertes Empfangsbekenntnis.
401 OLG Frankfurt/Main, GRUR-RS 2018, 132374 – Fruchtsaftbären.
402 OLG Düsseldorf, GRUR-RR 2020, 45 – Fehlendes Formblatt.
403 OLG Düsseldorf, GRUR-RR 2020, 45 – Fehlendes Formblatt.
404 OLG Düsseldorf, GRUR-RR 2020, 45 – Fehlendes Formblatt.
405 OLG Düsseldorf, GRUR-RR 2020, 45 – Fehlendes Formblatt.
406 OLG Frankfurt/Main, GRUR-RR 2015, 183 – Deutschsprachiger Verkaufsleiter.

Schriftstücks und wird der Gläubiger hierauf hingewiesen, muss er unverzüglich auf die Zustellung einer Übersetzung der zuzustellenden Schriftstücke hinwirken und alles seinerseits dazu Notwendige veranlassen.[407] Bei unbekanntem Aufenthalt des Antragsgegners genügt der begründete Antrag auf Bewilligung der öffentlichen Zustellung.[408]

Darüber, was Gegenstand der Zustellung sein und wie die Zustellung im Parteibetrieb vorgenommen werden muss, entscheiden nicht die Vorschriften des Vollstreckungsrechts, sondern die **ZPO-Vorschriften über die Formalitäten der Zustellung**.[409] Es ist deswegen verfehlt, die Übermittlung einer *Ausfertigung* des Unterlassungstitels nur deshalb zu verlangen, weil die Zwangsvollstreckung allein auf der Grundlage einer Urteils*ausfertigung* stattfinden kann. Zwar besteht die »Vollziehung« regelmäßig in einer Vollstreckungsmaßnahme; bei Unterlassungstiteln ist genau sie aber nicht möglich (sofern es nicht zufällig zu einer Zuwiderhandlung kommt). Dennoch muss der Gläubiger die Vollziehungsfrist einhalten können. Das ist der Grund dafür, als »Vollziehungsakt« die Parteizustellung zuzulassen, was freilich nichts an dem Tatbestand ändert, dass es sich bei ihr *nicht* um eine Zwangsvollstreckungsmaßnahme handelt und deshalb auch nicht die Bestimmungen des Vollstreckungsrechts, sondern ausschließlich die Regeln des Zustellungsrechts darüber entscheiden können, wie die Parteizustellung wirksam vorzunehmen ist. Das zwingt in zeitlicher Hinsicht zu einer Unterscheidung zwischen Fällen, bei denen die Vollziehungsfrist vor dem 1. Juli 2014 (dem Inkrafttreten des Gesetzes zur Förderung des elektronischen Rechtsverkehrs mit den Gerichten vom 10.10.2013[410]) abgelaufen ist[411], und solchen, bei denen das Fristende nach dem besagten Stichtag liegt. Denn durch das besagte Gesetz ist das – wie dargelegt maßgebliche – Zustellungsrecht der ZPO dahin geändert worden, dass es seither (dh für Fälle, in denen die Zustellung nach dem 1.7.2014 geschieht) nur noch der Zustellung einer beglaubigten Abschrift des in vollständiger Form abgefassten Urteils bedarf, aber nicht mehr – wie vorher – der Übermittlung einer Urteilsabschrift.[412]

aa) Altfälle

Für Fallgestaltungen vor dem 1.7.2014 gilt, dass jedenfalls bei einer Beschlussverfügung entweder eine **Ausfertigung** oder eine **beglaubigte Abschrift der Ausfertigung**[413] der einstweiligen Verfügung zugestellt werden muss. Ob das gleiche auch bei einer Urteilsverfügung gilt, ist streitig, wird jedoch von der herrschenden Meinung zu Recht bejaht[414], wobei die Beglaubigung nicht nur durch den Verfahrensbevollmächtigten, sondern auch durch einen Unterbevollmächtigten, zB einen angestellten Anwalt derselben Kanzlei[415], vorgenommen werden kann. Die Parteizustellung einer anwaltlich beglaubigten Abschrift einer einfachen (dh gerichtlich nicht beglaubigten) Urteilsabschrift bewirkt

---

407 OLG Frankfurt/Main, GRUR-RR 2015, 183 – Deutschsprachiger Verkaufsleiter.
408 OLG Bamberg, MDR 2013, 672.
409 OLG Düsseldorf, Beschluss v 18.5.2015 – I-2 U 2/15.
410 BGBl I, S 3785, 3788.
411 OLG Düsseldorf, GRUR-RR 2015, 493 – Diamant-Trennscheiben.
412 BGH, MDR 2016, 667.
413 Die Beglaubigung der Abschrift kann vom Anwalt vorgenommen sein; beglaubigt sein muss jedoch derjenige Titel, der den gerichtlichen Beglaubigungsvermerk enthält, sodass sich für den Adressaten eine durchgehende Beglaubigungskette ergibt (OLG Düsseldorf, Beschluss v 17.11.2003 – I-20 W 40/03; OLG Düsseldorf, Urteil v 21.4.2015 – I-20 U 181/14). Es ist deshalb unzureichend, wenn sich die anwaltliche Beglaubigung auf eine Urteilsabschrift ohne gerichtlichen Beglaubigungsvermerk bezieht (OLG Düsseldorf, GRUR-RR 2015, 493 – Diamant-Trennscheiben).
414 OLG Düsseldorf, GRUR-RR 2015, 493 – Diamant-Trennscheiben; zum Streitstand vgl OLG München, MDR 2013, 422, das selbst die Zustellung einer formlosen Abschrift ausreichen lässt; ebenso: OLG Saarbrücken, Urteil v 25.9.2013 – 1 U 42/13.
415 OLG Düsseldorf, Urteil v 20.1.2011 – I-2 U 92/10.

keine Vollziehung.⁴¹⁶ Ist ein unzureichendes (zB unbeglaubigtes) Dokument zugestellt worden, ist eine Heilung nach § 189 ZPO möglich, wenn das Dokument als solches dem Zustellungsempfänger tatsächlich zugeht.⁴¹⁷ Hierbei kommt es nicht entscheidend darauf an, dass den Empfänger das Original des Schriftstücks erreicht; Heilung tritt auch dann ein, wenn er in den Besitz eines inhaltsgleichen Schriftstücks (Fax, Scan per E-Mail) gelangt.⁴¹⁸

264 Die **Ausfertigung/beglaubigte Abschrift** muss **vollständig und mängelfrei** sein, wobei Maßstab diejenige Abschrift ist, die dem Verfügungskläger zuvor selbst vom Gericht zugestellt worden ist. Hat der Antragsteller selbst nur eine einfache Urteilsabschrift erhalten, muss diese vor einer Faxübermittlung an den Gegner anwaltlich beglaubigt werden. Eine besondere Form der Beglaubigung ist nicht vorgesehen. Erforderlich ist bei mehrblättrigen Unterlagen allerdings, dass sie sich unzweideutig auf das gesamte Schriftstück bezieht und dessen Blätter als Einheit derart verbunden sind (zB mittels Heftklammer), dass die körperliche Verbindung als dauernd gewollt erkennbar und nur durch Gewaltanwendung zu lösen ist.⁴¹⁹ Ein Beglaubigungsvermerk auf der letzten Seite deckt das vollständige Schriftstück ab, auch wenn er sich nicht unterhalb des Inhalts der letzten Seite, sondern in der oberen Ecke der letzten Seite der mehrseitigen Unterlage befindet.

265 An der **Vollständigkeit** fehlt es, wenn bei der Anfertigung der Abschriften ein doppelseitiger Druck des Entscheidungsoriginals nicht beachtet wird, sodass die zugestellte Abschrift nur jede zweite Seite des Umdrucks aufweist oder wenn eine ganze Seite fehlt, wobei es grundsätzlich nicht darauf ankommt, wie bedeutsam die auf dieser Seite befindlichen Ausführungen für die getroffene Entscheidung sind.⁴²⁰ Andererseits bleibt die Zustellung wirksam, wenn durch das Weglassen einzelner Buchstaben oder Wörter das Verständnis des Entscheidungstextes zwar erschwert, aber nicht vereitelt wird.⁴²¹ Gehen bei Herstellung der Abschriften (zB am oberen gehefteten Rand des Umdrucks) nur einzelne Passagen des Originals verloren, kommt es darauf an, ob die Auslassungen aus dem Gesamtzusammenhang des übrigen Textes eindeutig zu ergänzen sind (zB weil in der Kopie nur einzelne Buchstaben eines Wortes fehlen, die sich zweifelsfrei erschließen lassen) oder ob Unklarheiten bleiben, weil verschiedene Deutungen möglich sind oder weil der Sinn einzelner Textteile überhaupt nicht mehr auszumachen ist.⁴²² Im zuletzt genannten Fall fehlt es an einer wirksamen Vollziehung, unter den erstgenannten Umständen nicht. Die Ergänzung und Deutung hat in jedem Fall anhand des Inhalts der Abschrift selbst stattzufinden; ein Rückgriff auf die unversehrte amtswegig zugestellte Entscheidung hat zu unterbleiben. Anlagen, auf die im Verfügungsantrag Bezug genommen ist, müssen mit zugestellt werden.⁴²³ Ist mit der Verfügung eine farbige Anlage verbunden, muss eine ebensolche (und nicht nur eine schwarz-weiße Anlage) zugestellt werden.⁴²⁴ Davon ist allenfalls dann eine Ausnahme zu rechtfertigen, wenn trotz der nichtfarbigen Wiedergabe der Inhalt des Verbotes und die Reichweite der Unterlassungsverpflichtung unmissverständlich erkennbar sind.⁴²⁵ Damit an der Authentizität des zuzustellenden Schriftstücks kein Zweifel entstehen kann, muss der Beglaubigungsver-

---

416 OLG Düsseldorf, GRUR-RR 2015, 493 – Diamant-Trennscheiben.
417 BGH, MDR 2016, 545. Zu Besonderheiten bei Zustellung an den Anwalt vgl unten Kap G Rdn 273.
418 BGH, GRUR 2020, 776 – Übermittlung per E-Mail.
419 BGH, NJW 2004, 506, 508.
420 BGH, GRUR 1998, 746 – Unvollständige Zustellung.
421 BGH, NJW-RR 2005, 1658; OLG Köln, NJW-RR 2010, 864; OLG Naumburg, MDR 2000, 601.
422 OLG Düsseldorf, Urteil v 20.1.2011 – I-2 U 92/10.
423 LG Düsseldorf, InstGE 11, 97 – Sickerschacht.
424 OLG Hamburg, GRUR-RR 2007, 406 – farbige Verbindungsanlage; OLG Frankfurt/Main, GRUR 2009, 995 – farbige Skulpturen.
425 OLG Frankfurt/Main, GRUR-RR 2015, 495 – Farbbild.

merk auf der Ausfertigung in geeigneter Weise ausgestaltet sein.[426] Daran fehlt es, wenn sich bei einer per Fax übermittelten und mit verschiedenen Anlagen versehenen Beschlussverfügung der Beglaubigungsvermerk auf der Schlussseite der Sendung befindet.[427]

In den Fällen der **Beschlussverfügung** sollte der Ausfertigung oder Abschrift außerdem ein Exemplar der Antragsschrift nebst Anlagen beigefügt werden. Letzteres ist zwingend, wenn im Beschluss auf die Antragsschrift verwiesen wird[428] und sich erst aus der Antragsbegründung erschließt, gegen welche angegriffene Ausführungsform sich die einstweilige Verfügung richtet und ohne diese Kenntnis der genaue Inhalt des Unterlassungsgebotes nicht zu ermitteln wäre. Nach OLG Frankfurt/Main[429] steht das Fehlen *einzelner* Anlagen der wirksamen Vollziehung dann nicht entgegen, wenn dem Schuldner zumindest diejenigen Anlagen zugestellt worden sind, die Aufschluss über den Inhalt und die Reichweite des Verbotes geben können. Das verlangt in jedem Fall eine Beifügung der Antragsschrift sowie der Unterlagen, auf die im Verbotstenor oder in den Beschlussgründen verweisen ist.[430]

266

bb) Neufälle

Unter Geltung der geänderten Zustellungsvorschriften, die mit der Förderung des elektronischen Rechtsverkehrs verbunden sind, genügt die Übermittlung einer den gerichtlichen Beglaubigungsvermerk enthaltenden Urteilsablichtung[431], selbst wenn dies per Telekopie geschieht.[432] Einer anwaltlichen Beglaubigung dahingehend, dass die übermittelte Kopie der gerichtlichen Vorlage vollständig entspricht, bedarf es nicht.[433] Ein etwaiger Zustellungsmangel kann gemäß § 189 ZPO geheilt werden, wenn feststeht, dass dem Adressaten (statt der gerichtlich beglaubigten) eine mit der Originalurkunde übereinstimmende einfache Abschrift zugegangen ist, die von dem zustellenden Gerichtsvollzieher beglaubigt ist.[434] Ob gleiches auch gilt, wenn die einfache Abschrift keinen (amtlichen) Beglaubigungsvermerk trägt, ist streitig.[435]

267

Werden die Prozessakten – was derzeit jedenfalls in bestimmten Gerichtsbezirken bereits der Fall ist – elektronisch geführt (§ 298a ZPO), so erhält der Verfahrensbevollmächtigte des Antragstellers die von ihm im Parteibetrieb zuzustellende Gerichtsentscheidung nicht in Papierform, sondern als **elektronisches Dokument**, das gemäß § 130b ZPO von dem/den erkennenden Richter(n) mit einer qualifizierten elektronischen Signatur versehen ist und aufgrund dessen dem Erfordernis einer handschriftlichen Unterzeichnung genügt.

268

– Ist der **Antragsgegner** ebenfalls **anwaltlich vertreten**, so kann zum Zwecke der Vollziehung unmittelbar das elektronische Dokument zugestellt werden. Hierzu

269

---

426 BGH, GRUR 2004, 264, 266 – Euro-Einführungsrabatt.
427 OLG Frankfurt/Main, GRUR-RR 2010, 400 – versteckter Beglaubigungsvermerk.
428 OLG Düsseldorf, MDR 2010, 652.
429 OLG Frankfurt/Main, GRUR-RR 2011, 340 – Ankle Tube; aA: OLG Koblenz, BeckRS 2013, 08776 – Virtueller Verkaufsraum, das diese Einschränkung nicht für gerechtfertigt hält.
430 OLG Koblenz, BeckRS 2013, 08776 – Virtueller Verkaufsraum.
431 OLG Düsseldorf, GRUR-RR 2019, 404 – Anzeige der Interessenwahrnehmung.
432 BGH, MDR 2019, 481; OLG München, GRUR 2018, 444 – Vollziehung im Verhandlungstermin; OLG Frankfurt/Main, GRUR-RR 2018, 387 – Bettwaren »Made in Germany«.
433 OLG Düsseldorf, Beschluss v 18.5.2015 – I-2 U 2/15. Nach OLG Koblenz (MDR 2017, 1146) genügt die Zustellung der beglaubigten Abschrift einer einfachen Abschrift der Beschlussverfügung nicht.
434 BGH, MDR 2019, 481.
435 Zum Streitstand vgl BGH, MDR 2019, 481. Bejahend: OLG Frankfurt/Main, GesR 2019, 714 (für Klageschrift); OLG Dresden, JurBüro 2018, 310 (für Beschlussverfügung); ablehnend: OLG Düsseldorf, GRUR-RR 2019, 240 – Beglaubigungskette (für Beschlussverfügung).

bedarf es zwar eines sicheren Übermittlungsweges im Sinne des § 130a Abs 4 ZPO; als solcher wird jedoch das besondere Anwaltspostfach (beA) angesehen, zu dessen Einrichtung Rechtsanwälte gemäß § 173 Abs 2 Nr 1 ZPO gesetzlich verpflichtet sind. Zugestellt werden kann entweder das Original des elektronischen Gerichtsdokument, wobei darauf zu achten ist, dass die mit dem elektronischen Dokument verbundenen Signaturdateien der unterzeichnenden Richter mit zugestellt werden (§ 169 Abs 5 ZPO). Stattdessen kann auch eine elektronische Abschrift des Dokuments über einen sicheren Übermittlungsweg zugestellt werden, wenn die elektronische Abschrift mittels einer qualifizierten elektronischen Signatur des Urkundesbeamten der Geschäftsstelle beglaubigt ist (§ 169 Abs 4 ZPO). In diesem Fall muss die Beglaubigungssignaturdatei wiederum mit zugestellt werden.

270 Statt das elektronische Dokument – von Anwalt zu Anwalt – selbst zuzustellen, kann – wie bisher – der Gerichtsvollzieher als externes Zustellungsorgan herangezogen werden, wobei dem Gerichtsvollzieher das zuzustellende elektronische Dokument (inclusive Signaturdateien) auf einem sicheren Übermittlungsweg[436] (§ 130a Abs 4 ZPO) elektronisch zu übermitteln ist (§ 193a Abs 1 Nr 1 ZPO). Zugestellt ist das elektronische Dokument an den Gegner in demjenigen Zeitpunkt, der sich aus der automatisierten Eingangsbestätigung ergibt. Sie hat der Gerichtsvollzieher mit dem zuzustellenden elektronischen Dokument zu verbinden und das Konvolut der beauftragenden Partei als Zustellungsnachweis zu übermitteln (§ 193a Abs 2 ZPO).

271 – Dieselbe Möglichkeit einer direkten Zustellung des vom Gericht überlassenen elektronischen Dokuments oder seiner amtlich beglaubigten Abschrift besteht **ohne anwaltliche Vertretung**, wenn der Antragsgegner (überobligationsmäßig) einen sicheren elektronischen Übermittlungsweg eingerichtet und der Zustellung elektronischer Dokumente in dem fraglichen Gerichtsverfahren zugestimmt hat (§ 173 Abs 1, 4 ZPO). Von einer Zustimmung ist dabei auszugehen (Fiktion!), wenn der Antragsgegner in dem betreffenden Verfahren bereits selbst wenigstens ein elektronisches Dokument auf einem sicheren Übermittlungsweg eingereicht hat (§ 173 Abs 4 Satz 2 ZPO). Juristische Personen können ihre Zustimmung darüber hinaus auch allgemein erteilen (§ 173 Abs 4 Satz 3 ZPO).

272 – Ist der Antragsgegner, an den mangels anwaltlicher Vertretung persönlich zuzustellen ist, mit der Zustellung eines elektronischen Dokuments nicht einverstanden und/oder hat er nicht einmal die technischen Möglichkeiten hierzu, so muss ihm das **Schriftstück** zwangsläufigerweise – wie bisher – **in Papierform** zugestellt werden. Dies kann nicht in der Weise geschehen, dass der Verfahrensbevollmächtigte des Antragstellers das ihm vom Gericht übermittelte elektronische Dokument ausdruckt und zustellen lässt. Vielmehr ist das elektronische Dokument dem Gerichtsvollzieher auf einem sicheren Übermittlungsweg zuzuleiten, damit dieser die erforderlichen Abschriften als Ausdrucke in Papier anfertigt, beglaubigt und zustellt (§ 193 Abs 1 Satz 1 Nr 2, Satz 3 ZPO).

273 **Zustellungsadressat** für die erforderlichen Unterlagen ist der Verfahrensbevollmächtigte des Antragsgegners, sofern sich ein solcher bestellt und der Antragsteller hiervon Kenntnis hat (§ 176 ZPO), ansonsten der Antragsgegner persönlich. Ob ein Rechtsanwalt, der den Antragsgegner im vorangegangenen Abmahnverfahren vertreten hat, allein deswegen gemäß § 171 Satz 1 ZPO als zur Entgegennahme einer einstweiligen Verfügung anzusehen ist, wird kontrovers diskutiert, ist aber zu verneinen.[437] Wird die Unterlassungs-

---

[436] ... den der Gerichtsvollzieher gemäß § 173 Abs 2 Nr 1 ZPO einzurichten hat.
[437] OLG Hamburg, Mitt 2006, 471; OLG Düsseldorf, GRUR-RR 2005, 102 – Haartrockner; OLG Düsseldorf, GRUR-RR 2019, 404 – Anzeige der Interessenwahrnehmung; OLG Köln, GRUR-RR 2005, 143 – Couchtisch, mwN zum Streitstand.

Beschlussverfügung im Parteibetrieb an den Antragsgegner persönlich und nicht gemäß § 172 ZPO an den bestellten Verfahrensbevollmächtigten zugestellt, so ist die einstweilige Verfügung nicht wirksam vollzogen.[438]

Allerdings kann der Zustellungsmangel geheilt werden (§ 189 ZPO), wenn das Dokument den Verfahrensbevollmächtigten innerhalb der Vollziehungsfrist tatsächlich erreicht.[439] 274

- § 189 ZPO, der seinem Sinn und Zweck entsprechend weit auszulegen ist, ist hierbei auch dann anzuwenden, wenn ein Rechtsanwalt erst durch spätere Bevollmächtigung zu einem Prozessbeteiligten wird und er bereits zuvor oder zeitgleich in den Besitz des zuzustellenden Schriftstücks gelangt ist.[440] In der Instanzrechtsprechung war streitig, ob das fälschlicherweise der Partei zugestellte Dokument im **Original** an den Verfahrensbevollmächtigten gelangen muss[441] oder ob die Übermittlung eines nur inhaltsgleichen Schriftstücks (zB einer Kopie, einer Telefaxkopie oder einer E-Mail mit dem Scan des zugestellten Dokuments) genügt[442]. Der Streit ist nunmehr vom BGH (GRUR 2020, 766 – Übermittlung per E-Mail) im zuletzt genannten Sinne entschieden worden. 275

- Wegen der Fehleranfälligkeit unzureichend ist eine bloß **mündliche Überlieferung** des Inhalts ebenso wie eine handschriftliche oder maschinenschriftliche Abschrift des Dokuments (BGH, GRUR 2020, 766 – Übermittlung per E-Mail). 276

- In jedem Fall ist beim Anwalt neben dem tatsächlichen Zugang bei ihm dessen **Empfangsbereitschaft** zwingende Voraussetzung, womit der mindestens konkludent zum Ausdruck gebrachte Wille gemeint ist, das Schriftstück als zugestellt entgegenzunehmen.[443] An ihm fehlt es noch nicht deshalb, weil der Anwalt das beigelegte Empfangsbekenntnis nicht zurücksendet, sofern die Gesamtumstände hinreichend zuverlässig auf seine Empfangsbereitschaft schließen lassen. Dies ist etwa der Fall, wenn der Verfahrensbevollmächtigte die erfolgte Zustellung zur Grundlage seines weiteren Vorgehens macht, indem er dem Mandanten beispielsweise die Einlegung eines Rechtsmittels empfiehlt.[444] Gleiches gilt, wenn dem Verfahrensbevollmächtigten des Antragsgegners im Verhandlungstermin über den Widerspruch vom gegnerischen Anwalt eine beglaubigte Ausfertigung der Beschlussverfügung ausgehändigt wird, die dieser als zugestellt entgegennimmt, selbst wenn das betreffende Exemplar anschließend zur Gerichtsakte genommen wird.[445] 277

Erfolgt außer an den Rechtsanwalt eine **Zustellung zusätzlich an die anwaltlich vertretene Partei**, so handelt es sich der Sache nach bloß um eine (zwar rechtlich nicht notwendige, aber auch nicht unzulässige) zusätzliche Unterrichtung des Verfahrensbeteiligten, zu der der Rechtsanwalt aufgrund des Mandatsvertrages nach §§ 675, 666 BGB im Innenverhältnis ohnehin verpflichtet ist. Eine derartige Unterrichtung hat keinerlei Einfluss auf die Rechtsfolgen, die einer ordnungsgemäß an den Bevollmächtigten erfolgten Zustellung 278

---

438 OLG Hamburg, Mitt 2002, 562; BGH, MDR 2016, 1040.
439 KG, BeckRS 2011, 05647 – Zustellung per E-Mail.
440 BGH, MDR 2020, 854.
441 OLG München, GRUR 2018, 444 – Vollziehung im Verhandlungstermin; OLG Hamburg, GRUR-RR 2018, 173 – Sportzubehör; beide mit umfassenden Nachweisen zum Streitstand.
442 OLG Braunschweig, NJW-RR 1996, 380; KG, BeckRS 2011, 05647 – Zustellung per E-Mail; OLG Frankfurt/Main, BeckRS 2017, 102284.
443 BGH, NJW-RR 2015, 953; umfassend zum Problemkreis: Kurtz, WRP 2016, 305.
444 BGH, NJW-RR 2015, 953.
445 OLG München, GRUR 2018, 444 – Vollziehung im Verhandlungstermin.

zukommen. Wird mit ihr eine einzuhaltende Frist gewahrt, ändert die zu einem abweichenden Zeitpunkt erfolgte Zustellung an die Partei deshalb daran nichts.[446]

279 Zur Wahrung der Monatsfrist genügt es in entsprechender Anwendung der §§ 207 Abs 1, 270 Abs 3 ZPO, dass der Antrag auf Zustellung im Parteibetrieb vor Fristablauf bei der **Gerichtsvollzieherverteilerstelle** eingeht und die Zustellung anschließend »demnächst« erfolgt.[447]

280 Ist umgekehrt eine Unterlassungsverfügung wirksam an den Antragsgegner persönlich zugestellt worden (weil sich dessen Anwalt noch nicht bestellt hatte oder der Antragsteller davon keine hinreichend sichere Kenntnis hatte), so besteht keine Pflicht, das bereits im Parteibetrieb wirksam zugestellte Schriftstück nach Bestellung des Prozessbevollmächtigten erneut an ihn zuzustellen.[448]

281 Eines besonderen Vollziehungsaktes (durch Zustellung im Parteibetrieb) bedarf es auch dann, wenn sich der Antragsgegner freiwillig an das gerichtliche Verbot hält. Sie wird ebenso wenig dadurch entbehrlich, dass die einstweilige Verfügung – was bei Urteilsverfügungen der Fall ist – dem Antragsgegner bereits durch das Gericht von Amts wegen zugestellt worden ist.[449]

Praxistipp	Formulierungsbeispiel

282 Da die Vollziehungsfrist mit der Verkündung des Verfügungsurteils zu laufen beginnt, und zwar unabhängig davon, wann dem Antragsteller eine zur Zustellung im Parteibetrieb geeignete Urteilsausfertigung ausgehändigt wird, liegt es im eigenen Interesse des Antragstellers, bei Gericht rechtzeitig auf eine Aushändigung des Urteils zu drängen, sodass innerhalb der Monatsfrist zumindest noch der Zustellungsauftrag bei der Gerichtsvollzieherverteilerstelle angebracht werden kann. Die Frist wird durch die Zustellung einer abgekürzten Urteilsausfertigung (dh einer solchen ohne Tatbestand und Entscheidungsgründe) gewahrt (§§ 750 Abs 1 Satz 2, 317 Abs 2 ZPO).

283 Wird die zunächst durch Beschluss **erlassene einstweilige Verfügung** nach ihrer Vollziehung durch Urteil **bestätigt**, bedarf es keiner erneuten Vollziehung durch Zustellung des Urteils im Parteibetrieb.[450]

284 Wird die **Beschlussverfügung** hingegen auf Widerspruch des Antragsgegners hin durch Urteil **aufgehoben**, in der anschließenden **Berufungsinstanz** jedoch **bestätigt** und damit neu erlassen, so reicht die erfolgte Zustellung der Beschlussverfügung an den Antragsgegner als Vollziehungsmaßnahme nicht aus. Vielmehr bedarf es zur wirksamen Vollziehung einer eigenen, erneuten Zustellung der Berufungsentscheidung im Parteibetrieb.[451]

285 Gleiches gilt, wenn die einstweilige Verfügung im Widerspruchs- oder Rechtsmittelverfahren nicht nur inhaltlich klargestellt[452], sondern **inhaltlich** mehr als nur unwesentlich **geändert** worden ist.[453] Solches ist der Fall, wenn das Verbot auf ein aliud gerichtet

---

446 BGH, MDR 2016, 1040.
447 OLG Düsseldorf, InstGE 1, 255 – Vollziehungsfrist.
448 OLG Frankfurt/Main, GRUR-RR 2021, 545 – Erkundigungspflicht vor Vollziehung.
449 OLG Düsseldorf, InstGE 1, 255 – Vollziehungsfrist.
450 OLG Stuttgart, GRUR-RR 2009, 194 – Zustellungserfordernis, mwN; OLG Frankfurt/Main, GRUR-RR 2019, 287 – Pre Sales Rabatt.
451 OLG Düsseldorf, NJW-RR 2000, 68.
452 OLG Frankfurt/Main, GRUR-RR 2019, 287 – Pre Sales Rabatt.
453 OLG Düsseldorf, WRP 1983, 410; OLG Stuttgart, GRUR-RR 2009, 194 – Zustellungserfordernis.

oder sachlich erweitert wird⁴⁵⁴ oder nachträglich eine Vollziehungssicherheit angeordnet wird.⁴⁵⁵ Eine wesentliche Änderung ist demgegenüber zu verneinen bei einer Berichtigung des Rubrums⁴⁵⁶ oder einer bloßen Klarstellung des Verbotes.⁴⁵⁷ Wie Einschränkungen des Verbotes zu behandeln sind, ist streitig.⁴⁵⁸ Nach zutreffender Ansicht⁴⁵⁹ erfordern sie keine erneute Vollziehung, wenn die Einschränkung ausgrenzbar ist, zB deshalb, weil

– ein zuvor allgemein gefasstes Verbot konkretisiert wird, 286

– die Beschlussverfügung nur in einer von mehreren Ziffern aufrechterhalten wird, 287

– bei mehreren Begehungsformen nur einzelne in den bestätigenden Ausspruch übernommen werden. 288

Zwar repräsentiert die Parteizustellung eine Maßnahme der Zwangsvollstreckung. Für den bereits mit dem Anordnungsverfahren befasst gewesenen Anwalt gehört sie dennoch zu diesem und löst deshalb keine gesonderte (zusätzliche) **Vollstreckungsgebühr** nach Nr 3309 VV-RVG aus.⁴⁶⁰ Sie wird nur von demjenigen Anwalt verdient, der mit dem Anordnungsverfahren nicht betraut war.⁴⁶¹ 289

Taugliche weitere Vollziehungsmaßnahmen sind zB der Antrag auf nachträgliche Androhung von Ordnungsmitteln gemäß § 890 Abs 2 ZPO⁴⁶² oder das bei Gericht angebrachte Begehren auf Verhängung von Ordnungsgeld bzw -haft.⁴⁶³ Bei ihnen muss es sich immer um Maßnahmen handeln, die ähnlich formalisiert und urkundlich belegbar, jedenfalls leicht feststellbar sind wie eine Parteizustellung.⁴⁶⁴ Die Erbringung der im Beschluss/Urteil festgesetzten Sicherheit (zB Bankbürgschaft) genügt als Vollziehungsmaßnahme nicht, weil mit ihr keine Vollstreckung verbunden ist, sondern bloß die Voraussetzungen hierfür geschaffen werden. Gleiches gilt für die Zusendung eines Abschlussschreibens mit Vollstreckungsandrohung oder die Übersendung eines den Urteilstenor enthaltenden Teils des Verhandlungsprotokolls per Fax.⁴⁶⁵ 290

Darüber hinaus ist zu beachten, dass eine fristgerechte Vollziehungsmaßnahme (zB Ordnungsmittelantrag), die nicht in der Parteizustellung liegt, gemäß **§ 929 Abs 3 Satz 2 ZPO** nachträglich unwirksam wird, wenn die vollzogene Entscheidung dem Schuldner nicht innerhalb einer Woche nach der Vollziehung und innerhalb der Vollziehungsmonatsfrist »zugestellt« wird. 291

– Dass damit im Falle einer *Beschlussverfügung* die Parteizustellung gemeint ist, ergibt sich zwingend schon daraus, dass bei ihr keine andere, insbesondere keine amtswegige Zustellung stattfindet, an die stattdessen angeknüpft werden könnte. 292

– Bei vollzogenen *Verfügungsurteilen*, die gemäß § 317 ZPO von Amts wegen zugestellt werden, verhält sich die Sachlage anders, weswegen hier Streit darüber besteht, 293

---

454 OLG Hamburg, GRUR-RR 2007, 152, mwN.
455 OLG Düsseldorf, Urteil v 20.1.2011 – I-2 U 92/10.
456 OLG Hamburg, MDR 2015, 1265.
457 OLG Hamburg, GRUR-RR 2007, 152, mwN.
458 Vgl zum Meinungsstand: OLG Hamburg, GRUR-RR 2007, 152; OLG Stuttgart, GRUR-RR 2009, 194 – Zustellungserfordernis.
459 OLG Stuttgart, GRUR-RR 2009, 194 – Zustellungserfordernis, mwN.
460 OLG Düsseldorf, Beschluss v 18.8.2017 – I-2 W 11/17; OLG Braunschweig, JurBüro 2006, 26.
461 OLG Düsseldorf, Beschluss v 18.8.2017 – I-2 W 11/17; OLG Braunschweig, JurBüro 2006, 26.
462 Streitig; wie hier Berneke/Schüttpelz, Einstweilige Verfügung, Rn 583, mwN.
463 OLG Dresden, GRUR-RS 2017, 102218 – verantwortlich für Dresden und Region. Mit der Antragsrücknahme entfällt die Vollziehung ex tunc (Vohwinkel, GRUR 2010, 977, 979).
464 BGH, GRUR 1993, 415 – Straßenverengung.
465 OLG Köln, GRUR-RR 2018, 268 – Poststreik.

ob die Amtszustellung für § 929 Abs 3 Satz 2 ZPO ausreicht oder ob es einer rechtzeitigen Parteizustellung durch den Gläubiger bedarf[466]; richtigerweise wird man jede Form der Zustellung ausreichen lassen müssen.[467]

294 Ist eine einstweilige Verfügung wegen Versäumung der Vollziehungsfrist wirkungslos geworden (sei es, dass eine fristgerechte Vollziehungsmaßnahme überhaupt nicht ergriffen worden ist, sei es, dass eine ergriffene Vollziehungsmaßnahme nachträglich unwirksam geworden ist), hindert dies einen **zweiten** inhaltsgleichen **Verfügungsantrag** nicht.[468] Voraussetzung ist freilich, dass auch für ihn noch ein Verfügungsgrund (einschließlich der zeitlichen Dringlichkeit) bejaht werden kann.

b) Auskunfts- und Verwahrungsanspruch

295 Spricht die einstweilige Verfügung dem Antragsteller – auch neben dem Unterlassungsgebot – einen Anspruch auf Auskunft (§ 140b PatG) zu, genügt die Parteizustellung zur Vollziehung *insoweit* nach zutreffender Ansicht nicht.[469] Gleiches gilt für die Zustellung einer erforderlichen Bürgschaftsurkunde.[470] Vielmehr bedarf es eines Vollstreckungsantrages nach § 888 ZPO auf Verhängung von Zwangsmitteln, wobei der rechtzeitige Eingang bei Gericht reicht.[471] Gleiches gilt im Hinblick auf eine Verwahrungsanordnung zur Sicherung des Vernichtungsanspruchs (§ 140a PatG). Hier verlangt die Vollziehung, wenn die Herausgabe nicht freiwillig erfolgt, eine Maßnahme nach § 883 ZPO (Wegnahme durch den Gerichtsvollzieher). Für die Fristwahrung ist dabei auf den Eingang bei Gericht abzustellen. Darauf, ob innerhalb der Monatsfrist auch die Zustellung an den Gegner erfolgt oder gar mit der Zwangsvollstreckung begonnen wird (zB das Zwangsgeld festgesetzt oder gar vom Gläubiger beigetrieben wird), kommt es nicht an.[472] Einer Vollziehung bedarf es freilich dann nicht mehr, wenn der Schuldner vor Fristablauf die ihm aufgegebene Handlung freiwillig erfüllt.[473]

296 Eine **Ausnahme** von der Erforderlichkeit eines Zwangsmittelantrages ist allenfalls dann zuzulassen, wenn es im Einzelfall angesichts der zu bewältigenden Datenmenge für den Schuldner schlechterdings unmöglich ist, eine vollständige Auskunft innerhalb eines Zeitraumes zu erteilen, der dem Gläubiger vor Ablauf der Monatsfrist eine Überprüfung auf Vollständigkeit (und damit der Notwendigkeit und Möglichkeit eines Antrages nach § 888 ZPO) erlaubt. Da es vorliegend nur um die nach § 140b PatG geschuldeten Daten geht, wird derartiges nur unter ganz besonderen Umständen in Betracht kommen, weil sowohl vom Schuldner (für die Zusammenstellung der Auskunft) als auch vom Gläubiger (für deren Prüfung auf Vollständigkeit) erhebliche Anstrengungen zu erwarten sind, die dem zugrundeliegenden Eilverfahren gerecht werden. Ist die Monatsfrist bei aller gebotenen Beschleunigung objektiv unzureichend, ist – anstelle eines Zwangsmittelantrages – die Parteizustellung der einstweiligen Verfügung für die Vollziehung genügend.

6. *Schadenersatzpflicht*

297 Vollzieht der Antragsteller die einstweilige Verfügung und wird diese später mit der Begründung aufgehoben, dass ein Verfügungsanspruch und/oder ein Verfügungsgrund

---

466 Vgl Dötsch, MDR 2010, 1093, 1095.
467 AA: OLG Dresden, MDR 2017, 421.
468 OLG Hamburg, MDR 2012, 1249.
469 Wie hier: OLG Düsseldorf, Beschluss v 6.4.2017 – I-15 U 4/17; aA: OLG Frankfurt/Main, WRP 1998, 223, 224; OLG München, AfP 2002, 528.
470 OLG Düsseldorf, Beschluss v 6.4.2017 – I-15 U 4/17.
471 OLG Düsseldorf, Beschluss v 6.4.2017 – I-15 U 4/17.
472 BGH, NJW 2006, 1290 – Drei-Jahres-Frist.
473 OLG Köln, MDR 2016, 1229.

von Anfang an nicht bestanden hat, so haftet der Antragsteller dem Antragsgegner verschuldensunabhängig auf Ersatz des durch die Vollziehung entstandenen Schadens (§ 945 ZPO). Wird in einem Hauptsacheverfahren der Verfügungsanspruch rechtskräftig verneint, ist das Schadenersatzgericht hieran **gebunden**[474]; ob dasselbe auch für eine Entscheidung im bloß summarischen Verfahren gilt (mit der zB die zunächst erlassene einstweilige Verfügung später aufgehoben und der Verfügungsantrag zurückgewiesen wird), ist höchstrichterlich noch nicht abschließend geklärt[475], von älteren BGH-Entscheidungen[476] jedoch bejaht worden. Die Haftung besteht auch dann, wenn die Aufhebung der einstweiligen Verfügung darauf beruht, dass das Verfügungspatent widerrufen oder für nichtig erklärt wird.[477] Dasselbe gilt, wenn es der Antragsteller versäumt, innerhalb der ihm gesetzten Frist (§ 926 Abs 1 ZPO) Hauptsacheklage zu erheben.

Keine Haftung besteht, wenn die einstweilige Verfügung zwar zu Unrecht ergangen ist, der Antragsgegner jedoch aus anderen (zB materiell-rechtlichen) Gründen verpflichtet ist, das mit der Verfügung verbotene Verhalten zu unterlassen.[478] 298

In **zeitlicher Hinsicht** setzt die Schadenersatzpflicht ein, sobald mit der Vollziehung begonnen wird, bei Unterlassungsverfügungen also mit der Parteizustellung der mit einer Ordnungsmittelandrohung versehenen einstweiligen Verfügung.[479] Handelt es sich um ein mit Ordnungsmittelandrohung versehenes Verbotsurteil (welches mit seiner Verkündung zu beachten ist), setzt die Haftung nach § 945 ZPO bereits mit der Verkündung ein.[480] 299

Ersatzfähig sind alle durch die Vollziehung adäquat-kausal verursachten, unmittelbaren oder mittelbaren Schäden einschließlich des infolge des Vollzugs einer Verbotsverfügung entgangenen Gewinns.[481] 300

▶ Beispiel:
Einbußen als Folge einer Produktionseinstellung oder entgangener Aufträge. 301

Ist der Antragsgegner aufgrund der vollzogenen Unterlassungsverfügung gezwungen, die vermeintlich patentverletzende Vorrichtung von einem Messestand zu entfernen oder sie abzudecken, so stellen dessen »frustrierte« Aufwendungen für die Errichtung und Unterhaltung des Messestandes in der Regel keinen ersatzfähigen Schaden dar.[482] Gibt der Antragsgegner nach Vollziehung der Verbotsverfügung eine Unterlassungserklärung ab, verstößt er mit der späteren Geltendmachung von Schadenersatzansprüchen nach § 945 ZPO nicht gegen Treu und Glauben.[483] 302

---

474 BGH, NJW 1988, 3268.
475 BGH, GRUR 2016, 720 – Hot Sox.
476 BGHZ 62, 7, 10; BGHZ 75, 1, 5; BGH, NJW 1992, 2297.
477 BGH, GRUR 2006, 219 – Detektionseinrichtung II, mwN zum Streitstand. Tilmann (GRUR 2021, 997) bezweifelt im Hinblick auf EuGH, GRUR 2019, 1168 – Bayer/Richter, dass dies Praxis mit der Enforcement-RL in Übereinstimmung steht.
478 BGH, NJW 2006, 2767.
479 BGH, NJW 2006, 2767.
480 BGII, GRUR 2009, 890 – Ordnungsmittelandrohung.
481 BGH, NJW 2006, 2767.
482 LG Düsseldorf, InstGE 2, 157 – Dünnbramme II, bestätigt durch OLG Düsseldorf, Urteil v 4.9.2003 – 2 U 24/02.
483 BGH, NJW 2006, 2767.

7. Aufhebung wegen veränderter Umstände[484]

303 § 927 ZPO, der für einstweilige Verfügungen entsprechend gilt (§ 936 ZPO), stellt dem Schuldner einer einstweiligen Verfügung einen speziellen Rechtsbehelf zur Verfügung, mit dem er die gegen ihn getroffenen Verfügungsmaßnahmen *für die Zukunft* beseitigen lassen kann. Die Vorschrift gestattet – neben anderem – die Aufhebung der einstweiligen Verfügung, sofern sich gegenüber der Sachlage bei ihrem Erlass die »Umstände verändert« haben. Wenngleich das Aufhebungsverfahren prinzipiell[485] auch dann zulässig ist, wenn die einstweilige Verfügung noch umfassend mit einem Widerspruch oder einer Berufung angefochten werden kann, gewinnt die Vorschrift ihre praktische Bedeutung vor allem in Konstellationen, bei denen ein regulärer Rechtsbehelf nicht mehr möglich ist, weil bei Eintritt der veränderten Umstände der Rechtsmittelzug bereits ausgeschöpft ist oder die Rechtsmittelfristen abgelaufen sind. § 927 ZPO ist an keine Frist gebunden und erlaubt auch eine Durchbrechung der formellen Rechtskraft einstweiliger Verfügungen.

304 Um beachtlich zu sein, muss es sich um **nachträgliche** Veränderungen handeln, dh Umstände, die entweder erst im Nachhinein eingetreten sind oder die zumindest dem Verfügungsbeklagten erst nachträglich bekannt geworden sind oder zu deren (nach dem Verfahrensgang erforderlicher) Glaubhaftmachung der Verfügungsbeklagte erst im Nachhinein in die Lage versetzt worden ist. Maßgeblicher Zeitpunkt für die Beurteilung der Nachträglichkeit ist – je nach dem Gegenstand des Aufhebungsverfahrens – der Moment der Beschlussanordnung bzw. (wenn die einstweilige Verfügung durch Urteil erlassen oder aufrechterhalten worden ist) der Augenblick der letzten mündlichen Verhandlung, auf die die aufzuhebende Entscheidung ergangen ist. Umstände, die der Beklagte bei ordnungsgemäßer Prozessführung schon im Anordnungsverfahren hätte geltend und glaubhaft machen können, sind nicht geeignet, einen Aufhebungsantrag zu stützen, denn § 927 ZPO ist nicht dazu vorgesehen, Nachlässigkeiten und Versäumnisse des Beklagten bei seiner Rechtsverteidigung auszugleichen.

305 Abgesehen von rein verfahrensrechtlichen Anwendungsfällen mangelnder Vollziehung der einstweiligen Verfügung (§ 929 Abs 2 ZPO)[486] und nicht rechtzeitiger Erhebung der Hauptsacheklage (§ 926 ZPO) sind die Umstände dann »**veränderte**«, wenn sie entweder die Zulässigkeit des Verfügungsantrages beseitigen, den Verfügungsanspruch vernichten oder den Verfügungsgrund zu Fall bringen und damit eine Situation kennzeichnen, bei der, wäre die Sachlage schon im Anordnungsverfahren vorhanden und bekannt gewesen, ein Erlass der einstweiligen Verfügung nicht zu rechtfertigen gewesen wäre.

306 Das ist ua der Fall, wenn

307 – das Verfügungspatent (zB infolge Verzichts, Nichtzahlung der Gebühren oder rechtskräftigen Widerrufs/Nichtigerklärung) vorzeitig erlischt,

---

484 Vgl Loth/Kopf, Mitt 2012, 307.
485 … und zwar alternativ, nicht kumulativ; vgl OLG München, GRUR 2018, 444 – Vollziehung im Verhandlungstermin (während des laufenden Widerspruchsverfahrens fehlt das Rechtsschutzbedürfnis für einen Aufhebungsantrag wegen Vollziehungsmangels, weswegen ein dahingehender förmlicher Antrag dahin zu interpretieren ist, dass die Nichtvollziehung im Widerspruchsverfahren mit zu behandeln ist).
486 Dem Aufhebungsantrag fehlt nicht deshalb das Rechtsschutzbedürfnis, weil der Schuldner dem Unterlassungsgebot zur Vermeidung sonst drohender Ordnungsmittel nachgekommen ist (OLG Köln, GRUR-RR 2018, 268 – Poststreik).

- das Verfügungspatent rechtskräftig so weit eingeschränkt oder beschränkt wird, dass die angegriffene Ausführungsform nicht mehr von seinem Schutzbereich erfasst wird[487], 308
- der titulierte Anspruch erfüllt wird (zB durch Auskunftserteilung, Abgabe einer vertragsstrafegesicherten Unterlassungserklärung), 309
- erstmals eine rechtsvernichtende Einrede (zB Verjährung) begründet erhoben wird, 310
- die Aktivlegitimation des Verfügungsklägers (zB wegen Übertragung des Patents) wegfällt, 311
- dem Verfügungsbeklagten oder seinem Lieferanten eine vertragliche Lizenz oder eine Zwangslizenz (§ 24 PatG) am Gegenstand des Verfügungspatents wirksam eingeräumt wird, 312
- die Hauptsacheklage auf Patentverletzung rechtskräftig abgewiesen oder einer Nichtverletzungs-Feststellungsklage rechtskräftig entsprochen wird, 313
- der einstweiligen Verfügung ein inhaltsgleicher rechtskräftiger Hauptsachetitel nachfolgt, wobei die Verfügung allerdings in demjenigen zeitlichen Umfang bestehen bleiben muss, in dem sie benötigt wird, um Zuwiderhandlungen zu sanktionieren, die vor der Vollstreckungsmöglichkeit aus dem Hauptsachetitel (nicht: dessen Rechtskraft!) vorgefallen sind.[488] 314

Problematisch sind diejenigen Fälle, bei denen die dem Verletzungstatbestand oder dem Rechtsbestand des Verfügungspatents entgegenstehenden **Entscheidungen noch nicht rechtskräftig**, sondern wegen anhängiger Rechtsbehelfe des Verfügungsklägers bloß vorläufig[489] oder im Zeitpunkt der Verhandlung über das Aufhebungsverlangen noch nicht einmal getroffen sind. Letzteres ist auf der **Rechtsbestandsebene** zB denkbar, wenn nachträglich neuer Stand der Technik aufgefunden wird, der den Bestand des Verfügungspatents erschüttert, zu dem eine Einspruchs- oder Nichtigkeitsentscheidung wegen des nicht hinreichenden Fortschritts des Rechtsbestandsverfahrens jedoch noch aussteht[490] oder wenn das mit einem Rechtsmittel gegen die angefochtene Aufrechterhaltungsentscheidung befasste Rechtsmittelgericht in einem begründeten Hinweis angekündigt hat, dass es die Schutzfähigkeit gegenteilig beurteilt oder die für die Aufrechterhaltung gegebene Begründung nicht teilt und nicht gleichzeitig kundtut, dass es aus anderen Erwägungen zu demselben Ergebnis (der Aufrechterhaltung des Schutzrechts) zu kommen gedenkt[491]. Mit Blick auf die Verletzungsebene ist zB an eine neue höchstrichterliche Rechtsprechung (etwa zur Schutzbereichsbestimmung) oder an eine (für das Verletzungsgericht faktisch bindende) Patentauslegung des BGH im Nichtigkeitsberufungsverfahren gegen das Verfügungspatent zu denken, die fraglich erscheinen lässt, ob eine Patentverletzung bejaht werden kann. Die Annahme einer Patentverletzung kann schließlich auch in Konflikt mit einer abweichenden Patentauslegung geraten, die in einer dem Anordnungsverfahren nachfolgenden erstinstanzlichen Einspruchs- oder Nichtigkeitsentscheidung vorgenommen wird. In allen diesen Fällen ist – teils in doppelter Hinsicht – **zu differenzieren**: 315

---

487 Hier ist die einstweilige Verfügung *insgesamt*, dh hinsichtlich des Unterlassungs-, Auskunfts- und Verwahrungsausspruchs, aufzuheben.
488 BGH, GRUR 2022, 1379 – Außerstrafrechtliches Doppelahndungsverbot.
489 LG Düsseldorf, Urteil v 15.9.2011 – 4b O 99/11 will hier keinen Aufhebungsgrund anerkennen.
490 OLG München, Urteil v 25.10.2018 – 6 U 2314/18.
491 OLG Düsseldorf, GRUR-RR 2021, 400 – MS-Therapie II.

316 – Wird es aller Voraussicht nach bei der dem Verfügungskläger ungünstigen erstinstanzlichen Entscheidung zum mangelnden Rechtsbestand[492] oder zur Nichtverletzung des Verfügungspatents bleiben oder liegt eine solche Entscheidung zwar noch nicht vor, ist aber (angesichts des neu präsentierten Standes der Technik oder der geänderten Rechtsprechung) mit ihr zu rechnen und verspricht ein Rechtsbehelf dagegen keinen Erfolg, so ist die einstweilige Verfügung aufzuheben.[493] Denn ohne einen Hauptsacheanspruch gibt es kein Sicherungsbedürfnis, dem mit einer einstweiligen Verfügung Rechnung getragen werden müsste.

317 – Verhält es sich umgekehrt so, dass die Vernichtungs- oder Nichtverletzungsentscheidung unzutreffend begründet ist und im Rechtsmittelverfahren voraussichtlich abgeändert werden wird, so hat eine Aufhebung der einstweiligen Verfügung zu unterbleiben. Mit dem Hauptsacheanspruch bleibt notwendigerweise auch das Sicherungsbedürfnis des Verfügungsklägers erhalten.

318 – Sind die Erfolgsaussichten eines Vorgehens gegen die erstinstanzliche Vernichtungs- oder Nichtverletzungsentscheidung offen, lässt sich ein fortbestehendes Sicherungsbedürfnis an sich nicht verneinen, eben, weil noch realistische Chancen für den Verfügungskläger bestehen, seinen Anspruch im Hauptsacheprozess durchzusetzen.

319   Soweit mit der einstweiligen Verfügung bloß sichernde Maßnahmen angeordnet worden sind (wie die Verwahrung der angegriffenen Ausführungsform zur Gewährleistung des Vernichtungsanspruchs), ist es deswegen in der Regel[494] geboten, sie bis zur rechtskräftigen Klärung des Rechtsbestandes/der Verletzungsfrage aufrecht zu erhalten.[495]

320   Eine andere Beurteilung ist angebracht, wenn und soweit mit der einstweiligen Verfügung die Hauptsache vorweggenommen wurde, indem der Beklagte zB zur Unterlassung verurteilt worden ist.[496] Hier treffen den Beklagten deutlich weitreichendere Konsequenzen für sein wirtschaftliches Handeln, die bei der Anwendung des § 927 ZPO nicht außer Acht gelassen werden dürfen. Stellt sich die Situation nachträglich (zB wegen einer erstinstanzlichen Widerrufsentscheidung) so dar, dass der Erlass einer einstweiligen Verfügung nicht in Betracht kommen könnte, ist die Verfügung, soweit sie den Kläger endgültig befriedigt, aufzuheben. Jede andere Handhabung würde den Beklagten gegenüber anderen Verletzern, die unter den veränderten Umständen nicht mehr mit einem Verfügungsverbot belegt werden könnten, nur deshalb ungleich behandeln, weil gegen ihn (auf objektiv unvollständiger Tatsachenbasis)

---

492 OLG Karlsruhe, Urteil v 27.9.2017 – 6 U 42/17 (für den Fall eines erstinstanzlichen Patentwiderrufs).
493 BGH, WM 1976, 134.
494 Anders kann die Sache zu beurteilen sein, wenn mit der Sicherungsmaßnahme für den Schuldner ausnahmsweise unverhältnismäßige Nachteile verbunden sind (zB weil er zu einer kurzfristigen Ersatzbeschaffung nicht in der Lage ist, sodass die fortbestehende Verwahrung faktisch zu einem fortwirkenden Unterlassungsgebot führen würde).
495 Die bereits in Verwahrung befindlichen Gegenstände bleiben in Verwahrung; für »neue« Gegenstände wird dagegen von einer entsprechenden Anordnung abgesehen, weil sonst der aufzuhebende Unterlassungsanspruch nicht außer Vollzug geraten würde.
496 Gleich liegt der Sachverhalt bei Verurteilung zur Auskunftserteilung nach § 140b PatG, so lange die Auskünfte dem Gläubiger nicht tatsächlich gegeben worden sind.

– Dieselbe Unterscheidung zwischen den angeordneten Einzelmaßnahmen ist angebracht, wenn – ohne dass bereits eine erstinstanzliche Rechtsbestands- oder Nichtverletzungsentscheidung vorliegt – offenbleibt, ob der neue Stand der Technik die Vernichtung des Verfügungspatents rechtfertigen oder die geänderte Rechtsprechung eine verneinende Antwort auf die Verletzungsfrage erzwingen wird. 321

Auch im vorliegenden Zusammenhang gilt der **Grundsatz**, dass für ein Verletzungsgericht umso weniger Anlass besteht, die von den zuständigen technischen Instanzen begründet getroffene Entscheidung aus Laiensicht in Zweifel zu ziehen, je komplexer und undurchschaubarer der technische Gegenstand ist. Es bedarf deshalb regelmäßig handfester Anhaltspunkt für ein Fehlverständnis oder einen ergebnisrelevanten methodischen Handhabungsfehler, um die anderweitige Entscheidung zur Technik außer Acht zu lassen. 322

Das vorbeschriebene Prozedere kann zur Folge haben, dass eine einstweilige Verfügung zwischenzeitlich aufgehoben wird und das Verfügungspatent – entgegen der erstinstanzlichen Vernichtungsentscheidung oder im Widerspruch zu einem Vorbescheid – schließlich doch aufrechterhalten bleibt. Hier besteht für den Verfügungskläger, sobald die ihm günstige Rechtsmittelentscheidung im Bestandsverfahren über das Verfügungspatent vorliegt, die Möglichkeit, erneut auf den Erlass einer einstweiligen Verfügung anzutragen. Dringlichkeitsprobleme ergeben sich insoweit nicht, weil mit der positiven Aufrechterhaltungsentscheidung eine neue Sachlage eingetreten ist, die den Verfügungskläger nach erfolgter Aufhebung der ursprünglichen Verfügung erstmals wieder in den Stand versetzt, mit Aussicht auf Erfolg um einen vorläufigen Rechtsschutz nachzusuchen.[498] 323

Wird dem Antragsgegner nachträglich – *nicht rechtskräftig* – eine Zwangslizenz nach **§ 24 PatG** zuerkannt, so wird hierauf im Allgemeinen mit einer Aufhebung der einstweiligen Verfügung, soweit sie die Hauptsache vorwegnimmt, zu reagieren sein[499], während die Frage, ob rein sichernde Maßnahmen vorerst bestehen bleiben können oder ebenfalls zu eliminieren sind, davon abhängt, wie groß einerseits die Aussichten für eine Abänderung der getroffenen Lizenzentscheidung sind und wie nachhaltig andererseits die Sicherungsmaßnahme und deren Fortdauer in den Geschäftsbetrieb des Antragsgegners eingreift. Um für die Aufhebung von der getroffenen Zwangslizenzentscheidung abzuweichen, bedarf es allerdings wirklich guter Gründe, die nicht schon in einer bloß möglichen anderen Würdigung des Sachverhaltes liegen. Soweit rückwärts gerichtete Ansprüche (zB auf Auskunft) betroffen sind, geschieht die Aufhebung selbstverständlich nur kongruent zu demjenigen Zeitraum, für den dem Benutzer eine Zwangslizenz erteilt worden ist. Gesichtspunkte der Gleichbehandlung mit anderen Wettbewerbern haben im erörterten Zusammenhang keine maßgebliche Bedeutung, weil der Anspruch auf Erteilung einer Zwangslizenz – abgesehen vom öffentlichen Interesse – entscheidend 324

---

[497] OLG Düsseldorf, GRUR-RR 2021, 400 – MS-Therapie II; OLG München, Urteil v 25.10.2018 – 6 U 2314/18 (das eine Aufhebung der einstweiligen Verfügung nur in Erwägung zieht, wenn die erstinstanzliche Vernichtungsentscheidung evident unrichtig ist, wobei auch solche Einwendungen zu berücksichtigen sein sollen, die die Widerrufsentscheidung zwar nicht tragen, aber für eine Vernichtung des Verfügungspatents – zusätzlich/ersatzweise – herangezogen werden könnten); aA: LG Düsseldorf (GRUR-RR 2012, 66 – Tintenpatronen-Verfügung), das bei unklarem Rechtsbestand den Aufhebungsantrag (insgesamt) zurückgewiesen hat.
[498] OLG Düsseldorf, GRUR-RR 2021, 400 – MS-Therapie II.
[499] Etwas anderes mag – ganz ausnahmsweise – dann gelten, wenn die Lizenzerteilung eine *klare* Fehlentscheidung darstellt, von der das Verletzungsgericht *sicher* absehen kann, dass sie im weiteren Instanzenzug keinen Bestand haben wird.

auch davon abhängt, dass der Benutzer sich angemessen um eine freiwillige Lizenzierung bemüht hat (§ 24 Abs 1 Nr 1 PatG), womit jeder Fall naturgemäß anders liegt.

325 Hat das Erstgericht die einstweilige Verfügung im Verfahren nach § 927 ZPO **zu Unrecht aufgehoben**, so bedarf es – anders als bei einer Aufhebung nach Widerspruch[500] – jedenfalls dann keines erneuten Erlasses der einstweiligen Verfügung durch das Rechtsmittelgericht, wenn die Aufhebung nicht wegen eines Grundes erfolgt ist, der die ursprüngliche Fehlerhaftigkeit der Verfügungsanordnung ergibt.[501] Vielmehr ist die zu Unrecht ergangene erstinstanzliche Aufhebungsentscheidung ihrerseits aufzuheben und der Aufhebungsantrag zurückzuweisen.[502]

326 Schließt sich an das einstweilige Verfügungsverfahren ein Hauptsacheverfahren an, so kann der Aufhebungsantrag dort im Wege der **Widerklage** verfolgt werden.[503] Anderes gilt selbstverständlich im Revisionsverfahren.[504]

327 Ist bei Stellung des Aufhebungsantrages die Hauptsacheklage anhängig, ist das mit dem Rechtsstreit befasste Gericht der Hauptsache für das Aufhebungsverfahren ausschließlich (§ 802 ZPO) **zuständig** (§ 927 Abs. 2 Alt 2 ZPO). Befindet sich der Rechtsstreit in der Berufungsinstanz, hat das Berufungsgericht über das Aufhebungsverlangen zu entscheiden. Auf diese Weise wird sichergestellt, dass die Entscheidung im Aufhebungsverfahren, was den Verfügungsanspruch betrifft, nicht von der Hauptsacheentscheidung abweicht. Schwebt keine Hauptsacheklage, so besteht die ausschließliche Zuständigkeit desjenigen Gerichts, das die einstweilige Verfügung angeordnet hat (§ 927 Abs. 2 Alt 1 ZPO). Nach herrschender Meinung ist dies das Gericht der ersten Instanz (Landgericht), und zwar auch dann, wenn dieses den Verfügungsantrag zurückgewiesen hatte und die einstweilige Verfügung abändernd erst durch das Berufungsgericht erlassen wurde.[505]

328 Grundsätzlich ergeht eine **Kostenentscheidung** nur in Bezug auf das Aufhebungsverfahren und nicht auch in Bezug auf das Anordnungsverfahren, denn im Rahmen des § 927 ist allein die Frage streitig, ob die einstweilige Verfügung für die Zukunft noch Bestand haben kann.[506] Eine Überprüfung ihrer ursprünglichen Rechtmäßigkeit findet demgegenüber nicht statt. Anders verhält es sich, wenn die Aufhebungsgründe rückblickend betrachtet von Anfang an bestanden haben, sodass bereits die einstweilige Verfügung nicht hätte ergehen dürfen[507]; hier hat der Antragsteller sowohl die Kosten des Anordnungs- als auch diejenigen des Aufhebungsverfahrens zu tragen.[508] Solches ist etwa der Fall, wenn sich der Verletzungsvorwurf angesichts einer späteren bindenden Patentauslegung durch den BGH als unberechtigt erweist oder wenn sich im Nachhinein auf der Rechtsbestandsebene eine Sachlage ergibt, bei der ein vorläufiger Rechtsschutz nicht in Betracht gekommen wäre[509]. Der Antrag, die bestehende einstweilige Verfügung aufzuheben und dem Antragsteller »die Kosten des Verfahrens aufzuerlegen«, ist jedenfalls dann als Kostenantrag auch im Hinblick auf die Kosten des Anordnungsverfahrens aus-

---

500 OLG Karlsruhe, GRUR-RR 2014, 362 – Unternehmensübergang; KG, GRUR-RR 2010, 22 – JACKPOT!
501 OLG Karlsruhe, GRUR-RR 2014, 362 – Unternehmensübergang.
502 OLG München, Mitt 2019, 449 – Kartellrechtsneutrale Abschlusserklärung.
503 BGH, GRUR 2017, 938 – Teststreifen zur Blutzuckerkontrolle II.
504 BGH, GRUR 2017, 938 – Teststreifen zur Blutzuckerkontrolle II.
505 OLG Düsseldorf, Beschluss v 13.7.2022 – I-2 U 3/21.
506 LG Berlin, NJOZ 2012, 2121 – Beratungsauktion.
507 Ob ein solcher Fall auch bei mangelnder Vollziehung der einstweiligen Verfügung vorliegt, ist streitig. Zum Meinungsstand vgl OLG Düsseldorf, GRUR-RR 2015, 493 – Diamant-Trennscheiben.
508 LG Berlin, NJOZ 2012, 2121 – Beratungsauktion; OLG Karlsruhe, Urteil v 27.9.2017 – 6 U 42/17 (für den Fall eines erstinstanzlichen Patentwiderrufs).
509 OLG Düsseldorf, GRUR-RR 2021, 400 – MS-Therapie II; OLG Karlsruhe, Urteil v 27.9.2017 – 6 U 42/17.

zulegen, wenn die objektive Sach- und Rechtslage einen dahingehenden Ausspruch rechtfertigt. Bei der Belastung des Antragstellers mit den gesamten Verfahrenskosten verbleibt es auch dann, wenn die ihm ungünstige, zur Aufhebung der einstweiligen Verfügung führende Rechtsbestandsentscheidung im weiteren Instanzenzug korrigiert wird und er aufgrund dessen abermals erfolgreich einstweiligen Rechtsschutz in Anspruch nehmen kann.[510] Insofern bedarf es eines Gleichlaufs mit denjenigen Fällen, in denen die Vernichtungsentscheidung nach während des Berufungsrechtszuges im Anordnungsverfahren erfolgt, wo die erstinstanzlich erlassene einstweilige Verfügung aufgehoben und der Verfügungsantrag kostenpflichtig zurückgewiesen würde. Das Ergebnis kann kein anderes sein, wenn die Rechtsbestandsentscheidung – zufällig – (und ggf nur knapp) nach Abschluss des Anordnungsverfahrens geschieht. Das ungewisse Schicksal des Verfügungspatents im weiteren Instanzenzug rechtfertigt keinesfalls eine (mit dem vorläufigen Rechtsschutzverfahren per se unvereinbare) Aussetzung der Entscheidung über die Kosten.[511] Sollte das Verfügungspatent nach zwischenzeitlicher Aufhebung der einstweiligen Maßnahmen am Ende doch aufrechterhalten werden, kann der dem Antragsteller nachteilige Verfahrensausgang allenfalls über eine Restitutionsklage (§ 580 Nr 6 ZPO) korrigiert werden.[512]

Vor Stellung eines Aufhebungsantrages nach § 927 ZPO ist der Antragsgegner zur Vermeidung der Kostenfolge aus **§ 93 ZPO**[513] grundsätzlich gehalten, dem Antragsteller Gelegenheit zur Anerkennung des Aufhebungsverlangens zu geben.[514] Entbunden von dieser Obliegenheit ist der Antragsgegner nur dann, wenn eine Aufforderung zum Verzicht auf die einstweilige Verfügung nach den Gesamtumständen von vornherein zwecklos erscheint und deshalb reine Förmelei wäre. Davon ist im Zweifel auszugehen, wenn Antragsgegner ein Generikaunternehmen ist, gegen das die einstweilige Verfügung vollzogen wurde und dessen Antrag auf Einstellung der Zwangsvollstreckung der Antragsteller entgegengetreten ist, weil die Technische Beschwerdekammer in einem Hinweis zwar deutlich gemacht hatte, dass es die bei ihr angefochtene Aufrechterhaltungsentscheidung der Einspruchsabteilung nicht für tragfähig begründet hält, aber offengelassen hatte, ob sich bei zutreffender Handhabung des Streitstoffs ein gegenteiliges, zum Patentwiderruf führendes Ergebnis ergibt.[515] Unterbleibt eine erforderliche »Verzichts«-Aufforderung, sind dem Antragsgegner die **Kosten des Aufhebungsverfahrens** aufzuerlegen, wenn der Antragsteller nach Zustellung des Aufhebungsantrages den Eilantrag bei der ersten sich bietenden prozessualen Gelegenheit zurücknimmt.[516]

329

Für eine Anwendung des § 93 ZPO im Hinblick auf die Kosten des Aufhebungsverfahrens ist erforderlich, dass der Antragsgegner (= Verfügungskläger) anlässlich der veränderten Rechtsbestandslage nicht nur auf den Unterlassungsanspruch aus der einstweiligen Verfügung verzichtet und den Titel an den Verfügungsbeklagten herausgibt, sondern

330

---

510 OLG Karlsruhe, Urteil v 27.9.2017 – 6 U 42/17; aA: OLG München, Urteil v 25.10.2018 – 6 U 2314/18 (das dem Verfügungskläger trotz Aufhebung der einstweiligen Verfügung nur die Kosten des Aufhebungsverfahrens auferlegt, weil sich der endgültige Ausgang des Rechtsbestandsverfahrens nicht absehen lasse und damit die Möglichkeit besteht, dass das Verfügungspatent am Ende aufrecht erhalten bleibt).
511 OLG Karlsruhe, Urteil v 27.9.2017 – 6 U 42/17.
512 Zu der gegenläufigen Konstellation einer rechtskräftigen Patentvernichtung nach erfolgreichem Verfügungsverfahren und der Frage, ob unter solchen Umständen ein Aufhebungsantrag nach § 927 ZPO oder eine Restitutionsklage statthaft ist, vgl Loth, Mitt 2012, 307.
513 Zur Anwendbarkeit des § 93 ZPO im Aufhebungsverfahren vgl OLG Düsseldorf, GRUR-RR 2021, 400 – MS-Therapie II.
514 OLG Frankfurt/Main, MDR 2018, 1150.
515 OLG Düsseldorf, GRUR-RR 2021, 400 – MS-Therapie II.
516 OLG Frankfurt/Main, MDR 2018, 1150.

darüber hinaus eine **Kostenübernahme** hinsichtlich des Aufhebungsverfahrens erklärt.[517]

331 Damit das Anerkenntnis als »**sofort**« betrachtet werden kann, muss es erklärt werden, *sobald* sich die Rechtsbestandslage in einer Weise verändert hat, dass fortan kein vorläufiger Rechtsschutz aus dem Verfügungspatent mehr durchsetzbar ist. Wann dieser Zeitpunkt eingetreten ist, bereitet im Vorfeld einer Widerrufs- oder Nichtigkeitsentscheidung gewisse Schwierigkeiten, wenn sich der mangelnde Rechtsbestand aus einem Vorbescheid oder qualifizierten Hinweis ergeben soll. Maßgeblich sind die Umstände des Einzelfalles, die daraufhin zu untersuchen sind, ob die Äußerung des Vorbescheides nur ergebnisoffen Diskussionspunkte anspricht oder bereits für den betreffenden Sach- und Streitstand eine Position bezieht.

332 Stammt der **Vorbescheid nach** Vorliegen einer **erstinstanzlichen Aufrechterhaltungsentscheidung** von den übergeordneten Stelle, kommt es einerseits darauf an, ob die sich äußernde Rechtsbestandsinstanz das Ergebnis oder nur die Begründung des bisherigen Rechtsbestandsverfahrens beanstandet, und andererseits, in welchem Maße sich die betreffende Stelle in ihrer diesbezüglichen technischen Beurteilung bereits festgelegt hat.[518] So leuchtet unmittelbar ein, dass Bedenken hinsichtlich des Rechtsbestandes nicht angebracht sind, wenn die vorläufige Auffassung zB der Technischen Beschwerdekammer erkennen lässt, dass sie zwar die Argumentation der Einspruchsabteilung nicht teilt, das Verfügungspatent aber mit einer anderen Begründung gleichwohl für rechtsbeständig hält. Äußert die Beschwerdekammer hingegen Zweifel am Ergebnis des Einspruchsverfahrens, so ist eine im Vorbescheid zum Ausdruck gebrachte vorläufige Auffassung zwar nicht bindend und sie nimmt die spätere Einspruchsbeschwerdeentscheidung selbstverständlich auch nicht vorweg. Andererseits ist davon auszugehen, dass der vorläufigen Auffassung eine umfassende und sorgfältige Prüfung zugrunde liegt und Hinweise in einem Vorbescheid nicht leichtfertig erteilt werden. Vor diesem Hintergrund kann bei einer deutlich geäußerten und sorgfältig begründeten vorläufigen Auffassung mit einer gewissen (den hinreichenden Rechtsbestand widerlegenden) Wahrscheinlichkeit damit gerechnet werden, dass die bescheidsmäßig dokumentierte Auffassung ihren Niederschlag in der späteren Entscheidung finden wird.[519]

333 Ob eine vorläufig geäußerte Auffassung der Rechtsmittelinstanz eine erstinstanzlich erfolgte Bestätigung des Rechtsbestands entwertet, hängt maßgeblich von ihrem Inhalt ab. Geht der Vorbescheid nur allgemein dahin, dass ein zB von der Einspruchsabteilung entschiedener Aspekt im Beschwerdeverfahren zu diskutieren sein wird oder gibt die Beschwerdekammer sonst zu erkennen, dass sie sich noch keine gefestigte Meinung über den voraussichtlichen Ausgang des Beschwerdeverfahrens gebildet hat, so bleibt der Rechtsbestand des Verfügungspatents gesichert. Anders verhält es sich, wenn die Beschwerdekammer begründet ihre Neigung und Absicht zu erkennen gibt, der Auffassung der Einspruchsabteilung nicht zu folgen. Maßgeblich ist also, ob der Vorbescheid bereits eine eindeutige und begründete Position bezieht oder bloß mögliche Erwägungen in den Raum stellt.[520] Neben der Begründungstiefe sind die in der vorläufigen Auffassung gewählten Formulierungen bedeutsam. Die Verwendung des Konjunktivs spricht speziell in Verfahren vor dem Europäischen Patentamt allerdings nicht zwingend gegen eine Präferenz und Festlegung für den mit dem Vorbescheid reflektierten Sachstand, weil mit ihm regelmäßig der Anschein mangelnder Neutralität und Unbefangenheit durch eine vorherige Festlegung vermieden werden soll. Deswegen sind im Vorbescheid geäu-

---

517 OLG Düsseldorf, GRUR-RR 2021, 400 – MS-Therapie II.
518 OLG Düsseldorf, GRUR-RR 2021, 400 – MS-Therapie II.
519 OLG Düsseldorf, GRUR-RR 2021, 400 – MS-Therapie II.
520 OLG Düsseldorf, GRUR-RR 2021, 400 – MS-Therapie II.

ßerte Ansichten trotz relativierender äußerer Formulierung dann gewichtige Anhaltspunkte für die zu treffende Einspruchsbeschwerdeentscheidung, wenn sie durch eine hinreichend ausgeführte und klare Begründung untermauert werden.[521]

Besondere Probleme ergeben sich im Pharmabereich dadurch, dass die **IFA** sogenannte **Pharmazentralnummern** (PZN) als bundeseinheitliche Identifikationskennzeichen für Arzneimittel, Hilfsmittel und andere Apothekenprodukte vergibt. Sie kennzeichnen das Arzneimittel nach seiner Bezeichnung, Darreichungsform, Wirkstoffstärke und Packungsgröße und dienen auf diese Weise für die beteiligten Kreise (Pharmaindustrie, Großhändler, Apotheken, Krankenkassen) der Arzneimittelidentifikation und Arzneimittelinformation. Nur wenn eine PZN für das Generikum vergeben worden und das Generikum mit dieser PZN im Datenbestand der IFA geführt ist, hat es eine Chance auf Berücksichtigung im Arzneimittelmarkt. Mit der Vergabe der PZN nimmt die IFA daher – rein tatsächlich – quasi-regulatorische Befugnisse wahr (PZN als Voraussetzung für die tatsächliche Verkehrsfähigkeit). Da nur verkehrsfähige Arzneimittel in der Lauertaxe gelistet werden, wirkt sich die Zuteilungsmacht der IFA direkt auch auf den Inhalt des die Marktchancen bestimmenden Datenbestandes aus. 334

Bei der gegebenen Sachlage fördern die Vergabe einer PZN für ein patentverletzendes Generikum und seine Listung im Datenbestand (Lauertaxe) ganz entscheidend den Vertrieb des Generikums. Da jedes Generikum auf die Arzneimittelzulassung des Originators gestützt ist und deswegen inhaltsgleich zum Medikament des Patentinhabers sein muss, liegt es für die IFA auch ohne besonderen Verletzungshinweis in der Regel nahe, dass die ernstzunehmende Möglichkeit einer Schutzrechtsverletzung besteht. Wenn die IFA in einer solchen Situation ohne nähere Prüfung auf Antrag eine PZN vergibt und das Generikum in ihren Datenbestand aufnimmt, rechtfertigt dies im Allgemeinen den Vorwurf der **Nebentäterschaft** (X. ZS) bzw eine Haftung aus dem Gesichtspunkt der Störerhaftung (I. ZS). Letztlich kommt es darauf aber nicht einmal entscheidend an. Ob ein einzelnes Generikum zum Handelsverkehr zugelassen wird oder nicht, hat für die unternehmerischen Belange der IFA keinerlei Bedeutung. Erst recht ist die Bedeutung nicht so groß, dass es die IFA auf eine patentrechtliche Auseinandersetzung mit dem Patentinhaber ankommen lassen würde, in der für die IFA nichts zu gewinnen, aber einiges Geld zu verlieren ist. Ein anwaltlich gut beratener Patentinhaber wird deswegen im eV-Verfahren nicht nur das Generikaunternehmen auf Unterlassung in Anspruch nehmen, sondern (am gleichen oder an einem anderen Gerichtsort) einen eV-Antrag zusätzlich auch gegen die IFA richten (»... *es zu unterlassen, das näher bezeichnete Generikum weiterhin in seinem Datenbestand zu führen*«). Da die IFA einem für sie belanglosen Patentstreitverfahren – für den Patentinhaber absolut vorhersehbar – aus dem Weg gehen wird, wird die IFA eine gegen sie ergangene Beschlussverfügung nicht anfechten und im Anschluss daran (zur Vermeidung der ihr vom Patentinhaber angedrohten Hauptsacheklage) bereit sein, eine **Abschlusserklärung** abzugeben, die in der Folge gravierende rechtliche Probleme aufwerfen kann. 335

Wird das Verfügungspatent nämlich später – nicht rechtskräftig – vernichtet, führt dies nach dem oben[522] Gesagten vielfach dazu, dass eine gegen das Generikaunternehmen selbst ergangene Unterlassungsverfügung nachträglich wegen veränderter Umstände aufzuheben ist und dass der Patentinhaber fortan auch keine Chance mehr hat, sein Schutzrecht gegen irgendein anderes Unternehmen im vorläufigen Rechtsschutz oder mit einer Hauptsacheklage (die auszusetzen wäre) durchzusetzen. Der Erfolg, der einem Aufhebungsantrag des Generikaherstellers beschieden sein kann, war wird es ihm gelingen, seine eigene Unterlassungspflicht zu Fall zu bringen; für die IFA bleibt das sich aus 336

---

521 OLG Düsseldorf, GRUR-RR 2021, 400 – MS-Therapie II.
522 Vgl Rdn 315 ff.

der Abschlusserklärung ergebende Listungsverbot für das generikum jedoch bestehen. Inssgesamt stellt sich die Situation also so dar, dass alle außer dem *einen* Generikaunternehmen, dessentwegen die IFA die Abschlusserklärung abgegeben hat, (wieder) auf dem Markt agieren können. Dem *einen* Generikaunternehmen ist dieser Weg jedoch – als einzigem! – rein faktisch versperrt, weil die IFA aufgrund ihrer Abschlusserklärung daran gehindert ist, das fragliche Generikum wieder in ihren datenbestand aufzunehmen und ein nicht gelistetes Präparat auf dem Markt chancenlos ist.

337 Das ist nicht gerecht, weil der **zeitliche Zufall** darüber entscheiden würde, ob eine langfristige Marktabstinenz einzuhalten ist. Derjenige, der spät vom Patentinhaber angegangen wird, würde vom inzwischen erkannten mangelnden Rechtsbestand des Verfügungspatents profitieren, während derjenige, der früh angegriffen wurde und in Bezug auf dessen Produkt die IFA sich zu diesem frühen Zeitpunkt unterworfen hat, das Nachsehen hätte. Gleiches würde für denjenigen gelten, der zwar selbst eine einstweilige Unterlassungsverfügung gegen sich abwehren konnte oder der mit einer solchen nicht einmal konfrontiert worden ist, in Bezug auf dessen Generikum sich die IFA aber – aus ihrer besonderen Motivationslage heraus und trotz bedenklichen Rechtsbestandes – unterworfen hat. Abhilfe ist hier schwierig, aber möglich:

338 – Was zunächst einen etwaigen **Aufhebungsantrag der IFA** gegen den Patentinhaber betrifft, so hat dieser keine Aussicht auf Erfolg.

339 • Denn der mit der Abschlusserklärung verbundene Verzicht auf die Rechte aus § 927 ZPO gilt im Zweifel (dh wenn die Auslegung der Erklärung nicht ausnahmsweise anderes ergibt) so lange, wie das Verfügungspatent nicht rechtskräftig vernichtet ist.[523]

340 • Eine Bindung an die Abschlusserklärung lässt sich auch nicht aus Gründen des Kartellrechts verneinen: In der Befolgung der Abschlusserklärung kann schon mangels Entscheidungsspielraums des Verpflichteten kein Missbrauch einer der IFA im Hinblick auf die Vergabe einer PZN zukommenden marktbeherrschenden Stellung gesehen werden (§ 19 GWB), und die Abschlusserklärung ist auch jedenfalls dann nicht nach § 1 GWB, § 134 BGB kartellnichtig, wenn es vernünftige Gründe für die IFA gab, sie anzugeben (weil das Verfügungsbegehren zum damaligen Zeitpunkt als berechtigt erscheinen durfte).[524]

341 – Bliebe noch die Überlegung, der Patentinhaber benutze die IFA, indem er diese trotz der veränderten Rechtsbestandssituation nicht freiwillig aus ihrer mit der Abschlusserklärung eingegangenen Verpflichtung entlasse, in mittelbarer Täterschaft als Werkzeug, um ein gegenüber dem Generikaunternehmen nicht mehr gerechtfertigtes Unterlassungsverlangen faktisch weiter durchzusetzen. Auch dieser Weg über das Kartellrecht (§ 19 GWB) wird vielfach schon daran scheitern, dass der Patentinhaber kein Marktbeherrscher ist, sodass ihm keine besonderen Verhaltenspflichten obliegen, an die im vorliegenden Zusammenhang angeknüpft werden könnte.[525] Wo dies anders ist, soll jedenfalls dann kein Missbrauch vorliegen, wenn der Titel gegen die IFA redlich erstritten und unter redlichen Umständen als endgültige Regelung akzeptiert wurde, insbesondere zu einer Zeit, als das Patent noch nicht vernichtet war.[526]

---

523 OLG München, Mitt 2019, 449 – Kartellrechtsneutrale Abschlusserklärung.
524 OLG München, Mitt 2019, 449 – Kartellrechtsneutrale Abschlusserklärung.
525 OLG Frankfurt/Main, PharmR 2020, 164 – Verkehrsfähigkeit eines Generikums bei nichtigem Arzneimittel-Patent.
526 OLG Frankfurt/Main, PharmR 2020, 164 – Verkehrsfähigkeit eines Generikums bei nichtigem Arzneimittel-Patent.

– Die Lösung liegt jedoch in Folgendem: Richtigerweise muss man eine Rechtspflicht 342
der IFA annehmen, auf – im Zweifel von ihr einzuholende! – Anforderung des Generikaherstellers hin von der Abgabe einer streiterledigenden Abschlusserklärung abzusehen und mit dem Patentinhaber einen Hauptsacheprozess zu riskieren, *sofern* das Generikunternehmen die IFA zuvor von den damit verbundenen **Haftungsfolgen** (Schadensersatz wegen zwischenzeitlich weiterer Benutzungshandlungen) und den Kosten des Prozesses **freistellt**. Die angenommene Erkundigungspflicht *vor* Abgabe einer Abschlusserklärung ist essenziell, weil nur sie verhindert, dass der Patentinhaber – ohne Angriff auf den Generikahersteller und einzig über den Umweg der IFA – vollendete Tatsachen schaffen kann. Eine Anfrage nach der Verteidigungsbereitschaft ist der IFA auch problemlos möglich, weil sie aus dem eV-Verfahren und dem Abschlussschreiben genauestens um das Generikum und seinen Hersteller/Vertreiber weiß. Die dargelegten Hintergründe limitieren zugleich die Pflicht zur Anfrage. Sie besteht ausnahmsweise dann nicht, wenn der Generikahersteller – was die IFA darzulegen und zu beweisen hätte – bereits verlässliche Kenntnis davon hat, dass die IFA vom Patentinhaber (parallel) angegriffen und mit einem Abschlussschreiben konfrontiert worden ist, *und* wenn zum Zeitpunkt der vorgesehenen Abschlusserklärung ausreichend Zeit verstrichen ist, die es dem Generikahersteller ermöglicht hätte, von sich aus gegenüber der IFA zu intervenieren. Im Allgemeinen wird die Wartefrist zwei Wochen nicht unterschreiten, unter besonderen Umständen (zB Weihnachtsfeiertage, Jahreswechsel) kann sie auch länger zu bemessen sein.

Ein mit verweigerter Abschlusserklärung in Kauf zu nehmender Hauptsacheprozess 343
ist der IFA ohne weiteres zumutbar. Wegen der Freistellungserklärung des Generikaherstellers ist er für sie ohne Haftungs- und Kostenrisiko möglich. Sollte mit Blick auf das freistellende Generikaunternehmen ein ernstzunehmendes Insolvenzrisiko verbleiben, so lässt sich dem im Bedarfsfall durch geeignete Sicherungsmechanismen (Bürgschaft) begegnen. Es wäre auch nichts dagegen einzuwenden, wenn die IFA die Prozessführung weitestgehend dem finanzierenden und eigentlich betroffenen Generikahersteller überlässt, womit eigene personelle Ressourcen der IFA geschont blieben. Werbliche Interessen der IFA stehen nicht entgegen. Im Gegenteil zeigt das Einstehen der IFA für ihren Kunden (= Generikahersteller), dass in besonderer Weise Verlass auf ihre Vertragstreue ist.

Als Rechtsgrundlage für die »Verteidigungspflicht« der IFA im Drittinteresse kommen zwei rechtliche Gesichtspunkte in Betracht: 344

- Nebengeordnete Schutzpflicht aus der vertraglichen Beziehung zwischen der IFA 345
und dem Generikahersteller, dem die PZN – auf Antrag – erteilt und dessen Generikum – auf Antrag – gelistet wurde;

- Verbot des Missbrauchs von Marktmacht (§ 19 Abs 1 GWB). 346

Was zunächst den **Missbrauchstatbestand** anbetrifft, so kommt der IFA zweifellos 347
eine beherrschende Stellung auf dem Markt für die Vergabe von PZN und die Listung in der Lauertaxe (= Arzneimittelinformation) zu. Durch die »vorschnelle« Abgabe einer Abschlusserklärung nimmt die IFA auch einen verfälschenden Einfluss auf die Marktverhältnisse. Denn mit der Entfernung des fraglichen Generikums aus dem Datenbestand wird dessen Hersteller faktisch vom Arzneimittelmarkt ausgeschlossen. Eine Abwägung der Interessen ergibt schließlich das Vorliegen eines Missbrauchstatbestandes. Weil die IFA aufgrund ihrer dominierenden Stellung Marktchancen gibt (indem sie eine Pharmazentralnummer zuteilt und das Präparat in ihren Informationsdatenbestand aufnimmt), aber auch unwiderruflich nimmt (indem sie ein Arzneimittel aus dem Bestand ihrer Daten auslistet) und weil es für die Marktbeteiligten außerhalb der IFA keine anderweitige Alternative und Möglichkeit gibt, ihr Produkt auf dem Markt zu platzieren, sind die Marktbeteiligten »Schutzbefohlene« der IFA,

deren Wohl und Wehe im Wettbewerb fundamental und existenziell von dem Verhalten der IFA abhängt. Sie dürfen und können deshalb einen dieser Machtposition entsprechenden verantwortungsvollen Umgang der IFA mit der ihr zukommenden Marktmacht erwarten. Das gilt umso mehr, als eine den freien Wettbewerb auf dem Arzneimittelmarkt erhaltende Verweigerung der Abschlusserklärung unter den Bedingungen einer Haftungsfreistellung die IFA nur unwesentlich belastet. Das gilt schon grundsätzlich, in ganz besonderem Maße aber deshalb, weil eine Hauptsacheklage gegen die IFA als unwahrscheinlich zu betrachten ist. Denn mit der verweigerten Abschlusserklärung ist der strategische Vorteil einer Inanspruchnahme der IFA für den Patentinhaber verloren und eine gerichtliche Rechtsverfolgung würde ihr im Vergleich zu einem Vorgehen gegen das Generikaunternehmen selbst keine Vorteile mehr bieten können.

348   Aus denselben Erwägungen heraus lässt sich eine die IFA treffende **schuldrechtliche Nebenpflicht** annehmen, ihren Vertragspartner vor Schaden zu bewahren, was ihr in zumutbarer Weise durch die Verweigerung einer Abschlusserklärung bei Haftungsfreistellung durch das betreffende Generikaunternehmen möglich und zumutbar ist und was von ihr nach den Grundsätzen von Treu und Glauben redlicherweise umso mehr zu erwarten ist, als die Wahrscheinlichkeit einer nachfolgenden Hauptsacheklage des Patentinhabers gegen die IFA äußerst ungewiss ist.

349   Der Erfolg der vorgeschlagenen Rechtskonstruktion hängt zweifellos davon ab, dass sich die IFA an ihre »Verteidigungspflicht« zugunsten des sie freistellenden Generikaherstellers hält. Aber warum sollte sie das nicht tun? Im Übrigen haftet sie dem Generikaunternehmen im Falle einer Pflichtverletzung auf Schadenersatz nach den § 33 Abs. 3 Satz 1 GWB, § 280 Abs. 1 BGB. Der Generikahersteller kann sich bei einem endgültigen Patentwiderruf zwar auch direkt beim Patentinhaber schadlos halten, erhält mit der IFA aber jedenfalls einen zusätzlichen Schuldner, was das Insolvenzrisiko reduziert.

350   Aber worin liegt nun der Unterschied zur bisherigen ablehnenden Instanzrechtsprechung? Darin, dass es nicht darum geht, ob die IFA auf *eigene* Kosten und *eigenes* Risiko einen Hauptsacheprozess mit dem Patentinhaber riskiert (was als unzumutbar zu betrachten sein mag), sondern dass die Handlungsalternative darin besteht, gegenüber dem Patentinhaber eine Abschlusserklärung zugunsten desjenigen Generikaherstellers zu verweigern, der die IFA haftungsfrei stellt.

8. Einstellung der Zwangsvollstreckung

351   Die Zwangsvollstreckung aus einer einstweiligen Verfügung kann gemäß §§ 936, 924 Abs 3 Satz 2, 707 ZPO auf Antrag durch das Gericht ohne oder gegen Sicherheitsleistung des Antragsgegners eingestellt werden. Die in § 707 Abs 1 Satz 2 ZPO vorgesehene Beschränkung, wonach eine Vollstreckungseinstellung ohne Sicherheitsleistung des Schuldners nur dann erfolgen darf, wenn er glaubhaft macht, dass er zur Sicherheitsleistung außerstande ist und die Vollstreckung ihm überdies einen nicht zu ersetzenden Nachteil bringen würde, gilt ausdrücklich nicht. Das ermöglicht es, eine Einstellungsanordnung ohne Sicherheitsleistung insbesondere dann zu treffen, wenn das Verfügungspatent nachträglich erstinstanzlich vernichtet wird. Vor allem in Generika-Fällen ist hiervon Gebrauch zu machen, um den verurteilten Verfügungsbeklagten nicht gegenüber anderen Generikaunternehmen zu benachteiligen, gegen die keine Verbotsverfügung ergangen ist und die nach erfolgter erstinstanzlicher Vernichtung des Verfügungspatents auch nicht mehr mit einer Verbotsverfügung rechnen müssen.[527]

---

527 OLG Düsseldorf, Beschluss v 13.11.2012 – I-2 U 79/12.

Soweit die Verfügung ein **Unterlassungsgebot** zum Inhalt hat, kommt – abgesehen von **352** dem vorerwähnten Sonderfall – eine einstweilige Einstellungsanordnung, weil sie grundsätzlich dem Zweck der vorläufigen, auf Unterlassung gerichteten Regelung des streitigen Rechtsverhältnisses widerspricht, nur ausnahmsweise in Betracht, namentlich dann, wenn bei Erlass der Verfügung nicht berücksichtigtes oder in Erwägung gezogenes tatsächliches Vorbringen die Aufhebung der Verfügung mindestens mit einiger Wahrscheinlichkeit erwarten lässt.[528] Nach einem Teil der Rechtsprechung[529] soll sogar erforderlich sein, dass das Unterlassungsgebot mit Gewissheit keinen Bestand hat. Das erscheint zu weitgehend. Maßgeblich sollte sein, ob das Gericht die einstweilige Verfügung auch dann gewährt hätte, wenn es das – mangels vorheriger Anhörung erst nachträglich mögliche – Verteidigungsvorbringen des Antragsgegners gekannt hätte. Wird dies bejaht, besteht kein Anlass für eine Einstellungsanordnung, wird die Frage verneint, sollte die Vollstreckung eingestellt werden, um die Sache auf denjenigen Stand zurückzusetzen, in dem sie sich befinden würde, wenn vor der gerichtlichen Entscheidung rechtliches Gehör gewährt und daraufhin, weil eine Beschlussverfügung nicht angebracht gewesen wäre, ein Termin zur mündlichen Verhandlung über den Verfügungsantrag bestimmt worden wäre.

Das Rechtsschutzinteresse für einen Aufhebungsantrag wegen mangelnder Vollziehung **353** entfällt nicht von vornherein deshalb, weil der besagte Grund auch im Wege eines anderen, förmlichen Rechtsbehelfs (zB der Berufung gegen das nicht vollzogene Verfügungsurteil) geltend gemacht werden könnte. Vielmehr hat der Antragsgegner ein Wahlrecht zwischen den gesetzlich vorgesehenen Optionen. Sobald jedoch ein Widerspruchsverfahren (im Falle der Beschlussverfügung) oder ein Berufungsverfahren (im Falle des Verfügungsurteils) anhängig gemacht ist, in dem der Aufhebungsgrund der Nichtvollziehung geltend gemacht werden kann, besteht kein Rechtschutzbedürfnis mehr für eine Verfolgung desselben Aufhebungsgrundes im Verfahren nach §§ 927, 936 ZPO.[530] Das gilt nicht erst von dem Zeitpunkt an, zu dem der Widerspruch/die Berufung tatsächlich auf die Nichtvollziehung gestützt wird, sondern von Anfang an mit Rücksicht auf die bloße Möglichkeit, dass solches geschehen kann.[531]

9. Schutzschrift[532]

Muss der Antragsgegner zB aufgrund einer Abmahnung davon ausgehen, dass der **354** Schutzrechtsinhaber sein Begehren im Wege der einstweiligen Verfügung durchsetzen wird, kann es angebracht sein, bei den in Betracht kommenden Patentstreitgerichten eine Schutzschrift zu hinterlegen. Ihr Ziel ist es, dem Gericht Argumente zu unterbreiten, die den Verfügungsanspruch und/oder den Verfügungsgrund widerlegen bzw in Zweifel ziehen, um zu verhindern, dass eine Beschlussverfügung ergeht, und zu erreichen, dass der Verfügungsantrag zurückgewiesen bzw über ihn zumindest mündlich verhandelt wird.

---

528 OLG Düsseldorf, Beschluss v 12.11.2008 – I-2 U 62/08; vgl auch Berneke/Schüttpelz, Einstweilige Verfügung, Rn 412.
529 Zum Streitstand: Berneke/Schüttpelz, Einstweilige Verfügung, Rn 411 f.
530 OLG Düsseldorf, Beschluss v 26.9.2017 – I-15 U 68/17.
531 OLG Düsseldorf, Beschluss v 26.9.2017 – I-15 U 68/17.
532 Spernath, Schutzschrift, 2009; Wehlau, Handbuch der Schutzschrift, 2011.

| Praxistipp | Formulierungsbeispiel |

355 Damit die Schutzschrift den ihr zugedachten Zweck erfüllen kann, muss der Einreicher dafür sorgen, dass seine **Schutzschrift** im Falle eines Verfügungsantrages bei Gericht auch **aufgefunden wird**. Das bedarf – von Gericht zu Gericht – ggf unterschiedlicher Vorkehrungen. Zum Teil wird, wenn mehrere mögliche Antragsteller vorhanden sind, nur der erstgenannte namentlich erfasst, zum Teil wird auch das betreffende Schutzrecht nach seiner Veröffentlichungsnummer registriert.

Überwiegend[533] wird angenommen, dass der die Schutzschrift für den späteren Antragsgegner einreichende Rechtsanwalt für das nachfolgende Verfügungsverfahren verfahrens- und damit auch **zustellungsbevollmächtigt** ist, was dem Antragsteller (wenn die gegnerische Partei selbst im Ausland ansässig ist) die Zustellung einer Beschlussverfügung deutlich erleichtert. Weil dem so ist und weil für die Schutzschrift selbst kein Anwaltszwang herrscht (vgl sogleich), sollte dem dadurch vorgebeugt werden, dass nicht der Rechtsanwalt, sondern der mitwirkende Patentanwalt (oder die Partei selbst) die Hinterlegung der Schutzschrift übernimmt.

356 Für die Schutzschrift besteht – ebenso wenig wie für den Verfügungsantrag – **Anwaltszwang**. Seit dem 1.1.2016 existiert ein länderübergreifendes elektronisches **Schutzschriftenregister**[534], auf das die Gerichte über ein automatisches Abrufverfahren Zugriff erhalten. Mit der Einstellung in das Register gilt die Schutzschrift als bei allen ordentlichen Gerichten eingereicht; nach 6 Monaten wird die Schutzschrift gelöscht (§ 945a ZPO[535]). Seit dem 1.1.2017 ist nur noch eine Einreichung in elektronischer Form möglich.[536]

| Praxistipp | Formulierungsbeispiel |

357 Der **Inhalt** einer Schutzschrift kann auch **gegen den Antragsgegner** verwertet werden.[537] Es ist deshalb darauf zu achten, dass mit der Schutzschrift nicht etwa der Verfügungsantrag »schlüssig« gemacht wird. Ein solcher Fall kann beispielsweise eintreten, wenn das Verfügungspatent erst vor kurzem erteilt wurde und noch kein zweiseitiges Verfahren überstanden hat. Unter derartigen Umständen wird selbst bei eindeutigem Verletzungstatbestand in der Regel keine Beschlussverfügung in Betracht kommen, weil sich der Rechtsbestand bei Gewährung rechtlichen Gehörs zugunsten des Antragsgegners als problematisch erweisen kann. Anders liegen die Verhältnisse jedoch, wenn der Antragsgegner in seiner Schutzschrift die Patentfähigkeit der Erfindung nicht angreift, sondern lediglich Argumente gegen den Verletzungstatbestand vorbringt, die nach Auffassung des mit dem Verfügungsantrag befassten Gerichts nicht durchgreifen. In einem solchen Fall wird das Gericht annehmen, dass der Antragsgegner in der Schutzschrift seine Rechtsverteidigung umfassend dargetan hat und eine Beschlussverfügung erlassen, weil dasjenige, was der Antragsgegner zu seiner Verteidigung vorbringt, dem Verfügungsbegehren nicht entgegensteht.

358 Die **Kosten** einer Schutzschrift sind – bei Vorliegen eines dem Antragsgegner günstigen Kostentitels – im Festsetzungsverfahren nach §§ 104 ff ZPO **erstattungsfähig**, wenn ein

---

533 OLG Karlsruhe, NJW-RR 1992, 700; OLG Hamburg, NJW-RR 1995, 444.
534 Zu Einzelheiten vgl Bacher, MDR 2015, 1329; Dötsch, MDR 2016, 489.
535 Hartmann, GRUR-RR 2015, 89.
536 § 49c BRAO.
537 Berneke/Schüttpelz, Einstweilige Verfügung, Rn 294, mwN zum Streitstand.

entsprechender Verfügungsantrag bei Gericht tatsächlich anhängig wird.[538] Voraussetzung ist grundsätzlich, dass das Gericht, bei dem die Schutzschrift eingereicht wird, für den Erlass einer einstweiligen Verfügung, deren Abwehr die Schutzschrift dient, zuständig ist.[539] Die mangelnde Zuständigkeit soll ausnahmsweise unschädlich sein, wenn auch der Verfügungsantrag bei demselben unzuständigen Gericht eingeht und beides – Verfügungsantrag und Schutzschrift – von dort an das zuständige Gericht abgegeben wird.[540] Werden bei mehreren Gerichten Schutzschriften hinterlegt, sind nur die Kosten derjenigen Schutzschrift erstattungsfähig, die bei dem mit dem Verfügungsantrag befassten Gericht eingereicht wurde, nicht dagegen die Kosten der weiteren Schutzschriften, die durch die bei den anderen, potenziell ebenfalls in Betracht kommenden Verfügungsgerichten eingereichten Schutzschriften angefallen sind.[541] Da eine beim zentralen Schutzschriftenregister eingereichte Schutzschrift als bei allen ordentlichen Gerichten der Länder eingereicht gilt, ist die Erstattungsbedingung des Vorliegens bei dem mit dem Verfügungsantrag befassten Gericht problemlos erfüllt.[542] Keine Bedingung für die Erstattung ist es, dass das entscheidende Gericht von der Schutzschrift tatsächlich Kenntnis nimmt, so lange dies nur möglich gewesen wäre, weil die Schutzschrift eingereicht war, bevor über den Verfügungsantrag entschieden oder dieser zurückgenommen worden ist.[543]

Gleichgültig für die Erstattungspflicht ist, 359

– ob die Schutzschrift vor oder nach dem Verfügungsantrag eingeht[544]; 360

– ob der Verfügungsantrag – ohne oder nach mündliche(r) Verhandlung –, rechtskräftig zurückgewiesen oder vom Antragsteller zurückgenommen wird[545] oder 361

– ob das Gericht die Schutzschrift verwertet hat[546], 362

sofern nur der abgerechnete Gebührentatbestand zeitlich vor der rechtskräftigen Zurückweisung oder der Rücknahme des Verfügungsantrags verwirklicht worden ist.[547] Dies kann auch dann zu bejahen sein, wenn die Schutzschrift erst eingeht, nachdem der Verfügungsantrag nicht mehr anhängig ist. Beispielsweise die Verfahrensgebühr entsteht nach Teil 3 Vorbemerkung 3 Abs 2 des VV zum RVG bereits mit der Entgegennahme des Auftrages (Mandats) oder der ersten Information.[548] Fehlt es zum maßgeblichen Zeitpunkt der Anhängigkeit des Verfügungsantrages an einem Gebührentatbestand in Bezug auf die Schutzschrift, nutzt es dem Antragsgegner nichts, dass er – ggf sogar unverschuldet – keine Kenntnis von der vorherigen Zurückweisung/Rücknahme des Verfügungsantrages hat.[549] Unter solchen Umständen kann allerdings ein materiell-rechtlicher Kostenerstattungsanspruch, zB aufgrund einer unberechtigten Abmahnung, in Betracht kommen.[550] 363

---

538 BGH, GRUR 2003, 456; BGH, GRUR 2007, 727 – Kosten der Schutzschrift II.
539 OLG Düsseldorf, JurBüro 2000, 423.
540 OLG Rostock, GRUR-RR 2011, 230 – Schutzschriftkosten.
541 OLG Hamburg, GRUR-RR 2014, 96 – Schutzschrift.
542 OLG Hamburg, GRUR-RR 2016, 431 – Übersehene Schutzschrift.
543 OLG Hamburg, GRUR-RR 2016, 431 – Übersehene Schutzschrift.
544 OLG Düsseldorf, MDR 1995, 859.
545 BGH, GRUR 2003, 456 – Kosten der Schutzschrift I; BGH, GRUR 2007, 727 – Kosten der Schutzschrift II.
546 OLG Düsseldorf, OLG-Report 2008, 785.
547 BGH, GRUR 2007, 727 – Kosten der Schutzschrift II.
548 BGH, GRUR 2007, 727 – Kosten der Schutzschrift II.
549 BGH, GRUR 2007, 727 – Kosten der Schutzschrift II.
550 BGH, GRUR 2007, 727 – Kosten der Schutzschrift II.

364 In der Instanzrechtsprechung[551] streitig war die **Höhe** der erstattungsfähigen Verfahrensgebühr. Während zum Teil[552] die volle (1,3-)Gebühr nach Nr 3100 VV angesetzt wurde, wendeten Andere[553] den Ermäßigungstatbestand nach Nr 3101 VV an und billigten lediglich eine 0,8-Verfahrensgebühr zu. Der BGH[554] hat die Streitfrage nunmehr im Sinne der erstgenannten Auffassung entschieden und einen Gebührensatz von 1,3 dann für gerechtfertigt erklärt, wenn die Schutzschrift – was ihrem Sinn und Zweck entsprechend regelmäßig der Fall sein wird – Sachvortrag enthält, dh Tatsachen- und Rechtsausführungen, und nicht nur Verfahrensanträge. Rechnet der die Schutzschrift anfertigende seine Leistungen über eine Verfahrensgebühr – statt über eine nach dem gegebenen Sachverhalt mögliche Geschäftsgebühr (Nr 2300 VV) – ab, so ist bei der Kostenerstattung ein die übliche Verfahrensgebühr auf 0,8 herabsetzender Ermäßigungstatbestand zu berücksichtigen, der zB eintritt, wenn der Auftrag endigt, bevor der Anwalt einen Sachanträge oder Sachvortrag enthaltenden Schriftsatz eingereicht hat (Nr 3101 VV).[555]

365 Wegen des möglichen Kostenerstattungsanspruchs, der dem Schutzschrifthinterleger zustehen kann, hat er gegenüber dem Gericht einen **Anspruch auf Auskunft** darüber, ob dort ein zur Erstattung führendes Verfügungsverfahren anhängig war. Dieser Anspruch ist dann von Interesse, wenn der Antragsteller auf erste Bedenken des Gerichts, eine Beschlussverfügung zu erlassen, eine Antragsrücknahme erklärt, sodass der Antragsgegner, der die Schutzschrift hinterlegt hatte, über den Antrag nicht in Kenntnis gesetzt wird.

10. Abschlussschreiben

366 Hat der Patentinhaber eine einstweilige Verfügung erwirkt, so stellt sich die Frage, ob und ggf wann der Verletzer – kostenpflichtig (§§ 677, 683, 670 BGB, § 139 Abs 2 PatG) – aufgefordert werden kann, die einstweilige Verfügung durch eine sog Abschlusserklärung als endgültige Regelung anzuerkennen. Dessen bedarf es grundsätzlich, weil sich durch die ergangene gerichtliche Entscheidung im Verfügungsverfahren beim Antragsgegner ein Sinneswandel eingestellt haben kann, weshalb der Antragsteller im Falle einer nachfolgenden Hauptsacheklage einer Anwendung des **§ 93 ZPO** bei sofortigem Anerkenntnis des Beklagten nur dann entgeht, wenn er seinen Gegner zuvor mit einem Abschlussschreiben »abgemahnt« hat.[556] Für den obsiegenden Patentinhaber ist vor allem das »Wann« von Interesse, weil er bei einem zu frühzeitigen Abschlussschreiben Gefahr läuft, dass die betreffenden (Anwalts-)Kosten als nicht erstattungsfähig angesehen werden. Grundsätzlich muss der Antragsteller dem Antragsgegner angemessen Gelegenheit geben, die einstweilige Verfügung von sich aus durch eine Abschlusserklärung bestandskräftig zu machen (**Wartefrist**). Im Allgemeinen reicht hierzu eine Frist von zwei Wochen aus, die mit der Zustellung der mit Gründen versehenen einstweiligen Verfügung an den Antragsgegner zu laufen beginnt.[557] Ist gegen ein Verfügungsurteil Berufung eingelegt, die später vom Antragsgegner zurückgenommen wird, entscheidet der Zeit-

---

551 Offengelassen von BGH, GRUR 2007, 727 – Kosten der Schutzschrift II.
552 OLG Nürnberg, NJW-RR 2005, 941; OLG Düsseldorf, InstGE 8, 115 – Verfahrensgebühr bei Schutzschrift.
553 OLG Hamburg, MDR 2005, 1196; OLG Frankfurt/Main, OLG-Report 2006, 793.
554 BGH, GRUR 2008, 640 – Kosten der Schutzschrift III.
555 LG Düsseldorf, GRUR-RR 2017, 167 – Recycling Aktiv.
556 BGH, GRUR 2015, 822 – Kosten für Abschlussschreiben II.
557 BGH, GRUR 2015, 822 – Kosten für Abschlussschreiben II; LG Düsseldorf, InstGE 1, 272 – Kosten für Abschlussschreiben; LG Düsseldorf, InstGE 9, 114 – Taschenlampe; OLG Frankfurt/Main, GRUR-RR 2006, 111, 112 – Aufforderung zur Abschlusserklärung; LG Heilbronn, GRUR-RR 2009, 39 – Wartefrist; OLG Hamm, GRUR-RR 2010, 267 – Zweiwöchige Wartefrist; OLG Hamburg, GRUR-RR 2014, 229 – Standardabschlussschreiben.

punkt der Rechtsmittelrücknahme.⁵⁵⁸ Handelt es sich lediglich um eine (nicht mit Gründen versehene) Beschlussverfügung, ist die Wartefrist zugunsten des Antragsgegners dennoch nicht großzügiger zu bemessen, wobei für den Fristbeginn nicht der Erlass der Beschlussverfügung maßgeblich ist, sondern deren Zustellung.⁵⁵⁹ Der Erstattungsfähigkeit steht nicht entgegen, dass das Abschlussschreiben einen inhaltlich zu weitgehenden Unterlassungsanspruch reklamiert.⁵⁶⁰ Nach ordnungsgemäßem Abschlussschreiben muss der Verfügungskläger mindestens zwei Wochen auf die Abgabe einer Abschlusserklärung warten, bevor er Hauptsacheklage erhebt (**Erklärungsfrist**). Bittet der Verletzer unter Angabe konkreter Verhinderungsgründe, ohne dass Anhaltspunkte für ein bloßes Vorschieben bestehen, um eine Fristverlängerung für die Abgabe der Abschlusserklärung, so ist der Patentinhaber gehalten, eine angemessene Fristverlängerung zu gewähren.⁵⁶¹ Sowohl bzgl der Warte- als auch der Erklärungsfrist ist § 193 BGB zu beachten.⁵⁶²

Eines Abschlussschreibens bedarf es **ausnahmsweise** dann nicht mehr (so dass dessen Kosten auch nicht erstattungsfähig sind), wenn der Antragsgegner vor Ablauf der angemessenen Wartefrist erklärt hat, dass er innerhalb einer bestimmt bezeichneten (angemessenen) Frist von sich aus unaufgefordert darauf zurückkommen werde, ob die einstweilige Verfügung als endgültige Regelung anerkannt werde.⁵⁶³ Denn das Schreiben des Antragsgegners dokumentiert unmissverständlich, dass er sich der Möglichkeit einer Abschlusserklärung bewusst war, so dass *dieser* – hinweisende – Zweck des Abschlussschreibens nicht mehr erreicht werden konnte. Genauso bedufte es eines Abschlussschreibens zu *dem* Zweck, dem Antragsteller Gewissheit darüber zu verschaffen, ob eine Hauptsacheklage erforderlich sein wird, nicht mehr, weil mit fruchtlosem Ablauf der vom Antragsgegner selbst gesetzten Frist exakt diese Gewissheit – in der einen oder anderen Richtung – besteht. 367

a) Fristgerechte Klage

Eine nach Ablauf der gebotenen Wartefrist erfolgte Aufforderung löst zugunsten des Verfügungsklägers einen **Kostenerstattungsanspruch** aus. Das gilt auch dann, wenn das unter Einhaltung der gebotenen Wartefrist versandte **Abschlussschreiben** eine zu kurz bemessene Erklärungsfrist setzt.⁵⁶⁴ Im Einzelnen gelten folgende Grundätze: 368

§ 143 Abs 3 PatG enthält keine materiell-rechtliche Anspruchsgrundlage, sondern regelt einen prozessualen Kostenerstattungsanspruch. Die Vorschrift ist deshalb – mangels Prozessrechtsverhältnisses – auf ein außergerichtliches Abschlussschreiben und die hierdurch verursachten Kosten nicht anwendbar.⁵⁶⁵ Eine Erstattung von Anwaltskosten für die Mitwirkung bei einem Abschlussschreiben kommt daher nur im Rahmen eines Schadenersatzanspruchs wegen Schutzrechtsverletzung (**§ 139 Abs 2 PatG**) sowie unter den Voraussetzungen der **§§ 677, 683 BGB** in Betracht, was erfordert, dass die Hinzuziehung eines Rechts- und/oder Patentanwaltes *erforderlich* war.⁵⁶⁶ Daran wird es wegen der typischen Schwierigkeit patentrechtlicher Angelegenheiten nur ganz ausnahmsweise des- 369

---

558 LG Heilbronn, GRUR-RR 2009, 39 – Wartefrist.
559 BGH, GRUR 2017, 1160 – BretarisGenuair.
560 BGH, GRUR 2017, 1160 – BretarisGenuair.
561 OLG Jena, NJOZ 2010, 1215.
562 BGH, GRUR 2015, 822 – Kosten für Abschlussschreiben II.
563 OLG München, GRUR-RS 2020, 26444 – Kostenerstattung bei Übersendung eines Abschlussschreibens.
564 BGH, GRUR 2015, 822 – Kosten für Abschlussschreiben II.
565 OLG Düsseldorf, InstGE 9, 35 – Patentanwaltskosten für Abschlussschreiben.
566 BGH, NJW 2008, 1744.

halb fehlen, weil die Partei selbst eine Rechtsabteilung unterhält[567], die damit betraut ist[568], die erforderlichen rechtlichen und technischen Erwägungen in Bezug auf das schutzrechtsverletzende Handeln möglicher Wettbewerber eigenverantwortlich anzustellen.[569] Ist die Notwendigkeit anwaltlicher Unterstützung zu bejahen, steht dem Erstattungsanspruch nicht entgegen, dass bereits eine vorgerichtliche Abmahnung erfolgt ist, deren Kosten beansprucht werden. Denn während das Abmahnschreiben zum einstweiligen Verfügungsverfahren gehört, ist das Abschlussschreiben dem Hauptsacheverfahren zuzuordnen, weswegen gebührenrechtlich *verschiedene* Angelegenheiten vorliegen.[570] Voraussetzung ist freilich, dass dem tätig werdenden Rechtsanwalt ein entsprechender, über die Tätigkeit im einstweiligen Verfügungsverfahren hinausgehender Auftrag zur endgültigen Anspruchsdurchsetzung erteilt worden ist[571], was nicht unbedingt verlangt, dass ihm bereits ein Auftrag zur Erhebung der Hauptsacheklage erteilt ist.[572]

370   Wird bei dem Abschlussschreiben neben dem Rechtsanwalt außerdem ein (mitwirkender) **Patentanwalt** tätig, so bedarf die Erforderlichkeit von dessen Hinzuziehung näherer Begründung.[573]

371   Für die Höhe des erstattungsfähigen **Gebührensatzes** ist zu berücksichtigen, dass das Abschlussschreiben wegen des bereits vorangegangenen einstweiligen Verfügungsverfahrens im Allgemeinen geringere Anforderungen stellt als eine erstmalige Abmahnung.[574] Dennoch handelt es sich regelmäßig nicht um ein einfaches Schreiben iSv Nr 2301[575] VV zum RVG (Gebührensatz: 0,3), sondern um eine Tätigkeit, welche die normale Geschäftsgebühr (Gebührensatz: 0,5 bis 2,5) auslösen kann[576], wobei eine Orientierung am unteren Rahmen geboten und grundsätzlich von einer 1,3-Gebühr auszugehen ist.[577] Das gilt jedenfalls dann, wenn das Abschlussschreiben keine erneute rechtliche Prüfung verlangt, sondern schlicht die Konsequenzen aus dem vorangegangenen einstweiligen Verfügungsverfahren zieht, und wenn auch die Klärung, ob die abgegebene (Abschluss-)Erklärung zur Erreichung des mit dem Abschlussschreiben verfolgten Sicherungsziels inhaltlich ausreicht, keinen besonderen Aufwand verursacht.[578]

b) Verfrühte Klage

372   Erfolgt die Klageerhebung verfrüht vor Ablauf der Frist zur Abgabe einer Abschlusserklärung (Erklärungsfrist), treffen die Kosten des Rechtsstreits aus dem Rechtsgedanken

---

567 Auf keinen Fall braucht sich die Partei entgegenhalten zu lassen, dass die Einrichtung einer Rechtsabteilung (die tatsächlich nicht vorhanden ist) zweckmäßig gewesen wäre oder bei der Größe des fraglichen Unternehmens der Üblichkeit entspricht (BGH, MDR 2010, 1087).
568 Ebenso kann nicht eingewandt werden, dass die vorhandene Rechtsabteilung objektiv in der Lage wäre, das Abschlussschreiben selbst zu verfassen, wenn sie nach der getroffenen Aufgabenzuweisung tatsächlich nicht damit betraut ist, die Zulässigkeit des Verhaltens der Wettbewerber zu prüfen, BGH, MDR 2010, 1087.
569 Zum Wettbewerbsrecht vgl BGH, GRUR 2007, 726 – Auswärtiger Rechtsanwalt IV; BGH, GRUR 2008, 928 – Abmahnkostenersatz; BGH, MDR 2010, 1087.
570 BGH, NJW 2008, 1744.
571 BGH, NJW 2008, 1744.
572 BGH, MDR 2010, 1087.
573 OLG Düsseldorf, InstGE 9, 35 – Patentanwaltskosten für Abschlussschreiben.
574 OLG Düsseldorf, InstGE 9, 35 – Patentanwaltskosten für Abschlussschreiben.
575 Vor Inkrafttreten des 2. KostRModG: Nr 2302.
576 BGH, NJW 2011, 2509; BGH, GRUR 2010, 1038 – Kosten für Abschlussschreiben I; OLG Hamburg, NJOZ 2009, 3610. Ausnahmsweise ist nur eine 0,3-Geschäftsgebühr erstattungsfähig, wenn der Antragsgegner seinen Widerspruch in der mündlichen Verfügungsverhandlung zurückgenommen und bereits die Abgabe einer Abschlusserklärung in Aussicht gestellt hat (BGH, GRUR 2010, 1038 – Kosten für Abschlussschreiben I).
577 BGH, GRUR 2015, 822 – Kosten für Abschlussschreiben II.
578 Vgl BGH, MDR 2010, 1087.

des § 93 ZPO den Patentinhaber.[579] Anders verhält es sich, wenn der Antragsgegner innerhalb der (durch das mit zu kurzer Erklärungsfrist versehene Abschlussschreiben in Gang gesetzten objektiv angemessenen Frist) keine Abschlusserklärung abgibt.[580]

11. Abschlusserklärung

Inhaltlich muss die – zweckmäßigerweise als solche bezeichnete – Abschlusserklärung zum Ausdruck bringen, dass die einstweilige Verfügung wie ein rechtskräftiger Hauptsachetitel akzeptiert wird. Bedingungen sind grundsätzlich unzulässig.[581] Erlaubt sind sie, soweit es um Sachverhalte geht, aufgrund derer gegen einen Hauptsachetitel erfolgreich mit der Vollstreckungsabwehrklage vorgegangen werden könnte.[582] Dazu gehören nachträgliche Gesetzesänderungen und, soweit ein Unterlassungsanspruch betroffen ist, ebenso Änderungen in der höchstrichterlichen Rechtsprechung, die den titulierten Unterlassungsanspruch zu Fall bringen.[583] 373

Zu empfehlen ist zB folgende **Formulierung**: 374

Praxistipp	Formulierungsbeispiel
	Die einstweilige Verfügung der ... Zivilkammer des Landgerichts ... vom ... (AZ: ...) wird als endgültige, nach Bestandskraft und Wirkung einem gleichlautenden Hauptsachetitel gleichstehende Regelung anerkannt. Demgemäß wird auf alle Möglichkeiten eines Vorgehens gegen die einstweilige Verfügung und/oder gegen den durch sie gesicherten Anspruch verzichtet, die auch im Falle eines rechtskräftigen Hauptsachetitels ausgeschlossen wären. Der Verzicht betrifft insbesondere das Recht zum Widerspruch[584], das Recht zur Berufung[585] sowie umfassend die Rechte aus den §§ 926, 936 ZPO, Art 50 Abs 6 TRIPS-Abkommen. Der Verzicht umfasst gleichfalls die Rechte aus § 927 ZPO, allerdings mit Ausnahme[586] der Geltendmachung veränderter Umstände, die auf einer Gesetzesänderung und, soweit der Unterlassungsanspruch betroffen ist, auf Änderungen in der höchstrichterlichen Rechtsprechung beruhen.

375

Zu ihrer Wirksamkeit bedarf es keiner Annahme der Abschlusserklärung durch den Anspruchsgläubiger, wohl aber eines – im Streitfall vom Schuldner zu beweisenden – Zugangs. Ferner muss die Abschlusserklärung, weil sie einen rechtskräftigen Hauptsachetitel ersetzen soll, in einer solchen Form vorliegen, dass dem Berechtigten im Streitfall ein sicherer Beweis ihrer Existenz unschwer möglich ist. Auf Verlangen des Gläubigers erfordert dies eine Einhaltung der Schriftform, die durch ein Fax oder ein Fernschreiben nicht gewahrt wird. 376

---

579 OLG Jena, NJOZ 2010, 1215.
580 BGH, GRUR 2015, 822 – Kosten für Abschlussschreiben II.
581 BGH, GRUR 2009, 1096 – Mescher weis.
582 BGH, GRUR 2009, 1096 – Mescher weis.
583 BGH, GRUR 2009, 1096 – Mescher weis.
584 ... sofern eine Beschlussverfügung vorliegt, die anerkannt werden soll.
585 ... sofern eine Urteilsverfügung vorliegt, die anerkannt werden soll.
586 Ist der Verzicht auf die Rechte aus § 927 ZPO dem Wortlaut nach uneingeschränkt erklärt, so kann ihm gleichwohl kein umfassender, über das zur Gleichstellung der Abschlusserklärung mit einem rechtskräftigen Hauptsachetitel Erforderliche hinausgehender Inhalt beigemessen werden. Vielmehr ist die Verzichtserklärung regelmäßig nach Treu und Glauben dahin auszulegen, dass sie solche Einwendungen nicht erfasst, die im Wege einer Vollstreckungsabwehrklage eingewandt werden können (BGH, GRUR 2009, 1096 – Mescher weis).

377 Eine Abschlusserklärung nimmt der späteren Hauptsacheklage das **Rechtsschutzbedürfnis**.[587] Voraussetzung ist allerdings, dass die Erklärung dem Inhalt der einstweiligen Verfügung entspricht. Sie darf gegenüber der Beschluss- oder Urteilsverfügung keine Beschränkung enthalten. Allenfalls ist es zulässig, die Abschlusserklärung auf einzelne in der einstweiligen Verfügung selbständig tenorierte Streitgegenstände zu beziehen.[588] In einem solchen Fall entfällt das Rechtsschutzbedürfnis hinsichtlich der mit der Abschlusserklärung erledigten Streitgegenstände, für die übrigen bleibt das Rechtsschutzinteresse bestehen. Andererseits reicht die Wirkung der Abschlusserklärung so weit wie der Verbotsumfang der Unterlassungsverfügung, die der Schuldner als endgültige Regelung anerkannt hat. Über die konkrete Verletzungsform des Verfügungsverfahrens hinaus bezieht sie sich deshalb auch auf im Kern gleichartige Abwandlungen, die Gegenstand eines Vollstreckungsverfahrens wegen Zuwiderhandlung gegen einen etwaigen Hauptsachetitel anstelle der Abschlusserklärung sein könnten.[589]

378 Betrifft die Abschlusserklärung nur den Unterlassungsanspruch, so **präjudiziert** sie nicht die Frage, ob eine Schadenersatzhaftung besteht, umgekehrt gilt dasselbe.[590]

III. Vollstreckungsabwehrklage, Restitutionsklage[591]

379 Die Trennung zwischen Verletzungsprozess und Rechtsbestandsverfahren bringt es mit sich, dass der Verletzungsbeklagte rechtskräftig zur Unterlassung, zur Rechnungslegung, zur Vernichtung und/oder zum Schadenersatz verurteilt sein kann (zB weil das Verletzungsgericht dem Angriff auf das Klagepatent keine für eine Aussetzungsanordnung hinreichende Erfolgsaussicht beigemessen und deswegen trotz des anhängigen Einspruchs- oder Nichtigkeitsverfahrens abschließend entschieden hat oder weil der Rechtsbestand des Klagepatents überhaupt erst nach dem Verletzungsverfahren angefochten wird), das Klagepatent nach Eintritt der Rechtskraft des Verletzungsurteils jedoch – entgegen der Prognose – vernichtet wird.[592] Letzteres hat, sobald die Einspruchs- bzw Nichtigkeitsentscheidung unanfechtbar geworden ist, zur Folge, dass das Klagepatent *rückwirkend* wegfällt, womit es jedermann – für Vergangenheit und Zukunft – gestattet ist, seine technische Lehre entschädigungslos zu benutzen. Einzig der Beklagte ist daran aufgrund des rechtskräftigen Verletzungsurteils gehindert, welches durch die Vernichtungsentscheidung nicht unmittelbar berührt wird.[593]

380 Diese Ungleichbehandlung wirft die Frage auf, ob dem rechtskräftig verurteilten Verletzungsbeklagten aus Anlass der nachträglichen Vernichtung des Klagepatents nicht Rechtsschutz dahingehend zu gewähren ist, dass das gegen ihn ergangene Verletzungsurteil wieder beseitigt wird, zumindest aber seine Wirkungen außer Kraft gesetzt werden. Um das Ergebnis gleich voranzustellen: Die Antwort lautet nach herrschender Meinung: Ja. Zur Begründung ist – wegen des Fehlens spezialgesetzlicher Regelungen im Patentgesetz – auf Vorschriften des allgemeinen Zivilverfahrensrechts zurückzugreifen, was mit Rücksicht auf den Charakter eines Patentverletzungsprozesses als normaler Zivilprozess zutreffend ist.

---

587 BGH, GRUR 2009, 1096 – Mescher weis; BGH, GRUR 2005, 692 – »statt«-Preis.
588 BGH, GRUR 2005, 692 – »statt«-Preis.
589 BGH, GRUR 2010, 855 – Folienrollos.
590 BGH, GRUR 2004, 966, 969 f – Standard-Spundfass.
591 Bacher, GRUR 2009, 216; Kühnen, FS Reimann, 2008, S 287; Schneider, Mitt 2013, 162.
592 Gleich zu behandeln im Sinne der nachfolgenden Ausführungen ist jeweils der Fall, dass das Klageschutzrecht nicht vollständig, aber insoweit vernichtet wird, dass die dem Verletzungsprozess zugrunde liegende Ausführungsform nicht mehr in dessen Schutzbereich fällt.
593 BGH, GRUR 1980, 220, 222 – Magnetbohrständer II.

Allerdings sind **verschiedene Sachverhaltskonstellationen** auseinander zu halten, die 381
eine ihrer Eigenart entsprechende unterschiedliche rechtliche Behandlung erfahren:

1. Vollstreckungsabwehrklage

Denkbar ist zunächst, dass der Patentinhaber ungeachtet der zwischenzeitlichen Vernich- 382
tung des Klagepatents weiterhin Maßnahmen der Zwangsvollstreckung aus dem Verletzungsurteil ergreift, indem er den Beklagten zB mit Ordnungs- oder Zwangsmitteln zur Unterlassung der Patentbenutzung bzw zur Rechnungslegung über in der Vergangenheit vorgefallene Benutzungshandlungen anhält oder indem er den ihm bereits beziffert zuerkannten Schadenersatzbetrag im Wege der Pfändung oder dergleichen zwangsweise beizutreiben versucht. In einem solchen Fall geht das Rechtsschutzziel des Beklagten dahin, die ihm drohenden Zwangsvollstreckungsmaßnahmen abzuwehren.

Die Zivilprozessordnung stellt hierfür in § 767 die sogenannte Vollstreckungsabwehr- 383
klage zur Verfügung, die nicht dasjenige Verfahren fortsetzt, welches zu dem Vollstreckungstitel geführt hat, sondern einen eigenständigen neuen Rechtsstreit eröffnet.[594] Die Vollstreckungsabwehrklage beseitigt in ihrer Rechtsfolge zwar nicht den rechtskräftigen Titel als solchen, aber dessen Vollstreckbarkeit, indem gerichtlich ausgesprochen wird, dass die Zwangsvollstreckung aus dem betreffenden Urteil unzulässig ist. Richtet sich der Vollstreckungstitel gegen eine BGB-Gesellschaft, steht die Abwehrklage ausschließlich der Gesellschaft zu, aber nicht ihren Gesellschaftern.[595]

§ 767 Abs 1, 2 ZPO lautet: 384

1. Einwendungen, die den durch das Urteil festgestellten Anspruch selbst betreffen, sind 385
von dem Schuldner im Wege der Klage bei dem Prozessgericht des ersten Rechtszuges
geltend zu machen.

2. Sie sind nur insoweit zulässig, als die Gründe, auf denen sie beruhen, erst nach dem 386
Schluss der mündlichen Verhandlung, in der Einwendungen nach den Vorschriften
dieses Gesetzes spätestens hätten geltend gemacht werden müssen, entstanden sind
und durch Einspruch nicht mehr geltend gemacht werden können.

Der in den Absätzen 1 und 2 umrissene Anwendungsbereich der Vollstreckungsabwehr- 387
klage bezieht sich – kurz zusammengefasst – auf

– Einwendungen gegen den titulierten Anspruch, 388
– die nachträglich (dh nach Abschluss des Erkenntnisverfahrens) entstanden sind und 389
  aus diesem Grund mit einem regulären Rechtsmittel nicht zur Geltung gebracht werden konnten.

Als »Einwendung« ist dabei jeder erdenkliche Sachverhalt geeignet, der den rechtskräftig 390
zuerkannten materiellen Anspruch zu Fall bringt. Nachträgliche Gesetzesänderungen[596]
gehören genauso dazu wie behördliche Entscheidungen[597] oder sonstige Gründe.[598]
Nicht ausreichend ist eine bloße Änderung der höchstrichterlichen Rechtsprechung, es
sei denn, es handelt sich um einen Unterlassungsanspruch.[599]

---

594 BGH, MDR 2009, 707.
595 BGH, MDR 2016, 401.
596 BGHZ 133, 316, 323 f = NJW 1997, 1702; bestätigt in BGH, NJW 2008, 1446, 1447.
597 BGHZ 122, 1, 8 = NJW 1993, 1580; bestätigt in BGH, NJW 2008, 1446, 1447.
598 BGH, NJW 1999, 2195; bestätigt in BGH, NJW 2008, 1446, 1447.
599 BGH, GRUR 2009, 1096 – Mescher weis.

391 Übertragen auf die Situation eines Patentverletzungsurteils bedeutet dies: Mit der rückwirkenden Beseitigung des Klageschutzrechts infolge Widerrufs oder Nichtigerklärung[600] ist die Grundlage für die Verurteilung wegen Patentverletzung von Anfang an entfallen. Mangels Patents stehen dem Kläger keinerlei Ansprüche auf Unterlassung, Rechnungslegung, Vernichtung oder Schadenersatz zu. Da das – anspruchsbegründende – Klagepatent erst nach Abschluss des Verletzungsverfahrens – wenn auch mit Rückwirkung – vernichtet worden ist, dessen Wegfall also im Erkenntnisverfahren nicht mehr zur Abweisung der Verletzungsklage führen konnte[601], ist auf die Vollstreckungsabwehrklage des Beklagten hin auszusprechen, dass die weitere Zwangsvollstreckung aus dem – infolge Fortfalls des Klageschutzrechts materiell unrichtig gewordenen – Verletzungsurteil unzulässig ist.[602] Das gilt sowohl für Fälle der Vollvernichtung als auch dann, wenn das Klagepatent durch Aufnahme zusätzlicher Merkmale in den Patentanspruch oder durch einen Disclaimer in einem Maße eingeschränkt wird, dass die verurteilte Verletzungsform von dessen Schutzbereich nicht mehr erfasst wird. Ergibt sich im Nachhinein bloß eine **abweichende Patentauslegung** im Rechtsbestandsverfahren, der zufolge die Verletzungsklage hätte abgewiesen werden müssen, so ist dieser Umstand grundsätzlich belanglos. Nur wenn die fragliche Rechtsbestandsentscheidung vom BGH getroffen worden ist, handelt es sich um einen Sachverhalt, der einer geänderten höchstrichterlichen Rechtsprechung gleich zu achten ist, weswegen die Abwehrklage im Hinblick auf einen titulierten Unterlassungsanspruch gerechtfertigt ist.

392 Im Vorgriff auf die Entscheidung über die Abwehrklage kann auf Antrag des Vollstreckungsschuldners vorab die Zwangsvollstreckung aus dem Verletzungsurteil gemäß § 769 ZPO einstweilen (gegen oder ohne Sicherheitsleistung) durch Beschluss eingestellt werden.[603]

Praxistipp	Formulierungsbeispiel

393
1. Die Zwangsvollstreckung aus dem Urteil der ... Zivilkammer des Landgerichts ... vom ... (AZ: ...) wird für unzulässig erklärt.
2. Die Kosten des Rechtsstreits trägt die Beklagte.
3. Das Urteil ist gegen Sicherheitsleistung in Höhe von 110 % des zu vollstreckenden Betrages vorläufig vollstreckbar.[604]

---

600 BGH, GRUR 2016, 361 – Fugenband.
601 Befindet sich das Verletzungsverfahren im Nichtzulassungs- oder Revisionsverfahren, als das Klagepatent rechtskräftig vernichtet wurde, so muss der Wegfall des Klageschutzrechts in diesem Verfahren reklamiert werden, in dem es noch – auch von Amts wegen – berücksichtigt werden kann (BGH, GRUR 2004, 710 – Druckmaschinen-Temperierungssystem I). Gleiches gilt für den Fall einer Teilvernichtung, die die angegriffene Ausführungsform aus dem Schutzbereich des Klagepatents führen soll (BGH, GRUR 2017, 428 – Vakuumtransportsystem). Geschieht dies nicht und ist dem BGH die Vernichtung des Klagepatents auch sonst nicht bekannt, ist der Verletzungsbeklagte mit einer späteren Vollstreckungsabwehrklage wegen § 767 Abs 2 ZPO ausgeschlossen (so auch: Bacher, GRUR 2009, 216, 217).
602 BGH, GRUR 2018, 335 – Aquaflam; Ann, § 36 Rn 84; Bacher, GRUR 2009, 216, 217.
603 Die Entscheidung des LG ist – analog § 707 Abs 2 Satz 2 ZPO – nicht anfechtbar (BGH, NJW 2004, 2224), und zwar auch dann nicht, wenn der Einstellungsantrag zurückgewiesen worden ist (OLG Bremen, MDR 2006, 229).
604 ... sofern § 709 ZPO einschlägig ist.

Praxistipp	Formulierungsbeispiel
	Die Zwangsvollstreckung aus dem Urteil der ... Zivilkammer des Landgerichts ... vom ... (AZ: ...) wird einstweilen bis zur Verkündung der Entscheidung über die Vollstreckungsabwehrklage der Antragstellerin vom ... (ggf: gegen Sicherheitsleistung von ...) eingestellt.

394

In den erörterten Fallkonstellationen wird die weitere Zwangsvollstreckung zugleich eine vorsätzliche sittenwidrige Schädigung darstellen, sodass ihr auf materiell-rechtlicher Grundlage unter dem Gesichtspunkt des Urteilsmissbrauchs mit **§ 826 BGB** begegnet werden kann.

395

Beide Maßnahmen (§ 767 ZPO, § 826 BGB) sind an **keine Frist** gebunden, sondern können allenfalls unter dem Gesichtspunkt der Verwirkung zurückgewiesen werden.

396

Sobald das Urteil über die Unzulässigkeit der Zwangsvollstreckung rechtskräftig geworden ist, kann in analoger Anwendung des § 371 BGB **Herausgabe des Titels** verlangt werden.[605] Vor Eintritt der Rechtskraft gilt gleiches nur dann, wenn unstreitig oder vom Herausgabegläubiger nachgewiesen ist, dass die dem Vollstreckungstitel zugrunde liegende Schuld erloschen ist.[606] Die Herausgabe ist auch dann zu verfügen, wenn der Titel noch gegen einen anderen Schuldner ergangen ist, der als Gesamtschuldner neben dem Herausgabegläubiger haftet. Denn sobald einer der Gesamtschuldner die Schuld getilgt hat, gibt es für den Gläubiger nichts mehr zu vollstrecken.[607]

397

Für den **Streitwert** der Vollstreckungsabwehrklage kommt es darauf an, in welcher *nominellen* Höhe die Vollstreckbarkeit des Titels beseitigt werden soll. Unerheblich ist, ob der titulierte Anspruch ganz oder teilweise getilgt ist oder teilweise im Verlauf des Prozesses unstreitig geworden ist oder in welcher Höhe der Gläubiger noch vollstrecken will.[608] Neben dem Nennbetrag des Titels hat der Antrag auf Herausgabe des Titels regelmäßig keinen eigenständigen zusätzlichen Wert.[609] Titulierte Zinsen und Kosten wirken nicht streitwerterhöhend, selbst wenn sich die Abwehrklage außer gegen das Urteil auch gegen den auf dessen Grundlage erlassenen Kostenfestsetzungsbeschluss richtet.[610] Gleiches gilt für einen begleitenden Antrag auf einstweilige Einstellung der Zwangsvollstreckung.[611]

398

2. Restitutionsklage

Der mit einer Vollstreckungsabwehrklage verbundene Rechtsschutz ist freilich überall dort unzureichend, wo die mit dem Verletzungsurteil zuerkannten Ansprüche durchgesetzt waren, bevor das Klagepatent bestandskräftig widerrufen oder für nichtig erklärt worden ist. Unter derartigen Umständen geht es dem Verletzungsbeklagten naturgemäß nicht darum, aktuell bevorstehende Vollstreckungseingriffe des Patentinhabers von sich abzuwenden. Sein Anliegen ist es vielmehr, finanzielle Belastungen rückgängig zu machen, die bereits in der Vergangenheit dadurch endgültig eingetreten sind, dass das rechtskräftige Verletzungsurteil – sei es zwangsweise mit den Mitteln des Vollstreckungsrechts, sei es durch freiwillige Befolgung des rechtskräftig gewordenen Urteilsaus-

399

---

605 BGH, MDR 2008, 1236; BGH, MDR 2014, 51.
606 BGH, MDR 2008, 1236; BGH, MDR 2014, 51.
607 BGH, MDR 2014, 51.
608 BGH, MDR 2011, 505.
609 BGH, MDR 2011, 505.
610 BGH, MDR 2016, 57.
611 OLG Karlsruhe, MDR 2018, 363.

spruchs – vollzogen worden ist, und die sich nach der Vernichtung des Klageschutzrechts als materiell ungerechtfertigt erweisen.

400 Restitutionsklage kann nicht nur von dem Verletzungsbeklagten erhoben werden, sondern – in eigener Person – genauso von dessen **Streithelfer**. Das gilt jedenfalls dann, wenn er bereits im Verletzungsprozess beigetreten war und somit den Nebeninterventionswirkungen aus dem Verletzungsurteil unterliegt.[612] Erhebt zunächst der Streithelfer Restitutionsklage und zeitlich danach die von ihm unterstützte Hauptpartei, so liegt nur ein einziger Rechtsbehelf vor, nämlich derjenige der Hauptpartei. Die Restitutionsklage wird insoweit nicht anders behandelt als eine Berufung des Streithelfers, dessen Rechtsmittel von der Berufung der Hauptpartei »überholt« wird.

a) Fallgruppen

401 Bei den angesprochenen Belastungen kann es sich vordringlich um **Schadenersatzzahlungen** des Beklagten an den Schutzrechtsinhaber handeln oder um **Zwangsvollstreckungskosten**, nämlich Ordnungsgelder, die gegen den Verletzungsbeklagten festgesetzt und beigetrieben worden sind, weil er seiner titulierten Unterlassungspflicht schuldhaft zuwidergehandelt hat, oder Zwangsgelder, die der Beklagte hat aufwenden müssen, weil er seiner Rechnungslegungspflicht nicht ordnungsgemäß nachgekommen ist. Für sämtliche Zahlungen, für die mit der Vernichtung des Klagepatents die sachliche Berechtigung entfallen ist, kann das Verletzungsurteil einen Rechtsgrund für das Behalten dürfen darstellen, was einen Rückforderungsanspruch des Verletzungsbeklagten so lange ausschließt, wie das Urteil nicht förmlich beseitigt ist.

402 Eine weitere Fallgruppe bilden die **Gerichts- und Anwaltskosten** des Verletzungsprozesses. Als im Rechtsstreit unterlegener Partei sind dem Beklagten die Kosten des Verfahrens um die Patentverletzung auferlegt worden.[613] Mit Rücksicht auf die nachträgliche Vernichtung des Klagepatents, die dem Anspruchsbegehren die Grundlage entzieht, wäre eine genau entgegengesetzte, dem Verletzungsbeklagten günstige Kostenentscheidung geboten. Sie hätte nicht nur zur Konsequenz, dass der Beklagte die dem Patentinhaber entstandenen und aufgrund des Urteils erstatteten Kosten zurückverlangen könnte, sondern sie würde es dem Verletzungsbeklagten darüber hinaus erlauben, seinerseits vom Verletzungskläger die Übernahme seiner zur Rechtsverteidigung aufgewandten Kosten zu beanspruchen. Voraussetzung für ein dahingehendes Anspruchsbegehren ist freilich wiederum eine nachträgliche Änderung des rechtskräftigen Verletzungsurteils im Kostenausspruch, welches ansonsten den materiellen Rechtsgrund für die Kostenbelastung des Beklagten bildet.

b) § 580 Nr 6 ZPO

403 Vor dem Hintergrund der geschilderten Interessenlage entspricht es ganz überwiegender Meinung[614], dass die nachträgliche Vernichtung des Klagepatents eine Wiederaufnahme des rechtskräftig abgeschlossenen Verletzungsverfahrens rechtfertigt, wobei in dem wiederaufgenommenen Verfahren das verurteilende Erkenntnis aufgehoben und die Verletzungsklage (wegen Fehlens eines anspruchsbegründenden Klagepatents) abgewiesen wird. Die beschriebene Möglichkeit besteht nicht nur bei Urteilen wegen Patentverletzung, sondern gleichermaßen bei urteilsvertretenden Zurückweisungsbeschlüssen nach

---

612 OLG Düsseldorf, GRUR-RR 2020, 414 – Messsensoren II.
613 § 91 Abs 1 Satz 1 ZPO.
614 BGH, GRUR 2012, 753 – Tintenpatrone III; BGH, GRUR 2010, 996 – Bordako; OLG Düsseldorf, Urteil v 11.5.2006 – I-2 U 86/05; LG Düsseldorf, GRUR 1987, 628, 629 – Restitutionsklage; BPatG, GRUR 1980, 852 – Rotationssymmetrische Behälter; Benkard, PatG, § 139 PatG Rn 149; Ann, § 36 Rn 87.

§ 522 ZPO.[615] Sie greift überdies nicht nur ein, wenn das Klagepatent von Anfang an (ganz oder teilweise) wegfällt, sondern genauso dann, wenn es (zB infolge eines erklärten Schutzrechtsverzichts) nur ex nunc in Fortfall kommt.[616] Im zuletzt genannten Fall ist die Wiederaufnahme auf den Zeitraum seit dem Erlöschen des Patentschutzes beschränkt, sodass nur diejenigen Ansprüche wegen Patentverletzung neu zu verhandeln sind, die für eine Zeit *nach* dem Schutzrechtswegfall zuerkannt wurden; die Ansprüche für die Zeit davor bleiben dem Verletzungskläger demgegenüber – ohne erneute Prüfung – erhalten.[617]

Dogmatisch wird in den vorgenannten Fällen auf die Figur der Restitutionsklage zurückgegriffen, und zwar auf § 580 Nr 6 ZPO[618]:

Die Restitutionsklage findet statt:

...

6. wenn das Urteil eines ordentlichen Gerichts ... oder eines Verwaltungsgerichts, auf welches das Urteil gegründet ist, durch ein anderes rechtskräftiges Urteil aufgehoben ist; ...

Der genannte Tatbestand ist zwar nicht dem strengen Wortlaut der Vorschrift nach erfüllt, weil (und wenn) weder der ursprüngliche Erteilungsbeschluss des Patentamtes noch den abändernden Beschluss über den Widerruf des Klagepatents ein Gerichtsurteil im eigentlichen Sinne sind. Die Sachlage ist jedoch insofern unmittelbar vergleichbar, als das Verletzungsgericht bei seiner Entscheidung an den Erteilungsakt gebunden ist und deshalb mit dessen nachträglicher Vernichtung die Entscheidungsgrundlage genauso wegfällt wie dies bei der Aufhebung eines zB verwaltungsgerichtlichen Urteils der Fall ist, das die Basis für die Entscheidung in dem wiederaufgenommenen Verfahren gebildet hat. Selbst wenn der Verletzungsbeklagte mit einer eigenen Nichtigkeitsklage rechtskräftig gescheitert ist und es danach erst auf die Klage eines Dritten zur Vernichtung des Klagepatents kommt, profitiert er wegen der ihr eigenen **erga omnes-Wirkung** von jeder rechtskräftigen Beseitigung des Patents, die deshalb auch ihm (trotz verlorenem ersten Nichtigkeitsprozess) einen Restitutionsgrund verschafft.[619]

Ein Restitutionssachverhalt liegt dabei nicht nur bei einer vollständigen Vernichtung des Klagepatents vor, sondern gleichermaßen dann, wenn das der Verletzungsklage zugrunde gelegte Patent nachträglich eine solche **Einschränkung** erfahren hat, dass die angegriffene Ausführungsform von dessen Schutzbereich nicht mehr erfasst wird.[620] In Fällen der Anspruchsbeschränkung ist eine Restitutionsklage selbst dann möglich, wenn zwar nicht die Verurteilung als solche (zugunsten einer Abweisung der Verletzungsklage) beseitigt werden kann (weil die verurteilte Ausführungsform auch von der eingeschränkten Fassung des Klagepatents Gebrauch macht), aber der konkrete, dem erteilten Patentanspruch folgende Urteilsausspruch mit der Teilvernichtung des Klagepatents seine Berechtigung verloren hat. Sie ist deswegen auch mit dem Ziel statthaft, eine Beschränkung des Urteilstenors nach Maßgabe der geltenden Fassung des Klagepatents zu erreichen, um etwaige Abwandlungen, die nur von der erteilten Anspruchsfassung Gebrauch machen und deswegen gemeinfrei sind, aus dem Vollstreckungstitel zu bringen.

---

615 BGH, GRUR 2010, 996 – Bordako.
616 BGH, GRUR 2010, 996 – Bordako.
617 BGH, GRUR 2010, 996 – Bordako.
618 BGH, GRUR 2012, 753 – Tintenpatrone III; BGH, GRUR 2010, 996 – Bordako.
619 OLG Düsseldorf, Urteil v 26.6.2014 – I-2 UH 1/14; die Nichtzulassungsbeschwerde hat der BGH mit Beschluss v 24.3.2015 (X ZR 61/14) zurückgewiesen.
620 BGH, GRUR 2012, 753 – Tintenpatrone III; BGH, GRUR 2017, 428 – Vakuumtransportsystem.

G. Sonstige Verfahren

408 Ergibt sich nach rechtskräftigem Abschluss des Verletzungsverfahrens eine **abweichende Patentauslegung** im Rechtsbestandsverfahren, bei deren Anwendung der Verletzungsrechtsstreit anders hätte entschieden werden müssen, so liegt darin kein Restitutionsgrund. Denn der Erteilungsakt bleibt in seinem Inhalt unverändert derselbe; hinzugekommen ist nur die gerichtliche Erkenntnis, wie der Patentanspruch zutreffender Weise von Anfang an hätte interpretiert werden müssen.

409 (Teil-)Vernichtungsentscheidung muss in jedem Fall aber rechtskräftig, dh unanfechtbar sein, um ein Restitutionsverfahren rechtfertigen zu können. Eine Klage, die auf eine Vernichtungsentscheidung gestützt wird, die spätestens im Zeitpunkt der letzten mündlichen Verhandlung noch keine Rechtskraft erlangt hat, ist deswegen unzulässig und abzuweisen.[621] Eine **Aussetzung** des Wiederaufnahmeverfahrens gemäß § 148 ZPO bis zur abschließenden Erledigung des Einspruchs- oder Nichtigkeitsverfahrens kommt wegen der gegebenen Entscheidungsreife (aufgrund mangelnder Statthaftigkeit) nicht infrage.[622]

c) Zuständigkeit

410 Die – ausschließliche – (sachliche und örtliche) Zuständigkeit für die Behandlung einer Restitutionsklage richtet sich danach, wessen Urteil (dh sachliches Erkenntnis) angefochten wird (§ 584 ZPO):

411 – Wird das landgerichtliche Urteil ohne Einlegung eines Rechtsmittels rechtskräftig, ist das fragliche Landgericht anzurufen.

412 – Das gleiche gilt, wenn zwar ein Berufungs- oder Sprungrevisionsverfahren stattfindet, dieses jedoch ohne eine Sachentscheidung des Rechtsmittelgerichts endet, weil das Rechtsmittel als unzulässig verworfen wird.

413 – Ergeht hingegen eine sachliche Berufungsentscheidung, ohne dass anschließend der weitere Rechtszug (NZB, Revision) ausgeschöpft wird, ist die Restitutionsklage beim Berufungsgericht anzubringen. Hierbei spielt es keine Rolle, ob die Entscheidung des Berufungsgerichts das landgerichtliche Erkenntnis bestätigt oder abändert.

414 – Bei der Restitutionszuständigkeit des Berufungsgerichts verbleibt es in den Fällen des § 580 Nr 6 ZPO auch dann, wenn sich ein Nichtzulassungsbeschwerde- oder Revisionsverfahren anschließt, wobei es unbeachtlich ist, ob das Rechtsmittel als zulässig und/oder begründet beurteilt worden ist oder nicht.

d) Subsidiarität

415 Wegen der Hilfsnatur der Restitutionsklage steht sie nicht zur Verfügung, wenn der Restitutionsgrund im Erkenntnisverfahren hätte geltend gemacht werden können (§ 582 ZPO), zB im Verfahren der Nichtzulassungsbeschwerde oder Revision, ggf kombiniert mit einem Wiedereinsetzungsantrag[623], und dies schuldhaft unterblieben ist. Wesentlich hierbei ist, dass den Verletzungsbeklagten die Obliegenheit trifft, einen vollständigen oder zur Nichtverletzung führenden Teilwegfall des Klageschutzrechts in einem noch offenen Erkenntnisverfahren geltend zu machen, sofern er entsprechende Kenntnis vom Rechtsbestand und der Konstruktion und Wirkungsweise der angegriffenen Ausführungsform hat.[624]

---

621 OLG Düsseldorf, GRUR-RR 2011, 122 – Tintenpatronen.
622 OLG Düsseldorf, GRUR-RR 2011, 122 – Tintenpatronen.
623 Vgl BGH, Mitt 2011, 24 – Crimpwerkzeug IV; für die Teilvernichtung und deren mangelndem Vortrag im laufenden Nichtzulassungsbeschwerdeverfahren vgl OLG Düsseldorf, BeckRS 2013, 11702 – Vakuumtransportsystem; BGH, GRUR 2017, 428 – Vakuumtransportsystem.
624 BGH, GRUR 2017, 428 – Vakuumtransportsystem.

Der Restitutionsgrund muss spätestens während der noch laufenden Rechtsmittelfrist 416
entstanden sein, weil er dann noch durch Rechtsmitteleinlegung (die nach § 582 ZPO
geschuldet ist) zum Gegenstand des Erkenntnisverfahrens gemacht werden kann.[625] Keinen Fall des § 582 ZPO stellt es dar, wenn der Beklagte das gegen ihn ergangene erstinstanzliche Verletzungsurteil rechtskräftig werden lässt und es erst danach (aufgrund einer
während des Verletzungsprozesses bereits laufenden oder nach dessen Abschluss erhobenen Nichtigkeitsklage) zur Vernichtung des Klagepatents kommt.[626] Denn »Restitutionsgrund« ist nicht die **Vernicht*barkeit*** des Klagepatents, sondern dessen rechtskräftige
Vernichtung, und dieser Grund entstand erst zu einem Zeitpunkt, zu dem er nicht mehr
in das bereits abgeschlossene Erkenntnisverfahren des Verletzungsprozesses eingeführt
werden konnte.

Zum **Verschuldensvorwurf** bedarf es der Feststellung, dass der Kläger positive Kenntnis 417
vom Restitutionsgrund (zB der rechtskräftigen Teilvernichtung des Klagepatents und
der dadurch bedingten Nichtbenutzung) hatte und dessen Vorbringen in dem früheren
Verfahren (zB der Nichtzulassungsbeschwerde) Aussicht auf Erfolg gehabt hätte.[627]
Bereits leichte Fahrlässigkeit schadet, wobei der Restitutionskläger für sein mangelndes
Verschulden beweispflichtig ist.[628] Fahrlässigkeiten des Anwaltes werden der Partei
zugerechnet.[629]

e) Klagefristen

Im Interesse des Rechtsfriedens ist die mit der Wiederaufnahme verbundene Durchbre- 418
chung der Rechtskraft eines Urteils allerdings an die strikte Einhaltung von **Fristen**
gebunden. Die Restitutionsklage muss binnen eines Monats nach Kenntnis vom Restitutionsgrund (sic: der bestandskräftigen Vernichtung des Klagepatents) erhoben werden,
wobei die Zustellung an den Anwalt des Erkenntnisverfahrens zu erfolgen hat. Die Restitutionsklage ist ausgeschlossen, wenn seit der Rechtskraft des Verletzungsurteils fünf
Jahre verstrichen sind.[630] Außerhalb der besagten Fristen bleibt ein Vorgehen nach § 767
ZPO, § 826 BGB möglich.

aa) Monatsfrist

Ist die das Klagepatent vernichtende Entscheidung mit einem regulären Rechtsmittel 419
anfechtbar, ohne dass ein solches eingelegt wird, tritt die formelle (und als Folge dessen
auch die materielle) **Rechtskraft** mit Ablauf der im Gesetz vorgesehenen Rechtsmittelfrist ein. Ergeht die Vernichtungsentscheidung letztinstanzlich und ist sie deshalb nicht
mehr angreifbar, tritt Rechtskraft bereits mit dem Wirksamwerden des betreffenden
Erkenntnisses ein. Soweit die Entscheidung verkündet wird, bestimmt sich die Rechtskraft deshalb nach dem Verkündungsdatum (und nicht nach dem Tag der späteren

---

625 OLG Düsseldorf, Urteil v 16.1.2014 – I-2 U 19/13.
626 OLG Düsseldorf, Urteil v 16.1.2014 – I-2 U 19/13.
627 OLG Düsseldorf, BeckRS 2013, 11702 – Vakuumtransportsystem; BGH, GRUR 2017, 428 – Vakuumtransportsystem. Soweit der BGH im Entscheidungsfall das Verschulden verneint, kann das freilich nicht überzeugen. Wenn es nur darauf ankommt, ob es aus der Sicht des Beklagten *Aussicht auf Erfolg* hatte, die Nichtbenutzung des eingeschränkten Patents im laufenden Nichtzulassungsbeschwerdeverfahren geltend zu machen, und eine Möglichkeit hierzu – wie der BGH einräumt – tatsächlich bestand, hätte der Beklagte diesen Weg beschreiten müssen, selbst wenn die betreffende Konstellation vom BGH noch nicht ausdrücklich entschieden war, sich deren Handhabung aber auf der Grundlage der bisherigen Rechtsprechung zur Revisionszulassung, diese »geradeaus« zu Ende gedacht, ergab.
628 BGH, NJW-RR 2013, 833.
629 OLG Düsseldorf, BeckRS 2013, 11702 – Vakuumtransportsystem; BGH, NJW-RR 2013, 833.
630 § 586 Abs 1, 2 ZPO.

Zustellung der schriftlich abgesetzten Gründe)[631]; hat eine Verkündung nicht stattgefunden (weil im schriftlichen Verfahren entschieden worden ist), hängt der Eintritt der Rechtskraft von der zeitlich letzten Zustellung an einen Verfahrensbeteiligten ab. Bedeutsam sind die zuletzt dargelegten Regeln für die Rechtsbeschwerde- und Nichtigkeitsberufungsentscheidungen des BGH sowie die Einspruchsbeschwerdeentscheidungen der Technischen Beschwerdekammern des EPA, sofern mit ihnen nicht nur das angefochtene Erkenntnis aufgehoben und die Sache zur erneuten Prüfung und Entscheidung an die Vorinstanz zurückverwiesen, sondern die Angelegenheit abschließend (im Sinne eines kompletten Widerrufs oder einer beschränkten Aufrechterhaltung) beschieden worden ist. In Fällen der **Zurückverweisung** ist zu differenzieren:

420 – Von einer eigenen Sachentscheidung im zuletzt erörterten Sinne ist nicht schon dann auszugehen, wenn die Technische Beschwerdekammer die Sache an die Einspruchsabteilung mit der Anordnung zurückgegeben hat, das Patent in geändertem Umfang mit **bestimmten Ansprüchen**, einer bestimmten **Beschreibung** und bestimmten **Zeichnungen** aufrecht zu erhalten. Zwar ist die endgültige Entscheidung darüber, mit welchem – genau festgelegten – Inhalt sich das Schutzrecht als bestandskräftig erweist und seine gesetzlichen Ausschließlichkeitswirkungen entfaltet, bereits von der Beschwerdekammer getroffen worden, welche der Einspruchsabteilung mit der Zurückverweisung keinerlei eigenen Prüfungs- und Entscheidungsspielraum mehr überlassen, sondern sie ausschließlich für rein administrative Maßnahmen herangezogen hat, die bei der Aufrechterhaltung eines Patents mit geändertem Inhalt zu beachten sind. Dennoch entscheidet nach Auffassung des BGH[632] über den Lauf der Monatsfrist der Zeitpunkt, zu dem formell in den Bestand des Patents eingegriffen wird, und dieser Eingriff vollzieht sich erst mit der Entscheidung, die die Einspruchsabteilung im Anschluss an die Zurückverweisung trifft.

421 – Daraus folgt, dass die Restitutionsklage in jedem Fall erst nach Rechtskraft der Einspruchsentscheidung sinnvoll erhoben werden kann[633], die im Anschluss an die Zurückverweisung ergeht. Zwar hat der Restitutionsberechtigte bisweilen ein erhebliches Interesse daran, das durch einen Teilwiderruf bzw die Teilvernichtung des Klagepatents unrichtig gewordene Verletzungsurteil möglichst bald aus der Welt zu schaffen und deshalb mit einem Wiederaufnahmeverfahren nicht unter allen Umständen warten zu müssen, bis die Einspruchsabteilung die ihr aufgetragene Anspruchs- und/oder Beschreibungsanpassung rechtskräftig vorgenommen hat. Die beschriebene Interessenlage wird immer dann bestehen, wenn die von der Beschwerdekammer vorgenommene Beschränkung der Patentansprüche – ggf ohne dass es noch irgendeiner Erläuterung durch die Patentbeschreibung bedürfte – die verurteilten Verletzungsformen eindeutig patentfrei stellt (zB weil Bauteile in den Patentanspruch aufgenommen worden sind, über die die angegriffene Ausführungsform unstreitig nicht verfügt). Nach der Rechtsprechung des BGH besteht gleichwohl keine Möglichkeit, die **Restitutionsklage** bereits **vor** dem **Beginn der Monatsfrist** in zulässiger Weise zu erheben (und über sie zu entscheiden), weil ein Restitutionsgrund, der die Aufhebung des Verletzungsurteils rechtfertigen könnte, eben frühestens vorliegt, wenn die Anpassungsentscheidung rechtskräftig geworden ist.

---

631 OLG München, GRUR-RR 2021, 47 – indischer Weihrauch.
632 BGH, GRUR 2012, 753 – Tintenpatrone III.
633 AA: BGH, GRUR 2012, 753 – Tintenpatrone III, der eine Klageerhebung schon vor Eintritt der Rechtskraft der Entscheidung über den Rechtsbestand für zulässig hält. Nicht gesagt wird, wie in einem solchen Fall weiter zu verfahren ist, weil jedenfalls eine gerichtliche Entscheidung über die Restitutionsklage so lange nicht möglich sein kann, wie die Rechtsbestandsentscheidung keine Rechtskraft erlangt hat.

– Gleiches gilt erst recht, wenn die Technische Beschwerdekammer der Einspruchsabteilung die Aufrechtrechterhaltung des Patents mit näher bezeichneten Ansprüchen sowie einer **von** ihr (der **Einspruchsabteilung**) daran **anzupassenden Beschreibung** aufgegeben hat. Unter derartigen Umständen ist mit der Beschwerdekammerentscheidung lediglich über die Fassung der Patentansprüche rechtskräftig entschieden, nicht dagegen über den von der Einspruchsabteilung erst noch im Detail auszuarbeitenden Beschreibungstext, welcher Gegenstand eines weiteren Einspruchsbeschwerdeverfahrens sein kann. 422

An dem Eintritt der Rechtskraft mit Verkündung der Beschwerdekammerentscheidung ändert nichts, dass **Art 112a EPÜ** in Bezug auf Erkenntnisse, die nach dem Inkrafttreten des EPÜ 2000 (dh dem 13.12.2007) ergangen sind und denen ein besonders schwerwiegender, in der Vorschrift enumerativ aufgezählter Mangel anhaftet, einen Antrag auf Überprüfung durch die Große Beschwerdekammer vorsieht. Es handelt sich hierbei nicht um ein reguläres Rechtsmittel, sondern um einen außerordentlichen Rechtsbehelf, der die Rechtskraft der angegriffenen Entscheidung nicht hinausschiebt, sondern durchbricht.[634] Hat der Überprüfungsantrag Erfolg, sodass das (rechtskräftig abgeschlossen gewesene) Beschwerdeverfahren wieder aufgenommen wird, so ergeht eine abermalige Entscheidung der Technischen Beschwerdekammer, die einen *neuen* Restitutionssachverhalt mit der ihm *eigenen* Restitutionsfrist in Gang setzt.[635] 423

bb) Kenntnis

Zu der – gerade erörterten – rechtskräftigen Vernichtungsentscheidung muss für den Beginn der Klagefrist in subjektiver Hinsicht die Kenntnis von den die Wiederaufnahme rechtfertigenden Umständen (sic: der bestandskräftigen Komplett- oder Teilvernichtung des Klagepatents) hinzutreten. Sie hat bei der von dem Verletzungsurteil betroffenen Partei selbst bzw ihrem gesetzlichen Vertreter vorhanden zu sein[636], wobei dem positiven Wissen jeweils das bewusste Verschließen vor der Kenntnisnahme gleichsteht.[637] 424

Keine Probleme bereitet die besagte Voraussetzung, wenn der **Verletzungsbeklagte** bzw dessen Vertretungsorgan bei der fristauslösenden Verkündung der Einspruchsbeschwerde-, Rechtsbeschwerde-[638] oder Nichtigkeitsberufungsentscheidung persönlich **zugegen** war **und das Schutzrecht komplett vernichtet** wurde.[639] 425

Problematisch ist demgegenüber die (auch eine Vollvernichtung umfassende) Konstellation, dass der **Verletzungsbeklagte** bei der Verkündung **nicht** selbst **zugegen** war oder die Klagefrist durch den Ablauf der mit Zustellung der schriftlich abgesetzten Vernichtungsentscheidung in Lauf gesetzten Rechtsmittelfrist bestimmt wird und sich der Verletzungsbeklagte im Rechtsbestandsverfahren anwaltlich hat vertreten lassen. Hier kann es für die Einhaltung der Frist im Einzelfall darauf ankommen, ob bereits die Zustellung der Einspruchs- oder Nichtigkeitsentscheidung an den Anwalt bzw dessen Kenntnis von der in seiner Gegenwart erfolgten Entscheidungsverkündung für die Klagefrist relevant ist oder ob es für die Fristberechnung stattdessen auf den späteren Zeitpunkt ankommt, 426

---

634 Schulte, Anh zu § 73, Art 112a EPÜ Rn 4.
635 Das anhängige Verfahren nach Art 112a EPÜ rechtfertigt deswegen keine Aussetzung des in Bezug auf die ursprüngliche Einspruchsbeschwerdeentscheidung angestrengten Restitutionsverfahrens, dessen Frist versäumt ist.
636 BGH, MDR 1978, 1015.
637 BGH, NJW 1993, 1596 f; BGH, NJW 1995, 332 f; BAG, NZA 2003, 453.
638 Im Allgemeinen entscheidet der BGH über Rechtsbeschwerden im schriftlichen Verfahren, sodass es in der Praxis regelmäßig nicht zu einer Verkündung der Entscheidung kommt.
639 OLG München, GRUR-RR 2021, 47 – indischer Weihrauch.

zu dem die Partei infolge Informationserteilung⁶⁴⁰ durch ihren Rechtsanwalt von der Vernichtungsentscheidung erfährt.

427 In der Rechtsprechung des BGH wird eine **Wissenszurechnung** nur unter engen Voraussetzungen zugelassen. Ein Rückgriff auf die materiell rechtliche Vorschrift des § 166 BGB wird aus grundsätzlichen Erwägungen abgelehnt.⁶⁴¹ Für die Zurechnung genügt auch noch nicht der Umstand, dass sich die dem Anwalt erteilte Prozessvollmacht gemäß § 81 Halbsatz 1 ZPO im Außenverhältnis auf ein nachfolgendes Wiederaufnahmeverfahren und die dafür erforderlichen Prozesshandlungen erstreckt.⁶⁴² Gefordert wird vielmehr, dass der Rechtsanwalt zu der Zeit, zu der er Kenntnis von dem Bestehen des Restitutionsgrundes erhält, von der Partei beauftragt war, sie in dieser Beziehung zu vertreten. Mit Blick auf das Wiederaufnahmeverfahren muss eine Vollmacht also auch für das Innenverhältnis festgestellt werden.⁶⁴³ Von ihr ist ohne weiteres auszugehen, wenn dem im Einspruchs- oder Nichtigkeitsverfahren beteiligten Anwalt bereits während des laufenden Rechtsbestandsverfahrens für den Fall einer späteren rechtskräftigen Vernichtung des Klagepatents das Mandat erteilt worden ist, zu gegebener Zeit die Wiederaufnahme des Verletzungsprozesses zu betreiben. Häufig wird ein solcher Auftrag indessen nicht gegeben sein, sodass es bei dem Grundsatz verbleibt, dass das Mandat zur Führung eines Rechtsstreits mit der Übersendung der Instanz beendenden Entscheidung durch den Anwalt und ggf der Belehrung über die Voraussetzungen zur Einlegung eines Rechtsmittels endet.⁶⁴⁴ Findet im Einspruchs- oder Nichtigkeitsverfahren eine Vertretung ausschließlich durch einen Patentanwalt statt, kommt die erforderliche Mandatserteilung für ein anschließendes Wiederaufnahmeverfahren schon aus Rechtsgründen nicht in Betracht, weil es sich beim Restitutionsverfahren um einen Anwaltsprozess handelt⁶⁴⁵, für den Patentanwälte nicht vertretungsberechtigt sind.

428 In den vorstehend diskutierten Sachverhaltskonstellationen wird eine Wissenszurechnung dennoch vielfach geboten sein. Trotz fehlender Mandatierung im oben erläuterten Sinne ist sie vom Bundesgerichtshof⁶⁴⁶ bereits für den Fall zugelassen worden, dass die Partei einen zur Erhebung der Restitutionsklage postulationsfähigen Rechtsanwalt beauftragt hat, Strafanzeige zu erstatten, und dieser Auftrag der Vorbereitung des angestrebten Restitutionsverfahrens nach § 580 Nr 3 ZPO (»*Die Restitutionsklage findet statt: ... 3. wenn bei einem Zeugnis oder Gutachten, auf welches das Urteil gegründet wird, der Zeuge oder Sachverständige sich einer strafbaren Verletzung der Wahrheitspflicht schuldig gemacht hat.*«) diente.⁶⁴⁷ Zur Begründung hebt der BGH darauf ab, dass der Restitutionsgrund des § 580 Nr 3 ZPO – wie sich aus § 581 ZPO ergibt – nur dann eine Wiederaufnahme gestattet, wenn wegen der Straftat eine rechtskräftige Verurteilung des Zeugen oder Sachverständigen ergangen ist oder wenn die Einleitung und Durchführung eines Strafverfahrens aus anderen Gründen als wegen Mangels an Beweis nicht erfolgen kann. In Anbetracht der engen Verknüpfung zwischen dem »Vorschaltverfahren« des § 581 ZPO einerseits und der Klagefrist des § 586 ZPO andererseits sei es geradezu eine der wichtigsten Pflichten des mit der Erstattung der Strafanzeige beauftragten Rechtsanwal-

---

640 ZB: Zugang eines anwaltlichen Terminberichts, Weiterleitung der schriftlichen Entscheidung an den Mandanten. Beides ist nach Aufforderung durch das Gericht glaubhaft zu machen (§§ 589 Abs 2, 294 ZPO). Eine Aufforderung hierzu ist auch dann möglich, wenn der Restitutionsbeklagte keine Rüge erhebt, jedoch aus Sicht des Gerichts Bedenken gegen die Fristwahrung bestehen (BGH, GRUR 2010, 996 – Bordako).
641 BGH, MDR 1978, 1015.
642 BGHZ 31, 351, 354; BGH, MDR 1978, 1015.
643 BGH, MDR 1978, 1015.
644 BGH, MDR 1978, 1015.
645 §§ 78 Abs 1, 584 Abs 1 ZPO, § 143 Abs 1 PatG.
646 BGH, MDR 1978, 1015.
647 BGH, MDR 1978, 1015.

tes, sich mit der Klagefrist zu befassen, seinen Mandanten rechtzeitig vom Ergebnis des Ermittlungs- bzw Strafverfahrens zu unterrichten und notfalls die in dessen Interesse erforderlichen Schritte zu unternehmen.[648]

Eine hiermit unmittelbar vergleichbare Sachlage ist bei rechtskräftiger Verurteilung des Verletzungsbeklagten gegeben, wenn das Einspruchs- oder Nichtigkeitsverfahren noch andauert und der im Rechtsbestandsverfahren tätige Anwalt um die Verurteilung im Verletzungsprozess weiß. Mit Rücksicht auf die bestehende Bindung des Verletzungsgerichts an den Erteilungsakt hängt die Möglichkeit, das Verletzungsurteil gemäß § 580 Nr 6 ZPO zu beseitigen, nämlich genauso von der bestandskräftigen Vernichtung des Klagepatents im parallelen Rechtsbestandsverfahren ab wie die auf § 580 Nr 3 ZPO gestützte Restitutionsklage davon abhängt, dass die Verantwortlichkeit des Zeugen oder Sachverständigen in einem strafrechtlichen Verfahren rechtskräftig festgestellt wird. Nicht anders als dort ist es deshalb auch hier die selbstverständliche Pflicht des im Einspruchs- oder Nichtigkeitsverfahren mitwirkenden Rechts- oder Patentanwaltes, den Verletzungsbeklagten unverzüglich über einen Ausgang des Rechtsbestandsverfahrens zu unterrichten, der die Restitutionsklage eröffnet, was es wiederum erlaubt, dem Verletzungsbeklagten die Kenntnis seines Anwaltes von der Vernichtungsentscheidung zuzurechnen. Keine entscheidende Rolle spielt in diesem Zusammenhang, ob der Verletzungsbeklagte seinen Willen zur Restitutionsklage gegenüber seinem anwaltlichen Vertreter besonders artikuliert hat. Auch wenn es daran fehlen sollte, versteht es sich in aller Regel von selbst, dass das kostspielige Einspruchs- oder Nichtigkeitsverfahren vom Verletzungsbeklagten nicht uneigennützig im Allgemeininteresse geführt, sondern im eigenen geschäftlichen Interesse zu dem Zweck betrieben wird, den Vorwurf der Patentverletzung auszuräumen und die damit zusammenhängenden Ansprüche zu Fall zu bringen. Sobald der Verletzungsprozess rechtskräftig zu Lasten des Beklagten entschieden ist, kommt solches nur noch im Wege einer Wiederaufnahme in Betracht. Eine Fortsetzung des Rechtsbestandsverfahrens über die Rechtskraft des Verletzungsurteils hinaus macht insofern hinreichend die Absicht des Verletzungsbeklagten klar, das ihm ungünstige Urteil im Falle einer Vernichtung des Klagepatents mit einer – aufgrund der prozessualen Lage allein möglichen – Restitutionsklage zu beseitigen.

429

Beruht der nachträgliche Wegfall des Klagepatents auf einem **Verzicht** des Schutzrechtsinhabers, kann dem Restitutionskläger nicht vorgehalten werden, bei Überwachung des Patentregisters habe er zu einem Zeitpunkt außerhalb der Monatsfrist Kenntnis vom Erlöschen des Patents haben können. Regelmäßig trifft den verurteilten Verletzer nämlich keine Pflicht, sich ständig hinsichtlich des Fortbestandes des gegen ihn geltend gemachten Schutzrechts zu vergewissern.[649]

430

Hat das rechtskräftig abgeschlossene Rechtsbestandsverfahren lediglich zu einer **Teilvernichtung** des Schutzrechts geführt, kann eine Kenntnis des Restitutionsklägers davon, dass mit ihr die Grundlagen für das gegen sie erstrittene Verletzungsurteil fortgefallen sind, nur angenommen werden, wenn die mangelnde Berechtigung des Verletzungsvorwurfs auf *gesicherter* Grundlage abzusehen ist.[650] Ob sich das erforderliche Wissen bereits aus der verkündeten Entscheidungsformel als solcher ergibt oder ob es hierzu ergänzend der schriftlichen Entscheidungsgründe bedarf, hängt von den Umständen des Einzelfalles ab. Für den Regelfall, in dem die Teilvernichtung mit der Aufnahme zusätzlicher Anspruchsmerkmale verbunden ist, wird sich der Sachverhalt hinlänglich aus der Spruchformel ergeben, erst recht, wenn der Verletzer (zB im Rahmen der Diskussion von insbesondere wenn-Anträgen) schon deren Benutzung bestritten hatte. Anderes mag

431

---

648 BGH, MDR 1978, 1015.
649 BGH, GRUR 2010, 996 – Bordako.
650 OLG München, GRUR-RR 2021, 47 – indischer Weihrauch.

gelten, wenn ohne Zurhilfenahme der Entscheidungsgründe Unklarheiten darüber herrschen können, wie das Zusatzmerkmal zu interpretieren ist, sofern eine Auslegung in Betracht kommt, bei der die Verletzungsform nicht aus der Patentbenutzung herausgelangt.

cc) Fünfjahresfrist

432 Unabhängig von jeder Kenntnis und Erkenntnismöglichkeit ist die Restitutionsklage ausgeschlossen, wenn seit dem Eintritt der Rechtskraft des im Wiederaufnahmeverfahren zu beseitigenden (Verletzungs-)Urteils fünf Jahre verstrichen sind. Hinter der Regelung steht der Gedanke, dass, genauso wie der Instanzenzug begrenzt und durch Rechtsmittelfristen limitiert ist, auch die Möglichkeit zur Durchbrechung der Rechtskraft gerichtlicher Entscheidungen befristet sein muss, damit zu irgendeinem Zeitpunkt – selbst um den Preis materieller Einzelfallgerechtigkeit – Rechtsfrieden einkehren kann.

433 Der Ausschluss gilt selbst dann, wenn innerhalb der absoluten Fünfjahresfrist ein endgültiges Erkenntnis im Rechtsbestandsverfahren, ohne dass dem Restitutionsberechtigten insoweit ein Vorwurf zu machen ist, nicht zu erwarten steht.[651] Zu denken ist beispielsweise an die Situation, dass der Verletzungstatbestand unbestreitbar war, weswegen gegen das der Klage stattgebende erstinstanzliche Verletzungsurteil kein Rechtsmittel eingelegt wurde, das bereits im Zuge des Verletzungsverfahrens angegriffene Klagepatent erstinstanzlich vernichtet wurde, sich das Berufungsverfahren beim BGH jedoch (aufgrund der dort bekannt langen Verfahrensdauer) über das Fristende hinaus verzögert. Auch im vorliegenden Zusammenhang ist das oben bereits erwähnte »Vorschaltverfahren« des § 581 ZPO von Bedeutung. Mit ihm hat der Gesetzgeber die Beendigung eines weiteren Verfahrens mit bestimmtem Ausgang zur Voraussetzung für die Restitutionsklage gemacht, ohne insoweit von der absoluten Fünfjahresfrist abzurücken. Dieser Sachverhalt ist deshalb bemerkenswert, weil es offensichtlich außerhalb der Einflusssphäre des Restitutionsberechtigten liegt, wann es im Einzelfall zu einer rechtskräftigen strafrechtlichen Verurteilung kommt. Letztere kann sich zB dadurch verzögern, dass die Straftat als solche erst spät entdeckt wird oder dass das rechtzeitig in Gang gesetzte Strafverfahren aus anderweitigen, vom Restitutionsberechtigten nicht zu beeinflussenden Gründen nicht beizeiten zum Abschluss gebracht wird. In seiner Rechtsprechung hat der BGH[652] – folgerichtig – einen durch Fristablauf bewirkten Verlust des Klagerechts bejaht, wenn das erforderliche Strafverfahren, sei es auch ohne jedes Verschulden des Restitutionsberechtigten, innerhalb von fünf Jahren seit Eintritt der Rechtskraft des zu beseitigenden Urteils nicht beendet worden ist. Dieses Resultat kann nicht dadurch umgangen werden, dass eine vor Rechtskraft der (Teil-)Vernichtungsentscheidung – unzulässig – erhobene Restitutionsklage gemäß § 148 ZPO ausgesetzt wird, bis das Rechtsbestandsverfahren abgeschlossen ist.[653]

Praxistipp	Formulierungsbeispiel
434 Für die Praxis empfiehlt es sich nach allem unbedingt, den Verletzungsprozess so lange offen zu halten, bis über den Rechtsbestand des Klagepatents endgültig entschieden ist.	

---

651 OLG Düsseldorf, GRUR-RR 2011, 122 – Tintenpatronen.
652 BGHZ 50, 115, 120 f.
653 OLG Düsseldorf, GRUR-RR 2011, 122 – Tintenpatronen. AA: Bacher, GRUR 2009, 216, 219.

dd) Gerichtskostenvorschuss

Von der – in Rechtsprechung und Literatur streitigen[654] – Einordnung der Restitutions- 435
klage als »Klage« oder »Rechtsbehelf« hängt es ab, ob bei ihrer Erhebung ein Gerichtskostenvorschuss nach § 12 GKG zu zahlen ist.[655] Geschieht dies nicht innerhalb oder
»demnächst« (§ 167 ZPO)[656] nach Ablauf der Monatsfrist, führt dies zur Unzulässigkeit
des Wiederaufnahmebegehrens.

ee) Streitwert

Der Gegenstandswert des Restitutionsverfahrens entspricht dem Wert der Urteilsbe- 436
schwer, soweit diese nach dem Aufhebungsantrag beseitigt werden soll.[657] Maßgeblich
ist also der Streitwert des Vorprozesses, soweit er auf die zuerkannten und im Wiederaufnahmeverfahren aus der Welt zu schaffenden Ansprüche entfällt. Ist die Verletzungsform
gleichzeitig aus einem anderen Schutzrecht (desselben oder eines anderen Inhabers) verurteilt, sodass die fragliche Vorrichtung mit dem Erfolg der beantragten Restitution noch
nicht »frei« wird, führt dies nicht zu einer Herabsetzung des Streitwertes für die Restitutionsklage.[658]

ff) Anerkenntnis

§ 93 ZPO ist in Restitutionssachen nicht anwendbar.[659] Die Vorschrift kommt nur dort 437
zum Zuge, wo ein Anerkenntnis nach § 307 ZPO möglich ist. Dies wird für Gestaltungs-
klagen verneint, zu denen das Wiederaufnahmeverfahren, bei dessen Erfolg ein gestalten-
des Urteil ergeht, gehört.[660] Die Restitutionsklage ist insofern gleich zu behandeln mit
der Drittwiderspruchs- und Vollstreckungsabwehrklage. Für den Restitutionskläger
bedeutet dies, dass er, um einer Kostenhaftung zu entgehen, keine vorgerichtliche
Anfrage an den Restitutionsgegner richten muss.

gg) Rechtsschutzbedürfnis

Für die Restitutionsklage bedarf es keines besonderen **Rechtsschutzinteresses**; es ergibt 438
sich ohne weiteres schon daraus, dass zu Lasten des Restitutionsklägers ein ihn belasten-
des Urteil in der Welt ist, das sachlich unrichtig geworden und daher auch formal zu
beseitigen ist. Der Verletzungskläger kann dem Restitutionsverfahren aus diesem Grund
nicht dadurch entgehen, dass er verbindlich auf seine Rechte aus dem rechtskräftigen

---

654 Zum Meinungsstand vgl OLG Düsseldorf, Urteil v 7.4.2011 – I-2 U 102/10.
655 Mit dem 2. KostRModG ist der in § 12 Abs 2 GKG enthaltene Katalog derjenigen Verfahren, in
denen die Zahlung von Gerichtsgebühren keine Voraussetzung für die Zustellung des verfahrenseinleitenden Schriftstücks ist, um den Tatbestand der Restitutionsklage nach § 580 Nr 8 ZPO erweitert
worden. Daraus wird zu schließen sein, dass es für alle anderen Fälle der Restitutionsklage bei der
Regel des § 12 Abs 1 GKG verbleiben soll.
656 Dies verlangt nach BGH (MDR 2015, 1028; MDR 2015, 1284), dass sich die der Partei zuzurechnen-
den Verzögerungen in einem hinnehmbaren Rahmen halten, was grundsätzlich eine Dauer von
14 Tagen nicht überschreitet. Maßgeblich ist insoweit nicht die Zeitspanne zwischen der Aufforderung zur Einzahlung der Gerichtskosten und deren Eingang bei der Justizkasse; vielmehr kommt
es darauf an, um wie viele Tage sich der für die Zustellung der Klage ohnehin erforderliche Zeitraum
infolge der Nachlässigkeit des Klägers verzögert hat. Wurde der Kostenvorschuss verfahrenswidrig
nicht von der klagenden Partei selbst, sondern über deren Anwalt angefordert, ist die damit einhergehende, der Partei nicht zuzurechnende Verzögerung im Allgemeinen mit 3 Werktagen zu veranschlagen. Dem Kläger kann nicht abverlangt werden, an Wochenenden, Feiertagen, Heiligabend und
Silvester für die Einzahlung des Kostenvorschusses Sorge zu tragen.
657 BGH, AnwBl 1978, 260.
658 OLG Düsseldorf, Beschluss v 4.1.2012 – I-2 W 43/11.
659 OLG Düsseldorf, GRUR-RR 2020, 414 – Messsensoren II.
660 LG Düsseldorf, Urteil v 28.7.2011 – 4a O 288/10.

Verletzungsurteil verzichtet.⁶⁶¹ Denn mit einem solchen Verzicht wird noch keine den Restitutionskläger begünstigende Kostengrundentscheidung geschaffen, die es ihm erlaubt, seine im Verletzungsprozess aufgewendeten Kosten gegen den Verletzungskläger zu vollstrecken. Dem Restitutionsbeklagten nützt es auch nichts, wenn er – über den besagten Verzicht hinaus – die im Restitutionsverfahren mögliche Kostenbegünstigung des Verletzungsbeklagten dadurch vorwegnimmt, dass er freiwillige Kostenzahlungen an den Restitutionskläger leistet.⁶⁶² Das gilt selbst dann, wenn aus dem Verletzungsurteil keinerlei Vollstreckungsmaßnahmen vorgenommen worden sind, zu deren Rückgängigmachung es einer Beseitigung des Vollstreckungstitels bedarf. Denn ohne solche Umstände bleibt in jedem Fall der Rechtsschein einer Verurteilung wegen Patentverletzung, deren Beseitigung der Verletzungsbeklagte redlicherweise verlangen kann (vgl § 269 Abs 3 Satz 1, Abs 4 Satz 1 ZPO).⁶⁶³

439 Im Restitutionsverfahren steht es dem Verletzungsbeklagten allerdings frei, den Verzicht auf die titulierten Klageansprüche zu erklären, sodass gegen ihn ein **Verzichtsurteil** ergehen kann.⁶⁶⁴

f) Materieller Prüfungsumfang

440 Ist die Restitutionsklage zulässig (insbesondere fristgerecht erhoben) und begründet (weil der geltend gemachte Restitutionsgrund vorliegt), wird der Verletzungsprozess gemäß § 590 **Abs 1 ZPO** von neuem verhandelt, allerdings nur insoweit, wie die getroffene Entscheidung von dem Restitutionsgrund betroffen ist. Das bedeutet, dass sich die neue Verhandlung zur Hauptsache allein auf den vom Anfechtungsgrund befangenen Teil des Verfahrens – und nicht darüber hinaus – erstreckt, sodass auch nur in diesen Grenzen eine neue, selbständige Verhandlung stattfindet. Im Falle einer Teilvernichtung des Klagepatents ist deswegen die Verletzungsdiskussion hinsichtlich der zusätzlich in den Patentanspruch aufgenommenen Merkmale zu führen; die erfolgte Verurteilung kann demgegenüber nicht in Bezug auf solche Merkmale in Zweifel gezogen werden, die im Einspruchs- oder Nichtigkeitsverfahren keine Änderung erfahren haben und deren Sinngehalt auch sonst nicht durch die Beschränkung betroffen ist.⁶⁶⁵

441 Die **Beweislast** dafür, dass die angegriffene Ausführungsform auch von der durch die Teilvernichtungsentscheidung beschränkten Fassung des Klagepatents Gebrauch macht, liegt beim Verletzungskläger.

g) Tenor

442 Ist die Restitutionsklage zulässig und begründet und erweist sich das zuerkannte Begehren nach den veränderten Umständen als nicht mehr gerechtfertigt, ist die Verletzungsklage unter Aufhebung der rechtskräftigen (anderslautenden) Erkenntnisse abzuweisen:

Praxistipp	Formulierungsbeispiel
443	1. Das Urteil der … Zivilkammer des Landgerichts … vom … (AZ: …) – ggf: und das Urteil/der Verlustigkeitsbeschluss des … Zivilsenats des Oberlandesgerichts … vom … (AZ: …)⁶⁶⁶ – wird – ggf: werden – aufgehoben.

---

661 OLG Düsseldorf, GRUR-RR 2020, 414 – Messsensoren II.
662 OLG Düsseldorf, GRUR-RR 2020, 414 – Messsensoren II.
663 OLG Düsseldorf, GRUR-RR 2020, 414 – Messsensoren II.
664 OLG Düsseldorf, GRUR-RR 2020, 414 – Messsensoren II.
665 OLG Düsseldorf, Urteil v 15.1.2009 – I-2 U 109/07; offengelassen von BGH, Beschluss v 22.5.2012 – X ZR 128/10.
666 Wird dessen Erwähnung vergessen, kann eine spätere Festsetzung der Kosten des Berufungsverfahrens scheitern (OLG Düsseldorf, InstGE 12, 113 – Lagersystem).

> 2. Die Klage der Restitutionsbeklagten vom ... (Landgericht ..., AZ: ...) wird abgewiesen.
> 3. Die Kosten des Rechtsstreits und die Kosten des vorausgegangenen Verletzungsprozesses (LG ..., AZ: ...; OLG ..., AZ: ...) hat die Restitutionsbeklagte zu tragen.
> 4. Das Urteil ist gegen Sicherheitsleistung in Höhe von 110 % des zu vollstreckenden Betrages vorläufig vollstreckbar.[667]

Erweist sich die Restitutionsklage als nicht gerechtfertigt, weil die angegriffene Ausführungsform auch von dem nachträglich beschränkten Patentanspruch Gebrauch macht, ist der Urteilsausspruch des angefochtenen Urteils mit der Zurückweisung der Restitutionsklage gleichwohl an die geltende (teilvernichtete) Fassung des Klagepatents anzupassen, um der durch die Rechtsbestandsentscheidung geschaffenen neuen Patentlage Rechnung zu tragen.[668] **444**

h) Vollstreckungseinstellung

Im Vorfeld der Entscheidung über die Restitutionsklage kann, sofern die Wiederaufnahme aussichtsreich ist, die Zwangsvollstreckung aus dem zu beseitigenden Verletzungsurteil einstweilen eingestellt werden (§§ 707, 578 ZPO), wobei die Einstellungsanordnung regelmäßig ohne Sicherheitsleistung des verurteilten Verletzungsbeklagten zu geschehen hat.[669] Ist das im Restitutionsverfahren befindliche Verletzungsurteil vom Gläubiger nach §§ 888, 890 ZPO vollstreckt worden, ist in Bezug auf die ergangenen Ordnungs- bzw Zwangsmittelbeschlüsse, selbst wenn sie rechtskräftig sind, kein Wiederaufnahmeverfahren (und folglich auch keine Einstellungsmaßnahme nach §§ 707, 578 ZPO) zulässig.[670] Der zutreffende Rechtsbehelf ist, nachdem das Verletzungsurteil kassiert wurde, vielmehr der Antrag nach § 776 ZPO, der dazu führt, dass der Ordnungs- oder Zwangsmittelbeschluss mangels Vollstreckungstitels aufgehoben und der – somit unbeschiedene – Vollstreckungsantrag des Gläubigers mit der Kostenfolge des § 91 ZPO zurückgewiesen wird, womit bereits beigetriebene Ordnungs- oder vollstreckte Zwangsgelder nach § 812 BGB von der Staatskasse an den Schuldner zu erstatten sind.[671] Im Vorfeld kann die Vollstreckung aus dem Ordnungs- bzw Zwangsmittelbeschluss, gestützt auf die das Verletzungsurteil betreffende Einstellungsanordnung nach §§ 707, 578 ZPO, gemäß § 775 Nr 1 aE ZPO eingestellt werden.[672] **445**

i) Rückforderungsansprüche trotz versäumter Wiederaufnahme

Werden die Klagefristen des § 586 ZPO versäumt[673], fragt sich, ob Rückforderungsansprüche des Verletzungsbeklagten damit endgültig ausscheiden oder ob sie allein mit Rücksicht auf die jeglichem Anspruch wegen Patentverletzung entgegenstehende materielle Rechtslage gleichwohl zu bejahen sind. **446**

aa) Ordnungs- und Zwangsgelder

Was zunächst die zugunsten der Landeskasse vollstreckten Ordnungs- und Zwangsgelder betrifft, so bleibt der rechtliche Grund für ihre Beitreibung so lange bestehen, wie **447**

---

667 ... sofern § 709 ZPO einschlägig ist.
668 OLG Düsseldorf, Urteil v 15.1.2009 – I-2 U 109/07.
669 OLG Düsseldorf, Beschluss v 20.5.2014 – I-2 UH 1/14.
670 OLG Düsseldorf, Beschluss v 20.5.2014 – I-2 UH 1/14.
671 OLG Düsseldorf, Beschluss v 20.5.2014 – I-2 UH 1/14.
672 OLG Düsseldorf, Beschluss v 20.5.2014 – I-2 UH 1/14.
673 Bei schuldlosem Versäumen der relativen Klagefrist ist eine Wiedereinsetzung in den vorigen Stand gemäß § 233 ZPO möglich (BGH, VersR 1962, 175, 176; BVerfG, NJW 1993, 3257). Dieselbe Möglichkeit besteht bei einem Versäumen der absoluten Klagefrist nicht (allgemeine Meinung, vgl nur VGH München, NVwZ 1993, 92).

der betreffende Ordnungs- oder Zwangsmittelbeschluss existiert. Und dessen Aufhebung setzt voraus, dass das rechtskräftige Verletzungsurteil als Grundlage der Zwangsvollstreckung beseitigt ist. Ohne ein erfolgreiches Wiederaufnahmeverfahren kann es mithin keinen Anspruch auf Rückerstattung von Ordnungs- oder Zwangsgeldern geben. Dasselbe gilt für die Kosten des Verletzungsprozesses. Sie sind mit dem nicht mehr aus der Welt zu schaffenden Verletzungsurteil endgültig dem Restitutionsberechtigten auferlegt worden, was jeden anderweitigen Zahlungsanspruch ausschließt. Dass in dieser Hinsicht gegenteilige Auffassungen vertreten werden, ist nicht ersichtlich.

bb) Schadenersatzzahlungen

448 Kontrovers ist das Meinungsbild hingegen für Schadenersatzzahlungen des Verletzungsbeklagten. Für sie wird zum Teil geltend gemacht, dass sich das materielle Recht durchsetzen muss und dass deswegen Bereicherungsansprüche[674] trotz versäumter Restitutionsklage bestehen, wenn die bestandskräftige Vernichtung des Klagepatents den dem Schadenersatzbegehren zugrunde liegenden Verletzungsvorwurf beseitigt.[675] Andere[676] stehen demgegenüber auf dem Standpunkt, dass das rechtskräftige Verletzungsurteil, mag es infolge der Vernichtung des Klagepatents auch materiell rechtlich unrichtig geworden sein, den Rechtsgrund dafür bildet, dass der Patentinhaber die ihm zuerkannten Schadenersatzbeträge beanspruchen kann und auf Dauer behalten darf.

449 Der letztgenannten Argumentation ist zuzustimmen. Sie vermeidet eine sachlich nicht angemessene Ungleichbehandlung übereinstimmend gelagerter Sachverhalte, nämlich von Ordnungs- und Zwangsgeldern sowie Verfahrenskosten (die nicht erstattungsfähig sein sollen) und von Schadenersatzleistungen (die erstattungsfähig sein sollen). Des Weiteren – und vor allem – aber trägt sie denjenigen Wirkungen Rechnung, die der materiellen Rechtskraft gemeinhin zugeschrieben werden. Sie liegen nach der herrschenden prozessualen Rechtskrafttheorie zwar nicht darin, dass ein unmittelbarer Einfluss auf die sachliche Rechtslage in dem Sinne genommen wird, dass die materielle Rechtskraft einen Entstehungs- oder Erlöschenstatbestand für das in dem Urteil festgestellte oder verneinte materielle subjektive Recht darstellt. Konsequenz der materiellen Rechtskraft ist vielmehr, dass eine erneute Klage mit identischem Streitgegenstand unzulässig ist, wobei eine Identität der Streitgegenstände auch dann vorliegt, wenn im zweiten Prozess das mit dem Rechtsausspruch im ersten Prozess kontradiktorische Gegenteil begehrt wird.[677] Ist die im ersten Prozess rechtskräftig entschiedene Rechtsfolge im zweiten Prozess nicht die Hauptfrage, sondern eine Vorfrage, besteht die Wirkung der Rechtskraft in der Bindung des nunmehr zuständigen Gerichts an die Vorentscheidung.[678] In Anwendung dieser Grundsätze ist vom BGH[679] bereits ausgesprochen worden, dass die Rechtskraft eines Leistungsurteils (hier auf Zahlung beziffertem Schadenersatzes wegen Verletzung des Klagepatents) einem späteren Bereicherungsanspruch in Bezug auf die zuerkannte Summe entgegensteht, weil das rechtskräftige Urteil das Bestehen des Anspruchs und damit den rechtlichen Grund gerade festgestellt hat und sich das Urteil des nachfolgenden Kondiktionsprozesses hierzu nicht in Widerspruch setzen darf.

450 Etwas anderes gilt nur dann, wenn dem Verletzungskläger ausnahmsweise vorgeworfen werden kann, dass er mit der Berufung auf den ihm vorteilhaften rechtskräftigen Schadenersatztitel ein Urteil in sittenwidriger Weise ausnutzt (**§ 826 BGB**). Derartiges verlangt jedoch ganz besondere Umstände, die sich noch nicht daraus herleiten lassen, dass

---

674 §§ 812, 818 Abs 3 BGB.
675 Benkard, PatG, § 22 PatG Rn 88; Ann, § 36 Rn 90; Bacher, GRUR 2009, 216, 217 f.
676 V. Falck, GRUR 1977, 308, 311; Schramm, S 479 f.
677 BGH, NJW 2003, 3058, 3059.
678 BGH, NJW 2003, 3058, 3059.
679 BGH, NJW 1996, 57, 58.

der Kläger aufgrund des materiell falschen Titels mehr erhalten hat, als ihm bei zutreffender Beurteilung der Rechtslage zustünde. Denn die objektiv nicht berechtigte Bereicherung des Gläubigers ist eine schlichte Folge des sich aus dem Rechtsstaatsgebot ergebenden Grundsatzes der Beständigkeit unanfechtbarer gerichtlicher Entscheidungen und kann deswegen für sich nicht als mit dem Gerechtigkeitsgedanken unvereinbar angesehen werden.[680]

Auch eine sonstige Anspruchsgrundlage kommt nicht in Betracht. In § 717 versieht die ZPO die Vollstreckung eines Urteils, das später aufgehoben wird, mit einer verschuldensunabhängigen Schadenersatzpflicht des Gläubigers, wenn es sich um ein nur vorläufig vollstreckbares Urteil handelt (Abs 1), und es reduziert diese Haftung für die Vollstreckung von Berufungsurteilen auf die Grundsätze der Bereicherungshaftung (Abs 2), wobei der Kondiktionsanspruch entfällt, sobald das vollstreckte Urteil rechtskräftig wird.[681] Eine irgendwie geartete Haftung für die Vollstreckung rechtskräftiger Urteile kennt das Gesetz nicht. In Anbetracht dieser Sachlage besteht keine ungewollte Regelungslücke, die im Hinblick auf rechtskräftige Erkenntnisse eine analoge Anwendung des § 717 ZPO rechtfertigen könnte. 451

cc) Haftungsfeststellung nur dem Grunde nach

Eine wichtige Ausnahme von der mangelnden Rückforderbarkeit zuerkannter Schadenersatzbeträge ist allerdings zu beachten. Ist dem Verletzungskläger Schadenersatz wegen Patentverletzung rechtskräftig lediglich dem Grunde nach zuerkannt worden und ist eine bezifferte Schadenersatzhöheklage noch anhängig oder nicht einmal erhoben, scheiden Schadenersatzansprüche des Schutzrechtsinhabers aus. Die bloße Feststellung der Schadenersatzpflicht schafft keine Rechtskraft für die Höhe des Schadens.[682] Sie erfolgt nämlich schon dann, wenn der Eintritt eines Schadens als Folge der Verletzungshandlungen lediglich hinreichend wahrscheinlich – und folglich nicht unbedingt gewiss – ist.[683] Aufgrund dessen ist das Gericht frei darin, den zu ersetzenden Schaden mit Rücksicht auf die zwischenzeitliche Vernichtung des Klagepatents auf Null festzusetzen. 452

IV. Verzichtsurteil

Wird das Klagepatent endgültig in einem Umfang vernichtet, dass die angegriffene Ausführungsform nicht mehr erfasst wird, bleibt dem Kläger, insbesondere wenn die Klage nicht mehr einseitig zurückgenommen werden kann und der Beklagte seine Zustimmung verweigert, nur der Verzicht auf die geltend gemachten Ansprüche. Dieser Verzicht muss in den Tatsacheninstanzen – anders als ein Anerkenntnis – in der mündlichen Verhandlung abgegeben werden (§ 306 ZPO), weswegen sich der Erlass eines Verzichtsurteils im schriftlichen Verfahren verbietet.[684] Es setzt überdies voraus, dass die Zulässigkeits- bzw Rechtsmittelvoraussetzungen gegeben sind, sodass ein Verzichtsurteil überall dort ausscheidet, wo das Rechtsmittel mangels Zulässigkeit zu verwerfen ist. Als Prozesshandlung bezieht sich der Verzicht nur auf diejenigen prozessualen Ansprüche, die im Zeitpunkt des Zugangs der Verzichtserklärung bei Gericht noch rechtshängig sind.[685] Obwohl § 306 ZPO einen Verfahrensantrag des Gegners auf Erlass eines Verzichtsurteils 453

---

680 BGH, NJW 1991, 30, 31.
681 BGH, NJW 1997, 2601, 2604.
682 Benkard, PatG, § 139 PatG Rn 148.
683 BGH, GRUR 1996, 109, 116 – Klinische Versuche I; BGH, GRUR 2001, 1177, 1178 – Feststellungsinteresse II; BGH, GRUR 2006, 839, 842 – Deckenheizung.
684 BGH, Beschluss v 28.9.2010 – X ZR 112/07.
685 BGH, MDR 2011, 1064.

verlangt, kann er ein streitiges klageabweisendes Urteil nicht erzwingen. Da einem dahingehenden Begehren das Rechtsschutzinteresse fehlt, hat auch gegen seinen Widerstand ein Verzichtsurteil zu ergehen.[686] Wer dennoch auf einem streitigen klageabweisenden Urteil beharrt, unterliegt zu einem Teil und hat dementsprechend eine Kostenquote zu tragen.[687]

454 Gewisse Besonderheiten gelten im **Verfahren vor dem BGH**. Hier kann ein Verzichtsurteil auch im Verfahren der Nichtzulassungsbeschwerde ergehen, dh ohne Revisionszulassung und (wegen der prinzipiellen Schriftlichkeit des NZB-Verfahrens) ohne mündliche Verhandlung.[688] Der Klageverzicht kann vielmehr schriftsätzlich erklärt werden, und zwar durch den Prozessbevollmächtigten der 2. Instanz.[689]

Praxistipp	Formulierungsbeispiel

455 I. **Nach Verurteilung** durch das Landgericht:

1. Der Kläger wird mit seinen Ansprüchen auf Unterlassung, Auskunftserteilung, Rechnungslegung, Schadenersatz und Vernichtung wegen Verletzung des deutschen Patents/des deutschen Teils des europäischen Patents ... durch Herstellung und Vertrieb von ... (Bezeichnung der angegriffenen Erzeugnisse) abgewiesen.

   Ggf: Das am ... verkündete Urteil der ... Zivilkammer des Landgerichts Düsseldorf (4b O .../12) ist gegenstandslos.

2. Die Kosten des Rechtsstreits trägt der Kläger.
3. Das Urteil ist vorläufig vollstreckbar.

II. **Nach Klageabweisung** durch das Landgericht:

1. Die Berufung (des Klägers) gegen das am ... verkündete Urteil der ... Zivilkammer des Landgerichts Düsseldorf (4b O .../12) wird zurückgewiesen.
2. Die Kosten des Rechtsstreits trägt der Kläger.
3. Das Urteil ist vorläufig vollstreckbar.

V. Nebenintervention[690]

456 Der Beitritt eines (partei- und prozessfähigen[691]) Dritten zu einem Patentverletzungsprozess richtet sich nach den allgemeinen Vorschriften der §§ 66 ff ZPO. Er erfolgt durch Einreichung eines Schriftsatzes, für den Anwaltszwang (§ 78 ZPO) herrscht und der die Parteien und den Rechtsstreit, das Interesse des Nebenintervenienten sowie die Erklärung des Beitritts enthalten muss (§ 71 ZPO). Keine Voraussetzung für die Streitverkündung und den wirksamen Beitritt ist, dass das angerufene Gericht auch für die Person des Streitverkündeten eine (internationale, örtliche oder sachliche) Zuständigkeit besitzt. Nach erfolgtem Beitritt ist der Nebenintervenient unter Gewährung vollen rechtlichen

---

686 BGH, GRUR 1980, 220 – Magnetbohrständer II.
687 BGH, GRUR 1980, 220 – Magnetbohrständer II.
688 BGH, GRUR 2022, 511 – Verzichtsurteil.
689 BGH, GRUR 2022, 511 – Verzichtsurteil.
690 Umfassend: Ghassemi-Tabar/Eckner, MDR 2012, 1136.
691 BGH, MDR 2017, 541.

Gehörs am Rechtsstreit zu beteiligen, dh ihm sind sämtliche Schriftsätze, Ladungen und Bekanntmachungen mitzuteilen, damit er an der Verhandlung und ihrer schriftsätzlichen Vorbereitung uneingeschränkt teilhaben kann.[692] Unabhängig davon, ob eine einfache oder eine streitgenössische Nebenintervention vorliegt, handelt es sich immer um die Unterstützung einer Hauptpartei in einem für den Beitretenden fremden Prozess.

Ein von ihm eingelegtes **Rechtsmittel** ist daher in beiden Konstellationen stets ein solches für die von ihm unterstützte Hauptpartei, ohne dass der Nebenintervenient selbst Partei des Rechtsstreits wird.[693] Das gilt auch dann, wenn die Parteirolle in der Rechtsmittelschrift irrtümlich falsch deklariert ist und den Anschein erweckt, als wolle der Nebenintervenient ein Rechtsmittelverfahren im eigenen Namen führen.[694] Legen der Streithelfer und die von ihm unterstützte Hauptpartei beide – unabhängig voneinander oder gemeinsam – ein Rechtsmittel ein, so handelt es sich um ein einziges, einheitliches Rechtsmittel[695], weswegen die Kostenentscheidung gegenüber der Hauptpartei nach den §§ 91–97 ZPO und diejenige gegenüber dem Streithelfer nach § 101 ZPO fällt[696]. 457

– Da der **einfache Streithelfer** – und nur er![697] – sich mit seinem Verhalten nicht in Widerspruch zu den Erklärungen und Handlungen der Hauptpartei, die er unterstützt, setzen darf (§ 67 Satz 1 Halbsatz 2 ZPO), ist ein von ihm eingelegtes Rechtsmittel nur so lange zulässig, wie die Hauptpartei einem Rechtsmittel nicht widersprochen hat, was auch konkludent geschehen kann. Es reicht aus, wenn sich der Widerspruch durch schlüssiges Verhalten aus dem Gesamtverhalten der Hauptpartei zweifelsfrei ergibt, wobei jedoch allein die bloße Untätigkeit oder auch eine Zurücknahme des von der Hauptpartei zunächst selbst eingelegten Rechtsmittels nicht genügen.[698] Gleiches gilt, wenn die Partei diejenige Auskunft erteilt, zu der sie verurteilt worden ist, während der Abschluss eines Vergleichs im Anschluss an das anfechtbare Urteil als Widerspruch zu werten ist.[699] Steht ein möglicher Widerspruch nicht mit der nötigen Eindeutigkeit fest, ist die Prozesshandlung im Zweifel als wirksam anzusehen.[700] 458

– Grundsätzlich anders verhält es sich mit dem **streitgenössischen Streithelfer**. Er unterliegt nicht den Schranken des § 67 Satz 1 Halbsatz 2 ZPO, sondern kann als Streitgenosse der unterstützten Hauptpartei auch gegen deren Willen ein Rechtsmittel durchführen.[701] Der Grund dafür liegt in der stärkeren Einwirkung des Urteils auf die rechtlichen Belange des streitgenössischen Nebenintervenienten, die sich daraus ergibt, dass die Rechtskraft der ergehenden Entscheidung gerade für ein Rechtsverhältnis zwischen ihm und dem Prozessgegner von Bedeutung ist.[702] Dementsprechend ist für die Annahme einer streitgenössischen Nebenintervention erforderlich, dass zwischen dem Nebenintervenienten und dem Prozessgegner der von ihm unterstützten Hauptpartei ein Rechtsverhältnis besteht, auf das sich die Rechtskraft des ergehenden Urteils auswirkt.[703] Hingegen genügt es nicht, dass Rechte oder Verbindlichkeiten des Nebenintervenienten durch Rechte oder Verbindlichkeiten der Parteien 459

---

692 BGH, NJW 2009, 2679.
693 BGH, NJW-RR 2020, 942.
694 BGH, MDR 2016, 1280.
695 BGH, NJOZ 2017, 568.
696 OLG Düsseldorf, Urteil v 25.10.2018 – I-2 U 30/16.
697 BGH, WM 2022, 316.
698 BGH, WM 2022, 316.
699 BGH, WRP 2017, 451 – Flughafen Lübeck.
700 BGH, WM 2022, 316.
701 BGH, WM 2022, 316.
702 BGH, WM 2022, 316.
703 BGH, WM 2022, 316.

bedingt oder in anderer Weise mittelbar von der Entscheidung des Hauptprozesses abhängig sind.[704]

460 Das den nicht streitgenössischen Streithelfer – und nur ihn[705] – treffende Verbot, sich in Widerspruch zum Verhalten der von ihm unterstützten Hauptpartei zu setzen, hat Bedeutung genauso für das **Bestreiten**. Wer kein streitgenössischer, sondern einfacher Nebenintervenient ist, kann keinen Sachvortrag halten, der in Widerspruch zu demjenigen der Partei steht; ein solcher Vortrag ist prozessual unbeachtlich, so dass es an einem Bestreiten fehlt und der gegenläufige Sachverhalt gemäß § 138 ZPO als unstreitig zu behandeln ist.[706] Der die Unbeachtlichkeit bewirkende Widerspruch der Partei muss nicht ausdrücklich erklärt werden; es reicht, wenn sich aus dem Gesamtverhalten der unterstützten Partei *zweifelsfrei*[707] ergibt, dass sie die Erklärung des Nebenintervenienten nicht gegen sich gelten lassen will.[708] Da der Widerspruch nicht dem Anwaltszwang unterliegt, ist er auch dann beachtlich, wenn er nicht von dem Anwalt des Nebenintervenienten, sondern von diesem persönlich erklärt oder zum Ausdruck gebracht wird.[709]

461 Der Beitritt oder die Aufforderung hierzu (= **Streitverkündung**[710]) sind zunächst für denjenigen zulässig, der im Falle eines Prozessverlustes einen Gewährleistungs- oder Regressanspruch gegen denjenigen erheben zu können glaubt, dem der Streit verkündet wird (§ 72 Abs 1 1. Alt ZPO = nachfolgender Aktivprozess des Prozessbeklagten). Eine Streitverkündung kann dementsprechend im Verhältnis zwischen dem Verletzungsbeklagten und seinem Lieferanten angezeigt sein, gegen den im Falle eines Erfolges der Verletzungsklage Regressansprüche aus dem Gesichtspunkt der Gewährleistungshaftung oder Freistellungsansprüche aus dem Gesichtspunkt des Schadenersatzes in Betracht kommen. Da der Streitverkündete das im Verletzungsprozess ergehende Urteil als richtig gegen sich gelten lassen muss (§ 68 ZPO), bereitet die Streitverkündung den Boden für einen anschließenden Gewährleistungsprozess des Verletzungsbeklagten gegen den Lieferanten der patentverletzenden Ware. Das gleiche gilt für den umgekehrten Fall, dass der verklagte Zulieferer für den Fall eines Unterliegens im Patentverletzungsprozess Schadenersatzansprüche seines Abnehmers befürchtet, dessen Produktion beispielsweise vorübergehend zum Stillstand kommt, weil kein kurzfristiger Ersatz für die schutzrechtsverletzenden Zulieferteile zu erhalten ist. Unter solchen Umständen ist § 72 Abs 1 2. Alt ZPO gegeben, der die Streitverkündung für denjenigen zulässt, der im Falle eines für ihn ungünstigen Prozessausgangs die Inanspruchnahme durch einen Dritten befürchtet (= nachfolgender weiterer Passivprozess des Beklagten). Vor einer Streitverkündung nach dieser Variante sollte sorgfältig abgewogen werden, ob wirklich stichhaltige Nichtverletzungsargumente bestehen, weil ansonsten mit den Feststellungen im Verletzungsprozess auch der nachfolgende Haftungsprozess verloren ist.

---

704 BGH, WM 2022, 316.
705 BGH, MDR 2022, 824.
706 BGH, MDR 2022, 824.
707 Dazu genügt noch nicht, dass die Hauptpartei das fragliche Vorbringen unstreitig lässt. Beruht dies darauf, dass die gegnerischen Behauptungen der Aufmerksamkeit der Partei entgangen sind und deren Bestreiten ihr günstig sind, so besteht kein Anlass, von einem Widerspruch auszugehen. Anders verhält es sich, wenn das Bestreiten des Nebenintervenienten in Konflikt mit einer Argumentation der Partei, sei es auch in einem anderen Punkt, gerät.
708 BGH, MDR 2022, 824.
709 BGH, MDR 2022, 824.
710 Ob die Streitverkündung nach § 72 ZPO zulässig ist, ist grundsätzlich nicht im Erstprozess, in dem der Streit verkündet wird, sondern erst im Folgeverfahren zwischen dem Streitverkünder und dem Streitverkündungsempfänger zu prüfen. Sofern kein Ausnahmefall des § 72 Abs 2 ZPO (Streitverkündung gegenüber dem erkennenden Gericht oder einem bestellten Sachverständigen) vorliegt, ist deshalb die Streitverkündungsschrift ohne weiteres dem Streitverkündungsempfänger zuzustellen (BGH, BB 2011, 577 [LS]).

Für die Zulässigkeit der Nebenintervention muss nicht festgestellt werden, dass der **462** Regressanspruch tatsächlich besteht; das rechtliche Interesse am Beitritt ist nur dann zu verneinen, wenn ein Regressanspruch der unterliegenden Partei gegen den Beitrittswilligen von vornherein unter keinem rechtlichen Gesichtspunkt in Betracht kommt.[711] Der Nebenintervenient hat dementsprechend konkret darzutun und glaubhaft zu machen, dass und warum in tatsächlicher und rechtlicher Hinsicht ein Regressanspruch nicht aussichtslos ist.[712] Das ist der Fall, wenn den Beklagten als Betreiber eines Mobilfunknetzes eine unmittelbare Patentverletzung vorgeworfen wird und die Nebenintervenienten Netzwerkkomponenten (zB Basisstationen) zugeliefert haben, die mittelbar patentverletzend sein können, sodass die Nebenintervenienten mit den Beklagten als Gesamtschuldner auf Schadenersatz haften.[713] Haben die Nebenintervenienten die Bereitstellung von Netzwerkkomponenten dargetan, die prinzipiell für das patentgemäße Mobilfunknetz geeignet sind, ist es Sache der gegnerischen Hauptpartei darzulegen, wieso mit ihrer Hilfe dennoch eine mittelbare Patentverletzung (und infolge dessen eine gesamtschuldnerische Haftung) ausscheiden soll.[714]

Gemäß § 72 Abs 3 ZPO ist der Dritte, dem der Streit von einer Prozesspartei verkündet **463** worden ist, seinerseits zu einer **weiteren Streitverkündung** berechtigt, und zwar unabhängig davon, ob er dem Rechtsstreit beigetreten ist oder nicht.[715] Bedeutsam werden kann dies bei einem mehrstufigen Warenabsatz mit Käuferregress. Die Lieferkette und die daraus resultierenden Regressansprüche können sich freilich noch weiter zurück fortsetzen. Auch derjenige, dem von dem Dritten der Streit verkündet worden ist, kann seinerseits Zulieferer haben, denen gegenüber der schutzrechtsverletzende Zustand der *ihm* zugelieferten Teile Gewährleistungsansprüche auslösen kann, derentwegen eine Streitverkündung auf der 2. Stufe sinnvoll sein kann. Und diese Zulieferer können wiederum eigene Zulieferer haben, und so fort. § 72 Abs 3 ZPO ist hier nicht direkt anwendbar, weil die besagte Streitverkündung nicht durch einen »Dritten« (= derjenige, dem von einer Prozesspartei der Streit verkündet wurde) erfolgt, sondern durch eine Person, der bloß von dem Streitverkündeten des Dritten der Streit verkündet wurde. Die Interessenlage ist in solchen Fällen jedoch gleich, weswegen § 72 Abs 3 ZPO entsprechend anzuwenden ist.

Praxistipp	Formulierungsbeispiel

Für den Verletzungskläger bedeutet dies ein ganz enormes Kostenrisiko. Denn es besteht nicht **464** nur die Gefahr, dass der Verletzungsbeklagte seinem unmittelbaren Vorlieferanten (der zB den Verletzungsgegenstand als Ganzes bereitgestellt hat) den Streit verkündet, sodass diesem bei einem Obsiegen des Verletzungsbeklagten eigene Kostenerstattungsansprüche gegen den Kläger erwachsen; darüber hinaus kann auch der Vorlieferant seinen Zulieferanten (ggf auch den Komponentenherstellern) den Streit verkünden mit der Folge, dass der Kreis der Kostenerstattungsberechtigten weiter steigt.

---

711 OLG Karlsruhe, Beschluss v 10.5.2013 – 6 W 30/11.
712 OLG Karlsruhe, Beschluss v 10.5.2013 – 6 W 30/11.
713 OLG Karlsruhe, Beschluss v 10.5.2013 – 6 W 30/11.
714 OLG Karlsruhe, Beschluss v 10.5.2013 – 6 W 30/11.
715 BGH, WM 1997, 1757.

1. Zulassungsgründe

465   Der Beitritt ist zuzulassen, wenn

466   – keine Partei ihm widerspricht oder

467   – dem Nebenintervenienten gemäß § 72 ZPO der Streit verkündet worden ist und die *anderen* Parteien (außer dem Streitverkündenden, dessen Widerspruch unbeachtlich ist) keinen Zurückweisungsantrag stellen[716] oder

468   – der Nebenintervenient zwar aus eigenem Entschluss oder veranlasst durch eine Streitverkündung den Beitritt erklärt hat und mindestens einer der Parteien einen Zurückweisungsantrag stellt, der Nebenintervenientin jedoch das gemäß § 66 ZPO notwendige rechtliche Interesse an einem Obsiegen derjenigen Partei, der er beigetreten ist, glaubhaft machen kann.[717]

469   Das »**rechtliche Interesse**« verlangt, dass die Entscheidung des Hauptprozesses durch Inhalt oder Vollstreckung mittelbar oder unmittelbar auf die privat- oder öffentlich *rechtlichen* Verhältnisse des Beitretenden *rechtlich* einwirkt.[718] Auch wenn der Begriff des »rechtlichen Interesses« grundsätzlich weit auszulegen ist, genügt ein bloß tatsächliches, ideelles oder wirtschaftliches Interesse nicht.[719] Erforderlich ist vielmehr, dass der Nebenintervenient zu der unterstützten Partei in einem Rechtsverhältnis steht, auf das die Entscheidung des Rechtsstreits durch ihren Inhalt oder durch ihre Vollstreckung unmittelbar oder mittelbar rechtlich einwirkt.[720] In der Rechtsprechung sind verschiedene Fallgruppen entwickelt worden, in denen ein rechtliches Interesse angenommen worden ist.

470   – Dazu gehören – (a) – zunächst diejenigen Sachverhalte, in denen das Urteil im Hauptprozess **Rechtskraft** gegenüber dem beitretenden Dritten entfaltet;

471   – außerdem – (b) – Fälle der **Prozessstandschaft**

472   – sowie – (c) – Konstellationen der **Präjudizialität**, bei denen das im Hauptprozess streitige Rechtsverhältnis für die rechtlichen Beziehungen des Nebenintervenienten zu seiner Partei vorgreiflich ist. Anwendungsbeispiele sind die Regressfälle sowie die Fälle akzessorischer Schuld und Haftung. Allerdings muss sich auch hier das rechtliche Interesse auf die Entscheidung *über den Streitgegenstand* beziehen. Nach Auffassung des OLG Karlsruhe ist es deshalb unzureichend, wenn der Beklagte wegen des Betreibens eines UMTS-Netzes (genauer: wegen der Zurverfügungstellung bestimmter Informationssignale im UMTS-Netz) nach § 10 PatG angegriffen wird und der Nebenintervenient sich darauf beruft, aufgrund Vertrages die entsprechend ausgestatteten Mobilfunktelefone geliefert zu haben, in denen die im Rahmen von § 10 PatG relevante unmittelbare Patentverletzung gesehen wird.[721] Ein Beitritt von Netzwerkkomponenten-Herstellern setzt nach der gleichen Entscheidung voraus, dass konkret vorgetragen wird, inwieweit die dem Netzwerkbetreiber überlassenen Bauteile für die Verwirklichung der patentgemäßen Merkmale im erfindungsfunktionalen Sinne wesentlich sind.[722]

---

716   OLG Düsseldorf, OLG-Report 2008, 156.
717   BGH, GRUR 2011, 557 – »Parallelverwendung« inhaltsgleicher AGBs.
718   BGH, WM 2006, 1252.
719   BGH, GRUR 2011, 557 – »Parallelverwendung« inhaltsgleicher AGBs; OLG Düsseldorf, OLG-Report 2008, 156.
720   BGH, GRUR 2011, 557 – »Parallelverwendung« inhaltsgleicher AGBs.
721   OLG Karlsruhe, Beschluss v 31.8.2011 – 6 W 171/10.
722   OLG Karlsruhe, Beschluss v 31.8.2011 – 6 W 171/10.

Unzureichend ist demgegenüber der Umstand, 473

- dass das Urteil für nachfolgende Prozesse eine faktische Präzedenzwirkung entfaltet 474
und zu erwarten ist, dass sich die Gerichte in den nachfolgenden Verfahren an der
im ersten Prozess ergangenen Entscheidung orientieren werden[723];
- dass in dem Rechtsstreit, zu dem der Beitritt erklärt wird, und in Folgeprozessen 475
dieselben Ermittlungen angestellt werden müssen oder vergleichbare Rechtsfragen
zur Beantwortung stehen[724];
- dass dem Beitretenden der Streit verkündet worden ist[725]. 476

Von den dargestellten Regeln ist der Bundesgerichtshof in seiner neueren Rechtspre- 477
chung auch für das **Nichtigkeitsberufungsverfahren** ausgegangen. In der Entscheidung
»Carvedilol«[726] ist unter Verweis auf BGHZ 68, 81, 85 ausgeführt, dass ein rechtliches
Interesse bejaht werde, wenn der Nebenintervenient von der Gestaltungswirkung eines
Urteils, das im Hauptprozess ergeht, betroffen wird, und dass derartige Verhältnisse
in Bezug auf das Nichtigkeitsberufungsverfahren vorliegen, weil eine dort ergehende
rechtskräftige Entscheidung dahin, dass das Streitpatent nichtig sei, das Schutzrecht und
die mit ihm verbundenen Ausschließlichkeitsrechte rückwirkend und mit Wirkung für
und gegen jedermann – folglich auch mit Wirkung für den Beitretenden – beseitige. Eine
Nebenintervention auf Klägerseite ist hierbei nicht deshalb unzulässig, weil der Nebenintervenient das streitbefangene Patent bereits selbst mit einer eigenen Nichtigkeitsklage
angreift, sofern über diese Klage noch nicht entschieden ist.[727]

2. Verfahrensrecht

Nur in den obigen Fällen (b) und (c) bedarf es einer gerichtlichen Entscheidung über die 478
Nebenintervention, die durch **Zwischenurteil** zu erfolgen hat (§ 71 ZPO). Es kann und
sollte vorab ergehen, wenn der Beitritt frühzeitig vor dem Endurteil erfolgt ist; das Zwischenurteil kann, wenn der Beitritt erst kurz vor der abschließenden mündlichen Verhandlung des Rechtsstreits geschieht, aber auch mit dem Endurteil verbunden werden.[728]
Fehlt dem Nebenintervenienten eine allgemeine Prozesshandlungsvoraussetzung (zB
Parteifähigkeit, Prozessfähigkeit), so erfolgt die Zurückweisung allerdings – auch nach
alsdann fakultativer mündlicher Verhandlung – durch anfechtbaren **Beschluss**.[729]

Anfechtbar ist das Zwischenurteil des Landgerichts mit der sofortigen Beschwerde 479
(Frist: 2 Wochen). Bei Zulassung der Nebenintervention ist die gegnerische Hauptpartei
beschwerdebefugt.[730] Ein vom OLG erlassenes Zwischenurteil ist demgegenüber unanfechtbar.[731] Nur wenn das OLG als Beschwerdegericht entschieden hat, kann es mit
Bindungswirkung die Rechtsbeschwerde zulassen, sodass der BGH zu entscheiden
hat.[732]

---

723 BGH, GRUR 2011, 557 – »Parallelverwendung« inhaltsgleicher AGBs.
724 BGH, GRUR 2011, 557 – »Parallelverwendung« inhaltsgleicher AGBs.
725 BGH, GRUR 2011, 557 – »Parallelverwendung« inhaltsgleicher AGBs.
726 BGH, GRUR 2006, 438.
727 BGH, GRUR 2020, 1178 – Pemetrexed II.
728 BGH, GRUR 2020, 1178 – Pemetrexed II.
729 BGH, MDR 2017, 541.
730 OLG Karlsruhe, Beschluss v 10.5.2013 – 6 W 30/11.
731 BGH, GRUR 2013, 535 – Nebenintervention.
732 BGH, GRUR 2013, 535 – Nebenintervention.

480 Auch bei einer Zurückweisung der Nebenintervention ist der Beitretende so lange am Rechtsstreit zu beteiligen, wie die Entscheidung keine Rechtskraft erlangt hat (§ 71 Abs 3 ZPO).

481 Ein **Ausspruch** lautet beispielhaft:

Praxistipp	Formulierungsbeispiel
482	1. Der Beitritt des Nebenintervenienten wird zugelassen.[733] oder: Der Beitritt des Nebenintervenienten wird zurückgewiesen. 2. Die Kosten der Nebenintervention trägt der Nebenintervenient. 3. Der Streitwert der Nebenintervention wird auf ... € festgesetzt.

483 Die mangelnde Zustellung der Streitverkündungsschrift (trotz ordnungsgemäßen gerichtlichen Bemühens um eine solche) rechtfertigt **keine Aussetzung** des Verletzungsrechtsstreits.[734] Vielmehr kann der Prozess fortgesetzt und in der Sache entschieden werden, ohne dass der Anspruch der streitverkündenden Partei auf ein faires Verfahren, auf wirkungsvollen Rechtsschutz und auf rechtliches Gehör verletzt wird.[735] Das gilt selbst dann, wenn die streitverkündende Partei zu ihrer Rechtsverfolgung oder -verteidigung auf die Darlegung von Umständen aus der Sphäre desjenigen angewiesen ist, dem der Streit verkündet ist.[736]

3. Interventionswirkungen

484 Nach § 74 ZPO in Verbindung mit § 68 ZPO kann der Streitverkündungsgegner unabhängig davon, ob er dem Prozess beitritt oder nicht, die Richtigkeit des Urteils im Vorprozess nicht bestreiten und mangelhafte Prozessführung des Streitverkünders nur in beschränktem Umfang einwenden. Nach dem Wortlaut des § 68 Halbsatz 1 ZPO wird der Nebenintervenient (Streithelfer) allerdings nur im Verhältnis zu der Hauptpartei nicht mit der Behauptung gehört, dass der Rechtsstreit, wie er dem Richter vorgelegen habe, unrichtig entschieden sei. Geht es im Folgeprozess nicht um das Verhältnis zum Streitverkünder, sondern um das Verhältnis zu dessen Prozessgegner, so entspricht es jedoch der ständigen Rechtsprechung des BGH, dass bei einem **Beitritt** des Streitverkündeten **auf Seiten des Prozessgegners** des Streitverkünders die Interventionswirkung in gleicher Weise eintritt wie bei einem unterlassenen Beitritt.[737] Denn der Beitritt zugunsten des Prozessgegners bedeutet nichts anders als der Nichtbeitritt zugunsten des Streitverkünders. Die Interventionswirkung ergibt sich in diesem Fall nicht unmittelbar aus § 68 ZPO, sondern aus § 74 Abs 2, 3 ZPO in Verbindung mit § 68 ZPO.

---

733 Eine Kostenentscheidung ist nicht veranlasst. Sie ergeht in der Endentscheidung, und zwar nach Maßgabe des § 101 ZPO: (a) Ist die unterstützte Partei zur Kostentragung verpflichtet, hat der Nebenintervenient die Kosten des Streitbeitritts selbst zu tragen. (b) Trifft die Kostenlast den Gegner der unterstützten Partei, so hat dieser auch die Kosten der Nebenintervention zu übernehmen.
734 BGH, GRUR 2018, 853.
735 BGH, GRUR 2018, 853.
736 BGH, GRUR 2018, 853.
737 BGH, MDR 2021, 444.

Die Interventionswirkung kommt nicht nur dem Entscheidungsausspruch, sondern auch **485**
den tatsächlichen und rechtlichen Grundlagen zu, auf denen das Urteil im Vorprozess
beruht. Dagegen gilt sie nicht für Feststellungen des Erstgerichts, auf denen dessen Urteil
nicht beruht (sogenannte **überschießende Feststellungen**). Welche Feststellungen »überschießend« sind, beurteilt sich nicht aus einer subjektiven Sichtweise des Gerichts, sondern entscheidet sich daran, worauf die Entscheidung des Erstprozesses objektiv nach
zutreffender Rechtsauffassung beruht. Allerdings muss der Empfänger einer Streitverkündung damit rechnen, dass sich das Erstgericht für einen Begründungsansatz entscheidet, den er nicht für richtig hält. Dieser Begründungsansatz gibt den Rahmen vor. Eine
in diesem Rahmen objektiv notwendige Feststellung wird nicht deshalb überschießend,
weil sie sich bei der Wahl eines anderen rechtlichen Ansatzes erübrigt hätte.[738]

Die Interventionswirkung des § 68 ZPO ergreift den im Vorprozess geltend gemachten **486**
Anspruch und wirkt deshalb auch in einem Folgeprozess, in dem *dieser* Anspruch aus
abgetretenem Recht geltend gemacht wird.[739]

Der Annahme einer Bindungswirkung steht nicht entgegen, dass der Streiverkündete, **487**
wäre er im Vorprozess dem Rechtsstreit auf Seiten des Streitverkünders beigetreten, keinen Vortrag hätte halten können, der in Widerspruch zum Vorbringen der unterstützten
Hauptpartei gestanden hätte. Zwar tritt die Interventionswirkung nicht ein, soweit der
Streitverkündungsgegner nach **§ 67 ZPO** gehindert war, auf den Verlauf des Vorprozesses Einfluss zu nehmen. Konnte er dort auch im Falle seines Beitritts seinen eigenen
Standpunkt nicht zur Geltung bringen, weil er auf die Unterstützung der Hauptpartei
beschränkt ist, ist kein Raum für eine Bindungswirkung.[740] Tritt der Streitverkündete
dem Rechtsstreit im Vorprozess jedoch nicht auf Seiten des Streitverkünders, sondern
auf Seiten von dessen Prozessgegner bei, kommen ihm die sich aus § 67 ZPO ergebenden
Beschränkungen der Interventionswirkung nicht zugute.[741]

4. Kosten der Nebenintervention

a) Gerichtliche Entscheidung

Beteiligt sich der Streithelfer am Rechtsstreit, ist im Urteil über die **Kosten der Nebenin-** **488**
tervention gesondert zu befinden (§ 101 Abs 1 ZPO). Dazu genügt ein Beitritt im selbständigen Beweisverfahren, auch wenn sich der Streithelfer am nachfolgenden Hauptsacheverfahren, in dem eine Kostenentscheidung zu ergehen hat, nicht mehr beteiligt.[742]
Ein Ausspruch bloß über die Verpflichtung, die Kosten des Rechtsstreits oder des Berufungsverfahrens[743] zu tragen, stellt keine hinreichende Entscheidung dar, sodass es für
den Streithelfer an einem Kostengrundtitel fehlt. Das gilt jedenfalls für Fälle einer einfachen, dh nicht streitgenössischen Nebenintervention.[744] Nimmt der Kläger die Klage
zurück, unterfallen die Kosten des gegnerischen Streithelfers der Kostenvorschrift des
§ 269 Abs 3 ZPO, und zwar unabhängig davon, ob eine einfache oder eine streitgenössische Nebenintervention vorliegt.[745] Befindet sich die Streitsache im Verfahren der Nichtzulassungsbeschwerde, bedarf es zur wirksamen Stellung eines Kostenantrages keiner
Beauftragung eines BGH-Anwaltes.[746] Die Maßgeblichkeit des § 269 Abs 3 ZPO bedeu-

---

738   BGH, MDR 2021, 444.
739   BGH, MDR 2021, 444.
740   BGH, MDR 2021, 444.
741   BGH, MDR 2021, 444.
742   BGH, MDR 2014, 293.
743   ... auch in Fällen des § 516 Abs 3 ZPO: BGH, MDR 2019, 438.
744   BGH, MDR 2015, 183.
745   BGH, MDR 2015, 183.
746   BGH, MDR 2015, 183.

tet: Hat der Kläger aufgrund seiner Klagerücknahme die Kosten zu tragen (weil ein Grund für eine anderweitige Kostentragung des Prozessgegners nicht besteht), so erstreckt sich die Kostenlast des zurücknehmenden Klägers auch auf die Kosten des Streithelfers. Gegenteiliges gilt, wenn der Gegner des Klägers die Kosten des Rechtsstreits »aus einem anderen Grund« (§ 269 Abs 3 Satz 2 ZPO) zu tragen hat; hier verbleiben die Kosten des Streithelfers bei ihm selbst. War die Zulässigkeit des Beitritts gerügt und ist ein Zwischenurteil über den Beitritt nicht mehr ergangen, weil die Klage frühzeitig zurückgenommen wurde, so hat der kostenpflichtige Kläger die Kosten des Streithelfers nur dann zu tragen, wenn der Beitritt zulässig war, was im Rahmen der Kostenentscheidung zu klären ist.[747]

489 Hat das Gericht über die Kosten der Nebenintervention – bewusst oder versehentlich – nicht entschieden, kommt eine Berichtigung des Kostenausspruchs nach § 319 ZPO regelmäßig nicht infrage.[748] Anderes gilt nur dann, wenn die Urteilsgründe ergeben, dass das Gericht über die Kosten der Streithilfe hat entscheiden wollen und lediglich der entsprechende Ausspruch unterblieben ist. Ausreichend ist ebenfalls, wenn sich aus den Vorgängen beim Urteilserlass oder bei seiner Verkündung *nach außen deutlich und für Dritte ohne weiteres erkennbar* ergibt, dass das Unterbleiben eines Kostenausspruchs zur Nebenintervention auf einem Versehen beruht.[749] Solches ist der Fall, wenn in den Gründen der Kostenentscheidung § 101 ZPO erwähnt wird, aber nicht schon dann, wenn bloß der Streitgehilfe im Rubrum genannt ist.[750]

490 Soweit § 319 ZPO nicht eingreift, kommt nur eine **Urteilsergänzung** nach § 321 ZPO in Betracht.[751] Die Vorschrift ist auf Urteile direkt und auf Kostenbeschlüsse (zB nach §§ 269 Abs 3, 516 Abs 3 ZPO) entsprechend anwendbar.[752] Dies ist deshalb bedeutsam, weil eine Ergänzung nur auf Antrag geschehen kann und dieser fristgebunden ist (2 Wochen ab Zustellung des Urteils).[753] Handelt es sich bei dem ergänzungsbedürftigen Erkenntnis um einen nicht vollstreckungsfähigen, unanfechtbaren Beschluss, der keine Frist in Gang setzt und deswegen nicht förmlich zugestellt werden muss (wie dies auf einen Kostenbeschluss – auch einen solchen nach § 516 Abs 3 ZPO[754] – zutrifft)[755], so beginnt die Zwei-Wochen-Frist mit der formlosen Mitteilung an die Parteien gemäß § 329 Abs 2 Satz 1 ZPO.[756] Werden die Kosten des Rechtsstreits gemäß § 91a ZPO gegeneinander aufgehoben, so bedeutet dies auch ohne ausdrückliche Erwähnung im Tenor für den Nebenintervenienten, dass er seine eigenen Kosten in vollem Umfang selbst zu tragen hat.[757]

b) Grundsatz der Kostenparallelität

491 Handelt es sich um eine unselbständige (dh nicht streitgenössische) Nebenintervention, gilt der **Grundsatz der Kostenparallelität**: Der Kostenerstattungsanspruch des Nebenintervenienten[758] entspricht dem Kostenerstattungsanspruch, der der unterstützten Partei

---

747 OLG Düsseldorf, Beschluss v 22.11.2016 – I-2 W 20/16.
748 BGH, MDR 2013, 807; BGH, MDR 2019, 438.
749 BGH, MDR 2016, 607.
750 BGH, MDR 2013, 807; BGH, MDR 2016, 607.
751 BGH, MDR 2013, 807; BGH, NJW-RR 2005, 295; OLG Dresden, NJOZ 2006, 210.
752 BGH, WM 2017, 735.
753 Vgl umfassend: Jungemeyer/Teichmann, MDR 2011, 1019.
754 BGH, MDR 2019, 438.
755 BGH, MDR 2019, 438.
756 BGH, MDR 2019, 438.
757 OLG Köln, MDR 2014, 1107.
758 Soweit ein Erstattungsanspruch nicht besteht, hat der Nebenintervenient seine Kosten selbst zu tragen.

gegen den Prozessgegner zusteht. Das gilt zunächst für den Fall einer richterlichen Kostenentscheidung.

Praxistipp	Formulierungsbeispiel
Für denjenigen, der einen Streithelfer vertritt, ist es demgemäß eine unabdingbare Pflicht darauf zu achten, ob das Urteil eine Kostenentscheidung nach § 101 Abs 1 ZPO enthält und ggf eine Urteilsergänzung zu beantragen.	

492

Der Kostengleichlauf ist aber auch dann zu beachten, wenn sich die Prozessparteien (auch ohne Beteiligung des Nebenintervenienten) über die Tragung der (übrigen) Kosten des Rechtsstreits in einem **Vergleich** geeinigt haben.[759] Von der betreffenden Kostenquote kann nicht nach billigem Ermessen (§ 91a ZPO) abgewichen werden.[760] Wohl aber kann der Nebenintervenient mit den Parteien im Vergleich etwas zu seinen Gunsten Abweichendes vereinbaren, was voraussetzt, dass er am Vergleich beteiligt ist, zB indem er ihm zustimmt.[761] Ob ein Vergleich eine dem Nebenintervenienten vorteilhafte Kostenregelung enthält, ist durch Auslegung anhand der Umstände des Einzelfalles zu ermitteln, wobei folgende Varianten zu unterscheiden sind:

493

– Regelt der Vergleich ausdrücklich, wer die Nebeninterventionskosten zu tragen hat, hat der Nebenintervenient einen entsprechenden Erstattungsanspruch.[762]

494

– Enthält der mit Zustimmung des Nebenintervenienten zustande gekommene Vergleichstext keine ausdrückliche Regelung über die Interventionskosten, bedeutet dies im Zweifel, dass kein Erstattungsanspruch des Nebenintervenienten begründet werden soll.[763] In diesem Zusammenhang ist unbeachtlich, ob der Vergleich (nur) die Kosten des Rechtsstreits regelt oder selbst hierzu keine Kostenregelung trifft (so dass die Kosten – ohne wechselseitige Erstattungsansprüche – als gegeneinander aufgehoben gelten, § 98 ZPO). Ebenso spielt es keine Rolle, ob eine Kostenregelung (bzgl des Rechtsstreits und/oder bzgl der Interventionskosten) absichtlich oder bloß versehentlich unterblieben ist.[764]

495

Von einer vergleichsweisen Regelung nur über die Kosten des Rechtsstreits (mit der Folge, dass die Kosten des Nebenintervenienten nicht erstattungsfähig sind) ist auch dann auszugehen, wenn der Kläger die Klage mit der Ankündigung zurücknimmt, der Beklagte werde keinen Kostenantrag stellen, weil nach dem zugrunde liegenden Vergleich jede Partei ihre außergerichtlichen Kosten selbst zu tragen habe, und der Beklagte daraufhin der Klagerücknahme zustimmt. In einem solchen Fall ist die besagte vergleichsweise Kostenregelung als unstreitig zu behandeln und der Nebenintervenient wegen des Verbots, sich in Widerspruch zu den Handlungen der Hauptpartei zu setzen (§ 67 ZPO), daran gehindert, die vorgetragene Kostenregelung zu bestreiten.[765] Das gilt selbst dann, wenn das Bestreiten dem Ziel dient, zu seinen Gunsten einen Kostenerstattungsanspruch gegen den Prozessgegner zu erhalten.[766]

496

---

759 BGH, MDR 2011, 1442.
760 BGH, MDR 2005, 957; BGH, MDR 2011, 1442.
761 BGH, MDR 2016, 421.
762 BGH, MDR 2016, 421.
763 BGH, MDR 2016, 421.
764 BGH, MDR 2016, 421.
765 OLG Karlsruhe, NJW 2019, 943.
766 OLG Karlsruhe, NJW 2019, 943.

Dabei hat es keine Bedeutung, wenn die gleichmäßige Kostenverteilung nicht der materiellen Regelung der Streitfragen zwischen den Parteien entspricht.[767]

497 Nur ausnahmsweise ist es angebracht anzunehmen, dass die Parteien mit einer zu den Kosten des Rechtsstreits getroffenen Erstattungsregelung auch die Kosten der Nebenintervention gemeint haben. Es bedarf entsprechender konkreter Anhaltspunkte für einen dahingehenden Parteiwillen.[768]

5. Rechtsmittel

498 Legt der einfache Streithelfer **Berufung** ein, handelt es sich nie um ein eigenes, sondern stets um ein Rechtsmittel der Hauptpartei. Führen beide ein Rechtsmittel, liegt in Wahrheit nur eine einzige Berufung, nämlich eine solche der Hauptpartei vor. Weil der Streithelfer lediglich fremde Rechte wahrnimmt, gilt für ihn die Rechtsmittelfrist der Hauptpartei; es kommt also nicht darauf an, wann dem Streithelfer das angefochtene Urteil zugestellt worden ist; maßgeblich ist allein die Zustellung an die Hauptpartei und das sich hieraus ergebende Fristende.[769] In gleicher Weise sind auch die notwendige Beschwer, das Erreichen der Berufungssumme und die Verspätung etwaigen Vorbringens ausschließlich aus der Person der Hauptpartei heraus zu beurteilen.[770] Gegen den Widerspruch der Hauptpartei kann vom Streithelfer keinesfalls ein Rechtsmittel eingelegt werden. Als solcher ist es allerdings noch nicht anzusehen, wenn die Hauptpartei diejenigen Auskünfte freiwillig erteilt, zu denen sie erstinstanzlich verurteilt worden ist.[771] So lange die Nebenintervention nicht rechtskräftig für unzulässig erklärt worden ist, kann der Streithelfer für die unterstützte Hauptpartei ein Rechtsmittel einlegen; ob er ein rechtliches Interesse am Beitritt hat (§ 66 Abs 1 ZPO) spielt keine Rolle. Selbst wenn deshalb später eine rechtskräftige Zurückweisungsentscheidung ergeht, behalten die vorher vorgenommenen Prozesshandlungen (Einlegung und Begründung des Rechtsmittels) des Nebenintervenienten für die Hautpartei ihre volle Wirksamkeit.[772]

6. Beitrittersetzende Vereinbarungen

499 Dort, wo eine förmliche Streitverkündung aus besonderen Gründen nicht gewollt ist, lässt sich dasselbe Resultat durch eine interne **Vereinbarung zwischen** dem **Verletzungsbeklagten und Lieferanten** herbeiführen, die beispielsweise wie folgt lautet:

Praxistipp	Formulierungsbeispiel
500 Zwischen A (= Verletzungskläger) und B (= Verletzungsbeklagter) ist vor dem LG Düsseldorf unter dem Aktenzeichen … ein Patentverletzungsrechtsstreit anhängig, in dem A geltend macht, dass die von B vertriebenen … (= angegriffene Ausführungsform) den deutschen Teil des europäischen Patents … verletzen. B bezieht die angegriffenen Erzeugnisse von C.	
Dies vorausgeschickt, vereinbaren B und C zur Vermeidung einer Streitverkündung, aber zur Sicherung etwaiger Gewährleistungsansprüche des B Folgendes:	

---

767 OLG Karlsruhe, NJW 2019, 943.
768 BGH, MDR 2016, 421.
769 BGH, MDR 2012, 1056.
770 BGH, MDR 2012, 1056.
771 BGH, MDR 2017, 844.
772 BGH, NJW-RR 2020, 942.

> C erklärt hiermit, dass er das zwischen A und B ergehende Urteil in dem beim LG Düsseldorf anhängigen Patentverletzungsprozess (AZ: ...) mit den gleichen Wirkungen gegen sich gelten lassen wird, wie wenn ihm der Streit verkündet worden wäre. B verpflichtet sich, C über den Prozessverlauf zu informieren und ihn bei der Verteidigung gegen die Verletzungsklage mitwirken zu lassen.

Bisweilen gibt der Zulieferer statt einer die Nebeninterventionswirkungen auslösenden Erklärung ein **Freistellungsversprechen**[773] ab, das zB wie folgt lautet: **501**

Praxistipp	Formulierungsbeispiel
	... Hiermit bestätigen wir Ihnen, dass wir Sie im Hinblick auf einen möglichen Rechtsstreit und Schadenersatzforderungen der Firma ... wegen der von uns gelieferten ... von jeglichen Ansprüchen der Firma ... freistellen, wobei natürlich Voraussetzung ist, dass Anerkenntnisse oder Zahlungen nur mit unserer Zustimmung erfolgen und ein mögliches Gerichtsverfahren unter unserer Regie läuft. Hierbei gehen wir davon aus, dass Sie nur unter Abstimmung mit uns eigene Anwälte bestellen, grundsätzlich dies aber über unsere Anwälte abgewickelt wird.[774]

502

Es entspricht gefestigter Rechtsprechung des BGH, dass zum Wesen einer solchen (auf gesetzlicher oder vertraglicher Grundlage) bestehenden Freistellungspflicht nicht nur die Befriedigung begründeter Ansprüche gehört, die Dritte gegen den Freizustellenden erheben. Vielmehr gehört zu einer Freistellungspflicht nach der hierbei bestehenden Interessenlage grundsätzlich auch die Pflicht zur Abwehr unbegründeter Ansprüche Dritter.[775] Denn mit der Übernahme einer Freistellungspflicht soll der Freizustellende typischerweise jeglichen Risikos einer Inanspruchnahme durch Dritte enthoben werden und insbesondere nicht der Gefahr ausgesetzt sein, wegen einer begründeten Forderung Dritter mit einer Klage überzogen zu werden oder in Fehleinschätzung der Sach- und Rechtslage eine unbegründete Forderung zu erfüllen und sich dies als eigenes Fehlverhalten entgegenhalten lassen zu müssen. Diese allgemeinen Grundsätze gelten in gleicher Weise für Freistellungserklärungen in Bezug auf Schutzrechte Dritter, die zB im Rahmen bestehender Lieferbeziehungen von Lieferanten für zugelieferte Teile einschränkungslos abgegeben werden und dadurch in der Regel zugleich dessen gemäß § 435 BGB bestehende Rechtsmängelhaftung zu einer verschuldensunabhängigen Einstandspflicht erweitern.[776] Die Freistellungserklärung verpflichtet deshalb im Allgemeinen auch dazu, einem gegen den Abnehmer laufenden Verletzungsprozess auf Aufforderung hin unterstützend beizutreten.[777] **503**

VI. Gewährleistungshaftung wegen Patentverletzung

Zwei **Beispielsfälle**, auf die im Folgenden immer wieder zurückzukommen sein wird, sollen verdeutlichen, worum es geht: **504**

---

773 Zur Wirksamkeit und zum Umfang von Freistellungsverpflichtungen vgl Rohlfing, MDR 2012, 257.
774 BGH, DB 2011, 236.
775 BGH, NJW 1970, 1594; BGH, WM 1983, 387; BGH, WM 2002, 1358; BGHZ 152, 246, 255.
776 BGH, DB 2011, 236.
777 BGH, MDR 2011, 213.

505 ▶ – A liefert von Deutschland aus einen patentverletzenden Gegenstand an seinen Kunden C im Ausland, wo dieser vom Schutzrechtsinhaber wegen Patentverletzung in Anspruch genommen wird. Haftet A dem C?

506 – A beliefert B in Deutschland mit einem patentverletzenden Gegenstand, welchen dieser (als solches oder eingefügt in eine größere Gesamtvorrichtung) an den Kunden C im Ausland liefert. C wird in seinem Heimatstaat vom Schutzrechtsinhaber wegen Patentverletzung in Anspruch genommen.[778] Haftet A dem B?

507 Diverse Fragen sind damit aufgeworfen, zB: Hat der patentverletzende Zustand der gelieferten Sache eine Gewährleistungshaftung des A zur Folge? Nach welchen Regeln richtet sich – insbesondere im internationalen Warenverkehr – diese Haftung und welche Ansprüche vermittelt sie? Geht von einem ausländischen (verurteilenden oder abweisenden) Verletzungsurteil gegen C irgendeine Art von Bindungswirkung für die Haftung des A aus? Was nützen Freistellungserklärungen des Lieferanten?

1. Einschlägige Rechtsordnung

508 Handelt es sich bei dem haftungsrelevanten Verkauf um ein rein nationales Geschäft (Beispiel 2, Lieferung von A an B), so liegt der Sachverhalt klar. Es kommt deutsches Gewährleistungsrecht zur Anwendung.

509 Diffiziler stellt sich die Rechtslage im Beispielsfall 1 sowie hinsichtlich des Beispiels 2 mit Blick auf die Lieferbeziehung B – C dar, die einen grenzüberschreitenden (internationalen) Warenkauf zum Gegenstand haben. Welches Recht hier zur Anwendung kommt, beurteilt sich nach den Regeln des IPR, wobei speziell das **UN-Kaufrecht** (CISG) in den Blick zu nehmen ist, welches vereinheitlichte Regelungen für den Warenverkauf zwischen gewerblichen Verkäufern mit Niederlassungen in verschiedenen Vertragsstaaten enthält. Sie gelten, sofern die Parteien die Anwendung des CISG nicht ausgeschlossen haben.[779] Nachdem das deutsche Schuldrecht durch die im Jahr 2002 erfolgte Gesetzesmodernisierung deutlich an das UN-Kaufrecht angepasst wurde, soll an dieser Stelle darauf verzichtet werden, dessen Regelungen im Detail nachzugehen. Die Rechtslage soll vielmehr anhand des deutschen Rechts (ohne UN-Kaufrecht) dargestellt werden.

2. Deutsches Gewährleistungsrecht

510 Gemäß § 433 Abs 1 Satz 2 BGB ist die Sache dem Käufer frei von Sach- und Rechtsmängeln zu verschaffen. »Frei von Rechtsmängeln« ist die verkaufte Sache, wenn Dritte in Bezug auf sie keine Rechte gegen den Käufer geltend machen können, die sein Eigentum, seinen Besitz oder den Gebrauch der ihm verkauften Sache beeinträchtigen (§ 435 Satz 1 BGB). Greift der Liefergegenstand in ein fremdes Patent ein, so hat dies zur Folge, dass dem Schutzrechtsinhaber gegen Angebot, Vertrieb und Besitz der Sache ein Anspruch auf Unterlassung und Schadenersatz gegen den Käufer zusteht (§§ 9 Nr 1, 139 PatG). Der Käufer ist also in Bezug auf die Kaufsache Drittansprüchen ausgesetzt, die ihn in der Nutzung der gekauften Sache behindern, weswegen die patentverletzende Konstitution der Sache einen **Rechtsmangel** begründet.[780] Vorausgesetzt ist dabei, dass das gebrauchsbeeinträchtigende Recht nicht nur geltend gemacht wird, sondern tatsächlich besteht, wozu im Bereich des Patentrechts ausreicht, dass von einem in Kraft stehenden

---

778 Vgl zu einer vergleichbaren Konstellation: BGH, MDR 2011, 213.
779 BGH, NJW-RR 2010, 1217.
780 BGH, MDR 2011, 213.

(wenn auch ggf in seinem Rechtsbestand angegriffenen) Patent wortsinngemäß oder äquivalent Gebrauch gemacht wird. Kommt es nachträglich zu einer Vernichtung des Schutzrechts, die so weit reicht, dass die Kaufsache schutzrechtsfrei gestellt wird, so fehlt es wegen der Rückwirkung von Einspruchs- oder Nichtigkeitsentscheidungen an einem Rechtsmangel, was im Falle einer rechtskräftigen Gewährleistungsverurteilung einen Restitutionsgrund nach § 580 Nr 6 ZPO begründet.

Da die Anforderungen an die Kaufsache durch den vertragsgerechten Zweck ihrer Lieferung bestimmt werden, kann etwas anderes dann gelten, wenn am eigentlichen Lieferort (im Beispiel 2 am Geschäftssitz des B) ein Patentschutz nicht besteht, wohl aber am endgültigen Bestimmungsort (im Beispiel 2 am ausländischen Sitz des C), sofern der Verkäufer von dem letztendlich beabsichtigten Zielort der von ihm zugelieferten Sache nichts weiß und eine Kenntnis nach den gesamten Umständen auch nicht in einer Weise haben muss, dass die Eignung der Sache für einen ungehinderten Vertrieb im Schutzgebiet des ausländischen Patents zur übereinstimmend vorausgesetzten und deswegen vertraglich geschuldeten Beschaffenheit der Kaufsache gehört.[781] Führt erst die besondere Verwendung der Kaufsache durch den Käufer zur Patentverletzung, ist es eine Frage des Einzelfalles, ob der Verkäufer um die besonderen Verwendungs- und Gebrauchsabsichten des Käufers weiß und diese dehalb mit seiner Lieferung zu ermöglichen hat. Eine dahingehende Kenntnis ist tendenziell umso weniger anzunehmen, je umfangreicher und naheliegender eine patentfreie Verwendung der Kaufsache möglich ist, es sei denn, die dem Verkäufer bekannte Ausrichtung des konkreten, belieferten Geschäftsbetriebes lässt hinreichend erkennen und erwarten, dass nicht diese, sondern eine anderweitige patentbenutzende Verwendung geplant ist. Immer dann, wenn die freie Benutzungsmöglichkeit der Sache (im Sinne von deren Angebot, Vertrieb, Besitz und Gebrauch) durch den Käufer für den Verkäufer in einem Maße abzusehen ist, dass er sich der berechtigten Erwartung des Käufers ausgesetzt sieht, hierfür vertraglich einzustehen, hat der Verkäufer die fragliche Schutzrechtslage für eben diese (territoriale und gegenständliche) Verwendung auf ihre Schutzrechtsfreiheit zu verifizieren. Er haftet deshalb nicht nur, wenn er entgegenstehende Schutzrechte kennt, sondern auch dann, wenn er sie hätte recherchieren können. 511

a) Feststellung des Rechtsmangels

Da der Verkäufer die Rechtsmangelfreiheit der Kaufsache schuldet, steht es zu seiner Darlegungs- und **Beweislast**, dass die gelieferte Sache beim Besitz- und Eigentumsübergang nicht mit einem Mangel im Recht belastet ist. Der vor Gefahrübergang vom Verkäufer zu führende Negativbeweis wird ihm dadurch erleichtert, dass er nicht pauschal die Rechtsmängelfreiheit zu beweisen hat, sondern es in einem ersten Schritt Sache des Käufers ist, einen bestimmten Rechtsmangel zu behaupten, dessen Abwesenheit alsdann vom Verkäufer zu beweisen ist. Die Beweislasten ändern sich gemäß § 363 BGB allerdings in dem Moment, in dem der Käufer die Sache als Vertragserfüllung angenommen hat; ab Gefahrübergang ist der Käufer für den Rechtsmangel beweispflichtig. Dem ist bei einer behaupteten Patentverletzung bereits Genüge getan, wenn feststeht, dass einem Dritten ein Schutzrecht zusteht, kraft dessen er allein befugt ist, einen Gegenstand, wie er verkauft oder geliefert worden ist, zu benutzen, und kraft dessen es jedem Dritten verboten ist, ohne Zustimmung des Patentinhabers ein solches Erzeugnis zu gebrauchen oder zu diesem Zweck zu besitzen (§ 9 PatG). Beruft sich hingegen der Verkäufer darauf, dass der Patentinhaber sein Recht nicht mehr geltend machen könne, weil es erschöpft sei oder er der Benutzung zugestimmt habe, so trifft ihn hierfür die Darlegungs- und Beweislast, ebenso wie ihm auch sonst der Beweis obliegt, dass der Dritte sein Recht aus 512

---

[781] AA: Palandt, BGB, 80. Aufl, § 435 BGB Rn 5, wonach der geschuldete Gebrauch der Kaufsache objektiv und ohne Rücksicht auf den vereinbarten Verwendungszweck bestimmt werden soll.

anderen Gründen (Erlöschen; Verwirkung; Verjährung usw) nicht mehr geltend machen kann.[782]

aa) Inländischer Verletzungsprozess

513 Ist dem Gewährleistungsprozess ein Patentverletzungsrechtsstreit vorausgegangen, so entfaltet dieser grundsätzlich keine Bindungswirkung für das Vorliegen eines Rechtsmangels. Das gilt selbst dann, wenn der Käufer rechtskräftig wegen Patentverletzung verurteilt sein sollte, sodass – unabhängig davon, ob das Verletzungsurteil zu Recht oder zu Unrecht gegen ihn ergangen ist – unverrückbar feststeht, dass er an einer Benutzung der Kaufsache (durch Angebot, Vertrieb oder Gebrauch) gehindert ist. Abgesehen davon, dass der Rechtsmangel in der patentverletzenden Konstitution der Kaufsache liegt und nicht in einem, möglicherweise unzutreffenden, gerichtlichen Erkenntnis hierüber, sieht das Prozessrecht, um eine Bindungswirkung des Verletzungsurteils herzustellen, die Notwendigkeit vor, den später in Regress zu nehmenden Verkäufer im Wege der Streitverkündung in den Verletzungsprozess einzubeziehen. Sie ist ohne weiteres zulässig, weil der wegen Patentverletzung in Anspruch genommene Käufer geltend machen kann, im Falle seines Unterliegens aus dem Gesichtspunkt der Rechtsmängelhaftung einen Regressanspruch gegen den Verkäufer der patentverletzenden Ware zu haben. Die mit der Streitverkündung verbundene Interventionswirkung bindet das Gericht in einem nachfolgenden Rechtsstreit zwischen dem Streitverkündeten (dem der Streit verkündet war) und dem Streitverkünder (der den Streit verkündet hatte) dahingehend, dass der Streitverkündete im Folgeprozess nicht damit gehört wird, der dem Gericht unterbreitete Rechtsstreit sei unrichtig entschieden worden, und er lediglich eine mangelhafte Prozessführung durch den Streitverkünder dergestalt geltend machen kann, dass durch die fortgeschrittene Lage des Rechtsstreits zur Zeit seines Beitritts oder durch das Prozessverhalten des Streitverkünders (zu dem sich der Streithelfer nicht in Widerspruch setzen darf) daran gehindert gewesen ist, aussichtsreiche Angriffs- oder Verteidigungsmittel anzubringen. Die – wie geschildert – limitierte Bindungswirkung infolge einer Streitverkündung schließt es aus, dem rechtskräftigen Erkenntnis im Patentverletzungsprozess bereits als solchem und ohne weiteres eine kategorische Bindungswirkung dahingehend zu entnehmen, dass aufgrund der Rechtskraft des Verletzungsurteils die schutzrechtsverletzende Konstitution (= Rechtsmangel) auch für den Folgeprozess um die Rechtsmängelgewährleistung feststeht. Erst recht verbieten sich dahingehende Überlegungen, wenn eine Streitverkündung nicht einmal stattgefunden hat, weil der in Regress zu nehmende Verkäufer schlechterdings nicht an das Ergebnis eines Vorprozesses gebunden sein kann, in dem er keinerlei rechtliches Gehör gehabt hat.

514 Nach erfolgter Streitverkündung setzt mithin § 68 ZPO die rechtlichen Maßstäbe dafür, in welchem Umfang die Erkenntnisse des Verletzungsprozesses präjudiziell für den Gewährleistungsregress sind. Sieht der Käufer von einer Streitverkündung ab, so hat das Regressgericht gänzlich frei darüber zu entscheiden, ob der Sache wegen ihrer patentverletzenden Ausstattung ein Rechtsmangel anhaftet. Es kann deswegen vorkommen, dass der Verletzungs- und der Regressprozess an unterschiedlichen Gerichtsstandorten verhandelt werden, was wiederum die Möglichkeit eröffnet, dass es in beiden Rechtsstreitigkeiten zu gegensätzlichen Beurteilungen der Verletzungsfrage kommt. Der Käufer kann einem unterschiedlichen Prozessergebnis jedoch selbst durch einen gleichen Sachvortrag in beiden Rechtsstreitigkeiten entgegenwirken. Abgesehen davon ist die Gefahr gegenläufiger Entscheidungen über die Frage der Patentverletzung in der Praxis gering, weil auch über den Regressanspruch – wie gleich näher ausgeführt werden wird – ein Patentspruchkörper zu befinden hat. Verbleibende Divergenzfälle sind hinzunehmen.

---

782 BGH, GRUR 2001, 407 – Bauschuttsortieranlage.

bb) Ausländischer Verletzungsprozess[783]

515 Wird der Patentverletzungsprozess in einer ausländischen Jurisdiktion (in den Beispielen im Land C) geführt, so stellt sich die Lage um einiges verwickelter dar. Dass nicht einfach der rechtskräftige Ausgang des Verletzungsprozesses in der Beurteilung des Rechtsmangels bindet, wurde bereits dargelegt und gilt im internationalen Warenverkehr mit gleicher Berechtigung. Es kommt deswegen darauf an, ob die ausländische Verfahrensordnung, unter deren Geltung der Verletzungsrechtsstreit geführt wird, eine Streitverkündung kennt, welche Voraussetzungen für sie erfüllt sein müssen (insbesondere ob für den ausländischen Streitverkündeten die internationale Zuständigkeit des ausländischen Verletzungsgerichts gegeben sein muss) und welche prozessualen Folgen ihr vom Gesetz zugeschrieben werden.

516 – **Die erste Frage lautet also**: Kommen dem ausländischen Verletzungsurteil infolge einer Streitverkündung an den Lieferanten Streitverkündungswirkungen zu? Derartige Interventionswirkungen kennen zB nicht die USA, das Vereinigte Königreich und die Niederlande. Sieht das ausländische Prozessrecht eine Streitverkündung vor und verbinden sich mit ihr Nebeninterventionswirkungen, wie sie aus § 68 ZPO geläufig sind, ihnen wenigstens im Wesentlichen entsprechen oder die ggf sogar noch darüber hinausgehen (Bsp: Österreich[784], Japan[785]), so bedeutet dies gleichwohl noch nicht, dass diese Wirkungen – außer in einem Folgeprozess gegen den Nebenintervenienten, der unter derselben (ausländischen) Jurisdiktion (in den Beispielen im Land C) stattfindet – auch für solche Prozesse gelten, die wegen für den Gewährleistungsprozess geltender abweichender Zuständigkeitsregelungen in einem anderen Staat (in den Beispielen am Sitz von A bzw. B) unter einer anderen Prozessordnung geführt werden.[786] Es bedarf hierzu vielmehr gesetzlicher Regelungen, die die Streitverkündungswirkungen des ausländischen Prozesses in das Inland hinein erstrecken.

517 – **Die zweite Frage lautet daher**: Ist das ausländische Verletzungsurteil im Inland anzuerkennen und, falls ja, nehmen an der Anerkennung die nach dem ausländischen Verfahrensrecht angeordneten Interventionswirkungen teil?

518 Was zunächst das **Erfordernis internationaler Zuständigkeit** für den Streitverkündeten betrifft, so handelt es sich hierbei um keine zwingende Voraussetzung. Notwendig ist nur, dass für irgendein Gericht des mit der Streitigkeit befassten ausländischen Staates (welches nicht das konkret angerufene Gericht sein muss) eine Zuständigkeit zu bejahen wäre, wenn man auf den Streitgegenstand des ausländischen Verfahrens die deutschen Zuständigkeitsvorschriften der §§ 12 ff ZPO und insbesondere §§ 32, 39 ZPO anwenden würde.[787] Maßgeblich ist insoweit allein der Beklagte und nicht die Person des Streitverkündeten. Zwei Besonderheiten sind zu beachten. Erstens: § 39 ZPO (Zuständigkeit kraft rügeloser Einlassung zur Sache) ist nur anzuwenden, wenn das Gericht, dessen internationale Zuständigkeit begründet werden soll, ohne die rügelose Einlassung unzuständig wäre. Die erforderliche Anerkennungszuständigkeit kann deswegen nicht durch vorbehaltloses Verhandeln allein begründet werden, wenn das ausländische Gericht unabhän-

---

783 Kraft, Grenzüberschreitende Streitverkündung; von Paris, Streitverkündung.
784 § 21 der österreichischen ZPO.
785 § 53 Abs 4 der japanischen ZPO.
786 Für die umgekehrte Konstellation, dass der mutmaßlich präjudizielle Verletzungsprozess in Deutschland geführt wird und Regress im Ausland zu nehmen ist, spricht nichts dagegen, dem Ausländer in Deutschland den Streit zu verkünden. Im europäischen Raum haben alle Mitgliedstaaten der EuGVVO die deutschen Interventionswirkungen in ihrem Folgeprozess zu beachten, selbst wenn dem ausländischen Recht das Institut der Streitverkündung unbekannt sein sollte (Fuchs, IPrax 2019, 568, 569 f).
787 BGHZ 141, 286, 289 f.

gig davon bereits nach seinem eigenen Recht international zuständig war.[788] Zweitens: Im deutschen Zivilprozessrecht gilt der Grundsatz, dass Tatsachen, die sowohl für die Zulässigkeit als auch für die Begründetheit einer Klage notwendigerweise erheblich sind (sogenannte doppelrelevante Tatsachen), erst bei Prüfung der Begründetheit festgestellt werden. Für die Zulässigkeit reicht die einseitige Behauptung aller erforderlichen Tatsachen durch den Kläger aus, und zwar auch dann, wenn es um das Vorliegen einer unerlaubten Handlung geht, die sowohl die Zuständigkeit des Gerichts (§ 32 ZPO) als auch den eingeklagten materiellen Anspruch begründen soll. Anders verhält es sich bei der internationalen Anerkennungszuständigkeit des ausländischen Gerichts. Sie ist im Tatsächlichen und Rechtlichen selbständig festzustellen, auch wenn die sie begründenden Tatsachen zugleich die Klageforderung inhaltlich stützen. Die bloße – schlüssige – Behauptung der die Zuständigkeit ergebenden Tatsachen genügt nicht.[789]

519 Im Hinblick auf die **Erstreckung von Interventionswirkungen** nach Deutschland ist zunächst zu beachten, dass an der Erstreckung immer nur diejenigen Urteilswirkungen teilhaben können, die das nationale Prozessrecht des Urteilsstaates der Entscheidung zuschreibt. Eine Wirkung, die das Urteil in seinem Heimatland nicht hat, kann es auch durch Anerkennung nicht erwerben. Der Eintritt der Anerkennungswirkungen setzt typischerweise voraus, dass das anzuerkennende Urteil in Bestandskraft erwachsen ist, also nach dem Recht des Urteilsstaates nicht mehr mit einem allgemeinen Rechtsmittel angefochten werden kann. Ist das fragliche Urteil anzuerkennen (weil sämtliche Voraussetzungen für eine Urteilsanerkennung vorliegen), so nehmen an der Wirkungserstreckung ins Inland auch die ausländischen Interventionswirkungen teil. Die Anerkennung tritt grundsätzlich automatisch ein, wenn und sobald die Anerkennungsvoraussetzungen erfüllt sind und keine Anerkennungshindernisse bestehen. Ihre Wirkung ist bei entsprechenden Sachvortrag der Parteien (keine Amtsermittlung!) von Amts wegen zu berücksichtigen. Ob und unter welchen Bedingungen ausländische Urteile in Deutschland anzuerkennen sind, ergibt sich üblicherweise aus EU-Verordnungen sowie bi- oder multilateralen Staatsverträgen, die grundsätzlich vorrangig zu prüfen sind, sowie bei Fehlen solcher Rechtsakte aus § 328 ZPO[790]. Nach dem Günstigkeitsprinzip ist auf § 328 ZPO parallel auch dann zurückzugreifen, wenn staatliche Vereinbarungen über die Anerkennung existieren, § 328 ZPO im Sinne einer Anerkennung aber günstiger ist. Dies vorausgeschickt, bestehen folgende Anerkennungsregelungen, die – **wohlgemerkt** – nur dann von Interesse sind, wenn zunächst festgestellt wurde, dass das Prozessrecht des ausländischen Verletzungsgerichts für die dort erfolgte Streitverkündung an den regresspflichtigen Lieferanten Interventionswirkungen kennt.

---

788 BGHZ 120, 334.
789 BGHZ 124, 237.
790 § 328 Abs 1 Nr 1–5 ZPO nennt folgende Anerkennungsausschlussgründe, wobei ein einziger ausreicht, um die Anerkennung zu versagen: **Nr. 1:** ... wenn die Gerichte des Urteilsstaates (irgendeines, nicht unbedingt das tatsächlich angerufene) für den unterbreiteten Streitstoff nach den deutschen Zuständigkeitsvorschriften (§§ 12 ff. ZPO, ohne EuGVVO!) nicht zuständig wären (Internationale Zuständigkeit nach dem Spiegelbildgrundsatz); **Nr. 2:** ... wenn dem Beklagten, der sich nicht auf das Verfahren eingelassen hat, das verfahrenseinleitende Dokument nicht oder nicht rechtzeitig genug zugestellt worden ist und der Beklagte dieses Versäumnis rügt; **Nr. 3:** ... wenn das anzuerkennende Urteil eine frühere Rechtshängigkeit missachtet oder mit einem deutschen oder einem anzuerkennenden früheren ausländischen Urteil unvereinbar ist; **Nr. 4:** ... wenn die Anerkennung des Urteils zu einem Ergebnis führt, das mit wesentlichen Grundsätzen des dt. Rechts (d.h. der hiesigen Werteordnung, insbesondere den Grundrechten) offensichtlich unvereinbar ist (ordre public-Vorbehalt), zB: Ein US-amerikanisches Urteil auf Strafschadensersatz (punitive damages) von nicht unerheblicher Höhe, der neben der Zuerkennung von Ersatz für materielle und immaterielle Schäden pauschal zugesprochen wird, kann *insoweit* wegen des ordre-public-Vorbehaltes in Deutschland regelmäßig nicht für vollstreckbar erklärt werden (BGH, NJW 1992, 3096); **Nr. 5:** ... wenn die Gegenseitigkeit nicht verbürgt ist (was rein faktisch danach zu beurteilen ist, ob deutsche Urteile – umgekehrt – im ausländischen Urteilsstaat anerkannt und vollstreckt werden).

- Für den Bereich der **EU** ergibt sich sich eine Erstreckung bestehender Interventions- 520
wirkungen aus **Art 65 Abs 1 Satz 2 EuGVVO**, der bestimmt, dass in denjenigen
Unions-Mitgliedstaaten, die eine Streitverkündung kennen[791], auch einer in einem
anderen Mitgliedstaat ansässigen Person der Streit verkündet werden kann, selbst
wenn dessen Heimatrecht eine Streitverkündung nicht kennt. Geschieht dies, werden
die nationalen Wirkungen der Streitverkündung in allen anderen Mitgliedstaaten
anerkannt (**Art 65 Abs 2 Satz 2 EuGVVO**). Gegenüber dem **Vereinigten Königreich**[792] bleibt die EuGVVO für solche Titel anwendbar, die in vor dem 31.12.2020
eingeleiteten Gerichtsverfahren geschaffen wurden (Art 67 Abs 1, 2 des Austrittsab-
kommens vom 24.1.2020[793]).

- Dieselbe Rechtslage gilt im Verhältnis zu **Dänemark** (Art 2 des Abkommens zwi- 521
schen der Europäischen Gemeinschaft und dem Königreich Dänemark über die
gerichtliche Zuständigkeit und die Anerkennung und Vollstreckung von Entscheidungen in Zivil- und Handelssachen)[794] sowie im Verhältnis zu den **EFTA-Staaten**
(Art II Abs 3 Satz 2 des Protokolls Nr 1 zum LugÜ).

- In Bezug auf die **USA** und **Japan** ist eine Anerkennung – jedenfalls nach dem Güns- 522
tigkeitsprinzip – unter den Voraussetzungen des § 328 ZPO möglich, wobei die
Gegenseitigkeit seit langem als verbürgt betrachtet wird.

Eine Sonderrolle nehmen **ausländische Garantieklageurteile** ein. Sie beruhen auf einer 523
selbständigen Regressklage des Beklagten gegen einen Dritten, mit der sich der Beklagte
bei seinem Lieferanten (= dem Dritten) gegen die Folgen eines verlorenen Prozesses um
die Kaufsache schützt (Bsp: third-party-complaint nach US-Recht und britischem
Recht). Folgt die Zuständigkeit der Garantieklage aus der Anhängigkeit der Hauptsache
(wie dies im europäischen Rechtsraum der Fall ist, Art 8 Nr 2 EuGVVO, Art 6 Nr 2
LugÜ), so stellen sich keine weiteren Probleme in Bezug auf die Zuständigkeit. Wo
derartige Sonderregelungen fehlen, muss das Urteil gegen den dritten Lieferanten alle
Anerkennungsvoraussetzungen erfüllen, wozu auch die Anerkennungszuständigkeit
nach § 328 Abs 1 Nr 2 ZPO gehört. Ein Gericht des ausländischen Staates, in dem der
Gewährleistungsprozess geführt wird, muss also bei Anwendung deutschen Zuständig-
keitsrechts (§§ 12 ff ZPO), dh nach einem der dort geregelten Gerichtsstände für die
Regressklage gegen den Dritten zuständig gewesen sein können.

Jenseits einer fehlenden rechtlichen Bindung an die ergangene ausländische Entscheidung 524
zur Patentverletzung ist strategisch zumindest ein rein faktisches Präjudiz für den späteren Gewährleistungsprozess in Rechnung zu stellen. In welchem Maße das mit dem
Regressrechtsstreit befasste deutsche Gericht willens und in der Lage ist, sich ein eigenes
Bild über die Berechtigung des nach ausländischem Patentrecht zu beurteilenden Verletzungsvorwurfs zu machen und sich hierbei ggf auch über das ausländische Verletzungserkenntnis hinwegzusetzen, hängt entscheidend davon ab, vor welchem Spruchkörper
ein solcher Regressprozess zu führen ist. Ein nicht mit Patentsachen befasster (allgemeiner) Spruchkörper wird sicher weit eher und bereitwilliger geneigt sein, dem ausländischen Urteilsspruch zur Patentverletzung zu folgen, als ein Spruchkörper, zu dessen
originärer Zuständigkeit Patentverletzungssachen gehören, womit es darauf ankommt,
ob es sich bei einem Regressprozess wegen Rechtsmängeln um eine **Patentstreitsache**
iSv § 143 Abs 1 PatG handelt. Da der materielle Haftungsgrund in den betrachteten

---

791 Estland, Kroatien, Lettland, Litauen, Ungarn, Österreich, Polen, Slowenien, Deutschland und Por-
    tugal (Fuchs, IPrax 2019, 568, 571).
792 … dessen Prozessrecht keine Streitverkündung und damit verbundene Intervenationswirkungen
    kennt.
793 ABl EU L 29/7.
794 Fuchs, IPrax 2019, 570, Fn 23.

Konstellationen gerade aus der patentverletzenden Konstitution der verkauften Sache hergeleitet wird, wird man dies anzunehmen haben.

cc) Außergerichtliche Beilegung des Verletzungsstreits

525 Die Beurteilung der Verletzungsfrage liegt naturgemäß in den Händen des Regressgerichts, wenn der (inländische oder ausländische) Streit um die Patentverletzung ohne Gerichtsentscheidung einvernehmlich beigelegt worden ist. Selbst wenn es zu einem gerichtlichen Vergleich gekommen ist, bei dem das Gericht beurkundende Funktion gehabt hat, scheidet eine Anerkennung (eben mangels einer gerichtlichen Entscheidung) aus.

b) Anspruchskanon

526 Liegt ein Rechtsmangel aus der Sicht des Regressgerichts nachweislich vor, sieht § 437 BGB – unter variierenden Voraussetzungen – unterschiedliche Rechtsfolgen vor, nämlich u.a. das Recht zum Vertragsrücktritt (§ 437 Nr 2 BGB iVm §§ 440, 323, 326 Abs 5 BGB), das Recht zur Kaufpreisminderung (§ 437 Nr 2 BGB iVm § 441 BGB), einen Anspruch auf Schadenersatz (§ 437 Nr 3 BGB iVm §§ 440, 280, 281, 283, 311a BGB) sowie einen Anspruch auf Erstattung vergeblicher Aufwendungen (§ 437 Nr 3 BGB iVm § 284 BGB). Ist es zu einem für den Käufer kostspieligen Patentverletzungsprozess im In- oder Ausland gekommen oder droht ihm ein solcher möglicherweise noch, ist ihm mit einem Vertragsrücktritt im Allgemeinen ebenso wenig gedient wie mit einer Kaufpreisminderung. Da die Ansprüche wegen Patentverletzung den Gebrauch der Kaufsache umfassend beeinträchtigen, macht auch ein (sog kleiner) Schadenersatzanspruch neben der Leistung (§ 280 BGB)[795] regelmäßig keinen Sinn.

c) Spezial: Schadenersatz

527 Wirtschaftlich interessant ist im Zweifel allein die Geltendmachung eines (sog großen) Schadenersatzanspruchs anstelle der Leistung (§§ 281, 311a BGB)[796], der deshalb an dieser Stelle auch allein näher betrachtet werden soll. Das gilt nicht nur wegen der Haftungsfolgen, sondern gleichermaßen wegen der im Falle einer patentverletzenden Konstitution der Kaufsache vielfach unschwer darzulegenden Anspruchsvoraussetzungen.

aa) Haftungsvoraussetzungen

528 Je nach dem Zeitpunkt, zu dem der Rechtsmangel vorgelegen hat, sind **zwei Konstellationen** in der rechtlichen Handhabung strikt auseinanderzuhalten:

529 Ist die **Kaufsache patentverletzend**, so wird sie dies typischerweise auch **schon beim Vertragsabschluss** gewesen sein.

530 – Unter *solchen* Bedingungen kann – bei Vorliegen ganz bestimmter Umstände – § 311a BGB einschlägig sein, der für die Zuerkennung eines Schadenersatzanspruchs statt der Leistung zweierlei verlangt:

531 • Als Erstes muss schon im Zeitpunkt des Vertragsschlusses (= Entstehung des vertraglichen Schuldverhältnisses) absehbar sein, dass eine rechtsmangelfreie Lieferung zum Fälligkeitstermin nicht (dh auf keine erdenkliche Weise) möglich sein

---

795 Der kleine Schadenersatz zeichnet sich dadurch aus, dass der Gläubiger die mangelhafte Sache behält und im Übrigen so gestellt wird wie er bei gehöriger Erfüllung stehen würde (Ersatz der Wertdifferenz zwischen mangelhafter und mangelfreier Kaufsache).

796 Bei ihm stellt der Gläubiger die mangelhafte Sache zur Verfügung und verlangt Schadenersatz wegen Nichterfüllung des gesamten Vertrages.

wird, wobei Fälle anfänglicher objektiver Unmöglichkeit genauso erfasst sind wie solche anfänglicher subjektiver Unmöglichkeit. Von einer Unmöglichkeit rechtsmangelfreier Lieferung wird – wenn weder ein Umbau noch eine Ersatzlieferung tauglich sind (dazu sogleich) – nur auszugehen sein, wenn von Anfang an unverrückbar feststeht, dass der Schutzrechtsinhaber weder sein Patent an den Verkäufer veräußern wird noch bereit ist, ihm wenigstens eine das vereinbarte Verkaufsgeschäft abdeckende Lizenz am Patent einzuräumen, sodass jegliches Bemühen des Verkäufers in dieser Richtung als zwecklos erscheinen muss. Keine Rolle spielt dabei, ob der Patentinhaber prinzipiell und gegenüber jedermann nicht lizenzierungsbereit ist oder ob er dies bloß gegenüber dem Verkäufer nicht abschlussbereit ist. Der Weigerung steht das Einfordern von Lizenzbedingungen gleich, die bei objektiver Betrachtung unzumutbar sind. So lange der Verkäufer Aktivitäten insbesondere zur Lizenznahme nicht tatsächlich ergebnislos unternommen hat, besteht für die Annahme einer Unmöglichkeit vertragsgerechter Leistungserfüllung regelmäßig kein Anlass. Anderes setzt eine bekannt kategorische Lizenzierungspolitik des Patentinhabers voraus, die jedes Bemühen um eine Lizenz zu objektiv zumutbaren Bedingungen aussichtslos macht.

Die Lieferung einer anderen, nicht patentverletzenden Sache kommt ausnahmsweise nur dann als Erfüllung in Betracht, wenn sie zwar nicht identisch, aber gleichartig und funktionell sowie vertragsgemäß gleichwertig ist, sodass sie sich aus der Sicht der Vertragsparteien als gegenüber der an sich geschuldeten Sache austauschbar erweist.[797] Gleiches gilt für einen Umbau der Kaufsache, mit der die patentverletzende Ausstattung oder Wirkungsweise beseitigt wird; auch sie kommt als Beseitigungsmaßnahme nur in Betracht, wenn dadurch die Sache nicht ihre vertragsgerechte Ausgestaltung verliert. Solches wird nur anzunehmen sein, wenn die verletzende Austattung/Wirkung vollständig außerhalb der vertraglichen Pflichten und des vom Verkäufer geschuldeten Lieferprofils liegt. 532

- Ist die erstgenannte Voraussetzung (anfängliche Unmöglichkeit rechtsmangelfreier Leistung) zu bejahen, muss der Schuldner – zweitens – das sich aus dem Rechtsmangel ergebende Leistungshindernis und die sich daraus ergebende anfängliche Unmöglichkeit der versprochenen Leistungserfüllung gekannt oder fahrlässig nicht gekannt haben. Ihn muss also in Bezug auf die unabänderlich schutzrechtsverletzende und infolgedessen gebrauchsbeeinträchtigte Konstitution der verkauften Sache ein Verschulden treffen. Letzteres wird gesetzlich vermutet, bis der Schuldner seine mangelnde Fahrlässigkeit dargetan und bewiesen hat. Eine Exkulpation wird in aller Regel für einen Patentschutz aussichtslos sein, der am Empfangsort der Lieferung in Kraft steht. Denn demjenigen, der technische Gegenstände verkauft, bei denen auch nur mit der Möglichkeit eines fremden Patentschutzes zu rechnen ist, obliegt auch ohne besondere Vertragsabsprachen eine Recherche- und Prüfungspflicht dahingehend, ob die der Kaufsache beigebene Ausstattung in fremde gewerbliche Schutzrechte eingreift, die in dem von der Lieferung betroffenen Territorium gelten. Beachtlich können daher allenfalls Umstände sein, die es plausibel machen, dass der Verkäufer spätestens für den Fälligkeitszeitpunkt seiner Leistung von dem Erwerb eines Benutzungsrechts durch den Patentinhaber ausgegangen ist. 533

---

[797] BGH, NJW 2019, 1133. Ist das Nachfolgemodell signifikant höherwertig, kann eine Vertragsauslegung in Betracht kommen, wonach der gewährleistungsberechtigte Käufer deren Ersatzlieferung nur gegen eine angemessene Zuzahlung verlangen kann (BGH, WM 2022, 330).

534 • Der nach § 311a Abs 2 BGB geschuldete (große) Schadenersatzanspruch geht auf das positive Interesse, dh der Käufer ist vermögensrechtlich so zu stellen, wie er im Falle einer ordnungsgemäßen Erfüllung des Kaufvertrages stehen würde.[798]

535 – Erscheint die Einräumung einer Benutzungsberechtigung am Patent bis zum Fälligkeitstermin der Lieferung – was typischerweise so sein wird – oder die Bereitstellung einer gleichwertigen schutzrechtsfreien Ersatzsache nicht von vornherein aussichtslos und hat der Schuldner eine regelgerechte Erfüllung des Kaufvertrages auch nicht ernsthaft und endgültig verweigert (§ 281 Abs 2 Satz 1 **BGB**), so muss der Käufer dem Verkäufer eine Frist zur rechtsmangelfreien Leistung (§ 433 Abs 1 Satz 2 BGB) oder – wenn er die gelieferte Kaufsache als Erfüllung angenommen hatte (§ 363 BGB) – zur Nacherfüllung setzen (§ 281 Abs 1 Satz 1 BGB). Die Frist muss nicht so lang (etwa nach Monaten) bemessen werden, dass überhaupt erstmals umfangreiche Lizenzverhandlungen aufgenommen und durchgeführt werden können; vielmehr geht es darum, dem Verkäufer eine allerletzte Möglichkeit zur ordnungsgemäßen Vertragserfüllung einzuräumen, womit nicht einem Szenario Rechnung zu tragen ist, bei dem gebotene Anstrengungen noch nicht auf den Weg gebracht sind. Ist die (nach mehreren Tagen oder ganz wenigen Wochen zu bemessende) Frist erfolglos verstrichen, kann der Käufer einen (ebenfalls großen, dh auf das positive Interesse gerichteten) Schadenersatzanspruch nach § 281 BGB geltend machen. Dem kann der Schuldner nur entgehen, wenn es den Nachweis führt, dass er den Rechtsmangel nicht zu vertreten hat (§§ 281 Abs 1 Satz 1, 280 Abs 1 Satz 2 BGB).

536 Denkbar ist aber auch, dass der **Rechtsmangel erst nach Vertragsabschluss** bis zum Eigentumsübergang **eingetreten** ist, was beispielsweise der Fall sein kann, wenn die Patenterteilung und ihre Veröffentlichung erst innerhalb des besagten Zeitintervalls erfolgt sind oder wenn innerhalb des Zeitfensters ein ursprünglich bestehendes Benutzungsrecht des Verkäufers überraschend und ohne die Befugnis in Fortfall geraten ist, legal angebahnte Geschäfte noch abwickeln zu dürfen. Hier kommt eine Schadenersatzhaftung des Verkäufers auf das positive Interesse des Gläubigers nach § 281 BGB in Betracht. Sie setzt – neben dem zu Lasten des Schuldners vermuteten und deshalb von ihm zu widerlegenden Verschulden – entweder eine nachträgliche Unmöglichkeit der rechtsmangelfreien Leistung oder der fruchtlose Ablauf einer Frist zur Nachleistung oder Nacherfüllung voraus. Wegen der Einzelheiten kann insoweit auf die vorstehenden Ausführungen verwiesen werden.

bb) Schadenspositionen (positives Interesse)

537 Dass dem Käufer ein Schaden entstanden ist, der seine Vermögenslage im Vergleich zu der Situation bei mangelfreier Lieferung verschlechtert (positives Interesse), bedarf keiner Erläuterung, wenn der Patentverletzungsprozess rechtskräftig zu seinem Nachteil ausgegangen ist und er dementsprechend gegenüber dem Patentinhaber zur Unterlassung und zum Schadenersatz verurteilt wurde. Ob die Verurteilung zu Recht erfolgt ist, hat für die Frage der Schadensentstehung (anders als für den Haftungsgrund) jedenfalls dann keine Bedeutung, wenn der Prozess nicht wegen schuldhaft schlechter Prozessführung durch den Käufer verloren wurde. Hat der Käufer den Streit mit dem Patentinhaber – mit oder ohne Gerichtsverfahren – gütlich beigelegt, so ist der freiwillig übernommene Schadenersatzbetrag gleichfalls erstattungspflichtig, sofern sich der Vergleich mit seinem Inhalt unter Berücksichtigung aller Umstände einschließlich der objektiven Verteidigungschancen sowie des Kostenrisikos als insgesamt angemessene Maßnahme zur Streitbeilegung darstellt.

---

[798] BGH, MDR 2014, 891.

Beachtliche Schadenspositionen ergeben sich darüber hinaus – abgesehen vom gezahlten **538** Kaufpreis, der selbstverständlich zurückzuerstatten ist – in vielfältiger Weise. Sie können sich in demjenigen Schadensersatzbetrag niederschlagen, der an den Schutzrechtsinhaber zu leisten ist; sie können aber auch aus denjenigen Regressforderungen resultieren, die im Falle eines Weiterverkaufs der Verletzungsware den Abnehmern des Verurteilten aus dem Gesichtspunkt der Gewährleistungshaftung zustehen, oder sich aus einem eigenen entgangenen Gewinn des Verurteilten aus dem wegen des Verletzungsprozesses gescheiterten Weiterverkauf der Kaufsache ergeben oder schließlich in Prozesskosten aus dem Verletzungsrechtsstreit und/oder etwaigen Regressprozessen oder -auseinandersetzungen mit Abnehmern bestehen.

Ein ersatzfähiger Schaden ist aber selbst dann vorstellbar, wenn der Käufer den gegen **539** ihn geführten Patentverletzungsprozess rechtskräftig gewonnen hat, nämlich dann, wenn das einschlägige (ausländische) Prozessrecht keine (vollständige) Kostenerstattung zugunsten des Obsiegenden vorsieht, so dass er trotz seines Prozesserfolges mit einem Teil der aus Anlass des Rechtsmangels geführten Prozesses belastet bleibt.

Gewisse **Einschränkungen** sind freilich dennoch zu beachten. **540**

– Sämtliche Schadenspositionen sind nur insoweit relevant, als sie aus Anlass eines Ver- **541** triebs entstanden sind, der für den Verkäufer absehbar war und in Bezug auf den ihm deshalb die vertragliche Pflicht oblag, mit der Kaufsache einen ungehinderten Verkauf zu gewährleisten. Wusste im Beispielsfall 2 der Verkäufer A nichts davon, dass sein Käufer B die Ware ins Ausland weiterverkaufen will, und bestand nur dort ein Patentschutz, so war eine schutzrechtsfreie Ausstattung der Kaufsache nicht geschuldet. Sämtliche Kosten, die im Zusammenhang mit dem Auslandsvertrieb stehen (Kosten des ausländischen Verletzungsrechtsstreits, Schadenersatzzahlungen des C an den Patentinhaber; Regressforderungen von ausländischen Abnehmern), sind deswegen von vornherein nicht von Bedeutung.

– Entgangene Gewinne aus einem Weiterverkauf sind nur bedeutsam, wenn das **542** gescheiterte gewinnträchtige Geschäft auch ohne die patentverletzende Konstitution der Kaufsache zustande gekommen wäre. Denn der schadenersatzpflichtige Käufer soll so gestellt werden wie er bei mangelfreier Lieferung gestanden hätte.

– Mangels Zurechenbarkeit sind solche Prozesskosten nicht ersatzfähig, die darauf **543** beruhen, dass sich der Käufer auf einen erkennbar aussichtslosen Prozess mit dem Patentinhaber und/oder seinen Abnehmern eingelassen hat.[799]

– Besitzt der Käufer überlegenes Schutzrechtswissen, so kann sein Schadenersatzan- **544** spruch schließlich aus dem Gesichtspunkt des Mitverschuldens ausgeschlossen oder limitiert sein.

3. Verjährung

Ansprüche wegen Rechtsmängeln verjähren in zwei Jahren ab Ablieferung der Sache **545** (§ 438 Abs 1 BGB), wobei die Frist im gewerblichen Bereich in Allgemeinen Geschäftsbedingungen auf 1 Jahr verkürzt werden kann. Klageerhebung und Streitverkündung hemmen den Lauf der Verjährungsfrist und erstrecken ihn nach Rechtskraft des Gewährleistungsurteils auf 30 Jahre.

Die besagten Wirkungen hat auch ein **ausländisches Urteil**, das anerkennungsfähig ist. **546**

---

799 BGH, MDR 2013, 214.

4. Freistellungszusage

547 In der Praxis ist es weithin üblich, dass der Verkäufer den Käufer mit Blick auf mögliche Schutzrechtsverletzungen durch die gelieferte Ware von der Haftung freistellt. Wegen der rechtlichen Tragweite einer solchen Erklärung vgl oben unter Rdn 503.

H. Zwangsvollstreckungsverfahren

I. Grundsätzliches

1. Allgemeine Vollstreckungsvoraussetzungen

Die Zwangsvollstreckung setzt grundsätzlich 1

- einen vollstreckbaren **Titel** (der den vollstreckenden Gläubiger und den Vollstreckungsschuldner[1] ausweist), 2
- versehen mit einer **Klausel**[2], sowie 3
- die **Zustellung**[3] des Titels an den Beklagten voraus. 4

Keiner Vollstreckungsklausel bedürfen Entscheidungen im Arrest- und einstweiligen 5
Verfügungsverfahren, gleichgültig, ob sie als Beschluss oder Urteil ergehen.[4] Zu beachten ist allerdings, dass von Amts wegen keine Ausfertigung des Verfügungsurteils mehr zugestellt wird (§ 169 Abs 3 ZPO), die Vollstreckungsvoraussetzung ist. Vor einer Vollstreckungsmaßnahme (oder vorsorglich sogleich mit dem Verfügungsantrag) hat der Gläubiger deshalb auf die Zustellung einer Ausfertigung anzutragen.

Vollstreckbar sind vor allem rechtskräftige Titel. 6

Um die Rechtskraft der Entscheidung nachzuweisen, ist ein sog Rechtskraftzeugnis vor- 7
gesehen, das nur auf Antrag erteilt wird. Sein Zweck liegt darin, den Prozessbeteiligten den Nachweis zu ermöglichen, dass das fragliche Urteil in **formelle Rechtskraft** erwachsen ist, also durch ein Rechtsmittel nicht mehr angegriffen werden kann, so dass es einer für den Fall der vorläufigen Vollstreckbarkeit angeordneten Sicherheitsleistung fortan nicht mehr bedarf. Entsprechend dem dargestellten Zweck beschränkt sich die Prüfung des Urkundsbeamten der Geschäftsstelle auf den Tatbestand der äußeren (formellen) Rechtskraft.[5] Sie kann sich daraus ergeben, dass ein Rechtsmittel gegen die betreffende Entscheidung von Gesetzes wegen überhaupt nicht gegeben ist[6], sie kann aber auch darauf beruhen, dass ein an sich statthaftes Rechtsmittel von dem durch die Entscheidung Beschwerten nicht (fristgerecht) eingelegt wurde, wobei im letztgenannten Fall die Entscheidung über einen laufenden Wiedereinsetzungsantrag abzuwarten ist. Das von der Geschäftsstelle erteilte Rechtskraftzeugnis genießt die Beweiskraft des § 418 ZPO.[7]

---

[1] Die bloße Änderung des Namens oder der Firma einer Partei steht der Vollstreckung eines Titels auch ohne Umschreibung nicht entgegen, wenn der Gläubiger die Personenidentität dem Vollstreckungsorgan durch entsprechende Urkunden zweifelsfrei nachweisen kann (BGH, MDR 2011, 1137).
[2] §§ 724, 725 ZPO.
[3] Sie muss wirksam sein. Eine bestimmte Frist, insbesondere die 5-Monatsfrist nach §§ 317, 517 ZPO, muss allerdings nicht eingehalten werden. Eine wirksame Zustellung muss nur spätestens bei Beginn der Zwangsvollstreckung vorliegen (OLG Düsseldorf, Beschlüsse v 28.4.2016 und 13.6.2016 – I-2 W 3/16).
[4] §§ 929 Abs 1, 936 ZPO.
[5] BGH, NJW-RR 2021, 1653.
[6] Bsp: Den Rechtszug abschließende BGH-Urteile; Berufungsurteile in Verfahren des einstweiligen Rechtsschutzes.
[7] BGH, NJW-RR 2021, 1653.

8   Nach § 706 Abs 1 ZPO sind Zeugnisse über die Rechtskraft von Urteilen – erstens – auf Grundlage der Prozessakten – und zweitens – von der Geschäftsstelle des Gerichts des ersten Rechtszuges, so lange der Rechtsstreit in einem höheren Rechtszug *anhängig* ist, von der Geschäftsstelle des Gerichts dieses (höheren) Rechtszuges, zu erteilen. Der Begriff der »**Anhängigkeit**« ist hierbei nicht streng prozessrechtlich, sondern vom Standpunkt der Geschäftsstelle aus zu verstehen, die mit der Bearbeitung der Sache im Rechtsmittelzug bis zur Rücksendung der Akten auch dann noch befasst (und im Besitz der maßgeblichen Prozessakte) bleibt, wenn das Rechtsmittelgericht seine rechtsprechende Tätigkeit bereits abgeschlossen hat oder das Rechtsmittel zurückgenommen worden ist.[8] Die Zuständigkeit des Urkundsbeamten des Gerichts der höheren Instanz beginnt mit Einreichung einer Rechtsmittelschrift (nicht schon mit Einreichung nur eines Prozesskostenhilfegesuchs für das Rechtsmittelverfahren), und sie endet, wenn die Geschäftsstelle der höheren Instanz ihre Arbeit an dem fraglichen Streitfall zum Abschluss gebracht hat.[9] Die Geschäftsstelle des Bundesgerichtshofs ist dementsprechend nicht nur dann für die Erteilung des Rechtskraftzeugnisses zuständig, wenn gegen ein Berufungsurteil Nichtzulassungsbeschwerde eingelegt worden ist, sondern auch dann, wenn die Wiederaufnahme des durch dieses Berufungsurteil geschlossenen Verfahrens betrieben und das im Wiederaufnahmeverfahren ergangene Urteil wiederum mit der Nichtzulassungsbeschwerde angefochten wird.[10]

9   Ist ein Titel noch nicht rechtskräftig, kann er vorläufig vollstreckbar sein:

10 – Urteile der Landgerichte in Patentverletzungsverfahren sind aufgrund eines entsprechenden Ausspruchs im Tenor grundsätzlich gegen Sicherheitsleistung vorläufig vollstreckbar.[11] Wird im Revisionsverfahren ein Berufungsurteil aufgehoben, welches ein erstinstanzliches obsiegendes Verletzungsurteil aufgehoben hat, so lebt die vorläufige Vollstreckbarkeit des landgerichtlichen Urteils wieder auf.[12] Ohne Sicherheitsleistung zulässig ist allerdings die **Sicherungsvollstreckung** nach § 720a ZPO, wobei der Schuldner die Möglichkeit zur Abwendung der Vollstreckung dadurch hat, dass er seinerseits Sicherheit leistet[13];

11 – Entscheidungen der Oberlandesgerichte sind ohne Sicherheitsleistung vorläufig vollstreckbar[14], ebenso alle Versäumnisurteile[15] und Anerkenntnisurteile, unabhängig davon, in welcher Instanz sie ergehen.[16]

a) Sicherheitsleistung

12 Die Sicherheitsleistung dient dem Interesse des Vollstreckungsschuldners. Sie soll ihm ein Zugriffsobjekt für den Ersatz derjenigen Nachteile bereitstellen, die er bei einer etwaigen Zwangsvollstreckung des Urteils erleidet, welche sich im Nachhinein als unberechtigt erweist. Dementsprechend kommt es auf den möglichen Vollstreckungsschaden der **Prozesspartei** an und haben etwaige Schäden Dritter (auch soweit sie konzernverbunden sind) außer Betracht zu bleiben.[17]

---

8   BGH, NJW-RR 2021, 1653.
9   BGH, NJW-RR 2021, 1653.
10 BGH, NJW-RR 2021, 1653.
11 § 709 ZPO.
12 BGH, MDR 2020, 685.
13 Zur Verjährung der Ansprüche aus einer Bürgschaft zur Abwendung der Sicherungsvollstreckung vgl BGH, MDR 2015, 353; zur Rückgabe einer derartigen Sicherheit gemäß § 109 ZPO vgl OLG Düsseldorf, InstGE 9, 175 – Sicherungsvollstreckung.
14 § 708 Nr 10 ZPO.
15 § 708 Nr 2 ZPO.
16 § 708 Nr 1 ZPO.
17 OLG Karlsruhe, GRUR-RR 2019, 405 – Drucker.

Zu berücksichtigen sind neben den Anwaltskosten des Klägers und den Gerichtskosten auch ein möglicher Schadenersatzanspruch des Schuldners gemäß § 717 Abs 2 ZPO.[18] Ohne Belang ist in diesem Zusammenhang, wann sich der Schaden entwickelt und wann der Schuldner die Vermögenseinbuße erlitten hat. Entscheidend ist vielmehr, wann die Ursache für den Schaden gesetzt wurde, der durch die erzwungene Leistung des vorläufig vollstreckbar verurteilten Schuldners entstanden ist.[19] Zum ersatzfähigen Schaden können deswegen auch Aufwendungen gehören, die der Schuldner zwar zeitlich nach dem Berufungsurteil, aber zu dem Zweck gemacht hat, die entsprechend dem ergangenen Verbot vorübergehend unterlassenen Vertriebshandlungen wieder aufnehmen zu können, also die vom Markt genommenen Gegenstände erneut in Verkehr bringen und einen etwa verlorenen Kundenkreis zurück gewinnen zu können.[20] Dass der Vollstreckungsschuldner bei seinem Lieferanten oder einem sonstigen Dritten Regress nehmen kann, schmälert die Vollstreckungssicherheit grundsätzlich schon deshalb nicht, weil die Durchsetzbarkeit des Regressanspruchs im Allgemeinen zweifelhaft ist und dem Schuldner das diesbezügliche Insolvenzrisiko nicht aufgebürdet werden darf.

13

Wie hoch die zu leistende Sicherheit ist, kann Probleme bereiten, wenn die im Urteil getroffene Anordnung zur Sicherheitsleistung den §§ **709 Satz 2, 711 Satz 2 ZPO** folgt, indem die Sicherheit einem bestimmten Prozentsatz (zB 110 %) des auf Grund des Urteils zu vollstreckenden Betrages entspricht. Hier wird die 100 %-Bemessungsgrundlage (sic: der »aufgrund des Urteils vollstreckbare Betrag«) durch die titulierte Hauptforderung *zzgl* Nebenforderungen (insbesondere bis zur Vollstreckung aufgelaufene Zinsen) *zzgl* der durch einen Kostenfestsetzungsbeschluss bereits bezifferten Kosten des Vollstreckungsgläubigers gebildet, während der Aufschlag von 10 % mögliche weitere Vollstreckungs- bzw Verzögerungsschäden abdeckt.[21]

14

Praxistipp	Formulierungsbeispiel

In der Regel entsprechen die Vollstreckungsschäden – und damit die Sicherheitsleistung – dem festgesetzten **Streitwert**, sie sind typischerweise jedenfalls nicht höher als jene.[22] Denn die Bestimmung des Streitwertes richtet sich nach dem Interesse der klagenden Partei an der begehrten gerichtlichen Entscheidung, für dessen Berechnung bei einem Unterlassungsanspruch nicht nur der Wert und die Bedeutung der verletzten Rechtsposition des Klägers, sondern ebenso der Umfang der angegriffenen Handlungen der beklagten Partei maßgeblich sind.[23] Hat der Beklagte Anhaltspunkte dafür, dass eine in Höhe des Streitwertes festgesetzte Sicherheit den drohenden Vollstreckungsschaden nicht vollständig abdecken wird, hat er die betreffenden Umstände bereits dem Landgericht zu präsentieren[24], weil die Möglichkeit, einen bereits in erster Instanz bekannten Sachverhalt im Verfahren nach § 718 ZPO geltend zu machen, begrenzt sind. Für die im Berufungsurteil anzuordnenden Sicherheiten ist zudem zu bedenken, dass diejenigen Zeiträume unbeachtlich sind, während derer die Zwangsvollstreckung eingestellt war.[25]

15

---

18 OLG Düsseldorf, NJOZ 2007, 451.
19 OLG Düsseldorf, NJOZ 2007, 451, 454.
20 OLG Düsseldorf, NJOZ 2007, 451, 454; LG Düsseldorf, Urteil v 9.3.2017 – 4a O 137/15.
21 BGH, MDR 2015, 179.
22 OLG Karlsruhe, Urteil v 10.5.2017 – 6 U 169/16.
23 OLG Düsseldorf, NJOZ 2007, 451, 455.
24 Es genügt eine generalisierende Darstellung, die die behaupteten Umsatz- und Gewinnzahlen plausibel macht (LG Düsseldorf, Urteil v 15.12.2016 – 4b O 103/15).
25 OLG Düsseldorf, Urteil v 20.12.2017 – I-2 U 39/16.

b) Teilsicherheit

16 Soll aus einem erstinstanzlichen, vorläufig gegen Sicherheitsleistung vollstreckbaren Urteil vollstreckt werden, muss der Kläger die im Urteil hierfür vorgesehene Sicherheitsleistung **in voller Höhe** erbringen. Das gilt auch dann, wenn nur wegen eines von mehreren titulierten Ansprüchen die Zwangsvollstreckung betrieben werden soll, zB allein wegen der Rechnungslegungs- und nicht wegen der Unterlassungspflicht oder nur wegen des Kostenausspruchs. § 752 ZPO ist auf andere als Geldforderungen nicht anwendbar. Nach Auffassung des OLG München[26] kann die Sicherheitsleistung für den gegen mehrere Schuldner titulierten Auskunfts- und Rechnungslegungsanspruch jedenfalls dann einheitlich festgesetzt und zur Herbeiführung der Vollstreckungsvoraussetzungen gegen alle Schuldner einheitlich geleistet werden, wenn keine unterschiedlichen Auskünfte (zB wegen einer nur zeitlich vorübergehenden Verantwortlichkeit eines mitverklagten Geschäftsführers) gegeben werden können.

17 Allerdings kann die Festsetzung einer Teilsicherheit für die einzelnen titulierten Ansprüche[27] oder für die Ansprüche gegen jeden von mehreren Beklagten beantragt werden.[28] Der Darlegung eines besonderen Interesses bedarf es insoweit nicht.[29] Die Teilsicherheitsleistung kann im Ausgangspunkt am Streitwertanteil orientiert werden, den der jeweilige Anspruch am Gesamtstreitwert hat. Zu beachten ist jedoch, dass mit einer Vollstreckung des **Vernichtungs- oder Rückrufanspruchs** de facto vielfach auch der Unterlassungsanspruch in wesentlichem Umfang mit durchgesetzt wird. Die Pflicht, alle Verletzungsgegenstände im Besitz oder Eigentum des Beklagten zu vernichten, nimmt ihm regelmäßig die Möglichkeit, die betreffenden Erzeugnisse in Verkehr zu bringen[30]; die Pflicht zum Rückruf macht es sinnlos, nach Vollstreckbarkeit des Rückrufanspruchs weitere Vertriebshandlungen (die sogleich die Notwendigkeit des Rückrufs auslösen würden) vorzunehmen. Deswegen muss die Teilsicherheit in solchen Fällen auch den mitvollzogenen weiteren Anspruch berücksichtigen.[31] Ob insoweit der gesamte auf den Drittanspruch entfallende Sicherheitsbetrag in Ansatz gebracht wird oder nur ein (ggf welcher?) Teil davon, hängt von den Umständen des Einzelfalles, nämlich davon ab, wie wahrscheinlich es ist, dass der Beklagte, ohne eigenen Besitz/eigenes Eigentum zu erwerben, Lieferungen zB direkt vom Ausland aus initiiert. Ratsam ist eine Teilsicherheit in jedem Fall für den Auskunfts- und Rechnungslegungsanspruch, den Anspruch auf Erstattung bezifferter Abmahnkosten sowie den Kostenausspruch des Urteils.

Praxistipp	Formulierungsbeispiel

18 Für die Praxis ist unbedingt zu einem Antrag auf Festsetzung von Teilsicherheiten zu raten, jedenfalls dann, wenn nicht von vornherein abzusehen ist, dass später das gesamte Urteil einschließlich Unterlassungsausspruch vollstreckt werden soll. Erstens werden Kosten bei der notwendigen Sicherheitsleistung (Avalgebühren) gespart; zweitens – und das ist von im Zweifel wesentlich größerem Interesse – besteht nicht die Gefahr einer Schadensersatzhaftung nach Maßgabe der BGH-Entscheidung »Steroidbeladene Körner« (GRUR 2011, 364), wenn das Urteil später aufgehoben wird und sich die Vollstreckung im Nachhinein als unberechtigt erweist.[32]

---

26 OLG München, InstGE 10, 254 – Schuldner des Auskunftsanspruchs.
27 ... außer dem Urteilsveröffentlichungsanspruch, der wegen § 140e Satz 4 PatG nicht vorläufig vollstreckbar ist.
28 OLG Frankfurt/Main, NJW-RR 1997, 620.
29 AA: LG Düsseldorf, Urteil v 12.1.2010 – 4a O 125/09.
30 Möglich bleiben selbstverständlich Angebotshandlungen und Liefergeschäfte über Dritte.
31 LG Mannheim, Urteil v 20.1.2012 – 7 O 233/11.
32 Vgl dazu unten Kap I Rdn 16 ff.

Wurde der Antrag auf Festsetzung von Teilsicherheiten im Erkenntnisverfahren versäumt, steht hierfür das Verfahren nach § 718 ZPO zur Verfügung.[33] Zu beachten ist allerdings, dass die Festsetzung von Teilsicherheiten nur möglich ist, wenn sich nach Schluss der erstinstanzlichen mündlichen Verhandlung herausstellt, dass nur eine teilweise Vollstreckung erforderlich ist oder sinnvoll erscheint.[34] Die klagende Partei hat sich also zumindest im Zeitpunkt der letzten mündlichen Verhandlung darüber klar zu werden, ob sie im Falle eines obsiegenden auf Unterlassung, Rechnungslegung und/oder Vernichtung der Verletzungsgegenstände gerichteten Urteils sofort alle titulierten Ansprüche oder nur zunächst einzelne von ihnen vollstrecken will und, sofern letzteres nicht von vornherein ausscheidet, bereits vom Landgericht entsprechende Teilsicherheiten festsetzen zu lassen. Nur wenn die Umstände, die eine nur teilweise Vollstreckung erfordern oder zumindest sinnvoll erscheinen lassen, erst nach Schluss der erstinstanzlichen mündlichen Verhandlung eintreten oder dem Vollstreckungsgläubiger bekannt werden, ist die Festsetzung von Teilsicherheiten vor dem Berufungsgericht noch möglich.

19

– Dies ist zum einen der Fall, wenn sich unmittelbar vor der Vollstreckung herausstellt, dass auch die Vollstreckung den zuerkannten Zahlungsbetrag nur zu einem geringen Teil abdecken wird und die für die ursprünglich festgesetzte nach dem zuerkannten Gesamtanspruch bemessene Sicherheitsleistung zu erbringenden Kosten den im Wege der Zwangsvollstreckung erlangbaren Betrag im Wesentlichen wieder aufzehren.[35]

20

– In Patentverletzungsstreitigkeiten kommt ferner der Fall in Betracht, dass der **Unterlassungsanspruch** zunächst nicht zwangsweise durchgesetzt zu werden braucht, weil der Beklagte vor Schluss der erstinstanzlichen mündlichen Verhandlung die gewerbliche Nutzung des angegriffenen Gegenstands eingestellt hat und nichts dafür spricht, dass er die untersagten Handlungen wieder aufnehmen will. Ein weiterer Grund, von der Durchsetzung des Unterlassungsanspruchs abzusehen, kann darin liegen, dass nach der landgerichtlichen Schlussverhandlung vorher nicht in Aussicht genommene Lizenzverhandlungen mit dem Beklagten oder dessen Lieferanten aufgenommen worden sind, die nicht gefährdet werden sollen.[36]

21

– Ebenso kann zunächst eine Zwangsvollstreckung des **Auskunfts- und Rechnungslegungsanspruches** entbehrlich sein, wenn der Schuldner sich für den Fall seiner Verurteilung zur Erfüllung des Auskunftsanspruches verpflichtet hat. Hier kommt eine Festsetzung von Teilsicherheiten durch das Berufungsgericht etwa dann in Betracht, wenn sich erst nach Schluss der erstinstanzlichen mündlichen Verhandlung herausstellt, dass der Schuldner die Nutzung des angegriffenen Gegenstandes wieder aufgenommen hat oder seine Zusage zur freiwilligen Erteilung der zuerkannten Auskünfte nicht einhält, die Vollstreckung des jeweils anderen titulierten Anspruches aber noch nicht betrieben werden soll. So lange jedoch zum Schluss der mündlichen Verhandlung in erster Instanz auch die Möglichkeit in Betracht zu ziehen ist, nur gegen einen von mehreren Beklagten und/oder nur wegen eines von mehreren zuerkannten Ansprüchen die Zwangsvollstreckung betreiben zu müssen, ist die klagende Partei gehalten, bereits vor dem Landgericht die Aufteilung der gesamten Sicherheitsleistung in einzelne betragsmäßig zu beziffernde Teilleistungen anzuregen.[37]

22

– Ein Anlass, isoliert den **Kostenausspruch** zu vollstrecken, kann sich schließlich aus der erst nach dem landgerichtlichen Urteil zutage getretenen Gefahr einer Insolvenz des Kostenpflichtigen ergeben. Sie ergibt sich regelmäßig schon daraus, dass der Kos-

23

---

33 OLG Frankfurt/Main, NJW-RR 1997, 620.
34 OLG Düsseldorf, InstGE 11, 116 – Strahlregler.
35 OLG Frankfurt/Main, NJW-RR 1997, 620.
36 OLG Düsseldorf, Urteil v 8.3.2012 – I-2 U 65/11.
37 OLG Düsseldorf, InstGE 11, 116 – Strahlregler.

tenschuldner in Liquidation geraten ist, wobei es nicht darauf ankommt, ob dafür tatsächlich wirtschaftliche Schwierigkeiten die Ursache waren und wie groß – objektiv betrachtet – die dadurch begründete Gefahr ist, dass die zuerkannten Zahlungsansprüche in Zukunft nicht mehr realisiert werden können.[38] Da dem Kostengläubiger exakte und verlässliche Einblicke naturgemäß nicht möglich sind, reicht es für einen hinreichenden Anlass zur sofortigen Zwangsvollstreckung der Kostenerstattungsansprüche aus, dass die durch die Liquidation des Prozessgegners eingetretene Veränderung die ernstzunehmende Befürchtung aufkommen lässt, bei einem Zuwarten mit der Vollstreckung bis zum Abschluss der Berufungsinstanz möglicherweise mit ihren Zahlungsansprüchen auszufallen.[39]

c) Bankbürgschaft

24 Die Sicherheitsleistung kann, auch wenn dies im Tenor nicht ausdrücklich angeordnet ist, in Form einer Bankbürgschaft erfolgen (§ 108 ZPO). Welchen näheren Vorgaben sie zu genügen hat, kann das Gericht bestimmen oder können die Parteien untereinander vereinbaren. Geschieht beides – wie üblich – nicht, so bestimmt § 108 Abs 1 Satz 2 ZPO, dass die Sicherheit durch die schriftliche, unwiderrufliche, unbedingte und unbefristete Bürgschaft eines im Inland zum Geschäftsbetrieb befugten Kreditinstituts geleistet werden kann. Sieht das Urteil vor, dass die Sicherheit »durch die Bürgschaft einer in der Bundesrepublik Deutschland ansässigen Großbank oder öffentlich-rechtlichen Sparkasse erbracht werden kann«, so ist jedes (auch ausländische) Kreditinstitut geeigneter Bürge, das einen zuständigkeitsbegründenden Sitz im Bundesgebiet unterhält und dessen finanzielle Ausstattung zweifelsfrei Gewähr dafür bietet, dass die Bürgschaftssumme aufgebracht wird.[40] Ist als Vollstreckungssicherheit eine »schriftliche« Bankbürgschaft zugelassen, so muss dem Schuldner die vom Bürgen unterzeichnete Originalurkunde übermittelt werden (§ 130 BGB). Die Übersendung einer vom Anwalt des Gläubigers beglaubigten Abschrift des Originals genügt nicht.[41] Sofern die Bürgschaft nicht auflösend durch die Rückgabe der Bürgschaftsurkunde bedingt ist[42], kann dem Schuldner (statt des Originals) auch eine amtlich (vom Gerichtsvollzieher) beglaubigte Abschrift der Bürgschaftsurkunde zugestellt werden (§ 132 Abs 1 BGB, §§ 192 ff ZPO), womit zugleich den Anforderungen des § 751 Abs 2 ZPO genügt ist.

25 Die Bürgschaftserklärung muss **bestimmt** sein und die Berechtigten sowie die Verpflichteten genau erkennen lassen. Auch der Bürgschaftsfall muss der Urkunde klar entnommen werden können. Gleichzeitig ist die Bürgschaftserklärung unbedingt und unbefristet sowie unter Verzicht auf die Einrede der Vorausklage (»selbstschuldnerisch«) abzugeben.[43] Unzureichend ist eine Bürgschaftserklärung, mit der die Bürgschaft gegenüber den Schuldnern »als Gesamtgläubigern« übernommen wird.[44] Ist allerdings mehreren durch denselben Prozessbevollmächtigten vertretenen Beklagten Sicherheit zu leisten, so ist eine Urkunde, ausweislich derer die Bürgschaft »im Auftrag der Klägerin den Beklagten gegenüber« übernommen wird, mit Rücksicht auf ihren Sicherungszweck im Zweifel dahingehend auszulegen, dass die Sicherungsberechtigten Mitgläubiger – und nicht bloß Gesamtgläubiger – sein sollen. Eines ausdrücklichen Hinweises auf die Mitgläubiger-

---

38 OLG Düsseldorf, Urteil v 13.9.2012 – I-2 U 21/12.
39 OLG Düsseldorf, Urteil v 13.9.2012 – I-2 U 21/12.
40 LG Düsseldorf, InstGE 3, 150 – Tintenpatrone.
41 LG Düsseldorf, InstGE 11, 154 – Original der Bürgschaftsurkunde, mwN zum Streitstand.
42 Vgl hierzu OLG München, MDR 1979, 1029.
43 Vgl zu einzelnen Klauseln auch Zöller, § 108 ZPO Rn 9.
44 LG Düsseldorf, InstGE 3, 227 – Prozessbürgschaft; OLG Düsseldorf, Beschluss v 26.9.2017 – I-15 U 68/17.

schaft bedarf es nicht.⁴⁵ Unzulässig ist allerdings die **einschränkende Klausel**, dass eine formgerechte Inanspruchnahme der Bürgschaft nur durch eine schriftliche Zahlungsaufforderung durch *alle* Bürgschaftsgläubiger möglich ist (womit im Sicherungsfall eine Anforderung durch einen von ihnen für alle von ihnen ausscheidet, wie dies dem Charakter der Mitgläubigerschaft entspricht).⁴⁶

Von ganz wesentlicher Bedeutung für die Formulierung der Bürgschaft (genauer: für die **Formulierung des Sicherungsfalles**) ist die Frage, ob es sich bei dem vollstreckbaren gerichtlichen Erkenntnis um ein **Hauptsacheurteil oder** um eine **einstweilige Verfügung** handelt. Jede Vollstreckungssicherheit – und damit auch die nach § 938 ZPO angeordnete Vollziehungssicherheit – dient dazu, den Vollstreckungsschuldner im Hinblick auf seinen Schadenersatzanspruch abzusichern, der ihm zustehen kann, wenn sich die Vollstreckung (Vollziehung) der gerichtlichen Entscheidung im Nachhinein als unberechtigt erweist. Um ihren Zweck zu erfüllen, muss die geleistete Sicherheit vollständig kongruent zu derjenigen Schadensersatzhaftung sein, die das Gesetz für den Fall einer aus nachträglicher Sicht ungerechtfertigten Vollstreckung vorsieht. Sämtliche Haftungsszenarien, die nach den Verhältnissen im Zeitpunkt der Sicherheitsleistung mit Rücksicht auf den bisherigen Verfahrensverlauf denkbar sind, müssen abgebildet und durch die geleistete Sicherheit abgedeckt sein.⁴⁷ **26**

Bei der Bereitstellung der Sicherheit muss insofern der unterschiedlichen Vollstreckungshaftung Rechnung getragen werden, die das Gesetz einerseits für Hauptsacheurteile und andererseits für solche vollstreckbaren Entscheidungen vorsieht, die im Verfahren des vorläufigen Rechtsschutzes ergehen.⁴⁸ Während § **717 Abs 2 ZPO** für Hauptsachetitel eine Schadensersatzhaftung (nur) für den Fall anordnet, dass das für vorläufig vollstreckbar erklärte Urteil aufgehoben oder abgeändert wird, ist die Vollstreckungshaftung im vorläufigen Rechtsschutz abweichend dahingehend geregelt, dass eine Schadensersatzpflicht des vollziehenden Verfügungsklägers besteht, wenn sich die Anordnung der einstweiligen Verfügung als von Anfang an ungerechtfertigt erweist oder wenn die angeordnete Maßregel auf Grund der §§ 926 Abs 2, 942 Abs 3 ZPO (dh wegen Versäumung der gerichtlichen Frist zur Hauptsacheklage) aufgehoben wird (§ **945 ZPO**). Die unterschiedliche Haftungsregelung ist logische Folge des Umstandes, dass sich in einem Hauptsacheverfahren die Berechtigung des Urteilsausspruchs (und damit seiner Vollstreckung) abschließend klärt, weil dort eine endgültige, der materiellen Rechtskraft fähige Entscheidung über das Anspruchsbegehren fällt, weswegen es konsequent ist, für die Vollstreckungshaftung auf den letztendlichen Ausgang eben dieses Verfahrens abzustellen. Ergeht die haftungsbegründende Entscheidung hingegen in einem einstweiligen Verfügungsverfahren, das prinzipiell nur der Anspruchssicherung dient, so fehlt diesem von Natur aus die Endgültigkeit der Rechtsdurchsetzung. Ob der gesicherte Anspruch besteht und damit die durchgeführte Vollstreckung zurecht erfolgt ist, entscheidet sich vielmehr in einem (parallelen oder nachfolgenden) Hauptsacheverfahren oder (sofern ein solches nicht stattfindet) in der rechtlichen Beurteilung des Schadensersatzgerichts, weswegen es folgerichtig ist, für die Haftung des Vollstreckungsgläubigers an das materielle Bestehen des gesicherten Anspruchs (welches das Schadensersatzgericht mit oder ohne Bindung würdigt) – und nicht an das Schicksal des Ausspruchs im einstweiligen Verfügungsverfahren – anzuknüpfen. **27**

Der erste alternative Haftungsfall des § 945 ZPO (Nichtbestehen des vollzogenen Anspruchs) kann auch dann gegeben sein, wenn es nicht zu einer förmlichen Abänderung **28**

---

45 LG Düsseldorf, InstGE 13, 116 – Prozesskostensicherheitsbürgschaft; OLG Düsseldorf, Beschluss v 26.9.2017 – I-15 U 68/17.
46 OLG Düsseldorf, Beschluss v 26.9.2017 – I-15 U 68/17.
47 OLG Düsseldorf, GRUR 2020, 1126 – Vollziehungssicherheit.
48 OLG Düsseldorf, GRUR 2020, 1126 – Vollziehungssicherheit.

oder Aufhebung des Verfügungsurteils kommt, zB weil dem für den Verfügungskläger erfolgreichen einstweiligen Verfügungsverfahren ein Hauptsacheverfahren nachfolgt, das rechtskräftig zu seinem Nachteil ausgeht. Denkbar ist derartiges beispielsweise in der Weise, dass das Verfügungspatent in einem nach Abschluss des Verfügungsverfahrens fortlaufenden oder erstmals initiierten Rechtsbestandsverfahren widerrufen oder für nichtig erklärt wird oder eine so weitgehende Einschränkung erfährt, dass ein Benutzungstatbestand nicht mehr gegeben ist. Genauso gut kann die erst im Hauptsacheprozess zulässige sachverständige Begutachtung (§ 294 Abs 2 ZPO) zu der Erkenntnis führen, dass (entgegen dem, wovon die Gerichte im einstweiligen Verfügungsverfahren noch ausgegangen sind) tatsächlich keine Patentverletzung vorliegt.

29 Da das Schadenersatzgericht an die rechtskräftige Verneinung eines Verfügungsanspruchs in einem Hauptsacheverfahren gebunden ist[49], stünde im Haftungsprozess nach § 945 ZPO unverrückbar fest, dass die einstweilige Verfügung von Anfang an unberechtigt war, womit dem Verfügungsbeklagten dem Grunde nach ein gesetzlicher Schadenersatzanspruch gegen den Verfügungskläger zusteht. Gleichzeitig würde der Urteilsausspruch aus dem Verfügungsverfahren nicht förmlich beseitigt, weil die einstweilige Verfügung ihre Wirkung infolge der aufgezeigten Bindungswirkung des Hauptsacheerkenntnisses – ex tunc – von selbst verliert.

30 Während es also für die Sicherheitsleistung im Hauptsacheverfahren ausreicht, als Haftungs- und Sicherungsfälle – der Vorschrift des § 717 Abs 2 ZPO folgend – die Abänderung oder Aufhebung des für vorläufig vollstreckbar erklärten Urteils vorzusehen, greift eine solche Maßnahme im Verfahren des einstweiligen Rechtsschutzes wegen § 945 ZPO zu kurz. Als Haftungsmasse muss die geleistete Sicherheit dem Verfügungsbeklagten vielmehr darüber hinaus immer dann bereitstehen, wenn die materielle Prüfung des Verfügungsbegehrens (mit oder ohne Bindung an anderweitige gerichtliche Erkenntnisse) zu dem Resultat führt, dass der vollzogene Anspruch nicht besteht. Die geleistete Sicherheit muss daher auch dann verfügbar sein, wenn die einstweilige Verfügung zwar nicht formal aufgehoben oder abgeändert, aber (zB wegen einer Klageabweisung im Hauptsacheverfahren) **ohne weiteres wirkungslos wird**. Die Vollziehungssicherheit muss daher für alle Haftungsszenarien verfügbar sein, die nach den Verhältnissen in demjenigen Zeitpunkt, in dem die Sicherheit geleistet wird, möglich und denkbar sind.[50] Das gilt auch für den Fall, dass sich der Abweisungsgrund nicht aus einer abweichenden Beurteilung der Verletzungsfrage, sondern aus einem (Teil-)Widerruf oder einer (Teil-)Nichtigerklärung des Verfügungsschutzrechts ergibt. Zwar stünde dem Verfügungsbeklagten hier die Möglichkeit offen, das Verfügungsurteil im Wege der Restitutionsklage (§ 580 Nr 6 ZPO) formal beseitigen zu lassen, womit eine formal aufhebende Entscheidung gegeben wäre. Es ist jedoch nicht Sache des Vollstreckungsschuldners, durch eigene (kostenträchtige) Rechtsbehelfe spezielle Voraussetzungen für einen Sicherungsfall zu schaffen, den der Vollstreckungsgläubiger bereits von sich aus durch eine geeignete Sicherheitsleistung ohne weiteres hätte zur Verfügung stellen müssen. Abgesehen davon blieben selbst innerhalb der besagten Fallgruppe immer noch diejenigen Konstellationen übrig, in denen der Kläger seine **Klage** nach rechtskräftigem Patentwiderruf freiwillig **zurücknimmt**, sodass keine bindende Hauptsacheentscheidung ergeht. Genauso verbleiben diejenigen Fälle, in denen dem Verfügungsverfahren überhaupt **kein Hauptsacheprozess nachfolgt** (zB weil das Verfügungspatent vorher rechtskräftig vernichtet worden ist), womit das Schadenersatzgericht ebenfalls in der Beurteilung der materiellen Berechtigung des Verfügungsbegehrens vollkommen frei ist.

---

49 BGH, NJW 1988, 3268.
50 OLG Düsseldorf, GRUR 2020, 1126 – Vollziehungssicherheit. Je nach dem, ob das Verfügungsverfahren einem Hauptsacheverfahren vorausgeht oder dieses begleitet, können die Haftungsszenarien unterschiedlich sein.

Alles Vorgenannte gilt uneingeschränkt auch für eine zur Sicherheit geleistete Bankbürgschaft. Denn es entspricht einem allgemein anerkannten Grundsatz, dass die durch eine Bürgschaft gesicherte Partei nicht schlechter gestellt werden darf als sie bei einer Hinterlegung von Geld oder Wertpapieren stehen würde.[51] Der den Verfügungsbeklagten begünstigende Bürgschaftsvertrag hat mithin sämtliche Haftungsszenarien aufzugreifen, die vorstehend abgehandelt worden sind, und dies hat in einer Weise zu geschehen, dass über die Reichweite der Bürgschaft und die sich daraus ergebende **Einstandspflicht des Bürgen keine vernünftigen Zweifel** aufkommen können. Denn dem Verfügungsbeklagten ist es nicht zuzumuten, auf seine Kosten und sein Risiko einen Prozess mit dem Bürgen über das Vorliegen eines Sicherungsfalles zu führen. Vielmehr ist es – umgekehrt – Sache des Vollstreckungsgläubigers, von vornherein klare Verhältnisse durch eine eindeutig abgefasste Bürgschaftszusage zu schaffen. An ihr fehlt es, wenn – ohne Erwähnung des § 945 ZPO – als Sicherungsfall ausschließlich die Aufhebung oder Abänderung der einstweiligen Unterlassungsanordnung erwähnt wird, selbst wenn sich aus dem in der Bürgschaftsurkunde wiedergegebenen Urteilsrubrum und Urteilsausspruch ergibt, dass die Entscheidung, derentwegen die Bürgschaft übernommen wird, um ein Erkenntnis im vorläufigen Rechtsschutz handelt.[52]

31

Praxistipp	Formulierungsbeispiel

- **Bankbürgschaft für Hauptsachetitel:**

    ... übernehmen wir hiermit im Auftrag der ... (= Klägerin) gegenüber der ... (= Beklagten)[53] unwiderruflich, unbefristet, unbedingt und unter Verzicht auf die Einreden der Anfechtbarkeit, Aufrechenbarkeit und Vorausklage die selbstschuldnerische Bürgschaft für alle Schadenersatzansprüche, die der ... (= Beklagten) wegen der Vollstreckung des Urteils des ... vom ... (AZ: ...) oder wegen einer zur Abwendung der Vollstreckung erbrachten Leistung für den Fall zustehen sollten, dass das vorbezeichnete Urteil aufgehoben oder abgeändert wird.

- **Bankbürgschaft für einstweilige Verfügung:**

    ... übernehmen wir hiermit im Auftrag der ... (= Verfügungsklägerin) gegenüber der ... (= Verfügungsbeklagten)[54] unwiderruflich, unbefristet, unbedingt und unter Verzicht auf die Einreden der Anfechtbarkeit, Aufrechenbarkeit und Vorausklage die selbstschuldnerische Bürgschaft für alle Schadenersatzansprüche, die der ... (= Verfügungsbeklagten) wegen der Vollstreckung der in der einstweiligen Verfügung des ... vom ... (AZ: ...) enthaltenen Unterlassungs- (ggf: und Auskunfts)anordnung oder wegen einer zur Abwendung der Vollstreckung erbrachten Leistung für den Fall zustehen sollten, dass sich die Unterlassungs- (ggf: und Auskunfts)anordnung in der vorbezeichneten einstweiligen Verfügung als von Anfang an ungerechtfertigt erweist oder die mit der bezeichneten einstweiligen Verfügung angeordnete Maßregel auf Grund der §§ 926 Abs 2, 942 Abs 3 ZPO aufgehoben wird.

32

---

51 OLG Düsseldorf, Beschluss v 26.9.2017 – I-15 U 68/17; OLG Düsseldorf, GRUR 2020, 1126 – Vollziehungssicherheit.
52 OLG Düsseldorf, GRUR 2020, 1126 – Vollziehungssicherheit.
53 ... bei mehreren Sicherungsberechtigten: »... als Mitgläubigern«.
54 ... bei mehreren Sicherungsberechtigten: »... als Mitgläubigern«.

| Praxistipp | Formulierungsbeispiel |

33 Vertrauen Sie nicht blind den Formulierungskünsten Ihrer Bank, sondern kontrollieren Sie!

34 Die Bürgschaftserklärung ist dem Gegner zuzustellen. Streitig ist, ob die **Zustellung** von Anwalt zu Anwalt als ausreichend angesehen werden kann oder vielmehr eine Zustellung durch Gerichtsvollzieher erforderlich ist.[55] Es ist daher ratsam, sich vor der Zustellung über die Gepflogenheiten und die Rechtsprechung in dem betreffenden Gerichtsbezirk zu informieren bzw im Zweifelsfall die Zustellung über den Gerichtsvollzieher zu bewirken. In jedem Fall reicht es, wenn die Bürgschaftsurkunde dem **Schuldner** selbst zugestellt wird; ein Nachweis der Bürgschaftsbestellung auch gegenüber dem Prozessbevollmächtigten des Schuldners ist nicht erforderlich.[56] Lässt man die Zustellung an den Prozessbevollmächtigten ausreichen, genügt es, falls mehrere Beklagte einen gemeinsamen Anwalt haben, wenn das Bürgschaftsoriginal an ihn zugestellt wird. Jedem Beklagten muss darüber hinaus nicht eine (eigene) Urschrift der Bürgschaftsurkunde überlassen werden.[57]

35 Mit der Zustellung einer wirksamen Bürgschaftsurkunde ist ein erstinstanzliches Urteil vollstreckbar und der Beklagte muss sich auch ohne weitere Aufforderung des Klägers an den Unterlassungstenor halten sowie Rechnung legen. In der Regel wird dem Beklagten von dem Kläger für die Rechnungslegung eine Frist gesetzt.

36 **Kosten einer Avalbürgschaft** zur Herbeiführung der vorläufigen Vollstreckbarkeit eines erstinstanzlichen Urteils sind Kosten der Zwangsvollstreckung im Sinne von § 788 ZPO und deshalb vom – ausschließlich zuständigen (§§ 788 Abs 2, 802 ZPO) – Vollstreckungsgericht gegen den Vollstreckungsschuldner festzusetzen.[58] Das gilt allerdings nur, wenn es im Anschluss an die Sicherheitsleistung tatsächlich zu einer Vollstreckungsmaßnahme kommt, deren Ermöglichung die Sicherheitsleistung diente.[59] Daran fehlt es, wenn mit der Bankbürgschaft die Voraussetzungen für die Vollstreckung eines nur vorläufig vollstreckbaren landgerichtlichen Urteils (§ 709 ZPO) geschaffen werden sollten, eine Zwangsvollstreckungsmaßnahme jedoch erst aufgrund des ohne Sicherheitsleistung vorläufig vollstreckbaren Berufungsurteils des Oberlandesgerichts (§ 708 Nr 10 ZPO) vorgenommen wurde.[60] Unter solchen Bedingungen oder wenn der Schuldner den Urteilsausspruch freiwillig befolgt, indem er zB die ausgeurteilte Zahlung erbringt, besteht eine Zuständigkeit des Prozessgerichts, das die Kosten der Avalbürgschaft im Kostenfestsetzungsverfahren nach §§ 103 ff ZPO zu behandeln hat.[61] Ihre Erstattungsfähigkeit beruht auf dem dem Titel zugrunde liegenden Prozessrechtsverhältnis und bedarf keiner Rechtfertigung durch materiell rechtliche Normen.[62] Zu prüfen ist – wie allgemein bei § 91 Abs 1 ZPO – nur, ob die aufgewendeten Avalkosten zur Vollstreckung des erstinstanzlichen Urteils notwendig waren. Solches ist zB zu verneinen, wenn der zuerkannte Betrag zu der Zeit, als die Avalgebühren veranlasst wurden, bereits beglichen war.[63] Es ist demgegenüber keine Obliegenheit des Gläubigers, sich vor einer Beibringung der Vollstreckungssicherheit beim Schuldner danach zu erkundigen, ob er den Urteilsaus-

---

55 Vgl zum Streitstand Zöller, § 108 ZPO Rn 11.
56 BGH, GRUR 2008, 1029 – Nachweis der Sicherheitsleistung.
57 LG Düsseldorf, InstGE 13, 116 – Prozesskostensicherheitsbürgschaft.
58 BGH, MDR 2016, 485.
59 OLG Düsseldorf, OLG-Report 2009, 262.
60 OLG Düsseldorf, OLG-Report 2009, 262.
61 BGH, MDR 2008, 286; OLG Düsseldorf, OLG-Report 2009, 262.
62 BGH, MDR 2008, 286.
63 OLG Düsseldorf, OLG-Report 2009, 262.

spruch vielleicht freiwillig befolgen will und deshalb auf die Beschaffung einer Bürgschaft verzichtet werden kann.[64] Vielmehr kann der Gläubiger, sofern der Schuldner nicht im Vorfeld anderes mit der gebotenen Eindeutigkeit hat verlauten lassen, ohne weiteres von der Notwendigkeit einer zwangsweisen Durchsetzung des Titels (und damit der Beibringung einer Vollstreckungssicherheit) ausgehen. Das gilt allerdings nur dann, wenn seit dem Vorliegen des Urteils eine gewisse Zeit (die regelmäßig zwei Wochen nicht übersteigen wird) vergangen ist, innerhalb der der Schuldner Gelegenheit für vollstreckungsabwendende Erklärungen gehabt hat.[65] Darüber hinaus ist nicht erforderlich, dass dem Schuldner bereits eine vollstreckbare Ausfertigung des Urteils zugestellt ist; es genügt, dass der Gläubiger in dem Moment, in dem er die Avalbürgschaft beschafft, im Besitz einer vollstreckbaren Ausfertigung des zu vollstreckenden Schuldtitels und die Frist zur freiwilligen Erfüllung verstrichen ist.[66] Da die Beibringung einer Bürgschaft von der Partei selbst veranlasst werden kann, sind Anwaltskosten für die Beschaffung der Bürgschaft mangels Notwendigkeit nicht erstattungsfähig.[67]

Eine Erstattungsfähigkeit der Avalkosten ist gleichfalls dann zu verneinen, wenn der **vollstreckte Anspruch nachträglich entfällt**, zB deshalb, weil das durchgesetzte Urteil im Rechtsmittelzug kassiert wird oder die Parteien einen Prozessvergleich mit gegenteiligem Inhalt schließen (§ 788 Abs 3 ZPO).[68] 37

d) Rechtsbehelf

Besteht zwischen den Parteien Streit darüber, ob die angebotene Sicherheitsleistung dem Urteilsausspruch genügt, kann der Schuldner, der die Sicherheit für nicht ordnungsgemäß hält, dies im Wege der **Erinnerung** (§ 766 ZPO) gerichtlich klären lassen.[69] Zuständig hierfür ist nicht das Amtsgericht, welches normalerweise Vollstreckungsgericht ist, sondern das Prozessgericht (LG), welches für ein etwaiges Ordnungsmittel- oder Zwangsmittelverfahren nach §§ 888, 890 ZPO zuständig wäre.[70] 38

e) Schadenersatzpflicht

Bei den Überlegungen, ob aus einem vorläufig vollstreckbaren Urteil vollstreckt werden soll, ist zu berücksichtigen, dass für den Fall, dass das Urteil anschließend aufgehoben oder abgeändert wird, von dem Kläger gemäß § 717 Abs 2 ZPO Schadenersatz an den Beklagten zu leisten ist. Dessen Berechnung ist zum Teil jedoch schwierig, vor allem, wenn von dem Kläger zunächst ausdrücklich nur der Rechnungslegungsanspruch vollstreckt wird und der Beklagte daraufhin die angegriffene Handlung weiter ausführt. Es lässt sich dann zwar der Schaden berechnen, der durch die Anfertigung der Rechnungslegung, also beispielsweise die hierfür erforderliche Arbeitsleistung entstanden ist. Nicht kalkulierbar ist jedoch in der Regel der Schaden, der dadurch entsteht, dass der Gegner durch die Rechnungslegung wertvolle Betriebsinterna wie etwa die Kundenliste oder die Gewinnkalkulation in Erfahrung bringen konnte. Aber auch der Nachweis und die Berechnung des entgangenen Gewinns bei Vollstreckung des Unterlassungstitels führen zu Schwierigkeiten. In der Praxis setzt sich daher die Vollstreckung auch erstinstanzlicher Urteile immer mehr durch. 39

---

64 OLG Düsseldorf, Beschluss v 20.12.2011 – I-2 W 51/11.
65 BGH, MDR 2012, 1369; OLG Düsseldorf, Beschluss v 20.12.2011 – I-2 W 51/11.
66 BGH, MDR 2012, 1369; OLG Düsseldorf, Beschluss v 4.4.2017 – I-15 W 12/17.
67 OLG Düsseldorf, Beschluss v 25.11.2011 – I-2 W 47/11.
68 BGH, MDR 2016, 485.
69 LG Düsseldorf, InstGE 3, 150 – Tintenpatrone.
70 LG Düsseldorf, Beschluss v 21.1.2004 – 4b O 107/02 (ZV III).

2. Vorläufige Einstellung der Zwangsvollstreckung

40 Zur Abwehr der Schäden, die dem Beklagten durch eine vorläufige Vollstreckung entstehen können, besteht die Möglichkeit, über §§ 719, 707 ZPO die vorläufige Einstellung der Zwangsvollstreckung – aus dem Urteil sowie ggf auch aus dem darauf beruhenden Kostenfestsetzungsbeschluss – zu beantragen.

a) Allgemeines

41 Für die Zulässigkeit eines solchen Begehrens ist nicht erforderlich, dass die betreffende Partei in erster Instanz einen **Vollstreckungsschutzantrag** nach § 712 ZPO gestellt hat.[71] Ebenso wenig kommt es darauf an, ob der Gläubiger bereits mit der Vollstreckung begonnen oder wenigstens die Vollstreckungsvoraussetzungen herbeigeführt, zB die notwendige Sicherheit geleistet hat.

42 Der Einstellungsantrag kann den gesamten Urteilsausspruch, nur einen von mehreren titulierten Ansprüchen oder auch nur einen Teil eines einzelnen titulierten Anspruchs zum Gegenstand haben. Von Bedeutung wird dies dann, wenn das Einstellungsbegehren auf ein Verhalten des Schuldners (zB ein erstmals ausreichendes **Lizenzangebot**, das der Gläubiger nach kartellrechtlichen Vorschriften nicht ablehnen darf) gestützt ist, das lediglich in die Zukunft wirkt. Hier kommt eine Zwangsvollstreckungseinstellung für die Vergangenheit (Rechnungslegung, Schadenersatz, Vernichtung, Rückruf) nicht in Betracht, weil das Lizenzangebot die betreffenden titulierten Ansprüche nicht zu Fall bringen kann.

43 Über eine Einstellungsanordnung kann dem Urteilausspruch überdies immer nur seine Vollstreckbarkeit genommen werden. Es ist demgegenüber nicht möglich, den Urteilstenor sachlich zu ändern, zB dadurch, dass dem Beklagten nachträglich ein in erster Instanz nicht beantragter und/oder nicht zuerkannter **Wirtschaftsprüfervorbehalt** eingeräumt wird.[72] Wegen des Vorrangs des § 718 ZPO, dessen Voraussetzungen ansonsten umgangen würden, ist ebenso wenig eine **Heraufsetzung der Sicherheitsleistung** möglich.[73] Anders zu behandeln sind diejenigen Fälle, in denen der Urteilstenor im Wege der Einstellungsanordnung bloß eingeschränkt, dh auf eine weniger einschneidende Maßnahme zurückgeführt wird. Solches ist nicht nur bei einer Teilvernichtung des Klagepatents denkbar, wenn der Verurteilungsgegenstand auf die geltende Anspruchsfassung reduziert wird, sondern auch in anderen vergleichbaren Konstellation, zB wenn sich das vom Landgericht zuerkannte Schlechthinverbot als nicht haltbar erweist, weil eine patentfreie Verwendungsmöglichkeit übersehen wurde; hier kann die Einstellungsanordnung dahin ergehen, dass dem Beklagten der Vertrieb der angegriffenen Ausführungsform nur noch für *den* Fall untersagt wird, dass er beim Anbieten und Inverkehrbringen keinen Warnhinweis auf das Klagepatent gibt.[74]

44 Ein Einstellungsantrag hat vor allem in denjenigen Fällen, in denen vor Vollstreckung eine Sicherheitsleistung zu erbringen ist (**§ 709 ZPO**), grundsätzlich wenig Aussicht auf

---

71 OLG Karlsruhe, Beschluss v 11.5.2009 – 6 U 38/09; OLG Karlsruhe, Beschluss v 19.8.2009 – 6 U 71/08; OLG Hamburg, BeckRS 2013, 06273 – Ann Christine (LS in GRUR-RR 2013, 408).
72 OLG Düsseldorf, Beschluss v 3.2.2010 – I-2 U 97/09; OLG Düsseldorf, Beschluss v 18.12.2014 – I-2 U 62/14.
73 OLG Düsseldorf, Beschluss v 18.12.2014 – I-2 U 62/14.
74 OLG Düsseldorf, Beschluss v 24.1.2022 – I-15 U 65/21.

Erfolg. Denn es wird davon ausgegangen, dass die Sicherheitsleistung[75] die Interessen des Beklagten in ausreichendem Maße schützt und die Interessen des Schutzrechtsinhabers insoweit Vorrang genießen. Im Bereich des Patentrechts ist besondere Zurückhaltung überdies dann geboten, wenn der Unterlassungsanspruch in Rede steht und das Klagepatent zeitnah abläuft.[76] Grundsätzlich kommt eine Einstellung der Zwangsvollstreckung nur in Betracht[77], wenn **entweder**

- zum Zeitpunkt der Entscheidung über den Einstellungsantrag aufgrund einer summarischen Prüfung davon auszugehen ist, dass das vollstreckte Urteil keinen Bestand haben wird (a) **oder** wenn   45

- der Schuldner die Möglichkeit des Eintritts eines außergewöhnlichen, praktisch nicht wieder gut zu machenden Schadens glaubhaft machen kann, der deutlich über die allgemeinen Auswirkungen einer Vollstreckung hinausgeht[78] (b)[79] **oder** wenn   46

- bei der Verurteilung durch das Landgericht ein streitentscheidender Gesichtspunkt ungeprüft geblieben ist, der schwierige, nicht eindeutig zu beantwortende Rechtsfragen aufwirft, sodass zum maßgeblichen Sachverhalt eine Entscheidung, auf die bei summarischer Prüfung verwiesen werden kann, überhaupt noch nicht vorliegt (c).[80] Gleich zu behandeln ist der Fall, dass das Landgericht verurteilt hat, obwohl es bei zutreffender Ausübung seines Ermessens eine Vorabentscheidung des EuGH (Art 267 AEUV) hätte einholen müssen, oder wenn eine notwendige Sachaufklärung grob verfahrensfehlerhaft unterblieben ist (zB wenn die Verletzungsfrage ohne sachverständige Hilfe schlechterdings nicht zu beurteilen war oder eine Beweiserhebung zum Vorbenutzungsrecht nicht durchgeführt wurde).   47

---

75 Das gilt unabhängig davon, ob die Sicherheitsleistung in einem Hauptsacheverfahren (mithin obligatorisch, § 709 ZPO) oder (nach dem Ermessen des Gerichts als Vollziehungssicherheit, § 938 ZPO) in einem (auch die Hauptsache vorwegnehmenden) vorläufigen Rechtsschutzverfahren angeordnet worden ist. Darüber hinaus gelten die nachfolgenden Regeln auch dann, wenn wegen der Eilbedürftigkeit von einer Vollziehungssicherheit abgesehen wurde. Denn auch wenn eine solche einstweilige Verfügung aus dem Willen des Gesetzgebers vorläufig vollstreckbar ist, was es verbietet, der in vollständigen Erkenntnisverfahren ergangenen Entscheidung vorschnell die Wirkungen zu nehmen (OLG Düsseldorf, Beschluss v 29.6.2020 – VI-U (Kart) 10/20).
76 BGH, GRUR 2000, 862 – Spannvorrichtung.
77 Das gilt auch für den Rückrufanspruch: OLG Düsseldorf, Beschluss v 2.11.2009 – I-2 U 115/09, und für den Vernichtungsanspruch: OLG Düsseldorf, Beschluss v 18.12.2014 – I-2 U 62/14.
78 OLG Düsseldorf, InstGE 9, 117 – Sicherheitsschaltgerät. Eine großzügigere Auffassung vertritt das OLG Karlsruhe (InstGE 11, 124 – UMTS-Standard): Die Zwangsvollstreckung aus einem Unterlassungsurteil wegen Verletzung eines mutmaßlich standardessentiellen Patents ist hiernach einstweilen einzustellen, wenn die Berufung des verurteilten Beklagten bei summarischer Prüfung nicht ohne Erfolgsaussicht ist und eine Abwägung der Interessen beider Parteien den Beklagten schutzwürdiger erscheinen lässt. Im Rahmen der vorzunehmenden Interessenabwägung soll dabei von Bedeutung sein, wenn die Klägerin eine bloße Patentverwertungsgesellschaft ohne eigene Vertriebsaktivitäten ist und die Vollstreckung des Unterlassungsgebotes auf Seiten des Beklagten (wegen dessen beträchtlicher inländischer Marktpräsenz) erhebliche Schäden verursachen würde, deren Kompensation im Falle einer Urteilsaufhebung nicht sichergestellt erscheint. Anderes gilt auch nach Auffassung des OLG Karlsruhe dann, wenn der verurteilte Beklagte selbst behauptet, über eine patentfreie Ausweichlösung zu verfügen, und zwar auch dann, wenn die Parteien darüber streiten, ob die Abwandlung tatsächlich außerhalb des Klagepatents liegt (OLG Karlsruhe, InstGE 13, 256 – UMTS-Standard II). Vgl dazu auch Osterrieth, GRUR 2009, 540, 543.
79 Teilweise wird, sofern kein bei bloß summarischer Prüfung offensichtlicher Rechtsfehler vorliegt, eine umfassende Interessenabwägung befürwortet mit der Folge, dass auch bei einem einfachen Rechtsanwendungsfehler, der das Urteil nur voraussichtlich falsch macht, bei überwiegenden Schutzinteressen des Beklagten eine Einstellungsanordnung für möglich gehalten wird (OLG Düsseldorf, Beschluss v 2.2.2015 – I-15 U 135/14). Das ist abzulehnen.
80 OLG Düsseldorf, InstGE 11, 164 – Prepaid-Verfahren.

48 Hintergrund für die besagten drei Ausnahmen ist, dass es aufgrund des Instanzenzuges systemimmanent ist, dass sich ein angefochtenes Urteil als unrichtig herausstellen kann, und dass es ebenso in der Natur der Sache liegt, dass Vollstreckungsmaßnahmen den Schuldner belasten. Beides kann deshalb keine Einstellungsanordnung tragen, weil der Gesetzgeber die Lösung des aufgezeigten Interessenkonfliktes in einer vom Gläubiger vor der Zwangsvollstreckung zu erbringenden Sicherheitsleistung gesehen hat. Nur solche Sachverhalte, die vom »Regelfall« signifikant abweichen, indem sich das Urteil schon bei bloß überschlägiger Prüfung als offensichtlich falsch erweist, oder der Schuldner mit exorbitanten Vollstreckungsnachteilen zu rechnen hat, können dementsprechend Anlass für eine Einstellung der Zwangsvollstreckung geben.

b) Offenkundige Unrichtigkeit

49 Eine Konstellation nach (a) liegt vor, wenn der Verletzungstatbestand, die Aktiv- oder Passivlegitimation ersichtlich unzutreffend bejaht worden sind oder wenn Rechtfertigungsgründe zu Lasten des Beklagten übersehen wurden. So lange die Begründungslinie des Landgerichts (einschließlich der vorgenommenen Patentauslegung) vertretbar ist, liegt deshalb kein Einstellungssachverhalt vor, selbst wenn eine gegenteilige Beurteilung ebenso vertretbar und überzeugend wäre und vom Berufungsgericht später tatsächlich auch verfolgt werden sollte.[81] Eine Einstellungsanordnung ist demgegenüber angebracht, wenn sich die tragenden Erwägungen des Landgerichts als rechtsfehlerhaft erweisen, die Verurteilung jedoch auf eine alternative Begründung gestützt werden könnte, zu denen das Landgericht keine Feststellungen getroffen hat.[82] Denn für die Frage, ob das landgerichtliche Urteil offensichtlich unzutreffend ist, kann nur der Sach- und Streitstand eben dieses erstinstanzlichen Verfahrens von Belang sein.[83] Anderes gilt nur dann, wenn eine zur Fehlerhaftigkeit des angefochtenen Urteils führende Alternativbegründung klar zutage liegt[84], was insbesondere verlangt, dass die zugrundeliegenden Tatsachen unstreitig oder bereits verfahrensfehlerfrei festgestellt sind.[85] Ein Verteidigungssachverhalt, der dem Landgericht nicht schlüssig in einer solchen Weise unterbreitet worden ist, dass das Landgericht das Vorbringen unter dem nämlichen rechtlichen Gesichtspunkt hätte prüfen und bescheiden *müssen*, kann einem Einstellungsantrag nicht zum Erfolg verhelfen.[86] Es geht deshalb auch nicht an, im Nachhinein aus der Akte Vortragsfragmente zusammenzusuchen und dafür heranzuziehen, aus ihnen in neuer Konstellation ein bisher nicht hinreichend formuliertes Verteidigungsargument zu konstruieren; denn womit sich das Landgericht bei sinnvollem Verständnis des Parteivorbringens nicht befassen musste, kann den Vorwurf einer evidenten Fehlentscheidung nicht rechtfertigen.[87]

Praxistipp	Formulierungsbeispiel
50 Da es um offensichtliche Fehler geht, die dem Berufungsgericht schon bei summarischer Prüfung ins Auge fallen, hat es keinen Sinn, zur Rechtfertigung eines Einstellungsantrages in einer komplexen Streitsache eine 50- oder 80-seitige Berufungsbegründung vorzulegen, die	

---

81 OLG Karlsruhe, Beschluss v 9.4.2015 – 6 U 168/14.
82 OLG Karlsruhe, GRUR-RR 2015, 50 – Leiterbahnstrukturen (für einen Fall, in dem die weite Patentauslegung des Landgerichts zur voraussichtlich mangelnden Rechtsbeständigkeit des Klagepatents führt); OLG München, Beschluss v 9.4.2019 – 6 U 4653/18.
83 Für jeden anderen Sachverhalt würden sich auch Fragen der verfahrensrechtlichen Verspätung und Präklusion stellen, die im Einstellungsverfahren nicht zu behandeln sind.
84 Offengelassen von OLG Karlsruhe, GRUR-RR 2015, 50 – Leiterbahnstrukturen.
85 OLG Düsseldorf, Mitt 2016, 85 – Kommunikationsvorrichtungen eines Mobilfunksystems.
86 OLG Düsseldorf, Beschluss v 10.7.2020 – I-2 U 20/20.
87 OLG Düsseldorf, Beschluss v 10.7.2020 – I-2 U 20/20.

> jeden einzelnen Punkt aufgreift, der im erstinstanzlichen Verfahren zum Nachteil des Antragstellers entschieden worden ist. Es widerspricht schon jeglicher Lebenserfahrung, dass das Landgericht alle Streitfragen zu Lasten des Schuldners unrichtig entschieden hat. Abgesehen davon ist es nicht der Sinn des Einstellungsverfahrens, das gesamte Berufungsverfahren mit allem Berufungsvorbringen vorab zu würdigen. Zielführend kann deshalb nur ein solcher Einstellungsantrag sein, der sich auf das absolut Wesentliche beschränkt, dh denjenigen Punkt benennt, zu dem tatsächlich ein Einstellungsanlass diskutiert werden kann. Erfahrungsgemäß wird es sich hierbei um einen oder maximal zwei rechtliche Gesichtspunkt handeln, aber nicht um derer zehn. Es gilt also nicht der Grundsatz »viel hilft viel«; es verhält sich vielmehr umgekehrt!

51 Neues, erst nach ordnungsgemäßem Schluss der mündlichen Verhandlung beim Landgericht angebrachtes Vorbringen kann allenfalls dann eine Vollstreckungseinstellung tragen, wenn es unstreitig und deshalb berücksichtigungsfähig ist. Da im Einstellungsverfahren eine bloß summarische Prüfung stattfindet und das Resultat offensichtlich zu sein hat, muss hinzukommen, dass die neue Verteidigung den vollstreckten Anspruch schon bei überschlägiger Befassung evident zu Fall bringt.[88] Aus dem Gesagten folgt für den Bereich der **SEP mit FRAND-Erklärung** im Zweifel: Wenn der verurteilte Verletzer erstmals nach Erlass des landgerichtlichen Urteils eine Lizenzbitte äußert oder erstmals das Lizenzangebot substantiiert als ausbeuterisch angreift oder erstmals ein eigenes FRAND-Gegenangebot unterbreitet, kann dies eine Einstellungsanordnung nicht rechtfertigen. Umgekehrt wird eine Einstellungsanordnung nicht dadurch verhindert, dass der Kläger erstmals nach dem landgerichtlichen Verfahren ein zureichendes FRAND-Angebot abgibt.[89]

52 Eine **Beweisanordnung des Berufungsgerichts**, zur Verletzungsfrage ein Sachverständigengutachten einzuholen, genügt für sich genommen nicht. Anlass für eine Vollstreckungseinstellung besteht nur dann, wenn bereits das Landgericht nicht ohne sachverständige Beratung hätte entscheiden dürfen, weil angesichts der betroffenen technischen Materie und/oder angesichts des Vorbringens der Parteien irgendeine belastbare Gewissheit über die Frage der Patentbenutzung ohne sachkundige technische Beratung schlechterdings nicht gewonnen werden konnte.[90]

53 Dieselben Regeln gelten, wenn das **Berufungsgericht** den Verletzungsrechtsstreit **aussetzt**, ohne dass eine erstinstanzliche Vernichtungsentscheidung ergangen ist.[91] Dass der Rechtsbestand nicht als in einem solchen Maße sicher angesehen wird, dass das Berufungsverfahren zum Abschluss gebracht werden kann, bedeutet naturgemäß nicht, dass das zu vollstreckende Urteil des Landgerichts in seiner (ganz anderen Regeln folgenden) Beurteilung der Aussetzungsfrage offensichtlich fehlerhaft ist. Eine Einstellungsanordnung kann im Zusammenhang mit einer Aussetzungsanordnung daher nur ausnahmsweise in Betracht kommen, und zwar dann, wenn der Rechtsbestand des Klagepatents dermaßen infrage gestellt ist, sodass das Landgericht bei rechtsfehlerfreier Ausübung seines grundsätzlich weiten Aussetzungsermessens nicht zu einer Verurteilung hätte schreiten dürfen. Angesprochen sind also Sachverhalte, bei denen das Aussetzungsermessen – schon bei der dem Einstellungsverfahren eigenen bloß überschlägigen Prüfung – auf Null reduziert ist, was allenfalls dann in Betracht kommt, wenn im Tatsächlichen und Rechtlichen klare Widerrufs- oder Nichtigkeitsgründe bestehen, die bloß eine einzige Entscheidung vertretbar erscheinen lassen, nämlich den Widerruf/die Nichtigerklärung

---

[88] OLG Düsseldorf, Beschluss v 10.7.2020 – I-2 U 20/20.
[89] OLG Düsseldorf, Mitt 2016, 85 – Kommunikationsvorrichtungen eines Mobilfunksystems.
[90] OLG Düsseldorf, Beschluss v 8.8.2016 – I-2 U 16/15.
[91] OLG Düsseldorf, Beschluss v 29.10.2019 – I-2 U 40/14 (in einem Fall, in dem das erstinstanzliche Nichtigkeitsverfahren sogar zu einer Aufrechterhaltung des Klagepatents geführt hatte).

des Klagepatents.⁹² Gleiches gilt, wenn im Anschluss an das erstinstanzliche Verfahren ein neuer Stand der Technik aufgefunden und beachtlich in das Rechtsbestandsverfahren eingeführt wird, der das Klagepatent klar und alternativlos zu Fall bringen wird.⁹³

54 Eine vorläufige Vollstreckungseinstellung gegen Sicherheitsleistung ist des Weiteren regelmäßig geboten, wenn das **Klagepatent** nach Erlass des landgerichtlichen Urteils erstinstanzlich in vollem Umfang **vernichtet** wird.⁹⁴ Das gilt auch dann, wenn sich das Verletzungsurteil zum Zeitpunkt der erstinstanzlichen Vernichtung des Klagepatents bereits im Verfahren der Nichtzulassungsbeschwerde oder Revision befindet.⁹⁵ Anderes gilt freilich dann, wenn es im Rechtsbestandsverfahren bloß zu einer Anspruchsbeschränkung durch Aufnahme zusätzlicher Merkmale kommt und das Verletzungsurteil unangefochtene oder verfahrensfehlerfrei getroffene tatsächliche Feststellungen enthält, die eine Benutzung auch dieser weiteren Anspruchsmerkmale ergeben.⁹⁶

55 Eine Einstellungsanordnung ist bereits dann angezeigt, wenn die Einspruchs- oder **Nichtigkeitsverhandlung vertagt** wird, weil der Patentinhaber im Termin eingeschränkte Hilfsanträge vorgelegt hat und der Einsprechende bzw Nichtigkeitskläger auf diese Weise Gelegenheit erhalten soll, mit Blick auf den Hilfsantrag weiteren Stand der Technik zu recherchieren⁹⁷, sofern die im Erkenntnisverfahren angegriffene Ausführungsform von der hilfsweise eingeschränkten Anspruchsfassung unstreitig keinen Gebrauch macht.⁹⁸ Der Vertagungsbeschluss macht nämlich deutlich, dass allenfalls der Hilfsantrag als rechtsbeständig angesehen wird und mit einer Vernichtung des Klagepatents in seinem erteilten Umfang zu rechnen ist.

56 Das gleiche gilt bei Vorliegen eines deutlichen **Hinweises gemäß § 83 PatG** durch das BPatG bzw nach der **Verfahrensordnung des EPA** (Technische Beschwerdekammer oder Einspruchsabteilung), der eine Vernichtung des Klagepatents mit durchdachten Gründen in Aussicht stellt.⁹⁹ Allerdings muss sich die Rechtsbestandsinstanz in ihrer Beurteilung (Auslegung des Klagepatents, Würdigung des Standes der Technik, etc) festgelegt haben, weswegen eine Einstellungsanordnung noch nicht dann und nicht allein deshalb in Betracht kommt, weil das BPatG/EPA das Vorliegen eines Nichtigkeits/Widerrufsgrundes bloß für möglich hält, indem es zB argumentiert, der technischen Lehre des Anspruchs 1 »dürfte« es an der Neuheit oder Erfindungshöhe fehlen. Vielmehr muss die Rechtsbestandsinstanz eine Vernichtung des Klageschutzrechts mit sorgfältiger sachlicher Begründung angekündigt haben. Ob hierbei die Vokabel »dürfte« verwendet wird, hat nicht allein ausschlaggebende Bedeutung, insbesondere nicht im europäischen Einspruchsverfahren, in dem es noch mehr als im nationalen Bereich einer Übung entspricht, jeglichen Eindruck einer Vorfestlegung zu vermeiden. Entscheidend kommt es darauf an, ob sich nach dem Gesamtzusammenhang der Erwägungen im Vorbescheid feststellen lässt, dass der Bescheidsverfasser (der nicht nur der Berichterstatter, sondern der gesamte Spruchkörper zu sein hat) den bisherigen Streitstoff umfassend in Erwägung gezogen hat und – ausgehend hiervon – für sich zu der Erkenntnis gelangt ist, dass das

---

92 OLG Düsseldorf, Beschluss v 2.12.2019 – I-2 U 48/19.
93 OLG Düsseldorf, Beschluss v 2.12.2019 – I-2 U 48/19.
94 BGH, GRUR 2014, 1237 – Kurznachrichten; OLG Düsseldorf, InstGE 9, 173 – Herzklappenringprothese.
95 BGH, GRUR 2014, 1237 – Kurznachrichten.
96 BGH, GRUR 2016, 1206 – Mähroboter.
97 Zur Notwendigkeit der Vertagung vgl BGH, GRUR 2004, 354 – Crimpwerkzeug I.
98 OLG Düsseldorf, InstGE 9, 173 – Herzklappenringprothese.
99 OLG Düsseldorf, Beschluss v 2.12.2019 – I-2 U 48/19; OLG Düsseldorf, Beschluss v 28.1.2021 – I-2 U 24/20; OLG Karlsruhe, Beschluss v 22.2.2010 – 6 U 71/08. Eine Einstellungsanordnung in Bezug auf den Rechnungslegungsanspruch soll bereits dann möglich sein, wenn kurzfristig mit einem Hinweis nach § 83 PatG und einer mündlichen Nichtigkeitsverhandlung zu rechnen ist (OLG Karlsruhe, Beschluss v 19.8.2009 – 6 U 71/08; aA: OLG München, Beschluss v 15.3.2013 – 6 U 1165/13).

Patent bei der derzeitigen Sachlage nicht rechtsbeständig ist.[100] In welchem Maße unter solchen Voraussetzungen eine Aussetzung des Verletzungsprozesses beim Landgericht zwingend ist, die, wenn die Aussetzungspflicht missachtet wird, zu einer Vollstreckungseinstellung führt, hängt wesentlich vom technischen Gegenstand des Klagepatents ab:

– Übersteigt dessen **Komplexität** ganz offensichtlich die technischen Einsichts- und Erkenntnismöglichkeiten des Verletzungsgerichts (wie dies auf dem Gebiet der Pharmazie und Elektrotechnik häufig der Fall sein wird), ist es ausgeschlossen, dass sich das Verletzungsgericht mit eigenen, notwendigerweise laienhaften Erwägungen über das Votum der technisch sachkundigen und in der Beurteilung derartiger Gegenstände erfahrenen Rechtsbestandsstelle hinwegsetzt, weswegen in aller Regel eine Aussetzung geboten und die Zwangsvollstreckung aus einem dennoch ergangenen landgerichtlichen Urteil einzustellen ist.[101] Eine Rückausnahme (im Sinne des Unterbleibens einer Einstellungsanordnung trotz für den Patentinhaber negativen qualifizierten Hinweises) gilt zunächst für den Fall, dass die angekündigte Vernichtungsentscheidung evident unrichtig ist und dies für das Verletzungsgericht bei Berücksichtigung seines mangelnden technischen Sachverstandes zuverlässig zu beurteilen ist.[102] Infrage kommen insoweit allenfalls Rechtsfehler (außerhalb der Technik), die sich etwa darin äußern, dass – ergebnisrelevant! – bestimmte Textstellen einer Entgegenhaltung versehentlich unberücksichtigt geblieben sind, oder die darauf beruhen, dass von unrichtigen Maßstäben ausgegangen wurde.[103] Eine Aussetzung bleibt ferner dann möglich, wenn ein ähnlich sorgfältig begründetes gegenläufiges Votum eines in etwa gleich gewichtigen technischen Fachgremiums vorliegt, das Zugriff auf das Klagepatent hat (Bsp: Technische Beschwerdekammer kündigt einen Patentwiderruf an; das Einspruchsbeschwerdeverfahren wird vorher durch Beschwerderücknahme erledigt; zum parallelen deutschen Patent hat das BPatG (welches im Rahmen eines nachfolgenden nationalen Nichtigkeitsverfahrens mit der Sache befasst werden wird) bereits im Sinne einer Aufrechterhaltung der fraglichen Merkmalskombination entschieden).[104] 57

– Ein von vornherein weiträumigerer Entscheidungsspielraum bei der Aussetzung besteht, wenn die maßgebliche Technik dem Verletzungsgericht aufgrund seiner Erfahrung in der Beurteilung von Verletzungssachverhalten prinzipiell zugänglich ist, was namentlich bei nicht zu komplizierten mechanischen Erfindungen in Betracht kommen wird. Hier ist trotz negativen Hinweises/Vorbescheides eine Nichtaussetzung hinzunehmen (und deshalb von einer Vollstreckungseinstellung abzusehen), wenn das Landgericht vernünftige Erwägungen dazu darlegen kann, warum es der vorläufigen Einschätzung der Rechtsbestandsstelle nicht folgt.[105] 58

Im Allgemeinen wird es nicht angezeigt sein, dem Patentinhaber, dem die Schutzrechtsvernichtung angedroht worden ist, vor einer Einstellungsanordnung Gelegenheit zu geben, **Hilfsanträge** auszuarbeiten, mit denen sich das Klagepatent und eine dementsprechend eingeschränkte Verurteilung im Verletzungsprozess möglicherweise aufrechterhalten ließe. Das gilt uneingeschränkt jedenfalls dann, wenn der qualifizierte Hinweis keine voraussichtlich rechtsbeständige Anspruchskombination ausweist und/oder von der Vor- 59

---

100 OLG Düsseldorf, Beschluss v 2.12.2019 – I-2 U 48/19.
101 OLG Düsseldorf, Beschluss v 2.12.2019 – I-2 U 48/19.
102 OLG Düsseldorf, Beschluss v 2.12.2019 – I-2 U 48/19.
103 OLG Düsseldorf, Beschluss v 2.12.2019 – I-2 U 48/19.
104 OLG Düsseldorf, Beschluss v 2.12.2019 – I-2 U 48/19.
105 OLG Düsseldorf, Beschluss v 2.12.2019 – I-2 U 48/19.

instanz keine tatrichterlichen Feststellungen zur Benutzung der Zusatzmerkmale durch die angegriffene Ausführungsform getroffen sind.[106]

60 Ist das Klagepatent umgekehrt **erstinstanzlich aufrechterhalten** worden, so besteht in aller Regel kein Anlass für eine Vollstreckungseinstellung wegen mangelnden Rechtsbestandes.[107] Anderes gilt erst dann, wenn die Entscheidung der Einspruchs- oder Nichtigkeitsinstanz für das Verletzungsgericht als evident unrichtig erkennbar ist, weil sie rechtliche Maßstäbe missachtet, auf einer unzureichenden tatsächlichen oder technischen Grundlage beruht oder in ihren Schlussfolgerungen verfehlt ist, wobei für das Verletzungsgericht nicht nur der Rechts- oder Verfahrensfehler, sondern ebenso die daraus zu ziehende Konsequenz eines fehlenden Rechtsbestandes auf der Hand liegen muss. Wiederum gilt, dass das Ausmaß, in dem das Verletzungsgericht selbständig abweichende technische Erwägungen anstellen kann, maßgeblich von der Komplexität der Materie abhängt, um die es bei der Erfindung geht (vgl oben zu Rdn 56 ff). Die Schutzfähigkeit verneinende (insbesondere) ausländische Erkenntnisse sind nur relevant, wenn die betreffende Stelle von ihrer technischen Kompetenz mindestens gleichrangig einzustufen und überdies in den Instanzenzug eingebunden ist, der über den Rechtsbestand des Klagepatents zu entscheiden hat.[108]

61 Ergeht eine Einstellungsanordnung und ist **parallel** ein **Zwangsvollstreckungsverfahren** (§§ 888, 890 ZPO) anhängig, so ist die Vollziehung eines bereits ergangenen Zwangs- oder Ordnungsmittelbeschlusses ohne weiteres unzulässig (§ 775 Nr 2 ZPO), wobei dies dann, wenn die Einstellungsanordnung – wie meist – nur gegen Sicherheitsleistung des Schuldners ergeht, selbstverständlich nur gilt, wenn und sobald die Sicherheit geleistet ist.[109] Durch die Einstellungsanordnung (und die Sicherheitsleistung) kommt das laufende Ordnungs- oder Zwangsmittelverfahren zum Stillstand und wird im status quo eingefroren, bis der Einstellungsbeschluss aufgehoben oder ein bestätigendes Berufungsurteil in der Hauptsache ergeht.[110] Eines förmlichen Ausspruchs über die Vollziehungseinstellung bedarf es deswegen nicht, wenn gegen den Ordnungs- oder Zwangsmittelbeschluss Beschwerde eingelegt ist, die ohnehin aufschiebende Wirkung hat[111]; ein dahingehender gerichtlicher Ausspruch wäre zwar zulässig, aber rein deklaratorisch und klarstellend. Keinesfalls ist es gerechtfertigt, aus Anlass der Vollstreckungseinstellung einen erlassenen Ordnungs- oder Zwangsgeldbeschluss, sei er nun bestandskräftig oder nicht, aufzuheben.[112] Nur dort, wo kein Beschwerdeverfahren mit Suspensiveffekt anhängig ist (weil der Ordnungs- oder Zwangsgeldbeschluss bereits rechtskräftig ist), ist eine ausdrückliche Einstellung der Vollziehung geboten.

62 Allein dass der Nichtigkeitskläger später **weiteren Stand der Technik** auffindet und der angesetzte Verhandlungstermin verlegt wird, um dem Gericht und dem Nichtigkeitsbeklagten eine geordnete Vorbereitung zu ermöglichen, reicht demgegenüber noch nicht für eine Einstellungsanordnung. Vielmehr wird das Berufungsgericht die neuen Entgegenhaltungen daraufhin untersuchen, ob es nach den vom Landgericht zugrunde zu legenden Maßstäben eine Aussetzung des Verletzungsrechtsstreits hätte veranlassen *müssen*. Nur wenn dies zu bejahen ist, kommt eine Einstellungsanordnung in Betracht.[113] Dieselben Grundsätze gelten, wenn sich der Beklagte auf einen erst kurz vor oder sogar

---

106 OLG Düsseldorf, Beschluss v 15.11.2018 – I-2 U 4/18.
107 OLG Düsseldorf, Beschluss v 5.8.2019 – I-2 U 35/19.
108 OLG Düsseldorf, Beschluss v 18.12.2019 – I-2 U 35/19.
109 OLG Düsseldorf, Beschluss v 1.9.2017 – I-2 W 9/17; OLG Düsseldorf, Beschluss v 15.11.2018 – I-2 U 4/18.
110 OLG Düsseldorf, Beschluss v 1.9.2017 – I-2 W 9/17.
111 OLG Düsseldorf, Beschluss v 15.11.2018 – I-2 U 4/18.
112 OLG Düsseldorf, Beschluss v 3.1.2019 – I- 2 W 24/18.
113 OLG Düsseldorf, Beschluss v 5.8.2010 – I-2 U 19/10.

nach Schluss der landgerichtlichen Schlussverhandlung gestarteten neuen Rechtsbestandsangriff stützt. Gibt es dafür, dass die Einwände nicht bereits im ersten Verfahren platziert und zur technisch sachkundigen Entscheidung gestellt worden sind, keine plausible Entschuldigung (zB weil der Beklagte den betreffenden weiteren Stand der Technik absichtlich zurückgehalten hat), ist eine Einstellung der Zwangsvollstreckung nur noch angebracht, wenn sich für das Berufungsgericht schon bei summarischer Prüfung sicher ergibt, dass das Klagepatent auf die – unentschuldigt späte – Nichtigkeitsklage fallen wird.[114] Jeder Zweifel geht hier zu Lasten des Beklagten.

Kommt es nach Erlass des erstinstanzlichen Verletzungsurteils zu einer **Teilvernichtung** des Klagepatents, ist zu differenzieren: Erweist sich bei summarischer Prüfung, dass die angegriffene Ausführungsform von den beschränkenden Merkmalen ebenfalls Gebrauch macht, kommt eine vollständige Vollstreckungseinstellung nicht in Betracht; sie hat lediglich in der Weise zu erfolgen, dass der vollstreckbare Urteilsausspruch an die beschränkte Anspruchsfassung angepasst wird.[115] Zwar sind zu den ergänzenden Merkmalen typischerweise keine tatrichterlichen Feststellungen getroffen und erlaubt das Einstellungsverfahren prinzipiell keine alternative Begründung und erst recht keine dezidierte, einem Erkenntnisverfahren vergleichbare Prüfungs- und Feststellungstiefe. Ergibt jedoch bereits eine nur überschlägige Betrachtung die sichere Erkenntnis, dass die hinzugetretenen Merkmale von der angegriffenen Ausführungsform ebenfalls verwirklicht werden (zB weil es dafür unwiderlegliche Beweise gibt, die im laufenden Berufungsverfahren die dahingehende Feststellung tragen werden), liefe es auf eine ungerechtfertigt formalistische Handhabung hinaus, dem Vollstreckungsgläubiger entgegenzuhalten, dass dementsprechende Feststellungen formal noch nicht getroffen sind und so lange eine Zwangsvollstreckung gegen die Verletzungsform nicht möglich ist. Erweist sich hingegen, dass eine Benutzung des teilvernichteten Anspruchs nicht gegeben ist oder bleibt die Verletzungsfrage bei summarischer Prüfung unklar, ist die Zwangsvollstreckung aus dem Verletzungsurteil insgesamt vorläufig einzustellen.[116] Wie der Fall zu behandeln ist, dass der Beklagte die ergänzenden Merkmale (bislang) nicht (substanziell) bestritten hat, hängt von den Umständen des Einzelfalles ab. Sind keine unwiderleglichen Beweise für die Merkmalsverwirklichung gegeben, die eine Einstellungsanordnung verbieten, wird man danach zu differenzieren haben, ob schon zum Zeitpunkt der Einstellungsentscheidung mit Gewissheit abzusehen ist, dass ein späteres (substantiiertes) Bestreiten, sollte es erfolgen, aus prozessualen Gründen nicht mehr zu berücksichtigen sein wird. Liegt der Fall so, kommt eine (vollständige) Einstellungsanordnung nicht in Betracht. Anders verhält es sich, wenn mit einem weiteren (konkretisierenden) Bestreiten zu rechnen ist (was selten auszuschließen sein wird) und dem im Berufungsverfahren nachzugehen sein kann; hier wird eine Einstellung der Zwangsvollstreckung regelmäßig angezeigt sein.

c) Außergewöhnliche Nachteile

Die Voraussetzungen nach (b) können bejaht werden, wenn durch die Vollstreckung die Existenz des Beklagten vernichtet würde.[117] Bedingung ist freilich, dass die wirtschaftliche Lage des Vollstreckungsschuldners nicht schon unabhängig von der drohenden Vollstreckung desolat ist.[118] Ist das Unternehmen des Schuldners auf die Verwertung eines

---

114 OLG Düsseldorf, Beschluss v 4.1.2012 – I-2 U 105/11.
115 »Die Zwangsvollstreckung aus dem am ... verkündeten Urteil der ... Zivilkammer des Landgerichts ...wird gegen Sicherheitsleistung von ... € insoweit vorläufig eingestellt, als der Urteilsausspruch über folgenden Gegenstand hinausgeht: ... (es folgt eine Wiedergabe des beschränkten Patentanspruchs).«
116 OLG Düsseldorf, Beschluss v 13.9.2018 – I-2 U 39/17; OLG Düsseldorf, Beschluss v 13.9.2019 – I-2 U 40/14.
117 BGH, GRUR 2019, 1215 – Dampfdruckverringerung.
118 BGH, GRUR 2019, 1215 – Dampfdruckverringerung.

einzigen Schutzrechts beschränkt und verfügt das Unternehmen darüber hinaus über keine weiteren Vermögenswerte, auf die in der Zwangsvollstreckung zugegriffen werden könnte, ist es regelmäßig nicht angezeigt, den Schuldner von den Risiken einer solchen Unternehmensausrichtung in der Weise freizustellen, dass dieser einzige Vermögenswert jedem Zugriff im Wege der vorläufigen Vollstreckung entzogen wird.[119] Nicht ausreichend ist demgegenüber die Behauptung von Nachteilen, die nicht unersetzlich sind, weil sie der Beklagte selbst abwenden kann, zB deshalb, weil ihm im Urteil die Befugnis eingeräumt worden ist, die Zwangsvollstreckung gegen Sicherheitsleistung abzuwenden, und keine Anhaltspunkte dafür vorliegen, dass der Kläger die Abwendungsbefugnis durch eine eigene Sicherheitsleistung gegenstandslos machen wird.[120] Unzureichend ist gleichfalls der Vortrag einer erheblichen Umsatzeinbuße und der Notwendigkeit der Streichung von Arbeitsplätzen. In jedem Fall sind von dem Beklagten sämtliche seinen Vortrag begründenden Tatsachen darzulegen, sodass er gezwungen wird, uU auch solche Interna, wie beispielsweise seine Buchführung offen zu legen, an deren Geheimhaltung er ein großes Interesse hat. **Interessen** und Nachteile **Dritter** haben keine Bedeutung.[121] Das gilt auch dann, wenn Patienten wegen der fehlenden Verfügbarkeit der angegriffenen Ausführungsform auf ein anderes Präparat (zB des Patentinhabers) ausweichen müssen und hiermit ein erhöhtes Gesundheitsrisiko verbunden ist.[122] Eine Einstellungsanordnung ist unter solchen Umständen umso weniger angebracht, wenn ein einstweiliger oder im Hauptsacheverfahren verfolgter Zwangslizenzantrag des Beklagten erfolglos geblieben ist.[123]

65 Eine Vollstreckungseinstellung **ohne Sicherheitsleistung** kommt nur in Betracht, wenn der Schuldner zur Sicherheitsleistung nicht in der Lage ist und wenn die Zwangsvollstreckung außerdem einen nicht zu ersetzenden Nachteil bringen würde, wie vorstehend dargelegt. Selbst wenn beides der Fall ist, ist die Einstellung der Zwangsvollstreckung jedoch weder die zwingende noch die regelmäßige Folge des Einstellungsantrags. Das Berufungsgericht hat vielmehr zusätzlich die Interessen des Gläubigers und des Schuldners abzuwägen und darf dem Einstellungsantrag nur entsprechen, wenn nach seiner Würdigung aller Umstände und unter Berücksichtigung der gesetzlichen Wertung, die dem Gläubiger grundsätzlich gestattet, auch aus einem nicht rechtskräftigen erstinstanzlichen Urteil zu vollstrecken, die schutzwürdigen Interessen des Schuldners diejenigen des Gläubigers überwiegen. Dabei sind auch die Erfolgsaussichten des Rechtsmittels zu berücksichtigen, soweit im Rahmen der Prüfung des Einstellungsantrags hierzu hinreichend zuverlässige Erkenntnisse zu gewinnen sind. Die komplexe Beurteilung der Benutzung und Rechtsbeständigkeit[124] eines Patents erlaubt dies in aller Regel nicht, weswegen der Ausgang des Berufungsverfahrens vielfach als offen angesehen werden muss.

66 Speziell für die Vollstreckung des **Rechnungslegungsanspruch**s gilt im Hinblick auf die Annahme eines unwiederbringlichen Nachteils:

67 – Eine Einstellung der Zwangsvollstreckung kommt regelmäßig schon deshalb nicht in Betracht, weil mit ihr – anders als mit einer nicht bestimmungsgemäßen und/oder wettbewerbswidrigen *Verwendung* der durch die Rechnungslegung erlangten Daten – im Allgemeinen die Entstehung eines unersetzlichen Nachteils nicht verbunden ist.[125] Sie ist auch nicht deshalb geboten, weil deren Folgen selbst dann nicht zu beseitigen

---

119 BGH, GRUR 2019, 1215 – Dampfdruckverringerung.
120 BGH, GRUR 2012, 959.
121 OLG Düsseldorf, Beschluss v 5.8.2019 – I-2 U 35/19.
122 OLG Düsseldorf, Beschluss v 5.8.2019 – I-2 U 35/19.
123 OLG Düsseldorf, Beschluss v 5.8.2019 – I-2 U 35/19.
124 BGH, GRUR 2019, 1215 – Dampfdruckverringerung.
125 OLG Düsseldorf, InstGE 9, 117 – Sicherheitsschaltgerät.

sind, wenn die Berufung Erfolg haben sollte. Allein der Umstand, dass die Vollstreckung das Prozessergebnis vorwegnehmen würde, ist kein unersetzlicher Nachteil.[126] Er liegt auch noch nicht allein darin, dass es sich bei den zu erteilenden Informationen um Geschäftsinterna handelt, die mit Rücksicht auf die Wettbewerbslage zwischen den Parteien an sich vor dem Kläger geheim zu halten sind.[127] Unzureichend ist gleichfalls, dass der Gläubiger die zu vollstreckenden Auskünfte im Rahmen weiterer gegen den Schuldner geführter Rechtsstreitigkeiten (zB zur Schadensberechnung) verwenden kann.[128]

– Jedenfalls wenn dem Schuldner ein **Wirtschaftsprüfervorbehalt** eingeräumt worden ist, scheidet, soweit dieser Vorbehalt reicht (dh in Bezug auf Namen und Anschriften der Angebotsempfänger und der nichtgewerblichen Abnehmer), ein unersetzlicher Nachteil regelmäßig aus, weil ein Bekanntwerden von besonderen Geschäftsgeheimnissen gerade nicht droht. Relevant und wirksam ist der durch den Wirtschaftsprüfervorbehalt vermittelte Schutz im Besonderen mit Blick auf bloße Angebote, weil der Verletzer ein elementares Interesse daran hat, dass die Empfänger seiner Angebote – als erst potentiell zu gewinnende Kunden – dem in einem unmittelbaren Wettbewerbsverhältnis mit ihm stehenden Gläubiger nicht namhaft gemacht werden.[129]   68

– Eine Einstellungsanordnung rechtfertigt sich auch nicht hinsichtlich der **Preise, Kosten** und **Gewinne**, selbst wenn der Schuldner geltend machen kann, dass es sich bei den betreffenden Angaben mit Rücksicht auf das Wettbewerbsverhältnis der Parteien sowie Besonderheiten des betroffenen Marktes um höchst sensible Daten handelt. Dass Abnehmern unterschiedliche Rabatte eingeräumt und mit Vorlieferanten besondere Einkaufskonditionen ausgehandelt werden, die dem Wettbewerber nicht bekannt sind, ist in Patentverletzungsstreitigkeiten nichts Außergewöhnliches. Ihre zwangsweise Offenlegung durch eine Vollstreckung des Urteilsausspruchs zur Rechnungslegung stellt deswegen eine übliche Folge dar, in der dementsprechend kein *außergewöhnlicher* Nachteil für die Schuldnerin gesehen werden kann. Gleiches gilt für die Kosten- und Gewinnsituation eines Unternehmens, die gemeinhin ein Betriebsgeheimnis darstellt und dem Wettbewerber vorenthalten wird. Jede Vollstreckung eines darauf gerichteten Rechnungslegungsanspruchs bewirkt – notwendiger- und eben nicht nur ausnahmsweise – einen ungewollten Transfer betriebsinterner Geschäftsdaten. Der betreffende Schuldner befindet sich infolgedessen in keiner außergewöhnlichen Situation, sondern wendet mit seinem Einstellungsantrag Beeinträchtigungen ein, die (in Bezug auf die Kosten und Gewinne) praktisch jedem Patentverletzer drohen, der im Wettbewerb zum Gläubiger steht, zumindest aber (in Bezug auf Rabatte und Einkaufskonditionen) eine Vielzahl von Verletzern treffen.[130]   69

Soweit der Schuldner reklamiert, die Daten zur Gewinnermittlung könnten allenfalls für die Vorbereitung und Durchsetzung eines etwaigen Schadenersatzanspruchs auf Herausgabe des Verletzergewinns nützlich sein, und es für unzweckmäßig hält, einen derartigen Schadenersatzhöheprozess anzustrengen, so lange das Verletzungsverfahren über die Feststellung der Schadenersatzverpflichtung noch anhängig sei, liegt auch hierin kein Umstand, der die Anordnung einer einstweiligen Einstellung der Zwangsvollstreckung aus dem erstinstanzlichen Urteil rechtfertigen könnte.[131] Es mag aus prozessökonomischen Gründen im Einzelfall nicht angezeigt sein, einen Höhepro-   70

---

126 Vgl BGH, GRUR 1979, 807 – Schlumpfserie; BGH, GRUR 1991, 159 – Zwangsvollstreckungseinstellung; BGH, NJWE-WettbR 1999, 138; BGH, Beschluss v 4.9.2014 – I ZR 30/14.
127 Vgl BGH, NJWE-WettbR 1999, 138.
128 OLG Hamburg, BeckRS 2013, 06273 – Ann Christine (LS in GRUR-RR 2013, 408).
129 OLG Düsseldorf, InstGE 9, 117 – Sicherheitsschaltgerät.
130 OLG Düsseldorf, InstGE 9, 117 – Sicherheitsschaltgerät.
131 OLG Düsseldorf, InstGE 9, 117 – Sicherheitsschaltgerät.

zess einzuleiten, bevor die Schadenersatzverpflichtung des Schuldners rechtskräftig festgestellt ist. Der Kläger ist hieran jedoch keinesfalls gehindert. Die Rechtskraft des Patentverletzungsurteils ist keine prozessuale Voraussetzung für die nachfolgende Schadenersatzhöheklage. Es besteht ebenso wenig ein Grundsatz des Inhalts, dass der nachfolgende Schadenersatzhöheprozess bis zur Rechtskraft des klagestattgebenden Patentverletzungsurteils ausgesetzt werden muss. Die Anordnung der Aussetzung nach § 148 ZPO steht im Ermessen des Gerichts (»kann«). Maßgebend sind insoweit stets die Umstände des Einzelfalles. Es ist daher nicht ausgeschlossen, namentlich in Fällen, in denen die Sach- und Rechtslage eindeutig ist, dass bereits vor der Rechtskraft des stattgebenden Patentverletzungsurteils über die nachfolgende Schadenersatzklage entschieden wird. Im Übrigen kann es dem in erster Instanz obsiegenden Kläger nicht verwehrt werden, einen Schadenersatzanspruch bereits zeitnah nach Erlass des ihm günstigen Verletzungsurteils durch Vollstreckung des titulierten Rechnungslegungsanspruchs vorzubereiten, wenn der Schuldner die geschuldeten Angaben noch unschwer erteilen kann. Ein weiterer Grund zu schnellem Handeln kann sich daraus ergeben, dass in Bezug auf den Schuldner Liquiditätsbedenken bestehen, denen der Gläubiger mit einer zügigen gerichtlichen Verfolgung seines bezifferten Schadenersatzanspruchs begegnen können muss. Wollte man insoweit anders entscheiden, könnte der erstinstanzlich wegen Patentverletzung ua zur Rechnungslegung verurteilte Schuldner mit der vom Schuldner angeführten Begründung letztlich immer eine einstweilige Einstellung der Zwangsvollstreckung auf Rechnungslegung gemäß §§ 719 Abs 1, 707 ZPO erreichen, was ersichtlich unzutreffend ist. Folge wäre nämlich eine zwangsläufige Suspendierung der gesetzlichen Vollstreckbarkeit eines Teils des erstinstanzlichen Urteilsausspruchs.

71 – Die vorstehenden Regeln gelten auch in Fällen **mittelbarer Patentverletzung**, selbst wenn das rechnungslegungspflichtige Mittel schutzrechtsfrei verwendet werden kann.[132]

72 – Geht es um die Vollstreckung des **Rückruf- und Vernichtungsanspruchs**, so handelt es sich bei den dadurch hervorgerufenen Beeinträchtigungen (Vertrauensverlust bei Kunden, materielle Schäden durch Vernichtungsmaßnahme) gleichfalls regelmäßig um die üblichen – und eben keine außergewöhnlichen – Folgen einer Zwangsvollstreckung.[133]

d) Verfahrensrecht

73 Bevor sich das Berufungsgericht über die Frage der Vollstreckungseinstellung ein Urteil bildet und den Antrag des Beklagten bescheidet, steht dem Vollstreckungsgläubiger schon von Verfassungswegen ein Anspruch auf Gewährung rechtlichen Gehörs zu. Dennoch kann es unter *ganz besonderen* Umständen geboten sein, die Vollstreckung im Sinne einer »**Sofort-Einstellung**«, ggf sogar ohne rechtliches Gehör des Gläubigers, bis zur eigentlichen Einstellungsentscheidung einzustellen.[134] Voraussetzung ist, dass sich schon anhand des einseitigen Parteivorbringens sicher absehen lässt, dass eine tragende Begründung der landgerichtlichen Verurteilung keinen Bestand hat, was im Zweifel nur in Betracht kommt, wenn sich die Beanstandung auf einen unstreitigen oder verfahrensfehlerfrei festgestellten Sachverhalt stützt, und wenn darüber hinaus nachgewiesenermaßen eine derartige Eile geboten ist, dass nicht einmal eine Anhörung des Gläubigers mit kurzer Frist hinnehmbar ist. Eine sofortige Vollstreckungseinstellung ist jedenfalls dort nicht angebracht, wo der Beklagte bereits seit längerem von den Vollstreckungsabsichten

---

132 OLG Düsseldorf, InstGE 9, 117 – Sicherheitsschaltgerät.
133 OLG Düsseldorf, Beschluss v 18.12.2014 – I-2 U 62/14.
134 OLG Düsseldorf, Beschluss v 23.7.2019 – I-2 U 35/19; OLG Düsseldorf, Beschluss v 20.9.2019 – I-2 U 25/19. Kategorisch ablehnend: OLG München, Beschluss v 9.4.2019 – 6 U 4653/18.

des Gläubigers weiß, aber dennoch keinen rechtzeitigen Einstellungsantrag bei Gericht stellt, der die notwendige Gewährung rechtlichen Gehörs für den Gläubiger erlaubt hätte. Der Beklagte kann nicht durch sein Zuwarten kurzerhand eine allein auf der Grundlage seines Sachvortrages getroffene Einstellungsanordnung erzwingen.[135]

Die Entscheidung über den Einstellungsantrag – egal, ob ihm stattgegeben oder ob er zurückgewiesen wird – ist nicht mit der **Beschwerde** angreifbar (§ 707 Abs 2 S 2 ZPO), auch nicht mit einer außerordentlichen Beschwerde wegen greifbarer Gesetzwidrigkeit.[136] Möglich ist nur ein Abhilfeantrag nach § 321a ZPO[137] an das Ausgangsgericht. Der Streitwert für eine (unzulässige) Beschwerde entspricht regelmäßig 1/5 des Hauptsachestreitwertes der Verurteilung.[138]

74

Im Verfahren über die **Revision** oder deren **Nichtzulassung**[139] kommt eine Einstellung der Zwangsvollstreckung prinzipiell nur unter den strengen Voraussetzungen des § 719 **Abs 2** ZPO in Betracht, dh dann, wenn dem Schuldner ein nicht zu ersetzender Nachteil droht und keine überwiegenden Vollstreckungsinteressen des Gläubigers entgegenstehen. Dass die Vollstreckung das noch nicht rechtskräftige Prozessergebnis vorwegnehmen würde, reicht dafür nicht aus; vielmehr bedarf es der Glaubhaftmachung von Einbußen, die über das übliche Maß hinausgehen.[140] Im Anwendungsbereich des **§ 140b PatG** kommt derartiges wegen eines überwiegenden Gläubigerinteresses im Allgemeinen nicht in Betracht[141], selbst wenn sich der Gläubiger an die mit der vollstreckten Auskunft benannten Abnehmer des Schuldners gewandt hat.[142] Eine Einstellungsanordnung hat überdies – mangels Zulässigkeit[143] – nach der ständigen Spruchpraxis des BGH zu unterbleiben, wenn der Antragsteller es versäumt hat, im Berufungsrechtszug einen begründeten Vollstreckungsschutzantrag nach § 712 ZPO zu stellen[144], obwohl ihm ein solcher Antrag möglich und zumutbar gewesen wäre.[145] Ein Antrag auf einstweilige Einstellung der Zwangsvollstreckung aus dem landgerichtlichen Urteil (§§ 719 Abs 1, 707 ZPO)

75

---

135 OLG Düsseldorf, Beschluss v 9.7.2015 – I-2 U 25/15; OLG Düsseldorf, Beschluss v 20.9.2019 – I-2 U 25/19.
136 BGH, NJW 2002, 1577; BGH, NJW-RR 2005, 1009; KG, MDR 2008, 1356; OLG München, MDR 2011, 1321; OLG Düsseldorf, Beschluss v 11.6.2013 – I-2 W 21/13.
137 Stützt sich die Anhörungsrüge auf den Vorwurf einer Verletzung des Anspruchs auf rechtliches Gehör (§ 321a Abs 1 Nr 2 ZPO), so reicht es für eine Substantiierung der Gehörsverletzung (§ 321a Abs 2 Satz 5 ZPO) nicht aus, wenn die Rüge sich auf eine wiederholende Darstellung oder Rechtfertigung des vermeintlich übergangenen Vorbringens beschränkt. In der Anhörungsrüge muss vielmehr herausgearbeitet werden, dass in der angegriffenen Entscheidung ein Rechtsstandpunkt eingenommen wird, bei dem das als übergangen gerügte Vorbringen schlechthin nicht unberücksichtigt bleiben konnte und seine Nichtberücksichtigung sich deshalb nur damit erklären lässt, dass es vom Gericht nicht zur Kenntnis genommen worden ist (BGH, Beschluss v 23.8.2016 – VIII ZR 79/15). Ist eine Anhörungsrüge zurückgewiesen worden, ist gegen diese Entscheidung keine weitere Anhörungsrüge und auch keine Gegenvorstellung statthaft (KG, MDR 2017, 1262).
138 OLG Düsseldorf, Beschluss v 6.6.2011 – I-2 W 19/11; OLG Düsseldorf, Beschluss v 11.6.2013 – I-2 W 21/13.
139 Vgl § 544 Abs 5 Satz 2 ZPO; dazu BGH, GRUR 2018, 655 – Postversandkosten.
140 BGH, GRUR 2018, 655 – Postversandkosten.
141 BGH, GRUR 2018, 1295 – Werkzeuggriff.
142 BGH, Beschluss v 26.3.2019 – X ZR 171/18.
143 BGH, Beschluss v 26.3.2019 – X ZR 171/18.
144 … weil es sich dann nicht um einen »nicht ersetzlichen« Nachteil handelt (BGH, WM 2019, 78).
145 BGH, NJW-RR 2006, 1088; BGH, NJW-RR 2008, 1038; BGH, MDR 2012, 671. BGH, GRUR 2018, 1295 – Werkzeuggriff. An der Zumutbarkeit fehlt es, wenn das Berufungsgericht zu Unrecht davon ausgegangen ist, dass sein Urteil keinem Rechtsmittel mehr unterliegt und der Unterlegene sich darauf verlassen durfte (Bsp: Anordnung nach § 713 ZPO), BGH, MDR 2017, 50. Anders (im Sinne gegebener Zumutbarkeit) verhält es sich, wenn der durch die Vollstreckung drohende (unersetzliche) Nachteil durch die rechtsfehlerhaft unterbliebene Abwendungsbefugnis nach § 711 ZPO nicht verhindert werden kann (BGH, WM 2019, 78).

genügt nicht.[146] Der in der Tatsacheninstanz erforderliche Schutzantrag muss sich aus dem (ggf berichtigten/ergänzten) **Berufungsurteil** oder aus dem **Sitzungsprotokoll** ergeben, ansonsten er als nicht gestellt zu behandeln ist.[147] Seiner bedarf es auch im Hinblick auf solche Vollstreckungshandlungen, die der Gläubiger nach dem Schluss der Berufungsverhandlung vorgenommen hat.[148]

76 Die Erforderlichkeit eines in der Vorinstanz gestellten Vollstreckungsschutzantrages soll auch dann gelten, wenn der Einstellungsgrund darin liegt, dass erst nach Erlass des Berufungsurteils im Verletzungsprozess das Klagepatent erstinstanzlich vernichtet wird.[149] Der BGH[150] lässt jedoch in entsprechender Anwendung von §§ 719 **Abs 1**, 707 ZPO eine Vollstreckungseinstellung gegen Sicherheitsleistung des verurteilten Verletzungsbeklagten auch im Nichtzulassungsbeschwerde- und Revisionsverfahren zu und fordert sie für den Regelfall, wenn und sobald das Klagepatent erstinstanzlich – nicht evident zu Unrecht – für nichtig erklärt oder widerrufen worden ist.

77 Eine Vollstreckungseinstellung scheidet – jenseits der Vernichtungssachverhalte – aus, wenn die Revision oder die Nichtzulassungsbeschwerde keine **Aussicht auf Erfolg** hat.[151] Die Erfolglosigkeit kann sich auch daraus ergeben, dass die Beschwer nach § 544 Abs 2 Nr 1 ZPO (vormals § 26 Nr 8 EGZPO aF) nicht erreicht wird.

78 Ob die Einstellung ohne oder gegen **Sicherheitsleistung** erfolgt, beurteilt sich auch im Revisionsverfahren nach § 707 ZPO[152], weswegen von der Anordnung einer Sicherheitsleistung nur abgesehen werden kann, wenn der Schuldner zu ihr nicht in der Lage ist.

3. Vollstreckungsschutz[153]

79 Für den Fall einer Verurteilung kann der Beklagte das Gericht darum ersuchen, ihm zu gestatten, eine etwaige Zwangsvollstreckung aus dem (erst- oder zweitinstanzlichen) Urteil durch Sicherheitsleistung abwenden zu dürfen. Unter besonderen Umständen erlaubt § 712 ZPO darüber hinaus den vollständigen Verzicht auf eine Vollstreckbarkeitserklärung[154] oder die Beschränkung der vorläufigen Vollstreckbarkeit auf bestimmte Sicherungsmaßregeln. Der betreffende Schutzantrag muss in der jeweiligen Instanz vor Schluss der mündlichen Verhandlung gestellt werden (§ 714 Abs 1 ZPO); seine tatsächlichen Voraussetzungen sind im Sinne von § 294 ZPO glaubhaft zu machen (§ 714 Abs 2 ZPO).

80 Welche dies sind, bestimmt zunächst § 712 Abs 1 ZPO: Die Vollstreckung des Urteils muss dem Schuldner einen nicht zu ersetzenden Nachteil bringen. Ist dies festgestellt, darf dem Abwendungsbegehren des Schuldners außerdem kein überwiegendes Vollstreckungsinteresse des Gläubigers entgegenstehen (§ 712 Abs 2 Satz 1 ZPO).

81 – Denkbar ist ein unersetzlicher Nachteil von vornherein nicht in Bezug auf den **Feststellungsausspruch** (Entschädigung, Schadenersatz, Bereicherungsausgleich), weil dieser keinen vollstreckungsfähigen Inhalt hat.

---

146 BGH, MDR 2012, 671; BGH, Beschluss v 26.3.2019 – X ZR 171/18.
147 BGH, GRUR 2018, 1295 – Werkzeuggriff.
148 Offengelassen von BGH, Beschluss v 26.3.2019 – X ZR 171/18.
149 BGH, GRUR 2014, 1028 – Nicht zu ersetzender Nachteil.
150 BGH, GRUR 2014, 1237 – Kurznachrichten.
151 BGH, WuM 2005, 735, 736; BGH, NJW-RR 2008, 1038; BGH, GRUR 2018, 655 – Postversandkosten.
152 BGH, NJW 2010, 1081.
153 Voß, FS 80 Jahre Patentgerichtsbarkeit Düsseldorf, 2016, S 573.
154 … womit das Urteil überhaupt nicht vorläufig vollstreckbar ist.

- Hinsichtlich des **Rechnungslegungsanspruchs** könnte ein unersetzlicher Nachteil zwar aus dem Bekanntwerden von Geschäftsgeheimnissen resultieren, bei Einräumung eines Wirtschaftsprüfervorbehaltes wird diese Gefahr jedoch verneint.[155] 82

- Für den Fall einer Vollstreckung aus der **Kostengrundentscheidung** ist der Beklagte durch § 717 Abs 3 Satz 2 ZPO ausreichend geschützt.[156] 83

- Im Hinblick auf den **Unterlassungsanspruch** reichen die Einstellung von Produktion und Vertrieb der angegriffenen Ausführungsform und die dadurch bedingte Umsatzeinbuße nicht, weil es sich insoweit um die normale Folge einer praktisch jeden Unterlassungsvollstreckung handelt.[157] Für den Bereich des Patentrechts gelten insofern keine Besonderheiten; insbesondere ist ein durch Vollstreckung des Unterlassungstitels drohender unersetzlicher Nachteil nicht zu vermuten oder unter im Vergleich zum allgemeinen Zivilrecht erleichterten Bedingungen anzunehmen.[158] Das gilt auch in Bezug auf solche außergewöhnlichen Absatzschwierigkeiten, die der Schuldner nach einer Aufhebung des Unterlassungstitels deshalb hinzunehmen hat, weil er aufgrund der Besonderheiten des Marktes, nachdem er vollstreckungsbedingt einmal den Markt verlassen musste, dort aller Voraussicht nach keinen Fuß mehr fassen kann. Derartige »Fernwirkungen« rechtfertigen keinen Vollstreckungsschutz, sondern allenfalls eine entsprechende Heraufsetzung der vom Gläubiger zu leistenden Vollstreckungssicherheit. Der mit einer vollstreckungsbedingten Marktabstinenz verbundene Verlust von Arbeitsplätzen ist als Drittinteresse genauso unbeachtlich wie etwaige (im Pharmabereich denkbare) Patienteninteressen, die zB für ihre Therapie auf den Verurteilungsgegenstand verzichten müssen und deswegen vorübergehend ohne medikamentöse Behandlung bleiben oder zu einem Umstieg auf das Produkt des Patentinhabers gezwungen sind. Drittinteressen gewinnen erst dann rechtliche Relevanz, wenn sich die Vollstreckungswirkungen über den Dritten hinaus (zB über Gewährleistungs- oder sonstige Haftungsregelungen) auf den Vollstreckungsschuldner auswirken. Gegen eine Schutzanordnung spricht, wenn der Schuldner eine zeitnah realisierbare Umgehungslösung zur Verfügung hat, mit der er seinen Marktauftritt wenigstens in einem nennenswerten Umfang fortsetzen kann.[159] Relevant kann demgegenüber die aus der Unterlassungsvollstreckung folgende Insolvenz der Schuldnerin sein; allerdings muss der betreffende Gefahrentatbestand, der nicht nur möglich, sondern unmittelbar greifbar sein muss, substantiiert dargelegt werden.[160] 84

Kein Grund für eine Zurückweisung des Einstellungsantrages ist die Möglichkeit, im Nichtzulassungs- oder Revisionsverfahren beim BGH um eine Einstellung der Zwangsvollstreckung nach §§ 707, 719 ZPO nachzusuchen.[161] Hat der Schuldner in erster Instanz einen Schutzantrag gestellt, so kann dessen rechtsfehlerfreie Behandlung allerdings mit einem Antrag nach § 718 ZPO zur Vorabprüfung und -entscheidung durch das Berufungsgericht gestellt werden.[162] Dieses hat die getroffene Hauptsacheentscheidung (einschließlich der Nichtaussetzung des Verletzungsrechtsstreits durch das Landgericht) hinzunehmen und – auf der Basis des landgerichtlichen Erkenntnisses zur Hauptsache – einzig und allein die richtige Anwendung des § 712 ZPO zu verifizieren.[163] 85

---

155 OLG Düsseldorf, InstGE 8, 117 – Fahrbare Betonpumpe.
156 OLG Düsseldorf, InstGE 8, 117 – Fahrbare Betonpumpe.
157 OLG Düsseldorf, InstGE 8, 117 – Fahrbare Betonpumpe.
158 OLG Düsseldorf, Urteil v 31.10.2019 – I-2 U 35/19 (in Abgrenzung zu OLG Düsseldorf, InstGE 8, 117 – Fahrbare Betonpumpe).
159 Hier überwiegt das Gläubigerinteresse an einer Vollstreckung.
160 OLG Düsseldorf, InstGE 8, 117 – Fahrbare Betonpumpe.
161 BGH, NJW-RR 2008, 1038.
162 OLG Düsseldorf, Urteil v 31.10.2019 – I-2 U 35/19.
163 OLG Düsseldorf, Urteil v 31.10.2019 – I-2 U 35/19.

86 Demgegenüber ist in der Instanzrechtsprechung umstritten, ob ein in erster Instanz unterlassener Vollstreckungsschutzantrag nach § 712 ZPO im Berufungsrechtszug nachgeholt werden kann.[164]

4. Abänderung der Sicherheitsleistung

87 Ist die Sicherheitsleistung im landgerichtlichen Verfahren zu gering festgesetzt worden, kann der Beklagte im Berufungsrechtszug – auch wenn er selbst nicht Rechtsmittelführer ist – eine Erhöhung der Vollstreckungssicherheit beantragen. § 718 ZPO lässt hierfür entweder eine abgesonderte Verhandlung oder ein schriftliches Verfahren vor, welches nicht der Zustimmung der Parteien bedarf, sondern auch von Amts wegen angeordnet werden kann (§ 718 Abs 1 Satz 2 ZPO). Die Entscheidung ergeht durch nicht anfechtbares (§ 718 Abs 2 ZPO) Teilurteil (ohne Kostenentscheidung). Dessen Ausspruch zur Sicherheitsleistung ist auch ohne besonderen Ausspruch auflösend durch das spätere Hauptsacheerkenntnis des Berufungsgerichts bedingt.

88 Dem Antrag nach § 718 ZPO – egal, ob er vom Rechtsmittelführer oder vom Rechtsmittelgegner gestellt wird – fehlt das **Rechtsschutzbedürfnis**, sobald und so lange die Zwangsvollstreckung aus dem landgerichtlichen Urteil gemäß §§ 719, 707 ZPO eingestellt ist.[165] Es kann allerdings wieder aufleben, wenn die Einstellungsanordnung nur gegen Sicherheitsleistung des Beklagten erfolgt ist und dieser die Sicherheit nicht leistet. In einem solchen Fall kann der Kläger die Zwangsvollstreckung gegen die vom Landgericht festgesetzte Sicherheit fortsetzen, womit von Interesse wird, ob der im erstinstanzlichen Urteil ausgewiesene Sicherheitsbetrag angemessen ist.[166]

89 Kein Bedürfnis für ein Verfahren nach § 718 ZPO besteht ferner dann, wenn die Zwangsvollstreckung in dem Zeitpunkt, zu dem über den Antrag zu entscheiden ist, bereits vollständig beendet ist[167] oder aufgrund einer verbindlichen Zusage des Gläubigers überhaupt nicht droht. Demgegenüber ist nicht erforderlich, dass mit Vollstreckungsmaßnahmen bereits begonnen wurde; sie müssen dem Gläubiger nur möglich sein.

90 Im Verfahren nach § 718 ZPO sind einige **Restriktionen** zu beachten:

91 – § 718 ZPO verfolgt den Zweck, eine vorinstanzlich fehlerhafte Entscheidung zur vorläufigen Vollstreckbarkeit vor einer zweitinstanzlichen Sachentscheidung zu korrigieren. Einer von Anfang an bestehenden Unrichtigkeit steht dabei der Fall gleich, dass die landgerichtliche Vollstreckbarkeitsentscheidung aufgrund nachträglicher, erst im Anschluss an den Schluss der erstinstanzlichen Verhandlung eingetretener Umstände unzutreffend geworden ist.[168] Ein darüberhinausgehender Anwendungsbereich kommt der Vorschrift des § 718 ZPO demgegenüber grundsätzlich nicht zu. Sie gestattet es einer Partei insbesondere nicht, erstmals im Berufungsrechtszug einen *streitigen* Sachverhalt vorzutragen, der bereits dem Landgericht hätte unterbreitet werden können, und gestützt hierauf eine Erhöhung oder Ermäßigung der festgesetzten Sicherheitsleistung zu verlangen.[169] Unstreitiges ist hingegen – wie immer im

---

164 Zum Streitstand vgl OLG Frankfurt/Main, MDR 2009, 229.
165 AA: OLG Karlsruhe, Urteil v 10.5.2017 – 6 U 169/16.
166 OLG Düsseldorf, Urteil v 5.7.2012 – I-2 U 127/10.
167 OLG Karlsruhe, Urteil v 10.5.2017 – 6 U 169/16.
168 OLG Düsseldorf, InstGE 9, 47 – Zahnimplantat; OLG Hamm, OLG-Report 1995, 264; OLG Koblenz, RPfl 2004, 509.
169 OLG Düsseldorf, InstGE 9, 47 – Zahnimplantat; OLG Karlsruhe, Mitt 2018, 294 – Präklusion neuen Sachvortrags bei Antrag auf Erhöhung der Sicherheitsleistung; aA: OLG Köln, GRUR 2000, 253 – Anhebung der Sicherheitsleistung.

Berufungsverfahren – zu berücksichtigen, wobei es für die Differenzierung zwischen »**streitig**« und »**unstreitig**« nicht auf das exakte Zahlenmaterial ankommt, wenn unbestreitbar oder gerichtsbekannt ist, dass jedenfalls Vollstreckungsschäden in einer bestimmten Größenordnung drohen, die ersichtlich außer Verhältnis zur angeordneten Sicherheitsleistung stehen. Maßgeblich sind allein Schäden der Prozesspartei, nicht solche von Dritten.[170]

– Im Vorabentscheidungsverfahren nach § 718 verbietet sich jede Prognose über die Erfolgsaussichten der Berufung.[171]   92

Für die Berechnung des durch die Sicherheitsleistung abzudeckenden Vollstreckungsschadens[172] ist deshalb zu unterstellen, dass der vollstreckbare erstinstanzliche Urteilsausspruch zutrifft.[173] So lange nicht tatsächlich eine Beweiserhebung angeordnet oder eine Aussetzung des Verletzungsrechtsstreits beschlossen ist, kann ein Vollstreckungsschaden nicht mit der Erwägung begründet werden, das Berufungsgericht werde – anders als das LG – ein Sachverständigengutachten einzuholen und/oder das Verfahren auszusetzen haben.[174] Berechnungsrelevant ist vielmehr nur der **Zeitraum bis zur Berufungsverhandlung** zuzüglich einer üblichen Spruchfrist (von 3 bis 4 Wochen), weil zunächst davon auszugehen ist, dass es im Anschluss an die Berufungsverhandlung zu einer Endentscheidung kommt, sodass von da an etwaige Vollstreckungsmaßnahmen nicht mehr auf der Vollstreckbarkeitserklärung im landgerichtlichen Urteil beruhen. Verzögert sich das Berufungsverfahren später erwartungswidrig in einer solchen Weise, dass die vom Landgericht festgesetzte oder die nach § 718 ZPO anderweitig bestimmte Sicherheit nicht mehr ausreicht, kann mit einem ersten/abermaligen Antrag eine (ggf weitere) Erhöhung der Vollstreckungssicherheit entsprechend der jetzt gültigen Prognose zur Dauer des Berufungsverfahrens begehrt werden.   93

Außer Betracht zu bleiben hat ferner derjenige Zeitraum, während dessen der Kläger tatsächlich keine Vollstreckungsmaßnahmen betrieben hat und der Beklagte infolgedessen – trotz des vorläufig vollstreckbaren Urteils – ungehindert am Markt tätig war.[175]   94

– Zur **Berechnung des** aus einer befolgten Unterlassungsanordnung drohenden **Vollstreckungsschadens** ist nicht der bereits entgangene und künftig mutmaßlich noch entgehende *Umsatz* maßgeblich, weil der Schuldner im Falle einer dem Unterlassungsgebot genügenden Marktabstinenz zugleich auch die Kosten für Herstellung und Vertrieb der Verletzungsprodukte einspart. Es kommt deswegen auf den infolge der Unterlassung entgehenden **Gewinn** an, wobei gleichgültig ist, ob dieser innerhalb eines Konzerns auch steuerrechtlich beim Vollstreckungsschuldner verbleibt. Berücksichtigungsfähig ist ein dem Schuldner drohender Vermögensnachteil vielmehr auch dann, wenn seine Gewinne (zB aufgrund eines Gewinnabführungsvertrages oder dergleichen) zu einem anderen Tochter- oder Schwesterunternehmen verschoben werden.   95

Soweit eine **Umgehungslösung** nach dem unstreitigen oder zu Tage liegenden Sachverhalt objektiv möglich und dem konkreten Schuldner nach den bei ihm gegebenen   96

---

170 OLG Karlsruhe, GRUR-RR 2019, 405 – Drucker.
171 KG, MDR 2009, 165.
172 Maßgeblich ist nicht der infolge der Vertriebseinstellung entgehende Umsatz, sondern der infolgedessen entgehende Gewinn (OLG Düsseldorf, GRUR-RR 2012, 304 – Höhe des Vollstreckungsschadens).
173 OLG Düsseldorf, InstGE 9, 47 – Zahnimplantat.
174 OLG Düsseldorf, InstGE 9, 47 – Zahnimplantat.
175 OLG Düsseldorf, InstGE 9, 47 – Zahnimplantat.

Möglichkeiten unter dem Gesichtspunkt der Pflicht zur Schadensminderung auch abzuverlangen ist, hat für die Gewinnberechnung nur derjenige Zeitraum Bedeutung, der – allerdings *großzügig* kalkuliert – erforderlich ist, um die Umgehung bis zur Marktreife zu entwickeln und ggf bei den Kunden einzuführen.[176] Denn der durch die Sicherheitsleistung abzudeckende Vollstreckungsschaden ist derjenige, der nach Maßgabe der einschlägigen Haftungsnormen (namentlich § 717 ZPO) ersatzfähig wäre, wenn das vollstreckbare Urteil im weiteren Instanzenzug keinen Bestand hat, und das sind nur solche Schäden, die ohne Verstoß gegen die Obliegenheit des Schuldners zur Abwendung/Minimierung des Schadens (§ 254 Abs 2 BGB) eingetreten sind. In prozessualer Hinsicht ist allerdings zu beachten, dass das Verfahren zur Bestimmung der Vollstreckungssicherheit nicht dazu da ist, die Haftungsfrage einschließlich eines etwaigen Mitverschuldens des Vollstreckungsschuldners im Detail und abschließend zu beleuchten. Da es nur um die Ermittlung einer mutmaßlich ausreichenden Zugriffsmasse für den Fall eines ersatzfähigen Vollstreckungsschadens geht, sind nur solche Minderungs- und Abwendungssachverhalte beachtlich, die im Verfahren nach § 718 ZPO hinreichend liquide sind, wobei die Darlegungslast auf Seiten des Vollstreckungsgläubigers liegt, dem der Mitverschuldenseinwand wegen der mit ihm verbundenen Herabsetzung der an sich geschuldeten vollen Schadenersatzsumme zugutekommt.

97 Demgegenüber kann ein Vollstreckungsschaden nicht mit dem Hinweis darauf verneint werden, der Schuldner sei für sein Produkt **auf eine Benutzung des** dem Titel zugrunde liegenden **Klagepatents** überhaupt **nicht angewiesen**, weshalb er auf eine solche Benutzung schlicht verzichten könne, womit wiederum aus einer Vollstreckungsmaßnahme keinerlei Gewinneinbußen drohten. Eine solche Argumentation liefe auf das Ansinnen an den Schuldner hinaus, jeden Vollstreckungsanlass zu unterlassen. Das widerspricht jedoch schon im Ansatz dem Gedanken der Vollstreckungssicherheit, der gerade auf der Überlegung beruht, dass es zu einer Vollstreckung des erstrittenen Urteils kommt und dass der vollstreckende Gläubiger für den Fall, dass der Titel später zu seinem Nachteil abgeändert wird, für die durch die unternommene Vollstreckung verursachten Schäden eine Haftungssumme als Zugriffsobjekt für den geschädigten Schuldner bereitzustellen hat.

Praxistipp	Formulierungsbeispiel

98 Da die Sicherheitsleistung im Allgemeinen dem Streitwert entspricht, hat eine Erhöhung der ersteren im Zweifel auch eine Heraufsetzung des Streitwertes – und zwar für die I. und die II. Instanz – zur Folge, was bei einem Antrag nach § 718 ZPO bedacht werden sollte. Dass der Streitwert angehoben wird, ist selbst dann höchstwahrscheinlich, wenn der Antrag nach § 718 ZPO erfolglos bleibt. Denn während es für die Vollstreckungssicherheit nur auf den mutmaßlichen Vollstreckungsschaden im kurzen Zeitraum bis zur Berufungsverhandlung und der sich daran anschließenden Verkündung der Berufungsentscheidung ankommt, weil mit ihr eine eigene, neue Vollstreckungsgrundlage geschaffen wird, und darüber hinaus nicht vollstreckbare Teile des Urteilsausspruchs (wie der Feststellungstenor) außer Betracht zu bleiben haben, fallen für die Streitwertbemessung sämtliche Klageansprüche und der gesamte Zeitraum bis zum regulären Ende der Patentlaufzeit ins Gewicht.[177]

---

176 Hinzu kommen ggf Kosten für die Entwicklung und Markteinführung der Umgehungslösung.
177 OLG Düsseldorf, GRUR-RR 2012, 304 – Höhe des Vollstreckungsschadens; OLG Düsseldorf, Urteil v 8.3.2012 – I-2 U 65/11.

Der **Tenor** eines dem Antrag nach § 718 ZPO **stattgebenden Teilurteils** lautet beispielsweise:

1. Wenn der Rechtsmittelführer den Antrag nach § 718 ZPO gestellt hat:

Praxistipp	Formulierungsbeispiel
Auf die Berufung des Beklagten wird das am ... verkündete Urteil der ... Zivilkammer des Landgerichts Düsseldorf (AZ: ...) im Ausspruch über die vorläufige Vollstreckbarkeit dahingehend abgeändert, dass die von der Klägerin zu erbringende Sicherheit ... € beträgt.	

2. Wenn der Antragsteller nicht der Rechtsmittelführer ist:

Praxistipp	Formulierungsbeispiel
Auf den Antrag der Klägerin/Beklagten wird das am ... verkündete Urteil der ... Zivilkammer des Landgerichts Düsseldorf (AZ: ...) im Ausspruch über die vorläufige Vollstreckbarkeit dahingehend abgeändert, dass die von der Klägerin zu erbringende Sicherheit ... € beträgt.	

Bleibt der **Antrag** nach § 718 ZPO **erfolglos**, lautet der **Tenor** wie folgt:

1. Wenn der Antragsteller der Rechtsmittelführer ist:

Praxistipp	Formulierungsbeispiel
Die Berufung gegen das am ... verkündete Urteil der ... Zivilkammer des Landgerichts Düsseldorf (AZ: ...) wird, soweit sie den Ausspruch zur vorläufigen Vollstreckbarkeit betrifft, zurückgewiesen.[178]	

2. Wenn der Antragsteller nicht der Rechtsmittelführer ist:

Praxistipp	Formulierungsbeispiel
Der Antrag der ... vom ..., die im Urteil der ... Zivilkammer des Landgerichts Düsseldorf vom ... angeordnete Vollstreckungssicherheit auf ... € festzusetzen, wird zurückgewiesen.	

Wurde die Entscheidung über die vorläufige Vollstreckbarkeit im landgerichtlichen Urteil übergangen, stehen zwei Rechtsbehelfe zur Verfügung: Zunächst kann gemäß **§ 716 ZPO** innerhalb einer Notfrist von 2 Wochen seit Zustellung des unvollständigen Urteils um eine Urteilsergänzung nachgesucht werden; weil die Unvollständigkeit zu einer sachlichen Unrichtigkeit des landgerichtlichen Urteils in Bezug auf den Ausspruch zur vorläufigen Vollstreckbarkeit führt, kann außerhalb der Zwei-Wochen-Frist nach

---

178 OLG Düsseldorf, GRUR-RR 2012, 304 – Höhe des Vollstreckungsschadens.

§ 718 ZPO vorgegangen werden.[179] Die Vorschrift ist selbstverständlich auch einschlägig, wenn geltend gemacht werden soll, dass die gemäß § 716 ZPO nachgeholte Vollstreckbarkeitsentscheidung des Landgerichts unrichtig sei.

5. Rückgabe der Sicherheit

110 Im Nachhinein kann der **Anlass** für die geleistete Sicherheit **wegfallen** (zB dadurch, dass das ihrer Anordnung zugrundeliegende Urteil aufgehoben wird). In diesem Zusammenhang sind zwei Sachverhaltskonstellationen grundsätzlich auseinanderzuhalten:

111 – Handelt es sich um eine Vollstreckungssicherheit, die aufgrund der §§ 709, 711, 712 Abs 2 Satz 2 ZPO geleistet worden ist und fällt der Sicherungsanlass für sie dadurch weg, dass das für vorläufig erklärte Urteil rechtskräftig geworden ist, so kann die geleistete Sicherheit im besonders vereinfachten Verfahren des § 715 ZPO zurückverlangt werden.

112 – Stattdessen kann auch nach § 109 ZPO vorgegangen werden; ein Weg, der in anderen Konstellationen als denen des § 715 ZPO ausschließlich zur Verfügung steht.

113 Für ihn gilt Folgendes: Kann dem Schuldner durch die Vollstreckung des aufgehobenen Urteils ein Vollstreckungsschaden entstanden sein, für den die Sicherheit haftet, kommt es darauf an, ob der Beklagte seinen Schaden bereits – vollständig – beziffern kann. Ist dies nicht der Fall, kommt ein Verfahren nach § 109 ZPO nicht in Betracht und ein etwaiger Rückgabeantrag ist zurückzuweisen, weil dem Schuldner unter den besagten Umständen die Sicherheit weiterhin zur Verfügung bleiben muss und eine Frist zur Klageerhebung daran scheitert, dass sie dem Schuldner derzeit (mangels Bezifferbarkeit seines Schadens) nicht zumutbar ist.[180] Kann der Vollstreckungsschaden abschließend beziffert werden, muss der Beklagte Schadenersatzklage erheben, anderenfalls ihm hierzu nach § 109 ZPO eine Frist gesetzt werden kann.[181] Wird oder ist eine Klage erhoben, bleibt die Sicherheit bestehen, so lange der Haftungsprozess andauert. Das mit dem Antrag nach § 109 ZPO befasste Gericht hat sich dabei nicht mit den Erfolgsaussichten der Haftungsklage zu befassen.[182] Eine Ausnahme wird nur für solche Rechtsverfolgungen zu machen sein, die sich schon bei summarischer Prüfung als ganz offensichtlich unberechtigt und aussichtslos erweisen.

Praxistipp	Formulierungsbeispiel

114 Tendenziell besteht nach allem die Gefahr, dass auf eine Vollstreckungssicherheit vom Gläubiger über längere Zeit hinweg nicht mehr zurückgegriffen werden kann. Wird die Sicherheit durch Hinterlegung von Geld geleistet, bedeutet dies einen entsprechenden Liquiditätsverlust, der im ungünstigsten Fall mehrere Jahre anhalten kann. In Anbetracht dessen kann ist es im Zweifel ratsam, eine Sicherheit nicht durch die Hinterlegung von Geld, sondern durch eine **Bankbürgschaft** zu erbringen, zumal die dadurch entstehenden Bürgschaftsgebühren als Kosten der Zwangsvollstreckung nach § 788 ZPO erstattungsfähig sind. Führt das Bürgschaftsprozedere zu einer zeitlichen Verzögerung, die im Interesse einer sofortigen Zwangsvollstreckung des Urteils nicht gewollt ist, so besteht die – allerdings mit gewissen Risiken behaftete –

---

179 OLG München, Urteil v 16.2.2012 – 6 U 4418/11.
180 OLG Düsseldorf, Beschluss v 28.2.2020 – I-2 W 2/20.
181 OLG Düsseldorf, Beschluss v 28.2.2020 – I-2 W 2/20.
182 OLG Düsseldorf, Beschluss v 28.2.2020 – I-2 W 2/20.

> strategische Möglichkeit, die **Vollstreckungssicherheit** kurzfristig zunächst durch Hinterlegung zu leisten und die (Hinterlegungs-)Sicherheit **später** (sobald die Bankbürgschaft vorliegt) gegen eine Bürgschaftssicherheit **auszutauschen**. Zu beachten ist jedoch, dass es hierzu der Zustimmung des Vollstreckungsschuldners bedarf (auf die der Gläubiger nicht setzen sollte) oder eines Sachverhaltes, bei dem dessen Weigerung gegen Treu und Glauben verstößt. Letzteres wird man umso eher annehmen können, je verlässlicher die neue Sicherheit gegenüber der ausgetauschten ist. Bei Bürgschaften spielt insoweit insbesondere die Größe und Finanzkraft des Bürgen eine wichtige Rolle, weswegen eine deutsche Großbank im Zweifel günstiger ist als eine ausländische oder kleine Bank.

§ 109 ZPO sieht ein vereinfachtes, antragsgebundenes[183] **Verfahren** zur Rückgabe der – nach der jetzigen Sachlage nicht mehr benötigten – Sicherheit vor. Das Prozedere vor dem die Sicherheitsleistung anordnenden und deshalb auch für dessen Rückgabe zuständigen Gericht ist hierbei **zweistufig**: 115

– Als erstes wird dem aus der Sicherheitsleistung Berechtigten auf Antrag eine Frist gesetzt, innerhalb derer er zugunsten des Sicherungsgebers entweder in die Rückgabe der Sicherheit an ihn einwilligen oder aber Klage wegen der abgesicherten Ansprüche erheben muss. 116

– Nach fruchtlosem Ablauf dieser Frist »hat« das Gericht – wiederum auf Antrag des Sicherungsgebers – die Rückgabe der Sicherheit anzuordnen, sofern die Klageerhebung nicht spätestens bis zum Rückgabeanspruch nachgewiesen wird. Trotz des Wortlauts – »*hat ... anzuordnen*« – geht die herrschende Meinung dahin, dass das Gericht vor einer Rückgabeanordnung den Wegfall des Anlasses für die Sicherheitsleistung erneut eigenständig zu prüfen hat. Es kann deshalb den Rückgabeantrag selbst nach bestandskräftiger Fristsetzung mit dem Argument zurückweisen, dass eine Frist überhaupt nicht hätte gesetzt werden dürfen, weil ein Anlasswegfall nicht gegeben ist.[184] 117

Wenn der Kläger gemäß § 709 ZPO Sicherheit geleistet hat, um die Vollstreckungsvoraussetzungen aus dem landgerichtlichen Urteil herbeizuführen, und anschließend der Beklagte Sicherheit leistet, um die Bedingung eines zu seinen Gunsten ergangenen **Einstellungsbeschlusses**[185] zu erfüllen, stellt sich die Frage, ob die klägerseits erbrachte Vollstreckungssicherheit gemäß **§ 109 ZPO** zurückgefordert werden kann, weil der Anlass für ihre Erbringung weggefallen ist. Würde dies angenommen und die Klägersicherheit zurückgegeben, könnte infolgedessen auch der Anlass für die Abwehrsicherheit des Beklagten entfallen, womit auch diese Sicherheit zurückzugeben wäre. Nach richtiger Ansicht greift § 109 ZPO in der vorgenannten Konstellation indessen nicht ein, weil die Abwendungssicherheitsleistung des Schuldners den Anlass für die Vollstreckungssicherheit des Gläubigers nicht beseitigt.[186] Letztere sichert nämlich auch den möglichen Schaden ab, der dem Schuldner dadurch entsteht, dass er die Abwehrsicherheit (wegen des endgültigen Ausgangs des Rechtsstreits letztlich zu Unrecht) erbracht hat. So lange die Vollstreckungssicherheit nicht zurückgefordert werden kann, muss aber auch die Abwendungssicherheit geleistet bleiben, um die Urteilsvollstreckung weiterhin zu unter- 118

---

183 Antragsberechtigt ist ausschließlich diejenige Partei, die die Sicherheit geleistet hat, aber nicht derjenige, zu dessen Gunsten die Sicherheit geleistet wurde (OLG Brandenburg, MDR 2016, 114).
184 Vgl OLG Düsseldorf, Beschluss v 10.3.2014 – I-2 W 7/14.
185 Grund kann typischerweise die erstinstanzliche Vernichtung des Klagepatents sein.
186 Zöller, § 109 ZPO Rn 3; aA: OLG Hamm, MDR 2013, 935 (analoge Anwendung des § 109 ZPO wegen Übersicherung, die dadurch eintritt, dass die Klägersicherheit nur noch die Kosten der Sicherheitsleistung zur Vollstreckungsabwendung – zB durch Bankbürgschaft = Avalzinsen – abdecken muss, der Sicherheitsbetrag des Klägers darüber aber weit hinausgehen wird).

binden. Im Ergebnis können damit die Sicherheiten beider Parteien nicht zurückgefordert werden und kann das landgerichtliche Urteil vom Kläger dennoch nicht vollstreckt werden.

119 In Betracht kommt lediglich eine **analoge Anwendung** des § 109 ZPO, die darauf beruht, dass die Erbringung der Abwendungssicherheit dazu führt, dass die vom Gläubiger geleistete Vollstreckungssicherheit zu einer unzumutbaren[187] Übersicherung des Vollstreckungsschuldners führt, weswegen die Vollstreckungssicherheit auf einen angemessenen Betrag zu reduzieren ist, der neben den Kosten für die Sicherheitsleistung (Avalzinsen, Kreditzinsen für die Beschaffung der Abwendungssicherheit einschließlich Rechtsverfolgungskosten[188]) bis zum mutmaßlichen Abschluss des Berufungsverfahrens üblicherweise nur noch bereits angefallene Kosten für vor der Einstellungsanordnung durchgeführte Vollstreckungsmaßnahmen zu berücksichtigen hat.[189] Sollte die Einstellungsanordnung später aufgehoben werden, hat der Gläubiger, wenn er die Zwangsvollstreckung betreiben will, seine Sicherheitsleistung wieder auf den vollen Betrag aufzustocken.[190]

120 Ob ein **Erstattungsanspruch** für die Kosten zur Beschaffung der Abwendungssicherheit **materiell-rechtlich besteht** (zB nach § 717 Abs 2 ZPO), ist im Rückgabeverfahren nach § 109 ZPO nicht zu prüfen.[191] Eine Rückgabe der Vollstreckungssicherheit kommt deshalb in Höhe der anderweitig eingeklagten Beibringungskosten für die Abwehrsicherheit auch dann nicht in Betracht, wenn die Verletzungsklage nach Vernichtung des Klagepatents mit Zustimmung des Beklagten zurückgenommen wurde und deswegen ein Ersatzanspruch des Beklagten gemäß § 717 Abs 2 ZPO aus Rechtsgründen ausscheidet.[192]

121 Der »Erhebung einer Klage« wegen der abgesicherten Ansprüche steht ein **Mahnbescheidsantrag** gleich, weil auch mit ihm ein gerichtliches Verfahren in Gang gesetzt wird, das geeignet ist, das Bestehen von Ansprüchen zu klären, derentwegen die zurückgeforderte Sicherheit geleistet worden ist. Ein Mahnbescheidsverfahren genügt selbst dann, wenn der Antragsteller nach erfolgtem Widerspruch durch den Sicherungsgeber den angeforderten Gerichtskostenvorschuss nicht zahlt und deshalb kein Übergang in das streitige gerichtliche Verfahren stattfindet. Denn auch der Sicherungsgeber hat – und zwar ohne Kostenvorschusspflicht – die Möglichkeit, von sich aus den Übergang in das streitige Verfahren zu beantragen.[193]

122 Ist das Verletzungsurteil gegen **mehrere Streitgenossen** ergangen, sodass die zurückgeforderte Vollstreckungssicherheit sich auf die zuerkannten Ansprüche gegen mehrere Parteien bezieht, kommt eine Anordnung nach § 109 ZPO gegen eine dieser Parteien auch dann nicht in Betracht, wenn die betreffende Partei selbst keine zu sichernden Erstattungsansprüche für sich reklamieren kann, so lange solche Ansprüche (zB zur Beibringung der Abwendungssicherheit) nur von einem der anderen sicherungsberechtigten Streitgenossen geltend gemacht und verfolgt werden.[194]

123 Der **Gegenstandswert** für ein Verfahren nach § 109 ZPO entspricht dem Betrag der Sicherheit, deren Freigabe verlangt wird.[195]

---

187 Davon kann regelmäßig keine Rede sein, wenn der Sicherheitsbetrag die vom Vollstreckungsschuldner geltend gemachten Ansprüche, für welche die Sicherheitsleistung haftet, um weniger als 20 % überschreitet (OLG Düsseldorf, Beschluss v 10.2.2014 – I-2 W 2/14).
188 OLG Düsseldorf, Beschluss v 10.2.2014 – I-2 W 2/14.
189 OLG Hamm, MDR 2013, 935.
190 OLG Hamm, MDR 2013, 935.
191 OLG Düsseldorf, Beschluss v 10.2.2014 – I-2 W 2/14.
192 OLG Düsseldorf, Beschluss v 10.2.2014 – I-2 W 2/14.
193 OLG Düsseldorf, Beschluss v 10.3.2014 – I-2 W 7/14.
194 OLG Düsseldorf, Beschluss v 10.2.2014 – I-2 W 2/14.
195 OLG Düsseldorf, Beschluss v 10.2.2014 – I-2 W 2/14.

Der **Wert einer Beschwerde** gegen eine ablehnende Entscheidung des Rechtspflegers nach § 109 ZPO entspricht dem Betrag der Sicherheit, deren Freigabe begehrt wird.[196]

124

II. Ordnungsmittelverfahren

1. Voraussetzungen und Verfahrensfragen

Handelt der Schuldner der im Urteil ausgesprochenen Unterlassungspflicht[197] *schuldhaft* zuwider[198], kann gegen ihn auf Antrag des Gläubigers ein Ordnungsgeld oder Ordnungshaft festgesetzt werden, sofern dessen Verhängung zuvor angedroht worden ist (§ 890 Abs 2 ZPO). Das Antragsrecht für die Androhung steht allein dem Kläger/Gläubiger, aber nicht dem Beklagten/Schuldner zu.[199] Abgesehen von der Existenz eines Unterlassungstitls bedarf es für § 890 Abs 2 ZPO weder eines besonderen Rechtsschutzbedürfnisses noch eines Verstoßes gegen das Unterlassungsgebot.[200]

125

Üblicherweise geschieht die Androhung bereits in der Urteilsformel, ansonsten nachträglich durch besonderen Beschluss. Sie kann nur durch einen Richter erfolgen und deswegen nicht wirksam in einen **Vergleich** aufgenommen werden, und zwar auch dann nicht, wenn dessen Zustandekommen und Inhalt gemäß § 278 Abs 6 ZPO gerichtlich festgestellt worden sind.[201] Allerdings bildet der eine Unterlassungspflicht beinhaltende Prozessvergleich einen vollwertigen Vollstreckungstitel (§ 794 Abs 1 Nr 1 ZPO), sodass Ordnungsmittel im Anschluss an dessen Zustandekommen durch Beschluss angedroht werden können, womit jede sich an die Androhung *anschließende* Zuwiderhandlung gegen die im Vergleich titulierte Unterlassungspflicht die Verhängung von Ordnungsmitteln rechtfertigt.[202] Das gleiche gilt für einen Anwaltsvergleich, in dem sich der Schuldner *»bei Meidung der (näher bezeichneten) gesetzlichen Ordnungsmittel verpflichtet hat, ein bestimmtes Verhalten zu unterlassen«*, sofern der Anwaltsvergleich den Anforderungen des § 796a ZPO (Unterwerfung des Schuldners unter die sofortige Zwangsvollstreckung, Hinterlegung des Vergleichs beim Amtsgericht) genügt.[203] Liegt die Unterlassungsverpflichtung nicht in der Form eines vollstreckbaren Titels (Prozessvergleich, Anwaltsvergleich), sondern bloß als einfache Erklärung vor, kann aus ihr keine Zwangsvollstreckung betrieben werden; die Erklärung vermittelt dem annehmenden Gläubiger lediglich einen schuldrechtlichen Anspruch, der gerichtlich eingeklagt werden muss.[204]

126

Für die Übergangszeit (Zuwiderhandlungen zwischen dem Vergleichsabschluss und der nachträglichen Ordnungsmittelandrohung) ist es Sache der Vergleichsparteien, eine Rechtsschutzlücke durch die Vereinbarung einer Vertragsstrafe zu vermeiden.[205] Eine nachträgliche Ordnungsmittelandrohung kommt ausnahmsweise nicht in Betracht, wenn die Auslegung des Vergleichs (§§ 133, 157 BGB) den übereinstimmenden Willen der Parteien ergibt, dass der Weg einer unmittelbaren Vollstreckbarkeit des abgeschlossenen

127

---

196 OLG Düsseldorf, Beschluss v 28.2.2020 – I-2 W 2/20.
197 Zur Abgrenzung von Dauerverpflichtungen zur Vornahme einer Handlung vgl OLG Schleswig, MDR 2011, 1204.
198 Die bloße Entgegennahme einer Bestellung für ein patentverletzendes Erzeugnis stellt noch keine Zuwiderhandlung gegen das Unterlassungsgebot dar (LG Düsseldorf, InstGE 1, 250 – Massenspektrometer).
199 BGH, GRUR 2018, 973 – Ordnungsmittelandrohung durch Schuldner.
200 OLG Dresden, GRUR-RS 2021, 37805 – Androhung von Ordnungsmitteln.
201 BGH, GRUR 2012, 957 – Vergleichsschluss im schriftlichen Verfahren; OLG Hamburg, MDR 2014, 1049.
202 AA: OLG Frankfurt/Main, GRUR-RR 2013, 494 – Prozessvergleich mit Vertragsstraferegelung.
203 OLG Hamburg, GRUR-RR 2014, 471 – einfache Unterlassungsverpflichtungserklärung.
204 OLG Hamburg, GRUR-RR 2014, 471 – einfache Unterlassungsverpflichtungserklärung.
205 BGH, GRUR 2012, 957 – Vergleichsschluss im schriftlichen Verfahren.

Vergleichs gerade nicht eingeschlagen werden sollte.²⁰⁶ Davon kann auszugehen sein, wenn der Vergleich in einem Unterlassungsrechtsstreit abgeschlossen wurde, die vereinbarte Unterlassungspflicht nicht vertragsstrafebewehrt ist und der Kläger im Wesentlichen die gesamten Kosten des Rechtsstreits übernommen hat. Die besagten Umstände können dafür sprechen, dass die Parteien bei Abschluss des Vergleichs nicht vom Bestehen eines gesetzlichen (mit dem Vergleich lediglich titulierten) Unterlassungsanspruchs ausgegangen sind, sondern mit dem Vergleich einen solchen Anspruch zugunsten des Klägers erstmals – vertraglich – begründen wollten.²⁰⁷

128 Das einzelne Ordnungsgeld beträgt höchstens 250.000 €²⁰⁸, die einzelne Ordnungshaft maximal sechs Monate.²⁰⁹ Eine wiederholte Verhängung als Antwort auf aufeinander folgende selbständige Zuwiderhandlungen ist möglich, bzgl der Ordnungshaft allerdings nur bis zu einer Gesamtdauer von 2 Jahren.

a) Geschäftsführer

129 Sind – wie meist – sowohl das Unternehmen als auch der für sie agierende **Geschäftsführer** zur Unterlassung verurteilt, so soll eine vom Geschäftsführer im Rahmen seiner Tätigkeit für die Gesellschaft initiierte Zuwiderhandlung die Festsetzung eines Ordnungsgeldes nur gegen das Unternehmen und nicht auch gegen den handelnden Geschäftsführer rechtfertigen.²¹⁰ Lediglich eine Ersatzordnungshaft ist gegen das schuldhaft handelnde Organ des Unternehmens anzuordnen.²¹¹ Etwas anderes (im Sinne einer – dann allerdings alleinigen – Haftung des Geschäftsführers auf Ordnungsgeld) gilt erst dann, wenn sein Handeln dem Unternehmen nicht nach § 31 BGB zurechenbar ist, weil es sich aus der Sicht eines Außenstehenden so weit vom organschaftlichen Aufgabenbereich entfernt, dass der allgemeine Rahmen der dem Geschäftsführer übertragenen Obliegenheit überschritten erscheint.²¹²

130 **Kritik:** Die Auffassung des BGH führt zu dem merkwürdigen Ergebnis, dass der nur im Rahmen seiner Tätigkeit für die GmbH patentverletzend agierende Geschäftsführer zwar täterschaftlich haftet und deswegen auch im Erkenntnisverfahren – neben der GmbH – persönlich verurteilt wird, für spätere Zuwiderhandlungen, die unter exakt denselben (täterschaftlichen) Bedingungen stattfinden, aber nicht mehr mit einem Ordnungsgeld belangt werden kann. Im Vollstreckungsverfahren bleibt damit derjenige verschont, der als Täter handelt. Das ist sachlich unangemessen.

b) Bestehende Vertragsstrafevereinbarung

131 Das Ordnungsmittelverfahren wird durch eine **Vertragsstrafevereinbarung** nicht ausgeschlossen.²¹³ Haben die Parteien eine vertragsstrafegesicherte Unterlassungsvereinbarung getroffen, so ist vielmehr – unabhängig von einer Zuwiderhandlung – eine Androhung von Ordnungsmitteln und – nach erfolgter Zuwiderhandlung – die Festsetzung von Ordnungsmitteln neben einer verwirkten Vertragsstrafe möglich. Das ist unstreitig, wenn es sich um eine außergerichtliche Unterlassungsvereinbarung handelt²¹⁴, hingegen umstritten, wenn die strafbewehrte Unterlassungspflicht auf einem gerichtlichen Vergleich

---

206 OLG Hamburg, GRUR-RR 2013, 495 – Prozessvergleich ohne Vertragsstraferegelung.
207 OLG Hamburg, GRUR-RR 2013, 495 – Prozessvergleich ohne Vertragsstraferegelung.
208 § 890 Abs 1 Satz 2 ZPO.
209 § 890 Abs 1 Satz 1 ZPO.
210 BGH, GRUR 2012, 541 – Titelschuldner im Zwangsvollstreckungsverfahren; OLG Hamburg, OLG-Report 2008, 627 – Tickethändler.
211 BGH, GRUR 2012, 541 – Titelschuldner im Zwangsvollstreckungsverfahren.
212 BGH, GRUR 2012, 541 – Titelschuldner im Zwangsvollstreckungsverfahren.
213 BGH, GRUR 2010, 355 – Testfundstelle.
214 BGH, GRUR 2010, 355 – Testfundstelle.

beruht, sodass der mit einer Ordnungsmittelandrohung versehene Vollstreckungstitel bereits selbst die Sanktionierung etwaiger Verstöße regelt.[215] Lässt man – was richtiger erscheint – auch in diesem Fall das Nebeneinander von Vertragsstrafe und Ordnungsmittel zu, ist allerdings – wegen der mindestens teilweise gleichen Zielrichtung von Ordnungsgeld und Vertragsstrafe (sic: weitere Zuwiderhandlungen zu unterbinden) – bei der Festsetzung der Vertragsstrafe eine verhängtes Ordnungsgeld zu berücksichtigen, genauso wie umgekehrt bei der Bestimmung des Ordnungsgeldes eine zuvor bereits wegen derselben Zuwiderhandlung festgesetzte Vertragsstrafe mindernd zu berücksichtigen ist.[216] Das Vorliegen eines Unterlassungsurteils, das wegen Zuwiderhandlung gegen einen vorgerichtlichen Unterlassungsverpflichtungsvertrag mit Vertragsstrafe erwirkt worden ist, gibt dem Schuldner keinen Grund, den Unterlassungsvertrag (wegen der anderweitigen Absicherung des Gläubigers) zu **kündigen**. Anderenfalls würde der abermalige Rechtsverstoß mit dem Recht belohnt, sich von einer eingegangenen vertraglichen Bindung loszusagen.

c) Allgemeine Vollstreckungsvoraussetzungen

Es müssen die Voraussetzungen jeder Zwangsvollstreckung gegeben sein, dh es bedarf eines vollstreckbaren Titels, der mit einer Vollstreckungsklausel versehen und dem Schuldner in Form einer Ausfertigung zugestellt ist.[217]

132

Praxistipp	Formulierungsbeispiel
Letzteres ist deshalb wichtig, weil seit dem 1.7.2014, soweit von Amts wegen zuzustellen ist, keine Ausfertigungen mehr Gegenstand der Zustellung sind, sondern nur noch (mindestens maschinell) beglaubigte Abschriften (§ 169 Abs 3 ZPO). Ist so verfahren worden, muss der Gläubiger vor einer Zwangsvollstreckung die Zustellung einer zur Vollstreckung benötigten Ausfertigung veranlassen. Praktische Bedeutung hat dies für Arrest- und Verfügungsurteile.	

133

Der Vollstreckungsklausel bedarf es bei einer einstweiligen Beschluss- oder Urteilsverfügung nicht[218], es sei denn, die Vollstreckung soll gegen eine andere Person als den in der Entscheidung bezeichneten Schuldner stattfinden.[219] Ebenso entbehrlich ist ein gesonderter Ausspruch zur Vollstreckbarkeit, die jeder einstweiligen Verfügung als solcher eigen ist.[220] Bei der einstweiligen Verfügung setzt die Vollstreckbarkeit mit der Vollziehung durch Parteizustellung bzw der Parteizustellung des Verfügungsurteils ein, so dass jede Zuwiderhandlung, die danach begangen wurde, sanktioniert werden kann.[221] Von Amts wegen ist zu beachten, dass eine Vollstreckung unzulässig ist, wenn die Vollziehungsfrist des § 929 Abs 2 ZPO versäumt wurde. Vor Fristablauf muss die Vollstreckung mindestens begonnen worden sein.

134

---

215 Bejahend: BGH, GRUR 2014, 909 – Ordnungsmittelandrohung nach Prozessvergleich; LG Düsseldorf, InstGE 7, 185 – Beleuchtungssystem; verneinend: OLG Frankfurt/Main, GRUR-RR 2013, 494 – Prozessvergleich mit Vertragsstraferegelung, mwN zum Streitstand. Ohne besondere Anhaltspunkte wird man in der Vereinbarung einer Vertragsstrafe als Sanktion keinen Verzicht auf die Möglichkeit staatlicher Vollstreckungsmaßnahmen sehen können.
216 BGH, GRUR 2010, 355 – Testfundstelle.
217 §§ 724, 725 ZPO.
218 §§ 936, 929 Abs 1 ZPO.
219 OLG Köln, OLG-Report 2009, 408 – Bestrafungsverfahren gegen Rechtsnachfolger.
220 BGH, GRUR 2022, 1379 – Außerstrafrechtliches Doppelahndungsverbot.
221 BGH, GRUR 2022, 1379 – Außerstrafrechtliches Doppelahndungsverbot.

d) Zuwiderhandlung

135 Die für den Vollstreckungsantrag maßgebliche Zuwiderhandlung ist vom Gläubiger zu benennen. Sie kann in der abermaligen (aktiven) Vornahme derjenigen (oder einer kerngleichen) Handlung liegen, die dem Schuldner verboten worden ist[222]; sie kann sich aber auch daraus ergeben, dass sich der Schuldner im Hinblick auf eine **fortwirkende Störungsquelle** (Bsp: Werbeauftritt im Internet, Eintragung in der Lauer-Taxe) passiv verhält, indem er dieselbe nicht auf ihm mögliche und zumutbare Weise beseitigt.[223] Denn der gerichtliche Unterlassungsausspruch beinhaltet – auch ohne ausdrückliche Erwähnung im Tenor[224] – eine Verpflichtung zur Störungsbeseitigung.[225] Sie hängt nicht von einem dahingehenden materiell rechtlichen Anspruch des Schuldners gegen den Dritten, sondern nur von dessen mindestens tatsächlicher Einwirkungsmöglichkeit auf den Dritten ab[226] und sie manifestiert sich in einem Rückruf, wenn die Störungsquelle durch den Vertrieb rechtverletzender Produkte begründet und ihre fortdauernde Existenz durch das aktuelle Vorhandensein der Verletzungsprodukte in den Vertriebswegen herbeigeführt wurde. Nach Auffassung des BGH[227] soll dies auch dann gelten, wenn es sich um rechtsverletzende Ware handelt, die sich nach einem regulären Verkauf bei einem **firmenfremden Dritten** befindet, die eigene Verantwortungssphäre des Schuldners also verlassen hat. Vorausgesetzt ist dabei, dass der Schuldner überhaupt Kenntnis von dem von ihm veranlassten Störungszustand hat und mit einem titelverletzenden Verhalten des Dritten ernstlich zu rechnen ist.[228] Die aus einem Unterlassungstitel folgende Rückrufpflicht ist in jedem Fall dadurch limitiert, dass sie – anders als der spezialgesetzliche Rückrufanspruch nach § 140a PatG – nicht generell für jedes in Verkehr gebrachte Verletzungsprodukt besteht, sondern immer nur im Rahmen des zur Unterbindung weiterer Verletzungshandlungen objektiv Erforderlichen und subjektiv Zumutbaren. Eine Pflicht zum Rückruf auf Basis eines Unterlassungstitels kommt daher nicht in Betracht, wenn ein Weitervertrieb der Verletzungsprodukte durch den dritten Abnehmer, dem mit dem Rückruf entgegengewirkt werden müsste, überhaupt nicht konkret zu befürchten steht.[229] So liegt der Fall auch dann, wenn der Schuldner an den Endabnehmer geliefert hat, der somit Adressat des Rückrufs wäre.[230] Gleiches gilt aus Gründen mangelnder Zumutbarkeit, wenn sich ein Rückruf mit Rücksicht auf eine laufende Geschäftsbeziehung des Schuldners mit dem Abnehmer aufgrund besonderer Umstände verbietet.[231] Was »erforderlich« und »zumutbar« ist, darf im Zwangsvollstreckungsverfahren geklärt werden, wenn sich die Parteien hierzu nicht bereits im Erkenntnisverfahren ausgetauscht haben.[232] Der Rückruf muss – wie bei § 140a PatG – nachdrücklich und ernsthaft sowie unter Hinweis auf den rechtsverletzenden Charakter der zurückverlangten Ware erfolgen.[233]

---

222 Was verboten ist, hat das Vollstreckungsgericht durch Auslegung des Titels zu ermitteln, wobei in Fällen einer Beschlussverfügung ohne Begründung auch die Antragsschrift heranzuziehen ist (zu Einzelheiten der Titelauslegung vgl OLG Frankfurt/Main, GRUR-RR 2018, 387 – Bettwaren »Made in Germany«, mwN).
223 Eine dahingehende Auslegung des Titels ist verfassungsrechtlich unbedenklich: BVerfG, GRUR 2022, 1089 – »Bot«-Software.
224 BGH, GRUR 2018, 292 – Produkte zur Wundversorgung.
225 BGH, GRUR 2015, 258 – CT-Paradies. Vgl dazu Ahrens, GRUR 2018, 374.
226 BGH, GRUR 2018, 292 – Produkte zur Wundversorgung.
227 Dagegen zu Recht OLG Düsseldorf, GRUR 2018, 855 – Rasierklingeneinheiten; OLG Düsseldorf, GRUR-RR 2019, 278 – Tinnitus-Präparat, aufgehoben von BGH, GRUR 2020, 548 – Diätische Tinnitusbehandlung.
228 OLG Frankfurt/Main, GRUR-RR 2018, 223 – Anruf-Linientaxi.
229 BGH, GRUR 2018, 292 – Produkte zur Wundversorgung.
230 LG Hamburg, GRUR-RR 2018, 319 – Dialysekonzentrat.
231 BGH, GRUR 2018, 292 – Produkte zur Wundversorgung.
232 BGH, GRUR 2018, 292 – Produkte zur Wundversorgung.
233 BGH, GRUR 2018, 292 – Produkte zur Wundversorgung.

Profitiert der verurteilte Verletzer wirtschaftlich nicht von dem fortwirkenden Störungszustand – wie dies in der Vertriebskette der Fall ist, vgl oben – so besteht keine Pflicht, auf einen **Dritten**, der den Störungszustand seinerseits perpetuiert, einzuwirken. Der Verurteilte hat demgemäß im Rahmen des § 890 ZPO nicht dafür einzustehen, dass ein Dritter den rechtsverletzenden Internetinhalt **selbständig** für einen Zugriff anderer unter Umständen **bereitstellt**, die den Verurteilten wirtschaftlich nicht partizipieren lassen.[234] 136

Unternimmt der Verpflichtete von sich aus hinreichende Maßnahmen zur Beseitigung der Störungsquelle, so erlischt der Beseitigungsanspruch.[235] Geschieht dies während der Tatsacheninstanzen, wird der diesbezügliche Klageantrag unbegründet und ist abzuweisen, auch wenn der Kläger eine die freiwillige Störungsbeseitigung ermöglichende lange Verfahrensdauer nicht zu vertreten hat.[236] 137

Ergibt sich die Unterlassungspflicht nicht aus einem Hauptsachetitel, sondern aus einer **einstweiligen Verfügung**, so gelten Besonderheiten wegen des grundsätzlichen Verbots einer Vorwegnahme der Hauptsache. Statt eines Rückrufs wird im Allgemeinen nur eine – selbstverständlich nachdrückliche und ernsthafte – Aufforderung an die Abnehmer geschuldet, mit Rücksicht auf das ergangene Unterlassungsgebot von einem Weitervertrieb der Verletzungsware abzusehen.[237] Anderes (im Sinne eines die Hauptsache vorwegnehmenden Rückrufs) gilt zB in Produktpirateriefällen sowie dann, wenn sich der Schuldner mit der Weiterveräußerung seiner Unterlassungspflicht entziehen will.[238] Der Pflicht, auf ein Unterbleiben des Weitervertriebs hinzuwirken, kommt der Schuldner nicht schon durch den Hinweis nach, das Produkt werde derzeit nicht vertrieben.[239] 138

Mit Blick auf **Internetwerbung** verlangt die Pflicht zur Störungsbeseitigung nicht nur, die eigene Website zu ändern oder zu löschen, sondern bedeutet darüber hinaus, Sorge dafür zu tragen, dass die verletzenden Inhalte auch über Suchmaschinenbetreiber (wie Google) nicht mehr abrufbar sind, die betreffenden Caches also gelöscht werden.[240] Dies ist zu überwachen, damit notfalls nachgefasst werden kann.[241] Besteht nach den Gesamtumständen die Gefahr, dass eine rechtverletzende **Werbung** auch nach ihrer Entfernung aus dem Werbeauftritt des Verletzers im Gedächtnis Dritter **geistig fortlebt** (zB weil sie längere Zeit als Hauptverkaufsargument benutzt wurde), so müssen als Folge einer Unterlassungsverurteilung – über die Entfernung der Werbung hinaus – die Werbungsadressaten über das ergangene Verbot informiert werden.[242] 139

Ist der Schuldner zur Ausschaltung der Störungsquelle auf die **Mithilfe eines Dritten** (zB des Herausgebers der Lauer-Taxe) angewiesen und verweigert dieser – berechtigt oder unberechtigt – seine Unterstützung, obwohl der Schuldner ihm seine Zwangsvollstreckungssituation nachdrücklich geschildert und die Bereitschaft zur eigenen Unterstützung, insbesondere Kostentragung für die durchzuführenden Beseitigungsmaßnahmen ernsthaft erklärt hat, fehlt es *insoweit* an einer sanktionsfähigen Zuwiderhandlung.[243] Anderes gilt nur dann, wenn der Schuldner ausnahmsweise eine rechtliche oder tatsächliche Handhabe besitzt, um den Dritten rechtzeitig zu der erfor- 140

---

234 BGH, Beschluss v 12.7.2018 – I ZB 86/17.
235 BGH, GRUR 2018, 423 – Klauselersetzung.
236 BGH, GRUR 2018, 423 – Klauselersetzung.
237 BGH, GRUR 2018, 292 – Produkte zur Wundversorgung.
238 BGH, GRUR 2018, 292 – Produkte zur Wundversorgung.
239 OLG Frankfurt/Main, GRUR 2018, 976 – Quarantäne-Buchung II.
240 BGH, Beschluss v 12.7.2018 – I ZB 86/17; OLG Celle, Urteil v 29.1.2015 – 13 U 58/14; OLG Stuttgart, GRUR-RS 2016, 07953; OLG Celle, GRUR-RR 2018, 46 – Wirbel um Bauschutt.
241 OLG Celle, GRUR-RR 2018, 46 – Wirbel um Bauschutt.
242 OLG Frankfurt/Main, GRUR 2018, 1085 – kennzeichnungsfrei.
243 OLG Düsseldorf, Beschluss v 21.9.2017 – I-2 W 4/17.

derlichen Mithilfe zu zwingen.²⁴⁴ Wo dies nicht der Fall ist, weil dem Schuldner die fragliche Störungsbeseitigung subjektiv unmöglich ist, kommt die Verhängung von Ordnungsmitteln auch dann nicht in Betracht, wenn die – ohnehin zwecklosen – Bemühungen vom Schuldner unzureichend (zB ohne hinreichenden Verweis auf die drohenden Vollstreckungskonsequenzen, ohne Kostenübernahmeerklärung), verspätet oder überhaupt nicht unternommen worden sind.²⁴⁵ Dass der Dritte (aus tatsächlichen oder rechtlichen Gründen) *unverrückbar* entschlossen ist, seine Mithilfe bei der Störungsbeseitigung zu verweigern, steht zur Beweislast des Schuldners. Ein Zuwiderhandlungssachverhalt kann sich unter solchen Umständen allerdings daraus ergeben, dass es der Schuldner im Anschluss an die für ihn nicht abänderliche Verweigerung des Dritten – oder, falls diese von vornherein erkennbar ist, von Anfang an – versäumt hat, die von der Quelle ausgehenden Störungen auf eine ihm mögliche Weise wenigstens zu begrenzen.²⁴⁶

141 Wegen der auch im Zwangsvollstreckungsverfahren geltenden **Dispositionsmaxime** ist das Gericht daran gehindert, ein Ordnungsmittel – gleichsam von Amts wegen – aufgrund eines Sachverhaltes zu verhängen, der sich zwar aus den mit dem Vollstreckungsantrag überreichten (Werbe-)Unterlagen ergibt, auf den der Gläubiger für sein Ordnungsmittelbegehren jedoch selbst keinen Bezug genommen hat.²⁴⁷

142 Die verfahrensrelevante Zuwiderhandlung steht zur vollen Darlegungs- und **Beweislast**²⁴⁸ des Gläubigers.²⁴⁹ Eine bloße Glaubhaftmachung (§ 294 ZPO) genügt auch dann nicht, wenn der Vollstreckungstitel eine einstweilige Verfügung ist, zu deren Erwirkung es genügt hat, die anspruchsbegründenden Tatsachen glaubhaft zu machen.²⁵⁰ Erforderlich ist daher bei einem Sachpatent die bewiesene Behauptung, dass *nach* Vorliegen der Vollstreckbarkeit des Titels ein Gegenstand mit *allen* Merkmalen des Urteilsausspruchs in der dem Schuldner verbotenen Weise benutzt (zB angeboten, in Verkehr gebracht etc) worden ist, und bei einem Verfahrenspatent die bewiesene Behauptung, dass *nach* Vorliegen der Vollstreckbarkeit des Titels *sämtliche* Schritte des dem Schuldner verbotenen Verfahrens durchgeführt worden sind.²⁵¹ Notfalls ist nach den allgemeinen Regeln des Zivilprozesses Beweis über streitige Behauptungen zu erheben. Allerdings können dem Gläubiger Darlegungs- und **Beweiserleichterungen** zugutekommen, namentlich dann, wenn sich der Schuldner auf einen Ausnahmetatbestand beruft, der das an sich als Verstoß zu bewertende Verhalten ausnahmsweise rechtfertigt (zB Erschöpfung), oder wenn sich das Vorliegen einer Zuwiderhandlung aufgrund von Indizien aufdrängt und es allein dem Schuldner möglich und/oder zumutbar ist, das Gegenteil darzutun. Hier hat der Schuldner den entsprechenden Sachvortrag zu leisten, den alsdann der Gläubiger beweismäßig auszuräumen hat oder der – im äußersten Fall – in die aufgrund der Interessenlage umgekehrte Beweislast des Schuldners fällt.²⁵²

143 Die besagten Anforderungen bereiten gewisse Schwierigkeiten, wenn dem Schuldner Angebot und Vertrieb der Verletzungsgegenstände untersagt sind und es nach Eintritt der Vollstreckungsvoraussetzungen (jedenfalls zunächst) in Erfüllung eines vorher unter-

---

244 OLG Düsseldorf, Beschluss v 21.9.2017 – I-2 W 4/17.
245 OLG Düsseldorf, Beschluss v 21.9.2017 – I-2 W 4/17.
246 OLG Düsseldorf, Beschluss v 21.9.2017 – I-2 W 4/17.
247 OLG Düsseldorf, Beschluss v 2.4.2012 – I-2 W 3/12.
248 Glaubhaftmachung (§ 294 ZPO) genügt nicht: OLG Düsseldorf, Beschluss v 22.9.2011 – I-2 W 37/11; OLG Frankfurt/Main, BeckRS 2013, 15310.
249 OLG Düsseldorf, Beschluss v 22.9.2011 – I-2 W 37/11.
250 OLG Frankfurt/Main, BeckRS 2013, 15310; OLG Schleswig, MDR 2014, 561; OLG München, GRUR-RS 2015, 05083.
251 OLG Düsseldorf, Beschluss v 22.9.2011 – I-2 W 37/11.
252 OLG Frankfurt/Main, GRUR-RR 2018, 387 – Bettwaren »Made in Germany«.

breiteten Angebotes nur zur **Lieferung einzelner Teile der** unter Patentschutz stehenden **Gesamtvorrichtung** kommt. Damit derartiges nicht sanktionslos geschehen kann, wird man in der Teillieferung (die als solche noch keine verbotene Vertriebshandlung darstellt) ein erneutes Angebot sehen müssen. Dogmatisch lässt sich dies ohne weiteres damit rechtfertigen, dass der initiierte Beginn des Liefergeschäftes abermals den Willen des Liefernden bekräftigt, die Verfügungsgewalt an der Gesamtvorrichtung zu verschaffen.

Die Zuwiderhandlung kann auch unter **Einschaltung Dritter** vorgenommen werden, zB dadurch, dass der Unterlassungsschuldner verbotene Ware an einen im Ausland ansässigen Abnehmer liefert, von dem er weiß, dass dieser die Ware schutzrechtsverletzend nach Deutschland weiterliefern will.[253] Voraussetzung ist freilich, dass die Unterstützungshandlung zu einem Zeitpunkt vorgenommen wird, zu dem das Unterlassungsurteil bereits vollstreckbar war. Wird der Bestand patentverletzender Ware vor diesem Zeitpunkt an ein (ggf sogar konzernverbundenes) Drittunternehmen veräußert, welches die Verletzungshandlungen für den Fall einer Unterlassungsverurteilung des Veräußerers fortsetzen können soll, liegt deswegen in der Überlassung der Ware keine ahndungsfähige Zuwiderhandlung, so lange der Veräußerer nicht auch noch nach Eintritt der Vollstreckungsreife fördernd Einfluss auf die Verletzungshandlungen des Erwerbers nimmt. Eine Zuwiderhandlung ist deswegen anzunehmen, wenn Verletzungsgegenstände vor Erlass des Unterlassungsurteils an einen Abnehmer geliefert worden sind und dieselben Verletzungsgegenstände nach Vorliegen der Vollstreckungsvoraussetzungen von dem belieferten Abnehmer an einen Dritten geliefert werden, sofern dem weiterliefernden Abnehmer von dem Beklagten eine Gutschrift über den Zahlungsbetrag erteilt wird.[254] Rechtlich belegt die Gutschrift eine Rückübereignung der Verletzungsgegenstände an den Schuldner und einen erneuten (vollstreckungsrechtlich relevanten) Verkauf an den Dritten in Form des **Geheißerwerbs**[255]. 144

Zur Aufklärung des Sachverhaltes ist ggf durch Zeugenvernehmung oder Sachverständigengutachten **Beweis** zu erheben. Insoweit gelten jedenfalls für die erste Instanz die allgemeinen Vorschriften des Beweisrechts. Bisher nur rudimentär behandelt ist die Frage einer Wiederholung der Beweisaufnahme durch das Beschwerdegericht.[256] 145

Die Zuwiderhandlung muss zu einem Zeitpunkt erfolgt sein, zu dem der Schuldner das Unterlassungsgebot beachten musste. Bei Beschlussverfügungen ist dies der Fall, sobald ihm die einstweilige Verfügung nebst Ordnungsmittelandrohung im Parteibetrieb zugestellt worden sind.[257] Streitig ist, ob eine die Verhängung von Ordnungsmitteln rechtfertigende Zuwiderhandlung **bei einem verkündeten und mit einer Ordnungsmittelandrohung versehenen Titel** bereits vom Zeitpunkt der Verkündung an oder erst im Anschluss an die Urteilszustellung in Betracht kommt. Herrschend wird ersteres bejaht[258] (wobei auch die Haftung nach § 945 ZPO im gleichen Moment einsetzt)[259]; die Gegenansicht ist allerdings beachtlich.[260] Unerheblich sind Zuwiderhandlungen zu einer Zeit, zu der die einstweilige Verfügung mangels wirksamer Vollziehung bereits wirkungslos geworden ist. 146

---

253 OLG Frankfurt/Main, NJOZ 2009, 2565 – Titelumgehung.
254 LG München I, Beschluss v 11.2.2022 – 21 O 8913/20.
255 Vgl dazu BGH, MDR 2016, 11; BGH, MDR 1999, 148.
256 Vgl Dötsch, MDR 2008, 893.
257 BGH, GRUR 2015, 196 – Nero.
258 BGH, GRUR 2022, 1379 – Außerstrafrechtliches Doppelahndungsverbot; OLG Düsseldorf, Beschluss v 7.6.2018 – I-2 W 13/18.
259 BGH, GRUR 2009, 890 – Ordnungsmittelandrohung.
260 Zum Meinungsstand vgl OLG Hamm, GRUR-RR 2007, 407 – Synthetisch hergestelltes Vitamin C.

147 Ist das Unterlassungsurteil nur **gegen Sicherheitsleistung vorläufig vollstreckbar** (§ 709 ZPO), stellen nur solche Handlungen einen Verstoß gegen das tenorierte Verbot dar, die begangen worden sind, nachdem der Gläubiger

148 – die Sicherheit geleistet und

149 – den Schuldner hierüber unter Beachtung von § 751 Abs 2 ZPO[261] in Kenntnis gesetzt hat[262],

150 – sofern der Gläubiger nicht ausnahmsweise erklärt, trotz herbeigeführter »Vollstreckungsreife« derzeit nicht vollstrecken zu wollen.

151 Der Schuldner kann also zunächst abwarten, bis ihm die Vollstreckungssicherheit nachgewiesen wird. Anderes gilt für zweitinstanzliche Urteile, die ohne Sicherheitsleistung vorläufig vollstreckbar sind (§ 708 Nr 10 ZPO). Sie sind bereits mit dem Augenblick ihrer Verkündung zu beachten, weswegen Verstöße von diesem Zeitpunkt an eine nach § 890 ZPO zu ahnende Zuwiderhandlung darstellen. An der Vollstreckbarkeit fehlt es allerdings in dem Zeitraum zwischen Erbringung der Abwendungssicherheit durch den Schuldner und Leisten der Vollstreckungssicherheit durch den Gläubiger.[263]

152 Wird ein zunächst nur vorläufig vollstreckbares Urteil durch **Ablauf der Rechtsmittelfrist** rechtskräftig, so begründet ab Eintritt der Rechtskraft (zzgl derjenigen Zeit, die für die notwendigen Vorkehrungen gegen einen Verstoß notwendig ist[264]) jeder Verstoß eine Zuwiderhandlung, ohne dass die Vollstreckungssicherheit geleistet werden oder der Gläubiger den Eintritt der Rechtskraft dem Schuldner zuvor anzeigen müsste.[265]

153 – Den **Schuldner** trifft in aller Regel auch ein Verschulden, wenn er **allein** durch das Verbotsurteil **beschwert** ist und daher allein Rechtsmittel einlegen kann. Bei einer solchen Konstellation kann der Schuldner den Eintritt der formellen Rechtskraft und dementsprechend den Zeitpunkt, ab dem er sich auch ohne einen ihm gegenüber erfolgten Nachweis der Sicherheitsleistung an das Unterlassungsgebot halten muss, ohne weiteres selbst bestimmen.

154 – Etwas anderes gilt dann, wenn auch dem Gläubiger wegen einer **Teilabweisung** seiner Klage die Möglichkeit zusteht, Rechtsmittel einzulegen. Da die formelle Rechtskraft erst dann eintritt, wenn das Urteil *insgesamt* mit einem ordentlichen Rechtsmittel nicht mehr angefochten werden kann (vgl § 705 ZPO), hängt der Zeitpunkt des Eintritts der Rechtskraft in einem solchen Fall maßgeblich auch davon ab, zu welchem Zeitpunkt die Rechtsmittelfrist des Gläubigers abläuft und ob der Gläubiger bis zu diesem Zeitpunkt ein entsprechendes Rechtsmittel eingelegt hat. Weil dem so ist, kann im Einzelfall das Verschulden fehlen, wenn der Schuldner im Zeitpunkt der Zuwiderhandlung trotz aller Bemühungen nicht in der Lage war zu erkennen, dass das die Grundlage der Vollstreckung bildende Urteil zwischenzeitlich in Rechtskraft erwachsen ist.[266] Hierfür bedarf es jedoch eines entsprechenden Vortrags des Schuldners, der sich abweichend von dem allgemeinen Grundsatz, dass eine in einem rechtskräftigen Urteil enthaltene Unterlassungsanordnung stets zu befolgen ist, auf ein fehlendes Verschulden beruft. Der Schuldner hat mithin im Einzelnen darzutun, welche

---

261 BGH, GRUR 2008, 1029 – Nachweis der Sicherheitsleistung. Genügend: Zustellung der Bürgschaftsurkunde durch Gerichtsvollzieher an den Schuldner persönlich, auch wenn dieser anwaltlich vertreten ist.
262 BGH, GRUR 2008, 1029 – Nachweis der Sicherheitsleistung.
263 BGH, GRUR 2017, 208 – Rückruf von RESCUE-Produkten.
264 Vgl unten Rdn 154.
265 OLG Düsseldorf, Beschluss v 7.6.2018 – I-2 W 13/18.
266 OLG Düsseldorf, Beschluss v 7.6.2018 – I-2 W 13/18.

Maßnahmen er ergriffen hat, um an die für die Feststellung der Rechtskraft erforderlichen Informationen zu gelangen. So bietet beispielsweise § 169 ZPO dem Schuldner die Möglichkeit, eine Zustellbescheinigung zu beantragen und über eine solche den für den Beginn der Berufungsfrist (§ 517 ZPO) des Gläubigers maßgeblichen Zeitpunkt der Zustellung des Urteils an den Gegner zu erfahren. Damit ist es ihm auch möglich, unmittelbar nach Ablauf der mit dieser Information leicht zu berechnenden Rechtsmittelfrist beim Rechtsmittelgericht nachzufragen, ob ein entsprechendes Rechtsmittel des Gegners fristgerecht eingelegt worden ist. Kommt der Schuldner dem nicht nach und wartet er im blinden Vertrauen auf ein Rechtsmittel des Gegners den in einem solchen Fall erforderlichen Nachweis der Sicherheitsleistung ab, handelt er auf eigenes Risiko und dementsprechend schuldhaft.

Es genügt nicht, dass der Unterlassungstitel lediglich im Zeitpunkt der Zuwiderhandlung existiert hat und in Kraft stand, dh insbesondere die Zwangsvollstreckung nicht einstweilen eingestellt war[267]; vielmehr muss der **Titel** auch **im Zeitpunkt der gerichtlichen Entscheidung** (des Landgerichts und des Beschwerdegerichts) **noch vorhanden** sein. Ist daher die vollstreckte Unterlassungsverfügung nachträglich wegen veränderter Umstände (zB aufgrund einer Beschränkung des Patents im Nichtigkeitsverfahren) aufgehoben worden (§ 927 ZPO), so ist ein vorher ergangener Ordnungsmittelbeschluss auf die Beschwerde des Schuldners hin aufzuheben.[268] Anders ist die Rechtslage, wenn der Titel (zB wegen Ablaufs der gesetzlichen Schutzdauer des zugrunde liegenden Patents) ab einem bestimmten Zeitpunkt seine Wirkung verliert.[269] Hier rechtfertigt eine vor dem Wirkungsverlust vorgenommene Zuwiderhandlung die Verhängung von Ordnungsmitteln, unabhängig davon, ob der Titel bei Einreichung des Ordnungsmittelantrages oder bei der Entscheidung über ihn noch in Kraft ist.[270] Dies folgt aus dem Umstand, dass § 890 ZPO nicht nur Beuge-, sondern ebenso Strafcharakter hat[271] und dass ansonsten die Missachtung des Titels sanktionslos wäre, weil der Verletzer im Voraus darauf spekulieren könnte, dass er den Titel während der letzten Wochen bzw Monate seiner Wirksamkeit nicht mehr zu beachten braucht, weil ein etwaiges Ordnungsgeld spätestens im Beschwerdeverfahren, während dessen der Wirkungsverlust sich eingestellt hat, aufzuheben wäre. Sobald und so lange die Zwangsvollstreckung eingestellt (und eine etwaige Schuldnersicherheit geleistet) ist, können keine sanktionsfähigen Zuwiderhandlungen mehr begangen werden, wohl aber in der Zeit davor und danach. Läuft in Bezug auf während der Vollstreckbarkeit des Titels vorgefallene Zuwiderhandlungen ein Ordnungsmittelverfahren, in dem bereits ein Ordnungsmittelbeschluss ergangen ist, so ist dessen Vollziehung mit aufzuheben und das laufende Vollstreckungsverfahren kommt faktisch zum Stillstand, bis die Einstellungsanordnung aufgehoben wird.[272]

155

Ist der Unterlassungsausspruch **mangels hinreichender Bestimmtheit** nicht vollstreckungsfähig, scheidet die Verhängung von Ordnungsmitteln nicht kategorisch aus. Vielmehr ist es zulässig, den Verbotsinhalt – unter Orientierung an der dem Titel zugrunde liegenden konkreten Verletzungshandlung – im Wege der Auslegung auf einen vollstreckungsfähigen Inhalt zu beschränken und hiergegen gegebene Verstöße zu ahnden.[273]

156

---

267 OLG Karlsruhe, JurBüro 2007, 272.
268 OLG München, InstGE 6, 55 – Rohrleitungsverdichter.
269 OLG Düsseldorf, InstGE 9, 53 – Montagehilfe für Dachflächenfenster.
270 BGH, MDR 2017, 788.
271 BVerfG, GRUR 2007, 618 – Organisationsverschulden.
272 OLG Karlsruhe, BeckRS 2014, 20367.
273 OLG Frankfurt/Main, BeckRS 2013, 15310.

e) Mehrheit von Verstößen

157 Mehrere Einzelverstöße gegen ein[274] Unterlassungsgebot können dann als Teilakte einer (einzigen) einheitlichen Tat angesehen werden, wenn sie eine **natürliche Handlungseinheit** bilden. Solches ist der Fall, wenn Verhaltensweisen in Rede stehen, die aufgrund ihres räumlich-zeitlichen Zusammenhangs so eng miteinander verbunden sind, dass sie bei natürlicher Betrachtung als ein einheitliches, zusammengehörendes Tun erscheinen.[275] Kann hingegen bei natürlicher Betrachtungsweise angenommen werden, dass der Schuldner jeweils einen neuen Entschluss zum Verstoß gegen eine titulierte Unterlassungsverpflichtung gefasst oder einen bereits gefassten Entschluss bewusst bekräftigt hat, spricht dies gegen das Vorliegen einer natürlichen Handlungseinheit und für die Annahme von mehreren Zuwiderhandlungen.[276] Selbständige und damit gesondert zu ahndende Zuwiderhandlungen liegen deswegen vor, wenn der Schuldner einen Gegenstand, dessen Vertrieb ihm untersagt worden ist, im zeitlichen Abstand mehreren Abnehmern zum Kauf anbietet. Das gilt auch dann, wenn die wiederholten Angebote auf einem zuvor einheitlich gefassten Entschluss des Schuldners beruhen, den betreffenden Gegenstand im Rahmen seines Geschäftsbetriebes bei sich bietender Gelegenheit vertreiben zu wollen.[277] Bei wiederholten Verstößen nach einem längeren Zeitraum scheidet die Zusammenfassung mehrerer Handlungen zu einer natürlichen Handlungseinheit regelmäßig aus, weil der zeitliche Abstand im Allgemeinen den Schluss rechtfertigt, dass der Entschluss zum Verstoß wiederholt bewusst bekräftigt wurde.[278] Geht es um Werbeaussagen, so spricht auch bei identischem Inhalt eine sprachliche Änderung des Wortlauts, mag sie ggf auch nur geringfügig sein, dafür, dass der Schuldner einen neuen Tatentschluss gefasst hat.[279] Eine zu einer neuen Handlung führende Zäsur wird schließlich auch dadurch hervorgerufen, dass dem Schuldner vor dem abermaligen Verstoß der Ordnungsmittelantrag des Gläubigers zugestellt wird.[280] Eine weitere zeitliche Zäsur begründet die Bekanntgabe des Ordnungsmittelbeschlusses.

158 Werden mehrere selbständige Verstöße festgestellt, können diese auch nicht unter dem Gesichtspunkt des Fortsetzungszusammenhangs zu einer rechtlich einheitlichen Tat zusammengefasst werden. Nach der Rechtsprechung des BGH[281] hat die Figur der **fortgesetzten Tat** auch im Zwangsvollstreckungsrecht keine Bedeutung mehr.[282] Vielmehr sind die durch mehrere Zuwiderhandlungen verwirkten Ordnungsgelder zu addieren; eine Gesamtstrafenbildung nach Maßgabe der §§ 53 ff StGB findet nicht statt.[283]

159 Handelt der Schuldner mit *einer* **Handlung mehreren** (nicht identischen) **Unterlassungstiteln** zuwider, weil seine Benutzungshandlung gleichzeitig von mehreren ausgeurteilten Patenten Gebrauch macht, ist grundsätzlich wegen jedes Verstoßes gegen jedes einzelne Patent ein Ordnungsmittel festzusetzen.[284] Das gilt nicht nur dann, wenn sich die Patente und die auf ihrer Grundlage erwirkten Vollstreckungstitel in der Hand unterschiedlicher Gläubiger befinden, sondern auch dann, wenn ein- und dieselbe Person alle

---

274 ... gemeint ist ein- und dasselbe.
275 BGH, GRUR 2009, 427, 428 – Mehrfachverstoß gegen Unterlassungstitel; BGH, GRUR 2021, 767 – Vermittler von Studienplätzen.
276 BGH, GRUR 2021, 767 – Vermittler von Studienplätzen.
277 LG Düsseldorf, InstGE 6, 34 – Mehrfachverstoß bei Lieferung, bestätigt durch OLG Düsseldorf, Beschluss v 24.4.2006 – I-2 W 44/05.
278 BGH, GRUR 2021, 767 – Vermittler von Studienplätzen.
279 BGH, GRUR 2021, 767 – Vermittler von Studienplätzen.
280 BGH, GRUR 2021, 767 – Vermittler von Studienplätzen.
281 BGH, GRUR 2009, 427, 428 – Mehrfachverstoß gegen Unterlassungstitel.
282 BGH, GRUR 2021, 767 – Vermittler von Studienplätzen.
283 OLG Köln, GRUR-RR 2007, 31 – Gesamtordnungsgeld.
284 BGH, GRUR 2021, 767 – Vermittler von Studienplätzen.

Schutzrechte und Titel hält.[285] Da die Sanktion für die Zuwiderhandlung insgesamt angemessen und verhältnismäßig sein muss, ist es allerdings gerechtfertigt und geboten, bei der Festsetzung jedes einzelnen Ordnungsgeldes die parallele Sanktion für die gleichzeitige Zuwiderhandlung gegen weitere Unterlassungstitel in Rechnung zu stellen.[286] Wie weit dies im Einzelfall zu einer Herabsetzung des isoliert festzusetzenden Ordnungsgeldes führt, hängt maßgeblich davon ab, ob die ausgeurteilten Schutzrechte technisch eng beieinander liegen, sodass im Grunde genommen trotz formal mehrerer Schutzrechte ein einziger technischer Gegenstand anzunehmen ist, oder aber jedes Schutzrecht einen eigenständigen technischen Aspekt, zB ein jeweils anderes Teil eines größeren Gerätes, betrifft.[287]

f) Verfahrensfragen

Zuständig für das Ordnungsmittelverfahren ist das Landgericht als Prozessgericht des ersten Rechtszuges. Handelt es sich bei dem Vollstreckungstitel (für den ein Ordnungsmittel angedroht oder wegen dessen Verletzung ein Ordnungsmittel verhängt werden soll) um eine vor einem deutschen Notar errichtete vollstreckbare Urkunde (§ 794 Abs 1 Nr 5 ZPO), so ist streitig, ob das für den Sitz des Notars zuständige Amtsgericht oder das für die Hauptsache zuständige Patent/Gebrauchsmusterstreitgericht zuständig ist.[288] 160

Das notwendige **Rechtsschutzbedürfnis** fehlt auch dann nicht, wenn der Schuldner unbekannten Aufenthalts ist und ihm deshalb bereits die im Erkenntnisverfahren zu übermittelnden Schriftstücke öffentlich zugestellt worden sind.[289] In einem solchen Fall ist es – mit Rücksicht auf die kurze Verfolgungsverjährung – nicht zu beanstanden, wenn das Gericht für die nach § 891 Satz 2 ZPO erforderliche Anhörung des Schuldners zum Ordnungsmittelantrag ebenfalls den Weg der öffentlichen Zustellung wählt. Das gilt jedenfalls dann, wenn es den Schuldner vorab über von ihm selbst benutzte elektronische Kommunikationswege (zB E-Mail) über den anhängigen Vollstreckungsantrag, die Bewilligung der öffentlichen Zustellung und die Möglichkeit der Bestellung eines Zustellungsbevollmächtigten so zeitnah informiert hat, dass vor der gerichtlichen Entscheidung nach § 890 ZPO noch eine Reaktion des Schuldners hätte erfolgen können.[290] Die Entscheidung des Landgerichts, bei der Gewährung rechtlichen Gehörs so zu verfahren, ist nicht anfechtbar.[291] 161

Umgekehrt nimmt die Möglichkeit der Vollstreckung nach § 890 ZPO auch einem **erneuten Erkenntnisverfahren** in Bezug auf den Gegenstand der Zuwiderhandlung nicht zwangsläufig das Rechtsschutzinteresse. Es besteht – mit der Folge eines Nebeneinanders von Ordnungsmittelverfahren und abermaligem Verletzungsprozess –, wenn sich bei objektiver Betrachtung darüber streiten lässt, ob das Ordnungsmittelverfahren zum Erfolg führen wird bzw eine Verjährung der Ansprüche wegen der neuerlichen Verletzung droht.[292] Anderenfalls, dh wenn das Ordnungsmittelverfahren eindeutig einschlägig ist, wird das Rechtschutzbedürfnis für eine neue Klage erst begründet, wenn der 162

---

285 OLG Düsseldorf, Beschluss v 25.9.2014 – I-15 W 22/14; OLG Düsseldorf, BeckRS 2019, 3992 – Keine Rückrufpflicht bei Unterlassungsverfügung.
286 OLG Düsseldorf, GRUR-RR 2019, 278 – Tinnitus-Präparat.
287 OLG Düsseldorf, Beschluss v 25.9.2014 – I-15 W 22/14.
288 Zum Streitstand vgl BGH, GRUR 2016, 1316 – Notarielle Unterlassungserklärung. Für AG-Zuständigkeit: OLG Köln, GRUR-RR 2014, 277 – notarielle Urkunde; OLG Düsseldorf, WRP 2015, 71; OLG München, WRP 2015, 646; für Hauptsachezuständigkeit: OLG Schleswig, BeckRS 2016, 16512; LG Paderborn, WRP 2014, 117.
289 BGH, NJW 2013, 2906 – Zwangsmittelfestsetzung.
290 OLG München, GRUR-RR 2020, 511 – Anhörung per E-Mail.
291 OLG München, GRUR-RR 2020, 511 – Anhörung per E-Mail.
292 BGH, GRUR 2011, 742 – Leistungspakete im Preisvergleich.

Gläubiger zuvor erfolglos eine Vollstreckung nach § 890 ZPO versucht hat.[293] Für das einstweilige Verfügungsverfahren soll der Maßstab ein noch großzügiger sein; hier genügt bereits, dass der Schuldner in Verkennung der Reichweite des Verbotstitels eine Zuwiderhandlung bestreitet oder der Gläubiger dies zumindest ernsthaft befürchten muss.[294]

163 Im Allgemeinen lautet der **Beschlusstenor** wie folgt:

Praxistipp	Formulierungsbeispiel
164	1. Gegen die Schuldnerin wird wegen schuldhafter Zuwiderhandlung gegen das Unterlassungsgebot im Urteil der Kammer vom ... ein Ordnungsgeld von 50.000 €, ersatzweise 1 Tag Ordnungshaft für je 2.500 €, wobei die Ordnungshaft an dem Geschäftsführer ...[295] zu vollziehen ist, festgesetzt.
	2. Die Kosten des Zwangsvollstreckungsverfahrens hat die Schuldnerin zu tragen.[296]
	3. Der Gegenstandswert für das Verfahren wird auf 125.000 €[297] festgesetzt.[298]

165 Ein Ordnungs- oder Zwangsmittel**antrag** kann nur so lange wirksam **zurückgenommen** werden wie der Ordnungs- oder Zwangsmittelbeschluss noch nicht in Rechtskraft erwachsen ist.[299] Bei wirksamer Antragsrücknahme gilt § 269 Abs 3, 4 ZPO entsprechend.[300] Scheidet eine Antragsrücknahme aus Gründen der Rechtskraft aus, kommt, sofern der zugrunde liegende Titel rückwirkend weggefallen ist, nur eine Aufhebung des Ordnungs- oder Zwangsmittelbeschlusses und eine Zurückweisung des Gläubigerantrages in entsprechender Anwendung der §§ 775 Nr 1, 776 ZPO in Betracht.[301] Möglich ist ebenfalls eine – einseitige oder übereinstimmende – **Erledigungserklärung**, die zu einem Feststellungsausspruch über die Zulässigkeit und Begründetheit des ursprünglichen Vollstreckungsbegehrens bzw zu einer Kostenentscheidung nach § 91a ZPO führt.[302]

---

293 OLG Frankfurt/Main, WRP 2014, 101 = OLG Frankfurt/Main, BeckRS 2013, 09966 – Fehlendes Rechtsschutzbedürfnis für weiteren Eilantrag.
294 OLG Frankfurt/Main, WRP 2014, 101 = OLG Frankfurt/Main, BeckRS 2013, 09966 – Fehlendes Rechtsschutzbedürfnis für weiteren Eilantrag.
295 Der betreffende Geschäftsführer ist namentlich zu bezeichnen; bei mehreren Vertretungsorganen steht dem Gläubiger das Wahlrecht zu, was bedingt, dass er sich dazu erklärt, gegen welchen der gesetzlichen Vertreter eine Ordnungshaft vollstreckt werden soll.
296 Richtet sich der Antrag gegen mehrere Schuldner, liegen mehrere, der Zahl der Schuldner entsprechende selbständige Vollstreckungsverfahren vor mit der Folge, dass in Bezug auf jeden von ihnen ein gesonderter Gegenstandswert festzusetzen ist und in Bezug auf jeden Schuldner eine eigene Kostenentscheidung ergeht (OLG Düsseldorf, Beschluss v 4.11.2020 – I-2 W 20/20).
297 Da mit dem Ordnungsmittelantrag der Anspruch auf Unterlassung durchgesetzt werden soll, orientiert sich der Gegenstandswert an demjenigen Teil des Streitwertes im Erkenntnisverfahren, der auf den Unterlassungsanspruch entfällt. Im Allgemeinen ist dies 3/4 des im Erkenntnisverfahren festgesetzten Gesamtstreitwertes. Dem Umstand, dass Gegenstand des Ordnungsmittelverfahrens nur einzelne Zuwiderhandlungen sind, ist dadurch Rechnung zu tragen, dass der Wert des Unterlassungsanspruchs mit einem Bruchteil von 1/3 in Ansatz gebracht wird.
298 Da die Gerichtsgebühren in erster und zweiter Instanz Festgebühren sind (KV-GKG Nr 2111, 2121), kommt eine Streitwertfestsetzung nur auf Parteiantrag – und nicht von Amts wegen – infrage; vgl unten Rdn 175.
299 OLG Düsseldorf, InstGE 9, 56 – Rücknahme des Ordnungsmittelantrages.
300 OLG Düsseldorf, InstGE 9, 56 – Rücknahme des Ordnungsmittelantrages.
301 OLG Düsseldorf, InstGE 9, 56 – Rücknahme des Ordnungsmittelantrages.
302 OLG Stuttgart, MDR 2010, 1078.

Die **Vollstreckung** des Ordnungsgeldes und der Ordnungshaft geschieht, nachdem sie 166
festgesetzt worden sind, ohne Zutun des Gläubigers von Amts wegen durch den Rechtspfleger des Prozessgerichts. Die Rechtsgrundlage bilden die Bestimmungen der Justizbeitreibungsordnung, die für die Vollstreckungsmaßnahmen in weitem Umfang auf die ZPO verweist.[303]

Praxistipp	Formulierungsbeispiel

Hat der **Schuldner** seinen Geschäftssitz **im Ausland** und verfügt er im Inland über kein der 167
Zwangsvollstreckung unterworfenes Vermögen, scheitert eine Beitreibung des festgesetzten Ordnungsgeldes oft aus tatsächlichen Gründen. Sie wird jedoch dann möglich, wenn sich der Schuldner (zB als Aussteller einer Fachmesse) im Inland aufhält. Unter solchen Umständen wird beispielsweise sein Messestand taugliches Vollstreckungsobjekt, oder eine Taschenpfändung möglich. Da das Gericht in aller Regel keine Kenntnisse über den inländischen Aufenthalt des Schuldners haben wird, liegt es im Interesse des – hierüber vielfach besser informierten – Gläubigers, das Gericht beizeiten entsprechend zu informieren.

Das Ordnungsgeld fließt – wie das Zwangsgeld – der Landeskasse zu. 168

Wird der **Vollstreckungstitel** später (zB im Rechtsmittelzug oder in einem Restitutions- 169
verfahren) **aufgehoben**, so ist ein gezahltes Ordnungsgeld zurückzuzahlen (§ 812 BGB). Das gleiche gilt, wenn die Rechtshängigkeit nach Erlass des Urteils durch Klagerücknahme beseitigt wird. Voraussetzung für die Erstattung ist allerdings, dass zunächst auch der betreffende Ordnungsmittelbeschluss aufgehoben wird, was auf Antrag des Schuldners gemäß §§ 775 f ZPO geschieht.[304]

Genauso wie der Zwangsmittelbeschluss ist auch der Beschluss über die Festsetzung 170
eines Ordnungsmittels binnen zwei Wochen nach Zustellung mit der sofortigen Beschwerde anfechtbar (§§ 793, 567 ff ZPO). Sie kann allerdings nicht isoliert gegen die Kostenentscheidung gerichtet werden (§ 99 Abs 1 ZPO), etwa mit dem Argument, das LG habe keine Kostenquote zum Nachteil des Gläubigers auswerfen dürfen, weil es letztlich zur Verhängung eines – wie beantragt – empfindlichen Ordnungsgeldes gekommen sei, auch wenn einzelne der behaupteten Zuwiderhandlungen nicht feststellbar gewesen sind.[305] Die Beschwerde hat gemäß § 570 Abs 1 ZPO **aufschiebende Wirkung**, dh sie blockiert die Vollstreckung des festgesetzten Ordnungsmittels.[306] Ein förmlicher Aussetzungsbeschluss ist weder erforderlich noch (mangels Rechtsschutzbedürfnisses) zulässig.[307] Zunächst hat das Landgericht darüber zu entscheiden, ob es der Beschwerde abhilft (§ 572 ZPO[308]); geschieht dies nicht, hat es die Sache dem OLG zur Entscheidung über die Beschwerde vorzulegen. Behält sich der Beschwerdeführer in der Beschwerdeschrift ausdrücklich eine Begründung seines Rechtsmittels in einem gesonderten Schriftsatz vor, so darf das LG seine Nichtabhilfeentscheidung nicht allein auf die fehlende

---

303 § 6 Abs 1 Nr 1 JBeitrO.
304 Mit dem Aufhebungsbeschluss ist – sofern der Gläubiger den Ordnungsmittelantrag nicht zurücknimmt – zugleich der Antrag auf Verhängung von Ordnungsmitteln zurückzuweisen; außerdem sind die Kosten des Vollstreckungsverfahrens dem Gläubiger aufzuerlegen (OLG Düsseldorf, Beschluss v 20.5.2014 – I-2 UH 1/14).
305 OLG Düsseldorf, Beschluss v 10.6.2013 – I-2 W 22/13.
306 BGH, GRUR 2012, 427 – Aufschiebende Wirkung; OLG Frankfurt/Main, InstGE 9, 301 – aufschiebende Wirkung; LG München I, Beschluss v 15.7.2008 – 20 T 11 594/08; OLG Düsseldorf, Beschluss v 12.11.2008 – I-2 W 63/08; aA: OLG Köln, NJW-RR 2003, 716.
307 BGH, GRUR 2021, 1556 – Erzwingungshaft.
308 Zu Einzelheiten des Abhilfeverfahrens vgl Schmidt, MDR 2010, 725.

Beschwerdebegründung stützen. Vielmehr hat es dem Beschwerdeführer entweder eine abschließende Begründungsfrist zu setzen oder ihm anzukündigen, dass demnächst eine Nichtabhilfeentscheidung ergehen werde.[309] Wird die Rechtsbeschwerde vom OLG zugelassen, so hat auch die daraufhin eingelegte Rechtsbeschwerde für die Dauer ihrer Anhängigkeit aufschiebende Wirkung (§§ 575 Abs 5, 570 Abs 1 ZPO).

171 Entscheidet das Gericht – wie üblicherweise – im schriftlichen Beschwerdeverfahren, so ist es nicht verpflichtet, den Beteiligten Äußerungsfristen (zB für die Beschwerdebegründung) zu setzen oder einen beabsichtigten Termin zur Beschlussfassung mitzuteilen.[310] In der Praxis ist derartiges zwar gebräuchlich und, um klare Verhältnisse zu schaffen, auch ausgesprochen sinnvoll; für die Gewährung **rechtlichen Gehörs** ist es jedoch lediglich geboten, dass für die Verfahrensbeteiligten die Möglichkeit besteht, sich gegenüber dem Gericht vor der Entscheidung zum Streitstoff zu äußern.[311] Hat der Beschwerdeführer mit der Beschwerdeeinlegung eine Beschwerdebegründung angekündigt und mit einem weiteren Schriftsatz um Mitteilung gebeten, bis wann die Beschwerdebegründung eingereicht werden kann, und will das Gericht dieser Bitte nach den gesamten Umständen (dh dem objektiven äußeren Anschein) nachkommen, so darf eine gerichtliche Entscheidung nicht allein aufgrund des Zeitablaufs seit der Beschwerdeeinlegung getroffen werden. Vielmehr kann der Beschwerdeführer davon ausgehen, dass er (sei es durch eine Schriftsatzfrist, die Mitteilung eines Entscheidungszeitpunktes oder dergleichen) angemessen[312] Gelegenheit erhalten wird, sein Rechtsmittel vor einer gerichtlichen Entscheidung zu begründen.[313] Eine Verletzung des rechtlichen Gehörs liegt ferner vor, wenn das Gericht (oder eines seiner Mitglieder) einseitige Gespräche mit dem Verfahrensgegner führt, ohne dass alle anderen Beteiligten von dem Gesprächsinhalt unterrichtet werden.[314]

172 Im Beschwerdeverfahren (zu dem das Nichtabhilfeverfahren gehört) ist eine Verböserung (**reformatio in peius**) zu Lasten des Rechtsmittelführers unzulässig.[315] Sie liegt nicht nur bei einer Erhöhung des Ordnungsgeldes vor, sondern auch dann, wenn das ursprünglich verhängte Ordnungsgeld gleich bleibt, dieses jedoch angesichts der Schuldnerbeschwerde nur noch auf einen Teil der herangezogenen Zuwiderhandlungen gestützt wird mit der Erwägung, dass das zunächst verhängte Ordnungsgeld zu gering bemessen gewesen sei. Gleiches gilt, wenn das Verhältnis zwischen Ordnungsgeldbetrag und Ersatzordnungshaft zu Lasten des Schuldners verschoben wird.[316] Die Beachtung des Verböserungsverbotes verlangt in Fällen, in denen das Landgericht mehrere Zuwiderhandlungen angenommen hat, dass es für jede Einzelhandlung einen Ordnungsgeldbetrag ausweist. Geschieht dies nicht und kommt das Beschwerdegericht zu der Auffassung, das nur einzelne Tathandlungen als Zuwiderhandlung aufzufassen sind, andere hingegen nicht, so ist der Ordnungsgeldbeschluss im Strafmaß aufzuheben und die Sache insoweit zurückzuverweisen, weil für das Beschwerdegericht nicht erkennbar ist, welcher Ordnungsgeldanteil auf die bestätigte Zuwiderhandlung entfällt, der nicht verbösert werden

---

309 OLG Düsseldorf, MDR 2014, 1410.
310 BGH, GRUR 2022, 189 – Heizkörperdesign.
311 BGH, GRUR 2022, 189 – Heizkörperdesign.
312 Die Frist muss zwar nicht unbedingt eine erstmalige Er- und Ausarbeitung der Beschwerdebegründung ermöglichen, sie muss dem Verfahrensbeteiligten aber die faire Chance bieten, sein Rechtsmittel mit der gebotenen Eile zu rechtfertigen. Je langmütiger das Gericht in der Vergangenheit seit der Rechtsmitteleinlegung war, umso weniger besteht danach ohne das Vorliegen besonderer Gründe Anlass für eine übertriebene Eile.
313 BGH, GRUR 2022, 189 – Heizkörperdesign.
314 BGH, GRUR 2022, 189 – Heizkörperdesign.
315 OLG Düsseldorf, Beschluss v 31.5.2012 – I-2 W 14/12.
316 BGH, GRUR 2017, 318 – »Dügida«.

darf.³¹⁷ Anderes gilt nur dann, wenn der Gläubiger ebenfalls Beschwerde zur Höhe eingelegt hat.

Sofern die sofortige Beschwerde nur teilweise zurückgewiesen wird, zu einem Teil also Erfolg hat, besteht für das Beschwerdegericht die Möglichkeit, von einer **Erhebung der Gerichtsgebühr** entweder ganz **abzusehen** oder die Gebühr bis maximal zur Hälfte **zu ermäßigen** (KV Nr 2121 zum GKG). Es handelt sich um eine Ermessensentscheidung, von der Gebrauch gemacht werden sollte, wenn sich das Rechtsmittel aufgrund des bereits dem Landgericht unterbreiteten Sach- und Streitstandes weitestgehend als berechtigt erweist, sodass bei zutreffender Sachbehandlung schon das Landgericht die Beschwerdeentscheidung hätte treffen müssen. 173

Praxistipp	Formulierungsbeispiel
Nach Verhängung eines Ordnungsgeldes kann in Betracht kommen, dass sich der Gläubiger die Rücknahme seines Ordnungsmittelantrages vom Schuldner gegen ein im Vergleich zum Ordnungsgeld geringeres Entgelt »abkaufen« lässt, wovon beide finanziell profitieren würden: Der Schuldner hätte weniger zu zahlen, der Gläubiger käme selbst in den Genuss einer Zahlung. Anders als im Lauterkeitsrecht³¹⁸ bestehen gegen eine solche Abmachung keine prinzipiellen rechtlichen Bedenken.	

174

Eine **Streitwertfestsetzung** kommt nur auf Antrag einer Partei, aber nicht von Amts wegen in Betracht.³¹⁹ Der Grund liegt darin, dass die Gerichtsgebühren nach Festbeträgen berechnet werden³²⁰ und somit – anders als die Anwaltsgebühren – unabhängig vom Gegenstandswert sind. Eine dennoch erfolgte Streitwertfestsetzung ist auf Beschwerde hin aufzuheben.³²¹ Ein zureichender Festsetzungsantrag liegt noch nicht in der Bitte um Wertfestsetzung; vielmehr hat die Partei darüber hinaus mitzuteilen, welchen Gegenstandswert sie anstrebt und für welche Anwaltsgebühr die Festsetzung erforderlich sein soll.³²² 175

2. Verschulden

Wegen des Strafcharakters des Ordnungsmittels setzt dessen Verhängung – im Gegensatz zum Zwangsmittel – ein wenigstens fahrlässiges Verschulden des Schuldners oder seines gesetzlichen Vertreters voraus.³²³ Ein solches kann namentlich darin liegen, dass versäumt worden ist, innerhalb des Geschäftsbetriebes diejenigen Vorkehrungen zu treffen und diejenigen Überwachungsmaßnahmen durchzuführen, die sicherstellen, dass das Unterlassungsgebot künftig befolgt wird (sog **Organisations- und Überwachungsverschulden**). Die Sorgfaltsanforderungen sind insoweit außerordentlich streng und sie gelten unabhängig von der Unternehmensgröße des Vollstreckungsschuldners³²⁴. Die erforderlichen Maßnahmen sind nach Eintritt der Vollstreckbarkeit ohne Aufschub so schnell als möglich durchzuführen, sodass jede Zuwiderhandlung, die geschieht, nachdem die Vorkehrungen des Schuldners hätten installiert sein müssen, grundsätzlich *schuldhaft* 176

---

317 OLG Düsseldorf, Beschluss v 20.12.2018 – I-2 W 25/18.
318 Vgl dazu OLG München, Mitt 2012, 245 – Abkauf eines titulierten Unterlassungsanspruchs.
319 OLG Nürnberg, MDR 2019, 61.
320 KV-GKG Nr 2111, 2121.
321 OLG Nürnberg, MDR 2019, 61; aA: OLG Karlsruhe, MDR 2009, 587.
322 LAG Bremen, NZA 2004, 1179.
323 BVerfG, GRUR 2007, 618 – Organisationsverschulden; BGH, GRUR 2017, 318 – »Dügida«.
324 LG Karlsruhe, GRUR-RS 2016, 117687 – Impressumverstoß durch Generalvertreter.

begangen ist, während Verstöße, die sich vorher ereignet haben, ohne Verschulden begangen sind.[325]

177 – Bloß mündliche oder schriftliche Anweisungen an das Personal sind in aller Regel unzureichend. Die Aufforderung muss zumindest unter *nachdrücklichem* Hinweis auf diejenigen Konsequenzen ergehen, die dem Schuldner bei Nichtbeachtung des Unterlassungsgebotes drohen.[326] Rückmeldungen sind anzuordnen und zu kontrollieren sowie Sanktionen für die Nichteinhaltung der Anordnung anzudrohen.[327]

178 – Darüber hinaus ist es im Allgemeinen erforderlich, etwaige Restbestände an patentverletzenden Werbemitteln und patentverletzenden Gegenständen aus dem Vertriebsnetz (einschließlich Außenstellen und Handelsvertreter) zu entfernen und so in Verwahrung zu nehmen, dass es nicht – auch nicht zufällig, aus Nachlässigkeit oder Unachtsamkeit – zu einer Auslieferung kommen kann.

179 – Gegebene Anweisungen sind überdies in jedem Fall auf ihre Einhaltung zu kontrollieren.[328] Angedrohte Sanktionen sind zu verhängen.[329]

180 Die besagten Pflichten bestehen auch gegenüber einem **Vertriebspartner**, dessen sich der Schuldner (nach Art eines Handelsvertreters oder einer ausgelagerten Verkaufsabteilung) bedient.[330] Noch weitergehend hat das OLG Köln[331] sogar eine Pflicht des Unterlassungsschuldners angenommen, dafür Sorge zu tragen, dass von ihm bereits veräußerte, aber von seinen Abnehmern noch nicht abgesetzte Ware aus dem Sortiment genommen wird. Dem ist der BGH[332] gefolgt und hat damit seine Rechtsprechung zur Verwirkung einer Vertragsstrafe auf das Vollstreckungsverfahren übertragen: Sofern keine abweichenden Anhaltspunkte bestehen, ist eine Pflicht zur Unterlassung einer Handlung, durch die ein *fortdauernder* Störungszustand geschaffen wurde, regelmäßig dahin auszulegen, dass sie nicht nur die Unterlassung derartiger Handlungen umfasst, sondern darüber hinaus auch die Vornahme verhältnismäßiger, nämlich dem Schuldner möglicher und zumutbarer Handlungen verlangt, die den geschaffenen Störungszustand beseitigen. Denkbar ist in diesem Zusammenhang auch die Einwirkung auf einflussreiche Dritte. Ist dem Schuldner der Vertrieb rechtsverletzender Produkte untersagt worden, hat er grundsätzlich durch einen **Rückruf** dafür zu sorgen, dass vor vollstreckbarer Unterlassungsverurteilung bereits ausgelieferte Ware von seinen Abnehmern nicht weiter vertrieben wird.[333] Auf einen Rückabwicklungsanspruch kommt es dabei nicht an, sondern nur darauf, ob der Rückruf rein tatsächlich die Chance bietet, dass mit ihm ein Weitervertrieb der Verletzungsware unterbunden werden kann.[334] Macht der Schuldner bereits im Erkenntnisverfahren geltend, zu im Rahmen der Unterlassung geschuldeten Beseitigungsmaßnahmen nach seinen persönlichen Verhältnissen nicht in der Lage zu sein, ist deren Möglichkeit und Zumutbarkeit bereits dort zu klären; anderenfalls kann die Frage der Verhältnismäßigkeit dem Vollstreckungsverfahren überlassen bleiben.[335]

---

325 OLG Frankfurt/Main, GRUR-RR 2018, 387 – Bettwaren »Made in Germany«.
326 BGH, GRUR 2013, 1067 – Beschwer des Unterlassungsschuldners; aA: LG München I, InstGE 8, 297 – Tragkörbe (der Grund des Verbotes muss nicht mitgeteilt werden).
327 BGH, GRUR 2013, 1067 – Beschwer des Unterlassungsschuldners.
328 BGH, GRUR 2013, 1067 – Beschwer des Unterlassungsschuldners.
329 BGH, GRUR 2013, 1067 – Beschwer des Unterlassungsschuldners.
330 LG Düsseldorf, GRUR-RR 2008, 110 – patentierte UV-Lichthärtungsgeräte.
331 OLG Köln, OLG-Report 2008, 434 = MDR 2008, 1066.
332 BGH, GRUR 2017, 208 – Rückruf von RESCUE-Produkten.
333 BGH, GRUR 2017, 208 – Rückruf von RESCUE-Produkten.
334 BGH, GRUR 2017, 208 – Rückruf von RESCUE-Produkten.
335 BGH, GRUR 2017, 208 – Rückruf von RESCUE-Produkten.

Hat der Schuldner bzw im Falle einer juristischen Person oder Handelsgesellschaft deren **181**
gesetzlicher Vertreter die notwendigen Vorkehrungen und Überwachungen getroffen,
sodass insoweit ein Verschuldensvorwurf ausscheidet, ist die Verhängung eines Ordnungsmittels nicht deswegen zulässig, weil ein (untergeordneter) Mitarbeiter dem Unterlassungsgebot dennoch (schuldhaft) zuwidergehandelt hat.[336] Denn maßgeblich ist stets
und allein ein Verschulden des Schuldners selbst oder seines für ihn handelnden verantwortlichen gesetzlichen Vertreters.

Im Rahmen des § 890 ZPO besteht keine Haftung des Rechtsnachfolgers für Verstöße **182**
seines Rechtsvorgängers. Ist der Titelschuldner im Anschluss an von ihm begangene
Zuwiderhandlungen auf eine andere Gesellschaft verschmolzen worden, so können gegen
den durch Verschmelzung entstandenen **Rechtsnachfolger**, sofern ihm nicht selbst eine
verbotswidrige Handlung zur Last fällt, deshalb keine Ordnungsmittel verhängt
werden.[337]

3. Abgewandelte Ausführungsform

Hat der Schuldner die angegriffene Ausführungsform nach der Verurteilung abgewandelt, erhebt sich die Frage, ob der Gläubiger ihretwegen ein neues Erkenntnisverfahren **183**
anstrengen muss (und kann) oder ob für ihn die Möglichkeit eines Ordnungsmittelverfahrens nach § 890 ZPO besteht. Das Letztere ist als das einfachere Verfahren grundsätzlich vorrangig, weshalb einer Patentverletzungsklage das Rechtsschutzinteresse fehlt[338],
wo dem Gläubiger im Wege des Ordnungsmittelverfahrens vorgegangen werden kann.
Voraussetzung ist allerdings, dass der Erfolg des Zwangsvollstreckungsverfahrens gewiss
ist, weil die Abwandlung *offensichtlich* und ohne dass hierüber ernsthafter Streit bestehen
kann, in den Kernbereich des bestehenden Titels fällt.[339] Die sog »Kerntheorie«, die
als solche verfassungsrechtlich nicht zu beanstanden ist[340], besagt, dass das gerichtliche
Unterlassungsgebot dem Schuldner nicht nur Verletzungshandlungen untersagt, die mit
der im Erkenntnisverfahren verbotenen Form identisch sind, sondern darüber hinaus
auch solche kerngleichen Verletzungshandlungen umfasst, in denen ungeachtet etwaiger
Abweichungen im Einzelnen erkennbar das Charakteristische der ursprünglichen Verletzungshandlung zum Ausdruck kommt.

Zulässig ist das Ordnungsmittelverfahren insofern nicht schon dann und nicht schon **184**
deshalb, weil auch die abgewandelte Ausführungsform unter den Wortsinn des Patentanspruchs (und damit unter den entsprechend abgefassten Tenor des Verbotsurteils) subsumiert werden kann und damit *materiellrechtlich* den Verbietungsrechten des Gläubigers
unterfällt.[341] Wenngleich das Ordnungsmittelverfahren vor dem Prozessgericht stattfindet, ist es – wie jedes Zwangsvollstreckungsverfahren – lediglich dazu vorgesehen, das
ergangene Urteil zu vollziehen. Materiell rechtliche Erwägungen zur Auslegung des
Patents und zur Bestimmung von dessen Schutzbereich, die über die im Erkenntnisverfahren bereits getroffenen Feststellungen hinausgehen, verbieten sich deshalb. Sind sie

---

336 BVerfG, GRUR 2007, 618 – Organisationsverschulden.
337 OLG Köln, GRUR-RR 2009, 192 – Bestrafungsverfahren gegen Rechtsnachfolger.
338 Der Einwand entgegenstehender Rechtskraft ist nie gerechtfertigt, weil aufgrund der Abwandlung vom für die Merkmalsverwirklichung relevanten Gegenstand des Erkenntnisverfahrens stets ein anderer Sachverhalt vorliegt. Rechtskrafterwägungen sind allenfalls dann angebracht, wenn die Abwandlung in ihrem für die Lehre des Klagepatents bedeutsamen Teil unverändert und nur außerhalb der Erfindungsmerkmale variiert ist.
339 OLG Frankfurt/Main, GRUR-RR 2012, 404 – Rechtsschutzbedürfnis für weiteren Unterlassungstitel.
340 BVerfG, GRUR 2022, 1089 – »Bot«-Software.
341 BVerfG, GRUR 2022, 1089 – »Bot«-Software.

erforderlich, um die abgewandelte Ausführungsform zu erfassen, ist für ein Ordnungsmittelverfahren kein Raum. Es kommt von daher nur dort in Betracht, wo die Abwandlung entweder völlig außerhalb der Merkmale des Patentanspruchs vorgenommen worden ist, oder wo im Rahmen des Erkenntnisverfahrens in der Sache bereits über die abgewandelte Ausführungsform mitentschieden worden ist, weil diejenigen Erwägungen zur Patentverletzung, die in Bezug auf die angegriffene Ausführungsform angestellt worden sind, in gleicher Weise auch auf die abgewandelte Ausführungsform zutreffen.[342] Letzteres ist zB der Fall, wenn das Gericht zu einem bestimmten Merkmal des Patentanspruchs festgestellt hat, dass es rein funktional zu verstehen ist, und die Abwandlung sich lediglich einer anderen konstruktiven Variante für die Bereitstellung der patentgemäßen Funktion bedient als die angegriffene Ausführungsform des Erkenntnisverfahrens. Andererseits muss eine Vollstreckung ausscheiden, wenn es zur Einbeziehung der abgewandelten Ausführung in den Schutzbereich des Patents irgendeines – wenn auch noch so banalen – Rückgriffs auf das Klagepatent bedarf, zB deshalb, weil die Abwandlung ein Anspruchsmerkmal betrifft, das mit Blick auf den Verurteilungsgegenstand unstreitig war, so dass sich das Urteil zu dessen Inhalt und Auslegung nicht verhält. In solchen Fällen ist es belanglos, dass die Abwandlung in dem fraglichen Merkmal der bevorzugten Variante eines Unteranspruchs oder Ausführungsbeispiels entspricht und damit klar als patentgemäß ausgewiesen ist. Anders wird nur dann zu verfahren sein, wenn die Abwandlung in dem Merkmal einem gezeichneten Ausführungsbeispiel entspricht, welches das Urteil unter Hinweis darauf in seinen Tatbestand aufgenommen hat, dass die wiedergegebene Konstruktion ein bevorzugtes Ausführungsbeispiel der Erfindung zeigt. Freilich muss ausgeschlossen sein, dass das Anspruchsmerkmal mit anderen Merkmalen in einem derartigen inneren technischen Zusammenhang steht, dass es sich für die Benutzungsfrage nicht isoliert von den anderen betrachten lässt.

185 – Ist im Erkenntnisverfahren durch **streitiges Urteil** entschieden worden, stehen zur Beantwortung der vorstehenden Frage die Entscheidungsgründe zur Verfügung. Es kommt nicht darauf an, in welchem Zusammenhang diejenigen Erwägungen angestellt worden sind, die – auf die Abwandlung angewandt – deren patentverletzenden Charakter ergeben. Eine Vollstreckung kommt deswegen auch in Betracht, wenn die Patentverletzung unstreitig war, die Parteien nur um eine Aussetzung gestritten haben und das Gericht eine bestimmte Merkmalsinterpretation lediglich im Rahmen seiner Ausführungen zur Zurückweisung des Aussetzungsantrages niedergelegt hat. Erforderlich ist freilich, dass die Patentauslegung definitiv vorgenommen worden und nicht nur im Sinne einer bloßen Wahrscheinlichkeitsaussage erfolgt ist.

186 – Solche fehlen allerdings regelmäßig[343], wenn gegen den Beklagten durch **Versäumnis-** oder **Anerkenntnisurteil** erkannt worden ist, weil die besagten Urteile gemäß § 313b Abs 1 ZPO ohne Tatbestand und Entscheidungsgründe ergehen. Obwohl sich Versäumnis- und Anerkenntnisurteile in dieser Hinsicht gleichen, ist dennoch zwischen ihnen zu differenzieren.

187   Die **Säumnis** des Beklagten hat zur Folge, dass das tatsächliche Vorbringen des Klägers als unstreitig zu behandeln ist (§ 331 Abs 1 Satz 1 ZPO) und das Gericht dessen Schlüssigkeit für den geltend gemachten Anspruch zu prüfen hat. Ein Versäumnisurteil darf nur ergehen, wenn die Schlüssigkeit bejaht wird (§ 331 Abs 2 ZPO). Weil dem so ist, gibt es gerichtliche Erwägungen des Erkenntnisverfahrens, die daraufhin untersucht werden können, ob sie – in gleicher Weise auf die abgewandelte Ausführungsform angewandt – zur Bejahung einer Patentverletzung führen. Diese Erwägungen ergeben sich aus dem – als zugestanden anzusehenden – Klägervortrag zum Inhalt

---

342 Vgl auch OLG München, GRUR-RR 2011, 32 – Jackpot-Werbung II.
343 Ausnahme: Notwendigkeit einer Auslandsvollstreckung (§ 313b Abs 3 ZPO).

des Klagepatents und seiner Merkmale aus der Sicht eines Durchschnittsfachmanns, wie er durch die im Erkenntnisverfahren eingereichten Schriftsätze des Klägers dokumentiert wird.

– Völlig anders liegen die Verhältnisse beim **Anerkenntnisurteil**. Im Unterschied zum Säumnisverfahren findet hier keine Schlüssigkeits- und Begründetheitsprüfung des Gerichts statt. Voraussetzung für den Erlass eines Anerkenntnisurteils ist allein, dass die unverzichtbaren Prozessbedingungen vorliegen, dass ein Anerkenntnis im vorliegenden Verfahren überhaupt möglich ist (woran es zB in familienrechtlichen Statussachen fehlen kann) und dass das Anerkenntnis als solches wirksam (namentlich durch einen bei dem fraglichen Gericht postulationsfähigen Rechtsanwalt) abgegeben worden ist.[344] Sobald diese Bedingungen erfüllt sind, hat das Gericht den Beklagten gemäß seinem Anerkenntnis zu verurteilen (§ 307 ZPO), ohne jede Rücksicht darauf, ob es den anerkannten Anspruch für gegeben hält oder sich hierzu auch nur Gedanken gemacht hätte. Da es solche Erwägungen nicht gibt, fehlt notwendigerweise auch jede Grundlage dafür, den Unterlassungsausspruch des Anerkenntnisurteils auf eine andere Ausführungsform zu erstrecken als diejenige, hinsichtlich derer der Beklagte das Bestehen eines Unterlassungsanspruchs anerkannt hat. Gegen eine Abwandlung kann deswegen aus einem Anerkenntnisurteil nur vorgegangen werden, wenn die Verletzungsform ausschließlich außerhalb der Erfindungsmerkmale eine Änderung erfahren hat, hinsichtlich sämtlicher für die Verwirklichung der Erfindungsmerkmale relevanter Teile also unverändert geblieben ist.[345] Der Gläubiger wird durch diese sich aus den prozessualen Besonderheiten eines Anerkenntnisurteils ergebende Behandlung nicht schutzlos gestellt. Handelt es sich bei der Abwandlung um eine eindeutige Patentverletzung, kann er gegen sie mit einem Antrag auf Erlass einer einstweiligen Verfügung vorgehen.

188

War dem Gläubiger die **Abwandlung**, derentwegen die Verhängung von Ordnungsmitteln begehrt wird, bereits **während des Erkenntnisverfahrens bekannt** und hat er die Abwandlung dennoch bewusst nicht zum Gegenstand seiner Verletzungsklage gemacht, so schließt dieser Umstand allein einen *schuldhaften* Verstoß gegen das Unterlassungsgebot nicht aus. Auch wenn der Gläubiger bei seiner der Verletzungsklage zugrunde liegenden Interpretation des Klagepatents die Abwandlung erkennbar für nicht patentverletzend gehalten hat, greift zugunsten des Schuldners kein Vertrauensschutz Platz. Ihn trifft vielmehr ein jedenfalls fahrlässiges Verschulden, wenn er den Vertrieb der Abwandlung nach Erlass des Verbotsurteils nicht eingestellt hat, sofern die Abwandlung, ausgehend von den auf einer anderen Patentauslegung beruhenden Urteilsgründen, mit denselben Erwägungen, die für die Verletzungsform angestellt worden sind, als Patentverletzung zu beurteilen ist.[346] Anders verhält es sich, wenn der Kläger seine **Verletzungsklage** wegen bestimmter Ausführungsformen **zurückgenommen** hat; derartige Gegenstände fallen, weil sie der gerichtlichen Entscheidung entzogen worden sind, nicht unter den Urteilstenor und können deshalb auch nicht als Zuwiderhandlung betrachtet werden, selbst wenn sie der Sache nach in den Kernbereich des gerichtlichen Verbotes fallen sollten.[347]

189

Das Verbot jedweder materiell-rechtlicher Erwägungen außerhalb der Entscheidungsgründe des zu vollstreckenden Urteils gilt nicht nur, wenn es um die Patentauslegung und die Schutzbereichsbestimmung geht, sondern generell, weswegen die Verhängung

190

---

344 Vgl nur Zöller, § 307 ZPO Rn 5.
345 LG Düsseldorf, InstGE 6, 30 – Rotordüse; OLG Düsseldorf, Beschluss v 7.8.2014 – I-2 W 15/14.
346 OLG Düsseldorf, InstGE 6, 43 – Münzschloss II; vgl auch BGH, GRUR 2017, 208 – Rückruf von RESCUE-Produkten.
347 OLG Düsseldorf, Urteil v 19.12.2019 – I-2 U 62/16.

von Ordnungsmitteln auch dann zu unterbleiben hat, wenn an ein Geschehen angeknüpft wird, das hinsichtlich der **Passivlegitimation** Erwägungen erfordert, die über die Entscheidungsgründe hinausgehen. Dasselbe gilt, wenn der Schuldner in Bezug auf die Abwandlung materiell-rechtliche **Einwendungen** (zB §§ 11, 12 PatG, Erschöpfung, Verjährung) erhebt, die sich anhand der Begründungserwägungen des Vollstreckungstitels nicht abschließend beurteilen lassen, sondern entweder vollkommen neue oder zumindest ergänzende sachlich-rechtliche Überlegungen erfordern.[348] Gleiches gilt, wenn Gegenstand des Erkenntnisverfahrens ein Sachverhalt gewesen ist, bei dem erst ein **vom Abnehmer vorgenommener Umbau des Liefergegenstandes** zur Merkmalsverwirklichung geführt hat und dieser Umbau dem Lieferanten zuzurechnen war, weil er durch bestimmte Maßnahmen den Umbau (ausdrücklich oder konkludent) angeleitet oder bewusst für sich ausgenutzt hat.[349] Ändern sich danach die Rahmenbedingungen des Vertriebs des Liefergegenstandes, so ist der Zurechnungstatbestand materiellrechtlich völlig neu zu bewerten, weswegen in dem abgewandelten lieferprozedere keine Zuwiderhandlung gegen den Unterlassungstitel gesehen werden kann.

191 Ist gegen den Schuldner wegen **mittelbarer Patentverletzung** ein Schlechthinverbot ergangen, so liegt eine Zuwiderhandlung gegen das Unterlassungsgebot nur vor, wenn der als Verstoß reklamierte Gegenstand unter Umständen angeboten und vertrieben wird, die mit den im Erkenntnisverfahren angestellten Überlegungen wiederum die Feststellung erlauben, dass der Gegenstand vom Abnehmer zur erfindungsgemäßen Verwendung bestimmt wird und dem Lieferanten dies auch bekannt oder es nach den gesamten Umständen offensichtlich ist.[350] Derartiges kann sich schon aus der Tatsache ergeben, dass das fragliche Mittel (auch im Zeitpunkt der Zuwiderhandlung) technisch und wirtschaftlich sinnvoll überhaupt nur patentgemäß – und nicht anders – gebraucht werden konnte.[351] Wurde der erfindungswesentliche Gegenstand (zB Kaffeepads für Kaffee-Brühautomaten) in einer Verpackungsaufmachung angeboten und vertrieben, die dem Abnehmer eine patentgemäße Verwendung nahegelegt hat (hier: aufgrund des Hinweises »Ideal für alle Kaffeepadmaschinen«), so handelt er deshalb dem Unterlassungsgebot mit einer geänderten Verpackungsaufmachung nur dann zuwider, wenn der Abnehmer durch sie in vergleichbarer Weise zur patentgemäßen Verwendung angehalten wird. Dies ist der Fall, wenn der ursprünglich vorhandene Hinweis »Ideal für alle Kaffeepadmaschinen« durch die optisch hervorgehobene Bemerkung »Aus patentrechtlichen Gründen werden unsere Kaffeepads zurzeit nicht für die Verwendung in Kaffeepadmaschinen der Marke ... (= Patentinhaberin) angeboten«, ersetzt wird.[352] Hinzu kommen muss selbstverständlich, dass das Mittel im Inland angeboten/geliefert wird und dass die mit ihm mögliche unmittelbare Patentbenutzung ebenfalls im Inland vorgesehen ist. Ordnungsmittel können deswegen nicht auf Handlungen gestützt werden, die absehbar zu einer bloß ausländischen Benutzung des Mittels führen.[353]

---

348 OLG Düsseldorf, Beschluss v 27.6.2012 – I-2 W 14/12; OLG Düsseldorf, Beschluss v 29.8.2013 – I-2 W 28/13.
349 Vgl oben Kap A Rdn 153 f.
350 OLG Düsseldorf, Beschluss v 2.4.2012 – I-2 W 3/12.
351 OLG Düsseldorf, Beschluss v 3.2.2015 – I-2 W 29/14.
352 LG Düsseldorf, InstGE 6, 289 – Kaffeepads; bestätigt durch OLG Düsseldorf, Beschluss v 4.5.2006 – I-2 W 16/06.
353 OLG Düsseldorf, Beschluss v 3.2.2015 – I-2 W 29/14.

| Praxistipp | Formulierungsbeispiel |

In **Zweifelsfällen** bietet es sich zumeist an, zunächst ein Ordnungsmittelverfahren einzuleiten, da dies zum einen mit einem geringeren Kostenrisiko verbunden ist und zum anderen in der Regel relativ kurzfristig beschieden wird. Sollte das Ordnungsmittelverfahren mit der Begründung abgewiesen werden, die abgewandelte Ausführungsform falle nicht mehr unter den Tenor des Verbotsurteils, kann vom Schuldner anschließend mit nur geringem Zeitverlust eine neue Verletzungsklage eingeleitet werden. Ein neues Erkenntnisverfahren kann allerdings schon dann zulässig sein, wenn die Auslegung und Reichweite des bereits vorliegenden Titels zweifelhaft ist, sodass mit Schwierigkeiten bei der Vollstreckung gerechnet werden muss.[354] Auch in einem solchen Fall ist ein paralleles Ordnungsmittelverfahren zulässig und führt, sofern das Gericht eine schuldhafte Zuwiderhandlung feststellt, zur Verhängung eines Ordnungsmittels.[355]

192

Statt eines neuerlichen Hauptsacheverfahrens kann im Einzelfall auch der Erlass einer **einstweiligen Verfügung** in Betracht kommen. Zu denken ist beispielsweise an den Fall, dass der Schuldner die angegriffene Ausführungsform bewusst in einem solchen Merkmal abändert, das im Erkenntnisverfahren unstreitig war und zu dessen Inhalt und Auslegung das Urteil deshalb keinerlei Ausführungen enthält, welche die Annahme rechtfertigen würden, dass über die Abwandlung sachlich bereits mitentschieden sei. Fällt andererseits auch die Abwandlung eindeutig in den Schutzbereich des Klagepatents, zielt die vorgenommene Änderung letztlich allein darauf ab, den vom Gläubiger bereits erstrittenen Titel zu umgehen, was eine einstweilige Unterlassungsverfügung in Bezug auf die abgewandelte Ausführungsform gebieten kann.

193

Eine Ungewissheit darüber, ob eine abgewandelte Ausführungsform unter den Unterlassungstitel fällt, kann auch der Schuldner zum Anlass für eine gerichtliche Klärung im Wege der **negativen Feststellungsklage** nehmen.[356] Das erforderliche Feststellunginteresse setzt freilich regelmäßig voraus, dass die abgewandelte Ausführungsform vom Schuldner künftig noch hergestellt, angeboten oder vertrieben werden soll und es nicht nur darum geht, für einen in der Vergangenheit liegenden, abgeschlossenen Lebenssachverhalt (zB eine geschehene Vertriebshandlung, deren Wiederholung nicht vorgesehen ist) zu klären, ob mit ihr ein Ordnungsmittel verwirkt worden ist. Unter den zuletzt genannten Umständen kann ein Feststellungsinteresse nur ausnahmsweise bejaht werden, zB dann, wenn sich der Gläubiger wegen der vorgefallenen Vertriebshandlung eines Schadenersatzanspruchs berühmt. Bei dem gebotenen Zukunftsbezug entfällt das Feststellungsinteresse nicht dadurch, dass der Gläubiger wegen der streitbefangenen Abwandlung seinerseits einen Ordnungsmittelantrag stellt.[357] Einen Anspruch auf Mitteilung darüber, ob der Gläubiger wegen einer bestimmten Abwandlung einen solchen Antrag zu stellen beabsichtigt, hat der Schuldner indessen nicht.[358]

194

---

354 OLG Düsseldorf, GRUR 1994, 81 – Kundenzeitschriften; BGH, GRUR 2011, 742 – Leistungspakete im Preisvergleich (wenn der Ausgang des Vollstreckungsverfahrens ungewiss ist und eine Verjährung der aufgrund des erneuten Verstoßes geltend zu machenden Ansprüche droht).
355 AA: OLG Köln, NJOZ 2002, 826 (Paralleler Ordnungsmittelantrag ist aus dem Gesichtspunkt der Doppelverfolgung unzulässig).
356 BGH, GRUR 2008, 360 – EURO und Schwarzgeld.
357 BGH, GRUR 2008, 360 – EURO und Schwarzgeld.
358 BGH, GRUR 2008, 360 – EURO und Schwarzgeld.

4. Verbot der Doppelahndung

195 Wegen des strafähnlichen Sanktionscharakters, das dem Ordnungsmittelverfahren zukommt, gilt im Vollstreckungsverfahren nach § 890 ZPO das Verbot der Doppelbestrafung.³⁵⁹ Nach der Rechsprechung des BGH gilt für die Festsetzung von Ordnungsmitteln nicht das allein auf Kriminalstrafgesetze anwendbare Doppelbestrafungsverbot des Art 103 Abs 3 GG, sondern das aus dem Rechtsstaatsprinzip (Art 20 Abs 3 GG) folgende außerstrafrechtliche Doppelahndungsverbot.³⁶⁰ Es ist verletzt, wenn die Gegenstände der früheren und späteren Festsetzung von Ordnungsmitteln nach Anlass, Ziel und Zweck *in allen Einzelheiten identisch* sind.³⁶¹ Eine Zuwiderhandlung, die durch einen erlassenen Ordnungsmittelbeschluss sanktioniert worden ist, darf daher nicht erneut zum Gegenstand einer weiteren Ahndung gemacht werden. Liegt unter dem Gesichtspunkt der natürlichen oder rechtlichen **Handlungseinheit** *eine* Zuwiderhandlung vor, erfasst der Sanktionsverbrauch der bereits erfolgten Ahndung sämtliche Teile dieser einheitlichen Zuwiderhandlung, unabhängig davon, ob sie dem Unterlassungsgläubiger oder dem Gericht bei Erlass des ersten Ordnungsgeldbeschlusses bekannt waren oder bekannt sein konnten. Ein derartiger Verbrauchssachverhalt liegt beispielsweise vor, wenn der Unterlassungsschuldner aufgrund des Verbotstitels seine Internetwerbung in bestimmter Weise zu ändern hatte, er dies aber für einzelne Angebote versehentlich versäumt hat. Sind gegen ihn Ordnungsmittel verhängt worden, scheidet ein weiteres Ordnungsgeld aus, wenn sich anschließend ergibt, dass in weiteren abrufbaren Angeboten die erforderlichen Änderungen ebenfalls nicht vorgenommen worden waren.³⁶² Gleiches gilt, wenn es der Schuldner in der irrigen Annahme, aufgrund der erfolgten Unterlassungsverurteilung nicht zu einem störungsbeseitigenden Rückruf verpflichtet zu sein, gegenüber mehreren Abnehmern unterlässt, entsprechende Beseitigungsmaßnahmen zu veranlassen.³⁶³ Mit Erlass des ersten Ordnungsgeldbeschlusses tritt in jedem Fall eine Zäsur ein, die die bis dahin einheitliche Handlung beendet. Spätere Akte fallen deswegen aus Rechtsgründen nicht mehr in die besagte Handlungseinheit und können separat sanktioniert werden.³⁶⁴

196 Ähnliche Probleme stellen sich, wenn der Gläubiger über eine vollstreckbare **einstweilige Verfügung und** über eine zu demselben Streitgegenstand ergangene **Hauptsacheentscheidung** verfügt. Hier stellt sich die Frage, ob, wenn wegen Zuwiderhandlung gegen die einstweilige Verfügung nach § 890 ZPO bestraft worden ist, zusätzlich auch wegen Verstoßes gegen den Hauptsachetitel sanktioniert werden darf oder ob dem das erörterte **Verbot der Doppelbestrafung** entgegensteht. Dies ist – wie dargelegt – nur bei *völliger* Identität der zur Ahndung herangezogenen Zuwiderhandlungen der Fall.³⁶⁵ Daran fehlt es (inhaltlich), wenn die einstweilige Verfügung einerseits und der Hauptsachetitel andererseits einen unterschiedlichen Pflichteninhalt haben. Dies ist bereits dann der Fall, wenn der Schuldner wegen einer von ihm eröffneten fortwirkenden Störungsquelle aufgrund der einstweiligen Verfügung verpflichtet war, seine Abnehmer dazu aufzufordern, die schutzrechtsverletzenden Waren vorläufig nicht weiterzuvertreiben, während der im Hauptsacheverfahren ergangene Titel den Schuldner anhält, die fragliche Ware von seinen Abnehmern zurückzurufen.³⁶⁶ Eine Identität verbietet sich (unter rein zeitlichen Aspekten) ferner dann, wenn Hauptsachetitel und einstweilige Verfügung als Vollstre-

---

359 BGH, GRUR 2022, 1379 – Außerstrafrechtliches Doppelahndungsverbot.
360 BGH, GRUR 2022, 1379 – Außerstrafrechtliches Doppelahndungsverbot.
361 BGH, GRUR 2022, 1379 – Außerstrafrechtliches Doppelahndungsverbot.
362 OLG Frankfurt/Main, GRUR-RR 2017, 166 – Doppelahndung.
363 Vgl BGH, GRUR 2017, 823 – Luftentfeuchter.
364 OLG Frankfurt/Main, GRUR-RR 2017, 166 – Doppelahndung.
365 BGH, GRUR 2022, 1379 – Außerstrafrechtliches Doppelahndungsverbot.
366 BGH, GRUR 2022, 1379 – Außerstrafrechtliches Doppelahndungsverbot.

ckungsgrundlage einen unterschiedlichen zeitlichen Anwendungsbereich haben. Solches ist der Fall, wenn Ordnungsmitteln zweifach deshalb verhängt worden sind, weil es vor Vollstreckbarkeit des Hauptsachetitels zu Verstößen gegen die einstweilige Verfügung und *nachfolgend* zu (weiteren) Verstößen gegen den Hauptsachetitel gekommen ist, die folglich nebeneinander sanktioniert werden können.[367]

5. Verjährung

a) Verfolgungsverjährung

Mit der Beendigung der Zuwiderhandlung gegen das gerichtliche Unterlassungsgebot beginnt eine zweijährige Verjährungsfrist zu laufen, nach deren Ende die **Verhängung eines Ordnungsmittels** nicht mehr zulässig ist (Art 9 Abs 1 EGStGB). Beinhaltet die Unterlassungspflicht zugleich die Obliegenheit zur aktiven Vornahme einer Handlung[368], so kann die Verjährungsfrist nicht beginnen, so lange der Schuldner pflichtwidrig untätig bleibt.[369]

197

Die besagte Frist läuft unabhängig davon, ob und wann der Gläubiger Kenntnis von der Zuwiderhandlung erlangt. Sie wird zudem – anders als dies bei sonstigen Verjährungsfristen der Fall ist – durch das laufende Ordnungsmittelverfahren nicht gehemmt und nicht unterbrochen (neu begonnen). Der Ordnungsmittelantrag muss deswegen vom Gläubiger so zeitig gestellt werden, dass das Verfahren – einschließlich der notwendigen Anhörung des Schuldners – innerhalb der Zweijahresfrist zum Abschluss gebracht werden kann. Sobald ein Ordnungsmittel, wenn auch nicht rechtskräftig, festgesetzt ist, kann die Verfolgungsverjährung nicht mehr eintreten.[370] Es schadet deswegen nicht, wenn mit dem anschließenden Beschwerdeverfahren gegen den Ordnungsmittelbeschluss die Zweijahresfrist überschritten wird.[371]

198

Die Verfolgungsverjährung begründet ein Verfahrenshindernis, weshalb sie – ähnlich wie bei § 78b StGB und § 31 OWiG – in jeder Lage des Verfahrens **von Amts wegen** zu beachten ist.[372]

199

b) Vollstreckungsverjährung

Ist ein **Ordnungsmittel verhängt**, so kann dessen **zwangsweise Durchsetzung** unter Verjährungsgesichtspunkten unzulässig sein, nämlich dann, wenn mittlerweile Vollstreckungsverjährung eingetreten ist.[373] Sie führt nicht zum Erlöschen des Anspruchs auf Ordnungsgeld, sondern schafft zugunsten des Schuldners bloß ein dauerndes Leistungsverweigerungsrecht gemäß § 214 Abs 1 BGB.[374] Die maßgebliche Frist beträgt ebenfalls zwei Jahre (Art 9 Abs 2 EGStGB), gerechnet von dem Zeitpunkt an, zu dem das festgesetzte Ordnungsmittel gegen den Schuldner vollstreckbar ist.[375] Letzteres ist mit der Zustellung an den Schuldner der Fall.[376] Die aufschiebende Wirkung einer Beschwerde

200

---

367 BGH, GRUR 2022, 1379 – Außerstrafrechtliches Doppelahndungsverbot.
368 Dazu: BGH, WuM 2007, 209.
369 BGH, WuM 2007, 209.
370 BGH, MDR 2013, 675; BGH, GRUR 2021, 767 – Vermittler von Studienplätzen.
371 BGH, GRUR 2005, 269.
372 BGH, GRUR 2021, 767 – Vermittler von Studienplätzen; LG Düsseldorf, InstGE 6, 293 – Polyurethanhartschaum.
373 BGH, GRUR 2012, 427 – Aufschiebende Wirkung.
374 BGH, MDR 2013, 675.
375 BGH, GRUR 2012, 427 – Aufschiebende Wirkung.
376 BGH, GRUR 2012, 427 – Aufschiebende Wirkung; OLG Düsseldorf, Urteil v 19.4.2012 – I-2 U 17/11.

gegen den Ordnungsmittelbeschluss ändert am *Fristbeginn* nichts.[377] Allerdings ruht die Vollstreckungsverjährung, wenn die Vollstreckung nach dem Gesetz nicht begonnen oder fortgesetzt werden kann (zB während der Dauer eines aufschiebend wirkenden Beschwerdeverfahrens gegen den Ordnungsmittelbeschluss[378]), wenn die Vollstreckung ausgesetzt[379] oder dem Schuldner eine Zahlungserleichterung bewilligt ist (Art 9 Abs 2 Satz 4 Nr 1–3 EGStGB). Jenseits dieser enumerativ aufgezählten Sachverhalte sind keine Hemmungstatbestände anzuerkennen.[380] Unter die erstgenannte Alternative (dass die Vollstreckung nach dem Gesetz nicht begonnen oder fortgesetzt werden kann) fallen deswegen nur solche Sachverhalte, für die das Gesetz die Rechtsfolge mangelnder Vollstreckbarkeit ausdrücklich anordnet. Daran fehlt es bei einem Antrag auf Haftverschonung gemäß Art 8 Abs 2 EGStGB, § 765a ZPO, der allenfalls eine Vollstreckungsaussetzung rechtfertigen kann, welche im Falle ihrer Anordnung eine Hemmung nach Art 9 Abs 2 Satz 4 Nr 2 EGStGB bewirkt.[381]

201 Ist das Ordnungsgeld im **Ausland** zu vollstrecken, weil der Schuldner dort seinen Sitz hat und über keine inländischen Vollstreckungsobjekte verfügt, musste der Ordnungsmittelbeschluss unter Geltung der EuGVVO, bevor die Beitreibung des Ordnungsgeldes vorgenommen werden kann, zunächst im ausländischen Sitzstaat als Vollstreckungstitel anerkannt werden (Art 38 EuGVVO). Die dabei verstrichene Zeit ist, was die Vollstreckung und ihre Verjährung *im Inland* betrifft, schädlich, weil durch das Anerkennungsverfahren die inländische Vollstreckbarkeit des Ordnungsgeldes rechtlich nicht behindert wird, sondern (hätte es taugliche Vollstreckungsobjekte gegeben) hätte fortgesetzt werden können.[382] Ob das Anerkennungsverfahren den Eintritt der Vollstreckungsverjährung *für das betreffende Ausland* hemmt, ist eine Frage, die nicht der deutschen Gerichtsbarkeit unterliegt, sondern nach dem nationalen Verfahrensrecht des Anerkennungsstaates durch die dortigen Gerichte zu entscheiden ist.[383] Das Erfordernis eines gesonderten Anerkennungsverfahrens ist mit der EuGVVO weggefallen (Art 39 EuGVVO).[384]

202 Der Eintritt der Vollstreckungsverjährung ist **von Amts wegen** zu beachten.

203 Er kann nicht mit einer **Vollstreckungsabwehrklage** nach § 767 ZPO, sondern nur mit der Erinnerung (§ 766 ZPO) eingewandt werden.[385]

6. Nachträgliche Unterlassungsverpflichtungserklärung

204 Spezielle Probleme ergeben sich, wenn der Gläubiger zB eine einstweilige Unterlassungsverfügung erwirkt hat und nach deren Zustellung eine Zuwiderhandlung des Schuldners feststellt. Leitet der Gläubiger daraufhin ein Ordnungsmittelverfahren ein, so erhält der Schuldner hierdurch Kenntnis von der Entdeckung seiner Zuwiderhandlung. Er kann dies zum Anlass nehmen, nunmehr Widerspruch gegen die einstweilige Verfügung zu erheben und zugleich eine mit der Beschlussverfügung inhaltsgleiche strafbewehrte Unterlassungsverpflichtungserklärung gegenüber dem Gläubiger abzugeben. Da die Unterlassungserklärung die Wiederholungsgefahr als materiell rechtliche Voraussetzung

---

377 BGH, MDR 2013, 675.
378 BGH, GRUR 2012, 427 – Aufschiebende Wirkung.
379 Vgl dazu BGH, WM 2019, 210.
380 BGH, WM 2019, 210.
381 BGH, WM 2019, 210.
382 BGH, MDR 2013, 675.
383 BGH, MDR 2013, 675.
384 Zu Details der neuen Rechtslage vgl Hau, MDR 2015, 1417.
385 OLG Düsseldorf, Urteil v 19.4.2012 – I-2 U 17/11.

des titulierten Unterlassungsanspruchs ausräumt³⁸⁶, ist der Gläubiger gezwungen, das Verfügungsverfahren für in der Hauptsache erledigt zu erklären.

Nach einem Teil der Rechtsprechung³⁸⁷ und Literatur³⁸⁸ scheidet damit jedoch die Verhängung eines Ordnungsmittels aus. Zur Begründung wird darauf verwiesen, dass der Sinn und Zweck der in § 890 Abs 1 ZPO vorgesehenen Ordnungsmittel nicht darin bestehe, den Schuldner für sein Verhalten in der Vergangenheit zu »bestrafen«, sondern ausschließlich darin liege, seinen entgegenstehenden Willen zu beugen, um zukünftig die Einhaltung der titulierten Unterlassungsverpflichtung sicherzustellen. Für Vollstreckungsmaßregeln nach § 890 Abs 1 ZPO sei deshalb (dieser Zielrichtung entsprechend) dann kein Raum, wenn der Unterlassungstitel zu dem Zeitpunkt, in welchem über den Ordnungsmittelantrag des Gläubigers zu entscheiden sei (als Folge einer übereinstimmenden Erledigungserklärung), keinen in die Zukunft wirkenden Bestand mehr habe. Mit dem Wegfall des Titels fehle es an einer fortgeltenden Unterlassungspflicht des Schuldners, der zuwidergehandelt werden könne, und folglich bestehe auch kein Anlass, den Willen des Schuldners durch Vollstreckungsmaßnahmen mit Wirkung für die Zukunft zu beeinflussen. **205**

Dieser Auffassung ist zu widersprechen. Sie führt zu der unbefriedigenden Konsequenz, dass der Unterlassungsschuldner dem (noch nicht rechtskräftigen) gerichtlichen Verbot vorsätzlich zuwiderhandeln kann, ohne Sanktionen befürchten zu müssen. Sobald der Gläubiger Kenntnis von der Fortsetzung der Verletzungshandlungen erlangt hat, braucht der Schuldner dazu lediglich eine dem gerichtlichen Verbot entsprechende strafbewehrte Unterlassungserklärung abzugeben, durch die die Wiederholungsgefahr beseitigt wird. Der Gläubiger ist dadurch, um einer ansonsten drohenden Klageabweisung zu entgehen, gezwungen, den Rechtsstreit, in dem der Unterlassungstitel ergangen ist, für in der Hauptsache erledigt zu erklären³⁸⁹, was dem Schuldner seinerseits die Möglichkeit eröffnet, sich der Erledigungserklärung anzuschließen. Wäre in einem solchen Fall die Festsetzung von Ordnungsmitteln ausgeschlossen, würde § 890 ZPO seiner Funktion, die Durchsetzung eines gerichtlich zuerkannten Unterlassungsanspruchs sicherzustellen, faktisch beraubt, und der Gläubiger gegenüber einem böswilligen Verletzer weitgehend rechtlos gestellt. Vollstreckungsmaßnahmen gegen den Schuldner würden daran scheitern, dass mit der übereinstimmenden Erledigungserklärung kein in die Zukunft gerichteter Titel mehr vorhanden ist; Ansprüche aus der strafbewehrten Unterlassungserklärung müssten außer Betracht bleiben, weil die Zuwiderhandlung des Schuldners zeitlich vor der Verpflichtungserklärung stattgefunden hat und mithin außerhalb des sachlichen Anwendungs- und Geltungsbereiches der Erklärung liegt. Die herrschende Meinung³⁹⁰ steht daher inzwischen zu Recht auf dem Standpunkt, dass die Ordnungsmittel des § 890 ZPO nicht nur den Willen des Schuldners beugen sollen, sondern gleichermaßen Strafcharakter für die erfolgte Missachtung der gerichtlichen Entscheidung besitzen. Bereits der präventive Zweck des Ordnungsmittelverfahrens ist hinreichend nur dann gewahrt, wenn Zuwiderhandlungen vor Eintritt der Hauptsacheerledigung nicht völlig sanktionslos bleiben, sondern die gemäß § 890 Abs 2 ZPO angedrohten Ordnungsmittel auch **206**

---

386 BGH, GRUR 1997, 379 – Wegfall der Wiederholungsgefahr II.
387 OLG Düsseldorf, GRUR 1987, 575 – Titelfortfall; OLG Düsseldorf, WRP 1988, 677.
388 Schuschke/Walker, § 890 Rn 13, mwN.
389 Die einseitige Erledigungserklärung stellt eine nach § 264 Nr 2 ZPO privilegierte Klageänderung dar, die das Klageziel in die Feststellung des Gerichts ändert, die Erledigung des Rechtsstreites in der Hauptsache (= Zulässigkeit und Begründetheit des Klagebegehrens bis zum erledigenden Ereignis) auszusprechen. Das erforderliche Feststellungsinteresse ergibt sich aus der – gegenüber der klageabweisung – günstigen Kostenfolge, die vom Kläger angesichts der veränderten Situation – nur mit dem Feststellungsantrag erreicht werden kann (BGH, GRUR 2022, 658 – Selbstständiger Erstattungsanspruch).
390 Vgl die Nachweise bei OLG Hamm, NJW-RR 1990, 1086.

tatsächlich zur Folge haben. Erst recht verlangt der Gesichtspunkt der Bestrafung, dass Verstöße gegen einen gerichtlichen Unterlassungstitel für den Schuldner auch dann mit Konsequenzen verbunden sind, wenn der Titel im Anschluss an die Zuwiderhandlung aufgrund einer späteren (inhaltsgleichen) Unterwerfungserklärung seine Erledigung findet.[391]

207 Teilweise wird allerdings erwogen, dass die Möglichkeit zur Verhängung eines Ordnungsmittels nur dann besteht, wenn der Gläubiger seine Erledigungserklärung auf die Zeit nach Eintritt des erledigenden Ereignisses (dh Abgabe der strafbewehrten Unterlassungserklärung) begrenzt[392], weil bei einer zeitlich beschränkten Erledigungserklärung der Unterlassungstitel für die Vergangenheit – und damit für den Zeitpunkt der Zuwiderhandlung – als Vollstreckungsgrundlage erhalten bleibt. Dem hat sich auch der BGH[393] angeschlossen. Bleibt die Erledigungserklärung des Gläubigers **einseitig**, kommt eine Aufhebung des Ordnungsmittelbeschlusses für vor Erledigung begangene Zuwiderhandlungen grundsätzlich nicht in Betracht, sodass es auf eine zeitliche Befristung der Erklärung nicht ankommt.[394]

208 Die **Befristung** muss sich nicht notwendig aus dem Wortlaut der Erledigungserklärung selbst ergeben.[395] Rechtlich entscheidend ist – wie allgemein bei Verfahrens- und Willenserklärungen – der geäußerte Wille, bei dessen Erforschung die Begleitumstände genauso wie die Interessenlage mit in den Blick zu nehmen sind.[396] Im Zweifel gilt dasjenige als erklärt, was nach den Maßstäben der Rechtsordnung vernünftig ist und bei objektiver Betrachtung den recht verstandenen Interessen aller Beteiligten gerecht wird.[397]

209 – In Anwendung dieser Grundsätze hat der BGH[398] bereits zutreffend entschieden, dass eine vom Wortlaut her uneingeschränkte Erledigungserklärung nach den gesamten Umständen, unter denen sie abgegeben worden ist, als auf die Zeit nach Eintritt des erledigenden Ereignisses beschränkt anzusehen ist, wenn bei Zugang der Erklärung bereits ein Ordnungsmittelverfahren wegen Verstoßes gegen den für erledigt erklärten Unterlassungstitel anhängig war, welches – auch aus der Sicht des Schuldners – weiterverfolgt werden sollte. Gleiches gilt erst recht, wenn im Zeitpunkt der Erledigungserklärung bereits ein (ggf sogar rechtskräftiger) Ordnungsmittelbeschluss vorliegt und keine besonderen Anhaltspunkte dafür ersichtlich sind, dass der Gläubiger an seiner Durchsetzung kein Interesse mehr hat.[399]

210 – Häufig werden derart klare Begleitumstände freilich nicht vorhanden sein. Fehlt es an ihnen, sollte im Zweifel immer davon ausgegangen werden, dass die Erledigungserklärung lediglich zeitlich befristet erfolgt.[400] Denn der Gläubiger hat im Allgemeinen keinen Anlass, auf wohlerworbene Rechtspositionen zu verzichten. Selbst wenn ihm

---

391 OLG Düsseldorf (20. ZS), Mitt 2001, 322, 323.
392 ZB Melullis, GRUR 1993, 241.
393 BGH, GRUR 2004, 264 – Euro-Einführungsrabatt.
394 BGH, WRP 2012, 829.
395 BGH, GRUR 2004, 264, 267 – Euro-Einführungsrabatt.
396 BGH, GRUR 2004, 264, 267 – Euro-Einführungsrabatt.
397 BGH, GRUR 2004, 264, 267 – Euro-Einführungsrabatt.
398 BGH, GRUR 2004, 264, 267 – Euro-Einführungsrabatt.
399 OLG München, GRUR-RR 2015, 87 – Treuebonus III; bestätigt durch BGH, GRUR 2016, 421 – Erledigungserklärung nach Gesetzesänderung.
400 AA: OLG Frankfurt/Main, Mitt 2010, 321 (LS) – beschränkte Teilerledigungserklärung, welches verlangt, dass der Gläubiger (selbst bei bereits anhängigem Vollstreckungsantrag) in irgendeiner Form deutlich macht, dass er mit seiner Erledigungserklärung das Erkenntnisverfahren noch nicht als erledigt ansieht, sondern eine streitige Entscheidung über den verbliebenen Teil des Rechtsstreits dahingehend anstrebt, ob der Titel bis zum erledigenden Ereignis mit Recht bestanden hat.

Zuwiderhandlungen des Schuldners gegen den Unterlassungstitel noch nicht zur Kenntnis gelangt sind, besteht prinzipiell immer die Möglichkeit, dass solche demnächst noch zu Tage treten. Es liegt auf der Hand, dass der Gläubiger für diesen Fall imstande bleiben will, Zwangsvollstreckungsmaßnahmen gegen den Schuldner einzuleiten, was wiederum voraussetzt, dass der Unterlassungsanspruch nicht insgesamt für erledigt erklärt worden ist.[401] Dem Gläubiger kann zB an einer schlichten Bestrafung des Schuldners gelegen sein, was mit Rücksicht darauf legitim ist, dass die Ordnungsmittel des § 890 ZPO anerkanntermaßen nicht nur eine zivilrechtliche Beugemaßnahme zur Vermeidung künftiger weiterer Verstöße darstellen (was im vorliegenden Zusammenhang wegen des eingetretenen Wirkungsverlustes bedeutungslos ist), sondern gleichermaßen einen repressiven, strafähnlichen Sanktionscharakter besitzen.[402] Den Gläubiger können aber ebenso gut finanzielle Absichten umtreiben. Zwar wird ein gegen den Schuldner verhängtes Ordnungsgeld von Amts wegen zugunsten der Landeskasse beigetrieben. Der Gläubiger kann den Ordnungsmittelbeschluss gleichwohl in einen eigenen wirtschaftlichen Vorteil ummünzen, wenn es ihm gelingt, den Schuldner davon zu überzeugen, dass es für ihn günstiger ist, sich eine Rücknahme des Ordnungsmittelantrages dadurch zu »erkaufen«, dass er statt an die Landeskasse das festgesetzte Ordnungsgeld an den Gläubiger einen unterhalb des Ordnungsgeldes liegenden Betrag zahlt. Jedenfalls in Fällen eindeutiger Zuwiderhandlung ist eine dahingehende Einigung durchaus realistisch, weil mit der Rücknahme des Vollstreckungsantrages der Ordnungsmittelbeschluss (sofern er noch nicht rechtskräftig ist) analog § 269 Abs 3 Satz 1 ZPO wirkungslos wird.[403]

Wird die Hauptsache lediglich mit Wirkung für die Zukunft für erledigt erklärt und schließt sich der Schuldner dem an, liegt bloß eine teilweise übereinstimmende Erledigungserklärung vor. Sofern die Parteien keine weitergehenden Anträge stellen, ergeht allein eine Kostenentscheidung nach § 91a ZPO.[404] Für die Vergangenheit, für die der Unterlassungstitel als Vollstreckungsgrundlage bestehen bleibt, ist nur dann zusätzlich über dessen sachliche Berechtigung und Aufrechterhaltung (einschließlich der Kostentragung, § 91 ZPO) zu entscheiden, wenn die Parteien dies verlangen, indem der Kläger einen entsprechenden Feststellungsantrag stellt oder der Beklagte Feststellungswiderklage erhebt oder sich der Erledigungserklärung des Klägers nicht anschließt.[405] 211

So, wie es in den Fällen nachträglicher Unterwerfungserklärung zulässig ist, ein **Ordnungsmittel allein zu Bestrafungszwecken** zu verhängen, gilt gleiches auch in anderen Situationen, in denen sich der Beugezweck im Zeitpunkt der Sanktionierung bereits erledigt hat. Zu denken ist an eine zeitlich befristete Unterlassungsanordnung nach Fristablauf oder eine einstweilige Unterlassungsverfügung, der zuwidergehandelt wurde, der jedoch ein inhaltsgleicher Hauptsachetitel nachgefolgt ist, aus dem ein paralleles Ordnungsmittelverfahren geführt wird[406]. 212

---

401 BGH, GRUR 2004, 264, 266 – Euro-Einführungsrabatt.
402 BVerfG, GRUR 2007, 618 – Organisationsverschulden; BGH, GRUR 2004, 264, 267 – Euro-Einführungsrabatt.
403 OLG Düsseldorf, InstGE 9, 56 – Rücknahme des Ordnungsmittelantrages.
404 BGH, GRUR 2016, 421 – Erledigungserklärung nach Gesetzesänderung.
405 BGH, GRUR 2016, 421 – Erledigungserklärung nach Gesetzesänderung; OLG Frankfurt/Main, GRUR-RR 2018, 47 – Lagerkorn; anders: OLG Köln, GRUR 2014, 1032 – NACT-Studie.
406 BGH, GRUR 2022, 1379 – Außerstrafrechtliches Doppelahndungsverbot.

7. Wahl und Höhe des Ordnungsmittels

213 Ob der vorgekommene Verstoß mit einem Ordnungsgeld oder mit Ordnungshaft sanktioniert wird und wie hoch diese festgesetzt werden, steht im Ermessen des Gerichts.[407] Der Antrag muss weder ein bestimmtes Ordnungsmittel (Geld oder Haft) benennen noch dessen Höhe bezeichnen.[408] Da die Ordnungsmittel sowohl Bestrafungscharakter haben als auch weiteren Zuwiderhandlungen wirksam vorbeugen sollen, sind bei der Bestimmung des richtigen Ordnungsmittels und dessen zu verhängende Höhe zu berücksichtigen[409]:

214 – Art, Umfang und Dauer des Verstoßes,

215 – der Grad des Verschuldens,

216 – der Vorteil des Verletzers aus der Zuwiderhandlung (»ein Titelverstoß soll sich nicht lohnen«),

217 – die Gefährlichkeit der begangenen und die Gefahr künftiger weiterer Verletzungshandlungen.

218 Im Allgemeinen wird bei einem erstmaligen Verstoß die Verhängung von Ordnungshaft nicht geboten sein, sondern Ordnungsgeld ausreichen. Aus der Doppelnatur der Ordnungsmittel folgt des Weiteren, dass Ordnungsgeld bzw Ordnungshaft (als reine Bestrafungsmaßnahmen) auch dann berechtigt sind, wenn die Gefahr weiterer Zuwiderhandlungen nach den Umständen des Falles ausnahmsweise ausgeschlossen werden kann. Allerdings werden sich solche Umstände mindernd auf die Höhe des Ordnungsmittels auszuwirken haben.[410] In diesem Sinne ist anerkannt, dass bei der Bemessung des Ordnungsgeldes eine zuvor wegen desselben Verstoßes bereits festgesetzte Vertragsstrafe strafmildernd zu berücksichtigen ist.[411] Soweit es um den strafähnlichen Charakter der Ordnungsmittel geht, sind die wirtschaftlichen Verhältnisse des Schuldners zu berücksichtigen, weil nur dann der im Strafrecht anerkannte Grundsatz der Opfergleichheit gewahrt ist. Bei der Ordnungsgeldfestsetzung (soweit sie der strafähnlichen Natur Rechnung zu tragen hat) *kann* hierzu wie bei der Verhängung einer Geldstrafe vorgegangen werden, indem zunächst anhand von Art, Umfang und Dauer des Verstoßes sowie dem Grad des Verschuldens die Zahl der Tagessätze festgelegt und danach der jedem einzelnen Tagessatz entsprechende Geldbetrag anhand der persönlichen und wirtschaftlichen Verhältnisse des Schuldners bestimmt wird.[412] Beide Werte miteinander multipliziert ergeben sodann das unter Strafgesichtspunkten zu verhängende Ordnungsgeld.

219 Die Dauer der **Ersatzordnungshaft** muss in einem angemessenen Verhältnis zum uneinbringlichen Ordnungsgeld stehen.[413] Ist nach dem Tagesgeldprinzip vorgegangen worden, kann für jeden Tagessatz ein Tag Ordnungshaft angesetzt werden.[414]

---

407 BGH, GRUR 2017, 318 – »Dügida«.
408 BGH, GRUR 2015, 511 – Kostenquote bei beziffertem Ordnungsmittelantrag.
409 BGH, GRUR 2004, 264 – Euro-Einführungsrabatt.
410 Nach OLG München (InstGE 5, 15 – Messeangebot ins Ausland II) kann nicht mildernd berücksichtigt werden, dass das Schutzrecht kurz vor seinem Erlöschen steht.
411 BGH, GRUR 2010, 355 – Testfundstelle.
412 BGH, GRUR 2017, 318 – »Dügida«.
413 BGH, GRUR 2017, 318 – »Dügida«.
414 BGH, GRUR 2017, 318 – »Dügida«.

Bleibt das verhängte Ordnungsmittel deutlich[415] unterhalb einer vom Gläubiger genannten Mindestsumme, führt dies zu einer **teilweisen Zurückweisung** des Zwangsvollstreckungsantrages und zu einer dementsprechenden Kostenquote[416] zu Lasten des Gläubigers (§§ 891 Satz 3, 92 Abs 1 Satz 1 ZPO). Das gilt auch dann, wenn der Ordnungsmittelantrag als solcher zwar unbeziffert gestellt, in der Begründung jedoch ein Mindestbetrag für das Ordnungsgeld genannt wird.[417] Gleich zu behandeln ist der Fall, dass für den unbezifferten Antrag mehrere Zuwiderhandlungen zur Begründung angeführt werden, das Gericht jedoch nicht sämtliche angeblichen Verstöße feststellen kann und/oder für relevant hält.[418] Bleiben infolgedessen nicht nur untergeordnete Zuwiderhandlungen außer Betracht, wird der Ordnungsmittelantrag – mit entsprechender Kostenquote – ebenfalls zum Teil zurückzuweisen sein. In solchen Fällen muss der **Gläubiger** seinerseits sofortige **Beschwerde**[419] mit dem Ziel der Verhängung eines höheren Ordnungsgeldes einlegen, egal, ob sich seine »Beschwer« aus der Erstentscheidung oder aus dem Nichtabhilfebeschluss des Landgerichts ergibt. Dessen bedarf es auch dann, wenn es auf die Beschwerde des Schuldners hin zwar bei dem anfänglich verhängten Ordnungsgeld verbleibt, eine wesentliche von mehreren streitgegenständlichen Verstößen (zB eine abgewandelte Ausführungsform) jedoch im Nichtabhilfebeschluss nicht mehr als Zuwiderhandlung beurteilt wird.

220

8. Insolvenz des Schuldners

Gerät der Schuldner in Insolvenz[420], so ist streitig, ob ein zu diesem Zeitpunkt laufendes **Verfahren auf Verhängung** eines Ordnungsmittels[421] nach Maßgabe des § 240 ZPO unterbrochen wird. Teilweise wird solches mit der Erwägung verneint, dass ein Vollstreckungsverfahren von Natur aus keine Unterbrechung dulde und das Gesetz in den Vorschriften zum Zwangsvollstreckungsrecht selbst abschließend diejenigen Voraussetzungen festlege, unter denen eine Zwangsvollstreckung (ausnahmsweise) nicht stattfinde. Diese Regelungen würden unterlaufen, wenn auch die Eröffnung des Insolvenzverfahrens über das Vermögen des Schuldners – unter Berufung auf die allgemeine Vorschrift des § 240 ZPO – zur Aussetzung der Vollstreckung führen würde.[422]

221

Ein vor Eröffnung des Insolvenzverfahrens bereits **festgesetztes Ordnungsgeld** kann in jedem Fall nicht mehr beigetrieben werden. Es handelt sich um eine nachrangige Insolvenzforderung im Sinne von § 39 Abs 1 Nr 3 InsO, die allerdings nur dann zur Tabelle angemeldet werden muss, wenn das Insolvenzgericht (nicht der Insolvenzverwalter!) hierzu besonders auffordert (§ 174 Abs 3 InsO). Anders verhält es sich bei der – originär

222

---

415 Bei einer nur geringfügigen Unterschreitung der Mindestsumme ist es zwar nicht zwingend, aber regelmäßig angemessen, die Kosten nach §§ 891, 92 Abs 2 Nr 2 ZPO vollständig dem Schuldner aufzuerlegen.
416 Wegen § 99 Abs 1 ZPO ist die Kostenentscheidung nicht isoliert anfechtbar: OLG Düsseldorf, Beschluss v 10.6.2013 – I-2 W 22/13; BGH, GRUR 2015, 511 – Kostenquote bei beziffertem Ordnungsmittelantrag.
417 BGH, GRUR 2015, 511 – Kostenquote bei beziffertem Ordnungsmittelantrag; OLG Köln, BeckRS 2013, 11184; KG, WRP 2005, 1033 (LS); aA: OLG Hamm, GRUR 1984, 83. Um dem auszuweichen, empfiehlt es sich freilich nicht, auf die Nennung eines Mindestbetrages zu verzichten, weil der Gläubiger in einem solchen Fall, egal wie gering das verhängte Ordnungsgeld ausfällt, nicht mehr beschwert ist und deswegen auch kein eigenes Beschwerderecht hat, um im Rechtsmittelzug ein höheres Ordnungsgeld durchsetzen zu können.
418 OLG Frankfurt/Main, GRUR-RR 2018, 223 – Anruf-Linientaxi.
419 ... zumindest Anschlussbeschwerde.
420 Ein vorläufiges Insolvenzverfahren mit der Anordnung eines bloßen Zustimmungsvorbehaltes ist kein Unterbrechungsgrund (BGH, NJW 1999, 2822).
421 Gleiches gilt für ein Zwangsmittelverfahren nach § 888 ZPO.
422 Vgl LG Düsseldorf, InstGE 3, 229 – Verhütungsmittel, mwN zum Streitstand.

oder ersatzweise verhängten – **Ordnungshaft**, deren Vollstreckung durch ein Insolvenzverfahren nicht gehindert wird.[423]

223 Befindet sich nur die Gesellschaft in Insolvenz, nicht dagegen deren mitverurteilter **Geschäftsführer** oder Vorstand, so kann die Zwangsvollstreckung, soweit das gegen den Geschäftsführer oder Vorstand persönlich ausgebrachte Ordnungsmittel betroffen ist, ungehindert fortgesetzt werden.

9. Ausländischer Schuldner

224 Ist der Beklagte eine ausländische Partei[424], verbieten sich aus Gründen der staatlichen Souveränität jedwede Maßnahmen der Zwangsvollstreckung eines deutschen Gerichts *im Ausland*.[425] Als Vollstreckungsakt werden dabei nicht erst die Verhängung eines Ordnungsgeldes und dessen Beitreibung angesehen, sondern bereits die nach § 890 Abs 2 ZPO erforderliche Ordnungsmittelandrohung. Sämtliche vorgenannten Maßnahmen haben deswegen grundsätzlich zu unterbleiben, wenn Beklagter/Schuldner eine ausländische Partei ist. Abweichendes gilt nur dann, wenn völkerrechtliche Übereinkommen anderes bestimmen. Dies ist im Geltungsbereich der EuGVVO wegen dessen Art 55 (= Art 49 VO 44/2001) der Fall. Die Vorschrift bestimmt, dass ausländische Entscheidungen, die auf Zahlung eines Zwangsgeldes lauten, im Vollstreckungsmitgliedstaat vollstreckbar sind, wenn die Höhe des Zwangsgeldes durch die Gerichte des Ursprungsmitgliedstaates endgültig festgesetzt ist. Wird die Verhängung eines Ordnungsgeldes – wofür vieles spricht – als Anordnung zur Zahlung von Zwangsgeld iSd **Art 55 EuGVVO** verstanden, so sind deshalb Ordnungsgeldbeschlüsse zulässig. Daraus folgt, dass erst recht ihre – wenn auch der Höhe noch unbestimmte – Androhung möglich ist.[426] Die Verhängung von Ordnungshaft (und ihre Androhung) ist demgegenüber nicht gestattet.

225 Seit dem 21.10.2005 stellt die EuVTVO eine weitere, vereinfachte Vollstreckungsmöglichkeit bereit, indem für unbestrittene Forderungen in einer Zivil- oder Handelssache die Bestätigung des nationalen Titels als **europäischer Vollstreckungstitel** beantragt werden kann, der sogleich und ohne Exequaturverfahren in allen anderen Mitgliedstaaten der EU direkt vollstreckbar ist. Ein Vorgehen nach der EuVTVO kommt auch für den Gläubiger in Betracht, der einen – national von Amts wegen zu vollstreckenden – Ordnungsgeldbeschluss gegen einen Ausländer erwirkt hat.[427]

226 Wo Sonderbestimmungen wie Art 55 EuGVVO oder die Vorschriften der EuVTVO fehlen, bleiben Zwangsvollstreckungsmaßnahmen gegen einen ausländischen Schuldner lediglich dann zulässig, wenn die Vollstreckungswirkungen ausschließlich im Inland stattfinden, zB indem Zwang auf den Schuldner im Inland ausgeübt wird, um eine Duldung im Ausland zu erreichen.[428] Für die praktische Handhabung sind unterschiedliche Konstellationen denkbar:

227 War der **Beklagte** im Verletzungsprozess **anwaltlich vertreten**, so sind die die Ordnungsmittelandrohung enthaltende Entscheidung ebenso wie alle weiteren Schriftsätze und Beschlüsse im anschließenden Zwangsvollstreckungsverfahren an den im Erkenntnisverfahren bestellten Anwalt des Beklagten zuzustellen (§ 172 Abs 1 ZPO). An ihn

---

423 BGH, WM 2019, 210.
424 Der Gläubiger eines Ordnungsmittelbeschlusses hat kein rechtlich schützenswertes Interesse an der Anerkennung eines derartigen Beschlusses als europäischer Vollstreckungstitel nach EG-VO 805/2004 (OLG München, GRUR-RR 2009, 324 [LS]).
425 BGH, MDR 2010, 51.
426 BGH, MDR 2010, 51.
427 BGH, GRUR 2010, 662 – Ordnungsmittelbeschluss.
428 BGH, MDR 2010, 51.

können Zustellungen auch dann noch bewirkt werden, wenn das Mandat zum Beklagten beendet ist.[429] Dies folgt aus § 87 Abs 1 ZPO, der bestimmt, dass die Prozessvollmacht im Anwaltsprozess nicht bereits durch Kündigung des Mandatsverhältnisses erlischt, sondern erst dadurch zum Erliegen kommt, dass sich für die Partei ein neuer Anwalt bestellt. Bis dahin ist der ursprünglich mandatierte Anwalt standesrechtlich verpflichtet, ihm gemäß § 172 ZPO zugestellte Schriftstücke an seine Partei weiterzuleiten. Mit Rücksicht auf die geschilderte Rechtslage finden sämtliche Zustellungen, die als Maßnahmen der Zwangsvollstreckung aufgefasst werden könnten, im Inland statt. Bis zum Beschluss über die Festsetzung von Ordnungsmitteln können deswegen alle Anordnungen in gleicher Weise ergehen wie gegenüber einem deutschen Schuldner. Die anschließende Vollziehung (Beitreibung) eines festgesetzten Ordnungsmittels verbietet sich allerdings, soweit sie im Ausland vorzunehmen wäre. Hierzu bedarf es einer Anerkennung des erstrittenen Titels im Heimatland des Schuldners, weil erst sie die Möglichkeit schafft, das Ordnungsmittel aufgrund der dortigen Vorschriften der Zwangsvollstreckung durchsetzen zu lassen.[430] Kennt das nationale Recht des Schuldners die zum Zwecke der Vollstreckung anzuerkennende Maßnahme selbst nicht, hat das für die Anerkennung angerufene Gericht auf der Grundlage seines innerstaatlichen Rechts eine vergleichbare Zwangsmaßnahme anzuordnen oder, wenn eine solche nicht vorgesehen ist, eine Maßnahme anzuordnen, die die Befolgung des Titels in gleichwertiger Weise gewährleistet.[431] Zulässig bleiben Beitreibungsmaßnahmen, die sich auf das Inland beschränken, zB Pfändungsmaßnahmen gegen den Schuldner, wenn und sobald sich dieser (anlässlich einer Messe oder dergleichen) wieder im Inland aufhält.

Eigentlich problematisch sind diejenigen Fälle, bei denen der **Schuldner** in dem Vollstreckungstitel zugrunde liegenden Erkenntnisverfahren **anwaltlich nicht vertreten** war. Zu denken ist namentlich an Versäumnisurteile oder Beschlussverfügungen gegen eine ausländische Partei. Hier hat die Zustellung der Ordnungsmittelandrohung und des Ordnungsmittelbeschlusses im Ausland zu erfolgen. Werden darin Maßnahmen der Zwangsvollstreckung gesehen, haben bereits sie wegen des mit ihnen verbundenen Eingriffs in fremde Hoheitsrechte zu unterbleiben. Der Gläubiger ist aufgrund dessen gehalten, die Voraussetzungen für eine Zwangsvollstreckung des titulierten Anspruchs (zB auf Unterlassung) im Heimatland des Schuldners zu schaffen.[432] Für den europäischen Raum existiert allerdings eine wichtige Ausnahme: Für die Zustellung eines Strafbefehls erklärt § 37 Abs 1 StPO die Vorschriften der ZPO für entsprechend anwendbar. Einschlägig ist mithin auch § 183 Abs 5 ZPO, der die Zustellung durch Einschreiben mit Rückschein nach Maßgabe der EG-Zustellungsverordnung Nr 1393/2007 vom 13.11.2007 zulässt. Kann sogar ein Strafbefehl im EG-Ausland zugestellt werden, so gilt gleiches erst recht für die Androhung und Festsetzung von Ordnungsmitteln, die nicht (wie ein Strafbefehl) ausschließlich, sondern lediglich unter anderem Sanktionscharakter haben.

228

III. Zwangsmittelverfahren

1. Allgemeines und Verfahrensfragen

Kommt der Beklagte seiner Verpflichtung zur Auskunftserteilung und/oder Rechnungslegung nicht oder nicht vollständig nach[433], hat der Kläger die Möglichkeit, zur Durch-

229

---

429 Vgl nur Zöller, § 172 ZPO Rn 9, mwN.
430 Vgl BGHZ 131, 141 = NJW 1996, 198 = Mitt 1996, 253.
431 Vgl EuGH, GRUR 2011, 518 – DHL Express France/Chronopost (zu einem EU-weiten Verbot aus einer Gemeinschaftsmarke).
432 Vgl BGHZ 131, 141.
433 Im Rahmen des Vollstreckungsverfahrens ist der Erfüllungseinwand des Schuldners zu prüfen, vgl BGH, VersR 2007, 1081. Genauso beachtlich ist der Einwand der Unmöglichkeit, und zwar auch dann, wenn die Unmöglichkeit der Rechnungslegung selbst verschuldet ist (BGH, GRUR 2009, 794 – Auskunft über Tintenpatronen).

setzung seines Anspruchs beim Landgericht – als dem Prozessgericht erster Instanz – die Festsetzung eines Zwangsmittels nach § 888 ZPO[434] zu beantragen.[435] § 887 ZPO ist nicht einschlägig.[436] Der Antrag ist auch dann zulässig, wenn der Aufenthalt des Schuldners nicht bekannt ist und an ihn deswegen schon im Erkenntnisverfahren öffentlich zugestellt worden ist.[437]

230 Als Zwangsmittel kommen Zwangsgeld (bis zu 25.000 €[438]) oder Zwangshaft (bis zu sechs Monaten[439]) in Betracht. Ihre Höhe muss vom Gläubiger bei der Antragstellung nicht angegeben werden. Allerdings sollte die Begründung – wie beim Schmerzensgeld – im eigenen Interesse des Gläubigers einen Orientierungswert liefern, damit sich für den Fall eines etwaigen späteren Rechtsmittels die Beschwer rechtfertigen lässt. **Bemessungsfaktoren** für das im Einzelfall zu verhängende Zwangsgeld sind das objektive wirtschaftliche Interesse des Gläubigers an der Auskunft, die Hartnäckigkeit, mit der der Schuldner die Erfüllung seiner Pflicht verweigert[440] sowie die finanzielle Leistungsfähigkeit des Schuldners.[441] Die Zwangsgeldhöhe ist nicht durch den wirtschaftlichen Wert der unzureichend mitgeteilten Rechnungslegungsposition gedeckelt.[442]

231 Durch die Zahlung des festgesetzten Zwangsgeldes kann sich der Schuldner seiner Verpflichtung zur Rechnungslegung nicht entledigen. Das Zwangsmittel kann vielmehr **wiederholt** verhängt werden, und zwar so lange, bis der titulierte Rechnungslegungsanspruch restlos erfüllt ist.[443]

232 Eine Zwangsvollstreckung gegen eine ausländische Partei im **Ausland** kommt aus den unter Kap H Rdn 224 ff dargelegten Gründen nicht in Betracht.

233 Zur Erfüllung des Rechnungslegungsanspruchs, der sich gegen eine **juristische Person** richtet, ist derjenige gesetzliche Vertreter berufen, der zum Zeitpunkt der zu erfüllenden Pflicht Organ der Gesellschaft ist. Sofern neben der Gesellschaft auch deren **Geschäftsführer persönlich** mitverurteilt ist, umfasst dessen Pflicht zur Auskunftserteilung grundsätzlich auch solche Verletzungshandlungen, die er in anderer Funktion (zB als Einzelkaufmann oder als Geschäftsführer einer weiteren GmbH) vorgenommen hat.[444] Anders als im Ordnungsmittelverfahren[445] unterliegt die Verhängung von Zwangsmitteln gegen den mitverurteilten Geschäftsführer mit Rücksicht auf seine ausschließliche Tätigkeit als Vertretungsorgan der Gesellschaft keinen Restriktionen.[446] Er ist schon deshalb stets selbst zu belangen, weil er (notfalls eine Null-)Auskunft dazu schuldet, ob er ggf in eigener Person oder für ein anderes Unternehmen rechnungslegungspflichtige Handlungen vorgenommen hat.

---

434 BGH, GRUR 2009, 794 – Auskunft über Tintenpatronen.
435 BGH, GRUR 2015, 1248 – Tonerkartuschen. Bleibt das LG unangemessen lange untätig, ist als außerordentlicher Rechtsbehelf eine Untätigkeitsbeschwerde an das OLG zulässig (vgl OLG Schleswig, MDR 2009, 1065).
436 LG Düsseldorf, InstGE 7, 188 – Vollstreckung der Rechnungslegung; BGH, MDR 2008, 391; BGH, NJW 2006, 2706 (zur Erteilung einer Betriebskostenabrechnung), anders bei Verurteilung zur Erteilung eines Buchauszuges (§ 887 ZPO): BGH, VersR 2007, 1081; OLG Karlsruhe, MDR 2015, 169.
437 BGH, NJW 2013, 2906 – Zwangsmittelfestsetzung.
438 § 888 Abs 1 Satz 2 ZPO.
439 §§ 888 Abs 1 Satz 3, 913 ZPO.
440 OLG Karlsruhe, MDR 2000, 229; Thüringer OLG, FamRZ 2013, 656.
441 OLG Düsseldorf, Beschluss v 29.8.2013 – I-2 W 28/13.
442 OLG Düsseldorf, Beschluss v 29.8.2013 – I-2 W 28/13.
443 Zu Einzelheiten vgl unten Rdn 246 ff.
444 OLG Düsseldorf, GRUR-RR 2012, 406 – Nullauskunft; zustimmend: OLG Frankfurt/Main, GRUR-RR 2015, 408 – Zwangsgeld gegen Geschäftsführer.
445 Vgl BGH, GRUR 2012, 541 – Titelschuldner im Zwangsvollstreckungsverfahren.
446 OLG Frankfurt/Main, GRUR-RR 2015, 408 – Zwangsgeld gegen Geschäftsführer; OLG Frankfurt/Main, GRUR-RR 2021, 477 – Salami und Oliven.

Der dem Zwangsmittelantrag stattgebende Beschlusstenor lautet beispielsweise wie folgt: 234

Praxistipp	Formulierungsbeispiel
	1. Die Schuldner[447] werden durch ein Zwangsgeld von jeweils 15.000 €, ersatzweise 1 Tag Zwangshaft für je 1.500 €, wobei die Zwangshaft hinsichtlich der Schuldnerin zu 1. (= GmbH) an ihrem Geschäftsführer …[448] zu vollziehen ist, dazu angehalten, dem Gläubiger entsprechend dem Urteil der Kammer vom … Rechnung zu legen.
	2. Das Zwangsmittel darf nicht vor Ablauf von drei Wochen nach Zustellung dieses Beschlusses an die Schuldner vollstreckt werden.[449]
	3. Die Kosten der Zwangsvollstreckungsverfahren haben die Schuldner zu tragen.[450]
	4. Der Gegenstandswert für das Verfahren gegen jeden der Schuldner wird auf 25.000 € festgesetzt.[451]

235

Anders als beim Ordnungsgeld wird das festgesetzte Zwangsmittel nicht von Amts wegen beigetrieben. Verantwortlich hierfür ist – obwohl auch das Zwangsgeld der Landeskasse zufällt – der Gläubiger. Ihm stehen sämtliche Möglichkeiten der Zwangsvollstreckung wegen einer Geldforderung zu Gebote, zB die Pfändung von Sachen, Forderungen oder gewerblichen Schutzrechten(!)[452] des Schuldners. Zum Verfahren bei nachträglicher Aufhebung des Vollstreckungstitels vgl die obigen Ausführungen zum Ordnungsmittelverfahren. 236

---

447 ZB eine GmbH und ihr Geschäftsführer, wenn sich das zugrunde liegende Urteil gegen beide richtet.
448 Der betreffende Geschäftsführer ist namentlich zu bezeichnen; bei mehreren Vertretungsorganen steht dem Gläubiger das Wahlrecht zu, was bedingt, dass er sich dazu erklärt, gegen welchen der gesetzlichen Vertreter eine Zwangshaft vollstreckt werden soll.
449 Durch diesen – möglichen und zumindest im Rahmen des ersten Zwangsmittelverfahrens auch gebräuchlichen – Vorbehalt wird den Schuldnern eine letzte Frist zur Anfertigung oder Vervollständigung ihrer Rechnungslegung eingeräumt. Er führt nicht zu einer gemäß § 888 Abs 2 ZPO unzulässigen Androhung von Zwangsmitteln (BGH, GRUR 2009, 794 – Auskunft über Tintenpatronen). Die Frist muss nicht so lang bemessen sein, dass der Schuldner Gelegenheit hat, die komplette Rechnungslegung zu erstellen; vielmehr geht es darum, letzte Angaben zu vervollständigen. Allenfalls bei einem völlig offenen Verfahrensausgang kann es angemessen sein, die Nachholfrist so weit zu erstrecken, dass der Schuldner die gesamten Rechnungslegungsangaben erst im Anschluss an den Zwangsgeldbeschluss zu ermitteln und zusammenzustellen hat. Im Beschwerdeverfahren besteht dazu jedenfalls dann kein Anlass, wenn das Landgericht ein Zwangsmittel verhängt hat. Ein Schuldner, der gleichwohl keine Anstrengungen zur Rechnungslegung unternimmt, sondern die Beschwerdeentscheidung abwartet, handelt auf eigenes Risiko (OLG Düsseldorf, GRUR-RR 2013, 273 – Scheibenbremse).
450 Richtet sich der Antrag gegen mehrere Schuldner, liegen mehrere, der Zahl der Schuldner entsprechende selbständige Vollstreckungsverfahren vor mit der Folge, dass in Bezug auf jeden von ihnen ein gesonderter Gegenstandswert festzusetzen ist und in Bezug auf jeden Schuldner eine eigene Kostenentscheidung ergeht (OLG Düsseldorf, Beschluss v 4.11.2020 – I-2 W 20/20).
451 Da mit dem Zwangsmittelantrag der Anspruch auf Rechnungslegung durchgesetzt werden soll, entspricht der Gegenstandswert demjenigen Teil des Streitwertes im Erkenntnisverfahren, der auf den Rechnungslegungsanspruch entfällt. Im Allgemeinen ist dies 1/5 des im Erkenntnisverfahren festgesetzten Gesamtstreitwertes. Eine Wertfestsetzung von Amts wegen ist sowohl in erster als auch in zweiter Instanz – aus denselben Gründen wie beim Ordnungsmittelverfahren (vgl oben zu Rdn 175) – unzulässig.
452 BGH, GRUR 1994, 602, 603 – Rotationsbürstenwerkzeug; zu Einzelheiten vgl Eigen, Zwangsvollstreckung in gewerbliche Schutzrechte, 2012.

237 Der Zwangsmittelbeschluss ist innerhalb einer Notfrist von zwei Wochen (die mit der Zustellung zu laufen beginnt) mittels der **sofortigen Beschwerde** anfechtbar (§§ 793, 567 ff ZPO). Ihr kann sich der Beschwerdegegner (unselbständig) anschließen, ohne besondere Fristen beachten zu müssen.[453] Geschieht dies, können von ihm weitergehende Ansprüche allerdings nur gegen den Beschwerdeführer, aber nicht gegen eine entweder am gesamten Zwangsmittelverfahren oder am Beschwerdeverfahren nicht beteiligte Person verfolgt werden.[454]

238 Die Einlegung der Beschwerde hat **Suspensivwirkung** (§ 570 Abs 1 ZPO), bis das Beschwerdeverfahren (ggf einschließlich eines etwaigen Verfahrens nach § 321a ZPO) beendet ist.[455] Eines zusätzlichen Aussetzungsbeschlusses bedarf es nicht; für ihn besteht kein Rechtschutzbedürfnis.[456]

239 Hat die Beschwerde überwiegend Erfolg, kann die **Gerichtsgebühr** für das Beschwerdeverfahren erlassen oder ermäßigt werden (KV Nr 2121 zum GKG).

240 Im Beschwerdeverfahren scheidet eine **reformatio in peius** zum Nachteil des Rechtsmittelführers aus. Verboten ist insofern nicht nur eine betragsmäßige Erhöhung des Zwangsgeldes, sondern ebenso, auf eine Schuldnerbeschwerde einen Teil der ursprünglich herangezogenen Rechnungslegungsmängel fallen zu lassen und das festgesetzte Zwangsgeld mit dem Hinweis aufrecht zu erhalten, die übrig gebliebenen Unzulänglichkeiten rechtfertigten das Zwangsgeld, weil die ursprünglich vorgenommene Bemessung zu milde gewesen sei. Hat das Landgericht einen Zwangsmittelantrag zu Unrecht als unzulässig zurückgewiesen, steht das Verschlechterungsverbot keiner Beschwerdeentscheidung entgegen, die den Antrag stattdessen (und richtigerweise) als unbegründet zurückweist.[457]

241 Andererseits ist eine Herabsetzung des vom Landgericht verhängten Zwangsmittels geboten, wenn der Schuldner **während des Beschwerdeverfahrens ergänzende Angaben** macht, die die Beanstandungen in einem Maße ausräumen, dass zur Einwirkung auf den Schuldner nur noch ein reduziertes Zwangsgeld gerechtfertigt ist.[458]

Praxistipp	Formulierungsbeispiel

242 Bisweilen sind die Gerichte bei der Verhängung eines spürbaren (dh den Schuldner in geeigneter Weise motivierenden) Zwangsmittels unangemessen zurückhaltend, indem zB nur ein geringes Zwangsgeld festgesetzt oder mehrfach hintereinander Zwangsgelder anstelle der längst fälligen Zwangshaft angeordnet werden. In solchen Fällen empfiehlt es sich für den Gläubiger, ebenfalls Beschwerde gegen den Zwangsmittelbeschluss einzulegen mit dem Antrag, ein empfindlicheres Zwangsgeld (dessen Mindesthöhe angegeben werden sollte) oder Zwangshaft anstelle von Zwangsgeld zu verhängen.

Relevant für eine eigene Gläubigerbeschwerde sind darüber hinaus alle diejenigen Fälle, in denen das Landgericht eine Unvollständigkeit der Rechnungslegung zu verschiedenen Positionen oder in Bezug auf eine abgewandelte Ausführungsform verneint und somit auf der Grundlage weniger umfassender Versäumnisse des Schuldners zu dem festgesetzten niedrigen Zwangsgeld gelangt ist. Hier eröffnet die Beschwerde dem Gläubiger die Möglichkeit, seinen Standpunkt vom Umfang der Rechnungslegungsmängel in der Beschwerdeinstanz zur Über-

---

453 OLG Düsseldorf, Beschluss v 10.6.2022 – I-2 W 6/22.
454 OLG Düsseldorf, Beschluss v 14.3.2013 – I-2 W 4/13.
455 BGH, MDR 2011, 1503; BGH, BeckRS 2012, 12382. Für das Rechtsbeschwerdeverfahren erklärt § 575 Abs 5 ZPO die Vorschrift des § 570 Abs 1 ZPO für entsprechend anwendbar.
456 BGH, GRUR 2021, 1556 – Erzwingungshaft.
457 BGH, GRUR 2018, 219 – Rechtskraft des Zwangsmittelbeschlusses.
458 OLG Düsseldorf, GRUR-RS 2021, 22988 – Zirkonium-Cer-Verbundoxid III.

> prüfung zu stellen. Besonders zu beachten ist, dass zuweilen erst im Nichtabhilfeverfahren der eine oder andere Vorwurf unzureichender Rechnungslegung vom Landgericht fallen gelassen wird. Selbst wenn das verhängte Zwangsgeld gleich bleibt, kann es sich der Sache nach trotzdem um eine teilweise Abhilfe der Beschwerde des Schuldners verbunden mit einer teilweisen Zurückweisung des Zwangsmittelantrages handeln.[459] Nur wenn der Gläubiger in dieser Situation selbst Beschwerde (oder Anschlussbeschwerde[460]) einlegt, hat er die Möglichkeit, vor dem Beschwerdegericht mit denjenigen Mängeln der Rechnungslegung zu argumentieren, derentwegen sich das Landgericht geweigert hat, ein Zwangsmittel festzusetzen.
>
> Derjenige Gläubiger, der im Zwangsmittelverfahren kein Stehvermögen zeigt und vorschnell aufgibt, wird im anschließenden Höheverfahren die schmerzlichen Konsequenzen zu tragen haben, weil dort er die volle Darlegungs- und Beweislast für alle Zahlen trägt, die den von ihm herausverlangten Verletzergewinn ergeben.

Soll nach Rechtskraft des Zwangsmittelbeschlusses geltend gemacht werden, dass nunmehr umfassend Rechnung gelegt sei, hat der Schuldner eine **Vollstreckungsgegenklage** zu erheben (§ 767 ZPO), die zweckmäßigerweise mit einem Antrag auf einstweilige Einstellung der Zwangsvollstreckung aus dem rechtskräftigen Zwangsmittelbeschluss (§ 769 ZPO) kombiniert wird.[461] Ihr steht die Rechtskraft der Entscheidungen im Zwangsmittelverfahren nicht entgegen, weil die entschiedene Frage einer Nichtvornahme der geschuldeten unvertretbaren Handlung eine bloße Vorfrage darstellt, die an der Rechtskraftwirkung nicht teilnimmt.[462] Die Frage, ob ordnungsgemäß Rechnung gelegt wurde, ist deshalb im Rahmen der Abwehrklage eigenständig und ohne Bindung an die Erkenntnisse des vorausgegangenen Zwangsmittelverfahrens zu beurteilen, und zwar nicht nur dann, wenn es um eine im Nachgang zum Zwangsmittelverfahren gegeben Auskunft geht, sondern genauso dann, wenn es um dieselbe Rechnungslegung geht, die bereits Gegenstand des Zwangsmittelverfahrens war. Letzteres hat insofern Bedeutung, als mit der Vollstreckungsabwehrklage der Rechtsweg zum BGH eröffnet sein kann, was im Zwangsmittelverfahren nicht der Fall ist, wenn das Beschwerdegericht die Rechtsbeschwerde nicht ausnahmsweise zugelassen hat. 243

Auch wenn im vorausgegangenen Zwangsmittelverfahren bereits darüber gestritten wurde, ob eine bestimmte Rechnungslegung als Erfüllung der titulierten Pflicht anzuerkennen ist, kann, wenn die Parteien sich insoweit uneins sind, ein rechtliches Interesse der Parteien dafür anerkannt werden, dies im Wege einer **Feststellungsklage** (§ 256 Abs 1 ZPO) über die Reichweite des Titels im ordentlichen Rechtsweg klären zu lassen.[463] 244

Eine – einseitige oder übereinstimmende – **Erledigungserklärung** ist im Zwangsmittelverfahren möglich. Sie ist angebracht, wenn der Rechnungslegungsanspruch (ganz oder 245

---

459 OLG Düsseldorf, Beschluss v 27.6.2012 – I-2 W 14/12.
460 Sie ist nicht fristgebunden und deshalb bis zum Abschluss des Beschwerdeverfahrens möglich und sie kann, auch wenn das Beschwerdeverfahren bereits an das Beschwerdegericht abgegeben worden ist, bis zuletzt auch beim Ausgangsgericht eingelegt werden (BGH, GRUR 2013, 1071 – Umsatzangaben). Die Anschlussbeschwerde setzt – wie die Anschlussberufung – auch keine eigene Beschwer voraus und kommt deshalb auch dann in Betracht, wenn der Gläubiger im erstinstanzlichen Verfahren vollständig obsiegt hat. Erstmals im Beschwerdeverfahren können daher neue Zuwiderhandlungen/Rechnungslegungsmängel reklamiert oder – auf gleicher oder ergänzter Tatsachengrundlage – ein höheres Ordnungs- oder Zwangsmittel angestrebt werden. Anders als die Anschlussberufung ist die Anschlussbeschwerde nicht fristgebunden (OLG Düsseldorf, Beschluss v 10.6.2022 – I-2 W 6/22).
461 Entscheidungen nach § 769 ZPO sind unanfechtbar (OLG München, MDR 2011, 1321, mwN).
462 BGH, GRUR 2018, 219 – Rechtskraft des Zwangsmittelbeschlusses.
463 BGH, GRUR 2018, 219 – Rechtskraft des Zwangsmittelbeschlusses.

teilweise) erst während des Vollstreckungsverfahrens erfüllt wird[464] und führt zu einem Feststellungsausspruch über die Zulässigkeit und Begründetheit des ursprünglichen Vollstreckungsbegehrens bzw zu einer Kostenentscheidung nach § 91a ZPO.[465]

2. Wiederholter Zwangsmittelantrag

246 Ein weiterer (zweiter, dritter, etc) Zwangsmittelantrag wegen Nichtvornahme derselben Auskunft ist nur zulässig, wenn das bereits festgesetzte Zwangsmittel gegen den Schuldner ergebnislos vollstreckt worden ist, ohne dass dieser – vollständig – Rechnung gelegt hat.[466] So lange dies nicht geschehen ist, fehlt einem neuerlichen Zwangsmittelantrag des Gläubigers das Rechtsschutzbedürfnis. Die Vollstreckung des verhängten Zwangsgeldes muss nicht nur begonnen, sondern vollständig durchgeführt sein, wobei es maßgeblich auf den Zeitpunkt der gerichtlichen Entscheidung ankommt.[467] Die bloße Pfändung eines Gesellschaftsanteils gemäß §§ 857, 829 ZPO ist deshalb unzureichend, wenn der gepfändete Gegenstand nicht anschließend (insbesondere durch Überweisung zur Einziehung) auch verwertet worden ist.[468] Es ist also nicht möglich, Zwangsmittelbeschlüsse gegen den Schuldner zu »sammeln«.

3. Zwangshaft gegen juristische Personen

247 Handelt es sich bei dem oder bei einem der Schuldner um eine juristische Person (zB GmbH) oder eine Handelsgesellschaft (zB oHG), ist eine gegen sie festgesetzte Zwangshaft an deren gesetzlichem Vertreter (zB Geschäftsführer) zu vollstrecken. Das gilt auch für eine etwaige Ersatzzwangshaft wegen Uneinbringlichkeit des Zwangsgeldes.

248 Bei **mehreren Geschäftsführern** erfolgt die Haftanordnung nicht kumulativ gegen sämtliche oder gegen mehrere von ihnen, sondern immer nur – stellvertretend für die Schuldnerin – gegen *einen* von ihnen, wobei dem Gläubiger das freie[469] Wahlrecht zusteht. Dementsprechend hat sich der Gläubiger bereits in seinem Zwangsgeldantrag, spätestens jedoch bis zur gerichtlichen Beschlussfassung, verbindlich darüber zu erklären, welches der zur Auswahl stehenden – namentlich zu benennende – Vertretungsorgan für die Zwangshaft einstehen soll.[470] Dies gilt sowohl für die Ersatz- als auch für eine originär verhängte Zwangshaft. Geschieht die Benennung nicht, ist von der Anordnung einer Zwangs- oder Ersatzzwangshaft allein deswegen abzusehen, selbst wenn dessen Verhängung im Übrigen gerechtfertigt sein sollte. Die (im Zusammenhang mit der Auskunfts- und Rechnungslegungsverurteilung an sich überflüssige[471] und in der Praxis auch nicht gebräuchliche) Androhung von Zwangs- oder Ersatzzwangshaft bedarf keiner namentli-

---

464 … was noch nicht der Fall ist, wenn die Rechnung im Rahmen der Durchsetzung eines nur vorläufig vollstreckbaren Urteils gelegt wird.
465 OLG Stuttgart, MDR 2010, 1078.
466 BGH, WM 2018, 2254; OLG München, InstGE 9, 57 – Kumulierte Zwangsgeldanträge.
467 BGH, WM 2018, 2254. Ist das erste Zwangsgeld bei Anbringung des zweiten Zwangsmittelantrages noch nicht gezahlt/vollstreckt, so bleibt dies deshalb unschädlich, wenn die Beitreibung bis zur gerichtlichen Entscheidung über den abermaligen Vollstreckungsantrag geschieht.
468 LG Düsseldorf, InstGE 7, 184 – wiederholter Zwangsmittelantrag.
469 Irgendeiner Begründung für die getroffene Wahl bedarf es nicht; folgerichtig findet auch keine gerichtliche Überprüfung statt. Zweckmäßigerweise wird sich der Gläubiger für dasjenige Vertretungsorgan entscheiden, das greifbar ist. Sind mehrere Geschäftsführer greifbar, macht es Sinn, sich für denjenigen zu entscheiden, der im Unternehmen die einflussreichste (prominenteste) Stellung hat.
470 BGH, BB 1991, 1446 – Fachliche Empfehlung II.
471 … weil eine Parallelvorschrift zu § 890 Abs 2 ZPO fehlt.

chen Auswahl; die Androhung kann vielmehr dahin gehend formuliert werden, dass eine gegen die Gesellschaft verhängte Haft an ihren gesetzlichen Vertretern zu vollstrecken ist.[472]

Unberührt von der vorgenannten Einschränkung bleiben die gegen den Geschäftsführer **persönlich** ausgebrachte Verurteilung und das hierauf gegen ihn persönlich verhängte Zwangsmittel. 249

4. Erfüllung des Rechnungslegungsanspruchs

Die Verhängung von Zwangsmitteln kommt nicht mehr in Betracht, wenn der Schuldner der fraglichen Pflicht ordnungsgemäß nachgekommen ist, was vom Vollstreckungsgericht im Verfahren nach § 888 ZPO auf entsprechenden Einwand hin zu prüfen ist.[473] Nach formeller Rechtskraft der Zwangsgeldanordnung sind die Auskunftspflicht erfüllende Handlungen im Wege der Vollstreckungsabwehrklage (§ 767 ZPO) geltend zu machen.[474] Gleiches gilt, wenn der titulierte Rechnungslegungsanspruch aus anderen Gründen nicht mehr besteht, zB weil die Parteien oder deren Lieferanten einen die gesamte Verletzerkette begünstigenden **Schadenersatzvergleich** geschlossen haben, der alle Ansprüche abgilt und deshalb auch den Hilfsanspruch auf Rechnungslegung zu Fall bringt.[475] 250

Erfüllt ist der titulierte Rechnungslegungsanspruch erst dann, wenn der Schuldner über seine Benutzungshandlungen unter Darlegung sämtlicher im Urteilstenor aufgelisteten Einzeldaten Auskunft gegeben hat. Dies hat in deutscher **Sprache** zu geschehen. In der Instanzrechtsprechung ist vereinzelt die Auffassung vertreten worden, dass, wenn es sich bei dem Auskunftsgläubiger um ein international tätiges Unternehmen handelt, eine Auskunft auch in englischer (nicht aber in chinesischer) Sprache möglich ist.[476] Die Auskünfte sind dem Gläubiger persönlich zu erteilen; eine **Hinterlegung** kommt, so lange sich der Gläubiger nicht im Annahmeverzug befindet (indem er die ihm tatsächlich angebotene, ordnungsgemäße Auskunft zurückgewiesen hat), nicht in Betracht.[477] Gleiches gilt für das Angebot, die Auskunftsdaten unter Verschwiegenheitsvereinbarung an ein »Clean Team« zu übermitteln.[478] 251

Für die Rechnungslegung ist dem Schuldner nach Vorliegen der Vollstreckungsvoraussetzungen eine nach den jeweiligen Umständen des Einzelfalles angemessene[479] **Frist** einzuräumen, nach deren Ablauf ein Antrag nach § 888 ZPO mit Aussicht auf Erfolg gestellt werden kann. Die Länge der Frist hängt vom Einzelfall, insbesondere von dem Umfang der für die Rechnungslegung aufzuarbeitenden Daten ab. In jedem Fall ist die Rechnungslegung aber eine Pflicht, welcher sich der Schuldner in seinem Unternehmen vordringlich und mit der gebotenen Eile zu widmen hat. Eine bloß vorläufige Rechnungslegung kennt das Gesetz nicht. Wird nur sie innerhalb der angemessenen Frist präsentiert, sind Zwangsmittel zu verhängen. 252

Zur Übermittlung der Rechnungslegung kann sich der Verpflichtete eines **Boten** bedienen, zB dadurch, dass er die Rechnung durch seinen Anwalt übermitteln lässt. Erforder- 253

---

472 BGH, BB 1991, 1446 – Fachliche Empfehlung II.
473 KG, MDR 2008, 349.
474 OLG Düsseldorf, MDR 2009, 1193.
475 OLG Düsseldorf, Beschluss v 17.12.2012 – I-2 W 28/12.
476 OLG Frankfurt/Main, Mitt 2018, 99 – Auskunftserteilung in fremder Sprache.
477 OLG Düsseldorf, GRUR 2020, 734 – Cholesterinblocker.
478 OLG Düsseldorf, GRUR-RR 2021, 145 – Eierverpackungen.
479 Wesentlich sind die Länge des auskunftspflichtigen Verletzungszeitraumes, die Menge des aufzuarbeitenden Datenmaterials und die hierfür beim Schuldner verfügbaren Ressourcen.

lich ist in jedem Fall, dass die betreffenden Informationen von dem Auskunftspflichtigen stammen, wobei die Urheberschaft ggf zu beweisen ist.[480]

a) Maßgeblichkeit von Urteilstenor und -gründen

254 Ob die Rechnungslegung des Schuldners vollständig ist, beurteilt sich nicht nach der materiellen Rechtslage, sondern ausschließlich nach den Vorgaben des Vollstreckungstitels zu Inhalt und Umfang der Rechnungslegungspflicht.[481] Es kommt mithin darauf an, ob – rein formal betrachtet und unabhängig von ihrer inhaltlichen Richtigkeit – zu sämtlichen Einzeldaten, zu denen der Urteilsausspruch den Schuldner verpflichtet, Angaben vorhanden sind.[482] Zur Auslegung des Vollstreckungstitels sind freilich die Entscheidungsgründe heranzuziehen.[483] Außerhalb des Titels liegende Umstände aus dem Erkenntnisverfahren kann das Vollstreckungsgericht heranziehen, wenn es den Titel selbst erlassen hat.[484] Angebracht kann dies insbesondere bei solchen vollstreckbaren Entscheidungen (wie Beschlussverfügungen) sein, die keine schriftliche Begründung enthalten.[485] Daraus folgt:

255 – Ist der Schuldner zur Auskunftserteilung über von ihm in Verkehr gebrachte Verletzungsgegenstände verurteilt worden, so unterliegen auch solche Produkte seiner Auskunftspflicht, für die im Zeitpunkt der Rechnungslegung (zB wegen eines schwebenden Eigentumsvorbehalts) noch nicht feststeht, ob es endgültig bei dem Verkaufsgeschäft bleibt. Denn das **Inverkehrbringen** stellt allein auf den Übergang der *tatsächlichen* Verfügungsgewalt ab, der auch dann stattfindet, wenn nicht gleichzeitig die rechtliche Verfügungsgewalt übergeht oder dies ggf niemals geschieht. Wird das Verkaufsgeschäft und der damit zusammenhängende Wechsel der Sachverfügungsgewalt später rückgängig gemacht (egal, ob wegen eines sich realisierenden Eigentumsvorbehalts, wegen eines vertraglichen oder gesetzlichen Vertragsrücktritts, aus Gründen der Gewährleistungshaftung oder wegen einer vom Verletzer aus reiner Kulanz akzeptierten Kundenretoure), so sind derartige Lieferungen selbstverständlich nicht schadenersatzpflichtig und haben insbesondere bei der Berechnung des Verletzergewinns außer Betracht zu bleiben. So lange die Rückabwicklung noch nicht (einvernehmlich oder streitig) vollzogen ist, ist freilich auch über *solche* Lieferungen vollständig Rechnung zu legen. Der Schuldner hat also keinen Anspruch darauf, sich zu im Zeitpunkt seiner Rechnungslegung noch »schwebenden« Lieferungen vorerst nicht erklären zu müssen. Um ggf später notwendig werdende korrigierende Angaben von Beginn an plausibler zu machen, steht es ihm natürlich frei (und hiervon sollte im Zweifel auch Gebrauch gemacht werden), im Einzelfall darauf hinzuweisen, dass eine bestimmte (konkret bezeichnete) Lieferung, die in der Rechnung enthalten ist (zB wegen eines offenen Eigentumsvorbehalts) noch nicht endgültig ist.

256 – Unbeachtlich ist eine **Nullauskunft**, die damit gerechtfertigt wird, dass patentverletzende Gegenstände nicht vertrieben worden sind, weil die streitbefangenen Vorrichtungen – entgegen den Annahmen im Erkenntnisverfahren – tatsächlich keinen Gebrauch von einem bestimmten Merkmal des Klagepatents machten. Unerheblich ist, ob in diesem Zusammenhang geltend gemacht wird, dass bei der gegebenen tatsächlichen Ausgestaltung richtigerweise kein Schutzbereichseingriff vorliege, oder ob für die als solche unstreitige Lieferung eine andere als die im Erkenntnisverfahren

---

480 BGH, MDR 2008, 391.
481 BGH, GRUR 2014, 605 – Flexitanks II; vgl auch BGH, VersR 2007, 1081.
482 BGH, GRUR 2014, 605 – Flexitanks II; vgl auch BGH, VersR 2007, 1081.
483 BGH, GRUR 2014, 605 – Flexitanks II.
484 BGH, GRUR 2015, 1248 – Tonerkartuschen.
485 BGH, GRUR 2015, 1248 – Tonerkartuschen.

angenommene oder festgestellte Ausgestaltung behauptet wird.[486] Keine Rolle spielt, ob der Vollstreckungstitel durch ein kontradiktorisches oder ein Anerkenntnisurteil gebildet wird.[487] Über diejenige Ausführungsform, die im Erkenntnisverfahren als Schutzrechtsverletzung identifiziert wurde, ist deswegen vom Schuldner ohne Wenn und Aber Auskunft zu erteilen.[488] Das gilt ausnahmslos und uneingeschränkt, wenn es sich bei dem der Verurteilung zugrunde liegenden Verletzungsgegenstand um eine Konstruktion handelt, die keine toleranzbedingten Abweichungen kennt, welche es plausibel machen würden, dass einzelne Exemplare aufgrund **naturgegebener oder produktionsbedingter Variationen** außerhalb der Merkmale des Klagepatents liegen können. Anders kann es sich bei solchen Verletzungsprodukten verhalten, die in ihrer Konstitution und/oder in ihrem Eigenschaftsprofil verletzungsrelevant variieren können, was etwa bei Naturprodukten oder bei chemischen Produkten denkbar ist, deren stoffliche Zusammensetzung oder chemische Eigenschaften beispielsweise als Folge des angewendeten Herstellungsverfahrens in gewissen (schutzbereichsrelevanten) Grenzen schwanken können. Auch unter solchen Umständen bleibt es zwar bei dem Grundsatz, dass Auskunft über alle Ausprägungen der angegriffenen Ausführungsform zu erteilen ist; der Schuldner hat jedoch die Möglichkeit, im Vollstreckungsverfahren darzulegen, dass bestimmte Ausführungsformen (zB gewisse Chargen) dessen, was die angegriffene Ausführungsform des Erkenntnisverfahrens war, eine Konstitution besitzen, die sie jenseits der Anspruchsmerkmale des Klagepatents positionieren.[489] Da es sich um eine Ausnahme von der regelmäßigen Verpflichtung zur vollumfänglichen Auskunftserteilung über die angegriffene Ausführungsform handelt, liegt die Darlegungs- und Beweislast beim Schuldner. Er hat die Gründe dafür, dass und weshalb die Auskunfts- und Rechnungslegungspflicht – trotz seiner vorbehaltlosen Verurteilung – für einzelne, formal dem Tenor unterfallende Gestaltungen nicht gelten soll, so detailliert darzulegen, dass der Gläubiger (der naturgemäß keinen Zugriff auf alle Ausprägungen der angegriffenen Ausführungsform hat und dem typischerweise auch nähere Kenntnisse zu deren Hervorbringung fehlen) in die Lage versetzt wird, die Einlassung des Schuldners, bestimmte Varianten wiesen nicht die Merkmale des Klagepatents auf und seien deswegen nicht auskunftspflichtig, nachvollziehen und auf ihre Richtigkeit zu überprüfen.[490] Vielfach wird dazu die Vorlage von Messprotokollen erforderlich sein, aus denen sich die genauen Messbedingungen und die erzielten Messergebnisse ablesen lassen, weil eine bloß tabellarische Auflistung von Messresultaten im Allgemeinen nicht verifizierbar ist.[491] Dieselbe Vortragslast besteht für solche Abwandlungen der angegriffenen Ausführungsform, für die zwischen den Parteien ihre Kerngleichheit mit der angegriffenen Ausführungsform des Erkenntnisverfahrens außer Streit steht.[492]

Unbeachtlich ist eine Nullauskunft ferner dann, wenn sie **unsubstantiiert** ist, weil sie dem Gläubiger keine Überprüfung auf ihre Schlüssigkeit und Richtigkeit erlaubt. Sie ist überdies nicht eher zulässig, als alle zumutbar verfügbaren Erkenntnismittel, zu deren Ausschöpfung der Schuldner rechtlich verpflichtet ist, ausgewertet sind. Solches ist in einem Fall verneint worden, dass sich im Sortiment der vom Vollstreckungsschuldner betriebenen Baumarktkette vor Beginn des Auskunftszeitraumes sowohl verurteilte Varianten des fraglichen Gegenstandes als auch abgewandelte

257

---

486 OLG Düsseldorf, Beschluss v 20.9.2011 – I-2 W 38/11; OLG Düsseldorf, Beschluss v 30.10.2012 – I-2 W 25/12.
487 OLG Düsseldorf, Beschluss v 30.10.2012 – I-2 W 25/12.
488 OLG Düsseldorf, GRUR-RS 2021, 22988 – Zirkonium-Cer-Verbundoxid III.
489 OLG Düsseldorf, GRUR-RS 2021, 22988 – Zirkonium-Cer-Verbundoxid III.
490 OLG Düsseldorf, GRUR-RS 2021, 22988 – Zirkonium-Cer-Verbundoxid III.
491 OLG Düsseldorf, GRUR-RS 2021, 22988 – Zirkonium-Cer-Verbundoxid III.
492 OLG Düsseldorf, GRUR-RS 2021, 22988 – Zirkonium-Cer-Verbundoxid III.

(nicht dem Tenor unterfallende) Varianten befunden haben. Teilt der Schuldner mit, dass sich 9 Monate vor Beginn des Rechnungslegungszeitraumes in den Beständen seiner etwa 50 Filialen ca. 900 verurteilte Gerätevarianten befunden haben, dass bis zum Beginn des Rechnungslegungszeitraumes annähernd 2.000 Geräte (alte & neue Version) verkauft worden sind und dass das sog. »first in–first out«-Prinzip herrsche, so genügt dies zur Rechtfertigung der gegebenen Nullauskunft nicht. Da es umsatzstärkere und umsatzschwächere Filialen geben kann, bleibt die nicht auszuschließende Möglichkeit, dass zu Beginn des Rechnungslegungszeitraumes in einer verkaufsschwachen Filiale noch verurteilte Gerätevarianten auf Lager vorrätig waren. Es hätte deshalb eines auf jede einzelne Filiale bezogenen Sachvortrages zum Lagerbestand verurteilter Geräteversionen am Stichtag bedurft, den der Schuldner anhand seiner Geschäftsunterlagen auch unschwer hätte leisten können.[493] Ähnliches gilt, wenn sich anhand der eigenen Geschäftsunterlagen nicht ermitteln lässt, welcher Teil einer Gesamtlieferung schutzrechtsverletzende Ware ausmacht; hier hat der Schuldner Nachforschungen sowohl bei seinem Vorlieferanten als auch bei seinen gewerblichen Abnehmern anzustellen und notfalls die Gesamtliefermenge (einschließlich patentfreier Produkte) anzugeben, damit der Gläubiger selbst in die Lage versetzt wird, aufklärende Erkundigungen einzuziehen.[494]

258 – Sieht der Urteilstenor keine **Belegvorlage** vor, so kann eine solche nicht erst im Zwangsvollstreckungsverfahren verlangt werden, auch nicht mit dem Argument, erst durch sie werde die Verlässlichkeit der Rechnungslegungsdaten überprüfbar.

259 – Ist der Beklagte allein wegen der **Benutzungsalternative des Anbietens** zur Rechnungslegung verurteilt und seine Schadenersatzpflicht festgestellt worden, weil sich im Erkenntnisverfahren lediglich hat feststellen lassen, dass er einen patentverletzenden Gegenstand im Inland (zB auf einer Messe) präsentiert hat, während die spätere **Lieferung** (im Sinne einer Sonderanfertigung vor Ort beim Abnehmer) **im Ausland** stattgefunden hat, so wird bzgl der Kosten und Gewinne eine hinreichende (Null-)Auskunft schon dadurch gegeben, dass der Beklagte nachvollziehbar erklärt, dass er aus dem Angebot als solchem keinen Umsatz erzielt hat. Zwar mag es sein, dass das Angebot eine kausale Bedingung für den späteren Umsatz und Gewinn aus der Auslandslieferung darstellt, der aber eben nicht schutzrechtsverletzend ist und der deshalb auch nicht auf dem Umweg über die bestehende Rechnungslegungspflicht zum Angebot offengelegt werden muss.[495] Wenn schon ein Angebotsumsatz – was prinzipiell plausibel ist, weil sich einem bloßen Angebot regelmäßig kein konkreter Schaden (= Gewinn) zuordnen lassen wird – nicht angefallen ist, so bedarf es selbstverständlich keiner weiteren Darlegungen zu etwaigen Angebotskosten mehr, die naturgemäß existieren, an deren Bekanntgabe der Gläubiger aber schon deshalb kein anerkennenswertes Interesse haben kann, weil durch sie ein ohnehin nicht vorhandener Umsatz nur weiter ins Negative korrigiert werden könnte und deshalb unter dem Gesichtspunkt des Verletzergewinns von keinerlei Nutzen sein kann.[496] Der Verletzte wird durch die Beschränkung der Rechnungslegungsangaben auf das Angebot des Verletzers nicht rechtlos gestellt. Denn er kann seinen durch das patentverletzende Angebot erlittenen Schaden jedenfalls nach einer der anderen Berechnungsmethoden liquidieren, wobei in erster Linie die Lizenzanalogie in Betracht kommen wird.[497]

---

493 OLG Düsseldorf, Beschluss v 4.11.2020 – I-2 W 20/20.
494 OLG Frankfurt/Main, GRUR-RR 2021, 477 – Salami und Oliven.
495 OLG Düsseldorf, GRUR-RR 2022, 69 – Trocknungsanlage II.
496 OLG Düsseldorf, GRUR-RR 2022, 69 – Trocknungsanlage II.
497 OLG Düsseldorf, GRUR-RR 2022, 69 – Trocknungsanlage II.

- Meint der Beklagte, er sei zum Schutz seiner **Geschäftsgeheimnisse** (Kosten, 260
Gewinne, Abnehmer) berechtigt, vom Verletzungskläger eine vertragsstrafenbewährte Vertraulichkeitsvereinbarung einzufordern, und deshalb, so lange diese nicht vorliege, nicht zur ausgeurteilten Rechnungslegung verpflichtet, so hat er die Unverhältnismäßigkeit einer ungeschützten Rechnunglegung schon im Erkenntnisverfahren einzuwenden. Hat er dies versäumt und ist er unbedingt zur Auskunft verurteilt, kann er etwaige Geschäftsgeheimnisse im Zwangsvollstreckungsverfahren nicht mehr einwenden, weil es sich bei ihnen um eine materielle Einwendung handelt, die die Urteilsfindung betrifft.[498] Sollte der betreffende, bereits im Erkenntnisverfahren gehaltene Vortrag rechtsfehlerhaft vom Landgericht übergangen worden sein, könnte allenfalls ein Antrag auf Einstellung der Zwangsvollstreckung helfen, der darauf gerichtet ist, die Vollstreckung des Rechnungslegungstenors von einer angemessenen (näher zu beschreibenden) Vertraulichkeitszusage des Gläubigers abhängig zu machen.

- Ist der Beklagte wegen **mittelbarer Patentverletzung** zur Rechnungslegung über 261
Angebots- und Vertriebshandlungen in Bezug auf solche Gegenstände verurteilt worden, die nicht nur *geeignet* sind, das patentgemäße Verfahren auszuführen, sondern die beim Abnehmer tatsächlich in patentgemäßer Weise verwendet werden, und entzieht sich die konkrete Verwendung des Gegenstandes bei den Abnehmern der Kenntnis des Beklagten, so kommt er seiner Rechnungslegungsverpflichtung bereits durch eine Negativauskunft nach.[499] Den Schuldner trifft insoweit keine Pflicht, bei jedem einzelnen Abnehmer nachzuforschen, in welcher Weise der Gegenstand von ihm verwendet worden ist.[500]

- Auch ansonsten ist es im Zwangsmittelverfahren nicht zulässig, **materiell rechtliche** 262
Erwägungen anzustellen, die über dasjenige hinausgehen, was im Erkenntnisverfahren Gegenstand der Verhandlung und Entscheidung gewesen ist. Dementsprechend ist es dem Gläubiger verwehrt, im Verfahren der Zwangsvollstreckung allein deshalb Auskünfte zu erzwingen, weil der Schuldner materiell-rechtlich zu deren Erteilung verpflichtet ist; genauso ist es – umgekehrt – aber auch dem Schuldner versagt, die Erfüllung der titulierten Auskunftspflicht mit der Begründung zu verweigern, er sei sachlich-rechtlich zur Auskunftserteilung nicht verpflichtet.[501] Bedeutung kann dies beispielhaft in folgenden Konstellationen gewinnen:

  - Zum einen dann, wenn sich der Rechnungslegungstenor auf die patentierte Vorrichtung bezieht, diese Vorrichtung jedoch nicht nur isoliert, sondern gleichermaßen als Teil einer größeren Gesamtvorrichtung veräußert wird. In einem solchen Fall kann der Schuldner nicht im Wege des Zwangsmittelantrages dazu angehalten werden, auch über seine Umsätze etc mit der Gesamtvorrichtung Rechnung zu legen. Vielmehr bedarf es insoweit eines neuen Erkenntnisverfahrens. 263

  Anders verhält es sich, wenn die auskunftspflichtige Vorrichtung lediglich zusammen mit anderen Gegenständen zu einem nicht weiter aufgeschlüsselten Gesamtpreis veräußert worden ist. Auch solche Verkaufsfälle unterliegen der ausgeurteilten Auskunftspflicht, wobei im Wege der Rechnungslegung der Gesamtpreis mitzuteilen und anzugeben ist, auf welche einzelnen Gegenstände sich dieser Preis bezieht.[502] 264

---

498 OLG Düsseldorf, GRUR 2020, 734 – Cholesterinblocker.
499 OLG Karlsruhe, InstGE 11, 61 – Multifeed II.
500 OLG Karlsruhe, InstGE 11, 61 – Multifeed II.
501 BGH, GRUR 2014, 605 – Flexitanks II; BGH, GRUR 2015, 1248 – Tonerkartuschen.
502 BGH, GRUR 2014, 605 – Flexitanks II.

265 • Das Gleiche gilt, wenn das zu vollstreckende Urteil auf der Annahme beruht, dass der Schuldner die patentverletzenden Gegenstände selbst anbietet und vertreibt, sich im Nachhinein jedoch herausstellt, dass er lediglich Werbemaßnahmen initiiert oder sonstige, den Vertrieb eines anderen (konzerngebundenen) Unternehmens unterstützende Handlungen vorgenommen hat. Die Beurteilung, ob hierin ein die deliktsrechtliche Haftung des Schuldners als Mittäter oder Teilnehmer begründendes Verhalten liegt, erfordert materiell rechtliche Erwägungen, die nicht im Zwangsmittelverfahren möglich sind, sondern nur in einem (neuen) Erkenntnisverfahren getroffen werden können.[503] Existiert für den in einer größeren Einheit verkauften Verletzungsgegenstand ein Einzelpreis (zB aus einem parallel betriebenen Ersatzteilgeschäft), so hat der Schuldner die Wahl. Er kann entweder diesen (im Zweifel hohen) Einzelpreis zugrunde legen oder er kann den Gesamtpreis für die übergeordnete Verkaufseinheit benennen und ausgehend hiervon dartun, welcher Anteil auf den mitverkauften Verletzungsgegenstand entfällt. Der Gläubiger erhält auf diese Weise – ohne dahingehenden Titel – Auskünfte auch zu der größeren Handelseinheit, aber eben auf rein freiwilliger Basis nach Wahl des Schuldners.

266 Ohne dass dies im Urteilstenor besonders klargestellt wird, erstreckt sich die Verurteilung – auch die zur Rechnungslegung – nicht auf solche Gegenstände, für die ein gesetzlicher Privilegierungstatbestand eingreift. Der Urteilsausspruch ist in diesem Sinne immanent beschränkt. Verletzungsprodukte, die zB aus lizenzierter Quelle bezogen wurden und an denen deshalb die **Rechte** des Patentinhabers **erschöpft** sind, stehen deshalb außerhalb der Verurteilung. Über sie hat der Beklagte deswegen auch dann keine Auskünfte zu erteilen, wenn erschöpfte Ware im Urteilstenor nicht ausdrücklich von der Pflicht zur Rechnungslegung ausgenommen ist. Hat der Schuldner erschöpfte Ware (zB neben nicht erschöpfter Ware) vertrieben, ist es nach zutreffender Auffassung des OLG Karlsruhe[504] dennoch seine Pflicht, gegenüber dem Gläubiger den Erschöpfungssachverhalt zu offenbaren und in Bezug auf die angeblich erschöpfte (und deswegen von einer detaillierten Rechnungslegung ausgenommenen) Ware konkret darzulegen und ggf zu beweisen, welcher konkrete Lizenznehmer welche konkreten Gegenstände zu welchem genauen Zeitpunkt in Verkehr gebracht haben soll.[505] Dasselbe gilt, wenn die betreffende Einwendung zwar im Erkenntnisverfahren negativ beschieden worden ist, sich inzwischen jedoch die tatsächlichen Verhältnisse entscheidend verändert haben, indem der Zulieferer zB eine wirksame Lizenz erworben hat. Für den Umfang der Rechnungslegungspflicht aus § 242 BGB entspricht es gefestigter Auffassung, dass die geschuldeten Angaben so weit zu spezifizieren sind, dass die Auskünfte für den Gläubiger gedanklich nachvollziehbar und sachlich verifizierbar sind. Exakt in diesem Sinne erhält der Gläubiger auch durch die den Erschöpfungstatbestand spezifizierenden Daten die ansonsten nicht gegebene Möglichkeit, den geltend gemachten Erschöpfungssachverhalt nachzuvollziehen und auf seine inhaltliche Richtigkeit zu überprüfen. Nimmt der Urteilstenor andererseits einschränkend solche Verletzungsgegenstände von der Auskunftspflicht aus, die zuvor mit Billigung des Schutzrechtsinhabers in Verkehr gelangt sind, so kann der Gesichtspunkt der Verhältnismäßigkeit eine Auslegung des Titels dahin gebieten, dass ihm schon dann genügt ist, wenn der Schuldner zumutbare Nachforschungen nach der betrieblichen Herkunft seiner Ware angestellt hat, sodass die Auskunfts-

---

503 LG Düsseldorf, Beschluss v 14.7.2003 – 4 O 181/99 (ZV).
504 OLG Karlsruhe, Beschluss v 12.8.2008 – 6 W 43/08; OLG Karlsruhe, Beschluss v 5.12.2007 – 6 U 161/07; ebenso bereits LG Mannheim, Beschluss v 11.4.2008 – 7 O 222/06 (ZV I).
505 AA.: Haag, Mitt 2011, 159.

pflicht schon dann erfüllt ist, wenn sich hierbei keine Anhaltspunkte für eine nicht lizenzierte Quelle ergeben haben.[506]

b) Auskunftszeitraum

Auskunft zu erteilen ist für einen Zeitraum, der mit dem im Urteil festgesetzten Datum beginnt und nicht mit Schluss der mündlichen Verhandlung endet, sondern den gesamten Zeitraum (**nach Verhandlungsschluss**) bis zur Erteilung der Auskunft abdeckt.

Wird während des Beschwerdeverfahrens gegen einen Zwangsmittelbeschluss die Rechnungslegung für den nächsten Zeitabschnitt fällig, ohne dass der Schuldner Rechnung legt, kann deshalb dessen Beschwerde zurückzuweisen sein, selbst wenn die vom LG für die Festsetzung des Zwangsgeldes herangezogenen Unzulänglichkeiten nach Auffassung des Beschwerdegerichts nicht bestehen.[507] Unerheblich ist, dass die mangelnde Auskunft für den nächsten Zeitabschnitt während des landgerichtlichen Verfahrens noch nicht Streitgegenstand war und – aus Zeitgründen – auch nicht sein konnte. § 571 Abs 2 ZPO sieht ausdrücklich vor, dass die Beschwerde auf neue Angriffs- und Verteidigungsmittel gestützt werden kann. Die Beschwerdeinstanz ist als vollwertige zweite Tatsacheninstanz ausgestaltet, was dem Beschwerdegericht die Möglichkeit, aber auch die Verpflichtung verschafft, neue Tatsachen und Beweise uneingeschränkt zu berücksichtigen. Dies gilt unabhängig davon, ob sie vor oder nach der erstinstanzlichen Entscheidung entstanden sind[508] und ob sie vom Beschwerdeführer oder vom Beschwerdegegner vorgebracht werden. Aufgabe des Zwangsmittelverfahrens ist es, den Schuldner zur Erfüllung der tenorierten Verpflichtung im fälligen Umfang anzuhalten. Gegenstand der Beschwerdeentscheidung ist daher, ob der Schuldner *zum Zeitpunkt der Beschwerdeentscheidung* der tenorierten Verpflichtung im fälligen Umfang nachgekommen ist oder dies nicht der Fall und daher die Verhängung eines Zwangsgeldes gerechtfertigt ist (und bleibt). Voraussetzung ist freilich, dass sich der Gläubiger für sein Zwangsmittelbegehren (mindestens hilfsweise) auf die unterbliebene Rechnungslegung für den nächsten Zeitabschnitt beruft. Geschieht dies, stellt sich lediglich die Frage, ob das betreffende Versäumnis das vom LG verhängte Zwangsmittel (oder nur ein geringeres, bei gleichzeitiger Beschwerde des Gläubigers, ggf auch ein höheres) rechtfertigt und ob es im Einzelfall angezeigt, eine Vollstreckungsfrist anzuordnen, vor deren Ablauf das festgesetzte Zwangsgeld im Anschluss an die Beschwerdeentscheidung nicht beigetrieben werden kann, um dem Schuldner Gelegenheit zur Vervollständigung seiner Rechnungslegung zu geben.

c) Erfüllung

Die **Beweislast** für die Erfüllung der Rechnungslegungspflicht trägt der Schuldner. Dieser kann sich allerdings zunächst auf die pauschale Behauptung beschränken, dass es über die mitgeteilten Vorfälle hinaus keine auskunftspflichtigen Sachverhalte gegeben hat; es ist alsdann Sache des Gläubigers, im Wege qualifizierten Bestreitens Umstände vorzutragen, die einen Ergänzungsbedarf begründen. Ist solches geschehen, muss der Schuldner diese Umstände ausräumen.[509]

d) Unmöglichkeit

Vom Schuldner zu beweisen ist gleichfalls der Einwand objektiver oder subjektiver **Unmöglichkeit**.[510] Er ist unabhängig davon beachtlich, ob die Unmöglichkeit ggf sogar

---

506 BGH, GRUR 2015, 1248 – Tonerkartuschen.
507 OLG Düsseldorf, Beschluss v 31.5.2010 – I-2 W 21/09.
508 BGH, NZI 2008, 391.
509 Vgl BGH, VersR 2007, 1081.
510 BGH, MDR 2009, 468.

zu dem Zweck herbeigeführt worden ist, den Rechnungslegungsanspruch des Gläubigers zu vereiteln.⁵¹¹ Denn das Zwangsmittel dient nicht der Bestrafung, sondern ausschließlich dazu, den Willen des Schuldners zu beugen. Dort, wo – aus welchen Gründen auch immer – Unmöglichkeit vorliegt, kann der beugende Zweck des Zwangsmittels nicht mehr erreicht werden. Denkbar ist allenfalls, das vereitelnde Verhalten des Schuldners im anschließenden Schadenersatz-Höheprozess nach den Regeln der Beweisvereitelung zu seinen Lasten zu berücksichtigen.⁵¹²

271 Der Unmöglichkeits-Einwand ist freilich noch nicht dann und noch nicht deshalb gerechtfertigt, wenn und weil ein **Dritter** an der geschuldeten Handlung mitwirken muss. Die Verhängung von Zwangsmitteln verbietet sich erst dann, wenn eindeutig feststeht, dass der Vollstreckungsschuldner erfolglos alle zumutbaren Maßnahmen einschließlich eines gerichtlichen Vorgehens unternommen hat, um den Dritten zur Mitwirkung zu bewegen.⁵¹³

272 Im Anschluss an eine Entscheidung des **BVerfG**⁵¹⁴ wird in der Rechtsprechung der Instanzgerichte neuerdings eine dem Schuldner deutlich günstigere Haltung eingenommen. Ist der Schuldner zur Auskunftserteilung verurteilt worden, so kommt hiernach die Verhängung eines Zwangsmittels regelmäßig nicht in Betracht, wenn der Schuldner Unmöglichkeit einwendet. Ob er tatsächlich zur Auskunftserteilung außerstande ist, bedarf dabei in der Regel keiner tatrichterlichen Aufklärung. Denn dem Gläubiger steht in Fällen behaupteter Unmöglichkeit als milderes und deswegen allein verhältnismäßiges Mittel eine Klage gegen den Schuldner auf eidesstattliche Versicherung der Richtigkeit seiner Behauptung zu, die mit dem Zwangsmittelantrag geforderte Auskunft sei ihm nicht möglich. Das soll auch dann gelten, wenn der Schuldner sich bereits im Erkenntnisverfahren auf Unmöglichkeit berufen hatte, das Gericht (ggf nach Beweisaufnahme) jedoch zum gegenteiligen Ergebnis gekommen ist.⁵¹⁵ Ist das **mildere Mittel** ausgeschöpft oder steht es dem Gläubiger nicht mehr zur Verfügung, weil der Schuldner bereits freiwillig eine **eidesstattliche Versicherung** abgegeben hat, kommt die Verhängung eines Zwangsmittels allerdings wieder in Betracht, wenn anzunehmen ist, dass die Versicherung falsch ist und tatsächlich auskunftspflichtige Geschäfte vorgefallen sind.⁵¹⁶ Zwangsmittel kommen ferner in Betracht, wenn der Schuldner sein anfängliches Bestreiten einer Verletzungshandlung aus ganz konkretem Anlass, nämlich nach einer ihm ungünstigen, den Verletzungsvorwurf bestätigenden Beweisaufnahme aufgibt, indem er den Klageanspruch anerkennt. Hier stellt die spätere Berufung auf Unmöglichkeit mit dem Argument, tatsächlich sei es (entgegen dem Ergebnis der Beweisaufnahme und dem daraufhin erklärten Anerkenntnis) zu keiner Verletzungshandlung gekommen, weswegen auch keine andere als eine Nullauskunft erteilt werden könne, ein treuwidriges Verhalten des Schuldners dar, mit dem er sich in unzulässiger Weise in Widerspruch zu seinem anderslautenden Prozessverhalten im Erkenntnisverfahren setzt.⁵¹⁷ Gleiches hat zu gelten, wenn der ungünstigen Prozesssituation statt durch ein Anerkenntnis durch eine Säumnis des Schuldners und einem daraufhin ergehenden Versäumnisurteil Rechnung getragen wird. Erfolgt das Anerkenntnis/die Säumnis jedoch ohne »faktische« Anerkennung einer Rechtspflicht (zB aus rein wirtschaftlichen Erwägungen), verbleibt es bei der grundsätzlichen Beachtlichkeit des Unmöglichkeitseinwandes.

---

511 BGH, GRUR 2009, 794 – Auskunft über Tintenpatronen.
512 OLG Düsseldorf, InstGE 9, 179 – Druckerpatrone; BGH, GRUR 2009, 794 – Auskunft über Tintenpatronen.
513 BGH, MDR 2009, 468.
514 BVerfG, Beschluss v 28.10.2010 – 2 BvR 535/10.
515 OLG Düsseldorf, InstGE 13, 113 – Zugangsdaten für Internetseite.
516 OLG Düsseldorf, Beschluss v 30.10.2012 – I-2 W 25/12.
517 OLG Düsseldorf, Beschluss v 30.10.2012 – I-2 W 25/12.

e) Gestehungskosten und Gewinn

Insbesondere die Angaben zu den Gestehungskosten und zum erzielten Gewinn müssen in einer solchen Weise spezifiziert und mitgeteilt werden, dass sie für den Gläubiger aus sich heraus verständlich sind, auf ihre Schlüssigkeit überprüft und zumindest stichprobenweise verifiziert werden können.

273

Grundsätzlich hat der Gläubiger Anspruch auf eine möglichst **realitätsnahe** Wiedergabe der während des Verletzungszeitraumes gegebenen **Kosten- und Gewinnsituation**. Das gilt ganz besonders für betragsmäßig bedeutsame Kostenpositionen, die für die Gewinnberechnung erhebliches Gewicht haben, weil bei ihrer unrichtigen Erfassung nennenswerte Gewinnbeträge auf dem Spiel stehen. Eine schätzende oder pauschalierende Kostenberechnung ist dem Schuldner hier erst dann und nur insoweit gestattet, als die für eine konkrete Kostenermittlung erforderlichen Anstrengungen außer Verhältnis zu dem durch sie herbeigeführten Erkenntnisgewinn für die Gläubigerin bei der Schadensberechnung stehen.[518] Je unbedeutender eine Kostenposition im Kontext der Gewinnberechnung ist, umso eher ist es – umgekehrt – vertretbar, den Schuldner aus einer aufwändigen detailgetreuen Rechnungslegung zu entlassen und ihm statt dessen eine schätzende Darlegung zu erlauben.[519]

274

Diese Regeln sind grundsätzlich nicht deshalb (und dann) anders zu handhaben, weil (und wenn) der vom Schuldner erzielte Verletzergewinn nur zu einem Teil auf die Schutzrechtsverletzung zurückzuführen ist, sodass unter Kausalitätsgesichtspunkten nicht der gesamte, sondern lediglich ein nach § 287 ZPO zu schätzender (dem Ursachenbeitrag entsprechender) Teil des Verletzergewinns vom Gläubiger beansprucht werden kann. Zwar soll der genannte Umstand nach einer zum Kennzeichenrecht ergangenen Rechtsprechung des BGH[520] Auswirkungen auch auf den Auskunfts- und Rechnungslegungsanspruch haben, nämlich dahingehend, welche Detailangaben zur Gewinnermittlung vom Schuldner verlangt werden können. Der Umfang der Rechenschaftspflicht bestimme sich nicht nur nach dem Informationsbedürfnis des Gläubigers, sondern gleichermaßen danach, ob die geforderte Auskunft (und der mit ihr für den Schuldner verbundene Aufwand einschließlich der Notwendigkeit, mit ihnen Betriebsinterna zu offenbaren) in einem sinnvollen Verhältnis zu dem Wert steht, den die Auskunft für den Gläubiger und die von ihm vorzunehmende Schätzung des geltend gemachten Schadens hat. Die Pflicht zur Rechnungslegung erschöpfe sich daher in der Bekanntgabe der Umsätze (nebst Lieferdaten) und von überschlägig ermittelten Gewinnwerten, wenn eine Schätzung des Ursachenbeitrages stattzufinden habe und bereits aus diesem Grunde eine nur grobe Bestimmung des herauszugebenden Verletzergewinns in Betracht komme. Ob die Großzügigkeit des BGH im Kennzeichenrecht angebracht ist, wo typischerweise Kausalanteile im unteren einstelligen Prozentbereich in Rede stehen, mag auf sich beruhen. Sie ist jedenfalls im Patentbereich unangemessen, weil die Verursachungsbeiträge hier weit höher liegen, womit jede Ungenauigkeit auf der Kostenseite potenziell viel weitreichendere Konsequenzen für die richtige Ermittlung des Verletzergewinns hat. Insofern ist nicht einzusehen, weshalb der deliktisch Geschädigte mit seinem Interesse an einer realitätsgetreuen Gewinnermittlung zurücktreten soll, um dem Deliktstäter einen ihm lästigen oder unangenehmen Aufwand an Rechnungslegung zu ersparen. Hinzu kommt, dass schon die Festlegung des Kausalanteils eine unvermeidbare Ungenauigkeit in die Schadensberechnung hineinträgt. Es leuchtet nicht ein, wieso es gerechtfertigt sein soll, dies zum Anlass dafür zu nehmen, dass die ganze Situation zu Lasten

275

---

518 OLG Düsseldorf, Beschluss v 27.6.2012 – I-2 W 14/12.
519 OLG Düsseldorf, Beschluss v 7.8.2014 – I-2 W 15/14.
520 BGH, GRUR 2006, 419 – Noblesse (zum Kennzeichenrecht).

des Verletzten weiter dadurch verschärft wird, dass auch die Kosten- und Gewinnberechnung mit *vermeidbaren* Unwägbarkeiten belastet wird.

276 Zurückhaltung gegenüber bloß schätzenden Angaben ist vor allem dann angebracht, wenn das Zahlenwerk des Schuldners für einen längeren Verletzungszeitraum einen **jährlichen Verlust** ausweist. Es widerspricht der allgemeinen Lebenserfahrung, dass ein Unternehmen patentverletzende Handlungen über Jahre hinweg fortsetzt, obwohl mit ihnen Jahr für Jahr aufs Neue beträchtliche Verluste erwirtschaftet werden. Viel näher liegt die Befürchtung, dass die ausgewiesenen Verluste das Resultat einer »kreativen«, die wirklich erzielten Gewinne verschleiernden Rechnungslegung sind. Für sie darf dem Verletzer nicht dadurch ein Spielraum eröffnet werden, dass ihm statt konkreter bloß schätzende Angaben gestattet werden.[521]

277 Mit Beschluss vom 20.4.1998 (2 W 12/98) hat das OLG Düsseldorf die Anforderungen an eine Darlegung der Gestehungskosten wie folgt zusammengefasst und in der Folge hieran festgehalten[522]:

278 *»Ihrem gesetzlichen Zweck entsprechend muss die Rechnungslegung alle Angaben enthalten, die der Verletzte benötigt, um sich für eine der ihm offen stehenden Schadensberechnungen (nach der Methode der Lizenzanalogie, des entgangenen Gewinns oder des Verletzergewinns) entscheiden, die Schadenshöhe, insbesondere den Umfang des mit den patentverletzenden Erzeugnissen erzielten und im Wege des Schadenersatzes herauszugebenden Verletzergewinns konkret berechnen und die Richtigkeit der Rechnungslegung nachprüfen zu können. Der Berechtigte braucht sich insoweit nicht auf lediglich pauschale Angaben verweisen zu lassen. Erfüllt ist der Anspruch auf Rechnungslegung über den bei einer Schutzrechtsverletzung erzielten Gewinn vielmehr erst dann, wenn der Schuldner in der gelegten Rechnung seine Gestehungs- und Vertriebskosten sowie den mit den patentverletzenden Gegenständen erwirtschafteten Umsatz so vollständig offengelegt hat, wie er dazu in der Lage ist (BGH GRUR 1982, 723, 725 – Dampffrisierstab I). Fehlen zu einzelnen Kosten exakte Unterlagen, kann der Berechtigte eine Schätzung unter Angabe derjenigen feststellbaren Tatsachen verlangen, die der Schätzung zugrunde gelegt sind (BGHZ 92, 62, 68 ff – Dampffrisierstab II). …*

Welche Angaben hierzu im Einzelnen erforderlich sind, hängt wesentlich davon ab, ob es sich beim Schuldner des Rechnungslegungsanspruchs … um einen Herstellerbetrieb oder … um ein reines Vertriebsunternehmen handelt. Im erstgenannten Fall sind zumindest nähere (aufgeschlüsselte) Angaben über die Art, die Menge und den Einstandspreis des bei der Herstellung (einschließlich Verpackung) der patentverletzenden Gegenstände verwendeten Materials, über die Kosten der bei der Herstellung, der Montage und dem Vertrieb eingesetzten Maschinen, Werkzeuge und Vorrichtungen sowie über die dabei angefallenen Lohnkosten zu machen (BGH – Dampffrisierstab I, aaO Seite 725). Der Gläubiger kann in diesem Zusammenhang Aufschluss über die Betriebsstunden der im Einsatz befindlichen Maschinen sowie die Zahl und Zeitdauer der bei den verschiedenen Arbeitsvorgängen eingesetzten Arbeitnehmer verlangen. Sofern dies notwendig ist, um die Angaben zu den Kosten des Materials, der Maschinen und der aufgewendeten Löhne abschätzen und überprüfen zu können, ist darüber hinaus der Fertigungsvorgang detailliert zu beschreiben (BGH – Dampffrisierstab I, aaO S. 726). Beschränkt sich der Geschäftsbetrieb des Schuldners auf den Vertrieb der patentverletzenden Gegenstände, sind in ähnlicher Weise die Vertriebskosten offen zu legen. Neben den jeweiligen Einstandspreisen sind die auf den patentverletzenden Vertrieb entfallenden Maschinen- und

---

521 OLG Düsseldorf, Beschluss v 27.6.2012 – I-2 W 14/12.
522 Bestätigt von OLG Düsseldorf, Beschluss v 10.6.2022 – I-2 W 6/22.

Lohnkosten sowie die anteiligen Gemeinkosten in einer für den Gläubiger nachvollziehbaren Art und Weise aufzuschlüsseln.«[523]

Sind zwei Beklagte als **Mittäter** einer Patentverletzung verurteilt worden, so hat jeder seinen aus der Schutzrechtsverletzung resultierenden Gewinn (einschließlich der Gestehungskosten) offenzulegen. Das gilt auch, wenn sich der Tatbeitrag des einen darauf beschränkt, ein selbst noch nicht verletzendes Vorprodukt beizusteuern, welches der andere zu dem patentverletzenden Gegenstand veredelt, der allein von ihm in Verkehr gebracht wird. Hier ist nicht nur vom Veredler der Veräußerungsgewinn bekannt zu geben, sondern vom Zulieferer des Vorproduktes auch derjenige Gewinn rechnungslegungspflichtig, den er durch den Verkauf des Vorproduktes an den Mittäter erzielt hat.[524] Letztlich ist daher der Gesamtgewinn von Zulieferer *und* Verkäufer auskunfts- und herausgabepflichtig, wobei jeder Mittäter aufgrund der gegebenen Gesamtschuldnerschaft für den vollständigen Schaden (= Gesamtgewinn) haftet. Zur Klarstellung: Das alles gilt nur für Fälle der Mittäterschaft und nicht in sonstigen Zulieferfällen, bei denen der Zulieferer – wie meist – nicht Mittäter der Patentverletzung ist. 279

Ähnliche Überlegungen gelten für Kosten, die nach der *»Gemeinkostenanteil«*[525]- und *»Steckverbindergehäuse«*[526]-Rechtsprechung des BGH abzugsfähig sind, wenn sie den Verletzungsprodukten unmittelbar zugeordnet werden können und auch im fingierten Betrieb des Verletzten angefallen wären, hingegen außer Ansatz bleiben müssen, wenn eine **unmittelbare Zuordnung** nicht möglich ist, weil es sich um »sowieso-Kosten« handelt oder um Kosten, mit denen der fingierte Betrieb des Verletzten nicht belastet gewesen wäre. Ob das eine oder das andere zutrifft, hängt von der innerbetrieblichen Organisation des Verletzers, zB davon ab, ob er für die Herstellung der Verletzungsprodukte eigene Arbeitskräfte beschäftigt, die keine anderen Aufgaben im Betrieb wahrnehmen (weswegen deren Lohnkosten abzugsfähig sind), oder ob die Verletzungsprodukte durch Beschäftigte produziert werden, die im Rahmen ihrer Tätigkeit auch mit anderen Aufgaben befasst sind (weswegen deren Lohnkosten außer Ansatz zu bleiben haben). Um dem Gläubiger eine Einschätzung über die Abzugsfähigkeit zu ermöglichen, reicht es nicht aus, wenn im Rahmen der Rechnungslegung nur die Kostenposition als solche benannt wird; vielmehr müssen diejenigen Kostenstellen, die von ihrer Natur her abzugsfähig oder nicht abzugsfähig sein *können*, in einer solchen Weise erläutert werden, dass der Verletzte absehen kann, ob für die eingewandten Kosten die Anforderungen an eine unmittelbare Zuordenbarkeit zu den Verletzungsprodukten gegeben sind oder nicht.[527] Auskunft ist über *sämtliche* Kostenpositionen zu erteilen, die als abzugsfähig in Betracht kommen.[528] Denn nur eine in diesem Sinne *umfassende* Kostenaufstellung bietet dem Gläubiger eine hinreichend sichere Grundlage für die von ihm zu treffende Entscheidung, nach welcher Methode er seinen Schadenersatzanspruch beziffern und notfalls gerichtlich einklagen will. Seiner Pflicht zu einer alle Kostenpositionen berücksichtigenden Auskunft kann sich der Schuldner nicht nach seinem Belieben, sondern nur dadurch entledigen, dass er gegenüber dem Gläubiger endgültig darauf verzichtet, bestimmte Kostenpositionen im Rahmen der Schadensberechnung gewinnmindernd in Ansatz zu brin- 280

---

523 Informativ auch LG Düsseldorf, Entscheidungen 1997, 122 – Kostenfaktoren.
524 OLG Düsseldorf, Beschluss v 11.7.2018 – I-2 W 14/18.
525 BGH, GRUR 2001, 329.
526 BGH, GRUR 2007, 431.
527 OLG Düsseldorf, InstGE 13, 226 – Rechnungslegung über Gestehungskosten; OLG Düsseldorf, Beschluss v 10.6.2022 – I-2 W 6/22. Werden für das Verletzungsprodukt Lizenzgebühren als Abzugsposten reklamiert, so genügt nicht die bloße Mitteilung der gezahlten Lizenzbeträge; vielmehr sind zusätzlich die zugrundeliegenden Berechnungsfaktoren (Umsatz, Lizenzsatz) anzugeben (OLG Düsseldorf, Beschluss v 20.4.2017 – I-2 W 2/17).
528 OLG Düsseldorf, Beschluss v 2.5.2012 – I-2 W 33/11; OLG Düsseldorf, Beschluss v 10.6.2022 – I-2 W 6/22.

gen. Wird eine solche Erklärung abgegeben, scheidet *insoweit* jede weitere Verpflichtung zur Rechnungslegung (auf die der Gläubiger wegen der mangelnden Bedeutung der fraglichen Kostenposition für die Schadensberechnung nicht mehr angewiesen ist) und damit jede weitere Zwangsvollstreckung aus.[529]

281 Da **jede einzelne Verletzungshandlung** einen eigenständigen Schadenersatzanspruch hervorbringt (der es dem Gläubiger erlaubt, für jede einzelne Verletzungshandlung eine andere Berechnungsmethode zu wählen), ist es nicht zulässig, Verluste, die durch bestimmte (zB anfängliche) Benutzungshandlungen erwirtschaftet worden sind, dadurch zu »sozialisieren«, dass sie gegen Gewinne aus späteren Verletzungshandlungen aufgerechnet werden, um sodann geltend zu machen, über den gesamten Verletzungszeitraum betrachtet seien schon mit Rücksicht auf bestimmte, mitgeteilte Kosten lediglich Verluste (und keine Gewinne) erzielt worden, weswegen sich eine weitere Kostenspezifikation erübrige.[530] Ein Verletzergewinn, der mit bestimmten Benutzungshandlungen erzielt worden ist, wird nicht dadurch geringer, dass der Verletzer mit *anderen* Benutzungshandlungen nicht gleichermaßen erfolgreich war. Sie kann der Verletzte beispielsweise nach Lizenzgrundsätzen liquidieren, was deutlich macht, dass er in Bezug auf diejenigen Handlungen, die zu einem Gewinn beim Verletzer geführt haben, Anspruch auf eine vollständige Kostenabrechnung hat. Letzteres gilt auch dann, wenn Verletzungsgegenstände zu Beginn der Markteinführung (um beim Publikum eine Nachfrage zu schaffen) verschenkt oder zu Dumpingpreisen veräußert worden sind, weswegen sich entsprechend große Verluste aufgehäuft haben. Sie sind nicht mit allgemeinen Werbekosten vergleichbar, die auch den späteren, gewinnbringenden Verkaufsgeschäften zugeordnet werden könnten.[531] Mit Blick auf die Rechnungslegung ist demnach zu differenzieren: Hinsichtlich solcher Benutzungshandlungen, in Bezug auf die schon wegen einzelner auf sie entfallender Kostenpositionen ein Verlust feststeht, kann keine Auskunft über weitere (den Verlust bloß steigernde) Kostenfaktoren verlangt werden; für alle anderen Benutzungshandlungen besteht dagegen die Pflicht zu umfassender Rechnungslegung.[532] Zu beachten ist, dass die einzelne rechnungslegungspflichtige Benutzungshandlung typischerweise durch eine Lieferung (die mehrere gleiche Vorrichtungen umfassen kann), und nicht durch jedes einzelne Gerät innerhalb ein- und derselben Lieferung repräsentiert wird.[533]

282 Auch im eigenen Interesse sollte der Schuldner die Rechnungslegung richtig und vollständig vorlegen, da in einem späteren **Höheprozess** die Richtigkeit der Rechnungslegung, *soweit* der Gläubiger sie sich zur Berechnung seines Schadenersatzes zu Eigen macht, vermutet wird. Zwar bleibt es dem Verletzten unbenommen, sich für die Bezifferung seines Schadenersatzanspruchs nur auf Teile der Rechnungslegung des Verletzers zu stützen, wobei er in einem solchen Fall die Darlegungs- und Beweislast für diejenigen von der Rechnungslegung abweichenden Zahlen trägt, die er nicht übernommen hat.[534] Der Schuldner hingegen ist an seine Rechnungslegungsangaben in einem Prozess auf Schadenersatz zwar nicht unabänderlich gebunden, selbst wenn er deren Vollständigkeit und Richtigkeit an Eides statt versichert hat. Will sich der Schuldner jedoch nachträglich auf sachliche Fehler der von ihm vorgelegten Rechnungslegung berufen, indem er zusätz-

---

529 OLG Düsseldorf, InstGE 13, 226 – Rechnungslegung über Gestehungskosten; OLG Düsseldorf, Beschluss v 10.6.2022 – I-2 W 6/22.
530 OLG Düsseldorf, Beschluss v 2.5.2012 – I-2 W 33/11.
531 OLG Düsseldorf, Beschluss v 2.5.2012 – I-2 W 33/11; ebenso: OLG Düsseldorf, Beschluss v 21.1.2016 – I-15 W 12/15.
532 OLG Düsseldorf, Beschluss v 2.5.2012 – I-2 W 33/11; ebenso: OLG Düsseldorf, Beschluss v 21.1.2016 – I-15 W 12/15.
533 OLG Düsseldorf, Beschluss v 21.1.2016 – I-15 W 12/15.
534 OLG Düsseldorf, InstGE 7, 194, 200 f – Schwerlastregal II; OLG Köln, GRUR-RR 2013, 398 – Bigfoot II.

liche Kostenpositionen oder zu bereits mitgeteilten Positionen abweichende Zahlen behauptet, ist er für die Tatsachen und Gründe der zunächst fehlerhaften Rechnungslegung in vollem Umfang darlegungs- und beweispflichtig.[535]

Nimmt der Kläger die Berichtigung zum Anlass, seine insoweit aussichtslos gewordene Höheklage entsprechend zurückzunehmen, so fallen die betreffenden Kosten des Rechtsstreits zunächst ihm (dem Kläger) zur Last. § 269 Abs 3 Satz 2 ZPO sieht zwar vor, dass die Kostentragungspflicht des Klägers nicht gilt, wenn und so weit die Kosten »...*dem Beklagten aus einem anderen Grund aufzuerlegen sind* ...«. Nach der BGH-Rechtsprechung kommen als »anderer Grund« jedoch keine materiellrechtlichen Kostenerstattungsansprüche in Betracht, sondern nur prozessuale Besonderheiten, die eine Kostentragungspflicht des Beklagten zur Folge haben, wie § 344 ZPO (Säumniskosten), § 269 Abs. 3 Satz 2 Halbsatz 1 ZPO (rechtskräftige Kostenentscheidung zu Lasten des Beklagten) oder eine prozessuale Kostenlast aus einem gerichtlichen oder außergerichtlichen Vergleich.[536] Der – wie erläutert – beschränkte Anwendungsbereich des § 269 Abs 3 Satz 2 ZPO hindert den Kläger indessen nicht, die Kosten der Teilklagerücknahme auf materiell rechtlicher Grundlage einzuklagen. Der Erstattungsanspruch ergibt sich daraus, dass aufgrund der vorgefallenen Patentverletzungshandlungen zwischen dem Beklagten und dem klagenden Schutzrechtsinhaber ein gesetzliches Schuldverhältnis begründet worden ist, und dass die zunächst unrichtige Rechnungslegung eine schuldhafte Verletzung der dem Beklagten in eben diesem gesetzlichen Schuldverhältnis obliegenden Pflichten darstellt, die gemäß § 280 BGB zum Schadenersatz verpflichtet. Der zu ersetzende Schaden besteht in denjenigen Kosten des Rechtsstreits, die der Kläger als Folge seiner durch die **berichtigte Rechnungslegung** veranlassten Teilklagerücknahme zu tragen hat. Das gilt auch dann, wenn der Beklagte der Reduzierung des Klageantrages nicht zustimmt.[537] Zieht der Kläger aus der Berichtigung nicht die tatsächlich gebotene Konsequenz einer teilweisen Klagerücknahme, verbleiben die damit verbundenen Mehrkosten als Folge der Teilabweisung (§ 92 Abs 1 ZPO) bei ihm. Unter dem Gesichtspunkt des Mitverschuldens kann sich im materiellrechtlichen Erstattungsprozess ein vergleichbares Eregebnis mit Blick auf diejenigen (unnötigen) Kosten ergeben, die bei einer Teilklagerücknahme nicht angefallen wären.

Beruht die Rechnungslegung des Schuldners auf einem angeblich fehlerhaften Verständnis seines Prozessbevollmächtigten von der Reichweite des Auskunftstenors, so rechtfertigt dieser Sachverhalt keinen pauschalen Widerruf des Rechenwerks. Vielmehr muss der Schuldner substantiiert vortragen, in welchem genauen Umfang die Auskunft aufgrund der Fehlinterpretation korrekturbedürftig sein soll und in welchem Umfang sie Bestand hat.[538]

f) Abwandlung

Die Auskunftspflicht besteht nicht nur für den im Erkenntnisverfahren konkret angegriffenen Gegenstand, sondern darüber hinaus für alle **abgewandelten Ausführungsform**en, die mit den aus dem Verletzungsurteil ersichtlichen Erwägungen ebenfalls als widerrechtliche Benutzung des Klageschutzrechts anzusehen sind. Mit den Erwägungen der Urteilsgründe muss deshalb feststehen, dass auch die Abwandlung eine widerrechtliche Patent-

---

535 BGH, GRUR 1993, 897 – Mogul-Anlage; OLG Düsseldorf, InstGE 5, 251 – Lifter.
536 BGH, MDR 2022, 525.
537 Insoweit liegt zwar ein Fall des § 264 Nr 2 ZPO vor; dennoch handelt es sich um eine teilweise Klagerücknahme, für die nach erfolgter mündlicher Verhandlung über die Hauptsache das Zustimmungserfordernis nach § 269 Abs 1 ZPO gilt (so richtig: OLG Düsseldorf, Urteil v 20.7.2011 – VI-U [Kart] 11/11, mwN zum Streitstand).
538 OLG Frankfurt/Main, InstGE 7, 162 – PET-Spritzwerkzeug II.

verletzung darstellt.[539] Das Verbot neuer materiell-rechtlicher Erwägungen im Vollstreckungsverfahren gilt nicht nur für Überlegungen, die die Haftung des Schuldners positiv begründen, sondern in gleicher Weise für Einwendungen (zB Verjährung, Vorbenutzungsrecht, Erschöpfung etc), die der Schuldner seiner Haftung in Bezug auf die Abwandlung entgegen hält.[540] Nur wenn sie unter Rückgriff auf die Entscheidungsgründe abschlägig beschieden werden können, kommt eine Zwangsvollstreckung in Betracht. Wie bei § 890 ZPO gilt alles Vorstehende auch für solche Abwandlungen, die bereits während des Erkenntnisverfahrens existiert haben und dem Gläubiger ggf sogar bekannt waren.[541] Prinzipiell ist von denselben Regeln auszugehen, die oben für ein Ordnungsmittelverfahren zusammengestellt sind.[542]

g) Teilleistung

286 Auf **Teilleistungen** braucht sich der Gläubiger grundsätzlich nicht einzulassen. Er kann im Gegenteil verlangen (und hierzu den Schuldner erforderlichenfalls durch Zwangsmittel anhalten), dass die geschuldeten Angaben in einem *einheitlichen* Datenwerk zusammengestellt werden (§ 259 Abs 1 BGB). Fragmentarische Rechnungslegungen darf der Gläubiger insgesamt zurückweisen. Allenfalls hinsichtlich solcher Komplexe, die in sich abgeschlossen sind, kann im Einzelfall eine Teilerfüllung angenommen werden. Denkbar ist dies zB bei einer Rechnungslegung, die für einzelne Jahre komplett erfolgt ist und nur für andere Jahre noch aussteht oder die ganze Handlungsalternativen vollständig erledigt.

287 Die Zusammenstellung der geschuldeten Daten in einem einheitlichen Dokument hat **übersichtlich und in sich verständlich** zu erfolgen, sodass der Berechtigte ohne fremde Hilfe in der Lage ist, seine Ansprüche nach Grund und Höhe zu überprüfen.[543] Sofern der Urteilstenor nicht ausdrücklich etwas anderes besagt, besteht kein Anspruch auf eine EDV-Konformität der Rechnungslegung.[544] Welche Anforderungen sich konkret mit dem Gebot der Übersichtlichkeit und Verständlichkeit verbinden, hängt maßgeblich vom Umfang der rechnungslegungspflichtigen Vorfälle ab:

288 – Sofern sich die Auskunft auf verhältnismäßig **wenige Handlungen** beschränkt, mag der Schuldner seiner Verpflichtung bereits dadurch genügen, dass er ein einheitliches Tabellenwerk vorlegt, aus dem für den Gläubiger ohne weiteres zu erkennen ist, ob zu sämtlichen im Urteilsausspruch angegebenen Punkten Einzelauskünfte vorhanden sind. Bei solchen von Natur aus übersichtlichen Vorgängen mag es auch hinnehmbar sein, dass einzelne vom Gläubiger beanstandete Auskünfte in einem gesonderten Schreiben mit gesonderten Angaben berichtigt werden, ohne dass die komplette Rechnungslegung um ihrer Einheitlichkeit und Übersichtlichkeit Willen neu erstellt werden muss.[545]

289 – Je **größer** der **Umfang** der rechnungspflichtigen Handlungen ist, umso weniger ist es dem Gläubiger jedoch zuzumuten, dasjenige, was der Schuldner als Rechnungslegung gegen sich gelten lassen will, aus diversen Fragmenten und zusätzlichen Erklärungen selbst zusammenzusuchen. In einem solchen Fall reicht es nicht, dass sich die nach dem Urteilsspruch geschuldeten Angaben irgendwo in dem Gesamtwerk finden und der Gläubiger sich ggf mit Hilfe zusätzlicher Erläuterungen ein der Gliederung

---

539 OLG Düsseldorf, Beschluss v 20.6.2012 – I-2 U 14/12.
540 OLG Düsseldorf, Beschluss v 27.6.2012 – I-2 W 14/12; OLG Düsseldorf, Beschluss v 29.8.2013 – I-2 W 28/13.
541 OLG Düsseldorf, Beschluss v 27.6.2012 – I-2 W 14/12.
542 OLG Düsseldorf, InstGE 6, 123 – Elektronische Anzeigevorrichtung.
543 OLG Düsseldorf, Beschluss v 21.1.2016 – I-15 W 12/15.
544 OLG Düsseldorf, Beschluss v 21.1.2016 – I-15 W 12/15, str. – vgl oben Kap D Rdn 941.
545 OLG Düsseldorf, Beschluss v 21.1.2016 – I-15 W 12/15.

des Urteilsausspruches entsprechendes Tabellenwerk selbst erstellen könnte, um Aufschluss darüber zu erhalten, ob die gelegte Rechnung Auskünfte zu allen geschuldeten Punkten enthält. Jedenfalls bei beträchtlichem Umfang rechenschaftspflichtiger Handlungen ist der ausgeurteilten Verpflichtung erst genügt, wenn die Gliederung der Rechnungslegung der Gliederung des gerichtlichen Rechnungslegungsausspruches entspricht.[546] Erfolgen nicht nur wenige unbedeutende Ergänzungen/Korrekturen, ist ein neues, der Gliederung des Urteilsausspruchs folgendes Verzeichnis zu erstellen.[547]

Werden **Angaben** zur Rechnungslegung **in einem** laufenden **Klageverfahren** gemacht, ist klarzustellen, dass die betreffende Mitteilung zum Zwecke der Auskunftserteilung geschieht. Die Anforderungen der Rechtsprechung an die Vollständigkeit einer Rechnungslegung sind sehr hoch und von einem Schuldner, vor allem wenn es sich um einen Herstellungsbetrieb handelt, kaum oder nur mit einem erheblichen Arbeitsaufwand zu erfüllen.

290

h) Teilweise unberechtigte Beanstandungen

So lange nur in *einem* rechnungslegungspflichtigen Punkt Angaben fehlen, ist ein Zwangsmittel zu verhängen. Macht der Gläubiger mit seinem Vollstreckungsantrag geltend, dass die Rechnungslegung hinsichtlich mehrerer Einzeldaten unzureichend sei, und erweisen sich lediglich einige, aber nicht alle Beanstandungen als durchgreifend, so führt dies nicht zwangsläufig zu einer teilweisen Zurückweisung des Zwangsmittelantrages mit einer entsprechenden Kostenbelastung des Gläubigers.[548] Allerdings wirkt sich der Umfang der Unzulänglichkeit auf die Höhe des Zwangsmittels aus. Je größer die Mängel der Rechnungslegung sind, desto höher wird das Zwangsgeld ausfallen müssen, das erforderlich ist, um den Schuldner zu einer ordnungsgemäßen Auskunftserteilung zu veranlassen. Zur Teilabweisung mit entsprechender Kostenquote führt es deshalb, wenn der Gläubiger entweder ein bestimmtes Zwangsgeld in seinen Antrag aufnimmt und das Gericht betragsmäßig nicht nur unwesentlich darunter bleibt, oder wenn der Antrag in Bezug auf die Höhe zwar unbestimmt formuliert ist, das Landgericht aber deshalb hinter dem Begehren des Gläubigers zurückbleibt, weil es verschiedene Beanstandungen des Gläubigers von Gewicht nicht teilt und deswegen zu dem festgesetzten geringen Zwangsgeld kommt, oder weil es die Schwere der geltend gemachten Unzulänglichkeiten anders als der Gläubiger bemisst.[549]

291

i) Erkundigungspflichten

Wenngleich Auskunft und Rechnungslegung prinzipiell Wissenserklärung sind und der Schuldner deshalb grundsätzlich nur dasjenige mitzuteilen hat, was er unter Heranziehung seiner Geschäftspapiere etc weiß, so bestehen – darüber hinaus – in gewissem Umfang Erkundigungspflichten. Kann der Schuldner seinen Lieferanten anhand seiner Unterlagen nicht mit ausreichender Sicherheit feststellen, ist er gehalten, diese Zweifel durch Nachfrage bei den in Betracht kommenden Lieferanten aufzuklären. Der Auskunftsschuldner ist demgegenüber nicht verpflichtet, Nachforschungen anzustellen, um unbekannte Vorlieferanten oder den Hersteller erst zu ermitteln[550] oder um sich Gewissheit über die tatsächliche Verwendung eines mittelbar patentverletzenden Gegenstandes

292

---

546 OLG Düsseldorf, Beschluss v 21.1.2016 – I-15 W 12/15.
547 OLG Düsseldorf, Beschluss v 21.1.2016 – I-15 W 12/15.
548 OLG Düsseldorf, InstGE 5, 292 – Balkonbelag.
549 OLG Düsseldorf, Beschluss v 27.6.2012 – I-2 W 14/12.
550 BGH, GRUR 2003, 433, 434 – Cartier-Ring; BGH, GRUR 2006, 504 – Parfümtestkäufe (jeweils zu § 19 MarkenG).

beim Abnehmer zu verschaffen.[551] Können Auskünfte nur nach Einblick in die Geschäftsunterlagen gegeben werden und stehen dem Schuldner diese nicht (mehr) zur Verfügung (zB weil er zwischenzeitlich als Geschäftsführer ausgeschieden ist), so ist der Schuldner verpflichtet, die ihm zumutbaren Maßnahmen zu ergreifen, um sich die benötigten Kenntnisse zu verschaffen.[552] Dies kann im Einzelfall auch die gerichtliche Verfolgung eines Einsichtsrechts in die Geschäftsunterlagen einschließen.[553]

293 Ähnliche Fragen stellen sich, wenn die für eine Rechnungslegung über *eigene* Benutzungshandlungen erforderlichen Geschäftsdaten nicht beim Schuldner, sondern bei einem Drittunternehmen (zB aus demselben Konzern) vorliegen. Hier können zwar die Grundsätze der **Wissenszurechnung** in arbeitsteiligen Organisationen im Vollstreckungsverfahren nach § 888 ZPO nicht mit der Folge angewandt werden, dass dem Schuldner ein Wissen um den Umfang auskunftspflichtiger Schutzrechtsverletzungen fiktiv zugerechnet wird, das tatsächlich nicht bei ihm, sondern lediglich bei einem (organisatorisch verbundenen) Drittunternehmen aufgrund der dort archivierten Geschäftsdaten gegeben ist.[554] Allerdings wird der Vollstreckungsschuldner im Allgemeinen gehalten sein, das betreffende Drittunternehmen unter Kostenübernahme (Anreise, Versendung) zur freiwilligen Unterstützung aufzufordern, und unter besonderen Umständen sogar verpflichtet sein, den Dritten gerichtlich auf Erteilung derjenigen Auskünfte in Anspruch zu nehmen, die es dem Schuldner erlauben, seiner Rechnungslegungspflicht gegenüber dem Gläubiger ordnungsgemäß nachzukommen.[555] Eine gesteigerte Informationsbeschaffungspflicht des Vollstreckungsschuldners ist anzunehmen, wenn er es unter Verzicht auf eine eigene verfügbare Dokumentation hingenommen hat, dass die Einzelheiten seiner Geschäftstätigkeit ausschließlich bei dem in Anspruch zu nehmenden Drittunternehmen dauerhaft archiviert werden, ohne dass der Schuldner Zugriff auf diese Daten hat.[556] Die Pflicht zur Klageerhebung kann sich gleichfalls aus einer Gesamtschuldnerschaft ergeben, die zwischen dem Schuldner und dem Dritten besteht (zB aus § 840 BGB).[557] Sie setzt keine abschließende Prüfung der Erfolgsaussichten durch das Vollstreckungsgericht voraus. Es genügt vielmehr, wenn die Drittauskunftsklage mit einiger Wahrscheinlichkeit begründet ist.[558] Davon ist im Zweifel auszugehen, wenn der Schuldner als Handelsvertreter oder Lagerhalter für den Dritten tätig war. Sind der Handelsvertreter bzw Lagerhalter juristische Personen, erstreckt sich die Fürsorgepflicht des Geschäftsherrn nicht nur auf das Unternehmen, mit dem die Vertragsbeziehung besteht, sondern gleichermaßen auf dessen gesetzlichen Vertreter. Letzteres gilt jedenfalls dann, wenn der gesetzliche Vertreter ebenfalls zur Rechnungslegung verurteilt und insofern Vollstreckungsschuldner ist.[559] Die Pflicht zur Drittauskunftsklage entfällt nicht schon deswegen, weil der Gläubiger auch gegen das Drittunternehmen einen eigenen Auskunftstitel wegen Patentverletzung erwirkt hat.[560] Etwas anderes gilt allenfalls dann, wenn die direkte Inanspruchnahme des Dritten durch den Gläubiger in einem solchen Maße einfacher ist, dass ein Beharren des Gläubigers darauf, der Schuldner möge den Dritten zur Ermöglichung seiner Auskunftspflicht verklagen, als Schikane erscheint.[561]

---

551 OLG Karlsruhe, InstGE 11, 61 – Multifeed II.
552 OLG Köln, GRUR-RR 2006, 31 – Mitwirkung eines Dritten.
553 BGH, MDR 2009, 468.
554 OLG Düsseldorf, InstGE 9, 179 – Druckerpatrone, bestätigt durch BGH, GRUR 2009, 794 – Auskunft über Tintenpatronen.
555 OLG Düsseldorf, InstGE 9, 179 – Druckerpatrone, bestätigt durch BGH, GRUR 2009, 794 – Auskunft über Tintenpatronen; OLG Düsseldorf, Beschluss v 20.9.2011 – I-2 W 38/11.
556 OLG Düsseldorf, InstGE 9, 179 – Druckerpatrone.
557 BGH, GRUR 2009, 794 – Auskunft über Tintenpatronen.
558 OLG Düsseldorf, InstGE 9, 179 – Druckerpatrone.
559 OLG Düsseldorf, InstGE 9, 179 – Druckerpatrone.
560 OLG Düsseldorf, Beschluss v 20.9.2011 – I-2 W 38/11.
561 OLG Düsseldorf, Beschluss v 20.9.2011 – I-2 W 38/11.

Grundsätzlich anders liegen die Verhältnisse, wenn sich nicht nur die Geschäftsdaten zur eigenen Benutzung bei einem Dritten befinden, sondern wenn es um eine Auskunft des Schuldners über **Benutzungshandlungen** geht, die nicht von ihm, sondern **von einem Dritten** vorgenommen worden sind und deshalb für ihn *fremde* sind. Diesbezüglich besteht prinzipiell keine Erkundigungspflicht, und zwar selbst dann nicht, wenn der Dritte und der Schuldner Mittäter oder Teilnehmer der Verletzungshandlungen sind. Anderes (im Sinne einer Erkundigungspflicht beim Drittunternehmen) gilt allerdings dann, wenn der Schuldner den Dritten bei der Patentverletzung als Verrichtungsgehilfe[562] gelenkt hat, sodass die von diesem ausgeführten Vertriebshandlungen als solche des Schuldners anzusehen sind. Denkbar ist dies beispielsweise bei einer Konzernmutter, deren Tochtergesellschaft die Verletzungshandlungen nach den konkreten Direktiven der Muttergesellschaft begangen hat.[563] Gleiches gilt, wenn sich aus den Gründen des Urteils im Wege der Auslegung ergibt, dass neben den durch den Beklagten eigenhändig vorgenommenen Verkäufen auch solche Vertriebshandlungen vom Urteilsausspruch erfasst sein sollen, die ein Tochterunternehmen begangen hat.[564]

294

j) Unrichtige Rechnungslegung

Von der unvollständigen Rechnungslegung ist die unrichtige Rechnungslegung zu unterscheiden. Sie liegt vor, wenn die nach dem Urteilstenor geschuldeten Daten zwar offenbart sind, jedoch Anhaltspunkte dafür bestehen, dass die gegebene Auskunft nicht den Tatsachen entspricht. In einem derartigen Fall steht dem Gläubiger nicht das Zwangsmittelverfahren zur Verfügung[565]; vielmehr hat er die Möglichkeit, auf Abgabe einer eidesstattlichen Versicherung zu klagen, mit der der Schuldner die Richtigkeit der erteilten Auskunft bekräftigt (§ 259 Abs 2 BGB). Einen Grenzfall bildet diejenige Rechnungslegung, die aufgrund ihrer Unvollständigkeit falsch ist.[566] Hier ist zu differenzieren: Beruht die Unvollständigkeit darauf, dass der Schuldner über den Umfang und die Reichweite seiner Rechnungslegungspflicht im Irrtum ist[567], so ist der Antrag auf Verhängung eines Zwangsmittels zulässig. Bestreitet der Schuldner hingegen, dass eine bestimmte Benutzungshandlung, von der er genau weiß, dass sie prinzipiell zu offenbaren ist, stattgefunden hat, und bestehen Anhaltspunkte für die Unrichtigkeit dieses Bestreitens, so ist die Klage auf Abgabe einer eidesstattlichen Versicherung geboten.

295

Ist die Rechnungslegung **gleichzeitig unvollständig** (zB weil zu den mitteilungsbedürftigen Gestehungskosten nur pauschale, für den Gläubiger nicht nachvollziehbare Angaben gemacht werden) **und unglaubhaft** (zB weil die genannten Pauschalbeträge nicht plausibel sind), so ist zweckmäßigerweise zunächst eine Spezifizierung der Rechnungslegungsangaben nach § 888 ZPO zu verlangen, um überhaupt eine als solche vollständige Auskunft zu erhalten. Erst danach macht es in der Regel Sinn, bezüglich der dann vorliegenden Angaben, wenn gegen ihre Richtigkeit (auch nach erfolgter Spezifizierung) weiterhin Bedenken bestehen, auf eine eidesstattliche Versicherung zu klagen. Das gilt auch dann, wenn die Unvollständigkeit und die mangelnde Glaubhaftigkeit unterschiedliche Punkte betreffen, die Rechnungslegung also in einer Hinsicht unvollständig und in anderer Hinsicht unglaubhaft ist. Im zuletzt genannten Fall wäre freilich ein Zwangsvoll-

296

---

562 Zum Begriff und zu den Anforderungen vgl BGH, MDR 2014, 1081.
563 OLG Düsseldorf, GRUR-RR 2013, 273 – Scheibenbremse.
564 BGH, GRUR 2014, 605 – Flexitanks II.
565 Vgl BGH, VersR 2007, 1081.
566 ZB: Der Gläubiger macht geltend, dass eine bestimmte patentverletzende Lieferung, die tatsächlich erfolgt sei, in der Rechnungslegung nicht enthalten ist.
567 ZB weil der Schuldner meint, aus irgendwelchen Gründen zur Offenbarung der betreffenden Lieferung nicht verpflichtet zu sein.

streckungsantrag nach § 888 ZPO und eine Klage auf Abgabe der eidesstattlichen Versicherung nebeneinander zulässig.[568]

k) Eidesstattliche Versicherung

297 Tatbestandlich setzt die Klage aus § **259 Abs 2 BGB** dreierlei voraus:

298 Zunächst muss den Schuldner eine **Pflicht zur Rechenschaftslegung** treffen. Dazu bedarf es keines Rechnungslegungstitels, erst recht keines rechtskräftigen Erkenntnisses, sondern lediglich einer schuldrechtlichen Obligation, die sich aus Vertrag oder Gesetz ergeben kann und die als Einstiegsvoraussetzung vom angerufenen Gericht festzustellen ist. Liegt ein rechtskräftiger Rechnungslegungstitel vor, ergibt sich die Pflicht unwiderleglich aus eben diesem; so lange noch kein Titel vorliegt, ist die Rechenschaftspflicht als Vorfrage erstmalig festzustellen; liegt ein erstinstanzliches Urteil vor, ist danach zu unterscheiden, ob das den Rechnungslegungsanspruch zusprechende Gericht auch mit dem Antrag auf eidesstattliche Versicherung befasst ist, was zB im Rahmen einer Stufenklage der Fall ist. Unter solchen Bedingungen steht die Pflicht zur Rechenschaftslegung aufgrund der Selbstbindung des Gerichts fest; wird wegen der eidesstattlichen Versicherung außerhalb einer Stufenklage ein anderes Landgericht angerufen (was im Rahmen der allgemeinen und besonderen Gerichtsstände möglich ist), muss sich dieses selbst eine Überzeugung von der Rechnungslegungspflicht des Beklagten bilden. Zwar wird sich das angerufene Gericht im Allgemeinen (sofern keine offensichtlichen Rechtsfehler zutage treten) der am anderen Gerichtsort erfolgten Verurteilung zur Rechnungslegung anschließen; sicher ist dies jedoch keineswegs.

Praxistipp	Formulierungsbeispiel
299 Von daher ist es strategisch unklug, nach Obsiegen im Rechnungslegungsstreit wegen der eidesstattlichen Versicherung den Gerichtsstandort zu wechseln, selbst wenn dieser vermeintlich schneller zu sein scheint.	

300 Es muss – zum Zweiten – der **Verdacht** (nicht die Gewissheit!) bestehen, dass die vom Schuldner vorgelegte Rechnung unvollständig ist. Relevant sind in diesem Zusammenhang nicht nur die Angaben nach § 259 Abs 1 BGB. Da § 259 Abs 2 BGB auch auf Drittauskünfte gemäß § 140b PatG anwendbar ist[569], kann für den Verdacht der Unvollständigkeit auch auf solche Daten abgestellt werden, zu deren Offenbarung der Auskunftspflichtige nur nach § 140b PatG gehalten ist.

301 Die Unvollständigkeit muss – zum Dritten – auf **mangelnder Sorgfalt** des Verpflichteten bei der Rechnungslegung beruhen. Die insoweit zu treffende Einzelfallentscheidung anhand der konkreten Umstände des Einzelfalles hat insbesondere zu berücksichtigen, wie umfangreich die zu leistende Rechnungslegung ist (Zeitraum, Geschäftsvorfälle, auskunftspflichtige Einzeldaten), weil mit der Menge an zu bewältigenden Daten auch bei ernsthaftem Bemühen unweigerlich die Gefahr steigt, Fehler zu machen. Allein die zu verarbeitenden Daten und ein ggf weit zurückliegender Auskunftszeitraum, der den Datenzugriff erschwert, können die Rechnungslegung zu einer »gefahrengeneigten« Angelegenheit machen, was bei der Beurteilung des Sorgfaltsvorwurfs wechselwirkend

---

568 Zum Verhältnis von § 888 ZPO und § 259 Abs 2 BGB vgl OLG Hamburg, NJW-RR 2002, 1292 – Löschpistolen; BGH, GRUR 1984, 728, 730 – Dampffrisierstab II; Eichmann, GRUR 1990, 575, 583.
569 OLG Düsseldorf, Urteil v 7.10.2004 – I-2 U 41/04; OLG Zweibrücken, GRUR 1997, 131 – Schmuckanhänger.

zu berücksichtigen ist.[570] Werden Korrekturen vorgenommen, so liegt darin zunächst das Geständnis des Schuldners, dass es bei der Rechnungslegung zu Fehlern gekommen ist. Um seinem neuen Rechenwerk eine Zuverlässigkeit zu verleihen, die eine eidesstattliche Versicherung ihrer Richtigkeit entbehrlich macht, hat der Schuldner im Rahmen seiner korrigierten Auskünfte nicht nur den jeweiligen Korrekturanlass zu benennen, sondern darüber hinaus die korrigierten Zahlen so weit zu erläutern, dass sie vom Schuldner nachvollzogen werden können und ihnen eine innere Schlüssigkeit zugesprochen werden kann.[571]

Anders als im Zwangsmittelverfahren nach § 888 ZPO[572] bleiben **Angaben**, die für die Rechtsverfolgung des Gläubigers **nicht mehr von Interesse** sind, als Anknüpfungspunkte für eine mangelnde Sorgfalt bei der Rechnungslegung relevant. Denkbar ist solches namentlich im Hinblick auf Auskünfte über die Gestehungskosten und den Gewinn, wenn der Schuldner im Hinblick auf bestimmte, zunächst noch offengelegte und später ohne nachvollziehbare Begründung revidierte Kostenpositionen rechtsverbindlich erklärt, diese bei der Berechnung des Verletzergewinns nicht mehr in Abzug zu bringen.[573]   302

Ein Grund für die Annahme einer Sorgfaltspflichtverletzung ist nach Lage des Falles regelmäßig gegeben, wenn   303

– Angaben mehrfach – auch mit Begründung – ergänzt oder berichtigt worden sind[574], es sei denn, die erste, später ergänzte Auskunft ist ausdrücklich als bloß »vorläufig« gekennzeichnet worden und es handelt sich um Ergänzungen, die aus der Vorläufigkeit der ersten Rechnungslegung erklärbar sind, wobei es für den Umfang der Vorläufigkeit (welche Daten sind betroffen?) auf den Empfängerhorizont des Gläubigers ankommt[575];   304

– unplausible Erklärungen dafür gegeben werden, wieso weitergehende Auskünfte nicht erteilt werden können[576],   305

– die Auskunft fortlaufend unberechtigt verweigert wird und der Auskunftspflichtige darum bemüht ist, den wahren Sachverhalt nicht offenzulegen[577],   306

– im Rahmen der Auskunftserteilung widersprüchliche Angaben gemacht werden[578],   307

– wiederholt Auskünfte erteilt werden, die allesamt mehr oder weniger unrichtig, unvollständig oder ungenau sind.[579]   308

Tatsächliche Verdachtsgründe sind vom Kläger darzutun und zu beweisen, der die Abgabe der eidesstattlichen Versicherung begehrt.[580]   309

Ist hiernach ein entsprechender Verdacht begründet, kann der Auskunftspflichtige der damit entstandenen Verpflichtung zur Abgabe einer eidesstattlichen Versicherung nicht   310

---

570 OLG Düsseldorf, Beschluss v 8.8.2013 – I-2 U 8/13.
571 OLG Düsseldorf, Beschluss v 8.8.2013 – I-2 U 8/13.
572 OLG Düsseldorf, InstGE 13, 226 – Rechnungslegung über Gestehungskosten.
573 OLG Düsseldorf, Beschluss v 8.8.2013 – I-2 U 8/13.
574 OLG Hamburg, InstGE 5, 294 – Fußbodenpaneele II, mwN.
575 OLG Düsseldorf, Beschluss v 8.8.2013 – I-2 U 8/13.
576 OLG Köln, NJW-RR 1998, 126, 127.
577 BGH, WM 1956, 31, 32; OLG Frankfurt/Main, NJW-RR 1993, 1483; LG Mannheim, Urteil v 16.5.2014 – 7 O 90/13 (Notwendigkeit mehrerer Zwangsmittelverfahren zur Auskunftserzwingung).
578 BGHZ 125, 322, 323 – Cartier-Armreif.
579 LG Düsseldorf, GRUR-RR 2009, 195 – Sorgfältige Auskunft.
580 OLG Düsseldorf, Beschluss v 8.8.2013 – I-2 U 8/13.

dadurch entgehen, dass er im Rechtsstreit versichert (oder anwaltlich versichern lässt), dass die zuletzt erteilte Auskunft nunmehr richtig und vollständig sei.[581] Zu beachten ist, dass § 259 Abs 3 BGB von der Pflicht zur eidesstattlichen Versicherung Angelegenheiten von geringer Bedeutung ausnimmt. Darunter fällt nicht nur der Fall, dass der gesamte Gegenstand der Rechenschaftspflicht geringfügig ist, sondern gleichermaßen die Konstellation, dass dieser Gegenstand an sich zwar bedeutsam ist, aber nur der Verdacht auf eine geringfügige Unvollständigkeit oder Unrichtigkeit besteht.[582]

311 In Bezug auf Auskünfte, die durch spätere **Angaben** des Schuldners **überholt** sind, besteht kein Anspruch auf Abgabe einer eidesstattlichen Versicherung. Voraussetzung ist allerdings, dass der Beklagte die früheren Auskünfte auch selbst nicht mehr gelten lassen will und dies dem Gläubiger gegenüber eindeutig zum Ausdruck bringt.[583] Erteilt der Schuldner im Laufe der Zeit wiederholte Auskünfte, ohne unmissverständlich klarzustellen, welche Erklärungen als Auskunft gelten sollen und welche nicht (mehr), so kann die Klage gemäß § 259 Abs 2 BGB auf sämtliche Auskünfte gerichtet werden, die vom Schuldner erteilt worden sind. In einem solchen Fall ist es Sache des Schuldners, bei Abgabe der eidesstattlichen Versicherung die notwendige Klarheit zu schaffen, indem nur die Richtigkeit und Vollständigkeit derjenigen Auskünfte versichert wird, die Geltung haben sollen.

312 Im **Klageantrag** (und im Urteilstenor) sind diejenigen Auskünfte genau zu bezeichnen, auf die sich die eidesstattliche Versicherung der Richtigkeit und Vollständigkeit beziehen soll. Für sie hat der Offenbarungspflichtige »an Eides Statt zu versichern, dass er die verlangten Angaben nach bestem Wissen und Gewissen so richtig und vollständig gemacht hat, wie er dazu imstande ist« (§ 259 Abs 2 BGB). Der genannte, vom Gesetz vorgeschriebene Wortlaut ist zwingend; so lange ihm nicht genügt wird, ist die Pflicht zur Abgabe der eidesstattlichen Versicherung nicht erfüllt.[584] Einer namentlichen Benennung des Eidespflichtigen bedarf es nicht.[585] Sie ist – wie bei § 888 ZPO – erst im Verfahren der Zwangsvollstreckung nach erfolgter Verurteilung zur eidesstattlichen Versicherung (§ 889 ZPO) erforderlich.[586]

Praxistipp	Formulierungsbeispiel
313	Die Beklagte wird verurteilt, durch ihren gesetzlichen Vertreter[587] vor dem zuständigen Amtsgericht an Eides statt zu versichern, dass sie die Auskünfte gemäß ihren Schreiben vom ... (Anlagen ...) so vollständig und richtig erteilt hat, wie sie dazu imstande ist.

314 Stellt der Schuldner fest, dass seine bisherigen (in den Klageantrag/Urteilstenor) aufgenommenen Auskünfte tatsächlich nicht den Tatsachen entsprechen oder unvollständig sind, so ist er natürlich nicht verpflichtet, zu dieser von ihm als falsch erkannten Auskunft dennoch eine eidesstattliche Versicherung abzugeben. Da er nicht gehalten ist, eine falsche Versicherung abzugeben, steht es ihm vielmehr frei, unrichtige Angaben zu

---

581 BGH, MDR 1960, 200, 201; OLG Zweibrücken, GRUR 1997, 131 – Schmuckanhänger; OLG Düsseldorf, Urteil v 28.4.2005 – I-2 U 44/04.
582 OLG Düsseldorf, Beschluss v 8.8.2013 – I-2 U 8/13.
583 OLG Düsseldorf, Beschluss v 8.8.2013 – I-2 U 8/13.
584 BGH, NJW-RR 2007, 185.
585 OLG Düsseldorf, Beschluss v 8.8.2013 – I-2 U 8/13.
586 OLG Düsseldorf, Beschluss v 8.8.2013 – I-2 U 8/13.
587 Sieht der Gesellschaftsvertrag eine (echte oder unechte) Gesamtvertretung vor, so sollte eingefügt werden: »... in der satzungsgemäß vorgeschriebenen Form ...« (OLG Düsseldorf, Beschluss v 8.8.2013 – I-2 U 8/13).

korrigieren und fehlende Angaben zu ergänzen. Die Vollstreckung eines Urteils auf Abgabe der eidesstattlichen Versicherung kann mithin auch darin liegen, dass der Schuldner eine völlig neue Auskunft erteilt und deren Richtigkeit versichert.

Liegt dem Rechnungslegungsanspruch eine Patentverletzung zugrunde, stellt die Klage auf Abgabe der eidesstattlichen Versicherung eine Patentstreitsache dar. Für sie gelten dieselbe **Gerichtsstände** wie für eine Patentverletzungsklage, insbesondere also auch der Gerichtsstand der unerlaubten Handlung. Letzteres folgt zum einen aus der Tatsache, dass es sich bei dem Anspruch aus § 259 Abs 2 BGB um einen Annex zum Rechnungslegungsanspruch handelt, für den, wenn er auf eine Patentverletzung gestützt wird, unzweifelhaft § 32 ZPO eingreift, und zum anderen daraus, dass der Anspruch auf eidesstattliche Versicherung zusammen mit dem Unterlassungsanspruch im Wege der Stufenklage und damit im Gerichtsstand der Patentverletzung verfolgt werden könnte, sodass für seine isolierte Geltendmachung nicht anderes gelten kann. 315

Bei Unternehmen hat der im Zeitpunkt ihrer Abgabe amtierende **gesetzliche Vertreter** die eidesstattliche Versicherung zu leisten.[588] Wer dies ist, muss von Amts wegen geklärt werden.[589] Sieht der Gesellschaftsvertrag eine Gesamtvertretung (durch mehrere Geschäftsführer oder einen Geschäftsführer zusammen mit einem Prokuristen) vor, muss die eidesstattliche Versicherung in der satzungsgemäßen Form, dh durch eine zur Vertretung berufene Personenmehrheit, erfolgen.[590] Sofern der einzige gesetzliche Vertreter sein Amt erst nach der Ladung zum Termin zur Abgabe der eidesstattlichen Versicherung niederlegt, ohne dass ein neuer Vertreter bestellt wird, bleibt er offenbarungspflichtig.[591] Das gilt auch dann, wenn dieser die Auskünfte nicht selbst erteilt hat, wie dies bei größeren Unternehmen regelmäßig der Fall sein wird. Handlungsschuldner ist auch unter solchen Umständen nicht der zuständige Mitarbeiter der mit der Rechnungslegung befassten Unternehmensabteilung.[592] 316

Bei **Ausländer**n genügt eine nur vorübergehende kurzfristige Anwesenheit des Schuldners im Inland (zB anlässlich eines Messebesuches); sie begründet die Zuständigkeit desjenigen Amtsgerichts, in dessen Bezirk der Aufenthalt bei Auftragserteilung stattfindet (§ 899 ZPO).[593] 317

Für die Abnahme der eidesstattlichen Versicherung und alle hierbei zu treffenden Zwangsmaßnahmen (§§ 888, 901 ZPO) ist nicht das Prozessgericht, sondern ausschließlich[594] (§§ 889, 802 ZPO) das Amtsgericht am Sitz des Schuldners als Vollstreckungsgericht zuständig. Es hat auf Antrag des Gläubigers einen Termin zur Abgabe der eidesstattlichen Versicherung anzuberaumen. Erscheint der ordnungsgemäß geladene Schuldner nicht oder nimmt der Schuldner den Termin zwar wahr, verweigert er aber die eidesstattliche Versicherung, kann er durch die Zwangsmittel des § 888 ZPO (Zwangsgeld bzw Zwangshaft) dazu angehalten werden, seiner Verpflichtung nachzukommen.[595] Dazu gehört, dass er sich die notwendigen Kenntnisse und Unterlagen – soweit erforderlich – auch von dritter Seite beschafft.[596] Der Verpflichtete kann die Abgabe einer eidesstattlichen Versicherung deswegen nicht unter Hinweis darauf verweigern, dass er die von einem Dritten für ihn gefertigte Auskunft nicht auf ihre inhaltliche 318

---

588 BGH, NJW-RR 2007, 185; OLG Düsseldorf, Urteil v 28.4.2005 – I-2 U 44/04; OLG Düsseldorf, Urteil v 7.10.2004 – I-2 U 41/04.
589 BGH, NJW-RR 2007, 185.
590 OLG Düsseldorf, Beschluss v 8.8.2013 – I-2 U 8/13.
591 BGH, NJW-RR 2007, 185.
592 OLG Düsseldorf, Beschluss v 8.8.2013 – I-2 U 8/13.
593 BGH, NJW 2008, 3288.
594 OLG München, MDR 1991, 796.
595 Zu Einzelheiten und Formulierungsvorschlägen vgl Kap H Rdn 229 ff.
596 BGH, MDR 2014, 1342.

Richtigkeit überprüfen könne.[597] Wird die eidesstattliche Erklärung abgegeben, besteht jedoch (zB wegen eines in die Erklärung aufgenommenen Vorbehaltes) Anlass zu der Annahme, dass die Auskünfte nicht mit der gebotenen Sorgfalt gemacht worden sind (zB weil ein Zugriff auf bestimmte Unterlagen nicht möglich gewesen sein soll), so kommen – mangels »Verweigerung« der eidesstattlichen Versicherung – keine Zwangsmittel infrage; vielmehr ist im Verfahren nach § 889 ZPO gemäß § 261 Abs 1 ZPO anzuordnen, dass der Verpflichtete seine bisherige Auskunft nachbessert und an Eides statt versichert.[598] Zur Durchsetzung einer angeordneten Zwangshaft kann in entsprechender Anwendung von § 901 ZPO ein Haftbefehl ergehen. Vor seinem Erlass hat das Vollstreckungsgericht eigenständig sämtliche Voraussetzungen für die Anordnung einer Erzwingungshaft (dh das Bestehen einer Pflicht zur eidesstattlichen Versicherung und das Vorliegen eines Haftgrundes[599]) zu prüfen.[600]

319 Nachstehend ist das **Muster eines Haftbefehls** wiedergegeben:

Praxistipp	Formulierungsbeispiel
320	1. Auf Antrag des ... (Gläubigers) wird gegen ... (Schuldner) die Haft angeordnet. 2. Dieser Haftbefehl ist dem Schuldner bei der Verhaftung in beglaubigter Ausfertigung zu übergeben.

321 Hat der Schuldner ein äußerlich erkennbar unvollständiges, ungenaues oder widersprüchliches Verzeichnis vorgelegt, so kann der Gläubiger die **Nachbesserung** der eidesstattlichen Versicherung verlangen.[601]

322 Ein Anspruch auf **Überprüfung** der Rechnungslegung etwa durch einen vereidigten Wirtschaftsprüfer oder den Gläubiger selber unter Rückgriff auf die Geschäftsunterlagen des Schuldners steht dem Gläubiger nicht zu.[602]

---

597 BGH, MDR 2014, 1342.
598 BGH, MDR 2014, 1342.
599 Nichterscheinen im Abgabetermin bzw Verweigerung der eidesstattlichen Versicherung.
600 BGH, MDR 2009, 227.
601 BGH, WM 2009, 1431.
602 BGH, GRUR 1982, 723 – Dampffrisierstab.

I. Schadenersatz

Ist das Rechnungslegungsverfahren abgeschlossen bzw die Rechnungslegung vom Gläubiger akzeptiert, kann die Höhe des Schadens beziffert werden, wobei mehrere Punkte berücksichtigt werden müssen. Es stellt sich zunächst die Frage, wessen Schaden überhaupt geltend gemacht werden kann, daran schließt sich die Frage nach den einzelnen Schadenspositionen und damit einhergehend die ihrer Berechnung an. Manche dieser Fragen sind bisher nicht höchstrichterlich entschieden.

I. Anspruchsberechtigter

1. Schadenersatz wegen Patentverletzung

Von einem Schutzrechtsverletzer ist der dem Verletzten entstandene Schaden zu ersetzen (§ 139 Abs 2 Satz 1 PatG). Wurden mehrere Personen verletzt[1], treten diese als Mitgläubiger im Sinne des § 432 BGB auf[2], was zur Folge hat, dass bestimmte Schadensposten nur einmal geltend gemacht werden können (zB Herausgabe des Verletzergewinns oder Zahlung einer angemessenen Lizenzgebühr).

Ein Schaden entsteht primär in der Person des **Schutzrechtsinhabers** oder, wenn eine ausschließliche Lizenz vergeben ist, in der Person des **ausschließlichen Lizenznehmers**.[3] Ist die Exklusivlizenz zeitlich, örtlich oder sachlich beschränkt, so kommen **nebeneinander** Schadenersatzansprüche sowohl des Patentinhabers als auch des Lizenznehmers in Betracht, die sich inhaltlich weder decken noch überschneiden. Der Schutzrechtsinhaber bleibt für alle diejenigen Verletzungshandlungen zum Schadenersatz aktivlegitimiert, die in das bei ihm verbliebene Nutzungsrecht eingreifen, während der ausschließliche Lizenznehmer Schadenersatz für solche Patentverletzungen verlangen kann, die das (zeitlich, örtlich oder sachlich notwendigerweise andersartige) Verwertungsrecht tangieren, welches ihm mit der Lizenzvergabe überantwortet ist.[4] Jeder Berechtigte kann seinen Schaden dabei in herkömmlicher Weise nach einer der drei Berechnungsmethoden (entgangener Gewinn, Verletzergewinn, Lizenzanalogie) liquidieren.

Sind **beim Schutzrechtsinhaber keine Nutzungsrechte** mehr **verblieben**, ist er aber dennoch geschädigt (zB wegen einer umsatzabhängig vereinbarten Lizenz oder einer vertraglichen Bezugspflicht für den Lizenznehmer[5]), kann der Patentinhaber seinen Schaden ausschließlich konkret in Form des entgangenen Gewinns beziffern; die Methoden der abstrakten Schadensberechnung (Verletzergewinn und Lizenzanalogie) stehen ihm – entgegen der anderslautenden, allerdings nicht näher begründeten Auffassung des BGH[6] (dazu weiter unten) – nicht zur Verfügung.[7] Um eine Überbelastung des Verletzers zu vermeiden, die besteht, wenn er den Schadenersatzansprüchen des ausschließlichen Lizenznehmers und daneben zusätzlich den an dieselbe Verletzungshandlung

---

[1] Zu Einzelheiten vgl Asendorf, Aufteilung des Schadenersatzes, 2011.
[2] AA: BGH, GRUR 2008, 896 – Tintenpatrone I.
[3] Umfassend zur Anspruchskonkurrenz zwischen Patentinhaber und exklusivem Lizenznehmer: Pahlow, GRUR 2007, 1001.
[4] Kühnen, FS Schilling, 2007, S 311.
[5] BGH, GRUR 2008, 896 – Tintenpatrone I.
[6] BGH, GRUR 2008, 896 – Tintenpatrone I.
[7] Kühnen, FS Schilling, 2007, S 311.

I. Schadenersatz

anknüpfenden Schadenersatzansprüchen des Patentinhabers ausgesetzt wird, hat sich der Lizenznehmer von seiner Schadenersatzforderung denjenigen Betrag abziehen zu lassen, den der Patentinhaber zum Ausgleich des bei ihm konkret eingetretenen Schadens (verminderte Lizenz- oder Veräußerungsgewinne) reklamieren kann.[8] Um den gegenüber dem Lizenznehmer anspruchsmindernd wirkenden Schadenersatzanspruch des Schutzrechtsinhabers im Höheverfahren mit dem ausschließlichen Lizenznehmer zur Geltung bringen zu können, hat der beklagte Verletzer dem Patentinhaber notfalls den Streit zu verkünden.[9]

5   Nach der – abweichenden – Auffassung des **BGH**[10] sollen der Schutzrechtsinhaber und sein ausschließlicher Lizenznehmer gesondert den Ersatz des jedem einzelnen von ihnen entstandenen Schadens beanspruchen können, zusammen aber nicht mehr als den vom Verletzer geschuldeten vollen Schadensausgleich, ermittelt nach einer der drei möglichen Berechnungsmethoden (entgangener Gewinn, Lizenzanalogie, Verletzergewinn). Eine Mitgläubigerschaft lehnt der BGH ab und lässt stattdessen folgende **drei prozessuale Vorgehensweisen** zu:

6   – Patentinhaber und Lizenznehmer können **gemeinschaftlich** (dh in *einer* **Klage**) gegen den Verletzer vorgehen, vollen Schadensausgleich – berechnet nach einer der Methoden – an sich gemeinsam verlangen und haben den erstrittenen Betrag anschließend intern unter sich aufzuteilen (a).[11]

7   Geschieht dies, sind die Kläger *notwendige Streitgenossen*[12] mit der Folge, dass im Verhältnis zu keinem von ihnen eine Säumnis infrage kommt, so lange ein Streitgenosse erscheint[13], alle Streitgenossen am Rechtsmittelverfahren beteiligt bleiben, so lange einer von ihnen Rechtsmittel einlegt (also keine Rechtskraft gegenüber einzelnen Streitgenossen eintreten kann, auch wenn sie in eigener Person kein Rechtsmittel eingelegt oder ihr Rechtsmittel zurückgenommen haben), gegenüber allen Streitgenossen nur einheitlich entschieden werden kann (weswegen sich jedes Teilurteil gegen einzelne Streitgenossen verbietet und jede Aussetzung und jeder Verfahrensstillstand, der im Verhältnis zu einem Streitgenossen auftritt, dazu führt, dass auch das Verfahren gegenüber der anderen Streitgenossen zum Erliegen kommt).

8   – **Einer** von beiden kann zugleich **aus abgetretenem Recht** des anderen den **Gesamtschaden** liquidieren, wobei der Ersatzbetrag danach wiederum (außerhalb des Rechtsstreits) intern aufzuteilen ist (b).

9   – Schließlich können der Patentinhaber *und* der ausschließliche Lizenznehmer **jeweils allein** den *ihm* entstandenen Schaden einklagen (c).

10 Ein solcher Fall liegt auch vor, wenn beide ihre Ansprüche an unterschiedlichen Gerichtsstandorten verfolgen. Da der Verletzer maximal den vollen Schadensausgleich zu leisten hat, ist es – auch wenn er für sich die Berechnungsmethode der

---

8   Kühnen, FS Schilling, 2007, S 311.
9   Kühnen, FS Schilling, 2007, S 311.
10 BGH, GRUR 2008, 896 – Tintenpatrone I.
11 Das ist nicht ganz konsequent, wenn – wie es der BGH tut – eine Mitgläubigerschaft verneint und angenommen wird, der Patentinhaber und sein ausschließlicher Lizenznehmer hätten jeweils einen eigenen (abtretbaren) Schadenersatzanspruch, der mit dem Anspruch des jeweils anderen nur insoweit in Beziehung stehe, als (zur Vermeidung einer über 100 % hinausgehenden Haftung des Verletzers) bei der Bemessung des einen Anspruchs die Höhe des anderen Anspruchs zu berücksichtigen sei.
12 BGH, GRUR 2012, 430 – Tintenpatrone II.
13 Hat ein anwesender Streitgenosse für den im Termin säumigen Streitgenossen eine Prozesshandlung vorgenommen (zB die Klageforderung anerkannt), so kann der letztere diese in den nachfolgenden Tatsachenverhandlungen widerrufen, so lange noch keine unanfechtbare gerichtliche Entscheidung ergangen ist (BGH, MDR 2016, 176).

Lizenzanalogie oder der Herausgabe des Verletzergewinns wählt – Pflicht des Klägers, zunächst darzulegen, welcher Anteil des konkreten Gesamtschadens auf ihn entfällt. In Höhe dieses Anteils soll er sodann auf die anderen Ausgleichsmethoden zurückgreifen und eine entsprechende Quote des Lizenzbetrages bzw des Verletzergewinns zur Zahlung an sich verlangen können. Maßgeblich für die Anteilsbestimmung wird sein, ob der Patentinhaber oder der Lizenznehmer aus dem (infolge der Verletzungshandlungen gescheiterten) Verkauf von patentgemäßen Gegenständen den größeren wirtschaftlichen Vorteil erzielt hat – der Patentinhaber aus dem Verkauf an den Lizenznehmer zB nach Maßgabe einer im Lizenzvertrag vereinbarten Bezugspflicht oder der Lizenznehmer aus dem anschließenden (Weiter-)Verkauf im deutschen Markt. Die damit für beide anzustellende Bezifferung des eigenen entgangenen Gewinns ist außerordentlich aufwändig, und zwar selbst dann, wenn eine konkrete Berechnung mangels verfügbarer Unterlagen im Einzelfall nicht mehr möglich sein und deshalb die Darlegung von Schätzungsgrundlagen genügen sollte. Sie zwingt – was noch schwerer wiegen dürfte – in der Regel auch dazu, dem Gegner Geschäftsgeheimnisse offen zu legen.

Praxistipp	Formulierungsbeispiel
Für die Praxis ist von der Alternative (c) unbedingt abzuraten. Klagt der Patentinhaber oder der ausschließliche Lizenznehmer alleine auf Schadenersatz, sollte vor Klageerhebung die Abtretung der Ansprüche des anderen wirksam (dh bei Beteiligung ausländischer Personen möglichst unter Vereinbarung der Geltung deutschen Rechts) vereinbart sein.	11

Diskutiert wird des Weiteren, ob neben dem Schutzrechtsinhaber und dem ausschließlichen Lizenznehmer auch dem **einfachen Lizenznehmer** ein Schaden entstanden sein kann[14], und, sollte dies zu bejahen sein, ob dieser vom Schutzrechtsinhaber über das Rechtsinstitut der Drittschadensliquidation geltend gemacht werden kann.[15] Während die erste Frage nach einem *eigenen* Schaden und Schadenersatzanspruch des einfachen Lizenznehmers in der Rechtsprechung einheitlich verneint wird[16], hat der BGH für den Bereich des Markenrechts jüngst die Anwendbarkeit der Regeln der Drittschadensliquidation jüngst bejaht.[17] Dem ist entgegenzutreten.[18] Denn in der Person des einfachen Lizenznehmers manifestiert sich kein kausal durch eine Schutzrechtsverletzung hervorgerufener Schaden. Zwar muss der Lizenznehmer unter Umständen Mindereinnahmen hinnehmen, doch diese entstünden ihm auch bei Auftritt eines weiteren einfachen Lizenznehmers auf dem Markt. Das Risiko weiterer Konkurrenten und mithin die dadurch verursachten Umsatzeinbußen sind eine Gefahr, die der einfachen Lizenz von Natur aus innewohnt und kann nicht als Schaden qualifiziert werden. Darüber hinaus setzt die Drittschadenliquidation eine für den Geschädigten zufällige Schadensverlagerung voraus. Im Falle einer Schutzrechtsverletzung tritt aber zwischen dem Schutzrechtsinhaber und dem einfachen Lizenznehmer keine Schadensverlagerung auf. Vielmehr entsteht in der Person des Schutzrechtsinhabers ein eigener Schaden, der von diesem auch geltend gemacht werden kann.

12

---

14 Eine Klage auf Ersatz des eigenen Schadens sieht beispielsweise das Designrecht in Art 32 VO (EG) 6/2002 vor (vgl dazu EuGH, GRUR 2016, 1163 – Thomas Philipps/Grüne Welle).
15 Für diese Möglichkeit etwa Fischer, GRUR 1980, 374 ff; unter Hinweis auf Fischer: Ann, § 35 Rn 125.
16 BGH, GRUR 2013, 925 – VOODOO.
17 BGH, GRUR 2012, 630 – CONVERSE II.
18 Vgl auch Benkard, PatG, § 139 PatG Rn 17.

I. Schadenersatz

13　Ein weiteres Problem bei der Durchsetzung des Schadenersatzanspruchs kann sich ergeben, wenn, wie heutzutage in Konzernen üblich, **Patentverwaltungsgesellschaften** gegründet werden, die lediglich Treunehmer sämtlicher im Konzern erlangter Schutzrechte sind. Werden von diesen Klagen erhoben, kann diskutiert werden, ob reinen Verwaltungsgesellschaften überhaupt ein Schaden entstehen kann, da sie grundsätzlich an der wirtschaftlichen Verwertung der Schutzrechte nicht beteiligt werden, zumeist durch die Treuhandverträge sogar gehindert sind. Sie erhalten in der Regel entweder eine finanzielle Ausstattung vom Konzern oder aber eine vorher festgelegte Zahlung für die Verwaltung der Schutzrechte. Diese Einnahmen werden durch die unberechtigte Nutzung von Schutzrechten durch Dritte nicht geschmälert.

14　Ist der Anspruchsberechtigte eine Gesellschaft, so haben ihre **Gesellschafter** regelmäßig kein rechtliches Interesse für einen Beitritt als **Nebenintervenient**.[19] Das Interesse an höheren Gewinnausschüttungen im Falle eines Prozesserfolges der Gesellschaft ist rein wirtschaftlicher Natur; das Haftungsrisiko wegen der im Falle einer Klageabweisung von der Gesellschaft zu tragenden Prozesskosten ist zwar rechtlicher Natur, aber dennoch belanglos, weil es sich nicht aus der Entscheidung zur Hauptsache ergibt.

2. Schadenersatz bei unberechtigter Verletzungsklage

15　Ist die **Verletzungsklage abgewiesen** worden, so können – umgekehrt – Schadenersatzansprüche gegenüber dem klagenden Patentinhaber gegeben sein. Als Anspruchsberechtigter kommt zwar nicht der beklagte Prozessgegner in Betracht, weil ihm gegenüber der Grundsatz eingreift, dass derjenige nicht rechtswidrig in ein geschütztes Rechtsgut seines Verfahrensgegners eingreift, der ein staatliches, gesetzlich eingerichtetes und geregeltes Verfahren einleitet oder betreibt.[20] Schadenersatzberechtigt (wegen widerrechtlichen und schuldhaften Eingriffs in den eingerichteten und ausgeübten Gewerbebetrieb, § 823 Abs 1 BGB) kann jedoch der am Rechtsstreit selbst nicht beteiligte Lieferant sein, dessen Abnehmer zu Unrecht in einen Verletzungsprozess verwickelt worden ist.[21]

3. Schadenersatz wegen unberechtigter Vollstreckung

16　Schadenersatzpflichten können sich schließlich dadurch ergeben, dass der Kläger ein von ihm erstrittenes, noch nicht rechtskräftiges Urteil[22] vollstreckt und das Urteil im weiteren Instanzenzug aufgehoben oder abgeändert wird. Dabei ist es prinzipiell gleichgültig, ob die abweichende Entscheidung auf einer anderen Beurteilung des Verletzungstatbestandes beruht (zB weil die zunächst bejahten Voraussetzungen einer wortsinngemäßen oder äquivalenten Benutzung verneint, der erhobene Formstein-Einwand für durchgreifend erachtet, ein Vorbenutzungsrecht festgestellt oder dem Beklagten ein sonstiger Einwand zugebilligt worden ist), ob sie ihre Ursache in mangelnder Aktiv- bzw Passivlegitimation hat oder darin begründet liegt, dass das Klagepatent durch Widerruf oder

---

19　BGH, MDR 2018, 1266.
20　BGH, GRUR 2006, 219 – Detektionseinrichtung II; BGH, GRUR 2018, 832 – Ballerinaschuh. Eine Haftung kommt allenfalls auf Grundlage des § 826 BGB in Betracht, wenn der Kläger um die mangelnde Berechtigung seines Klagebegehrens – zumindest im Sinne bedingten Vorsatzes – weiß und besondere sittenwidrige Umstände hinzukommen, die sich auch aus einer Verletzung der prozessualen Wahrheitspflicht ergeben können (BGH, GRUR 2018, 832 – Ballerinaschuh).
21　BGH, GRUR 2006, 219 – Detektionseinrichtung II.
22　Die Vollstreckung eines rechtskräftigen Urteils begründet eine Schadenersatzhaftung allenfalls nach § 826 BGB. Das gilt auch dann, wenn ein solches Urteil später wegen Vernichtung des dem Verletzungsprozess zugrundeliegenden Klagepatents im Restitutionsverfahren aufgehoben wird.

Nichtigerklärung nachträglich ganz oder insoweit weggefallen ist, dass die angegriffene Ausführungsform nicht mehr vom Schutzbereich erfasst wird.

Kein Erfordernis für den Schadenersatzanspruch ist es, dass die aufhebende oder abändernde Entscheidung **rechtskräftig** ist, wenngleich der Schadenerstanspruch durch die Rechtskraft der Änderungs- oder Aufhebungsentscheidung freilich nicht in Wegfall kommt. § 717 ZPO stellt ein Instrument der prozessualen Waffengleichheit dar und hängt deswegen nicht von einer Endgültigkeit des gegenläufigen gerichtlichen Erkenntnisses ab. Sollte sich das Blatt im Anschluss an die aufhebende oder abändernde Entscheidung abermals wenden und es schlussendlich doch bei der vollstreckten Verurteilung verbleiben, kann der in Anspruch genomme Vollstreckungsgläubiger den von ihm im Nachhinein zu Unrecht geleisteten Schadenersatz vom Vollstreckungsschuldner nach den Regeln des Bereicherungsrechts (§§ 812 ff BGB) zurückverlangen. 17

a) Garantiehaftung

In allen diesen Fällen stellt § 717 ZPO eine verschuldensunabhängige Anspruchsgrundlage bereit. 18

aa) Haftungsvoraussetzungen

Derjenige, der ein *erstinstanzliches* Urteil vollstreckt[23], haftet auf Schadenersatz (§ 717 Abs 2 ZPO); derjenige, der ein *Berufungsurteil* vollstreckt[24], haftet nach Bereicherungsgrundsätzen (§ 717 Abs 3 ZPO[25]). Für beide Ansprüche – auch denjenigen aus § 717 Abs 3 ZPO – steht der (internationale und nationale) Gerichtsstand der unerlaubten Handlung (§ 32 ZPO) zur Verfügung.[26] Der bereicherungsrechtliche Erstattungsanspruch nach § 717 Abs 3 ZPO setzt – anders als der Schadenersatzanspruch nach § 717 Abs 2 ZPO – nicht voraus, dass vor der Zahlung oder Leistung des Titelschuldners die Zwangsvollstreckung angedroht war.[27] 19

§ 717 ZPO greift nur ein, wenn das vollstreckte Urteil (zB anlässlich des Wegfalls des Klagepatents) durch eine gerichtliche Entscheidung abgeändert oder aufgehoben wird. Die Vorschrift ist demgegenüber nicht einschlägig in Fällen der **Klagerücknahme**[28] oder der übereinstimmenden Erledigungserklärung.[29] 20

Praxistipp	Formulierungsbeispiel
Der Beklagte sollte deshalb, um seine Möglichkeiten zu wahren, bei nachträglicher Vernichtung des Klagepatents auf einer streitigen Klageabweisung oder einem Verzichtsurteil bestehen und nicht einer Klagerücknahme zustimmen.	

21

§ 717 ZPO beruht auf dem allgemeinen Rechtsgedanken, dass die Vollstreckung aus einem noch nicht rechtskräftigen Urteil auf Gefahr des Gläubigers erfolgt. Die Vorschrift begründet insofern eine gesetzliche Risikohaftung, derzufolge der Gläubiger die Gefahr 22

---

23 ... die schadensstiftende Maßnahme ist vor Eintritt der Vollstreckbarkeit des Berufungsurteils vorgefallen.
24 ... die schadensstiftende Maßnahme ist nach Eintritt der Vollstreckbarkeit des Berufungsurteils vorgefallen.
25 Vgl Reimann, GRUR 2009, 326; Nieder, GRUR 2013, 32.
26 BGH, GRUR 2011, 758 – Rückzahlung der Lizenzgebühr.
27 BGH, NJW 2011, 2518.
28 BGH, MDR 1988, 575.
29 OLG Düsseldorf, OLG-Report 1995, 177.

I. Schadenersatz

zu tragen hat, dass der Titel nicht bestehen bleibt, aus dem er die Vollstreckung betrieben hat. Die Haftungsfolge knüpft an ein ausdrücklich vom Gesetz erlaubtes Verhalten an, weswegen der Schadensersatzanspruch aus Abs 2 **weder** ein **schuldhaftes noch** auch nur ein **rechtswidriges Handeln** des Gläubigers voraussetzt.[30]

23 Schäden, die der Beklagte anlässlich seiner Verurteilung erlitten hat, sind nur dann gemäß § 717 ZPO ersatzfähig,

24 – wenn sie entweder durch eine vom Gläubiger *durchgeführte* Zwangsvollstreckung verursacht sind (§ 717 Abs 2 1. Alt ZPO), oder

25 – (sofern es zu Vollstreckungsmaßnahmen des Gläubigers nicht gekommen ist), wenn es sich um freiwillige Aufwendungen handelt, die vom Schuldner veranlasst wurden, um eine ihm *drohende* Zwangsvollstreckung abzuwenden (§ 717 Abs 2 2. Alt ZPO).

26 Letzteres verlangt, dass auf den Beklagten ein **Vollstreckungsdruck** ausgeübt wurde[31], was bei einem nur gegen Sicherheitsleistung vorläufig vollstreckbaren Urteil regelmäßig bedingt, dass der obsiegende Kläger die Vollstreckungssicherheit geleistet und – soweit es den Unterlassungsanspruch betrifft – dem Beklagten unter Beachtung von § 751 Abs 2 ZPO[32] nachgewiesen hat.[33] Ist dieses geschehen, ist ein »Drohen der Zwangsvollstreckung« allerdings auch grundsätzlich zu bejahen und nur dann zu verneinen, wenn der Gläubiger mit der zum Schutz des Schuldners gebotenen Klarheit verbindlich (dh nicht nur im Sinne einer bloßen Absichtserklärung) zum Ausdruck bringt, den Unterlassungstitel – trotz der von ihm an sich umfassend herbeigeführten Vollstreckungsvoraussetzungen – nicht durchsetzen zu wollen.[34] Wann das Verhalten des Gläubigers den besagten Erklärungswert hat, ist nach den konkreten Umständen des Einzelfalles in ihrer Gesamtschau zu beurteilen. Es genügt nicht, wenn der Kläger

27 – bei einer Verurteilung zur Unterlassung und zur Rechnungslegung davon absieht, Teilsicherheiten festsetzen zu lassen, sondern die Gesamtsicherheit leistet und dem Beklagten nachweist (a),

28 – außergerichtlich – unter Androhung eines Zwangsmittelverfahrens – als Basis für Vergleichsverhandlungen jedoch zur Rechnungslegung auffordert und sich eine Vollstreckung des Unterlassungsausspruchs ab einem bestimmten Tag für den Fall vorbehält, dass die Rechnungslegungsangaben nicht fristgerecht vorgelegt werden, wobei vor der Unterlassungsvollstreckung eine nochmalige Ankündigung erfolgen soll (b).[35]

29 **Kritik:** Das vom BGH gefundene Ergebnis überzeugt nicht. Mit dem unter (b) genannten Vorbehalt steht der Schuldner prinzipiell nicht anders dar, als wenn der Gläubiger – was möglich gewesen wäre und der Annahme eines Vollstreckungsdrucks entgegengestanden hätte – sich eine Vollstreckungssicherheit bloß besorgt, von der Unterrichtung des Schuldners jedoch zunächst abgesehen und dies erst zu einem späteren Zeitpunkt unternommen hätte. Hier wie da kann der Schuldner die Benutzungshandlungen zunächst sanktionslos fortsetzen und kommt kurzfristig (durch Mitteilung der erfolgten

---

30 BGH, MDR 2007, 549.
31 BGH, GRUR 1996, 812 – Unterlassungsurteil gegen Sicherheitsleistung.
32 BGH, GRUR 2008, 1029 – Nachweis der Sicherheitsleistung.
33 BGH, GRUR 2011, 364 – Steroidbeladene Körner; BGH, GRUR 1996, 812 – Unterlassungsurteil gegen Sicherheitsleistung; LG Düsseldorf, InstGE 10, 108 – steroidbeladene Körner II.
34 BGH, GRUR 2011, 364 – Steroidbeladene Körner.
35 BGH, GRUR 2011, 364 – Steroidbeladene Körner; anders die Vorinstanzen: LG Düsseldorf, InstGE 10, 108 – steroidbeladene Körner II; OLG Düsseldorf, Urteil v 25.3.2010 – I-2 U 142/08.

Sicherheitsleistung oder durch die avisierte Vollstreckungsankündigung) in die Pflicht, den Unterlassungstitel »von heute auf morgen« beachten zu müssen.[36]

Mit Bezug auf die zu § 717 ZPO parallele Vorschrift des **§ 945 ZPO** wird ein Vollstreckungsdruck noch nicht durch die formlose Übermittlung einer im Beschlusswege erlassenen Unterlassungsverfügung ausgelöst.[37] Vielmehr bedarf es in Fällen der Beschlussverfügung einer Ordnungsmittelandrohung und Parteizustellung.[38] Handelt es sich um ein Verfügungsurteil, ist ein Vollstreckungsdruck demgegenüber, sofern keine Vollziehungssicherheit angeordnet wird, bereits mit der Urteilsverkündung zu bejahen.[39] 30

Zwischen dem ersetzt verlangten Schaden und der Vollstreckung bzw dem Vollstreckungsdruck muss eine **Kausalität** bestehen, die tatrichterlich festgestellt werden muss und für die grundsätzlich der Anspruchsteller die Darlegungs- und Beweislast trägt.[40] Damit der Schaden nicht im Nachhinein willkürlich dem Vollstreckungsgläubiger aufgebürdet wird, sind die Beweisanforderungen streng.[41] Nach Auffassung des BGH[42] soll eine tatsächliche Vermutung für eine *vollstreckungsbedingte* Vertriebseinstellung auch dann bestehen, wenn der Vertrieb zunächst freiwillig, dh vor dem Entstehen eines beachtlichen Vollstreckungsdrucks eingestellt worden ist und auch zwischenzeitlich für die Dauer eines vorübergehenden Entfallens eines Vollstreckungsdrucks eingestellt geblieben ist. 31

Kritik: Für die Annahme einer tatsächlichen Vermutung fehlt es hier schon an einem typischen Geschehensablauf, der verlässlich auf einen bestimmten, rechtlich erheblichen Sachverhalt schließen lässt. 32

Erweist sich die vollstreckte Entscheidung als fehlerhaft, wäre der Schuldner jedoch aus **anderen rechtlichen Gründen** (zB wegen eines anderen Schutzrechts) verpflichtet gewesen, das ihm untersagte Verhalten zu unterlassen, entfällt zwar nicht die Kausalität zwischen Vollstreckung/Vollziehung und Schadenseintritt, weil es für sie nur auf die reale Ursache des haftungsbegründenden Ereignisses ohne Berücksichtigung von Ersatzursachen ankommt.[43] Ein Ersatz des Vollstreckungsschadens scheidet unter solchen Umständen allerdings aus normativen Gründen aus.[44] 33

bb) Schadenspositionen

Der Schadenersatzanspruch umfasst den gesamten, durch die Vollstreckung/Vollziehung adäquat verursachten unmittelbaren und mittelbaren Schaden.[45] 34

(1) Urteilsbetrag

Als Mindestschaden kann die **Urteilssumme** zurückverlangt werden, die der Kläger beigetrieben oder die der Beklagte zur Vermeidung einer Zwangsvollstreckung freiwillig entrichtet hat. Zwei Besonderheiten sind in diesem Zusammenhang erwähnenswert: 35

---

36 OLG Düsseldorf, Urteil v 25.3.2010 – I-2 U 142/08.
37 BGH, GRUR 2015, 196 – Nero.
38 BGH, GRUR 2015, 196 – Nero.
39 BGH, GRUR 2015, 196 – Nero.
40 BGH, GRUR 2015, 196 – Nero; OLG Düsseldorf, Urteil v 8.1.2015 – I-2 U 142/08 (Nichtzulassungsbeschwerde wurde zurückgewiesen mit Beschluss des BGH vom 22.3.2016 – X ZR 9/15).
41 OLG Düsseldorf, Urteil v 8.1.2015 – I-2 U 142/08 (Nichtzulassungsbeschwerde wurde zurückgewiesen mit Beschluss des BGH vom 22.3.2016 – X ZR 9/15).
42 BGH, GRUR 2015, 196 – Nero.
43 BGHZ 168, 352.
44 BGH, GRUR 2016, 406 – Piadina-Rückruf.
45 BGH, GRUR 2016, 406 – Piadina-Rückruf.

36 – Die erste Spezialität ist verfahrensrechtlicher Natur: Der Rückerstattungsanspruch kann in dem der Verurteilung zugrundeliegenden Prozess jederzeit bis zum Schluss der mündlichen Verhandlung geltend gemacht werden (§ 717 Abs 2 Satz 2 ZPO). Alle Restriktionen, die sich sonst im Hinblick auf eine Klageerweiterung oder die Notwendigkeit eines Anschlussrechtsmittels ergeben, gelten daher nicht.

37 – Der Rückzahlungsanspruch gilt kraft gesetzlicher Fiktion als mit der Leistung des Urteilsbetrages rechtshängig geworden (§ 717 Abs 2 Satz 2 ZPO). Vom Zeitpunkt der Zahlung an können daher Prozesszinsen nach §§ 291, 288 BGB verlangt werden.

(2) Gewinneinbuße

38 Infolge der Zwangsvollstreckung wird der Verletzungsbeklagte das angegriffene Produkt typischerweise mindestens vorübergehend vom Markt nehmen und dadurch eine **Gewinneinbuße** hinnehmen müssen. Der betreffende Schaden ist gleichfalls ersatzfähig (§ 252 BGB), ebenso die Kosten eines **Rückrufs**, selbst wenn dem Schuldner lediglich der weitere Vertrieb der Verletzungsgegenstände untersagt worden ist[46]. Voraussetzung ist freilich, dass dem Schuldner bei objektiver Auslegung des Verbotstenors der Vertrieb desjenigen Gegenstandes, den er vom Markt genommen/zurückgerufen hat, tatsächlich untersagt war; eine Fehlinterpretation des Urteilsausspruchs geht zu seinen Lasten.[47] Eine Ersatzpflicht kommt – wie ausgeführt[48] – aus normativen Erwägungen des Weiteren dann nicht in Betracht, wenn der Gläubiger aus anderen rechtlichen Gründen ohnehin zum Rückruf der Ware verpflichtet war, zB um einen auf anderem Gebiet liegenden rechtswidrigen Störungszustand zu beseitigen.[49] Die **Beweislast** für einen Schadenseintritt auch bei rechtmäßigem Verhalten des Geschädigten trägt der Schädiger.[50]

39 Das Vorstehende gilt auch für solche Gewinneinbußen, die dadurch entstehen, dass der Unterlassungsschuldner zwar nach einer gewissen Zeit mit einem veränderten (schutzrechtsfreien) Erzeugnis auf den Markt zurückkehrt, diese Technik jedoch von den Abnehmern nicht in gleichem Maße angenommen wird wie die patentverletzenden Produkte.

40 Spezielle Kausalitätsprobleme stellen sich, wenn der Schuldner bereits unter dem Eindruck der Verurteilung (freiwillig) den Vertrieb einstellt und erst danach ein Vollstreckungsdruck begründet wird, während dessen der Vertrieb eingestellt bleibt. Ggf verbleibt es bei der Vertriebseinstellung auch nach der noch später erfolgten Aufhebung des Vollstreckungstitels. Hier gilt nach der BGH-Rechtsprechung Folgendes:

41 – Gewinneinbußen, die dadurch entstanden sind, dass bis zum erstmaligen Auftreten eines Vollstreckungsdrucks keine Geschäfte getätigt wurden, sind ebenso wenig ersatzfähig wie diejenigen Einbußen, die aus der Marktabstinenz nach Aufhebung des Titels resultieren, denn für beide Zeitabschnitte beruht der Gewinnverlust auf der nicht erzwungenen, sondern freiwilligen Aufgabe von Vertriebshandlungen.[51]

42 – In Bezug auf die dazwischen liegende Zeit – vom Beginn des Vollstreckungsdrucks bis zur Titelaufhebung – ist (in Anwendung der Beweiserleichterung des § 287 ZPO) grundsätzlich davon auszugehen, dass die Beibehaltung des Vertriebsstopps zur Abwendung der (jetzt möglichen) Vollstreckungsmaßnahmen geschehen ist.[52] Für die

---

46 BGH, GRUR 2016, 406 – Piadina-Rückruf; BGH, GRUR 2016, 720 – Hot Sox.
47 BGH, GRUR 2016, 406 – Piadina-Rückruf.
48 Vgl oben Kap I Rdn 33.
49 BGH, GRUR 2016, 720 – Hot Sox.
50 BGH, GRUR 2016, 720 – Hot Sox.
51 BGH, GRUR 2015, 196 – Nero.
52 BGH, GRUR 2015, 196 – Nero.

Behauptung, der Vollstreckungsschuldner sei unabhängig von der möglichen Vollstreckung zur Vertriebseinstellung entschlossen gewesen, trägt, weil es sich um eine Reserveursache handelt, der Schädiger die Beweislast.[53]

(3) Vollstreckergewinn

Zum ersatzfähigen Schaden des Vollstreckungsschuldners gehört nicht derjenige Gewinn, den der Patentinhaber infolge der durch die Zwangsvollstreckung erzwungenen Marktabstinenz des Schuldners zusätzlich generiert hat. Für die Schadensberechnung sind die §§ 249 ff BGB maßgeblich, die für prinzipiell alle Fälle der Schadensersatzhaftung, egal, in welchem Gesetz sie angeordnet ist, die maßgebliche Norm dazu liefern, wie der zu ersetzende Schaden zu ermitteln ist. Es gilt der Grundsatz der Naturalrestitution (§ 249 BGB), dh es ist im Wege des Schadenersatzes derjenige Zustand wiederherzustellen, der ohne das schädigende Ereignis bestehen würde. Ohne die unberechtigte Zwangsvollstreckung hätte es keine Marktabstinenz des Schuldners gegeben, sondern wäre dieser als Wettbewerber auf dem Markt tätig geblieben. Da die tatsächliche Marktabstinenz für die betreffende, unwiederbringlich verstrichene Zeit nicht mehr ungeschehen und in eine Marktpräsenz des Schuldners umgewandelt werden kann, ist eine Naturalrestitution objektiv unmöglich. Dies hat zur Folge, dass gemäß § 251 BGB anstelle der (nicht realisierbaren) Naturalrestitution eine Geldentschädigung an den Schuldner zu zahlen ist. Für deren Bemessung gilt das sogenannte Summeninteresse: Es ist die Differenz zwischen dem Schuldnervermögen, wie es sich mit der unberechtigten Zwangsvollstreckung darstellt, und wie es ohne die unberechtigte Zwangsvollstreckung aussehen würde, zu erstatten. Infolge der Unterlassungsvollstreckung ist das Vermögen des Schuldners um denjenigen Gewinn geschmälert, der ihm durch die erzwungene Marktabstinenz entgangen ist und der sein Vermögen ohne Zwangsvollstreckung mehren würde. Als Entschädigung ist deshalb der dem Schuldner, durch das erzwungene Unterlassen weiterer Patentbenutzungshandlungen, entgangene Gewinn zu zahlen. Der Gewinn des Gläubigers, der darauf beruht, dass er sein Geschäft wegen der erzwungenen Marktabstinenz des Schuldners hat ausbauen können, hätte das Vermögen des Schuldners hingegen auf keinen Fall erhöht. Der Vollstreckergewinn hat deshalb auch keine Bedeutung bei Anwendung des Summeninteresses. 43

Das **Ergebnis** ist durchaus überraschend und in gewisser Weise **paradox**: Im Rahmen des Bereicherungsausgleichs (§ 717 Abs 3 ZPO) ist der Vollstreckergewinn herauszugeben (vgl unten Rdn 76), im Rahmen der strengeren Schadenersatzhaftung (§ 717 Abs 2 ZPO) hingegen der dem Vollstreckungsschuldner entgangene Gewinn – und nicht der des Vollstreckungsgläubigers – zu ersetzen. In einem Generikafall zB bedeutet dies, dass der vollstreckende Originator, sofern er ein OLG-Urteil vollstreckt, seinen eigenen (im Zweifel hohen) Gewinn herausgeben muss, während er dann, wenn er ein LG-Urteil vollstreckt (was an sich zu einer strengeren Haftung führen müsste), nur den (im Zweifel geringen) Gewinnentgang des Generikaunternehmens auszugleichen hat. Das besagte Resultat ist freilich unvermeidlich, weil es der Tatsache geschuldet ist, dass beiden Ansprüchen ganz unterschiedliche »Entschädigungs«-Ansätze zugrunde liegen, die naturgemäß zu ganz verschiedenen Anspruchsberechnungen führen. Während § 717 Abs 3 ZPO zur Beseitigung einer auf *Gläubigerseite* unberechtigt eingetretenen *Bereicherung* anhält, zielt § 717 Abs 2 ZPO darauf ab, denjenigen *Schaden* zu kompensieren, der dem *Vollstreckungsschuldner* entstanden ist. 44

Dennoch verursacht das besagte Haftungsszenario Billigkeitsbedenken und es fragt sich, ob es nicht einer Korrektur dahingehend bedarf, dass dem Schuldner jedenfalls (aber auch wohl nur) in Fällen der *endgültig* unberechtigten Vollstreckung eines LG-Urteils 45

---

53 BGH, GRUR 2015, 196 – Nero.

I. Schadenersatz

neben dem Schadenersatzanspruch des § 717 Abs 2 ZPO ein **originärer Bereicherungsanspruch** nach §§ 812 Abs 1 Satz 1, 818 Abs 2 BGB zuerkannt wird. Stichwortartig zusammengefasst könnte die bereicherungsrechtliche Argumentation wie folgt lauten: Die erzwungene Marktabstinenz des Beklagten bereichert den Gläubiger, dessen Gewinnchancen dadurch steigen, und zwar ohne Rechtsgrund, sobald das Unterlassungsurteil rechtskräftig aufgehoben ist. Die herausgabepflichtige Bereicherung liegt in denjenigen Vollstreckergewinnen, die sich deshalb auf die Marktabstinenz des Beklagten zurückführen lassen, weil sie bei dessen fortdauernder Anwesenheit im Markt mutmaßlich nicht angefallen wären:

46 – Die Anwendung der Bereicherungsvorschriften des Bürgerlichen Rechts wird durch § 717 Abs 2 ZPO nicht ausgeschlossen.[54] Die besagte Vorschrift des Prozessrechts dient dem besonderen Schutz derjenigen Prozesspartei, die die Vollstreckung aus einem erstinstanzlichen Urteil hingenommen oder zur Abwendung der Vollstreckung geleistet hat, indem der Rückforderungsanspruch bereits nach Aufhebung jenes Urteils durchgesetzt werden kann. Diese als Instrument innerprozessualer Waffengleichheit ausgestaltete Norm verwehrt es der Partei jedoch nicht, bis zum Vorliegen einer rechtskräftigen Entscheidung über die Aufhebung oder Abänderung abzuwarten und sodann die *daraus* folgenden Bereicherungsansprüche geltend zu machen.

47 – Mit der Rechtskraft des die Unterlassungsklage endgültig abweisenden Aufhebungsurteils steht im Verhältnis der Prozessparteien fest (§ 322 Abs 1 ZPO), dass der Schuldner zu Unrecht vom Markt ferngehalten worden und an einem konkurrierenden Vertrieb der angegriffenen Ausführungsform gehindert worden ist. Folglich hat der Gläubiger die durch den vollzogenen Ausschluss des Schuldners vorteilhafte (sic: konkurrenzlose oder konkurrenzreduzierte) Marktposition und mit ihr die nur dadurch möglich gewordenen Zusatzgewinne rechtsgrundlos erhalten.

48 – Das vollstreckungsbedingte **Unterlassen des** eigenen **Marktauftritts** stellt eine bereichernde »Leistung« des Schuldners an den Vollstreckungsgläubiger im Sinne des Kondiktionsrechts dar. Unter Leistung im Sinne des § 812 Abs 1 Satz 1 BGB ist die bewusste und zweckgerichtete Vermehrung fremden Vermögens zu verstehen, wobei es in erster Linie auf die nach dem übereinstimmenden Willen der Beteiligten gegebene Zweckbestimmung und, sofern die Vorstellungen der Beteiligten nicht übereinstimmen, auf eine objektive Betrachtungsweise aus der Sicht des Zuwendungsempfängers ankommt.[55] Im Rahmen der Leistungskondiktion kann sich der Leistende immer nur an den Leistungsempfänger halten, dessen Person sich ebenfalls vordringlich nach dem Inhalt und Zweck der mit der Leistung beabsichtigten Vermögenszuwendung richtet.[56] Nach diesen Regeln liegt in der Unterlassung weiterer Vertriebshandlungen des Vollstreckungsschuldners eine zwar zwangsweise veranlasste, aber nichtsdestotrotz zielgerichtet herbeigeführte Wettbewerbslage, die (zumindest auch) den Vollstreckungsgläubiger als Konkurrenten begünstigt, indem (auch) er die Chance erhält, den um *einen* Wettbewerber bereinigten Markt für eigene zusätzliche Umsatzgeschäfte und ansonsten nicht realisierbar gewesene Gewinne zu nutzen. Da bereits die veränderte Wettbewerbslage kraft der mit ihr bei entsprechendem geschäftlichen Handeln verbundenen Ertragsaussichten von wirtschaftlichem Wert ist, hat die Marktabstinenz des Vollstreckungsschuldners eine Vermögensmehrung zur Folge, die, wenn sie sich durch Zusatzgewinne realisiert und finalisiert, mit den Mitteln des Kondiktionsrechts rückgängig gemacht werden kann. Vergleichsweise eindeutig stellt sich die diesbezügliche Sachlage dar, wenn die beiden Vollstreckungsakteure die ein-

---

54 BGH, MDR 2007, 549.
55 BGH, NJW 1999, 1393.
56 BGH, NJW 1993, 1914.

zigen Wettbewerber auf dem fraglichen Markt sind. Denn unter solchen Umständen kommt die Marktabstinenz des Vollstreckungsschuldners zwangsläufigerweise dem Vollstreckungsgläubiger – und nur ihm – zugute. Aber auch dann, wenn neben dem Gläubiger weitere Konkurrenten operativ tätig sind, denen die Marktabstinenz zu Umsätzen und Gewinnen verhelfen kann, lässt sich dem Unterlassen des Vollstreckungsschuldners eine leistungsbedingte Vermögensmehrung personell zuordnen. Sie stellt sich nämlich im Verhältnis zum Vollstreckungsgläubiger in exakt demjenigen Maße ein, in dem es ihm tatsächlich gelingt, aus der vollstreckungsbedingt veränderten Wettbewerbssituation für sich Kapital zu schlagen, indem er potenzielle Verletzergeschäfte auf sich überzuleiten vermag.

Dies darzulegen, ist Aufgabe des Vollstreckungsschuldners, der gegen den Vollstreckungsgläubiger mit einem Kondiktionsanspruch vorgeht. Dabei kommen ihm die Darlegungserleichterungen des § 287 ZPO zur Hilfe (§ 287 Abs 2 ZPO). Ist das Bestehen eines Kondiktionsanspruchs (zB anhand der allgemeinen Marktposition des Vollstreckungsgläubigers) wahrscheinlich gemacht, so können sich weitere Anhaltspunkte für eine Identifizierung der einzelnen mutmaßlich übernommenen Verletzergeschäfte aus denjenigen konkreten Angaben zum Abnehmerkreis des Vollstreckungsgläubigers und zu seinem Geschäftsvolumen während des Vollstreckungszeitraumes ergeben, die er dem Vollstreckungsschuldner vorbereitend mitzuteilen hat (§ 242 BGB). Im Einzelfall mag es nach Treu und Glauben überdies geboten sein, dass der Vollstreckungsgläubiger Einblick auch in sein vorheriges Geschäftsvolumen gibt[57], damit erkennbar wird, in welchem Umfang sein Geschäft durch die Marktabstinenz des Vollstreckungsschuldners gewachsen ist. Welche betrieblichen Details insoweit bekanntzugeben sind, richtet sich nach dem konkreten Informationsbedürfnis des Schuldners, welches gegen das Geheimhaltungsinteresse des Gläubigers abzuwägen ist. Denn der erörterte **Auskunftsanspruch** rechtfertigt sich – wie stets bei § 242 BGB – daraus, dass dem Vollstreckungsschuldner notwendige Detailkenntnisse zur Begründung und Bezifferung seines Bereicherungsanspruchs naturgemäß (und also unverschuldet) unbekannt sind, während der Vollstreckungsgläubiger genauso selbstverständlich über das erforderliche Wissen verfügt und es dem Vollstreckungsschuldner, der der Kenntnisse für seine Rechtsverfolgung bedarf, zumutbar verschaffen kann. 49

Treten zur selben Zeit **mehrere** Verletzer (zB **Generikaunternehmen**) auf den Markt, die überdies ggf noch keine Verkäufe über einen längeren Zeitraum getätigt haben, die ihre Marktstärke abschätzen lassen, sodass diejenigen konkreten Zusatzgeschäfte, die der Vollstreckungsgläubiger dem Verschwinden jedes einzelnen von ihnen vom Markt zu verdanken hat, kann eine Berechnung der mit jeder Marktabstinenz verbundenen Gläubigerbereicherung außerordentlich schwierig sein. In derartigen Fällen dürfen die Darlegungslasten des Vollstreckungsschuldners nicht überspannt werden; gleichzeitig darf der Vollstreckungsgläubiger aber auch nur zur Herausgabe derjenigen Bereicherung verpflichtet werden, die sich dem Unterlassen des einzelnen Vollstreckungsschuldners verlässlich zuordnen lässt. Dort, wo nicht auszuräumende Ungewissheiten bleiben, ist jedenfalls eine »**Mindest-Bereicherung**« (vergleichbar dem Mindestschaden in Fällen der Schadenersatzhaftung) zu schätzen und dem Vollstreckungsschuldner zuzusprechen. Parallel zur Rechtslage bei der Schadensfeststellung gelten sinngemäß die nachfolgenden Regeln des BGH[58]: 50

---

57 Dass sich die Auskunft mit diesem Inhalt auf rechtmäßiges Verhalten erstreckt, hat rechtlich keine Bedeutung. Auch dem Entschädigungsanspruch wegen Benutzung einer offengelegten Erfindung liegt ein rechtmäßiges Handeln zugrunde und dennoch hat der Benutzer über die Einzelheiten seines rechtmäßigen Verhaltens Auskunft zu erteilen.
58 BGH, MDR 2013, 774.

I. Schadenersatz

51 Steht ... der geltend gemachte Schadensersatzanspruch dem Grunde nach fest und bedarf es lediglich der Ausfüllung zur Höhe, kommt dem Geschädigten die Beweiserleichterung des § 287 ZPO zugute. Im Unterschied zu den strengen Anforderungen des § 286 Abs 1 ZPO reicht bei der Entscheidung über die Schadenshöhe eine erhebliche, auf gesicherter Grundlage beruhende Wahrscheinlichkeit für die richterliche Überzeugungsbildung aus (...). Zwar ist es Sache des Anspruchstellers, diejenigen Umstände vorzutragen und gegebenenfalls zu beweisen, die seine Vorstellungen zur Schadenshöhe rechtfertigen sollen. Enthält der diesbezügliche Vortrag Lücken oder Unklarheiten, so ist es in der Regel jedoch nicht gerechtfertigt, dem jedenfalls in irgendeiner Höhe Geschädigten jeden Ersatz zu versagen. Der Tatrichter muss vielmehr nach pflichtgemäßem Ermessen beurteilen, ob nach § 287 ZPO nicht wenigstens die Schätzung eines Mindestschadens möglich ist, und darf eine solche Schätzung erst dann gänzlich unterlassen, wenn sie mangels jeglicher konkreter Anhaltspunkte völlig in der Luft hinge und daher willkürlich wäre.

52 – Wegen des bisher diskutierten **Nebeneinanders von Schadenersatz- und Bereicherungshaftung** müsste der Gläubiger strenggenommen – aus Kondiktionsrecht – sowohl seine eigenen Zusatzgewinne herausgeben als auch – aus dem Gesichtspunkt des Schadenersatzes – diejenigen Gewinne ausgleichen, die dem Vollstreckungsschuldner als Folge seiner vorübergehenden Marktabstinenz entgangen sind. Anders wäre dies nur dann, wenn die genannten Ansprüche aufeinander anzurechnen wären, wofür schon auf erste Sicht die Überlegung spricht, dass beide Ansprüche an ganz konträre Marktverhältnisse anknüpfen, die unmöglich gleichzeitig gegeben sein können, sondern sich wechselseitig ausschließen. Während die bereicherungsrechtlich interessierenden Zusatzgewinne des Gläubigers gerade auf der *Abwesenheit* des Vollstreckungsschuldners im Markt beruhen, fußen seine schadenersatzrechtlich relevanten Gewinnverluste – umgekehrt – auf seiner *Anwesenheit* im Produktmarkt. Gegeben sein kann aber immer nur eines von beidem. Die beschriebene tatsächliche Situation bedingt, dass in Bezug auf denselben (identischen) Vollstreckungszeitraum entweder der Vollstreckergewinn oder der Gewinnentgang auf Schuldnerseite reguliert wird, aber nicht beides nebeneinander zugesprochen werden kann. Der Bereicherungsanspruch kommt deswegen nur noch dann und nur in dem Umfang zum Zuge, wie der Vollstreckergewinn des Gläubigers den Gewinnentgang des Vollstreckungsschuldners übersteigt. Denn mit der Unterlassungsvollstreckung hat der Gläubiger eben nicht nur Zusatzgewinne generiert, sondern sich – wirtschaftlich adäquat kausal – gleichzeitig eine Schadenersatzhaftung eingehandelt, die seinen Ertrag schmälert.[59] Die Entreicherung (§ 818 Abs 3 BGB) liegt umso mehr auf der Hand, wenn der Vollstreckungsgläubiger Schadenersatz (§ 717 Abs 2 ZPO) bereits tatsächlich geleistet hat.

53 Im Zweifel wird die Ertragslage auf Gläubiger- und Schuldnerseite über längere, die Regulierungsdauer überspannende Zeit stabil bleiben; im seltenen Einzelfall kann sie aber auch schwanken[60], was alsdann die Frage aufwirft, über welchen zeitlichen Horizont hinweg zu beurteilen ist, ob der Vollstreckergewinn höher ist als der Gewinnentgang auf Schuldnerseite. Richtigerweise ist eine **Saldierung über** den **Gesamtzeitraum** der unberechtigten Vollstreckung vorzunehmen, was zur Folge hat, dass eine während bestimmter Vollstreckungsabschnitte tatsächlich eingetretene Bereicherung durch während anderer (vorhergehender oder nachfolgender) Vollstreckungsabschnitte erwirtschaftete Verluste aufgezehrt oder herabgesetzt wird. Einzelne Benutzungsabschnitte sind nur dann separat zu betrachten, wenn ihnen unterschiedliche

---

59 BGH, WM 1976, 1307.
60 Beispielsweise kann der Originator zu Beginn des Vollstreckungszeitraumes mit besonderen Kosten belastet gewesen sein, die später in Fortfall geraten sind.

Vollstreckungsakte zugrunde liegen, beispielsweise dergestalt, dass der Gläubiger (etwa wegen eines für ihn negativen qualifizierten Hinweises) die begonnene Zwangsvollstreckung vorübergehend eingestellt und später (nach Abweisung der Nichtigkeitsklage) erneut aufgenommen hat. Soweit es sich hingegen um einen zusammenhängenden Vollstreckungszeitraum auf identischer Grundlage handelt, bestimmt die Gesamtertragslage, ob und in welchem Umfang der Gläubiger durch seine Unterlassungsvollstreckung bereichert worden ist.

– Das Abwarten auf den endgültigen Ausgang des Verletzungsrechtsstreits (welches den Weg zum Bereicherungsausgleich eröffnet) kann strategische Vorteile insoweit mit sich bringen, als es dem Vollstreckungsschuldner im Rahmen der Kondiktionshaftung – anders als beim Schadenersatzanspruch nach § 717 Abs 2 ZPO – erspart bleibt, zu seinem eigenen mutmaßlich entgangenen Gewinn vorzutragen, denn im Zuge der den Bereicherungsanspruch vorbereitenden **Rechnungslegung** ist es die Sache des Vollstreckungsgläubigers, *seinen* herauszugebenden Zusatzgewinn nachvollziehbar und verifizierbar darzulegen.[61]

(4) Ausweichtechnik

Denkbar ist schließlich, dass sich der Verletzungsbeklagte um eine **Ausweichtechnik**[62] bemüht, um seinen Marktauftritt nicht dauerhaft beenden zu müssen. Entweder kann er die alternative Technik unter Einsatz von Kosten und Mühen selbst entwickeln oder aber bei Dritten (zB im Wege der Lizenznahme) entgeltlich erwerben. Beide Kostenpositionen (einschließlich einer ggf notwendigen besonderen Bewerbung der neuen Produkte im Rahmen ihrer Markteinführung) sind grundsätzlich ersatzfähig[63], wobei jeweils auch der auf dasjenige Know-how entfallende Kosten- und Lizenzanteil zu berücksichtigen ist, das für die praktische Umsetzung im Sinne einer laufenden Fertigung handelbarer Produkte erforderlich ist.

Nach Lage des Falles *kann* den Verletzungsbeklagten aus dem Gesichtspunkt der **Schadensminderungspflicht** – umgekehrt – sogar die Obliegenheit treffen, aufgrund des gegen ihn ergangenen Urteils nicht kurzerhand seinen Marktauftritt endgültig zu beenden, sondern sich um eine Ausweichtechnik zu bemühen, die ihm nach einer gewissen Übergangszeit die Rückkehr in den fraglichen Markt erlaubt. Wo eine solche Pflicht besteht und nicht wahrgenommen wird, ist ein Gewinnverlust des Verletzungsbeklagten nur in dem Maße ersatzfähig, wie er nicht denjenigen Schadensbetrag übersteigt, der sich aus der unvermeidbar zeitweisen Vertriebseinstellung und den Aufwendungen für die Bereitstellung und Einführung einer alternativen Technik ergeben hätte.

Im Zusammenhang mit einer Ausweichtechnik sind folgende allgemeine **Regeln** zu beachten:

– Ein Anspruch auf Kostenerstattung besteht nur, wenn die (selbst entwickelte oder zugekaufte) Ausweichtechnik außerhalb des Schutzbereichs des Klagepatents bleibt. Dies darzulegen, ist nach allgemeinen Grundsätzen Sache des Vollstreckungsschuldners, der die Kosten der Ausweichtechnik als Schadenersatz verlangt. Beinhaltet die Ausweichtechnik *geheimes* betriebliches Know-how, ist es deshalb offenzulegen, wenn und so weit ohne die betreffenden Details nicht abschließend und verbindlich

---

61 Hinsichtlich des Geschäftsvolumens aus der Zeit vor der Vollstreckung schuldet der Gläubiger daher keine Detailangaben zu den Kosten und Gewinnen, sondern nur solche Angaben (Umsätze, Lieferdaten), die erkennen lassen, welche Geschäfte er allein bedingt durch die Unterlassungsvollstreckung und die damit verbundene Marktabstinenz des Schuldners *zusätzlich* abgewickelt hat.
62 Vgl Grunwald, Mitt 2013, 530.
63 OLG Düsseldorf, Urteil v 8.1.2015 – I-2 U 142/08; aA Mes, GRUR 2011, 368.

beurteilt werden kann, ob die Ersatztechnik in den Schutzbereich des Klagepatents fällt oder nicht.

59 – Stehen mehrere schutzrechtsfreie Ausweichtechniken zur Verfügung, darf der Unterlassungsschuldner sich für diejenige entscheiden, die seinen Qualitätsanforderungen und seiner betrieblichen Ausstattung (zB einem schon vorhandenen Maschinenpark oder dem gegebenen Kenntnisstand seines Personals) am ehesten entspricht. Für die preisgünstigste Lösung hat er sich zu entscheiden, wenn mehrere gleichwertige Alternativtechniken verfügbar sind.

60 – Geht es um den Einwand, eine patentfreie Ausweichlösung nicht selbst entwickelt zu haben, bedarf es des vom Gläubiger zu erbringenden Nachweises, dass der Unterlassungsschuldner bei hinreichendem Bemühen zu der besagten Ausweichtechnik hätte finden können. Stellt die Ersatzlösung eine patentfähige Erfindung dar, wird davon regelmäßig nicht auszugehen sein.

61 – Eine verfügbare alternative Technik nicht genutzt zu haben, kann zu Lasten des Unterlassungsschuldners nur dann eine Mitverschuldensquote rechtfertigen, wenn für ihn klar erkennbar ist, dass die Ausweichtechnik keinen Schutzbereichseingriff begründet. So lange ernstzunehmende Argumente für eine mindestens äquivalente Patentverletzung bestehen, darf der Unterlassungsschuldner deshalb davon absehen, auf die Alternativtechnik auszuweichen.

62 – Jenseits der Verletzungsfrage besteht die schadensmindernde Pflicht, zu einer Ausweichtechnik zu greifen, überdies nur dann, wenn es aus der Sicht eines objektiven Betrachters bei Berücksichtigung derjenigen Umstände, die in dem Moment bestanden haben, als die Entscheidung für oder gegen eine Ausweichtechnik zu treffen war, ein Gebot wirtschaftlicher Vernunft war, sich der Alternativtechnik zuzuwenden, um die Marktabstinenz zu beenden. Relevante Beurteilungsfaktoren sind dabei einerseits der ohne die Alternativtechnik drohende Gewinnverlust sowie andererseits die für die Ausweichtechnik entstehenden Kosten. Bedeutsam ist ferner, in welchem Maße das landgerichtliche Urteil fehlerhaft und deshalb mit seiner (kurzfristigen) Aufhebung durch das Oberlandesgericht zu rechnen ist. So macht es erkennbar keinen Sinn, erhebliche Kosten für eine Alternativtechnik zu investieren, wenn absehbar ist, dass die Verletzungsfrage falsch entschieden ist, das Berufungsgericht deshalb ohne sachverständige Beratung die Verletzungsklage abweisen und dadurch demnächst wieder die ursprüngliche Technik verfügbar sein wird. Das Umgekehrte mag gelten, wenn die Angriffe gegen die landgerichtliche Verurteilung weniger Überzeugungskraft besitzen.

(5) Mitverschulden

63 Der Schadenersatzanspruch des Gläubigers ist in **zwei Konstellationen** gemindert oder vollständig ausgeschlossen.

64 – Zunächst dann, wenn ein schuldhaftes Verhalten des Schuldners dem Gläubiger Anlass für die **Beantragung und Vollstreckung** des Titels gegeben hat.[64]

▶ **Beispiel:**

65 Hinreichend deutliche Angaben in der Werbung, die auf eine Verantwortlichkeit des Schuldners für die Verletzungshandlungen hindeuten. Unklare Angaben und Umstände sind demgegenüber belanglos, weil es grundsätzlich Sache des Gläubigers ist, vor einer Rechtsverfolgung die rechtlich erheblichen Verhältnisse abzuklären. Es

---

64 BGH, GRUR 2016, 406 – Piadina-Rückruf.

begründet deshalb für ein Handelsunternehmen kein Mitverschulden, wenn es nach einer vorgerichtlichen Abmahnung versäumt, den relevanten Sachverhalt bei seinem Hersteller/Lieferanten aufzuklären und dem Gläubiger mitzuteilen; gleiches gilt für das unterbliebene Vorbringen erfolgversprechender Einwendungen gegen den geltend gemachten Anspruch.[65] Eine Grenze besteht dort, wo es der Schuldner unterlässt, sich *aufdrängende* Verteidigungsmöglichkeiten vorzubringen oder *liquide* Beweismittel gegen den Klageanspruch einzuführen.[66]

– Eine Anspruchsminderung tritt des Weiteren ein, wenn der Schuldner **nach Zustellung des Titels** gegen seine Obliegenheit zur Abwendung oder Reduzierung des Schadens verstoßen hat.[67]

▶ **Beispiel:**
Bei einem Handelsunternehmen folgt ein Mitverschulden noch nicht daraus, dass es unmittelbar nach Vorliegen des Vollstreckungsdrucks einen Rückruf der schutzrechtsverletzenden Ware veranlasst, bevor der entscheidungserhebliche Sachverhalt mit dem Hersteller/Lieferanten endgültig (dh schriftlich und verlässlich) abgeklärt ist.[68]

(6) Drittschäden

Nach Lage des Falles ist denkbar, dass der eigentliche Vollstreckungsschaden nicht beim Schuldner, sondern bei dessen Geschäftspartner eintritt. Liefert der Vollstreckungsschuldner die mutmaßlichen Verletzungsgegenstände beispielsweise der Autoindustrie zu, so kann die zwangsweise Durchsetzung des Unterlassungsanspruchs dazu führen, dass allein wegen des ausbleibenden Zulieferteils die gesamte Fahrzeugproduktion ins Stocken gerät. Solche Drittschäden sind jedenfalls dann vom Gläubiger mit auszugleichen, wenn sie sich in einem eigenen Schaden niederschlagen, was zB der Fall ist, wenn die Nichterfüllung oder verzögerte Erfüllung der übernommenen Lieferpflicht nach den getroffenen Vertragsabsprachen zu einer Schadenersatzhaftung des Vollstreckungsschuldners gegenüber seinem Abnehmer (Autobauer) führt. Ohne besondere zu einer Garantiehaftung führende Vertragsregelungen[69] wird dies oftmals zu verneinen sein, weil eine Schadenersatzpflicht nach §§ 280, 281 BGB nur durch ein *objektiv pflichtwidriges* und zugleich *subjektiv vorwerfbares* (nämlich mindestens fahrlässiges) Verhalten begründet wird. Diesbezüglich sind zwei grundsätzliche Fallkonstellationen auseinander zu halten:

– Ist die Sache tatsächlich nicht patentbenutzend, weswegen die ursprünglich fehlerhaft erfolgte Verurteilung wegen Patentverletzung im Rechtsmittelzug auch aufgehoben worden ist, so wird sich ein *pflichtwidriges* Verhalten des Verletzungsbeklagten, der die Schutzrechtsverletzung von Anfang an begründet bestritten hatte, nicht annehmen lassen. Eine Schadensliquidation (des Vollstreckungsschuldners) im Drittinteresse (des geschädigten Abnehmers) lässt die bisherige Rechtsprechung nicht zu.[70]

---

65 BGH, GRUR 2016, 406 – Piadina-Rückruf.
66 BGH, GRUR 2016, 406 – Piadina-Rückruf.
67 BGH, GRUR 2016, 406 – Piadina-Rückruf.
68 BGH, GRUR 2016, 406 – Piadina-Rückruf.
69 Auf sie wird der Vollstreckungsgläubiger zur Vermeidung eines Mitverschuldens jedenfalls dann hinzuweisen sein, wenn eine derartige Absprache nicht der Üblichkeit entspricht und mit ihr die Gefahr besonders hoher Schäden verbunden ist.
70 BGH, MDR 1985, 218; OLG Hamm, ZIP 1983, 119.

Ebenso wenig kommt ein direkter Anspruch des geschädigten Dritten gegen den Vollstreckungsgläubiger in Betracht.[71]

70 – Greift der Liefergegenstand in den Schutzbereich des erteilten Patents ein und beruht die Abänderung des vollstreckten Urteils auf einer späteren (rückwirkenden) Vernichtung des Klageschutzrechts, so ist ein fahrlässiger Vertragsverstoß – und damit ein eigener ersatzfähiger Schaden des Vollstreckungsschuldners – gegeben. Das vertragliche Schuldverhältnis hätte es nämlich verlangt, dass der Lieferant entweder vor Beginn der durch die Unterlassungsvollstreckung gestörten Lieferbeziehung für eine rechtskräftige Vernichtung des Klagepatents gesorgt oder aber den Abnehmer über den (mindestens möglichen) Schutzbereichseingriff und eine infolgedessen in Rechnung zu stellende Verurteilung wegen Patentverletzung aufgeklärt hätte. In Anbetracht der bekannt engherzigen Aussetzungspraxis der Instanzgerichte ist unter den betrachteten Umständen realistischer Weise damit zu rechnen, dass dem Lieferanten die Erfüllung seiner vertraglichen Hauptpflicht durch eine Unterlassungsklage mit nachfolgender Vollstreckung des zuerkannten Unterlassungsausspruchs unmöglich werden kann, und gleichzeitig drohen dem Abnehmer bei einem solchen Szenario vorhersehbar erhebliche Schäden. Redlicher Weise macht dies eine umfassende Aufklärung des Vertragspartners über das patentrechtliche Gefährdungspotenzial erforderlich. Den zu ersetzenden Schaden des Geschäftspartners wird der Vollstreckungsschuldner allerdings nur zu einem Teil im Rückgriff beim Vollstreckungsgläubiger liquidieren können, weil ihn wegen der eigenen Hinweispflichtverletzung ein Mitverschulden trifft, das der Gläubiger ihm anspruchsmindernd entgegenhalten kann.

(7) Verfahrensrechtliches

71 Der Schadenersatzanspruch kann in einer separaten Klage geltend gemacht werden. In diesem Fall müssen alle Zulässigkeitsvoraussetzungen, insbesondere das des zuständigen Gerichts beachtet werden. Schon deswegen, weil all dies keine Bedeutung hat, ist es vorteilhaft, einen **Inzidentantrag** dahingehend zu stellen, dass der Schadenersatzanspruch im laufenden Patentverletzungsberufungsverfahren mit behandelt wird. Der Vorteil eines solchen Antrages besteht zudem darin, dass die für den Verzinsungsbeginn nach § 291 BGB maßgebliche Rechtshängigkeit des Schadenersatzanspruchs auf den Zeitpunkt der Schuldnerleistung (= erzwungene Unterlassung eines Marktauftritts des Schuldners) fingiert wird.

72 Ist der Schadenersatzanspruch nur teilweise bezifferbar, ist es möglich, eine bezifferte Teilklage mit einem weitergehenden Schadenersatzfeststellungsantrag (und ggf einem insoweit vorbereitenden Rechnungslegungsantrag) zu kombinieren. Ein Feststellungsanspruch begründet freilich keinen Zinsanspruch[72], weshalb er auch keinen Zinsanspruch aufgrund fingierter Rechtshängigkeit rechtfertigen kann.

cc) Bereicherungsausgleich

73 Alle Vermögensnachteile, die auf (durch eine Vollstreckungsmaßnahme erzwungenen oder zur Abwendung einer drohenden Zwangsvollstreckung unternommenen[73]) Handlungen beruhen, welche begangen wurden, *nachdem* das Berufungsurteil vollstreckbar geworden ist, führen zu einer bloßen Bereicherungshaftung des Gläubigers. Der Ersatzanspruch beschränkt sich demgemäß auf die Herausgabe dessen, was der Gläubiger durch Zahlung oder Leistung des Schuldners erhalten hat. Da es nur um die Rückgabe der beim Gläubiger eingetretenen Bereicherung geht, ist dasjenige von der Herausgabe-

---

71 BGH, MDR 1985, 218.
72 BGH, NJW 2018, 2479.
73 BGH, GRUR 2011, 758 – Rückzahlung der Lizenzgebühr.

pflicht ausgenommen, was der Schuldner zwar geopfert, was den Gläubiger aber nicht bereichert hat. Ist das Erlangte (wegen Zerstörung/Beschädigung) nicht mehr vorhanden, sind die Surrogate herauszugeben (§ 818 Abs 1 BGB); ist eine Herausgabe des Erlangten wegen seiner Beschaffenheit unmöglich, ist Wertersatz zu leisten (§ 818 Abs 2 BGB). Der Einand nachträglicher Entreicherung (§ 818 Abs 3 BGB) ist dem Gläubiger abgeschnitten (§ 717 Abs 3 Satz 4 ZPO iVm § 818 Abs 4 BGB).[74]

Mit Blick auf die **einzelnen** vollstreckten **Ansprüche** wegen Patentverletzung folgt daraus: 74

– Festgesetzte Prozesskosten sind zu erstatten; 75

– die durch eine erzwungene Unterlassung eingetretene Bereicherung ist nicht herausgebbar; der stattdessen zu leistende Wertersatz ergibt sich aus denjenigen gewinnbringenden Geschäftsabschlüssen, die der Gläubiger infolge der Marktabstinenz des Schuldners getätigt hat (Lizenzanalogie[75], Herausgabe des vom Verletzten erzielten Gewinns[76]); 76

– ähnliches gilt für das, durch eine erteilte Auskunft/Rechnungslegung, transferierte Wissen, das ebenfalls nicht mehr zurückgegeben werden kann; als Wertersatz ist derjenige Gewinn herauszugeben, der auf Geschäftsabschlüssen beruht, die dem Gläubiger erst aufgrund des mitgeteilten Wissens möglich waren; 77

– die Ansprüche auf Vernichtung, Rückruf und Urteilsveröffentlichung sind prinzipiell bereicherungsneutral, weil sie zwar den Schuldner belasten, aber keine unmittelbare Vermögensmehrung auf Seiten des Gläubigers bewirken. 78

Die Regelung des § 717 Abs 3 ZPO ist – abgesehen von **§ 826 BGB** – abschließend. Ein Rückgriff auf allgemeine zivilrechtliche Vorschriften (§ 823 BGB) verbietet sich also. 79

Die Vortrags- und **Beweislast** für eine eingetretene Bereicherung des Gläubigers liegt beim anspruchstellenden Schuldner. Wegen und im Umfang seines überlegenen Wissens bestehen allerdings sekundäre Darlegungslasten des Gläubigers. 80

b) Eingriff in den Gewerbebetrieb

Scheidet eine Haftung für bestimmte Schäden oder Aufwendungen nach § 717 Abs 2, 3 ZPO aus, weil es an einem drohenden Vollstreckungseingriff oder an der notwendigen Kausalität fehlt, stellt sich die Frage, ob auf **§ 823 Abs 1 BGB** (Eingriff in den eingerichteten und ausgeübten Gewerbebetrieb) als verschuldensabhängiger Anspruchsgrundlage zurückgegriffen werden kann. Die BGH-Rechtsprechung hat dies zunächst bejaht.[77] Die betreffende Auffassung ist jedoch seit der Entscheidung des Großen Senats für Zivilsachen zur unberechtigten Schutzrechtsverwarnung[78] überholt und eine Anwendbarkeit von § 823 BGB zu verneinen, so lange der Gläubiger bei seiner Rechtsverfolgung redlich agiert hat und seine rechtliche Fehleinschätzung auf Fahrlässigkeit beruht.[79] Sie kommt nur noch bei vorsätzlichem Handeln (§§ 823, 826 BGB) sowie dann infrage, wenn für die 81

---

74 BAG, ZTR 2003, 567.
75 Nieder, GRUR 2013, 32.
76 Im Rahmen des Bereicherungsausgleichs (§ 717 Abs 3 ZPO) ist der Vollstreckergewinn mithin herauszugeben, im Rahmen der strengeren Schadenersatzhaftung (§ 717 Abs 2 ZPO) hingegen nicht (vgl oben Rdn 43 f).
77 BGH, GRUR 1996, 812, 813 – Unterlassungsurteil gegen Sicherheitsleistung.
78 BGH-GSZ, GRUR 2005, 882 – Unberechtigte Schutzrechtsverwarnung.
79 BGH, GRUR 2011, 364 – Steroidbeladene Körner; BGH, GRUR 2006, 219, 222 – Detektionseinrichtung II, LG Düsseldorf, InstGE 10, 108 – steroidbeladene Körner II, bestätigt durch OLG Düsseldorf, Urteil v 25.3.2010 – I-2 U 142/08.

Haftung an eine der Verurteilung vorausgegangene (als solche anspruchsbegründende) Verwarnung angeknüpft werden kann. Im zuletzt genannten Fall ist jedoch vorausgesetzt, dass der geltend gemachte Schaden tatsächlich auf die Abmahnung und nicht – wenigstens auch – auf die spätere (privilegierte) gerichtliche Verfolgung der Ansprüche zurückzuführen ist.[80] Des Weiteren muss ein Verschulden[81] des Gläubigers festgestellt werden, zu dem angesichts des ihm zunächst günstigen Prozessverlaufs entsprechend vorzutragen ist. Es kann auch dann gegeben sein, wenn der Gläubiger durch eine zu seinem Vorteil ergangene erste Entscheidung zum Rechtsbestand des Klagepatents gedeckt ist, zB wenn er weitergehende Kenntnisse vom Stand der Technik hat als die Einspruchs- oder Nichtigkeitsinstanzen, denen eine schutzhindernde Entgegenhaltung unbekannt geblieben ist.[82] Beruht die Vernichtung des Klagepatents hingegen darauf, dass derselbe Stand der Technik im weiteren Instanzenzug lediglich anders gewertet worden ist, wird ein Verschulden des Gläubigers vielfach zu verneinen sein, wenn die erste, das Klagepatent aufrechterhaltende Rechtsbestandsentscheidung vertretbar war.

II. Anspruchsgegner

82 Anspruchsgegner für den Schadenersatzanspruch ist der Verletzer bzw sind die Verletzer als Gesamtschuldner. Handelt es sich bei ihnen um einfache Streitgenossen, die der Verletzte im Wege der Klagenhäufung in Anspruch genommen hat, so steht im Falle einer rechtskräftigen Verurteilung zu gesamtschuldnerischem Schadenersatz zwar gegenüber dem Gläubiger die Haftung fest, aber nicht im Verhältnis zwischen den haftenden Streitgenossen. Jedem der rechtskräftig als Gesamtschuldner verurteilten Streitgenossen bleibt deshalb im nachfolgenden Rechtsstreit um den **Innenausgleich** die Möglichkeit, die im Vorprozess bejahte Verbindlichkeit dem Gläubiger gegenüber – und damit das Bestehen eines zur Innenhaftung führenden Gesamtschuldverhältnisses – in Frage zu stellen.[83] Bei einer Mehrheit von Verletzern innerhalb einer **Verletzerkette** stellt sich weiterhin die Frage, ob und in welchem Umfang jeder auf den vollen Schadenersatz wegen Patentverletzung in Anspruch genommen werden kann.[84]

1. Entgangener Gewinn

83 Einigkeit[85] besteht im Wesentlichen, soweit die Berechnungsmethode des entgangenen Gewinns gewählt wird, nämlich dahingehend, dass der Schadenersatz von dem Gläubiger nur einmal verlangt werden kann. Die einzelnen Verletzer in einer Verletzerkette haften für den Betrag als Gesamtschuldner. Eine Zuordnung der Haftungsbeträge ist nur erforderlich, soweit auf einer Ebene der Verletzerkette mehrere Verletzer tätig geworden sind (also beispielsweise ein Hersteller an mehrere Händler liefert).

2. Verletzergewinn

84 Haben mehrere das Schutzrecht verletzt, haftet jeder von ihnen dem Verletzten auf Herausgabe des Verletzergewinns. Zwei grundsätzliche Sachverhaltsgestaltungen sind hierbei zu unterscheiden:

---

80 BGH, GRUR 2006, 219, 222 – Detektionseinrichtung II.
81 BGH, GRUR 1996, 812, 813 – Unterlassungsurteil gegen Sicherheitsleistung.
82 BGH, GRUR 2006, 219, 222 – Detektionseinrichtung II.
83 BGH, MDR 2019, 291.
84 Einen Überblick über den Meinungsstand geben Götz, GRUR 2001, 295; Allekotte, Mitt 2004, 1; Gärtner/Bosse, Mitt 2008, 492; Bergmann, GRUR 2010, 874; Holzapfel, GRUR 2012, 242.
85 Vgl die Nachweise bei Gärtner/Bosse, Mitt 2008, 492, 493 f.

- Greifen die Mehreren durch *dieselbe* (dh eine denselben Schaden verursachende) Handlung in das Schutzrecht ein, sind sie Gesamtschuldner (§§ 830 Abs 1 Satz 1, 840 Abs 1 BGB).[86]

85

▶ **Beispiel:**

Geschäftsführer und das von ihm vertretene Unternehmen, Kommanditgesellschaft und deren Komplementärin, Hersteller und Vertriebsunternehmen in Bezug auf die von letzterem in Mittäterschaft begangenen Vertriebshandlungen.

86

Das OLG Düsseldorf[87] vertritt für Fälle der genannten Art die Auffassung, dass jeder der mehreren Verletzer, die wegen derselben Patentverletzung haften, Schadenersatz in Höhe desjenigen Verletzergewinns zu leisten hat, den auch nur einer der Verletzer (Geschäftsführer oder Unternehmen) erzielt hat. Es folgert dies zutreffend aus dem Umstand, dass zwar für die *Berechnung* des Schadenersatzanspruchs auf die Vorschriften über die unechte Geschäftsführung ohne Auftrag zurück gegriffen werde, dass es sich dessen ungeachtet jedoch der Sache nach um einen Schadenersatzanspruch handele, der darauf gerichtet sei, den dem Verletzten entstandenen Schaden zu liquidieren, und nicht die bei dem in Anspruch genommenen Verletzer eingetretene Bereicherung abzuschöpfen.[88] Es komme deswegen nicht darauf an, ob alle als Gesamtschuldner haftenden Verletzer den beanspruchten Verletzergewinn erzielt haben; vielmehr reiche es aus, dass dies bei mindestens einem von ihnen der Fall sei. Aus dem Wesen der Gesamtschuld (§ 421 BGB) folge, dass unter solchen Umständen alle Gesamtschuldner in gleicher Höhe – und damit auf den nur bei einem von ihnen entstandenen Verletzergewinn – haften. Die Gegenposition vertritt Tilmann.[89] Seiner Ansicht nach soll jeder Verletzer nur zur Herausgabe desjenigen Gewinns verpflichtet sein, den er selbst erzielt hat.

87

- Stehen die mehreren Verletzer auf verschiedenen Vertriebsstufen, so verursachen sie dem Patentinhaber durch ihre aufeinanderfolgenden Benutzungshandlungen einen jeweils neuen – und nicht einen zur Gesamtschuld führenden identischen – Schaden.[90]

88

▶ **Beispiele:**

Hersteller – Großhändler – Einzelhändler für die nacheinander begangenen Verletzungshandlungen, dh Lieferung Hersteller → Großhändler, Lieferung Großhändler → Einzelhändler, Lieferung des Einzelhändlers. *Aber:* Soweit der Hersteller mittäterschaftlich für Vertriebshandlungen seiner Abnehmer haftet, liegt – allerdings nur insoweit – Gesamtschuld vor.

89

Auch sie können von dem Verletzten allesamt auf Herausgabe des von jedem einzelnen von ihnen erzielten Verletzergewinns in Anspruch genommen werden.[91] Schadenersatzzahlungen, die ein Beteiligter einer höheren Vertriebsstufe an einen Verletzer auf einer nachgeordneten Stufe leistet (zB aus Rechtsmängelhaftung), können dem

90

---

86 BGH, GRUR 2009, 856 – Tripp-Trapp-Stuhl.
87 OLG Düsseldorf, InstGE 5, 17 – Ananasschneider; ebenso: OLG Köln, GRUR-RR 2005, 247 – Loseblattwerk (zu § 97 UrhG); LG Düsseldorf, InstGE 8, 257 – Tintentankpatrone; vgl auch Runkel, WRP 2005, 968, 974.
88 Ebenso bereits BGH, GRUR 1959, 379 – Gasparone.
89 Tilmann, GRUR 2003, 647, 653.
90 BGH, GRUR 2009, 856 – Tripp-Trapp-Stuhl.
91 BGH, GRUR 2009, 856 – Tripp-Trapp-Stuhl; entgegen OLG Hamburg, Mitt 2007, 174 – Verletzerkette (LS).

Patentinhaber nur unter besonderen Voraussetzungen anspruchsmindernd entgegengehalten werden:

91 Ersatzzahlungen, die der Hersteller oder ein übergeordneter Händler deshalb an seinen Abnehmer leistet, weil dieser am Weitervertrieb der rechtsverletzenden Gegenstände gehindert ist und diesen unterlässt, sind nicht abzugsfähig.[92]

92 Ersatzzahlungen, die deshalb geleistet werden, weil der Rechtsinhaber den Abnehmer wegen des von ihm vorgenommenen patentverletzenden Weitervertriebs der Ware auf Schadenersatz in Anspruch genommen hat, mindern den herauszugebenden Verletzergewinn des Herstellers/Großhändlers.[93] Für die praktische Schadensabwicklung bedeutet dies: Hat der Hersteller seinem Abnehmer Schadenersatz geleistet, bevor er seinerseits auf Herausgabe des Verletzergewinns in Anspruch genommen wird, ist der vom Hersteller als Schadenersatz herauszugebende Verletzergewinn um den an den Abnehmer gezahlten Ersatzbetrag zu vermindern. Hat umgekehrt der Hersteller seinen (vollen) Verletzergewinn an den Rechtsinhaber herausgegeben, bevor er seinem Abnehmer Schadenersatz wegen dessen Inanspruchnahme durch den Rechtsinhaber leistet, kann er vom Patentinhaber die Rückzahlung des dem Abnehmer erstatteten und insofern überzahlten Schadensersatzbetrages (wegen späteren Wegfalls des rechtlichen Grundes für die Leistung) verlangen.[94] Der Bereicherungsanspruch entsteht mit Erfüllung der Regressforderung des Abnehmers und ist gegen den Patentinhaber mit einer selbständigen Zahlungsklage bzw einer Vollstreckungsabwehrklage geltend zu machen.[95]

93 – Zur Schadensersatzhaftung und Schadensberechnung von **mittelbarem und unmittelbarem Verletzer** vgl oben Kap D Rdn 730 ff.

3. Lizenzanalogie

94 Strittig ist die Handhabung innerhalb der Verletzerkette bei der Berechnungsmethode der Lizenzanalogie. Zwar wird mehrheitlich davon ausgegangen, dass innerhalb der Verletzerkette nur einmal eine Lizenz verlangt werden kann. Begründet wird dies entweder unter Heranziehung der Erschöpfungslehre oder im Wege einer Verrechnung auf den verschiedenen Stufen.[96] Gerade die Meinungen, die sich auf die Erschöpfungslehre stützen, berücksichtigen nicht, dass die Höhe des Schadenersatzes innerhalb der Verletzerkette durchaus unterschiedlich sein kann, werden doch Lizenzverträge mit Herstellern oder größeren Vertreibern unter anderen Bedingungen abgeschlossen als mit Einzelhändlern. Zudem trägt die Erschöpfungslehre nicht der Tatsache Rechnung, dass der Schutzrechtsinhaber ein erhebliches Interesse daran hat, sämtliche Verletzungshandlungen, unabhängig von der Stufe innerhalb der Vertriebskette, zu verhindern. Denn jedwede Nutzungshandlung in einer weiteren Stufe der Verletzerkette erfolgt tatsächlich gegen seinen Willen und beeinträchtigt seine Ausschließlichkeitsrechte aufs Neue. Auch ist die Abschreckungswirkung einer einmal zu zahlenden, rechtmäßigen Lizenzvereinbarung entsprechenden Lizenzgebühr über eine Verletzerkette verteilt nur sehr gering.

---

92 BGH, GRUR 2009, 856 – Tripp-Trapp-Stuhl.
93 BGH, GRUR 2009, 856 – Tripp-Trapp-Stuhl.
94 BGH, GRUR 2009, 856 – Tripp-Trapp-Stuhl.
95 BGH, GRUR 2009, 856 – Tripp-Trapp-Stuhl.
96 Siehe zum Meinungsstand: Götz, GRUR 2001, 295; Gärtner/Bosse, Mitt 2008, 492, 493 f; von der Groeben, FS Mes, 2009, S 141.

III. Schadensberechnung[97]

1. Grundlage der Schadensberechnung

Grundlage der Schadensberechnung ist regelmäßig die von dem Schuldner zuvor geleistete Rechnungslegung. Dabei ist auf Seiten des Gläubigers zu beachten, dass die Rechnungslegung in einem Prozess auf Schadenersatz zwar grundsätzlich als richtig unterstellt wird, *soweit* der Gläubiger sich auf sie beruft. Der Schuldner ist jedoch nicht an seine Angaben gebunden und kann im Schadenersatzprozess Fehler seiner ursprünglichen Rechnungslegung geltend machen oder neue Tatsachen, wie neue Kostenpositionen, vortragen, die Berücksichtigung finden, wenn sie ausreichend substantiiert und bewiesen werden.[98] Dies ist ein Grund mehr für den Gläubiger, Wert auf eine ordnungsgemäße und vollständige Rechnungslegung vor allem im Hinblick auf vom Schuldner geltend gemachte Kostenpositionen zu legen. 95

Der Gläubiger ist freilich nicht gezwungen, sich die Rechnungslegung des Beklagten zu Eigen zu machen. Er kann davon vollständig, aber auch nur in Teilen[99] absehen – allerdings mit der Folge, dass ihm als Anspruchsteller die Darlegungs- und Beweislast dafür obliegt, dass die von ihm behaupteten (von der – nicht bzw in Teilen nicht – übernommenen Rechnungslegung des Beklagten abweichenden) Zahlen den Tatsachen entsprechen. 96

Sollte der Schuldner erst im Schadenersatzprozess **neue Kostenfaktoren** oder sonstige Tatsachen substantiiert vortragen, die zu einer erheblichen Reduktion des zu leistenden Schadenersatzes und damit zu einer **Teilabweisung der Höheklage** führen, kann dies dennoch nicht zu einer materiellen Kostentragungspflicht des Gläubigers im Umfang der Klageabweisung führen. Denn der Grund der Klageabweisung ist der Sphäre des Schuldners zuzuschreiben, der seinen Verpflichtungen, eine ordnungsgemäße und vollständige Rechnungslegung vorzulegen, nicht mit der erforderlichen Sorgfalt nachgekommen ist. Diese Sorgfaltspflichten obliegen dem Schuldner zugunsten des Gläubigers, da die Rechnungslegung ihrer Funktion nach vor allem darauf gerichtet ist, dem Kläger das Wissen zu vermitteln, das dieser zur Berechnung und Durchsetzung seines Ersatzanspruchs benötigt.[100] Eine Verletzung der Sorgfaltspflichten zum Nachteil des Gläubigers muss zu einer Verpflichtung zur Leistung von Schadenersatz im Umfang der zur Diskussion stehenden Kosten führen (§ 280 BGB), was prozessual über § 269 Abs 3 Satz 2 ZPO (»… soweit … sie nicht dem Beklagten aus einem anderen Grund aufzuerlegen sind«) im Rahmen der Kostenentscheidung berücksichtigt werden kann. 97

2. Mitverschulden

Ist das Verletzungsurteil rechtskräftig und somit positiv festgestellt, dass dem Kläger ein uneingeschränkter Schadenersatzanspruch wegen Patentverletzung zusteht, so können Einwendungen, die sich auf Tatsachen stützen, die schon zum Zeitpunkt der letzten mündlichen Verhandlung vorgelegen haben, nicht mehr berücksichtigt werden, soweit sie das Bestehen des festgestellten Anspruchs betreffen.[101] Damit ist grundsätzlich auch die Geltendmachung eines Mitverschuldens im späteren Verfahren über die Schadenshöhe ausgeschlossen, weil diese Einwendung – anders als bei einem Grundurteil – bereits im Feststellungsurteil Berücksichtigung hätte finden müssen, und zwar unabhängig 98

---

97 Maute, Dreifache Schaden(ersatz)berechnung, 2016.
98 BGH, GRUR 1993, 897 – Mogul-Anlage; OLG Düsseldorf, InstGE 5, 251 – Lifter.
99 OLG Düsseldorf, InstGE 7, 194, 200 f – Schwerlastregal II.
100 BGH, GRUR 1993, 897 – Mogul-Anlage.
101 BGHZ 200, 350, 353.

davon, ob die Mitverschuldensfrage tatsächlich im Prozess erörtert worden ist.[102] Im Hinblick darauf darf der Vorwurf einer Verletzung der Schadensminderungspflicht im Höheverfahren allenfalls noch insoweit erwogen werden, als er sich allein auf Tatsachen gründet, die erst nach der letzten mündlichen Verhandlung über die Feststellungsklage entstanden sind.[103]

3. Berechnungsarten und Wahlrecht

99 Bei der Berechnung des Schadenersatzes kann der Berechtigte grundsätzlich frei zwischen drei Berechnungsarten wählen.[104] Die Höhe des Schadens kann entweder anhand der sog Lizenzanalogie ermittelt werden oder der Berechtigte kann die Herausgabe des ihm entgangenen Gewinns bzw des vom Verletzer erzielten Gewinns verlangen. Daran hat sich durch die Enforcement-Richtlinie 2004/48/EG nichts geändert.[105] In jedem Fall ist der komplette Schaden zu kompensieren, was bedingt, dass, selbst wenn im Hinblick auf den materiellen Schaden die Lizenzanalogie gewählt wird, ein daneben eingetretener immaterieller Schaden (zB wegen Rufschädigung) zusätzlich zu regulieren ist.[106]

100 Das zwischen den drei Berechnungsmethoden bestehende **Wahlrecht** gerät erst in Fortfall, wenn der nach einer bestimmten Methode ermittelte Schadenersatzanspruch vom Schuldner erfüllt oder wenn über den nach einer bestimmten Methode bezifferten Schadenersatzanspruch rechtskräftig entschieden worden ist.[107] Die besagte Beschränkung erklärt sich daraus, dass dem Gläubiger ein einziger, einheitlicher Schadenersatzanspruch zusteht, der lediglich auf verschiedene Art und Weise berechnet werden kann. Mit seiner Erfüllung erlischt dieser – eine – (zB nach Lizenzgrundsätzen ermittelte) Schadenersatzanspruch (§ 362 BGB). In Bezug auf einen nicht mehr bestehenden (sic: untergegangenen) Anspruch kann es kein Wahlrecht geben. Ähnliche Überlegungen gelten für einen Schadenersatzanspruch, über den eine rechtskräftige Entscheidung getroffen ist. Mit Eintritt der Rechtskraft steht der Anspruch nicht mehr zur Disposition des Gläubigers und kann von ihm insbesondere nicht erneut oder mit anderem Inhalt geltend gemacht werden. Aus dem Erläuterten wird deutlich, dass das Wahlrecht grundsätzlich in dem Moment zum Erliegen kommt, in dem die Erfüllung bzw die Rechtskraft eintritt.

101 Allerdings ist eine bedeutsame **Einschränkung** dahingehend zu beachten, dass der Verletzte sein Wahlrecht bereits dann verliert, wenn über seinen Schadenersatzanspruch *für ihn selbst* unanfechtbar nach einer Berechnungsart entschieden worden ist, egal, ob in diesem Zeitpunkt auch für den Rechtsstreit als solchen Rechtskraft eingetreten ist.[108] Hat deshalb der Gläubiger gegen das seiner nach Lizenzgrundsätzen berechneten Höheklage teilweise stattgebende erstinstanzliche Urteil kein oder nur ein unselbständiges Rechtsmittel eingelegt, so kann er sein Wahlrecht wirksam nicht mehr dadurch ausüben, dass er seine bisherige Klage als Teilklage deklariert und weitergehende Ansprüche nach der von ihm neu gewählten anderen Berechnungsmethode ankündigt, auch wenn diese Erklä-

---

102 BGH, MDR 2021, 489.
103 BGH, MDR 2021, 489.
104 BGH, GRUR 1980, 841 – Tolbutamid; BGH, GRUR 2000, 715, 717 – Der blaue Engel; s. zur Einführung auch Meier-Beck, IIC 2004, 113; Kather (VPP-Rundbrief 2014, 28) hält die deutsche Praxis der Schadensberechnung – mit beachtlichen Gründen – für unvereinbar mit der Enforcement-RL.
105 BGH, GRUR 2010, 1090 – Werbung des Nachrichtensenders; BGH, GRUR 2022, 229 – ÖKO-TEST III; vgl kritisch: Richter, FS Ahrens, 2016, S 405.
106 EuGH, GRUR 2016, 485 – Liffers/Mandarina.
107 BGH, GRUR 1993, 55, 57 – Tchibo/Rolex; BGH, GRUR 2000, 226, 227 – Planungsmappe; BGH, GRUR 2008, 93 – Zerkleinerungsvorrichtung.
108 BGH, GRUR 2008, 93 – Zerkleinerungsvorrichtung.

rungen abgegeben werden, bevor der Schuldner sein Rechtsmittel gegen das erstinstanzliche Urteil – mit Wirkung ex nunc[109] – zurückgenommen hat.[110]

Wichtig ist, dass die Berechnungsarten für einen abgrenzbaren Schadensfall nicht miteinander vermengt werden dürfen.[111] Hieraus ergibt sich jedoch noch nicht zwingend, dass sich der Gläubiger durch die Wahl einer Berechnungsmethode für *einen* Schadensfall für jede weitere von einem Verletzer begangene Verletzungshandlung auf eine Berechnungsmethode festlegt. Schließlich stellt jeder Eingriff in ein Schutzrecht einen für sich abgeschlossenen Tatkomplex dar, der den Verletzten abhängig von den Umständen des Einzelfalls beeinträchtigt.[112]

102

Praxistipp	Formulierungsbeispiel

Es ist deshalb zulässig und von Fall zu Fall sinnvoll, für unterschiedliche Benutzungszeiträume verschiedene Berechnungsmethoden (und im Extremfall für jede einzelne Benutzungshandlung eine andere Art der Schadensermittlung) zu wählen, weil beispielsweise der Verletzer erst nach gewisser Zeit einen Gewinn erzielt hat[113] oder aber der Berechtigte zumindest zu Beginn der Verletzungshandlungen noch eine Monopolstellung inne hatte.[114] Sollte derart differenziert vorgegangen werden, ist jedoch zu raten, zumindest hilfsweise den Schadensersatz auch einheitlich nur nach einer Methode zu berechnen.

103

4. Lizenzanalogie

Bisher am verbreitetsten ist die Schadensberechnung mithilfe der gewohnheitsrechtlich anerkannten und mittlerweile in § 139 Abs 2 Satz 3 PatG ausdrücklich erwähnten Lizenzanalogie.[115] Bei ihr erfolgt die Bemessung des Schadenersatzanspruchs »auf der Grundlage des Betrages, den der Verletzer als angemessene Vergütung hätte entrichten müssen, wenn er die Erlaubnis zur Benutzung der Erfindung eingeholt hätte«. Der *fiktiven* Lizenzermittlung liegt die Erwägung zugrunde, dass ein zum Schadenersatz verpflichteter Patentverletzer nicht anders (sic: nicht besser) stehen soll als ein vertraglicher Lizenznehmer, der beim Patentinhaber um eine Benutzungserlaubnis nachgesucht hat.[116] Maßgeblich sind die Bedingungen für die Einräumung einer **einfachen** Lizenz.[117]

104

Ob es bei korrektem Verhalten des Verletzers tatsächlich zu einer Lizenzerteilung gekommen wäre, ist unerheblich. Entscheidend ist nur, dass der Verletzte die Nutzung seines gewerblichen Schutzrechts nicht ohne Gegenleistung gestattet hätte.[118] Von letzterem ist überall dort auszugehen, wo die Überlassung von Ausschließlichkeitsrechten zur Benutzung durch Dritte gegen Entgelt

105

---

109 BGH, GRUR 2008, 93 – Zerkleinerungsvorrichtung.
110 BGH, GRUR 2008, 93 – Zerkleinerungsvorrichtung; entgegen LG Düsseldorf, InstGE 5, 83 – Zerkleinerungsvorrichtung, bestätigt durch OLG Düsseldorf, Urteil v 4.5.2006 – I-2 U 60/05.
111 BGH, GRUR 1980, 841 – Tolbutamid.
112 BGH, GRUR 1980, 841, 844 – Tolbutamid; BGH, GRUR 1977, 539, 542 f – Prozessrechner.
113 Benutzungszeiträume, während derer Verluste erzielt wurden, können zB nach der Lizenzanalogie abgerechnet werden.
114 OLG Düsseldorf, Beschluss v 2.5.2012 – I-2 W 33/11; OLG Köln, GRUR-RR 2013, 398 – Bigfoot II.
115 Vgl Goddar, FS 50 Jahre VPP, 2005, S 309.
116 BGH, GRUR 2006, 143 – Catwalk.
117 OLG Karlsruhe, GRUR-RR 2014, 55 – Schadensberechnung.
118 BGH, GRUR 2006, 143 – Catwalk.

106 – rechtlich möglich und
107 – verkehrsüblich ist.

108 Für die Verkehrsüblichkeit kommt es nicht auf eine Usance gerade in der Branche an, der die konkret Beteiligten angehören.[119] Geboten ist vielmehr eine abstrakte Betrachtungsweise: Es genügt, dass ein Recht der in Rede stehenden Art (zB ein Patent) als solches durch die Einräumung entgeltlicher Nutzungsrechte verwertet werden kann und in der Praxis verwertet wird.[120]

109 Bei der Lizenzberechnung ist zu fragen, was vernünftige Vertragspartner vereinbart haben würden, wenn sie beim Abschluss eines (fiktiven) Lizenzvertrages die künftige Entwicklung und namentlich die Zeitdauer sowie das Ausmaß der Patentbenutzung vorausgesehen hätten.[121] Dies bedingt, dass der Lizenzbetrag so festzusetzen ist, wie er sich auf Grund des tatsächlichen Sachverhaltes am Schluss des im Einzelfall abrechnungspflichtigen Verletzungszeitraumes als angemessen darstellt. Es ist also nicht auf den nur theoretisch möglichen Beginn einer Schadenersatzhaftung (1 Monat nach Veröffentlichung der Patenterteilung) abzustellen, sondern auf die Verhältnisse, wie sie zu dem Zeitpunkt bestanden haben, als der Verletzer seine haftungsbegründenden Benutzungshandlungen aufgenommen hat. Rechnung zu tragen ist ferner einer während des Verletzungszeitraumes eintretenden geänderten wirtschaftlichen Lage, wenn sie dazu führt, dass fortan höhere oder geringere Lizenzbeträge üblich geworden sind.

110 Vom Berechtigten – nachweislich[122] – **tatsächlich abgeschlossene Lizenzverträge** bieten einen verlässlichen Anhaltspunkt für die Lizenzanalogie. Repräsentieren sie ein vom Schutzrechtsinhaber am Markt etabliertes Vergütungssystem (was eine hinreichende Anzahl inhaltsgleicher Lizenzverträge verlangt), hat sich die Lizenzberechnung an ihr zu orientieren, unabhängig davon, ob die in den Lizenzverträgen aufgeführten Lizenzsätze und sonstigen Lizenzbedingungen allgemein üblich und objektiv geeignet sind.[123] Denn allein die Tatsache, dass der Berechtigte die fraglichen Lizenzgebühren verlangt und erhält, rechtfertigt es anzunehmen, dass vernünftige Vertragsparteien bei vertraglicher Lizenzeinräumung eine entsprechende Vergütung vereinbart hätten. Werden die vom Rechtsinhaber geforderten Lizenzsätze für die eingeräumten Nutzungsrechte auf dem Markt tatsächlich gezahlt (was des tatrichterlichen Nachweises bedarf[124]), können sie einer Schadensberechnung im Wege der Lizenzanalogie auch dann zu Grunde gelegt werden, wenn sie über dem Durchschnitt vergleichbarer Vergütungen liegen.[125] Der Verletzer kann demgegenüber nicht einwenden, er wäre nicht dazu bereit gewesen, die vom Patentinhaber geforderte und von dessen Lizenznehmern gezahlte Lizenzvergütung zu entrichten.[126] Umgekehrt gilt aber auch, dass sich der Verletzte an einer unter der üblichen Lizenzgebühr liegenden Lizenzvergütung festhalten lassen muss, so dass er seinen Schaden dann, wenn er sein Schutzrecht in ständiger Lizenzierungspraxis ausschließlich unentgeltlich zur Benutzung überlässt, nicht nach den Grundsätzen der Lizenzanalogie berechnen und liquidieren kann.[127] Denn unter den geschilderten Umständen kann nicht

---

119 BGH, GRUR 2010, 239 – BTK; BGH, GRUR 2022, 229 – ÖKO-TEST III.
120 BGH, GRUR 2006, 143 – Catwalk; BGH, GRUR 2022, 229 – ÖKO-TEST III; das schweizerische Bundesgericht steht demgegenüber auf dem Standpunkt, dass für die Lizenzanalogie nur dann Raum ist, wenn feststeht, dass dem Verletzten durch die rechtswidrigen Benutzungshandlungen ein Gewinn entgangen ist (BGE, GRUR Int 2006, 956 – Milchschäumer).
121 BGH, GRUR 1995, 578, 581 – Steuereinrichtung II.
122 BGH, GRUR 2009, 660 – Resellervertrag.
123 BGH, GRUR 2009, 660 – Resellervertrag; BGH, GRUR 2020, 990 – Nachlizenzierung.
124 BGH, GRUR 2020, 990 – Nachlizenzierung.
125 BGH, GRUR 2020, 990 – Nachlizenzierung.
126 BGH, GRUR 2009, 660 – Resellervertrag.
127 BGH, GRUR 2022, 229 – ÖKO-TEST III.

davon ausgegangen werden, dass vernünftige Vertragsparteien angesichts der festen Lizenzierungspraxis ein Lizenzentgelt vereinbart haben würden, weswegen ein solches auch nicht zur Schadensberechnung gegenüber einem Verletzer herangezogen werden kann, der mit gesetzestreuen, um eine vertragliche Lizenz nachsuchenden Benutzern gleich behandelt werden soll.

Eine repräsentative Lizenzierungspraxis kann nach Auffassung des BGH nicht *ohne weiteres* durch solche **Verträge** belegt werden, die **nach** vorheriger schriftlicher oder mündlicher **Abmahnung** geschlossen worden sind, weil die Tatsache der Abmahnung einer freien Willensentschließung der Partei bei der Lizenznahme entgegensteht.[128] Mit einer so vereinbarten Lizenz werde regelmäßig mehr als nur die einfache Nutzung des gewerblichen Schutzrechts entgolten, wobei es keinen Unterschied mache, ob eine förmliche Abmahnung vorausgegangen ist oder der Rechtsinhaber unter Hinweis auf die Rechtsverletzung lediglich an den Verletzer herangetreten ist. In beiden Fällen stellten die in einer solchen Situation vereinbarten Lizenzgebühren nicht nur die Vergütung dar, die vernünftige Parteien als Gegenleistung für den Wert der künftigen legalen Benutzungshandlung vereinbart hätten; vielmehr bildeten sie darüber hinaus regelmäßig eine Gegenleistung für die einvernehmliche Einigung über mögliche Ansprüche aus der vorangegangenen Rechtsverletzung. Dieser bei einem Nachlizenzierungsvertrag gegenüber einer freihändigen Lizenz vergütete Mehrwert stehe typischerweise der Annahme entgegen, ein solcher Lizenzvertrag habe eine Indizwirkung für den objektiven Wert der angemaßten Benutzungsberechtigung. Denn der Verletzer werde in Lizenzvertragsverhandlungen angesichts eines ansonsten drohenden Rechtsstreits häufig von dem Ziel geleitet sein, eine kostenintensive gerichtliche Auseinandersetzung zu vermeiden. Damit einher gehe eine stärkere Verhandlungsposition des Rechtsinhabers, der gegen eine höhere Lizenzgebühr den Verzicht auf eine gerichtliche Durchsetzung seiner Ansprüche anbiete. Für die Handhabung der Lizenzanalogie folgt daraus: 111

– *Fehlt* es an einer *eigenen* am Markt *durchgesetzten Lizenzierungspraxis* des Rechtsinhabers, liegt es für die Festsetzung einer angemessenen Lizenzgebühr nahe, **branchenübliche Vergütungssätze als Maßstab** heranzuziehen, wenn sich in dem maßgeblichen Zeitraum eine solche Übung herausgebildet hat.[129] Welche Lizenzgebühren für die streitigen Benutzungshandlungen üblich und angemessen sind, ist dabei, soweit erforderlich, durch Einholung eines Sachverständigengutachtens vom Tatgericht zu klären.[130] 112

– Gibt es *keine branchenübliche Vergütungspraxis*, ist die Höhe der als Schadensersatz zu zahlenden Lizenzgebühr vom Tatgericht gemäß **§ 287 ZPO** unter Würdigung aller Umstände des Einzelfalls nach freier Überzeugung zu bemessen. Dabei sind an Art und Umfang der vom Rechtsinhaber beizubringenden Schätzgrundlagen nur geringe Anforderungen zu stellen; dem Tatgericht kommt zudem in den Grenzen eines freien Ermessens ein großer Spielraum zu.[131] Seine Schadensschätzung unterliegt nur einer beschränkten Nachprüfung durch das Revisionsgericht. Überprüfbar ist lediglich, ob das Tatgericht Rechtsgrundsätze der Schadensbemessung verkannt, wesentliche Bemessungsfaktoren außer Acht gelassen oder seiner Schätzung unrichtige Maßstäbe zugrunde gelegt hat.[132] 113

---

128 BGH, GRUR 2020, 990 – Nachlizenzierung.
129 BGH, GRUR 2019, 292 – Sportwagenfoto.
130 BGH, GRUR 2020, 990 – Nachlizenzierung.
131 BGH, GRUR 2020, 990 – Nachlizenzierung.
132 BGH, GRUR 2020, 990 – Nachlizenzierung.

I. Schadenersatz

114 **Kritik:** Auch wenn Hintergrund für die Lizenznahme ein Hinweis des Berechtigten auf seine Verbietungsrechte ist, bieten diejenigen Lizenzen, die der Schutzrechtsinhaber zu dem fraglichen Patent hat erzielen können, im Zweifel den genauesten Anhaltspunkt dafür, welches Benutzungsentgelt die Parteien vereinbart haben würde. Jede Lizenznahme geschieht im Übrigen nicht völlig freiwillig, sondern deshalb, weil die fragliche Technik Gegenstand eines Monopolrechts ist, das denjenigen, der sie benutzen will, früher (aus eigenem Antrieb) oder später (anlässlich einer Abmahnung) zur Lizenznahme zwingt. Ob der Lizenznehmer selbst die Erkenntnis über die Notwendigkeit einer Lizenznahme hat oder ob der Lizenzgeber in ihm die Motivation geweckt hat, indem er ihn mit seinem Schutzrecht konfrontiert hat, macht insoweit keinen derartigen Unterschied, dass es angemessen sein könnte, die Lizenzierungspraxis zu dem Patent als Orientierung für die Lizenzanalogie zu verlassen und statt dessen auf naturgemäß weit weniger aussagekräftige Maßstäbe (wie eine Lizenzierungspraxis bloß zu dem technischen Gebiet der Erfindung oder gar eine Schadensschätzung) auszuweichen. Sollte sich ein konkreter Lizenznehmer in einer außerordentlichen Zwangssituation befunden haben, der ihn genötigt hat, auf jedwede Lizenzforderung des Abmehnenden einzugehen, so kann dem immer noch durch einen speziellen Abschlag von der vereinbarten Lizenzvergütung bei der Schadensbemessung Rechnung getragen werden.

115 Betrifft die Vereinbarung nicht das Klagepatent, sondern ein **anderes Schutzrecht**, lassen sich je nach Einzelfall nur mehr oder weniger stichhaltige Anhaltspunkte für eine mutmaßliche Lizenzierung des Klagepatents gewinnen. Die Relevanz kann vollständig fehlen, wenn Gegenstand der Vereinbarung ein ausländisches Schutzrecht ist und der Vertrag deswegen die ggf abweichenden ausländischen Marktverhältnisse zu berücksichtigen hat.[133]

116 Obwohl sich die Schadenersatzlizenz an der Benutzungsgebühr für die Einräumung eines einfachen (dh nicht ausschließlichen) Benutzungsrechts zu orientieren hat, ist es in der Instanzrechtsprechung[134] gebilligt worden, für die Lizenzermittlung auf einen **ausschließlichen Lizenzvertrag** und die dort vorgesehene Vergütung zurückzugreifen. Im Entscheidungsfall war der Verletzer vom ausschließlichen Lizenznehmer am Klagepatent auf Schadenersatz in Anspruch genommen worden.[135] Dessen Lizenzvertrag mit dem Schutzrechtsinhaber sah eine Stücklizenz von 50.000,- € vor, wobei der Lizenznehmer zur Erteilung von Unterlizenzen berechtigt war. Für diesen Fall war der ausschließliche Lizenznehmer dazu angehalten, sicherzustellen, dass der Lizenzgeber die vereinbarte Stücklizenz auch für Benutzungshandlungen des Unterlizenznehmers erhält. Das OLG Karlsruhe hat es aufgrund dessen zugelassen, dass die Schadenersatzlizenz anhand der für den ausschließlichen Lizenznehmer vertraglich geregelten Stücklizenz bemessen wird. Im Verhältnis zu ihm habe der Verletzer die Stellung eines Unterlizenznehmers. Bei der Vergabe einer freiwilligen Unterlizenz habe der verletzte ausschließliche Lizenznehmer jedoch dem Umstand Rechnung zu tragen, dass er selbst für jede Patentbenutzung durch den Unterlizenznehmer mindestens die für ihn selbst geltende Stücklizenz von 50.000,- € an den Lizenzgeber abzuführen habe. Dieser Betrag markiere deshalb notwendigerweise die absolute Untergrenze für eine vertragliche Unterlizenzgebühr. Hinzu komme ein Gewinnaufschlag, den der ausschließliche Lizenznehmer vernünftigerweise berechnen würde (im Streitfall: 40.000,- €).

117 **Kritik:** Diese Überlegungen klingen zunächst plausibel. Sie führen jedoch dazu, dass der Schadenersatzanspruch für dieselben Verletzungshandlungen nach ganz verschiedenen

---

133 OLG Düsseldorf, Urteil v 17.12.2010 – I-2 U 20/08.
134 OLG Karlsruhe, GRUR-RR 2014, 55 – Schadensberechnung.
135 Kläger war zwar der Patentinhaber, dieser klagte jedoch aus abgetretenem Recht seines ausschließlichen Lizenznehmers.

Regeln zu ermitteln ist, je nachdem, ob der Patentinhaber oder sein ausschließlicher Lizenznehmer der verletzte Anspruchsteller ist. Dem Patentinhaber wäre es nämlich verwehrt, für die ihm zustehende Schadenersatzlizenz auf die Vergütungsvereinbarung mit seinem ausschließlichen Lizenznehmer zu verweisen, weil er sich entgegenhalten lassen müsste, dass nicht die vertragliche Einräumung eines alleinigen Benutzungsrechts den Maßstab bildet, sondern der fiktive Abschluss eines einfachen Lizenzvertrages. Dem ausschließlichen Lizenznehmer wäre es hingegen gestattet, der Schadensberechnung nicht nur das Entgelt für eine ausschließliche Lizenz zugrunde zu legen, sondern diesen Betrag auch noch deutlich um einen Gewinnaufschlag zu erhöhen. Ob sich dies allein mit der dogmatischen Überlegung rechtfertigen lässt, dass der Patentinhaber und sein ausschließlicher Lizenznehmer jeweils ihren eignen Schaden ersetzt verlangen können, der unterschiedlich sein kann, ist zweifelhaft.

118 Relevant ist die oben dargestellte Rechtsprechung für Schadenberechnungen nach Lizenzgrundsätzen bei der Verletzung von **standardessenziellen Patenten**: Verwertet der Schutzrechtsinhaber ein standardessenzielles Patent im Wege der Lizenzvergabe und bedient er sich dabei für vergleichbare Lizenznehmer eines immer gleichen (standardisierten) Vertragswerks, so kann für die Bemessung der Schadenersatzlizenz wegen Patentverletzung im Rahmen der Schätzung nach § 287 ZPO von den Bedingungen dieses Vertragswerks ausgegangen werden, ohne dass es darauf ankommt, ob die Lizenzsätze und sonstigen Vertragskonditionen allgemein üblich und angemessen sind.[136] Voraussetzung für die Heranziehung ist allerdings die tatrichterliche Feststellung, dass der Patentinhaber eine hinreichende Anzahl entsprechender Lizenzverträge abgeschlossen hat und die vereinbarten Lizenzgebühren auch tatsächlich einfordert und erhält. Um dies darzulegen, genügt es zunächst, dass der Patentinhaber eine Liste mit Unternehmen, die Vertragspartner des Standardvertrages sind, präsentiert und die Kontaktdaten der Lizenznehmer mitteilt.[137] Dem wird jedenfalls für den Fall zuzustimmen sein, dass die Lizenznehmerliste nicht bloß für den Höheprozess angefertigt ist, sondern zB auf der Homepage des Patentinhabers ständig fortgeschrieben wird, sodass sie nach den gesamten äußeren Umständen den nach der Lebenserfahrung verlässlichen Schluss trägt, dass die ausgewiesenen Lizenznehmer tatsächlich existieren und mit dem Schutzrechtsinhaber vertraglich verbunden sind. Fehlt es an solchen stichhaltigen Anzeichen, wird der Patentinhaber die Lizenznehmerstellung anderweitig nachzuweisen haben, zB durch – ggf auszugsweise – Vorlage der Lizenzvereinbarungen oder durch geeigneten anderen Beweisantritt. Bei den Anforderungen, die an ein erhebliches Bestreiten des Verletzers im Hinblick auf die tatsächliche Praktizierung des behaupteten Standardlizenzvertrages zu stellen sind, ist zu berücksichtigen, dass der Verletzer grundsätzlich keinen Einblick in die Lizenzverwaltung des Schutzrechtsinhabers hat und es ihm darüber hinaus schwerfallen wird, von vertraglichen Lizenznehmern belastbare Anhaltspunkte dafür zu erhalten, dass der Lizenzvertrag abweichend vom Vereinbarten praktiziert werden. Dennoch dürfen die Einwände dagegen, dass die Standardlizenz faktisch vollzogen worden ist (und wird), nicht ins Blaue hinein vorgetragen sein.[138]

119 Bereits aus Rechtsgründen unerheblich ist der Hinweis des Verletzers auf

120 – abweichende Lizenzbedingungen für Benutzungshandlungen, die außerhalb des territorialen Geltungsbereichs des Klagepatents stattfinden;

---

136 LG Mannheim, InstGE 12, 160 – Orange-Book-Lizenz.
137 LG Mannheim, InstGE 12, 160 – Orange-Book-Lizenz.
138 LG Mannheim, InstGE 12, 160 – Orange-Book-Lizenz.

121 – Verletzungshandlungen Dritter, wenn nicht ersichtlich ist, dass sie vom Patentinhaber gebilligt oder geduldet werden (zB weil er sein Lizenzierungssystem nicht mit hinreichendem Nachdruck gerichtlich durchsetzt).[139]

122 Stellen die vertraglich vereinbarten Lizenzgebühren eine taugliche Grundlage für die Schadensschätzung dar, kann – und wird es regelmäßig – gerechtfertigt sein, die Vertragslizenz angemessen zu erhöhen, um diejenigen **Vorteile** auszugleichen, **die der Patentverletzer im Vergleich zu einem vertraglichen Nehmer** der Standardlizenz während des Verletzungszeitraumes genossen **hat**.[140] Zu denken ist beispielsweise an Bucheinsichtsrechte des Lizenzgebers, denen der Verletzer im Rahmen seiner Schadenersatzhaftung nicht ausgesetzt ist, den Umstand, dass der Verletzer kein Risiko des mangelnden Rechtsbestandes des Lizenzpatents trägt[141], ein sich aus der Verletzungssituation ergebendes erhöhtes Ausfallrisiko für den Patentinhaber sowie ein ggf geringeres oder fehlendes Vertrauen in die Rechnungslegung des Verletzers.[142] Welche dieser besonderen Umstände bedeutsam sind und welches Gewicht ihnen zukommt, ist eine Frage des Einzelfalles. Im Allgemeinen gebieten sie jedoch eine **deutliche Anhebung** der bei freien Lizenzverhandlungen zustande gekommenen Lizenzgebühr.[143] Das LG München I[144] hat eine Anhebung um 66 % gebilligt.

123 **Schadenersatzzahlungen**, die der Verletzer deshalb **an seine Abnehmer** hat entrichten müssen, weil die von ihm vertriebenen Gegenstände schutzrechtsverletzend gewesen sind, können im Rahmen der Lizenzanalogie nicht mindernd in Ansatz gebracht werden.[145]

124 Hat der Verletzer rechtsverletzende Produkte von seinen Abnehmern **zurückgerufen** und infolgedessen die jeweiligen Kaufpreise erstatten müssen, so entfällt das lizenzpflichtige Geschäft im Nachhinein, weswegen es auch bei der Schadensberechnung außer Ansatz zu bleiben hat. Beweispflichtig für den besagten Rückruftatbestand ist der Verletzer.

125 Entsprechend der üblichen Lizenzierungspraxis ist in einem ersten Schritt die Bezugsgröße festzulegen, die der Berechnung zugrunde gelegt werden soll. In einem zweiten Schritt ist sodann ein angemessener Lizenzsatz zu bestimmen. Beides hat gemäß § 287 ZPO unter Würdigung aller Umstände des Falles nach freier Überzeugung des Tatrichters zu geschehen.[146] Hierbei kann und sollte auf frühere Lizenzvereinbarungen zurückgegriffen werden, wenn die damals vereinbarte Lizenzgebühr dem objektiven Wert der Nutzungsberechtigung entsprochen hat.[147]

126 Die revisionsgerichtliche **Überprüfung** der Schätzung ist beschränkt. Sie geht lediglich dahin, ob grundsätzlich falsche oder offenbar unsachliche Erwägungen angestellt wurden oder wesentliche, die Entscheidung bedingende Tatsachen (insbesondere von den Par-

---

139 LG Mannheim, InstGE 12, 160 – Orange-Book-Lizenz.
140 LG Mannheim, InstGE 12, 160 – Orange-Book-Lizenz; LG München I, NJOZ 2011, 1318 – Gülleausbringungsvorrichtung = LG München I, Mitt 2013, 275 – Gülleausbringung; Meier-Beck, WRP 2012, 503, 507.
141 Dh er kann geleistete Zahlungen zurückverlangen, wenn das Patent nachträglich vernichtet wird, während der vertragliche Lizenznehmer in derselben Situation für die Vergangenheit zur Zahlung verpflichtet bleibt.
142 LG München I, NJOZ 2011, 1318 – Gülleausbringungsvorrichtung = Mitt 2013, 275 – Gülleausbringung.
143 Meier-Beck, WRP 2012, 503.
144 LG München I, NJOZ 2011, 1318 – Gülleausbringungsvorrichtung = Mitt 2013, 275 – Gülleausbringung.
145 BGH, GRUR 2009, 660 – Resellervertrag.
146 BGH, GRUR 2009, 407 – Whistling for a train.
147 BGH, GRUR 2009, 407 – Whistling for a train.

teien vorgebrachte oder sich aus der Natur der Sache ergebende schätzungsrelevante Tatsachen) außer Acht gelassen worden sind[148]

a) Bezugsgröße

Regelmäßig ist es angemessen, auf die im **Patent geschützte Einheit** (zB das im Patentanspruch beschriebene Erzeugnis) abzustellen. Das gilt besonders dann, wenn es *dieses* Erzeugnis ist, was – ausschließlich oder überwiegend – Gegenstand des Handelsverkehrs ist. Zwar wird es sich vielfach so verhalten, dass das patentgeschützte Erzeugnis durch die Erfindung nicht insgesamt und in jeder Hinsicht eine neue Ausgestaltung erhält, sondern dass die Erfindung lediglich einen Teil der geschützten Vorrichtung verändert. Im Allgemeinen erfährt aber die Funktionalität der patentierten Vorrichtung als Ganzes eine Verbesserung, was es rechtfertigt, für die Lizenzberechnung an eben diese Vorrichtung anzuknüpfen. Dies zu tun, ist allemal dann geboten, wenn eine dahingehende Verkehrsübung feststellbar ist, wenn also auch Lizenzvertragsparteien in dem betreffenden technischen Gebiet für die Lizenzberechnung üblicherweise an die patentgeschützte Einheit anknüpfen. Die Frage, in welchem Maße die Vorrichtung durch die Erfindung optimiert wird, kann bei der Bestimmung des Lizenzsatzes berücksichtigt werden, indem zB für eine bloße Detailverbesserung ein entsprechend niedriger Lizenzsatz in Ansatz gebracht wird.

127

Unter Umständen kommt infrage, als Bezugsgröße eine über den patentgeschützten Gegenstand hinausgehende Einheit zu wählen. Vor allem bei zusammengesetzten Vorrichtungen oder solchen, die zumeist nur gemeinschaftlich mit anderen Gegenständen verkehrsfähig sind, ist zu ermitteln, nach welchem Wert die Lizenz zu berechnen ist, nach dem des geschützten Teils oder aber der **Gesamtvorrichtung** bzw Sachgemeinschaft. Maßgeblich ist die Verkehrsüblichkeit und Verkehrsanschauung. Von Bedeutung ist dabei, ob die Gesamtvorrichtung üblicherweise als Ganzes geliefert wird bzw ob sie durch den geschützten Teil insgesamt eine Wertsteigerung erfährt oder ihr kennzeichnendes Gepräge erhält.[149] Entscheidend kann auch sein, ob das geschützte Teil für sich selbst überhaupt verkehrsfähig ist, sich ein Wert für dieses Bauteil also ohne weiteres ermitteln lässt. Ist dies nicht der Fall, spricht dies für einen Rückgriff auf die Gesamtvorrichtung. Fakultative Sonderausstattungen, die zu der geschützten Erfindung keinen Bezug haben, sind außer Ansatz zu lassen. Das gilt namentlich dann, wenn ihr Mehrpreis nicht völlig unbeträchtlich ist. In der Praxis ist bei der Festlegung des Wertes zu berücksichtigen, dass dieser und die Höhe der Lizenzgebühr in einer Wechselwirkung zueinander stehen. Wird der Wert nur des geschützten Teiles für die Lizenzberechnung zugrunde gelegt, kann für diesen die Lizenzgebühr höher angesetzt werden als bei Zugrundelegung der Gesamtvorrichtung.

128

Praxistipp	Formulierungsbeispiel

Um **kartellrechtliche Bedenken** von vornherein auszuschließen, die drohen, wenn patentneutrale Teile in die Lizenz einbezogen werden[150], empfiehlt es sich klarzustellen, dass es sich bei der Einbeziehung von Bauteilen außerhalb des lizenzierten Schutzrechts um eine bloße Zahlungsmodalität handelt oder dass es technisch ausgeschlossen ist, zwischen patentgeschützten und patentfreien Teilen zu unterscheiden.

129

---

148 BGH, GRUR 2009, 407 – Whistling for a train; BGH, GRUR 2006, 136 – Pressefotos.
149 Vgl Benkard, PatG, § 139 PatG Rn 69, mwN.
150 EuGH, GRUR Int 1986, 635 – Windsurfing International; BGH, GRUR 2005, 845 – Abgasreinigungsvorrichtung.

I. Schadenersatz

130 Denkbar ist schließlich, auf einen **prozentualen Anteil des Umsatzes mit der Gesamtvorrichtung** abzustellen. Solches kommt in Betracht, wenn der eigentlich erfindungsgemäße Gegenstand zwar zu einer Wertsteigerung der Gesamtvorrichtung beiträgt, diese allerdings nicht in ihrer gesamten Funktionalität verändert wird, sondern nur in einer bestimmten Hinsicht. Hier kann es angemessen sein, auf denjenigen Umsatzteil (sofern er ermittelbar ist) abzustellen, der auf die betroffenen Vorrichtungsteile entfällt.[151]

131 Betrifft die Erfindung ein Maschinenteil, welcher **sowohl separat wie auch als Bestandteil einer** größeren **Gesamtanlage** veräußert wird, so entspricht es im Zweifel einer angemessenen und üblichen Lizenzvereinbarung, als Bezugsgröße für die Lizenzermittlung in den Fällen des Einzelverkaufs auf den Nettoabgabepreis für das fragliche Maschinenteil und in den Fällen des Anlagenverkaufs auf denjenigen Festbetrag abzustellen, der sich als Durchschnittspreis aus den Verkaufserlösen für die isoliert vertriebenen Maschinenteile ergibt.[152] Bestehen neben der Vorrichtungserfindung außerdem **Verfahrenserfindung**en, die sich in einem verbesserten Aufbau des vergütungspflichtigen Maschinenteils und – daraus resultierend – in günstigeren Benutzungsbedingungen desselben niederschlagen, so tragen dem gedachte Lizenzvertragsparteien im Zweifel dadurch Rechnung, dass für die Verfahrenserfindungen als Bezugsgröße ebenfalls der Nettoverkaufspreis bzw ein dem Durchschnittspreis entsprechender Festbetrag vereinbart und der für die Vorrichtungserfindung vorgesehene Lizenzsatz maßvoll erhöht wird.[153]

132 Bemessungsgrundlage für die Lizenzberechnung ist im Allgemeinen der vom Verletzer mit der betreffenden Vorrichtung oder Sachgesamtheit erzielte **Umsatz**, wobei die Umsatzsteuer außer Betracht zu bleiben hat.[154] Er gewährleistet auf einfache Weise eine angemessene Beteiligung des Patentinhabers an denjenigen Vorteilen, die der Verletzer aus der Patentbenutzung tatsächlich gezogen hat. Unerheblich ist, ob das konkrete Umsatzgeschäft tatsächlich deshalb zustande gekommen ist, weil von der Erfindung des Klagepatents Gebrauch gemacht worden ist, oder ob der fragliche Gegenstand zu demselben Preis auch ohne die patentgemäßen Ausstattungsmerkmale verkauft worden wäre. Kausalitätserwägungen dieser Art verbieten sich von vornherein deshalb, weil es sich bei der Lizenzanalogie um keine konkrete, sondern um eine abstrakte Schadensberechnungsmethode handelt und ein gedachter Lizenznehmer für die Benutzung der Erfindung allein deshalb eine Lizenzvergütung hätte entrichten müssen, weil der vertriebene Gegenstand die Erfindung benutzt hat.[155]

133 Zur Schadensberechnung nach Lizenzgrundsätzen ist es auch dann nicht ausgeschlossen, statt an eine Pauschallizenz an eine Umsatzlizenz anzuknüpfen, welche als Bezugsgröße auf den Verkaufspreis des Verletzerproduktes zurückgreift, wenn für das Produkt **lediglich patentverletzend geworben** wird, das beworbene und verkaufte Produkte selbst jedoch patentfrei ausgebildet ist.[156] Eine derartige Konstellation kann auftreten, wenn mit einem alten, die ursprünglich patentverletzende Ausführung zeigenden Prospektmaterial für ein konstruktiv abgewandeltes und infolgedessen patentfreies Produkt geworben wird.[157] Zur Minderung des Lizenzsatzes unter solchen Umständen vgl unten Rdn 154.

134 Der **Umsatz** als Bezugsgröße versagt indessen dann, wenn die vom Verletzer berechneten Preise nicht marktgerecht waren, zB deshalb, weil es sich bei seinen Abnehmern um

---

151 OLG Düsseldorf, Urteil v 17.12.2010 – I-2 U 20/08.
152 OLG Düsseldorf, InstGE 4, 165 – Spulkopf II.
153 OLG Düsseldorf, InstGE 4, 165 – Spulkopf II.
154 BGH, GRUR 2009, 660 – Resellervertrag.
155 BGH, GRUR 2010, 239 – BTK.
156 BGH, GRUR 2022, 82 – Layher.
157 Vgl oben Kap A Rdn 390.

konzernverbundene Unternehmen handelt, denen er mit Rücksicht auf die bestehenden gesellschaftsrechtlichen Verflechtungen besonders günstige Preise gewährt hat. In einem solchen Fall ist davon auszugehen, dass fiktive Lizenzvertragsparteien statt einer (üblichen) Umsatzlizenz eine **Stücklizenz** vereinbart haben würden, bei der dem Lizenznehmer (Verletzten) – unabhängig vom erzielten Erlös – für jedes verkaufte Teil ein fester Lizenzbetrag zusteht.

Liegt die Erfindung im **Wegfall** eines bisher notwendig gewesenen **manuellen Schrittes**, kann als Bezugsgröße der ersparte Personalkostenanteil im Produktionsprozess angesetzt werden.[158] 135

b) Lizenzsatz[159]

Die Höhe der Lizenzgebühr orientiert sich daran, was vernünftige Vertragspartner vereinbart haben würden, wenn sie beim Abschluss eines *einfachen*[160] Lizenzvertrages die Entwicklung des Nutzungsverhältnisses, also vor allem sein Ausmaß und seine Dauer, gekannt hätten.[161] Der mit der Erfindungsbenutzung verbundene technische Nutzen für das vertriebene Produkt oder Verfahren wird vielfach den Ausschlag bei der Bestimmung des Lizenzsatzes geben. Je besser die Marktchancen dank der durch das Lizenzschutzrecht vermittelten technischen Ausstattung sind, umso mehr werden vernünftige Parteien bereit sein, dafür zu zahlen. Umgekehrt wird der Lizenzsatz gering sein, wenn das Produkt oder Verfahren zwar schutzrechtsbenutzend ist, es aber nur unter ganz besonderen, vereinzelten Bedingungen zur Merkmalsverwirklichung kommt, sodass sich die Benutzung der Erfindung als ungewollter »Betriebsunfall« darstellt. 136

Einen gewichtigen – und ggf tatrichterlich aufzuklärenden – Gesichtspunkt bildet die im fraglichen Bereich üblicherweise zu erzielende Umsatzrendite.[162] Denn ein vernünftiger Lizenznehmer wird regelmäßig kein Lizenzentgelt vereinbaren, das seine eigenen Gewinnaussichten zunichtemacht. Typischerweise steht ein Anteil von nicht mehr als 1/3 des mit dem Lizenzgegenstand erzielten Gewinns für eine Lizenzzahlung zur Verfügung. Vorteilhaft ist es, von marktüblichen Lizenzsätzen auszugehen, die dem Gericht dargelegt werden müssen.[163] Darauf aufbauend können verschiedene lizenzerhöhende oder lizenzmindernde Faktoren Berücksichtigung finden, wobei die Einrechnung eines **Verletzerzuschlags**[164] nicht anerkannt ist.[165] 137

Lizenzerhöhend zu berücksichtigen sind unter anderem folgende Gesichtspunkte: 138

– im Gegensatz zum Lizenznehmer hat der Verletzer kein Risiko der Zahlung für nicht rechtsbeständige Schutzrechte[166], wobei die Höhe des Zuschlages davon abhängt, in welchem Maße das Klagepatent tatsächlich in der Gefahr einer Vernichtung steht, 139

---

158 DPMA-Schiedsstelle, Mitt 2017, 366 – Beutelmaterial.
159 Hellebrand/Rabe, Lizenzsätze; Groß/Strunk, Lizenzgebühren; Trimborn, Mitt 2019, 325.
160 OLG Karlsruhe, GRUR-RR 2014, 55 – Schadensberechnung.
161 Vgl Benkard, PatG, § 139 PatG Rn 64, mwN.
162 BGH, GRUR 2010, 239 – BTK.
163 Eine nach Branchen gegliederte Übersicht über die Lizenzsätze für Erfindungen in Deutschland seit 1995 gibt Trimborn, Mitt 2009, 257.
164 Er wäre freilich nicht per se wegen Verstoßes gegen unverzichtbare Grundsätze eines freiheitlichen Rechtsstaates unzulässig (BVerfG, Mitt 2013, 473 – Strafschadensersatz). Ein Verletzerzuschlag würde auch nicht gegen Art 13 der Enforcement-RL verstoßen (EuGH, Urteil v 25.1.2017 – C-367/15).
165 BGH, GRUR 1982, 286, 287 – Fersenabstützvorrichtung; BGH, GRUR 2006, 143 – Catwalk; Kochendörfer, ZUM 2009, 389; EuGH, GRUR 2016, 1043 – Hansson/Jungpflanzen Grünewald (zum Sortenschutz); aA Tetzner, GRUR 2009, 6.
166 LG Düsseldorf, Entscheidungen 1999, 83 – Reaktanzschleife; OLG Karlsruhe, GRUR-RR 2014, 55 – Schadensberechnung.

140 – Zinsvorteil des Verletzers durch verspätete Zahlung[167],

141 – die wirtschaftliche Bedeutung des geschützten Rechtes[168],

142 – mangelnde Ausweichmöglichkeiten für den Verletzer auf eine andere, nicht verletzende technische Ausführung[169],

143 – keine Verpflichtungen aus dem Lizenzvertrag etwa zu gesonderter Buchführung[170] oder Einhaltung vorgegebener Preisstrukturen[171],

144 – Wertsteigerung, die die Technik durch die geschützte Lehre erhalten hat,

145 – Gewinnaussichten, zB im Hinblick auf ein besonders lukratives Ersatzteilgeschäft,

146 – sachlicher Umfang der Lizenz; (interessant in Fällen, in denen über die technische Lehre hinaus Kenntnis, Wissen oder etwa der gute Ruf des Klägers ausgenutzt werden),

147 – Monopolstellung des Schutzrechtsinhabers,

148 – Naheliegen des Eintritts eines Marktverwirrungsschadens.[172]

149 **Lizenzmindernd** zu berücksichtigen sind unter anderem folgende Gesichtspunkte:

150 – aufgrund der widerrechtlichen Benutzungssituation besteht keine gesicherte Rechtsposition, die verlässliche Planungen erlaubt[173];

151 – kurzer Benutzungszeitraum, mithin keine Möglichkeit zur Amortisation von Investitionen[174];

152 – Mitbenutzung eigener Schutzrechte in einer Gesamtvorrichtung[175];

153 – Erzielung besonders hoher Umsätze, wenn entweder in der betreffenden Branche eine Abstaffelung üblich ist[176] oder die hohen Umsätze darauf beruhen, dass es sich bei dem Verletzer um ein Unternehmen von Ruf (mit entsprechender Finanzkraft, Werbung, Fertigungskapazität und Vertriebsorganisation sowie entsprechendem Kundendienst und entsprechenden Geschäftsverbindungen) handelt;[177]

154 – Vorliegen einer Patentverletzung nur in der Werbung, nicht beim Verkauf des beworbenen Produktes; wesentlich für eine rechtsfehlerfreie Schadensberechnung ist allerdings die Begründung: Sie kann nicht darin liegen, dass die Lizenz an einen Umsatz anknüpft, der nur zu einem geringen Teil auf der Schutzrechtsverletzung beruht, weil bei einer nur verletzenden Werbung nicht feststeht, welcher zur Schadensberechnung herangezogene Verletzerumsatz tatsächlich auf die werbende Patentverletzung zurückzuführen ist. Derartige Kausalitätsüberlegungen sind unzulässig, weil vernünftige Lizenzvertragsparteien die erzielten Umsätze für die Lizenzberechnung nicht nach Kausalitätserwägungen aufgeteilt hätten (wo hat die Werbung zum Verkaufser-

---

167 LG Düsseldorf, Entscheidungen 1999, 60 – Teigportiervorrichtung.
168 BGH, GRUR 1967, 655, 659 – Altix; BGH, GRUR 1993, 897, 898 – Mogul-Anlage; OLG Düsseldorf, GRUR 1981, 45, 50 – Absatzhaltehebel.
169 RGZ 144, 187, 193 – Beregnungsanlage; Benkard, PatG, § 139 PatG Rn 66, 67.
170 OLG Karlsruhe, GRUR-RR 2014, 55 – Schadensberechnung.
171 BGH, GRUR 1980, 841, 844 – Tolbutamid.
172 BGH, GRUR 2010, 239 – BTK.
173 OLG Karlsruhe, GRUR-RR 2014, 55 – Schadensberechnung.
174 OLG Düsseldorf, Urteil v 17.12.2010 – I-2 U 20/08.
175 Benkard, PatG, § 139 PatG Rn 67.
176 Bsp: Hochpreisige Erzeugnisse; vgl Schiedsstelle DPMA, Mitt 2018, 289 – hochpreisige Produkte.
177 OLG Düsseldorf, InstGE 4, 165 – Spulkopf II.

folg geführt und wo nicht?). Durch solche Bemessungsfaktoren wäre nicht nur ein Abrechnungsstreit vorprogrammiert; sie stünden auch im Widerspruch dazu, dass die Lizenzanalogie schon konzeptionell nicht auf einen tatsächlichen wirtschaftlichen Erfolg bei der Schutzrechtsbenutzung abstellt, sondern mit der Lizenz bloß die Chance hierzu eröffnet wird. Auch wenn das PatG alle Benutzungshandlungen grundsätzlich gleich behandelt, stellt sich der Schutzrechtseingriff jedoch regelmäßig als weniger intensiv dar, wenn sie lediglich bei der Werbung erfolgt und nicht auch beim Vertrieb. *Dieser* Gesichtspunkt kann lizenzmindernd berücksichtigt werden.[178]

Nach der Rechtsprechung des EuGH[179] verstößt eine **pauschalierte Schadensregulierung** dergestalt, dass – ohne konkreten Nachweis eines entsprechenden Schadens – das Doppelte der vertraglichen Lizenz zuerkannt wird, nicht gegen Art 13 der Enforcement-RL. 155

c) Zinsen

Da gedachte Lizenzvertragsparteien im Zweifel eine Abrechnung über die Lizenzgebühren innerhalb eines Monats nach Schluss eines jeden Kalenderjahres vereinbart hätten, verbunden mit einer Fälligkeit der Lizenzgebührenansprüche zum 1. Februar (§ 284 Abs 2 BGB), erkennt die Rechtsprechung dem Verletzten als Teil der Schadensersatzlizenz seit jeher einen Zinsanspruch zu, der ab dem 1. Februar des Folgejahres für die im vergangenen Kalenderjahr entstandenen Lizenzgebühren zu zahlen ist.[180] An der Berechtigung, fiktive Zinsen zuzusprechen, hat sich durch die Enforcement-Richtlinie nichts geändert.[181] Sofern in der betreffenden Branche abweichende Abrechnungszeiträume üblich sein sollten, gelten die sich hieraus ergebenden Fälligkeits- und Verzinsungszeitpunkte.[182] Maßgeblich für die Zuordnung eines lizenzpflichtigen Geschäfts zu einem bestimmten Kalenderjahr ist nicht das Angebot oder der Vertragsschluss (auch wenn darin bereits ein grundsätzlich lizenzpflichtiger Vorgang liegt), sondern der tatsächliche Vermögenszuwachs beim Verletzer, der in aller Regel erst mit der Rechnungsstellung eintritt.[183] 156

Können für die relevante Branche keine anderweitigen Zinssätze bewiesen werden, kann zunächst von einem **Zinssatz** von 3,5 Prozentpunkten über dem Bundesbankdiskontsatz (der bis 31.12.1998 gegolten hat) bzw Basiszinssatz (der seit 1.1.1999 gilt) ausgegangen worden.[184] 157

Nachfolgend sind die Diskont- bzw Basiszinssätze seit 1985 tabellarisch zusammengefasst: 158

---

178 BGH, GRUR 2022, 82 – Layher.
179 EuGH, GRUR 2017, 264 – OTK/SFP.
180 BGH, GRUR 2010, 239 – BTK: BGH, GRUR 1982, 286, 288 f – Fersenabstützvorrichtung; OLG Düsseldorf, GRUR 1981, 42, 52 f – Absatzhaltehebel; OLG Düsseldorf, InstGE 4, 165 – Spulkopf II; EuGH, GRUR 2016, 1043 – Hansson/Jungpflanzen Grünewald (zum Sortenschutz).
181 OLG Karlsruhe, GRUR-RR 2014, 55 – Schadensberechnung.
182 OLG Düsseldorf, Urteil v 17.12.2010 – I-2 U 20/08.
183 OLG Düsseldorf, Urteil v 17.12.2010 – I-2 U 20/08.
184 OLG Düsseldorf, GRUR 1981, 45, 52 f – Absatzhaltehebel; OLG Düsseldorf, Mitt 1998, 358, 362 – Durastep; OLG Düsseldorf, InstGE 4, 165 – Spulkopf II.

I. Schadenersatz

Gültig ab: Jahr	Tag & Monat	Diskont- bzw Basiszinssatz
1985	1.1.	4,5
	16.8.	4
1986	7.3.	3,5
1987	23.1.	3
	4.12.	2,5
1988	1.7.	3
	26.8.	3,5
1989	20.1.	4
	21.4.	4,5
	30.6.	5
	6.10.	6
1991	1.2.	6,5
	16.8.	7,5
	20.12.	8
1992	17.7.	8,75
	15.9.	8,25
1993	5.2.	8
	19.3.	7,5
	23.4.	7,25
	2.7.	6,75
	10.9.	6,25
	22.10.	5,75
1994	18.2.	5,25
	15.4.	5
	13.5.	4,5
1995	31.3.	4
	25.8.	3,5
	15.12.	3
1996	19.4.	2,5
1999	1.5.	1,95
2000	1.1.	2,68
	1.5.	3,42
	1.9.	4,26
2001	1.9.	3,62
2002	1.1.	2,57
	1.7.	2,47
2003	1.1.	1,97
	1.7.	1,22
2004	1.1.	1,14
	1.7.	1,13
2005	1.1.	1,21
	1.7.	1,17
2006	1.1.	1,37
	1.7.	1,95
2007	1.1.	2,7
	1.7.	3,19
2008	1.1.	3,32
	1.7.	3,19
2009	1.1.	1,62
	1.7.	0,12
2010	1.1.	0,12
	1.7.	0,12

Gültig ab: Jahr	Tag & Monat	Diskont- bzw Basiszinssatz
2011	1.1.	0,12
	1.7.	0,37
2012	1.1.	0,12
	1.7.	0,12
2013	1.1.	- 0,13
	1.7.	- 0,38
2014	1.1.	- 0,63
	1.7.	- 0,73
2015	1.1.	- 0,83
	1.7.	- 0,83
2016	1.1.	- 0,83
	1.7.	- 0,88
2017	1.1.	- 0,88
	1.7	- 0,88
2018	1.1.	- 0,88
	1.7	- 0,88
2019	1.1.	- 0,88
	1.7	- 0,88
2020	1.1.	- 0,88
	1.7	- 0,88
2021	1.1.	- 0,88
	1.7.	- 0,88
2022	1.1.	- 0,88
	1.7.	- 0,88

Nachdem der gesetzliche Verzugszinssatz für ab dem 1.5.2000 fällig gewordene Zahlungen auf 5 Prozentpunkte über dem Basiszinssatz (Art 229 § 1 Abs 1 Satz 3 EGBGB, § 288 Abs 2 BGB) und für seit dem 1.1.2002 fällig gewordene Entgeltforderungen sogar auf 8 bzw neuerdings 9 Prozentpunkte über dem Basiszinssatz erhöht worden ist (Art 229 § 5 EGBGB, § 288 Abs 2 BGB), sind die Lizenzzinsen dementsprechend heraufzusetzen.[185] Dem steht nicht entgegen, dass Schadenersatzforderungen als solche nicht unter § 288 Abs 2 BGB fallen.[186] Vorliegend geht es darum, zum Zwecke der Schadensberechnung die *vertraglich vereinbarte* Lizenzgebühr nachzustellen. Eine solche ist in jedem Fall eine »Entgeltforderung« im Sinne von § 288 Abs 2 BGB. 159

Im Rahmen der Schadensbezifferung nach den Regeln der Lizenzanalogie können also verlangt werden: 160

– Für vor dem 1.5.2000 fällig gewordene Lizenzgebühren Zinsen in Höhe von 3,5 Prozentpunkten über dem Bundesbankdiskontsatz, 161

– für zwischen dem 1.5.2000 und dem 31.12.2001 fällig gewordene Lizenzgebühren Zinsen in Höhe von 5 Prozentpunkten über dem Basiszinssatz und 162

– für seit dem 1.1.2002 fällig gewordene Lizenzgebühren Zinsen in Höhe von 8[187] bzw 9[188] Prozentpunkten über dem Basiszinssatz.[189] 163

---

[185] LG Düsseldorf, InstGE 5, 172 – Verzugszinssatz.
[186] LG Düsseldorf, InstGE 5, 172 – Verzugszinssatz; OLG Düsseldorf, Urteil v 27.2.2019 – I-15 U 14/18.
[187] § 288 Abs 2 BGB aF (gültig bis 28.7.2014).
[188] § 288 Abs 2 BGB nF (gültig ab 29.7.2014).
[189] LG München I, InstGE 6, 274 – Zeitungs-Dummy; LG Düsseldorf, InstGE 9, 1 – Kappaggregat, bestätigt durch OLG Düsseldorf, Urteil v 17.7.2009 – I-2 U 38/08; vgl auch LG Mannheim, InstGE 12, 160 – Orange-Book-Lizenz.

164 Der Anspruch auf Zahlung fiktiver Zinsen entfällt nicht für einen Zeitraum, während dessen es der Gläubiger ohne triftigen Grund versäumt hat, den Schadenersatzanspruch zu verfolgen. Der Rechtsgedanke aus **§ 254 Abs 2 BGB** ist vorliegend schon deshalb nicht einschlägig, weil es keine Obliegenheit zur alsbaldigen Klageerhebung im Interesse des Schuldners gibt. Die zügige Rechtsverfolgung liegt allein im Interesse des Gläubigers, der ansonsten Gefahr läuft, dass sein Anspruch verjährt oder verwirkt ist. Abgesehen davon ändert die Tatsache, dass die Verfolgung des Schadenersatzanspruchs für eine gewisse Zeit unterblieben ist, nichts an der tatsächlichen Besserstellung des Verletzers, der bis zu seiner Verurteilung über die Schadenssumme verfügen konnte. Dieser Vorteil ist auszugleichen, egal auf welcher Ursache (unverschuldet späte Kenntnis von den Verletzungshandlungen, zögerliche Rechtsdurchsetzung) er beruht.

165 Gesetzliche Verzugszinsen kann der Verletzte von den auf die Lizenzgebühren entfallenden Zinsen wegen des **Zinseszinsverbot**es (§ 289 Satz 1 BGB) nicht verlangen, es sei denn, auch für den Zinsanspruch liegen die Verzugsvoraussetzungen vor und ein konkreter Zinsschaden kann nachgewiesen werden (§ 289 Satz 2 BGB).[190]

d) Umsatzsteuer

166 USt kann auf die Lizenzgebühren nicht verlangt werden, auch dann nicht, wenn für die Lizenzberechnung auf eine konkrete Lizenzvereinbarung zurückgegriffen wird, die den Lizenznehmer verpflichtet, auf die Lizenzgebühren gesetzliche Umsatzsteuer zu zahlen. Der Grund liegt darin, dass es sich bei der Schadenersatzlizenz (anders als bei der vertraglich geschuldeten Lizenz) nicht um ein Entgelt handelt, welches der USt unterliegt.[191]

5. Verletzergewinn[192]

167 Der Berechtigte kann auch die Herausgabe des Verletzergewinns verlangen. Es handelt sich hierbei um eine gewohnheitsrechtlich anerkannte Berechnungsmethode, die ursprünglich damit begründet wurde, dass der Verletzer das Schutzrecht lediglich in Geschäftsführung für den Inhaber benutzt und daher unter rechtsähnlicher Anwendung der §§ 687 Abs 2, 667 BGB das durch die Verletzung Erlangte herauszugeben habe. Inzwischen ist der Verletzergewinn in § 139 Abs 2 Satz 2 PatG ausdrücklich erwähnt, sodass sich ein Rückgriff auf den GoA-Gedanken – ungeachtet dessen, ob er jemals angemessen war[193] – mittlerweile erübrigt. Bei der Berechnungsart »Verletzergewinn« kommt es nicht darauf an, ob der Verletzte den heraus verlangten Gewinn selbst hätte erzielen können; entsprechendes wird vielmehr fingiert.[194] Es handelt sich mithin um einen Anspruch auf »Entschädigung« für eine schuldhafte Patentverletzung[195], die weniger auf dem Gedanken der Schadenskompensation[196] als vielmehr darauf beruht, dass der Verletzer als Folge seines widerrechtlichen Schutzrechtseingriffs keinerlei wirtschaftlichen Vorteil behalten, sondern seinen Verletzungsertrag (soweit er auf der Schutzrechtsverletzung beruht) vollständig an den Verletzten auskehren müssen soll. Die Berechnungsmethode basiert damit maßgeblich auf dem Zuweisungsgedanken – wo die Berechtigung zur

---

190 LG Düsseldorf, Mitt 1990, 101 – Dehnungsfugenabdeckprofil; LG Düsseldorf, InstGE 9, 1 – Kappaggregat.
191 BGH, GRUR 2009, 660, 662 – Resellervertrag.
192 Zahn, Herausgabe des Verletzergewinns, 2005; Grabinski, GRUR 2009, 260.
193 Dagegen: Meier-Beck, WRP 2012, 503, 505.
194 BGH, GRUR 2022, 229 – ÖKO-TEST III.
195 Vgl BGH, GRUR 1962, 509 – Dia-Rähmchen II; BGH, GRUR 2001, 329 – Gemeinkostenanteil, mwN; LG Düsseldorf, InstGE 1, 276 – Klemmzug; Meier-Beck, GRUR 2005, 617.
196 Der vom Verletzer erzielte Gewinn repräsentiert streng genommen nicht den Schaden des Verletzten.

Patentbenutzung liegt, soll auch der durch die Patentbenutzung erwirtschaftete Ertrag sein.

Eben weil *fingiert* wird, dass der Rechtsinhaber ohne die Rechtsverletzung durch die eigene Verwertung seines Schutzrechts den gleichen Gewinn wie der Verletzer erzielt hätte, ohne dass es – infolge der Fiktion – darauf ankommt, ob der Verletzte auf dem Markt des Verletzers tätig ist und ob er den vom Verletzer erzielten Gewinn selbst hätte erwirtschaften können. Kann er seinen Schadenersatz wegen Schutzrechtsverletzung auch dann nach den Grundsätzen der Herausgabe des Verletzerrgewinns liquidieren, wenn er sein Schutzrecht in ständiger **Lizenzierungspraxis** ausschließlich **unentgeltlich** zur Benutzung überlässt.[197]   **168**

Gleichermaßen kommt es nicht darauf an, ob der erzielte Gewinn im Zeitpunkt des Herausgabeverlangens noch vorhanden (oder bereits wieder reinvestiert) ist. Dementsprechend ist auch eine **Gewinnabführung** (zB im Konzerngeflecht) unbeachtlich, weil sie nichts daran ändert, dass der Verletzergewinn beim Beklagten angefallen ist (weil er auch nur dann von dort abgeführt werden kann).   **169**

Haften mehrere als **Mittäter** für den Verletzungserfolg, ist der Gewinn beider herauszugebepflichtig, wobei jeder als Gesamtschuldner auf den vollen Schaden haftet. Denkbar ist derartiges beispielsweise, wenn der eine Beklagte in dem Wissen um dessen schutzrechtsverletzende Verwendung ein Vorprodukt zuliefert, das der andere Beklagte zu dem patentverletzenden Gegenstand veredelt, welches er anschließend in Verkehr bringt.[198] Eine gesamtschuldnerische Haftung besteht gleichfalls zwischen mittelbarem und nachfolgendem unmittelbaren Verletzer.   **170**

Prinzipiell ist der Verletzergewinn nach der Formel zu berechnen   **171**

Gewinn = Umsatz ./. Kosten.

a) Berücksichtigungsfähiger Umsatz

Relevant ist zunächst derjenige Umsatz, den der Verletzer im Rahmen seines Geschäftsbetriebes mit der patentgeschützten Vorrichtung oder dem patentgeschützten Verfahren erzielt hat. Die Anknüpfung an den Verkaufserlös gilt auch in Fällen mittelbarer Patentverletzung, welche sich in der Lieferung eines Mittels realisiert, mit dem die unmittelbar verletzende Kombination hergestellt oder das patentgeschützte Verfahren durchgeführt wird.[199] Ist die patentgeschützte Vorrichtung als solche nicht Gegenstand des Handelsverkehrs, weil sie den Teil einer Gesamtvorrichtung bildet, die allein am Markt gehandelt wird, so ist auf den Umsatz abzustellen, der mit eben dieser Gesamtvorrichtung (unter Einschluss von im Patentanspruch nicht genannten Funktionsteilen) erwirtschaftet wird.[200] Darauf, ob der Verletzer seinem Abnehmer die Verkehrseinheit zu einem Gesamtpreis oder nach ihren einzelnen Elementen aufgeschlüsselt in Rechnung stellt, kommt es nicht an.[201] Darüber hinaus können – unter besonderen Umständen – Umsätze mit »Peripheriegeräten« einzubeziehen sein, die selbst nicht patentgeschützt sind, die jedoch üblicherweise zusammen mit dem patentierten (bzw patentverletzenden) Gegenstand veräußert werden. Bedeutsam können ferner Umsätze sein, die der Verletzer mit Verbrauchsmaterialien erzielt, die er infolge des Verkaufs einer patentverletzenden Vorrichtung an dessen Abnehmer veräußert (vgl oben Kap D Rdn 749 ff). Wird der zunächst vereinnahmte Kaufpreis infolge eines späteren **Rückrufs** wieder erstattet (was der Verlet-   **172**

---

[197] BGH, GRUR 2022, 229 – ÖKO-TEST III.
[198] OLG Düsseldorf, Beschluss v 11.7.2018 – I-2 W 14/18.
[199] OLG Düsseldorf, Urteil v 14.2.2019 – I-15 U 60/15.
[200] OLG Düsseldorf, InstGE 7, 194 – Schwerlastregal II.
[201] OLG Düsseldorf, InstGE 7, 194 – Schwerlastregal II.

zer zu beweisen hat), so fällt der entsprechende Umsatzbetrag im Nachhinein wieder weg, sodass er auch für die Ermittlung des Verletzergewinns außer Betracht zu bleiben hat.

173 Für seine Schadensberechnung kann der Gläubiger auf die Rechnungslegung des Verletzers zurückgreifen, welche die Vermutung der Vollständigkeit und Richtigkeit für sich hat. Abweichungen von der vorgerichtlichen Rechnungslegung stehen zur vollen Darlegungs- und **Beweislast** des Verletzers[202], und zwar unabhängig davon, ob völlig neue Kostenpositionen behauptet oder zu bereits mitgeteilten Positionen abweichende Zahlen behauptet werden. Macht sich der Gläubiger die Auskünfte des Schuldners für seine Schadensberechnung – ganz oder teilweise – nicht zu Eigen, sondern legt er hiervon abweichende Tatsachen zugrunde, hat er (der Gläubiger) diese darzulegen und notfalls zu beweisen.[203]

b) Abzugsfähige Kosten

174 Durch das »Gemeinkostenanteil«-Urteil[204] hat der BGH grundlegend neue Erwägungen zur Ermittlung des Verletzergewinns – und hier genauer zur Kostenseite – angestellt, die als auch für das Patentrecht maßgeblich zu betrachten sind[205]. Sie gehen dahin, die abzugsfähige Kosten zu beschränken, was zur Folge hat, dass der herauszugebende Verletzergewinn notwendiger Weise wächst. Über die Rechtsprechung zur limitierten Abzugsfähigkeit von Kosten wird – unausgesprochen, aber im praktischen Ergebnis umso deutlicher – ein Bestrafungselement eingeführt, das den Verletzer generalpräventiv von Schutzrechtsverletzungen abhalten soll.

aa) Allgemeines

175 Die Entscheidung »Gemeinkostenanteil«[206] besagt – kurz gesagt –, dass von dem auf der Schutzrechtsverletzung beruhenden Umsatz **Gemeinkosten** lediglich insoweit abgezogen werden dürfen, als sie den schutzrechtsverletzenden Gegenständen unmittelbar zugerechnet werden können.[207] Im Einzelnen führt der BGH (aaO) aus:

176 *»Nach Sinn und Zweck des Anspruchs auf Herausgabe des Verletzergewinns ist es grundsätzlich gerechtfertigt, bei der Ermittlung des Verletzergewinns von den erzielten Erlösen nur die variablen (dh vom Beschäftigungsgrad abhängigen) Kosten für die Herstellung und den Vertrieb der schutzrechtsverletzenden Gegenstände abzuziehen, nicht auch Fixkosten, dh solche Kosten, die von der jeweiligen Beschäftigung unabhängig sind (zB Mieten, AfA).*

Danach kann der Ansicht des Berufungsgerichts nicht zugestimmt werden, dass zur Ermittlung des Verletzergewinns von den erzielten Erlösen ein Gemeinkostenanteil abzuziehen ist ohne Rücksicht darauf, ob diese Gemeinkosten auch ohne die Herstellung und den Vertrieb der schutzrechtsverletzenden Gegenstände entstanden wären.

Der pauschale Abzug anteiliger Gemeinkosten kann ... nicht damit begründet werden, dass ... die Herstellung und der Vertrieb der schutzrechtsverletzenden Gegenstände auch

---

202 BGH, GRUR 1993, 897, 899 – Mogul-Anlage.
203 OLG Düsseldorf, InstGE 7, 194 – Schwerlastregal II.
204 Vgl zu Einzelheiten: Haft/Reimann, Mitt 2003, 437; Meier-Beck, IIC 2004, 113; GRUR 2005, 617; Pross, FS Tilmann, 2003, S 881; Rinnert/Küppers/Tilmann, FS Helm, S 337; Tilmann, GRUR 2003, 647; Haedicke, GRUR 2005, 529; Rojahn, GRUR 2005, 623; Runkel, WRP 2005, 968; Dreiss, FS 50 Jahre VPP, 2005, 303.
205 OLG Düsseldorf, Urteil v 4.10.2012 – I-2 U 76/11; OLG Düsseldorf, Urteil v 3.6.2015 – I-15 U 34/14.
206 BGHZ 145, 366 – Gemeinkostenanteil.
207 BGHZ 145, 366 – Gemeinkostenanteil.

diese anteilig verursacht hätten. Ein solcher Zusammenhang ist regelmäßig nicht gegeben. Gemeinkosten sind zwar Voraussetzung für die Leistungserstellung ...Sie können jedoch einer solchen Produktion nicht unmittelbar zugerechnet werden. Bei Fixkosten besteht dementsprechend die Vermutung, dass sie ohnehin angefallen wären.«

Für die Qualifikation als Gemeinkosten (sowieso-Kosten) kommt es ausschließlich auf die verletzungsabhängige oder verletzungsunabhängige Kostenbelastung beim Verletzer und nicht auf die interne **Preiskalkulation von** dessen **Zulieferer oder Dienstleister** an. Nimmt der Verletzer im Rahmen seines Geschäftsbetriebes die Dienste eines Dritten zu Stückpreisen in Anspruch und kalkuliert der Dritte den Stückpreis unter Einschluss *seiner* Fixkosten, so sind die vom Verletzer aufgewendeten Preise dennoch abzugsfähig, wenn und soweit sie in direktem Zusammenhang mit der Herstellung und/oder dem Vertrieb der Verletzungsgegenstände stehen in dem Sinne, dass sie nicht angefallen wären, wenn es die Verletzungshandlungen nicht gegeben hätte.[208] **177**

Für die Abzugsfähigkeit spielt es keine Rolle, ob die zugekaufte Drittleistung von einem fremden oder einem **konzernverbundenen Unternehmen** erbracht worden ist, so lange der Verletzer nur tatsächlich mit den Kosten der Leistungserbringung belastet worden ist.[209] **178**

Die Darlegungs- und **Beweislast** dafür, dass typische Gemeinkosten im Einzelfall den Verletzungsprodukten unmittelbar zuordenbar sind, dh ohne die verletzende Produktion nicht ebenfalls (»sowieso«) angefallen wären, trägt der Verletzer.[210] **179**

Ein die unmittelbare Zuordnung ergebender Sachverhalt kann sich dabei im Einzelfall auch dadurch ergeben, dass der Verletzer ohne das schutzrechtsverletzende Produkt aus Gründen wirtschaftlicher Vernunft zB Teile seines Personals freigesetzt oder seinen Geschäftsbetrieb in bestimmter Weise umorganisiert (zB überflüssige Produktions- Vertriebs- oder Lagerkapazitäten abgebaut) hätte (**kapazitätsreduzierende Maßnahmen**).[211] Plausibel wird derartiges regelmäßig nur sein, wenn das Verletzungsprodukt einen hinreichenden Anteil am Gesamtumsatz bzw – ungeachtet der Umsatzbeteiligung – an der Gesamtleistungskapazität des Betriebes ausmacht, der strukturelle Maßnahmen der besagten Art sinnvoll erscheinen lässt.[212] Von Bedeutung für die Sinnhaftigkeit kapazitätsreduzierender Umstrukturierungsmaßnahmen ist nicht nur der mit ihnen verbundene Aufwand, sondern gleichermaßen die Tatsache, dass übliche Nachfrageschwankungen im nicht von der Schutzrechtsverletzung betroffenen Sektor, krankheitsbedingte Personalausfälle und dergleichen es erforderlich oder zumindest zweckmäßig machen können, im Unternehmen eine bestimmte Reserve vorzuhalten, die es verbietet, den Wegfall eines für den Betrieb als Ganzes untergeordneten Produktes zum Anlass für gemeinkostenmindernde Aktivitäten zu nehmen. Mit Rücksicht darauf gilt: Je geringer der Umsatz- oder Kapazitätsanteil des Verletzungsgegenstandes und umso geringer bei allgemeinbetriebswirtschaftlicher Betrachtung die Wahrscheinlichkeit struktureller Einsparungsmaßnahmen ist, um so dezidierter wird der Verletzer zu den Details der von ihm bei der gegebenen Lage hypothetisch vorgenommenen kapazitätsverringernden Maßnahmen, zB dazu vorzutragen haben, welchen konkreten Mitarbeiter er – rechtlich zulässig – zu welchem Zeitpunkt entlassen oder durch eine Teilzeitkraft ersetzt hätte, auf welche Weise der übrige Geschäftsanfall dennoch zu bewältigen gewesen wäre und welche Kosteneinsparungen sich infolge der Entlassung eingestellt hätten. **180**

---

208 OLG Düsseldorf, Urteil v 3.6.2015 – I-15 U 34/14.
209 OLG Düsseldorf, Urteil v 3.6.2015 – I-15 U 34/14.
210 BGH, GRUR 2001, 329 – Gemeinkostenanteil; LG Düsseldorf, InstGE 8, 257 – Tintentankpatrone.
211 OLG Düsseldorf, InstGE 13, 199 – Schräg-Raffstore.
212 OLG Düsseldorf, InstGE 13, 199 – Schräg-Raffstore.

I. Schadenersatz

181 Die mit der Gemeinkostenanteil-Entscheidung vom I. Zivilsenat des BGH für das Geschmacksmusterrecht aufgestellten und später auf den ergänzenden wettbewerbsrechtlichen Leistungsschutz erstreckten[213] Grundsätze sind von den Instanzgerichten auch für die Schadensberechnung nach einer Patentverletzung herangezogen worden.[214]

182 Der BGH[215] hat – neben der Variabilität der Kosten in Abhängigkeit vom Vorhandensein der Verletzungsform – in seiner späteren Rechtsprechung einen weiteren Gesichtspunkt eingeführt, der ebenfalls über die Abzugsfähigkeit einer Kostenposition entscheiden soll. Es ist – so meint der BGH – zu **fingieren**, dass der Verletzte **einen laufenden Betrieb** unterhält, der dieselben Produktions- und Vertriebsleistungen wie der Betrieb des auf Schadenersatz haftenden Verletzers hätte erbringen können.[216] Nur Kosten, die ihrer Art nach auch im fingierten Betrieb des Schutzrechtsinhabers angefallen wären, sind berücksichtigungsfähig, und zwar mit demjenigen Betrag, mit dem sie im Betrieb des Verletzers tatsächlich angefallen sind. Da der BGH mit einer Fiktion arbeitet, spielt es keine Rolle, ob der konkrete Schutzrechtsinhaber überhaupt einen auf Herstellung und/oder Vertrieb patentgemäßer Erzeugnisse gerichteten Geschäftsbetrieb unterhält oder aber das Patent ausschließlich im Wege der Lizenzvergabe verwertet.

183 **Kritik:** Eine stichhaltige Begründung für seine Fiktion liefert der BGH nicht. Sie ist auch nicht ersichtlich. Der GoA-Gedanke ist insoweit fehl am Platz. Er gibt eine Rechtfertigung dafür, dass der Schaden des Patentinhabers nach dem beim Verletzten erzielten Gewinn liquidiert werden kann, welcher mit der Patentverletzung ein kraft Gesetzes dem Verletzten vorbehaltenes Geschäft geführt hat. Welcher Gewinn durch die (in Fremdgeschäftsführung unternommene) Patentverletzung erzielt wurde, kann sich aber nur nach der Kostenstruktur des die Geschäftsführung unternehmenden Verletzers richten und nicht nach den Verhältnissen beim Verletzten. Anderenfalls werden in die Berechnung des Verletzergewinns Elemente der Schadensberechnung nach dem entgangenen Gewinn eingeführt, was systemwidrig ist.[217]

184 In der praktischen Handhabung ist nach der BGH-Rechtsprechung[218] für die **Unterscheidung zwischen anzurechnenden und nicht anzurechnenden Kosten** demnach in zweierlei Hinsicht zu differenzieren:

185 – Handelt es sich um Kosten, die, wenn es die Verletzungsform nicht gegeben hätte, entfallen würden oder handelt es sich um vom Verletzungsprodukt unabhängige »sowieso-Kosten«, dh solche, die auch dann vorhanden gewesen wären, wenn die Verletzungshandlung hinweg gedacht wird?

186 – Wären die Kosten – egal ob im Sinne der vorstehenden Ausführungen variabel oder nicht – auch im fingierten Herstellungsbetrieb des Verletzten entstanden?

187 *Abzugsfähig* sind hiernach diejenigen Kosten für die Fertigung, die Montage und den Absatz der schutzrechtsverletzenden Ware, die auch im fingierten Betrieb des Verletzten aus Anlass der Patentverletzung zusätzlich entstanden wären (und nicht »sowieso« vorhanden gewesen wären).

---

213 BGH, GRUR 2007, 431 – Steckverbindergehäuse.
214 Vgl nur OLG Düsseldorf, InstGE 5, 251 – Lifter.
215 BGH, GRUR 2007, 431 – Steckverbindergehäuse.
216 BGH, GRUR 2007, 431 – Steckverbindergehäuse.
217 Ebenso kritisch: Kather, VPP-Rundbrief 2014, 28, der für eine rein kaufmännische Gewinnberechnung anhand der beim Verletzer gegebenen Kostenstruktur und ohne Rückgriff auf irgendwelche Fiktionen plädiert.
218 Meier-Beck (WRP 2012, 503) hält die Kriterien mit Rücksicht auf die Neufassung des § 139 Abs 2 PatG durch die Enforcement-Richtlinie und das Durchsetzungsgesetz für nicht mehr maßgeblich.

Nicht abziehbar sind demgegenüber   **188**

– solche Kosten, die unabhängig vom Umfang der Produktion und des Vertriebs durch **189** die allgemeine Unterhaltung des Betriebes – dh »sowieso« – angefallen sind, sowie
– Kosten, mit denen der unterstellte Betrieb des Verletzten – obwohl es sich nicht um **190** »sowieso«-Kosten handelt – nicht ebenfalls belastet worden wäre.

bb) Einzelfälle

Abzugsfähig sind im Einzelnen folgende Positionen: **191**

– Die tatsächlichen Material- und Fertigungskosten für die Herstellung und Montage **192** des verletzenden Produkts[219]; werden aus dem Rohmaterial (zB zugekauftem Blutplasma) neben der Verletzungsform (Faktor-VIII-Präparat) noch andere Produkte gewonnen (für das andere Proteine des Blutplasmas herangezogen werden), so ist nur derjenige Teil der Einstandskosten (für das Blutplasma) abzugsfähig, der dem Verhältnis der Verletzungsprodukte (Faktor-VIII-Präparat) an der Gesamtmenge der aus dem Rohmaterial (Blutplasma) gefertigten Produkte entspricht[220];
– Kosten eines etwaigen Ausschusses und Materialschwundes[221], es sei denn, es handelt **193** sich um Anlaufkosten, die dem Verletzten im unterstellten laufenden Betrieb nicht ebenfalls entstanden wären[222],
– Kosten für die Anschaffung und Inbetriebnahme einer Maschine, die ausschließlich **194** für die Herstellung der schutzrechtsverletzenden Ware verwendet worden ist, und zwar anteilig im Verhältnis des Verletzungszeitraumes zur mutmaßlichen Lebensdauer.[223] Steht im Zeitpunkt der gerichtlichen Entscheidung über die Schadenersatzhöhe fest, dass die fragliche Maschine über ihre mutmaßliche Lebensdauer hinaus tatsächlich im betrieblichen Einsatz war/ist, ermittelt sich die Quote nach dem Verhältnis von Verletzungszeitraum und tatsächlicher Nutzungsdauer.[224] Eine patentfreie Verwendung wird ausnahmsweise dann außer Betracht zu bleiben haben, wenn sie derart geringfügig ist, dass schlechterdings nicht angenommen werden kann, die Maschine sei auch ohne die verletzende Produktion angeschafft worden. Andererseits besteht eine nicht nur anteilige, sondern vollständige Abzugsmöglichkeit für die Anschaffungskosten, wenn die Maschine nach Ende des Verletzungszeitraumes zwar noch nicht »abgeschrieben« ist, im Unternehmen des Verletzers aber deshalb wertlos ist, weil sie für keine anderen Zwecke eingesetzt werden kann und auch keinen Restwert mehr hat, der mithilfe eines Verkaufs realisiert werden könnte. Keine Abzugsfähigkeit besteht, wenn der Verletzer den Geschäftsbetrieb, zu dem die Maschine gehört, erst nach deren Anschaffung im Wege des »Asset Deal« erworben hat, es sei denn, aufgrund des Sachvortrages des Verletzers ließe sich konkret feststellen, welcher Teil des Kaufpreises für den Geschäftsbetrieb auf die betreffende Maschine und deren Inbetriebnahme entfällt)[225],
– Aufwendungen für Personal, welches eigens für die Produktion oder den Vertrieb **195** der verletzenden Gegenstände eingestellt und beschäftigt worden ist[226],

---

219 BGH, GRUR 2007, 431 – Steckverbindergehäuse; OLG Düsseldorf, InstGE 7, 194 – Schwerlastregal II.
220 OLG Düsseldorf, Beschluss v 27.6.2012 – I-2 W 14/12.
221 LG Frankfurt/Main, InstGE 6, 141 – Borstenverrundung.
222 BGH, GRUR 2007, 431 – Steckverbindergehäuse.
223 BGH, GRUR 2007, 431 – Steckverbindergehäuse.
224 OLG Düsseldorf, InstGE 13, 199 – Schräg-Raffstore.
225 LG Mannheim, InstGE 6, 260 – Abschirmdichtung.
226 BGH, GRUR 2007, 431 – Steckverbindergehäuse.

196 – Kosten für im Rahmen der Fertigung verbrauchte Energie[227], einerlei, ob der Verbrauch konkret erfasst oder durch Schätzung ermittelt worden ist (nicht dagegen Kosten für die Instandhaltung der Energieanlagen und hierauf bezogene Abschreibungsbeträge[228]),

197 – Mieten für Fertigungs- bzw Lagerhallen, die ausschließlich für die Verletzungsform genutzt werden[229],

198 – *gewährte* Skonti[230],

199 – Verpackungs- und Frachtkosten[231], soweit sie ohne den verletzenden Gegenstand nicht angefallen wären[232],

200 – Umsatzabhängige Versicherungskosten,

201 – Umsatzabhängige Vertreterprovisionen[233],

202 – Kosten für freiwillige, kostenlose Retouren mangelfreier Ware (wie sie im Versandhandel üblich sind)[234].

203 **Nicht abzugsfähig** sind im Einzelnen folgende Positionen:

204 – Aufwendungen für Gehälter von Mitarbeitern, die sich auch mit anderen Produkten befassen[235], genauso wie Gehälter von Verwaltungsangestellten oder Geschäftsführern[236],

205 – Maschinenkosten oder Lagerhallenmieten, soweit diese Kosten nicht ausschließlich auf die Verletzungsform zurückzuführen sind[237],

206 – Transportkosten, wenn sie auch ohne das Verletzungsprodukt angefallen wären (zB weil die Verletzungsprodukte durch eigene Lkw ausgeliefert worden sind und es in Bezug auf den Verletzungsgegenstand keine »Sonderfahrten« gegeben hat)[238],

207 – Allgemeine Marketingkosten[239],

---

227 BGH, GRUR 2007, 431 – Steckverbindergehäuse.
228 LG Frankfurt/Main, InstGE 6, 141 – Borstenverrundung.
229 BGH, GRUR 2007, 431 – Steckverbindergehäuse.
230 OLG Köln, GRUR-RR 2013, 398 – Bigfoot II.
231 BGH, GRUR 2007, 431 – Steckverbindergehäuse; OLG Düsseldorf, InstGE 7, 194 – Schwerlastregal II.
232 Wird der Verletzungsgegenstand zusammen mit anderen schutzrechtsfreien Produkten versandt, so sind nur die wegen der gleichzeitigen Anwesenheit der Verletzungserzeugnisse angefallenen Mehrkosten (Differenz zwischen den Portokosten für das Gesamtpaket und den Kosten für ein Paket, das ausschließlich die Nichtverletzungsprodukte umfasst hätte) abzugsfähig (OLG Düsseldorf, Urteil v 3.6.2015 – I-15 U 34/14). Zu ihnen hat der Verletzer daher konkret vorzutragen (OLG Düsseldorf, Urteil v 3.6.2015 – I-15 U 34/14).
233 OLG Düsseldorf, InstGE 7, 194 – Schwerlastregal II; OLG Köln, GRUR-RR 2013, 398 – Bigfoot II.
234 OLG Düsseldorf, Urteil v 3.6.2015 – I-15 U 34/14.
235 AA: OLG Köln, GRUR-RR 2013, 398 – Bigfoot II, das die für die Fertigung des Verletzungsgegenstandes objektiv notwendigen Lohnkosten unabhängig von der unternehmensinternen Arbeitsorganisation als abzugsfähig erkennt, dh ohne Rücksicht darauf, ob sie ohne das Verletzungsprodukt (zB durch Kündigung) hätten eingespart werden können. Die Darlegungslast für die tatsächlich aufgewendeten Lohnkosten (welche Mitarbeiter haben in welchem Umfang Arbeitsleistungen für den Verletzungsgegenstand erbracht und welches Gehalt ist ihnen im maßgeblichen Zeitraum gezahlt worden?) sieht das OLG beim Verletzer.
236 BGH, GRUR 2007, 431 – Steckverbindergehäuse.
237 BGH, GRUR 2007, 431 – Steckverbindergehäuse.
238 OLG Köln, GRUR-RR 2013, 398 – Bigfoot II.
239 BGH, GRUR 2007, 431 – Steckverbindergehäuse.

- Schutzrechtskosten für patentverletzende Produktion[240], 208
- Anlauf- und Entwicklungskosten für den patentverletzenden Gegenstand, weil sie 209 dem Verletzten, für den eine bereits laufende Produktion fingiert wird, nicht entstanden wären[241],
- Schulungskosten für die Unterweisung des Personals in die Herstellung bzw den 210 Vertrieb der Verletzungsgegenstände[242],
- Rechtverfolgungskosten, die dem Verletzer im Rahmen seiner Verteidigung gegen die 211 Verletzungsklage entstanden sind[243],
- Kosten für (zB infolge der Unterlassungsverpflichtung) nicht mehr veräußerbare (und 212 zB verschrottete) Produkte[244],
- Schadenersatzleistungen an Abnehmer[245], es sei denn, sie sind deshalb geleistet worden, weil der Abnehmer seinerseits wegen Weitervertriebs der patentverletzenden 213 Ware vom Patentinhaber auf Schadenersatz in Anspruch genommen wurde[246];
- Garantiekosten, die darauf beruhen, dass die Verletzungsgegenstände technisch noch 214 nicht ausgereift sind[247];
- Kosten für die Durchführung des Rückrufs und die Vernichtung schutzrechtsverletzender Ware. Wird im Zuge des Rückrufs der vereinnahmte Kaufpreis erstattet, entfällt der ursprünglich angefallene Verletzergewinn nachträglich wieder, sodass auf der 215 Umsatzseite der betreffende Betrag bei der Gewinnberechnung außer Betracht zu bleiben hat.

c) Kausalität

Bereits in dem »Gemeinkostenanteil«-Urteil hebt der BGH das Erfordernis der Kausalität zwischen Verletzungshandlung und Verletzergewinn hervor. Im Einklang mit der 216 bisherigen Rechtsprechung wird bemerkt, dass nur derjenige Gewinn herauszugeben sei, der – nicht bloß im Sinne adäquater Kausalität, sondern bei wertender Betrachtung (ähnlich der Bemessung einer Mitverschuldensquote)[248] – auf der Rechtsverletzung beruht.[249] Ausdrücklich klargestellt ist dieser Ansatz nunmehr in der Folgeentscheidung »Noblesse«[250], die die erforderlichen Kausalitätserwägungen dem Bereich der Schätzung (§ 287 ZPO) zuweist. Jeder ursächliche Zusammenhang zwischen Schutzrechtsverletzung und dem erlangten Gewinn reicht grundsätzlich aus.[251] Dem hat sich der für Patentsachen zuständige X. Zivilsenat des BGH angeschlossen.[252] Der Verschuldensgrad, mit dem die Patentverletzung begangen worden ist (Vorsatz oder Fahrlässigkeit) hat insoweit allerdings keine Bedeutung.[253] Steht dem Verletzten ein Verletzergewinn nicht nur von dem eigentlichen Erfindungsgegenstand, sondern darüber hinaus auch von weiteren »Peripherie«-Geräten zu, so sind die Kausalitätserwägungen für beide Gegenstandskategorien

---

240 Vgl LG Frankfurt/Main, InstGE 6, 141 – Borstenverrundung.
241 BGH, GRUR 2007, 431 – Steckverbindergehäuse.
242 OLG Düsseldorf, InstGE 13, 199 – Schräg-Raffstore.
243 OLG Düsseldorf, InstGE 5, 251 – Lifter; OLG Düsseldorf, InstGE 7, 194 – Schwerlastregal II.
244 BGH, GRUR 2007, 431 – Steckverbindergehäuse.
245 BGHZ 150, 32, 44 – Unikatrahmen; BGH, GRUR 2007, 431 – Steckverbindergehäuse.
246 BGH, GRUR 2009, 856 – Tripp-Trapp-Stuhl.
247 OLG Düsseldorf, InstGE 13, 199 – Schräg-Raffstore.
248 BGH, GRUR 2007, 431 – Steckverbindergehäuse.
249 BGH, GRUR 2001, 329 – Gemeinkostenanteil.
250 BGH, GRUR 2006, 419; ebenso: BGH, GRUR 2009, 856 – Tripp-Trapp-Stuhl.
251 BGH, GRUR 2010, 1090 – Werbung des Nachrichtensenders.
252 BGH, GRUR 2012, 1226 – Flaschenträger.
253 OLG Düsseldorf, Urteil v 3.6.2015 – I-15 U 34/14.

gesondert anzustellen; sie können inhaltlich gleichlaufen (weil mit dem Erwerb des eigentlichen Erfindungsgegenstandes die Entscheidung für ein bestimmtes Gesamtsystem gefallen ist, welches die mitverkauften Peripheriegeräte umfasst), sie können aber auch eine unterschiedliche Beurteilung erfordern.[254]

217 Die obige Formel ist also im Sinne eines zweiten Berechnungsschrittes[255] wie folgt zu ergänzen:

$$\text{Verletzergewinn} = \frac{\text{Umsatz./. Kosten}}{\text{Kausalanteil}}$$

aa) Methodisches Herangehen

218 Die Bestimmung des Kausalanteils verlangt **zweierlei**:

219 – **Erstens** die tatrichterliche Feststellung, welche einzelnen Faktoren den Kaufentschluss des Abnehmers beeinflusst haben.

220 Geschehen kann dies in (seltenen) *geeigneten* Fällen zB durch eine ggf stichprobenartige Befragung der zur relevanten Zeit für den Einkauf zuständigen Mitarbeiter derjenigen Firmen, die die Verletzungsprodukte bezogen haben. Zu denken ist an hochpreisige Anlagengüter, die in vergleichsweise geringen, insgesamt überschaubaren Stückzahlen vertrieben worden sind. Handelt es sich hingegen um Massenartikel im weitesten Sinne, wird sich eine Befragung regelmäßig schon aus tatsächlichen Gründen als ungeeignet erweisen. Unter solchen Umständen genügt eine typisierende Betrachtungsweise, die danach fragt, welche Erwägungen ein vernünftiger Erwerber des Verletzungsproduktes angestellt haben würde. Dies aus eigener Anschauung zu beurteilen ist generell und nicht nur dann zulässig, wenn die Mitglieder des Verletzungsgerichts zu den angesprochenen Verkehrskreisen gehören.

221 Nur vermutete Ursachenbeiträge oder die bloße Möglichkeit einer Verursachung haben außer Betracht zu bleiben[256].

222 – Anschließend sind – **Zweitens** – die ermittelten Faktoren *wertend*[257] im Verhältnis zueinander zu gewichten.[258]

223 Im Regelfall bedarf es hierzu einer **Schätzung** gemäß § 287 ZPO, welcher Teil des aus dem Verkauf oder dergleichen erzielten Gewinns der Benutzung des Klageschutzrechts zuzurechnen ist.[259] Die Schätzung hat sich unter Berücksichtigung aller Umstände des Falles daran zu orientieren, inwieweit bei wertender Betrachtung die Benutzung des Klageschutzrechts ursächlich für den Kaufentschluss des Abnehmers (und damit für den Gewinn) gewesen ist.[260] Eine wesentliche Rolle wird dabei im Allgemeinen spielen, welche Vorteile das verletzte Patent im Vergleich zum vorbekannten Stand der Technik geboten hat und wie bedeutsam diese Vorzüge für die Kaufinteressenten gewesen sind.[261]

---

254 OLG Düsseldorf, Urteil v 14.2.2019 – I-15 U 60/15.
255 BGH, GRUR 2009, 856 – Tripp-Trapp-Stuhl: Vor einer Anwendung des Kausalitätsabschlages sind sämtliche berücksichtigungsfähigen Kosten abzuziehen.
256 Vgl zu § 254 BGB: BGH, MDR 2015, 828.
257 Das Vorgehen entspricht dem bei der Bestimmung einer Mitverschuldensquote nach § 254 BGB.
258 BGH, GRUR 2012, 1226 – Flaschenträger; OLG Frankfurt/Main, GRUR-RR 2011, 201 – Getränketräger.
259 BGH, GRUR 2012, 1226 – Flaschenträger.
260 BGH, GRUR 2012, 1226 – Flaschenträger; OLG Düsseldorf, InstGE 5, 251 – Lifter.
261 BGH, GRUR 2012, 1226 – Flaschenträger.

Prinzipiell versagt ist dem Verletzer der Einwand, er habe anstelle der patentverletzenden Ware auch einen schutzrechtsfreien Gegenstand produzieren und hierdurch denselben Verletzergewinn erzielen können.[262] Ein rein **hypothetischer Kausalverlauf** ist unbeachtlich, weil sich der Schuldner tatsächlich für eine Verletzung des Klageschutzrechts entschieden hat und der auf dessen Benutzung entfallende Kausalanteil nicht dadurch ungeschehen oder in seinem Gewicht verändert wird, dass der Schuldner von einer Schutzrechtsverletzung auch hätte absehen können.[263]

224

Bei der Verletzung technischer Schutzrechte durch den Verkauf von Maschinen, Geräten und dergleichen besteht in der Regel kein Anhalt und erst recht keine Vermutung dafür, dass der Verletzergewinn in vollem Umfang darauf beruht, dass fremde Patente oder Gebrauchsmuster benutzt worden sind.[264] Im Wesentlichen ist der Kläger für die die Kausalität begründenden Tatsachen darlegungs- und beweispflichtig[265], und zwar auch dann, wenn es um die negative Tatsache geht, dass es im Verletzungszeitraum keine gleichwertige technische Alternative zum Verletzungsgegenstand gegeben hat[266]. Die **Beweislast** besteht insbesondere, wenn der Verletzte vorträgt, dass der Verletzergewinn ausnahmsweise in vollem Umfang auf der Patentverletzung beruht. Solches kann beispielsweise dann in Betracht kommen, wenn durch die genutzte Erfindung ein völlig neuer Gebrauchsgegenstand entsteht, der neue Einsatzgebiete eröffnet und für den es keine äquivalenten, nicht schutzrechtsverletzenden Ausweichmöglichkeiten gibt.[267] Ähnliches gilt, wenn der angebotene Gegenstand erst durch die Benutzung des Klagepatents die erforderliche Kompatibilität zu anderen Vorrichtungen erhält.[268] Betrifft die Erfindung umgekehrt nur eine Detailverbesserung, sodass nicht erfindungsgemäße Produkte weiterhin verkehrsfähig sind, ist eher anzunehmen, dass der Kaufentschluss nicht allein auf die patentgemäße technische Ausgestaltung zurückzuführen ist.[269]

225

In dem auf eine reine Rechtskontrolle gerichteten **Revisionsverfahren** ist eine bloß beschränkte Überprüfung der vom Tatrichter vorgenommenen Schätzung möglich. Zu klären ist nur, ob die Schätzung auf grundsätzlich falschen oder offenbar unsachlichen Erwägungen beruht oder ob wesentliche Tatsachen außer Acht gelassen wurden, insbesondere ob schätzungsbegründende Tatsachen, die von den Parteien vorgebracht worden sind oder sich aus der Natur der Sache ergeben, nicht gewürdigt sind und die Denkgesetze sowie Erfahrungssätze eingehalten sind.[270]

226

bb) Ursachenkonglomerat

Die Frage der Kausalität stellt sich in Abhängigkeit vom jeweiligen Einzelfall insbesondere dann, wenn sich die patentgemäße Lehre nur auf einen Teil einer Gesamtvorrich-

227

---

262 LG Mannheim, InstGE 6, 260 – Abschirmdichtung.
263 BGH, GRUR 2012, 1226 – Flaschenträger; BGH, GRUR 2010, 1090 – Werbung des Nachrichtensenders.
264 BGH, GRUR 2012, 1226 – Flaschenträger; OLG Düsseldorf, InstGE 5, 251 – Lifter; OLG Düsseldorf, InstGE 7, 194 – Schwerlastregal II; vgl auch BGH, GRUR 2009, 856 – Tripp-Trapp-Stuhl.
265 BGH, GRUR 2009, 856 – Tripp-Trapp-Stuhl.
266 OLG Düsseldorf, Urteil v 3.6.2015 – I-15 U 34/14.
267 BGH, GRUR 2012, 1226 – Flaschenträger; OLG Düsseldorf, InstGE 5, 251 – Lifter.
268 Zur Bestimmung des bei der Gewinnerzielung auf die Benutzung des Klageschutzrechts entfallenden Kausalanteils in Fällen von Verbrauchsmaterialien (Tintentankpatronen), die ausschließlich für Geräte (Tintenstrahldrucker) des Patentinhabers verwendbar sind, wenn die Benutzung des Klageschutzrechts nicht unverzichtbar ist, um kompatible Produkte überhaupt anbieten zu können, vgl LG Düsseldorf, InstGE 8, 257 – Tintentankpatrone.
269 BGH, GRUR 2012, 1226 – Flaschenträger.
270 BGH, GRUR 2012, 1226 – Flaschenträger; BGH, GRUR 2007, 431 – Steckverbindergehäuse; BGH, GRUR 2009, 856 – Tripp-Trapp-Stuhl.

tung bezieht[271], das der Gewinnerzielung zugrunde liegende Erzeugnis gleichzeitig von mehreren Schutzrechten Gebrauch macht oder das schutzrechtsverletzende Erzeugnis aus sonstigen Gründen über »besondere Eigenschaften« verfügt. Zu denken ist beispielsweise an Fälle, in denen das Erzeugnis unter einer starken Marke angeboten wird oder andere Faktoren unabhängig von dem Verletzungsgegenstand den Gewinn beeinflussen (zB allgemeine Wertschätzung des anbietenden Unternehmens im Markt, besondere technische Qualitäten des Verletzungsgegenstandes außerhalb des Klagepatents, Design). Solche Umstände dürfen bei der Ermittlung desjenigen Verletzergewinns, der dem Schutzrechtsinhaber gebührt, nicht unberücksichtigt bleiben. Herauszugeben ist nur derjenige Gewinn, den der Verletzer gerade der rechtswidrigen Benutzung des Klageschutzrechts – und keiner anderen Ursache – verdankt.[272]

228 Nachfolgend sollen einige besondere Aspekte näher beleuchtet werden:

(1) Patentkategorie

229 Für die Bemessung des Kausalanteils kann bereits die Kategorie des ersatzpflichtigen Patents von Bedeutung sein. Während sich bei Sach- und Verwendungspatenten – jedenfalls gedanklich – einigermaßen plausibel ein Anteil begründen lassen wird, der dem Umstand geschuldet ist, dass der Verletzungsgegenstand die patentierte Ausgestaltung und/oder Eigenschaft (und keine andere) besessen hat bzw den speziellen Bedarf für die patentgeschützte Verwendung hat befriedigen können, stellt sich die Sachlage bei einem Verfahrenspatent häufig um Einiges schwieriger dar. Während sich bei reinen Arbeitsverfahren im Einzelfall noch ein ihm zuordenbarer Gewinnanteil herleiten lassen mag, der im Zweifel das Ausmaß der patentfreien und der patentgerechten Verwendungsmöglichkeit beim Abnehmer berücksichtigt, kann dies bei Herstellungsverfahren auf umso größere Probleme stoßen. Ist das Produkt auch patentfrei in vergleichbarer Qualität und zu ähnlichen Konditionen erhältlich und finden Umsatz und Gewinnerzielung beim Verkauf der produzierten Erzeugnisse statt, wird sich ein Kausalanteil im Grunde genommen nicht ausmachen lassen, weswegen er mit einem (nicht im Detail und mathematisch begründungsfähigen) geringen einstelligen Prozentsatz zu veranschlagen sein wird. Anders verhält es sich, wenn sich das Herstellungsverfahren in am vermarkteten Produkt in Erscheinung tretenden Umständen niederschlägt, die eine Orientierung bieten. Beispiele bilden etwa besondere Produkteigenschaften als Folge der patentgemäßen Verfahrensführung sowie Kostenersparnisse, die sich dank des Verfahrenspatents einstellen und die günstige Verkaufspreise für das Erzeugnis erlauben.

230 Geht es um die Schadenersatzpflicht des **mittelbaren Verletzers eines Verfahrensanspruchs**, dessen geliefertes Mittel sich technisch ebenso patentfrei wie patentgerecht einsetzen lässt, kann das Ausmaß beider Benutzungsmöglichkeiten für den auf den Verkaufsgewinn des mittelbaren Verletzers anzuwendenden Kausalitätsanteil Bedeutung haben. Die unter Patentschutz stehende Verwendungstauglichkeit kann nämlich für sich betrachtet oder in Kombination mit der anderweitigen, patentfreien Gebrauchsmöglichkeit in der Person des konkreten Abnehmers, dessen Geschäftsbetrieb auf diese oder beide Einsatzmöglichkeiten angewiesen ist, die entscheidende Motivation für den Erwerb des mittelbar verletzenden Mittels gewesen sein, das er nicht erworben haben würde, wenn eine Brauchbarkeit bloß außerhalb des patentgemäßen Verfahrens gegeben gewesen wäre. Der Kausalanteil entspricht hierbei selbstverständlich der Bedeutung der patentgerechten – und nicht der patentfreien – Verwendungsmöglichkeit. Festzuhalten ist in jedem Fall, dass für den Kausalanteil die patentgemäße, dh der technischen Lehre des Klagepatents entsprechende Gebrauchstauglichkeit von Belang ist, aber nicht, ob

---

271 BGH, GRUR 2012, 1226 – Flaschenträger.
272 BGH, GRUR 1962, 509 – Dia-Rähmchen II; OLG Düsseldorf, InstGE 5, 251 – Lifter.

dieser patentgerechte Gebrauch darüber hinaus auch patentverletzend ist. So liegt der Fall etwa, wenn das gelieferte Mittel zwar in technischer Hinsicht das beschriebene Verwendungspotenzial besitzt oder ggf sogar ausschließlich unmittelbar patentverletzend eingesetzt werden kann, jedoch gleichwohl nur ein (unter Umständen marginaler) Teil der tatsächlichen Verfahrensanwendungen mit dem schadenersatzpflichtigen Mittel patentverletzend ist, weil sich die übrige (hauptsächliche) Verfahrensdurchführung außerhalb des Inlands (und damit patentfrei) abspielt.

▶ **Beispiel:**

Ein Beispiel[273] hierfür bildet der Betrieb eines **Abwasserentsorgungsverfahrens** auf einem Schiff mithilfe einer (mittelbar patentverletzenden) Vakuumpumpe, wenn sich das entsprechend ausgerüstete Schiff überwiegend außerhalb deutscher Gewässer aufhält. Hier hat für den Erwerber (sic: die ausrüstende Werft) ganz offensichtlich allein die technisch vorteilhafte Funktionalität der von ihm in Deutschland verbauten mittelbar verletzenden Vakuumpumpe den Ausschlag gegeben, die eine patentgemäße Verfahrensführung ermöglicht, aber keine Rolle gespielt, ob und ggf in welchem Umfang die Vakuumpumpe anschließend in deutschen oder in ausländischen Hoheitsgewässern bzw auf hoher See zum Einsatz kommen wird. Dementsprechend ist es auch nicht gerechtfertigt, denjenigen Kausalanteil, der dem Inhaber des Verfahrenspatents an dem Veräußerungsgewinn des mittelbaren Verletzers zusteht, danach zu bemessen, in welchem Umfang sich das mit der mittelbar verletzenden Pumpe ausgerüstete Schiff in deutschen Gewässern oder außerhalb derselben aufhält.[274]

231

(2) Verfehlte Erfindungsvorteile

Zu betrachten ist weiter der Fall, dass zwar die technische Lehre des Klagepatents benutzt, dessen **Vorteile** aber dennoch **nicht erzielt werden** (und deshalb auch für den Kaufentschluss des Interessenten nicht maßgeblich sein können). Zu denken ist beispielsweise an eine Anzeigevorrichtung, mit der es möglich sein soll, Ziffern oder Buchstaben wahlweise in unterschiedlichen geometrischen Größen anzuzeigen. Ist die Gerätesteuerung als solche nicht Teil des Patentanspruchs und verfügt das angegriffene Erzeugnis zwar über die grundsätzliche (optische) Fähigkeit zur Darstellung von Ziffern/Buchstaben in verschiedenen Größen, erlaubt die mitgelieferte Steuerung es jedoch nicht, diese Option auszunutzen, so liegen mit dem Angebot und Vertrieb des beschriebenen Gerätes zweifellos schadenersatzpflichtige Benutzungshandlungen vor. So lange die patentverletzende Anzeigevorrichtung aufgrund der mitgelieferten Steuerung zu einer Herbeiführung des patentgemäßen Erfolges nicht in der Lage ist und so lange für den Kunden auch kein Anlass besteht, eine den Patenterfolg ermöglichende Umprogrammierung der Steuerung nachzufragen, kann das Klagepatent und seine Benutzung für das Kaufverhalten ein allenfalls vernachlässigenswert geringes Gewicht gehabt haben.[275]

232

Im Streitfall ist das Verfehlen der erfindungsgemäßen Vorteile trotz wortsinngemäßer Patentbenutzung vom Verletzer substantiiert darzulegen und erforderlichenfalls zu **beweisen**. Dasselbe gilt, wenn es nur unter speziellen, vereinzelten Handhabungsbedingungen zu einer Erfindungsbenutzung kommt, sodass sich diese als ungewollter »Betriebsunfall« darstellt.

233

---

273 OLG Düsseldorf, Urteil v 14.2.2019 – I-15 U 60/15.
274 OLG Düsseldorf, Urteil v 14.2.2019 – I-15 U 60/15.
275 OLG Düsseldorf, Urteil v 25.3.2010 – I-2 U 61/08.

(3) Werbliche Herausstellung

234 Davon abzugrenzen ist der Fall, dass die patentgemäßen Vorteile zwar erreicht, diese dem Abnehmer – zB mangels besonderer **werblicher Herausstellung** – jedoch nicht offenbar werden. Hier ist der Patentbenutzung in jedem Fall ein Kausalanteil zuzumessen; wie groß er ist, kann von der Wahrnehmbarkeit der erfindungsgemäßen Vorteile für den Abnehmer abhängen. Werden sie ihm deutlich gemacht oder sind sie ihm sonst ersichtlich, wird dies im Zweifel einen höheren Kausalanteil rechtfertigen als wenn die technischen Vorteile der Erfindung nur objektiv vorhanden sind.[276]

235 Die Kausalität des Klageschutzrechts für den erzielten Verletzergewinn ist andererseits nicht deshalb ausgeschlossen, weil die **technische Ausgestaltung** der Verletzungsform entsprechend dem Klageschutzrecht **nicht** eigens **werblich herausgestellt** worden ist.[277] Der Erwerber, der sich namentlich bei Verbrauchsmaterialien (zB Tintenpatronen) statt für ein Original-Produkt des Patentinhabers für die Ausführungsform des Verletzers entscheidet, mag seine Auswahl mangels entsprechender werblicher Hervorhebung zwar in aller Regel in Unkenntnis der genauen technischen Ausgestaltung des erworbenen Produkts treffen. Regelmäßig kommt es dem Kunden jedoch darauf an, dass er in Gestalt des Nachahmerprodukts einen Gegenstand erwirbt, der mit den gleichen technischen Vorteilen ausgestattet ist wie das Originalprodukt, und er trifft seine Kaufentscheidung in der stillschweigenden Erwartung, dass diese möglichst optimal funktioniert und gegenüber dem Originalprodukt keine technischen Defizite aufweist. Der Kunde unterstellt – ohne dass ihm dies im Detail bewusst sein muss – eine technische Vergleichbarkeit mit dem Originalprodukt, sodass sein Kaufentschluss zumindest mittelbar auch schon beim erstmaligen Erwerb der Verletzungsform auf der Benutzung des Klageschutzrechts beruht. Bei Folgekäufen wird der Kunde konkret in dem Bewusstsein handeln, dass sich das Nachahmerprodukt im Erstgebrauch praktisch bewährt hat. Positive Erfahrungen der Abnehmer im Anschluss an einen Ersterwerb können demnach jedenfalls im Wege von auf der Schutzrechtsverletzung beruhenden Folgekäufen den Umsatz des Verletzers steigern.

(4) Realisierter Stand der Technik

236 Der dem verletzten Klageschutzrecht zukommende Kausalanteil wird maßgeblich durch denjenigen Abstand bestimmt, den seine Benutzung gegenüber dem im Verletzungszeitraum *marktrelevanten* Stand der Technik vermittelt, indem bestimmte Nachteile vermieden oder bestimmte Vorteile erzielt werden.[278] Ein geringer technischer Abstand zu einem bloß papierenen Stand der Technik, der am Markt tatsächlich nicht umgesetzt worden ist, rechtfertigt deshalb keine Herabsetzung des Kausalanteils.[279] Die Bedeutung des Klagepatents kann sich überdies verringern, wenn vor oder während des ersatzpflichtigen Verletzungszeitraumes patentfreie Alternativtechniken auf den Markt treten, die gleiche oder ähnliche Vorzüge bieten. Ein am Prioritätstag revolutionäres Schutzrecht, das alternativlos neue Einsatzgebiete erschlossen hat, kann deshalb aufgrund späterer technischer Entwicklung erheblich an Relevanz verlieren.[280]

(5) Vertriebsbemühungen des Verletzers

237 Besonderheiten gelten für **Vertriebsbemühungen,** denen der Verletzer seine Umsatzerfolge zuschreibt und die er deshalb als gewinnmindernden Faktor berücksichtigt wissen

---

276 BGH, GRUR 2013, 1212 – Kabelschloss.
277 OLG Düsseldorf, Urteil v 3.6.2015 – I-15 U 34/14.
278 OLG Düsseldorf, Urteil v 3.6.2015 – I-15 U 34/14.
279 OLG Düsseldorf, Urteil v 3.6.2015 – I-15 U 34/14.
280 OLG Düsseldorf, Urteil v 3.6.2015 – I-15 U 34/14.

will. In der »Gemeinkostenanteil«-Entscheidung hat der BGH dem eine Absage erteilt und ausgeführt, dass es dem Verletzer verwehrt sei, geltend zu machen, der erzielte Verletzergewinn beruhe zum Teil auf seinen besonderen eigenen Vertriebsleistungen (wie der Ausnutzung seiner Geschäftsbeziehungen, dem Einsatz seiner Vertriebskenntnisse, der Unterbietung der Verkaufspreise des Verletzten und dgl.). Zur Begründung wird darauf verwiesen, dass nach der gesetzlichen Regelung der gesamte vom Verletzer erzielte Gewinn herauszugeben ist, ohne Rücksicht darauf, ob der Verletzte diesen Gewinn in gleicher Höhe hätte erreichen können, und dass mit der Einschränkung, welche sich daraus ergibt, dass der Gewinn nur insoweit heraus verlangt werden kann, wie er auf der Rechtsverletzung beruht, nicht die Vertriebsleistungen des Verletzers honoriert werden sollen, sondern lediglich dem Umstand Rechnung getragen werden soll, dass das verletzende Erzeugnis keine identische Nachbildung des geschützten Gegenstandes darstellt, sondern besondere Eigenschaften aufweist, die für den erzielten Erlös bedeutsam sind. Bei der rechtlichen Würdigung dieser Argumentation ist zu berücksichtigen, dass Gegenstand der »Gemeinkostenanteil«-Entscheidung ein geschmacksmustergeschützter Ring war und dass sich Schmuckstücke in der Regel gerade und vor allem wegen ihres Designs verkaufen. Mit Blick auf das Gebiet der technischen Schutzrechte liegt ein hiermit vergleichbarer Sachverhalt nur vor, wenn erst die Benutzung des Klageschutzrechtes für den Verletzer die Möglichkeit zu einem erfolgreichen Vertrieb eröffnet hat, weil Gegenstände der fraglichen Art ohne die patentgemäßen Eigenschaften nicht absetzbar gewesen wären. In einem solchen Fall kann der Verletzer nicht einwenden, dass es ihm nur deshalb gelungen ist, eine große Anzahl patentverletzender Gegenstände zu vermarkten, weil er über eine außerordentlich leistungsfähige Vertriebsstruktur verfügt. Ohne die Benutzung des Klagepatents hätte er keinerlei Umsätze und Gewinne erzielt. Da der Gewinn vollständig herauszugeben ist, dh auch ein Gewinn, der nur deshalb so groß ausgefallen ist, weil der Verletzer ein marktstarkes Unternehmen ist, sind besondere Vertriebsbemühungen des Verletzers rechtlich unbeachtlich.[281]

Denkbar sind freilich auch Fallkonstellationen, bei denen das Klagepatent lediglich eine Detailverbesserung zum Gegenstand hat, von deren Vorhandensein der Vermarktungserfolg nicht entscheidend abhängt, weil auch nicht erfindungsgemäß ausgestattete Vorrichtungen praktisch brauchbar sind und ihre Abnehmer finden. Hier kann die Vertriebsstruktur des Verletzers sehr wohl ein Kausalfaktor sein, der für den Umsatz verantwortlich ist und dem deshalb auch eine Beteiligung am Zustandekommen des Gewinns nicht abgesprochen werden kann.[282] 238

(6) Kompatibilität

Erfüllt der Verletzungsgegenstand bestimmte ausschließlich *tatsächliche* **Kompatibilitätsvoraussetzungen**, die nicht Gegenstand eines gewerblichen Schutzrechts sind (indem zB eine Tintenpatrone hinsichtlich ihrer äußeren Abmessungen, der Größe und Lage des mit der Zufuhrnadel des Druckers zusammenwirkenden Tintenzufuhrkanals etc den tatsächlichen Vorgaben des mit der Patrone zu bestückenden Druckers entspricht), so begründet diese Anpassung für sich noch keinen relevanten, den »Verursachungsbeitrag« des Klageschutzrechts schmälernden Kausalanteil. Bei der Zumessung des auf die Schutzrechtsverletzung entfallenden Anteils geht es darum, den Kaufentschluss des Abnehmers daraufhin zu untersuchen, welche einzelnen Faktoren ihn in welchem Maße beeinflusst haben. Im Hinblick auf ein von vornherein markuntaugliches Produkt – wie eine schon in ihren äußeren Abmessungen nicht brauchbare Tintenpatrone – kann sich ein Kaufentschluss des angesprochenen Marktteilnehmers per se nicht bilden. 239

---

[281] OLG Düsseldorf, Urteil v 3.6.2015 – I-15 U 34/14.
[282] OLG Düsseldorf, Urteil v 3.6.2015 – I-15 U 34/14.

(7) Preisunterbietung

240 Wird das verletzende Produkt zu (insbesondere deutlich) **niedrigeren Preisen** als das Originalprodukt angeboten, wird hierin häufig ein wichtiger Grund für den Verkaufserfolg des Nachahmerproduktes liegen. Die Frage ist jedoch, ob es gerechtfertigt ist, dem Verletzer diesen Umstand zugute zu halten – mit der zwangsläufigen Folge, dass derjenige Teil des Verletzergewinns, der dem Gewicht der Preisunterbietung für die Kaufentscheidung entspricht, bei ihm verbleibt und nicht an den verletzten Schutzrechtsinhaber herausgegeben werden muss.[283] Eine derartige Konsequenz ist untragbar, wenn die Möglichkeit der Preisunterbietung für den Verletzer (zB ein Generikaunternehmen) gerade darauf beruht, dass er bewusst Forschungs-, Entwicklungs- und Zulassungskosten erspart, die der Patentinhaber hat aufwenden müssen, weswegen die Chance der Preisunterbietung ein dem Schutzrechtsinhaber – und nicht dem Verletzer – zurechenbarer Umstand ist. Ähnlich liegen die Verhältnisse, wenn sich die Preisunterbietung aus einer besonderen Preispolitik des Patentinhabers ergibt, wie dies zB aus dem Bereich des Druckerzubehörs bekannt ist, welches zu übermäßig hohen Preisen veräußert wird, um die Abgabe der Drucker zu Dumpingpreisen quer zu finanzieren. Auch hier ist es kein Verdienst des Verletzers, dass er für seine Produkte besonders günstige Preise etablieren kann, weswegen die von ihm vorgenommene Preisunterbietung auch kein Grund darstellt, ihn einen Teil des durch die Patentverletzung rechtswidrig erzielten Gewinns behalten zu lassen. Eine andere Beurteilung ist erst dort zu rechtfertigen, wo die günstigen Preise den eigenen Anstrengungen des Verletzers zuzuschreiben sind, beispielsweise deshalb, weil er besonders effiziente Fertigungsmethoden angewandt oder seinen Geschäftsbetrieb sonst kostenoptimiert organisiert hat.[284]

(8) Mitbenutzte weitere Schutzrechte

241 Benutzt der Verletzungsgegenstand gleichzeitig **weitere** (während des Schadenersatzzeitraumes schon und noch in Kraft stehende und deshalb anspruchsbegründende[285]) **Schutzrechte** desselben oder eines anderen Patentinhabers, so schmälert dies zwingend den herauszugebenden Verletzergewinn entsprechend der Bedeutung der weiteren Schutzrechte im Verhältnis zum Klagepatent. Ohne Belang ist dabei, ob die fraglichen Drittansprüche bereits geltend gemacht sind, so lange eine Haftung des Verletzers gegenüber den Inhabern der anderen Schutzrechte noch möglich ist.[286] Daran fehlt es, wenn entsprechende Ansprüche[287] abgefunden, verjährt oder verwirkt sind. Unbeachtlich ist gleichfalls, ob der Abnehmer die Benutzung der weiteren Schutzrechte oder die mit ihnen verbundenen vorteilhaften Eigenschaften des Produktes erkennen und in seinen Kaufentschluss aufnehmen konnte.[288] Selbst wenn dies nicht der Fall sein sollte, steht den Inhabern der anderen Schutzrechte allein deshalb ein Anteil am Verletzergewinn zu, weil mit den Verletzungsgegenständen auch ihr Patent schuldhaft verletzt worden ist und daraus kraft Gesetzes ein Anspruch auf Schadenersatz resultiert, der die Herausgabe des der Schutzrechtsverletzung zukommenden Verletzergewinns umfasst. Im Falle einer werblichen Herausstellung der anderen anspruchsbegründenden Schutzrechte kann allenfalls der Kausalanteil größer ausfallen. Eigene Schutzrechte des Verletzers sind nicht schon allein aufgrund ihrer Geltung während des Verletzungszeitraumes relevant, sondern erst dann, wenn sie den Kaufentschluss des Abnehmers tatsächlich beeinflusst haben

---

283 Vgl OLG Hamburg, Mitt 2010, 389 – BH-Modell; generell gegen einen Kausalitätsabschlag wegen niedrigen Preises: Kleinheyer/Hartwig, GRUR 2013, 683.
284 OLG Düsseldorf, Urteil v 3.6.2015 – I-15 U 34/14.
285 OLG Düsseldorf, InstGE 13, 199 – Schräg-Raffstore.
286 OLG Düsseldorf, Urteil v 3.6.2015 – I-15 U 34/14.
287 ... einschließlich etwaiger Restschadenersatz-, Restentschädigungs- und originärer Bereicherungsansprüche.
288 OLG Düsseldorf, Urteil v 3.6.2015 – I-15 U 34/14.

können.²⁸⁹ Gleiches gilt für die aufgrund einer Lizenznahme oder dergleichen berechtigte Mitbenutzung fremder Schutzrechte.²⁹⁰

Sollen demgegenüber besondere **tatsächliche** (nicht durch ein Schutzrecht abgesicherte) **Qualitäten** des verletzenden Produkts als Kausalfaktoren für die Erzielung des Verletzergewinns eingewandt werden, bedarf es substanzieller Darlegungen dazu, dass die betreffenden Umstände (vorteilhafte Eigenschaften, Verwendungsmöglichkeiten etc) für den Kaufinteressenten überhaupt ersichtlich waren, zB dadurch, dass sie in der Werbung eigens herausgestellt wurden oder dem Produkt als solchem anzusehen waren. Das gleiche gilt auch, wenn einem im Verletzungszeitraum bereits abgelaufenen Patent ein anspruchsmindernder Kausalanteil zugeschrieben werden soll.²⁹¹ **242**

d) Vorprozessuale Zinsen

Vorprozessuale fiktive Zinsen, wie sie im Rahmen der Lizenzanalogie zuerkannt werden, können bei einer Schadensliquidation nach den Grundsätzen des Verletzergewinns ebenfalls begehrt werden, und zwar nicht nur unter den Voraussetzungen des Schuldnerverzuges. Die Berechnungsmethode des Verletzergewinns findet ihre gewohnheitsrechtliche Anerkennung in der Übertragung der in den Vorschriften zur angemaßten Geschäftsführung konkretisierten Ausgleichs- und Sanktionsgedanken. Da der Verletzer als Fremdgeschäftsführer behandelt wird, hat er – genau wie dieser – einen herauszugebenden Geldbetrag (= den Verletzergewinn), der dem Patentinhaber (= Geschäftsherrn) vorenthalten wird und den dieser deshalb nicht zinsbringend anlegen kann, gemäß § 668 BGB zu verzinsen.²⁹² § 353 Satz 1 HGB gilt demgegenüber nicht.²⁹³ **243**

Für den **Zinsbeginn** erkennt die Rechtsprechung²⁹⁴ den Zeitpunkt der Schadensentstehung an, dh denjenigen Tag, an dem Verletzer der jeweilige Gewinn aus einem Verletzergeschäft zufließt. Jedenfalls wenn es sich um eine größere Anzahl von Verletzergeschäften handelt, ist eine tagesgenaue Zinsabrechnung jedoch schon aus Gründen mangelnder Praktikabilität untunlich, weswegen Zinsen – wie bei der Lizenzanalogie – nach Kalenderjahren,- Halb- oder Vierteljahren geltend gemacht werden sollten. **244**

Der **Zinssatz** beträgt 4 % (§ 246 BGB), bei Handelsgeschäften unter Kaufleuten 5 % (§ 352 HGB). § 288 Abs 1 BGB ist ebenfalls anwendbar, weil auf den deliktisch Haftenden die Vorschrift des § 286 Abs 2 Nr 4 BGB angewandt wird.²⁹⁵ Demgegenüber handelt es sich bei einem Schadenersatzanspruch um keine Entgeltforderung, weswegen ein erhöhter Verzugszinssatz nicht infrage kommt.²⁹⁶ **245**

Der Anspruch auf Verwendungszinsen **verjährt** nicht selbständig, sondern akzessorisch zum Anspruch auf Herausgabe des Verletzergewinns. **246**

e) Rückstellungen

Finanzielle Vorteile, die der Verletzer dadurch erzielt, dass er im Hinblick auf drohende Schadenersatzforderungen des Patentinhabers Rückstellungen (§§ 266 Abs 3, 249 Abs 1 **247**

---

289 OLG Düsseldorf, InstGE 13, 199 – Schräg-Raffstore; OLG Düsseldorf, Urteil v 3.6.2015 – I-15 U 34/14.
290 OLG Düsseldorf, Urteil v 3.6.2015 – I-15 U 34/14. Diesbezügliche Kostenpositionen (Lizenzzahlungen) sind im Zweifel als Kosten abzugsfähig.
291 OLG Düsseldorf, InstGE 13, 199 – Schräg-Raffstore.
292 BGH, GRUR 2007, 431 – Steckverbindergehäuse; OLG Düsseldorf, InstGE 5, 251 – Lifter; OLG Düsseldorf, InstGE 7, 194 – Schwerlastregal II; aA noch: LG Düsseldorf, InstGE 5, 161 – Schwerlastregal; LG Frankfurt/Main, InstGE 6, 141 – Borstenverrundung.
293 BGH, MDR 2018, 749.
294 BGH, MDR 2007, 732 – Steckverbindergehäuse.
295 KG, MDR 2019, 47 mwN.
296 OLG Düsseldorf, Urteil v 27.2.2019 – I-15 U 14/18.

HGB) gebildet hat, sind gleichfalls nicht herauszugeben. Der Anspruch auf Herausgabe des Verletzergewinns umfasst den Gewinn, den der Verletzer durch die Patentverletzung erzielt hat. Das bedeutet, dass der in Rede stehende Gewinn ursächlich gerade auf denjenigen Handlungen beruhen muss, durch die das Patent verletzt worden ist. Ein wirtschaftlicher Vorteil, der möglicherweise nach Auflösung etwaiger Rückstellungen entstehen kann, geht zwar mittelbar auch auf die Verletzungshandlung zurück. Es handelt sich jedoch nicht um einen Vorteil, der dem Verletzer – wie der erzielte Umsatz und Gewinn – aus der Patentverletzung als solcher zugeflossen ist. Mit der Entscheidung des Verletzten, gegenüber dem Verletzer Schadenersatzforderungen anzumelden, verbunden mit der Verpflichtung, deshalb Rückstellungen zu bilden, und der steuerrechtlichen Anerkennung der gebildeten Rückstellungen, ist vielmehr eine neue Kausalitätskette in Gang gesetzt worden. Ohnehin handelt es sich bei gebildeten Rückstellungen nicht um *Vorteile*, sondern vielmehr um das Gegenteil. Die Rückstellungen bedeuten nämlich, dass dem Verletzer derjenige Betrag, der für die Rückstellungen aufzuwenden ist, bis zur Auflösung der Rückstellungen wirtschaftlich nicht (mehr) zur Verfügung steht, sodass er in seiner wirtschaftlichen Handlungsfreiheit beschränkt wird. Zinsen auf die Rückstellungen gleichen diesen Nachteil allenfalls (teilweise) aus. Schließlich zielt der Anspruch auf Herausgabe des Verletzergewinns auf einen billigen Ausgleich des Vermögensnachteils, den der Rechtsinhaber erlitten hat.[297] Um diesem Ausgleichsgedanken Rechnung zu tragen, wird fingiert, dass der Rechtsinhaber ohne die Rechtsverletzung durch die Verwertung seines Schutzrechts den gleichen Gewinn erzielt hätte.[298] Auch wenn es sich um eine Fiktion handelt und es gerade nicht auf den bei dem Verletzten konkret entstandenen Schaden ankommt, so verbleibt es dennoch dabei, dass es um den Ersatz des dem Verletzten entstandenen Schadens geht und nicht um die Herausgabe einer etwaigen Bereicherung des in Anspruch Genommenen. Der *Berechnungs*methode »Verletzergewinn« wohnt der Gedanke inne, dass nur solche Vorteile/Gewinne berücksichtigt werden können, die der Inhaber des Schutzrechtes dem Grunde nach ebenfalls hätte erzielen können. Der Verletzte musste und konnte jedoch Rückstellungen der genannten Art nicht bilden; einen damit möglicherweise erwirtschafteten Gewinn hätte er unter keinen Umständen erzielen können.

f) Umsatzsteuer

248 Auf den Verletzergewinn kann keine Umsatzsteuer verlangt werden, weil es sich bei einer Schadneersatzzahlung nicht um ein steuerpflichtiges Entgelt handelt.[299]

g) Anwaltskosten für Zahlungsaufforderung

249 Wird der Verletzer vorgerichtlich zur Zahlung aufgefordert, sind die hierdurch veranlassten Anwaltskosten erstattungsfähig (§ 139 Abs 2 PatG).[300] Wird zu viel verlangt, sind die für das Mahnschreiben angefallenen Gebühren zu quoteln und lediglich in dem Maße zu ersetzen, in dem sich der geforderte Schadenersatzbetrag als objektiv berechtigt erweist.[301]

250 Umgekehrt sind die Kosten für die anwaltliche **Abwehr** unberechtigter Zahlungsansprüche (zB gegen nicht haftende Geschäftsführer) nicht erstattungsfähig, weil es an einer Sonderbeziehung fehlt, die gemäß § 241 Abs 2 BGB zur Rücksichtnahme auf die Belange des Anderen verpflichten würde. Sie wird weder durch das der Zahlungsaufforderung

---

297 BGH, GRUR 1995, 349 – Objektive Schadensberechnung.
298 BGH, GRUR 2001, 329 – Gemeinkostenanteil; BGH, GRUR 1995, 349 – Objektive Schadensberechnung; BGHZ 57, 116 – Wandsteckdose II.
299 BGH, GRUR 2009, 660, 662 – Resellervertrag.
300 OLG Düsseldorf, InstGE 13, 199 – Schräg-Raffstore.
301 OLG Düsseldorf, InstGE 13, 199 – Schräg-Raffstore.

vorausgegangene Verletzungsgrundverfahren noch durch die Rechnungslegung des Verletzers begründet. Überdies ist zu erwägen, ob bei klar unberechtigter Inanspruchnahme (zB von Geschäftsführern, die im Verletzungszeitraum überhaupt nicht passivlegitimiert waren) die Erstattungsfähigkeit der Anwaltskosten nicht an § 254 BGB scheitert, weil den Anspruchsgegnern zuzumuten war, den Gläubiger selbst (dh ohne anwaltliche Unterstützung) hierauf hinzuweisen.

6. Entgangener Gewinn

Schließlich hat der Verletzte die Möglichkeit, von dem Verletzer den ihm (dem Verletzten) selbst entgangenen Gewinn herauszuverlangen (§ 139 Abs 2 PatG iVm §§ 249, 252 BGB). Es bestehen zwei Möglichkeiten der Schadensberechnung, nämlich zum Einen die **abstrakte Methode**, die von dem regelmäßigen Verlauf im Handelsverkehr ausgeht, dass der Kaufmann gewisse Geschäfte im Rahmen seines Gewerbes tätigt und daraus Gewinn erzielt, und zum Anderen die **konkrete Methode**, bei der der Geschädigte nachweist, dass er durch die schädigende Handlung an der Durchführung *bestimmter* Geschäfte gehindert worden ist und dass ihm wegen der Nichtdurchführbarkeit *dieser* Geschäfte ein Gewinn entgangen ist.[302] Im Fall der abstrakten Schadensberechnung ist die volle Gewissheit, dass der Gewinn gezogen worden wäre, nicht erforderlich; vielmehr genügt der Nachweis einer gewissen, mindestens aber überwiegenden[303] Wahrscheinlichkeit. Hierzu muss der Kläger jedoch die erforderlichen und vom Beklagten bestrittenen Anknüpfungstatsachen beweisen, bevor auf der so gesicherten Tatsachengrundlage Schätzungen vorgenommen werden können.[304] Ist ersichtlich, dass der Gewinn nach dem gewöhnlichen Lauf der Dinge wahrscheinlich erwartet werden konnte, wird vermutet, dass er erzielt worden wäre. Dem Ersatzpflichtigen obliegt dann der Beweis, dass er nach dem späteren Verlauf oder aus irgendwelchen anderen Gründen dennoch nicht erzielt worden wäre.[305] Bleiben Unwägbarkeiten, ist jedenfalls ein **Mindestschaden** zu schätzen.[306]

251

Auch wenn dem Verletzten über die Möglichkeit der Schadenschätzung gemäß § 252 Abs 2 BGB, § 287 ZPO Beweiserleichterungen gewährt werden[307], birgt diese Berechnungsmethode die meisten Schwierigkeiten:

252

a) Mutmaßliche Umsatzgeschäfte

In einem ersten Schritt muss der Gläubiger nachweisen, dass ihm durch die Verletzungshandlungen überhaupt ein Gewinn entgangen ist bzw in welchem Umfang dies geschah. Hierfür muss er dartun, dass er selbst die schutzrechtsverletzenden Aufträge ganz oder zumindest teilweise an sich gezogen hätte.[308] Dieser **Nachweis** gelingt in der Regel in einem kleinen Markt, idealerweise in einem Markt, der ausschließlich von dem Schutzrechtsinhaber und dem Verletzer bedient wird. Handeln weitere Konkurrenten auf dem Markt, wird der Nachweis, ob bzw in welchem Umfang Aufträge von dem Schutzrechtsinhaber hätten übernommen werden können, schwieriger. Neben den ggf unterschiedlichen Preisen der einzelnen Anbieter, die für die Kaufentscheidung mehr oder weniger bedeutsam sein können, ist es denkbar, dass weitere Faktoren ins Spiel kommen (wie die Wertschätzung einzelner Konkurrenten im Markt bezüglich Qualität der Produkte,

253

---

302 BGH, NJW-RR 2006, 243.
303 BGH, GRUR 2016, 860 – Deltamethrin II.
304 BGH, GRUR 2016, 860 – Deltamethrin II.
305 BGH, NJW-RR 2006, 243.
306 BGH, NJW-RR 2006, 243; BGH, GRUR 2008, 933 – Schmiermittel.
307 BGH, GRUR 1962, 580 – Laux-Kupplung II; BGH, GRUR 1980, 841 – Tolbutamid.
308 Vgl Busse/Keukenschrijver, § 139 PatG Rn 155 f, mwN.

Kundendienst oder dergleichen), die im Einzelfall schwer fassbar sind. Vergleichsweise problemlos ist die Kausalität ferner dann festzustellen, wenn der Patentinhaber den Verletzer zuvor mehrere Jahre aufgrund einer vertraglichen Ausschließlichkeitsvereinbarung mit patentgemäßen Vorrichtungen beliefert und der Verletzer sich später entschlossen hat, dieselbe Ausführungsform zu geringerem Preis aus patentverletzender Quelle zu beziehen.[309]

254 Wo solche besonderen Umstände nicht vorliegen, ist auf den Grundsatz zurückzugreifen, dass ein Gewinnentgang bereits dann zu bejahen ist, wenn es nach den gewöhnlichen Umständen des Falles wahrscheinlicher ist, dass der Gewinn ohne das haftungsbegründende Ereignis erzielt worden wäre, als dass er ausgeblieben wäre.[310] Diese Prognose kann zwar nur dann angestellt werden, wenn der Geschädigte konkrete Anknüpfungstatsachen darlegt und nachweist; an die Darlegung solcher Anknüpfungstatsachen dürfen jedoch keine zu hohen Anforderungen gestellt werden.[311] Es ist deswegen im Ausgangspunkt nicht zu beanstanden, wenn der Geschädigte zur Darstellung seines entgangenen Gewinns die vom Verletzer erzielten Umsätze heranzieht. Zwar kann nicht einfach davon ausgegangen werden, dass der Umsatz des Verletzers in vollem Umfang dem Geschädigten zugutegekommen wäre. Der Verletzerumsatz kann jedoch als Anhaltspunkt für die Gewinneinbußen des Berechtigten von Bedeutung sein.[312]

255 Welche Anknüpfungstatsachen zielführend sind, hängt von den jeweiligen Umständen des Einzelfalles ab. Dabei ist die Erkenntnis wichtig, dass es um die mutmaßliche Kaufentscheidung derjenigen konkreten Abnehmer geht, die während des Verletzungszeitraumes beim Beklagten tatsächlich die Verletzungsprodukte erworben haben (was sich aus der erfolgten Rechnungslegung des Verletzers ergeben wird). Ist der erfindungsgemäße Gegenstand in ganz unterschiedlichen Industriezweigen verwendbar, stellt sich deshalb nicht die Frage, welche patentfreien Alternativprodukte einem Interessenten im gesamten Anwendungsspektrum der Erfindung zur Verfügung gestanden hätten; vielmehr ist lediglich zu klären, auf welche alternativen Erzeugnisse die konkreten Abnehmer der Verletzungsprodukte hätten ausweichen können, wenn es den Verletzungsgegenstand nicht gegeben hätte. Ob diese Abnehmer statt des die Erfindung benutzenden Verletzungsproduktes das – ebenfalls erfindungsbenutzende – Konkurrenzerzeugnis des Patentinhabers gewählt hätten oder aber stattdessen auf patentfreie Alternativprodukte ausgewichen wären, lässt sich, wenn Verletzungsgeschäfte von überschaubarer Zahl in Rede stehen, ggf durch Vernehmung der zuständig gewesenen Einkäufer aufklären. Ansonsten wird eine entscheidende (wenn auch nicht die alleinige) Rolle spielen, welche technischen Vorteile die Benutzung des Klagepatents für den jeweiligen Abnehmer und dessen Geschäftsbetrieb mit sich gebracht hat und wie entbehrlich oder unentbehrlich dieser Vorteil aus der damaligen Sicht (dh mit Rücksicht auf die Verhältnisse im Zeitpunkt des Erwerbs des Verletzungsproduktes) gewesen ist. Diese Frage lässt sich im Zweifel auch »normativ« anhand vernünftiger technischer und wirtschaftlicher Überlegungen beantworten.

256 **Verletzungsprodukte**, die der Beklagte – freiwillig oder in Befolgung eines entsprechenden Urteilsausspruchs nach § 140a Abs 3 PatG – von seinen Abnehmern **zurückgerufen** hat und die aufgrund dessen gegen Erstattung des vereinnahmten Kaufpreises wieder an ihn zurückgelangt (und dort ggf vernichtet worden) sind, können Einfluss auf die Schadensberechnung haben, wenn und soweit sich feststellen lässt, dass es infolge des Rückrufs zu Ersatzbeschaffungen der Abnehmer beim Verletzten gekommen ist, mit

---

309 LG Mannheim, InstGE 9, 5 – Drehverschlussanordnung.
310 BGH, GRUR 2008, 933 – Schmiermittel.
311 BGH, GRUR 2008, 933 – Schmiermittel.
312 BGH, GRUR 2008, 933 – Schmiermittel.

denen die ursprüngliche Umsatz- und Gewinneinbuße nachträglich wieder egalisiert worden ist. Wo solche Folgegeschäfte nicht stattfinden, bleibt es bei dem durch die Verletzungshandlungen verursachten (vollen) Gewinnentgang. Darlegungs- und beweisbelastet für eine infolge Rückrufs eingetretene Schadensminderung ist der Verletzer.

b) Ertragssituation

Ein weiteres Problem bei dieser Berechnungsmethode besteht darin, dass der Anspruchsteller seine **Gewinnkalkulation** offen legen und unter Beweis stellen muss.[313] Dazu genügt nicht die Behauptung üblicherweise erzielter Gewinnmargen; vielmehr müssen zumindest ansatzweise alle maßgeblichen Kalkulationsgrundlagen offenbart und die produktbezogenen Erlöse und Kosten einander gegenübergestellt werden.[314] Dies bedingt, dass in einem erheblichen Umfang dem Gegner, also der Konkurrenz, Unternehmensinterna offenbart und im Bestreitensfall durch das Angebot einer Buchprüfung unter Beweis gestellt werden. 257

Bei der Berechnung des entgangenen Gewinns sind ähnliche Grundsätze wie bei der Berechnung des Verletzergewinns zu beachten. So sind beispielsweise **Fixkosten** nicht pauschal zu berücksichtigen, sondern nur solche Kosten, die speziell durch die Ausführung der entgangenen Aufträge angefallen wären. Hierunter können aber auch zusätzliche Abschreibungen durch die verstärkte Benutzung von Anlagen fallen.[315] Verluste des Verletzers sind – weil es nur auf die fiktive Gewinnsituation beim Patentinhaber ankommt – nicht abzugsfähig.[316] 258

c) Zinsen

Auf die entgangenen Gewinnbeträge soll dem Verletzten nach der Rechtsprechung des BGH[317] kein selbständiger Zinsanspruch zustehen, wie er im Rahmen der Lizenzanalogie und des Verletzergewinns für die (idR) jährlichen Schadenersatzbeträge anerkannt ist. Mit Recht weisen Harmsen/Schuster[318] jedoch darauf hin, dass es dem gewöhnlichen Lauf der Dinge entspricht, dass ein Unternehmer Gewinnbeträge zinsbringend anlegt. Durch Vorenthaltung der als Schadenersatz auszugleichenden Gewinne entgehen dem Verletzten daher Guthabenzinsen, womit es schon nach § 252 Satz 2 BGB gerechtfertigt ist, diese Zinsen als Teil des Schadens anzuerkennen. Die Zinshöhe richtet sich nach dem Niveau der Guthabenzinsen. 259

Grundsätzlich könnte für den vorgerichtlichen Zinsanspruch zwar – tagesgenau – an jedes einzelne Verletzergeschäft und den dadurch dem Schutzrechtsinhaber entgangenen Gewinnbetrag angeknüpft werden. Abgesehen davon, dass schon im Tatsächlichen nicht davon ausgegangen werden kann, dass ein Unternehmen jeden (noch so kleinen) Gewinnbetrag anlegt, sondern dies nur für Beträge plausibel ist, die am Ende des Geschäftsjahres zur Verfügung stehen, erfordert es auch die Praktikabilität der Schadensberechnung, dass entgangene Zinsen – ähnlich wie bei der Lizenzanalogie – jeweils für die im Vorjahr entgangenen Gewinnsummen berechnet werden. 260

d) Umsatzsteuer

USt kann auf den entgangenen Gewinn, der kein steuerpflichtiges Entgelt darstellt, nicht verlangt werden.[319] 261

---

313 BGH, GRUR 1980, 841 – Tolbutamid.
314 OLG Köln, GRUR-RR 2014, 329 – Converse AllStar.
315 LG Düsseldorf, Entscheidungen 1999, 32 – Rammverpresspfahl.
316 LG Mannheim, InstGE 9, 5 – Drehverschlussanordnung.
317 BGH, MDR 1980, 752 – Tolbutamid.
318 Harmsen/Schuster, IP-Berater 2010, 283, 284.
319 BGH, GRUR 2009, 660, 662 – Resellervertrag.

e) Selbständiges Beweisverfahren

262 Die Durchführung eines selbständigen Beweisverfahrens zum Zwecke der Beweissicherung kommt nur nach § 485 Abs 1 ZPO, dh bei drohendem Beweismittelverlust infrage. Die Einholung eines Sachverständigengutachtens gemäß § 485 Abs 2 ZPO zur Klärung der Frage, ob dem Antragsteller durch ein bestimmtes Verhalten ein bestimmter Gewinn entgangen ist, scheidet demgegenüber aus, weil der fragliche Begutachtungsgegenstand (entgangener Gewinn) unter keine der im Absatz 2 enumerativ aufgelisteten Beweissachverhalte fällt.[320]

7. Gesetzliche Verzugszinsen

263 Verzugszinsen von dem als Schadenersatz verlangten Betrag kann der Gläubiger nach den allgemeinen Vorschriften der §§ 286, 288, 291 BGB verlangen, wobei allerdings das Zinseszinsverbot nach § 289 BGB zu beachten ist. Der Zinsanspruch bleibt auch dann bestehen, wenn der Gläubiger ein nicht rechtskräftiges Zahlungsurteil erstritten hat, aus dem er nicht vollstreckt, die ihm vom Schuldner zur Abwendung der Zwangsvollstreckung angebotene Zahlung aber zurückweist.[321]

264 Maßgeblich für die Zuerkennung von Prozesszinsen ist die Zustellung der bezifferten Höheklage; der Feststellungsantrag des Verletzungsprozesses löst weder die Rechtsfolge nach § 291 BGB aus noch begründet er einen Schuldnerverzug. Der Zinsanspruch unterliegt einer eigenen Verjährung (§§ 195, 199 BGB); spätestens verjährt er jedoch mit der Hauptforderung (§ 217 BGB). »Entstanden« (§ 199 Abs 1 BGB) ist der Anspruch auf Prozesszinsen nicht erst mit Rechtskraft der zusprechenden Entscheidung, sondern mit Rechtshängigkeit der zu verzinsenden Hauptforderung.[322]

Praxistipp	Formulierungsbeispiel
265 Abzuraten ist von der Überlegung, zur Herbeiführung eines frühzeitigen Verzugsbeginns könne es zweckmäßig sein, auch ohne genaue Kenntnis vom Verletzungsumfang einen bestimmten Schadenersatzbetrag beim Verletzer anzumahnen. Die Gefahr einer solchen Taktik liegt darin, dass in der Mahnung zugleich eine Berühmung des Inhalts liegt, dass dem Verletzten die bestimmte Summe als Schadenersatzbetrag zusteht. Der Gemahnte kann deswegen eine negative Feststellungsklage erheben, wobei dem Verletzten, weil er sich eines Anspruchs berühmt hat, die volle Darlegungs- und Beweislast dafür obliegt, dass ihm der zur Zahlung angemahnte Betrag tatsächlich zusteht. Mangels hinreichender Kenntnis über die Verletzungshandlungen des Gemahnten ist dieser Prozess nicht zu gewinnen.	

266 Der Zinssatz beträgt in den Fällen der §§ 286, 291 BGB 5 Prozentpunkte über dem Basiszinssatz der EZB (§ 288 Abs 1 Satz 2 BGB). Der in § 288 Abs 2 BGB vorgesehene Zinssatz von 8[323] bzw 9[324] Prozentpunkten über dem Basiszinssatz kommt nicht in Betracht, weil es sich bei einem Schadenersatzanspruch nicht um eine »Entgeltforderung« iSd genannten Vorschrift handelt.[325]

---

320 BGH, MDR 2014, 176.
321 BGH, MDR 2012, 604.
322 OLG Düsseldorf, MDR 2017, 1205.
323 § 288 Abs 2 BGB aF (gültig bis 28.7.2014).
324 § 288 Abs 2 BGB nF (gültig ab 29.7.2014).
325 LG Düsseldorf, InstGE 5, 172 – Verzugszinssatz.

8. Sonderschäden

Neben diesen Schäden für die konkreten Verletzungshandlungen kann weiterer, tatsächlich entstandener Schaden geltend gemacht werden. Dies gilt vordringlich für den sog **Diskreditierungsschaden** oder den **Marktverwirrungsschaden**. Es können mithin Schäden reklamiert werden, die sich aus einem Imageverlust des von dem Berechtigten nach dem Schutzrecht gefertigten Produktes ergeben. Solche Imageschäden werden ua dadurch verursacht, dass die Verletzungsform Mängel aufweist, die von dem potenziellen Kunden auch auf die Produkte des Berechtigten projiziert werden. Aber auch Schäden, die zu einer Preissenkung durch den Berechtigten geführt haben, weil der Verletzer sein Produkt zu einem deutlich geringeren Preis in den Markt gebracht hat, können geltend gemacht werden.[326] Schließlich wird der sog Sprungbrettschaden diskutiert, der dem Schutzrechtsinhaber einen Schadenersatzanspruch über die Laufzeit seines Schutzrechtes hinaus vor dem Hintergrund zubilligen soll, dass der Verletzer nicht erst mit Ablauf der Laufzeit als Konkurrent des Schutzrechtsinhabers auf den Markt trat, sondern seine Marktposition schon zu einem deutlich früheren Zeitpunkt auf- und ausbauen konnte und insoweit einen Vorsprung vor rechtmäßig handelnden Konkurrenten erlangt hat.

267

IV. Schadensliquidation im Strafverfahren

Zur faktischen Durchsetzung eines bestehenden Schadenersatzanspruchs hält das Gesetz neben dem Klageverfahren und den Mitteln der privaten Zwangsvollstreckung Möglichkeiten auch im Strafrecht und Strafprozessrecht bereit, die in einem geeigneten Einzelfall eine wertvolle Hilfe bieten können.

268

V. Adhäsionsverfahren[327]

Findet gegen den Verletzer ein Strafverfahren wegen Patentverletzung (§ 142 PatG[328]) statt, kann der Verletzte statt einer eigenen kostenträchtigen Verletzungsklage das Adhäsionsverfahren betreiben. Es handelt sich um einen Annex zum Strafverfahren, der weitgehend den normalen Regeln des Zivilprozesses folgt. Die Ansprüche (auf Unterlassung, Auskunft, Schadenersatzfeststellung etc) wegen Patentverletzung müssen in einer dem Bestimmtheitserfordernis des § 253 Abs 2 ZPO genügenden Antragsschrift umrissen und unter Angabe geeigneter Beweismittel dargelegt werden. Die Ansprüche können zusammen mit dem Strafurteil wie in einem gewöhnlichen Verletzungsprozess zuerkannt und nach den Regeln des ZPO-Vollstreckungsrechts durchgesetzt werden. Der zusprechende Ausspruch hat Rechtskraftwirkung wie ein Zivilurteil (§ 406 Abs 3 Satz 1 StPO).[329] Ergeht zum Schadenersatz lediglich ein Feststellungsurteil, entfaltet es bei Rechtskraft für das nachfolgend mit der Höheklage befasste Zivilgericht allerdings keine Bindungswirkung.[330]

269

Vorteile des Adhäsionsverfahrens sind: Es ist kein Prozesskostenvorschuss zu zahlen und es fallen keine Gerichtsgebühren an; es herrscht, soweit es um den strafrechtsrelevanten Verletzungsvorwurf einschließlich des notwendigen Verschuldens geht, der Amtsermittlungsgrundsatz; der Verletzte ist selbst Zeuge; scheitert der Adhäsionsantrag, können die Ansprüche erneut vor einem Zivilgericht geltend gemacht werden.

270

---

326 Vgl auch Meier-Beck, IIC 2004, 113, 117.
327 Zu Einzelheiten vgl Hansen/Wolff-Rojczyk, GRUR 2009, 644.
328 Zu Einzelheiten des Straftatbestandes vgl McGuire/Bartke, Mitt 2022, 377.
329 Speziell zur Rechtskraftwirkung unbezifferter Anträge vgl BGH, NJW 2015, 1252.
330 BGH, NJW 2013, 1163.

271 **Nachteile** des Adhäsionsverfahrens sind: Es ist nur möglich in Strafverfahren, in denen es zu einer Hauptverhandlung mit Verurteilung des Angeklagten kommt, dh nicht im Strafbefehlsverfahren und nicht bei einem Freispruch oder einer Verfahrenseinstellung nach §§ 153, 153a, 154 StPO; das zuständige Strafgericht wird regelmäßig unerfahren in der Beurteilung von Patentverletzungssachverhalten sein, weswegen sich ein Adhäsionsverfahren nur anbietet, wenn es sich um einen klaren Pirateriefall handelt; das Strafgericht kann von einer Adhäsionsentscheidung nach Ermessen absehen, wenn sich der Antrag zur Erledigung des Strafverfahrens nicht eignet (was derzeit gemeinhin angenommen wird).

272 Neuerdings ist durch § 142 Abs 8 PatG ein weiteres Problem hinzugekommen, das von einem Adhäsionsverfahren abraten lässt. Die Vorschrift bestimmt nämlich, dass das **Strafverfahren** nach § 262 Abs 2 StPO **auszusetzen** *ist*, wenn ein Einspruchsverfahren oder ein Nichtigkeitsverfahren gegen das streitgegenständliche Patent *anhängig* ist. Nimmt man die Vorschrift wörtlich, lässt sich jedes Strafverfahren auf unabsehbare Zeit durch einen jedermann möglichen Rechtsbestandsangriff blockieren, weil die Aussetzung zum einen als zwingende Folge vorgesehen ist, und weil zum anderen die Aussetzung für die gesamte Dauer der Anhängigkeit des Einspruchs- und Nichtigkeitsverfahrens anzuordnen ist, ohne dass es grundsätzlich auf dessen konkrete Erfolgsaussichten ankommt. Schließt sich an ein erfolgloses (ggf selbst über zwei Instanzen geführtes) Einspruchsverfahren ein nationales Nichtigkeitsverfahren an, so würde dies angesichts der derzeitigen Verfahrensdauern einen Stillstand des Strafverfahrens für viele Jahre bedeuten, womit die Strafbarkeit einer Patentverletzung de facto weitgehend abgeschafft wäre. Freilich ist nicht ganz eindeutig, ob § 142 Abs 8 PatG wirklich einen Aussetzungszwang vorsieht. Denn § 262 StPO, auf den verwiesen wird, enthält zweifelsfrei eine im Ermessen des Strafgerichts liegende Aussetzung des Strafverfahrens wegen eines parallelen zivilrechtlichen Verfahrens, in dem eine Vorfrage für den Strafprozess geklärt wird. In Anbetracht dessen lässt sich § 142 Abs 8 PatG zwanglos dahin verstehen, dass in den Fällen der Anhängigkeit eines Rechtsbestandsverfahrens die Vorschrift des § 262 Abs 2 StPO anzuwenden *ist*, so dass sich das Strafgericht mit der Frage befassen *muss*, ob es sein Verfahren bis zur Klärung des Rechtsbestandes aussetzen will oder nicht. So gesehen wären die Erfolgsaussichten des Einspruchs- oder Nichtigkeitsverfahrens berücksichtigungsfähig und würden maßgeblich darüber entscheiden, ob von der Aussetzungsmöglichkeit Gebrauch gemacht wird. Jedenfalls nach erstinstanzlicher Bestätigung des Patents wird der Bestand des Patents hinreichend positiv zu bewerten sein, dass eine Fortsetzung des Strafverfahrens geboten ist.

VI. Rückgewinnungshilfe[331]

273 Für die Praxis relevanter ist die Möglichkeit, zur Realisierung von Schadenersatz- oder Bereicherungsansprüchen wegen Patentverletzung auf diejenigen Vermögensgegenstände des Täters zuzugreifen, die im laufenden Strafverfahren gegen ihn dem Verfall nach §§ 73 ff StGB unterliegen und die gemäß §§ 111 b, 111c StPO vorbereitend durch eine Beschlagnahme oder einen dinglichen Arrest sichergestellt worden sind. Ist der Verletzte – wofür beizeiten Vorsorge zu treffen ist – im Besitz eines mindestens vorläufig vollstreckbaren Titels (Urteil, dinglicher Arrest, Vollstreckungsbescheid) gegen den

---

[331] Zu Einzelheiten vgl Hansen/Wolff-Rojczyk, GRUR 2007, 468.

Beschuldigten, kann er beim zuständigen Strafgericht einen Antrag auf Zulassung der Zwangsvollstreckung bzw Arrestvollziehung in das sichergestellte Vermögen stellen. Wird dem Begehren entsprochen, kann der Verletzte vor den Strafverfolgungsbehörden, die insoweit zurücktreten (§ 111g Abs 1 StPO), auf den Beschlagnahmegegenstand zugreifen, um sich wegen seiner titulierten Ansprüche zu befriedigen.[332]

---

332 Zum Schadenersatzanspruch des von einem Sicherungsarrest Betroffenen vgl BGH, MDR 2019, 29.

J. Sonstiges

I. Sachverständigenbeweis[1]

Zum Nachweis einer Patentbenutzung sind alle in der ZPO vorgesehenen Beweismittel zugelassen. Erfahrungsgemäß sind allerdings manche von ihnen verlässlicher als andere; ein potenziell schlechtes Beweismittel stellen Zeugen dar, wenngleich auf sie bisweilen nicht verzichtet werden kann. In diesem Zusammenhang ist zu beachten, dass auch außerhalb des Schutzterritoriums stattgefundene Benutzungshandlungen (zB die Ausstellung einer Maschine auf einer **ausländischen Messe**) eine Aufklärung inländischer Verletzungshandlungen erlauben kann, nämlich dann, wenn die angegriffene Ausführungsform in ihrer für die Merkmalsverwirklichung relevanten Ausstattung derjenigen entspricht, die auf der Messe präsentiert worden ist.[2]

Die häufigste Form der gerichtlichen Sachaufklärung stellt jedoch die Einholung eines Sachverständigengutachtens dar.

1. Das Verletzungsmuster als Begutachtungsgrundlage

Damit sie möglich ist, hat der Beweispflichtige (= Kläger) Vorsorge dafür zu treffen, dass begutachtungsfähige Exemplare der angegriffenen Ausführungsform in hinreichender Anzahl vorhanden sind (Testkauf) und **während des gesamten Prozesses** verfügbar bleiben.

Bei »**verderblichen**« **Materialien** (zB biologischem Material) schließt dies Erhaltungsmaßnahmen ein, die den Verletzungsgegenstand als solchen und dessen Untersuchungsfähigkeit konservieren.

Der Verletzungsgegenstand sollte unversehrt im **Originalzustand** verbleiben.

Um die betriebliche Herkunft und Identität unangreifbar zu halten, sollte das Exemplar nicht durch zu viele Hände gehen, weil ansonsten vor einer Begutachtung zunächst der **Weg des Begutachtungsgegenstandes** – umfangreich und mit ggf ungewissem Ausgang – aufgeklärt werden muss. Wenn zunächst interne Untersuchungen (uU sogar im Ausland) vorgenommen werden sollen, ist dafür Sorge zu tragen, dass genügend Überstücke der Verletzungsform beschafft werden, die bis zu einer gerichtlichen Begutachtung in einer solchen Weise aufbewahrt werden, dass ihre Beschaffung aus dem bestimmten Testkauf problem- und lückenlos nachgewiesen werden kann.

2. Aufgabe des Gutachters

Eine Begutachtung kann sich als erforderlich erweisen, weil die Auslegung des Klagepatents Schwierigkeiten bereitet, weil Äquivalenzüberlegungen anzustellen sind, zu denen sich das Gericht ohne sachverständige Beratung außerstande sieht, oder weil die Beschaffenheit der angegriffenen Ausführungsform in entscheidungsrelevanten Details zwischen den Parteien streitig ist und sich nicht durch bloße Augenscheinseinnahme, sondern nur

---

[1] Würtenberger, Technischer Sachverstand, 2018.
[2] OLG Düsseldorf, Urteil v 18.8.2016 – I-2 U 21/16.

anhand aufwändiger Untersuchungen klären lässt. Speziell für das Berufungsgericht gelten besondere Maßstäbe, weil in der Nichteinholung eines Sachverständigengutachtens ein Verfahrensfehler liegen kann, der die Revision begründet. Nach der Rechtsprechung des BGH[3] kann ein in Patentverletzungssachen erfahrenes Gericht technische Fragen eigenständig beantworten, wenn es die hierzu erforderliche Sachkunde besitzt. Sie kann sich bereits aus der Sache selbst ergeben (zB weil es sich um einen technisch einfach gelagerten Sachverhalt handelt). Anderenfalls hat das Gericht im Urteil darzutun, dass und weshalb es die notwendige Sachkunde besitzt, die ein Sachverständigengutachten überflüssig macht.

8   Das Gericht darf die Auslegung des Patentanspruchs nicht dem Sachverständigen überlassen. Das Gutachten dient vielmehr nur dazu, dem Tatrichter diejenigen objektiven technischen Gegebenheiten zu vermitteln, mit denen ein technischer Fachmann durchschnittlichen Könnens im Prioritätszeitpunkt versehen war und mit denen er sich dem Verständnis des Patentanspruchs genähert hat.[4] Auf der Grundlage dieser dem Durchschnittsfachmann eigenen Kenntnisse, Fertigkeiten, Erfahrungen und methodischen Herangehensweisen hat das Gericht eigenverantwortlich zu klären, welcher technische Inhalt den Merkmalen des Patentanspruchs beizumessen ist.[5] Die Bestimmung des technischen Sinngehalts eines Patents (oder Gebrauchsmusters) stellt nach Auffassung des BGH eine reine **Rechtsfrage** dar[6]; gleiches gilt für die im Rahmen der Äquivalenz zu klärende Frage, ob die in Rede stehende Abwandlung vom Anspruchswortlaut bei Orientierung am Patentanspruch für den Fachmann naheliegend als gleichwertige Lösung aufzufinden war.[7] Beides – die vom Berufungsgericht vorgenommene Auslegung des Patents als auch die (bejahte oder verneinte) Gleichwertigkeit – kann also in der Revisionsinstanz vom BGH uneingeschränkt überprüft werden. Eine Bindung besteht nur an diejenigen zugrundeliegenden tatsächlichen Feststellungen, die das Berufungsgericht ordnungsgemäß (namentlich in Auseinandersetzung mit dem Gutachten) getroffen hat.[8]

9   Ausnahmsweise kann eine sachverständige Begutachtung auch **von Amts wegen** geboten sein: Fehlt im Verletzungsprozess Parteivortrag zu unmittelbaren Tatumständen, die Anhaltspunkte beispielsweise dafür zu geben vermögen, welche technischen Zusammenhänge für das Verständnis der unter Schutz gestellten Lehre bedeutsam sein könnten, wer als Durchschnittsfachmann in Betracht zu ziehen sein und welche Ausbildung seine Sicht bestimmen könnte, hat das Gericht darauf hinzuwirken, dass die Parteien sich dazu vollständig erklären. Selbst wenn solche dem unmittelbaren Beweis zugängliche Tatsachen zwischen den Parteien unstreitig sind, kann die Einholung eines Sachverständigengutachtens geboten sein, wenn die Kenntnis dieser Tatsachen allein je nach Fall nicht ausreicht, um auf die ihrerseits dem unmittelbaren Beweis nicht zugängliche Sicht des Fachmanns zu schließen oder die technischen Zusammenhänge zuverlässig zu bewerten. Das Verletzungsgericht prüft in jedem Einzelfall eigenverantwortlich, ob es aus diesem Grund einen Sachverständigen hinzuzieht.[9]

10 Als **Gutachter** werden üblicherweise Hochschullehrer bestellt, die das betreffende Fachgebiet in Forschung und Lehre vertreten. In Betracht kommen aber auch Patentanwälte, sofern sie aufgrund ihrer Ausbildung und ihrer beruflichen Tätigkeit (zB in der Beratung von Firmen auf dem fraglichen Gebiet) in technischer Hinsicht die erforderlichen Kennt-

---

3   BGH, GRUR 2005, 569 – Blasfolienherstellung.
4   BGH, GRUR 2006, 131 – Seitenspiegel.
5   BGH, GRUR 2006, 131 – Seitenspiegel; BGHZ 171, 120 – Kettenradanordnung; BGH, GRUR 2008, 779 – Mehrgangnabe.
6   BGH, GRUR 2006, 314 – Stapeltrockner.
7   BGH, GRUR 2006, 314 – Stapeltrockner.
8   Vgl BGH, GRUR 2006, 962 – Restschadstoffentfernung.
9   BGH, GRUR 2010, 314 – Kettenradanordnung II.

nisse besitzen, dh (mindestens) die Qualifikation eines Durchschnittsfachmanns aufweisen. Auf sie zurückzugreifen bieten sich vor allem dann an, wenn der Streitfall besondere patentrechtliche Problemstellungen aufwirft, deren Bewältigung eine größere Erfahrung in der Beurteilung von Verletzungssachverhalten voraussetzt. Einigen sich die Parteien – unter Beachtung des Anwaltszwangs! – auf einen bestimmten Sachverständigen, hat das gericht ihn zu ernennen (§ 404 Abs 5 ZPO).

Bei überaus komplexen Begutachtungsgegenständen und/oder dann, wenn die Parteien die wenigen geeigneten Sachverständigen bereits durch wechselseitige Privatgutachten »verbraucht« haben, gestaltet sich die Suche nach einem Gerichtssachverständigen oftmals schwierig. Zwar kann das Gericht die Parteien auffordern, ihm einen tauglichen Sachverständigen zu benennen (§ 404 Abs 4 ZPO); Voraussetzung für ein beachtliches Beweisangebot ist dies jedoch nicht[10]. Und das Übergehen eines zulässigen Beweisantritts zu einer aufklärungsbedürftigen Tatsache verletzt den Anspruch der betreffenden Partei auf Gewährung rechtlichen Gehörs.[11] Andererseits verlangt die ZPO vom Gericht auch nichts Unmögliches, weswegen **von** einer sachverständigen **Beweiserhebung** (mit der daraus resultierenden Folge einer Nichterweislichkeit der betreffenden Tatsache) **abgesehen** werden kann, wenn ein geeigneter Gutachter, der die Beweisfrage klären kann, nicht zu finden ist. Allerdings sind die Bemühungen, die das Gericht erfolglos unternommen haben muss, beachtlich. Es muss sämtliche Erkenntnisquellen ausgeschöpft haben, um einen Sachverständigen ausfindig zu machen (wozu neben der Einschaltung der Parteien auch die Kontaktaufnahme mit Kammern, Berufsverbänden, Instituten oder in Betracht kommenden Einzelpersonen gehört) und daraus muss sich der zwingende Schluss ergeben, dass der Beweis durch Sachverständige nicht geführt werden kann.[12] In *formaler* Hinsicht ist das Prozedere des § 356 ZPO (Fristsetzung durch Beschluss) einzuhalten[13]; darüber hinaus hat das Gericht im Urteil für die Parteien diejenigen Erwägungen und Bemühungen nachvollziehbar darzulegen, die für die Einschätzung maßgeblich waren, dass eine Beweiserhebung nicht möglich ist und deswegen von ihr abgesehen wurde.[14] Sind diese Bedingungen nicht erfüllt und hat gleichwohl keine Beweisaufnahme stattgefunden, kann der Verfahrensfehler gerügt werden, ohne dass der Rechtsmittelführer selbst einen geeigneten Sachverständigen konkret benennen müsste.[15]

Ist die Begutachtung in erster Instanz trotz Fristsetzung unterblieben, weil der Auslagenvorschuss nicht eingezahlt wurde, so rechtfertigt dies im Allgemeinen nicht die Zurückweisung eines inhaltsgleichen neuerlichen Beweisantrages in der **Berufungsinstanz** nach § 531 ZPO. Hat das Landgericht den ursprünglichen Beweisantrag unter *zutreffender* Anwendung des § 296 Abs 2 ZPO zurückgewiesen, so ist das Beweismittel zwar auch im Rechtsmittelzug ausgeschlossen. Eine Zurückweisungsentscheidung liegt allerdings noch nicht darin, dass das Landgericht ohne Nennung einer Präklusionsvorschrift lediglich ausführt, von der Einholung eines Gutachtens wegen **Nichtzahlung des Vorschusses** abgesehen zu haben.[16] In einem solchen Fall ist es dem Berufungsgericht auch verwehrt, die in erster Instanz ggf mögliche, aber unterbliebene Zurückweisungsentscheidung selbst nachzuholen.[17] § 531 Abs 2 ZPO kommt ebenfalls nicht in Betracht, weil ein Beweismittel nur dann »neu« im Sinne der Präklusionsvorschriften ist, wenn es in erster Instanz überhaupt nicht vorgebracht worden ist oder aber zwar vorgebracht war, die beweispflichtige Partei jedoch im weiteren Verfahren darauf verzichtet hat (§ 399 ZPO).

---

10 BGH, WM 2017, 1276.
11 BGH, WM 2017, 1276.
12 BGH, WM 2017, 1276.
13 BGH, WM 2017, 1276.
14 BGH, WM 2017, 1276.
15 BGH, WM 2017, 1276.
16 BGH, MDR 2017, 963.
17 BGH, MDR 2017, 963.

Letzteres ist noch nicht deshalb der Fall, weil der angeforderte Kostenvorschuss nicht eingezahlt wurde.[18]

13 Ob ein **schriftliches** oder nur ein mündliches Gutachten eingeholt wird, steht – auch in Patentstreitsachen[19] – gemäß § 411 Abs 1 ZPO im Ermessen des Gerichts. Das gilt auch für die Bahndlung von Parteieinwendungen gegen das schriftliche Gutachten; hier entscheidet das Gericht, ob dem Sachverständigen anstelle einer mündlichen Anhörung die Gelegenheit gegeben wird, sein Gutachten schriftlich zu ergänzen bzw zu erläutern (§ 411 Abs 3 ZPO). Mit Rücksicht auf die Komplexität ist die schriftliche Begutachtung in der Praxis die Regel. Auch für die Ergänzung bietet sich nach Lage des Falles vielfach die Schriftform an. Da der Sachverständige somit sein Gutachten zunächst schriftlich auszuarbeiten hat, die Parteien alsdann Gelegenheit zur Stellungnahme erhalten und der Sachverständige danach auf Antrag einer Partei oder erforderlichenfalls von Amts wegen mündlich/schriftlich angehört wird, verzögert die Einholung eines Gutachtens die Entscheidung des Rechtsstreits in der ersten Instanz erfahrungsgemäß um etwa zwei Jahre. Es sollte deshalb – soweit das betreffende technische Sachgebiet dies erlaubt – im eigenen Interesse des Klägers liegen, durch einen sorgfältigen, verständlichen und gegebenenfalls durch privatgutachterliche Stellungnahmen ergänzten Sachvortrag den Streitstoff so aufzubereiten, dass das Gericht in die Lage versetzt wird, den Rechtsstreit anhand des Akteninhalts und auf der Grundlage der Diskussion in der mündlichen Verhandlung zu entscheiden.

14 Insbesondere dann, wenn nur eine überschaubare, singuläre Auslegungsfrage zu klären ist, kann es aus Gründen der Verfahrensbeschleunigung zweckmäßig sein, den Sachverständigen **nur** zum Verhandlungstermin zu laden und ihn dort sein Gutachten **mündlich** erstatten zu lassen. Zur Vorbereitung sind ihm vorab diejenigen Unterlagen und Schriftsatzteile zu überlassen, die die klärungsbedürftige Angelegenheit betreffen. Im Zweifel empfiehlt es sich, den Parteien aufzugeben, ihren Sachvortrag zu der sachverständig zu klärenden Frage in einem Schriftsatz nochmals (abschließend) zusammenzufassen, sodass dem Gutachter zur Vorbereitung auf den Beweistermin statt der gesamten Gerichtsakte nur die beiden Schriftsätze der Parteien (ggf nebst Anlagen) überlassen werden müssen.

15 Welche Maßnahmen zur Beantwortung der Beweisfragen jeweils geboten sind, entscheidet der Sachverständige in eigener Verantwortung. Das suspendiert ihn selbstverständlich nicht davon, die Kostenseite zuvor mit dem Gericht abzuklären, das seinerseits die Parteien involvieren wird. Darüber hinaus kann es im Einzelfall sinnvoll sein, den Gutachter vorab ein Konzept über die von ihm geplante Herangehensweise erstellen zu lassen. Um späteren methodischen Einwänden der Parteien zu begegnen, ist es auf diese Weise möglich, das Konzept des Sachverständigen beizeiten zur Diskussion der Beteiligten zu stellen, die die Aufklärung durch hilfreiche Anregungen ggf sogar bereichern können.

16 Ungeachtet der grundsätzlichen Eigenverantwortlichkeit des Sachverständigen für das richtige Vorgehen zur sachgerechten Klärung der Beweisfragen hat das Gericht gemäß § 404a Abs 1, Abs 4 ZPO von Amts wegen jederzeit die Pflicht, die Tätigkeit des Sachverständigen zu leiten und ihm in diesem Rahmen für Art und Umfang seiner Tätigkeit erforderlichenfalls **Weisungen** zu erteilen. Da der Gutachter Gehilfe **des Gerichts** ist, kann ihm vom Gericht zunächst vorgegeben werden, was rechtlich bedeutsam ist.[20] Das gerichtliche Weisungsrecht umfasst neben diesen inhaltlichen Vorgaben, die der Sachverständige seiner Begutachtung zugrunde zu legen hat, grundsätzlich aber auch die zur Beantwortung der Beweisfragen erforderlichen Maßnahmen, die der Begutachtung selbst oder deren Vorbereitung dienen und der Sachkunde des gerichtlich bestellten Gutachters

---

18 BGH, MDR 2017, 963.
19 Für das Nichtigkeitsberufungsverfahren: BGH, GRUR 2010, 123 – Escitalopram.
20 BGH, NJW 2020, 1074.

bedürfen, ebenso wie Weisungen zur Art und Weise des bei der Untersuchung des Beweisgegenstands gebotenen Vorgehens.[21] Typischerweise wird der Anstoß zu solchen Weisungen von den technisch sachkundigen Parteien kommen. Ob das Gericht dem Sachverständigen nach den konkreten Umständen des Einzelfalls eine Weisung gemäß § 404a Abs 1, Abs 4 ZPO zur Durchführung einer für die Begutachtung erforderlichen Maßnahme erteilt, ist in sein pflichtgemäßes Ermessen gestellt, dessen Handhabung im Revisionsverfahren nur daraufhin überprüfbar ist, ob das Gericht die Notwendigkeit zur Ausübung seines Ermessens verkannt oder sein Ermessen fehlerhaft ausgeübt hat.[22] Die Erteilung einer Weisung bedarf einer einzelfallbezogenen Abwägung zwischen den Interessen der beweispflichtigen Partei und den mit einer Durchführung des Gutachtenauftrags für den Sachverständigen verbundenen Anforderungen, wobei den Gesichtspunkten der Verhältnismäßigkeit und der Zumutbarkeit fallbezogen Rechnung zu tragen ist.[23] Bei seiner Ermessensentscheidung kann das Gericht den möglichen Erkenntniswert und die Verhältnismäßigkeit einer Weisung, aber auch berechtigte Belange des Sachverständigen oder Dritter berücksichtigen.[24] Zu einer Maßnahme, mit der der Gutachter unkalkulierbare (Haftungs-)Risiken eingehen müsste, braucht das Gericht einen Sachverständigen nicht anzuweisen.[25] Das gilt besonders dann, wenn das Unterbleiben einer Weisung die beweispflichtige Partei nicht von vornherein in Beweisnot bringt, zB deshalb, weil sie die fragliche Maßnahme selbst auf eigene Verantwortung hätte veranlassen können.[26] Sieht die Partei hiervon ab, können zu ihren Lasten die Beweislastregeln angewandt werden.[27]

Liegt aus einem anderen Verfahren bereits ein Sachverständigengutachten vor, das zu demselben Patent erstattet worden ist oder sich auch lediglich zum technischen Hintergrund verhält, den das Gericht berücksichtigen will, so eröffnet § 411a ZPO die Möglichkeit, dieses Gutachten nicht nur im Urkundenbeweis[28], sondern als Ersatz für eine neue Begutachtung heranzuziehen. Bevor letzteres geschieht, ist den Parteien allerdings rechtliches Gehör zu gewähren (damit ggf Ablehnungsgründe geltend gemacht und inhaltlich zum Gutachten Stellung genommen werden kann)[29]; außerdem steht den Parteien das Recht zu, die mündliche Anhörung des Gutachters zu beantragen.[30] Das alles gilt selbstverständlich erst recht für ein im Vorfeld des Verletzungsprozesses im selbständigen Beweisverfahren eingeholtes Besichtigungsgutachten, das die Beweisaufnahme vor dem Prozessgericht ersetzt (§ 493 Abs 1 ZPO). Auch wenn die Aufgabe des Besichtigungsgutachters vordringlich darin besteht, den angegriffenen Gegenstand in seiner Konstitution und Wirkungsweise zu analysieren, hat er sich auch dazu zu äußern, ob von der technischen Lehre desjenigen Patentanspruchs Gebrauch gemacht wird, der der Besichtigungsanordnung zugrunde liegt. Tauchen im Verletzungsprozess Auslegungsfragen auf, so spricht deshalb nichts dagegen, auf das Besichtigungsgutachten zurückzugreifen und den mit der Sache bereits befassten Sachverständigen ergänzend schriftlich oder mündlich zu befragen.

17

---

21 BGH, MDR 2020, 1391.
22 BGH, MDR 2020, 1391.
23 BGH, MDR 2020, 1391.
24 BGH, MDR 2020, 1391.
25 BGH, MDR 2020, 1391.
26 BGH, MDR 2020, 1391.
27 BGH, MDR 2020, 1391.
28 … eines vorherigen Hinweises an die Parteien bedarf es hierfür nicht (BGH, Beschluss v 25.2.2014 – X ZR 103/10).
29 BGH, MDR 2016, 1022.
30 BGH, MDR 2012, 226, 228.

J. Sonstiges

3. Beweisbeschluss

a) Anordnung

18 Ergibt sich im Einzelfall dennoch die Notwendigkeit eines Sachverständigengutachtens, wird dessen Einholung durch einen schriftlichen **Beweisbeschluss** angeordnet (§§ 358, 358a ZPO). Nachstehend ist das *Muster* eines solchen Beschlusses, wie er beim Landgericht Düsseldorf verwendet wird, abgedruckt:

Praxistipp	Formulierungsbeispiel

19 I.

Es soll das schriftliche Gutachten eines noch zu benennenden Sachverständigen zu folgenden Fragen eingeholt werden:

A.

Die im europäischen Patent ... (Prioritätstag: ... – Tag der Erstanmeldung in ...) unter Schutz gestellte Lehre zum technischen Handeln:

1. Welchen Ausbildungsabschluss und welche beruflichen Erfahrungen haben im Durchschnitt diejenigen Personen, die sich in der Praxis mit der Entwicklung von Neuerungen befassen, wie sie Gegenstand des Klagepatents sind?

    Anmerkung: Bei der Beantwortung *aller* nachfolgenden Fragen ist auf das durchschnittliche Wissen und Können *dieser* Fachleute im Prioritätszeitpunkt (siehe A.) abzustellen.

2. Welche Wirkungen werden mit der im Patentanspruch 1 des Klagepatents unter Schutz gestellten Lehre zum technischen Handeln erzielt?

    Anmerkung: Maßgeblich ist, welchen technischen Erfolg das patentgemäße Erzeugnis nach dem Gesamtinhalt der Klagepatentschrift *objektiv* bezweckt. Die in der Patentschrift formulierte Aufgabenstellung (Sp ... Z ...) ist dabei nicht allein entscheidend. Sie kann jedoch einen wichtigen Anhaltspunkt dafür bieten, welches technische Problem der Durchschnittsfachmann mit dem Kenntnisstand des Prioritätstages der Klagepatentschrift entnimmt. Zu berücksichtigen sind darüber hinaus die in der Patentschrift genannten Nachteile des vorbekannten Standes der Technik (Sp ... Z ...) und die demgegenüber herausgestellten Vorteile des patentgemäßen Erzeugnisses[31] (Sp ... Z ...).

    Gegenstand der Betrachtung ist die allgemeine Lehre des Patentanspruchs 1 und nicht spezielle Ausführungsformen, die sich durch weitere bloß optionale Merkmale (zB von Unteransprüchen) auszeichnen.

    Die technische und wirtschaftliche Bedeutung des dem Klagepatent zugrunde liegenden Problems und die in der Patentschrift erwähnten technischen Begriffe und Vorgänge sind für einen technischen Laien verständlich zu erläutern.

3. Welche Lehre zur Lösung des zu 2. genannten Problems enthält der durch die Beschreibung und die Zeichnungen erläuterte Patentanspruch 1?

    Anmerkung: Es empfiehlt sich, die im Patentanspruch 1 gegebene technische Lehre in einzelne Merkmale zu gliedern. Falls der Sachverständige keine Bedenken hat, kann er die nachfolgende Merkmalsanalyse zugrunde legen.

    ... (es folgt die Merkmalsgliederung)

---

31 BGH, GRUR 2010, 602 – Gelenkanordnung.

Für das Verständnis der Merkmale des Patentanspruchs ist nicht von einer rein philologischen Betrachtung auszugehen. Vielmehr kommt es darauf an, welchen technischen Sinngehalt der Durchschnittsfachmann (siehe 1.) den Merkmalen des Patentspruchs bei Berücksichtigung

- des Inhalts der Patentbeschreibung und der Patentzeichnungen,
- des in der Patentschrift gewürdigten Standes der Technik sowie
- seines allgemeinen Fachwissens am Prioritätstag

entnommen hat.

Der Patentanspruch darf dabei nicht auf die konkret beschriebenen (vgl Sp ... Z ... ff) und in den Figuren ... bis ... gezeichneten Ausführungs*beispiele* beschränkt werden, die den im Patentanspruch mit allgemeinen Merkmalen umschriebenen Erfindungsgedanken eben nur exemplarisch – und nicht abschließend – erläutern. Ebenso wenig darf für das Verständnis der im Patentanspruch verwendeten Begriffe *unbesehen* auf den allgemeinen technischen Sprachgebrauch zurückgegriffen werden, der auf dem betreffenden Fachgebiet im Prioritätszeitpunkt geherrscht hat. Das Klagepatent bildet vielmehr sein eigenes Lexikon für das Verständnis der in seinen Patentansprüchen verwendeten Begriffe. Die Merkmale eines Patentanspruchs sind dementsprechend

- nach Maßgabe des Sprachgebrauchs der Klagepatentschrift (der sich mit dem allgemeinen Begriffsverständnis decken *kann*, aber *nicht* decken *muss*) zu verstehen und
- *funktionsorientiert* so zu interpretieren, wie es die ihnen im Rahmen der Aufgabenlösung zugedachte technische Funktion verlangt.

B.
Der Verletzungstatbestand:

Macht das beanstandete Gerät »...« der Beklagten, wie es sich aus den Anlagen ... ergibt, von der technischen Lehre des Patentanspruchs 1 Gebrauch?

1. Wortsinngemäße Verletzung:

Verwirklicht die angegriffene Ausführungsform sämtliche Merkmale des Patentanspruchs 1 so, wie sie der Durchschnittsfachmann ihrem technischen Sinngehalt nach versteht (siehe A.3.), identisch?

Anmerkung: Die Prüfung ist anhand der unter A.3. angesprochenen Merkmalsgliederung – Merkmal für Merkmal – vorzunehmen.[32]

---

[32] Handelt es sich um einen »product-by-process«-Anspruch, sollten dem Sachverständigen nachfolgende Erläuterungen an die Hand gegeben werden:
Für den vorliegenden »product-by-process«-Anspruch ist darüber hinaus Folgendes zu beachten:
Sogenannte »product-by-process«-Ansprüche zeichnen sich dadurch aus, dass der Patentschutz zwar auf eine Sache (hier: einen Erstarrungs- und Erhärtungsbeschleuniger) – und nicht auf ein bestimmtes Herstellungsverfahren – gerichtet ist, dass die patentgeschützte Sache jedoch – ganz oder teilweise – durch das Verfahren seiner Herstellung gekennzeichnet ist. Eine derartige Anspruchsfassung wird zugelassen, wenn eine Beschreibung des beanspruchten Gegenstandes durch strukturelle Merkmale nicht möglich oder gänzlich impraktikabel ist. Im Rahmen eines »product-by-process«-Anspruch dient die Bezugnahme auf das Herstellungsverfahren daher der näheren Definition des geschützten Erzeugnisses (hier: des Erstarrungs- und Erhärtungsbeschleunigers).
Stellt der Patentanspruch – wie im Streitfall – darauf ab, dass das patentierte Erzeugnis durch das im Anspruch bezeichnete Verfahren »erhältlich ist«, so hat das in den Anspruch aufgenommene Herstellungsverfahren lediglich beispielhaften Charakter. Unter den Schutz des Patents fallen deswegen auch solche Gegenstände, die aus einem anderen Fertigungsverfahren hervorgegangen sind, sofern sie nur diejenigen Produkteigenschaften besitzen, die das anspruchsgemäße Herstellungsverfahren dem Erzeugnis nach der Lehre des Klagepatents verleiht.

Im Hinblick auf den Streit der Parteien soll der Sachverständige insbesondere zu folgenden Fragen Stellung nehmen:

...

2. Äquivalente Verletzung

Falls einzelne Merkmale des Patentanspruchs 1 nicht wortsinngemäß verwirklicht sind: Macht das angegriffene Gerät insoweit von der Lehre des Klagepatents mit äquivalenten Mitteln Gebrauch?

a) *Vorbemerkung:*

Eine äquivalente Benutzung der Erfindung liegt vor, wenn sich die angegriffene Ausführungsform eines vom Anspruchswortlaut abweichenden Ersatzmittels bedient und in Bezug auf dieses Ersatzmittel – kumulativ – die drei folgenden Voraussetzungen erfüllt sind:

o Das Austauschmittel muss – zumindest im Wesentlichen[33] – dieselbe technische Wirkung erzielen, die das im Patentanspruch beschriebene Lösungsmittel nach der Lehre des Klagepatents erreichen soll (sog Gleichwirkung);

o der Durchschnittsfachmann mit dem Kenntnisstand des Prioritätstages muss ohne erfinderische Überlegungen in der Lage gewesen sein, das Austauschmittel als funktionsgleiches Lösungsmittel aufzufinden (Naheliegen);

o der Fachmann muss schließlich die abweichende Ausführung mit ihren abgewandelten Mitteln als eine Lösung in Betracht gezogen haben, die zu der im Wortsinn des Patentanspruchs liegenden gegenständlichen Ausführungsform gleichwertig ist (Orientierung der Überlegungen am Patentanspruch). Dabei kommt es nicht darauf an, ob der Fachmann mithilfe seines Fachwissens überhaupt in der Lage war, das betreffende Austauschmittel als solches aufzufinden. Entscheidend ist vielmehr, ob er zu der bei der angegriffenen Ausführungsform verwirklichten Abwandlung gelangen konnte, wenn er sich an der im Patentanspruch offenbarten technischen Lehre und dem darin zum Ausdruck kommenden Lösungsgedanken orientiert.

b) Im Streitfall stellen sich insoweit folgende Fragen:

o Erzielt die angegriffene Ausführungsform dieselben Vorteile, die nach dem Inhalt der Klagepatentschrift durch die im Patentanspruch 1 unter Schutz gestellte Vorrichtung[34] erzielt werden sollen? Welche Vorteile sind dies?

Für den Nachweis einer Patentverletzung stehen damit grundsätzlich zwei Wege zur Verfügung: Zum einen kann der Nachweis geführt werden, dass das angegriffene Produkt nach dem im Patentanspruch bezeichneten Verfahren hergestellt wird. Zum anderen – und stattdessen – kann die Patentverletzung dadurch belegt werden, dass das angegriffene Erzeugnis diejenigen Eigenschaften, Vorteile oder Wirkungen besitzt, die mit dem im Patentanspruch angeführten Herstellungsverfahren verbunden sind. In diesem (zuletzt genannten) Fall kommt es auf das zur Fertigung der angegriffenen Ausführungsform angewendete Herstellungsverfahren und dessen Übereinstimmung mit dem anspruchsgemäßen Verfahren nicht an.

33 In diesem Fall, in dem die Vorteile der Erfindung nicht in vollem Umfang, aber in einem praktisch noch erheblichen Umfang erzielt werden, spricht man von einer sog verschlechterten Ausführung.

34 Handelt es sich um ein Verfahrenspatent, ist zu ergänzen:
Ist – wie vorliegend – Gegenstand des Patents ein Verfahren, so genügt eine bloße Übereinstimmung im Verfahrensergebnis noch nicht. Gleichwirkend ist ein Ersatzmittel vielmehr nur dann, wenn bei dem angegriffenen Verfahren darüber hinaus auch von dem für die unter Schutz gestellte Lehre maßgebenden technischen Gedanken Gebrauch gemacht wird. Eine Gleichwirkung ist deshalb zu verneinen, wenn der mit dem angegriffenen Verfahren beschrittene Lösungsweg von dem im Patent unter Schutz gestellten Lösungsweg so weit entfernt ist, dass er nicht mehr als dessen Verwirklichung anzusehen ist.

○ Konnte der Durchschnittsfachmann des Prioritätstages – wenn er sich auf die Suche nach einer außerhalb des Anspruchswortlauts gelegenen, aber dennoch gleichwertigen Ersatzlösung begeben und sich bei seiner Suche an der in den Patentansprüchen beschriebenen Erfindung orientiert hat – aufgrund naheliegender Überlegungen zu der bei der angegriffenen Ausführungsform verwirklichten Abwandlung gelangen? Oder musste der Fachmann hierzu Erwägungen von erfinderischem Rang anstellen oder sich gar von der technischen Lehre abwenden, wie sie die Patentansprüche vermitteln?

Welche Überlegungen hat der Fachmann im Einzelnen angestellt und weshalb waren diese Überlegungen (ausgehend von der Klagepatentschrift) – jede für sich und alle zusammen – naheliegend bzw. erfinderisch?

c) Formstein-Einwand:

War ein Durchschnittsfachmann anhand des Standes der Technik am Prioritätstag (dh ohne Berücksichtigung des Klagepatents) in der Lage, zu der angegriffenen Ausführungsform zu gelangen, ohne erfinderisch tätig zu werden? Ist die angegriffene Ausführungsform dem Fachmann insbesondere durch die als Anlage ... vorgelegte Veröffentlichung nahegelegt?

Welche technische Lehre vermittelt die besagte Schrift dem Durchschnittsfachmann? Inwiefern war dem Fachmann hierdurch jedes einzelne Merkmal des Patentanspruchs 1 des Klagepatents dem Wortsinn nach oder in seiner äquivalenten Abwandlung nahegelegt?

C.

Benutzungsrecht der Beklagten aus dem prioritätsälteren europäischen Patent 0 994 872:

Gelangt der Durchschnittsfachmann (siehe A. 1) mit dem Kenntnisstand des Prioritätstages (siehe A.), wenn er die europäische Patentschrift 0 994 872 nacharbeitet, zwangsläufig zu einem Arzneimittel, wie es in seinen technischen Merkmalen im Patentanspruch 1 des Klagepatents beschrieben ist?

Anmerkung: Bei der Beantwortung dieser Frage sind sämtliche Erkenntnisse auszublenden, die erst durch das Klagepatent vermittelt worden sind. Zu berücksichtigen ist nur diejenige technische Lehre, die dem Fachmann (mit seinem ihm am Prioritätstag eigenen Fachwissen) durch die europäische Patentschrift 0 994 872 offenbart worden ist. Neben dem, was in der Patentschrift 0 994 872 ausdrücklich beschrieben ist, gilt alles das als »offenbart«, was der Fachmann bei aufmerksamer Lektüre der Patentschrift als selbstverständlich ergänzt und in Gedanken gleichsam mitliest.

III.

Im Rahmen seines Gutachtens soll der Sachverständige das gesamte einschlägige technische Vorbringen der Parteien berücksichtigen und bei der Beantwortung der einzelnen Beweisfragen in angemessener Weise darauf eingehen.

Im Interesse eines leichteren Verständnisses mag sich der Sachverständige bei seinen Erörterungen derjenigen Terminologie bedienen, die das Klagepatent gebraucht, und tunlichst keine hiervon abweichenden Begrifflichkeiten einführen.

Die unparteiliche Stellung des Sachverständigen erfordert es, dass er jede einseitige Kontaktaufnahme mit den Parteien und ihren Vertretern unbedingt unterlässt. Sollte der Sachverständige weitere Informationen oder Unterlagen benötigen, so sind diese über das Gericht anzufordern. Zu einer Besichtigung oder sonstigen praktischen Versuchen, zu denen die Parteien hinzugezogen werden sollen, sind beide Seiten rechtzeitig vorher zu laden.

> **IV.**
>
> Das Sachverständigengutachten wird nur eingeholt, wenn die Klägerin bei der Justizkasse des Landgerichts Düsseldorf einen Auslagenvorschuss einzahlt, dessen Höhe festgesetzt wird, sobald sich der Sachverständige zu den voraussichtlichen Kosten der Begutachtung erklärt hat.
>
> **V.**
>
> Die Parteien erhalten Gelegenheit, der Kammer bis zum ... geeignete Sachverständige zu benennen.

b) Anfechtung

20 Der Beweisbeschluss ist **nicht anfechtbar**.[35] Gleiches gilt für ergänzende Anordnungen zur Art und Weise der Beweiserhebung, zB zur praktischen Durchführung einer sachverständigen Begutachtung.[36] Der Grund liegt darin, dass mit einer selbständigen Anfechtbarkeit prozessleitender Anordnungen (wie einem Beweisbeschluss oder im Rahmen der Beweisaufnahme ergehender Zwischenentscheidungen) durch die Beschwerdeinstanz unzulässiger Weise in die Sachentscheidungskompetenz der Vorinstanz eingegriffen würde, indem dieser ggf vorgegeben wird, wie die vom Prozessgericht erst noch zu treffende Hauptsacheentscheidung auszufallen hat. Eine Überprüfung von Beweisanordnungen findet deswegen nicht isoliert vorab, sondern nur im Rahmen des gegen die Endentscheidung gegebenen Rechtsmittels (Berufung) statt.

21 Vom Grundsatz mangelnder Anfechtbarkeit ist lediglich für den Fall eine **Ausnahme** anzuerkennen, dass mit der prozessleitenden Zwischenentscheidung *für die das Rechtsmittel führende Partei* bereits ein bleibender rechtlicher Nachteil verbunden ist, der sich im weiteren Verfahren (dh durch eine spätere Korrektur im Rechtsmittelverfahren gegen die Endentscheidung) nicht oder nicht mehr vollständig beheben lässt.[37] Dieser bleibende rechtliche Nachteil ist dahingehend zu konkretisieren, dass die Ausführung des Beweisbeschlusses zu einer irreversiblen Verletzung von Grundrechten einer Partei führen würde.[38] Käme ein effektiver Grundrechtsschutz zu spät, wenn die Partei auf Rechtsmittel gegen die Endentscheidung verwiesen würde, kann eine isolierte Anfechtbarkeit des Beweisbeschlusses von Verfassungs wegen veranlasst sein.[39] Für die Statthaftigkeit der sofortigen Beschwerde ausreichend, aber auch erforderlich ist, dass der Beschwerdeführer die irreversible Verletzung von Grundrechten durch die Ausführung des Beweisbeschlusses **schlüssig behauptet**. Ob eine Verletzung tatsächlich vorliegt, ist sodann im Rahmen der Begründetheit des Rechtsmittels zu prüfen.[40]

22 Für einen drohenden irreversiblen Verfassungsverstoß reicht es grundsätzlich noch nicht aus, dass die davon betroffene Partei vor Erlass des Beweisbeschlusses nicht ordnungsgemäß gehört worden ist. Denn der Partei steht trotz einer etwaigen Verletzung ihres Anspruchs auf **rechtliches Gehör** noch die Möglichkeit offen, im laufenden Verfahren Stellung zum Beweisbeschluss zu nehmen und gegebenenfalls auf eine Aufhebung des Beschlusses hinzuwirken.[41] Gleiches gilt mit Blick auf den Umstand, dass dem Kläger die persönliche Anwesenheit bei einer beim Beklagten durchzuführenden sachverständigen Besichtigung gestattet worden ist und dem Kläger hierdurch **Betriebsgeheimnisse**

---

35 BGH, GRUR 2009, 519 – Hohlfasermembranspinnanlage.
36 BGH, GRUR 2009, 519 – Hohlfasermembranspinnanlage.
37 BGH, GRUR 2009, 519 – Hohlfasermembranspinnanlage.
38 BGH, MDR 2022, 1044.
39 BGH, MDR 2022, 1044.
40 BGH, MDR 2022, 1044.
41 BGH, MDR 2022, 1044.

bekannt werden können.⁴² Denn der Beklagte hat unter Berufung auf sein Hausrecht die Möglichkeit, dem Kläger den Zutritt zu seinen Betriebsräumen zu verbieten, und die Frage einer hiermit ggf verbundenen Beweisvereitelung kann im Rechtsmittelzug gegen die Endentscheidung vollständig nachgeprüft werden.

Anders verhält es sich, wenn die Besichtigung stattgefunden hat und die Parteien darum streiten, ob dem Kläger das Betriebsgeheimnisse der Beklagten offenlegende Sachverständigengutachten zur Kenntnis gebracht wird. Hier fehlt dem Beklagten jedwede Möglichkeit, durch eigenes Handeln dem Verlust seiner betrieblichen Geheimnisse entgegenzuwirken, weswegen eine selbständige Beschwerde gegen die das Gutachten zugunsten des Klägers freigebende Zwischenentscheidung zuzulassen ist. Soweit es im Rahmen der Freigabeentscheidung darauf ankommt, ob nach vorläufigem Sachstand eine Patentverletzung zu bejahen oder zu verneinen ist, kann die diesbezügliche Entscheidung des Landgerichts vom Beschwerdegericht allerdings nur daraufhin überprüft werden, ob das Landgericht bei summarischer Kontrolle zu einem vertretbaren Ergebnis gelangt ist. Weil durch die Beschwerdeentscheidung die noch ausstehende Entscheidung des Landgerichts über das Vorliegen oder Nichtvorliegen einer Patentverletzung nicht präjudiziert werden darf, gelten sinngemäß dieselben Regeln wie bei der Beschwerde gegen einen landgerichtlichen Aussetzungsbeschluss.⁴³

23

Hat das Beschwerdegericht das Rechtsmittel gegen den Beweisbeschluss verworfen, so ist eine **Rechtsbeschwerde** auch dann nicht nach § 574 Abs 1 Satz 1 Nr 2 ZPO statthaft, wenn das Beschwerdegericht die Rechtsbeschwerde zur Fortbildung des Rechts (§ 574 Abs 1 Satz 1 Nr 2, Abs 3 Satz 1 und Abs 2 Nr 2 Fall 1 ZPO) zugelassen hat.⁴⁴ Nach § 574 Abs 3 Satz 2 ZPO ist das Rechtsbeschwerdegericht zwar an die Zulassung gebunden. Dies gilt aber nicht uneingeschränkt. Ist bereits die sofortige Beschwerde nicht statthaft gewesen, ist eine vom Beschwerdegericht mit der Beschwerdeentscheidung zugelassene Rechtsbeschwerde ebenfalls nicht statthaft; dies gilt auch dann, wenn das Beschwerdegericht sie eigens zur Klärung der Zulässigkeitsfrage zugelassen hat.⁴⁵

24

Im Beschwerde- und Rechtsbeschwerdeverfahren ergeht keine **Kostenentscheidung**. Das durch den Beweisbeschluss ausgelöste Rechtsmittelverfahren stellt nur einen Bestandteil des Hauptverfahrens dar. Die dadurch ausgelösten Kosten bilden daher einen Teil der Kosten des Rechtsstreits, über die nach Verfahrensabschluss nach §§ 91 ff ZPO zu entscheiden ist.⁴⁶

25

Wird **verfahrensfehlerhaft Beweis erhoben** (zB unter Verstoß gegen die Beweislast, ohne substanziellen Sachvortrag und mithin im Wege unzulässiger Ausforschung), so sind die dabei gewonnenen **Erkenntnisse** dennoch für die Entscheidung des Rechtsstreits voll **verwertbar** und sie müssen bei der Entscheidung berücksichtigt werden. Der materiellen Gerechtigkeit gebührt insoweit der Vorrang gegenüber der korrekten Behandlung prozessualer Zulässigkeitsfragen.⁴⁷

26

4. Verfahrensrechtliches

a) Sachverständigensuche und Gutachtenauftrag

Unter Beifügung der Klagepatentschrift sowie des Beweisbeschlusses wird bei dem ins Auge gefassten Sachverständigen angefragt, ob er zu der Begutachtung bereit und in der

27

---

42 BGH, GRUR 2009, 519 – Hohlfasermembranspinnanlage.
43 Vgl Kap E Rdn 1016 ff.
44 BGH, MDR 2022, 1044.
45 BGH, MDR 2022, 1044.
46 BGH, MDR 2022, 1044.
47 BGH, MDR 2022, 1044.

Lage ist, Ein Muster des beim Landgericht Düsseldorf hierzu verwandten Anschreibens ist nachfolgend abgedruckt:

Praxistipp	Formulierungsbeispiel

28 Sehr geehrte ...

vor der beim Landgericht Düsseldorf eingerichteten Patentstreitkammer für das Land Nordrhein-Westfalen ist ein Rechtsstreit zwischen ... (Klägerin) und ... (Beklagte) anhängig, in dem die Parteien über die Frage der Verletzung des deutschen/europäischen Patents ..., von dem ich eine Kopie beifüge, streiten. Nach dem gleichfalls als Anlage beigefügten Beweisbeschluss der Kammer vom ..., aus dem sich die einzelnen zu klärenden Fragen ergeben, soll hierzu ein schriftliches Sachverständigengutachten eingeholt werden.

Sie sind der Kammer als Sachverständiger vorgeschlagen worden, und wir würden Sie daher gerne mit der Erstattung des Gutachtens beauftragen, sofern dem nicht persönliche oder sachliche Hindernisse entgegenstehen. Ich darf Sie um die Prüfung bitten, ob solche Hinderungsgründe bestehen, wobei namentlich persönliche oder berufliche Beziehungen zu einer der Parteien in Betracht kämen, die Zweifel an Ihrer Unbefangenheit wecken könnten.

Zur Deckung der Kosten des Gutachtens ist ein Vorschuss der Parteien einzufordern. Ich bitte Sie daher weiterhin um die Prüfung, welche Kosten nach dem zu erwartenden Zeit- und Arbeitsaufwand voraussichtlich entstehen werden. Eine entsprechende Schätzung, die den von Ihnen zugrunde gelegten Stundensatz erkennen lassen sollte, ist, was den Gesamtbetrag (nicht den Stundensatz) betrifft, nicht verbindlich, sondern kann später gegebenenfalls korrigiert werden.

Ich wollte Sie nicht sogleich mit den Gerichtsakten belasten, bin jedoch gerne bereit, Ihnen diese für Ihre Prüfung zu übersenden, wenn Sie dies wünschen sollten. Im Übrigen stehe ich Ihnen für (auch telefonische) Rückfragen gerne zur Verfügung (Durchwahl ...).

Sollten Sie selbst als Gutachter nicht zur Verfügung stehen, wäre ich Ihnen für die Benennung einer anderen Person sehr dankbar, die Ihres Erachtens als Sachverständiger in Betracht kommen könnte.

29 Erklärt sich der Adressat zur Übernahme des Gutachtenauftrages bereit, wird er förmlich zum Sachverständigen bestellt; gleichzeitig wird ein Auslagenvorschuss angefordert.

Praxistipp	Formulierungsbeispiel

30 1. Zum gerichtlichen Sachverständigen wird Prof. Dr. ... ernannt.

2. Der von der Klägerin einzuzahlende Vorschuss auf die Entschädigung des Sachverständigen wird auf ... € festgesetzt. Der Betrag ist bis zum ... bei der Justizkasse ... einzuzahlen.

31 Sobald dieser eingegangen ist, wird die Gerichtsakte mit dem Gutachtenauftrag an den Sachverständigen versandt. Zu dessen näherer Information empfiehlt sich ein **Begleitschreiben**, das folgenden Inhalt haben sollte:

> **Praxistipp** — **Formulierungsbeispiel**
>
> Sehr geehrter Herr Professor ...,
>
> in dem Verfahren ... (Klägerin)./. ... (Beklagte) sind Sie mit Beschluss vom ... zum gerichtlichen Sachverständigen bestellt worden. Anliegend erhalten Sie die Gerichtsakten (2 Bände) nebst Anlagen (2 Hüllen) sowie einem Musterstück (...) mit der Bitte, ein schriftliches Gutachten gemäß dem Beweisbeschluss der Kammer vom ... (GA ...) zu erstatten.
>
> Prüfen Sie bitte zunächst, ob der Auftrag in Ihr Fachgebiet fällt und ohne die Einbeziehung weiterer Sachverständiger erledigt werden kann. Anderenfalls verständigen Sie bitte unverzüglich das Gericht. Nach § 407 ZPO sind Sie zur Erstattung des Gutachtens verpflichtet, wenn Ihnen nicht aus persönlichen Gründen das Gutachtenverweigerungsrecht gemäß § 408 ZPO in Verbindung mit den §§ 383, 384 ZPO zusteht. Sie dürfen nach § 407a Abs 2 ZPO den Auftrag nicht auf einen anderen übertragen. Soweit Sie sich der Mitarbeit einer anderen Person bedienen, müssen Sie diese in Ihrem Gutachten namhaft machen und den Umfang der Tätigkeit des Mitarbeiters angeben, soweit es sich nicht um Hilfsdienste von untergeordneter Bedeutung handelt.
>
> Im Rahmen der Begutachtung bitte ich das gesamte einschlägige Vorbringen der Parteien zu berücksichtigen und bei der Beantwortung der einzelnen Beweisfragen in angemessener Weise darauf einzugehen. Versuche und Erprobungen, die mehr als einen nur unerheblichen Aufwand an Zeit und Kosten erfordern, sollen ohne vorherige Rückfrage bei Gericht nicht vorgenommen werden.
>
> Sollten Sie Auskünfte oder Unterlagen der Parteien benötigen oder eine Besichtigung für erforderlich halten, wird gebeten, beide Parteien über ihre Prozessbevollmächtigten und das Gericht rechtzeitig zu unterrichten. Von einer notwendigen Besichtigung müssen die Parteien – ggf zu Händen ihrer Prozessbevollmächtigten – rechtzeitig benachrichtigt werden, da das Gutachten sonst grundsätzlich nicht verwertet werden kann. Die Benachrichtigung soll nachweisbar erfolgen (zB durch Einschreiben gegen Rückschein, durch Rücksendung einer vorbezeichneten Empfangsbestätigung durch die Beteiligten oder durch kurzen Aktenvermerk des Gutachters über eine fernmündliche Benachrichtigung). Jede bloß einseitige Kontaktaufnahme mit nur einer Partei und/oder ihren Anwälten ist unbedingt zu vermeiden. Im Übrigen kann der erforderliche Schriftverkehr mit den Prozessbevollmächtigten der Parteien unmittelbar geführt werden, wobei dem Gericht jeweils eine Durchschrift Ihrer Schreiben zuzuleiten ist.
>
> Sofern sich bei der Ausarbeitung des Gutachtens ergibt, dass voraussichtlich Kosten erwachsen, die den durch den eingeforderten Vorschuss von ... € gedeckten Betrag übersteigen, bitte ich Sie, dem Gericht (nicht den Parteien) umgehend die ermittelte Höhe der Kosten mitzuteilen und vorerst von einer weiteren Bearbeitung abzusehen. Vorsorglich weise ich nochmals darauf hin, dass Sie aus Gründen der Besorgnis einer Befangenheit nicht als Gutachter tätig werden können, wenn Sie zu einer der Parteien oder ihrer Vertreter in irgendeiner Beziehung stehen oder gestanden haben, die Zweifel an Ihrer Unvoreingenommenheit aufkommen lassen könnten. In diesem Fall würden Sie für ein dennoch erstattetes Gutachten Ihren Vergütungsanspruch verlieren. Sollte sich – ggf auch erst während der Begutachtung – ergeben, dass der angeforderte Kostenvorschuss von ... € nicht ausreicht, teilen Sie dies bitte rechtzeitig dem Gericht mit, sodass ggf ein weiterer Auslagenvorschuss eingefordert werden kann. Stellen Sie bis dahin Ihre weitere Tätigkeit ein. Überschreiten Sie den eingezahlten Vorschuss ohne Anzeige, ist Ihr Vergütungsanspruch grundsätzlich auf die Höhe des Vorschusses zu beschränken.
>
> Über die Ihnen aus den Akten bekannt gewordenen Angelegenheiten und Umstände haben Sie gegenüber Dritten Verschwiegenheit zu bewahren; nutzen Sie diese Informationen lediglich zur Erfüllung Ihres gerichtlichen Auftrages.

32

> Das Gericht geht davon aus, dass Sie das Gutachten bis ... vorlegen können. Im Interesse einer zügigen Erledigung des Rechtsstreits bitte ich den Termin unbedingt einzuhalten. Sollte Ihnen dies aufgrund unvorhergesehener Umstände nicht möglich sein, wäre ich Ihnen für eine kurze Nachricht unter Angabe der Gründe und des Zeitpunktes, zu dem das Gutachten erstattet werden kann, dankbar.
>
> Da sich an diese Instanz möglicherweise noch ein Rechtsmittelverfahren anschließt, möchte ich Sie höflich bitten, davon abzusehen, die Gerichtsakte um zuheften, die Anlagenhüllen zu vernichten oder Bemerkungen in die Gerichtsakte zu schreiben.
>
> Sofern Sie für die Erstattung von Gutachten dieser Art allgemein beeidigt sind, bitte ich Sie, dem Gutachten die Berufung auf den geleisteten Eid anzuschließen.
>
> Reichen Sie Ihr schriftliches Gutachten bitte in ...facher[48] Ausfertigung zugleich mit Ihrer Kostenrechnung (...fach[49]) ein. Die Gerichtsakten senden Sie bitte als Einschreiben oder als Wertpaket hierher zurück. Die Kostenrechnung muss spätestens binnen drei Monaten nach Eingang des Gutachtens bei Gericht vorliegen, weil der Vergütungsanspruch ansonsten erlischt.
>
> Zu einer etwaigen mündlichen Verhandlung wird Ihnen zu gegebener Zeit eine besondere Ladung zugehen. Im Hinblick darauf empfiehlt es sich, dass Sie Ihre Aufzeichnungen und Unterlagen nach der Gutachtenerstattung zunächst weiter aufbewahren und ggf Kopien wichtiger Dokumente oder Aktenteile für Ihre Unterlagen anfertigen.
>
> Sollten sich bei der Begutachtung Unklarheiten ergeben, stehe ich Ihnen für Rückfragen jederzeit, auch telefonisch (...), gerne zur Verfügung.

b) Obergutachten

33 Bevor gemäß § 412 Abs 1 ZPO ein weiteres Gutachten eines anderen Sachverständigen eingeholt wird, ist es oftmals ratsam und zweckmäßig, dem bisherigen Sachverständigen zunächst Gelegenheit zu geben, durch ein schriftliches Ergänzungsgutachten oder durch eine mündliche Anhörung die Mängel oder Lücken seiner bisherigen Begutachtung auszuräumen.[50] Unbedingt erforderlich ist dies jedoch nicht; wenn sich der Tatrichter davon keinen Aufklärungserfolg verspricht, kann auch sogleich ein Obergutachten eingeholt werden.[51] Warum der Tatrichter von einer ergänzenden Begutachtung durch den bisherigen Sachverständigen keinen Gebrauch gemacht hat, ist allerdings im Urteil nachvollziehbar darzulegen.[52] Die daraufhin getroffene Ermessensentscheidung für ein Obergutachten unterliegt sodann keiner weiteren revisionsrechtlichen Überprüfung mehr.[53] Die Einschaltung eines neuen Sachverständigen ist aber nicht nur ein Recht des Tatrichters; im Einzelfall kann er hierzu auch gehalten sein. Denn es gilt der Grundsatz, dass vorhandene weitere Aufklärungsmöglichkeiten, die sich anbieten und Erfolg versprechen, nicht nur genutzt werden dürfen, sondern genutzt werden müssen.[54]

34 In diesem Sinne hat das Gericht insbesondere **Einwände** gegen das bisherige Sachverständigengutachten, die sich **aus** einem **Privatgutachten** ergeben, ernst zu nehmen. Es muss ihnen nachgehen und hat den Sachverhalt weiter aufzuklären.[55] Auf welche Weise es

---

48 1 Exemplar für das Gericht sowie 2 Exemplare für jede Partei.
49 1 Exemplar für das Gericht und 1 Exemplar für jede Partei.
50 BGH, NJW-RR 2009, 1192, 1193.
51 BGH, MDR 2011, 64.
52 BGH, MDR 2011, 64.
53 BGH, MDR 2011, 64.
54 BGH, MDR 2011, 64.
55 BGH, MDR 2016, 1012.

dies tut, liegt prinzipiell in seinem Ermessen. Es kann den Gerichtssachverständigen sein Gutachten schriftlich ergänzen lassen, es kann den Gerichtsgutachter mündlich anhören oder es kann – und muss, wenn beides nicht geschehen soll – ein Obergutachten einholen.[56] Eine dieser Maßnahmen muss ergriffen werden.[57] Wichtig ist nur, dass das Gericht entscheidungserhebliche Widersprüche zwischen den Schlussfolgerungen des Gerichtsgutachters und denjenigen eines Privatsachverständigen hinreichend aufklärt und eine logische und nachvollziehbare Begründung dafür gibt, weshalb es der Ansicht des einen (sei es Gerichtsgutachter oder Privatsachverständiger) folgt und diejenige des anderen (Privatsachverständiger bzw Gerichtsgutachter) ablehnt.[58] Geschieht dies nicht, fehlt es an einer tragfähigen Tatsachengrundlage für die Überzeugungsbildung des Gerichts und es wird der Anspruch derjenigen Partei auf Gewährung rechtlichen Gehörs verletzt, deren Standpunkt unterlegen ist.[59]

c) Erlaubnis Dritter

Soll die Begutachtung anhand eines vom Sachverständigen in Augenschein zu nehmenden oder näher zu untersuchenden Gegenstandes erfolgen, der sich im Gewahrsam eines Dritten befindet, setzt die Durchführung der Beweiserhebung voraus, dass der Dritte dem Sachverständigen sowie den Parteivertretern freiwillig Zutritt zum Untersuchungsgegenstand gewährt und die notwendigen Aufklärungsmaßnahmen (Testlauf, Umbauten etc) duldet. Eine entsprechende Erlaubnis ist rechtzeitig vom Gericht einzuholen, wobei zB das nachfolgende **Musterschreiben** verwendet werden kann:

35

Praxistipp	Formulierungsbeispiel
Sehr geehrte Damen, sehr geehrte Herren,	
in einem Patentverletzungsrechtsstreit zwischen der ... (Klägerin) und der ... (Beklagte) hat das Gericht zur Aufklärung des erhobenen Vorwurfs der Patentverletzung einen gerichtlichen Sachverständigen beauftragt, der einen in Ihrem Besitz befindlichen ... untersuchen soll. Als Besichtigungstermin für die sachverständige Untersuchung ist der ..., ... h vorgesehen. Neben dem gerichtlichen Sachverständigen (Prof Dr ...) würden insgesamt weitere 7–8 Personen, vorwiegend Rechts- und Patentanwälte der Streitparteien, teilnehmen. Vom Sachverständigen ist eine Besichtigungsdauer von maximal ... Stunden veranschlagt, wobei der ... auch in Betrieb genommen werden soll. Die hierzu notwendigen Materialien würden von der Klägerin bereitgestellt.	
Die Besichtigung kann selbstverständlich nur mit Ihrer Einwilligung stattfinden. Ich wollte Sie deshalb höflichst fragen, ob Sie dazu bereit sind. Mir ist bewusst, dass die Besichtigung für Sie mit gewissen Unannehmlichkeiten verbunden ist, hoffe aber dennoch, dass Sie sich dazu entschließen können, die Maßnahme im Interesse einer verlässlichen Entscheidungsgrundlage für das Gericht zu erlauben. Für eine kurzfristige Nachricht wäre ich Ihnen sehr verbunden, weil die Parteien und der Sachverständige bereits dabei sind, ihre Reise zu planen.	

36

Wird die Einwilligung verweigert, hat dies regelmäßig eine Beweislastentscheidung zur Folge, es sei denn, es besteht ein Duldungsanspruch gegen den Besitzer des Untersuchungsgegenstandes und dieser wird gerichtlich durchgesetzt.

37

---

56 BGH, MDR 2016, 1012.
57 BGH, MDR 2016, 1012.
58 BGH, MDR 2020, 114.
59 BGH, MDR 2020, 114.

d) Anhörungstermin

38 Nachdem das schriftliche Gutachten vorliegt, erhalten die Parteien Gelegenheit, zu den Ausführungen des Sachverständigen Stellung zu nehmen. In dem Übersendungsschreiben sollte den Parteien zur Auflage gemacht werden, von ihrer Stellungnahme nebst darin in Bezug genommener Anlagen jeweils 1 Überstück für den Sachverständigen einzureichen.

39 Beantragt auch nur eine Partei, den Sachverständigen zur mündlichen Erläuterung seines Gutachtens zu laden, so hat das Gericht dem zu entsprechen, und zwar selbst dann, wenn es das Gutachten für überzeugend hält und keinen Klärungsbedarf sieht[60] und ein solcher von der beantragenden Partei auch nicht nachvollziehbar dargetan wird[61]. Hat das Landgericht den Anhörungsantrag einer Partei übergangen, muss das Berufungsgericht dem in zweiter Instanz wiederholten Antrag stattgeben.[62] Beschränkungen des Antragsrechts können sich allenfalls aus dem Gesichtspunkt des Rechtsmissbrauchs oder der Prozessverschleppung ergeben.[63] Die Anhörungspflicht gilt auch dann, wenn der Sachverständige sein Gutachten in einem vorausgegangenen selbständigen Beweisverfahren erstattet hat.[64] Demgegenüber bezieht sich das Recht der Parteien, die Ladung des Sachverständigen zu beantragen, grundsätzlich nicht auf einen früheren, »abgelösten« Sachverständigen, dessen Gutachten der Tatrichter für ungenügend gehalten und deshalb zum Anlass für die Beauftragung eines weiteren Sachverständigen gemäß § 412 Abs 1 ZPO genommen hat.[65] Zu beachten ist jedoch, dass nicht jede Zweitbegutachtung (zB im Berufungsverfahren) auf § 412 ZPO gestützt ist. Selbst wenn dies der Fall sein sollte, ist auf Antrag nicht nur der zweite Gutachter anzuhören, sondern auch der frühere (zB in 1. Instanz hinzugezogene) Sachverständige zu laden, wenn und soweit dies zur weiteren Sachaufklärung, namentlich zur Behebung von Lücken und Zweifeln, erforderlich ist.[66]

40 Damit Gericht und Sachverständiger in der Lage sind, den **Anhörungstermin** sachgerecht **vorzubereiten**, empfiehlt es sich, schriftsätzlich darzulegen, in welcher Hinsicht die Ausführungen des Gutachters infrage gestellt werden sollen. Das Gericht kann den Parteien hierzu eine Frist setzen (§ 411 Abs 4 ZPO). Es ist nicht erforderlich (und kann deshalb vom Gericht nur angeregt, aber nicht verlangt werden), dass ein Erläuterungsbedarf von der Partei konkret dargetan wird oder dass sie die Fragen, die sie an den Gutachter zu richten beabsichtigt, im Voraus formuliert.[67] Es genügt, wenn allgemein angegeben wird, in welcher Richtung die Partei durch ihre Fragen an den Sachverständigen eine weitere Aufklärung herbeizuführen wünscht.[68]

41 Völlig unabhängig von einem Parteiantrag ist das Gericht nach seinem Ermessen jederzeit in der Lage, die mündliche Anhörung des Sachverständigen **von Amts wegen** zu verfügen (§ 411 Abs 3 ZPO). Ein Kostenvorschuss kann in einem solchen Fall von den Parteien freilich nicht eingefordert werden.[69] Das Ermessen verdichtet sich zu einer amtsseitigen Anhörungspflicht, wenn das schriftliche Gutachten für das Gericht unverständlich, widersprüchlich oder sonst in einem Maße unzulänglich ist, dass es keine im Sinne von

---

60 BVerfG, MDR 2012, 599; BGH, MDR 2009, 1126; BGH, Mitt 2003, 142.
61 BGH, MDR 2019, 1013.
62 BGH, MDR 2014, 224; BGH, MDR 2017, 1329.
63 BGH, MDR 2011, 318.
64 BGH, BauR 2007, 1610.
65 BGH, MDR 2011, 64.
66 BGH, MDR 2011, 318.
67 BGH, MDR 2011, 318.
68 BGH, MDR 2014, 224.
69 BGH, GRUR 2010, 365 – Quersubventionierung von Laborgemeinschaften II.

§ 286 ZPO ordnungsgemäßen Feststellungen erlaubt.[70] Solches ist etwa der Fall, wenn ein Widerspruch zwischen den Äußerungen verschiedener (fachlich geeigneter) Gutachter besteht, den das Gericht auch dann (zB durch Anhörung) zu klären hat, wenn es sich bei den gegenteiligen Äußerungen um Privatgutachten handelt.[71] Entscheidet sich das Gericht für eine Anhörung von Amts wegen, ist den Parteien dies rechtzeitig vor dem Termin mitzuteilen, damit auch von ihrer Seite eine sachgerechte Vorbereitung des Verhandlungstermins stattfinden kann.[72]

Damit die – ggf kurzfristig angeordnete – Anhörung des Sachverständigen nicht an anderweitigen Terminen des Gutachters scheitert, empfiehlt es sich, den Sachverständigen frühzeitig vom Haupttermin und seiner möglicherweise erforderlichen Anwesenheit zu unterrichten, tunlichst mit der Ladungsverfügung an die Parteien. Dies kann mit folgendem Anschreiben geschehen: 42

Praxistipp	Formulierungsbeispiel

Sehr geehrter Herr Professor ..., 43

in dem Rechtsstreit ..../. ... hat der Senat nunmehr Termin zur abschließenden mündlichen Verhandlung auf den

(Tag, Monat, Jahr, Uhrzeit), Saal ...

bestimmt. In der Verhandlung wird voraussichtlich auch das von Ihnen erstattete Gutachten, für das ich bei dieser Gelegenheit ganz herzlich danke, mit den Parteien zu erörtern sein. Möglicherweise ist Ihre persönliche Teilnahme an diesem Termin zur Erläuterung und erforderlichenfalls Ergänzung des schriftlichen Gutachtens erforderlich, insbesondere wenn eine der Parteien dies beantragen sollte. Für diesen Fall sollten Sie sich darauf einrichten, dass die Verhandlung sich ggf bis in die Abendstunden hinein erstrecken kann, sodass Sie möglicherweise erst am nächsten Tag Ihre Heimreise antreten können.

Ich wäre Ihnen dankbar, wenn sie sich vorsorglich den genannten Termin freihalten könnten. Sollte Ihre Anhörung notwendig werden, erhalten Sie rechtzeitig noch eine gesonderte Ladung.

❏ Ihre Kostenrechnung habe ich den Parteien zur Stellungnahme binnen 3 Wochen übersandt. Eine Anweisung Ihrer Vergütung wird sich daher noch etwas verzögern.

❏ Da Sie Ihrem Gutachten keine Kostenrechnung beigefügt haben, weise ich vorsorglich darauf hin, dass Ihr Vergütungsanspruch verjährt, wenn er nicht binnen 3 Monaten nach Eingang des Gutachtens bei Gericht (hier: am ...) beim Senat geltend gemacht wird.

Zur Stellungnahme auf Ihr schriftliches Gutachten ist den Parteien eine Frist bis zum ... gesetzt.

Bei umfangreichen Einwendungen und/oder einem technisch schwierigen Sachverhalt kann sich ergeben, dass die Darlegungen der Parteien in einer mündlichen Anhörung nicht sachgerecht abgehandelt werden können und dass stattdessen eine schriftliche Gutachtenergänzung die geeignetere Vorgehensweise ist (§ 411 Abs 3 ZPO). Da das Gericht die Zweckmäßigkeit einer Anhörung oder Gutachtenergänzung aus eigener Anschauung kaum zuverlässig wird beurteilen können, empfiehlt es sich, den Sachverständigen einzubeziehen. Denkbar ist der folgende **Beschluss** 44

---

70 BGH, MDR 1987, 751.
71 BGH, MDR 2019, 1401.
72 Vgl § 222 Abs 1 Satz 1 StPO.

| Praxistipp | Formulierungsbeispiel |

45 | Auf Antrag der Klägerin/auf Anordnung der Kammer soll der gerichtliche Sachverständige sein schriftliches Gutachten vom ... im Verhandlungstermin vom ... mündlich erläutern.

Ggf[73]: Der Klägerin wird aufgegeben, auf die Vergütung des Sachverständigen vorsorglich einen weiteren Vorschuss von ...,-- € bei der Justizkasse des ... einzuzahlen.

Frist: 3 Wochen nach Zugang dieses Beschlusses.

Dem gerichtlichen Sachverständigen sollen vorab – zur Vorbereitung seiner Anhörung und zur Vorabentscheidung darüber, ob er stattdessen eine schriftliche Ergänzung seines Gutachtens für zweckmäßiger hält – die Stellungnahmen der Klägerin vom ... (GA ...) sowie der Beklagten vom ... (GA ...) zugeleitet werden. Ggf bleibt die Abladung des Sachverständigen vorbehalten.

46 und das folgende **Anschreiben**:

| Praxistipp | Formulierungsbeispiel |

47 | In pp.

hat das Gericht mit dem in Kopie beigefügten Beschluss vom ... Ihre Ladung zum Verhandlungstermin vom ... beschlossen, sodass nunmehr Ihr persönliches Erscheinen zur mündlichen Erläuterung Ihres Gutachtens vom ... notwendig ist. Zu Ihrer Vorbereitung übersende ich Ihnen die Stellungnahmen der Parteien zu Ihren gutachterlichen Ausführungen.

Vorab möchte ich Sie um eine kurze Einschätzung dazu bitten, ob die Einwendungen der Parteien voraussichtlich im Rahmen Ihrer mündlichen Anhörung abgehandelt werden können oder ob Sie es mit Rücksicht auf den Umfang und/oder die Komplexität der Sache für angezeigt halten, stattdessen Ihr bisheriges Gutachten schriftlich zu ergänzen. Für Ihre diesbezügliche Stellungnahme, die keiner weitergehenden Begründung bedarf, habe ich mir erlaubt, eine Frist von 3 Wochen zu notieren.

48 Damit eine schriftliche Ergänzung im Einzelfall noch vor dem anberaumten Verhandlungstermin durchgeführt werden kann, ist es ratsam, die Stellungnahmefrist der Parteien zum schriftlichen Sachverständigengutachten nicht bis in die Nähe des ggf fernen Verhandlungstermins zu erstrecken, sondern stets so zu setzen, dass vorher, falls erforderlich, noch eine schriftliche Gutachtenergänzung eingeholt und den Parteien hierzu rechtliches Gehör gewährt werden kann.

| Praxistipp | Formulierungsbeispiel |

49 | Bei der Terminierung der Sache nach Eingang des schriftlichen Gutachtens wird sich das Gericht im Allgemeinen nicht detailliert mit dem Inhalt des Gutachtens befassen. Sollte der Sachverständige einzelne Beweisfragen nicht oder völlig unzureichend beantwortet haben, sollte der Sachverständige statt belastbarer tatsächlicher Feststellungen (zB zur Funktionsweise der angegriffenen Ausführungsform) nur Vermutungen zu Papier gebracht haben, ohne die erforderlichen eigenen Untersuchungen anzustellen, oder sollte das Gutachten gänzlich

---

[73] Keine Vorschussanforderung ist möglich, wenn die Ladung von Amts wegen erfolgt.

> unbrauchbar sein, weil es ohne Rücksicht auf patentrechtliche Regeln oder ohne Begründungstiefe abgefasst ist, so wird dem Gericht all dies im Zweifel nicht schon bei der Anberaumung des neuen Verhandlungstermins, sondern erst in Vorbereitung der mündlichen Verhandlung auffallen, was zur Folge hat, dass erst zu diesem späten Zeitpunkt die notwendigen Konsequenzen (Einholung eines Ergänzungsgutachtens, Beauftragung eines anderen Sachverständigen) gezogen werden. In der Zwischenzeit vergehen nutzlos viele Monate, während derer die Sache nicht zielführend weiterbearbeitet wird. Die Parteien, namentlich die beweispflichtige Partei, haben es in der Hand, dem dadurch entgegen zu wirken, dass sie im Rahmen ihrer Stellungnahme zum Gutachten die betreffenden Mängel schonungslos aufdecken und dem Gericht in geeigneter Weise zur Kenntnis bringen. Dazu darf es nicht bei schriftsätzlichen Ausführungen sein Bewenden haben, sondern ist unbedingt der direkte telefonische Kontakt mit dem Gericht zu suchen, um angesichts der Schwächen der bisherigen Begutachtung die sachgerechte weitere Vorgehensweise abzustimmen.

Hat der Sachverständige sein Gutachten auf den Anhörungsantrag einer Partei hin schriftlich ergänzt, so ist der Antrag auf mündliche Anhörung des Gutachters erledigt. Der Anhörungsantrag muss deshalb nach der Gutachtenergänzung wiederholt werden, wenn eine mündliche Erörterung des Gutachtens erzwungen werden soll. 50

Direkt im Anschluss an die Anhörung des Sachverständigen plädieren die Parteien und wird die mündliche Verhandlung geschlossen.[74] § 279 Abs 3 ZPO verpflichtet das Gericht grundsätzlich nicht, im Anschluss an die Anhörung des Sachverständigen seine vorläufige Beweiswürdigung mitzuteilen, um der beweispflichtigen Partei Gelegenheit zu geben, weitere Beweismittel zu präsentieren. Anders verhält es sich ausnahmsweise dann, wenn ohne eine solche Mitteilung eine unzulässige Überraschungsentscheidung ergehen würde.[75] Da die mündliche Verhandlung nach Abschluss der Beweisaufnahme sogleich fortzusetzen ist (§§ 370 Abs 1, 525 Satz 1 ZPO), muss den Parteien prinzipiell auch nicht das Recht eingeräumt werden, sich schriftsätzlich zum Ergebnis der mündlichen Begutachtung äußern zu können.[76] Der Anspruch auf rechtliches Gehör verpflichtet im Anschluss an einen Anhörungstermin und die Übersendung des das Beweisergebnis festhaltenden Sitzungsprotokolls nur ausnahmsweise zur Gewährung eines **Schriftsatznachlasses** analog § 283 ZPO, nämlich dann, wenn von einer Partei eine umfassende sofortige[77] Stellungnahme nicht erwartet werden kann, weil sie Zeit braucht, um in Kenntnis der Sitzungsniederschrift angemessen vorzutragen.[78] Solches ist etwa der Fall[79], 51

– wenn der Sachverständige kein schriftliches Gutachten erstattet hat, sondern seine Ausführungen ausschließlich mündlich in einem Verhandlungstermin gemacht hat *und* seine Ausführungen schwierige Sachfragen betreffen.[80] Gibt der diesbezügliche Vortrag der Parteien Anlass zu weiterer tatsächlicher Aufklärung, sind die mündliche Verhandlung wiederzueröffnen und der Sachverständige erforderlichenfalls ergänzend zu befragen.[81] Für den Bereich des Patentrechts wird eine solche Konstellation kaum in Betracht kommen, da den Parteien angesichts ihrer Sachkunde auf dem betreffenden technischen Gebiet und mit Rücksicht auf ihre Vertretung durch Patent- 52

---

74 BGH, GRUR 2010, 123 – Escitalopram (für das Nichtigkeitsberufungsverfahren).
75 BGH, MDR 2016, 1110; vgl dazu Greger, MDR 2016, 1057.
76 BGH, MDR 2018, 1057.
77 … weil auch eine Sitzungsunterbrechung von zB 1 oder 2 Stunden für einen geordneten Vortrag nicht ausreicht.
78 BGH, MDR 2018, 1057.
79 Ein Beispiel bietet der Beschluss des OLG München v 9.4.2019 – 6 U 4653/18.
80 BGH, MDR 2009, 997; BGH, MDR 2018, 1057.
81 BGH, MDR 2009, 997.

anwälte regelmäßig eine sofortige Äußerung zu den Ausführungen des Sachverständigen zugemutet werden kann[82];

53 – wenn erst in oder kurz vor der mündlichen Verhandlung überraschend neue Fragen aufgeworfen werden und es sich dem Gericht aufdrängt, dass die Parteien hierzu in der Verhandlung nicht abschließend Stellung nehmen können;[83]

54 – wenn ein schriftliches Gutachten mündlich umfassend erörtert worden ist oder der Sachverständige in seinen mündlichen Ausführungen neue und ausführlichere Beurteilungen gegenüber dem bisherigen Gutachten abgegeben hat.[84]

55 Unbedingt zu beachten ist, dass eine verfahrensfehlerhaft verweigerte Schriftsatzfrist aus **Subsidiaritätsgründen** rechtlich bedeutungslos werden kann, wenn es der Verfahrensbeteiligte vorwerfbar unterlässt, selbst eine ihm mögliche Korrektur der behaupteten Gehörsverletzung zu erwirken. Das ist etwa der Fall, wenn das Gericht zwar ihren Antrag auf Schriftsatznachlass ablehnt, jedoch (zB durch eine geräumige Verlegung des Spruchtermins) zu erkennen gibt, dass es diejenigen Erwägungen, derentwegen um einen Schriftsatznachlass nachgesucht wurde, in seine Überlegungen einbeziehen will. Hier hat die Partei trotz verweigerten Schriftsatznachlasses die Pflicht, ihre Einwände dem Gericht rechtzeitig vor dem Verkündungstermin zu unterbreiten, anderenfalls sie das Recht verliert, im Nachhinein einen Gehörsverstoß zu ihrem Nachteil zu reklamieren.[85]

56 Beantragen die Parteien einvernehmlich die **Verlegung des Verkündungstermins**, weil sie Vergleichsgespräche führen wollen, begründet dies regelmäßig (dh wenn ernsthafte Verhandlungen beabsichtigt sind) einen Grund zur Verlegung des Verkündungstermins (§ 227 Abs 1 ZPO).[86] Zumindest muss den Parteien Gelegenheit gegeben werden, das Ruhen des Verfahrens gemäß § 251 ZPO zu beantragen.[87] Letzteres kommt namentlich dann in Betracht, wenn eine Verlegung des Verkündungstermins in einem zeitlichen Umfang begehrt wird, der rechtlich unzulässig ist, weil er die Spruchfrist über 5 Monate hinaus ausdehnt.

57 Hat bereits die erste Instanz ein Sachverständigengutachten eingeholt und den Sachverständigen angehört, so bedarf es einer **erneuten Anhörung** des Sachverständigen **durch das Berufungsgericht**, wenn es dessen Ausführungen abweichend von der Vorinstanz würdigen will, insbesondere ein anderes Verständnis der Ausführungen des Sachverständigen zugrunde legen und damit andere Schlüsse aus diesen ziehen will als der Erstrichter.[88]

58 Die **Sitzungsniederschrift** über die Anhörung des Sachverständigen wird üblicherweise mit einem Diktiergerät vorläufig aufgezeichnet, danach in ein schriftliches Protokoll übertragen, welches anschließend (nach Vornahme etwaiger Schreibkorrekturen durch das Gericht) den Parteien zugestellt wird. Die näheren Einzelheiten hierzu regeln die §§ 159 ff ZPO. Sollen seitens einer Partei Unzulänglichkeiten der Protokollabschrift geltend gemacht werden, ist zwischen einem Protokollaufnahmeantrag und einem Protokollberichtigungsantrag zu unterscheiden, die jeweils anderen rechtlichen Regeln unterliegen:

59 – Geht das Begehren dahin, einen Vorgang, der im Protokoll bisher keine Erwähnung gefunden hat, nachträglich in die Sitzungsniederschrift aufzunehmen, liegt ein **Proto-

---

82 BGH, GRUR 2010, 123 – Escitalopram (zum Nichtigkeitsberufungsverfahren).
83 BGH, NZBau 2009, 244; BGH, GRUR 2010, 123 – Escitalopram.
84 BGH, MDR 2018, 1057.
85 BGH, MDR 2018, 1057.
86 BGH, MDR 2020, 282.
87 BGH, MDR 2020, 282.
88 BGH, VersR 2019, 506.

kollaufnahmeantrag iSv § 160 Abs 4 ZPO vor. Er ist nur bis zum Schluss derjenigen mündlichen Verhandlung möglich, über die das Protokoll aufgenommen worden ist.[89] Ein späterer Antrag ist unzulässig.

– Soll demgegenüber ein in das Protokoll aufgenommener Vorgang unrichtig wiedergegeben sein (zB weil ein Übertragungsfehler vorgekommen ist), so handelt es sich um einen **Protokollberichtigungsantrag** iSv § 164 ZPO. Soweit das Protokoll zu Vorgängen in der Verhandlung schweigt, besteht ein Berichtigungsanspruch im Sinne einer nachträglichen Aufnahme in die Sitzungsniederschrift nur insoweit, als es sich um Umstände handelt, die in das Protokoll hätten aufgenommen werden müssen. Solches ist bei Sachanträgen der Fall, selbst dann, wenn von dem Antragsteller nicht förmlich um Protokollierung gebeten worden ist, nicht hingegen bei Prozessanträgen wie einem Beweisantritt. Letztere gehören nur dann in das Protokoll (welches dementsprechend nachträglich zu ergänzen ist), wenn es sich um nach dem Ermessen des Gerichts wesentliche Vorgänge handelt (§ 160 Abs 2 ZPO). Bei einem Beweisantritt ist dies nur der Fall, wenn die fragliche Tatsache beweisbedürftig ist (woran es zB fehlt, wenn sie nicht oder nicht substantiiert bestritten ist).[90] Gegen die Berichtigungsentscheidung, egal wie sie ausfällt, ist ein Rechtsmittel nicht statthaft, wenn es dazu führt, dass das Beschwerdegericht, welches an der fraglichen Sitzung nicht teilgenommen hat und deshalb auch nicht wissen kann, was gewesen oder nicht gewesen ist, das Protokoll inhaltlich überprüfen müsste.[91] Anders liegt die Sache nur dann, wenn die Ablehnung der Berichtigung auf rein formale und abstrakt zu bescheidende Gründe, zB dem der Verspätung, gestützt ist.[92]

60

Nach erfolgter Anhörung braucht ein **zweites Sachverständigengutachten** nicht allein deshalb eingeholt zu werden, weil das schriftliche Gutachten des angehörten Sachverständigen patentrechtliche Vorgaben noch nicht hinreichend berücksichtigt hat, sofern das Gericht zu Beginn der Anhörung die patentrechtlich zutreffenden Grundsätze erläutert, auf dieser Grundlage seine Befragung durchgeführt und den Antworten des Sachverständigen hat entnehmen können, dass der Gutachter das patentrechtlich Gebotene bei seinen Erwägungen nicht außer Acht gelassen hat.[93]

61

e) Vorschusspflicht

Vorschusspflichtig für das Sachverständigengutachten ist der Beweisführer, dh diejenige Partei, die den Beweis förmlich angeboten hat.[94] Die materielle Beweislast bestimmt den Vorschussschuldner nur dann, wenn die Beweisaufnahme von beiden Parteien beantragt worden ist.[95] Beweisbelastet für die in einem Verletzungsprozess üblicherweise zu begutachtenden Fragen (die Auslegung des Klageschutzrechts und dessen Verletzung durch die angegriffene Ausführungsform) ist in der Regel der Kläger. Kommt ihm die Beweisvorschrift des § 139 Abs 3 PatG zugute und geht es bei der Beweisaufnahme um die Klärung, ob das angegriffene Erzeugnis gleicher Eigenschaft tatsächlich nach einem anderen als dem erfindungsgemäßen Verfahren hergestellt worden ist, so liegt die Vorschusspflicht beim Beklagten.[96] Soll im Gutachten auch dem »Formstein«-Einwand nachgegangen werden, so ist der – insoweit beweispflichtige – Beklagte anteilig am Kostenvorschuss zu beteiligen. Erweist sich die Kostenschätzung des Gutachters als zu gering, kann ein

62

---

89 OLG Schleswig, MDR 2011, 751.
90 OLG Düsseldorf, Beschluss v 22.1.2019 – I-2 U 70/16.
91 OLG Schleswig, MDR 2011, 751; 752; OLG Koblenz, MDR 2012, 1061.
92 OLG Schleswig, MDR 2011, 751; OLG Koblenz, MDR 2012, 1061.
93 BGH, GRUR 2010, 410 – Insassenschutzsystemsteuereinheit.
94 BGH, GRUR 2010, 365 – Quersubventionierung von Laborgemeinschaften II.
95 BGH, GRUR 2010, 365 – Quersubventionierung von Laborgemeinschaften II.
96 OLG Düsseldorf, Beschluss v 2.1.2014 – I-2 U 47/07.

ergänzender Vorschuss nachgefordert werden.[97] Ist der eingezahlte Vorschuss durch die Liquidation des Sachverständigen für das schriftliche Gutachten aufgezehrt und wird die mündliche Anhörung des Sachverständigen beantragt, so ist derjenige für die hierdurch voraussichtlich entstehenden (weiteren) Kosten vorschusspflichtig, der die Anhörung begehrt. Die Anforderung eines Auslagenvorschusses ist unanfechtbar.[98] Keine Vorschusspflicht besteht, wenn ein Gutachten von Amts wegen (zB gemäß § 144 ZPO) eingeholt wird.[99]

63 Typischerweise wird die Einholung des Gutachtens (bzw die Ladung des Sachverständigen zur Anhörung) von der Einzahlung des Vorschusses abhängig gemacht (vgl §§ 402, 379 ZPO). Wird in einem solchen Fall die **Zahlung nicht innerhalb der** gesetzten (ggf verlängerten) **Frist** vorgenommen, stellt sich die Frage einer möglichen Präklusion dahingehend, ob das Gericht von der angeordneten Beweiserhebung absehen, stattdessen Verhandlungstermin bestimmen und die Sache nach Beweislastgrundsätzen entscheiden darf. Erfolgt bis zum Verhandlungstermin überhaupt keine Zahlung und existieren auch keine anderen Möglichkeiten der Sachaufklärung, ist entsprechend zu verfahren. Von grober Nachlässigkeit ist allerdings nur auszugehen, wenn der Vorschusspflichtige auf die Präklusionswirkung hingewiesen worden ist.[100] Geschieht die Zahlung bloß verzögert, gelten die allgemeinen Regeln zur Zurückweisung verspäteten Vorbringens. Eine Präklusion kann deshalb nicht angenommen werden, wenn die verspätete Zahlung nicht kausal für eine Verzögerung in der Erledigung des Rechtsstreits ist. So liegt der Sachverhalt, wenn das Verfahren bei Durchführung der Beweisaufnahme nicht länger dauern würde, als es bei rechtzeitiger Einzahlung des Vorschusses gedauert hätte.[101]

f) Vergütungsanspruch des Sachverständigen

64 Allein für die **Prüfung** der Frage, ob der Sachverständige zur Erstellung eines Gutachtens fachlich in der Lage ist, steht dem als Gutachter in Aussicht Genommenen regelmäßig keine Entschädigung zu.[102] Gleiches gilt für die Anfertigung und Erläuterung seiner Rechnung[103], für die Kosten der ohne gerichtliche Aufforderung vorgenommenen Anfertigung eines eigenen Exemplars des Gutachtens für die Handakte des Sachverständigen[104] und für die Anfertigung einer Stellungnahme zu einem gegen ihn gerichteten Ablehnungsgesuch[105].

65 Gleiches gilt, wenn die **Fertigstellung** des Gutachtens **unterbleibt**. Ein Anspruch auf Entschädigung für Vorbereitungs- und bereits erbrachte Teilarbeiten steht dem Sachverständigen ausnahmsweise nur dann zu,

66 – wenn das Gutachten ohne Verschulden des Sachverständigen unvollendet bleibt oder

67 – wenn und soweit es um Teilarbeiten geht, die für das Gericht verwertbar sind (§ 8a Abs 2 JVEG).[106]

---

97 BGH, MDR 2011, 561.
98 BGH, WuM 2009, 317.
99 BGH, GRUR 2010, 365 – Quersubventionierung von Laborgemeinschaften II.
100 OLG Köln, MDR 2014, 494.
101 BGH, MDR 2011, 561. Vgl dazu: Fellner, MDR 2012, 260.
102 BGH, Mitt 2002, 378 – Massedurchfluss; BGH, GRUR 2007, 175 – Sachverständigenentschädigung IV (zur Rechtslage unter der Geltung des JVEG).
103 OLG Düsseldorf, Beschluss v 29.2.2012 – I-2 U 5/08.
104 OLG Oldenburg, MDR 2009, 774.
105 OLG Celle, Beschluss v 28.6.2012 – 2 W 171/12.
106 OLG Düsseldorf, OLG-Report 2009, 225.

Dass das Gutachten Detailfragen offenlässt, die ggf in einer mündlichen Erörterung zu klären sind, beeinträchtigt den Honoraranspruch demgegenüber nicht.[107]   68

Dem Sachverständigen kann der Vergütungsanspruch aberkannt werden, wenn und so weit das Gutachten **unverwertbar** ist und der Sachverständige dies durch eine Verletzung seiner Pflichten verschuldet hat. Bisher wurde diesbezüglich ein vorsätzlicher oder grob fahrlässiger Pflichtverstoß verlangt[108], wofür einfaches Unvermögen in der Regel ebenso wenig ausreiche wie eine fehlende Sachkunde[109]. Der Haftungsmaßstab hat sich mit dem 2. KostRModG insofern verschärft, als der Sachverständige bei Erbringung einer mangelhaften Leistung eine Vergütung nur noch dann erhält, wenn diese trotz der vorhandenen Mängel für das Gericht verwertbar ist (§ 8a Abs 2 Nr 2 JVEG). Dass das Gutachten einzelne Fragen offen lässt, die im Rahmen einer mündlichen Anhörung des Sachverständigen geklärt oder durch eine schriftliche Gutachtenergänzung aufgearbeitet werden können, begründet allerdings noch keinen Mangel des Gutachtens.[110] Seit dem 1.1.2021 ist darüber erforderlich, dass der Sachverständige die Mängel seines Gutachtens innerhalb einer ihm zu setzenden angemessenen Frist beseitigt, wobei die Fristsetzung ausnahmsweise entbehrlich ist, wenn die Sachverständigenleistung grundlegende Mängel aufweist oder wenn offensichtlich ist, dass eine Mängelbeseitigung nicht erfolgen kann. Für die Mängelbeseitigung fällt selbstverständlich keine Vergütung an.   69

Die **zögerliche Gutachtenbearbeitung** führt in aller Regel nicht zum Verlust des Anspruchs auf Vergütung, weil das Gericht mit § 411 ZPO (Fristsetzung, Ordnungsmittel) Möglichkeiten in der Hand hat, den Sachverständigen zur Gutachtenerstellung anzuhalten. Erst wenn das Gericht Ordnungsmittel gegen den Sachverständigen festgesetzt und dieser seine Leistung dennoch nicht vollständig erbracht hat, lässt es § 8a Abs 2 Nr 4 JVEG zu, seine Vergütung auf die erbrachte Teilleistung zu beschränken, sofern diese verwertbar ist. Ist dies nicht der Fall, kommt der Vergütungsanspruch vollständig zum Erlöschen. Nach OLG München[111] gilt dasselbe in Fällen besonderer Eilbedürftigkeit, wenn die Angelegenheit nach der Gesamtschau aller Umstände keine verzögerte Bearbeitung des Gutachtens duldet. Lässt der Gutachter nicht nur eine erste Nachfrist verstreichen, sondern versäumt er auch eine zweite Nachfrist, mit dem ihm entsprechendes angedroht worden ist, so kann das Gericht ihm den Auftrag unter Verlust seines Honoraranspruchs entziehen, ihm die durch sein Untätigsein verursachten Kosten auferlegen und einen neuen Sachverständigen beauftragen.[112]   70

Überträgt der gerichtlich bestellte **Sachverständige den Auftrag unbefugt auf einen anderen**, erhält dieser für das von ihm erstattete Gutachten keine Vergütung. Das gilt auch dann, wenn der ernannte Sachverständige bereit ist, das Gutachten durch eine nachträgliche Unterzeichnung mitzutragen.[113]   71

Demgegenüber sind diejenigen Kosten erstattungsfähig, die dem Sachverständigen für die Hinzuziehung einer **Hilfskraft** (bei der es sich um einen eigenen Angerstellten, aber auch eine Fremdfirma handeln kann) entstanden sind. Voraussetzung ist freilich, dass die   72

---

107 BGH, GRUR-RR 2009, 120 – Fertigstellung.
108 OLG Jena, MDR 2008, 1186, mwN; OLG Naumburg, MDR 2012, 802; OLG Düsseldorf, Beschluss v 29.2.2012 – I-2 U 5/08.
109 OLG Jena, MDR 2008, 1186, mwN.
110 OLG Düsseldorf, Beschluss v 29.2.2012 – I-2 U 5/08. Zu einem Verlust des Vergütungsanspruchs kommt es in solchen Fällen allerdings dann, wenn der Sachverständige eine Gutachtenergänzung vereitelt, indem er sie zB von unangemessenen Honorarforderungen (für die Erläuterung seiner bisherigen Rechnung oder unter Zugrundelegung eines zu hohen Stundensatzes) abhängig macht (OLG Düsseldorf, Beschluss v 29.2.2012 – I-2 U 5/08).
111 OLG München, MDR 2012, 306.
112 OLG Stuttgart, MDR 2017, 900.
113 OLG Koblenz, MDR 2012, 1491.

Einschaltung des Gehilfen sachlich notwendig war und dessen Vergütung angemessen ist.[114] Bei freien Mitarbeitern und Fremdfirmen, die hinzugezogen werden, fällt regelmäßig kein Zuschlag auf die Gemeinkosten nach § 12 Abs 2 JVEG an; anderes ist vom Sachverständigen konkret nachzuweisen.[115]

73 Die **Vergütungshöhe** für das Gutachten und dessen Erläuterung bemisst sich nicht nach der vom Sachverständigen tatsächlich aufgewendeten Zeit, sondern nach derjenigen Stundenzahl, die ein durchschnittlich schnell arbeitender Sachverständiger benötigt hätte.[116] Es gilt insoweit ein objektiver Maßstab.[117] Zu berücksichtigen ist, dass der Sachverständige auf dem zur Begutachtung anstehenden technischen Sachgebiet eine fachliche Kompetenz besitzt, weswegen zwischen seiner Fachkunde und dem in Rechnung gestellten zeitlichen Aufwand eine plausible Proportionalität bestehen muss.[118] Dieser Gesichtspunkt hat erst recht Bedeutung, wenn es um die Vorbereitung eines mündlichen Anhörungstermins nach vorausgegangener schriftlicher Begutachtung geht, weil der Sachverständige aufgrund seiner Vorbefassung mit der Sache bereits vertraut ist, was die Wiedereinarbeitung in den Streitstoff unter Berücksichtigung der von den Parteien gegen sein schriftliches Gutachten vorgebrachten Einwendungen erleichtert.[119] Hat der Sachverständige die Arbeit an dem Gutachten *außergewöhnlich* oft unterbrochen, sodass er sich wiederholt von neuem in den Streitstoff einarbeiten musste, so ist der hierdurch verursachte (unangemessene) zeitliche Mehraufwand nicht vergütungsfähig. Darüber hinaus muss die Arbeitsweise des Sachverständigen grundsätzlich allerdings ihm überlassen bleiben, weswegen zB einem Stundenaufwand von 150 Stunden bei einem eingehenden Gutachten in einer Nichtigkeitssache jedenfalls nicht ohne weiteres die Erforderlichkeit abgesprochen werden kann.[120] Mehr als 150 Stunden billigt der BGH dem Sachverständigen in einem Nichtigkeitsverfahren durchschnittlichen Prüfungsumfangs nicht zu.[121] Grundsätzlich wird davon auszugehen sein, dass die Angaben des Sachverständigen über die tatsächlich benötigte Zeit richtig sind. Ein Anlass zur Nachprüfung, ob die von dem Sachverständigen angegebene Zeit tatsächlich erforderlich war, wird nur dann bestehen, wenn der angesetzte Zeitaufwand im Verhältnis zur erbrachten Leistung ungewöhnlich hoch erscheint[122].

74 Hinsichtlich des **Stundensatz**es differenziert das JVEG in Anlage 1 zu § 9 Abs 1 JVEG nach Sachgebieten. Der BGH hält in einem normal gelagerten Patentnichtigkeitsverfahren die Eingruppierung in die höchste Honorarklasse (= 155 € netto; vormals Honorargruppe 13 (= 125 € netto) für angemessen.[123] Mit Blick auf den Verletzungsprozess kann nichts anderes gelten.[124] Der Stundensatz kann – neben dem Tagegeld[125] – auch für Reise- und Wartezeiten des Sachverständigen verlangt werden.[126] Sofern die Stundenzahl übersetzt erscheint, der Sachverständige jedoch beim Stundensatz den möglichen Rahmen nicht ausgeschöpft hat, kann bei der Vergütungsfestsetzung ein höherer als der

---

114 OLG Stuttgart, MDR 2018, 1085.
115 OLG Stuttgart, MDR 2018, 1085.
116 BGH, GRUR 2004, 446 – Sachverständigenentschädigung III.
117 OLG Düsseldorf, OLG-Report 2009, 219.
118 BGH, GRUR-RR 2009, 120 – Fertigstellung; BGH, GRUR-RR 2010, 272 – Erforderlicher Bearbeitungsaufwand; BGH, Beschluss v 13.8.2012 – X ZR 11/10.
119 OLG Düsseldorf, Beschluss v 15.2.2016 – I-2 U 77/11.
120 BGH, GRUR 2007, 175 – Sachverständigenentschädigung IV.
121 BGH, GRUR 2013, 863 – Sachverständigenentschädigung VI.
122 OLG Koblenz, Mitt 2013, 148 – Kürzung der Sachverständigenvergütung für Aktenlektüre (LS); OLG Düsseldorf, OLG-Report 2009, 219.
123 BGH, GRUR 2007, 175 – Sachverständigenentschädigung IV; BGH, Beschluss v 16.12.2010 – Xa ZR 14/10; BGH, Beschluss v 10.12.2013 – X ZR 74/11.
124 OLG Düsseldorf, InstGE 13, 221 – Drehgeber.
125 § 6 Abs 1 JVEG.
126 BGH, Beschluss v 16.12.2010 – Xa ZR 14/10.

vom Gutachter selbst in Ansatz gebrachte Stundensatz zugebilligt werden, so lange die beanspruchte Gesamtvergütung nicht überschritten wird (Bsp: Liquidation lautet auf 202 Stunden á 76 € = 15.352 €; Festsetzung erfolgt auf 150 Stunden á 95 € = 14.250 €).[127]

Will der Sachverständige nach einem Stundensatz abrechnen, der oberhalb der genannten Sätze liegt, bedarf es der Zustimmung *beider* Parteien. Sie kann noch nicht in einem bloßen Schweigen der Parteien auf die Forderung des Sachverständigen gesehen werden, sondern muss vor Erbringung der Sachverständigenleistung eindeutig und unzweifelhaft erklärt werden.[128] Bei der Anfrage nach der Bereitschaft des Sachverständigen als Gutachter tätig zu werden, sollte dieser deshalb aufgefordert werden, seinen Stundensatz und die voraussichtliche Stundenzahl anzugeben. Bei den Parteien sollte anschließend das Einverständnis mit dem Stundensatz (nicht nur mit der veranschlagten Gesamtvergütung!) eingeholt und anschließend ein entsprechender Vorschuss eingefordert werden. Stimmt nur eine Partei zu, kann die Zustimmung der anderen Partei durch das Gericht ersetzt werden (§ 13 JVEG), und zwar auch nachträglich im Anschluss an die Begutachtung des Sachverständigen[129]. Zulässig ist eine Überschreitung des Honorarrahmens allerdings nur bis zum 2-fachen[130] des gesetzlichen Vergütungssatzes.[131] Seit Inkrafttreten des 2. KostRModG muste ferner hinzukommen, dass sich ein geeigneter Sachverständiger zu dem gesetzlichen Honorar nach § 9 Abs 1 Satz 1 JVEG nicht finden lässt; dieser Vorbehalt ist seit dem 1.1.2021 mit dem Kostenrechtsänderungsgesetz 2021 wieder entfallen. Der Einwand, das Gutachten beantworte die gestellten Fragen nur teilweise und sei daher nachzubessern, rechtfertigt es nicht ohne weiteres, dem Sachverständigen die geltend gemachte Vergütung für die betreffenden Positionen seiner Rechnung vorzuenthalten.[132]

Der Vergütungsanspruch **erlischt**, wenn er nicht binnen 3 Monaten gegenüber derjenigen Stelle, die den Gutachterauftrag erteilt hat (typischerweise das Verletzungsgericht), geltend gemacht wird. Die Frist – über die und deren Beginn der Sachverständige zu belehren ist – beginnt, wenn Gegenstand der Beauftragung ein schriftliches Gutachten war, mit Eingang des Gutachtens bei Gericht (§ 2 Abs 1 Satz 2 Nr 1 JVEG), wenn sich die Beauftragung auf ein mündliches Gutachten oder dessen Erläuterung bezieht, mit Beendigung der Vernehmung (§ 2 Abs 1 Satz 2 Nr 2 JVEG). Erledigt sich der Gutachtenauftrag vorher (zB weil sich die Parteien außergerichtlich vergleichen), kommt es auf die Bekanntgabe der Erledigung an den Sachverständigen an (§ 2 Abs 1 Satz 2 Nr 3 JVEG). Die Fehlvorstellung des Sachverständigen, er werde sein Gutachten noch schriftlich ergänzen oder mündlich erläutern müssen, schiebt weder den Fristbeginn hinaus noch rechtfertigt sie eine Wiedereinsetzung in den vorigen Stand nach § 2 Abs 2 JVEG.[133] Ist eine Rechnung fristgerecht gestellt, sodass ein Erlöschenstatbestand nicht vorliegt, kann der Vergütungsanspruch binnen 3 Jahren verjähren (§ 2 Abs 3 JVEG).

Überschreiten die voraussichtlichen Begutachtungskosten den vorher mitgeteilten (und dementsprechend der Vorschussanforderung zugrunde gelegten) Rahmen erheblich, dh im Regelfall um 20 bis 25 %[134], so hat der Sachverständige dies dem Gericht gemäß

---

127 BGH, Beschluss v 15.2.2011 – X ZR 7/09.
128 OLG Koblenz, MDR 2010, 346.
129 BGH, GRUR 2013, 863 – Sachverständigenentschädigung VI.
130 Vor dem Inkrafttreten des 2. KostRModG lag die Grenze beim 1,5-fachen.
131 OLG Düsseldorf, InstGE 13, 221 – Drehgeber. Bleibt die Vergütung damit unterhalb des angeforderten Stundensatzes, kann der Sachverständige unter den Voraussetzungen des § 407 Abs 1 ZPO dennoch zur Begutachtung auch zu den verschlechterten finanziellen Bedingungen verpflichtet sein. Sie liegen bei einem Patentanwalt aufgrund seiner Berufszulassung vor (OLG Düsseldorf, InstGE 13, 221 – Drehgeber).
132 BGH, GRUR-RR 2009, 120 – Fertigstellung.
133 OLG Koblenz, MDR 2008, 173.
134 OLG Hamm, MDR 2015, 300; OLG Stuttgart, MDR 2008, 652, mwN.

§ 407a Abs 3 Satz 2 ZPO rechtzeitig anzuzeigen, damit entschieden werden kann, ob die Begutachtung dennoch in der vorgesehenen Form durchgeführt werden soll. Verletzt der Sachverständige diese Pflicht schuldhaft, wovon im Allgemeinen jedenfalls dann auszugehen ist, wenn der Sachverständige über seine Hinweispflicht belehrt worden ist, so führte dies früher zu einer **Kürzung** der (an sich angemessenen) Vergütung um die Mehrkosten, es sei denn, bei verständiger Würdigung aller Umstände ist unter Anlegung eines objektiven Maßstabes davon auszugehen, dass auch bei pflichtgemäßer Anzeige die Tätigkeit des Sachverständigen weder eingeschränkt noch unterbunden worden wäre.[135] Bleibt die Kausalitätsfrage ungeklärt, geht dies zu Lasten des Sachverständigen, dh es findet eine Kürzung statt.[136] § 8a Abs 4 JVEG, der auf Sachverständigentätigkeiten anwendbar ist, die seit dem 1.8.2013 beauftragt worden sind, bestimmt nunmehr ausdrücklich, dass der Sachverständige bei schuldhafter Verletzung seiner Hinweispflicht[137] lediglich den eingezahlten Auslagenvorschuss (ohne einen 20 %igen Aufschlag) erhält.[138] Seine Verantwortlichkeit wird dabei gesetzlich vermutet, sodass es der Darlegung entlastender Umstände durch den Sachverständigen bedarf (§ 8a Abs 5 JVEG). Gibt der Sachverständige rechtzeitig den Hinweis auf eine zu erwartende Vorschussüberschreitung, so darf er, so lange er keine gegenteilige Anweisung erhält, mit der Begutachtung fortfahren, ohne Gefahr zu laufen, nach § 8a Abs 4 JVEG behandelt zu werden.[139]

g) Besorgnis der Befangenheit

78 Ein Sachverständiger kann aus denselben Gründen wegen **Besorgnis der Befangenheit**[140] abgelehnt werden, die bei einem Richter gemäß § 42 ZPO zu einer Ablehnung führen. Es bedarf nicht der Feststellung, dass der Sachverständige tatsächlich voreingenommen ist; vielmehr genügt der bei der ablehnenden Partei bei objektiver Würdigung der Umstände berechtigterweise erweckte *böse Anschein* der Parteilichkeit.

79 Er kann sich aus unterschiedlichen Sachverhaltskomplexen ergeben, nämlich

80 – aus dem *Verhalten* des Sachverständigen *innerhalb oder außerhalb des* konkreten *Rechtsstreits*, in dem er mitwirken soll (Bsp: unangemessene oder einseitige Äußerungen gegen eine der Prozessparteien),

81 – aus einer *besonderen Beziehung* des Sachverständigen *zum Gegenstand des Rechtsstreits* (Bsp: vorgerichtliche Begutachtung) oder

82 – aus einer *besonderen Beziehung* (Bsp: Verwandtschaft, Freundschaft) des Sachverständigen *zu* den *am Prozess beteiligten Personen* (Parteien, Anwälten).[141]

83 Die betreffenden Umstände sind von demjenigen darzulegen und **glaubhaft zu machen**, der sich auf eine Befangenheit beruft.[142] Antragsberechtigt sind nur die Prozessparteien sowie – in den Grenzen des § 67 ZPO – der Streithelfer, nicht hingegen am Rechtsstreit unbeteiligte **Dritte**.[143] Geht es um die Ablehnung eines Sachverständigen, der im selbständigen Beweisverfahren hinzugezogen wurde, so ist deshalb derjenige Dritte, der am Besichtigungsverfahren nicht beteilgt war, nicht antragsbefugt, dem gegenüber das

---

135 OLG Naumburg, MDR 2013, 172; OLG Stuttgart, MDR 2008, 652.
136 OLG Stuttgart, MDR 2008, 652.
137 Sie bleibt auch dann bestehen, wenn der Sachverständige seine der Vorschussanforderung zugrunde gelegte Kostenangabe als bloße Schätzung deklariert (OLG Hamm, MDR 2015, 1033).
138 OLG Hamm, MDR 2015, 300.
139 OLG Stuttgart, MDR 2017, 1392.
140 Vgl ausführlich Prietzel-Funk, GRUR 2009, 322.
141 BGH, MDR 2018, 1522.
142 BGH, MDR 2019, 629.
143 BGH, MDR 2020, 1392.

Besichtigungsgutachten nicht nach § 411a ZPO, sondern lediglich im Wege des Urkundenbeweises verwertet werden soll.[144] Im Verhältnis zu ihm sind mögliche Befangenheitsgründe im Rahmen der freien richterlichen Beweiswürdigung zu berücksichtigen.[145]

Im Einzelnen gilt für den Anschein der Unparteilichkeit/Unabhängigkeit Folgendes: 84

Er wird noch **nicht** dadurch hervorgerufen, dass 85

- der Sachverständige in einem anderen Gerichtsverfahren bereits als gerichtlich bestellter Gutachter tätig geworden ist, selbst wenn dieselben Parteien involviert waren und dieselben Fragen zur Beurteilung standen[146]; 86

- der Sachverständige als Hochschullehrer in einem üblichen Kontakt zur Industrie steht (auch wenn sich darunter Wettbewerber der Parteien befinden)[147], im Gegenteil sind vorausgegangene Industrietätigkeiten bei Hochschullehrern an technischen Hochschulen nicht nur allgemein zu erwarten, sondern im Interesse der Qualifikation des Sachverständigen sogar erwünscht[148]. Gleiches gilt für einen Patentanwalt, der oder dessen Sozien für Wettbewerber der Parteien tätig sind, es sei denn, das Mandat für den Wettbewerber besteht darin, diesen (zB in einem Einspruchs- oder Nichtigkeitsverfahren) gegen einen der Prozessparteien zu vertreten[149]; 87

- der Sachverständige gewöhnliche (weder fachlich noch persönlich besonders enge) berufliche Kontakte zu einer Person unterhält, die für eine Prozesspartei Leistungen erbracht hat oder nach wie vor erbringt, die in einem Zusammenhang mit dem entscheidungserheblichen Sachverhalt stehen[150]; 88

- der Sachverständige Vertreter eines Verbandes ist, dem auch eine der Parteien angehört, 89

- der Sachverständige eine Bekanntschaft oder lockere Freundschaft zu einer Prozesspartei oder ihrem anwaltlichen Vertreter unterhält[151]; 90

- der Sachverständige Mitautor und/oder Mitherausgeber eines Fachbuchs ist, an dem eine der Parteien bzw ihre gesetzlichen oder anwaltlichen Vertreter oder ein Privatgutachter mitgewirkt haben[152]; 91

- sich der Sachverständige mit dem Anwalt einer Prozesspartei duzt[153]; 92

- der Sachverständige als Patentanwalt mit derjenigen Anwaltskanzlei und ggf demjenigen Anwalt der Kanzlei gemeinsame Prozessmandate betreut hat, die bzw der im fraglichen Rechtsstreit eine der Parteien vertritt; das gilt jedenfalls so lange, wie die gemeinsame Mandatsbetreuung durch den Rechtsanwalt und den Sachverständigen (als Patentanwalt) nicht auf Dauer angelegt und wirtschaftlich bedeutsam ist (wie dies etwa bei einer ständigen gemeinsamen Betreuung eines bestimmten Großmandanten der Fall wäre); 93

- der Sachverständige einen von dritter Seite erteilten Gutachtenauftrag annimmt, der seinerseits in einem Beratungsverhältnis zu einer der Parteien steht, jedenfalls dann, 94

---

144 OLG Düsseldorf, Beschluss v 29.6.2022 – I-2 W 10/22.
145 OLG Düsseldorf, Beschluss v 29.6.2022 – I-2 W 10/22.
146 BGH, MDR 2017, 479.
147 BGH, GRUR 2008, 191 – Sachverständigenablehnung II.
148 BGH, Beschluss v 18.9.2007 – X ZR 81/06.
149 OLG Düsseldorf, InstGE 13, 221 – Drehgeber.
150 OLG Hamm, MDR 2013, 169.
151 BGH, Beschluss v 22.11.2017 – RiZ 2/16.
152 BGH, MDR 2019, 50.
153 Vgl BGH, ZInsO 2018, 2554; BGH, NJW-RR 2007, 776.

wenn die Gutachtertätigkeit für den Dritten nicht auf Dauer angelegt ist und auch inhaltlich nicht den Prozessstoff berührt[154],

95 – die Hochschule, der der Sachverständige angehört, als solche geschäftliche Kontakte zu einer Partei unterhält[155],

96 – und die Gegenpartei in beruflichen Beziehungen zu einem Dritten stehen[156];

97 – der Sachverständige in Schutzrechten eines Wettbewerbers als Erfinder genannt ist, sofern diese Schutzrechte nicht benutzt, sondern aufgegeben werden sollen[157];

98 – das Gutachten inhaltliche Mängel aufweist[158] bzw lückenhaft ist[159], namentlich dann, wenn sie die Unzulänglichkeiten bei einer mündlichen Anhörung ausräumen lassen;

99 – gegen den Sachverständigen mangelnde Sachkunde oder unzureichende Fortbildung eingewandt wird[160];

100 – das Gutachten trotz komplexer Sachlage zügig erstellt wird[161];

101 – der Sachverständige auf die Anfrage des Gerichts nach etwaigen befangenheitsbegründenden Beziehungen zu den Parteien Vortragstätigkeiten auf Veranstaltungen *einer* Partei unerwähnt lässt, weil er aufgrund einer subjektiven Fehleinschätzung erst Beraterverträge oder ähnlich enge Beziehungen zu einer Prozesspartei für erwähnenswert gehalten hat[162];

102 – der Sachverständige nicht offenbart, dass sein Vorgesetzter bei der Gegenpartei beschäftigt gewesen ist, sofern keine über rein Organisatorisches hinausgehenden Weisungsabhängigkeiten zwischen beiden bestehen und/oder nicht von einem bewussten Verschweigen ausgegangen werden kann (was der Fall wäre, wenn sich eine Offenlegungspflicht für den Sachverständigen aufdrängen musste)[163];

103 – der Sachverständige seinen Gutachtenauftrag überschreitet *und* dies in einer Weise geschieht, dass die Erledigung des Auftrages nicht als Ausdruck einer unsachlichen Grundhaltung gegenüber einer Partei gedeutet werden kann[164], zB deshalb, weil er den Gutachtenauftrag missverstanden hat[165];

104 – sich der Sachverständige gegen Angriffe eines Rechtsanwaltes oder seiner Partei mit deutlichen Worten zur Wehr setzt[166];

105 – der Sachverständige bei Begutachtung des Verletzergewinns die Erfindung des vergütungspflichtigen Klagepatents als »genial« bezeichnet[167];

106 – wenn der Sachverständige das Promotionsvorhaben eines subaltern beschäftigten Mitarbeiters einer Prozesspartei betreut hat, welches nicht den Gegenstand der

---

154 BGH, GRUR 2013, 100 – Sachverständigenablehnung VI.
155 BGH, GRUR 2008, 191 – Sachverständigenablehnung II.
156 OLG Stuttgart, Mitt 2010, 495.
157 BGH, GRUR 2002, 369 – Sachverständigenablehnung I; BGH, Beschluss v 3.11.2014 – X ZR 148/11.
158 BGH, GRUR 2008, 191 – Sachverständigenablehnung II; OLG Köln, MDR 2008, 361.
159 BGH, GRUR 2012, 92 – Sachverständigenablehnung IV.
160 BGH, Beschluss v 3.11.2014 – X ZR 148/11; OLG Celle, MDR 2013, 721.
161 OLG Köln, MDR 2008, 361.
162 BGH, GRUR 2012, 855 – Sachverständigenablehnung V.
163 BGH, MDR 2019, 629.
164 BGH, MDR 2013, 739.
165 OLG Karlsruhe, MDR 2014, 425.
166 OLG Zweibrücken, MDR 2013, 1425; OLG Düsseldorf, Beschluss v 25.11.2015 – I-15 W 27/15 (Prozessverhalten im Zusammenhang mit der Vorschusszahlung sei »Realsatire«).
167 OLG Düsseldorf, Beschluss v 25.11.2015 – I-15 W 27/15.

Begutachtung betrifft; das gilt auch dann, wenn der Promovend währenddessen bei der Prozesspartei weiter beschäftigt bleibt, sofern die Prozesspartei ausschließlich die ihr zugutekommende Arbeitsleistung (50 %) vergütet; unter solchen Umständen begründen auch gemeinsame Veröffentlichungen des Sachverständigen mit dem Promovenden zu den Forschungsergebnissen der Dissertation keinen Befangenheitsverdacht; gleiches gilt für den Umstand, dass der Sachverständige das Promotionsprojekt vor seiner gerichtlichen Gutachterbestellung nicht offengelegt hat.[168]

Schädlich ist dagegen, wenn der Sachverständige 107

– über gehäufte gemeinsame Mitgliedschaften mit dem Geschäftsführer einer Partei in 108 Vorständen und Beiräten verschiedener Institutionen verfügt, sofern den Vorständen und Beiräten eine lediglich geringe Zahl von Mitgliedern angehört, wobei die Zweifel verstärkt werden, wenn der Sachverständige die gemeinsamen Mitgliedschaften auf eine gerichtliche Anfrage vor seiner Bestellung verschwiegen hat[169];

– im Zuge der Begutachtung Handlungen (zB eine Besichtigung[170]) unter Ausschluss 109 einer Partei vornimmt, selbst wenn die Nichtbenachrichtigung der einen Partei von dem Besichtigungstermin auf einem bloßen Versehen beruht[171] oder die mangelnde Beteiligung der einen Partei darin begründet ist, dass der Gegner ihr den Zutritt verweigert[172];

– einer Partei nicht offenbart, dass er von der anderen Partei bestimmte Unterlagen 110 herangezogen und verwertet hat, selbst wenn dies nur zum Zwecke der Überprüfung der Prämissen seines Hauptgutachtens geschehen ist[173];

– zur Vorbereitung eines Anhörungstermins mit der Gegenseite telefoniert und Unter- 111 lagen anfordert, sofern er dies nicht von sich aus, sondern erst auf Nachfrage des Gerichts im Termin offenlegt und die erhaltenen Unterlagen herausgibt[174];

– im Rahmen der Gutachtenerstellung telefonischen Kontakt zu der Gegenseite und 112 einem im Lager der Gegenseite stehenden Dritten aufnimmt, dabei die Sache im Hinblick auf das zu erstattende Gutachten erörtert und den genauen Gesprächsinhalt nicht ungefragt offenlegt[175];

– in einer wissenschaftlichen oder geschäftlichen Verbindung zu einer der Parteien 113 steht, wobei es ausreicht, dass die Verbindungen zwischen der Partei und demjenigen Institut bestehen, der der Sachverständige angehört[176];

– in einer Festschrift für die Partei oder ihren gesetzlichen Vertreter ein ehrendes 114 Geleitwort (mit)geschrieben oder einen Fachbeitrag beigesteuert hat[177];

– wirtschaftlich mit einem Unterlizenznehmer am Klagepatent und mit einem Wettbe- 115 werber des Patentinhabers zusammengearbeitet hat (Forschungsgelder, Beratungsleistungen), in dessen benutzten Schutzrechten er zudem als Miterfinder benannt ist[178];

---

168 OLG Düsseldorf, Beschluss v 9.10.2017 – I-2 U 76/14.
169 OLG Düsseldorf, InstGE 7, 62 – Umhüllungsverfahren.
170 OLG Koblenz, MDR 2010, 463.
171 OLG Karlsruhe, MDR 2010, 1148; aA OLG Saarbrücken (MDR 2011, 1315), das für entscheidend hält, dass das Verhalten des Sachverständigen auf dessen Intention schließen lässt, die andere Partei – etwa durch bewusstes Absehen von einer Terminsmitteilung – zu benachteiligen.
172 OLG Saarbrücken, MDR 2014, 180.
173 OLG Stuttgart, MDR 2014, 560.
174 OLG Stuttgart, MDR 2011, 190; OLG Koblenz, MDR 2012, 994.
175 OLG Köln, MDR 2011, 507.
176 BGH, GRUR 2008, 191 – Sachverständigenablehnung II.
177 BGH, MDR 2019, 50.
178 BGH, Beschluss v 3.11.2014 – X ZR 148/11.

116 – in einem aktuellen (nicht schon längere Zeit zurückliegenden) Mandatsverhältnis zu den Prozessbevollmächtigten des Prozessgegners[179];

117 – als Patentanwalt gemeinsam mit dem Rechtsanwalt einer Prozesspartei ein bedeutsames, gemeinsames Dauermandat betreut (weil im Interesse dieses Mandatsverhältnisses Rücksichtnahmen bei der Begutachtung geschuldet sein könnten);

118 – der Ehepartner des Sachverständigen[180] als Rechtsanwalt im Büro des Prozessvertreters einer Partei beschäftigt ist, weil die Gefahr besteht, dass der Prozessbevollmächtigte auf den bei ihm beschäftigten Ehepartner und dieser wiederum auf seinen Ehepartner (= Sachverständigen) Einfluss nimmt[181];

119 – der Ehepartner des Sachverständigen[182] bei dem Prozessvertreter einer Partei zwar nur subaltern (zB als Sekretärin) angestellt ist, jedoch aufgrund der Gesamtumstände (langjähriges Arbeits- und Vertrauensverhältnis beim/zum Anwalt, Wichtigkeit des Mandates, in dem der Sachverständige mitwirkt) die Gefahr der Einflussnahme auf den Sachverständigen besteht, und sei es auch nur dahingehend, dass der Ehepartner dem Sachverständigen die Bedeutung eines Prozessgewinns für das Ansehen oder die wirtschaftliche Lage der Anwaltskanzlei nahebringt[183];

120 – zwischen dem Ehepartner des abgelehnten Sachverständigen und einer Prozesspartei eine enge bzw langjährige Freunschaft besteht[184];

121 – in seinem Gutachten bei der Auseinandersetzung mit dem Standpunkt einer Prozesspartei Formulierungen verwendet, die nicht nur drastisch, sondern böswillig unterstellend sowie abwertend und abfällig sind[185];

122 – auf eine seitens einer Partei angebrachte Kritik an seinem Gutachten mit Bemerkungen wie »Unverschämtheit«, »völlig absurd und inkompetent« sprachlich entgleist[186];

123 – die Stellung eines Beweisantrages durch eine Partei während seiner Anhörung als Prozesshanselei bezeichnet[187];

124 – sich nicht mit der gebotenen Sachlichkeit mit den durch Privatgutachten substantiierten Einwendungen gegen sein Gutachten auseinandersetzt[188] oder Einwendungen gegen sein Gutachten zum Anlass für abwertende Äußerungen über die Prozessbevollmächtigten der betreffenden Partei nimmt[189];

125 – seinen Gutachtenauftrag dadurch überschreitet, dass er eine dem Gericht vorbehaltene Beweiswürdigung vornimmt und seiner Beurteilung nicht vorgegebene Anknüpfungstatsachen zugrunde legt[190];

126 – bei seiner Begutachtung einseitig von dem zwischen den Parteien streitigen Vortrag *einer* Partei ausgeht, ohne hinreichend darzulegen, weshalb er die gegenteilige Behauptung der anderen Partei für nicht verlässlich hält;

---

179 BGH, GRUR 2008, 191 – Sachverständigenablehnung II.
180 Gleiches gilt selbstverständlich für umgekehrte Geschlechterrollen.
181 Vgl BGH, NJW 2012, 1890.
182 Gleiches gilt selbstverständlich für umgekehrte Geschlechterrollen.
183 Vgl BGH, ZInsO 2018, 2554.
184 BGH, MDR 2021, 184.
185 OLG Celle, MDR 2012, 1309.
186 KG, MDR 2008, 528; vgl auch OLG Brandenburg, MDR 2009, 288.
187 OLG Hamm, MDR 2015, 1320.
188 OLG Saarbrücken, MDR 2008, 1121.
189 OLG Hamm, MDR 2010, 653.
190 OLG Saarbrücken, MDR 2008, 1121.

- eine private/berufliche Nähe zu einer Partei, die Zweifel an seiner Unparteilichkeit begründen kann, auf eine gerichtliche Anfrage verschweigt[191]; 127

- bei der Aufnahme und Auswertung des Sachverhaltes in auch aus objektiver Sicht wichtigen Punkten Fehler macht, die in starkem Maße auf mangelnde Sorgfalt schließen lassen[192]; 128

- in derselben Sache in einem Verfahren der außergerichtlichen Konfliktbeilegung als Sachverständiger mitgewirkt hat[193]; 129

- für einen nicht unmittelbar oder mittelbar am Rechtsstreit beteiligten Dritten ein entgeltliches Privatgutachten zu einer gleichartigen Fragestellung in einem gleichartigen Sachverhalt erstattet hat und wenn die Interessen der jeweiligen Parteien in beiden Fällen in gleicher Weise kollidieren[194]; 130

- nach Lage des Falles kann es die Besorgnis der Befangenheit ebenfalls begründen, wenn der Sachverständige wegen des gleichen Sachverhaltes, zu dem er begutachtet, in einem anderen Verfahren Ansprüche gegen eine der Prozessparteien geltend macht[195] oder dies zwar noch nicht unternommen hat, entsprechendes aber ernsthaft in Erwägung zieht[196]. 131

Liegt ein Ablehnungsgrund vor, ist dieser innerhalb der Frist des § 406 Abs 2 Satz 1 ZPO (dh binnen 2 Wochen nach Verkündung bzw Zustellung des Beschlusses über die Ernennung des Sachverständigen) geltend zu machen. Bis zum Ablauf dieser Frist trifft jede Partei die Pflicht, im Rahmen des Zumutbaren eigene Nachforschungen darüber anzustellen, ob Umstände vorliegen, die Zweifel an der Unvoreingenommenheit des Sachverständigen rechtfertigen.[197] Das gilt jedenfalls dann, wenn konkrete Anhaltspunkte für das Vorliegen eines Ablehnungsgrundes bestehen, zB deshalb, weil es auf dem betreffenden Fachgebiet (wegen der geringen Zahl der tätigen Unternehmen und/oder Gutachter, die Kontakte untereinander nahe legen) außergewöhnlich schwierig ist, überhaupt einen Sachverständigen zu gewinnen.[198] Gleiches gilt ganz generell im Patentnichtigkeits- und infolgedessen auch im Patentverletzungsverfahren, wenn die Parteien seitens des Gerichts Gelegenheit erhalten, zu Sachverständigenvorschlägen der Gegenseite Stellung zu nehmen und dies auch wahrnehmen, ohne Bedenken zu äußern.[199] Unterbleiben die gebotenen Ermittlungen, ist die Unkenntnis vom Vorliegen eines Befangenheitsgrundes verschuldet und ein außerhalb der Zweiwochen-Frist eingereichter Befangenheitsantrag unzulässig.[200] Zu den zumutbaren Nachforschungsmaßnahmen gehören einfache und ohne weiteres mögliche Recherchen im Internet nach etwaigen Verbindungen des Sachverständigen zur gegnerischen Partei.[201] 132

Erfährt die Partei unverschuldet außerhalb der Zweiwochen-Frist von einem Ablehnungsgrund, hat sie das Befangenheitsgesuch unverzüglich nach ihrer Kenntnis anzubringen (§ 406 Abs 2 Satz 2 ZPO).[202] Bekannt ist der Partei nur derjenige Befangenheits- 133

---

191 OLG Jena, MDR 2010, 170.
192 OLG Karlsruhe, MDR 2010, 230.
193 BGH, MDR 2017, 356.
194 BGH, MDR 2017, 479.
195 BGH, MDR 2020, 303.
196 BGH, NJW 2020, 3458.
197 OLG Düsseldorf, InstGE 7, 62 – Umhüllungsverfahren.
198 BGH, GRUR 2009, 92 – Sachverständigenablehnung III.
199 BGH, GRUR 2012, 855 – Sachverständigenablehnung V.
200 BGH, GRUR 2012, 855 – Sachverständigenablehnung V.
201 OLG Düsseldorf, InstGE 7, 62 – Umhüllungsverfahren.
202 BGH, GRUR 2009, 92 – Sachverständigenablehnung III; OLG Düsseldorf, InstGE 7, 62 – Umhüllungsverfahren.

grund, den sie positiv kennt; fahrlässige Unkenntnis genügt nicht.[203] Dabei ist der Partei das Wissen ihres Prozessbevollmächtigten gemäß § 85 Abs 2 ZPO zuzurechnen.[204] Eine Addition des Wissens der Partei einerseits und des Wissens ihres Prozessbevollmächtigten andererseits findet jedoch nicht statt.[205] Ein Anwendungsfall des § 406 Abs 2 Satz 2 ZPO liegt zB vor, wenn sich das Ablehnungsgesuch auf Gründe stützt, die während eines Besichtigungstermins vorgefallen sind[206] oder die sich aus dem Besichtigungsgutachten ergeben; hier muss die Ablehnung im selbständigen Beweisverfahren erfolgen und kann nicht bis zur Verwertung des Gutachtens in einem nachfolgenden Rechtsstreit aufgeschoben werden[207]. Tritt der Ablehnungsgrund, auf den sich die Partei beruft, in der mündlichen Verhandlung zutage, so muss das Ablehnungsgesuch spätestens bis zum Schluss der betreffenden mündlichen Verhandlung gestellt werden.[208] Ergeben sich die Ablehnungsgründe aus dem Gutachten, muss der Antrag unverzüglich nach Erhalt des Gutachtens geltend gemacht werden. Bei eindeutigem Sachverhalt stehen der Partei ggf nur wenige Tage zur Verfügung.[209] Ergibt sich die Besorgnis der Befangenheit statt dessen erst aus einer inhaltlichen Auseinandersetzung mit dem Gutachten, läuft die Frist zur Ablehnung gleichzeitig mit der Frist ab, die das Gericht für die Stellungnahme zum Gutachten gesetzt hat (wobei Fristverlängerungen zu beachten sind).[210] Dies gilt auch dann, wenn einzelne Beanstandungen bereits ohne nähere Auseinandersetzung mit dem Gutachteninhalt erhoben werden können (zB sprachliche »Entgleisungen« im Gutachtentext), die Rüge zusätzlich aber auf weitere, eingehendes Gutachtenstudium erfordernde Umstände gestützt werden soll, die alle zusammen genommen den Befangenheitsvorwurf tragen soll.[211] Trotz Kenntnis vom Ablehnungsgrund darf dessen Anbringung nicht deshalb mehrere Wochen zurückgestellt werden, um die Stellungnahme der Gegenseite zu einem unterbreiteten Vergleichsangebot abzuwarten.[212]

134 Ungeachtet dessen, dass die Beschwerde nach § 571 Abs 2 Satz 1 ZPO auf neue Angriffs- und Verteidigungsmittel gestützt werden kann, gilt § 406 ZPO auch im **Rechtsmittelverfahren** gegen einen zurückweisenden Ablehnungsantrag.[213]

135 Ist das Ablehnungsgesuch *offensichtlich* **unzulässig**, so kann die Entscheidung darüber bis zur abschließenden Sachentscheidung zurückgestellt und das Gesuch mit dem instanzbeendenden Urteil verworfen werden.[214] Ein Ablehnungsgesuch ist unzulässig, wenn seine Begründung völlig ungeeignet ist, eine Befangenheit des abgelehnten Sachverständigen aufzuzeigen, oder wenn das Ablehnungsgesuch ohne jede Begründung gestellt wird.[215]

136 Die Zurückweisung des Ablehnungsgesuches ist mit der **sofortigen Beschwerde** anfechtbar. Während das Ablehnungsverfahren vor dem erkennenden Gericht keine gesonderten Gebühren auslöst, weil es zum Rechtszug gehört, und dementsprechend in der auf das Ablehnungsgesuch ergehenden Entscheidung kein Kostenausspruch veranlasst ist, hat die Entscheidung des Beschwerdegerichts über die Kosten zu befinden[216], was ggf auch

---

203 BGH, MDR 2020, 1392.
204 BGH, MDR 2020, 1392.
205 BGH, MDR 2020, 1392.
206 OLG Köln, OLG-Report 2008, 806.
207 OLG Düsseldorf, Beschluss v 29.6.2022 – I-2 W 10/22.
208 BGH, MDR 2008, 582; einschränkend: OLG Bamberg, MDR 2016, 789.
209 BGH, NJW 2005, 1869.
210 BGH, NJW 2005, 1869; OLG Köln, OLG-Report 2008, 806; OLG Bremen, MDR 2010, 48.
211 OLG Düsseldorf, Beschluss v 25.11.2015 – I-15 W 27/15.
212 OLG Hamm, MDR 2013, 1308.
213 OLG Düsseldorf, Beschluss v 29.6.2022 – I-2 W 10/22.
214 BGH, Beschluss v 13.7.2022 – I ZB 27/22.
215 BGH, Beschluss v 13.7.2022 – I ZB 27/22.
216 BGH, MDR 2019, 189.

in einem Ergänzungsbeschluss nachgeholt werden kann.[217] Denn im Beschwerdeverfahren über die Ablehnungsentscheidung erwächst dem Anwalt ein Anspruch auf eine 0,5-Verfahrensgebühr nach Nr 3500 VV-RVG.[218] Bleibt die Beschwerde des Ablehnenden erfolglos, so sind die Kosten des Gegners im Beschwerdeverfahren nach §§ 91 Abs 1 Satz 1, 97 Abs 1 ZPO als notwendige Kosten erstattungsfähig.[219] Der Streitwert für das Beschwerdeverfahren entspricht 1/3 des Hauptsachestreitwertes.[220] Wird dem Befangenheitsgesuch stattgegeben, ist ein Rechtsmittel nicht zulässig. Das gilt auch dann, wenn die Rechtsbeschwerde fehlerhaft zugelassen war.[221]

Grundsätzlich darf das Gericht das Gutachten eines nicht rechtsmissbräuchlich abgelehnten Sachverständigen in seiner Endentscheidung erst verwerten, wenn es zuvor das Befangenheitsgesuch beschieden hat.[222] Dies hat nicht erst in den Gründen der Endentscheidung, sondern **vorab durch** gesonderten **Beschluss** zu geschehen (§ 406 Abs 4 ZPO), der im Falle der Zurückweisung des Gesuchs mit der sofortigen Beschwerde anfechtbar ist (§ 406 Abs 5 ZPO). Jede andere Handhabung (dh eine Zurückweisung des Befangenheitsgesuchs in den Gründen des instanzbeendenden Urteils) begründet einen Verfahrensfehler, der im Rechtsmittelverfahren beachtlich ist.[223] Er führt allerdings nicht notwendigerweise zu einer Aufhebung des verfahrensfehlerhaften Urteils; vielmehr ist das Berufungsgericht berechtigt, im Rahmen seiner Prüfung auch der Berechtigung des Ablehnungsgesuchs nachzugehen.[224] Teilt das Berufungsgericht die Einschätzung der 1. Instanz, dass eine Besorgnis der Befangenheit des Sachverständigen nicht besteht, kann den übrigen Angriffen des Berufungsführers nachgegangen und dementsprechend über die Berufung entschieden werden. Hält das Berufungsgericht die Ablehnung in der Sache für gerechtfertigt, so hat es grundsätzlich selbst die notwendigen Konsequenzen zu ziehen und die zur Bewältigung des Streitstoffs erforderliche Sachaufklärung mit Hilfe eines neuen Sachverständigen zu unternehmen.[225] Nur wenn die Begründetheit des Ablehnungsgesuchs zu einer umfangreichen oder aufwändigen Beweisaufnahme führt (§ 538 Abs 1, Abs 2 Satz 1 Nr 1 ZPO), braucht das Berufungsgericht sie nicht selbst durchzuführen, sondern kann die verfahrensfehlerhaft behandelte Sache unter Aufhebung des erstinstanzlichen Urteils an das Landgericht zurückverweisen.[226]

137

Allein dadurch, dass ein Sachverständiger erfolgreich wegen des Verdachts der Befangenheit abgelehnt worden ist, verliert er noch nicht seinen **Vergütungsanspruch**; hinzukommen muss vielmehr, dass ihn an der Unverwertbarkeit seiner Leistung ein grob fahrlässiges oder vorsätzliches Verschulden trifft.[227] Solches kommt in Betracht, wenn der Sachverständige seine Pflicht verletzt, bei der Entgegennahme des Gutachtenauftrages auf einen möglicherweise in seiner Person liegenden Ablehnungsgrund hinzuweisen.[228] § 8a Abs 1 JVEG trifft nunmehr eine differenzierende Regelung, die danach unterscheidet, ob der Befangenheitsgrund schon bei der Beauftragung bestanden hat oder erst im Zuge der Begutachtung geschaffen wurde. Der Sachverständige verliert seinen Vergütungsanspruch vollständig, wenn er es in vertretbarer Weise unterlässt, dem Gericht die-

138

---

217 OLG Celle, MDR 2008, 1180.
218 BGH, MDR 2019, 189.
219 BGH, MDR 2019, 189.
220 BGH, ASG 2004, 159; OLG Düsseldorf, Beschluss v 29.6.2022 – I-2 W 10/22; OLG Düsseldorf, OLG-Report 2009, 334; OLG München, MDR 2010, 1012.
221 BGH, MDR 2015, 1197.
222 OLG Saarbrücken, MDR 2013, 1230.
223 BGH, MDR 2019, 1401.
224 BGH, MDR 2019, 1401.
225 BGH, MDR 2019, 1401.
226 BGH, MDR 2019, 1401.
227 OLG Rostock, MDR 2009, 295; OLG Koblenz, MDR 2010, 463; KG, MDR 2010, 719.
228 OLG Rostock, MDR 2009, 295.

jenigen Umstände aufzuzeigen, die seiner Beauftragung entgegenstehen, weil sie seine Ablehnung wegen Besorgnis der Befangenheit rechtfertigen würden (§ 8a Abs 1 JVEG). Voraussetzung sind – objektiv – Gründe, die ein Befangenheitsgesuch durchgreifen lassen würden, sowie – subjektiv – Umstände, die das Schweigen des Sachverständigen hierzu als schuldhaft erscheinen lassen, was verlangt, dass ihm die maßgeblichen Ablehnungstatsachen bekannt sind und dass sich ihm bei der gebotenen Sorgfalt hätte erschließen müssen, dass diese Tatsachen berechtigterweise Bedenken gegen seine Unbefangenheit bei der Begutachtung hervorrufen können. Eine besondere Schwere des Schuldvorwurfs (Vorsatz oder grobe Fahrlässigkeit) ist für die Aberkennung des Entschädigungsanspruchs nicht erforderlich. Letzteres folgt nicht zuletzt auch aus der Regelung, die das Entstehen von Ablehnungsgründen während der Begutachtung erfahren hat. § 8a Abs 2 Nr 3 JVEG sieht nämlich vor, dass ein Sachverständiger, der im Rahmen seiner Leistungserbringung *grob fahrlässig oder vorsätzlich* Ablehnungsgründe schafft[229], eine Vergütung nur insoweit erhält als seine Leistung dennoch bestimmungsgemäß verwertbar ist. Beweispflichtig für einen Sachverhalt, der den Verlust des Vergütungsanspruchs rechtfertigt, ist der Kostenschuldner.[230]

139 In jedem Fall ist der abgelehnte Sachverständige nach herrschender Meinung[231] für seine **Stellungnahme zum Ablehnungsgesuch** nicht zu entschädigen, weil die Äußerung kein Teil der von ihm geforderten Sachverständigenleistung ist. Andere[232] differenzieren zu Recht danach, ob der Befangenheitsantrag gegen den Sachverständigen mit dessen persönlichem Verhalten (zB Äußerungen des Gutachters gegenüber Prozessbeteiligten) begründet wird – hier soll keine Vergütungspflicht bestehen – oder ob sich das Befangenheitsgesuch auf eine angeblich unzureichende Sachkunde des Gutachters oder inhaltliche Mängel des Gutachtens stützt (und dementsprechend auch die Stellungnahme des Sachverständigen sich hiermit befasst) – hier soll eine Entschädigungspflicht bestehen. Die gleiche Betrachtung hat Platz zu greifen, wenn der Sachverständige im Rahmen der Festsetzung seiner Vergütung auf Einwendungen der Parteien erwidert. Ist der Sachverständige darauf hingewiesen worden, dass das ihm eingeräumte rechtliche Gehör nicht dazu vorgesehen ist, ein Ergänzungsgutachten anzufertigen und ist eine dahingehende inhaltliche Erwiderung zur Rechtfertigung des angegriffenen Vergütungsanspruchs ach nicht erforderlich ist, hat eine Liquidation allerdings auszuscheiden.

5. Weitere Muster

140 Nachfolgend werden weitere Muster einer Beweisanordnung dargestellt:

a) Höhe des Schadenersatzes nach begangener Patentverletzung

aa) Angemessene Lizenzgebühr

Praxistipp	Formulierungsbeispiel
141	Es soll ein schriftliches Sachverständigengutachten dazu eingeholt werden, welche Benutzungsvergütung vernünftige Vertragsparteien vereinbart hätten, wenn sie beim Abschluss eines Lizenzvertrages die künftige Entwicklung und namentlich die Zeitdauer und

---

229 **Bsp:** Bloß einseitige Kommunikation mit einer Partei, befangenheitsbegründende Aufnahme einer Privatgutachtertätigkeit trotz laufender gerichtlicher Begutachtung.
230 Vgl OLG Koblenz, MDR 2015, 118.
231 BGH, BGH-Report 2008, 140; KG, MDR 2010, 719; differenzierend: OLG Köln, MDR 2009, 1015.
232 OLG Düsseldorf, OLG-Report 2009, 820, mwN.

das Maß der Benutzung des Klagepatents ... durch die Beklagten entsprechend dem Urteil der Kammer vom ... AZ ... – vorausgesehen hätten.

Bei der Beantwortung der Beweisfrage soll der Sachverständige insbesondere zu folgenden Fragen Stellung nehmen:

- Welche allgemeine wirtschaftliche Bedeutung, wie sie
  - in einem möglicherweise festzustellenden verkehrsmäßig üblichen Wert der Benutzungsberechtigung an dem Patent,
  - in einer etwaigen Monopolstellung des Patentinhabers bzw seines ausschließlichen Lizenznehmers,
  - im Schutzumfang des Patents und
  - in den gegebenenfalls in Betracht kommenden technischen und wirtschaftlichen Alternativen zur erfindungsgemäßen Lösung

  zum Ausdruck kommt, hat das Klagepatent, und welche Betriebsvorteile haben die Verletzer durch seine Benutzung erzielt?

- In welchem Bereich liegt die Handels- oder Gewinnspanne, die üblicherweise bei Gegenständen der durch das Klagepatent geschützten Art für die Berechnung des Gewinns zugrunde gelegt wird, und in welchem Bereich liegen üblicherweise die Lizenzsätze auf dem hier in Rede stehenden Gebiet der Technik?

- Ist ein verkehrsmäßig üblicher Wert der Benutzungsberechtigung am Klagepatent und/oder an vergleichbaren Erfindungen feststellbar?

- Ist eine Verkehrsüblichkeit hinsichtlich der Berechnungsgrundlage – Wert der Gesamtvorrichtung ... oder Wert nur des patentierten Teils ... – für die Lizenzgebühr bei Gegenständen der geschützten Art feststellbar?

- Welche Berechnungsgrundlage – Wert der Gesamtvorrichtung ... oder Wert nur des patentierten Teils ... – wäre hier unter Berücksichtigung aller Umstände gewählt worden?

Sollte der Sachverständige zu dem Ergebnis gelangen, dass vernünftige Parteien hier als Bemessungsgrundlage die kleinere Einheit gewählt hätten, möge er gleichwohl dazu Stellung nehmen, welchen Lizenzsatz vernünftige Vertragsparteien bei Wahl der Gesamtvorrichtung als Bemessungsgrundlage vereinbart hätten.

bb) Entgangener Gewinn

Praxistipp	Formulierungsbeispiel

Es soll ein schriftliches Sachverständigengutachten dazu eingeholt werden,

ob und ggf welcher Gewinn der Klägerin wahrscheinlich dadurch entgangen ist, dass die Beklagte in der Zeit vom ... bis zum ... in der Bundesrepublik Deutschland patentverletzende Rohrschellen angeboten und vertrieben hat.

A. Vorbemerkungen:

Gemäß § 252 Satz 2 BGB ist derjenige Gewinn herauszugeben, der ohne die rechtswidrige Patentverletzung nach dem gewöhnlichen Lauf der Dinge oder nach den getroffenen Anstalten und Vorkehrungen *mit Wahrscheinlichkeit* erwartet werden konnte. Nach der gesicherten Rechtsprechung des BGH (NJW 2005, 3348 – isokratische Geräte) gelten in diesem Zusammenhang folgende Grundsätze:

142

1. Ist ersichtlich, dass der Gewinn mit Wahrscheinlichkeit erwartet werden konnte, dann wird vermutet, dass er gemacht worden wäre. Volle Gewissheit, dass der Gewinn gezogen worden wäre, ist nicht erforderlich. Insoweit dürfen an das Vorbringen eines selbständigen Unternehmers, ihm seien erwartete Gewinne entgangen, wegen der damit regelmäßig verbundenen Schwierigkeiten keine allzu strengen Anforderungen gestellt werden.

2. Geht es um die Markteinführung eines neu entwickelten Gerätes, ist die Wahrscheinlichkeitsprognose notwendig unsicher. Diesem Umstand muss dadurch Rechnung getragen werden, dass sich der Tatrichter seiner Aufgabe, auf der Grundlage des § 252 BGB iVm § 287 ZPO eine Schadensermittlung – notfalls unter Vornahme von Schätzungen – vorzunehmen, nicht vorschnell unter Hinweis auf die Unsicherheit möglicher Prognosen entziehen darf. Wird dem Geschädigten die Möglichkeit genommen, sein eigenes Produkt auf den Markt zu bringen, darf der Wahrscheinlichkeitsnachweis nicht schon deshalb als nicht geführt angesehen werden, weil sich eine *überwiegende* Wahrscheinlichkeit nicht feststellen lässt. Vielmehr liegt es in einem solchen Fall nahe, nach dem gewöhnlichen Lauf der Dinge von einem angemessenen Erfolg des Geschädigten beim Vertrieb auszugehen und auf dieser Grundlage die Prognose hinsichtlich des entgangenen Gewinns und des infolgedessen entstandenen Schadens anzustellen, wobei auch ein Risikoabschlag in Betracht kommen kann.

B. Hypothetischer Kausalverlauf:

1. Ist unter Berücksichtigung aller im Zeitpunkt der Patentverletzungshandlungen vorliegenden objektiven Umstände davon auszugehen, dass es der Klägerin ohne das rechtswidrige Angebot der Beklagten nach dem gewöhnlichen Lauf der Dinge wahrscheinlich gelungen wäre, über ihre tatsächlichen Verkäufe hinaus weitere ... (Patentgegenstände) abzusetzen?

2. Wenn ja: Welche Verkäufe (Stückzahlen) und welche Umsätze mit ... (Patentgegenständen) wären der Klägerin bei Berücksichtigung ihres damaligen Marktanteils in Deutschland *wahrscheinlich*[233] in der Zeit vom ... bis ... zusätzlich zu den tatsächlich erzielten Verkäufen gelungen?

C. Gewinnbetrag:

Sofern zusätzliche Verkäufe von ... (Patentgegenständen) in der Zeit vom ... bis ... in irgendeinem Umfang wahrscheinlich sind:

Welchen Gewinn hätte die Klägerin aus diesen Zusatzverkäufen erzielt?

Dh:

1. Zu welchen Verkaufspreisen hätten die ... (Patentgegenstände) der Klägerin wahrscheinlich abgesetzt werden können? Wären die von der Klägerin behaupteten Preiserhöhungen mutmaßlich am Markt durchsetzbar gewesen?

2. Welche Kosten pro Stück wären von den Verkaufserlösen abzuziehen gewesen?

cc) Verletzergewinn

Praxistipp	Formulierungsbeispiel
	Es soll das schriftliche Gutachten eines Sachverständigen dazu eingeholt werden, wie hoch der »Verletzergewinn« der Beklagten ist, den diese seit dem ... durch Herstellung und Vertrieb der aus der Rechnungslegung der Beklagten gemäß Anlage ... ersichtlichen ... (Verletzungsgegenstände) erzielt hat.

---

233 Zum Begriffsinhalt vgl oben unter A.

A. Vorbemerkung:

Zu ermitteln ist der Verletzergewinn nach folgender Formel:

$$\frac{\text{Umsatz}./.\text{Kosten}}{\text{Kausalanteil}}$$

B. Umsatz der Beklagten mit patentverletzenden Schwenkhebeln:

Welchen Umsatz hat die Beklagte in der Zeit vom ... bis zum ... in ihrem Geschäftsbetriebes mit den patentverletzenden ... erzielt?

C. Abzugsfähige Kosten:

1. Vorbemerkungen:

Nach der Rechtsprechung des Bundesgerichtshofs (GRUR 2001, 329 – Gemeinkostenanteil; GRUR 2007, 431 – Steckverbindergehäuse; Kopien liegen bei) sind bei der Feststellung des durch eine Schutzrechtsverletzung erzielten Verletzergewinns grundsätzlich nur diejenigen Kosten für die Fertigung, die Montage und den Absatz der schutzrechtsverletzenden Ware abzugsfähig, die auch im fingierten Betrieb des Verletzten aus Anlass der Patentverletzung zusätzlich entstanden wären (und nicht »sowieso«, dh auch ohne den patentverletzenden Gegenstand, vorhanden gewesen wären). Nicht abziehbar sind dementsprechend (a) solche Kosten, die unabhängig vom Umfang der Produktion und des Vertriebs durch die allgemeine Unterhaltung des Betriebes – dh »sowieso« – angefallen sind, sowie (b) Kosten, mit denen der unterstellte Betrieb des Verletzten – obwohl es sich nicht um »sowieso«-Kosten handelt – nicht ebenfalls belastet worden wäre.

Abzugsfähig sind hiernach zB:

(a) Die tatsächlichen Material- und Fertigungskosten für die Herstellung und Montage des verletzenden Produkts, (b) Kosten eines etwaigen Ausschusses und Materialschwundes, es sei denn, es handelt sich um Anlaufkosten, die dem Verletzten im unterstellten laufenden Betrieb nicht ebenfalls entstanden wären, (c) Kosten für die Anschaffung und Inbetriebnahme einer Maschine, die ausschließlich für die Herstellung der schutzrechtsverletzenden Ware verwendet worden ist, und zwar anteilig im Verhältnis des Verletzungszeitraumes zur mutmaßlichen Lebensdauer, (d) Aufwendungen für Personal, welches eigens für die Produktion oder den Vertrieb der verletzenden Gegenstände eingestellt und beschäftigt worden ist, (e) Kosten für im Rahmen der Fertigung verbrauchte Energie, einerlei, ob der Verbrauch konkret erfasst oder durch Schätzung ermittelt worden ist (nicht dagegen Kosten für die Instandhaltung der Energieanlagen und hierauf bezogene Abschreibungsbeträge), (f) Mieten für Fertigungs- bzw Lagerhallen, die ausschließlich für die Verletzungsform genutzt werden, (g) gewährte Skonti, (h) Verpackungs- und Frachtkosten, soweit sie ohne den verletzenden Gegenstand nicht angefallen wären, (i) Umsatzabhängige Versicherungskosten, (j) Umsatzabhängige Vertreterprovisionen.

Nicht abzugsfähig sind zB:

(a) Aufwendungen für Gehälter von Mitarbeitern, die sich auch mit anderen Produkten befassen, genauso wie Gehälter von Verwaltungsangestellten oder Geschäftsführern, (b) Maschinenkosten oder Lagerhallenmieten, soweit diese Kosten nicht ausschließlich auf die Verletzungsform zurückzuführen sind, (c) Allgemeine Marketingkosten, (d) Anlauf- und Entwicklungskosten für den patentverletzenden Gegenstand, weil sie dem Verletzten, für den eine bereits laufende Produktion fingiert wird, nicht entstanden wären, (e) Kosten für (zB infolge der Unterlassungsverpflichtung) nicht mehr veräußerbare Produkte, (f) Schadenersatzleistungen an Abnehmer.

2. Welche von der Beklagten geltend gemachten Kosten sind abzugsfähig und in welcher Höhe sind sie entstanden?

> **D. Erzielter Verletzergewinn:**
>
> Welchen Gewinn hat die Beklagte unter Berücksichtigung der Ausführungen unter B. und C. aus dem Vertrieb der patentverletzenden ... erzielt?
>
> **E. Kausalität:**
>
> Der Verletzergewinn gebührt der Klägerin nur in dem Maße, wie dessen Erzielung auf der Benutzung des Klagepatents – und auf keinen anderen Ursachen – beruht.
>
> Welche einzelnen Faktoren haben den Kaufentschluss derjenigen Abnehmer, die von der Beklagten die patentverletzenden ... bezogen haben, mutmaßlich beeinflusst?
>
> Welches Gewicht und welcher Stellenwert ist den einzelnen Kausalfaktoren im Verhältnis zueinander beizumessen?

b) Beweisanordnung zur Feststellung einer Miterfinderquote

Praxistipp	Formulierungsbeispiel

144 Es soll ein schriftliches Sachverständigengutachten zu der Frage eingeholt werden, ob der Kläger mit seinem Technischen Bericht vom ... einen schöpferischen Beitrag zu dem deutschen Patent ... (Streitpatent)[234] geleistet hat und wie hoch dieser Beitrag – gemessen an der Gesamterfindung des Streitpatents und dem Beitrag der Beklagten – zu veranschlagen ist.

---

234 Handelt es sich bei dem Vindikationsgegenstand um eine Patentanmeldung, ist nicht zu klären, ob der Gegenstand der Vindikationsanmeldung patentfähig, dh insbesondere erfinderisch ist. Diese Frage ist ausschließlich in dem laufenden Patenterteilungsverfahren vor dem Deutschen/Europäischen Patentamt zu entscheiden (BGH, GRUR 2011, 903 – Atemgasdrucksteuerung). Vielmehr geht es darum, den Anmeldungsgegenstand – so wie er ist, mag er nun Erfindungshöhe besitzen oder auch nicht – zwischen den Parteien entsprechend ihren beiderseitigen Beiträgen zu dem Anmeldungsgegenstand aufzuteilen. Maßgeblich sind insoweit nicht nur die Patentansprüche, sondern der gesamte Offenbarungsgehalt der Anmeldeschrift, was dazu zwingt, ggf auch überschießende Inhalte des Beschreibungstextes zu würdigen, es sei denn, sie gingen über denjenigen Gegenstand hinaus, für den Schutz begehrt wird (BGH, GRUR 2011, 903 – Atemgasdrucksteuerung). Daraus ergeben sich folgende Fragestellungen:
1. Schritt: In welchen Patentansprüchen bzw in welchen Teilen von Patentansprüchen der Vindikationsanmeldung haben die technischen Vorschläge des Klägers gemäß den Anlagen ... ihren Niederschlag gefunden?
Da es um die Verteilung des Anmeldungsgegenstandes geht, ist der Kläger nicht auf die (typischerweise ohnehin nur vorläufige) Anspruchsfassung der Anmeldeschrift oder des aktuellen Prüfungsverfahrens (Hauptanspruch und Unteransprüche) beschränkt, sondern kann im Rahmen der Ursprungsoffenbarung auch selbst einen Anspruchssatz formulieren, wenn er glaubt, dadurch besser denjenigen Fortschritt zu erfassen, der den (gemeinsamen) Anmeldungsgegenstand vom vorbekannten Stand der Technik abhebt (OLG Düsseldorf, Beschluss v 25.11.2010 und Urteil v 22.12.2011 – I-2 U 15/04).
2. Schritt: Wenn diejenigen Beiträge des Klägers, die mit den Anlagen ... zu dem Anmeldungsgegenstand geleistet worden sind, mit den übrigen auf den Beklagten zurückgehenden technischen Anweisungen der Vindikationsanmeldung abwägend verglichen werden: Welcher prozentuale Anteil an dem Anmeldungsgegenstand gebührt dann dem Kläger und welcher prozentuale Anteil an dem Anmeldungsgegenstand gebührt dem Beklagten?
Folgende Gesichtspunkte sind dabei zu beachten: Erstens: Die Abwägung hat in wertender Betrachtung stattzufinden. Zweitens: Es ist zu prüfen, in welchen technischen Beiträgen – ausgehend vom vorbekannten Stand der Technik und unter Berücksichtigung des allgemeinen Wissens und Könnens eines Durchschnittsfachmanns am Prioritätstag – die größere gedankliche Leistung zutage tritt – in den Vorschlägen des Klägers (Anlagen ...) oder in den Vorschlägen des Beklagten. Drittens: Mit der Feststellung, dass eine bestimmte technische Maßnahme als solche vorbekannt war, ist nicht abschließend etwas gewonnen. Zum einen kann auch in der Kombination von für sich allesamt

Im Rahmen seines Gutachtens soll der Sachverständige zu folgenden Einzelfragen Stellung nehmen:

A.

Die im deutschen Patent ... unter Schutz gestellte Lehre zum technischen Handeln:

1. Welchen Ausbildungsstand und welche beruflichen Erfahrungen hatten im Prioritätszeitpunkt (... – Tag der Anmeldung des Streitpatents beim Deutschen Patentamt) diejenigen Personen, die sich in der Praxis mit der Entwicklung von Neuerungen befasst haben, wie sie Gegenstand des Streitpatents sind?

   Anmerkung: Bei der Beantwortung aller nachfolgenden Fragen ist auf das durchschnittliche Wissen und Können dieser Fachleute im Prioritätszeitpunkt abzustellen.

2. Welches technische Problem löst die im Patentanspruch des Streitpatents unter Schutz gestellte Lehre?

   Anmerkung: Die technische und wirtschaftliche Bedeutung des dem Streitpatent zugrunde liegenden Problems und die in der Streitpatentschrift erwähnten technischen Begriffe und Vorgänge sind für einen technischen Laien verständlich zu erläutern.

3. Welche Lehre zur Lösung des zu 2. genannten Problems enthält der durch die Beschreibung erläuterte Patentanspruch?

   Anmerkung: Es empfiehlt sich, die im Patentanspruch gegebene technische Lehre in einzelne Merkmale zu gliedern. Sofern der Sachverständige keine Bedenken hat, kann er seinen weiteren Erörterungen die nachfolgende Merkmalsgliederung zugrunde legen:

   ...

   Für das Verständnis der Merkmale eines Patentanspruchs ist nicht von einer rein philologischen Betrachtung auszugehen. Vielmehr kommt es darauf an, welchen technischen Sinngehalt der Durchschnittsfachmann (siehe a)) den Merkmalen des Patentanspruchs bei Berücksichtigung

   1. des Inhalts der Patentbeschreibung und der Patentzeichnungen,
   2. des in der Patentschrift gewürdigten Standes der Technik sowie
   3. seines allgemeinen Fachwissens am Prioritätstag entnommen hat.

   Der Patentanspruch darf dabei nicht auf die konkret beschriebenen und gezeichneten Ausführungsbeispiele beschränkt werden, die den im Patentanspruch mit allgemeinen Merkmalen umschriebenen Erfindungsgedanken eben nur exemplarisch – und nicht abschließend – erläutern. Ebenso wenig darf unbesehen auf den allgemeinen technischen Sprachgebrauch auf dem betreffenden Fachgebiet zurückgegriffen werden. Jedes Patent bildet vielmehr sein eigenes Lexikon für das Verständnis der in seinen Patentansprüchen verwendeten Begriffe. Der Sprachgebrauch des Patents kann – er muss aber nicht – mit dem allgemein gebräuchlichen Begriffsverständnis übereinstimmen. Die Merkmale eines Patentanspruchs sind dementsprechend nach Maßgabe des Sprachgebrauchs der jeweiligen Patentschrift zu verstehen und *funktionsorientiert* so zu interpretieren, wie es die ihnen im Rahmen der Aufgabenlösung zugedachte technische Funktion verlangt.

B.

---

bekannten Maßnahmen eine (sog. Kombinations-)Erfindung liegen; zum anderen ist auch bei Vorliegen von insgesamt nur bekannten Maßnahmen, die auch zusammengenommen keine Erfindungshöhe besitzen, eine Quotelung des Anmeldungsgegenstandes vorzunehmen. Es kommt darauf an, welche der jeweils zum Anmeldungsgegenstand beigesteuerten Maßnahmen aus der Sicht des Durchschnittsfachmanns am Prioritätstag die größere schöpferische Leistung darstellt.

Kenntnisstand der Fachwelt zur Zeit des Technischen Berichts des Klägers vom ...:

Welche Kenntnisse besaß der Durchschnittsfachmann (siehe A.1.) am ..., dh vor dem Technischen Bericht des Klägers, in Bezug auf ...?

Welches konkrete Wissen ergab sich aus welcher der im Verfahren befindlichen Druckschrift des Standes der Technik, insbesondere aus ...:

Welche Lösungsmerkmale des Patentanspruchs (siehe A.3.) waren demnach aus dem Stand der Technik[235] nicht bekannt?

C.

Offenbarungsgehalt des Technischen Berichts des Klägers vom ...:

1. Welche Informationen hat der Durchschnittsfachmann (siehe A.1) dem Technischen Bericht des Klägers vom ... entnommen?

2. Gehen die mit dem Technischen Bericht vermittelten Kenntnisse über den bei ihrer Abfassung gegebenen Stand der Technik hinaus? Wenn ja, in welcher Hinsicht?

3. War das sich aus dem Technischen Bericht des Klägers für einen Durchschnittsfachmann ergebende Wissen notwendig, um zu der technischen Lehre des Streitpatents (siehe A.3.) zu gelangen? Inwiefern und weshalb?

D.

Mitberechtigungsquote des Klägers an der Erfindung des Streitpatents:

1. *Vorbemerkung:*

   Ob dem Kläger eine Mitberechtigung[236] an dem Streitpatent einzuräumen ist und wie hoch der Bruchteil der Mitberechtigung zu bemessen ist, hängt von seinem Anteil an der im Streitpatent unter Schutz gestellten Erfindung ab. Als Beurteilungskriterium ist hierfür seine Beteiligung an der erfinderischen Leistung heranzuziehen, die in dem Gegenstand des deutschen Patents ... zum Ausdruck kommt. Ausschlaggebend für die Aufteilung des Patents ist das Gewicht, das den Einzelbeiträgen der an der Erfindung Beteiligten – vom Stand der Technik und vom Können des Durchschnittsfachmanns her betrachtet – im Verhältnis zueinander und im Verhältnis zu der erfinderischen Gesamtleistung zukommt. Ein Beitrag braucht, um eine Mitberechtigungsquote zu rechtfertigen, nicht selbständig erfinderisch zu sein. Es ist also nicht erforderlich, dass er für sich allein betrachtet alle Voraussetzungen einer patentfähigen Erfindung erfüllt. Nur solche Beiträge, die den Gesamterfolg nicht beeinflusst haben, also unwesentlich in Bezug auf die Lösung sind, begründen keine Miterfinderschaft.

2. *Fragestellung:*

   Im Streitfall sind deswegen folgende Fragen zu klären:

   a) Welchen Einzelbeitrag hat der Kläger mit seinem Technischen Bericht vom ... zu der Erfindung des Streitpatents (siehe A.3.) beigesteuert?

   b) Worin (dh in welchen Merkmalen des Patentanspruchs) besteht demgemäß der Beitrag der Beklagten?

   c) Waren die auf die Beklagten zurückgehenden Lösungsmerkmale durch den Stand der Technik – ggf durch welche Druckschrift(en)? – vorgegeben oder nahe gelegt?

---

235 Jede Druckschrift ist einzeln mit der technischen Lehre des Streitpatents zu vergleichen.
236 Ggf sogar die alleinige Berechtigung.

> Oder waren eigene (möglicherweise erfinderische) Überlegungen notwendig, um – auf der Grundlage des Technischen Berichts des Klägers und des sonstigen, einem Durchschnittsfachmann zur damaligen Zeit zur Verfügung stehenden Fachwissens – zu den von den Beklagten aufgefundenen Lösungsmerkmalen des Streitpatents zu gelangen?
>
> d) Welches Gewicht besitzt – ausgehend vom Stand der Technik im ... – der Beitrag des Klägers zum Streitpatent
>   - im Vergleich zu der Leistung der Beklagten (siehe b und c) und
>   - im Verhältnis zu der erfinderischen Gesamtleistung, die das Streitpatent ausmacht?

II. Zeugenbeweis

Ein in der gerichtlichen Praxis häufiges, aber genauso unzuverlässiges Beweismittel ist der Zeugenbeweis. Im Patentverletzungsprozess kommt er vor allem beim Vorbenutzungsrecht und im Vindikationsprozess zum Zuge. Von ihm kann wegen **Ungeeignetheit** nur dann abgesehen werden, wenn es völlig ausgeschlossen ist, dass die Vernehmung der benannten Zeugen sachdienliche Erkenntnisse erbringen kann, wozu weder die Unwahrscheinlichkeit der Tatsache noch die Unwahrscheinlichkeit ihrer Wahrnehmung durch den Zeugen ausreichen.[237] Einer Zeugenvernehmung bedarf es selbstverständlich auch dann nicht, wenn die Partei darauf **verzichtet** hat, wobei ein solcher Verzicht angenommen worden ist, wenn sich die Partei zu einer Anfrage des Gerichts, ob an der angebotenen Vernehmung des Zeugen festgehalten wird, nachdem die ein den Zeugen betreffendes Vernehmungsprotokoll enthaltende Strafakte beigezogen worden ist, nicht erklärt.[238] Einige weitere Punkte sollen an dieser Stelle im Detail angesprochen werden:

1. Vier-Augen-Gespräch

Der Grundsatz der Waffengleichheit, der Anspruch auf rechtliches Gehör sowie das Recht auf Gewährleistung eines fairen Prozesses und eines wirkungsvollen Rechtsschutzes erfordern es, dass einer Partei, die für ein Vier-Augen-Gespräch keinen Zeugen hat, Gelegenheit gegeben wird, ihre Darstellung des Gesprächs in den Prozess persönlich einzubringen. Diese Regeln gelten auch dann, wenn es sich um ein Sechs-Augen-Gespräch handelt, bei dem der einzige zur Verfügung stehende Zeuge im Lager des Prozessgegners steht.[239] Solches ist etwa der Fall, wenn der Zeuge als Vertreter der gegnerischen Partei tätig geworden ist[240], eine »Lagersituation« ergibt sich aber nicht allein schon daraus, dass der Zeuge bei der gegnerischen Partei beschäftigt ist und von daher ein grundsätzliches Interesse an einem seinem Arbeitgeber günstigen Ausgang des Rechtsstreits hat[241]. Besteht nach dem Gesagten ein Recht der in Beweisnot befindlichen Partei, ihre Sicht der Tatsachen persönlich in den Prozess einzubringen, so ist sie entwe-

---

237 BGH, MDR 2019, 302; BGH, NJW-RR 2021, 861.
238 OLG Dresden, MDR 2019, 57, bedenklich.
239 BGH, NJW 2013, 2601; BGH, GRUR 2016, 1291 – Geburtstagskarawane.
240 BGHZ 186, 152.
241 BGH, GRUR 2016, 1291 – Geburtstagskarawane.

der förmlich als Partei zu vernehmen (§ 448 ZPO[242]) oder anzuhören (§ 141 ZPO). Dessen bedarf es nicht mehr, wenn die (zu vernehmende oder anzuhörende) Partei bei oder nach einer Zeugenvernehmung vor Gericht persönlich anwesend war und aufgrund dessen die – von ihr nicht genutzte – Möglichkeit hatte, den Zeugen zu befragen oder ihre Darstellung vom Verlauf des streitigen Gesprächs durch eine Wortmeldung gemäß § 137 Abs 4 ZPO vorzutragen.[243]

2. Vorbereitung einer Zeugenvernehmung

147 Wie bei einem Sachverständigen-Anhörungstermin versteht es sich von selbst, dass auch die Vernehmung eines Zeugen von Seiten des Gerichts und von Anwaltsseite vorbereitet werden will. Die Detailfragen zum Beweisthema und ihre Reihenfolge haben einer inneren Logik zu folgen; welche Vorhalte gemacht werden, sollte vorab ebenso festgelegt sein wie klar sein muss, mit welchen Unterlagen der Zeuge zu welchem Zeitpunkt konfrontiert werden soll. All das wird in der Praxis grundsätzlich beherzigt.

148 Ein wichtiger Fehler wird auf Anwalts- oder Parteiseite aber immer wieder gemacht. Er liegt darin, dass vor dem Verhandlungstermin persönlich Kontakt zu dem (meist eigenen) Zeugen aufgenommen wird. Schon ein gemeinsames Abendessen am Vorabend des Verhandlungstermins schadet nachhaltig seiner Glaubwürdigkeit; erst recht ist das gemeinsame »**Üben« mit dem Zeugen** in der Anwaltskanzlei des Beweisführers tabu.

3. Beeidigung

149 Im Anschluss an seine Aussage ist ein Zeuge zu beeidigen, wenn das Gericht dies mit Rücksicht auf die Bedeutung der Aussage oder zur Herbeiführung einer wahrheitsgemäßen Aussage für geboten erachtet und die Parteien auf die Beeidigung nicht verzichten (§ 391 ZPO). Für den Zeugen erhöht eine Beeidigung das strafrechtliche Verfolgungsrisiko, weil ein Meineid mit einer Freiheitsstrafe von mindestens einem Jahr geahndet wird. Ist das Gericht bereits davon überzeugt, dass der Zeuge die Unwahrheit gesagt hat, muss es von einer Beeidigung absehen, weil der Zeuge vom Gericht nicht in eine (weitere) Straftat gedrängt werden darf. Ist das Gericht hingegen noch nicht zu einer dahingehenden Überzeugung gelangt, sondern hält es eine Falschaussage bloß für möglich, kann die Beeidigung stattfinden, ohne dass das Gericht danach daran gehindert wäre, dem Zeugen trotz des von ihm geleisteten Eides keinen Glauben zu schenken.

Praxistipp	Formulierungsbeispiel
150 Zum Schutz des Zeugen davor, in der gegebenen Aussagesituation voreilig einen Meineid zu leisten, empfiehlt es sich, eine Beeidigungsanordnung nicht direkt im Anschluss an die Zeugenaussage zu vollziehen, sondern einen **separaten**, ein oder zwei Wochen später liegenden **Beeidigungstermin** anzuberaumen. Bis dahin besteht nicht nur die Möglichkeit, das Vernehmungsprotokoll schriftlich niederzulegen und dem Zeugen vor seiner Beeidigung zur Lektüre zu überlassen (was die spätere Tatsachenfeststellung im Strafprozess gegen ihn	

---

242 Zuvor müssen alle angebotenen Beweise ausgeschöpft worden sein und keinen vollständigen Beweis erbracht haben; außerdem muss die beweisbelastete Partei alle ihr zumutbaren Zeugenbeweise angetreten haben, wozu allerdings nicht gehört, dass eine im gegnerischen Lager stehende Person als Zeuge angeboten oder gar die Parteivernehmung des Gegners beantragt wird (BGH, MDR 2020, 237).
243 BVerfG NJW 2008, 2170; BGH, GRUR 2016, 1291 – Geburtstagskarawane.

> erleichtert), sondern bewirkt eine Bedenkzeit, die oft in der Weise heilsam ist, dass mancher Zeuge von seiner Falschaussage doch noch abrückt, wenn er Gelegenheit hat, die persönlichen Konsequenzen in Ruhe zu bedenken.

4. Besetzungswechsel

Ein Wechsel in der Besetzung des Prozessgerichts nach einer Beweisaufnahme (Zeugeneinvernahme) erfordert nicht unbedingt eine Wiederholung der Beweiserhebung durch die aktuelle Spruchbesetzung. Die früheren Aussagen können vielmehr im Wege des **Urkundenbeweises** verwertet werden, was es allerdings verbietet, für die Beweiswürdigung auf Glaubwürdigkeitsgesichtspunkte abzustellen, die nicht Protokollinhalt geworden sind.[244] Anderes (im Sinne einer nochmaligen Vernehmung) ist allerdings angezeigt, wenn es für die Beweiswürdigung entscheidend auf Glaubwürdigkeitsgesichtspunkte ankommt, die einen persönlichen Eindruck der Spruchrichter von den Zeugen erfordern. Hat die erste Instanz von der Würdigung der Aussagen der von ihr vernommenen Zeugen und der Erörterung der Glaubwürdigkeit der Zeugen ganz abgesehen, kann in der Berufungsinstanz der Zeugenbeweis durch die Verwertung der Niederschrift der erstinstanzlichen Zeugenvernehmung nur ersetzt werden, wenn der persönliche Eindruck, den der Zeuge bei seiner Vernehmung hinterließ oder bei einer erneuten Vernehmung hinterlassen würde, für die Würdigung seiner Aussage nicht entscheidend ist.[245] Anderenfalls hat eine Wiederholung der Beweisaufnahme zu erfolgen.[246]

151

5. Schriftliche Zeugenerklärung

Einer Partei steht es grundsätzlich frei, zum Nachweis einer Behauptung einen Dritten nicht als Zeugen zu benennen, sondern sich stattdessen im Wege des Urkundenbeweises auf seine in einem anderen Verfahren protokollierte Aussage oder auf eine von ihm gefertigte schriftliche Erklärung zu berufen. Das gilt auch dann, wenn die Erklärung eigens zur Vorlage im anhängigen Rechtsstreit gegenüber der betreffenden Partei oder ihren Prozessvertretern gefertigt worden ist. Der möglicherweise geringere Beweiswert im Vergleich zum Zeugenbeweis, der sich etwa aus der fehlenden Möglichkeit von Nachfragen und Vorhalten sowie daraus ergibt, dass die Glaubwürdigkeit des Erklärenden vom Gericht schlechterdings nicht beurteilt werden kann, ist im Rahmen der Beweiswürdigung zu berücksichtigen.[247] Hierbei ist im Allgemeinen davon auszugehen, dass der Beweiswert einer Urkunde gering ist, wenn sie die nicht in einem formellen Verfahren gewonnene, sondern gegenüber einer Partei gemachte Äußerung eines Zeugen wiedergibt.[248] Dieser Gesichtspunkt rechtfertigt es aber (weil anderenfalls eine unzulässige vorweggenommene Beweiswürdigung stattfinden würde) nicht, die Urkunde von vornherein unberücksichtigt zu lassen, weil sie nur zur Vorlage bei Gericht erstellt und die erklärende Person nicht als Zeuge benannt worden ist.[249]

152

Anders liegt die Situation, wenn der Gegner der die schriftliche Zeugenerklärung vorlegenden Partei zum Zwecke des Gegenbeweises die Vernehmung des Erklärenden als

153

---

244 OLG Düsseldorf, Urteil v 13.9.2018 – I-15 U 52/17.
245 BGH, MDR 2021, 897.
246 BGH, MDR 2021, 897.
247 BGH, GRUR 2021, 574 – Kranarm.
248 BGH, GRUR 2021, 574 – Kranarm.
249 BGH, GRUR 2021, 574 – Kranarm.

Zeugen anbietet. Hier – und nur hier – kann die schriftliche Erklärung oder die in einem anderen Verfahren protokollierte Aussage die Vernehmung des Zeugen nicht ersetzen.[250]

III. Fotobeweis

154 Das Verbot in **Allgemeinen Messebedingungen**, ohne vorherige Zustimmung der Messeleitung Fotoaufnahmen anzufertigen, führt jedenfalls dann zu keinem Beweisverwertungsverbot, wenn der Fotografie des Verletzungsgegenstandes ein erheblicher objektiver Beweiswert zukommt, die Messe öffentlich zugänglich war und der betreffende Aussteller selbst keine eigenen Schutzvorkehrungen getroffen hat.[251]

IV. Beweislastentscheidung

155 Eine Beweislastentscheidung zum Nachteil desjenigen, dem es im Rechtsstreit obliegt, die betreffende Tatsache nachzuweisen, ist als ultima ratio erst dann zulässig, wenn das Gericht *alle* zulässigen Beweismöglichkeiten ohne Erfolg ausgeschöpft hat, weitere Feststellungen nicht mehr möglich erscheinen und das Gericht aufgrund des gegebenen Sach- und Beweisstandes außerstande ist, sich eine Überzeugung von der maßgeblichen Tatsache zu bilden.[252] Das Gericht darf eine beweisbelastete Partei daher nicht allein wegen einer nach Nichtzahlung eines Auslagenvorschusses (§ 379 ZPO) oder nach Versäumung einer Ausschlussfrist (§ 356 ZPO) fehlenden Möglichkeit des Sachverständigenbeweises als beweisfällig ansehen, sondern muss versuchen, vor Erlass einer Entscheidung zunächst die beweiserhebliche Frage in anderer Weise aufgrund des bereits vorhandenen oder gegebenenfalls anzuregenden Parteivortrags und der verfügbaren Beweismittel zu klären.[253] Dies gilt auch dann, wenn die Beweisaufnahme durch Sachverständigenbegutachtung aus einem anderen Grund ganz oder teilweise unterbleiben muss, der aus der Sphäre des Beweisbelasteten stammt (etwa wegen dessen Weigerung, bestimmte Vorarbeiten zu gestatten, die eine sachverständige Aufklärung erst möglich machen).[254]

V. Streitwert[255]

1. Bedeutung

156 Da die sachliche Zuständigkeit in Patentstreitsachen streitwertunabhängig geregelt ist[256], besitzt der Gegenstandswert Bedeutung allein für die gerichtlichen und außergerichtlichen Gebühren. Nach ihm richtet sich insbesondere der vom Kläger gemäß § 6 Abs 1 Nr 1, § 12 Abs 1 GKG einzuzahlende Gerichtskostenvorschuss.[257]

---

250 BGH, GRUR 2021, 574 – Kranarm.
251 OLG Düsseldorf, Urteil v 13.9.2018 – I-15 U 52/17.
252 BGH, MDR 2019, 628.
253 BGH, MDR 2019, 628.
254 BGH, MDR 2019, 628.
255 Stephan, Streitwertermittlung, 2015.
256 § 143 Abs 1 PatG.
257 Von der Vorschusspflicht ausgenommen sind Arbeitnehmererfindersachen (§ 12 Abs 2 Nr 3 GKG), Anträge auf Erlass einer einstweiligen Verfügung (weil § 12 Abs 1 GKG die Vorschusspflicht nur für »Klagen« anordnet) und die Einlegung von Rechtsmitteln (aber nicht: Klageerweiterungen in der Rechtsmittelinstanz, § 12 Abs 1 Satz 2 GKG).

2. Festsetzung

Der Streitwert ist vom Gericht gemäß § 51 Abs 1 GKG nach **freiem Ermessen** festzusetzen. Maßgeblich ist das wirtschaftliche Interesse, das der Kläger mit seiner Klage *objektiv* verfolgt, wobei es auf die Verhältnisse bei Klageeinreichung (beim Streitwert für ein Rechtsmittelverfahren auf die Gegebenheiten bei Rechtsmitteleinlegung) ankommt (§ 40 GKG). Generalpräventive Überlegungen haben im Rahmen der Streitwertfestsetzung keinen Platz.[258] Eine Klageerweiterung wirkt mit ihrer Anhängigkeit streitwerterhöhend, unabhängig davon, ob der Erweiterungsschriftsatz nachfolgend noch zugestellt wird oder nicht.[259] **157**

Keine Streitwertfestsetzung kommt für einen **außergerichtlichen Vergleich** in Betracht, selbst wenn die verglichenen Ansprüche Gegenstand eines Gerichtsverfahrens waren.[260] Gleiches gilt, wenn die **Klage** im Verlaufe des Verfahrens **zum Teil zurückgenommen** wird; hier verbietet sich im Allgemeinen eine zeitlich gestaffelte Wertfestsetzung, weil die ursprünglich höhere Klageforderung den Streitwert für das gesamte Verfahren vorgibt (§§ 39, 40 GKG).[261] **158**

Soweit der Streitwert für die Gerichtsgebühren keine Bedeutung hat, weil entweder überhaupt keine Gerichtsgebühren anfallen oder wo diese als **Festbeträge** vorgesehen sind, ist eine Festsetzung von Amts wegen unzulässig.[262] Zu ihr bedarf es vielmehr eines – hinreichend spezifizierten[263] – Parteiantrages.[264] **159**

a) Bemessungsregeln für den Verletzungsprozess

aa) Mehrere Streitgegenstände

Werden in *einer* Klage *mehrere* Schutzrechte – kumulativ oder im Eventualverhältnis – geltend gemacht, so hat jedes Schutzrecht seinen eigenen Wert und die Werte sind für die Streitwertfestsetzung zu addieren, soweit über die einzelnen Schutzrechte eine gerichtliche Entscheidung ergeht (§ 45 Abs 1 Satz 2 GKG). Dies gilt nicht nur dann, wenn die anhängig gemachten Schutzrechte einen unterschiedlichen technischen Inhalte (dh voneinander abweichende Anspruchswortlaute) haben, die mit den Klageanträgen aufgegriffen werden, sondern gleichermaßen dann, wenn aus den mehreren Schutzrechte ein einheitliches Klagebegehren hergeleitet wird (zB dergestalt, dass ein weiter gefasstes Gebrauchsmuster lediglich im Umfang des parallelen, enger gefassten Patents geltend gemacht wird).[265] Dieselbe additive Betrachtung ist maßgeblich, wenn ein – divergierendes oder auch gleiches – Rechtsschutzziel auf ein gewerbliches Schutzrecht und einen Vertrag gegründet wird.[266] **160**

bb) Unterlassungsanspruch

Ist Gegenstand des Verfahrens – wie meist – ein **Unterlassungsanspruch**, ist entscheidend, mit welchen **Nachteilen** der Kläger **bei** einer **Fortsetzung des beanstandeten** patentverletzenden **Verhaltens** rechnen muss. Die Streitwertfestsetzung hat insoweit dem Umstand Rechnung zu tragen, dass das Rechtsschutzziel nicht in einer Sanktion **161**

---

258 BGH, GRUR 2016, 1275 – Tannöd; OLG Schleswig, GRUR-RR 2010, 126 – Nutzung von Kartografien; OLG Celle, GRUR-RR 2012, 270 – Unterlassungsstreitwert.
259 OLG Düsseldorf, OLG-Report 2009, 338.
260 OLG Karlsruhe, MDR 2015, 1095.
261 OLG München, MDR 2017, 243.
262 OLG Nürnberg, MDR 2019, 61.
263 Vgl oben Kap H Rdn 175.
264 OLG Nürnberg, MDR 2019, 61; aA: OLG Karlsruhe, MDR 2009, 587.
265 BGH, Beschluss v 28.6.2017 – I ZR 167/15.
266 BGH, Beschluss v 28.6.2017 – I ZR 167/15.

für den oder die bereits vorliegenden, die Wiederholungsgefahr begründenden Verstöße besteht, sondern dahin geht, den Kläger vor künftigen Verletzungshandlungen zu bewahren. Das Interesse an der Rechtsverfolgung richtet sich demgemäß weniger nach dem mit der begangenen Zuwiderhandlung verbundenen wirtschaftlichen Schaden der Partei; ausschlaggebend ist vielmehr das wirtschaftliche Interesse an einer Abwehr der mit *weiteren* Verstößen verbundenen Nachteile. Von Bedeutung ist in diesem Zusammenhang zunächst die bei Klageerhebung noch gegebene Restlaufzeit des Klagepatents. Zu berücksichtigen sind darüber hinaus einerseits die Verhältnisse beim Kläger (wie dessen Umsatz, Größe und Marktstellung), die Aufschluss über den voraussichtlich drohenden Schaden aus der behaupteten Patentverletzung geben, andererseits Art, Ausmaß und Schädlichkeit der Verletzungshandlung sowie die Intensität der Begehungs- oder Wiederholungsgefahr.[267] Handelt es sich bei der Verletzungshandlung erkennbar um einen singulären Einzelfall ohne die ernstliche Gefahr der Wiederholung, kann sich auch in Patentverletzungssachverhalten ein sechsstelliger Streitwert verbieten.[268] Andererseits rechtfertigt der Umstand, dass der Kläger kartellrechtlich zu einer Benutzungsgestattung an den Beklagten verpflichtet ist, keine Herabsetzung des Streitwertes, selbst dann nicht, wenn er gegenüber der Kartellbehörde zugesagt hat, für eine Übergangszeit (zB 5 Jahre) keine Unterlassungsverfügungen mehr gegen lizenzwillige Wettbewerber zu erwirken.[269] Denn der Kläger hat mit seiner Verpflichtungszusage nicht auf Rechte aus dem Patent verzichtet (was wertmindernd zu berücksichtigen wäre), sondern (wertneutral) bloß eine bestimmte Art und Weise der Geltendmachung dieser Rechte zugesagt.

162 Der Unterlassungsanspruch gegen jeden Beklagten hat einen selbständigen Wert, wobei bei einer Inanspruchnahme einer **juristischen Person und** ihres **Geschäftsführers** im Allgemeinen der Anspruch gegen das Vertretungsorgan deutlich geringer zu bemessen ist.[270] Im Zweifel ist eine Aufteilung im Verhältnis 70:30 angemessen.[271] Das gilt auch in Fällen einer negativen Feststellungsklage. Etwas anderes gilt, wenn die eigentliche Gefahr vom Geschäftsführer ausgeht, zB weil er Alleingesellschafter und deshalb damit zu rechnen ist, dass er die Rechtsverletzungen im Falle einer Verurteilung seines Unternehmens unter anderer Firma fortsetzt.

163 Dem Interesse des Klägers an der Unterlassungsverurteilung entspricht in der Regel die **Beschwer** des Beklagten, der das Unterlassungsurteil anficht.[272] Dabei macht es keinen Unterschied, ob der Beklagte lediglich in tatsächlicher Hinsicht bestreitet, eine bestimmte Verletzungshandlung begangen zu haben, oder ob die Parteien zusätzlich auch darüber streiten, ob der behauptete Sachverhalt die Tatbestandsvoraussetzungen der Verbotsnorm erfüllt.[273]

164 Neben dem Unterlassungsanspruch hat der Anspruch auf **Urteilsveröffentlichung** (als Folgenbeseitigungsanspruch) einen eigenständigen Wert, der zu dem Wert des Unterlassungsantrages hinzuzurechnen ist.[274] Seine Bemessung erfolgt nach § 3 ZPO vom Gericht nach freiem Ermessen, wobei es nicht auf die vom Beklagten aufzubringenden Kosten der Urteilsveröffentlichung ankommt, sondern auf das Beseitigungsinteresse des Klägers abzustellen ist.[275]

---

267 BGH, GRUR 2014, 206 – Einkaufskühltasche.
268 BGH, GRUR 2014, 206 – Einkaufskühltasche.
269 BGH, Beschluss v 28.10.2014 – X ZR 93/13.
270 OLG Hamburg, MDR 2013, 1240; OLG München, Beschluss v 10.1.2017 – 6 W 2094/16; aA: OLG Hamm, GRUR-RR 2016, 383 – Streitwert bei parallelem Vorgehen.
271 OLG Düsseldorf, Urteil v 15.5.2014 – I-2 U 27/13.
272 BGH, GRUR 2013, 1067 – Beschwer des Unterlassungsschuldners.
273 BGH, GRUR 2013, 1067 – Beschwer des Unterlassungsschuldners.
274 BGH, MDR 2016, 1282.
275 BGH, K & R 2022, 194.

cc) Auskunftsanspruch

Ein **Anspruch auf Auskunft/Rechnungslegung** ist mit dem Interesse des Gläubigers zu bemessen, das dieser an der begehrten Auskunft/Rechnungslegung hat (die ihm zB eine Bezifferung seines Zahlungsanspruchs ermöglicht). Der Wert des zu beziffernden Leistungsanspruchs bildet insoweit einen wichtigen Anhaltspunkt, wobei die Auskunft üblicherweise mit einem Bruchteil von 10 – 25 % angesetzt wird.[276] Der Bruchteil ist dabei umso höher anzusetzen, je geringer die Kenntnisse des Klägers von den zur Begründung des Leistungsanspruchs maßgeblichen Tatsachen sind.[277] Die patentrechtliche Praxis, bei der der vorzubereitende Zahlungsanspruch im Wege der Feststellungsklage geltend gemacht wird, verfährt anders. Im Allgemeinen ist der auf die Rechnungslegung entfallende Streitwertanteil höher zu bemessen als derjenige Anteil am Gesamtstreitwert, der auf die Schadenersatzfeststellung entfällt, weil der Gläubiger für die Bezifferung seines Anspruchs auf Schadenersatz – und damit für dessen tatsächliche Durchsetzung – entscheidend auf die Rechnungslegungsangaben des Schuldners angewiesen ist. Ohne diese Auskünfte ist die Schadenersatzfeststellung wirtschaftlich weitgehend wertlos und praktisch nur für die Verjährungsunterbrechung relevant.[278] Dies rechtfertigt es, den Rechnungslegungsanspruch, sofern keine Besonderheiten[279] gegeben sind, mit dem doppelten Betrag anzusetzen, der dem Schadenersatzfeststellungsantrag zugemessen wird.[280] Richtet sich die Klage gegen das Unternehmen und dessen Geschäftsführer, ist im Zweifel der Streitwert für die Ansprüche gegen das Vertretungsorgan mit einem Bruchteil (30 %) des Streitwertes für die Ansprüche gegen die juristische Person zu bemessen.[281]

165

Der Wert des Anspruchs auf **Abgabe einer eidesstattlichen Versicherung** entspricht im Zweifel dem Wert für die Erteilung der vorausgegangenen Auskunft, deren Richtigkeit in Zweifel steht.[282]

166

Geht es um die Bewertung der **Beschwer** eines Rechtsmittels[283] gegen die Verurteilung zur Auskunft, ist auf den Aufwand an Zeit und Kosten abzustellen, den die sorgfältige Erfüllung des titulierten Anspruchs erfordert, sowie auf etwaige Geheimhaltungsinteressen des Verurteilten.[284] Bedeutsam ist dabei nur derjenige Aufwand, der noch nicht vorprozessual geleistet worden ist, denn nur er beruht auf der Verurteilung.[285] Das Interesse des zur Auskunft Verpflichteten, den mit der Auskunft vorzubereitenden Hauptanspruch zu verhindern, ist demgegenüber nicht zu berücksichtigen.[286] Verpflichtet der Titel auch zur **Belegvorlage**, sind die erforderlichen Kopierkosten (Zeitaufwand und Sachkosten) hinzuzurechnen.[287] Umfasst die Verpflichtung zur Belegvorlage die Beschaffung von Unterlagen aus dem Besitz eines nicht zur Herausgabe bereiten Dritten, ist im

167

---

276 BGH, MDR 2016, 348; BGH, MDR 2018, 767.
277 BGH, MDR 2018, 767.
278 OLG Düsseldorf, Beschluss v 11.11.2013 – I-2 W 35/13.
279 ZB eigene Kenntnisse des Gläubigers über den Benutzungsumfang und dessen Erträgnisse, sodass die Rechnungslegung des Schuldners im Wesentlichen der Kontrolle dient.
280 OLG Düsseldorf, Beschluss v 11.11.2013 – I-2 W 35/13.
281 OLG Düsseldorf, Urteil v 15.5.2014 – I-2 U 27/13.
282 Für das allgemeine Zivilrecht gilt wiederum, dass sich der Anspruch auf eidesstattliche Versicherung – genauso wie der Rechnungslegungsanspruch – nach einem Bruchteil dessen bemisst, was der Kläger mit der Leistungsklage zu erstreiten hofft (BGH, MDR 2018, 767).
283 Eine Berufung ist, sofern sie vom LG nicht besonders zugelassen wurde (§ 511 Abs 2 Nr 2 ZPO), nur zulässig, wenn die Beschwer des Rechtsmittelführers 600 € übersteigt (§ 511 Abs 2 Nr 1 ZPO). Bei der Nichtzulassungsbeschwerde liegt die zu überschreitende Wertgrenze bei 20.000 € (§ 544 Abs 2 Nr 1 ZPO).
284 BGH, MDR 2010, 766; BGH, MDR 2014, 922; BGH, GRUR-RR 2017, 185 – Derrick.
285 BGH, FamRZ 2020, 435.
286 BGH, FamRZ 2017, 368.
287 BGH, NJW 2019, 604.

Rahmen der Beschwer der Kostenaufwand für eine entsprechende Rechtsverfolgung zu berücksichtigen.[288] Erforderlich ist jedoch, dass substantiiert dargelegt und glaubhaft gemacht wird, dass der Dritte nicht zur Herausgabe bereit ist und die Unterlagen nicht anderweitig beschafft werden können.[289] Ergeben sich keine konkreten Anhaltspunkte für die isolierte Bewertung des Interesses an der Belegvorlage, kann für die Kostenberechnung auf einen im einschlägigen Kostenrecht vorgesehenen Auffanggegenstandswert zurückgegriffen werden.[290]

168 Hat der Auskunftstitel (zB mangels Bestimmtheit) **keinen vollstreckungsfähigen Inhalt**, erhöht sich die Beschwer um diejenigen (Anwalts- und ggf Gerichts-)Kosten, die mit der Abwehr der ungerechtfertigten Zwangsvollstreckung verbunden sind.[291] Hat im Rahmen einer vollstreckbaren Auskunftsverpflichtung, gegen die sich der Rechtsmittelführer zur Wehr setzt, die Belegpflicht keinen vollstreckbaren Inhalt, erhöht sich die Beschwer aus der Auskunft um die mit der Abwehr einer insoweit ungerechtfertigten Zwangsvollstreckung verbundenen Kosten.[292] In solchen Fällen wird dem Schuldner außerdem eine anwaltliche Beratung zu gestatten sein, so dass deren Kosten die Beschwer erhöhen.

169 Das zuvor Gesagte gilt in gleicher Weise nach erfolgter Verurteilung zur **eidesstattlichen Versicherung**. Auch hier ist einerseits der für die Überprüfung und Abgabe erforderliche Zeitaufwand von Belang, wobei der Wert eines etwaigen Geheimhaltungsinteresses hinzuzurechnen ist.[293] Bezüglich des Aufwandes an Zeit und Kosten ist regelmäßig davon auszugehen, dass er für die eidesstattliche Versicherung demjenigen für die vorausgegangene sorgfältige Erteilung der Auskunft entspricht.[294] Ist der Beklagte zu einer für ihn unmöglichen Auskunft verurteilt worden, so ist zusätzlich der zu erwartende Aufwand an Zeit und Kosten zu berücksichtigen, der erforderlich ist, um etwaige Vollstreckungsversuche zu verhindern.[295] Dass der so ermittelte Wert der Beschwer den erforderlichen Rechtsmittelbetrag übersteigt, ist vom Rechtsmittelführer glaubhaft zu machen.[296] Werden von ihm keine Angaben gemacht, die eine Schätzung erlauben, schätzt das Rechtsmittelgericht die Beschwer auf Grund seiner eigenen Lebenserfahrung und Sachkenntnis nach freiem Ermessen.[297]

170 Darlegungspflichtig für diejenigen Tatsachen, die geheim zu halten sind, sowie für die durch eine Offenlegung drohenden Nachteile ist nach den dargelegten Regeln ebenfalls der Auskunftsschuldner.[298] **Geheimhaltungsbelange** sind hierbei werterhöhend nur beachtlich, wenn sie substantiiert dargelegt und glaubhaft gemacht werden, was voraussetzt, dass der Schuldner einen konkreten Nachteil benennt, der ihm aus der Offenbarung der auskunftspflichtigen Daten droht, und dass gerade in der Person des Auskunftsgläubigers die Gefahr begründet ist, dass er von den ihm offenbarten Tatsachen über das Verfahren hinaus in einer Weise Gebrauch machen wird, die die schützenswerten wirtschaftlichen Interessen des Auskunftsschuldners gefährden könnte.[299] Ein Geheimhaltungsinteresse hat bei der Bemessung des Anspruchs auf eidesstattliche Versicherung außer Betracht zu bleiben, wenn sich das Bedürfnis nach Geheimhaltung im Zeitpunkt der eidesstattlichen Versicherung (bedingt durch die vorausgegangene Auskunft) bereits

---

288 BGH, MDR 2019, 824.
289 BGH, MDR 2022, 187.
290 BGH, MDR 2020, 816.
291 BGH, NJW-RR 2019, 961.
292 BGH, MDR 2020, 816.
293 BGH, MDR 2014, 1099; BGH, MDR 2018, 48.
294 BGH, FamRZ 2017, 225.
295 BGH, Beschluss v 2.6.2015 – I ZA 8/15.
296 BGH, Beschluss v 2.6.2015 – I ZA 8/15.
297 BGH, Beschluss v 2.6.2015 – I ZA 8/15.
298 BGH, MDR 2014, 1102.
299 BGH, MDR 2016, 899.

erledigt hat.³⁰⁰ Gleiches gilt für Sachverhalte, die der Verurteilte in seiner Werbung der Öffentlichkeit zugänglich macht.³⁰¹

Hat die Auskunftsverpflichtung **teilweise keinen vollstreckungsfähigen Inhalt** (zB weil vorzulegende Belege nicht hinreichend bezeichnet sind), erhöht sich die Beschwer für den Auskunftsschuldner um die mit der Abwehr einer insoweit ungerechtfertigten Zwangsvollstreckung verbundenen Kosten.³⁰² Dazu zählen die Anwaltskosten, um etwaigen Vollstreckungsversuchen des Gläubigers entgegen zu treten.³⁰³ | 171

Ergibt sich nicht aus den Umständen des konkreten Falles ohne weiteres, dass die Wertgrenze überschritten ist, hat der Rechtsmittelführer seine Beschwer substantiiert vorzutragen und in geeigneter Weise glaubhaft zu machen.³⁰⁴ Beides muss innerhalb der Frist zur Begründung des Rechtsmittels geschehen.³⁰⁵ | 172

Grundsätzlich ist davon auszugehen, dass die zur Auskunftserteilung³⁰⁶/eidesstattlichen Versicherung³⁰⁷ nötigen Tätigkeiten in der **Freizeit** erbracht werden können. Für den reinen Zweitaufwand kann daher bloß der in § 20 JVEG³⁰⁸ vorgesehene Entschädigungsbetrag für Zeugen von 4 €/Stunde³⁰⁹ bzw 17 €/Stunde³¹⁰ im Falle eigener Hauhaltsführung für mehrere Personen (§ 21 JVEG) in Ansatz gebracht werden.³¹¹ Wer abweichend hiervon behauptet, dass ihm dies nicht möglich sei, hat die Gründe hierfür im Einzelnen darzulegen und glaubhaft zu machen.³¹² Müssen Tätigkeiten außerhalb der Freizeit – und damit unter zu einem Verdienstausfall führenden Umständen – erbracht werden, ist der je Stunde in Ansatz zu bringende Betrag an dem Höchststundensatz zu orientieren, den § 22 JVEG für die Entschädigung von Zeugen vorsieht.³¹³ Solches gilt regelmäßig, wenn die Auskunftspflicht von einer **Gesellschaft** zu erfüllen ist, die sich eigener Mitarbeiter bedienen muss, welche ihre Arbeitsleistung nicht in ihrer Freizeit zu erbringen haben und zu vergüten sind.³¹⁴ In jedem Fall kann der Verurteilte den eigenen Aufwand nicht mit dem Stundensatz geltend machen, den er Dritten für seine berufliche Tätigkeit in Rechnung stellen würde.³¹⁵ | 173

Die Kosten der Hinzuziehung einer sachkundigen **Hilfsperson** können bei der Wertbemessung des Beschwerdegegenstandes nur unter besonderen Umständen berücksichtigt werden, nämlich dann, wenn sie dem Auskunfts- bzw Eidespflichtigen zwangsläufig entstehen, weil er zu einer sachgerechten Auskunftserteilung/Überprüfung nicht in der Lage ist.³¹⁶ Über welche Qualifikation die Hilfsperson verfügen muss, hängt von den Erfordernissen ab, die bei der Auskunftserteilung zu überwinden sind. Rechtliches Wissen | 174

---

300 BGH, MDR 2013, 50.
301 BGH, MDR 2010, 766.
302 BGH, MDR 2016, 899; BGH, GRUR-RR 2017, 185 – Derrick.; BGH, MDR 2021, 833.
303 BGH, GRUR-RR 2017, 185 – Derrick.
304 BGH, Beschluss v 22.5.2013 – X ZR 49/11.
305 BGH, Beschluss v 22.5.2013 – X ZR 49/11.
306 Zusammentragen der auskunftspflichtigen Daten und Erstellen der Auskunft.
307 Überprüfen der Auskunft auf Vollständigkeit und Richtigkeit, ggf Korrektur bzw Ergänzung der Auskunft, Abgabe der Versicherung.
308 Maßgeblich ist diejenige Gesetzesfassung, die zum Zeitpunkt der Einlegung desjenigen Rechtsmittels, um dessen Zulässigkeit es geht, gilt (BGH, MDR 2022, 54).
309 Seit dem 1.1.2021; vorher: 3,50 €/Stunde.
310 Seit dem 1.1.2021; vorher: 14 €/Stunde.
311 BGH, MDR 2015, 536; BGH, MDR 2022, 54.
312 BGH, MDR 2015, 536; BGH, MDR 2022, 54.
313 BGH, MDR 2014, 922; BGH, MDR 2014, 1274; OLG Hamm, MDR 2014, 111; BGH, GRUR-RR 2017, 185 – Derrick.
314 BGH, MDR 2022, 54.
315 BGH, MDR 2010, 766.
316 BGH, FamRZ 2014, 644.

eines Anwaltes ist vonnöten, wenn der Titel zu unbestimmt ist, sodass Zweifel über seinen Inhalt und seine Reichweite auftreten können, oder wenn die gewissenhafte Auskunftserteilung/Überprüfung ansonsten Rechtskenntnisse erfordert, über die der Auskunftsschuldner in eigener Person nicht verfügt.[317] Liegt ein solcher Sachverhalt vor, steht dem Auskunfts- oder Eidespflichtigen ein grundsätzlich weiter Beurteilungsspielraum zur Verfügung, weswegen die Anwaltskosten hinzunehmen sind, wenn die Hinzuziehung anwaltlicher Unterstützung plausibel erscheint.[318] Unter anderen Umständen (zB wenn der Auskunftsschuldner aufgrund einer psychischen Erkrankung zu einer eigenen Rechnungslegung nicht in der Lage ist), kann es der Hinzuziehung einer bloß in Buchführungsangelegenheiten erfahrenen Person bedürfen[319] oder eines Steuerberaters.[320] Ist die Hinzuziehung eines Dritten geboten, geben die tatsächlichen Kosten ihrer Einschaltung die maßgeblichen Kosten vor.[321]

175 Um einen Dritten handelt es sich auch dann, wenn Mitarbeiter eines mit der Prozesspartei lediglich **konzernverbundenen Unternehmens** herangezogen werden, während für eigene Mitarbeiter der Partei nicht deshalb dasselbe gilt, weil zur Auskunftserteilung – in personam – deren gesetzliches Vertretungsorgan (Geschäftsführer) verpflichtet ist.[322]

dd) Schadenersatz

176 Werden mehrere (zB das Unternehmen und sein Geschäftsführer) gesamtschuldnerisch auf **Schadenersatz** in Anspruch genommen, so ist der betreffende Streitwertbetrag für alle Schuldner einheitlich festzusetzen[323]; ansonsten ist der Wert für die gegen den Geschäftsführer (zB in einem späteren gesonderten Prozess) geltend gemachten Ansprüche mit einem Teil (30 %) des Wertes anzusetzen, der für das Unternehmen festgesetzt worden ist.[324]

ee) Gesamtwert

177 Werden mit der Klage neben der Unterlassung außerdem Ansprüche auf Rechnungslegung, Entschädigung und Schadenersatz geltend gemacht, so ist der in der Vergangenheit (bis zur Einreichung der Klage) bereits entstandene Kompensationsanspruch überschlägig zu schätzen und der entsprechende Betrag dem Streitwert für den Unterlassungsanspruch hinzuzurechnen, um einen Gesamtstreitwert zu bilden.[325]

178 Stützt der Kläger einen einheitlichen Unterlassungsantrag in erster Linie auf die Verletzung eines bestimmten Schutzrechts und **hilfsweise** auf **weitere parallele Schutzrechte**, handelt es sich um Haupt- und Hilfsanträge über kostenrechtlich verschiedene Gegen-

---

317 BGH, GRUR 2014, 908 – Erweiterte Angaben zur Umsatzentwicklung.
318 BGH, NJW-RR 2013, 1033; BGH, GRUR 2014, 908 – Erweiterte Angaben zur Umsatzentwicklung.
319 BGH, GRUR 2015, 615 – Auskunftsverurteilung.
320 BGH, MDR 2022, 54.
321 BGH, GRUR 2015, 615 – Auskunftsverurteilung.
322 BGH, GRUR-RR 2017, 185 – Derrick.
323 BGH, GRUR-RR 2008, 460.
324 OLG Düsseldorf, Urteil v 15.5.2014 – I-2 U 27/13.
325 Mit der Klageschrift hat der Kläger eine Streitwertangabe zu machen (§ 61 GKG). Ihr folgt das Gericht in der Praxis, sofern sie nicht offensichtlich unangemessen ist und der Beklagte sie nicht (substantiiert) bestreitet. Geschieht letzteres, haben die Parteien im Einzelnen zu den oben genannten Bemessungsfaktoren vorzutragen.

stände[326]. Ihre Werte sind daher gemäß § 45 Abs 1 GKG zusammenzurechnen, wenn und soweit über die Hilfsansprüche entschieden wird.[327] Wird aus unterschiedlichen Streitgegenständen ein einheitlicher Unterlassungsanspruch verfolgt, hat allerdings keine schlichte Addition stattzufinden; vielmehr ist der Wert für den Hauptanspruch prozentual um einen bestimmten Wert (zB 10 %) für jeden mitentschiedenen Hilfsanspruch zu erhöhen.[328] Das bedeutet freilich nicht, dass auch die Kostenquote im Rechtsstreit nach diesem Verhältnis zwischen Ausgangswert und Erhöhungsbetrag zu bestimmen wäre. Vielmehr ist, wenn der Kläger bloß mit einem von mehreren Klagegründen durchdringt, die Kostenquote (§ 92 Abs 1 ZPO) nach dem Verhältnis der Anzahl erfolgreicher und erfolgloser Streitgegenstände zu bestimmen.[329]

ff) Besichtigungsanspruch

Ein Besichtigungsanspruch ist mit dem – ungekürzten – Wert der zugehörigen Hauptsache (= Patentverletzungsklage) zu bemessen, deren Vorbereitung die Besichtigung dient. Auch wenn die Besichtigungsergebnisse dem Kläger eine Inanspruchnahme weiterer Verletzer erlauben, ist grundsätzlich nur derjenige Streitwertbetrag maßgeblich, der sich für die Ansprüche wegen Patentverletzung gegen den Besichtigungsschuldner ergibt.[330]   179

Wird **gleichzeitig** mit den Ansprüchen wegen Patentverletzung eine **Besichtigung** geltend gemacht, so bemisst sich der Streitwert nach dem (höheren) Wert der Verletzungsklage (§ 45 Abs 1 Satz 3 GKG).[331] Eine Zusammenrechnung nach § 45 Abs 1 Satz 2 GKG findet nicht statt.   180

gg) Ansprüche ohne Streitwertbedeutung

Nicht streitwerterhöhend[332] wirkt der **nicht** auf die Verfahrensgebühr **anrechenbare Teil der** vorgerichtlichen **Geschäftsgebühr** (zB für ein der Klageerhebung vorangegangenes Abmahnschreiben), auch wenn diese Kosten separat neben der Hauptforderung (auf Schadenersatz) wegen Schutzrechtsverletzung geltend gemacht werden.[333] Es spielt keine Rolle, ob es sich um eine positive Leistungsklage (gerichtet auf Zahlung oder Befreiung von der Forderung[334]) oder eine negative Feststellungsklage handelt.[335] Anderes gilt nur dann, wenn, soweit und sobald der vorgerichtlich verfolgte Hauptanspruch nicht mehr Gegenstand des Rechtsstreits ist, zB weil die Forderung vorgerichtlich zu einem Teil beglichen wurde und nur der überschießende Rest eingeklagt wird, oder weil die Parteien   181

---

326 Ob kostenrechtlich dieselben oder verschiedene Gegenstände vorliegen, ist aufgrund einer wirtschaftlichen Betrachtung zu entscheiden. Eine Zusammenrechnung wegen Verschiedenheit hat stattzufinden, wo eine wirtschaftliche Werthäufung entsteht und nicht ein wirtschaftlich identisches Interesse betroffen ist. Wirtschaftliche Identität idS besteht bei in ein Eventualverhältnis gestellten Anträgen, wenn die haupt- und hilfsweise geltend gemachten Ansprüche nicht in einer Weise nebeneinander bestehen können, dass, wenn die vom Kläger gesetzte Bedingung hinweggedacht wird, allen stattgegeben werden könnte, sondern die Verurteilung nach dem einen Antrag notwendigerweise die Abweisung des anderen Antrages nach sich zöge (BGH, BeckRS 2013, 11006).
327 BGH, BeckRS 2013, 20393 – Streitwert für die Revisionsinstanz; vgl auch OLG Frankfurt/Main, GRUR-RR 2012, 367 – Streitwertaddition (mit Anmerkung von Labesius, GRUR-RR 2012, 317).
328 BGH, BeckRS 2013, 20393 – Streitwert für die Revisionsinstanz; OLG Frankfurt/Main, GRUR-RR 2014, 280 – 10 %-Erhöhung.
329 BGH, GRUR 2016, 1301 – Kinderstube.
330 OLG Düsseldorf, Beschluss v 14.12.2015 – I-2 W 21/15.
331 OLG Düsseldorf, Beschluss v 16.5.2012 – I-2 U 111/03.
332 … und auch nicht beschwerdewerterhöhend (BGH, BeckRS 2012, 07783; BGH, BeckRS 2013, 16816 – ContraWurm).
333 BGH, MDR 2007, 919; BGH, BGH-Report 2007, 845.
334 BGH, MDR 2020, 1149.
335 BGH, WRP 2015, 590.

ihn übereinstimmend für in der Hauptsache erledigt erklärt haben[336] oder weil die Hauptforderung in erster Instanz aberkannt ist und im Rechtmittelverfahren nicht mehr weiterverfolgt wird[337]. Gelangt nur ein Teil der vorgerichtlich eingeklagten Summe in den Rechtsstreit, für den ein Streitwert zu bestimmen ist, so ist der (zu der Klagesumme zu addierende) Wert der außergerichtlich oder außerhalb der Instanz erledigten Anwaltstätigkeit durch eine **Differenzrechnung** zu ermitteln. Von den gesamten nach der Klagedarstellung vorprozessual angefallenen Rechtsanwaltskosten sind diejenigen fiktiven Kosten abzuziehen, die entstanden wären, wenn der Rechtsanwalt auch vorprozessual den Anspruch nur in der Höhe geltend gemacht hätte, wie er Gegenstand der Klage (oder einer späteren Instanz) geworden ist.[338]

▶ **Beispiel:**

182   Vorgerichtlich hat der Rechtsanwalt des Klägers Schadenersatz in Höhe von 10.000 € angemahnt. Nachdem der Beklagte freiwillig 6.000 € gezahlt hat, werden die restlichen 4.000 € mit der Klage geltend gemacht.

Der Streitwert für die Klage beträgt 5.000 € (= Klagesumme) zzgl derjenigen Anwaltskosten, die auf den nicht eingeklagten Forderungsteil von 4.000 € entfallen. Letztere sind wie folgt zu bestimmen:

- Rechtsanwaltskosten für die erfolgte Mahnung über 10.000 €
- abzgl der fiktiven Kosten für eine anwaltliche Mahnung über 4.000 €.

Dieselben Grundsätze gelten auch für die Bestimmung der Rechtsmittelbeschwer.[339] Streitwertrelevant ist selbstverständlich eine Widerklage, mit der die Kosten zur Abwehr der Abmahnung geltend gemacht werden.

183   Eine nicht streitwerterhöhende Nebenforderung stellen gleichermaßen **Zinsen** dar, die als gedachte vertragliche Verzugszinsen **auf** die nach Lizenzgrundsätzen zu zahlenden **Lizenzgebühren**[340] oder als Verwendungszinsen vom Verletzergewinn zu entrichten sind. Das gilt auch dann, wenn die gestaffelten Zinsen »kapitalisiert« und mit der eigentlichen Lizenzforderung bzw dem Verletzergewinn zu einem einheitlichen Betrag zusammengefasst werden.[341] Anderes gilt nur dann, wenn die Zinsen als Hauptforderung verfolgt werden, weil neben ihnen keine andere Hauptforderung geltend gemacht wird.[342] Letzteres ist nicht der Fall, wenn der Kläger mit seinem Rechtsmittel die abgewiesenen Zinsen und der verurteilte Beklagte mit seinem Rechtsmittel die zugrunde liegende Hauptforderung zur Entscheidung stellt.[343]

hh) Rechtmittelverfahren

184   Im Rechtsmittelverfahren bestimmt sich der Streitwert einheitlich nach den Anträgen des Rechtsmittelführers, und zwar auch dann, wenn das Rechtsmittel zunächst unbeschränkt eingelegt und erst in der Begründungsschrift auf einen Teil der Beschwer eingeschränkt wurde.[344] *Dieser* Streitwert ist – wenn im KV nicht ausnahmsweise Festbeträge vorgese-

---

336 BGH, NJW 2008, 999.
337 BGH, MDR 2013, 816.
338 BGH, MDR 2020, 1149.
339 BGH, BeckRS 2013, 02356.
340 OLG Düsseldorf, Urteil v 17.7.2009 – I-2 U 38/08.
341 BGH, KoRsp § 4 ZPO Nr 81; OLG Köln, KoRsp § 4 ZPO Nr 84.
342 BGH, WM 1981, 1091, 1092; BGH, NJW 2008, 999.
343 BGH, MDR 2013, 1316.
344 BGH, MDR 2013, 1376; BGH, MDR 2018, 367.

hen sind³⁴⁵ – für die Berechnung der **Gerichtsgebühren** ausnahmslos maßgeblich, für die **Anwaltsgebühren** jedoch nur dann, wenn der Gegenstand der gerichtlichen mit dem Gegenstand der anwaltlichen Tätigkeit identisch ist. Daran fehlt es, wenn dem Anwalt der Auftrag zur Einlegung eines vollumfänglichen Rechtsmittels erteilt wurde, der Anwalt entsprechend verfahren ist und das Rechtsmittel später (zB im Rahmen seiner Begründung) beschränkt wurde. Hier ist für die anwaltliche Tätigkeit ein gesonderter Streitwert festzusetzen (§ 33 RVG), der sich nicht nach den beschränkten Rechtsmittelanträgen richtet, die schlussendlich verfolgt worden sind, sondern nach der kompletten Beschwer des Rechtsmittelführers.³⁴⁶

Nach einer (umfassenden) **einseitigen Erledigungserklärung** richtet sich die Beschwer des Rechtsmittelführers regelmäßig nach der Summe der bis zum Zeitpunkt der Erledigungserklärung entstandenen Kosten; an die Stelle des Sachinteresses tritt das Kosteninteresse.³⁴⁷ Eine andere Beurteilung kommt unter anderem dann in Betracht, wenn aus der angegriffenen Entscheidung rechtskräftige Feststellungen zu Ansprüchen hergeleitet werden, die noch zwischen den Parteien streitig sind. Grundsätzlich bestimmt in solchen Fällen allein der Umfang dieser Ansprüche die Beschwer.³⁴⁸ Beruft sich ein Beschwerdeführer auf diese Ausnahme, hat er – innerhalb der Frist zur Begründung der Nichtzulassungsbeschwerde – Tatsachen vorzutragen und glaubhaft zu machen, die es dem Revisionsgericht ermöglichen, die Höhe solcher Ansprüche zu bestimmen.³⁴⁹ **185**

Wird lediglich **einer von mehreren Klageanträgen** vom Kläger **für erledigt erklärt**, so bemisst sich die Beschwer des Klägers nach seinem Kosteninteresse. Dieses Interesse ist nach der Differenzrechnung zu ermitteln (indem festgestellt wird, um welchen Betrag diejenigen Kosten überschritten werden, die angefallen wären, wenn der Kläger den Rechtsstreit von Anfang an über den Wert der nicht erledigten Hauptsache geführt hätte), wenn die Erledigungserklärung bereits in erster Instanz abgegeben worden ist und das angefochtene Urteil über die Teilerledigung entschieden hat.³⁵⁰ Ist dem nicht so, weil die Teilerledigungserklärung im Umfang des abgewiesenen Teils erst mit der Berufungseinlegung geschieht, ist das Kosteninteresse (statt nach der Differenzmethode) dadurch zu ermitteln, dass der Streitwert des abgewiesenen Klageantrages ins Verhältnis zum Gesamtstreitwert gesetzt und die sich nach dieser Quote auf den abgewiesenen Antrag entfallende Kostenbelastung errechnet wird.³⁵¹ **186**

ii) Stufenklage

Maßgeblich für die Gerichtsgebühren und die anwaltliche Geschäfts- und Verfahrensgebühr ist der Wert des erwarteten Zahlungsanspruchs, und zwar auch dann, wenn die Klage insgesamt abgewiesen wird, nachdem lediglich über die Auskunftsstufe mündlich verhandelt worden ist³⁵² oder die Sache nach rechtskräftiger Zuerkennung des Auskunftsanspruchs nicht weiter betrieben und die Sache deshalb weggelegt wird³⁵³. Der geringere Wert des Auskunftsanspruchs bestimmt lediglich den Wert der anwaltlichen Terminsgebühr.³⁵⁴ **187**

---

345 Dies ist zB für Vollstreckungsbeschwerden im Rahmen der §§ 888, 890 ZPO der Fall (vgl KV Nr 2111).
346 BGH, MDR 2018, 367.
347 BGH, WuM 2022, 293.
348 BGH, WuM 2022, 293.
349 BGH, WuM 2022, 293.
350 BGH, MDR 2006, 109; BGH, MDR 2019, 54.
351 BGH, MDR 2018, 301.
352 OLG Koblenz, MDR 2014, 243; OLG Schleswig, MDR 2014, 494.
353 OLG Schleswig, MDR 2014, 1345.
354 OLG Koblenz, MDR 2014, 243.

b) Kontroverse Streitwertauffassungen

188 Herrscht Uneinigkeit über die richtige Bemessung des Streitwertes, kann eine über die restliche Laufzeit des Patents angestellte **Lizenzbetrachtung** einen rechnerischen Anhaltspunkt liefern, indem diejenigen Lizenzgebühren ermittelt werden, die dem Kläger mutmaßlich zustehen würden, wenn die Verletzungshandlungen bis zum Ablauf des Klagepatents[355] fortgesetzt werden. Vorausgesetzt ist hierbei freilich, dass die Parteien dem Gericht Zahlenmaterial zur Verfügung stellen, das entsprechende Berechnungen erlaubt. Unterhalb des sich hiernach ergebenden Betrages wird der Streitwert für die auch auf Unterlassung gerichtete Klage nicht festgesetzt werden können. Die Lizenzberechnung stellt keinen Höheprozess dar; vielmehr hat eine bloß überschlägige Ermittlung stattzufinden, wobei regelmäßig ein Lizenzsatz am obersten denkbaren Rahmen anzusetzen ist.[356] Letzteres trägt insbesondere der Tatsache Rechnung, dass die Lizenzanalogie erfahrungsgemäß nur den geringstmöglichen Schadenersatzbetrag ergeben wird, der von dem herauszugebenden Verletzergewinn oder dem zu ersetzenden entgangenen eigenen Gewinn (die mangels Kenntnis von den berechnungsrelevanten Geschäftsdaten für die Streitwertbemessung nicht zur Verfügung stehen werden) – ggf deutlich – übertroffen werden wird.

189 In besonderen Konstellationen kann es gerechtfertigt sein, das Rechtsverfolgungsinteresse anstatt anhand einer Lizenzbetrachtung unter überschlägiger Bestimmung des dem Verletzten **entgangenen Gewinns** zu ermitteln. Anlass hierzu besteht namentlich dann, wenn der Beklagte den Verletzungsgegenstand zu Dumpingpreisen anbietet, während der Kläger am Markt deutlich höhere Preise durchgesetzt hat. In einer solchen Situation sind die Verletzungshandlungen geeignet, die Gewinnerzielungsmöglichkeiten des Klägers in Gefahr zu bringen, sei es, dass er seine Preise ebenfalls nach unten korrigieren muss, um am Markt überhaupt Bestand haben zu können, sei es, dass sich seine Verkaufszahlen zu den unverändert hohen Preisen rückläufig entwickeln. Das mit der Klage verfolgte Interesse geht hier ersichtlich dahin, die bisherige Gewinnerzielung ungestört fortsetzen zu können. Seinen betragsmäßigen Ausdruck findet dieses Interesse in denjenigen (überschlägig ermittelten) Gewinnen, die der Kläger durch die (bis zum Ende des Patentschutzes fortgesetzten) Verletzungshandlungen voraussichtlich einbüßen wird.[357]

190 Der **Streitwertangabe des Klägers/Antragstellers** kommt für die Festsetzung überragendes Gewicht, weil die Parteien mit den für die Streitwertbemessung maßgeblichen Umständen am besten vertraut sind.[358] Das gilt umso mehr, je weniger die Parteien sich zu Umsätzen und Lizenzsätzen verhalten, die eine rechnerische Ermittlung des Streitwertes erlauben würden.[359] Genauso aufschlussreich kann der für eine der Klage vorausgegangene Abmahnung angegebene Gegenstandswert sein, weil die Abmahnung regelmäßig darauf gerichtet ist, den Schutzrechtseingriff endgültig abzustellen und

---

355 Ist davon auszugehen, dass die Technik vorher überholt werden wird, kann im Einzelfall der frühere Zeitpunkt zugrunde gelegt werden, zu dem die Technik des Klagepatents mutmaßlich ihre Bedeutung verlieren wird.
356 Einschränkend in der Begründung und weniger in den Folgen die Rechtsprechung des I. ZS des BGH (WRP 2015, 414; BGH, GRUR 2016, 1275 – Tannöd; Urteil v 30.3.2017 – I ZR 50/16): Zwar soll das Interesse des Unterlassungsgläubigers an der Unterbindung weiterer Verletzungen *auch* anhand des wirtschaftlichen Wertes des verletzten Rechts bestimmt werden können, das sich wiederum in den erzielbaren Lizenzeinnahmen niederschlägt; darüber hinaus sollen jedoch auch die dem Rechtsinhaber insgesamt zu Gebote stehenden Verwertungsmöglichkeiten in Betracht gezogen werden, deren Verwirklichung durch künftige Verletzungshandlungen beeinträchtigt zu werden droht. Dies kann dazu führen, dass mit einer Verdoppelung der mutmaßlichen Lizenzbeträge das Unterlassungsbegehren nicht ausreichend erfasst ist (Urteil v 30.3.2017 – I ZR 50/16).
357 OLG Düsseldorf, Beschlüsse v 24.10.2012 und 14.11.2012 – I-2 W 26/12.
358 BGH, Beschluss v 17.1.2019 – X ZR 92/16.
359 OLG Düsseldorf, Beschluss v 28.8.2017 – I-2 W 20/17.

infolgedessen mit dem Rechtsverfolgungsinteresse einer nachfolgenden Unterlassungsklage übereinstimmt.[360] Die Streitwertangabe des Klägers steht erst dann zur Disposition, wenn konkrete Anhaltspunkte dafür bestehen, dass die Angabe ersichtlich zu niedrig oder offensichtlich überhöht ist.[361] In der Regel ist es deswegen geboten, den Kläger/Antragsteller an seiner eigenen Streitwertangabe festzuhalten, die er bei Einleitung des gerichtlichen Verfahrens und in Unkenntnis des tatsächlichen Prozessausgangs gemacht hat.[362] Eine Herabsetzung des Streitwertes kommt jedenfalls dann nicht in Betracht, wenn der Antrag hierzu erst gestellt wird, nachdem ein voraussichtliches Unterliegen des Klägers/Antragstellers absehbar ist oder sogar feststeht (zB weil das Klagepatent rechtskräftig vernichtet ist). Gleiches gilt, wenn der Herabsetzungsantrag nicht alsbald angebracht wird, nachdem dem Kläger/Antragsteller diejenigen Umstände zur Kenntnis gelangt sind, aus denen sich eine Fehleinschätzung seines Rechtsverfolgungsinteresses ergeben soll.[363] Entsprechendes gilt grundsätzlich auch für den Beklagten, der zu dem vom Kläger bei Einleitung des gerichtlichen Verfahrens angegebenen Streitwert geschwiegen hat und den angegebenen Wert erst beanstandet, nachdem sein eigenes Unterliegen absehbar ist oder sogar bereits feststeht. Ebenso wenig wie sich der Kläger von einer einmal gemachten Wertangabe ohne nachvollziehbaren, lückenlosen und ggf durch entsprechendes Material belegten Vortrag dazu, dass und warum die anfänglichen Angaben falsch gewesen sind, die späteren aber richtig sein sollen, lösen kann, kann auch der Beklagte nachträglich nicht einfach geltend machen, der vom Gericht entsprechend der anfänglichen, unbeanstandet gebliebenen Wertangabe des Klägers festgesetzte Streitwert sei zu hoch.[364] Auch er muss in einem solchen Fall vielmehr im Einzelnen nachvollziehbar darlegen und ggf durch Vorlage entsprechenden Materials belegen, dass und warum die ursprüngliche Wertangabe falsch gewesen ist, und er nunmehr – in Kenntnis des eigenen Unterliegens – zu einem abweichenden Wert gelangt.[365] Gleiches gilt mit Blick auf einen Streitwertvorschlag, den das Gericht unter Orientierung an den Angaben der Parteien zu den Bemessungsfaktoren unterbreitet und zur Grundlage seiner Festsetzung gemacht hat.[366]

191 Hat der Kläger für seine auf mehrere **SEP** gestützte und gegen eine Vielzahl von Beklagten gerichtete Rechnungslegungs- und Entschädigungs- sowie Schadenersatzfeststellungsklage den Streitwert mit einem einstelligen Millionenbetrag angegeben und auf Intervention des Gerichts eine vorläufige Festsetzung auf einen zweistelligen Millionenbetrag angeregt, die alsdann auch erfolgt ist, so rechtfertigt sich eine niedrigere endgültige Streitwertfestsetzung nach erfolgter Klagerücknahme nicht deswegen, weil der Kläger mit einem Teil der Beklagten 2 Monate nach Klageerhebung einen weltweiten Lizenzvertrag über sein gesamtes Portfolio für 200.000 US-Dollar abgeschlossen hat und andere Beklagte ein vergleichbares Angebot der Klägerin sogar ausgeschlagen haben.[367] Gleiches gilt für den Umstand, dass das gesamte Schutzrechtsportfolio für einen geringen einstelligen Millionenbetrag erworben worden ist.[368]

192 Für das **Nichtzulassungsbeschwerdeverfahren** vertritt der BGH die strikte Auffassung, dass derjenige, der die Streitwertfestsetzung der Tatsacheninstanzen nicht beanstandet hat, vor dem BGH nicht mehr mit Einwendungen gegen den Streitwert gehört werden

---

360 OLG Hamburg, Mitt 2018, 243 – Wert des Verfügungsverfahrens (LS).
361 BGH, GRUR 2012, 1288 – Vorausbezahlte Telefongespräche II.
362 BGH, GRUR 2012, 1288 – Vorausbezahlte Telefongespräche II.
363 OLG Hamburg, InstGE 6, 124 – Streitwertkorrektur; OLG München, Beschluss v 10.1.2017 – 6 W 2094/16.
364 BGH, Beschluss v 17.1.2019 – X ZR 92/16.
365 OLG Düsseldorf, Beschluss v 20.9.2010 – I-2 W 46/10.
366 BGH, Beschluss v 17.1.2019 – X ZR 92/16.
367 OLG Düsseldorf, Beschluss v 28.8.2017 – I-2 W 20/17.
368 OLG Düsseldorf, Beschluss v 28.8.2017 – I-2 W 20/17.

kann.³⁶⁹ Das gilt zunächst für den Einwand, bereits in den Tatsacheninstanzen vorgebrachte Umstände seien nicht ausreichend berücksichtigt worden.³⁷⁰ Darüber hinaus ist es ihm aber auch verwehrt, mit neuem Vortrag die in den Tatsacheninstanzen gemachten Angaben zum Wert (einschließlich vorgetragener Schätzungsgrundlagen für das Gericht) zu korrigieren, um die Wertgrenze des § 544 Abs 2 Nr 1 ZPO (vormals § 26 Nr 8 EGZPO aF) zu überschreiten.³⁷¹ Das gleiche gilt für eine Streitwertänderung im Revisionsverfahren.³⁷² Denn es gilt der Grundsatz, dass die Beschwer des Unterlassungsschuldners *im Zweifel* dem Interesse des Klägers an der Unterlassungsverurteilung und damit dem auf den Unterlassungsteil entfallenden Streitwertanteil entspricht.³⁷³ Auf eine höhere Beschwer hat der Beklagte schon in den Tatsacheninstanzen, und zwar *substantiiert*, hinzuweisen.³⁷⁴

193 Bei **Rücknahme** der Nichtzulassungsbeschwerde endet das Verfahren, ohne dass Anträge des Rechtsmittelführers eingereicht worden sind, an welche für die Streitwertbemessung angeknüpft werden könnte (§ 47 Abs 1 Satz 1 GKG). § 47 Abs 1 Satz 2, Abs 3 GKG regelt für solche Fälle, dass die Beschwer des Rechtsmittelführers durch das Berufungsurteil maßgebend ist.³⁷⁵

194 **Umgekehrt** gilt nicht dasselbe. Ergibt sich im Nachhinein, dass beide Parteien mit einer zu niedrigen Streitwertangabe prozessiert haben, ist eine der Sachlage angemessene Anhebung des Streitwertes geboten, selbst wenn die Tatsachen hierfür von der einen Partei erst beigebracht werden, nachdem diese endgültig obsiegt hat.³⁷⁶ Unerheblich ist in diesem Zusammenhang, ob die zu niedrige Streitwertangabe vorsätzlich erfolgt ist³⁷⁷ und vom Gegner bewusst unbeanstandet geblieben ist (zB weil beide Parteien angesichts des zunächst noch ungewissen Prozessausgangs Gerichtskosten »sparen« wollen) oder ob die zu niedrige Streitwertangabe bloß auf Fahrlässigkeit beruht.³⁷⁸ In keinem Fall ist irgendein Vertrauensschutz gerechtfertigt und kann es hingenommen werden, dass der Landeskasse ihr zustehende Gebühren vorenthalten werden.

195 Sobald das Gericht den Verdacht einer zu niedrigen Streitwertangabe hat, sollten die Parteien zu einer dezidierten Begründung ihres Streitwertvorschlages aufgefordert werden³⁷⁹, zB mit folgendem Schreiben:

---

369 BGH, BeckRS 2012, 07284; BGH, BeckRS 2012, 07783; BGH, BeckRS 2012, 10947.
370 BGH, Beschluss v 12.4.2018 – I ZR 145/17.
371 BGH, MDR 2013, 926.
372 BGH, Beschluss v 18.8.2014 – I ZR 107/10.
373 BGH, GRUR 2018, 655 – Postversandkosten.
374 BGH, GRUR 2018, 655 – Postversandkosten.
375 BGH, NJW 2019, 2175.
376 OLG Düsseldorf, InstGE 12, 107 – Du sollst nicht lügen! Vgl dazu Köllner, Mitt 2010, 454.
377 … und damit den Straftatbestand eines zumindest versuchten Betruges erfüllen kann.
378 OLG Düsseldorf, InstGE 12, 107 – Du sollst nicht lügen!
379 Das OLG Frankfurt/Main (Mitt 2012, 94 – Indizielle Bedeutung von Streitwertangaben) hält eine solche Nachfrage für unzulässig und will der Streitwertangabe des Klägers nur dann nicht folgen, wenn – (1) – entweder das eigene Vorbringen des Klägers einen höheren (oder niedrigeren) Streitwertbetrag ergibt oder wenn – (2) – der Beklagte konkrete Einwände erhebt. Das erscheint zu eng. Das Gericht hat in jedem Fall auf eine angemessene Streitwertfestsetzung hinzuwirken, mithin auch dann, wenn es von beiden Parteien hinters Licht geführt wird, aber aufgrund eigener Erkenntnisse (zB aus anderen Verfahren) Anhaltspunkte dafür hat, dass der angegebene Streitwert über- (oder auch unter-)setzt ist. Der Hinweis des OLG Frankfurt/Main, die Parteien hätten schon deshalb keinen Anlass für eine zu niedrige Streitwertangabe, weil damit auch der Kostenerstattungsanspruch des Obsiegenden geschmälert werde, der infolgedessen auf einem Teil seiner nach Stundenaufwand honorierten Anwaltskosten sitzen bleibe, verfängt nicht. Bei Prozessbeginn steht der Gewinner naturgemäß noch nicht fest. Für den Kläger, der damit rechnen muss, ggf zu unterliegen, ist es deshalb eine durchaus vernünftige Erwägung, den Streitwert mit einem zu geringen Betrag anzugeben, um zu verhindern, dass er neben der möglicherweise drohenden Klageabweisung auch noch einem beträchtlichen Kostenerstattungsanspruch des Prozessgegners (der ggf sein Wettbewerber ist) ausgesetzt ist. Dafür wird er unter Umständen in Kauf nehmen, im Falle eines Obsiegens einen Teil

| Praxistipp | Formulierungsbeispiel |

In pp.

wird den Parteien – unter ausdrücklichem Hinweis auf die auch insoweit bestehende Wahrheitspflicht – aufgegeben, binnen 3 Wochen zu den für die Streitwertbemessung maßgeblichen Faktoren vorzutragen. Der bisherige Streitwert erscheint dem Gericht nicht plausibel und zu gering.

Vorsorglich werden die Parteien auf Folgendes hingewiesen:

Mit Blick auf den Unterlassungsanspruch *ist für die Streitwertbemessung entscheidend, mit welchen Nachteilen der Kläger bei einer* Fortsetzung des beanstandeten (mutmaßlich schutzrechtsverletzenden) Verhaltens rechnen muss. Das Interesse an der Rechtsverfolgung richtet sich demgemäß nach dem wirtschaftlichen Interesse an einer Abwehr der mit *weiteren* Verstößen verbundenen Nachteile. Von Bedeutung ist in diesem Zusammenhang zunächst die bei Klageerhebung/Berufungseinlegung noch gegebene Restlaufzeit des Klageschutzrechts. Zu berücksichtigen sind darüber hinaus zum einen Umsatz, Größe und Marktstellung des Klägers, die Aufschluss über den voraussichtlich drohenden Schaden aus der behaupteten Schutzrechtsverletzung geben, sowie zum anderen Art, Ausmaß und Schädlichkeit der Verletzungshandlung sowie die Intensität der Begehungs- oder Wiederholungsgefahr. Zur wertmäßigen Erfassung des Unterlassungsanspruchs kann eine über die restliche Laufzeit des Patents angestellte Lizenzbetrachtung einen rechnerischen Anhaltspunkt liefern, indem diejenigen Lizenzgebühren ermittelt werden, die dem Kläger mutmaßlich zustehen würden, wenn die Verletzungshandlungen bis zum Ablauf des Klageschutzrechts – ggf in gesteigertem Umfang – fortgesetzt werden. Die Lizenzberechnung ersetzt keinen Höheprozess; vielmehr hat eine bloß überschlägige Ermittlung stattzufinden, wobei regelmäßig ein Lizenzsatz am obersten denkbaren Rahmen anzusetzen ist.

Werden mit der Klage neben dem Unterlassungsanspruch Ansprüche auf Rechnungslegung, Entschädigung und Schadenersatz geltend gemacht, so ist der in der Vergangenheit (bis zur Einreichung der Klage/Einlegung der Berufung) bereits entstandene Kompensationsanspruch nach grundsätzlich denselben Kriterien überschlägig zu schätzen und der entsprechende Betrag dem Streitwert für den Unterlassungsanspruch hinzuzurechnen, um einen Gesamtstreitwert zu bilden.

Die Parteien haben daher im Einzelnen zum Verkaufspreis für Gegenstände der fraglichen Art, zur Absatzmenge in Deutschland, zu ihren jeweiligen Marktanteilen, zur Höhe üblicher Lizenzsätze und zu den durchschnittlichen Herstellungskosten vorzutragen.

Sollte das Klageschutzrecht während des Rechtsstreits infolge Ablaufs der gesetzlichen Schutzdauer (oder aus sonstigen Gründen) erloschen sein, hat dies regelmäßig keinen Einfluss auf den Streitwert. Denn der bisherige Unterlassungsanspruch schlägt mit dem Auslaufen des Schutzrechts in einen Schadenersatzanspruch um, der nunmehr entsprechend höher zu bewerten ist. Eine Streitwertherabsetzung ist nur dann angezeigt, wenn der Verletzungsbeklagte die Benutzung des Klageschutzrechts vor Eintritt des Wirkungsverlustes freiwillig einstellt, weil sich unter solchen Umständen die bei Klageeinreichung/Berufungseinlegung zur Bewertung des Unterlassungsanspruchs angestellte Prognose, dass die Verletzungshandlungen für die prognostizierte Restlaufzeit des Klageschutzrechts fortgesetzt, ggf sogar ausgedehnt werden, als unzutreffend erweist.

---

des an seinen eigenen Anwalt gezahlten Honorars selbst tragen zu müssen. Für den Beklagten gelten keine grundsätzlich anderen Überlegungen. Auch er wird bestrebt sein, neben einer ggf drohenden Verurteilung nicht auch noch erhebliche Kosten an den obsiegenden Gegner entrichten zu müssen und vor diesem Hintergrund akzeptieren, bei eigenem Obsiegen nicht alle Kosten seines Anwaltes erstattet zu erhalten.

197 Sofern die Parteien sachdienliche Angaben verweigern[380], kann dem dadurch begegnet werden, dass das Gericht einen hohen, seiner Auffassung nach gerade noch vertretbaren Streitwert festsetzt und dessen Herabsetzung davon abhängig macht, dass die Parteien geeignetes Zahlenmaterial beibringen und glaubhaft machen.[381]

c) Bemessungsregeln für Sonderfälle

aa) Einstweiliger Rechtsschutz

198 Im Verfahren des **vorläufigen Rechtsschutzes** hat die Streitwertfestsetzung der Tatsache gerecht zu werden, dass der Verfügungsantrag nicht der endgültigen Durchsetzung des geltend gemachten Unterlassungsanspruchs dient, sondern lediglich seiner einstweiligen Sicherung. Dies rechtfertigt im Allgemeinen einen Abschlag vom eigentlichen (Hauptsache-)Streitwert in Höhe von $1/5$ bis $1/3$.[382] Nach einem Kostenwiderspruch reduziert sich der Streitwert auf das Kosteninteresse, dh die Summe der angefallenen Kosten, um deren Tragung es geht.[383] Für denjenigen Anwalt, der den Kostenwiderspruch einlegt, fällt eine Verfahrensgebühr nur nach dem Wert des Kosteninteresses (aber nicht nach dem gesamten Gegenstandswert des ursprünglichen Verfügungsverfahrens) an.[384]

bb) Negative Feststellungsklage

199 Der Streitwert einer **negativen Feststellungsklage**, die darauf gerichtet ist, die Nichtverletzung eines Patents durch eine bestimmte Ausführungsform gerichtlich festzustellen, entspricht – wegen der vernichtenden Wirkung eines obsiegenden Urteils – dem Streitwert einer positiven Leistungsklage (auf Unterlassung etc) umgekehrten Rubrums.[385]

cc) Lizenznehmer als Kläger

200 Klagt ein **Lizenznehmer**, ist für die Streitwertermittlung in aller Regel ebenfalls die voraussichtliche Benutzung des Klagepatents durch den Beklagten während der restlichen Laufzeit des Klageschutzrechts in Betracht zu ziehen. In Bezug auf einen einfachen Lizenznehmer ist dies schon deshalb geboten, weil er (in gewillkürter Prozessstandschaft und aufgrund materiell-rechtlicher Abtretung) die Ansprüche des Schutzrechtsinhabers geltend macht, die naturgemäß bis zum Laufzeitende bestehen. Gleiches gilt für einen ausschließlichen Lizenznehmer, wenn der Lizenzvertrag auf unbestimmte Zeit oder mit (zB jährlicher) stillschweigender Verlängerungsklausel abgeschlossen ist. Dass der Lizenzvertrag durch Kündigung oder mangels Verlängerung vorzeitig sein Ende finden *kann*, hat für die Streitwertermittlung so lange keine Konsequenzen, wie die genannten Beendigungsgründe bloß theoretisch bestehen. Statt auf die gesamte Restlaufzeit des Klagepatents ist nur dann auf die kürzere Restlaufzeit des Lizenzvertrages abzustellen, wenn definitiv absehbar ist, dass der Lizenzvertrag vor dem Erlöschen des Patentschutzes sein Ende finden wird.[386]

---

380 … was gerne unter Hinweis auf mangelnde Kenntnisse über die genauen Vertriebszahlen des anderen geschieht, obwohl evident ist, dass Wettbewerber regelmäßig über die Marktmacht des Konkurrenten Bescheid wissen.
381 OLG Düsseldorf, InstGE 13, 232 – Du sollst nicht lügen! II.
382 OLG Rostock, GRUR-RR 2009, 39 – Moonlight; OLG Hamburg, Mitt 2018, 243 – Wert des Verfügungsverfahrens; OLG Frankfurt/Main, GRUR 2019, 216 – Lagerräumung. Nach Auffassung des OLG Karlsruhe (GRUR-RR 2021, 294 – Klimaanlagen) soll ein – jedenfalls nennenswerter – Abschlag dann nicht gerechtfertigt sein, wenn das Verfügungsverfahren (zB im Wege der Abschlusserklärung) zur endgültigen Erledigung des Streits führt oder dies mit hoher Wahrscheinlichkeit zu erwarten steht.
383 BGH, NJW-RR 2003, 1293; OLG Karlsruhe, MDR 2007, 1455.
384 BGH, GRUR 2013, 1286 – Gegenstandswert des Verfügungsverfahrens.
385 Allg Meinung: BGH, WuM 2004, 352; KG, GRUR-RR 2009, 160.
386 OLG Düsseldorf, Beschlüsse v 24.10.2012 und 14.11.2012 – I-2 W 26/12.

dd) Streithelfer

Im Verhältnis zum **Streithelfer**[387], der dem Rechtsstreit beigetreten ist, kommt es nicht auf dessen Interesse an[388]; maßgeblich ist vielmehr auch im Verhältnis zu ihm der reguläre Streitwert des Prozesses. Das gilt, wenn der Streithelfer sich den Anträgen der von ihm unterstützten Partei angeschlossen hat[389], aber gleichermaßen dann, wenn der Streithelfer keinen Antrag gestellt hat.[390] Da sich auch die Anwaltsgebühren des Streithelfers nach dem die Gerichtsgebühren bestimmenden Wert richteten, ist auch für eine gesonderte Festsetzung nach § 32 RVG kein Raum.[391] Nur im Zwischenstreit über die Zulässigkeit der Nebenintervention bestimmt das wirtschaftliche Interesse des Streithelfers den Streitwert.[392]

201

ee) Schutzrechtsablauf

Wird das **Klagepatent** während des Rechtsstreits **wirkungslos** und ist Erlöschensgrund der Ablauf der gesetzlichen Patentdauer, hat dies regelmäßig keinen Einfluss auf den Streitwert.[393] Denn der bisherige Unterlassungsanspruch (in dessen Streitwert bereits der künftige Schutzrechtsablauf und somit die zeitliche Limitierung des Unterlassungsbegehrens »eingepreist« ist) schlägt mit dem Auslaufen des Patents in einen Schadenersatzanspruch um, der nunmehr entsprechend höher zu bewerten ist.[394] In dem Umfang, in dem sich der Wert des Unterlassungsantrages mit Annäherung an das Schutzrechtsende reduziert, erhöht sich gleichzeitig der Wert des Schadenersatzanspruchs, der dem Kläger wegen begangener Patentverletzung zusteht. Vorausgesetzt ist dabei, dass die Verletzungshandlungen vom Beklagten fortgesetzt werden, wovon ohne anderweitige Anhaltspunkte im Zweifel auszugehen ist. Eine Streitwertherabsetzung ist deswegen angezeigt, wenn der Verletzungsbeklagte die Benutzung des Klagepatents vor Eintritt des Wirkungsverlustes – freiwillig oder zwangsweise – einstellt, weil sich unter solchen Umständen die bei Klageeinreichung zur Bewertung des Unterlassungsanspruchs angestellte Prognose, dass die Verletzungshandlungen für die prognostizierte Restlaufzeit des Klagepatents fortgesetzt, ggf sogar ausgedehnt werden, als unzutreffend erweist.[395] Dasselbe gilt unabhängig von einem Wirkungsverlust, wenn bereits bei Klageerhebung/Rechtsmitteleinlegung ein Kausalverlauf unabänderlich in Gang gesetzt ist, der dazu führt, dass die Verletzungshandlungen sich nicht bis zum gesetzlichen Ende der Schutzrechtsdauer fortsetzen werden. Auch wenn der Kläger hierüber keine Kenntnis hat, beschränkt sich sein Klageinteresse objektiv auf die nach den vom Beklagten getroffenen Vorkehrungen verbleibende restliche Benutzungszeit.

202

Anlass zur Korrektur besteht im Allgemeinen auch bei allen sonstigen Erlöschensgründen (zB Verzicht auf das Klagepatent, Eingreifen des Doppelschutzverbotes, Lizenznahme am Klagepatent oder einem prioritätsälteren Schutzrecht, Zwangslizenz, § 23

203

---

387 Zum Streitstand vgl Schmeel, MDR 2012, 13.
388 So aber OLG München, Beschluss v 30.3.2015 – 6 W 71/14, das auf die jeweilige Regresshaftungssumme der einzelnen Streithelfers gegenüber dem Verletzungsbeklagten abstellt.
389 BGH, JurBüro 2013, 477; OLG Düsseldorf, Beschluss v 12.9.2011 – I-2 W 35/11, mwN zum Streitstand.
390 BGH, MDR 2016, 854.
391 BGH, MDR 2016, 854.
392 OLG Düsseldorf, Beschluss v 12.9.2011 – I-2 W 35/11.
393 Das gilt auch dann, wenn der Unterlassungsantrag für erledigt erklärt wird, was an sich – bezogen auf den Zeitpunkt der Abgabe der Erledigungserklärung, nicht des Eintritts des erledigenden Ereignisses – zur Folge hat, dass sich der Streitwert von da ab auf die bis zur Erledigungserklärung entstandenen Prozesskosten reduziert (BGH, MDR 2010, 1342).
394 OLG Düsseldorf, InstGE 11, 175 – Sitzheizung; vgl auch BGH, GRUR 2022, 432 – Nichtigkeitsstreitwert IV.
395 OLG Düsseldorf, InstGE 11, 175 – Sitzheizung.

PatG), die sich – in Bezug auf die Verhältnisse bei Einreichung der Verletzungsklage – typischerweise unvorhergesehen einstellen und allein deswegen eine Neubewertung des Klägerinteresses erfordern. Nicht zu verwechseln mit dem Verzicht auf das Patent ist der Verzicht auf die mit der Verletzungsklage geltend gemachten Ansprüche, der typischerweise nach rechtskräftiger Vernichtung des Klagepatents erfolgt. Weil der Verzicht in der mündlichen Verhandlung erklärt werden muss (§ 306 ZPO), ist die schriftsätzliche Verzichtserklärung eine bloß (rechtlich wirkungslose) Ankündigung derselben und schon deshalb streitwertmäßig unbeachtlich.[396] Sie ist es darüber hinaus auch deshalb, weil trotz des Verzichts eine gerichtliche Entscheidung (wenn auch ohne Sachprüfung) über die Verletzungsansprüche ergeht. Auch für solche Gebührentatbestände, die nach ordnungsgemäßer (mündlicher) Verzichtserklärung verwirklicht werden, kommt daher eine Reduzierung des Streitwertes auf das Kosteninteresse nicht in Betracht.[397]

ff) Streit um Prozesskostensicherheit

204 Der Wert des Streits über die Verpflichtung der Klägerin, **Prozesskostensicherheit** (§ 110 ZPO) zu leisten, ist nicht nach dem Betrag der vom Beklagten verlangten oder ihm gerichtlich zugesprochenen Sicherheitsleistung zu bemessen, sondern entspricht dem vollen Wert der Hauptsache selbst.[398] Das gilt auch für das Rechtsmittelverfahren gegen die Anordnung oder Ablehnung einer Prozesskostensicherheit.[399] Der Grund liegt darin, dass die Einrede aus § 110 ZPO eine Verteidigung gegen die Klage als solche darstellt, weil sie dem Beklagten die Möglichkeit gibt, die Einlassung auf die Klage zu verweigern, bis über die Prozesseinrede entschieden oder die angeordnete Sicherheit geleistet ist.[400] Leistet der Kläger die Sicherheit nicht, wird seine Klage für zurückgenommen erklärt, was eine Entscheidung über den gesamten Streitgegenstand in der Hauptsache darstellt.[401] Wird die Einrede, nachdem sich der Beklagte in erster Instanz zur Sache eingelassen hat, erstmals während des Berufungsrechtszuges erhoben, so soll ihr kein eigener (erhöhender) Wert zukommen.[402]

gg) Zahlungsantrag unter Berücksichtigung geleisteter Zahlungen

205 Wird mit der Klage ein bezifferter Zahlungsbetrag nebst Zinsen verfolgt, von dem (zB vorgerichtlich) bereits geleistete Zahlungen des Schuldners in Abzug gebracht werden, ist durch Auslegung zu ermitteln, wie der Wert der allein streitwertrelevanten Hauptforderung zu bemessen ist. Materiell rechtlich wird eine zur Tilgung der ganzen Schuld nicht ausreichende Zahlung zunächst auf die Zinsen und erst danach auf die Hauptforderung angerechnet (§ 367 Abs 1 BGB). Dort, wo mangels gegenteiliger Anhaltspunkte von *dieser* Verrechnungsrangfolge auszugehen ist, schmälert eine vorgerichtliche Zahlung die eingeklagte Hauptforderung nur in dem Maße, wie sie nicht durch eine primäre Anrechnung auf von der Hauptforderung geschuldete Zinsen aufgezehrt ist. Dass das Klagebegehren (und eine entsprechende Verurteilung) genau in diesem Sinne gewollt und deswegen auch zu verstehen sind, liegt vor allem dann nahe, wenn die in Abzug zu bringende Zahlung ausweislich der Formulierung des Klageantrages/Urteilstenors erst im Anschluss an den Zinsanspruch erwähnt wird (»... an den Kläger 100.000 € nebst Zinsen in Höhe von ... abzüglich am ... gezahlter 20.000 € zu zahlen.«).[403]

---

396 OLG Düsseldorf, Beschluss v 13.9.2013 – I-2 U 44/09.
397 OLG Düsseldorf, Beschluss v 23.9.2013 – I-2 U 63/03.
398 BGH, VersR 1991, 122; OLG Hamburg, AGS 2003, 82; OLG Düsseldorf, Beschluss v 17.10.2014 – I-2 U 54/14.
399 OLG Düsseldorf, Beschluss v 17.10.2014 – I-2 U 54/14.
400 OLG Hamburg, AGS 2003, 82.
401 BGH, VersR 1991, 122.
402 OLG Frankfurt/Main, GRUR-RS 2016, 15323 – Ohne Funktionseinschränkung kostenlos.
403 BGH, NJW-RR 2016, 759.

hh) Zahlungsantrag und Insolvenz

Speziell für Höhe- oder Kostenerstattungsklagen ist in Fällen der Insolvenz des Zahlungsschuldners und Aufnahme des Rechtsstreits durch den Insolvenzverwalter zu beachten, dass sich die ursprüngliche Zahlungsklage in eine Klage auf Feststellung der eingeklagten Forderung zur Insolvenztabelle umwandelt (§ 180 Abs 2 InsO). Bezogen auf den Aufnahmezeitpunkt reduziert sich der Wert des Streitgegenstandes (soweit der Anspruch gegen den Insolvenzverwalter betroffen ist[404]) auf denjenigen Betrag, der bei der Verteilung der vorhandenen Insolvenzmasse für die Forderung zu erwarten ist (§ 182 InsO). Einen Anhalt hierüber kann auch ein Zwischenbericht des Insolvenzverwalters liefern, der einige Zeit nach dem Aufnahmetag datiert.[405]

d) Streitwertbemessung im Nichtigkeitsverfahren

Der Streitwert einer **Nichtigkeitsklage** wird durch den **gemeinen Wert** des Patents bei Klageerhebung zzgl bis dahin entstandener Schadenersatzforderungen wegen Patentverletzung bestimmt.[406] Dieser Wert kann nicht unterhalb der Summe der Streitwerte angesetzt werden, die in den aus dem Patent geführten Verletzungsprozessen zugrunde gelegt worden sind bzw geführt werden, sondern wird regelmäßig darüberhinausgehen. Um dem Rechnung zu tragen und insbesondere eine Eigennutzung des Schutzrechts durch den Inhaber abzugelten, ist der Streitwert des Nichtigkeitsverfahrens dadurch zu bilden, dass der/die Streitwert(e) des/der abgeschlossenen bzw laufenden Verletzungsprozesse(s) angemessen erhöht wird/werden. Sofern keine verlässlicheren Erkenntnisse vorliegen, ist der auf den/die Verletzungsstreitwert(e) vorzunehmende Aufschlag mit 25 % zu bemessen.[407] Das gilt grundsätzlich auch dann, wenn es sich bei dem angegriffenen Patent um ein standardessenzielles Schutzrecht handelt, welches Teil eines Portfolios aus zahlreichen Schutzrechten ist, das typischerweise in seiner Gesamtheit lizenziert wird. Hier wird die Marktstellung des Inhabers durch den Wegfall dieses einzelnen Rechts in der Regel nur marginal beeinträchtigt, was es rechtfertigt, den Eigennutzungsanteil mit einem Zuschlag von 25 % auf den addierten Streitwert der Verletzungsverfahren abzugelten.[408]

Ist bereits ein **Höheprozess** anhängig, so hat der Streitwert (= Klagesumme) des Betragsverfahrens indizielle Bedeutung für den Streitwert des Nichtigkeitsverfahrens, auch soweit dieses bereits vor Erhebung der Höheklage (zB in erster Instanz) erledigt worden ist.[409] Dem steht nicht entgegen, dass für den Streitwert des Patentnichtigkeitsverfahrens grundsätzlich der gemeine Wert des Patents *bei* Erhebung der Klage bzw *bei* Einlegung der Berufung zuzüglich des Betrags der bis dahin entstandenen Schadensersatzforderungen maßgeblich ist. Hieraus ergibt sich zwar, dass Wertänderungen, die nach Erhebung der Klage bzw Einlegung des Rechtsmittels eingetreten sind, grundsätzlich unerheblich sind. Zu berücksichtigen sind jedoch Erkenntnisquellen, die zwar erst nach dem maßgeblichen Stichtag zutage getreten sind, aber ein neues Licht auf die Wertverhältnisse an diesem Tag werfen. Dies trifft auf den beziffert geltend gemachten Zahlungsanspruch wegen Verletzung des Streitpatents zu.[410] Dessen Maßgeblichkeit gilt in beide Richtungen. Er rechtfertigt deshalb nicht nur eine Heraufsetzung des Streitwertes gegenüber dem Verletzungsstreitwert des »Grundverfahrens«, sondern genauso dessen Herabset-

---

404 Im Verhältnis zum mitverklagten Geschäftsführer, der selbst nicht insolvent ist, bleibt es bei dem ursprünglichen, am Betrag der Klageforderung orientierten Streitwert.
405 OLG Düsseldorf, Beschluss v 21.6.2016 – I-2 W 13/16.
406 BGH, GRUR 2011, 757 – Nichtigkeitsstreitwert.
407 BGH, GRUR 2011, 757 – Nichtigkeitsstreitwert.
408 BGH, GRUR 2021, 1105 – Nichtigkeitsstreitwert III.
409 BGH, GRUR 2022, 432 – Nichtigkeitsstreitwert IV.
410 BGH, GRUR 2022, 432 – Nichtigkeitsstreitwert IV.

J. Sonstiges

zung, wenn sich angesichts der Schadenersatzhöheklage erweist, dass der Verletzungsstreitwert zu hoch angenommen worden ist.

209 Ist im Nichtigkeitsberufungsverfahren nur noch über eine **eingeschränkte Fassung des Streitpatents** zu entscheiden, weil der Patentinhaber eine vom BPatG verfügte Teilvernichtung hingenommen hat, so rechtfertigt dies für die zweite Instanz dann keinen niedrigeren Streitwert, wenn die Unterschiede im Streitgegenstand weder für ein anhängiges oder bereits abgeschlossenes Verletzungsverfahren noch für den sonstigen Wert des Streitpatents von erkennbarer Bedeutung sind.[411] Anders ist erst dann zu verfahren, wenn die Einschränkung den Verletzungsgegenstand aus dem Schutzbereich des Streitpatents entlassen hat oder wenn dessen technische Umgehung leichter geworden ist.

210 Wird das Patent von mehreren Klägern in demselben Umfang angegriffen, so gilt für jede einzelne Nichtigkeitsklage der besagte, den vollen gemeinen Wert des angegriffenen Patents repräsentierende Streitwert und nicht etwa nur ein der Zahl der angreifenden **Streitgenossen** entsprechender Bruchteil dessen.[412] Das gilt unabhängig davon, ob die mehreren Kläger eine gemeinsame Nichtigkeitsklage erheben oder ob zunächst separat eingereichte Klagen vom Gericht zur gemeinsamen Verhandlung und Entscheidung verbunden werden.[413] In beiden Fällen handelt es sich bei den mehreren Nichtigkeitsklägern um notwendige Streitgenossen.[414] Ein reduzierter Streitwert ist nur für denjenigen Streitgenossen gerechtfertigt, dessen Angriff im Vergleich zu dem der anderen Kläger von geringerer Intensität ist (zB weil er bloß eine Teilnichtigkeitsklage erhebt oder das zugehörige Schutzzertifikat – anders als die übrigen Nichtigkeitskläger – nicht ebenfalls mit angreift).[415] Zu der Frage, welche Gerichtsgebühren anfallen, vgl oben Kap E Rdn 901 ff.

211 Die Streitwertfestsetzung des BPatG ist unanfechtbar.[416]

e) Streitwertbemessung im Vollstreckungsverfahren

212 Im Ordnungs- und Zwangsmittelverfahren ist für die Streitwertfestsetzung zu differenzieren:

213 – So lange Ordnungs- oder Zwangsmittel noch nicht verhängt sind (dh vor dem Landgericht und nach erstinstanzlicher Antragszurückweisung vor dem Beschwerdegericht) bestimmt sich der Streitwert nach demjenigen Teil des Streitwertes aus dem Erkenntnisverfahren, der auf den vollstreckten Unterlassungsantrag (§ 890 ZPO)[417] bzw Rechnungslegungsantrag (§ 888 ZPO) entfällt. Ausnahmsweise kann lediglich ein Bruchteil dieses Erkenntnisteilstreitwertes gerechtfertigt sein, zB wenn für einen bestimmten Zeitraum ordnungsgemäß Rechnung gelegt wurde und der Zwangsmittelantrag lediglich darauf abzielt, für einen bestimmten restlichen Auskunftszeitraum Angaben zu erlangen.[418]

---

411 BGH, GRUR 2022, 432 – Nichtigkeitsstreitwert IV.
412 BGH, GRUR 2013, 1287 – Nichtigkeitsstreitwert II.
413 BPatG, Mitt 2014, 44 (LS) – Streitwert für die Berechnung der Anwaltsgebühren bei verbundenen Nichtigkeitsklagen.
414 BGH, GRUR 2016, 361 – Fugenband.
415 BGH, GRUR 2013, 1287 – Nichtigkeitsstreitwert II.
416 BGH, Mitt 2012, 41 – Streitwertbeschwerde.
417 Teilweise wird anders verfahren: Stets soll nur ein Bruchteil des Unterlassungsstreitwertes maßgeblich sein, wobei ein im Vollstreckungsantrag erwähnter Mindestbetrag des Ordnungsgeldes die Untergrenze des Wertes darstellen und sich ansonsten die Höhe des Bruchteils nach denselben Kriterien richten soll, die für die Bemessung des Ordnungsgeldes relevant sind; die Bruchteilsregel soll hierbei auch auf denjenigen Streitwert anzuwenden sein, der wegen der besonderen Verfahrensart des vorläufigen Rechtsschutzes ohnehin schon reduziert ist (OLG Frankfurt/Main, GRUR 2019, 216 – Lagerräumung).
418 OLG Düsseldorf, Beschluss v 11.11.2013 – I-2 W 35/13.

- Sind Ordnungs- oder Zwangsmittel festgesetzt und wendet sich der Schuldner hiergegen, beläuft sich der Wert des Beschwerdeverfahrens auf den Betrag des gegen den Schuldner verhängten Ordnungs- bzw Zwangsgeldes.[419] 214

- Hat der Vollstreckungsantrag nur teilweise Erfolg gehabt und legt der Gläubiger Beschwerde ein, so gilt für den Wert *seines* Rechtsmittels Folgendes: 215

Erstrebt der Gläubiger wegen der gerichtlich festgestellten Zuwiderhandlungen bzw Rechnungslegungsmängel ein höheres Ordnungs- bzw Zwangsgeld, weil er der Meinung ist, dass das Landgericht bei der Bewertung zu nachsichtig gewesen ist, so ist der Mehrbetrag entscheidend, den der Gläubiger zusätzlich zu dem bereits verhängten Ordnungs- bzw Zwangsgeld festgesetzt wissen will. Bei dem Begehren, statt eines Zwangsgeldes Zwangshaft anzuordnen, ist der Wert der angestrebten Sanktionsverschärfung betragsmäßig zu schätzen; er wird sich – je nach der Höhe des festgesetzten Zwangsgeldes – in dem Doppelten bis Mehrfachen des verhängten Zwangsgeldes ausdrücken.[420] 216

Macht der Gläubiger geltend, dass weitere Zuwiderhandlungen bzw Rechnungslegungsmängel vorliegen, die das Landgericht nicht erkannt hat, so bemisst sich der Wert einer solchen Beschwerde nach dem Teil des Streitwertes aus dem Erkenntnisverfahren, der den weiteren Beanstandungen und ihrer Bedeutung für die Verfolgung des Unterlassung- bzw Rechnungslegungsanspruchs entspricht. Hinzuzurechnen ist im Falle einer Beschwerde des Schuldners noch der Betrag des gegen ihn bereits verhängten und mit der Beschwerde bekämpften Ordnungs- bzw Zwangsgeldes. 217

Da sowohl im Verfahren vor dem Landgericht als auch im Beschwerdeverfahren vor dem Oberlandesgericht Gerichtsgebühren in Form von Festbeträgen vorgesehen sind[421], scheidet eine **Streitwertfestsetzung** von Amts wegen aus.[422] Zulässig ist sie nur auf Parteiantrag.[423] 218

3. Anfechtbarkeit

Der **Streitwertbeschluss des Landgerichts** ist gemäß § 68 Abs 1 GKG mit der einfachen Beschwerde zum Oberlandesgericht anfechtbar, sofern der Beschwerdewert von mehr als 200 € erreicht ist und nicht nur eine bloß vorläufige Festsetzung[424] (gleichgültig ob zur Kostenvorschussanforderung oder zur Zuständigkeitsbestimmung) vorliegt.[425] Angreifbar mit der Beschwerde (§ 67 Abs 1 GKG) ist erst die Kostenanforderung auf der Grundlage der vorläufigen Streitwertfestsetzung.[426] Die Wertgrenze von 200 € gilt auch für Streitwertbeschwerden von Anwälten aus eigenem Recht.[427] Abzustellen ist auf die Differenz zwischen der Gesamtvergütung des Rechtsanwaltes aufgrund der bisherigen Wertfestsetzung und der voraussichtlichen Gesamtvergütung nach dem von ihm erstrebten Wert.[428] Das Beschwerderecht bleibt auch derjenigen Partei erhalten, die ihr Einverständnis mit einer bestimmten Streitwertfestsetzung erklärt hat.[429] Im Beschwer- 219

---

419 OLG Celle, MDR 2014, 1170, mwN zum Streitstand.
420 OLG Düsseldorf, Beschluss v 20.4.2017 – I-2 W 2/17.
421 KV-GKG Nr 2111, 2121.
422 OLG Nürnberg, MDR 2019, 61.
423 Zu Einzelheiten vgl oben Kap H Rdn 175.
424 Deren Zulässigkeit bestimmt sich nach § 63 Abs 1 Satz 1 GKG.
425 OLG Düsseldorf, MDR 2008, 1120; OLG Köln, OLG-Report 2008, 678; OLG Koblenz, MDR 2008, 1368; OLG Frankfurt/Main, MDR 2012, 733.
426 OLG Düsseldorf, MDR 2008, 1120.
427 OLG Düsseldorf, MDR 2012, 433.
428 OLG Düsseldorf, MDR 2012, 433.
429 OLG Karlsruhe, MDR 2010, 404.

J. Sonstiges

deverfahren gilt ein Verbot der **reformatio in peius** nicht, weil das Streitwertfestsetzungsverfahren im überwiegenden öffentlichen Interesse an einer jederzeit objektiv richtigen Bewertung der Verfahrensgegenstände als amtliches Verfahren ausgestaltet ist.[430] Der Streitwert kann deshalb auch zum Nachteil des Beschwerdeführers verbösert werden.[431]

220 Das Beschwerdeverfahren ist gebührenfrei[432]; außergerichtliche **Kosten** werden nicht erstattet (§ 68 Abs 3 GKG). Das gilt allerdings nur für statthafte Beschwerde, dh nicht für solche, die gegen eine Wertfestsetzung durch das OLG an den BGH gerichtet sind.[433]

221 Zwar ist die einfache Beschwerde an sich an keine **Frist** gebunden. Nach § 68 Abs 1 Satz 3, § 63 Abs 3 Satz 2 GKG ist eine Beschwerde gegen den Streitwertbeschluss allerdings ausgeschlossen, wenn seit der Rechtskraft der Hauptsacheentscheidung sechs Monate verstrichen sind. Danach ist auch eine amtswegige Streitwertänderung ausgeschlossen, die ansonsten sowohl durch das Gericht, welches den Streitwert festgesetzt hat, als auch durch das Rechtsmittelgericht, welches mit der Hauptsache, dem Streitwert, dem Kostenansatz oder der Kostenfestsetzung befasst ist, jederzeit möglich ist (§ 63 Abs 3 Satz 1 GKG). Wird ein Anspruch sowohl im Wege des einstweiligen Rechtsschutzes als auch im Wege der Hauptsacheklage verfolgt, beginnt die 6-Monats-Frist erst dann zu laufen, wenn beide Verfahren beendet sind.[434] Maßgeblich für den Fristbeginn ist mithin die Rechtskraft der Hauptsacheentscheidung.[435] Innerhalb der 6-Monatsfrist kann der Streitwert auch von Amts wegen geändert werden. Im selbständigen Beweisverfahren kommt es für die Fristberechnung auf dessen Beendigung (nach § 411 Abs 4 ZPO) – und nicht auf die rechtskräftige Erledigung eines nachfolgenden Hauptsacheverfahrens – an.[436] Diese Sicht ist zwar nicht unbestritten, der Meinungsstreit wird jedoch in aller Regel nicht maßgeblich sein, weil im Besichtigungsverfahren, gerade weil in ihm keine Kostengrundentscheidung fällt, typischerweise nur ganz zu Beginn des Verfahrens eine allein auf die einseitige Wertangabe des Antragstellers gestützte und wegen des mangelnden rechtlichen Gehörs deswegen bloß vorläufige Streitwertfestsetzung ergeht.[437] Bleibt es – wie gewöhnlich – bei dieser allerersten Festsetzung, ist es deshalb für die Besichtigungsparteien möglich, zu einem auch weit späteren Zeitpunkt, etwa nach rechtskräftigem Abschluss des Verletzungsprozesses, um eine (heraufsetzende oder herabsetzende) Streitwertfestsetzung im Besichtigungsverfahren nach Maßgabe der erfolgten Streitwertfestsetzung im Verletzungsprozess nachzusuchen, weil erst mit ihr (obwohl ggf Jahre nach dem Ende der Besichtigung) erstmals eine *endgültige* Streitwertfestsetzung für das Besichtigungsverfahren erfolgt, die dementsprechend auch noch mit einem Rechtsmittel angegriffen werden kann.[438] Ist das Verfahren durch Klagerücknahme beendet worden, entscheidet über den Fristbeginn nicht der Eingang des Rücknahmeschriftsatzes bei Gericht, sondern die gerichtliche Kostenentscheidung nach § 269 Abs 3 Satz 2 ZPO.[439]

222 Voraussetzung für die Zulässigkeit der Beschwerde ist außerdem, dass der Beschwerdeführer durch die angefochtene Wertfestsetzung **beschwert** ist. Daran fehlt es, wenn die die Beschwerde führende Prozesspartei obsiegt hat und von ihr geltend gemacht wird,

---

430 OLG Düsseldorf, OLG-Report 2009, 745, mwN; OLG Düsseldorf, Beschluss v 7.8.2020 – I-2 W 13/20.
431 OLG Düsseldorf, Beschluss v 24.10.2012 – I-2 W 26/12.
432 Das gilt auch für die unstatthafte Beschwerde (zB gegen eine nur vorläufige Streitwertfestsetzung): OLG Koblenz, MDR 2012, 1315.
433 BGH, MDR 2014, 610.
434 OLG Hamburg, MDR 2011, 258.
435 OLG Zweibrücken, MDR 2011, 562.
436 OLG Köln, MDR 2013, 809.
437 OLG Düsseldorf, Beschluss v 10.10.2022 – I-2 W 20/22.
438 OLG Düsseldorf, Beschluss v 10.10.2022 – I-2 W 20/22.
439 OLG Düsseldorf, Beschluss v 7.8.2020 – I-2 W 13/20.

der Streitwert sei zu niedrig festgesetzt worden. Gleiches gilt, wenn mehrere durch denselben Rechtsanwalt vertretene Streitgenossen mit ihrem Rechtsmittel eine andere Aufteilung des Gesamtstreitwertes begehren, um die Erhöhungsgebühr aus einem höheren Teilstreitwert berechnen zu können.[440] Das gilt auch dann, wenn der Beschwerdeführer im Rechtsstreit obsiegt hat und deshalb kostenerstattungsberechtigt ist.[441]

An einer Beschwer fehlt es in einem solchen Fall auch dann, wenn sich der Beschwerdeführer gegenüber seinem Prozessbevollmächtigten zu einer über den gesetzlichen Rahmen hinausgehenden **Honorarzahlung** zB **nach Stundenaufwand** verpflichtet hat.[442] Davon unabhängig ist das dem Prozessbevollmächtigten selbst zustehende Beschwerderecht gegen eine zu niedrige Streitwertfestsetzung (§ 32 Abs 1 RVG). Seine Beschwer ergibt sich regelmäßig aus dem Umstand, dass der Honoraranspruch des Anwaltes streitwertabhängig ist und sich deshalb mit einer Heraufsetzung des Streitwertes erhöht. Das Beschwerderecht besteht aber auch dann, wenn der Prozessbevollmächtigte sein Honorar im Einzelfall nicht streitwertabhängig, sondern nach einer mit der Partei getroffenen Gebührenvereinbarung liquidiert.[443] Auch für sein Rechtsmittel spielt – genauso wie bei der Partei – eine konkrete abweichende Honorarvereinbarung keine Rolle.[444] 223

Die Beschwerdeentscheidung[445] ist ebenso wie ein **vom Oberlandesgericht** selbst **erlassener** (erstmaliger oder abändernder) **Streitwertbeschluss** unanfechtbar (§§ 68 Abs 1 Satz 5, 66 Abs 3 Satz 3 GKG). Für eine dennoch eingelegte (unstatthafte) Beschwerde an den BGH gilt die Gebührenfreiheit nach § 68 Abs 3 GKG nicht.[446] Gemäß § 69a GKG ist binnen zwei Wochen lediglich eine Anhörungsrüge möglich, die darauf gestützt ist, dass bei der Streitwertentscheidung das rechtliche Gehör verletzt wurde. Solches ist nicht nur dann der Fall, wenn das Gericht eine den Beteiligten selbst gesetzte Frist zur Äußerung mit seiner Entscheidung nicht abwartet[447], sondern auch dann, wenn das Gericht sofort entscheidet, ohne eine *angemessene* Frist abzuwarten, innerhalb derer eine eventuell beabsichtigte Stellungnahme unter normalen Umständen eingehen kann, oder wenn die vom Gericht gesetzte Frist objektiv nicht ausreicht, um innerhalb der Frist eine sachlich fundierte Äußerung zum Sachverhalt und zur Rechtslage zu erbringen.[448] Da ein Gericht andererseits nicht verpflichtet ist, sich mit jedem Parteivorbringen in den Gründen ausdrücklich oder jedenfalls mit einer bestimmten Intensität zu befassen, ist eine Gehörsverletzung nur dann hinreichend substantiiert (§ 321a Abs 1 Satz 1 Nr 2, Abs 2 Satz 5 ZPO), wenn die Rüge über eine wiederholende Darstellung oder Rechtfertigung des vermeintlich übergangenen Vorbringens hinausgeht, indem anhand der angegriffenen Entscheidung näher herausgearbeitet wird, dass darin ein Rechtsstandpunkt eingenommen wird, bei dem das als übergangen gerügte Vorbringen schlechthin nicht unberücksichtigt bleiben konnte, sodass sich seine Nichtberücksichtigung nur damit erklären lässt, dass es nicht zur Kenntnis genommen wurde.[449] Ist die Entscheidungserheblichkeit des Gehörsverstoßes nicht unmittelbar und zweifelsfrei ersichtlich, hat der Antragsteller dar- 224

---

440 OLG Düsseldorf, Beschluss v 4.3.2013 – I-2 W 7/13.
441 OLG Düsseldorf, Beschluss v 4.3.2013 – I-2 W 7/13.
442 OLG Düsseldorf, InstGE 2, 299 – Unzulässige Streitwertbeschwerde; OLG Köln, MDR 2012, 185; KG, MDR 2016, 422; aA: OLG Frankfurt/Main, AGS 2013, 33; OLG Stuttgart, BeckRS 2013, 18821; OVG Lüneburg, BeckRS 2014, 56589.
443 OLG Hamburg, InstGE 6, 124 – Streitwertkorrektur.
444 OLG Düsseldorf, Beschluss v 13.12.2013 – I-2 W 41/13.
445 Sie kann auch in einer Aufhebung und Zurückverweisung bestehen, wobei sowohl der Nichtabhilfebeschluss als auch der ursprüngliche Streitwertbeschluss aufzuheben sind, wenn beide unzureichend sind (OLG Düsseldorf, Beschluss v 7.8.2020 – I-2 W 13/20).
446 BGH, MDR 2014, 610.
447 BGH, MDR 2020, 304.
448 BGH, MDR 2018, 1014.
449 BGH, MDR 2016, 1350.

zulegen, was er ohne den Gehörsverstoß vorgetragen hätte und dass nicht auszuschließen ist, dass dieser Vortrag zu einer anderen (ihm günstigen) gerichtlichen Entscheidung geführt hätte.[450] Ist für das Gericht offensichtlich, dass sich eine Partei zu einem gerichtlichen Hinweis nicht sogleich abschließend erklären kann, so verlangt es der Grundsatz rechtlichen Gehörs, ihr auch ohne eigenen Antrag eine Schriftsatzfrist einzuräumen bzw die Verhandlung angemessen zu vertagen.[451] Geschieht dies nicht und erfolgt innerhalb der Spruchfrist ein ergänzender schriftsätzlicher Vortrag, ist die mündliche Verhandlung nach § 156 Abs 2 Nr 1 ZPO wiederzueröffnen.[452] Darüber hinaus ist das Gericht gehalten, vor seiner Entscheidung gesetzliche oder von ihm selbst gesetzte richterliche Äußerungsfristen abzuwarten, und zwar selbst dann, wenn die betreffende Partei sich vor Fristablauf bereits schriftsätzlich geäußert hat und diese Äußerung als abschließend verstanden werden konnte.[453]

225 Über die Anhörungsrüge hinaus ist im Rahmen einer zweit- oder drittinstanzlichen Streitwertfestsetzung eine **Gegenvorstellung** statthaft[454], allerdings nur innerhalb der Frist des § 63 Abs 3 Satz 2 GKG[455].

226 Zu einer **Änderung** der Streitwertfestsetzung des Berufungsgerichts **von Amts wegen** gemäß § 63 Abs 3 Satz 1 Nr 2 GKG ist der BGH nicht befugt, wenn Nichtzulassungsbeschwerde eingelegt ist und diese zurückgewiesen wird, weil die Einlegung einer Nichtzulassungsbeschwerde nicht zu dem Anfall der »Hauptsache« führt.[456]

227 Wird der Streitwert geändert und ist die Kostengrundentscheidung zu diesem Zeitpunkt bereits rechtskräftig, scheidet eine **Änderung der** durch die Streitwertänderung unrichtig gewordenen **Kostenquote** aus; sie kommt auch nicht in analoger Anwendung des § 319 Abs 1 ZPO in Betracht.[457] Anders verhält es sich, wenn die Berichtigung eines Rechenfehlers zu einem reduzierten Verurteilungsbetrag führt; hier ist, wenn die bisherige Kostenquote am Maß des beiderseitigen Obsiegens und Unterliegens orientiert ist, auch der Kostenausspruch entsprechend zu korrigieren.[458]

228 Auf das Beschwerde- und Gegenvorstellungsverfahren ist prinzipiell die Unterbrechungsvorschrift des § 240 ZPO anwendbar[459], auch wenn die Insolvenzeröffnung in Eigenverwaltung geschieht.[460] Bedingung ist freilich, dass das fragliche Verfahren zum Zeitpunkt der Insolvenzeröffnung bereits rechtshängig ist. Dem ist so, wenn das Kostenfestsetzungsverfahren vor Eröffnung des Insolvenzverfahrens eingeleitet war, mag die Kostengrundentscheidung damals auch bereits rechtskräftig gewesen sein.[461] Keine Unterbrechung tritt demgegenüber ein, wenn – auch zu einem bereits vor Eröffnung des Insolvenzverfahrens rechtskräftig abgeschlossenen Verfahren – die Streitwertbeschwerde (oder Gegenvorstellung) erst nach Insolvenzeröffnung erhoben wird.[462]

---

450 BGH, GRUR 2018, 111 – PLOMBIR; BVerfG, MDR 2018, 614.
451 BGH, GRUR 2018, 111 – PLOMBIR.
452 BGH, NJW-RR 2007, 412; BGH, NJW-RR 2014, 177.
453 BVerfG, MDR 2018, 614.
454 BGH, Beschluss v 30.7.2015 – I ZB 61/13; aA: VGH Kassel, NJW 2009, 2761.
455 BGH, Beschluss v 30.7.2015 – I ZB 61/13; BGH, Beschluss v 29.6.2017 – I ZB 90/15.
456 BGH, NJW-RR 2020, 640.
457 BGH, MDR 2008, 1292.
458 BGH, MDR 2015, 52.
459 Offengelassen von BGH, Beschluss v 29.6.2017 – I ZB 90/15.
460 BGH, Beschluss v 29.6.2017 – I ZB 90/15.
461 BGH, Beschluss v 29.6.2017 – I ZB 90/15.
462 BGH, Beschluss v 29.6.2017 – I ZB 90/15.

4. Ermäßigung[463]

229 Für eine wirtschaftlich schwache Partei eröffnet § 144 PatG die Möglichkeit, einen Streitwertermäßigungsantrag zu stellen. Er muss, damit er prozessual beachtlich ist, vor der mündlichen Verhandlung zur Hauptsache angebracht werden[464] und **setzt voraus**, dass die Belastung mit den Prozesskosten nach dem vollen Streitwert die wirtschaftliche Lage der betreffenden Partei erheblich gefährden würde. Daran sind strenge Anforderungen zu stellen, weil der Partei auch bei einer Herabsetzung des Streitwertes ein gewisses Prozessrisiko verbleiben soll.[465] Droht der Partei durch die volle Kostenbelastung zB die Insolvenz, ist eine erhebliche Gefährdung ihrer wirtschaftlichen Lage anzuerkennen.[466] Um sie glaubhaft zu machen (§ 294 ZPO), hat die Partei, die um eine Streitwertermäßigung nachsucht, ihre finanzielle Situation – einschließlich der Möglichkeit und Zumutbarkeit einer Kreditaufnahme – im Einzelnen offen zu legen.

230 Ähnlich wie im Prozesskostenhilfeverfahren hat der Gegner keinen Anspruch darauf, die Unterlagen zu den wirtschaftlichen Verhältnissen des Antragstellers einzusehen. Verweigert der Antragsteller dem Gegner dieses Wissen, *können* (nicht müssen!) die betreffenden Angaben bei der Entscheidung über den Ermäßigungsantrag allerdings unberücksichtigt bleiben.[467] Für den Streitwertermäßigungsantrag einer als rechtsfähig anzusehenden BGB-Gesellschaft kommt es auf die Vermögensverhältnisse der Gesellschaft (und nicht ihrer Gesellschafter) an.[468]

231 Der Antrag gilt nur für die jeweilige Instanz und muss im nächsten Rechtszug erneuert werden. Für die Frage der wirtschaftlichen Gefährdung sind infolgedessen ebenfalls nur die in der jeweiligen Instanz anfallenden Kosten (und nicht die möglichen Kosten aller Rechtszüge) heranzuziehen.

232 Ein Ermäßigungsantrag kann prinzipiell auch von einer juristischen Person (zB GmbH) gestellt werden. Ist die Gesellschaft vermögenslos, kommt eine Streitwertermäßigung allerdings nicht in Betracht, weil die ohnehin desolate wirtschaftliche Lage durch die Belastung mit den vollen Prozesskosten nicht mehr »gefährdet« werden kann.[469] Aus dem Gesichtspunkt des Rechtsmissbrauchs kann eine beklagte Partei ebenfalls keine Streitwertermäßigung beanspruchen, wenn die ihr nachteilige Rechtslage eindeutig ist und sie auf die vorgerichtliche (berechtigte) Abmahnung des Klägers nicht reagiert hat.[470] Umgekehrt gilt Ähnliches. Eine vermögenslose Partei, die den Verletzungsrechtsstreit mit Unterstützung eines Prozessfinanzierers führt, dessen Hilfe für die im Zweifel zu

---

463 Zur Vereinbarkeit der Regelung mit dem EU-Unionsrecht und dem deutschen Verfassungsrecht vgl Gruber, GRUR 2018, 585.
464 Jede Instanz ist insoweit gesondert zu betrachten. Ein späterer Antrag ist nur zu beachten, wenn (a) der angenommene oder förmlich festgesetzte Streitwert nach der Verhandlung zur Sache heraufgesetzt wird (§ 14 Abs 2 Satz 3 PatG) oder wenn (b) sich nach der Verhandlung die wirtschaftliche Lage des Antragstellers entscheidend verschlechtert, sodass erst jetzt Grund für einen Ermäßigungsantrag besteht. Ein Verfügungsverfahren stellt, wenn es zu keinem Widerspruch kommt, keine Hauptsacheverhandlung dar, weswegen der Antrag binnen angemessener Frist nach Streitwertfestsetzung zulässig ist; er scheidet allerdings aus, sobald eine Abschlusserklärung abgegeben ist (KG, GRUR-RR 2017, 127 – Streitwertbegünstigung).
465 BGH, Beschluss v 28.6.2016 – X ZR 5/15.
466 BGH, Beschluss v 28.6.2016 – X ZR 5/15.
467 BGH, Mitt 2005, 165.
468 OLG München, InstGE 2, 81 – Streitwertbegünstigung für BGB-Gesellschaft II.
469 BGH, GRUR 2013, 1288 – Kostenbegünstigung III; BGH, GRUR 1953, 284 – Kostenbegünstigung I.
470 OLG Frankfurt/Main, GRUR-RR 2020, 559 – Daytona 365; OLG Frankfurt/Main, GRUR-RR 2005, 296 – Goldschmuckstücke.

erwartende Nichtigkeitsklage des Prozessgegners aber nicht ebenfalls vereinbart hat, verdient regelmäßig nicht den Schutz der Streitwertermäßigung.[471]

233 Bei der **Bestimmung des Teilstreitwertes** ist § 115 ZPO zu berücksichtigen. Zugunsten des Antragstellers (und ggf seiner Familie) sind deshalb die in § 115 Abs 1 Nr 2 ZPO vorgesehenen Freibeträge heranzuziehen; ferner ist die bei einer Bewilligung von Prozesskostenhilfe mit Ratenzahlungsverpflichtung geltende maximale Kostenbelastung des Antragstellers (§ 115 Abs 4 ZPO) zu beachten.[472] Allerdings dürfen die Grundsätze des § 115 ZPO nicht schematisch übertragen werden. Dem Antragsteller muss vielmehr ein gewisses Kostenrisiko verbleiben, das maßvoll diejenigen Beträge übersteigt, die er gemäß § 115 Abs 4 ZPO im Falle einer Prozesskostenhilfebewilligung mit Ratenzahlungsverpflichtung einzusetzen hätte.[473]

234 Wird für die wirtschaftlich schwache Partei ein Teilstreitwert festgesetzt, so hat dies zur **Konsequenz**, dass der Begünstigte Gerichtskosten sowie Rechtsanwalts- und Patentanwaltskosten, und zwar seine eigenen wie die des Gegners, nur nach dem ermäßigten Teilstreitwert zu entrichten hat. Für den Gegner bleibt dagegen der volle Streitwert maßgeblich. Obsiegt der Begünstigte im Rechtsstreit, so kann ihr Anwalt seine Gebühren von dem Gegner nach dem vollen Streitwert verlangen (§ 144 Abs 1 Satz 4 PatG). Ihm steht insoweit ein eigenes gesetzliches Forderungsrecht zu. Das Gleiche gilt – hinsichtlich der nach § 143 Abs 3 PatG erstattungsfähigen Gebühren – für den mitwirkenden Patentanwalt des Begünstigten. Der Erstattungsanspruch nach dem vollen Streitwert besteht auch im Falle einer Kostenquotelung, *soweit* der Streitwertbegünstigte im Verfahren obsiegt hat.[474]

VI. Prozesskostenhilfe[475]

235 Fehlen dem Kläger eigene finanzielle Mittel für eine Prozessführung, besteht für ihn die Möglichkeit, bei dem für die beabsichtigte Klage, den vorgesehenen Verfügungs- oder Zwangsvollstreckungsantrag oder das ins Auge gefasste selbständige Beweisverfahren zuständigen Gericht um die Bewilligung von Prozesskostenhilfe nachzusuchen. Gleiches gilt für den mittellosen Beklagten oder Antragsgegner für die von ihm beabsichtigte Verteidigung gegen eine Klage oder einen Antrag. Rechtliche Grundlage für das PKH-Begehren bilden die §§ 114 ff ZPO. Sie lassen eine Bewilligung für jedes selbständige Gerichtsverfahren zu, zu denen auch die Anhörungsrüge nach § 321a ZPO zählt.[476]

236 Allerdings muss das **Verfahren**, für welches um PKH nachgesucht wird, **noch anhängig** sein. Ist die Klage bereits zurückgenommen oder hat sich der Rechtsstreit sonst erledigt, bevor die Bewilligungsvoraussetzungen gegeben waren (insbesondere eine ordnungsgemäße Erklärung über die persönlichen und wirtschaftlichen Verhältnisse eingereicht war), ist der Antrag auf PKH allein deswegen zurückzuweisen.[477] Außerdem muss der Antragsteller prozessfähig sein, was ggf (aufgrund des § 118 Abs 2, 3 ZPO) durch sachverständige Begutachtung zu klären ist.[478]

---

471 BGH, GRUR 2013, 1288 – Kostenbegünstigung III.
472 OLG Düsseldorf, InstGE 5, 70 – Streitwertermäßigung.
473 OLG Düsseldorf, InstGE 5, 70 – Streitwertermäßigung.
474 BPatG, Mitt 2012, 92 – Erstattungsanspruch des Anwalts bei Streitwertbegünstigung.
475 Umfassend zur aktuellen Rechtsprechung: Nickel, MDR 2009, 1145; Nickel, MDR 2010, 1227; Nickel, MDR 2012, 1261; Nickel, MDR 2014, 383; Nickel, MDR 2015, 690; Nickel, MDR 2016, 438; Nickel, MDR 2017, 499; Nickel, MDR 2018, 369.
476 BGH, Beschluss v 13.3.2012 – X ZR 7/11.
477 BGH, MDR 2013, 1477.
478 OLG Hamm, MDR 2014, 1044.

Nach den §§ 114 ff ZPO setzt die Zuerkennung von Prozesskostenhilfe zweierlei voraus: 237

1. Finanzielle Verhältnisse

Zunächst muss die Partei nach ihren wirtschaftlichen oder persönlichen **Verhältnissen** 238
außerstande sein, die Kosten der Prozessführung ganz oder zum Teil selbst aufzubringen, wovon auch dann auszugehen ist, wenn die Kosten von ihr lediglich ratenweise getragen werden können (§ 114 ZPO). Daran fehlt es, wenn dem Antragsteller ein unterhaltsrechtlicher Prozesskostenvorschussanspruch gegenüber einem Dritten zusteht, welcher tatsächlich realisierbar ist und dessen Geltendmachung dem Antragsteller auch zugemutet werden kann.[479] Da die PKH-Bewilligung für jeden Rechtszug einzeln erfolgt, ist nur auf diejenigen Kosten abzustellen, die voraussichtlich in dem von dem PKH-Antrag betroffenen Rechtszug anfallen werden.

Wird das **Klageschutzrecht** ohne triftigen Grund auf eine finanziell nicht leistungsfähige 239
Person **übertragen**, damit diese Ansprüche aus dem Patent im Wege der Prozesskostenhilfe durchsetzen kann, so sind im Rahmen des PKH-Verfahrens neben den finanziellen Verhältnissen des Erwerbers auch die wirtschaftlichen Verhältnisse des Übertragenden zu berücksichtigen.[480] Je nach dem finanziellen Leistungsvermögen[481] erfolgt die PKH-Bewilligung uneingeschränkt oder unter Auferlegung monatlicher Raten, die aufzubringen dem Antragsteller zuzumuten ist.

Handelt es sich bei dem Antragsteller um einen **Gewerbetreibenden** und betrifft die 240
Rechtverfolgung den Gewerbebetrieb, ist eine Bedürftigkeit nur zu bejahen, wenn die Prozesskosten nach den jeweiligen konkreten wirtschaftlichen Verhältnissen des Betriebes nicht aus dem Unternehmensvermögen bestritten werden können und auch nicht durch eine Kreditaufnahme aufgebracht werden kann, die dem Gewerbetreibenden im Rahmen eines ordnungsgemäßen kaufmännischen Geschäftsbetriebes zugemutet werden kann.[482] Handelt es sich bei dem Antragsteller nicht um eine natürliche, sondern um eine juristische Person (GmbH, AG, KGaA) oder eine parteifähige Vereinigung (OHG, KG), sieht § 116 Nr 2 ZPO besondere Bedingungen vor. Eine PKH-Bewilligung kommt hier nur in Betracht, wenn (a) die voraussichtlichen Prozess- oder Verfahrenskosten weder von der juristischen Person oder Vereinigung als solcher noch von ihren Gesellschaftern getragen werden können und (b) die Unterlassung der Rechtsverfolgung bzw Rechtsverteidigung allgemeinen Interessen zuwiderlaufen würde.

Die Vorschrift ist allerdings nur so lange einschlägig, wie der bestimmungsgemäße 241
Betrieb des Unternehmens andauert, was nicht mehr der Fall ist, wenn und sobald das **Insolvenzverfahren** eröffnet ist. Von diesem Zeitpunkt an gilt für einen vom Insolvenzverwalter gestellten Prozesskostenhilfeantrag – unabhängig davon, ob der Insolvenzverwalter das Unternehmen liquidiert oder vorerst fortführt – die Vorschrift des § 116 Nr 1 ZPO (und nicht § 116 Nr 2 ZPO).[483] Unerheblich ist, ob das Insolvenzverfahren erst während eines laufenden Rechtsstreits eröffnet wird, da Prozesskostenhilfe mit dessen Eintritt in den Rechtsstreit dem Insolvenzverwalter als Partei kraft Amtes zu gewähren und daher nur zu prüfen ist, ob in dessen Person diejenigen Voraussetzungen vorliegen, unter denen nach dem Gesetz Prozesskostenhilfe bewilligt werden kann.[484] Das verlangt zweierlei:

---

479 BGH, MDR 2008, 1232.
480 Vgl KG, MDR 2002, 1396; OLG Köln, NJW-RR 1995, 1405.
481 Zu Einzelheiten vgl §§ 115, 120 ZPO.
482 BGH, NZBau 2007, 173.
483 BGH, NJW-RR 2005, 1640; BGH, MDR 2007, 851 – Prozesskostenhilfe für Insolvenzverwalter.
484 BGH, MDR 2007, 851 – Prozesskostenhilfe für Insolvenzverwalter.

J. Sonstiges

242 – Zum Ersten müssen die Kosten eines vom Insolvenzverwalter geplanten Aktivprozesses nicht aus der verwalteten Vermögensmasse aufgebracht werden können. Davon ist bei Masseunzulänglichkeit auszugehen[485], wobei die Anzeige der Masseunzulänglichkeit, sofern sie noch nicht allzu lange zurückliegt, im Allgemeinen ein ausreichendes Indiz dafür ist, dass die Kosten tatsächlich nicht aus der Insolvenzmasse beglichen werden können.[486]

243 – Zum Zweiten kommt es darauf an, ob den am Gegenstand des Rechtsstreits wirtschaftlich beteiligten Gläubigern zuzumuten ist, die Prozesskosten aufzubringen (§ 116 Abs 1 Satz 1 ZPO). Letzteres ist anhand einer wertenden Abwägung aller Gesamtumstände des Einzelfalles zu prüfen, wobei insbesondere die bei einem Obsiegen zu erwartende Quotenverbesserung, das Prozess- und Vollstreckungsrisiko und die Gläubigerstruktur zu berücksichtigen sind.[487] Da Neumassegläubiger vorrangig bedient werden, sodass Altmassegläubiger sich von einem Prozesserfolg nichts oder nur wenig versprechen können, ist ihnen nicht zuzumuten, die Prozesskosten aufzubringen. Die Frage nach der Bedürftigkeit der Masse ist deswegen unter Einbeziehung der Altmasseverbindlichkeiten zu beantworten.[488] Die Masseunzulänglichkeit macht die beabsichtigte Rechtsverfolgung noch nicht mutwillig.[489] PKH ist zu bewilligen für die Verfolgung einer Forderung, wenn die Massearmut im Falle der Beitreibung des Klagebetrages abgewendet würde.[490] Sie ist hingegen zu versagen, wenn die Masse nicht einmal ausreicht, um die Kosten des Insolvenzverfahrens zu decken.[491]

244 Die Bewilligungsvoraussetzungen sind vom Antragsteller – unter Verwendung eines hierfür vorgesehenen amtlichen Vordrucks (§ 117 Abs 4 ZPO) – im Einzelnen darzutun und auf Verlangen des Gerichts **glaubhaft** zu **machen** (§ 118 Abs 2 Satz 1 ZPO). Gibt ein Antragsteller, der keine Sozialhilfe bezieht[492], an, keine eigenen Einnahmen zu haben, kann das Gericht verlangen, dass plausibel dargetan und belegt wird, wie unter solchen Umständen der Lebensunterhalt finanziert wird.[493] Erfolgen regelmäßige Zuwendungen Dritter in nennenswertem Umfang, sind eidesstattliche Versicherungen der Sponsoren über Grund und Höhe vorzulegen.[494] Außerdem ist glaubhaft zu machen, warum der Lebensbedarf nicht durch Aufnahme einer Erwerbstätigkeit gedeckt werden kann.[495] Setzt das Gericht dem Antragsteller für seine Darlegungen/Nachweise eine Frist und wird diese versäumt, kann allein deswegen der PKH-Antrag zurückgewiesen werden (§ 118 Abs 2 Satz 3 ZPO). Ohne die Zustimmung der antragstellenden Partei (welche regelmäßig nicht vorliegt) dürfen die Erklärung über die persönlichen und wirtschaftlichen Verhältnisse des Antragstellers und die dazu gehörenden Belege dem Gegner nicht zugänglich gemacht werden (§ 117 Abs 2 Satz 2 ZPO). Dieser hat insbesondere kein Akteneinsichtsrecht nach § 299 ZPO.[496] Verweigert der Antragsteller dem Gegner dieses

---

485 BGH, MDR 2008, 107; BGH, MDR 2008, 769.
486 BGH, MDR 2008, 769.
487 BGH, ZIP 2006, 682.
488 BGH, MDR 2008, 107.
489 BGH, WM 2008, 880.
490 BGH, MDR 2013, 177.
491 BGH, MDR 2013, 177.
492 Anderenfalls, dh wenn ein Sozialhilfebescheid vorgelegt werden kann, besteht grundsätzlich kein Anlass, darüber hinaus eine eidesstattliche Versicherung zu verlangen (OLG Dresden, MDR 2018, 829).
493 BGH, MDR 2018, 115; OLG Koblenz, MDR 2016, 1226.
494 BGH, MDR 2018, 115.
495 BGH, MDR 2018, 115.
496 BGH, MDR 2015, 973.

Wissen, *können* (nicht müssen!) die betreffenden Angaben bei der Entscheidung über den Antrag unberücksichtigt bleiben.⁴⁹⁷

2. Erfolgsaussicht

Zum Zweiten muss die beabsichtigte Rechtsverfolgung⁴⁹⁸ bzw die beabsichtigte Rechtsverteidigung **hinreichende Aussicht auf Erfolg** bieten und darf nicht mutwillig sein (§ 114 ZPO).

Erfolgsaussicht besteht, wenn es bei summarischer Prüfung der Sach- und Rechtslage möglich erscheint, dass der Antragsteller mit seinem Begehren durchdringen wird. Relevant ist allein eine Erfolgsaussicht in der Sache selbst, sodass ein davon losgelöster möglicher Erfolg des konkret eingelegten Rechtsmittels allein unerheblich ist⁴⁹⁹ (Bsp: Erfolgsaussicht wegen eines formalen Fehlers, wenn in der Sache keine andere Entscheidung zu erwarten ist). Dies ist grundsätzlich anzunehmen, wenn es zur Klärung des Streitfalles einer Beweisaufnahme bedarf, es sei denn, es ist bereits im Bewilligungsverfahren abzusehen, dass die Beweiserhebung mit großer, an Sicherheit grenzender Wahrscheinlichkeit zum Nachteil des Antragstellers ausgehen wird.⁵⁰⁰ Diese Prognose wird regelmäßig nur angebracht sein, wenn auf in anderen Verfahren bereits dokumentierte Vernehmungsprotokolle zurückgegriffen wird, nicht dagegen, soweit es sich um die erstmalige Vernehmung eines Zeugen handelt.⁵⁰¹ Hängt die Entscheidung von einer schwierigen, bisher noch nicht geklärten Rechtsfrage ab, so ist hinreichende Erfolgsaussicht gleichfalls zu bejahen.⁵⁰² Solches ist mit Bezug auf die Tatsacheninstanz der Fall, wenn wegen grundsätzlicher Bedeutung die Revision zugelassen wird.⁵⁰³ Ebenso, wenn aufgrund einer zwischenzeitlichen Gesetzesänderung fraglich ist, ob eine zum alten Recht ergangene höchstrichterliche Rechtsprechung auch auf die neue Gesetzeslage Anwendung findet.⁵⁰⁴ Ergeben sich aufgrund eines zugelassenen Rechtsmittels keine entscheidungserheblichen Rechtsfragen, die einer Klärung durch den BGH bedürfen, kommt es für die Bewilligung von Prozesskostenhilfe für das Revisionsverfahren allein auf die Erfolgsaussichten in der Sache an.⁵⁰⁵ Ist die Revision nicht zugelassen und geht es um Prozesskostenhilfe für das Beschwerdeverfahren gegen die Nichtzulassung, so ist PKH zu verweigern. Aus verfassungsrechtlichen Gründen darf die Bewilligungsentscheidung nicht unnötig aufgeschoben und erst im Nachhinein getroffen werden, um Erkenntnisse aus dem Hauptsacheverfahren (zB bereits vorliegende Beweisergebnisse) in die Beurteilung der Erfolgsaussicht mit einfließen zu lassen.⁵⁰⁶ Im Rechtsmittelverfahren fehlt die Erfolgsaussicht, wenn der Antragsteller zugleich Rechtsmittelführer ist und versäumt wurde, innerhalb der Frist zur Einlegung des Rechtsmittels wenigstens einen den gesetzlichen Anforderungen genügenden PKH-Antrag einzureichen, wozu gehört, dass *fristgerecht* auch die

---

497 BGH, Mitt 2005, 165.
498 Dazu gehört auch, dass die beabsichtigte Klage zulässig ist, was ua verlangt, dass das angerufene Gericht für die Entscheidung des Klagebegehrens zuständig ist (OLG Zweibrücken, MDR 2014, 1046).
499 BGH, MDR 2017, 1441.
500 KG, MDR 2009, 221; OLG Jena, MDR 2010, 1344; großzügiger: OLG München, MDR 2010, 1342 – PKH-Versagung, wenn konkrete Anhaltspunkte dafür vorliegen, dass die Beweisaufnahme zum Nachteil des Antragstellers ausgehen wird.
501 KG, MDR 2009, 221.
502 BGH, MDR 2013, 364; BVerfG, NJW 1991, 413 f; OLG Köln, OLG-Report 2008, 713.
503 BVerfG, MDR 2015, 723.
504 OLG Bremen, MDR 2009, 219.
505 BGH, Beschluss v 15.8.2018 – XII ZB 32/18.
506 BVerfGE 81, 347; BVerfG, FamRZ 2009, 1654; OLG Saarbrücken, MDR 2011, 625.

J. Sonstiges

zwingend vorgeschriebene Erklärung über die persönlichen und wirtschaftlichen Verhältnisse präsentiert wird.[507]

247 Eine spezielle Regelung trifft § 119 Abs 1 Satz 2 ZPO für den – umgekehrten – Fall, dass PKH – erstmals oder nach einem entsprechenden Antrag für die vorhergehende Instanz – für einen höheren Rechtszug begehrt wird, beispielsweise für das Berufungs- oder Revisionsverfahren, und der Antragsteller Rechtsmittelgegner ist. Hier wird die Erfolgsaussicht vermutet, wenn (und soweit) der Antragsteller im vorangegangenen Rechtszug obsiegt hat. Allerdings ist vor einer Bewilligung die Rechtsmittelbegründung abzuwarten, damit geklärt ist, dass die Voraussetzungen für eine Verwerfung des Rechtsmittels (zB wegen versäumter Fristen oder nicht ordnungsgemäßer Vertretung) nicht vorliegen.[508] Eine Anwendung des § 119 Abs 1 Satz 2 ZPO hat ausnahmsweise dann auszuscheiden, wenn das dem Antragsteller günstige Urteil der Vorinstanz offensichtlich unrichtig ist[509] oder wenn die durch das erstinstanzliche Urteil begründete Vermutung, dass eine Verteidigung gegen das Rechtsmittel Aussicht auf Erfolg hat, deshalb nicht gerechtfertigt ist, weil sich zwischen den Instanzen die entscheidungserheblichen tatsächlichen oder rechtlichen Gegebenheiten zugunsten des Rechtsmittelführers geändert haben, zB deshalb, weil neuer Stand der Technik aufgefunden worden ist, der das Klageschutzrecht der Vernichtung preisgibt.[510]

248 Eine »Bindung« in der Beurteilung der Erfolgsaussichten ergibt sich ferner dann, wenn sich das PKH-Verfahren in der Beschwerdeinstanz befindet und zu diesem Zeitpunkt bereits eine rechtskräftige Hauptsacheentscheidung vorliegt. Hier ist das Beschwerdegericht an die Beurteilung im Hauptsacheverfahren gebunden.[511] Etwas anderes gilt nur dann, wenn eine zweifelhafte Rechtsfrage verfahrensfehlerhaft in das PKH-Verfahren verlagert worden ist oder wenn das erstinstanzliche Gericht die Entscheidung verzögert hat und die Erfolgsaussicht in der Zwischenzeit entfallen ist.[512] Wird Prozesskostenhilfe für die Durchführung eines selbständigen Beweisverfahrens begehrt, kommt es nicht auf die Erfolgsaussichten einer beabsichtigten Klage nach erfolgter Beweissicherung, sondern darauf an, ob die Voraussetzungen für das Beweisverfahren gegeben sind.[513]

3. Verfahrensrechtliches

249 Die PKH-Bewilligung erfolgt nur auf **Antrag**. Für ihn besteht kein Anwaltszwang (§§ 117 Abs 1 Satz 1, 78 Abs 3 ZPO), sodass Anträge auch von der Partei selbst oder ihrem Patentanwalt eingereicht werden können. Sie können auf die Beiordnung eines Rechtsanwaltes und eines Patentanwaltes gerichtet sein, wobei es sich empfiehlt, beides ausdrücklich zu beantragen. In der Rechtsprechung wird nämlich die Auffassung vertreten, dass allein das Begehren auf Bewilligung von Prozesskostenhilfe nicht ohne weiteres einen Antrag auf Beiordnung (jedenfalls nicht eines Patentanwaltes) umfasst.[514] Prozesskostenhilfe kann nicht rückwirkend bewilligt werden, sondern immer nur für die Zeit ab ordnungsgemäßer Antragstellung.[515]

---

507 BGH, Beschluss v 8.5.2013 – I ZA 12/12.
508 BGH, MDR 2012, 1487.
509 Zöller, § 119 ZPO Rn 20.
510 OLG Düsseldorf, Beschluss v 24.11.2010 – I-2 U 57/10.
511 BGH, NJW 2012, 1964; OLG Düsseldorf, OLG-Report 2009, 640.
512 BGH, NJW 2012, 1964.
513 OLG Stuttgart, MDR 2010, 169.
514 So zur Verfahrenskostenhilfe: BPatG, Mitt 2007, 149 (LS).
515 BGH, Beschluss v 2.6.2015 – I ZA 8/15.

Ein **Insolvenzverfahren** hindert eine Entscheidung über den PKH-Antrag jedenfalls 250
dann nicht, wenn er bei Eintritt der Insolvenz entscheidungsreif war.[516] Da die Bewilligung nur für den Zeitraum bis zur Insolvenzeröffnung gilt, ist für die Erfolgsaussicht der Rechtsverfolgung/-verteidigung auf eben diesen Zeitpunkt abzustellen.[517]

Ist über ein PKH-Gesuch bestandskräftig entschieden, kann einem **erneuten Antrag** das 251
Rechtsschutzbedürfnis fehlen, wenn auf der Grundlage desselben Lebenssachverhaltes ein vorheriger Antrag gleichen Inhalts bereits zurückgewiesen worden ist und ein Rechtsmittel dagegen nicht mehr eingelegt werden kann oder ein eingelegtes Rechtsmittel erfolglos geblieben ist. Es müssen also nicht nur unwesentlich geänderte tatsächliche oder rechtliche Gesichtspunkte geltend gemacht werden können oder formale Versäumnisse behoben worden sein, auf denen die Versagung der PKH beruhte.[518]

Hat der Antragsteller absichtlich oder aus grober Nachlässigkeit **falsche Angaben** 252
gemacht, so kann die PKH-Bewilligung nachträglich aufgehoben werden. Insoweit ist zu unterscheiden: Betreffen die Falschangaben die persönlichen oder wirtschaftlichen Verhältnisse (§ 124 Nr 2 ZPO), kommt es nicht darauf an, ob die falschen Angaben zu einer objektiv unrichtigen Bewilligungsentscheidung geführt haben.[519] Beziehen sich die Falschangaben auf das Streitverhältnis (§ 124 Nr 1 ZPO), kommt eine Aufhebung der PKH-Bewilligung nur in Betracht, wenn bei zutreffender Darstellung PKH zu versagen gewesen wäre. § 124 Abs 1 Nr 2 ZPO ist nicht analog auf das Bewilligungsverfahren anwendbar, sodass der Antragsteller durch schuldhaft falsche Angaben nicht sein Recht auf PKH verwirkt.[520] Der Sanktionscharakter einer Aufhebung wegen unrichtiger Angaben hindert nicht deren anschließende erneute Beantragung und Bewilligung mit zutreffenden Angaben; allerdings wirkt die Bewilligung nur für die Zeit ab der erneuten, zutreffenden Antragstellung.[521]

Sofern das Gericht den PKH-Antrag nicht zurückweist (zB weil das Antragsvorbringen 253
unheilbar unschlüssig ist), hat es vor einer Entscheidung den Gegner anzuhören (§ 118 Abs 1 Satz 1 ZPO). Das Prozesskostenhilfeverfahren ist kostenfrei; eine **Erstattung außergerichtlicher Kosten** erfolgt jedoch nicht (§ 118 Abs 1 Satz 4 ZPO). Schaltet der Antragsgegner zur Erwiderung auf den Prozesskostenhilfeantrag einen Rechts- oder Patentanwalt ein, so hat er deshalb dessen Kosten selbst zu tragen, und zwar auch dann, wenn der PKH-Antrag zurückgewiesen wird.

Die Bewilligung von Prozesskostenhilfe erfolgt nur für die **jeweilige Instanz**, also nicht 254
für alle bei der in Frage stehenden Verfahrensart möglichen künftigen Rechtszüge. Der Antrag muss deswegen für jeden nächsten Rechtszug von neuem gestellt werden. Zuständig ist das für diesen Rechtszug zur Entscheidung berufene Gericht, im Berufungsverfahren also das OLG. Ein neuer Rechtszug wird nicht nur im gerichtlichen Instanzenzug (LG, OLG, BGH) eröffnet, sondern kann auch auf derselben Gerichtsstufe gegeben sein. Gegenüber der Hauptsacheklage beim LG stellt beispielsweise sowohl das dort anhängig gewesene vorausgegangene Verfügungsverfahren als auch das der Klage nachfolgende Zwangsvollstreckungsverfahren einen jeweils eigenen Rechtszug dar, der einen gesonderten PKH-Antrag erfordert. Zeitlich erfolgt die PKH-Bewilligung mit Wirkung auf den Zeitpunkt der Antrageinreichung. Dem Antragsteller muss daher daran gelegen sein, den Antrag frühzeitig zu Beginn des Rechtszuges anzubringen. Eine nachträgliche Bewilligung nach Abschluss der Instanz ist nicht möglich, wenn der Prozesskostenhilfeantrag

---

516 OLG Rostock, MDR 2015, 297, mwN.
517 OLG Rostock, MDR 2015, 297, mwN.
518 BGH, MDR 2015, 1148; OLG Celle, MDR 2011, 563.
519 BGH, MDR 2013, 51.
520 BGH, MDR 2015, 1148.
521 BGH, MDR 2018, 486.

vor Abschluss der Instanz nicht ordnungsgemäß gestellt und Bewilligungsreife eingetreten war.[522]

255 Nicht selten kommt es vor, dass die Rechtsmittelfrist oder die Rechtsmittelbegründungsfrist abgelaufen ist, bevor über den PKH-Antrag entschieden wird.

256 – In einem solchen Fall ist der Partei **Wiedereinsetzung in den vorigen Stand** gegen die Versäumung der Rechtsmitteleinlegungs- oder begründungsfrist zu gewähren, wenn sie *vor Ablauf der Rechtsmittel- oder Rechtsmittelbegründungsfrist* PKH beantragt und darüber hinaus alles in ihren Kräften Stehende getan hat, damit über diesen Antrag ohne Verzögerung entschieden werden kann.[523] Das verlangt, dass innerhalb der laufenden Rechtsmittelfrist neben dem PKH-Antrag auch eine Erklärung zu den persönlichen und wirtschaftlichen Verhältnissen nebst den erforderlichen Nachweisen vorgelegt wird. Weiterhin muss die Mittellosigkeit für die Fristversäumung ursächlich geworden sein[524] und die bedürftige Partei darf vernünftigerweise nicht mit einer Verweigerung der PKH wegen nicht hinreichend nachgewiesener Bedürftigkeit rechnen müssen.[525] Davon ist auszugehen, wenn dem Rechtsmittelführer bereits in erster Instanz PKH bewilligt worden war und für das Rechtsmittelverfahren im Wesentlichen die gleichen Angaben gemacht und Nachweise erbracht werden.[526] Gleiches gilt (und zwar selbst nach gerichtlichen Beanstandungen), wenn dem Antragsteller in einem anderen Verfahren durch das Rechtsmittelgericht unter vergleichbaren Umständen PKH bewilligt worden ist.[527] Enthalten die Angaben in dem Vordruck über die persönlichen und wirtschaftlichen Verhältnisse einzelne Lücken, kann die Partei unter Umständen gleichwohl darauf vertrauen, die wirtschaftlichen Voraussetzungen für die Bewilligung von PKH genügend dargetan zu haben. Solches kommt in Betracht, wenn die verbliebenen Lücken oder Zweifel auf andere Weise ohne weiteres (zB anhand der beigefügten Unterlagen) geschlossen werden können oder wenn sich aufgrund der sonstigen Angaben und Belege aufdrängt, dass Einnahmen oder Vermögenswerte nicht vorhanden sind.[528] Ist der PKH-Antrag vor Ablauf der Rechtsmittelfrist eingegangen und hat das Gericht dem Antragsteller zur Vervollständigung seiner Angaben eine Frist gesetzt, darf er jedenfalls bis zum Fristablauf weiterhin auf Bewilligung der beantragten PKH vertrauen.[529] Erfüllt der Antragsteller die fristgebundene Auflage zur Vervollständigung seiner Angaben innerhalb der gerichtlich bestimmten Frist, beginnt die Wiedereinsetzungsfrist des § 234 Abs 1 S 1 ZPO erst in dem Moment zu laufen, in dem der Antragsteller der das PKH-Gesuch zurückweisende Beschluss bekannt gegeben wird.[530] Das gilt auch dann, wenn das Gericht die PKH nicht mangels Bedürftigkeit, sondern wegen fehlender Erfolgsaussicht verweigert.[531] Andererseits ist mit einer Verweigerung der Prozesskostenhilfe

---

522 OLG Köln, MDR 2010, 1329.
523 BGH, NJW-RR 2020, 944.
524 BGH, MDR 2011, 62. Daran fehlt es, wenn innerhalb der gesetzlichen Fristen von dem im Verfahren befindlichen Anwalt bereits eine – wenn auch als Entwurf bezeichnete – Berufungs- und Berufungsbegründungsschrift eingereicht wird; anders, wenn die Begründungsschrift (ohne Unterschrift) lediglich zur Rechtfertigung des PKH-Antrages beigefügt wird (BGH, MDR 2014, 47). Der Antragsteller hat in solchen Fällen glaubhaft zu machen, dass der Anwalt ohne bewilligte Prozesskostenhilfe nicht bereit gewesen ist, eine ordnungsgemäße (dh auch unterzeichnete) Rechtsmittelbegründung anzufertigen und einzureichen (BGH, MDR 2018, 49).
525 BGH, MDR 2010, 400.
526 BGH, MDR 2012, 180.
527 BGH, MDR 2021, 635.
528 BGH, MDR 2008, 581.
529 BGH, MDR 2008, 581.
530 BGH, MDR 2008, 1117.
531 BGH, MDR 2021, 635.

zu rechnen, wenn das Rechtsmittelgericht auf Zweifel hinsichtlich der Bedürftigkeit der antragstellenden Prozesspartei hingewiesen hat und diese vernünftigerweise davon ausgehen muss, dass sie diese Zweifel nicht ausräumen kann.[532]

– Wird der PKH-Antrag *außerhalb der Rechtsmittelfrist* gestellt, kommt eine Wiedereinsetzung grundsätzlich nur dann in Betracht, wenn auch der – so verspätete – Eingang des PKH-Antrages nebst Anlagen unverschuldet ist und die PKH-Antragstellung innerhalb der Wiedereinsetzungsfrist des § 234 Abs 1 ZPO nachgeholt wird.[533] Die **Frist beginnt** mit dem Tag, an dem das **Hindernis behoben** ist (§ 234 Abs 2 ZPO) und sie ist unterschiedlich lang, je nach dem, ob die Frist zur Einlegung eines Rechtsmttels oder die Frist zur Begründung eines Rechtsmittels versäumt wurde. Im erstgenannten Fall (Rechtsmitteleinlegung) beträgt die Wiedereinsetzung 2 Wochen, im letztgenannten Fall (Rechtsmittelbegründung) 1 Monat. 257

Bzgl des Fristbeginns ist zwischen der *Berufung, Revision und Nichtzulassungsbeschwerde* einerseits und der *Rechtsbeschwerde* andererseits zu unterscheiden. Beide Kategorien unterscheiden sich insoweit, als die Rechtsmittel der ersten Gruppe zwei Fristen kennen, nämlich eine Einlegungsfrist und eine sich *daran anschließende* Begründungsfrist, während die Rechtsbeschwerde innerhalb eines (= desselben) Monats sowohl einzulegen als auch zu begründen ist (§ 575 Abs 1 ZPO). Dies hat zur Folge, dass mit der Gewährung von PKH das Hindernis für die Einhaltung beider gleichlaufender Fristen entfällt, weswegen – jeweils gerechnet von der Bekanntgabe des Bewilligungs- und Beiordnungsbeschlusses – innerhalb von zwei Wochen die Rechtsbeschwerde einzulegen und innerhalb von einem Monat die Rechtsbeschwerde zu begründen ist.[534] Es verhält sich also nicht so, dass die Rechtsbeschwerdebegründungsfrist erst von demjenigen Zeitpunkt zu laufen beginnen würde, zu dem der Beschluss über die Bewilligung der Wiedereinsetzung gegen die Versäumung der Einlegungsfrist zugestellt worden ist.[535] Im Übrigen gilt wegen der Einzelheiten Folgendes: 258

- Eine Partei, die um Prozesskostenhilfe nachsucht, ist bei noch laufendem Prozesskostenhilfeverfahren schuldlos verhindert, die Rechtsmittelfrist einzuhalten, wenn sie Anlass hat, auf die Bewilligung von Prozesskostenhilfe zu vertrauen. Sofern für die Partei nicht erkennbar ist, dass ihr Antrag keinen Erfolg haben wird, entfällt das Hindernis nicht vor der Bekanntgabe der Entscheidung des Gerichts über den Prozesskostenhilfeantrag. In einem dem Anwaltszwang unterliegenden Verfahren wird das der Rechtsverfolgung entgegenstehende Hindernis erst beseitigt, wenn der Partei nicht nur Prozesskostenhilfe bewilligt, sondern darüber hinaus auch ein Rechtsanwalt beigeordnet worden ist.[536] Erst dann liegt eine vollständige Entscheidung über den Prozesskostenhilfeantrag der bedürftigen Partei vor, die das der Rechtsverfolgung oder -verteidigung entgegenstehende Hindernis der Mittellosigkeit beseitigt. 259

- Wird hingegen **Prozesskostenhilfe versagt**, bleibt der Partei nach der Bekanntgabe der Entscheidung noch eine Zeit von drei bis vier Tagen für die Überlegung, ob sie das Rechtsmittel auf eigene Kosten durchführen will. Im Anschluss an die Überlegungsfrist beginnt die zweiwöchige Frist des § 234 Abs 1 ZPO für das Wiedereinsetzungsgesuch und die damit zu verbindende Einlegung des Rechts- 260

---

532 BGH, MDR 2010, 400; BGH, MDR 2015, 790.
533 BGH, MDR 2021, 319.
534 BGH, MDR 2021, 960.
535 BGH, MDR 2021, 960.
536 BGH, NJW 2019, 3727.

mittels. Das gilt auch dann, wenn das Gericht nicht die Bedürftigkeit der Partei, sondern die Erfolgsaussicht der beabsichtigten Rechtsverfolgung verneint hat.[537]

261 • Ist **Prozesskostenhilfe** nur **für einen Teil der Ansprüche**, die die Partei mit ihrem Rechtsmittel weiterverfolgen will, bewilligt worden, verlängert sich die Zweiwochenfrist des § 234 Abs 1 ZPO grundsätzlich nicht um eine Überlegungsfrist. Die Partei kann, wenn ihr ein Rechtsanwalt beigeordnet worden ist, das Rechtsmittel unbeschränkt einlegen und den Umfang zunächst offenhalten. Ihr steht dann die Rechtsmittelbegründungsfrist für die Prüfung der Frage zur Verfügung, ob sie das Rechtsmittel in vollem Umfang durchführt oder auf den Umfang der Prozesskostenhilfe beschränkt. Ist ihr mit dem Beschluss über die (nur) teilweise Bewilligung von Prozesskostenhilfe noch kein Rechtsanwalt beigeordnet worden, darf sie, soweit ihr Prozesskostenhilfeantrag zurückgewiesen wurde, die noch ausstehende Beiordnung eines Rechtsanwalts nicht abwarten.[538] Ihr steht jedoch die Überlegungsfrist von drei bis vier Tagen zu, in deren Anschluss die Wiedereinsetzungsfrist des § 234 Abs 2 ZPO zu laufen beginnt. Will eine Partei, deren Prozesskostenhilfeantrag für ein dem Anwaltszwang unterliegendes Rechtsmittelverfahren teilweise abgelehnt wurde, das Rechtsmittel auch insoweit einreichen, muss sie in dem Fall, dass ihr noch kein Rechtsanwalt beigeordnet worden ist, nach Ablauf der ihr zustehenden Überlegungsfrist von drei bis vier Tagen und innerhalb der anschließend beginnenden Zweiwochenfrist des § 234 Abs 1 Satz 1 ZPO die versäumte Rechtsmitteleinlegung nachholen und Wiedereinsetzung in die versäumte Frist beantragen.[539] Sie muss dies – nicht anders als bei einer vollständigen Abweisung des Prozesskostenhilfeantrages – auf eigene Kosten tun und demgemäß selbst für ihre Vertretung sorgen. Daran ist sie nicht deshalb gehindert, weil die Beiordnung eines Rechtsanwalts für den Teil des Rechtsstreits noch aussteht, für den Prozesskostenhilfe bewilligt worden ist. Ihr Interesse, einheitlich durch denselben Rechtsanwalt vertreten zu werden, führt nicht zu einem späteren Beginn des Laufs der Wiedereinsetzungsfrist, sondern ist bei der Entscheidung über die Beiordnung zu berücksichtigen.[540]

262 Im Grundsatz dieselben Regeln gelten, wenn der Rechtsmittelführer trotz seiner Mittellosigkeit einen Anwalt gefunden hat, der schon vor Bewilligung von PKH – formularmäßig – ein Rechtsmittel eingelegt hat, aber nicht bereit ist, auch eine Rechtsmittelbegründung anzufertigen.[541] Hat der Berufungsführer vor Ablauf der Berufungsbegründungsfrist PKH beantragt und beabsichtigt das Gericht, Prozesskostenhilfe zu versagen, so hat es vor einer **Verwerfung der Berufung** über das PKH-Gesuch zu entscheiden.[542] Konnte die mittellose Partei auf die Bewilligung von PKH vertrauen, ist ihr deshalb Wiedereinsetzung in den vorigen Stand zu bewilligen, wenn die Berufungsbegründung erst nach Fristablauf vorgelegt wird. Die Wiedereinsetzungsfrist beginnt zu laufen, sobald der Antragsteller Kenntnis von der Entscheidung über seinen PKH-Antrag hat, zzgl einiger Tage Bedenkzeit, wobei dieser Zeitpunkt auch dann maßgeblich bleibt, wenn der Antragsteller eine Anhörungsrüge erhebt, falls er nicht von deren Erfolg ausgehen kann.[543]

263 Will der Berufungskläger die Berufung erst nach der Entscheidung über das PKH-Gesuch begründen, hat er allerdings durch einen **rechtzeitigen Antrag auf Verlänge-**

---

537 BGH, MDR 2020, 1269.
538 BGH, MDR 2020, 1269.
539 BGH, MDR 2020, 1269.
540 BGH, MDR 2020, 1269.
541 BGH, MDR 2012, 180.
542 BGH, MDR 2011, 748.
543 BGH, MDR 2013, 1253.

rung der Berufungsbegründungsfrist dafür zu sorgen, dass eine Wiedereinsetzung nicht notwendig wird.[544]

Der bewilligende **Beschlusstenor** im PKH-Verfahren lautet wie folgt: 264

Praxistipp	Formulierungsbeispiel
1. Dem Antragsteller wird für die Rechtsverfolgung gemäß dem Entwurf seiner Klageschrift/Antragsschrift vom ... (bzw für die Rechtsverteidigung gegen die Klage/den Antrag des ... vom ...) Prozesskostenhilfe bewilligt und zur vorläufig unentgeltlichen Wahrnehmung seiner Rechte in dieser Instanz Rechtsanwalt ... und Patentanwalt ... beigeordnet.	
2. Diese Entscheidung ergeht gerichtsgebührenfrei; außergerichtliche Kosten werden nicht erstattet.	

265

4. Rechtsfolgen der Bewilligung

Die PKH-Bewilligung hat für den Begünstigten – unabhängig vom Ausgang des Verfahrens, für welches ihm Prozesskostenhilfe bewilligt worden ist – zur **Konsequenz**, dass er von der Zahlung von Gerichtskosten und von den Anwaltsgebühren seiner eigenen Rechts- und Patentanwälte (die aus der Staatskasse vergütet werden) befreit ist (§ 122 Abs 1 ZPO) und allenfalls die bei der Bewilligung festgesetzten monatlichen Raten zu zahlen hat. Demgegenüber hat der Begünstigte, wenn er im Prozess unterliegt, in voller Höhe die dem Gegner entstandenen außergerichtlichen Kosten zu erstatten (§ 123 ZPO). Obsiegt der Begünstigte, kann der beigeordnete Rechts- oder Patentanwalt seine Vergütung, wenn er sie nicht aus der Staatskasse fordern will, aus eigenem Recht wahlweise gegen die in die Kosten verurteilte unterlegene Gegenpartei festsetzen lassen (§ 126 Abs 1 ZPO). Es handelt sich um einen Fall gesetzlicher Prozessstandschaft, die das Kostenfestsetzungsrecht des Bedürftigen gegen den unterlegenen Prozessgegner unberührt lässt.[545] Das gilt auch dann, wenn zahlungsfreie Prozesskostenhilfe bewilligt ist.[546]

266

Auch im Vergütungsfestsetzungsverfahren nach § 55 RVG gilt, dass eine nach RVG-VV Nr 2300, Vorbemerkung 3.4 anzurechnende Geschäftsgebühr[547] auf die spätere gerichtliche Verfahrensgebühr nach RVG Nr 3100, § 49 RVG zu verrechnen ist. Voraussetzung ist allerdings, dass die Geschäftsgebühr tatsächlich an den beigeordneten Anwalt gezahlt worden ist.[548] Wegen § 15a Abs 2 RVG[549] führt dies aber nicht dazu, dass im Umfang der **Anrechnung** die Verfahrensgebühr von vornherein nicht zur Entstehung gelangt. Vielmehr entstehen beide Gebühren in voller Höhe und ist nur der Rechtsanwalt gehindert, mehr als den um den Anrechnungsbetrag verminderten Gesamtbetrag der Gebühren zu verlangen.[550] Die Anrechnung erfolgt auch dann, wenn die Bedürftigkeit bereits

267

---

544 BGH, MDR 2013, 670.
545 BGH, MDR 2007, 918.
546 BGH, MDR 2009, 1182.
547 Ein Anrechnungstatbestand setzt voraus, dass eine Geschäftsgebühr nach RVG-VV Nr 2300 angefallen ist, was im Bereich der Beratungshilfe ausgeschlossen ist (OLG Düsseldorf, OLG-Report 2009, 121).
548 OLG Celle, MDR 2014, 188.
549 Fölsch, MDR 2009, 1137, 1140.
550 OLG Düsseldorf, OLG-Report 2009, 121; OLG Koblenz, MDR 2009, 595; OLG Koblenz, MDR 2009, 773.

zum Zeitpunkt der vorprozessualen Tätigkeit vorgelegen hat[551] und sie geschieht nicht um den hälftigen Betrag der nach § 13 RVG bezifferten Geschäftsgebühr, sondern um den hälftigen Gebührensatz der Geschäftsgebühr.[552]

268 Ist dem Antragsteller PKH ganz oder teilweise verwehrt worden, steht ihm das Rechtsmittel der **sofortigen Beschwerde** zu (§ 127 Abs 2 Satz 2 ZPO). Für sie gilt – abweichend von der Regel – nicht die zweiwöchige, sondern eine einmonatige Einlegungsfrist (§ 127 Abs 2 Satz 3 ZPO). Für die gegnerische Partei ist der bewilligende Beschluss unanfechtbar (§ 127 Abs 2 Satz 1, Abs 3 ZPO). Der Gegenstandswert des Beschwerdeverfahrens entspricht dem Hauptsachestreitwert.[553] Endet der Rechtszug in der Hauptsache bei einem bestimmten Gericht (zB in Verfahren des einstweiligen Rechtsschutzes beim OLG), so steht den Beteiligten auch im PKH-Verfahren kein weitergehender Instanzenzug (zB zum BGH) zu.[554]

5. Beiordnung[555]

269 Da im Patentverletzungsverfahren Anwaltszwang besteht, wird dem Antragsteller im Falle einer Bewilligung von Prozesskostenhilfe ein **Rechtsanwalt** oder eine Rechtsanwaltssozietät[556] – gleichgültig ob als Rechtsanwaltsgesellschaft (§ 59c Abs 1 BRAO)[557], Partnerschaftsgesellschaft (§ 7 Abs 4 PartGG) oder GbR organisiert – seiner Wahl **beigeordnet** (§ 121 Abs 1 ZPO). Soweit ausnahmsweise (wie für den Antrag auf Erlass einer einstweiligen Verfügung) die Vertretung durch einen Rechtsanwalt gesetzlich nicht vorgeschrieben ist, erfolgt eine Beiordnung, wenn entweder die Vertretung durch einen Rechtsanwalt – angesichts von Umfang, Schwierigkeit und Bedeutung der Sache sowie der eigenen Fähigkeiten des Antragstellers – erforderlich erscheint (was in Patentstreitigkeiten grundsätzlich der Fall sein wird) oder – aus Gründen der Waffengleichheit – wenn der Gegner durch einen Rechtsanwalt vertreten ist (§ 121 Abs 2 ZPO). Findet der Antragsteller keinen zu seiner Vertretung bereiten Anwalt, ordnet der Vorsitzende des Gerichts ihm einen sog Not-Rechtsanwalt zu (§ 121 Abs 5 ZPO), der alsdann auch verpflichtet ist, das Mandat zu PKH-Bedingungen zu übernehmen (§ 48 Abs 1 Nr 1 BRAO).

270 Neben dem Rechtsanwalt wird dem Antragsteller in Patent- und Gebrauchsmusterstreitigkeiten in der Regel auch ein **Patentanwalt beizuordnen** sein. Einschlägig ist insoweit § 1 des Gesetzes über die Beiordnung von Patentanwälten bei Prozesskostenhilfe. Die Vorschrift sieht die Beiordnung eines Patentanwaltes vor, wenn dessen Hinzuziehung zur Beratung der antragstellenden Partei und zur Unterstützung ihres beigeordneten Rechtsanwaltes erforderlich erscheint, um eine sachgemäße Rechtsverfolgung oder Rechtsverteidigung zu gewährleisten. Im Verletzungsprozess wird hiervon im Allgemeinen auszugehen sein. Findet der Antragsteller keinen Wahlanwalt, so ordnet ihm der Vorsitzende einen Patentanwalt bei, der gesetzlich zur Mandatsübernahme unter PKH-Bedingungen verpflichtet ist (§ 43 Abs 1 Nr 2, 4 Abs 1 PAO).

271 Gemäß § 121 Abs 3 ZPO kann ein nicht beim Prozessgericht zugelassener Anwalt nur beigeordnet werden, wenn dadurch keine weiteren Kosten entstehen. Die Regelung trifft

---

551 OLG Düsseldorf, OLG-Report 2009, 303.
552 OLG Düsseldorf, OLG-Report 2009, 121.
553 Vgl BGH, MDR 2010, 1350.
554 BGH, Beschluss v 25.4.2022 – I ZB 27/22.
555 Ausführlich: Albrecht/Hoffmann, GRUR-Prax 2022, 301.
556 BGH, MDR 2009, 103.
557 OLG Nürnberg, MDR 2013, 934 (selbst wenn zu ihren Geschäftsführern andere Personen als Rechtsanwälte gehören).

ihrem Wortlaut nach an sich nicht mehr zu, seitdem die lokal beschränkte Anwaltszulassung aufgehoben worden ist. Ihr wird jedoch ein allgemeiner, auch im PKH-Verfahren zu beachtender Grundsatz entnommen, dass unnötige Mehrkosten (die auch eine vermögende Partei nicht aufwenden würde) zu vermeiden sind.[558] Ob solche entstehen, ist eine Frage des Einzelfalles. So können etwaige Reisekosten des **auswärtigen Anwalts** zum Gericht durch diejenigen Reisekosten aufgewogen werden, die für die Reise des Antragstellers zur Besprechung mit einem am Sitz des Gerichtes ansässigen Anwalt anfallen würden. Es ist deswegen eine Vergleichsberechnung anzustellen, in der die Reisekosten zu berücksichtigen sind, die bei dem ins Auge gefassten auswärtigen und – im Vergleich dazu – bei einem noch im Gerichtsbezirk, aber am weitesten weg vom Gerichtsort ansässigen Anwalt entstehen können. Außerdem sind ggf die Kosten in Betracht zu ziehen, die durch die Beiordnung eines Verkehrsanwaltes nach § 131 Abs 4 ZPO anfallen und durch die Beiordnung des auswärtigen Anwalts eingespart werden können.[559] Sind die Kosten im konkreten Fall geringer, kann der auswärtige Anwalt beigeordnet werden. Führt dessen Beiordnung zu Mehrkosten, kommt seine Beiordnung nur »zu den Bedingungen eines am Ort des Prozessgerichts ansässigen Anwaltes« in Betracht.[560] Allerdings muss der Anwalt mit dieser Einschränkung einverstanden sein.[561] Das Einverständnis kann vermutet werden. So lange der nicht beim Prozessgericht zugelassene Rechtsanwalt nicht ausdrücklich etwas anderes erklärt.[562] Erfolgt die Beiordnung – zu Unrecht – ohne die besagte Einschränkung, kann der beigeordnete Anwalt Reisekosten und Abwesenheitsgelder beanspruchen.[563]

Wird eine Beiordnung verweigert, hat hiergegen nur die Partei selbst, nicht aber der Anwalt, dessen Beiordnung beantragt war, ein **Beschwerderecht**.[564]

272

---

558 BGH, NJW 2006, 3783.
559 OLG Rostock, MDR 2011, 753.
560 In Sachen des gewerblichen Rechtsschutzes soll diese Einschränkung wegen der gebotenen Eilbedürftigkeit regelmäßig nicht geboten sein (OLG Frankfurt/Main, MDR 2016, 234).
561 OLG Frankfurt/Main, MDR 2013, 721.
562 BGH, NJW 2006, 3783.
563 OLG Brandenburg, MDR 2009, 175; OLG Naumburg, MDR 2009, 234.
564 OLG Hamm, MDR 2011, 628.

Entscheidungsregister

Entscheidungen nach Stichworten.

Entscheidungsstichwort	Gericht/Datum/Aktenzeichen	Fundstelle	zitiert in
10 %-Erhöhung	OLG Frankfurt/Main, 11.12.2013 – 6 U 218/13	GRUR-RR 2014, 280	J 178
199 IP-Adressen	OLG Frankfurt/Main, 15.04.2009 – 11 W 27/09	GRUR-RR 2009, 407	D 894
2-Achsen-Drehkopf	LG Düsseldorf, 09.12.2008 – 4b O 306/07	InstGE 11, 41	D 51, 53
3dl.am	OLG Hamburg, 21.11.2013 – 5 U 68/10	GRUR-RR 2014, 140	D 395
Abdichtsystem	LG Mannheim, 10.12.2013 – 2 O 180/12	Mitt 2014, 235	D 1022
Abdichtsystem	OLG Karlsruhe, 07.10.2015 – 6 U 7/14	GRUR 2016, 482	A 331; D 1022
Abdichtsystem	BGH, 16.05.2017 – X ZR 120/15	GRUR 2017, 785	A 327, 329, 331, 350, 352, 360, 493, 496; D 738, 1009, 1019, 1022, 1041, 1053, 1054; F 65
Abflußrohre	OLG Düsseldorf, 15.09.2000 – 2 U 47/99	Mitt 2001, 28	A 272
Abgasreinigungsvorrichtung	BGH, 05.07.2005 – X ZR 14/03	GRUR 2005, 845	A 434, 486, 592; D 358; E 225; I 129
abgebrochener Sequestrationsversuch	OLG Frankfurt/Main, 26.02.2020 – 11 W 42/19	GRUR-RR 2020, 184	C 191
Abgestuftes Getriebe	BGH, 16.04.2002 – X ZR 127/99	GRUR 2002, 801	D 318
Abkauf eines titulierten Unterlassungsanspruchs	OLG München, 22.12.2011 – 29 U 3463/11	Mitt 2012, 245	H 174
Abmahnaktion	BGH, 23.11.2006 – I ZR 276/03	GRUR 2007, 631	C 43
Abmahnkostenersatz	BGH, 08.05.2008 – I ZR 83/06	GRUR 2008, 928	C 49; G 369
Abmahnkostenerstattung bei Patentverletzung	LG Düsseldorf, 20.10.2005 – 4b O 199/05	InstGE 6, 37	C 66, 67
Abmahnkostenverjährung	BGH, 26.09.1991 – I ZR 149/89	GRUR 1992, 176	C 44
Abmahnung bei Besichtigungsanspruch	LG Düsseldorf, 04.12.2008 – 4b O 348/08	InstGE 11, 35	B 186; C 198
Abmahnung bei Vindikationsklage	LG Düsseldorf, 05.08.2003 – 4b O 216/03	InstGE 3, 224	C 194
Abnehmerverwarnung	BGH, 23.02.1995 – I ZR 15/93	GRUR 1995, 424	C 137, 161
Absatzhaltehebel	OLG Düsseldorf, 17.04.1980 – 2 U 106/79	GRUR 1981, 45! GRUR 1981, 42	I 141, 156, 157
Abschirmdichtung	LG Mannheim, 21.04.2006 – 7 O 208/05	InstGE 6, 260	I 194, 224

Entscheidungsstichwort	Gericht/Datum/Aktenzeichen	Fundstelle	zitiert in
Abschlusserklärung	OLG Hamburg, 17.03.2015 – 7 U 82/14	Mitt 2015, 347	G 249
Absetzvorrichtung	BGH, 22.03.1983 – X ZR 9/82	GRUR 1983, 497	A 182
abstrakte Vorgreiflichkeit	OLG München, 29.12.2008 – 6 W 2387/08	InstGE 11, 192	E 916
Abwehrschreiben	OLG Düsseldorf, 06.12.2007 – I-10 W 153/07	InstGE 9, 39	C 41
Abweichende Hashwerte	OLG München, 27.09.2010 – 11 W 1894/10	GRUR-RR 2011, 116	D 894
Access-Provider	OLG Frankfurt/Main, 22.01.2008 – 6 W 10/08	GRUR-RR 2008, 93	D 395
Actavis	EuGH, 12.12.2013 – C-443/12	GRUR 2014, 157! Mitt 2015, 318	A 310
Actavis/Sanofi	EuGH, 12.12.2013 – C-443/12	GRUR 2014, 157	A 108
Admin-C	OLG Köln, 15.08.2008 – 6 U 51/08	GRUR-RR 2009, 27	D 424
Admin-C	OLG München, 30.07.2009 – 6 U 3008/08	GRUR-RR 2010, 203	D 424
Administrativer Ansprechpartner	OLG Stuttgart, 24.09.2009 – 2 U 16/09	GRUR-RR 2010, 12	D 424
Advanced System	OLG Karlsruhe, 09.11.2016 – 6 U 37/15	GRUR-RS 2016, 21121	D 309, 316, 318, 681, 920, 940; E 864, 870, 894
Afterlife	BGH, 06.10.2016 – I ZR 154/15	GRUR 2017, 386	D 401
Akteneinsicht XXIV	BGH, 14.01.2020 – X ZR 33/19	GRUR 2020, 327	D 183, 184
Akteneinsicht XXV	BGH, 07.10.2021 – X ZR 14/20	GRUR 2021, 1555	D 183, 190
Aktivitätsüberwachung	BGH, 14.05.2020 – X ZR 119/18	GRUR 2020, 980	F 18, 21
Al Di Meola	BGH, 28.05.2020 – I ZR 129/19	GRUR 2020, 1087! GRUR 2016, 493	C 50, 51; D 369, 381
ALBA	KG, 13.07.2021 – 5 U 87/19	GRUR-RR 2021, 532	D 839, 842
Alder/Orlowski	EuGH, 19.12.2012 – C-325/11	NJW 2013, 443	D 87
Allegro Barbaro	OLG München, 28.01.2016 – 29 U 2798/15	GRUR 2016, 612	D 369
Alles kann besser werden	BGH, 19.04.2012 – I ZB 80/11	GRUR 2012, 1026	D 811, 870, 874
Alone in the Dark	BGH, 12.07.2012 – I ZR 18/11	BGHZ 194, 339! GRUR 2013, 370	A 419; D 369
Altix	BGH, 15.06.1967 – Ia ZB 13/66	GRUR 1967, 655	I 141
Aminosäureproduktion	BGH, 22.02.2022 – X ZR 102/19	GRUR 2022, 893	A 27, 71, 144; D 288, 308, 321, 325
An Evening with Marlene Dietrich	BGH, 21.04.2016 – I ZR 43/14	GRUR 2016, 1048	D 2, 26, 328, 331
Ananasschneider	OLG Düsseldorf, 09.09.2004 – I-2 U 47/03	InstGE 5, 17	I 87
Andockvorrichtung	OLG Düsseldorf, 29.01.2015 – I-15 U 23/14	GRUR-RS 2015, 06710	D 778, 1035

Entscheidungsstichwort	Gericht/Datum/Aktenzeichen	Fundstelle	zitiert in
Androhung von Ordnungsmitteln	OLG Dresden, 22.12.2020 – 4 W 851/20	GRUR-RS 2021, 37805	H 125
Anfechtung der Kostenentscheidung	OLG München, 17.01.1990 – 29 W 3006/89	GRUR 1990, 482	G 248
Anforderungen an den Rechtsbestand des Verfügungspatents	LG Düsseldorf, 08.05.2014 – 4a O 66/13	Mitt 2014, 559	G 114
Angebotsmanipulation bei Amazon	BGH, 03.03.2016 – I ZR 140/14	GRUR 2016, 936	D 388
Angehaltene Mobiltelefone	OLG Dresden, 02.03.2016 – 14 W 106/16	GRUR-RR 2016, 527	C 190
Anguilla	BGH, 30.06.2004 – VIII ZR 273/03	Mitt 2005, 45	E 66
Anhebung der Sicherheitsleistung	OLG Köln, 17.11.1999 – 6 U 162/99	GRUR 2000, 253	H 91
Anhörung per E-Mail	OLG München, 13.03.2020 – 29 W 275/20	GRUR-RR 2020, 511	H 161
Anhörungsrüge	LG Düsseldorf, 03.05.2005 – 4a O 162/05	InstGE 5, 236	B 182
Animationsfilm	LG Frankfurt/Main, 08.07.2015 – 2-06 S 21/14	GRUR-RR 2015, 431	C 86
Ankle Tube	OLG Frankfurt/Main, 01.06.2011 – 6 W 12/11	GRUR-RR 2011, 340	G 266
Ankopplungssystem	BGH, 01.03.2017 – X ZR 10/15	GRUR 2017, 604	E 933
Ann Christine	OLG Hamburg, 21.12.2012 – 3 U 96/12	BeckRS 2013, 06273	H 41, 67
Annahmeverweigerung	KG, 09.02.1989 – 25 U 3910/88	GRUR 1989, 618	C 35
Anruf-Linientaxi	OLG Frankfurt/Main, 22.11.2017 – 6 W 93/17	GRUR-RR 2018, 223	H 135, 220
Anschrift des Klägers	BGH, 28.06.2018 – I ZR 257/16	GRUR 2018, 1181	D 113
Anspruch auf Drittauskunft	OLG Frankfurt/Main, 22.08.2017 – 11 U 71/16	GRUR 2017, 1116	D 833
Antihistamine	LG Düsseldorf, 05.06.2001 – 4 O 178/01	InstGE 1, 19	D 659
Anti-Suit Injunction	OLG München, 12.12.2019 – 6 U 5042/19	GRUR 2020, 379	E 286
Antriebsscheibenaufzug	OLG Düsseldorf, 10.10.2002 – 2 U 65/01	Mitt 2003, 264	A 615, 620, 632; D 559, 699, 737; E 675
Antriebsscheibenaufzug	BGH, 07.06.2005 – X ZR 247/02	GRUR 2005, 848	A 586, 596, 603, 604, 606, 607, 619; D 730, 737, 790
Antwortpflicht	OLG Hamburg, 24.11.2008 – 5 W 117/08	GRUR-RR 2009, 159	C 43
Antwortpflicht des Abgemahnten	BGH, 19.10.1989 – I ZR 63/88	GRUR 1990, 381	C 26
Anwaltskosten bei zeitlich früherer Abmahnung	OLG München, 04.02.1988 – 6 U 3435/87	GRUR 1988, 843	C 43

Entscheidungsstichwort	Gericht/Datum/Aktenzeichen	Fundstelle	zitiert in
Anwaltskosten im Gestattungsverfahren	BGH, 26.04.2017 – I ZB 41/16	GRUR 2017, 854	D 879, 894, 895, 896
Anwaltszwang im Verfügungsverfahren	OLG Frankfurt/Main, 28.06.2010 – 6 W 91/10	GRUR-RR 2011, 31	G 252
Anzeige der Interessenwahrnehmung	OLG Düsseldorf, 07.02.2019 – 20 U 101/18	GRUR-RR 2019, 404	G 267, 273
Aquaflam	BGH, 15.12.2017 – I ZR 258/14	GRUR 2018, 335	F 134, 135; G 391
Arzneimittelgebrauchsmuster	BGH, 05.10.2005 – X ZB 7/03	GRUR 2006, 135	A 460
Arzneimittelwerbung im Internet	BGH, 30.03.2006 – I ZR 24/03	GRUR 2006, 513	A 411; D 25
Astra Zeneca	EuGH, 06.12.2012 – C-457/10 P	NzKart 2013, 113	E 272
Atemgasdrucksteuerung	BGH, 17.05.2011 – X ZR 53/08	GRUR 2011, 903	E 701; J 144
Audiosignalcodierung	BGH, 03.02.2015 – X ZR 69/13	GRUR 2015, 467	A 571, 588, 589, 592, 597, 599, 601; D 3; E 249
Aufblasventil	LG Düsseldorf, 15.01.2009 – 4b O 146/07	InstGE 11, 1	B 337
Aufforderung zur Abschlusserklärung	OLG Frankfurt/Main, 12.09.2005 – 6 W 122/05	GRUR-RR 2006, 111	G 366
Aufschiebende Wirkung	BGH, 17.08.2011 – I ZB 20/11	GRUR 2012, 427	H 170, 200
aufschiebende Wirkung	OLG Frankfurt/Main, 17.08.2011 – I ZB 20/11	InstGE 9, 301	H 170
Aufzeichnungsträger	BGH, 19.05.2005 – X ZR 188/01	GRUR 2005, 749	A 161, 163, 172
Ausflussschiebeverschluss	LG Düsseldorf, 06.10.1987 – 4 O 129/86	GRUR 1988, 116	E 825
Ausgelagerte Rechtsabteilung	OLG Köln, 22.01.2010 – 6 W 149/09	GRUR-RR 2010, 493	G 185
ausgelagerter Server	OLG München, 11.03.2011 – 6 W 610/10	InstGE 13, 298	B 149, 156
Auskunft über Tintenpatronen	BGH, 18.12.2008 – I ZB 68/08	GRUR 2009, 794	A 295; H 229, 235, 270, 293
Auskunftserteilung in fremder Sprache	OLG Frankfurt/Main, 15.11.2017 – 6 W 83/17	Mitt 2018, 99	H 251
Auskunftsgebühr	OLG Köln, 23.01.2013 – 2 Wx 328/12	GRUR-RR 2013, 353	D 894
Auskunftsverurteilung	BGH, 17.11.2014 – I ZB 31/14	GRUR 2015, 615	J 174
Ausländersicherheit für WTO-Ausländer	BPatG, 02.05.2005 – 1 Ni 5/04	GRUR 2005, 973	E 31
ausländische Abnehmerverwarnung	LG Frankfurt/Main, 19.12.2007 – 2/6 O 270/07	Mitt 2014, 30	C 130, 142
Ausländische Nichtigkeitsklage	OLG Düsseldorf, 27.05.2003 – 2 W 11/03	InstGE 3, 233	E 1017, 1020, 1021
Ausländischer Arrestbeschluss	BGH, 21.12.2006 – IX ZB 150/05	GRUR 2007, 813	G 235
Ausländischer Gerichtsstand	KG, 25.04.2014 – 5 U 178/11	GRUR-RR 2014, 351	D 539

Entscheidungsstichwort	Gericht/Datum/Aktenzeichen	Fundstelle	zitiert in
Ausländischer Verkehrsanwalt	BGH, 28.09.2011 – I ZB 97/09	GRUR 2012, 319	B 398, 417
Ausländisches Prozessführungsverbot	OLG Düsseldorf, 07.02.2022 – I-2 U 25/21	GRUR 2022, 318	E 287, 288, 289, 293, 294, 295, 296, 297, 298, 299, 460
Auspuffkanal für Schaltgase	BGH, 07.12.1978 – X ZR 63/75	GRUR 1979, 308	A 120
Ausrüstungssatz	OLG Karlsruhe, 23.09.2015 – 6 U 52/15	GRUR-RR 2015, 509	G 56, 92, 118, 190
Ausschließliche Zuständigkeit	LG Hamburg, 16.01.2013 – 327 O 10/13	GRUR-RR 2014, 47	B 125
Ausschreibungsunterlagen	BGH, 04.07.1975 – I ZR 115/73	GRUR 1976, 367	D 825
Außerstrafrechtliches Doppelahndungsverbot	BGH, 21.04.2022 – I ZB 56/21	GRUR 2022, 1379	G 314; H 134, 146, 195, 196, 212
Aussetzung	OLG Düsseldorf, 30.09.1999 – 2 W 60/98	Mitt 2000, 419	E 122
Aussetzung bei aufklärungsbedürftiger Verletzungsklage	LG Düsseldorf, 04.07.2007 – 4a O 254/05	InstGE 8, 112	E 918
Aussetzung bei Nichtigkeitsurteil II	OLG München, 17.09.2002 – 6 W 2153/02	InstGE 3, 62	E 946
Aussetzungsmaßstab	OLG Düsseldorf, 22.09.2021 – I-2 W 17/21	GRUR-RR 2022, 153	E 925
Austro Mechana/Amazon	EuGH, 21.04.2016 – C-572/14	GRUR 2016, 927	D 17
Auswärtiger Rechtsanwalt IV	BGH, 23.01.2007 – I ZB 42/06	GRUR 2007, 726	C 49; G 369
Auswärtiger Rechtsanwalt IX	BGH, 09.05.2018 – I ZB 62/17	GRUR 2018, 969	B 384
Autowaschvorrichtung	BGH, 06.11.1990 – X ZR 55/89	GRUR 1991, 443	A 217
Babybilder	OLG Jena, 08.06.2015 – 1 W 17/15	GRUR-RR 2015, 463	B 80
Bajonett-Anschlussvorrichtung	LG Düsseldorf, 26.11.2009 – 4b O 110/09	InstGE 11, 257	D 1015
Bakterienkultivierung	OLG Düsseldorf, 17.10.2019 – 2 U 11/18	GRUR-RR 2020, 137	A 27, 71, 144; D 288, 308, 325, 326, 336, 1027
Balkonbelag	OLG Düsseldorf, 09.06.2004 – 2 W 14/04	InstGE 5, 292	H 291
Ballerinaschuh	BGH, 11.01.2018 – I ZR 187/16	GRUR 2018, 832	C 156, 157, 163, 164; D 33, 778, 789; I 15
Ballermann	BGH, 24.02.2000 – I ZR 168/97	GRUR 2000, 1028	D 301
Bankauskunft	OLG Naumburg, 15.03.2012 – 9 U 208/11	GRUR-RR 2012, 388	D 811
Barmen Live	BGH, 27.10.2011 – I ZR 125/10	GRUR 2012, 711	C 45; D 295
Basis3	BGH, 06.02.2013 – I ZR 13/12	GRUR 2013, 1069	E 546

Entscheidungsstichwort	Gericht/Datum/Aktenzeichen	Fundstelle	zitiert in
Basler-Haar-Kosmetik	BGH, 09.11.2011 – I ZR 150/09	GRUR 2012, 304	D 424
Bastei Lübbe/Strotzer	EuGH, 18.10.2018 – C-14917	GRUR 2018, 1234	D 401
Batteriekastenschnur	BGH, 03.10.1989 – X ZR 33/88	GRUR 1989, 903	A 6, 181
Bauschalungsstütze	BGH, 28.05.2009 – Xa ZR 140/05	GRUR 2009, 837	A 91
Bauschuttsortieranlage	BGH, 24.10.2000 – X ZR 15/98	GRUR 2001, 407	G 512
Bayer/Richter	EuGH, 12.09.2019 – C-688/17	GRUR 2019, 1168	G 297
BearShare	BGH, 08.01.2014 – I ZR 169/12	GRUR 2014, 657	D 400, 401
Beatles-Doppel-CD	BGH, 18.12.1997 – I ZR 79/95	GRUR 1998, 568	D 724
Bedingtes Unterlassungsversprechen	OLG Düsseldorf, 09.08.2004 – I-2 W 18/04	InstGE 5, 68	D 537
Befestigungsvorrichtung II	BGH, 12.07.1990 – X ZR 121/88	GRUR 1991, 436! BGHZ 112, 140	A 91, 276
Beglaubigungskette	OLG Düsseldorf, 29.05.2018 – I-20 U 159/17	GRUR-RR 2019, 240	G 267
Begrenzungsanschlag	BGH, 06.05.2014 – X ZR 36/13	GRUR 2014, 852	A 186, 196, 225
Belaghalter für Scheibenbremse	LG Düsseldorf, 27.11.2007 – 4a O 333/06	InstGE 9, 18	D 33; E 13, 40
Belegvorlage	OLG Hamburg, 30.09.2004 – 3 U 46/03	GRUR-RR 2005, 265	D 940
Beleuchtungssystem	LG Düsseldorf, 08.11.2006 – 4b O 39/06 ZV	InstGE 7, 185	H 131
Bella la Vita	OLG Frankfurt/Main, 12.09.2018 – 6 W 81/18	GRUR-RR 2019, 10	D 796; G 38
Benutzerkennung	BGH, 13.07.2017 – I ZR 193/16	GRUR 2018, 189	D 875
Beratungsauktion	LG Berlin, 08.05.2012 – 15 O 60/04	NJOZ 2012, 2121	G 328
Berechtigte Gegenabmahnung	BGH, 21.01.2021 – I ZR 17/18	GRUR 2021, 752	C 11, 37, 47, 52, 53
Berodual	OLG Hamburg, 05.02.2013 – 3 W 10/13	NJWE-WettbR 2000, 19	B 125; D 977; G 34
Berseker	KG, 18.10.2016 – 5 W 210/16	GRUR-RR 2017, 85	C 127
Berufungszuständigkeit II	BGH, 29.10.2019 – KZR 60/18	GRUR 2020, 213	E 536, 542, 545
Berührungsaufgabe	BGH, 31.05.2001 – I ZR 106/99	NJW-RR 2001, 1483! WRP 2001, 1076	D 548, 555
Beschichtungsverfahren	BGH, 27.09.2016 – X zR 163/12	GRUR 2016, 1257	E 209, 210
Beschwer des Unterlassungsschuldners	BGH, 24.01.2013 – I ZR 174/11	GRUR 2013, 1067	H 177, 179; J 163
Besichtigungsanordnung	OLG Düsseldorf, 11.02.2016 – I-20 W 14/16	GRUR-RR 2016, 224	B 144
Besichtigungsanspruch	KG, 11.08.2000 – 5 U 3069/00	GRUR-RR 2001, 118	B 13, 14

Entscheidungsstichwort	Gericht/Datum/Aktenzeichen	Fundstelle	zitiert in
Besichtigungsanspruch	OLG Nürnberg, 17.08.2015 – 3 W 1412/15	GRUR-RR 2016, 108	B 116
Besichtigungsanspruch eines IT-Systems	BGH, 09.07.2020 – I ZB 79/19	GRUR 2020, 1346	B 118
Besonderer Mechanismus	BGH, 12.07.2011 – X ZR 56/09	GRUR 2011, 995	C 15, 16; E 802; G 8, 15
Bestattungsbehältnis	OLG Düsseldorf, 06.03.2014 – I-2 U 90/13	GRUR-RR 2014, 315	C 16, 132, 148
Bestrafungsverfahren gegen Rechtsnachfolger	OLG Köln, 14.10.2008 – 6 W 104/08	OLG-Report 2009, 408! GRUR-RR 2009, 192	H 134, 182
Bestreiten der Abmahnung	OLG Jena, 11.09.2006 – 2 W 371/06	GRUR-RR 2007, 96	C 33
Betriebspsychologe	BGH, 05.10.2017 – I ZR 184/16	GRUR 2018, 203	E 730
Betriebsspionage	LG Nürnberg/Fürth, 23.02.2005 – 3 O 4156/04	InstGE 5, 153	B 13, 35
Bettgestell	BGH, 29.06.2017 – I ZR 9/16	GRUR 2018, 72	C 41, 47; E 634, 643
Bettwaren »Made in Germany«	OLG Frankfurt/Main, 25.06.2018 – 6 W 9/18	GRUR-RR 2018, 387	G 267; H 135, 142, 176
BH-Modell	OLG Hamburg, 27.08.2008 – 5 U 38/07	Mitt 2010, 389	I 240
Biedermeiermanschetten	BGH, 20.02.1979 – X ZR 63/77	GRUR 1979, 540	E 707
Biegevorrichtung	BGH, 13.11.2001 – X ZR 32/99	GRUR 2002, 231	E 654, 674
Bigfoot II	OLG Köln, 26.04.2013 – 6 U 171/11	GRUR-RR 2013, 398	D 785; H 282; I 103, 198, 201, 204, 206
Bildanzeigegerät	BGH, 15.10.2013 – X ZR 41/11	GRUR 2014, 251	E 940
Bildunterstützung bei Katheternavigation	BGH, 31.08.2010 – X ZB 9/09	GRUR 2010, 1081	A 91, 92, 100
Biomineralwasser	BGH, 13.09.2012 – I ZR 230/11	GRUR 2013, 401	C 133
Birkenstock	OLG Düsseldorf, 20.01.2019 – I-20 U 53/18	GRUR-RR 2019, 299	G 181, 207
Blasenfreie Gummibahn II	BGH, 30.09.2003 – X ZR 114/00	GRUR 2004, 268	A 90; B 10
Blasfolienherstellung	BGH, 30.03.2005 – X ZR 126/01	GRUR 2005, 569	D 563; F 94; J 7
Blendschutzbehang	BGH, 12.03.2009 – Xa ZR 86/06	GRUR 2009, 657	E 201
Blut/Gehirnschranke	OLG Düsseldorf, 11.10.2010 – I-2 U 40/10	InstGE 12, 258	A 460, 461
BMW/Acacia	EuGH, 13.07.2017 – C-433/16	GRUR 2017, 1129	D 33; E 285
Bodenbelag	OLG Düsseldorf, 05.11.2020 – I-2 U 63/19	GRUR-RR 2021, 15	D 991, 1032
Bodenseitige Vereinzelungseinrichtung	BGH, 07.09.2004 – X ZR 255/01	GRUR 2004, 1023! BGHZ 160, 204	A 8, 25, 134, 137

Entscheidungsstichwort	Gericht/Datum/Aktenzeichen	Fundstelle	zitiert in
Bodypass	OLG Karlsruhe, 23.07.2008 – 6 U 109/07	Mitt 2009, 419	E 234
Bolagsupplysningen ua	EuGH, 17.10.2017 – C-194/16	GRUR 2018, 108	D 17
Bordako	BGH, 29.07.2010 – Xa ZR 118/09	GRUR 2010, 996	D 571, 652; G 403, 404, 426, 430
Borstenverrundung	LG Frankfurt/Main, 29.10.2003 – 6 O 442/02	InstGE 6, 141	I 193, 196, 208, 243
Bratgeschirr	BGH, 28.06.2000 – X ZR 128/98	GRUR 2000, 1005	A 182
Bremsbacken	OLG Düsseldorf, 20.12.2007 – I-2 U 138/05	Mitt 2010, 476	E 73
BretarisGenuair	BGH, 30.03.2017 – I ZR 263/15	GRUR 2017, 1160	B 468; D 834; G 366
Brexit means Brexit	OLG München, 05.08.2021 – 29 U 2411/21	Mitt 2021, 466	D 489
Bring mich nach Hause	BGH, 07.03.2019 – I ZR 53/18	GRUR 2019, 947	D 548
Brombeerleuchte	BGH, 19.01.1979 – I ZR 166/76	GRUR 1979, 332	C 16
Bronner/Media	EuGH, 26.11.1998 – Rs. C-7/97	Slg 1998, I-7817	E 267
Brotröster	OLG Frankfurt/Main, 10.06.1965 – 6 U 24/64	GRUR 1967, 114	C 156
Bruce Springsteen and his Band	BGH, 23.04.1998 – I ZR 205/95	GRUR 1999, 49	D 724
Brustbein-Öffner	OLG Düsseldorf, 24.10.2006 – I-2 W 51/06	InstGE 7, 191	B 180
BTK	BGH, 29.07.2009 – I ZR 169/07	GRUR 2010, 239	F 45; I 108, 132, 137, 148, 156
Buchhaltung	OLG Düsseldorf, 17.12.2013 – 1-20 U 52/13	GRUR-RR 2014, 155	C 104
Buchstabe als Reißverschlussanhänger	OLG Köln, 28.10.2005 – 6 U 75/05	GRUR-RR 2006, 159	D 940
Budget	OLG München, 25.02.2010 – 29 U 1513/07	GRUR-RR 2011, 34	E 30
Cam-Carpet	LG Düsseldorf, 07.11.2000 – 4 O 425/99	InstGE 1, 26	A 435
Cartier-Armreif	BGH, 24.03.1994 – I ZR 42/93	BGHZ 125, 322	H 307
Cartier-Ring	BGH, 23.01.2003 – I ZR 18/01	GRUR 2003, 433	D 827, 849; H 292
Carvedilol I	BGH, 17.01.2006 – X ZR 236/01	GRUR 2006, 438	E 902
Catwalk	BGH, 23.06.2005 – I ZR 263/02	GRUR 2006, 143	I 104, 105, 108, 137
CD-ROM »Erotic 5«	OLG Karlsruhe, 27.03.1996 – 6 W 15/96	WRP 1996, 922	C 200
Cerebro Card	OLG Hamburg, 14.06.2006 – 5 U 21/06	GRUR-RR 2007, 29	C 192; G 34
Chickenwings	BGH, 19.09.2019 – I ZR 116/18	GRUR 2020, 322	C 166, 167, 172; E 648
Chinaherde	BGH, 17.04.1997 – X ZR 2/96	GRUR 1997, 741	C 155
Chirurgische Instrumente	BGH, 03.06.2003 – X ZR 215/01	GRUR 2003, 896	D 358

Entscheidungsstichwort	Gericht/Datum/Aktenzeichen	Fundstelle	zitiert in
Cholesterinblocker	OLG Düsseldorf, 29.04.2020 – I-2 W 9/20	GRUR 2020, 734	H 251, 260
Cholesterinspiegelsenker	OLG Düsseldorf, 02.10.2003 – I-2 U 53/03	GRUR 2004, 417	A 386
Cholesterin-Test	LG Düsseldorf, 19.12.2002 – 4a O 4/00	InstGE 3, 8	E 133, 161
Cinacalcet	OLG München, 22.04.2021 – 6 U 6968/20	GRUR-RR 2021, 297	G 173, 177
Cinacalcet I	OLG Düsseldorf, 15.02.2021 – I-2 W 3/21	GRUR-RS 2021, 2572	G 173, 175, 177
Cinacalcet II	OLG Düsseldorf, 04.03.2021 – 2 U 25/20	GRUR-RR 2021, 249	E 983, 984; G 62, 70, 73, 75
Cinacalcet III	OLG Düsseldorf, 09.07.2021 – I-2 U 4/21	GRUR-RR 2021, 465	E 969; G 95, 162, 164, 173, 175
Cinch-Stecker	OLG Düsseldorf, 15.05.2010 – I-2 U 98/09	InstGE 12, 88	D 356, 1047
Cinch-Stecker	BGH, 05.04.2011 – X ZR 86/10	BGHZ 189, 112! GRUR 2011, 711	D 307, 349, 351, 352
CIP Klausel	OLG Düsseldorf, 25.01.2018 – I-20 U 82/17	GRUR-RR 2018, 240	E 821
Class International/Colgate-Palmolive	EuGH, 18.10.2005 – C-405/03	GRUR Int 2006, 40	E 820, 822
Clinique	KG, 12.10.2010 – 5 U 152/08	GRUR-RR 2011, 263	A 431
Clinique happy	BGH, 25.04.2012 – I ZR 235/10	GRUR 2012, 1263	A 430, 431, 432; D 996
Comedyvideos	OLG Frankfurt/Main, 28.05.2013 – 11 W 13/13	BeckRS 2013, 10983	G 162, 214
Computernetzwerk	LG Düsseldorf, 17.03.2009 – 4b O 218/08	InstGE 11, 99	E 124, 125
Concurrence/Samsung Elektronics France	EuGH, 21.12.2016 – C-618/15	GRUR-RR 2017, 206	D 18
Consulente in marchi	BGH, 19.04.2007 – I ZB 47/06	GRUR 2007, 999	B 407, 408
Container-Signatur im Patentnichtigkeitsverfahren	BGH, 24.05.2022 – X ZR 82/21	GRUR 2022, 1174	F 20
ConText	BGH, 05.11.2015 – I ZR 50/14	GRUR 2016, 705	B 361
ContraWurm	BGH, 18.04.2013 – I ZR 199/12	BeckRS 2013, 16816	J 181
Converse AllStar	OLG Köln, 24.01.2014 – 6 U 111/13	GRUR-RR 2014, 329	I 257
CONVERSE I	BGH, 15.03.2012 – I ZR 52/10	GRUR 2012, 626	E 808
CONVERSE II	BGH, 15.03.2012 – I ZR 137/10	GRUR 2012, 630	D 333; I 12
Converse Inc	OLG Frankfurt/Main, 07.02.2013 – 6 U 188/12	GRUR-RR 2013, 325	E 808
Copad	EuGH, 23.04.2009 – C-59/08	GRUR 2009, 593	E 762
Copolyester II	BGH, 13.11.1997 – X ZR 132/95	GRUR 1998, 689	E 871
Coty Germany GmbH	EuGH, 05.06.2014 – C-360/12	GRUR 2014, 806	D 16, 20

Entscheidungsstichwort	Gericht/Datum/Aktenzeichen	Fundstelle	zitiert in
Coty Germany/Stadtsparkasse	EuGH, 16.07.2015 – C-580/13	GRUR 2015, 894	D 811
Coty Prestige Lancaster/Simex Trading	OLG Nürnberg, 31.03.2009 – 3 U 1497/08	GRUR 2009, 786	E 810
Coty Prestige/Simex Trading	EuGH, 03.06.2010 – C-127/09	GRUR 2010, 723	E 761, 765, 771, 818
Couchtisch	OLG Köln, 10.01.2005 – 6 W 117/04	GRUR-RR 2005, 143	G 260, 273
Coverdisk	BGH, 02.02.1999 – KZR 51/97	NJW-RR 1999, 689	D 358
CPP/Bilas	EuGH, 20.05.2010 – C-111/09	Slg 2010, I-4545	D 33
Crimpwerkzeug I	BGH, 13.01.2004 – X ZR 212/02	GRUR 2004, 354	E 950; H 55
Crimpwerkzeug III	BGH, 29.06.2010 – X ZR 193/03	GRUR 2010, 858	F 101, 103, 127, 129, 130
Crimpwerkzeug IV	BGH, 14.12.2010 – X ZR 193/03	GRUR 2011, 313! Mitt 2011, 24	A 181, 197; D 270; F 95, 96, 97; G 415
CT-Paradies	BGH, 18.09.2014 – I ZR 76/13	GRUR 2015, 258	C 99, 103, 104, 109, 121; H 135
Curapor	BGH, 11.10.2018 – I ZR 259/15	GRUR 2019, 518	D 984, 987, 1026, 1051, 1055
CurryWoschdHaus	OLG Nürnberg, 12.10.2018 – 3 W 1932/18	GRUR-RR 2019, 64	G 45
Custodiol I	BGH, 12.03.2002 – X ZB 12/00	GRUR 2002, 523	A 257
Custodiol II	BGH, 12.03.2002 – X ZR 73/01	GRUR 2002, 527	A 246
Dämmstoffbahn	LG Düsseldorf, 23.05.2000 – 4 O 162/99	Entscheidungen 2000, 81	D 706
Dampfdruckverringerung	BGH, 06.08.2019 – X ZR 97/18	GRUR 2019, 1215	H 64, 65
Dampffrisierstab	BGH, 16.09.1982 – X ZR 54/81	GRUR 1982, 723	H 322
Dampffrisierstab II	BGH, 03.07.1984 – X ZR 34/83	GRUR 1984, 728	D 947; H 296
Darmbefüllvorrichtung	LG Düsseldorf, 06.12.2001 – 4a O 855/00	InstGE 2, 31	D 712
DAS GROSSE RÄTSELHEFT	BGH, 25.04.2012 – I ZR 105/10	GRUR 2012, 1279	D 369, 377; E 863, 864
Dateianhang	OLG Hamm, 09.03.2022 – 4 W 119/20	GRUR-RR 2022, 331	C 35
Datenpaketverarbeitung	OLG Karlsruhe, 30.10.2019 – 6 U 183/16	GRUR 2020, 166	E 263, 427, 428, 434, 441, 468, 493, 527, 596, 603
Datensicherung	OLG Karlsruhe, 01.09.2009 – 6 W 47/09	InstGE 11, 183	D 874, 876, 897
Datenspeicherung auf Zuruf	OLG München, 21.11.2011 – 29 W 1939/11	NJOZ 2012, 1463	D 873
Datenstromextrahierer	LG Düsseldorf, 07.05.2020 – 4c O 56/18	GRUR-RS 2020, 12600	E 71

Entscheidungsstichwort	Gericht/Datum/Aktenzeichen	Fundstelle	zitiert in
Datenträger	LG Hamburg, 30.04.2009 – 315 O 72/08	InstGE 11, 65	A 430, 431; D 992, 996
Davidoff	EuGH, 20.11.2001 – C-414/99	GRUR 2002, 156	E 818
Davidoff Hot Water	BGH, 17.10.2013 – I ZR 51/12	GRUR 2013, 1237	D 811
Davidoff Hot Water II	BGH, 21.10.2015 – I ZR 51/12	GRUR 2016, 497	D 811
Davidoff Hot Water IV	BGH, 21.01.2021 – I ZR 20/17	GRUR 2021, 730	B 72; D 369, 388, 793, 796, 829
Daytona 365	OLG Frankfurt/Main, 02.07.2020 – 6 W 60/20	GRUR-RR 2020, 559	J 232
de.de	KG, 23.05.2012 – 5 U 119/11	Mitt 2013, 43	G 251
Dead Island	BGH, 26.07.2018 – I ZR 64/17	GRUR 2018, 1044	D 393, 394, 395, 396, 399, 408, 410, 417
Deckenheizung	BGH, 13.06.2006 – X ZR 153/03	GRUR 2006, 839	A 603, 619, 627; D 545, 559, 737, 1063; G 452
Deckenleuchte	OLG Düsseldorf, 23.12.2021 – 20 U 90/21	GRUR-RR 2022, 257	G 179
Dehnungsfugenabdeckprofil	LG Düsseldorf, 14.07.1988 – 4 O 369/87	Mitt 1990, 101	I 165
Dekorplatten	LG Düsseldorf, 10.05.2007 – 4b O 318/06	InstGE 8, 4	A 393
Delcantos Hits	BGH, 02.02.2012 – I ZR 162/09	GRUR 2012, 910	E 215, 234
Deltamethrin	BGH, 11.06.2015 – I ZR 226/13	GRUR 2016, 88	B 129
Deltamethrin II	BGH, 21.01.2016 – I ZR 90/14	GRUR 2016, 860	I 251
Demonstrationshilfen	BPatG, 28.01.2009 – 4 Ni 69/08	GRUR 2009, 1196	B 472
Depotkosmetik im Internet	BGH, 04.11.2003 – KZR 2/02	WRP 2004, 374	E 425
Der blaue Engel	BGH, 01.12.1999 – I ZR 226/97	GRUR 2000, 715	I 99
Der Novembermann	BGH, 06.06.2019 – I ZR 150/18	GRUR 2019, 1044	C 62
Derrick	BGH, 28.02.2017 – I ZR 46/16	GRUR-RR 2017, 185	E 863; J 167, 171, 173, 175
Desmopressin	BGH, 12.06.2012 – X ZR 131/09	GRUR 2012, 895	E 636, 637, 661, 665
Desmopressin I	LG Düsseldorf, 04.09.2008 – 4b O 127/07	InstGE 10, 12	E 643, 665
Desmopressin II	LG Düsseldorf, 04.09.2008 – 4b O 402/06	InstGE 10, 17	E 665
Desmopressin-Tablette	OLG Düsseldorf, 12.11.2009 – I-2 U 88/08	InstGE 11, 193	E 636, 637, 665
Desogestrel	OLG Düsseldorf, 07.11.2013 – I-2 U 94/12	BeckRS 2014, 04902	G 44, 71, 77, 78
Detektionseinrichtung I	BGH, 21.12.2005 – X ZR 17/03	GRUR 2006, 217	G 24
Detektionseinrichtung II	BGH, 21.12.2005 – X ZR 72/04	GRUR 2006, 219	C 143, 156; G 297; I 15, 81
Deus Ex	BGH, 15.05.2014 – I ZB 71/13	GRUR 2014, 1239	D 896

Entscheidungsregister

Entscheidungsstichwort	Gericht/Datum/Aktenzeichen	Fundstelle	zitiert in
Deutschsprachiger Verkaufsleiter	OLG Frankfurt/Main, 01.07.2014 – 6 U 104/14	GRUR-RR 2015, 183	G 261
DHL Express France/Chronopost	EuGH, 12.04.2011 – C-235/09	GRUR 2011, 518	H 227
Diabehältnis	BGH, 25.11.2003 – X ZR 162/00	GRUR 2004, 411	A 134
Dialysekonzentrat	LG Hamburg, 19.03.2018 – 327 O 321/17	GRUR-RR 2018, 319	H 135
Diamant-Trennscheiben	OLG Düsseldorf, 21.04.2015 – I-20 U 181/14	GRUR-RR 2015, 493	G 256, 262, 263, 328
Dia-Rähmchen II	BGH, 29.05.1962 – I ZR 132/60	GRUR 1962, 509	I 167, 227
Dia-Rähmchen V	BGH, 14.07.1970 – X ZR 4/65	GRUR 1971, 78	A 576
Diätische Tinnitusbehandlung	BGH, 17.10.2019 – I ZB 19/19	GRUR 2020, 548	H 135
Die Heiligtümer des Todes	BGH, 05.12.2012 – I ZB 48/12	GRUR 2013, 536	D 891, 897, 898
DIE PROFIS	BGH, 19.04.2001 – I ZR 238/98	GRUR 2002, 190	E 181
Diffusor	LG Düsseldorf, 06.04.2006 – 4a O 144/05	InstGE 6, 130	A 377
Digitales Buch	OLG Düsseldorf, 12.11.2020 – I-15 U 77/14	GRUR-RS 2020, 43243	D 330
Diglycidverbindung	BGH, 13.09.2011 – X ZR 69/10	GRUR 2012, 45	A 183, 223, 224, 237
Disposition	OLG Koblenz, 07.08.2008 – 5 U 140/08	GRUR-RR 2008, 413	C 118
dlg.de	BGH, 13.12.2012 – I ZR 150/11	GRUR 2013, 294	D 424
Doppelahndung	OLG Frankfurt/Main, 18.04.2016 – 6 W 13/16	GRUR-RR 2017, 166	H 195
Doppelvertretung	OLG Braunschweig, 04.10.2011 – 2 W 96/11	GRUR-RR 2012, 133	B 412
Doppelvertretung	BPatG, 23.08.2017 – 3 ZA (pat) 73/16 zu 3 Ni 6/12 (EP)	GRUR-RS 2017, 134903	B 429, 454
Doppelvertretung im Nichtigkeitsverfahren	BGH, 18.12.2012 – X ZB 11/12	GRUR 2013, 427	B 426, 429, 430
Doppelvertretung im Patentnichtigkeitsverfahren	BPatG, 13.08.2007 – 2 ZA (pat) 56/06	GRUR 2008, 735	B 426, 428, 431
Doppelvertretungskosten	BPatG, 15.06.2010 – 3 ZA (pat) 17/09	GRUR-RR 2010, 401	B 426, 430
Doppelvertretungskosten im Gebrauchsmusterlöschungsverfahren	BPatG, 17.05.2017 – 35 W (pat) 1/14	GRUR 2017, 1169	B 431
Doppelvertretungskosten im Nichtigkeitsverfahren I	BPatG, 21.11.2008 – 1 ZA (pat) 15/07	GRUR 2009, 706	B 429
Doppelvertretungskosten im Nichtigkeitsverfahren II	BPatG, 22.12.2008 – 1 ZA (pat) 13/08	GRUR 2009, 707	B 429

Entscheidungsstichwort	Gericht/Datum/Aktenzeichen	Fundstelle	zitiert in
Doppelvertretungskosten im Nichtigkeitsverfahren III	BPatG, 22.09.2011 – 10 ZA (pat) 8/11 zu 10 Ni 6/0	GRUR-RR 2012, 130	B 429
Doppelvertretungskosten im Nichtigkeitsverfahren IV	BPatG, 18.01.2011 – 5 ZA 20/10	Mitt 2011, 258	B 429
Doppelvertretungskosten im Nichtigkeitsverfahren V	BPatG, 24.02.2011 – 3 ZA (pat) 29/10	Mitt 2011, 308	B 429
Doppelvertretungskosten im Nichtigkeitsverfahren VI	BPatG, 26.07.2011 – 3 ZA (pat) 21/10	GRUR-RR 2012, 129	B 430
Dosierinhalator	LG Düsseldorf, 18.03.2008 – 4a O 4/08	InstGE 9, 110	G 114, 192
Drahtlegekopf	OLG Frankfurt/Main, 02.02.2017 – 6 U 260/11	Mitt 2017, 222	D 995, 1033
Drahtloses Kommunikationsnetz	BGH, 04.09.2018 – X ZR 14/17	GRUR 2019, 271	E 710, 977, 980, 981, 996
Drehgeber	OLG Düsseldorf, 20.04.2011 – I-2 U 78/09	InstGE 13, 221	J 74, 75, 87
Drehverschlussanordnung	LG Mannheim, 19.10.2007 – 7 O 184/06	InstGE 9, 5	I 253, 258
Drehzahlermittlung	BGH, 03.06.2004 – X-ZR-82/03	GRUR 2004, 845! BGHZ 159, 221	A 15; D 699
Drei-Jahres-Frist	BGH, 15.12.2005 – I ZB 63/05	NJW 2006, 1290	G 295
Dringlichkeit bei Besichtigung	OLG Düsseldorf, 17.03.2011 – I-2 W 5/11	InstGE 13, 126	B 116
Dringlichkeitsschädlicher Fristverlängerungsantrag	OLG München, 16.09.2021 – 29 U 3437/21	GRUR-RS 2021, 29384	G 201, 214
Dringlichkeitsverlust bei unterbliebenen Ordnungsmittelverfahren	OLG Hamburg, 20.08.2018 – 3 U 141/17	GRUR-RS 2018, 41654	G 202
Drouot/CMI	EuGH, 19.05.1998 – C-351/96	Mitt 1998, 387	E 122
Druckbalken	BGH, 27.09.1984 – X ZR 53/82	GRUR 1985, 512	B 13, 14
Druckbogenstabilisierer	LG Düsseldorf, 19.08.2004 – 4b O 199/04	InstGE 5, 231	G 114
Druckbogenstabilisierer II	LG Düsseldorf, 19.06.2008 – 4b O 130/08	InstGE 9, 130	B 246, 298, 315
Drucker	OLG Karlsruhe, 10.10.2018 – 6 U 82/18	GRUR-RR 2019, 405	H 12, 91
Druckerpatrone	OLG Düsseldorf, 31.07.2008 – I-2 W 59/06	InstGE 9, 179	H 270, 293
Druckerpatrone II	OLG Düsseldorf, 08.10.2008 – VI U (Kart) 42/06	InstGE 10, 129	D 442, 978; E 345
Druckmaschinen-Temperierungssystem I	BGH, 06.04.2004 – X ZR 272/02	GRUR 2004, 710	A 205; D 650; E 901; G 391
Druckmaschinen-Temperierungssystem III	BGH, 28.07.2009 – X ZR 153/04	GRUR 2009, 1100	B 400
Du sollst nicht lügen!	OLG Düsseldorf, 15.04.2010 – I-2 W 10/10	InstGE 12, 107	J 194

Entscheidungsstichwort	Gericht/Datum/Aktenzeichen	Fundstelle	zitiert in
Du sollst nicht lügen! II	OLG Düsseldorf, 10.05.2011 – I-2 W 15/11	InstGE 13, 232	J 197
Du sollst nicht verschweigen Deines Gegners Schriftsatz	OLG München, 05.08.2021 – 29 U 6406/20	Mitt 2021, 469	G 228
»Dügida«	BGH, 08.12.2016 – I ZB 118/15	GRUR 2017, 318	H 172, 176, 213, 218, 219
Dünnbramme II	LG Düsseldorf, 10.01.2001 – 4a O 241/00	InstGE 2, 157	G 302
Durastep	OLG Düsseldorf, 13.11.1997 – 2 U 116/96	Mitt 1998, 358	I 157
Durchfuhr von Originalware	BGH, 21.03.2007 – I ZR 66/04	GRUR 2007, 875! MarkenR 2007, 337	E 815, 822
Ecosoil	BGH, 21.10.2015 – I ZR 173/14	GRUR 2016, 201	D 272; E 218, 228, 230, 600
Ego-Shooter	BGH, 27.07.2017 – I ZR 68/16	GRUR-RR 2017, 484	D 401
Eierverpackungen	OLG Düsseldorf, 12.01.2021 – 2 W 19/20	GRUR-RR 2021, 145	D 819, 843; H 251
einfache Unterlassungsverpflichtungserklärung	OLG Hamburg, 10.06.2014 – 7 W 51/14	GRUR-RR 2014, 471	H 126
Eingriffskatheter	LG Düsseldorf, 10.02.2009 – 4b O 211/07	InstGE 11, 44	D 11
Einkaufskühltasche	BGH, 13.11.2013 – X ZR 171/12	GRUR 2014, 206	C 66; J 161
Einspritzventil	BGH, 09.06.2015 – X ZR 51/13	GRUR 2015, 976	F 43
Einstieghilfe für Kanalöffnungen	OLG Düsseldorf, 08.03.2012 – I-2 U 5/11	GRUR-RR 2012, 319	E 221, 222, 223, 224, 250, 641, 644
Elektrische Anschlussklemme	OLG München, 12.12.2019 – 6 U 4009/19	GRUR 2020, 385	G 46, 56, 228, 231
Elektrische Anschlussklemme	LG München I, 20.05.2020 – 7 O 8052/19	GRUR-RS 2020, 19601	D 941
Elektrischer Haartrockner	OLG Düsseldorf, 29.04.2004 – I-20 U 18/04	InstGE 4, 298	G 213
Elektronische Anzeigevorrichtung	OLG Düsseldorf, 09.01.2006 – I-2 W 36/05	InstGE 6, 123	H 285
Elektronischer Pressespiegel II	BGH, 28.07.2022 – I ZR 141/20	GRUR 2022, 1427	D 701, 772, 786
Empfangsanordnung	OLG Karlsruhe, 02.01.2019 – 6 W 69/18	GRUR-RR 2019, 145	E 902, 953, 1007
Enalapril	BGH, 13.03.2003 – X ZR 100/00	GRUR 2003, 507	E 762, 771
Endoskopievorrichtung	OLG Düsseldorf, 29.04.2021 – 15 U 4/20	GRUR-RR 2021, 345	A 40
englischsprachige Pressemitteilung	BGH, 12.12.2013 – I ZR 131/12	GRUR 2014, 601	A 411
Entfernung der Herstellungsnummer II	BGH, 17.05.2001 – I ZR 291/98	GRUR 2001, 841	D 836
Entfernung der Herstellungsnummer III	BGH, 21.02.2002 – I ZR 140/99	GRUR 2002, 709	D 849

Entscheidungsstichwort	Gericht/Datum/Aktenzeichen	Fundstelle	zitiert in
EPA-Vertreter	BGH, 14.04.2020 – X ZB 2/18	GRUR 2020, 781	B 407
erfolglose Besichtigung	OLG München, 12.01.2011 – 6 W 2399/10	InstGE 13, 293	C 197
Erfolgshonorar für Versicherungsberater	BGH, 06.06.2019 – I ZR 67/18	GRUR 2019, 970	D 270
Erforderlicher Bearbeitungsaufwand	BGH, 22.09.2009 – Xa ZR 69/06	GRUR-RR 2010, 272	J 73
Erhöhung der Prozesskostensicherheit	BGH, 02.10.2002 – I ZR 15/02	Mitt 2003, 90	E 66
Erhöhungsgebühr bei Unterlassungsanspruch	OLG Düsseldorf, 17.01.2007 – I-2 W 55/06	InstGE 7, 192	B 445
Erkundigungspflicht vor Vollziehung	OLG Frankfurt/Main, 04.02.2021 – 6 U 161/20	GRUR-RR 2021, 545	G 280
Erledigungserklärung nach Gesetzesänderung	BGH, 20.01.2016 – I ZB 102/14	GRUR 2016, 421	H 209, 211
Ermittlungen gegen Schauspielerin	BGH, 22.01.2019 – VI ZR 402/17	GRUR 2019, 763	C 60, 61, 62, 63
Ersatz von Abmahnkosten	OLG Stuttgart, 14.02.2019 – 2 U 33/18	GRUR-RS 2019, 16939	C 45
Erschöpfung bei Übersee-Export	OLG München, 05.06.2003 – 29 U 1886/03	Mitt 2004, 34	E 818
Erstattung von Abmahnkosten	BGH, 28.09.2011 – I ZR 145/10	BeckRS 2011, 25516	C 47
Erstattung von Patentanwaltskosten	OLG Düsseldorf, 18.12.2002 – 2 W 29/02	InstGE 3, 76	B 412
Erstattung von Patentanwaltskosten	BGH, 18.05.2006 – I ZB 57/05	GRUR 2006, 702	B 400, 405
Erstattungsanspruch des Anwalts bei Streitwertbegünstigung	BPatG, 24.11.2011 – 3 ZA (pat) 54/10 zu 3 Ni 11/10 EU	Mitt 2012, 92	J 234
Erstattungsfähigkeit der Kosten eines Patentassessors	OLG Frankfurt/Main, 12.09.2013 – 6 W 60/13	Mitt 2014, 97	B 408
Erstattungsfähigkeit von Patentanwaltskosten	OLG Karlsruhe, 16.06.2006 – 6 W 46/06	GRUR-RR 2006, 302	C 87
Erweiterte Angaben zur Umsatzentwicklung	BGH, 13.03.2014 – I ZB 60/13	GRUR 2014, 908	J 174
Erythropoietin III	LG Düsseldorf, 02.04.1996 – 4 O 229/91	Entscheidungen 1996, 24	E 677
Erzwingungshaft	BGH, 18.06.2021 – I ZB 30/21	GRUR 2021, 1556	H 170, 238
Escitalopram	BGH, 10.09.2009 – Xa ZR 130/07	GRUR 2010, 123	J 13, 51, 52, 53
Escitalopram-Besitz	LG Düsseldorf, 27.01.2011 – 4b O 234/10	InstGE 13, 1	D 976, 977, 982, 999
E-Sky	OLG Düsseldorf, 07.06.2011 – I-20 U 1/11	GRUR-RR 2012, 146	G 184
Ethofumesat	BGH, 21.02.1989 – X ZR 53/87	GRUR 1990, 997	A 428, 434; D 654
Ethylengerüst	BGH, 10.08.2011 – X ZB 2/11	GRUR 2011, 1053	B 334
Etikettieraggregat	LG Mannheim, 15.02.2007 – I-2 U 71/05	InstGE 6, 194	G 112, 117

Entscheidungsstichwort	Gericht/Datum/Aktenzeichen	Fundstelle	zitiert in
Etikettiermaschine	LG Düsseldorf, 08.03.2007 – 4b O 230/04	InstGE 8, 103	B 13, 84
EURO und Schwarzgeld	BGH, 08.11.2007 – I ZR 172/05	GRUR 2008, 360	G 12; H 194
Euro-Einführungsrabatt	BGH, 23.10.2003 – I ZB 45/02	GRUR 2004, 264	G 265; H 207, 208, 209, 210, 213
Europareise	BGH, 28.05.1968 – X ZR 42/66	GRUR 1969, 35	A 381
Everytime we touch	BGH, 12.05.2016 – I ZR 48/15	GRUR 2016, 1280	C 86; D 273, 400, 401, 935; E 577, 870, 878
ex works	BGH, 27.04.2006 – I ZR 162/03	GRUR 2006, 863	E 770, 818, 821
extracoronales Geschiebe	BGH, 22.11.2005 – X ZR 79/04	GRUR 2006, 570	A 581, 586; D 558, 699, 951, 956
Exzenterzähne II	OLG Frankfurt/Main, 26.09.2018 – 6 U 49/18	GRUR-RR 2019, 70	D 37
Fachliche Empfehlung II	BGH, 16.05.1991 – I ZR 218/89	BB 1991, 1446	H 248
Fahrbare Betonpumpe	OLG Düsseldorf, 28.06.2007 – I-2 U 22/06	InstGE 8, 117	E 875, 876; H 82, 83, 84
Fahrbare Betonpumpen	OLG Düsseldorf, 07.09.2011 – I-2 W 34/11	GRUR-RR 2012, 308	B 412
Fahrdienst zur Augenklinik	BGH, 12.02.2015 – I ZR 213/13	GRUR 2015, 813	D 528
Fahrradcomputer	OLG Düsseldorf, 16.03.2015 – I-2 W 3/15	Mitt 2015, 419	B 422
Fahrradfelge	OLG Karlsruhe, 11.02.2015 – 6 U 160/13	BeckRS 2015, 06021	D 834
Fahrradgepäckträger II	BGH, 14.02.1978 – X ZR 19/76	GRUR 1978, 492	D 769
Fahrscheindrucker	BGH, 14.07.2020 – XIII ZB 135/19	NZBau 2020, 798	D 209
Fahrzeugaufnahme für Hebebühnen	OLG München, 23.10.2003 – 6 U 1715/03	InstGE 4, 161	E 186; F 48
Fahrzeugleitsystem	BGH, 16.12.2003 – X ZR 206/98	GRUR 2004, 407	A 4
Fahrzeugscheibe	BGH, 16.04.2013 – X ZR 49/12	GRUR 2013, 712	E 973
Fahrzeugwechselstromgenerator	BGH, 28.08.2012 – X ZR 99/11	GRUR 2012, 1236	E 507; F 46
Faktor VIII-Konzentrat	OLG Düsseldorf, 27.01.2011 – I-2 U 18/09	InstGE 13, 15	D 259, 1010, 1025
falscher Abgemahnter	LG Mannheim, 26.11.2013 – 2 O 315/12	Mitt 2014, 294	C 68
Falscher Abmahnungsadressat	OLG Düsseldorf, 28.06.2007 – I-2 W 6/07	InstGE 8, 183	C 9, 180
Fälschungsverdacht I	LG München I, 28.05.2003 – 21 O 4349/03	InstGE 3, 297	G 172
Fälschungsverdacht II	OLG München, 26.08.2003 – 29 U 3383/03	InstGE 3, 301	G 199

Entscheidungsstichwort	Gericht/Datum/Aktenzeichen	Fundstelle	zitiert in
Faltenbalg	OLG Düsseldorf, 28.04.2005 – I-2 U 110/03	InstGE 5, 249	D 849, 940, 945
Falzmaschine	BGH, 22.05.1990 – X ZR 124/88	GRUR 1991, 811	A 77
Farbbild	OLG Frankfurt/Main, 17.02.2015 – 11 U 56/14	GRUR-RR 2015, 495	G 265
farbige Skulpturen	OLG Frankfurt/Main, 07.04.2009 – 11 U 74/08	GRUR 2009, 995	G 265
farbige Verbindungsanlage	OLG Hamburg, 30.01.2007 – 3 W 239/06	GRUR-RR 2007, 406	G 265
Fassungsanordnung	OLG München, 26.11.2020 – 6 W 1146/20	GRUR-RR 2021, 148	G 62
Faxkarte	BGH, 02.05.2002 – I ZR 45/01	GRUR 2002, 1046! BGHZ 150, 377	B 13, 14, 68
Faxversendung ohne Beglaubigungsvermerk	KG, 17.10.2014 – 5 U 63/14	GRUR-RR 2015, 181	G 202, 260
Fehlende Klageveranlassung	OLG Frankfurt/Main, 20.03.2007 – 6 W 168/06	WRP 2007, 556	C 201, 202, 203
fehlender Vollmachtsnachweis	KG, 30.11.2020 – 5 W 1120/20	GRUR-RR 2021, 459	C 180
Fehlendes Formblatt	OLG Düsseldorf, 16.07.2019 – I-20 W 59/19	GRUR-RR 2020, 45	G 261
Fehlendes Rechtsschutzbedürfnis für weiteren Eilantrag	OLG Frankfurt/Main, 14.03.2013 – 6 U 227/12	BeckRS 2013, 09966	G 180; H 162
Feldmausbekämpfung	BGH, 27.03.2018 – X ZB 18/16	GRUR 2018, 605	B 365
Fensterflügel	OLG München, 08.08.2019 – 6 U 4020/18	GRUR-RR 2020, 237	E 71
Fensterflügel	BGH, 03.11.2020 – X ZR 85/19	GRUR 2021, 462	A 91; E 71, 87
Fentanyl-TTS	BGH, 18.11.2010 – Xa ZR 149/07	GRUR 2011, 129	A 15, 18
Fernsehmenü-Steuerung	OLG Düsseldorf, 13.01.2011 – I-2 U 56/09	InstGE 12, 261	D 263, 264, 982
Fersenabstützvorrichtung	BGH, 24.11.1981 – X ZR 36/80	GRUR 1982, 286	I 137, 156
Fertigstellung	BGH, 02.12.2008 – X ZR 159/05	GRUR-RR 2009, 120	J 68, 73, 75
Fesoterodinhydrogenfumarat	BGH, 17.12.2019 – X ZR 148/17	GRUR 2020, 388	E 981
Festsetzung der Patentanwaltsvergütung	BGH, 25.08.2015 – X ZB 5/14	GRUR 2015, 1253	B 437
Festsetzung gegen die eigene Partei	OLG Düsseldorf, 23.07.2008 – I-2 W 30/08	InstGE 10, 57	B 437
Feststellungsinteresse II	BGH, 17.05.2001 – I ZR 189/99	GRUR 2001, 1177	D 778; G 452
Feuer, Eis & Dynamit	BGH, 06.07.1995 – I ZR 58/93	GRUR 1995, 750	D 724
Fieberthermometer	LG Düsseldorf, 16.03.2010 – 4a O 238/09	InstGE 12, 234	C 189, 191

Entscheidungsstichwort	Gericht/Datum/Aktenzeichen	Fundstelle	zitiert in
Fiktive Patentanwaltskosten	OLG Köln, 29.08.2012 – 17 W 47/12	GRUR-RR 2013, 39	B 403
Filtervorrichtung	OLG Düsseldorf, 25.02.2021 – I-15 U 1/20	GRUR-RR 2021, 337	E 839, 840
Finanzkaufpreis ohne Mehrkosten	BGH, 11.11.1993 – I ZR 315/91	GRUR 1994, 311	C 44
Firmenporträt	OLG Hamburg, 03.03.2004 – 5 U 132/03	GRUR-RR 2005, 31	D 50
Fischdosendeckel	BGH, 10.12.2009 – I ZR 46/07	GRUR 2010, 253	A 4
fishtailparka	BGH, 08.05.2014 – I ZR 210/12	GRUR 2014, 797	C 95, 108
Flacon	BGH, 12.07.1990 – I ZR 236/88	GRUR 1991, 138	A 52
Flammpunktprüfungsvorrichtung	OLG Düsseldorf, 26.07.2018 – I-15 U 2/17	GRUR 2018, 1037	E 193, 209, 221; F 59
Flaschenkasten	LG Düsseldorf, 31.05.2005 – 4 b O 277/04	InstGE 5, 168	E 229
Flaschenträger	BGH, 24.07.2012 – X ZR 51/11	GRUR 2012, 1226	I 216, 222, 223, 224, 225, 226, 227
Flexitanks II	BGH, 25.02.2014 – X ZB 2/13	GRUR 2014, 605	H 254, 262, 264, 294
Flipchart-Ständer	OLG Karlsruhe, 23.09.1981 – 6 U 98/80	GRUR 1983, 67	E 708
FLT3-Gentest	LG München I, 20.11.2014 – 7 O 13161/14	GRUR-RR 2015, 93	A 448, 449, 458, 461
Fluch der Karibik	BGH, 10.05.2012 – I ZR 145/11	GRUR 2012, 1248	E 860, 863, 864
Flüchtige Ware	OLG Braunschweig, 06.12.2004 – 2 W 237/04	GRUR-RR 2005, 103	C 189
Flügelradzähler	BGH, 04.05.2004 – X ZR 48/03	GRUR 2004, 758	A 577, 585, 586, 589, 627; D 308, 333, 559; E 826, 839
Flughafen Lübeck	BGH, 09.02.2017 – I ZR 91/15	WRP 2017, 451	D 471; G 458
Flugkosten	BGH, 06.11.2014 – I ZB 38/14	GRUR 2015, 509	B 382, 385, 450
Flupirtin-Maleat	OLG Düsseldorf, 17.01.2013 – I-2 U 87/12	GRUR-RR 2013, 236	G 70, 71, 162, 172, 173, 174
Flüssiggastank	BGH, 16.03.2006 – I ZR 92/03	GRUR 2006, 879	D 525
Focus Online	BGH, 30.06.2009 – VI ZR 210/08	GRUR 2009, 1093	D 378
Folien Fischer ua	EuGH, 25.10.2012 – C-133/11	GRUR 2013, 98	D 24
Folienblasanlage	OLG Düsseldorf, 10.05.2001 – 2 U 183/99	InstGE 2, 1	D 699
Folienrollos	BGH, 19.05.2010 – I ZR 177/07	GRUR 2010, 855	G 377
Förderband	BGH, 26.05.1964 – Ia ZB 18/63	GRUR 1964, 606	D 723
Formsand II	BGH, 30.04.1964 – Ia ZR 224/63	GRUR 1964, 496	A 632; D 559
Formstein	BGH, 29.04.1986 – X ZR 28/85	GRUR 1987, 279! GRUR 1986, 803	A 181, 265; D 701

Entscheidungsstichwort	Gericht/Datum/Aktenzeichen	Fundstelle	zitiert in
Forsgren/Österreichisches Patentamt	EuGH, 15.01.2015 – C-631/13	GRUR 2015, 245	A 280
Forum Shopping	OLG Hamburg, 13.01.2022 – 7 W156/21	GRUR 2022, 675	G 213
Forum-Shopping	OLG Frankfurt/Main, 14.07.2005 – 16 U 23/05	GRUR 2005, 972	G 211, 212
forum-shopping	OLG Hamburg, 06.12.2006 – 5 U 67/06	GRUR 2007, 614! GRUR-RR 2010, 266	G 212, 213
Fotomaterial	OLG Frankfurt/Main, 22.05.2006 – 11 W 13/06	GRUR-RR 2007, 30	D 1001
Frachtführer	LG Düsseldorf, 12.07.2005 – 4a O 332/04	InstGE 5, 241	D 427, 715
Frachtführer II	LG Düsseldorf, 06.04.2006 – 4a O 1/06	InstGE 6, 132	D 979
France Télécom/Kommission	EuG, 30.01.2007 – T-340/03	Slg 2007, II-107	E 497
FRAND-Einwand	BGH, 05.05.2020 – KZR 36/17	GRUR 2020, 961	D 713; E 271, 272, 277, 411, 413, 428, 429, 434, 448, 452, 466, 525, 526, 571, 578
FRAND-Einwand II	BGH, 24.11.2020 – KZR 35/17	GRUR 2021, 585	E 271, 468, 632
Französischer Rechtsanwalt	OLG Frankfurt, 01.09.1992 – 6 W 93/92	GRUR 1993, 161	B 462
Fräsautomat	BGH, 15.01.2009 – I ZR 123/06	GRUR 2009, 878	C 136, 209
Fräsverfahren	BGH, 07.05.2013 – X ZR 69/11	GRUR 2013, 713	A 582, 625; D 261, 270, 274, 737; E 215
Freeport plc	EuGH, 11.10.2007 – C-98/06	NJW 2007, 3702	D 27
Freunde finden	BGH, 14.01.2016 – I ZR 65/14	GRUR 2016, 946	D 16; E 862, 867
Fruchtsaftbären	OLG Frankfurt/Main, 08.06.2017 – 6 U 2/17	GRUR-RS 2018, 132374	G 260
Fugenband	BGH, 27.10.2015 – X ZR 11/13	GRUR 2016, 361	A 8, 12; G 391; J 210
Fullplastverfahren	BGH, 24.09.1979 – KZR 14/78	GRUR 1980, 38	A 599; E 852
Füllstoff	BGH, 10.09.2009 – Xa ZR 18/08	GRUR 2010, 47	E 636, 641, 644, 664
Fulvestrant	OLG Düsseldorf, 09.01.2019 – 2 U 27/18	GRUR 2019, 279	A 507, 510, 513, 517, 518
Fungizide Wirkstoffzusammensetzung	BPatG, 19.09.2019 – 14 W (pat) 44/19	Mitt 2020, 64	A 311, 312
Funkmietwagen	BGH, 02.04.1965 – Ib ZR 71/63	GRUR 1965, 607	B 329
Funkstation	LG Mannheim, 10.11.2017 – 7 O 28/16	GRUR-RR 2018, 273	D 288, 291; E 441, 446, 527
Funkuhr	BGH, 26.02.2002 – X ZR 36/01	Mitt 2002, 416	D 369
Funkuhr II	BGH, 30.01.2007 – X ZR 53/04	GRUR 2007, 313	A 592; C 128

Entscheidungsregister

Entscheidungsstichwort	Gericht/Datum/Aktenzeichen	Fundstelle	zitiert in
Furniergitter	BGH, 26.02.1962 – II ZR 22/61	BB 1962, 428	D 723
Fußballwetten	OLG Köln, 31.03.2004 – 6 U 135/03	GRUR-RR 2005, 36	C 218
Fußbodenpaneele II	OLG Hamburg, 26.05.2005 – 3 U 91/04	InstGE 5, 294	B 26; H 304
Gaby	BGH, 05.11.1987 – I ZB 11/86	GRUR 1988, 307	D 942
Ganz anders	OLG Köln, 21.10.2008 – 6 Wx 2/08	Mitt 2009, 415! GRUR-RR 2009, 9	D 876, 897
Garagentor	OLG Düsseldorf, 22.07.2021 – I-2 U 58/20	GRUR-RR 2021, 429	A 153, 154, 363; D 980
Garagentorantrieb	OLG Düsseldorf, 01.07.2011 – I-2 W 22/11	InstGE 13, 240	D 59
Gasparone	BGH, 30.01.1959 – I ZR 82/57	GRUR 1959, 379	I 87
Gasser/MISAT	EuGH, 09.12.2003 – C-116/02	IPRax 2004, 243	E 133
GAT	EuGH, 13.07.2006 – C-4/03	GRUR 2007, 49	D 11
Geburtstagskarawane	BGH, 16.06.2016 – I ZR 222/14	GRUR 2016, 1291	J 146
Gefälligkeit	BGH, 19.04.2007 – I ZR 92/04	DB 2007, 2142	D 447
Gefärbte Jeans	BGH, 14.12.1995 – I ZR 210/93	GRUR 1996, 271	D 724
Gegenabmahnung	BGH, 29.04.2004 – I ZR 233/01	GRUR 2004, 790	C 132; G 9
Gegenabmahnungskosten	OLG München, 08.01.2008 – 29 W 2738/07	GRUR-RR 2008, 461	C 132
Gegenstandswert des Verfügungsverfahrens	BGH, 15.08.2013 – I ZB 68/12	GRUR 2013, 1286	G 247; J 198
Gegenstandswert im Anordnungsverfahren	OLG Köln, 09.10.2008 – 6 W 123/08	GRUR-RR 2009, 38	D 895
Gegenverfügungsantrag	OLG Frankfurt/Main, 20.10.2011 – 6 U 101/11	GRUR-RR 2012, 88	G 243
Geheimhaltungsinteresse und Besichtigungsanspruch II	OLG Düsseldorf, 08.04.1982 – 2 U 176/81	GRUR 1983, 745	B 13
Geheimnisschutzanordnung	LG Mannheim, 13.10.2021 – 2 O 73/20 ZV II	GRUR-RR 2022, 301	D 126, 214
Geheimverfahren	OLG Düsseldorf, 24.09.2008 – I-2 W 57/08	InstGE 10, 122	E 189
gekühlte Backware	LG München I, 19.05.2011 – 7 O 6033/10	Mitt 2012, 184	E 1040
Gelenkanordnung	BGH, 04.02.2010 – Xa ZR 36/08	GRUR 2010, 602	A 25, 68, 69; J 19
Gemeinkostenanteil	BGH, 02.11.2000 – I ZR 246/98	GRUR 2001, 329! BGHZ 145, 366	I 167, 175, 179, 216, 247
geneigte Nadeln	BGH, 01.03.1977 – X ZB 5/75	GRUR 1977, 594	E 701
Genentech Inc	EuGH, 07.07.2016 – C-567/14	GRUR 2016, 917	E 234
Generalvorsatz	OLG Frankfurt/Main, 14.02.2018 – 6 W 6/18	GRUR-RS 2018, 9083	C 181, 186, 188; G 248
Geogitter	LG Düsseldorf, 16.12.2008 – 4b O 280/07	InstGE 10, 193	A 411; B 10

Entscheidungsstichwort	Gericht/Datum/Aktenzeichen	Fundstelle	zitiert in
Geordnete Rechnungslegung	OLG Frankfurt/Main, 01.11.2017 – 6 W 69/17	GRUR-RS 2017, 133683	D 937, 940
Gesamtordnungsgeld	OLG Köln, 10.05.2006 – 6 W 52/06	GRUR-RR 2007, 31	H 158
Geschäftsführerhaftung	BGH, 18.06.2014 – I ZR 242/12	GRUR 2014, 883	D 369, 431
Geschäftsgeheimnis bei Hohlfasermembranspinnanlagen	BGH, 18.11.2021 – I ZB 86/20	GRUR 2022, 591	D 247
Geschäftspolitik	EuGH, 13.07.2006 – C-539/03	GRUR 2007, 47	D 29
Geschlitzte Abdeckfolie	BGH, 21.11.1989 – X ZR 29/88	GRUR 1990, 505	A 486, 591
Gestattungsanordnung	OLG Düsseldorf, 06.02.2018 – I-10 W 441/17	GRUR-RS 2018, 15336	D 894
Gestattungsanordnung I	OLG Köln, 21.07.2010 – 6 W 79/10	GRUR-RR 2011, 86	D 868
Gestattungsanordnung II	OLG Köln, 05.10.2010 – 6 W 82/10	GRUR-RR 2011, 88	D 897
Gestattungsantrag gegen ausländischen Provider	OLG München, 12.09.2011 – 29 W 1634/11	InstGE 13, 303	D 885; G 254
Getränketräger	OLG Frankfurt/Main, 31.03.2011 – 6 U 136/10	GRUR-RR 2011, 201	I 222
Gewohnt gute Qualität	BGH, 15.02.2018 – I ZR 243/16	GRUR 2018, 740	F 45
gezielte Gehörsvereitelung	KG, 11.10.2016 – 5 U 139/15	GRUR-RR 2017, 128	G 212
GfK-Bericht	OLG Düsseldorf, 04.08.2011 – I-2 U 21/11	InstGE 13, 244	G 40
Glasfasern II	BGH, 15.12.2015 – X ZR 30/14	GRUR 2016, 257	A 486, 488; D 429, 431, 748, 1062
Glasscheiben-Befestiger	OLG Düsseldorf, 09.01.2003 – 2 U 94/01	InstGE 3, 176	D 945
Glastürbeschläge	OLG Hamburg, 16.05.2019 – 3 U 197/16	GRUR-RR 2020, 210	C 215
Glatirameracetat	LG München I, 24.02.2020 – 7 O 1456/20	Mitt 2020, 510	G 107
Gleichstromsteuerschaltung	BGH, 11.04.2000 – X ZR 185/97	GRUR 2000, 788	E 398
Gleitsattelscheibenbremse	OLG Düsseldorf, 21.07.2010 – I-2 U 47/10	InstGE 12, 210	D 818, 819
Goldesel	OLG Köln, 18.07.2014 – 6 U 192/11	GRUR 2014, 1081	D 395
Goldschmuckstücke	OLG Frankfurt/Main, 06.04.2005 – 6 W 43/05	GRUR-RR 2005, 296	J 232
Google Maps	LG München I, 12.02.2015 – 7 O 9443/12	Mitt 2015, 392! GRUR-RR 2015, 512	E 918, 946
GPRS-Zwangslizenz	OLG Karlsruhe, 23.01.2012 – 6 U 136/11	GRUR-RR 2012, 124	E 353, 355, 356
GPRS-Zwangslizenz II	OLG Karlsruhe, 27.02.2012 – 6 U 136/11	GRUR 2012, 736	E 372

Entscheidungsstichwort	Gericht/Datum/Aktenzeichen	Fundstelle	zitiert in
Grasherbizid	LG Düsseldorf, 06.08.1985 – 4 O 310/84	GRUR 1987, 896	A 366
Grenzbeschlagnahmte Modellautos	OLG München, 05.12.2019 – 29 U 3149/18	GRUR-RR 2020, 158	B 315
Group Josi	EuGH, 13.07.2000 – C-412/98	NJW 2000, 3121	D 33
Grubenschaleisen	BGH, 10.06.1960 – I ZR 107/58	GRUR 1961, 26	D 723
Gubisch Maschinenfabrik/Palumbo	EuGH, 08.12.1987 – Rs 144/86	NJW 1989, 665	C 217, 218
GUID-Mehrheit	OLG Karlsruhe, 15.01.2009 – 6 W 4/09	MMR 2009, 263	D 894
Gülleausbringung	LG München I, 25.03.2010 – 7 O 17716/09	Mitt 2013, 275	I 122
Gülleausbringungsvorrichtung	LG München I, 25.03.2010 – 7 O 17716/09	NJOZ 2011, 1318	I 122
gummielastische Masse II	BGH, 22.03.2005 – X ZR 152/03	GRUR 2005, 663	E 190, 192
Gutachtenherausgabe	OLG Düsseldorf, 21.09.2021 – I-15 W6/21	GRUR 2022, 75	B 143
H 15	BGH, 30.01.2014 – I ZR 107/10	GRUR 2014, 385	F 133
Haarspange	LG Mannheim, 26.11.2013 – 2 O 315/12	GRUR-RR 2014, 370	C 43, 68; D 918
Haartrockner	OLG Düsseldorf, 29.04.2004 – I-20 U 18/04	GRUR-RR 2005, 102	G 273
Haarverstärker	OLG Köln, 13.12.2013 – 6 U 100/13	GRUR-RR 2014, 127	G 166, 167, 185
Haftung für Hyperlink	BGH, 18.06.2015 – I ZR 74/14	GRUR 2016, 209	A 416, 417, 419
Halbleiterbaugruppe	LG Mannheim, 06.06.2006 – 2 O 242/05	InstGE 7, 14	D 432, 716
Halbleiterdotierung	BGH, 18.06.2013 – X ZR 35/12	GRUR 2013, 1121	A 486
Halzband	BGH, 11.03.2009 – I ZR 114/06	GRUR 2009, 597	D 380
Handhabungsgerät	BGH, 16.09.1997 – X ZB 21/94	GRUR 1998, 130	E 852
Handover	LG Mannheim, 12.02.2010 – 7 O 84/09	InstGE 12, 70	A 434, 571
Hanssen/Prast-Knipping	EuGH, 05.10.2017 – C-341/16	GRUR 2017, 1167	D 11
Hansson/Jungpflanzen Grünewald	EuGH, 09.06.2016 – C-481/14	GRUR 2016, 1043	I 137, 156
Harnkatheterset	OLG Düsseldorf, 29.04.2010 – I-2 U 126/09	InstGE 12, 114	G 45, 52, 53, 55, 56, 58, 69, 109, 198
Haubenstretchautomat	OLG Düsseldorf, 20.06.2002 – 2 U 81/99	Mitt 2003, 252! InstGE 2, 115! GRUR-RR 2013, 1	A 618, 632; D 559, 699; E 870, 893, 894, 895

Entscheidungsstichwort	Gericht/Datum/Aktenzeichen	Fundstelle	zitiert in
Haubenstretchautomat	BGH, 09.01.2007 – X ZR 173/02	GRUR 2007, 679	A 596, 603, 606, 607, 616, 617, 627, 628, 630, 632; D 730, 731, 732, 737, 738
Heimliches romantisches Treffen	BGH, 04.12.2018 – VI ZR 128/18	GRUR 2019, 431	D 542, 543
Heißläuferdetektor	BGH, 18.12.1969 – X ZR 52/67	GRUR 1970, 358	A 380, 678
Heizkessel mit Brenner I	LG Düsseldorf, 21.09.2017 – 4 a O 18/16	Mitt 2018, 73	D 941
Heizkörperdesign	BGH, 23.09.2021 – I ZB 10/21	GRUR 2022, 189	H 171
Hejduk/EnergieAgentur	EuGH, 22.01.2015 – C-441/13	GRUR 2015, 296	D 18, 19
Heliumeinspeisung	BGH, 19.11.1991 – X ZR 9/89	GRUR 1992, 305	A 435, 486
Hemmung der Verjährung bei Verhandlung	BGH, 15.12.2016 – IX ZR 58/16	Mitt 2017, 143	B 118
Hermès	EuGH, 16.06.1998 – C-53/96	GRUR Int 1998, 697	B 12
Herr Antje	OLG Köln, 12.10.2018 – 6 U 34/18	GRUR 2019, 176	C 103
Herstellerpreisempfehlung bei Amazon	BGH, 03.03.2016 – I ZR 110/15	GRUR 2016, 961	D 388
Herzklappenprothese	BGH, 10.11.1998 – X ZR 137/94	Mitt 1999, 362	G 71
Herzklappenringprothese	OLG Düsseldorf, 07.07.2008 – I-2 U 90/06	InstGE 9, 173	H 54, 55
Himalaya Salz	BGH, 31.03.2016 – I ZR 86/13	GRUR 2016, 741	D 381
Hinweispflicht über den Umfang des abgemahnten Unterlassungsanspruchs	OLG Frankfurt/Main, 02.12.2014 – 11 U 73/14	BeckRS 2015, 01669	C 27; G 248
HIV-Immunoassay	LG Düsseldorf, 24.09.2001 – 4a O 162/01	GRUR Int 2002, 157	E 153
HIV-Medikament	OLG Düsseldorf, 20.09.2012 – I-2 U 44/12	GRUR-RR 2013, 241	D 550
Hochdruckreiniger	LG Düsseldorf, 03.12.2002 – 4 O 446/01	InstGE 3, 86	C 135, 136
Hofdamen	OLG Frankfurt/Main, 26.11.2015 – 16 U 64/15	GRUR-RR 2016, 307	A 420
Hoffmann	EuGH, 04.02.1988 – Rs 145/86	NJW 1989, 663	E 121
Höhe des Vollstreckungsschadens	OLG Düsseldorf, 02.02.2012 – I-2 U 91/11	GRUR-RR 2012, 304	H 93, 98, 106
Hohlfasermembranspinnanlage	BGH, 18.12.2008 – I ZB 118/07	GRUR 2009, 519	J 20, 21, 22
Honda-Grauimport	BGH, 18.01.2012 – I ZR 17/11	GRUR 2012, 928	E 898
Hot Sox	BGH, 19.11.2015 – I ZR 109/14	GRUR 2016, 720	D 1060; G 297; I 38
Hotel Maritime	BGH, 13.10.2004 – I ZR 163/02	GRUR 2005, 431	A 411; D 25, 47
Hotel ohne Pool	KG, 02.03.2011 – 5 W 21/11	BeckRS 2011, 05970	G 42

Entscheidungsstichwort	Gericht/Datum/Aktenzeichen	Fundstelle	zitiert in
Hotelinfo	BGH, 13.02.2003 – I ZR 281/01	GRUR 2003, 545	C 110
HSA FREI	OLG Hamburg, 16.02.2017 – 3 U 194/15	GRUR-RR 2018, 27	G 163
Huawei Technologies/ZTE	EuGH, 16.07.2015 – C-170/13	GRUR 2015, 764	D 587; E 258, 261, 291, 346, 381, 383, 395, 398, 408, 419, 428, 429, 431, 437, 447, 469, 472, 475, 481, 482, 518, 519, 521
Hubsäule	OLG Düsseldorf, 18.03.2021 – I-2 U 18/19	GRUR-RS 2021, 6714	D 985; E 95, 171
Human-Interferon-alpha	OLG Düsseldorf, 08.06.2000 – 2 U 55/99	Mitt 2000, 369	G 8, 14, 21
Hydraulikschlauchgriffteil	LG Hamburg, 27.11.2014 – 327 O 559/14	GRUR-RR 2015, 137	G 45, 51, 221
Hydropyridin	BGH, 20.09.1983 – X ZB 4/83	BGHZ 88, 209	A 562
Hydroxysubstituierte Azetidinone	OLG Düsseldorf, 15.03.2019 – I-2 U 61/18	GRUR 2020, 272	A 301, 311, 312, 313, 314; G 49, 77
Hyundai-Grauimport	BGH, 27.05.2021 – I ZR 55/20	GRUR 2021, 1191	E 819
Idarubicin II	BGH, 15.02.2000 – X ZB 13/95	GRUR 2000, 683	A 282
Identitätsdiebstahl	OLG Brandenburg, 16.11.2005 – 4 U 5/05	GRUR-RR 2006, 297	D 380, 383
IHT Internationale Heiztechnik und Danzinger	EuGH, 22.06.1994 – Rs. C-9/93	GRUR Int 1994, 614	E 762
Immer jünger	OLG Köln, 07.04.1978 – 6 U 179/77	GRUR 1978, 658	G 5
Impfstoff I	LG Düsseldorf, 27.02.1998 – 4 O 127/97	GRUR Int 1998, 804	E 122, 124
Impfstoff II	LG Düsseldorf, 25.03.1999 – 4 O 198/97	GRUR Int 1999, 775	D 22
Improving Handovers	OLG Düsseldorf, 22.03.2019 – I-2 U 31/16	GRUR-RS 2019, 6087! GRUR 2019, 725	D 26, 289, 948; E 383, 386, 387, 392, 393, 421, 422, 423, 425, 443, 525, 527, 600, 603
IMS/Health	EuGH, 29.04.2004 – C-418/01	GRUR 2004, 524	E 267, 309
indischer Weihrauch	OLG München, 30.07.2020 – 29 U 706/19	GRUR-RR 2021, 47	G 419, 425, 431
Indizielle Bedeutung von Streitwertangaben	OLG Frankfurt/Main, 03.11.2011 – 6 W 65/10	Mitt 2012, 94	J 195
Indizienkette	BGH, 27.01.1994 – I ZR 326/91	GRUR 1995, 693	B 10
Informationsaufzeichnungsmedium	OLG Karlsruhe, 08.01.2016 – 7 O 96/14	Mitt 2016, 321	E 472
Infusionsvorrichtung	OLG Düsseldorf, 08.04.2021 – 2 U 41/20	GRUR-RR 2021, 258	A 19

Entscheidungsstichwort	Gericht/Datum/Aktenzeichen	Fundstelle	zitiert in
Inhalator	OLG Düsseldorf, 13.11.2008 – I-2 U 35/08	InstGE 10, 124	C 204; G 192
Initialidee	BGH, 12.04.2011 – X ZR 72/10	GRUR 2011, 733	E 190, 705, 991
Inländischer Admin-C	BGH, 06.11.2013 – I ZB 48/13	GRUR 2014, 705	D 69
Insassenschutzsystemsteuereinheit	BGH, 26.01.2010 – X ZR 25/06	GRUR 2010, 410	J 61
Insulinpumpe	OLG Düsseldorf, 27.05.2021 – 2 U 2/21	GRUR-RR 2021, 300	E 72, 77; G 77, 170, 171, 177, 205, 207, 208
Integrationselement	BGH, 21.06.2011 – X|ZR|43/09	GRUR 2011, 1003	A 49
interframe dropping	OLG Düsseldorf, 28.01.2010 – I-2 U 131/08	NJOZ 2010, 1781	A 463
Internet-Versteigerung I	BGH, 11.03.2004 – I ZR 304/01	GRUR 2004, 860	D 380, 383, 390
Internet-Versteigerung II	BGH, 19.04.2007 – I ZR 35/04	GRUR 2007, 708	D 380, 382, 383, 396
Internet-Versteigerung III	BGH, 30.04.2008 – I ZR 73/05	GRUR 2008, 702	D 382, 387
interoptik.de	OLG Hamm, 31.08.2006 – 4 U 124/06	GRUR 2007, 173	G 203
INTERPACK	OLG Düsseldorf, 12.01.2004 – I-2 W 39/03	InstGE 4, 159	C 26, 184
Intrakardiale Pumpvorrichtung	BPatG, 15.11.2016 – 4 Ni 42/14	Mitt 2017, 174	E 1001
Ionenanalyse	BGH, 14.06.1988 – X ZR 5/87	GRUR 1988, 896	A 181
IP-Daten-Gebühr	OLG München, 27.09.2010 – 11 W 1868/10	GRUR-RR 2011, 230	D 894
IP-Daten-Speicherung	OLG Düsseldorf, 07.03.2013 – I-20 U 121/12	GRUR-RR 2013, 208	D 876
IP-Daten-Speicherung auf Zuruf	OLG Hamm, 15.03.2011 – 20 U 136/10	NJOZ 2011, 218	D 873
IP-Daten-Speicherung auf Zuruf	OLG Düsseldorf, 15.03.2011 – 20 U 136/10	BeckRS 2011, 06223	D 876
iPod	LG Düsseldorf, 14.12.2006 – 14c O 189/06	InstGE 7, 172	D 715, 979
iPod II	OLG Hamburg, 16.10.2008 – 5 W 53/08	InstGE 10, 257	D 427, 979
Irbesartan	LG Düsseldorf, 15.08.2012 – 4 a O 109/12	GRUR-RR 2012, 420	G 65
Irreführende Lieferantenangabe	BGH, 17.09.2015 – I ZR 47/14	GRUR 2016, 526	D 918
Italienischer Torpedo	LG Düsseldorf, 17.03.2009 – 4b O 218/08	GRUR-RR 2009, 402	E 120, 121, 122
JACKPOT!	KG, 30.03.2009 – 24 U 145/08	GRUR-RR 2010, 22	G 242, 325
Jackpot-Werbung II	OLG München, 27.04.2010 – 29 W 1209/10	GRUR-RR 2011, 32	H 184
Jogginghosen	BGH, 31.10.2018 – I ZR 73/17	GRUR 2019, 82	C 56, 59, 140
John Bello Story 2	OLG Köln, 05.05.2009 – 6 W 39/09	GRUR-RR 2009, 321	D 897

Entscheidungsregister

Entscheidungsstichwort	Gericht/Datum/Aktenzeichen	Fundstelle	zitiert in
Joop Freigeist	OLG Köln, 05.12.2014 – 6 U 57/14	WRP 2015, 387	D 546
Joop!	OLG Frankfurt/Main, 29.04.2010 – I ZR 3/09	GRUR-RR 2012, 473	D 10
JOOP!	BGH, 29.04.2010 – I ZR 3/09	GRUR 2010, 1107	E 176, 236
Jugendgefährdende Medien bei eBay	BGH, 12.07.2007 – I ZR 18/04	GRUR 2007, 890	D 382, 383, 519, 547
Kabeldurchführung	BGH, 04.02.1997 – X ZR 74/94	GRUR 1997, 454	A 270
Kabelendhülsen	LG Mannheim, 30.05.1980 – 7 O 2/80	GRUR 1980, 935	C 141
Kabelschloss	BGH, 03.09.2013 – X ZR 130/12	GRUR 2013, 1212	I 234
Kaffee-Filterpads	OLG Düsseldorf, 17.11.2005 – 2 U 35/04	GRUR-RR 2006, 39	A 647
Kaffeekapsel	BGH, 31.01.2019 – I ZB 114/17	GRUR 2019, 549	D 502, 504
Kaffeemaschine	OLG Düsseldorf, 17.12.2009 – I-2 W 68/09	InstGE 11, 296	B 148
Kaffeepads	LG Düsseldorf, 24.02.2006 – 4b O 338/04	InstGE 6, 289	H 191
Kalfelis	EuGH, 27.09.1988 – 189/87	Slg 1988, 5565	D 27
Kaminrohr	LG Düsseldorf, 22.03.2001 – 4 O 42/00	InstGE 1, 186	A 245
Kappaggregat	LG Düsseldorf, 18.03.2008 – 4a O 365/06	InstGE 9, 1	I 163, 165
Karate	BGH, 14.12.1999 – X ZR 61/98	GRUR 2000, 299	E 771
Kartellrechtlicher Zwangslizenzeinwand	LG Mannheim, 09.12.2011 – 7 O 122/11	Mitt 2012, 120	E 358, 377
Kartellrechtsneutrale Abschlusserklärung	OLG München, 11.07.2019 – 29 U 2134/19 Kart	Mitt 2019, 449	G 325, 339, 340
Kartografie-Kachel	OLG Frankfurt/Main, 11.12.2018 – 11 U 88/17	GRUR-RR 2019, 460	C 114
Karusselltüranlage	BGH, 20.08.2019 – X ZR 84/17	Mitt 2020, 22	A 47
Kassieranlage	OLG München, 22.12.2005 – 6 U 4351/02	InstGE 6, 57! GRUR-RR 2006, 385	D 714, 723; E 91, 105
Kauf auf Probe	BGH, 07.06.2001 – I ZR 21/99	GRUR 2001, 1036	G 17
Kein Verletzungsnachweis nach Besichtigung	OLG München, 12.01.2011 – 6 W 2399/10	InstGE 13, 190	C 197
Keine Rückrufpflicht bei Unterlassungsverfügung	OLG Düsseldorf, 30.04.2018 – I-15 W 9/18	BeckRS 2019, 3992	H 159
Keksstangen	BGH, 23.10.2014 – I ZR 133/13	GRUR 2015, 603	A 392; D 522
kennzeichnungsfrei	OLG Frankfurt/Main, 01.08.2018 – 6 W 53/18	GRUR 2018, 1085	H 139
Kettenbandförderer III	LG Düsseldorf	Entscheidungen 1998, 1	D 38

Entscheidungsstichwort	Gericht/Datum/Aktenzeichen	Fundstelle	zitiert in
Kettenradanordnung	BGH, 13.02.2007 – X ZR 74/05	GRUR 2007, 410! BGHZ 171, 120	A 65; J 8
Kettenradanordnung II	BGH, 22.12.2009 – X ZR 56/08	GRUR 2010, 314	A 134; D 566; J 9
Kfz-Ersatzteile	OLG Düsseldorf, 21.02.2018 – VI-U (Kart) 20/17	GRUR-RR 2018, 312	E 537
Kfz-Stahlbauteil	BGH, 20.10.2015 – X ZR 149/12	GRUR 2016, 265	E 701
Kinderhochstühle im Internet	BGH, 22.07.2010 – I ZR 139/08	GRUR 2011, 152	C 127; D 369, 382
Kinderhochstühle im Internet II	BGH, 16.05.2013 – I ZR 216/11	GRUR 2013, 1229	D 382, 384, 386
Kinderhochstühle im Internet III	BGH, 05.02.2015 – I ZR 240/12	GRUR 2015, 485	A 419; D 382, 384
Kindersitz	OLG München, 07.10.2021 – 6 U 6333/20	GRUR-RS 2022, 41524	E 1045
Kinderstube	BGH, 28.04.2016 – I ZR 254/14	GRUR 2016, 1301	C 59, 71; J 178
Kinderwagen	BGH, 28.09.2011 – I ZR 23/10	GRUR 2012, 512	A 378
Kinderwärmekissen	BGH, 17.07.2008 – I ZR 168/05	GRUR 2009, 181	C 97, 108, 110, 114, 115
Kinox.to	OLG München, 14.06.2018 – 29 U 732/18	GRUR 2018, 1050	D 402
Klage auf FRAND-Vertrag	OLG Karlsruhe, 23.03.2011 – 6 U 66/09	InstGE 13, 138	E 316
Klageerhebung an einem dritten Ort	BGH, 12.09.2013 – I ZB 39/13	GRUR 2014, 607	B 388
Klageerweiterung im Verletzungsprozess	LG Düsseldorf, 18.03.2008 – 4a O 170/07	InstGE 9, 108	E 91, 92
Klauselersetzung	BGH, 14.12.2017 – I ZR 184/15	GRUR 2018, 423	C 103; H 137
Kleberoller	LG Düsseldorf, 07.06.2004 – 4b O 227/04	InstGE 5, 64	G 207, 208
Klebstoffadditiv	LG München I, 23.10.2008 – 7 O 17209/07	InstGE 10, 178	D 24
Kleiderbügel	BGH, 20.12.1994 – X ZR 56/93	GRUR 1995, 338	D 316, 790, 830, 944, 954
Kleine Partysonne	OLG München, 16.05.2013 – 6 W 411/13	GRUR-RR 2013, 388	D 47
Kleinleistungsschalter	OLG Düsseldorf, 01.03.2007 – I-2 U 98/06	InstGE 7, 147	G 53
Klemmzug	LG Düsseldorf, 02.08.2001 – 4 O 249/00	InstGE 1, 276	I 167
Klimaanlagen	OLG Karlsruhe, 01.02.2021 – 6 W 55/20	GRUR-RR 2021, 294	J 198
Klimaschrank	BGH, 28.09.2011 – X ZR 68/10	GRUR 2012, 93	E 942, 964
Klinische Versuche I	BGH, 11.07.1995 – X ZR 99/92	GRUR 1996, 109	E 1082; G 452
Klinische Versuche II	BGH, 17.04.1997 – X ZR 68/94	Mitt 1997, 253	E 1082

Entscheidungsstichwort	Gericht/Datum/Aktenzeichen	Fundstelle	zitiert in
Klinkerriemchen	OLG Düsseldorf, 14.02.2007 – I-2 W 58/06	InstGE 7, 256	**B** 180
Klinkerriemchen II	OLG Düsseldorf, 19.09.2007 – I-2 W 21/07	InstGE 8, 186	**B** 180
Knoblauch-Kapseln	KG Berlin, 20.12.2001 – 2 W 211/01	GRUR Int 2002, 448	**D** 47
Knuspermüsli II	BGH, 07.04.2022 – I ZR 143/18	GRUR 2022, 930	**D** 575, 576, 594
Köbler	EuGH, 30.09.2003 – C-224/01	NJW 2003, 3539	**B** 302
Kochgefäß	BGH, 13.01.2015 – X ZR 81/13	GRUR 2015, 361	**A** 161, 171, 182, 278; **B** 334, 339; **E** 755, 756
Koksofentür	BGH, 15.11.2005 – X ZR 17/02	GRUR 2006, 316	**A** 41
Kollagenese I	BGH, 25.02.2014 – X ZB 5/13	GRUR 2014, 461	**A** 498
Kommunikationsrouter	BGH, 26.08.2014 – X ZB 19/12	GRUR 2014, 1235	**E** 508
Kommunikationssystem	BGH, 29.04.2019 – X ZB 4/17	GRUR 2019, 870	**B** 423
Kommunikationsvorrichtungen eines Mobilfunksystems	OLG Düsseldorf, 13.01.2016 – I-15 U 65/15	Mitt 2016, 85	**E** 472; **H** 49, 51
Komplexbildner	LG Düsseldorf, 24.10.2000 – 4 O 402/99	InstGE 1, 9	**D** 354
Komplexes Herstellungsverfahren	OLG Frankfurt/Main, 16.03.2011 – 6 W 36/11	InstGE 13, 254	**B** 32
Kondensator für Klimaanlage	LG Mannheim, 26.08.2005 – 7 O 506/04	InstGE 6, 9	**D** 25, 523
Kondensatorspeicherzellen	LG Düsseldorf, 27.01.1998 – 4 O 418/97	GRUR Int 1998, 803	**E** 124, 138
Kontaktfederblock	BGH, 17.02.1999 – X ZR 22/97	GRUR 1999, 914	**A** 142, 267
Kontrollbesuch	BGH, 13.11.2003 – I ZR 187/01	GRUR 2004, 420	**B** 14, 71
Kontrollnummernbeseitigung	BGH, 15.07.1999 – I ZR 204/96	GRUR 1999, 1017	**B** 324, 326
Kopfhörer-Kennzeichnung	BGH, 09.07.2015 – I ZR 224/13	GRUR 2015, 1021	**C** 56, 111
Kopienversanddienst	BGH, 25.02.1999 – I ZR 118/96	GRUR 1999, 707	**B** 12
Kopierschutz	OLG Düsseldorf, 18.02.2021 – 2 U 33/20	GRUR-RR 2021, 150	**E** 101, 106, 107
Koronarstent	LG Hamburg, 24.10.2013 – 327 O 326/13	GRUR-RR 2014, 137	**A** 404; **D** 552, 553; **G** 186, 233
Kosten bei unbegründeter Abmahnung	BGH, 01.12.1994 – I ZR 139/92	WRP 1995, 300	**C** 43
Kosten der IP-Abfrage	OLG Karlsruhe, 12.12.2011 – 6 W 69/11	GRUR-RR 2012, 230	**D** 879, 894
Kosten der Recherche	OLG Düsseldorf, 09.07.2010 – I-2 W 18/10	InstGE 12, 252	**B** 474, 476, 477
Kosten der Schutzschrift I	BGH, 13.02.2003 – I ZB 23/02	GRUR 2003, 456	**G** 361

Entscheidungsstichwort	Gericht/Datum/Aktenzeichen	Fundstelle	zitiert in
Kosten der Schutzschrift II	BGH, 23.11.2006 – I ZB 39/06	GRUR 2007, 727	G 358, 361, 363, 364
Kosten der Schutzschrift III	BGH, 13.03.2008 – I ZB 20/07	GRUR 2008, 640	G 364
Kosten der Vorbereitung einer Nichtigkeitsklage	LG München I, 27.01.2014 – 21 O 26665/11	Mitt 2014, 292	B 435
Kosten des Abgemahnten II	LG Wiesbaden, 08.11.1984 – 1 S 268/84	GRUR 1987, 658	C 132
Kosten des Patentanwalts	BGH, 03.04.2003 – I ZB 37/02	WRP 2003, 755	B 407
Kosten des Patentanwalts beim Kostenwiderspruch	OLG Düsseldorf, 21.11.2013 – I-20 W 54/12	Mitt 2014, 345	B 406
Kosten des Patentanwalts II	BGH, 24.02.2011 – I ZR 181/09	GRUR 2011, 754	C 43, 44, 48, 49
Kosten des Patentanwalts III	BGH, 21.12.2011 – I ZR 196/10	GRUR 2012, 756	B 406; C 49, 162, 173
Kosten des Patentanwalts IV	BGH, 10.05.2012 – I ZR 70/11	GRUR 2012, 759	C 49
Kosten des Patentanwalts V	BGH, 09.05.2019 – I ZB 83/18	GRUR 2019, 983	B 420
Kosten eines Abwehrschreibens	BGH, 06.12.2007 – I ZB 16/07	GRUR 2008, 639	C 41
Kosten für Abschlussschreiben	LG Düsseldorf, 23.08.2001 – 4a O 13/01	InstGE 1, 272	G 366
Kosten für Abschlussschreiben I	BGH, 04.02.2010 – I ZR 30/08	GRUR 2010, 1038	G 371
Kosten für Abschlussschreiben II	BGH, 22.01.2015 – I ZR 59/14	GRUR 2015, 822	G 366, 368, 371, 372
Kostenbegünstigung I	BGH, 24.02.1953 – I ZR 106/51	GRUR 1953, 284	J 232
Kostenbegünstigung III	BGH, 03.09.2013 – X ZR 1/13	GRUR 2013, 1288	J 232
Kostenerstattung bei Übersendung eines Abschlussschreibens	OLG München, 13.08.2020 – 29 U 1872/20	GRUR-RS 2020, 26444	G 367
Kostenfaktoren	LG Düsseldorf	Entscheidungen 1997, 122	H 278
Kostenquote bei beziffertem Ordnungsmittelantrag	BGH, 19.02.2015 – I ZB 55/13	GRUR 2015, 511	H 213, 220
Kostenwiderspruch	OLG Düsseldorf, 08.09.2004 – I-2 W 38/04	InstGE 5, 157	G 245
Kraftfahrzeugfelgen II	BGH, 26.07.2018 – I ZR 226/14	GRUR 2018, 1246	A 628
Kranarm	BGH, 17.11.2020 – X ZR 132/18	GRUR 2021, 574	A 181, 182, 277; J 152, 153
Krankentransportunternehmen II	BGH, 12.03.1991 – KZR 26/89	BGHZ 114, 218	E 540
Kreiselegge II	BGH, 03.11.1988 – X ZR 107/87	GRUR 1989, 187	E 73
Kreuzbodenventilsäcke	BGH, 29.03.1960 – I ZR 109/58	GRUR 1960, 423	A 381

Entscheidungsstichwort	Gericht/Datum/Aktenzeichen	Fundstelle	zitiert in
Kreuzgestänge	BGH, 02.06.2015 – X ZR 103/13	GRUR 2015, 972	A 12; F 131
Kronhofer	EuGH, 10.06.2004 – C-168/02	NJW 2004, 2441	D 23
Kuchenbesteck-Set	BGH, 03.02.2011 – I ZR 26/10	GRUR 2011, 820	E 761, 762, 763, 770
Kumulierte Zwangsgeldanträge	OLG München, 27.07.2007 – 6 W 1669/07	InstGE 9, 57	H 246
Kundenzeitschriften	OLG Düsseldorf, 10.12.1992 – 2 U 149/92	GRUR 1994, 81	H 192
Kündigung der Unterlassungsvereinbarung	BGH, 14.02.2019 – I ZR 6/17	GRUR 2019, 638	C 95
Kunstharzzusammensetzung	LG Frankfurt/Main, 15.06.2005 – 2-06 O 442/04	InstGE 6, 1	A 144
Kunststoffaufbereitung	BGH, 29.04.1997 – X ZR 101/93	GRUR 1998, 133	A 213; E 867
Kunststoffbügel	BGH, 16.05.2006 – X ZR 169/04	GRUR 2006, 927	A 380, 381, 382, 392, 678; D 728
Kunststoffhohlprofil I	BGH, 30.11.1976 – X ZR 81/72	GRUR 1977, 250	D 713, 723, 725; E 870
Kunststoffhohlprofil II	BGH, 24.11.1981 – X ZR 7/80	GRUR 1982, 301	D 767; E 870
Kunststoffrohrteil	BGH, 12.03.2002 – X ZR 43/01	GRUR 2002, 511	A 109, 181, 186, 246
Kunststoffsack	OLG Frankfurt/Main, 22.07.2021 – 6 U 108/10	GRUR 2021, 1504	E 710, 733
Kunststoffschläuche	OLG Düsseldorf, 29.10.1981 – 2 U 4/81	GRUR 1982, 35	D 723
Kupplung für optische Geräte	BGH, 16.09.2003 – X ZR 179/02	GRUR 2003, 1031	A 386, 396
Kupplungsvorrichtung	OLG Düsseldorf, 09.10.2014 – I-15 U 27/14	GRUR 2015, 299	E 730
Kurznachrichten	BGH, 16.09.2014 – X ZR 61/13	GRUR 2014, 1237	E 928; H 54, 76
Kürzung der Sachverständigenvergütung für Aktenlektüre	OLG Koblenz, 15.03.2012 – 14 W 150/11	Mitt 2013, 148	J 73
Laborthermostat	LG Düsseldorf, 10.07.2001 – 4a O 766/00	InstGE 1, 259	E 634
Laccio-Möbel	LG Hamburg, 20.03.2007 – 308 O 172/07	NJOZ 2009, 1456	G 188
Lacktränkeeinrichtung	BGH, 07.01.1965 – Ia ZR 151/63	GRUR 1965, 411	E 674
Lacosamid	BPatG, 12.09.2019 – 4 Ni 73/17	GRUR-RS 2019, 35748	E 980, 989, 992
Lagerführungssystem	OLG Zweibrücken, 29.04.2021 – 4 U 179/20	GRUR 2021, 995	C 197
Lagerkorn	OLG Frankfurt/Main, 13.07.2017 – 6 W 51/17	GRUR-RR 2018, 47	H 211
Lagerkosten nach Grenzbeschlagnahme	OLG Köln, 18.08.2005 – 6 U 48/05	GRUR-RR 2005, 342	B 300
Lagerräumung	OLG Frankfurt/Main, 07.11.2018 – X ZR 124/05	GRUR 2019, 216	J 198, 213

Entscheidungsstichwort	Gericht/Datum/Aktenzeichen	Fundstelle	zitiert in
Lagerregal	BGH, 09.12.2008 – X ZR 124/05	GRUR 2009, 390	A 42
Lagersystem	OLG Düsseldorf, 22.04.2010 – 2 W 1/10	InstGE 12, 113	G 443
Laminatboden-Paneele	OLG Düsseldorf, 02.08.2010 – I-2 W 39/10	InstGE 12, 255	C 131, 136
Laminatboden-Paneele II	OLG Düsseldorf, 19.05.2011 – I-2 W 13/11	InstGE 13, 238	C 187
Längsführungssystem	LG Düsseldorf, 29.11.2001 – 4 O 764/00	InstGE 2, 23	A 618
Laser-Hybrid-Schweißverfahren	OLG München, 11.08.2008 – 6 W 1380/08	GRUR-RR 2009, 191	B 118
Lasershow	OLG Karlsruhe, 14.04.2010 – 6 U 5/10	InstGE 12, 125	G 220
Lasthebemagnet I	LG Düsseldorf, 28.03.2002 – 4 O 150/01	InstGE 2, 82	A 592
Lateinlehrbuch im Internet II	OLG München, 21.09.2006 – 29 U 2119/06	InstGE 8, 34	D 382
Laternenflaschen	OLG Nürnberg, 18.10.1966 – 3 U 49/66	GRUR 1967, 538	D 723
Laufkranz	BGH, 03.05.2006 – X ZR 45/05	GRUR 2006, 837	E 839, 843
Laux-Kupplung II	BGH, 13.07.1962 – I ZR 37/61	GRUR 1962, 580	I 252
Layher	BGH, 22.09.2021 – I ZR 20/21	GRUR 2022, 82	I 133, 154
LCD-Monitor	OLG Düsseldorf, 14.10.2003 – 20 W 38/03	InstGE 3, 238	D 99; G 250
Leichtflüssigkeitsabscheider	BGH, 11.01.2005 – X ZR 20/02	GRUR 2005, 406	E 227
Leistungspakete im Preisvergleich	BGH, 07.04.2011 – I ZR 34/09	GRUR 2011, 742	C 102; H 162, 192
Leit- und Informationssystem II	OLG München, 25.10.2001 – 6 U 5508/00	InstGE 2, 61	D 14, 24; E 136; G 5
Leiterbahnstrukturen	OLG Karlsruhe, 13.10.2014 – 6 U 118/14	GRUR-RR 2015, 50	H 49
Lesevorrichtung für Reliefmarkierungen	OLG München, 15.04.2010 – 6 W 1566/09	InstGE 12, 192	B 180, 181
Lesevorrichtung für Reliefmarkierungen II	OLG München, 03.01.2011 – 6 W 2007/10	InstGE 13, 286	B 166
Levitationsmaschine	LG Düsseldorf, 03.11.1998 – 4 O 175/98	Entscheidungen 1998, 115	E 852
Lichtbogenschnürung	BGH, 16.11.2009 – X ZB 37/08	GRUR 2010, 318	B 45, 118, 137, 139, 140, 141
Lichtemittierende Vorrichtung	OLG Düsseldorf, 22.12.2016 – I-15 U 31/14	GRUR-RR 2017, 249	E 71; F 62, 63, 65
Lichtschutzfolie	BGH, 14.02.2017 – X ZR 64/15	GRUR 2017, 504	E 191, 730
Liffers/Mandarina	EuGH, 17.03.2016 – C-99/15	GRUR 2016, 485	I 99
Lifter	OLG Düsseldorf, 02.06.2005 – I-2 U 39/03	InstGE 5, 251	H 282; I 95, 181, 211, 223, 225, 227, 243

Entscheidungsstichwort	Gericht/Datum/Aktenzeichen	Fundstelle	zitiert in
linkwerk	OLG Düsseldorf, 15.09.2009 – I-20 U 164/08	GRUR-RR 2010, 87	C 38
Linsenschleifmaschine	BGH, 12.05.1992 – X ZR 109/90	GRUR 1992, 839	A 120
Lithographische Druckplatten	OLG Düsseldorf, 21.10.2008 – I-U 189/08	InstGE 10, 98	C 214
Loom-Möbel	OLG Düsseldorf, 22.03.2007 – I-2 U 128/05	InstGE 7, 258	A 376, 377, 428
Löschpistolen	OLG Hamburg, 31.01.2002 – 3 U 72/01	NJW-RR 2002, 1292	H 296
Loseblattwerk	OLG Köln, 08.04.2005 – 6 U 107/04, 6 W 33/05	GRUR-RR 2005, 247	I 87
Lottofonds	OLG Düsseldorf, 13.04.2006 – U (Kart) 23/05	GRUR 2006, 785	G 212
Loud	BGH, 30.03.2017 – I ZR 19/16	GRUR 2017, 1233	D 401
LSG/Tele2	EuGH, 19.02.2009 – C-557/07	GRUR 2009, 579	D 390
Luftabscheider für Milchsammelanlage	BGH, 07.06.2006 – X ZR 105/04	GRUR 2006, 923	A 91, 114
Luftdruck-Kontrollvorrichtung	LG Mannheim, 25.06.2004 – 7 O 412/03	InstGE 5, 179	A 592; D 25
Luftentfeuchter	BGH, 04.05.2017 – I ZR 208/15	GRUR 2017, 823	C 92, 97, 103, 104, 110, 111; H 195
Luftheizgerät	BGH, 10.10.2000 – X ZR 176/98	GRUR 2001, 228	A 582, 603, 617, 619; D 558
Luftkappensystem	BGH, 13.10.2015 – X ZR 74/14	GRUR 2016, 169	A 65, 74
Lungenfunktionsmessgerät	OLG Düsseldorf, 24.02.2011 – I-2 U 122/09	InstGE 13, 78	A 160, 578; E 767
M2Trade	BGH, 19.07.2012 – I ZR 70/10	GRUR 2012, 916	E 232
Magazinbildwerfer	BGH, 23.06.1992 – X ZR 98/90	GRUR 1992, 692	E 677
Magnetbohrständer II	BGH, 11.12.1979 – X ZR 49/74	GRUR 1980, 220	G 379, 453
Magnetowiderstandssensor	BGH, 16.12.2010 – Xa ZR 110/08	GRUR 2011, 359	E 902
Magnetspule	LG Düsseldorf, 11.04.2006 – 4b O 430/02	InstGE 6, 136	D 763, 764
Mähroboter	BGH, 12.09.2016 – X ZR 14/15	GRUR 2016, 1206	H 54
Maisgebiss-Modell	OLG Düsseldorf, 07.05.2009 – I-2 W 28/09	InstGE 11, 121	B 472
Makro	EuGH, 15.10.2009 – C-324/08	GRUR 2009, 1159	E 762, 763
Marinari	EuGH, 19.09.1995 – C-364/93	Slg 1995, I-2719	D 23
marions-kochbuch.de	BGH, 12.11.2009 – I ZR 166/07	GRUR 2010, 616	D 396
Markant	BGH, 09.03.1999 – KZR 23/97	NJW-RR 1999, 1199	D 358
Markenheftchen II	BGH, 20.06.2013 – I ZR 201/11	GRUR 2013, 1268	C 18
Markenhemden	OLG Hamburg, 17.04.2003 – 3 U 150/02	GRUR-RR 2003, 335	E 818

Entscheidungsstichwort	Gericht/Datum/Aktenzeichen	Fundstelle	zitiert in
Markenparfümverkäufe	BGH, 23.02.2006 – I ZR 272/02	BGHZ 166, 253	D 939
Markenrechtliche Abmahnung	OLG Frankfurt/Main, 29.02.2012 – 6 W 25/12	GRUR-RR 2012, 307	C 48
Marktzulassungsprivileg	OLG Düsseldorf, 05.12.2013 – I-2 U 68/12	GRUR-RR 2014, 100	A 626; E 1082, 1085, 1086
Mart-Stam-Stuhl	BGH, 23.02.2017 – I ZR 92/16	GRUR 2017, 793	A 392
Maschenfester Strumpf	BGH, 11.12.1973 – X ZR 14/70	GRUR 1974, 290	C 154, 155
Maschinensatz	BGH, 06.05.2010 – Xa ZR 70/08	GRUR 2010, 904	A 4; E 1001
Massedurchfluss	BGH, 23.04.2002 – X ZR 83/01	Mitt 2002, 378	J 64
Massenspektrometer	LG Düsseldorf, 27.10.2000 – 4 O 65/99	InstGE 1, 250	H 125
Mastschellen	OLG Frankfurt/Main, 13.09.2018 – 6 U 74/18	GRUR-RR 2019, 63	G 167
Matratzen im Härtetest	OLG Köln, 12.02.2010 – 6 U 127/09	GRUR-RR 2010, 339	C 89
Matratzenwerbung	BGH, 07.06.2018 – I ZB 57/17	GRUR 2018, 971	F 29
Mautberechnung	BGH, 19.04.2011 – X ZR 124/10	GRUR 2011, 848	E 923
Max Mutzke	LG Hamburg, 22.03.2017 – 308 O 480/16	GRUR-RS 2017, 121509	D 838
maximale Übertragungsrate	OLG Frankfurt/Main, 08.11.2018 – 6 U 77/18	GRUR-RR 2019, 240	G 181
MBST-System	OLG Frankfurt/Main, 30.01.2020 – 6 W 9/20	GRUR-RR 2020, 493	G 43
McFadden/Sony Music	EuGH, 15.09.2016 – C-484/14	GRUR 2016, 1146	D 390
mechanisches Arretiersystem	LG Mannheim, 10.12.2013 – 2 O 4/13	Mitt 2014, 563	E 1040
Mecki-Igel III	BGH, 10.07.1997 – I ZR 42/95	GRUR 1997, 896	C 131, 208
Medizinische Fußpflege	BGH, 15.11.2012 – 13 U 57/12	GRUR 2013, 1252	C 28, 42, 91
Medizinische Fußpflege	OLG Celle, 15.11.2012 – 13 U 57/12	GRUR-RR 2013, 177	C 47
Medizinisches Fachpersonal	OLG München, 08.08.2019 – 29 W 940/19	GRUR-RR 2019, 443	G 157, 222, 227, 232
Medizinisches Instrument	OLG Düsseldorf, 28.06.2007 – I-2 U 25/07	InstGE 8, 122	G 92, 153
Medizinisches Instrument	BPatG, 21.09.2009 – 5 W (pat) 432/06	Mitt 2009, 568	B 431
Mehrfachkontaktanordnung	LG Düsseldorf, 13.06.2001 – 4 O 204/00	InstGE 1, 33	E 759, 760
Mehrfachverstoß bei Lieferung	LG Düsseldorf, 17.10.2005 – 4b O 269/02 (ZV II) B.	InstGE 6, 34	H 157
Mehrfachverstoß gegen Unterlassungstitel	BGH, 18.12.2008 – I ZB 32/06	GRUR 2009, 427	C 23, 113; H 157, 158
Mehrgangnabe	BGH, 12.02.2008 – X ZR 153/05	GRUR 2008, 779	A 34, 134, 135; J 8
Mehrlagendichtung	LG Düsseldorf, 02.08.2001 – 4 O 177/00	InstGE 1, 296	E 642

Entscheidungsstichwort	Gericht/Datum/Aktenzeichen	Fundstelle	zitiert in
mehrmalige Terminsverlegungsanträge	OLG Hamm, 20.04.2021 – 4 U 14/21	GRUR 2021, 1106	G 200
Mehrpoliger Steckverbinder	OLG Düsseldorf, 05.02.1998 – 2 U 145/96	Mitt 1998, 179	A 12
Meißner Dekor	BGH, 18.10.2001 – I ZR 22/99	Mitt 2002, 251	D 378
Meistbegünstigung	OLG Zweibrücken, 30.04.2009 – 4 W 23/09	GRUR-RR 2009, 399	D 895
Meistbegünstigungsvereinbarung	BGH, 06.02.2007 – X ZR 117/04	WRP 2007, 550	D 920
Melanie	BGH, 14.02.2006 – X ZR 93/04	GRUR 2006, 575	D 716
Melkautomat	OLG Düsseldorf, 15.12.2005 – I-2 U 53/05	InstGE 6, 47	E 91, 96, 101, 105; F 59
Merck & Dohme	EuGH, 12.02.2015 – C-539/13	GRUR Int 2015, 359	E 799, 800, 801, 803
Merck/Primecrown	EuGH, 09.07.1997 – Rs. C-316/95	GRUR Int 1997, 911	E 771
Mescher weis	BGH, 02.07.2009 – I ZR 146/07	GRUR 2009, 1096	G 373, 375, 377, 390
Messeangebot ins Ausland I	LG München I, 23.06.2004 – 21 O 6421/01	InstGE 5, 13	A 399
Messeangebot ins Ausland II	OLG München, 16.09.2004 – 6 W 2048/04	InstGE 5, 15	A 399; H 218
Messmaschine	OLG Karlsruhe, 12.02.2010 – 6 W 79/09	InstGE 12, 299	A 394, 399
Messsensoren II	OLG Düsseldorf, 19.12.2019 – 2 U 41/19	GRUR-RR 2020, 414	G 400, 437, 438, 439
Metacolor	BGH, 07.02.1975 – I ZR 103/73	GRUR 1975, 315	C 213
Metallspritzverfahren	BGH, 08.11.1960 – I ZR 67/59	GRUR 1961, 627	A 632; D 559
Metazachlor	OLG Düsseldorf, 22.01.2009 – I-2 W 102/08	InstGE 10, 301	D 1004
MICRO COTTON	BGH, 03.11.2016 – I ZR 101/15	GRUR 2017, 520	D 467
Mietwagen-Testfahrt	BGH, 29.09.1988 – I ZR 57/87	GRUR 1989, 113	B 326, 327, 329
mikromechanisches Uhrwerkbauteil	BGH, 29.09.2016 – X ZR 58/14	Mitt 2017, 267	A 174
Millionen-Chance II	BGH, 05.10.2010 – I ZR 4/06	GRUR 2011, 532	C 47
Miss 17	OLG Hamburg, 14.12.2005 – 5 U 200/04	GRUR-RR 2006, 182	D 429
Missbräuchliche Vertragsstrafe	BGH, 31.05.2012 – I ZR 45/11	GRUR 2012, 949	C 47, 69
Mitnehmerorgan	LG Mannheim, 16.01.2004 – 7 O 403/03	InstGE 4, 107	E 870
Mitwirkender Patentanwalt	BGH, 12.08.2004 – I ZB 6/04	GRUR 2004, 1062	B 404
Mitwirkender Rechtsanwalt II	BPatG, 26.10.2010 – 4 ZA (pat) 50/10	Mitt 2011, 100	B 430
Mitwirkender Rechtsanwalt III	BPatG, 07.05.2012 – 4 ZA (pat) 13/12	Mitt 2012, 424	B 429
Mitwirkender Vertreter II	BPatG, 19.02.2014 – 4 ZA (pat) 22/13	Mitt 2017, 92	B 430

Entscheidungsstichwort	Gericht/Datum/Aktenzeichen	Fundstelle	zitiert in
Mitwirkung bei Herausgabevollstreckung	OLG Düsseldorf, 20.01.2010 – I-2 W 69/09	InstGE 11, 299	D 1006
Mitwirkung eines Dritten	OLG Köln, 10.02.2005 – 6 W 123/04	GRUR-RR 2006, 31	H 292
Mitwirkung eines Patentanwalts im Ordnungsmittelverfahren	OLG München, 17.06.2005 – 6 W 1198/05	Mitt 2006, 187	B 406
Mitwirkungsgebühr für Patentanwalt	OLG Frankfurt/Main, 21.01.2005 – 6 W 219/04	InstGE 5, 159	B 400
Mobiles Kommunikationssystem	OLG Düsseldorf, 30.03.2017 – I-15 U 66/15	GRUR 2017, 1219	B 322, 323; D 712, 716, 719; E 275, 280, 282, 411, 412, 413, 414, 416, 427, 428, 429, 439, 441, 448, 452, 455, 457, 459, 468, 472, 475, 490, 525, 808
Mobilfunk-Chipsets	LG Mannheim, 23.10.2007 – 2 O 72/07	NJOZ 2007, 5795	G 23
Mobilfunkgerät	KG, 20.02.2015 – 5 U 150/14	GRUR-RS 2015, 11082	G 167, 170, 184, 185
Mobilstation	OLG Karlsruhe, 09.12.2020 – 6 U 103/19	GRUR-RR 2021, 203	D 430, 544
Mobiltelefone	OLG Karlsruhe, 23.04.2015 – 6 U 44/15	GRUR-RR 2015, 326	E 349, 359
Modenschau im Salvatorkeller	BGH, 18.09.1997 – I ZR 71/95	GRUR 1998, 471	C 97
Modulgerüst II	BGH, 18.03.2010 – I ZR 158/07	GRUR 2010, 536	D 506, 508
Moduretik	EuGH, 14.07.1981 – Rs. 187/80	GRUR Int 1982, 47	E 771
Mogul-Anlage	BGH, 25.05.1993 – X ZR 19/92	GRUR 1993, 897	H 282; I 95, 97, 141, 173
Momentanpol I	BGH, 13.05.2003 – X ZR 226/00	GRUR 2003, 867	B 366; E 1000, 1063
Momentanpol II	BGH, 08.07.2008 – X ZB 13/06	GRUR 2008, 887	A 12
Montagegrube	OLG Düsseldorf, 15.07.2021 – 15 U 42/20	GRUR-RR 2021, 421	A 386; D 334, 1008
Montagehilfe für Dachflächenfenster	OLG Düsseldorf, 03.03.2008 – I-2 W 4/08	InstGE 9, 53	H 155
Montex Holdings/Diesel	EuGH, 09.11.2006 – C-281/05	GRUR Int 2007, 241! GRUR 2007, 146	A 430; E 815
Moonlight	OLG Rostock, 05.09.2008 – 2 W 22/08	GRUR-RR 2009, 39	J 198
Motorblock	BGH, 16.02.1951 – I ZR 73/50	GRUR 1951, 314	C 213
Motorradreiniger	BGH, 18.12.2008 – I ZR 63/06	GRUR 2009, 515	B 20, 224; D 662, 768, 770, 788, 935, 1010

Entscheidungsstichwort	Gericht/Datum/Aktenzeichen	Fundstelle	zitiert in
Motorradteile	BGH, 15.01.2015 – I ZR 148/13	GRUR 2015, 780	E 860, 862, 870, 880
MP 3-Standard	OLG Karlsruhe, 26.05.2010 – 6 U 100/08	InstGE 12, 220	D 979; E 346, 962
MP2-Geräte	OLG Karlsruhe, 08.05.2013 – 6 U 34/12	GRUR 2014, 59	A 381, 581, 592, 597, 603; D 737; E 852
MP3-Player-Import	BGH, 17.09.2009 – Xa ZR 2/08	GRUR 2009, 1142! BGHZ 182, 245	A 410, 429, 455, 459; B 24, 322; D 336, 369, 370, 377, 378, 388, 426, 979, 987; E 176, 177
MPEG-2	OLG Düsseldorf, 16.04.2008 – I-2 W 14/08	InstGE 9, 122	C 27, 131
MPEG-2-Videosignalcodierung	BGH, 21.08.2012 – X ZR 33/10	GRUR 2012, 1230	A 458, 586, 587; D 25, 51, 549, 790; E 816
MS-Therapie	OLG Düsseldorf, 26.09.2019 – I-2 U 28/19	GRUR-RS 2019, 33227	G 101, 106
MS-Therapie II	OLG Düsseldorf, 29.01.2021 – 2 W 26/20	GRUR-RR 2021, 400	G 58, 74, 101, 315, 320, 323, 328, 329, 330, 332, 333
Mülltonne	BGH, 12.06.1951 – I ZR 75/50	GRUR 1951, 452	A 362; C 156
Multifeed	OLG Düsseldorf, 19.06.2008 – I-2 U 95/07	InstGE 9, 123	C 138
Multifeed II	OLG Karlsruhe, 13.06.2007 – 6 W 39/07	InstGE 11, 61	D 744; H 261, 292
Multiplexsystem	BGH, 23.09.2008 – X ZR 135/04	GRUR 2009, 42	D 478, 479
Münzpfandschloss	LG Düsseldorf, 12.08.2008 – 4b O 17/08	InstGE 10, 6	E 234
Münzschloss II	OLG Düsseldorf, 21.09.2005 – I-2 W 8/05	InstGE 6, 43	H 189
My Lai	BGH, 20.07.2018 – V ZR 130/17	GRUR 2018, 1280	B 14
myboshi	BGH, 25.03.2021 – I ZR 37/20	GRUR 2021, 971	E 764
Nabenschaltung II	BGH, 18.03.2010 – Xa ZR 74/09	GRUR 2010, 708	B 334, 339, 346, 351
Nabenschaltung III	BGH, 22.05.2012 – X ZR 129/09	GRUR 2012, 1010	E 644, 664
Nachlizenzierung	BGH, 18.06.2020 – I ZR 93/19	GRUR 2020, 990	I 110, 111, 112, 113
nachträgliche Abmahnung	OLG Frankfurt/Main, 22.03.2012 – 6 U 41/12	Mitt 2012, 574	C 58
Nachweis der Sicherheitsleistung	BGH, 10.04.2008 – I ZB 14/07	GRUR 2008, 1029	H 34, 149; I 26
NACT-Studie	OLG Köln, 11.03.2014 – 6 W 217/13	GRUR 2014, 1032	H 211
Namensklau im Internet	BGH, 10.04.2008 – I ZR 227/05	GRUR 2008, 1097	D 380, 385
Nebenintervention	BGH, 05.12.2012 – I ZB 7/12	GRUR 2013, 535	G 479

Entscheidungsstichwort	Gericht/Datum/Aktenzeichen	Fundstelle	zitiert in
Nero	BGH, 10.07.2014 – I ZR 249/12	GRUR 2015, 196	H 146; I 30, 31, 41, 42
Nespressokapseln	OLG Düsseldorf, 21.02.2013 – I-2 U 72/12	GRUR-RR 2013, 185	E 839, 844
Neues Herstellungsverfahren	LG Düsseldorf, 19.12.1996 – 4 O 408/95	Entscheidungen 1997, 20	G 9
Neugeborenentransporte	BGH, 10.10.1989 – KZR 22/88	GRUR 1990, 474	D 724
Neurodermitis-Behandlungs-Gerät	BPatG, 22.05.2006 – 21 W (pat) 42/04	Mitt 2007, 18	A 91
neutropenisches Fieber	OLG Hamburg, 21.03.2019 – 3 U 105/18	GRUR-RS 2019, 9190	G 157, 162
Nicht anrechenbare Geschäftsgebühr	BGH, 20.10.2005 – I ZB 21/05	GRUR 2006, 439	C 41
Nicht zu ersetzender Nachteil	BGH, 08.07.2014 – X ZR 61/13	GRUR 2014, 1028	H 76
Nichtigkeitsstreitwert	BGH, 12.04.2011 – X ZR 28/09	GRUR 2011, 757	J 207
Nichtigkeitsstreitwert II	BGH, 27.08.2013 – X ZR 83/10	GRUR 2013, 1287	J 210
Nichtigkeitsstreitwert III	BGH, 11.05.2021 – X ZR 23/21	GRUR 2021, 1105	J 207
Nichtigkeitsstreitwert IV	BGH, 14.12.2021 – X ZR 26/20	GRUR 2022, 432	J 202, 208, 209
Nicola	BGH, 25.02.1992 – X ZR 41/90	GRUR 1992, 612! BGHZ 117, 264	B 326, 327, 329; D 709, 942
Nightcrawler	OLG Köln, 19.10.2015 – 6 W 111/15	GRUR-RS 2015, 19422	D 870
NMR-Kontrastmittel	LG Düsseldorf, 08.07.1999 – 4 O 187/99	GRUR 2000, 692	G 218
Noblesse	BGH, 06.10.2005 – I ZR 322/02	GRUR 2006, 419	D 927; H 275
Notablaufvorrichtung	BGH, 02.11.2011 – X ZR 23/09	Mitt 2012, 119	A 566
Notarielle Unterlassungserklärung	BGH, 10.04.2015 – 6 U 149/14	GRUR 2016, 1316	C 125, 126; H 160
notarielle Urkunde	OLG Köln, 26.03.2014 – I-6 W 43/14	GRUR-RR 2014, 277	H 160
Notwendige Konnexität	BGH, 23.10.2001 – XI ZR 83/01	Mitt 2002, 559	D 2
Novartis	EuGH, 09.02.2012 – C-442/11	BeckRS 2012, 80847	A 108
NovaText/Universität Heidelberg	EuGH, 28.04.2022 – C-531/20	GRUR 2022, 853	B 380, 401
Nullauskunft	OLG Düsseldorf, 08.09.2011 – I-2 W 26/11	GRUR-RR 2012, 406	D 446; H 233
Nutzung von Kartografien	OLG Schleswig, 09.07.2009 – 6 W 12/09	GRUR-RR 2010, 126	J 157
Oberflächenbeschichtung	BGH, 12.04.2022 – X ZR 73/20	GRUR 2022, 1294	E 649
Oberflächenvorbehandlung	LG Düsseldorf, 01.03.2011 – 4b O 260/09	InstGE 13, 97	D 739, 741, 745

Entscheidungsstichwort	Gericht/Datum/Aktenzeichen	Fundstelle	zitiert in
Objektive Schadensberechnung	BGH, 02.02.1995 – I ZR 16/93	GRUR 1995, 349	I 247
Ocean Bottle	OLG Stuttgart, 25.10.2018 – 2 U 48/18	GRUR-RR 2019, 274	G 255
Offenend-Spinnmaschine	BGH, 11.04.1989 – X ZR 26/87	GRUR 1989, 411! BGHZ 107, 161	A 323; D 703, 935
Öffentliche Zustellung	BGH, 31.10.2018 – I ZR 20/18	GRUR 2019, 322	D 99, 103, 106
Ohne Funktionseinschränkung kostenlos	OLG Frankfurt/Main, 24.05.2016 – 6 U 171/14	GRUR-RS 2016, 15323	E 59, 877; J 204
Ohrclips	BGH, 04.12.2008 – I ZR 3/06	MDR 2009, 993	D 382
Ohrstecker	OLG Düsseldorf, 28.10.1996 – 2 W 55/96	WRP 1997, 471	C 189
Okkluder	OLG Düsseldorf, 22.12.2008 – I-2 U 65/07	InstGE 10, 248	E 101, 102, 103; F 59, 66
Okklusionsvorrichtung	BGH, 10.05.2011 – X ZR 16/09	GRUR 2011, 701	A 113, 222
ÖKO-TEST III	BGH, 06.12.2021 – I ZR 201/20	GRUR 2022, 229	D 829, 920; I 99, 108, 110, 167, 168
Olanzapin	OLG Düsseldorf, 29.05.2008 – I-2 W 47/07	InstGE 9, 140	E 946; G 52, 56, 109
Olanzapin II	OLG Düsseldorf, 22.08.2008 – I-2 W 35/08	InstGE 10, 60	G 157, 213
Olympiasiegerin	BGH, 03.07.2003 – I ZR 297/00	GRUR 2003, 899	C 97
Online-Sehtest	LG Düsseldorf, 28.07.2020 – 4 a O 53/19	GRUR 2020, 1078	A 442
optischer Datenträger	LG Leipzig, 27.05.2008 – 5 O 757/06	InstGE 9, 167	D 24; E 320, 324, 549
Oracle	BGH, 01.10.2009 – I ZR 94/07	GRUR 2010, 343	D 468
Orange-Book-Lizenz	LG Mannheim, 05.03.2010 – 7 O 142/09	InstGE 12, 160	I 118, 121, 122, 163
Orange-Book-Standard	OLG Karlsruhe, 13.12.2006 – 6 U 174/02	GRUR-RR 2007, 177	E 257, 320, 349
Orange-Book-Standard	BGH, 06.05.2009 – KZR 39/06	GRUR 2009, 694	E 258, 261, 268, 320, 324, 347, 351, 352, 353, 366, 369, 372, 373, 375
Ordnungsmittelandrohung	BGH, 22.01.2009 – I ZB 115/07	GRUR 2009, 890	G 299; H 146
Ordnungsmittelandrohung durch Schuldner	BGH, 07.06.2018 – I ZB 117/17	GRUR 2018, 973	C 125; H 125
Ordnungsmittelandrohung nach Prozessvergleich	BGH, 03.04.2014 – I ZB 3/12	GRUR 2014, 909	H 131
Ordnungsmittelbeschluss	BGH, 25.03.2010 – I ZB 116/08	GRUR 2010, 662	H 225
Original der Bürgschaftsurkunde	LG Düsseldorf, 22.06.2009 – 4b O 292/07	InstGE 11, 154	H 24
Original-Ersatzteil	OLG Frankfurt/Main, 16.03.2021 – 6 W 102/19	GRUR-RR 2021, 404	C 193

Entscheidungsstichwort	Gericht/Datum/Aktenzeichen	Fundstelle	zitiert in
Östrogenblocker	OLG Düsseldorf, 05.05.2017 – I-2 W 6/17	GRUR 2017, 1107	A 498, 500, 507, 509; G 188, 209, 210
Oszillationsantrieb	BGH, 24.08.2021 – X ZR 59/19	GRUR 2021, 1382	D 467
OTK/SFP	EuGH, 25.01.2017 – C-367/15	GRUR 2017, 264	I 155
Palettenbehälter	LG München I, 12.11.2021 – 21 O 10885/16	GRUR-RS 2021, 40241	D 831, 941
Palettenbehälter II	BGH, 17.07.2012 – X ZR 97/11	GRUR 2012, 1118	E 833, 834, 837, 845, 846
Palettenbehälter III	BGH, 17.07.2012 – X ZR 113/11	GRUR 2012, 1122	A 182, 278
PALPlus	BGH, 08.09.2015 – X ZR 113/13	GRUR 2016, 166	E 994
»Parallelverwendung« inhaltsgleicher AGBs	BGH, 10.02.2011 – I ZB 63/09	GRUR 2011, 557	G 468, 469, 474, 475, 476
Parfumflakon III	BGH, 27.11.2014 – I ZR 1/11	GRUR 2015, 689	D 16
Parfummarken	BGH, 09.11.2017 – I ZR 164/16	GRUR 2018, 84	D 3, 18, 25; F 1
Parfümtester	OLG Hamburg, 21.04.2004 – 5 U 174/04	GRUR-RR 2004, 355	E 810
Parfümtester	BGH, 15.02.2007 – I ZR 63/04	GRUR 2007, 882	E 810
Parfümtestkäufe	BGH, 23.02.2006 – I ZR 27/03	GRUR 2006, 504	D 789, 849, 984, 987, 993; H 292
Patentanwaltsgebührenerstattung bei Sozietät mit Rechtsanwalt	OLG Düsseldorf, 20.08.2001 – 20 W 46/01	InstGE 2, 298	B 407
Patentanwaltshonorarklage	KG, 13.07.2012 – 5 W 248/11	GRUR-RR 2012, 410	B 400; D 56
Patentanwaltskosten	OLG Düsseldorf, 13.07.2022 – I-15 W 15/22	GRUR-RR 2022, 356	B 401
Patentanwaltskosten bei Rechtsmittelrücknahme	OLG Stuttgart, 23.09.2003 – 8 W 162/03	GRUR-RR 2004, 279	B 422
Patentanwaltskosten für Abschlussschreiben	OLG Düsseldorf, 30.10.2007 – I-20 U 52/07	InstGE 9, 35	C 49; G 369, 370, 371
Patentanwaltskosten im Geschmacksmusterstreit	OLG Frankfurt/Main, 31.01.2013 – 6 W 127/12	GRUR-RR 2013, 184	B 468
Patentanwaltskosten im Zwangsgeldverfahren	OLG Köln, 15.08.2012 – 17 W 135/12	GRUR-RR 2012, 492	B 406
Patentanwaltskosten in der Zwangsvollstreckung	OLG Stuttgart, 21.03.2005 – 8 W 106/05	GRUR-RR 2005, 334	B 406
patentierte UV-Lichthärtungsgeräte	LG Düsseldorf, 19.10.2007 – 4a O 113/07	GRUR-RR 2008, 110	H 180
Patentinhaberwechsel im Einspruchsverfahren	BGH, 17.04.2007 – X ZB 41/03	Mitt 2007, 408	C 194
Patentstreitsache	BGH, 22.02.2011 – X ZB 4/09	GRUR 2011, 662	D 59
Patentstreitsache II	BGH, 20.03.2013 – X ZB 15/12	GRUR 2013, 756	D 56
Patentvindikation	OLG Frankfurt/Main, 15.02.2018 – 6 U 247/16	GRUR-RS 2018, 9085	E 733

Entscheidungsstichwort	Gericht/Datum/Aktenzeichen	Fundstelle	zitiert in
PCB-Pool	OLG Stuttgart, 09.08.2007 – 2 U 23/07	GRUR-RR 2007, 399	C 49
Peak Holding/Axolin-Elinor	EuGH, 30.11.2004 – C-16/03	GRUR Int 2005, 314	E 818, 822
PEE WEE	BGH, 06.05.2004 – I ZR 197/03	GRUR 2004, 712	F 81
Pelikan	BGH, 19.04.2012 – I ZR 86/10	GRUR 2012, 1145	D 429, 458; E 158
Pemetrexed	BGH, 14.06.2016 – X ZR 29/15	GRUR 2016, 921	A 74, 112, 223, 226, 230, 231, 232, 237, 261, 498, 507, 546; G 189
Pemetrexed II	BGH, 07.07.2020 – X ZR 150/18	GRUR 2020, 1178	G 477, 478
Penetrometer	BGH, 09.06.2020 – X ZR 142/18	GRUR 2020, 986! GRUR 20220, 986	D 780; E 193, 210, 212, 221, 224; F 4, 59, 60
Permanentmagnet	OLG Düsseldorf, 16.02.2006 – I-2 U 32/04	InstGE 6, 152	D 377, 717, 768
Peter Fechter	BGH, 06.02.2014 – I ZR 86/12	GRUR 2014, 363	D 519, 521, 532; E 894, 895, 898, 900
PET-Spritzwerkzeug II	OLG Frankfurt/Main, 28.11.2006 – 11 U 57/03	InstGE 7, 162	H 284
Pfändung einer Domain	OLG Frankfurt/Main, 06.01.2000 – 6 W 149/99	NJW 2000, 1961	G 185
Pfefferspray	OLG Frankfurt/Main, 03.05.2018 – 6 U 89/17	WRP 2018, 1110	C 85
Pfizer/Orifarm	EuGH, 21.06.2018 – C-681/16	GRUR 2018, 904	E 782, 793, 795, 798
Pflanzen-Transportwagen	OLG Hamburg, 18.02.1988 – 3 U 159/87	GRUR Int 1988, 781	E 1098
Pharma-Vertriebsbereiche	OLG Frankfurt/Main, 10.08.2017 – 6 U 63/17	GRUR-RR 2018, 251	G 166, 185
Pharmon	EuGH, 09.07.1985 – Rs. 19/84	GRUR Int 1985, 822	E 762
Philips und Nokia	EuGH, 01.12.2011 – C-446/09	GRUR 2012, 828	B 274
Phoenix Contact/Harting	EuGH, 28.04.2022 – C-44/21	GRUR 2022, 811	G 81
Piadina-Rückruf	BGH, 30.07.2015 – I ZR 250/12	GRUR 2016, 406	I 33, 34, 38, 64, 65, 66, 67
Pipettensystem	BGH, 27.02.2007 – X ZR 38/06	GRUR 2007, 769	A 586, 587, 589; E 826, 838, 839, 844
Pizza Flitzer	OLG Hamburg, 19.07.2007 – 3 U 241/06	GRUR-RR 2008, 370	C 49
PKH-Versagung	OLG München, 01.09.2010 – 5 W 1810/10	MDR 2010, 1342	J 246
Pkw-Laufleistung	OLG Oldenburg, 12.08.2009 – 1 W 37/09	GRUR-RR 2010, 252	C 114
Planungsmappe	BGH, 22.09.1999 – I ZR 48/97	GRUR 2000, 226	I 100
PLOMBIR	BGH, 06.07.2017 – I ZB 59/16	GRUR 2018, 111	J 224
POC	OLG Köln, 14.07.2017 – 6 U 199/16	GRUR-RR 2018, 317	D 60

Entscheidungsstichwort	Gericht/Datum/Aktenzeichen	Fundstelle	zitiert in
Polo/Lauren/Dwidua	EuGH, 06.04.2000 – C-383/98	GRUR Int 2000, 748	B 248
Polsterumarbeitungsmaschine	OLG Karlsruhe, 10.03.2021 – 6 U 9/16	GRUR 2022, 641	D 369, 370, 448, 450, 571, 751, 756, 757, 760, 764, 766, 995, 1017
Polyferon	BGH, 05.12.1995 – X ZR 26/92	GRUR 1996, 190	D 524, 549
Polymerschaum	BGH, 17.07.2012 – X ZR 117/11	GRUR 2012, 1124	A 15
Polyurethanhartschaum	LG Düsseldorf, 24.04.2006 – 4b O 349/99	InstGE 6, 293	H 199
Porzellanfiguren	OLG Köln, 02.09.2013 – 6 W 114/13	GRUR-RR 2014, 319	G 253
Poststreik	OLG Köln, 13.10.2017 – I-6 U 83/17	GRUR-RR 2018, 268	G 256, 290, 305
Postversandkosten	BGH, 29.03.2018 – I ZR 11/18	GRUR 2018, 655	H 75, 77; J 192
postwendende Vertragsstrafenforderung	OLG München, 17.06.2021 – 29 U 22/20	GRUR-RR 2022, 283	C 98
Potticelli	OLG Köln, 24.08.2012 – 6 U 72/12	BeckRS 2012, 19761	G 211
Präklusion neuen Sachvortrags bei Antrag auf Erhöhung der Sicherheitsleistung	OLG Karlsruhe, 13.09.2017 – 6 U 34/17	Mitt 2018, 294	H 91
Pralinenform II	BGH, 22.04.2010 – I ZR 17/05	GRUR 2010, 1103	A 392; D 522
Pre Sales Rabatt	OLG Frankfurt/Main, 15.11.2018 – 6 U 103/18	GRUR-RR 2019, 287	G 283, 285
Preisbindung für Franchisegeber II	BGH, 20.05.2003 – KZR 27/02	GRUR 2003, 1062	D 364
Prepaid-Telefonkarte	OLG Düsseldorf, 10.12.2009 – I-2 U 51/08	InstGE 11, 203	A 436, 437, 439, 455
Prepaid-Verfahren	OLG Düsseldorf, 01.07.2009 – I-2 U 51/08	InstGE 11, 164	H 47
Pressefotos	BGH, 06.10.2005 – I ZR 266/02	GRUR 2006, 136	I 126
Presseur	OLG München, 19.03.2010 – 6 W 832/10	InstGE 12, 186	C 196
Primäre Verschlüsselungslogik	OLG Düsseldorf, 19.02.2015 – I-15 U 39/14	GRUR-RR 2016, 97	A 148, 149, 578
Process Forwarding International	LG Hamburg, 07.02.2013 – 327 O 426/12	GRUR-RR 2013, 230	G 260
Product-by-process-Merkmale im Besichtigungsverfahren	OLG Karlsruhe, 16.10.2012 – 6 W 72/12	BeckRS 2013, 19312	B 43, 68, 116
Produkte zur Wundversorgung	BGH, 11.10.2017 – I ZB 96/16	GRUR 2018, 292	D 1009, 1020, 1043, 1060; H 135, 138
Produktionsrückstandsentsorgung	BGH, 10.11.2009 – X ZR 11/06	GRUR 2010, 272	F 101
Produkt-Scanner	OLG Düsseldorf, 07.01.2010 – I-2 W 1/10	InstGE 11, 267	C 214

Entscheidungsstichwort	Gericht/Datum/Aktenzeichen	Fundstelle	zitiert in
Projektunterlagen	BGH, 21.09.2017 – I ZB 8/17	GRUR 2018, 222	B 80, 83
Proteinderivat	LG Düsseldorf, 22.03.2001 – 4 O 65/00	InstGE 1, 146	D 29
Proteintrennung	BGH, 18.03.2014 – X ZR 77/12	GRUR 2014, 758	A 115
Provisionsweitergabe	BGH, 19.12.1984 – I ZR 79/83	GRUR 1985, 447	B 329
Proxyserversystem	BGH, 18.03.2010 – Xa ZR 54/06	GRUR 2010, 709	E 954
Prozessbürgschaft	LG Düsseldorf, 05.08.2003 – 4 O 107/02	InstGE 3, 227	H 25
Prozesskostenhilfe für Insolvenzverwalter	BGH, 15.02.2007 – I ZB 73/06	MDR 2007, 851	J 241
Prozesskostensicherheit	BGH, 21.06.2016 – X ZR 41/15	GRUR 2016, 1204	E 18, 19, 24
Prozesskostensicherheit I	LG Düsseldorf, 14.02.2002 – 4 O 858/00	InstGE 1, 157	E 31
Prozesskostensicherheit II	LG Düsseldorf, 24.02.2004 – 4a O 12/03	InstGE 3, 147	E 44
Prozesskostensicherheit III	LG Düsseldorf, 14.05.2003 – 12 O 405/02	InstGE 3, 215	E 31
Prozesskostensicherheit IV	LG Düsseldorf, 30.04.2004 – 12 O 52/04	InstGE 4, 287	E 17, 31
Prozesskostensicherheit V	LG Düsseldorf, 21.04.2005 – 4b O 435/04	InstGE 5, 234	E 17
Prozesskostensicherheitsbürgschaft	LG Düsseldorf, 08.02.2011 – 4b O 195/10	InstGE 13, 116	E 64; H 25, 34
Prozessrechner	BGH, 18.02.1977 – I ZR 112/75	GRUR 1977, 539	I 102
Prozessvergleich mit Vertragsstraferegelung	OLG Frankfurt/Main, 08.07.2013 – 6 W 64/13	GRUR-RR 2013, 494	H 126, 131
Prozessvergleich ohne Vertragsstraferegelung	OLG Hamburg, 10.06.2013 – 7 W 49/13	GRUR-RR 2013, 495	H 127
Prüfungpflicht des Admin-C	OLG Düsseldorf, 03.02.2009 – 20 U 1/08	GRUR-RR 2009, 337	D 424
Pumpeinrichtung	OLG Düsseldorf, 08.08.2011 – I-2 W 27/11	InstGE 13, 252	B 489
Pumpeneinrichtung	BGH, 17.04.2007 – X ZR 1/05	GRUR 2007, 959	A 181, 186
P-Vermerk	BGH, 28.11.2002 – I ZR 168/00	GRUR 2003, 228	D 1004
Pyrex	BGH, 11.12.2003 – I ZR 68/01	WRP 2004, 350	C 196
Qualitätssprung	OLG Frankfurt/Main, 17.01.2013 – 6 U 88/12	GRUR-RR 2014, 82	G 167
Quarantäne-Buchung II	OLG Frankfurt/Main, 30.07.2018 – 6 W 74/16	GRUR 2018, 976	H 138
Quersubventionierung von Laborgemeinschaften II	BGH, 17.09.2009 – I ZR 103/07	GRUR 2010, 365	J 41, 62
Radschützer	BGH, 15.03.2005 – X ZR 80/04	GRUR 2005, 665	A 386, 394, 396, 397
Raffvorhang	BGH, 25.01.2011 – X ZR 69/08	GRUR 2011, 411	E 68, 73

Entscheidungsstichwort	Gericht/Datum/Aktenzeichen	Fundstelle	zitiert in
Rahmengestell	LG Düsseldorf, 22.07.2003 – 4a O 104/03	InstGE 3, 221	C 184
Rammverpresspfahl	LG Düsseldorf, 13.10.1998 – 4 O 348/94	Entscheidungen 1999, 32	I 258
Rangierkatze	BGH, 13.12.2005 – X ZR 14/02	GRUR 2006, 399	A 147, 274, 276
Rasierklingeneinheiten	OLG Düsseldorf, 30.04.2018 – I-15 W 9/18	GRUR 2018, 855	D 1059; H 135
Raumkühlgerät	OLG Düsseldorf, 30.01.2003 – 2 U 71/99	GRUR-RR 2003, 327	B 72
Räumschild	BGH, 18.05.1999 – X ZR 156/97	GRUR 1999, 977	A 577; D 379
Reaktanzschleife	LG Düsseldorf, 25.11.2011 – 4 O 11/96	Entscheidungen 1999, 83	I 139
Rechenrad	OLG Düsseldorf, 31.01.1958 – 2 U 80/57	GRUR 1959, 538	E 71
Recherche-Kosten	OLG Frankfurt/Main, 06.07.1994 – 6 W 65/94	GRUR 1996, 967	B 476, 477
Rechnungslegung über Gestehungskosten	OLG Düsseldorf, 03.05.2011 – I-2 W 10/11	InstGE 13, 226	H 280, 302
Rechtsanwalt an einem dritten Ort	BGH, 21.12.2011 – I ZB 47/09	MDR 2012, 191	B 387
Rechtsanwaltsabmahnung in Routinesache	OLG Düsseldorf, 20.02.2001 – 20 U 194/00	Mitt 2001, 305	C 58
Rechtsbestand im Verfügungsverfahren	LG München I, 19.01.2021 – 21 O 16782/20	GRUR 2021, 466	G 57
Rechtshängigkeit in der Schweiz	OLG Frankfurt/Main, 28.02.2005 – 6 W 154/04	Mitt 2006, 286	C 218
Rechtskraft des Zwangsmittelbeschlusses	BGH, 13.07.2017 – I ZR 64/16	GRUR 2018, 219	H 240, 243, 244
Rechtsprechungszitat	KG, 24.02.2004 – 5 U 273/03	GRUR-RR 2004, 258	C 14
Rechtsschutzbedürfnis für weiteren Unterlassungstitel	OLG Frankfurt/Main, 26.04.2012 – 6 U 2/11	GRUR-RR 2012, 404	H 183
Recycling Aktiv	LG Düsseldorf, 28.09.2016 – 2a O 269/15	GRUR-RR 2017, 167	G 364
Regal-Ordnungssysteme	OLG München, 08.12.1989 – 6 W 3050/89	GRUR 1990, 352	E 953
Regenbecken	BGH, 05.05.1998 – X ZR 57/96	GRUR 1998, 895	A 119
Reifenabdichtmittel	BGH, 12.07.2011 – X ZR 75/08	GRUR 2011, 1109	A 29
Reinigungsmittel für Kunststoffverarbeitungsmaschinen	LG Düsseldorf, 16.01.1996 – 4 O 5/95	Entscheidungen 1996, 1	D 28
Reisekostenfestsetzung	OLG Düsseldorf, 03.09.2009 – I-2 W 52/09	InstGE 11, 177	B 399
Renault	EuGH, 05.10.1988 – 53/87	Slg 1988, 6039	E 312
Repeater	OLG Düsseldorf, 16.04.2020 – I-2 U 15/19	GRUR-RR 2020, 289	A 152

Entscheidungsstichwort	Gericht/Datum/Aktenzeichen	Fundstelle	zitiert in
RESCUE-Produkte	BGH, 27.04.2017 – I ZB 34/15	GRUR-RR 2017, 416	B 182
Resellervertrag	BGH, 26.03.2009 – I ZR 44/06	GRUR 2009, 660	C 67, 116; I 110, 123, 132, 166, 248, 261
Resin	BGH, 29.10.1957 – I ZR 192/56	GRUR 1958, 179	A 619
Resistograph	BGH, 09.11.2017 – I ZR 134/16	GRUR 2018, 417	A 412
Rest-Entschädigungsanspruch	OLG München, 27.07.2006 – 6 U 4349/04	Mitt 2009, 559	D 706
Restitutionsklage	LG Düsseldorf, 24.06.1986 – 4 O 16/86	GRUR 1987, 628	G 403
Restschadstoffentfernung	BGH, 01.08.2006 – X ZR 114/03	GRUR 2006, 962	A 134, 135; B 63, 204; J 8
Restwertbörse	BGH, 29.04.2010 – I ZR 68/08	GRUR 2010, 623	D 920, 939, 942
Restwertbörse II	BGH, 20.06.2013 – I ZR 55/12	GRUR 2013, 1235	D 565
Réunion Européenne	EuGH, 27.10.1998 – C-51/97	Slg 1998, I-06511	D 30
Rezeptortyrosinkinase II	BGH, 27.09.2016 – X ZR 124/15	GRUR 2017, 261	A 440, 460, 461
Ribavirin	LG Düsseldorf, 24.02.2004 – 4a O 12/03	InstGE 4, 97	A 591
Richterausschluss	BGH, 12.11.2002 – X ZR 176/01	GRUR 2003, 550	A 205; E 901
Rigg	BGH, 10.12.1981 – X ZR 70/80	GRUR 1982, 165	A 585
Riptide	BGH, 22.03.2018 – I ZR 265/16	GRUR 2018, 914	C 43; D 422
Rohrleitungsprüfung	OLG Karlsruhe, 13.04.2018 – 6 U 161/16	GRUR 2018, 1030	E 710
Rohrleitungsverdichter	OLG München, 01.09.2005 – 6 W 2984/04	InstGE 6, 55	H 155
Rohrmuffe	BGH, 18.12.2012 – X ZR 7/12	GRUR 2013, 316	B 68, 204
Rohrreinigungsdüse II	BGH, 21.02.2012 – X ZR 111/09	GRUR 2012, 485	E 155
Rohrschweißverfahren	OLG Düsseldorf, 24.06.2004 – I-2 U 18/03	InstGE 4, 252	A 597, 635
Rohrschweißverfahren	BGH, 27.02.2007 – X ZR 113/04	GRUR 2007, 773	A 571, 589, 597, 598, 599; D 730, 731, 732, 738, 1062; E 852
Rohrverzweigung	LG Düsseldorf, 07.11.2000 – 4 O 438/99	InstGE 1, 154	D 38
Rolex	EuGH, 06.02.2014 – C-98/13	Mitt 2014, 200	B 262
Rolex-Internetversteigerung	OLG Köln, 18.03.2005 – 6 U 12/01	GRUR-RR 2006, 50	D 380
Rollenantriebseinheit I	BGH, 17.10.2000 – X ZR 223/98	GRUR 2001, 226	E 701
Roller	OLG Düsseldorf, 08.04.2021 – I-2 U 46/20	GRUR-RS 2021, 9045	A 187, 188, 200; B 465; E 1040

Entscheidungsstichwort	Gericht/Datum/Aktenzeichen	Fundstelle	zitiert in
Rollstuhlfahrrad	LG Düsseldorf, 21.12.1993 – 4 O 235/92	GRUR 1994, 509	A 270
Rotationsbürstenwerkzeug	BGH, 24.03.1994 – X ZR 108/91	GRUR 1994, 602	H 236
Rotationssymmetrische Behälter	BPatG, 01.02.1980 – 5 W (pat) 440/78	GRUR 1980, 852	G 403
Roter mit Genever	BGH, 28.11.1991 – I ZR 297/89	GRUR 1992, 203	B 312
Rotordüse	LG Düsseldorf, 22.07.2005 – 4b O 327/04	InstGE 6, 30	H 188
Rotorelemente	BGH, 12.05.2015 – X ZR 43/13	GRUR 2015, 875	A 8, 12, 44
Royalty Pharma	EuGH, 30.04.2020 – C-650/17	Mitt 2020, 349	A 308
RSS-Feeds	BGH, 27.03.2012 – VI ZR 144/11	GRUR 2012, 751	D 396
RTE/Magill	EuGH, 06.04.1995 – C-241/91 P und C-242/91 P	Slg 1995, I-808	E 267
Rücknahme der Lizenzbereitschaftserklärung II	BPatG, 28.03.2017 – 7 W (pat) 22/15	Mitt 2017, 268	E 758
Rücknahme des Ordnungsmittelantrages	OLG Düsseldorf, 31.03.2008 – I-2 W 29/07	InstGE 9, 56	H 165, 210
Rückruf von RESCUE-Produkten	BGH, 29.09.2016 – I ZB 34/15	GRUR 2017, 208	H 151, 180, 189
Rückrufvollstreckung I	OLG Düsseldorf, 20.09.2021 – I-2 W18/21	GRUR 2022, 79	D 1045, 1047, 1049
Rückrufvollstreckung II	OLG Düsseldorf, 24.09.2021 – I-2 W 19/21	GRUR 2022, 81	D 1045
Rückzahlung der Lizenzgebühr	BGH, 05.05.2011 – IX ZR 176/10	GRUR 2011, 758	D 51; I 19, 73
Rundfunkübertragungssystem	BGH, 24.03.1987 – X ZR 20/86	GRUR 1987, 626	A 7
Sachverständigenablehnung I	BGH, 04.12.2001 – X ZR 199/00	GRUR 2002, 369	J 97
Sachverständigenablehnung II	BGH, 23.10.2007 – X ZR 100/05	GRUR 2008, 191	J 87, 95, 98, 113, 116
Sachverständigenablehnung III	BGH, 23.09.2008 – X ZR 135/04	GRUR 2009, 92	J 132, 133
Sachverständigenablehnung IV	BGH, 27.09.2011 – X ZR 142/08	GRUR 2012, 92	J 98
Sachverständigenablehnung V	BGH, 03.04.2012 – X ZR 67/09	GRUR 2012, 855	J 101, 132
Sachverständigenablehnung VI	BGH, 23.10.2012 – X ZR 137/09	GRUR 2013, 100	J 94
Sachverständigenentschädigung III	BGH, 16.12.2003 – X ZR 206/98	GRUR 2004, 446	J 73
Sachverständigenentschädigung IV	BGH, 07.11.2006 – X ZR 138/04	GRUR 2007, 175	J 64, 73, 74
Sachverständigenentschädigung VI	BGH, 28.05.2013 – X ZR 137/09	GRUR 2013, 863	J 73, 75
Salami und Oliven	OLG Frankfurt/Main, 12.04.2021 – 6 W 24/21	GRUR-RR 2021, 477	H 233, 257

Entscheidungsstichwort	Gericht/Datum/Aktenzeichen	Fundstelle	zitiert in
Sammelförderer	BGH, 27.10.1998 – X ZR 56/96	NJW-RR 1999, 546	A 143
Sammelhefter II	BGH, 16.10.2007 – X ZR 226/02	GRUR 2008, 60	E 902
Sauggreifer	LG Mannheim, 29.10.2010 – 7 O 214/10	InstGE 13, 11! GRUR-RR 2011, 83	A 392; D 522; G 45
Schadensberechnung	OLG Karlsruhe, 05.08.2013 – 6 U 114/12	GRUR-RR 2014, 55	I 104, 116, 136, 139, 143, 150, 156
Schädlingsbekämpfungsmittel	BGH, 24.02.1970 – X ZR 49/66	GRUR 1970, 361	A 434
Schallplattenimport	BGH, 06.05.1981 – I ZR 92/78	GRUR 1982, 100	E 822
Schaltungsanordnung III	BGH, 20.12.2018 – X ZR 56/17	GRUR 2019, 389	E 1056
Scharniere auf Hannover Messe	OLG Braunschweig, 21.12.2011 – 2 U 61/11	GRUR-RR 2012, 97	G 55
Schaumstoffherstellung	OLG Düsseldorf, 07.02.2008 – I-20 W 152/07	InstGE 9, 41	B 110, 111
Schaumstoffsysteme	OLG Stuttgart, 15.12.2020 – X ZR 180/18	WRP 2021, 242	D 205
Scheibenbremse	BGH, 23.01.2013 – I-2 W 33/12	GRUR 2021, 701	A 4; E 925
Scheibenbremse	OLG Düsseldorf, 23.01.2013 – I-2 W 33/12	GRUR-RR 2013, 273	H 235, 294
Scheibenbremse II	OLG Düsseldorf, 23.01.2020 – I-2 U 13/19	GRUR-RS 2020, 2640	C 45, 56; E 840
Scheinwerferbelüftungssystem	BGH, 27.11.2018 – X ZR 16/17	GRUR 2019, 491	A 88
Schiebewagen	OLG Düsseldorf, 08.08.2013 – I-2 U 22/12	BeckRS 2013, 16787	F 131
Schienentransportsystem	OLG Düsseldorf, 13.01.2022 – I-2 U 26/21	GRUR-RR 2022, 213	D 9
Schießbolzen	BGH, 07.11.1978 – X ZR 58/77	GRUR 1979, 149	A 362
Schlachtroboter	OLG Düsseldorf, 27.11.2008 – I-2 W 98/08	InstGE 10, 138	A 398
Schlampige Abmahnung	LG Freiburg, 30.11.2015 – 12 O 46/15 KfH	GRUR-RR 2016, 360	C 43
Schließfolgeregler	OLG Düsseldorf, 02.07.1998 – 2 U 35/97	GRUR 1999, 702	A 203
Schlumpfserie	BGH, 06.07.1979 – I ZR 55/79	GRUR 1979, 807	H 67
Schlüsselchip	OLG Brandenburg, 16.02.2022 – 7 U 214/20	GRUR-RR 2022, 269	C 96
Schmiergeldzahlung	BGH, 08.05.1985 – IVa ZR 138/83	BGHZ 94, 268	B 186
Schmiermittel	BGH, 14.02.2008 – I ZR 135/05	GRUR 2008, 933	D 784; I 251, 254
Schmuckanhänger	OLG Zweibrücken, 08.11.1996 – 2 U 53/95	GRUR 1997, 131	H 300, 310
Schneckenköder	OLG Dresden, 31.05.2016 – 14 U 247/15	GRUR-RR 2016, 313	G 13

Entscheidungsstichwort	Gericht/Datum/Aktenzeichen	Fundstelle	zitiert in
Schneckenköder	BGH, 02.10.2019 – X ZR 62/16	GRUR 2019, 110	D 33; G 13, 27
Schneidbrennerstromdüse	BGH, 11.04.2006 – X ZR 139/03	GRUR 2006, 747	E 730
Schneidmesser I	BGH, 12.03.2002 – X ZR 168/00	GRUR 2002, 515	A 246
Schneidmesser II	BGH, 12.03.2002 – X ZR 135/01	GRUR 2002, 519! GRUR 2002, 523! Mitt 2002, 216	A 6, 246, 252, 257
Schnellspannvorrichtung	OLG Düsseldorf, 13.08.2020 – I-2 U 25/19	GRUR-RR 2020, 417	D 454; F 3, 4
Schnellverschlusskappe	BGH, 13.10.2009 – X ZR 79/06	GRUR 2010, 861	D 502, 504
Schnellwechseldorn	BGH, 02.03.2021 – X ZR 17/19	GRUR 2021, 945	A 23
Schräg-Raffstore	OLG Düsseldorf, 08.09.2011 – I-2 U 77/09	InstGE 13, 199	C 69; I 180, 194, 210, 214, 241, 242, 249
Schreibgeräte	BGH, 24.03.2011 – I ZR 211/08	MDR 2011, 1437	E 124
Schubladenverfügung	OLG München, 09.03.2006 – 29 U 4994/05	GRUR-RR 2006, 176	C 58
Schubladenverfügung	BGH, 07.10.2009 – I ZR 216/07	GRUR 2010, 257	C 58
Schuldnachfolge	BGH, 26.04.2007 – I ZR 34/05	GRUR 2007, 995	D 525, 549
Schuldner des Auskunftsanspruchs	OLG München, 14.07.2008 – 6 W 1241/08	InstGE 10, 254	H 16
Schussfadengreifer	LG Düsseldorf, 25.08.1998 – 4 O 165/97	GRUR Int 1999, 455	D 19
Schussfädentransport	BGH, 12.12.2006 – X ZR 131/02	GRUR 2007, 309	A 71
Schutzrechtsverwarnung bei Internetangeboten	OLG München, 05.03.2020 – 29 U 3693/17	GRUR-RR 2020, 263	C 128
Schutzrechtsverwechslung	LG München I, 18.08.1994 – 7 O 537/94	Mitt 1995, 53	C 149
Schutzschrift	OLG Hamburg, 23.10.2013 – 4 W 100/13	GRUR-RR 2014, 96	G 358
Schutzschriftkosten	OLG Rostock, 21.10.2010 – 5 W 117/10	GRUR-RR 2011, 230	G 358
Schutzverkleidung	BGH, 14.05.2019 – X ZR 95/18	GRUR 2019, 1171	A 362; E 645, 655, 656, 658, 659, 660, 662
Schutzverkleidung für funktechnische Anlagen	OLG Düsseldorf, 14.03.2018 – I-15 U 49/16	GRUR 2018, 814	D 677; E 642, 643, 645, 647, 654, 671, 676
Schweinefußboden	OLG Düsseldorf, 19.07.2018 – 15 U 43/15	Mitt 2019, 74	D 1034
Schweißbrennerreinigung	BGH, 01.02.2005 – X ZR 214/02	GRUR 2005, 567	E 664, 700, 708
Schwerlastregal	LG Düsseldorf, 12.05.2005 – 4b O 156/04	InstGE 5, 161	I 243

Entscheidungsstichwort	Gericht/Datum/Aktenzeichen	Fundstelle	zitiert in
Schwerlastregal II	OLG Düsseldorf, 15.02.2007 – I-2 U 71/05	InstGE 7, 194	D 754, 763; H 282; I 96, 172, 173, 192, 199, 201, 211, 225, 243
Schwungrad	LG Düsseldorf, 31.05.2001 – 4 O 128/00	InstGE 1, 261	D 10
Screenshot	OLG Jena, 28.11.2018 – 2 U 524/17	GRUR-RR 2019, 238	A 414
Seeing is Believing	BGH, 22.04.2009 – I ZR 5/07	GRUR 2009, 1052	E 396
Seitenaufprall-Schutzeinrichtung	LG Mannheim, 08.03.2013 – 7 O 139/12	GRUR-RR 2013, 449	D 370
Seitenspiegel	BGH, 11.10.2005 – X ZR 76/04	GRUR 2006, 131	A 134, 276; D 929; F 48, 95; J 8
Sektionaltor	BGH, 15.09.2009 – X ZR 115/05	GRUR 2010, 322	E 1030, 1032
Sektionaltor II	BGH, 16.05.2017 – X ZR 85/14	GRUR 2017, 890	D 705, 940; E 192, 193, 195, 196, 205, 207, 210
Sektionaltorantrieb	OLG Düsseldorf, 07.08.2014 – I-2 U 91/13	GRUR 2014, 1190	D 471, 940; E 192, 195, 201, 205, 208
Sekundenschnell	BGH, 17.07.1997 – I ZR 40/95	GRUR 1997, 931	C 99
selbst (eigenhändig) durchgeführte Recherche	BPatG, 20.05.2018 – 3 ZA (pat) 2/15	Mitt 2015, 417	B 477
Selbstständiger Erstattungsanspruch	BGH, 27.01.2022 – I ZR 7/21	GRUR 2022, 658	C 54, 57; D 948; H 206
Selbstwiderlegung im Beschwerdeverfahren	KG, 20.09.2016 – 5 W 147/16	GRUR-RS 2016, 20973	G 214
Sendeprotokoll	OLG Schleswig, 25.04.2007 – 6 W 10/07	GRUR-RR 2008, 138	C 36
Sequestrationsanspruch	OLG Frankfurt/Main, 09.11.2005 – 6 W 138/05	InstGE 6, 51	C 192
Sequestrationskosten	BGH, 20.07.2006 – I ZB 105/05	NJW 2006, 3010	D 1007
Servicemodul	OLG Düsseldorf, 18.01.2021 – 2 W 24/20	GRUR-RR 2021, 97	B 172, 173, 174, 177, 178
Servospur	OLG Karlsruhe, 13.12.2006 – 6 U 174/02	InstGE 8, 14	E 257, 320, 349
shell.de	BGH, 22.11.2001 – I ZR 138/99	GRUR 2002, 622	D 724
Sicherheitsabschlag	OLG Düsseldorf, 23.07.2012 – I-2 W 20/12	GRUR-RR 2012, 493	B 490, 491
Sicherheitsschaltgerät	OLG Düsseldorf, 11.02.2010 – I-2 U 116/07	InstGE 9, 117	H 46, 67, 68, 69, 70, 71
Sicherung der Drittauskunft	BGH, 21.09.2017 – I ZR 58/16	GRUR 2017, 1236	D 876
Sicherungsvollstreckung	OLG Düsseldorf, 21.07.2008 – I-2 W 28/08	InstGE 9, 175	H 10
Sickerschacht	LG Düsseldorf, 18.12.2008 – 4b O 269/08	InstGE 11, 97	G 265
siebenmedia	OLG Hamburg, 30.01.2020 – 5 U 6/08	GRUR-RR 2020, 364	C 157

Entscheidungsstichwort	Gericht/Datum/Aktenzeichen	Fundstelle	zitiert in
Signalsynthese	OLG Düsseldorf, 14.07.2021 – I-2 U 13/21	GRUR 2021, 1498	E 328, 461
Signalsynthese II	OLG Düsseldorf, 12.05.2022 – I-2 U 13/21	GRUR 2022, 1136	E 328, 463, 464, 465, 565
Signalübertragungsvorrichtung	LG Düsseldorf, 16.03.1993 – 4 O 137/92	GRUR 1993, 812	E 161
Signalumsetzung	BGH, 17.09.2020 – X ZR 147/18	GRUR 2021, 45	B 432
Silver Linings Playbook	BGH, 12.05.2016 – I ZR 86/15	GRUR 2016, 1289	D 400, 401
Simplify your Production	OLG Hamburg, 10.04.2008 – 3 U 78/07	GRUR-RR 2008, 366	G 162
Simvastatin	OLG Düsseldorf, 02.10.2003 – 2 U 61/03	InstGE 3, 179	A 381; D 659
Simvastatin	BGH, 05.12.2006 – X ZR 76/05	GRUR 2007, 221	A 381, 678; D 728
Sitzheizung	OLG Düsseldorf, 03.08.2009 – I-2 U 154/08	InstGE 11, 175	J 202
Sitzplatznummerierungseinrichtung	BGH, 02.12.2014 – X ZB 1/13	GRUR 2015, 199	A 279
Skistiefel	BGH, 27.05.1982 – I ZR 35/80	GRUR 1982, 681	E 169
SMD-Widerstand	OLG Karlsruhe, 14.01.2009 – 6 U 54/06	InstGE 11, 15	A 413, 463, 471; D 522, 849, 940
SMS-Nachricht	LG Düsseldorf, 24.02.2011 – 4b O 194/09	InstGE 13, 120	G 10
Solvay	EuGH, 12.07.2012 – C-616/10	GRUR 2012, 1169	D 12, 29
Sommer unseres Lebens	BGH, 12.05.2010 – I ZR 121/08	GRUR 2010, 633	D 399
Sondernewsletter	BGH, 10.12.2009 – I ZR 149/07	GRUR 2010, 744	C 59, 69
Sonnenkollektor	OLG Düsseldorf, 02.03.2009 – I-2 W 10/09	InstGE 12, 247	C 131
Sorbitol	BGH, 28.11.2012 – X ZB 6/11	GRUR 2013, 318	E 508
Sorgfältige Auskunft	LG Düsseldorf, 24.07.2008 – 4a O 183/07	GRUR-RR 2009, 195	H 308
Sortimentsumstellung	OLG Braunschweig, 13.08.2004 – 2 W 101/04	Mitt 2005, 181	C 33
Spannschraube	BGH, 02.03.1999 – X ZR 85/96	GRUR 1999, 909	A 64; B 7
Spannungsversorgungsvorrichtung	BGH, 26.03.2019 – X ZR 109/16	GRUR 2019, 496	D 767, 936; E 870, 871
Spannvorrichtung	BGH, 20.06.2000 – X ZR 88/00	GRUR 2000, 862	H 44
Sparkassen-Rot/Santander-Rot	BGH, 23.09.2015 – I ZR 78/14	GRUR 2015, 1201	E 910
Speicherung auf Zuruf	OLG Frankfurt/Main, 17.11.2009 – 11 W 54/09	GRUR-RR 2010, 91	D 876
Spiegel-CD-ROM	BGH, 05.07.2001 – I ZR 311/98	GRUR 2002, 248	E 257
Spielautomat II	BGH, 08.03.1973 – X ZR 6/70	GRUR 1973, 518	D 723
Spielsteuerung	OLG Karlsruhe, 11.01.2013 – 6 W 82/12	GRUR-RR 2013, 182	C 178, 190, 192

Entscheidungsstichwort	Gericht/Datum/Aktenzeichen	Fundstelle	zitiert in
Spinnturbine II	BGH, 11.11.1980 – X ZR 58/79	GRUR 1981, 186	E 701
Sportreisen	OLG Frankfurt/Main, 09.01.2014 – 6 U 106/13	GRUR 2014, 296	D 666, 694
Sportschuhsohle	LG Düsseldorf, 05.02.2002 – 4a O 33/01	InstGE 3, 54	D 47; E 942
Sportwagenfoto	BGH, 13.09.2018 – I ZR 187/17	GRUR 2019, 292	I 112
Sportwettenerlaubnis	BGH, 28.09.2011 – X ZR 68/10	MDR 2011, 1441	E 1003
Sportzubehör	OLG Hamburg, 22.12.2017 – 3 W 38/17	GRUR-RR 2018, 173	G 275
Sprachsignalcodierer	LG München I, 19.08.2021 – 7 O 15350/19	GRUR-RR 2021, 513	E 459
Spritzgießmaschine	BGH, 22.06.1976 – X ZR 44/74	GRUR 1976, 715	C 155
Spulkopf	BGH, 13.11.1997 – X ZR 6/96	GRUR 1998, 684	E 871
Spulkopf II	OLG Düsseldorf, 04.03.2004 – I-2 U 123/97	InstGE 4, 165	I 131, 153, 156, 157
Spundfass	OLG Düsseldorf, 28.06.2002 – VI-U (Kart) 18/01	InstGE 2, 168	E 257, 265
SRS-Zuordnung	BGH, 11.01.2022 – X ZR 4/20	GRUR 2022, 982	A 91, 147
Staat der Niederlanden/Warner-Lambert Company	EuGH, 14.02.2019 – C-423/17	GRUR 2019, 428	A 531, 532, 536
Stabilisierung der Wasserqualität	BGH, 03.02.2015 – X ZR 76/13	GRUR 2015, 472	D 107
Stahlblech	BPatG, 02.09.2021 – 11 W (pat) 32/19	GRUR-RS 2021, 42369	D 63
Standardabschlussschreiben	OLG Hamburg, 06.02.2014 – 3 U 119/13	GRUR-RR 2014, 229	G 366
Standard-Spundfass	BGH, 13.07.2004 – KZR 40/02	GRUR 2004, 966	E 257, 258, 265, 267, 314, 315, 316, 317, 378; G 378
Stanzwerkzeug	OLG Karlsruhe, 02.12.2013 – 6 W 69/13	GRUR 2014, 352	E 1018, 1040
Stapelbarer Transportwagen	OLG Düsseldorf, 01.04.1993 – 2 U 96/92	GRUR 1994, 105	E 1098
Stapeltrockner	BGH, 22.11.2005 – X ZR 81/01	GRUR 2006, 314	F 95; J 8
»statt«-Preis	BGH, 04.05.2005 – X ZR 127/02	GRUR 2005, 692	G 377
Staubsaugerfilter	OLG Düsseldorf, 02.12.1999 – 2 U 71/98	GRUR 2000, 599	A 68, 88, 277
Staubsaugerrohr	BGH, 12.10.2004 – X ZR 176/02	Mitt 2005, 281	A 246, 261
Steckverbindergehäuse	BGH, 21.09.2006 – I ZR 6/04	GRUR 2007, 431! MDR 2007, 732	I 181, 182, 192, 193, 194, 195, 196, 197, 199, 204, 205, 207, 209, 212, 213, 216, 226, 243, 244

Entscheidungsstichwort	Gericht/Datum/Aktenzeichen	Fundstelle	zitiert in
Steckverbindung	BGH, 16.10.2012 – X ZB 10/11	GRUR 2012, 1242	A 42
Steinknacker	OLG Düsseldorf, 07.12.1995 – 2 U 214/94	Mitt 1997, 257	E 960
Sterilcontainer	OLG Düsseldorf, 27.03.2014 – I-15 U 19/14	BeckRS 2014, 16067	A 382, 392, 399
Sterilisationsverfahren	LG Düsseldorf, 01.08.2006 – 4a O 283/05	InstGE 7, 1	D 524, 549
Steroidbeladene Körner	LG Düsseldorf, 04.03.2003 – 4 O 456/01	InstGE 3, 91	A 474; E 188, 310
Steroidbeladene Körner	BGH, 16.12.2010 – Xa ZR 66/10	GRUR 2011, 364	I 26, 28, 81
steroidbeladene Körner II	LG Düsseldorf, 30.10.2008 – 4b O 227/07	InstGE 10, 108	I 26, 28, 81
Steuereinrichtung II	BGH, 30.05.1995 – X ZR 54/93	GRUR 1995, 578	I 109
Steuerkanalsignalisierung II	OLG Karlsruhe, 02.02.2022 – 6 U 149/20	GRUR 2022, 1145	E 461, 476, 485, 610
Steuervorrichtung	BGH, 18.05.2010 – X ZR 79/07	GRUR 2010, 817	E 213
Stickstoffmonoxyd-Nachweis	LG Mannheim, 23.04.2010 – 7 O 145/09	InstGE 12, 200	D 504, 570, 1008, 1010, 1051
Stiftparfüm	BGH, 17.08.2011 – I ZR 57/09	BGHZ 191, 19! GRUR 2011, 1038	D 389, 548
Stirnlampen	BGH, 10.03.2016 – I ZR 183/14	WRP 2016, 1351	D 547, 555
Störerhaftung des Access-Providers	BGH, 26.11.2015 – I ZR 174/14	GRUR 2016, 268	D 395, 412
Störerhaftung des Registrars	BGH, 15.10.2020 – I ZR 13/19	GRUR 2021, 63	D 425
Stornierungsentgelt	BGH, 18.10.2011 – KZR 18/10	WM 2012, 622	C 24
Straffreie Rolex-Plagiate	EuGH, 07.01.2004 – C-60/02	GRUR 2004, 501	B 248
Strahlregler	OLG Düsseldorf, 01.08.2006 – 4a O 283/05	InstGE 11, 116	H 19, 22
Straßenbaumaschine	BGH, 31.03.2009 – X ZR 95/05	GRUR 2009, 653	A 12, 134
Straßenverengung	BGH, 22.10.1992 – IX ZR 36/92	GRUR 1993, 415	G 260, 290
Streitwert bei parallelem Vorgehen	OLG Hamm, 01.12.2015 – 4 W 97/14	GRUR-RR 2016, 383	J 162
Streitwert für die Revisionsinstanz	BGH, 12.09.2013 – I ZR 58/11	BeckRS 2013, 20393	J 178
Streitwertaddition	OLG Frankfurt/Main, 04.06.2012 – 6 W 60/12	GRUR-RR 2012, 367	J 178
Streitwertbegünstigung	KG, 13.12.2016 – 5 W 244/16	GRUR-RR 2017, 127	J 229
Streitwertbegünstigung für BGB-Gesellschaft II	OLG München, 20.11.2001 – 6 W 2850/01	InstGE 2, 81	J 230
Streitwertbeschwerde	BGH, 30.08.2011 – X ZR 105/08	Mitt 2012, 41	J 211

Entscheidungsstichwort	Gericht/Datum/Aktenzeichen	Fundstelle	zitiert in
Streitwertermäßigung	OLG Düsseldorf, 11.08.2004 – I-2 W 5/03	InstGE 5, 70	J 233
Streitwertfestsetzung	OLG Düsseldorf, 19.08.2021 – I-15 W 12/21	GRUR-RS 2021, 22982	C 59
Streitwertkorrektur	OLG Hamburg, 18.10.2004 – 3 W 40/04	InstGE 6, 124	J 190, 223
Stromwandler	BGH, 20.10.1977 – X ZR 37/76	GRUR 1978, 235	A 77
Synchronmotor	OLG Düsseldorf, 17.03.2011 – I-2 U 120/09	InstGE 13, 129	A 26
Synthetisch hergestelltes Vitamin C	OLG Hamm, 28.08.2007 – 4 W 48/07	GRUR-RR 2007, 407	H 146
Taeschner/Pertussin I	BGH, 15.01.1957 – I ZR 39/55	BGHZ 23, 100	A 430
Taeschner/Pertussin II	BGH, 11.12.1956 – I ZR 93/55	GRUR 1957, 352	A 430
Take Five	BGH, 19.07.2012 – I ZR 24/11	GRUR 2012, 914	E 232
Tampon	LG Düsseldorf, 12.01.2010 – 4b O 286/08	InstGE 11, 291	D 73
Tamsulosin	LG Düsseldorf, 23.01.2007 – 4a O 82/06	InstGE 7, 136	B 336
Tannöd	BGH, 12.05.2016 – I ZR 1/15	GRUR 2016, 1275	C 59; J 157, 188
Taschenlampe	LG Düsseldorf, 12.12.2007 – 14c O 129/07	InstGE 9, 114	G 366
Tatry/Maciej Rataj	EuGH, 06.12.1994 – C-406/92	JZ 1995, 616! NJW 1995, 1983	C 217; E 120, 123, 138
Tauschbörse I	BGH, 11.06.2015 – I ZR 19/14	GRUR 2016, 176	A 414
Tauschbörse III	BGH, 11.06.2015 – I ZR 75/14	GRUR 2016, 191	D 401
Taxameter	BGH, 04.05.2004 – X ZR 234/02	GRUR 2004, 755	D 943
Taxi-Genossenschaft	BGH, 16.12.1986 – KZR 36/85	GRUR 1987, 564	D 723, 724
Tchibo/Rolex	BGH, 17.06.1992 – I ZR 107/90	GRUR 1993, 55	I 100
T-Company L.P	OLG Düsseldorf, 13.07.2000 – 20 W 37/00	GRUR-RR 2001, 286	C 38
Teigportioniervorrichtung	LG Düsseldorf, 20.05.1999 – 4 O 295/95	Entscheidungen 1999, 60	I 140
Teilunterwerfung	BGH, 25.04.2002 – I ZR 296/99	GRUR 2002, 824	C 89
Telefonwerbung nach Unternehmenswechsel	BGH, 11.03.2010 – I ZR 27/08	GRUR 2010, 939	C 69
Teleskopzylinder	BGH, 18.02.1992 – X ZR 8/90	GRUR 1992, 599	D 770
Telex-Abmahnung	OLG Düsseldorf, 01.09.1989 – 2 W 79/89	GRUR 1990, 310	C 32
Temperaturwächter	BGH, 19.12.2000 – X ZR 150/98	GRUR 2001, 323	E 893, 895
Terminsgebühr	OLG Düsseldorf, 05.09.2005 – I-2 W 30/05	InstGE 6, 41	E 6
Terminsgebühr	OLG Frankfurt/Main, 30.10.2006 – 6 W 181/06	GRUR-RR 2007, 62	G 246
Terminsgebühr bei Säumnis	OLG Köln, 12.09.2005 – 17 W 178/05	Mitt 2006, 286	B 412

Entscheidungsstichwort	Gericht/Datum/Aktenzeichen	Fundstelle	zitiert in
Terminskosten für Patentanwalt	OLG Düsseldorf, 07.09.2011 – I-2 W 34/11	InstGE 13, 280	B 407, 410, 412
Terrapin/Terranova	EuGH, 22.06.1976 – Rs. 119/75	GRUR Int 1976, 402	E 815
Testfundstelle	BGH, 17.09.2009 – I ZR 217/07	GRUR 2010, 355	C 24, 89, 90, 97, 115, 116; D 541; H 131, 218
Testkauf im Internet	BGH, 11.05.2017 – I ZR 60/16	GRUR 2017, 1140	B 328, 330; C 106; D 549
Teststreifen zur Blutzuckerkontrolle II	BGH, 01.06.2017 – I ZR 152/13	GRUR 2017, 938	G 326
Tetraploide Kamille	BGH, 30.03.1993 – X ZB 13/90	GRUR 1993, 651	A 164, 171
Textilgarn	BGH, 23.09.1958 – I ZR 106/57	GRUR 1959, 125	A 428
Teva./.Gilead	EuGH, 25.07.2018 – C-121/17	GRUR 2018, 908	A 304, 306, 307, 308
Textilhandel	OLG Frankfurt/Main, 21.01.2005 – 6 W 3/05	GRUR-RR 2005, 104	B 400
The Flash	BGH, 17.12.2020 – I ZB 38/20	GRUR 2021, 764	E 11
THE HOME STORE	BGH, 13.09.2007 – I ZR 33/05	GRUR 2008, 254	D 10, 935
Thermocycler	OLG Düsseldorf, 21.12.2006 – I-2 U 58/05	InstGE 7, 139	A 411; D 982, 985, 987, 989; E 960
Thermoplastische Zusammensetzung	BGH, 25.02.2010 – Xa ZR 100/05	GRUR 2010, 414	A 4
Thomas Philipps/Grüne Welle	EuGH, 22.06.2016 – C-419/15	GRUR 2016, 1163	I 12
Tickethändler	OLG Hamburg, 02.10.2007 – 5 W 99/07	OLG-Report 2008, 627	H 129
Tiegelgröße	BGH, 11.10.2017 – I ZR 78/16	GRUR 2018, 431	E 730
Tinnitus-Präparat	OLG Düsseldorf, 14.02.2019 – 20 W 26/18	GRUR-RR 2019, 278	H 135, 159
Tintenpatrone	LG Düsseldorf, 05.08.2003 – 4 O 107/02	InstGE 3, 150	H 24, 38
Tintenpatrone I	BGH, 20.05.2008 – X ZR 180/05	GRUR 2008, 896! BGHZ 176, 311	A 91; D 260, 307, 308, 353, 356, 920, 935; I 2, 4, 5
Tintenpatrone II	BGH, 24.01.2012 – X ZR 94/10	GRUR 2012, 430	D 356; I 7
Tintenpatrone III	BGH, 17.04.2012 – X ZR 55/09	GRUR 2012, 753	G 403, 404, 407, 420, 421
Tintenpatronen	OLG Düsseldorf, 11.11.2010 – I-2 U 152/09	GRUR-RR 2011, 122	G 409, 433
Tintenpatronen-Verfügung	LG Düsseldorf, 15.09.2011 – 4b O 99/11	GRUR-RR 2012, 66	G 320
Tintenstrahldrucker	BGH, 06.08.2013 – X ZB 2/12	GRUR 2013, 1135	A 49
Tintentankpatrone	LG Düsseldorf, 18.12.2007 – 4a O 317/06	InstGE 8, 257	I 87, 179, 225
Titelfortfall	OLG Düsseldorf, 13.05.1987 – 2 W 4/87	GRUR 1987, 575	H 205

Entscheidungsstichwort	Gericht/Datum/Aktenzeichen	Fundstelle	zitiert in
Titelschuldner im Zwangsvollstreckungsverfahren	BGH, 12.01.2012 – I ZB 43/11	GRUR 2012, 541	H 129, 233
Titelumgehung	OLG Frankfurt/Main, 28.04.2009 – 6 W 60/09	NJOZ 2009, 2565	H 144
Tolbutamid	BGH, 06.03.1980 – X ZR 49/78	GRUR 1980, 841! MDR 1980, 752	I 99, 102, 143, 252, 257, 259
Toleranzbereich	BGH, 11.07.2012 – VIII ZR 323/11	GRUR-RR 2012, 491	C 66
Toleranzgrenze	OLG Stuttgart, 19.04.2012 – 2 U 91/11	GRUR-RR 2012, 412	C 56, 66
Tonerkartuschen	BGH, 05.03.2015 – I ZB 74/14	GRUR 2015, 1248	H 229, 254, 262, 266
Tonträgerpiraterie durch CD-Export	BGH, 03.03.2004 – 2 StR 109/03	GRUR 2004, 421	A 422
Tortenbehälter	LG Düsseldorf, 07.08.1997 – 4 O 288/96	Entscheidungen 1997, 84	D 434
Tournier	EuGH, 13.07.1989 – 395/87	Slg 1989, 2571	E 593
Trägerbahnöse	OLG Düsseldorf, 29.05.2008 – I-2 U 118/06	InstGE 9, 66	A 607; E 769
Trägerplatte	OLG Düsseldorf, 12.07.2007 – I-2 U 15/06	InstGE 8, 141	E 677, 679
Trägerplatte	BGH, 12.02.2009 – Xa ZR 116/07	GRUR 2009, 655	A 68, 300; E 677
Tragkörbe	LG München I, 25.07.2007 – 21 O 12448/06	InstGE 8, 297	H 177
Tragstruktur-Element-Anordnung	LG Mannheim, 11.11.2014 – 2 O 240/13	Mitt 2015, 234	A 234
Trailer-Rückkauf	OLG Düsseldorf, 10.08.2020 – I-2 W 12/20	GRUR-RR 2020, 479	B 466
Trainingsvertrag	BGH, 25.01.2001 – I ZR 323/98	GRUR 2001, 758	C 23, 113
Traktionshilfe	OLG Düsseldorf, 29.07.2010 – I-2 U 139/09	InstGE 12, 213	A 102
Transglutaminase	OLG Hamburg, 29.03.2007 – 3 U 298/06	InstGE 8, 11	B 241; D 796; G 38
Transitwaren	BGH, 25.06.2014 – X ZR 72/13	GRUR 2014, 1189	A 430
Transportfahrzeug	BGH, 27.09.1983 – X ZB 19/82	GRUR 1987, 284	E 928
Treppenlift	BGH, 17.05.2011 – X ZR 77/10	GRUR 2011, 853	F 47
Tretkurbeleinheit	BGH, 27.08.2013 – X ZR 19/12	GRUR 2013, 1272	E 911; F 52
Treuebonus III	OLG München, 13.10.2014 – 29 W 1474/14	GRUR-RR 2015, 87	H 209
TRIANGLE	BGH, 04.02.1993 – I ZR 42/91	GRUR 1993, 556	D 723
Tribenuronmethyl	BGH, 02.02.2012 – I ZR 81/10	GRUR 2012, 945	B 360
Trigonellin	BGH, 20.03.2001 – X ZR 177/98	GRUR 2001, 730	A 487, 488, 498
Trinknahrung	OLG Hamburg, 28.03.2019 – 3 U 117/18	GRUR-RR 2019, 488	G 180

Entscheidungsstichwort	Gericht/Datum/Aktenzeichen	Fundstelle	zitiert in
Trioxan	BGH, 06.07.1971 – X ZB 9/70	GRUR 1972, 80	A 171, 173
Tripp-Trapp-Stuhl	BGH, 14.05.2009 – I ZR 98/06	BGHZ 181, 98! GRUR 2009, 856	D 923; I 85, 88, 90, 91, 92, 213, 216, 217, 225, 226
TRIPS-Abkommen	EuGH, 14.12.2000 – C-392/98	GRUR 2001, 235	B 12; E 170
Trockenlegungsverfahren	BGH, 23.04.1991 – X ZR 41/89	GRUR 1991, 744	A 217
Trocknungsanlage II	OLG Düsseldorf, 11.10.2021 – I-2 W16/21	GRUR-RR 2022, 69	H 259
Trommeleinheit	BGH, 24.10.2017 – X ZR 55/16	GRUR 2018, 170	E 381, 827, 836, 849, 851, 856
Truvada	BGH, 22.09.2020 – X ZR 172/18	GRUR 2021, 42	A 308, 309
Türbeschläge	OLG Düsseldorf, 15.03.2007 – I-2 U 108/05	InstGE 7, 210	D 924
Turbolader II	OLG Düsseldorf, 07.08.2002 – 2 W 10/02	InstGE 2, 237	C 180, 181, 183, 184, 186
Türinnenverstärkung	BGH, 17.11.2009 – X ZR 137/07	GRUR 2010, 223	D 935
TÜV I	BGH, 24.03.2011 – I ZR 108/09	GRUR 2011, 521	D 457, 458
TÜV II	BGH, 17.08.2011 – I ZR 108/09	GRUR 2011, 1043	D 457, 458; F 59, 113
Tylosin	BGH, 03.06.1976 – X ZR 57/73	GRUR 1976, 579	D 441; E 771
Überkleben von Kontrollnummern	OLG Düsseldorf, 13.06.2001 – 27 U 7/01	GRUR-RR 2002, 23	D 724
Übermittlung per E-Mail	BGH, 12.03.2020 – I ZB 64/19	GRUR 2020, 776	F 5; G 263
Übersehene Schutzschrift	OLG Hamburg, 04.07.2016 – 8 W 68/16	GRUR-RR 2016, 431	G 358
Übersetzung eigener Schriftsätze	OLG Düsseldorf, 17.07.2009 – I-2 W 29/08	InstGE 12, 177	B 482, 489
Übersetzungskosten bei Prozesstrennung	OLG Düsseldorf, 10.01.2017 – I-2 W 31/16	Mitt 2017, 236	D 81
Übersetzungskostenerstattung	OLG Düsseldorf, 22.01.2009 – I-2 W 11/08	InstGE 10, 294	D 80
Überströmventil	BGH, 29.11.1979 – X ZR 12/78	GRUR 1980, 219	A 7
Uli-Stein-Cartoon	BGH, 22.09.2021 – I ZR 83/20	GRUR 2021, 1519	E 95; F 75, 78
Ultraschallwandler	BGH, 08.06.2021 – X ZR 47/19	GRUR 2021, 1167	A 331, 350, 356; D 569
Umhüllungsverfahren	OLG Düsseldorf, 10.08.2006 – I-2 U 120/02	InstGE 7, 62	J 108, 132, 133
Umlenktöpfe	OLG Düsseldorf, 08.12.1977 – 2 U 67/77	GRUR 1978, 425	A 102
Umsatzangaben	BGH, 06.02.2013 – I ZB 79/11	GRUR 2013, 1071	H 242
Umsatzzuwachs	BGH, 07.12.2006 – I ZR 166/03	GRUR 2007, 605	F 59
UMTS-fähige Mobilstation	LG Mannheim, 23.10.2009 – 7 O 125/09	InstGE 11, 215	E 409

Entscheidungsstichwort	Gericht/Datum/Aktenzeichen	Fundstelle	zitiert in
UMTS-fähiges Mobiltelefon	LG Mannheim, 02.07.2009 – 7 O 94/08	InstGE 11, 9	D 260, 520; E 395
UMTS-fähiges Mobiltelefon II	LG Mannheim, 18.02.2011 – 7 O 100/10	InstGE 13, 65	D 16, 38, 788; E 127, 409
UMTS-Standard	OLG Karlsruhe, 11.05.2009 – 6 U 38/09	InstGE 11, 124	H 46
UMTS-Standard II	OLG Karlsruhe, 18.04.2011 – 6 U 29/11	InstGE 13, 256	H 46
Umweltengel für Tragetasche	BGH, 19.02.2014 – I ZR 230/12	GRUR 2014, 578	B 82, 118; D 131
Unbeachtlicher Formmangel	OLG Düsseldorf, 27.10.2004 – U (Kart) 42/02	InstGE 5, 78	D 364
Unbedenkliche Mehrfachabmahnung	BGH, 19.07.2012 – I ZR 199/10	GRUR 2013, 307	C 46, 85
Unbegründete Abnehmerverwarnung	BGH, 19.01.2006 – I ZR 217/03	GRUR 2006, 433	C 127
Unberechtigte Abmahnung	BGH, 06.10.2005 – I ZB 37/05	GRUR 2006, 168	C 132
Unberechtigte Abnehmerverwarnung	OLG Düsseldorf, 20.02.2003 – 2 U 135/02	GRUR 2003, 814	C 137, 141
Unberechtigte Patentberühmung	OLG Düsseldorf, 01.07.2011 – I-2 W 22/11	GRUR-RR 2012, 305	D 59
Unberechtigte Schutzrechtsverwarnung	BGH-GSZ, 15.07.2005 – GSZ - 1/04	GRUR 2005, 882	C 127, 143, 155, 161, 166, 209; I 81
Unberechtigte Schutzrechtsverwarnung II	BGH, 01.12.2015 – X ZR 170/12	GRUR 2016, 630	C 144, 158
Unberechtigte Schutzrechtsverwarnung II	OLG Frankfurt, 09.03.2017 – 6 U 161/11	GRUR-RR 2017, 461	C 158
Unberechtigte Schutzrechtsverwarnung III	BGH, 07.07.2020 – X ZR 42/17	GRUR 2020, 1116	C 144, 162
unbleached paper rolls	OLG Düsseldorf, 12.09.2019 – I-15 U 48/19	GRUR 2020, 204	G 43
ungesichertes WLAN	OLG Frankfurt/Main, 01.07.2008 – 11 U 52/07	GRUR-RR 2008, 279	D 399
UniBasic-IDOS	BGH, 20.09.2012 – I ZR 90/09	GRUR 2013, 509	B 26, 68
Unikatrahmen	BGH, 07.02.2002 – I ZR 304/99	BGHZ 150, 32	I 213
United Video Properties	EuGH, 28.07.2016 – C-57/15	GRUR Int 2016, 963	B 402
Unrichtige Aufsichtsbehörde	BGH, 10.06.2009 – I ZR 37/07	GRUR 2010, 167	C 97, 99, 109, 112
Unterlassungserklärung durch Anwalt	OLG Karlsruhe, 27.06.2006 – 6 W 120/05	Mitt 2007, 188	D 539
Unterlassungsstreitwert	OLG Celle, 07.12.2011 – 13 U 130/11	GRUR-RR 2012, 270	J 157
Unterlassungsurteil gegen Sicherheitsleistung	BGH, 30.11.1995 – IX ZR 115/94	GRUR 1996, 812	D 721; I 26, 81
Unternehmensübergang	OLG Karlsruhe, 22.01.2014 – 6 U 135/10	GRUR-RR 2014, 362	C 18; D 530; G 242, 325
Unterstretch	LG Düsseldorf, 05.10.2004 – 4b O 190/03	InstGE 5, 1	A 606; D 534

Entscheidungsstichwort	Gericht/Datum/Aktenzeichen	Fundstelle	zitiert in
Unvollständige Zustellung	BGH, 10.03.1998 – X ZB 31/97	GRUR 1998, 746	G 265
Unzulässige Streitwertbeschwerde	OLG Düsseldorf, 20.11.2000 – 2 W 69/99	InstGE 2, 299	J 223
UPC-Telekabel	EuGH, 27.03.2014 – C-314/12	GRUR 2014, 468	D 390
Urheberrechtliche Honorarklage	BGH, 17.01.2013 – I ZR 194/12	GRUR 2013, 757	D 56
Urselters II	BGH, 23.05.1990 – I ZR 176/88	GRUR 1990, 1035	D 724
US-Firmensitz	LG München I, 03.02.2005 – 7 O 2353/04	GRUR-RR 2005, 335	E 31
UV-unempfindliche Druckplatte	BGH, 14.08.2012 – X ZR 3/10	GRUR 2012, 1133	E 994, 996
Vakuumgestütztes Behandlungssystem	OLG Düsseldorf, 29.06.2017 – I-15 U 4/17	GRUR-RR 2017, 477	G 177, 192, 194, 195
Vakuumtransportsystem	OLG Düsseldorf, 17.01.2013 – I-2 UH 1/12	BeckRS 2013, 11702	F 99; G 415, 417
Vakuumtransportsystem	BGH, 10.01.2017 – X ZR 17/13	GRUR 2017, 428	F 99; G 391, 407, 415, 417
VA-LCD-Fernseher	OLG Karlsruhe, 08.07.2009 – 6 U 61/09	InstGE 11, 143	G 45, 50, 159, 160
VA-LCD-Fernseher II	LG Mannheim, 27.02.2009 – 7 O 29/09	InstGE 11, 159	G 53
Valentins	BGH, 17.10.2019 – I ZR 34/18	GRUR 2020, 57	E 218
Valsartan	LG Düsseldorf, 08.03.2011 – 4b O 287/10	InstGE 13, 103	A 286
VENOM	OLG Frankfurt/Main, 23.07.2020 – 6 U 91/19	GRUR-RR 2020, 556	C 94
Ventilanbohrvorrichtung	OLG Düsseldorf, 31.05.1979 – 2 U 129/78	GRUR 1979, 636	E 940
verantwortlich für Dresden und Region	OLG Dresden, 07.02.2017 – 4 U 1422/16	GRUR-RS 2017, 102218	G 290
Verbindungsstück	OLG Düsseldorf, 11.06.2015 – I-2 U 64/14	GRUR-RS 2015, 18679	C 8, 47; D 431
Verbundelement	BGH, 26.04.2022 – X ZR 44/20	GRUR 2022, 1129	A 81
verdeckte Tatsachenbehauptung	OLG Köln, 05.07.2005 – 15 U 57/05	GRUR-RR 2005, 363	G 211
Verdichtungsvorrichtung	BGH, 17.07.2012 – X ZR 77/11	GRUR 2012, 1072	E 964
Verfahren zum Formen	BPatG, 10.07.2013 – 4 Ni 8/11 (EP)	GRUR 2014, 104	D 259, 505
Verfahrensgebühr bei Schutzschrift	OLG Düsseldorf, 25.01.2007 – I-20 W 110/06	InstGE 8, 115	G 364
Verfügungsgrund bei Abnehmerverwarnung II	OLG München, 08.03.2010 – 29 W 901/10	InstGE 12, 184	G 184
Verfügungskosten	BGH, 01.04.1993 – I ZR 70/91	GRUR 1993, 998	B 312, 314
Vergleichsschluss im schriftlichen Verfahren	BGH, 02.02.2012 – I ZB 95/10	GRUR 2012, 957	H 126, 127

Entscheidungsstichwort	Gericht/Datum/Aktenzeichen	Fundstelle	zitiert in
Verhältnismäßigkeitseinwand im Vollstreckungsverfahren	OLG Düsseldorf, 25.11.2019 – 2 W 15/19	GRUR-RS 2019, 39470	D 1038
Verhütungsmittel	LG Düsseldorf, 13.08.2003 – 4 O 286/01 (ZV)	InstGE 3, 229	H 221
Verkehrsdaten I	OLG Düsseldorf, 08.12.2008 – I-20 W 140/08	InstGE 10, 241	D 884, 885, 887
Verkehrsdaten II	OLG Düsseldorf, 08.12.2008 – I-20 W 130/08	InstGE 10, 246	D 897
Verlagsverschulden II	BGH, 22.01.1998 – I ZR 18/96	GRUR 1998, 963	C 97
Verletzerkette	OLG Hamburg, 24.04.2006 – 5 U 103/04	Mitt 2007, 174	I 90
Vermittler von Studienplätzen	BGH, 17.12.2020 – I ZB 99/19	GRUR 2021, 767	H 157, 158, 159, 198, 199
Verpackung für Rauchwaren	OLG Hamburg, 19.09.2019 – 3 U 181/17	GRUR-RR 2020, 294	D 274, 349
Verpackungsmaterial	LG Düsseldorf, 02.05.2002 – 4 O 819/00	InstGE 2, 108	D 478, 479, 480
versteckter Beglaubigungsvermerk	OLG Frankfurt/Main, 17.06.2010 – 6 U 48/10	GRUR-RR 2010, 400	G 265
Vertragsstrafe	OLG Rostock, 15.01.2014 – 2 AR 1/13	GRUR 2014, 304	C 120
Vertragsstrafe bis zu ... I	BGH, 12.07.1984 – I ZR 123/82	GRUR 1985, 155	C 24; D 538
Vertragsstrafe bis zu ... II	BGH, 14.02.1985 – I ZR 20/83	GRUR 1985, 937	C 24
Vertragsstrafe ohne Obergrenze	BGH, 31.05.1990 – I ZR 285/88	GRUR 1990, 1051	C 24
Vertragsstrafebemessung	BGH, 30.09.1993 – I ZR 54/91	GRUR 1994, 146	C 114
Vertragsstrafeneinforderung	BGH, 26.05.2009 – X ZR 185/04	GRUR 2009, 929	C 116
Vertragsstrafenklage	LG Mannheim, 02.08.2010 – 2 O 88/10	InstGE 12, 240	C 119
Vertragsstrafenklausel	BGH, 13.11.2013 – I ZR 77/12	GRUR 2014, 595	C 94
Vertragsstrafevereinbarung	BGH, 18.05.2006 – I ZR 32/03	GRUR 2006, 878	C 89, 97, 99; D 541
Vertragsstrafeversprechen	OLG Celle, 09.02.1989 – 13 U 129/88	GRUR 1990, 481	C 6
Verwarnung aus Kennzeichenrecht II	BGH, 19.01.2006 – I ZR 98/02	GRUR 2006, 432	C 156
verweigerter Hinweis	OLG Düsseldorf, 31.01.2019 – I-20 U 87/18	GRUR 2019, 438	G 212
Verweigertes Empfangsbekenntnis	OLG Karlsruhe, 23.03.2016 – 6 U 38/16	GRUR-RS 2016, 07206	G 260
Verweisungsantrag in der Berufungsinstanz	OLG Köln, 14.07.2017 – 6 U 199/16	Mitt 2018, 363	D 60
Verwendungspatent	OLG Karlsruhe, 26.02.2014 – 6 U 50/12	GRUR 2014, 764	A 488
Verwendungsschutz	LG Düsseldorf, 07.04.1998 – 4 O 32/97	Mitt 1999, 155	A 486
Verzichtsurteil	BGH, 14.12.2021 – X ZR 147/17	GRUR 2022, 511	G 454

Entscheidungsstichwort	Gericht/Datum/Aktenzeichen	Fundstelle	zitiert in
Verzinsung des Kostenerstattungsanspruchs	BGH, 22.09.2015 – X ZB 2/15	MDR 2016, 57	B 494
verzögertes Anerkenntnis	OLG Saarbrücken, 06.06.2017 – 1 W 18/17	GRUR-RR 2018, 171	C 177
Verzugszinssatz	LG Düsseldorf, 08.06.2005 – 4b O 400/04	InstGE 5, 172	I 159, 266
V-förmige Führungsanordnung	BGH, 23.08.2016 – X ZR 76/14	GRUR 2016, 1254	A 223, 225, 226, 229, 237
Videoplattform	LG Frankfurt/Main, 03.05.2016 – 2-3 O 476/13	GRUR-RR 2017, 3	D 841
Videosignal-Codierung I	LG Düsseldorf, 30.11.2006 – 4b O 508/05	InstGE 7, 70	A 471; B 323; E 177, 257, 312, 319, 327, 333, 335, 375, 867
Videosignal-Codierung II	LG Düsseldorf, 30.11.2006 – 4b O 546/05	InstGE 7, 122	A 590, 598
Videosignal-Codierung III	LG Düsseldorf, 11.09.2008 – 4b O 78/07	InstGE 10, 66	E 257, 328, 329, 366, 376
Videospiel-Konsolen II	BGH, 27.11.2014 – I ZR 124/11	GRUR 2015, 672	D 428, 431, 506
Virtueller Verkaufsraum	OLG Koblenz, 21.03.2013 – 9 U 1156/12	BeckRS 2013, 08776	G 256, 266
Vollmachtsnachweis	BGH, 19.05.2010 – I ZR 140/08	GRUR 2010, 1120	C 37, 47, 66
Vollmachtsurkunde	OLG Nürnberg, 04.01.1991 – 3 W 3523/90	GRUR 1991, 387	C 6
Vollstreckung der Rechnungslegung	LG Düsseldorf, 29.01.2007 – 4b O 192/92 (ZV II)	InstGE 7, 188	H 229
Vollstreckungsverzicht im Eilverfahren	OLG Köln, 29.01.2010 – 6 U 177/09	GRUR-RR 2010, 448	G 199
Vollziehung im Verhandlungstermin	OLG München, 14.09.2017 – 6 U 1864/17	GRUR 2018, 444	G 267, 275, 277, 303
Vollziehungsfrist	OLG Düsseldorf, 31.10.2000 – 20 U 126/00	InstGE 1, 255	G 279, 281
Vollziehungssicherheit	OLG Düsseldorf, 25.06.2020 – 2 U 51/19	GRUR 2020, 1126	H 26, 27, 30, 31
Volvo/Veng	EuGH, 05.10.1988 – 238/87	Slg 1988, 6232! Slg 1988, 6211	E 267, 312
VOODOO	BGH, 06.02.2013 – I ZR 106/11	GRUR 2013, 925	I 12
Vorausbezahlte Telefongespräche II	BGH, 08.10.2012 – X ZR 110/11	GRUR 2012, 1288	J 190
Vorbereitender Besichtigungsanspruch	OLG Hamm, 31.01.2013 – 4 U 200/12	GRUR-RR 2013, 306	B 71, 75
Vorbeugende Unterwerfungserklärung	BGH, 28.02.2013 – I ZR 237/11	GRUR 2013, 917	C 127
Vorfußentlastungsschuhe	LG München, 05.08.2010 – 7 O 9590/10	Mitt 2012, 95	G 247
Vorgerichtliche Patentanwaltskosten	OLG Frankfurt/Main, 12.11.2009 – 6 U 130/09	GRUR-RR 2010, 127	C 49
vorgeschobene Marktbereinigung II	KG, 09.12.2016 – 5 U 163/15 und 5 W 27/16	GRUR-RR 2017, 114	C 95

Entscheidungsstichwort	Gericht/Datum/Aktenzeichen	Fundstelle	zitiert in
Vorlage von Bankunterlagen	OLG Frankfurt/Main, 25.08.2011 – 11 W 29/11	GRUR-RR 2012, 197	B 225, 241
Vorlaminiertes mehrschichtiges Band	LG Düsseldorf, 05.06.2008 – 4a O 27/07	InstGE 9, 246	E 118, 119, 124
Vorprozessuale Patentanwaltskosten	KG, 30.07.2010 – 5 U 161/08	GRUR-RR 2010, 403	C 56
Vorschaubilder	BGH, 29.04.2010 – I ZR 69/08	GRUR 2010, 628	E 250
Vorstandsabteilung	BGH, 22.07.2021 – I ZR 123/20	GRUR 2021, 1422	E 182
Vossius	BGH, 11.04.2002 – I ZR 317/99	GRUR 2002, 706	D 724
Waffenverschlusssystem	OLG Düsseldorf, 23.03.2022 – I-15 W14/21	GRUR 2022, 710	A 428, 429; B 74, 106; E 1082
Walzenformgebungsmaschine	BGH, 15.04.2010 – Xa ZB 10/09	GRUR 2010, 950	A 279; E 508
Walzen-Formgebungsmaschine I	LG Düsseldorf, 09.03.2006 – 4b O 550/05	InstGE 6, 189	B 156, 157
Walzen-Formgebungsmaschine II	LG Düsseldorf, 25.07.2006 – 4b O 550/05	InstGE 6, 294	C 198
Wandabstreifer	BGH, 26.01.1993 – X ZR 79/90	GRUR 1993, 460! BGHZ 121, 194	D 713; E 644
Wandsteckdose II	BGH, 08.10.1971 – I ZR 12/70	BGHZ 57, 116	I 247
Wandverkleidung	LG Düsseldorf, 23.06.2005 – 4 O 297/97	InstGE 5, 173	A 620, 636; E 675
Wärmetauscher	BGH, 10.05.2016 – X ZR 114/13	GRUR 2016, 1031	A 32, 200, 239, 266; D 372, 591, 608; E 157
Wärme-Zielpads	OLG Frankfurt/Main, 31.03.2022 – 6 W11/22	GRUR-RR 2022, 329	C 102
Warnschild	BGH, 07.04.1965 – Ib ZR 86/63	GRUR 1965, 612	B 326, 329
WarnWetter-App	BGH,	GRUR 2020, 755	D 459, 460, 461, 462
Wartefrist	LG Heilbronn, 03.07.2008 – 8 O 407/07	GRUR-RR 2009, 39	G 366
Wasserdichter Lederschuh	BGH, 30.01.2018 – X ZR 27/16	GRUR 2018, 395	A 178, 179
Wasserinjektionsanlage	LG Mannheim, 07.04.2006 – 7 O 47/06	NJOZ 2007, 2707	C 16
wasserloses Urinal	LG Düsseldorf, 06.11.2003 – 4a O 203/02	InstGE 3, 231	E 943
Wasserpfeifentabak	OLG Frankfurt/Main, 05.12.2019 – 6 U 151/19	GRUR-RR 2020, 368	G 167
WC-Erfrischer	LG Düsseldorf, 10.06.2003 – 4b O 166/02	InstGE 3, 153	D 14, 23; G 14, 21
WC-Körbchen II	LG Düsseldorf, 23.09.1999 – 4 O 324/99	Mitt 2000, 108	A 647
WC-Sitzgelenk	OLG Düsseldorf, 07.11.2013 – I-2 U 29/12	GRUR-RR 2014, 185	A 74, 224, 227, 244
Weber	EuGH, 03.04.2014 – C-438/12	NJW 2014, 1871	E 129, 133

Entscheidungsstichwort	Gericht/Datum/Aktenzeichen	Fundstelle	zitiert in
Wegfall der Wiederholungsgefahr I	BGH, 09.11.1995 – I ZR 212/93	GRUR 1996, 290	D 532, 540
Wegfall der Wiederholungsgefahr II	BGH, 16.11.1995 – I ZR 229/93	GRUR 1997, 379	D 540; H 204
Weichvorrichtung I	BGH, 20.04.1993 – X ZR 6/91	GRUR 1993, 886	A 114, 214
Weichvorrichtung II	BGH, 05.06.1997 – X ZR 73/95	Mitt 1997, 364! NJW 1997, 3377	A 112, 114, 118; E 71
Weißmacher	OLG Düsseldorf, 20.01.2010 – I-2 W 62/09	InstGE 11, 298	B 33
weitere Abmahnung	OLG Oldenburg, 10.02.2012 – 6 U 247/11	GRUR-RR 2012, 415	C 58
Werbegeschenke	BGH, 09.06.2011 – I ZR 41/10	GRUR 2012, 180	F 59, 64, 65
Werbung des Nachrichtensenders	BGH, 25.03.2010 – I ZR 122/08	GRUR 2010, 1090	D 708, 920; I 99, 216, 224
werkstoffeinstückig	BGH, 07.06.2005 – X ZR 198/01	GRUR 2005, 754	A 64, 65
Werkstück	BGH, 16.06.2011 – X ZB 3/10	GRUR 2011, 851	E 508
Werkzeuggriff	BGH, 25.09.2018 – X ZR 76/18	GRUR 2018, 1295	D 787; H 75
Wert des Verfügungsverfahrens	OLG Hamburg, 15.11.2017 – 3 W 92/17	Mitt 2018, 243	J 190, 198
Whistling for a train	BGH, 02.10.2008 – I ZR 6/06	GRUR 2009, 407	I 125, 126
Widerlegung der Dringlichkeitsvermutung	OLG Braunschweig, 14.12.2011 – 2 U 106/11	Mitt 2012, 423	G 185
wiederholter Zwangsmittelantrag	LG Düsseldorf, 25.08.2006 – 4b O 172/00 (ZV III)	InstGE 7, 184	H 246
Wikingerhof/Booking.com	EuGH, 24.11.2020 – C-59/19	GRUR 2021, 116	D 2
Wildverbissverhinderung	BGH, 10.11.1970 – X ZR 54/67	GRUR 1971, 210	E 701
wilhelm.tel	BGH, 06.07.2021 – KZR 11/18	GRUR 2021, 1522	E 313
Windsor Estate	BGH, 19.07.2007 – I ZR 93/04	GRUR 2007, 877	D 709, 942
Windsurfing International	EuGH, 25.02.1986 – RS 193/83	GRUR Int 1986, 635	I 129
Windturbinenschaufel	LG Hamburg, 26.04.2018 – 327 O 479/16	GRUR-RS 2018, 8035	A 326
Winkelmesseinrichtung	BGH, 21.10.2010 – Xa ZB 14/09	GRUR 2011, 40	A 49
Wintersteiger/Products 4U	EuGH, 19.04.2012 – C-523/10	GRUR 2012, 654	D 16, 18, 19
Wirbel um Bauschutt	OLG Celle, 21.08.2017 – 13 W 45/17	GRUR-RR 2018, 46	H 139
Wirbelkammer	LG Düsseldorf, 05.09.2002 – 4 O 417/01	InstGE 2, 253	E 643
WLAN-Hotspot	OLG Düsseldorf, 16.03.2017 – I-20 U 17/16	GRUR 2017, 811	D 399
WLAN-Schlüssel	BGH, 24.11.2016 – I ZR 220/15	GRUR 2017, 617	D 397, 399
World of Warcraft II	BGH, 12.01.2017 – I ZR 253/14	GRUR 2017, 397	D 431, 457, 458, 721
Wundverband	BGH, 19.02.2013 – X ZR 70/12	GRUR 2013, 1269	D 306

Entscheidungsstichwort	Gericht/Datum/Aktenzeichen	Fundstelle	zitiert in
Wurzelsequenzordnung	OLG Karlsruhe, 12.02.2021 – 6 U 130/20	GRUR-RS 2021, 9325	E 459
www.aliexpress.com	KG, 03.11.2015 – 5 U 29/14	GRUR-RR 2016, 335	D 383
YouTube II	BGH, 02.06.2022 – I ZR 140/15	GRUR 2022, 1308	D 3, 768, 842, 909
YouTube-Drittauskunft	BGH, 21.02.2019 – I ZR 153/17	GRUR 2019, 504	D 833
YouTube-Drittauskunft	EuGH, 09.07.2020 – C-264/19	GRUR 2020, 840	D 833
YouTube-Drittauskunft II	BGH, 10.12.2020 – I ZR 153/17	GRUR 2021, 470	D 833
Z.Games Abo	OLG Hamburg, 28.02.2013 – 3 U 136/11	GRUR-RR 2013, 464	D 434
Zählrate	OLG Frankfurt/Main, 04.04.2013 – 6 W 85/12	GRUR-RR 2013, 302	C 133
Zahlung statt Freistellung	OLG Hamm, 03.09.2013 – 4 U 58/13	GRUR-RR 2014, 133	C 56
Zahlungsanspruch statt Freistellungsanspruch	OLG Hamm, 23.10.2012 – 4 U 134/12	Mitt 2013, 294	C 56
Zahnimplantat	OLG Düsseldorf, 14.02.2008 – I-2 U 90/07	InstGE 9, 47	H 91, 93, 94
Zahnimplantat mit Knochenverankerungsteil	LG München I, 02.12.2021 – 7 O 10571/20	GRUR-RS 2021, 38143	D 676
Zeiss	BGH, 24.07.1957 – I ZR 21/56	GRUR 1958, 189	A 430
Zeittelegramm	BGH, 05.10.2000 – X ZR 184/98	GRUR 2001, 140	A 49
Zeitungs-Dummy	LG München I, 22.02.2006 – 21 O 17367/03	InstGE 6, 274	I 163
zeitversetztes Fernsehen	OLG Düsseldorf, 14.01.2009 – I-2 W 56/08	InstGE 10, 198	A 262; B 157, 161, 162, 164, 181
Zelger/Salinitri	EuGH, 07.06.1984 – Rs 129/83	NJW 1984, 2759	C 218
Zerfallszeitmessgerät	BGH, 31.05.2007 – X ZR 172/04	GRUR 2007, 1059	A 135, 257, 272
Zerkleinerungsvorrichtung	LG Düsseldorf, 03.05.2005 – 4b O 247/04	InstGE 5, 83	I 101
Zerkleinerungsvorrichtung	BGH, 25.09.2007 – X ZR 60/06	GRUR 2008, 93	I 100, 101
Zerlegvorrichtung für Baumstämme	BGH, 17.03.1994 – X ZR 16/93	GRUR 1994, 597	A 6, 185
Ziehmaschine	OLG Düsseldorf, 21.04.2005 – I-2 U 111/03	InstGE 5, 183	A 120
Ziehmaschinenzugeinheit	BGH, 17.04.2007 – X ZR 72/05	GRUR 2007, 778	A 8, 121, 131
zipfelfreies Stahlband	BGH, 19.06.2001 – X ZR 159/98	GRUR 2001, 1129	A 163
Zirkonium-Cer-Verbundoxid III	OLG Düsseldorf, 09.08.2021 – I-2 W15/21	GRUR-RS 2021, 22988	H 241, 256
Zugang des Abmahnschreibens	BGH, 21.12.2006 – I ZB 17/06	GRUR 2007, 629	C 34
Zugangsdaten für Internetseite	OLG Düsseldorf, 03.02.2011 – I-20 WE 141/10	InstGE 13, 113	H 272

Entscheidungsstichwort	Gericht/Datum/Aktenzeichen	Fundstelle	zitiert in
Zugriffsrechte	BGH, 14.10.2014 – X ZR 35/11	GRUR 2015, 159	A 39
Zungenbett	BGH, 05.10.2016 – X ZR 21/15	GRUR 2017, 152	A 73
zusätzliche Anwendungssoftware	LG Mannheim, 04.05.2010 – 2 O 142/08	InstGE 12, 136	D 986; E 177, 848
zusätzlicher ausländischer Patentanwalt	OLG Düsseldorf, 05.03.2010 – I-2 W 14/10	InstGE 12, 63	B 413, 416, 417
Zuständigkeit bei Vertragsstrafe	LG Mannheim, 28.04.2015 – 2 O 46/15	GRUR-RR 2015, 454	C 120
Zuständigkeitskonzentration	BGH, 06.06.2019 – I ZB 30/18	GRUR-RR 2020, 95	E 544
Zustellung an Chinesen	OLG Hamburg, 21.02.2019 – 3 U 35/15	Mitt 2019, 375	D 99
Zustellung per E-Mail	KG, 31.01.2011 – 5 W 274/10	BeckRS 2011, 05647	G 274, 275
Zustellungsbevollmächtigter	BGH, 05.05.2008 – X ZB 36/07	GRUR 2008, 1030	D 82
Zustellungserfordernis	OLG Stuttgart, 21.08.2008 – 2 U 13/08	GRUR-RR 2009, 194	G 260, 283, 285
Zuwarten mit Besichtigungsantrag	OLG Düsseldorf, 30.03.2010 – I-20 W 32/10	InstGE 12, 105	B 116
Zuweisung von Verschreibungen	BGH, 18.06.2015 – I ZR 26/14	GRUR 2016, 213! MDR 2016, 291	E 730; F 90
Zuwiderhandlung während Schwebezeit	BGH, 17.11.2014 – I ZR 97/13	GRUR 2015, 187	C 93, 117
Zwangsgeld gegen Geschäftsführer	OLG Frankfurt/Main, 09.04.2015 – 6 W 32/15	GRUR-RR 2015, 408	D 446; H 233
Zwangsmittelfestsetzung	BGH, 14.08.2013 – I ZB 76/10	NJW 2013, 2906	H 161, 229
Zwangsvollstreckungseinstellung	BGH, 07.09.1990 – I ZR 220/90	GRUR 1991, 159	H 67
Zweifelhafte Drittunterwerfung	KG, 19.02.2013 – 5 U 56/11	GRUR-RR 2013, 335	D 540, 542
Zweitabmahnung	OLG Frankfurt/Main, 17.08.2017 – 6 U 80/17	GRUR-RR 2018, 72	C 46
Zweiwöchige Wartefrist	OLG Hamm, 19.11.2009 – 4 U 136/09	GRUR-RR 2010, 267	G 366
Zylinderrohr	BGH, 21.12.2005 – X ZR 165/04	GRUR 2006, 401! WRP 2006, 483	E 398, 892, 911; F 49

Sachregister

Halbfett gedruckte Buchstaben verweisen auf das Kapitel und mager gedruckte Ziffern auf die Randnummern der Kommentierung.

3

3D-Druck **A** 362

A

Abänderung der Sicherheitsleistung H 87
– Rechtsschutzbedürfnis **H** 88
– Restriktionen **H** 90
– Tenor **H** 99
abgewandelte Ausführungsform
– einstweilige Verfügung **H** 193
– Klage zurückgenommen **H** 189
– negative Feststellungsklage **H** 194
– Ordnungsmittelverfahren **H** 183
– Rechnungslegung **H** 285
– während des Erkenntnisverfahrens bekannt **H** 189
Ablauf des Patentschutzes
– Beseitigungsanspruch **D** 653
Ablehnungsfrist
– für Befangenheit **J** 132
Ablehnungsgesuch
– Entscheidung über **J** 135
– gerichtliche Entscheidung **J** 137
– Kosten **J** 136
– Rechtsmittel **J** 136
– Stellungnahme des SV **J** 139
– unzulässiges **J** 135
Abmahnkosten C 41
– § 143 Abs 3 PatG **C** 48
– Abmahnungsschutzrecht später teilvernichtet **C** 47
– Anrechnung der Geschäftsgebühr **C** 70
– Anspruchshöhe **C** 60
– Doppelvertretung **C** 67
– Haftungsgrund **C** 43
– mehrere Schädiger **C** 61
– Mitinhaber **C** 68
– mitwirkender Patentanwalt **C** 49
– Patentstreitsache **C** 87
– Quotelung **C** 69
– Rechtslage zum Zeitpunkt der Abmahnung **C** 47
– rechtsmissbräuchliche Unterlassungsklage **C** 54
– Streitwert **C** 88
– Toleranzbereich **C** 64
– Zahlung & Erledigung **C** 57
– Zinsen **C** 85
– Zuständigkeit **C** 173
Abmahnkosten und USt C 44

Abmahnkostenprozess
– Aussetzung **C** 165
Abmahnung C 6
– Abwehrkosten **C** 162
– Adressat **C** 9
– Aktivlegitimation **C** 8
– andere Rechtsgrundlage **C** 149
– Androhung gerichtlicher Schritte **C** 27
– Anspruchsberühmung **C** 122
– Antwort auf und Zustellungsbevollmächtigung **C** 39
– Anwaltshaftung für unberechtigte **C** 158
– aus Gebrauchsmuster **C** 151
– aus mehreren Patentansprüchen **C** 148
– aus mehreren Schutzrechten **C** 154
– aus Patent **C** 152
– ausländisches Schutzrecht **C** 145
– Benennung der Verletzungsform **C** 13
– Benennung des Schutzrechts **C** 12
– Benennung mehrerer Erzeugnisse **C** 13
– Beschreibung des Verletzungstatbestandes **C** 11
– Bezeichnung der Verletzungshandlung **C** 136
– des unzuständigen Geschäftsführers **D** 439
– eines Herstellers **C** 131
– eingeschränkte Anspruchskombination **C** 150
– E-Mail **C** 32
– Entbehrlichkeit **C** 174
– Entbehrlichkeit bei Anspruch auf Unterlassung, Rechnungslegung und Schadenersatz **C** 181
– Entbehrlichkeit bei Verwahrung **C** 189
– falsche Verletzungskategorie **C** 144
– Fehlbeurteilung des Rechtsbestandes **C** 156
– fehlende Benutzungshandlung **C** 146
– fehlgeschlagener Zustellversuch **C** 184
– Form **C** 32
– Förmelei **C** 186
– formelle Mängel **C** 134
– Fristsetzung **C** 26
– Gefahr eines Torpedos **C** 184
– Gegenstandswert **C** 59
– gegenüber GbR **C** 18
– Gewinneinbuße **C** 163
– im Grenzbeschlagnahmeverfahren **C** 190
– Inhalt **C** 7
– kein Schutzbereichseingriff **C** 143
– keine Aktivlegitimation **C** 147
– Klageveranlassung **C** 34
– Kostenfestsetzung **C** 41
– Lieferkette **C** 128
– materielle Mängel **C** 141
– mehrere Geschäftsführer **C** 10

1593

- Mitverschulden des Verwarnten C 166
- Muster C 29
- nachwachsender Klageanlass C 187
- Nebenansprüche C 28
- ohne Vorlage der Vollmacht C 38
- per Email C 35
- Rechtsbestandsangriff verschwiegen C 137
- rechtsmissbräuchlich C 50
- Schaden bei unberechtigter C 162
- Schutzrecht besteht nicht C 142
- Schutzrecht nicht unmissverständlich bezeichnet C 135
- sofortiges Anerkenntnis C 175
- teils berechtigt, teils unberechtigt C 69
- Telefax C 32
- unberechtigte C 127, 131
- Unterlassungserklärung zu weitgehend C 140
- Unterlassungsverlangen C 15
- Unzumutbarkeit C 181
- Veranlassung zur Klage C 180
- Verletzungsurteil verschwiegen C 138
- Verschulden C 155
- Vertragsstrafe C 19
- Vollmacht C 37
- Zugang C 33
- zweite C 46

Abmahnung aus mehreren Schutzrechten C 59

Abnehmerverwarnung C 132, 161
- ausländisches Vertriebsunternehmen C 129

Abrunden A 248

Abschlusserklärung G 366, 373
- Präjudiz für Schadenersatz G 378
- Rechtsschutzbedürfnis G 377

Abschlussschreiben G 366
- Erklärungsfrist G 366
- Gebührenrecht C 55
- Gebührensatz G 371
- Kostenerstattung G 368
- mitwirkender Patentanwalt G 370
- Wartefrist G 366

Absendeort A 399
Abstreifeinheit A 194
Abtretung
- IPR D 291
- Vortragslasten D 296

Abverkaufsrecht E 226
Abwasserentsorgungssystem I 231
Abwehrschreiben C 41
Abwendungssicherheit
- Kosten zur Beschaffung der H 120

Access-Provider D 391
Additiv A 69, 262
Adhäsionsverfahren I 269
Admin-C D 424
Akten
- beigezogene D 183

Akteneinsicht D 183
- Streithelfer D 186

Aktivlegitimation D 258
- als Patentinhaber D 259
- Gesellschaft bürgerlichen Rechts D 302

- Inhabermehrheit D 301
- Übertragung der Anmeldung D 286
- Übertragung des Klagepatents D 261
- Wirkung des Erteilungsbeschlusses D 286
- Zeitpunkt D 260

Alleinanmeldung
- trotz Mitinhaber E 209

Alleinlizenz D 309
Alleintäter D 369
Allgemeine Geschäftsbedingungen C 94
Amazon Marketplace D 388
AMIS-Datenbank A 522
Analyseverfahren definiert A 61
Anbieten A 380
- abgewandelte Ausführungsform A 394
- Absendeort A 399
- Auslaufen des Patentschutzes A 381
- Benutzerhandbuch A 384
- Empfangsort A 399
- erschöpfte Ware A 393
- Kombinationspatent A 385
- Leistungsschau A 392
- Lieferbereitschaft A 381
- Machbarkeitsstudie A 384
- Messe im Inland A 381
- Modulanordnung A 385
- Vergabeverfahren A 381
- vom Ausland ins Ausland A 592
- Weiterverwendung bildlicher Darstellungen A 394
- Werbeprospekt A 386
- Zusammenschau mehrerer Unterlagen A 388

Anbieten eines Verfahrens A 449
Anerkenntnis E 3
- Abmahnung E 5
- Anwaltszwang E 7
- bei Restitutionsklage G 437
- im Aufhebungsverfahren G 329
- Kosten E 6
- sofort E 4

Anfechtbarkeit
- Besichtigungsanordnung B 182
- Duldungsverfügung bei Besichtigung B 186

Angegriffene Ausführungsform
- beschrieben A 55
- nicht beschrieben A 59

Anhängersteckdose A 98
Anhörung des Sachverständigen
- erneute durch Berufungsgericht J 57

Anhörungsrüge J 224
Annahme
- modifizierte C 90

Annahmeverweigerungsrecht D 96
Anrechnung der Geschäftsgebühr C 70
- Ausnahmen C 78
- Berechnung C 73

Anrechnungsklausel
- nach Pool-Abspaltung E 339

Anschlussberufung F 59
- Belehrung F 65
- durch den, gegen den sich das Hauptrechtsmittel richtet F 70

- Frist **F** 59
- Hilfsantrag **F** 75
- konkludent **F** 64
- Kosten bei Rücknahme des Hauptrechtsmittels **F** 69
- mehrere Kläger/Beklagte **F** 70
- nur gegen den Hauptrechtsmittelführer **F** 72
- Rücknahme **F** 68
- Streithelfer **F** 67
- Stufenklage **F** 73
- Teilurteil **F** 74
- unzulässiges Hauptrechtsmittel **F** 64
- Wiedereinsetzung in den vorigen Stand **F** 59
- zur Parteierweiterung **D** 501

Anspruchsgrundlage
- mehrere und Teilurteil **D** 460

Anspruchskategorie
- Wechsel der **A** 566

Anspruchskombination
- als Klageänderung **E** 95
- Bindung für das Rechtsbestandsverfahren **E** 1000
- Einstweilige Verfügung **G** 112

Anspruchskonkurrenz D 460
Anstifter D 369
Anti-Suit-Injunction E 286
Anti-suit-injunction
- Lizenzwilligkeit **E** 460

anwaltliche Versicherung B 381
Anwaltshaftung
- für unberechtigte Abmahnung **C** 158

Anwaltskosten
- aus Rechtsbestandsverfahren **B** 426
- ausländische Partei **B** 399
- auswärtiger Anwalt **B** 376
- bei Klagerücknahme **B** 395
- bei Versäumnisurteil **B** 393
- Gerichtswahl und Reisekosten **B** 388
- nach Aussetzung **B** 390
- Patentanwalt **B** 400
- Rechtsanwalt am dritten Ort **B** 386
- Reisekosten **B** 382
- Unterbevollmächtigter **B** 385
- Verkehrsanwalt **B** 398
- Vorsteuerabzug **B** 389
- weiterer ausländischer Rechtsanwalt **B** 397

Anwaltswechsel B 195
Anwenden A 434
Anzeige der Verteidigungsbereitschaft C 175
Äquivalenz A 181
- Austauschmittel Gegenstand eines additiven Unteranspruchs **A** 239
- Einzelfälle **A** 208
- erstmals im Revisionsverfahren **F** 97
- Fälle mangelnder **A** 209
- Fälle möglicher **A** 241
- Hinweispflicht **A** 197
- kinematische Umkehr **A** 242
- Lösungsmittel trivial **A** 244
- nicht von Amts wegen **A** 196
- patentierte Verletzungsform **A** 201
- Streitgegenstand **A** 200

- Teilabweisung **A** 200
- unbekanntes Ersatzmittel **A** 262
- unbekanntes Ersatzmittel und Weiterbenutzung **A** 264
- Verschulden **D** 721
- Verspätung **F** 50
- Vertagung **A** 199

Arbeitnehmererfindung
- Priorität **E** 991
- Vindikation **E** 710
- Vindikationsfrist **E** 705

Arbeitsverfahren A 439
Arrest
- wegen Verfahrenskosten **G** 36

Arten der Patentbenutzung A 142
Arteriosklerose A 301
Arzneimittelzulassungsrecht A 532
Aufblasventil für Airbags A 157
Aufbrauchsfrist A 537; **D** 608
Aufenthalt
- unbekannter **D** 105

Aufhebung
- Anerkenntnis **G** 329
- Dringlichkeit **G** 323
- durch Widerklage **G** 326
- einer eV **G** 303
- Kostenentscheidung **G** 328
- Kostenübernahme **G** 330
- negativer Vorbescheid **G** 331
- wegen nicht rechtskräftiger Rechtsbestandsentscheidung **G** 315
- Zwangslizenz **G** 324

Aufhebungsantrag
- Zuständigkeit **G** 327

Aufprallschutz für Schienenfahrzeug A 50
Aufrunden A 248
Aufwecken
- Mobiltelefon **A** 10

Aufwickelvorrichtung für Fahrzeugplane A 96
Ausbesserung A 362
Ausbeutungsmissbrauch E 321
- Beweislast **E** 324
- durch Festlegung des Standards **E** 331
- durch Lizenzierung nicht standardrelevanter Schutzrechte **E** 334

Ausführbarkeit
- Auslegung **A** 24

Ausführungsbeispiel A 32
- vom Schutz ausgeschlossenes **A** 40

Ausführungsform
- abgewandelte und Ordnungsmittel **H** 183

Ausgleichsanspruch
- als Aufschlag zum Schadenersatz **D** 619

Auskunft
- zur Vollstreckungsabwehr **D** 948

Auskunft über Bankverbindungen B 242
Auskunftsanspruch D 787
- Abmahnfrist **D** 848
- Anschrift **D** 841
- Anspruchsgegner **D** 792
- Anspruchsvoraussetzungen **D** 795

- Auskunftskosten D 903
- Aussetzung D 854
- Bank D 810
- Belegvorlage D 849
- Beteiligung D 815
- Datenschutz-GrundVO D 821
- Denunzierter D 812
- Dritte D 794
- Drittfertigung D 837
- eidesstattliche Versicherung D 852
- Eigenproduktion D 837
- Einkaufspreise D 845
- einstweilige Verfügung D 853
- elektronische Form D 831
- Entschädigungsanspruch D 789
- Erbringer von Dienstleistungen D 810
- erfolgloses Angebot D 840
- gemeinsam mit Gestattungsanordnung D 880
- Herkunft D 832
- Herstellen D 814
- Hersteller D 833
- Kartellverstoß D 819
- Klageerhebung D 798
- Kosten D 847
- Lieferanten D 833
- Lieferkette D 834
- Menge D 843
- Negativauskunft D 836
- offensichtliche Rechtsverletzung D 796
- persönliche Reichweite D 803
- Provider D 810
- Prüfungszeitraum D 787, 828
- Schaden des Auskunftsgläubigers D 915
- Schadenersatz wegen falscher Auskunft D 910
- über nicht vorgetragene Verletzungen D 786
- Umfang D 829
- Unverhältnismäßigkeit D 817
- unverzüglich D 848
- Verkaufspreise D 844
- verspätete Auskunft D 914
- Vertriebsweg D 839
- Vorbesitzer D 833
- vorbeugender Unterlassungsanspruch D 790
- Willenserklärung D 827
- Wirtschaftsprüfervorbehalt D 830
- Wissenserklärung D 827

Auskunftskosten D 903
ausländische Geheimhaltungsanordnung D 255
ausländisches Patent
- anwendbares Recht D 10
- Vindikation E 710

ausländisches Recht
- einstweilige Verfügung G 43
- Ermittlung D 267
- Freibeweis D 267

Auslandsbesichtigung B 36, 92
Auslandslieferung A 327
Auslandsmesse
- Fördern inländischer Herstellung A 409

Auslandspatent
- Beseitigungsanspruch D 996

Auslandstestkauf A 387
Auslandszustellung D 67
- Hemmung E 888

Auslassungen
- im Tatbestand F 3

Auslegung
- ausführbare Lehre A 24
- Ausführungsbeispiel A 32
- Beschränkung im Erteilungsverfahren A 229
- Beschreibungsanpassung A 122
- Beschreibungstext A 58
- chemische Verbindung A 74
- einer Bankbürgschaft H 31
- falsch referierter Stand der Technik A 46
- funktionsorientierte A 68
- Gattungsbezeichnung A 28
- Gesamtzusammenhang A 15
- keine allgemeine Beschreibung A 43
- Legaldefinition A 60
- Mehrfachverwendung desselben Begriffs A 73
- Merkmale als Einheit A 15
- Mindestausstattung A 16
- nachträgliche Erkenntnisse A 140
- Nebenansprüche A 57
- objektive Aufgabe A 68
- Offenlegungsschrift A 113
- Parallelentscheidung ausländischer Gerichte A 279
- Patentfähigkeit A 15
- praktische Vorgehensweise A 54
- Prioritätstag A 138
- räumlich-körperlich definierte Merkmale A 74
- Rechtsbestandsentscheidung A 119
- Revisionsverfahren A 135
- Selbstbeschränkung A 121
- Selbstverständlichkeit A 25
- Stand der Technik A 76
- technisch sinnlose Differenzierung A 30
- Teilvernichtung A 122, 229
- Unteranspruch A 32, 56
- unterhalb des Wortsinns A 68
- unzulässige Erweiterung A 15
- Verzicht A 224
- Werkstoffgruppe A 261
- Widersprüche zwischen Anspruch und Beschreibung A 12
- Zurückverweisung an Berufungsgericht A 136

Auslegungsdivergenz
- Restitutionsklage G 408
- Vollstreckungsabwehrklage G 391
- Wiedereinsetzung in den vorigen Stand F 96

Auslegungsmaterial A 53
Auslegungsprotokoll A 4
Auslieferungsagent D 426
ausschließliche Lizenz D 308
- Auslandsbezug D 321
- beschränkte D 316

– Bruchteilsgemeinschaft **D** 315
– Ersatz eigenen Schadens **D** 308
– lex fori protectionis **D** 321
– nach Vergabe einfacher Lizenz **D** 323
– rückwirkende Umwandlung **D** 325
– Vergabe von Unterlizenzen **D** 318
außergewöhnliche Nachteile
– Einstellung der Zwangsvollstreckung **H** 64
– Vollstreckung des Rechnungslegungsanspruchs **H** 66
Aussetzung E 901
– Abmahnkostenprozess **C** 165
– abweichende Patentauslegung **E** 956
– älteres nationales Recht **E** 923
– Anfechtbarkeit **E** 1010
– Angriff erst im Berufungsverfahren **E** 911
– Anordnung **E** 1005
– Art 112a EPÜ **E** 901
– Aussetzungs-Fälle **E** 946
– Beendigung der **E** 1023
– Begründung **E** 1007
– bei Gebrauchsmuster **E** 913
– bei offengelegter Anmeldung **E** 913
– Beitritt zu fremdem Rechtsbestandsangriff **E** 902
– Berufung **E** 1024
– Beschleunigungsantrag **E** 925
– Beschwer **E** 1014
– Beweisanordnung des BPatG **E** 948
– bis zur Zustellung der Streitverkündung **G** 483
– Dauer **E** 1004
– des Erteilungsverfahrens wegen Vindikation **E** 747
– des Strafverfahrens wegen Rechtsbestandsangriff **I** 272
– des Verletzungsverfahrens wegen Vindikation **E** 736
– eigene Nichtigkeitsklage **E** 902
– Einspruch kurzfristig vor Haupttermin **E** 942
– einstweiliger Rechtsschutz **E** 901
– Entgegenhaltungen ohne deutsche Übersetzung **E** 943
– Ermessen **E** 921
– Erteilungsakte **E** 949
– Gebrauchsmuster **E** 1039
– Gegenstandswert **E** 1013
– Gehörsverstoß **E** 1022
– hilfsweise Anspruchskombination **E** 997
– in der 1. Instanz **E** 928
– in der 2. Instanz **E** 960
– Klage aus Patent und Gebrauchsmuster **E** 1064
– Klagepatent abgelaufen **E** 936
– Kostenentscheidung **E** 1012
– mehrere angegriffene Ausführungsformen **E** 944
– mehrere Schutzrechte **E** 959
– mündliche Verhandlung **E** 1003
– negative Feststellungsklage **E** 1021
– Nicht-Aussetzungs-Fälle **E** 937
– Nichtigkeitsklage im Ausland **E** 912

– Nichtzulassungsbeschwerdeverfahren **E** 964
– offenkundige Vorbenutzung **E** 940
– Prioritätsfragen **E** 973
– Prüfungskompetenz des Beschwerdegerichts **E** 1017
– qualifizierter Hinweis **E** 947
– Rechtsbestandsentscheidung ohne Gründe **E** 967
– Restitutionsklage **G** 409
– Schutzrechtsablauf **E** 962
– Selbstbeschränkung **E** 951
– Teilnichtigkeitsklage **E** 933
– übereinstimmender Parteiantrag **E** 919
– und zweite Verfahrensgebühr **B** 390
– Vertagung der Nichtigkeitsverhandlung **E** 950
– Vorgreiflichkeit **E** 914
– wegen anderweitigen Vorabentscheidungsersuchens **E** 1027
– wegen EU-Kartellverfahren **E** 626
– wegen Vorabentscheidungsersuchen **E** 1011
– wiederholte **E** 945
– Wirkungen der **E** 1028
Aussetzung der Überlassung B 272
Aussetzung des Erteilungsverfahrens
– Vindikationsklage **E** 720
Austausch
– der Vollstreckungssicherheit **H** 113
Austritt
– aus einem Lizenzpool **E** 336
Auswahlentscheidung A 223
– Produktkategorie **A** 226
Ausweichtechnik
– Schadeneratz wegen unberechtigter Zwangsvollstreckung **I** 55
– Schadensminderungspflicht **I** 56
aut-idem A 509
Automobilbau A 333
Avalbürgschaft
– Kosten **H** 36

B

Bank-, Finanz- und Handelsunterlagen B 76, 223
Bankbürgschaft
– als Sicherheitsleistung **H** 24
– Auslegung **H** 31
– beglaubigte Abschrift des Originals **H** 24
– Bestimmtheit **H** 25
– einstweilige Verfügung **H** 27
– Gesamtgläubiger **H** 25
– Hauptsachetitel **H** 27
– mehrere Berechtigte **H** 25
– Mitgläubiger **H** 25
– Muster **H** 31
– Sicherungsfall **H** 26
– Zustellung **H** 34
Bankverbindung
– Auskunft über **B** 242
Basiszinssatz
– seit 1985 **I** 158

Bedarfsmarktkonzept E 270
Bedingter Sachvortrag
– wegen Geheimnisschutz D 205
Beeidigung J 149
Befangenheit J 78
– Beispiele für J 107
– Beispiele mangelnder J 85
– Frist für Ablehnungsgrund J 132
Befestigungszwischenstück für Scheinwerfer A 426
Begehungsgefahr
– verjährte Verletzungshandlung D 556
Beginn
– des Patentschutzes A 319
Begründungsverzicht
– als Rechtsmittelverzicht F 135
Begutachtung
– Handwerkerkosten für Vorarbeit B 473
Behauptung ins Blaue hinein D 1081
Beitrittersetzende Vereinbarungen G 499
Beklagtenanschrift
– ladungsfähige D 112
Beklagtenmehrheit B 442
Belege
– bestimmte Bezeichnung im Titel D 849
Belegvorlage D 849; H 258
– Rechnungslegungsanspruch D 940
Benutzerhandbuch A 384
Benutzungsbefugnis
– Mitinhaberschaft E 190
Benutzungserlaubnis
– Ausland E 251
– Nichtangriffsabrede E 250
– Nichtangriffszusage E 250
– schlichte E 250
Benutzungshandlungen A 315
– Streitgegenstand A 316
Benutzungsrecht
– positives E 677
Berechtigungsanfrage C 206
– Abnehmer C 209
– ausländische negative Feststellungsklage C 212
– Eingriff in Gewerbebetrieb C 208
– Formzwang C 210
– Muster C 206
– Schweigen auf G 16
– sofortiges Anerkenntnis C 208
– und negative Feststellungsklage G 15
Bereicherungsanspruch D 727, 767
– Berechnung D 770
– gesetzlicher Vertreter D 768
– Holdinggesellschaft D 768
– Karenzmonat D 771
– neben Schadenersatzfeststellung D 772
– von Amts wegen D 769
Bereicherungsausgleich
– wegen unberechtigter Zwangsvollstreckung I 73
Berufung
– bei Beteiligung von Streitgenossen F 8
– Beschwer F 33

– Beschwer bei Prozesstrennung F 34
– durch elektronisches Dokument F 18
– durch E-Mail F 22
– durch Fax F 17
– Fristwahrung F 14
– mehrfache durch Denselben F 26
– Parteiwechsel F 57
– unzulässig & Anschlussrechtsmittel F 64
– Verjährung F 49
– Zurückverweisung an LG F 58
Berufungsbegründung F 27
– durch RA erarbeitet F 12
– Gehörsverstoß F 30
– Heilung F 32
– mehrere Streitgegenstände F 28
– neue Angriffsmittel F 31
– Unterzeichnung F 11
Berufungsbegründungsfrist F 5
Berufungsfrist F 5
– Anhörungsrüge F 6
Berufungsrücknahme F 79
Berufungsverfahren F 5
– eingeschränkte Aufrechterhaltung des Patents F 39
– Rechtsmittelgegner F 7
– Verspätungsrecht F 36
– Verspätungsrecht und revisionsrechtliche Kontrolle F 37
Berühmung
– Aufgabe der D 555
– konkludente G 14
Beschlagnahmesituation B 247
Beschleunigungsantrag E 925
Beschränkung
– in deutscher Sprache A 4
Beschränkung im Erteilungsverfahren A 229
Beschreibung
– Anpassung nach Teilwiderruf A 124
Beschwer
– Auskunft J 167
– eidesstattliche Versicherung J 169
– einseitige Erledigungserklärung J 185
Beschwerdeverfahren
– Erteilung im ... und Patentschutz A 319
Beschwerdewert
– Besichtigungsgutachten B 181
Beseitigungsanspruch D 657
– Auslandspatent D 996
– Generikaprodukt D 659
– nach Ablauf des Patentschutzes D 653
– Vergabeverfahren D 660
Besichtigung
– Dringlichkeit B 116
– GeschGehG B 142
– Schadenersatzpflicht B 196
– Vorwegnahme der Hauptsache B 116
Besichtigung im Ausland B 36, 92, 208
Besichtigungsanordnung
– Anhörungsrüge B 182
– Gegenvorstellung B 182
Besichtigungsanspruch B 10
– »kleine« Wegnahme B 80

- Anfertigung von Filmaufnahmen B 68
- Antragsgegner B 24
- Antragsteller B 23
- Datenträger B 80
- digitale Daten B 80
- Durchsuchung B 71
- einstweilige Verfügung B 88
- einstweiliger Rechtsschutz B 84
- Entbehrlichkeit der Abmahnung C 195
- Entschädigungsanspruch B 25
- Erforderlichkeit B 38
- Erstbegehungsgefahr B 24
- EU-Richtlinie über den Schutz von Geschäftsgeheimnissen B 48
- Gebrauchsmuster B 22
- Geheimhaltungsinteressen B 45
- Geheimhaltungsinteressen Dritter B 45
- Hauptsacheklage B 84
- Herausgabevollstreckung B 80
- Hilfsantrag B 86
- Mitnahme von Mustern B 68
- Musterantrag zum Düsseldorfer Verfahren B 117
- Rechtfertigungsgründe B 160
- Rechtsbeständigkeit B 21
- selbständiges Beweisverfahren B 89
- Stilllegung von Maschinen B 68
- Stufenklage B 85
- Substanzzerstörung B 70
- Verfügungsgewalt B 35
- Verhältnismäßigkeit B 49
- Vorbenutzungsrecht B 160

Besichtigungsanspruch aus PatG B 19
Besichtigungsanspruch nach BGB B 13
Besichtigungsgutachten
- Aushändigung B 132
- Aushändigung an Anwälte des Besichtigungsgläubigers B 137
- Aushändigung an Besichtigungsgläubiger persönlich B 141
- Aushändigung an Besichtigungsschuldner B 136
- Aushändigung bei Antragsüberschreitung B 145
- Aushändigung und Anfechtbarkeit B 180
- Aushändigung und Rechtskraft B 151
- Beschwerdewert B 181
- Muster für Freigabe B 152
- Muster für Gutachtenfreigabe B 137
- Reichweite der Verschwiegenheitsanordnung B 171
- Unzuständigkeit B 111
- Verwertung gegenüber Dritten B 134

Besichtigungskosten
- Verletzung bleibt ungeklärt C 197
- Verletzungsverdacht bestätigt C 198
- Verletzungsverdacht widerlegt C 196

Besichtigungsmaßnahmen B 61
Besichtigungsstandort B 72
Besichtigungsumfang B 112
- Antragsüberschreitung B 113

Besichtigungsverfahren
- Rechtsverteidigungskosten B 203
- und Berühmung G 13
- und negative Feststellungsklage G 13
- zweites B 99

Besichtigungszuständigkeit
- Sachpatent B 103
- veränderte Umstände B 105
- Verfahrenspatent B 104
- Vergabeverfahren B 106
- Verweisung B 108

Besitz A 429
Besonderer Mechanismus E 773
- Anzeige der Einfuhrabsicht E 799
- Arzneimittel E 781
- Beweislast E 804
- entsprechender Erzeugnisschutz E 782
- Kinderarzneimittel E 798
- Pädiatrische Verlängerung E 798
- Widerspruch gegen Einfuhr E 802

Besorgnis
- der Befangenheit J 78

Bestreiten
- Ausräumung des Vermutungstatbestandes E 189
- Beherrschungsverhältnis E 177
- Berufungsverfahren E 186
- Beweislastregel E 188
- Beweisvereitelung E 181
- des Streithelfers G 460
- des Verletzungsvorwurfs E 167
- Erkundigungspflicht E 175
- gesteigerte Substantiierungspflicht des Beklagten E 170
- Händler E 178
- Herstellungsverfahren E 188
- methodische Einwände E 171
- mit Nichtwissen E 175
- mit Nichtwissen durch Streithelfer E 184
- Nachlässigkeit E 186
- protective order E 185
- prozessuale Wahrheitspflicht E 167
- Schriftsatznachlass E 186
- Spediteur E 176
- Substantiierungslast E 169
- Verfahrenserzeugnis E 188
- verspätetes E 186
- vorweggenommenes E 174

Betätigung des Erfindungsbesitzes E 642
- Antrag auf arzneimittelrechtliche Zulassung E 643
- Eigeninteresse E 644
- Herstellen E 642
- Prototyp E 642
- unverkäufliches Modell E 642
- Veranstaltungen zur alsbaldigen Aufnahme der Benutzung E 643
- Zusammenstellungszeichnung E 643

Betriebsgeheimnis B 221
Betroffensein
- des Patentinhabers nach Lizenzvergabe D 347

Sachregister

Beweisbeschluss
– Anfechtbarkeit J 20
– entgangener Gewinn J 141
– Lizenzanalogie J 140
– Miterfinderquote J 143
– Verletzergewinn J 142
Beweiserhebung
– fehlerhafte oder überflüssige J 26
Beweiskraft
– des Tatbestandes F 1
Beweislastentscheidung J 155
Beweismittelverlust B 94
Beweissicherung B 10
Beweisvereitelung B 129; E 181
Beweisverwertungsverbot
– bei Messefoto J 154
Bezugsgröße I 127
Bezugszeichen A 41
Bieterausschluss
– wegen Patentverletzung A 667
Bilanz B 79
Bioäquivalenzprüfung
– Roche-Bolar-Regel E 1087
– Versuchsprivileg E 1082
Biosimilar G 76
Blasenkather-Set A 105
Bohrinsel A 326
Bösgläubigkeit E 707
Bote A 406; D 41
Buchungsbeleg B 79

C

carve-out A 532
CD B 238
CE-Kennzeichnung
– Erschöpfung E 770
– Passivlegitimation D 371
CEN/CENELEC E 331
Checkliste
– für Beklagte E 1098
– für Kläger D 1086
China
– Zustellung in D 89
Cholesterinblocker A 301
CIP
– Erschöpfung E 821
CISG G 509
claim charts E 580
CMR
– Erschöpfung E 819
Codierverfahren
– Schutz gegen Decodierung A 458
cross-label-use A 509
Curcumin A 387

D

Dämmstoffplatte A 8
Darlegungslast
– patentfreie Verwendungsmöglichkeit A 625

Datenbank
– Einsicht in B 239
Datenbus A 219
Datenmengenbegrenzung D 417
Datenschutz-GrundVO D 821
Decodierung A 458
Deeplink A 417
Definition des Analyseverfahrens A 61
Definition in Fachbüchern A 64
demnächst G 435
– Hemmung E 883
Derivativer Sachschutz A 454
Designstudie A 392
Detektiv
– Kostenerstattung B 464
Diagnoseverfahren A 460
Dieselkraftstoffadditiv A 69, 262
Differenzierung
– technisch sinnlose A 30
DIN E 331
Disclaimer
– wegen unzulässiger Erweiterung A 49
Discovery B 210
Discovery-Verfahren
– Kostenerstattung B 436
Diskette B 238
Diskreditierungsschaden I 267
Diskriminierung
– Wettbewerbsbeeinträchtigung E 317
Divisional Game
– einstweilige Verfügung G 104
DNA-Analyse A 440
DNS-Sperre D 417
Dokumentenpauschale B 396
Dolmetscherkosten B 452
Domain
– Verpächter einer D 423
Doppelahndung H 195
Doppelqualifikation
– Anwaltskosten B 407
Doppelschutzverbot E 160
– Beweislast E 165
– Personenverschiedenheit E 163
– positive Benutzungsrechte E 162
– Prioritätsprüfung E 160
– Wirkungsverlust E 161, 164
doppelter Inlandsbezug A 592
doppelter Vorsatz D 369
Doppelvertretung
– im Gebrauchsmusterlöschungsverfahren B 431
– Parteiidentität B 430
Drei-Klingen-Rasierer A 259
Dringlichkeit G 162
– Abwandlung G 180
– Abwarten der Einspruchsentscheidung G 192
– Abwarten der Einspruchsfrist G 198
– Abwarten der Entscheidungsgründe G 195
– Abwarten weiterer Rechtsbestandsentscheidung G 193
– Asset-deal G 163
– Aufhebungsverfahren G 215

- bei laufendem Hauptsacheprozess G 190
- Berufungsverfahren G 214
- Beschleunigungsantrag G 196
- Due-Diligence-Prüfung G 163
- Einstellung der Verletzungshandlungen G 179
- Fristverlängerungsantrag G 200
- gekündigter Lizenzvertrag G 169
- Kenntnis von Angestellten G 185
- Laboruntersuchungen G 173
- Marktbeobachtungspflicht G 166
- nach Aufhebung G 323
- Nachforschungspflicht G 172
- Nachschieben von Verletzungshandlungen G 181
- Nichtvollziehung G 204
- Patentholdinggesellschaft G 186
- Recherche des eigenen Schutzrechtsbestandes G 205
- Rechtsprechungsänderung G 188
- Schutzrechtsbestand G 205
- SEP G 176
- Terminverlegungsantrag G 200
- theoretische Umstände G 177
- trotz Hauptsacheklage G 182
- Vergleichsverhandlungen G 199
- Verlängerung der Berufungsbegründungsfrist G 214
- Verletzungshandlungen Dritter G 184
- Versäumnisurteil G 203
- Vertagung G 214
- Verzögerung bei Patenterteilungsverfahren G 187
- Vollstreckungseinstellung G 215
- Vollstreckungsverzicht G 202
- zeitnahe Hauptsacheklage G 197

Drittaufwendungen B 434
Drittauskunft D 787
Drittbestimmung
- SEP mit FRAND E 481

Drittbestimmungsrecht
- angebotsgerechte Erfüllungshandlungen E 373
- Lizenzangebot E 352

Dritt-Gutachten J 17
Drittschadensliquidation I 12
Druckbalken B 14
Druckvorrichtung A 159
DS-GVO D 821
Duldungsanordnung bei Besichtigung
- Anfechtbarkeit B 186

Durchfuhr A 430
- Grenzbeschlagnahme B 248
- Verletzung eines Auslandspatents im Zielland A 431

Durchgriffshaftung
- Prozessführungsgesellschaft D 344

Durchschnittsfachmann A 133
Durchsuchungsanordnung
- Anhörung des Besichtigungsschuldners B 124
- Gerichtsvollzieher B 129
- Muster B 126
- Polizei B 129

Durchsuchungsanspruch B 71

E

ebay D 380
- Antragsfassung D 386
- Dienstleister für Fremdangebote D 382
- Eigenangebote D 381

EG-VO 1206/2001 B 208
EG-VO 1393/2007 D 72
eidesstattliche Versicherung H 297
- Abnahme H 318
- Ausländer H 317

Eidesstattliche Versicherung
- bei Unmöglichkeit der Rechnungslegung H 272

eidesstattliche Versicherung
- gesetzlicher Vertreter H 316
- Haftbefehl H 318
- Klageantrag H 312
- Nachbesserung H 321
- Patentstreitsache H 315
- überholte Angaben H 311
- Vollstreckungsgericht H 318

Eigenverwaltung D 479
Eignung
- verloren gegangene A 424

einfache Lizenz D 327
- Abtretung D 333
- Ausland D 335
- Bestreiten D 335
- Eigeninteresse D 330
- Entschädigung D 333
- Ersatz eigenen Schadens D 333
- gewillkürte Prozessstandschaft D 328
- Prozessführungsermächtigung D 329
- Prozesskostensicherheit D 335
- Rechnungslegung D 333
- Rückrufanspruch D 328
- Schadenersatz D 333
- Unterlassungsanspruch D 328
- Vernichtungsanspruch D 328

Einfuhr A 429
Eingangsstempel F 24
Einschreiben mit Rückschein D 94
Einsichtsrecht
- in Bücher D 947

Einspruchsverfahren
- Kostenerstattung B 433

Einstellung der Zwangsvollstreckung H 40
- anhängiges Zwangsmittelverfahren H 61
- außergewöhnliche Nachteile H 64
- Aussetzungsanordnung des Berufungsgerichts H 53
- Beschwerde H 74
- Beweisanordnung des Berufungsgerichts H 52
- einstweilige Verfügung G 351
- Heraufsetzung der Sicherheitsleistung H 43
- Hilfsanträge H 59

1601

- Klagepatent erstinstanzlich aufrechterhalten H 60
- Klagepatent erstinstanzlich vernichtet H 54
- Lizenzangebot H 42
- mittelbare Patentverletzung H 71
- Nichtigkeitsverhandlung vertagt H 55
- offenkundige Unrichtigkeit H 49
- ohne Sicherheitsleistung H 65
- qualifizierter Hinweis H 56
- Revision H 75
- Rückrufanspruch H 72
- SEP H 51
- Sofort-Einstellung H 73
- Stopp-Beschluss H 73
- Teilvernichtung des Klagepatents H 63
- Vernichtungsanspruch H 72
- Voraussetzungen H 44
- Vorbescheid H 56
- weiterer Stand der Technik H 62
- Wirtschaftsprüfervorbehalt H 43

Einstweilige Verfügung G 34
- Abräumer G 119
- Abschlusserklärung G 366, 373
- Abschlussschreiben G 366
- amtliches Rechtsbestandsgutachten G 67
- Angriff aus gewürdigtem Stand der Technik G 68
- Anhörung ausländischer Antragsgegner G 235
- anonymer Hinweisgeber G 41
- Anspruchskombination G 112
- Antragsrücknahme G 251
- Anwaltszwang G 252
- Äquivalenz G 51
- Aufhebung wegen veränderter Umstände G 303
- Auskunftsanspruch G 34
- ausländische Aufrechterhaltungsentscheidung G 66
- ausländisches Recht G 43
- außergewöhnliche Umstände G 69
- Aussetzung G 254
- Bankbürgschaft H 27
- bei SEP E 529
- Beispiele für Erlass G 133
- Beispiele gegen Erlass G 147
- Beschlussverfügung G 236
- Darlegungslast für Rechtsbestand G 55
- Divisional game G 104
- Dringlichkeit G 162
- Drittbeteiligung am Erteilungsverfahren G 62
- Einstellung der Zwangsvollstreckung G 351
- Erledigungserklärung G 253
- EuGH-Vorabentscheidung C-44/21 G 81
- Folgen einer kontradiktorischen Rechtsbestandsentscheidung G 92
- Generika G 70
- gerichtliche Hinweise G 232
- GfK-Bericht G 40
- Glaubhaftmachung G 39
- Glaubhaftmachungslast G 120
- haltlose Einwendungen gegen Rechtsbestand G 65
- kontradiktorische Rechtsbestandsentscheidung G 56
- Kostenwiderspruch G 244
- Messeauftritt G 119
- neben Arrest G 36
- negative Feststellungsklage G 218
- offenkundige Vorbenutzung G 117
- offensichtliche Rechtsverletzung G 38
- ohne kontradiktorische Rechtsbestandsentscheidung G 60
- parallele Hauptsacheklage C 199
- Patenterteilung im Beschwerdeverfahren G 59
- Prozesskostensicherheit E 15
- Rechnungslegungsanspruch G 34
- rechtliches Gehör G 221
- Rechtsbestand des Verfügungspatents G 53
- Rechtsmittel G 250
- Schadenersatz G 297
- Schadenersatzanspruch G 34
- Schutzschrift G 354
- schwierige Rechtsfrage G 49
- Sicherheitsleistung G 118
- Sondersituation im Patentrecht G 44
- später Widerspruch G 113
- Torpedo G 218
- Unterlassungsanspruch G 34
- Verfügungsanspruch schlüssig, aber nicht glaubhaft G 42
- Verfügungspatent erstinstanzlich widerrufen G 109
- Verjährung des Verfügungsanspruchs G 253
- Vernichtungsanspruch G 34
- Verspätungsrecht G 255
- Verstoß gegen Waffengleichheit G 237
- Vollziehung G 256
- Vollziehung der Unterlassung G 260
- Vollziehungsschaden G 297
- Vorabentscheidungsersuchen G 254
- während Vindikation E 745
- Widerspruch G 238
- Zuständigkeit G 220
- zweites EV-Gesuch G 211

Einzelkaufmann
- UmwG D 369

Einziehungsermächtigung D 335
elektronischer Verweis D 384
elektronisches Dokument
- Parteizustellung G 268

Empfangsort A 399
- weiterer D 43

Empfangsvertreter A 407; D 42
Endverbraucher
- stillschweigende Lizenzerteilung E 854

Entbehrlichkeit der Abmahnung C 174
- bei Besichtigungsanspruch C 195
- bei Vernichtungsanspruch C 189
- bei Vindikationsanspruch C 194

Entfernungsanspruch
- aus den Vertriebswegen D 1008, 1053

- Klageantrag D 1055
- Verbringung ins Ausland D 1054

entgangener Gewinn I 251
- Beweisbeschluss J 141
- Gewinnkalkulation I 257
- Mindestschaden I 251
- mutmaßliche Umsatzgeschäfte I 253
- Rückruf I 256
- selbständiges Beweisverfahren I 262
- USt I 261
- Zinsen I 259

Entschädigungsanspruch D 697
- bei fremdsprachiger Patentschrift B 357
- Beschränkung des Klagepatents D 700
- Gesamtschuldner D 704
- Geschäftsführer D 703
- Haftungszeitraum D 702
- Karenzmonat D 701
- Lizenzanalogie D 705
- mittelbare Benutzung D 699
- Übersetzung D 698
- verjährt D 706

Entschädigungsklage
- Aussetzung D 707
- Patentstreitsache D 707

Entwurf eines Rechtsbestandsangriffs
- Kostenerstattung B 435

Erfindungsbesitz E 636
- Betätigung E 642
- redlich E 641
- Versuch E 638

ergänzendes Schutzzertifikat A 280
- Anspruchskategorie A 284
- doppelte Schutzbereichsprüfung A 283
- Erschöpfung A 294
- Klageantrag A 285
- mehrere Zertifikate für denselben Wirkstoff A 293
- rechtskräftiges Urteil A 296
- Schutzbereichsbestimmung A 281
- Unterwerfungserklärung gegenüber einem Zertifikatinhaber A 297
- Wirkstoffkombination A 286

Erhöhungsgebühr
- Deckelung B 446

Erklärungsfrist
- für Abschlusserklärung G 366

Erledigung
- NZB F 133

Erledigung der Hauptsache
- mangelnde Zuständigkeit D 37

Erledigungserklärung
- Beschwer J 185

Ermittlungsverfahren B 222
Ersatzordnungshaft H 219
Ersatzteil A 600
Ersatzteile
- Patentschutz A 653

Ersatzursache
- und Schadenersatz I 33

Ersatzzustellung F 5

Erschöpfung E 761, 811, 812
- »erweiterter« Erschöpfungsbegriff E 767
- Alleinvertriebshändler E 762
- Anbieten E 822
- Auflage E 823
- bei vorübergehender Gebrauchsüberlassung E 811
- Besonderer Mechanismus E 773
- Beweislast E 808
- Beweislast für Freilizenz E 809
- CE-Kennzeichnung E 770
- CIP E 821
- CMR E 819
- EU E 771
- EWR E 771
- externes Versandverfahren E 822
- Feststellung der Verkehrsauffassung E 849
- FRAND-Lizenz E 582
- im Zwangsmittelverfahren H 266
- implizite Lizenz E 772
- innerer Vorbehalt E 770
- Inverkehrbringen E 810
- Konzerngesellschaft E 762
- Laufkranz E 843
- Lizenznehmer E 761
- nachträgliche E 764
- Neuherstellung E 825
- normative Verkehrsauffassung E 851
- objektbezogen E 765
- Palettenbehälter E 845
- Parallelpatent E 771
- Pipettensystem E 844
- Selbstverpflichtung E 856
- Software E 848
- Spediteur E 810
- Spezieller Mechanismus E 773
- Teillieferung E 767
- Testgerät E 810
- Testkauf E 816
- Transportvertrag E 818
- unmittelbares Verfahrenserzeugnis E 761
- unwirksamer Lizenzvertrag E 763
- Verfahrenspatent E 852
- Verschleißteil E 825
- Verschrottung E 812
- Vertragsverstoß des Lizenznehmers E 824
- Warenbewegung innerhalb des Konzerns E 822
- Wegwerfartikel E 825
- Wiederaufbereitung von Tonerkartuschen E 856
- Wiederverkäufer E 823
- Zoll E 820
- Zolllager E 810
- Zubehör E 830
- Zwischenprodukt E 767

Erstbegehungsgefahr D 547
- Antwortpflicht D 550
- Arzneimittelzulassung für Generikum D 550
- Auslandsmesse D 552
- Benutzung während des Offenlegungszeitraumes D 549

- Berühmung D 548
- Beseitigung D 555
- CE-Zertifizierung D 553
- Entstehung D 548
- Lauer-Taxe D 550
- negative Feststellungsklage im Ausland D 551

Erstes Zertifikat
- Wirkstoffkombination A 310

Erteilungsakte A 109
- Bedeutung für Aussetzung E 949

Erteilungsverfahren
- rechtsmissbräuchlich verzögert E 105

ETSI E 331
EU-BeweisVO B 208
EuGVÜ D 2
EU-Kartellverfahren
- Aussetzung wegen E 626

EU-Patentanwalt B 407
EU-Zustellung D 72
- Annahmeverweigerung D 73
- Einschreiben mit Rückschein D 94
- Übersetzungskosten D 80
- vereinfachte Postzustellung D 97

EuZVO D 72
Exequaturverfahren H 225
Export-VO E 1089
- 6-Monatsfrist E 1092
- Ausfuhr in Drittland E 1091
- verbundene Handlungen E 1093

externer Versand B 274
Ezetimib A 301

F

Fachinformation A 501
Fahrlässigkeit
- leichte D 726

Fahrzeugplane A 96
fair & reasonable E 419
falsa demonstratio A 44
Falschbezeichnung A 44
Farbspritzpistole A 65
Fassadenlüftungselement A 583
Faxkarte B 14
Federspanner A 239
fehlerhafte Übersetzung
- guter Glaube B 354

Fertigprodukt A 178
feste Vertragsstrafe C 21
Feststellungsantrag
- Kausalanteil D 779
- Lizenzsatz D 779
- neben Rechnungslegung D 778
- Zinsen auf Gerichtskostenvorschuss D 781

Feststellungsklage
- isolierte auf Löschungsreife E 1052
- negative G 1
- negative im Ausland E 118

fiktiver Stand der Technik
- Prioritätsprüfung E 993

File-Hosting-Dienst D 389

Filtersoftware D 383
Firmenänderung D 272
Fliesenboden A 607
Formmangel
- Treuwidrigkeit der Berufung auf D 364

Formstein-Einwand A 196, 265
- Kompetenzverteilung A 270
- mehrere Entgegenhaltungen A 268
- Stand der Technik als ganzer A 267

Forschungswerkzeug
- Roche-Bolar-Regel E 1087
- Versuchsprivileg E 1082

Fortsetzungszusammenhang C 23
- Ordnungsmittelverfahren H 158
- Vertragsstrafe C 113

Foto
- auf Messe J 154

Fotobeweis J 154
Frachtführer D 426
FRAND
- Geheimnisschutz D 128, 212
- zeitliche Reihenfolge der Verhaltenspflichten E 469

FRAND-Erklärung
- Anrechnungsklausel E 413
- Art 101 AEUV E 400, 410
- Auskunft E 428
- Bereicherungsausgleich E 428
- Bestimmung der FRAND-Lizenz E 558
- Beweislast E 487
- Bindung bei Patenterwerb E 383
- deklaratorisch/konstitutiv E 396
- derzeit unbegründete Klage E 427
- Diskriminierung E 411
- Drittbestimmung E 481
- Endkundengeschäft E 437
- Entschädigung E 428
- Erstlizenz E 420
- fair & reasonable E 419
- Folgelizenzen E 420
- Folgen für Auskunftsanspruch E 527
- Folgen für Rechnungslegungsanspruch E 527
- Folgen für Schadenersatzanspruch E 525
- Gegenangebot E 472
- gerichtlich herbeigeführte Lizenzen E 425
- Großhandelsgeschäft E 437
- Hersteller E 435
- Inhalt des Lizenzangebots E 437
- invitatio ad offerendum E 433
- Kappungsgrenze E 413
- Klagbarkeitsvorraussetzung E 427
- Kosten und Gewinne E 527
- Kreuzlizenzen E 412
- Lizenzangebot durch Patentinhaber E 431
- Lizenzbitte E 457
- Lizenzgebührenrabatt E 413
- Lizenzpraxis und Vortragslast E 414
- nachträgliche E 382
- Pauschallizenz E 412
- Pflichten »vor Klageerhebung« E 470
- Ratenzahlung E 413
- Rechnungslegung E 428

- Recht des Schutzlandstaates E 409
- rechtliche Bedeutung E 394
- Referenzkunde E 412
- Rückruf E 428
- Schadenersatz E 428
- Schutzrechtsablauf E 429
- Sicherheitsleistung des Lizenzsuchers E 518
- Standardlizenzvertrag E 433
- Übergang der E 383
- Umstellung des Lizenzmodells E 423
- Unterlassungsanspruch E 428
- unwiderruflich E 382
- Urteilsveröffentlichung E 428
- Verletzungsanzeige E 448
- Vernichtung E 428
- Versäumnisse des Patentinhabers E 500
- Versäumnisse des Verletzers E 511
- Verspätungsfragen E 489
- Vertragsbeendigung E 422, 486
- Vertreiber E 435
- Verzicht auf Unterlassungsanspruch E 395
- zeitliche Reihenfolge der Verhaltenspflichten E 469
- Zulieferer E 435
- Zweckübertragungstheorie E 398

FRAND-Erklärung des Rechtsvorgängers E 383

FRAND-Lizenz
- Anfechtbarkeit einer Vorlageanordnung E 602
- Anpassungsklausel E 576
- bei der Poollizenz E 565
- Benutzung der Portfoliopatente E 577
- Bestimmung der E 558
- claim charts E 580
- Datenraum E 598
- Ermittlung E 586
- Erschöpfung E 582
- Höhe E 586
- Konzernlizenz E 583
- Kosten/Nutzen-Ansatz E 590
- Lizenzgebiet E 583
- Lizenzierungswunsch des Beklagten E 562
- lizenzpflichtige Schutzrechte E 561
- Lizenzwiderstand des Beklagten E 564
- materieller E 603
- Pauschallizenz E 612
- Poollizenz E 585
- Proud-list E 580
- Rechtsbestand der Portfoliopatente E 576
- Schutz von Betriebsgeheimnissen E 596
- Stücklizenz E 591
- Vergleichsmarktkonzept E 591
- Vertriebsstufe E 589
- Verwertungskette E 563
- Vorlage der Lizenzverträge E 600
- vorlagenfreie Ermittlung E 606
- Vorlagepflicht E 596

FRAND-Lizenzangebot
- Geheimhaltungsabrede E 439
- Klarheit der Regelungen E 440
- Lizenzgebühr & Berechnung E 441

- Regelungsdichte E 439

Freilager B 253
Freilizenz D 349
Freistellungsanspruch C 56
Freistellungsversprechen G 501
Freistellungszusage G 547
Freizone B 253
Frist zur Klageerwiderung C 175
Fristverlängerung
- Dringlichkeit G 214

Frühzeitige Überlassung B 292
funktional abgefasste Merkmale A 144
Funktionsangabe A 91
Funktionsorientierte Auslegung A 68
Funktionsprüfung A 575

G

Garagentor A 154, 363; D 980
Garantiehaftung I 18
Garantieklage
- ausländische G 523

Gattungsbezeichnung A 28
GbR
- Abmahnung C 18
- Aktivlegitimation D 302

Gebrauchen A 428
- im Vergabeverfahren A 428

Gebräuchlicher Fachbegriff A 64
Gebrauchsanleitung A 488
Gebrauchsmuster E 1035
- Aussetzung E 1039
- geänderte Schutzansprüche B 367
- isolierte Feststellungsklage auf Löschungsreife E 1052
- Löschungsantrag E 1039
- Löschungsreife als Nichtverletzungsargument E 1043
- Recherchekosten des Klägers B 479
- Verteidigung mit Löschungsreife E 1038
- Zwischenfeststellungswiderklage E 1044

Gebrauchsmusterabzweigung
- bei Vindikationsklage E 729

Gebrauchsmusterakte B 367
Gegenabmahnung C 132; G 9
Gegenabmahnungskosten C 132
Gegenangebot E 472
Geheimhaltungsanordnung B 221
- ausländische D 255
- Muster Teil 1 D 163
- Muster Teil 2 D 178

Geheimhaltungsinteressen
- Zeitpunkt B 148

Geheimhaltungsvorbehalt
- stillschweigender E 649

Geheimnisschutz
- Anfechtbarkeit D 244
- Antrag D 136
- Antragsbegründung D 227
- Antragsteller D 221
- bedingter Sachvortrag D 205
- bei Rechnungslegung H 260

1605

Sachregister

- Belehrung D 217
- Einstufung als geheimhaltungsbedürftig D 154
- Ermessen D 192
- FRAND D 128, 212
- FRAND-Lizenzverträge D 147
- im Ausland D 255
- im Gerichtsverfahren D 115
- im vorgerichtlichen Raum D 127
- limitierter Kreis von Wissensträgers D 165, 219
- Lizenzvertrag D 128
- Nichtentscheidung D 207
- Ordnungsmittel D 232
- Patentstreitsache D 120
- rechtliches Gehör D 215
- Rechtskraft der Aufhebungsentscheidung D 203
- sachliche Beschränkung D 173
- Schadenersatz D 242
- Schutzmaßnahmen D 153
- Selbstbindung des Gerichts D 211
- Streithelfer D 136, 171, 213
- Streitwert D 252
- Untätigkeitsbeschwerde D 208
- veränderte Umstände D 200
- Verschulden D 235
- Vertragsstrafeversprechen D 131
- Vollstreckungsverfahren D 121
- Vortragslast D 150
- Zuständigkeit D 214
- Zuwiderhandlung D 232

Geheißerwerb
- als Zuwiderhandlung H 144

Gehilfe D 369

Gemeinkosten
- Beweislast I 179
- Verletzergewinn I 175

Genanomalie A 440, 461

general partnership D 489

Generika
- Einstweilige Verfügung G 70

Generikahersteller
- Privilegierung E 1085

Geräuschdämmung A 188

Gerichtsgebühren
- verbundene Nichtigkeitsklagen B 432

Gerichtskostenvorschuss J 156
- Restitutionsklage G 435

Gerichtsstandsklausel
- Ausbeutung durch E 325
- und Diskriminierung E 318

Gerichtsstandsvereinbarung
- Internationale Zuständigkeit D 36

Gesamtgläubiger
- Bankbürgschaft H 25

Gesamtlizenzbelastung E 323

Gesamtrechtsnachfolge D 272
- im Anwaltsprozess D 273

Gesamtvorrichtung B 495
- Lizenzanalogie I 128
- Schadenersatz D 754

Geschäftsführer
- Abberufung D 440
- Abmahnung des unzuständigen D 439
- Anforderungen an Ressortaufteilung D 435
- Haftung für Handeln als Einzelkaufmann D 446
- mehrere D 434
- mit unterschiedlichen Zuständigkeitsbereichen D 434
- Niederlegung des Amtes D 440
- Passivlegitimation D 428
- Registerstand D 443
- Verlust des D 487
- Wechsel des D 444

Geschäftsführung ohne Auftrag C 44

Geschäftsgebühr
- Anrechnung C 70

Geschäftsgeheimnis B 221; D 140

GeschGehG
- Besichtigung B 142

Gesetzesänderung
- Unterlassungsanspruch D 519
- Wiederholungsgefahr D 521

gesetzlicher Vertreter
- Passivlegitimation D 428

Gestattungsanordnung D 868

Gewährleistungshaftung
- wegen Patentverletzung G 504

Gewerbebetrieb
- Grenzbeschlagnahmeverfahren B 297

Gewinneinbuße
- als Vollstreckungsschaden I 38

GfK-Bericht G 40

Glasfaserplatten A 488

Glasplattenhalterung A 190

Glaubhaftmachung G 39
- anonymer Hinweisgeber G 41
- GfK-Bericht G 40

Gleichwirkung A 182
- mehrere konstruktive Maßnahmen A 192
- Verfahren A 184

Google D 391

Grenzbeschlagnahme B 243
- Abmahnung C 190
- Antrag auf gerichtliche Entscheidung B 320
- Auskunftsanspruch B 276
- deutsches Recht B 316
- Durchfuhr B 248
- Einfuhr B 248
- eingerichteter und ausgeübter Gewerbebetrieb B 297
- Einspruch B 296, 320
- Einziehung B 320
- Erkennungshinweise zu Schutzrechtsverletzungen B 318
- EU-Recht B 248
- frühzeitige Überlassung B 292
- Gebrauchsmuster B 255
- Kleinmengen B 289
- Kosten der Vernichtung B 300
- Lagerkosten B 300
- Lizenznehmer B 258

– Nichterhebungsverfahren B 274
– Paralleleinfuhren B 254
– Probennahme B 276
– Schadenersatz B 301
– Schutzschrift im Beschlagnahmeverfahren B 266
– Sicherheitsleistung B 317
– Überführung in den zollrechtlich freien Verkehr B 250
– Überlassung der Waren B 284
– Verdacht der Schutzrechtsverletzung B 262
– Vernichtung B 277
– Vernichtung im vereinfachten Verfahren B 278
– Warenverkehr zwischen Mitgliedstaaten B 254

Grenzbeschlagnahmeverfahren und SEP B 299
Grundpatentschutz
– Wirkstoffkombination A 304
Gutachterkosten
– Äquivalenz B 456
– Erstattungsfähigkeit B 454
– für Privatsachverständigen B 454
– konkreter Rechtsstreit B 459
– objektive Eignung B 458
– offenkundige Vorbenutzung B 457
– Quotelung B 461
– Stundensatz B 463

H

Haager Zustellungsübereinkommen D 71
Haftbefehl H 319
Haftungsvereinbarungen
– mittelbare Patentverletzung A 651
Halbzeug A 178
Hamburger Brauch C 24
Handelsbrief B 79
Handelsunternehmen D 522
Handelsvertreter D 369
Händler
– Bestreiten E 178
Handlungseinheit
– natürliche H 157
– rechtliche C 94, 111
Hauptniederlassung D 8
Hauptsacheklage
– nach Ablauf von Warte- und Erklärungsfrist G 368
– vor Ablauf von Warte- und Erklärungsfrist G 372
Hauptsachetitel
– Bankbürgschaft H 27
– Erledigung des eV-Verfahrens C 204
Hauptverwaltung D 7
Heilung
– bei mangelhafter Berufungsbegründung F 32
Hemmung
– Anschlussberufung E 889
– Auslandszustellung E 888
– demnächst E 883

– Erhebung der Klage E 877
– EuGVVO E 877
– Klagerücknahme E 889
– negative Feststellungsklage des Schuldners E 877
– selbständiges Beweisverfahren E 881
– Stillstand des Verfahrens E 890
– Streitverkündung E 882
– Zustellung eines Mahnbescheides E 878
Herausgabe
– des Titels G 397
Herausgabevollstreckung mit Sachverständigem B 83
Herstellen
– 3D-Druck A 362
– Ausbesserungen A 362
– Erstbegehungsgefahr A 378
– Neuherstellung A 362
– Territorialitätsgrundsatz A 362
– Umbauten A 375
– Zwischenprodukt A 363
Herstellerverwarnung
– Verschulden C 157
Herstellungsbetrieb D 522
Herstellungsverfahren A 458
– Körperlichkeit A 458
– Signalfolgen A 458
Hilfsmittel A 159
Hinterlegung
– kartellrechtliche Zwangslizenz E 372
Hinweise
– gerichtliche im eV-Verfahren G 232
Höheprozess
– berichtigte Rechnungslegung I 97
– Mitverschulden I 98
– neue Kostenfaktoren I 97
Honorargruppen J 75
Honorarverbindlichkeit C 56
Honorarvereinbarung B 377
Host-Provider D 390
Hyperlink A 415

I

IFA G 334
implied licence E 238, 772
implizite Lizenz E 238, 772
IMS Health E 305
Inanspruchnahme der Erfindung D 259
Indizwirkung
– Patentregister D 280
Industriestandard B 321
– Optionen B 323
– Vortragslast im Verletzungsprozess B 323
ingenieurmäßige Planung A 377
Inlandsvertreter D 62
– negative Feststellungsklage G 2
– Vollmacht D 63
Inlandswirkungen
– reflexartige A 410
»insbesondere« Merkmal A 47
insbesondere wenn-Antrag B 360; D 570

Insichprozess D 509
Insolvenz
– des Beklagten D 502
– Unterbrechung des Vollstreckungsverfahrens H 221
Insolvenzverfahren
– ausländisches D 503
– außerhalb der EU D 504
– innerhalb der EU D 505
Insulinpumpe A 19
Intel-Faktoren B 210
Internationale Zuständigkeit D 2
– auslänisches Patent D 9
– außerhalb der EU D 3
– Bündelpatent D 19
– doppelrelevante Tatsache D 25
– Entschädigungsanspruch D 19
– Erfolgsort D 18
– Erstbegehungsgefahr D 22
– Gerichtsstand der Streitgenossenschaft D 27
– Gerichtsstand des Beklagtensitzes D 5
– Gerichtsstandsvereinbarung D 36
– Handlungsort D 19
– Hauptniederlassung D 8
– Hauptverwaltung D 7
– Internetwerbung D 26
– negative Feststellungsklage am Deliktsort D 23
– negative Feststellungsklage am Sitz D 14
– Nichtigkeitseinrede D 11
– rügeloses Verhandeln D 33
– satzungsmäßiger Sitz D 6
– Teilnehmer einer unerlaubten Handlung D 20
– unerlaubte Handlung D 16
– veränderte Umstände D 15
– Verweisung D 4, 11
– Zuständigkeitsverlust D 12
Internet-Access-Provider D 391
Internet-Account D 379
Internetangebot A 411
– Beweis durch Ausdrucke A 414
– Disclaimer A 411
– Screenshots A 414
Internet-Auktionsplattform D 380
Internetausdrucke A 414
Internetwerbung
– Zuwiderhandlung H 139
Interventionswirkungen G 484
– Erstreckung nach Dt G 519
Inventar B 79
Inverkehrbringen A 421
invitatio ad offerendum
– FRAND-Erklärung E 433
IP-Sperre D 417
ISO/IEC E 331

J

Jahres- und Einzelabschluss B 79
Justizbeitreibungsordnung H 166

K

Kabeldurchführung A 270
Kaffeepadmaschine A 649
Kartellrechtliche Zwangslizenz E 252
– angebotsgerechte Erfüllungshandlungen E 366
– Art 101 AEUV E 268
– Ausbeutung durch Gerichtsstandsklausel E 325
– Ausbeutung durch Rechtswahlklausel E 326
– Ausbeutungsmissbrauch E 321
– auslizenziertes Patent (ohne SEP) E 312
– Bedarfsmarktkonzept E 270
– bereits auslizenzierrtes Patent E 254
– Beweislast für Ausbeutungsmissbrauch E 324
– Beweislast für Marktbeherrschung E 280
– Beweislast für Ungleichbehandlung E 320
– bisher nicht lizenziertes Patent E 253, 305
– Diskriminierung E 313
– Diskriminierung bei standardfreiem Schutzrecht E 314
– Diskriminierung bei standardgebundenem Schutzrecht E 315
– Diskriminierung durch Gerichtsstandsklausel E 318
– Diskriminierung durch Rechtswahlklausel E 318
– Einzellizenz E 328
– Erfüllung der Rechnungslegung E 369
– Erfüllung der Zahlung E 369
– Erfüllungshandlungen bei Drittbestimmungsrecht E 373
– gerichtliche Zuständigkeit E 535
– Gesamtlizenzbelastung E 323
– Hinterlegung E 372
– Kartellgerichte E 539
– kartellrechtliche Konzentrationsermächtigung E 538
– kartellrechtliche Vorfrage E 536
– Kartell-Torpedo E 283
– Klage auf Lizenzabschluss E 549
– Klageabweisung als derzeit unbegründet E 262
– Lizenzangebot (ohne SEP) E 345
– Lizenzvergabemarkt E 271
– Marktbeherrschung E 269
– Marktbeherrschung durch geistiges Eigentum E 272
– Marktzutrittsvoraussetzung E 276
– mittelbare Patentverletzung E 370
– Patentpool E 327
– Patentverwerter E 266
– Pool-Paketlizenz E 328
– Pool-Stücklizenz E 329
– Rechtsfolgen eines Kartellverstoßes E 374
– selektive Durchsetzung von Verbietungsrechten E 319
– SEP mit FRAND E 255, 381
– unangemessene Lizenzierungspraxis E 312
– Verhältnis zu § 24 PatG E 265
– Vermutung der Marktbeherrschung bei SEP E 275

– Vorzugskonditionen E 319
– Zulässigkeit des Kartellrechtseinwands E 257
– Zwischenfeststellungsklage E 364
Kartellsache
– Berufung beim allgemeinen OLG E 544
Kartell-Torpedo E 283
Kartellverstos
– Rechtsfolgen für Rechnungslegungsanspruch E 379
Kartellverstoß
– Auskunftsanspruch D 819
– Rechtsfolgen für Schadenersatzanspruch E 378
– Rechtsfolgen für Unterlassungsanspruch E 375
– Rechtsfolgen für Vernichtungsanspruch E 380
Kennzeichen B 5
Kerntheorie H 183
– Anerkenntnisurteil H 188
– streitiges Urteil H 185
– Versäumnisurteil H 187
Kettenschutz A 37
Kfz A 333
Kfz-Federbein A 658
Kfz-Scheinwerfer A 426
Klage
– aus Patent und parallelem Gebrauchsmuster E 1064
Klageänderung
– bei Teilvernichtung E 95
– Wechsel von unmittelbarer zu mittelbarer Verletzung A 574
Klageanlass
– nachwachsender C 187
Klageansprüche
– Anspruchskanon D 510
Klageantrag
– Äquivalenz D 566
– Auslandslieferung D 569
– Handlungsalternativen D 565
– Muster D 1061
– Umbau durch Abnehmer D 567
– wortsinngemäße Patentverletzung D 563
Klagebegründung D 1065
Klageerweiterung
– Anschlussrechtsmittel E 109
– Aussetzung E 127
– gegen weitere Verletzer D 463
– Präklusionsrecht E 104
– subjektive D 463
– weitere Ausführungsform F 62
– weitere Ausführungsformen E 94
– zusätzliche Schutzrechte F 63
– Zwischenurteil E 110
Klagenhäufung
– alternative D 457
– eventuelle D 456
– kumulative D 451
– Übergang zu anderer D 458
Klagenkonzentration E 67
– Abwandlung älterer Version E 75

– Aussetzung E 93
– Beweislast E 85
– dieselbe Handlung E 73
– einstweilige Verfügung E 72
– Enforcement-RL E 70
– Gebrauchsmuster E 71
– gleichartige Handlung E 73
– Klageerweiterung im Berufungsrechtszug E 96
– Klageerweiterung in erster Instanz E 91
– missbräuchliche Klageerhebung E 87
– Nebenanspruch E 87
– Präklusionsrecht E 104
– prozesshindernde Einrede E 67
– Sachdienlichkeit E 91, 97
– Verfahrenstrennung E 111
– Verfassungsrecht E 68
– Verschulden E 74
– Verteidigungssachverhalte E 84
– Zwischenurteil E 110
Klägeranschrift
– ladungsfähige D 111
Klägermehrheit B 448
Klagerücknahme E 11
– Anwaltskosten B 395
– Kosten E 11
Klageschrift
– Prozessbevollmächtigter angegeben D 114
Klageschutzrecht
– Eintragung als Inhaber B 358
– Status B 332
Klageveranlassung
– durch verweigerte Vertraulichkeitszusage D 127
Klageverfahren
– Zuständigkeit D 1
Klausel H 3
Kleinmengen B 289
Klemmen A 12
Kollegialgericht
– Verschulden D 721
Kombinationspatent A 576
– Einzelkomponenten A 425
– Komplettlieferung A 425
– scheinbares A 96
– Vernichtungsanspruch D 957
Kommissions-Prüfungsverfahren
– Eröffnung eines E 628
Kompatibilitätshinweis A 647
Kompetenzverteilung A 270
Kontoauszug B 79
Kontraproduktive Maßnahme A 50
Konzernlizenz D 310; E 363
Kopien B 238
Kosten
– Ablehnung wegen Befangenheit J 136
– CAD-Zeichnungen B 467
– der Avalbürgschaft H 36
– des Einspruchsverfahrens B 433
– Detektiv B 464
– Discovery-Verfahren B 436
– Entwurf eines Rechtsbestandsangriffs B 435

- Express-Recherche B 476
- für Handwerker B 473
- für Sicherheitsleistung B 493
- Generalimporteur B 474
- Modell B 470
- Privatgutachterkosten B 454
- Recherchekosten B 476
- Rechtsgutachten B 462
- Rohdaten B 467
- Rückkaufkosten B 469
- Schutzschrift G 358
- Testkauf B 465
- Übersetzungskosten B 480
- Websperre D 419
- zur Beschaffung der Abwendungssicherheit H 120

Kosten der Abmahnung C 41
Kosten und Gewinne
- Rechnungslegung H 273

Kosten- und Gewinnkalkulation B 79
Kostenerstattung
- Verjährung C 86

Kostenerstattungsanspruch
- gegen Auskunftsgläubiger D 903

Kostenfestsetzung
- Drittaufwendungen B 434
- gegen eigene Partei B 437
- Parteienmehrheit B 438
- Verzinsung B 494
- Zug um Zug B 466

Kostenfestsetzungsbeschluss
- geänderter Titel B 372
- Leistungsverweigerungsrecht B 371
- Rechtsbeschwerde B 497
- verjährte Kostenposition B 371

Kostenfestsetzungsverfahren
- Parteifähigkeit D 488
- Prozessfähigkeit D 488

Kostenfragen B 370
- Rechtsmittelverfahren B 421
- Streithelfer B 423

Kostenparallelität G 491
Kostentitel
- Umschreibung B 373

Kostenwiderspruch G 244
- als sofortiges Anerkenntnis C 178
- Besichtigungsanspruch B 186

Kraftfahrzeugsteckdose A 98
Kreditvertrag B 79
Kundenrundschreiben C 215
Kündigung
- des Unterlassungsvertrages C 95

Küstenmeer A 326

L

ladungsfähige Anschrift
- juristische Person D 113

ladungsfähige Beklagtenanschrift D 112
ladungsfähige Klägeranschrift D 111
Lagerhalter D 426

Lagerkosten
- Grenzbeschlagnahme B 300

Laserdrucker A 663
Lauer-Taxe
- Zuwiderhandlung H 140

Laufkranz E 843
Leasingvertrag
- Schadenersatz D 751

Lederschuh A 178
Legaldefinition A 60
Legionellen A 272
Leistungsschau A 392
lex fori protectionis D 288, 321
Lieferkette E 327
Lieferung A 421
- Ausland ins Ausland A 327
- umfassendere Verkaufseinheit A 426

Lizenz
- implizite E 238
- Kombinationspatent E 768
- stillschweigende Erteilung E 768
- Systempatent E 768

Lizenzabschlussklage E 549
- Nicht-SEP E 551
- SEP mit FRAND E 553

Lizenzanalogie I 104
- ausschließlich verletzende Werbung I 133
- bei Verletzerkette I 94
- Beweisbeschluss J 140
- Bezugsgröße I 127
- Gesamtvorrichtung I 128
- lizenzerhöhende Faktoren I 138
- lizenzmindernde Faktoren I 149
- Lizenzsatz I 136
- Lizenzverträge nach Abmahnung I 111
- Nachlizenzierung I 111
- Orientierung an ausschließlichen Lizenzen I 116
- patentneutrale Teile I 129
- revisionsrechtliche Überprüfung I 126
- Rückrufkosten I 124
- Schadensersatzleistungen an Abnehmer I 123
- Schadenspauschalierung durch Verdoppelung der Vertragslizenz I 155
- Sonderausstattung I 128
- standardessenzielle Patente I 118
- Stücklizenz I 134
- tatsächlich abgeschlossene Lizenzverträge I 110
- Umsatz als Bezugsgröße I 132
- USt auf Lizenzgebühren I 166
- Verfahrenserfindung I 131
- Verkehrsüblichkeit I 108
- Verletzerzuschlag I 137
- Zinsen auf Lizenzgebühren I 156
- Zinseszinsverbot I 165

Lizenzangebot
- Angabe der Lizenzgebühr E 352
- Auslandsbenutzungen E 362
- Bedingung E 353
- Drittbestimmungsrecht E 352
- Händler E 360

- Hersteller E 360
- Kündigungsrecht E 356
- ohne Lizenzbitte E 462
- ohne SEP E 345
- Rechtsbestand E 475
- Rückforderungsvorbehalt E 475
- Rückzahlungsklausel E 353
- Schadenersatzhaftung anerkennen E 358
- Territorien außerhalb des Klagepatents E 368
- Zulieferer E 359

Lizenzbereitschaft
- allgemeine E 463
- konkrete E 463

Lizenzbereitschaftserklärung E 548, 757

Lizenzbitte E 457
- allgemeine Lizenzbereitschaft E 463
- Anforderungen an E 459
- konkrete Lizenzbereitschaft E 463
- und anti-suit-injunction E 460

Lizenzen
- gerichtlich herbeigeführte als Diskriminierungsmaßstab E 425

Lizenzerteilung
- stillschweigende E 852
- stillschweigende an Endverbraucher E 854

Lizenzgebühren
- USt I 166

Lizenzmodell
- Umstellung des E 423

Lizenzpool
- Austritt aus E 336

Lizenzsatz I 136
Lizenzveräußerung D 322
Lizenzvergabemarkt E 271
Lizenzvertrag E 214
- Abverkaufsrecht E 226
- Ausland E 237
- Beendigung und Ausgleichsanspruch E 236
- Bestätigung eines formnichtigen D 364
- Beweislast E 228
- Eintritt in Lizenzvertrag E 230
- Formzwang D 358
- Geheimnisschutz D 128
- Insolvenz des Lizenzgebers E 233
- IPR E 214
- Kündigung E 220
- Mitbenutzung einer weiteren Erfindung E 227
- nachträgliche Erkenntnis über Lizenzfreiheit E 235
- Nachweis E 218
- Schutzrechtsübertragung und Wirkung auf Lizenz E 230
- stillschweigende Lizenzerteilung E 218
- Testkauf E 219
- Übernahme und IPR E 231
- Überschreitung E 225
- Übertragung der einfachen Lizenz E 229
- Unterlizenz E 232
- unwirksamer & Erschöpfung E 763
- Widerruf des Lizenzpatents E 234

Loom-Geflecht A 424

Löschungsreife
- als Verteidigung gegen Verletzungsklage E 1038

LugÜ D 2
Lungenfunktionsmessgerät A 578

M

Machbarkeitsstudie A 384
Mahnbescheid
- Verjährung bei mehreren Rechnungsposten E 880
- Verjährung bei unklarer Bezeichnung der Forderung E 879

marktbeherrschende Stellung
- Produktmarkt E 272
- Technologiemarkt E 272

Marktbeherrschung E 269
- Beweislast E 280
- Nachweis E 282

Marktbeobachtungspflicht
- Dringlichkeit G 166

Marktverwirrungsschaden I 267
Mehrfachverfolgung
- desselben Verletzers D 110

Mehrheit von Patentinhabern
- Aktivlegitimation D 301

Merkmalsgliederung B 2; D 1069
Merkmalsverwirklichung
- zufällig A 147

Messe
- im Ausland A 404
- im Inland A 403

Messeauftritt A 402
Messefoto J 154
Messer-Gabel-Kontakte A 219
Messezustellung D 68, 82
Metatag A 412
Mietvertrag
- Schadenersatz D 751

Mindesthaltbarkeitsdatum
- Rückrufanspruch D 1027

Mindestschaden
- entgangener Gewinn I 251

Miterfinderquote
- Beweisbeschluss J 143

Mitgläubiger
- Bankbürgschaft H 25

Mitinhaber
- Alleinanmeldung durch Miterfinder E 209
- Benutzungsgestattung durch einen von ihnen E 221
- Entschädigungsanspruch E 194
- Verjährung des Entschädigungsanspruchs E 207

Mitinhaberschaft
- Benutzungsbefugnis E 190

Mittäter D 369
- Rechnungslegung H 279
- und Verletzergewinn I 170

mittelbare Patentverletzung A 568
- Abgrenzung zur unmittelbaren A 569

- Anbieten **A** 581
- Anleitung nur zum patentfreien Gebrauch **A** 607
- Anspruch auf Rechnungslegung **D** 738
- Anwendungsfälle **A** 570
- ausländisches Herstellungsverfahren **A** 457, 595
- doppelter Inlandsbezug **A** 592
- Erschöpfung **A** 600
- erweiterte Auskunft **D** 741
- Gebrauchsanleitung **A** 607
- Haftungsvereinbarungen **A** 651
- Herstellen **A** 581
- Herstellungsvorrichtung **A** 573
- Höheprozess **D** 745
- Kombinationspatent **A** 572
- Liefern **A** 581
- Lizenz **A** 599
- mangelnde Berechtigung des Empfängers **A** 598
- Mittel **A** 582
- objektive Eignung zur unmittelbaren Patentbenutzung **A** 596
- Offensichtlichkeit **A** 606, 619
- patentfrei (rechtmäßige?) Verwendungsmöglichkeit **A** 621
- Private **A** 602
- privater Bereich **A** 645
- Privilegierungstatbestände **A** 602
- Rechnungslegung **H** 261
- Rechtsfolgen **A** 620
- Roche Bolar **A** 626
- Schadenersatzanspruch **D** 729
- Schadensberechnung **D** 731
- Streitgegenstand **A** 593
- subjektive Voraussetzungen **A** 617
- Testkauf **A** 605
- Unterlassungsverpflichtungserklärung **A** 616
- Unterlassungsverpflichtungsvereinbarung **A** 627
- Verfahrenspatent **A** 571
- Verwendungsbestimmung des Abnehmers **A** 603
- Verwendungspatent **A** 591
- Warnhinweis **A** 627
- wesentliches Element der Erfindung **A** 585

Mittelbare Vorbenutzung E 666

Mitverschulden
- Höheprozess **I** 98

Mitverursachungsbeitrag
- im gemeinfreien Raum **D** 375
- vor Veröffentlichung der Patenterteilung **D** 374

Mobiltelefon aufwecken A 10

Modell
- Kostenerstattung **B** 470

MPEG E 331

Muttergesellschaft
- Reisekosten **B** 475

N

Nachkommastelle A 248
Nachlizenzierung I 111
Nachschieben von Verletzungshandlungen
- Dringlichkeit **G** 181

Nachtbriefkasten F 23

Nachteile
- außergewöhnliche **H** 64

Naheliegen A 185

Nationales Recht
- Vorabentscheidungsersuchen **E** 1026

Nebenanspruch A 57
Nebenintervention G 456
- Beitrittersetzende Vereinbarungen **G** 499
- Berichtigung der Kostenentscheidung **G** 489
- Bestreiten **G** 460
- faktische Präzedenzwirkung **G** 474
- Grundsatz der Kostenparallelität **G** 491
- Kosten **G** 488
- Nichtigkeitsberufungsverfahren **G** 477
- Präjudizialität **G** 472
- Prozessstandschaft **G** 471
- rechtliches Interesse **G** 469
- Rechtskrafterstreckung **G** 470
- Rechtsmittel **G** 457, 498
- selbständiges Beweisverfahren **B** 119
- Urteilsergänzung bzgl Kostenentscheidung **G** 490
- Vergleich **G** 493
- Wirkungen **G** 484
- Zulassungsgründe **G** 465
- Zwischenurteil **G** 478

Nebentäter D 369
negative Feststellungsklage G 1
- Abmahnung als Berühmung **G** 9
- Aktivlegitimation **G** 6
- ausschließlicher Lizenznehmer **G** 7
- Begründung **G** 29
- Berechtigungsanfrage **G** 15
- Berühmung **G** 8
- Besichtigungsverfahren als Berühmung **G** 13
- Beweislast **G** 31
- einfacher Lizenznehmer **G** 7
- einstweilige Verfügung als Berühmung **G** 11
- Feststellungsinteresse **G** 8
- Formstein-Einwand **G** 1
- Gegenabmahnung **G** 9
- Geschäftsführer **G** 7
- im Ausland **E** 118
- Inlandsvertreter **G** 2
- Klageantrag **G** 27
- Leistungsklage umgekehrten Rubrums **G** 24
- mangelnde Schutzfähigkeit des Klagepatentes **G** 23
- örtliche Zuständigkeit **G** 5
- Passivlegitimation **G** 7
- Schweigen auf Anfrage **G** 16
- Streitwert **G** 33; **J** 199
- Subsidiarität **G** 24
- Verletzungsklage als Berühmung **G** 10
- Vollstreckungsantrag als Berühmung **G** 12
- Vorbenutzungsrecht **G** 1

– Zustellung an Inlandsvertreter D 66
negative Tatsache A 625
Neubeginn E 891
Neuheit
– nachveröffentlichter Stand der Technik E 996
Neuherstellung E 825
Nichterhebungsverfahren B 252, 274
Nichtigkeitsverfahren
– Doppelvertretung B 426
– Gerichtsgebühren B 432
– Hinzuziehung eines Rechtsanwalts B 426
– Teilurteilsverbot D 467
Nichtkartellsache
– Berufung beim Kartellgericht E 545
Niederlassung D 52
Normungsorganisation E 331
notarielle Unterwerfungserklärung C 124
Nullauskunft H 256
– unsubstantiierte H 257
NZB F 81
– Auslegungsdivergenz als Zulassungsgrund F 96
– Berufung verworfen F 85
– Beschwer F 85
– Bezugnahme auf Unteranspruch F 105
– eingeschränkter Klageantrag ohne Teilvernichtung F 107
– Einstellung der Zwangsvollstreckung H 75
– Erledigung des Verfahrens F 133
– erstmals Äquivalenz F 97
– Glaubhaftmachung der Beschwer F 86
– Hinausgehen über Klageantrag F 90
– Interventionswirkung F 89
– nachträgliche Einschränkung des Patentanspruchs F 99
– nachträgliche Vollvernichtung des Patentanspruchs F 106
– neue Tatsachen F 136
– Rechtskraft F 89
– Rücknahme F 87
– Vorliegen eines Restitutionsgrundes F 136
– Wechsel zu Nebenanspruch F 104
– Zulässigkeit der Berufung F 88
– Zulassungsgründe F 117

O

Oberbegriff B 5
Obergutachten B 133; J 33, 61
objektive Problemstellung A 68
Offenbarung A 27
offenkundige Unrichtigkeit H 49
offenkundige Vorbenutzung
– Aussetzung E 940
– stillschweigender Geheimhaltungsvorbehalt E 649
Offenlegungsschrift als Auslegungsmittel A 113
offensichtliche Rechtsverletzung G 38
Öffentliche Zustellung
– einstweilige Verfügung D 99
– fehlerhaft D 106

– Hauptsacheklage D 100
– Nachforschungspflichten D 101
– unbekannter Aufenthalt D 105
off-label-use A 509
Offshore-Windpark A 326
Okklusionsvorrichtung A 12
Online-Sehtest A 442
Ordnungsgeld
– ausländischer Schuldner H 167
– Restitutionsklage G 447
– Rückzahlung H 169
– Vollstreckung H 166
– Vollstreckung im Ausland H 201
Ordnungsmittel
– nur zur Bestrafung H 212
Ordnungsmittelandrohung
– nachträgliche H 127
Ordnungsmittelverfahren H 125
– abgewandelte Ausführungsform H 183
– Abkaufen der Beschwerde H 174
– Absehen von Gerichtsgebühr H 173
– allgemeine Vollstreckungsvoraussetzungen H 132
– Antragsrücknahme H 165
– ausländischer Schuldner H 224
– befristete Erledigungserklärung H 208
– Beschwerde und aufschiebende Wirkung H 170
– Dispositionsmaxime H 141
– einstweilige Verfügung H 134
– Erledigungserklärung H 165
– erneute Hauptsacheklage H 162
– Ersatzordnungshaft H 219
– europäischer Vollstreckungstitel H 225
– EuVTVO H 225
– Exequaturverfahren H 225
– Fortgeltung der Zustellungsvollmacht H 227
– Geschäftsführer H 129
– gesetzlicher Vertreter H 181
– Höhe des Ordnungsmittels H 213
– Insolvenz des Schuldners H 221
– keine Heranziehung der Zuwiderhandlungen von Amts wegen H 141
– nachträgliche Unterlassungsverpflichtungserklärung H 204
– nicht vollzogene eV H 134
– Organisationsverschulden H 176
– Pflicht zum Rückruf H 180
– rechtliches Gehör H 171
– Rechtsnachfolger H 182
– Rechtsschutzbedürfnis H 161
– Streitwertfestsetzung H 175
– Teilerfolg H 220
– teilweise Zurückweisung H 220
– Überwachungsverschulden H 176
– unbestimmter Titel H 156
– Verböserung H 172
– Verbot materiellrechtlicher Erwägungen H 190
– Verfolgungsverjährung H 197
– Vergleich H 126
– Verschulden H 176

1613

Sachregister

- Verschulden bei Vertriebspartnern H 180
- Vertragsstrafevereinbarung H 131
- Vollstreckungsverjährung H 200
- Wahl des Ordnungsmittels H 213
- Zuständigkeit H 160
- Zuwiderhandlung H 135
- Zuwiderhandlung gegen eV & Hauptsachetitel H 196

Orientierung am Patentanspruch A 186
Örtliche Zuständigkeit D 37
- Angebot D 39
- Auslandsmesse D 43
- Begehungsort D 38
- Deliktsgerichtsstand D 38
- doppelrelevante Tatsache D 51
- Erledigung der Hauptsache D 37
- Erstbegehungsgefahr D 50
- Gerichtsstand der Niederlassung D 52
- Gerichtsstand der unerlaubten Handlung D 38
- Inlandsbezug D 43
- Internetangebot D 47
- Mittelspersonen D 40
- Rügeloses Verhandeln D 53
- Sitz D 38
- vorbeugende Unterlassungsklage D 50
- Zeitschriftenwerbung D 49

Öse für Lkw-Plane A 422
Overblocking D 417

P

Packungsbeilage A 501
Palettenbehälter E 845
Paralleleinfuhr B 254
Parallelentscheidung ausländischer Gerichte A 279
Partei
- nicht existente D 485

Parteiberichtigung D 478
Parteienmehrheit
- Kostenfestsetzung B 438

Parteierweiterung D 493
- Missbrauchssachverhalt D 500
- und Teilurteil D 465

Parteifähigkeit D 485
- Auslandsfälle D 489
- Kostenfestsetzungsverfahren D 488

Parteihäufung
- nachträgliche D 463

Parteiwechsel D 270
- in der Berufungsinstanz F 57

Parteiwerweiterung
- 1. Instanz D 494
- 2. Instanz D 498
- durch Anschlussberufung D 501
- Sachdienlichkeit D 499

Parteizustellung G 260
- Altfälle G 263
- aufgehobene und bestätigte eV G 284
- Beschlussverfügung G 266
- bestätigte eV G 283
- elektronisches Dokument G 268
- Form der G 262
- geänderte eV G 285
- im Ausland G 261
- Neufälle G 267
- Zustellungsadressat G 273

Passivlegitimation B 369; D 369
- CE-Kennzeichnung D 371
- gesetzlicher Vertreter D 428
- Kommanditist D 448
- Komplementär D 448
- leitende Angestellte D 432
- Muttergesellschaft D 372
- oHG-Gesellschafter D 448
- Verkaufsleiter D 432
- von Unternehmen D 447
- Zulieferer D 370

Passivprozess
- Aufnahme nach Insolvenz D 506

patent ambush E 632
Patentanspruch
- weitgefasster A 8

Patentanwalt
- weiterer ausländischer B 413

Patentanwaltskosten
- Doppelqualifikation B 407
- Erstattungsfähigkeit B 409
- Honorarvereinbarung B 403
- mehrfacher Streitgegenstand B 418
- Mitwirkung beim BGH B 404
- Mitwirkung im ZV-Verfahren B 406
- Patentassessor B 408
- Rechtsmittelverfahren B 422
- Terminsgebühr B 412
- Verhandlungsgebühr B 412
- Verkehrsanwaltskosten B 417

Patentassessor B 408
Patentauslegung
- de-facto-Bindung durch Nichtigkeitsberufungsurteil F 131
- Rechtsfrage F 95
- Tatfragen F 95
- Tatsachenfeststellung A 134

Patentbenutzung
- Auslieferungszustand A 148
- durch Handeln des Abnehmers A 148
- infrastrukturelle Rahmenbedingungen A 156

Patentbeschreibung A 53
- Anpassung nach Teilwiderruf A 124

Patenterwerb
- Bindung an FRAND-Erklärung des Vorgängers E 383

patentfreie Verwendungsmöglichkeit
- Darlegungslast A 625
- Verletzung eines dritten Patents A 621

Patenthinterhalt E 632
patentierte Verletzungsform A 201
- konkretisiertes Merkmal A 203
- Recherchenbericht A 206
- Sachverständigengutachten A 205
- Zusatzmerkmal A 202

Patentinhaber
- Auslegung der Rolle D 259
- Klagebefugnis nach Freilizenz D 349
- Prozessführungsbefugnis neben Lizenznehmer D 345

Patentkauf
- Bruttopreis D 292
- Rechnung mit USt-Ausweis D 293
- steuerrechtliche Vorfragen D 294
- Umsatzsteuer D 292
- Zurückbehaltungsrecht D 295

Patentpool E 327
- Abspaltung einzelner Mitglieder E 336
- Austritt von Mitgliedern E 336
- Konzernlizenz E 363

Patentregister
- Indizwirkung D 280

Patentsache
- Rechtsmangelprozess G 524

Patentschrift
- als eigenes Lexikon A 64
- Übersetzung B 333

Patentschutz
- Beginn A 319
- Ersatzteile A 653
- Erteilung im Beschwerdeverfahren A 319
- Zubehör A 665

Patentstreitsache D 56
- durch Widerklage D 60
- Geheimnisschutz D 120

Patentübertragung
- Aktivlegitimation D 261
- Ausland D 288
- ausländisches Recht D 267
- Bereicherungsausgleich D 263
- nicht registrierter Zwischenerwerb D 284
- Prozessführungsbefugnis D 261
- Rolleneintragung D 261
- Schadenersatz D 263, 274
- Schadensberechnung D 265
- SEP D 289
- Teilklage D 287
- Vermeidung der Prozesskostensicherheit D 290
- während des Verletzungsprozesses D 270

Patentverletzung
- als Rechtsmangel G 510

Patentverletzung im Vergabeverfahren A 676

Patentverwerter
- Prozessführungsgesellschaft D 337
- Unterlassungsanspruch D 520

Patentzeichnung A 42, 53

Pauschallizenz E 612
- Umstellung auf Stücklizenz E 424

Pemetrexeddinatrium A 226

Peripheriegerät
- Rechnungslegung D 937
- Schadenersatz D 761

Pfändung und Überweisung
- Vindikation C 194

Pflicht zur kostenschonenden Prozessführung B 421

Pharmazentralnummer G 334
Pipettensystem E 844
Poollizenz
- und FRAND E 565

positives Benutzungsrecht E 677
- Äquivalenz E 679
- beim Gebrauchsmuster E 690, 695
- nach Beschränkungsverfahren E 678
- nach Rechtsbestandsangriff E 691

Präklusion im selbständigen Beweisverfahren B 121

Preisunterbietung
- Verletzergewinn I 240

Prepaid-Telefonkarte A 439
Presseerklärung C 214
Priorität
- Arbeitnehmererfindung E 991
- dieselbe Erfindung E 977
- Frist E 979, 988
- materielles Erfinderrecht E 989
- PCT-Nachanmeldung E 982
- Prüfung von fiktivem Stand der Technik E 993
- Rechtsnachfolge E 979
- Rechtsnachfolge vor der Erstanmeldung E 980
- regional differenzierte Nachanmeldung E 982
- US-Voranmeldung E 980, 982

Prioritätsfragen
- und Aussetzung E 973

Prioritätstag A 138
privates Vorbenutzungsrecht E 634
Probelauf A 575
Prodrug A 367
Product-by-process-Anspruch A 161
- Anmeldererklärungen A 177
- Verletzungsnachweis A 180

Protective Order
- Auswirkungen für nationales Verletzungsverfahren B 216
- Bestreiten E 185

Protokoll
- über die Auslegung des Art 69 EPÜ A 5

Protokollaufnahmeantrag J 59
Protokollberichtigungsantrag J 60
Protokollierung
- Zuständigkeitsrüge D 53

Proud-list E 580
Provider D 867
Prozessfähigkeit D 485
- GmbH D 490

Prozessführungsbefugnis D 258
- Übertragung des Klagepatents D 261

Prozessführungsermächtigung D 329
- Widerruf D 332

Prozessführungsgesellschaft D 337
- Durchgriffshaftung D 344

Prozessgegner B 369
Prozesskostenhilfe J 235
- Abwesenheitsgelder J 271
- Anwaltszwang J 249
- Bedürftigkeit J 238

- Beiordnung PA J 270
- Beiordnung RA J 269
- Erfolgsaussicht J 245
- erneuter Antrag J 251
- Erstattung außergerichtlicher Kosten J 253
- falsche Angaben J 252
- für das Rechtsmittelverfahren J 255
- für jede Instanz J 254
- Glaubhaftmachung J 244
- Insolvenz J 250
- Insolvenzverwalter J 241
- juristische Person J 240
- Rechtsfolgen der Bewilligung J 266
- Rechtsmittel gegen Versagung J 272
- Reisekosten J 271
- Wiedereinsetzung in den vorigen Stand J 256

Prozesskostensicherheit E 14, 15
- Anfechtbarkeit E 59
- Befreiung E 17
- Beibringungsfrist E 61
- Besichtigungsverfahren E 15
- Beweislast E 34
- Bürgschaft E 58
- deutsch-amerikanischer Freundschafts-, Handels- und Schifffahrtsvertrag E 31
- einstweiliges Verfügungsverfahren E 15, 17
- Einzelfälle E 31
- früher erster Verhandlungstermin E 40
- Höhe E 44
- inländisches Grundvermögen E 26
- Nachforderung E 66
- Nachholung der Sicherheitsleistung E 64
- PKH E 29
- prozesshindernde Einrede E 40
- Rechtsmittelverfahren E 24
- Rückgabe der Sicherheit E 59
- schriftliches Vorverfahren E 40
- selbständiges Beweisverfahren E 15
- Streithelfer E 16
- Streitwert J 204
- Treu und Glauben E 25
- veränderte Umstände E 65
- Verspätung E 41
- Verwaltungssitz E 18
- völkerrechtlicher Vertrag E 27
- Voraussetzungen erstmals in 2. Instanz E 42
- Widerklage E 30
- Zwischenurteil E 59

Prozesstrennung
- Anfechtbarkeit E 117

Prozessvergleich
- Doppelnatur E 1033
- Terminsgebühr B 394
- unwirksamer E 1033

Prozessverzögerung D 497
Prozesszinsen I 264
PZN G 334

Q

Qualifizierte elektronische Signatur F 19
Qualifizierter Hinweis
- Aussetzung E 947

R

Rabattvertrag A 509, 549
Rangierkatze A 147
Rasierer A 259
räumlich-körperlich definierte Merkmale A 74
Recherche
- Kostenerstattung B 476

Recherchekosten
- nicht darlegungspflichtiger Sachverhalt B 478
- Verfahrensgebühr B 477

Recherchekosten des Klägers
- Gebrauchsmuster B 479

Rechnung
- Beweislast für Erfüllung H 269

Rechnung mit USt-Ausweis
- Patentkauf D 293

Rechnungslegung
- Auskunftszeitraum H 267
- bei Mittätern H 279
- bei mittelbarer Patentverletzung H 261
- bei Verurteilung nur wegen des Anbietens H 259
- Belegvorlage H 258
- Benutzungshandlungen Dritter H 294
- berichtigte H 283
- berichtigte und Höheprozess I 97
- Bote H 253
- Clean Team H 251
- eidesstattliche Versicherung H 297
- Einsicht in Geschäftsunterlagen H 292
- Erfüllung H 250
- Erkundigungspflicht H 292
- fragmentarische H 286
- Frist H 252
- Geheimnisschutz H 260
- Gemeinkosten H 280
- gleichzeitig unvollständig und unglaubhaft H 296
- Handelsvertreter H 293
- Hinterlegung H 251
- Informationsbeschaffungspflicht H 293
- Kosten und Gewinne H 273
- Lagerhalter H 293
- Maßgeblichkeit von Tenor und Gründen H 254
- Nullauskunft H 256
- Schadenersatzvergleich H 250
- Sprache H 251
- Teilerfüllung H 286
- teilweise unberechtigte Beanstandungen H 291
- über abgewandelte Ausführungsform H 285
- über Handlungen nach Verhandlungsschluss H 267
- überholte Angaben H 311
- Überprüfung durch Wirtschaftsprüfer H 322
- unbekannte Vorlieferanten H 292
- Unmöglichkeit H 270
- unrichtige H 295
- unsubstantiierte Nullauskunft H 257

– Verbot materiellrechtlicher Erwägungen H 262
– Verdacht mangelnder Sorgfalt H 300
– Vermutung der Richtigkeit H 282
– Wissenserklärung H 292
– Wissenszurechnung H 293

Rechnungslegungsanspruch D 920
– Auskunft zur Vollstreckungsabwehr D 948
– Beginn D 942
– Belegvorlage D 940
– Benutzungsformen D 921
– Berechnung des Restschadenersatzanspruchs E 871
– Bereicherungsausgleich D 935
– Direktwerbung D 934
– Einsichtsrecht D 947
– Einstellung der Zwangsvollstreckung H 66
– Einzeldaten D 927
– elektronische Form D 941
– Ende D 943
– Entschädigung D 935
– Erlöschen des D 923
– gegenständlicher Umfang D 937
– Geschäftsführer D 926
– Internetwerbung D 934
– Karenzmonat D 942
– Klageantrag bei Peripheriegeräten D 938
– Patentverletzung nach Verhandlungsschluss D 943
– Peripheriegerät D 937
– Rest-Entschädigung D 935
– Restschadenersatz D 936
– sachlicher Umfang D 927
– Schadenersatzvergleich D 923
– Schuldner D 925
– über Verletzung anderer Schutzrechte D 939
– Umfang D 920
– Verjährung D 924
– Verjährung des Zahlungsanspruchs D 922
– Verwendungspatent D 933
– Wirtschaftsprüfervorbehalt D 944
– zeitlicher Umfang D 942

rechtliches Gehör
– einstweilige Verfügung G 221

Rechtliches Gehör
– Verstoß J 224

rechtliches Gehör
– Zwangsvollstreckungsverfahren H 171

Rechtsanwalt am dritten Ort B 386
Rechtsbeschwerde gegen Kfb B 497
Rechtsgutachten D 267
– Kostenerstattung B 462
– Verschulden D 721

Rechtshilfeersuchen
– internationales D 70

Rechtskraft
– Klageabweisung E 158
– verschiedene angegriffene Ausführungsformen E 155
– Zuwiderhandlung H 152

Rechtskrafterstreckung D 304
– ausschließliche Lizenz D 306

– Klageabweisung vor Vergabe einer Lizenz D 305
– Rechtsnachfolger D 305
– Zessionar D 305

Rechtskraftzeugnis H 7
Rechtsmangel
– Anspruchskanon G 526
– ausländischer Verletzungsprozess G 515
– bei Vertragsabschluss G 529
– Beweislast G 512
– durch Patentverletzung G 510
– Feststellung des G 512
– Freistellungszusage G 547
– inländischer Verletzungsprozess G 513
– nach Vertragsabschluss G 536
– Patentsache G 524
– Rechtfolgen G 526
– Schadenersatz G 527
– Schadenspositionen G 537
– Streitverkündung G 513, 515
– Verjährung G 545

Rechtsmittel
– des Streithelfers G 457
– Nebenintervention G 498

Rechtsmittelschrift
– falsch adressiert D 107

Rechtsmittelverfahren F 1
– Hinzuziehung eines Patentanwaltes B 422
– Kostenfragen B 421

Rechtsmittelzuständigkeit D 107
Rechtsprechungsänderung
– Dringlichkeit G 188
– Verschulden D 724

Rechtsverteidigungskosten im Besichtigungsverfahren B 203
Rechtswahlklausel
– und Ausbeutung E 326
– und Diskriminierung E 318

Rechtsweg
– mehrere und Teilurteil D 460

reformatio in peius
– im Ordnungsmittelverfahren H 172

Reformatio in peius
– im Zwangsmittelverfahren H 240

Regel 14 EPÜ-AO E 722
Registrar D 425
Reisekosten
– ausländische Muttergesellschaft B 475
– der Partei B 449
– des Anwalts B 382
– von Mitarbeitern B 474
– wegen Gerichtswahl B 388

Repeater A 148
Restentschädigung E 870
Rest-Entschädigungsanspruch D 706
Restitutionsklage G 399
– abweichende Patentauslegung G 408
– Anerkenntnis G 437
– Art 112a EPÜ G 423
– Aussetzung G 409
– Beschränkung der Patentansprüche G 407
– Beweislast G 441

- Frist bei TB-Entscheidung G 420
- Fristen G 418
- Fünfjahresfrist G 432
- Gerichts- und Anwaltskosten G 402
- Gerichtskostenvorschuss G 435
- Kenntnis G 424
- Klagepatent vernichtet G 403
- Monatsfrist G 419
- Prüfungsumfang G 440
- Rechtsschutzbedürfnis G 438
- Rückforderungsansprüche trotz versäumter Wiederaufnahme G 446
- Schadenersatzzahlungen G 401
- Streithelfer im Vorprozess G 400
- Streitwert G 436
- Subsidiarität G 415
- Tenor G 442
- Verschulden G 417
- Verzicht auf Klagepatent G 430
- Vollstreckungseinstellung G 445
- Wissenszurechnung G 427
- Zuständigkeit G 410
- Zwangsvollstreckungskosten G 401

Restschadenersatz E 870
- Umstellung auf E 872

Restschadstoffentfernung B 63

Revision
- Angriffe gegen Patentauslegung F 93
- Auslegungsdivergenz als Zulassungsgrund F 96
- beschränkte Zulassung F 82
- Bezugnahme auf Unteranspruch F 105
- eingeschränkter Klageantrag ohne Teilvernichtung F 107
- Einstellung der Zwangsvollstreckung H 75
- erstmals Äquivalenz F 97
- nachträgliche Einschränkung des Patentanspruchs F 99
- nachträgliche Vollvernichtung des Patentanspruchs F 106
- neue Tatsachen F 136
- Verfahrensrüge unterlassener Begutachtung F 94
- Vorliegen eines Restitutionsgrundes F 136
- Wechsel zu Nebenanspruch F 104
- Zulassung F 81

Revisionsverfahren F 81

Richtlinie 2009/125/EG E 856

Roche-Bolar-Regel E 1085
- Auftragsforschung E 1087
- Bioäquivalenzprüfung E 1087
- Forschungswerkzeug E 1087
- praktische Anforderungen E 1086
- Studie E 1086
- Versuch E 1086
- Verzicht auf privilegierte Handlungen E 1088

Rolleneintragung D 259

Rollstuhlfahrrad A 270

Rote Liste A 522

Rubrum
- Auslegung D 479

Rückforderung
- Ordnungs- und Zwangsgelder G 447
- Schadenersatzzahlungen ohne Restitution G 448

Rückgabe
- der Vollstreckungssicherheit H 110
- der Vollstreckungssicherheit bei ZV-Einstellung H 118

Rückgabe der Vollstreckungssicherheit
- Streitwert H 124

Rückgewinnungshilfe I 273

Rücknahme
- der Anschlussberufung F 68
- der Berufung F 79

Rückruf
- und Verletzergewinn I 172

Rückruf als Inverkehrbringen A 422

Rückrufanspruch D 1008
- Abholung D 1023
- Angebot D 1016
- aufgrund einstweiliger Unterlassungsverfügung D 1060
- Ausland D 1022
- Ausweichtechnik D 1034
- Demontage beim Abnehmer D 1024
- einstweilige Verfügung D 1059
- Ersatzlieferung D 1052
- Geschäftsführer D 1021
- Kaufpreiserstattung D 1047
- Klageantrag D 1051
- Kosten D 1058
- Leasing D 1048
- Miete D 1048
- Mindesthaltbarkeitsdatum D 1027
- Nachweis über Durchführung D 1049
- Patentverwerter D 1036
- Rechtsfolgen D 1039
- Schriftform des Rückrufs D 1050
- Schutzrechtsablauf D 1033
- Sonderausstattung D 1037
- Teilvernichtung D 1052
- über den Patentgegenstand hinaus D 1018
- Übersee D 1030
- Umbau D 1032
- Unverhältnismäßigkeit D 1026
- verderbliche Ware D 1027
- Verletzungsgegenstand fest verbaut D 1031
- Vollstreckung D 1038, 1056
- Wegfall des Klagepatents D 1025

Rückzahlung
- des Ordnungsgeldes H 169

Rundfunkübertragungssystem A 7

Rundschreiben an Kunden C 215

S

Sachanspruch
- Verfahrensmerkmal in einem A 161

Sachaufklärung B 10
- im Ausland B 210
- in den USA B 210

Sachdienlichkeit
- abgewandelte Ausführungsform E 103
- Klagenkonzentration E 91, 97

sachliche Zuständigkeit D 54
- Anfechtbarkeit D 61

Sachschutz
- derivativer A 454

Sachverständigenanhörung
- erneute durch Berufungsgericht J 57

Sachverständigenbeweis J 2
- Absehen von Beweiserhebung J 11
- Anhörungstermin auf Parteiantrag J 39
- Anhörungstermin von Amts wegen J 41
- Besorgnis der Befangenheit J 78
- Beweisbeschluss J 18
- Erlaubnis Dritter J 35
- Erlöschen des Vergütungsanspruchs J 76
- fehlerhafte Beweiserhebung J 26
- Gutachtenauftrag J 27
- Gutachtersuche J 27
- Hilfskraft J 72
- Hochschullehrer J 10
- Honorargruppen J 75
- Kostenvorschuss für Gutachter J 62
- Kürzung der Vergütung J 77
- Nichtzahlung des Vorschusses J 12
- Obergutachten J 33
- Rechtsfrage J 8
- Schlussverhandlung direkt im Anschluss an Anhörung J 51
- schriftliches oder mündliches Gutachten J 13
- Schriftsatzfrist nach Anhörung J 51
- Sitzungsniederschrift über Anhörung J 58
- Stundenaufwand J 73
- Stundensatz J 74
- überflüssige Beweiserhebung J 26
- Überschreiten des Vorschusses J 77
- unbefugte Übertragung des Auftrags J 71
- unverwertbares Gutachten J 69
- Vergütung, obwohl Fertigstellung des Gutachtens unterbleibt J 65
- Vergütungsanspruch bei Verdacht der Befangenheit J 138
- Vergütungsanspruch des Sachverständigen J 64
- Vergütungshöhe J 73
- Verspätungsrecht J 12
- Verwertung eines fremden GutA J 17
- von Amts wegen J 9
- zögerliche Gutachtenbearbeitung J 70

Sachverständigengutachten
- zweites J 61

Sachvortrag
- durch Vorlage von Anlagen E 648

Sacklochbohrung A 71
Saisie-Contrefaçon B 210
Säumnis
- Entscheidung nach Lage der Akten E 9
- Kosten E 10

saure Antikörper A 140

Schadenersatz
- andere Berechnungsart je Verletzungshandlung I 102
- ausschließlicher Lizenznehmer I 3
- Ausweichtechnik I 55
- bei unberechtigter Verletzungsklage I 15
- Beitritt von Gesellschaftern als Nebenintervenienten I 14
- Berechnungsarten I 99
- einfacher Lizenznehmer I 12
- Ersatzursache I 33
- für jede einzelne Verletzungshandlung H 281
- Mitverschulden I 98
- Mitverschulden des ZV-Schuldners I 63
- Patentverwaltungsgesellschaft I 13
- Rückforderung ohne Restitution G 448
- Verletzerkette I 82
- Vermengung der Berechnungsarten I 102
- Wahlrecht zwischen Berechnungsarten I 100
- wegen falscher Auskunft D 910
- wegen Patentverletzung I 2
- wegen Rechtsmangels D 527
- wegen unberechtigter Vollstreckung H 39
- wegen unberechtigter ZV und § 823 BGB I 81
- wegen unberechtigter Zwangsvollstreckung I 16
- wegen verspäteter Auskunft D 914

Schadenersatzanspruch D 708
- Anbieten D 728
- bei mittelbarer Patentverletzung D 729
- bei Verwendungspatent D 747
- Benutzungsalternativen D 710
- Beschränkung des Klagepatents D 711
- Frachtführer D 715
- für jede Verletzungshandlung D 736
- Gesamtvorrichtung D 754
- Haftungsfreistellungsklausel D 716
- Haftungszeitraum D 709
- Handelsunternehmen D 716
- Karenzmonat D 714
- Leasingvertrag D 751
- Lieferkette D 716
- Marktverwirrungsschaden D 728
- Mietvertrag D 751
- Peripheriegerät D 761
- Rechtsverfolgungskosten D 737
- Sortimenter D 720
- Spediteur D 715
- Testkauf D 737
- Unterlassung unverhältnismäßig D 708
- Verbrauchsmaterialien D 756
- Versandhandelsunternehmen D 720
- Verschulden D 712
- Vorlageanspruch zur Durchsetzung B 223
- Wartungsvertrag D 756

Schadenersatzzahlungen
- Restitutionsklage G 401

Schadensberechnung
- bei mittelbarer Patentverletzung D 731
- Rechnungslegung als Grundlage I 95

Schadensliquidation im Strafverfahren I 268

Schadensminderungspflicht
- Ausweichtechnik I 56
Schädigung
- sittenwidrig und vorsätzlich G 395
Scheinbares Kombinationspatent A 96
Scheinbeklagter D 481
Schiedsabrede
- selbständiges Beweisverfahren B 109
Schiedsfähigkeit
- anwendbares Recht E 1068
- Rechtsbestand E 1068
Schiedsgutachterklausel D 109
Schiedsvereinbarung
- anwendbares Recht E 1067
- Auslegung E 1067
Schiedsverfahren
- Rechtsbestandsfragen E 1066
Schienenfahrzeug
- Aufprallschutz A 50
Schiffe
- Erfindungsgebrauch auf E 1098
Schlechthinverbot A 620
- Darlegungslast A 637
- Interessenabwägung A 638
- Roche Bolar A 626
- SEP A 644
- technische Gestaltungsmöglichkeiten A 636
- technischer Standard A 644
- trotz patentfreier Verwendungsmöglichkeit A 634
- Umstellungsfrist A 643
- Wirkungslosigkeit des Warnhinweises A 635
Schließfolgeregler A 203
Schlupftür A 154, 363
Schneekette A 102
Schnellspanner F 3
Schriftform
- Vertrag D 359
Schriftformerfordernis
- Lizenzvertrag D 358
schriftliches Vorverfahren C 175
Schubladenverfügung C 58
Schuheinlage A 47
Schulung des Personals A 575
Schutzbereich
- »insbesondere« Merkmal A 47
- besteht aus A 29
- enthält A 29
- fiktiver Stand der Technik A 21
- gebildet aus A 29
- umfasst A 29
- und Offenbarung A 27
- vorbekannte Ausführungsform A 21
schutzbereichsbeschränkende Erklärungen A 114
- Abnehmer A 117
- Meinungsäußerung A 118
- Strohmann A 115
Schutzbereichsbestimmung A 4
Schutzlandprinzip D 288

Schutzpflicht Dritter
- Handlung außerhalb des Geltungsbereichs A 410
- Handlung vor Eintritt der Patentwirkung A 410
Schutzrecht
- im Urteil übergangen D 453
Schutzrechtsablauf
- Anbieten A 381
- Aussetzung E 936
- kartellrechtliche Zwangslizenz E 429
- Streitwert J 202
- und Aussetzung E 962
Schutzrechtskomplex E 211
Schutzschrift G 354
- Anwaltszwang G 356
- Gebührensatz G 364
- Grenzbeschlagnahme B 266
- Kosten G 358
- Register G 356
- Zustellungsvollmacht G 355
Schutzterritorium
- Bohrinsel A 326
- Küstenmeer A 326
- offshore-Windpark A 326
Schwangerschaftstestgerät A 74
Schwärzung des Urteils D 191
Schweigen
- auf Berechtigungsanfrage G 16
Schweizer Anspruchsfassung A 497
search-order B 210
Sehtest A 442
Sektionaltor A 154
selbständiges Beweisverfahren B 89
- Anhörung des Sachverständigen B 179
- Anhörungsantrag B 132
- Antragsrücknahme B 193
- Anwaltswechsel B 195
- Aushändigung des Gutachtens B 132
- ausländisches Schiedsgericht B 110
- Durchsuchungsanordnung B 122
- Ermittlung des entgangenen Gewinns I 262
- Frist zur Klageerhebung B 184
- Insolvenzverfahren B 98
- Kostenentscheidung B 187
- Kostenfestsetzung B 194
- Kostenwiderspruch B 186
- Muster B 117
- Nachbesichtigung B 186
- Nebenintervention B 119
- Präklusion B 121
- Schiedsabrede B 109
- Schlüssigkeitsprüfung B 97
- Verjährungshemmung E 881
- Zuständigkeit B 100
Selbstbeschränkung
- Bedeutung für Aussetzung E 951
Selbstbindung
- des Gerichts D 211
Sendebericht C 36
SEP
- Art 101 AEUV E 400, 410

– einstweilige Verfügung E 529
– Patentübertragung D 289
SEP im Grenzbeschlagnahmeverfahren B 299
SEP mit FRAND E 255, 381
Serienabmahnung C 58
Sicherheitsleistung
– Abänderung H 87
– bei Vollstreckung nur eines Teils des Tenors H 16
– Berechnung H 12
– des Verfügungsklägers G 259
– durch Bankbürgschaft H 24
– einstweilige Verfügung G 118
– Kosten für B 493
– Rechtsbehelf H 38
– Streit über H 38
– Streitwert H 15
– Teilsicherheit H 16
Sicherungsvollstreckung H 10
Signatur
– qualifizierte elektronische F 19
Simultandolmetscher B 452
Simvastatin A 301
sinnfällige Herrichtung A 434, 486
– allgemeine Werbeankündigung A 491
– Auskunftsanspruch A 494
– bezifferter Schadenersatz A 496
– Gebrauchsanleitung A 488
– mehrere Brauchbarkeiten A 492
– Rechnungslegungsanspruch A 496
– Rückrufanspruch A 494
– Schadenersatzanspruch A 495
– Umverpackung A 488
– Unterlassungsanspruch A 493
– Vernichtungsanspruch A 494
Sinnfällige Herrichtung
– Wirkstoffkombination A 503
Sinngehalt
– unaufklärbar A 134
sittenwidrige Schädigung G 395
Skalierung als Auslegungsmittel A 249
Skistock A 101
sofortiges Anerkenntnis C 175
– durch Kostenwiderspruch C 178
– Schlüssigkeitsprüfung C 176
Sonderausstattung
– Lizenzanalogie I 128
sowieso-Kosten I 184
SPC A 280
SPC-Schutz als zweckgebundener Stoffschutz A 567
Spediteur D 426
– Bestreiten E 176
– Erkundigungspflicht E 176
Spezieller Mechanismus E 773
Sprungbrettschaden I 267
Staatshaftungsanspruch B 302
Stand der Technik
– als Auslegungshilfe A 76
Stanzwerkzeug A 194
Staubsauger A 30
Stellglied A 188

Stoffschutz A 289
Stopp-Beschluss
– Einstellung der Zwangsvollstreckung H 73
Störer D 378, 793
Störungsquelle
– Vertragsstrafe C 103
Strafverfahren
– Aussetzung wegen Rechtsbestandsangriff I 272
Streitgegenstand
– Äquivalenz statt Wortsinn A 200
– mehrere und Teilurteil D 460
– mittelbare/unmittelbare Verletzung A 593
– Wortsinn/Äquivalenz E 157
Streitgenossen
– als Rechtsmittelführer F 9
– als Rechtsmittelgegner F 10
– gemeinsamer Anwalt B 443
Streithelfer
– Akteneinsicht D 186
– Anschlussberufung F 67
– Bestreiten mit Nichtwissen E 184
– Geheimnisschutz D 136, 213
– Kostenfragen B 423
– Prozesskostensicherheit E 16
– Restitutionsklage G 400
– Streitwert J 201
Streitschlichtung B 95
Streitverkündung G 461
– Aussetzung G 483
– durch den Streitverkündeten G 463
– Rechtsmangel G 513, 515
– weitere G 463
Streitwert B 374; J 156
– § 145 ZPO B 375
– Änderung und Kostenquote J 227
– Änderung von Amts wegen bei NZB J 226
– Anfechtbarkeit J 219
– Angabe des Klägers J 190
– Anhörungsrüge J 224
– Anspruchsmehrheit J 177
– Auskunftsanspruch J 165
– bei mehreren Schutzrechten J 160
– bei Streit um Prozesskostensicherheit J 204
– Beklagtenmehrheit B 443
– beschränkte Rechtsmittelanträge J 184
– Beschwer J 222
– Beschwerdefrist J 221
– Besichtigung J 179
– eidesstattliche Versicherung J 166
– entgangener Gewinn J 189
– Erlöschen des Klagepatents J 197
– Ermäßigung J 229
– Gegenvorstellung J 225
– Geheimnisschutz D 252
– generalpräventive Überlegungen J 157
– hilfsweise weitere Schutzrechte J 178
– Insolvenz J 206
– Klage des Lizenznehmers J 200
– Klageerweiterung J 157
– kontroverse Auffassungen J 188

- Kosten einer Hilfsperson für Auskunftserteilung J 174
- Lizenzberechnung J 188
- Nebenintervention J 201
- negative Feststellungsklage J 199
- nicht anrechenbare Geschäftsgebühr J 181
- Nichtigkeitsklage J 207
- NZB J 192
- Rechnungslegungsanspruch J 165
- Rechtsmittelverfahren J 184
- reformatio in peius J 219
- Schadenersatz J 176
- Schutzrechtsablauf J 202
- Streithelfer J 201
- Stufenklage J 187
- Teilstreitwert J 233
- Unterbrechung des Beschwerdeverfahrens J 228
- Unterlassungsanspruch J 161
- Urteilsveröffentlichung J 164
- Verzichtsurteil J 203
- Vollstreckungsabwehrklage G 398
- Vollstreckungsverfahren J 212
- vorläufige Festsetzung J 219
- vorläufiger Rechtsschutz J 198
- Zinsen auf Lizenzgebühr J 183

Streitwertermäßigung J 229
Streitwertfestsetzung
- außergerichtlicher Vergleich J 158
- Gerichtsgebühren nach Festbeträgen J 159

Strohmann A 115
Stufenklage
- Besichtigung B 85
- Rechnungslegung und Schadenersatz D 774

Sukzessionsschutz
- Unterlizenznehmer E 232

System des doppelten Datums D 74

T

Tatbestand
- und Beweiskraft F 1
- und Unrichtigkeiten F 1

Tatbestandsberichtigung F 1
Tatbestandsergänzung F 3
Tatsachenfeststellung
- bei Patentauslegung A 134

Tatsachenvermutung D 1080
technischer Wortsinn A 143
Technologietransfervertrag A 384
Teileinspruch
- Rückbezug auf Hauptanspruch A 123

»Teilen«-Funktion A 420
Teilkombination A 271
Teilnichtigkeitsklage
- Aussetzung E 933

Teilsicherheit H 16
- Festsetzung im Berufungsverfahren H 19
- Rückruf H 17
- Vernichtung H 17

Teilstreitwert J 233

Teilurteil D 459
- Begriff D 472
- mehrere Anspruchsgrundlagen D 460
- mehrere Ausführungsformen D 473
- mehrere Klageansprüche D 473
- mehrere Rechtswege D 460
- mehrere Schutzrechte D 474

Teilurteilsverbot D 465
- Ausnahmen D 466
- Drittauskunft D 468
- Insolvenz D 467
- internationale Zuständigkeit fehlt zum Teil D 470
- Nichtigkeitsverfahren D 467
- Tod D 467

Teilvernichtung
- als Grund für Klageänderung E 95
- Tenor D 991

Teilwiderruf
- Beschreibungsanpassung A 124

Temporary Restraining Order E 286
Terminsgebühr B 391
- Prozessvergleich B 394
- schriftlicher Vergleich B 392

Testkauf B 324
- Hereinlegen B 326
- Lizenzvertrag E 219
- Vertragsstrafe C 106
- verwerfliche Mittel B 327

Testkauf im Ausland A 387
Testkaufkosten B 465
Teva./. Gilead A 304
textile Schneekette A 102
third-party-complaint G 523
Tintenpatrone A 95
Titel H 2
- Herausgabe G 397
- unbestimmt H 156

TKG D 867
Tonerkartusche A 663
Torpedo C 217; E 118
- Abmahnung C 184
- Anfechtbarkeit der Aussetzung E 154
- Anhängigkeit C 218
- ausschließliche Zuständigkeit E 129
- ausschließlicher Lizenznehmer E 121
- Aussetzungsermessen bei Konnexität E 139
- Aussetzungszwang E 130
- Bündelpatent E 124
- derselbe Anspruch E 124
- dieselben Parteien E 120
- Drittstaat E 145
- einfacher Lizenznehmer E 121
- einstweilige Verfügung G 218
- einstweiliger Rechtsschutz E 152
- Einwand des Rechtsmissbrauchs E 133
- Erstreckungsvereinbarung E 126
- europäisches Patent E 124
- Geschäftsführer E 123
- Grundsatz der Wirkungserstreckung E 121
- Hilfsantrag C 218
- Konnexität E 138

- Nationalität E 119
- negative Feststellungsklage E 136
- Rechtskrafterstreckung E 120
- Rechtsnachfolger E 121
- Streitgenossen E 132
- Teilurteil E 132
- Wettlauf um die Anhängigkeit C 222
Torpedo & Verletzungsanzeige E 470
Transit A 430
Trennwand A 30
TRIPS B 12
Trocknung von Fliesenböden A 607
Türschließer A 203

U

übereinstimmende Patentauslegung A 52
Übersetzung
- fehlerhafte B 336
- fehlerhafte und Weiterbenutzungsrecht E 755
- unvollständige B 336
- Weiterbenutzungsrecht B 347
Übersetzungsfehler B 7
Übersetzungskosten B 480
- Annahmeverweigerungsrecht B 481
- ausländische Muttergesellschaft B 485
- bei Verfahrenstrennung B 492; D 81
- Berechnung nach JVEG B 489
- Erstattungsfähigkeit D 80
- Streithelfer B 483
- Übersetzung von Druckschriften B 484
Übertragung
- der Patentanmeldung D 286
- des Klagepatents D 261
Ultraschallwandler A 334
Umbau durch Abnehmer A 153
Umbauten A 375
Umprogrammierung A 149
Umsatzsteuer
- auf entgangenen Gewinn I 261
- auf Lizenzgebühren I 166
- Patentkauf D 292
- Vertragsstrafe C 118
Umschreibung D 261
- Kostentitel B 373
- nach rechtskräftigem Abschluss des Verletzungsprozesses D 271
- Wirksamkeit der Lizenzeinräumung D 319
Umstandsmoment E 894
Umstellungsfrist D 609
UMTS E 331
unbekannter Aufenthalt D 105
UN-Kaufrecht G 509
unmittelbares Verfahrenserzeugnis A 454
Unmöglichkeit
- der Rechnungslegung H 270
- offenkundige H 49
Unmöglichkeit der Rechnungslegung
- BVerfG H 272
- eidesstattliche Versicherung H 272
- prozessuale und reale Wahrheit H 272

Unrichtigkeiten
- im Tatbestand F 1
Untätigkeitsbeschwerde D 208
Unteranspruch A 32
- additiv A 35
- konkretisierend A 35
Unterbevollmächtigter
- Kosten des B 385
Unterkombination A 271
Unterlagenschutz A 531
Unterlassungsanspruch D 519
- Antragsfassung D 560
- Beurteilungszeitpunkt D 519
- Gesetzesänderung D 519
- Klageantrag D 560
- mittelbare Verletzung D 558
- Patentverwerter D 520
- Schlechthinverbot D 559
- Unterlassungsverpflichtungsvereinbarung D 559
- Unverhältnismäßigkeit und Drittinteressen D 602
- Unverhältnismäßigkeit und finanzielle Kompensation D 613
- Unverhältnismäßigkeit und Gesamtabwägung D 590
- Unverhältnismäßigkeit und komplexes Produkt D 601
- Unverhältnismäßigkeit und Rückruf D 607
- Unverhältnismäßigkeit und Schadenersatz D 606
- Unverhältnismäßigkeit und veränderte Umstände im Erkenntnisverfahren D 640
- Unverhältnismäßigkeit und veränderte Umstände nach Rechtskraft D 645
- Unverhältnismäßigkeit und Vernichtung D 607
- Verhältnismäßigkeit D 573
- Vortragslasten bzgl Unverhältnismäßigkeit D 575
- Warnhinweis D 559
Unterlassungsanspruch gegen Klageerhebung C 127
Unterlassungsantrag
- ergänzendes Schutzzertifikat D 572
- zeitliche Beschränkung D 571
Unterlassungserklärung
- AGB C 94
- Auslegung C 99
- Bedingung D 536
- Drittunterwerfung D 542
- Ernsthaftigkeit D 533
- Geschäftsführer D 544
- Inhabermehrheit D 542
- Muster C 30
- Verschuldensvorbehalt D 538
- Vollmacht D 539
- vollmachtloser Vertreter des Gläubigers C 93
- wie Urteilstenor D 540
Unterlassungsverlangen C 15
- aus den Begleitumständen C 16
- Umfang des C 17

Unterlassungsverpflichtungserklärung
– nachträgliche H 204
Unterlassungsverpflichtungsvereinbarung A 627
Unterlassungsvertrag
– Kündigung C 95
Unterlizenz D 318
– Kündigung der Hauptlizenz E 232
Unterschrift D 363; F 11
Unterwerfungserklärung
– notarielle C 124
Unterzeichnung
– Berufungsbegründung F 11
– Berufungsschrift F 11
Unverhältnismäßigkeit der Unterlassung
– § 24 PatG D 588
– Ausgleichsanspruch D 613
– Patentverwerter D 592
– SEP mit FRAND D 587
– unterbliebene Eigenanstrengungen des Verletzers D 595
unzulässige Erweiterung E 753
– Disclaimer A 49
Urkundenvorlage B 73
– Klageantrag B 75
Urkundenvorlage aus PatG B 19
Urkundenvorlage nach BGB B 13
URL-Sperre D 417
Urteil
– Schutzrecht übergangen D 453
Urteilsanerkennung G 519
Urteilsergänzung D 453; F 3
Urteilsschwärzung D 191
Urteilsveröffentlichung D 661
– Beweislast D 685
– Bloßstellung D 666
– Erlöschen der Befugnis D 696
– Interessenabwägung D 671
– Klageantrag D 686
– Kosten D 695
– öffentliche Bekanntmachung D 688
– Rechtsfolgen D 686
– Wirkungsverlust D 684
USA
– Sachaufklärung für deutschen Prozess B 210
USB B 238
USt
– auf Abmahnkosten C 44
– auf Verletzergewinn I 248
US-Voranmeldung
– Priorität E 980

V

veränderte Umstände
– Aufhebung einer eV G 303
Veranlassung zur Klage
– Berechtigungsanfrage C 180
Veräußerung einer Lizenz D 322
verbesserte Ausführungsform A 274
Verböserung
– im Ordnungsmittelverfahren H 172

– im Zwangsmittelverfahren H 240
– Streitwert J 219
Verbrauchsmaterialien
– Schadenersatz D 756
Verbrauchsteil E 825
vereinfachte Postzustellung D 97
Verfahren
– Gleichwirkung A 184
– teils im Ausland A 436
– teils im Inland A 436
Verfahrensanspruch
– Wirkungs- und Funktionsangaben A 100
Verfahrenserzeugnis
– Bestandteil einer größeren Einrichtung A 464
– unmittelbares A 454
Verfahrensmerkmal
– in einem Sachanspruch A 161
Verfahrenspatent A 89, 433, 439
– Anbieten A 449
– Anwenden A 434
– Erschöpfung E 852
– stillschweigende Lizenzerteilung A 599; E 852
– Territorialität A 436
– unmittelbare Benutzung A 435
– Vorbereitungshandlungen A 448
– Zwischenprodukt A 437
Verfahrensprodukt
– Unmittelbarkeit A 462
Verfahrenssprache A 4; B 7
– fremde B 333
– Maßgeblichkeit bei Beschränkung in dt. Sprache A 4
Verfahrenstrennung
– Übersetzungskosten D 81
– und Übersetzungskosten B 492
Verfolgungsverjährung
– Ordnungsmittelverfahren H 197
Vergabeverfahren
– Beseitigungsanspruch D 660
– Besichtigungszuständigkeit B 106
– Bieterausschluss wegen Patentverletzung A 667
– Durchsetzung von Patenten A 676
– Funktionstest als Versuch E 1082
– Grundzüge A 666
Vergleich E 1030
– internationaler Bezug E 1032
– Ordnungsmittelverfahren H 126
– Widerrufsfrist E 1031
Vergleichsgespräche
– Verkündungstermin J 56
Vergleichsmarktkonzept E 591
Vergleichsverhandlungen
– Abbruch E 876
– Dringlichkeit G 199
– Verhandlungspause E 876
Vergütungsanspruch
– des Sachverständigen J 64
Verhaltenspflichten
– zeitliche Reihenfolge bei FRAND E 469

Verhältnismäßigkeit
– bei Unterlassung D 573
Verhandlungspause E 876
Verjährung E 857
– Abbruch von Vergleichsverhandlungen E 876
– absolute E 868
– Anspruch auf Kostenerstattung C 86
– Auskunftsanspruch E 860
– Beginn E 861
– Berufungsrechtszug E 892
– Beweislast E 858
– Entschädigung E 870
– erst im Berufungsrechtszug F 49
– grob fahrlässige Unkenntnis E 864
– Hemmung E 874
– Kenntnis Dritter E 867
– Kenntnis vom Gläubigerwechsel E 863
– Mitinhaberentschädigung E 207
– Neubeginn E 891
– Präklusionsrecht E 892
– Rechnungslegungsanspruch E 860
– Rechtsfolgen E 869
– relative E 861
– Schadenersatz E 870
– Vergleichsverhandlungen E 875
– Verhandeln E 875
– Verzicht auf Einrede E 859
– Vindikationsanspruch E 711
Verjährungseinrede
– erledigendes Ereignis E 873
Verkaufsmesse A 392
Verkehrsanwaltskosten B 398
– Rechtsmittelverfahren B 424
Verkehrsdaten D 867
– Amtsermittlung D 892
– Anfechtbarkeit D 897
– Anwaltszwang D 890
– Gestattungsanordnung D 868
– Konzentrationsmaxime D 886
– Kosten D 894
– Muster D 882
– Niederlassung D 885
– zuständiges Gericht D 884
– Zwischenanordnung D 876
Verkehrsdatenspeicherung
– befürchtete Rechtsverletzung D 873
Verkehrsfilter D 417
Verkündungstermin
– Vergleichsgespräch J 56
Verletzergewinn I 167
– abzugsfähige Kosten I 174
– Anwaltskosten für Zahlungsaufforderung I 249
– Ausschuss I 193
– Bedeutung der Patentkategorie I 229
– bei Mittätern I 170
– Beispiele abzugsfähiger Kosten I 191
– Beispiele für nicht abzugsfähige Kosten I 203
– Beweisbeschluss J 142
– Beweislast für Kausalität I 225
– Energiekosten I 196
– Entwicklungskosten I 209

– Fertigungskosten I 192
– Feststellung der Kausalfaktoren I 219
– Fiktion des laufenden Betriebs I 182
– Frachtkosten I 199
– Gemeinkosten I 175
– Gesamtvorrichtung I 172
– Gewährleistungskosten I 213
– Gewichtung der Kausalfaktoren I 222
– hypothetischer Kausalverlauf I 224
– kapazitätsreduzierende Umstrukturierungsmaßnahme I 180
– Kausalität bei Ursachenkonglomerat I 227
– Kausalität zwischen Verletzungshandlung und Gewinn I 216
– Kompatibilität I 239
– Marketingkosten I 207
– Maschinenkosten I 194
– Materialkosten I 192
– Materialschwund I 193
– Mieten I 197
– Mitbenutzung weiterer Schutzrechte I 241
– mittelbare Patentverletzung I 230
– nach Rückruf I 172
– papierener Stand der Technik I 236
– Peripheriegerät I 172
– Personalkosten I 195
– Preisunterbietung I 240
– Provisionen I 201
– realisierter Stand der Technik I 236
– Rechnungslegung des Verletzers I 173
– Rechtsverfolgungskosten I 211
– relevanter Umsatz I 172
– Retouren I 202
– revisionsrechtliche Kontrolle I 226
– Rückrufkosten I 215
– Rückstellungen I 247
– Schadenersatzleistungen an Abnehmer I 214
– Schätzung I 223
– Schulungskosten I 210
– Schutzrechtskosten I 208
– Skonti I 198
– sowieso-Kosten I 184
– tatsächliche Kompatibilitätsvoraussetzungen I 239
– Umsatzsteuer I 248
– unverkäufliche Produkte I 212
– Verbrauchsmaterialien I 172
– Verfahrensanspruch mittelbar verletzt I 230
– verfehlte Erfindungsvorteile I 232
– Verpackungskosten I 199
– Versicherungskosten I 200
– Vertriebsbemühungen des Verletzers I 237
– Verwendungszinsen I 243
– werbliche Herausstellung I 234
– Zinsanspruch und Verjährung I 246
– Zinsbeginn I 244
– Zinssatz I 245
Verletzerkette I 82
– entgangener Gewinn I 83
– Lizenzanalogie I 94
– Verletzergewinn I 84

Verletzerzuschlag
- bei Lizenzanalogie I 137

Verletzungsanzeige
- Berechtigter E 456
- Beschränkung des Patents E 455
- claim charts E 448
- Förmelei E 453
- Modellaktualisierungen E 455
- Muttergesellschaft E 452
- paralleles Auslandsschutzrecht E 455
- Patentanmeldung E 449

Verletzungsanzeige & Torpedo E 470

Verletzungszeitpunkt
- Maßgeblichkeit A 102

Verlust
- des Geschäftsführers D 487

Vernehmung
- nochmalige J 151

Vernichtung
- Vorprodukt D 980

Vernichtungsanspruch D 950
- Abholung beim inländischen Abnehmer D 983
- Abmahnung entbehrlich C 189
- ausländischer Beklagter D 982
- Beweislast D 989
- Drittvernichtung D 1004
- Drittvernichtung und Vollstreckung D 1005
- Eigenvernichtung und Vollstreckung D 1001
- Ersatzvornahme D 1002
- Frachtführer D 979
- Gerichtsvollzieher D 1004
- Geschäftsführer D 978
- Handlungen zu Versuchszwecken D 998
- Kombinationspatent D 957
- Kostenfestsetzung D 1007
- Lagerkosten D 1007
- maßgeblicher Zeitpunkt D 976
- mittelbare Patentverletzung D 956
- nachträglich entfallener Besitz D 977
- Patentstreitsache D 1006
- Patentverwerter D 990
- Rechtsfolge D 997
- Referenzmuster D 999
- Schutzrechtsablauf D 992
- Teilvernichtung D 984, 991
- Teilvernichtung als Minus D 1000
- Umbau D 991
- Umbau durch Abnehmer D 991
- Umbauten D 984
- Unverhältnismäßigkeit D 984
- Verwahrungskosten D 1007
- Verwendungspatent D 972
- Wirkungsverlust D 992
- zurückgerufene Ware D 1057

Vernichtungskosten
- Grenzbeschlagnahme B 300

Veröffentlichungsgebühr B 345

Verpächter
- einer Domain D 423

Verrat der Besichtigungserkenntnisse B 170

Verrichtungsgehilfen D 377

Versandverfahren B 252

Versäumnisurteil E 9
- Anwaltskosten B 393
- Dringlichkeit G 203

verschlechterte Ausführungsform A 188, 275
- Äquivalenz A 277
- Wortsinn A 276

Verschleißteil A 600; E 825

Verschulden
- Äquivalenz D 721
- Auslegung im Rechtsbestandsverfahren D 718
- fehlendes D 727
- FRAND D 719
- Gebrauchsmuster D 725
- Herstellerverwarnung C 157
- im Ordnungsmittelverfahren H 176
- Kollegialgericht D 721
- Rechtsbeständigkeit D 722
- Rechtsgutachten D 721
- Rechtssprechungsänderung D 724
- Sortimenter D 720

Verschulden bei Abnehmerverwarnung C 157

Verschwiegenheitsanordnung
- gerichtliche Entscheidung über die Reichweite B 171

Versicherung
- anwaltliche B 381

Verspätung
- Abtretung F 47
- Äquivalenz F 50
- Berufungsverfahren F 36
- fehlerhafte Zulassung durch Berufungsgericht F 53
- geänderte Patentauslegung F 48
- Gestaltungsrecht F 47
- im Berufungsverfahren F 41
- Klageänderung F 56
- Klageerweiterung F 56
- konkretisierendes Vorbringen F 46
- neuer Vortrag aufgrund abweichender Beurteilung des Berufungsgerichts F 55
- neuer Vortrag zur angegriffenen Ausführungsform F 48
- neues Vorbringen F 46
- richterliche Hinweispflicht F 45
- unstreitiges Vorbringen F 52
- unterbliebene Zurückweisung durch 1. Instanz F 54
- unterbliebene Zurückweisung in 1. Instanz F 43
- Zulassungsgründe F 45

Verspätungsfragen
- SEP mit FRAND E 489

Verspätungsrecht E 507
- Einstweilige Verfügung G 255

Versuch E 1082

Versuchsprivileg E 1082
- arzneimittelrechtliches Zulassungsverfahren E 1082
- Bioäquivalenzprüfung E 1082

- Forschungswerkzeug E 1082
- Funktionstest im Vergabeverfahren E 1082
- Handlungen zu Versuchszwecken E 1082
- kommerzieller Wirkstofflieferant E 1084

Vertagungsantrag
- Dringlichkeit G 214

Vertragsbeendigung
- Diskriminierung E 422

Vertragsstrafe
- Anrechnung auf Ordnungsgeld C 116
- Anrechnung auf Schadenersatz C 116
- Bemessung C 114
- fortdauernde Störungsquelle C 103
- Fortsetzungszusammenhang C 113
- Gesamtschuldner C 107
- Haftung für Dritte C 104
- Haftungsgrund C 89
- Herabsetzung C 115
- Klageantrag C 121
- mehrere Verstöße C 109
- nach Zahlungsfrist C 111
- natürliche Handlungseinheit C 110
- örtliche Zuständigkeit C 119
- Patentstreitsache C 120
- rechtliche Handlungseinheit C 111
- rückwirkende Verpflichtung C 97
- Testkauf C 106
- Umsatzsteuer C 118
- Verschulden C 89
- Verstoß nach zustande gekommenem Vertragsschluss C 97
- Verzinsung C 117

Vertragsstrafevereinbarung
- Ordnungsmittelverfahren H 131

Vertragsstrafeversprechen C 20
- Geheimnisschutz D 131

Vertragstrafe
- Fortsetzungszusammenhang C 23

Vertragsübernahme D 324
- und IPR E 231

vertrauliche Informationen B 234

Vertraulichkeitsvereinbarung
- Muster D 131
- Verstoß D 134

Vertriebshändler D 365

Vertriebsstufe
- FRAND-Lizenz E 589

Verunreinigungen A 140

Verwahrungsanspruch
- Abmahnung entbehrlich C 189

Verwahrungskosten B 383

Verwaltungssitz E 18

Verwarnung
- Dringlichkeitsvermutung C 130
- Patentstreitsache C 130

Verweisung
- internationale Zuständigkeit D 4

Verwendungsanspruch
- aus Sachanspruch hervorgegangen A 566

Verwendungsbestimmung A 603

Verwendungsbestimmung des Abnehmers
- Kriterien A 610

Verwendungspatent A 486
- mittelbare Benutzung A 544
- mittelbare Patentverletzung A 591
- Verbotsumfang A 557

Verwertungskette
- FRAND-Lizenz E 563

Verwertungsverbot
- Besichtigungserkenntnisse B 170

Verwirkung E 893
- Ablauf der Verjährungsfrist E 894
- Schadenersatzanspruch E 895
- titulierter Anspruch E 896
- Unterlassungsanspruch E 895
- wiederholt gleichartige Verletzungshandlungen E 897

Verzicht
- auf Begründung der Kostenentscheidung F 135
- geänderte Patentschrift A 229

Verzichtsurteil G 453
- Streitwert J 203

Verzögerungsbegriff E 506

Verzugszinsen I 263
- gesetzliche I 263
- Zinssatz I 266

Vier-Augen-Gespräch J 146

Vindikation
- Arbeitnehmererfindung E 710
- ausländischer Schutzrechte E 710
- Ausschlussfrist versäumt E 735
- einstweilige Verfügung während E 745
- gepfändeter Übertragungsanspruch E 732
- ideeller Anteil E 731
- IPR E 710
- Mitberechtigung E 730
- Pfändung und Überweisung C 194
- Rückgriff auf allgemeines Zivilrecht E 735
- Schutzrechtskosten E 733
- und Aussetzung des Erteilungsverfahrens E 747
- und Aussetzung des Verletzungsverfahrens E 736
- Verfügungsverbot C 194
- Verjährung E 711
- Zug um Zug gegen Kostenerstattung E 733

Vindikationsfrist E 704
- bei Arbeitnehmererfindung E 705

Vindikationsklage
- Abzweigung eines s E 729
- Aussetzung des Erteilungsverfahrens E 720

VO 1215/2012 D 2

VO 44/2001 D 2; E 118

Vollstreckbarkeitsentscheidung
- übergangen H 109

Vollstreckergewinn
- als Bereicherung I 44
- als Schaden I 43
- originärer Bereicherungsanspruch I 45

Vollstreckungsabwehrklage G 382
- abweichende Patentauslegung G 391
- einstweilige Einstellung der ZV G 392
- Streitwert G 398

1627

– Titelherausgabe G 397
Vollstreckungsdruck I 26
Vollstreckungsschaden I 34
– Drittschäden I 68
– Gewinneinbuße I 38
– Verfahrensrecht I 71
– Zulieferer I 68
Vollstreckungsschutz H 79
Vollstreckungsschutzantrag H 41
– unterlassener H 86
Vollstreckungssicherheit
– Austausch der H 113
– Rückgabe bei Einstellungsanordnung H 118
– Rückgabe bei mehreren Streitgenossen H 122
– Rückgabe der H 110
– Rückgabe und Gegenstandswert H 123
– Rückgabe und Mahnbescheidsantrag H 121
Vollstreckungsverfahren
– Geheimnisschutz D 121
Vollstreckungsverjährung
– Erinnerung H 203
– Ordnungsmittelverfahren H 200
– Vollstreckungsabwehrklage H 203
Vollstreckungsverzicht
– Dringlichkeit G 202
Vollziehung
– Anspruch auf Auskunft G 295
– ausländischer Titel G 258
– der einstweiligen Verfügung G 256
– Ordnungsmittelantrag ohne Parteizustellung G 291
– Parteizustellung im Ausland G 261
– Sicherheitsleistung G 259
– unterblieben und erneuter Verfügungsantrag G 294
– Unterlassungsgebot G 260
– Verwahrungsanspruch G 295
– Vollziehungsmaßnahmen G 290
Vollziehungsfrist G 256
Vorabentscheidungsersuchen
– anderweitiges und Aussetzung E 1027
– Anfechtbarkeit der Aussetzung E 1011
– Auslegung nationalen Rechts E 1026
– im eV-Verfahren G 254
Vorbenutzung
– Betriebsbezogenheit des Vorbenutzungsrechts E 664
– Importeur E 665
– Indiztatsache E 651
– insbesondere wenn-Antrag E 662
– Klageantrag E 662
– Kombinationspatent E 662
– Lieferkette E 665
– mittelbare E 666
– Nachweis E 650
– offenkundige & Aussetzung E 940
– Prioritätstag E 653
– Rechtsfolgen E 654
– Sachvortrag zu offenkundiger Vorbenutzung E 648
– Übertragung eines Betriebsteils E 664
– Verfahrenspatent E 662

– Weiterentwicklung E 654
Vorbenutzungsrecht
– Beweislast E 647
– privates E 634
– Rückkaufkosten B 469
– unteilbar E 664
– Verlust des E 645
Vorbereitungshandlungen A 361
Vorgreiflichkeit
– trotz unklarer Verletzungslage E 918
Vorlage von Urkunden B 73
Vorlageanordnung B 204
Vorlageanspruch E 603
– Durchsetzung von Schadenersatz B 223
– Herausgabevollstreckung B 80
Vorrang
– des Anspruchs vor der Beschreibung A 8
Vorratsdatenspeicherung D 874
Vortragslasten
– nach Abtretung D 296

W

Wahlfeststellung D 565
Wahrheit
– prozessuale und reale H 272
Wahrscheinlichkeit einer Schutzrechtsverletzung B 26
– Anknüpfungstatsachen B 27
– gesetzliche Vermutung B 30
– Industriestandard B 29
– Komplexität B 32
– Parallelprodukt B 28
– Rechtfertigungstatbestände B 34
– Sachverständigengutachten B 33
– Unwägbarkeiten im Rechtlichen B 33
– Unwägbarkeiten im Tatsächlichen B 33
Walzenscheiben A 16
Warnhinweis A 627
– ausdrücklich und unübersehbar A 628
– Klageantrag A 628
Wartefrist
– für Abschlusserklärung G 366
Wartungsvertrag
– Schadenersatz D 756
Wasseraufbereitungsanlage A 272
WC-Sitzgelenk A 71, 227
Websperre D 410
Wechsel von unmittelbarer zu mittelbarer Verletzung A 574
Weichvorrichtung A 114
Weiterbenutzungsrecht E 708
– Beweislast E 756
– erstrecktes Schutzrecht E 754
– fehlerhafte Übersetzung B 347; E 755
– Wiedereinsetzung in den vorigen Stand E 754
Weiterbenutzungsrecht bei unbekanntem Ersatzmittel A 264
Weiterentwicklung
– Vorbenutzungsrecht E 654

Weiterleitung
– falsch adressierte Rechtsmittelschrift D 107
Weiterverwendung bildlicher Darstellungen A 394
Werbeankündigung als sinnfällige Herrichtung A 491
Werbeprospekt A 386
Werbung
– Umsatzlizenz I 133
Werkstattzeichnung A 377
Werkstoffgruppe A 261
Widerrechtliche Entnahme E 699
– Arglisteinwand E 703
– Bösgläubigkeit E 707
– Gesamtrechtsnachfolge E 701
– Lizenznehmer E 703
– unbeschränkte Inspruchnahme E 701
– Vindikationsfrist E 704
Widerspruch
– Beurteilungszeitpunkt G 242
– Frist G 241
– gegen eV und Verweisung G 240
– Gegenverfügungsantrag G 242
– zwischen Anspruch und Beschreibung A 12
– zwischen kennzeichnendem Teil und Oberbegriff A 18
Wiedereinsetzung
– Anschlussberufungsfrist F 59
– wegen Auslegungsdivergenz F 96
Wiederholungsgefahr D 521
– Aufgabe der Verletzungshandlungen D 545
– Ausräumung D 532
– Benutzung während des Offenlegungszeitraumes D 524
– Einstellung des Geschäftsbetriebes D 545
– Entstehung D 522
– Fachmesse D 523
– Formwechsel D 525
– Handelsunternehmen D 522
– Hersteller D 522
– Rechtsnachfolge in D 525
– übernehmender Rechtsträger D 528
– übertragender Rechtsträger D 527
– Verschmelzung D 525
– vertragliche Unterlassungspflichten D 530
– Wiederaufleben der D 546
Wirkstoffkombination A 108
– erstes Zertifikat A 310
– Grundpatentschutz A 304
– sinnfällige Herrichtung A 503
– zweites SPC A 301
Wirkungsangabe A 91
– Anspruchskategorie A 94
– Ausreißer A 93
– Verfahrensanspruch A 100
– Verlässlichkeit A 93
Wirkungserstreckung
– Grundsatz der E 121
Wirkungsverlust
– Erledigungserklärung D 652
– während des Verletzungsprozesses D 650
– Zuwiderhandlung H 155

Wirtschaftsprüfervorbehalt D 830, 944
– von Amts wegen D 946
Wissenszurechnung
– Restitutionsklage G 427
WLAN-Anschluss D 399
– Besucher D 400
– Familienangehörige D 400
– Mitbewohner D 400
– sekundäre Darlegungslast D 401
– tatsächliche Vermutung D 401
– Überwachungspflicht D 400
WLAN-Netz D 379
Wortschöpfung A 67
Wortsinngemäße Benutzung A 142

Y

YouTube-Video
– als Angebot A 411

Z

Zahlen- oder Maßangabe A 245
– äquivalente Benutzung A 255
– wortsinngemäße Benutzung A 254
Zahlenangabe
– rechtwinklig A 252
– Staubsauger A 32
– Trennwand A 32
– verbal umschrieben A 252
Zahlungsfrist
– Vertragsstrafe C 111
Zeitmoment E 894
Zessionserklärung D 334
Zeuge
– ungeeignet J 145
Zeugenbeweis J 145
– Beeidigung J 149
– nochmalige Vernehmung J 151
– Richterwechsel J 151
– schriftliche Zeugenerklärung J 152
– Üben mit dem Zeugen J 148
– Verzicht J 145
– Vier-Augen-Gespräch J 146
Zeugenerklärung
– schriftliche J 152
Zinsen
– auf festgesetzte Kosten B 494
– auf Gerichtskostenvorschuss D 781
– auf Lizenzgebühren I 156
– von erstattungsfähigen Abmahnkosten C 85
Zinseszinsverbot I 165, 263
Zolllagerverfahren B 252, 274
Zubehör B 495
– Erschöpfung E 830
– Patentschutz A 665
zufällige Merkmalsverwirklichung
– Rangierkatze A 147
Zug um Zug
– Kostenfestsetzung B 466
Zugang der Abmahnung C 33
Zugangsverweigerung C 35

Zulassung
- acte éclairé F 125

Zulassungsgrund
- Beurteilungszeitpunkt F 121
- für Revision F 117
- grundsätzliche Bedeutung F 125
- Patentauslegung F 126
- Rechtsfortbildung F 125
- Sicherung einer einheitlichen Rechtsprechung F 125

Zulieferer
- FRAND-Erklärung E 435
- Lizenzangebot E 359
- Passivlegitimation D 370

Zulieferer für Kfz A 333

Zurückbehaltungsrecht
- Patentkauf D 295

Zurückverweisung
- an LG F 58

Zurückverweisung an Berufungsgericht
- Auslegung A 136

zusammengesetzte Vorrichtung B 495

Zuständigkeit
- Aufhebungsantrag G 327
- für Klage D 1
- mangelnde E 13
- Rechtsmittel D 107

Zuständigkeitsrüge E 13
- Protokollierung D 53

Zustellung H 4
- an angegebenen Prozessbevollmächtigten D 114
- Anlagen D 77
- der Bürgschaftserklärung H 34
- EU D 72
- im Ausland D 67
- in China D 89
- konsularische D 70

Zustellungsbevollmächtigter D 82
- Muster D 84

Zustellungsmangel
- Heilung D 74

Zustellungsvollmacht
- durch Antwort auf Abmahnung C 39
- Fortgeltung im Ordnungsmittelverfahren H 227

Zustellungszeitpunkt
- System des doppelten Datums D 74

Zutat A 578

Zuwiderhandlung H 135
- bei mittelbarer Patentverletzung H 191
- Beweislast H 142
- Bitte um Einstellung des Weitervertriebs H 138
- Einschaltung Dritter H 144
- Fortsetzungszusammenhang H 158
- fortwirkende Störungsquelle H 135
- fortwirkende Störungsquelle und eV-Titel H 138
- gegen LG-Urteil H 147
- gegen mehrere Titel H 159
- gegen OLG-Urteil H 147

- Geheißerwerb H 144
- Gesamtvorrichtung H 143
- Internetwerbung H 139
- Lauer-Taxe H 140
- mehrere Verstöße H 157
- natürliche Handlungseinheit H 157
- Pflicht zum Rückruf H 135
- Rechfertigungsgründe H 142
- Rechtskraft H 152
- Sicherheitsleistung H 147
- unbestimmter Titel H 156
- Verfahrenspatent H 142
- Wirkungsverlust H 155
- Zäsur H 157
- Zeitpunkt H 146

Zwangsgeld
- Restitutionsklage G 447

Zwangshaft
- gegen juristische Personen H 247
- gesetzlicher Vertreter H 248

Zwangslizenz
- Aufhebung einer eV G 324
- kartellrechtliche E 252

Zwangsmittel
- Bausländischer Schuldner H 232
- Bemessungsfaktoren H 230

Zwangsmittelantrag
- wiederholter H 246

Zwangsmittelverfahren H 229
- Absehen von Gerichtsgebühr H 239
- aufschiebende Wirkung H 238
- Einstellungsanordnung H 61
- Erfüllung des Rechnungslegungsanspruchs H 250
- Erledigung H 245
- Erschöpfung H 266
- Feststellungsklage über Reichweite H 244
- Geschäftsführer H 233
- Rechtsmittel H 237
- reformatio in peius H 240
- Vollstreckung H 236
- Vollstreckungsabwehrklage H 243
- wiederholter Zwangsmittelantrag H 246

Zwangsvollstreckung
- Schadenersatzpflicht H 39
- Voraussetzungen H 1
- vorläufige Einstellung H 40

Zwangsvollstreckungskosten
- Restitutionsklage G 401

Zweckangabe A 91

zweckgebundener Stoffschutz A 289, 497

zweckgebundener Stoffschutz
- mittelbare Benutzung A 544

Zweite medizinische Indikation A 497
- herrichtungsfreie Haftung A 507
- Klageantrag A 520
- sinnfällige Herrichtung A 500

zweites SPC
- für Wirkstoffkombination A 301

Zwischenanordnung D 876

Zwischenerwerb
- nicht registrierter D 284

Zwischenfeststellungsklage
– Kartellrechtliche Zwangslizenz E 364
Zwischenfeststellungsurteil D 471
Zwischenfeststellungswiderklage
– auf Löschungsreife E 1044
Zwischenprodukt A 363
– Vernichtung D 980

Wolters Kluwer

Praxiserprobte Inhalte auch zu Spezialthemen

Mit dem Modul Heymanns Patentanwälte auf dem neuesten Stand:

- 75 und mehr hochrelevante Titel zu Patent-, Marken-, Design- und Wettbewerbsrecht
- Mit den führenden Standardkommentaren *Schulte*, PatentG, und *Singer/Stauder/Luginbühl*, EPÜ
- Für Ausbildung, Anmeldeverfahren oder gerichtliche Auseinandersetzungen
- Zeitschrift MarkenR inkl. Archiv

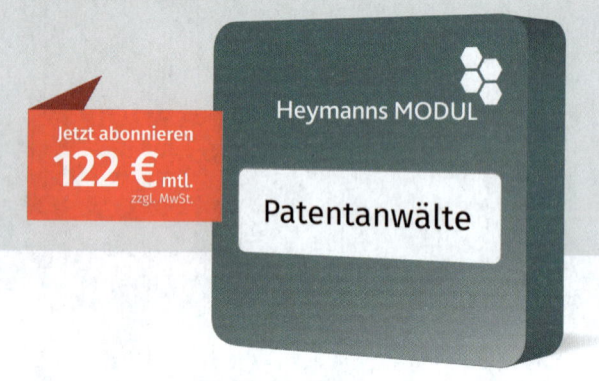

Jetzt abonnieren
122 € mtl.
zzgl. MwSt.

Heymanns MODUL
Patentanwälte

Profitieren Sie von den Vorteilen eines Abonnements: stets aktuelle Inhalte und komfortable Tools, die Ihre Recherche erleichtern.
Mit Wolters Kluwer Recherche haben Sie außerdem Zugriff auf unsere kostenlose Rechtsprechungs- und Gesetzesdatenbank.

Jetzt 30 Tage gratis testen!

wolterskluwer-online.de

ALLES, WAS EXPERTEN BEWEGT.